AF662972

आर. गुप्ता® कृत

पॉपुलर मास्टर गाइड

उत्तर प्रदेश

माध्यमिक शिक्षा सेवा चयन बोर्ड

प्रशिक्षित स्नातक शिक्षक

भर्ती परीक्षा

सामाजिक विज्ञान

RPH संपादक मंडल
द्वारा संपादित

2026 EDITION

रमेश पब्लिशिंग हाउस, नई दिल्ली

प्रकाशक
ओ॰पी॰ गुप्ता, **रमेश पब्लिशिंग हाउस**

प्रशासनिक कार्यालय
12-H, न्यू दरियागंज रोड, आफिसर्स मेस के सामने,
नई दिल्ली-110002 ✆ 23275224, 23245124

E-mail: info@rameshpublishinghouse.com
For Online Shopping: www.rameshpublishinghouse.com

विक्रय केन्द्रः
- बालाजी मार्किट, नई सड़क, दिल्ली-6 ✆ 23253720, 23282525
- 4457, नई सड़क, दिल्ली-6, ✆ 23918938

Book Code: R-1669

ISBN: 978-93-5012-454-3

मूल्यः ₹ 570

मुद्रकः दीपक ऑफसैट, दिल्ली

अनुक्रमणिका

भूगोल

इतिहास

नागरिक शास्त्र

अर्थशास्त्र

पिछले प्रश्न-पत्र (हल सहित)

उ.प्र. प्रशिक्षित स्नातक शिक्षक (TGT)

सामाजिक विज्ञान

भर्ती परीक्षा, 2021*

भाग-I

निर्देशः भाग-I में चार प्रश्न 1(I), 1(II), 1(III) और 1(IV) हैं। OMR उत्तर-पत्रक के प्रथम भाग में चुने गये दो विषयों में से किसी एक विषय के प्रश्न का उत्तर भरना है।

1. I. अलेप्पी बन्दरगाह किस तट पर स्थित है?

A. तमिलनाडु B. केरल
C. कर्नाटक D. आंध्र प्रदेश

1. II. निम्नलिखित हड़प्पा स्थलों में से किस एक स्थल से गर्त-आवास के प्रमाणों की प्राप्ति हुई है?

A. राखीगढ़ी B. बनावली
C. प्रभास-पाटन D. कुनाल

1. III. निम्न में से कौन-सा रोस्टोव के आर्थिक विकास की अवस्था **नहीं** है?

A. परम्परागत समाज की अवस्था
B. आत्मस्फूर्ति (टेक ऑफ) की अवस्था
C. अत्यधिक निवेश की अवस्था
D. परिपक्वता की अवस्था

1. IV. किसने कहा, ''राजनीति विज्ञान का प्रारम्भ और अन्त राज्य के साथ होता है''?

A. एक्टन B. गिलक्रिस्ट
C. गार्नर D. डिमॉक

भाग-II

निर्देशः इस भाग में 4 खण्ड, खण्ड-I, खण्ड-II, खण्ड-III और खण्ड-IV हैं। अभ्यर्थी इन चार खण्डों में से किन्हीं दो खण्डों के ही उत्तर भरें।

खण्ड-I : भूगोल

2. भूमध्यरेखा पर 1° देशान्तर की दूरी .... है।

A. 111.32 किमी. B. 112.57 किमी.
C. 110.94 किमी. D. 111.78 किमी.

3. निम्नलिखित में से कौन-सा युग्म सही नहीं है?

A. राजस्थान – अन्ता B. उडीसा – गौरीपुर
C. गुजरात – सिक्का D. बिहार – बरौनी

4. हरित क्रांति से अभिप्राय है :

A. हरी खाद का प्रयोग
B. अधिक फसल उगाना
C. उच्च उत्पाद वैराइटी प्रोग्राम
D. हरित वनस्पति

5. **कथन (A) :** न्यू इंगलैण्ड औद्योगिक प्रदेश विश्व का एक प्रमुख प्रदेश है।

कारण (R) : औद्योगिक कच्चामाल तथा परिवहन की सुविधा यहाँ अच्छी विकसित है।

निम्न कूट से सही उत्तर का चयन कीजिए :

A. (A) एवं (R) दोनों सही हैं तथा (R), (A) की सही व्याख्या करता है
B. (A) एवं (R) दोनों सही हैं परन्तु (R), (A) की सही व्याख्या नहीं है
C. (A) सही है परन्तु (R) गलत है
D. (A) गलत है परन्तु (R) सही है

---

* *Held on 8 August, 2021.*

6. डोकलाम पठार .... के त्रिसंगम स्थल पर स्थित है।

A. भारत, म्यांमार एवं चीन

B. भारत, चीन एवं पाकिस्तान

C. बांग्लादेश, म्यांमार एवं भारत

D. भारत, चीन एवं भूटान

7. प्लेसर निक्षेप पाये जाते हैं :

A. जलोढ़ पंखों तथा घाटी तल पर

B. डेल्टा एवं लोयस पर

C. टिल मैदान तथा हिम दरारों पर

D. निमज्जित तट तथा विलयन घाटी पर

8. ग्राबेन उत्पन्न होता है :

A. अपक्षय से B. वलन से

C. भ्रंशन से D. अपरदन से

9. 'महाद्वीपीय विस्थापन सिद्धांत की पुष्टि हुई है।' इनमें से कौन-से कथन/कथनों सत्य हैं?

1. महाद्वीपीय तटों की भौगोलिक एकरूपता का कम्प्यूटर द्वारा आकलन।
2. दक्षिणी महाद्वीपों के मध्य भूवैज्ञानिक समरूपता संबंधी नयी खोज।
3. पुराचुम्बकत्व संबंधी अध्ययन।
4. सागरीय तल के प्रसार के प्रमाण।

A. 1, 2 एवं 3 B. 1, 3 एवं 4

C. 2, 3 एवं 4 D. 1, 2, 3 एवं 4

10. 'प्रकृति का स्थान एक सलाहकार से अधिक नहीं है।' इस कथन को किसने कहा है?

A. ई. डब्ल्यू. जिम्मरमैन B. सी.ओ. सावर

C. वाइडल डी ला ब्लाश D. जी. टैथम

11. उपलब्धता के आधार पर निम्न में से कौन-सा संसाधनों का वर्गीकरण सही है?

A. सर्वसुलभ, सामान्य सुलभ, दुर्लभ

B. अप्रयुक्त, सम्भाव्य, गुप्त

C. शाश्वत, संवर्धनीय, असंवर्धनीय

D. अप्रयोजनीय, सम्भाव्य, दुर्लभ

12. निम्नलिखित कथनों का परीक्षण कीजिए तथा नीचे दिये गये कोड का प्रयोग करके सही उत्तर का चयन कीजिए।

1. जैसे ही सूर्योदय होता है, तब धरातल ऊष्मा प्राप्त करता है तथा कोहरा ऊपर उठता है।
2. विकिरण शीतलन के कारण आरम्भिक उषाकाल में कोहरा उत्पन्न होता है।

कूटः

A. केवल 1 सही है

B. केवल 2 सही है

C. 1 और 2 दोनों सही हैं

D. न तो 1 न ही 2 सही है

13. क्राल बस्ती .... से संबंधित है।

A. तुंगु B. याकूत

C. सकाई D. मसाई

14. विश्व में धान उत्पादन में देशों के समूह में अवरोही क्रम में सही है :

A. भारत, चीन, ब्राजील, बांग्लादेश

B. चीन, भारत, जापान, इण्डोनेशिया

C. चीन, भारत, पाकिस्तान, इण्डोनेशिया

D. चीन, भारत, इण्डोनेशिया, संयुक्त राज्य अमेरिका

15. 'शिवम समुद्रम' जलविद्युत गृह स्थापित है :

A. उत्तर प्रदेश B. तमिलनाडु

C. कर्नाटक D. ओडिशा

16. निम्नलिखित में किस प्रदेश में जैव-विविधता में सम्पन्नता है?

A. उष्ण प्रदेश B. ध्रुव प्रदेश

C. शीतोष्ण प्रदेश D. समुद्री प्रदेश

17. 'युर्त' निम्न में से किस प्रजाति का घर है?

A. एस्किमो का B. पिग्मी का

C. बुशमैन का D. खिरगीज का

18. ह्विटलेसी ने बृहत् स्तर पर विश्व को कितने कृषि क्षेत्रों में विभाजित किया है?

A. 11 क्षेत्रों में B. 12 क्षेत्रों में

C. 13 क्षेत्रों में D. 14 क्षेत्रों में

19. निम्नलिखित में से किस एक को 'सम्पन्नता का झरना' (स्रोत) कहते हैं?

A. कोयला B. खनिज तेल क्षेत्र

C. प्राकृतिक गैस D. सौर ऊर्जा

20. 'पिट्सवर्ग औद्योगिक प्रदेश' किस देश में अवस्थित है?

A. रूस B. संयुक्त राज्य अमेरिका

C. ग्रेट ब्रिटेन D. पश्चिमी यूरोप

21. **कथन (A) :** अहमदाबाद भारत का मैनचेस्टर कहलाता है।

कारण (R) : अहमदाबाद भारत में सूती वस्त्रोद्योग का वाणिज्यिक उत्पादक है।

निम्न कूट से सही उत्तर का चयन कोजिए :

A. (A) एवं (R) दोनों सही हैं तथा (R), (A) की सही व्याख्या है

B. (A) एवं (R) दोनों सही हैं परन्तु (R), (A) की सही व्याख्या नहीं है

C. (A) सही है परन्तु (R) गलत है

D. (A) गलत है परन्तु (R) सही है

22. एकाकी ग्रामीण बस्तियां पाई जाती हैं :

A. सहयाद्रि के उच्च भागों पर

B. रायलसीमा प्रदेश

C. बघेलखण्ड प्रदेश

D. महाराष्ट्र का लावा पठार

23. 'बुशमैन-होटेन्टाट' प्रजाति संबंधित है :
A. नीग्रॉयड प्रजाति से
B. कॉकेसॉइड प्रजाति से
C. मंगोलॉयड प्रजाति से
D. आस्ट्रेलॉयड प्राजाति से

24. मृत सागर .... द्वारा निर्मित एक झील है।
A. भ्रंश घाटी
B. जलोढ़ पंख
C. वलन
D. क्रेटर

25. सम्भववाद का जनक किसे कहा जाता है?
A. लूसियन फेब्रे
B. जीन ब्रूंश
C. ईसा बोमेन
D. जी. टेलर

26. भारत का विपुल दुग्ध उत्पादक राज्य .... है।
A. पंजाब
B. गुजरात
C. उत्तर प्रदेश
D. राजस्थान

27. आर्थिक क्रियाकलापों के विकास का सही क्रम कौन-सा है?
A. कृषि, नगरीकरण, भोजन संग्रह
B. भोजन संग्रह, औद्योगीकरण, कृषि
C. कृषि, भोजन संग्रह, नगरीकरण
D. भोजन संग्रह, कृषि, औद्योगीकरण

28. "Our Wandering Continents" नामक पुस्तक किसने लिखी है?
A. वी. ग्राच्ट
B. ए. डु टोइट
C. ए. बेगनर
D. जी.एच. डरी

29. गारो-राजमहल विदर का निर्माण .... द्वारा हुआ था।
A. संवलन
B. संधि
C. अधःभ्रंश
D. अधिक्षिप्त वलन

30. निम्नलिखित में से किस प्रकार के अधिवास का विकास सड़क, नदी या नहर के दोनों किनारों पर होता है?
A. चक्राकार
B. क्रॉस के आकार का
C. रेखाकार
D. वर्गाकार

31. दक्षिणी अमेरिका के मोड़दार पहाड़ का उदाहरण दीजिए।
A. रॉकी पर्वत
B. एंडीज पर्वत
C. आल्पस पर्वत
D. अपलेशियन पर्वत

32. निम्नलिखित देशों में से कौन एक रबर का प्रमुख उत्पादक नहीं है?
A. ब्राजील
B. थाईलैण्ड
C. इंडोनेशिया
D. मलेशिया

33. प्रवाल भित्तियों के उत्पत्ति संबंधी सिद्धांतों में कौन-सा सही नहीं है?
A. डार्विन का अवतलन सिद्धांत
B. डेविस का अपरदन चक्र सिद्धांत
C. मरे का स्थिर स्थल सिद्धांत
D. डेली का हिमानी नियंत्रण सिद्धांत

34. 'तापीय संकुचन सिद्धांत' प्रस्तुत किया गया था :
A. होम्स द्वारा
B. जोली द्वारा
C. वेगनर द्वारा
D. जैफ्रीज द्वारा

35. अन्तर्राष्ट्रीय तिथि रेखा का निर्धारण किस वर्ष में किया गया था?
A. 1904
B. 1884
C. 1917
D. 1894

36. हेक्टोपास्कल .... मापने की एक इकाई है।
A. ऊर्जा
B. वायुदाब
C. ओजोन परत की मोटाई
D. सौर विकिरण

37. 'मानसून' शब्द की व्युत्पत्ति हुई है :
A. अरबी भाषा से
B. स्पेनिश भाषा से
C. हिन्दी भाषा से
D. आंग्ल भाषा से

38. पृथ्वी पर दिन-रात बराबर नहीं होने का कारण क्या है?
A. पृथ्वी का धुरी पर घूमना
B. पृथ्वी का सूर्य की परिक्रमा करना
C. भू-कक्षा का अंडाकार होना
D. पृथ्वी का धुरी पर झुका होना

39. निम्नलिखित में से कृषि क्रांति से संबंधित नहीं है :
A. श्वेत क्रांति
B. नील क्रांति
C. पीली क्रांति
D. उपर्युक्त में से कोई नहीं

40. पीत वामन किसे कहा जाता है?
A. मंगल
B. शनि
C. सूर्य
D. अरुण

41. भारत में सबसे बड़ा कपास उत्पादक राज्य कौन-सा है?
A. गुजरात
B. कर्नाटक
C. तमिलनाडु
D. उत्तर प्रदेश

42. मैंगनीज उत्पादक देशों का सही अवरोही क्रम है :
A. दक्षिणी अफ्रीका, आस्ट्रेलिया, चीन, भारत
B. चीन, भारत, आस्ट्रेलिया, दक्षिणी अफ्रीका
C. आस्ट्रेलिया, चीन, भारत, दक्षिणी अफ्रीका
D. भारत, चीन, दक्षिणी अफ्रीका, आस्ट्रेलिया

43. संसाधन संरक्षण के लिए आवश्यक है :
A. मानव एवं संसाधनों के मध्य संतुलन स्थापित करना
B. संसाधनों का विवेकपूर्ण उपयोग
C. संसाधनों का विकास करना
D. उपर्युक्त सभी

44. जैव विविधता-संरक्षण निम्न में से किसके लिए महत्त्वपूर्ण है?
A. पशु
B. पशु एवं पौधे
C. पौधे
D. जीवों

45. नीचे लिखी कौन-सी चट्टान में जीवाश्म नहीं पाये जाते हैं?
A. काँग्लोमरेट
B. ग्रेनाइट
C. सैल
D. बलुआ पत्थर

46. हिमालय के किस भाग में हम 'करेवा' निर्माण को पाते हैं?

A. उ.पू. हिमालय

B. पूर्वी हिमालय

C. हिमाचल-उत्तराखंड हिमालय

D. कश्मीर हिमालय

47. लेटेराइट मिट्टी पायी जाती है :

A. उत्तर प्रदेश में B. हिमाचल प्रदेश में

C. पंजाब में D. महाराष्ट्र में

48. रूस के ग्रामीण अधिवास (सामूहिक फार्म) को कहते हैं :

A. गाँव B. कृषि गृह

C. सोवखोज D. वास गृह

49. हीराकुड बांध किस नदी पर निर्मित है?

A. गोदावरी B. कावेरी

C. महानदी D. पेनियार

50. भूगोल को मानव पारिस्थितिकी विज्ञान के रूप में किसने वर्णित किया है?

A. मैकिन्डर ने B. ब्लॉश ने

C. बैरोज ने D. ब्रन्शू ने

51. 'ह्यूमन जीयोग्राफी : ए वेलफेयर अप्रोच' नामक पुस्तक लिखी है :

A. डैविड हार्वे ने

B. पीटर हैगेट ने

C. डी.एम. स्मिथ ने

D. रिचार्ड पीट ने

52. सूची-I को सूची-II के साथ सुमेलित कीजिए और नीचे दिये गये कूट में से सही उत्तर का चयन कीजिए।

सूची-I (विद्वान)	सूची-II (सिद्धांत)
(*a*) जी.बी. एरी	(*i*) स्थैतिक तरंग सिद्धांत
(*b*) डब्ल्यू. ह्वेबेल	(*ii*) संतुलन सिद्धांत
(*c*) आर.ए. हैरिस	(*iii*) प्रगामी तरंग सिद्धांत
(*d*) इसाक न्यूटन	(*iv*) नहर सिद्धांत

कूटः

	(*a*)	(*b*)	(*c*)	(*d*)
A.	(*iv*)	(*iii*)	(*i*)	(*ii*)
B.	(*iv*)	(*ii*)	(*iii*)	(*i*)
C.	(*iii*)	(*iv*)	(*ii*)	(*i*)
D.	(*i*)	(*ii*)	(*iii*)	(*iv*)

53. निम्नलिखित में किसे सामुद्रिक वर्षावन कहा जाता है?

A. प्रवाल B. महासागरीय निक्षेप

C. ज्वार-भाटा D. महासागरीय धारायें

54. सामान्यता इनमें से कौन-सा परतदार-चट्टानों में पाया जाता है?

A. बेसाल्ट B. सेल

C. सिलिका D. मैगनेशियम

55. कर्क रेखा निम्नलिखित में से भारत के किस एक राज्य से होक[illegible] नहीं गुजरती है?

A. त्रिपुरा

B. मिजोरम

C. मणिपुर

D. पश्चिम बंगाल

56. थार्न्थ वेट के अनुसार न्यूजीलैण्ड में .... प्रकार की जलवायु पा[illegible] जाती है।

A. BB′r B. BA′r

C. BB′w D. BA′w

57. दक्षिण भारत का सर्वोच्च शिखर है :

A. नीलगिरि B. अनाईमुंडी

C. दोदावेटा D. कोडाइकैनाल

58. 2001 और 2011 की अवधि में उच्चतम तथा न्यूनतम जनसंख्[illegible] घनत्व में अन्तर क्रमशः .... में अंकित किया गया है।

A. उत्तर प्रदेश एवं सिक्किम

B. हरियाणा एवं नगालैण्ड

C. पश्चिम बंगाल एवं मिजोरम

D. बिहार एवं अरुणाचल प्रदेश

59. 2011 की जनगणनानुसार निम्नलिखित में से किस राज्य में जनसंख्[illegible] की सबसे कम दशकीय वृद्धि दर रही है?

A. केरल B. गोवा

C. सिक्किम D. नगालैंड

60. कोरिआलिस बल के विषय में निम्नलिखित में से कौन-सा एक कथन सत्य नहीं है?

A. यह पृथ्वी के आवर्तन का प्रभाव है तथा यह एक काल्पनिक बल है

B. यह ध्रुवीय क्षेत्र के ऊपर अधिकतम होता है

C. यह प्रत्यक्ष रूप से घर्षण बल से संबंधित है

D. यह वायु गति के समानुपातिक है

61. निम्न में से कौन-सा युग्म सुमेलित नहीं है?

	वनों के प्रकार	मुख्य क्षेत्र
A.	उष्णकटिबंधीय सदाबहार वन	कांगो बेसिन
B.	कोणधारी वन	उत्तरी कनाडा
C.	भूमध्य सागरीय वन	कैलीफोर्निया
D.	उष्णकटिबंधीय पतझड़ वन	मंगोलिया

62. महात्मा गांधी जलशक्ति परियोजना भारत के किस राज्य में स्थित है?

A. केरल B. तमिलनाडु

C. कर्नाटक D. गुजरात

63. 'लैनिनग्राड' पत्तन स्थित है :

A. कनाडा में B. रूस में

C. आस्ट्रेलिया में D. जापान में

खण्ड-II : इतिहास

2. नालंदा विश्वविद्यालय की स्थापना निम्नलिखित किस शासक द्वारा कराया गया?

A. समुद्रगुप्त B. कुमारगुप्त प्रथम

C. स्कन्दगुप्त D. हर्षवर्द्धन

3. दिल्ली सल्तनत में चाहलगनी के सदस्य संबंधित थे।

A. ताजिक से B. अफगान से

C. तुर्क से D. मंगोल से

4. तुर्किस सुल्ताना का महल कहाँ है?

A. लाहौर B. दिल्ली

C. आगरा D. फतेहपुर सिकरी

5. कैलास मंदिर किस गुफा में स्थित है?

A. कार्ले में B. एलिफेन्टा में

C. एलोरा में D. अजंता में

6. किस हड़प्पा स्थल से निकास नालियों के साथ फर्श जड़ित बारह स्नानगृह का एक समूह (सेट) मिला है?

A. हड़प्पा B. कालीबंगा

C. लोथल D. बनावली

7. अरूमोलिवर्मन किस चोल सम्राट का नाम था?

A. राजराजा B. राजेन्द्र

C. राजाधिराज D. परान्तक

8. निम्नलिखित में से कौन-सा अधिकारी अपने प्रान्त के जिलों के संग्रहण को नियंत्रित करता था?

A. समाहर्ता B. सन्निधाता

C. स्थानिक D. परामर्शदाता

9. लेखन के आधार पर निम्नलिखित अशोक के स्तम्भों में से कौन-सा एक सबसे प्राचीन था?

A. सिंह शीर्षयुक्त रामपुरवा स्तम्भ

B. रूम्मिनदेई स्तम्भ

C. वृषभ शीर्षयुक्त रामपुरवा स्तम्भ

D. लौरिया-नन्दनगढ़ स्तम्भ

10. बुलन्द दरवाजा अकबर के किस विजय के स्मरण में बना था?

A. मालवा के B. रणथम्बोर के

C. मेवाड़ के D. गुजरात के

11. निम्नलिखित में किस स्थान से 'अग्नि मंदिर' की प्राप्ति हुई है?

A. कपिशा B. सुर्ख-कोंतल

C. चारसद्दा D. शाहबाजगढ़ी

12. निम्नलिखित किस शासक के समय से झरोखा-दर्शन बंद हो गया?

A. अकबर B. जहाँगीर

C. शाहजहाँ D. औरंगजेब

13. किस एक्ट द्वारा भारतीय सिविल सेवा में बहाली की परीक्षा को इंग्लैंड के साथ भारत में कराना सुनिश्चित हुआ?

A. इण्डियन काउन्सिल एक्ट, 1861

B. इण्डियन काउन्सिल एक्ट, 1893

C. मोरले-मिंटो रिफार्म, 1909

D. गवर्नमेंट ऑफ इण्डिया एक्ट, 1919

14. डीमाकस (एक राजदूत) सीरिया से किसके दरबार में भेजा गया था?

A. विम्बसार B. अजातशत्रु

C. विन्दुसार D. चन्द्रगुप्त मौर्य

15. 1883 ई. में 'सनातन धर्म रक्षिणी सभा' की स्थापना कहाँ की गयी?

A. मथुरा B. वाराणसी

C. पटना D. कलकत्ता

16. औरंगजेब के शासन के समय कहाँ से राजदूत आया था?

A. कान्सटेंटिनोपल B. फारस

C. मक्का D. तुर्की

17. मौर्य काल में समाहर्ता का अर्थ था :

A. सेना नायक

B. गोदाम का प्रमुख अभिरक्षक

C. आकलन और संग्रहण का प्रभारी अधिकारी

D. वन का अधिकारी

18. ह्वेन सांग का भारत यात्रा का क्या उद्देश्य था?

A. भारत का भूगोल जानना

B. बुद्ध से संबंधित स्थलों पर जाना

C. भारत की संस्कृति को जानना

D. धन एकत्र करना

19. अमरावती का महास्तूप मूल रूप से किस काल में स्थापित हुआ?

A. अशोक के B. शुंग के

C. सातवाहन के D. गुप्त के

20. लार्ड डलहौजी ने किस वर्ष यह घोषणा की कि मुगल बादशाह बहादुर शाह के उत्तराधिकारियों को लाल किला खाली करना पड़ेगा?

A. 1848 A.D. B. 1849 A.D.

C. 1855 A.D. D. 1856 A.D.

21. पुराण या धरण प्रकार की मुद्रा में किस धातु का प्रयोग होता था?

A. ताम्र B. कांस्य

C. रजत D. स्वर्ण

22. राजपदाधिकारियों के लिए दो पदों सचिव और मंत्री का उल्लेख किस काल के अभिलेखों में हुआ है?

A. मौर्य काल B. कुषाण काल

C. गुप्त काल D. शुंग काल

23. कौटिल्य का अर्थशास्त्र राज्य द्वारा नियुक्त कितने अध्यक्षों का उल्लेख करता है?

A. पच्चीस B. बाईस
C. सत्ताईस D. उनतीस

24. संस्कृत काव्य, 'सेतुबन्ध' ग्रन्थ का लेखक कौन था?

A. रुद्रसेन द्वितीय B. प्रवरसेन द्वितीय
C. नरेन्द्रसेन D. पृथ्वीसेन द्वितीय

25. जौना खान किसका प्रथम नाम था?

A. अलाउद्दीन खिलजी B. गियासुद्दीन तुगलक
C. मुहम्मद-बिन तुगलक D. फिरोज शाह तुगलक

26. किस चोल शासक ने मदुरैकोण्डा और मधूरान्तक उपाधियों को धारण किया?

A. विजयालय B. आदित्य प्रथम
C. परान्तक प्रथम D. कुलोत्तुंग प्रथम

27. अर्थशास्त्र में विवीताध्यक्ष किसके लिए प्रयोग किया गया था?

A. चारागाहों का अध्यक्ष B. वाणिज्य का अध्यक्ष
C. खानों का अध्यक्ष D. कृषि का अध्यक्ष

28. किस सुल्तान द्वारा 'गुलरूख' के उपनाम से ईरानी भाषा में नज्म लिखी जाती थी?

A. बहलोल लोदी B. रजिया
C. सिकन्दर लोदी D. बलबन

29. निम्नलिखित में से कौन-सा मस्जिद भारत में प्रथम तुर्की मस्जिद था?

A. अटाला देवी मस्जिद B. खिड़की मस्जिद
C. कुव्वत-उल-इस्लाम मस्जिद D. कलान मस्जिद

30. मंगल पाण्डेय किस विद्रोह से संबंधित थे?

A. बैरकपुर B. मेरठ
C. दिल्ली D. दीनापुर

31. अखिल भारतीय मुस्लिम लीग ने अपने किस अधिवेशन में नागरिक अवज्ञा आन्दोलन का खुलकर विरोध किया?

A. लाहौर अधिवेशन B. अमृतसर अधिवेशन
C. इलाहाबाद अधिवेशन D. लखनऊ अधिवेशन

32. कलिंगत्तुपराणि का लेखक कौन था?

A. जयगोण्डन B. रामानुज
C. करुणाकर तोण्डैमन् D. विष्णुवर्धन

33. निम्नलिखित में अशोक का कौन-सा शिलालेख धार्मिक संश्लेषण (समन्वय) के बारे में कहता है?

A. द्वितीय शिलालेख B. ग्यारहवाँ शिलालेख
C. तेरहवाँ शिलालेख D. बारहवाँ शिलालेख

34. प्रभाकरवर्द्धन की पत्नी ने उसके मृत्यु के बाद किस नदी के किनारे अपना आत्मदाह कर लिया?

A. यमुना B. सरस्वती
C. गंगा D. झेलम

35. दक्कन सभा का संस्थापक कौन था?

A. महादेव गोविन्द रानाडे
B. दादाभाई नौरोजी
C. गोपाल कृष्ण गोखले
D. बाल गंगाधर तिलक

36. 'हिरण्यस्तूप' शब्द का उल्लेख सर्वप्रथम हुआ था :

A. विनय पिटक B. दीघ निकाय
C. दिव्यवदान D. ऋग्वेद

37. 'तारीख-ए-मुबारक शाही' का लेखक कौन था?

A. याह्या बिन अहमद सरहिन्दी
B. इसामी
C. सम्सी सिराज अफीफ
D. बरनी

38. जैन ग्रन्थ कुवलयमाला का लेखक कौन था?

A. उद्योतन सूरि B. हरिभद्र
C. महेशरा सूरि D. गुणचन्द्र

39. एशियाटिक सोसायटी ऑफ बाम्बे की स्थापना निम्नलिखित में से किस वर्ष हुई थी?

A. 1802 में B. 1814 में
C. 1804 में D. 1806 में

40. निम्नलिखित वाकाटक शासकों में किसने चन्द्रगुप्त द्वितीय की पुत्री प्रभावतीगुप्ता से विवाह किया?

A. प्रवरसेन द्वितीय B. पृथ्वीसेन द्वितीय
C. रुद्रसेन प्रथम D. रुद्रसेन द्वितीय

41. निम्नलिखित घटनाओं को कालक्रमानुसार व्यवस्थित कीजिए तथा नीचे दिये गये कूट का प्रयोग कर सही उत्तर का चयन कीजिए

1. साइमन कमीशन 2. प्रथम गोलमेज सम्मेलन
3. क्रिप्स मिशन 4. सी.आर. फार्मूला

कूटः

A. 2, 1, 4, 3 B. 1, 2, 3, 4
C. 1, 3, 2, 4 D. 2, 1, 3, 4

42. निम्नलिखित में से किससे गुप्तों ने पतलून पहनना सीखा?

A. कुषाणों से B. मौर्यों से
C. शुंगों से D. शकों से

43. मेगास्थनीज द्वारा उल्लिखित ऐस्टिनोमोई अधिकारी का संबंध किससे था?

A. नगर के अधिकारी
B. जिले के अधिकारी
C. ग्राम के अधिकारी
D. धर्म के प्रमुख

44. समरकन्द के मुहम्मद नादिर और मुहम्मद मुराद किसके शासनकाल में भारत आनेवाले अंतिम कलाकार थे?

A. अकबर B. जहाँगीर
C. शाहजहाँ D. औरंगजेब

45. 'गविष्ठि' क्या थी?
A. गायों के लिए होने वाले संघर्ष
B. गायों पर लगने वाला कर
C. चारागाह कर
D. गौशाला

46. किसने यह घोषणा की कि बहादुर शाह की मृत्यु के पश्चात मुगलों को 'राजा' की उपाधि नहीं मिलेगी?
A. लार्ड डलहौजी B. लार्ड कैनिंग
C. जॉन लारेन्स D. लार्ड एलेनबरो

47. शहादरा का मुगल गार्डेन स्थित है :
A. दिल्ली में B. आगरा में
C. लाहौर में D. श्रीनगर में

48. 1601 में खानदेश पर अकबर की विजय की स्मृति चिन्ह के रूप में कौन-सा स्मारक बना?
A. जामा मस्जिद B. इबादत खाना
C. बुलन्द दरवाजा D. बीबी खानम का मकबरा

49. निम्नलिखित में से कौन-सा एक फतेहपुर सिकरी में स्थित नहीं है?
A. पंचमहल
B. मोती मस्जिद
C. मरियम मकानी का महल
D. जोधाबाई का महल

50. ऋग्वेद में, तसर निम्नलिखित में किसके लिए प्रयोग हुआ है?
A. चरखी के लिए B. बुनकर के लिए
C. रथ के लिए D. लगाम के लिए

51. जेम्स मिल की रचना 'दि हिस्ट्री ऑफ ब्रिटिश इण्डिया' का प्रकाशन कब हुआ था?
A. 1917 में B. 1827 में
C. 1817 में D. 1859 में

52. निम्नलिखित में से किसे सुधरी हुई मुद्रा पद्धति को स्थापित करने का श्रेय दिया गया है?
A. शेरशाह B. अकबर
C. जहाँगीर D. शाहजहाँ

53. निम्नलिखित सुल्तानों में किस एक ने खलीफा की सत्ता को मान्यता देना बंद कर दिया?
A. अलाउद्दीन खिलजी B. कुतुबुद्दीन मुबारक शाह
C. गियासुद्दीन तुगलक D. मुहम्मद-बिन तुगलक

54. किस युद्ध के बाद मैसूर का टीपू सुल्तान सहायक राज्य बनने के लिए बाध्य हुआ?
A. प्रथम आंग्ल–मैसूर युद्ध
B. द्वितीय आंग्ल–मैसूर युद्ध
C. तृतीय आंग्ल–मैसूर युद्ध
D. चतुर्थ आंग्ल–मैसूर युद्ध

55. शाहजहाँ के शासन के आठवें वर्ष में शासन के राजकीय इतिहास, पादशाहनामा का लेखक कौन था?
A. मोतमिद खान B. अब्दुल हामिद लाहोरी
C. मुहम्मद आमिन काजविनि D. मुहम्मद वारिस

56. किस अभिलेख में गुप्त वंश के शासक रामगुप्त का नाम आता है?
A. समुद्रगुप्त का प्रयाग अभिलेख
B. हर्षवर्द्धन का बांसखेड़ा अभिलेख
C. अमोघवर्ष का संजन ताम्र पत्र लेख
D. स्कन्दगुप्त का काहौम अभिलेख

57. बौद्ध स्थल नालंदा विश्वविद्यालय का निम्नलिखित में किसने उत्खनन कराया?
A. आर.डी. बनर्जी B. डॉ. मैके
C. डॉ. स्टीन D. डॉ. स्पूनर

58. निम्नलिखित स्मारकों में से किसमें रजत की छत और संगमरमर, स्वर्ण तथा बहुमूल्य पत्थरों की मिश्रित सजावट का प्रयोग किया गया था?
A. मोती मस्जिद, आगरा
B. एतमादुद्दौला का मकबरा, आगरा
C. दीवान-ए-खास, दिल्ली
D. जहाँगिरि महल, आगरा

59. दिल्ली सल्तनत में बरीद-ए-मुमालिक अधिकारी था।
A. कानून विभाग का
B. कुलीन वर्ग का प्रमुख
C. गुप्तचर विभाग का प्रमुख
D. सेना प्रमुख

60. अलाउद्दीन खिलजी द्वारा निर्मित अलाई दरवाजा कहाँ तक जाने का एक प्रवेश द्वार था?
A. कुतुब मिनार B. अढ़ाई-दिन का झोपड़ा
C. हौज-ए-खास D. कुव्वत-उल-इस्लाम मस्जिद

61. निम्नलिखित में से किस चोल शासक ने सुमात्रा और मलाया पर विजय प्राप्त की थी?
A. राजराजा प्रथम
B. राजेन्द्र प्रथम
C. वीरराजेन्द्र प्रथम
D. राजेन्द्र द्वितीय

62. निम्नलिखित चोल शासकों में किस एक ने सम्पूर्ण सिलोन (सिंघल) को विजित किया?
A. राजेन्द्र प्रथम B. राजराजा प्रथम
C. कुलोत्तुंग प्रथम D. राजाधिराज

63. निम्नलिखित में से कौन 'इंडियन सिविल लिबर्टीज यूनियन' से घनिष्ठ रूप से जुड़ा था?
A. बाल गंगाधर तिलक B. गोपाल कृष्ण गोखले
C. एम.जी. रानाडे D. जवाहरलाल नेहरू

खण्ड-III : अर्थशास्त्र

2. रिजर्व बैंक द्वारा रुपये को चालू खाते में पूर्ण परिवर्तनीय कब घोषित किया गया?

A. 19 अगस्त, 1994 B. 26 अगस्त, 1994

C. 19 अगस्त, 1995 D. 18 अगस्त, 1996

3. निम्नलिखित में से कौन-सा समीकरण कैम्ब्रिज दृष्टिकोण का प्रतिनिधित्व नहीं करता है?

A. $P = \frac{M}{KT}$ B. $P = \frac{M}{KR}$

C. $P = \frac{MV}{T}$ D. $P = \frac{M}{KO}$

4. अर्थशास्त्र की दुर्लभता संबंधी परिभाषा किसके द्वारा दी गयी?

A. एडम स्मिथ B. राबिंस

C. पीगू D. मार्शल

5. सुप्रसिद्ध "हीरा-पानी" विरोधाभास की व्याख्या किसके द्वारा होती है?

A. कुल उपयोगिता B. सीमान्त उपयोगिता

C. प्रदत्त कीमत D. आपूर्ति की मात्रा

6. भारत में न्यूनतम मजदूरी अधिनियम कब पारित हुआ?

A. 1948 B. 1956

C. 1958 D. 1966

7. इष्टतम जनसंख्या उस बिन्दु पर होगी जब :

A. राष्ट्रीय आय अधिकतम हो

B. प्रति व्यक्ति आय अधिकतम हो

C. जनसंख्या अधिकतम हो

D. प्रति व्यक्ति उपभोग अधिकतम हो

8. अदृश्य बेरोजगारी होती है सदैव :

A. स्वैच्छिक B. अनैच्छिक

C. घर्षणात्मक D. मौसमी

9. "वैश्विक गरीबी उन्मूलन हेतु प्रयोगात्मक दृष्टिकोण" हेतु 2019 का नोबेल पुरस्कार किन्हें दिया गया?

A. इस्थर डुफ्लो, अभिजीत बनर्जी, माईकल क्रेमर

B. फिन ई. किडलैण्ड, राबर्ट ऑमैन

C. राबर्ट एंजल, जोसेफ ई. स्टीगलिटज, माईकल स्पेन्स

D. जेम्स हैकमैन, एडवर्ड सी. प्रेस्काट, पॉल क्रुगैन

10. वस्तुओं के निर्यातों के मूल्य एवं आयातों के मूल्य के अंतर को कहा जाता है।

A. भुगतान संतुलन B. विदेशी विनिमय

C. व्यापार संतुलन D. असंतुलन

11. इनमें से कौन-सी संस्था विश्व बैंक कहलाता है?

A. IMF (आई.एम.एफ.) B. IBRD (आई.बी.आर.डी.)

C. IDA (आई.डी.ए.) D. ADB (ए.डी.बी.)

12. 'मनरेगा' योजना सभी जिलों में कब लागू हुई?

A. 1 अप्रैल, 2004 B. 1 अप्रैल, 2005

C. 1 अप्रैल, 2008 D. 2 अक्टूबर, 2008

13. करदेय क्षमता को मापने का वस्तुगत आधार क्या है?

A. करदाता की आय B. करदाता की व्यय

C. करदाता की सम्पत्ति D. उपर्युक्त सभी

14. द्विअधिकार के कूर्नो मॉडल के अन्तर्गत प्रत्येक द्विअधिकारी कितना उत्पादन करेगा?

A. उत्पादन का आधा B. उत्पादन का एक चौथाई

C. उत्पादन का छठा भाग D. उत्पादन का एक तिहाई

15. संकटकालीन मुद्रा किसे कहा जाता है?

A. प्रतिनिधि पत्र मुद्रा B. परिवर्तनशील पत्र मुद्रा

C. अपरिवर्तनशील पत्र मुद्रा D. प्रादिष्ट पत्र मुद्रा

16. सम लागत रेखा को जाना जाता है :

A. साधन कीमत रेखा

B. व्यय रेखा

C. उत्पादक की बजट नियंत्रण रेखा

D. उपरोक्त सभी

17. "धन स्वयं एक साध्य नहीं है, यह साध्य का एक साधन है और एकमात्र साध्य मानव कल्याण है।" यह कथन है।

A. डी. रिकार्डो का B. एडम स्मिथ का

C. मार्शल का D. जे.बी. से का

18. भेदात्मक एकाधिकार बाजार में कीमत विभेद निर्भर करता है :

A. पूर्ति की लोच पर B. मांग की लोच पर

C. बाजार के आकार पर D. उपभोक्ता के वर्ग पर

19. यदि निवल पुनरुत्पादनीय दर एक से कम हो, तो :

A. जनसंख्या में कमी होगी

B. जनसंख्या में वृद्धि होगी

C. जनसंख्या अपरिवर्तित रहेगी

D. उपर्युक्त में से कोई नहीं

20. एक उपभोक्ता संतुलन में होगा, जब :

A. $\frac{MU_x}{P_x} > \frac{MU_y}{P_y}$ B. $\frac{MU_x}{P_x} < \frac{MU_y}{P_y}$

C. $\frac{MU_x}{P_x} = \frac{MU_y}{P_y}$ D. इनमें से कोई नहीं

21. यदि श्रम एवं पूंजी में किसी भी आनुपातिक परिवर्तन के साथ MP_L/MP_K नहीं बदलता है तो उत्पादन फलन निम्नलिखित होता है :

A. रेखीय B. अरेखीय

C. एकरूप/समरूप D. समस्थितिक

22. गिनी गुणांक मापक है :
A. आय विषमता का B. गरीबी का
C. बेरोजगारी का D. क्षेत्रीय विषमता का

23. पूँजीवाद में सम्मिलित होता है :
A. आय का समान वितरण
B. प्रतियोगिता की अनुपस्थिति
C. सरकार की असीमित भूमिका
D. निजी लाभ

24. सूची-A को सूची-B से सुमेलित कीजिए।

सूची-A	**सूची-B**
(*a*) असंतुलित विकास सिद्धांत	(*i*) हर्शमैन
(*b*) आर्थिक विकास के ऐतिहासिक चरण	(*ii*) आर.आर. नेलसन
(*c*) निम्न संतुलन पाश सिद्धांत	(*iii*) डब्ल्यू.डब्ल्यू रोस्टो
(*d*) विकास का प्रबल धक्का सिद्धांत	(*iv*) रोजेन्स्टीन रोडाँ

कूटः

	(*a*)	(*b*)	(*c*)	(*d*)
A.	(*i*)	(*iv*)	(*ii*)	(*iii*)
B.	(*i*)	(*ii*)	(*iii*)	(*iv*)
C.	(*ii*)	(*iii*)	(*iv*)	(*i*)
D.	(*i*)	(*iii*)	(*ii*)	(*iv*)

25. रिकार्डो के अनुसार दो देशों के बीच अंतर्राष्ट्रीय व्यापार को संभव बनाने के लिए कौन-सी दशा का होना आवश्यक है?
A. निरपेक्ष लागत अंतर B. समान लागत अंतर
C. तुलनात्मक लागत अंतर D. इनमें से कोई नहीं

26. भारत के बैंकिंग और मौद्रिक संरचना को कौन-सा बैंक नियंत्रित करता है?
A. एक्सिस बैंक B. रिजर्व बैंक ऑफ इण्डिया
C. स्टेट बैंक ऑफ इण्डिया D. विश्व बैंक

27. व्यापार चक्र की व्याख्या करने हेतु निम्नलिखित में से किस अर्थशास्त्री ने स्टॉक समायोजन सिद्धांत का उपयोग किया?
A. पी.ए. सैम्युलसन B. जे.एम. कीन्स
C. एन. काल्डोर D. जे.आर. हिक्स

28. माँग का नियम आधारित है :
A. एक गुणात्मक कथन पर B. एक परिमाणात्मक कथन पर
C. उपरोक्त दोनों पर D. उपरोक्त में से कोई नहीं

29. 'एक देश गरीब है, क्योंकि वह गरीब है'। यह कथन है :
A. कोलिन क्लार्क B. जे.आर. हिक्स
C. जी. मिर्डल D. रैगनर नर्क्स

30. दो तटस्थता वक्र एक दूसरे को नहीं काटते क्योंकि :
A. दोनों समान संतुष्टि नहीं प्रदान करते हैं
B. दोनों एक-दूसरे के समानान्तर होते हैं
C. दोनों समान संतुष्टि प्रदान करते हैं
D. इनमें से कोई नहीं

31. मुद्रा की सट्टा माँग को, जैसा कि कीन्स के द्वारा वर्णित है, इस प्रकार व्यक्त किया जा सकता है :
A. $L_2 = f(y, r)$ B. $L_2 = f(y)$
C. $L_2 = f(r)$ D. $L_2 = f(y + r)$

32. अर्थशास्त्र की विकास केन्द्रित परिभाषा किसकी देन है?
A. पॉल.ए. सैम्युलसन B. जे.एम. कीन्स
C. राबिंस D. मार्शल

33. 'बेसेल मानक' संबंधित है :
A. बैंकिंग क्षेत्र B. यातायात क्षेत्र
C. विनिर्माण क्षेत्र D. सेवा क्षेत्र

34. "विभिन्न महत्व वाले लक्ष्यों की पूर्ति करने के लिए साधनों की दुर्लभता मानव आचरण की एक सर्वव्यापी समस्या है।" यह किसका कथन है?
A. जे.एम. कीन्स B. राबिन्स
C. मार्शल D. रिकार्डो

35. आधुनिक लगान सिद्धांत के अनुसार लगान बराबर होता है :
A. वास्तविक आय – हस्तान्तरण आय
B. वास्तविक आय + हस्तान्तरण आय
C. वास्तविक आय + पूर्व में प्राप्त आय
D. वास्तविक आय – पूर्व में प्राप्त आय

36. 15वें वित्त आयोग के अध्यक्ष हैं :
A. शक्तिकान्त दास B. वेन्कैय्या नायडू
C. एन.के. सिंह D. अशोक लाहिड़ी

37. इनमें से अप्रत्यक्ष कर कौन-सा है?
A. आय कर B. निगम कर
C. पूंजी लाभ कर D. उत्पादन शुल्क

38. एकाधिकृत प्रतियोगिता के संबंध में निम्न में से कौन-सा कथन (दशा) सत्य नहीं है?
A. विक्रेताओं की अधिक संख्या
B. विभेदीकृत उत्पादन
C. फर्मों के प्रवेश पर प्रभावपूर्ण रुकावटें
D. गैर कीमत प्रतियोगिता

39. हैरड-डोमर विकास मॉडल के अनुसार पूंजी एवं श्रम शक्ति दोनों के ही पूर्ण क्षमता तक प्रयोग के लिए या पूर्ण रोजगार के लिए आवश्यक है कि :
A. $G < GW < Gn$ B. $G > GW = Gn$
C. $G = GW = Gn$ D. $G < GW > Gn$

40. रिकार्डो बैरो समतुल्य किससे संबंधित है?
A. मौद्रिक नीति
B. निर्यात-आयात (EXIM) नीति
C. राजकोषीय नीति
D. औद्योगिक नीति

41. सामान्यतया मांग वक्र का ढाल होता है :
A. बायें से दायें ऊपर की ओर
B. बायें से दायें नीचे की ओर
C. x-अक्ष के समानान्तर
D. y-अक्ष के समानान्तर

42. किसी फर्म की पहली आवश्यक शर्त कौन-सी है कि वह अपने लाभ को अधिकतम करे?
A. औसत लागत = सीमांत आय
B. सीमांत लागत = सीमांत आय
C. सीमांत आय = औसत आय
D. औसत लागत = औसत आय

43. HDR 2010 के अनुसार HDI इनमें से किन तीन आयामों के सूचकांकों का ज्यामितीय औसत है?
A. $I_{GNI}, I_{life}, I_{BR}$ B. $I_{life}, I_{GNI}, I_{edu}$
C. $I_{edu}, I_{poverty}, I_{BR}$ D. $I_{poverty}, I_{BR}, I_{GNI}$

44. पूर्ण प्रतियोगिता बाजार की वह स्थिति है, जिसकी विशेषता है :
A. मूल्य विभेद B. विभेदीकृत उत्पाद
C. विषमरूप उत्पाद D. समरूप उत्पाद

45. निम्नलिखित में से लाभ का कौन-सा सिद्धांत प्रो. नाइट द्वारा प्रतिपादित किया गया था?
A. नव प्रवर्तन का सिद्धांत
B. जोखिम सिद्धांत
C. अनिश्चितता वहन सिद्धांत
D. इनमें से कोई नहीं

46. किसने कहा था, 'इच्छाओं से मुक्ति पाना ही आर्थिक समस्या है'?
A. एडम स्मिथ B. जे.के. मेहता
C. मार्शल D. राबिन्स

47. यदि सीमांत उपभोग प्रवृत्ति 0.5 है, तो गुणक मूल्य है :
A. 5 B. 0.5
C. 2 D. 4

48. कौन-सा नियम गोसन का द्वितीय नियम कहलाता है?
A. सीमांत उपयोगिता नियम
B. सम-सीमांत उपयोगिता नियम
C. मांग का नियम
D. पूर्ति का नियम

49. कुल उपयोगिता अधिकतम होती है जब :
A. सीमांत उपयोगिता शून्य है
B. सीमांत उपयोगिता अपने उच्चतम बिंदु पर है
C. औसत उपयोगिता अधिकतम है
D. इनमें से कोई नहीं

50. अनुपात के पैमाने में मूल बिंदु (या अक्ष) से खींची गयी कोई भी रेखा बताती है :
A. अनुपात B. पैमाना
C. (A) एवं (B) दोनों D. इनमें से कोई नहीं

51. I.M.F. ऋण कहलाते हैं :
A. ऋण B. साख
C. क्रय D. सहायता

52. लाइबेन्सटीन अपने क्रान्तिक न्यूनतम प्रयास सिद्धांत में जनसंख्या को कौन-सा कारक मानते हैं?
A. आय मंदक B. बाजार विस्तारक
C. आय सृजक D. निवेश प्रेरक

53. व्यापारिक बैंकों की साख-निर्माण की मात्रा पर 'रेपो दर' में वृद्धि का क्या प्रभाव होगा?
A. साख निर्माण एक समान होगा
B. साख निर्माण घटेगा
C. साख निर्माण बढ़ेगा
D. साख निर्माण प्रारम्भ में बढ़ेगा फिर घटेगा

54. गिफिन वस्तुएँ संबंधित हैं :
A. श्रेष्ठ वस्तुओं से B. घटिया वस्तुओं से
C. तटस्थ वस्तुओं से D. सामान्य वस्तुओं से

55. प्रो. नाइट के अनुसार, लाभ पुरस्कार होता है :
A. बीमायोग्य जोखिम B. बीमा अयोग्य जोखिम
C. (A) तथा (B) दोनों D. इनमें से कोई नहीं

56. इनमें से कौन-सी डिजिटल करन्सी है?
A. गोल्ड कॉइन B. Z कैश
C. मेटल कॉइन D. E कैश

57. सीमांत आगम एवं मांग की कीमत लोच के संबंध को शुद्ध रूप से दर्शाता है :
A. $MR = AR\left(1+\frac{1}{e}\right)$ B. $MR = AR\left(e+\frac{1}{e}\right)$
C. $MR = AR(1-e)$ D. $MR = AR\left(1-\frac{1}{e}\right)$

58. अधिकतम सामाजिक लाभ का सिद्धांत किससे संबंधित है?
A. केवल कराधान
B. केवल सार्वजनिक व्यय
C. केवल सार्वजनिक ऋण
D. कराधान तथा सार्वजनिक व्यय दोनों

59. करभार के प्रसरण सिद्धांत में किस अर्थशास्त्री का महत्वपूर्ण स्थान है?
A. रिकार्डो B. राबिन्सन
C. पीगू D. कैनार्ड

60. गुस्टाव कैसल के द्वारा विकसित विनिमय दर निर्धारण का सिद्धांत है :
A. टकसाल समता सिद्धांत
B. क्रयशक्ति समता सिद्धांत
C. भुगतान शेष सिद्धांत
D. इनमें से कोई नहीं

61. निम्न में से किस अर्थशास्त्री ने 'वैल्यू एण्ड कैपिटल' नामक पुस्तक लिखी?

A. फिशर B. एलन
C. परेटो D. हिक्स

62. निम्नांकित में से कौन-सी विशेषता स्फीति से सम्बद्ध नहीं है?

A. कीमत स्तर में वृद्धि होती है
B. मुद्रा के मूल्य में वृद्धि होती है
C. मौद्रिक आय में वृद्धि होती है
D. उपलब्ध पूर्ति से माँग अधिक होती है

63. मुद्रा परिमाण सिद्धांत में पीगू द्वारा दिया गया समीकरण है :

A. $P = \frac{M}{KY}$ B. $P = \frac{KR}{M}$
C. $P = \frac{KT}{M}$ D. $P = \frac{MV}{T}$

खण्ड-IV : नागरिक शास्त्र

2. भारत का संविधान मान्यता देता है :

A. केवल धार्मिक अल्पसंख्यक
B. केवल भाषाई अल्पसंख्यक
C. धार्मिक और भाषाई अल्पसंख्यक
D. धार्मिक, भाषाई और नृजातीय अल्पसंख्यक

3. 42वें संविधान संशोधन अधिनियम, 1976 के द्वारा निम्नलिखित में से किन शब्दों को प्रस्तावना में जोड़ा गया है?

A. समाजवादी, पंथनिरपेक्ष एवं अखण्डता
B. समाजवादी, पंथनिरपेक्ष एवं एकता
C. लोकतांत्रिक, समाजवादी एवं पंथनिरपेक्ष
D. लोकतांत्रिक, समाजवादी एवं अखण्डता

4. 'किसी व्यक्ति को एक ही अपराध के लिए एक बार से अधिक अभियोजित और दण्डित नहीं किया जाएगा', यह निम्न में से किस अनुच्छेद में वर्णित है?

A. अनुच्छेद 14 B. अनुच्छेद 15
C. अनुच्छेद 19 D. अनुच्छेद 20

5. किसने राज्य को एक ऐसा संगठन माना है जो सर्वसाधारण को यथासंभव बड़े-से-बड़े पैमाने पर सामाजिक हित की सिद्धि में सहायता देता है?

A. विलोबी B. लास्की
C. डायसी D. महात्मा गाँधी

6. किसने विचार दिया था कि, "चूँकि समाज का स्वरूप संघात्मक है, इसलिए सत्ता का स्वरूप भी संघात्मक होना चाहिए"?

A. लास्की
B. आर.एम. मैकाइवर
C. जी.डी.एच. कोल
D. गार्नर

7. मूल अधिकारों को प्रवर्तित करने के लिये 'रिट' जारी कर सकते हैं :

A. जिला न्यायालय
B. केवल उच्चतम न्यायालय
C. राष्ट्रपति
D. उच्चतम न्यायालय और उच्च न्यायालय दोनों

8. निम्नलिखित में से कौन एक बहुलवादी विचारक नहीं है?

A. जी.डी.एच. कोल B. जॉन ऑस्टिन
C. ई. बार्कर D. एच.जे. लास्की

9. पराएपन की संकल्पना कार्ल मार्क्स ने अपनी किस पुस्तक में दी है?

A. दास कैपिटल
B. द कम्युनिस्ट मैनिफेस्टो
C. द जर्मन आइडियोलॉजी
D. द इकॉनामिक एण्ड फिलॉसॉफिक मैनुस्क्रिप्ट ऑफ 1844

10. क्षमा आदि की और कुछ मामलों में दण्डादेश के निलंबन, परिहार या लघुकरण की राज्यपाल की शक्ति, भारतीय संविधान के निम्न दी गई किस अनुच्छेद में वर्णित है?

A. अनुच्छेद–72 B. अनुच्छेद–161
C. अनुच्छेद–162 D. अनुच्छेद–123

11. निम्नलिखित में से कौन-सा सही सुमेलित है?

A. नाजीवाद – फ्रांस
B. गिल्ड समाजवाद – जर्मनी
C. फासीवाद – इटली
D. फेबियनवाद – सोवियत-संघ

12. संयुक्त राष्ट्र महासभा में, 'शांति के लिए एकता प्रस्ताव' निम्न में से किस वर्ष में अपनाया गया था?

A. 1950 B. 1951
C. 1967 D. 1977

13. निम्नलिखित कार्याधिकारियों पर विचार कीजिए :

(i) कैबिनेट सचिव
(ii) मुख्य निर्वाचन आयुक्त
(iii) केन्द्रीय कैबिनेट मंत्री
(iv) भारत के मुख्य न्यायाधीश

प्राथमिकता के आधार पर इनका सही क्रम होगा :

A. *(iii)*, *(iv)*, *(ii)*, *(i)*
B. *(iv)*, *(iii)*, *(i)*, *(ii)*
C. *(iv)*, *(iii)*, *(ii)*, *(i)*
D. *(iii)*, *(iv)*, *(i)*, *(ii)*

14. 'द मॉडर्न स्टेट' नामक पुस्तक के लेखक कौन हैं?

A. आर.एम. मैकाइवर B. औपेनहाइमर

C. मैकियावेली D. एम.पी. फॉलेट

15. निम्नलिखित का सही ऐतिहासिक कालानुक्रम बताइये :

(*i*) गोल मेज सम्मेलन

(*ii*) भारत छोड़ो आंदोलन

(*iii*) भारतीय राष्ट्रीय कांग्रेस का गठन

(*iv*) साइमन कमीशन

नीचे दिए गए कूट के माध्सम से सही उत्तर का चयन कीजिए :

A. (*iv*), (*ii*), (*iii*), (*i*)

B. (*iii*), (*ii*), (*iv*), (*i*)

C. (*iii*), (*iv*), (*i*), (*ii*)

D. (*i*), (*iv*), (*ii*), (*iii*)

16. भारतीय संविधान में संघ-राज्य प्रशासनिक संबंध निम्नलिखित में से किन अनुच्छेदों में वर्णित है?

A. अनुच्छेद 256-263 B. अनुच्छेद 245-255

C. अनुच्छेद 264-291 D. अनुच्छेद 352-360

17. किसने कहा, "राज्य की उत्पत्ति जीवन के लिए हुई और उसका अस्तित्व सद्‌जीवन के लिए बना हुआ है"?

A. बोदा B. लास्की

C. गाँधी D. अरस्तू

18. प्रभुसत्ता के कानूनी सिद्धांत के प्रतिपादन का श्रेय दिया जाता है :

A. बेंथम को B. लॉक को

C. बोदां को D. ऑस्टिन को

19. किसका मत है कि 'मनुष्य को स्वतंत्र होने के लिए बाध्य किया जा सकता है'?

A. अरस्तू B. मिल

C. गाँधी D. रूसो

20. निम्नलिखित में से कौन भारत के संविधान का अभिरक्षक है?

A. भारत का राष्ट्रपति B. भारत का प्रधानमंत्री

C. लोकसभा सचिवालय D. भारत का सर्वोच्च न्यायालय

21. निम्नलिखित में से किसने मताधिकार के लिए योग्यता का समर्थन किया?

A. जे. बेन्थम B. जे.एस. मिल

C. टी.एच. ग्रीन D. ई. बार्कर

22. किसने लिखा है कि, "एक संतुष्ट सूअर की अपेक्षा एक असंतुष्ट सुकरात होना कहीं अच्छा है"?

A. बेन्थम B. रूसो

C. हेगेल D. मिल

23. निम्नलिखित में से किस चिंतक ने कहा था कि 'राज्य व्यक्ति का वृहद् रूप है'?

A. प्लेटो B. अरस्तू

C. हॉब्स D. रूसो

24. निम्नलिखित में से किस विचारक के अनुसार प्राकृतिक अवस्था में मनुष्य बुद्धि या तर्क-वितर्क के बजाय भावनाओं से संचालित था?

A. रूसो B. हॉब्स

C. लॉक D. बेन्थम

25. भारतीय संविधान के किस अनुच्छेद में यह वर्णित है कि, "ग्राम सभा, ग्राम स्तर पर ऐसी शक्तियों का प्रयोग और ऐसे कृत्यों का पालन कर सकेगी, जो किसी राज्य के विधान मंडल द्वारा, विधि द्वारा, उपबंधित किए जाएँ"?

A. अनुच्छेद 243(क) B. अनुच्छेद 243(ख)

C. अनुच्छेद 243(ग) D. अनुच्छेद 243(घ)

26. राष्ट्रीय विकास परिषद् के गठन में निम्नलिखित में कौन-कौन सम्मिलित हैं?

(*i*) प्रधानमंत्री

(*ii*) वित्त आयोग का अध्यक्ष

(*iii*) केन्द्रीय कैबिनेट के मंत्री

(*iv*) राज्यों के मुख्यमंत्री

नीचे दिए कूट का प्रयोग करते हुए सही उत्तर का चयन कीजिए :

A. (*i*), (*ii*) और (*iii*)

B. (*i*), (*iii*) और (*iv*)

C. (*ii*) और (*iv*)

D. ये सभी

27. निम्नलिखित में से यह किसका वक्तव्य है : "सम्प्रभुता नागरिकों और प्रजाजनों के ऊपर विधि द्वारा अमर्यादित राज्य की सर्वोच्च शक्ति है"?

A. जे. बोदां B. एच. गार्डनर

C. हेराल्ड लास्की D. अयातुल्ला रोहल्ला खोमेनी

28. भारतीय संविधान के किस अनुच्छेद के अन्तर्गत मंत्रिगण सामूहिक रूप से लोक सभा के प्रति उत्तरदायी हैं?

A. अनुच्छेद 73 B. अनुच्छेद 74

C. अनुच्छेद 75 D. अनुच्छेद 76

29. किसने कहा कि, "कांग्रेस लार्ड डफरिन के दिमाग की उपज थी"?

A. बाल गंगाधर तिलक B. दादा भाई नौरोजी

C. लाला लाजपत राय D. महात्मा गाँधी

30. अनुच्छेद 352 में, भारतीय संविधान के किस संविधान संशोधन अधिनियम के द्वारा 'आंतरिक अशांति' के स्थान पर 'सशस्त्र विद्रोह' शब्द का प्रयोग किया गया?

A. 35वाँ संविधान संशोधन अधिनियम

B. 42वाँ संविधान संशोधन अधिनियम

C. 44वाँ संविधान संशोधन अधिनियम

D. 52वाँ संविधान संशोधन अधिनियम

31. भारत के संविधान की निम्नलिखित में से किस अनुसूची में दलबदल-निषेध से संबंधित प्रावधान सन्निहित है?

A. दूसरी अनुसूची B. पाँचवी अनुसूची

C. दसवीं अनुसूची D. आठवीं अनुसूची

32. सूची–I को सूची–II के साथ सुमेलित कीजिए तथा नीचे दिए गए कूट में से सही उत्तर का चयन कीजिए :

सूची-I	**सूची-II**
(*a*) हेगेल	(*i*) न्यायिक
(*b*) ऑस्टिन	(*ii*) समाजशास्त्रीय
(*c*) मैकाइवर	(*iii*) विवरणात्मक
(*d*) गार्नर	(*iv*) तत्त्वशास्त्रीय

कूटः

	(*a*)	(*b*)	(*c*)	(*d*)
A.	(*i*)	(*ii*)	(*iii*)	(*iv*)
B.	(*iv*)	(*i*)	(*ii*)	(*iii*)
C.	(*iv*)	(*iii*)	(*ii*)	(*i*)
D.	(*iv*)	(*i*)	(*iii*)	(*ii*)

33. "सब कुछ राज्य के भीतर, राज्य के बाहर कुछ नहीं, और राज्य के विरुद्ध कुछ नहीं।" यह कथन इंगित करता है एक–

A. कल्याणकारी राज्य
B. सर्वाधिकारवादी राज्य
C. प्रजातान्त्रिक राज्य
D. वर्ग व्यवस्था

34. विद्वानों को उनके द्वारा व्यक्त विचारों के साथ सुमेलित कीजिए :

(*a*) थ्रेसीमेकस	(*i*) न्याय शक्तिशाली का हित है
(*b*) बोदां	(*ii*) अधिकतम शक्ति से डकैतों का समूह निर्मित हो सकता है, न कि राज्य
(*c*) टी.एच. ग्रीन	(*iii*) इच्छा, न कि शक्ति, राज्य का आधार है
(*d*) माओ-त्से-तुंग	(*iv*) शक्ति बन्दूक की नली से निकलती है

सही उत्तर का चयन कीजिए :

	(*a*)	(*b*)	(*c*)	(*d*)
A.	(*i*)	(*ii*)	(*iii*)	(*iv*)
B.	(*ii*)	(*i*)	(*iv*)	(*iii*)
C.	(*i*)	(*iv*)	(*ii*)	(*iii*)
D.	(*ii*)	(*iv*)	(*iii*)	(*i*)

35. 'नौकरशाही' शब्द का सर्वप्रथम प्रयोग किसने किया?

A. मैक्स वेबर
B. हरबर्ट ए. साइमन
C. हेनरी फेयोल
D. विन्सेंट डी गोरने

36. किसने कहा, "स्वतंत्रता अति-शासन की विरोधी है"?

A. लॉक
B. लास्की
C. हॉब्स
D. सीले

37. दिए गए निम्न भारतीय अधिनियमों में, किस अधिनियम के द्वारा भारतीय प्रान्तों में द्वैधशासन की स्थापना की गई?

A. 1909 का भारत शासन अधिनियम
B. 1919 का भारत शासन अधिनियम
C. 1935 का भारत शासन अधिनियम
D. 1947 का भारतीय स्वतंत्रता अधिनियम

38. 1963 में लोकपाल शब्द का प्रतिपादन सर्वप्रथम किसने किया?

A. चौधरी चरण सिंह
B. मोरारजी देसाई
C. ज्योति बसु
D. एल.एम. सिंघवी

39. हर राज्य की पहचान इस बात से होती है कि उसने किन अधिकारों को मान्यता दे रखी है, ... राज्य अधिकरों को जन्म नहीं देता, बल्कि उन्हें मान्यता प्रदान करता है। यह कथन किसका है?

A. महात्मा गाँधी
B. हेराल्ड जोसेफ लास्की
C. जॉन राल्स
D. राबर्ट नॉजिक

40. 'शक्ति के संदर्भ में किया जाने वाला राजनीतिक कार्य राजनीति है।' यह परिभाषा दी है :

A. सेबाइन ने
B. गार्नर ने
C. लासवेल ने
D. बार्कर ने

41. भारत की संसद मंत्रिपरिषद के कार्यों पर इनके माध्यम से नियंत्रण स्थापित करती है

1. स्थगन प्रस्ताव
2. प्रश्न काल
3. पूरक प्रश्न

नीचे दिए गए कूट का प्रयोग करते हुए सही उत्तर का चयन कीजिए :

A. केवल 1
B. 2 और 3
C. 1 और 3
D. 1, 2 और 3

42. निम्न उपागमों में से किस एक उपागम की दो मुख्य माँगें थीं– प्रासंगिकता एवं कार्रवाई?

A. व्यवहारवाद
B. उत्तर-व्यवहारवाद
C. सम्प्रेषण सिद्धांत
D. निर्णय-निर्माण सिद्धांत

43. प्रकृति ने मानवजाति को दो स्वामियों सुख और दुःख की अधीनता में रखा है। यह विचार है :

A. अरस्तू का
B. महात्मा गाँधी का
C. बेन्थम का
D. मार्क्स का

44. निम्नांकित वक्तव्यों पर ध्यान दीजिए :

1. भारत संघ की कार्यपालिका शक्तियाँ प्रधानमंत्री में निहित हैं।
2. प्रधानमंत्री सिविल सेवा बोर्ड का पदेन अध्यक्ष होता है।

ऊपर दिए गए वक्तव्यों में कौन-सा/से सही है/हैं?

A. केवल 1
B. केवल 2
C. 1 और 2 दोनों
D. न ही 1 न ही 2

45. पूना समझौता पर हस्ताक्षरकर्त्ता कौन थे?

A. गाँधी – जिन्ना
B. गाँधी – अम्बेडकर
C. अम्बेडकर – नेहरू
D. जिन्ना – नेहरू

46. "भारत की सम्प्रभुता, एकता और अखण्डता को धारित और रक्षित करना"– यह प्रावधान है :

A. संविधान की प्रस्तावना में
B. राज्य के नीति-निदेशक सिद्धांतों में
C. मूल अधिकारों में
D. मूल कर्त्तव्यों में

47. भारतीय संविधान के अनुच्छेद 263 के अनुसार एक अंतर्राज्य परिषद की स्थापना निम्न में से किसके द्वारा की जा सकती है?
A. राष्ट्रपति द्वारा
B. संसद द्वारा
C. राष्ट्रीय विकास परिषद द्वारा
D. नीति आयोग द्वारा

48. निम्नांकित में से कौन-सी डॉ. अम्बेडकर की रचनाएँ हैं?
1. एन्नीहिलेशन ऑफ कास्ट
2. थॉट ऑन पाकिस्तान
3. रानाडे, गाँधी एण्ड जिन्ना
4. द बुद्धा एण्ड हिज धम्म
A. 1 और 3 B. 1, 2 और 4
C. 1 और 4 D. 1, 2, 3 और 4

49. यह किसका कथन है कि, "द्विसदनात्मक विधायिका ऐसी संसद है, जो अपने ही विरुद्ध विभाजित होती है"?
A. बार्कर B. गार्नर
C. गिलक्राइस्ट D. ब्राइस

50. राज्य के आवश्यक तत्त्व हैं :
A. जनसंख्या, भूभाग, समुद्र, सरकार
B. राष्ट्रपति, सम्प्रभुता, राजनीतिक दल, भूभाग
C. आर्थिक संसाधन, जनसंख्या, सरकार, सम्प्रभुता
D. भूभाग, जनसंख्या, सरकार, सम्प्रभुता

51. निम्नलिखित में से कौन लोकतंत्र का एक सिद्धांतकार नहीं है?
A. एलेक्स डी टाकविले B. जे.जे. रूसो
C. जे.एस. मिल D. ई.डब्ल्यू. नीत्शे

52. निम्नलिखित में से कौन-सा एक लक्षण संप्रभुता का नहीं है?
A. पूर्णता B. सार्वभौमिकता
C. अदेयता D. विभाज्यता

53. अगर कांग्रेस विभाजन स्वीकार करती है, तो यह मेरे मृतक शरीर पर से ही होगा। यह कथन किसका है?
A. जवाहरलाल नेहरू का
B. बी.आर. अम्बेडकर का
C. महात्मा गाँधी का
D. सुभाष चन्द्र बोस का

54. निम्न में से किसने 1951 में, नेहरू मंत्रिमंडल से हिन्दू कोड बिल को लेकर त्यागपत्र दिया?
A. बी.एस. मुंजे B. बी.आर. अम्बेडकर
C. सी. राजगोपालाचारी D. आर.के. षणमुखम चेट्टी

55. संविधान का कौन-सा अनुच्छेद यह व्यवस्था देता है कि प्राथमिक शिक्षा के स्तर पर मातृभाषा में निर्देश देने की समुचित सुविधा प्रदान करना प्रत्येक राज्य का प्रयत्न होना चाहिए।
A. 349 B. 350
C. 351 D. 350-A

56. किसने कहा, "समानता की अभिलाषा के कारण स्वतंत्रता की आशा ही व्यर्थ हो गई"।
A. एच. लास्की B. लॉक
C. लॉर्ड एक्टन D. जी.डी.एच. कोल

57. वैध सम्प्रभु वह निश्चित सत्ता है जो राज्य के सर्वोच्च आदेशों को वैध रूप में व्यक्त कर सके, वह सत्ता जो दैवीय कानून, नैतिक सिद्धांतों तथा जनमत की उपेक्षा कर सके। यह परिभाषा दी है :
A. बार्कर B. सीले
C. गार्नर D. गिलक्राइस्ट

58. किसके अनुसार, आक्रामक राष्ट्रवाद के चार प्रमुख तत्त्व थे– स्वदेशी, बहिष्कार, राष्ट्रीय शिक्षा तथा निष्क्रिय प्रतिरोध?
A. लाला लाजपत राय B. बाल गंगाधर तिलक
C. अरविन्द घोष D. विपिन चन्द्र पाल

59. भारत में रह रहा एक ब्रिटिश नागरिक किस अधिकार का दावा नहीं कर सकता?
A. व्यापार और व्यवसाय की स्वतंत्रता
B. विधि के समक्ष समानता
C. जीवन और व्यक्तिगत स्वतंत्रता की रक्षा
D. धर्म की स्वतंत्रता

60. भारत की संचित निधि से धन-निकासी का प्राधिकार प्राप्त होता है :
A. भारत के राष्ट्रपति से B. भारत की संसद से
C. भारत के प्रधानमंत्री से D. केन्द्रीय वित्त मंत्री से

61. यह किसने लिखा है कि, "हॉब्स की प्राकृतिक दशा का दैत्य, मनुष्य कभी भी नहीं हो सकता"?
A. स्पिनोजा B. बर्नार्ड शॉ
C. बार्कर D. गार्नर

62. निम्नलिखित में से कौन-सा ससंद की सबसे बड़ी समिति है?
A. लोक लेखा समिति B. प्राक्कलन समिति
C. लोक उपक्रम समिति D. याचिका समिति

63. सूची–I को सूची–II से सुमेलित कीजिए तथा नीचे दिए गए कूट का प्रयोग करते हुए सही उत्तर का चयन कीजिए :

सूची-I	**सूची-II**
(*a*) बिपिन चन्द्र पाल	(*i*) गीता रहस्य
(*b*) बी.आर. अम्बेडकर	(*ii*) हिन्द स्वराज
(*c*) एम.के. गाँधी	(*iii*) द सोल ऑफ इण्डिया
(*d*) बी.जी. तिलक	(*iv*) थाट्स ऑन लिंग्विस्टिक स्टेट्स

कूटः

	(*a*)	(*b*)	(*c*)	(*d*)
A.	(*iii*)	(*iv*)	(*ii*)	(*i*)
B.	(*iii*)	(*iv*)	(*i*)	(*ii*)
C.	(*iv*)	(*iii*)	(*ii*)	(*i*)
D.	(*i*)	(*ii*)	(*iii*)	(*iv*)

उत्तरमाला

भाग-I

1. (I)	1. (II)	1. (III)	1. (IV)
B	D	C	C

भाग-II

खण्ड-I : भूगोल

	2	3	4	5	6	7	8	9	10
	A	B	C	A	D	A	C	D	C
11	12	13	14	15	16	17	18	19	20
A	C	D	D	C	A	D	C	B	B
21	22	23	24	25	26	27	28	29	30
A	A	A	A	A	C	D	B	C	C
31	32	33	34	35	36	37	38	39	40
B	A	B	D	B	B	A	D	D	C
41	42	43	44	45	46	47	48	49	50
A	A	D	D	B	D	D	C	C	C
51	52	53	54	55	56	57	58	59	60
C	A	A	C	C	A	B	D	D	A
61	62	63							
D	C	B							

खण्ड-II : इतिहास

	2	3	4	5	6	7	8	9	10
	B	C	D	C	C	A	A	B	D
11	12	13	14	15	16	17	18	19	20
B	D	B	C	D	A	C	B	A	B
21	22	23	24	25	26	27	28	29	30
C	C	C	B	C	C	A	C	C	A
31	32	33	34	35	36	37	38	39	40
C	A	D	B	C	D	A	A	C	D
41	42	43	44	45	46	47	48	49	50
B	A	A	B	A	B	C	C	B	A
51	52	53	54	55	56	57	58	59	60
C	C	B	D	C	C	D	C	C	D
61	62	63							
B	A	D							

खण्ड-III : अर्थशास्त्र

	2	3	4	5	6	7	8	9	10
	A	C	B	C	A	B	B	A	C
11	12	13	14	15	16	17	18	19	20
B	C	D	D	D	D	C	B	A	C

21	22	23	24	25	26	27	28	29	30
C	D	D	D	C	B	C	A	D	A
31	**32**	**33**	**34**	**35**	**36**	**37**	**38**	**39**	**40**
C	A	A	B	A	C	D	C	C	C
41	**42**	**43**	**44**	**45**	**46**	**47**	**48**	**49**	**50**
B	B	B	D	C	B	C	B	A	B
51	**52**	**53**	**54**	**55**	**56**	**57**	**58**	**59**	**60**
C	A	B	B	B	B	D	D	D	B
61	**62**	**63**							
D	B	B							

खण्ड-IV : नागरिक शास्त्र

	2	3	4	5	6	7	8	9	10
	C	A	D	B	A	D	B	D	B
11	**12**	**13**	**14**	**15**	**16**	**17**	**18**	**19**	**20**
C	A	C	A	C	A	D	D	D	D
21	**22**	**23**	**24**	**25**	**26**	**27**	**28**	**29**	**30**
B	D	A	A	A	B	A	C	C	C
31	**32**	**33**	**34**	**35**	**36**	**37**	**38**	**39**	**40**
C	B	B	A	D	D	B	D	B	C
41	**42**	**43**	**44**	**45**	**46**	**47**	**48**	**49**	**50**
D	B	C	D	B	D	A	D	B	D
51	**52**	**53**	**54**	**55**	**56**	**57**	**58**	**59**	**60**
D	D	C	B	D	C	C	B	A	B
61	**62**	**63**							
A	B	A							

पिछले प्रश्न-पत्र (हल सहित)

उ.प्र. प्रशिक्षित स्नातक शिक्षक (TGT)

सामाजिक विज्ञान

भर्ती परीक्षा, 2019*

भाग-I

1. I. अन्तर्राष्ट्रीय तिथि रेखा कहाँ से होकर गुजरती है?
A. 90° पश्चिमी देशान्तर के ठीक सहारे
B. 180° पूर्व/पश्चिम के सहारे, परन्तु भू-खण्डों से बचकर
C. 90° पूर्वी देशान्तर के ठीक सहारे
D. प्रधान देशान्तर के सहारे, लेकिन भू-खण्डों से बचकर

1. II. हड़प्पा सभ्यता का प्रसिद्ध वृहत् स्नानागार कहाँ स्थित था?
A. हड़प्पा B. मोहनजोदड़ो
C. रंगपुर D. लोथल

1. III. कार्डिनल उपयोगिता सिद्धान्त के लिए निम्नलिखित में से कौन-सी पूर्णधारणा आवश्यक नहीं है?
A. उपभोक्ता की विवेकशीलता
B. मुद्रा की स्थिर सीमान्त उपयोगिता
C. पूर्णतः प्रतियोगी बाजार
D. उपयोगिता की योगात्मकता

1. IV. "लोकतांत्रिक केन्द्रवाद" का सिद्धान्त किसने दिया?
A. माओ B. लेनिन
C. लास्की D. स्टालिन

भाग-II

खण्ड-I : भूगोल

2. कौन-सी नहर प्रशांत और अटलांटिक महासागर को जोड़ती है?
A. कील B. स्वेज
C. पनामा D. सेंट सू मैरी

3. विश्व में सर्वाधिक कॉफी उत्पादक देश है :
A. भारत B. ब्राजील
C. वेस्ट इंडीज D. इथियोपिया

4. कौन-सी नदी कश्मीर घाटी से बहती है?
A. झेलम B. तीस्ता
C. रावी D. ब्यास

5. फ्रांस के ऊपर आल्प्स से रोन घाटी से होकर भूमध्य सागर की ओर बहने वाली पवन _____ कहलाती है।
A. हरमट्टन B. सिरोक्को
C. फॉहन D. मिस्ट्रल

6. कौन-सा एक अंतर्जनित बल नहीं है?
A. तनाव B. संपीड़न
C. भ्रंशन D. अपरदन

7. मध्य प्रशांत महासागर से गुजरने वाली अंतर्राष्ट्रीय तिथि रेखा सामान्यतया _____ का अनुसरण करती है।
A. 180° देशांतर
B. 0° देशांतर
C. 40° पश्चिम देशांतर
D. 90° पूर्व देशांतर

8. ऊर्ध्वाधर संधियों में घुसने वाला और ठोस हो जाने वाला मैग्मा _____ कहलाता है।
A. डाइक B. सिल
C. लोपोलिथ D. बैथोलिथ

* *Held on 8 March, 2019.*

9. जब उष्ण और हल्की वायु ठंडे और अधिक गहरी वायु के विरुद्ध चलती है, तो पूर्ववर्ती दूसरी के ऊपर चढ़ जाती है। एक वाताग्र ______ कहलाता है।

A. शीत वाताग्र B. उष्ण वाताग्र
C. अवरुद्ध वाताग्र D. स्थिर वाताग्र

10. ध्रुवीय वाताग्र सिद्धांत ______ द्वारा प्रतिपादित किया गया।

A. वी. जर्कनेस B. फिट्ज़रॉय
C. शॉ D. लैंपफर्ट

11. प्रकाशीय क्षेत्र की गहराई ______ के बीच है।

A. 800–1000 मीटर B. 200 मीटर तक
C. 500–1000 मीटर D. 1.5 कि.मी. तक

12. क्यूरोशियो धारा ______ में देखी जाती है।

A. अटलांटिक महासागर B. प्रशांत महासागर
C. हिंद महासागर D. कोई नहीं

13. तापीय ऊर्जा परियोजना निम्नलिखित में से किस पर कोई प्रभाव नहीं डालता?

A. वायु प्रदूषण B. भूमि प्रदूषण
C. ध्वनि प्रदूषण D. जल प्रदूषण

14. एक पारिस्थितिकी तंत्र में सकल प्राथमिक उत्पादन से हानियाँ घटाकर इंगित की जाती हैं :

A. निवल ऊर्जा B. द्वितीयक उत्पादन
C. निवल भंडारण D. निवल प्राथमिक उत्पादन

15. कृषि भूमि प्रयोग मॉडल एक आर्थिक मॉडल है। यह ______ द्वारा बताया गया है।

A. वॉन थ्यूनेन B. वीवर
C. वेबर D. पेंक

16. भारत में जनसंख्या की नकारात्मक वृद्धि ______ में हुई थी।

A. 1921–1951 B. 1911–1921
C. 1981–2001 D. 2001–2011

17. भारत में कौन-सा राज्य कॉफी का सबसे बड़ा उत्पादक है?

A. केरल B. असम
C. पश्चिम बंगाल D. कर्नाटक

18. भारत में नगरी बस्ती के लिए एक निकष है :

A. 5000 या अधिक जनसंख्या
B. 3000 या अधिक जनसंख्या
C. 4000 या अधिक जनसंख्या
D. 7500 या अधिक जनसंख्या

19. डेट्राइट ______ के लिए प्रसिद्ध है।

A. स्वचालित वाहन उद्योग B. सूती उद्योग
C. रेयॉन उद्योग D. रसायन उद्योग

20. नई दिल्ली का सी.बी.डी. है :

A. नोएडा B. गुरुग्राम
C. गाजियाबाद D. कनॉट प्लेस

21. हीलियोसेंट्रिक सिद्धांत को ______ द्वारा प्रतिपादित किया गया।

A. कॉपरनिकस B. टोलेमी
C. लाप्लेस D. चैंबरलिन

22. किसे आर्कटिक वृत्त कहा जाता है?

A. 66.5° उत्तर B. 23.5° उत्तर
C. 66.5° दक्षिण D. 90° उत्तर

23. अपने ही स्थान पर शैलों की विघटन और अपघटन की प्रक्रिया कहलाती है :

A. अपक्षय B. अपरदन
C. भूस्खलन D. साधारण भूस्खलन

24. कणिकामय विघटन ______ का एक उदाहरण है।

A. यांत्रिक अपक्षय B. रासायनिक अपक्षय
C. पादप अपक्षय D. कोई नहीं

25. मध्यकपासी ______ का एक उदाहरण है।

A. निम्न मेघ B. मध्य मेघ
C. उच्च मेघ D. कोई नहीं

26. कोपेन का जलवायु वर्गीकरण ______ पर आधारित था।

A. जलवायु दशाएँ B. वर्षा और तापमान
C. वनस्पति मण्डल D. कोई नहीं

27. एक संक्रमण क्षेत्र, जहाँ पादप समुदाय प्राकृतिक रूप से एक-दूसरे में मिलते हैं, ______ कहलाते हैं।

A. संक्रामिका B. पारिस्थितिकी तंत्र
C. प्लवक जीव D. तरणक जलचर

28. स्थिर तरंग सिद्धांत ______ द्वारा प्रतिपादित किया गया।

A. लाप्लेस B. हैरिस
C. डेविस D. डैली

29. निम्नलिखित में से कौन-सा जैव निम्नीकरणीय नहीं है?

A. जीव B. पादप
C. प्लास्टिक पदार्थ D. इनमें से कोई नहीं

30. आसन्न पारिस्थितिकी तंत्रों के मध्य एक सीमा संक्रमण क्षेत्र ______ कहलाता है।

A. इकोटोन B. बायोम
C. पारिस्थितिकी तंत्र D. आवास

31. एक नदी, झील या झरने जैसे जलापूर्ति वाले स्रोत के निकट स्थित एक स्थान ______ कहलाता है।

A. शुष्क बिंदु बस्ती B. नम बिंदु बस्ती
C. रक्षक स्थान D. बाजार बस्ती

32. राष्ट्रीय जनसंख्या नीति, 2000 का लक्ष्य क्या था?

A. कुल प्रजनन दर को 2010 तक 2.1 तक लाना
B. सभी गाँवों को बिजली देना
C. एच.आई.वी. को पूर्णतः उन्मूलित करना
D. शहरी गरीबों को घर देना

33. निम्नलिखित में से कौन-सा एक उत्तम गुणवत्ता का कोयला है?
A. पीट B. लिग्नाइट
C. बिटुमिनस D. एंथ्रेसाइट

34. निम्नलिखित में से किसे काली पृथ्वी मृदा कहते हैं?
A. पोडजोल B. लैटेराइट
C. चर्नोजेम D. पेडोकल

35. भारत का उत्तर-दक्षिण विस्तार है :
A. 2500 कि.मी. B. 3214 कि.मी.
C. 2933 कि.मी. D. 3600 कि.मी.

36. पूर्वी और पश्चिमी घाट _____ पर मिलते हैं।
A. कार्डमॉम पहाड़ियाँ B. अन्नामलाई पहाड़ियाँ
C. नीलगिरी पहाड़ियाँ D. पलानी पहाड़ियाँ

37. ग्रीष्म अपनांत _______ को होता है।
A. 22 दिसंबर B. 21 मार्च
C. 21 जून D. 23 सितंबर

38. भारत में अपनाई गई मानक मध्याह्न (मेरिडियन) है :
A. 82°30' पूर्व B. 84°30' पूर्व
C. 82°30' पश्चिम D. 84°30' पश्चिम

39. निम्नलिखित में से कौन-सा बड़ी प्लेट का एक उदाहरण है?
A. प्रशांत प्लेट B. कोकोस प्लेट
C. नास्का प्लेट D. फिलीपींस प्लेट

40. पीडमाँट मैदान _______ द्वारा बने हैं।
A. पवन B. ग्लेशियर
C. नदी D. भौम जल

41. संवहनीय वर्षा अधिकांशतः प्रतिदिन ________ में होती है।
A. ध्रुवीय क्षेत्र
B. शीतोष्ण क्षेत्र
C. हिमालयी पर्वतीय क्षेत्र
D. भूमध्य रेखीय क्षेत्र

42. महाद्वीपीय उद्भव के अवसाद _____ कहलाते हैं।
A. ज्वालामुखीय B. भूजात
C. खारे पानी के पौधे D. कोई नहीं

43. भारत में, उच्चतम ज्वार क्षेत्र _______ के पास देखा जाता है।
A. गुजरात तट B. सुंदरबन क्षेत्र
C. विशाखापट्टनम D. तमिलनाडु तट

44. पर्यावरणीय निम्नीकरण भारत में निम्नलिखित में से किस क्षेत्र में उच्चतम है?
A. हिमालय B. छोटा नागपुर पठार
C. मैसूर का पठार D. विंध्य पठार

45. ऊर्जा का पिरामिड सदैव _______ होता है।
A. उल्टा B. सीधा
C. दोनों D. वन प्रणाली में उल्टा

46. किसने भूमि प्रयोग अध्ययन आरंभ किया और ब्रिटेन का भूमि प्रयोग मानचित्र प्रस्तावित किया?
A. मैकिंडर B. एल.डी. स्टॅम्प
C. गेडेस D. उक्त में से कोई नहीं

47. मसाई जनजाति _______ में पाई जाती है।
A. अफ्रीका B. कनाडा
C. अंटार्कटिका D. उक्त में से कोई नहीं

48. मछली पकड़ना ______ के अंतर्गत आता है।
A. प्राथमिक गतिविधि B. द्वितीयक गतिविधि
C. तृतीयक गतिविधि D. चतुर्थक गतिविधि

49. आसवान परियोजना ______ की एक परियोजना थी।
A. मिस्र B. सियॉन
C. साओ पौलो D. हॉल्बू

50. अल्फाल्फा है :
A. एक कस्बा B. एक जनजाति
C. एक प्रकार की घास D. एक खनिज

51. कोरोमंडल तट _______ में स्थित है।
A. कर्नाटक B. तमिलनाडु
C. आंध्र प्रदेश D. उड़ीसा

52. निम्नलिखित ग्रहों में से, कौन-सा बाह्य ग्रह है?
A. शुक्र B. मंगल
C. यूरेनस D. पृथ्वी

53. पृथ्वी एक घूर्णन लगभग _______ में पूरा करती है।
A. 24 घंटे B. 22 घंटे
C. 26 घंटे D. 20 घंटे

54. महाद्वीपीय धारा के सिद्धांत के अनुसार, 250 मिलियन वर्ष पूर्व केवल 1 महाद्वीप और एक महासागर था, उस महासागर का नाम था :
A. पैंजिया B. पैंथालासा
C. लारेशिया D. ऑस्ट्रेलेशिया

55. भूकंप की तीव्रता (Intensity) मापने के लिए, हम ______ का प्रयोग करते हैं।
A. मर्कली पैमाना B. रिएक्टर पैमाना
C. दोनों D. बैरोमीटर

56. शहरी और औद्योगिक केंद्रों में जब धुएँ के साथ कोहरा मिल जाता है, तो इसे _____ कहते हैं।
A. धूम कोहरा B. कुहासा
C. ओस D. पाला

57. निम्नलिखित में से कौन-सा भारत के पूर्वी तट में शीत ऋतु की वर्षा के लिए अधिक उत्तरदायी है?
A. शीतोष्ण चक्रवात B. उष्ण कटिबंधीय चक्रवात
C. उत्तरी-पूर्वी मानसून D. कोई नहीं

58. महासागरों और सागरों में पाई जाने वाली औसत लवणता है :
A. 33‰ B. 35‰
C. 37‰ D. 40‰

59. प्रवाल भित्तियाँ ______ की बनी होती हैं।
A. कोरल पॉलिप्स् B. रेडियोलेरीयन पंक
C. डायअॅटम पंक D. कैल्शियमयुक्त पंक

60. निम्नलिखित में से कौन-सा शब्द होमो सेपियन्स से संबंधित है?
A. शाकाहारी B. माँसाहारी
C. सर्वाहारी D. स्वयंपोषी

61. 'एर्डकुंडे' पुस्तक ______ द्वारा लिखी गई है।
A. हम्बोल्ट B. रिटर
C. रैटजेल D. विडाल डाला ब्लाचे

62. 'लिबेंस्रोयम' की संकल्पना ______ द्वारा विकसित की गई।
A. टेलर B. रैटजेल
C. हेटनर D. रिक्टोफेन

63. "जनसंख्या के सिद्धांतों पर एक निबंध" ______ द्वारा लिखा गया।
A. मार्क्स B. माल्थस
C. एडम स्मिथ D. रिकार्डो

खण्ड-II : इतिहास

2. "सत्य शोधक समाज" की स्थापना निम्नलिखित में से किसने की?
A. राजाराम मोहन राय B. संत तुकाराम
C. महात्मा ज्योतिबा फुले D. इनमें से कोई नहीं

3. "यंग बंगाल" आंदोलन के पीछे प्रेरणा कौन था?
A. मधुसूदन दत्त B. हेनरी विवियन डेरोजियो
C. कृष्ण मोहन बॅनर्जी D. राम गोपाल घोष

4. स्वराज, भारत के राजनैतिक प्रयासों का लक्ष्य था—यह दादाभाई नौरोजी द्वारा _____ में घोषित किया गया था।
A. कलकत्ता सत्र, 1886 B. कलकत्ता सत्र, 1906
C. लाहौर सत्र, 1885 D. बॉम्बे सत्र, 1889

5. निम्नलिखित में से कौन-सी संभवतः भारत में प्रयोग की जाने वाली प्रथम धातु थी?
A. लोहा B. ताँबा
C. सोना D. चाँदी

6. प्राचीन भारतीय लेखों के अनुसार निम्नलिखित में से कौन-सी दो नदियों के बीच की भूमि 'ब्रह्मावर्त' कहलाती है?
A. सरस्वती नदी और दृषवती नदी
B. सरस्वती नदी और सरयू नदी
C. सुतुद्री नदी और विपासा नदी
D. गंगा नदी और यमुना नदी

7. हड़प्पा सभ्यता की पहली खगोलीय पर्यवेक्षण शाला निम्नलिखित में से किस प्राचीन भारतीय स्थल पर पाई गई है?
A. चंहुदड़ो B. रूपर
C. दायमाबाद D. धोलावीरा

8. निम्नलिखित में से कौन-सा कर्मकांडी वेद है?
A. ऋग्वेद B. यजुर्वेद
C. सामवेद D. अथर्ववेद

9. निम्नलिखित में से क्या ईसा की प्रथम सदी के आस-पास विकसित मथुरा कला शाला में मूर्तिकला के लिए प्रयुक्त होता था?
A. संगमरमर B. स्लेट पत्थर
C. ग्रेनाइट D. लाल बलुआ पत्थर

10. निम्नलिखित पर विचार करें :
1. नालंदा विश्वविद्यालय और विक्रमशिला विश्वविद्यालय दोनों पाल वंश के दौरान विकसित हुए।
2. नालंदा विश्वविद्यालय और विक्रमशिला विश्वविद्यालय दोनों खिलजी वंश द्वारा नष्ट कर दिए गए।

उक्त कथनों में से कौन-सा सत्य है?
A. केवल 1
B. केवल 2
C. 1 और 2 दोनों
D. न तो 1 और न ही 2

11. अहमद शाह अब्दाली ने निम्नलिखित में से किस मुगल शासक के शासनकाल में सर्वप्रथम भारत पर आक्रमण किया?
A. मोहम्मद शाह B. अहमद शाह
C. शाह आलम II D. अकबर II

12. निम्नलिखित में से किसके लिए शेरशाह सूरी को नहीं जाना जाता?
A. नागरिक प्रशासन की प्रणाली का संगठन
B. पहला रुपया जारी करने के लिए जो 20वीं सदी तक प्रयोग होता रहा
C. नहरों द्वारा सिंचाई की प्रणाली शुरू करने के लिए
D. सभी शेरशाह सूरी द्वारा किए गए

13. निम्नलिखित में से किसने कश्मीर में शालीमार और निशात बाग की नींव रखी?
A. अकबर B. जहाँगीर
C. शाहजहाँ D. नूरजहाँ

14. निम्नलिखित में से किस युद्ध में पहली बार तोपखाने का प्रयोग किया गया?
A. पानीपत का प्रथम युद्ध B. पानीपत का द्वितीय युद्ध
C. तराइन का द्वितीय युद्ध D. खानवा का युद्ध

15. 1556 में दिल्ली को खोनेवाला हिंदू शासक कौन था?
A. पृथ्वीराज चौहान B. हेमू
C. राणा संग्राम सिंह D. मेधिनी रॉय

16. बाबर की मृत्यु 26 दिसंबर, 1530 में हुई और उसे आगरा के आरामबाग में दफनाया गया। बाद में शेरशाह के शासनकाल के दौरान उसके शरीर को निम्नलिखित में से किस स्थान पर ले जाकर दफनाया गया?
A. दिल्ली B. फरगना
C. काबुल D. समरकंद

17. ब्रिटिश काल के दौरान भारत का शीर्ष न्यायालय निम्नलिखित में से कौन-सा था?
A. फेडरल कोर्ट B. प्रेसिडेंसी कोर्ट
C. प्रिवी काउंसिल D. इंग्लैंड का सुप्रीम कोर्ट

18. निम्नलिखित में से कौन मुगल बादशाह अकबर II की ओर से पैरवी करने के लिए बादशाह के राजदूत के साथ इंग्लैंड गए थे?
A. अजीमुल्लाह खान B. राजाराम मोहन रॉय
C. महाराजा तेजचंद्र रे D. राजा राधाकांत देब

19. भारतीय राष्ट्रीय कांग्रेस की पहली महिला अध्यक्ष कौन थी?
A. सरोजिनी नायडू B. सुचेता कृपलानी
C. राजकुमारी अमृत कौर D. एनी बेसेंट

20. गदर आंदोलन के शुरू होने का सबसे महत्वपूर्ण कारण था :
A. प्रथम विश्व युद्ध का आरंभ
B. करतार सिंह सराभा को फाँसी
C. कामागाटा मारू घटना
D. लाला हरदयाल की गिरफ्तारी

21. प्राचीन भारत की जोरवे संस्कृति निम्नलिखित राज्यों में से किस स्थान के नाम पर ही नामित की गई है?
A. राजस्थान B. गुजरात
C. कर्नाटक D. महाराष्ट्र

22. सिंधु घाटी सभ्यता का उद्वाचन अभी तक नहीं किया गया है। निम्नलिखित कारणों पर विचार करें :
1. उनकी भाषा के बारे में कोई जानकारी नहीं है।
2. अभिलेखों की छोटी लंबाई।
3. द्विभाषा लेखों की अनुपस्थिति।
उक्त में से कौन-सा/से सही कारण है?
A. केवल 1
B. 1 और 2
C. 1 और 3
D. 1, 2 और 3

23. "तमसो मा ज्योतिर्गमय" या 'हमें अंधकार से प्रकाश की ओर ले चलो' यह निम्नलिखित में से किस उपनिषद् से आता है?
A. छांदोग्य B. मांडुक्य
C. मुंडक D. बृहदारण्यक

24. निम्नलिखित में से कौन-सा बौद्ध धर्म के विस्तार का प्रथम मूर्त साक्ष्य माना जाता है?
A. बुद्ध की मूर्ति B. अशोक के शिलालेख
C. महाविभाषा D. जातक कथाएँ

25. पुष्यमित्र शुंग के बाद शासक कौन बना था?
A. अग्निमित्र B. सुज्येष्ट
C. वज्रमित्र D. देवभूति

26. ग्वालियर के निकट बाघ की गुफाएँ निम्नलिखित में से किस युग की चित्रकला का प्रतिनिधित्व करती है?
A. मौर्य युग B. गुप्त युग
C. कुषाण युग D. रजपूत युग

27. निम्नलिखित में से कौन-सा शासक मामूलक वंश का था?
A. अल्लाउद्दीन खिलजी
B. इब्राहिम लोदी
C. बलबन
D. मोहम्मद गोरी

28. इब्न बतूता, प्रसिद्ध मुस्लिम अन्वेषक जो मोहम्मद बिन तुगलक के शासनकाल में भारत आया, वह किस देश से था?
A. अफगानिस्तान B. मोरक्को
C. इराक D. ईरान

29. निम्नलिखित में से किसने 1613 ईसा में सूरत में अंग्रेजों द्वारा कारखाना स्थापित करने के लिए फरमान जारी करने हेतु जहाँगीर को प्रभावित किया?
A. अंग्रेजों और पुर्तगालियों के बीच समन्वय
B. मुगल बादशाहों को पुर्तगालियों को बाहर निकालने के लिए एक गुप्त नौसैनिक सहायता
C. नूरजहाँ को भारी रिश्वत
D. अंग्रेजों द्वारा पुर्तगालियों के नौसैनिक स्क्वाड्रन की हार

30. महान मुगल साम्राज्य के संस्थापक बाबर ने अपना वंश _____ से जोड़ा था।
A. पिता के वंश से तैमूर और माता के वंश से चंगेज खान
B. पिता के वंश से चंगेज खान और माता के वंश से तैमूर
C. पिता और माता के वंश से चगताई तुर्क
D. पिता और माता के वंश से मंगोलियाई

31. फिरोजशाह तुगलक के शासनकाल में निम्नलिखित में से कौन-सा कर युद्ध के दौरान प्राप्त लूट का 1/6 था?
A. खराज B. खम्स
C. जकात D. जजिया

32. अष्टप्रधान जो शिवाजी के मराठा साम्राज्य के प्रशासन में सहायता करते थे, के संदर्भ में निम्न में से कौन केंद्रीय प्रशासन के प्रभारी थे?

A. मोरो त्रिंबक पिंगले
B. रामचंद्र नीलकंठ मुजुमदार
C. अन्नाजी दत्तो
D. दत्ताजी त्रिंबक वाकनीस

33. निम्नलिखित में से किस मामले में, वी.डी. सावरकर को 1911 में अंडमान और निकोबार द्वीपसमूह की कुविख्यात सेल्युलर जेल में आजीवन भेजे जाने की सजा दी गई थी?

A. अलीपुर बम केस
B. नासिक षड्यंत्र केस
C. दिल्ली षड्यंत्र केस
D. लाहौर षड्यंत्र केस

34. सी.आर. दास की मृत्यु के बाद स्वराज पार्टी का दलों में विभाजन हो गया था और प्रतिक्रियावादी दल ने ______ द्वारा/के लिए कार्य किया।

A. ब्रिटिश सरकार के साथ सहयोग करके हिंदू हितों की रक्षा करना
B. असंतुष्टों के रूप में कार्य करके विधायी कार्यों में बाधा उत्पन्न करना
C. गाँधी के रचनात्मक कार्यों के पक्ष में कांग्रेस के अपरिवर्तनवादियों से सहयोग
D. कांग्रेस के भीतर पार्टी की अलग पहचान बनाए रखना

35. निम्नलिखित में से किसने भारतीय विश्वविद्यालयों में धार्मिक शिक्षा के लिए प्रबलता से वकालत की?

A. बाल गंगाधर तिलक
B. स्वामी विवेकानंद
C. महात्मा गाँधी
D. मदन मोहन मालवीय

36. सामाजिक कानूनों को उसे पारित किए गए वर्षों के साथ मिलान कीजिए।

सूची-I	**सूची-II**
(*a*) सती का उन्मूलन	(*i*) 1843
(*b*) विधवा पुनर्विवाह कानून	(*ii*) 1804
(*c*) कन्या भ्रूणहत्या निषेध	(*iii*) 1829-30
(*d*) दास प्रथा का उन्मूलन	(*iv*) 1856

	(*a*)	(*b*)	(*c*)	(*d*)
A.	(*i*)	(*ii*)	(*iii*)	(*iv*)
B.	(*ii*)	(*i*)	(*iv*)	(*iii*)
C.	(*iii*)	(*iv*)	(*ii*)	(*i*)
D.	(*iii*)	(*iv*)	(*i*)	(*ii*)

37. भारतीय स्थल पर "गड्ढे खोदने" के प्राचीन साक्ष्य निम्नलिखित में से किस पाए गए हैं?

A. लोथल और कालीबँगन
B. बुर्जहोम और रंगपुर
C. रूपर और रंगपुर
D. कालीबँगन और सुरकोटदा

38. निम्नलिखित में से कौन-सा वैदिक लेख पहली बार "पुनर्जन्म के सिद्धांत" की प्रणालीगत व्याख्या देता है?

A. छांदोग्य उपनिषद्
B. मुंडकोपनिषद्
C. शतपथ ब्राह्मण
D. बृहदारण्यक उपनिषद्

39. 'निष्क' निम्नलिखित में से किस काल में विनिमय के एक माध्यम के रूप में प्रयुक्त था?

A. वैदिक काल
B. मौर्य काल
C. गुप्त काल
D. संगम काल

40. निम्नलिखित में से कौन-से कार्य अशोक द्वारा नियुक्त राजुक निष्पादित करते थे?

A. राजस्व कार्य
B. न्यायिक कार्य
C. धार्मिक कार्य
D. सैन्य कार्य

41. 'प्रशस्ति' का अर्थ क्या है?

A. यह एक शिलालेख था
B. यह एक तांबे की तश्तरी थी
C. यह धातु की तश्तरी पर एक राजसी चार्टर था
D. राजा की स्तुति

42. निम्नलिखित में से कौन-सा सही युग्म नहीं है?

A. एलोरा गुफाएँ — राष्ट्रकूट
B. महाबलिपुरम — पल्लव
C. खजुराहो — चंदेल
D. एलिफेंटा गुफाएँ — मौर्य काल

43. निम्नलिखित में से कौन-सा वाक्य असत्य है?

A. सिकंदर लोदी ने आगरा की स्थापना की
B. हरिहर-I ने दक्षिण के विजयनगर राजवंश की स्थापना की
C. बलबन ने कुतुबमीनार का निर्माण पूर्ण करवाया
D. सभी सही हैं

44. निम्नलिखित में से किसे दक्कन क्षेत्र में गुरिल्ला युद्धनीति का प्रणेता कहा जाता है?

A. शिवाजी
B. शाहजी भोसले
C. मलिक अंबर
D. मालोजी भोसले

45. निम्नलिखित में से दिल्ली सल्तनत के किस शासक ने स्वयं को 'सिकंदर-ए-सानी' घोषित किया?

A. बलबन
B. कैकूबाद
C. अलाउद्दीन खिलजी
D. फिरोज तुगलक

46. रैयतवारी व्यवस्था जो ब्रिटिश भारत के कुछ भागों में शुरू की गई थी, कृषि भूमि के कृषकों से राजस्व एकत्रित करने की दो मुख्य प्रणालियों में से एक थी। यह मूल रूप से ______ द्वारा शुरू की गई थी।

A. अकबर
B. शेरशाह सूरी
C. जहाँगीर
D. हुमायूँ

47. कौन-से चिश्ती सूफी संत को 'चिराग-ए-देहलवी' के लोकप्रिय नाम से जाना जाता था?

A. निजामुद्दीन औलिया B. शेख नसिरुद्दीन महमूद
C. कुतुबुद्दीन बख्तियार काकी D. उक्त में से कोई नहीं

48. निम्नलिखित में से किसने 1909 में लेफ्टिनेंट कर्नल सर विलियम कर्जन विली पर भारतीय स्वतंत्रता आंदोलन में क्रांति के प्रथम कार्य के रूप में आक्रमण किया?

A. मदनलाल धींगरा B. हरदयाल
C. उधम सिंह D. रोशन सिंह

49. निम्नलिखित में से किस सत्र में, 1916 में पृथक निर्वाचन क्षेत्र की स्वीकृति में कांग्रेस द्वारा मुस्लिम लीग को रियायत दी गई?

A. कलकत्ता B. लखनऊ
C. इलाहाबाद D. लाहौर

50. सही क्रम व्यवस्थित करें।

(*i*) रौलट एक्ट
(*ii*) गाँधी-इर्विन पैक्ट
(*iii*) मॉर्ले-मिन्टो सुधार
(*iv*) इल्बर्ट बिल

A. (*iv*), (*iii*), (*i*), (*ii*) B. (*iv*), (*ii*), (*iii*), (*i*)
C. (*iv*), (*iii*), (*ii*), (*i*) D. (*iii*), (*i*), (*ii*), (*iv*)

51. उर्दू कवि जो द्वितीय और तृतीय गोलमेज सम्मेलन दोनों के प्रतिनिधि थे :

A. अरुणा आसफ अली
B. मुहम्मद इकबाल
C. खान अब्दुल गफ्फार खान
D. फैज अहमद फैज

52. निम्नलिखित में से कौन-सा प्राचीन भारत के एक उपकरण परंपरा से नहीं जुड़ा है?

A. मोस्टेरियन B. अचुलियन
C. ओल्डोवान D. ग्रोशियन

53. निम्नलिखित में से कौन-सा ईसा पूर्व युग में प्राचीन भारतीय इतिहास की एक घटना नहीं है?

A. इंडो-ग्रीक साम्राज्य की स्थापना
B. विक्रम संवत् का आरंभ
C. चतुर्थ बौद्ध संगीति
D. खारवेल का हाथीगुंफा अभिलेख

54. ऋग्वेद संहिता की 1/4 ऋचाएँ _____ को निर्देशित करती हैं।

A. रुद्र B. मारुत
C. अग्नि D. इंद्र

55. जैन धर्म में एक पृथक संप्रदाय के रूप में श्वेतांबर की स्थापना _______ में परिणत हुई।

A. राजगृह B. वल्लभी
C. उज्जैन D. साँची

56. केवल एक ही शिलालेख है, जिसमें अशोक ने करारोपण के बारे में बात की है। इनमें से कौन-सा वह शिलालेख है?

A. भाब्रू
B. निगालीसागर स्तंभ शिलालेख
C. रूम्मिनदेई स्तंभ शिलालेख
D. बाराबरा गुफा शिलालेख

57. निम्नलिखित में से किसने सीलोन के बौद्ध राजा मेघवर्मन को बोधगया में विहार बनाने की अनुमति दी?

A. चंद्रगुप्त द्वितीय विक्रमादित्य
B. समुद्रगुप्त
C. स्कंदगुप्त
D. कुमारगुप्त

58. 'फतवा-ए-आलमगिरी' के नाम से इस्लामिक कानूनों का पूर्ण रूप से वर्णन मध्यकालीन भारत के निम्नलिखित में से किस शासक की आज्ञा से लिपिबद्ध किया गया?

A. अल्लाउद्दीन खिलजी B. शेरशाह सूरी
C. अकबर D. औरंगजेब

59. निम्नलिखित में से किसे मुगल शासकों के काल के दौरान न्यायिक प्रणाली में सर्वोच्च पद पर नियुक्त किया गया था?

A. काजी-उल-कजात
B. काजी-उल-हजात
C. काजी-फैज-उल-इस्लाम
D. इनमें से कोई नहीं

60. निम्नलिखित में से किसने महाभारत को फारसी में अनुवादित करवाकर "रज्मनामा" नाम दिया?

A. अकबर B. जहाँगीर
C. औरंगजेब D. उक्त में से कोई नहीं

61. मुगल वंश की निम्नलिखित में से किस इस्पात के डिजाइन और वास्तुकला से उस्ताद ईशा संबंधित हैं?

A. ताज महल
B. बुलंद दरवाजा
C. लाल किला
D. एत्माद-उद-दौला का मकबरा

62. मकबरों की 'अष्ट भुजाकार' आकृति मध्यकालीन भारत के निम्नलिखित में से किस वंश की विशेषता थी?

A. खिलजी B. तुगलक
C. सैय्यद D. लोदी

63. 3 फरवरी, 1882 को भारत की ब्रिटिश सरकार ने जन निदेश के मौजूदा प्रणाली की कार्यशैली की जाँच एवं उसके लोकप्रिय आधार पर विस्तार के लिए एक भारतीय शिक्षा आयोग की नियुक्ति की। निम्नलिखित में से कौन उस आयोग का अध्यक्ष था?

A. एच.पी. जैकोब B. सी. पियरसन
C. जी.ई. वार्ड D. डब्ल्यू.डब्ल्यू. हंटर

खण्ड-III : अर्थशास्त्र

2. तुलनात्मक लागत सिद्धांत का प्रतिपादन किसने किया?
A. एडम स्मिथ B. डेविड रिकॉर्डो
C. जे.एस. मिल D. जी.वी. हेबरलर

3. ______ कुल प्राप्तियों और कुल व्यय के बीच का अन्तर है।
A. बजट घाटा B. राजकोषीय घाटा
C. राजस्व घाटा D. घाटे का बजट

4. नई औद्योगिक नीति के अंतर्गत, नीचे दिए गए सभी क्षेत्रों में से किस एक को छोड़कर, औद्योगिक लाइसेंस लेना आवश्यक है?
A. वस्त्र B. इलेक्ट्रॉनिक एयरोस्पेस
C. सिगरेट या तंबाकू D. विनिर्दिष्ट खतरनाक रसायन

5. "प्रणालीगत रूप से एकत्रित अंकीय तथ्य" किस दृष्टिकोण से सांख्यिकी की परिभाषा है?
A. एकल अर्थ B. बहुवचन
C. अर्थशास्त्र D. गणितीय

6. लोचशीलता निम्नलिखित सूत्र के प्रयोग द्वारा ज्ञात की जा सकती है :

A. $E_p = \frac{q_1 - q_2}{q_2 + q_2} \times \frac{p_1 + p_2}{p_1 - p_2}$ B. $E_p = \frac{q}{p} \times \frac{p}{q}$

C. $E_p = \frac{\Delta q}{\Delta p} \times \frac{p}{q}$ D. $E_p = \frac{\Delta q}{\Delta y} \times \frac{y}{q}$

7. ______ दीर्घकाल में आगत और निर्गत के बीच भौतिक संबंध की व्याख्या करता है।
A. चर अनुपातों का नियम
B. प्रतिफल का नियम
C. पैमाने के प्रतिफल का नियम
D. समोत्पाद

8. उत्पाद विभेदीकरण किसकी एक विशेषता है?
A. एकाधिकारी प्रतिस्पर्धा B. एकाधिकार
C. द्वयाधिकार D. अल्पाधिकार

9. प्रोफेसर नाइट के अनुसार, लाभ का कारण है :
A. बीमायोग्य जोखिम B. गैर-बीमायोग्य जोखिम
C. अनिश्चितताएँ D. जोखिम वहन

10. वे कर जो दूसरों पर स्थानांतरित नहीं किए जाते, कहलाते हैं :
A. प्रत्यक्ष कर B. अप्रत्यक्ष कर
C. बिक्री कर D. जी:एस.टी.

11. निम्नलिखित में से कौन राजकोषीय नीति का उपकरण नहीं है?
A. करारोपण B. लोक व्यय
C. बैंक दर D. लोक ऋण

12. उत्पादन लागतों में वृद्धि द्वारा ऊपर की ओर धकेले गए मूल्य कहलाते हैं :
A. माँग जन्य मुद्रास्फीति B. लागत जन्य मुद्रास्फीति
C. मुद्रास्फीति जन्य मंदी D. आंशिक मुद्रास्फीति

13. कुल निक्षेप का वह भाग जो वाणिज्यिक बैंक द्वारा केंद्रीय बैंक के पास नकद कोष के रूप में रखा जाता है, कहलाता है :
A. रेपो दर B. वैधानिक तरलता अनुपात
C. बैंक दर D. नकद कोष अनुपात

14. दो मुद्राओं की आंतरिक क्रय शक्ति का अनुपात कहलाता है :
A. तुलनात्मक लागत सिद्धांत B. भुगतान संतुलन सिद्धांत
C. निरपेक्ष लागत सिद्धांत D. क्रय शक्ति समता

15. एशियाई विकास बैंक का मुख्यालय कहाँ स्थित है?
A. नई दिल्ली B. मनीला
C. काठमांडू D. श्रीलंका

16. कौन-सा ऋण करदाता पर स्थायी बोझ है?
A. दीर्घावधिक ऋण B. बाह्य ऋण
C. बलात् ऋण D. गैर-विमोच्य ऋण

17. क्षेत्रीय ग्रामीण बैंक को पहली बार किस वर्ष स्थापित किया गया?
A. 1960 B. 1971
C. 1975 D. 1980

18. अभी भी दोहा कार्यसूची में शामिल करने के लिए अत्यधिक विवादास्पद विषय है :
A. निर्मित वस्तुओं में व्यापार
B. बौद्धिक सम्पत्ति अधिकार आधारित वस्तुओं में व्यापार
C. कृषि वस्तुओं में व्यापार
D. विकसित देशों से वस्तुओं की बाजार-पहुँच

19. ________ कार्यक्रम 2005 में सभी गाँवों को विद्युत उपलब्ध कराने के लिए शुरू किया गया।
A. राजीव गाँधी ग्रामीण विद्युतीकरण
B. कॉम्पैक्ट फ्लोरेसेंट लैंप्स
C. अल्ट्रा-मेगा पॉवर प्लांट्स
D. उत्कृष्ट कार्यक्रम में भागीदारी

20. परिवर्ती अनुपातों के नियमानुसार, उत्पादन का सर्वोत्तम चरण है :
A. पहला चरण B. द्वितीय चरण
C. तृतीय चरण D. उक्त में से कोई नहीं

21. एक ग्राहक की क्रय शक्ति में परिवर्तन के द्वारा माँग में परिवर्तन कहलाता है :
A. आय प्रभाव B. मूल्य प्रभाव
C. प्रतिस्थापन प्रभाव D. प्रदर्शन प्रभाव

22. एक उपभोक्ता संतुलन में तब कहा जाता है, जब वह अधिकतम ______ प्राप्त करता है।

A. लाभ B. सुविधा
C. संतुष्टि D. उक्त में से कोई नहीं

23. भारत द्वारा जनसंख्या संक्रमण का कौन-सा चरण अनुभव किया जा रहा है?

A. प्रथम B. तृतीय
C. द्वितीय D. चतुर्थ

24. ''लगान पृथ्वी का वह भाग है, जो भूस्वामी को मृदा की मूल और अविनाशकारी शक्तियों के प्रयोग के लिए दिया जाता है''—इसे दिया गया है :

A. जे.एस. मिल द्वारा B. एडम स्मिथ द्वारा
C. डेविड रिकॉर्डो द्वारा D. जे.एम. कीन्स द्वारा

25. भारत के मुद्रा भंडारण में M_1 संदर्भित करता है :

A. डाक घर बचत निक्षेप
B. बैंक संग समय निक्षेप
C. कुल डाक घर निक्षेप
D. करेन्सी + माँग निक्षेप + आर.बी.आई. की अन्य जमाएँ

26. करों का भुगतान करने की योग्यता के सापेक्ष करारोपण सभी नागरिकों में समान रूप से वितरित होना चाहिए, यह संदर्भित है :

A. निश्चितता का सिद्धान्त B. समानता का सिद्धान्त
C. मितव्ययिता का सिद्धान्त D. विविधता का सिद्धान्त

27. मुद्रा का मान किसके स्तर का व्युत्क्रम है?

A. आय B. मात्रा
C. मूल्य D. व्यय

28. ''बैंक केवल मुद्रा के प्रबन्धक नहीं है बल्कि एक महत्वपूर्ण अर्थ में, मुद्रा के निर्माता हैं।'' यह कथन किसके द्वारा दिया गया?

A. आर.एस. सेयर्स B. प्रो. एडविन कैनन
C. हॉट्रे D. जॉनसन्

29. ''अंतर्राष्ट्रीय व्यापार अंतरस्थानीय या अंतर्क्षेत्रीय व्यापार का एक विशेष मामला है।'' यह कथन किसके द्वारा दिया गया?

A. डेविड रिकॉर्डो B. एडम स्मिथ
C. बर्टिल ऑलिन D. हेक्श्चर

30. निम्नलिखित में से द्विपक्षीय विधियों की पहचान करें।

A. भुगतान करार B. समाशोधन करार
C. स्थानांतरण प्रतिबंध D. उक्त सभी

31. किसने न्यूनतम कराधान का सिद्धांत दिया?

A. जे.बी. से B. जे.एम. कीन्स
C. एच. डॉल्टन D. हिक्स

32. चौथी पंचवर्षीय योजना आरम्भ की गई :

A. 1969 में B. 1966 में
C. 1968 में D. 1962 में

33. खुला बाजार परिचालन का लक्ष्य है :

A. साख के प्रयोग का विनियमन
B. बैंक के नकद कोष का निर्धारण
C. स्विच परिचालन
D. सरकार प्रतिभूतियों का क्रय और विक्रय

34. रिकॉर्डो ने किसके आधार पर तुलनात्मक लाभ सिद्धान्त की व्याख्या की?

A. अवसर लागत B. घटते प्रतिफल का नियम
C. पैमाने की मितव्ययिताएँ D. मूल्य का श्रम सिद्धांत

35. संपत्ति या सेवा प्रकार्यों को सार्वजनिक से निजी भागीदारी में स्थानांतरित करना, कहलाता है :

A. उदारीकरण B. राष्ट्रीयकरण
C. वैश्वीकरण D. निजीकरण

36. भारत में अधिकांश बेरोजगारी है :

A. तकनीकी B. चक्रीय
C. प्रच्छन्न D. संरचनात्मक

37. गिफेन वस्तुएँ संदर्भित हैं :

A. प्रतिष्ठामूलक वस्तुएँ B. आवश्यक वस्तुएँ
C. अव्यावहारिक वस्तुएँ D. अपकृष्ट वस्तुएँ

38. एक फर्म के भौतिक आगतों और भौतिक निर्गतों के बीच का संबंध ______ फलन है।

A. उत्पादन B. उपभोग
C. निवेश D. माँग

39. निम्नलिखित में से किसके आधार पर हमारे पास पूर्ण प्रतिस्पर्धा व अपूर्ण बाजार होता है?

A. क्षेत्र B. समय
C. कारोबार का परिमाण D. प्रतिस्पर्धा

40. मुद्रा हेतु लेन-देन माँग, सतर्कता माँग और सटोरी माँग का कुल योग कहलाता है :

A. सट्टा उद्देश्य B. मुद्रा आपूर्ति
C. ऋणयोग्य निधि D. मुद्रा हेतु तरलता वरीयता

41. पारंपरिक अर्थशास्त्रियों ने सार्वजनिक वित्त हेतु निम्नलिखित में से किसकी वकालत की?

A. अर्थव्यवस्था का सिद्धांत
B. न्यूनतम सामूहिक त्याग का सिद्धांत
C. न्यूनतम करारोपण का सिद्धांत
D. अधिकतम सामाजिक लाभ का सिद्धांत

42. किसने लिखा, ''बाह्य सहायता सल्फा ड्रग के समान है। हमें अवश्य ज्ञात होना चाहिए कि हमें उसे कब प्रयोग करना है, कब रोकना है और हमारे पास सदैव उसके प्रभाव को उदासीन करने के लिए B-कॉम्प्लेक्स होना चाहिए''?

A. ऑट्टो एकिस्टीन B. बी.के.आर.वी. राव
C. डेविड रिकॉर्डो D. जे.एस. मिल

43. $P = \frac{KR}{M}$ किसके द्वारा प्रदत्त कैम्ब्रिज समीकरण है?

A. ए.सी. पीगू B. जे.एम. कीन्स
C. रॉबर्टसन् D. मार्शल

44. केंद्र सरकार द्वारा जारी नोट असीमित विधिक निविदाएँ हैं। ये कहलाती हैं :

A. साख मुद्रा B. इलेक्ट्रॉनिक मुद्रा
C. अधिदिष्ट मुद्रा D. धात्विक मुद्रा

45. वह दर जिस पर एक देश की मुद्रा दूसरे देश की मुद्रा में रूपांतरित होती है, कहलाती है :

A. अवमूल्यन B. विनिमय दर
C. विदेशी विनिमय D. विदेशी तरलता

46. कौन-सी एजेंसी सदस्य देशों को 'नरम ऋण' देती है?

A. आई.डी.ए. B. आई.एम.एफ.
C. आई.ए.एफ. D. आई.एफ.सी.

47. किसने सार्वजनिक व्यय को दो मदों में विभाजित किया?

A. डॉ. हग डॉल्टन B. प्रो. एडम स्मिथ
C. प्रो. पीगू D. प्रो. जे.एस. मिल

48. $\frac{1}{\text{नकद कोष अनुपात}}$ या $\frac{1}{r}$ है :

A. वैधानिक तरलता अनुपात B. तरलता अनुपात
C. साख गुणक D. निवेश गुणक

49. उरुग्वे दौर करार का सबसे महत्वपूर्ण परिणाम किसकी स्थापना था?

A. जी.ए.टी.टी. B. डब्ल्यू.टी.ओ.
C. ओ.ई.सी.डी. D. यूरोपियन यूनियन

50. ______ सकल घरेलू उत्पाद और विदेशों से निवल कारक आय का योग है।

A. एन.एन.पी. B. जी.एन.पी.
C. जी.डी.पी. D. एन.डी.पी.

51. उत्पादन प्रक्रिया में, संतुलन बिंदु वहाँ होता है, जहाँ :

A. सीमांत लागत = सीमांत उत्पाद
B. सीमांत लागत = औसत लागत
C. सीमांत लागत = सीमांत आगम
D. सीमांत लागत = औसत आगम

52. केंद्रीय प्रवृत्ति के मापन के प्रकार, निम्नलिखित में से किस एक को छोड़कर हैं?

A. माध्य B. माध्यिका
C. बहुलक D. सहसंबंध

53. यदि दो वस्तुएँ प्रतिस्थापी हैं (जैसे चाय और कॉफी), उनके बीच की अनुप्रस्थ लोचशीलता होती है :

A. नकारात्मक B. धनात्मक
C. अनंत D. शून्य

54. जनसंख्या वृद्धि और ______ को जननांकीय संक्रमण का सिद्धांत अंतर्संबंधित करता है।

A. आर्थिक विकास B. प्रति व्यक्ति आय
C. जीवन स्तर D. खाद्य आपूर्ति

55. एकाधिकारी अपने लाभ को तब अधिकतम करने में सक्षम रहता है, जब :

A. उसका उत्पाद अधिकतम होता है
B. उसकी औसत लागत न्यूनतम होती है
C. वह एक उच्च मूल्य वसूल करता है
D. उसकी सीमांत लागत, सीमांत राजस्व के बराबर होती है

56. $K = \frac{1}{MPs}$

उक्त सूत्र बताता है :

A. गुणक B. त्वरक
C. एम.पी.सी. D. निवेश

57. आयात और निर्यात पर किसे आरोपित किया जाता है?

A. उत्पाद शुल्क B. सीमा शुल्क
C. संपत्ति कर D. निगम कर

58. भारत के राष्ट्रपति द्वारा वित्त आयोग की नियुक्ति किस अनुच्छेद के अन्तर्गत की जाती है?

A. 180 B. 35
C. 280 D. 275

59. मुद्रास्फीति और बेरोजगारी के बीच व्युत्क्रम संबंध कहलाता है :

A. मुद्रास्फीतिक अंतराल
B. गुणक
C. फिलिप्स वक्र
D. उत्पादन संभावना वक्र

60. विदेशी व्यापार में सरकार के अहस्तक्षेप की नीति कहलाती है :

A. उदारीकरण B. स्वतंत्र व्यापार
C. वैश्वीकरण D. संरक्षणात्मक व्यापार

61. आई.एम.एफ. और आई.बी.आर.डी. एक साथ 1944 में किसके परिणामस्वरूप अस्तित्व में आए?

A. जी.ए.टी.टी. B. डब्ल्यू.टी.ओ.
C. ब्रेटन वुड्स सम्मेलन D. डंकल करार

62. जब करदाता द्वारा कर का आर्थिक बोझ अन्य व्यक्ति पर डाल दिया जाता है, तो यह कहलाता है :

A. कर अपवंचन B. कराधान का स्थानांतरण
C. कर का प्रभाव D. उपरोक्त में से कोई नहीं

63. बहिर्गामी उत्पादन परिवर्तन संभावना वक्र क्या संकेत करता है?

A. आर्थिक गतिरोध B. आर्थिक वृद्धि
C. आर्थिक मन्दी D. अति-स्फीति

खण्ड-IV : नागरिक शास्त्र

2. 1947 में बने नेहरू की सरकार के कानून मंत्री थे :

A. मोहम्मद अली जिन्ना B. बलदेव सिंह
C. लियाकत अली खान D. बी.आर. अम्बेडकर

3. निम्नलिखित में से कौन-सा एक मार्क्सवाद से संबंधित है?

A. अधिशेष मूल्य सिद्धांत B. आदर्श राज्य
C. सामान्य इच्छा D. सामाजिक अनुबंध

4. अरस्तू _______ को वरीयता देता है।

A. राजतंत्रवादी B. पॉलिटी
C. लोकतंत्र D. अल्पतंत्रवादी

5. निम्नलिखित में से कौन-सा मिलान गलत किया गया है?

A. राज्य की बहुवादी धारणा – मैकाइवर और लॉस्की
B. राज्य की शक्ति धारणा – मैकियावेली
C. अराजकतावादी – मार्क्स और बेंथम
D. सर्वसत्तावादी – हेगेल, बेरीहार्डी

6. पहचानें कि, कौन-सा एक स्थानीय स्वशासन सरकार का कार्य नहीं है?

A. स्वास्थ्य और स्वच्छता
B. ग्रामीण आवास
C. कानून और व्यवस्था का रखरखाव
D. पेयजल प्रदान करना

7. निम्नलिखित में से नेताओं का कौन-सा समूह गुट निरपेक्ष आंदोलन के लिए जिम्मेदार है?

A. नेहरू, रूजवेल्ट और स्टालिन
B. इंदिरा गाँधी और गोर्बाचेव और केनेडी
C. नेहरू, नासर और टीटो
D. महात्मा गाँधी, लिंकन और माओ

8. सूची-I तथा सूची-II को सुमेलित कीजिए तथा नीचे दिए गए संकेतों से सही उत्तर चुनिए।

सूची-I	सूची-II
1. प्लेटो	(*a*) ग्रामर ऑफ पॉलिटिक्स
2. बेंथम	(*b*) रिपब्लिक
3. लास्की	(*c*) प्रिंसिपल ऑफ पॉलिटिकल इकोनोमी
4. जे.एस. मिल	(*d*) प्रिंसिपल ऑफ इन्टरनेशनल लॉ

कूट :

	1	2	3	4
A.	(*c*)	(*a*)	(*b*)	(*d*)
B.	(*b*)	(*d*)	(*a*)	(*c*)
C.	(*a*)	(*c*)	(*d*)	(*b*)
D.	(*a*)	(*c*)	(*b*)	(*d*)

9. भारतीय संविधान में 73वें और 74वें संशोधन अधिनियमों ने निम्नलिखित को सम्मिलित किया :

A. भाग X और IXA B. भाग III और X
C. भाग IX और IXA D. भाग IX और X

10. राजनैतिक अस्थिरता को जन्म देने वाली दल-बदल की परम्परा को किस संशोधन द्वारा सीमित किया गया?

A. 56वें संवैधानिक संशोधन
B. 52वें संवैधानिक संशोधन
C. 61वें संवैधानिक संशोधन
D. 83वें संवैधानिक संशोधन

11. शिमला समझौते पर हस्ताक्षर किए गए थे :

A. जवाहरलाल नेहरू और अयूब खान द्वारा
B. इंदिरा गाँधी और जेड.ए. भुट्टो द्वारा
C. लाल बहादुर शास्त्री और अयूब खान द्वारा
D. मोरारजी देसाई और जेड.ए. भुट्टो द्वारा

12. पी.आई.एल. से जुड़े व्यक्ति हैं :

A. न्यायमूर्ति भगवती
B. न्यायमूर्ति वेंकटाचलैय्या
C. न्यायमूर्ति आर.एन. मिश्र
D. न्यायमूर्ति संतोष हेगड़े

13. निम्नलिखित में से किसमें गाँधी जी ने पहली बार हथियार के रूप में भूख हड़ताल का इस्तेमाल किया था?

A. असहयोग आंदोलन
B. रौलट एक्ट
C. अहमदाबाद कारखाने की हड़ताल
D. बारडोली सत्याग्रह

14. सूची-I तथा सूची-II को सुमेलित कीजिए तथा नीचे दिए गए संकेतों से सही उत्तर चुनिए।

सूची-I (अनुच्छेद)	सूची-II (सन्दर्भ में)
1. 16	(*a*) कानून के समक्ष समानता
2. 32	(*b*) संवैधानिक उपचार
3. 14	(*c*) अस्पृश्यता अपराध है
4. 17	(*d*) सार्वजनिक रोजगार में समान अवसर

संकेत :

	1	2	3	4
A.	(*d*)	(*b*)	(*a*)	(*c*)
B.	(*b*)	(*a*)	(*d*)	(*c*)
C.	(*b*)	(*c*)	(*d*)	(*a*)
D.	(*c*)	(*a*)	(*b*)	(*d*)

15. केंद्र सरकार किसकी सिफारिशों के आधार पर भारत की संचित निधि से राज्यों को अनुदान देता है?

A. नीति आयोग

B. वित्त आयोग

C. लोक लेखा समिति

D. राज्य सरकार का प्रतिनिधि मंडल

16. भारत में न्यायिक समीक्षा की शक्ति का उपभोग करता है :

A. अकेले सुप्रीम कोर्ट

B. अकेले उच्च न्यायालय

C. सभी न्यायालयों द्वारा

D. उच्च न्यायालय और सुप्रीम कोर्ट

17. यूनेस्को का मुख्यालय कहाँ स्थित है?

A. पेरिस   B. न्यूयॉर्क

C. लंदन   D. रोम

18. सूची-I तथा सूची-II को सुमेलित कीजिए तथा नीचे दिए गए संकेतों से सही उत्तर चुनिए।

सूची-I	सूची-II
1. निषेध	(*a*) आपको सशरीर प्रस्तुत होना पड़ सकता है
2. उत्प्रेषण लेख	(*b*) हम आदेश देते हैं
3. परमादेश	(*c*) प्रमाणित होने के लिए
4. बन्दी प्रत्यक्षीकरण	(*d*) स्थगन आदेश

संकेत :

	1	2	3	4
A.	(*d*)	(*c*)	(*b*)	(*a*)
B.	(*b*)	(*a*)	(*d*)	(*c*)
C.	(*b*)	(*c*)	(*d*)	(*a*)
D.	(*c*)	(*a*)	(*b*)	(*d*)

19. सूची-I तथा सूची-II को सुमेलित कीजिए तथा नीचे दिए गए संकेतों से सही उत्तर चुनिए।

सूची-I	सूची-II
1. अनुच्छेद 356	(*a*) संघ लोक सेवा आयोग
2. अनुच्छेद 352	(*b*) वित्तीय आपातकाल
3. अनुच्छेद 360	(*c*) राष्ट्रीय आपातकाल
4. अनुच्छेद 315	(*d*) राज्य आपातकाल

संकेत :

	1	2	3	4
A.	(*d*)	(*c*)	(*b*)	(*a*)
B.	(*b*)	(*a*)	(*d*)	(*c*)
C.	(*a*)	(*c*)	(*d*)	(*b*)
D.	(*c*)	(*a*)	(*b*)	(*d*)

20. हमारे संविधान में प्रिवी पर्स और विशेषाधिकारों का उन्मूलन ______ द्वारा किया गया था।

A. 26वें संशोधन   B. 28वें संशोधन

C. 30वें संशोधन   D. 32वें संशोधन

21. निम्नलिखित में से कौन-से रूसो के 'जनरल विल' की विशेषताएँ थीं?

1. यह आंतरिक इच्छा की अभिव्यक्ति है।
2. यह हर व्यक्ति की सबसे अच्छी इच्छा है।
3. यह स्थायी है।
4. यह व्यक्तिगत है।

A. 1, 2 और 4   B. 2, 4 और 3

C. 1, 2 और 3   D. 1, 3 और 4

22. संसदीय सरकार के तहत राज्य का प्रधान होता है :

A. अनुवांशिक व्यक्ति   B. निर्वाचित प्रतिनिधि

C. मनोनीत व्यक्ति   D. संवैधानिक प्रधान

23. राजनैतिक विचारक जिन्होंने पहली बार समकालीन विश्व में 'राज्य' शब्द का प्रयोग किया था :

A. मैकियावेली   B. टी.एच. ग्रीन

C. प्लेटो   D. रूसो

24. जब भारतीय संविधान तैयार किया गया, तब संविधान की प्रस्तावना में भारत को क्या कहा गया?

A. संघीय, लोकतांत्रिक, गणराज्य

B. संप्रभु, लोकतांत्रिक, गणराज्य

C. संप्रभु, समाजवादी, धर्मनिरपेक्ष, लोकतांत्रिक, गणराज्य

D. समाजवादी और धर्मनिरपेक्ष

25. भारत के राष्ट्रपति ______ कर सकते हैं।

(*i*) लोकसभा को भंग

(*ii*) लोकसभा की अवधि समाप्त होने पर चुनाव के लिए आदेश

(*iii*) संसद द्वारा पारित बिलों को सहमति देते हैं

(*iv*) संसद के संयुक्त सत्र को संबोधित कर सकते हैं

A. (*ii*), (*iii*), (*iv*)   B. (*i*), (*ii*), (*iv*)

C. (*i*), (*ii*), (*iii*)   D. (*i*), (*iii*), (*iv*)

26. सुप्रीम कोर्ट के अधिकार क्षेत्र को बढ़ाया जा सकता है :

A. संसद द्वारा बनाए गए कानून द्वारा

B. प्रधानमंत्री द्वारा

C. भारत के राष्ट्रपति द्वारा

D. सुप्रीम कोर्ट के मुख्य न्यायाधीश द्वारा

27. यू.एन. सुरक्षा परिषद में "वीटो" (निषेधाधिकार) है :

A. सभी सदस्यों के लिए सकारात्मक वोट

B. आक्रामक देश के लिए नकारात्मक वोट

C. महासचिव के लिए वोट

D. सुरक्षा परिषद् के स्थायी सदस्यों द्वारा नकारात्मक वोट की कार्य प्रणाली

28. भारतीय संसद द्वारा सूचना का अधिकार अधिनियम कब पारित किया गया था?

A. 2009   B. 2005

C. 2006   D. 2010

29. भारत के संविधान द्वारा निम्नलिखित में से कौन-सा स्वतंत्रता मौलिक अधिकार नहीं है?
A. संपत्ति के स्वामित्व और अधिग्रहण की स्वतंत्रता
B. पूरे देश में स्वतंत्र रूप से भ्रमण करने की स्वतंत्रता
C. बिना हथियार इकट्ठा होने की स्वतंत्रता
D. किसी भी व्यवसाय का पालन करने की स्वतंत्रता

30. लोकसभा के स्पीकर (अध्यक्ष) को अपना इस्तीफा ______ को संबोधित करना होता है।
A. भारत के प्रधानमंत्री B. लोकसभा के उपसभापति
C. भारत के राष्ट्रपति D. भारत के उपराष्ट्रपति

31. "राज्य के नीति निर्देशक तत्व बैंक द्वारा बैंक की सुविधा के आधार पर देय एक चेक की तरह हैं" यह कथन किसका है?
A. नेहरू B. बी.एन. राव
C. डॉ. बी.आर. अम्बेडकर D. प्रो. के.टी. शाह

32. बजट के राजस्व अनुमान किसके द्वारा तैयार किए जाते हैं?
A. वित्त आयोग
B. योजना आयोग
C. केन्द्रीय प्रत्यक्ष कर बोर्ड
D. वित्त मंत्रालय

33. किसी राज्य का विधान परिषद् किसके द्वारा बनाई या समाप्त की जा सकती है?
A. भारत के राष्ट्रपति
B. संसद
C. संबंधित राज्य की विधानसभा
D. संबंधित विधानसभा की सिफारिश पर संसद

34. यू.एन.ओ. के वर्तमान महासचिव कहाँ से हैं?
A. दक्षिण कोरिया B. पुर्तगाल
C. भारत D. अमेरिका

35. निम्नलिखित में से किस केस में सुप्रीम कोर्ट की न्यायिक समीक्षा पर सवाल उठाया गया था?
A. गोलकनाथ केस B. केशवनंद भारती केस
C. मिनर्वा मिल्स केस D. ए.के. गोपालन केस

36. निम्नलिखित में से कौन-सी फासीवाद की एक विशेषता नहीं है?
A. एक व्यक्ति की तानाशाही में विश्वास
B. अंतर्राष्ट्रीयवाद का विरोध
C. लोकतांत्रिक संस्थान में अविश्वास
D. व्यक्तिवाद में विश्वास

37. मार्क्स के अनुसार, राज्य है :
A. दिव्य संस्था
B. वर्ग शोषण के लिए संस्था
C. एक सकारात्मक अच्छाई
D. स्थायी

38. दोहरी नागरिकता की प्रणाली इन जैसे देशों में प्रचलित है :
A. कनाडा और भारत B. कनाडा और ऑस्ट्रेलिया
C. भारत और यू.एस.ए. D. स्विट्जरलैंड और अमेरिका

39. निम्नलिखित में से कौन-सा मिलान सही नहीं है?
A. हॉब्स – पितृसत्तात्मक
B. अरस्तू – राजनीति
C. रूसो – सामाजिक अनुबंध
D. मार्क्स – कम्युनिस्ट पार्टी का घोषणापत्र

40. भारतीय संविधान के अनुच्छेद 1 में भारत को कहा गया है :
A. राज्यों का संघ B. प्रांतों का संघ
C. भारतीय संघ D. भारत का संघ

41. एक ऐसे व्यक्ति को जिसे अवैध रूप से हिरासत में लिया गया है, उसे मुक्त करने के लिए उचित न्यायिक निकाय द्वारा जारी किया गया लेख है :
A. क्वॉ-वारंटो B. परमादेश
C. बन्दी प्रत्यक्षीकरण D. उत्प्रेषण लेख

42. राज्य बनाने और समाप्त करने की शक्ति निहित है :
A. भारत के राष्ट्रपति में B. प्रधानमंत्री में
C. संसद में D. लोकसभा में

43. भारतीय संविधान के किस अनुच्छेद के तहत संसद राज्य सूची के किसी भी विषय पर कानून बना सकती है?
A. अनुच्छेद 229 B. अनुच्छेद 239
C. अनुच्छेद 259 D. अनुच्छेद 249

44. निम्न में से किसने तीनों गोलमेज सम्मेलनों में भाग लिया था?
A. सरदार पटेल B. बी.आर. अम्बेडकर
C. एम.के. गाँधी D. जवाहरलाल नेहरू

45. बैठक हेतु विधान सभा के लिए गणपूर्ति होगी :
A. सदन की कुल ताकत का आधा हिस्सा
B. सदन के कुल सदस्यों में से 2/3
C. सदन के कुल सदस्यों में से 1/10
D. 10 सदस्य

46. वित्तीय आपातकाल के दौरान राष्ट्रपति कर सकते हैं :
A. न्यायाधीशों को छोड़कर सभी सिविल सेवकों के वेतन को कम
B. न्यायाधीशों सहित सिविल सेवकों के वेतन को कम
C. राज्य विधानसभा धन विधेयक पारित करने के अधिकार से वंचित हो जाती है
D. ऊपर दिए गए सभी

47. संविधान का अनुच्छेद 370 संबंध रखता है :
A. राष्ट्रपति की आपातकालीन शक्तियों से
B. अल्पसंख्यकों के लिए विशेष प्रावधान से
C. जम्मू-कश्मीर के लिए विशेष दर्जे से
D. हैदराबाद कर्नाटक के लिए विशेष दर्जे से

48. क्योटो सम्मेलन का मुद्दा किससे संबंधित था?
A. आतंक
B. परमाणु परीक्षण रोकना
C. जलवायु परिवर्तन
D. आर्थिक विकास

49. "राजनीतिक समानता कभी भी वास्तविक नहीं है जब तक कि यह आर्थिक समानता के साथ न हो" यह कहा है :
A. जे.एस. मिल
B. टी.एच. ग्रीन
C. जी.डी.एच. कोल
D. एच.जे. लॉस्की

50. "द फिलॉसफी ऑफ राइट" _____ द्वारा लिखी गई थी।
A. अरस्तू B. प्लेटो
C. हेगेल D. ग्रीन

51. निम्नलिखित में से कौन-सा एक संवैधानिक निकाय नहीं है?
A. चुनाव आयोग
B. नीति आयोग
C. यू.पी.एस.सी.
D. वित्त आयोग

52. सूची-I तथा सूची-II को सुमेलित कीजिए तथा नीचे दिए गए संकेतों से सही उत्तर चुनिए।

सूची-I	सूची-II
1. अरस्तू	(*a*) रिपब्लिक
2. प्लेटो	(*b*) पॉलिटिक्स
3. कौटिल्य	(*c*) ग्रामर ऑफ पॉलिटिक्स
4. हेरोल्ड लॉस्की	(*d*) अर्थशास्त्र

संकेत :

	1	2	3	4
A.	(*d*)	(*a*)	(*b*)	(*c*)
B.	(*b*)	(*a*)	(*d*)	(*c*)
C.	(*a*)	(*c*)	(*d*)	(*b*)
D.	(*c*)	(*a*)	(*b*)	(*d*)

53. निम्नलिखित में से कौन-सा संप्रभुता की एक विशेषता नहीं है?
A. सुनिश्चितता B. विभाज्यता
C. स्थायित्व D. अनन्यता

54. संविधान का अनुच्छेद जो यू.पी.एस.सी. के सदस्यों को हटाने के बारे में विवरण देता है :
A. 323 B. 325
C. 317 D. 319

55. निम्नलिखित को ग्रीक नगर-राज्यों के नागरिक माना जाता है :
A. मजिस्ट्रेट
B. गुलाम
C. स्वतंत्र व्यक्तियों के स्वामी
D. राजनैतिक विचारक

56. भारत का राष्ट्रपति _____ द्वारा निर्वाचित किया जाता है।
A. प्रत्यक्ष चुनाव
B. सार्वभौमिक वयस्क मताधिकार की प्रणाली
C. संसद के सदस्य
D. निर्वाचक मंडल

57. सूची-I तथा सूची-II को सुमेलित कीजिए तथा नीचे दिए गए संकेतों से सही उत्तर चुनिए।

सूची-I	सूची-II
1. टी.डी.पी.	(*a*) उड़ीसा
2. टी.एम.सी.	(*b*) आंध्र प्रदेश
3. डी.एम.के.	(*c*) पश्चिम बंगाल
4. बी.जे.डी.	(*d*) तमिलनाडु

संकेत :

	1	2	3	4
A.	(*d*)	(*a*)	(*b*)	(*c*)
B.	(*b*)	(*a*)	(*d*)	(*c*)
C.	(*b*)	(*c*)	(*d*)	(*a*)
D.	(*c*)	(*a*)	(*b*)	(*d*)

58. नोटा (NOTA) को मतदान में भारत की वोटिंग मशीन में पहली बार कब पेश किया था?
A. 2001–2002 B. 2008–2009
C. 2013–2014 D. 2010–2011

59. कौटिल्य ने अपने राजमंडल में विजिगिषु का राजा के रूप में उल्लेख किया है :
A. जो विजेता होगा
B. जो शत्रु था
C. विजेता का सहयोगी
D. शत्रु के सहयोगी का सहयोगी

60. संविधान का वह खंड जो अंतर्राष्ट्रीय शांति और सुरक्षा के प्रति राज्य की जिम्मेदारी के बारे में बताता है :
A. मौलिक अधिकार
B. प्रस्तावना
C. राज्य के नीति निर्देशक सिद्धांत
D. मौलिक कर्तव्य

61. भारत के राष्ट्रपति द्वारा वित्त आयोग _______ वर्ष के लिए नियुक्त किया जाता है।
A. 2 वर्ष B. 4 वर्ष
C. 5 वर्ष D. 6 वर्ष

62. संपत्ति के अधिकार को मौलिक अधिकारों की सूची से हटा दिया गया है :
A. 44वें संशोधन द्वारा B. 42वें संशोधन द्वारा
C. 33वें संशोधन द्वारा D. 21वें संशोधन द्वारा

63. केंद्रीय प्राक्कलन समिति में शामिल हैं :
A. 10 सदस्य B. 20 सदस्य
C. 30 सदस्य D. 40 सदस्य

उत्तरमाला

भाग-I

1. (I)	1. (II)	1. (III)	1. (IV)
B	B	C	B

भाग-II

खण्ड-I : भूगोल

	2	3	4	5	6	7	8	9	10
	C	B	A	D	D	A	A	B	A
11	12	13	14	15	16	17	18	19	20
B	B	C	D	A	B	D	A	A	D
21	22	23	24	25	26	27	28	29	30
A	A	A	A	B	B	A	B	C	A
31	32	33	34	35	36	37	38	39	40
B	A	D	C	B	C	C	A	A	C
41	42	43	44	45	46	47	48	49	50
D	B	A	B	B	B	A	A	A	C
51	52	53	54	55	56	57	58	59	60
B	C	A	B	A	A	C	B	A	C
61	62	63							
B	B	B							

खण्ड-II : इतिहास

	2	3	4	5	6	7	8	9	10
	C	B	B	B	A	D	B	D	A
11	12	13	14	15	16	17	18	19	20
A	C	B	A	B	C	C	B	D	C
21	22	23	24	25	26	27	28	29	30
D	D	D	B	A	B	C	B	D	A
31	32	33	34	35	36	37	38	39	40
B	A	B	A	B	C	B	A	A	B
41	42	43	44	45	46	47	48	49	50
D	D	C	C	C	B	B	A	B	A
51	52	53	54	55	56	57	58	59	60
B	D	C	D	B	C	B	D	A	A
61	62	63							
A	D	D							

खण्ड-III : अर्थशास्त्र

	2	3	4	5	6	7	8	9	10
	B	A	A	B	A	C	A	B	A
11	12	13	14	15	16	17	18	19	20
C	B	D	D	B	D	C	C	A	B

21	22	23	24	25	26	27	28	29	30
A	C	C	C	D	B	C	A	C	D
31	**32**	**33**	**34**	**35**	**36**	**37**	**38**	**39**	**40**
A	A	D	D	D	C	D	A	D	D
41	**42**	**43**	**44**	**45**	**46**	**47**	**48**	**49**	**50**
C	B	A	C	C	A	C	C	B	B
51	**52**	**53**	**54**	**55**	**56**	**57**	**58**	**59**	**60**
C	D	B	A	D	A	B	C	C	B
61	**62**	**63**							
C	B	B							

खण्ड-IV : नागरिक शास्त्र

	2	3	4	5	6	7	8	9	10
	D	A	B	C	C	C	B	C	B
11	**12**	**13**	**14**	**15**	**16**	**17**	**18**	**19**	**20**
B	A	C	A	B	D	A	A	A	A
21	**22**	**23**	**24**	**25**	**26**	**27**	**28**	**29**	**30**
C	D	A	B	D	A	D	B	A	B
31	**32**	**33**	**34**	**35**	**36**	**37**	**38**	**39**	**40**
D	D	D	B	A	D	B	D	A	A
41	**42**	**43**	**44**	**45**	**46**	**47**	**48**	**49**	**50**
C	C	D	B	C	B	C	C	D	C
51	**52**	**53**	**54**	**55**	**56**	**57**	**58**	**59**	**60**
B	B	B	C	C	D	C	A	C	C
61	**62**	**63**							
C	A	C							

मॉडल पेपर (हल सहित)

उ.प्र. प्रशिक्षित स्नातक शिक्षक भर्ती परीक्षा, 2016

सामाजिक विज्ञान

भाग–I

निर्देशः *भाग-I में चार प्रश्न 1 (a), 1 (b), 1 (c) और 1 (d) हैं, अभ्यर्थी इनमें से किसी एक प्रश्न का उत्तर दें।*

1. (*a*) अन्तर्राष्ट्रीय तिथि-रेखा यह लगभग इसके बराबर होती है :

A. भूमध्य रेखा
B. 100वीं याम्योत्तर रेखा
C. 180वीं याम्योत्तर रेखा
D. इनमें से कोई नहीं

1. (*b*) अशोक के कलिंग युद्ध का साक्ष्य है :

A. ब्रह्मगिरी का फरमान
B. भब्रू का फरमान
C. मास्की का फरमान
D. रॉक फरमान XIII

1. (*c*) ह्रासमान प्रत्यागत नियम अनुपात में इस अवधि में सही लागू होता है :

A. बाजार-अवधि
B. अल्प-अवधि
C. दीर्घ-अवधि
D. दीर्घकालिक-अवधि

1. (*d*) किसी नेतृत्व और नैतिक प्रत्यायन के बगैर लिए गए लोगों के निर्णय को कहते हैं :

A. प्रत्यक्ष लोकतन्त्र
B. प्रतिनिधिक लोकतन्त्र
C. अभिजात-तन्त्र
D. संघवाद

भाग–II

निर्देशः *इस भाग में 4 खण्ड, खण्ड I, II, III और IV हैं। अभ्यर्थी इन चार खण्डों में से किन्हीं दो खण्डों के उत्तर दें।*

खण्ड-I भूगोल

2. सिक्किम को छूने वाला कौन-सा एक राज्य है?

A. असम
B. पश्चिम बंगाल
C. अरुणाचल प्रदेश
D. मेघालय

3. इस नदी पर भाखड़ा बाँध बनाया गया है :

A. रावी
B. चेनाब
C. सतलज
D. झेलम

4. विश्व का 90% से अधिक जीव-समूह इसमें हैं :

A. ताजे पानी की नम भूमि
B. उष्णकटिबन्धीय बरसाती वन
C. समुद्र
D. उपरिमृदा

5. 'मेघस्फोट' क्या होता है?

A. इसका मतलब है एक छोटे से प्रदेश में कुछ मिनटों के लिए विपुल मात्रा की वर्षा
B. इसका मतलब है एक अवधि में 50 मि.मी. की वर्षा
C. बहुत उच्च मेघों के घनीकरण से वह होता है
D. इसका मतलब है थोड़ी सी वर्षा से गरजवाला तूफान

6. उत्पादक जीवन के वर्ष का परिकलन, मृत्यु की आयु इतनी मानकर किया जाता है :

A. 60
B. 65
C. 70
D. 75

7. जननक्षमता का उत्तम तरीके से बुद्धिसंगत नियन्त्रण इस प्रकार हो सकता है :

A. कानूनी अधिनियमन
B. जबरदस्ती
C. शिक्षा
D. प्रोत्साहन की योजना

8. ऐसे कारक जो बारंबारता बंटन, चोट के कारण, रोग और दूसरी स्वास्थ्य सम्बन्धित घटनाओं को प्रभावित करते हैं, उनका अध्ययन ही है :

A. समाज-विज्ञान
B. मानव-शास्त्र
C. परक-विज्ञान
D. रोग-विज्ञान

9. *Euxine* का नाम क्या है :

A. काला सागर
B. कैस्पियन सागर
C. भूमध्य सागर
D. लाल सागर

10. किसने भूगोल को Erdbeschreibung कहा था :

A. हम्बोल्ट
B. रिटर
C. रेटज़िल
D. मैकिन्डर

11. *Explanation in Geography* पुस्तक का लेखक है :

A. विलियम हार्वे
B. डैविड हार्वे
C. पीटर हेगिट
D. आर.जे. जॉहन्स्टन

12. उत्तर प्रदेश के बाद भारत की जनसंख्या का अत्यधिक अनुपात किस राज्य का है :

A. बिहार
B. पश्चिमी बंगाल
C. महाराष्ट्र
D. नागालैंड

13. प्राथमिक लिंग अनुपात का अर्थ है :

A. जन्म के समय लिंग अनुपात

B. गर्भ-धारण के समय लिंग अनुपात

C. गणना के समय लिंग अनुपात

D. विवाह के समय लिंग अनुपात

14. किस राज्य का मिलान सही नहीं है :

A. धारवाड़	कर्नाटक
B. बैलाडिला	छत्तीसगढ़
C. बालघाट	महाराष्ट्र
D. खम्मम	आंध्र प्रदेश

15. 2011 की जनांकिकी के आधार पर जनसंख्या के हिसाब से सबसे छोटा मिलियन शहर कौन-सा है :

A. कोटा B. राजकोट

C. विजयवाड़ा D. इलाहाबाद

16. भूकम्पों के संबंध में कौन-सा कथन सही है :

A. भूकम्प की तीव्रता रिक्टर स्केल पर मापी जाती है

B. संशोधित मर्कली का प्रयोग भूकम्प के विस्तार को मापने के लिए किया जाता है

C. संशोधित मर्कली स्केल का परास I से XII तक है

D. रिक्टर स्केल बंद सिरे वाला स्केल है

17. पृथ्वी का अक्ष हमेशा सूर्य पथ तल की ओर .... डिग्री के कोण पर झुका होता है और यह हमेशा समान दिशा में झुका रहता है :

A. 66½ B. 23½

C. 45 D. 60

18. कर्क रेखा के साथ पश्चिम से पूर्व तक राज्यों का सही क्रम क्या है :

A. गुजरात, राजस्थान, मध्यप्रदेश, छत्तीसगढ़, झारखंड, पश्चिम बंगाल, त्रिपुरा और मिज़ोरम

B. गुजरात, राजस्थान, छत्तीसगढ़, मध्य प्रदेश, झारखंड, बिहार, त्रिपुरा और मिज़ोरम

C. गुजरात, राजस्थान, मध्य प्रदेश, छत्तीसगढ़, झारखंड, त्रिपुरा, पश्चिम बंगाल और नागालैंड

D. गुजरात, मध्य प्रदेश, राजस्थान, छत्तीसगढ़, झारखंड, पश्चिम बंगाल, त्रिपुरा और मिज़ोरम

19. किस गैस में वायु का सबसे अधिक अनुपात है :

A. नाइट्रोजन B. ऑक्सीजन

C. कार्बन डाइऑक्साइड D. हाइड्रोजन

20. भारत में 2001 की जनांकिकी 593 जिलों में की गई थी। 2011 की जनांकिकी करते समय, पुनर्गठन के कारण कितने नए जिले शामिल किए गए थे :

A. 40 B. 45

C. 47 D. 50

21. सही कथन मालूम करें :

(*i*) 'igneous' पद की उत्पत्ति यूनानी शब्द 'ignis' से हुई है

(*ii*) आग्नेय चट्टानों को प्राथमिक चट्टान कहते हैं

(*iii*) अंतर्वेधी चट्टानों में, तेजी से शीतलन बहिर्वेधी चट्टानों से अधिक खनिज़ क्रिस्टल होते हैं

(*iv*) ग्रेनाइट बहिर्वेधी चट्टान हैं

A. केवल (*i*) सही है

B. केवल (*ii*) और (*iii*) सही हैं

C. केवल (*i*), (*ii*) और (*iii*) सही हैं

D. केवल (*iv*) सही है

22. निम्नांकित का मिलान करें :

स्थान	**राज्य**
(*a*) रियासी	1. ओडिशा
(*b*) कोरापुट	2. असम
(*c*) डिगबोई	3. पश्चिम बंगाल
(*d*) आसनसोल	4. झारखंड
	5. जम्मू और कश्मीर

कूटः

	(*a*)	(*b*)	(*c*)	(*d*)
A.	5	1	2	4
B.	4	1	2	5
C.	5	1	2	3
D.	5	3	b	1

23. किस नदी का कुल द्रोणी क्षेत्र सबसे विशाल है :

A. सिन्धु B. गंगा

C. ब्रह्मपुत्र D. झेलम

24. भारतीय प्रथा के अनुसार, वर्ष का पहला मौसम कौन-सा है :

A. वसंत B. ग्रीष्म

C. वर्षा D. शरद

25. काली मिट्टी की बेहतरीन उपयुक्त फसल कौन-सी है :

A. गेहूँ B. धान

C. कपास D. पटसन

26. कौन-सा कथन सही है :

A. शीत मरुस्थल केवल हिमाचल प्रदेश में मिलता है

B. मरुस्थल विकास कार्यक्रम 1977 में आरंभ किया गया था

C. गरम मरुस्थल केवल राजस्थान और गुजरात में हैं

D. गरम गैर-रेतीले क्षेत्र कर्नाटक और महाराष्ट्र में हैं

27. संचार उपग्रह कौन-सा है :

A. कार्टोसैट B. IRS

C. ओशन सैट D. INSAT

28. लिथोस्फियर है :

A. उपरली परत और भूपटल का ठोस भाग

B. ठोस भूपटल

C. ठोस भूपटल और तरल परत

D. ठोस भूपटल और केन्द्रीय भाग

29. आइसोहाइट रेखाएं वे रेखाएं हैं जो समान .... वाले स्थानों को मिलाती है :

A. तापमान B. वर्षा
C. दबाव D. ऊँचाई

30. मखरला मिट्टियों के संबंध में कौन-सा सही है :

A. मखरला मिट्टियों का गठन गरम शुष्क मौसम में होता है
B. उच्चतर क्षेत्रों पर मखरला मिट्टियाँ साधारणतया अधिक क्षारीय होती हैं
C. मखरला मिट्टियाँ सामान्यतया कर्नाटक, केरल, तमिलनाडु, महाराष्ट्र, मध्य प्रदेश और ओडिशा में मिलती हैं
D. निचले क्षेत्रों की मखरला मिट्टियाँ अम्लीय हैं

31. CFCs का पूर्ण रूप क्या है :

A. Central Forensic Centres
B. Chlorofluorocarbons
C. Chlorine Fluorine Compounds
D. Combined Family of Carbons

32. बरम्यूडा है :

A. उत्तरी अटलांटिक का उच्च दबाव वाला सेलें
B. उत्तरी अटलांटिक का निम्न दबाव वाल सेलें
C. भारतीय सागर का उच्च दबाव वाला सेलें
D. भारतीय सागर का निम्न दबाव वाला सेलें

33. ENSO है :

A. El Nino Southern Oscillation
B. Endangered Species of Oceans
C. English Space Organisation
D. European News Services Organisation

34. शब्द मॉनसून का नाम किस भाषा से है :

A. अरबी B. हिन्दी
C. फारसी D. उर्दू

35. अवसादी शैल का उदाहरण कौन-सा नहीं है :

A. बलुआ पत्थर B. चूना पत्थर
C. स्लेटी पत्थर D. स्लेट

36. अति महान महाद्वीप में सम्मिलित है :

A. लाउरेशिया
B. गोंडवाना
C. लाउरेशिया और गोंडवाना
D. गोंडवाना और एस्थिनोस्फियर

37. बंजर द्वीप किसमें ज्वालामुखीय द्वीप है :

A. अरब सागर B. प्रशान्त महासागर
C. बंगाल की खाड़ी D. हिन्द महासागर

38. चाप-झील (Ox-bow) किस प्रक्रिया द्वारा उत्पन्न होती है :

A. हिमाच्छादन B. वायु-क्रिया
C. नदी का विसर्पण D. भूमिगत पानी

39. नव झाबर भूमि किसके तट के निकट है :

A. पश्चिम बंगाल B. ओडिशा
C. आंध्र प्रदेश D. तमिलनाडु

40. ट्रोपोस्फियर में ऊँचाई से तापमान में कमी की दर है :

A. 6.5 °C प्रति 100 m B. 6.5 °C प्रति 1000 m
C. 6.5 °C प्रति 10 m D. 6.5°C प्रति 100 km

41. भारत के किस राज्य में एशिया का सबसे बड़ा एलुमिनियम संयंत्र अंगुल स्थित है :

A. गुजरात B. झारखंड
C. ओडिशा D. छत्तीसगढ़

42. द्वीप ताइवान किस द्वारा क्रास किया जाता है :

A. कर्क रेखा B. मकर रेखा
C. भूमध्य रेखा D. उत्तर/ध्रुवीय वृत्त

43. राष्ट्रीय राजमार्ग नं. 7 किन्हें मिलाता है :

A. दिल्ली को मुंबई से
B. वाराणसी को कन्याकुमारी से
C. कोलकाता को मुंबई से
D. चेन्नई को कोलकाता से

44. काठियावाड़ किसमें है :

A. महाराष्ट्र B. राजस्थान
C. गुजरात D. आंध्र प्रदेश

45. कौन-सी झील मूल रूप से ज्वालामुखीय है :

A. विक्टोरिया B. मलावी
C. तुरकाना D. टांगान्यिका

46. 2001-2011 के दौरान जनसंख्या की निम्नतम वृद्धि दर किस राज्य में रिकार्ड की गई थी :

A. सिक्किम B. बिहार
C. असम D. नागालैंड

47. भारत में .... मौसमी उपमंडल है :

A. 34 B. 35
C. 36 D. 37

48. पृथ्वी की सतह पर दबाव डालने वाले वायुमण्डलीय कॉलम का औसत भार है :

A. 1000 mb B. 1013.25 mb
C. 1023.25 mb D. 1033.25 mb

49. 2011 की जनांकिकी में अनुसूचित जनजातियों की जनसंख्या, भारत की कुल जनसंख्या का कितने प्रतिशत थी :

A. 8.6 B. 8.0
C. 8.02 D. 8.3

50. ब्रह्मांड के स्थानिक स्वरूप का लघु से विशाल तक सही क्रम क्या है :

A. आकाश-गंगा, ब्रह्मांड, स्थानिक समूह, स्थानिक श्रेष्ठ समूह
B. ब्रह्मांड, आकाश-गंगा, स्थानिक श्रेष्ठ समूह, स्थानिक समूह

C. आकाश-गंगा, स्थानिक समूह, स्थानिक श्रेष्ठ समूह, ब्रह्मांड
D. स्थानिक समूह, आकाश-गंगा, ब्रह्मांड, स्थानिक श्रेष्ठ समूह

51. वायुमण्डलीय परतों का सही क्रम क्या है :
A. ट्रोपोस्फियर, ओज़ोनोस्फियर, मेसोस्फियर, थर्मोस्फियर
B. ट्रोपोस्फियर, स्ट्रेटोपॉज, ट्रोपोपॉज़, थर्मोस्फियर
C. ओज़ोनोस्फियर, ट्रोपोपॉज, मेसोपॉज, थर्मोस्फियर
D. ट्रोपोपॉज़ बायोस्फियर, थर्मोस्फियर, एटमस्फियर

52. यदि दो स्थानों के रेखांशों में 15 डिग्रियों का अंतर है, तो उनके समय में .... का अंतर होगा :
A. 1 घंटा B. 20 मिनट
C. 30 मिनट D. 4 घंटे

53. ध्वनिक उर्जा किससे संबंधित है :
A. ऊष्मीय शक्ति B. ध्वनि
C. दृश्य प्रकाश D. अवरक्त

54. कौन-सी भू-आकृति महाद्वीपीय ग्लेशियर से संबंधित नहीं है :
A. गोलाश्मी मृत्तिका B. स्तरित अपवाह
C. हिमानी अपवाह D. विशाल गर्त

55. भिन्न कोणों पर आड़े-तिरछे तरीके से काटती गलिएँ अलियाँ और गलियाँ बनाती हैं। शब्द अली तंग गली की ओर संकेत करता है जो एक ही जाति के घरों में से गुजरती है। इसे किस राज्य में प्रयोग किया जाता है :
A. बिहार B. राजस्थान
C. महाराष्ट्र D. पंजाब

56. कौन-सा टिब्बा मौजूद पवन के समांतर पड़ता है :
A. अनुप्रस्थ टिब्बा B. बरकान टिब्बा
C. परवलयिक टिब्बा D. देशान्तरी टिब्बा

57. बीच प्रोफाइल का कौन-सा भाग समुद्राभिमुख दूरतम होगा :
A. पश्चतट B. अग्रतट
C. निकटतट D. पटरी

58. ऑक्सीकरण किसका उदाहरण है :
A. मशीनी अपक्षय
B. रसायनिक अपक्षय
C. जैविक अपक्षय
D. मशीनी और जैविक अपक्षय

59. ज्वालामुखीय भू-आकृति कौन-सी है :
A. लाहारें B. यारदांग
C. याज़ू D. इन्सेलबर्ग

60. अनीमोमीटर का प्रयोग किसे मापने के लिए किया जाता है :
A. आर्द्रता B. अवक्षेपण
C. वायुमण्डलीय दबाव D. पवन गति

61. ओज़ोन परत किसमें पड़ती है :
A. ट्रोपोस्फियर B. स्ट्रेटोस्फियर
C. मेसोस्फियर D. थर्मोस्फियर

62. केल्विन डिग्री आकार में सेल्सियस डिग्री के एकसमान है, सिवाय इसके कि पानी 273 डिग्री केल्विन पर जम जाता है और किस डिग्री पर उबलता है :
A. 100 डिग्री K B. 373 डिग्री K
C. 100 डिग्री K D. 73 डिग्री K

63. कौन-सी भूमंडलीय पवन नहीं है :
A. व्यापारिक पवन B. पछुवाँ
C. ध्रुवीय पवन D. मॉनसून

खण्ड-II इतिहास

2. इलाहाबाद अभिलेख इसने जारी किया :
A. चन्द्रगुप्त I B. समुद्रगुप्त
C. रामगुप्त D. चन्द्रगुप्त II

3. 'राजतरंगिणी' के रचनाकार थे :
A. कल्हन B. महेन्द्रवर्मन I
C. परमेश्वरवर्मन D. बिलह्न

4. भारतीय खाद्य निगम की स्थापना किस वर्ष हुई?
A. 1965 B. 1969
C. 1970 D. 1960

5. एलोरा का कैलाश मंदिर इन्होंने बनवाया :
A. कृष्ण I B. गोविन्द III
C. ध्रुव D. कृष्ण III

6. 'लाख बख्श' इसकी उपाधि थी :
A. कुतुबुद्दीन ऐबक B. इल्तुतमिश
C. अलाउद्दीन खिलजी D. फिरोजशाह

7. मुहम्मद-बिन-तुगलक ने अपनी राजधानी स्थानांतरित की :
A. दिल्ली से उज्जैनी B. दिल्ली से देवगिरि
C. दिल्ली से मथुरा D. दिल्ली से इलाहाबाद

8. तालिकोट की लड़ाई इनके बीच लड़ी गई :
A. विजयनगर और बहमनी B. चालुक्य और कदंब
C. केलदी और विजयनगर D. विजयनगर और वडेयर्स

9. पानीपत की पहली लड़ाई इनके बीच लड़ी गई :
A. बाबर और शेरशाह B. बाबर और राणा प्रताप
C. अकबर और हेमू D. बाबर और इब्राहीम लोदी

10. बीदर का प्रसिद्ध मदरसा इसने बनवाया :
A. मुहम्मद गवाँ B. मुहम्मद शाह
C. इब्राहिम II D. मुहम्मद आदिल शाह

11. टाटा आयरन और स्टील कंपनी की स्थापना कब हुई?
A. 1907 B. 1910
C. 1900 D. 1903

12. प्लासी की लड़ाई इस वर्ष लड़ी गई :
A. 1761 B. 1756
C. 1764 D. 1757

13. मंगलोर संधि से इस युद्ध की समाप्ति हुई :
A. पहला अंग्रेज-मैसूर युद्ध B. दूसरा अंग्रेज-मैसूर युद्ध
C. तीसरा अंग्रेज-मैसूर युद्ध D. चौथा अंग्रेज-मैसूर युद्ध

14. स्थायी भूमिव्यवस्था की शुरूआत इसने की :
A. लॉर्ड वेलेजली B. लॉर्ड कार्नवालिस
C. लॉर्ड हेस्टिंग्ज D. लॉर्ड विलियम बेंटिंक

15. व्यपगमन वाद (डॉक्ट्रिन ऑफ लैप्स) इसने आरंभ किया :
A. लॉर्ड डलहौजी B. लॉर्ड कॉर्नवालिस
C. लॉर्ड वेलेजली D. सर जॉन शोर

16. भारतीय राष्ट्रीय कांग्रेस की स्थापना इसने की :
A. ए.ओ. ह्यूम B. महात्मा गाँधी
C. एनी बेसेंट D. बाल गंगाधर तिलक

17. 'कर्नाटक केसरी' की उपाधि इन्हें दी गई थी :
A. आर.आर. दिवाकर B. गंगाधर राव देशपांडे
C. के.सी. रेड्डी D. एस. निजलिंगप्पा

18. 'सर्वेंट्स ऑफ इंडिया सोसायटी' की स्थापना इन्होंने की :
A. श्रीनिवास शास्त्री B. पंडित हृदयनाथ कुंजरु
C. गोपालकृष्ण गोखले D. बाल गंगाधर तिलक

19. इंग्लैंड को किसने 'दुकानदारों का देश' कहा?
A. हिटलर B. गैरीबाल्डी
C. नेपोलियन D. मुसोलिनी

20. एशियाटिक सोसायटी की स्थापना इन्होंने की :
A. मैक्स मूलर B. कनिंगहोम
C. सर जॉन मार्शल D. विलियम जोंस

21. "आई केम, आई सॉ, आई कॉन्कर्ड" किसने कहा?
A. नेपोलियन B. जूलियस सीजर में शेक्सपियर
C. एडमिरल नेल्सन D. हिटलर

22. सूफी आदेशों को किस नाम से जाना गया?
A. चिश्ती B. औलिया
C. सिलसिला D. सुहरावर्दी

23. हड़प्पा लोगों की समुद्री गतिविधियों से संबंधित कौन-सा हड़प्पा स्थल नहीं है :
A. लोथल B. बालाकोट
C. सोक्ता कोब D. देसालपुट

24. सिन्धु घाटी काल के धार्मिक और सामाजिक जीवन को समझने के लिए कौन-सी उपलब्धि सबसे अधिक सहायता करती है :
A. कब्रिस्तान
B. टेराकोटा मूर्तियाँ और मोहरें
C. फर्नीचर और मिट्टी के बर्तन
D. मकानों और अन्य इमारतों के अवशेष

25. हड़प्पा लोगों का धार्मिक विश्वास कौन-सा नहीं था :
A. दुष्टात्माओं और परलोक के जीवन में विश्वास
B. उपासना पद्धति और अग्नि
C. वृक्षों और पशुओं की आराधाना
D. विशाल प्रार्थना स्थानों का निर्माण

26. जनपद के संबंध में कौन-सा कथन सही नहीं है :
A. इसका शाब्दिक अर्थ वह स्थान है जहाँ लोग अपने पैर रखते हैं
B. जनपद तत्त्वतः एक कृषि बस्ती थी
C. जनपदों का नाम अक्सर प्रभावी कक्षत्रय वंशों पर रखे जाते थे
D. जनपद की स्थापना दर्शाती है कि व्यापार समकालीन जीवन का अति महत्वपूर्ण कारक बन गया था।

27. कौन-सा मूलपाठ महाजनपदों की सूची प्रदान करता है :
A. अंगुट्टरा B. महाभारत
C. जातकें D. थेरिगाथा

28. बुद्ध संघ में प्रवेश करने वाले को कहते थे :
A. उपासमपद B. भिक्षु
C. श्रमण D. अनुसावन

29. बुद्ध के पहले उपदेश को कहते हैं :
A. महाभिनिष्क्रमण B. धर्मचक्र प्रवर्तन
C. धम्म घोष D. महापरिनिर्वाण

30. कौन-सा शिलालेख चंद्रगुप्त मौर्य की पश्चिमी भारत पर विजय को सिद्ध करता है :
A. रूद्रदमन का जूनागढ़ शैल फरमान
B. अशोक का गिरनार शैल फरमान
C. अशोक का सोपरा शैल फरमान
D. विशिष्ट (कलिंगा) शैल फरमान

31. अशोक धम्म का कौन-सा सैद्धान्तिक पहलू नहीं है :
A. अक्षति
B. व्यवहार में संयम
C. सभी के लिए समान व्यवहार
D. पाप का भय

32. मौर्य साम्राज्य के विघटन के माने जाते कारण की कम से कम संभावना किसकी है :
A. अशोक के पश्चात कमजोर राजाओं का अनुक्रमण
B. अशोक की शांतिवादी नीतियों के कारण सैनिक निष्क्रियता
C. अशोक पूर्व-बौद्ध नीति के विरुद्ध ब्राह्मणी विद्रोह
D. राष्ट्रीय चेतना और प्रतिनिधि संस्थाओं का अभाव

33. इलाहाबाद के स्तम्भ शिलालेख को किससे संबंधित किया जाता है :
A. महापद्म चंदा B. चंद्रगुप्त मौर्य
C. अशोक D. समुद्र गुप्त

34. भारतीय मन्दिर वास्तुकला में प्राचीनतम 'पंचायतन' रचना का नाम है :
A. देवगढ़ का दशावतार मन्दिर

B. नचना कुठार का पार्वती मन्दिर
C. सीरपुर का लछमन मन्दिर
D. तिगावा का कंकाली मन्दिर

35. गुप्तकाल में किस शहर को रेशम के कपड़े के सर्वोत्तम उत्पादक के रूप में माना जाता था :

A. वाराणसी B. प्रयाग
C. उज्जैन D. पाटलीपुत्र

36. ऋग्वेद में किस पशु को अघन्य घोषित किया जाता है :

A. अश्व B. बकरी
C. गाय D. भेड़

37. उत्तर-वैदिक काल के बारे में क्या सही नहीं है :

A. उनको लोहे का ज्ञान था
B. उनको काँच निर्माण की जानकारी नहीं थी
C. कृषि मुख्य व्यवसाय था
D. राजत्व आनुवांशिक हो रहा था

38. 'वाणिज्य' शब्द का प्रयोग किसमें किया गया है :

A. तैत्रिय ब्राह्मण B. सत्पथ ब्राह्मण
C. गोपथ ब्राह्मण D. एतरेय ब्राह्मण

39. दिल्ली का पहला सुल्तान जिसने विनियमित मुद्रा जारी की और दिल्ली को अपने साम्राज्य की राजधानी घोषित किया, वह था :

A. आलम शाह B. इल्तुतमिश
C. नसीरूद्दीन महमूद D. बलबन

40. जिस सुल्तान ने खलीफे की सत्ता को मानने से इन्कार किया था, वह था :

A. अलाउद्दीन खलजी B. गियासुद्दीन तुगलक
C. मुहम्मद बिन तुगलक D. कुतुबुद्दीन मुबारक

41. यह किसने कहा 'ब्रह्मांड वेद हैं, सृष्टि कुरान है'?

A. कबीर B. बुल्ले शाह
C. रज्जब D. गुरु नानक

42. महान सूफी फकीर, जो अन्य सभी ग्रन्थों का कटु आलोचक था, वह था :

A. मियाँ मीर B. बुल्ले शाह
C. यारी साहिब D. शाह करीम

43. दिल्ली पर दोबारा कब्जा करने और दिल्ली में ताजपोशी के बाद, हुमायूँ केवल कितनी देर तक शासन कर सका था :

A. छह महीने B. अढ़ाई वर्ष
C. दो वर्ष D. चौदह महीने

44. मुगल वास्तुकला किसके सुखद मिश्रण को दर्शाती है :

A. तुर्की और फारसी शैली B. तुर्की और अफग़ान शैली
C. फारसी और भारतीय शैली D. तैमूरी और भारतीय शैली

45. फ्रांसीसी ईस्ट इंडिया कंपनी का संस्थापक था :

A. कोल्बर्ट B. द ला हेये
C. डुप्लेक्स D. दूमास

46. किस अवसर पर पुर्तगालियों ने मुंबई को अंग्रेजों के हवाले कर दिया था :

A. चार्लस II की ब्रागना की पुर्तगाली राजकुमारी कैथेरीन से शादी के समय
B. एक्स ला चैपेल की सन्धि द्वारा
C. स्पेन के नियंत्रण से पुर्तगाल की स्वतंत्रता के परिणाम-स्वरूप
D. अंग्रेजों द्वारा स्पेनिश जहाजी बेड़े की हार के समय

47. उस राज्य का नाम बताएँ जिसने हॉलैंड को यह 'स्वर्ण फरमान' दिया था कि वह शुल्क के रूप में 500 पैगोडा प्रतिवर्ष देकर स्वतंत्र रूप में व्यापार कर सकता है :

A. गोलकुंडा B. बीजापुर
C. बरार D. अहमदनगर

48. भारत में पुर्तगालों का व्यापारिक उद्देश्य था :

A. पश्चिमी तट के क्षेत्रों पर कब्जा करना
B. कपड़े और मसालों के व्यापार पर कब्जा करना
C. अरबों और फारसियों को भारत के समुद्री व्यापार से बाहर निकालना
D. मिर्च और अन्य बढ़िया मसालों के व्यापार पर कब्जा करना

49. भारत में सर जॉन शोर की नीति को किस तरह वर्णित किया जाता है :

A. सक्रिय हस्तक्षेप B. आक्रामक मित्रता
C. तुष्टीकरण नीति D. अहस्तक्षेप

50. रोहिलखंड में 1857 के विद्रोह का नेता कौन था :

A. हसन खाँ B. पीर अली
C. खान बहादुर खाँ D. कुँवर सिंह

51. किस नेता और उसके जनजातीय आंदोलन के क्षेत्र का मिलान सही नहीं है :

A. रानी गैडिनलू - असम
B. एलुरी सीतारामराजू - रम्पा क्षेत्र
C. रूप सिंह - पाँच महल
D. बिरसा मुन्डा - छोटानागपुर

52. बंगाल में मुसलमान पुनर्जागरण का नेता था :

A. सर सय्यद अहमद खाँ B. अमीर अली
C. नवाब अब्दुल लतीफ खाँ D. नवाब समीउल्ला खाँ

53. किस समाज सुधारक ने यह पुस्तक लिखी थी 'Jnana Yoga, Karma Yoga and Raja Yoga'

A. स्वामी विवेकानंद B. रानाडे
C. राजा राम मोहन राय D. रामकृष्ण परमहंस

54. सफा हर (Sapha Har) आंदोलन (1870) द्वारा प्रचारित एकेश्वरवाद और समाज सुधार का आंदोलन किसमें बदल गया था :

A. जमींदारों के खिलाफ अहिंसात्मक आंदोलन
B. लगान में कटौती के लिए किसान आंदोलन
C. मालगुजारी बंदोबस्त
D. पृथक राज्य के लिए आंदोलन

55. किसने पहली बार 'आर्थिक निष्कासन सिद्धान्त' की बात की :
A. गोपाल कृष्ण गोखले
B. मुहम्मद अली जिन्नाह
C. दादा भाई नौरोजी
D. श्याम जी कृष्ण वर्मा

56. भारत में ब्रिटिश आर्थिक नीति किस लिए निर्धारित की गई थी :
A. भारत के उद्योगीकरण के लिए
B. भारत को पश्चिमी देशों के बराबर लाने के लिए
C. भारतीयों के भौतिक विकास के लिए
D. भारत को ग्रामीण आर्थिक निर्भरता में बदलने के लिए

57. दिल्ली भारत की राजधानी कब बनी?
A. 1910
B. 1911
C. 1916
D. 1923

58. मेसोपोटामिया का एक अहम कोडीकरण किसके शासन में पूरा किया गया था :
A. नेबुच एडवेजार
B. एक्हेनाहोन
C. सार्गन I
D. हेम्मूराबी

59. प्राचीन एथेन्स को किसका श्रेय जाता है :
A. पहिए का आविष्कार का प्रयोग करना
B. दासता को खत्म करना
C. उस सरकार को स्थापित करना जिसमें लोकतांत्रिक अंश हों
D. मुद्रण प्रेस का आविष्कार करना

60. यूनानी दर्शनशास्त्र के विकास में बुनियादी समाजीय व्यवस्था कौन-सी थी :
A. कठोर सामाजिक वर्ग
B. व्यक्तिवाद पर बल
C. धार्मिक एक समानता
D. जन शिक्षा

61. सामंत का लक्षण कौन-सा नहीं है:
A. सामंत पश्चिमी यूरोप में सामन्तवाद का आर्थिक आधार है
B. सामंत ने पश्चिमी सामन्तवाद के पतन में निर्णायक भूमिका निभाई
C. हरेक सामंत की अपनी अदालत थी जिसका अध्यक्ष लार्ड होता था
D. सामंती लार्ड के अधीन कई सामंत होते थे

62. पुनर्जागरण का कारण कौन-सा नहीं है :
A. मुद्रण प्रेस का आविष्कार
B. पश्चिमी यूरोप में सामन्तवाद का पतन
C. मानववाद की नई अवधारणा का उदय
D. पश्चिमी यूरोप में शहरीकरण का पतन

63. धर्म-सुधार का धार्मिक प्रभाव कौन-सा नहीं है :
A. ईसाईयत में नया धर्म
B. कैथोलिकों को अपने धर्म को सुधारने के लिए मजबूर किया
C. जर्मनी में सामन्तवाद की उत्पत्ति
D. पादरी-वर्ग के स्वरूप में सुधार

खण्ड-III अर्थशास्त्र

2. जनसंख्या के जनसांख्यिकीय परिवर्तन सिद्धान्त के पहले चरण की विशेषता थी :
A. उच्च BR और उच्च DR
B. उच्च BR और निम्न DR
C. निम्न BR और निम्न DR
D. निम्न BR और उच्च DR

3. फिलिप्स का वक्र किसका सम्बन्ध दर्शाता है?
A. आय और खपत
B. आय और मूल्य स्तर
C. आय और निवेश
D. मुद्रास्फीति और बेरोजगारी

4. असन्तुलित विकास के विचार को इसने समर्थन नहीं दिया :
A. एच.डब्ल्यू. सिंगर
B. डब्ल्यू.ए. लेविस
C. ए.ओ. हरश्मन
D. सी.पी. किंड्लबर्गर

5. क्रय शक्ति समता सिद्धान्त इन्होंने दिया :
A. हेबरलर
B. जे.एस. मिल
C. जे.ई. मीड
D. गुस्ताव केसेल

6. माँग की मूल्य प्रत्यास्थता एक के बराबर होती है जब माँग वक्र होता है :
A. अनुप्रस्थ रेखा
B. अनुलम्ब रेखा
C. आयताकार अतिपरवलय
D. अधोमुखी गतिमान रेखा

7. निम्न में से क्या वित्तीय नीति का साधन नहीं है?
A. लोक-राजस्व
B. लोक-व्यय
C. लोक-उधार
D. नकद संचय अनुपात

8. व्यापार की एक-कारक और द्वि-कारक निबन्धन की परिकल्पना इन्होंने दी :
A. हेबरलर
B. जैकब विनर
C. स्नीडर
D. स्कैमेल

9. ''धारणीय विकास (ससटेनेबल डेवलपमेंट)'' शब्द का पहली बार किस रिपोर्ट में उपयोग किया गया?
A. ब्रंडट्लैंड रिपोर्ट
B. विएना रिपोर्ट
C. ब्रेटन वूड रिपोर्ट
D. वर्ल्ड एच.डी. रिपोर्ट

10. 'मजदूरों की अतिरिक्त सेना' यह परिकल्पना इसने दी :
A. कार्ल मार्क्स
B. डेविड रिकॉर्डो
C. एडम स्मिथ
D. जे.एस. मिल

11. द्वयधिकार मॉडल सबसे पहले इसने विकसित किया :
A. बर्टरेंड
B. कॉरनॉट
C. जे.बी. क्लार्क
D. एड्वर्थ

12. मानव विकास सूचकांक इसने सूत्रबद्ध की :
A. विश्व बैंक
B. अंतर्राष्ट्रीय मुद्रा कोष
C. UNTAD
D. UNDP

13. AFC इसके बीच की उर्ध्वाधर दूरी के बराबर होता है :
A. AC वक्र और MC वक्र
B. AVC वक्र और MC वक्र
C. AC वक्र और AVC वक्र
D. TC वक्र और TVC वक्र

14. हेक्शर-ओहलिन सिद्धान्त में वस्तु के सापेक्ष मूल्य में और देशों के बीच के व्यापार का अन्तर का महत्वपूर्ण कारण है, इसकी भिन्नता :
A. कारकों की खूबियाँ B. प्रौद्योगिकी
C. रुचि D. तुलनात्मक लागत

15. नर्मदा बचाओ आंदोलन का नेतृत्व किसने किया?
A. मेधा पाटेकर B. सुंदरलाल बहुगुणा
C. राजीव दीक्षित D. चंडी प्रसाद भट्ट

16. संकटकालीन न्यूनतम प्रयास (क्रिटिकल मिनिमम एफर्ट) सिद्धान्त इसने दिया :
A. लेबेन्स्टीन B. रोजेन्स्टेन रोडन
C. आर्थर लेविस D. मार्क्स

17. निम्न में से क्या न्यूनतम नकद सम्पत्ति है?
A. पैसा B. मशीन
C. शेयर D. बांड

18. वृत्तीय बहाव में से निम्न में से क्या रिसाव है?
A. खपत और बचत B. आयात और निर्यात
C. निर्यात और बचत D. बचत और आयात

19. लॉरेंज वक्र का उपयोग इसे नापने में होता है :
A. विषमता B. गरीबी
C. अकुशलता D. उत्पादन संभावना

20. अभ्रक का अत्यधिक उत्पादक देश कौन-सा है?
A. भारत B. अमेरिका
C. चीन D. ऑस्ट्रेलिया

21. वेंगनर का नियम इस पर आधारित है :
A. बढ़ते मूल्य B. बढ़ता हुआ लोक-व्यय
C. बढ़ती हुई लोक-आय D. बढ़ता हुआ लोक-ऋण

22. कर-भार होता है :
A. सम्पर्क का पहला बिन्दु B. अन्तिम विश्राम स्थल
C. A और B दोनों D. इनमें से कोई नहीं

23. "मुक्त अनुवृद्धि (फ्री राइडर)" समस्या इनमें उत्पन्न होती है :
A. निजी माल B. उपभोज्य वस्तुएँ
C. सार्वजनिक माल D. पूँजीगत माल

24. विशेष कर होता है :
A. निश्चित राशि
B. उत्पादन-निरपेक्ष
C. उत्पादन के प्रति मूल्य पर
D. उत्पादन के प्रति मात्रक पर

25. ब्रेटन वूड जुड़वा है :
A. इंग्लैंड और अमेरिका B. W.T.O. और I.T.O.
C. I.M.F. और विश्व बैंक D. ब्रिटेन और वुडलैंड

26. मूल्य अनम्यता इसकी विशेषता है :
A. एकाधिकार
B. अल्पाधिकार
C. द्वयाधिकार
D. द्विक्रेता स्थिति (Duopsony)

27. वन अधिकार अधिनियम (फॉरेस्ट राइट्स एक्ट) किस वर्ष पारित हुआ?
A. 1969 B. 1970
C. 1975 D. 1965

28. 'मूल्य विवेक' यह पालन करते हैं :
A. एकाधिकारी उत्पादक B. अल्पाधिकारी उत्पादक
C. द्वयाधिकारी उत्पादक D. द्विक्रेता स्थिति उत्पादक

29. ऐंठा हुआ माँग वक्र इससे सम्बन्धित होता है :
A. एकाधिकार B. अल्पाधिकार
C. द्वयाधिकार D. द्विक्रेता स्थिति

30. आदर्श प्रतिस्पर्धा में कंपनी को सन्तुलन मिलता है, जब होता है :
A. MR = AR B. MC = AC
C. MC = MR D. TR = TC

31. 'से' के बाजार नियम के अनुसार :
A. आपूर्ति माँग से अधिक होती है
B. आपूर्ति माँग से कम होती है
C. माँग अपने आप आपूर्ति पैदा करती है
D. आपूर्ति अपने आप माँग पैदा करती है

32. आजकल निम्न में से कौन-सी कागजी मुद्रा प्रचलन में है?
A. अविनिमेय B. आदेश
C. विनिमेय D. प्रतिनिधिक

33. वर्तमान में कितने राष्ट्रीयकृत बैंक काम कर रहे हैं?
A. 19 B. 18
C. 17 D. 20

34. एस.बी.आई. का भूतपूर्व नाम क्या था?
A. इंपीरियल बैंक ऑफ इंडिया
B. नेशनल बैंक ऑफ इंडिया
C. रेजिडेंशियल बैंक ऑफ इंडिया
D. फेडरल बैंक ऑफ इंडिया

35. आई.एम.एफ. का मुख्यालय कहाँ स्थित है?
A. वाशिंगटन डी.सी. B. न्यूयॉर्क
C. जिनेवा D. लंदन

36. कौन-सी पंचवर्षीय योजना को महालनोबिस योजना कहा जाता है?
A. दूसरी पंचवर्षीय योजना
B. पहली पंचवर्षीय योजना

C. तीसरी पंचवर्षीय योजना
D. चौथी पंचवर्षीय योजना

37. 'काम के बदले अनाज कार्यक्रम' का नया नाम था :
A. RLEGP
B. IRDP
C. NREP
D. MNP

38. RBI द्वारा प्रकाशित मुद्रा आपूर्ति परिमाप M2 में सम्मिलित है :
A. RBI के सार्वजनिक और अन्य जमा द्वारा रखी मुद्रा
B. A+ डाकघर बचत बैंकों में बचत जमा
C. A+ बैंकों के निवल माँग जमा
D. B+ बैंकों के निवल माँग जमा

39. हल्के उद्योगों के संवर्धन को इस तथ्य ने बाधा पैदा की है कि :
A. सीमित वित्तीय संसाधनों वाले लघु उद्यमकर्ताओं द्वारा चलाए जाते हैं
B. इनको बड़े पैमाने की किफायतें उपलब्ध नहीं हैं
C. पूँजीगत वस्तुओं के आयातों पर निर्भरता को बनाए रखना
D. उपर्युक्त सभी

40. मुद्रा बाजार और पूँजीगत बाजार में मुख्य विशिष्ट लक्षण किस पर आधारित है?
A. उधार की लागत
B. उधारावधि
C. उधार उपयोग
D. उधार का प्रयोगकर्ता

41. बहु-आयामी गरीबी सूचकांक (MPI) नया सूचकांक है :
A. विश्व मानव रिपोर्ट
B. मानव विकास रिपोर्ट
C. विश्व विकास रिपोर्ट
D. भारत की मानव विकास रिपोर्ट

42. बहिर्गामी उत्पादन परिवर्तन संभावना वक्र क्या संकेत करता है :
A. आर्थिक गतिरोध
B. आर्थिक वृद्धि
C. आर्थिक मन्दी
D. अति-स्फीति

43. विकल्प लागतें किसका परिणाम है :
A. दुर्लभता
B. अति-उत्पादन
C. संसाधनों की बहुतायत
D. टेक्नॉलोजी

44. माँग की लोच के संदर्भ में, प्रचुरता का विरोधाभास किस क्षेत्र की मदों से अधिक संबंधित है :
A. सेवा क्षेत्र
B. कृषि क्षेत्र
C. खनन क्षेत्र
D. औद्योगिक क्षेत्र

45. यदि अन्य बातें पूर्ववत् रहें, यदि देश के निर्यातों की माँग लोचहीन है, तो निर्यात कीमतों में प्रदत्त गिरावट के लिए विदेशी मुद्रा आय पर क्या प्रभाव होगा :
A. विदेशी मुद्रा आय कम होती है
B. विदेशी मुद्रा आय बढ़ती है
C. विदेशी मुद्रा आय पर कोई प्रभाव नहीं होता
D. बहुत कम समय के लिए विदेशी मुद्रा आय बढ़ जाती है और बाद में प्रबल रूप से कम हो जाती है

46. व्यवहार के प्रतिमानों को, जो आर्थिक गतिविधि की सामाजिक विवेकशीलता की अपेक्षाओं की पूर्ति करते हैं, किस द्वारा स्थापित किया जाता है :
A. सकारात्मक अर्थशास्त्र
B. प्रतिमानक अर्थशास्त्र
C. वाणिज्य अर्थशास्त्र
D. गणितीय अर्थशास्त्र

47. यदि उत्पादन के दो फलनों में पूर्ण प्रतिस्थापन होता है, तो समोत्पादक वक्र का आकार है :
A. अरैखिक
B. रैखिक
C. समकोणीय
D. सकारात्मक रूप में आकार-युक्त

48. सूची I का सूची II से मिलान करें और सही उत्तर का चयन करें :

सूची-I (MRS_{XY} **का स्वरूप**)	**सूची-II** (**समभाव वक्र का आकार**)
(*a*) $MRS_{XY} = 0$	1. मूलबिन्दु प्रति उत्तल
(*b*) MRS_{XY} स्थिर है	2. मूलबिन्दु प्रति अवतल
(*c*) MRS_{XY} धनात्मक है	3. समकोण (L आकार)
(*d*) MRS_{XY} ऋणात्मक	4. ऋणात्मक ढलान वाली सीधी रेखा

	(*a*)	(*b*)	(*c*)	(*d*)
A.	1	2	3	4
B.	1	3	2	4
C.	4	2	3	1
D.	3	4	2	1

49. परेटो इष्टतम के बारे में कौन-सा कथन सही है?
1. यह आय के वितरण में परिवर्तन के साथ बदलता है
2. परेटो के इष्टतम पर, उपभोग में MRS = उत्पादन में MRT
3. यह अद्वितीय नहीं है
4. यह अपूर्ण प्रतियोगिता के अधीन प्राप्त होता है
A. केवल 1 और 2
B. 1, 2 और 3
C. केवल 1, 3 और 4
D. केवल 2 और 3

50. एक वस्तु के लिए उत्पादक का धनात्मक वक्रित आपूर्ति वक्र निरूपित करता है :
A. उत्पादक के उद्देश्यों की न्यूनतम सीमा
B. उत्पादक के उद्देश्यों की एक अर्थ में अधिकतम और एक अर्थ में न्यूनतम सीमा
C. उत्पादक के उद्देश्यों की अधिकतम सीमा
D. इनमें से कोई भी नहीं है

51. सामान्यतया आपूर्ति है :
A. अल्पकाल की अपेक्षा दीर्घकाल में अधिक लोचदार
B. दीर्घकाल की अपेक्षा अल्पकाल में अधिक लोचदार
C. उद्योग में फर्म के लिए अधिक लोचदार
D. आगत कीमतें निम्नतर, अधिक लोचदार

52. उपभोक्ता की हालत में, माँग वक्र कीमत को निर्धारित करता है परन्तु उत्पादक की हालत में,

1. AR वक्र कीमत को निर्धारित करता है
2. MR वक्र कीमत को निर्धारित करता है
3. AR वक्र कीमत और आय को निर्धारित करता है
4. MR वक्र और AR वक्र कीमत को निर्धारित करते हैं।

A. केवल 1 B. केवल 2
C. केवल 3 D. केवल 4

53. नति के बिन्दु पर, सीमान्त उपयोगिता है :

A. वर्धमान B. ह्रासमान
C. अधिकतम D. नकारात्मक

54. L-आकार का समभाव वक्र निरूपित करता है :

A. पूर्ण पूरकता B. पूर्ण प्रतिस्थापकता
C. गैर-प्रतिस्थापकता D. गैर-पूरकता

55. पूर्ण प्रतियोगिता के अधीन, आपूर्ति वक्र की पहचान किसके रूप में की जाती है :

A. सीमान्त लागत वक्र का आरोही भाग
B. औसत कुल लागत वक्र का आरोही भाग
C. औसत परिवर्ती लागत वक्र का आरोही भाग
D. औसत परिवर्ती लागत वक्र के ऊपर सीमान्त लागत वक्र का भाग

56. **सूची I** का **सूची II** से मिलान करें और सही उत्तर का चयन करें :

	सूची-I		**सूची-II**
(*a*)	पूर्ण प्रतियोगिता में फर्म का संतुलन	1.	MC = MR, MC वक्र MR वक्र को नीचे से काटे
(*b*)	पूर्ण एकाधिकार में फर्म का संतुलन	2.	TR = TC
(*c*)	शून्य मुनाफा स्थिति	3.	MC = MR, माँग की कीमत लचक > 1
(*d*)	मंडी का संतुलन	4.	माँग = आपूर्ति

	(*a*)	(*b*)	(*c*)	(*d*)
A.	1	2	3	4
B.	2	3	4	1
C.	2	3	4	1
D.	1	3	2	d

57. विषम मद को मालूम करें :

A. P = MR = SMC = LMC
B P = MR = SAC = LAC
C. P = MR = LAC वक्र में निम्नतर बिन्दु
D. P = AC = SMC = LMC

58. दीर्घकाल में, अवरुद्ध प्रवेश की वजह से शुद्ध मुनाफे किस द्वारा किए जा सकते हैं :

A. शुद्ध अल्पाधिकारी B. शुद्ध एकाधिकारी
C. शुद्ध द्वयाधिकारी D. इनमें से कोई भी नहीं है

59. GNP मालूम करने के लिए, हम

A. मूल्यह्रास को जोड़ते हैं
B. मूल्यह्रास की उपेक्षा करते हैं
C. मूल्यह्रास को घटाते हैं
D. मूल्यह्रास को बढ़ाते हैं

60. व्यक्तिगत आय में निम्नांकित सभी सम्मिलित होते हैं, सिवाए इसके :

A. अंतरण अदायगी B. अवितरित लाभ
C. व्यक्तिगत आय कर D. लाभांश अदायगी

61. सरकारी क्षेत्र द्वारा GNP को शुद्ध योगदान को किस द्वारा मापा जाता है :

A. वस्तुओं और सेवाओं की सरकारी खरीद
B. सरकार द्वारा दिए मजदूरी और वेतन और अनुपूरक
C. अंतर सरकारी बेशी
D. सरकारी बेशी का आकार

62. शुद्ध सार्वजनिक हित की सीमान्त लागत होगी :

A. 1
B. शून्य से कम
C. शून्य से अधिक
D. शून्य अथवा शून्य के निकट

63. उधार गतिरोध उस अवस्था की ओर संकेत करता है जब :

A. उधार उपलब्ध है परन्तु ऋणी दुर्लभ हैं
B. बैंकों ने अपनी ऋण खिड़की को बन्द कर दिया है
C. ऋणी प्रचुर हैं परन्तु ऋण दुर्लभ हैं
D. बैंक दर को अत्यधिक संशोधित किया गया है

खण्ड-IV नागरिक शास्त्र

2. धर्मविश्वास या संस्कृति पर आधारित शासन को कहते हैं :

A. अभिजात तन्त्र B. तकनीकी तन्त्र
C. धर्मतन्त्र D. सर्वसत्तात्मक

3. केन्द्र शासन और राज्य शासन के बीच की सत्ता के बँटवारे को कहते हैं :

A. ऐकिक वैशिष्ट्य B. संघवादी वैशिष्ट्य
C. द्विशासन D. स्वायत्तता

4. राज्य सूची में निम्न में से क्या शामिल है?

A. डाक और तार
B. बीमा
C. भू-नीतियाँ
D. पोत-परिवहन और जहाजरानी

5. ''लोगों का, लोगों द्वारा और लोगों के लिए शासन'' इस मुहावरे का स्रोत क्या था?

A. अमेरिकी संविधान B. स्वतन्त्रता की घोषणा
C. गेलटिसबर्ग भाषण D. 'मेरा एक सपना' भाषण

6. "अमेरिका में चर्च और शासन के बीच विभाजन की दीवार होनी चाहिए" यह मुहावरा, यहाँ पाया जाता है :
A. थॉमस जेफरसन का पत्र
B. जॉर्ज वाशिंगटन का विदाई भाषण
C. मे फ्लावर समझौता
D. अमेरिकी संविधान

7. "मेरा एक सपना" भाषण में डॉ. मार्टिन लूथर किंग ने :
A. भाईचारा और सामाजिक न्याय के लिए आशा जताई
B. हब्शी पृथकतावाद की हिमायत की
C. गुलामी निषेध के लिए तर्क प्रस्तुत किया
D. सकारात्मक क्रियातन्त्र को नैतिक समर्थन दिया

8. किन देशों के समूह को 'तीसरा विश्व' देश कहा जाता है?
A. पंचशील B. NAM
C. NATO D. SEATO

9. 'गुजराल वाद' इनसे अच्छे सम्बन्ध को अधिक महत्व देता है?
A. NATO देश B. ASEAN
C. SAARC D. SEATO

10. भारत के पहले मुख्य चुनाव आयुक्त कौन थे?
A. टी.एन. शेषन B. सुकुमार सेन
C. आई.के. गुजराल D. वी.के. मेनन

11. भारत के राष्ट्रपति के अधिकृत विश्राम धाम में एक है सिकंदराबाद का 'राष्ट्रपति भवन'। दूसरा कौन-सा है?
A. भागलपुर, बिहार का रिट्रीट भवन
B. शिमला में स्थित मशोबरा का रिट्रीट भवन
C. सम्बलपुर, ओडिशा का रिट्रीट भवन
D. खंडवा, मध्य प्रदेश का रिट्रीट भवन

12. राष्ट्रपति द्वारा राज्यसभा के लिए कितने सदस्य नियुक्त किए जाते हैं?
A. 15 B. 14
C. 13 D. 12

13. लोकसभा और राज्यसभा बैठक के लिए अलग-अलग सदन वाले भवन 'संसद भवन' का उद्घाटन किसने किया?
A. लिनलिथगो B. लॉर्ड इरविन
C. वेवेल D. लॉर्ड माउंटबेटन

14. यू.एन. की सामान्य सभा की पहली महिला अध्यक्षा थी :
A. सरोजिनी नायडू B. एनी बेसेंट
C. विजयालक्ष्मी पंडित D. सुब्बालक्ष्मी

15. भारत के संविधान के तहत वास्तविक कार्यकारी अधिकार इनके पास होते हैं :
A. राष्ट्रपति
B. प्रधानमंत्री
C. संसद
D. प्रधानमंत्री और उसकी परिषद्

16. अन्तर्राष्ट्रीय न्यायालय का मुख्यालय कहाँ है?
A. पेरिस B. रोम
C. द हेग D. वाशिंगटन

17. राष्ट्रपति के चुनाव में निम्न में से कौन भाग नहीं लेते हैं?
A. विधान-परिषद् सदस्य
B. लोकसभा के निर्वाचित सदस्य
C. राज्यसभा के निर्वाचित सदस्य
D. उपरोक्त में से कोई नहीं

18. संसदीय श्रेष्ठता किस देश में राजनीतिक व्यवस्था की सुनिश्चित विशेषता है :
A. यू.के. B. भारत
C. कनाडा D. ऑस्ट्रेलिया

19. भारतीय संघ की किससे निकट से समानता है?
A. यू.एस.ए. B. नाइजेरिया
C. ऑस्ट्रेलिया D. कनाडा

20. शब्द 'Democracy' की व्युत्पत्ति किस भाषा से की गई है?
A. यूनानी B. लातीनी
C. अंग्रेजी D. फ्रांसीसी

21. लोकतंत्र को 'बहुसंख्यकों की तानाशाही' के रूप में किसने वर्णित किया?
A. रूसो B. टॉकविले
C. जॉन डनिंग D. जॉन मोडिसन

22. भारत में राजनीतिक दलों को चिह्न आबंटन का निर्णय कौन लेता है?
A. राजनीतिक दल का नेता
B. राजनीतिक दल की चुनाव समिति
C. निर्वाचन आयोग
D. राजनीतिक दल की शासी समिति

23. सभी नागरिकों को मतदान के लिए अवसर को कहते हैं :
A. प्रतिनिधि सरकार B. नागरिक सद्गुण
C. सार्वजनिक मताधिकार D. लोकतंत्र

24. भारत में राजनीतिक शक्ति का मुख्य स्रोत कौन-सा है?
A. संविधान B. सर्वोच्च न्यायालय
C. लोग D. संसद

25. संघ का तत्व कौन-सा नहीं है?
A. लिखित संविधान B. सर्वोच्च संविधान
C. इकहरी नागरिकता D. द्विसदन पद्धति

26. पंचायती राज का मतलब है :
A. शक्ति का संकेंद्रण B. शक्ति का केंद्रीकरण
C. शक्ति का विकेंद्रीकरण D. राज्य शक्ति

27. नेपाल में 'जन आंदोलन' किस वर्ष आरंभ किया गया था?

A. 1989 B. 1990
C. 1991 D. 2006

28. मुक्त बोलिविया आंदोलन, जो बोलिविया में अग्रगामी राजनीतिक दल में बदल गया था, कब बनाया गया था?

A. 15 जनवरी, 1985 B. 15 जनवरी, 1986
C. 15 जनवरी, 1987 D. 15 जनवरी, 1988

29. भारत के संविधान को संविधान सभा ने अधिनियमित किया था, जो स्थापित की गई थी :

A. 1946 में कैबिनेट मिशन योजना के अधीन
B. भारतीय स्वतंत्रता अधिनियम 1947 के अधीन
C. भारतीय राष्ट्रीय कांग्रेस द्वारा
D. प्रान्तीय सरकारों के प्रस्ताव द्वारा

30. कौन-सा मूल अधिकार भारत में मानवों के अवैध व्यापार को रोकता है?

A. समानता अधिकार
B. शोषण के विरुद्ध अधिकार
C. स्वतंत्रता अधिकार
D. सांस्कृतिक और शैक्षिक अधिकार

31. संविधान सभा ने अपना स्थायी अध्यक्ष किसे चुना?

A. बी.आर. अम्बेडकर B. राजेन्द्र प्रसाद
C. जवाहरलाल नेहरू D. के.एम. मुंशी

32. भारत में लोक सभा के कितने निर्वाचन क्षेत्र हैं?

A. 540 B. 550
C. 547 D. 543

33. भारत की संसद की संयुक्त बैठक की अध्यक्षता कौन करता है?

A. राष्ट्रपति B. प्रधानमंत्री
C. राज्यसभा का सभापति D. लोकसभा का स्पीकर

34. भारत का संविधान गणराज्य है, क्योंकि यह :

A. निर्वाचित संसद का प्रावधान करता है
B. वयस्क मताधिकार का प्रावधान करता है
C. इसमें अधिकार पत्र सम्मिलित है
D. इसमें कोई आनुवंशिक तत्व नहीं हैं

35. अवैध ढंग से हिरासत में लिए व्यक्ति को रिहा करने के लिए अदालतों द्वारा जारी की जाने वाली रिट कौन-सी है?

A. अधिकार पृच्छा B. मनाही
C. बंदी प्रत्यक्षीकरण D. उत्प्रेक्षण-लेख

36. इसका निर्णय कौन करता है कि विधेयक धन विधेयक है या नहीं?

A. राष्ट्रपति B. प्रधानमंत्री
C. लोकसभा का स्पीकर D. सर्वोच्च न्यायालय

37. किस अधिनियम के तहत ब्रिटिश सम्राट ने 'भारत के सम्राट' की उपाधि छोड़ दी ?

A. 1935 के अधिनियम द्वारा
B. 1919 के अधिनियम द्वारा
C. भारतीय स्वाधीनता अधिनियम, 1947
D. उपर्युक्त कोई नहीं

38. 1935 का भारत सरकार अधिनियम किसके प्रारूप पर आधारित था ?

A. 1909 के अधिनियम पर
B. 1919 के अधिनियम पर
C. 1933 के प्रकाशित श्वेत पत्र पर
D. उपर्युक्त सभी पर

39. "याद रखना कि पृथक निर्वाचन क्षेत्र बनाकर हम ऐसे घातक विष के बीज बो रहे हैं जिसकी फसल कड़वी होगी।" निम्न में से किसका कथन है ?

A. लार्ड मार्ले B. एटली
C. चर्चिल D. इर्विन

40. निम्न में से कौन-कौन कैबिनेट मिशन के सदस्य थे?

A. चर्चिल, एटली और माउण्टबेटन
B. वेवेल, सैम्पू अलदोर और स्टैफोर्ड क्रिप्स
C. पैथिक लारेंस, सलाई क्रिप्स और ए.वी. अलेक्जैण्डर
D. उपरोक्त में से कोई नहीं

41. 'भारतीय स्वतन्त्रता का मैग्नाकार्टा' निम्न में से किसे कहा जाता है ?

A. 1858 के अधिनियम को
B. 1935 के अधिनियम को
C. 1947 के अधिनियम को
D. 1858 के अधिनियम को

42. "स्वाधीनता और सत्ता अपने साथ उत्तरदायित्व लाती हैं। वह उत्तरदायित्व अब इस भारत के लोगों के प्रतिनिधि, प्रभुता सम्पन्न संविधान सभा के कन्धों पर है।" निम्न में से किसका कथन है ?

A. जवाहरलाल नेहरू B. महात्मा गाँधी
C. अम्बेडकर D. सावरकर

43. भारतीय संविधान सभा के गठन के प्रस्ताव को व्यवहारिक रूप किस योजना के तहत दिया गया था ?

A. वेवेल योजना B. क्रिप्स योजना
C. कैबिनेट योजना D. माउण्टबेटन योजना

44. "सभी संविधान भूतकाल के उत्तराधिकारी एवं भविष्य का मृत्यु लेखा करने वाले होते है।" निम्न में से किसका कथन है ?

A. आइवर जैनिंग्स B. वी. एन. शुक्ला
C. ए. वी. कीप D. डायसी

45. भारतीय संविधान की प्रस्तावना में "हम भारत के लोग" निम्न में से किस देश के संविधान से प्रभावित होकर लिखा गया है?

A. अमरीका B. ब्रिटेन
C. कनाडा D. श्रीलंका

46. भारतीय संसद के निर्माण को निम्न में से किस अनुच्छेद में दर्शाया गया है ?

A. 75 B. 79
C. 81 D. 80

47. भारतीय संविधान के अनुसार भारत का प्रधानमंत्री .... होता है।

A. निर्वाचित B. चयनित
C. मनोनीत D. उपरोक्त कोई नहीं

48. संविधान में संघ तथा राज्यों के कार्यों के विभाजन को कितनी सूचियों में विभाजित किया जाता है ?

A. दो B. तीन
C. चार D. पांच

49. भारतीय संविधान में 'आत्मा' की संज्ञा निम्न में से किसको दी जाती है ?

A. प्रस्तावना को B. मौलिक अधिकार
C. अनुच्छेद 32 D. नीति निदेशक तत्व

50. निम्न में से किस अनुच्छेद के अनुसार न्यायपालिका का कार्यपालिका से पृथक्करण किया जाता है ?

A. अनुच्छेद 45 B. अनुच्छेद 50
C. अनुच्छेद 52 D. अनुच्छेद 48

51. भारतीय संविधान में लिखित नीति-निर्देशक तत्वों को किसने 'संविधान की आत्मा' की संज्ञा दी?

A. ब्राइस B. गार्नर
C. ऑस्टिन D. वी.वी. गिरि

52. 'समाजवादी धर्मनिरपेक्षता और अखण्डता' शब्द भारतीय संविधान की प्रस्तावना में किस संविधान संशोधन द्वारा जोड़े गये?

A. 44 वें B. 42 वें
C. 41 वें D. 46 वें

53. प्रस्तावना किसी अधिनियम के मुख्य आदर्शों एवं आकांक्षाओं का उल्लेख करती है। यह किसका कथन है ?

A. पी.एन. भगवती B. वी.एन. खन्ना
C. न्यायमूर्ति श्री सुब्बाराव D. कृष्णा अय्यर

54. भारतीय संविधान निम्न में से किस अधिनियम पर आधारित है ?

A. 1919 के अधिनियम पर
B. भारत शासन अधिनियम 1935 पर
C. 1858 के अधिनियम पर
D. उपर्युक्त कोई नहीं

55. भारतीय संविधान के अनुसार भारत एक.....है।

A. सम्पूर्ण प्रभुत्व सम्पन्न, धर्मनिरपेक्ष, लोकतंत्रात्मक गणराज्य।
B. सम्पूर्ण प्रभुत्व सम्पन्न, धर्म निरपेक्ष, लोकतंत्रात्मक समाजवादी गणराज्य।
C. सम्पूर्ण प्रभुत्व सम्पन्न समाजवादी, धर्म निरपेक्ष, लोकतंत्रात्मक गणराज्य।
D. उपरोक्त में से कोई नहीं।

56. संविधान में लिखित आन्तरिक गड़बड़ी के स्थान पर 'सशस्त्र विद्रोह' शब्द किस संविधान संशोधन द्वारा जोड़ा गया?

A. 42वें संशोधन द्वारा B. 44वें संशोधन द्वारा
C. 16वें संशोधन द्वारा D. 46वें संशोधन द्वारा

57. किस संविधान संशोधन के तहत भारत में मतदान की आयु सीमा 21 वर्ष से घटाकर 18 वर्ष कर दी गई ?

A. 42वें संशोधन द्वारा B. 61वें संविधान द्वारा
C. 46वें संशोधन द्वारा D. 80वें संशोधन द्वारा

58. "भारत का ढांचा संघात्मक है किन्तु उसकी आत्मा एकात्मक है।" निम्न में से किसका कथन है ?

A. के.सी. व्हीयर B. प्रो. पायली
C. के.टी. शाह D. उपर्युक्त कोई नहीं

59. संसद को किस अनुच्छेद के अनुसार यह अधिकार प्राप्त है कि यह राज्य की सीमाओं एवं नामों में परिवर्तन कर सकती है ?

A. अनुच्छेद 2 B. अनुच्छेद 3
C. अनुच्छेद 38 D. अनुच्छेद 40

60. सर आईवर जेनिंग्स के उक्त शब्द, "ये तो पुण्यात्मा लोगों की महत्वाकांक्षा मात्र है" किस उपबंध से सम्बन्धित है ?

A. राज्य के नीति-निदेशक तत्व
B. मौलिक अधिकार
C. अनुच्छेद 32 से
D. उपर्युक्त कोई नहीं

61. ''चौदह वर्ष से कम आयु के किसी बालक को किसी कारखाने या खान में काम करने के लिए नियोजित नहीं किया जाएगा या किसी अन्य परिसकंटमय नियोजन में नहीं लगाया जाएगा'' संविधान के किस अनुच्छेद में उल्लिखित है ?

A. अनुच्छेद 29 B. अनुच्छेद 24
C. अनुच्छेद 17 D. अनुच्छेद 32

62. निम्न में से किस अनुच्छेद में यह प्रावधान है कि ''भारत की संसद राष्ट्रपति और दोनों सदनों से मिलकर बनती है। निचले सदन को लोकसभा और उच्च सदन को राज्य सभा कहते हैं''?

A. 42 B. 46
C. 79 D. 80

63. संविधान में लिखित ये वाक्य कि "कोई व्यक्ति विधि के प्राधिकार के बिना अपनी सम्पति से वंचित नहीं किया जाएगा।" किस अनुच्छेद में है ?

A. 210 B. 300(क)
C. 215 D. 140

उत्तरमाला

भाग-I

1(*a*)	1(*b*)	1(*c*)	1(*d*)
C	D	D	A

भाग-II

खण्ड-I : भूगोल

	2	3	4	5	6	7	8	9	10
	B	C	B	A	B	C	C	A	A
11	12	13	14	15	16	17	18	19	20
B	C	B	C	A	C	A	A	A	C
21	22	23	24	25	26	27	28	29	30
B	C	A	A	C	B	D	A	B	C
31	32	33	34	35	36	37	38	39	40
B	A	A	A	D	C	C	C	A	B
41	42	43	44	45	46	47	48	49	50
C	A	B	C	A	D	C	B	A	C
51	52	53	54	55	56	57	58	59	60
A	A	B	D	C	D	C	B	A	D
61	62	63							
B	B	D							

खण्ड-II : इतिहास

	2	3	4	5	6	7	8	9	10
	B	A	A	A	A	B	A	D	A
11	12	13	14	15	16	17	18	19	20
A	D	B	B	A	A	B	C	C	D
21	22	23	24	25	26	27	28	29	30
B	C	D	B	D	D	A	A	B	A
31	32	33	34	35	36	37	38	39	40
D	D	D	A	A	C	B	A	B	D
41	42	43	44	45	46	47	48	49	50
C	B	A	D	A	A	A	D	D	C
51	52	53	54	55	56	57	58	59	60
A	B	A	C	C	B	B	D	C	D
61	62	63							
B	D	C							

खण्ड-III : अर्थशास्त्र

	2	3	4	5	6	7	8	9	10
	A	D	B	D	C	D	B	A	A
11	12	13	14	15	16	17	18	19	20
B	D	C	A	A	A	B	D	A	A

21	22	23	24	25	26	27	28	29	30
B	B	C	D	C	B	A	A	B	C
31	32	33	34	35	36	37	38	39	40
D	A	A	A	A	A	C	D	B	B
41	42	43	44	45	46	47	48	49	50
B	B	A	B	A	B	B	D	B	B
51	52	53	54	55	56	57	58	59	60
A	D	C	A	A	D	D	B	A	B
61	62	63							
A	D	A							

खण्ड-IV : नागरिक शास्त्र

	2	3	4	5	6	7	8	9	10
	C	B	C	C	A	A	B	C	B
11	12	13	14	15	16	17	18	19	20
B	D	D	C	D	C	A	A	D	A
21	22	23	24	25	26	27	28	29	30
B	C	C	C	C	C	B	A	A	B
31	32	33	34	35	36	37	38	39	40
B	D	D	D	C	C	C	C	A	C
41	42	43	44	45	46	47	48	49	50
A	A	C	A	A	B	A	B	A	B
51	52	53	54	55	56	57	58	59	60
C	B	C	B	C	B	B	B	B	A
61	62	63							
B	C	B							

आर॰ गुप्ता® कृत उत्तर प्रदेश माध्यमिक शिक्षा सेवा चयन बोर्ड TGT/PGT परीक्षाओं हेतु अन्य उपयोगी पुस्तकें

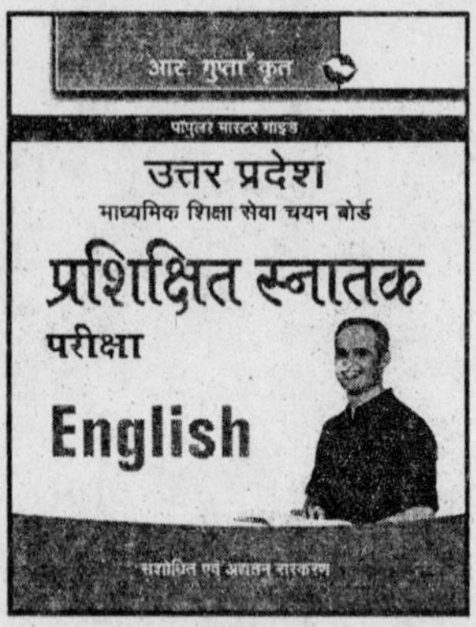

R-1665

R-1668

R-1667

R-1663

R-532

R-535

R-378

R-398

- उत्तर प्रदेश माध्यमिक शिक्षा सेवा चयन बोर्ड, प्रशिक्षित स्नातक परीक्षा, **ENGLISH** *(R-1665)* .... ₹ 220
- उत्तर प्रदेश माध्यमिक शिक्षा सेवा चयन बोर्ड, प्रशिक्षित स्नातक परीक्षा, **गृह विज्ञान** *(R-1668)* .... ₹ 180
- उत्तर प्रदेश माध्यमिक शिक्षा सेवा चयन बोर्ड, प्रशिक्षित स्नातक परीक्षा, **गणित** *(R-1667)* .... ₹ 180
- उत्तर प्रदेश माध्यमिक शिक्षा सेवा चयन बोर्ड, प्रशिक्षित स्नातक परीक्षा, **हिन्दी** *(R-1663)* .... ₹ 180
- वस्तुनिष्ठ इतिहास *(R-532)* .... ₹ 160
- वस्तुनिष्ठ भूगोल *(R-535)* .... ₹ 140
- English Literature and Grammar *(R-378)* .... ₹ 110
- हिन्दी साहित्य एवं व्याकरण *(R-398)* .... ₹ 90

For Cash on Delivery (COD), E-mail your order to: **order@rameshpublishinghouse.com**

RAMESH PUBLISHING HOUSE

1607

12-H, New Daryaganj Road, Opp. Officers' Mess, Delhi-110002

For Online Shopping: www.rameshpublishinghouse.com

पिछले प्रश्न-पत्र (हल सहित)

उ.प्र. प्रशिक्षित स्नातक शिक्षक भर्ती परीक्षा, 2010*

सामाजिक विज्ञान

भाग–I

निर्देशः *भाग-I में चार प्रश्न 1 (a), 1 (b), 1 (c) और 1 (d) हैं, अभ्यर्थी इनमें से किसी एक प्रश्न का उत्तर दें।*

1. (*a*) निम्नलिखित में से किस कटिबन्ध पर वर्ष में कम-से-कम एक बार दिन अथवा रात्रि की लम्बाई 24 घण्टे की अवधि की होती है।

A. शीतोष्ण कटिबन्ध B. शीत कटिबन्ध
C. उष्ण कटिबन्ध D. उपरोक्त में से कोई नहीं

1. (*b*) सुमेलित कीजिए

सूची-I	सूची-II
(*a*) दयानन्द सरस्वती	1. खुदाई खिदमतगार
(*b*) खान अब्दुल गफ्फार खान	2. तत्त्वबोधिनी सभा
(*c*) राममोहन राय	3. आर्य समाज
(*d*) देवेन्द्रनाथ टैगोर	4. ब्रह्म समाज

कूटः

	(*a*)	(*b*)	(*c*)	(*d*)
A.	3	1	2	4
B.	3	1	4	2
C.	3	4	2	1
D.	4	2	1	3

1. (*c*) 'अर्थशास्त्र चुनाव का विज्ञान है' यह कथन है

A. रॉबिन्स का B. जे.के. मेहता का
C. मार्शल का D. एडम स्मिथ का

1. (*d*) भारतीय संविधान में राज्य नीति के निदेशक तत्त्वों का उद्देश्य है

A. अध्यक्षात्मक लोकतन्त्र की स्थापना करना
B. साम्यवादी राज्य की स्थापना करना
C. पूँजीवादी राज्य की स्थापना करना
D. लोक कल्याणकारी राज्य की स्थापना करना

भाग–II

निर्देशः *इस भाग में 4 खण्ड, खण्ड I, II, III और IV हैं। अभ्यर्थी इन चार खण्डों में से किन्हीं दो खण्डों के उत्तर दें।*

खण्ड-I भूगोल

2. एनिमोमीटर का प्रयोग क्या नापने हेतु किया जाता है?

A. वायुदाब
B. तापक्रम
C. समुद्री धाराओं की गति
D. पवन की गति

3. "भौगोलिक पर्यावरण के प्रभाव" नामक ग्रन्थ के लेखक कौन हैं?

A. हेटनर B. रैटजेल
C. कु. ई. सी. सेम्पुल D. ब्रूश

4. बुशमैन रहते हैं

A. सहारा रेगिस्तान में
B. कालाहारी रेगिस्तान में
C. गोबी रेगिस्तान में
D. थार रेगिस्तान में

5. गोण्ड प्रचुरता में पाए जाते हैं

A. मध्य भारत में B. दक्षिणी भारत में
C. उत्तरी भारत में D. उत्तरी-पूर्वी भारत में

6. दक्षिण एशिया के निम्नलिखित देश में से किस एक में अधिकतम नगरीकरण स्तर है?

A. श्रीलंका B. बांग्लादेश
C. पाकिस्तान D. नेपाल

7. अन्तर्राष्ट्रीय तिथि रेखा कौन-सी मानी गई है?

A. 0° देशान्तर B. 23½° अक्षांश
C. 0° अक्षांश D. 180° देशान्तर

8. सूर्य का सबसे नजदीकी ग्रह कौन-सा है?

A. शुक्र B. बुध
C. बृहस्पति D. मंगल

9. एक नाविक के लिए निम्नलिखित में से कौन-सा एक अधिक उपयोगी है?

A. मर्कटर प्रक्षेप B. नोमॉनिक प्रक्षेप
C. ज्यावक्रीय प्रक्षेप D. मॉलवीड प्रक्षेप

10. नदियों के डेल्टाओं के सहारे अधिवास किस प्रतिरूप के होते हैं?

A. अरीय प्रतिरूप B. तारा प्रतिरूप
C. पंखा प्रतिरूप D. अनियमित प्रतिरूप

11. डोलड्रम निम्न अक्षांश रेखाओं के मध्य स्थित है

A. 30° से 40° उत्तर व दक्षिण अक्षांश

B. 25° से 60° उत्तर व दक्षिण अक्षांश

C. 5° उत्तर व 5° दक्षिण अक्षांश

D. 5° से 30° उत्तर व दक्षिण अक्षांश

12. फेरल का नियम सम्बन्धित है

A. रेलमार्ग से B. वायु संचार से

C. वर्षा से D. समुद्री मार्ग से

13. निम्नांकित में से कौन सही सुमेलित नहीं है?

	आकृति		**कारक**
A.	यारडांग	–	वायु
B.	एस्चुअरी	–	नदी
C.	लटकती घाटी	–	हिमानी
D.	नूनाटक	–	भूमिगत जल

14. गल्फ स्ट्रीम धारा प्रवाहित होती है

A. प्रशान्त महासागर में

B. अन्ध महासागर के पश्चिमी तट पर

C. आशा अन्तरीप के निकट

D. आर्कटिक महासागर में

15. शिकार करने हेतु 'हारपून' नामक यन्त्र का प्रयोग किसके द्वारा किया जाता है?

A. बुशमैन B. एस्किमो

C. पिग्मी D. किरगीज

16. दक्षिण गंगोत्री क्या है?

A. प्रायद्वीपीय भारत की एक नदी

B. युद्धक जलपोत

C. हिमालय स्थित कोई झील

D. अण्टार्कटिका में स्थापित भारतीय वैज्ञानिक अनुसन्धानों का स्थायी केन्द्र

17. कथन (A): हिमालय पर्वत शीत ऋतु में उत्तर की ओर से आने वाली पवनों से भारत की रक्षा करता है।

कारण (R): हिमालय विश्व की सर्वोच्च एवं नवीनतम वलित पर्वत श्रेणी है।

कूटः

A. A और R दोनों सत्य हैं तथा R, A की सही व्याख्या है

B. A और R दोनों सत्य हैं, परन्तु R, A की सही व्याख्या नहीं है

C. A सत्य है, किन्तु R असत्य है

D. A असत्य है, किन्तु R सत्य है

18. सर्वाधिक लवणता पाई जाती है

A. लाल सागर में B. मृत सागर में

C. अरब सागर में D. काला सागर में

19. प्रमुख मत्स्य क्षेत्र 'ग्राण्ड बैंक' स्थित है

A. दक्षिणी अटलाण्टिक महासागर में

B. दक्षिणी प्रशान्त महासागर में

C. उत्तरी अटलाण्टिक महासागर में

D. उत्तरी प्रशान्त महासागर में

20. मंगोलायड्स प्रजाति की उत्पत्ति का क्षेत्र माना गया है

A. मध्य यूरोप

B. मध्य एशिया

C. मध्य अफ्रीका

D. मध्य ऑस्ट्रेलिया

21. निम्नलिखित में से कौन-सा सुमेलित नहीं है?

A.	भावनगर	ज्वारीय विद्युत परियोजना
B.	कोलकाता	भू-तापीय ऊर्जा केन्द्र
C.	कोयना	जल विद्युत परियोजना
D.	कलपक्कम	परमाणु शक्ति केन्द्र

22. पणजी किस नदी के किनारे स्थित है?

A. भीमा B. माण्डवी

C. सावित्री D. वशिष्ठी

23. सुमेलित कीजिएः

सूची-I (समुद्री धारा)	**सूची-II (महासागर)**
(*a*) अगुलहास धारा	1. हिन्द
(*b*) एलनिनो धारा	2. दक्षिणी अटलाण्टिक
(*c*) क्यूरोशियो धारा	3. उत्तरी प्रशान्त
(*d*) बेंगुएला धारा	4. दक्षिणी प्रशान्त

कूटः

	(*a*)	(*b*)	(*c*)	(*d*)
A.	3	2	4	1
B.	4	2	1	3
C.	1	4	3	2
D.	3	4	1	2

24. राष्ट्रीय राजमार्ग संख्या-2 किन दो नगरों को जोड़ती है?

A. मुम्बई-चेन्नई B. दिल्ली-कोलकाता

C. आगरा-मुम्बई D. कोलकाता-मुम्बई

25. कोरोमण्डल तट पर सर्वाधिक वर्षा होती है

A. पश्चिमी विक्षोभ से

B. दक्षिणी-पश्चिमी मानसून से

C. उत्तरी-पूर्वी मानसून से

D. स्थानीय पवनों से

26. उत्तरी-पश्चिमी भारत में शीतकालीन वर्षा होती है

A. दक्षिणी-पश्चिमी मानसून से

B. उत्तरी-पूर्वी मानसून से

C. पश्चिमी विक्षोभ से

D. स्थानीय झंझावात से

27. कोलकाता में (88° 30′ पूर्वी देशान्तर) यदि सूर्योदय प्रातः 06 बजकर 10 मिनट पर होता है तो मुम्बई (73° 0 पूर्वी देशान्तर) में सूर्योदय का समय क्या होगा?

A. प्रातः 07.00 बजे
B. प्रातः 06.40 बजे
C. प्रातः 07.12 बजे
D. प्रातः 08.10 बजे

28. कथन (A): उष्ण मरुस्थलों का विस्तार महाद्वीपों के पश्चिमी छोर पर है।

कारण (R): वायु भार पेटियाँ मौसम के अनुसार उत्तर-दक्षिण खिसकती हैं।

कूटः

A. A और R दोनों सत्य हैं तथा R, A की सही व्याख्या है
B. A और R दोनों सत्य हैं, परन्तु R, A की सही व्याख्या नहीं है
C. A सत्य है, किन्तु R असत्य है
D. A असत्य है, किन्तु R सत्य है

29. वायुमण्डल की ओजोन परत पृथ्वी को बचाती है

A. गामा किरणों से
B. एक्स-किरणों से
C. क्लोरोफ्लूरोकार्बन से
D. पराबैंगनी किरणों से

30. विश्व की प्रजातियों व उनके निवास स्थल के जोड़े प्रस्तुत हैं। गलत जोड़ा बताइए।

A. पिग्मी – कांगो बेसिन
B. बद्दू – सउदी अरब
C. सकाई – साइबेरिया
D. एस्किमो – उत्तरी अमेरिका का टुण्ड्रा प्रदेश

31. ग्रामीण अधिवासों में किस प्रकार के व्यवसायों की प्रधानता रहती है?

A. प्राथमिक
B. द्वितीयक
C. तृतीयक
D. चतुर्थक

32. काण्ट ने पृथ्वी की उत्पत्ति से सम्बन्धित किस परिकल्पना का प्रतिपादन किया था?

A. निहारिका परिकल्पना
B. एक तारक परिकल्पना
C. ज्वारीय परिकल्पना
D. वायव्य राशि परिकल्पना

33. सुनामी क्या है?

A. ज्वारीय तरंगें
B. तटीय लहरें
C. भूकम्प द्वारा उत्पन्न तरंगें
D. स्वच्छ जलधारा

34. स्टेलेक्टाइट एक स्थलाकृति है

A. हिमानी भूदृश्य की
B. नदीय भूदृश्य की
C. कार्स्ट भूदृश्य की
D. वायुढ भूदृश्य की

35. दिल्ली और आगरा शहरों से निकलने वाला कूड़ा-कचरा तथा गन्दा जल प्रदूषित कर रहा है

A. कावेरी नदी
B. यमुना नदी
C. नर्मदा नदी
D. गोदावरी नदी

36. भारत के किस राज्य में जाड़े की ऋतु में सर्वाधिक वर्षा होती है?

A. केरल
B. तमिलनाडु
C. आन्ध्र प्रदेश
D. कर्नाटक

37. असोम में स्थानान्तरणशील कृषि को कहते हैं?

A. पोदू
B. झूम
C. डाह्या
D. पोनम

38. उत्तरी उत्तर प्रदेश में दलदली एवं वनाच्छादित भूमि को किस नाम से जानते हैं?

A. खादर
B. बागर
C. भाबर
D. तराई

39. किसी नदी के खड़े पार्श्व वाली गहरी व संकीर्ण घाटी को कहते हैं

A. कगार
B. कटक
C. भृगु
D. महाखड्ड

40. भूकम्प की प्रबलता मापी जाती है

A. एमीनोमीटर द्वारा
B. वर्नियर मापनी द्वारा
C. प्लैनीमीटर द्वारा
D. रिक्टर मापनी द्वारा

41. सहारा में प्रवाहित होने वाली गर्म-शुष्क पवन कहलाती है

A. फान
B. चिनूक
C. मिस्ट्रल
D. सिरक्को

42. निश्चित सीमा व निश्चित दिशा में तीव्र गति से बहने वाली जलराशि को कहते हैं

A. अपवाह (Drift)
B. प्रवाह (Current)
C. विशाल धारा या प्रवाह (Stream)
D. जेट स्ट्रीम (Jet stream)

43. विक्षेप बल (Coriolis force) उत्पन्न होता है

A. वायुदाब के अन्तर से
B. पृथ्वी के परिभ्रमण से
C. तापमान के अन्तर से
D. उच्चावचीय विषमता से

44. सारगैसो सागर है

A. शान्त सागर
B. उष्ण तथा खारा सागर
C. सागरीय वनस्पति का क्षेत्र
D. ठण्डा सागर

45. सुमेलित कीजिए:

सूची-I (भूगोलविदों के नाम)	सूची-II (राष्ट्रीयता)
(*a*) रैटजेल	1. फ्रांस
(*b*) सेम्पुल	2. ग्रेट ब्रिटेन
(*c*) डडले स्टैम्प	3. संयुक्त राज्य अमेरिका
(*d*) ब्लांश	4. जर्मनी

कूटः

	(*a*)	(*b*)	(*c*)	(*d*)
A.	3	4	2	1
B.	2	1	3	4
C.	4	3	2	1
D.	4	1	3	2

46. दक्षिणी दोलन (Southern Oscillation) कहते हैं?

A. दक्षिणी अमेरिकी तापमान तथा मानसूनी वर्षा के मध्य घनिष्ठ सम्बन्ध को

B. दक्षिणी अमेरिकी तापमान तथा वायुभार के मध्य घनिष्ठ सम्बन्ध को

C. प्रशान्त महासागरीय वायुभार एवं हिन्द महासागरीय वायुभार के मध्य घनिष्ठ सम्बन्ध को

D. दक्षिणी अमेरिकी वायुभार तथा मानसूनी वर्षा के मध्य घनिष्ठ सम्बन्ध को

47. ग्रामीण अधिवासों में किस प्रकार के व्यवसायों की प्रधानता रहती है?

A. प्राथमिक B. द्वितीयक

C. तृतीयक D. चतुर्थक

48. 26 दिसम्बर, 2004 सुनामी से भारत का कौन-सा भाग पूर्णतया सागर में डूब गया है?

A. इन्दिरा प्वाइण्ट अथवा पिगमैलियन प्वाइण्ट

B. टेरेसा (Teresa)

C. कैमोर्टा (Camorta)

D. कटचाल (Katchall)

49. निम्नलिखित में से कौन-सा नगर 'जापान का मैनचेस्टर' कहा जाता है?

A. कोबे B. ओसाका

C. युवाता D. टोकियो

50. निम्नलिखित में से कौन खनिज तेल उत्पादन हेतु प्रसिद्ध है?

A. कारागण्डा B. ट्रांसवाल

C. किरकुक D. केपयार्क

51. सुमेलित कीजिए

सूची-I (देश)	सूची-II (कृषि उत्पादन)
(*a*) ऑस्ट्रेलिया	1. जूट
(*b*) मिस्र	2. गन्ना
(*c*) क्यूबा	3. गेहूँ
(*d*) बांग्लादेश	4. कपास

कूटः

	(*a*)	(*b*)	(*c*)	(*d*)
A.	3	2	1	4
B.	3	4	2	1
C.	1	3	4	2
D.	4	1	3	2

52. निम्नलिखित कथनों में से कौन-सा कथन सही नहीं है?

A. मलिन बस्तियों को मुम्बई में 'चाल' कहते हैं

B. मलिन बस्तियों को दिल्ली में 'झुग्गी-झोपड़ी' कहते हैं

C. मलिन बस्तियों को कोलकाता में 'झोपड़-पट्टी' कहते हैं।

D. मलिन बस्तियों को चेन्नई में 'चेरी' कहते हैं

53. सुमेलित कीजिए

सूची-I (झील)	सूची-II (राज्य)
(*a*) सांभर	1. तमिलनाडु
(*b*) लोनार	2. उत्तराखण्ड
(*c*) पुलीकट	3. राजस्थान
(*d*) नौकुचिया	4. महाराष्ट्र

कूटः

	(*a*)	(*b*)	(*c*)	(*d*)
A.	2	3	4	1
B.	4	3	2	1
C.	3	1	2	4
D.	3	4	1	2

54. उत्तरी अमेरिका के घास के मैदान को किस नाम से पुकारते हैं?

A. प्रेरीज B. सवाना

C. पम्पाज D. स्टेप्स

55. कयाक नामक नाव कौन प्रयोग करता है?

A. युकागीर B. सैमोइड्स

C. एस्किमो D. बुशमैन

56. नदी तटीय नगरों एवं उनकी नदियों के जोड़े प्रस्तुत हैं। गलत जोड़ा बताइए।

A. लन्दन — टेम्स नदी

B. पेरिस — सीन नदी

C. न्यूयार्क — मिसीसिपी नदी

D. दिल्ली — यमुना नदी

57. किसी झील के चारों ओर बसा गाँव किस प्रतिरूप में आएगा?

A. अरीय B. निहारिकीय

C. नाभिकीय D. तारा

58. फार्मगृह सामान्यतः कहाँ नहीं पाए जाते हैं?

A. संयुक्त राज्य अमेरिका B. भारत

C. कनाडा D. आस्ट्रेलिया

59. अपक्षय एक क्रिया है–

A. स्थैतिक B. गतिशील

C. (A) और (B) दोनों D. वृहत्व क्षरण एवं परिवहन

60. वायुमण्डलीय संरचना में निम्नलिखित में से किस गैस का सर्वाधिक भाग है?

A. ऑक्सीजन B. नाइट्रोजन
C. ऑर्गन D. हीलियम

61. वायुमण्डल की सबसे निचली परत है

A. समतापमण्डल B. आयनमण्डल
C. क्षोभमण्डल D. ओजोनमण्डल

62. निम्न वायुदाब केन्द्र कहलाता है

A. प्रतिचक्रवात B. कुहरा
C. चक्रवात D. वाताग्र

63. कैरेबियन सागर में उत्पन्न होने वाले तूफान को कहते हैं

A. चक्रवात B. हरीकेन
C. टाइफून D. चिनूक

खण्ड-II इतिहास

2. भारत-छोड़ो आन्दोलन कब स्थगित हुआ?

A. मई, 1943 B. अगस्त, 1943
C. जुलाई, 1944 D. इनमें से कोई नहीं

3. 'ब्लैक हॉल' (काल कोठरी) दुर्घटना कब घटित हुई?

A. 21 जून, 1756 B. 20 मई, 1756
C. 20 जून, 1756 D. 19 जून, 1756

4. दक्षिण के नासूर ने किसको बरबाद कर दिया?

A. अकबर B. अलाउद्दीन खिलजी
C. शाहजहाँ D. औरंगजेब

5. अकबर के दरबार का एक विख्यात हिन्दी कवि कौन था?

A. बीरबल B. अब्दुर्रहीम
C. राजा भगवान दास D. राजा मानसिंह

6. 'वाकियात-ए-बाबरी' है

A. बाबर के फरमानों का संग्रह
B. बाबर का जीवन-चरित्र
C. 'बाबरनामा' नाम से चर्चित बाबर की आत्मकथा
D. बाबर द्वारा रचित छन्दों का संग्रह

7. 1857 में सिपाही विद्रोह कहाँ से प्रारम्भ हुआ?

A. कानपुर B. झाँसी
C. ग्वालियर D. मेरठ

8. शक सम्वत् कब प्रारम्भ हुआ?

A. 56 ई. B. 78 ई.
C. 56 ई.पू. D. 78 ई.पू.

9. 'विधवा पुनर्विवाह एक्ट' कब पास हुआ?

A. 1850 में B. 1856 में
C. 1870 में D. 1860 में

10. 'उत्तररामचरितम्' के रचयिता कौन हैं?

A. बिल्हण B. भवभूति
C. हेमचन्द्र D. जयदेव

11. कौन गुप्त शासक नहीं था?

A. रामगुप्त B. समुद्रगुप्त
C. चन्द्रगुप्त D. देवगुप्त

12. अश्वघोष का सम्बन्ध था?

A. वर्धन से B. मौर्य से
C. कुषाण से D. गुप्त से

13. रामायण लिखी

A. वाल्मीकि ने B. वेदव्यास ने
C. मनु ने D. कौटिल्य ने

14. ईस्ट इण्डिया कम्पनी का निम्नलिखित में से आरम्भिक नारा क्या था?

A. केवल भू-भाग
B. व्यापार और भू-भाग
C. भू-भाग नहीं, व्यापार
D. उपरोक्त में से कोई नहीं

15. राष्ट्रकूट साम्राज्य का संस्थापक कौन था?

A. कृष्ण I B. दन्तिदुर्ग
C. गोविन्द II D. इनमें से कोई नहीं

16. ब्रह्म समाज का संस्थापक कौन था?

A. ईश्वर चन्द्र विद्यासागर
B. केशव चन्द्र सेन
C. बैण्टिक
D. राजा राममोहन राय

17. गौतम बुद्ध कहाँ पैदा हुए थे?

A. कपिलवस्तु में B. लुम्बिनी में
C. सारनाथ में D. इलाहाबाद में

18. 'बुद्धिचरित' का लेखक कौन था?

A. हरिषेण B. अश्वघोष
C. वसुमित्र D. कालिदास

19. सिन्धु घाटी के निवासियों को किस धातु का ज्ञान नहीं था?

A. सोना B. चाँदी
C. लोहा D. ताँबा

20. प्राचीन भारत में निम्नलिखित में से किस शासक ने जैन धर्म स्वीकार कर संन्यास ले लिया था?

A. बिम्बिसार B. चन्द्रगुप्त मौर्य
C. पुष्यमित्र D. हर्ष

21. भारत में सर्वप्रथम आने वाले यूरोपीय कौन थे?
A. फ्रांसीसी B. ब्रिटिश
C. पुर्तगाली D. स्पैनिश

22. जयपुर शहर का संस्थापक कौन था?
A. चूरामन B. राजा सवाई जयसिंह
C. राजा उदय सिंह D. राजा मानसिंह

23. चगताई तुर्क शासन भारत में किस नाम से जाना जाता है?
A. सैयद B. खिलजी
C. मुगल D. लोदी

24. महाबलिपुरम् के सात रथों वाले मन्दिर किसने बनवाए?
A. पल्लव B. चोल
C. चालुक्य D. पाण्ड्या

25. इब्नबतूता किसके शासनकाल में भारत आया?
A. अलाउद्दीन खिलजी B. गयासुद्दीन तुगलक
C. मुहम्मद-बिन-तुगलक D. फिरोजशाह तुगलक

26. हमीदा बानू बेगम पत्नी थी
A. अकबर की B. हुमायूँ की
C. बाबर की D. शेरशाह की

27. हर्ष ने किस विश्वविद्यालय को विशेष संरक्षण प्रदान किया?
A. विक्रमशिला B. तक्षशिला
C. मगध D. नालन्दा

28. 'अकबरनामा' का लेखक कौन था?
A. अब्दुर्रहीम B. अबुल फजल
C. रसखान D. बाबर

29. 'किताब-उल-हिन्द' का लेखक कौन था?
A. अमीर खुसरो B. अलबरुनी
C. इब्नबतूता D. हसन निजामी

30. किस लेखक ने महात्मा गाँधी को 'प्रोफेशनल रीडर्स' की संज्ञा दी थी?
A. फ्रेडरिक बी. फिशर B. मर्टिन ग्रीन
C. रोमा रोला D. सुभाषचन्द्र बोस

31. सुमेलित कीजिए

सूची-I	सूची-II
(*a*) देशबन्धु चितरंजन दास	1. कस्तूरबा गाँधी
(*b*) लाला लाजपत राय	2. स्वरूप रानी
(*c*) महात्मा गाँधी	3. राधा देवी
(*d*) मोतीलाल नेहरू	4. बसन्ती देवी

कूटः

	(*a*)	(*b*)	(*c*)	(*d*)
A.	2	1	4	3
B.	4	3	1	2
C.	1	4	2	3
D.	2	3	4	1

32. प्रागैतिहासिक युग में मानव कहाँ रहता था?
A. मचान पर B. कन्दरा में
C. झोपड़ी में D. इन सभी में

33. सुमेलित कीजिए

सूची-I	सूची-II
(*a*) महाभाष्य	1. कालिदास
(*b*) कुमारसम्भव	2. पाणिनी
(*c*) अष्टाध्यायी	3. चाणक्य
(*d*) अर्थशास्त्र	4. पतंजलि

कूटः

	(*a*)	(*b*)	(*c*)	(*d*)
A.	4	1	2	3
B.	1	2	3	4
C.	1	2	4	3
D.	2	1	4	3

34. हर्षवर्धन के शासनकाल में सत्ता केन्द्र स्थान कौन-सा था?
A. कन्नौज B. थानेश्वर
C. प्रयाग D. वाराणसी

35. वल्लभाचार्य ने किसकी भक्ति का गान प्रचार किया?
A. राम B. विष्णु
C. कृष्ण D. शिव

36. यूनानी राजदूत मेगस्थनीज किसके दरबार में भारत आया था?
A. अजातशत्रु B. अशोक
C. चन्द्रगुप्त मौर्य D. बिम्बिसार

37. निम्नांकित में से बौद्ध धर्म किसकी हिमायत करता है?
A. भूखा रहना B. दुःख भोगना
C. मध्यमार्ग D. सही मार्ग

38. निम्नलिखित में से कौन एक युग्म सुमेलित नहीं है?
A. कानपुर – नाना साहब
B. झाँसी – लक्ष्मीबाई
C. ग्वालियर – तात्यां टोपे
D. इलाहाबाद – कुँवर सिंह

39. किस दिल्ली सुल्तान ने घोड़ों को दागने की प्रथा प्रारम्भ की?
A. इल्तुतमिश
B. बलबन
C. अलाउद्दीन खिलजी
D. फिरोजशाह तुगलक

40. चालुक्य वंश की राजधानी थी
A. वातापी B. कन्नौज
C. मान्यखेट D. काँची

41. पल्लव वंश का अन्तिम शासक कौन था?
A. राजराज प्रथम B. नृततुंग वर्मन
C. कर्क तृतीय D. अपराजित वर्मन

42. निम्नलिखित में से किस अधिनियम द्वारा ईस्ट इण्डिया कम्पनी के व्यापारिक अधिकारों को समाप्त कर दिया गया?
A. रेगुलेटिंग एक्ट द्वारा
B. 1813 के चार्टर एक्ट द्वारा
C. 1833 के चार्टर एक्ट द्वारा
D. 1853 के चार्टर एक्ट द्वारा

43. पानीपत का द्वितीय युद्ध कब हुआ था?
A. 4 नवम्बर, 1556 में
B. 5 नवम्बर, 1556 में
C. 6 नवम्बर, 1556 में
D. इनमें से कोई नहीं

44. भारत की राजधानी पुरानी दिल्ली से नई दिल्ली कब स्थानान्तरित की गई?
A. 5 फरवरी, 1931
B. 4 फरवरी, 1931
C. 6 फरवरी, 1931
D. 7 फरवरी, 1931

45. 'अभिज्ञानशाकुन्तलम्' के लेखक कौन हैं?
A. विशाखदत्त B. बाणभट्ट
C. कालिदास D. भास

46. कुमार देवी किस गुप्त शासक की पत्नी थी?
A. चन्द्रगुप्त प्रथम B. समुद्रगुप्त
C. रामगुप्त D. चन्द्रगुप्त द्वितीय

47. सोलह संस्कारों में उपनयन संस्कार किस क्रम पर है?
A. 11वाँ B. 10वाँ
C. 9वाँ D. 12वाँ

48. निम्नलिखित में से कौन सही सुमेलित है?
A. अकबर – विलियम हॉकिंस
B. जहाँगीर – रॉल्फ फिच
C. शाहजहाँ – टॉमस रो
D. औरंगजेब – मनूची

49. गुप्तकाल में किस धर्म का सबसे अधिक विकास हुआ?
A. बौद्ध धर्म B. जैन धर्म
C. पौराणिक धर्म D. यवनों का धर्म

50. रेलवे बोर्ड का गठन कब हुआ?
A. 1905 में B. 1901 में
C. 1910 में D. 1915 में

51. शेरशाह का मकबरा कहाँ स्थित है?
A. फतेहपुर सीकरी में B. सासाराम में
C. आगरा में D. दिल्ली में

52. जोधाबाई महल स्थित है
A. फतेहपुर सीकरी में B. दिल्ली में
C. अजमेर में D. पानीपत में

53. सायन ने वेदों पर अपनी टीका किस भाषा में लिखी?
A. तेलुगू B. तमिल
C. संस्कृत D. पाली

54. माउण्ट आबू के दिलवाड़ा मन्दिरों का निर्माण किसने कराया?
A. पाल शासकों ने B. चन्देलों ने
C. सोलंकी ने D. राष्ट्रकूटों ने

55. निम्नांकित में से कौन-सा स्थान बौद्ध धर्म से सम्बन्धित नहीं है?
A. नालन्दा B. सोमनाथ
C. सारनाथ D. बोधगया

56. 'तुर्कान-ए-चिहलगांनी' कौन थे?
A. सुल्तान के अंगरक्षक
B. चालीस तुर्क अमीरों का समूह
C. इस्लाम के धार्मिक विशेषज्ञ
D. उपरोक्त में से कोई नहीं

57. भारतीय उप-महाद्वीप के किस भाग में हड़प्पा संस्कृति का उदय हुआ?
A. पूर्वी B. पश्चिमी
C. उत्तरी-पश्चिमी D. दक्षिण-पूर्वी

58. निम्नलिखित में से किस सिख गुरु के नेतृत्व में सिख राजनैतिक व सैनिक शक्ति के रूप में संगठित हुए?
A. गुरु तेग बहादुर
B. गुरु अर्जुन देव
C. गुरु नानक
D. गुरु गोविन्द सिंह

59. असम, चटगाँव जैसे पूर्वोत्तर भागों पर विजय प्राप्त करने वाला सेनापति कौन था?
A. राजा जयसिंह B. मीर जुमला
C. शाइस्ता खाँ D. जसवन्त सिंह

60. मिर्जा गालिब किस सम्राट के समय में था?
A. अकबर B. बहादुर शाह द्वितीय
C. जहाँगीर D. अकबर द्वितीय

61. 1925 के कानपुर कांग्रेस के अध्यक्ष कौन हैं?
A. लाला लाजपत राय
B. सरदार वल्लभभाई पटेल
C. पं. मोतीलाल नेहरू
D. सरोजिनी नायडू

62. 1773 के 'रेग्यूलेटिंग एक्ट' द्वारा स्थापित गवर्नर-जनरल की परिषद् में सदस्य कौन नहीं था?
A. मानसन B. क्लेवरिंग
C. बरवैल D. क्रासिंस

63. चन्द्रगुप्त मौर्य की राजधानी थी
A. मथुरा B. पाटलिपुत्र
C. वाराणसी D. प्रयाग

खण्ड-III अर्थशास्त्र

2. माँग वक्र के दाहिनी ओर गिरते हुए आकार का कारण है
A. सम सीमान्त उपयोगिता नियम
B. ह्रासमान उपयोगिता नियम
C. ह्रासमान सीमान्त उपयोगिता नियम
D. सीमान्त उपयोगिता नियम

3. माँग वक्र के ऊपर उठने के कारण या अपवादी माँग वक्र के कारण निम्न में से कौन नहीं है?
A. मूल्यों के और अधिक बढ़ जाने के भय से बढ़े मूल्यों पर वस्तु की अधिक मात्रा क्रय करना
B. प्रतिष्ठा से प्रेरित होकर बढ़े मूल्यों पर अधिक मात्रा क्रय करना
C. अज्ञानता के कारण मूल्य बढ़ने पर अधिक मात्रा में क्रय करना
D. माँग में वृद्धि के कारण अधिक मात्रा में क्रय करना

4. दो वस्तुओं के मध्य त्रियक या आड़ी माँग लोच के सम्बन्ध में निम्न कथनों में से कौन सही है?
A. जब दो वस्तुएँ पूर्ण स्थानापन्न हों तो आड़ी माँग लोच शून्य है
B. जब दो वस्तुएँ एक-दूसरे से पूर्ण स्वतन्त्र हैं तो माँग की आड़ी लोच अनन्त है
C. जब दो वस्तुएँ पूरक हैं तो माँग की आड़ी लोच धनात्मक है
D. जब दो वस्तुएँ संयुक्त रूप से माँगी जाती हैं तो माँग की आड़ी लोच ऋणात्मक होती है

5. निम्न में से किसके साथ अधिक क्षमता का सिद्धान्त सम्बन्धित नहीं है?
A. पूर्ण प्रतियोगिता B. अपूर्ण प्रतियोगिता
C. एकाधिकार D. अल्पाधिकार

6. भारत में 'गरीबी हटाओ' का नारा किस पंचवर्षीय योजना के अन्तर्गत दिया गया था?
A. नौवीं B. पाँचवीं
C. चौथी D. दूसरी

7. निम्न में से कौन-सा कथन सीमान्त लागत तथा औसत लागत (AC) के बीच सही सम्बन्ध को बताता है?
A. जब AC वक्र गिरता है MC वक्र उसके ऊपर होता है।
B. जब AC तथा MC दोनों वक्र बढ़ते हैं, परन्तु MC वक्र AC वक्र की तुलना में कम बढ़ता है
C. यदि AC वक्र U आकार का है तो MC वक्र AC वक्र को उसके न्यूनतम बिन्दु पर काटता है
D. यदि MC वक्र AC वक्र को उसके उच्चतम बिन्दु पर काटता है

8. गलत कथन बताइए
A. जब औसत उत्पादन बढ़ता है तो सीमान्त उत्पादन औसत उत्पादन से अधिक होता है
B. जब औसत उत्पादन अधिकतम होता है तो सीमान्त उत्पादन औसत उत्पादन के बराबर होता है
C. सीमान्त उत्पादन वक्र औसत उत्पादन वक्र को निम्नतम बिन्दु पर काटता है
D. जब औसत उत्पादन में कमी होती है तो सीमान्त उत्पादन औसत उत्पादन से कम होता है

9. सही कथन क्या है?
A. वितरण का आधुनिक सिद्धान्त माँग और पूर्ति का सिद्धान्त है
B. वितरण का आधुनिक सिद्धान्त कीमत निर्धारण की माँग सिद्धान्त है
C. सीमान्त उत्पादकता सिद्धान्त भुगतान की समस्या को पूर्ति पक्ष के आधार पर देखता है
D. साधनों की कीमतों तथा वस्तुओं की कीमतों के निर्धारण में कोई अन्तर नहीं है

10. शुद्ध लाभ में सम्मिलित नहीं है
A. समन्वय का पारितोषिक
B. जोखिम उठाने का प्रतिफल
C. नव-प्रवर्तन का पारितोषिक
D. एकाधिकारात्मक लाभ

11. माँग की लोच कितने प्रकार की होती है?
A. एक B. दो
C. तीन D. चार

12. पूर्ण प्रतियोगिता में अल्पकाल में जब फर्म को हानि हो रही होती है तो उसे बाजार से बाहर होने की स्थिति है
A. कीमत औसत लागत से कम हो
B. कीमत औसत परिवर्तनशील लागत से भी कम हो
C. कीमत औसत स्थिर लागत में कम हो
D. कीमत औसत लागत के बराबर हो

13. एक उपभोक्ता जब सन्तुलन की स्थिति में होता है तो तटस्थता वक्र पर .... स्पर्श रेखा होती है।
A. माँग रेखा B. कीमत रेखा
C. पूर्ति रेखा D. माँग एवं पूर्ति रेखा

14. 'How to Pay for War' पुस्तक के लेखक हैं
A. रॉबिन्स B. पीगू
C. कीन्स D. इनमें से कोई नहीं

15. जब किसी को क्षति पहुँचाए बिना किसी को अच्छा बनाना सम्भव न हो तो ऐसी स्थिति को कहते हैं
A. सम्भाविता अनुकूलतम B. पेरेटो अनुकूलतम
C. जनसंख्या अनुकूलतम D. प्रदूषण अनुकूलतम

16. 'उत्पादन समाप्ति प्रमेय' सम्बन्धित है
A. ए.पी. लर्नर से B. यूलर से
C. हैबरलर से D. हैरोड-डोमर से

17. पैमाने का बढ़ता प्रतिफल निर्भर करता है
A. आन्तरिक किफायतों पर
B. बाह्य किफायतों पर
C. आन्तरिक व बाह्य किफायतों दोनों पर
D. उपरोक्त में से किसी पर भी नहीं

18. वर्तमान भारत में मुद्रा से तात्पर्य है
A. सिक्के B. सिक्के व कागजी मुद्रा
C. माँग जमाएँ D. ये सभी

19. 'नाबार्ड' ऋण प्रदान करता है
A. कृषि क्रियाओं के लिए
B. कृषि क्रियाओं व ग्रामीण विकास के लिए
C. हस्तशिल्प व अन्य शिल्प के लिए
D. उपरोक्त में से सभी के लिए

20. भारतीय रुपये का प्रथम बार अवमूल्यन किया गया
A. वर्ष 1948 में B. वर्ष 1949 में
C. वर्ष 1950 में D. वर्ष 1951 में

21. भारत में जनसंख्या वृद्धि की दृष्टि से महान् विभाजक वर्ष है
A. 1911 B. 1921
C. 1931 D. 1951

22. राष्ट्रीय आय समिति, 1949 के अध्यक्ष थे
A. वी के आर वी राव B. पी सी महालनोबिस
C. डी आर गाडगिल D. के सी पन्त

23. किसी वाणिज्यिक बैंक की ऋण देय क्षमता निर्भर करती है
A. रखी हुई सरकारी प्रतिभूतियों पर
B. नकद स्थिति पर
C. अतिरिक्त नकदी रिजर्व पर
D. बकाया आय तथा निवेश पर

24. नीली क्रान्ति (Blue Revolution) का सम्बन्ध है
A. चाय उत्पादन से B. सब्जी उत्पादन से
C. समुद्री उत्पादन से D. वनस्पति सघनता से

25. ऐसा कर जो आय बढ़ने के साथ आय का एक बहुत बड़ा हिस्सा ले जाता है, कहलाता है
A. प्रगतिशील कर B. समानुपातिक कर
C. परोक्ष कर D. प्रतिगामी कर

26. कीन्स के अनुसार सट्टा उद्देश्य हेतु मुद्रा की माँग
A. ब्याज की दर के साथ धनात्मक रूप से परिवर्तित होती है
B. ब्याज की दर के साथ ऋणात्मक रूप से परिवर्तित होती है
C. ब्याज की दर से असम्बन्धित है
D. उपरोक्त में से कोई नहीं

27. मुद्रा के परिणाम सिद्धान्त के अनुसार मुद्रा की पूर्ति एवं कीमत स्तर में
A. धनात्मक एवं अनानुपातिक (Non-proportional) सम्बन्ध होता है
B. ऋणात्मक एवं अनानुपातिक (Non-Proportional) सम्बन्ध होता है
C. धनात्मक एवं आनुपातिक (Porportional) सम्बन्ध होता है
D. ऋणात्मक एवं आनुपातिक सम्बन्ध होता है

28. व्यापार सन्तुलन वस्तुओं के .... बराबर होता है।
A. आयात + निर्यात B. निर्यात + आयात
C. आयात – निर्यात D. इनमें से कोई नहीं

29. निम्नलिखित में से प्रथम घात वाला समरूप फलन कौन-सा है?
A. अल्पकालीन उत्पादन फलन B. दीर्घकालीन उत्पादन फलन
C. कॉब-डगलस उत्पादन फलन D. उपरोक्त में से सभी

30. निम्नलिखित में से मुद्रा आपूर्ति की सर्वाधिक तरल माप क्या है?
A. M_1 B. M_2
C. M_3 D. M_4

31. प्रतिकूल भुगतान सन्तुलन ठीक करने हेतु निम्न उपायों में से कौन-सा उपाय मौद्रिक नहीं है?
A. अपस्फीति B. विनिमय नियन्त्रण
C. अवमूल्यन D. आयात प्रतिबन्ध

32. सार्वजनिक आय व व्यय के अन्तर को पूरा किया जा सकता है
A. बाजार से उधार लेकर
B. दूसरे देश से उधार लेकर
C. नई मुद्रा निर्गमित कर
D. उपरोक्त सभी से

33. यदि 100 सन्तरे ₹ 5 प्रति सन्तरे की दर से एक ऐसी अर्थव्यवस्था में बेचे जाते हैं जहाँ मुद्रा की कुल मात्रा ₹ 125 है तो बताइए कि फिशर के समीकरण के अनुसार प्रत्येक रुपया वर्ष भर में कितनी बार हाथों से गुजरेगा?
A. दो बार B. तीन बार
C. चार बार D. पाँच बार

34. प्रशुल्क के सम्बन्ध में क्या सही नहीं है?
A. यह आयात पर कर है
B. भारत सरकार की आय का कम महत्त्वपूर्ण स्रोत है
C. घरेलू उद्योगों को संरक्षण देता है
D. देश के भुगतान सन्तुलन में सुधार लाता है

35. आभास लगान है
A. दीर्घकाल में प्राप्त होने वाला अस्थायी अतिरेक
B. अल्पकाल में प्राप्त होने वाला अस्थायी अतिरेक
C. स्थायी अतिरेक जो दीर्घकाल में प्राप्त होता है, लेकिन अल्पकाल में नहीं
D. स्थायी अतिरेक जो कभी समाप्त नहीं होता है

36. मुद्रा परिमाण के कैम्ब्रिज समीकरण में यदि कुल उत्पाद (Y) तथा मुद्रा (M) दोनों अपरिवर्तित रहें और K में वृद्धि हो जाए तो
A. निरपेक्ष मूल्य स्तर गिर जाएगा
B. निरपेक्ष मूल्य स्तर बढ़ जाएगा

C. सापेक्ष मूल्य स्तर घट जाएगा

D. सापेक्ष मूल्य स्तर बढ़ जाएगा

37. फिशर के मुद्रा परिमाण सिद्धान्त की प्रमुख आलोचना इसलिए है, कि

A. यह सिद्धान्त हमें यह नहीं बताता कि किस प्रकार मुद्रा की मात्रा में परिवर्तन कीमत स्तर को प्रभावित करता है

B. यह मुद्रा की पूर्ति को स्थिर मानकर मुद्रा की माँग पर अधिक बल देता है

C. यह मुद्रा के मूल्य में अल्पकालीन परिवर्तनों का विश्लेषण करता है

D. यह कीमत स्तर पर अधिक बल देता है

38. उपकर होता है

A. किसी कर पर अधिभार

B. विलासी वस्तुओं पर एक अतिरिक्त कर

C. आय प्राप्ति का अस्थायी उपाय

D. एक कर जिससे प्राप्त आय किसी विशेष उद्देश्य से खर्च की जाए

39. 'लाभ अनिश्चितता का पारितोषिक है।' यह विचार प्रतिपादित किया

A. हॉल ने B. नाइट ने

C. क्लार्क ने D. टाजिंग ने

40. आर्थिक विकास की निम्न अवस्थाओं में से किस एक का उल्लेख रोस्टोव ने नहीं किया?

A. परम्परावादी समाज की अवस्था

B. एकाधिकार पूँजीवादी की अवस्था

C. आत्म-स्फूर्ति की अवस्था

D. अत्यधिक उपभाग की अवस्था

41. यदि वस्तुएँ पूर्ण पूरक हों तो उदासीनता वक्र का आकार होगा

A. L-आकार

B. S-आकार

C. Z-आकार

D. उपरोक्त में से कोई नहीं

42. वह बिन्दु जहाँ फर्म अपनी परिवर्तनशील लागतें पूरा कर पाती है, कहलाता है

A. सन्तुलन बिन्दु

B. उत्पादन बन्द होने का बिन्दु

C. अधिकतम लाभ बिन्दु

D. उपरोक्त में से कोई नहीं

43. निकट से स्थानापन्नों की प्रति लोच

A. इकाई से कम होती है

B. इकाई से अधिक होती है

C. शून्य होती है

D. अनन्त होती है

44. डब्ल्यू.टी.ओ. (W.T.O.) कब अस्तित्व में आया?

A. जनवरी, 1996 B. जनवरी, 1997

C. जनवरी, 1999 D. जनवरी, 1995

45. मुद्रा स्फीति से बाजार में चीजें

A. सस्ती हो जाती हैं

B. प्रचुरता में मिलती हैं

C. महँगी हो जाती हैं

D. बिल्कुल नहीं मिलती हैं

46. उत्पत्ति के नियम एवं पैमाने के प्रतिफल का सम्बन्ध है, क्रमशः

A. दीर्घकाल एवं अल्पकाल से

B. दीर्घकाल एवं दीर्घकाल से

C. अल्पकाल एवं दीर्घकाल से

D. अल्पकाल एवं अल्पकाल से

47.

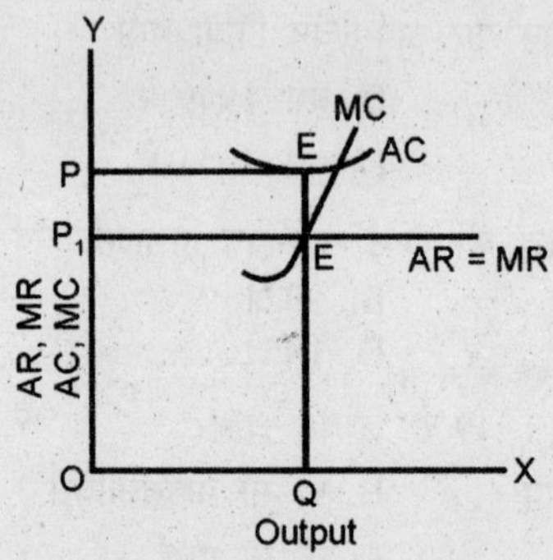

उपरोक्त चित्र का सन्तुलन दर्शाता है

A. पूर्ण प्रतियोगी फर्म को असामान्य हानि

B. एकाधिकारी फर्म को असामान्य लाभ

C. पूर्ण प्रतियोगी फर्म को हानि

D. अपूर्ण प्रतियोगी फर्म को असामान्य लाभ

48. कीन्स के रोजगार सिद्धान्त का मूल बिन्दु है

A. समग्र माँग B. समग्र पूर्ति

C. प्रभावी माँग D. प्रभावी पूर्ति

49. भारत में राष्ट्रीय आय का मुख्य स्रोत है

A. प्राथमिक क्षेत्र B. द्वितीयक क्षेत्र

C. तृतीयक क्षेत्र D. विदेशी क्षेत्र

50. अन्तर्राष्ट्रीय मुद्रा कोष की स्थापना हुई थी

A. व्यापार तथा प्रशुल्क के सामान्य समझौते के परिणामस्वरूप

B. यू.एन.ओ. के स्थापित होने के परिणामस्वरूप

C. ब्रैटनवुड्स कॉन्फ्रेन्स के परिणामस्वरूप

D. उपरोक्त में से कोई नहीं

51. निम्न में से कौन विश्व बैंक से सम्बद्ध नहीं है?

A. अन्तर्राष्ट्रीय वित्त निगम

B. अन्तर्राष्ट्रीय विकास संगठन

C. अन्तर्राष्ट्रीय मुद्रा कोष

D. विश्व व्यापार संगठन

52. भारत में हरित क्रान्ति के जनक हैं

A. ए. कुरियन

B. लालबहादुर शास्त्री

C. एम. एस. स्वामीनाथन

D. उपरोक्त में से कोई नहीं

53. भारत में राष्ट्रीय आय का अनुमान किया जाता है

A. केन्द्रीय सांख्यिकीय संगठन द्वारा

B. राष्ट्रीय प्रतिदर्श सर्वेक्षण द्वारा

C. रिजर्व बैंक द्वारा

D. वित्त मन्त्रालय द्वारा

54. प्रमाणित समरूप वस्तुओं के उत्पादन करने वाली फर्मों के योग को .... कहते हैं।

A. उद्योग B. समूह

C. फर्मों का समूह D. कम्पनियों का समूह

55. स्वतः स्फूर्त अवस्था किस अर्थशास्त्री के विकास सिद्धान्त से सम्बन्धित है?

A. मार्क्स B. कीन्स

C. शुम्पीटर D. रोस्टोव

56. भारतीय अर्थव्यवस्था में कौन-सा लक्षण पाया जाता है?

A. गरीबी

B. अशिक्षा

C. प्रति व्यक्ति उच्च आय

D. कृषि की प्रधानता

57. पूर्ण प्रतियोगिता की कौन-सी विशेषता नहीं है?

A. उत्पादित वस्तुएँ समरूप होती हैं

B. क्रेताओं एवं विक्रेताओं को बाजार का पूर्ण ज्ञान होता है

C. उत्पत्ति के साधनों में पूर्ण प्रतियोगिता होती है

D. क्रेताओं एवं विक्रेताओं की संख्या कम होती है

58. सर्वप्रथम जनसंख्या सिद्धान्त किस अर्थशास्त्री ने दिया?

A. जे.एस. मिल B. एडम स्मिथ

C. माल्थस D. रिकार्डो

59. उत्पादन में अन्ततः कौन-सा नियम प्रभावी होता है?

A. वृद्धिमान प्रत्युपलब्धि नियम

B. ह्रासमान प्रत्युपलब्धि नियम

C. स्थिर प्रत्युपलब्धि नियम

D. उपरोक्त में से सभी

60. एकाधिकारिक प्रतियोगिता से अभिप्राय है

A. उत्पादकों की अधिकता एवं वस्तुओं की एकरूपता

B. उत्पादकों की अल्पता एवं वस्तुओं की एकरूपता

C. उत्पादकों की अधिकता एवं वस्तुओं का विभेदीकरण

D. उत्पादकों की अल्पता एवं वस्तुओं का विभेदीकरण

61. एकाधिकार आधारित है

A. माँग के नियन्त्रण पर

B. पूर्ति के नियन्त्रण पर

C. जनसंख्या नियन्त्रण पर

D. मूल्य स्तर के नियन्त्रण पर

62. मुद्रास्फीति के समय सार्वजनिक व्यय को

A. बढ़ाना चाहिए

B. घटाना चाहिए

C. सन्तुलित रखना चाहिए

D. पहले बढ़ाना चाहिए फिर घटाना चाहिए

63. निम्न में से कौन-सा कार्य राजकोषीय नीति से सम्बन्धित नहीं है?

A. आवंटन कार्य

B. वितरण कार्य

C. उत्पादन कार्य

D. स्थिरीकरण कार्य

खण्ड-IV नागरिक शास्त्र

2. 'द्वि-राष्ट्र सिद्धान्त' में कौन-सा दल विश्वास करता था?

A. कम्युनिस्ट पार्टी

B. कांग्रेस पार्टी

C. कांग्रेस-समाजवादी पार्टी

D. मुस्लिम लीग

3. "स्वतन्त्रता मेरा जन्मसिद्ध अधिकार है और मैं इसे लेकर रहूँगा" किसने कहा?

A. बालगंगाधर तिलक B. लाला लाजपत राय

C. विपिनचन्द्र पाल D. इनमें से कोई नहीं

4. 'समाजवाद' शब्द का प्रथम बार उपयोग करने वाला था

A. राबर्ट ओवेन B. मार्क्स

C. एंजिल्स D. सेंट साइमन

5. संयुक्त राष्ट्र संघ की सुरक्षा परिषद् में कितने सदस्य अस्थायी हैं?

A. 5 B. 7

C. 10 D. 15

6. भारत में केन्द्रीय मन्त्रिपरिषद् किसके प्रति उत्तरदायी है?

A. लोकसभा B. राज्यसभा

C. संसद D. इनमें से कोई नहीं

7. राज्यपाल की नियुक्ति किसके द्वारा की जाती है?

A. प्रधानमन्त्री B. राष्ट्रपति

C. लोकसभा अध्यक्ष D. इनमें से कोई नहीं

8. भूतपूर्व राजाओं के विशेषाधिकार को किस संवैधानिक संशोधन द्वारा समाप्त किया गया?

A. 25वाँ B. 26वाँ

C. 27वाँ D. इनमें से कोई नहीं

9. भारत के उपराष्ट्रपति का कार्यकाल कितने वर्ष का है?
A. 3 B. 4
C. 5 D. 6

10. भारतीय संविधान की प्रस्तावना में 42वें संविधान संशोधन द्वारा कौन से शब्द जोड़े गए?
A. स्वतन्त्रता एवं न्याय
B. स्वतन्त्रता एवं भ्रातृत्व
C. समानता एवं न्याय
D. समाजवादी, धर्मनिरपेक्ष तथा राष्ट्र की अखण्डता

11. प्रजातान्त्रिक विकेन्द्रीकरण पर्याय है
A. शहरी प्रशासन का
B. पंचायती राज का
C. साम्यवादी व्यवस्था का
D. उदारीकरण का

12. सरकारिया आयोग रिपोर्ट किससे सम्बन्धित है?
A. केन्द्र-राज्य सम्बन्धों से
B. न्यायिक सुधारों से
C. चुनाव सुधारों से
D. योजना आयोग की शक्तियों से

13. निम्न में से किस भारतीय राज्य का अपना भी संविधान है?
A. मेघालय B. गोवा
C. जम्मू-कश्मीर D. असोम

14. संयुक्त राष्ट्र संघ की स्थापना कब हुई थी?
A. 26 जून, 1945
B. 24 अप्रैल, 1945
C. 24 अक्टूबर, 1945
D. 24 नवम्बर, 1945

15. राज्यसभा विघटित हो जाती है
A. 4 वर्ष बाद B. कभी नहीं
C. 5 वर्ष बाद D. 6 वर्ष बाद

16. राजनीतिक कानून का सम्बन्ध है
A. व्यक्ति के बाहरी आचार-व्यवहार से
B. व्यक्ति के आन्तरिक आचार-व्यवहार से
C. समूह के आन्तरिक आचार-व्यवहार से
D. नागरिक के आन्तरिक आचार-व्यवहार से

17. 'प्रशासनिक कानून' निम्नलिखित में किनके मध्य सम्बन्ध निश्चित करता है?
A. राज्य का अपने कर्मचारियों के साथ सम्बन्ध
B. समाज का अपने सदस्यों के साथ सम्बन्ध
C. राष्ट्र का अपने नेता के साथ सम्बन्ध
D. व्यक्ति का अपने समूह के साथ सम्बन्ध

18. राज्य के शरीर सिद्धान्त (Organic Theory) के समर्थक हैं
A. मार्क्स
B. हॉब्स और लॉक
C. रूसो और ग्राम्सी
D. ब्लुंशली और हरबर्ट स्पेंसर

19. 'शक्ति विभाजन' के सिद्धान्त को विस्तारपूर्वक उपस्थित कर, उसे राजनीतिक विज्ञान का मौलिक सिद्धान्त बना देने का श्रेय किस राजनीतिक विचारक को जाता है?
A. बोंदा B. जॉन लॉक
C. माण्टेस्क्यू D. बेन्थम

20. 'राज्य, पृथ्वी पर ईश्वर का अवतरण है' यह कथन है
A. प्लेटो का B. अरस्तू का
C. गाँधी का D. हीगल का

21. "मैं ही राज्य हूँ" यह घोषणा निम्नलिखित में से किसने की थी?
A. जेम्स प्रथम B. राबर्ट फिल्मर
C. लुई चौदहवें D. पोप प्रथम

22. "राजनीति के बिना इतिहास निष्फल है, इतिहास के बिना राजनीति निर्मूल है।" यह कथन निम्नलिखित में से किसका है?
A. सेबाइन B. सीले
C. बार्कर D. वेपर

23. मनुस्मृति के अनुसार राज्य के कितने अंग हैं?
A. 4 B. 7
C. 12 D. 5

24. अन्तर्राष्ट्रीय न्यायालय का मुख्यालय कहाँ पर स्थित है?
A. न्यूयार्क में B. वाशिंगटन में
C. द हेग में D. सैन फ्रान्सिस्को में

25. संयुक्त राष्ट्र संघ के किस सदस्य को निषेधाधिकार (वीटो शक्ति) प्राप्त नहीं है?
A. चीन B. रूस
C. जर्मनी D. ब्रिटेन

26. भारत के महान्यायवादी (Attorney-General of India) की नियुक्ति कौन करता है?
A. प्रधानमन्त्री
B. संघ लोक सेवा आयोग
C. राष्ट्रपति
D. इनमें से कोई नहीं

27. गाँधीजी के अनुसार अहिंसा का अर्थ है
A. बुराई के सम्मुख समर्पण करना
B. हिंसा से भयभीत होना
C. आध्यात्मिक बल के आधार पर बुराई का प्रतिरोध
D. उपरोक्त सभी

28. 'सामाजिक संविदा' का लेखक था
A. बोदां B. गार्नर
C. जवाहरलाल नेहरू D. रूसो

29. नाजीवाद का जनक था/थी?

A. इन्दिरा गाँधी
B. मुसोलिनी
C. हिटलर
D. लेनिन

30. भारत के राष्ट्रपति की आपातकालीन शक्तियाँ निम्न में से किस देश की देन है?

A. कनाडा के संविधान की
B. ऑस्ट्रेलिया के संविधान की
C. जर्मनी के वीमर संविधान की
D. अमेरिका के संविधान की

31. भारत में सर्वोच्च माना गया है

A. न्यायपालिका को
B. संसद को
C. संविधान को
D. राष्ट्रपति को

32. 42वें संविधान संशोधन द्वारा प्रस्तावना में निम्नलिखित में से कौन-सा जोड़ा गया?

A. लोकतान्त्रिक
B. न्याय
C. समाजवाद
D. राजनैतिक

33. भारतीय संविधान में किस संशोधन के परिणामस्वरूप सम्पत्ति का अधिकार, मूल अधिकारों की सूची से हटा दिया गया है?

A. 44वें संशोधन
B. 42वें संशोधन
C. 43वें संशोधन
D. 45वें संशोधन

34. भारत के राष्ट्रपति पर महाभियोग लगाने का अधिकार है

A. सर्वोच्च न्यायालय को
B. लोकसभा अध्यक्ष को
C. संसद के दोनों सदनों को
D. प्रधानमन्त्री को

35. भारत में राष्ट्रपति राज्यसभा के कितने सदस्यों को मनोनीत करता है?

A. 2
B. 10
C. 12
D. 6

36. संयुक्त राष्ट्र संघ का सचिवालय स्थित है

A. वाशिंगटन डी.सी. में
B. न्यूयॉर्क में
C. लन्दन में
D. पेरिस में

37. भारत की प्रथम पंचवर्षीय योजना का कार्यकाल था

A. वर्ष 1951-56
B. वर्ष 1947-52
C. वर्ष 1952-57
D. वर्ष 1956-61

38. 'मण्डल आयोग' गठित किया गया था

A. वर्ष 1953 में
B. वर्ष 1982 में
C. वर्ष 1980 में
D. वर्ष 1979 में

39. संघ लोक सेवा आयोग के सदस्यों की नियुक्ति की जाती है

A. प्रधानमन्त्री द्वारा
B. लोक सेवा आयोग के अध्यक्ष द्वारा
C. गृह मन्त्री द्वारा
D. राष्ट्रपति द्वारा

40. योजना आयोग का अध्यक्ष कौन होता है?

A. प्रधानमन्त्री
B. वित्त मन्त्री
C. उपराष्ट्रपति
D. रिजर्व बैंक का गवर्नर

41. 'रिपब्लिक' का लेखक कौन था?

A. हॉब्स
B. लॉक
C. रूसो
D. प्लेटो

42. लोकप्रिय सम्प्रभुता की अवधारणा का सूत्रधार कौन था?

A. हॉब्स
B. लॉक
C. रूसो
D. लॉस्की

43. किसने दो प्रकार के समझौते (एक सामाजिक तथा दूसरा सरकारी) का प्रतिपादन किया है?

A. लॉक
B. रूसो
C. हॉब्स
D. मैकियावली

44. भारतीय संविधान के लिए मसविदा तैयार करने वाली समिति का अध्यक्ष कौन था?

A. डॉ. राजेन्द्र प्रसाद
B. डॉ. राधाकृष्णन
C. जवाहरलाल नेहरू
D. डॉ. बी. आर. अम्बेडकर

45. भारतीय संविधान में मौलिक अधिकारों की व्यवस्था किस देश के संविधान से ली गई है?

A. ब्रिटेन
B. संयुक्त राज्य अमेरिका
C. सोवियत संघ
D. कनाडा

46. संविधान समीक्षा हेतु बनाई गई नवीनतम (अब तक की अन्तिम) समिति के अध्यक्ष कौन थे?

A. जस्टिस नानावती
B. जस्टिस वैंकटचल्लैया
C. जस्टिस पाठक
D. जस्टिस खरे

47. लक्षद्वीप की राजधानी का नाम है?

A. ईटानगर
B. ऐन्जल
C. पोर्ट ब्लेयर
D. इनमें से कोई नहीं

48. 'लोकपाल विधेयक बिल' अपने देश में पारित हुआ था

A. वर्ष 1986 में
B. वर्ष 1989 में
C. वर्ष 1990 में
D. वर्ष 1996 में

49. प्रजातान्त्रिक समाजवाद की अवधारणा को किसने विकसित किया था?

A. कार्ल मार्क्स ने
B. राममनोहर लोहिया ने
C. जवाहरलाल नेहरू ने
D. राजा राममोहन राय ने

50. लोकतन्त्र की सफलता के लिए कौन-सी दलीय प्रणाली सर्वाधिक उपयुक्त है?

A. एक-दलीय
B. द्वि-दलीय
C. बहु-दलीय
D. दल-विहीन

51. भारतीय संसद के दोनों सदनों की संयुक्त बैठक में अध्यक्षता कौन करता है?

A. राष्ट्रपति B. उपराष्ट्रपति
C. लोकसभा का अध्यक्ष D. प्रधानमन्त्री

52. भारत के पहले उप-प्रधानमन्त्री थे

A. चरण सिंह B. जगजीवन राम
C. मोरारजी देसाई D. सरदार पटेल

53. भारतीय संविधान में प्रथम संशोधन हुआ था

A. वर्ष 1950 में B. वर्ष 1951 में
C. वर्ष 1952 में D. वर्ष 1954 में

54. उच्चतम न्यायालय के मुख्य न्यायाधीश का वेतन है

A. 33,000 प्रति माह
B. 50,000 प्रति माह
C. 75,000 प्रति माह
D. 1,00,000 प्रति माह

55. महान् ग्रन्थ 'अर्थशास्त्र' के लेखक कौन थे?

A. अमर्त्य सेन B. कौटिल्य
C. मनु D. एडम स्मिथ

56. भारतीय संविधान के किस अनुच्छेद में संविधान संशोधन प्रक्रिया उल्लिखित है?

A. 352 B. 368
C. 370 D. 382

57. निम्नलिखित युग्मों में से कौन-सा युग्म सही सुमेलित नहीं है?

A. भारत संघात्मक
B. ऑस्ट्रेलिया संघात्मक
C. अमेरिका संघात्मक
D. ब्रिटेन संघात्मक

58. भारत के राष्ट्रपति का वेतन है

A. पचास हजार रुपये प्रति माह
B. एक लाख रुपये प्रति माह
C. एक लाख पच्चीस हजार रुपये प्रति माह
D. एक लाख पचास हजार रुपये प्रति माह

59. राष्ट्रपति के निर्वाचन में भाग लेते हैं

A. संसद के दोनों सदनों के सदस्य
B. लोकसभा के सदस्य
C. राज्यसभा के सदस्य
D. संसद के दोनों सदनों के निर्वाचित सदस्य तथा राज्यों और केन्द्रशासित प्रदेशों के विधान सभाओं के निर्वाचित सदस्य

60. 'मीन काम्फ' पुस्तक का लेखक निम्न में से कौन है?

A. मुसोलिनी B. हिटलर
C. कार्ल मार्क्स D. माण्टेस्क्यू

61. अरस्तू, क्रान्ति के किस सिद्धान्त का समर्थक है?

A. परम्परावादी B. नव-उदारवादी
C. मार्क्सवादी D. प्रकार्यवादी

62. 'गुट निरपेक्ष' आन्दोलन के संस्थापक कौन थे?

A. नेल्सन मण्डेला
B. इन्दिरा गाँधी
C. मार्शल टीटो
D. आइजन हॉवर

63. निम्न में से कौन उदारवाद से संबंधित है?

A. उपनिवेशवाद
B. राष्ट्रीय स्वतंत्रता
C. पूंजीवाद
D. साम्यवाद

उत्तरमाला

भाग-I

1 (*a*)	1(*b*)	1(*c*)	1(*d*)
B	B	A	D

भाग-II

खण्ड-I : भूगोल

	2	3	4	5	6	7	8	9	10
	C	D	A	B	C	D	B	A	A
11	12	13	14	15	16	17	18	19	20
C	B	D	B	B	D	A	B	C	B
21	22	23	24	25	26	27	28	29	30
A	B	C	B	C	C	C	B	D	C

31	**32**	**33**	**34**	**35**	**36**	**37**	**38**	**39**	**40**
A	B	D	C	B	B	B	D	D	D
41	**42**	**43**	**44**	**45**	**46**	**47**	**48**	**49**	**50**
D	B	B	B	C	C	C	A	B	C
51	**52**	**53**	**54**	**55**	**56**	**57**	**58**	**59**	**60**
B	B	D	A	A	C	C	C	A	B
61	**62**	**63**							
C	C	B							

खण्ड-II : इतिहास

	2	**3**	**4**	**5**	**6**	**7**	**8**	**9**	**10**
	D	C	D	B	C	D	B	B	B
11	**12**	**13**	**14**	**15**	**16**	**17**	**18**	**19**	**20**
D	C	A	C	B	D	B	B	C	B
21	**22**	**23**	**24**	**25**	**26**	**27**	**28**	**29**	**30**
C	B	C	A	C	B	D	B	B	C
31	**32**	**33**	**34**	**35**	**36**	**37**	**38**	**39**	**40**
B	D	A	A	C	C	C	D	C	A
41	**42**	**43**	**44**	**45**	**46**	**47**	**48**	**49**	**50**
D	B	B	C	C	A	A	D	C	A
51	**52**	**53**	**54**	**55**	**56**	**57**	**58**	**59**	**60**
B	A	C	C	B	B	C	D	C	B
61	**62**	**63**							
D	D	B							

खण्ड-III : अर्थशास्त्र

	2	**3**	**4**	**5**	**6**	**7**	**8**	**9**	**10**
	C	D	D	A	B	C	C	A	C
11	**12**	**13**	**14**	**15**	**16**	**17**	**18**	**19**	**20**
C	B	B	C	B	B	C	D	D	B
21	**22**	**23**	**24**	**25**	**26**	**27**	**28**	**29**	**30**
B	B	B	C	A	B	C	B	C	A
31	**32**	**33**	**34**	**35**	**36**	**37**	**38**	**39**	**40**
D	D	C	B	B	A	A	D	B	B
41	**42**	**43**	**44**	**45**	**46**	**47**	**48**	**49**	**50**
A	B	B	D	C	C	C	C	C	C
51	**52**	**53**	**54**	**55**	**56**	**57**	**58**	**59**	**60**
D	C	A	A	D	C	D	C	B	C
61	**62**	**63**							
B	B	C							

खण्ड-IV : नागरिक शास्त्र

	2	**3**	**4**	**5**	**6**	**7**	**8**	**9**	**10**
	D	A	A	C	A	B	B	C	D
11	**12**	**13**	**14**	**15**	**16**	**17**	**18**	**19**	**20**
B	A	C	C	B	A	A	D	C	D
21	**22**	**23**	**24**	**25**	**26**	**27**	**28**	**29**	**30**
C	B	B	C	C	C	C	D	C	C
31	**32**	**33**	**34**	**35**	**36**	**37**	**38**	**39**	**40**
C	C	A	C	C	B	A	D	D	A
41	**42**	**43**	**44**	**45**	**46**	**47**	**48**	**49**	**50**
D	C	A	D	B	B	D	C	C	B
51	**52**	**53**	**54**	**55**	**56**	**57**	**58**	**59**	**60**
C	D	B	D	B	B	D	D	D	B
61	**62**	**63**							
B	C	C							

* स्मृति पर आधारित

भूगोल

अध्याय-1

भौतिक भूगोल

सौरमंडल

अन्य ग्रहों की भाँति पृथ्वी भी सौरमंडल की एक सदस्य है। सूर्य तथा इसकी परिक्रमा करने वाले ग्रह (बुध, शुक्र, पृथ्वी, मंगल, बृहस्पति, शनि, अरुण तथा वरुण) मिलकर सौरमंडल का निर्माण करते हैं। इन ग्रहों के अतिरिक्त अनेक उपग्रह, धूमकेतु और उल्कापिंड आदि भी इस परिवार के सदस्य हैं।

सौरमंडल में ग्रहों की संख्या को लेकर वैज्ञानिकों में पिछले कुछ वर्षों में काफी मतभेद रहा है। पिछले कई दशकों में सूर्य के ग्रहों की संख्या 9 मानी जाती रही है। परन्तु वर्ष 2000 के आसपास अनेक वैज्ञानिकों ने एक दूसरे ग्रह की खोज करने का दावा किया था। इस शृंखला में सर्वप्रथम सेडना (Sedna) ग्रह की उपस्थिति की तथा बाद में एक और खगोलीय पिंड 2003UB ग्रह होने की बात की गई थी। इस नए वाद-विवाद के परिणामस्वरूप अन्तर्राष्ट्रीय खगोल संघ ने ग्रहों की परिभाषा को अधिक निश्चित एवं तर्कसंगत बनाने की दिशा में कदम उठाए हैं। इस नई परिभाषा के अनुसार कई दशकों से ग्रह के रूप स्वीकृत यम भी ग्रह कहे जाने के लिए निर्धारित मापदंडों को पूरा नहीं कर पाता। यद्यपि संसार में सबसे मान्य खगोल संस्थान द्वारा मान्य इस नई परिभाषा के अनुसार सूर्य के केवल 8 ग्रह हैं। तथापि अनेक विद्वान इस बात को स्वीकार करने में संकोच कर रहे हैं।

ग्रहों का अपना प्रकाश नहीं होता। सभी ग्रह अपने अक्ष पर घूमते हैं। शुक्र और अरुण को छोड़कर शेष सभी ग्रह अपनी-अपनी धुरी पर पश्चिम से पूर्व की ओर घूमते हैं। सूर्य की परिक्रमा भी ये सभी ग्रह पश्चिम से पूर्व की ओर घूर्णन करते हुए लगाते हैं। कई उपग्रह इन ग्रहों की परिक्रमा करते हैं। उदाहरण के लिए पृथ्वी का एक उपग्रह चंद्रमा है। शनि के 62 उपग्रह हैं, जबकि बुध और शुक्र का कोई उपग्रह नहीं है। अनेक छोटे-छोटे पिंड मंगल तथा बृहस्पति के बीच सूर्य की परिक्रमा करते हैं इन छोटे पिंडों को अवांतर ग्रह कहा जाता है। सूर्य सौरमंडल में केंद्र में स्थित है। सूर्य के केंद्र में स्थित होने का विचार सर्वप्रथम कॉपरनिकस ने अपने **सूर्य केंद्रीय सिद्धांत** में दिया था। इससे पहले पृथ्वी को सौरमंडल का केंद्र माना जाता था। इस विचार को **भूकेंद्रीय दृष्टिकोण** के नाम से जाना जाता है। यह विचार टॉलमी द्वारा प्रस्तुत किया गया था।

सूर्य से पृथ्वी की औसत दूरी 150,000,000 कि.मी. मानी जाती है। सूर्य से दूरी के अनुसार पृथ्वी, बुध और शुक्र के बाद तीसरे स्थान पर स्थित ग्रह है। बुध और शुक्र सूर्य के पृथ्वी से अधिक निकट होने के कारण **निम्न ग्रह** कहलाते हैं जबकि अन्य ग्रह जिनकी दूरी सूर्य से पृथ्वी की दूरी से अधिक है **उच्च ग्रह** कहलाते हैं। इसके अतिरिक्त ग्रहों को आंतरिक व बाह्य ग्रहों के वर्गों में भी विभाजित किया जा सकता है। बुध, शुक्र, पृथ्वी तथा मंगल को **आंतरिक ग्रह** कहा जाता है जबकि बृहस्पति, शनि, अरुण, **बाह्य ग्रह** हैं। शुक्र अन्य ग्रहों से अधिक चमकीला ग्रह है। बुध अन्य सभी ग्रहों से छोटा है जबकि बृहस्पति सबसे बड़ा ग्रह है। मंगल ग्रह को लाल ग्रह के नाम से भी जाना जाता है। सभी ग्रहों में केवल पृथ्वी ही ऐसा ग्रह है जहाँ जीवन है। सभी ग्रह सूर्य की परिक्रमा निश्चित पथ में रहकर करते हैं। अभी तक ग्रह माने जाने वाले ग्रहों में से यम का परिक्रमा पथ सर्वाधिक दीर्घवृत्तीय है जिसके कारण इसकी कक्षा वरुण की कक्षा को काटती है। इसलिए सूर्य की परिक्रमा के समय यह ग्रह कभी सूर्य के अधिक निकट (वरुण की अपेक्षा) और कभी सूर्य से अधिक दूर हो जाता है।

पृथ्वी की आकृति तथा आकार

पृथ्वी की आकृति गोल मानी जाती है किंतु यह पूर्ण रूप से गोलाकार नहीं है। इसका आकार मंडलाकार है। पृथ्वी का विषुवतीय व्यास लगभग 12,762 कि.मी. (7,927 मील) है, जबकि इसका ध्रुवीय व्यास लगभग 12,714 कि.मी. (7,900 मील) है। इस प्रकार पृथ्वी उत्तरी व दक्षिणी ध्रुव पर अपेक्षाकृत चपटी है और इसलिए ध्रुवों पर आकलित पृथ्वी के व्यास व विषुवत रेखा पर आकलित पृथ्वी के व्यास में अंतर है। पृथ्वी की आकृति के एक अधिक निश्चित अध्ययन के लिए इसके तल की विषमताओं को न मानते हुए यदि समुद्रतल को सतत मान लिया जाए तो इस आकृति को 'जीओयड' कहा जा सकता है। इसे पृथ्वी की अधिक शुद्ध आकृति कहा जाता है। परंतु सामान्यतया पृथ्वी की आकृति को गोलाकार माना जाता है। पृथ्वी की आकृति गोल है इस तथ्य को प्रमाणित करने वाले अनेक प्रमाण हैं। उदाहरण के लिए चंद्र ग्रहण के समय चंद्रमा पर पृथ्वी की आकृति की छाया तथा अंतरिक्ष से लिए गए पृथ्वी के चित्र पृथ्वी की गोलाकार आकृति को दर्शाते हैं।

पृथ्वी से संबंधित तथ्य		
आयु	–	4.6 बिलियन वर्ष
द्रव्यमान	–	5.976×10^{24} कि.ग्रा.
आयतन	–	1.083×10^{24} लीटर
औसत घनत्व	–	5.518 कि.ग्रा./लीटर
आकृति	–	एक मंडलाकार गोला अथवा जीओयड
आकार	–	ध्रुवीय व्यास 12713.54 कि.मी., विषुवतीय व्यास 12762.32 कि.मी., ध्रुवीय परिधि 40005 कि.मी., विषुवतीय परिधि 40077 कि.मी. (निकटतम कि.मी.)
क्षेत्रफल	–	कुल धरातलीय क्षेत्रफल 509,700,000 वर्ग कि.मी., स्थल क्षेत्रफल 148,400,000 कि.मी. (29%) तथा जल का क्षेत्रफल 361,300,000 वर्ग कि.मी. (71%)
गतियाँ	–	(*i*) **दैनिक गति :** 23 घंटे 56 मिनट और 4.09 सेकण्ड की अवधि में पृथ्वी अपने अक्ष पर एक चक्कर पूरा करती है। (*ii*) **वार्षिक गति :** पृथ्वी 365 दिन, 6 घंटे, 9.54 मिनट में सूर्य के चारों ओर एक बार परिक्रमा करती है।
धरातल	–	भूमि पर उच्चतम बिंदु माउंट एवरेस्ट है (समुद्रतल से 8,848 मी. ऊँचा)। भूमि पर निम्नतम क्षेत्र मृत सागर तट है, जो समुद्र तल से 399 मी. नीचे है। भूमि की औसत ऊँचाई 756 मी.।
महासागरीय गहराई	–	प्रशांत महासागर में मेरियाना गर्त समुद्र तल में 11,033 मी. नीचे है। महासागरों की औसत गहराई 3,730 मी. है।
भूपर्पटी की संरचना	–	ऑक्सीजन 46.6 प्रतिशत, सिलिकॉन 27.7, एल्यूमिनियम 8.1, लोहा 5.0, कैल्शियम 3.6, सोडियम 2.8, पोटेशियम 2.6, मैग्नीशियम 2.0 और अन्य तत्व 1.6 प्रतिशत।
औसत धरातलीय तापमान	–	14 डिग्री से., उच्चतम तापमान 58° से. (अल अजीजीया, लीबिया) और निम्नतम तापमान: –89.6 डिग्री से. (वोस्तोक स्टेशन अंटार्कटिका में)।
परिक्रमण पथ पर ध्रुवीय धुरी का झुकाव	–	66 डिग्री, 33 मिनट 1 सेकण्ड।
सूर्य के चारों ओर परिक्रमण झुकाव	–	29.8 कि.मी./सेकण्ड।
सूर्य की औसत दूरी	–	149,597,900 कि.मी. (एक एस्ट्रोनोमिकल इकाई)। 2 जुलाई और 5 जुलाई के बीच अपसौर की स्थिति में पृथ्वी सूर्य से अधिकतम (152 मिलियन कि.मी.) दूरी पर होती है और 2 जनवरी 5 जनवरी के बीच न्यूनतम (147 मिलियन कि.मी.) दूरी पर होती है। पृथ्वी की इस न्यूनतम दूरी की स्थिति को उपसौर कहते हैं।

अक्षांश तथा देशांतर रेखाएं

कुछ अक्षांश व देशांतर रेखाएं भौगोलिक अध्ययन में महत्त्वपूर्ण स्थान रखती हैं। 0° की अक्षांश रेखा भूमध्य रेखा कहलाती है। इसके उत्तर में 23½° अक्षांश की रेखा कर्क रेखा और दक्षिण में 23½° अक्षांश की रेखा मकर रेखा के नाम से जानी जाती है। 66½° उत्तरी अक्षांश रेखा को आर्कटिक वृत्त तथा 66½° दक्षिणी अक्षांश रेखा को अंटार्कटिक वृत्त कहा जाता है। भूमध्य रेखा पृथ्वी को न केवल दो गोलार्द्धों (उत्तरी तथा दक्षिणी गोलार्द्ध) में बांटती है बल्कि यह अन्य अक्षांशीय रेखाओं के लिए संदर्भ रेखा भी है। कर्क तथा मकर रेखाएं उस क्षेत्र की सीमाएँ हैं जहाँ पर सूर्य की किरणें सीधी पड़ती हैं। दक्षिणी गोलार्द्ध में गर्मी की ऋतु और उत्तरी गोलार्द्ध में शीत ऋतु (मकर संक्रांतिक अथवा शीत अयनांत) की स्थिति में मकर रेखा पर सूर्य की किरणें लम्बवत पड़ती हैं जबकि कर्क संक्रांतिक या ग्रीष्म अयनांत के समय सूर्य कर्क रेखा पर लम्बवत् चमकता है। इस समय उत्तरी गोलार्द्ध में ग्रीष्मकाल तथा दक्षिणी गोलार्द्ध में शीतकाल होता है। इन सीमाओं से ध्रुवों की ओर सूर्य की किरणें कभी भी लम्बवत नहीं होतीं। आर्कटिक और अंटार्कटिक वृत्त ध्रुवीय क्षेत्रों की सीमाएं हैं जहाँ पर हम लगातार 24 घंटे या उससे अधिक समय के लिए दिन और रात की स्थिति देख सकते हैं। इन वृत्तों से बाहर अथवा भूमध्य रेखा की ओर दिन और रात लगातार 24 घंटे या उससे अधिक समय के लिए नहीं होते।

देशांतर रेखाएँ भी अक्षांशों की भांति विभिन्न स्थानों की स्थिति जानने के लिए आवश्यक हैं। ग्रीनविच की देशांतर रेखा अथवा याम्योत्तर को मुख्य याम्योत्तर (Prime meridian) के नाम से भी जाना जाता है। यह रेखा भी पृथ्वी को दो भागों में विभक्त करती है जिन्हें पूर्वी तथा पश्चिमी गोलार्द्ध कहा जाता है। 0° देशांतर से पूर्व व पश्चिम की ओर 180° के अंतर पर क्रमशः 180° पू. व 180° प. देशांतर हैं। ग्लोब पर मुख्य याम्योत्तर के सामने वाली रेखा अर्थात् 180° देशांतर को अंतर्राष्ट्रीय तिथि

रेखा कहा जाता है। यह रेखा प्रशांत महासागर के मध्य से गुजरती है तथा एक सीधी रेखा नहीं है। इस रेखा को टेढ़ी-मेढ़ी इसलिए माना गया है ताकि यह किसी देश को दो भागों में विभाजित न करें। अंतर्राष्ट्रीय तिथि रेखा तिथि तथा उसमें परिवर्तन का मुख्य आधार है। इससे पूर्व की अपेक्षा पश्चिम में तिथि आगे होती है। इसलिए यदि कोई इस रेखा को पूर्व से पश्चिम की ओर पार करता है तो तिथि को एक दिन आगे पाता है परन्तु यदि वह विपरीत दिशा में आगे बढ़ता है तो वह छोड़े हुए दिन को पुन: प्राप्त करता है। इसीलिए यह कहा जाता है कि यदि कोई व्यक्ति इस रेखा को पार करता है तो उसे एक दिन का लाभ अथवा हानि होती है।

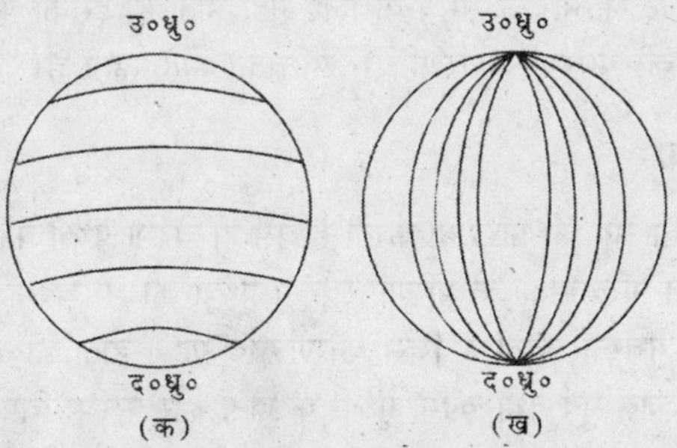

अक्षांश तथा देशान्तर रेखाएँ

पृथ्वी की गतियाँ और उनका प्रभाव

पृथ्वी की दो गतियाँ हैं जिन्हें दैनिक गति व वार्षिक गति कहा जाता है। पृथ्वी की दैनिक गति के कारण ही पृथ्वी पर कोई स्थान अथवा क्षेत्र सूर्य के सम्मुख आता है अथवा इससे परे चला जाता है। दैनिक गति के अंतर्गत पृथ्वी अपनी धुरी पर पश्चिम से पूर्व की ओर घूर्णन करती है जिसमें उसे 24 घंटे लगते हैं। इस गति के कारण ही पृथ्वी पर दिन और रात की परिस्थितियाँ उत्पन्न होती हैं।

पृथ्वी अपनी धुरी पर घूर्णन करने के साथ-साथ सूर्य के चारों ओर भी परिक्रमा करती है। सूर्य का एक चक्कर लगाने में उसे 365.25 दिन का समय लगता है। यह पृथ्वी की वार्षिक गति कहलाती है। वार्षिक गति पृथ्वी पर ऋतु परिवर्तन के लिए उत्तरदायी है। पृथ्वी सूर्य के चारों ओर एक अंडाकार मार्ग पर चक्कर लगाती है जिसके परिणामस्वरूप पृथ्वी तथा सूर्य के बीच की दूरी में परिवर्तन होता रहता है। सूर्य से पृथ्वी की न्यूनतम दूरी (147,000,000 कि.मी.) 3 जनवरी के आस-पास उपसौर की स्थिति में होती है जबकि सूर्य से पृथ्वी की अधिकतम दूरी (152,000,000 कि.मी.) 4 जुलाई के आस-पास अपसौर की स्थिति में होती है। पृथ्वी और सूर्य के बीच इन परिवर्तित स्थितियों के कारण, पृथ्वी सूर्य से जनवरी माह में जुलाई की अपेक्षा अधिक ऊर्जा प्राप्त करती है। पृथ्वी की वार्षिक गति के परिणामस्वरूप धरातल पर सूर्य की लम्बवत किरणों की स्थिति अथवा किसी स्थान विशेष पर सौर किरणों के कोण में परिवर्तन होता रहता है। इसी कारण पृथ्वी पर ऋतु परिवर्तन होता है।

स्थानीय तथा मानक समय एवं अंतर्राष्ट्रीय तिथि रेखा

पृथ्वी पर समय की गणना अथवा निर्धारण सूर्य की विभिन्न स्थितियों के आधार पर किया जाता है। जब सूर्य किसी एक देशांतर रेखा पर सर्वोच्च चमकता है तो उस देशान्तर रेखा पर स्थित सभी स्थानों के लिए दिन के बारह बजे का समय होता है। यह स्थानीय समय कहलाता है जो भिन्न-भिन्न स्थानों पर भिन्न-भिन्न होता है। पृथ्वी अपने अक्ष पर एक घूर्णन (360°) 24 घंटे में पूरा करती है। इस प्रकार उसे 1° देशांतर घूमने में 4 मिनट का समय लगता है। क्योंकि पृथ्वी अपने अक्ष पर पश्चिम से पूर्व की ओर घूर्णन करती है इसलिए वह स्थान जो अपेक्षाकृत पश्चिम में स्थित होगा वहाँ पर सूर्य अपेक्षाकृत पूर्व में स्थित स्थान से कुछ देर बाद चमकेगा। इस प्रकार एक स्थान से दूसरे स्थान के समय के बीच 4 मिनट प्रति डिग्री देशांतर का अंतर होता है। उदाहरण के लिए बांग्लादेश, भारत और पाकिस्तान के समय में अंतर पाया जाता है। बांग्लादेश भारत से पूर्व में तथा पाकिस्तान भारत से पश्चिम में स्थित है जबकि भारत इन दोनों के बीच में स्थित है। इसलिए बांग्लादेश का मानक समय भारत के मानक समय से आगे है जबकि पाकिस्तान का मानक समय भारत के मानक समय से पीछे है।

मानक समय–मानक समय किसी क्षेत्र या देश से संबंधित होता है जबकि स्थानीय समय किसी स्थान विशेष का समय होता है। मानक समय किसी ऐसे याम्योत्तर (देशांतर रेखा) का समय होता है जो किसी संपूर्ण क्षेत्र या देश के लिए मानक याम्योत्तर माना जाता है। अत: ऐसे केन्द्रीय या मुख्य याम्योत्तर का स्थानीय समय किसी देश का क्षेत्र के लिए मानक समय के रूप में प्रयुक्त किया जाता है। किसी एक मानक समय वाले क्षेत्र को समय जोन कहा जाता है। एक समय जोन से दूसरे समय जोन के समय में अंतर पाया जाता है। अत: दो क्षेत्रों के समय की तुलना के लिए ग्रीनविच समय (0° देशांतर) को एक अंतर्राष्ट्रीय मानक के रूप में लिया जाता है जिसे **ग्रीनविच मीन टाइम** कहते हैं। संसार के विभिन्न देशों व क्षेत्रों के मानक समय को ग्रीनविच मानक समय से आगे या पीछे के आधार पर व्यक्त किया जाता है। भारत का मानक समय 82½° पू. देशांतर के समय के आधार पर निर्धारित किया गया है। यह देशांतर रेखा इलाहाबाद के निकट से गुजरती है। दूसरे शब्दों में भारत का मानक समय इस देशांतर रेखा का स्थानीय समय है। भारत का मानक समय ग्रीनविच मीन समय से 5 घंटे 50 मिनट आगे है क्योंकि भारत का मानक याम्योत्तर ग्रीनविच के याम्योत्तर के पूर्व में स्थित है।

अंतर्राष्ट्रीय तिथि रेखा–विश्व की यात्रा करते समय तिथि के अंतर की समस्या के समाधान के लिए अंतर्राष्ट्रीय तिथि रेखा की संकल्पना को अपनाया गया है। प्राइम मैरीडियन से गणना करने पर इससे पूर्व की ओर तिथि एक दिन आगे तथा इससे पश्चिम की ओर एक दिन पीछे होती है। यदि कोई व्यक्ति अपनी यात्रा प्राइम मैरीडियन से पश्चिम की ओर 180° देशांतर की ओर कर रहा है तो वह अपनी घड़ी को 12 घंटे पीछे रखेगा जबकि इससे पूर्व की ओर जाने वाला व्यक्ति अपनी घड़ी को 12 घंटे आगे रखेगा जिससे कि इन दोनों व्यक्तियों की घड़ी के अनुसार अंतर्राष्ट्रीय तिथि रेखा पर समय समान होगा परन्तु दोनों के लिए तिथि अलग होगी। इसलिए वह व्यक्ति जो अंतर्राष्ट्रीय तिथि रेखा को पश्चिम से पूर्व की ओर पार करेगा उसे एक दिन का लाभ मिलेगा अर्थात् वह अपनी घड़ी में तिथि को एक दिन पीछे करेगा। ठीक इसी प्रकार यदि कोई व्यक्ति इसे पूर्व से पश्चिम की ओर पार करेगा तो उसे एक दिन की हानि होगी अर्थात् वह अपनी घड़ी की तिथि को एक दिन आगे करेगा। इसका कारण यह है कि अंतर्राष्ट्रीय तिथि रेखा से पश्चिम की ओर का क्षेत्र पूर्वी गोलार्द्ध है, जहाँ तिथि एक दिन आगे होती है तथा इससे पूर्व की ओर का क्षेत्र गोलार्द्ध है जहाँ तिथि पीछे होती है।

ग्रहण

किसी खगोलीय पिंड के पूर्णरूप या आंशिक रूप से अंधकारमय हो जाने या किसी अन्य खगोलीय पिंड के उसके प्रकाश मार्ग में से गुजरने के कारण ग्रहण होता है। यद्यपि ग्रहण किसी भी खगोलीय पिंड का हो सकता है परंतु पृथ्वी से दिखने वाले दो प्रकार के ग्रहण सबसे महत्त्वपूर्ण होते हैं। ये दो ग्रहण हैं–चंद्र ग्रहण तथा सूर्य ग्रहण। ग्रहण तब होता है जब किसी खगोलीय पिंड की छाया किसी अन्य खगोलीय पिंड पर पड़ती है। ग्रहण की स्थिति उत्पन्न करने वाली छाया का आंतरिक भाग शंकु आकार का होता है जिसे Umbra कहा जाता है तथा बाहरी हल्की छाया वाले भाग को Penumbra कहा जाता है।

पृथ्वी की परिक्रमा करते हुए उसका उपग्रह (चंद्रमा) सूर्य की भी परिक्रमा करता है। चंद्रमा की कक्षा में, पृथ्वी की सूर्य के चारों ओर कक्षा के सापेक्ष 5°9′ का झुकाव है। इस प्रकार चंद्रमा पृथ्वी के कक्षा तल को महीने में दो बार काटता है। जब चंद्रमा पृथ्वी के परिक्रमण पथ से गुजरता है अथवा जब पृथ्वी एवं चंद्रमा के परिक्रमण पथ एक-दूसरे को परस्पर काटते हैं तो प्राप्त बिंदुओं को nodes कहते हैं और जब सूर्य, पृथ्वी एवं चंद्रमा तीनों एक सीधी रेखा में स्थित हों तो ऐसी स्थिति को **सायजिगी** या **युत-वियुति** कहते हैं

सूर्य ग्रहण

पृथ्वी के चारों ओर चक्कर लगाने के कारण चंद्रमा अपनी प्रत्येक परिक्रमा में सूर्य और पृथ्वी के बीच से गुजरता है। ऐसी स्थिति में चंद्रमा सूर्च को पूर्ण या आंशिक रूप से छुपा देता है। इस परिस्थिति को सूर्य ग्रहण कहते हैं। अत: जब सूर्य तथा चंद्रमा दोनों पृथ्वी के एक ही ओर होते हैं तो सूर्य ग्रहण होता है। ऐसी स्थिति में पृथ्वी से चंद्रमा को नहीं देखा जा सकता है क्योंकि इस समय चंद्रमा का प्रदीप्त भाग पृथ्वी से परे होता है। इसीलिए सूर्य ग्रहण अमावस्या के दिन होते हैं। सूर्य तथा चन्द्र ग्रहण पूर्ण तथा आंशिक दोनों ही प्रकार के हो सकते हैं।

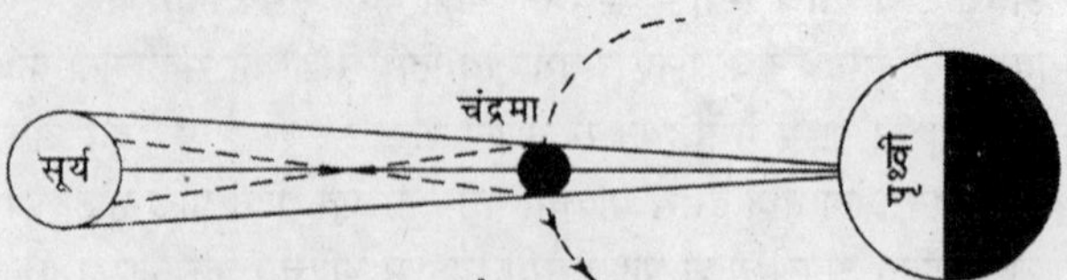

सूर्य ग्रहण

पूर्ण सूर्य ग्रहण की स्थिति चंद्रमा और सूर्य के पृथ्वी में दिखने वाले व्यास के एकसमान होने पर अथवा चंद्रमा के व्यास के बड़ा होने पर होती है। पृथ्वी से दिखाई देने वाले व्यासों में यह अंतर पृथ्वी एवं चंद्रमा के बीच दूरी पर निर्भर करता है। यदि चंद्रमा का पृथ्वी से दिखने वाला व्यास सूर्य से छोटा होगा तो वह सूर्य को अदृश्य कर पाने में असमर्थ होगा। ऐसी स्थिति में सूर्य का कुछ भाग एक छल्ले के समान चंद्रमा के चारों ओर दिखाई पड़ेगा। इसे **आंशिक** या **वलय सूर्यग्रहण** कहते हैं। पृथ्वी के घूर्णन करने और चंद्रमा के पृथ्वी के चारों ओर परिक्रमा करने के कारण चंद्रमा की छाया पृथ्वी तल से होकर गुजरती है। इस छाया वाले क्षेत्र से पृथ्वी से सूर्य को नहीं देखा जा सकता। इस स्थिति को सूर्य ग्रहण कहा जाता है। इस छाया के क्षेत्र को संपूर्णता का क्षेत्र कहते हैं। यह क्षेत्र 260 कि.मी. चौड़ा होता है। इस क्षेत्र में पूर्ण सूर्यग्रहण देखा जाता है। इस क्षेत्र के बाहर दोनों ओर ग्रहण के समय भी सूर्य का कुछ भाग दिखाई देता रहता है और ग्रहण आंशिक होता है। जब सूर्य, चंद्रमा और पृथ्वी एक सीधी रेखा में नहीं होते तो भी सूर्य ग्रहण आंशिक होता है, बिना किसी संपूर्णता के क्षेत्र के। सूर्य ग्रहण केवल थोड़े से समय के लिए होता है साधारणत: यह 7.5 मिनट से अधिक समय के लिए नहीं होता है। इसका कारण सूर्य तथा पृथ्वी की पारस्परिक स्थिति में परिवर्तन होते रहना है।

चंद्र ग्रहण

जैसे कि पृथ्वी सूर्थ की परिक्रमा करती है वैसे ही चंद्रमा पृथ्वी की परिक्रमा करता है। इन परिक्रमाओं के परिणामस्वरूप पृथ्वी को भी चंद्रमा तथा सूर्य के बीच से गुजरना पड़ता है जिस कारण चंद्र ग्रहण होता है। चंद्र ग्रहण तब होता है, जब सूर्य तथा चंद्रमा पृथ्वी के दोनों ओर परस्पर विपरीत दिशा में होते हैं। इस स्थिति में चंद्रमा, पृथ्वी की छाया पड़ने के कारण अंधकारमय हो जाता है। इसलिए चंद्रग्रहण पूर्णमासी के दिन होता है। यदि सूर्य, चंद्रमा और पृथ्वी की स्थिति पूर्णतया एक सीधी रेखा तथा एक ही तल में नहीं होती है तो चंद्रग्रहण पूर्ण ग्रहण न होकर आंशिक रह जाता है। पूर्ण ग्रहण के लिए आवश्यक है कि पृथ्वी, चंद्रमा और सूर्य न केवल एक सीधी रेखा में हों बल्कि एक ही तल पर भी हों। यही कारण है कि प्रत्येक अमावस्या तथा पूर्णमासी को ग्रहण नहीं होते।

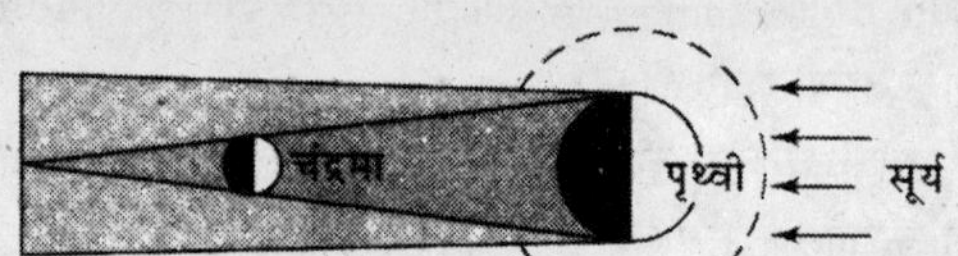

चंद्र ग्रहण

चंद्रग्रहण भी पूर्ण या आंशिक रूप से हो सकता है। जब चंद्रमा पूरी तरह से पृथ्वी की छाया से ढक जाता है तो पूर्ण चंद्रग्रहण होता है। इसके विपरीत जब यह पृथ्वी की छाया से पूर्णतया ढका नहीं होता है तो ग्रहण केवल आंशिक होता है और चंद्रमा का कुछ भाग दिखाई देता रहता है।

सामान्यतया एक वर्ष में पांच सूर्य ग्रहण और तीन चंद्र ग्रहण होते हैं। परंतु किसी स्थान विशेष से एक निश्चित समय अवधि में चंद्र ग्रहण अधिक दिखाई पड़ेंगे। इसका कारण है कि जहाँ चंद्र ग्रहण संपूर्ण गोलार्द्ध में दिखाई पड़ता है वहीं सूर्य ग्रहण केवल विश्व के एक भाग में ही दिखाई देता है। पूर्णतया एक जैसे ग्रहण 18 वर्षों के अंतराल के बाद दिखाई पड़ते हैं। इस अवधि को saros अवधि कहते हैं। इस समय अवधि में पृथ्वी, सूर्य और चंद्रमा अपनी उसी पारस्परिक परिस्थिति में पुन: वापस आ जाते हैं।

❑❑❑

अध्याय-2

स्थल मंडल

चट्टान

सभी चट्टानें एकसमान नहीं होतीं। इनके निर्माण की विधि एवं इनकी कठोरता व कोमलता के अनुसार इनमें एक-दूसरे से भिन्नताएँ पाई जाती हैं। चट्टानों की उत्पत्ति के आधार पर इन्हें आग्नेय, अवसादी, रूपांतरित और जैविक चट्टानों के रूप में विभक्त किया जा सकता है। चट्टानों के वर्गीकरण का यह सबसे प्रचलित आधार है। चट्टानों के इस वर्गीकरण को Genetic Classification कहा जाता है।

आग्नेय शैल

इन्हें प्राथमिक चट्टानें भी कहा जाता है। इनकी उत्पत्ति लावा के शीतल होकर जमने से होती है। आग्नेय चट्टानें ठोस, कठोर या रवेदार होती हैं। इन चट्टानों में जीवावशेष (जीवाश्म) नहीं पाए जाते हैं। आग्नेय चट्टानें धरातल के नीचे तथा धरातल पर उत्पन्न होने के कारण दो भागों में विभक्त की जाती हैं—आंतरिक आग्नेय शैल तथा बाह्य आग्नेय शैल। **आंतरिक आग्नेय शैलों** की उत्पत्ति लावा के धरातलीय शैलों के नीचे जमने से होती है। कई बार लावा के उच्च गलनांक के कारण लावा धरातल पर निकलने के पूर्व ही जमने लगता है। इस प्रकार की शैलों में सिलिका की मात्रा अधिक होती है तथा धात्विक खनिजों की मात्रा कम होती है। इस प्रकार के लावा को अम्लीय लावा कहते हैं। इसी कारण आंतरिक आग्नेय चट्टानों को अम्लीय आग्नेय चट्टानें भी कहा जाता है। ग्रेनाइट इनका महत्त्वपूर्ण उदाहरण है।

जब आग्नेय चट्टानों का निर्माण पृथ्वी में अधिक गहराई में होता है तो इन्हें पातालीय चट्टानें कहा जाता है। बड़े रवों वाला ग्रेनाइट, पातालीय शैल का प्रमुख उदाहरण है।

यदि ज्वालामुखी उद्गार के समय उत्सर्जित होने वाले लावा में धात्विक खनिज प्रचुर मात्रा में उपस्थित होते हैं तो इस प्रकार के लावा का गलनांक निम्न होने के कारण यह अधिक समय तक तरल अवस्था में रहता है और धरातल पर पहुँचने के पश्चात् ठंडा होकर जमकर ठोस होने में समर्थ होता है। इस प्रकार धरातल के ऊपर निर्मित शैलों को बाह्य आग्नेय शैलें कहा जाता है। बेसाल्ट इस प्रकार की शैलों का प्रमुख उदाहरण है। इस प्रकार के लावा में सिलिका की मात्रा कम होती है। धात्विक खनिजों की प्रचुरता के कारण इस प्रकार के लावा को क्षारीय लावा कहते हैं।

आग्नेय शैलें सामान्यतया रवेदार होती हैं। इनके रवों का आकार लावा के शीतलन की दर पर निर्भर करता है। साधारणतया जो चट्टानें पृथ्वी के धरातल के नीचे उत्पन्न होती हैं वह धीमी गति से लावा के ठंडे होने पर निर्मित होती हैं जिस कारण उनमें रवों का आकार बड़ा होता है। इसके विपरीत धरातल पर पहुँचने पर लावा शीघ्रता से ठंडा होता है जिस कारण निर्मित शैलों में छोटे रवे अथवा कभी-कभी रवे अनुपस्थित भी होते हैं। बेसाल्ट, गैब्रो, डोलेराइट, एण्डेसाइट, पेरियोडोटाइट और ग्रेनाइट आग्नेय शैलों के महत्त्वपूर्ण उदाहरण हैं।

अवसादी शैलें

अवसादी चट्टानों का निर्माण अन्य चट्टानों से प्राप्त अवसादों के एकत्रीकरण के फलस्वरूप होता है। इस प्रकार के अवसादों का निक्षेपण नदियों, हिमानियों एवं पवनों जैसे परिवहन के कारकों द्वारा होता है। अवसादी चट्टानों का निर्माण लगातार एक परत के बाद दूसरी परत के जमाव से होता है। एक के ऊपर एक परत के जमाव से निक्षेपित पदार्थ के कण परस्पर जुड़ जाते हैं और चट्टानों के रूप में परिवर्तित हो जाते हैं। खनिजों के इस प्रकार के संयोजन की प्रक्रिया को lithification कहा जाता है। इस प्रकार बनी चट्टानें परतदार होती हैं। इनमें जीवावशेष भी पाए जाते हैं।

अवसादी शैलें आग्नेय शैलों की अपेक्षा मुलायम होती हैं और उन्हें खुरचा जा सकता है। अवसादी शैलों को जलज शैल भी कहा जाता है। पृथ्वी का लगभग तीन-चौथाई भाग अवसादी शैलों से ढका हुआ है। चूना पत्थर, जिप्सम, डोलोमाइट अवसादी शैलों के उदाहरण हैं। अवसादी शैलों को द्वितीयक चट्टानें भी कहते हैं।

अवसादी शैलों का निर्माण कई प्रकार से होता है। अवसादों का जमाव तथा दबाव से संगठित होना इनके निर्माण की सबसे सरल विधि है। बलुआ पत्थर तथा कांग्लोमरेट इस प्रकार की निर्माण प्रक्रिया से निर्मित चट्टानों के उदाहरण हैं जिन्हें यांत्रिक क्रियाओं द्वारा निर्मित अथवा शिला चूर्ण से निर्मित शैलें भी कहा जाता है। अवसादी चट्टानों का निर्माण कई

बार जल में घुले खनिजों के निक्षेपण (precipitation) से भी होता है। इन्हें रासायनिक विधि से बनी चट्टानें कहा जाता है। चूना पत्थर, डोलोमाइट, जिप्सम इसके प्रमुख उदाहरण हैं। अवसादी शैल जैविक तत्वों से भी निर्मित होती है।

रूपांतरित अथवा कायांतरित चट्टानें

कायांतरित चट्टानों का निर्माण रूपांतरण के फलस्वरूप होता है। इसलिए इन्हें परिवर्तित चट्टानें भी कहा जाता है। अत्यधिक दाब और ताप के कारण आग्नेय और अवसादी शैलों में रूप परिवर्तन के फलस्वरूप रूपांतरित शैलों का निर्माण होता है। ऐसे में इन चट्टानों में उपस्थित संधियाँ जुड़ जाती हैं और चट्टानों का घनत्व तथा कठोरता बढ़ जाती है। कभी-कभी यह चट्टानें रवेदार होती हैं। रूपांतरण के समय चट्टानों के स्वरूप में परिवर्तन के फलस्वरूप कई बार इनमें उपस्थित खनिजों का स्वरूप भी बदल जाता है। इसके अतिरिक्त नये खनिज भी बनते हैं। चट्टानों में इस प्रकार के परिवर्तन की प्रक्रिया को रूपांतरण कहा जाता है। स्लेट, संगमरमर, क्वार्ट्जाइट इस प्रकार की शैलों के प्रमुख उदाहरण हैं। यद्यपि अधिकांश रूपांतरित चट्टानें रवेदार होती हैं परंतु कभी-कभी यह चट्टानें अत्यधिक संपीडित परतों से बनी हुई भी होती हैं। स्लेट इस प्रकार की परतदार रूपान्तरित चट्टानों का उदाहरण है।

चट्टानों के रूपांतरण की प्रक्रिया दो प्रकार से संपन्न हो सकती है, अत्यधिक दबाव के कारण तथा अति ऊँचे तापमान के कारण। जब कायांतरित चट्टानों की उत्पत्ति अत्यधिक ताप के कारण होती है तो इसे तापीय अथवा संस्पर्शीय रूपांतरण कहते हैं। उदाहरण के लिए, जब चट्टानें गर्म मैग्मा के संपर्क में आती हैं तो ताप के कारण आस-पास की शैलें पिघलने लगती हैं जिससे कि उनके भौतिक एवं रासायनिक गुणों में परिवर्तन आ जाते हैं। जब रूपांतरण की क्रिया एक विस्तृत क्षेत्र में संपीडन तथा इससे उत्पन्न ताप के योग से होती है तो ऐसी स्थिति में क्षेत्रीय रूपांतरण होता है। चूना पत्थर का संगमरमर में बदल जाना इसका प्रमुख उदाहरण है।

जैविक चट्टानें

पौधों तथा जंतुओं के अवशेषों से निर्मित चट्टानों को जैविक चट्टानें कहते हैं। अवसादी चट्टानों के समान इस प्रकार की चट्टानों में भी संस्तर अथवा परतें होती हैं। पीट तथा कोयला वनस्पतियों के रूपांतरण से निर्मित चट्टानों के उदाहरण हैं। इसके विपरीत प्रवाल भित्तियां, जंतुओं के अवशेषों से निर्मित जैविक चट्टानों के उदाहरण हैं। जिन जीवों में चूने की प्रधानता होती है उन सूक्ष्म जीवों के अवशेषों से निर्मित जैविक चट्टानों में चाक एक महत्त्वपूर्ण उदाहरण हैं।

ज्वालामुखी

ज्वालामुखी, पृथ्वी के अन्तर्जात बलों से उत्पन्न भू-संचलन की एक आकस्मिक घटना है जिसमें पिघला हुआ लावा (Magma) माप तथा कठोर चट्टानी टुकड़े धरातल की पपड़ी को तोड़कर भूपटल पर निकलने लगता है, इस प्रक्रिया को ज्वालामुखी उद्गार (Volcanic erruption) अथवा ज्वालामुखी कहते हैं।

ज्वालामुखी की संरचना

ज्वालामुखी में एक गोलछिद्र अथवा दरार अथवा नली (Vent) होती है। इस नली का संबंध भूगर्भ में अति गहराई तक रहता है। भीतरी भाग की विशिष्ट क्रियाओं एवं उद्देश्य से इस नली की रचना होती है। इसी नली से गरम लावा, तप्त, गैसें, वाष्प, कठोर और ठोस पदार्थ धरातल पर आते हैं। इस नली की मोटाई कुल सौ फीट से अधिक व्यास की नहीं होती है। इसे ज्वालामुखी नली (Volcanic Pipe) कहा जाता है। इस नली के ऊपर का भाग ज्वालामुखी या विविर (Crater) कहलाता है। उद्भेदन के समय कभी-कभी इस ज्वालामुखी नली का ऊपरी भाग उद्भेदन से उड़ जाता है। लेकिन कभी-कभी ज्वालामुखी से निकलने वाला लावा ज्वालामुखी के निकट जमा हो जाता है। क्रमशः उद्भेदन और लावा के जमा होते रहने से ऊँचे टीले का निर्माण हो जाता है जिसे ज्वालामुखी पर्वत (Volcano mountain) कहते हैं। ज्वालामुखी पर्वत प्रायः शंक्वाकार (Conical) पर्वत के रूप में मिलते हैं।

ज्वालामुखी से निकलने वाले पदार्थ—ज्वालामुखी क्रिया से निकलने वाले पदार्थ तीन प्रकार के होते हैं :

(1) गैसें तथा जलवाष्प;

(2) ठोस पदार्थ;

(3) तरल पदार्थ अथवा लावा—ज्वालामुखी से निकलने वाले पदार्थों में लावा (भूगर्भ में मैग्मा) का महत्त्वपूर्ण स्थान है।

ज्वालामुखी के प्रकार

ज्वालामुखी कई प्रकार के होते हैं। उद्गार के समय तथा दो उद्गारों के मध्य अवकाश के आधार पर ज्वालामुखी को तीन श्रेणियों में विभाजित किया जाता है :

(*i*) **जाग्रत/सक्रिय ज्वालामुखी** (Active Volcano)—जिन ज्वालामुखियों में लावा, गैस तथा विखण्डित पदार्थ सदैव निकलता रहता है, उन्हें जागृत या सक्रिय ज्वालामुखी कहते हैं। वर्तमान में इनकी संख्या 500 है। इनमें मुख्य है—इटली में **एटना** तथा **स्ट्राम्बोली**। स्ट्राम्बोली ज्वालामुखी भूमध्य सागर में सिसली के उत्तर में **'लिपारी द्वीप'** पर स्थित है। इस ज्वालामुखी को **''भूमध्यसागर का प्रकाश स्तम्भ''** (Light House) कहते हैं।

(*ii*) **प्रसुप्त ज्वालामुखी** (Dormant Volcano)—इस प्रकार के ज्वालामुखी दीर्घकाल तक शान्त रहने के बाद अकस्मात किसी भी समय सक्रिय हो जाते हैं। जब कभी इनमें अनायास विस्फोट होता है तो अपार धन-जन की क्षति होती है। इटली का वियूवियस व क्राकाटाओ इस समय प्रस्तुत ज्वालामुखी हैं। जापान का फ्यूजीयामा भी इसका उदाहरण है।

(*iii*) **शान्त या विलुप्त ज्वालामुखी** (Extinct Volcano)—वे ज्वालामुखी जिनसे उद्भेदन की कोई संभावना नहीं होती है वे विलुप्त ज्वालामुखी कहलाते हैं। इनके छिद्र अथवा नली (Vent) ज्वालामुखी में जमे हुए पदार्थों से भर जाती है। कोह सुल्तान तथा देमवन्द ईरान के प्रमुख शांत ज्वालामुखी हैं। इसी तरह मयांमार का माउण्ट पोपा, अफ्रीका का कीनिया और किलिमंजारो इसी प्रकार के ज्वालामुखी के उदाहरण हैं।

ज्वालामुखी का विश्व वितरण

ज्वालामुखी की परम्परागत वितरण प्रणाली तथा प्लेट विवर्तनिकी के आधार पर अभिनव वितरण प्रणाली को पारस्परिक रूप में विलय करके ज्वालामुखियों की निम्न मेखलाबद्ध वितरण प्रणाली को प्रस्तुत किया जा सकता है।

(1) परिप्रशान्त महासागरीय मेखला (Circum Pacific Belt) अथवा **विनाशात्मक किनारे के ज्वालामुखी**—विश्व के ज्वालामुखियों का लगभग दो-तिहाई भाग प्रशान्त महासागर के दोनों तटीय भागों, द्वीप चापों (Island-arcs) तथा समुद्रीय द्वीपों के सहारे पाया जाता है। ज्वालामुखी की इस शृंखला को **''प्रशांत महासागर का ज्वालावृत्त''** (Fire Girdle of the Pacific Ocean) अथवा (Fire Ring of the Pacific) कहते हैं। यह पेटी अन्टार्कटिका के एरेबस पर्वत से शुरू होकर दक्षिणी अमेरिका के पश्चिमी तट के सहारे विशेषकर एण्डीज पर्वतमाला का अनुसरण करती हुई उत्तरी अमेरिका के रॉकीज पर्वत के ज्वालामुखियों को शामिल करके पश्चिमी तटीय भागों के सहारे अलास्कातक पहुँचती है। विश्व के अधिकतर ऊँचे ज्वालामुखी पर्वत इसी मेखला (Belt) में स्थित हैं। इक्वेडोर के ज्वालामुखी विश्वविख्यात हैं। यहाँ 22 प्रमुख ज्वालामुखी पर्वत समूह पाए जाते हैं। जिनमें से 15 ज्वालामुखियों की ऊँचाई 15,000 फीट से अधिक है तथा कोटोपैक्सी ज्वालामुखी पर्वत, जिसकी ऊँचाई 19,613 फीट है, विश्व का सबसे ऊँचा ज्वालामुखी पर्वत है।

इस मेखला में जापान का विख्यात ज्वालामुखी पर्वत फ्यूजीयामा, फिलीपाइन्स का माउण्ट ताल, माउण्ट मेयान तथा पिनाटुबो, स.रा. अमेरिका का शस्ता, रेनियर तथा हुड, तथा मध्य अमेरिका चिम्बरेजो आदि शामिल किए जाते हैं। इस मुख्य मेखला के अतिरिक्त प्रशान्त महासागर में फैले असंख्य द्वीपों पर अनेक जाग्रत, प्रसुप्त एवं प्रशान्त ज्वालामुखी पाए जाते हैं।

(2) मध्य महाद्वीपीय मेखला (Mid Continental Belt)—यह मेखला यूरेशिया महाद्वीप के मध्यवर्ती भाग में नवीन वलित पर्वतों के सहारे पूर्व से पश्चिम की ओर विस्तृत है। यह पेटी आइसलैंड से आरंभ होकर कनारी द्वीप के निकट इस मेखला की दो शाखाएं हो जाती हैं। एक शाखा पश्चिम की ओर पश्चिमी द्वीप तक जाती है। पूर्वी शाखा स्पेन, इटली, सिसली, तुर्की, काकेशिया, आरमीनिया, ईरान, अफगानिस्तान, पाकिस्तान, भारत का हिमालय पर्वतीय क्षेत्र, म्यामांर और मलेशिया होकर इण्डोनेशिया तक विस्तृत है। इसके अलावा जोर्डन की भ्रंशघाटी, अफ्रीका की भ्रंश घाटी होती हुई दक्षिण अफ्रीका संघ तक चली गयी हैं। यूरोप की राइन भ्रंश घाटी में भी कई विलुप्त ज्वालामुखी पाए जाते हैं।

(3) अन्ध महासागरीय मेखला (Atlantic Belt)—अंध महासागर में केवल मध्य अमरीका की ज्वालामुखी शृंखला लघु एण्टलीज (Lesser Antilles) द्वीपों में प्रवेश कर जाती है। यह शृंखला अन्ध महासागर के पूर्वी भाग में स्थित एजोर्स, केपवर्डे तथा कनारी द्वीपों तक चली गयी है। आइसलैंड में अनेक सक्रिय ज्वालामुखी पाए जाते हैं। अन्ध महासागर की मध्य कटक के सहारे भी कई ज्वालामुखी स्थित हैं।

(4) अन्य बिखरे ज्वालामुखी (Other Scattered Volcanoes)—उपर्युक्त तीन मेखलाओं के अलावा महाद्वीपों, महासागरों, और कई द्वीपों में कुछ ज्वालामुखी पाए जाते हैं (मेडागास्कर, कनारी, मारीशस और रियूनियन द्वीपों में ज्वालामुखी पाए जाते हैं। अर्ण्टाकटिका महाद्वीप पर रास सागर के तटवर्ती भाग में इरिबुस और टेबर ज्वालामुखी हैं।

भूकम्प

भूपटल पर परिवर्तन करने वाली शक्तियों में भूकम्प एक महत्त्वपूर्ण शक्ति (force) मानी जाती है। इसके प्रभाव से क्षण मात्र में प्रभावी क्षेत्र में अनेक परिवर्तन हो जाते हैं। साधारण अर्थ में भूकम्प वह घटना है, जिसके द्वारा भूपटल में हलचल पैदा हो जाती है तथा कम्पन होने लगता है।

भूकम्पों का विश्व वितरण

विश्व के विस्तृत भू-भाग पर भूकम्प आते रहते हैं, विश्व का कोई भी भाग भूकम्प से अछूता नहीं है, यह एक विश्वव्यापी घटना है। लेकिन अधिकतर भूकम्प उन क्षेत्रों में आते हैं जो कमजोर हैं, जहाँ दबाव, सम्पीडन तथा तनाव की स्थिति निरन्तर बनी रहती है।

भूकम्प क्षेत्र प्रायः अनिश्चित होते हैं तथापि भूकम्प क्षेत्रों को कुछ निश्चित निर्दिष्ट पेटियों में विभाजित करते हैं :

(1) प्रशांत महासागरीय तटीय पेटी (Circum Pacific Belt)—प्रंशात महासागर के दोनों तटीय भागों पर असंख्य भूकम्प अंकित किए जाते हैं। विश्व का सबसे बड़ा भूकम्प क्षेत्र है, जहाँ पर समस्त ग्लोब के 63 प्रतिशत भूकम्प आते हैं। यहाँ भूकम्प की तीन प्रमुख दशाएँ उपलब्ध हैं :

(1) सागर तथा स्थल का निलन बिन्दु, (2) नवीन वलित पर्वतों का क्षेत्र तथा (3) ज्वालामुखी क्षेत्र।

प्रशांत महासागर के तटवर्ती भाग के कुछ भाग तो ऐसे है जहाँ भूकम्प बिल्कुल भी नहीं आते हैं जिसमें पनामा जलडमरुमध्य, संयुक्त राज्य अमेरिका के आटोगन तथा वाशिगंटन राज्य, कनाडा का ब्रिटिश कोलम्बिया मुख्य हैं।

(2) मध्य महाद्वीपीय पेटी (Mid Continental Belt)—इस पेटी को भूमध्य सागरीय पेटी भी कहते हैं। इस क्षेत्र में प्रायः सन्तुलन मूलक तथा भ्रंशमूलक भूकम्पों का अंकन किया जाता है। विश्व के लगभग 21 प्रतिशत भूकम्प इस क्षेत्र में आते हैं। इस पेटी में अनेक ज्वालामुखी पाए जाते हैं अतः यह समस्त क्षेत्र कमजोर धरातल का क्षेत्र है। यह पेटी स्थलीय भाग के मध्य से होकर गुजरती है, जिसमें यूरोप महाद्वीप के आल्पस तथा एशिया के हिमालय पर्वत एवं म्यांमार की पहाड़ियों के भूकम्प और भूमध्य सागर के भूकम्प क्षेत्र शामिल किए जाते हैं। इस क्षेत्र में सबसे प्रमुख भूकम्प क्षेत्र इटली, चीन, एशिया माइनर तथा बालकन प्रायद्वीप हैं। भारत का भूकम्प क्षेत्र इसी पेटी में शामिल किया जाता है।

भारत के भूकम्प क्षेत्रों को तीन भागों में विभक्त करते हैं:

(*i*) हिमालय पर्वत के भूकम्प क्षेत्र
(*ii*) गंगा-सतलज का मैदानी क्षेत्र
(*iii*) प्रायद्वीपीय भारत

(3) मध्य अटलांटिक पेटी (Mid Atlantic Belt)—अन्ध महासागर के मध्य भाग में स्थित अन्ध महासागर के सहारे एक कमजोर क्षेत्र है जो आइसलैण्ड और स्पिट्बर्जन से बोवेट द्वीप तक विस्तृत है। इस क्षेत्र के मध्य भाग में विषुवतरेखा के समीप के क्षेत्र में सर्वाधिक भूकम्प आते हैं।

(4) अन्य क्षेत्र (Other Regions)—अफ्रीका महाद्वीप के पूर्वी भाग में उत्तर से दक्षिण दिशा में एक भ्रंश घाटी (Rift Valley) है जो इस महाद्वीप का सबसे कमजोर भाग है जहाँ भ्रंशमूलक भूकम्प आते हैं। 13 दिसम्बर, 1982 को उत्तरी यमन में आया भूकम्प तथा हिन्द महासागर के क्षेत्र में आने वाले भूकम्प इसी क्षेत्र में आते हैं।

मैदान

किसी आकृति विहीन लगभग सपाट धरातल को मैदान कहा जाता है। मैदान कई प्रकार के होते हैं। अत: इन्हें कई वर्गों में विभक्त किया जा सकता है। उत्पत्ति के आधार पर इन्हें तटीय मैदान, बाढ़ के मैदान, डेल्टा मैदान, कार्स्ट मैदान, हिम अपरदित मैदान, जलोढ़ मैदान, समप्राय मैदान, लावा मैदान तथा झीलकृत मैदान आदि वर्गों में बाँटा जा सकता है। मैदान अति कम **स्थानीय उच्चावच** के क्षेत्र होते हैं तथा इनका ढाल अति मंद होता है। किसी क्षेत्र में सबसे ऊँचे तथा सबसे नीचे स्थानों के बीच ऊँचाई के अंतर को स्थानीय उच्चावच कहते हैं।

अपक्षय और अपरदन के कारण बने मैदानों को **समप्राय मैदान** कहा जाता है! इन मैदानों को आकृतिविहीन मैदान भी कहा जा सकता है। समप्राय मैदानों की उत्पत्ति के समय नदियाँ अपने अपवाह क्षेत्र के ऊबड़-खाबड़पन को अपरदन के द्वारा समाप्त करके इन क्षेत्रों को मैदानों में परिवर्तित कर देती हैं। किंतु इस प्रकार निर्मित मैदानों में कहीं-कहीं पर पुराने ऊँचे भागों के अवशेष भी दृष्टिगत होते हैं जिन्हें **मोनेडनॉक** कहा जाता है। बाढ़ के मैदान, डेल्टा मैदान और जलोढ़ मैदानों का निर्माण नदियों द्वारा लाए गए पदार्थों के निक्षेपण से होता है। गंगा यमुना दोआब बाढ़ के मैदानों के तथा सुंदरवन क्षेत्र डेल्टा मैदानों के प्रमुख उदाहरण हैं। महाद्वीपीय ढालों के वह भाग जो कि सागर तल से ऊपर उठ गए हैं अथवा सागर तट के पास के क्षेत्र जहाँ लम्बे समय से निक्षेपण होता रहा है तटीय मैदान कहलाते हैं। उदाहरण के लिए भारत का पूर्वी तटीय मैदान। झीलों के भरने से निर्मित मैदानों को **झीलकृत मैदान** कहा जाता है। हिमानियों द्वारा अपरदित पदार्थों के निक्षेपण से बने मैदानों को **हिमानीकृत मैदान** कहा जाता है। इस प्रकार के मैदान उच्च अक्षांशों में पाए जाते हैं। चूना प्रधान चट्टानों के क्षेत्र में अपरदन तथा निक्षेपण के फलस्वरूप लंबे अंतराल के पश्चात् बनने वाले मैदानों को **कार्स्ट मैदान** कहा जाता है।

मैदानों को अपरदनात्मक मैदान और निक्षेपात्मक मैदान के रूप में भी विभक्त किया जा सकता है। पैनीप्लेन अथवा समप्राय मैदानों को **अपरदनात्मक मैदान**, तथा बाढ़ के मैदानों तथा डेल्टाई मैदानों को **निक्षेपात्मक मैदान** की संज्ञा दी जा सकती है।

पठार

वह भूखण्ड जो आस-पास की भूमि से एकाएक उभरे होते हैं तथा जिनके ऊपरी भाग लगभग समतल होते हैं, उन्हें पठार कहा जाता है। सामान्यत: पठार पर्वतों से कम ऊँचे होते हैं परन्तु कुछ पठार पर्वतों से भी ऊँचे होते हैं जैसे कि तिब्बत का पठार। यद्यपि कुछ पठार समुद्र तल से काफी ऊँचे होते हैं, इन क्षेत्रों का स्थानीय उच्चावच अपेक्षाकृत कम होता है।

पठारों को मुख्यत: अंतरापर्वतीय पठार, गिरिपद पठार तथा महाद्वीपीय पठारों के रूप में विभक्त किया जा सकता है। वह पठार जो पर्वतों के मध्य स्थित होते हैं उन्हें **अंतरापर्वतीय पठार** कहा जाता है। तिब्बत का पठार एक अंतरापर्वतीय पठार है। इस प्रकार के पठारों की उत्पत्ति संबंधित पर्वतों के साथ हुई होती है। वह पठार जिनके एक ओर पर्वत तथा दूसरी ओर सागर अथवा मैदान स्थित होते हैं तथा जिनकी उत्पत्ति निकटवर्ती पर्वतों के निर्माण के समय ही हुई होती है उन्हें **गिरिपद पठार** कहा जाता है। ये पठार पर्वतों के आधार पर स्थित होते हैं। दक्षिणी अमेरिका में पैटागोनिया का पठार गिरिपद पठारों का उत्तम उदाहरण है। **महाद्वीपीय पठार** सागर तटों तथा मैदानों के समीप तथा पर्वतों से दूर स्थित होते हैं। यह अपेक्षाकृत नीचे क्षेत्र से एकाएक उभरे हुए होते हैं तथा किसी पर्वत निर्माणकारी प्रक्रिया से संबंधित नहीं होते हैं। अरब और ग्रीनलैंड के पठार इनके प्रमुख उदाहरण हैं। प्रायद्वीपीय भारत के पठार को भी एक महाद्वीपीय पठार कहा जा सकता है। वास्तव में यह एक अपरदित पठार है।

पर्वत

पर्वत भूखण्ड के वे भाग हैं जो आस-पास के क्षेत्र से ऊँचे होते हैं तथा जिनका अधिकांश क्षेत्रफल तीव्र ढालों के अंतर्गत होता है। साधारणतया पर्वतों की ऊँचाई 600 मी. या उससे अधिक होती है। पर्वतों का निर्माण सामान्यतया कई शृंखलाओं से मिलकर होता है। एक ऐसे ऊँचे क्षेत्र को जिसमें कोई शृंखलाएँ नहीं होतीं, पहाड़ी कहते हैं, भले ही उसकी ऊँचाई 600 मी. से अधिक हो। भारत में नीलगिरि को पहाड़ियाँ कहा जाता है यद्यपि ये अरावली से अपेक्षाकृत ऊँची हैं जिसे एक पर्वत कहा जाता है।

निर्माण की प्रक्रिया के आधार पर पर्वतों का वर्गीकरण मोड़दार अथवा वलित पर्वत, ब्लॉक पर्वत, ज्वालामुखी पर्वत तथा अवशिष्ट अथवा घर्षित पर्वतों के रूप में किया जा सकता है। **वलित पर्वतों** का निर्माण चट्टानों में पृथ्वी की आंतरिक शक्तियों के प्रभाव से मोड़ या वलन पड़ जाने से होता है। इस प्रक्रिया को **वलन** कहा जाता है। वलन प्रक्रिया के दौरान संपीडन से प्रभावित होने पर चट्टानें ऊपर या नीचे की ओर वलित हो जाती हैं। चट्टानों के इस प्रकार मुड़कर ऊपर की ओर उठे हुए भागों को **अपनति** तथा मुड़कर नीचे धंसे भागों को **अभिनति** कहा जाता है। अत: वलित पर्वतों में ऊँची शृंखलाओं को बड़ी अपनतियों तथा घाटियों को बड़ी अभिनतियों के रूप में माना जा सकता है। संसार के कुछ सबसे ऊँचे पर्वत, जैसे–हिमालय, रॉकी, एंडीज तथा आल्प्स, वलित पर्वतों के उदाहरण हैं।

कभी-कभी भूपर्पटी पर तनाव के कारण दरारें पड़ जाती हैं जिन्हें **भ्रंश** कहा जाता है। इस प्रकार चट्टानों के टूटने की क्रिया को **भ्रंशन** कहा जाता है। भ्रंश के कारण धरातल का कुछ भाग ऊपर उठ जाता है तथा कुछ भाग नीचे धँस जाता है। इस प्रकार दरारों के समीप ऊँचे उठे भागों को **ब्लॉक पर्वत** कहा जाता है। इन पर्वतों के किनारे के ढाल अति खड़े होते है। संयुक्त राज्य अमेरिका में बेसिन रेंज इस प्रकार के पर्वतों का उदाहरण हैं। ब्लॉक पर्वतों के क्षेत्रों में अथवा अन्यत्र भ्रंश के कारण नीचे धँसे भागों को **भ्रंश घाटियाँ** कहा जाता है। लाल सागर, मृत सागर तथा नर्मदा घाटी इनके उदाहरण हैं।

ज्वालामुखी के उद्गार से उत्सर्जित लावा के निक्षेपण के फलस्वरूप जिन पर्वतों का निर्माण होता है उन्हें **ज्वालामुखी पर्वत** कहा जाता है। ज्वालामुखी पर्वतों को **निक्षेपण से बने पर्वत** भी कहा जा सकता है। फ्यूजीयामा और हवाई द्वीप इस प्रकार के पर्वतों के प्रमुख उदाहरण हैं।

अपरदन द्वारा ऊँचे स्थल खंडों के अपरदित होने से उनके कुछ कठोर भाग बचे रह जाते हैं जबकि कोमल चट्टानें, शीघ्र अपरदित हो जाती हैं। इस प्रकार कठोर चट्टानों के क्षेत्रों के कुछ अवशिष्ट अधिक ऊँचे रह जाते हैं और पर्वतों के समान नजर आते हैं। इन्हें **अवशिष्ट पर्वत** कहा जाता है। स्कॉटलैंड की उच्च भूमि इसका महत्त्वपूर्ण उदाहरण है। कुछ अवशिष्ट पर्वत पुराने पर्वतों के अवशेष भी होते हैं। ऐसे अवशिष्ट पर्वतों को **घर्षित**

पर्वत भी कहा जाता है। उत्तरी अमेरिका में अप्लेशियन तथा भारत में अरावली को घर्षित पर्वत कहा जा सकता है। दीर्घ अवधि तक अपरदन के फलस्वरूप इनकी ऊँचाई काफी कम हो गई है।

नदी अपरदन

अपरदन की क्रिया में भाग लेने वाले कारकों को अपरदन के कारक (Agents of Erosion) कहा जाता है। नदी का अपरदन कार्य नदी जल के वेग, जल का आयतन, नदी तल की बनावट तथा नदी जल में जलोढ़कों की मात्रा द्वारा प्रभावित होता है। जब नदी अन्तिम अवस्था में होती है, तो समस्त अवसाद निक्षेपण करती है जिससे अनेक भू-आकृतियाँ बनती हैं।

नदी के कार्य

भूमि पर प्रवाहित जल मुख्यत: तीन प्रकार का कार्य करता है—(1) अपरदन, (2) परिवहन और (3) निक्षेप। नदी के इन तीनों कार्यों के स्थान पर विशाल परिवर्तन उपस्थित होता है। नदी के इन तीनों कार्यों के द्वारा स्थल पर विभिन्न आकृतियों का निर्माण भी होता है—

नदी का अपरदन कार्य

नदी के प्रवाहित जल में अपरिमित शक्ति होती है। इसी के कारण वह शिलाखण्डों को परिवहित करता है। शिलाखण्डों की इस ढुलाई से नदी का तल और किनारे कटते हैं जिससे नदी की घाटी गहरी और चौड़ी होती है। साथ ही शिलाखण्ड भी पारस्परिक घर्षण से घिसकर चूर्ण हो जाते हैं। इस तरह प्रवाहित जल से बराबर स्थल का तट कटता रहता है। यह नदी का अपरदन कार्य है।

नदियों द्वारा अपरदन दो प्रकार से होता है—(1) रासायनिक अपरदन और (2) भौतिक अपरदन। रासायनिक अपरदन में जल नदी तल की घुलनशील चट्टानों को घुलाकर बहा ले जाता है और भौतिक अपरदन में प्रवाहित जल नदी के किनारों और तल की चट्टानों को काटता है। किनारों के कटने से नदी चौड़ी और तट के कटने से गहरी होती है।

अपरदन की विधियाँ—नदी का अपरदन कार्य निम्न चार विधियों से होता है—

(1) संक्षारण क्रिया (Corrosion)—जल में पदार्थ को घुलाने की बड़ी शक्ति है। अत: प्रवाहित जल प्रतिवर्ष बड़ी भारी मात्रा में अपने मार्ग की चट्टानों को घुलाकर समुद्र में ले जाता है।

(2) जलीय दाब की क्रिया (Hydraulic Action)—बहते हुए जल में दबाव होता है। जब कभी नदी जोड़ वाली चट्टानों में होकर गुजरती है तो जल की रगड़ और दबाव के कारण जोड़ों से चट्टानों के बड़े-बड़े टुकड़े उखड़कर धारा के साथ बह जाते हैं।

(3) अपघर्षण (Corrasion or Abrasion)—बहते हुए जल में कठोर चट्टानी रोड़े भूमि को काटने में यंत्र का काम करते हैं। तेज धार वाले रोड़े कोमल शैलों को खुरचकर काट देते हैं तथा कठोर शैलों को घिसकर चिकना कर देते हैं।

(4) सन्निघर्षण (Attrition)—एक यांत्रिक अपरदन का रूप है। इसमें नदी द्वारा प्रवाहित चट्टानी रोड़े एवं गोलाश्म घाटी की कठोर शैलों के पारस्परिक रगड़ द्वारा घिसते रहते हैं। इस क्रिया से धीरे-धीरे चट्टानें टूट-फूट बजरी और अन्त में बालू का रूप ले लेती हैं।

अपरदन के आधार—किसी भी नदी द्वारा किया गया अपरदन निम्नलिखित बातों पर निर्भर करता है—

(1) नदी के जल का वेग
(2) नदी के जल का आयतन
(3) नदी तल की बनावट
(4) नदी जल में जलोढ़क की मात्रा

अपरदन द्वारा उत्पन्न स्थलरूप—उपर्युक्त विवरण से स्पष्ट है कि नदी की इस अपरदन क्रिया से घाटी की रचना होती है। अपरदन की क्रिया से घाटी में अनेक नवीन भू-आकार उत्पन्न हो जाते हैं, जिनमें से प्रमुख भू-आकार निम्न हैं—

(1) 'V' आकार की घाटी—सबसे पहले नदी अपनी तली काटकर उसे गहरा करती है, जिस कारण नदी घाटी की गहराई सदैव बढ़ती जाती है तथा घाटी का आकार अंग्रेजी भाषा के 'V' अक्षर के समान हो जाता है। इसके अन्तर्गत दीवारों का ढाल तीव्र तथा उत्तल होता है। नदी घाटी अत्यन्त तंग एवं संकरी होती है। इन घाटियों का निरन्तर विकास होता है, जिससे गहराई तथा आकार दोनों में वृद्धि होती है, लेकिन गहरा होने का कार्य सर्वाधिक होता है। आकार के अनुसार V आकार की घाटियों को दो वर्गों में विभाजित किया जा सकता है—गार्ज तथा कैनियन।

(i) **गार्ज (Gorge)**—सामान्यत: नदी की गहरी एवं संकरी घाटियों को गार्ज अथवा कन्दरा कहा जाता है। ऐसी नदी-घाटियों के पार्श्व अत्यन्त ढालू होते हैं। इन ढालों के ऊपरी भाग ऋतु अपक्षय के द्वारा कटते रहते हैं, किन्तु निचले भाग ऋतु अपक्षय के प्रभाव से मुक्त रहते हैं। इसलिए ये घाटियाँ ऊपर से अपेक्षतया चौड़ी होती हैं। कभी-कभी गार्ज की दीवारें एकदम खड़ी होती हैं। जब कभी नदी घाटी को चौड़ा करने की अपेक्षा गहरा करने का कार्य अधिक तीव्रता से करती है तभी ऐसी संकीर्ण घाटियाँ बनती हैं। सामान्यत: गार्ज की रचना कठोर चट्टानी भागों में होती है। भारत में नर्मदा, चम्बल, कृष्णा, सतलज, सिन्धु आदि नदियाँ अनेक स्थानों पर गार्ज बनाती हैं। भारत का सबसे ऊँचा भाखड़ा बांध सतलज नदी के भाखड़ा गार्ज पर ही बनाया गया है।

(ii) **कैनियन (Canyon)**—गार्ज के विस्तृत रूप को ही कैनियन या संकीर्ण नदी कंदरा कहते हैं। यह आकार में विशाल लेकिन अपेक्षाकृत अधिक संकरा होता है। घाटी के दोनों किनारे की दीवारें खड़े ढाल वाली होती हैं तथा नदी तल से ऊँची होती हैं। जब कठोर एवं संगठित चट्टानों से होकर नदी अपनी घाटी को अत्यधिक गहरा करके खड़े ढाल वाली बनाती है तथा जब अपक्षय एवं सामूहिक स्थानान्तरण से ये खड़ी ढालें प्रभावित नहीं होती हैं तो दीवारों का ढाल सीधा तथा तीक्ष्ण ही बना रहता है तथा **'कैनियन'** का निर्माण होता है। जब चट्टानों की कठोरता कहीं कम और कहीं ज्यादा होती है तो कैनियन की दीवारें बिल्कुल लम्ब रूप में न होकर उबड़-खाबड़ ढाल वाली होती हैं। कैनियन की गहराई तथा दीवारों के खड़े ढाल का अनुमान इसी बात से हो जाता है कि ऊपर से देखने पर इस घाटी में बहने वाली नदी एक पतली सफेद रेखा के समान दृष्टिगत होती है।

(2) जलप्रपात तथा क्षिप्रिका (Waterfalls and Rapids)—जब किसी स्थान पर नदियों का जल ऊँचाई से खड़े ढाल अर्थात् क्लिक के ऊपरी भाग में अत्यधिक वेग से नीचे की ओर गिरता है तो उसे 'जलप्रपात' कहते हैं। इस प्रकार की स्थिति उस समय आती है, जबकि नदी के मार्ग में कठोर

तथा मुलायम चट्टानों की परतें या तो क्षैतिज अवस्था में मिलती हैं या लम्बवत्। नदी जल मुलायम चट्टानों को तो काट देता है, लेकिन कठोर चट्टानों को नहीं काट पाता है। फलस्वरूप जल उसके ऊपरी भाग से नीचे की तरफ गिरने लगता है। प्रपात तथा क्षिप्रिका में अन्तर सामान्य होता है। वास्तव में नदी के जिस भाग में जल का प्रवाह साधारण वेग से अधिक होता है (अर्थात् जब जल ऊँचे ढाल से गिरने लगता है) तो उसे **प्रपाती** या **क्षिप्रिका** कहते हैं। प्रपात की ऊँचाई अधिक होती है तथा ढाल खड़ा होता है। **क्षिप्रिका** की ऊँचाई प्रपात की अपेक्षा कम तथा ढाल सामान्य होता है।

(3) नदी विसर्प (River Meanders)—ये स्थलाकृतियाँ अपरदन तथा निक्षेप की सम्मिलित क्रिया से उत्पन्न होती है। यूनानी भाषा में माइऑन्ड्रोस (Mainandras) शब्द का अर्थ घुमावदार है। प्रौढ़ावस्था में नदी मैदान में बहती हुई क्षैतिज अपरदन अधिक करती है जिससे घाटी चौड़ी होती जाती है। नदी मार्ग में कहीं ऊँचे भाग, कहीं कठोर चट्टानें आ जाती हैं। अत: नदी मुड़कर बहती है। नदी मार्ग में अनेक प्रकार के मोड़ पड़ जाते हैं जिन्हें नदी विसर्प कहा जाता है। एशिया माइनर को **मियाण्डर** या **विसर्प** कहा जाता है। नदी के विसर्प के प्रत्येक मोड़ में दो प्रकार के किनारे होते हैं—अवतल ढाल और उत्तल ढाल वाले। अवतल ढाल वाले किनारे पर नदी धारा टकराती है और इस किनारे पर क्लिफ या कूट का निर्माण होता है। उत्तल ढाल वाले किनारे पर जमाव का कार्य होता है। इसका ढाल मंद होता है इसे स्कंध ढाल कहते हैं। सर्प आकार में कभी वृत्ताकार, कभी अर्द्ध वृत्ताकार होता है। एक विसर्प की लम्बाई सामान्यतया नदी की चौड़ाई से 15 से 18 गुना अधिक होती है।

नदी के निक्षेपात्मक कार्य

यदि नदी का अपरदन कार्य विनाशात्मक होता है तो निक्षेप का कार्य रचनात्मक होता है। अपरदन के समय नदियाँ स्थलखण्ड को काटकर, घिसकर या चिकना बनाकर विभिन्न स्थलरूपों का निर्माण करती है। इसके विपरीत निक्षेपात्मक कार्य में तरह-तरह के मलवे को विभिन्न रूपों में जमा करके विचित्र स्थलरूपों की रचना होती है। भू-आकृति विज्ञान में अपरदन से उत्पन्न स्थलरूपों को अधिक महत्त्व प्रदान किया जाता है, क्योंकि ये स्थल की सामान्य सतह से ऊँचे होते हैं तथा आसानी से दृष्टिगत होते हैं। इसका अर्थ यह नहीं है कि निक्षेपात्मक कार्य नगण्य होता है। निक्षेपात्मक स्थलरूप भी मानव के लिए अत्यधिक आर्थिक महत्त्व वाले होते हैं।

नदी के निक्षेप द्वारा विभिन्न प्रकार के स्थलरूपों की रचना होती है, जिन्हें **रचनात्मक स्वरूप** की संज्ञा प्रदान की गई है। प्रमुख निक्षेपात्मक स्थलरूप निम्नलिखित हैं।

(1) जलोढ़ पंख तथा जलोढ़ शंकु (Alluvial Fans and Alluvial Cones)—जलोढ़ पंख सरिता द्वारा रचनात्मक स्थलरूपों में महत्त्वपूर्ण होता है तथा नदी की तरुणावस्था के अन्तिम तथा प्रौढ़ावस्था के प्रथम चरण का परिचायक होता है। जलोढ़ शंकु अथवा पंख एक प्रकार का स्थलीय डेल्टा है। जब कोई नदी पर्वतीय भाग को छोड़ मैदान में उतरती है तो उसके ढाल में यकायक परिवर्तन आता है। ढाल द्वारा परिवर्तन से नदी का प्रवाह धीमा हो जाता है। फलस्वरूप नदी अपने साथ बहाकर लाए हुए अधिकांश जलोढ़कों को वहीं निक्षेपित कर देती है। नदी तल में इन जलोढ़कों का निक्षेपण तब तक होता रहता है जब तक कि नदी का ढाल इतना तीव्र न हो जाए कि उसके साथ बहाकर लाए गए जलोढ़क सरलता से आगे परिवहित किए जा सकें। नदी तल में जलोढ़कों के इस प्रकार निक्षेपण से उसका प्रवाह अवरुद्ध हो जाता है और नदी डेल्टा की भांति अनेक धाराओं में विभक्त हो जाती है। इससे जलोढ़क एक शंकु अथवा पंख के रूप में फैल जाते हैं। सामान्यत: मोटे अथवा खुरदरे जलोढ़क पंख के सिरे एक ओर महीन अथवा चिकने जलोढ़क पंख के सबसे दूर वाले भाग में निक्षेपित होते हैं। इस प्रकार पर्वतीय ढालों के नीचे नदियों द्वारा निक्षेपित जलोढ़ राशि को हो जलोढ़ शंकु अथवा जलोढ़ पंख कहा जाता है। जलोढ़ शंकु, पंख की अपेक्षा अधिक प्रपाती ढाल वाला होता है। सामान्यत: युवावस्था की सभी नदियां जब पर्वतीय भाग को छोड़ती हैं तो पर्वतीय ढालों के आधार पर पंख की रचना करती हैं। भारत में हरिद्वार के निकट ऐसा ही जलोढ़ पंख देखा जा सकता है।

(2) तटबंध (Levees)—नदी के दोनों किनारों पर मिट्टियों के जमाव द्वारा बने लम्बे-लम्बे बन्धों को, जो कम ऊँचाई वाले कटक (Low Ridges) के समान होते हैं, तटबंध कहलाते हैं। चूँकि ये बंध प्रकृति द्वारा बनाये जाते हैं तथा इनसे बाढ़ के समय सुरक्षा होती है, अत: इन तटबन्धों को **प्राकृतिक तटबन्ध** (Natural levees) कहते हैं।

(3) नदी डेल्टा (Delta)—नदी द्वारा निर्मित रचनात्मक स्थलरूपों में डेल्टा का सर्वाधिक महत्त्व है। प्रत्येक नदी जब सागर या झील में गिरती (मिलती) है तो उसके प्रवाह में अवरोध एवं वेग में काफी कमी के कारण नदी के मलवे का निक्षेप होने लगता है, जिससे एक विशेष प्रकार की स्थलाकृति का निर्माण होता है। इस स्थलरूप को **डेल्टा** (Delta) कहा जाता है।

❑ ❑ ❑

अध्याय-3

वायुमंडल

हमारी पृथ्वी अपने चारों ओर वायुमण्डल के आवरण से घिरी हुई है, इस वायुमण्डल का मानव जाति तथा पृथ्वी के अन्य जीवों के लिए निर्णायक महत्त्व है। इसमें सम्मिलित गैसें मनुष्य व अन्य जीवों को जीवित रखने में सहायक होती हैं। भूतल की वितरित समस्त वनस्पति के जीवन एवं इसके आधार भी वायुमण्डल ही है। पृथ्वी के धरातल पर सूर्य ताप, जिसके अभाव में जीवन असंभव है, इसी वायुमण्डल से होकर धरातल पर पहुँचता है।

वायुमण्डल की संरचना

हजारों किमी. की ऊँचाई तक विस्तृत वायुमण्डल का निम्न भाग ही मनुष्य के लिए युगों से महत्त्वपूर्ण रहा है। किन्तु बीसवीं शताब्दी के पूर्वार्द्ध से ही वायुयान या रेडियो युग का आरंभ हुआ तथा इसके लिए वायुमण्डल के ऊपरी भाग की जानकारी अनिवार्य होती है। विभिन्न प्रकार के मौसम सूचक यंत्रों, गुब्बारों और राकेटों, वायुयान की उड़ानों, ध्वनि तथा रेडियो तरंगों, कृत्रिम उपग्रहों, अंतरिक्ष यानों तथा विभिन्न प्रकार के आकाशीय पिण्डों के निरीक्षण व अध्ययन से इस कार्य में बड़ी सहायता मिली।

अन्तर्राष्ट्रीय भू-भौतिक वर्ष (1957-62) के अन्तर्गत भी वायुयान के संबंध में महत्त्वपूर्ण शोधकार्य किए गए तथा अनेक तथ्य प्रकाश में आए। वायुमण्डल के रहस्योद्घाटन जैसे कठिन कार्य में महत्त्वपूर्ण योगदान देने वाले विद्वानों में तिसरां द बोर, सर नैपियर शॉ, पिकार्डी, फ्रैडले, केनेली, हेवीसाइड तथा फैरेल आदि मुख्य हैं।

अब तक प्राप्त ज्ञान के आधार पर अंतरिक्ष वैज्ञानिकों ने वायुमण्डल को अनेक समानान्तर परतों या स्तरों में विभाजित किया है। इन परतों के आधार पर वायुमण्डल के विभाजन के संबंध में सामान्य विचारधारा तथा नवीन विचारधारा की संक्षिप्त व्याख्या प्रस्तुत की जा रही है :

वायुमण्डल की संरचना संबंधी सामान्य विचारधारा—इस विचारधारा वाले विद्वानों ने वायुमण्डल को पांच प्रमुख परतों में विभक्त किया है। इस विभाजन का आधार वायुमण्डल में तापमान का ऊर्ध्वाधर विवरण है। वायुमण्डल की पाँच प्रमुख परतें निम्नलिखित हैं :

1. क्षोभमण्डल (Troposphere), **2.** समतापमण्डल (Stratosphere), **3.** ओजोन मंडल (Ozonosphere), **4.** आयनमण्डल (Ionosphere), **5.** बहिर्मण्डल (Exosphere)

वायुमण्डल की उपर्युक्त परतों के मध्य ऐसी संक्रमण पेटियाँ पाई जाती हैं जिन्हें सीमा स्तर कहते हैं। क्षोभमण्डल तथा समताप मण्डल के मध्य एक अत्यन्त छिछली परत पाई जाती है जिसे **क्षोभमण्डल सीमा** (Tropopause) कहा जाता है। इसी तरह समताप मण्डल तथा ओजोन मण्डल के मध्य स्थित संक्रमण स्तर को **स्ट्रेटोपाज** (Stratopause) कहते हैं। कुछ वैज्ञानिकों ने स्ट्रेटोपाज तथा बर्हिमण्डल के बीच स्थित परतों को **मेसोस्फीयर** (Mesosphere) तथा इसकी ऊपरी सीमा को **मेसोपाज** (Mesopause) संज्ञा प्रदान की है। इसी प्रकार वायुमण्ड के उस भाग को, जो मेसोपाज के ऊपर स्थित है, कुछ वैज्ञानिकों ने **थर्मोस्फीयर** (Thermosphere) कहा है।

1. क्षोभमण्डल (Troposphere)

यह वायुमण्डल की सबसे निचली और सघन परत है जिसमें वायुमण्डल के सम्पूर्ण भार का 75 प्रतिशत पाया जाता है। '**ट्रोपोस्फीयर**' शब्द **तिसरां द बोर** नामक अंतरिक्ष वैज्ञानिक की देन है। "**ट्रोपोस्फीयर**" का अर्थ है—"**मिश्रण प्रदेश**" (Region of Mixing) धरातल से इस परत की औसत ऊँचाई लगभग 14 किमी. मानी जाती है। यह परत भूमध्यरेखा से ध्रुवी की तरफ पतली होती जाती है। भूमध्य रेखा पर इसकी ऊँचाई 18 किमी. तथा ध्रुवों पर 8-10 किमी. होती है। जलवायु विज्ञान की दृष्टि से इस परत का विशेष महत्त्व है क्योंकि सभी मौसमी घटनाएँ, इसी के भीतर होती हैं। ऊँचाई में वृद्धि के साथ तापमान में गिरावट इस स्तर की सबसे बड़ी विशेषता है। इसमें ताप ह्रास दर 6.5° सेल्सियस प्रति किमी होती है तथा इसे **सामान्य ताप ह्रास दर** (Normal Lapse Rate) कहते हैं।

उपर्युक्त सामान्य नियम के अलावा कभी-कभी धरातल के समीप विशेष रूप से शीत ऋतु में **तापमान व्युत्क्रमणता** (Inversion of temperature) पाई जाती है, किन्तु इसका प्रभाव नगण्य होता है। यह एक अपवाद मात्र है। बादल तथा तूफान आदि की उत्पत्ति इसी परत में होती है। वायुमण्डल के इस निचले स्तर को **संवहनी मण्डल** (Convective Region) भी कहते हैं।

क्षोभमण्डल व समताप के संक्रमण स्तर को **क्षोभमण्डल सीमा** अथवा **ट्रोपोपाज** कहा जाता है। इसकी ऊँचाई भूमध्य रेखा पर 17-18 किमी. तथा ध्रुवों पर 7-10 किमी. होती है। मध्य अक्षांशों में कभी-कभी "**जैट स्ट्रीन**" के कारण इस स्तर की ऊँचाई में अन्तर पड़ जाता है। यह एक संकरी तथा

असमान मोटाई वाली परत है जो कि सभी प्रकार के मेघों तथा तूफानों की बाह्य सीमा बनाती है। सभी तरह की संवहन धाराओं का यहाँ अन्त हो जाता है।

2. समताप मण्डल (Stratosphere)

वायुमण्डल के इस स्तर का प्रारंभ **ट्रोपोपाज** से होता है। धरातल से इस मण्डल की औसत ऊँचाई लगभग 30 किमी. मानी जाती है। इस मण्डल की खोज व नामकरण का श्रेय भी **तिसरां द बोर** को है। **स्ट्रेटोस्फीयर** का अर्थ होता है। "**स्तरण मण्डल**" (Region of Stratification)। इस मण्डल के निचले भाग के साथ तापमान का नीचे गिरना समाप्त हो जाता है। समताप मण्डल के निचले भाग में विभिन्न ऊँचाइयों पर समान तापमान पाया जाता है। इसी विशेषता के फलस्वरूप इसे समताप मण्डल कहते हैं। यह मण्ड्ल जलवाष्प व धूलकणों से रहित होता है, अत: इस मण्डल में मेघ नहीं बनते हैं।

ग्रीष्म ऋतु में समताप मण्डलीय तापमान में अक्षांशों के साथ वृद्धि ध्रुवों तक बनी रहती है। इस मण्डल की ऊँचाई ध्रुवों पर सर्वाधिक होती है तथा कभी-कभी भूमध्य रेखा पर इस मण्डल की मोटाई बिल्कुल समाप्त हो जाती है।

धरातल से लगभग 30 किमी. की ऊँचाई तक **समताप मण्डल सीमा** अथवा **स्ट्रेटोपॉज** की संक्रमण पेटी स्थित है जिसके ऊपर से तापमान ऊँचाई के साथ तीव्र गति से ऊपर उठता है।

3. ओजोन मण्डल (Ozonosphere)

स्ट्रेटोपाज के ऊपर धरातल से 30 किमी. से 60 किमी. के वायुमण्डल में ऐसा मण्डल पाया जाता है जिसमें ओजोन गैस की अधिकता पाई जाती है। इसी कारण इस परत का नाम **ओजोन मण्डल** पड़ा। दूसरी गैसों की तुलना में ओजोन गैस सौर विकिरण के अधिक भाग को अवशोषित करती है। इस मंडल की सर्वप्रथम विशेषता यह है कि सूर्य से आने वाली हानिकारक पराबैंगनी किरणों का अधिकांश भाग यह अवशोषित कर लेती हैं। वस्तुत: यह मण्डल पराबैंगनी किरणों के छानने का कार्य करता है। इसलिए इस स्तर का तापमान सदैव उच्च बना रहता है। वैज्ञानिकों के मतानुसार यदि ओजोन परत नहीं होती तो अत्यधिक प्रचण्ड एवं प्रखर पराबैंगनी किरण धरातल पर पहुँचकर उसे झुलसा देती तथा भीषण गर्मी के कारण पृथ्वी पर रहना कठिन हो जाता। इस मण्डल में तापमान ऊँचाई के साथ 5° सेल्सियस प्रति किमी. की दर से ऊपर उठता है। इस स्तर का अधिकतम तापमान धरातल के समीप के तापमान से अधिक होता है। मेसोस्फीयर की बाह्य भाग को **मेसोपाज** कहा जाता है।

4. आयन मण्डल (Ionosphere)

आयन मण्डल ओजोन मण्डल के ऊपर स्थित है। धरातल से लगभग 60 किमी. की ऊँचाई पर यह मण्डल प्रारंभ होता है। इस मण्डल की ऊपरी सीमा कुछ वैज्ञानिक 500 किमी. तथा कुछ हजारों किमी. की ऊँचाई पर मानते हैं। वायुमण्डल के इस मण्डल के बारे में निरन्तर जानकारी उपलब्ध हो रही है। इस मण्डल की सबसे पहले जानकारी रेडियो तरंगों के द्वारा प्राप्त हुई। इसके बाद में ध्रुवीय ज्योति, ध्वनि तरंगों तथा राकेटों आदि के द्वारा इसके संबंध में और अधिक जानकारी प्राप्त की गई। वायुमण्डल में 1000 किमी. की ऊँचाई तक आयनन का प्रभाव दिखाई पड़ता है।

5. बहिर्मण्डल (Exosphere)

वायुमण्डल की सबसे ऊपरी मण्डल/परत का विशेष अध्ययन **Lyman Spitzer** ने किया है। इसकी ऊँचाई 500 से 1000 किमी. तक मानी जाती है। इतनी अधिक ऊँचाई पर वायुमण्डल निहारिका के रूप में हो जाता है। इस मण्डल की वायु में हाइड्रोजन तथा हीलियम गैसों की प्रधानता रहती है। वायुमण्डल की बाह्य सीमा पर तापमान लगभग 5568° सेल्सियस तक पहुँच जाता है, लेकिन यह तापमान धरातलीय तापमान से सर्वथा भिन्न होता है।

वायुमण्डलीय तापमान

तापमान के समस्त औसत विवेचन (मासिक, वार्षिक या ऋतुवत् औसत तापमान) दैनिक तापमान तथा उसके औसत पर आधारित होते हैं। दिन में पृथ्वी सौर्यिक विकिरण द्वारा ऊर्जा प्राप्त करती है, जिसका ऊष्मा में रूपान्तरण होता रहता है। दोपहर (ठीक दिन के 12 बजे) के समय पृथ्वी सर्वाधिक सौर्यिक ऊर्जा प्राप्त करती है लेकिन उस समय पृथ्वी का तापमान अधिकतम नहीं हो पाता है, क्योंकि ऊर्जा के ऊष्मा में रूपान्तरित होने के लिए कुछ समय लगता है। सौर्यिक विकिरण से प्राप्त ऊष्मा पृथ्वी द्वारा नष्ट ऊष्मा से निरन्तर बढ़ती जाती है, जिसके फलस्वरूप 6 बजे प्रात: से दोपहर 2 से 4 बजे तक तापमान का वक्र निरन्तर ऊपर की तरफ बढ़ता जाता है और अधिकतम तापमान दिन में 2 से 4 बजे के मध्य प्राप्त होता है। इसे ही दिन का **अधिकतम तापमान** (Maximum Temperature) कहते हैं। लगभग 3 बजे दिन से प्रात:काल के मध्य पृथ्वी द्वारा विकिरण से नष्ट ऊर्जा सौर्यिक ऊर्जा से अधिक हो जाती है जिसके फलस्वरूप तापमान का वक्र गिरने लगता है। लेकिन न्यूनतम तापमान रात्रि 12 बजे न होकर प्रात:काल 4 से 5 बजे के मध्य होता है। इसे दिन का **न्यूनतम तापमान** (Minimum Temperature) कहते हैं। इस तरह सूर्याताप के अधिकतम तथा न्यूनतम एवं दिन के तापमान के अधिकतम तथा न्यूनतम बिदुओं के मध्य सामंजस्य नहीं हो पाता है। इसे **तापमान की शिथिलता** (Lag of temperature) कहते हैं। दिन के अधिकतम तथा न्यूनतम तापमानों के औसत को **औसत दैनिक तापमान** (Mean Daily Temperature) कहते हैं। इसी तरह एक महीने के प्रतिदिन के उच्चतम तथा न्यूनतम तापमानों का औसत निकालने पर औसत मासिक उच्चतम तथा न्यूनतम तापमान ज्ञात किए जाते हैं। वर्ष के 12 महीनों के उच्चतम तथा न्यूनतम तापमानों के औसत निकालने पर औसत वार्षिक उच्चतम तथा न्यूतनम तापमान ज्ञात किए जाते हैं।

उच्चतम तथा न्यूनतम तापमान के अन्तर को **'तापान्तर'** कहा जाता है। दिन के उच्चतम तथा न्यूनतम तापमान का अन्तर **दैनिक तापान्तर** महीने के उच्चतम तथा न्यूनतम ताप के अन्तर को **मासिक तापान्तर** तथा वर्ष के अधिकतम और न्यूनतम ताप के अन्तर को **वार्षिक तापान्तर** कहते हैं।

तापमान का वितरण

धरातल पर तापमान वितरण अत्यधिक महत्त्वपूर्ण होता है, क्योंकि पृथ्वी पर विभिन्न प्रकार के जलवायु प्रदेशों, वनस्पति प्रदेशों, जीव-जन्तुओं तथा मानव आदि का अस्तित्व मूलरूप से तापमान के वितरण पर आधारित होता है। धरातल पर तापीय वितरण का कई रूपों—**कालिक वितरण** (Tempored distribution), **क्षैतिज वितरण** (Horizontal distribution), ऊर्ध्वाधर (Vertical distribution), प्रदेशीय वितरण (Regional distribution) आदि का अध्ययन किया जाता है।

तापमान का ऊर्ध्वात्तर (लम्बवत्) वितरण—जिस प्रकार भूमध्य रेखा से ध्रुवों की तरफ तापमान कम होता जाता है ठीक उसी प्रकार धरातल से ऊपर के वायुमण्डल में तापमान ह्रास पाया जाता है। अक्षांश व ऊँचाई

दोनों ही तापमान को प्रभावित करते हैं। हिमालय, आल्पस, रॉकीज, एण्डीज आदि उच्च पर्वतीय शृंखलाओं की अनेक चोटियाँ हमेशा ही बर्फाच्छादित रहती हैं। तापमान पर ऊँचाई का अक्षांश की अपेक्षा अधिक प्रभाव पड़ता है। स्पष्ट है कि धरातल से ऊँचाई में वृद्धि के साथ वायु के तापमान में निश्चित दर से ह्रास होता है। गत् दशकों में पतंगों, गुब्बारों, वायुयानों, आदि के द्वारा मौसम सूचक यंत्रों की सहायता से ऊपरी वायुयान में किए गए परीक्षणों से भी इस तथ्य की पुष्टि हुई है कि ऊँचाई में वृद्धि के साथ तापमान नीचे गिरता है। तापमान के इस ह्रास का मौसम की विभिन्न प्रक्रियाओं का निर्धाण करने में विशेष महत्त्व होता है।

वायुमण्डल में वायु के तापमान में नीचे की ओर होने वाली कमी से यह सिद्ध होता है कि वायुमण्डलीय ऊष्मा का प्रत्यक्ष स्रोत सूर्य नहीं बल्कि पृथ्वी का तल है। लेकिन वायु के निम्न स्तरों के अपेक्षाकृत अधिक गर्म होने का कारण धरातल से उसकी समीपता ही नहीं, बल्कि अन्य कारण भी हैं। वस्तुत: धरातल के समीप की वायु में धूलकण, जलवाष्प तथा जल कण की मात्रा ऊपरी वायु की अपेक्षा अधिक होती है। इसके अलावा निचली परतों की वायु अधिक सघन भी होती है। इसके विपरीत, वायु की ऊपरी परतों में धूल कण तथा जल वाष्प आदि की कमी होती है और वह अधिक विरल, शुष्क और स्वच्छ होती है। अत: ऊपरी परतों की वायु में नमी और कार्बन-डाइ-ऑक्साइड की कम मात्रा के कारण पार्थिव विकिरण (Terrestrial radiation) से प्राप्त ऊष्मा के अवशोषण की क्षमता धरातल के समीप ही अधिक सघन वायु की अपेक्षा कम होती है। वायुमण्डल की ऊपरी परतों की पारदर्शता के फलस्वरूप ही सूर्य की किरणों की अधिकता के बावजूद वायु का तापमान नीचा रहता है। पर्वतीय ढालों पर दिन में चट्टानों और वायु के तापमान में पर्याप्त अंतर पाया जाता है। इसी तरह ऊँचे पठारों पर धूप और छाया में अंकित किए गए तापमान में पर्याप्त अन्तर पाया जाता है।

ऊँचाई में वृद्धि के साथ वायु के तापमान में गिरावट एक निश्चित ऊँचाई तक ही जारी रहती है, इसके बाद तापमान का ह्रास अचानक रुक जाता है। वायुमण्डल की सबसे निचली परत जिसमें तापमान ऊपर की तरफ घटता जाता है, क्षोभमण्डल (Troposphere) कहा जाता है। इसके ऊपर वायुमण्डल का वह भाग स्थित है जिसमें तापमान सभी जगह समान पाया जाता है अथवा ऊँचाई के साथ उसमें कुछ वृद्धि होती है। इस भाग को समताप मण्डल कहते हैं। उपर्युक्त दोनों मण्डलों (क्षोभ मण्डल व समताप मण्डल) के बीच की पतली परत (संक्रमण परत) को **क्षोभ मण्डल सीमा** कहते हैं। इस स्तर में तापमान ह्रास पर शून्य हो जाती है।

वायुमण्डल में धरातल से ऊपर की तरफ तापमान में ह्रास की दर को **तापमान की ऊर्ध्वाधर प्रवणता** (vertical temperature gradient) कहते हैं। विभिन्न स्थानों पर विभिन्न ऋतुओं तथा विभिन्न समयों में किए गए परीक्षणों के आधार पर प्राप्त ताप ह्रास दर के औसत को **सामान्य ताप ह्रास दर** (Normal Lapse Rate) कहते हैं। औसत रूप से तापमान प्रति एक हजार फुट की ऊँचाई पर 3.6° फा. (प्रति हजार मीटर पर 6.5° से.) की दर से कम हो जाता है। ऊँचाई के साथ तापमान के घटने के कई कारण बताये जा सकते हैं :

1. वायुमण्डल का निचला भाग पृथ्वी के संपर्क में होने से शीघ्र ऊष्मा प्राप्त कर लेता है तथा स्वयं गर्म हो लेने के बाद ही संवहन तरंगों से ऊष्मा ऊपर की तरफ स्थानान्तरित करता है। इस प्रकार वायुमण्डल की प्रत्येक ऊपर की परत अपनी निचली परत की अपेक्षा देर में तथा कम मात्रा में ऊष्मा प्राप्त करती है।
2. वायुमण्डल के निचले भाग में ऊपर स्थित वायु परतों के कारण भार अधिक होता है तथा हवा फैलकर विरल हो जाती है।
3. पार्थिव विकिरण का अवशोषण करने वाले धूलकण, जलवाष्प तथा गैसों का सान्द्रण निचले भाग में अधिक होता है तथा ऊँचाई के साथ कम हो जाता है। फलस्वरूप निचले भाग में पार्थिव ऊर्जा का अवशोषण अधिक होने से तापमान अधिक होता है। ऊँचाई के साथ पार्थिव ऊर्जा के घटते अवशोषण के कारण तापमान घटने लगता है।

कभी-कभी ऊँचाई के साथ कुछ दूरी तक तापमान बढ़ने लगता है, अर्थात् ऊपर तापमान अधिक तथा नीचे कम होता है। इसे **तापमान का प्रतिलोमन** (Inversion of Temperature) कहते हैं।

तापमान के लम्बवत् वितरण (Vertical distribution) में निम्नलिखित विशेषताएँ प्रकट होती हैं :

1. सभी अक्षांशों में सभी ऊँचाइयों पर क्षोभमण्डल में सामान्य ताप ह्रास दर (Normal Lapse Rate) लगभग समान होती है।
2. क्षोभ मण्डल की बाह्य सीमा अर्थात् टोपोपाज पर औसत ताप ह्रास दर अचानक शून्य हो जाती है। इस प्रकार ट्रोपोपॉज पर ताप ह्रास दर में अचानक परिवर्तन हो जाता है।
3. समताप मण्डल के निचले भाग में सभी ऊँचाइयों पर तापमान समान होता है और उसमें किसी प्रकार का परिवर्तन नहीं होता।
4. समताप मण्डल में विषुवत रेखा से ध्रुवों की ओर तापमान प्रत्येक स्तर पर बढ़ता जाता है। इसका मूल कारण विषुवत रेखा की अपेक्षा ध्रुवों पर उसकी ऊँचाई का कम होना है।

वायुमण्डल में ऊर्ध्वाधर तापमान के वितरण की सही जानकारी से धरातल और वायुमण्डल के बीच विकिरण की प्रक्रिया से होने वाली ऊष्मा संचरण (Heat transfer) को समझने में सहायता मिलती है। अत: मौसम की विभिन्न प्रक्रियाओं के वैज्ञानिक विश्लेषण के लिए आवश्यक हो जाता है कि कम-से-कम क्षोभमण्डल में जलवाष्प और तापमान के लम्बवत् वितरण का विस्तृत ज्ञान प्राप्त करना आवश्यक है।

तापमान की विलोमता

वायुमण्डल के निचले भाग में धरातल से 8 से 18 किमी. ऊपर तक ऊँचाई में वृद्धि के साथ तापमान क्रमश: कम होता जाता है। तापमान की सामान्य ह्रास दर 6.5° सेल्सियस प्रति 1000 मीटर मानी जाती है। लेकिन प्राय: यह देखा जाता है कि ताप ह्रास के सामान्य नियम के विपरीत वायुमण्डल की कुछ परतों में ऊँचाई में वृद्धि के साथ ही तापमान में भी वृद्धि होती है। इस प्रकार तापमान की ऊर्ध्वाधर प्रवणता (Vertical temperature gradient) उल्टी (Inverted) हो जाती है। ऐसी विपरीत तापीय दशा में वायु की ठण्डी परतें नीचे तथा उष्ण परतें ऊपर हो जाती हैं। ऐसी प्रतिलोमन दशा को **तापमान की विलोमता/प्रतिलोम/व्युत्क्रमणता** (Inversion of temperature) की संज्ञा दी जाती है।

ट्रिवार्था के अनुसार : "ऐसी दशा को जिसमें शीतल वायु धरातल के समीप तथा उष्ण वायु उससे ऊपर हो जाती है, तापमान की विलोमता/प्रतिलोमन/व्युत्क्रमणता कहते हैं। वायुमण्डल में तापमान की ऐसी विलोमता धरातल के समीप अथवा उससे कुछ ऊँचाई पर भी उत्पन्न हो जाती है।"

तापमान की विलोमता की दशा धरातल के समीप भी हो सकती है। अधिक ऊँचाई पर होने वाले प्रतिलोमन/विलोमता अधिक स्थायी होता है

क्योंकि पार्थिव विकिरण द्वारा ऊपरी गर्म परत को ठण्डा करने में अधिक समय लगता है, जबकि धरातल के समीप होने वाला प्रतिलोमन/विलोमता अल्पकालिक होती है, क्योंकि विकिरण द्वारा धरातल के समीप ठण्डी परत का लोप जल्दी हो जाता है। तापीय प्रतिलोमन/विलोमता के कारण ऊपर गर्म तथा हल्की वायु तथा नीचे ठण्डी तथा भारी वायु के कारण वायुमण्डल में स्थिरता आ जाती है, लेकिन यह स्थिरता सौर्यिक तथा पार्थिव कारण द्वारा विलीन हो जाती है। तापीय प्रतिलोमन/विलोमता ध्रुवीय प्रदेशों, मध्य अक्षांशों के हिमाच्छादित भागों तथा घाटियों में अधिक होता है। गर्म व ठण्डी जलधाराओं के संगम स्थल पर यह दशा उपस्थिति हो जाती है।

तापमान की विलोमता की आवश्यक दशाएँ

तापमान की विलोमता/प्रतिलोमता प्रत्येक स्थान पर संभव नहीं है। इसके लिए निम्नलिखित भौगोलिक परिस्थितियाँ सहयोग प्रदान करती हैं :

(i) **ठण्डी वायु राशि का आगमन :** वायुमण्डल में जब ठण्डी वायु राशि किसी गर्मवायु राशि को ऊपर उठा देती है तो तापीय विलोमता की स्थिति पैदा हो जाती है।

(ii) **शुष्क वायु :** सामान्यत: विकरित ऊष्मा को वायुमण्डलीय जलवाष्प सोख लेती है। लेकिन शुष्क व ठण्डी वायु जब विकिरित ऊष्मा को शोषित नहीं कर पाती, तो पृथ्वी को जल्दी ही ठण्डे वातावरण में आना पड़ता है।

(iii) **लम्बी रातें :** रातें जितनी अधिक लम्बी होती हैं, उतना ही रात को भौमिक विकिरण अधिक होता है जो कि तापीय प्रतिलोमन/विलोमता में सहायक सिद्ध होता है। इस प्रकार के उदाहरण ध्रुवों पर शीत कटिबंध में मिलते हैं।

(iv) **आकाश में स्वच्छंदता का होना :** प्राय: मरुस्थलों तथा पहाड़ी भागों पर आकाश बादलों से युक्त रहता है। अत: वहाँ धरातलीय विकिरण सीधा वायुमण्डल में मिल जाता है एवं नीचे का धरातल ठण्डा हो जाता है। इससे तापीय प्रतिलोमता/विलोमता की स्थिति पैदा हो जाती है।

(v) **ढालू घाटियाँ :** पहाड़ी भागों में ऊँचे-नीचे स्थानों पर जहाँ तापीय विलोमता/प्रतिलोमता की दशाएँ पायी जाती हैं, वहाँ अधिक ढाल वाली घाटियों में ठण्डी हवाएँ तेजी से नीचे खिसक जाती हैं जिससे तापीय विलोमता अधिक देर तक बनी रहती है।

(vi) **बर्फ से आच्छादित प्रदेश :** पहाड़ी उच्च प्रदेशों तथा ध्रुवीय भागों में जहाँ बर्फ जमी रहती है वहाँ पर सौर्य विकिरण ऊष्मा का 90 प्रतिशत तक परावर्तित हो जाता है। इस कारण धरातल से विकिरण कम मात्रा में होता है, बर्फ के प्रभाव से सम्पूर्ण संलग्न वायु की परतें एकदम ठण्डी हो जाती हैं। ताप विलोमता/प्रतिलोमता की यह एक आदर्श दशा मानी जाती है।

वायुमण्डलीय दाब

वायु एक भौतिक वस्तु है जो कि विभिन्नि गैसों का यांत्रिक मिश्रण होती है, न कि रासायनिक यौगिक। उसका स्वयं का भार (Weight) होता है। इस कारण धरातल पर वायु अपने भार द्वारा दबाव डालती है। धरातल पर या सागर तल पर क्षेत्रफल प्रति इकाई (यथा एक वर्ग इंच या एक वर्ग गज आदि) पर ऊपर स्थित वायुमण्डल की समस्त परतों पर पड़ने वाले भार को ही **'वायुदाब'** कहा जाता है। सागर तल पर वायुदाब सर्वाधिक होता है, जहाँ पर एक वर्ग इंच क्षेत्र पर 14.7 पौंड (1 किग्रा. प्रति वर्ग सेमी.) वायुदाब पाया जाता है। वायुदाब के मापन के लिए इंच, सेमी., मिलीबार (Mb) का प्रयोग किया जाता है। वास्तव में वायुदाब नापने के लिए नली में **पारे** (Mercury) की ऊँचाई नापते हैं। सागर तल पर वायुदाब 1013-25 Mb होता है। सागर तल पर समान वायुदाब वाले क्षेत्रों को मिलाने वाली रेखा **समदाब रेखा** (Isobar) कहते हैं। वायुदाब का अंकन साधारण वायुदाब मापी, फोर्टिन बैरोमीटर तथा निद्रव वायुदाब मापी (Aneroid Barometer) द्वारा किया जाता है। ऊँचाई के साथ वायुदाब में प्रति 600 फीट पर 1" या 3.4 Mb की दर से वायुदाब घटने लगता है लेकिन यह दर कुछ हजार फीट की ऊँचाई तक ही संभव हो जाता है। इसके आगे वायु हल्के तथा विरल होने के कारण वायुदाब तीव्रता से कम होने लगता है। सामान्य रूप से 1800 फीट की ऊँचाई तक वायुमण्डल का आधा दाब स्थित होता है। अत्यधिक ऊँचाई पर आक्सीजन की कमी तथा वायुदाब की कमी के कारण मानव के नाक-कान से खून आने लगता है तथा घुटन बढ़ने लगती है। ऊँचे पर्वतों पर चढ़ते समय इसका स्पष्ट आभास होता है। वायुदाब तथा तापमान में विपरीत संबंध होता है, अर्थात् तापमान के अधिक होने पर वायुदाब कम तथा कम होने पर अधिक होता है, इसी से कहा है कि जब थर्मामीटर ऊँचा हो तो बैरोमीटर नीचा तथा थर्मामीटर नीचा तो बैरोमीटर ऊँचा होता है।

वायुदाब की पेटियाँ

ग्लोब पर वायुदाब के वितरण का अध्ययन **समदाब रेखाओं** की सहायता से किया जाता है। यदि वायुदाब के स्थूल वितरण पर नजर डालें तो इन्हें दो प्रकारों में विभक्त किया जा सकता है :

1. उच्च वायुदाब तथा उससे प्रदर्शित क्षेत्र प्रतिचक्रवात ('उच्च' (High))।
2. निम्न वायुदाब तथा उससे प्रदर्शित क्षेत्र चक्रवात ('निम्न' (Low))।

यदि समस्त ग्लोब की जानकारी लें तो स्पष्ट होता है कि उच्च दाब तथा निम्न दाब का कुछ निश्चित प्रणाली में सुस्पष्ट वितरण है।

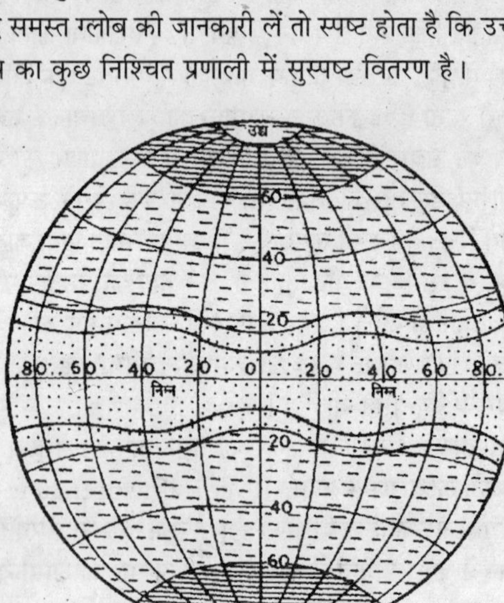

चित्र : *तापीय कारणों से उत्पन्न वायु दाब पेटियाँ*

ग्लोब पर वायुदाब की कुल सात पेटियाँ (मेखलाएँ) होती हैं। उत्पत्ति की प्रक्रिया के आधार पर वायुदाब की पेटियों को दो वृहद् समूहों में विभाजित किया जाता है।

1. ताप जन्य वायुदाब पेटी (Thermal Pressure Belt) जिसमें भूमध्यरेखीय न्यून वायुदाब तथा ध्रुवीय उच्च वायुदाब को शामिल किया जाता है।

2. गति जन्य वायुदाब (Dynamically Induced Pressure Belt) जिसमें उपोष्ण उच्च वायुदाब तथा उपध्रुवीय कम वायुदाब को शामिल किया जाता है।

पृथ्वी के गोले पर वायुदाब की सात पेटियों में चार उच्च वायुदाब और तीन न्यून वायुदाब की पेटियाँ हैं :

1. भूमध्यरेखीय निम्न वायुदाब की पेटी (Equatorial Low Pressure Belt) : यह पेटी भूमध्य रेखा के समीप दोनों तरफ 5° अक्षांशों तक मिलता है, लेकिन यह स्थिति स्थायी नहीं होती है। सूर्य के ऋतुवत् उत्तरायण तथा दक्षिणायन होने के कारण इस पेटी में खिसकाव व स्थानान्तरण होता रहता है। भूमध्य रेखा पर वर्ष भर सूर्य की किरणें लम्बवत् पड़ती हैं तथा वर्ष भर दिन-रात बराबर होते हैं, जिसके फलस्वरूप अत्यधिक तापमान के कारण हवाएँ गर्म होकर फैलती हैं तथा ऊपर उठती हैं। इस कारण यहाँ सदैव निम्न दाब बना रहता है। स्पष्ट है कि कम दाब की पेटी का तापमान से प्रत्यक्ष संबंध है, इसी कारण इसे **तापजन्य** (Thermally induced) **न्यून वायुदाब** कहते हैं। इस क्षेत्र में धरातल पर हवाओं में गति कम होने के कारण शांत वातावरण रहता है। इसी कारण से इस पेटी को **डोलड्रम** (Doldrum— शांत क्षेत्र—A Region of Calm) कहा जाता है।

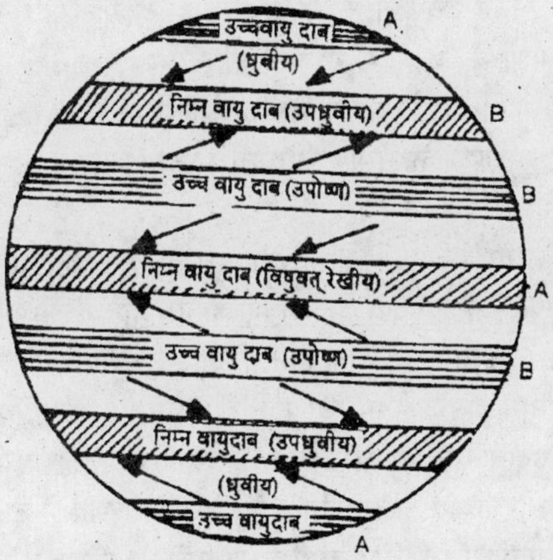

चित्र : *ग्रहीय वायुदाब पेटियाँ A—ताप रचित, B—गति रचित*

2. उपोष्ण उच्च वायुदाब की पेटियाँ (Tropical High Pressure Belts) : दोनों गोलार्द्धों में 30°-45° अक्षांशों के मध्य उच्च तापमान पाया जाता है। ज्ञातव्य है कि यहाँ शीतकाल के दो महीनों के अतिरिक्त वर्ष भर उच्च तापमान पाया जाता है। गर्मियों में तो ग्लोब का उच्चतम तापमान यहीं पर अंकित किया जाता है जिस पर भी यहाँ उच्च वायुदाब होता है जबकि वास्तव में निम्न वायुदाब होना चाहिए। स्पष्ट है कि इस पेटी का उच्च दाब तापमान से संबंधित न होकर पृथ्वी की दैनिक गति तथा वायु के अवतलन से संबंधित है। भूमध्य रेखा से उठी वायु तथा उपध्रुवीय निम्न वायु दाब की वायु इन अक्षांशों में नीचे उतर कर बैठती है, जिस कारण इनका आयतन कम होने के कारण वायुदाब अधिक हो जाता है। इस तरह यह उच्च वायुदाब **गतिजन्य** (Dynamically induced) होता है। इस पेटी को **अश्व अक्षांश** (Horse Latitude) भी कहा जाता है। क्योंकि प्राचीन काल में घोड़े से भरा पाल वाला जलयान जब इस पेटी में पहुँचा तो वायु की शांति के कारण जलयान आगे बढ़ना कठिन हो गया था अत: जलयान को हल्का करने के लिए कुछ घोड़ों को समुद्र में फेंकना पड़ा।

3. उपोष्ण निम्न वायु दाब की पेटी (Polar Low Pressure Belts) : इस पेटी का विस्तार दोनों गोलार्द्धों में 60°-65° अक्षांशों के मध्य पाया जाता है। वर्ष भर कम तापमान के कारण यहाँ निम्न वायुदाब पाया जाता है। स्पष्ट है कि इस कम वायुदाब का तापमान से कोई संबंध नहीं है। वास्तव में पृथ्वी की घूर्णन गति (Rotation) के कारण इन अक्षांशों से वायु फैलकर स्थानान्तरित हो जाती है, जिस कारण गतिजन्य कम वायुदाब का आर्विभाव होता है।

4. ध्रुवीय उच्च वायुदाब पेटी (Polar High Belts) : ध्रुवों पर तथा उसके समीपवर्ती क्षेत्र में अत्यन्त शीत के कारण वायुदाब स्वभावत: उच्च पाया जाता है। अत: यह उच्च वायुदाब **तापजन्य** होता है।

उत्तरी तथा दक्षिणी गोलार्द्धों में जल और स्थल भागों के विस्तार में अंतर पाए जाने के कारण दक्षिणी गोलार्द्ध में जल और स्थल की एकसमान अवस्था पाए जाने के कारण अण्टार्कटिका महाद्वीप के ऊपर उच्च वायुदाब पाया जाता है और उसके चारों तरफ उपध्रुवीय न्यून वायुदाब की अवस्थाएँ पाई जाती हैं लेकिन उत्तरी गोलार्द्ध में वायुदाब की ऐसी सरल अवस्था दृष्टिगोचर नहीं होती है। उत्तरी ध्रुव के समीप उत्तरी ध्रुव सागर है जो वर्ष के अधिकांश समय हिम से ढका रहता है। उत्तरी ध्रुव के समीप यूरेशिया और उत्तरी अमरीका के महाद्वीप में फैले हुए हैं जहाँ ऋतुओं के साथ वायुदाब और तापमान में बड़ा भारी अंतर पाया जाता है। वायुदाब और तापमान में यह परिवर्तन महाद्वीपों के भीतरी भागों को प्रभावित करते हैं। शीत ऋतु में ध्रुवों की अपेक्षा उत्तरी यूरेशिया और उत्तरी अमरीका पर अधिक सघन उच्च वायुदाब पाया जाता है। हिम से ढका हुआ ग्रीनलैण्ड द्वीप आर्कटिक प्रदेश में उच्च वायुदाब का स्थायी केन्द्र है। उत्तरी अन्ध महासागर से आइसलैण्ड और उत्तरी प्रशांत महासागर में अल्युशियन द्वीप समूह के स्थाई न्यून वायुदाब केन्द्र उपध्रुवीय न्यून वायुदाब पेटी के अभिन्न भाग हैं।

हवाओं का वर्गीकरण

धरातल पर वायुदाब की भिन्नता के कारण हवाओं का आविर्भाव होता है। लेकिन धरातल पर चलने वाली ये हवाएँ सर्वत्र एकसमान नहीं होती हैं। समय, स्थान और प्रकृति में ये हवाएँ अलग होती हैं। जिस दिशा में हवाएँ प्राय: वर्ष भर चला करती हैं उन्हें प्रचलित पवन, स्थायी पवन, निश्चित पवन या ग्रहीय पवन कहते हैं। इसके विपरीत जिन हवाओं की दिशा में मौसमी परिवर्तन होते हैं उन्हें मौसमी या मानसूनी हवा कहते हैं। किसी स्थान विशेष में चलने वाली विशिष्ट हवाओं को **स्थानीय पवन** कहते हैं। पर्वत से घाटी या घाटी से पर्वत की ओर चलने वाली पवन को **पर्वत और घाटी समीर** कहते हैं। स्थल से जल तथा जल से स्थल की ओर चलने वाली हवा को **स्थलीय या जलीय समीर** के नाम से जाना जाता है। अत: धरातल पर चलने वाली हवाओं को निम्नलिखित दो वृहत भागों में विभक्त किया गया है :

I. सनातनी या स्थायी पवन (Permanent of Planetary Winds)

II. अनिश्चित या अस्थायी पवन (Temporary or Indefinite Winds)

I. सनातनी या स्थायी ग्रहीय पवनें (Permanent or Planetary Winds)—जो पवनें धरातल पर वर्ष भर एक निश्चित दिशा में और एक निश्चित क्रम में चला करती हैं उन्हें **स्थायी पवनों** के नाम से जाना जाता है। इन पवनों को **प्रचलित पवन, निश्चित पवन,** अथवा **ग्रहीय पवन** आदि के नाम से भी जाना जाता है। पृथ्वी पर कुछ उच्च दाब से निम्न दाब की तरफ हवाएँ चलने लगती हैं। वायुदाब की स्थायी पेटियों से संबंधित ये हवाएँ वर्ष भर प्राय: एक ही दिशा में चला करती हैं। इसी कारण इन्हें स्थायी अथवा सनातनी हवाएँ कहा जाता है। चूँकि इन हवाओं की उत्पत्ति समस्त पृथ्वी के

तापमान और उसके घूर्णन से उत्पन्न उच्च तथा निम्न दाब से संबंधित है तथा इनका वितरण सम्पूर्ण ग्लोब (पृथ्वी) पर होता है, इसलिए इन्हें **ग्रहीय हवाएँ** भी कहते हैं। इनमें व्यापारिक हवाएँ, पछुआ हवाएँ तथा ध्रुवीय हवाएँ आदि प्रमुख हैं।

1. अयनवृतीय प्रदेशों की हवाएँ (Wind in the Tropics): अयनवृत्तीय प्रदेशों में सामान्य रूप से 30° उत्तर से 30° दक्षिण अक्षांश वाले भाग को शामिल किया जाता है। शुरू में यह माना जाता था कि इस भाग में उपोष्ण उच्च वायुदाब से भूमध्य रेखीय निम्न वायुदाब की तरफ व्यापारिक हवाएँ चला करती हैं जिनकी दिशा उत्तरी गोलार्द्ध में उत्तर पूर्व तथा दक्षिणी गोलार्द्ध में दक्षिण पूर्व होती है। भूमध्य रेखा के समीप ये हवाएँ अभिसरित होती हैं। समस्त अयनवर्तीय भाग में मौसम संबंधी हवाएँ समान होती हैं तथा भूमध्य रेखा के समीप **डोलड्रम** या **शांत पेटी** होती है जहाँ पर शांत हवाएँ होती हैं। अयनवर्तीय प्रदेशों की हवाओं के विषय में इस विचार को प्राचीन संकल्पना कहते हैं। अयनवर्तीय प्रदेशों की मौसम संबंधी दशाओं में चक्रवातों, हरीकेन, सागरीय तरंगों द्वारा तूफानों आदि का हस्तक्षेप होने से समरूपता नहीं हो पाती है। साधारण तौर पर अयनवृतीय प्रदेशों में निम्न हवाओं को रखा जाता है :

(i) **डोलड्रम की पेटी तथा विषुवतरेखीय पछुवा (Doldrum and Equatorial Westerly) :** भूमध्य रेखा के दोनों तरफ 5° अक्षांशों तक निम्न वायुदाब की पेटी पायी जाती है। यहाँ पर हवाएँ प्राय: शांत होती हैं अत: इसे **शांत पेटी** या **डोलड्रम** कहते हैं। ज्ञातव्य तथ्य है कि डोलड्रम का विस्तार प्रत्येक स्थान पर क्रमबद्ध मेखला के रूप में नहीं होता है। मौसम के अनुसार इसकी स्थिति तथा विस्तार में परिवर्तन होता रहता है। सूर्य के उत्तरायण के समय यह उत्तर की तरफ खिसक जाती है जबकि दक्षिणायन के समय ये अपनी पूर्ण स्थिति में आ जाती है। **फ्लोन** के अनुसार डोलड्रम का विस्तार 20° देशान्तरों तक पाया जाता है।

इस डोलड्रम की पेटी में दिन में संवहन धाराएँ उठती हैं तथा दोपहर के बाद गरज के साथ वर्षा होती है। सामान्य रूप से धरातल पर डोलड्रम में प. से पू. दिशा में हवाएँ चलती हैं, जिन्हें **फ्लोन महोदय** ने विषुवतरेखीय पछुआ हवाएँ नाम दिया है।

(ii) **व्यापारिक हवाएँ (Trade Winds) :** अयनवृतीय उच्च वायुदाब से भूमध्यरेखीय निम्न वायु दाब की ओर हवाएँ प्राय: निश्चित रूप से चलती हैं। उत्तरी गोलार्द्ध में इनकी दिशा उ.पू. से द.प. तथा दक्षिणी गोलार्द्ध में द.पू. से उ.प. होती है। नियमित दिशा के कारण प्राचीनकाल में व्यापारियों को पालयुक्त जलयानों के संचालन में पर्याप्त सुविधा मिलने के कारण इनका नामकरण **'व्यापारिक पवन'** किया गया था। ये हवाएँ फेरल के नियम के अनुसार चलती हैं। व्यापारिक हवाओं के विभिन्न भागों में पर्याप्त अंतर होता है।

2. अश्व अक्षांश तथा पछुआ हवाएँ (Horse Latitude and Westerlies) :

(i) **अश्व अक्षांश (Horse Latitude) :** 30°-35° अक्षांशों के बीच दोनों गोलार्द्धों में उपोष्ण उच्च वायु दाब की स्थिति पाई जाती है इस तरह यह पेटी दो विपरीत धरातलीय हवाओं (व्यापारिक तथा पछुआ) के मध्य विभाजन का कार्य करती है। भूमध्य रेखा पर ऊपर उठी हवा व्यापारिक हवाओं की विपरीत दिशा में प्रवाहित होकर 30°-35° अक्षांशों के पास नीचे उतरती है, जिस कारण उसका दाब बढ़ जाता है। इस कारण यहाँ पर प्रतिचक्रवातीय दशाएँ स्थापित हो जाती हैं, जिससे वायुमण्डल में स्थिरता आ जाती है। इस तरह यहाँ पर पवन-संचार बहुत की कम हो पाता है और जो कुछ हवा चलती है, वह भी प्राय: हर दिशा में चलती है। इस शांत तथा अनिश्चित पवन वाले भाग में आने पर प्राचीन काल में घोड़े से लदे जलयानों के संचालन में पर्याप्त कठिनाई होती थी। परिणामत: व्यापारी जलयान को हल्का करने के लिए कुछ अश्वों को सागर में फेंक देते थे। इस कारण इन्हें **अश्व अक्षांश** (Horse Latituds) कहा जाने लगा।

(ii) **पछुआ पवन (Westerlies) :** उपोष्ण उच्च वायुदाब (30°-35°) से उपध्रुवीय निम्न वायुदाब (60°-65°) के मध्य दोनों गोलार्द्धों में चलने वाली स्थायी पवन को **'पछुआ हवा'** कहते हैं। इनकी दिशा उत्तरी गोलार्द्ध में द.प. से उ.प. तथा दक्षिणी गोलार्द्ध में उ.प. से द.पू. की तरफ होती है। इन हवाओं की ध्रुवीय सीमा में परिवर्तन होता रहता है। जहाँ ये गर्म तथा आर्द्र पछुआ हवाएँ ध्रुवों से आने वाली ठण्डी हवाओं से मिलती हैं, वहाँ पर **वाताग्र** (Front) बन जाते हैं, जिन्हें **शीतोष्ण वाताग्र** कहते हैं। व्यावहारिक हवाओं की पछुआ हवाएँ अधिक प्रचण्ड होती हैं। इनकी प्रचण्डता के फलस्वरूप ही द. गोलार्द्ध में इन्हें 40°-50° अक्षांशों के मध्य में **गरजती चालीसा** (Roaring Forties), 50° दक्षिणी अक्षांश के समीप **भयंकर चालीसा** (Furious Forties) तथा 60° अक्षांशों के समीप **चीखती साठा** (Shricking Sixties) आदि नामों से पुकारते हैं।

3. ध्रुवीय हवाएँ (Polar Winds) : 60°-65° अक्षांशों के मध्य दोनों गोलार्द्धों में गतिक न्यून वायुदाब मिलता है, जो कि गर्मियों में अधिक रहता है तथा जाड़ों में सुप्त प्राय: हो जाता है। लेकिन अल्यूशियन निम्न दाब तथा आइसलैण्डिक न्यून दाब वर्ष भर बने रहते हैं। ध्रुवों पर अत्यधिक शीत के कारण उच्च वायुदाब वर्ष भर बना रहता है, जहाँ से शीतोष्ण कटिबंधीय निम्न दाब की ओर हवाएँ चलने लगती हैं। उत्तरी गोलार्द्ध में इनकी दिशा उ.पू. तथा दक्षिणी गोलार्द्ध में द.पू. होती है। गर्मियों में वायुदाब की पेटियों के खिसकाव के कारण इनका क्षेत्र संकुचित हो जाता है, लेकिन शीतकाल में इनका क्षेत्र विस्तृत होकर 60° तक आ जाता है।

स्थानीय पवन

धरातल पर स्थायी पवनों के अलावा ऐसी भी पवनें पाई जाती हैं जिनकी उत्पत्ति केवल स्थानीय कारणों के फलस्वरूप होती है तथा जिनके प्रभाव क्षेत्र सीमित होते हैं। ऐसी पवनों को स्थानीय पवन (Local Wind) कहा जाता है।

1. फॉन/फोहन (Foehn/Fohn) : उन पर्वतीय क्षेत्रों में जहाँ चक्रवातीय तूफान चला करते हैं, **फॉन** (Foehn) नामक गर्म और शुष्क स्थानीय पवनें पायी जाती हैं। इनकी उत्पत्ति पर्वतों के वायु विमुख ढाल की तरफ वायु के अवतलन के कारण होती है। यद्यपि चक्रवातों से प्रभावित सभी पर्वतीय भागों में ऐसी हवाएँ चला करती हैं, लेकिन आल्पस पर्वत के उत्तर में स्थित देश स्विट्जरलैण्ड की घाटियों में इस प्रकार की स्थानीय पवनें विशेष रूप से प्रवाहित होती हैं। इन स्थानीय पवनों को आस्ट्रिया तथा जर्मनी में फॉन कहते हैं। इन स्थानीय पवनों से आल्पस प्रदेश की उत्तरी घाटियों में तापमान अचानक 15°-20° से. बढ़ जाता है जिससे वहाँ की हिम पिघल जाती है और इनकी शुष्कता और ताप

के कारण फसलों के पकने में बड़ी सहायता मिलती है। विशेषकर अंगूर की बेलों के लिए ये बड़ी ही लाभप्रद होती हैं। ग्रीष्म में इन पवनों की संख्या काफी कम होती है।

2. **चिनूक (Chinok) :** उत्तरी अमेरिका के रॉकीज पर्वत श्रेणियों पर होकर जब कोई आर्द्रवायु अथवा चक्रवात गुजरता है तो पर्वतीय प्रदेश की सारी वायु को अपनी तरफ खींच लेता है। परिणामस्वरूप रॉकीज पर्वत के पश्चिमी ढालों पर वर्षा करके जब यह वायु पूर्वी ढालों पर नीचे उतरती है तो गर्म और शुष्क हो जाती है। इस प्रकार की गर्म और शुष्क वायु के कारण रॉकीज के पूर्वी ढालों की बर्फ पिघल जाती है, जिस कारण इस पवन को कनाडा व स.रा. अमेरिका में **चिनूक** (हिम भक्षिणी) कहते हैं। ये हवाएँ फॉन के समान हैं, लेकिन अन्तर केवल इतना है कि चिनूक हवाओं का प्रभाव क्षेत्र काफी विस्तृत है। कनाडा व सं.रा. अमेरिका के प्रेरीज मैदानों के लिए यह हवाएँ वरदान स्वरूप सिद्ध हुई हैं। क्योंकि इन हवाओं से न केवल हिम ही पिघलती है बल्कि वहाँ के तापमान में भी वृद्धि हो जाती है। अत: यहाँ जाड़े में भी पशुचारण हो सकता है तथा गेहूँ की कृषि को काफी प्रोत्साहन मिलता है। अत: चिनूक हवाओं का विशेष आर्थिक महत्त्व है।

3. **सिराक्को (Sirocco) :** जब कभी चक्रवाती व्यवस्था के कारण भूमध्य सागर पर निम्न वायुदाब और सहारा प्रदेश में अपेक्षाकृत उच्च वायुदाब रहता है तो सहारा से भूमध्य सागर की तरफ शुष्क, गर्म और धूल भरी हवाएँ चलने लगती हैं। भूमध्य सागर के ऊपर से गुजरते समय इनमें कुछ आर्द्रता आ जाती है। ऐसी आर्द्र हवाएँ इटली और सिसनी में चलती हैं। इन हवाओं को **इटली में सिराक्को** और **सहारा में सिमूम** कहते हैं। इटली में इन हवाओं के कारण मौसम बड़ा कष्टप्रद हो जाता है। शरीर शिथिल हो जाता है और आलस्य बना रहता है। इस गर्म पवन के कई स्थानीय नाम हैं। स्पेन में इसे **लेवेश** (Leveche) कहते हैं। मदीरा तथा कनारी द्वीप समूह में चलने वाली गर्म एवं शुष्क हवाओं को जो सहारा के उष्ण मरुस्थल से चलती हैं, **लेस्ट** (Leste) नाम से पुकारा जाता है।

4. **खमसिन (Khamsin) :** यह अत्यन्त गर्म एवं शुष्क पवन है जो मिश्र में उत्तर की ओर चला करती हैं। उष्ण मरु क्षेत्रों में उत्पन्न होने के साथ ही इन पवनों में रेत के कणों की भी अधिकता होती है। जब कभी भूमध्यसागर के ऊपर शीतोष्ण कटिबंधीय चक्रवात गुजरते हैं, तब उनके अग्रभाग में दक्षिण में स्थित मरुप्रदेश से इस प्रकार धूल भरी आँधियाँ चला करती हैं। इन हवाओं के कारण घुटन महसूस होने लगती है।

5. **हरमट्टन (Harmattan) :** सहारा के रेगिस्तान (अफ्रीका महाद्वीप) के पूर्वी भाग में उ.पू. तथा पू. दिशा से प. दिशा में चलने वाली गर्म तथा शुष्क हवाओं को **'हरमट्टन'** कहते हैं। सहारा रेगिस्तान के ऊपर से प्रवाहित होने के कारण यह पवन अत्यन्त शुष्क व गर्म हो जाती है। इसी समय यह अपने साथ रेत की अत्यधिक मात्रा भी ग्रहण कर लेती है, जिसमें लाल रेत की अधिकता होती है। अफ्रीका का पश्चिमी तट उष्ण व आर्द्र होता है जिसके फलस्वरूप नीरसता एवं आलस्य बना रहता है। हरमट्टन के आगमन पर मौसम शुष्क हो जाने के कारण सुहावना व स्वास्थ्यप्रद हो जाता है, क्योंकि हरमट्टन की उष्णता तथा शुष्कता के कारण वायुमण्डल की आर्द्रता नष्ट हो जाती है। इसी प्रभाव के कारण गिनी तट पर इस को वहाँ के **'डॉक्टर'** की संज्ञा प्रदान की जाती है। यह हवा काफी प्रचण्ड होती है जिससे वनस्पतियाँ झुलसकर नष्ट हो जाती हैं। यह हवा आए दिन प्रचण्ड रेत भरी आंधियाँ भी चलाती है जिससे दृश्यता समाप्त हो जाती है। ग्रीष्म ऋतु में हरमट्टन का प्रभाव अधिक होता है। इस स्थानीय पवन को **ब्लैक रोलर** (Black Roller) भी कहा जाता है। मेसोपोटामिया तथा फारस की खाड़ी की ओर उत्तर पूर्व से चलने वाली गर्म हवा को **शामल** (Shamal) कहा जाता है। न्यूजीलैण्ड में वहाँ की पर्वतमालाओं से उत्पन्न गर्म, शुष्क तथा झोंकेदार पवन को **नार्वेस्टर** (Norwester) कहा जाता है।

6. **गुरुत्व पवन (Gravity Winds) :** समुद्र तटवर्ती भागों में जहाँ पठार अथवा पर्वतों से घिरे मैदानी भाग हैं, वहाँ शीत ऋतु में भारी मात्रा में शीतल वायु एकत्रित हो जाती है। इन पठारों अथवा पर्वतों के ढालों में खिसककर वायु की कुछ राशियाँ घाटियों तथा नदी कंदराओं में एकत्रित हो जाती हैं। साधारण स्थिति में ये हवाएँ मंद पवन अथवा समीर के रूप में तट की तरफ प्रवाहित होती हैं। इस प्रकार की पवनों को **अवरोही पवन, गुरुत्व पवन, फालविन्ड्स, ड्रेनेज विन्ड्स** अथवा **केटाबेटिक विन्ड्स** आदि कई नामों से पुकारा जाता है। इस प्रकार की पवन घाटियों में उच्च भाग से निम्न भाग की तरफ प्रवाहित होती है।

7. **सान्ता आना (Santa Ana) :** पर्वतीय क्षेत्रों में स्थित घाटियों में जब ऊँचाई पर एकत्रित वायु पुंज तीव्र गति से नीचे उतरती है, तो उन शुष्क और गर्म हवाओं को **फाल विन्ड्स** (Fall Winds) कहा जाता है। दक्षिणी कैलीफोर्निया में सान्ता आना के नियन से होकर तटवर्ती मैदानों की ओर चलने वाली धूलभरी आँधी को **सान्ता आना** (Santa Ana) कहा जाता है। इन आंधियों की उत्पत्ति का मूल स्थान **ग्रेट बेसिन** (Great Basin) है। इन अत्यधिक शुष्क एवं गर्म हवाओं से कैलीफोर्निया के फल के बगीचों को अपार क्षति होती है। इस तरह की गर्म और शुष्क हवाओं को जापान में **यामो** तथा अर्जेण्टाइना में **जोण्डा** कहते हैं। एण्डीज पर्वत से पश्चिमी पेटोगोनिया में चलने वाली स्थानीय हवाओं को भी **जोण्डा** कहते हैं।

8. **मिस्ट्रल (Mistral) :** भूमध्य सागर के उत्तरी पश्चिमी भाग के तटीय प्रदेशों में विशेषकर फ्रांस की रोन नदी के डेल्टा में उत्तर पश्चिम से आकर बहने वाली ठण्डी हवा को **मिस्ट्रल** कहा जाता है। यह ठण्डी हवा मुख्यत: शीत ऋतु में चलती है।

9. **बोरा (Bora) :** मिस्ट्रल के समय **'बोरा'** भी एक शुष्क तथा अति प्रचण्ड हवा है, जो कि एड्रियाटिक सागर के पूर्वी किनारे पर चलती है। विशेषकर उत्तरी इटली का भाग बोरा द्वारा अधिक प्रभावित होता है मिस्ट्रल की अपेक्षा बोरा कुछ आर्द्र भी होती है क्योंकि एड्रियाटिक सागर से होकर बहने के कारण नमी भी धारण कर लेती है। इस हवा का स्थायित्व रूप सागरीय चक्रवातों की सक्रियता पर आधारित होता है।

10. **हिम झंझा/ब्लिजार्ड (Blizard) :** यह ध्रुवीय हवाएँ होती हैं जो कि बर्फ के कणों से युक्त होती हैं। इनका प्रवाह क्षेत्र उत्तरी तथा दक्षिणी ध्रुवीय क्षेत्र, साइबेरिया, कनाडा तथा सं.रा. अमेरिका है। हिमकणों से युक्त होने के कारण दृश्यता नष्ट हो जाती है। इसके आगमन से तापमान अचानक हिमांक के नीचे गिर जाता है। सतह बर्फ से बर्फाच्छादित हो जाती है तथा शीत लहर चलने लगती है। सं.रा. अमेरिका के पश्चिम पूर्व धरातलीय अवरोध के अभाव में ये हवाएँ

समस्त मध्यवर्ती मैदान को प्रभावित करती हुई दक्षिणी प्रान्तों तक पहुँच जाती है। यहाँ पर इनको '**नार्दन**' (Northern) कहते हैं, साइबेरिया में इसे 'बुरान' (Burron) कहते हैं।

11. लू (Loo) : उत्तरी भारत में गर्मियों में उ.प. तथा प. से पू. दिशा में चलने वाली प्रचण्ड उष्ण तथा शुष्क हवाओं को '**लू**' (Loo) कहते हैं। वास्तव में इन्हें **ताप लहरी** (Heat Waves) कहना अधिक उचित होगा, क्योंकि इनके आगमन से तापमान 100° से 120° फा. तक बढ़ जाता है तथा तीव्र हवा के कारण मौसम अत्यन्त ही कष्टदायी हो जाता है, कभी-कभी ये इतनी तीव्र होती है कि रात्रि में भी इसका प्रभाव बना रहता है। इस प्रकार की हवा मई के अन्तिम सप्ताह व जून में कई बार चलती है।

12. ग्रेगाले (Gregale) : दक्षिणी यूरोप में भूमध्य सागरीय क्षेत्र के मध्य भाग में उत्तर पश्चिम अथवा उत्तर पूर्व दिशा से शीत ऋतु में प्रवाहित होने वाली पवन को **ग्रेगाले** कहते हैं।

13. हबूब (Haboob) : उत्तरी एवं उत्तरी-पूर्वी सूडान में खारतूम के समीप तेज अधेड़ को **हबूब** कहते हैं। ये हवाएँ मई से सितम्बर तक दोपहर बाद शाम तक अधिक चलती हैं। इनमें धूल के कारण दृश्यता कम हो जाती है। कभी-कभी तड़ित झंझा के साथ भारी वर्षा भी होती है।

14. विली-विली (Willy-Willy) : आस्ट्रेलिया के उत्तरी पश्चिमी तट के समीप उत्पन्न होने वाले उष्ण कटिबंधीय तीव्र तूफानों को **विली-विली** कहा जाता है।

15. टाइफून (Tyfoon) : पश्चिमी प्रशांत महासागर के तटीय क्षेत्र और चीन सागर क्षेत्र में आने वाले लघु प्रबल एवं भ्रमिल उष्ण कटिबंधीय तूफान को **टाइफून** कहते हैं।

16. नार्टे (Norte) : मध्य अमरीका के संयुक्त राज्य अमेरिका में शीत ऋतु में प्रवाहित होने वाली उत्तरी पवनें **नार्टे** कहलाती हैं। इन पवनों से तापमान 6° से. से 9° से. तक गिरावट आ जाती है। इनमें फलों की फसल को काफी नुकसान होता है।

17. काराबुरान (Karaburan) : मध्य एशिया के तारिम बेसिन में चलने वाली तीव्र उष्ण उत्तरी-पूर्वी पवनों को **काराबुरान** कहते हैं। ये पवनें सामान्य व तीव्र होती हैं और धूल भरे तूफानों को जन्म देती हैं। मध्य एशिया में लोयस का मैदान इन्हीं पवनों के निक्षेप से बना है।

18. लेवेन्टे (Lavante) : पश्चिमी भूमध्यसागर, फ्रांस तथा स्पेन के दक्षिणी तटीय भागों में चलने वाली तीव्र पवनें **लेवेन्टे** कहलाती हैं। ये पवनें नम आर्द्र और वर्षा प्रदान करने वाली हैं, जो सामान्यत: बसंत ऋतु में चलती हैं।

19. जूरन (Jooran) : जूरा पर्वत से जेनेवा झील तक रात्रि में प्रवाहित होने वाली शुष्क पवन **जूरन** कहलाती है।

20. पैम्पेरो (Pampero) : अर्जेण्टाइना, उरुग्वे तथा पम्पास क्षेत्र में चलने वाली ठण्डी तीव्र ध्रुवीय पवनें जो सामान्यतया अवदाब (Depression) क्षेत्र से दक्षिण-पश्चिम या दक्षिण दिशा में प्रवाहित होती हैं। ये पवनें रेखीय झंझावत का रूप धारण कर लेती हैं। कभी-कभी गर्जन के साथ वर्षा और तड़ित झंझा लाती हैं, जिससे पम्पास क्षेत्र में धूल उड़ जाती है, अत: इन्हें **पैम्परो पवनें** कहते हैं।

21. लीस्टे (Leste) : मेडिरा और कनारी द्वीपों के निकटवर्ती क्षेत्र में चलने वाली गर्म, शुष्क पवन, जो ग्रीष्मकाल के अलावा सभी ऋतुओं में पूर्व दिशा से प्रवाहित होती है, **लीस्टे** कहलाती है। इसका उद्भव सहारा मरुस्थल में होता है और इसके परिणामस्वरूप पवनें वायुदाब केन्द्र से पूर्व दिशा की तरफ चलती हैं।

22. सीस्टन (Seistan) : पूर्वी ईरान के सीस्टन प्रान्त में ग्रीष्मकाल में प्रवाहित होने वाली तीव्र उत्तरी पवन, जो कभी-कभी 110 किमी. प्रतिघंटा की गति से प्रवाहित होती है को **सीस्टन** कहते हैं। इसे **120 दिन की पवन** भी कहा जाता है।

23. शामल (Shamal) : इराक, ईरान और अरब में मरुस्थलीय क्षेत्र में गर्म, शुष्क और रेतीली पवनें जो उत्तर व उत्तर पश्चिम में प्रवाहित होती हैं। इन पवनों से जुलाई में रेतीले तूफान भी आते हैं। बगदाद में तूफान इन्हीं पवनों के कारण आते हैं।

24. नार्दर (Norther) : सं.रा. अमेरिका के दक्षिण में टैक्सास व खाड़ी तटीय क्षेत्रों में ठण्डी शुष्क तथा तीव्र वेग से चलने वाली पवनें (नार्दर) कहलाती हैं। इन पवनों से उत्पन्न तड़ित झंझा में ओलावृष्टि भी होती है। ये एक प्रकार की ध्रुवीय पवनें हैं जो ठण्डी वायु संहति के रूप में उत्तरी अमरीकी महाद्वीप पर होकर बिना किसी पर्वतीय अवरोध के दक्षिण तक चली जाती हैं।

25. टॉरनेडो (Tornedo) : ग्रीष्म काल के प्रारंभ में एवं बसंत ऋतु में मिसीसिपी बेसिन में आने वाला प्रचण्ड विनाशकारी वात्गर्त (Whirlwind) जो किसी प्रबल निम्न दाब केन्द्र के चारों तरफ बनता है **टॉरनेडो** कहलाता है। इसमें पवनें 320 किमी. प्रति घण्टा की गति से चलती हैं। स्थानीय ताप के फलस्वरूप पवनें तेजी से ऊपर उठने लगती हैं तथा क्षण भंगुर तूफान का रूप धारण कर लेती हैं। इनका व्यास 100 मीटर अथवा इससे कम होता है। इसे मैक्सिको में **हरिकेन,** चीन, जापान व फिलीस्तीन में **टाइफून** और आस्ट्रेलिया के उत्तरी पश्चिमी भाग में **विली-विली** कहते हैं।

मेघ

मेघ जल अथवा हिम के अत्यंत सूक्ष्म कणों के पुँज होते हैं। आर्द्रतायुक्त वायु के आरोहण की प्रक्रिया द्वारा शीतल होकर, संघनन की प्रक्रिया से गुजरने पर वायु में उपस्थित जलवाष्प जल बूँदों और हिम कणों में रूपांतरित हो जाता है। इन संघनित जल अथवा हिम कणों को ही बादल कहा जाता है। वायुमंडल में संघनन होने के लिए वायु के शीतलन के अतिरिक्त अतिसूक्ष्म जलग्राही नाभिकों की प्रचुर मात्रा का होना भी आवश्यक होता है। यदि वायुमंडल में जलग्राही नाभिकों की उपस्थिति नहीं होती है तो वायु का तापमान ओसांक से कम होने पर भी संघनन नहीं हो पाएगा तथा वायु में उपस्थित जलवाष्प जल कणों में परिवर्तित होने में असमर्थ हो जाएगा। ऐसी परिस्थिति में सापेक्ष आर्द्रता भी 100 प्रतिशत से अधिक हो सकती है। वायु में उपस्थित इस प्रकार की जल की मात्रा को अतिशीत आर्द्रता कहते हैं। इस प्रकार की स्थिति क्षोभमंडल की ऊपरी परतों में यदा-कदा पाई जाती है।

मेघ अथवा बादल विभिन्न प्रकार के होते हैं। बादलों का वर्गीकरण इनकी ऊँचाई तथा आकार अथवा स्वरूप के आधार पर किया जाता है। स्वरूप के आधार पर इन्हें स्तरी तथा कपासी वर्गों में वर्गीकृत किया जाता है। ऊँचाई के अनुसार मेघों को उच्च, मध्य तथा निम्न तीन वर्गों में विभाजित किया जाता है। इन दोनों वर्गीकरणों को मिलाने पर बादलों को

पक्षाभ कपासी मेघ, पक्षाभ स्तरी मेघ, कपासी मध्य मेघ, स्तरी मध्य मेघ आदि वर्गों में विभाजित किया जा सकता है। जिन मेघों से वर्षा अथवा हिमपात हो रहा होता है, उन्हें वर्षी मेघ कहा जाता है। यह दो प्रकार के होते हैं, कपासी वर्षी मेघ और स्तरी वर्षी मेघ।

ओस और पाला

रात्रिकालीन विकिरण द्वारा शीतलीकृत तलों पर संचित जल की बूँदों को ओस कहते हैं। ओस वायु में उपस्थित जलवाष्प के धरातल पर संघनित होने से उत्पन्न होती है। ओस मुख्यतया स्वच्छ और शांत रातों में, धरातल के विकिरण द्वारा तीव्र गति से ठंडा होने पर उत्पन्न होती है। रात्रि में आकाश में बादल छाए रहने पर हरित गृह प्रभाव के कारण धरातल पूरी तरह ठंडा नहीं हो पाता जिससे ओस नहीं पड़ती है। अत: बादलों वाली रातों में ओस की उत्पत्ति नहीं होती है।

शीतकाल में लंबी रातें धरातल को ठंडा करने में सहायक होती हैं जिससे तापमान कई बार हिमांक से नीचे भी गिर जाता है। ऐसी स्थिति में वायु में उपस्थित जलवाष्प बिना द्रव में परिवर्तित हुए सीधे हिमकणों के रूप में धरातल पर निक्षेपित हो जाता है, इसे **पाला** कहते हैं। पाला फसलों के लिए हानिकारक होता है। छोटे पौधों को रात्रि में ढककर रखने से उन्हें पाले से सुरक्षित रखा जा सकता है। पाले से सुरक्षा के लिए फसलों की सिंचाई भी की जाती है। सिंचाई से कृषि क्षेत्रों में वायु में आर्द्रता बढ़ जाती है तथा वायु में उपस्थित जलवाष्प अपने में संचित ऊष्मा के कारण वायु को तथा धरातल को अत्यधिक ठंडा नहीं होने देता।

कोहरा

कोहरा एक अति नीचा स्तरी मेघ होता है जिसकी उत्पत्ति धरातल के निकट होती है। इसकी उत्पत्ति के प्रक्रम के आधार पर कोहरा विभिन्न प्रकार का हो सकता है। **विकिरणं कोहरे** की उत्पत्ति तापमान के व्युत्क्रमण से संबंधित होती है। रात्रि में जब धरातल के निकट वायु का तापमान ओसांक से नीचे गिर जाता है तो उसमें उपस्थित जलवाष्प के संघनन से कोहरा बनता है। वायु में जलवाष्प के संघनन से बने छोटे कण हवा में तैरते रहते हैं जिससे दृश्यता काफी कम हो जाती है। इस प्रकार का कोहरा शीतकाल में उत्तरी भारत के मैदानों में देखा जा सकता है। **अभिवहन कोहरे** की उत्पत्ति तब होती है जब कोई गर्म और आर्द्र वायु ठंडे धरातल पर से गुजरती है और शीतल धरातल से संलग्न वायु धरातल के संपर्क में आकर ठंडी हो जाती है। इस परिस्थिति में नम वायु में उपस्थित नमी का संघनन हो जाता है जिससे कोहरे की उत्पत्ति होती है। सागर और स्थल खंडों पर तापमान की क्षैतिज विभिन्नता के कारण भी तटीय क्षेत्रों में कोहरे की उत्पत्ति होती है। जब आर्द्र समुद्री वायु स्थल पर जाती हैं तो स्थल पर संघनन के कारण कोहरे की उत्पत्ति होती है। एक अन्य प्रकार का कोहरा, वाताग्री कोहरा, शीत और उष्ण वायु राशियों के अभिसरण क्षेत्रों में उत्पन्न होता है। जिन क्षेत्रों में उष्ण वायुराशियाँ शीत वायु राशियों से मिलती हैं, वहाँ उष्ण वायुराशियाँ ऊपर उठकर तथा शीतल वायु के संपर्क में आकर ठंडी हो जाती हैं। इन क्षेत्रों में संघनन की क्रिया के परिणामस्वरूप कोहरे की उत्पत्ति होती है। इसे वाताग्री कोहरा कहा जाता है। न्यूफाउंडलैंड के निकट समुद्र पर कोहरे की उत्पत्ति इसी प्रक्रम का परिणाम है। पर्वतीय क्षेत्रों में कोहरे की उत्पत्ति का कारण वायु का रुद्धोष्म शीतलन तथा ठंडी वायु का घाटियों में उतरना है। रात के समय ऊपरी पर्वतीय ढालों से ठंडी वायु घाटियों की ओर बहती है जिससे घाटी की उष्ण वायु घाटियों से ऊपर की ओर उठने लगती है जिससे वायु भार की कमी से उसका प्रसरण तथा शीतलन होता है। इस क्रिया के फलस्वरूप उसमें संघनन होने लगता है तथा ढालों से संलग्न वायु में कोहरा उत्पन्न हो जाता है। कोहरे में दृश्यता एक कि.मी. से कम होती है।

कोहरे तथा धुएँ के मिश्रण को **स्मॉग** कहा जाता है। स्मॉग जल कणों, कार्बन कणों तथा अन्य सूक्ष्म कणों का मिश्रण होता है। स्मॉग की उत्पत्ति नगरीय क्षेत्रों में जहाँ औद्योगिक गतिविधियाँ होती हैं, वहाँ अधिक होती है। कोहरे की अपेक्षा स्मॉग तीव्रता से विकसित होता है और अधिक देर तक बना रहता है। विभिन्न रसायनों की उपस्थिति से यह कोहरे को अम्लीय बना देता है।

कुहासा अथवा धुँध भी एक प्रकार का कोहरा है जिसमें दृश्यता 1 से 2 कि.मी. के बीच होती है। इसी प्रकार की एक और घटना को Haze कहा जाता है। इस परिस्थिति में दृश्यता 1 कि.मी. से अधिक पर 2 कि. मी. से कम होती है। कभी-कभी धूल कणों और धुँध की उपस्थिति से भी दृश्यता कम हो जाती है। वायु में धूल कणों की उपस्थिति से उत्पन्न धुंध भी दृश्यता को कम कर देती है। यह स्थिति उष्ण कटिबंध में ग्रीष्मकाल में अधिक होती है।

वर्षण

मेघों में जल, हिम और ओलों का धरातल पर गिरना **वर्षण** कहलाता है। वर्षण संघनन की प्रक्रिया के आरंभ होने तथा मेघों की उत्पत्ति के परिणामस्वरूप होता है। वर्षण की उत्पत्ति के लिए संघनन एक आवश्यक प्रक्रिया है। परंतु मात्र संघनन से वर्षण होना आवश्यक नहीं होता। यदि संघनन की प्रक्रिया मंद होती है तो जलकण तथा हिमकण मेघों के रूप में वायु में तैरते रहते हैं। इन कणों को शुष्क वायु द्वारा पुन: अवशोषित किया जा सकता है। अत: संघनन की प्रक्रिया के लगातार तथा तेजी से होने पर ही वर्षण संभव होता है।

वर्षण के प्रकार–सभी प्रकार की वृष्टि की उत्पत्ति आर्द्र वायु राशियों के ऊपर उठने पर प्रसरण द्वारा ठंडे होने पर संघनन की प्रक्रिया के परिणामस्वरूप होती है। विभिन्न परिस्थितियों में वायु के ऊपर उठने का प्रक्रम भिन्न-भिन्न कारणों अथवा विधियों से संपन्न होता है। इन उत्थान विधियों के आधार पर वर्षण तीन प्रकार का होता है–संवहनीय वर्षण, पर्वतीय वर्षण और चक्रवातीय वर्षण। कई बार वर्षण वाताग्रीय प्रकार का भी होता है।

संवहनीय वर्षण

संवहनीय वृष्टि, संवहन का परिणाम होती है। स्थानीय अस्थिरता के कारण वायु के ऊपर उठने की प्रक्रिया को संवहन कहा जाता है। यदि किसी वायु का तापमान अपने आस-पास की वायु के तापमान से ऊँचा हो तो ऐसी वायु अस्थिर होती है। अस्थिर वायु में ऊपर उठने की प्रवृत्ति होती है। उष्णकटिबंधीय क्षेत्रों में ग्रीष्मकाल में धरातल के स्थानीय आधार पर विभेदात्मक तापन से इस प्रकार की परिस्थितियाँ विकसित होती रहती हैं। इस प्रकार की **अस्थिर** वायु एक संवहनीय कोष्ठ के रूप में ऊपर उठने

लगती है तथा इसके तापमान में रुद्धोष्म दर के अनुसार कमी आने लगती है। यदि ऊपर उठती हुई वायु में समुचित मात्रा में नमी हो तथा इसका शीतलन इसके ओसांक तक हो जाए तो वर्षण होता है। वायु का इस प्रकार ऊपर उठना भूमध्यरेखीय क्षेत्रों तथा उष्णकटिबंधीय क्षेत्रों में एक सामान्य परिस्थिति होती है। विषुवत रेखीय क्षेत्र तथा सवाना प्रदेशों में अधिकांश वर्षण इसी प्रकार का होता है।

पर्वतकृत वर्षण

इस प्रकार का वर्षण स्थलीय प्रभावों का परिणाम होता है। वायु जब पवनों के मार्ग में पर्वतों के द्वारा अवरोध उत्पन्न करने पर ऊपर उठने के लिए बाध्य होती है तो संघनन की प्रक्रिया आरंभ हो जाती है जिससे वर्षण संभव होता है। यदि वायुमंडल में आर्द्रता की समुचित मात्रा उपस्थिति हो तो रुद्धोष्म शीतलन और संघनन की प्रक्रिया के फलस्वरूप वायुराशियाँ इन अवरोधों को पार करते हुए वर्षा करती हैं। भारत के उत्तरी पर्वतीय क्षेत्रों तथा पश्चिमी तटीय मैदान में दक्षिण-पश्चिम मानसून के दौरान अधिकांश वर्षा इसी प्रक्रम का परिणाम होती हैं।

चक्रवातीय वर्षण

जब वायु का आरोहरण चक्रवातों के कारण होता है और इससे वर्षण होता है तो इसे चक्रवातीय वृष्टि कहते हैं। चक्रवात निम्न वायुदाब के क्षेत्र होते हैं तथा इनमें वायु का चारों ओर से केंद्र की ओर प्रवाह होता है, जिससे वायु ऊपर उठती है। वायु के ऊपर उठने पर वायु के इसके ओसांक तक शीतलन के परिणामस्वरूप वर्षण होता है। चक्रवातीय वृष्टि उष्ण तथा शीतोष्ण दोनों प्रकार के प्रदेशों में होती है। उष्णकटिबंधीय क्षेत्रों में चक्रवातीय वर्षा तेज वेग वाली पवनों के साथ होती है। आंध्र प्रदेश, उड़ीसा और पश्चिम बंगाल भारत के चक्रवात ग्रस्त क्षेत्र हैं जहाँ इनसे जान-माल की हानि भी होती है। उष्णकटिबंधीय क्षेत्रों के विपरीत शीतोष्ण कटिबंधीय चक्रवात कम प्रचंड होते हैं। परंतु इनसे भी काफी वर्षा होती है। शीतकाल में उत्तर भारत में शीतोष्ण चक्रवातीय वर्षा होती है। भारत में इन चक्रवातों को 'पश्चिमी विक्षोभ' भी कहा जाता है।

वाताग्रीय वर्षण

कई बार वायु के ऊपर उठने का प्रक्रम वाताग्रों की उत्पत्ति से भी संपन्न होता है। जहाँ शीत तथा गर्म वायु राशियाँ परस्पर मिलती हैं वहाँ वाताग्रों का निर्माण होता है। ऐसी स्थिति में शीत वायु राशियाँ, उष्ण वायु राशियों को ऊपर उठाती हैं, जिससे गर्म वायु राशि के शीलतन से संघनन और वृष्टि की उत्पत्ति होती है। इसे वाताग्रीय वृष्टि कहते हैं। इस प्रकार के वाताग्रों के विकास से शीतोष्ण चक्रवातों का निर्माण भी होता है। इसलिए वाताग्रीय वर्षण को कई बार चक्रवातीय वृष्टि के वर्ग में भी रखा जाता है।

विश्व की जलवायु

जलवायु संबंधी विशेषताओं में समानता के आधार पर पृथ्वी तल को प्रमुख विभागों में विभक्त किया जाता है। इस प्रकार विभाजित किए गए भूखण्डों को ही **'जलवायु प्रदेश'** (Climate Regions) कहते हैं। इन जलवायु प्रदेशों की अक्षांशीय एवं भौगोलिक स्थिति में भी विशेष अन्तर नहीं पाया जाता। लेकिन इन जलवायु प्रदेशों की बड़ी संख्या को देखते हुए भूगोलविदों ने इन्हें अपेक्षाकृत कम संख्या वाले जलवायु प्रकारों में वर्गीकृत किया है। इस प्रकार जलवायु प्रदेशों को जलवायु प्रकारों तथा जलवायु प्रकारों को जलवायु समूहों (Climatic Groups) में शामिल कर लिया गया।

विश्व की जलवायु का सामान्य वर्गीकरण निम्नानुसार प्रस्तुत किया गया है :

1. भूमध्य रेखीय या विषुवत रेखीय जलवायु प्रदेश।
2. सूडान तुल्य जलवायु प्रदेश।
3. उष्ण मानसूनी जलवायु प्रदेश।
4. उष्ण मरुस्थलीय या सहारा तुल्य जलवायु प्रदेश।
5. भूमध्य सागरीय जलवायु प्रदेश।
6. शीतोष्ण मानसूनी अथवा चीन तुल्य प्रदेश।
7. ईरान तुल्य शुष्क जलवायु प्रदेश।
8. तूरान तुल्य जलवायु प्रदेश या शीतोष्ण मरुस्थलीय जलवायु प्रदेश।
9. स्टैपी तुल्य जलवायु प्रदेश।
10. पश्चिमी यूरोपीय तुल्य प्रदेश।
11. सेंट लारेन्स तुल्य जलवायु।
12. टैगा तुल्य जलवायु।
13. टुण्ड्रा तुल्य जलवायु।
14. पर्वतीय जलवायु वाले प्रदेश।
15. हिम से ढके प्रदेश।

नीचे उपर्युक्त जलवायु प्रदेशों का संक्षिप्त वर्गीकरण प्रस्तुत किया जा रहा है:

भूमध्यरेखीय जलवायु (Equatorial Climate)

स्थिति एवं विस्तार (Location and Extent) : भूमध्यरेखीय प्रदेश भूमध्य रेखा के दोनों तरफ 5° उत्तरी एवं 5° दक्षिणी अक्षांशों के मध्य स्थित है। इनका विस्तार दक्षिणी अमेरिका के उत्तर में, अफ्रीका के मध्य में तथा दक्षिणी पूर्वी एशिया महाद्वीप में है। द. अमेरिका में अमेजन बेसिन इक्वेडोर तथा उत्तरी पश्चिमी तट पर, अफ्रीका में कांगो बेसिन, गिनी तट तथा पूर्वी तट पर एवं एशिया के पूर्वी द्वीप समूह तथा मलाया (मलेशिया) प्रायद्वीप में इन प्रदेशों का विस्तार है। यहाँ पर अनेक प्रकार के वन्य प्राणी भूमि पर, पेड़ों पर एवं जल में पाए जाते हैं। इनमें हाथी, गैण्डा, शेर, अजगर, हिप्पो, मछलियाँ, बंदर, विविध चिड़ियाँ आदि प्रमुख हैं।

अब विश्व के अधिकांश प्रदेशों में इनका क्षेत्रफल तेजी से सिकुड़ता जा रहा है। अनेक स्थानों पर रबड़, ताड़, कोको, गर्म मसालों आदि की बागानी कृषि की जाने लगी है।

सूडान तुल्य जलवायु (Suddan Type Climate)

स्थिति एवं विस्तार (Location and Extent) : सूडान तुल्य प्रदेश 5° से 20° उत्तरी दक्षिणी अक्षांशों के मध्य स्थित है। इन प्रदेशों का विस्तार अफ्रीका महाद्वीप के सूडान, पूर्वी अफ्रीका का पठार तथा जाम्बेजी बेसिन में; दक्षिण अमेरिका महाद्वीप में गायना पठार तथा ब्राजील के पठार पर तथा आस्ट्रेलियन सवाना में हैं। सर्वाधिक विस्तार सूडान में होने से इसे सूडान तुल्य जलवायु कहा जाता है।

सूडान प्रदेशों में मिलने वाले अधिकांश पशु शाकाहारी हैं जिनमें जिराफ, नील गाय, सांभर, बारहसिंगा, हिरन, खरगोश, कंगारू आदि प्रमुख हैं। साथ ही शेर, चीता, लकड़बग्घा, भेड़िया या तेंदुआ जैसे हिंसक पशु भी मिलते हैं। दलदली भागों में गैंडा तथा नदियों में मगर तथा दरियाई घोड़े मिलते हैं।

उष्ण मानसूनी जलवायु (Hot Monsoon Climate)

स्थिति एवं विस्तार (Location and Extent) : मानसूनी प्रदेशों की स्थिति उत्तरी और दक्षिणी दोनों गोलार्द्धों में 8° से 30° अक्षांशों के मध्य है। ये प्रदेश भूमध्यरेखा के उत्तरी एवं दक्षिणी भागों में महाद्वीप के पूर्वी भागों (भारत) एवं मध्यवर्ती भागों में स्थित है। इन प्रदेशों का विस्तार एशिया महाद्वीप के फिलीपाइन द्वीप समूह, कम्बोडिया, वियतनाम, लाओस, दक्षिणी चीन, थाईलैण्ड, म्यांमार, बंगलादेश तथा भारत, पाकिस्तान, अफ्रीका महाद्वीप के पूर्व की ओर मैडागास्कर तथा मौजाम्बिक में, आस्ट्रेलिया महाद्वीप के उत्तरी-पूर्वी भाग में लैटिन अमेरिका के कैरेबियन तट व मध्य अमेरिका, मैक्सिको तथा ब्राजील के पूर्वी तटीय भाग तक है।

मानसूनी प्रदेशों में तापमान एवं वर्षा की विभिन्नता के कारण भिन्न-भिन्न प्रकार की वनस्पति मिलती है। क्योंकि यहाँ प्राकृतिक वनस्पति वर्षा पर निर्भर है। अधिक वर्षा वाले सदाबहार वन मिलते हैं जिनमें नारियल, महोगनी, चंदन, रबड़ आदि मुख्य वृक्ष मिलते हैं। सामान्य वर्षा वाले क्षेत्रों में मानसूनी वन मिलते हैं। ये पतझड़ वाले वृक्ष हैं जो वर्ष भर में एक बार अपनी पत्तियाँ गिरा देते हैं। इन वनों में साल, सागौन, आम, नीम, शीशम आदि प्रमुख वृक्ष मिलते हैं।

उष्ण मरुस्थलीय या सहारा तुल्य प्रदेश (Hot Desert or Sahara Type Climate)

स्थिति एवं विस्तार (Location and Extent) : यह जलवायु 20° से 30° उत्तर-दक्षिण अक्षांशों के मध्य महाद्वीपों के पश्चिमी भागों में पाई जाती है। इसमें अफ्रीका का विशाल सहारा एवं कालाहारी के मरुस्थल, एशिया में अरब से थार मरुस्थल तक, आस्ट्रेलिया में विक्टोरिया, उत्तरी अमेरिका में कोलोरेडो तथा दक्षिणी अमेरिका में पीरू या अटाकामा मरुस्थल आते हैं।

ऊँट इस जलवायु का मुख्य पशु है। कहीं-कहीं भेड़-बकरी, गधे, हिरन आदि पाए जाते हैं। ऐसे भागों में जहाँ भूमिगत जल या सदावाहिनी नदियों (सिन्धु, नील, दजला, फरात आदि) में जल मिल जाता है, वहीं सघन एवं आर्थिक क्रियाएँ विकसित होती जाती हैं।

भूमध्य सागरीय जलवायु (Mediterranean Climate)

स्थिति एवं विस्तार (Location and Extent) : भूमध्य सागरीय प्रदेश उत्तरी एवं दक्षिणी गोलार्द्धों में 30° से 45° अक्षांशों के मध्य महाद्वीपों के पश्चिमी भागों में स्थित है। ये प्रदेश मुख्यत: भूमध्य सागर के चारों तरफ फैले हुए हैं। अत: इन्हें **भूमध्यसागरीय** प्रदेश कहते हैं। भूमध्य सागर के अलावा अफ्रीका महाद्वीप के उत्तर में एटलस प्रदेश तथा दक्षिण में केप प्रान्त, उत्तरी अमेरिका के पश्चिमी कैलीफोर्निया, द. अमेरिका के मध्य चिली तथा आस्ट्रेलिया के दक्षिणी भाग तस्मानिया एवं उत्तरी न्यूजीलैण्ड द्वीप में विस्तृत हैं।

इन प्रदेशों में सदाबहार झाड़ी वाले वृक्ष व बेलें मिलती हैं। यहाँ के वृक्ष ग्रीष्मकाल सूखा रहने के कारण शुष्कता सहने, गहरी व लम्बी जड़ों के होते हैं। इसकी पत्तियाँ मोटी, चिकनी एवं रोयेंदार होती हैं एवं तनों की छाल मोटी होती है। मुख्य वृक्ष शहतूत, जैतून, अंजीर, नारंगी, नींबू, सेब व रसदार फल तथा वनों में चेस्टनट, वालनर, ओक, मेपल, अखरोट व सूखे मेवे के वृक्ष एवं बेलें मिलती हैं। यहाँ पर सभी स्थानों पर पालतू पशु ही पाए जाते हैं।

शीतोष्ण मानसूनी या चीन तुल्य जलवायु (Temperate Monsoon or China Type Climate)

स्थिति एवं विस्तार (Location and Extent) : चीन तुल्य जलवायु उत्तरी एवं दक्षिणी दोनों गोलार्द्धों में 35° से 45° अक्षांशों के बीच महाद्वीपों के पूर्वी तटों पर पाई जाती है। यह एशिया महाद्वीप के मध्य एवं उत्तरी चीन, दक्षिणी जापान व दक्षिणी कोरिया, द. अमेरिका महाद्वीप के दक्षिणी-पूर्वी ब्राजील तथा युरूग्वे तथा उत्तरी अमेरिका महाद्वीप के दक्षिण-पूर्वी संयुक्त राज्य अमेरिका में पाई जाती है। यहाँ के आर्द्र प्रदेशों में पर्याप्त वन पाए जाते हैं। आंतरिक व मैदानी भागों में अधिकांश वन कृषि के दबाव के कारण काट दिए गए हैं। यहाँ चौड़ी पत्ती वाले व पहाड़ों पर कोणधारी वन पाए जाते हैं। मुख्य वृक्ष रोजवुड, वालनट, ओक, लारेल, तुंग, कपूर, चेस्टनर एवं कम वर्षा वाले भागों में घास पाई जाती है।

ईरान तुल्य जलवायु (Iran Type Climate)

स्थिति एवं विस्तार (Location and Extent) : यह जलवायु 25° से 40° अक्षांशों के मध्य महाद्वीपों के आंतरिक भागों में या निचले पठारी भागों में पाई जाती है। इनका अधिकांश विस्तार उत्तरी गोलार्द्ध में पाया जाता है। इसका विस्तार एशिया में पाकिस्तान (बलूचिस्तान), अफगानिस्तान, ईरान, तारिम बेसिन एवं उत्तरी अमेरिका के ग्रेट बेसिन में पाया जाता है।

कम वर्षा होने से यहाँ पर घास एवं कहीं-कहीं नदियों के समीप व पहाड़ों पर पेड़ उग आते हैं। अधिकांशत: कंटीली झाड़ियाँ एवं ऊँचे पहाड़ी ढालों पर कोणधारी वृक्ष पाए जाते हैं। यहाँ पर पहाड़ी ढालों पर याक, अल्पाका, खच्चर, बकरी, भेड़, टट्टू आदि महत्वपूर्ण पशु पाए जाते हैं। पशुपालन इन क्षेत्रों में अनादिकाल से चला आ रहा है। इससे पिछले 20-30 वर्षों में सुधार हुआ है। अब व्यावसायिक पशुपालन भी किया जाता है।

तूरान तुल्य शीतोष्ण व मरुस्थलीय जलवायु (Turan Type Temperate Desert Climate)

स्थिति एवं विस्तार (Location and Extent) : ये प्रदेश 25° से 50° अक्षांशों के मध्य महाद्वीपों के आन्तरिक भागों में पाए जाते हैं। ये ईरान तुल्य से अधिक उत्तरवर्ती व पूर्ववर्ती भागों में फैले हैं। ये ठण्डी जलवायु शुष्कता से विशेष प्रभावित रहे हैं। इनका सर्वाधिक विस्तार कैस्पियन व अरब सागरों के मध्य व रूसी मध्य एशिया एवं दक्षिणी-पश्चिमी साइबेरिया में है। अन्य क्षेत्र गोबी मरुस्थल, उत्तरी अमेरिका के स्वान व स्नेक नदी के अन्तर्देशीय प्रदेश, दक्षिणी अमेरिका के लाप्लाटा व पैटागोनिया का उप-एण्डीज भाग एवं दक्षिणी अफ्रीका का ड्रेकेन्सबर्ग पर्वत का पश्चिमी भाग है।

प्रदेश के निचले भागों में ग्रीष्मकाल में मात्र घास उग पाती है। मध्य एशियाई नदी घाटियों में कहीं-कहीं वृक्ष पाए जाते थे। अब सम्पूर्ण प्रदेश में एवं पूर्वी गोबी मरुस्थल में दूर-दूर तक सिंचाई का विकास कर सामान्य व शुष्क कृषि एवं कहीं-कहीं बागानी कृषि का विस्तार किया गया है। यहाँ भेड़-बकरी व ऊँट मुख्यत: पालतू पशु हैं।

स्टैपी तुल्य जलवायु (Speppe Type Climate)

स्थिति एवं विस्तार (Location and Extent) : ये प्रदेश 30° से 55° अक्षांशों के मध्य दोनों गोलार्द्धों में पाए जाते हैं। ये प्रदेश यूरेशिया में **स्टेपीज**

के नाम से, उत्तरी अमेरिका में **प्रेरीज** के नाम से, द. अमेरिका में **पेम्पास** के नाम से, द. अफ्रीका में **वेल्ड्स** तथा आस्ट्रेलिया में **डाउन्स** के नाम से विख्यात हैं।

इन प्रदेशों की प्राकृतिक वनस्पति शीतोष्ण घास है। वर्ष भर नमी मिलते रहने से घास हरी रहती है। घास कम ऊँची, मुलायम, गुच्छेदार एवं पोषक होती है। कहीं-कहीं पर ही मिश्रित वनों के छोटे वृक्ष कोणधारी व चौड़ी पत्ती वाले पाए जाते हैं।

सम्पूर्ण प्रदेश में अब निरन्तर विकसित मानव क्रियाकलाप, स्थायी पशुपालन तथा मुख्यतः खाद्यान्नों की व्यावसायिक कृषि का विशेष प्रसार होता जा रहा है।

पश्चिमी यूरोपीय तुल्य जलवायु (Western European Type Climate)

स्थिति एवं विस्तार (Location and Extent) : ये प्रदेश 45° से 65° अक्षांशों के मध्य दोनों गोलार्द्धों में पाए जाते हैं। इनका विस्तार यूरोप के सभी पश्चिमी यूरोपीय देशों, उत्तरी अमेरिका में दक्षिणी अलास्का एवं पश्चिमी ब्रिटिश कोलम्बिया में, द. चिली एवं न्यूजीलैण्ड के दक्षिणी द्वीप में है।

इस प्रदेश के पहाड़ी एवं दूर-दराज के निर्जन प्रायः प्रदेशों में निचले भागों में चौड़ी पत्ती वाले पतझड़ के वन एवं ऊपरी भागों में कोणधारी वन पाए जाते हैं। चौड़ी पती वाले मुख्य वृक्ष ओक, बर्च, बीच, हेमलाक, वालनर आदि एवं नुकीले या कोणधारी वृक्षों में पाइन, फर, लार्च, स्प्रूस आदि वर्गों के अधिक वृक्ष पाए जाते हैं। अधिकतर निचले तटीय व मैदानी प्रदेशों में वनों को काटकर विकसित व सघन कृषि एवं व्यावसायिक पशुपालन और उद्योग-धन्धों का विकास किया गया है। अब तो सभी प्रदेशों में राष्ट्रीय पार्कों एवं अभयारण्यों की स्थापना कर प्राकृतिक वनस्पति एवं वन्य प्राणियों की विशेष सुरक्षा की जाने लगी है।

सेण्ट लारेन्स तुल्य जलवायु (St. Lawrence Type Climate)

स्थिति एवं विस्तार (Location and Extent) : ये जलवायु 40° से 50° अक्षांशों के मध्य विशेषतः उत्तरी गोलार्द्ध में महाद्वीपों के पूर्वी भागों में पाई जाती है। यूरेशिया महाद्वीप के पूर्वी भाग में मंचूरिया के मध्य व पूर्वी तट तक विस्तृत होने से इसे **मंचूरिया तुल्य जलवायु** भी कहते हैं। उत्तरी अमेरिका में सेण्ट लारेंस बेसिन व न्यूफाउण्डलैण्ड एवं इससे संशोधित व शुष्क जलवायु दक्षिण अमेरिका के पूर्वी तटीय पैटागोनिया में पाई जाती है।

अधिकतर भागों में पर्याप्त नमी एवं वृष्टि के कारण यहाँ कोणधारी किस्म के वृक्षों का ही विस्तार पाया जाता है। यहाँ की जलवायु टैगा के कोणधारी वनों से कम कठोर एवं यहाँ ग्रीष्मकाल अनुकूल रहता है। मैदानी भागों एवं सुरक्षित नदी घाटियों में चौड़ी पत्ती वाले पतझड़ के वृक्षों के कुंज भी पाए जाते हैं। पेटोगोनिया में स्टेपी प्रदेश की भाँति छोटी एवं गुच्छेदार घास ही पैदा होती है।

टैगा या कोणधारी वन तुल्य जलवायु (Taiga or Coniferous Forest Type Climate)

स्थिति एवं विस्तार (Location and Extent) : ये प्रदेश मुख्यतः उत्तरी गोलार्द्ध में 55° से 68° उत्तरी अक्षांशों के मध्य विस्तृत है। दक्षिणी गोलार्द्ध में ऐसी जलवायु दक्षिणी अमेरिका में चिली के सुदूर दक्षिण में व टियर-डेल-फ्यूगो (Tierra-del-Fuego) पर पाई जाती है। उत्तरी गोलार्द्ध में यह उपर्युक्त अक्षांशों में यूरेशिया एवं उत्तरी अमेरिका में पूर्व-पश्चिम दिशा में क्रमशः नार्वे से पूर्वी साइबेरियाई तट तक एवं उत्तरी अमेरिका में रॉकी से लेब्रोडोर तट तक एक विशाल चौड़ी पट्टी के रूप में विस्तृत है।

ये प्रदेश कठोर जलवायु के कारण लगभग जनशून्य हैं। यहाँ पर अनेक प्रकार के फर वाले एवं अन्य हिंसक जानवर पाए जाते हैं। इनमें भेड़िया, भालू, गीदड़, चीता, लकड़बग्घा आदि मुख्य हैं। यहाँ पर लकड़ी काटना व चीरना, खनन कार्य तथा कहीं-कहीं पशुपालन व बसंतकालीन कृषि मुख्य आर्थिक क्रियाकलाप हैं।

टुण्ड्रा तुल्य जलवायु (Tundra Type Climate)

स्थिति एवं विस्तार (Location and Extent) : टुण्ड्रा तुल्य जलवायु प्रदेश ध्रुवीय वृत्त के ध्रुवों के मध्य उत्तरी गोलार्द्ध में अलास्का, उत्तरी कनाडा तथा यूरेशिया महाद्वीप के उत्तरी तट या ध्रुवीय भागों के समीप पाए जाते हैं।

प्राकृतिक वनस्पति के नाम पर यहाँ काई, लिचन एवं छोटे-छोटे पौधे उग पाते हैं। दक्षिणी सीमाओं पर छोटे कोणधारी वृक्ष भी पाए जाते हैं। अन्यथा चारों तरफ वर्ष भर भूमि में पाले की दशा एवं सतह एवं सागर तल पर बर्फ का अखण्ड साम्राज्य-सा दिखाई देता है। यहाँ तक कि एस्किमों एवं अन्य टुण्ड्रावासियों के मकान इग्लू भी बर्फ की ईंटों से ही बनाए जाते हैं।

पर्वतीय जलवायु वाले प्रदेश (Mountainous Climatic Regions)

यह प्रदेश संपूर्ण विश्व के पर्वतीय भागों में विस्तृत है। इसका विस्तार विषुवत रेखा से ध्रुवों की तरफ सभी महाद्वीपों में है। पर्वतीय प्रदेशों की जलवायु ऊँचाई के अनुसार निरन्तर उसी प्रकार से परिवर्तनशील रहती है जिस प्रकार से विषुवत रेखा से ध्रुवों की तरफ जाने पर होती है। उष्ण प्रदेशों में हिमरेखा अधिक ऊँचाई पर होने से वहाँ ऊँचाई के साथ-साथ धीरे-धीरे शीतलता बढ़ती जाती है। वर्षा की मात्रा एवं उसके सामयिक वितरण के अनुसार वहाँ वनस्पति पाई जाती है जैसे—हिमालय के पूर्वी भाग में निचले ढालों पर अधिक वर्षा के कारण सदाबहार वन, मध्यवर्ती ढालों पर उष्ण शीतोष्ण वन एवं 2000 मीटर ऊँचाई के पश्चात शीतोष्ण वन तथा अधिक ऊँचाई पर कोणधारी वन पाए जाते हैं। यहीं पर उष्ण मैदानी भागों की गर्मी से राहत पाने के लिए 2500 से 3000 मीटर ऊँचे भागों पर स्थित पहाड़ी भ्रमण केन्द्रों पर सैलानी घूमने आते रहते हैं। शीतोष्ण प्रदेशों में हिम रेखा ठण्डी जलवायु के कारण कम ऊँचाई पर मिल जाती है। अतः वहाँ निचले व मध्यवर्ती ढालों पर ठण्डी जलवायु एवं मिश्रित व शंकुल वन पाए जाते हैं। ध्रुवीय व उपध्रुवीय प्रदेशों में हिम रेखा समुद्र तट के निकट रहने से संपूर्ण पहाड़ी ढालों पर कठोर ठण्ड एवं हिम का प्रभाव बना रहता है।

हिम से ढके प्रदेश (Ice Cap Regions)

ये प्रदेश ध्रुवीय उष्ण प्रदेशों में पाए जाते हैं। इसका सर्वाधिक विस्तार उत्तरी ध्रुव तथा अण्टार्कटिका में पाया जाता है। ये प्रदेश सबसे ठण्डे स्थान माने जाते हैं। यहाँ का तापमान बहुत नीचा रहता है। यहाँ का तापमान सदैव हिमांक से नीचा रहता है। यहाँ वर्षा बिल्कुल नहीं होती है और यदि कुछ होती भी है तो वह हिम के रूप में होती है। यहाँ प्रतिचक्रवात का प्रभाव अधिक रहता है। यहाँ वनस्पति के नाम पर केवल काई व लिचन ही होते हैं। इसके अलावा कुछ रंग-बिरंगे पौधे भी ग्रीष्मकाल में होते हैं।

❑❑❑

अध्याय-4

जलमंडल

पृथ्वी की ऊपरी सतह जल एवं स्थल से मिलकर बनी है। इन्हें ही क्रमश: **महासागर** (जलीय भाग) एवं **महाद्वीप** (स्थलीय भाग) कहते हैं। इन्हें **प्रथम श्रेणी के उच्चावच** (Relief of First Order) भी कहते हैं। भूतल का 70-80 प्रतिशत जल संस्थानों से एवं शेष 28.2 प्रतिशत स्थल से ढका है। **एन-साइक्लोपीडिया ब्रिटेनिका** के अनुसार पृथ्वी का कुल क्षेत्रफल 50.95 प्रतिशत करोड़ वर्ग किमी. है। इसके 36.11 करोड़ वर्ग किमी. अर्थात् लगभग 71 प्रतिशत मात्र जल का विस्तार तथा शेष 14.88 करोड़ वर्ग किमी. अर्थात् 29 प्रतिशत क्षेत्रफल पर स्थल का विस्तार है। जलमण्डल के अन्तर्गत महासागर, सहायक या जुड़े सागर व खाड़ियाँ आदि आती हैं। दोनों गोलार्द्धों (उत्तरी एवं दक्षिणी) में जल एवं स्थल का वितरण-स्वरूप जटिल एवं असमान है। इसी प्रकार महासागरीय तल या महासागरीय बेसिन का धरातल भी मोटे तौर पर स्थल के धरातल की भाँति ही विषम है। उत्तरी गोलार्द्ध अर्थात् स्थलमण्डल में स्थल भाग अधिक होने से यहाँ 54 प्रतिशत भाग स्थल एवं 46 प्रतिशत भाग जल है, जबकि दक्षिणी गोलार्द्ध अर्थात् जलमण्डल में 81 प्रतिशत जल एवं 19 प्रतिशत स्थल है।

स्थल व जल क्षेत्रों का सामान्य वितरण

उत्तरी गोलार्द्ध में स्थल भाग जल भाग से अधिक होने से कई बार **स्थलमण्डल का गोलार्द्ध** भी कहते हैं। यहीं पर एशिया, यूरोप, उत्तरी अमेरिका, अधिकांश अफ्रीका एवं उत्तरवर्ती द. अमेरिका का विस्तार है। स्थलमण्डल गोलार्द्ध का केन्द्र **ब्रिटेनी** (फ्रांस) माना जाता है। यहाँ पर जल क्षेत्र 46 प्रतिशत भाग में है। इसमें अधिकांश अटलांटिक महासागर, आर्कटिक महासागर, उत्तरी हिन्द महासागर एवं उत्तरवर्ती प्रशान्त महासागर कुछ भाग एवं इन महासागरों के सहायक या संलग्न सागर व खाड़ियाँ शामिल हैं।

जलमण्डल गोलार्द्ध अधिकांशत: दक्षिणी गोलार्द्ध को घेरे है। इसके केन्द्र न्यूजीलैण्ड से पूर्व में हैं। इस गोलार्द्ध के 81 प्रतिशत भाग पर जल ही जल है। यहाँ के प्रमुख स्थलखण्डों में दक्षिण अमेरिका का मकर रेखा से दक्षिण का भाग, आस्ट्रेलिया व अण्टार्कटिका महाद्वीप एवं द.पू. एशिया के द्वीप व पूर्वी द्वीप समूह आदि मुख्य रूप से शामिल हैं। यहाँ पर हिन्द महासागर का अधिकांश मध्य व दक्षिणी भाग, अधिकांश प्रशांत महासागर, सुदूर दक्षिणीवर्ती अटलांटिक महासागर तथा अण्टार्कटिका महाद्वीप के चारों तरफ सागरीय भाग विस्तृत है। **क्लिम, स्टारके** एवं **रसेल** के अनुसार स्थल गोलार्द्ध में 53 प्रतिशत जल तथा जलीय गोलार्द्ध में 89 प्रतिशत जल है।

उच्चतादर्शक या उच्चतामितीय वक्र

सम्पूर्ण भूतल के **धरातल के सामान्य स्वरूप की रूपरेखा** को दर्शाने वाला औसत वक्र ही **उच्चतादर्शक वक्र** कहलाता है। इसमें औसत समुद्र तल से ऊँचाई एवं गहराई के सामान्य स्वरूप को महत्ता दी जाती है। चूँकि भूतल पर महासागरों का लगभग 71 प्रतिशत भाग है अत: महासागरों के तल की गहराई के स्वरूप को इसमें स्वत: ही विशेष महत्त्व दिया जाता रहा है। महासागरों का तल स्थल के उभार से कहीं जटिल एवं गहरा है। अत: उच्चतादर्शक वक्र में भी इसे ही विशेष महत्त्व दिया जाता रहा है। अत: सामान्य महासागरीय तल स्वरूप को जो कि उच्चतादर्शक वक्र (Hypsographic Curve) का आधार भी है, उसके ढाल के स्वरूप, विस्तार एवं गहराई के अनुसार उसे निम्नलिखित भागों में उपविभाजित किया जा सकता है :

1. महाद्वीपीय मग्न तट (Continental Shelves)
2. महाद्वीपीय मग्न ढाल (Continental Slopes)
3. गम्भीर सागरीय मैदान (Deep Sea Plains)
4. महासागरीय गर्त या खाइयाँ (Oceanic Deeps)
5. अन्त:महासागरीय कन्दराएँ (Sub-marine Canyons) एवं
6. अन्त:महासागरीय कटक (श्रेणी) एवं पठार (Sub- marine Ridges and Plateaus)

द्वितीय विश्व युद्ध के बाद महासागरीय तल के बारे में विशेष खोज के अनुसार महाद्वीपीय निमग्न ढाल एवं गम्भीर सागरीय मैदान के मध्य की संक्रमण पट्टी के मध्य पुन: उभार में पाई जाने वाली श्रेणियों एवं पठारों का विस्तार सबसे अधिक प्रशांत एवं अटलांटिक महासागरों में पाया जाता है। इसी भाँति महासागरीय तल पर विकसित अन्त:महासागरीय कन्दराएँ भी अपने आप में आश्चर्य में डालने वाली नवीन खोज है। इस तरह सन् 1970 के दशक से ही विशेष अध्ययन व शोध की जाती रही है।

1. महाद्वीपीय मग्न तट (Continental Shelves)

महाद्वीपीय मग्न तट गहरे महासागरों एवं महाद्वीपीय तटों के मध्य की प्रथम सीढ़ी है। यह सागर की ओर अपतटीय (off-shore) क्षेत्र की ओर चली गई है। **ट्रिवार्था** के शब्दों में, ''महाद्वीपों के समुद्र की ओर वे अपतटीय भाग जो सागर जल में डूबे हुए हैं, **महाद्वीपीय मग्न तट** कहलाते हैं।'' **वान राइपर** के अनुसार, ''एक धीमा ढालू उपसागरीय मैदान जो महाद्वीपों के सीमान्त भाग में स्थित हो और उसका बाहरी तीव्र ढाल सामान्यत: सागर में 350 फीट की गहराई तक किन्तु कहीं-कहीं यह गहराई 600 फीट तक पाई जाती है।'' यह भाग यद्यपि समुद्र में डूबा है किन्तु इसकी संरचना महाद्वीपों के समकक्ष ही है। यहाँ की गहराई भी बहुत कम (180 मीटर तक) है एवं इसका ढाल भी धीमा 1° से 3° ही है। इन्हीं भागों में महाद्वीपों द्वारा लाए गए पदार्थों का जमाव दूर-दूर तक बिछा है। यहाँ पर महासागरीय जैव-जगत की विविधता अर्थात् वनस्पति एवं जल-जीवों की अनोखी दुनिया अपने विकसित रूप में पाई जाती है। महाद्वीपीय मग्न तट की चौड़ाई एवं उसका कुल विस्तार, आदि सभी महाद्वीपों के तट पर समान नहीं है अर्थात् महाद्वीपीय मग्न तट का विस्तार **अटलांटिक महासागर** में कुल क्षेत्रफल का 13.6 प्रतिशत, **प्रशांत महासागर** में 5.7 प्रतिशत एवं **हिन्द महासागर** में 4.2 प्रतिशत ही है। इस तरह अन्ध (अटलांटिक) महासागर में अपतरीय भाग अधिक चौड़े एवं कम गहरे हैं।

अत: यहाँ के महीद्वीपीय मग्न तट अधिक चौड़े होने से काफी दूर तक फैले हैं। उत्तरी अमेरिका के पूर्वी तट पर यह चौड़ाई 120 किमी. है, जबकि अधिक विस्तृत मग्न तट आर्कटिक महासागर में बारेण्ट सागर के समीप 500 किमी. से भी अधिक है। इसके विपरीत उत्तरी व दक्षिण अमेरिका के प. तट पर बहुत ऊँचे अल्पाइन काल में पर्वतों के उत्तर-दक्षिण के तट तक विस्तार होने के कारण महाद्वीपीय मग्न तट की चौड़ाई मात्र 10 से 16 किमी. ही है।

संयुक्त राज्य अमरीका के पश्चिमी तट पर स्थित तटीय श्रेणी वाले भाग के समीप के महाद्वीपीय मग्न तट पर तो तटीय श्रेणियों का विस्तार मिलता है। भारत के पूर्वी तट के मग्न तटों की औसत चौड़ाई 50 किमी. है। लेकिन गंगा तथा महानदी के मुहानों के मग्न तट 100 किमी. से अधिक चौड़े हैं।

शेपर्ड के अनुसार ''महाद्वीपीय मग्नतटों की औसत चौड़ाई 65 किमी. तथा गहराई 140 मीटर है। मग्न तटों का धरातल चौरस तथा औसत ढाल 2 मीटर प्रति किमी. पाया जाता है।''

2. महाद्वीपीय मग्न ढाल (Continental Slopes)

महाद्वीपीय मग्न तटों के बाद मग्न ढाल पाए जाते हैं जिनका विस्तार महाद्वीपीय मग्न तट तथा गम्भीर सागरीय मैदानों के बीच पाया जाता है। महाद्वीपीय मग्न ढाल का प्रारंभ महाद्वीपीय मग्नतट के अंतिम किनारे से ही हो जाता है। **फिंच एवं ट्रिवार्था** के अनुसार, ''मग्न तट का अपेक्षाकृत अधिक तीव्र ढाल वाला भाग जो उसके किनारे में गहरे सागरतल तक फैला होता है, महाद्वीप का वास्तविक किनारा होता है।''

वान राइपर ने अपनी पुस्तक **'मानव का भौतिक संसार'** में महाद्वीपीय मग्न ढाल को परिभाषित करते हुए लिखा है कि ''महाद्वीपीय मग्न तट का अधिक तीव्र बाहरी ढाल महाद्विपीय मग्न ढाल है।'' **विज्ञान व तकनीकी विश्वकोष** के अनुसार, ''महाद्वीपीय मग्न ढाल महाद्वीपीय जल में डूबे कम घनत्व के ग्रेनाइट अथवा सियालिक महाद्वीपों के भाग होते हैं।'' मग्नढाल की प्रवणता मग्न तट की अपेक्षा अधिक होती है। महाद्वीपीय मग्न ढाल का औसत ढाल 5° होता है। भारत में कोजीकोड के तट पर ढाल 5° से 15° है, स्पेन के तट पर 36° के ढालों के मग्न ढाल पाए जाते हैं। मग्न ढाल की गहराई सामान्यत: 107 मीटर से 183 मीटर तक पाई जाती है किन्तु कहीं-कहीं गहराई इससे भी बहुत अधिक है। समस्त सागरीय क्षेत्र के 8.5 प्रतिशत भाग पर मग्न ढालों का विस्तार पाया जाता है। इस क्षेत्र का 12.4 प्रतिशत अटलांटिक महासागर में, 7 प्रतिशत प्रशान्त महासागर में एवं 6.5 प्रतिशत हिन्द महासागर में स्थित है।

3. गम्भीर सागरीय मैदान (Deep Sea Plains)

महाद्वीपीय मग्न ढाल के समाप्त होते ही गंभीर सागरीय मैदान प्रारंभ हो जाते हैं। अर्थात् ये महाद्वीपीय मग्न ढाल तथा महासागरीय गर्तों के बीच में पाए जाते हैं। ये मैदान स्थल पर फैले मैदानों के समान ही व्यापक रूप में फैले हैं। गंभीर सागरीय मैदान संपूर्ण सागरीय क्षेत्रफल के 75.9 प्रतिशत भाग पर पाए जाते हैं। इनका विस्तार प्रशांत महासागर में 80.3 प्रतिशत हिन्द महासागर में 80.1 प्रतिशत तथा अटलांटिक महासागर में 54.9 प्रतिशत है। इनकी गहराई 3600 मीटर (2000 फैदम) से (5,490) मीटर (3000 फैदम) के बीच होती है। इसमें ढाल बहुत कम पाया जाता है। किन्तु इनका तल पूर्णत: समतल नहीं होता। इनमें खड्ड-कटक, अन्त:सागरीय पर्वत, पठार आदि पाए जाते हैं। इस उबड़-खाबड़ के बारे में जानकारी **एन्बेट्रास** महोदय ने ध्वनिकरण यंत्र द्वारा पता करके दी। गम्भीर सागरीय तलों पर अथाह रूप से समुद्री जीव-जन्तुओं के अस्थिपंजर, वनस्पतियाँ, कीचड़, काई, कई प्रकार के पंक तथा ज्वालामुखी की राख मिलती है।

विश्व का सबसे बड़ा चौरस सागरीय मैदान कनाडा बेसिन है जो 3820 मीटर की गहराई पर उत्तर से दक्षिण की ओर 1000 किमी. की लम्बाई में फैला हुआ है। आर्कटिक सागर का मैदान निक्षेप की मोटी परत के कारण बहुत ही समतल है। इसी तरह यूरेशिया बेसिन भी चौरस है। अरब सागर में समलत मैदान 3400 मीटर (1856 फैदम) की गहराई पर फैला हुआ है।

4. महासागरीय गर्त (Oceanic Deeps)

महासागरीय गर्त महासागरों के अत्यधिक गहरे भाग हैं, जो महासागरीय नितल के लगभग 7 प्रतिशत भाग पर पाए जाते हैं। इनका विस्तार महासागरीय तलियों में यत्र-तत्र पाया जाता है। ये महासागरों के सबसे बड़े भाग होते हैं। ये अवस्थित ढंग से विस्तृत तीव्र ढाल वाले होते हैं। इनकी औसत गहराई 7000 से 9000 मीटर तक है। साधारणत: महासागरीय गर्त द्वीप शृंखलाओं और मोड़दार पर्वतों के समीप गहरे सागरीय क्षेत्रों में पाए जाते हैं। ये ज्वालामुखी तथा भूकम्पीय क्रियाशील क्षेत्रों में पाए जाते हैं। इन गर्तों के निक्षेप में ज्वालामुखी राख तथा आकाशीय धूल मिलती है। विश्व में सबसे गहरा महासागरीय गर्त मेरियाना चैलेन्जर गर्त है जिसकी गहराई 11776 मीटर है। प्रमुख गर्तों की गहराई निम्नानुसार है :

महासागर का नाम	खाई तथा गर्त का नाम	स्थान	गहराई (मीटर में)
1. प्रशांत महासागर	*(i)* मेरियाना खाई में चैलेन्जर गर्त	मेरियाना द्वीप के दक्षिण पूर्व में	11,776
	(ii) टोंगा खाई में एस्ट्रिच गर्त	टोंगा द्वीप के समीप	10,882
	(iii) फिलीपाइन खाई में मिण्डनाओ गर्त	फिलीपाइन द्वीप के समीप	10,550
	(iv) क्यूराइल कमचटका खाई में टस्कारारा गर्त	क्यूराइल द्वीप के समीप	10,542
	(v) न्यूहैब्राइड गर्त	आस्ट्रेलिया के उत्तर-पूर्व में	9,165
	(vi) जापान खाई में रोमोपो गर्त	जापान के समीप	8,412
	(vii) एल्यूशियन गर्त	एल्यूशियन द्वीप के समीप	8,100
	(viii) पेरू-चिली गर्त	पेरू तथा चिली के समीप	8,066
	(ix) मध्य अमेरिकी खाई (गर्त)	ग्वाटेमाला के समीप	6,662
2. अटलांटिक महासागर	*(x)* पोर्टोरिको खाई में ब्लैकी गर्त	उत्तरी पोर्टोरिको द्वीप के समीप	9,220
	(xi) रोमेंशे खाई (गर्त)	मध्य अटलांटिक कटक के आर-पार	7,856
	(xii) केमन खाई (गर्त)	कैमन द्वीप के समीप	7,500
3. हिन्द महासागर	*(xiii)* जावा खाई (गर्त)	जावा के समीप	7,450
	(xiv) मॉरिशस खाई (गर्त)	मॉरीशस द्वीप के समीप	5,564

5. अन्तः महासागरीय कन्दराएँ (Submarine Canyons)

महासागरों की मध्यवर्ती गहराइयों में विशेषकर महासागरीय ढाल पर गुफा या कन्दरा (Canyons) की भाँति के गर्त या गड्ढे मिलना एक आश्चर्यजनक प्राकृतिक घटना है। इसकी खोज सन् 1970 के दशक में की गई। अनेक विद्वानों ने इस बारे में विशेष खोज एवं अध्ययन किया है। इनकी उत्पत्ति एवं विकास के बारे में वैज्ञानिक एकमत नहीं हैं। महासागरीय कन्दराएँ गहरे गड्ढों की भाँति तेज ढाल वाली होती हैं किन्तु ये अपने प्रारंभिक स्थल भाग के समीप अधिक चौड़ी होती हैं। इनकी गहराई 800 से 1200 मीटर के मध्य होती है, किन्तु **बेरिंग कन्दरा** एवं चीनी तट पर **जेमचुंग कन्दरा** 2600 मीटर तक गहरी हैं। इनकी दीवारें खड़े ढाल जैसी होती हैं, जबकि इनकी तली में शिस्ट, चीका, बजरी आदि पाई जाती हैं जहाँ यह जलोढ़ पंख की भाँति फैली फैली हुई हैं। इसी कारण इनके निर्माण पर विद्वान एकमत नहीं हैं। अधिकांश विद्वानों का मत है कि महाद्वीपीय प्रवाह के पश्चात अभिनव कल्प में अल्पारन काल की ज्वालामुखी गतियों के विकास काल के समय ही इन कन्दराओं का भी निर्माण हुआ। कुछ तो संभवतः अभी भी विकास की अवस्था में हैं। ये कन्दराएँ अपने खुले मार्ग की ओर अर्थात् गंभीर सागरीय मैदानों की ओर जलोढ़ शंकु या जलोढ़ पंख अथवा डेल्टा की भाँति फैली हुई हैं। केनियन के निर्माण संबंधी विचारधाराएँ अभी प्रारंभिक अवस्था में ही हैं। इन पर अभी शोध एवं गवेषणा की आवश्यकता है।

6. अन्तःमहासागरीय कटक एवं पठार (Submarine and Plateaus)

सभी महासागरीय बेसिनों अथवा अगाध सागरीय मैदानों को विभाजित करने वाली सीमावर्ती कटक एवं कहीं-कहीं विस्तृत पठार अब महासागरों के महत्वपूर्ण धरातल का अंग माने जाते हैं। यह गम्भीर सागरीय मैदानों से उठकर सागर तल से 1500 से 2000 मीटर की गहराई तक पाए जाते हैं। इन प्रकार इनकी ऊँचाई अपने तल से 3000 से 4000 मीटर तक है। यही नहीं संपूर्ण विश्व के महासागरों के कटक या श्रेणियाँ दक्षिणी गोलार्द्ध में आपस में एक-दूसरे से जुड़ी हुई भी हैं। इनका सिलसिला मात्र दक्षिणी अमेरिका के सुदूर दक्षिण में थोड़ी दूर के लिए ही टूट-सा गया है। इनमें अन्ध महासागर की S आकार की कटक या श्रेणी विश्वविख्यात है। उत्तरी भाग में इसे **डॉल्फिन श्रेणी** एवं दक्षिण में इसे **चैलेन्जर श्रेणी** कहते हैं। इसी भाँति दक्षिणवर्ती सागरों में दक्षिण प्रशान्त में **प्रशान्त अंटार्कटिका श्रेणी,** दक्षिणी अन्ध महासागर में **अटलांटिक इण्डियन श्रेणी** एवं दक्षिणी हिंद महासागर में **इण्डियन अंटार्कटिका श्रेणी** एक निरन्तर प्रायः शृंखला की भाँति चली गई है।

महासागरीय जल का तापमान

भूतल की भाँति महासागरीय सतह के जल के तापमान का वितरण भी अनेक कारकों द्वारा प्रभावित रहता है। इसी कारण इसका क्षेत्रवार वितरण असमान एवं विषम रहता है। इसमें सामान्य या औसत वितरण विषमता एवं ऋतुवार वितरण विषमता दोनों ही प्रकार से विभिन्नता पाई जाती है। महासागरीय सतह के जल के तापमान को प्रभावित करने वाले प्रमुख कारक निम्नलिखित हैं :

1. अक्षांश या सूर्याताप (Latitudes or Insolation) : सामान्य रूप से भूतल पर सूर्याताप/सौर ऊर्जा का वितरण अक्षांशवार है एवं संपूर्ण सागर ताप प्रायः समरूपी है। अतः स्थल खण्डों की तरह समुद्र तट से दूरी अथवा सागर तल से ऊँचाई जैसे कारक महासागरों के तापमान के लिए कोई महत्त्व नहीं रखते। **उष्ण कटिबंधों** के सागर तल का तापमान सबसे ऊँचा रहता है। यही नहीं, शीतोष्ण कटिबंध के ऐसे तापमान भी उष्ण कटिबंधीय ऊँचे तापमान वाले सागर-जल से ही प्रभावित रहते हैं क्योंकि उष्ण कटिबंध से गर्म धाराएँ शीतोष्ण कटिबंध की तरफ बहकर वहाँ के तापमान को अपने विशेष गुणों के अनुसार संरोधित करती रहती हैं। इसके बाद सौर ऊर्जा प्राप्ति में अधिक कमी आने, पृथ्वी की गोलाई का प्रभाव एवं वायुमण्डल की मोटाई आदि का सौर ऊर्जा पर पड़ने वाले प्रभाव के कारण एवं ठण्डी धाराओं के बढ़ते प्रभाव के कारण भी सागर के तापमान में तेजी से कमी आने लगती है। यहाँ ठण्डी धाराओं का प्रभाव क्षेत्र 50° अक्षांश के पश्चात् तेजी से बढ़ने लगते हैं। शीत कटिबंध या ध्रुवीय वृत्तों (66½° उत्तर व दक्षिण अक्षांश) से

ध्रुवों की ओर के तापमान हिमांक बिन्दु के आसपास या उससे भी कम रहते हैं। अत: यहाँ उष्णता का कोई महत्त्व नहीं रहता।

2. सागर-जल की विशिष्टता (Specification of Ocean Water): पानी अपने अनेक गुणों के कारण सौर ऊर्जा ग्रहण करने व तापमान के वितरण के व्यवहार से स्थल से पूर्णत: भिन्न है क्योंकि :

(i) जल की ऊपरी सतह चमकीली होती है, अत: सौर ऊर्जा का एक भाग जल-तल से परावर्तित हो जाता है।

(ii) जल को प्राप्त होने वाली शेष ऊर्जा भी पानी को लगभग 15 से 20 मीटर गहराई तक गर्म करने हेतु प्रवेश कर जाती है।

(iii) जल गतिशील रहता है, उसमें संवाहनिक धाराएँ एवं क्षैतिज धाराएँ चलती हैं।

(iv) जल की गुप्त ऊष्मा स्थल से कहीं अधिक होती है। इन सबमें से कोई भी गुण-स्थल में नहीं मिलता। अत: **महासागरीय जल निरन्तर एक-सी व धीमी गति से गर्म होता रहता है तथा पुन: धीमी गति से ही ठण्डा होता जाता है।** इसी कारण न तो जल के उच्चतम तापमान स्थल की भाँति 45° सेन्टीग्रेड या अधिक पहुँच पाते हैं, न ही शीतकाल में न्यूनतम तापमान 40° सेन्टीग्रेड की भाँति नीचे रहते हैं। जल के तापमान 0° सेन्टीग्रेड से ऊपर किन्तु 27 से 28° सेन्टीग्रेड से अधिक ऊपर अपवादस्वरूप ही मिलते हैं। लाल सागर एवं फारस की खाड़ी में तटीय मरुस्थलों के कारण स्थानीय रूप से 34 से 35° सेन्टीग्रेड तक ही बढ़ सकते हैं।

3. स्थल खण्डों का वितरण (Distribution of Land Masses) : पृथ्वी पर उत्तरी गोलार्द्ध में स्थल खण्ड अधिक हैं, जबकि दक्षिणी गोलार्द्ध में स्थल खण्डों की कमी है। यही कारण है कि दक्षिणी गोलार्द्ध के महासागरों की तुलना में उत्तरी गोलार्द्ध के महासागर गर्मियों नें सबसे अधिक गर्म एवं शीतकाल में महाद्वीपों से चलने वाली बर्फीली हवाओं के प्रभाव से विशेष रूप से ठण्डे हो जाते हैं। इसके विपरीत यद्यपि अंटार्कटिका महाद्वीप बर्फ से ढका है फिर भी दक्षिणी गोलार्द्ध के महासागरों का निरन्तर विस्तार रहने से वहाँ का तापमान ग्रीष्मकाल में उत्तरी गोलार्द्ध से कम गर्म एवं शीतकाल में सम या शीतल रहता है। अत: यहाँ ऋतुवार महासागरीय जल के तापमान में अन्तर कम पाया जाता है।

4. समुद्री धाराएँ (Oceanic Currents) : विषुवत रेखीय एवं उष्ण कटिबंधीय प्रदेशों में निरन्तर तापमान ऊँचा रहने से सागर काफी गहराई तक गर्म हो जाते हैं। इससे पानी हल्का व गर्म बनकर शीतोष्ण प्रदेशों की तरफ प्रचलित स्थायी वायु की दिशा एवं फैरल के नियमानुसार पूर्व से पश्चिम की ओर बहता हुआ महाद्वीपीय तटों से टकराकर ठण्डे जल की तरफ बहने लगता है। इसी के प्रभाव से उष्ण शीतोष्ण प्रदेशों में महाद्वीपों के पूर्वी तट पर गर्म धाराएँ बहती हैं। इन्हीं गर्म धाराओं का आगे चलकर प्रभावशाली पछुआ हवाओं के प्रभाव से यहाँ का उष्ण पानी पूर्वोत्तर दिशा की तरफ बहता हुआ शीत-शीतोष्ण प्रदेशों में महाद्वीपों के पश्चिमी तट पर बहता है। उत्तरी गोलार्द्ध में स्थलखण्ड अधिक होने से वहाँ यह प्रभाव अधिक स्पष्टता से दिखाई देता है। ऐसे प्रभाव से ही पं. यूरोप, पूर्वी संयुक्त राज्य एवं चीन का पूर्वी तट व जापान तट कठोर शीतकाल में भी उष्ण (गर्म) बना रहता है। जब गर्म धाराएँ ठण्डे सागरों की तरफ बहती हैं एवं ठण्डी धाराएँ उष्ण सागरों की तरफ बहती हैं तो इसका स्पष्ट प्रभाव स्थानीय एवं प्रादेशिक रूप से देखा जा सकता है।

5. प्रचलित पवनें (Prevailing Winds) : पवनों का प्रभाव सागर तल पर स्पष्ट दिखाई देता है। पवनें न केवल उष्ण कटिबंधीय वायुमण्डल के ताप को शीतोष्ण वायुमण्डलीय प्रदेशों की तरफ प्रवाहित करती हैं अपितु जिस सागर तल से होकर बहती हैं, उसे भी उष्ण या शीतल बनाती हैं। पछुआ पवनें अयनवृत्तों का शीतोष्ण सागरों की तरफ भी वितरित करती हैं। ऐसे प्रभाव से न केवल सागर तल ही प्रभावित होता है, बल्कि विक्षोभमण्डल की संघनन क्रिया में पछुआ पवन के प्रदेशों में (शीतोष्ण प्रदेश में) हिम वर्षा के स्थान पर जनवृष्टि का महत्त्व बढ़ जाता है। इससे भी सागर-जल का तापमान अधिक बना रहता है। पवनों के प्रभाव से ही या सनातनी पवनों की दिशा के अनुसार ही गर्म या ठण्डे जल की धाराएँ दिशा-विशेष में बहती हुई महाद्वीपों के विशेष तटों को प्रभावित करती हैं।

6. हिम शिलाओं का प्रभाव (Effect of Icebergs) : अंटार्कटिका महाद्वीप एवं ग्रीन लैण्ड बर्फ से ढके प्रदेश हैं। यहाँ से हिमखण्ड सागर तल पर दूरी तक प्रवाहित होते हैं। ऐसे हिम-शैलों के प्रभाव से उनके आस-पास के सागर तल का तापमान काफी नीचे गिर जाता है। न्यूफाउण्डलैण्ड के समीप हडसन की खाड़ी में पूर्वी साइबेरिया के तटीय भागों एवं सुदूर दक्षिणी ध्रुवीय सागरों के बर्फीले तापमान का एक प्रमुख कारण हिमखण्डों का ध्रुवों से 50° से 60° अक्षांशों तक बहकर आना एवं वहाँ पिघलना रहा है।

अन्य कारणों में : सागर की अक्षांशीय स्थिति, स्थानीय रूप से तूफानी मौसम, सागर की गहराई में ऊँची श्रेणी का विस्तार, महासागरों की तटीय खाड़ियाँ एवं अधखुले सागरों की विशेष स्थिति आदि प्रमुख हैं।

महासागरीय जल के तापमान का वितरण

1. तापमान का क्षैतिज वितरण (Horizontal Distribution of Temperature)—साधारणतया महासागरों के तल का तापमान अक्षांशों के अनुसार वितरित है, फिर भी इस पर विशेष रूप से उपर्युक्त कारकों का प्रभाव भी क्षेत्रीय या प्रादेशिक रूप में स्पष्ट दिखाई देता है। विषुवत रेखा से 30° अक्षांश तक प्राय: 2° से 3° डिग्री अक्षांश पर ½° सेंटीग्रेड तापमान कम होता जाता है। इसी कारण जहाँ विषुवत रेखा के आसपास तापमान 27° सेंटीग्रेड रहता है वहीं 20° अक्षांश के आसपास तापमान 21° सेंटीग्रेड एवं 45° अक्षांश पर 15° सेंटीग्रेड तक रहता है। यहाँ तक पछुआ पवनों एवं उष्ण धाराओं के प्रभाव से तापमान धीमी गति से गिरता है। दक्षिणी गोलार्द्ध के महासागरों के तापमान जल की अधिकता एवं निरन्तरता के कारण अक्षांशों के अनुसार ही ध्रुवों की तरफ गिरता जाता है।

पृथ्वी के सम्पूर्ण महासागरों का औसत तापमान 17° सेंटीग्रेड रहता है। उत्तरी गोलार्द्ध में महासागरों का इस औसत दशा से कुछ अधिक गर्म या 20° सेंटीग्रेड औसत तापमान रहता है, जबकि दक्षिणी गोलार्द्ध के औसत तापमान कुछ नीचे अर्थात् 15.5° सेंटीग्रेड अंकित किए जाते हैं। इसी तरह खुले महासागरों में सर्वोच्च तापमान 28° सेंटीग्रेड, उत्तरी गोलार्द्ध में 5° अक्षांश पर एवं स्थानीय रूप से बंगाल की खाड़ी में अंकित किया जाता है। **अधखुले सागरों** में सबसे गर्म सागर लाल सागर (32° सेंटीग्रेड) एवं फारस की खाड़ी (34° सेंटीग्रेड) है। ये प्रदेश उष्ण मरुस्थलों से घिरे रहने से भी अधिक गर्म बने रहते हैं लेकिन उच्च अक्षांशों में स्थित होने से भूमध्य सागर एवं काले सागर (अधखुले सागर) का तापमान इनसे नीचा रहता है। खुले महासागरों में प्रशांत महासागर का औसत तापमान 18° सेंटीग्रेड एवं अटलांटिक महासागर का औसत तापमान 16° सेंटीग्रेड रहता है। हिन्द महासागरों का विस्तार

उत्तरी ठण्डे अक्षांशीय प्रदेशों में नहीं है, अतः वहाँ का तापमान 16.3° सेंटीग्रेड के आसपास अर्थात कुछ ऊँचा रहता है।

2. तापमान का लम्बवत् वितरण (Vertical Distribution of Temperature)—जिस तरह सागर के तापमान का क्षैतिजिक वितरण कई कारकों से प्रभावित रहता है उसी प्रकार सागर-जल की गहराई के अनुसार तापमान का गिरना भी सर्वत्र समान नहीं है। उस पर सामान्यतः महासागरीय धाराओं, सागर की गहराई, अक्षांशीय अन्तर एवं सागरतली के धरातल के स्वरूप का विशेष प्रभाव पड़ता है। यह संक्षेप में निम्न प्रकार से है :

महासागरीय धाराएँ (Oceanic Currents) : जल में संवाहनिक धाराएँ चलने के कारण मध्य अक्षांशों में गर्म धाराओं के प्रभाव से जहाँ-जहाँ सतह पर जल का तापमान ऊँचा रहता है, वहाँ 180 मीटर की गहराई तक ताप गिरने की दर धीमी रहती है। इसी प्रकार गर्म सागरों में सतह से 100 मीटर की गहराई तक तापमान प्रायः स्थिर या धीमी गति से गिरता है लेकिन उष्ण प्रदेशों में जहाँ भी शीतल या ठण्डी धारा का प्रभाव रहता है, वहाँ पर सतह से 20-30 मीटर के पश्चात् तापमान कुछ गहराई तक बढ़ने लगता है एवं 150 मीटर के बाद पुनः गिरने लगता है। ऐसा कुछ स्थानों पर ही होता है।

अक्षांशीय अन्तर (Latitudinal Difference) : विषुवत रेखा से ध्रुव की तरफ जाने पर सागर की सतह का तापमान गिरने लगता है, अतः मध्यवर्ती अक्षांशों का जल शीतल व उच्च अक्षांशों में ठण्डा एवं ध्रुवीय प्रदेशों में बर्फीला रहता है। अतः गहराई बढ़ने के साथ-साथ यहाँ का तापमान धीमी गति से गिरता है क्योंकि जहाँ विषुवत रेखा के आस-पास सतह के तापमान 27° सेंटीग्रेड से 2000 मीटर की गहराई पर 2° सेंटीग्रेड तक पहुँच जाते हैं, वहीं उत्तरी गोलार्द्ध में सतह का तापमान 50° अक्षांश पर अटलांटिक महासागर पर 8.6° सेंटीग्रेड रहता है लेकिन यहाँ भी 2000 मीटर की गहराई पर भी तापमान 1.8° सेंटीग्रेड तक ही रहेगा। इसी भाँति दक्षिणी गोलार्द्ध में 50° अक्षांश पर महासागरीय सतह का तापमान (अटलांटिक महासागर) 6.8° सेंटीग्रेड के आसपास रहता है, वहीं 2000 मीटर की गहराई पर भी 1.8° सेंटीग्रेड के आसपास ही मिलेगा। उपर्युक्त उदाहरणों से स्पष्ट है कि ठण्डे प्रदेशों या ध्रुवीय अक्षांशों की गहराई बढ़ने के साथ-साथ तापमान प्रायः स्थिर या बहुत ही धीमी गति से गिरता है क्योंकि महासागरों के जल का तापमान किसी भी गहराई पर 1.2° सेंटीग्रेड से नीचे नहीं गिर सकता। अंटार्कटिका महाद्वीप के समीप बर्फ के कारण बर्फीले क्षेत्रों का तापमान 0° सेंटीग्रेड से 1.5° सेंटीग्रेड तक गिर जाता है। वहाँ अन्यत्र व यहीं पर भी सतह से 180 मीटर गहराई पर तापमान बढ़कर 1.2° सेंटीग्रेड तक अंकित किया जाता है। इसी कारण ध्रुवों के आसपास एवं हिमशिला प्रभावित प्रदेशों में स्थायी रूप से **ताप विलोमता** की दशा पाई जाती है।

महासागरीय जल की लवणता

महासागरों एवं समुद्रों का जल खारा होता है। महासागरीय जल में अनेक प्रकार के खनिज लवण घुले रहते हैं। किन्तु समुद्री जल की लवणता का मुख्य कारण उसमें सोडियम क्लोराइड की अधिकता है। वस्तुतः महासागरीय जल की लवणता उसमें घोल रूप में पाए जाने वाले सभी प्रकार के लवणों के योग का द्योतक है। समुद्र के प्रति हजार ग्राम जल में विभिन्न प्रकार के लवणों की जितनी ग्राम मात्रा पाई जाती है, उसे ही लवणता (Salinity) की संज्ञा प्रदान की जाती है। समुद्र वैज्ञानिक लवणता को प्रतिशत (%) में न व्यक्त करके प्रति हजार (‰) में व्यक्त करते हैं। उदाहरणार्थ, यदि 1000 ग्राम समुद्री जल में घुले हुए लवणों की मात्रा 35 ग्राम है तो उस जल की लवणता 35 प्रतिशत होगी। अतः स्पष्ट है कि महासागरीय जल के प्रति एक हजार भाग में घुले हुए खनिज लवणों का भाग ही उसकी लवणता है।

महासागरीय जल का संघटन

महासागरीय जल विभिन्न प्रकार के लवणों का मिश्रण है। इन लवणों की कुल मात्रा महासागरों के विभिन्न भागों में एक समान नहीं होती, लेकिन इन खनिज पदार्थों का पारस्परिक अनुपात सदा और सर्वत्र स्थिर होता है। उदाहरणस्वरूप यदि किसी एक घटक की मात्रा कम हो जाती है, तो अन्य सभी घटकों की मात्रा में समानुपातिक कमी पायी जाती है। ज्ञातव्य है कि महासागरीय जल के खारेपन में अन्तर के बावजूद समुद्री जल का औसत तापमान (Average Salinity) 35 प्रतिशत माना जाता है। दूसरे शब्दों में, समुद्र के प्रति 1,000 ग्राम जल में 35 ग्राम विभिन्न खनिजों का घोल पाया जाता है।

नीचे दी गई सारिणी में **डिटॅमार** (Dittmar) द्वारा दिया गया विभिन्न प्रमुख लवणों की वजन तथा प्रतिशत प्रस्तुत है। प्रस्तुत सारणी **चैलेंजर अभियान** में प्राप्त आँकड़ों पर आधारित है।

महासागरीय जल में विभिन्न लवणों का भार एवं प्रतिशत

लवण	*मात्रा %*	*प्रतिशत*
सोडियम क्लोराइड	27.213	77.8
मैग्नीशियम क्लोराइड	3.807	10.9
मैग्नेशियम सल्फेट	1.658	4.7
कैल्शियम सल्फेट	1.260	3.6
पोटेशियम सल्फेट	0.863	2.5
कैल्शियम कार्बोनेट	0.123	0.3
मैग्नेशियम ब्रोमाइड	0.076	0.2
	35.000	100.00

इस प्रकार समुद्री जल में सबसे अधिक मात्रा में सोडियम क्लोराइड या खाने का नमक एवं सबसे कम मात्रा में मैग्नीशियम ब्रोमाइड पाया जाता है। इसके अलावा बहुत ही थोड़ी मात्रा में अन्य अनेक प्रकार के पदार्थ भी पाए जाते हैं क्योंकि महासागरीय जल में अति सूक्ष्म मात्रा में भूतल के सभी तत्व अवश्य पाए जाते हैं। इसी कारण अनुकूल परिस्थिति में गहरे सागरों की तली पर (बेसिनों में) संग्रथित धातु पिण्ड के सघन घोल पाए जाते हैं। यही नहीं, कई कम्पनियाँ महासागरीय जल के परिष्करण द्वारा अनेक प्रकार की दवाइयाँ, रसायन एवं अनेक प्रकार के पदार्थ प्राप्त करती रही हैं। महासागरों का औसत खारापन 35‰ है। कई खुले सागरों में इससे कुछ कम या कुछ अधिक मात्रा में भी खारापन (लवणता) पाया जाता है। इसी भाँति कई अधखुले सागरों व अन्तर्देशीय खारे जलाशयों में इससे कहीं कम अथवा कई गुना अधिक खारापन भी पाया जाता है।

महासागरीय धाराएँ

महासागरीय जल कभी भी स्थिर नहीं रहता। जल की गतियाँ अनेक कारणों से प्रभावित होकर बहुरूपी एवं जटिल होती हैं। हवा चलने से जल में **लहरें** या **तरंगें** उठती हैं। इसी तरह चन्द्रमा एवं सूर्य के गुरुत्वाकर्षण के प्रभाव से जल में लम्बवत् गति होने से **ज्वारीय लहरें** उठती हैं। महासागरों के भौतिक

एवं रासायनिक लक्षणों, जैसे—तापमान, खारापन, घनत्व, बर्फ की मात्रा, आदि में अन्तर आने पर पृथ्वी की गतियों के प्रभाव से, हवाओं या पवनों के प्रभाव से, जल गर्म प्रदेशों से नदियों की भाँति सागर-जल पर शीतोष्ण प्रदेशों की तरफ बहता है। इसे **गर्म धारा** कहते हैं। इसी भाँति ध्रुवों से ठण्डी पानी की धाराएँ चलती हैं। इस प्रकार महासागरीय जल के तल पर निम्न प्रकार की गतियाँ विकसित होती हैं :

(अ) लहरें (Waves), (ब) धाराएँ (Currents) तथा (स) ज्वार-भाटा (Tides)

अन्ध (अटलांटिक) महासागर की धाराएँ

अटलांटिक महासागर में स्पष्टत: धारा-प्रवाह के दो क्षेत्र या व्यवस्था उत्तरी व दक्षिणी दिशा में बनते हैं। अत: उसी के अनुसार यहाँ उन्हें धाराओं के अनुसार समझाया गया है :

उत्तरी अटलांटिक महासागर की धाराएँ

(i) **उत्तरी विषुवतरेखीय गर्म धारा (North Equatorial Warm Current) :** यह धारा पश्चिमी अफ्रीका के गिनी तट के समीप से प्रारंभ होकर पूर्व से पश्चिम की तरफ बहती हुई उत्तरी ब्राजील, कैरेबियन सागर एवं मध्य अमेरिकी तट तक पहुँचती है। अत: यह व्यापारिक पवनों की दिशा के अनुसार बहती रहती है। गिनी की खाड़ी की विशेष स्थिति के कारण यह धारा उत्तर-पश्चिम की तरफ मुड़ जाती है। इसमें पश्चिमी अफ्रीका के विस्तार के कारण उत्तर का पानी भी पश्चिम की तरफ आकर मिलता है। इसके साथ-साथ आगे वर्णित दक्षिणी विषुवत रेखा की गर्म धारा का एक हिस्सा भी ब्राजील के उत्तर-पूर्वी तट से टकराकर पुन: उत्तर की तरफ प्रवाहित होता हुआ मैक्सिको की खाड़ी के समीप उत्तरी विषुवतरेखीय धारा में मिलकर इसे अधिक प्रभावशाली बना देता है।

(ii) **गल्फ स्ट्रीम (Gulf Stream) :** यह धारा विश्व की सबसे अधिक प्रभावशाली धारा है। प्रारंभ में जब उत्तरी विषुवतरेखीय गर्म धारा का पानी एवं दक्षिणी विषुवतरेखीय गर्म धारा का एक भाग मिलकर मध्य अमेरिका व पश्चिमी द्वीप समूह की ओर से मैक्सिको की खाड़ी में प्रवेश करने लगती है, तब यह तीन शाखाओं में विभक्त होती है : *(i)* एंटीलिस की धारा, *(ii)* मैक्सिको की खाड़ी की धारा एवं *(iii)* फ्लोरिडा की धारा। फ्लोरिडा जल संयोजक के समीप जहाँ से संकरे मार्ग से पानी तेज गति से बहकर आगे बढ़ता है, वहीं पर प्रायद्वीप के पूर्व में क्यूबा की ओर से भी गर्म पानी आकर इसमें मिलता है। इस तरह इस शक्तिशाली गल्फस्ट्रीम (खाड़ी की गर्म सरिता) का विकास 10° उत्तरी अक्षांश के उत्तर में होता है। इस तरह यह गर्म धाराओं का एक संयुक्त स्वरूप होने से विशेष शक्तिशाली है। प्रारंभ में यह फ्लोरिडा के पूर्वी तट से उत्तर की ओर पूर्वी संयुक्त राज्य के तट के समीप से बहती है। धीरे-धीरे यह उत्तर से उत्तर-पूर्व दिशा में मुड़ने लगती है। यह तट से 50 से 120 किमी. दूर बहती है।

प्रारम्भ में इस धारा में पर्याप्त उष्णता रहती है। इसी कारण 20° से 35° उत्तरी अक्षांशों तक इसका तापमान दक्षिण में 26° से. एवं उत्तरी भाग की तरफ 16° से. के मध्य रहता है। दक्षिणी भाग में इसकी चौड़ाई मात्र 30 से 50 किमी. तक, उत्तरी भाग में यह बढ़कर 140 किमी. हो जाती है। 40° उत्तरी अक्षांश से यह तट से अधिक दूर एवं पूर्वी दिशा में मुड़ने के साथ यहीं पर न्यूफाउंडलैंड के समीप ठण्डी लैब्राडोर धारा के सीधे सम्पर्क में आती है। इससे इसके तापमान में पर्याप्त गिरावट आ जाती है। इन दोनों धाराओं के मिलने से यहाँ घना कोहरा भी उत्पन्न होता रहता है। इन्हीं अक्षांशों में पछुआ पवनें भी इसे पूर्व को धकेलती हैं। अत: यह पूर्व में तेजी से फैलकर चौड़ी होती जाती है एवं इसकी गति भी घटने लगती है। यहीं पर आगे चलकर उसे **उत्तरी अटलांटिक प्रवाह** के नाम से पुकारते हैं।

(iii) **उत्तरी अटलांटिक प्रवाह (North Atlantic Drift):** 40° व 45° अक्षांशों से ही गल्फस्ट्रीम की गति कम होने लगती है एवं उसकी गति धीमी पड़ने के साथ-साथ उसकी चौड़ाई भी बढ़ जाती है। यहाँ इसकी दिशा बदलकर पछुआ पवनों के अनुसार पूर्व-उत्तर पूर्व में हो जाती है। यहीं से इसे **उत्तरी अटलांटिक प्रवाह** कहते हैं। इसकी दिशा एवं प्रवाहमार्ग पर मध्य अटलांटिक श्रेणी (महासागरीय तली की श्रेणी) का भी प्रभाव पड़ता है। यह धारा आगे चलकर तीन शाखाओं में बँट जाती है। पश्चिमी शाखा आइसलैण्ड से पश्चिम व पूर्वी ग्रीनलैण्ड के दक्षिणी तट के समीप ही ठण्डी धारा से टकराकर समाप्त हो जाती है। मुख्य शाखा ब्रिटेन व पश्चिमी यूरोपीय तट से होती हुई नार्वे की ओर गई है। यहाँ इसे **नार्वे की गर्म धारा** कहते हैं। इसी की दक्षिणवर्ती शाखा जिसे कि **पछुआ पवन प्रवाह** (West Wind Drift) कहते हैं, पश्चिमी यूरोपीय तट के समीप बहती हुई स्पेन के तट के पास से दक्षिण की ओर तट के सहारे बहने लगती है। यह धारा यहाँ ठण्डे सागरों से पुन: गर्म सागर की तरफ बहने लगती है। अत: वह **कनारी की ठण्डी धारा** कहलाती है। यहाँ पर स्थल से जल की ओर व्यापारिक पवनें चलने से सागर के नीचे का ठण्डा जल भी सतह पर आकर इसकी ठण्डक को बढ़ा देता है। अन्तत: यह पानी पुन: उत्तरी विषुवतरेखीय धारा में मिल जाता है।

सारगैसो सागर (Sargaso Sea) : उत्तरी अटलांटिक महासागर में 29° से 40° उत्तरी अक्षांश एवं 33° से 75° पश्चिमी देशान्तरों के मध्य जल का एक बड़ा शांत क्षेत्र है। इसका नामकरण यहाँ पायी जाने वाली सारगोसा नामक घास के आधार पर हुआ। सारगोसा पुर्तगाली भाषा में सारगोसम से लिया गया है जिसका अर्थ सागरीय घास होता है। इस सागर के जल में अटलाण्टिक महासागर की सर्वाधिक लवणता पायी जाती है। यहाँ जड़रहित सागरीय घासें बहुतायत से मिलती हैं, इससे सागरीय यातायात में बाधा उत्पन्न होती है।

(iv) **लैब्राडोर की धारा (Labrador Current) :** ग्रीनलैण्ड के दोनों तटों लैब्राडोर तट से दक्षिणी भाग की तरफ इसी नाम से ठण्डे पानी की धारा बहने लगती है। इसी तरह बैफिन की खाड़ी में बर्फीला पानी लैब्राडोर के तट से होकर दक्षिण की तरफ बहता है। अत: यहाँ की इस सम्पूर्ण बर्फीली जलधारा को **लैब्राडोर की ठण्डी धारा** कहते हैं। इसमें हिमशिलाएँ भी होती हैं। इस धारा का ठण्डा पानी सैण्ट लॉरेन्स की खाड़ी एवं वहाँ से पूर्वी तट के सहारे 35° उत्तरी अक्षांश तक फैल जाता है क्योंकि यहाँ गल्फस्ट्रीम तट से अधिक दूर होती जाती है। यहाँ गर्म एवं ठण्डी धाराएँ न्यूफाउण्डलैण्ड द्वीप के समीप मिलती है। इन दोनों के तापमान में बहुत अधिक अन्तर रहने से यहाँ पर घना कोहरा फैल जाता है। इसका नौ-परिवहन पर बहुत बुरा असर पड़ता है

क्योंकि घने कोहरे में बर्फ की शिलाएँ दिखाई नहीं देतीं और फिर उनका 90 प्रतिशत भाग जल में डूबा रहने से भी उनका अनुमान लगाना कठिन हो जाता है। अत: यहाँ कई बार जहाज टकराकर डूब चुके हैं। यह प्रदेश विश्व का माना हुआ मछली पकड़ने का क्षेत्र (ग्राण्ड बैंक आदि भी यहीं है) भी बन गया है।

दक्षिणी अटलाण्टिक महासागर की धाराएँ

(i) **दक्षिणी विषुवतरेखीय गर्म धारा (South Equatorial Current):** यह धारा मध्य अफ्रीका के तट से अटलांटिक महासागर में व्यापारिक हवाओं के प्रभाव से पूर्व से पश्चिम दिशा में बहती है। आगे चलकर यह उत्तरी-पूर्वी ब्राजील के तट पर सेन रॉक अन्तरीप से टकराकर दो शाखाओं में विभक्त हो जाती है। इसकी एक शाखा उत्तरी ब्राजील के तट से मैक्सिको की खाड़ी की तरफ प्रवाहित होती हुई गल्फस्ट्रीम में मिल जाती है। दूसरी शाखा दक्षिण की ओर मुड़कर **ब्राजील की गर्म धारा** के नाम से इस देश के पूर्वी तट पर दक्षिणी-पश्चिमी दिशा में बहती है।

(ii) **विपरीतगामी विषुवतरेखीय धारा (Equatorial Counter Current) :** जब अटलाण्टिक महासागर के उत्तरी व दक्षिणी विषुवतरेखीय धाराएँ पश्चिमी दिशा की ओर जल प्रवाहित करके ले जाती हैं तो पूर्वी तट पर जल की कमी होने से वहाँ का तल घटने लगता है। इसी को पूरा करने हेतु उपर्युक्त दोनों विषुवतरेखीय धाराओं के मध्य में जल सन्तुलन हेतु पश्चिम से पूर्व की ओर अर्थात् उल्टी दिशा में बहने लगता है। अत: इसे विपरीतगामी विषुवतरेखीय धारा कहते हैं। जब यह धारा गिनी तट के समीप बहने लगती है तो इसे **गिनी की धारा** भी कहते हैं। यह भी गर्म धारा है और विषुवतरेखीय प्रदेश में ही बहती है।

(iii) **ब्राजील की धारा (Brazilian Current) :** दक्षिणी विषुवतरेखीय धारा का जो दक्षिण भाग पूर्वी ब्राजील के तट पर बहता है, उसे ही **ब्राजील की धारा** कहते हैं। यह भी गर्म धारा है एवं लाप्लाटा के मुहाने तक बहती है। इसका प्रारंभ से ही विभाजन हो जाने से यह अधिक प्रभावशाली नहीं है। इसी कारण अर्जेण्टाइना के उत्तरी तट पर जब यह ठण्डी फॉकलैण्ड की धारा में मिलती है तो घना कोहरा पैदा नहीं होता। दोनों के तापमान में भी विशेष अन्तर नहीं रहता। यहीं पर ब्राजील की धारा पछुवा पवनों के प्रभाव से पूर्व की ओर बहने लगती है।

(iv) **दक्षिणी अटलांटिक धारा (South Atlantic Drift):** दक्षिणी अटलांटिक महासागर में पश्चिम से पूर्व दिशा की ओर यह शीतोष्ण धारा बहती है। अत: जब ब्राजील की धारा फॉकलैण्ड की धारा से टकराती है तो वह भी पछुआ हवा के प्रभाव से इसी प्रवाह के साथ-साथ पूर्व की तरफ बहने लगती है। अत: उसे **'दक्षिणी अटलाण्टिक की धारा या पश्चिमी पवन प्रवाह'** कहते हैं। इसी से दक्षिणवर्ती भाग को **अण्टार्कटिक प्रवाह** भी कहते हैं। यह बहुत अधिक ठण्डी एवं तेज गति से बहने वाली धारा है। ठण्डी धारा के समीप बहने एवं अण्टार्कटिक प्रदेश निकट होने से यह धारा शीघ्र ठण्डी होने लगती है।

(v) **बेंगुला की धारा (Benguela Current) :** जब ब्राजील की गर्म धारा पछुआ हवाओं के प्रभाव से दक्षिणी अटलाण्टिक की गर्म धारा के नाम से बहने लगती है तो ठण्डे पानी के संपर्क में आने व ध्रुवीय अक्षांशों की ओर बहने से इसका पानी शीघ्र ही शीतल होने लगता है। चूँकि यह शीतल हुआ जल जब पुन: निम्न अक्षांशों या मकर रेखा के उष्ण प्रदेश में बहने लगता है तो इसका प्रभाव ठण्डा या शीतल रहने से इसे **बेंगुला या अंगोला की ठण्डी धारा** कहते हैं क्योंकि यहाँ यह अंगोला के तट के समीप दक्षिण से उत्तर की ओर के गर्म प्रदेशों में बहती है एवं यहाँ पर पवनें भी स्थल से जल की तरफ चलती हैं, इससे भी तटीय सागरों का सतह से नीचे का ठण्डा पानी ऊपर आकर शीतल प्रभाव को बढ़ा देता है। आगे चलकर यही धारा कांगों के तट के समीप विषुवतरेखीय धारा में मिल जाती है।

(vi) **फॉकलैण्ड की धारा (Falkland Current) :** दक्षिणी अमेरिका के सुदूर दक्षिणवर्ती तट से जल अंटार्कटिक ठण्डी ड्रिफ्ट (प्रवाह) से टकराता है तो उसका एक भाग फॉकलैण्ड द्वीप के पूर्व से उत्तर की तरफ प्रवाहित होने लगता है। इसे ही **फॉकलैण्ड की धारा** कहते हैं। यह धारा फॉकलैण्ड से उत्तर में अर्जेण्टाइना की ओर पूर्वी तट के सहारे बहती है। इसी कारण यहाँ पैटागोनिया का अर्द्ध-शुष्क व ठण्डा प्रदेश पाया जाता है। यह धारा आगे चलकर लाप्लाटा के मुहाने से दक्षिण में बाहियाब्लांका के समीप ब्राजील की गर्म धारा से टकराती है। यहाँ इसका ठण्डा पानी गर्म पानी से नीचे डूबा जाता है। यहीं से ब्राजील की गर्म धारा भी पछुआ पवनों के प्रभाव से पूर्वी दिशा की तरफ निरन्तर बढ़ती जाती है। यहाँ ब्राजील की गर्म धारा भी कमजोर होती है एवं फॉकलैण्ड की धारा भी विशेष बर्फीली नहीं रहती। इसलिए इन दोनों के मिलने से यहाँ कोहरा नहीं उठता, न ही नौ-परिवहन में कोई स्थानीय बाधा आती है।

(vii) **अंटार्कटिका प्रवाह (Antarctica Drift) :** दक्षिणी अटलांटिक महासागर में दक्षिणी अटलांटिक धारा या पछुआ प्रवाह से दक्षिणवर्ती भाग में पछुआ हवाओं के सहारे खर्चीला पानी बहता है। यह 50° से 60° अक्षांशों के मध्य अंटार्कटिका की हिमशिलाओं के प्रभाव से विशेष ठण्डी बनी रहती है। फॉकलैण्ड की ठण्डी धारा यहीं से टेराडेस फ्यूगो (Tierrades Fuego) के समीप से उत्तर की तरफ बहती है। इस धारा के मार्ग में पूर्व की ओर बहते हुए बाधा नहीं रहने से एवं दहाड़ता पचासा नामक तूफानी पछुआ पवनों के प्रदेश में बहने से इस प्रवाह की गति अधिक तेज बनी रहती है।

प्रशान्त महासागर की धाराएँ

यद्यपि प्रशांत महासागर सबसे विशाल महासागर है, फिर भी यहाँ पर अटलांटिक महासागर की तरह उत्तरी एवं दक्षिणी भागों में स्पष्टत: दो विशेष धारा व्यवस्थाएँ स्थापित होती हैं। अत: यहाँ भी इसी व्यवस्था के आधार पर विभिन्न धाराओं की व्यवस्था की गई है।

उत्तरी प्रशांत महासागर की धाराएँ

(i) **उत्तरी विषुवतरेखीय धारा (North Equatorial Current):** यह गर्म धारा विषुवत् रेखा के निकट से पूर्वी प्रशान्त महासागर के मध्य अमेरिकी तट से प्रारंभ होती है, शीघ्र ही इससे कैलिफोर्निया के धारा का भी पानी मिल जाता है। यह गर्म धारा सम्पूर्ण प्रशांत महासागर को पार कर पूर्वी द्वीप समूह से उत्तर में फिलीपाइन तट के समीप पहुँचती है। यहाँ से यह दो भागों में बँट जाती है। मुख्य भाग उत्तर की ओर एवं

दक्षिणी भाग इण्डोनेशिया की तरफ मुड़कर बहने लगता है। उत्तरी भाग ही क्यूरोसिवो की गर्म धारा का प्रधान अंग है जो कि ताइवान में इसी नाम से पुकारा जाता है। दक्षिणवर्ती भाग इण्डोनेशिया के द्वीपों से टकराकर पुन: पूर्व की तरफ मुड़कर बहने लगता है। इस विषुवतरेखीय धारा की दिशा एवं मार्ग में मौसम के अनुसार 5° उत्तर से 10° उत्तर अक्षांश के मध्य परिवर्तन होता रहता है क्योंकि ग्रीष्मकाल में यह धारा कुछ अधिक उत्तर की तरफ बहने लगती है। मध्य प्रशांत के द्वीपों में भी इसका पानी फैलता रहता है।

(ii) **क्यूरोशिवो की धारा (Kuroshiwo Current) :** यह गर्म जलधारा है। जब उत्तरी विषुवतरेखीय धारा फिलीपाइन द्वीपों के समीप व्यापारिक पवनों के क्षेत्र में प्रवेश करती है तो यह एशिया महाद्वीप के तट के सहारे-सहारे उत्तर की तरफ मुड़ जाती है। इसी समय कालीमन्तन एवं वियतनाम के मध्य के दक्षिणी चीन सागर में यह पानी दक्षिणी प्रशान्त की दक्षिणी विषुवतरेखीय धारा का पानी उत्तरी आस्ट्रेलिया के तट से होकर इण्डोनेशिया की तरफ बहता हुआ सुमात्रा द्वीप एवं मलेशिया प्रायद्वीप से टकराकर एवं उत्तर की तरफ मुड़कर चीन सागर में प्रवेश करता है। इस प्रकार 20° से 25° अक्षांशों के मध्य यह धारा पर्याप्त प्रभावशाली धारा के रूप में उत्तर-पूर्व उत्तर दिशा में चापाकार मार्ग में प्राय: उत्तर की तरफ बहने लगती है। यहाँ से इसे **क्यूरोशिवो की धारा** कहते हैं। जापान तट के टकराने से पूर्व इस धारा का एक भाग पूर्वी चीन सागर से पीला सागर में प्रवेश कर वहाँ से कोरिया तट से पुन: जापान सागर में अतिरिक्त गर्म पानी के साथ कोरिया जल संयोजक की तरफ से प्रवेश करता है। वहाँ इसे **सुशीमा की धारा** कहते हैं। यह धारा पश्चिम जापान से सखालिन द्वीप के पश्चिम भाग तक प्रभावी रहती है। मुख्य क्यूरोशिवो की धारा दक्षिणी जापान एवं होन्शू द्वीप के तट पर बहती हुई 38° उत्तरी अक्षांश के पश्चात् पछुआ पवनों के प्रभाव से धीरे-धीरे पूर्व की तरफ मुड़कर मुख्य उत्तरी प्रशांत महासागर में बहने लगती है। होकैडो तट के समीप इस गर्म धारा से क्यूराइल नामक ठण्डी धारा आकर मिलती है। इस तरह सुशीमा एवं क्यूरोशिवो का उत्तरी एवं क्यूराइल धारा के मिलने से होकैडो के दोनों ओर हल्का कोहरा पैदा होता है। **क्यूरोशिवो की धारा** का मार्ग-प्रभाव उत्तरी चीन सागर के तट, कोरिया तट एवं सम्पूर्ण जापान सागर के तटों के लिए एवं पूर्वी जापान के तट को विशेष उष्ण बनाकर यहाँ के निवासियों की कार्यक्षमता में निरन्तर वृद्धि करता रहता है। यह धारा 15° उत्तरी अक्षांश से 35° उत्तरी अक्षांशों के मध्य विशेष प्रभावकारी एवं गल्फस्ट्रीम के समान ही शक्तिशाली बनी रहती है। अत: इसे **क्यूरोशिवो स्ट्रीम** भी कहा जाता है।

(iii) **उत्तरी प्रशांत महासागरीय प्रवाह (North Pacific Drift) :** जब पछुआ पवनों के प्रभाव से क्यूरोशिवो धारा का पानी पूर्व की तरफ मुड़कर उत्तरी प्रशांत महासागर में बहने लगता है तो वह अधिक चौड़ाई में फैल जाता है। अत: इसकी गति एवं शक्ति दोनों में ही कमी आने लगती है। यहां इसे **उत्तरी प्रशांत प्रवाह** कहते हैं। 150° पूर्वी देशान्तर से 140° पूर्वी देशान्तर तक (70° देशान्तर दूरी में) यह प्रवाह पूर्व दिशा की तरफ होता है। 140° पश्चिमी देशान्तर के समीप यह प्रवाह दो भागों में विभक्त हो जाता है। इसकी भौतिक दशाओं एवं गर्म जल की गहराई आदि में भी तब काफी परिवर्तन आता-जाता है। यहीं एक छोटी धारा उत्तर की तरफ मुड़कर अलास्का तट के सहारे बहती हुई एक अण्डाकार मार्ग बनाकर पुन: इसी प्रवाह में 160° पश्चिमी देशान्तर के आसपास मिल जाती है। इसे **अलास्का की गर्म धारा** कहते हैं। इसके प्रभाव से संपूर्ण अलास्का तट पर हल्का गर्म प्रवाह रहता है। उत्तरी प्रशांत प्रवाह का अधिकांश पानी बैंकूवर के समीप से दक्षिण की तरफ बहने लगता है। इसी समय अलास्का के तट की ओर से भी जल आकर मिलता है। यह संपूर्ण जलधारा पश्चिमी संयुक्त राज्य के तट की तरफ शीतल धारा के रूप में **कैलीफोर्निया की ठण्डी धारा** के नाम से पुकारी जाती है।

(iv) **कैलीफोर्निया की धारा (California Current) :** यह ठण्डी-धारा प्रशान्त महासागर के उत्तरी भागों से दक्षिण की तरफ अर्थात् ठण्डे सागरों से उष्ण सागर एवं कर्क रेखा की तरफ बहती है। अत: इसमें सुदूर उत्तरी अक्षांशों का शीतल जल यहाँ से ठण्डा बन जाता है। इसी कारण पश्चिमी संयुक्त राज्य के तट पर 35° उत्तरी अक्षांश से 20° उत्तरी अक्षांश के मध्य यह कैलीफोर्निया की ठण्डी धारा के नाम से पुकारी जाती है। इस धारा का अधिकांश भाग संयुक्त राज्य के कैलीफोर्निया के तट एवं मैक्सिको के कैलिफोर्निया प्रायद्वीप के तट पर बहता हुआ 20° अक्षांश से दक्षिण में पुन: व्यापारिक पवनों के प्रभाव से पश्चिम की ओर मुड़कर उत्तरी विषुवतरेखा की गर्म धारा में मिल जाता है। यहाँ यह पुन: उत्तरी विषुवतरेखीय धारा के गुण ग्रहण कर लेता है। कैलीफोर्निया के तट पर स्थानीय व्यापारिक पवनें चलने से एवं नमी के अभाव में सागर जल शीतल बना रहता है। यहाँ सागर का नीचे का ठण्डा पानी भी ऊपर की तरफ आकर मिलता रहता है। इससे भी यह धारा अधिक ठण्डी रहती है।

(v) **क्यूराइल की धारा (Curile Current) :** यह ठण्डी जलधारा ध्रुवीय पवनों के कारण दक्षिण-पश्चिम दिशा में बेरिंग सागर, कमचटका प्रायद्वीप एवं ओखोटस्क सागरों के तटीय भाग क्यूराइल द्वीप समूह के चारों ओर बहती हुई दक्षिण में सखालिन व होकैडो तक अपना शीतल प्रभाव तटवर्ती सागरों में बनाए रखती है। यहाँ पर इसे **आयोसीवो की धारा** कहते हैं। क्यूराइल द्वीप एवं सखालिन के मध्य जल फैल जाने के कारण इसका कठोर व ठण्डा प्रभाव घटने लगता है। यहाँ पर 45° उत्तरी अक्षांश के समीप यह होकैडो एवं उत्तरी जापान सागर में क्यूरोशिवो की मुख्य धारा एवं सुशीमा की धारा से टकराती है। यद्यपि क्यूराइल की धारा में बर्फ की शिलाएँ नहीं होतीं, न ही पानी पूरी तरह बर्फीला रहता है फिर भी क्यूरोशिवो के गर्म प्रभाव के कारण यहाँ सामान्य कोहरे की दशा पाई जाती है। यह प्रदेश वर्तमान में विश्व के प्रमुख मत्स्य पालन प्रदेशों में से एक है। क्यूराइल की धारा बेरिंग जल संधि के प्रारंभ होने से इसे **बेरिंग की ठण्डी धारा** एवं बाद में ओखोटस्क सागर से बहने से रूसी इसे **ओखोटस्क की ठण्डी धारा** के नाम से पुकारते हैं।

दक्षिणी प्रशान्त महासागर की धाराएँ

दक्षिणी प्रशान्त महासागर की चौड़ाई बहुत बढ़ जाने एवं पश्चिम में बिखरे हुए स्थलखण्ड व मार्ग में द्वीपों की शृंखला मिलने से यहाँ की चक्रीय व्यवस्था में बाधाएँ आती रहती हैं। यहाँ की मुख्य गर्म व ठण्डी धाराएँ निम्नलिखित हैं:

(i) **दक्षिणी विषुवतरेखीय धारा (South Equatorial Current) :** उत्तरी पेरू एवं इक्वेडोर के तट से गर्म पानी पश्चिमवर्ती दिशा में बहने

के साथ ही 120° पश्चिमी देशान्तर के अनेक स्थानों पर यह बीच-बीच में दक्षिणवर्ती मार्ग ग्रहण करता जाता है। सम्भवत: इसका कारण मार्ग में पड़ने वाले द्वीपों की शृंखला है क्योंकि इनसे टकराकर पानी विशाल एवं विशेष चौड़े प्रशान्त महासागर के इस भाग में बार-बार दक्षिणवर्ती मार्ग ग्रहण कर लेता है। आस्ट्रेलिया के पूर्वी व उत्तरवर्ती प्रायद्वीप के समीप यह गर्म धारा दो शाखाओं में विभक्त हो जाती है। उत्तरवर्ती शाखा इण्डोनेशिया सागर एवं सुण्डा चबूतरे पर बहती हुई सुमात्रा द्वीप से पुन: उत्तर की तरफ मुड़कर क्यूरोशिवो धारा की तरफ बहने लगती है एवं फिलीपाइन्स के तट के समीप यह धारा उत्तरवर्ती क्यूरोशिवो में मिल जाती है। दक्षिणवर्ती शाखा आस्ट्रेलिया के पूर्वी तट के सहारे पूर्वी आस्ट्रेलिया की गर्म धारा के नाम से बहने लगी है। इस तरह दक्षिणी विषुवतरेखीय गर्म धारा कमजोर व छिछली धारा है।

(ii) **प्रतिगामी विषुवतरेखीय या एलिनिमो की धारा (Equatorial Counter Current) :** जब उत्तरी व दक्षिणी विषुवतरेखीय धाराएँ पश्चिम में पूर्वी द्वीप समूह के समीप पहुँचती हैं तो न्यूगिनी एवं फिलीपाइन द्वीप समूह के मध्य पानी का एक भाग दोनों धाराओं के मध्य से पूर्व की तरफ बहने लगता है जिससे कि पूर्वी प्रशान्त के विषुवतरेखीय तट पर पानी में आने वाली कमी को दूर कर पुन: जल-तल में सन्तुलन बनाये रखा जा सके। इसी तरह इक्वेडोर से पेरू के तट के मध्य यही धारा पुन: उत्तर-दक्षिण दिशा में बहने लगती है। स्थानीय विशेष स्थिति के कारण कई बार उत्तरी पेरू एवं इक्वेडोर तट के समीप पानी चक्राकार घूमकर भी बहने लगता है। ऐसा विशेष स्थानीय दशा में ही हो पाता है। अत: पूर्वी भाग में इसे ही **एलिनिमो की गर्म धारा** भी कहते हैं।

(iii) **पूर्वी आस्ट्रेलिया की धारा (Eastern Australia Current) :** दक्षिणी विषुवत्‌रेखीय धारा के पानी का एक भाग 160° पूर्वी देशान्तर के समीप दक्षिणवर्ती मार्ग लेकर पूर्वी आस्ट्रेलिया के तट के निकट बहने लगता है। यहाँ पर न्यूसाउथवेल्स प्रान्त के तट पर अर्थात् 30° दक्षिण अक्षांश के निकट स्थानीय कारणों से और भी गर्म पानी का प्रवाह आकर इस धारा में मिल जाता है। अत: विक्टोरिया एवं तस्मानिया के पूर्वी तट पर यह गर्म धारा पर्याप्त प्रभावशाली हो जाती है। इसके प्रभाव से उत्तरी न्यूजीलैण्ड के द्वीप के तापमान विशेष उत्साहवर्धक एवं दक्षिणी द्वीप का पूर्वी भाग अपेक्षाकृत उष्ण बना रहता है।

(iv) **दक्षिणवर्ती पछुआ पवन प्रवाह (South Westerlies Drift) :** पूर्वी आस्ट्रेलिया की जो धारा तस्मानिया के पूर्व से पूर्ववर्ती भाग में बहने लगती है, वह सर्वप्रथम न्यूजीलैण्ड के दक्षिणवर्ती द्वीप से टकराकर दो भागों में बँट जाती है। एक शाखा पश्चिमी न्यूजीलैण्ड के तट पर एवं दूसरी पूर्वी न्यूजीलैण्ड के तट की तरफ बहती है। उत्तर की ओर मुड़ने वाली शाखा भी ऑकलैण्ड प्रायद्वीप (उत्तरी द्वीप) का चक्कर लगाकर पुन: दक्षिण-पूर्व में मुड़कर मुख्य पछुआ पवन प्रवाह में मिलकर 45° से 60° दक्षिणी अक्षांश के मध्य पूर्व दिशा में बहने लगती है। यहीं यह विशेष ठण्डी दक्षिणवर्ती अंटार्कटिका धारा या दक्षिणी प्रशान्त प्रवाह में घुल-मिलकर ठण्डी धारा के रूप में बहने लगती है।

(v) **पेरू या हम्बोल्ट की धारा (Peru or Humboldt Current) :** यह ठण्डी धारा प्रारंभ से ही उत्तरी अटलांटिका प्रवाह के एक भाग के रूप में दक्षिण अमेरिका के पश्चिम में दक्षिणवर्ती पेरू एवं उत्तरी चिली के तट के निकट उत्तर में मुड़ने से प्रारंभ होती है। प्रारंभ में यह धारा अधिक ठण्डी होती है लेकिन यह शक्तिशाली न रहकर छिछली व अपेक्षाकृत कमजोर रहती है। मध्यवर्ती पेरू के समीप पूर्वी प्रशान्त महासागर की ओर से इस धारा में दक्षिणी विषुवतरेखीय धारा की ऊपर वर्णित मध्यवर्ती प्रशान्त की ओर जो पानी दक्षिण दिशा में घूम जाता है वही पुन: पछुआ पवनों के प्रभाव से 35° से 40° दक्षिणी अक्षांश के मध्य-पूर्व की ओर बहता हुआ शीतोष्ण जल के रूप में मध्य चिली के तट पर इस धारा में मिल जाता है। यहाँ से यह धारा शीतोष्ण प्रदेशों से उष्ण प्रदेशों की तरफ बह रही होती है, अत: यह ठण्डी धारा या शीतल जल वाली धारा कहलाती है। इसका सर्वप्रथम प्रामाणिक वर्णन महान भूगोलवेत्ता **हम्बोल्ट** ने किया, अत: इसे **पेरू** या **हम्बोल्ट की ठण्डी धारा** कहते हैं। इस धारा में अतिरिक्त जल मिलने से अधिक शक्तिशाली एवं प्रभावकारी तो बनी रहती है लेकिन इसमें दक्षिणी विषुवत रेखा का गर्म पानी मध्यवर्ती प्रशांत से ही पुन: पूर्व की ओर घूमकर पेरू के तट पर मिलकर इसे शीतोष्ण बना देता है। इसी कारण उत्तरी चिली से मध्यवर्ती पेरू तक के तटीय प्रदेशों में आटाकामा मरुस्थल पाया जाता है।

(vi) **दक्षिणी प्रशान्त या अंटार्कटिका प्रवाह (South Pacific or Antarctica Drift) :** यह जलप्रवाह दक्षिणवर्ती अक्षांशों से पश्चिम से पूर्व दिशा की ओर ही बहता है यह एक विशेष ठंडा प्रवाह है। इसका कारण अंटार्कटिका महाद्वीप की ओर से बहकर आने वाले विशाल हिम शिलाखण्डों का प्रभाव है। अत: यह अधिक ठण्डा एवं दक्षिणी भाग की तरफ 60° दक्षिण अक्षांश से अंटार्कटिका तट के मध्य तक विशेष रूप से बर्फीला रहता है। शीतकाल में यह भाग बर्फ से जम जाता है।

इस तरह दक्षिणी प्रशान्त महासागर में वृहद् पैमाने पर किन्तु जटिल व्यवस्था वाली चक्रीय जलप्रवाह की विशेष संशोधित स्थिति पाई जाती है। इन धाराओं का इसी कारण तटीय भागों पर प्रभाव सीमित ही बना रहता है।

हिन्द महासागर की धाराएँ

जहाँ अटलांटिक एवं प्रशान्त महासागर दोनों गोलार्द्धों में ध्रुवीय वृत्तों के उस पार तक फैले हैं, वही हिन्द महासागर का विस्तार सम्पूर्ण दक्षिणी गोलार्द्ध में तो है लेकिन उत्तरी गोलार्द्ध में यह अर्द्धोष्ण कटिबंध या कर्क रेखा तक ही विस्तृत है, फिर भारतीय उपमहाद्वीप की विशेष विकसित मानसून प्रणाली का भी उत्तरी हिन्द महासागर की धारा व्यवस्था पर पूरा प्रभाव पड़ता है। अत: उत्तरी हिन्द महासागर में धारा प्रणाली दक्षिणी हिन्द महासागर से पूर्णत: भिन्न है। यह व्यवस्था मानसून प्रणाली से प्रभावित रहने से **मानसून प्रवाह** (मानसून ड्रिफ्ट) कहलाती है।

उत्तरी हिंद महासागर की मानसून प्रवाह व्यवस्था

उत्तरी हिन्द महासागर में मानसूनी पवनों की दिशा धाराओं की दिशा को भी निर्धारित करती है।

(i) **शीतकालीन मानसून प्रवाह (Winter Monsoon Drift) :** शीतऋतु में मानसूनी पवनों की दिशा उत्तरी-पूर्वी व्यापारिक पवनों की दिशा में ही रहती है। इसी के प्रभाव से भारतीय उपमहाद्वीप के तट पर पूर्व से पश्चिमी भाग की तरफ धारा बहती है। यह धारा बंगाल की खाड़ी से

प्रारंभ होकर दक्षिणी प्रायद्वीप एवं अरब प्रायद्वीप के समीप बहती हुई सोमालिया के तट के समीप दक्षिण में मुड़कर विषुवत रेखा की तरफ मुड़ जाती है। इससे पानी का प्रवाह विपरीत दिशा में पश्चिम से पूर्व की ओर बहता हुआ सुमात्रा के तट से पुन: उत्तर में मुड़कर चक्र पूरा करता है। इस तरह शीतकाल में उत्तरी विषुवतरेखीय धारा नहीं चलती, जबकि **विपरीतगामी विषुवतरेखीय धारा** प्रभावशाली ढंग से चलती है। इस ऋतु में उत्तर-पूर्वी मानसूनी पवनें धीमी गति से चलती हैं अत: इस ऋतु में मानसून प्रवाह भी मंद गत से होता है।

(ii) **ग्रीष्मकालीन मानसून प्रवाह (Summer Monsoon Drift) :** ग्रीष्मकाल में दक्षिणी-पश्चिमी मानसूनी पवनें उत्तरी हिन्द महासागर में तेज गति से बहती हैं। इस समय सोमालिया एवं सऊदी अरब के तट की ओर से सागर का जल भी प्रायद्वीपीय भारतीय तट के सहारे-सहारे पश्चिम से पूर्व की ओर प्रवाह के रूप में बहता हुआ बांग्लादेश व म्यांमार तट से होकर सुमात्रा की ओर बहने लगता है। यहीं से यह प्रवाह विषुवतरेखा के सहारे पुन: पूर्व से पश्चिम दिशा की ओर बहकर सोमालिया के तट तक एक धारा के रूप में बहता है। इस तरह ग्रीष्मकाल में **उत्तरी विषुवत्‌रेखीय धारा** की दिशा में ही यह प्रवाह विषुवतरेखा के समीप बहता है। अत: इस समय विपरीतगामी विषुवतरेखीय धारा विकसित नहीं हो पाती। इसी कारण यह व्यवस्था पूर्णत: विकसित मानसून प्रवाह व्यवस्था पर ही आधारित है। ग्रीष्मकाल में दक्षिण-पूर्वी मानसून जून से अक्टूबर के प्रारंभ तक प्रभावी रहता है एवं इस ऋतु में पवनें भी शक्तिशाली रहती हैं, अत: इस मौसम का मानसून प्रवाह अधिक प्रभावी रहता है। यह एक प्रकार से नियमित धारा की भाँति गतिशील बना रहता है।

दक्षिण हिन्द महासागर की धाराएँ (Currents of South Indian Ocean)

दक्षिणी हिन्द महासागर की प्रमुख धाराएँ निम्नलिखित हैं :

(i) **उत्तरी विषुवत्‌रेखीय धारा (North Equatorial Current) :** पूर्वी द्वीप समूह की ओर से महासागरीय जल विषुवतरेखा से दक्षिण में मंद गति से पूर्व से पश्चिम की तरफ बहता है। यह पानी 10° दक्षिणी अक्षांश के समीप बहता हुआ मोजाम्बिक तट व मैडागास्कर द्वीप के समीप दो भागों में विभक्त होकर दक्षिण की तरफ मुड़ जाता है। यह एक गर्म धारा है।

(ii) **मैडागास्कर की धारा (Madagascar Current):** मैडागास्कर के उत्तरी तट से टकराकर उत्तरी विषुवतरेखीय धारा (गर्म) का एक भाग इस द्वीप के पूर्वी तट के सहारे उत्तर से दक्षिण की ओर धीमी गति से बहता है। कम पानी व धीमी गति के कारण यह धारा विशेष प्रभावशाली नहीं है।

(iii) **मोजाम्बिक की धारा (Mozambique Current) :** मैडागास्कर द्वीप एवं मोजाम्बिक दोनों के मध्य से संकरे मार्ग से होकर उत्तरी विषुवतरेखीय धारा का अधिकांश पानी मुख्य अफ्रीका महाद्वीप के तट की ओर दक्षिणी दिशा में बहता है। इस प्रकार यह धारा मोजाम्बिक जलमार्ग से होकर बहती है। संकरे जल मार्ग से बहने एवं पानी की अधिकता के कारण यह धारा शक्तिशाली रहती है एवं इस जलमार्ग की निरन्तर सफाई होती रहती है। जब यह धारा इस जलमार्ग से बाहर निकलती है तो यह मैडागास्कर द्वीप की पूर्वी तटीय धारा में आकर मिल जाती है। इसी समय दक्षिणी अफ्रीका तट की तरफ अगुलहास की धारा भी दक्षिण से उत्तर की तरफ बहती हुई इससे आकर मिलती है। अत: इस सम्मिलित प्रभाव से अर्थात् सनातनी पछुआ पवनों के प्रभाव से इसका पानी पूर्व की तरफ बहने लगता है।

(iv) **अगुलहास की धारा (Agulhas Current) :** यह गर्म जलधारा है। जब मोजाम्बिक एवं मैडागास्कर धाराएँ आपस में मिल जाती हैं तो यह शक्तिशाली अगुल्हास ही धारा कहलाती है। यह धारा दक्षिणी अफ्रीका के पूर्वी तट पर बहती हुई अगुलहास अन्तरीप के समीप दक्षिणी गोलार्द्ध की पछुआ प्रवाह के संपर्क में आकर शीतोष्ण धारा बनने लगती है। इसके साथ ही इसकी दिशाएँ भी तेजी से दक्षिण-पश्चिम से बदलकर पूर्व की तरफ बदलती जाती हैं। यह धारा दक्षिणी अफ्रीकी तट के लिए विशेष लाभकारी रही है क्योंकि इसमें मैडागास्कर एवं मोजाम्बिक की धाराओं का गर्म पानी भी मिलता रहता है।

(v) **दक्षिण हिन्द महासागर प्रवाह (South Indian Ocean Drift):** मोजाम्बिक अगुलहास की धारा पछुआ पवनों के प्रभाव से तेजी से पूर्व की ओर मुड़कर बहने लगती है तो दक्षिणी हिन्द महासागर के शीतल जल के संपर्क में आने के कारण यह धारा कम गर्म (शीतोष्ण) हो जाती है। अत: यह उत्तरी अटलांटिक या उत्तरी प्रशान्त महासागरीय प्रवाह या धाराओं की भाँति गर्म नहीं रहती। अत: दक्षिणी हिन्द महासागर की धारा जब महासागर पारकर पूर्व से आस्ट्रेलिया के पश्चिमी तट से टकराकर उत्तर में बहने लगती है तो विशेष शीतल रहती है।

(vi) **पश्चिमी ठण्डा प्रवाह (Western Cold Drift) :** दक्षिणी हिन्द महासागर में 50° दक्षिणी अक्षांश से दक्षिणी ध्रुवीय वृत्त के मध्य गुजरती हुई तूफानी गति से पछुआ पवनें चलती हैं। इन क्षेत्रों में इसी कारण महासागरीय जल भी तेज गति से या निर्बाध गति से सम्पूर्ण दक्षिणी हिन्द महासागर में पश्चिम से पूर्व की ओर प्रवाह या धारा के रूप में बहता रहता है। यह धारा निरन्तर बर्फीले अंटार्कटिका महाद्वीप की हिम चट्टानों से एवं बर्फीले पूर्वी ध्रुवीय पवनों के प्रभाव से विशेष ठण्डी बनी रहती है। यह सागर शीत ऋतु में तो 2 से 4 माह तक प्राय: हिममण्डित रहता है, तब यहाँ बर्फीले तूफान कई-कई दिन तक चलते रहते हैं। इस बर्फीले जल वाले धाराप्रवाह को ही पश्चिमी ठण्डा प्रवाह कहते हैं। यह प्रवाह पूर्व में प्रशान्त महासागर से एवं पश्चिम में अटलांटिक महासागर से जुड़ा हुआ है।

(vii) **पश्चिमी आस्ट्रेलिया की धारा (Western Australia Current):** जब दक्षिणी हिन्द महासागर का शीतोष्ण जल पश्चिमी आस्ट्रेलिया के दक्षिणी तट से टकराकर पुन: उत्तर में विषुवतरेखीय अक्षांशों की ओर बहने लगता है तब यह पानी ठण्डे प्रदेशों से उष्ण प्रदेशों की तरफ बहने से गर्म प्रभाव वाला हो जाता है। यही नहीं, इन अयनवृत्तीय प्रदेशों में पृथ्वी के अन्य भागों की भाँति स्थल के पश्चिमी भागों में भूमि से पानी की ओर पवनें चलने से तटीय भागों के समीप नीचे का शीतल जल ऊपरी सतह पर आने लगता है। इन्हीं सभी कारणों से पश्चिमी आस्ट्रेलिया के तटीय भाग के सागर में दक्षिण से उत्तर की तरफ ठण्डी धारा बहती है। यह धारा व्यापारिक पवनों के प्रभाव से

पश्चिमी आस्ट्रेलिया के उत्तरी तट पर पश्चिम भाग की ओर मुड़कर पुन: विषुवत्रेखीय धारा में मिल जाती है।

धाराओं का प्रभाव एवं महत्त्व

धाराओं का विशेष प्रभाव सभी प्रवाहित तटों पर पड़ता है। जब गर्म धारा उष्ण व अर्द्धोष्ण प्रदेशों के तटों पर बहती है तो वह वहाँ पर प्रतिकूल प्रभाव डालकर तटों को गर्म व असहनीय दशा वाला क्षेत्र बना देती है। इसी तरह जब शीतोष्ण तटों के समीप ठण्डी धारा बहती है तो तट अधिक ठण्डे या कठोर जलवायु वाले बने रहते हैं। धाराओं का उत्तम प्रभाव शीतोष्ण प्रदेशों के तट पर गर्म धारा के बहने से पड़ता है। इसके अलावा, धाराएँ मानव जीवन, जलवायु सागरों की वनस्पति एवं तटीय जैव-जगत आदि को भी निम्नानुसार प्रभावित करती हैं :

1. घने कोहरे की उत्पत्ति,
2. मछली संसाधन पर प्रभाव,
3. तापमान पर प्रभाव,
4. वायु में नमी व वर्षा पर प्रभाव तथा
5. परिवहन एवं व्यापार पर प्रभाव आदि।

ज्वार-भाटा

समुद्र जल के तल का नियमित उठना तथा नीचे उतरना ज्वार-भाटा कहलाता है। पानी का यह उत्थान एवं पतन दिन में दो बार होता है। दो उच्च ज्वारों के बीच का समय लगभग 12½ घंटे होता है। दो उच्च ज्वारों के बीच दो निम्न ज्वार उत्पन्न होते हैं। निम्न ज्वार के समय समुद्र में पानी की सतह नीची होती है। ज्वार-भाटा मूलत: चंद्रमा की आकर्षण शक्ति का परिणाम है। यह बल स्थल की अपेक्षा पानी पर अधिक प्रभावशाली होता है जिससे समुद्रों में जलस्तर में परिवर्तन होता रहता है। स्थल पर यह बल स्थल के ठोस होने के कारण कम प्रभावशाली होता है।

ज्वार उत्पन्न करने वाली शक्तियाँ और स्वयं ज्वार अपने विस्तार और स्तर के आधार पर परिवर्तनशील होते हैं। ज्वार-भाटा केवल चंद्रमा की आकर्षण शक्ति से ही उत्पन्न नहीं होते बल्कि पृथ्वी तल पर सूर्य की आकर्षण शक्ति के कारण भी उत्पन्न होते हैं। किंतु चंद्रमा के पृथ्वी के अधिक निकट होने के कारण इसकी आकर्षण शक्ति का ज्वारों की उत्पत्ति में मुख्य योगदान होता है। जब सूर्य, चंद्रमा और पृथ्वी तीनों एक सीध में होते हैं तो सूर्य तथा चंद्रमा की आकर्षण शक्तियाँ सम्मिलित रूप से पृथ्वी को प्रभावित करती हैं जिससे अत्यधिक ऊँचे उच्च ज्वार उत्पन्न होते हैं। इन्हें **अति उच्च ज्वार** (Spring tides) भी कहते हैं। जब सूर्य और चंद्रमा पृथ्वी के केंद्र पर समकोण बनाते हैं तो सूर्य और चंद्रमा की आकर्षण शक्तियाँ एक-दूसरे को निष्क्रिय करने के प्रयास में अपेक्षाकृत क्षीण हो जाती हैं जिससे पृथ्वी पर उनके बल का प्रभाव कम हो जाता है और कम ऊँचाई वाले ज्वार उत्पन्न होते हैं, जिन्हें **न्यून उच्च ज्वार** (Neap tides) कहते हैं। अति उच्च ज्वार (Spring tides) सामान्यत: अमावस्या तथा पूर्णमासी को होते हैं। लघु ज्वार (Neap tides) सप्तमी तथा अष्टमी के दिन होते हैं। पृथ्वी तथा चंद्रमा के बीच दूरी में परिवर्तन से भी ज्वार 15 से 20 प्रतिशत कम या अधिक ऊँचे हो सकते हैं। उच्च ज्वार का अपने औसत से कम अथवा अधिक ऊँचा होना पृथ्वी से चंद्रमा की दूरी पर भी निर्भर करता है। इन्हें Perigean और Apogean tides कहते हैं। उपभू की स्थिति में चंद्रमा और पृथ्वी के बीच दूरी न्यूनतम होने के कारण इस समय उत्पन्न होने वाले Perigean tids, Apogean tides की अपेक्षा अधिक ऊँचे होते हैं।

चूँकि ज्वार-भाटा मुख्यत: चंद्रमा के आकर्षण का परिणाम है इसलिए किसी भी समय धरातल पर ठीक चंद्रमा के सामने वाले देशांतर पर तथा इसके ठीक विपरीत देशांतर पर उच्च ज्वार होता है। जैसे-जैसे पृथ्वी अपने अक्ष पर घूमती जाती है उच्च ज्वारों की स्थिति बदलती रहती है। इस प्रकार उच्च ज्वार से पृथ्वी के चारों और ज्वार की स्थिति बदलती रहती है। चूँकि चंद्रमा के संदर्भ में पृथ्वी अपने अक्ष पर एक बार घूमने में लगभग 24 घंटे 52 मिनट का समय लगाती है इसलिए दो उच्च ज्वारों के बीच लगभग 12 घंटे 26 मिनट का अंतराल होता है। इस प्रकार प्रतिदिन उच्च ज्वार आने का समय लगभग 52 मिनट की देरी से होता है।

किसी भी समय धरातल पर उपस्थित दो उच्च ज्वार वाले स्थानों के ठीक बीच में (90°) देशान्तर के अंतर पर दो देशांतरों पर निम्न ज्वार पाए जाते हैं। इस प्रकार एक उच्च ज्वार तथा इसके पहले अथवा बाद में होने वाले निम्न ज्वार के बीच लगभग 6 घंटे 13 मिनट का अंतराल होता है।

संसार के विभिन्न समुद्रों में ज्वारीय अंतराल (उच्च तथा निम्न ज्वारों के बीच अंतर) भिन्न-भिन्न होता है। इस अंतराल में समयानुसार विभिन्नता भी पाई जाती है। जहाँ उच्च ज्वार के समय पानी की भारी मात्रा संकरे क्षेत्रों की ओर धकेली जाती है, ज्वारीय अंतराल अधिक होता है। ऐसा खुले समुद्र में उत्पन्न ज्वारों के समय बड़ी मात्रा में पानी के संकरे क्षेत्रों के प्रवेश के कारण होता है। उदाहरण के लिए बंगाल की खाड़ी, फंडी की खाड़ी और कच्छ की खाड़ी में काफी ऊँचे ज्वार अंतराल ज्वार पाए जाते हैं। ऐसे स्थान ज्वारीय ऊर्जा उत्पन्न करने के लिए उत्तम एवं अनुकूल होते हैं।

ज्वार-भाटा नदियों तथा नदियों के एस्च्युरी क्षेत्रों में जल स्तर को भी प्रभावित करता है। कभी-कभी समुद्रों एवं सागरों में उत्पन्न ऊँची ज्वारीय तरंगें पानी की एक लगभग खड़ी दीवार की भाँति नदियों के मुहानों में प्रवेश कर जाती हैं। इन ज्वारीय तरंगों को 'ज्वारीय बोर' (Tidal bore) कहते हैं। पश्चिमी बंगाल में हुगली नदी का मुहाना इसके लिए प्रसिद्ध है। यद्यपि ज्वार-भाटा वस्तुत: समुद्र जल का नियमित तथा क्रमिक ऊपर उठना तथा नीचे गिरना है, परंतु कभी-कभी यह ज्वारीय धाराओं को भी जन्म देता है जो पानी को एक स्थान से दूसरे स्थान तक ले जाती हैं। जहाँ खाड़ियाँ समुद्रों के साथ संकरे मार्गों से जुड़ी होती हैं वहाँ इन धाराओं के कारण समुद्र का जल खाड़ियों तथा खाड़ियों का जल समुद्र में आता जाता रहता है। इसी प्रकार उत्पन्न धाराएँ द्वीपों के किनारों पर भी देखी जाती हैं।

❑❑❑

अध्याय-5

जैव मंडल

पशुओं और पौधों के वितरण का वर्णन जैव भूगोल (Bio-Geography) का विषय है। विविधता प्रकृति का नियम है। पशु और पौधे प्रकृति प्रदत्त संसाधन हैं जो कि प्रकृति की विविधता से जुड़े होते हैं।

किसी स्थान पर पाये जाने वाले सामूहिक पशुओं को **प्राणीजात** (Founa) तथा वनस्पतियों को **वनस्पतिजात** (Flora) कहते हैं। किसी विशेष क्षेत्र पर पाये जाने वाले प्राणीजात एवं वनस्पतिजात उस क्षेत्र के **जीवजात** (Biota) कहलाते हैं। इनका एक आपस में घनिष्ठ संबंध है तथा एक-दूसरे के अस्तित्व को प्रभावित करते हैं। जिस क्षेत्र में लगभग एक ही प्रकार के पशु पाए जाते हैं उस क्षेत्र को **परिमण्डल** (Realm) के नाम से पुकारते हैं। यह भी मानना होगा कि करीबी संबंधित वर्ग के पशु भी उसी मौलिक स्थान से विसर्जित हुए होंगे जहाँ से उसके सगे-संबंधी पशु पैदा हुए थे लेकिन विसर्जन के प्रक्रम में जलवायु और वातावरण की विभिन्नता के कारण उसमें कुछ परिवर्तन आ गए।

परिमण्डल की अपनी **सीमाएँ** होती हैं किन्तु जिन पशुओं में बदलते हुए वातावरण को सहन करने की क्षमता होती है, वह अपने परिमण्डल की सीमाओं को लाँघकर वृहद् क्षेत्र में विचरण करते हैं तथा अपनी **अनुकूलन क्षणता** से परिवर्तित वातावरण के अनुकल अपने को व्यवस्थित कर लेते हैं। यह तथ्य पक्षियों, मौलस्क तथा कीड़े-मकोड़ों के संबंध में सिद्ध होता है। जीवाश्मों के अध्ययन से यह प्रत्यक्ष प्रमाण मिलते हैं कि पशुओं के वर्तमान और अतीत के वितरण में बहुत अन्तर है। अतीत में आस्ट्रेलिया, दक्षिणी और उत्तरी अमेरिका, भारत आदि महाद्वीप और देश अफ्रीका महाद्वीप से जुड़े हुए थे जो कि समय के साथ पृथक् हो गए और उन पर विचरण करने वाले जीव भी अपने मौलिक स्थान से दूर हो गए तथा बदलते हुए वातावरण के साथ अपने को अनुकूल बना लिया तथा अपने परिवर्तित आकार, रूप और रंग के साथ आज भी अस्तित्व में हैं।

अधिकांश पार्थिव जन्तु शुद्ध भौतिक कारकों के अनुकूल अपने को समायोजित कर लेते हैं। अधिकांश बड़े-बड़े पशुओं का परिसर साधारणत: अधिक विस्तृत होता है तथा ये किसी विशिष्ट पौध समुदाय की सीमा रेखाओं को लाँघ सकते हैं। स्थलीय जन्तु महासागरीय जीवों की तुलना में संचालन की अधिक शक्ति रखते हैं।

प्राणियों के विसरण को प्रभावित करने वाले कारक

विविध प्रकार के जीवों के प्रसरण में अनेक प्रकार के कारण दो प्रकार की भूमिका निभाते हैं या तो वे उनके प्रसरण में प्रोत्साहन करते हैं या फिर उनके विसरण में बाधा उत्पन्न करते हैं। ये कारण उनकी स्वयं की शारीरिक विशेषताओं व पर्यावरण दोनों से ही संबंधित हैं। ये निम्न हैं :

(1) भौतिक कारक

(2) जैविक कारक

भौतिक कारक

धरातल पर जलीय व थलीय विस्तार धरातल के विविध प्रकार के उच्चावच जैसे—पर्वत, पठार, मैदान आदि इसके अन्तर्गत आते हैं। स्थलीय व जलीय विस्तार का विसरण पर काफी गहरा प्रभाव पड़ता है क्योंकि यदि स्थलीय भागों के मध्य जल हो तो स्थलीय जीवों का विसरण असंभव होता है इसका स्पष्ट उदाहरण पैंजिया से स्पष्ट है क्योंकि जब पैंजिया एक महाद्वीप के रूप में था तो इस पर स्थलीय जीवों का विसरण पर्याप्त मात्रा में देखा जाता था पर इसके हटने के पश्चात् इनके मध्य जल का विस्तार होने से यह विसरण रुक गया व यही कारण है कि कंगारू जीव आज भी मात्र आस्ट्रेलिया महाद्वीप में ही प्रधानता से पाया जाता है। अधिकांश स्थानीय प्राणियों में तैरने का गुण नहीं पाया जाता है और यदि कुछ जीवों में यह गुण पाया भी जाता है तो वे कुछ ही दूरी तक तैर पाते हैं अत: जीवों का विसरण बाधित ही रहता है। हालांकि यह भी उल्लेखनीय है कि विस्तृत जलीय भाग जहाँ एक ओर स्थलीय जीवों के विसरण को तो बाधित करता है लेकिन यह सागरीय जीवों के विसरण को प्रोत्साहन भी देता है।

पर्वत, पठार, मैदान, घाटी, रेगिस्तान आदि जैसे विविध धरातलीय उच्चावच भी जन्तुओं के विसरण को प्रभावित करते हैं। ये सभी धरातल में उच्चावच मुख्य रूप से जीवों के विसरण में 'बाधक' (Barriers) का कार्य ही करते हैं क्योंकि स्थलीय प्राणी सामान्यत: इन बाधाओं को पार नहीं कर पाते हैं। जैसे कि हिमालय पर्वत श्रेणी के निर्माण के बाद उत्तरी व दक्षिणी एशिया के जीवों का विसरण रुक गया, इसी प्रकार उत्तरी अमेरिका में रॉकी पर्वत

शृंखला व दक्षिणी अमेरिका में पर्वत श्रेणी के कारण भी पूर्वी व पश्चिमी क्षेत्रों के जीवों का विसरण रुक गया है। इसी तरह मरुस्थलों की उपस्थिति भी जन्तुओं के विसरण में बाधा उत्पन्न करते हैं।

जलवायु भी जन्तुओं के विसरण को प्रभावित करने वाले कारकों में उल्लेखनीय भूमिका निभाता है। सामान्यत: यह कारक विसरण को प्रोत्साहन देता है जैसे कि साइबेरिया की ठण्डी जलवायु के पक्षी भारत में शीतकाल में ठण्डी जलवायु के कारण ही 3-4 माह के लिए समय व्यतीत करते हैं। लेकिन प्रतिकूल जलवायु इसके विपरीत जन्तुओं के विसरण में बाधा उत्पन्न करती है जैसे कि गर्म जलवायु वाले जीव-जन्तु ठण्डी जलवायु के प्रदेशों में नहीं पाये जाते हैं।

दूरी भी जन्तुओं के विसरण को प्रभावित करती है। एक ही समान जलवायु होने अथवा एक ही प्रकार का विस्तृत धरातलीय भाग होने के बावजूद भी यदि दूरी अधिक है तो जन्तु अधिक दूरी तक विसरण नहीं करते हैं। सामान्यत: जन्तु सीमित दूरी तक ही विसरण करते हैं।

जीवीय कारक

प्राणियों के स्वयं के गुण, मानवीय हस्तक्षेप आदि कारक जन्तुओं के विसरण को प्रभावित करने वाले जीवीय कारकों में शामिल किए जाते हैं। जीवों में पाये जाने वाले कुछ विशिष्ट जन्मजात गुण जैसे—दौड़ना, उड़ना, तैरना, रेंगना आदि उनके विसरण में सहायक होते हैं। इन गुणों से जब जन्तु स्वयं ही विसरण हेतु प्रोत्साहित होते हैं तो वह **'सक्रिय विसरण'** (Active Dispersal) कहलाता है। इसके विपरीत जब जन्तु वितरण स्वयं उसके गुणों के द्वारा प्रोत्साहित न होकर किसी वाहक (Carrier) द्वारा होता है तो वह निष्क्रिय विसरण (Inactive Dispersal) कहलाता है। ये वाहक चार प्रकार के होते हैं :

(*i*) **जल वाहक (Water as a Carrier)**—यह जल की तरंगों अथवा लहरों अथवा जल की धाराओं द्वारा सम्पन्न होता है। जैसे—अन्ध महासागर में एक भौंरे जैसा जल कीट गल्फस्ट्रीम की धारा की सहायता से उत्तरी अमेरिका के पूर्वी तट से यूरोप के पश्चिमी तट तक विसरण कर गया।

(*ii*) **वायु वाहक (Wind as a Carrier)**—वायु की धाराओं, वायुराशियों आदि के द्वारा यह सम्पन्न होता है, अधिकाशंत: छोटे-छोटे जन्तु इस प्रकार के वाहक द्वारा विसरण करते हैं।

(*iii*) **मानव वाहक (Man as a Carrier)**—मानव न केवल जानबूझकर बल्कि कभी-कभी अनायास ही जन्तुओं के विसरण हेतु वाहक का कार्य करता है। पक्षियों की कई प्रजातियों का मानव द्वारा यूरोप से उत्तरी अमेरिका व न्यूजीलैण्ड में लेकर आना इसके द्वारा जानबूझकर किए जाने वाले वाहक के कार्य का उदाहरण है जबकि वर्तमान में भूरे रंग के चूहे जो कि सम्पूर्ण विश्व में पाये जाते हैं, मानव द्वारा होने वाले अनायास वाहक कार्य का उदाहरण है।

(*iv*) **जीवीय कारक (Biotic Carrier)**—कभी-कभी एक प्राणी का विसरण भी हो जाता है जैसे कि छोटे-छोटे कीट-पतंग।

पौधों का विश्व वितरण

धरातल पर वनस्पतियों के वितरण में पर्याप्त असमानता पायी जाती है। भूमध्य रेखा से ध्रुवों तक तथा सागर तल से उच्च पर्वतों तक पादपों के वितरण में कटिबंधीय या मण्डलीय प्रारूप (Zonal Pattern) पाया जाता है। पादपों के वितरण पर **जलवायु कारकों** (तापमान, प्रकाश, आर्द्रता, मृदा में नमी आदि); **मृदा संबंधी कारक** (Ediphic Factors) (मृदा में पोषक तत्वों की स्थिति, मृदा गठन, मृदा संरचना, उसकी अम्लता एवं क्षारीय गुण आदि); **जैविक कारक** (आवास विशेष में जीवित जीवों का विशेषकर प्राणी तथा मानव का पौधों पर प्रभाव तथा पादपों का आपस में तथा पादपों एवं प्राणियों में अन्तर्संबंध यथा—प्राकृतिक चयन, प्रतिस्पर्द्धा, परस्पर सहयोगवाद (Mutualism), सहभोजिता (Commensalism), परजीविता (Paraticism) आदि); **भौतिक कारक** (उच्चावचीय, ढाल कोण तथा ढाल पहलू (Slope aspect, धरातलीय संरचना आदि); **भूगर्भिक कारक** (महाद्वीपीय विस्थापन तथा प्रवाह, प्लेट संचलन); **अग्नि कारक** (वनार्गन (Forest Fire) मानव द्वारा सोद्देश्य वनों को लगाना, मानव द्वारा अनजाने में वन में आग लगाना तथा प्राकृतिक वनाग्नि आदि); **पादपों का विसरण तथा प्रकीर्णन** एवं मानव हस्तक्षेप आदि का महत्त्वपूर्ण प्रभाव होता है।

विश्व में पौधों के वितरण का अध्ययन अनेक रूपों में किया जा सकता है यथा—(*i*) **आवासों** के आधार पर (स्थलीय एवं जलीय आवासों के पौधों का वितरण), (*ii*) वानस्पतिक विभाजन के आधार पर, (*iii*) अक्षांशीय विस्तार एवं ऊँचाई के आधार पर (*iv*) पादप समुदाय की विशिष्ट विशेषताओं के आधार पर आदि।

(1) स्थलीय पौधों का वितरण—जीवमण्डल में वनस्पति का अध्ययन दो रूपों में किया जाता है—(अ) पादपों के किसी खास जाति (Species) का विश्वस्तरीय वितरण—जिसमें पादपों के वितरण के प्रतिरूपों एवं उनके वैषम्य का अध्ययन जलवायु विभिन्नताओं, पादपों के **विसरण** (Dispersal) तथा **प्रवास** (Migration) तथा महाद्वीपों के विस्थापन एवं प्रवाह के संदर्भ में किया जाता है। (ब) वनस्पतियों का अध्ययन पारिस्थितिक तंत्र (Eco-system) के संदर्भ में किया जाता है जिसमें समान पर्यावरण वाले विभिन्न **आवासों** (Habitats) में पादपों की समस्त जातियों (जो वहाँ मौजूद होती हैं) का सामूहिक अध्ययन करते हैं।

भूगोल में वनस्पतियों का वितरण भौगोलिक प्रदेशों के संदर्भ में किया जाता है। **क्रिटैशियस** युग में **पुष्पी पौधों** (Flowering Plants of Angiosperms) का प्रादुर्भाव, विकास तथा भूमण्डल के विभिन्न भागों में विसरण तथा प्रवाह होने से उनके अलग-अलग समूहों का विकास हुआ है। इस तरह के खास प्रकार के आवासों (समान पर्यावरण वाले में) वानस्पतिक समूहों के वृहद् स्तरीय रूपों को **वानस्पतिक जगत** (Floristic Kingdoms) कहते हैं। प्रत्येक वनस्पतीय जगत में भी प्रादेशिक स्तर पर कुछ विभिन्नताएँ अवश्य होती हैं, अत: प्रत्येक वनस्पतीय जगत को लघु क्षेत्रीय **वानस्पतीय प्रान्तों** (Floristic Provinces) या **वनस्पतिक प्रदेशों** में विभक्त किया जाता है।

स्मरण रहे कि प्रत्येक वनस्पतीय प्रदेश में विभिन्न जीवन-रूपों (Life forms) वाले समस्त पादपों (जो उस प्रदेश में मौजूद होते हैं) को (यथा—वृक्ष, झाड़ी, घास आदि) शामिल किया जाता है। इस तरह वनस्पतीय प्रदेश को 'Formation' भी कहते हैं। किसी भी पारिस्थितिक तंत्र में अथवा **आवास** में पौधों तथा प्राणियों के सम्मिलित रूप को **जीवोम** अथवा **बायोम** कहते हैं। भूमण्डल में वनस्पतीय प्रदेशों का विकास मुख्य रूप से टर्शरी युग में हुआ लेकिन **क्वाटरनरी युग** में हुए जलवायु परिवर्तनों के कारण इन वनस्पतीय प्रदेशों में भी परिमार्जन तथा परिवर्तन हुए हैं। ज्ञात होगा कि पादपों की कुछ

जातियों का ही विश्वव्यापी वितरण संभव हो पाया है जबकि अधिकांश जातियाँ कुछ निश्चित स्थानों में ही सीमित हैं। अत: जातियों के व्यापक वितरण के आधार पर समस्त विश्व को 6 प्रमुख वनस्पतीय जगत (स्थलीय पौधों को) में विभक्त किया गया है।

(*i*) **आस्ट्रेलियन जगत्**—इसमें समस्त आस्ट्रेलिया महाद्वीप आता है तथा यहाँ पर विशिष्ट प्रकार के पौधे पाए जाते है जिनमें सर्वाधिक महत्वपूर्ण **यूकेलिप्टस** है जिसकी संख्या आस्ट्रेलिया के संपूर्ण वृक्षों का 75 प्रतिशत है। यहाँ पर यूकेलिप्टस की 600 जातियाँ (Species) पायी जाती हैं। इनमें पर्याप्त विषमता पायी जाती है। ऊँचे तथा वृहदाकार छायाकार वृक्षों से लेकर यूकेलिप्टस तथा मरुस्थलीय बौने वृक्षों से लेकर यूकेलिप्टस को मिमोसा (Mimosa) का संबंधी बताया जाता है जिसकी कुछ जातियाँ आज भी दक्षिणी अमेरिका में पायी जाती हैं। आस्ट्रेलिया से यूकेलिप्टस का मनुष्य ने प्राय: प्रत्येक महाद्वीप में विसरण (Dispersal) किया है। भारत के प्राय: प्रत्येक राज्य में यूकेलिप्टस के वृक्ष (मुख्य रूप से सड़कों तथा रेल लाइन के किनारे-किनारे) लगाए जाते हैं तथा इसका विस्तार (मानव द्वारा तीव्र गति से किया जा रहा है। महाद्वीपीय प्रवाह के कारण आस्ट्रेलिया के पृथक्करण (solation) के फलस्वरूप यहाँ पर विशेष क्षेत्रीय वनस्पति का विकास हुआ है।

(*ii*) **केप जगत् (Cap Kingdom)**—इसका विस्तार अफ्रीका के दक्षिणी छोर पर हुआ है जहाँ पर **शकरकंद** (Bulbs or Tubers) वाले पौधों का विकास हुआ (ऐसे पौधों की जड़ों में मृदा के नीचे बल्ब या कंद का जन्म होता है, जिनसे नए पौधों का जन्म होता है, जैसे—कंदमूल आदि)। इस प्रकार के पौधे वाटिका के पुष्पी पौधे होते हैं तथा Labelia, Kriphogia, Erica, Fressia आदि जातियाँ हैं। ज्ञातव्य तथ्य है कि इस क्षेत्र के यूरोपीय लोगों द्वारा औपनिवेशीकरण के पश्चात् इन पुष्पी जातियों के पौधों को विश्व के अधिकांश देशों की वाटिकाओं में फूलों के लिए ले जाया गया है। यद्यपि इन **वाटिका पुष्पी पौधों** (Garden Flowering Plants) का अन्यन्त्र विसरण एवं वितरण हुआ है। परंतु अपने मूल स्थान में ही इसकी संख्या तथा क्षेत्र में ह्रास हो रहा है क्योंकि उन्हें हटाकर कृषि में भूमि का क्षेत्र बढ़ाया जा रहा है। जिन क्षेत्रों में अभी तक कृषि का प्रसार नहीं हुआ है वहाँ पर Sclerophyllous झाड़ियाँ पायी जाती हैं जिनकी ऊँचाई एक मीटर से कई मीटर तक होती है। इनके नीचे **शाकीय झाड़ियाँ** (Herbaceous Shrubs) होती हैं। इन वनस्पतियों के विकास के पहले यहाँ पर सदाबहार **शीतोष्ण कटिबंधीय** वन थे लेकिन यूरोपियन लोगों ने इन मौलिक वनों को साफ कर दिया तथा बाद में उपर्युक्त झाड़ियों का विकास हुआ।

(*iii*) **अण्टार्कटिक जगत्**—इसका विस्तार एक पतली मेखला में अण्टार्कटिका महाद्वीप के उत्तर में दक्षिणी अमेरिका के पैरागोनिया तथा दक्षिणी चिली से न्यूजीलैण्ड तक पाया जाता है। इस जगत की सर्वप्रमुख पौधा (Nothofagus) (दक्षिणी बीच) है। न्यूजीलैण्ड में देशीय (Native) शीतोष्ण घासों में (आज से लगभग 100 मिलियन वर्ष पूर्व) ऐसी जातियाँ विकसित थीं, जो गुच्छेदार होती थीं जिनके पास **नरकुल** (Sedges, पानी में उगने वाले) तथा **द्विबीज पत्री** (Dicotyledous) झाड़ियाँ भी थीं, परंतु यूरोपीय लोगों के आगमन के साथ ही इनमें पर्याप्त परिमार्जन (Modification) हुआ है। इन परिमार्जित तथा रूपान्तरित घासों में आज भी दो प्रमुख प्रकार पाए जाते हैं :

(अ) लघु तृणगुच्छ घास क्षेत्र (Short Tussock Grass lands) जिनमें Festuea तथा Reo प्रमुख जातियाँ हैं। इनकी ऊँचाई 0.5 मीटर तक तथा रंग पीला-भूरा होता है।

(ब) **उच्च तृणगुच्छ घास में प्रमुख जाति** Chomechloa है। न्यूजीलैंड के गर्म शीतोष्ण भागों के वनों में **अनावृत्त बीजी** (Gymnosperms) तथा **आवृत्त बीजी** (Angiosperms) वृक्षों की भरमार पायी जाती है। **अनावृत्त बीजी** के कोणधारी परिवार में प्रमुख हैं—Pockorpaceare, Cuprerrsacease तथा Aravcariaceae तथा आवृत्त बीजी समूह में पुष्पी पौधे आते हैं, जिनमें प्रमुख हैं—Nothofagus, न्यूजीलैण्ड के उपोष्ण कटिबंधीय वन सदाबहार प्रकार के हैं जिनमें ऊँचे-ऊँचे वृक्ष घने आवरण के रूप में पाये जाते हैं। न्यूजीलैंड में मानव क्रिया-कलापों तथा यूरोप में लाए गए स्तनधारी जानवरों (यथा—लाल हिरण) के कारण **वनस्पति समुदाय** (Vegetation Community) में बड़े स्तर पर असंतुलन हो गया है।

(*iv*) **पुरा उष्ण कटिबंधी जगत् (Palaeotropical Kingdom)**—इसमें अफ्रीका का अधिकतर भाग, दक्षिण-पश्चिम एशिया, दक्षिण-पश्चिम एशिया का अधिकतर भाग, दक्षिणी-पूर्वी एशिया तथा चीन का दक्षिण मध्यवर्ती भाग शामिल किया गया है। इस वृहद जगत के तीन प्रमुख उपजगत (Sub Kingdom) में विभक्त किया जाता है—अफ्रीकी उपजगत, भारत-मलाया उपजगत तथा पोलिनेलियन उपजगत। इन उपजगत को पुन: कई प्रदेशों में बाँटा जा सकता है। कुछ ऐसे पौधे हैं जो सभी प्रदेशों में पाए जाते हैं।

(*v*) **नवायन वृत्तीय जगत् (Neotropical Kingdom)**—इसमें पेटागोनिया तथा दक्षिणी चिली को छोड़कर समस्त दक्षिणी अमेरिका का भाग शामिल किया जाता है। इस जगत तथा **पुरायन-वृत्तीय जगत्** (Palaeotropical Kingdom) विशेषकर-अफ्रीका) के वनस्पति प्रदेशों के कई **वंश** (Genera) उभय रूप में मिलते हैं। प्रारंभ में जबकि गौण्डवाना लैण्ड के सभी सदस्य आपस में संलग्न थे तो **क्रिटेशियस युग** में उष्ण कटिबंधी पुष्पी पौधों का विकास गौण्डवाना लैण्ड के अधिकतर भागों में हुआ। बाद में गौण्डवाना लैण्ड के विभंजन तथा दक्षिणी अमेरिका के पश्चिम की तरफ प्रवाह तथा अटलांटिक महासागर के **सागर नितल प्रसरण** (Sea Floor Spreading) के फलस्वरूप विस्तार के कारण इसका गौण्डवाना लैण्ड के अन्य सदस्यों से संबंधविच्छेद हो गया जिस कारण (पृथक्करण Isolation) दक्षिण अमेरिका तथा अफ्रीका की वनस्पतियों में अतंर आ गया।

(*vi*) **उत्तरी जगत् (Boreal Kingdom)**—इसमें मध्य अमेरिका को छोड़कर समस्त उत्तरी अमेरिका, ग्रीनलैंड, समस्त यूरोप तथा उत्तरी एशिया तथा आर्कटिक क्षेत्रों को शामिल किया जाता है तथा यह सभी **वनस्पति जगत्** (Floral Kingdoms) में सर्वाधिक विस्तृत है।

इसमें कई उपजगत तथा प्रदेशों का निर्धारण किया गया है। यथा—रूम सागरीय प्रदेश, अटलांटिक उत्तरी अमेरिकन प्रदेश आर्कटिक तथा उप-आर्कटिक प्रदेश, यरोसार बेरियन प्रदेश आदि। इन उपजगत तथा वनस्पति

प्रदेशों का एक-दूसरे से अलगाव महासागर, पर्वत, मरुस्थलीय अवरोधों (Barriers) द्वारा हुआ है।

इन प्रदेशों में पौधों की जातियों, वंशों, परिवारों आदि तथा प्रमुख वनस्पतियों का विवरण भी आवश्यक है।

(2) सागरीय पौधों का वितरण—पादपों के **आवासों** (Habitats) को दो प्रमुख भागों में विभक्त करते हैं—**स्थलीय आवास** तथा **जलीय आवास** (Aquatic Habitats)। जलीय आवास को पुन: दो वृहद् आवासों में विभक्त किया जाता है—(*i*) **सागरीय आवास** (Marine Habitats) तथा (*ii*) **अलवणीय जलीय आवास** (Fresh Water Habitats) या स्थल स्थित जलीय भाग यथा नदी जिसमें जल सतत् गतिशील रहता है तथा सील, तालाब, जलभण्डार (Roserrior) जिनमें अपेक्षाकृत जल स्थिर रहता है। सागरीय आवास को पुन: दो भागों में विभक्त किया जाता है—(अ) **पेलैजिक** (Pelogic) **आवास**—जिसमें सागर तथा महासागर के समस्त जल को शामिल करते है तथा (ब) **नितलस्थ आवास** (Benthic Habitats) जिसमें सागर की तली (Sea Bed) को ही शामिल किया जाता है। सागरीय भागों में पादपों की स्थलीय पादपों की तुलना में बहुत ही कम प्रणालियाँ होती हैं। सागरीय पादप जगत का निर्माण मुख्य रूप से **सूक्ष्मदर्शी फाइटो लैक्टन** (Microscopic Phytoplankens) तथा छिछले बगों की तली में रहने वाले शैवाल (Algae) से हुआ है। सागरीय पादपों में प्राय: समरूपता का मुख्य कारण यह है कि स्थलीय भागों की भाँति इसमें अवरोध (Barrier) नहीं होते हैं, बल्कि इनमें सागरीय गतियों के कारण पादपों में मुक्त मिश्रण ((Free Mixing) होता रहता है तथा स्थलीय भागों की भाँति तापमान में विषुणता भी अधिक नहीं होती है। सागरीय पादपों में तली में रहने वाले तथा जल पर तैरने वाले पादपों में ही सर्वाधिक विषमता होती है। **सागरीय पौधों** को सागरीय तापमान के आधार पर दो भागों में विभक्त कर सकते हैं :

(क) गर्म जल वाले पादप तथा

(ख) शीत जल वाले पादप

सागरीय पादपों की सर्वाधिक जातियाँ (Species) तथा वंश (Genera) उष्ण कटिबंधीय भाग के गर्म जल मण्डल में पाये जाते हैं। इस प्रदेश को चार मण्डलों में विभक्त किया जा सकता है—(*i*) अटलांटिक अयनवर्ती भाग, (*ii*) हिन्द महासागरीय अयनवर्ती भाग, (*iii*) पश्चिमी भाग तथा (*iv*) पूर्वी प्रशान्त महासागरीय अनवर्ती भाग। पादपों के सर्वाधिक प्रकार हिन्द-प. प्रशान्त महासागरीय मंडल के जलमग्न तटीय भागों में पाए जाते हैं।

प्राणियों/जन्तुओं का वितरण

जीवमण्डल में प्राणियों (Animals) के वितरण का अध्ययन कई रूपों में किया जा सकता है यथा—क्षेत्र विशेष में किसी खास जाति (Species) के सभी सदस्यों के वितरण का प्रारूप। इस दृष्टिकोण से विश्व की प्राणिजात (Animal Species) के आधिक्य (Abundance) या प्रभुत्व (Dominance) के आधार पर विभिन्न वितरण क्षेत्रों (Distributional Areas) में विभक्त किया जाता है। प्राणियों के वितरण का **प्राणी समुदाय** (Community) के स्तर पर भी अध्ययन किया जाता है। प्राणी समुदाय में किसी क्षेत्र विशेष की सभी जातियों के सभी सदस्यों (Total Populatiton of all individuals of all species) का सामूहिक अध्ययन किया जाता है। प्राणियों के वर्तमान विश्व स्तरीय वितरण के उल्लेख के पहले उनके वितरण को प्रभावित करने वाले कारकों का अध्ययन आवश्यक होता है।

स्थलीय जन्तुओं का वितरण

यदि विश्व स्तर पर प्राणियों के वितरण को देखा जाए तो समस्त जीवमण्डल एक इकाई बनता है जो वृहत् **प्राणी समुदाय** (Animal Community) का प्रतिनिधित्व करता है। इसे पुन: दो प्रमुख प्राणी भौगोलिक प्रदेशों (Zoo-Geographical Regions) में विभक्त किया जाता है—**स्थलीय प्राणीमण्डल** तथा **जलीय प्राणीमण्डल**।

स्थलीय प्राणियों के आधार पर विश्व को पुन: वृहद प्राणी प्रदेशों में बाँटा जाता है। प्राणी प्रदेशों (Faunal Regions) का यह तात्पर्य नहीं है कि अमुक प्रदेश में किसी खास जाति अथवा **परिवार** अथवा **कोटि** (order) के सभी प्राणी का समान वितरण होता है तथा ये प्राणी किसी एक प्रदेश में ही पाए जाते हैं, अन्यत्र नहीं मिलते हैं। वास्तव में **जाति उद्भवन** (Speciation), **प्रवास** (Migration), **विसरण** (Dispersal) तथा **विलोपन** साथ-साथ प्राणी विकास के प्रत्येक चरण में क्रियाशील रहते हैं, परिणामस्वरूप प्राणियों का विश्ववितरण सरल न होकर अत्यन्त जटिल हो जाता है। इसके होते हुए भी विश्व में प्राणियों के कुछ खास अवश्य होते हैं जिनमें प्राणियों की उभय विशेषताएँ होती हैं। इनके आधार पर विभिन्न **प्राणी प्रदेशों** का निर्धारण किया जाता है। प्राणियों के विश्व-वितरण के अध्ययन में निम्न तथ्यों पर ध्यान दिया जाता है—

(1) भौतिक पर्यावरण दशाएँ प्राणियों की संख्या, प्रचुरता, विविधता आदि को निर्धारित करती है। सर्वाधिक विविधता उष्ण कटिबंधीय भागों के स्थलीय तथा अलवण जलीय क्षेत्रों (Fresh Waters) के रीढ़ वाले प्राणियों में मिलती है।

(2) प्राणियों के वितरण में कटिबंधीय प्रतिरूप (Zonal Pattern) पाया जाता है। यह कटिबंधीय प्रतिरूप **क्षैतिज** (Horizontal) तथा **लम्बवत्** (Vertical) दोनों रूपों में होता है। क्षैतिज मण्डलीय प्रतिरूप में अक्षांशों का नियंत्रण सर्वाधिक होता है। **जातियों** की विविधता विषुवत् रेखा से ध्रुवों की तरफ घटती जाती है। भूमध्यरेखा से ध्रुवों की तरफ प्राणीमंडलों (Animal Zones) का विकास भूमध्य रेखा की ओर वाले मंडलों से निकली जातियों से हुआ है। यह मण्डलीय विकास रूप से प्राणियों के **प्रवास** (Migration) तथा **जाति उद्भव** द्वारा संभव हुआ है। यथा—शीतोष्ण कटिबंधीय प्राणियों का विकास उष्ण कटिबंधीय प्राणियों के प्रवाह के दौरान व्यवकलन (Subtraction) द्वारा होता है।

(3) प्राणियों का उत्पत्ति केन्द्रों के चारों तरफ **विकिरण** (Radiation) हुआ है अर्थात् चारों तरफ प्रसरण हुआ है। परिणामस्वरूप प्राणियों का वितरण संकेन्द्रीय मण्डल (Concentric Zones) के रूप में पाया जाता है।

(4) किसी भी क्षेत्र में प्राणियों में विविधता (Diversity) उनके विसरण तथा औपनिवेशिकरण के फलस्वरूप हुई है।

(5) प्राणियों का केन्द्रण (Concentration) मुख्य रूप से **स्तनधारी प्राणियों** (Mammals) में ही संभव हुआ है, अन्य प्राणियों का वितरण व्यापक रूप में पाया जाता है।

(6) कुछ प्राणियों का वितरण असम्बद्ध (Discontinuous or Disjunct) रूप में तथा कुछ का सम्बद्ध रूप में पाया जाता है। यथा—Moose (एक प्रकार का हिरण) का वितरण यूरेशिया तथा उतरी अमेरिका के टैगा प्रदेश में सम्बद्ध मण्डलीय **प्रतिरूप** (Continuous Zonal

Pattern) में पाया जाता है जबकि Azure-Winged Magpie, Weather Fish तथा Bitterling का वितरण असम्बद्ध रूप में पाया जाता है। इनके दो असम्बद्ध मण्डल पाए जाते हैं—एक मध्य तथा पश्चिमी यूरोप में तथा दूसरा पूर्वी एशिया में इन दोनों मण्डलों के मध्य विस्तृत भू-भाग इन प्राणियों से रहित हैं।

(7) द्वीपों पर विशिष्ट प्रकार के प्राणी पाए जाते हैं क्योंकि सागरीय अवरोध के कारण इनमें प्राणियों तथा पादपों का न्यूनतम वितरण हुआ है। हवाई द्वीप (जो किसी भी भूगर्भिक काल में स्थलीय भाग से सम्बद्ध नहीं था) में **रेप्टाइन्स, जलभमिया** जन्तु अलवण जल की मछलियाँ तथा स्तनधारी प्राणियों (चमगादड़ की एक जाति को छोड़कर) पूर्णतया अनुपस्थित है।

विश्व को **प्राणी प्रदेशों या जन्तु प्रदेशों** (Faunal Regions) में विभाजित करने का प्रथम सफल प्रयास **A.R. Wallance** ने 1876 में किया था। उसके बाद अनेक विद्वानों ने इस विभाजन पर कार्य किया लेकिन आज भी **वैलास** का विभाजन सर्वाधिक मान्य है। विश्व को छः प्रमुख प्राणी या जन्तु प्रदेशों में विभाजित किया जा सकता है।

पादपों एवं प्राणी जगत् के भौगोलिक प्रदेश

(1) पुरा आर्कटिक प्रदेश (Pahearctic Region)—इसमें यूरोप तथा मध्य एवं उत्तरी एशिया को शामिल करते हैं। इसमें 28 रीढ़वाले परिवार (Chordate Families) पाए जाते हैं। इस प्रदेश के प्रमुख प्राणी रूसी कस्तूरी, बिज्जू, यूरेशिया का Clormice, रूम सागरीय क्षेत्र का Mote, Vats, Saiya and Chiru Antelope (एक प्रकार का हिरण), Acentors, Crocodile, Lizards आदि हैं। इस प्रदेश में रेप्टाइल्स की संख्या कम पायी जाती है। वनस्पति के आधार पर इस प्रदेश को पुनः पाँच उप-प्रदेशों में विभक्त किया जाता है—

(*i*) **टुण्ड्रा प्रदेश**—इसमें Caribou, Lemmina, Musk-Ox, Actic Hare, Wolf Arctic Fox, Polar Bear आदि प्राणी पाए जाते हैं।

(*ii*) **कोणधारी (शीतोष्ण) कटिबंधीय वन प्रदेश**—Moose, Mole, Deer, Lynx आदि प्रमुख प्राणी है।

(*iii*) **शीतोष्ण कटिबंधीय घास प्रदेश**—Saigai, Wildass, Horse, Camel, Zebra, Homster, Jackal प्रमुख जन्तु हैं।

(*iv*) **पतझड़ वन प्रदेश**— Racaoms, Oppasum, Red Fox, Black Bear आदि प्रमुख हैं।

(*v*) **मरु प्रदेश**—Lizards, Snakes, Zebra, Hamster, Heolgehog, Rat, Cottontai) आदि प्रमुख हैं।

पुरा आर्कटिक प्रदेश में समस्त रीढ़ वाले प्राणियों के 136 परिवार, स्तनधारी प्राणियों के 100 वंश (Genera) तथा पक्षियों के 174 वंश पाए जाते हैं। इनके अलावा संपूर्ण रीढ़ वाले, स्तनधारी तथा पक्षियों के क्रमशः 3 विचित्र परिवार, 35 विचित्र वंश तथा 57 विचित्र वंश पाए जाते हैं।

(2) नूतन आर्कटिक प्रदेश (Nearctic Region)—इस प्रदेश में उत्तरी अमेरिका तथा ग्रीनलैण्ड को शामिल किया जाता है। पूरा आर्कटिक तथा नूतन आर्कटिक प्रदेशों में पर्याप्त समता पायी जाती है। टर्शियरी तथा प्लीस्टोसीन युग में ये दोनों प्रदेश **बेरिंग जलडमरूमध्य के स्थल सेतु** (Land Bridge) द्वारा संबंधित थे जिस कारण दोनों क्षेत्रों में प्राणियों का विसरण एक-दूसरे क्षेत्र में संभव हुआ। परिणामस्वरूप जातियों का पर्याप्त मिश्रण हुआ। यथा—अमेरिका तथा यूरोपीय Bisons आपस में लैंगिक सम्पर्क द्वारा प्रजनन करते हैं। दोनों प्रदेशों में सालमन तथा ट्राउर पायी जाती है। कुछ लोग दोनों प्रदेशों को **उत्तर ध्रुवीय प्रदेश** (Holarctic Region) के रूप में एक ही प्रदेश मानते हैं लेकिन प्रारंभ में नूतन आर्कटिक प्रदेश में घोड़ा, सूअर, बकरी तथा भेड़ें नहीं थीं। इनका उत्तरी-पूर्वी एशिया में बेरिंग जलडमरूमध्य से होकर इस प्रदेश में आगमन हुआ है। इस प्रदेश में कुछ विशिष्ट प्रकार के प्राणी पा जाते हैं। इसमें रेप्टाइल्स भारी मात्रा में पाए जाते हैं। इस प्रदेश में सम्पूर्ण रीढ़वाले 122 **परिवार** पाए जाते हैं जिनमें 12 परिवार अद्वितीय (Unique) हैं। स्तनधारी प्राणियों के 74 **वंश** (24 अद्वितीय) तथा पक्षियों के 169 **वंश** (52 अद्वितीय) हैं। इस प्रदेश के भी 5 उप भाग किए जाते हैं—

(*i*) **टुण्ड्रा प्रदेश**—Caribou, Muskox, Lemming, Orctic Hare, Wolf, Arctic Fox, Polar Bear.

(*ii*) **शीतोष्ण कटिबंधीय कोणधारी वन प्रदेश**—Moose, Mule, Deer, Wolverine, Lynx.

(*iii*) **शीतोष्ण कटिबंधीय घास प्रदेश**—Bisan, Pronghom, Jack Rebbit, Prairie Dog, Gopher fox, Coyofe.

(*iv*) **पतझड़ वन प्रदेश**—Racoon, Opossum, Red fox, Black Bear.

(*v*) **मरु प्रदेश**—Lizards, Snakes, Kangaroo, Zebra, Homster, Hadgehog, Rat.

(3) प्राच्य प्रदेश (Oriental Region)—इसमें मुख्य रूप से दक्षिणी तथा दक्षिणी-पूर्वी एशिया को शामिल किया जाता है। हिमालय पर्वत, तिब्बत पठार, तथा चीन के पर्वतीय भाग प्राच्य प्रदेश तथा पूरा आर्कटिक प्रदेश के मध्य आवान्तर मंडल (Transition Zone) का निर्माण करते हैं। इसी तरह इस प्रदेश तथा आस्ट्रेलियाई प्रदेश के मध्य-पूर्वी द्वीप समूह आवान्तर मंडल का निर्माण करता है। यह समस्त प्रदेश उष्ण कटिबंधीय प्रदेश में आता है, अतः इसका संबंध **इथिओपियन प्रदेश** से हो जाता है। इसी प्रकार के रीढ़ वाले प्राणियों के 164 परिवार (12 अद्वितीय) स्तनधारी प्राणियों के 340 वंश (अद्वितीय) पाए जाते हैं। भारतीय हाथी, गैण्डा, हिरण की कई जातियाँ पाई जाती हैं।

(4) इथिओपियन प्रदेश (Ethiopian Region)—इसमें सहारा के दक्षिण का समस्त अफ्रीकी भाग तथा सुदूर दक्षिणी-पश्चिमी अरेबिया शामिल किया जाता है। यह प्रदेश भी उष्ण कटिबंधीय है। इस प्रदेश में अन्य प्रदेशों की तुलना में प्राणियों में सबसे अधिक विविधता पायी जाती है यद्यपि इसमें Motes, Beaves, Bears तथा Canels की पूर्णतया अनुपस्थिति है। यहाँ पर पाए जाने वाले सभी प्रकार के रीढ़ वाले जन्तुओं के 174 परिवार (22 अद्वितीय), स्तनधारी जन्तुओं के 140 वंश (90 अद्वितीय) तथा पक्षियों के 294 वंश (179 अद्वितीय) पाए जाते हैं। इस प्रदेश को पुनः तीन उप-प्रदेशों में बाँटा जा सकता है—

(*i*) **मरु प्रदेश**—Springbok, Purepine, Jerboa, Rook hyrax प्रमुख प्राणी हैं।

(*ii*) **सवाना प्रदेश**—Zebra, Eland, Gemsbok, Hartebeest, Gnu, Giraffe, Elephant, Ostrich Lion, Cheetah प्रमुख प्राणी हैं तथा

(*iii*) **उष्ण कटिबंधीय वन प्रदेश**—Kapi, Gorill, Chimpazee, Monkey, Forest elephants प्रमुख प्राणी हैं।

इस प्रदेश तथा **प्राच्य प्रदेश** के कई प्राणियों में समानता पायी जाती है।

(5) आस्ट्रेलियन प्रदेश—इसमें आस्ट्रेलिया महाद्वीप, द.-पू. एशिया तथा आस्ट्रेलिया के मध्य कुछ द्वीपों (न्यूगाइना, सोलोमन, समोआ आदि) को शामिल किया जाता है। कुछ लोग न्यूजीलैण्ड को इस प्रदेश से अलग मानते हैं। इस प्रदेश की प्राच्य प्रदेश से सम्बद्धता के विषय में लोग एकमत नहीं हैं। इसी प्रदेश में गर्भ में बच्चों को आहार-प्रदान करने वाले (Placental) स्तनधारी जन्तु कम ही पाए जाते हैं। अपने उदर के बाह्य भाग में थैली धारण करने वाले जन्तु इस प्रदेश के विशिष्ट प्राणी हैं। इस प्रदेश के सभी प्रकार के रीढ़ वाले जन्तुओं के कुल 141 परिवार (22 अद्वितीय), स्तनधारी जन्तुओं के 72 वंश तथा पक्षियों के 298 वंश पाए जाते हैं। इस प्रदेश को पुन: तीन उप प्रदेशों में विभक्त किया जाता है—

(*i*) **मरु प्रदेश**—Marsupial, Mole, Jerboa, Parakeet, Lizard आदि प्रमुख जन्तु हैं।

(*ii*) **सवाना प्रदेश**—Env, Red Kangaroo, Bandicoot, Wombat, Cookatoo, Parrot आदि प्रमुख जन्तु हैं तथा

(*iii*) **उष्ण कटिबंधीय वन प्रदेश**—Tree and Musk Kangaroos, Wallaby, Loola, Oppossum, Cassowany आदि प्रमुख जन्तु हैं।

(6) नवायनवर्तीय प्रदेश (Neotropical Region)—इसमें दक्षिण अमेरिका को शामिल किया जाता है। जो उष्ण कटिबंधीय पर्यावरण वाला है। इस प्रदेश में स्तनधारी जन्तुओं के सर्वाधिक एकान्तिक (Exclusive, जो अन्यन्त्र नहीं पाए जाते हैं) परिवार पाए जाते हैं। इस प्रदेश के समस्त रीढ़ वाले जन्तुओं के 168 परिवार (44 अद्वितीय), स्तनधारी जन्तुओं के कुल 130 वंश (103 अद्वितीय) तथा पक्षियों के 683 वंश (576 अद्वितीय) पाए जाते हैं। इनको पुन: उप-प्रदेशों में विभक्त किया जाता है—

(*i*) **शीतोष्ण कटिबंधीय घास क्षेत्र**—Guanaca, Rhea, Viscacha, Cavy, Fox आदि प्रमुख जन्तु हैं।

(*ii*) **मरु प्रदेश**—Guanaco, Rhea, Armadillo, Volture आदि प्रमुख जन्तु हैं तथा

(*iii*) **अयनवर्ती वन प्रदेश**—Monkey, Kindkajov, Pygmy, Anteater, Sloth, Tree Snake आदि प्रमुख प्राणी हैं।

कुछ लोगों ने कुछ विशिष्ट द्वीपों को जिनका संबंध स्थलीय भाग से नहीं बताया गया (यद्यपि यह तथ्य संदिग्ध है) अलग गौण द्वीप प्रदेश का दर्जा दिया है।

सागरीय जन्तुओं का वितरण

स्थलीय तथा सागरीय प्राणियों के वितरण में पर्याप्त अन्तर पाया जाता है क्योंकि स्थलों पर विभिन्न प्रकार की वनस्पतियों (शैवाल से उच्च वृक्ष तक) पायी जाती है जबकि सागरों में अधिकतर सूक्ष्मदर्शी **फाइटो प्लैंकटन** तथा सागरों के छिछले भागों में तली में रहने वाले **शैवाल** आदि ही पाए जाते हैं। स्थलीय भागों के समान सागरीय भागों में अवरोध (Barriers) नहीं पाये जाते हैं अत: प्राणी अधिक दूरी तक प्रवास कर जाते हैं। तापमान में भी भिन्नता कम होती है क्योंकि सागरों में क्षैतिज तथा लम्बवत् गतियाँ तापमान का मिश्रण कर देती हैं तथा उसे एक सम बनाने का प्रयास करती हैं। सागरीय प्राणियों को उनके **जीवन रूप** (Life Forms) के अन्तर के आधार पर दो प्रमुख श्रेणियों में विभक्त करते हैं—(i) **तलस्थ प्राणी** (ii) **तैरने वाले प्राणी**।

जो जल के ऊपरी भाग में रहते हैं। तापमान में भिन्नता के आधार पर इन्हें दो भागों में विभक्त किया जा सकता है—(i) **ठण्डे जल के प्राणी** तथा (ii) **गर्म जल के प्राणी**। सागरीय जल के तापमान में भूमध्य रेखा से ध्रुवों तक जो भिन्नता होती है वह जल के ऊपरी भाग तक ही सीमित होती है। गहराई में जाने पर तापमान में सर्वत्र प्राय: समरूपता पायी जाती है। अयनवर्ती प्रदेश के सागरों में ऊपरी सतह में रहने वाले प्राणी अधिक संख्या में (ठण्डे प्रदेशों की तुलना में) पाए जाते हैं तथा केवल अयनवर्ती भागों में सगरीय प्राणियों का वितरण **कटिबंधीय प्रतिरूप** (Zonal Pattern) में पाया जाता है। प्राणियों के जीवनरूपों में क्षेत्रीय विविधता के आधार पर अयनवर्ती सागरीय प्राणी प्रदेश को चार मण्डलों में विभक्त किया जाता है—

(1) अटलांटिक मण्डल, (2) हिन्द महासागरीय मण्डल, (3) पश्चिमी प्रशांत महासागरीय मण्डल, (4) पूर्व प्रशांत महासागरीय मंडल।

❑ ❑ ❑

अध्याय-6

मानव भूगोल

यद्यपि सही अर्थों में मानव भूगोल का विकास 18वीं तथा 19वीं शताब्दी में हुआ तथापि इसके विकास का इतिहास बहुत ही पुराना है। इस विषय के प्रारम्भिक प्रमाण ग्रीक तथा रोमन विद्वानों के लेखों में पाए जाते हैं। हेरोडोटस, अरस्तू तथा इरेटोस्थेनीज जैसे विद्वानों ने मनुष्य तथा प्राकृतिक वातावरण में होने वाले अन्तर्संबंधों पर बल दिया और इन संबंधों का विस्तृत वर्णन किया। उनके अनुसार मानव का विकास उन्हीं क्षेत्रों में हुआ जहाँ प्राकृतिक वातावरण मानव-विकास के लिए अनुकूल था। स्ट्रेबो तथा उनके समकालीन रोमन विद्वानों ने विभिन्न समाजों के विकास स्तर पर प्राकृतिक वातावरण के प्रभाव का अध्ययन किया। अल-मसूदी, अल-बरूनी, इब्न-ए-खाल्दून जैसे अरब विद्वानों ने प्रजातियों की सांस्कृतिक विशेषताओं तथा प्राकृतिक पर्यावरण के पारस्परिक संबंधों को सपष्ट करने का प्रयत्न किया। लगभग पंद्रहवीं शताब्दी के उत्तरार्द्ध से लेकर अठारहवीं शताब्दी तक की अवधि को खोज का युग कहा जाता है क्योंकि इस युग में अनेक यात्राएँ की गईं और बहुत से नए क्षेत्रों की खोज हुई। इससे मानचित्र निर्माण की विधियों का गुणात्मक विकास हुआ और क्षेत्रों के संबंध में महत्त्वपूर्ण सूचनाएँ एकत्रित की गईं। भूगोलविदों ने इन सूचनाओं की वैज्ञानिक विधि से जाँच की तथा इन्हें वर्गीकृत एवं व्यवस्थित किया। इसका सबसे अच्छा उदाहरण बर्नार्ड वेरेनियस (Bernard Varenius) का योगदान है। उन्होंने अपनी पुस्तक *ज्यॉग्राफिया जनरेलिस* (Geographia Generalis) अथवा *सामान्य भूगोल* का प्रकाशन सन् 1650 में किया जिसमें भूगोल को दो भागों में विभक्त किया गया। इन भागों को सामान्य (general) तथा विशिष्ट (special) के नाम से पुकारा गया। *सामान्य भूगोल* में सम्पूर्ण पृथ्वी को एक इकाई मानकर इसके लक्षणों का विवेचन किया गया है जबकि विशिष्ट भूगोल में भिन्न-भिन्न प्रदेशों की रचना पर बल दिया गया है। इस प्रकार बर्नार्ड वेरेनियस पहले विद्वान थे जिन्होंने सामान्य तथा विशिष्ट भूगोल में द्वैतवाद प्रस्तुत किया। वेरेनियस ने अपने महान ग्रन्थ में प्रादेशिक भूगोल की विषय-वस्तु को तीन उपभागों में प्रस्तुत किया–(*i*) खगोलीय लक्षण, (*ii*) स्थलीय लक्षण, तथा (*iii*) मानवीय लक्षण।

उन्नीसवीं शताब्दी में भूगोल के अध्ययन में एक नई प्रवृत्ति का विकास हुआ जिसके अन्तर्गत उच्चावच के लक्षणों के अध्ययन को विशेष महत्त्व दिया गया। इसका मुख्य कारण यह था कि भूगोलविदों को अधिक तीव्रता से परिवर्तित होने वाले सांस्कृतिक लक्षणों की तुलना में पृथ्वी के अपेक्षाकृत स्थिर लक्षणों का वर्णन करना अधिक सरल महसूस हुआ। इस प्रकार भूगोल की एक विशेष शाखा का जन्म हुआ जिसे भूआकृति विज्ञान (Physiography or Geomorphology) के नाम से पुकारा गया। भूआकृति विज्ञान का विकास भूगोल की अन्य शाखाओं की अनदेखी करके किया गया। अतः भूआकृति विज्ञान के विकास के परिणामस्वरूप भूगोल की अन्य शाखाओं को बड़ी क्षति पहुँची। इस असंतुलित विकास की प्रतिक्रिया के रूप में कुछ विद्वानों ने मानव तथा प्राकृतिक पर्यावरण के अन्तर्संबंधों की जाँच आरम्भ कर दी। इसके परिणामस्वरूप मानव भूगोल का उद्भव भूगोल की मुख्य शाखा के रूप में हुआ।

मानव पर्यावरण अंतर्संबंध : सैद्धान्तिक विवेचन

जर्मनी के **अलेग्जेंडर वॉन हम्बोल्ट** (Alexander Von Humboldt : 1769-1859) ने **'कॉसमास'** (Cosmos) तथा **कार्ल रिटर** (Carl Riter : 1779-1859) ने **'अर्डकुण्डे'** नामक प्रकाशनों द्वारा मानत्र तथा पर्यावरण के अन्तर्संबंधों का विस्तार से वर्णन किया।

चार्ल्स डार्विन

सन् 1859 में अपनी बहुचर्चित पुस्तक *ओरिजन ऑफ स्पीशिज* (Origin of Species) का प्रकाशन किया। इससे उन्नीसवीं शताब्दी के उत्तरार्द्ध में मानव भूगोल के विकास को विशेष प्रेरणा मिली। बकल (Buckle) ने अपनी पुस्तक 'हिस्ट्री ऑफ सिविलाइजेशन' (History of Civilisation) सन् 1881 में लिखी। इस पुस्तक में उन्होंने मानव के अपने पर्यावरण पर आश्रित होने की व्याख्या अधिक विस्तार से करके मानव भूगोल का समर्थन किया।

फ्रेडरिक रैटजेल

वह एक जर्मन विद्वान था और डार्विन का अनुयायी था। रैटजेल को सही अर्थों में निश्चयवाद का प्रतिपादक माना जाता है। उसके विख्यात ग्रन्थ एन्थ्रोपोज्योग्राफी (Anthropogeography) का प्रथम खण्ड 1882, दूसरा

खण्ड 1891 तथा तीसरा खण्ड 1892 में प्रकाशित हुआ। यह ग्रन्थ पर्यावरण निश्चयवाद के उदाहरणों तथा विचारों से पूर्णतया सुसज्जित है। **रैटजेल** के अनुसार, *'समान दिशाएँ समान जीवन-शैली को जन्म देती है।'* (Similar locations lead to similar mode of life)। इस कथन को सिद्ध करने के लिए रैटजेल ने ब्रिटिश द्वीप समूह तथा जापान के उदाहरण दिए। रैटजेल महोदय के कथनानुसार इन दोनों देशों की द्वीपीय स्थिति ऐसी है जो उनको बाहरी आक्रमण से सुरक्षा प्रदान करती है। परिणामस्वरूप इन दोनों देशों के निवासियों ने तीव्र गति से प्रगति की है और इन देशों को विश्व में महाशक्तियों का स्तर प्राप्त है। **रैटजेल** *'योग्यतम की उत्तरजीविता'* (Survival of the fittest) के सिद्धांत में विश्वास करता था और मानव को उद्‌विकास के अन्तिम उत्पाद (End product of evolution) के रूप में मानता था। इस उद्‌विकास में स्वरूपों के चयन का मुख्य स्रोत भौतिक पर्यावरण के साथ उनके समायोजन की क्षमता थी। रैटजेल का मत था कि मानव अपने पर्यावरण की उपज है और पर्यावरण की प्राकृतिक शक्तियाँ ही मानव जीवन को ढालती हैं; मनुष्य तो केवल वातावरण की माँग के साथ ठीक समायोजन करता है; और उसके अनुसार अपने को योग्य बनाता है।

एलन सेम्पल

वह एक विख्यात अमेरिकन भूगोलवेत्ता थीं जिन्होंने पर्यावरण निश्चयवाद का समर्थन अपनी पुस्तक तथा लेखों में किया। वह रैटजेल की शिष्या थीं और उन्होंने रैटजेल के विचारों को अंग्रेजी भाषा जानने वाले जगत के सामने प्रस्तुत करने के लिए 'भौगोलिक पर्यावरण का प्रभाव' (Influence of Geographic Environment) की रचना सन् 1911 में की। उन्होंने इस पुस्तक का आरम्भ ही निम्नलिखित पंक्तियों से किया :

''मनुष्य पृथ्वीतल की उपज है। इसका अभिप्राय केवल इतना ही नहीं कि वह पृथ्वी की संतान है, उसकी धूल का कण है, किन्तु यह भी है कि पृथ्वी ने उसे मातृत्व दिया है, उसका पालन-पोषण किया है, उसके लिए कार्य निश्चित किए हैं, उसके विचारों को दिशा दी है, उसके सामने कठिनाइयाँ उत्पन्न की हैं जिससे उसके शरीर को बल मिला है और उसकी बुद्धि तेज हुई है, उसे नौ संचालन अथवा सिंचाई की समस्याएँ दी हैं और साथ-ही-साथ इन समस्याओं का हल भी बताया है।''

"Man is product of the earth's surface. This means not merely that he is a child of the earth, dust of her dust, but the earth has mothered him, set him task, directed his thought, confronted him with difficulties that have strengthened his body and sharpened his wits, gave him problems of navigation or irrigation and at the same time whispered hints for their solution."

आगे चलकर मनुष्य पर पर्यावरण के प्रभाव को सेम्पल ने निम्नलिखित शब्दों में व्यक्त किया:

''वह उसकी हड्डियों और ऊतकों तथा उसके मस्तिष्क एवं आत्मा में प्रवेश कर गई है। पर्वतों पर चढ़ने के लिए उसने फौलादी माँसपेशियाँ दी हैं। तट के सहारे इन्हें कमजोर और ढीला छोड़ दिया है किन्तु इसके स्थान पर उसकी छाती और हाथों की शक्ति का पूर्ण विकास किया है जिससे वह अपने पतवारों को चला सके। नदी-घटियों में पृथ्वी ने उसे उगजाऊ भूमि प्रदान की है।''

"She has entered into this bones and tissues, into his mind and soul. On the mountain she has given him leg muscles of iron to climb the slope, along the coast she has left these weak and flabby, but given him instead vigorous development of chest and arm to handle his paddle or oar. In river valley, she attaches him to fertile soil."

सेम्पल ने विभिन्न प्रदेशों में रहने वाले मानव समूहों की जीवन-शैली का बड़ा सटीक वर्णन किया है। उनका कहना है कि पवन प्रभावित पठारों अथवा जलविहीन मरुस्थलों में रहने वाले पशुचालकों को चारे तथा जल की तलाश में एक चारागाह से दूसरी चारागाह तथा एक मरुद्यान से दूसरे मरुद्यान तक जाना पड़ता है। उनका जीवन बड़ा कठोर होता है, परन्तु उनको पशु चराने में काफी अवकाश मिल जाता है और तब उनकी चिन्तन शक्ति काम करती है। विस्तृत वातावरण में रहने के कारण उनके विचारों में महान सादगी आ जाती है। धर्म का स्वरूप एकेश्वरवादी (Monotheism) हो जाता है। अर्थात् ईश्वर एक हो जाता है और उसका कोई दूसरा प्रतिद्वंद्वी नहीं होता। यह ठीक उसी प्रकार से होता है जिस प्रकार मरुस्थल या स्टैपी घास के मैदान बिना किसी अवरोध या परिवर्तन के लगातार विस्तृत क्षेत्र में फैले होते हैं। उसके मस्तिष्क को नए-नए विचारों का भोजन न मिलने के कारण वह अपने साधारण विचारों को ही बार-बार दोहराता है और उसका विचार कट्टरपन में परिवर्तित हो जाता है। उसके कुछ विचार उसके लगातार घूमते रहने के कारण उसके देश की सीमा के बाहर निकल जाते हैं और वह साम्राज्य बढ़ाने की लालसा में आक्रमणकारी बन जाते हैं।

सेम्पल के अनुसार पर्वतीय प्रदेशों के निवासी मुख्यत: रूढ़िवादी होते हैं और उनका पर्यावरण उन्हें परिवर्तन के लिए बहुत ही कम प्रेरित करता है। वे अपेक्षाकृत एकाकी जीवन व्यतीत करते हैं, जिस कारण उनमें बाह्य व्यक्तियों के प्रति कट्टरपन, रूढ़िवाद, संवेदनशील और संशय व्यवहार की भावना पनपती है। वे अपनी परम्पराओं के प्रति बड़े संवेदनशील होते हैं और किसी भी प्रकार की आलोचना को पसंद नहीं करते। अपने अस्तित्व के लिए कड़ा संघर्ष इन लोगों की परिश्रमी, मितव्ययी, सतर्क तथा ईमानदार बना देता है। इसके विपरीत यूरोप के मैदानी भागों में रहने वाले लोग शक्ति सम्पन्न गंभीर, भावुक की अपेक्षा विचारशील तथा आवेगी की अपेक्षा सचेत होते हैं। सेम्पल के अनुसार भूमध्य सागरीय प्रदेश की जलवायु शीतोष्ण और सम होती है और वहाँ के निवासी प्रसन्नचित तथा कल्पनाशील होते हैं। उनका जीवन सुगमता से चलता है।

इस प्रकार सेम्पल ने प्राकृतिक पर्यावरण का नियंत्रण मनुष्य के केवल भोजन, वस्त्र, आवास और आर्थिक विकास पर ही नहीं वरन् उसके विचारों, भावनाओं और धार्मिक विश्वासों पर भी बताया। उन्होंने अपनी पुस्तक में प्राकृतिक पर्यावरण के विभिन्न तत्वों जैसे–उच्चावच, भूमि की बनावट, जलवायु, मृदा, खनिज सम्पदा, वनस्पति तथा पशु धन आदि का प्रभाव मनुष्य के शरीर पर, उसके जीविकोपार्जन के ढंगों पर, उसके सामाजिक संगठन और रीति-रिवाजों तथा उसकी संस्कृति पर माना है, सेम्पल ने अपने सिद्धांतों की पुष्टि करने के लिए अपनी पुस्तक को उदाहरणों से भर दिया (Sample's book is packed with details of examples selected from all parts of the world)। विश्वभर के भूगोलवेत्ताओं का मानना है कि कुमारी सेम्पल ने पर्यावरण निश्चयवाद की विचारधारा को चरम सीमा तक पहुँचा दिया।

एल्सवर्थ हंटिंगटन

वह दूसरे अमेरिकी भूगोलवेत्ता थे जिन्होंने पर्यावरण निश्चयवाद का समर्थन किया। उनका विचार था कि सभ्यता के विकास में जलवायु की प्रमुख भूमिका होती है। उन्होंने अपनी पुस्तक 'मानव भूगोल के सिद्धांत' (Principles of Human Geography) में विश्व के विभिन्न भागों में जलवायु तथा मानवीय क्रियाकलाप का वर्णन किया है। उन्होंने स्पष्ट किया कि समशीतोष्ण जलवायु क्षेत्रों में स्वास्थ्य, शक्ति तथा सभ्यता का उच्च स्तर पाया जाता है। उनके अनुसार समशीतोष्ण कटिबंध में प्रत्येक व्यक्ति विश्व के अन्य क्षेत्रों के निवासियों की तुलना में औसतन 5 से 6 गुणा अधिक उत्पादन करता है। हंटिंगटन ने विश्व को सम तथा विषम जलवायु प्रदेशों में बाँटा और बताया कि विश्व की प्राचीन सभ्यताएँ (मिस्र, मेसोपोटामिया, चीनी तथा सिन्धु) नदी घाटियों की सम जलवायु में ही विकसित हुई थीं। हंटिंगटन के अनुसार धर्म और जातीय गुण जलवायु की उपज है। लगभग 20° से. तापमान तथा परिवर्तनशील वायुमण्डलीय दशा (शीतोष्ण चक्रवातीय मौसम) उच्च मस्तिष्क तथा शारीरिक कार्यक्षमता के लिए आदर्श हैं। इस प्रकार की आदर्श जलवायु संबंधी दिशाएँ उत्तर-पश्चिमी यूरोपीय देशों में पाई जाती हैं। यूरोपीय जातियों द्वारा विज्ञान तथा प्रौद्योगिकी के क्षेत्र में अत्यधिक विकास का मुख्य कारण वहाँ की अनुकूल जलवायु ही है। इसके विपरीत उष्ण कटिबंधीय क्षेत्रों में जलवायु उष्ण तथा आर्द्र है जो मानव स्वास्थ्य के लिए अधिक अनुकूल नहीं है। इस प्रकार की जलवायु उष्ण कटिबंधीय प्रदेशों के निवासियों को निश्चेष्ट (lethargic) आलसी, अकुशल (inefficient), संदिग्ध (suspicious) तथा भीरू (timid) बना देती है।

विडाल-डी-ला-ब्लाश

इन्हें सही अर्थों में सम्भववाद का संस्थापक माना जाता है। ब्लाश के मानव भूगोल संबंधी सिद्धांत उसकी मृत्यु के बाद 1923 में उसकी पुस्तक 'Principles de Geographic Humaine' में छपे थे। बाद में यह पुस्तक अंग्रेजी में 'Principles of Human Geography' के नाम से प्रकाशित हुई। इस पुस्तक के दूसरे भाग में ब्लाश ने मानव द्वारा वातावरण के विकास की विधियों और मानवीय संस्कृतियों का विश्लेषण किया है। ब्लाश ने भौगोलिक एकता के सिद्धांत के अतिरिक्त मनुष्य को सक्रिय भौगोलिक कारक माना है। मानवीय क्रिया पृथ्वी के सजीव तथा निर्जीव दोनों प्रकार के तथ्यों में परिवर्तन करती है। उदाहरणतया मानव समाज ने अपनी प्रिय फसलों को अपनाया और उगाया और उनके उद्गम क्षेत्रों का विस्तार किया। विभिन्न प्रकार की जलवायु को उपयोगी बनाने के लिए फसलों की कई नई किस्मों का विकास किया। मनुष्य के सक्रिय सहयोग के बिना कृषि का विकास नहीं हो सकता था। इस प्रकार ब्लाश ने मानव के विकल्प (Choice) तथा क्रिया (Activity) को महत्त्वपूर्ण स्थान दिया। **ब्लाश** के अनुसार, ''मानव का विकल्प मानव समूह के मानसिक एवं सामाजिक प्रारूप तथा प्रौद्योगिकी के स्तर पर निर्भर करता है।'' संक्षेप में मानव की छाँट उसकी संस्कृति के अनुरूप होती है। ब्लाश ने मानव के सक्रिय योगदान को महत्त्व देते हुए प्रकृति के सीमित प्रभाव को ही मान्यता दी और लिखा, **''प्रकृति एक परामर्शदाता से अधिक कभी नहीं होती।''** (Nature is never more than a adviser) **ब्लाश** के अनुसार, ''जीवन-शैली, सभ्यता का परिणाम और उसका प्रतिबिम्ब होती है।'' उन्होंने स्पष्ट किया कि विभिन्न समूहों के बीच पाया जाने वाला अन्तर भौतिक पर्यावरण के प्रभाव के कारण होता है। अभिरुचियों और आदतों में अन्तर मानव समुदायों के लिए अनेक सम्भावनाएँ उपस्थित करता है जो सम्भववाद का मूल दर्शन है।

जीन ब्रुंस

वह ब्लाश का शिष्य था और सम्भववाद का कट्टर समर्थक था। उसकी पुस्तक 'Geographic Humaine' (Human Geography) सन् 1910 में प्रकाशित हुई जिसका बाद में संशोधन किया गया। इस पुस्तक में जीन ब्रुंस ने ब्लाश के विचारों को ही आगे नहीं बढ़ाया बल्कि मनुष्य-पर्यावरण संबंधों को भी विस्तारपूर्वक समझाया। ब्रुंश की मान्यता थी कि मनुष्य अपने पर्यावरण के प्रभाव को चुपचाप सहन नहीं करता, वरन् उसे परिवर्तित करने के लिए क्रियाशील रहता है। उन्होंने मनुष्य की प्रभावशाली क्रियाशीलता के अनेक उदाहरण दिए। उन्होंने बताया कि प्राकृतिक पर्यावरण द्वारा कुछ सीमाएँ निर्धारित की जाती हैं और मनुष्य **यद्यपि इन सीमाओं को पूर्णतया लांघ नहीं सकता तो भी उनमें परिवर्तन अवश्य कर सकता है।** मनुष्य के क्रियाकलापों पर प्रकृति द्वारा निर्धारित की गई सीमायें समय तथा स्थान के अनुसार परिवर्तित होती रहती हैं क्योंकि मनुष्य उसमें हस्तक्षेप करता रहता है। उदाहरणतया उष्ण और शीत मरुस्थलों जैसे सीमान्त पर्यावरण में तथा सभ्यता के निचले स्तर पर मानव की पसन्द अथवा छांट बड़ी सीमित होती है। दूसरी ओर उष्ण व शीतोष्ण कटिबन्धों के अधिक अनुकूल क्षेत्रों में तथा प्रौद्योगिकी के अधिक विकसित होने की अवस्था में सम्भावनाएँ अधिक हो जाती हैं।

ग्रिफिथ टेलर

संभावनावाद को नव-निश्चयवाद (Neo-Determinism) अथवा आधुनिक निश्चयवाद (Present Day Determinism) भी कहते हैं। यह निश्चयवाद तथा सम्भववाद की चरम सीमाओं के बीच की अवधारणा है जिसका प्रतिपादन ऑस्ट्रेलिया के विद्वान **ग्रिफिथ टेलर** (Griffieth Taylor) ने किया था। टेलर ने इसे वैज्ञानिक निश्चयवाद (Scientific Determinism) के नाम से भी पुकारा। संभावनावाद की नींव तो पहले ही पड़ चुकी थी जब विभिन्न भूगोलवेत्ताओं ने मनुष्य पर्यावरण के अन्तर्संबंधों के सन्दर्भ में नियंत्रण (Control) के स्थान पर प्रभाव (influene), अनुक्रिया (response), समायोजन (adjustment) आदि शब्दों का प्रयोग करना शुरू कर दिया। टेलर महोदय ने 1920 के दशक में यह बताया कि ऑस्ट्रेलिया में कृषीय अधिवास की सीमा को वर्षा जैसे भौतिक पर्यावरण के तत्व प्रभावित करते हैं। शुरू में विद्वानों ने टेलर के विचारों पर कोई विशेष ध्यान नहीं दिया परन्तु 1948 में **ऑस्ट्रेलिया** (Australia) नामक उनकी पुस्तक के प्रकाशन से भूगोल के विद्वानों का ध्यान टेलर की अवधारणा की ओर आकर्षित हुआ। निश्चयवाद तथा सम्भवाद की चरम सीमाओं के बीच संभावनावाद की अवधारणा को समझाने के टेलर ने 'रुको और जाओ निश्चयवाद' (Stop-and-Go Determinism) वाक्यांश का प्रयोग किया। इसके अनुसार टेलर ने मनुष्य पर प्रकृति के प्रभाव को स्वीकार किया परन्तु साथ ही यह तर्क भी दिया कि मनुष्य अपनी दक्षता, मानसिक क्षमता तथा विज्ञान व प्रौद्योगिकी के विकास के आधार पर अपनी आवश्यकताओं के

अनुसार प्रकृति का उपयोग भी कर सकता है। टेलर ने अपनी अवधारणा को निम्नलिखित शब्दों में व्यक्त किया :

''मनुष्य किसी भी देश के विकास की गति को तेज कर सकता है, धीमी कर सकता है या उसे अवरुद्ध कर सकता है परन्तु यदि वह बुद्धिमान है तो उसे प्रकृति द्वारा दर्शाई गई दिशा से दूर नहीं जाना चाहिए। वह किसी बड़े नगर के यातायात के नियंत्रक के समान है जो प्रगति की गति परिवर्तित कर सकता है और सम्भवतः ***'रुको और जाओ निश्चयवाद'*** *का संक्षिप्त वाक्यांश लेखक के भौगोलिक दर्शन को पूर्णता स्पष्ट करता है।''*

"Man is able to accelerate, slow or stop the progress of a country's development. But he should not, if he is wise, depart from the directions as indicated by the natural environment. He is like the traffic controller in a large city, who alters the rate but not the direction of progress, and perhaps 'Stop-and-Go Determinism' expresses successfully the wirter's geographical philosophy."

इस संकल्पना के अनुसार प्रकृति मनुष्य को उसकी बुद्धिमत्ता के अनुसार सम्भावनाओं का उपयोग करने का अवसर देती है। यदि मानव चतुर है तो वह प्रकृति के कार्यक्रमों का अनुसरण करता है। परन्तु वह मूर्खतापूर्ण व्यवहार भी कर सकता है। इस आधार पर यह माना जाता है कि पर्यावरण द्वारा निर्धारित सीमा में मानव सर्वोत्तम सम्भावना को चुन सकता है। टेलर इसे चतुर और मूर्ख के बीच चयन करके अनुमति देता है। विवेक और मूर्खता मानवीय अवधारणाएँ हैं जिनके संबंध में प्राकृतिक पर्यावरण कुछ नहीं जानता। प्रकृति में केवल **'सम्भव'** तथा **'असम्भव'** होता है।

टेलर के अनुसार किसी भी पर्यावरण द्वारा किए जाने वाले अवसर समान नहीं होते। कुछ मानव से कम प्रयास की माँग करते हैं तो कुछ के लिए निरन्तर संघर्ष की आवश्यकता होती है, कुछ अधिक उत्पाद देते हैं तो कुछ कम उत्पाद देते हैं। प्रयास और उत्पादकता के बीच अनुपात को मूल्य के रूप में माना जा सकता है जो प्रकृति मानव द्वारा किए गए विकल्प विशेष के बदले में माँगती है। किसी भी पर्यावरण में सम्भावनाएँ असीम नहीं हैं और प्रत्येक विकल्प के लिए कीमत चुकानी होती है। इस तथ्य को सम्भववाद के प्रचारक भी स्वीकार करते हैं परन्तु इन सीमाओं के होते हुए भी विकल्प चुनने की स्वतंत्रता होती है। मनुष्य अपना विकल्प स्वयं चुनता है और वह अपनी सापेक्षिक बुद्धिमत्ता अथवा मूर्खता का निर्णय उन लक्ष्यों के संदर्भ में करता है जो उसने स्वयं निश्चित किया है।

विश्व में जनसंख्या की वृद्धि

किसी निश्चित अवधि के दौरान, किसी निश्चित क्षेत्र के निवासियों की संख्या में परिवर्तन को जनसंख्या की वृद्धि कहते हैं। यदि किसी निश्चित अवधि में, निश्चित क्षेत्र के निवासियों की संख्या में वृद्धि होती है तो इसे धनात्मक वृद्धि कहते हैं। इसके विपरीत जब निवासियों की संख्या में कमी आती है तो इसे ऋणात्मक वृद्धि कहते हैं। इस समय विश्व के अधिकांश भागों में, विशेषतया विकासशील देशों में, जनसंख्या में धनात्मक वृद्धि हो रही है। जनसंख्या की वृद्धि को निरपेक्ष आंकड़ों अथवा प्रतिशत मात्रा में व्यक्त किया जाता है।

जनसंख्या की वृद्धि की गणना प्रायः दस वर्षों की अवधि के लिए की जाती है। यह अवधि दो जनगणनाओं के बीच की अवधि है। जनसंख्या के अध्ययनों में प्रायः प्राकृतिक वृद्धि का प्रयोग किया जाता है। प्राकृतिक वृद्धि ज्ञात करने के लिए केवल जन्म-दर तथा मृत्यु-दर का प्रयोग किया जाता है। परन्तु वास्तविक वृद्धि प्राकृतिक वृद्धि से भिन्न होती है। वास्तविक वृद्धि की गणना करते समय जनसंख्या के प्रवास का भी ध्यान रखा जाता है।

जनसंख्या वृद्धि की प्रवृत्तियाँ

जब से मनुष्य ने धरती पर जन्म लिया है तब से जनसंख्या में निरंतर वृद्धि हो रही है यद्यपि वृद्धि दर में समयानुसार परिवर्तन होते रहते हैं। सभ्यता के प्रारंभिक चरणों में मनुष्य, आखेट, संग्रहण, मत्स्य उत्पादन, कृषि, चलवासी, पशुचालन आदि पर ही निर्भर करता था। वह साधारण उपकरणों का प्रयोग करता था और एक स्थान से दूसरे स्थान तक घूमता था। परिणामस्वरूप जनसंख्या बड़ी धीमी गति से बढ़ी और आधुनिक गति की तुलना में लगभग नगण्य थी। 8000 से 12000 वर्ष पूर्व आई कृषि क्रांति के बाद भी विश्व की जनसंख्या बहुत कम थी और उनके क्रियाकलाप साधारण प्रकृति के थे। इस प्रकार मानव का प्रकृति के ऊपर बहुत कम प्रभाव था। जनसंख्या वृद्धि धीमी थी, जिसकी पुष्टि इस बात से की जा सकती है कि पहली शताब्दी में विश्व की कुल जनसंख्या मात्र 25 करोड़ ही थी।

सोलहवीं तथा सत्रहवीं शताब्दी में व्यापार के विस्तार से जनसंख्या में तेजी से वृद्धि हुई। औद्योगिक क्रांति के प्रारंभ (लगभग 1750 ई.) में विश्व की जनसंख्या लगभग 70 करोड़ थी। तथापि अठारहवीं सदी में औद्योगिक क्रांति के बाद जनसंख्या में विस्फोट हुआ। प्रोद्योगिकी में आए नाटकीय परिवर्तनों की श्रृंखला ने बड़ी तीव्रता से संसाधन आधार को विस्तृत किया, इससे जनसंख्या की तीव्र वृद्धि को आधार मिला और यह सिलसिला दो शताब्दियों से अधिक चलता रहा।

भाप के इंजन के आविष्कार से उद्योग तथा परिवहन को ऊर्जा प्राप्त होने लगी। यन्त्रीकरण से कृषि तथा उद्योग में सुधार हुआ। विज्ञान तथा प्रौद्योगिकी के विकास से जीवन-स्तर ऊँचा उठने लगा। चिकित्सा सुविधाओं तथा स्वच्छता में सुधार से भूमंडलीय जनसंख्या के स्वरूप में नाटकीय रूप से और तेजी से परिवर्तन आया। महामारियों और अन्य संक्रामक बीमारियों के टीके लगाने, कई रोगों के जीवाणुओं को नष्ट करने या उन्हें कम करने तथा स्वच्छता में सुधार होने से लगभग सभी देशों मे मृत्यु दर में काफी तेजी से कमी आई।

जब औद्योगिक क्रांति आरंभ हुई, उस समय विश्व की जनसंख्या 0.12 प्रतिशत की दर से बढ़ रही थी। किन्तु बाद में यह दर अप्रत्याशित रूप से बढ़कर 1930 तक 1 प्रतिशत और 1960 तक 2.1 प्रतिशत हो गई। जनसंख्या की यह तीव्र वृद्धि दर विश्व के लिए चिन्ता का विषय बन गई। अनेक विकसित देशों ने इस पर तुरंत ध्यान दिया। विकासशील देश धीरे-धीरे इस तीव्र वृद्धि को नियंत्रित करने का प्रयास कर रहे हैं। विगत चार दशकों में वृद्धि दर में धीमी गति से कमी आई है। वर्तमान वृद्धि दर 1.4 प्रतिशत है।

वृद्धि दर में कमी की यह प्रवृत्ति आगे भी बने रहने की संभावना है, यद्यपि विकसित और विकासशील देशों के मध्य इस दर में बहुत भिन्नता है। विकसित देशों में जनसंख्या की वार्षिक वृद्धि कम होकर अब 0.1 प्रतिशत ही रह गई है। बहुत से विकासशील देशों में भी वृद्धि दर कम हो रही है, किन्तु यह 1.0 प्रतिशत से ऊपर ही है। अनुमान है कि विश्व की जनसंख्या 2010 में 6.8 अरब तथा वर्ष 2025 में 8 अरब तक पहुँच जाएगी। ऐसा माना जा रहा है कि अगले 25 वर्षों में होने वाली कुल जनसंख्या वृद्धि का 98 प्रतिशत से अधिक (लगभग 2 अरब) भाग विकासशील देशों का होगा। तदनुसार, विकसित देशों में जहाँ आज विश्व की 20 प्रतिशत जनसंख्या है, वहाँ वर्ष 2025 मे केवल 15 प्रतिशत जनसंख्या ही रहेगी।

विश्व की जनसंख्या में वृद्धि

वर्ष	जनसंख्या (अरबों में)
1650	0.5
1750	0.7
1800	0.9
1850	1.3
1900	1.7
1950	2.5
2000	6.0
2025 (अनुमानित)	8.0
2050 (अनुमानित)	10.0

विश्व जनसंख्या वितरण के प्रतिरूप

विश्व जनसंख्या वितरण से हमारा अभिप्राय यह है कि भूतल पर लोग किस प्रकार वितरित हैं। देशों की जनसंख्या के आकार से वहाँ जनसंख्या की प्रवृत्तियाँ तथा प्रतिरूपों को भली-भाँति समझा जा सकता है क्योंकि देश एक राजनीतिक तथा भौगोलिक इकाई होता है जिसमें जनसंख्या पर्यावरण तथा संसाधनों से संबंधित निर्णय लिए जाते हैं। सन् 2000 में विश्व की अनुमानित जनसंख्या 605.5 करोड़ थी। विश्व के दस सबसे अधिक जनसंख्या वाले देशों में सम्पूर्ण विश्व की लगभग 60 प्रतिशत जनसंख्या निवास करती है।

चीन में सबसे अधिक 136.1 करोड़ जनसंख्या है। इसके बाद भारत का स्थान है जहाँ 121.08 करोड़ जनसंख्या निवास करती है। यद्यपि जनसंख्या की दृष्टि से संयुक्त राज्य अमेरिका का भारत के बाद विश्व में तीसरा स्थान है, तथापि इन दोनों देशों की जनसंख्या में 90 करोड़ का बहुत बड़ा अंतर है जो संयुक्त राज्य अमेरिका की कुल जनसंख्या से लगभग तीन गुना अधिक है।

विश्व के दस सर्वाधिक जनसंख्या वाले देशों में दस देश : चीन, भारत, संयुक्त राज्य अमेरिका, इंडोनेशिया, पाकिस्तान, नाइजीरिया, ब्राजील, बांग्लादेश, रूस तथा मैक्सिको शामिल हैं।

जनसंख्या की दृष्टि से चीन तथा भारत का क्रमशः प्रथम तथा द्वितीय स्थान है। इन दो देशों में विश्व की क्रमशः 18.47 तथा 17.7 प्रतिशत जनसंख्या निवास करती है। दूसरे शब्दों में विश्व के पाँच व्यक्तियों में से एक चीनी तथा छः में एक भारतीय है। इन दस देशों में विश्व की 60 प्रतिशत जनसंख्या रहती है तथा अन्य सभी देशों में विश्व की केवल 40 प्रतिशत जनसंख्या ही निवास करती है।

विश्व में जनसंख्या के वितरण की सबसे बड़ी विशेषता यह है कि यह बड़ा असमान तथा अव्यवस्थित है। अनुमान है कि विश्व की 90 प्रतिशत जनसंख्या पृथ्वी के केवल 10 प्रतिशत भाग पर निवास करती है, जबकि केवल 10 प्रतिशत जनसंख्या धरातल का 90 प्रतिशत भाग घेरे हुए है। विश्व की कुल जनसंख्या का केवल 10 प्रतिशत भाग ही दक्षिणी गोलार्द्ध में बसा हुआ है। शेष 90 प्रतिशत उत्तरी गोलार्द्ध में निवास करता है।

विश्व की प्रमुख मानव प्रजातियाँ

मानव प्रजातियों के पूर्व वर्गीकरण के इतिहास से स्पष्ट है कि विश्व की मानव प्रजापतियों को तीन वर्गों में विभक्त किया गया है:

1. काकेसाइड, **2.** मंगोलाइड तथा **3.** नीग्राइड

1. काकेसाइड्स प्रजाति

काकेशियन जातियों की अपनी कुछ विशिष्ट विशेषताएँ हैं, जिस आधार पर वे विश्व की अन्य प्रजातियों से भिन्न हैं। इनके प्रमुख लक्षण निम्न हैं :

विशिष्ट लक्षण :

(क) सिर : सामान्य लम्बा, न तो आगे-पीछे निकला होता है।

कद : साधारण तथा ऊँचा।

जबड़ा : उद्गनत हनुता अस्पष्ट।

पिंडली तथा : विकसित, हड्डी उभरी हुई।

मांस पेशियाँ

नाक : ऊँची तथा पतली।

होष्ठ : पतले।

चिबुक : विकसित, तथा

दाँत : छोटे।

(ख) केशों का आकार : सीधा तथा हल्का लहरदार,

केशों का रंग : काला से सुनहरा, तथा

शरीर का बाल : पुरुष के शरीर पर हल्का बाल, स्त्री के शरीर बाल रहित।

(ग) त्वचा : इसका रंग हल्का, गाढ़ा, भूरा तथा सफेद।

(घ) आँख : आँखों का रंग हल्का, पुतलियाँ भूरी तथा हल्की नीली।

काकेशियन प्रजाति को उपर्युक्त लक्षणों के आधार पर विश्व की अन्य प्रजातियों से पृथक् किया जाता है। इनका उत्पत्ति स्थल मध्य एशिया था। भीषण हिमावरण के समय ये विश्व के विभिन्न भागों में फैल गए थे। चतुर्थ महाहिनकाल के बाद पुनः मध्य एशिया में केन्द्रित हो गए। यहाँ पर विशिष्ट संस्कृति का विकास किए। इस प्रजाति की संख्या निरन्तर बढ़ती रही तथा इनका प्रसरण पुनः विश्व के अनेक भागों में हुआ। अतीत के पर्यावरण रूपान्तरण आदि के कारण इनके लक्षणों में भिन्नता का समावेश होता गया। इन लक्षणों के कारण इनको निम्न उपजातियों में वर्गीकृत किया जाता है :

काकेसाइड्स प्रजाति का वर्गीकरण

प्रजाति	उपजाति	वितरण
1. प्राचीन काकेशियन प्रजाति	(क) एनू	जापान
	(ख) आस्ट्रेलाइड	आस्ट्रेलिया, भारत
	(ग) द्राविड़	भारत, श्रीलंका
	(घ) बेद्दा	श्रीलंका
2. प्रमुख काकेशियन प्रजाति	(क) अल्पाइन	आल्पस पर्वतीय क्षेत्र, फ्रांस से रूस तक
	(ख) आर्मीनाइड	दक्षिणी-पूर्वी यूरोप, आमीनिया तथा ईरान
	(ग) भूमध्यसागरीय	भूमध्य सागरीय तटवर्तीय प्रदेश
	(घ) नार्डिक	स्केन्डेनेविया, वाल्टिक राज्य, उत्तरी जर्मनी
3. गौण काकेशियन प्रजाति	(क) डिनैरिक	एशिया माइनर, सीरिया, डिनारिक, आल्पस, स्विट्जरलैंड से अल्बानिया तक
	(ख) पूर्वी बाल्टिक	फिनलैण्ड, उत्तरी रूस, बाल्टिक राज्य तथा उत्तरी जर्मनी
	(ग) पोलीनेशियान	पोलेनेशिया क्षेत्र

2. मंगोलाइड्स प्रजाति

इस प्रजाति का विस्तार तिब्बत, चीन, कोरिया, जापान, ग्रीनलैण्ड, उत्तरी अमेरिका का संकीर्ण क्षेत्र, साइबेरिया आदि क्षेत्रों में है। इस प्रजाति की कुछ आन्तरिक एवं बाह्य विशेषताएँ दृष्टिगोचर होती हैं, जिस कारण अन्य प्रजातियों से इनको पृथक् किया जाता है।

विशिष्ट लक्षण

(क) सिर : चौड़ा, लघु कापालिक, ललाट गोलाकार (85),
नाक : सपाट एवं सीधी,
दाँत : बड़े एवं गोलाकार,
जबड़ा : उभरा हुआ,
होष्ठ : सपाट, तथा,
आँख : आँखों का रंग बादामी या भूरा, पलकें मोटी।

(ख) केश : लम्बे, सीधे, मोटे , दाढ़ी तथा मूँछ पर कम बाल, शरीर पर कम बाल, आँखों पर घने बाल।

(ग) त्वचा : पीला, हल्का भूरा तथा कत्थई।

(घ) लम्बा कद, अंगों का आकार शरीर की अपेक्षा लघु, मोटा हाथ, वक्ष उभरा हुआ तथा स्थूल शरीर।

मंगोलाइड्स प्रजाति के लक्षणों में अन्य प्रजातियों के लक्षणों के मिश्रण के फलस्वरूप भिन्नता उत्पन्न हो गई है, जिस कारण इन्हें उपजातियों में विभक्त किया जाता है।

मंगोलाइड्स प्रजाति का वर्गीकरण

प्रजाति	उपजाति	वितरण
1. पुरातन मंगोलाइड्स	(क) बुरियार मंगोलिया, साइबेरिया, कोरिया, पूर्वी व पश्चिमी बैकाल झील प्रदेश	तिब्बत, चीन,
	(ख) कोरयाक	उत्तरी साइबेरिया
	(ग) गिलियाक	उत्तरी सरवालीन, आमूर ऐशचुरी
	(घ) गोल्डी	निचला आमूर
2. आर्कटिक मंगोलाइड	(क) एस्किमो	उत्तरी-पूर्वी एशिया, ग्रीनलैण्ड
	(ख) ऐल्यूश	उत्तरी अमेरिका का ध्रुवीय क्षेत्र
	(ग) रेंडियर	साइबेरिया, बकुची, चुक्ची, याकूत
	(घ) इवेन्की	साइबेरिया, मंगोलिया, एशिया की उच्च भूमि
	(च) समोयडी	कोला प्रायद्वीप, यनीसी घाटी क्षेत्र तथा श्वेत सागर
3. अमेरिकन-इंडियन मंगोलाइड्स	(क) छेदा, सिमिसियन,	उत्तरी मध्य एवं दक्षिणी अमेरिका मिंगित कबीले
4. इंडोमलय मंगोलाइड	(क) इण्डोनेशियन	दक्षिणी चीन, हिन्द चीन, म्यांमार, थाईलैण्ड, मलाया तथा पूर्वी द्वीप समूह
	(ख) मलय	मलाया प्रायद्वीप, इण्डोनेशिया, हिन्दचीन, फिलीपाइन तथा कोकिनावा

3. नीग्राइड प्रजाति

नीग्राइड प्रजाति का उद्‌भव काल तथा स्थान अन्धकारमय है। वर्तमान समय के आधार पर उद्‌भव स्थल अफ्रीका तथा ओसानिया माना जाता है। मानव इतिहास की प्रथम प्रजाति है तथा इनकी उत्पत्ति सर्वप्रथम हुई होगी। इनके लक्षणों में भिन्नता परिलक्षित होती है, जिस कारण इनको अनेक उपजातियों में विभक्त किया जाता है।

नीग्राइड प्रजाति का वर्गीकरण

प्रजाति	उपजाति	वितरण
1. अफ्रीकी नीग्रो	(क) शुद्ध नीग्रो	पश्चिमी अफ्रीका, कैमरूनें, मंगोलिया
	(ख) हेमाइट	पूर्वी तथा उत्तर-पूर्वी अफ्रीका
	(ग) नीलोहेमाइट	पूर्वी तथा पूर्वी मध्य अफ्रीका
	(घ) निलोटिक नीग्रो	उत्तरी नील घाटी, सूडान
	(च) वनीय नीग्रो	उष्ण कटिबंधीय अफ्रीका
	(छ) बौने	भूमध्य रेखीय अफ्रीका
2. बुशमैन हाटेनहाड		दक्षिणी तथा पूर्वी अफ्रीका
3. सामुद्रिक नीग्रो	(क) पापुआन	न्यूगिनी
	(ख) मलेशियन	मलेशिया
	(ग) बौने नीग्रीटो	न्यूगिनी
	(घ) अण्डमानी सेमाँगी तथा एटा	अंडमान, मध्यवर्ती मलाया, पूर्वी सुमात्रा तथा फिलीपाइन द्वीप समूह

उपजाति तथा प्रादेशिक वितरण के आधार पर नीग्रायड प्रजाति का एक अन्य वर्गीकरण किया जा सकता है :

1. बुशमैन, निग्रालोस तथा होटेन्टोट्स
2. गिनी और सूडान के नीग्रो
3. बांटू नीग्रो
4. हैमीटो नोग्राआयड
5. उत्तरी अफ्रीका के नीग्रो

वर्तमान प्रजातियाँ तथा उनका वितरण

मानवशास्त्रियों ने प्रजातियों का वर्गीकरण विभिन्न आधारों पर किया, परन्तु इनके वर्गीकरण भिन्न-भिन्न हैं, परन्तु इतना अवश्य हुआ कि सभी ने तीन मुख्य प्रजातियाँ **1.** कॉकेशायड (श्वेत), **2.** मंगोलॉयड (पीत), **3.** नीग्राइड (कृष्ण) स्वीकार की हैं। वर्तमान समय में धरातल पर मुख्यत: 11 प्रजातियाँ विद्यमान हैं :

1. कॉकेशायड, **2.** मंगोलॉयड, **3.** अफ्रीकी नीग्रोयड, **4.** मेलिनिशयन, **5.** माइक्रोनेशियन, **6.** कांगो या मध्य अफ्रीकी पिग्मी, **7.** वन प्रदेश के पिग्मी, **8.** आस्ट्रेलॉयड, **9.** बुशमैन-हॉटेन्टोट, **10.** ऐनू, **11.** वैडायॅड।

कॉकेशूयड प्रजाति : यह प्रजाति स्कैन्डिनेविया, बाल्टिक प्रदेश, ब्रिटिश द्वीप समूह, पूर्वी मध्य यूरोप में : फ्रांस, पश्चिमी एशिया के केन्द्रीय भाग, भारत, स्पेन, पुर्तगाल, दक्षिणी इटली, उत्तरी अफ्रीका, मिस्र आदि में पाई जाती है। इनकी संख्या करीब 1 अरब है। इनका रंग श्वेत, आँख का रंग हल्के नीले रंग से लेकर भूरे रंग का होता है। बाल काले तथा सीधे, लहरदार तथा लच्छेदार होते हैं। वक्षस्थल, भुजा, पैर, चेहरे आदि पर अधिक बाल, छोटी नाक, होंठ पतले, कद मध्यम तथा लम्बा, कपाल सूचकांक 80 से अधिक, खोपड़ी का घनत्व 1800cc के लगभग आदि विशेषताएँ इसमें विद्यमान हैं। हॉबेल तथा स्मिथ ने इनको तीन वर्गों में विभक्त किया है :

1. नार्डिक : स्कैन्डिनेविश, बाल्टिक प्रदेश तथा ब्रिटिश द्वीप समूह आदि।

2. अल्पाइन : पूर्वी मध्य यूरोप में फ्रांस तथा पश्चिमी एशिया का केन्द्रीय भाग आदि।

3. भूमध्यसागरीय : भारत, स्पेन, दक्षिणी इटली, उत्तरी अफ्रीका, मिस्र आदि।

मंगोलॉयड प्रजाति : इस प्रजाति का उद्भव स्थल मध्य एशिया है। इनका विस्तार केवल एशिया में ही है। मध्य एशिया, अपने उद्भव काल से इनका प्रसार उत्तर, पूर्व, दक्षिण-पश्चिम तथा पश्चिम दिशा में हुआ। इनकी संख्या करीब 90 लाख अनुमानित है। इनका रंग–भूरा तथा पीला, आँखें–गहरी भूरी, बाल–काले, गाल की हड्डियाँ उभरी हुईं, चेहरा–चौड़ा, कद–छोटा, नाक–चपटी आदि इनकी प्रजातीय विशेषताएँ हैं।

मैलेनिशियन : इनका विस्तार दक्षिणी प्रशान्त द्वीपों-न्यूगिनी से फिजी द्वीप तक है। इनके शारीरिक लक्षणों में नीग्रो प्रजाति से समानता है। इनकी उत्पत्ति अफ्रीकी नीग्रो से हुई मानी जाती है। 20 लाख अनुमानत: इनकी संख्या है। आँखें व त्वचा काली, बाल–घुँघराले, भौंहें–उभरी हुईं, कद–मध्यम तथा सिर–गोल इस प्रजाति की प्रमुख विशेषताएँ हैं।

अफ्रीकी नीग्रोयड—इस प्रजाति का उद्भव स्थल अफ्रीका तथा ओसीनिया माना जाता है। **बील्स** तथा **होइजर** ने इसको विश्व की प्रथम प्रजाति माना। इस प्रजाति का विस्तार दक्षिणी अफ्रीका से लेकर केप ऑफ गुड होप तक है। रंग–गहरा भूरा तथा काला, बाल–काले तथा ऊन जैसे, नाक–चौड़ी, सिर पर घने बाल, खोपड़ी–लम्बी, ललाट, सीधा, होंठ–मोटा, कद–औसत आदि इनकी प्रजातीय विशेषताएँ हैं।

माइक्रोनेशियन-पोलीनेशियम—इस प्रजाति का विस्तार मैलेनेशिया द्वीपों में है। इनकी संख्या लगभग 3 लाख है। सिर–चौड़े व ऊँचे, ललाट–अवनत, नाक–मध्यम व ऊँची उठी हुई, त्वचा–पीली या भूरी, बाल–लहरदार तथा काले, कद–औसत आदि इनकी प्रजातीय विशेषताएँ हैं।

कांगो या मध्य अफ्रीका पिग्मी—इनका विस्तार मध्य अफ्रीका में कांगों में है। कद–औसत, रंग–काला, बाल–घने काले तथा घुमावदार होते हैं। इनकी अनुमानित जनसंख्या लगभग 1 लाख है।

सुदूर पूर्वी पिग्मी—इस प्रजाति का विस्तार मिन्डानाओ, अण्डमान, लूजन तथा फिलीपाइन द्वीप में है। कद–औसत, त्वचा–भूरी तथा गहरी काली, होंठ–मोटे, बाल–ऊन जैसे आदि इनकी प्रजातीय विशेषताएँ हैं।

आस्ट्रेलॉयड—इस प्रजाति का उद्भव स्थल आस्ट्रेलिया है। सिर–लम्बा, ललाट–लम्बा, नाक–चौड़ी, भौंहें–बड़ी, होंठ–मोटे, त्वचा–गहरी भूरी, कद–औसत आदि इनकी प्रजातीय विशेषताएँ हैं।

बुशमैन-हॉटेन्टोट—दक्षिणी-पश्चिमी अफ्रीका के कालाहारी मरुस्थल में इन प्रजातियों का विस्तार पाया जाता है। बुशमैन तथा हॉटेन्टोट दो प्रजातियों का इस मरुस्थलीय भू-भाग में विस्तार पाया जाता है। खोपड़ी–लम्बी तथा मध्यम, मस्तक–ऊँचा, नाक, चौड़ी होंठ बाहर निकले हुए, त्वचा–पीली, बाल– घुमावदार, कद–औसत से कम आदि इनकी प्रजातीय विशेषताएँ हैं।

अयनू—इस प्रजाति का विस्तार जापान में है, जो जापान की आदि प्रजातियों का प्रतिनिधित्व करती हैं। खोपड़ी–लम्बी तथा मध्यम, ललाट–अवनत, भौंहे–लम्बी, नाक–चौड़ी, होंठ–मोटे तथा पतले, त्वचा–श्वेत या गहरी भूरी, बाल–काले या हल्के भूरे, आँख–काली, कद–औसत आदि इसकी प्रजातीय विशेषताएँ हैं।

बेडॉयड : यह प्रजाति कॉकेशायड प्रजाति की एक शाखा है। सिर–लम्बा, भौहें–लम्बी, चेहरा–लम्बा, नाक–चौड़ी, होंठ–पतले, त्वचा–गहरी भूरी, बाल–काले, आँख–गहरी भूरी, कद–औसत आदि इसकी प्रजातीय विशेषताएँ हैं।

विश्व की विलुप्तप्राय प्रजातियाँ

हाज्दा—तंज़ानिया की विलुप्त प्राय: इस मानव जाति की संख्या केवल 200 व्यक्ति हैं। यह दक्षिणी अफ्रीका के बुशमैन के समान बोली बोलते हैं। आकारीय व आनुवांशिकता की दृष्टि से यह पूर्वी अफ्रीका के लोगों के समान हैं।

कुन्ग—कालाहारी अवरोहांक (Descent) के हैं और इनकी संख्या लगभग 15,000 व्यक्ति है। आनुवांशिक साक्ष्यों से इस ब्रात की पुष्टि होती है कि यह अफ्रीका के विशाल क्षेत्र में विस्तृत थे। अभी इस संबंध में पुष्टि नहीं हो सकती है कि यह लोग कब और कहाँ से आए थे।

अपाचे—संयुक्त राज्य अमेरिका के ओकलाहामा के मैदान में अपाचे लोग निवास करते हैं। इनकी संख्या लगभग 1,000 व्यक्ति हैं। इनमें से कुछ अलास्का के दक्षिणी-पश्चिमी भाग में रहते हैं। कुछ विद्वानों का मत है कि यह उत्तरी साइबेरिया से प्रवारित होकर यहाँ आए थे।

यनोमनी—वेनेजुएला और ब्राजील की सीमा पर लगभग 20,000 यनोमनी लोग निवास करते हैं। इनकी भाषा मध्य अमरीका के लोगों के समान है। इनकी उत्पत्ति अभी भी रहस्यमय है।

युकागीर—साइबेरिया में इनकी संख्या केवल 100 व्यक्ति है। यह रेण्डियर का शिकार करने वाले शिकारी लोग हैं। यह आर्कटिक और उपार्कटिक क्षेत्र में पाए जाते हैं। कुछ युकागीर बेरिंग सागर पार कर नई दुनिया (उत्तरी अमेरिका) में बस गए हैं।

चुकची—पाल्को एशियाई भाषा बोलने वाले चुकची उत्तरी-पूर्वी साइबेरिया व उत्तरी अमेरिका में निवास करते हैं। इनकी कुल संख्या लगभग 10,000 व्यक्ति है। आनुवांशिक अध्ययनों से इनकी उत्पत्ति का बोध होता है कि यह अमरीका मूल के हैं।

ओन्गे—अण्डमान द्वीप में 100 से भी कम ओन्गे निवास करते हैं। यह द्रुतगति से विलुप्तप्राय: होते जा रहे हैं। विद्वानों का मानना है कि यह हजारों वर्ष पूर्व अफ्रीका से प्रवासित होकर यहाँ आए थे।

विश्व की प्रमुख जनजातियाँ

	जनजातियाँ	*क्षेत्र*
1.	एस्किमो	कनाडा व ग्रीनलैण्ड के टुण्ड्रा प्रदेश (उत्तरी अमेरिका)
2.	माओरी	न्यूजीलैण्ड
3.	लैप्स	यूरोपियन टुण्ड्रा
4.	समोएड्स	एशियाई टुण्ड्रा
5.	तातार	साइबेरिया
6.	एबोंजिन्स	पश्चिमी व मध्य आस्ट्रेलिया (आस्ट्रेलिया के मूल निवासी)
7.	बाण्टू	मध्य व दक्षिण अफ्रीका
8.	बर्बर	उत्तरी अफ्रीका (अल्जीरिया, ट्यूनीशिया, मोरक्को)
9.	बिन्दीबू	पश्चिमी आस्ट्रेलिया
10.	फिन्स	यूरोपीय टुण्ड्रा
11.	गाउचो	उरुग्वे एवं अर्जेण्टाइना के पम्पास क्षेत्र
12.	हेमाइट्स	उत्तरी-पश्चिमी अफ्रीका
13.	खिरगीज	मध्य एशिया का स्टेपी क्षेत्र
14.	किवूयू	केनिया
15.	मसाई	पूर्वी अफ्रीका (कीनिया)
16.	पिग्मी	जाइरे (कांगो का बेसिन)
17.	पापुआन	न्यूगिनी
18.	रेड इण्डियन	उत्तरी अमेरिका तथा कनाडा
19.	बेद्दा	श्रीलंका
20.	ओस्तयाक, तुंगु याकूत, युकागीर चकची, कारयाक आदि	एशियाई टुण्ड्रा
21.	जुलू	दक्षिणी अफ्रीका का नैटाल प्रान्त
22.	सेमांग	मलेशिया
23.	बुनान	बोर्निया
24.	बुशमैन	कालाहारी मरुस्थल (द. अफ्रीका)
25.	युकागीर	साइबेरिया
26.	औका	इक्वेडोर
27.	बोरो	द. अमेरिका का अमेजन बेसिन
28.	बद्दू	अरब
29.	आइनू	जापान
30.	हाटेन्टाट	कालाहारी (बोत्सावाना) व उष्ण कटिबंधीय अफ्रीका
31.	कज्जाक	मध्य एशिया
32.	फूलानी	नाइजीरिया
33.	कालमुख	मध्य एशिया
34.	मल्ला कृषक	मिस्र
35.	हौसा	नाइजीरिया
36.	फल्लाह कृषक	नील नदी
37.	अकरीदी	पाकिस्तान
38.	मग्यार (हेग्रेटी)	पूर्वी यूरोप
39.	माया	मैक्सिको
40.	बोअर	दक्षिणी अफ्रीका
41.	बेड़यूइन	अरब, उत्तरी अफ्रीका तथा प.एशिया
42.	नीग्रो	दक्षिणी-पश्चिमी तथा मध्य अफ्रीका
43.	महसूद	उत्तरी-पश्चिमी पाकिस्तान
44.	कोसक	पौलैण्ड तथा यूक्रेन
45.	यस्टर	साइबेरिया, तुर्किस्तान

❑❑❑

अध्याय-7

मानव अधिवास

ग्रामीण बस्तियाँ

ये छोटे आकार की बस्ती होती है जिसके निवासी कृषि, एकत्रीकरण, पशुचारण, खनन, मत्स्य ग्रहण, आदि प्राथमिक क्रियाओं में कार्य करते हैं। रिशथोफन (Richthofen) के अनुसार, ''वे (गांव) परिवारों के समूह हैं जो वंश परम्परा द्वारा एक-दूसरे से जुड़े हुए हैं, या कम-से-कम उनके रीति-रिवाज एक समान हैं, वे एक जैसी फसलों की कृषि के लिए एक-दूसरे के साथ सहयोग करने के लिए अंतर्संबंध स्थापित करते हैं।'' ब्लाश के अनुसार, ''गांव एक परिवार या वंश से बड़ा जन समुदाय है।'' ब्रून्ज के अनुसार, ''गांव घरों तथा इनके निवासियों का समूह है।'' गेलेस्की (Galeski) ने बताया कि गांव केवल खेतों का समूह ही नहीं है बल्कि यह एक निश्चित समाजिक इकाई है। गांव के अपने ही स्थानिक, प्रजातीय तथा सांस्कृतिक लक्षण होते हैं जो इसे इसका अस्तित्व प्रदान करते हैं।

ग्रामीण बस्तियों के प्रकार

यूँ तो ग्रामीण बस्तियाँ अनेक प्रकार की होती हैं। परंतु हमारे उद्देश्य की पूर्ति के लिए निम्नलिखित दो प्रकार की बस्तियों का अध्ययन ही पर्याप्त है:

1. परिक्षिप्त बस्तियाँ (Dispersed Settlements)
2. न्यष्टित बस्तियाँ (Nucleated Settlements)

परिक्षिप्त बस्तियाँ

इन्हें एकाकी (Isolated) या प्रकीर्ण (Scattered) बस्तियाँ भी कहते हैं। इन बस्तियों में किसान खेतों में ही घर बनाकर रहता है। ये घर अलग-अलग कुछ दूरी पर स्थित होते हैं। कृषि-गृह (Farmstead) तथा वास-गृह (Homested) भी परिक्षिप्त बस्तियाँ ही होते हैं। घर चाहे छप्पर-झोपड़ियाँ हों, कच्चे हों, ईंट-पत्थर के बने पक्के हों, या सीमेंट-कंक्रीट-लोहे से बने भव्य भवन हों, एक-दूसरे से दूर ही होते हैं। प्राय: इन घरों की कृषि-भूमि अलग करती है। कभी-कभी इन घरों के बीच खाली भूमि भी होती है। प्रत्येक घर में केवल एक ही परिवार निवास करता है। कभी-कभी परिवार के नौकर-चाकर या कृषि श्रमिक भी उसी के घर में किसी एक अलग कमरे में रहते हैं। नौकरों या श्रमिकों के लिए पृथक् छोटा-सा अलग घर भी हो सकता है। परंतु परिवार के सदस्यों तथा नौकरों एवं श्रमिकों के निवास या तो एक ही भवन के विभिन्न कमरे होते हैं या स्वामी व नौकरों के मान बिल्कुल पास होते हैं जिससे एक मिली-जुली बस्ती बन जाती है। ऐसी मिली-जुली बस्ती को संयुक्त राज्य अमेरिका तथा कनाडा में कृषि-गृह (Farmstead) या वास-गृह (Homestead) कहते हैं। प्रत्येक फार्म पर कृषि-यंत्रों, बीजों, कृषि उपजों तथा उर्वरकों को रखने के गोदाम, पशुशाला, मुर्गीशाला तथा डेरी की व्यवस्था तथा मनुष्यों के रहने का स्थान होता है। बाहरी भाग में एक छोटा-सा बगीचा व शाकवाटिका (Kitchen Garden) भी होता है। अल्प-संख्या में ओखेटकों व मछुओं की भी परिक्षिप्त बस्तियाँ होती हैं।

परिक्षिप्त बस्तियों के गुण व दोष

परिक्षिप्त बस्तियों के बहुत-से गुण व दोष हैं जिनका संक्षिप्त विवरण इस प्रकार है:

1. परिक्षिप्त बस्तियों का आर्थिक दृष्टि से लाभ होता है परंतु सामाजिक दृष्टि से ये अनुकूल नहीं होतीं। आर्थिक लाभ यह है कि कृषक तथा उसके परिवार के सदस्य अपनी कृषि-भूमि तथा पशुओं के निकट ही रहते हैं। इन्हें प्रतिदिन कृषि-कार्य करने के लिए खेत में जाने तथा वापिस गाँव लौटने में समय नष्ट नहीं करना पड़ता। सामाजिक क्षेत्र में परिक्षिप्त बस्तियों के निवासियों को सहकारिता के पूरे लाभ नहीं मिल पाते। इस दोष को दूर करने के लिए संयुक्त राज्य अमेरिका, कनाडा, ब्रिटेन आदि देशों में प्रत्येक परिक्षिप्त बस्ती को पक्की सड़कों द्वारा दूसरी बस्तियों तथा निकटवर्ती नगरों के साथ जोड़ दिया गया है। प्रत्येक कृषि-फार्म के स्वामी के पास दैनिक परिवहन के लिए एक या दो मोटर गाड़ियाँ होती हैं।
2. परिक्षिप्त बस्ती में रहने वाले कृषक के लिए अपने निकटवर्ती गाँव में रहने वाले अन्य कृषकों द्वारा निश्चित की गई फार्म व्यवस्था का अनुसरण करना अनिवार्य नहीं होता। अत: वह अपने ढंग से अधिक तेजी के साथ कृषि उन्नति की ओर अग्रसर हो सकता है। विशेष प्रतिभा वाले कृषकों को इससे बहुत लाभ पहुँचता है और वे

व्यक्तिगत उन्नति के साथ-साथ देश की आर्थिक उन्नति में अपना योगदान दे सकते हैं।

3. परिक्षिप्त बस्तियों का एक बहुत बड़ा दोष यह है कि इन बस्तियों के निवासियों को सामाजिक जीवन का लाभ नहीं मिल पाता। सघन बस्तियों के निवासी एक-दूसरे के निकट रहते हैं और समय अपने पर एक-दूसरे की सहायता भी करते हैं। इस प्रकार कृषि-फार्म का स्वामी सामाजिक एकता, सुदृढ़ता तथा अंतर्निर्भरता से वंचित रह जाता है।
4. सघन गाँवो में कृषकों के अतिरिक्त अन्य व्यवसायों के लोग जैसे–लुहार, बढ़ई, नाई, धोबी, कुम्हार, मिस्त्री, पशु- चिकित्सक आदि भी रहते हैं। इससे श्रम विभाजन का लाभ मिलता है। परिक्षिप्त बस्तियों के निवासी एक-दूसरे से दूर-दूर रहते हैं और केवल अपने व्यवसाय के लोगों से ही मेल-जोल रखने के कारण अन्य व्यवसायों के लोगों की संगति तथा सेवा से वंचित रह जाते हैं।
5. सघन गाँवों में लोग कृषि-कार्य को टोलियाँ बनाकर करते हैं जिससे उन्हें श्रम की थकान महसूस नहीं होती। परंतु परिक्षिप्त बस्ती में रहने वाला कृषि फार्म का स्वामी अकेला ही खेत में काम करता है, जिससे उसके काम में नीरसता आ जाती है और वह श्रम की थकान शीघ्र ही महसूस करने लगता है।

न्यष्टित बस्तियाँ

यह फिञ्च तथा ट्रिवार्था का दिया हुआ नाम है जिसमें मकान या झोपड़ियाँ पास-पास सटे हुए होते हैं। इन बस्तियों को ब्लाश ने गुच्छित या पुंजित (Clustered) तथा ब्रूंज (Brunhes) ने केन्द्रित (Concentrated) बस्तियों का नाम दिया है। इन्हें सामान्यत: सघन (Compact) बस्तियों के नाम से जाना जाता है। इन्हें एकत्रित (Agglomerated) अथवा नाभिक अथवा संहत बस्तियाँ भी कहते हैं।

ये बस्तियाँ अधिक उपजाऊ प्रदेशों में पाई जाती हैं। इन बस्तियों में मकान एक-दूसरे से सटे हुए होते हैं और गलियाँ बहुत संकरी होती हैं इनका आकार भूमि की उपजाऊ शक्ति तथा अन्य प्राकृतिक साधनों पर निर्भर करता है। मरुस्थलों के सीमावर्ती क्षेत्रों में पाँच या छ: झोपड़ियाँ ही पाई जाती हैं, जबकि गंगा के मैदान में एक बस्ती में 500 से 1,000 व्यक्ति निवास करते हैं। संहत बस्तियों के निवासी हिंसक पशुओं तथा डाकुओं से अपनी रक्षा एवं कृषि-कार्य मिल-जुलकर करते हैं। यहाँ खेतों का आकार छोटा होता है। बस्ती में पानी के निकास की उचित व्यवस्था न होने के कारण गलियों में प्राय: गंदगी फैली रहती है जो स्वास्थ्य के लिए हानिकारक होती है।

आकार तथा आधार के अनुसार बस्तियों के कई भेद होते हैं। सबसे छोटी सघन बस्ति को नंगला, पुरवा या पल्ली (Hamlet) कहते हैं। इससे बड़ी बस्ती गाँव (Village) कहलाती है। इसके बाद नगरीय बस्तियाँ आती हैं जिनमें सबसे छोटा कस्बा (Town) होता है। कस्बा ग्रामीण सेवा केन्द्र (Rural Service Centre) भी होता है। आकार में वृद्धि के अनुसार कस्बे से बड़ा नगर (City), मेट्रोपोलिस (Metropolis) तथा मैगालोपोलिस (Megalopolis) आदि होते हैं।

विश्व के अधिकांश भागों में संहत बस्तियाँ ही पाई जाती हैं क्योंकि:

(*i*) मनुष्य अकेलापन पसंद नहीं करता और मिल-जुलकर रहना चाहता है।

(*ii*) कृषि-कार्यों में अधिक व्यक्तियों की आवश्यकता होती है जो संहत बस्तियों में ही मिल सकते हैं।

(*iii*) हिंसक पशुओं तथा डाकुओं से सुरक्षा संहत बस्तियों में रहने वाले अधिक लोग ही कर सकते हैं।

(*iv*) प्राचीन काल से ही भूमि छोटे-छोटे टुकड़ों में बँट गई और संहत बस्तियों का विकास हुआ।

ग्रामीण बस्तियों को प्रभावित करने वाले तत्व

पृथ्वी के तल पर ग्रामीण का वितरण एकसमान नहीं है। इसे विभिन्न प्रकार के तत्व प्रभावित करते हैं जिन्हें मुख्यत: दो वर्गों में विभाजित किया जाता है : (*i*) भौतिक कारक (Physical Factors), (*ii*) मानवीय कारक (Human Factors)

1. भौतिक कारक

मानवीय बस्तियों को प्रभावित करने वाले भौतिक कारकों में धरातल, भू-संरचना, मृदा, जलवायु, जलापूर्ति, प्राकृतिक वनस्पति आदि सम्मिलित हैं।

(*i*) **धरातल–**समतल भूमि पर कृषि तथा निवास के लिए पर्याप्त भूमि मिल जाती है। यहाँ पर सिंचाई के लिए नहरें तथा कुएँ खोदना भी आसान होता है। परिवहन के मार्ग भी सीधे और सुगम होते हैं। नदियों द्वारा निक्षेपित उपजाऊ मिट्टी भी होती है। अत: समतल मैदानी भागों में ग्रामीण बस्तियाँ बड़े-बड़े आकार की तथा अधिक संख्या में होती हैं। इसके विपरीत पर्वतीय तथा पठारी भागों में बस्तियों की संख्या कम होती है और वे छोटे आकार की होती हैं। इन प्रदेशों में प्राय: परिक्षिप्त एकाकी (Scattered and Isolated) या पुरवों (Hamlets) या कृषि-गृह (Farmsteads) की संख्या अधिक होती है।

(*ii*) **भूगर्भीय संरचना–**धरातल के साथ-साथ भूगर्भीय संरचना भी ग्रामीण बस्तियों को प्रभावित करती है। भूगर्भीय संरचना आर्थिक महत्त्व के खनिजों के वितरण द्वारा बस्तियों को प्रभावित करती है। जिन स्थानों पर खनिज पाए जाते हैं वहाँ पर ग्रामीण तथा नगरीय बस्तियाँ बस जाती हैं इसका सबसे ज्वलन्त उदाहरण आस्ट्रेलिया तथा प्रायद्वीपीय भारत में पाई जाने वाली सोने की खानें हैं। इन खानों के निकट दूर-दूर से श्रमिक आकर बस गए और बस्तियों का विकास हुआ। अलास्का तथा ग्रीनलैंड के खनिज प्रदेशों में अस्थाई बस्तियाँ मिलती हैं।

(*iii*) **मृदा–**मानव बस्तियों को प्रभावित करने वाले भौगोलिक तत्वों में मृदा को विशिष्ट स्थान दिया गया है। भारत के उत्तरी मैदान के विस्तृत क्षेत्र पर नदियों द्वारा निक्षेपित उपजाऊ काँप की मिट्टी है। इस कारण यहाँ पर मानव तथा मानव बस्तियों को बहुत प्रोत्साहन मिलता है। यहाँ पर कृषि खूब होती है और प्राय: सघन बस्तियाँ पाई जाती हैं। इस मैदान की मिट्टी को दो मुख्य भागों में बाँटा जाता है–(*i*) भांगर तथा (*ii*) खादर। भांगर पुरानी मिट्टी है जो नदियों के बाढ़ स्तर से ऊँची होती है। इसका अपरदन अपेक्षाकृत कम होता है और यहाँ पर स्थाई बस्तियाँ बसी हुई हैं। ये पल्ली (Hamlets) से लेकर बड़े गाँव तक होती हैं। गंगा-यमुना दोआब में बड़ी ग्रामीण

बस्तियों की अपेक्षा कच्चे घरों की छोटी बस्तियाँ अधिक हैं। खादर नई मिट्टी का क्षेत्र है जहाँ वर्षा ऋतु में प्राय: बाढ़ आ जाती है। अत: वहाँ पर मानव बसाव कम तथा बस्तियाँ प्राय: अस्थाई होती हैं।

दक्षिण भारत में भूमि पथरीली तथा मिट्टी कम उपजाऊ है। वहाँ की लेटराइट, पीली व लाल मिट्टी कम उपजाऊ होने के कारण मानव बसाव तथा बस्तियों को कम प्रोत्साहित करती है।

(*iv*) **जलवायु**–जलवायु मानव बसाव तथा मानवीय बस्तियों को प्रोत्साहित करती है और साथ ही उन्हें सीमित भी करती है। सामान्य (Normal) अनुकूल जलवायु बस्तियों के विकास तथा विस्तार को प्रोत्साहित करती है जबकि विषम (Extreme) प्रतिकूल जलवायु बस्तियों के विकास में बाधा बनती है। अति शीत, अति शुष्क, अति उष्ण एवं आर्द्र जलवायु मानव बसाव तथा मानवीय बस्तियों के लिए अनुकूल नहीं होती और वहाँ पर कम संख्या में प्रकीर्ण बस्तियाँ पाई जाती हैं।

जलवायु विश्व के विभिन्न भागों में बस्तियों के आकार, प्रकार तथा दशा को प्रभावित करती है। अधिक वर्षा वाले क्षेत्रों में मकानों की छतें ढलवाँ होती हैं। पश्चिमी बंगाल, बिहार, उत्तर प्रदेश के पूर्वी भाग आदि में वर्षा के कारण छप्पर तथा खपरैल के ढालू मकान बनाये जाते हैं। हिमाचल प्रदेश में भी वर्षा अधिक होने के कारण छतें मुख्यत: ढलवा ही होती हैं। इसके विपरीत कम वर्षा वाले भागों में मकानों की छतें सपाट होती हैं। भारत के पश्चिमी राज्यों में मकानों की छतें सामान्यत: सपाट होती हैं क्योंकि वहाँ पर वर्षा कम होती है।

शुष्क तथा गर्म मरुस्थलों में लोग प्राय: तम्बुओं में रहते हैं। जहाँ कहीं जल, पत्थर तथा लकड़ी प्राप्त हो जाती है, वहाँ पर पक्के मकान भी बनाए जाते हैं। इनमें खिड़कियाँ नहीं बनाई जातीं क्योंकि वहाँ पर आँधियाँ बहुत चलती हैं। इनकी दीवारें बहुत ऊँची रखी जाती हैं ताकि यदि आँधियों के कारण बड़ी मात्रा में गलियों में रेत जमा हो जाए तो भी मकान रेत से सुरक्षित रहें। अरब, पश्चिमी ईरान, पश्चिमी राजस्थान, सूडान, मिस्र आदि में इसी प्रकार के मकान हैं। उष्ण मरुस्थलीय क्षेत्रों में जहाँ कहीं तालाब, कुएँ, चश्मे या मरुद्यानों (Oases) के रूप में जल प्राप्त हो जाता है वहाँ पर बड़ी बस्तियाँ बस जाती हैं। अरब, सहारा तथा राजपूताना के बहुत-से मरुद्यानों में सघन बस्तियाँ पाई जाती हैं।

(*v*) **जल-आपूर्ति**–जल-आपूर्ति मानवीय बस्तियों की बड़ी समस्याओं में से एक है। मनुष्य को पीने, नहाने, वस्त्र धोने आदि घरेलू कार्यों के लिए तथा कृषि में सिंचाई के लिए जल की आवश्यकता पड़ती है। ब्रुज्ज (Jean Bruhnes) के अनुसार, ''कोई भी ऐसा मकान या मानवीय बसाव नहीं है जिसके निर्माण में मनुष्य ने जल की निकटता का ध्यान न रखा हो। पर्वतीय क्षेत्रों में छोटी-सी बस्ती भी किसी सरिता या स्रोतों के निकट होती है और गाँव में स्रोत या कुआँ होना आवश्यक है। जिन क्षेत्रों में स्थलीय जल तथा भूमिगत जल दोनों ही उपलब्ध नहीं हैं, वहाँ बस्तियाँ नहीं बसतीं। यही कारण है कि थार, अरब, सहारा, गोबी आदि मरुस्थलों में मानवीय बस्तियाँ बहुत कम हैं। जहाँ कहीं जल प्राप्त होता है, वहाँ पर मरुद्यान (Oases) स्थापित हो जाते हैं और बस्तियाँ बस जाती हैं।

(*vi*) **प्राकृतिक वनस्पति**–ग्रामीण बस्तियाँ मुख्यत: कृषि पर निर्भर करती हैं और कृषि के लिए वन प्रदेशों की अपेक्षा घास-स्थल अधिक उपयुक्त रहते हैं। इसलिए ग्रामीण बस्तियाँ घास के मैदानों में अधिक पनपती है। इन मैदानों को साफ करके कृषि के योग्य बनाया गया है और वहाँ पर बस्तियाँ बसाई गई है। ऐसे भू-भाग पशुपालन के लिए उपयुक्त होते हैं।

2. मानवीय कारक

बस्तियों के निर्माण तथा विकास में प्रकृति के अतिरिक्त मनुष्य का भी बहुत बड़ा योगदान है। मानवीय कारकों में सामाजिक, सांस्कृतिक, राजनैतिक तथा आर्थिक कारक महत्वपूर्ण हैं जिनका विवरण निम्नलिखित है :

(*i*) **मानवीय प्रवृत्तियाँ**–मानव एक सामाजिक प्राणी है और वह सदा अपने परिचित व्यक्तियों के समूह में रहना चाहता है। यह समूह उसका परिवार, जाति या सहकर्मियों का हो सकता है। मानव की समूह में रहने की प्रवृत्ति बस्तियों को जन्म देती है।

(*ii*) **जातीय परम्पराएँ**–ग्रामीण बस्तियों को जातीय परम्पराएँ काफी हद तक प्रभावित करती हैं। यूरोप में **मायत्सेन** तथा **ग्रेडमैन** ने बताया कि पृथक्-पृथक् जातियों के बसाव अलग-अलग होते हैं। गाल, जर्मन, स्लाव आदि जातियों को बस्तियों में भिन्नताओं का कारण जातीय भिन्नताएँ ही हैं क्योंकि विभिन्न जातियों की विभिन्न धार्मिक परम्पराएँ होती हैं। भारत में भी ग्रामीण बस्तियों में अनेक जातियों के लोग रहते हैं और उनकी परम्पराएँ एक-दूसरे से भिन्न हैं। हरियाणा के ग्रामीण इलाकों में विभिन्न जातियाँ निवास करती हैं और उनके विभिन्न समुदाय होते हैं, जैसे–जाट, ब्राह्मण, बनिए, अहीर, गूजर आदि। गाँव में जिस समूह के लोग अधिक होते हैं, उसे उसी जाति का गाँव कहा जाता है, जैसे–जाटों के गाँव, अहीरों के गांव, गूजरों के गांव, ब्राह्मणों के गांव, बनियों के गांव आदि। प्रत्येक गांव में विभिन्न जातियों के लोग विभिन्न मौहल्लों में रहते हैं। दक्षिणी हरियाणा के गुड़गाँव तथा फरीदाबाद जिलों में विस्तृत इलाके में मुसलमानों के गांव हैं जिसे 'मेव' का इलाका कहते हैं। इनकी धार्मिक व सामाजिक परम्पराएँ अन्य जातियों से सर्वथा भिन्न हैं। जब यूरोपीय जातियों ने उत्तरी अमेरिका में ग्रामीण बस्तियाँ बसाईं तो बड़ी संख्या में हब्शी परिवारों को खेतों में काम करने के लिए लाया गया। परंतु गोरी जातियों की रंग-भेद की नीति के अधीन उन्होंने काले लोगों की बस्तियों को अपनी बस्तियों से कुछ दूर ही बसने दिया।

(*iii*) **आर्थिक एवं सामाजिक अंतर्निर्भरता**–गांव के मुख्य निवासी किसान हैं जो कृषि करते हैं। उन्हें अपने कृषि-कार्य को सुचारू रूप से चलाने के लिए अन्य व्यवसायों के लोगों, जैसे–लोहार, बढ़ई, कुम्हार, जुलाहा, धोबी, नाई, तेली आदि पर निर्भर रहना पड़ता है। अत: इन लोगों के मकान भी गांव में ही होते हैं। परंतु ये लोग अलग मौहल्लों में रहते हैं। कई बार दो या तीन छोटे-छोटे गांवों के लिए एक ही गांव के लोहार, बढ़ई, कुम्हार आदि से काम चल जाता है।

अत: इन गांवों के बीच आवागमन में वृद्धि होती है। प्राय: किसी बड़े गांव में एक या दो दुकानें भी होती हैं जहाँ से मुख्य गांव के अतिरिक्त आस-पास के छोटे गांवों के लोग भी सामान खरीदते हैं। इस प्रकार गांवों के अंतर्सम्बन्धों में दृढ़ता आती है।

(*iv*) **सुरक्षा की भावना**–मानव में सुरक्षा की भावना बहुत होती है और वह इसी दृष्टि से बस्तियाँ बसाता है। सामान्यत: जिन क्षेत्रों में सुरक्षा की व्यवस्था अच्छी होती है और चोर-लुटेरों का भय नहीं रहता, वहाँ पर परिक्षिप्त अथवा प्रकीर्ण बस्तियाँ बसाई जाती हैं। परन्तु जिन क्षेत्रों में चोर-डाकुओं का भय बना रहता है, वहाँ पर ग्रामीण लोग इकट्ठा रहना पसंद करते हैं ताकि समय आने पर मिलकर स्थिति का सामना कर सकें। इस प्रकार ऐसे क्षेत्रों में सघन बस्तियों का निर्माण होता है।

यूरोपीय देशों में कई बार अराजकता फैली जिस कारण लोग प्रकीर्ण बस्तियों को छोड़कर सघन बस्तियों में चले गये। दसवीं शताब्दी से चौदहवीं शताब्दी तक उत्तर भारत में कई आक्रमणकारी खैबर के दर्रे से आए जिस कारण बहुत-से परिवारों ने पंजाब, राजस्थान तथा गुजरात की बस्तियों को छोड़कर हिमालय के जम्मू-कश्मीर, हिमाचल प्रदेश, गढ़वाल, कुमाऊँ तथा नेपाल आदि में जाकर नई ग्रामीण बस्तियाँ बसा लीं।

(*v*) **कृषि की पद्धतियाँ एवं प्रवृत्तियाँ**–ग्रामीण बस्तियों का आकार तथा प्रकार कृषि-पद्धतियों पर निर्भर करता है। स्थानान्तरी कृषि में बस्तियाँ परिवर्तनशील होती हैं। जैसे ही वनों से साफ की हुई भूमि की उपजाऊ शक्ति कम होती है, वैसे ही लोग बस्ती को छोड़कर किसी अन्य स्थान पर नई बस्ती बना लेते हैं। भारत के उत्तरी-पूर्वी-राज्यों, बिहार व मध्य प्रदेश में इस प्रकार की व्यवस्था अब भी विद्यमान हैं। ये सभी प्रकीर्ण बस्तियों के उदाहरण हैं।

उपजाऊ क्षेत्रों में स्थाई बस्तियों में कृषि की प्रवृत्तियों का बड़ा प्रभाव पड़ता है। उन बस्तियों में जमींदार अपने कृषि श्रमिकों को अपने निकट ही बसाते हैं ताकि उनसे अधिकतम काम लिया जा सके। इससे सघन बस्तियों का निर्माण होता है। ऐसी व्यवस्था भारत, रूस तथा मैक्सिकों में प्राचीन काल से चली आ रही है। परंतु अब सरकारी हस्तक्षेप से स्थिति में परिवर्तन आ रहा है।

ग्रामीण बस्तियों के प्रतिरूप

ग्रामीण बस्तियों में गलियों, मकानों तथा अन्य कार्यों का विन्यास, इसकी आकृति, पर्यावरण तथा संस्कृति से संबंधित होता है। अत: ग्रामीण बस्तियों के निम्नलिखित प्रतिरूप पाए जाते हैं :

(*i*) **लम्बवत् अथवा रैखिक आकृति (The Linear Pattern)**–ऐसे गांवों में मकान किसी सड़क, रेल, नहर या नदी के किनारे पार पाए जाते हैं। ऐसे गांव में मुख्य गलियाँ सड़क, रेल या नदी आदि के समानान्तर होती हैं। गांव की अधिकांश दुकानें इसी मुख्य गली में होती हैं। यह प्रतिरूप सागरीय तटों पर भी पाया जाता है।

(*ii*) **क्रास की आकृति**–इस प्रकार के गांव उन स्थानों पर बसते हैं जहाँ मार्ग चारों ओर से आकर एक-दूसरे के लगभग समकोण पर मिलते हैं। इन गाँवों में चौमुखी दिशाओं में घर बन जाते हैं।

(*iii*) **तारक आकृति (Starlike Pattern)**–कई बार एक गांव के मध्य से कई सड़कें, विभिन्न दिशाओं को जाती हैं या विभिन्न दिशाओं से आकर गांव में मिलती हैं। ऐसी स्थिति में मकान सड़कों के किनारों पर बन जाते हैं। इस प्रकार विकसित गांव की आकृति तारानुमा बन जाती है, जिसे तारक आकृति कहते हैं।

(*iv*) **T–आकार की आकृति**–ये गांव तिराहों पर बसते हैं जहाँ पर एक मार्ग दूसरे मार्ग से लगभग समकोण पर आकर मिलते हैं। इन बस्तियों का आकार अंग्रेजी के अक्षर T से मिलता है जिस कारण इन्हें T-आकार की बस्तियाँ कहते हैं।

(*v*) **गोलाकार आकृति (Circular Pattern)**–इसे वृत्तीय प्रतिरूप भी कहते हैं। जब कभी किसी झील या तालाब के किनारे मकान बन जाते हैं, तो गाँव की गोलाकार आकृति होती है। यह प्रतिरूप किसी हरे-भरे मैदान में भी मिलता है। ऐसे प्रदेश में गाँव के निवासी अपना मकान जल के समीप बनाना चाहते हैं। पश्चिम बंगाल तथा उत्तर प्रदेश में इस प्रकार के गांव बहुत मिलते हैं। गोलाकार गाँवों में गलियाँ केन्द्र से बाहर की ओर प्रकीर्ण होती हैं।

(*vi*) **युग्म आकृति**–जब कभी कोई सड़क नदी या नहर को पुल द्वारा पार करती है तो सड़क तथा नदी दोनों के किनारों पर मकान बन जाते हैं। ऐसी बस्ती को युग्म आकृति वाली बस्ती कहते हैं।

नगरीय बस्तियाँ

जर्मनी में नगर के लिए 'स्टाट' (Statdt), अंग्रेजी में 'टाउन' (Town) व सिटी (City) तथा फ्रांस में 'सीटी' (Cite) शब्द का प्रयोग किया जाता है। बहुत-से देशों में जनसंख्या के आधार पर बस्तियों को नगर का दर्जा दिया गया है। उदाहरणत: मिस्र में नगर उसे माना जाता है जहाँ की जनसंख्या ग्यारह हजार या इससे अधिक हो। इसी प्रकार संयुक्त राज्य अमेरिका में 2,500, बेल्जियम व आस्ट्रिया में 5,000 तथा फ्रांस में 2,000 या इससे अधिक जनसंख्या वाले स्थान को नगर कहा जाता है। जनसंख्या के आधार में असंगतियों का इसी बात से ही पता चल जाता है कि डेनमार्क, स्वीडन व फिनलैण्ड में 200 जनसंख्या वाली बस्ती को ही नगर कहा जाता है, जबकि जापान में नगर कहलाने के लिए न्यूनतम जनसंख्या 20,000 होनी चाहिए।

भारत के जनगणना विभाग (Census of India) ने नगरीय क्षेत्रों को परिभाषित करने के लिए कुल जनसंख्या के अतिरिक्त कुछ अन्य बातों को भी मान्यता दी है। इसके अनुसार नगरीय क्षेत्र की परिभाषा निम्नलिखित है:

1. वे सभी स्थान, जहाँ म्यूनिसिपेल्टी, कॉर्पोरेशन, कैण्टोनमेण्ट बोर्ड या नोटीफाइड टाउन एरिया कमेटी है।
2. वे सभी स्थान जो निम्नलिखित शर्तें पूरी करते हैं:
   (*i*) न्यनतम जनसंख्या 5,000 हो।
   (*ii*) कम-से-कम 75% पुरुषों का श्रमिक बल ऐसे धन्धों में लगा हुआ हो जो कृषि से सम्बन्धित न हों।
   (*iii*) जनसंख्या का घनत्व कम-से-कम 400 व्यक्ति प्रति वर्ग कि. मी. हो।

नगरों के प्रकार

जनसंख्या, व्यवसाय, तथा विस्तार आदि के आधार पर नगरीय बस्तियाँ निम्नलिखित वर्गों की होती हैं :

(*i*) **कस्बा (Town)**–2,500 की जनसंख्या वाली नगरीय बस्ती को कस्बा कहते हैं। यहाँ जन-सुविधाएँ नगरीय ग्राम से अधिक होती हैं। यहाँ डॉक्टर, ड्राई क्लीनर, विभिन्न प्रकार के स्टोर और दुकानें, बैंक तथा डाकघर की सुविधाएँ उपलब्ध होती हैं। कस्बा इन सेवाओं को नगरीय ग्राम तथा पल्ली तक पहुँचाता है। कस्बे की उत्पत्ति सड़कों अथवा रेलों की सुविधा से भी होती है। प्राय: कस्बा दो क्षेत्रों में विभाजित होता है–(*i*) व्यावसायिक क्षेत्र, तथा (*ii*) निवास क्षेत्र। व्यावसायिक क्षेत्र में बाजार, मण्डी, कारखाने आदि होते हैं। निवास क्षेत्र में डाकघर, स्कूल, सिनेमाघर, अस्पताल आदि होते हैं।

(*ii*) **नगर (City)**–कस्बे से बड़ी बस्ती को नगर कहते हैं। इसकी जनसंख्या एक लाख या इससे अधिक होती है। इसमें कस्बों से अधिक सुविधाएँ उपलब्ध होती हैं। नगरों का मुख्य व्यवसाय व्यापार या उद्योग होता है। इसमें आर्थिक, सांस्कृतिक, प्रशासनिक एवं राजनैतिक गतिविधियाँ होती हैं।

(*iii*) **महानगर (Metropolis)**–ये नगरों से भी बड़े होते हैं और इनकी जनसंख्या प्राय: दस लाख के लगभग होती है। इनमें औद्योगिक, वाणिज्य, यातायात, प्रशासकीय, राजनैतिक तथा सांस्कृतिक गतिविधियाँ होती हैं। दिल्ली, कोलकाता, मुम्बई, चेन्नई, हैदराबाद, बंगलौर, इलाहाबाद आदि महानगरों के उदाहरण हैं।

(*iv*) **सन्नगर (Conurbation)**–इस शब्दावली का प्रयोग 1915 में पैट्रिक गिडिज ने किया था जब नगर या महानगर का विकास इतना अधिक हो जाता है कि वह अपनी प्रशासनिक सीमाओं के बाहर फैलकर अन्य कस्बों तथा ग्रामों को अपने अन्दर सम्मिलित कर लेता है तो इन उपनगरों तथा मुख्य नगर की एकत्रित बस्ती को सन्नगर कहते हैं। दिल्ली तथा कोलकाता, लंदन, मानचेस्टर, शिकागो एवं टोकियो सन्नगर के अच्छे उदाहरण हैं।

(*v*) **विश्वनगरी (Megalopolis)**–यह यूनानी शब्द 'मेगालोपोलिस' से बना है जिसका अर्थ होता है 'विशाल नगर'। इसका प्रयोग 1957 में जीन गोटमेन ने किया। यह बड़ा महानगर प्रदेश होता है जिसमें सन्नगरों का समूह होता है। विश्वनगरी का सबसे अच्छा उदाहरण संयुक्त राज्य अमेरिका में है जहाँ उत्तर में बोस्टन से दक्षिण में वाशिंगटन एक नगरीय भूदृश्य के रूप में दिखाई देता है।

(*vi*) **दशलाखी शहर (Million Cities)**–दस लाख या इससे अधिक जनसंख्या वाले शहर को दसलाखी शहर कहते हैं। सन 1800 से पहले विश्व का कोई भी ऐसा नगर नहीं था जिसकी जनसंख्या दस लाख या इससे अधिक हो। 1800 में पहली बार लंदन की जनसंख्या दस लाख से अधिक हुई। इस प्रकार लंदन विश्व का पहला दसलाखी शहर है। 1850 में पेरिस तथा 1860 में न्यूयार्क दशलाखी शहर बन गए। सन 1950 में 84 दसलाखी शहर थे। दसलाखी शहरों की वृद्धि प्रत्येक तीसरे दशक में तीन गुनी हुई है। इनकी संख्या 1970 में 162, 1991 में 270 तथा 2005 में 438 हो गई। एशिया में दसलाखी शहरों की संख्या सबसे अधिक 206 है। दूसरे स्थान पर उत्तर एवं मध्य अमेरिका हैं; परंतु ये एशिया से बहुत पीछे हैं। यहाँ 79 दसलाखी शहर हैं। सबसे कम आस्ट्रेलिया में केवल 6 दसलाखी शहर हैं।

(*vii*) **महाशहर (Mega Cities)**–जब मुख्य नगर तथा उसके उपनगरों की जनसंख्या एक करोड़ से अधिक हो जाती है तो उसे महाशहर कहते हैं। विश्व में सबसे पहला महानगर 1950 में न्यूयार्क बना जब इसकी जनसंख्या 1.25 करोड़ हो गई। इस समय विश्व के कुल 25 महाशहर हैं जिनमें से टोकियो सबसे बड़ा है। पिछले 50 वर्षों में विकसित देशों की अपेक्षा विकासशील देशों में महानगरों की संख्या अधिक तेजी से बढ़ी है।

❑❑❑

अध्याय-8

आर्थिक भूगोल

मानव की आर्थिक क्रियाओं का क्षेत्र अत्यधिक व्यापक है। वर्तमान में इसमें बहुस्तरीय, विविध एवं व्यापक आर्थिक क्रियाएँ शामिल की जाती हैं। सामान्य तौर पर मानवीय आर्थिक क्रियाओं को निम्नलिखित भागों में विभक्त किया जा सकता है :

1. प्राथमिक उत्पादन संबंधी क्रियाएँ
2. द्वितीयक या गौण उत्पादन क्रियाएँ
3. तृतीयक उत्पादन क्रियाएँ

1. प्राथमिक उत्पादन संबंधी क्रियाएँ : इन क्रियाओं में प्राथमिक संसाधनों का प्रत्यक्ष उपयोग किया जाता है। कृषि फसलें उगाने के लिए मिट्टी का सीधा उपयोग किया जाता है। इसी तरह जलीय भागों में मछली पकड़ना, खानों से कोयला, लोहा, आदि खनिज निकालना, वनों से लकड़ियाँ काटना, पशुओं से ऊन, खाल, चमड़ा, बाल, खालें आदि प्राप्त करना प्राथमिक उत्पादन क्रियाएँ हैं। इनसे संबंधित उद्योगों को **प्राथमिक उद्योग** कहा जाता है। तकनीकी विकास के कारण अब प्राथमिक क्रियाओं की उत्पादकता बढ़ गई है। कृषि में मशीनीकरण, सिंचाई की सुविधाओं, उर्वरकों तथा कीटनाशकों के उपयोग से उत्पादन में वृद्धि हुई है। पशुओं की संकर नस्लों से उत्पादन बढ़ाया जा रहा है।

2. द्वितीयक या गौण उत्पादन क्रियाएँ : इसके अन्तर्गत वे क्रियाएँ आती हैं जिनके अन्तर्गत प्रकृति द्वारा दिए गए संसाधनों का सीधा उपयोग नहीं किया जाता, बल्कि उसका रूप परिवर्तित करके अधिक शुद्ध व उपयोगी बनाया जाता है अर्थात् इनमें प्राथमिक व्यवसाय के उत्पादों को संशोधित किया जाता है। उदाहरणस्वरूप भूमि से कपास उगाना प्राथमिक उत्पादन क्रिया है जबकि सूती वस्त्रों का निर्माण एक द्वितीयक उत्पादन क्रिया है। खान से लौह अयस्क निकालना प्राथमिक व्यवसाय है जबकि लोहा इस्पात उद्योग द्वितीयक व्यवसाय है। उद्योगों में सभी प्रकार के विनिर्माण उद्योग (Manufacturing Industries) आते हैं। निर्माण उद्योग तीन प्रकार के होते हैं : वृहत् पैमाने के उद्योग, लघु पैमाने के उद्योग तथा कुटीर उद्योग आदि। अब द्वितीयक व्यवसायों में भी मशीनों का प्रयोग काफी होने लगा है।

3. तृतीयक उत्पादन क्रियाएँ : इसमें वे क्रियाएँ आती हैं जिनके द्वारा प्राथमिक व द्वितीयक उत्पादन वस्तुओं को उपभोक्ता व उद्योगपतियों तक पहुँचाना शामिल है। इन क्रियाओं में वस्तुओं का परिवहन, संचार व संवाद वाहन, वितरण एवं संस्थाओं एवं व्यक्तियों की सेवाएँ भी शामिल हैं। प्राथमिक व द्वितीयक क्रियाओं में लगे व्यक्तियों की तुलना में तृतीयक व्यवसायों में लगे लोगों के कार्य महत्त्वपूर्ण हैं। प्राथमिक एवं द्वितीयक व्यवसायों में लगे लोग समाज के लिए आवश्यक वस्तुओं का उत्पादन करते हैं, जबकि तृतीयक व्यवसायों में लगे व्यक्ति विभिन्न सेवाएँ प्रदान करते हैं। ग्रामीण क्षेत्रों की अपेक्षा नगरीय क्षेत्रों में तृतीयक व्यवसायों में व्यक्ति अधिक हैं।

प्रो. जीन गोटमैन ने प्रत्यक्ष सेवाओं को ही तृतीयक क्रियाओं के अन्तर्गत माना है, जबकि अप्रत्यक्ष सेवाएँ **चतुर्थक उत्पादन** (Quarternary Production) माना जाता है।

चतुर्थक उत्पादन क्रियाएँ : वर्तमान समय में आधुनिक विद्वान एक अन्य प्रकार की उत्पादन क्रियाओं को शामिल करते हैं, जिन्हें **चतुर्थक उत्पादन क्रियाएँ** कहा जाता है। इन क्रियाओं में अप्रत्यक्ष रूप से की जाने वाली सेवाएँ शामिल हैं। इसमें उच्च सेवाएँ, शिक्षा प्रबंध, शासन सुरक्षा, शोध अन्तर्राष्ट्रीय स्तर पर कार्य करना आदि शामिल हैं।

कृषि

कृषि एक बहुप्रचलित व्यवसाय है, जिससे संसार की सम्पूर्ण जनसंख्या के भरण-पोषण हेतु भोजन की प्राप्ति होती है। इस व्यवसाय में **पशुपालन** और **मत्स्यपालन** भी आते हैं। कृषि फसलें खाद्य फसलों और औद्योगिक फसलों के रूप में वर्गीकृत की जाती हैं। संसार का केवल 10 प्रतिशत भू-भाग ही कृषि योग्य है। अंटार्कटिका को छोड़ कृषि भूमि के लगभग 75 प्रतिशत भाग पर विश्व की करीब 50% जनसंख्या कृषि कार्य में लगी है। लेकिन जनसंख्या का कृषि कार्य में प्रतिशत प्रत्येक देश के अनुसार अलग-अलग है। उदाहरण के लिए भारत की 58%, फ्रांस की 20%, संयुक्त राज्य अमेरिका की 9.5% और इंगलैड की 6-7% जनसंख्या कृषि में कार्यरत है। कृषि जनसंख्या का अधिकांश भाग विकासशील तथा अविकसित देशों में ही पाया जाता है।

स्थानान्तरी कृषि—यह कृषि का सबसे प्राचीन रूप है। यह अधिकतर उष्ण कटिबंधों में रहने वाले लोगों द्वारा की जाती है। इसमें वन के छोटे भू-भागों के वृक्षों और झाड़ियों को जला दिया जाता है, जिससे वन भूमि साफ हो जाती है। उस पर कुछ वर्षों तक कृषि की जाती है, जिसमें जड़ वाली फसलों की उपज की मात्रा अधिक होती है। भूमि की उर्वरता खत्म हो जाने पर उसे

छोड़कर दूसरी जगह पर पहले वाली क्रिया अपनायी जाती है और वन के भू-भाग को साफ कर दिया जाता है तथा फसलें उगाई जाती हैं। इसी वजह से इसे काटना और जलाना या **बुश फेलो कृषि** भी कहा जाता है। इसमें एक साथ कई फसलें पैदा की जाती हैं। स्त्रियाँ खेतों की देखभाल करती हैं और पुरुष भोजन संग्रह, आखेट और मछली पकड़ने में लगे रहते हैं। विश्व के अलग-अलग क्षेत्रों में इसके अलग-अलग नाम हैं।

विश्व के विभिन्न भागों में स्थान्तरित कृषि के नाम

नाम	क्षेत्र
हुमा (Hummah)	जावा और इन्डोनेशिया
तुंग्या (Tungya)	म्याँमार
कैंगिन (Kaingin)	फिलीपीन्स
चेन्ना (Chenna)	श्रीलंका
लैदांग (Ledang)	जावा और मलेशिया
रोका (Roca)	ब्राजील
लोगन (Logan)	पश्चिमी अफ्रीका
मिल्पा (Milpa)	यूकाटन और ग्वोटमाला
टावी (Tavy)	मालागासी
कोनूको (Conuco)	वेनेजुएला
झूम (Jhoom)	उत्तरी-पूर्वी भारत

स्थानबद्ध कृषि—यह स्थानांतरी कृषि के बिल्कुल विपरीत है। इसके अन्तर्गत किसी भी स्थान पर रहने वाले किसान और उसके परिवार द्वारा स्थायी रूप से मिल जुलकर कृषि कार्य किया जाता है। इस प्रकार की कृषि में भूमि के किसी भाग पर फसलों को अदल-बदलकर बोया जाता है, जिससे भूमि की उर्वरता बनी रहती है।

जीविका निर्वाह कृषि—इस कृषि में फसलें सिर्फ आजीविका के लिए उगायी जाती हैं। यह कृषि स्थानांतरी या स्थानबद्ध दोनों प्रकार की होती है। जब तक कृषि का मुख्य उद्देश्य मात्र उत्पादक विशेष की निजी आवश्यकताओं की पूर्ति तक ही सीमित रहता है, तब तक हर प्रकार की कृषि जीविका कृषि के वर्ग में आती है। इस प्रकार कृषि का आधुनिक समय में एक विशेष रूप विकसित हो गया है, जिसे गहन जीविका कृषि कहते हैं।

गहन जीविका निर्वाह कृषि—एशिया के मानसूनी जलवायु वाले क्षेत्रों में व अधिक जनसंख्या के घनत्व वाले प्रदेशों में गहन जीविका कृषि की जाती है। इस कृषि में तेज गति से बढ़ती जनसंख्या के भोजन की पूर्ति के लिए उपस्थित भूमि का बड़े पैमाने पर उपयोग किया जाता है। इन क्षेत्रों में धान की खेती का प्रभुत्व रहता है। इस प्रकार की कृषि के कुछ महत्त्वपूर्ण देश हैं—भारत, बांग्लादेश, थाईलैण्ड, श्रीलंका, फिलीपीन्स और इंडोनेशिया इत्यादि।

गहन कृषि—इस प्रकार की कृषि में फसलों का अधिक-से-अधिक उत्पादन करने के लिए उपस्थित भूमि की प्रत्येक इकाई पर अधिक मात्रा में पूँजी और श्रम का उपयोग होता है। इस कृषि की विशेषता यह है कि इस क्षेत्र में जनसंख्या घनत्व अधिक होता है। अधिक जनसंख्या को ध्यान में रखते हुए अधिक-से-अधिक रासायनिक उर्वरकों, उन्नत बीजों, कीटनाशक दवाइयों, पर्याप्त सिंचाई और फसल परिवर्तन इत्यादि साधनों का प्रयोग करके कृषि को संचालित किया जाता है। जापान, चीन, बंग्लादेश, मलेशिया आदि देशों में इस प्रकार की कृषि की जाती है।

विस्तृत कृषि—बहुत बड़े आकार वाले खेतों पर यान्त्रिक विधियों से सम्पन्न होने वाले कृषि को विस्तृत कृषि कहते हैं। इस कृषि में श्रमिकों का उपयोग कम होता है, लेकिन प्रति व्यक्ति उत्पादन की मात्रा अधिक होती है। इसमें प्रति हैक्टेयर कम होता है, लेकिन कुल उत्पादन बहुत ज्यादा होता है। कम जनसंख्या वाले क्षेत्रों में इस प्रकार की खेती होती है, क्योंकि ऐसे प्रदेशों में कृषि भूमि अधिक होती है। इस प्रकार की खेती में संयुक्त राज्य अमेरिका का मध्यवर्ती और पश्चिमी मैदानी भाग, कनाडा का प्रेयरी क्षेत्र, अर्जेण्टीना का पम्पास क्षेत्र, आस्ट्रेलिया का डाऊंस क्षेत्र और भूतपर्व सोवियत संघ के स्टेपी क्षेत्र को शामिल किया जाता है।

मिश्रित कृषि—यह वह कृषि है, जिसमें कृषि-कार्यों के साथ-साथ पशुपालन का कार्य भी किया जाता है। इस कृषि का सम्बन्ध सघन जनसंख्या वाले क्षेत्रों से है जिनमें किसान अपनी आय बढ़ाने के लिए कृषि के साथ-साथ आधुनिक ढंग से पशुपालन भी करता है। इस प्रकार की कृषि सम्पूर्ण यूरोप, संयुक्त राज्य अमेरिका के पूर्वी भाग तथा अर्जेण्टीना के पम्पास क्षेत्र में होती है। इसमें किसान एक ही साथ कई फसलों की खेती करते हैं ताकि एक फसल पर निर्भर रहने का जोखिम कम हो सके।

रोपण या बागानी कृषि—यह कृषि का बहुत ही विशिष्टीकृत रूप है। रोपण कृषि के अंतर्गत सैकड़ों हेक्टेयर भूमि में कहवा, चाय, मसाले और रबड़ की फसलें पैदा की जाती हैं। इन फसलों को मुख्य रूप से निर्यात के लिए ही पैदा किया जाता है। रोपण कृषि में भारी मात्रा में पूँजी लगाई जाती है और बहुत बड़ी संख्या में श्रमिकों की आवश्यकता होती है। रोपण कृषि मलेशिया, भारत, श्रीलंका आदि देशों के कुछ भागों में की जाती है।

उद्यान कृषि या ट्रक फार्मिंग—यह व्यापारिक स्तर पर सब्जियों, फल और फूलों का उत्पादन करने वाली कृषि है। इस कृषि के उत्पादों के परिवहन में ट्रकों का अधिक उपयोग होने के कारण इसे ट्रक फार्मिंग भी कहा जाता है। इस प्रकार की कृषि का विकास संसार के औद्योगिक क्षेत्रों के नजदीकी भागों में हुआ है, जहाँ से इन उत्पादों की नियमित आपूर्ति की जाती है। संयुक्त राज्य अमेरिका का उत्तरी-पूर्वी भाग, इंग्लैण्ड, फ्रांस और डेनमार्क इत्यादि इसके प्रमुख क्षेत्र हैं।

चलवासी पशुचारण—चलवासी पशुचारण मुख्य रूप से जीवन निर्वाह के लिए किया जाता है। इसके तीन प्रमुख क्षेत्र हैं। **पहला** क्षेत्र 5° दक्षिणी अक्षांश से 50° उत्तरी अक्षांश के मध्य उत्तरी अफ्रीका के सहारा मरुस्थल से पूर्वी अफ्रीका के तटीय भाग, सऊदी अरब, इराक, ईरान, अफगानिस्तान होता हुआ चीन तथा मंगोलिया के शुष्क क्षेत्र तक लगभग 56000 किमी. लम्बे भू-भाग पर स्थित है। **दूसरा** क्षेत्र यूरोपीयन क्षेत्र में टुंड्रा के दक्षिणी सीमांत पर स्थित है। **तीसरा** क्षेत्र दक्षिणी पश्चिमी अफ्रीका तथा मालागासी के पश्चिमी भाग में माना जाता है। चलवासी पशुपालन की मुख्य विशेषता यह है कि ये पशु पूर्णतया प्रकृतिक वनस्पति पर ही निर्भर रहते हैं। पशुपालक चारे एवं पानी की खोज में एक स्थान से दूसरे पर घूमता रहता है। टुंड्रा प्रदेश में चरवाहे ग्रीष्म ऋतु में उत्तर के पर्वतीय ढालों पर और शीत ऋतु में दक्षिण के कोणधारी वनों की ओर ऋतु प्रवास करते हैं।

ट्रांसहूमन—ऋतु प्रवास (ट्रांसहूमन) भी चलवासी पशुचारण के समान ही मौसमी स्थान परिवर्तन है, जो चारे की खोज में किया जाता है। लेकिन यह इस मामले में स्पष्ट अन्तर रखता है कि यह स्थाई प्रक्रिया है एवं पशुपालन की अधिक गहन पद्वति है। पर्वतीय क्षेत्रों में जैसे नार्वे, स्विट्जरलैंड, इटली एवं ब्रिटेन के कुछ लोगों में तथा पश्चिमी संयुक्त राज्य के पर्वतीय भागों तथा कनाडा में पशुओं एवं भेड़ों का 'रैंच' शीत ऋतु में घटियों में रखा जाता है एवं

गर्मियों में इसे पर्वतीय घास भूमि या सेइटरस में स्थापित कर दिया जाता है। जहाँ सर्दियों में बर्फ की चादरें फैली होती हैं तथा गर्मी आते ही वे पिघल जाती हैं तथा इनके स्थान पर घास उग आती है। यूरोप में अक्सर इसी तरीके से डेयरी जानवर पाले जाते हैं।

व्यापारिक पशुचारण—व्यापारिक पशुचारण पशु उत्पादों जैसे मांस, दूध, ऊन तथा खालें आदि बेचकर आय प्राप्त करने के लिए किया जाता है। इनमें पशुओं को बड़े-बड़े चारागाहों पर आधुनिक एवं वैज्ञानिक पद्धति से पाला जाता है। वास्तविक रूप में व्यापारिक पशुपालन संसार के पाँच क्षेत्रों में किया जाता है। ये क्षेत्र हैं—पश्चिमी कनाडा, पश्चिमी संयुक्त राज्य अमेरिका एवं मध्य मैक्सिको का उत्तर से दक्षिण की ओर विस्तृत प्रेयरी क्षेत्र, वेनेजुएला का एक छोटा भाग तथा ब्राजील के पठारी भाग से अर्जेन्टाइना की दक्षिणी सीमा तक का क्षेत्र दक्षिण अफ्रीका का पेल्ड क्षेत्र, आस्ट्रेलिया तथा न्यूजीलैंड की शीतोष्ण घास भूमि, कैस्पियन सागर के पूर्व तथा अरब सागर के उत्तर का विस्तृत भाग। इस पद्धति में गाय तथा बैल अधिक पाले जाते हैं।

यह विकसित अर्थव्यवस्था में बड़े पैमाने पर किया जाने वाला व्यवसाय है। इसका आधार स्थाई है। इस प्रकार व्यापारिक पशुपालन चलवासी पशुओं से कई मामलों में निम्न है।

भूमध्यसागरीय कृषि—भूमध्यसागरीय क्षेत्र में शीत ऋतु में वर्षा होती है एवं ग्रीष्म ऋतु में सूखा रहता है। यहाँ विविध प्रकार की कृषि का विकास हुआ है। इस प्रकार की कृषि इसी अक्षांश के अर्ध-शुष्क एवं शुष्क मरुस्थलीय सिंचित क्षेत्रों में भी पाई जाती है। यहाँ पर कृषि काफी गहन, विशेषीकृत एवं विविध फसली है। यहाँ निर्वाहन कृषि व्यावसायिक कृषि के साथ-साथ पाई जाती है। गेहूँ, जौ एवं सब्जियाँ घरेलू उपयोग के लिए उगाई जाती हैं, जबकि रसदार फल, जैतून एवं अंगूर की कृषि मुख्यत: निर्यात के लिए की जाती है। वस्तुत: भूमध्यसागरीय भूमि 'संसार का बागानी क्षेत्र है' एवं शराब उद्योग का हृदय स्थल भी। इस कृषि के मुख्य चार प्रकार निम्न हैं :

(क) बागानी कृषि—इसके अंतर्गत रसदार फल (नारंगी, नींबू, अंगूर आदि) जैतून एवं अंजीर आते हैं, जिसके लम्बे एवं विस्तृत फैलाव वाली जड़ें, मोटे चिकने तने तथा चमकीले पत्ते जिससे वाष्पोत्सर्जन कम-से-कम हो यहाँ के जलवायु के अनुकूल पूर्णत: समायोजित हो चुके हैं। उत्तरी अफ्रीका के अर्द्ध-शुष्क प्रदेश एवं दक्षिण-पश्चिमी यूरोप के बिखरे क्षेत्रों में, जहाँ इन पौधों की खेती नहीं हो सकती, मुख्यत: खजूर के वृक्ष पाए जाते हैं।

(ख) अंगूर की कृषि—भूमध्यसागरीय क्षेत्र अंगूर की कृषि के लिए विशेष रूप से प्रसिद्ध हैं। यहाँ पर अंगूर की कृषि का विशिष्टीकरण हुआ है, जिसमें न केवल यहाँ के नमी, तापमान एवं मिट्टियों का योगदान है, अपितु अच्छे किस्म के अंगूर के लिए विशेष मानवीय देखभाल की भी आवश्यकता होती है। भूमध्य रेखीय जलवायु प्रदेश के विभिन्न क्षेत्रों में विभिन्न प्रकार के अंगूर उगाए जाते हैं एवं उसी के अनुरूप विशिष्ट शराबों का भी उत्पादन किया जाता है। फ्रांस में शराब बनाना राष्ट्रीय उद्योग है। यहाँ बहुत कम जलवायु प्रदेश भूमध्यसागरीय प्रदेश में आता है, फिर भी यहाँ पर उच्च कोटि के शराब निर्माण का व्यवसाय विकसित हुआ है। घटिया किस्म के अंगूर को सूखाकर किशमिश बनाया जाता है या फिर अंगूर को ही निर्यात कर दिया जाता है।

ग्रीस, टर्की एवं संयुक्त राज्य का कैलिफोर्निया प्रांत किशमिश निर्यात के लिए काफी मशहूर है। कैलिफोर्निया सम्पूर्ण संयुक्त राज्य का 80 प्रतिशत अंगूर उत्पादन करता है और यह अंगूर एवं किशमिश का निर्यात करता है।

(ग) खाद्यान्न एवं सब्जियां—भूमध्यसागरीय कृषि मोटे अनाजों के उत्पादन के लिए विशेष रूप से महत्त्वपूर्ण है। गेहूँ, खासकर शीतकालीन कठोर गेहूँ खास खाद्यान्न उत्पादन है, जबकि जौ की कृषि कम उपजाऊ वाले क्षेत्रों में की जाती है। गर्म एवं धूपदार भूमध्यसागरीय प्रदेश विभिन्न फसलों एवं हरी सब्जियों के लिए बहुत अनुकूल है। यहां बींस, लिटिल, प्याज, टमाटर, गाजर, चुकन्दर एवं अन्य दूसरी पत्तेदार सब्जियां उगाई जाती हैं।

(घ) सीमित पशुपालन—यहाँ पर वन एवं झाड़ियों के लिए बहुत उपयुक्त पर्यावरण नहीं है, अत: पशुचारण भी काफी सीमित है। घासें, लम्बी सूखी अवधि के कारण पनप नहीं पातीं। केवल कुछ खास क्षेत्रों यथा लुम्बार्डी का मैदान, एन्ब्रो बोसिन, कैलिफोर्निया की सान जैक्विन घाटी आदि क्षेत्रों में दुग्ध उत्पादन महत्त्वपूर्ण है।

डेयरी फार्मिंग—पश्चिमी यूरोप के विभिन्न भागों में यथा ब्रिटेन, डेनमार्क, नीदरलैंड्स, दक्षिणी स्कैंडिनेविया, स्विट्जरलैंड, उत्तरी अमेरिका के ग्रेट लैक्स एवं उत्तरी अटलांटिक राज्यों के दक्षिण की ओर (घास एवं दुग्ध पेटी) के क्षेत्र व्यापारिक दुग्ध उद्योग के लिए विशेषीकृत हैं। दुग्ध उद्योग का विकास दक्षिणी के भी कई क्षेत्रों में हुआ है, यथा—दक्षिण-पूर्व आस्ट्रेलिया, ऑक्लैण्ड प्रायद्वीप एव वंगानूई तथा तरंकाई निम्न भूमि, उत्तरी द्वीप, न्यूजीलैंड आदि। डेयरी उद्योग का संकेन्द्रण जापानी महानगरों में अल्प मात्रा में हुआ है। न्यूजीलैंड, डेनमार्क एवं आस्ट्रेलिया आदि दुग्ध उत्पाद के अग्रणी राष्ट्र हैं, पूर्व सोवियत संघ मक्खन का, जबकि चिज के उत्पादन में न्यूजीलैंड एवं नीदरलैंड्स का महत्त्वपूर्ण स्थान है।

डेयरी फार्मिंग उस जलवायु के लिए काफी महत्त्वपूर्ण है, जहाँ खाद्यान्न की कृषि नहीं हो सकती, लेकिन इसका विकास महानगरीय भाग से जुड़ा हुआ है। यह एक पूँजी गहन व्यवसाय है।

प्रबंधन के अनुसार कृषि का विभाजन

खेतिहर कृषि—इस प्रकार की कृषि का प्रबंध किसान वैयक्तिक रूप से करता है। भूमि तथा उत्पादन के अन्य कारकों पर उसका स्वामित्व होता है। अपने खेतों पर वह स्वयं या अपने परिवार के सदस्यों के साथ काम करता है। आवश्यकता पड़ने पर मजदूरों की सेवाएँ भी प्राप्त करता है। वह खेती का लगान सरकार को देता है। कुछ स्थानों पर किसान बँटाई या किराए पर जमीन लेकर खेती करते हैं।

सहकारी खेती—यह सहकारिता के सिद्धांत पर आधारित कृषि है। इसके अन्तर्गत उत्पादन के कारकों पर स्वामित्व उन सभी किसानों का सामूहिक रूप से होता है जो सहकारी समिति के सदस्य होते हैं। किसान स्वेच्छा से सहकारिता को अपनाते हैं। प्रजातांत्रिक सिद्धांतों के आधार पर इसकी कार्यकारिणी के सदस्य दिन-प्रतिदिन के निर्णय लेते हैं। हर सदस्य सहकारी खेतों पर अपना श्रम देता है। सहकारी खेती की विशेषता यह है कि इसके जोत का आकार बड़ा हो जाने के कारण मशीनीकरण किया जा सकता है।

यूरोप के कुछ देशों, जैसे; डेनमार्क, स्वीडन, नार्वे, नीदरलैंड तथा बेल्जियम में सहकारिता बहुत सफल हुई है। भारत में स्वतंत्रता के बाद सहकारी आंदोलन चलाया गया, परंतु कृषि के क्षेत्र में सहकारिता को सफलता कम मिली।

कोलखोज पूर्व सोवियत संघ का एक विशेष प्रकार का कृषि कार्य है, जिसका सैद्धांतिक आधार साम्यवादी कृषि प्रबंध है। पूर्व सोवियत संघ की प्रथम पंचवर्षीय योजना के अन्तर्गत सामूहिक स्वामित्व के आधार पर परम्परागत कृषि क्षेत्रों में कोलखोज का प्रारंभ किया गया। इसके अन्तर्गत बहुत से परिवारों की सामूहिक रूप से सरकारी भूमि पर लगान रहित चिर स्वामित्व प्रदान किया गया।

सरकारी खेती (सोवखोज)—यह कृषि पूर्व सोवियत संघ के ही मॉडल पर स्थापित कुछ अन्य साम्यवादी देशों की कृषि पद्धति है। सर्वप्रथम इसका आविर्भाव पूर्व सोवियत संघ के नए कृषि क्षेत्रों जैसे साइबेरिया एवं कजाखस्तान में किया गया। इसके अन्तर्गत उत्पादन कारकों पर सरकार का स्वामित्व होता है। श्रमिकों को वेतन दिया जाता है। इसका संचालन फैक्ट्री की भाँति किया जाता है। इसमें मशीनों का वृहत् प्रयोग किया जाता है। प्रत्येक कृषि कार्य अर्थात् जुताई से कटाई तक का कार्य मशीनों की सहायता से किया जाता है।

संसार की प्रमुख फसलें

I. खाद्यान्न फसलें

फसलें	भौगोलिक परिस्थितियाँ	उत्पादक क्षेत्र व स्थिति	अग्रणी राष्ट्र
1. गेहूँ **किस्में**—शीतकालीन व वसंतकालीन	मुख्यत: शीतोष्ण कटिबंधीय फसल, किन्तु अनगिनत किस्में होने के कारण उष्ण और उपोष्ण कटिबंधों में भी पैदा होता है। **तापमान**—निम्नतम 10°C तथा अधिकतम 25°C; 90 दिन पाला रहित मौसम; **वर्षा**—50-80 सेमी.; **मिट्टी**—हल्की मृदा, दोमट या भारी दोमट; चूना और फास्फेट वाली मिट्टी सर्वोत्तम; ह्यूमस युक्त काली मृदा।	**सं.रा. अमरीका**—उ. व द. डकोटा, मिनिसोटा, मोण्टाना, मिसौरी, ओक्लाहामा, नेब्रास्का, टेक्सास, कन्सास, कोलोरेडी, आहियो, इण्डियाना, बर्जीनिया, न्यूयार्क, पेन्सिलवानिया। **पूर्व सोवियत संघ**—यूक्रेन, काला सागर का उत्तरी भाग, बोल्गा बेसिन, प. साइबेरिया। **चीन**—ह्वांगहो और वीही घाटी, शांटांग प्रायद्वीप, यांगटिसीक्यांग का मैदान। **भारत**—उत्तरी भारत का विशाल जलोढ़ मैदान।	(*i*) चीन (*ii*) भारत (*iii*) रूस
2. चावल	उष्ण कटिबंधीय प्रदेश की प्रमुख फसल। **तापमान**—20°C, 27°C तक; **वर्षा**—120 सेमी.–200 सेमी.; **मिट्टी**—चिकनी दोमट, गहरी चिकनी, चिकनी मिट्टी; **सस्ता श्रम**—फसल बोने, पानी भरने, काटने व चावल निकालने हेतु।	**चीन**—सीक्यांग घाटी, यांगटीसिक्यांग घाटी का द.-पू. तटीय प्रदेश। **भारत**—पं. बंगाल, उत्तर प्रदेश, पंजाब, बिहार, तटीय भारत। **इण्डोनेशिया**—जावा, सुमात्रा, बोर्नियो, सेलिबीज। **बांग्लादेश**—सिलहट, बोगरा, खुलना, जैसोर, रंगपुर, ढाका, पावना, फरीदपुर। **जापान**—शिकोकू व क्यूशू द्वीप।	(*i*) चीन (*ii*) भारत
3. मक्का (कार्न)	उपोष्ण और नम उपोष्ण की फसल, किन्तु विभिन्न जलवायु में पैदा हो सकती है। **तापमान**—18°C, 27°C तक; कम आर्द्रता व खुली धूप; फ्रास्ट से मुक्त 40 दिन की अवधि; **वर्षा**—50-125 सेमी.; **मिट्टी**—चिकनी दोमट और कांप मिट्टी उपयुक्त, प्रमुख उर्वरक नाइट्रोजन और सल्फेट।	**सं.रा. अमरीका**—पेन्सिलवानिया, केन्टुकी, मिसौरी, इलीनोइस, ओहियो, कन्सास, नेब्रास्का। **चीन**—जेचवान, बेसिन, केन्टन डेल्टा, मध्यवर्ती मैदान, यांगटीसिक्यांग और उत्तरी चीन। **ब्राजील**—मिनास जिरास, साओपालो, रायो ग्राण्डे डी सूल, पराना।	(*i*) सं.रा. अमरीका (*ii*) चीन (*iii*) ब्राजील
4. मोटा अनाज			(*i*) सं.रा. अमरीका (*ii*) चीन (*iii*) ब्राजील (*iv*) भारत
5. दालें			(*i*) भारत
6. मूंगफली			(*i*) चीन (*ii*) भारत
7. सरसों			(*i*) चीन (*ii*) भारत

II. व्यापारिक फसलें

फसलें	भौगोलिक परिस्थितियाँ	उत्पादक क्षेत्र व स्थिति	अग्रणी राष्ट्र
1. गन्ना	उष्ण-आर्द्र कटिबंधीय फसल **तापमान**–21°C-27°C तक; **वर्षा**–75-150 सेमी.; **मिट्टी**–गहरी दोमट; चिकनी तथा जलोढ़ मिट्टी; **उर्वरक**–अमोनिया सल्फेट, नाइट्रेट और सुपर फास्फेट।	**ब्राजील**–उत्तरी-पूर्वी तटीय भाग, द.पू. क्षेत्र–पाराइबो, पेरानाम्बुको, बाहिया, मिनास जिरास, साओपालो, रियो-डि-जेनेरो। **भारत**–उत्तर प्रदेश, बिहार, तमिलनाडु, महाराष्ट्र, आंध्र प्रदेश, कर्नाटक। **क्यूबा**–मध्य पश्चिमी क्षेत्र, कामागुर, ओरियण्ड।	(*i*) ब्राजील (*ii*) भारत (*iii*) थाइलैंड
2. कपास उत्पत्ति के अनुसार कपास की दो किस्में होती हैं–अमरीकी कपास और एशियाई कपास।	कोष्ण और साभान्य वर्षा वाली जलवायु उत्तम। **तापमान**–20°C-35°C तक; **वर्षा**–50-100 सेमी.; पाला रहित 200 दिन आवश्यक; **मिट्टी**–अच्छी अपवाह वाली चूनायुक्त दोमट मिट्टी, चिका प्रधान दोमट और काली मिट्टी; **उर्वरक**–नाइट्रोजन, अमोनिया सल्फेट, फास्फोरस एसिड।	**चीन**–मध्यपूर्व चीन, यांगटीसिक्यांग की मध्य घाटी व डेल्टा क्षेत्र, ह्वांगहो क्षेत्र। **सं.रा. अमरीका**–उ. व द. कैरोलिना, जार्जिया, अलबामा, टेनेसी, मिसीसीपी, टेक्सास, अरकनसास; मिसौरी, ओक्लाहामा, वर्जीनिया। **भारत**–गहाराष्ट्र, गुजरात, उ. प्रदेश, पंजाब, तमिलनाडु, आंध्र प्रदेश।	(*i*) चीन (*ii*) भारत (*iii*) ब्राजील
3. जूट	उष्ण आर्द्र कटिबंधीय फसल। **तापमान**–25°C-35°C तक; **वर्षा**–125 सेमी.-200 सेमी.; **मिट्टी**–कछारी और डेल्टाई कांप मिट्टी; खेतों में हमेशा जल व सस्ते श्रमिक आवश्यक।	**भारत**–पं. बंगाल, बिहार, असम, उड़ीसा और पूर्वी उत्तर प्रदेश। **बांग्लादेश**–नारायणगंज, मेमनसिंह, सिराजगंज, ढाका, वोगरा, रंगपुर, राजशाही, फरीदपुर।	(*i*) भारत (*ii*) बांग्लादेश (*iii*) चीन
4. तम्बाकू	उष्ण और उपाष्ण कटिबंधीय क्षेत्र उत्तम। **तापमान**–18°C; **वर्षा**–50-100 सेमी.; **मिट्टी**–दोमट और खनिज तत्त्वों से युक्त मिट्टी।	**चीन**–जचवान बसिन, उत्तरी मदान, मंचूरिया और दक्षिणी मैदान। **ब्राजील**–रियो-डि-ग्राण्डे, बाहिया, साओपालो। **भारत**–आंध्र प्रदेश, मध्य प्रदेश, गुजरात, कर्नाटक, महाराष्ट्र, बिहार, उत्तर प्रदेश।	(*i*) चीन (*ii*) भारत (*iii*) ब्राजील

III. बागानी फसलें

फसलें	भौगोलिक परिस्थितियाँ	उत्पादक क्षेत्र व स्थिति	अग्रणी राष्ट्र
1. रबर	उष्ण कटिबंधीय फसल। **तापमान**–21°C-30°C तक; **वर्षा**–200-300 सेमी.; **मिट्टी**–लैटेराइट, दोमट और लावायुक्त मिट्टी; सुप्रवाहित भूमि।	**थाईलैण्ड**–प्रायद्वीपीय क्षेत्र। **इण्डोनेशिया**–जावा द्वीप के पूर्वी व पश्चिमी तटीय भाग, सुमात्रा का मध्य व पश्चिमी भाग, बोर्नियो। **मलेशिया**–पश्चिमी तटीय क्षेत्र, पर्वतीय क्षेत्र–जौहार पेराक, मलक्का पिनांग, सेलांगोर डिढिने।	(*i*) थाइलैंड (*ii*) इण्डोनेशिया (*iii*) वियतनाम
2. कहवा	उष्ण कटिबंधीय फसल। **तापमान**–काफिया अरेबिका के लिए 15°C-25°C तथा काफिया रोवस्टा के लिए 20°C-30°C तक; **वर्षा**–150-250 सेमी.; **मिट्टी**–लावायुक्त या लाल मिट्टी।	**ब्राजील**–यहाँ कहवे के बागान को फेजेन्डा कहा जाता है। मुख्य उत्पादक क्षेत्र हैं–साओपालो, रियो-डि-जेनेरो, मिनास जिरास। **कोलम्बिया**–काउकी घाटी, कोल्डास क्षेत्र, पूर्वी कार्डिलेरा, बुकारामंगा, बगोटा।	(*i*) ब्राजील (*ii*) वियतनाम (*iii*) कोलम्बिया (*iv*) इण्डोनेशिया (*v*) इथोपिया (*vi*) युगांडा (*vii*) भारत
3. चाय	उष्ण आर्द्र कटिबंधीय फसल। **तापमान**–20°C-30°C तक; **वर्षा**–125-200 सेमी.; **मिट्टी**–हल्की व गहरी बलुई दोमट जो पोटाश और लौहांश से युक्त हो। **उर्वरक**–अमोनिया सल्फेट, फास्फेट और हड्डी की खाद।	**भारत**–असम की घाटी, प. बंगाल के दार्जिलिंग जलपाइगुड़ी; द. भारत में नीलगिरि और अन्नामलाई। **चीन**–यांगटीसिक्यांग घाटी, द.-पू. पहाड़ियाँ, क्यांगसी, फूकेन। **श्रीलंका**–कोण्डी, नुएलाइलिया, मध्यवर्ती उच्च पहाड़ी ढाल।	(*i*) चीन (*ii*) भारत (*iii*) केन्या (*iv*) श्रीलंका

मत्स्यन

महासागर जल के भण्डार ही नहीं, बल्कि अनेक प्राकृतिक संसाधनों के भण्डार भी हैं, जिसमें मछली एक महत्त्वपूर्ण संसाधन है। प्रकृति ने मानव को एक संतुलित भोजन के रूप में मछली को भेंट किया है, जिससे पर्याप्त मात्रा में विटामिन 'डी', पौष्टिक लवण और आयोडीन की प्राप्ति होती है। प्राचीन काल से ही मछली पकड़ना महत्त्वपूर्ण व्यवसाय रहा है। इस प्रकार मत्स्य ग्रहण मनुष्य का एक परम्परागत व्यवसाय है। एक अनुमान के अनुसार कुल मछली उत्पादन का लगभग 50 प्रतिशत भोजन के रूप में, 15 प्रतिशत पशुओं को खिलाने के लिए, लगभग 24 प्रतिशत सुखाकर चूर्ण और रासायनिक खाद बनाने के लिए, 10 प्रतिशत चर्बी और तेल प्राप्त करने के लिए उपयोग किया जाता है। कॉड मछली के लिवर से कॉड लिवर तेल निकाला जाता है।

विश्व में मछलियों की लगभग 35,000 से 40,000 प्रजातियाँ पायी जाती हैं, जिसमें से लगभग 1000 प्रजातियाँ आर्थिक दृष्टि से महत्त्वपूर्ण हैं।

जलवायु के आधार पर विश्व के प्रमुख मत्स्य-ग्रहण क्षेत्र

जलवायु के आधार पर मत्स्य क्षेत्रों को निम्नलिखित दो वर्गों में बांटा जाता है—

(1) उष्ण कटिबंधीय मत्स्य क्षेत्र—इस क्षेत्र में और दक्षिणी गोलार्द्ध में बहुत बड़े पैमाने पर मछलियाँ नहीं पकड़ी जाती हैं, क्योंकि अधिकांश मछलियाँ खाने योग्य नहीं होती हैं। इसके अलावा गर्मी के कारण ये शीघ्र ही खराब हो जाती हैं। यहाँ प्लेंक्टन की कमी पायी जाती है और तटीय रेखा प्रायः सीधी है। इसके अतिरिक्त महाद्वीपीय निमग्न तट उष्ण कटिबन्धीय क्षेत्रों में बहुत कम विस्तृत हैं। इसके मत्स्य क्षेत्र निम्नलिखित हैं :

(i) **हिन्द महासागर और प्रशान्त महासागर क्षेत्र**—इस क्षेत्र में दक्षिणी-पूर्वी एशिया के द्वीप समूह आते हैं जो हिंद महासागर तथा प्रशान्त महासागर में फैले हुए हैं। इन क्षेत्रों से हैरिंग, साडाइन तथा एन्कोवी मछलियाँ प्राप्त होती हैं जो विश्व की करीब 10 प्रतिशत मांग को पूरा करती हैं।

(ii) **मध्य अटलांटिक का पश्चिमी क्षेत्र**—यह क्षेत्र भी मछली पकड़ने का मह वपूर्ण स्थान है। इसके अन्तर्गत कैरिबियन सागर और मैक्सिको की खाड़ी का क्षेत्र शामिल किया जाता है। यह क्षेत्र संसार की लगभग 4 प्रतिशत मछलियों का उत्पादन करता है।

(iii) **मध्य प्रशान्त महासागरीय पूर्वी क्षेत्र**—इस क्षेत्र के अन्दर पेरू, पनामा और पश्चिमी मैक्सिको के तटीय भाग आते हैं। यहाँ से विश्व की लगभग 1 प्रतिशत मछलियाँ पकड़ी जाती हैं।

(2) शीतोष्ण कटिबंधीय मत्स्य क्षेत्र—विश्व की अधिकांश मछलियाँ शीतोष्ण कटिबंधीय मत्स्य क्षेत्रों से आती हैं। इस क्षेत्र में आने वाले देशों के लोगों में किसी भी प्रकार के भोजन के प्रति रूढ़िवादिता नहीं है। ये देश विकसित और सम्पन्न होने के कारण मछलियाँ पकड़ने में आधुनिक औजारों और तकनीकी का प्रयोग करते हैं। इस क्षेत्र में मछलियों के व्यापार और रख-रखाव की अच्छी सुविधाएँ हैं। इन क्षेत्रों में कटे-फटे तट तथा सुरक्षित बंदरगाहों के कारण मछलियाँ पकड़ने में सुविधा होती है। शीत जलवायु के कारण मछलियाँ जल्दी खराब नहीं होती हैं। इस क्षेत्र में सबसे बड़ी अनुकूल दशाएँ गर्म और ठंडी महासागरीय धाराओं के मिलने से उत्पन्न होती है। इससे प्लेंक्टन का विकास होता है जो मछलियों के लिए भोजन का काम करता है। इसके अलावा बहुत सारे देशों में कृषि योग्य भूमि नहीं होने से इस व्यवसाय को प्रोत्साहन मिला है। शीतोष्ण अक्षांशों में स्थित चार मत्स्य क्षेत्र निम्नलिखित हैं—

(i) **उत्तरी-पश्चिमी प्रशान्त महासागरीय क्षेत्र**—यह क्षेत्र बेरिंग सागर से लेकर दक्षिण में फिलीपीन्स सागर तक फैला हुआ है। इस क्षेत्र में व्यापारिक मत्स्य उद्योग में संलग्न देश जापान, पूर्व सोवियत संघ, चीन, कोरिया, फिलीपीन्स और वियतनाम हैं। इस क्षेत्र में जापान के होन्शु तट पर क्यूरोशियो की गर्म धारा और क्यूराइल द्वीप से आने वाली ओयाशियो की ठण्डी धारा का सम्मिलन होता है। इससे घना कुहरा विकसित हो जाता है जिससे प्लेंकटन अधिक पैदा होता है और मछलियाँ भी अधिकता में पायी जाती हैं क्योंकि प्लेंकटन मछलियों के भोजन में काम आता है। यह क्षेत्र विश्व में मछलियों के उत्पादन का लगभग 12 प्रतिशत हिस्सा उत्पादित करता है। इस क्षेत्र में जापान में मत्स्य उद्योग का बहुत अधिक विकास हुआ है क्योंकि यहाँ की अधिकतर जनसंख्या तटवर्ती मैदानों में निवास करती है। इस देश की कटी-फटी तट रेखा मत्स्य उद्योग के लिए बन्दरगाह बनाने में सहायक हुई है। जापान में कृषि योग्य भूमि कम पायी जाती है अतः लोगों को भोजन के लिए समुद्र पर निर्भर रहना पड़ता है। जापान विश्व में जहाजरानी निर्माण का सबसे बड़ा औद्योगिक केन्द्र है। यह केन्द्र मछली पकड़ने की सबसे आधुनिक और स्वचालित नावों और उपकरणों की सुविधा प्रदान करता है। ये जलपोत एक प्रकार से सागर पर तैर रही फैक्टरियों की भूमिका अदा करते हैं, क्योंकि इन पर मछलियों को साफ करने, डिब्बों में बन्द करने और संशोधन की अन्य सुविधाएँ उपस्थित रहती हैं। इस क्षेत्र में हैरिंग, साडाइन, टुना, सामन, वोनिटों, कॉड, सामन, मैकरेल, शार्क और केटल फिश आदि मछलियाँ पकड़ी जाती हैं।

(ii) **उत्तरी-पश्चिमी अटलांटिक महासागरीय क्षेत्र**—यह क्षेत्र न्यूफाउण्डलैण्ड से लेकर संयुक्त राज्य अमेरिका के दक्षिणी तटीय भागों तक फैला है। इस क्षेत्र में नोवास्कोशिया और क्यूबेक के तट भी आते हैं। यह क्षेत्र एक चौड़ा और विस्तृत महाद्वीपीय निमग्नतट है। यहाँ पर समुद्र में उथले जल वाले क्षेत्र, जिनको बैंक कहा जाता है, स्थित हैं। कुछ मह वपूर्ण बैंको के नाम हैं—ग्राण्ड बैंक, जार्जेज बैंक आदि। न्यूफाउण्डलैण्ड के पास उत्तर की ओर से लैब्रोडोर की ठण्डी जलधारा और दक्षिण से गल्फस्ट्रीम की गर्म धारा के मिलन से प्लैंकटन का प्रचुर मात्रा में विकास होता है जिससे बड़ी मात्रा में मछलियाँ उपलब्ध होती हैं। ग्राण्ड बैंक संसार में कॉड मछली के लिए अत्यन्त मह वपूर्ण क्षेत्र है। अन्य बैंकों में सेन्ट पीरी बैंक, ला हेव बैंक, सेबल द्वीप बैंक तथा बैक्वेरी बैंक प्रमुख हैं।

कनाडा के न्यूफाउण्डलैण्ड और नोवास्कोशिया क्षेत्रों में कृषि योग्य भूमि की कमी और सीमित वर्द्धनकाल के कारण मछलियाँ बड़े पैमाने पर पकड़ना लोगों का मुख्य पेशा है। इस क्षेत्र का अधिकतम मत्स्यन नोवास्कोशिया और न्यूफाउण्डलैण्ड के तटीय क्षेत्रों में किया जाता है। इस प्रदेश में मछली पकड़ने के मह वपूर्ण बन्दरगाह, नोवास्कोशिया, हैलीफैक्स, सेंटजान, बोस्टन और न्यूयार्क हैं। यह क्षेत्र लॉबस्टर और ओयस्टर के लिए मह वपूर्ण है। चेसापीक की खाड़ी पूरे संसार में ओयस्टर पकड़ने के लिए मह वपूर्ण है। कॉड, हैरिंग, हैडॉक, हैलीबट, मैकरेल आदि यहाँ की अन्य प्रमुख मछलियाँ हैं।

(iii) **उत्तरी-पूर्वी अटलांटिक महासागरीय क्षेत्र**—इस सघन मत्स्यन क्षेत्र का विस्तार आर्कटिक वृत्त के उत्तर से लेकर भूमध्यसागर तक है। उत्तरी सागर में सबसे अधिक मछली पकड़ी जाती है, जिसके अन्दर डॉगर बैंक महत्त्वपूर्ण है। यहाँ मछली पकड़ने के धन्धे में भाग लेने वाले महत्वपूर्ण देश हैं—नार्वे, ब्रिटेन, स्वीडन, डेनमार्क, फ्रांस, पुर्तगाल आदि। अधिक शीतल जलवायु के बावजूद गल्फस्ट्रीम की एक शाखा इस क्षेत्र को खुला रखती है। इन देशों में मत्स्य उद्योग के विकास में निम्नलिखित कारकों ने सहयोग दिया है—

(क) यह क्षेत्र बहुत उथला है और यहाँ कई बैंक हैं। इनमें डागर बैंक और ग्रेट फिशर बैंक महत्त्वपूर्ण हैं।

(ख) इन देशों की अधिकांश भूमि पठारी और पहाड़ी होने एवं कृषि भूमि के अभाव में निवासी सागर तट पर निवास करते हैं।

(ग) यहाँ पर मछलियों की स्थानीय मांग अधिक है।

(घ) कटे-फटे तट के कारण पोताश्रयों के निर्माण की प्राकृतिक सुविधाएँ पायी जाती हैं। इस क्षेत्र में हैरिंग हेक, हैडॉक, हैलीबट, स्केट, हेलथोक, सारडाइन, लॉब्स्टर, सील, व्हाइट फिश आदि मछलियाँ पकड़ी जाती हैं।

(vi) **उत्तरी-पूर्वी प्रशान्त महासागरीय क्षेत्र**—इस क्षेत्र का विस्तार अलास्का से लेकर कैलीफोर्निया तट तक, ब्रिटिश कोलंबिया, औरीगन और कैलीफोर्निया के तटवर्ती क्षेत्रों में है। इस क्षेत्र में कनाडा और संयुक्त राज्य अमेरिका द्वारा मछलियाँ पकड़ी जाती हैं। इस क्षेत्र में अच्छे पोताश्रयों का विकास किया गया है। कैलीफोर्निया में मछलियों के लिए डिब्बाबन्दी उद्योग का बड़े पैमाने पर विकास हुआ है। इस तट के प्रमुख बन्दरगाह हैं—एन्करेज, बैंकूवर और सेनफ्रांसिस्को। यहाँ पकड़ी जाने वाली प्रमुख मछलियाँ हैं—हैरिंग, कॉड, पिल्काड, हैलीबट और सारडाइन आदि।

ह्वेल (Whale) नामक संसार की प्रसिद्ध विशाल मछली ठण्डे ध्रुवीय सागरीय क्षेत्रों में मिलती है। इसका सबसे प्रमुख उत्पादक जापान है। इसके अलावा यह मछली कनाडा, संयुक्त राज्य अमेरिका, ब्रिटेन और आस्ट्रेलिया में भी पकड़ी जाती है।

डेरी फार्मिंग

पशुपालन विभिन्न कृषि प्रणालियों का अभिन्न अंग है। प्रारम्भ में मुख्यत: मांस, ऊन, चमड़ा, हड्डियाँ आदि प्राप्त करने के लिए पशु पाले जाते थे और दुग्ध उत्पादन गौण व्यवसाय ही रहा। पश्चिमी यूरोप तथा उत्तरी अमेरिका में जीवन-स्तर ऊँचा उठने के साथ ही दूध एवं दूध से बनी वस्तुओं जैसे-मक्खन, पनीर, सूखा दूध, संघनित (Condensed) दूध, आदि की मांग असाधारण रूप से बढ़ी। अत: यहाँ पर दूध देने वाले पशुओं की नस्लों को अलग से विकसित किया गया। यूँ तो भेड़, बकरी की नस्लों को अलग से विकसित किया गया। यूँ तो भेड़, बकरी, ऊँट, याक, रेण्डियर आदि अनेक पशुओं से दूध प्राप्त किया जाता है परन्तु व्यापारिक डेरी उद्योग की दृष्टि से गाय तथा भैंस सबसे अधिक महत्त्वपूर्ण पशु हैं। विश्व के कुल दुग्ध उत्पादन का लगभग 90% भाग गाय से प्राप्त होता है। गाय मुख्यत: शीतोष्ण कटिबन्धीय प्रदेशों में पाली जाती है। भारत तथा अन्य उष्ण कटिबंधीय प्रदेशों में मुख्यत: भैंस से दूध प्राप्त किया जाता है।

व्यापारिक डेरी फार्मिंग मुख्यत: शीतोष्ण कटिबन्ध की शीतल एवं आर्द्र जलवायु में ही विकसित हो पाई है। इस व्यवसाय का सर्वाधिक विकास पश्चिमी यूरोप, उत्तरी अमेरिका (संयुक्त राज्य अमेरिका तथा कनाडा), दक्षिणी-पूर्वी आस्ट्रेलिया तथा न्यूजीलैण्ड में है। विश्व का 80% दूध, 90% मक्खन, 80% पनीर तथा लगभग सारा संघनित (Condensed) दूध एवं सुखाया हुआ (Dried) दूध यूरोप, उत्तरी अमेरिका तथा आस्ट्रेलिया में पैदा किया जाता है। इसके अतिरिक्त अर्जेण्टाइना, ब्राजील, पेराग्वे, मध्य चिली तथा दक्षिणी अफ्रीका में भी व्यापारिक डेरी फार्मिंग की जाती है।

यूरोप : यहाँ की नम व शीतल जलवायु तथा उपजाऊ चीका, दोमट व बलुई मिट्टी इस व्यवसाय के लिए उपयुक्त है। औद्योगीकरण तथा नगरीकरण के कारण यहाँ पर दूध और दुग्ध-उत्पादों की मांग भी बहुत अधिक है। यहाँ प्रति वर्ग किलोमीटर गायों की संख्या संयुक्त राज्य अमेरिका से अधिक है। कृषि क्रान्ति के साथ ही डेरी उद्योग में भी क्रान्तिकारी विकास हुआ है। विश्व में गायों की लगभग सभी उन्नत नस्लों का विकास किया गया है। यूरोपीय देश मिलकर विश्व का 2/5 भाग दूध का मक्खन तथा 3/5 भाग पनीर पैदा करते हैं। यूरोप में विश्व की केवल 14% जनसंख्या है परन्तु यहाँ पर विश्व का 40% दूध पैदा होता है। फ्रांस, नीदरलैण्ड्स, डेनमार्क, ब्रिटेन, बेल्जियम, आयरलैण्ड, स्विट्जरलैण्ड, दक्षिणी स्कॅडिनेविया, जर्मनी, पोलैण्ड, चैक गणराज्य स्लोवाकिया, हंगरी तथा उत्तरी इटली मुख्य उत्पादक देश हैं।

जर्मनी : जर्मनी 355 लाख टन दूध प्रति वर्ष पैदा करता है जो विश्व के कुल उत्पादन का 8% है। यह विश्व का महत्त्वपूर्ण औद्योगिक देश है जहाँ दूध की बड़ी माँग रहती है। यहाँ पर एक गाय 3,430 किलोग्राम दूध प्रति वर्ष देती है जो संयुक्त राज्य अमेरिका, नीदरलैण्ड्स तथा डेनमार्क के बाद विश्व में सर्वाधिक है।

फ्रांस : यह पश्चिमी यूरोप का महत्त्वपूर्ण दुग्ध उत्पादक देश है। यहाँ विश्व का 7.4% तथा यूरोप का 20.3% दूध पैदा किया जाता है। यहाँ जनसंख्या की अधिकता और औद्योगिक विकास के कारण दूध तथा दुग्ध-उत्पादों की माँग अधिक रहती है। 99% दूध गायों से प्राप्त किया जाता है। दक्षिणी फ्रांस की उच्च भूमि पनीर के उत्पादन के लिए प्रसिद्ध है।

पौलेण्ड : यह यूरोप का महत्त्वपूर्ण दुग्ध-उत्पादक देश है और विश्व का लगभग 4% दूध पैदा करता है। यहाँ विस्तृत क्षेत्र पर स्टैपी उगती है जो दुधारू पशुओं के लिए बहुत ही उपयुक्त है।

यूनाइटेड किंगडम : इसमें समस्त आयरलैण्ड, मध्य एवं दक्षिणी स्कॉटलैण्ड तथा सम्पूर्ण इंग्लैण्ड सम्मिलित हैं। यहाँ विस्तृत क्षेत्र पर प्राकृतिक घास उगती है जो पशुपालन के लिए बहुत ही उपयोगी है। यहाँ पर विश्व की केवल 1.2% जनसंख्या निवास करती है। परन्तु यहाँ विश्व का 3.6% दूध पैदा होता है। लेकिन जीवन-स्तर ऊँचा होने के कारण यहाँ पर दूध की माँग अधिक है और इसे विदेशों से आयात किया जाता है।

डेनमार्क : डेनमार्क डेरी उद्योग के लिए विश्वभर में विख्यात है। डेनमार्क की इस ख्याति का कारण यहाँ पर अधिक उत्पादन नहीं, बल्कि दुग्ध-उत्पादों की गुणवत्ता है। यहाँ उच्च कोटि का मक्खन तथा पनीर बनाया जाता है जिसकी विश्व के बाजारों में बड़ी माँग रहती है। डेनमार्क की अर्थव्यवस्था का मूल आधार ही डेरी उद्योग है। दूध उत्पन्न करना डेनमार्क के किसानों का मुख्य धन्धा है।

हालैण्ड : हालैण्ड की मिट्टी तथा जलवायु खाद्यान्नों की कृषि के लिए तो उपयुक्त नहीं है परन्तु वहाँ पर अच्छी घास तथा चारे की फसलें बहुत होती हैं। इन्हीं घास के मैदानों पर गायों को चराया जाता है और दूध प्राप्त किया जाता है। यहाँ पनीर, मक्खन तथा संघनित दूध बनाया

जाता है। हालैण्ड में पनीर का उत्पादन अधिक होता है और यहाँ का 'एडाम पनीर' विश्वविख्यात है। न्यूजीलैण्ड के बाद यह देश पनीर का दूसरा बड़ा निर्यातक है।

स्विटजरलैण्ड : यहाँ की अधिकांश भूमि पहाड़ी है जो पशु-चारण के लिए बहुत ही उपयुक्त है। पर्वतीय ढलानों पर प्राकृतिक चारागाहें हैं जो ग्रीष्म ऋतु में प्रयोग किए जाते हैं। शीत ऋतु के लिए भी किसान घास एकत्रित कर लेते हैं। ग्रीष्म ऋतु में पशुओं को ऊपरी ढलानों पर चारे के लिए ले जाया जाता है और शीत ऋतु में उन्हें निचली ढलानों तथा घाटियों में स्थानांतरित कर दिया जाता है।

उत्तरी अमेरिका : उत्तरी अमेरिका में संयुक्त राज्य अमेरिका तथा कनाडा में व्यापारिक डेरी उद्योग बहुत उन्नत अवस्था में है। यहाँ सभी बड़े नगरों के चारों ओर डेरी उद्योग विकसित हैं, किन्तु अधिकतर दूध उत्पादन 'डेरी पेटी' में होता है जो पश्चिम में ओहियो से पूर्व में न्यू इंग्लैण्ड स्टेट्स तथा लारेन्स नदी की घाटी तक 40° से 50° उत्तरी अक्षांशों के बीच विस्तृत है।

न्यूजीलैण्ड : यद्यपि न्यूजीलैण्ड में डेरी उद्योग 1840 के बाद ही शुरू हो गया था परन्तु कई वर्षों तक यहां से डेरी उत्पादों का निर्यात सीमित ही रहा। सन् 1882 में पहला जलयान रेफ्रीजिरेशन की सुविधा के साथ उपलब्ध हुआ जिसके द्वारा न्यूजीलैण्ड का मक्खन तथा पनीर भूमध्य रेखा को पार करके लगभग 20 हजार किमी. दूर यूरोप के बाजारों को भेजने में सफलता प्राप्त हुई। न्यूजीलैण्ड का हल्का जाड़ा, गर्मी का ठण्डा मौसम तथा आर्द्र जलवायु उत्तम चारागाहों के लिए उपयुक्त है। जाड़े में भी जलवायु सम रहती है, इससे पशुओं को घर में रखकर खिलाना नहीं पड़ता और चरी अथवा अन्य फसलों का महत्त्व अपेक्षाकृत कम है। न्यूजीलैण्ड के कुल निर्यात का 20% केवल मक्खन तथा पनीर से प्राप्त होता है। यह देश विश्व में मक्खन का सबसे बड़ा निर्यातक है और विश्व का 29% मक्खन निर्यात करता है।

आस्ट्रेलिया : आस्ट्रेलिया का पूर्वी तथा दक्षिणी तटीय भाग डेरी उद्योग के लिए प्रसिद्ध है। यह भाग ब्रिसबेन से शुरू होकर न्यू साउथ वेल्स होता हुआ विक्टोरिया तक फैला हुआ है। यहाँ डेरी उद्योग अंग्रेज पूंजीपतियों द्वारा शुरू किया गया था। उन्होंने पशुओं के लिए बड़े-बड़े बाड़े (Renches) बनवाए जिनके चारों ओर तार लगाकर पशुओं की सुरक्षा का प्रबन्ध किया गया है। यहाँ जरसी, गार्नसे, आयरशायर तथा हेयरफोर्ड जैसी उच्च नस्ल की गायें पाली जाती हैं। दूध के कुल उत्पादन के 68.9% से मक्खन, 5.9% से पनीर तथा 5.2% से सूखा दूध तैयार किया जाता है। शेष 20% को ताजे दूध के रूप में प्रयोग किया जाता है। आस्ट्रेलिया मक्खन का महत्त्वपूर्ण निर्यातक देश है और विश्व का 10% मक्खन निर्यात करता है।

वन एवं वन उत्पाद

वनों से विभिन्न उत्पाद प्राप्त करना **वानिकी** कहलाता है। कृषि के समान ही वानिकी भी एक प्राथमिक व्यवसाय है। वनों से अनेक प्रकार के पदार्थ जैसे कि इमारती लकड़ी, ईंधन तथा बिरोजा इत्यादि प्राप्त होते हैं। संसार के महत्वपूर्ण विस्तृत वन क्षेत्र मुख्यत: उष्णकटिबंधीय व शीतोष्ण कटिबंधीय प्रदेशों के अपेक्षाकृत नम भागों में पाए जाते हैं। इनसे प्राप्त लकड़ी के गुणों के आधार पर वनों को कोमल व कठोर लकड़ी के वनों के रूप में विभक्त किया जाता है। प्रमुख वन प्रदेशों तथा वन उत्पादों का संक्षिप्त वर्णन इस प्रकार है।

उष्णकटिबंधीय कठोर लकड़ी के वन–उष्णकटिबंधीय कठोर लकड़ी के वनों में सदाबहार वनों तथा उष्णकटिबंधीय पर्णपाती वनों को सम्मिलित किया जाता है। विषुवतीय प्रदेशों के वनों के सभी वृक्ष अपनी पत्तियाँ कभी भी एक साथ नहीं गिराते हैं। यह वन सघन होते हैं तथा इनमें पाए जाने वाले वृक्ष काफी लंबे होते हैं। इन वनों में अनेक प्रकार की लताएं भी पाई जाती हैं। इन वनों में उगने वाले वृक्ष कठोर लकड़ी के प्रमुख स्रोत हैं। इनमें महोगनी, रोजवुड, आयर्नवुड, ऐबोनी, गट्टा परचा आदि प्रमुख हैं। इन वनों के अत्यधिक घनत्व तथा इनमें एक साथ अनेक प्रकार के वृक्षों के पाए जाने के कारण इनका व्यावसायिक उपयोग कठिन होता है। ये वन 200 से.मी. से अधिक वर्षा वाले क्षेत्रों में पाए जाते हैं। आजकल खेती व अन्य उपयोगों के लिए भूमि प्राप्त करने के लिए इन वनों को तेजी से काटा जा रहा है। अमेजन बेसिन, जायरे बेसिन, मलेशिया तथा इंडोनेशिया में इस प्रकार के वन पाए जाते हैं।

उष्णकटिबंधीय क्षेत्रों के कम तथा मौसमी वर्षा वाले भागों में उष्णकटिबंधीय मानसून वन पाए जाते हैं जोकि पर्णपाती होते हैं। शुष्क मौसम में यह वृक्ष अपनी पत्तियाँ गिरा देते हैं। इन वृक्षों में शीशम, साल, टीक, आयर्नवुड प्रमुख हैं। ये वन सदाबहार वनों से कम सघन होते हैं तथा इनमें वृक्षों की ऊँचाई भी कम होती है। प्रति इकाई क्षेत्र में पाई जाने वाली वृक्षों की प्रजातियों की संख्या भी कम होती है। कई बार एक बड़े क्षेत्र में एक ही प्रजाति के वृक्ष भी पाए जाते हैं। अत: व्यावसायिक उपयोग के दृष्टिकोण से ये वन अधिक महत्वपूर्ण हैं। इन वनों में कई बार साल अथवा सागौर के वृक्ष एक साथ एक बड़े क्षेत्र में उगते हुए भी पाए जाते हैं। मध्य प्रदेश में सागौन के वृक्ष एक साथ एक बड़े क्षेत्र में उगते हुए भी पाए जाते हैं। मध्य प्रदेश में सागौन के जंगल इस परिस्थिति का एक प्रमुख उदाहरण हैं। एक प्रजाति के वृक्षों को एक साथ उगते पाया जाना इमारती लकड़ी के बड़े पैमाने पर उत्पादन के लिए अनुकूल होता है। मालागासी, पश्चिम अफ्रीका के तटीय प्रदेश, जायरे बेसिन, अमेजन बेसिन, कोलंबिया के प्रशांत महासागरीय तट और भारतीय उपमहाद्वीप के कुछ भागों में ये वन पाए जाते हैं। इन वनों के अंतर्गत आने वाला क्षेत्र वन उत्पादों की बढ़ी माँग के कारण कम होता जा रहा है। कुछ क्षेत्रों में औद्योगीकरण व नागरीकरण के प्रसार के कारण भी इन वनों का तेजी से ह्रास हुआ है।

शीतोष्ण कठोर लकड़ी के वन–इस प्रकार के वन उत्तरी व दक्षिणी गोलार्द्ध में 30° से 50° अक्षांशों के मध्य पाए जाते हैं। यहाँ वर्षा सामान्य होती है। ये वृक्ष मुख्यत: पर्णपाती होते हैं जोकि शुष्क ठंडे मौसम में अपनी पत्तियाँ गिरा देते हैं। ओक, ऐश तथा बीच इन वनों में पाए जाने वाले मुख्य वृक्ष हैं। ये वन आदिकाल से इमारती लकड़ी के महत्त्वपूर्ण स्रोत रहे हैं। इन वनों की लकड़ी मजबूत तथा अपेक्षाकृत हल्की होती है। उष्णकटिबंधीय वनों की अपेक्षा इन वनों का उपयोग कहीं अधिक हुआ है जिस कारण इन वनों को अंधाधुंध काटा गया है। उष्णशीतोष्ण क्षेत्रों में बड़ी जनसंख्या का निवास होने के कारण इन वनों को काटकर कृषि के लिए भूमि प्राप्त की जाती रही है। आज केवल कुछ उच्च भू-भागों में इन वनों के कुछ अंश रह गए हैं। उत्तरी चीन, जापान, मध्य यूरोप और उत्तरी अमेरिका का पूर्वी भाग इस प्रकार के वनों के प्रमुख क्षेत्र रहे हैं।

कुछ कठोर लकड़ी वाले वन ऑस्ट्रेलिया, दक्षिणी अमेरिका तथा तस्मानिया में भी पाए जाते हैं।

कोणधारी वन–इन्हें टैगा के नाम से भी जाना जाता है। इन वृक्षों का आकार सामान्यतया कोण जैसा होता है तथा इनके फल की प्रकृति के आधार पर इन्हें **कोणधारी वन** भी कहा जाता है। इन क्षेत्रों में वर्षा सीमित होती है। इन वृक्षों की पत्तियों का आकार सुई के समान होता है तथा यहाँ उगने वाले अधिकांश वृक्षों से मुलायम लकड़ी प्राप्त होती है। इन वनों की प्रमुख विशेषता एक ही प्रजाति के वृक्षों का एक साथ पाया जाना है। इन वनों का यह लक्षण बड़े पैमाने पर एक विशेष प्रकार की लकड़ी के उत्पादन के लिए अनुकूल है। पाइन, फर, स्प्रूस यहाँ के प्रमुख वृक्ष हैं। दक्षिणी अमेरिका में पाई गई पराना पाइन की लकड़ी अन्य कोणधारी वृक्षों की लकड़ी से कठोर होती है।

यूरेशिया और उत्तरी अमेरिका में 50° से 70° उत्तरी अक्षांशों के मध्य इस प्रकार के वन पाए जाते हैं। कुछ कोणधारी वन दक्षिणी गोलार्द्ध में भी पाए जाते हैं। पर्वतीय क्षेत्रों जैसे कि हिमालय व एंडीज में भी इनका अस्तित्व है। इन वनों से प्राप्त लकड़ी का उपयोग कागज तथा फर्नीचर बनाने के लिए किया जाता है।

उष्णकटिबंधीय वनों की कमी के कारण इन वनों की लकड़ी के इमारती लकड़ी के रूप में उपयोग में भी तीव्र वृद्धि हुई है। इन वनों से प्राप्त लकड़ी का उपयोग कृत्रिम रेशों (जैसे रेयान) के निर्माण के लिए भी होता है। अत: ये अनेक उद्योगों के लिए कच्चे माल के स्रोत भी हैं। कनाडा और स्कैंडिनेविया के देश प्रमुख लुगदी व कागज उत्पादक देश हैं।

उष्णकटिबंधीय वन बांस का प्रमुख स्रोत है जिसका उपयोग निर्माण कार्यों तथा कागज बनाने के लिए किया जाता है। प्राकृतिक रबर का संग्रह भी इन वनों की एक महत्त्वपूर्ण आर्थिक क्रिया रही है जिसका महत्त्व अब कम हो गया है।

वनों का ह्रास और उनका संरक्षण

विश्व की जनसंख्या में वृद्धि के कारण वनों से प्राप्त उत्पादों की माँग में भी वृद्धि हुई है। इसके अतिरिक्त खाद्य समस्या को दूर करने के लिए भी वनों को काटकर भूमि को कृषि योग्य बनाया जा रहा है। परिणामस्वरूप वनों के अंतर्गत आने वाले क्षेत्र में तीव्रता से ह्रास हुआ है। इन कार्यों के परिणामस्वरूप न केवल वन क्षेत्र में कमी आई है बल्कि बचे हुए वनों के घनत्व में भी कमी आई है। मध्य भारत के अधिकांश वन क्षेत्र की दशा काफी गंभीर है। वनों का विनाश एक बड़ी समस्या है जिसका दुष्प्रभाव भविष्य में भी समस्या के रूप में सामने आएगा क्योंकि वनों के कारण ही मृदा संरक्षण, वन्य जीवों का संरक्षण व जलवायु संयमित रहती है। इस प्रकार इनका संरक्षण अति आवश्यक है। संरक्षण से अर्थ है किसी संसाधन का इस प्रकार उपयोग करना जिससे अधिकाधिक लोगों को अधिकतम समय तक अधिकतम लाभ हो सके। यद्यपि वन असमाप्य संसाधन हैं किंतु इनके विनाश की दर इनकी उत्पत्ति की दर से कहीं अधिक तीव्र होने के कारण यह समाप्य संसाधन की श्रेणी में आ गए हैं। वनों को संरक्षित करने के लिए अनेक प्रयास किए जा रहे हैं जैसे कि वनारोपण तथा वनों का कम से कम ह्रास तथा वन पदार्थों को दुरुपयोग से बचाना आदि। वनों का संरक्षण करने के लिए स्थानापन्न वस्तुओं के उपयोग को भी बढ़ावा दिया जाना चाहिए।

विश्व के प्रमुख खनिज एवं इनके प्रमुख उत्पादक देश

प्रमुख खनिज	उत्पादक क्षेत्र	अग्रणी राष्ट्र
1. लौह अयस्क (*i*) मैग्नेटाइट–लौह का अंश 75 प्रतिशत, (*ii*) हेमेटाइट–लौह का अंश 70 प्रतिशत, (*iii*) लिमोनाइट–लौह का अंश 60 प्रतिशत, (*iv*) सिडेराइट–लौह का अंश 40-50 प्रतिशत। यह अमोनिया और रूपांतरित चट्टानों में मिलता है।	**पूर्व सोवियत संघ**–आर्स्क, क्रिवाई रोग, कुर्स्क, तुला, मुरमन्सक, नोलग्रोग्राड, टेलफिस। **ब्राजील**–मिनास-जिरास, इटाबरा खान। **चीन**–त्माया, हूपे, नानकिंग, चिंगलिंग, उन्थान, पैन्की, तांगशन, मानशान, किकिआग व शान्टुग। **संयुक्त राज्य अमेरिका**–मिशीगन क्षेत्र, मिनीसोटा एवं विस्कान्सिन की मेसाबी खान, अप्लेशियन क्षेत्र का न्यूयार्क, पेन्सिलवानिया व न्यूजर्सी की डोगर फील्ड खान, अलबामा क्षेत्र की बर्मिंघम खान, यूटाह और व्योमिंग की खान।	ऑस्ट्रेलिया, चीन, ब्राजील, भारत, पूर्व सोवियत संघ, अमेरिका।
2. मैंगनीज इसे लौह अयस्क के साथ मिलाकर लोहा व स्टील बनाया जाता है। यह अवसादी शैलों में मिलता है।	**पूर्व सोवियत संघ**–यूक्रेन की नियोयाल व काकेशस क्षेत्र की चियातुरी खान, यूराल की केमास्क, मरस्याती व बश्किर, तजाकिस्तान की नेताजा, कजाखिस्तान की देकदी, साइबेरिया की माजुलस्की। **द. अफ्रीका**–नेटाल, जोहान्सबर्ग, डर्बन-केपटाउन क्षेत्र। **ब्राजील**–अमासा, बर्नियर, नजोर, यिगुसल, युरुमकुम और लाफायते। **भारत**–महाराष्ट्र, मध्य प्रदेश, उड़ीसा, कर्नाटक, राजस्थान।	दक्षिण अफ्रीका, गैबन, ऑस्ट्रेलिया, घाना, भारत, चीन, ब्राजील।
3. अभ्रक यह गुलाबी, सफेद व कई दूसरे रंगों का होता है। भारत, विश्व का प्रमुख अभ्रक उत्पादक राष्ट्र है।	**भारत**–आंध्र प्रदेश, झारखंड, राजस्थान, मध्य प्रदेश, तमिलनाडु। **ब्राजील**–सैन्टलुसिया, जुआजीरो, पेकान्हा। **द. अफ्रीका**–कोरोग्वे, मोरोगोरो, किगोमा। **सं.रा. अमरीका**–कैरोलिना, न्यू हैम्पशायर, दक्षिणी कैरोलिना की शेल्वी, हिकोरी तथा सिल्वाखान।	चीन, पूर्व सोवियत संघ, फिनलैंड।

प्रमुख खनिज	उत्पादक क्षेत्र	अग्रणी राष्ट्र
4. ताँबा	**सं.रा. अमरीका**–मिशीगन, यूटाह, एरिजोना, नेवादा, मोण्टान। **चिली**–यूकिकमाटा, अलसल्वाडोर, एलटेनिएण्टी, एलटेनिमेन्ट, पोट्रीलाय, ब्रेडयू। **पूर्व सोवियत संघ**–यूराल, कजाखिस्तान, अर्मेनिया, मध्य एशिया के देशों, किशल की खान। **कनाडा**–ब्रिटिश कोलम्बिया, अण्टोरिया, मैनीटोबा, सस्केचवान, क्यूबेक, न्यूफाउण्डलैण्ड। **जाम्बिया**–नकाना, मिडोला, नचांगा रोकाना की खान।	चिली, पेरू, कांगो (रिपब्लिक), चीन, संयुक्त राज्य अमरीका, कनाडा, पूर्व सोवियत के स्वतंत्र राष्ट्र।
5. बॉक्साइट	**ऑस्ट्रेलिया**–पूर्वी राज्य; **जमैका, गिनी, गुयाना।**	ऑस्ट्रेलिया, गिनी, जमैका
6. सोना	**द. अफ्रीका**–जोहान्सबर्ग की खानें, ट्रांसवाल के किम्बरले, मोनेरीफ, पिलग्रीम देस्ट, बुआलो की खानें, विटवाटर्स रैड, औरेन्ज फ्री स्टेट के ओडेन डाल सरस्ट खान। **पूर्व सोवियत संघ**–कजाकिस्तान के किजिलकुल और जराफसान, लीना, यनीली, विटीम अल्दान और बुरैया नदियों के रेत। **सं.रा. अमरीका**–मोण्टाना, दक्षिण डकोटा, यूटाह, कोलोरेडो, ओरीजोना, कैलिफोर्निया। **कनाडा**–किर्कलैण्ड, नारी व लिटिल लौंग झील, क्यूबेक की आर्कफील्ड, सलोबन और बेलटरे की खानें, ब्रिटिश कोलम्बिया की कुटेनी खान। **ऑस्ट्रेलिया**–न्यू साउथवेल्स, विक्टोरिया की बेलारेट, प. ऑस्ट्रेलिया की कालगुर्ली और कूलगार्डी खानें।	चीन, ऑस्ट्रेलिया, पूर्व सोवियत संघ, संयुक्त राज्य अमेरिका
7. चांदी यह अर्जनराइट तथा पायजाराट खनिजों से प्राप्त होती है।	**मैक्सिको**–हिल्डाहो के पहूका, पराल; कुहलिया के सियरा मोजाड़। **सं.रा. अमरीका**–यूटाहा, मोण्टाना, नेवादा, इडोहो, कोलोरेडो, एरिजोना। **कनाडा**–ब्रिटिश कोलम्बिया, क्यूबेक, सास्केचवान, ओण्टोरियो, यूकान। **ऑस्ट्रेलिया**–कालगुर्ली, द. ऑस्ट्रेलिया के रमाडो तथा क्वीन्सलैण्ड की माउंट ईसा खान।	मैक्सिको, चीन, पेरू, चिली, पोलैंड।
8. जस्ता यह जिंक सल्फाइट और कालामाइन से प्राप्त होता है।	**कनाडा; पूर्व सोवियत संघ; ऑस्ट्रेलिया, सं.रा. अमरीका।**	चीन, पेरु, ऑस्ट्रेलिया, भारत।
9. टिन	**इण्डोनेशिया**–सोइलेगिओत बिलीटन में गोंटोग, मांगर सिंग कैप द्वीप तथा बांका द्वीप में बेर्लिजो। **मलेशिया**–पराक, नेगरी, सम्बीलन, सैलांगीर। **चीन**–कांग्सी, क्यांगसी, हूनान। **बोलीविया**–पोटासी, कोलकुइटी औरुरो, लापाज, कैताबी खान। **पूर्व सोवियत संघ**–बैकाल झील के पास खाप चरांग, ब्लाडी बोस्टॉक के टैटुखे, उ.-पू. साइबेरिया के मगादान, ओरोतुकान तथा चोन्स्कापा और बोल्गा बेसिन के काल्वा क्षेत्र।	चीन, इण्डोनेशिया, म्यांमार।
10. हीरा	**द. अफ्रीका**–जोहान्सबर्ग, केपटाउन।	दक्षिण अफ्रीका
11. सीसा	**कनाडा**–सुलीवन, ब्रिटिश कोलम्बिया। **ऑस्ट्रेलिया**–ब्रोकेन हिल्स, न्यू साउथवेल्स।	चीन, ऑस्ट्रेलिया, अमेरिका, मैक्सिको
12. निकेल	**कनाडा** **पूर्व सोवियत संघ**–यूराल क्षेत्र।	इंडोनेशिया, फिलीपींस, रूस, कनाडा।
13. मैग्नीशियम		चीन, रूस, संयुक्त राज्य अमेरिका।
14. टिटेनियम		चीन, जापान, पूर्व सोवियत संघ, कजाकिस्तान।

ऊर्जा संसाधन

आज का युग औद्योगिक युग है, जिसका आधार खनिज संसाधन और शक्ति संसाधन हैं। खनिजों से उद्योगों को कच्चा माल प्राप्त होता है और शक्ति संसाधनों द्वारा उद्योगों को ऊर्जा और शक्ति मिलती है। अगर विश्व में शक्ति संसाधन न हों तो हमारे खनिज संसाधनों का कोई महत्व नहीं रहेगा, क्योंकि बिना शक्ति संसाधनों के न तो हम भूगर्भ से खनिज संसाधनों को प्राप्त कर पाएँगे और न उनको उद्योगों में कच्चे माल के रूप में प्रयोग कर पाएँगे। अत: आज के औद्योगिक विकास एवं मनुष्य के अस्तित्व के लिए शक्ति के संसाधन अपरिहार्य हैं।

शक्ति के संसाधनों को दो वर्गों में रखा जाता है—अनवीनीकरणीय या परंपरागत शक्ति संसाधन तथा नवीनीकरणीय शक्ति संसाधन। अनवीनीकरणीय शक्ति के संसाधनों में कोयला, पेट्रोलियम, प्राकृतिक गैस, थोरियम और यूरेनियम आते हैं। नवीकरणीय शक्ति संसाधनों में जल, सूर्यताप, भूताप, ज्वारीय ऊर्जा, समुद्री तरंगें तथा पवन हैं। इनको गैर परंपरागत शक्ति संसाधन भी कहा जाता है। विश्व में प्राकृतिक शक्ति के पाँच प्रमुख स्थान हैं—खनिज तेल, कोयला, जल विद्युत, प्राकृतिक गैस, परमाणु ऊर्जा। संसार की व्यापारिक ऊर्जा के उत्पादन का 90 प्रतिशत भाग खनिज तेल, कोयले व प्राकृतिक गैस से मिलता है। जल विद्युत शक्ति और परमाणु शक्ति से शेष 10 प्रतिशत भाग पूरा किया जाता है। शक्ति के साधनों का वितरण बहुत असमान है। कुछ देशों जैसे जापान को ऊर्जा की अपनी सम्पूर्ण माँग आयात से पूरी करनी पड़ती है।

कोयला

यूरोप की औद्योगिक क्रान्ति का मूल आधार कोयला था। अत: शक्ति के साधनों में कोयले का महत्वपूर्ण स्थान है। लेकिन खनिज तेल की खोज और जल विद्युत के आविष्कार से कोयले का महत्त्व धीरे-धीरे कम हो गया है। कोयला एक जैव निक्षेप है। इसकी उत्पत्ति अतीत काल में भूमि में वनों के दब जाने से हुई है। कोयला अवसादी शैलों के अवसादों की परतों के बीच में विभिन्न मोटाई की परतों में मिलता है। कोयला विभिन्न गुणों वाला होता है। इसके गुण पौधों के अवशेषों के कार्बनीकरण पर निर्भर होते हैं। एंथ्रासाइट उत्तम कोटि का कोयला है, जिसमें कार्बन का अंश 90 प्रतिशत से लेकर 95 प्रतिशत तक होता है। बिटुमिनस कोयले का खनन और उपभोग सबसे अधिक होता है, जिसमें 70 प्रतिशत कार्बन होता है। बिटुमिनस कोयले से कोक बनाया जाता है, जो लौह अयस्क को गलाने के काम आता है। पीट तथा लिग्नाइट निम्न कोटि के कोयले के प्रकार हैं। इन्हें भूरा कोयला भी कहते हैं। इनमें कार्बन की मात्रा 50 प्रतिशत तक होती है।

उत्पादक देश—कोयले के ज्ञात निक्षेपों का वितरण बहुत ही असमान है। असमान वितरण का अर्थ है कि अनेक देश कोयले का उत्पादन नहीं करते बल्कि अपनी आवश्यकताओं की पूर्ति के लिए आयात पर निर्भर रहते हैं। संसार में कोयले के कुल उत्पादन का 60 प्रतिशत भाग पूर्व सोवियत संघ, चीन और संयुक्त राज्य अमेरिका से आता है। 1991 के बाद कोयला उत्पादन करने वाले देशों की श्रेणियों में फेरबदल हुआ है। उदाहरण के लिए पहले संयुक्त राज्य अमेरिका का कोयले के उत्पादन में पहला स्थान था उसके बाद पूर्व सोवियत संघ का, वर्तमान आंकड़ों के अनुसार चीन का कोयले के उत्पादन में पहला स्थान है।

चीन—आज के समय में चीन का कोयले के उत्पादन में पहला स्थान है। यहाँ के शेन्सी, हूनान, शान्सी, जेचवान, शांटुंग, लिआओनिंग आदि प्रान्तों में कोयले का उत्पादन होता है।

संयुक्त राज्य अमेरिका—कभी कोयले के उत्पादन में पहला स्थान रखने वाला यह देश अब दूसरे स्थान पर आ गया है। यहाँ के अप्लेशियन कोयला क्षेत्र, मध्य पूर्वी कोयला क्षेत्र, मध्य पश्चिमी कोयला क्षेत्र, रॉकीज पर्वतीय कोयला क्षेत्र और प्रशान्त तटीय कोयला क्षेत्र महत्त्वपूर्ण हैं।

पूर्व सोवियत संघ—इसका कोयले के उत्पादन में तीसरा स्थान है। यहाँ के डोनेट्स कोयला बेसिन, कुजेनेत्सक कोयला के क्षेत्र और कारगांडा कोयला बेसिन कोयले के उत्पादन के लिए महत्त्वपूर्ण हैं। इनके अलावा मनीसी घाटी, लीना बेसिन, युकुत, कौंल, काकेशस, यूराल आदि क्षेत्र भी कोयले के उत्पादन के लिए महत्त्वपूर्ण हैं।

कनाडा—कनाडा भी कोयले का प्रमुख उत्पादक क्षेत्र बन गया है। यहाँ के नोवो स्कोशिया, ब्रिटिश कोलम्बिया, बैंकूवर द्वीप और अलबर्टा के कोयला क्षेत्रों से कोयला प्राप्त किया जाता है।

आस्ट्रेलिया—दक्षिणी गोलार्द्ध में आस्ट्रेलिया कोयला उत्पादित करने वाला महत्त्वपूर्ण देश है। यहाँ के क्वीन्सलैण्ड, न्यूसाउथ वेल्स और विक्टोरिया राज्यों में कोयले का बड़ी मात्रा में उत्पादन किया जाता है।

ग्रेट ब्रिटेन—इस देश के कोयले से ही यूरोप में औद्योगिक क्रान्ति प्रारम्भ हुई थी। यहाँ के नार्थम्बर-लैण्ड-डरहम, नाटिंघम शायर, लंकाशायर, मिडलैण्ड, कम्बरलैण्ड, पूर्वी केण्टुकी, उत्तरी वेल्स, साउथ वेल्स, स्काटलैण्ड, डर्बीशायर आदि कोयला क्षेत्रों से कोयले का उत्पादन किया जाता है।

पोलैण्ड—पूर्वी यूरोप के देशों में पोलैण्ड कोयले का महत्त्वपूर्ण उत्पादक देश है। यहाँ के साइलेशिया, क्रैको और डैम्ब्रोबा क्षेत्रों में बिटुमिनस जाति का कोयला पाया जाता है।

जर्मनी—जर्मनी भी यूरोप का महत्वपूर्ण कोयला उत्पादक देश है। यहाँ के रूर बेसिन, वेस्टफेलिया, सार तथा सैक्सानी क्षेत्रों से कोयला निकाला जाता है।

इन देशों के अलावा भारत के झारखण्ड, पश्चिम बंगाल और उड़ीसा राज्यों से, ब्राजील के रायोग्रेण्डो और साओपालो राज्यों से, चिली के ऐरांक और बाल्डीविया क्षेत्र से, फ्रांस के साम्ब्रो-म्यूज, उत्तरी-लारेन और रोन नदी के क्षेत्रों से और नार्वे, स्वीडन, इटली, आस्ट्रिया, हंगरी, रोमानिया आदि देशों में कोयले का उत्पादन किया जाता है।

संयुक्त राज्य अमेरिका, इंगलैण्ड, भारत, पूर्व सोवियत संघ, जर्मनी आदि देशों से कोयले का निर्यात किया जाता है। जबकि जापान, इटली, श्रीलंका, बांग्लादेश और कुछ हद तक फ्रांस कोयले के आयातक देश हैं।

पेट्रोलियम

पेट्रोलियम या खनिज तेल जैव पदार्थों से बना है, क्योंकि भूगर्भिक काल में जैव पदार्थ अवसादी शैलों की परतों के बीच दब गए थे। खनिज तेल शैलों के रन्ध्रों में रिस जाता है, इसलिए यह पानी और प्राकृतिक गैस के साथ पाया जाता है। खनिज तेल पानी से हल्का होता है। अत: यह पानी पर तैरता रहता है तथा प्राकृतिक गैस तेल के ऊपर होती है। अपने कम घनत्व के कारण तेल अपनतियों में इकट्ठा हो जाता है। खनिज तेल नवीन वलित पर्वत श्रेणियों, तटीय प्रदेशों, अपतटीय प्रदेशों जैसे महाद्वीपीय निमग्न तट में पाया जाता है।

खनिज तेल का उपयोग परिवहन के साधनों के संचालन में होता है। इसके अलावा कृत्रिम रबर, विस्फोटक पदार्थ, नाइलोन और रासायनिक पदार्थों के निर्माण में भी इसका उपयोग होता है। तेल का बड़ा सामरिक महत्त्व है, क्योंकि सेनाओं की गतिशीलता और प्रहार शक्ति तेल पर निर्भर करती है। अत: स्थल, जल और वायु परिवहन के लिए तेल का सबसे अधिक महत्त्व है।

उत्पादक देश—संसार में तेल के भण्डारों और उत्पादन का वितरण बहुत ही असमान है। संसार के कुल तेल भण्डारों का लगभग दो-तिहाई भाग दक्षिण-पश्चिम एशिया में फारस की खाड़ी के आसपास केन्द्रित है। प्रमुख तेल उत्पादक देश हैं—

पूर्व सोवियत संघ—खनिज तेल के संग्रह में पूर्व सोवियत संघ का पहला स्थान (1991 के बाद) है। यहाँ के बाकू, अम्बा क्षेत्र, यूराल-वोल्गा क्षेत्र, काकेशस, कैस्पियन, तुर्किस्तान और सरवालीन आदि क्षेत्रों से खनिज तेल का उत्पादन किया जाता है।

सऊदी अरब—खनिज तेल के उत्पादन में सऊदी अरब का प्रमुख स्थान है। यहाँ एवयाक अलखावर, हाफर, भेदगम, धारन, सफानिया, खुरेस, आबू-अली और फलीची क्षेत्रों से बहुत बड़ी मात्रा में तेल निकाला जाता है।

संयुक्त राज्य अमेरिका—संयुक्त राज्य अमेरिका खनिज तेल उत्पादन में अग्रणी राष्ट्र है। इस देश के अप्लेशियन, लीमा-इण्डियाना, मध्य महाद्वीपीय भाग, कैलीफोर्निया, रॉकी पर्वतीय क्षेत्र, टेक्सास राज्य और ग्रेट लेक्स क्षेत्र आदि से खनिज तेल का उत्पादन होता है।

चीन—आज चीन भी खनिज तेल का महत्त्वपूर्ण उत्पादक बन गया है। यहाँ के युमन, करामाई, भुजेरियन बेसिन, लाल बेसिन तथा तुरफान बेसिन आदि क्षेत्रों में खनिज तेल का उत्पादन होता है।

ईरान—खनिज तेल उत्पादकों में ईरान का महत्त्वपूर्ण स्थान है। यहाँ के मसजिदे सुलेमान, गाकसारब, करमानशा, आगाहाजरी आदि क्षेत्रों में खनिज तेल का उत्पादन होता है।

इराक—पश्चिम एशिया के देशों में इराक एक महत्त्वपूर्ण तेल उत्पादक देश है। यहाँ पर किरकुक, एनजलेह, कैयारा, जुबैर, कमैला, बसरा, मौसल, जाम्बुरी आदि क्षेत्रों से खनिज तेल निकाला जाता है।

कुवैत—कुवैत जैसे छोटे देश की पूरी अर्थव्यवस्था खनिज तेल के उत्पादन और निर्यात पर निर्भर करती है। यहाँ के अलजहरा, बरगन तथा मगब क्षेत्रों से तेल का उत्पादन किया जाता है।

ग्रेट ब्रिटेन—यह यूरोप का महत्त्वपूर्ण तेल उत्पादक देश है। यहाँ के उत्तरी सागर के क्षेत्र में, स्कॉटलैण्ड में, एकरिन कोटन तथा एगमांटन आदि क्षेत्रों में खनिज तेल का उत्पादन होता है।

इन देशों के अलावा खनिज तेल का उत्पादन मैक्सिको देश के रियोग्राण्डी, डेलनार्डे क्षेत्र से, कतर, बहरीन, इण्डोनेशिया के जावा, बोर्निया आदि द्वीपों से, भारत के सुरमा घाटी और गुजरात से, वेनेजुएला के लारोजा और लेगुनोलाज क्षेत्र से, अर्जेन्टीना के प्लाजा और ह्युनकल क्षेत्र से, रोमानिया के कार्पेशियन पर्वत के दक्षिण क्षेत्र से, म्याँमार (बर्मा) के लेबिना, यनागयात, मिनबु आदि क्षेत्रों से किया जाता है।

पूर्व सोवियत संघ, वेनेजुएला, मैक्सिको, कुवैत, ईरान, इराक, कोलम्बिया, सऊदी अरब, म्याँमार, अल्जीरिया, लीबिया तथा इण्डोनेशिया खनिज तेल के प्रमुख निर्यातक हैं जबकि यूरोप के लगभग सारे देश, जैसे-जर्मनी, फ्रांस, इटली, जापान, भारत, चीन, बांग्लादेश, आस्ट्रेलिया आदि खनिज तेल के प्रमुख आयातक देश हैं।

प्राकृतिक गैस

वर्तमान युग में शक्ति के संसाधन के रूप में प्राकृतिक गैस का महत्त्वपूर्ण स्थान है। प्राकृतिक गैस तेल के साथ मिलती है। कुछ कुओं से केवल प्राकृतिक गैस बड़ी मात्रा में निकलती है। घरेलू कार्यों के साथ-साथ प्राकृतिक गैस का उपयोग बिजली के उत्पादन में भी होता है। प्राकृतिक गैस की खोज सर्वप्रथम संयुक्त राज्य अमेरिका में 1820 ई. में की गई थी। आज औद्योगिक और दूसरे क्षेत्रों में प्राकृतिक गैस, शक्ति का लगभग 20 प्रतिशत भाग पूरा करती है।

प्राकृतिक गैस उत्पादन में स्वतन्त्र देशों के राष्ट्रकुल का प्रथम स्थान है। यहाँ पर तेल के क्षेत्रों से गैस निकाली जाती है। संयुक्त राज्य अमेरिका का प्राकृतिक गैस के उत्पादन में पहला स्थान है। रूस का दूसरा स्थान है। कतर का प्राकृतिक गैस के उत्पादन में तीसरा स्थान है। जहाँ पर तेल के क्षेत्रों से गैस का उत्पादन होता है। ईरान का भी प्राकृतिक गैस उत्पादन में महत्त्वपूर्ण स्थान है।

यूरेनियम

यूरेनियम परमाणु ऊर्जा का महत्त्वपूर्ण संसाधन है। यह एक भारी, कठोर, रेडियोधर्मी एवं सफेद खनिज पदार्थ है। न्यूक्लियर रिऐक्टरों में विद्युत निर्माण करने के लिए ईंधन के रूप में इसका प्रयोग किया जाता है। संसार में सभी स्रोतों से उत्पन्न कुल शक्ति का 3.9 प्रतिशत भाग परमाणु शक्ति से मिलता है। रसायन, इलेक्ट्रोनिक्स सर्जिकल, संयंत्रों, तेज धार वाले औजार तथा डाई बनाने में भी यूरेनियम का प्रयोग किया जाता है।

यूरेनियम सैनिक महत्त्व का खनिज पदार्थ है इसलिए इसके उत्पादन को बहुत हद तक गुप्त रखा जाता है। कोई भी देश इसके उत्पादन के आंकड़ों को सही नहीं बताता है। इसके बावजूद यूरेनियम उत्पादन में कनाडा का प्रथम स्थान है। यहाँ पर ग्रेट बियर झील के निकट तथा आन्टोरिया प्रान्तों में इसकी खानें पाई जाती हैं। आस्ट्रेलिया यूरेनियम उत्पादन में दूसरे स्थान पर आता है।

दक्षिण अफ्रीका का यूरेनियम उत्पादन में तीसरा स्थान है। संयुक्त राज्य अमेरिका का यूरेनियम के उत्पादन में चौथा स्थान है। यहाँ पर कोलोरेडो के पठार से यूरेनियम का उत्पादन किया जाता है। पूर्व सोवियत संघ में यूरेनियम के निक्षेप तुयायेपन माञ्तिसे और बैकाल झील प्रदेश में मिलते हैं। इस ऊर्जा के संसाधन का निर्यात-आयात बहुत सीमित स्तर पर और गुप्त रूप में होता है, क्योंकि इस पदार्थ का दुरुपयोग होने का बहुत डर रहता है। एक देश अपने दुश्मन देश के विरुद्ध परमाणु बम (Bomb) बनाकर इसका दुरुपयोग कर सकता है। इसलिए इसका आयात-निर्यात अन्तर्राष्ट्रीय देख-रेख में होता है।

जल-विद्युत शक्ति

आज के औद्योगिक युग में जल विद्युत का शक्ति के साधनों में प्रमुख स्थान है क्योंकि कोयला और खनिज तेल समाप्त होने वाले साधन हैं, जबकि जल शक्ति (विद्युत) उस समय तक रहेगी जब तक नदियों में पानी बहता रहेगा। बहते हुए जल को ऊँचाई से नीचे गिराकर टरबाइन इंजनों को चलाया जाता है, जिससे बिजली पैदा होती है। इसे जल विद्युत कहते हैं। यह शक्ति का

संपूर्ति साधन है। जल विद्युत, ताप विद्युत से सस्ती है, क्योंकि इसके उत्पादन में किसी ईंधन या पदार्थ का उपयोग नहीं होता है।

जल विद्युत का उत्पादन और वितरण, प्रचुर मात्रा में जल का नियमित प्रवाह और जल को ऊपर से नीचे गिराने के लिए जलप्रपात के होने पर निर्भर करता है। इन कारकों के आधार पर जल विद्युत उन्हीं प्रदेशों में पैदा की जाती हैं, जहाँ पर प्रचुर मात्रा और नियमित प्रवाह वाले जल संसाधन हैं। यह प्रदेश ज्यादातर पर्वतीय और पठारी होते हैं। मैदानी प्रदेशों में कृत्रिम जल प्रपात के जरिए जल विद्युत का उत्पादन किया जाता है। जल विद्युत से विश्व में सभी स्रोतों से उत्पन्न कुल शक्ति का केवल 6.7 प्रतिशत भाग मिलता है। अफ्रीका महाद्वीप में जल विद्युत शक्ति के विकास की संसार में सबसे अधिक संभावनाएँ हैं।

उत्पादक देश—संयुक्त राज्य अमेरिका, पूर्व सोवियत संघ, कनाडा, जापान, इटली, नार्वे और स्वीडन जल-विद्युत उत्पादन करने वाले प्रमुख देश हैं। इस शक्ति का विकास किसी देश में उपस्थित दूसरे शक्ति संसाधनों के अलावा उस देश की आर्थिक सम्पन्नता और उच्च तकनीकी क्षमता पर निर्भर करता है। उदाहरण के लिए अफ्रीका महाद्वीप में इसकी बहुत सम्भावनाएँ हैं, लेकिन यह शक्ति यहाँ विकसित नहीं है क्योंकि यहाँ इसके लिए आवश्यक पूँजी और तकनीकी नहीं है।

पूर्व सोवियत संघ—इस देश में अनेक महत्त्वपूर्ण जल-विद्युत परियोजनाएँ हैं। ये हैं—बोल्गा, डोन नहर पर लेनिन, ग्युमुश केन्द्र नीपर परियोजना, कामा, कारगेव गोर्की, वोल्गोग्राड आदि।

संयुक्त राज्य अमेरिका—संयुक्त राज्य अमेरिका विश्व में जल विद्युत का सबसे बड़ा उत्पादक देश है। इस देश में जल-विद्युत की बड़ी-बड़ी परियोजनाएँ हैं। इनमें सबसे महत्त्वपूर्ण न्यागरा जल प्रपात विद्युत गृह है, जो मिनिआपोलिस से सेन्ट अन्थोनी प्रपात तक फैला है। इसके अलावा अप्लेशियन प्रदेश में कोलम्बिया, रैले रिचमण्ड, लोवेल मानचेस्टर, फालरिवर, लॉरेंस, वाशिंगटन, बाल्टीमोर और पेटरसन परियोजनाएँ हैं। टेनेसी नदी घाटी के वाटसवार बाँध, कोल्टर शोल बाँध, चिकमंगा बाँध, ह्वीवर बाँध भी जल विद्युत के क्षेत्र में महत्त्वपूर्ण हैं। कोलम्बिया नदी बेसिन में ग्राण्ड कूली बाँध, उलेस बाँध, चीफ जोजेफ केकनरी बाँध और हूवर बाँध परियोजना महत्त्वपूर्ण है। मिसौरी घाटी कोशास्ता बाँध तथा सेन ओजाक्विन बाँध परियोजना भी जल-शक्ति के लिए महत्त्वपूर्ण मानी जाती है।

इन देशों के अलावा जल-विद्युत का विकास दूसरे देशों में भी हुआ है। नार्वे में जल-विद्युत का विकास दक्षिण में ओस्लो के निकट और सघन जंगलों के प्रदेशों में हुआ है। स्वीडन और इटली में भी जल-विद्युत का विकास किया गया है, क्योंकि यहाँ पर ऊर्जा के दूसरे साधनों की कमी है। इन देशों के अलावा फ्रांस, स्विट्जरलैण्ड, कनाडा, जर्मनी, चीन आदि देशों में जल-विद्युत का बड़े पैमाने पर विकास किया गया है जिससे यहाँ का औद्योगिक और आर्थिक विकास सम्भव हुआ है।

गैर-परम्परागत ऊर्जा संसाधन

20वीं शताब्दी के सातवें दशक में उत्पन्न हुए ऊर्जा संकट ने नए एवं नवीकरण योग्य वैकल्पिक ऊर्जा संसाधनों के विकास के लिए हमें बाध्य कर दिया। तेल गैस एवं प्राकृतिक गैस समाप्त हो जाने वाले ऊर्जा के स्रोत हैं। अधिक मात्रा में लकड़ी के उपयोग से वनों का विनाश होने तथा पर्यावरणीय अपक्षय का भय है। अत: ऐसे संसाधनों को खोजने एवं विकसित करने की आवश्यकता पड़ी जो असमाप्य हो तथा दीर्घ काल तक के लिए ऊर्जा दे सके। इस श्रेणी में सम्मिलित किए जाने वाले स्रोत बायो गैस, सौर ऊर्जा, पवन ऊर्जा तथा परमाणु ऊर्जा हैं। इनके अतिरिक्त लहरों तथा ज्वार से ऊर्जा प्राप्त करने का प्रयत्न किया जा रहा है। भूतापीय ऊर्जा को भी विकसित करने का प्रयास जारी है।

बायो गैस (Bio-gas)—गैस ऊर्जा का बहुत ही स्वच्छ स्रोत है। प्राकृतिक गैस जो हाइड्रोकार्बन के रूप में प्राप्त होती है, समाप्त होने वाला स्रोत है। पेट्रोल को भी गैस के रूप में परिवर्तन किया जा सकता है, परंतु यह भी समाप्य संसाधन है।

हमारे गाँवों में गोबर का उपलों के रूप में ईंधन के लिए विस्तृत पैमाने पर प्रयोग किया जाता है। इससे उत्तम खाद जो मिट्टी की उर्वरता के लिए आवश्यक है, नष्ट हो जाती है। भारत में गोबर गैस का सफल प्रयोग किया गया है तथा भारत में राष्ट्रीय बायो गैस विकास परियोजना चलाई गई है। बायो गैस के विस्तार से भारतीय किसानों की ईंधन के साथ-साथ खाद की सुविधा भी प्राप्त हो जाती है। क्योंकि गोबर गैस संयंत्र से निकले हुए गोबर में खाद के गुण विद्यमान रहते हैं। इसके प्रयोग से परम्परागत ऊर्जा के संसाधनों का संरक्षण संभव बनाया जा सकता है। चीन में भी बायो गैस को सफलता मिली है।

सौर ऊर्जा (Solar Energy)—संसार में अधिकतम मात्रा में पाई जाने वाली तथा कभी न समाप्त होने वाली ऊर्जा सूर्य की ऊर्जा है। सौर ऊर्जा का पानी गर्म करने तथा खाना बनाने के लिए प्रयोग किया जा सकता है। यह ऊर्जा उष्ण कटिबंधीय देशों में वर्ष के अधिकतम भाग में प्रचुरता से उपलब्ध होती है। इस ऊर्जा का फोटोबोल्टाइक सेल बनाने वाले देशों में आस्ट्रेलिया, बेल्जियम, ब्राजील, कनाडा, चीन, भारत, मैक्सिको, यूनाइटेड किंगडम, पूर्व सोवियत संघ एवं स्पेन हैं।

पवन ऊर्जा (Wind Energy)—पवन ऊर्जा का सफलतापूर्वक प्रयोग सर्वप्रथम नीदरलैंड में बहुत पहले ही किया जा चुका है। पवन वेग से टरवाइनों को चलाकर विद्युत पैदा करने का कार्य संयुक्त राज्य अमेरिका में किया जा रहा है। 1989 तक कैलिफोर्निया में 9,700 नई टरवाइन लगाई जा चुकी थीं। कैलिफोर्निया में संयुक्त राज्य अमेरिका की 90% से अधिक पवन उर्जा का उत्पादन होता है। विकासशील देशों के सामने सबसे बड़ी समस्या प्रौद्योगिकी की उपलब्धता है। यह प्रौद्योगिकी बहुत महँगी है तथा इसे उपलब्ध करने में बड़ी मात्रा में पूँजी की आवश्यकता होती है।

भू-तापीय ऊर्जा (Geo-thermal Energy)—भू-तापीय ऊर्जा, ऊर्जा का एक अन्य संचालक संसाधन है। संसार के बहुत-से देशों में इस प्रकार की ऊर्जा भूगर्भ से प्राप्त की जाती है। इसमें जल पृथ्वी के भीतर से निकलता है, जिससे ऊर्जा प्राप्त की जाती है। ऐसी प्रौद्योगिकी की कमी है, जो भूगर्भ में निहित ताप से ऊर्जा का दोहन कर सके। भविष्य में इसकी संभावनाएँ हो सकती हैं।

ज्वार ऊर्जा (Wave Energy)—समुद्र में लहरें आती हैं तथा ज्वार भी प्रतिदिन आते हैं। इस उठते हुए जल से जल-विद्युत उत्पन्न की जा सकती है। इसका प्रचलन अभी बड़े पैमाने पर नहीं हुआ है। परन्तु निकट भविष्य में यह ऊर्जा भी मनुष्य को उपलब्ध होगी।

उद्योग

उद्योगों की स्थापना केवल उन्हीं स्थानों पर हो सकती है, जहाँ उनके लिए अनुकूल परिस्थितियाँ उपस्थिति हों। उद्योगों के स्थानीयकरण को प्रभावित करने वाले प्रमुख कारकों में कच्चा माल, चालक शक्ति, श्रम परिवहन व संचार, बाजार, जलवायु, जलापूर्ति आदि महत्त्वपूर्ण हैं।

1. **कच्चा माल (Raw Material) :** सामान्यत: उद्योग उन्हीं स्थानों पर स्थापित किए जाते हैं, जहाँ कच्चा माल उपलब्ध होता है। अत: अधिकतर उद्योग खानों, वनों, कृषि-क्षेत्रों तथा समुद्रों के निकट पाए जाते हैं। उद्योगों की अवस्थिति कच्चे माल की प्रकृति के अनुसार की जाती है। भारी कच्चे माल जैसे लोहा तथा कोयला आदि पर आधारित उद्योग, इनकी खानों के पास ही लगाए जाते हैं, अन्यथा यातायात का व्यय बढ़ जाएगा और निवेश उत्पादन से अधिक हो जाएगा। अधिकांश लोहा-इस्पात उद्योग कोयले की खानों के पास, लोहे की खानों के समीप अथवा कोयला तथा लोहे की खानों के बीच किसी अनुकूल स्थान पर स्थापित किए जाते हैं। फल, सब्जियाँ, मछली, दूध जैसे कच्चे माल, जो शीघ्र खराब हो जाते हैं, पर आधारित उद्योगों को भी कच्चे माल के स्रोत के पास ही लगाया जाता है। कागज तथा लुग्दी बनाने वाले उद्योग और आरा मिलें वनीय प्रदेशों में लगाए जाते हैं।

   कुछ प्रदेश ऐसे भी हैं, जहाँ उद्योगों के विकास में कच्चे माल का विशेष महत्त्व नहीं है। उदाहरणार्थ, यूनाइटेड किंगडम में कपास तथा जूट के उद्योग मिस्र से कपास तथा दक्षिणी एशिया से जूट आयात करके स्थापित किए गए। जापान के अधिकांश उद्योग आयातित कच्चे माल पर ही आधारित हैं। स्विट्जरलैंड के घड़ी उद्योग में प्रयोग होने वाला कच्चा माल बहुत हल्का है तथा इसकी स्थापना में कच्चे माल का महत्त्व नहीं है।

2. **चालक शक्ति (Power) :** उद्योगों में मशीनें चलाने के लिए शक्ति की आवश्यकता होती है। शक्ति के प्रमुख साधन कोयला, पेट्रोलियम, जल-विद्युत, प्राकृतिक गैस और परमाणु ऊर्जा हैं। लोहा-इस्पात जैसे उद्योग जो कोयले से शक्ति प्राप्त करते हैं, कोयले की खानों के पास ही स्थापित किए जाते हैं। दामोदर घाटी का प्रमुख लोहा-इस्पात केन्द्र जमशेदपुर है, जो झरिया तथा रानीगंज की कोयला खानों के बहुत ही निकट है। इसी प्रकार संयुक्त राज्य अमेरिका के अप्लेशियन एवं विशाल झीलों के औद्योगिक प्रदेश तथा रूस के अधिकांश लोहा-इस्पात औद्योगिक क्षेत्र भी कोयला उत्पादक क्षेत्र के पास ही स्थित हैं। एल्यूमीनियम जैसे उद्योग जिनमें जल-विद्युत की अधिक आवश्यकता होती है, जल-विद्युत उत्पादक क्षेत्रों में ही स्थापित किए जाते हैं। जल-विद्युत को तारों की सहायता से कम लागत पर दूर-दूर तक भेजा जा सकता है, इसलिए यह उद्योगों के विकेन्द्रीकरण में भी सहायता देती है। पेट्रोलियम तथा प्राकृतिक गैस आसानी से एक स्थान से दूसरे स्थान पर ले जाए जा सकते हैं। यही कारण है कि पेट्रोलियम तथा प्राकृतिक गैस उत्पादक प्रदेश बड़े औद्योगिक क्षेत्र नहीं बन पाए।

3. **श्रम (Labour) :** यद्यपि आधुनिक युग में स्वचालित मशीनों तथा कम्प्यूटरों जैसे यन्त्रों का आविष्कार हो चुका है फिर भी औद्योगिक विकास में मानव श्रम का महत्व कम नहीं हुआ। श्रमिकों की बहुलता के साथ-साथ उनका कुशल तथा सस्ता होना भी आवश्यक है।

   कुछ प्रदेशों में श्रम किसी विशेष उद्योग के लिए विशेष रूप से अनुकूल होता है। उदाहरण के लिए, स्विट्जरलैण्ड का घड़ी उद्योग, लुधियाना का हौजरी उद्योग, जापान का प्रकाशकीय उद्योग (Electronic Goods), न्यूयॉर्क का प्रकाशन एवं मुद्रण उद्योग वहाँ के विशिष्ट श्रम के कारण ही सम्भव हो सके हैं।

4. **परिवहन तथा संचार साधन (Means of Transportation and Communication) :** यातायात के मार्ग वे शिराएँ हैं, जिनमें से होकर उद्योग की धमनियों का रक्त-संचार होता है। कच्चे माल को उद्योग-केन्द्र तक लाने और निर्मित माल को खपत के क्षेत्रों तक ले जाने के लिए सस्ते तथा कुशल परिवहन का होना अनिवार्य है। यही कारण है कि सड़क या रेल के जंक्शन तथा बन्दरगाहें औद्योगिक केन्द्रों के रूप में स्थापित हो जाते हैं। एशिया, अफ्रीका तथा दक्षिणी अमेरिका के अधिकांश देशों में परिवहन के साधनों की कमी है, जिसके फलस्वरूप औद्योगिक विकास भी कम हुआ है। इसके विपरीत, उत्तरी-पश्चिमी यूरोप तथा उत्तरी अमेरिका में यातायात के साधनों का विकास हुआ है और उद्योग-धंधे भी विकसित अवस्था में हैं।

   परिवहन के साधनों की भाँति संचार के साधन, जैसे–डाक, तार तथा टेलीफोन आदि भी औद्योगिक विकास में सहायता देते हैं। इनसे उद्योग सम्बन्धी सूचनाएँ जल्दी मिलती हैं।

5. **बाजार (Market) :** उद्योगों के स्थानीयकरण में बाजार का बहुत बड़ा योग है। यही कारण है कि अधिकांश उद्योग बड़े-बड़े नगरों के पास स्थापित किए जाते हैं, जहाँ उनके लिए बाजार उपलब्ध होता है। इसके अतिरिक्त, ये बड़े-बड़े नगर यातायात के साधनों द्वारा अन्य क्षेत्रों से भी जुड़े हुए होते हैं, जिससे निर्मित वस्तुएँ अन्य क्षेत्रों के बाजारों तक भी पहुँच सकती हैं। शीघ्र खराब होने वाली वस्तुओं के उद्योग तो सदा ही खपत के क्षेत्रों के पास लगाए जाते हैं। डेनमार्क का दुग्ध उद्योग स्थानीय माँग पर ही आधारित है।

6. **जलवायु (Climate) :** कुछ उद्योगों के लिए तो विशेष प्रकार की जलवायु की आवश्यकता होती है। उदाहरणार्थ, सूती वस्त्र उद्योग के लिए आर्द्र जलवायु की आवश्यकता होती है, क्योंकि शुष्क जलवायु में इसका धागा बार-बार टूटता रहता है। कृत्रिम आर्द्रीकरण से व्यय बढ़ जाता है। कैलीफोर्निया के हॉलीवुड में चलचित्र उद्योग के विकास में वहाँ की जलवायु का बहुत बड़ा हाथ है। वहाँ वर्ष के अधिकांश दिनों में मेघरहित आकाश तथा सूर्य का प्रकाश मिलता रहता है और दृश्य-भूमि बहुत ही सुन्दर है एवं बाह्य शूटिंग (Outdoor Shooting) आसानी से हो जाती हैं। इसी प्रकार बम्बई में चलचित्र उद्योग की स्थापना भी वहाँ के अनुकूल वातावरण के कारण ही हुई है।

7. **जल आपूर्ति (Water Supply) :** बहुत से उद्योगों के लिए पर्याप्त जल की आपूर्ति एक महत्त्वपूर्ण कारक है। लोहा-इस्पात उद्योग, वस्त्र-निर्माण उद्योग, रासायनिक उद्योग, कागज उद्योग आदि कुछ ऐसे उद्योग हैं जो जल के बिना विकसित नहीं हो सकते। अत: ये

उद्योग जल के स्रोत के निकट ही स्थापित किए जाते हैं। उदाहरणतः, भारत में जमशेदपुर की टाटा आयरन एण्ड स्टीन कम्पनी स्वर्णरेखा नदी तथा भद्रावती का विश्वेस्वरैया लोहा-इस्पात केन्द्र भद्रावती नदी से जल प्राप्त करता है। बम्बई तथा अहमदाबाद में सूती वस्त्र उद्योग में कपड़े को धोने, रँगने, ब्लीचिंग आदि के लिए पर्याप्त जल प्रयोग किया जाता है। इसी प्रकार पटसन उद्योग हुगली नदी के किनारों पर ही विकसित हुआ है क्योंकि पटसन को धोने व रँगने आदि के लिए हुगली नदी से पर्याप्त जल मिल जाता है।

8. **सस्ती भूमि (Cheap Land) :** उद्योगों को स्थापित करने तथा श्रमिकों एवं प्रबन्धकों के निवास की व्यवस्था करने के लिए सस्ती भूमि की आवश्यकता होती है। यदि भूमि महँगी होगी तो कुल लागत बढ़ जाएगी जो उद्योग के विकास में बाधा डालेगी। इसीलिए कई उद्योग-धंधे बड़े नगरों में स्थापित नहीं किए जाते क्योंकि वहाँ पर भूमि महँगी होती है। अहमदाबाद में सूत्री वस्त्र उद्योग के पनपने का एक बड़ा कारण यह था कि वहाँ पर भूमि बम्बई की अपेक्षा बहुत सस्ती थी। इसी प्रकार अब नए उद्योग दिल्ली में न स्थापित होकर इस महानगर के उपनगरों में स्थापित हो रहे हैं क्योंकि इन उपनगरों में भूमि दिल्ली की अपेक्षा काफी सस्ती है। फरीदाबाद, गाजियाबाद, गुड़गाँव, बहादुरगढ़, सोनीपत आदि उपनगरों का औद्योगिक विकास इसका ज्वलन्त उदाहरण है।
9. **पूँजी (Capital) :** किसी भी उद्योग के सफल विकास के लिए पर्याप्त पूँजी का उपलब्ध होना अनिवार्य है। कारखाना लगाने, मशीनें तथा कच्चा माल खरीदने और मजदूरों को वेतन देने के लिए पूँजी की आवश्यकता होती है। यूरोप तथा उत्तरी अमेरिका के देशों में पर्याप्त मात्रा में पूँजी उपलब्ध है तथा यहाँ पर उद्योग भी उन्नत अवस्था में हैं। इसके विपरीत, एशिया, अफ्रीका तथा दक्षिणी अमेरिका के अधिकांश देशों में पूँजी का अभाव है, जिससे उद्योग पिछड़ी अवस्था में हैं।
10. **सरकार की नीति (Government Policy) :** किसी देश की सरकार की नीति भी उद्योगों के विकास को प्रभावित करती है। यदि किसी देश की सरकार वहाँ के उद्योगों का राष्ट्रीयकरण कर रही है, तो विदेशी कम्पनियाँ वहाँ उद्योग नहीं लगाएँगी। इसके विपरीत, यदि टैक्स में छूट अथवा अन्य सुविधाएँ दी जाएँ तो उद्योगों में विकास की सम्भावना बढ़ जाती है। भारत सरकार द्वारा 1992-93 के बजट में उत्तर-पूर्वी राज्यों को पाँच वर्ष के लिए कर-मुक्त रखने की घोषणा से वहाँ पर उद्योग स्थापित होने के अच्छे आसार हो गए हैं। बहुत-से देशों की सरकारें अपने देश में औद्योगिक विकास को प्रोत्साहन देने के लिए आयातित वस्तुओं पर भारी कर लगा देती हैं। सन् 1932 में भारत सरकार ने चीनी के आयात पर भारी कर लगा दिया जिससे भारत में चीनी के उद्योग को काफी प्रोत्साहन मिला।

लोहा तथा इस्पात उद्योग

आधुनिक औद्योगिक युग को लोहा और इस्पात उद्योग आधार प्रदान करता है। इसके बगैर आधुनिक औद्योगिक युग की कल्पना नहीं की जा सकती। इस उद्योग के विकास के लिए लौह-अयस्क, चूना पत्थर, मैंगनीज, डोलोमाइट और जल आदि की जरूरत पड़ती है। यह उद्योग किसी भी देश का आधारभूत उद्योग है। किसी देश के इस्पात उत्पादन और औद्योगिक स्तर में पारस्परिक घनिष्ठ सम्बन्ध होता है। वास्तव में किसी देश की औद्योगिक उन्नत्ति का अनुमान उस देश के लौह-इस्पात के उत्पादन से लगाया जाता है। यही कारण है कि औद्योगिक रूप से विकसित सभी देशों में लौह-इस्पात का उत्पादन बहुत बड़ी मात्रा में होता है, जबकि औद्योगिक रूप से पिछड़े देशों में इसका उत्पादन बहुत कम होता है। लौह-इस्पात उद्योग का स्थानीयकरण विश्व के अधिकांश औद्योगिक क्षेत्रों में हुआ है जो कि निम्नलिखित हैं—

पूर्व सोवियत संघ—इस देश के मास्को-तुला क्षेत्र, यूराल-कुजनेत्सक क्षेत्र, काकेशस क्षेत्र और दक्षिणी यूक्रेन आदि में लौह-इस्पात के प्रमुख उद्योग हैं। इस देश का लौह-अयस्क के उत्पादन में दूसरा स्थान है।

संयुक्त राज्य अमेरिका—यह देश भी लौह अयस्क के उत्पादन में महत्त्वपूर्ण स्थान रखता है। इस देश के पिट्सबर्ग-यंगस्टाऊन क्षेत्र, मध्य एटलांटिक समुद्र तटीय क्षेत्र, शिकागो गौरी क्षेत्र, इरी झील क्षेत्र, बर्मिंघम अलबामा क्षेत्र तथा पश्चिम राज्य क्षेत्र लौह-इस्पात उत्पादन के लिए महत्त्वपूर्ण हैं। इनका लौह-इस्पात के उत्पादन में तीसरा स्थान है।

इंगलैण्ड—यूरोप के देशों में यह महत्त्वपूर्ण लौह-इस्पात उत्पादक देश है। यहाँ के दक्षिणी यार्कशायर क्षेत्र, उत्तरी-पूर्वी तट, दक्षिणी वेल्स, लंकाशायर क्षेत्र, मिडलैण्ड्स क्षेत्र तथा नार्थेम्पटन शायर क्षेत्र में लौह-इस्पात उद्योग हैं।

जर्मनी—लौह-इस्पात के उत्पादन में जर्मनी भी यूरोप का महत्त्वपूर्ण देश है। यहाँ के रूर बेसिन और हार्टज-माउन्टेन, सैक्सोनी और साइलेशिया प्रदेश में इसके उत्पादन केन्द्र हैं।

इन देशों के अलावा फ्रांस के लॉरेन क्षेत्र, साम्बे म्यूज क्षेत्र तथा सार बेसिन में, चीन के मन्चूरिया, यांगटिसी घाटी, शान्सी क्षेत्र में, भारत की दामोदर घाटी, कनाडा के ओंटैरियो झील क्षेत्र, साल्ट मेरी क्षेत्र और नोवास्कोशिया क्षेत्र में, नीदरलैण्ड, पोलैण्ड, स्वीडन, आस्ट्रिया, जापान और आस्ट्रेलिया आदि देशों में भी लौह-इस्पात का उत्पादन बड़ी मात्रा में होता है। यद्यपि जापान के पास लौह-अयस्क तथा दूसरे कच्चे मालों की कमी है फिर भी यह विश्व का सबसे बड़ा लौह-इस्पात उत्पादन करने वाला देश है।

वस्त्र उद्योग

वस्त्र मनुष्य की मूलभूत आवश्यकता है। यह मनुष्य का अपना शरीर ढँकने के लिए चाहिए। सभ्यता के विकास के साथ-साथ वस्त्रों में भी अभूतपूर्व परिवर्तन आया है। वस्त्र उद्योग के लिए कच्चा माल जानवरों के बालों या वनस्पतियों से प्राप्त होता है। ऊन, रेशम, कपास, फ्लैक्स आदि प्राकृतक स्रोतों से प्राप्त कच्चा माल है जिससे सूती, रेशमी, ऊनी वस्त्र बनते हैं। कुछ कच्चा माल कृत्रिम रूप से मनुष्य द्वारा वैज्ञानिक विकास के फलस्वरूप बनाया गया है, जैसे-रेयॉन, नाइलोन, टेरीलीन या प्राकृतिक और कृत्रिम रेशों के मिश्रण द्वारा बनाया गया रैशा, टैरीकॉट आदि। मनुष्य द्वारा निर्मित सबसे महत्वपूर्ण रेशा रेयॉन है जो लुग्दी से बनाया जाता है। यह वनस्पति सामग्री और एक रसायन के मिश्रण से बना हुआ उत्पाद है। महत्वपूर्ण वस्त्र उद्योग निम्नलिखित हैं—

(i) सूती वस्त्र उद्योग—

इस वस्त्र उद्योग का आधार कपास है, इसलिए जिन देशों में कपास अधिकाधिक मात्रा में मिलती है, वहाँ पर यह उद्योग विकसित हो गया है। इस उद्योग के विकास में जलवायु, कुशल कारीगर, सस्ते शक्ति के साधन, परिवहन तथा

बाजार आदि कारकों का बहुत महत्त्व है। सूती वस्त्र उद्योग के प्रमुख उत्पादक देशों में चीन, भारत, संयुक्त राज्य अमेरिका, ग्रेट ब्रिटेन और जापान उल्लेखनीय हैं।

संयुक्त राज्य अमेरिका—यह देश सूती कपड़े के उत्पादन में महत्त्वपूर्ण है। यहाँ के सूती वस्त्र उद्योग न्यू इंग्लैण्ड राज्य, मध्य अटलाण्टिक राज्य तथा दक्षिण के कपास उत्पादक राज्यों में स्थित हैं।

ब्रिटेन—यह देश आधुनिक वस्त्र उद्योगों का जन्म स्थान है। यहाँ की अधिकांश सूती वस्त्र मिलें लंकाशायर के आस-पास केन्द्रित हैं। इसके अलावा ये उद्योग क्लाइड घाटी क्षेत्र और वेस्ट राइडिंग, डर्बीशायर तथा मानचेस्टर में पाए जाते हैं।

जापान—इस देश का सूती वस्त्र उद्योग पूर्णत: आयातित कपास पर निर्भर हैं। यहाँ के उद्योग ओसाका, क्यूरो, हिरोशिमा, याकोहामा, नागोया और टोकियो शहरों में केन्द्रित हैं। इस देश का ओसाका शहर सूती वस्त्र उद्योग के लिए विश्व प्रसिद्ध है। इसलिए इसे जापान का मानचेस्टर भी कहा जाता है।

पूर्व सोवियत संघ—यह देश संसार का एक महत्त्वपूर्ण वस्त्र उत्पादक देश है। यहाँ के मध्य एशिया में ताशकन्द, यूक्रेन, वोल्गा बेसिन, यूराल क्षेत्र, ट्रान्स कॉकेशिया, लेनिनग्राड क्षेत्र और आइवानोवो क्षेत्रों में सूती वस्त्र उद्योग स्थित हैं। आइवानोवो क्षेत्र इस देश के मानचेस्टर के नाम से प्रसिद्ध हैं।

भारत—सूती वस्त्र उद्योग के लिए भारत विश्वप्रसिद्ध है। यहाँ के मुम्बई, अहमदाबाद, कानपुर, सूरत, बंगलूर आदि केन्द्रों में सूती वस्त्र का उत्पादन होता है।

इन देशों के अलावा जर्मनी में ब्रेमेन, आचेड्यूरेन, रूर और सैक्सानी क्षेत्र, फ्रांस के वासजेज, नार्मेडी और उत्तरी-पूर्वी क्षेत्र में, इटली के मिलान, बेल्जियम के ब्रुसेल्स, पोलैण्ड के लोज, स्पेन के वार्सिलोना, ब्राजील के साओपालो और मिनास गेरेस में सूती वस्त्र उद्योग अच्छी तरह विकसित हैं।

(ii) ऊनी वस्त्र उद्योग—

ऊनी वस्त्र उद्योग उत्तरी गोलार्द्ध के मध्य अक्षांशों यानी शीत और शीतोष्ण कटिबन्धों में विकसित हुआ है, जहाँ पर इन वस्त्रों का प्रयोग किया जाता है। इस उद्योग का प्रमुख कच्चा माल ऊन है, जिसको भेड़ों और अन्य पशुओं से प्राप्त किया जाता है। ऊनी वस्त्र उद्योग का विकास ऊन की पूर्ति, साफ और हल्का जल, अधिक कुशल श्रम, सस्ती शक्ति और बाजार की निकटता पर निर्भर करता है। विश्व में इस उद्योग का वितरण निम्नलिखित है—

संयुक्त राज्य अमेरिका—यह उद्योग यहाँ के न्यू-इंग्लैण्ड, फिलाडेल्फिया, प्रावीडेन्स वारसोत्तर, लॉरेन्स, न्यूजर्सी, कनवेटी और दक्षिणी राज्यों में स्थित है।

पूर्व सोवियत संघ—यह उद्योग यहाँ के मास्को, लेनिनग्राड, यूक्रेन, काकेशस, कजाखस्तान, आइनोवा, खारकोव और तिबिल्सी में स्थित है।

जापान—यहाँ ये उद्योग ओसाका-कोबे, टोकियो-याकोहामा और नागोया शहरों में स्थित हैं।

ग्रेट ब्रिटेन—यहाँ इस उद्योग का केन्द्र यार्कशायर, स्कॉटलैण्ड, लंकाशायर, लीड्स, गेलशील्ड, वारविक, ब्रेडफोड और हैलीफैक्स शहरों में है।

आस्ट्रेलिया—यह देश ऊन को कच्चे माल के रूप में उत्पादित करने के लिए विख्यात है। यहाँ से यूरोप के देशों में ऊन का निर्यात होता है। इस देश में यह उद्योग सिडनी, मेलबर्न, लासेस्टन और सीलोंग में स्थित है।

इन देशों के अलावा यह उद्योग फ्रांस के टोरकोइगव रोबेक्स में, जर्मनी के बर्मन एल्बरफेल्ड एवं सिलीशिया, इटली के मिलान, लैस्को, नोवारा में, चीन के लैन्चो, टीन्सटिन और शंघाई में, न्यूजीलैण्ड के वैलिंगटन, क्राइस्ट चर्च तथा ऑकलैण्ड शहरों में बहुत अच्छी तरह विकसित हो गया है।

(iii) रेशमी वस्त्र उद्योग—

आज के वस्त्र उद्योग के विकास में रेशम उद्योग एक प्रमुख उद्योग बन गया है। यह उद्योग रेशम पर आधारित है जो रेशम के कीड़ों (Cocoon) से प्राप्त होता है। कच्चा रेशम, परिवहन के साधन, बाजार, कुशल कारीगर, पूँजी और उत्तम जलवायु आदि साधन इस उद्योग के निर्माण में सहायता करते हैं। यह उद्योग भी विश्व के बहुत कम देशों में विकसित है। ये देश निम्नलिखित हैं :

संयुक्त राज्य अमेरिका—यह उद्योग यहाँ के न्यूजर्सी, न्यूयार्क, मैसाचुसेट्स, पेन्सिलवानिया तथा कनेक्टीकट व न्यूयार्क आदि नगरों में विकसित है। यहाँ के उद्योग ज्यादातर आयातित कच्चे मालों पर आधारित हैं।

जापान—यह देश उच्च कोटि के रेशमी वस्त्र का निर्माण करता है। यहाँ के नगोया, कोबे, याकोहाया, ओसाका, टोकियो, क्योटो, कानाजवा तथा फुकुई शहरों में यह उद्योग विकसित है।

चीन—चीन भी रेशमी कपड़ों के उत्पादन में महत्त्वपूर्ण स्थान रखता है। यहाँ पर यह उद्योग शंघाई, हागचाऊ, हंटन, सुचारू तथा चीफू आदि शहरों में विकसित है। यह संसार में सबसे ज्यादा रेशमी वस्त्रों का निर्माण करता है।

पूर्व सोवियत संघ—रेशमी वस्त्र उद्योगों का केन्द्रीकरण इस देश के इवानोवो ब्लाडीमीर, कालिनिन, तिबिल्सी, बाकू, दुशानवे, ताशकन्द, ओश, स्टालिनग्राड, समरकन्द तथा कुत्सी आदि नगरों में विकसित हुआ है। रेशमी कपड़े के उत्पादन में यह देश चौथे स्थान पर आता है।

इन देशों के अलावा रेशम वस्त्र उद्योग फ्रांस के मारसली व निमेजे में, इटली के कोमो, मिलान, बारगेमों और ह्यूमन में, स्विटरलैण्ड के बेसिल, बर्न व जिनोवा में इंग्लैण्ड के हैलीफैक्स, लीक ब्रेडफोर्ड व डर्बी में, जर्मनी के क्रैफील्ड, बेस्टफेलिया और बेडन में तथा भारत के मैसूर, मुर्शिदाबाद तथा वाराणसी शहरों में भली-भाँति विकसित है।

इन उद्योगों के अलावा कृत्रिम रेशों और उनसे बने वस्त्र के उत्पादन में संयुक्त राज्य अमेरिका का पहला स्थान है जबकि जापान, स्वतन्त्र देशों का राष्ट्रकुल, जर्मनी तथा ग्रेट ब्रिटेन क्रमश: दूसरे, तीसरे, चौथे और पाँचवें स्थान पर हैं।

कागज उद्योग

कागज का आविष्कार चीन में लगभग सन् 105 ई. में त्साइलुन नामक व्यक्ति ने किया था। इटली और स्पेन में कागज के कारखानों की स्थापना लगभग 1150 ई. के आसपास, जर्मनी में 1291 ई. के आसपास, फ्रांस में 1189 ई. के आसपास और ग्रेट ब्रिटेन में 1330 ई. में की गई थी। इस उद्योग का केन्द्रीकरण उत्तम प्रकार की घास, लकड़ी, पूँजी, विद्युत-शक्ति, कुशल कारीगर, परिवहन के साधन और अच्छे बाजार आदि कारकों पर निर्भर करता है। इन कारकों का विश्व में असमान वितरण है। इसलिए कागज उद्योग भी असमान रूप से विश्व में वितरित है।

कनाडा—कागज उद्योग में कनाडा का महत्त्वपूर्ण स्थान है। यहाँ के ओंटैरियो, न्यूफाऊण्डलैण्ड, मोनीटोबा प्रान्त और क्यूबेक प्रान्त में कागज

उद्योग वहाँ के सस्ते बिजली के साधनों और प्रचुर मात्रा में स्थानीय वनों की उपलब्धता के कारण स्थापित किए गए हैं।

संयुक्त राज्य अमेरिका—इस देश के कागज उद्योग यहाँ के झील क्षेत्र, न्यू इंगलैण्ड क्षेत्र, उत्तरी-पश्चिमी क्षेत्र और दक्षिणी क्षेत्र में स्थापित किए गए हैं।

पूर्व सोवियत संघ—कागज उद्योग में इस देश का भी महत्त्वपूर्ण स्थान है। इस देश में यह उद्योग लेनिनग्राड, सेगेझ, वालाख्रा, नोवाया, कामा सोलीकामस्क, विशेरा, सोलोम्बाल्स्की इत्यादि क्षेत्रों में स्थापित किया गया है। यहाँ इन क्षेत्रों में इस उद्योग की सारी आवश्यकताएँ पूरी हो जाती हैं।

चीन—कागज उद्योग में चीन का भी महत्त्वपूर्ण स्थान है। यहाँ के च्यांग सी, चिच्याड, संगरी नदी के तट और फुफीन आदि केन्द्रों में कागज उद्योग बड़े पैमाने पर विकसित हुआ है।

इन देशों के अलावा, इंग्लैण्ड के डेलफैण्ट, रासेन हैम्पशायर, जापान के होकेडो, क्यूशु, होन्शू प्रान्तों में तथा नार्वे, स्वीडन, फिनलैण्ड व भारत के पश्चिम बंगाल, मध्य प्रदेश और उत्तर प्रदेश राज्यों में और यूरोप व दूसरे देशों में भी कागज उद्योग का विकास बड़े पैमाने पर किया गया है।

विश्व के प्रमुख व्यापारिक मार्ग

अन्तर्राष्ट्रीय व्यापारिक परिवहन के मुख्य महासागरीय मार्ग निम्नलिखित हैं :

1. उत्तरी एटलांटिक मार्ग।
2. भूमध्य सागरीय-हिन्द महासागरीय मार्ग।
3. केप ऑफ गुड होप मार्ग।
4. दक्षिणी एटलांटिक मार्ग।
5. केरिबियन सागर व्यापारिक मार्ग।
6. प्रशान्त महासागरीय मार्ग।
7. स्वेज नहर मार्ग।
8. पनामा नहर मार्ग।

उत्तरी एटलांटिक मार्ग

विश्व का सबसे अधिक प्रयोग में आने वाला महासागरीय मार्ग उत्तरी एटलांटिक का है जो पश्चिमी यूरोपीय देशों और उत्तरी अमेरिका के मध्य स्थित है। विश्व के अन्तर्राष्ट्रीय व्यापार का लगभग 1/4 भाग उत्तरी एटलांटिक मार्ग से होता है। इस मार्ग पर प्रथम स्टीमर जलपोत 1938 में चालू हुआ था। तब से इस परिवहन का विकास आज तक जारी है।

पश्चिमी यूरोप के मुख्य पोताश्रय (Ports) लंदन, लिवरपूल, हेम्बर्ग, ब्रीमेन, बर्जेन, रोटरडम, एमस्टरडम, दी हेग, ली हेवर, ब्रेस्ट, नान्टीज, बिल्बाओ, ओपोर्टो, रोम, नेपिल्स आदि एटलांटिक के पूर्वी तट पर स्थित हैं जिनकी घनी पश्चभूमियाँ (Hinterlands) हैं। उधर एटलांटिक पश्चिमी तट पर उत्तरी अमेरिका के हेलीफेक्स और क्वेबेक कनाडा के पोताश्रय हैं, तथा संयुक्त राज्य अमेरिका के न्यूयार्क, बोस्टन, फिलाडेल्फिया, बाल्टीमोर, गेल्वेस्टन, चार्ल्सटन, न्यू आर्लियन्स, हाउसटन और मध्य अमेरिका के पोर्टस हैं।

वृहत्-वृत्त मार्ग : यथा संभव वृहत्-वृत्त मार्ग (Great Circle Route) का अनुसरण किया जाता है। उत्तरी अमेरिका का पूर्वी तट बहुत कुछ वृहत्-वृत्त मार्ग से मिलता-जुलता है, यद्यपि लेब्रेडोर का प्रायद्वीप कुछ आगे को निकला हुआ है। पश्चिमी यूरोप को जाने वाले जलपोत उत्तरी अमेरिका के तट के सहारे-सहारे चलते हैं। अत: मध्य अमेरिका में **कोलोन** (पनामा) से चलने वाले और शिकागो से जाने वाले जलपोत मार्ग में मिल जाते हैं और एक ही मार्ग का अनुगमन करते हैं। शीत ऋतु में तूफानों के कारण जलपोतों को वृहत् मार्ग छोड़कर कुछ दक्षिण की ओर जाना पड़ता है।

जहाजों द्वारा ढोये जाने वाले माल में भारी विविधता को निर्मित सामग्री अर्द्ध परिष्कृत सामग्री, कच्चे माल और भोज्य पदार्थ होते हैं।

भूमध्य सागरीय-हिन्द महासागरीय मार्ग

यह संसार का सबसे लम्बा व्यापारिक मार्ग है, जो संसार के मध्य भाग से होकर जाता है और संसार के सबसे बड़े थल भाग तथा संसार की अधिकतम जनसंख्या की सेवा करता है अर्थात् लगभग 3/4 जनसंख्या की सेवा करता है। यह मार्ग यूरोपीय और अमेरिकन पश्चिमी सभ्यता को भारत, चीन और जापान को पूर्वी सभ्यता से जोड़ता है। यह मार्ग पश्चिमी यूरोप से भूमध्य सागर होकर स्वेज नहर और लाल सागर को पार करता हुआ हिन्द महासागर में पूर्वी अफ्रीका, दक्षिणी एशिया, आस्ट्रेलिया और न्यूजीलैण्ड को चला जाता है। इसी की एक शाखा पूर्वी एशिया में चीन, जापान को जाती है।

इस मार्ग की अन्तर्राष्ट्रीय शृंखला में युद्धनीतिक महत्त्व की एक बड़ी नहर **स्वेज नहर** है।

मार्ग के पोर्ट्स : भूमध्य सागरीय मार्ग के मुख्य पोर्ट लेनिन ग्राड, हेम्बर्ग, एमस्टर्डम, रोडरड्म, लंदन, साउथेम्पटन, लिवरपूल, लोहेवर, लिस्बन, मार्सेली, जेनोआ, रोम, नेपुल्स, ओदेसा, पोर्ट सईद, अदने, मुम्बई, कोलम्बो, पर्थ, एडिलेड, सिडनी तथा अफ्रीका में मोम्बासा, जेन्जीबार, डरबन आदि हैं। सिंगापुर में एक शाखा हांगकांग, सिडनी, जापान और फिलीपाइन्स को चली जाती है।

इस मार्ग पर जहाजों की पेट्रोलियम-ईंधन मिलने की सुविधा मध्यपूर्व, रोमानिया, पूर्व सोवियत संघ (काला सागर), इण्डोनेशिया और सारावाक के तेल क्षेत्रों में रहती है। जहाजों के कोयले की प्राप्ति पोर्ट सईद, कोलम्बो और सिंगापुर में होती है। लाल सागर को पार करने के बाद यह मार्ग दो शाखाओं में बँट जाता है। एक, अफ्रीका के पूर्वी तट पर डरबन को और दूसरी, सुदूरवर्ती तथा आस्ट्रेलिया को।

इस मार्ग के निम्नलिखित पाँच विभाग हैं :

1. भूमध्य सागर-काला सागर के देशों में व्यापार।
2. पश्चिमी यूरोप और भूमध्यसागर के देशों में व्यापार।
3. पश्चिमी यूरोप और पूर्वी एशिया के बीच व्यापार।
4. दक्षिण एशिया और पूर्वी एशिया के बीच व्यापार।
5. उत्तरी अमेरिका और भूमध्य सागरीय देशों के बीच व्यापार।

केप ऑफ गुडहोप अर्थात् उत्तमाशा अन्तरीप मार्ग

यह मार्ग उत्तरी अमेरिका के पूर्वी तट और पश्चिमी यूरोपीय देशों को अफ्रीका, द. एशिया, पू. एशिया और आस्ट्रेलिया से जोड़ता है। स्वेज नहर के बन जाने से इस मार्ग का महत्त्व कम हो गया है।

पश्चिमी यूरोप के जहाज केप वर्डे द्वीपों के समीप होते हुए वृहत्-वृत्त (Great Circle) द्वारा अफ्रीका के दक्षिण में केप ऑफ गुडहोप पहुँचते हैं। वहाँ **केप टाउन** बंदरगाह है। केप टाउन से इण्डोनेशिया जाने वाले जहाज वृहत्-वृत्त मार्ग में आते हैं, परन्तु केप टाउन से आस्ट्रेलिया और न्यूजीलैण्ड का मार्ग वृहत्-वृत्त से कुछ उत्तर में है, ताकि जहाजों के मार्ग में तूफान और

हिम खण्ड न आएँ। मार्ग में जहाजों के ईंधन लेने के बंदरगाह केपटाउन, पोर्ट एलिजाबेथ, ऐडिलेड, मेलबोर्न, सिडनी आदि हैं।

दक्षिणी एटलांटिक मार्ग

दक्षिणी अमेरिका में *(i)* अमेजन बेसिन जैसे विस्तृत ओर सघन वन हैं, *(ii)* ब्राजील के पठार और पेटागोनिया जैसे विस्तृत चारागाह हैं, *(iii)* पम्पास जैसे उपजाऊ कृषि प्रदेश हैं, और *(iv)* एण्डीज जैसे खनिज भण्डारों के प्रदेश हैं। इन वनों, चारागाहों, कृषि फार्मों और खानों के उत्पादनों के वृहत् बाजार पश्चिमी यूरोप तथा सं.रा. अमेरिका और कनाडा में हैं। दक्षिणी अमेरिका के पूर्वी तट के बंदरगाह रायो-डि-जेनेरो, सेन्टोस, मोण्टेविडियो और ब्यूनस आयर्स हैं।

केरिबियन सागर व्यापारिक मार्ग

केरिबियन सागर में स्थित पश्चिमी द्वीप समूहों से, तथा वेनेजुएला, गायना, सूरीनामा आदि देशों से उत्तरी अमेरिका के पूर्वी तटीय बंदरगाहों और यूरोप को खाद्य पदार्थ व खनिज पदार्थों का होता है।

प्रशान्त महासागरीय मार्ग

यद्यपि प्रशांत महासागर सबसे बड़ा महासागर है, जो पृथ्वी तल के 1/8 भाग पर फैला हुआ है, फिर भी इसमें व्यापारिक परिवहन की मात्रा बहुत कम है। इसके दो कारण हैं : *(i)* संसार के मुख्य औद्योगिक प्रदेश, यूरोप तथा अमेरिका एटलांटिक के तटों पर हैं, पैसेफिक के तट पर केवल जापान एक ऐसा औद्योगिक उन्नति का देश है। *(ii)* पैसेफिक में कोई ऐसा द्वीप नहीं है जिसका व्यापारिक महत्त्व हो।

उत्तरी प्रशांत मार्ग उत्तरी अमेरिका के पश्चिमी तट को एशिया के देशों से जोड़ता है। इसकी दो शाखाएँ हैं : *(i)* एक शाखा चीन-जापान से पश्चिमी अमेरिकी तट को जाने के लिए एयूशियन द्वीपों के समीप वृहत् वृत्त मार्ग का अनुसरण करती है। *(ii)* दूसरी शाखा हवाई द्वीप होकर जाती है, जो एशियाई देशों को तथा आस्ट्रेलिया-न्यूजीलैण्ड को भी जाती है।

अमेरिकन बंदरगाह लॉस एंजिल्स, सेन फ्रांसिस्को, सिएटल, पोर्टलैण्ड, वैकूंवर और प्रिंस रुपर्ट हैं। एशियाई बंदरगाह टोकियो, याकोहामा, कोबे, ओसाका, शंघाई, टीन्टसिन और हांगकांग हैं।

स्वेज नहर मार्ग

स्वेज नहर मार्ग का वृहत् व्यापारिक मार्ग है।

निर्माण : स्वेज नहर भूमध्य सागर और लाल सागर के बीच स्थित है। इसकी खुदाई 1859 में अलेग्जेण्ड्रिया में स्थित फ्रांसीसी दूतावास के एक इंजीनियर फर्डिनेण्ड-डि-लेसेप्स के निर्देशन में आरंभ हुई थी। नहर का निर्माण 10 वर्षों में पूरा हो गया और 1869 में नहर का उद्घाटन हो गया। इस नहर की लम्बाई 162 किमी. है। औसत चौड़ाई 60 मीटर और गहराई 10 मीटर है। 1956 में मिश्र सरकार ने इस नहर का राष्ट्रीयकरण कर लिया था। 1967 में संयुक्त राष्ट्र संघ (U.N.O.) ने इस राष्ट्रीयकरण को सहमति दे दी थी।

स्वेज नहर के भूमध्यसागरीय तट पर **पोर्ट सईद** बंदरगाह है। उसके दक्षिण में यह नहर नेझाला झील को पार करती हुई अलकन्तारा, अलफिरदान और इरमाइलिया नहरी पोताश्रयों तक आने के बाद उसके दक्षिण में स्थित झीलों ग्रेट बियर झील और बिटर झील को पार करती है। नहर के दक्षिणी सिरे पर, जहाँ यह लाल सागर में मिलती है, पश्चिम में **स्वेज पोर्ट** और पूर्व में **तौफीक पोर्ट** है। क्योंकि यह नहर चौरस मरुस्थल को पार करती है, इसमें किसी प्रकार के लॉक्स की आवश्यकता नहीं है। बिटर झीलों में जहाज रात्रि के समय लंगर डालकर ठहर सकते हैं। उसके बाद नहर का अंतिम भाग लगभग 50 किमी. तक बिल्कुल सीधा है। इस्माइलिया पर एक मीठे पानी की नहर स्वेज में आकर मिलती है।

स्वेज द्वारा व्यापार : यूरोपीय देशों को जाने वाले व्यापारिक माल में फारस की खाड़ी के देशों से पेट्रोलियम के उत्पादित पदार्थ भारत तथा अन्य देशों की धातुएँ, मैंगनीज, अभ्रक, टिन, अन्य खनिज पदार्थ, रबर, चाय, जूट और जूट का सामान, कपास, सूती वस्त्र, मांस, ऊन, नारियल, वनस्पति तेल, चमड़ा और खालें, सागवान लकड़ी, कॉफी, मसाले आदि होते हैं। यूरोप से आने वाले माल में लौह-इस्पात, मशीनें, रेलवे का सामान, मोटरगाड़ियाँ, रसायनिक पदार्थ, उर्वरक, वस्त्र, मोटरकार तथा विविध प्रकार की निर्मित सामग्री होती हैं।

पनामा नहर मार्ग :

पनामा नहर की रचना : पनामा नहर एटलांटिक महासागर और पैसेफिक महासागर को मिलाती है।

पनामा नहर के बनने से पूर्ण यूरोपीय देशों के जहाज तथा उत्तरी अमेरिका के जहाज जो पैसेफिक को जाना चाहते थे उनको दक्षिणी अमेरिका के दक्षिण में केप हॉर्न का चक्कर लगाकर जाना होता था। अब न्यूयार्क में सैन फ्रांसिस्को जाने में 13,000 किमी. की दूरी की बचत हो जाती है। न्यूआर्लियन्स से सैन फ्रांसिस्को जाने में 14,200 किमी. की दूरी की बचत हो जाती है। लिवरपूल से सैनफ्रांसिस्को जाने में 9,100 किमी. दूरी की बचत हो जाती है। न्यूयार्क से बालपैरजो जाने में 6,000 किमी. की बचत होती है। न्यूयार्क और आस्ट्रेलिया के किसी पोर्ट के बीच लगभग 6,400 किमी. दूरी की बचत होती है। पनामा मार्ग केप हार्न ओर मैगलेन जलसंयोजी मार्गों की अपेक्षा बहुत अधिक सुरिक्षित है, क्योंकि इस मार्ग में वैसे तूफान और हिमशैल नहीं आते हैं।

पनामा नहर द्वारा व्यापार : पनामा नहर के बनने के कारण *(i)* सं.रा. अमेरिका के पूर्वी भाग और पश्चिमी भाग में, *(ii)* संयुक्त राज्य अमेरिका के पूर्वी और दक्षिणी अमेरिका के पश्चिमी तट में, *(iii)* संयुक्त राज्य अमेरिका के पूर्वी और एशिया देशों—चीन, जापान, फिलीपाइन, वियतनाम आदि में, *(vi)* संयुक्त राज्य अमेरिका के पूर्वी भाग और आस्ट्रेलिया, न्यूजीलैण्ड में, तथा *(v)* पश्चिमी यूरोपीय देशों और पश्चिमी संयुक्त राज्य अमेरिका में तथा दक्षिणी अमेरिका के पश्चिमी तट में व्यापार को प्रोत्साहन मिला है।

पश्चिम की तरफ जाने वाले जहाज उत्तरी अमेरिका के पूर्वी तट और पश्चिमी यूरोप से बहुत-सी विविध प्रकार की निर्मित सामग्री ले जाते हैं। पूर्वी संयुक्त राज्य अमेरिका से खाद्य पदार्थ और कोयला, ब्राजील में कॉफी, वेनेजुएला में पेट्रोलियम, जमैइका (ब्रिटिश कोलम्बिया) से एल्युमिनियम ले जाते हैं। पूर्वी संयुक्त राज्य अमेरिका से जापान को जाने वाले जहाज कोयला, कोक, लौह इस्पात का स्क्रेप, फास्फेट्स और कपास ले जाते हैं।

दक्षिणी अमेरिका के पश्चिमी तट को भी पनामा से बहुत प्रोत्साहन मिला है। कोलम्बिया से पेट्रोलियम और कॉफी, बोलिविया के खनिज उत्पादन, चिली का ताँबा, जस्ता, टिन, पीरू के नाइट्रेट्स का परिवहन पनामा मार्ग से

होता है। लौह अयस्क, ताँबा, एण्टीमनी, ताँबा, जस्ता, टीन, पीरू के नाइट्रेट्स का परिवहन पनामा मार्ग से होता है।

पनामा नहर के द्वारा आस्ट्रेलिया से ऊन, मक्खन, पनीर, खानें, सीसा, जस्ता अन्य धातुएँ उत्तरी अमेरिका के पूर्वी तट को आती हैं। न्यूजीलैण्ड से ऊन, मक्खन और पनीर आते हैं। यूरोप तथा सं.रा. अमेरिका से इन देशों की निर्मित सामग्री जाती है तथा बैनेजुएला और कोलम्बिया को पैट्रोलियम जाता है।

आंतरिक जल परिवहन

1. **उत्तरी अमेरिका :** यहाँ वृहद् झील, सेंट लारेंस एवं मिसीसिपी तथा उसकी सहायक नदियाँ महत्त्वपूर्ण जल मार्ग हैं।

   वैलेण्ड नहर : यह नहर ईरी एवं ओंटेरियों झीलों को जोड़ती है।

   सू नहर : यह नहर सुपीरियर एवं ह्यूरन झीलों को जोड़ती है।

   ईरी नहर : यह ईरी झील को मिशीगन झील से जोड़ती है।

2. **यूरोप : कील नहर :** यह नहर उत्तर सागर एवं बाल्टिक सागर को जोड़ती है।

   मैनचेस्टर नहर : यह नहर ब्रिटेन में मैनचेस्टर एवं ईस्थम को मिलाती है।

   गोटा नहर : स्वीडन में यह नहर स्टॉक होम एवं गोटें बर्ग के बीच बनाई गई है।

   स्टैलिन नहर : इसे डॉन वोल्गा नहर के नाम से भी जाना जाता है। यह नहर भूतपूर्व सोवियत संघ में रोस्तोव एवं स्टालिनग्राड को मिलाती है।

   न्यू वाटरवे : उत्तरी सागर एवं रॉटरडम के बीच।

   उत्तरी सागर नहर : उत्तरी सागर एवं एमस्टरडम।

   राइन-मेन डेन्यूब मार्ग : इस मार्ग द्वारा राइन, मेन डेन्यूब नदियों एवं नहरों की सहायता से उत्तरी सागर को काला सागर से जोड़ा गया है।

— उत्तर सागर में गिरने वाली नदियाँ (सीन, राइन, एल्ब आदि) एवं उनको मिलाने वाली नहरों सहित एक बहुत ही अच्छा परिवहन जाल पश्चिमी यूरोप में विकसित किया गया है।

— नीदरलैण्ड में कुल माल परिवहन का 70 प्रतिशत, जर्मनी में 30 प्रतिशत नौगम्य नदियों पर होता है। फ्रांस एवं बेल्जियम में भी आंतरिक जल मार्गों द्वारा परिवहन महत्त्वपूर्ण है।

— यूरोप की राइन नदी माल परिवहन की दृष्टि से विश्व में सर्वाधिक व्यस्त नदी है। इसके अलावा डेन्यूब एवं उसकी सहायक नदियाँ भी जल परिवहन की दृष्टि से महत्त्वपूर्ण हैं।

— यूरोप की वोल्गा प्रणाली विश्व की एक बड़ी जल प्रवाह प्रणाली है जिसके अन्तर्गत 11,200 किमी. नौगम्य जलमार्ग उपलब्ध हैं।

एशिया : एशिया में चीन की जल परिवहन प्रणाली सर्वाधिक विकसित है। यहाँ की सर्वाधिक महत्त्वपूर्ण नौगम्य नदी यांगटिसी है।

— द.पू. एशिया में मेनाम, मेकांग एवं ईरावदी नदियों द्वारा परिवहन काफी महत्त्वपूर्ण है क्योंकि इस भाग में अन्य परिवहन साधनों का कम विकास हुआ है।

द. अमेरिका : पराना परागुए जलमार्ग दक्षिणी अमेरिका की सर्वाधिक महत्त्वपूर्ण आंतरिक जल प्रवाह प्रणाली है।

— अमेजन नदी में समुद्री जहाज 1600 किमी. अंदर तक जा सकते हैं। परंतु आंतरिक भागों का सीमित आर्थिक विकास होने के कारण यहाँ यातायात कम होता है।

❑ ❑ ❑

अध्याय-9

भारत का भूगोल

वृहत भौगोलिक विस्तार के कारण भारत को प्राय: उपमहाद्वीप की संज्ञा दी जाती है। भारत के उत्तर में गगनचुम्बी, हिमाच्छादित पर्वत श्रेणियाँ; दक्षिण में पठारों की असमान धरा, प्राचीन पहाड़ियों और नारियल के वृक्षों से भरे तटीय मैदान; पूर्व में हिन्द म्यांमार की जटिल पहाड़ी श्रृंखलाएँ तथा पश्चिम में प्यासी रेतीली मरुभूमि-थार अवस्थित है।

पूर्णतया उत्तरी गोलार्द्ध में स्थित भारत की मुख्य भूमि 8°4′ और 37°6′, उत्तरी अक्षांश और 68°7′ और 97°25′ पूर्वी देशांतर के बीच फैली हुई है। भारतीय संघ के दक्षिणतम बिन्दु का अक्षांश 6°75′ उत्तरी अक्षांश है जो अण्डमान निकोबार द्वीप समूह के दक्षिण में स्थित है एवं इन्दिरा प्वाइंट के नाम से जाना जाता है। इसे 'पिगमेलियन प्वाइंट' एवं 'लाहिचिग' के नाम से भी जाना जाता है। यह बड़ा या ग्रेट निकोबार में स्थित है। भारत की सबसे उत्तरी बिन्दु इंदिरा कॉल है, जो लेह में स्थित है। भारत की पूर्वी सीमा अरुणाचल प्रदेश एवं पश्चिम सीमा गुजरात में है। इसका विस्तार उत्तर से दक्षिण तक 3,214 कि.मी. तथा पूर्व से पश्चिम तक 2,933 कि.मी. है। इसकी भूमि-सीमा लगभग 15,106 कि.मी. है। मुख्य भूमि, लक्षद्वीप समूह और अंडमान-निकोबार द्वीप समूह के समुद्रतट की कुल लम्बाई 7,516.6 कि.मी. है। इसका क्षेत्रफल 32,87,263 वर्ग कि.मी. है।

क्षेत्रफल की दृष्टि से यह विश्व का सातवाँ बड़ा देश है तथा विश्व के कुल क्षेत्रफल का 2.42 प्रतिशत भाग पर विस्तृत है। रूस, कनाडा, चीन, सं. रा. अमेरिका, ब्राजील तथा आस्ट्रेलिया क्रमश: छह ऐसे देश हैं जो भारत से दो से पाँच गुना तक बड़े हैं।

विशाल देशांतरीय विस्तार के कारण इसके पूर्वी तथा पश्चिमी सुदूर बिन्दुओं के स्थानीय समय में दो घंटों का अंतर है। जब अरुणाचल प्रदेश के पूर्वी भाग में सूर्योदय होता है उस समय गुजरात के पश्चिमी भाग में रात रहती है। इसीलिए भारत की मध्याह्न रेखा (82°30′ पूर्व देशांतर), जो इलाहाबाद के निकट से गुजरती है, का समय ही भारत का मानक समय माना जाता है। भारत विषुवत रेखा के उत्तर में है। विषुवत रेखा से भारत का दक्षिणी बिन्दु 876 किमी दूर है।

कर्क रेखा (23°30′ उत्तरी अक्षांश) देश को दो बराबर भागों में विभाजित करती है। इसका अक्षांशीय विस्तार 29 अक्षांशों 8°4′ N से 37° N तक है। इसका उत्तरी भाग काफी विस्तृत है और पूर्व-पश्चिम दिशा में फैला है। इसके अंतर्गत विशाल मैदान तथा हिमालय पर्वत हैं। कर्क रेखा से दक्षिण का क्षेत्र आकृति में त्रिभुजाकार है। यह मुख्यत: प्रायद्वीपीय पठार का भाग है जिसमें पूर्वी तथा पश्चिमी तटीय भाग भी सम्मिलित हैं।

सीमाएँ एवं पड़ोसी

समुद्र पार भारत का सबसे निकट का पड़ोसी देश श्रीलंका है और पाक जलडमरुमध्य श्रीलंका को भारत से अलग करता है। हमारा दूसरा निकटतम समुद्री पड़ोसी देश इण्डोनेशिया है जो निकोबार द्वीप समूह के अन्तिम द्वीप के दक्षिण में स्थित है। भारत के पूर्व में बांग्लादेश और म्यांमार स्थित हैं। हमारे पश्चिम में पाकिस्तान तथा अफगानिस्तान स्थित हैं। लक्षद्वीप के दक्षिण में मालद्वीव स्थित है। एशिया के भौतिक उच्चावच के मानचित्र को देखने से ज्ञात होता है कि पाकिस्तान, नेपाल, भूटान, बांग्लादेश तथा भारत सहज ही एक सुस्पष्ट एवं प्राकृतिक भौगोलिक इकाई बनाते हैं, जिसे भारतीय उपमहाद्वीप कहा जाता है। इसका एक अलग ही भौतिक एवं सांस्कृतिक अस्तित्व है जो इसे शेष एशिया से पृथक् करता है। भारत में कुल 247 द्वीप हैं, जिनमें 204 बंगाल की खाड़ी में एवं 43 द्वीप अरब सागर में है। लक्षद्वीप में कुल 36 द्वीप हैं। 10 डिग्री चैनल अण्डमान द्वीप समूह को निकोबार द्वीप समूह से अलग करता है।

भारत की कुल 15106.7 किमी सीमा रेखा 92 जिलों एवं 17 राज्यों से होकर गुजरती है। भारत की तट रेखा 7516.6 किमी है, जो 13 राज्यों एवं संघशासित क्षेत्रों को छूती है। वस्तुत: मध्य प्रदेश, छत्तीसगढ़, झारखण्ड, दिल्ली, हरियाणा एवं चण्डीगढ़ को छोड़कर देश के सारे राज्य एवं संघशासित क्षेत्र अन्तर्राष्ट्रीय सीमा या तटरेखा को छूते हैं।

भारत के सीमावर्ती देशों में उत्तर-पश्चिम में पाकिस्तान और अफगानिस्तान हैं। उत्तर में चीन, नेपाल और भूटान हैं। पूर्व में म्यांमार और (पश्चिम बंगाल के पूर्व में) बांग्लादेश स्थित हैं। मन्नार की खाड़ी और पाक-जलडमरुमध्य, भारत को श्रीलंका से अलग करते हैं। भारत की सबसे लम्बी अन्तर्राष्ट्रीय सीमा बांग्लादेश के साथ है, जो 4,096 कि.मी. लम्बी है। इसके पश्चात् उत्तर में चीन के साथ 3,488 कि.मी., पाकिस्तान के साथ 3,323 कि.मी., नेपाल के साथ 1,751 कि.मी., म्यांमार के साथ

1,643 कि.मी., भूटान के साथ 699 कि.मी. तथा अफगानिस्तान के साथ 106 कि.मी. लम्बी सीमा रेखा है।

भारत के उत्तर में हिमालय पर्वत सीमा बनाता है। यहाँ मजताघ (Mustagh), अगली (Aghili), कुनलुन (Kunlun) और काराकोरम, जम्मू-कश्मीर की सीमा पर हैं। इसके उत्तर और पूर्व में तिब्बत का पठार है जो कैलाश और मानसरोवर की भूमि से विख्यात है। इसके बाद भारतीय सीमा दक्षिण-पूर्व और पूर्व की ओर मुड़ती है और सिन्धु नदी से ब्रह्मपुत्र नदी तक यह सीमा करीब 2500 किमी. लम्बी है। इन्हीं नदियों के बीच वाले भाग में नेपाल और भूटान हमारे पड़ोसी देश हैं। भूटान एक विशेष सन्धि द्वारा भारत पर अपनी प्रतिरक्षा आदि के लिए निर्भर है। भूटान के पूर्व की ओर उच्च हिमालय भाग है, जो भारत और चीन के बीच अन्तर्राष्ट्रीय सीमा का कार्य करता है। इसे मैकमोहन रेखा के नाम से जाना जाता है। पूर्व से पहाड़ियों और पर्वतमालाओं की लम्बी लड़ी हमें म्यांमार से अलग करती है, जिनमें मिशनी (Mishni), पटकाई (Patkai), नागा (Naga), बैरील पर्वतमाला (Barail Range), लुशाई (Lushai) और अराकान योमा (Arakan Yoma) पर्वतमालाएं हैं।

भारत और पाकिस्तान की सीमा को स्पर्श करने वाले भारतीय राज्यों में जम्मू-कश्मीर, लद्दाख, पंजाब, राजस्थान और गुजरात हैं। लद्दाख, अफगानिस्तान की सीमा को स्पर्श करता है। लद्दाख, हिमाचल प्रदेश, उत्तराखंड, सिक्किम और अरुणाचल प्रदेश, चीन को छूते हैं। अरुणाचल प्रदेश, नगालैण्ड, मणिपुर और मिजोरम, म्यांमार की सीमा से जुड़े हुए हैं। बांग्लादेश को भारत के राज्य मिजोरम, त्रिपुरा, असम, मेघालय और पश्चिम बंगाल स्पर्श करते हैं। इस तरह भारत की भौतिक स्थिति महत्त्वपूर्ण है और उत्तर में हिमालय पर्वत श्रेणी और दक्षिण में हिन्द महासागर की दो शाखाएँ इसको सुरक्षा प्रदान करती हैं।

पूर्वी दुनिया में भारत की स्थिति

भारत पश्चिमी एशिया तथा पूर्वी एशिया के मध्य में स्थित है। अफ्रीका, औद्योगिक दृष्टि से विकसित यूरोप तथा तेल-संपन्न पश्चिमी एशिया को दक्षिण-पूर्वी एशियाई देशों, चीन, विकसित उद्योग वाले जापान, आस्ट्रेलिया तथा संयुक्त राज्य अमेरिका के पश्चिमी तट जोड़ने वाले महासागर पारीय जल-मार्ग भारत से होकर गुजरते हैं। दक्षिण-पूर्वी एशिया, पश्चिमी एशिया तथा अफ्रीका के पूर्वी तटवर्ती पड़ोसी देशों के साथ भारत के विदेशी संबंधों में सागर की महत्त्वपूर्ण भूमिका रही है। दक्षिण-पूर्वी एशिया में भारतीय और चीनी संस्कृति का संगम हुआ है। इन दोनों संस्कृतियों ने स्थानीय संस्कृति के साथ मिलकर एक नई मिली-जुली संस्कृति को जन्म दिया है, जो हिंद-चीन जैसे शब्दों में प्रतिबिंबित हुई है। इसके बाद इस्लाम, ईसाई धर्म और यूरोपवासियों के आगमन से यह प्रदेश और समृद्ध हो गया। इससे यहाँ की संस्कृति में विविधता के नए रंग भर गए हैं, जो आज के दक्षिण-पूर्वी एशिया में झलकते हैं। जिन देशों में भारतीय संस्कृति की छाप आज भी स्पष्ट है, उनमें लाओस, कंबोडिया, थाईलैंड, म्यांमार, मलेशिया और इंडोनेशिया उल्लेखनीय हैं। इंडोनेशिया के द्वीपों के नाम जैसे सुमात्रा, जावा और बाली भारतीय प्रभाव के स्पष्ट उदाहरण हैं। थाईलैंड (पुराना नाम स्याम) और कंबोडिया की स्थिति भी समान ही है।

भारत के पश्चिम में ईरान, संयुक्त अरब अमीरात, सऊदी अरब, तथा ओमान जैसे पश्चिमी एशियाई देश तथा मिस्र, सूडान, इथियोपिया, सोमालिया, केन्या, तंजानिया, यूगांडा और मॉरीशस जैसे पूर्वी-अफ्रीकी देश हैं। भारत के उत्तर में जम्मू-कश्मीर की सीमा से लगा चीन का सिक्यांग (जिनजियांग) प्रदेश है। इस प्रदेश में तारिम बेसिन है, जहाँ कभी काशी (काशगर) और खेतान की उत्कृष्ट सभ्यता फली-फूली थी। हिमालय के उस पार तिब्बत है, जो आज चीन का स्वायत्त प्रांत है। तिब्बत में प्रसिद्ध कैलाश पर्वत और मानसरोवर झील हैं, जो आज भी भारतीय तीर्थयात्रियों को आकर्षित करते हैं। तिब्बत के साथ सदा से भारत के निकट सांस्कृतिक संबंध रहे हैं। तिब्बत के आध्यात्मिक गुरु दलाई लामा आजकल भारत में ही रहते हैं।

भू-आकृतिक वर्गीकरण

विशाल भू-भाग में फैली इन तीन प्रमुख स्थलाकृतियों को सुविधापूर्वक निम्नलिखित भू-आकृतिक इकाइयों में वर्गीकृत किया जा सकता है:

(क) हिमालय पर्वत
  1. उत्तरी पर्वत श्रेणियाँ

(ख) गंगा-सिंधु का मैदान
  2. विशाल मैदान, 3. थार मरुस्थल

(ग) प्रायद्वीपीय पठार
  4. मध्यवर्ती उच्च भूमि, 5. प्रायद्वीपीय पठार, 6. तटीय मैदान
  7. द्वीप समूह, 8. तट

हिमालय पर्वत

उत्तरी पर्वत श्रेणियाँ: भारत की उत्तरी सीमा पर स्थित हिमालय पर्वत की शृंखलाएँ संसार में सबसे ऊँची हैं। विशाल सिंधु नदी और शक्तिशाली ब्रह्मपुत्र इसे तीन भागों में विभाजित कर देती हैं। ये भाग हैं : मुख्य हिमालय, उत्तर पश्चिम हिमालय (हिमालय पार की पर्वत श्रेणियाँ) तथा उत्तर पूर्व हिमालय (पूर्वांचल)।

मुख्य हिमालय का विस्तार उत्तर-पश्चिम में सिंधु नदी से लेकर दक्षिण-पूर्व में ब्रह्मपुत्र नदी तक है। यह संसार के सबसे युवा पर्वत हैं। अपनी युवावस्था के कारण इनमें सबसे ऊँचा माउण्ट एवरेस्ट (8,848 मी.) है। इस पर्वत का नाम भारत के पूर्व महासर्वेक्षक सर जॉर्ज एवरेस्ट के नाम पर रखा गया है। यह नेपाल में है। भारत में स्थित K_2 (गाडविन ऑस्टिन) भारत की सबसे ऊँची चोटी है। हिमालय में लगभग 140 पर्वत शिखर ऐसे हैं, जिनकी ऊँचाई आल्पस की सबसे ऊँची चोटी माउंट ब्लैक (4,810 मी.) से भी अधिक है। हिमालय के कुछ उल्लेखनीय पर्वत शिखर ये हैं : कंचनजंगा (8,598 मी.), धौलागिरि (8,178 मी.) तथा गोसाईंथान (8,018 मी.)। हिमालय में उच्चावच ऊँचा, शिखर हिम-मंडित, स्थलाकृति बहुत अधिक विरदित, जटिल भू-वैज्ञानिक संरचना और सघन वन हैं। हिमालय की लंबाई 2,500 कि.मी. है तथा चौड़ाई 150 से 400 कि.मी. के बीच है। हिमालय पर्वत के पश्चिमी हिस्से की अपेक्षा पूर्वी हिस्से में अधिक मानसूनी वर्षा होती है। यही वजह है कि पूर्वी हिमालय में 4000 मीटर और पश्चिमी हिमालय में 3000 मीटर की ऊँचाई तक पर्वतीय वनस्पति पायी जाती है।

इसकी तीन पर्वत श्रेणियाँ हैं : उत्तर में हिमाद्रि (बृहत् हिमालय), मध्य में हिमाचल (लघु हिमालय) तथा शिवालिक (बाह्य हिमालय)।

हिमाद्रि–यह सबसे उत्तरी श्रेणी है। इसे बृहत् हिमालय या आंतरिक हिमालय भी कहते हैं। इसकी औसत ऊँचाई 6,000 मीटर है तथा हिमालय के सभी प्रमुख शिखर इसी श्रेणी में हैं। अधिकांश बड़ी नदियों का उद्‌गम एवं बेसिन इसी श्रेणी में है। माउंट एवरेस्ट (8,848 मीटर) जो संसार का सर्वोच्च शिखर है, नेपाल में इन्हीं श्रेणियों में स्थित है। कंचनजंगा (8,598 मीटर) ऊँचा है, जो हिमालय का दूसरा सर्वोच्च शिखर है, यह सिक्किम राज्य में है। यह हिमालय की प्राचीनतम श्रेणी है।

हिमालय की सर्वोच्च चोटियाँ

चोटियाँ	ऊँचाई (मीटर में)
1. माऊंट ऐवरेस्ट (सागर माथा)	8848
2. ऐवरेस्ट साउथ	8757
3. कंचनजंगा I	8598
4. लाहोत्से I	8501
5. मकालू I	8481
6. कंचनजंगा दक्षिण	8474
7. लाहोत्से मध्यवर्ती	8410
8. लाहोत्से सहार	8384
9. कंचनजंगा पश्चिम	8320
10. मनसालू	8156
11. चो ओमू	8153
12. अन्नापूर्णा	8078
13. गोसाईंनाथ (शीशा पंग्मा)	8018
14. मकालू दक्षिण	8010

मध्य हिमालय–हिमाद्रि के दक्षिण में स्थित इस श्रेणी को हिमाचल हिमालय या लघु हिमालय भी कहा जाता है। इनकी औसत चौड़ाई 50 कि.मी. तथा ऊँचाई 3,700 से 4,500 मीटर है। मेन सेंट्रल थ्रस्ट जोन इस श्रेणी को वृहत् हिमालय से अलग करता है। पीर पंजाल, धौलाधर तथा महाभारत श्रेणियाँ इसी भाग में हैं। उत्तरी भारत के सभी महत्त्वपूर्ण पर्वतीय नगर–शिमला, डलहौजी, धर्मशाला, मसूरी तथा दार्जिलिंग इन्हीं श्रेणियों पर स्थित हैं। लघु हिमालय की संरचना में अवसादी शैलों की प्रधानता है जिनमें अधिकांश चूने की चट्‌टानें पायी जाती हैं।

बाह्य हिमालय–बाह्य हिमालय अथवा शिवालिक श्रेणियाँ मध्य हिमालय श्रेणियों के दक्षिण में 10 से 15 कि. मी. की चौड़ाई में स्थित हैं, जिनकी ऊँचाई 9,00 से 1,200 मीटर तक है। ये श्रेणियाँ ठोस अवसादों वाली शैलों से बनी हैं। अत: यहाँ प्राय: भू-स्खलन होता रहता है। अनेक स्थानों पर शिवालिक श्रेणियों तथा मध्य हिमालय श्रेणियों के बीच समतल घाटियाँ पाई जाती हैं। ये कंकड़-पत्थरों तथा अवसादों के गहरे निक्षेपों से ढकी हुई हैं और इन्हें 'दून' कहते हैं, जैसे देहरादून तथा पाटली दून। मेन बाउंड्री थ्रस्ट इस श्रेणी को मध्य हिमालय से अलग करता है।

हिमालय में अनेक दर्रे हैं। इनमें से कुछ हैं : जेलेप-ला, नाथु-ला, चोला, पटकाई, बुमडि-ला, चाँगला, काराकोरम आदि। प्राचीन काल में इनका भारत और तिब्बत के बीच संपर्क मार्ग के रूप में उपयोग होता था, लेकिन आजकल ये ऐसे स्थान हैं, जहाँ सुरक्षा बलों को निरंतर चौकसी रखनी पड़ती है।

गंगा-सिंधु का मैदान

विशाल मैदान का वर्गीकरण–मिट्‌टी की विशेषता एवं ढाल के आधार पर विशाल मैदान का वर्गीकरण किया जा सकता है, यथा-(i) भाबर, (ii) तराई, (iii) बांगर, (iv) खादर।

उत्तर भारत (सिंधु-गंगा-ब्रह्मपुत्र) का मैदान–हिमालय पर्वत और दक्षिणी प्रायद्वीपीय पठार के मध्य सिन्धु, गंगा और ब्रह्मपुत्र नदियों की निक्षेप क्रिया द्वारा निर्मित एक विशाल तथा महत्त्वपूर्ण मैदान स्थित है। ये मैदान जलोढ़ मिट्‌टी के जमाव से बने हैं। इसे **सिन्धु-गंगा-ब्रह्मपुत्र** का मैदान भी कहते हैं। सिन्धु और गंगा दोनों की सभ्यता इन्हीं नदी-मैदानों में विकसित हुई और ये दोनों ही उपजाऊ मिट्‌टी, उपयुक्त जलवायु और पर्याप्त जल-आपूर्ति की सहायता से विकसित अधिशेष उत्पादन करने वाली कृषि पर आधारित थीं।

गंगा और सिन्धु नदियों के मुहाने के मध्य, पूर्व-पश्चिम दिशा में इसकी लम्बाई लगभग 3,200 किमी. है। रावी और सतलुज के किनारे से गंगा के डेल्टा तक इसका अनुदैर्ध्य विस्तार 2400 किमी. है। यह 150 से 300 किमी. चौड़ा है। असम में यह मैदान संकरा है और इसकी चौड़ाई केवल 90 से 100 किमी. है। पश्चिम की ओर यह मैदान चौड़ा होता जाता है।

राजमहल की पहाड़ियों के पास इसकी चौड़ाई 160 किमी. और इलाहाबाद के निकट 280 किमी. है। लाखों वर्षों से नदियों द्वारा तलछट का निक्षेप होने से इस मैदान में जलोढ़ की बहुत ही मोटी परतें जम गई हैं, जिसकी मोटाई हर स्थान पर एक-सी नहीं है। इस मैदान को प्रादेशिक दृष्टि से उत्तरी राजस्थान, हरियाणा, पंजाब, उत्तर प्रदेश, बिहार, पश्चिमी बंगाल एवं असम के मैदानों में बाँटा जाता है। पश्चिमी मैदान का अधिकांश भाग पाकिस्तान में आता है जो सिन्धु और उसकी सहायक नदियों, जैसे-सतलुज, व्यास, चेनाब, झेलम और रावी से बना है। ये मैदान बाढ़ से प्रभावित होते हैं, लेकिन कृषि के लिए काफी महत्त्वपूर्ण हैं।

शिवालिक की पहाड़ियों के साथ लगते हुए मैदान में अनेक छोटी-छोटी नदियों ने बड़ी मात्रा में अपरदन किया है, जिस कारण यहां बड़ी संख्या में खड्डे मिलते हैं। नदियों द्वारा बनाए इन खड्डों को स्थानीय भाषा में 'चो' (Chos) कहते हैं, ये होशियारपुर जिले में अधिक मिलते हैं।

पूर्वी मैदान का फैलाव उत्तर प्रदेश, बिहार एवं पश्चिम बंगाल राज्यों में मिलता है, जिसका क्षेत्रफल 3.57 लाख वर्ग किमी. है। यह मैदान हिमालय से निकलने वाली गंगा एवं इसकी सहायक नदियों-यमुना, गोमती, घाघरा, गण्डक और कोसी की निक्षेप क्रिया द्वारा बना है। दक्षिणी पठार से निकलने वाली नदियों-चम्बल, बेतवा, केन एवं सोन ने भी इस मैदान के निर्माण में अपना योगदान दिया है। इस सम्पूर्ण मैदान का सामान्य ढाल पूर्व और दक्षिण-पूर्व की ओर है। इस भाग में खादर एवं बांगर नाम के दो भूभाग पाये जाते हैं। बांगर पुरानी जलोढ़ मिट्‌टी के निमित ऊँचे मैदान हैं, जिस पर नदियों के बाढ़ का पानी नहीं पहुँचता है जबकि खादर नये जलोढ़ों से बना मैदान है, जिस पर हर साल बाढ़ का पानी पहुँच जाता है तथा नयी मिट्‌टी का जमाव करता है। यह काफी उपजाऊ भूमि होती है।

भाबर शिवालिक के गिरिपद प्रदेश में 8-16 किमी. की चौड़ाई वाली संकरी पट्‌टी है, जिसमें नदियाँ बड़ी मात्रा में भारी पत्थर, कंकड़, बजरी आदि लाकर जमा कर देती हैं, जिससे पारगम्य चट्‌टानों का निर्माण होता

है, इसलिए छोटी-छोटी नदियाँ भूमिगत होकर अदृश्य हो जाती हैं। तराई, भाबर के दक्षिण में मैदान का वह भाग है, जहाँ भाबर की लुप्त नदियाँ फिर से भूतल पर प्रकट हो जाती हैं। यहाँ पर अधिकांश भाग दलदल होता है। अत: अधिक दलदल तथा नमी के कारण यहाँ पर घने वन और विभिन्न प्रकार के वन्य प्राणी पाए जाते हैं। लेकिन वर्तमान में यहाँ की घनी वनस्पतियों को काटकर और दलदलों को सुखाकर कृषि कार्य के उपयोग में लाया जाता है। उत्तरी भारत के मैदान को अलग-अलग प्रादेशिक नामों से जाना जाता है। इनमें मुख्य मैदान हैं–पंजाब का मैदान, हरियाणा का मैदान और राजस्थान का मैदान। गंगा के मैदान के हरिद्वार से अलीगढ़ तथा इलाहाबाद तक के भाग को मध्य दोआब कहा जाता है। गंगा-यमुना दोआब, रुहेलखंड और अवध इस मैदान की तीन प्रसिद्ध इकाइयाँ हैं। गंगा-यमुना दोआब एक निश्चित भौगोलिक इकाई है। यहाँ पर धरातलीय जलोढ़ों की मोटाई 1000 से 2000 मीटर है जो कि बहुत ही उपजाऊ भाग है। अवध का मैदान उत्तर प्रदेश के उत्तरी-पूर्व भाग में पाया जाता है, जिसमें घाघरा और गोमती नदियाँ बहती हैं।

बिहार में स्थित एक संक्रमण क्षेत्र के माध्यम से उत्तर प्रदेश का गंगा का मैदान बंगाल के डेल्टाई मैदान से मिल जाता है। इस संक्रमण क्षेत्र की मुख्य विशेषता गंगा के उत्तर और दक्षिण की ओर असंख्य नदियों द्वारा निर्मित प्रवाहनुमा शंकु है। गंगा के मैदान के उत्तरी-पूर्वी भाग में असम तक ब्रह्मपुत्र नदी का मैदान फैला हुआ है जो कि गारो पहाड़ी, मेघालय पठार और हिमालय पर्वत के मध्य लम्बे तथा पतले रूप में फैला है। यह मैदान असम में धुबरी से सदिया तक लगभग 640 किमी. की लम्बाई और 90 से 100 किमी. की चौड़ाई में फैला हुआ है।

प्रायद्वीपीय पठार

मध्यवर्ती उच्च भूमि: पश्चिम में अरावली पर्वत श्रेणी से तथा पूर्व में विंध्य की कगार से सीमांकित पहाड़ी प्रदेश की चौड़ी पट्टी को मध्यवर्ती उच्चभूमि कहते हैं। इसकी दक्षिणी सीमा पर नर्मदा की भ्रंश घाटी है। इन उच्चभूमियों में मध्य प्रदेश का आधा, राजस्थान का एक-तिहाई तथा उत्तर प्रदेश का थोड़ा-सा भाग शामिल है। यह पूरा का पूरा प्रदेश वनाच्छादित है। इसमें अधिकतर गोंड, संथाल, उराँव और भील नाम की जनजातियाँ रहती हैं। अरावली पर्वत श्रेणी, पूर्वी राजस्थान की उच्च भूमि, मध्य भारत का पठार, बुंदेलखंड की उच्चभूमि, मालवा का पठार, विंध्य की कगारी भूमि, विंध्य श्रेणी और नर्मदा घाटी इसी प्रदेश के अंग हैं। इनमें से प्रथम चार उत्तरी उच्च भूमि के भाग हैं तथा अन्तिम चार दक्षिणी उच्च भूमि के भाग हैं।

अरावली पर्वत श्रेणी दिल्ली से लेकर दक्षिण-पश्चिमी की ओर अहमदाबाद के निकट तक लगभग 800 कि.मी. की दूरी में फैली हैं। यह भारत का सबसे पुराना विवर्तनिक पर्वत है। अरावली कठोर क्वार्टजाइट चट्टानों से बना है। आबू की पहाड़ियों पर स्थित गुरु शिखर (1,722 मी.) अरावली श्रेणी का सबसे ऊँचा शिखर है। अरावली के पूर्व के क्षेत्र की ऊँचाई 250 मी. से लेकर 500 मी. तक है। इसे पूर्वी राजस्थान की उच्चभूमि कहते हैं। चंबल और बनास ही मुख्य रूप से इस क्षेत्र का जल बहाकर ले जाती हैं। चंबल के पूर्व की भूमि चट्टानी है तथा सघन वनों से ढकी है। इसका नाम मध्य भारत का पठार है। इस बलुआ पत्थरावाली उच्चभूमि की मुख्य नदी चंबल है। बुंदेलखंड की उच्चभूमि, यमुना और विंध्य की कगारी भूमि के बीच विस्तृत है। यह क्षेत्र 100 से लेकर 300 मी. तक ऊँचा है। यह उच्चभूमि पुराना अपरदित धरातल है, जिसका निर्माण ग्रेनाइट से हुआ है।

मध्य भारत पठार और विंध्य श्रेणी के मध्य लावा निर्मित विस्तृत पठार है। इसे मालवा का पठार कहते हैं तथा यहाँ काली मिट्टी पाई जाती है। इस पठार के दक्षिण में विंध्याचल पर्वत श्रेणी है। यह नर्मदा नदी के समानांतर फैली है। इसका निर्माण बलुआ पत्थर, चूना पत्थर, क्वार्टजाइट और शैल से हुआ है। इसके उत्तर-पूर्वी भाग में कगारी भूमि की स्थलाकृतियाँ हैं। इसे विंध्य की कगारी भूमि (कैमूर की पहाड़ियाँ) कहते हैं। मध्यवर्ती उच्च भूमि का दक्षिणतम भाग नर्मदा का संरचनात्मक गर्त्त है।

भारत का प्रायद्वीपीय पठार: भारत का प्रायद्वीपीय पठारी प्रदेश एक अनियमित त्रिभुजाकार आकृति है, जिसका आधार दिल्ली तथा राजमहल की पहाड़ियों के बीच उत्तरी मैदान की दक्षिणी सीमा और शीर्ष कन्याकुमारी है। यह भारत का प्राचीनतम भूखण्ड है, जिसकी समुद्र तल से औसत ऊँचाई 600 से 900 मीटर है। इसका क्षेत्रफल लगभग 16 लाख वर्ग किमी. है। इसकी लम्बाई राजस्थान से कन्याकुमारी तक करीब 1,600 किमी. है और चौड़ाई गुजरात से पश्चिम बंगाल तक करीब 1,400 किमी. है। इसके उत्तर में अरावली, विन्ध्याचल और सतपुड़ा की पहाड़ियाँ, पश्चिम में पश्चिमी घाट और पूर्व में पूर्वी घाट स्थित हैं। नर्मदा और तापी की संकरी श्रेणियाँ इसे दो असमान भागों में बाँटती हैं। उत्तरी भाग को मालवा का पठार तथा दक्षिणी भाग को दक्षिण का मुख्य पठार या दक्कन ट्रेप कहते हैं। मालवा पठार का ढाल उत्तर-पूर्व महान मैदान की तरफ है जिस पर बेतवा, काली, सिन्ध, चम्बल नदियाँ प्रवाहित होती हैं। इन नदियों के प्रवाह के कारण यह पठार अनेक स्थानों पर ऊबड़-खाबड़ बन गया है और बड़े-बड़े बीहड़ खड्ड (Reverine) पाए जाते हैं। बुन्देलखण्ड और बघेलखण्ड के पठार मालवा पठार की उत्तरी और उत्तरी-पूर्वी सीमा पर स्थित हैं। इनके पूर्व में छोटा नागपुर का पठार बिहार राज्य के दक्षिण में स्थित है, जिस पर महानदी सुवर्णरेखा, सोन और दामोदर नदियाँ बहती हैं। हजारीबाग और कोडरमा के पठार दामोदर नदी के उत्तर में स्थित हैं जबकि इस नदी के दक्षिण में रांची का पठार है।

मालवा पठार के दक्षिण में स्थित पूर्व-पश्चिम दिशा में विस्तृत विन्ध्याचल पर्वत है, जिसकी अधिकतम ऊँचाई 730 मीटर है और यह भ्रंश पर्वत है। इसके दक्षिण में नर्मदा तथा तापी नदियों के मध्य सतपुड़ा पर्वत है जिसकी औसत ऊँचाई 760 मीटर है। नर्मदा और तापी नदी के दक्षिण में त्रिभुजाकार रूप में फैला हुआ दक्कन का पठार है, जिसको महाराष्ट्र पठार के नाम से भी जाना जाता है। यह पठार मुख्यत: लावा (बैसाल्ट) से बना हुआ है, जिसकी औसत ऊँचाई 600 मीटर है। लगभग 2 लाख वर्ग कि.मी. क्षेत्रफल वाले इस विशाल पठार की ढाल पश्चिम से पूर्व की ओर है। महानदी, गोदावरी, कृष्णा तथा कावेरी नदियाँ पश्चिम से पूर्व की दिशा में प्रवाहित होती हैं। इस पठार को दो भागों में वर्गीकृत किया जाता है–**(i) तेलंगाना का पठार**–इसे गोदावरी नदी दो हिस्सों में बाँटती है जिसके निचले समतल हिस्से में हैदराबाद और सिकन्दराबाद शहर बसे हुए हैं। **(ii) कर्नाटक का पठार**–इसको 600 मीटर की ऊँचाई तक दक्षिणी पठार अथवा मैसूर पठार भी कहा जाता है। इसके दक्षिण में नीलगिरि की पहाड़ियाँ पश्चिम में पश्चिमी घाट और पूर्व में पूर्वी घाट पाए जाते हैं।

पश्चिमी एवं पूर्वी घाट: पश्चिमी घाट को सहयाद्रि पर्वत भी कहते हैं, जो उत्तर में ताप्ती नदी से दक्षिण में कन्याकुमारी तक फैला है। इसकी लम्बाई 1,500 किमी. है। इसकी औसत ऊँचाई 900 से 1,100 मीटर है। उत्तर से दक्षिण दिशा में एक दीवार की भाँति खड़े होने से इन्हें पार करना कठिन है, लेकिन इनमें तीन दर्रे हैं जिनके द्वारा इनको पार किया जाता है। पश्चिमी घाट को पारिस्थितिक उष्ण स्थल माना जाता है। उत्तर से दक्षिण की ओर इन दर्रों के नाम हैं–(i) थाल घाट, (ii) भोर घाट और (iii) पाल घाट। थाल घाट से मुम्बई-कोलकाता, भोर घाट से मुम्बई-चेन्नई और पालघाट से कोच्चि-चेन्नई रेलमार्ग होकर जाते हैं। यह पर्वत पश्चिमी ढलान की ओर सीढ़ियों के रूप में हैं, जिस कारण इसे घाट कहते हैं। इसके दक्षिणी भाग में नीलगिरि, अन्ना मलाई, पालनी तथा कार्डमम की पहाड़ियाँ महत्त्वपूर्ण हैं। पालनी पहाड़ियों में स्थित अनाई मूदी शिखर दक्षिण भारत का सबसे ऊँचा शिखर है, जिसकी ऊँचाई 2,695 मीटर है। नीलगिरि में स्थित दोदा बेट्टा का दूसरा स्थान है, इसकी ऊँचाई 2,637 मीटर है। कार्डमम की पहाड़ियों में इलायची बहुत होती है जिस कारण इन्हें कार्डमम (इलायची) की पहाड़ियाँ कहा जाता है। पूर्वी घाट दक्षिणी पठार के पूर्वी किनारे पर स्थित है जो उड़ीसा के उत्तर-पूर्वी भाग से शुरू होकर बंगाल की खाड़ी के समानांतर चलता हुआ नीलगिरि की पहाड़ियों तक पहुँचता है। इसकी औसत ऊँचाई 600 मीटर है। सबसे ऊँची चोटी का नाम महेन्द्रगिरि है, जो समुद्र तल से 1,500 मीटर ऊँची है। यह एक टूटी-फूटी अवशिष्ट श्रृंखला है। महानदी और गोदावरी के बीच की पर्वत-श्रेणी के अतिरिक्त इसमें कहीं भी वास्तविक पर्वतीय लक्षण दिखाई नहीं देते हैं। ये पहाड़ियाँ एक अनियमित रेखा के रूप में विस्तृत हैं, जैसे नल्लामलाई, बेलिकोंडा, पालकोंडा तथा पचलमाई इत्यादि।

प्रायद्वीपीय पठार बिहार के राजमहल की पहाड़ियों के अंतिम छोर पर समाप्त नहीं हो जाता है, जैसा कि गंगा नदी का विशाल मोड़ यह आभास दिलाता है कि यह पठार का अंतिम सीमा बिन्दु है। शिलांग पठार प्रायद्वीपीय खण्ड के एक विखण्डित भाग के रूप में इससे संबंधित सिलसिले का संकेत देती है। लेकिन इनको जोड़ने वाली चट्टान रचना गंगा के जलोढ़ों के नीचे दबी हुई है। यह पठार 240 किमी. लम्बे और 90 किमी. चौड़े क्षेत्र पर फैला हुआ है। यह पठार सूरमा घाटी की ओर खड़े ढाल के साथ नीचा होता जाता है। मिकिर और रेगमा की पहाड़ियाँ शिलांग पठार की उत्तरी बाह्य सीमा का प्रतिनिधित्व करती हैं।

तटीय मैदान: दक्षिणी पठार के पूर्व और पश्चिम की ओर दो संकरे मैदान हैं, जो पूर्वी घाट और पश्चिमी घाट की पर्वतमालाओं और सागर तट के बीच फैले हैं।

पश्चिमी तटीय मैदान पश्चिमी घाट और अरब सागर के तट के बीच गुजरात से कन्याकुमारी के मध्य विस्तृत हैं। गुजरात के कुछ भाग को छोड़कर यह सारा मैदान एक संकरा मैदान है, जिसकी औसत चौड़ाई 64 किमी. है। इस मैदान की सबसे ज्यादा चौड़ाई नर्मदा एवं तापी नदियों के मुहानों के पास लगभग 75-80 किमी. तक है। इस मैदान का ढाल पश्चिम की ओर है। पश्चिमी तटीय मैदान को पाँच भागों में बाँटा जाता है। **पहला है** कच्छ तटीय मैदान जो शुष्क, अर्द्धशुष्क और रेतीला है तथा जिसके बीच गिरनार पहाड़ियाँ पाई जाती हैं। **दूसरा है** गुजरात मैदान, जो कच्छ और सौराष्ट्र के पूर्व में स्थित है तथा जिस पर साबरमती, माही, नर्मदा और तापी नदियाँ बहती हैं। **तीसरा है** कोंकण का मैदान, जो दमन से गोवा तक फैला हुआ है। **चौथा है** मालाबार तटीय मैदान, जो गोवा से मंगलौर तक पाया जाता है तथा जो पुरानी रूपान्तरित शैलों से निर्मित है। इस मैदान पर गरम मसालों, सुपारी, आम, केला आदि की कृषि की जाती है। **पाँचवां है** दक्षिण तटीय मैदान या केरल का तटीय मैदान जो मंगलौर से कन्याकुमारी तक विस्तृत है। इसकी विशेषता है, लैगून तथा कयाल नाम की छोटी-छोटी तटीय झीलों का पाया जाना। कोच्चि बन्दरगाह एक लैगून पर स्थित है। इसके तटीय भाग के अधिक कटा-फटा होने के कारण यहाँ मुम्बई, गोवा, मंगलौर आदि अन्य बन्दरगाह भी पाए जाते हैं।

पूर्वी तटीय मैदान पूर्वी घाट और बंगाल की खाड़ी के मध्य उत्तर में गंगा के मुहाने से दक्षिण में कन्याकुमारी अन्तरीप तक विस्तृत है। इस मैदान की चौड़ाई पश्चिमी तटीय मैदान की अपेक्षा अधिक है। तमिलनाडु में यह मैदान चौड़ा है, जहाँ इसकी चौड़ाई 100 से 120 किमी. है।

यह मैदान महानदी, गोदावरी, कृष्णा और कावेरी नदियों के डेल्टाओं द्वारा निर्मित होने के कारण बड़ा उपजाऊ है। इसे महानदी और कृष्णा नदियों के बीच उत्तरी सरकार और कृष्णा तथा कावेरी नदियों के बीच के भाग को कोरोमण्डल अथवा कर्नाटक तट कहते हैं। इस मैदान में पाए जाने वाली झीलों में चिल्का झील और पुलीकट झीलें महत्त्वपूर्ण हैं। इसके तीन महत्वपूर्ण उपवर्ग हैं–*(i)* उत्कल का मैदान जो उड़ीसा तट के सहारे करीब 400 किमी. तक विस्तृत है तथा इस मैदान में महानदी का डेल्टा, चिल्का झील और विशाखापट्टनम बन्दरगाह पाए जाते हैं। *(ii)* आन्ध्र का मैदान जो आन्ध्र प्रदेश के तटीय क्षेत्र में स्थित है और इस पर गोदावरी और कृष्णा नदियों ने अपने डेल्टा बनाए हैं। कोलेरू झील इन दोनों डेल्टाओं के बीच पायी जाती है। *(iii)* तमिलनाडु तटीय मैदान तमिलनाडु और पाण्डिचेरी के तटीय क्षेत्र में स्थित है। पुलीकट जो एक लैगून झील है, यहाँ से इसकी लम्बाई करीब 700 किमी. कन्याकुमारी तक पायी जाती है।

द्वीप समूह: भारतीय द्वीपों में अंडमान और निकोबार द्वीप समूह तथा लक्षद्वीप समूह के द्वीप महत्त्वपूर्ण हैं। इन दोनों समूहों में कुल 247 द्वीप आते हैं, जिनमें बंगाल की खाड़ी में 204 द्वीप स्थित हैं। इनमें से कुछ की उत्पत्ति ज्वालामुखी उद्गारों से हुई है। केवल अंडमान द्वीप समूह में ही लगभग 200 द्वीप 350 किमी. के विस्तार में पाये जाते हैं। निकोबार द्वीप समूह में 19 द्वीप हैं, जिनमें से कुछ द्वीपों का विस्तार 60 से 100 किमी. है। ऐसा अनुमान है कि इन द्वीपों का निर्माण तृतीयक युग के पर्वतों के निर्माण के समय हुआ है। बंगाल की खाड़ी में समुद्र तट के नजदीक स्थित द्वीपों के नाम हैं, सागर द्वीप, न्यू मोरे द्वीप, श्री हरिकोटा द्वीप, पम्बन द्वीप तथा हेरय द्वीप, जो प्रवाल से बना है। अण्डमान तथा निकोबार द्वीप समूह में प्रधान द्वीपों के नाम हैं बड़ा अण्डमान, छोटा अण्डमान, कार निकोबार, महान निकोबार, चूनस्ता टैरेसा, ट्रिकेंट इत्यादि। पोर्ट ब्लेयर जो अण्डमान निकोबार की राजधानी है, इसके दक्षिण में बैरन और नरकोण्डम नाम के दो प्रसिद्ध सक्रिय ज्वालामुखी द्वीप हैं।

अरब सागर में पाए जाने वाले द्वीपों का निर्माण प्रवाल भित्तियों से हुआ है। अरब सागर के तट के नजदीक बहुत से चट्टानी संरचना वाले द्वीप हैं, जैसे–हैनरे, बुचर, एलीफैण्टा, भटकल आदि। खदियाबेट और अलियाबेट नाम के दो द्वीप नर्मदा और तापी नदियों के मुहाने पर मिलते

हैं। लक्षद्वीप, अमीन दीवी, मिनिकाय आदि द्वीप तट से दूर पाए जाते हैं, ये सभी प्रवाल द्वीप हैं, जो आकार में छोटे हैं। इनमें शायद ही कोई ऐसा द्वीप होगा जिनकी लम्बाई-चौड़ाई एक किलोमीटर से अधिक है।

अपवाह तंत्र

भारतीय अपवाह के प्रतिरूपों का अध्ययन बड़ा रोचक है। विशाल मैदान के अपवाह प्रतिरूप द्रुमाकृतिक हैं, जबकि हिमालय पर्वतमाला और पूर्वांचल के नाम से प्रसिद्ध पूर्वी पहाड़ियों में अपवाह का प्रतिरूप जालीनुमा है। प्रायद्वीपीय नदियाँ आयताकार प्रतिरूप बनाकर बहती हैं। थार मरुस्थल की विशेषता अभिकेंद्री अपवाह प्रतिरूप है।

भारत की नदियाँ

भारत में छोटी-बड़ी अनेक नदियाँ बहती हैं। भारत का अपवाह तंत्र, भू-आकृतियों की विकासात्मक प्रक्रियाओं और वर्षा का परिणाम है। असंख्य नदियाँ अपनी सहायक नदियों के साथ भारत के वर्षा जल को बहाकर समुद्र में ले जाती हैं। देश के वार्षिक वर्षण की कुल अनुमानित मात्रा 3,70,040 करोड़ घन मीटर है। इसमें से 1,67,753 करोड़ घन मीटर अर्थात् लगभग 45.3 प्रतिशत जल देश की 113 नदियों में प्रवाहित होता है। किसी नदी से अपवाहित क्षेत्र को इसकी द्रोणी, जलग्रहण क्षेत्र या जल संभर कहते हैं। नदी छोटी हो या बड़ी, इसकी द्रोणी या जल संभर या जलग्रहण क्षेत्र अवश्य होता है।

- भारत की कुल 12 सबसे बड़ी नदियों का अधिग्रहण क्षेत्र-252.8 मिलियन हेक्टेयर
- प्रमुख नदियाँ सबसे बड़े अधिग्रहण क्षेत्र के साथ–गंगा-ब्रह्मपुत्र मेघना तंत्र (110 मिलियन हेक्टेयर कुल अधिग्रहण क्षेत्र का 43 प्रतिशत)
- सिंधु नदी का अधिग्रहण क्षेत्र-32.1 मिलियन हेक्टेयर
- गोदावरी-31.3 मिलियन हेक्टेयर
- कृष्णा-25.9 मिलियन हेक्टेयर
- महानदी-14.2 मिलियन हेक्टेयर
- औसत आकार की नदियों का अधिग्रहण क्षेत्र-24 मिलियन हेक्टेयर (सुवर्णरेखा का-1.9 मिलियन हेक्टेयर)
- उत्तर प्रदेश, नदी एवं नहरों की लम्बाई के दृष्टिकोण से भारत के सभी राज्यों में प्रथम स्थान रखता है। यहाँ नदियों एवं नहरों की लम्बाई 31.2 हजार किमी है, जो कि सम्पूर्ण भारत का 17 प्रतिशत है।
- 77 प्रतिशत से अधिक बिल, गोखुर झील एवं जल क्षेत्र उड़ीसा, उत्तर प्रदेश एवं असम में पाए जाते हैं।
- भारत के राज्यों में कुल खरा पानी के जमाव में उड़ीसा का प्रथम स्थान है। इसके बाद क्रमशः गुजरात, केरल एवं पश्चिम बंगाल आते हैं।

उत्पत्ति, स्वरूप और विशेषताओं के आधार पर भारत की नदियों को चार वर्गों में विभाजित किया जा सकता है। ये वर्ग हैं : I. हिमालय की नदियाँ, II. प्रायद्वीपीय नदियाँ, III. तटीय नदियाँ तथा IV. अंतःस्थलीय बेसिन की नदियाँ।

हिमालयी नदी तंत्र में अनेक नदी तंत्र हैं। इनमें से सबसे प्रमुख निम्नलिखित हैं :

1. सिंधु अपवाह तंत्र
2. गंगा अपवाह तंत्र
3. ब्रह्मपुत्र अपवाह तंत्र

सिन्धु अपवाह तंत्र

भारत के उत्तर-पश्चिमी भाग में सिन्धु और उसकी सहायक नदियाँ एक बड़े क्षेत्र को अपवाहित करती हैं। इसमें सिन्धु नदी ही अकेले हिमालय प्रदेश में 25,000 वर्ग किमी. को अपवाहित करती है। इसकी सहायक नदियाँ हैं–सतलुज, व्यास, चेनाब, झेलम आदि। देश के विभाजन के बाद इस अपवाह तंत्र का बहुत-सा भाग पाकिस्तान में चला गया और भारत-पाकिस्तान सिन्धु संधि के अनुसार भारत सिन्धु नदी का करीब 20 प्रतिशत जल का दावेदार है।

- **सिन्धु :** सिन्धु नदी तिब्बत में 5,180 मीटर की ऊँचाई पर मानसरोवर झील से निकलती है। यह नदी पश्चिम, उत्तर-पश्चिम दिशा में करीब 320 किमी. बहकर जम्मू कश्मीर के भारतीय क्षेत्रों में प्रवेश करती है। पर्वतीय क्षेत्र में विशाल गार्ज बनाती है तथा कैलाश पर्वत को कई बार पार करती है और लद्दाख, बालटेस्टोन, हान्जा तथा गिलगित से बहती हुई अटक के नजदीक पहाड़ियों से बाहर निकलती है। इसकी प्रमुख सहायक नदियाँ–सतलुज, व्यास, रावी, चेनाब तथा झेलम मिलकर पंचनद बनाती हैं, जो मेथन कोट के निकट सिन्धु से मिलती हैं। इसकी कुल लम्बाई 2,900 किमी. है, जिसमें से भारत में यह 992 किमी. है, जो विश्व की प्रमुख लंबी नदियों में एक है। इसका जलग्रहण क्षेत्र 11,65,000 वर्ग किमी. सीमा में है।
- **रावी :** यह नदी रोहतांग दर्रे के नजदीकी भाग से निकलती है तथा धौलाघर के उत्तरी तथा पीर पंजाल की दक्षिणी ढलानों में से गुजरती हुई यह बहुत ही संकरी घाटी बनाती है। अपने उद्‌गम स्थान से शुरू होकर पाकिस्तान में मुल्तान के निकट चेनाब नदी के साथ संगम होने तक यह 720 किमी. की दूरी तय करती है।
- **व्यास :** यह नदी हिमालय के रोहतांग दर्रे पर स्थित व्यासकुण्ड से निकलती है, जिसकी ऊँचाई 4,330 मीटर है। पंजाब के होशियारपुर जिले में स्थित तलवाड़ा नामक स्थान पर मैदानी भाग में प्रवेश करती है। इसकी कुल लम्बाई 620 किमी. है तथा अपवाह क्षेत्र 25,900 वर्ग किमी. है।
- **चेनाब :** यह नदी हिमाचल प्रदेश के लाहौल में बारालाचा दर्रे के दोनों ओर से निकलती है, जहाँ इसको चन्द्रभागा कहा जाता है क्योंकि चन्द्र तथा भागा इसके उद्‌गम स्थान हैं। ये दोनों टाडा के निकट मिलकर चम्बा जिले के उत्तरी-पश्चिमी दिशा में लगभग 161 किमी. बहती हैं। यह पीर पंजाल के समानान्तर बहते हुए किश्तवार के निकट पीर पंजाल में गहरा गार्ज बनाती है। भारत में यह नदी 1,180 किमी. बहती है, जिसका अपवाह क्षेत्र 26,753 वर्ग किमी. है। यह सिंधु की सबसे बड़ी सहायक नदी है।
- **झेलम :** यह नदी कश्मीर घाटी के दक्षिण-पूर्व में स्थित वेरनाग के निकट झरने से निकलती है और उत्तर-पश्चिम दिशा में बहती हुई

वूलर झील में मिलकर बारामूला के आगे करीब 2,100 मीटर की गहराई में बहती है। जम्मू से आगे बढ़ने पर पिण्ड दाननखान और बेहरा होती हुई झंग के नजदीक चेनाब के साथ इसका संगम हो जाता है।

- **सतलुज :** इस नदी का उद्गम तिब्बत में कैलाश पर्वत के दक्षिण में मानसरोवर झील के नजदीक राक्षसताल से होता है, जो 4,630 मीटर की ऊँचाई पर स्थित है। यह नदी पश्चिमी दिशा में व्यास के संगम तक प्रवाहित होती है। यह शिपकी-ला दर्रे के निकट हिमालय में संकरी घाटी बनाकर भारत में प्रवेश करती है। यह नदी रोपड़ के निकट शिवालिक पर्वत शृंखला को काटती हुई दक्षिण की ओर मुड़ जाती है और मैदानी भाग में प्रवेश करती है। रोपड़ के ऊपर प्रसिद्ध भाखड़ा-नांगल बाँध इसी नदी पर बना हुआ है। उद्गम स्थान से लगभग 1,500 किमी. की दूरी तय करने के पश्चात् मुल्तान जिले की दक्षिणी सीमा पर चेनाब नदी में मिल जाती है तथा पंजाब के लुधियाना तथा फिरोजपुर नगर इसी के किनारे बसे हैं। भारत में इस नदी की लम्बाई करीब 1,050 किमी. है तथा अपवाह क्षेत्र 24,087 किमी. है।

गंगा अपवाह तंत्र

इस अपवाह तन्त्र में गंगा तथा इसकी सहायक नदियाँ शामिल की जाती हैं, जिनमें हिमाच्छादित क्षेत्रों से आने वाली सहायक नदियाँ हैं–यमुना, गोमती, घाघरा, गंडक और कोसी आदि तथा प्रायद्वीपीय प्रदेश से आने वाली नदियाँ हैं–चम्बल, बेतवा, केन, सोन इत्यादि।

- **गंगा :** यह नदी गढ़वाल हिमालय में गोमुखी हिमानी (5,165 मीटर) से निकलती है, जो गंगोत्री हिमनद के निकट स्थित है। इस नदी का नाम गंगा तब होता है जब इसकी दो नदियाँ शीर्ष-अलकनंदा तथा भगीरथी देवप्रयाग में आकर मिलती हैं। दक्षिण, दक्षिण-पश्चिम दिशा का अनुसरण करते हुए गंगा हरिद्वार के समीप पर्वतों को छोड़कर मैदान में घुसती है। हरिद्वार के बाद इस नदी की दिशा दक्षिण-पूर्वी हो जाती है। इलाहाबाद के निकट इसमें यमुना नदी आकर मिलती है, जिसे संगम या प्रयाग के नाम से पुकारा जाता है। यहाँ से पूर्व की ओर प्रवाहित होते हुए गाजीपुर के निकट गोमती और बलिया के पास घाघरा, रामगंगा, गंडक, कोसी तथा महानंदा बायें किनारे से मिलती हैं। फरक्का के बाद गंगा की मुख्य धारा पूर्व तथा दक्षिण-पूर्व की ओर होती है तथा बांग्लादेश में प्रवेश करती है, जहाँ उसे पद्मा के नाम से जाना जाता है। यहाँ से यह कई अलग-अलग धाराओं में बँटकर डेल्टाई मैदान से होती हुई समुद्र की ओर बहती है। इस क्षेत्र को भगीरथी हुगली कहा जाता है, जिसमें प्रायद्वीपीय भारत से अजय, रूपनारायण, हल्दी आदि छोटी-छोटी नदियाँ मिलती हैं। बांग्लादेश में चन्दनपुर के निकट समुद्र में मिलने से पहले पद्मा नदी ब्रह्मपुत्र नदी से मिलती है, जिसे यमुना और मेघना कहा जाता है। इस नदी की कुल लम्बाई 2,525 किमी. है तथा भारत में इसका अपवाह क्षेत्र लगभग 8,61,404 वर्ग किमी. है। इस नदी के किनारे हरिद्वार, कानपुर, इलाहाबाद, वाराणसी, पटना, मुंगेर और मुर्शिदाबाद आदि महत्त्वपूर्ण नगर स्थित हैं।
- **यमुना :** यह गंगा की प्रमुख सहायक नदी है, जो **यमुनोत्री** नामक हिमखण्ड से निकलती है। यह 3965 मीटर की ऊँचाई पर बन्दरपूंछ के पश्चिम ढाल पर स्थित है। उद्गम स्थान से दक्षिण-पश्चिम दिशा में अपवाहित होती है तथा नगटिब्बा पर्वत श्रेणी को पारकर टोंस सहायक नदी से मिलती है। यह ताजेवाला नामक स्थान पर मैदानी भाग में प्रवेश करती है। यह नदी एक वृहत् चाप का निर्माण करती है। गंगा नदी के करीब समानान्तर बहने के बाद यह नदी इलाहाबाद के निकट गंगा से मिलती है। इसकी कुल लम्बाई लगभग 1,375 किमी. है और इसका अपवाह क्षेत्र 3,59,000 वर्ग किमी. है। विन्ध्याचल पर्वत से निकलकर चम्बल, बेतवा तथा केन इसकी सहायक नदियाँ बनती हैं। इसके किनारे पर बसे प्रमुख शहर हैं–दिल्ली, मथुरा, आगरा, इटावा आदि।
- **घाघरा :** इस नदी को 'सरयू' नदी के नाम से भी जाना जाता है। इसका उद्गम स्थान मापचाचुंग हिमनद तिब्बत के पठार में स्थित है। यहाँ से निकलकर नेपाल के मध्य से बहती हुई हिमालय तथा शिवालिक श्रेणियों को पार करते हुए यह गहरी संकीर्ण घाटी का निर्माण करती है। बहराम घाट के पास शारदा नदी इसमें आ मिलती है, जहाँ से यह नदी पूर्व की ओर प्रवाहित होती है तथा गोंडा, बाराबंकी और फैजाबाद जिलों की सीमा निर्धारण करती है। यह बिहार के छपरा (सारण) के पास गंगा में मिलती है। घाघरा की लम्बाई करीब 1,180 किमी. तथा अपवाह क्षेत्र 1,27,000 वर्ग किमी. है।
- **शारदा :** यह नदी पूर्वोत्तर कुमाऊं क्षेत्र के मिलाप हिमनद से निकलती है। यहाँ पर यह काली गंगा के नाम से जानी जाती है। पंचेश्वर के पास इसमें सरयू नदी मिलती है तथा नीचे जाने पर इसका नाम शारदा या गौरी गंगा हो जाता है। बहुत तेज गति से बहते हुए यह नदी ब्रह्म देव के निकट मैदानी भाग में प्रवेश करती है। यह उत्तर प्रदेश के पीलीभीत जिले और नेपाल की सीमा निर्धारण का काम करती है तथा बहराम घाट के पास घाघरा नदी में मिल जाती है।
- **गोमती :** यह नदी उत्तर प्रदेश के पीलीभीत जिले के समुद्र तट से 200 मीटर की ऊँचाई से निकलती है जो एक मैदानी नदी है तथा उत्तर-पश्चिम से दक्षिण-पश्चिम की दिशा में बहती है। यह हरदोई और सीतापुर जिलों की सीमा बनाती हुई लखनऊ को पार करती है तथा गाजीपुर में गंगा से मिल जाती है। लखनऊ शहर इसी नदी के किनारे बसा हुआ है।
- **गंडक :** यह नदी नेपाल, चीन सीमा के समीपवर्ती स्थान से निकलकर मध्य नेपाल में बहने के बाद बिहार के चम्पारण जिले में घुसती है। यह नदी नेपाल में शालीग्रामी तथा मैदान में नारायणी के नाम से जानी जाती है। यह उत्तर प्रदेश तथा बिहार की सीमा को अलग करती है तथा पटना के पास गंगा में मिल जाती है। यह नदी 425 किमी. लम्बी है तथा इसका अपवाह क्षेत्र 45,100 वर्ग किमी. है।
- **कोसी :** इस नदी का उद्गम स्थान कंचनजंगा पर्वत है, जहाँ पर इसका प्रारम्भिक प्रवाह सात छोटी-छोटी नदियों (धाराओं), जैसे–भोटिया, टाम्बा, कोसी, मिलाम्ची, लिक्खू, दुग्ध कोसी, तम्बूर

तथा अरुण से मिलकर बनता है। अत: कई धाराओं (नदियों) में प्रवाहित होने के बाद यह बिहार के छतरा नामक स्थान पर मैदानी भाग में प्रवेश करती है और कारागोला नामक स्थान पर गंगा से मिलती है और जब यह मैदान में मिलती है, वहाँ पर वृहत् कछारी पंख का निर्माण करती है। यह नदी मार्ग परिवर्तन और आकस्मिक बाढ़ के लिए कुख्यात है। इस नदी की कुल लम्बाई 750 किमी. है तथा भारत में अपवाह क्षेत्र 21,500 वर्ग किमी. है। यह बिहार में धन-जन को अपार क्षति पहुँचाती है, जिस कारण इसे 'बिहार का शोक' कहा जाता है।

- **चम्बल :** यह नदी मध्य प्रदेश के इंदौर जिले में महू के पास से करीब 600 मीटर की ऊँचाई से निकलती है। यह मध्य प्रदेश के उज्जैन, रतलाम, मंदसौर तथा राजस्थान के कोटा, बूंदी जिलों से होते हुए अन्त में इटावा जिले में यमुना नदी में मिल जाती है। इसकी सहायक नदियाँ हैं–काली सिन्धु, पार्वती तथा बनास। यह अपनी कन्दराओं के लिए विख्यात है। जिसमें कन्दराओं की गहराई 30 मीटर तक है। यह करीब 950 किमी. लम्बी है।
- **सोन :** इस नदी का उद्गम स्थान विन्ध्याचल पर्वत की अमरकंटक पहाड़ियाँ हैं। यहाँ से निकलकर यह मध्यप्रदेश के रीवा तथा सीधी जिलों में प्रवाहित होती हुई रामनगर (पटना) के निकट गंगा में मिल जाती है। इसकी मुख्य सहायक नदी रिहन्द है। इस नदी की लम्बाई 775 किमी. है तथा इसका अपवाह क्षेत्र करीब 20,000 वर्ग किमी. है।

भारत की प्रमुख नदियाँ

नदी	लम्बाई (किमी.)	अपवाह क्षेत्र (वर्ग किमी.)
गंगा	2,525	9,51,600
यमुना	1,375	3,59,000
रामगंगा	600	32,800
घाघरा	1,180	1,27,500
गंडक	425	45,100
कोसी	750	86,900
चम्बल	950	–
सोन	775	20,000
ब्रह्मपुत्र	2,900	80,280
सिन्धु	2,900	1,17,844
झेलम	400	28,490
चिनाब	1,180	26,753
रावी	720	5,957
सतलुज	1,050	24,087
दामोदर	600	11,000
स्वर्ण रेखा	433	19,500
ब्राह्मणी	705	36,000
महानदी	857	1,41,600
गोदावरी	1,465	3,12,812
मंजरा	323	30,821
वैनगंगा	494	61,093
पैनगंगा	676	23,898
वर्धा	525	24,087
सबरी (कोलाब)	418	20,427
इन्द्रावती	513	41,665
प्राणहिता	113	1,90,077
कृष्णा	1,400	2,59,000
कावेरी	800	87,900
पेन्नार	970	–
नर्मदा	1,300	98,796
ताप्ती	724	65,145
माही	533	34,892
बनास	270	–
लूनी	320	–
साबरमती	300	21,674

ब्रह्मपुत्र अपवाह तंत्र

भारत के उत्तर-पूर्व में ब्रह्मपुत्र अपवाह तंत्र है, जो अपनी सहायक नदियों की सहायता से विस्तृत क्षेत्र को प्रभावित करती है।

- **ब्रह्मपुत्र :** इस नदी का उद्गम स्थान चेमयुन्गडंग हिमानी (Chmayungdung Glacier) है, जो तिब्बत में हिमालय पर्वत की कैलाश श्रेणी में करीब 5,150 मीटर की ऊँचाई पर स्थित है। ब्रह्मपुत्र नदी को ब्रह्मा की बेटी कहा जाता है। तिब्बत में यह नदी लगभग 1,250 किमी. की दूरी तक हिमालय के उत्तर में उसके समानान्तर बहती है तथा इस भाग को सांग्पो (Tsangpo) नदी के नाम से जाना जाता है। नमचा बरवा (Namcha Barwa) के नजदीक यह दक्षिण की ओर मुड़ जाती है और दिंहाग के नाम से अरुणाचल प्रदेश में प्रवेश करती है। इसके बाद यह नदी असम घाटी में प्रवेश करती है, जहाँ इसे ब्रह्मपुत्र के नाम से जाना जाता है। इस प्रकार यह नदी गारो, खासी तथा जयंतिया की पहाड़ियों के नजदीक से प्रवाहित होती हुई बंगाल की समतल भूमि में प्रवेश करती है। धुबरी (Dhubri) तक यह नदी पश्चिम की ओर प्रवाहित होती है तथा उसके बाद दक्षिण की ओर मुड़कर गोआलन्डो के समीप गंगा की सहायक नदी बन जाती है, जिससे गंगा-ब्रह्मपुत्र नामक विश्व के सबसे बड़े डेल्टा का निर्माण होता है। इस संगम को पद्मा के नाम से जाना जाता है। डेल्टाई भाग में गंगा-ब्रह्मपुत्र की मुख्य धारा कई उपधाराओं में विभक्त हो जाती है। इनमें मधुमती, पद्मा, सरस्वती, हुगली और भागीरथी प्रमुख हैं। सिन्धु और गंगा की तरह यह भी एक पूर्ववर्ती अपवाह तन्त्र जो कि हिमालय पर्वत में दिंहाग गार्ज बनाती है। इसकी कुल लम्बाई 2,900 किमी. है, जो गंगा से ज्यादा है तथा अपवाह क्षेत्र 80,280 वर्ग किमी. है।

मध्यवर्ती या प्रायद्वीपीय नदियाँ

हिमालयी नदी तंत्र की तुलना में प्रायद्वीपीय नदी तंत्र अधिक पुराना है। पश्चिमी घाट एक जल विभाजक है। इसके पश्चिम में छोटी-छोटी

सरिताएँ बहकर अरब सागर में जा मिलती हैं तथा पूर्व में प्रमुख प्रायद्वीपीय नदियाँ बंगाल की खाड़ी की ओर बहती हैं। नर्मदा और तापी को छोड़कर, अधिकतर प्रायद्वीपीय नदियाँ पश्चिम से पूर्व दिशा में बहती हैं।

सुदूर भूतकाल में घटी दो प्रमुख भू-वैज्ञानिक घटनाओं ने प्रायद्वीपीय भारत के नदी तंत्र को वर्तमान स्वरूप प्रदान किया है। प्रथम घटना थी, प्रायद्वीप के पश्चिमी भाग का जलमग्न होना। इसके परिणामस्वरूप पश्चिम की ओर बहने वाली नदियों के केवल ऊपरी भाग ही समुद्रतल से ऊपर रह गए। दूसरी घटना थी, हिमालय के उत्थान के साथ नर्मदा और तापी नदियों की भ्रंश घाटियों का निर्माण। **नर्मदा और तापी भ्रंश घाटियों में बहती हैं।** इन्होंने अपने अपरदित पदार्थों से मूल दरारों को पाट दिया है। इसी कारण इन नदियों में जलोढ़ और डेल्टाई निक्षेपों की कमी है।

प्रायद्वीप की अनेक नदियाँ वर्षाधीन हैं तथा सदानीरा नहीं हैं। नदी तल की कठोर चट्टानों तथा अल्प जलोढ़ निक्षेपों के कारण, कुल मिलाकर इनके मार्ग सीधे या रेखीय हैं। ये नदियाँ प्रौढ़ हैं तथा इनकी घाटियाँ संतुलित (graded) और उथली हैं।

1. बंगाल की खाड़ी में गिरने वाली नदियाँ

इस वर्ग में निम्नलिखित नदियाँ आती हैं–

गोदावरी : यह प्रायद्वीपीय पठार की सबसे बड़ी नदी है, जिसका उद्गम स्थान महाराष्ट्र राज्य के नासिक जिले के दक्षिण-पश्चिम में स्थित है। यह नदी बील नामक झील से होकर बहती हुई महाराष्ट्र पठार तथा बाद में आन्ध्र प्रदेश में तेलंगाना पठार के पूर्व से होती हुई दक्षिण-पूर्व की ओर प्रवाहित होती है। इस नदी की लम्बाई 1,465 किमी. है तथा अपवहन क्षेत्र 3,12,812 वर्ग किमी. है। इसका 50 प्रतिशत भाग महाराष्ट्र में है तथा शेष कर्नाटक, उड़ीसा तथा आन्ध्र प्रदेश में है। विशाल आकार होने के कारण यह प्राय: वृद्ध गंगा या दक्षिणी गंगा के नाम से पुकारी जाती है। आन्ध्र प्रदेश के पोलावरम के पास पूर्वी घाट को पारकर गोदावरी एक गहरी प्रहरी का निर्माण करती है तथा बंगाल की खाड़ी में मिल जाती है। प्रवदा, पुरना, मनप्रा, पैन गंगा, वैन गंगा, वर्धा, प्रणहिता, इन्द्रावती, मानेर और सबासी इसकी प्रमुख सहायक नदियाँ हैं।

कृष्णा : इस नदी का उद्गम स्थान महाबलेश्वर के निकट एक झरना है जो मुम्बई से करीब 80 किमी. दूर स्थित है। यह नदी अपने उद्गम से मुहाने तक महाराष्ट्र, कर्नाटक तथा आन्ध्र प्रदेश में 1,400 किमी. की यात्रा करती है। इसका कुल अपवहन क्षेत्र 2,58,948 वर्ग किमी. है। बंगाल की खाड़ी में मिलने से पूर्व विजयवाड़ा के समीप यह कई शाखाओं में विभक्त हो जाती है तथा बड़े डेल्टा का निर्माण करती है। कोयना, भीमा, तुंगभद्रा, घाट प्रभा इसकी मुख्य सहायक नदियाँ हैं। विजयवाड़ा इसी नदी पर बसा हुआ है।

कावेरी : इस नदी का उद्गम स्थान पश्चिम घाट की ब्रह्मगिरि पहाड़ियों में कुर्ग है तथा यह कर्नाटक और तमिलनाडु राज्य में बहती हुई कावेरीपत्तनम के निकट बंगाल की खाड़ी में गिरती है। कावेरी तीन बार दो धाराओं में विभक्त हो जाती है और कुछ मील आगे जाकर पुन: मिल जाती है। इस प्रकार यह श्रीरंगपट्टम, शिवसमुद्रम् एवं श्रीरंगम् के द्वीपों का निर्माण करती है। शिवसमुद्रम् के निकट ही यह नदी करीब 100 मीटर की ऊँचाई से नीचे उतरती है और जलप्रपात का निर्माण करती है तथा यहाँ जल-विद्युत भी तैयार की जाती है। इस नदी की कुल लम्बाई 800 किमी. है तथा अपवहन क्षेत्र लगभग 87,900 वर्ग किमी. है। वर्तमान में इस नदी के जल बँटवारे को लेकर तमिलनाडु, कर्नाटक और पांडिचेरी के मध्य विवाद है। श्रीरंगपटट्म नगर इस नदी पर स्थित है।

तुंगभद्रा : इस नदी का उद्गम कर्नाटक में पश्चिम घाट के पहाड़ की गंगामूल चोटी से तुंगा नदी और नजदीक में स्थित काडूर से भद्रा नदी के रूप में होता है। जब इन नदियों का शिमोगा जिले में कुदाली नामक स्थान पर संगम होता है तब इसका नाम तुंगभद्रा पड़ जाता है। यह कृष्णा नदी की सहायक नदी है तथा इसकी लम्बाई करीब 640 किमी. है। इसकी प्रमुख सहायक नदियाँ हैं–कुमुदवती, वर्धा, मगारी और हिन्द्र।

महानदी : यह नदी मध्य प्रदेश में अमरकंटक श्रेणी के दक्षिण में रायपुर जिले में सिहावा के नजदीक 40 मीटर की ऊँचाई से निकलती है और ज्यादातर उड़ीसा में बहती हुई 857 किमी. की दूरी तय करने के बाद कटक के निकट बंगाल की खाड़ी में गिरती है। इसके 1,41,600 वर्ग किमी. के अपवहन क्षेत्र में मध्य प्रदेश, झारखण्ड, उड़ीसा तथा महाराष्ट्र के राज्य शामिल किए जाते हैं। इसी नदी पर हीराकुंड बाँध बना हुआ है।

2. अरब सागर में गिरने वाली नदियाँ

इसमें निम्नलिखित प्रमुख नदियां महत्त्वपूर्ण हैं–

नर्मदा : यह नदी मध्य प्रदेश में विन्ध्याचल पर्वत श्रेणियों के अमरकंटक नामक पहाड़ी से निकलती है। इसका उद्गम स्थान 1,057 मी. की ऊँचाई पर स्थित है। यह एक संकरी, गहरी और सीधी घाटी में सतपुड़ा और विन्ध्याचल के बीच बहती है तथा जबलपुर नगर के पास भेर घाट की संगमरमर की चट्टानों में कपिलधारा प्रपात का निर्माण करती है, जिसकी ऊँचाई करीब 15 मीटर है। यह गुजरात में भड़ौच के निकट खम्भात की खाड़ी में गिरती है। इस नदी की कुल लम्बाई 1,300 किमी. है तथा अपवाह क्षेत्र 98,796 वर्ग किमी. है। इसकी सहायक नदी नहीं है।

तापी : इस नदी का उद्गम स्थान मध्य प्रदेश के बैतूल जिले में महादेव की पहाड़ियों के मुल्ताई नगर के पास है। यह स्थान सतपुड़ा पर्वत के दक्षिण में 750 मीटर की ऊँचाई पर स्थित है। यहाँ से यह सतपुड़ा के दक्षिण में स्थित दरार घाटी में नर्मदा के समानान्तर पश्चिमी दिशा में बहती हुई सूरत के पास से खम्भात की खाड़ी में मिल जाती है। इस नदी की कुल लम्बाई 724 वर्ग किमी. है तथा अपवाह क्षेत्र 65,145 वर्ग किमी. है जो मध्य प्रदेश, महाराष्ट्र तथा गुजरात में फैला हुआ है।

माही : इस नदी की उत्पत्ति मध्य प्रदेश के विन्ध्याचल पर्वत से होती है। यह नदी 533 किमी. की दूरी तय करती है, जो राजस्थान के बांसवाड़ा और डूंगरपुर जिलों को पारकर गुजरात के खम्भात की खाड़ी में जा गिरती है। इसका अपवहन क्षेत्र 34,892 वर्ग किमी. है।

साबरमती : इस नदी का उद्गम स्रोत अरावली की पहाड़ियों में राजस्थान के डूंगरपुर जिले में स्थित है। यहाँ से यह दक्षिण-पश्चिम दिशा में 300 किमी. की दूरी तय करके खम्भात की खाड़ी में मिल जाती है। इसका अपवहन क्षेत्र 21,674 वर्ग किमी. है, जो राजस्थान तथा गुजरात में फैला हुआ है।

लूनी : यह नदी राजस्थान में अरावली पर्वत के नाग पहाड़ से निकलती है, जो अजमेर के दक्षिण-पश्चिम में स्थित है। यहाँ से यह 320 किमी. बहने के बाद कच्छ की खाड़ी में गिरती है। मिठड़ी, बाड़ी और सूकड़ी इसकी सहायक नदियाँ हैं।

तटीय नदियाँ

ये नदियाँ पश्चिम में अरब सागर की ओर तथा पूर्व में बंगाल की खाड़ी की ओर बहती हैं। पश्चिम की ओर बहने वाली प्रमुख नदियाँ हैं : शतरंजी, भद्रा, वैतरणी, कालीनदी, बेड़ती, शरावती, भारतपुझा, पेरियार और पंबा। शतरंजी अमरेली जिले के दलकहवा के निकट से, भद्रा राजकोट जिले में अनियाली गाँव के पास से तथा धांधर गुजरात के ही पंचमहल जिले के घंटार गाँव के निकट से निकलती हैं। धांधर 135 कि.मी. लंबी है तथा इसका जलग्रहण क्षेत्र 2,770 वर्ग कि.मी. है। वैतरणी का उद्‌गम स्रोत महाराष्ट्र के नासिक जिले में 670 मी. की ऊँचाई पर त्रियंबक की पहाड़ियों के दक्षिणी ढालों पर है। 172 कि.मी. की यात्रा के बाद यह वलसाड़ के निकट अरब सागर में गिरती है। काली नदी कर्नाटक के बेलगाँव जिले में बीड़ी नामक गाँव के निकट से निकलती है और कारवार की खाड़ी में गिरती है। इसका जलग्रहण क्षेत्र 5,179 वर्ग कि.मी. है। 161 कि.मी. लंबी बेड़ती नदी का उद्‌गम स्रोत हुबली-धारवाड़ के आस-पास की पहाड़ियों में 701 मी. की ऊँचाई पर है। शरावती का उद्‌गम स्थान कर्नाटक के शिमोगा जिले में है। इसी नदी पर प्रसिद्ध गरसोप्पा (जोग) जल प्रपात है। इसका जलग्रहण क्षेत्र 2,209 वर्ग कि.मी. है। भारतपुझा को पोन्नानी भी कहते हैं। यह केरल की सबसे लंबी नदी है। यह अन्नामलाई की पहाड़ियों के पास से निकलती है। इसका अपवाह क्षेत्र 5,397 वर्ग कि.मी. है। केरल की दूसरी सबसे लंबी नदी पेरियार का जलग्रहण क्षेत्र 5,243 वर्ग कि.मी. है। 177 कि.मी. लंबी पंबा नदी वेंबनाद झील में गिरती है।

सुवर्ण रेखा, वैतरणी और ब्राह्मणी के अलावा पूर्व की ओर बहने वाली प्रमुख नदियाँ हैं : वंशमधारा, पेन्नार, पलार और वैगाई। वंशमधारा का उद्‌गम तो उड़ीसा के दक्षिणी भाग में है, लेकिन यह आंध्र प्रदेश में बहती हुई, बंगाल की खाड़ी में मिल जाती है। पेन्नार कर्नाटक से निकलकर आंध्र प्रदेश में बहती है। पलार का जलग्रहण क्षेत्र 17,870 वर्ग कि.मी. है। पोइनी और चेट्यार इसकी दो प्रमुख सहायक नदियाँ हैं। वैगाई केरल से निकलती है। यह पेरियार के अपवर्तित जल को लेकर अंत में पाक की खाड़ी में गिर जाती है। छोटी-छोटी तटीय नदियों की विशेषताएँ हैं : तीव्र ढाल, भारी मात्रा में गाद तथा प्रवाह में शीघ्र घट-बढ़। तटीय क्षेत्रों की कृषि भूमि की सिंचाई में इनका महत्त्वपूर्ण योगदान है।

अन्तःस्थलीय बेसिन की नदियाँ

इसमें वे नदियां आती हैं जो, समुद्र में न गिरकर स्थल पर ही सूख जाती हैं या किसी झील आदि में गिर जाती हैं। राजस्थान तथा हरियाणा की नदियाँ इसमें शामिल की जाती हैं। लूनी तथा साबरमती को छोड़कर राजस्थान की लगभग सभी नदियाँ या तो मरुस्थल में सूख जाती हैं या सांभर झील में गिरती हैं। हरियाणा की घग्घर नदी भी अन्तःस्थलीय अपवाह का उदाहरण है।

गुजरात एवं राजस्थान का एक हिस्सा मरुस्थलीय है। इस आंतरिक अपवाह के क्षेत्र से निकलकर समुद्र की ओर बहने वाली एकमात्र नदी 'लूनी' है। लूनी का उद्‌भव अरावली पर्वत से होता है जो कच्छ के रन से होती हुई अरब सागर में जा मिलती है। यह मौसमी नदी लगभग पूरे साल सूखी रहती है। थार मरुस्थल का ज्यादातर अपवाह स्थानीय झीलों में इकट्ठा होता है, जो खारे पानी की है।

भारत की जलवायु

भारत की जलवायु को अभिव्यक्त करने वाले शब्द का नाम मानसून है, क्योंकि यह मानसून पवनों के प्रभाव क्षेत्र के अन्दर आता है। मानसून शब्द मूलतः अरबी भाषा के मौसिम शब्द से बना है। इसका अर्थ है, वर्ष भर में हवाओं के प्रतिरूप में होने वाला ऋतुवत प्रत्यावर्तन। इसके अंतर्गत हवा वर्ष में लगभग छह महीने तक एक दिशा से तथा छह महीने तक ठीक उल्टी दिशा से चलती है। भारत की स्थानीय जलवायु प्राकृतिक रूप से उष्ण है। देश का औसत धरातल तापमान 21.9° से. है।

भारत की जलवायु को दो प्रमुख तत्वों ने अधिकतम प्रभावित किया है-(1) उत्तर में हिमालय पर्वत की उपस्थिति, जिसके कारण मध्य एशिया से आने वाली शीतल हवाएँ भारत में नहीं आ पाती हैं और इस प्रकार भारतीय जलवायु महाद्वीपीय जलवायु का स्वरूप प्राप्त करती है। (2) दक्षिण में हिन्द महासागर की उपस्थिति तथा भूमध्य रेखा से नजदीकी के कारण उष्ण कटिबन्धीय जलवायु अपने आदर्श स्वरूप में पायी जाती है। कर्क रेखा भारत के मध्य से गुजरती है और इस रेखा का दक्षिणी भाग उष्ण कटिबंध में आता है, जो सदैव गर्म होता है तथा दैनिक तापान्तर भी न्यूनतम होता है। भारत के उत्तरी भाग में तीन प्रकार के मौसम पाए जाते हैं-पूर्वी भाग में अधिक ताप तथा वर्षा पाई जाती है, उत्तरी भाग हिमालय के ठण्डे प्रदेश से प्रभावित रहता है तथा पश्चिमी भाग वर्षा की कमी के कारण गर्म और शुष्क रहता है।

भारत में हालांकि वर्षा अधिक होती है, परन्तु यह केवल मानसून के समय ही होती है, परिणामस्वरूप यहाँ वर्षा का पानी बहकर या वाष्प बनकर नष्ट हो जाता है इसलिए कुछ विद्वान भारत को प्यासी धरती कहते हैं।

भारत की जलवायु को प्रभावित करने वाले कारक

I. **अक्षांशीय स्थितिः** द. भारत भूमध्यरेखा से अधिक निकट है, जिसके कारण यहाँ वर्ष भर गर्म जलवायु पायी जाती है। उत्तरी भारत कर्क रेखा के उत्तर में स्थित होने के कारण शीत ऋतु में ठंड और ग्रीष्म ऋतु में गर्मी पड़ती है। प्रदेश के भागों में शीत ऋतु में हिमपात होता है।

II. **उच्चावचः** उत्तर भारत के उच्च पर्वतीय क्षेत्र अति शीत जलवायु क्षेत्र हैं। ज्ञातव्य है कि प्रत्येक 165 मीटर की ऊँचाई पर 1° C तापमान कम हो जाता है, उच्च अक्षांशीय स्थिति के कारण जम्मू-कश्मीर तथा हिमाचल; यही कारण है कि एक ही अक्षांश पर स्थित होने पर भी पर्वतीय और मैदानी भागों के तापमान में अंतर होता है। हिमालय मानसूनी पवनों को रोककर वर्षा करता है, जिससे जलवायु में परिवर्तन होता है। अगर हिमालय नहीं रहता तो मध्य एशिया की तरह शीत काल में अत्यधिक ठंड का प्रभाव रहता।

III. **मानसूनी पवनें:** ग्रीष्म काल में मानसूनी पवनों का रुख दक्षिण-पश्चिम तथा शीतकाल में उत्तर-पूर्व रहता है। ये पवनें वर्षा के कारण तापमान और आर्द्रता को प्रभावित करती हैं।

IV. **समुद्र से दूरीः** भारत तीन ओर से समुद्र से घिरा है। हिन्द महासागर क्षेत्र से उत्पन्न होने वाली मानसूनी पवनें वर्षा कराती हैं। समुद्र के निकट स्थानों पर स्थानीय समुद्री पवनें भी वर्षा कराती हैं। अगर ये समुद्र देश के निकट न होते तो वर्षा का अत्यंत अभाव रहता। जो

क्षेत्र समुद्र के निकट हैं, वहाँ सम जलवायु है तथा जो क्षेत्र दूर हैं, वहाँ विषम जलवायु पायी जाती है। समुद्र की स्थिति दैनिक व वार्षिक तापांतर को अत्यधिक प्रभावित करती है।

भारत की ऋतुएँ

भारतीय जलवायु की दो स्पष्ट ऋतुएँ हैं। ये हैं : दक्षिण-पश्चिम मानसून की ऋतु अर्थात् वर्षा ऋतु और उत्तर-पूर्व मानसून की ऋतु अर्थात् शीत ऋतु। पहली ऋतु में भारत के अधिकतर भागों में वर्षा होती है, जो देश की कृषि अर्थव्यवस्था के लिए अत्यावश्यक है।

दूसरी ऋतु में प्रायद्वीप के दक्षिण-पूर्वी भाग को छोड़कर भारत के अधिकतर भागों में वर्षा नहीं होती है। इन दो ऋतुओं के बीच, दो ऋतुएँ और होती हैं। एक है, दक्षिण-पश्चिम मानसून के आगमन से पहले की ग्रीष्म ऋतु; दूसरी है, शीत ऋतु (अर्थात् उत्तर-पूर्व मानसून के आगमन) से पहले की पीछे हटते मानसून की ऋतु। इस प्रकार पूरे वर्ष को आसानी से निम्नलिखित चार ऋतुओं में बाँटा जाता है–

शीत ऋतु

यह ऋतु **दिसंबर** में शुरू होकर **फरवरी** तक रहती है। सूर्य की किरणें इन दिनों मकर वृत्त पर लंबवत् पड़ती हैं। अत्यंत आंतरिक भाग में स्थित और समुद्र के प्रभाव से दूर भारत के उत्तर-पश्चिम भाग में तापमान काफी गिर जाता है और इन दिनों यहाँ उच्च वायुमंडलीय दाब रहता है। यहाँ महीने का औसत तापमान 10° से 12° से. के बीच रहता है, लेकिन न्यूनतम तापमान इससे भी बहुत नीचे रहता है। देश के इस भाग में उच्च वायुदाब का एक केंद्र बन जाता है, जहाँ से बाहर की ओर ठंडी और शुष्क पवनें चलती हैं। उत्तर भारत में पवनें पश्चिम दिशा से, मध्य भारत में उत्तर दिशा से तथा प्रायद्वीपीय भारत में उत्तर पूर्वी दिशा से चलती हैं। इस ऋतु में गंगा के मैदान की ये विशेषताएँ हैं : स्वच्छ आकाश, सुहावना मौसम, मंद पश्चिमी समीर, निम्न आर्द्रता, निम्न तापमान, दिन के तापमान में काफी बड़ा अंतर। ब्रह्मपुत्र और कछार घाटियों में उत्तर-पूर्व से मंद-मंद समीर बहती है। शेष भारत में पवनों की दिशा उत्तरी और उत्तर-पश्चिमी होती है। प्रायद्वीपीय पठार के अधिकतर भाग पर साफ और धूप वाला मौसम रहता है, लेकिन तमिलनाडु के तटीय जिलों में उत्तर-पूर्वी मानसून से वर्षा होती है।

शीत ऋतु में अनेक चक्रवातीय अवदाब भूमध्य-सागर से पूर्व की ओर चलते हुए उत्तर भारत में पहुँचते हैं। इस क्षेत्र में ये अवदाब थोड़ी मात्रा में वर्षा करते हैं। शीत ऋतु की वर्षा तो अल्पमात्रा में होती है, किंतु गेहूँ की फसल के लिए अत्यंत लाभकारी होने के कारण इसका आर्थिक महत्त्व बहुत अधिक है। प्रायद्वीप के दक्षिण-पूर्वी भाग में बंगाल की खाड़ी में बनने वाले चक्रवातीय तूफानों और अवदाबों के प्रभाव से यदा-कदा वर्षा हो जाती है। यह वर्षा आंतरिक भागों की ओर घटती जाती है।

ग्रीष्म ऋतु

मार्च से **मई** की अवधि में उत्तर भारत में तापमान निरंतर तेजी से बढ़ता है तथा वायुदाब कम हो जाता है। दक्षिणी हिंद महासागर में भी तापमान कम हो जाता है। मार्च के महीने में दक्कन के पठार पर दिन का उच्चतम तापमान 38° से. रहता है। गुजरात और मध्य प्रदेश में अप्रैल के महीने में तापमान 38° से 44° से. तक रहता है। उत्तर-पश्चिमी भारत के शुष्क क्षेत्रों में मई के महीने में दिन का उच्चतम तापमान 48° से. से भी अधिक हो जाता है। निम्नतम वायुदाब का क्षेत्र भी इसी प्रदेश में स्थित होता है। इस निम्न वायुदाब की ओर स्थानीय पवनें चलने लगती हैं। स्थानीय पवनों का यह परिसंचरण इसीलिए महत्त्वपूर्ण है कि इससे यहाँ ऐसी दशाएँ पैदा हो जाती हैं, जो दक्षिण पश्चिम पवनों को आकर्षित करने में सहायक होती हैं।

उत्तर भारत में पवनें मुख्यत: पश्चिम और उत्तर-पश्चिम दिशा से तथा राजस्थान में दक्षिण-पश्चिम दिशा से चलती हैं। गंगा के पूर्वी मैदान में पवनों की दिशा अधिकतर दक्षिण और दक्षिण-पश्चिम रहती है। ब्रह्मपुत्र घाटी में पवनें पूर्व और पश्चिम दोनों ही दिशाओं से चलती हैं। गुजरात और मध्य भारत में पवनें अधिकतर पश्चिम और उत्तर-पश्चिम दिशाओं से आती हैं। प्रायद्वीपीय और पूर्वी तट के साथ-साथ पवनों की दिशा दक्षिणी और दक्षिण-पश्चिमी होती है। इसके विपरीत पश्चिमी तट पर वे सामान्यत: उत्तर दिशा से ही आती हैं।

उत्तर भारत के अधिकतर भागों में धूलभरी आंधियाँ और तड़ित झंझाओं का चलना सामान्य-सी बात है। इस ऋतु की अधिकतर अवधि में वायुमंडल में धुंध छाई रहती है। जहाँ समुद्री आर्द्र पवनें स्थानीय गर्म और शुष्क पवनों से मिलती हैं, उन प्रदेशों में अक्सर प्रचंड स्थानीय तूफान बन जाते हैं। इन तूफानों के साथ तेज हवाएँ, मूसलाधार वर्षा और ओले आते हैं। इनसे भारी विनाश होता है। ये तूफान पश्चिम बंगाल और असम में प्राय: आते हैं, जहाँ इन्हें क्रमश: काल वैशाखी और बोर्डोइचिल्ला कहते हैं। इन तूफानों से काफी मात्रा में वर्षा होती है, जो चाय की फसल और धान की उगती बसन्ती फसल के लिए लाभदायक होने के कारण इसका बहुत अधिक आर्थिक महत्त्व है। प्रायद्वीप में तड़ित झंझा से वर्षा मुख्य रूप से अप्रैल और मई में होती है। इसे ही आम्रवृष्टि (मैंगोशावर) कहते हैं। दक्षिण-पश्चिम मानसून की अस्थायी लहर द्वारा केरल में मई के महीने में भारी वर्षा होती है। प्रायद्वीप के उत्तर-पश्चिमी भाग से शुष्क पवनें चलती हैं। यहाँ वर्षा अत्यल्प या बिल्कुल ही नहीं होती है। दिन में इस ऋतु में गर्म हवाएँ चलती हैं, जिन्हें 'लू' कहा जाता है। असम और बंगाल में शाम के समय गरज के साथ वर्षा होती है। इस वर्षा को 'काल वैशाखी' या वैसाख मास का काल कहा जाता है। इन्हें नारवेस्टर के नाम से भी जाना जाता है।

वर्षा ऋतु (दक्षिण-पश्चिम मानसून की ऋतु)

ग्रीष्म ऋतु के बाद वर्षा ऋतु आती है। इसका आगमन दक्षिणी-पश्चिमी मानसून के शुरू होने के साथ होता है। लगभग सम्पूर्ण भारत में जून, जुलाई, अगस्त और सितम्बर के महीनों में ही अधिकतर वर्षा होती है। इस अवधि में 80 प्रतिशत वर्षा इन्हीं पवनों द्वारा होती है।

उत्तर-पश्चिमी मैदानी भागों में अत्यधिक तापमान के कारण वायुदाब और भी नीचे चला जाता है तथा जून के प्रारम्भ तक निम्न वायुदाब का यह क्षेत्र इतना प्रबल हो जाता है कि दक्षिणी गोलार्द्ध की दक्षिण-पूर्वी सन्मार्गी हवाएँ भूमध्य रेखा को पार कर जाती हैं तथा भारत की निम्न वायुदाब की ओर खिंच जाती हैं। इन दक्षिण-पूर्वी व्यापारिक पवनों का उत्पत्ति स्थान समुद्र है। हिंद महासागर में विषुवत वृत्त को पारकर ये पवनें बंगाल की खाड़ी तथा अरब सागर में आ जाती हैं। इसके बाद ये भारत

के वायु संचरण का अंग बन जाती हैं। विषुवतीय गर्म धाराओं के ऊपर से गुजरने के कारण ये भारी मात्रा में आर्द्रता ग्रहण कर लेती हैं तथा विषुवत वृत्त पार करते ही इनकी दिशा दक्षिण-पश्चिम की ओर हो जाती है। इसलिए इन्हें दक्षिणी-पश्चिमी मानसून कहा जाता है। इस प्रकार शीतकालीन स्थलीय उत्तर-पूर्वी व्यापारिक पवनों का स्थान ठीक उल्टी दिशा से आने वाली आर्द्रता से भरी दक्षिणी-पश्चिमी मानसून पवनें ले लेती हैं।

इन वर्षा वाहिनी पवनों की औसत गति 30 किमी. प्रति घंटा होती है। उत्तर-पश्चिमी भागों को छोड़कर ये एक महीने की अवधि में सारे भारत में फैल जाती हैं। आर्द्रता से लदी इन पवनों के साथ ही बादलों का प्रचंड गर्जन तथा बिजली का चमकना शुरू हो जाता है। इसे मानसून का **'फटना'** या **'टूटना'** कहा जाता है। भारतीय मौसम विभाग की परिभाषा के अनुसार वर्षा का दिन वह होता है, जब किसी स्थान विशेष पर इसकी मात्रा 24 घंटे में 2.5 मिमी. से ऊपर हो।

(*i*) **अरब सागर का मानसून:** विषुवत रेखा के दक्षिण से आने वाली स्थायी पवनें जब मानसून के रूप में अरब सागर की ओर आगे बढ़ती हैं तो सबसे पहले पश्चिमी घाट के पहाड़ से टकराती हैं। इस कारण सहयाद्रि या पश्चिमी घाट के पवनाभिमुख ढालों पर भारी वर्षा होती है। पश्चिमी घाट के पर्वत को पार करते समय इनकी शुष्कता में वृद्धि हो जाती है जिसके कारण दक्कन के पठार और मध्य प्रदेश में बहुत कम वर्षा होती है। यह क्षेत्र वृष्टिछाया के अन्तर्गत आ जाता है।

अरब सागर के मानसून की शाखा का दूसरा भाग सौराष्ट्र के प्रायद्वीप तथा कच्छ में पहुँचता है। इसके बाद यह पश्चिमी राजस्थान और अरावली पर्वत श्रेणियों के ऊपर से गुजरती हैं, यहाँ इसके द्वारा बहुत हल्की वर्षा होती है। पंजाब और हरियाणा में पहुंचकर यह शाखा भी बंगाल की खाड़ी के मानसून से मिल जाती है। एक-दूसरे से शक्ति पाकर ये दोनों शाखाएँ हिमालय के पश्चिमी भागों में वर्षा करती हैं।

(*ii*) **बंगाल की खाड़ी का मानसून:** यह दक्षिणी-पश्चिमी मानसून की वह शाखा है, जो भूमध्य रेखा को पार करके भारत में पूर्व की ओर से प्रवेश करती है। यह शाखा म्यांमार के तट की ओर तथा बांग्लादेश के दक्षिण-पूर्वी भागों की तट की ओर बढ़ती है, लेकिन म्यांमार के तट के साथ-साथ फैली अराकान पहाड़ियाँ इस शाखा के बहुत बड़े भाग को भारतीय उपमहाद्वीप की दिशा में मोड़ देती हैं। इसलिए पश्चिमी बंगाल तथा बांग्लादेश में ये पवनें दक्षिण दिशा से न आकर, दक्षिण तथा दक्षिण-पूर्वी दिशाओं से आती हैं। विशाल हिमालय तथा उत्तर-पश्चिमी भारत के निम्न वायुदाब के प्रभाव से यह शाखा दो भागों में बँट जाती है। एक शाखा पश्चिम की ओर बढ़ती है तथा गंगा के मैदानों तक पहुँचती है। इसकी दूसरी शाखा उत्तर तथा उत्तर-पूर्व दिशा में ब्रह्मपुत्र की घाटी की ओर बढ़ती है। इससे उत्तर-पूर्वी भारत में भारी वर्षा होती है। इसकी एक उपशाखा मेघालय में गारो और खासी की पहाड़ियों से टकराती है। इन पहाड़ियों के दक्षिणी भाग में चेरापूंजी स्थित है। इसकी स्थिति कीप की आकृति वाली घाटी के शीर्ष पर है। स्थलाकृति की दृष्टि से अनोखी स्थिति तथा पवनों की दिशा के कारण **चेरापूंजी** और **मासिनराम** विश्व में सबसे अधिक वर्षा वाला स्थान है। हिमालय पर्वत के आगे बढ़ने वाली शाखा ज्यों-ज्यों पश्चिम की ओर अग्रसर होती जाती है, त्यों-त्यों उसकी आर्द्रता में कमी आती जाती है। दक्षिण-पश्चिम मानसून से होने वाली वर्षा के वितरण पर उच्चावच का बहुत प्रभाव पड़ता है। उदाहरण के लिए पश्चिमी घाट के पवनाभिमुख ढालों पर 250 सेमी. से अधिक वर्षा होती है। इसके विपरीत पश्चिमी घाट के पवन विमुख ढालों पर मुश्किल से 50 सेमी. वर्षा होती है।

पीछे हटते मानसून की ऋतु

अक्टूबर और नवम्बर के महीनों में मानसून पीछे हटने लगता है, जिसे मानसूनी पवनों का प्रत्यावर्तन (Retreat of Monsoon) कहा जाता है। इस ऋतु में मानसून के निम्न वायुदाब का गर्त कमजोर पड़ जाता है तथा उसका स्थान उच्च वायुदाब ले लेता है। परिणामस्वरूप मानसून पीछे हटने लगता है। पृष्ठीय पवनों की दिशा उलटनी शुरू हो जाती है। अक्टूबर-नवम्बर के दो महीने एक संक्राति काल है, इसमें गर्म वर्षा ऋतु के स्थान पर शुष्क ऋतु का आगमन प्रारम्भ हो जाता है। मानसून के हटने से आकाश स्वच्छ हो जाता है और तापमान फिर से बढ़ने लगता है। इस समय जलप्लावित भूमि और तीव्र तापमान के कारण वायु की आर्द्रता इतनी अधिक बढ़ जाती है कि लोगों को कष्टदायक उमस का सामना करना पड़ता है। इसका प्रचलित नाम ''क्वार की उमस'' या अक्टूबर की गर्मी है।

भारत की जलवायु का वर्गीकरण

भारतीय मानसून की मौसमी दशाओं में कुछ प्रादेशिक भिन्नताएँ पाई जाती हैं। इन्हीं भिन्नताओं के आधार पर मानसूनी जलवायु के कुछ उप-प्रकारों की पहचान की गई है। जलवायु प्रदेश में जलवायु की लगभग एक जैसी दशाएँ पाई जाती हैं, जो कुछ कारकों का संयुक्त परिणाम होती हैं। तापमान और वर्षा जलवायु के दो महत्त्वपूर्ण तत्व हैं, जिन्हें जलवायु के वर्गीकरण की किसी भी योजना में निर्णायक माना जाता है, लेकिन फिर भी जलवायु का वर्गीकरण एक जटिल प्रक्रिया है। भारत की जलवायु को बाँटने के कई प्रयास किए गए हैं, किन्तु कोपेन तथा थार्न्थवेट द्वारा किए गए जलवायु वर्गीकरण अधिक मान्य हैं।

कोपेन का वर्गीकरण

यह वर्गीकरण तापमान एवं वृष्टि के मासिक मान पर आधारित है। इस आधार पर कोपेन ने जलवायु के पाँच प्रकार माने हैं–उष्ण कटिबंधीय जलवायु, शुष्क जलवायु, गर्म जलवायु, हिम जलवायु तथा बर्फीली जलवायु।

तापमान व वर्षा के ऋतुवत् विवरण के आधार पर उक्त पाँच जलवायु प्रदेशों को उप-प्रदेशों में विभाजित किया गया है। इस प्रकार कोपेन महोदय ने पूरे भारत को आठ निम्नलिखित जलवायु प्रदेशों में बाँटा है–

(*i*) **लघु शुष्क ऋतु वाला मानसून प्रकार (Amw) :** इस प्रकार की जलवायु भारत के पश्चिमी तटों पर गोवा के दक्षिण में पायी जाती है।

(*ii*) **अधिक ग्रीष्म की अवधि में शुष्क ऋतु वाला मानसून प्रकार (AS):** इस प्रकार की जलवायु कोरोमण्डल तट पर पायी जाती है।

(iii) **उष्ण कटिबंधीय सवाना प्रकार की जलवायु (AW) :** मालाबार तथा कोरोमण्डल तटों को छोड़ समस्त प्रायद्वीपीय पठार पर यह जलवायु पायी जाती है। इसकी उत्तरी सीमा कर्क रेखा के साथ-साथ जाने वाली रेखा द्वारा निर्धारित होती है।

(iv) **अर्द्ध शुष्क स्टेपी जलवायु (BShw) :** यह जलवायु प्रायद्वीप के अन्त:स्थित वर्षा छाया क्षेत्रों तथा गुजरात, राजस्थान एवं हरियाणा के कुछ भागों में मिलती है।

(v) **उष्ण मरुस्थलीय प्रकार की जलवायु (BWhw) :** यह जलवायु भारत के पश्चिमी भागों तक सीमित है।

(vi) **शुष्क ऋतु वाला मानसून प्रकार (CWg) :** यह जलवायु भारत के उत्तरी विशाल मैदान के अधिकांश भागों में पायी जाती है।

(vii) **लघु ग्रीष्म के साथ शीतल आर्द्र शीत ऋतु वाली जलवायु (DFc) :** इस प्रकार की जलवायु भारत के उत्तरी-पूर्वी भागों में पायी जाती है।

(viii) **ध्रुवीय प्रकार (E) :** कश्मीर तथा उसकी निकटवर्ती पर्वतमालाओं में ध्रुवीय प्रकार की जलवायु पायी जाती है।

थार्नथ्वेट का वर्गीकरण

थार्नथ्वेट का वर्गीकरण जल-संतुलन पर आधारित है। इनके अनुसार जिन क्षेत्रों में वर्ष भर जल का अधिशेष रहता है, वहाँ की जलवायु आर्द्र तथा जहाँ वर्ष भर जल का अभाव रहता है, वहाँ की जलवायु शुष्क होती है। थार्नथ्वेट के अनुसार भारत में निम्नलिखित जलवायु प्रदेश पाए जाते हैं–

(i) **अति आर्द्र (A) :** पश्चिमी तट पर गोवा के दक्षिण में तथा उत्तर-पूर्वी भारत के कुछ भागों में यह जलवायु पायी जाती है।

(ii) **आर्द्र (B) :** यह अति आर्द्र जलवायु वाले प्रदेश के समीप, उत्तर-पश्चिमी बंगाल तथा उत्तरी-पूर्वी भारत के कुछ क्षेत्रों में पायी जाती है।

(iii) **नम उप-आर्द्र (C_2) :** इस प्रकार की जलवायु पश्चिमी घाट के साथ-साथ, उड़ीसा तथा पश्चिमी बंगाल में पायी जाती है।

(iv) **शुष्क उप-आर्द्र (C_1) :** इसके अन्तर्गत गंगा घाटी एवं मध्य भारत के उत्तरी-पूर्वी भाग सम्मिलित हैं।

(v) **अर्द्ध-शुष्क (D) :** प्रायद्वीप के आन्तरिक भागों, पश्चिमी मध्य प्रदेश, पश्चिमी उत्तर प्रदेश, हरियाणा तथा पंजाब में ऐसी जलवायु पाई जाती है।

(vi) **शुष्क (E) :** इस प्रकार की जलवायु वाले क्षेत्र सौराष्ट्र, कच्छ तथा राजस्थान हैं।

जलवायु के प्रकार	क्षेत्र
A. अति आर्द्र	उत्तर-पूर्वी भारत में मिजोरम, त्रिपुरा, मेघालय, निचला असम, और अरुणाचल प्रदेश तथा गोवा के दक्षिण में पश्चिमी तट
B. आर्द्र	नागालैंड, ऊपरी असम और मणिपुर, उत्तरी-बंगाल और सिक्किम तथा पश्चिमी तटवर्ती क्षेत्र
C_2. नम उप-आर्द्र	पश्चिम बंगाल, उड़ीसा, पूर्वी बिहार, पंचमढ़ी (मध्य प्रदेश), पश्चिमी घाट के पूर्वी ढाल
C_1. शुष्क उप-आर्द्र	गंगा का मैदान, मध्य प्रदेश, छत्तीसगढ़, झारखंड, उत्तर-पूर्वी आंध्र प्रदेश, उत्तरी पंजाब और हरियाणा, उत्तर-पूर्वी तमिलनाडु, उतरांचल, हिमाचल प्रदेश तथा जम्मू और कश्मीर
D. अर्द्ध शुष्क	तमिलनाडु, आंध्र प्रदेश, पूर्वी कर्नाटक, पूर्वी महाराष्ट्र, उत्तर-पूर्वी गुजरात, पूर्वी राजस्थान, पंजाब और हरियाणा का अधिकतर भाग
E. शुष्क	पश्चिमी राजस्थान, पश्चिमी गुजरात और दक्षिणी पंजाब

मिट्टियाँ

भारत में मिट्टियों का वर्गीकरण अनेक मानदंडों के आधार पर किया जाता है। भारतीय कृषि अनुसंधान संस्थान (आईएआरआई) दिल्ली ने मिट्टियों को आठ समूहों में बाँटा है।

1. **जलोढ़ मिट्टी :** भारत के लगभग 45.6 प्रतिशत क्षेत्रफल पर जलोढ़ मिट्टियों का विस्तार है जो विश्व की सर्वाधिक उपजाऊ मिट्टियों में गिनी जाती है। इन मिट्टियों का विकास हिमालय से निकलने वाली शक्तिशाली नदियों के अवसाद से भारत के आंतरिक भागों में तथा समुद्र की लहरों द्वारा देश के तटीय क्षेत्रों में हुआ है। पंजाब से लेकर असम तक विस्तृत भारत के महान मैदानों में जलोढ़ मिट्टी पायी जाती है। पोषक खनिज तत्वों से भरी-पूरी यह मिट्टी मध्य प्रदेश में नर्मदा और उड़ीसा में ताप्ती घाटी, आंध्र प्रदेश में गोदावरी घाटी और तमिलनाडु में कावेरी घाटी में पायी जाती है। इसके अलावा यह महानदी, गोदावरी, कृष्णा और कावेरी नदियों के डेल्टाओं में भी पायी जाती है। जलोढ़ मिट्टी में नाइट्रोजन और ह्यूमस की साधारणतया कमी होती है। अत: बार-बार उर्वरकों का इस्तेमाल करना पड़ता है। यह हल्की भूरी मिट्टी सभी प्रकार के अनाजों, दालों, गन्ना, सब्जियों, ऑयल सीड्स आदि के लिए उपयुक्त है।
2. **काली (रेगर) मिट्टियाँ :** दूसरा महत्त्वपूर्ण मिट्टी समूह, काली मिट्टी है। इसकी उत्पत्ति लावा से हुई है अत: इसे लावा मिट्टी भी कहते हैं। इसमें नाइट्रोजन, फास्फोरस और जैव तत्व कम होते हैं लेकिन चूना, पोटाश, लोहा और एल्युमीनियम जैसे खनिजों की बहुलता होती है। लोहा और एल्युमीनियम अंश की अधिकता के कारण इसका रंग काला होता है। यह मिट्टी कपास की पैदावार के लिए सर्वश्रेष्ठ होती है अत: इसे कपास की काली मिट्टी भी कहते हैं। यह मिट्टी दक्षिणी पठारों का एक विशाल भू-भाग घेरती है। इसका विस्तार महाराष्ट्र, गुजरात, मध्य प्रदेश, कर्नाटक, आंध्र प्रदेश और तमिलनाडु में है। वर्षा काल में यह मिट्टी घुलकर चिपचिपी हो जाती है तथा ग्रीष्मकाल में इसमें दरारें पड़ जाती हैं। चूँकि इसमें नमी धारण करने की अधिक क्षमता होती है अत: ज्यादा सिंचाई की आवश्यकता नहीं होती।
3. **लाल मिट्टी :** मिट्टियों का तीसरा महत्त्वपूर्ण समूह लाल मिट्टी है जो मुख्यत: दक्षिणी प्रायद्वीप में पायी जाती है, जिसका विस्तार उत्तर में

झांसी से लेकर पश्चिम में कच्छ और पूरब में राजमहल पहाड़ियों तक है। यह विविध प्रकार की चट्टानों के चूर्ण से बनी होती है। लौह अंश की प्रधानता के कारण इसका रंग लाल होता है। इसमें घुले हुए खनिज भी मौजूद होते हैं परंतु नाइट्रोजन, फास्फोरस और जीवांश की कमी होती है अतः इसमें उर्वरक डाला जाता है। लाल मिट्टी ढीली-ढाली होती है तथा इसमें जल सुगमता से प्रवेश कर जाता है। यह मिट्टी चावल, रागी, तम्बाकू और सब्जियों के लिए उपयुक्त है। अनुमानतः भारत के लगभग 2 लाख वर्ग किमी. में इसका विस्तार है।

4. **लैटेराइट मिट्टी :** उपार्द्र जलवायु और लौह अंश प्रधान चट्टानों के क्षेत्र में इस प्रकार की मिट्टियों का विकास पाया जाता है। अपक्षालन की अधिकता से ऐसे क्षेत्रों में लैटेराइजेशन की प्रधानता होती है तथा इसके कारण मिट्टी में लोहा, एल्यूमीनियम, नाइट्रोजन, फास्फोरस, चूना, जीवांश आदि की कमी हो जाती है। यह मिट्टी सहयाद्रि के ऊँचे क्षेत्रों, पूर्वी घाटों, राजमहल पहाड़ियों और प्रायद्वीप क्षेत्र के ऊँचे भागों में पायी जाती है। यह मिट्टी महाराष्ट्र, कर्नाटक, केरल के अनेक भागों उड़ीसा, पश्चिम बंगाल और असम की निचली भूमि वाले क्षेत्रों में भी मिलती है। यदि इस मिट्टी में खाद का उपयोग किया जाए तो यह चावल और रागी के उत्पादन हेतु उपयुक्त हो सकती है।
5. **वन की मिट्टी :** वन की मिट्टी में जैविक पदार्थों और जीवांश की बहुलता होती है। यह मिट्टी हिमालय और उत्तर के अनेक पर्वतीय क्षेत्रों, सहयाद्रि के ऊँचे शिखरों, पूर्वी घाटों, कर्नाटक, तमिलनाडु, केरल, मणिपुर, जम्मू एवं कश्मीर और हिमाचल प्रदेश में पायी जाती है। इस प्रकार की मिट्टी में चाय, कॉफी, मसाले और उष्ण कटिबंधीय फल उगाए जाते हैं।
6. **शुष्क और मरुस्थलीय मिट्टी :** अर्द्ध-शुष्क जलवायु वाले क्षेत्रों जैसे राजस्थान, गुजरात, दक्षिणी हरियाणा, पंजाब और पश्चिमी उत्तर प्रदेश में ऐसी मिट्टियों का विस्तार पाया जाता है। यह मिट्टी फास्फोरस से समृद्ध होती है परंतु नाइट्रोजन और नमी की कमी होती है। यदि सिंचाई की सुविधा हो तो यह मिट्टी ज्वार, बाजरा, तिलहन, कपास और गेहूँ की कृषि के लिए उपयुक्त हो जाती है।
7. **लवणीय और क्षारीय मिट्टियाँ :** इस मिट्टी में सोडियम, कैल्शियम और मैग्नेशियम लवणों की अत्यधिक मात्रा होती है और यही इनके अनुपजाऊपन का मुख्य कारण है। यह मिट्टी राजस्थान, पंजाब, हरियाणा और उत्तर प्रदेश तथा बिहार के शुष्क और अर्द्ध-शुष्क क्षेत्रों में पायी जाती है। इन मिट्टियों को ऊसर, कल्लर, रेह, रांकड़ और घूर आदि भी बोलते हैं। जल निकासी की बेहतर पद्धति अपनाकर तथा वैज्ञानिक विधियों से मिट्टियों को कृषि के लिए उपयोगी बनाया जा रहा है।
8. **पीट और अन्य जैविक मिट्टियाँ :** पीट (अपघटित) मिट्टी में जीवांश, जैविक पदार्थों और घुलनशील लवणों की प्रचुरता होती है। ये मिट्टियाँ अत्यधिक लवणीय होती हैं तथा इनमें फास्फोरस और पोटाश की कमी होती है। दलदली मिट्टियाँ उड़ीसा, पश्चिम बंगाल और तमिलनाडु के कुछ क्षेत्रों में पायी जाती हैं। ये मिट्टियाँ मध्य और उत्तर बिहार तथा उत्तराखंड के अल्मोड़ा जिले में भी पाई जाती हैं।

मृदा अपरदन या क्षरण

कृषि विशेषज्ञों का कहना है कि भारत में प्रति वर्ष वायु एवं पवन द्वारा 5 बिलियन टन से अधिक मृदा का अपरदन होता है। सूखे क्षेत्र, जहाँ वर्षा का औसत 250 मिमी. से कम है, जल प्रवाह द्वारा अपरदन होता है। जल द्वारा दो प्रकार के अपरदन–अवनालिका एवं छोटी नदियों द्वारा अपरदन से सर्वाधिक विनाश देखा गया है। इससे भूमि की कार्यात्मक क्षमता घटती है तथा भूमि बेकार हो जाती है। इससे पहले ही 40 लाख हेक्टेयर भूमि बर्बाद हो चुकी है, जिनमें अधिकांश उत्तर प्रदेश, मध्य प्रदेश, बिहार, राजस्थान तथा गुजरात की भूमि शामिल है। कुछ बुरी तरह प्रभावित क्षेत्र निम्न हैं–

अपरदन रोकने के उपाय : पृथ्वी पर मानव जीवन को सुरक्षित रखने के लिए मृदा अपरदन को रोकना अति आवश्यक है। इसे रोकने के प्रमुख उपाय निम्नलिखित हैं:

(*i*) **बाँध बनाना**–जब वर्षा के दिनों में नदी में बाढ़ आती है तो बहुत-सी मिट्टी जल के साथ बह जाती है। इसे रोकने के लिए बाँध बनाने की आवश्यकता होती है। इससे जल के वेग में कमी आती है और मृदा अपरदन ढक जाता है। इसके अतिरिक्त शुष्क मौसम में बाँधों से नहरों द्वारा सिंचाई भी की जाती है।

(*ii*) **वृक्षारोपण**–मृदा अपरदन को रोकने का सबसे अच्छा उपाय वृक्षारोपण है। जिन प्रदेशों में मृदा अपरदन की समस्या गम्भीर हो गई है, वहाँ नए पेड़ लगाए जाएँ। जिन प्रदेशों में वन हैं, उन्हें अन्धाधुन्ध काटने तथा उनका दुरुपयोग करने पर रोक लगाई जाए।

(*iii*) **पशुचारण पर प्रतिबंध**–पशुचारण के लिए अलग चारागाहों की व्यवस्था होनी चाहिए। खाली खेतों में पशु बिना किसी रोक-टोक के घूमते हैं और अपने खुरों से मिट्टी को ढीला कर देते हैं। इससे वर्षा तथा वायु के लिए मृदा अपरदन आसान हो जाता है। विश्व के विस्तृत घास के मैदानों में भी पशुचारण सीमित तथा नियंत्रित रूप में होना चाहिए।

(*iv*) **कृषि प्रणाली में परिवर्तन**–कृषि प्रणाली में परिवर्तन करके हम मृदा अपरदन को काफी हद तक रोक सकते हैं। महत्त्वपूर्ण परिवर्तन निम्न हैं :

- फसल चक्र अपनाना।
- थोड़े समय में तैयार होने वाली फसलों को उगाना।
- स्थानान्तरी कृषि पर नियन्त्रण करना।
- अवनालिकाओं को भरना।
- ढालों पर समोच्च रेखीय जुताई करना।
- सीढ़ीदार खेत बनाना।
- पवन द्वारा मिट्टी के उड़ने को रोकने के लिए अवरोध लगाना।
- भूमि को पवन की दिशा के समकोण पर जोतना।

प्राकृतिक वनस्पतियाँ

भारत की प्राकृतिक वनस्पतियाँ अधिकांशतया उष्ण कटिबंधीय हैं परंतु तापमान और वर्षा की दशाओं में परिवर्तन के कारण वनस्पतियों की प्रजातियों और उनकी वृद्धि दर में पर्याप्त भिन्नता पायी जाती है। मिट्टी की प्रकृति में विविधता वनस्पतियों की विविधता को जन्म देती है। कृषि और उद्योगों की

स्थापना हेतु वनों की कटाई के कारण भारत में वनक्षेत्र सिकुड़ता चला जा रहा है। देश में वनों का असमान वितरण है। पंजाब, हरियाणा, राजस्थान और गुजरात में 10 प्रतिशत से भी कम वन हैं। यहाँ वन की विरलता का कारण अल्प वर्षा है। प्राकृतिक वनस्पतियाँ निम्नवत हैं :

1. **उष्णकटिबंधीय आर्द्र सदाबहार और अर्द्ध आर्द्र सदाबहार वन :** इस प्रकार के वन उन क्षेत्रों में पाये जाते हैं जहाँ वार्षिक वर्षा 250 सेमी. से अधिक होती है। इस प्रकार के वन असम, पूर्वोत्तर राज्यों, अंडमान और निकोबार द्वीप समूह और पश्चिमी तटों पर पाये जाते हैं। यहाँ सदाबहार और पतझड़ी दोनों वर्गों के वृक्ष और लताएं मिलती हैं जिसमें हमेशा हरियाली बनी रहती है। इनमें साख के अतिरिक्त आम, लौह काष्ठ, नाहर, गुरजन, तलसार, बेंत, रबर और बांस की प्रधानता होती है।
2. **उष्णकटिबंधीय नम और शुष्क पतझड़ी वन :** पतझड़ी वनों को मानसून वन भी कहते हैं क्योंकि शुष्क ऋतु में पत्ते झड़ना सामान्य बात है। ये वन हिमालय, थार और पश्चिमी घाटों के मध्य पाए जाते हैं। ये वन 100 से 200 सेमी. की वार्षिक वर्षा वाले क्षेत्रों में मिलते हैं। ये वन आर्थिक रूप से सर्वाधिक महत्त्वपूर्ण हैं क्योंकि यहाँ वाणिज्यिक महत्त्व के मसाले प्रचुर मात्रा में उगते हैं जिनका आसानी से दोहन किया जा सकता है। सागौन, शीशम, चंदन, रोजवुड, साल, महुआ और खैर इन वनों की महत्त्वपूर्ण संपत्ति हैं। इसके अलावा फलदार वृक्षों में आम, जामुन, कटहल जैसे वृक्षों की प्रधानता है। नम पतझड़ वन उड़ीसा, पूर्वी मध्य प्रदेश, छोटा नागपुर के पठार और अत्यधिक वर्षा वाली शिवालिक श्रेणियों में मिलते हैं। यहाँ वृक्षों का आकार बड़ा होता है तथा नम सदाबहार वनों की तुलना में इनकी जड़ें मिट्टी में अधिक गहराई तक गई होती हैं व बसंत ऋतु और गर्मियों के आरंभिक दिनों में अपने पत्ते गिरा देते हैं। शुष्क पतझड़ वन 100 से 150 सेमी. वार्षिक वर्षा वाले क्षेत्रों में पाए जाते हैं। यहाँ वनस्पतियों की विविधता आर्द्र वनों की तरह होती है लेकिन उनकी कम वृद्धि होती है तथा वृक्षों के मध्य काफी खाली स्थान होता है।
3. **डेल्टाई वन :** ये वन समुद्रों की भीतरी तटों और नहरों तथा गंगा, महानदी, गोदावरी और कृष्णा नदी के डेल्टा क्षेत्रों में मिलते हैं। सुंदरवन के डेल्टा को डेल्टाई वनों के लिए जाना जाता है। यहाँ पेड़ कीचड़ और दलदल में उत्पन्न होते हैं। जल स्वच्छ अथवा खारा हो सकता है। सुंदरी, चीड़, बैंत और ताड़ के वृक्ष तथा हरे-हरे छोटे निकुंज डेल्टाई वनों की शोभा बढ़ाते हैं।
4. **उष्णकटिबंधीय शुष्क सदाबहार वन :** इन वनों का विस्तार तमिलनाडु के पूर्वी तट पर पाया जाता है जहाँ पीछे की ओर लौटते हुए मानसून से लगभग 100 सेमी. वर्षा होती है। शुष्कता के बावजूद इन वृक्षों की हरियाली बनी रहती है।
5. **उष्णकटिबंधीय झाड़ीदार वन :** इसका विस्तार 75 सेमी. से कम वर्षा वाले क्षेत्रों में पाया जाता है। ये वन देश के उत्तर और उत्तर-पश्चिम हिस्सों में पाए जाते हैं। अरावली क्षेत्र और पश्चिमी घाट के पूर्वी ढाल में इस प्रकार के वनों की प्रधानता है। यहाँ वनस्पतियों का कम विकास होता है तथा थार रेगिस्तान में इनका स्वरूप मरुस्थलीय वनस्पतियों की तरह हो जाता है। खैर, बबूल, नीम, पीपल और खारधारी इन वनों की प्रमुख वनस्पतियाँ हैं।
6. **पर्वतीय उपोष्ण कटिबंधीय आर्द्रवन :** ये वन मुख्यत: दक्षिण भारत की पहाड़ियों में पाए जाते हैं। इन वनों का विस्तार नीलगिरि एवं पलानी पहाड़ियों पर 1,000 से 1,500 मीटर ऊँचे भागों, सहयाद्रि, सतपुड़ा और मैकाल पहाड़ियों के ऊँचे भागों एवं पूर्वी हिमालय पर 1,000 से 2,000 मीटर ऊँचे भागों पर है। मैग्नोलिया, लॉरेल, चिराबेल, सिनकोना, वॉटल और यूकेलिप्टस यहां के प्रमुख वृक्ष हैं।
7. **हिमालयी क्षेत्र के वन :** ऊँचाई और तापमान के आधार पर हिमालय क्षेत्र की वनस्पतियों में पर्याप्त भिन्नता पायी जाती है। नम पहाड़ियों वाले वनों में ऊँचे और सघन वन मिलते हैं जो पूर्वी हिमालय पर 1,000 से 2,000 मीटर की ऊँचाई पर अवस्थित हैं। सदाबहार ओक, अखरोट, बीच इन वनों के प्रमुख वृक्ष हैं। पश्चिम हिमालय में 1,000 से 2,000 मीटर की ऊँचाई पर देवदार, चीड़, ओक और चेस्टन वृक्षों की प्रधानता है। चीड़ के वृक्ष की लकड़ियों से रेलवे के स्लीपर्स बनते हैं तथा ये निर्माण कार्यों में भी प्रयुक्त होते हैं। उपोष्ण कटिबंधीय शुष्क वन कश्मीर में हिमालय की तराई में पाए जाते हैं जहाँ 50 से 100 सेमी. वर्षा होती है। जंगली जैतून और खैर इस क्षेत्र की प्रमुख प्रजातियाँ हैं। नम समशीतोष्ण वन उन क्षेत्रों में पाए जाते हैं जो 1,500 से 3,700 मीटर की ऊँचाई पर स्थित हैं और जहाँ 100 से 250 सेमी. वर्षा होती है। ओक, लॉटेल, अखरोट, चीड़, केदार, सिल्वर फर, स्प्रुस और देवदार यहाँ की प्रमुख वनस्पतियाँ हैं। शुष्क समशीतोष्ण वनों में 100 सेमी. से भी कम वर्षा होती है तथा सामान्यत: देवदार, भोजवृक्ष, ओक और चिराबेल जैसे वृक्ष पाए जाते हैं। हिमालय में 2,800 मीटर और 3,600 मीटर की ऊँचाई पर घने किंतु कम वृद्धि वाले सिल्वर फर, जूनिपर, ताड़ और भोजवृक्ष पाए जाते हैं। इन वृक्षों का लघु आकार इन्हें क्षुपों (झाड़ियों) का स्वरूप प्रदान करता है। इन्हें अल्पाइन वन कहते हैं।

कृषि

भारतीय अर्थव्यवस्था कृषि प्रधान है। देश की लगभग 55 प्रतिशत जनता कृषि पर ही प्रत्यक्ष रूप से निर्भर करती है। वर्ष 2019-20 में राष्ट्रीय उत्पाद का लगभग 17.8 प्रतिशत कृषि से ही प्राप्त होता है। यही नहीं, अनेक उद्योगों (चीनी, सूती वस्त्र, पटसन, तेल आदि) के लिए कच्चा माल भी कृषि से ही प्राप्त होता है। भारत में विदेशी व्यापार में भी कृषि पदार्थों का योगदान अधिक रहता है। भारतीय संस्कृति की जड़ें भी भूमि में ही निहित हैं। इस तरह भारत की अर्थव्यवस्था, समाज एवं संस्कृति का आधार कृषि ही है।

भारतीय कृषि की समस्याएँ

भारत कृषि प्रधान देश है, लेकिन यहाँ की कृषि की दशा सोचनीय है। इस वैज्ञानिक युग में भारतीय कृषि रूढ़िवादी ही है। भारतीय कृषक अशिक्षित तथा निर्धन है, वह कृषि को जीवन निर्वाह के लिए अपनाता है, व्यवसाय मानकर नहीं। कृषि की पुरानी परम्परागत विधियों, पूँजी की कमी, भूमि सुधार की अपूर्णता, विपणन एवं वित्त संबंधी कठिनाइयों आदि के कारण भारतीय कृषि की उत्पादकता अत्यन्त न्यून है। अब नई पीढ़ी में शिक्षा एवं कृषि को कमाई का साधन मानने की प्रवृत्ति से भी कृषि एवं कृषक की आर्थिक दशा में सुधार आने लगा है।

भारतीय कृषि की प्रमुख निम्न समस्याएँ ऐसी हैं जिनसे भारतीय कृषि शताब्दियों से पीड़ित है :

1. भूमि पर जनसंख्या का निरन्तर बढ़ता हुआ भार,
2. कृषि जोतों का छोटा आकार तथा भूमि का असन्तुलित वितरण,
3. कृषि की न्यून उत्पादकता,
4. उत्तम बीजों की कमी,
5. खादों व उर्वरकों के प्रयोग का अभाव,
6. सिंचाई सुविधाओं का अभाव,
7. भूमि अपरदन की समस्या,
8. कृषि के विविध रोग,
9. पूँजी का अभाव,
10. कृषि शिक्षा, प्राविधिकी (Technology) एवं अनुसंधान की कमी,
11. अन्न भण्डारण व वितरण व्यवस्था संबंधी सुविधाओं का अभाव,
12. पशुओं हेतु चारे का अभाव,
13. भारतीय पशु का निर्बल/कमजोर पाया जाना आदि।

खाद्य सुरक्षा

''खाद्य सुरक्षा का अर्थ है सभी लोगों को सभी समयों पर पर्याप्त मात्रा में खाद्यान्न (भोजन) उपलब्ध कराना ताकि वे सक्रिय व स्वस्थ जीवन व्यतीत कर सकें।'' जैसाकि पी.वी. श्रीनिवासन का कथन है इसके लिए यह आवश्यक है कि न केवल समग्र स्तर (aggregate level) पर खाद्यान्नों (भोजन) की पर्याप्त मात्रा उपलब्ध हो बल्कि व्यक्तियों/परिवारों के पास उपयुक्त क्रय शक्ति भी हो ताकि वे आवश्यकता-अनुसार खाद्यान्न (भोजन) खरीद सकें। जहाँ तक 'पर्याप्त मात्रा' का संबंध है, इसके दो पहलू हैं: (1) मात्रात्मक पहलू (इस रूप में कि अर्थवयस्था में खाद्य-उपलब्धि इतनी हो कि माँग की पूर्ति कर सके); तथा (2) गुणात्मक पहलू (इस रूप में कि जनसंख्या की पोषण आवश्यकताएँ पूरी की जा सकें)। जहाँ तक उपयुक्त क्रय-शक्ति का प्रश्न है, इसके लिए आवश्यक है कि रोजगार सृजन के कार्यक्रम शुरू किए जाएँ ताकि लोगों की आय एवं क्रय शक्ति में वृद्धि की जा सके। खाद्य सुरक्षा के मात्रात्मक एवं गुणात्मक पहलुओं के समाधान के लिए भारत सरकार ने तीन खाद्य-आधारित सुरक्षा जाल (food-based safety nets) अपनाए हैं: (1) सार्वजनिक वितरण प्रणाली (PDS), (2) समेकित बाल विकास सेवाएँ (Integrated Child Development Services) तथा (3) दोपहर भोजन कार्यक्रम (Mid-day Meals Programme)। जहाँ तक लोगों की क्रय-शक्ति में वृद्धि का प्रश्न है, समय-समय पर रोजगार कार्यक्रम शुरू किए जाते रहे हैं। योजना-अवधि में सरकार ने खाद्य आधारित सुरक्षा जाल के रूप में सार्वजनिक वितरण प्रणाली कार्यक्रम के प्रसार पर ज्यादा जोर दिया है।

खाद्य समस्या के समाधान के उपाय

खाद्य समस्या को हल करने के निम्न उपाय हैं :

1. उत्पादन बढ़ाने के उपाय : (क) वैज्ञानिक कृषि, (ख) संस्थागत परिवर्तन, (ग) संगठनात्मक तत्व

2. वितरण प्रणाली में सुधार

3. कीमतों को स्थिर रखने हेतु उपाय

4. अन्य उपाय : (*i*) जनसंख्या वृद्धि पर नियन्त्रण, (*ii*) पौध रक्षण कार्यक्रमों का विस्तार, (*iii*) आहार पद्धति परिवर्तन, (*iv*) ग्रामीण बैंकों की स्थापना, (*v*) कृषि संबंधी शोध कार्य के लिए विशेष सुविधाएँ दी जानी चाहिए, (*vi*) कृषि की आधुनिक तकनीक को लोकप्रिय बनाने के लिए कृषि शिक्षा एवं प्रशिक्षण कार्यक्रमों का विस्तार किया जाए।

हरित क्रांति

अमरीकी विद्वान **डॉ. विलियम गॉड** (William Gadd, 1968) ने सर्वप्रथम हरित क्रांति (Green Revolution) शब्द का प्रयोग करते हुए अधिक उपज देने वाली किस्मों के प्रयोग का उल्लेख किया था। जब तृतीय योजना काल तक (1966 तक) कृषि उत्पादन आशानुरूप नहीं बढ़ने से भारत में खाद्यान्नों की उपलब्धि की स्थिति विकट होती गई तथा तब सरकार ने कृषि विकास के लिए कार्यक्रम तैयार किए। इन कार्यक्रमों का उद्देश्य अच्छे बीज, खाद, सिंचाई आदि उन्नत साधनों के प्रयोग के द्वारा कृषि उत्पादन में क्रांतिकारी परिवर्तन लाना था। इस योजना की **नई कृषि नीति** (New Agricultural Strategy) कहते हैं। इसके फलस्वरूप गेहूँ की उपज में तीव्र गति से वृद्धि हुई और वस्तुओं की उपज बढ़ाने का वातावरण तैयार हो गया। इसी को **हरित क्रांति** (Green Revolution) कहते हैं। यह **जैव प्राविधिकी** (Biotechnology) के विकास का आरम्भिक चरण था। भारत में इस कार्यक्रम की विशेष आवश्यकता थी क्योंकि विभाजन के बाद देश में कृषि उत्पादन बढ़ाने के लिए पंचवर्षीय योजनाओं के दौरान अनेक उपाय किए गए जो पर्याप्त सिद्ध नहीं हो सके।

हरित क्रांति का यह आशय नहीं है कि खेतों की मेड़बंदी बनाकर, फावड़े, गेंती, तगारी, हल आदि अन्य उपयोगी कृषि साधन प्राप्त करके कृषि की जाए, वरन् इन साधनों के प्रयोग से कृषि उत्पादन में पर्याप्त वृद्धि करना। तभी चावल के उत्पादन में भी जापानी तकनीक द्वारा तेजी से वृद्धि की गई। **हरित क्रांति** अथवा **नई कृषि नीति** के मुख्य तत्व निम्नलिखित हैं :

1. **अधिक उपज देने वाली किस्में :** जहाँ पर्याप्त वर्षा अथवा सिंचाई की सुविधाएँ विकसित हैं उन क्षेत्रों में गेहूँ, चावल, बाजरा, मक्का तथा ज्वार की अधिक उपज देने वाली किस्मों का प्रयोग किया गया है।
2. **सुधरे हुए अथवा उन्नत बीज :** हरित क्रांति की सफलता अधिक फसल देने वाली किस्म तथा उनके बढ़िया बीजों पर निर्भर करती है। इस दृष्टि से केवल बढ़िया बीजों/किस्मों का प्रयोग करना आवश्यक है। इस दृष्टि से ही देशभर में लगभग 4,500 कृषि फार्म स्थापित किए गए हैं जहाँ बढ़िया किस्म के बीजों की उत्पत्ति होती है।

   राष्ट्रीय बीज निगम 14 राज्यों में बीजों के प्रमापीकरण का कार्य कर रहा है। निगम पटसन, कपास, सरसों व मूँगफली के बीज उत्पन्न करने का कार्य भी करता है।
3. **रासायनिक खाद :** पाश्चात्य कृषि शास्त्रियों के अनुसार खेतों को अधिकाधिक रसायनिक खाद देकर उत्पादन में आशातीत वृद्धि की जा सकती है। भारत के समक्ष वर्तमान समस्या उत्पादन की मात्रा में वृद्धि करने की है। अत: रासायनिक खाद का प्रयोग बढ़ाने का प्रयत्न किया जा रहा है। एक अनुमान के अनुसार भारत में मात्र 10 किग्रा. प्रति हैक्टेयर फर्टीलाइजर का प्रयोग किया जाता है, जबकि विश्व का औसत 36 किग्रा. प्रति हैक्टेयर है। भारत में रसायनिक उर्वरकों की खपत में अब तो निरन्तर वृद्धि होती जा रही है।

4. **गहन कृषि जिला कार्यक्रम :** गहन कृषि जिला कार्यक्रम से तात्पर्य यह है कि जिन क्षेत्रों में भूमि अच्छी है तथा सिंचाई सुविधाएँ पर्याप्त हैं वहाँ अधिक शक्ति यन्त्र, उन्नत तकनीक और श्रम की सहायता से कृषि उपज में तेजी से विकास किया ही जाना चाहिए।

   ऐसे कार्यक्रम 1960-61 के पश्चात् CD ब्लॉक एवं NSE ब्लॉक के नाम से उत्तरी व दक्षिणी भारत के वृहत्त राज्यों में लागू किए गए। बाद में इन्हें संभावित विकास के क्षेत्रों को भी बीस सूत्री योजना, समन्वित ग्रामीण विकास एवं नेहरू युवा रोजगार योजना तथा सीमान्त कृषक व कृषि मजदूरी की रोजगार गारंटी कार्यक्रमों आदि के अंतर्गत लिया गया। कृषि के उन्नत विकास के लिए कृषकों को कई सह उद्यमों, शिल्पों, घरेलू व्यवसायों एवं महिलाओं के योग्य कार्यक्रमों को तेजी से लागू कर कृषि को समन्वित किया गया। इसी के परिणामस्वरूप अब रासायनिक खाद, सुधरे बीज, उन्नत तकनीक का ग्रामीण स्तर तक उपयोग निरन्तर व तेजी से सफल हुआ है।

5. **लघु सिंचाई व्यवस्था :** हरित क्रांति की हरियाली केवल बीज तथा खाद से ही बनाए रखना कठिन होता है। इसके लिए सिंचाई की पर्याप्त व्यवस्था करना बहुत आवश्यक है। यह व्यवस्था बड़े बाँधों के अलावा छोटी नहरों, कुओं, नलकूपों तथा तालाबों से भी करनी पड़ती है जिससे प्रत्येक वर्ग के किसान को इन सुविधाओं का लाभ प्राप्त हो सके। कार्यक्रम के अन्तर्गत नलकूप, छोटी नहरें, तालाब आदि निर्माण का कार्य किया जाता है और इसमें सहायता दी जाती है।
6. **कृषि शिक्षा तथा शोध :** देश में कृषि विकास की उन्नति हेतु कृषि कार्यों में सभी स्तरों पर शोध करना बहुत आवश्यक है जिससे उत्पादन तथा विकास की नवीनतम पद्धति का प्रयोग किया जा सके। 2 अक्टूबर, 1975 से ही कृषि अनुसंधान सेवा का गठन कर सम्पूर्ण देश में कृषि विज्ञान केन्द्र खोले गए हैं, जिनसे कृषकों और विस्तार कर्मचारियों को नवीनतम कृषि विधियों की जानकारी दी जा सके। देश में अनेक कृषि विश्वविद्यालय हैं। इसके अलावा देश में कुछ चुने हुए विशिष्ट जिलों में कृषक प्रशिक्षण और शिक्षा कार्यक्रम चल रहे हैं।
7. **पौध संरक्षण:** हरित क्रांति में पौध संरक्षण कार्यक्रमों का महत्त्वपूर्ण योगदान रहा है। इसमें भूमि व फसलों पर दवा छिड़कने का कार्य किया जाता है। जब टिड्डी दल आते हैं उस समय टिड्डियों को नष्ट करने के लिए अभियान चलाकर उन्हें भूमि पर अथवा आकाश में ही नष्ट कर दिया जाता है।
8. **बहुफसली प्रणाली:** वर्तमान में कुल सिंचित क्षेत्र के लगभग 35 प्रतिशत भाग में दो फसलें या अधिक बोई जा रही हैं।
9. **भूसंरक्षण:** व्यापक पैमाने पर भूसंरक्षण के कार्य किए गए हैं। इसमें राजस्थान, गुजरात, मध्यप्रदेश, उत्तर प्रदेश आदि राज्यों में खेती योग्य भूमि को क्षरण से बचाने की व्यवस्था की गई है और घाटियों तथा दर्रों की भूमि को साफ कर समतल कर कृषि के योग्य बनाया जा रहा है।

वर्तमान में सरकार का कृषि विकास में महत्त्वपूर्ण लक्ष्य सभी स्तर पर कृषि को उद्योगों की भाँति विकसित करना है। इसके लिए निजी पूँजी लगाना, कृषि वस्तुओं के निर्यात में वृद्धि करना, कृषि प्रसंस्करण उद्यमों का विकास, आर्द्र प्रदेशों में व सिंचित क्षेत्रों में तिलहन उत्पादन बढ़ाना एवं अर्द्धशुष्क व सीमित जल क्षेत्रों में दलहन के उत्पादन को बढ़ाने का सभी स्तरों पर तेजी से विकास करने का रहा है।

भारत की महत्त्वपूर्ण फसलें

भारत की महत्त्वपूर्ण फसलों की भौगोलिक परिस्थितियों व उनके उत्पादन क्षेत्रों पर संक्षेप में प्रकाश डाला जा रहा है :

गेहूँ : बोते समय **तापमान** 10° से 15° से. तथा पकने के समय 20° से 28° से., 50 सेमी. से 75 सेमी. **वर्षा,** हल्की दोमट या गहरे रंग की मटियार **मिट्टी,** समतल **धरातल,** तथा श्रमिक तथा मशीनें आवश्यक हैं। इसे खाद्यान्नों के अन्तर्गत बोयी गई भूमि के 11 प्रतिशत भाग पर बोया जाता है। गेहूँ **उत्पादक राज्य :** उत्तर प्रदेश, पंजाब, हरियाणा, मध्यप्रदेश, गुजरात, महाराष्ट्र, बिहार एवं राजस्थान आदि हैं।

चावल : उष्ण कटिबंधीय फसल है। इसके बोते समय **तापमान** 20° से. तथा पकते समय 27° से., 100 से 200 सेमी. **वर्षा,** उपजाऊ, चिकनी, कछारी अथवा दोमट उपयोगी **मिट्टी,** निचला **धरातल** उपयुक्त, तथा अधिक **श्रमिकों** की आवश्यकता होती है। **चावल बोने की विधियाँ :** हल के पीछे बोना, पौध लगाकर, बीज छिटककर एवं जापानी विधि। **उत्पादक राज्य :** आन्ध्र प्रदेश, पं. बंगाल, बिहार, असम, महाराष्ट्र, उड़ीसा, मध्य प्रदेश, तमिलनाडु, उत्तर प्रदेश, केरल, पंजाब हैं। इसके अलावा कश्मीर, हरियाणा तथा दक्षिणी-पूर्वी राजस्थान में भी चावल उत्पन्न किया जाता है।

ज्वार : बोते व पकते समय 25° से. से 30° से. तापमान, 30 से 100 सेमी. **वर्षा,** लाल, पीली, हल्की और भारी दोमट तथा बलुई **मिट्टी** आदि आवश्यक परिस्थितियाँ हैं। **ज्वार उत्पादक राज्य :** महाराष्ट्र, मध्य प्रदेश, आन्ध्रप्रदेश, गुजरात, राजस्थान तथा कर्नाटक हैं।

बाजरा : बोते व पकते समय 25° से 30° से. **तापमान,** 50 सेमी. से 75 सेमी. **वर्षा,** हल्की बलुई **मिट्टी, उत्पादक राज्य :** आन्ध्रप्रदेश, गुजरात, तमिलनाडु, पंजाब, उत्तर प्रदेश, कर्नाटक एवं राजस्थान।

मक्का : बोते व पकते समय 25° से 30° से. **तापमान,** 50 से 100 सेमी. वर्षा, उपजाऊ गहरी दोमट **मिट्टी** आवश्यक परिस्थितियाँ हैं। **मक्का उत्पादक राज्य :** आंध्र प्रदेश, कर्नाटक, महाराष्ट्र, हरियाणा, मध्य प्रदेश, बिहार, राजस्थान, जम्मू-कश्मीर तथा हिमाचल प्रदेश।

जौ : बोते व पकते समय 15° से 20° से. तापमान आवश्यक है। 70 से 100 सेमी. **वर्षा,** कम उपजाऊ **मिट्टी** की आवश्यकता होती है। इससे बियर व व्हिस्की बनाई जाती है। **जौ उत्पादक राज्य :** उत्तर प्रदेश, राजस्थान, पंजाब एवं बिहार।

गन्ना : उष्ण कटिबंधीय नम भागों में उगाई जाने वाली फसल है। बोते व पकते समय 20° से 35° से. **तापमान** की आवश्यकता, 100 से 150 सेमी. वर्षा, उपजाऊ दोमट, नमीयुक्त लावा वाली काली **मिट्टी,** पर्याप्त **श्रम** की आवश्यकता। **गन्ना उत्पादक राज्य :** उत्तर प्रदेश, तमिलनाडु, हरियाणा, महाराष्ट्र, आन्ध्रप्रदेश, बिहार, प. बंगाल, पंजाब, कर्नाटक एवं मध्य प्रदेश हैं।

चाय : यह बागानी कृषि के अंतर्गत आने वाली **पेय फसल** है। बोते व पकते समय 26° से 30° से. **तापमान,** 150 से 200 सेमी. **वर्षा,** गहरी, गंधकयुक्त, उपजाऊ बलुई **मिट्टी,** ढालू **धरातल,** तथा पर्याप्त मात्रा में **श्रमिकों** की आवश्यकता होती है। **चाय उत्पादक राज्य :** असम, प. बंगाल, उत्तर प्रदेश, उत्तराखण्ड, बिहार, झारखण्ड, हिमाचल प्रदेश, तमिलनाडु, केरल एवं कर्नाटक आदि हैं।

कहवा : गर्म व नर्म **जलवायु,** बोते व पकते समय 15° से 18° से. **तापमान,** 150 से 250 सेमी. **वर्षा,** 100 से 1,600 मीटर की **ऊँचाई,** वनों की साफ की गई, दोमट अथवा ज्वालामुखी लावा की काली **मिट्टी,** आवश्यक है। **अरेबिका** व **रोबेस्टा** इसकी दो प्रमुख जातियाँ हैं। **कहवा उत्पादक राज्य :** कर्नाटक, तमिलनाडु, महाराष्ट्र, केरल, उड़ीसा, प. बंगाल एवं आन्ध्र प्रदेश आदि हैं।

तंबाकू : यह एक नशीला पदार्थ है। यह उष्ण कटिबंधीय फसल है। बोते व पकते समय 20° से 30° से. **तापमान,** 50 से 100 सेमी. **वर्षा,** स्वच्छ आकाश एवं तेज धूप, गहरी एवं दोमट अथवा मिश्रित कछारी **मिट्टी,** पर्याप्त व सस्ते श्रमिकों की आवश्यकता। भारत में तंबाकू की दो प्रमुख किस्में : **निकोटिन टुबैकम** तथा **निकोटिना रस्टिका** हैं। **तंबाकू उत्पादक राज्य :** महाराष्ट्र, आन्ध्रप्रदेश, तमिलनाडु, कर्नाटक, राजस्थान, असम, बिहार, उत्तर प्रदेश तथा प. बंगाल हैं।

कपास : यह उष्ण कटिबंधीय पौधा है। बोते समय 20° व पकते समय 30° से. **तापमान** की आवश्यकता है, डोड़ी खिलते समय स्वच्छ आकाश, तेज और चमकदार धूप, 50 से 100 सेमी. वर्षा, वर्षा रुक-रुककर उत्तम, भारी काली, चिपचिपी काली एवं जलोढ़ **मिट्टी;** पर्याप्त व सस्ते **श्रमिकों** की आवश्यकता, **कपास उत्पादक राज्य :** गुजरात, महाराष्ट्र, मध्य प्रदेश, तमिलनाडु, पंजाब, आन्ध्र प्रदेश, हरियाणा तथा राजस्थान आदि हैं।

जूट : जूट उष्ण कटिबंधीय पौधा है। इसके लिए 25° से 30° सेंटीग्रेड तापमान, 150 से 200 सेमी. **वर्षा,** नदियों द्वारा लाई गई जलोढ़ **मिट्टी,** पर्याप्त एवं सस्ते **श्रमिकों** की आवश्यकता, **स्वच्छ जल** आवश्यक, यहाँ चीनी व देशी जूट तैयार होता है। **जूट उत्पादक राज्य**—पं. बंगाल, बिहार, असम, मेघालय, उड़ीसा, उत्तर प्रदेश, त्रिपुरा, के तराई भाग आन्ध्र प्रदेश एवं मध्य प्रदेश आदि हैं।

चना : यह प्रमुख दाल फसल है। इसके लिए मटियार एवं मटियार **दोमट मिट्टी** कम वर्षा, उच्च **तापमान,** की आवश्यकता होती है। **चना उत्पादक राज्य :** मध्य प्रदेश, बिहार, गुजरात, महाराष्ट्र, राजस्थान, पंजाब एवं उत्तर प्रदेश आदि हैं।

मूँगफली : यह उष्ण कटिबंधीय पौधा है। इसके लिए 15° से 25° से. **तापमान,** 75 से 150 सेमी. **वर्षा,** आवश्यक **उत्पादक राज्य :** महाराष्ट्र, तमिलनाडु, गुजरात, कर्नाटक, आन्ध्र प्रदेश, मध्य प्रदेश, राज्यों में **काली मिट्टी** और दक्षिण के पठार की **लाल मिट्टी** वाले क्षेत्रों में होती है।

नारियल : 20° से 25° से. **तापमान,** तथा वार्षिक वर्षा 150 सेमी. से अधिक, समुद्री वायु एवं तटवर्ती काँप **मिट्टी** विशेष उपयोगी हैं। यहाँ नारियल का **उत्पादन** केरल, तमिलनाडु, आन्ध्रप्रदेश, कर्नाटक, महाराष्ट्र तथा उड़ीसा में होता है।

रबर : 30° से 35° से. **तापमान** तथा 200 से 300 सेमी. वर्षा की आवश्यकता। रबर के **उत्पादक राज्य :** केरल, तमिलनाडु, कर्नाटक, एवं अण्डमान निकोबार आदि हैं।

मसाले : 100 से 200 सेमी. **वर्षा** आवश्यक होती है। भारत में **काली मिर्च :** केरल, तथा तमिलनाडु, **लाल मिर्च :** आन्ध्र प्रदेश, कर्नाटक, तमिलनाडु, महाराष्ट्र, बिहार, **छोटी इलायची :** केरल, कर्नाटक एवं तमिलनाडु, **लौंग :** तमिलनाडु, **हल्दी :** आन्ध्रप्रदेश एवं तमिलनाडु आदि में उत्पन्न होते हैं।

भारत के प्रमुख खनिज

लौह अयस्क

लौह खनिज के मामले में भारत अच्छी स्थिति में है। भारत में इसके उत्खनन योग्य कुल भंडार 2249 करोड़ टन हैं। भारत में 1948 में कुल 23 लाख टन लौह-अयस्क का उत्पादन हुआ था। भारत में चार प्रकार के लौह अयस्क पाए जाते हैं, यथा–

1. **मैग्नेटाइट अयस्क**–काले रंग के इस अयस्क में चुम्बकीय लोहे का ऑक्साइड होता है। इसकी प्राप्ति आग्नेय चट्टानों से होती है। इससे 72% तक धातु का अंश प्राप्त होता है। देश में इसके 340.8 करोड़ टन भंडार हैं। इस अयस्क के भण्डार कर्नाटक, आन्ध्र प्रदेश, गोवा, केरल, राजस्थान, झारखण्ड और तमिलनाडु में हैं।
2. **हेमेटाइट अयस्क**–यह लाल तथा भूरे रंग का होता है। यह धारवाड़ और कुडप्पा क्रम की चट्टानों से प्राप्त होता है। इस अयस्क में लोहे का अंश 70% तक होता है तथा देश में इसका भंडार 1005.2 करोड़ टन है। इसके भंडार झारखण्ड, उड़ीसा, मध्य प्रदेश, कर्नाटक, महाराष्ट्र, गोवा, आन्ध्र प्रदेश तथा राजस्थान में हैं।
3. **लिमोनमाइट तथा सिडेराइट**–इस अयस्क में लोहे का अंश 40-60% तक होता है। इसे निम्न श्रेणी का अयस्क माना जाता है। यह पश्चिम बंगाल में रानीगंज कोयला क्षेत्र में विकसित निम्न गोंडवाना क्रम के लौह-स्तर शैल के रूप में प्राप्त होती है।
4. **लैटेराइट अयस्क**–लैटेराइट शैलों के ऋतुक्षरण के फलस्वरूप अवशिष्ट खनिज के रूप में घटिया लोहे और एल्युमिनियम का संकेन्द्रण होता है। इसका उपयोग लाभदायक नहीं है। इस प्रकार का अयस्क मुख्यतः महाराष्ट्र, मध्य प्रदेश और तमिलनाडु राज्यों में मिलता है।

वितरण : अनुमान के अनुसार विश्व के कुल संचित लौह अयस्क भंडार का लगभग एक-चौथाई (1/4) भाग भारत में है। यह एशिया का वृहत्तम लौह भंडार है। उत्खनन की दृष्टि से भारत को तीन क्षेत्रों में वर्गीकृत किया जाता है–उत्तरी पूर्वी भारत, मध्य देशीय क्षेत्र तथा दक्षिणी-पश्चिमी प्रायद्वीपीय क्षेत्र। इन तीनों क्षेत्रों के अन्तर्गत निम्न राज्यों में लौह अयस्क की प्राप्ति निम्नवत है–

- **झारखण्ड**–इस राज्य की लौह अयस्क पेटी उड़ीसा से संलग्न है। देश के कुल उत्पादन का 11% झारखण्ड राज्य से प्राप्त होता है। यह राज्य के सिंहभूम जिले के कोम्पिलाई के आस-पास मयूरभंज के क्षेत्रों तक तथा उड़ीसा से 48 कि.मी. लम्बी पट्टी में फैला है। सिंहभूम जिले की पंसिराबुरू और बड़ाबुरू सर्वाधिक महत्त्वपूर्ण खानें हैं। यहाँ का अयस्क टाटा आयरन एवं इस्पात संयंत्र द्वारा उपयोग में लाया जाता है।
- **ओडिशा**–लौह अयस्क की दृष्टि से इस राज्य के सुन्दरगढ़, मयूरभंज तथा क्योंझर सर्वाधिक महत्त्वपूर्ण जिले हैं। सुन्दरगढ़ जिले में बोनाई तथा मयूरभंज जिले में गुरुमहिसानी, सुलेपट तथा बादाम पहाड़ प्रमुख उत्पादक क्षेत्र हैं। क्योंझर जिले का बांसपानी, टोडा, ठकुरानी, कोडेकोला, फिलोरा, कुरबन्द, किरुबुरु प्रमुख खानें हैं। इन सभी क्षेत्रों में हेमेटाइट किस्म का लोहा निकाला जाता है।

- **छत्तीसगढ़**–यहाँ उच्च कोटि का हेमेटाइट लोहा मिलता है। इस दृष्टि से बस्तर तथा दुर्ग जिले सबसे अधिक महत्त्वपूर्ण हैं। बस्तर जिले में बैलाडिला तथा रावघाट और दुर्ग जिले में लौह अयस्क टीले के रूप में बिखरे हैं।
- **मध्य प्रदेश**–इस राज्य के पूर्वी तथा दक्षिणी भाग में जबलपुर, माण्डला तथा बालाघाट जनपदों में उच्च कोटि का हेमेटाइट लौह अयस्क प्राप्त होता है।
- **महाराष्ट्र**–पूर्वी तथा दक्षिणी-पश्चिमी क्षेत्र प्रमुख लौह अयस्क के क्षेत्र हैं। पूर्वी क्षेत्र में चांदा के लोहरा, पीपलगाँव, सूरजगढ़, असोला, देवलागाँव इत्यादि क्षेत्र शामिल हैं। दक्षिणी-पश्चिमी भाग में रत्नागिरि जिले में बड़ी मात्रा में लौह अयस्क पाए जाते हैं।
- **कर्नाटक**–इस राज्य के बेल्लादी जिले में हास्पेट क्षेत्र की सुन्दर पहाड़ियों में लौह भंडार पाए जाते हैं। इस क्षेत्र में रमन दुर्ग, थिम्मापांगुड़ी, उबलगुड़ी, इट्टीहाटी, कुमारस्वामी, राजापुर, दोम्नालाई, बैलगापट्टी, देवदारी तथा कम्माधबेरू प्रमुख हैं।
- **गोवा**–इस राज्य में लौह अयस्क का विशाल भंडार है। इसके तीन महत्त्वपूर्ण क्षेत्र हैं–उत्तरी गोवा, मध्य गोवा तथा दक्षिणी गोवा। उत्तरी गोवा में अदुलमाले और उसांव के बीच लोहा पाया जाता है। मध्य तथा दक्षिण गोवा में मध्यम तथा निम्न कोटि का लौह अयस्क पाया जाता है।

मैंगनीज

मैंगनीज के उत्पादन में भारत का विश्व में पाँचवां स्थान है। यहाँ विश्व के कुल उत्पादन का 20% उत्पादित होता है। भारतीय मैंगनीज धातु की शुद्धता 47%-52% तक होती है। यहाँ घरेलू उपयोग से अधिक उत्पादन होने के कारण इसका निर्यात भी किया जाता है। भारत सरकार के अनुसार भारत में मैंगनीज के 49.6 करोड़ टन भंडार हैं।

वितरण : मैंगनीज की प्राप्ति निम्न राज्यों से निम्नवत होती है–

- **मध्य प्रदेश**–मैंगनीज उत्पादन में इस राज्य का भारत में तीसरा स्थान है। यहाँ कुल उत्पादन का 18% प्राप्त होता है।
- **ओडिशा**–यह राज्य भारत का सबसे बड़ा मैंगनीज उत्पादक राज्य है। देश के कुल उत्पादन का 32% मैंगनीज का उत्पादन यहाँ से होता है।
- **झारखण्ड**–इस राज्य के प्रमुख मैंगनीज उत्पादक क्षेत्र सिंहभूम जिले के वीरमित्रपुर, चाइबासा, बसाडेरा तथा पहाड़पुर हैं।
- **महाराष्ट्र**–इस राज्य का स्थान मैंगनीज उत्पादन की दृष्टि से दूसरा है, यहाँ नागपुर, भण्डारा और रत्नागिरि जिलों में सर्वाधिक मैंगनीज प्राप्त होता है। नागपुर जिले के डुमरी कला से खण्डाला तक लगभग 19 कि.मी. क्षेत्र में यह विस्तृत है।
- **कर्नाटक**–यह राज्य देश का 16.26% मैंगनीज का उत्पादन करता है। यहाँ से प्राप्त मैंगनीज की शुद्धता 30-50% तक होती है।
- **आन्ध्र प्रदेश**–देश का पाँचवां बड़ा उत्पादक राज्य है। राज्य के प्रमुख उत्पादक जिलों में श्रीकाकुलम, कुडप्पा, विशाखापट्टनम शामिल हैं। यहाँ से प्राप्त मैंगनीज की शुद्धता 25-55% है।

बॉक्साइट

विश्व में बॉक्साइट संसाधन के मामले में भारत का पाँचवां स्थान है। यहाँ विश्व की सम्पूर्ण संचित राशि का 1% भाग स्थित है। देश के कुल 390 करोड़ टन भंडार में से 80 प्रतिशत ऐसे हैं, जिनसे बॉक्साइट निकाला जा सकता है। ओडिशा सबसे बड़ा उत्पादक है, जो देश के कुल बॉक्साइट उत्पादन का लगभग 50% उत्पादन करता हे। गुजरात दूसरा सबसे बड़ा उत्पादक है जो भारत के कुल बॉक्साइट का 15 प्रतिशत से अधिक उत्पादन करता है।

वितरण : बाक्साइट का वितरण निम्न राज्यों में निम्नवत है–

- **ओडिशा**–इस राज्य के सम्भलपुर और कालाहांडी में बॉक्साइट की प्रमुख खानें विद्यमान हैं। यहाँ की बॉक्साइट में धातु की मात्रा 62.6% तक पायी जाती है। वर्तमान में यह राज्य बॉक्साइट उत्पादन की दृष्टि से अग्रणी है।
- **झारखण्ड**–यहाँ पर बॉक्साइट का जमाव लेटेराइट चट्टानों में मिलता है। यहाँ के बॉक्साइट में एल्युमिना का अंश 65% तक पाया जाता है।
- **मध्य प्रदेश**–इस राज्य में बॉक्साइट के दो प्रमुख क्षेत्र हैं–कटनी, नीमाड़, जबलपुर क्षेत्र तथा अमरकंटक-बालाघाट क्षेत्र। पहले क्षेत्र में बॉक्साइट का जमाव बरगवान पहाड़ी में पाया जाता है। यहाँ के बॉक्साइट का रंग गुलाबी होता है, जो उत्तम होता है।
- **छत्तीसगढ़**–मध्य प्रदेश की अमरकंटक-बालाघाट क्षेत्र की बॉक्साइट पट्टियाँ बिलासपुर तथा दुर्ग जिले में भी पायी जाती हैं। इसके अलावा उपरौरा-नैनापट-जशपुर क्षेत्र अपरा और होमी नदियों की घाटियों में स्थित हैं।
- **गुजरात**–इस राज्य में कच्छ की खाड़ी से लेकर खम्भात की खाड़ी के मध्य बॉक्साइट अधिक मात्रा में प्राप्त होता है। यह भारत का तीसरा महत्वपूर्ण उत्पादक राज्य है। यहाँ से प्राप्त बॉक्साइट में एल्युमिना की मात्रा 60% है।

ताँबा

लाल और भूरे रंग की यह धातु विद्युत की सुचालक है। यह बहुत लचीला होता है। अधिक प्रतिरोधक क्षमता होने के कारण विद्युत उद्योग में इसका अधिक उपयोग हो रहा है। इसके अतिरिक्त दूरभाष, दूरसंचार के तार, मोटर उद्योग आदि में भी ताँबे का उपयोग बढ़ गया है।

भारत में ताँबा सल्फाइड, ऑक्साइड, क्लोराइड या कार्बोनेट आदि रासायन मिश्रित चट्टानों के साथ पाया जाता है। इसके अतिरिक्त चाँदी, टिन, सीसा, सोना जैसी धातुओं के साथ ताँबा पाया जाता है। ताँबा प्रस्तर में ताँबे का अंश 3 से 6% तक मिलता है। भारत के कुल भण्डार के 2/3 भाग में शुद्ध ताँबे का प्रतिशत एक से भी कम रहता है। देश में निकाले जा सकने योग्य ताँबे का 15115 हजार टन भंडार है। तांबा अयस्क का सबसे बड़ा भंडार राजस्थान (52.25%), झारखंड (15.14%) और मध्य प्रदेश (23.28%) में है।

अभ्रक

यह कायान्तरित तथा आग्नेय चट्टानों में पाया जाता है। पारदर्शी, लचीला तथा हल्का चमकीला यह खजिन श्वेत, गुलाबी, काला या गहरे रंग का

होता है। सबसे उत्तम किस्म का अभ्रक पैग्मेटाइट नामक आग्नेय चट्टानों में मिलता है, जो श्वेत रंग का होता है।

वितरण : विश्व अभ्रक उत्पादन में चीन का स्थान सर्वोच्च है। भंडारण की दृष्टि से भारत का स्थान पहला है। बिहार एवं झारखंड में उत्तम श्रेणी के 'रूबी अभ्रक' का उत्पादन होता है। भारत में अभ्रक के कुल उत्पादन का 0.58% झारखण्ड, 97% आन्ध्र प्रदेश एवं तेलंगाना से तथा 2% राजस्थान से प्राप्त होता है। अभ्रक क वितरण भिन्न-भिन्न राज्यों में निम्नवत है–

- **आन्ध्र प्रदेश एवं तेलंगाना–**संचित राशि तथा उत्पादन की दृष्टि से इस राज्य का भारत में प्रथम स्थान है। यहाँ 65 कि.मी. लम्बी तथा 20-30 कि.मी. चौड़ी अभ्रक की पेटी पायी जाती है। इस राज्य में कुल उत्पादन का 97% प्राप्त होता है। यहाँ का अभ्रक विशाखापट्नम बंदरगाह से निर्यात होता है।
- **राजस्थान–**देश में इस राज्य का दूसरा स्थान है। 320 कि.मी. लम्बाई तथा 100 कि.मी. चौड़ाई की पट्टी उत्तर-पूर्व जयपुर से लेकर द.-पश्चिम उदयपुर तक विस्तृत है। इस राज्य का भीलवाड़ा जिला सबसे अधिक अभ्रक का उत्पादन करता है।
- **झारखंड–**इस राज्य में अभ्रक की विश्व प्रसिद्ध पेटी पायी जाती है। इस राज्य की अभ्रक पेटी हजारीबाग, गिरिडीह, संथाल परगना जिलों में विस्तृत है। यहाँ पेटी 100-150 कि.मी. लम्बी तथा 25 कि.मी. चौड़ी है। राज्य का हजारीबाग जिला पूरे राज्य का तीन-चौथाई अभ्रक अकेले उत्पादन करता है। उत्पादन की मात्रा और गुणवता दोनों दृष्टि से यहाँ का अभ्रक सर्वश्रेष्ठ है।
- **तमिलनाडु–**इस राज्य में अभ्रक का उत्पादन मुख्य रूप से तिरुनवेली, तिरुचिरापल्ली, सलेम, नीलगिरि, मदुरै, कोयम्बटूर जिलों में होता है। तिरुनवेली जिले में कोविलपट्टी के निकट की खदानें अभ्रक उत्पादन के लिए महत्वपूर्ण हैं।

चाँदी

भारत में चाँदी का उत्पादन बहुत ही कम होता है। यहाँ प्राचीन काल में **राजस्थान** के उदयपुर में जावर क्षेत्र से चाँदी प्राप्त होती थी, किंतु यहाँ धातु का अंश बहुत कम था। **तमिलनाडु** के अनन्तपुर **जिले** की चाँदी की खानें भी समाप्त प्राय: हैं। कर्नाटक में कोलार स्वर्ण क्षेत्र तथा **झारखण्ड** में मानभूम क्षेत्र से कुछ चाँदी प्राप्त होती है। भारत में चाँदी का उत्पादन कर्नाटक और राजस्थान में दोबारी एवं चितौड़ के जस्ता संद्रावकों से उत्पादन के रूप में होता है। चाँदी अयस्क का शोधन झारखण्ड में टुण्डु एवं राजस्थान में देबारी जिंक संद्रावक तथा चित्तौड़ के सुपर जिंक संद्रावक में किया जाता है।

चाँदी के अन्य उत्पादक क्षेत्र हैं–**कर्नाटक** में चित्रदुर्ग और बेल्लारी जिले; **आंध्र प्रदेश** में कुडप्पा, गंटूर और कुर्नूल जिले; **झारखण्ड** में सिंहभूम और संथाल परगना; **जम्मू-कश्मीर** में बारामूला तथा उत्तरांचल में अलमोड़ा।

वर्तमान में देश की 42% चाँदी आंध्र प्रदेश से 32% झारखण्ड से तथा 25% राजस्थान से प्राप्त होती है। ग्रेट ब्रिटेन, बेल्जियम, जर्मनी से चाँदी का आयात किया जाता है।

सोना

सोना एक बहुमूल्य धातु है, जो कभी खानों में शुद्ध रूप में नहीं मिलता। इसमें अधिकतर चाँदी और अन्य धातुओं के अंश मिले रहते हैं। यह अयस्क दो प्रकार से मिलता है–(*i*) आग्नेय चट्टानों की नसों में, और (*ii*) नदियों की रेत में। इसका उपयोग अन्तर्राष्ट्रीय बाजार में विनिमय के रूप में, आभूषण निर्माण में, औद्योगिक और रासायनिक क्षेत्र में, औषधि निर्माण इत्यादि में होता है।

वितरण : देश का सर्वाधिक सोना 98% भाग अकेले **कर्नाटक** राज्य में स्थित कोलार एवं हट्टी की खानों से प्राप्त किया जाता है। इस क्षेत्र की विख्यात खानें चैम्पियनरीफ, ओरेगन, कर्नाटक गोल्ड माइन और नदी दुर्ग हैं। रायचूर जिले में हट्टी की खानों से भी सोना मिलता है। कर्नाटक के धारवाड़, चित्रदुर्ग, बेल्लारी, शिमोगा तथा गुलबर्गा जिलों में भी कुछ सोना पाया जाता है।

देश के अन्य भागों में भी सोना प्राप्त होता है। **आंध्र प्रदेश** में अनन्तपुर जिले में रामगिरि खानें, **तमिलनाडु** में सलेम से भी सोना प्राप्त होता है। ये खानें भी धारवाड़ शैलों में स्थित हैं। भारत में कुछ सोना नदियों की रेत से भी प्राप्त होता है। **असम** में ब्रह्मपुत्र व सुवंसिरी, **झारखण्ड** व **उड़ीसा** की स्वर्णरेखा, **उत्तर प्रदेश** की सोन, रामगंगा, शारदा आदि नदियों की काँप में भी सोने की अल्पमात्रा प्राप्त होती है। भारत में सोने का उत्पादन बहुत कम तथा माँग अधिक है।

ईंधन खनिज (शक्ति संसाधन)

कोयला

कोयला एक ज्वलनशील जैविक ईंधन है, जो देश में विकसित ऊर्जा संसाधनों में सबसे अधिक महत्वपूर्ण है। देश में 45% व्यापारिक स्रोत से ऊर्जा प्राप्त होती है, जिसका 66% अकेले कोयले से प्राप्त होता है। कोयला वास्तव में आधुनिक भौतिक सभ्यता का प्रमुख संसाधन है। भारत में मुख्य रूप से दो युगों में कोयले का निर्माण हुआ है–गोंडवाना तथा टर्शियरी युग में।

1. गोंडवाना कोयला क्षेत्र–

दामोदर घाटी कोयला क्षेत्र–यह भारत का सबसे महत्वपूर्ण कोयला उत्पादक क्षेत्र है। यहाँ देश का सबसे अधिक कोयला मिलता है। यह क्षेत्र पश्चिम बंगाल तथा झारखण्ड राज्यों में विस्तृत है। इस क्षेत्र से कोयले का उत्पादन 1814 ई. से ही हो रहा है। इस घाटी के प्रमुख कोयला क्षेत्र निम्नलिखित हैं–

(*i*) **रानीगंज क्षेत्र–**यह क्षेत्र कोलकाता से 240 कि.मी. उत्तर-पश्चिम में स्थित है। इसकी खानों का क्षेत्रफल 1,500 वर्ग कि.मी. है। इसका अधिकांश क्षेत्र पश्चिम बंगाल में बर्दवान, बांकुरा तथा पुरुलिया जिलों में है।

(*ii*) **झरिया–**यह क्षेत्र झारखण्ड राज्य के धनबाद जिले में स्थित है। इस क्षेत्र की लम्बाई 38.6 तथा चौड़ाई 13.5 कि.मी. है। यह न केवल झारखंड राज्य का अपितु भारत का भी सबसे महत्वपूर्ण क्षेत्र है। यहाँ का कोयला बिटुमिनस किस्म का है। यहाँ के कुल अनुमानित भंडार में से लगभग 75% सामान्य किस्म का तथा शेष कोक बनाने योग्य कोयला है।

(*iii*) **गिरिडीह क्षेत्र**–यह झारखण्ड राज्य के हजारीबाग जिले में स्थित है। इसका क्षेत्रफल केवल 28 वर्ग किलोमीटर है, जिसमें कोयले वाली जलज शैलें केवल 18 वर्ग किलोमीटर में ही मिलती हैं।

(*iv*) **बोकारो क्षेत्र**–यह झरिया के पश्चिम में स्थित है और दो भागों में बँटा है–पूर्वी बोकारो और पश्चिमी बोकारो। दोनों का क्षेत्रफल मिलाकर 550 वर्ग किलोमीटर है। यहाँ भी कोक बनाने योग्य उत्तम कोयला मिलता है। मुख्य तह करगाली है जो लगभग 66 मीटर मोटी है।

(*v*) **करनपुरा क्षेत्र**–यह क्षेत्र ऊपरी दामोदर की घाटी में बोकारो क्षेत्र से तीन किलोमीटर पश्चिम में स्थित है। इस क्षेत्र के दो भाग हैं : उत्तरी और दक्षिणी करनपुरा। इसका क्षेत्रफल 1,100 वर्ग किलोमीटर है। इस क्षेत्र में कोयले की तहें अधिक मोटी पायी जाती हैं।

(*vi*) **रामगढ़ क्षेत्र**–यह क्षेत्र दामोदर नदी के सहारे लगभग 100 वर्ग कि. मी. क्षेत्र में फैला हुआ है। यह बोकारो क्षेत्र से 8 कि.मी. दूर दक्षिण-पश्चिम में स्थित है। यहाँ के कोयले की प्रमुख तहें रन्ता, सुगिया, सेमकेर तथा मईल में हैं। यहाँ 103 करोड़ टन कोयला होने का अनुमान है।

सोन घाटी कोयला क्षेत्र–यह क्षेत्र सोन नदी घाटी में मध्य प्रदेश, छत्तीसगढ़ तथा झारखण्ड राज्यों में स्थित है। इस क्षेत्र के मुख्य खनन केन्द्र हैं–मध्य प्रदेश की उमरिया, सिंगरौली, सोहागपुर, तातापानी-रामकोला तथा झारखंड राज्य की डाल्टेनगंज, औरंगा तथा हुटार। मध्य प्रदेश के उमरिया का क्षेत्रफल 1500 वर्ग कि.मी. है। यहाँ कोयले की छह परतें पायी जाती हैं। सिंगरौली कोयला क्षेत्र मुख्यत: सोन नदी के दक्षिण शहडोल तथा सीधी जिले में स्थित है। सिंगरौनी खान भारत का सबसे मोटा कोयला खनन केन्द्र है। यहाँ कोयले की मोटाई 7 मीटर से अधिक है। इसमें नमी की मात्रा अधिक पायी जाती है। यहाँ का कोयला वाष्प व गैस बनाने के लिए प्रयुक्त होता है।

महानदी कोयला क्षेत्र–इस क्षेत्र के अन्तर्गत उड़ीसा के तलचर और सम्भलपुर क्षेत्र, **मध्य प्रदेश** के कोरवा, सनहट, झिलमिली-चिरमिरी, रायगढ़-हिंगरि तथा विश्रामपुर-लखनपुर क्षेत्र मुख्य हैं।

2. टर्शियरी कोयला क्षेत्र

भारत का लगभग 1.5% कोयला टर्शियरी काल की चट्टानों से प्राप्त किया जाता है। यह कोयला लिग्नाइट प्रकार का है, जो गोंडवाना युग के कोयले से नया है। कुल मिलाकर देश में इस प्रकार के कोयले के 750 करोड़ टन होने का अनुमान है। अकेले 350 करोड़ टन कोयला राजस्थान में तथा 300 करोड़ टन निवैली में भण्डार होने का पता लग चुका है। नए क्षेत्रों में सघन सर्वेक्षण तथा वास्तविक मूल्यांकन कार्य चल रहा है।

(*i*) **असम कोयला क्षेत्र–असम** में कोयला पूर्वी नागा पर्वत के उत्तरी-पश्चिमी ढाल पर लखीमपुर तथा शिवसागर जिलों में पाया जाता है। यहाँ का सबसे बड़ा क्षेत्र **माकूम** है। यह **नाभदंगा लीडो** कोल क्षेत्र के नाम से प्रसिद्ध है। मेघालय में **मिकिर की पहाड़ियों** की घाटियों में हल्की श्रेणी का कोयला 1 से 2 मीटर मोटी तहों में पाया जाता है। गारो, खासी और जयन्तिया पहाड़ियों में कोयला मिलता है।

(*ii*) **दार्जिलिंग कोयला क्षेत्र**–पश्चिम बंगाल के दार्जिलिंग जिले में बाह्य हिमालय की श्रेणियों में पाया जाने वाला यह क्षेत्र पनकावडी तथा द्वालिंग के मध्य लगभग 48 कि.मी. क्षेत्र में फैला हुआ है। कोयले की यह पेटी भूटान तथा असम में भी पायी जाती है। इस क्षेत्र में मेसोजोइक काल का कोयला पाया जाता है, जो बनावट में गोंडवाना काल के समान है।

खनिज तेल

ऐसा अनुमान है कि भारत में विश्व के कुल संचित तेल का मात्र 0.5% उपलब्ध है। 1956 में तेल एवं प्राकृतिक गैस आयोग की स्थापना हुई। सन् 1860 में असम रेलवे ट्रेडिंग कंपनी मार्ध रीटा में (डिगबोई क्षेत्र) रेल की पटरियाँ बिछाने का कार्य करने के दौरान ऊपरी असम में खनिज तेल का पता चला। इसका वास्तविक उत्पादन 1890 ई. में डिगबोई क्षेत्र में प्रारंभ हुआ। स्वतंत्रता प्राप्ति के बाद सर्वप्रथम सन् 1953 ई. में नहर कटिया में तेल निकालना प्रारंभ हुआ।

वितरण : भारत में खनिज तेल सन् 1960 ई. तक केवल असम राज्य से प्राप्त होता था। 1975 ई. तक भारत के स्थलीय भागों से खनिज तेल निकाला जाता था, किन्तु 1976 ई. में अरब सागर के अपतटीय क्षेत्र बॉम्बे हाई से खनिज तेल निकाला जाने लगा। यहाँ से देश के कुल उत्पादन का 65% खनिज तेल का उत्पादन किया जाता है। वर्तमान में भारत में चार उत्पादक क्षेत्र हैं–1. उत्तर-पूर्वी क्षेत्र, 2. पश्चिमी क्षेत्र, 3. बाम्बे हाई क्षेत्र, 4. दक्षिणी क्षेत्र।

1. उत्तरी पूर्वी क्षेत्र

(*i*) **डिग्बोई क्षेत्र**–नागा पहाड़ी क्षेत्र के लखीमपुर जिले में डिग्बोई क्षेत्र स्थित है। यह क्षेत्र 13 किलोमीटर लम्बा और 1 किलोमीटर चौड़ा है। यहाँ तेल 24 विभिन्न स्तरों में, 1,200 मीटर की गहराई तक बलुआ पत्थर की संरचनाओं में पाया जाता है। यहाँ लगभग 80 तेल कूप पाये जाते हैं। यहाँ के तेल क्षेत्र में **एस्फाल्ट** और मोम की मात्रा काफी है। इस तेल को डिग्बोई की शोधनशाला में साफ किया जाता है।

(*ii*) **नाहरकटिया तेल क्षेत्र**–डिगबोई से 40 किलोमीटर दक्षिण-पश्चिम में दिहांग नदी के किनारे नाहरकटिया में 4,000 से 5,000 मीटर की गहराई तक कुएँ खोदे गये हैं, जिनकी उत्पादन क्षमता लगभग 25 लाख टन की है। इस क्षेत्र में अब तक 60 से अधिक कुएँ खोदे जा चुके हैं जिनमें से 56 कुओं से तेल प्राप्त हुआ है, और 4 से गैस मिली है। इस क्षेत्र से प्रतिदिन 8 से 10 लाख घन मीटर गैस प्राप्त होने का अनुमान है। यहाँ से खनिज तेल को पाइप लाइन द्वारा नूनमाटी (असम) एवं बरौनी (बिहार) भेजा जाता है।

(*iii*) **मोरान-हुगरीजन क्षेत्र**–नाहरकटिया से 40 किलोमीटर दक्षिण-पश्चिम में है। यहाँ 29 कूपों में से 22 से तेल अनुमानित किया गया है। यहाँ प्राकृतिक गैस भी पायी गयी है। यहाँ से तेल बरौनी भेजा जाता है।

(*iv*) **सुरमा घाटी तेल क्षेत्र**–सुरमा नदी घाटी क्षेत्र के अन्तर्गत हल्की श्रेणी का तेल दक्षिण में **बद्रपुर, मसीमपुर** और **पथरिया** में निकाला जाता है। यहाँ 60 तेल कूप हैं, जिनसे लगभग 1,800 मीटर की गहराई से तेल निकाला जा रहा है।

2. पश्चिमी क्षेत्र

(*i*) **अंकलेश्वर तेल क्षेत्र**–यह गुजरात राज्य का सबसे बड़ा तेल क्षेत्र है। इसकी स्थिति बड़ोदरा से 30 कि.मी. द.-पश्चिमी में नर्मदा नदी के दक्षिणी कछारी क्षेत्र में भड़ौच के निकट है। यहाँ लगभग 30 वर्ग कि.मी. में तेल पाया जाता है। यहाँ से सन् 1961 से तेल निकालने का काम चल रहा है। इस क्षेत्र से प्रतिवर्ष लगभग 25 लाख टन खनिज तेल निकाला जा सकता है। यहाँ के खनिज तेल का शोधन कार्य ट्राम्बे कोयली शोधनशाला में किया जाता है। अंकलेश्वर से प्राकृतिक गैस का भी उत्पादन होता है।

(*ii*) **खम्भात तथा लुजेन क्षेत्र**–खम्भात (काम्बे) की खाड़ी के ऊपरी सिरे पर स्थित इस क्षेत्र को गन्धार क्षेत्र भी कहते हैं। यहाँ टर्शियरी युगीन तलछटीय शैलों में तेल भण्डार है। यहाँ सबसे पहले सितम्बर 1958 में *लुजेन* नामक स्थान पर तेल उपलब्ध हुआ था। यहाँ के अधिकांश कूपों से प्राकृतिक गैस निकाली जाती है, जिसे *धुबरान* ताप विद्युत गृह को भेजा जाता है। तेल का कुल संचय 3 करोड़ टन एवं उत्पादन 15 लाख टन है। इसके साथ ही यहाँ से 5 लाख घन मीटर प्राकृतिक गैस प्रतिदिन निकाली जाती है।

(*iii*) **अहमदाबाद-कलोल क्षेत्र**–खम्भात तेल क्षेत्र के उत्तर अहमदाबाद के निकटवर्ती क्षेत्र में तेल उत्पादन के कई उपक्षेत्र हैं, जिनका विस्तार उत्तर में मेहसाना तक मिलता है। 'कलोल' (अहमदाबाद से 25 कि.मी. उत्तर) महत्वपूर्ण तेल क्षेत्र हैं, जहाँ 1400 मीटर की गहराई पर तेल एवं प्राकृतिक गैस उपलब्ध है। अहमदाबाद के निकटवर्ती तेल उत्पादक अन्य उपक्षेत्र सानन्द (अहमदाबाद से पश्चिम), नवगाम (दक्षिण), धोलका(दक्षिण), वासना, वकरोल (द.पू.) हैं। इनके उत्तर मेहसाना जिले में मेहसाना, कादी, सोभासन, बचराची, अन्य तेल उपक्षेत्र हैं। इन सभी क्षेत्रों से कच्चा तेल कोयली शोधनशाला में भेजा जाता है।

3. मुम्बई अपतटीय क्षेत्र

भारत के अपतटीय क्षेत्र को दो भागों में बाँटा जाता है–(i) अरब सागर अपतटीय क्षेत्र तथा (ii) बंगाल की खाड़ी अपतटीय क्षेत्र। मुम्बई उच्च (बाम्बे हाई) तेल क्षेत्र अरब सागर अपतटीय क्षेत्र में महाराष्ट्र के समुद्री मग्न तट पर मुम्बई के उत्तर-पश्चिमी में लगभग 167 कि.मी. की दूरी पर स्थित है। यहाँ पर व्यावसायिक उत्पादन सन् 1976 ई. में प्रारम्भ हुआ। इसके पूर्व देश का सम्पूर्ण तेल स्थलीय क्षेत्रों से ही उत्पादित किया जाता था। लेकिन सन् 1981 के बाद देश के कुल तेल उत्पादन का आधे से अधिक भाग अपतटीय क्षेत्रों से उत्पादित किया जाने लगा। इस तेल क्षेत्र से खनिज तेल तथा प्राकृतिक गैस दोनों प्राप्त होते हैं। यहाँ लगभग 2500 वर्ग कि.मी. क्षेत्र में तेल के संचित होने की सम्भावना व्यक्त की जाती है।

अरब सागर अपतटीय क्षेत्र के अन्तर्गत काम्बे बेसिन के निकट एक नये अलियावेट क्षेत्र का पता चला है। यह क्षेत्र भावनगर से 55 कि.मी. दूर खम्भात की खाड़ी (काम्बे) में स्थित है। यहाँ खनिज तेल तथा प्राकृतिक गैस दोनों साथ-साथ मिलते हैं। इसी भाँति एक अन्य क्षेत्र मुम्बई हाई के दक्षिण में स्थित है, जो वसीन क्षेत्र कहलाता है। यहाँ पर तेल तथा प्राकृतिक गैस 1900 मीटर की गहराई पर मिलता है। यहाँ के नवीन तेल क्षेत्र (*i*) नीलम, (*ii*) मुक्ता तथा (*iii*) पन्ना हैं। इसमें नीलम अधिक महत्वपूर्ण है, जो लगभग 86 वर्ग कि.मी. क्षेत्र में विस्तृत है!

4. दक्षिणी तेल क्षेत्र

(*i*) **गोदावरी-कृष्णा बेसिन क्षेत्र**–गोदावरी एवं कृष्णा नदियों के बेसिन में 41 हजार वर्ग कि.मी. में यह तेल क्षेत्र फैला हुआ है, जिसमें 21 हजार वर्ग कि.मी. अपतटीय (Offshore) एवं 20 हजार वर्ग कि.मी. अभितटीय (Onshore) क्षेत्र है। अपतटीय भाग में *रवा* (Rava) तेल क्षेत्र का उल्लेख किया गया है। अभितटीय भाग से अपेक्षित तेल उत्पादन की मात्रा 1992 में 22 हजार टन थी, जो 1996 में 41 हजार टन हो गयी है। गोदावरी बेसिन के पहले कूप (G-1-1) का वेधन काकीनाड़ा से 75 कि.मी. द. पू. अपतटीय भाग में 1980 में किया गया। बाद में कई कूपों का वेधन यहाँ हुआ।

(*ii*) **कावेरी बेसिन तेल क्षेत्र**–कावेरी घाटी में स्थित नारीमनम तथा कायेर कलापल्ली के तेल कूपों में व्यावसायिक स्तर पर तेल का उत्पादन हो रहा है। तेल उत्पादन में निरन्तर वृद्धि होती जा रही है। यही कारण है कि तमिलनाडु राज्य में 1989-90 में देश के 0.6 प्रतिशत (2 लाख टन) तेल का उत्पादन होता था, जो अब लगभग 20% (4 लाख टन) हो गया है। यहाँ तेल-कूपों का वेधन 1984-85 में किया गया था। इस क्षेत्र में कच्चे तेल का शोधन, चेन्नई के निकट *पनाइगुडी* में कावेरी शोधनशाला में होगा।

प्राकृतिक गैस

प्राकृतिक गैस के भण्डार का पता तेल व प्राकृतिक गैस कॉर्पोरेशन (ONGC) तथा ऑयल इंडिया लिमिटेड (OIL) लगाती हैं।

वितरण :

1. अभितटीय क्षेत्र–इसे स्थलीय क्षेत्र भी कहते हैं। इसके अन्तर्गत असम, गुजरात तथा आन्ध्र प्रदेश प्रमुख उत्पादक राज्य हैं। सन् 1976 ई. से पहले भारत में सम्पूर्ण प्राकृतिक गैस स्थलीय क्षेत्र से ही प्राप्त होती थी, लेकिन वर्तमान समय में देश के कुल गैस उत्पादन का मात्र 1/4 भाग स्थलीय क्षेत्र से उत्पादित किया जाता है। गुजरात प्रमुख उत्पादक राज्य है। असम का दूसरा तथा आन्ध्र प्रदेश का तीसरा स्थान है। कृष्णा गोदावरी बेसिन से गैस प्राप्त होती है। त्रिपुरा, तमिलनाडु तथा अरुणाचल प्रदेश से भी गैस का उत्पादन होता है।

2. अपतटीय क्षेत्र–इसे समुद्र तट के भीतर छिछले भाग या समुद्र मग्न तटीय भाग भी कहते हैं। भारत में अपतटीय क्षेत्रों से प्राकृतिक गैस का उत्पादन सन् 1976 के बाद प्रारम्भ हुआ। सर्वप्रथम बॉम्बे हाई में खनिज तेल के साथ प्राकृतिक गैस के भण्डार का भी पता चला। इसके अतिरिक्त बॉम्बे हाई के पास के समुद्र में नीलम, मुक्ता, पन्ना तथा तापी क्षेत्र में भी तेल तथा गैस की खोज हुई। पूर्वी समुद्र के अपतटीय क्षेत्र में रवा (कृष्णा-कावेरी बेसिन) तथा पोरतोनोवो (कावेरी बेसिन) में भी प्राकृतिक गैस प्राप्त हुई है। काम्बे बेसिन में भी महत्वपूर्ण गैस भण्डार सिर्फ 800 मीटर की गहराई पर मिला है। वर्तमान समय में भारत के कुल गैस उत्पादन का तीन-चौथाई अपतटीय क्षेत्रों से प्राप्त हो रहा है।

जल विद्युत

कोयला एवं खनिज तेल के पश्चात् जल विद्युत भारत का तीसरा महत्वपूर्ण ऊर्जा स्रोत है। भारत में पहला जल विद्युत शक्ति गृह 1898 में दार्जिलिंग

में स्थापित किया गया था। इसकी उत्पादन क्षमता 20 कि. वॉट थी। 1902 में कर्नाटक में कावेरी नदी के जल प्रपात शिवसमुद्रम् पर 42,000 किलोवॉट शक्ति वाला शक्ति उत्पादक यंत्र लगाया गया। 1909 में जम्मू-कश्मीर में झेलम नदी पर मोहरा नामक स्थान पर 45,000 किलोवॉट शक्ति का यंत्र लगाया गया।

वितरण :

1. कश्मीर राज्य में झेलम नदी का जल बारामूला के निकट 10 मीटर की ऊँचाई से गिराकर 20 मेगावॉट विद्युत पैदा की जाती है। श्रीनगर में प्रकाश व्यवस्था, रेशम के कारखाने चलाने एवं वूलर झील के निकटवर्ती दलदली भूमि के जल को बहाकर कृषि योग्य भूमि प्राप्त करने में इस शक्ति का उपयोग किया जाता है।

सिन्धु घाटी विद्युत परियोजना के अन्तर्गत झेलम की एक सहायक नदी सिन्धु में मेडखल स्थान पर एक शक्ति गृह स्थापित किया गया है, जिससे 6 मेगावॉट जल विद्युत शक्ति उत्पन्न की जाती है। यह शक्ति श्रीनगर को दी जाती है। इसके अतिरिक्त राज्य को सलाल योजना से 345 मेगावॉट अतिरिक्त विद्युत 1987 से प्राप्त हो रही है।

2. हिमाचल प्रदेश में मण्डी जल विद्युत परियोजना प्रमुख है। यह तीन चरणों में पूरी की जानी है! अभी तक दो चरणों का काम पूरा हुआ है। इसकी क्षमता 100 मेगावॉट है। राज्य में इसके अतिरिक्त 10 मध्य दर्जे की जल विद्युत योजनाएँ पूरी हो चुकी हैं। इसकी सम्मिलित क्षमता 500 मेगावॉट है। मण्डी के III चरण एवं चामरा निर्माणाधीन योजना के पूरी होने पर 700 मेगावॉट की और क्षमता प्राप्त हो सकेगी। **नाथप्पा झाकड़ी** अन्तर्राज्यीय योजना है। इससे हिमाचल प्रदेश, हरियाणा व पंजाब तीनों को ही लाभ मिलेगा।

3. उत्तर प्रदेश में ऊपरी गंगा नहर से बिजली उत्पन्न करने की योजना अत्यन्त महत्वपूर्ण है। ऊपरी गंगा नहर पर हरिद्वार से अलीगढ़ तक 13 झरने हैं। इनमें से इस समय 11 झरनों पर शक्तिगृह बनाये गये हैं। सभी शक्ति गृहों से 229 मेगावॉट विद्युत 1931 से ही पैदा की जा रही है। इसमें से पथरी/सहारनपुर विद्युत गृह की क्षमता 200 मेगावॉट है। इन शक्ति गृहों और कोयला से विद्युत पैदा करने वाले शक्तिगृहों चन्दौसी (9,600 किलोवॉट) और हरदुआगंज (1.1 लाख किलोवॉट) को एक सूत्र में संगठित कर दिया गया है।

4. महाराष्ट्र में जल-विद्युत शक्ति का विकास लोनावाला के निकट टाटा जल विद्युत परियोजना द्वारा किया गया है।

5. कर्नाटक में शिवसमुद्रम परियोजना के अन्तर्गत कावेरी नदी पर शिवसमुद्रम जलप्रपात के समीप शक्ति गृह स्थापित किया गया है। यहाँ से शक्ति कोलार की खानों, बंगलौर और मैसूर की ऊनी और रेशमी कपड़े की मिलों और अन्य 225 नगरों और गाँवों को दी गयी है। शक्ति की माँग अधिक होने के कारण नदी के ऊपर की ओर **कृष्णराज सागर बाँध** बनाकर कावेरी नदी के जल को रोक दिया गया है और इस प्रकार दोनों की सम्मिलित उत्पादन क्षमता 42,000 किलोवॉट हो गयी है।

कावेरी की सहायक नदी सिम्सा के प्रताप पर एक शक्ति गृह सन् 1960 में बनाया गया। इससे 17,200 किलोवॉट बिजली उत्पन्न की जाती है।

महात्मा गाँधी (या जोग-प्रपात) परियोजना के अन्तर्गत 1948 में शरावती नदी के जोग (गरसप्पा) प्रपात का उपयोग किया गया है। यहाँ का बाँध प्रपात से लगभग 5 किलोमीटर ऊपर और शक्ति गृह प्रपात से 3 किलोमीटर नीचे है। वर्तमान में इस परियोजना से 1,20,000 किलोवॉट विद्युत पैदा की जाती है। शिम्सा, शिवसमुद्रम और जोग-प्रपात की बिजली भद्रावती पर आकर मिल जाती है। उपर्युक्त तीनों परियोजनाओं को जोड़कर कर्नाटक में **जोग-कर्नाटक विद्युत-क्रम** (Jog-Karnatak Electric Grid) का निर्माण किया गया है। इससे कर्नाटक राज्य के विभिन्न स्थानों को बिजली दी जाती है।

6. केरल में पल्लीबासल प्रमुख परियोजना है। यह सन् 1940 में विकसित की गयी। इसके अनुसार मदिरापूजा नदी का जल ऊँचाई से गिराकर मुनार पर शक्ति गृह बनाया गया है। इसकी उत्पादन क्षमता 50,000 किलोवॉट है। इसके अतिरिक्त तमिलनाडु की पापनाशम व्यवस्था से भी विद्युत मिल जाती है। इसके लिए कुन्दरा और शेनाकोलट को इकहरी लाइन से जोड़ दिया गया है।

इस राज्य में 70% से अधिक शक्ति औद्योगिक कार्यों में (ऐल्युमिनियम, चाय, मिट्टी के बर्तन, कपड़े, कागज, प्लाईवुड, तेल और लकड़ी की मिलों तथा इंजीनियरिंग कारखानों में) और शेष घरेलू और कृषि सम्बन्धी कार्यों में उपयोग की जाती है।

केरल राज्य की एक मुख्य परियोजना **इडुक्की** है। इसका विकास 68 करोड़ रुपये की लागत से पेरियार श्रेणियों में एर्नाकुलम से लगभग 160 किलोमीटर दक्षिण-पूर्व में किया गया है। इसके अन्तर्गत पेरियार नदी की शाखा चेरूथोनी नदी पर 136 मीटर ऊँचा बाँध और इडुक्की खण्ड के निकट 171 मीटर ऊँचा बाँध बनाया गया। शक्ति गृह में तीन शक्ति उत्पादक इकाइयाँ होंगी, जिनमें प्रत्येक की क्षमता 130 मेगावॉट की है। यहाँ की कुल विद्युत उत्पादन क्षमता 5,450 मेगावॉट है।

7. तमिलनाडु में जल विद्युत विकसित करने के उत्तम क्षेत्र नीलगिरि और पालनी की पहाड़ियों के मध्य में हैं। इस राज्य में तीन महत्वपूर्ण परियोजनाएँ विकसित की गयी हैं :

(i) **पायकारा परियोजना** के अन्तर्गत पायकारा नदी के आर-पार प्रमुख प्रपातों के ऊपर की ओर सन् 1932 में एक बाँध बनाया गया। इसके जल को 390 मीटर की ऊँचाई से गिराकर 68,000 किलोवॉट बिजली उत्पन्न की जाती है। इरोड और मदुरई की लाइनों को मैटूर और पापनासम प्रणालियों से जोड़ दिया गया है। इस योजना से कोयम्बटूर जिले का औद्योगिक विकास को प्रोत्साहन मिला है।

(ii) **मेट्टूर परियोजना** के अन्तर्गत सन् 1937 में कावेरी नदी पर स्टेनले नामक 53 मीटर ऊँचा एक बाँध बनाया गया। इससे औसतन 55,000 किलोवॉट जल-विद्युत पैदा की जाती है। पायकारा और मेट्टूर को इरोड पर आपस में मिलाकर उसे राष्ट्रीय ग्रिड के दक्षिणी क्षेत्र प्रणाली से मिलाने हेतु मद्रास तापीय गृह से सिंगारपेट और चेन्नई के बीच एक लाइन से जोड़ दिया गया है। इस प्रकार दक्षिण भारत में इन सबका एक जाल-सा बिछा दिया गया है।

(iii) **पापनाशम परियोजना** 1938 में तिरुनलवेल्ली जिले में पश्चिमी घाट के नीचे ताम्रपर्णी नदी पर पापनाशम प्रपात पर बनाई गई है।

यहां 53 मीटर ऊँचा बाँध बनाया गया है। इसकी उत्पादन क्षमता 24,000 किलोवॉट है।

उपर्युक्त तीनों परियोजनाएँ अब विद्युत-शक्ति ग्रिड के रूप में सम्बन्धित हैं। इससे राज्य के सुदूर एवं दक्षिणी-पश्चिमी जिलों को भी विद्युत का पूरा लाभ मिलने लगा है।

इसके अतिरिक्त तमिलनाडु में मोयार (36 मेगावॉट), कुण्डा जल-विद्युत योजना (145 मेगावॉट), पेरियार विस्तार कार्य (425 मेगावॉट), पम्बिकुलम जल-विद्युत योजना (185 मेगावॉट), चेन्नई ताप-शक्ति गृह (30 मेगावॉट) और नैवेली लिग्नाइट शक्ति गृह (250 मेगावॉट) योजनाएँ पूरी की गई हैं।

परमाणु ऊर्जा

परमाणु ऊर्जा को रेडियोधर्मी परमाणुओं के विखण्डन से प्राप्त किया जाता है। आण्विक विखण्डन काफी जटिल एवं खर्चीली पड़ती है, फिर भी इससे प्राप्त बिजली काफी सस्ती पड़ती है। इसका कारण यह है कि 1 कि. ग्राम यूरेनियम से उतनी ही विद्युत पैदा की जा सकती है, जितनी 20–25 लाख कि. ग्राम कोयले से। यह स्वच्छ, सुविधाजनक तथा परम शक्तिशाली ऊर्जा संसाधन है। भारत में परमाणु ऊर्जा का विकास अभी बहुत कम हुआ है। यहाँ कुल ऊर्जा विकास का मात्र 2.9% परमाणु ऊर्जा से संबंधित है। भारत में ऊर्जा की निरंतर बढ़ती मांग के कारण परमाणु ऊर्जा स्रोत का विकास अपरिहार्य हो गया है। इसके लिए 3 अगस्त, 1954 को परमाणु ऊर्जा विभाग की स्थापना की गयी।

भारत के प्रमुख उद्योग

लौह इस्पात उद्योग

1830 में सर्वप्रथम तमिलनाडु के दक्षिणी अर्काट में दो अंग्रेजों **मोटले फरकूहर** तथा **जोशिया हीथ** द्वारा लोहा ढालने का असफल प्रयास किया गया। पुन: 44 वर्ष बाद 1874 में झरिया के निकट पश्चिम बंगाल के कुल्टी नामक स्थान पर बराकर आयरन वर्क्स की स्थापना की गई। 1889 में 'बंगाल आयरन एण्ड स्टील कंपनी' ने इसे अपने अधिकार में ले लिया। 1907 में दूसरा कारखाना जमशेदजी टाटा ने साकची (वर्तमान जमशेदपुर) में स्थापित किया। 1919 में आसनसोल के निकट हीरापुर में 'इण्डियन आयरन एण्ड स्टील कंपनी' तथा 1923 में भद्रावती में 'मैसूर आयरन एण्ड स्टील वर्क्स' की स्थापना हुई। कुल्टी तथा हीरापुर के कारखानों को एक प्रबंध तंत्र के अन्तर्गत लाया गया। 1937 में बंगाल के बर्नपुर नामक स्थान पर एक कारखाना स्थापित किया गया, जिसे 1953 में हीरापुर कुल्टी प्रबंध तंत्र में मिला दिया गया। स्वतंत्रता प्राप्ति के समय कुल्टी, हीरापुर, बर्नपुर, जमशेदपुर तथा भद्रावती में लौह-इस्पात के कारखाने थे।

स्वतंत्रता प्राप्ति के बाद पुराने कारखानों का आधुनिकीकरण तथा नए कारखानों की स्थापना पर ध्यान दिया गया। लौह इस्पात की अत्यधिक माँग को देखते हुए द्वितीय पंचवर्षीय योजना में ब्रिटेन की सहायता से दुर्गापुर (प. बंगाल), जर्मनी की सहायता से राउरकेला (ओडिशा) तथा सोवियत संघ की सहायता से भिलाई (छत्तीसगढ़) में तीन नए कारखाने स्थापित किए गए। चतुर्थ पंचवर्षीय योजना में बोकारो (झारखंड) में लौह इस्पात का कारखाना स्थापित किया गया। लौह इस्पात में और अधिक वृद्धि करने के उद्देश्य से 1974 में 'स्टील अथोरिटी ऑफ इंडिया लिमिटेड' की स्थापना की गई। इसने विशाखापटनम (आन्ध्र प्रदेश), सलेम (तमिलनाडु) तथा विजयनगर (कर्नाटक) में तीन नए इस्पात कारखाने स्थापित किए। पाराद्वीप में भी एक इस्पात कारखाना स्थापित है।

एल्युमिनियम उद्योग

एल्युमिनियम का निर्माण बॉक्साइट नामक खनिज से किया जाता है। यह लचीली एवं हल्की धातु है। इसमें जंग (मुर्छा) नहीं लगने और ताप विद्युत की अच्छी परिचालक होने के कारण इसके साथ कुछ धातुओं को मिलाकर अधिक गुणकारी बनाया जा सकता है। इसका उपयोग घरेलू बर्तन, बिजली के तार, भवन निर्माण, मोटरगाड़ी, वायुयान, रेल के डिब्बे, प्रतिरक्षा उपकरणों इत्यादि में होता है। बॉक्साइड से एल्युमिनियम बनाने के लिए इसमें सोडा मिलाकर सिलिका लोहा आदि अनावश्यक पदार्थों को अलग कर दिया जाता है। फिर उसे एल्युमिनियम ऑक्साइड (एल्यूमीना) में बदला जाता है और ऑक्साइड को क्रायोलाइट के घोल में बिजली की मदद से गलाकर एल्युमिनियम बनाने के लिए 6 टन बॉक्साइट, 0.5 टन पेट्रोलियम कोक, 0.32 टन कास्टिक सोडा, 0.1 टन चूना एवं कुछ अन्य रसायनों की आवश्यकता पड़ती है। इस प्रक्रिया में कुल 18573 किलोवॉट बिजली खर्च होती है।

भारत में एल्युमीनियम धातु का सर्वप्रथम उत्पादन 1886 ई. में इलेक्ट्रोलिटिक पद्धति से किया गया। 1942 में जे.के. नगर (प. बंगाल) में एल्युमीनियम बनाने का पहला कारखाना स्थापित हुआ। 1944 से इस कारखाना ने एल्युमीनियम का उत्पादन व्यावसायिक स्तर पर शुरू किया। इस उद्योग का वास्तविक विकास द्वितीय पंचवर्षीय योजनाकाल में हुआ। 1967–68 तक देश में कुल पाँच एल्युमीनियम के कारखाने हो गए। इस उद्योग के महत्व को देखते हुए 1965 ई. में सार्वजनिक क्षेत्र में भारत एल्युमीनियम कम्पनी की स्थापना हुई। इस कंपनी ने अपनी पहली इकाई 1973 में कोरबा में स्थापित की। इसके पश्चात् सार्वजनिक क्षेत्र में रत्नागिरि, दामन जोड़ी व आंगुल में एल्युमीनियम के कारखाने स्थापित किए गए।

अभियांत्रिकी (इंजीनियरिंग) उद्योग

यह एक आधारभूत उद्योग है। इसके अन्तर्गत अनेक प्रकार की मिश्रित धातुओं, पूँजीगत माल, विविध मशीनरी, ढाँचे, मशीनी औजार, पुर्जे इत्यादि का निर्माण किया जाता है। इसके लिए अधिक पूँजी, विशेष तकनीकी ज्ञान और अनुभव, परिवहन की पूर्ण सुविधाएँ, सस्ती विद्युत इत्यादि की व्यवस्था होना आवश्यक है।

भारत में स्वतंत्रता प्राप्ति के बाद प्रथम पंचवर्षीय योजना के प्रारम्भ (1950–51) में इंजीनियरिंग उद्योग का उत्पादन केवल 50 करोड़ रु. का था, जो बढ़कर सन् 2018–19 ई. में 92 बिलियन अमेरिकी डॉलर हो गया है। म्यांमार, मलाया, अफगानिस्तान, ईरान, पूर्वी अफ्रीकी देश (मिस्र), मध्य-पूर्व एशिया के देश, सिंगापुर, पाकिस्तान, ब्रिटेन, जर्मनी इसके प्रमुख ग्राहक हैं। देश की आवश्यकता को देखते हुए अभी इंजीनियरिंग उद्योग में और अधिक विकास की आवश्यकता है।

इंजीनियरिंग उद्योग के प्रमुख औद्योगिक समूह निम्न हैं–

1. औद्योगिक प्लांट एवं मशीनरी निर्माण
2. मशीन उपकरण
3. स्ट्रक्चरल इंजीनियरिंग
4. हल्के इंजीनियरिंग उद्योग
5. बिजली के सामान संबंधी उद्योग
6. इलेक्ट्रॉनिक्स उद्योग

मशीन टूल्स उद्योग

लोहा इस्पात के पिण्ड एवं चादरें कई अन्य उद्योगों के लिए कच्चे माल का काम देते हैं। इनसे जो अन्य वस्तुएँ बनायी जाती हैं, उन उपकरणों को ही मशीन टूल्स कहते हैं। इनके द्वारा अपने प्रकार की नयी मशीनें बनायी जाती हैं। मशीन टूल्स एक प्रकार का शक्ति चालक यंत्र होता है जो धातु को काटकर, घिसकर, नुकीला या धारदार बनाकर वांछित मोड़ देकर एक विशिष्ट रूप देने के कार्य में प्रयुक्त होता है। अत: इसे इंजीनियरी उद्योग का आधार कहा गया है।

मशीन टूल दो प्रकार के होते हैं:

(1) विशेष प्रयोजन के लिए काम में आने वाले जैसे मोटरगाड़ी के एक्सिल बनाने वाली मशीन जो एक घण्टे में 150 एक्सिल तैयार करती है।

(2) साधारण प्रयोजन वाली मशीनें विभिन्न प्रकार की वस्तुएँ (मिलिंग, ड्रिलिंग, प्लेटिंग, आदि की मशीनें) बनाने के काम आती हैं। भरत में एच.एम.टी. संस्था की इकाइयाँ देश के सभी भागों (अधिकांश राज्यों) में स्थित हैं।

रेलवे इंजन बनाने के उद्योग

19वीं शताब्दी के उत्तरार्द्ध में रेलों का विकास आरम्भ होने के बाद जी.आई.पी. रेलवे ने जमालपुर और बी.बी. एण्ड सी.आई. रेलवे ने अजमेर में वर्कशॉप स्थापित कर रेल के इंजन बनाने का कार्य आरम्भ किया। बहुत शीघ्र ही इस कार्य में सफलता मिली। इसके फलस्वरूप सन् 1885 और सन् 1921 के वर्षों के मध्य में जमालपुर के कारखाने में 214 बड़ी लाइन के इंजन और 103 बॉयलर बनाये गये। इसी प्रकार सन् 1896 और सन् 1940 के बीच अजमेर के कारखाने में 446 इंजन तथा 346 बॉयलर तैयार किये गये, किन्तु विदेशी सरकार के इस उद्योग को प्रोत्साहन न देने की नीति के फलस्वरूप यहाँ द्वितीय विश्व-युद्ध के बाद यह काम बन्द कर दिया गया।

प्रथम महायुद्ध के समय इंजनों का आयात कठिन होने से शीघ्र ही सन् 1921 में सिंहभूम में इंजन बनाने के लिए **पेनिन्सुलर लोकोमोटिव कंपनी** की स्थापना की गयी। इसका लक्ष्य 200 इंजन प्रतिवर्ष बनाने का रखा गया। ब्रिटिश व्यापारियों के विरोध से यहाँ सिर्फ निचले ढाँचे का उत्पादन ही आरम्भ किया गया, किन्तु शीघ्र ही कारखाना आर्डर न मिलने से बन्द करना पड़ा। द्वितीय महायुद्ध में सुरक्षा विभाग ने सैनिक गाड़ियों के उत्पादन के लिए यह कारखाना ले लिया। युद्ध की समाप्ति पर यह कारखाना टाटा कंपनी को बेच दिया गया, जिसने सन् 1945 में **टाटा इंजीनियरिंग एण्ड लोकोमोटिव कंपनी** के नाम से नया कारखाना आरम्भ किया। युद्ध की समाप्ति पर **मिहीजाम** (चितरंजन) नामक स्थान पर सन् 1950 में एक और कारखाना भारत सरकार द्वारा आरम्भ किया गया। आरम्भ में इस कारखाने का लक्ष्य प्रतिवर्ष 120 औसत आकार के बड़ी लाइन के इंजन और 50 बॉयलर तैयार करने का रखा गया, किन्तु अब यहाँ 150 विद्युत व 81 डीजल श्रेणी के माल व यात्री गाड़ियों के इंजन बनाने की क्षमता है। इस कारखाने का नाम **चितरंजन लोकोमोटिव वर्क्स** है।

1964 से ही यहाँ डीजल इंजन बनाने के लिए **डीजल लोकोमोटिव वर्क्स**, वाराणसी की स्थापना हुई। प्रारम्भ में शंटिंग के लिए व बाद में मेन लाइन के लिए इंजन बनाये गये।

रेल के डिब्बे बनाने का कारखाना : सार्वजनिक क्षेत्र में चेन्नई के निकट **पैरम्बूर** में है। यहाँ सन् 1955 में डिब्बों के खोल बनाने का काम आरम्भ किया गया। फिर सन् 1957 में खोलों को सुसज्जित करने का कार्य भी आरम्भ किया गया। एक नया रेलवे सवारी डिब्बे बनाने का कारखाना जालधंर में लगाया गया है। इसकी क्षमता 1,600 आधुनिक किस्म के सवारी डिब्बे प्रतिवर्ष है। इसी भाँति भारत अर्थमूवर्स कंपनी एवं जोसेफ एण्ड कंपनी (सार्वजनिक क्षेत्र) मिलकर प्रतिवर्ष 450 सवारी डिब्बे बनाती हैं।

कोलकाता के निकट रेलवे के सिग्नल और स्लीपर तैयार किये जाते हैं। अब रेलवे ने लकड़ी व लोहे के स्लीपर के स्थान पर अधिक कार्यक्षमता वाले विशेष आकार के सीमेंट के स्लीपर बनाना प्रारम्भ कर दिया है।

रसायनिक खाद (उर्वरक)

सबसे पहले 1906 में तमिलनाडु राज्य के रानीपेट नामक स्थान पर सुपर फास्फेट बनाने का पहला कारखाना खोला गया। दूसरा कारखाना 1939 ई. में कर्नाटक राज्य के बेलागुला नामक स्थान पर अमोनिया सल्फेट बनाने का कारखाना खोला गया। 1947 में केरल के एल्वाय में एक अन्य कारखाना खोला गया। स्वतंत्रता के पश्चात् पंचवर्षीय योजनाओं के अर्न्तगत उर्वरक उद्योग पर विशेष ध्यान दिया गया। सन् 1951 में झारखण्ड के सिन्दरी में उर्वरक का एक आधुनिक कारखाना खोला गया। निजी एवं सार्वजनिक दोनों क्षेत्रों द्वारा इसके विकास में सक्रिय योगदान देने के कारण वर्तमान में वाराणसी, ट्राम्बे, नांगल, नामरूप, गोरखपुर, लिम्बाइट, नेवेली, बड़ौदरा, राउरकेला, भड़ौच, मंगलूर, हल्दिया, तूतीकोरिन, पारादीप इत्यादि स्थानों पर कारखाने स्थापित हुए। वर्तमान में देश में 32 बड़े उर्वरक कारखाने हैं।

सीमेंट उद्योग

आधुनिक युग में सीमेंट वास्तुकला निर्माण की सबसे आवश्यक सामग्री है। भारत में पहली बार सीमेंट तैयार करने का प्रयास मद्रास में 1904 ई. में समुद्री सीपियों से किया गया, किन्तु प्रयास असफल रहा। वास्तविक विकास 1912-13 में मध्य प्रदेश के कटनी, राजस्थान के लाखेरी-बूंदी

तथा गुजरात के पोरबंदर में हुआ। यहाँ सीमेंट की फैक्ट्रियाँ स्थापित की गईं। इन फैक्ट्रियों में सन् 1914 में उत्पादन प्रारंभ हुआ।

सन् 1947 में देश में सीमेंट के कुल 23 कारखाने थे। विभाजन के कारण पाँच कारखाने पाकिस्तान में चले गए। प्रथम पंचवर्षीय योजना के समय देश में कुल 21 कारखाने थे। इस अवधि में 6 नए कारखाने स्थापित हुए। फलस्वरूप संख्या 27 हो गई। 1990-91 में इनकी संख्या 92 हो गई। वर्तमान में भारत में कुल 190 बड़े सीमेंट के कारखाने हैं। सीमेंट उद्योग का विकास एवं विस्तार करने के लिए 1965 में सीमेंट उद्योग निगम की स्थापना की गई। इस निगम का कार्य चूना-पत्थर के नए-नए क्षेत्रों का पता लगाना, अन्य कच्चे पदार्थों की खोज करना तथा सीमेंट के नए कारखाने स्थापित करना है।

कागज उद्योग

भारत में इस उद्योग का प्रारंभ आधुनिक रूप में 18वीं सदी में माना जाता है। सर्वप्रथम 1716 ई. में चेन्नई के निकट ट्रंकुवर नामक स्थान पर कागज का एक कारखाना लगाया गया। इसके बाद 1870 ई. में हुगली नदी के किनारे बाली नामक स्थान पर एक अन्य कारखाना स्थापित हुआ। किन्तु ये दोनों कारखाने चल न सके। पुनः 1879 में लखनऊ तथा 1882 में टीटागढ़ में कारखाना खोला गया। 1924 ई. तक देश में कागज कारखानों की संख्या 9 हो गई। द्वितीय विश्व युद्ध के पूर्व इनकी संख्या 13 हो गई। विभाजन के बाद भारत में इन कारखानों की संख्या 18 थी, जिनकी क्षमता 1.6 लाख टन थी। वर्तमान में कागज मिलों की संख्या 850 हो गई। इनकी वार्षिक उत्पादन क्षमता 250 लाख टन है।

कपड़ा उद्योग

भारतीय कपड़ा उद्योग अपनी पूरी प्रक्रिया में कच्ची सामग्री के विशाल आधार और विनिर्माण शक्ति के साथ विश्व के सबसे बड़े कपड़ा उद्योगों में से एक है। इस उद्योग का अनोखापन यह है कि यह हथकरघा क्षेत्र और पूंजीप्रधान मिल क्षेत्र दोनों में ही मजबूत है। मिल क्षेत्र में 3,400 कपड़ा मिलें हैं, जो 5 करोड़ से ज्यादा तकलियों और 8,42,000 से ज्यादा रोटरों की स्थापित क्षमता के साथ विश्व में दूसरे स्थान पर है। पारंपरिक क्षेत्र जैसे–हैंडलूम, हस्तशिल्प और लघु स्तर की पॉवरलूम इकाइयां ग्रामीण और अर्ध-शहरी क्षेत्रों में लाखों लोगों के लिए रोजगार का सबसे बड़ा स्रोत हैं। कपड़ा उद्योग का कृषि, संस्कृति और देश की परंपरा के साथ एक अंतर्निहित संबंध है जिससे यह विभिन्न प्रकार के कपड़े तैयार करता है जो घरेलू और निर्यात दोनों ही बाजारों के अनुकूल होते हैं। कपड़ा उद्योग को अगर मूल्य के मामले में आंकें तो यह कुल उद्योग में 7 प्रतिशत, देश के जीडीपी में 2 प्रतिशत, देश के कुल निर्यात आय में 15 प्रतिशत का योगदान करता है। 4.5 करोड़ से ज्यादा लोगों को प्रत्यक्ष रोजगार देने वाला यह उद्योग देश में सबसे ज्यादा रोजगार का सृजन करने वाले स्रोतों में से एक है।

चीनी उद्योग

आधुनिक ढंग से चीनी बनाने का उद्योग 20वीं सदी की देन है। सर्वप्रथम 1903 में आधुनिक ढंग का कारखाना लगाया गया, किन्तु इस उद्योग का वास्तविक विकास 1931 से ही हो सका, जब इसे विशेष संरक्षण प्रदान किया गया। 1931 में देश में केवल 31 कारखाने काम कर रहे थे, जिनका उत्पादन 1.58 लाख टन था। इस उद्योग के संरक्षण को 1950 में पूर्ण रूप से उठा लिया गया। 1951 में कुल 139 कारखाने थे, जिनका उत्पादन 11.34 लाख टन था। वर्तमान समय में देश में चीनी मिलों की संख्या 698 है। उत्पादन की दृष्टि से भारत का विश्व में दूसरा स्थान है जबकि पहला स्थान ब्राजील का है।

भारत में चीनी उद्योग की स्थापना वहीं हुई है, जहाँ गन्ना क्षेत्र पाए जाते हैं। ये पाँच क्षेत्र हैं–

1. उत्तरी भारत;
2. गुजरात, महाराष्ट्र, कर्नाटक क्षेत्र;
3. कावेरी बेसिन;
4. तटीय आन्ध्र प्रदेश;
5. हुगली बेसिन

पटसन उद्योग

पटसन का उपयोग अब बहुत व्यापक हो गया है। इससे दरियाँ, रंग-बिरंगे पर्दे, बिजली निरोधक सामान, वाटरप्रूफ कपड़े, सजावटी वस्तुएँ इत्यादि बनाए जाने लगे हैं। यह उद्योग 19वीं शताब्दी तक कुटीर उद्योग के रूप में विकसित था। यहाँ सर्वप्रथम 1854 में कोलकाता के निकट रिशरा में हुगली नदी के किनारे एक जूट मिल की स्थापना हुई। प्रथम एवं द्वितीय विश्वयुद्ध के दौरान इस उद्योग में भारी प्रगति हुई। 1892 में देश में कुल 22 पटसन के कारखाने थे। 1926 में यह संख्या 90 हो गई। 1947 में पटसन के 112 कारखाने हो गए। विभाजन के बाद पटसन उत्पादन केन्द्र तो बांग्लादेश में चला गया, किंतु इसके कारखाने भारत में रह गए। परिणामस्वरूप कच्चे माल की कमी के कारण कई कारखानें बंद हो गए। स्वतंत्रता पश्चात् इस उद्योग को बढ़ावा दिया गया। फलस्वरूप कारखानों के क्षेत्र तथा संख्या में वृद्धि हुई।

जनसंख्या

- भारत में अंग्रेजों के शासनकाल में आधुनिक प्रणाली की सर्वप्रथम जनगणना लॉर्ड मेयो के शासनकाल में 1872 में करायी गयी थी। लेकिन जनगणना का क्रमवार आकलन अर्थात् प्रथम नियमित जनगणना 1881 में लॉर्ड रिपन के शासनकाल से मानी जाती है। इसके बाद आजतक नियमित रूप से प्रत्येक 10 वर्ष बाद इसे सम्पन्न कराया जा रहा है।
- वर्ष 2011 की जनगणना भारत की 15वीं तथा स्वतंत्र भारत की 7वीं अखिल भारतीय जनगणना है।
- जनगणना सम्बंधी दायित्व पूर्णतया केन्द्र के पास है अर्थात् केवल केन्द्र सरकार ही जनगणना कराने का कार्य कर सकती है। राज्य सरकारों को जनगणना कराने का अधिकार प्राप्त नहीं है।
- जनगणना की कार्य प्रणाली निर्धारित करने और इसको समुचित प्रकार से सम्पादित कराने हेतु 'जनगणना अधिनियम, 1948' बनाया गया है। इसी अधिनियम के अन्तर्गत केन्द्र सरकार द्वारा 'भारत के महारजिस्ट्रार तथा जनगणना आयुक्त' (Registrar General

& Census Commissioner of India) की नियुक्ति की जाती है।

- जनसंख्या घनत्व से अभिप्राय किसी देश या क्षेत्र विशेष में प्रति वर्ग किमी. (per sq. km) में निवास करने वाले व्यक्तियों की संख्या से है। इसे 'व्यक्ति-भूमि अनुपात' (Man-Land Ratio) के नाम से भी जाना जाता है।

$$\text{जनसंख्या घनत्व} = \frac{\text{देश या स्थान विशेष की कुल जनसंख्या}}{\text{देश या स्थान विशेष का कुल क्षेत्रफल}}$$

- प्रति 1000 पुरुषों की तुलना में स्त्रियों की संख्या को लिंगानुपात के रूप में व्यक्त किया जाता है।

$$\text{लिंगानुपात} = \frac{\text{स्त्रियों की संख्या}}{\text{पुरुषों की संख्या}} \times 1000$$

- जनसंख्या में 0-6 आयु समूह में प्रति 1000 पुरुषों की तुलना में उसी आयु समूह में स्त्रियों की संख्या को 'शिशु लिंग अनुपात' (Child Sex Ratio, CSR) कहा जाता है।
शिशु लिंग अनुपात (0-6 वर्ष) =

$$\frac{\text{बालिकाओं की संख्या (0-6)}}{\text{बालकों की संख्या (0-6)}} \times 1000$$

- 7 वर्ष और उससे अधिक आयु वाली कुल जनसंख्या में साक्षरों के प्रतिशत को साक्षरता दर कहते हैं।
- सात वर्ष और उससे अधिक आयु का जो व्यक्ति किसी भाषा को समझ सकता हो और उसे लिख तथा पढ़ सकता हो, 'साक्षर' (Literate) कहा जाता है।
- कोई व्यक्ति जो न तो पढ़ सकता है और न ही लिख सकता है अथवा किसी भाषा को पढ़ सकता है किन्तु लिख नहीं सकता, 'निरक्षर' (Illiterate) कहा जाता है। छः वर्ष अथवा उससे कम आयु के सभी बच्चों को चाहे वे स्कूल भी जाते हों और कुछ लिखना-पढ़ना भी सीख गये हों, निरक्षर कहा जाता है।
- 1,00,000 और उससे अधिक जनसंख्या वाले नगरों को 'शहर' (City) कहा जाता है।
- जनगणना, 2001 के अनुसार ऐसे सभी स्थान जहाँ नगर पालिका (Municipality), नगर निगम (Corporation), छावनी बोर्ड (Cantonment Board) या अधिसूचित नगर क्षेत्र समिति (Notified Town Area Committee) आदि शामिल हों, नगरीय क्षेत्र (Urban Area) के अन्तर्गत आते हैं, जो निम्नलिखित सभी तीन शर्तें एक साथ पूरी करते हों–

1. न्यूनतम जनसंख्या 5000 हो।
2. कार्यशील पुरुषों का न्यूनतम 75% गैर कृषि (Non-Agricultural) कार्यों में संलग्न हो।
3. 'जनसंख्या घनत्व' (Density of Population) कम-से-कम 400 व्यक्ति प्रति वर्ग किमी. हो।

- कुल जनसंख्या की तुलना में कुल कर्मी (दीर्घकालिक कर्मी + अल्पकालिक कर्मी) के प्रतिशत को 'कार्य सहभागिता दर' (Work Participation Rate, WPR) कहा जाता है।
कार्य सहभागिता दर (WPR) =

$$\frac{\text{कुल कर्मी (दीर्घकालिक + अल्पकालिक)}}{\text{कुल जनसंख्या}} \times 100$$

- वर्ष 1921 को 'महान विभाजक वर्ष' (Great Divide Year) के नाम से जाना जाता है।
- जनगणना, 2011 के अंतिम आँकड़ों के अनुसार भारत की कुल जनसंख्या 1,21,08,54,977 है जिनमें से पुरुष जनसंख्या 62,32,70,258 तथा महिला जनसंख्या 58,75,84,719 है।
- जनगणना, 2011 के अनुसार भारत के सर्वाधिक जनसंख्या वाले पाँच राज्य (घटते क्रम में) हैं–उत्तर प्रदेश, महाराष्ट्र, बिहार, प. बंगाल एवं आंध्र प्रदेश।
- जनगणना, 2011 के अनुसार भारत के न्यूनतम जनसंख्या वाले तीन राज्य (बढ़ते हुए क्रम में) हैं–सिक्किम, मिजोरम, अरुणाचल प्रदेश।
- जनगणना, 2011 के अनुसार सर्वाधिक जनसंख्या वाले तीन केन्द्रशासित प्रदेश (घटते हुए क्रम में) हैं–दिल्ली, पुडुचेरी, चंडीगढ़।
- जनगणना, 2011 के अनुसार न्यूनतम जनसंख्या वाले तीन केन्द्रशासित प्रदेश (बढ़ते हुए क्रम में) हैं–लक्षद्वीप, दमन एवं दीव, दादरा और नगर हवेली।
- जनगणना, 2011 के अनुसार भारत में 2001-2011 में दशकीय वृद्धि 17.7 रही है।
- जनगणना, 2011 के अनुसार भारत में जनघनत्व 382 व्यक्ति प्रति वर्ग किमी. है।
- जनगणना, 2011 के अनुसार न्यूनतम लिंगानुपात वाले पाँच राज्य (बढ़ते हुए क्रम में) हैं–हरियाणा (879), जम्मू-कश्मीर (889), सिक्किम (890), पंजाब (895), उत्तर प्रदेश (912)।
- जनगणना, 2011 के अनुसार सर्वाधिक दशकीय वृद्धि दर वाले पाँच राज्य (घटते हुए क्रम में) है–मेघालय (27.9%), अरुणाचल प्रदेश (26%), बिहार (25.4%), मणिपुर (24.5%), जम्मू-कश्मीर (23.6%)।
- जनगणना, 2011 के अनुसार सर्वाधिक साक्षरता वाला राज्य केरल (94%) है।
- जनगणना, 2011 के अनुसार न्यूनतम साक्षरता वाला राज्य बिहार (61.8%) है।

जनगणना 2011: क्षेत्रफल, जनसंख्या, जनघनत्व, दशकीय वृद्धि दर

क्र.स. राज्य/के.शा.प्रदेश	क्षेत्रफल (वर्ग किमी.)	जनसंख्या		जनघनत्व		दशकीय वृद्धि दर
		2001	2011	2001	2011	2001–2011
1. जम्मू और कश्मीर	222,236.00	10,143,700	1,25,41,302	100	124	23.6
2. हिमाचल प्रदेश	55,673.00	6,077,900	68,64,602	109	123	12.9
3. पंजाब	50,362.00	24,358,999	2,77,43,338	484	551	13.9
4. चंडीगढ़	114.00	900,635	10,55,450	7,900	9258	17.2
5. उत्तराखंड	53483.00	8,489,349	1,00,86,292	159	189	18.8
6. हरियाणा	44212.00	21,144,564	2,53,51,462	478	573	19.9
7. दिल्ली	1483.00	13,850,507	1,67,87,941	9,340	11320	21.2
8. राजस्थान	342,239.00	56,507,188	6,85,48,437	165	200	21.3
9. उत्तर प्रदेश	240,928.00	166,197,921	19,98,12,341	690	829	20.2
10. बिहार	94,163.00	82,998,509	10,40,99,452	881	1106	25.4
11. सिक्किम	7,096.00	540,851	6,10,577	76	86	12.9
12. अरुणाचल प्रदेश	83,743.00	1,097,968	13,83,727	13	17	26.0
13. नागालैंड	16,579.00	1,990,036	19,78,502	120	119	–0.6
14. मणिपुर	22,327.00	2,293,896	28,55,794	103	128	24.5
15. मिजोरम	21,081.00	888,573	10,97,206	42	52	23.5
16. त्रिपुरा	10,486.00	3,199,203	36,73,917	305	350	14.8
17. मेघालय	22,429.00	2,318,822	29,66,889	103	132	27.9
18. असम	78,438.00	26,655,528	3,12,05,576	340	398	17.1
19. प. बंगाल	88752.00	80,176,197	9,12,76,115	903	1028	13.8
20. झारखंड	79714.00	26,945,829	3,29,88,134	338	414	22.4
21. ओडिशा	155,707.00	36,804,660	4,19,74,218	236	270	14.0
22. छत्तीसगढ़	135,191.00	20,833,803	2,55,45,198	154	189	22.6
23. मध्य प्रदेश	308,245.00	60,348,023	7,26,26,809	196	236	20.3
24. गुजरात	196,024.00	50,671,017	6,04,39,692	258	308	19.3
25. दमन और दीव	112.00	158,204	2,43,247	1,413	2191	53.8
26. दादरा/नगर हवेली	491.00	220,490	3,43,709	449	700	55.9
27 महाराष्ट्र	307,713.00	96,878,627	11,23,74,333	315	365	16.0
28. आंध्र प्रदेश	160,205.00	76,210,007	4,93,86,799	277	308	11.0
29. कर्नाटक	191,791.00	52,850,562	6,10,95,297	276	319	15.7
30. गोवा	3,702.00	1,347,668	14,58,545	364	394	8.2
31. लक्षद्वीप	32.00	60,650	64,473	1,895	2149	6.3
32. केरल	38863.00	31,841,374	3,34,06,061	819	860	4.9
33. तमिलनाडु	130,058.00	62,405,679	7,21,47,030	480	555	15.6
34. पुडुचेरी	479.00	974,345	12,47,953	2,030	2546	28.1
35. अंडमान/निकोबार द्वीप समूह	8249.00	356,152	3,80,581	43	46	6.9
36. तेलंगाना	114,840.00	—	3,51,93,978	—	306	13.6
भारत	**3,287,240.00**	**1,028,737,436**	**1,21,08,54,977**	**325**	**382**	**17.7**

लिंगानुपात के अनुसार राज्यों एवं के.शा.प्र. की रैंकिंग घटते क्रम में

रैंक	राज्य/के.शा. प्रदेश	लिंगानुपात
1.	केरल	1,084
2.	पुडुचेरी	1,037
3.	आंध्र प्रदेश	997
4.	तमिलनाडु	996
5.	छत्तीसगढ़	991
6.	मेघालय	989
7.	तेलंगाना	988
8.	मणिपुर	985
9.	ओडिशा	979
10.	मिजोरम	976
11.	कर्नाटक	973
12.	गोवा	973
13.	हिमाचल प्रदेश	972
14.	उत्तराखंड	963
15.	त्रिपुरा	960
16.	असम	958
17.	प. बंगाल	950
18.	झारखंड	949
19.	लक्षद्वीप	947
20.	अरुणाचल प्रदेश	938
21.	नगालैण्ड	931
22.	मध्य प्रदेश	931
23.	महाराष्ट्र	929
24.	राजस्थान	928
25.	गुजरात	919
26.	बिहार	918
27.	उत्तर प्रदेश	912
28.	पंजाब	895
29.	सिक्किम	890
30.	जम्मू और कश्मीर	889
31.	हरियाणा	879
32.	अं./नि.द्वीप समूह	876
33.	दिल्ली	868
34.	चंडीगढ़	818
35.	दादरा/नगर हवेली	774
36.	दमन और दीव	618
	भारत	**943**

जनगणना 2011 के अनुसार साक्षरता के आधार पर राज्यों/के.शा.प्र. की रैंकिंग घटते क्रम में

रैंक	राज्य/के.शा. प्रदेश	साक्षरता दर
1.	केरल	94.0
2.	लक्षद्वीप	91.8
3.	मिजोरम	91.3
4.	गोवा	88.7
5.	त्रिपुरा	87.2
6.	दमन और दीव	87.1
7.	अं./नि.द्वीप समूह	86.6
8.	रा.रा.क्षे. दिल्ली	86.2
9.	चंडीगढ़	86.0
10.	पुडुचेरी	85.8
11.	हिमाचल प्रदेश	82.8
12.	महाराष्ट्र	82.3
13.	सिक्किम	81.4
14.	तमिलनाडु	80.1
15.	नगालैंड	79.6
16.	मणिपुर	79.2
17.	उत्तराखंड	78.8
18.	गुजरात	78.0
19.	प. बंगाल	76.3
20.	दादरा और नगर हवेली	76.2
21.	पंजाब	75.8
22.	हरियाणा	75.6
23.	कर्नाटक	75.4
24.	मेघालय	74.4
25.	ओडिशा	72.9
26.	असम	72.2
27.	छत्तीसगढ़	70.3
28.	मध्य प्रदेश	69.3
29.	उत्तर प्रदेश	67.7
30.	जम्मू और कश्मीर	67.2
31.	आंध्र प्रदेश	67.0
32.	तेलंगाना	66.5
33.	झारखंड	66.4
34.	राजस्थान	66.1
35.	अरुणाचल प्रदेश	65.4
36.	बिहार	61.8
	भारत	**73.0**

जनगणना 2011: शहरी जनसंख्या का प्रतिशत

क्र.स.	राज्य/के.शा. प्रदेश	कुल जनसंख्या में शहरी जनसंख्या का प्रतिशत
1.	जम्मू और कश्मीर	27.4
2.	हिमाचल प्रदेश	10.0
3.	पंजाब	37.5
4.	चंडीगढ़	97.3
5.	उत्तराखंड	30.2
6.	हरियाणा	34.9
7.	दिल्ली	97.5
8.	राजस्थान	24.9
9.	उत्तर प्रदेश	22.3
10.	बिहार	11.3
11.	सिक्किम	25.2
12.	अरुणाचल प्रदेश	22.9
13.	नगालैंड	28.9
14.	मणिपुर	29.2
15.	मिजोरम	52.1
16.	त्रिपुरा	26.2
17.	मेघालय	20.1
18.	असम	14.1
19.	प. बंगाल	31.9

क्र.स.	राज्य/के.शा. प्रदेश	कुल जनसंख्या में शहरी जनसंख्या का प्रतिशत
20.	झारखंड	24.0
21.	ओडिशा	16.7
22.	छत्तीसगढ़	23.2
23.	मध्य प्रदेश	27.6
24.	गुजरात	42.6
25.	दमन और दीव	75.2
26.	दादरा/नगर हवेली	46.7
27.	महाराष्ट्र	45.2
28.	आंध्र प्रदेश	29.6
29.	कर्नाटक	38.7
30.	गोवा	62.2
31.	लक्षद्वीप	78.1
32.	केरल	47.7
33.	तमिलनाडु	48.4
34.	पुडुचेरी	68.3
35.	अं./नि.द्वीप समूह	35.7
36.	तेलंगाना	38.7
	भारत	**31.1**

लिंगानुपात : 1901-2011

जनगणना वर्ष	लिंगानुपात प्रति 1000 पुरुषों पर महिलाएँ
1901	972
1911	964
1921	955
1931	950
1941	945
1951	946
1961	941
1971	930
1981	934
1991	927
2001	933
2011	943

भारत में परिवहन

स्वतंत्रता से पूर्व भारत में यातायात प्रणाली के विकास का कार्य डाक विभाग के अंतर्गत युद्ध यातायात विभाग करता था। स्वतंत्रता-प्राप्ति के बाद भारत में परिवहन प्रणाली के विकास के लिए चार अलग-अलग मंत्रालयों का गठन किया गया। ये मंत्रालय हैं—रेलवे, पर्यटन, नागरिक, उड्डयन और भूतल परिवहन।

सड़कें

हमारा देश विश्व की सबसे बड़ी सड़क प्रणाली वाले देशों में से एक है। इस समय देश में सड़कों की कुल लंबाई 63.32 लाख किलोमीटर (2023-24) है। देश के सड़क नेटवर्क में राष्ट्रीय राजमार्ग, राज्यों के राजमार्ग, प्रमुख/अन्य जिला सड़कें और ग्रामीण/देहाती सड़कें शामिल हैं। राष्ट्रीय राजमार्गों की व्यवस्था का दायित्व केन्द्र सरकार का है। इनकी लम्बाई 1,46,145 किलोमीटर है जो सड़कों की कुल लंबाई का मात्र 2.0 प्रतिशत है, लेकिन कुल यातायात का 40 प्रतिशत इन्हीं राष्ट्रीय राजमार्गों से गुजरता है।

राष्ट्रीय राजमार्ग/एक्सप्रेस मार्ग	1,46,145 किलोमीटर
राज्यों के राजमार्ग	1,79,535 किलोमीटर
अन्य सड़कें	63,45,403 किलोमीटर

सड़कों से लगभग 60 प्रतिशत माल यातायात और 87.4 प्रतिशत यात्री यातायात होता है। यद्यपि राष्ट्रीय राजमार्ग सड़क नेटवर्क का केवल लगभग 2 प्रतिशत ही हैं। इन पर कुल सड़क यातायात का 40 प्रतिशत यातायात होता है। वाहनों की संख्या में प्रति वर्ष औसतन 10 प्रतिशत की गति से वृद्धि होती रही है।

भारतमाला परियोजना

भारतमाला परियोजना राजमार्ग क्रान्ति की नई पहल है, जो भौतिक सम्पर्कता में मौजूद बाधाओं को दूर करते हुए देश के विभिन्न भागों में विश्वस्तरीय राजमार्गों के विकास पर केन्द्रित है। इस परियोजना की घोषणा केन्द्रीय सड़क एवं राजमार्ग, जहाजरानी एवं गंगा पुनर्जीवन मंत्री नितिन गडकरी द्वारा 25 अक्टूबर, 2017 को की गई। इस परियोजना के पहले चरण को स्वीकृति प्रधानमंत्री की अध्यक्षता में सम्पन्न आर्थिक मामलों की मंत्रिमण्डलीय समिति द्वारा 24 अक्टूबर, 2017 को दी गई। ₹ 8 लाख करोड़ के परिव्यय वाली यह परियोजना राजमार्ग क्षेत्र का विशद एवं अति महत्वाकांक्षी अम्ब्रेला (Umbrella) प्रोग्राम है, जो क्रान्तिक अधोरचना अन्तरालों को पाटते हुए सारे देश में सड़क यातायात के परिचलन में दक्षता के अनुकूलतम स्तर को विकसित करने पर केन्द्रित है। यह कार्यक्रम देश के आर्थिक विकास को गति प्रदान करेगा। इस कार्यक्रम के प्रमुख उद्देश्य निम्नलिखित हैं–

- राजमार्ग अधोरचना में विद्यमान अन्तरालों को पाटना,
- मानव एवं सामान की गत्यात्मकता को अधिक दक्ष बनाना,
- देश के पिछड़े एवं जनजातीय क्षेत्रों, आर्थिक गतिविधियों वाले क्षेत्रों, धार्मिक एवं पर्यटन की दृष्टि से महत्वपूर्ण स्थलों, सीमावर्ती क्षेत्रों, तटीय क्षेत्रों, पड़ोसी देशों के साथ व्यापार मार्गों के साथ सम्पर्क स्थापित करने की आवश्यकताओं को पूरा करना।

जल परिवहन

विश्वभर में रेलों के जन्म से पूर्व से ही जल परिवहन अंतर्राष्ट्रीय परिवहन का एक प्रमुख साधन रहा है। आधुनिक बंदरगाहों और जहाजों के निर्माण तथा आधुनिक संचार प्रणाली के विकास के कारण जल परिवहन अब और महत्वपूर्ण हो गया है।

भारत के बड़े बन्दरगाहों के नए नाम		
• न्हावाशेवा बन्दरगाह	–	जवाहरलाल नेहरू बन्दरगाह (1989)
• तूतीकोरिन बन्दरगाह	–	वी.ओ. चिदम्बरानार पोर्ट ट्रस्ट (2011)
• एन्नौर पोर्ट लि.	–	कामराजार पोर्ट लि. (2014)
• काण्डला बन्दरगाह	–	दीनदयाल पोर्ट (2017)
• कोलकाता बन्दरगाह	–	श्यामाप्रसाद मुखर्जी बन्दरगाह (2020)

जल परिवहन के अन्तर्गत समुद्रतटीय परिवहन व अन्तर्देशीय परिवहन का अपना-अपना महत्व है। देश का लगभग 95% (मूल्य स्तर पर 70%) व्यापार समुद्री मार्ग से होता है। भारत के देशी यातायात का लगभग 0.15% जल यातायात है, किन्तु इसके विकास की पर्याप्त संभावनाएँ हैं। विकासशील देशों में भारत के पास व्यापारिक जहाजों का सबसे बड़ा बेड़ा है और व्यापारिक जहाजरानी बेड़े की दृष्टि से भारत विश्व में 16वें स्थान पर है। समुद्र के तटवर्ती क्षेत्रों में लम्बी दूरी तक बड़ी मात्रा में माल लाने-ले-जाने के लिए नौ-परिवहन अपेक्षाकृत सस्ता साधन है। वर्ष 2002 में विश्व का सबसे बड़ा बंदरगाह हांगकांग था। भारत के पास प्राकृतिक उपमहाद्वीपीय तटीय मार्ग लगभग 6000 किमी. का है। भारत के 7,517 किमी. लम्बे समुद्र तट पर 13 बड़े व 200 छोटे व मझोले बन्दरगाह हैं। बड़े बन्दरगाहों के प्रबंध व विकास की जिम्मेदारी केन्द्र सरकार की है, जबकि अन्य बन्दरगाह समवर्ती सूची में हैं, जिनका प्रबंध तथा प्रशासन सम्बद्ध राज्य सरकारें करती हैं। बड़े बन्दरगाहों में कांडला, मुंबई, मझगाँव, न्यू मैंगलौर, कोचीन तथा न्हावाशेवा (जवाहरलाल नेहरू बन्दरगाह, मुम्बई) पश्चिमी तट पर तथा तूतीकोरिन, चेन्नई, एन्नौर, विशाखापत्तनम्, पाराद्वीप व कोलकाता (हल्दिया) बन्दरगाह पूर्वी तट पर स्थित है। जवाहरलाल नेहरू बन्दरगाह आधुनिकतम सुविधाओं से सुसज्जित देश का नवीनतम बड़ा बन्दरगाह है। मुम्बई व कोचीन के बन्दरगाह प्राकृतिक बन्दरगाह हैं, जबकि कांडला ज्वार-बन्दरगाह है। विशाखापत्तनम्, देश का सबसे बड़ा बन्दरगाह है। पूर्वी तट के बन्दरगाहों में चेन्नई सबसे प्राचीन बन्दरगाह है। देश के 13 बड़े बन्दरगाहों द्वारा कुल समुद्री व्यापार का 76 प्रतिशत भाग पूरा किया जाता है। एन्नौर बन्दरगाह की स्थापना एशियाई विकास बैंक व चेन्नई पोर्ट ट्रस्ट द्वारा प्रदत्त ऋण से की गई है। यह देश का पहला निगमित (कम्पनी के रूप में पंजीकृत) बन्दरगाह है। देश में 200 छोटे बन्दरगाह हैं जिसमें पश्चिमी तट महत्वपूर्ण है। छोटे बन्दरगाह गुजरात (40), महाराष्ट्र (53), गोवा (5), दमन एवं दीव (2), कर्नाटक (9), केरल (13), लक्षद्वीप (10), तमिलनाडु (14), पुदुचेरी (1), पश्चिम बंगाल (1) और अंडमान निकोबार (23) में स्थित है।

ऑपरेशन समुद्र सेतु

कोविड-19 वैश्विक महामारी के दौरान विदेशों में फँसे भारतीयों-प्रवासी श्रमिकों, पर्यटकों, छात्र-छात्रों एवं अन्य को भारत वापस लाने के लिए

प्रारम्भ किए गए 'वन्दे भारत मिशन' के अन्तर्गत भारतीय नौसेना द्वारा संयुक्त अरब अमीरात, मालदीव के लिए प्रारम्भ किए गए ऑपरेशन को 'ऑपरेशन समुद्र सेतु' नाम दिया गया। भारतीय नौसेना के आईएनएस जलाश्व एवं आईएनएस मगर ने मालदीव में फँसे भारतीयों को भारत पहुँचाया, जबकि आईएनएस शार्दूल एवं आईएनएस ऐरावत ने संयुक्त अरब अमीरात में फँसे भारतीय नागरिकों को स्वदेश पहुँचाया। ये जहाज यात्रियों को लेकर कोच्चि पहुँचे।

भारत के प्रसिद्ध बंदरगाह

देश की लगभग 7516.6 कि॰मी॰ लंबी तट रेखा पर 13 बड़े और 200 छोटे बंदरगाह हैं।

- **मुंबई :** यह महाराष्ट्र की राजधानी है। यह एक टापू है जिसे भारत का द्वार कहते हैं। व्यापारिक दृष्टि से यह बहुत अच्छा बंदरगाह है जो सूती कपड़ा उद्योग का केंद्र है और अपनी अच्छी पृष्ठभूमि रखता है। इस बंदरगाह से कपड़ा, इंजीनियरिंग और तम्बाकू का विदेशों में निर्यात होता है।
- **न्हावा शेवा :** यह मुंबई का नया बंदरगाह है जिस पर लगभग 985 करोड़ रुपए व्यय किया गया है। इसमें तीन महत्वपूर्ण रूप से यंत्रीकृत कंटेनर घाट, बड़े आकार के शुष्क मालवाही जहाजों को संभालने के लिए, दो यंत्रीकृत घाट और एक घाट जहाजों के रखरखाव के लिए बनाया गया है। इस नए बंदरगाह का नाम जवाहर लाल नेहरू बंदरगाह रखा गया है।
- **कलकत्ता (कोलकाता) :** यह पश्चिम बंगाल की राजधानी है। हुगली नदी पर बसा यह ज्वारीय बंदरगाह बंगाल की खाड़ी से 144 किमी. दूर स्थित है। कोलकाता बहुत बड़ा व्यापारिक केन्द्र है जिसकी पृष्ठभूमि बहुत घनी है। यहाँ से लोहा और स्टील के सामान, पेट्रोलियम आदि का आयात होता है।
- **हल्दिया :** यह बंदरगाह हुगली की एस्चुअरी पर विकसित किया गया है। यह कोलकाता का सहायक बंदरगाह है। इसके निकट तेलशोधनशाला, लोहा-इस्पात (रेल के डिब्बे) खाद आदि के कारखाने विकसित करने की संभावनाएँ हैं। यहाँ से कोयला, कच्चा तेल, पेट्रोलियम पदार्थ, उर्वरक व अन्य शुष्क माल ले जाया जाता है।
- **कोचीन :** यह भी केरल राज्य में पश्चिमी तट पर मुंबई से 928 किमी. दूर दक्षिण में स्थित है। यह प्राकृतिक बंदरगाह है। यहाँ विदेशों से चाय, कॉफी, रबर आदि का आयात होता है।
- **कांडला :** गुजरात राज्य में कच्छ की खाड़ी में कांडला एक बंदरगाह के रूप में निर्मित किया गया है। यह कराची के बंदरगाह की कमी को पूरा करने के लिए तैयार किया गया है। यह ज्वारीय बंदरगाह है।
- **चेन्नई (मद्रास) :** यह तमिलनाडु की राजधानी है और भारत का तीसरा बड़ा बंदरगाह है। यह एक व्यापारिक नगर भी है जो सूती कपड़ा उद्योग, चमड़ा उद्योग आदि के लिए विख्यात है।
- **न्यू मंगलौर :** यह कर्नाटक में पश्चिम तट पर स्थित है। यह ज्वार-भाटा के द्वारा चल पाता है।
- **पारादीप :** बंगाल की खाड़ी में स्थित, कटक से 96 किमी. दूर, उड़ीसा राज्य में यह बंदरगाह है। यह सबसे गहरा तथा हर मौसम में कार्य करने वाला बंदरगाह है। इस बंदरगाह द्वारा विदेशों से कच्चा लोहा, कोयला और मैंगनीज का आयात होता है।
- **तूतीकोरिन :** यह दक्षिणतम बिंदु पर तमिलनाडु में स्थित है। इसका समुद्र अधिक उथला होने के कारण जहाज पाँच मील दूर खड़े होते हैं।
- **विशाखापट्टनम :** यह आंध्र प्रदेश में पूर्वी तट पर कोलकाता और चेन्नई के बीच स्थित है। यह जलयान निर्माण करने वाला बंदरगाह है। यहाँ तेलशोधक कंपनी भी है। यह देश का सबसे गहरा बंदरगाह है।
- **मझगांव :** इस बंदरगाह पर जलयानों की मरम्मत करने का काम किया जाता है। यहाँ 12 हजार टन तक के जलयान बनाए जाते हैं। मझगांव, कुल माल लादने की दृष्टि से भारत का पाँचवां बड़ा बंदरगाह है। इस बंदरगाह से उर्वरक, शीरा, पेट्रोलियम पदार्थ, ग्रेनाइट पत्थर व आम का परिवहन होता है।

वायु परिवहन

हालांकि भारत में प्रयोगात्मक उड़ानें 1919 में ही आरंभ हो गई थीं परंतु आधुनिक विमान परिवहन का शुभारंभ 1927 में नागरिक उड्डयन विभाग की स्थापना के साथ हुआ। स्वतंत्रता के बाद सरकार ने 1953 में वायुसेवा का राष्ट्रीयकरण कर दिया और कार्यरत आठ कंपनियों का कार्य अपने हाथ में लेकर दो निगमों की स्थापना की :

- भारतीय विमान निगम (Indian Airlines Corporation) देश के अन्दर आंतरिक सेवाओं के लिए
- अंतर्राष्ट्रीय भारतीय वायु निगम (Air India International Corporation)

भारत अंतर्राष्ट्रीय नागरिक उड्डयन संगठन का सदस्य है और अनेकों विदेशी एयरलाइंस कंपनियाँ भारत में कार्यरत हैं। भारतीय विमान पत्तन प्राधिकरण देश के 137 हवाई अड्डों का प्रबंधन करता है। इंडियन एयरलाइंस (इंडियन) देश की प्रमुख घरेलू विमान सेवा है।

एयर इंडिया भारत की अंतर्राष्ट्रीय विमान सेवा है जिसका मुख्यालय मुंबई में है। अंतर्राष्ट्रीय उड़ानों का प्रबंधन 1995 तक अंतर्राष्ट्रीय विमानपत्तनम प्राधिकरण द्वारा किया जाता था परंतु अब इसका संचालन भारतीय विमान पत्तनम प्राधिकरण द्वारा किया जाता है। एयरइंडिया ने अपनी सेवाओं का विस्तार विश्व के पाँचों महाद्वीपों में कर लिया है। पूर्वोत्तर क्षेत्र की हवाई सेवा की आवश्यकताओं को पूरा करने के लिए 20 जनवरी, 1981 को वायुदूत सेवा की स्थापना निगम के रूप में की गई थी, फिलहाल इसका इंडियन एयरलाइंस में विलय कर दिया गया है।

एअर इंडिया लिमिटेड

एअर इंडिया और इंडियन के विलय के पश्चात 'नेशनल एवियेशन कंपनी ऑफ इंडिया लिमिटेड' का गठन किया हुआ। 27 अगस्त, 2007 को यह विलय आधिकारिक हो गया। विलय के पश्चात नयी इकाई का नाम 'एअर इंडिया लिमिटेड' रखा गया। हालांकि इसका शुभंकर 'महाराजा' ही बना रहा।

हेलीकॉप्टर कार्पोरेशन ऑफ इंडिया की स्थापना 15 अक्टूबर, 1985 को एक निगम के रूप में की गई थी परंतु 1987 में इसका नाम बदलकर पवन हंस हैलीकॉप्टर्स लिमिटेड कर दिया गया। इस सेवा की स्थापना मूलतः तेल एवं प्राकृतिक गैस निगम (ओएनजीसी) को तेल संबंधी अन्वेषण में हैलीकॉप्टर सहायता उपलब्ध कराने के लिए की गई थी। वर्तमान में पवन हंस देश के दुर्गम क्षेत्रों में नियमित विमान सेवाएँ भी उपलब्ध कराता है।

भारत में 36 अंतर्राष्ट्रीय हवाई अड्डे हैं, इनमें प्रमुख हैं—नई दिल्ली (इंदिरा गांधी अंतर्राष्ट्रीय हवाई अड्डा), मुंबई (छत्रपति शिवाजी अंतर्राष्ट्रीय हवाई अड्डा), कोलकाता (नेताजी सुभाषचन्द्र बोस अंतर्राष्ट्रीय हवाई अड्डा), चेन्नई (अन्ना अंतर्राष्ट्रीय हवाई अड्डा), अमृतसर (श्री गुरु रामदास जी अंतर्राष्ट्रीय हवाई अड्डा)और त्रिवेन्द्रम (तिरुअनंतपुरम)। सभी राज्यों की राजधानियों और महत्वपूर्ण पर्यटन स्थलों को वायुमार्ग से जोड़ दिया गया है।

एलायंस एअर

ऐतिहासिक दृष्टि से 18 फरवरी, 1996 को एलायंस एअर की स्थापना एक अलग कंपनी के तौर पर हुई। इसका उद्देश्य इसे पहले से मौजूद इंडियन एअरलाइन्स लिमिटेड का लाभ-केंद्र बनाना था ताकि बोइंग 737 एअरक्राफ्टों को प्रभावशाली ढंग से उपयोग में लाया जा सके। इसके साथ ही इंडिया एअरलाइन्स लिमिटेड की उत्पादकता और लाभ को सुधारा जा सके। वर्तमान में 2 जनवरी, 2003 से एलायंस एअर ने लीज पर 4 एजेआर-42 एअरक्राफ्ट लेकर उत्तर-पूर्वी क्षेत्र के लिए शेड्यूल्ड ऑपरेशन की शुरूआत कर दी है। ये एअरक्राफ्ट उत्तर-पूर्वी काउंसिल के साथ तैयार सहमति-पत्र के मुताबिक केवल उत्तर-पूर्वी क्षेत्र में तैनात हैं।

एयर इंडिया में विस्तारा के विलय को प्रतिस्पर्द्धा आयोग की मंजूरी

भारतीय प्रतिस्पर्द्धा आयोग (Competition Commission of India–CCI) ने टाटा संस के स्वामित्व वाली एयर इंडिया में टाटा एसआईए एयर लाइंस (टीएसएएल/विस्तारा) के विलय की मंजूरी 1 सितंबर, 2023 को प्रदान कर दी है। टीएसएएल (विस्तारा) के एयर इंडिया लि. (एयर इंडिया) में विलय के उपरान्त एयर इडिया लि. का अस्तित्व बरकरार रहेगा तथा 218 विमानों के बेड़े के साथ यह भारत की सबसे बड़ी अन्तर्राष्ट्रीय कैरियर तथा दूसरी बड़ी डोमेस्टिक कैरियर विमान सेवा कम्पनी बन जाएगी। विलय के पश्चात् एयर लाइंस लि. की ईक्विटी में सिंगापुर एयर लाइंस लि. को कुछ हिस्सेदारी प्राप्त करने के लिए भी अनुमति कम्पिटीशन कमीशन ने प्रदान की है।

एयर इंडिया लि. जनवरी 2022 से पूर्व सार्वजनिक क्षेत्र की विमान सेवा कम्पनी थी, जिसकी 100 प्रतिशत हिस्सेदारी टाटा संस ने अपने पूर्ण स्वामित्व वाली सहायक कम्पनी टैलेस (Talace) प्रा. लि. के माध्यम से 27 जनवरी, 2022 को खरीद ली थी, जबकि टीएसएएल/विस्तारा टाटा संस व सिंगापुर एयर लाइंस लि. (SIA) का संयुक्त उपक्रम है, जिसमें टाटा संस व सिंगापुर एयरलाइंस लि. की ईक्विटी क्रमशः 51 प्रतिशत व 49 प्रतिशत है।

रेलवे

भारतीय रेलवे देश का सबसे बड़ा राष्ट्रीयकृत प्रतिष्ठान है। भारतीय रेलवे अर्थव्यवस्था के सभी क्षेत्रों (कृषि, उद्योग, व्यापार आदि) के विकास में सहयोग करने वाला प्रमुख परिवहन माध्यम है। इसके अतिरिक्त भारतीय रेल परिवहन राष्ट्रीय सुरक्षा, शांति-व्यवस्था, साँस्कृतिक एवं भौगोलिक एकता स्थापित करने और उसे बनाए रखने में अहम् भूमिका निभाती है। भारत में रेलमार्गों का निर्माण 1850 में तत्कालीन वायसराय लार्ड डलहौजी के कार्यकाल में आरंभ हुआ। इंगलैंड की ईस्ट इंडिया रेलवे कंपनी तथा ग्रेट इंडियन पेनिन्सुलर रेलवे कंपनी ने भारत में रेलवे लाइन बिछाने का कार्य प्रारंभ किया और बंबई से थाणे तक 34 किमी. रेलमार्ग पर भारत की पहली रेलगाड़ी 16 अप्रैल, 1853 को चलाई गई। वर्ष 1925 में सर्वप्रथम बंबई वी.टी. तथा कुर्ला के बीच विद्युत रेलगाड़ी (ईएमयू) आरंभ की गई।

- वर्तमान में भारतीय रेल परिवहन विश्व की चौथी सबसे बड़ी रेलवे प्रणाली है, जो केवल अमेरिका, रूस और चीन से पीछे है।
- भारतीय रेलवे में 7,335 स्टेशनों के साथ कुल 126,366 किमी. लम्बी पटरियाँ हैं। 2023-24 के दौरान 5100 किमी. लम्बी पटरियाँ बिछाई गईं। प्रतिदिन औसतन 14 किमी. पटरियाँ बिछाई जाती हैं। रेलवे प्रतिदिन लगभग 13,523 यात्री रेलगाड़ियाँ और 9,146 मालगाड़ियाँ चलाता है। भारतीय रेलवे ने 2023-24 के दौरान 1500 मीट्रिक टन से अधिक माल लोड किया है।
- मुम्बई-अहमदाबाद हाई-स्पीड रेल परियोजना को मंजूरी मिल गई है, जिसकी कुल 14.27 अरब डॉलर की लागत होगी।
- मार्च 2024 तक ब्रॉड-गेज नेटवर्क की 62,119 किमी. लम्बाई का विद्युतीकरण हो चुका है। इसके साथ ही भारतीय रेलवे 100% विद्युतीकरण के अपने लक्ष्य की ओर तेजी से आगे बढ़ रहा है और दुनिया का सबसे बड़ा ग्रीन रेलवे नेटवर्क बन रहा है। भारतीय रेलवे (आईआर) मिशन को पूरा करने के लिए तेजी से आगे बढ़ रहा है। 2014 से अक्टूबर 2023 तक 38,650 किमी. लम्बाई का रेलवे विद्युतीकरण किया जा चुका है।
- भारतीय रेलवे ने देश भर में 6,108 रेलवे स्टेशनों पर वाई-फाई सुविधा शुरू कर दी है। अपने हरित मिशन को प्राप्त करने के लिए भारतीय रेलवे ने 1000 से अधिक स्टेशनों को सौर ऊर्जा से संचालित किया है। अक्टूबर 2023 तक 4,111 रूट किमी. पर स्वचालित ब्लॉक सिग्नलिंग (एबीएस) प्रदान की गई है।
- कवच को अब तक तेलंगाना (684 मार्ग किमी.), आंध्र प्रदेश (66 मार्ग किमी.), कर्नाटक (117 मार्ग किमी.) और महाराष्ट्र (598 मार्ग किमी.) राज्यों में दक्षिण मध्य रेलवे पर 1465 मार्ग किमी. (आरकेएम) और 144 इंजनों (इलेक्ट्रिक मल्टीपल यूनिट रेक सहित) पर तैनात किया गया है।
- भारतीय रेलवे में लगभग 12.54 लाख श्रमिकों को रोजगार मिला हुआ है, जो देश के किसी भी उपक्रम में सबसे अधिक है तथा केन्द्रीय कर्मचारियों की कुल संख्या का 40% है।

रेल लैण्ड डेवलपमेंट अथॉरिटी का गठन

रेलवे की फालतू पड़ी जमीन का व्यावसायिक इस्तेमाल करने के लिए रेलवे बोर्ड के एक सदस्य ए.के. भटनागर की अध्यक्षता में रेल एंड डेवलपमेंट अथॉरिटी (RLDA) का गठन रेलवे द्वारा किया गया है। इस प्राधिकरण द्वारा ही रेलवे की भूमि निजी क्षेत्र को सार्वजनिक-निजी सहभागिता (PPP) आधार पर व्यावसायिक उपयोग के लिए उपलब्ध कराई जाएगी। प्रस्तावित मॉडल के तहत् वाणिज्यिक प्रतिष्ठानों एवं 'मॉल्स' आदि के निर्माण के लिए निजी क्षेत्र की इकाई व रेलवे के संयुक्त उपक्रम गठित किए जाएंगे, जिनमें रेलवे का योगदान भूमि के रूप में होगा।

इस योजना के पहले चरण में जिन शहरों की कुल मिलाकर लगभग 500 एकड़ भूमि की पहचान रेलवे ने की है, उनमें दिल्ली, मुम्बई, कोलकाता, बेंगलुरु, लखनऊ, विशाखापत्तनम्, ग्वालियर व गया शामिल हैं।

राष्ट्रीय रेल योजना 2030

भारतीय रेलवे ने भारत के लिए एक राष्ट्रीय रेल योजना 2030 तैयार की है, इस योजना को वर्ष 2030 तक 'भविष्य के लिए तैयार' रेलवे तंत्र सृजित करना है। हमारे उद्योगों के लिए परिवहन लागत को कम करना 'मेक इन इंडिया' को समर्थ बनाने के लिए हमारी रणनीति का मुख्य बिन्दु है। यह संभावना है कि पश्चिमी समर्पित भाड़ा कॉरिडोर (डीएफसी) और पूर्वी डीएफसी जून 2022 तक तैयार हो जाएंगे, यात्रियों की सुविधा और सुरक्षा के लिए निम्नलिखित उपाय प्रस्तावित हैं :

- यात्रियों को बेहतर यात्रा अनुभव प्रदान कराने के लिए पर्यटक रूटों पर सौंदर्यपरक रूप से डिजाइन किए गए बिस्टोडोम एचएलवी कोच आरम्भ किए जाएंगे।
- पिछले कुछ वर्षों में किए गए सुरक्षा उपायों के अच्छे परिणाम प्राप्त हुए हैं। इस प्रयास को और सुदृढ़ करने के लिए भारतीय रेलवे के उच्च घनत्व नेटवर्क और उच्च उपयोग किए गए नेटवर्क रूटों को स्वदेश में विकसित स्वचालित ट्रेन संरक्षण प्रणाली प्रदान की जाएगी, जो मानवीय त्रुटि के कारण होने वाली ट्रेन टकराने की समस्या को समाप्त कर देगी।
- बजट में रेलवे के लिए ₹ 1,10,055 करोड़ की रिकॉर्ड राशि प्रदान की गई है, जिसमें ₹ 1,07,100 करोड़ पूँजीगत व्यय के लिए हैं।

महत्वपूर्ण रेलगाड़ियाँ

ब्रॉडगेज वाली रेलगाड़ियाँ

शताब्दी एक्सप्रेस :

1. नई दिल्ली-भोपाल
2. नई दिल्ली-लखनऊ
3. नई दिल्ली-कालका
4. नई दिल्ली-अमृतसर
5. नई दिल्ली-अजमेर
6. नई दिल्ली-देहरादून
7. नई दिल्ली-चण्डीगढ़
8. चेन्नई-मैसूर
9. मुम्बई-अहमदाबाद
10. मुम्बई-पुणे
11. हावड़ा-बोकारो
12. हावड़ा-राउरकेला
13. चेन्नई-कोयंबटूर

राजधानी एक्सप्रेस :

1. नई दिल्ली-मुम्बई
2. नई दिल्ली-गुवाहाटी
3. नई दिल्ली-हावड़ा
4. हजरत निजामुद्दीन-मुम्बई
5. नई दिल्ली-जम्मू तवी
6. हजरत निजामुद्दीन-बंगलोर
7. हजरत निजामुद्दीन-चेन्नई-बंगलोर
8. नई दिल्ली-पटना
9. नई दिल्ली-अहमदाबाद
10. हजरत निजामुद्दीन-तिरुअनंतपुरम

महत्वपूर्ण सुपर फास्ट रेलगाड़ियाँ

1. मुम्बई-पुणे (दक्कन क्वीन एक्सप्रेस)
2. हजरत निजामुद्दीन-ग्वालियर (ताज एक्सप्रेस)
3. नई दिल्ली-हावड़ा (पूर्वा एक्सप्रेस)
4. नई दिल्ली-पटना (संपूर्णक्रांति एवं श्रमजीवी एक्सप्रेस)
5. नई दिल्ली-लखनऊ (गोमती एक्सप्रेस)
6. हजरत निजामुद्दीन-कैसल रॉक (गोवा एक्सप्रेस)
7. नई दिल्ली-अमृतसर (शान-ए-पंजाब)
8. हावड़ा-मुम्बई (गीतांजलि एक्सप्रेस)
9. मदुरई-चेन्नई (वगई एक्सप्रेस)
10. मुम्बई-अमृतसर (पश्चिम एक्सप्रेस और फ्रंटियर मेल)
11. नई दिल्ली-हैदराबाद (ए.पी. एक्सप्रेस)
12. चेन्नई-बंगलौर (वृंदावन एक्सप्रेस)
13. हजरत निजामुद्दीन-मंगलौर (मंगला एक्सप्रेस)
14. नई दिल्ली-चेन्नई (तमिलनाडु एक्सप्रेस)
15. नई दिल्ली-तिरुअनंतपुरम (केरल एक्सप्रेस)

अन्तर्राष्ट्रीय व्यापार

रूस-यूक्रेन युद्ध, लाल सागर व्यवधान व पनामा रूट में दिक्कतों के कारण वैश्विक व्यापार में आई शिथिलता का प्रभाव भारत के विदेशी व्यापार पर भी पड़ा है। जिससे बीते वित्तीय वर्ष 2023-24 में भारत के वस्तुगत निर्यातों व आयातों, दोनों में ही वृद्धि ऋणात्मक रही है। सेवाओं के क्षेत्र में निर्यातों में 4.39 प्रतिशत वृद्धि के चलते भारत का कुल निर्यात (वस्तुओं व सेवाओं का संयुक्त निर्यात) पूर्व वर्ष 2022-23 के रिकॉर्ड स्तर से मामूली ही (0.04 प्रतिशत) अधिक रहा है, किन्तु यह आँकड़े अभी अनंतिम हैं तथा इनमें भी सेवाओं के आयात निर्यात के मार्च 2024 के आँकड़े अनुमान पर ही आधारित हैं।

2023-24 में भारत का ओवर-ऑल विदेश व्यापार (वस्तुओं व सेवाओं का संयुक्त व्यापार)

2023-24 के भारत के विदेशी व्यापार के अनंतिम आँकड़े वाणिज्य मंत्रालय ने 15 अप्रैल, 2024 के दौरान भारत के कुल निर्यात (वस्तुगत निर्यात एवं सेवाओं के निर्यात) 776.68 अरब डॉलर के रहे हैं। जो पूर्व वर्ष 2022-23 की तुलना में 0.04 प्रतिशत अधिक हैं।

सन्दर्भित वर्ष (2023-24) में देश के वस्तुओं एवं सेवाओं के कुल आयात 854.80 अरब डॉलर अनुमानित किए गए हैं, जो पूर्व वर्ष 2022-23 में 898.01 अरब डॉलर के आयातों की तुलना में 4.8 प्रतिशत कम हैं। इस प्रकार वस्तुओं एवं सेवाओं के संयुक्त व्यापार में भारत का व्यापार घाटा 2023-24 में 78.12 अरब डॉलर का रहा है।

वस्तुगत व्यापार (Merchandise Trade)

वाणिज्य मंत्रालय के 15 अप्रैल, 2024 के अनंतिम आँकड़ों के अनुसार 2023-24 के दौरान भारत के कुल वस्तुगत निर्यात 437.06 अरब डॉलर व आयात 677.24 अरब डॉलर के रहे हैं, जो पूर्व वर्ष 2022-23 में क्रमशः 451.07 अरब डॉलर व 715.97 अरब डॉलर के थे।

इस प्रकार डॉलर मूल्य में वस्तुगत निर्यातों में जहाँ 3.11 प्रतिशत की गिरावट (ऋणात्मक वृद्धि) जहाँ 2023-24 में दर्ज की गई है, आयातों में गिरावट 5.41 प्रतिशत रही है। इससे 2023-24 के दौरान वस्तुगत व्यापार घाटा (Trade Deficit) 240.17 अरब डॉलर का रहा।

सेवाओं का विदेशी व्यापार

वाणिज्य मंत्रालय के अनंतिम आँकड़ों के अनुसार 2023-24 के दौरान भारत के सेवाओं के निर्यात 341.11 अरब डॉलर के व आयात 178.3 अरब डॉलर के रहे हैं। इससे सेवाओं के व्यापार में 162.08 अरब डॉलर का आधिक्य भारत को 2023-24 में प्राप्त हुआ है।

वाणिज्य मंत्रालय के आँकड़ों के अनुसार वस्तुगत निर्यात के 30 प्रमुख क्षेत्रों में से 17 में धनात्मक वृद्धि 2023-24 में दर्ज की गई। इनमें लौह अयस्क (117.74%), इलेक्ट्रॉनिक गुड्स (23.64%), तम्बाकू (19.46%), फल एवं सब्जियाँ (13.86%), मीट एवं डेयरी प्रोडक्ट्स (12.34%), मसाले (12.3%), कॉफी (12.22%), चाय (1.05%) व इंजीनियरिंग उत्पाद शामिल हैं।

30 प्रमुख आयातों में से जिन 16 उत्पादों के आयात में गिरावट (ऋणात्मक वृद्धि) 2023-24 में दर्ज की गई। इनमें रॉ कॉटन (–58.39%), उर्वरक/क्रूड एवं निर्मित (–39.23%), वेजीटेबल ऑयल (–28.63%), एवं पत्थर (–22.37%), ट्रांसपोर्ट इक्विपमेंट (–14.02%) तथा लैदर एवं लैदर प्रोडक्ट्स (–11.26%) आदि शामिल हैं।

यूरोपीय मुक्त व्यापार संघ (एफ्टा) के साथ भारत का स्वतंत्र व्यापार समझौता

16 वर्ष तक बातचीत के विभिन्न दौरों के पश्चात् भारत ने 4 यूरोपीय देशों के समूह यूरोपियन फ्री ट्रेड एसोसिएशन (EFTA) के साथ एक स्वतंत्र व्यापार समझौते पर हस्ताक्षर 10 मार्च, 2024 को किए हैं। यूरोपीय मुक्त व्यापार संघ (ईएफटीए) के सदस्य देशों में नॉर्वे, आइसलैण्ड, लिचटेंस्टीन व स्विट्जरलैंड शामिल हैं।

भारत की ओर से वाणिज्य एवं उद्योग मंत्री श्री पीयूष गोयल व इन चारों देशों के समकक्ष मंत्रियों द्वारा नई दिल्ली में 10 मार्च को हस्ताक्षर इस समझौते को व्यापार एवं आर्थिक भागीदारी समझौता (Trade and Economic Partnership Agreement–TEPA) नाम दिया गया है। दोनों पक्षों के बीच इस समझौते के लिए बातचीत 2008 में शुरू हुई थी तथा 16 वर्षों के पश्चात् इसके लिए सहमति दोनों पक्षों में हुई है।

बौद्धिक सम्पदा अधिकार, माल एवं सेवा व्यापार, निवेश व सरकारी खरीद सहित कुल 14 अध्याय वाले इस समझौते से निवेश के साथ-साथ वस्तुओं एवं सेवाओं के दोतरफा व्यापार को बढ़ावा मिलेगा। पहली बार इस स्वतंत्र व्यापार समझौते में लक्ष्य आधारित निवेश के लिए प्रतिबद्धता व्यक्त की गई है।

इसके तहत् अगले 15 वर्षों में ईएफटीए अनिवार्य रूप से 100 अरब डॉलर का निवेश भारत में करेगा जिससे 10 लाख प्रत्यक्ष रोजगार सृजित होंगे। लक्षित 100 अरब डॉलर के निवेश में से 50 अरब डॉलर का निवेश पहले 10 वर्षों में व शेष 50 अरब डॉलर का निवेश अगले 5 वर्षों में किया जाएगा।

यह निवेश मुख्यतः ग्रीन एनर्जी, कैमिकल्स, फार्मा, मशीनरी व फूड प्रोसेसिंग आदि क्षेत्रों में संभावित है। इससे इन क्षेत्रों में भारत के आयात भी कम होंगे तथा साथ ही भारतीय उत्पादों की गुणवत्ता के प्रोन्नयन में भी मदद मिलेगी। ईएफटीए के साथ भारत के कुल 90 प्रतिशत से भी अधिक हिस्सेदारी स्विट्जरलैंड की है।

इस समझौते के चलते इन चारों देशों के बाजार में भारत की पहुँच आसान होगी, बल्कि यूरोप के बाजार में भी पहुँच भारतीय निर्यातकों के लिए आसान हो जाएगी। भारत भी इन देशों के उत्पादों के लिए अपने आयात शुल्क को कम करेगा।

स्विट्जरलैंड से आयात किए जाने वाली चॉकलेट्स पर 30 प्रतिशत तथा घड़ियों पर 23 प्रतिशत का शुल्क है। इन शुल्कों को अगले 7 वर्षों में चरणबद्ध तरीके से समाप्त किया जाएगा। कृषि, डेयरी, सोया व कोयला सेक्टर को इस समझौते से बाहर ही रखा गया है। पीएलआई से जुड़े सेक्टर्स के लिए भी भारतीय बाजार को नहीं खोला गया है।

भारत के विदेशी व्यापार (वस्तुगत व्यापार एवं सेवा व्यापार) के आँकड़े

वस्तुगत व्यापार (Merchandise Trade)			
	अप्रैल-मार्च		
	2023-24	**2024-25**	**2023-24 Q1 की तुलना में 2024-25 में वृद्धि (प्रतिशत में)**
निर्यात (Exports)	451.07	437.06	–3.11
आयात (Imports)	715.97	677.24	–5.41
व्यापार शेष (Trade Balance)	–264.90	–240.17	
सेवाओं का व्यापार (Trade in Services)*			
	अप्रैल-मार्च		
निर्यात (प्राप्तियाँ)	325.3	339.62	4.39
आयात (भुगतान)	182.05	177.56	–2.47
व्यापार शेष	143.28	162.05	
वस्तुओं और सेवाओं का व्यापार (Foreign Trade in Goods and Services)			
वस्तुओं और सेवाओं के कुल निर्यात	766.40	776.68	0.04
वस्तुओं और सेवाओं के कुल आयात	898.01	854.80	–4.81
व्यापार शेष	–121.62	–78.12	

* सेवाओं के व्यापार (Trade in Services) के आँकड़ों में मार्च 2024 के आँकड़े अनुमान पर आधारित हैं।

अप्रैल-दिसम्बर 2024-25 में भारत के निर्यातों के शीर्ष गन्तव्य देश

(मिलियन अमरीकी डॉलर)

क्र. सं.	देश	निर्यातों का मूल्य	2022-23 की समान अवधि के सापेक्ष %परिवर्तन
1.	संयुक्त अरब अमीरात	59928.98	5.57
2.	संयुक्त राज्य अमरीका	26927.78	8.87
3.	नीदरलैण्ड्स	17888.19	14.71
4.	यू.के.	10828.51	14.08
5.	चीन	10441.50	–12.60
6.	सिंगापुर	10398.52	16.45
7.	सऊदी अरब	8739.39	8.95
8.	बांग्लादेश	8259.30	4.65
9.	जर्मनी	7702.60	8.01
10.	ऑस्ट्रेलिया	6284.13	–1.83
11.	फ्रांस	5905.08	12.37
12.	मलेशिया	5892.26	18.04
13.	इटली	5829.17	–4.87
14.	दक्षिण अफ्रीका	5826.34	–7.01
15.	नेपाल	5315.65	0.36
16.	ब्राजील	5225.80	11.19
17.	बेल्जियम	4678.24	–19.99
18.	जापान	4476.28	17.56
19.	हांगकांग	4450.55	–26.87
20.	मेक्सिको	4375.98	10.13
	कुल निर्यात	**321708.66**	**1.60**

अप्रैल-दिसम्बर 2024-25 में भारत के आयातों के शीर्ष स्रोत देश

(मिलियन अमरीकी डॉलर)

क्र. सं.	देश	आयातों का मूल्य	2022-23 की समान अवधि के सापेक्ष %परिवर्तन
1.	चीन	84163.93	9.38
2.	रूस	48836.89	8.32
3.	संयुक्त अरब अमीरात	44957.99	37.08
4.	संयुक्त राज्य अमरीका	33402.89	1.91
5.	सऊदी अरब	21923.77	–5.48
6.	ईराक	21604.28	0.22
7.	इण्डोनेशिया	17816.82	2.30
8.	स्विट्जरलैण्ड	17018.75	3.85
9.	दक्षिण कोरिया	15850.23	–1.91
10.	सिंगापुर	15509.24	–5.77
11.	जापान	14322.51	8.52
12.	जर्मनी	13660.24	3.46
13.	हांगकांग	13480.55	–12.39
14.	ऑस्ट्रेलिया	10905.02	–12.77
15.	मलेशिया	9572.52	–2.68
16.	थाईलैंड	9284.80	22.46
17.	कतर	9153.07	3.95
18.	दक्षिण अफ्रीका	8065.47	–2.44
19.	ताइवान	8019.96	41.70
20.	वियतनाम	7772.03	11.55
	कुल आयात	**532481.79**	**5.15**

भारत का विदेश व्यापार : दिशा

- 2004-05 में, भारत का निर्यात मुख्य रूप से उत्तरी अमेरिका, यूरोपीय संघ, उत्तर-पूर्व एशिया, पश्चिम एशिया-खाड़ी सहयोग परिषद् और आसियान जैसे क्षेत्रों को निर्देशित किया गया था। 2013-14 तक, इन क्षेत्रों में निर्यात मूल्यों में उल्लेखनीय वृद्धि हुई, जिसमें उत्तरी अमेरिका, यूरोपीय संघ और पश्चिम एशिया में उल्लेखनीय वृद्धि देखी गई। 2023-24 तक तेजी से आगे बढ़ते हुए निर्यात परिदृश्य निरंतर विस्तार दिखाता है, जिसमें उत्तरी अमेरिका सबसे बड़ा गंतव्य है। यूरोपीय संघ, पश्चिम एशिया और आसियान ने भी मजबूत वृद्धि का अनुभव किया, जो पिछले कुछ वर्षों में भारत के विविध और मजबूत वैश्विक व्यापार संबंधों को दर्शाता है।
- 2023-24 में, भारत के लिए शीर्ष व्यापारिक निर्यात गंतव्यों में यूएसए (17.90%), यूएई (8.23%), नीदरलैंड (5.16%), चीन (3.85%), सिंगापुर (3.33%), यूके (3.00%), सऊदी अरब (2.67%), बांग्लादेश (2.55%), जर्मनी (2.27%), और इटली (2.02%) शामिल हैं।
- इन 10 देशों ने मिलकर 2023-24 में भारत के कुल व्यापारिक निर्यात मूल्य का 51% हिस्सा बनाया।
- 2023-24 भारत के आयातों के शीर्ष 10 स्रोत देश थे–चीन (15.0%), रूस (9.02%), संयुक्त अरब अमीरात (7.08%), संयुक्त राज्य अमेरिका (6.22%), सऊदी अरब (4.63%), इराक (4.41%), इंडोनेशिया (3.45%), स्विट्जरलैंड (3.13%) एवं सिंगापुर (3.13%)।

भारत की नई विदेश व्यापार नीति (2023)

भारत के विदेश व्यापार को सुदृढ़ता प्रदान करने के लिए नई विदेश व्यापार नीति (Foreign Trade Policy 2023) की घोषणा वाणिज्य एवं उद्योग, उपभोक्ता मामलों, खाद्य एवं सार्वजनिक वितरण तथा वस्त्र मंत्री श्री पीयूष गोयल ने 31 मार्च, 2023 को की। पिछली विदेश व्यापार नीतियों से पहली भिन्नता इसमें यह है कि यह नीति किसी निर्धारित अवधि के लिए नहीं है बल्कि समय के साथ नई आवश्यकताओं को समायोजित करने की गुंजाइश रखते हुए इसे पूरी तरह से खुली (Open ended) रखा गया है।

पिछली विदेश व्यापार नीति 1 अप्रैल, 2015 को लागू की गई थी और इसके समाप्त होने की तिथि 31 मार्च, 2020 थी, लेकिन कोरोना महामारी के प्रकोप और लॉकडाउन की वजह से इस नीति को कई बार विस्तार दिया गया। इसे अन्तिम बार सितम्बर 2022 में 31 मार्च, 2023 तक के लिए बढ़ाया गया था। यह नीति 31 मार्च, 2023 को समाप्त हो गई है तथा उसका स्थान ही इस नई नीति ने लिया है।

नई नीति की घोषणा करते हुए वाणिज्य मंत्री श्री पीयूष गोयल ने बताया कि भारत के कुल वार्षिक निर्यात (वस्तुगत एवं सेवाओं के व्यापार सहित) 760 अरब डॉलर तक पहुँच चुके हैं। नई नीति में 2030 तक देश के वार्षिक निर्यात को 2 ट्रिलियन डॉलर तक पहुँचाने का लक्ष्य है।

नई विदेश व्यापार नीति (2023) का दृष्टिकोण निम्नलिखित चार स्तम्भों पर आधारित है–

(*i*) प्रोत्साहनों से छूट की ओर बढ़ना (Incentive to Remission)

(*ii*) गठबंधनों, निर्यातकों, राज्यों, जिलों, भारतीय मिशनों के माध्यम से निर्यात संवर्धन (Export Promotion Through Collaboration–Exporters, States, Districts, Indian Missions)

(*iii*) व्यवसाय करने की सुगमता-कारोबार लागत में कमी तथा ई-पहल (Ease of doing business–reductions transaction costs) and e-initiations) तथा

(*iv*) उभरते क्षेत्र-निर्यात हबों के रूप में ई-कॉमर्स विकास, जिले तथा स्कोमेट नीति को विवेकपूर्ण बनाना (Emerging Areas—Developing districts as Export Hubs and Streamlining SCOMET policy)

स्कोमेट (SCOMET) से तात्पर्य Special Chemicals, Organisms, Materials, Equipment and Technologies से है। यह दोहरे उपयोग (सिविलियन व मिलिट्री) वाले वस्तुएं हैं।

विदेश व्यापार नीति के प्रमुख बिंदु :

- नई विदेश व्यापार नीति (FTP 2023) निर्यात संवर्धन हेतु समय की कसौटी पर खरी उतरने वाली योजनाओं को बनाए रखने के लिए नीतिगत दस्तावेज है। निर्यातकों के पुराने लम्बित प्रकरणों को बन्द कर नए सिरे से आरम्भ करने के लिए एकमुश्त एमनेस्टी स्कीम लाने की बात नीतिगत दस्तावेज में कही गई है।
- 2015-20 की विदेश व्यापार नीति के तहत् लागू की गई एडवांस अथोराइजेशन व ईपीसीजी जैसी प्रभावी योजनाओं को पर्याप्त प्रोसेस रिइंजीनियरिंग के साथ जारी रखा जाएगा।
- नई एफटीपी-2023 के तहत् चार नए शहरों–जिनके नाम फरीदाबाद, मिर्जापुर, मुरादाबाद तथा वाराणसी हैं, को मौजूदा 39 शहरों के अतिरिक्त निर्यात उत्कृष्टता के शहर (Towns of Export Excellence–TEE) के रूप में निर्दिष्ट किया गया है। TEE की (Market Access a Initiative of MAI) स्कीम के तहत् निर्यात संवर्धन फंडों तक प्राथमिकता के आधार पर पहुँच होगी और वे EPCG स्कीम के तहत् निर्यात पूर्ति के लिए सामान्य सेवा प्रदाता (CSP) का लाभ प्राप्त करने में सक्षम होंगे। इन शहरों के जोड़े जाने से हस्तकरघा, हस्तशिल्प तथा दरियों के निर्यात को बढ़ावा मिलने की संभावना है।
- नई एफटीपी दोहरे उपयोग वाली स्कोमेट वस्तुओं के निर्यात पर ध्यान केन्द्रित करती है तथा ई-कॉमर्स को बढ़ावा देती है।
- जिला स्तर पर निर्यात को बढ़ावा देने के लिए जिला स्तर पर निर्यात योग्य उत्पादों और सेवाओं की पहचान करने के प्रयास संस्थागत तंत्र के जरिए किए जाएंगे, जिसमें राज्य निर्यात संवर्धन समिति तथा जिला निर्यात संवर्धन समिति क्रमशः राज्य और जिला स्तर पर होंगे। प्रत्येक जिले के लिए जिला विशिष्ट निर्यात

कार्य योजनाएं तैयार की जाएंगी, जिसमें पहचाने गए उत्पादों और सेवाओं के निर्यात को बढ़ावा देने के लिए जिला विशिष्ट रणनीति बनाई जाएगी।

- पूँजीगत वस्तु निर्यात संवर्द्धन (Export Promotion Capital Goods–EPCG) योजना को नई नीति के तहत् और अधिक विवेकपूर्ण बनाया गया है।
- नई विदेश व्यापार नीति के अन्तर्गत भारतीय करेंसी की ग्लोबल करेंसी बनाने का भी लक्ष्य है, ताकि रुपए का उपयोग अन्तर्राष्ट्रीय व्यापार सेटलमेंट्स में किया जा सके।

विदेशी मुद्रा प्रबंधन अधिनियम

विदेशी मुद्रा बाजार में लेन-देनों को उदार बनाने तथा देश में विदेशी मुद्रा बाजार के समुचित एवं सुव्यवस्थित विकास को प्रोत्साहित करने के उद्देश्य से केन्द्र सरकार ने 27 वर्ष पुराने 1973 से प्रभावी विदेशी मुद्रा नियमन अधिनियम (Foreign Exchange Regulation Act–FERA) के स्थान पर 1 जून, 2000 से एक नया विदेशी मुद्रा प्रबंधन अधिनियम (Foreign Exchange Management Act–FEMA, 1999) फेमा विधेयक लागू कर दिया है। 'फेमा' पूर्ववर्ती 'फेरा' की तुलना में अति उदार अधिनियम है। कठोर प्रावधानों वाले फेरा को 1973 में ऐसे समय में लागू किया गया था, जबकि देश में विदेशी मुद्रा की बड़ी कमी थी।

नए 'फेमा' में सबसे बड़ा उदारीकरण यह किया गया है कि अधिनियम के उल्लंघनकर्ताओं को अब केवल मौद्रिक दंड ही भुगतना होगा, जोकि सम्बद्ध राशि का अधिकतम तीन गुना तक होगा। पूर्ववर्ती 'फेरा' के तहत् यह दण्ड पाँच गुना तक था तथा साथ-ही-साथ कारावास के दण्ड का भी उसमें प्रावधान था। 'फेमा' के तहत् दंडित उल्लंघनकर्ता यदि अर्थदण्ड चुकाने में असफल रहते हैं, केवल उसी स्थिति में उन्हें जेल भेजने की कार्यवाही की जा सकेगी। ऐसी स्थिति में भी जेल में उनकी स्थिति 'सिविल अपराधी' की होगी जिन्हें अपने जेल प्रवास का खर्च स्वयं वहन करना होगा।

नए अधिनियम फेमा के तहत् विभिन्न उद्देश्यों के लिए विदेशी मुद्रा के आहरण की सीमाओं में भी पर्याप्त वृद्धि की गई है। व्यापारिक उद्देश्य के लिए अथवा किसी सेमिनार/सम्मेलन में भाग लेने के लिए विदेश जाने वालों को अब प्रति फेरे 25 हजार डॉलर तक की राशि के लिए रिजर्व बैंक की स्वीकृति की आवश्यकता नहीं होगी भले ही विदेश प्रवास की अवधि कितनी भी हो। बेसिक यात्रा कोटे की राशि को 3000 डॉलर से बढ़ाकर 5000 डॉलर प्रतिवर्ष, व उपहार हेतु राशि को 1000 डॉलर से बढ़ाकर अब 5000 डॉलर कर दिया गया है।

नए अधिनियम के तहत् अब कोई व्यक्ति अपने किसी रिश्तेदार या मित्र को एक वर्ष में 5 हजार डॉलर तक की राशि उपहार में भेज सकता है। पहले यह अनुमति 1 हजार डॉलर तक के लिए ही थी। इसी प्रकार दान के रूप में भी अब एक हजार डॉलर के स्थान पर पाँच हजार डॉलर तक की राशि रिजर्व बैंक की अनुमति के बिना प्रेषित की जा सकेगी। इसी प्रकार अन्य उद्देश्यों के लिए विदेशी मुद्रा आहरण में वृद्धि नए अधिनियम में की गई है। 'फेरा' से अलग हटकर एक अन्य प्रमुख परिवर्तन जो 'फेमा' में किया गया है–वह यह है कि फेरा के तहत् जहाँ सिद्ध करने का दायित्व आरोपी का था, वहीं फेमा के तहत् यह दायित्व अब प्रवर्तन एजेंसी का होगा।

उद्योग-व्यापार जगत् ने नए 'फेमा' का जहाँ स्वागत किया है, वहीं आलोचकों का मत है कि अवैध रूप से विदेशों में विदेशी मुद्रा प्रेषित करने वालों के लिए 'फेरा' जैसा कठोर कानून आवश्यक है।

❑❑❑

वस्तुनिष्ठ प्रश्न

1. निम्नलिखित शक्तियों में से किसके कारण प्रत्येक पिण्ड अपने-अपने स्थान पर टिका हुआ है?

A. केन्द्रोपसारी B. केन्द्रोमुखी

C. गुरुत्वाकर्षण D. उपर्युक्त में से कोई नहीं

2. पृथ्वी की उत्पत्ति के संदर्भ में वायव्य परिकल्पना का सिद्धांत किसने दिया है?

A. काण्ट B. लाप्लस

C. बफन D. चैम्बरलिन

3. हमारा सौरमंडल कौन-सी आकाशगंगा में स्थित है?

A. तारा मंडल B. मन्दाकिनी

C. एरावत पथ D. इनमें से कोई नहीं

4. सही युग्म बताएँ?

(*a*) पृथ्वी से सबसे दूर का ग्रह–कुबेर

(*b*) पृथ्वी से सबसे निकट का ग्रह–बुद्ध

(*c*) सर्वाधिक अंडाकार कक्षा वाला ग्रह–अरुण

(*d*) सर्वाधिक धीरे घूमने वाला ग्रह–वरुण

A. (*b*), (*c*) एवं (*d*) B. (*a*), (*b*) एवं (*c*)

C. (*c*) एवं (*d*) D. (*a*), (*c*) एवं (*d*)

5. किसके पास अपनी ऊर्जा एवं प्रकाश होता है?

A. ग्रह B. उपग्रह

C. सूर्य D. उल्काएं

6. किस कारण तारे टिमटिमाते हैं?

A. ऊष्मा और ऊर्जा के कारण B. अग्निपुंज के कारण

C. बादलों के कारण D. गैस के कारण

7. निम्नलिखित में से कौन-सा गलत मिलान है?

(*a*) 23½° द. अक्षांश–कर्क रेखा है

(*b*) 66½° द. अक्षांश–मकर रेखा है

(*c*) 23½° द. अक्षांश–आर्कटिक रेखा है

(*d*) 66½° उ. अक्षांश–अंटार्कटिक रेखा है

A. केवल (*a*) B. (*b*), (*c*) एवं (*d*)

C. (*a*) एवं (*d*) D. उपर्युक्त सभी

8. उत्तरी ध्रुव हमेशा प्रकाश में रहता है?

A. 23 सितम्बर से 21 मार्च तक

B. 21 मार्च से 23 सितम्बर तक

C. 21 जून से 22 दिसम्बर तक

D. 21 जून को

9. कर्क रेखा नहीं गुजरती है?

A. भारत से B. मिस्र से

C. मैक्सिको से D. ईरान से

10. भोर का तारा किसे कहा जाता है?

A. बृहस्पति B. मंगल

C. शुक्र D. बुध

11. निम्न में से कौन-सा कथन सही नहीं है?

A. कर्क एवं मकर रेखा के बाहर सूर्य की किरणें कभी भी लम्बवत् नहीं होती हैं

B. ध्रुवों पर 6 महीने का दिन होता है

C. शीत अयनांत के समय सूर्य कर्क रेखा पर लम्बवत् होता है

D. जब सूर्य भूमध्य रेखा पर लम्बवत् होता है तो इस अवस्था को विषुव कहा जाता है

12. संध्या का तारा किसे कहा जाता है?

A. शनि को B. मंगल को

C. शुक्र को D. बृहस्पति को

13. पृथ्वी की गति का कौन-सा परिणाम सही सुमेलित नहीं है?

A. परिभ्रमण के कारण ऋतु परिवर्तन होता है

B. घूर्णन गति के कारण दिन एवं रातें होती हैं

C. घूर्णन गति के कारण दिन-रात की लम्बाई में अंतर आता है

D. घूर्णन गति पवन एवं समुद्री धाराओं को प्रभावित करती है

14. कौन-सा ग्रह संध्या के समय उदित होकर पूरी रात दिखाई देता है?

A. शनि B. वरुण

C. बृहस्पति D. शुक्र

15. कंटूर रेखाओं द्वारा दिखलाया जाता है–

A. समान वर्षा के स्थान

B. समान तापमान के स्थान
C. समान ऊँचाई के स्थान
D. उपर्युक्त में से कोई नहीं

16 कौन-सा ग्रह पश्चिम की ओर भ्रमण करता है?
A. वरुण B. शनि
C. अरुण D. यम

17 किस ग्रह का प्रकाश हरे रंग का दिखाई देता है?
A. अरुण B. वरुण
C. बृहस्पति D. शुक्र

18 पृथ्वी के अतिरिक्त किस ग्रह पर मानव उपस्थिति की सम्भावना है?
A. शुक्र B. बुध
C. शनि D. मंगल

19 पृथ्वी में कितने प्रकार की गतियाँ हैं?
A. तीन B. एक
C. चार D. दो

20 सौर्य दिन और नक्षत्र दिन के बारे में कौन-सा कथन सही है?
A. दोनों की अवधि समान होती है
B. सौर दिवस की अवधि नक्षत्र दिवस से अधिक होती है
C. सौर दिवस की अवधि नक्षत्र दिवस से कम होती है
D. दोनों के मध्य कोई सम्बन्ध नहीं है

21 अन्तर्राष्ट्रीय तिथि रेखा कहाँ-से होकर गुजरती है?
A. 90° पश्चिमी देशान्तर के ठीक सहारे
B. 180° पूर्व/पश्चिम के सहारे, परन्तु भू-खण्डों से बचकर
C. 90° पूर्वी देशान्तर के ठीक सहारे
D. प्रधान देशान्तर के सहारे, लेकिन भू-खण्डों से बचकर

22 निम्नलिखित युग्मों में से कौन-से युग्म सुमेलित नहीं हैं?
(*a*) शीत अयनांत – 22 दिसम्बर
(*b*) ग्रीष्म अयनांत – 21 मार्च
(*c*) पतझड़ विषुव – 21 जून
(*d*) वसंत विषुव – 23 सितम्बर
A. (*b*), (*c*) एवं (*d*) B. (*a*), (*b*) एवं (*c*)
C. (*a*), (*b*) एवं (*d*) D. (*a*) एवं (*d*)

23 किस वैज्ञानिक ने पृथ्वी को गेंद के समान गोल बताया?
A. कॉपरनिकस B. गैलीलियो
C. इरेटॉस्थनीज D. अरस्तू

24 पृथ्वी अपने किस अक्ष तल पर झुका हुआ कोण बनाती है?
A. 85° B. $66\frac{1^\circ}{2}$
C. 0° D. $33\frac{1^\circ}{2}$

25 जब किसी मध्याह्न रेखा पर उत्तरोत्तर सूर्य दो बार गुजरता है तो उसे कहते हैं–
A. अधिसौर B. पूर्णसौर
C. सौरदिवस D. उपर्युक्त में से कोई नहीं

26 कौन-सा शब्द पृथ्वी की सूर्य से निकटतम स्थिति को दर्शाता है?
A. संक्रान्ति B. विषुव
C. उपसौर D. अपसौर

27 किस दिन पृथ्वी से सूर्य की दूरी निकटतम होती है ?
A. 3 जनवरी B. 22 दिसम्बर
C. 21 मार्च D. 4 जुलाई

28 जब फिलीपीन्स में 6 बजे अपराह्न का समय होता है तो उस समय पनामा में क्या समय होगा?
A. 6 बजे अपराह्न B. 6 बजे पूर्वाह्न
C. 10 बजे पूर्वाह्न D. 2 बजे अपराह्न

29 मकर संक्रान्ति के समय सूर्य किस स्थान पर सीधा चमकता है?
A. कर्क रेखा पर B. विषुवत रेखा पर
C. मकर रेखा पर D. ध्रुवों पर

30 विषुवत रेखा से ध्रुवों की ओर जाने पर ग्रीष्म काल में दिन की अवधि–
A. बढ़ती है
B. घटती है
C. बराबर रहती है
D. पहले बढ़ती है और फिर घटती है

31 सौर परिवार के निम्न ग्रहों में से कौन-सा ग्रह सबसे अधिक ठंडा है?
A. बुध B. पृथ्वी
C. नैप्च्यून D. मंगल

32 जब सूर्य तथा चन्द्रमा के बीच पृथ्वी आ जाती है तब पड़ता है–
A. पूर्ण ग्रहण B. सूर्य ग्रहण
C. चन्द्र ग्रहण D. खण्ड ग्रहण

33 किस दिन सूर्य ग्रहण पड़ता है?
A. पूर्णिमा के दिन B. पंचमी के दिन
C. नवमी के दिन D. अमावस्या के दिन

34 किस जगह से प्रधान मध्याह्न रेखा होकर गुजरती है?
A. ग्रीनविच B. पर्थ
C. ग्रीनलैण्ड D. सिडनी

35 किस देशान्तर से भारत का मानक समय निर्धारित किया जाता है?
A. 80° पूर्वी देशान्तर B. 90° पूर्वी देशान्तर
C. $23\frac{1^\circ}{2}$ पूर्वी देशान्तर D. $82\frac{1^\circ}{2}$ पूर्वी देशान्तर

36 अन्तर्राष्ट्रीय तिथि रेखा कितनी बार मुड़ती है?
A. एक बार B. दो बार
C. तीन बार D. चार बार

37 ग्रीनविच में दोपहर के 12 बजे हैं तो न्यूयार्क में क्या समय होगा?
A. प्रात: 7.00 B. प्रात: 8.10
C. प्रात: 7.50 D. प्रात: 7.04

38 1° देशान्तर की सर्वाधिक दूरी कहाँ पर होगी?
A. 45° अक्षांश पर B. मकर रेखा पर
C. विषुवत रेखा पर D. कर्क रेखा पर

39. मध्य रात्रि का सूर्य कौन-सी प्राकृतिक घटना का परिणाम माना जाता है?

A. सूर्य के आभासी तल की ओर पृथ्वी की धुरी का झुकाव
B. विषुवत रेखा से दूरी
C. मौसम का परिवर्तन
D. ध्रुवों के निकट सूर्य की परिक्रमा धीमी होना

40. ग्रीष्म तथा शीत ऋतु में किस कारण दिन की अवधि में अंतर आता है?

A. सूर्य के अपने स्थान पर घूमने से
B. पृथ्वी के कक्षा में भ्रमण से
C. पृथ्वी के धुरी पर झुकाव से
D. पृथ्वी के धुरी पर भ्रमण से

41. पृथ्वी द्वारा अपनी धुरी पर एक निश्चित तारे के सापेक्ष में एक घूर्णन पूरा करने में लगा समय कहलाता है–

A. सौर दिवस B. पृथ्वी दिवस
C. नक्षत्र दिवस D. ग्रह दिवस

निर्देश: (प्रश्न सं. 42 से 44 तक)

A. (A) तथा (R) दोनों सही हैं, तथा (R), (A) का सही स्पष्टीकरण है।
B. (A) एवं (R) दोनों सही हैं, परन्तु (R), (A) का सही स्पष्टीकरण नहीं है।
C. (A) सही है, परन्तु (R) गलत है।
D. (A) गलत है, परन्तु (R) सही है।

42. कथन (A) : चाँद का सदैव एक अभिन्न फलक ही पृथ्वी की ओर अभिमुख होता है।

कारण (R) : चाँद अपने अक्ष पर 23½ दिवस में घूर्णन पूरा करता है, जो लगभग उतनी ही अवधि है जिसमें वह पृथ्वी की परिक्रमा पूरी करता है।

43. कथन (A) : शुक्र (वीनस) ग्रह पर मानव जीवन का होना अत्यधिक असंभव है।

कारण (R) : शुक्र के वायुमंडल के कार्बन डाईऑक्साइड का अत्यधिक उच्च स्तर है।

44. कथन (A) : पृथ्वी पर एक स्थान से बढ़ते हुए अक्षांश वाले दूसरे स्थान पर किसी वस्तु का वजन घटता है।

कारण (R) : पृथ्वी एक परिशुद्ध गोला नहीं है।

45. कौन-सा कथन पृथ्वी की गोल आकृति को प्रमाणित नहीं करता है?

A. अगर धरती चपटी होती तो इसके खड़े किनारे दिखाई पड़ते
B. सूर्योदय सर्वत्र एक साथ नहीं होता
C. सूर्य ग्रहण के समय दिखने वाली पृथ्वी की परछाईं गोल होती
D. विभिन्न तारों की ऊँचाई अलग-अलग स्थानों से अलग-अलग होती

46. चीन में खोजे गये जीवावशेष अंटार्कटिका में पाए जाने वाले जीवावशेष से मिलते-जुलते हैं एवं दोनों एक ही समय के हैं, इसका अर्थ है कि–

A. चीन एवं अंटार्कटिका प्राचीनकाल में एक साथ जुड़े थे
B. चीन अंटार्कटिका से अलग होकर वर्तमान अवस्थिति को पहुँचा है
C. किसी समय दोनों स्थल द्वारा जुड़े हुए थे
D. अंटार्कटिका में किसी समय जन्तुओं का निवास स्थान था

47. महाविस्फोटक सिद्धान्त का श्रेय किस वैज्ञानिक को जाता है?

A. केन्डी B. होयल
C. लिमैत्रे D. गोल्ड

48. पृथ्वी का भूमध्यरेखीय व्यास कितना है?

A. 12856 किमी. B. 12760 किमी.
C. 12756 किमी. D. 12714 किमी.

49. पृथ्वी का ध्रुवीय व्यास कितना है?

A. 12712 किमी. B. 12513 किमी.
C. 12756 किमी. D. 12518 किमी.

50. कशेरुकी वाले जीवों का कल्प किस कल्प को कहा जाता है?

A. परमियन B. कार्बोनीफेरस
C. सिल्यूरियन D. डिवोनियन

51. किसे मत्स्य कल्प कहा जाता है?

A. कार्बोनीफेरस B. परमियन
C. सिल्यूरियन D. डिवोनियन

52. किस कल्प में उभयचारी जीवों का विकास हुआ था?

A. कार्बोनीफेरस B. परमियन
C. डिवोनियन D. सिल्यूरियन

53. प्रथम जीव की उत्पत्ति कहाँ हुई?

A. वायु में B. जल में
C. स्थल पर D. भूगर्भ में

54. स्तनपोशी जीवों का विकास किस युग में हुआ?

A. ट्रियासिक B. जूरैसिक
C. परमियन D. क्रिटेशियस

55. डाइनोसोर्स जीव का प्रादुर्भाव किस भूगार्भिक इतिहास के युग की घटना है?

A. क्रिटेशियस B. ट्रियासिक
C. जूरैसिक D. कार्बोनीफेरस

56. एल्पाइन हलचल किस भूगार्भिक इतिहास के महाकल्प में आई?

A. आद्य महाकल्प B. नवजीव महाकल्प
C. पुराजीव महाकल्प D. उपर्युक्त में से कोई नहीं

57. पृथ्वी के धरातल से केन्द्र की ओर जाने पर–

A. पदार्थों का भार घटता है
B. पदार्थों का भार बढ़ता है
C. पदार्थों का भार घटता-बढ़ता है
D. पदार्थों का भार समान रहता है

58. कितने फीट की गहराई पर पृथ्वी के आन्तरिक भाग में 1° तापमान की बढ़ोतरी होती है?

A. 37 फीट पर B. 32 फीट पर
C. 30 फीट पर D. 36 फीट पर

59 कौन-सा पृथ्वी की परतों का सही क्रम है?
A. सीमा, नीफे, सिआल B. नीफे, सिआल, सीमा
C. सिआल, सीमा, नीफे D. सीमा, सिआल, नीफे

60 पृथ्वी का आतंरिक कोर किस अवस्था में पाया जाता है?
A. कठोर B. तरल
C. गैसीय D. प्लास्टिक

61 निम्नलिखित में से कौन-सा जोड़ा गलत है?
A. सिलिका एवं मैग्नीशियम–सीमा
B. सिलिका एवं मैंगनीज–सीमा
C. निकेल एवं फेरस–नीफे
D. सिलिका एवं एल्युमिनियम–सिआल

62 निम्नलिखित में से समस्थिति का क्या अर्थ है?
A. ऊँचे उठे भू-आकार और गहराई पर स्थित सागरों के मध्य भौतिक और यान्त्रिक स्थिरता
B. गहराई पर स्थित सागरों तथा ऊँचे उठे भू-आकार के मध्य स्थिरता की दशा
C. गहराई पर स्थित सागरों तथा ऊँचे उठे भू-सागर के बीच यान्त्रिक स्थिरता की दशा
D. उपर्युक्त में से कोई नहीं

63 ''ग्रहाणुओं के अनियमित रूप से संग्रहीत होने से महाद्वीप तथा महासागरों की उत्पत्ति हुई।'' यह किसका कथन है?
A. होम्स B. चैम्बरलिन
C. केल्विन D. सोलास

64 चतुष्फलकीय पृथ्वी के–
A. उभरे हुए कोनों पर महासागर और चपटे भागों पर महाद्वीप बने
B. उभरे हुए कोनों पर पहाड़ तथा निचले भागों पर सागर बने
C. उभरे हुए कोनों पर महाद्वीप और चपटे भागों पर महासागर बने
D. उपर्युक्त में कोई भी सत्य नहीं है

65 वलन के नीचे धँसे हुए भाग को किस नाम से जाना जाता है?
A. घाटी B. अपनति
C. अभिनति D. ढाल

66 स्थल सेतु सिद्धान्त किस वैज्ञानिक की देन है?
A. चैम्बरलिन B. ग्रेगरी
C. जीन्स D. होम्स

67 वेगनर का महाद्वीपीय विस्थापन का सिद्धान्त किस पर आधारित है?
A. जलवायु की स्थिरता तथा महाद्वीपों का विस्थापन
B. महाद्वीपों की परिवर्तनशीलता तथा जलवायु की स्थिरता
C. जलवायु की परिवर्तनशीलता एवं महाद्वीपों की स्थिरता
D. उपर्युक्त में से कोई नहीं

68 महाद्वीपों का विस्थापन किस शक्ति द्वारा सम्पन्न हुआ?
A. केन्द्रोमुखी
B. गुरुत्वाकर्षण
C. केन्द्रोपसारी
D. उपर्युक्त में से किसी भी शक्ति से नहीं

69 भूपर्पटी में सर्वाधिक प्रतिशत पाया जाता है–
A. ऑक्सीजन B. सिलिका
C. हाइड्रोजन D. नाइट्रोजन

70 ग्रेफाइट कौन-सा खनिज है?
A. सिलिकन प्रधान B. ऑक्सीजन प्रधान
C. कार्बन प्रधान D. मैग्नेटाइट

71 पृथ्वी के स्थलमण्डल का लगभग कितना प्रतिशत भाग अवसादी चट्टानों से ढका है?
A. तीन-चौथाई B. एक-चौथाई
C. दो-चौथाई D. तीन-चौथाई से अधिक

72 आग्नेय शैलों को क्या कहा जाता है?
A. मौलिक शैल B. कठोर शैल
C. गौण शैल D. कायान्तरित शैल

73 ग्रेनाइट कौन-सी शैल है?
A. अधिवितलीय B. वहिर्वेधी
C. पातालीय D. धरातलीय

74 छत्रशिला का निर्माण किस जमाव के कारण होता है?
A. परतदार लावा जमाव के कारण से
B. समतल लावा जमाव के कारण से
C. नतोदर लावा जमाव के कारण से
D. उन्नतोदर लावा जमाव के कारण से

75 निम्नलिखित में से कौन-सी विशेषता आग्नेय शैल की नहीं है?
A. यह स्तर युक्त होती है B. यह रवेदार होती है
C. यह सघन होती है D. यह अरन्ध्री होती है

76 अवसादी शैलों को दूसरे किस नाम से जाना जाता है?
A. अरन्ध्री शैलें B. कायान्तरित शैलें
C. स्तरित शैलें D. अस्तरित शैलें

77 बालू का पत्थर कौन-सी अवसादी शैल है?
A. यान्त्रिक क्रियाओं से निर्मित शैल
B. कार्बन प्रधान शैल
C. चूना प्रधान शैल
D. जैविक तत्वों से निर्मित शैल

78 किसमें बालू का पत्थर कायान्तरण होता है?
A. क्वार्ट्जाइट B. स्लेट
C. संगमरमर D. नीस

79 स्लेट किसमें कायान्तरित होती है?
A. शिस्ट B. हीरा
C. फाइलाइट D. ग्रबोनीस

80 लिग्नाइट कोयला किसमें कायान्तरित होता है?
A. पीट B. एन्थ्रेसाइट
C. हीरा D. अभ्रक

81 निम्नलिखित में से विध्वंसकारी बल कौन-सा बल है?
A. बाह्यजात बल
B. अन्तर्जात बल
C. वलन
D. पर्वतक्रम बल

82. सागरीय अपरदन के लिए उपयुक्त दशाएँ हैं?
A. खड़ा कगार वाला तट
B. कठोर एवं मुलायम चट्टानों का स्तर
C. लगातार तरंगों का टकराना
D. उपर्युक्त सभी

83. भूखण्ड में दरार पड़ने पर जब दोनों खण्ड प्रतिकूल दिशा में सरकते हैं तो उसे क्या कहा जाता है?
A. उत्क्रम भ्रंश B. सोपान भ्रंश
C. नतिलम्ब भ्रंश D. सामान्य भ्रंश

84. एशिया का मृत सागर किस प्रकार की घाटी का उदाहरण है?
A. रिफ्ट घाटी B. ग्रेबन
C. लम्बवत घाटी D. उपर्युक्त में से कोई नहीं

85. संसार की सबसे लम्बी भ्रंश घाटी है?
A. पूर्वी अफ्रीकी (चट्टान) भ्रंश B. दामोदर घाटी भ्रंश
C. राइन नदी घाटी भ्रंश D. कैलिफोर्निया भ्रंश

86. जब गतिशील साधनों के साथ कंकड़, गोलाश्म, पत्थर इत्यादि बहते हुए जल द्वारा घिसकर काटे जाते हैं, तो वह क्रिया क्या कहलाती है?
A. सन्निघर्षण B. जलगति क्रिया
C. अपघर्षण D. अपवाहन

87. स्थलाकृतियाँ किसका प्रतिफल हैं?
A. प्रक्रम, अवस्था एवं संरचना
B. संरचना, प्रक्रम एवं अवस्था
C. अवस्था, प्रक्रम एवं संरचना
D. उपर्युक्त में से कोई भी नहीं

88. किस अवस्था में संकरी, गहरी और तंग घाटियों का निर्माण नदी द्वारा किया जाता है?
A. प्रौढ़ावस्था B. वृद्धावस्था
C. तरुणावस्था D. युवावस्था

89. नदी युवावस्था में कौन-सी आकृति नहीं बनाती है?
A. कैनियन B. एस्चुरी
C. जलप्रपात D. गार्ज

90. जब नदी उत्थान से पूर्व अपने बहने के मार्ग को बरकरार रखती है, तो इस प्रक्रिया को क्या कहा जाता है?
A. प्रत्यानुवर्ती अपवाह B. अनुवर्ती अपवाह
C. अध्यारोपित अपवाह D. पूर्ववर्ती अपवाह

91. जलप्रपात का निर्माण किन शैलों वाले पत्र-क्षेत्रों में होता है?
A. कठोर एवं कोमल शैल B. परतदार शैल
C. कोमल शैल D. कठोर शैल

92. मैदानी भाग में मन्द ढाल के कारण नदी का प्रवाह धीमा हो जाता है तथा नदी थोड़ा-सा अवरोध आने पर भी मोड़ खाकर बहना शुरू कर देती है। इस प्रकार के टेढ़े-मेढ़े बहाव से नदी मार्ग में क्या आकृति बनती है?
A. नदी विसर्पण B. नदी क्षिप्रिका
C. नदी अपहरण D. नदी परिच्छेदिका

93. कहाँ पर जलोढ़ शंकु का निर्माण होता है?
A. नदी तट
B. समतल मैदान पर
C. पर्वतीय ढालों पर
D. उपर्युक्त में से किसी पर नहीं

94. दिए गए आस्ट्रेलिया के मानचित्र में 'y' द्वारा प्रदर्शित छायांकित प्रदेश है–

A. माउंट ईसा B. ब्रोकेन हिल
C. हैमरस्ले रेंज D. वाइपा क्षेत्र

95. नील नदी का डेल्टा किस आकार का है?
A. पंजाकार B. प्रगतिशील
C. रूण्डित D. चापाकर

96. मिसीसिपी नदी का डेल्टा किस आकार का है?
A. ज्वारनदमुखी B. अग्रवर्द्धी
C. पंजाकार D. प्रगतिशील

97. गंगा नदी का डेल्टा किस आकार का है?
A. अग्रवर्द्धी B. पलियुक्त
C. ज्वारनदमुखी D. प्रगतिशील

98. भूमिगत जल का वह क्षेत्र जहाँ जल एकत्रित रहता है, किस नाम से जाना जाता है?
A. संतृप्त मण्डल B. जलभरा
C. भौम जलस्तर D. कुआँ

99. विश्व का सबसे बड़ा पाताल तोड़ कूप-क्षेत्र पाया जाता है?
A. हिमालय के पर्वत पदीय क्षेत्र में
B. आस्ट्रेलिया के मर्रे डार्लिंग बेसिन में
C. अमेजन बेसिन में
D. इनमें से कोई नहीं

100. चूने के प्रदेश में घोल रन्ध्र का निर्माण किस प्रक्रिया द्वारा होता है?
A. नाइट्रोजन की घुलन क्रिया द्वारा
B. कार्बन-डाईऑक्साइड की घुलन क्रिया द्वारा
C. हीलियम की घुलन क्रिया द्वारा
D. ऑक्सीजन की घुलन क्रिया द्वारा

101. कन्दरा का निर्माण किस क्रिया द्वारा होता है?
A. घुलन क्रिया तथा जलगति द्वारा
B. घुलन क्रिया तथा सन्निघर्षण द्वारा
C. घुलन क्रिया तथा अपघर्षण द्वारा
D. अपघर्षण एवं जलगति द्वारा

102. जब स्टेलैक्टाइट एवं स्टेलैग्माइट एक-दूसरे के पास आकर आपस में मिल जाते हैं, तो उन्हें क्या कहा जाता है?

A. कन्दरा B. गुफा स्तम्भ
C. चूर्णकूट D. प्राकृतिक पुल

103. चूने के प्रदेश में जब निक्षेप ऊपर की ओर विकसित होता है तो उसे किस नाम से जाना जाता है?

A. निश्चुताश्म B. आश्चुताश्म
C. गुफा स्तम्भ D. हेलिक्लाइट

104. पर्वत शिखरों पर हिम का जमाव क्या कहलाता है?

A. हिम चादर B. गिरिपदीय हिमानी
C. पर्वतीय हिमानी D. हिमटोपी

105. हिम क्षेत्र की ऐसी घाटी जिसकी तली सपाट, चौरस तथा पार्श्व खड़े ढालयुक्त होती है, किस घाटी के नाम से जानी जाती है?

A. U आकार की घाटी B. V आकार की घाटी
C. लटकती घाटी D. हिम गह्वर

106. हिम क्षेत्र में गहरी आराम कुर्सी की आकृति क्या कहलाती है?

A. तीक्ष्ण कटक B. टार्न
C. हार्न D. सर्क

107. पवन अपघर्षण के कारण निर्माण होता है–

A. पवन गवाक्ष का B. छत्रकशिला का
C. इन्सेलबर्ग का D. प्लाया का

108. बालूका स्तूप क्या है?

A. स्थिर तथा गतिहीन आकृति का स्तूप
B. अस्थिर तथा गतिहीन आकृति का स्तूप
C. अस्थिर तथा गतिशील स्तूप
D. स्थिर तथा गतिशील आकृति का स्तूप

109. महाद्वीपीय मग्नतट का उथला भाग, जो जलमग्न रहता है, क्या कहलाता है?

A. निम्न किनारा B. बाह्य किनारा
C. तट D. अग्र किनारा

110. सुनामी किससे संबंधित है?

A. हिमानी से B. सागर में भूकंप से
C. भूकम्प से D. प्रवाहित जल से

111. निम्नलिखित कथनों में से कौन-सा सही नहीं है?

A. ऐसी खाड़ियाँ, जिनका अग्रभाग संकीर्ण तथा पिछला भाग चौड़ा होता है, में उच्च ज्वार आते हैं
B. जब कोई खाड़ी खुले सागर में संकीर्ण चैनल द्वारा जुड़ी होती है तब वहाँ ज्वारीय धाराएँ आती हैं
C. जब ज्वार किसी नदी की संकीर्ण तथा उथली ज्वारनदमुख में प्रवेश करती है तब ज्वारीय भित्ति बनती है
D. हुगली नदी के मुख पर उसकी ज्वारीय प्रकृति कोलकाता बन्दरगाह के लिए अति महत्वपूर्ण है

112. अपतट रोधक का निर्माण कहाँ पर होता है?

A. तट से दूर B. सागरीय तल के समीप
C. तट के नजदीक D. तट पर

113. (*a*), (*b*), (*c*) एवं (*d*) के रूप में चिह्नित अपवाह द्रोणियों को नीचे सूची में दिए गए नामों के साथ सुमेलित कीजिए और अपवाह द्रोणियों के नामों के नीचे दिए गए कूट का प्रयोग करते हुए सही उत्तर चुनिए–

अपवाह द्रोणियों के नाम

1. गंगा, ब्रह्मपुत्र 2. सिंधु
3. पराना 4. जाम्बेजी

अपवाह द्रोणिया

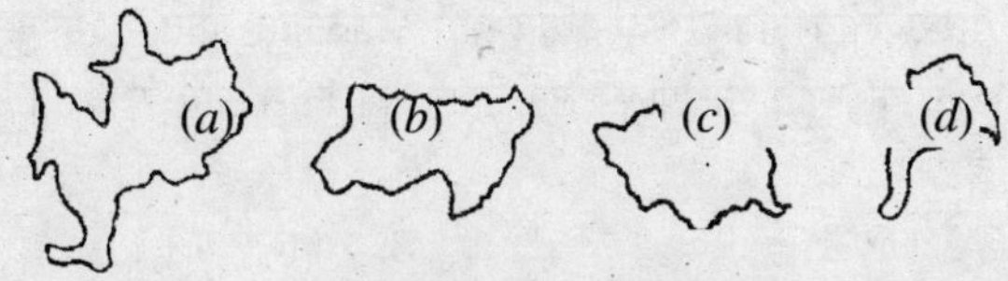

पैमाने के अनुसार नहीं

कूट :

	(*a*)	(*b*)	(*c*)	(*d*)
A.	3	1	2	4
B.	1	3	4	2
C.	1	3	2	4
D.	3	1	4	2

114. ज्वालामुखी उद्‌भेदन के समय कौन-सी गैस नहीं निकलती है?

A. हाइड्रोजन B. अमोनिया
C. कार्बन-डाईऑक्साइड D. ऑक्सीजन

115. विश्व के 75% ज्वालामुखी किस पेटी में पाये जाते हैं ?

A. हिन्द महासागरीय पेटी में
B. भूमध्यसागरीय पेटी में
C. परिप्रशान्त महासागरीय पेटी में
D. अटलांटिक महासागरीय पेटी में

116. इटली का एटना ज्वालामुखी किस प्रकृति का है?

A. केन्द्रीय उद्‌भेदन B. सक्रिय
C. शान्त D. प्रसुप्त

117. निम्नलिखित पेटी में से किसे अग्नि वृत्त कहा जाता है?

A. मध्यमहाद्वीपीय पेटी
B. हिन्द महासागरीय पेटी
C. परिप्रशान्त महासागरीय पेटी
D. अटलांटिक महासागरीय पेटी

118. किस ज्वालामुखी को भूमध्यसागर का प्रकाश स्तम्भ कहा जाता है?

A. स्ट्राम्बोली B. एटना
C. विसूवियस D. एजियान

119. उस स्थान को क्या कहा जाता है, जहाँ से भूकम्प लहरों की उत्पत्ति होती है?

A. उद्गम केन्द्र B. उत्पत्ति क्षेत्र
C. अधिकेन्द्र D. उपरोक्त में से कोई नहीं

120. धरातल के जिस बिन्दु पर भूकम्पी लहरों का ज्ञान सबसे पहले होता है तथा लहरों से सर्वाधिक प्रभावित होता है, उसे क्या कहा जाता है?
A. अभिकेन्द्र B. उद्गम केन्द्र
C. अधिकेन्द्र D. उपर्युक्त में से कोई नहीं

121. समान तीव्रता तथा आघात वाली भूकम्पीय तरंगों को क्या कहा जाता है?
A. भूकम्प रेखाएँ B. सह-भूकम्प रेखाएँ
C. सम-भूकम्प रेखाएँ D. अभिकेन्द्र

122. मरुस्थलीय क्षेत्रों से दूर, वायु द्वारा अपवाहित अति सूक्ष्म कणीय धूल के बृहत् निक्षेपों से बने मैदान को किस नाम से जाना जाता है?
A. लोयस B. सीफ स्टप
C. बालुका स्टप D. बरखान

123. अनाच्छादन से क्या तात्पर्य है?
A. चट्टानों में सम्पीडन और तनाव की क्रियाएँ
B. अपक्षय तथा अपरदन क्रियाएँ
C. यान्त्रिक विघटन तथा रासायनिक अपघटन
D. हिमानी, नदी तथा हवा द्वारा अपरदन

124. पृथ्वी के धरातल पर 700 मीटर से अधिक ऊँचे भाग को क्या कहा जाता है?
A. मैदान B. पर्वत
C. पठार D. घाटी

125. कटकों, शिखरों तथा घाटियों से युक्त पहाड़ियों का लम्बा क्रम क्या कहलाता है?
A. पर्वत समूह B. पर्वत तन्त्र
C. पर्वत श्रेणी D. पर्वत शृंखला

126. विश्व के सबसे ऊँचे पर्वतों का निर्माण किस हलचल के दौरान हुआ है?
A. अल्पाइन हलचल B. हर्सिनियन हलचल
C. कैलीडोनियन हलचल D. चर्नियन हलचल

127. दो समानान्तर स्थल के मध्य का भाग ऊपर उठने या आसपास के भाग के नीचे धँसने से बनने वाले पर्वत को कहा जाता है–
A. संग्रहीत पर्वत B. ब्लाक पर्वत
C. गुम्बदाकार पर्वत D. अवशिष्ट पर्वत

128. कौन-सा पठार ज्वालामुखी क्रिया से निर्मित नहीं है?
A. कोलम्बिया का पठार B. तिब्बत का पठार
C. पैंटेगोनिया का पठार D. ब्राजील का पठार

129. भारत का छोटानागपुर का पठार किस प्रकार का पठार है?
A. चौरस B. शुष्क
C. विच्छेदित D. गुम्बदाकार

130. पाकिस्तान में स्थित पोटवार का पठार किस प्रकार से निर्मित पठार है?
A. नदी से निर्मित B. हिमानी से निर्मित
C. पवन से निर्मित D. ज्वालामुखी से निर्मित

131. पठारी प्रदेशों में कौन-से ख़निज पदार्थ का अभाव होता है?
A. कोयला B. मैंगनीज
C. लौह अयस्क D. खनिज तेल

132. दो कन्दराओं के फैलकर एकाकार हो जाने पर बनी रचना कहलाती है–
A. प्राकृतिक मेहराब B. तटीय भृगु
C. तटीय कन्दरा D. स्टैक

133. दक्षिण भारत का पठार किस वर्ग में शामिल है?
A. आर्द्र पठार B. महाद्वीपीय पठार
C. अन्तपर्वतीय पठार D. तटीय पठार

निर्देश: (प्रश्न सं. 134 से 141 तक)
A. (A) तथा (R) दोनों सही हैं, तथा (R), (A) का सही स्पष्टीकरण है।
B. (A) एवं (R) दोनों सही हैं, परन्तु (R), (A) का सही स्पष्टीकरण नहीं है।
C. (A) सही है, परन्तु (R) गलत है।
D. (A) गलत है, परन्तु (R) सही है।

134. कथन (A) : एक नवानुवर्ती भ्रंश रेखा कगार में अधोपात भाग से निचली भूमि का निर्माण होगा।
कारण (R) : वर्तमान अपरदन तल पर अधोपात भाग में विद्यमान चट्टान मुलायम होती है।

135. कथन (A) : प्रशांत महासागर के पूर्वी भाग में संकरे महाद्वीपीय मग्न तट पाए जाते हैं।
कारण (R) : प्रशांत महासागर के पूर्वी तट के समानांतर मोड़दार पर्वतों की शृंखला स्थित है।

136. कथन (A) : पृथ्वी के आंतरिक भाग की संरचना को भूकंपी तरंगों की सहायता से मालूम किया जाता है।
कारण (R) : 'S' तरंगें, ठोस, तरल और गैस में चलती हैं, जबकि 'P' तरंगें केवल ठोस में चलती हैं।

137. कथन (A) : अक्साई चिन लद्दाख प्रदेश का सबसे निर्जन एवं शुष्कतम भाग है।
कारण (R) : सम्पूर्ण क्षेत्र में अत्यधिक वातोढ़ अपरदन की छाप है।

138. कथन (A) : भूमध्य रेखा के ऊपर वायुमण्डल की मोटाई अधिकतम है।
कारण (R) : भूमध्य रेखा के ऊपर उच्च सूर्यातपन तथा तीव्र संवहनीय धाराएँ बहती हैं।

139. कथन (A) : वायुमण्डल में नमी की मात्रा अक्षांश से सम्बद्ध है।
कारण (R) : नमी को जलवाष्प के रूप में रखने की क्षमता तापमान से सम्बद्ध है।

140. कथन (A) : वार्षिक ताप परिसर स्थल क्षेत्रों के ऊपर अपेक्षाकृत अधिक होता है।
कारण (R) : स्थल क्षेत्र जलमंडलों की अपेक्षा शीघ्र गर्म और ठण्डे होते हैं।

141. कथन (A) : मरुस्थलीय प्रदेशों में अत्यधिक दैनिक तापांतर पाया जाता है।
कारण (R) : मरुस्थलीय प्रदेशों में वायुमण्डल में जलवाष्प की कमी होती है।

142. किसे वायुमण्डल की संरचना में शामिल नहीं किया जाता है?
A. जलवाष्प B. धूल के कण
C. गैस D. वायु

143. वायुमंडल का सर्वाधिक भाग किस मण्डल में स्थित है?
A. क्षोभ मण्डल या परिवर्तन मण्डल में
B. समताप मण्डल में
C. आयन मण्डल में
D. ओजोन मण्डल में

144. सूर्य से विकरित अत्यन्त गर्म पराबैंगनी किरणों को वायुमण्डल के किस भाग द्वारा ग्रहण कर लिया जाता है?
A. परिवर्तन मण्डल B. समताप मण्डल
C. आयन मण्डल D. ओजोन मण्डल

145. कौन-सा मण्डल रेडियो तरंगों को परावर्तित करता है?
A. ओजोन मण्डल B. समताप मण्डल
C. परिवर्तन मण्डल D. आयन मण्डल

146. तापमान की स्थिरता वायुमण्डल की किस परत में पायी जाती है?
A. समताप मण्डल B. क्षोभ मण्डल
C. आयन मण्डल D. बाह्य मण्डल

147. वायुमण्डल की किस पेटी को घोड़े के अक्षांश के नाम से जाना जाता है?
A. उपोष्ण उच्च वायुदाब की पेटी
B. ध्रुवीय उच्च वायुदाब की पेटी
C. विषुवत रेखीय निम्न वायुदाब की पेटी
D. उपध्रुवीय निम्न वायुदाब की पेटी

148. जलवाष्प को जल में परिवर्तित करने की क्रिया को क्या कहा ज़ाता है?
A. वाष्पीकरण B. संवहन
C. विकिरण D. संघनन

149. निम्न में से कौन-सा घटते क्रम में सही सजा है?
A. वायुमंडल, जलमंडल, स्थलमंडल, आंतरिकमंडल
B. आंतरिकमंडल, जलमंडल, स्थलमंडल, वायुमंडल
C. जलमंडल, वायुमंडल, स्थलमंडल, आंतरिकमंडल
D. उपर्युक्त में से कोई नहीं

150. सूर्य का मध्य भाग क्या कहलाता है?
A. स्थल मण्डल B. समताप मण्डल
C. वर्ण मण्डल D. प्रकाश मण्डल

151. कहाँ सूर्य की किरणें कभी भी समकोण पर नहीं होंगी?
A. श्रीनगर B. मुम्बई
C. चेन्नई D. तिरुवनन्तपुरम

152. आस्ट्रेलिया में सबसे लम्बा दिन होता है?
A. 21 जून को B. 22 सितम्बर को
C. 22 दिसम्बर को D. 23 मार्च को

153. वायुमण्डल मुख्यत: किससे गर्म होता है?
A. पृथ्वी के विकिरण द्वारा
B. पृथ्वी की गति के घर्षण से
C. सूर्य की सीधी किरणों से
D. पृथ्वी के अन्दर की ऊष्मा से

154. जलवाष्प की मात्रा पर सबसे अधिक प्रभाव किसका पड़ता है?
A. तापमान का
B. वायु का
C. वर्षा का
D. उपर्युक्त में से किसी का नहीं

155. कौन-सी सूर्य ताप की क्रिया धूल कणों द्वारा संपन्न नहीं होती?
A. विकिरण B. प्रकीर्णन
C. अवशोषण D. परावर्तन

156. किसी पदार्थ के ऊर्जा तरंगों के संचार द्वारा सीधे गर्म होने की प्रक्रिया कहलाती है–
A. गुप्त ऊष्मा B. संवहन
C. तापमान प्रतिलोमन D. विकिरण

157. समुद्र तल से ऊपर उठने पर तापमान में क्या होता है?
A. तापमान एक स्थापित दर से घटता-बढ़ता है
B. तापमान बढ़ता है
C. तापमान घटता है
D. तापमान स्थिर रहता है

158. वायुमण्डल को अधिकांश तापमान की प्राप्ति किससे होती है?
A. पार्थिव ऊर्जा से B. सूर्य विकिरण से
C. गुप्त ताप से D. लघु तरंग से

159. यदि पृथ्वी और अन्तरिक्ष के बीच से वायुमण्डल को हटा दिया जाए तो आकाश का रंग कैसा होगा?
A. काला B. लाल
C. नीला D. सफेद

160. निम्नलिखित में सही क्रम बताइये?
A. स्थलमण्डल, वैरोस्फीयर, पाइरोस्फीयर
B. स्थलमण्डल, पाइरोस्फीयर, वैरोस्फीयर
C. पाइरोस्फीयर, वैरोस्फीयर, स्थलमण्डल
D. उपर्युक्त में से कोई नहीं

161. नीचे सूची-I वर्षा और सूची-II में उनकी प्रकृतियाँ दी गई हैं। निम्न कूटों की सहायता से सही जोड़े बनाइये–

सूची-I	सूची-II
(*a*) बौछारों वाली वर्षा	1. संवहनीय
(*b*) तेज हवाओं के साथ होने वाली वर्षा	2. चक्रवातीय
(*c*) करीब पूर्णत: शान्त वर्षा	3. मानसूनी
(*d*) विनाशकारी वर्षा	4. पर्वतीय

कूट :

	(*a*)	(*b*)	(*c*)	(*d*)
A.	3	4	2	1
B.	1	4	3	2
C.	2	3	1	4
D.	1	4	2	3

162. पूरे साल एक दिशा में प्रवाहित होने वाली पवनें कहलाती हैं–

A. स्थानीय पवनें B. ध्रुवीय पवनें
C. सामयिक पवनें D. सनातनी पवनें

163. संसार के अलग-अलग हिस्सों में कुछ स्थानीय पवनें चलती हैं। निम्नलिखित में से कौन-सा जोड़ा गलत है?

A. लीबिया – गिवली
B. स्पेन – लेबीची
C. इटली का उत्तरी भाग – बोरा
D. टियूनिस – हव्नू

164. दहाड़ता चालीसा क्या है?

A. दक्षिणी गोलार्द्ध में 40° अक्षांश के पास का स्थान जहाँ तेज पछुआ हवाएँ चलती हैं
B. उष्णकटिबंधीय चक्रवात
C. एक भौगोलिक क्षेत्र
D. उपर्युक्त में से कोई नहीं

165. निम्नलिखित सूची-I को सूची-II में दिये गये तथ्यों से उचित मिलान कीजिए–

सूची-I	सूची-II
(a) समताप रेखाएँ	1. कम हवा के दबाव वाली रेखा
(b) समवर्षा रेखाएँ	2. पहाड़ों पर पाई जाने वाली बर्फ की निम्न रेखा
(c) समदाब रेखाएँ	3. समान तापक्रम वाले स्थानों को जोड़ने वाली रेखा
(d) हिम रेखाएँ	4. समान वर्षा के स्थानों को जोड़ने वाली रेखा
	5. हवा के समान दबाव वाले स्थानों को जोड़ने वाली रेखा

कूट :

	(a)	(b)	(c)	(d)
A.	2	3	4	5
B.	3	4	5	2
C.	1	3	2	4
D.	5	4	2	1

166. कौन-सी स्थायी पवन है?

A. स्थल समीर B. सिंधु समीर
C. मानसून D. पछुआ पवनें

167. व्यापारिक हवाएँ किन अक्षांशों के बीच बहती हैं ?

A. अश्व अक्षांशों से विषुवत रेखा की ओर
B. भूमध्य रेखा से उष्ण कटिबंध की ओर
C. उष्ण कटिबंध से ध्रुवीय क्षेत्रों की ओर
D. ध्रुवीय क्षेत्रों से उष्ण कटिबंध की ओर

168. अत्यधिक वर्षा प्रदान करने वाले मेघ कौन-से हैं ?

A. कपासी मेघ
B. वर्षी मेघ
C. स्तरी मेघ
D. पक्षाभ मेघ

169. आल्पस पर्वत की उच्च श्रेणियों से उतरकर घाटियों में कौन-सी पवनें बहती हैं?

A. चिनुक B. फोहन
C. बोरा D. सिरोको

170. किसी वायु के निश्चित आयतन पर उसमें उपस्थित आर्द्रता को क्या कहा जाता है?

A. विशिष्ट आर्द्रता B. सापेक्ष आर्द्रता
C. निरपेक्ष आर्द्रता D. उपर्युक्त में से कोई नहीं

171. भारत के उत्तरी राज्यों में शीत ऋतु में वर्षा किस प्रकार होती है?

A. संवहनीय B. चक्रवातीय
C. मानसूनी D. पर्वतीय

172. मानसून शब्द का क्या अर्थ है?

A. पवनों के दिशा का बदलना
B. पवनों का बहुत धीमी गति से बहना
C. पवनों का सदैव एक ही ओर बहना
D. पवनों का बहुत धीमी गति से बहना

173. फेरल के नियम के अनुसार पवनें अपनी दिशा किस ओर बदलती हैं?

A. उत्तरी गोलार्द्ध में बाईं ओर एवं दक्षिणी गोलार्द्ध में दाईं ओर
B. उत्तरी गोलार्द्ध में दाईं ओर तथा दक्षिणी गोलार्द्ध में दाईं ओर
C. उत्तरी गोलार्द्ध में दाईं ओर तथा दक्षिणी गोलार्द्ध में बाईं ओर
D. उत्तरी गोलार्द्ध में बाईं ओर तथा दक्षिणी गोलार्द्ध में दाईं ओर

174. वृष्टि छाया प्रदेश किसे कहा जाता है?

A. पर्वतों के पवन विमुख ढाल को
B. वर्षाविहीन क्षेत्र को
C. पर्वतों के पवनामुख ढाल को
D. पर्वतों के गिरिपद को

175. पछुआ वे अपरिवर्तनीय हवाएँ हैं, जो उत्तरी गोलार्द्ध में दक्षिण-पश्चिम से व दक्षिणी गोलार्द्ध में उत्तर-पश्चिम से बहती हैं–

A. भूमध्य रेखा की ओर
B. ध्रुवों की ओर
C. ध्रुवों और भूमध्य सागर के दोनों ओर
D. उपर्युक्त में से किसी भी ओर नहीं

176. उच्च दबाव वाली हवाएँ, जो केन्द्र से बाहर की ओर चलती हैं, क्या कहलाती हैं?

A. स्थानीय हवाएँ B. चक्रवात हवाएँ
C. प्रति चक्रवात हवाएँ D. उपर्युक्त में से कोई नहीं

177. निम्नलिखित में संवहन क्या है?

A. यह एक ऐसी प्रक्रिया है, जिसमें ऊर्जा का हस्तांतरण वायु व जलराशियों की गति द्वारा होता है
B. यह प्रक्रिया किसी भी तापमान के क्षेत्र में सम्पन्न होती है
C. यह सौर ऊर्जा के हस्तांतरण की एक अत्यंत सूक्ष्म प्रक्रिया है
D. इनमें से कोई नहीं

178. उस तूफान को क्या कहा जाता है, जिसमें पवनें नीचे से ऊपर की ओर चलती हैं?

A. प्रति चक्रवात B. तड़ित-चक्रवात
C. वाताग्र D. टाइफून

निर्देश: (प्रश्न सं. 179 से 187 तक)

A. (A) तथा (R) दोनों सही हैं, तथा (R), (A) का सही स्पष्टीकरण है।
B. (A) एवं (R) दोनों सही हैं, परन्तु (R), (A) का सही स्पष्टीकरण नहीं है।
C. (A) सही है, परन्तु (R) गलत है।
D. (A) गलत है, परन्तु (R) सही है।

179. कथन (A) : विषुवत रेखा के दोनों ओर 5° अक्षांश तक एक निम्न वायुदाब की पेटी पायी जाती है।
कारण (R) : इस डोलड्रम की पेटी में रात के समय संवहन धाराएँ चलती हैं।

180. कथन (A) : उत्तरी गोलार्द्ध में पवन प्रतिरूप दक्षिणावर्त तथा दक्षिणी गोलार्द्ध में पवन प्रतिरूप वामावर्त होते हैं।
कारण (R) : उत्तरी तथा दक्षिणी गोलार्द्धों में पवन-प्रतिरूपों की दिशाओं का निर्धारण कोरिओलिस प्रभाव से होता है।

181. कथन (A) : उष्ण मरुस्थल निरापवाद रूप से व्यापारिक पवन की पट्टियों में महाद्वीपों के पश्चिम की तरफ पाये जाते हैं।
कारण (R) : उष्णकटिबंधीय पट्टियों में जहाँ व्यापारिक पवन चलते हैं, वर्षा करने वाली आर्द्रतायुक्त हवाओं को रोकने हेतु पश्चिम की तरफ वस्तुत: उच्च स्थल नहीं हैं।

182. कथन (A) : प्रति चक्रवाती स्थितियाँ शीतऋतु में तब बनती हैं, जब वायुमंडलीय दाब उच्च होता है और वायुताप निम्न होता है।
कारण (R) : उत्तर भारत में शीतकालीन वर्षा से निम्न तापों वाली प्रति चक्रवाती स्थितियाँ पैदा होती हैं।

183. कथन (A) : दोनों गोलार्द्धों के 60°-65° अक्षांशों में उच्च दाब के बजाय निम्न दाब पट्टिका होती है।
कारण (R) : निम्न दाब क्षेत्र भूमि पर नहीं, बल्कि महासागरों पर स्थायी होते हैं।

184. कथन (A) : पृष्ठीय वायु चक्रवात के केन्द्र के ऊपर अभ्यांतर कुंडलित होती हैं।
कारण (R) : हवा चक्रवात के केन्द्र में अवरोधित होती है।

185. कथन (A) : भूमध्यरेखा के दोनों ओर 5° से 8° अक्षांश तक के क्षेत्रों में वर्षभर वर्षा होती है।
कारण (R) : उच्च तापमान तथा उच्च आर्द्रता के कारण भूमध्यरेखा के निकट अधिकतर दोपहर को संवहनी वर्षा होती है।

186. कथन (A) : प्रति चक्रवातों में वर्षा का सामान्यत: अभाव होता है।
कारण (R) : प्रति चक्रवातों में वाताग्र का अभाव होता है।

187. कथन (A) : उष्ण महासागरीय जलवायु प्रदेश मानव के अधिवास के लिए अपेक्षाकृत अधिक उपयुक्त है।
कारण (R) : यह जलवायु प्रदेश विनाशकारी उष्ण कटिबंधीय चक्रवातों से अप्रभावित रहता है।

188. संसार में टिन का सर्वाधिक उत्पादक राष्ट्र है–
A. चीन B. ऑस्ट्रेलिया
C. भारत D. मलेशिया

189. उत्पति के अनुसार झीलों के प्रकार हैं–
A. 3 B. 4
C. 5 D. 6

190. अपरदनात्मक झील का उदाहरण नहीं है–
A. बिलीबांग झील B. गोखुर झील
C. ग्रांड कुली झील D. डर्ग झील

191. निम्नलिखित में कौन विवर्त्तनिक झील का उदाहरण नहीं है?
A. सोनसकेसर झील B. क्रिस्टल स्प्रिंग झील
C. मृतसागर D. निकारागुआ झील

192. पोंचास्ट्रियन झील किसका उदाहरण है?
A. जलोढ़ पंख झील B. डेल्टा झील
C. रेफ्ट झील D. बाढ़ के मैदान की झील

193. डेन्यूब नदी कहाँ की नदी है?
A. अफ्रीका B. द. अमरीका
C. यूरोप D. एशिया

194. मीकांग नदी का उद्गम स्थल है–
A. तिब्बत B. आलप्स पर्वत
C. ग्रेट स्लेव झील D. एण्डिज पर्वत

195. पृथ्वी पर उपस्थित जल का कितने प्रतिशत महासागरों में स्थित है?
A. 97% B. 82.9%
C. 80.9% D. 79.8%

196. संसार का सबसे बड़ा महासागर कौन-सा है?
A. प्रशान्त महासागर B. अटलांटिक महासागर
C. आर्कटिक महासागर D. हिन्द महासागर

197. महासागर की जलधाराओं का एक प्रभाव यह होता है कि वे–
A. जल को समान रूप से बाँटती हैं
B. तटीय जलवायु को सम बनाती हैं
C. जलीय तापमान का समान वितरण करती हैं
D. उपर्युक्त में से कोई नहीं

198. समुद्री जल के खारे होने का एक महत्वपूर्ण लाभ क्या है?
A. इससे समुद्र का पानी नहीं जमता है
B. इससे लोगों को नमक उपलब्ध होता है
C. समुद्र के पानी का घनत्व नीचा हो जाता है
D. उपर्युक्त में से कोई नहीं

199. सामुद्रिक धाराओं की उत्पत्ति के लिए कौन-सा कारक जिम्मेदार नहीं है?
A. महासागरीय तल की बनावट
B. जल के घनत्व में अंतर
C. वायुदाब तथा हवाएँ
D. पृथ्वी का गुरुत्वाकर्षण एवं परिभ्रमण

200. महासागरीय लवणता का औसत प्रतिशत क्या है?
A. 30% B. 34%
C. 35% D. 37%

201. महासागर, उच्चावच के आधार पर चार भागों में विभाजित है। इसमें सर्वाधिक क्षेत्र किस उच्चावच द्वारा घिरा हुआ है?
A. महासागरीय गर्त B. गंभीर मैदान
C. महाद्वीपीय मग्नतट D. महाद्वीपीय ढाल

202. निम्नलिखित में से कौन-सी तीन गर्म धाराएँ हैं?
A. गल्फ स्ट्रीम, मोजाम्बिक, आयोशिवा
B. क्युरोशिवो, गल्फ स्ट्रीम, मोजाम्बिक
C. कैलीफोर्निया, क्युरोशिवो, क्युराइल
D. गल्फ स्ट्रीम, क्युराइल, क्युरोशिवो

203. समुद्र की गर्म धाराएँ–
A. भूमध्य रेखा की ओर चलती हैं
B. कर्क रेखा तथा मकर रेखा के बीच चलती हैं
C. ध्रुवों की ओर चलती हैं
D. उष्ण कटिबंध की ओर चलती हैं

204. उत्तरी अमेरिका में न्यूफाउण्डलैंड के पास का समुद्री भाग सामान्यतया कुहरे से घिरा रहता है। इसका कारण क्या है?
A. इस क्षेत्र से लेब्रोडोर की ठंडी समुद्री धारा बहती है
B. इस क्षेत्र के समीप से गल्फ स्ट्रीम की गर्म समुद्री धारा बहती है
C. इस क्षेत्र के समीप गल्फ स्ट्रीम गर्म धारा एवं लेब्रोडोर ठंडी धारा का मिलन होता है
D. उपर्युक्त में से सभी

205. हम्बोल्ट धारा किस तट के नजदीक से बहती है?
A. अफ्रीका के पूर्वी तट
B. एशिया के पूर्वी तट
C. दक्षिणी अमेरिका के पश्चिमी तट
D. अफ्रीका के पश्चिमी तट

206. नीचे दिए गए मानचित्र में हिन्द महासागर क्षेत्र के चार द्वीप अर्थात् (*a*) सैशेल्स (*b*) चागोस (*c*) मारीशस और (*d*) सोकोट्रा को 1, 2, 3 और 4 के रूप में अंकित किया गया है। इन्हें सुमेलित कीजिए और नीचे दिए गए कूट का प्रयोग करते हुए सही उत्तर चुनिए:

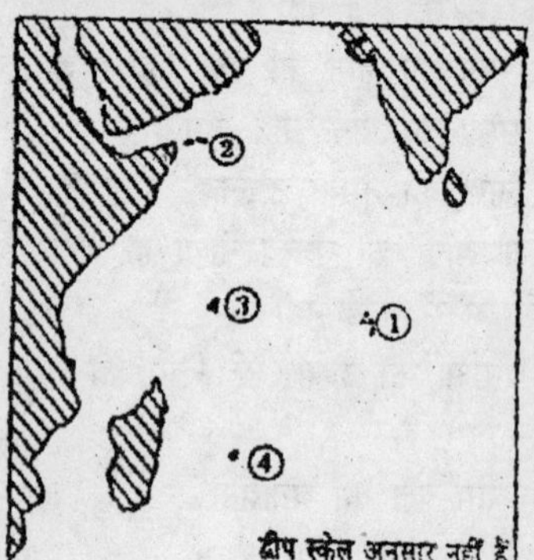

कूट :	(*a*)	(*b*)	(*c*)	(*d*)
A.	1	3	4	2
B.	3	1	2	4
C.	1	3	2	4
D.	3	1	4	2

207. उस सागर का नाम बताइए, जिसकी सीमाएँ तीन महाद्वीपों को स्पर्श करती हैं?
A. अरब सागर B. कैरैबियन सागर
C. भूमध्य सागर D. लाल सागर

208. कौन-सा महासागर अंग्रेजी S अक्षर की आकृति के समान है?
A. हिन्द महासागर B. अटलांटिक महासागर
C. प्रशान्त महासागर D. आर्कटिक महासागर

209. महाद्वीपों के विस्तृत चबूतरे को सामुद्रिक वैज्ञानिकों ने क्या नाम दिया है?
A. गहन सागरीय मैदान B. महाद्वीपीय मग्न ढाल
C. महाद्वीपीय मग्न तट D. सामुद्रिक मग्न तट

210. सागरों में जीव-जंतुओं की अस्थियाँ, मछली के अवशेष, सीप तथा स्पंज आदि के निक्षेप क्या कहलाते हैं?
A. टेरीजेनियस निक्षेप B. सागरीय निक्षेप
C. पैलेजिक निक्षेप D. नेरेटिक निक्षेप

211. ग्लोबीजोरिना तथा टेरोपंड पंक क्या होता है?
A. सिलिका प्रधान B. चूना प्रधान
C. लावा प्रधान D. अस्थिपंजर प्रधान

212. कौन-सा तत्व सामुद्रिक तापमान के वितरण को सबसे अधिक प्रभावित करता है?
A. समुद्री धाराएँ B. प्रचलित पवनें
C. अक्षांश D. स्थल तथा जल का वितरण

213. सागरीय जल की लवणता में सर्वाधिक प्रतिशत किसका होता है?
A. मैग्नीशियम सल्फेट B. कैल्शियम सल्फेट
C. सोडियम क्लोराइड D. मैग्नीशियम क्लोराइड

214. महासागरीय जल में प्राय: कितने प्रकार की गतियाँ होती हैं?
A. चार B. दो
C. तीन D. पाँच

215. प्रत्येक ज्वार के बाद भाटा आने में कितना समय लगता है?
A. 6 घण्टे 13 मिनट B. 6 घण्टे
C. 6 घण्टे 15 मिनट D. 6 घण्टे 52 मिनट

216. कौन-सी धारा अटलांटिक महासागर में नहीं बहती है?
A. वेंगुएला की धारा B. पेरू की धारा
C. फॉकलैण्ड की धारा D. गल्फ स्ट्रीम

217. निम्नलिखित धाराओं में से कौन-सी धारा ठण्डी धारा है?
A. वेंगुएला B. क्यूरोशिवो
C. गल्फ स्ट्रीम D. फ्लोरिडा

218. कौन-सी धारा अपने मूल स्थान से आगे चलकर उत्तरी अटलांटिक प्रवाह के नाम से बहती है?
A. लैब्रोडोर की धारा B. गल्फ की धारा
C. कनारी की धारा D. क्यूराइल की धारा

219. किस तट पर आगुलहास की धारा बहती है?
A. दक्षिणी-पूर्वी अफ्रीका के तट के सहारे
B. जापान के पूर्वी तट के सहारे
C. जापान के पश्चिमी तट के सहारे
D. दक्षिणी-पूर्वी अमेरिका तट के सहारे

220. प्रवाल की उत्पत्ति के लिए उपयुक्त परिस्थिति कौन-सी है?
A. गहरे सागरीय गर्त
B. शीत कटिबंधीय महासागर

C. उष्ण कटिबंधीय महासागर
D. शीतोष्ण कटिबंधीय महासागर

221. विश्व की प्रमुख अवरोधक प्रवालभित्ति (ग्रेट बैरियर रीफ) कहाँ पर स्थित है?
A. ऑस्ट्रेलिया के पूर्वी तट के सहारे
B. उत्तरी अमेरिका के पश्चिमी तट के सहारे
C. ऑस्ट्रेलिया के पश्चिमी तट के सहारे
D. अफ्रीका के पूर्वी तट के सहारे

निर्देश: (प्रश्न सं. 222 से 223 तक)
A. (A) तथा (R) दोनों सही हैं, तथा (R), (A) का सही स्पष्टीकरण है।
B. (A) एवं (R) दोनों सही हैं, परन्तु (R), (A) का सही स्पष्टीकरण नहीं है।
C. (A) सही है, परन्तु (R) गलत है।
D. (A) गलत है, परन्तु (R) सही है।

222. कथन (A) : मध्य सागरीय कटक के सहारे समुद्री नितल का प्रसार हो रहा है।
कारण (R) : मध्य सागरीय कटक संवहन तरंगों के अपसरण क्षेत्र में स्थित है।

223. कथन (A) : लघु ज्वार-भाटाओं के समय, उच्च ज्वार सामान्य से निम्नतर तथा निम्न ज्वार सामान्य से उच्चतर होता है।
कारण (R) : लघु ज्वार-भाटा, बृहत् ज्वार-भाटा के विपरीत, पूर्णचन्द के स्थान पर नव चन्द्र के समय होता है।

224. किसी स्थान विशेष पर अल्पकालीन वायुमण्डलीय दशाओं का अध्ययन क्या कहलाता है?
A. ऋतु B. जलवायु
C. मौसम D. वातावरण

225. चीन के अधिकांश भागों में पायी जाने वाली जलवायु को किस प्रकार की जलवायु कहा जा सकता है?
A. आर्द्र मरुस्थलीय B. अर्द्ध मरुस्थलीय
C. मानसूनी D. भूमध्यसागरीय

226. कौन-सा तत्व किसी स्थान विशेष की जलवायु को प्रभावित नहीं करता है?
A. पर्वतों की स्थिति B. खनिज सम्पदा
C. भूमध्य रेखा से दूरी D. प्राकृतिक वनस्पति

227. उस जलवायु का नाम बताइए, जहाँ ग्रीष्मकाल गर्म व शुष्क तथा शीतकाल में वर्षा होती है?
A. स्टैपी प्रदेश B. भूमध्यसागरीय प्रदेश
C. चीनी तुल्य प्रदेश D. मानसूनी प्रदेश

228. बनावट के अनुसार झील के कितने प्रकार हैं?
A. 2 B. 3
C. 4 D. 6

229. निम्नलिखित में से पंक किस रंग के नहीं होते हैं?
A. पीले B. लाल
C. हरे D. नीले

230. निम्नलिखित में से संसार के सर्वाधिक मानव किस मिट्टी प्रदेश में निवास कर रहे हैं?
A. काँप मिट्टी B. रेतीली मिट्टी
C. रेन्डजीना मिट्टी D. प्रेयरी मिट्टी,

231. दोमट मिट्टी में चिका की मात्रा होती है–
A. 70 प्रतिशत B. 60 प्रतिशत
C. 50 प्रतिशत D. 40 प्रतिशत

232. बलुई मिट्टी में चिका की मात्रा होती है–
A. 15 प्रतिशत B. 20 प्रतिशत
C. 22 प्रतिशत D. 25 प्रतिशत

233. सिल्ट मिट्टी में बालू की मात्रा होती है–
A. 10 प्रतिशत B. 15 प्रतिशत
C. 17 प्रतिशत D. 22 प्रतिशत

234. हाइड्रेटेड आयरन ऑक्साइड के कारण मिट्टी का रंग कैसा होता है?
A. लाल B. पीला
C. भूरा D. काला

235. CSCS योजना के तहत् विश्व की समस्त मिट्टियों को बाँटा गया है–
A. 8 भाग में B. 10 भाग में
C. 12 भाग में D. 13 भाग में

236. किस मिट्टी में ह्यूमस अधिक पाया जाता है?
A. पोडजोल मिट्टियाँ B. पोडकैल मिट्टियाँ
C. पेडाल्फर मिट्टियाँ D. लेटोजोल मिट्टियाँ

237. किस मिट्टी की ऊपरी परत में कैल्शियम संचित रहता है?
A. पेडाल्फर B. चरनोजम
C. मरुस्थलीय D. पोडकैल

238. मिट्टी का स्लेटीपन किस कारण होता है?
A. रेड ऑक्साइड
B. हाइड्रेटेड आयरन ऑक्साइड
C. ह्यूमस की न्यूनता
D. ह्यूमस की अधिकता

239. निम्नलिखित में से सवाना घास के मैदान कहाँ पाए जाते हैं?
A. आस्ट्रेलिया में B. उत्तरी-मध्य अफ्रीका में
C. उत्तरी अमेरिका में D. मध्य-एशिया में

240. घासभूमियों को मुख्यत: दो वर्गों में बाँटा जाता है, जिनमें उष्ण कटिबन्धीय एवं शीतोष्ण कटिबंधीय घास भूमियाँ प्रमुख हैं। इन भूमियों के संदर्भ में कौन-सा कथन गलत है?
A. शीतोष्ण कटिबंधीय घास भूमि को कनाडा में प्रेयरी एवं पूर्व सोवियत संघ में स्टैपीज कहा जाता है
B. शीतोष्ण कटिबंधीय घास भूमि को दक्षिण अफ्रीका में होल्ड कहा जाता है
C. शीतोष्ण कटिबंधीय घास भूमि को अर्जेंटीना में कम्पास एवं आस्ट्रेलिया में डाउन्स कहा जाता है
D. दक्षिण अमेरिका में उष्ण कटिबंधीय घास भूमि को कम्पास तथा लानोस कहा जाता है

241. जैसे-जैसे हम ध्रुवों से विषुवत रेखा की ओर चलते जाते हैं, वैसे-वैसे ही–

A. वनस्पतियों एवं जीव-जंतुओं की किस्में समान रहती हैं
B. जीव-जन्तुओं एवं वनस्पतियों की किस्में बढ़ती जाती हैं
C. जीव-जंतुओं एवं वनस्पतियों की किस्में कम होती जाती हैं
D. जीव-जंतुओं की किस्में कम होती जाती हैं, लेकिन वनस्पतियों की किस्में बढ़ती जाती हैं

242. स्त्रातजिक फसल कहलाता है?

A. चावल B. गेहूँ
C. मक्का D. तिलहन

243. संसार के कुल कितने प्रतिशत क्षेत्र पर कृषि की जाती है?

A. 25 प्रतिशत B. 50 प्रतिशत
C. 15 प्रतिशत D. 33 प्रतिशत

244. किस फसल का उत्पादन विवरण (क्षेत्रफल के हिसाब से) विश्व में सर्वाधिक है?

A. चावल B. गेहूँ
C. चाय D. मक्का

245. विश्व का अधिकतम कॉफी उत्पादक देश कौन-सा है?

A. भारत B. सऊदी अरब
C. ब्राजील D. इथोपिया

246. रबड़ की खेती के लिए कितनी वर्षा की आवश्यकता होती है?

A. 200 से 250 सेमी. तक
B. 250 से 300 सेमी. तक
C. 300 से 350 सेमी. तक
D. 100 से 200 सेमी. तक

247. निम्न में चीनी का सर्वाधिक उत्पादन करने वाला देश कौन-सा है?

A. इन्डोनेशिया B. रूसी गणराज्य
C. भारत D. मैक्सिको

248. कौन-सी फसल है, जो काँप मिट्टी में होती है तथा जिसको 150 सेमी. वर्षा की आवश्यकता होती है?

A. चावल B. गन्ना
C. मक्का D. गेहूँ

249. पूरे संसार को कृषि प्रदेशों में विभाजित करने का कार्य सर्वप्रथम किसने किया था?

A. ब्लाश B. ब्रुन्श
C. एल्सवर्थ हंटिंग्टन D. डी. ह्विटल्सी

250. किस फसल का आदि स्थान यूरोप महाद्वीप में नहीं है?

A. राई B. चुकन्दर
C. सूर्यमुखी D. जई

251. दक्षिण-पूर्वी एशिया में बागानी कृषि के विकास का प्रमुख कारण है?

A. भू-मध्यरेखीय जलवायु
B. औपनिवेशिक शासन
C. बागानी कृषि का व्यापारिक महत्व
D. सस्ता श्रम

252. विश्व में कौन-सा ऐसा देश है, जो चावल का सर्वाधिक उत्पादन करते हुए भी, चावल का आयात करता है?

A. म्यांमार B. चीन
C. श्रीलंका D. जापान

253. वर्तमान समय में संसार का कौन-सा देश गेहूँ का सर्वाधिक उत्पादन करता है?

A. संयुक्त राज्य अमेरिका B. भारत
C. आस्ट्रेलिया D. चीन

254. चावल पैदा करने के लिए उत्तम मिट्टी कौन-सी है ?

A. दोमट B. चिकनी
C. अम्ल युक्त D. बलुई

255. मक्का किस जलवायु की फसल है?

A. शीतोष्ण कटिबंधीय
B. नम उष्ण तथा शीतोष्ण कटिबंधीय
C. शीत कटिबंधीय
D. उष्ण कटिबंधीय

256. संयुक्त राज्य अमेरिका में मक्का का सर्वाधिक उपयोग किस कार्य में होता है?

A. शराब बनाने में B. पशुओं के चारे में
C. मानव भोजन में D. स्टार्च बनाने में

257. कपास की खेती के लिए सर्वाधिक अच्छी मिट्टी कौन-सी है?

A. चूना प्रधान मिट्टी B. काली मिट्टी
C. चिकनी मिट्टी D. दोमट मिट्टी

258. संसार के स्थानांतरित कृषि के विभिन्न नाम संबंधित देशों के साथ दिए गए हैं। इनको सुमेलित कीजिए–

सूची-I	सूची-II
(*a*) दीया	1. वेनेजुएला
(*b*) तमराई	2. वियतनाम
(*c*) कैंगिन	3. थाईलैण्ड
(*d*) कोनकू	4. भारत
(*e*) रे	5. फिलीपीन्स

कूट :

	(*a*)	(*b*)	(*c*)	(*d*)	(*e*)
A.	2	3	4	5	1
B.	2	1	3	4	5
C.	4	3	5	1	2
D.	4	5	3	2	1

259. नीचे दी गई फसलों में से किसे चामत्कारिक फसल की संज्ञा दी जाती है ?

A. सोयाबीन B. तम्बाकू
C. सूर्यमुखी D. धान

260. कौन-सी फसल नील नदी के डेल्टा में सर्दी के मौसम में उगाई जाती है?

A. गेहूँ B. कपास
C. चावल D. तम्बाकू

261. कपास किस जलवायु का पौधा है?
A. शीत तथा शीतोष्ण कटिबंधीय
B. उष्ण कटिबंधीय
C. शीतोष्ण कटिबंधीय
D. उष्ण तथा शीतोष्ण कटिबंधीय

262. गन्ना किस जलवायु की फसल है?
A. उष्ण कटिबंधीय B. उष्ण एवं आर्द्र कटिबंधीय
C. शीतोष्ण कटिबंधीय D. उपोष्ण कटिबंधीय

263. किस भौगोलिक दशा में चाय की खेती नहीं की जाती है?
A. समतल क्षेत्र में
B. तापमान 23° सेल्सियस से 30° सेल्सियस में
C. उष्ण आर्द्र जलवायु में
D. वर्षा 125 सेमी. से 250 सेमी. में

264. नीचे दिये गये कृषि के प्रकारों तथा संबंधित शब्दावली को सुमेलित कीजिए–

सूची-I	**सूची-II**
(*a*) फ्लोरीकल्चर	1. रेशम का उत्पादन
(*b*) सेरिकल्चर	2. सब्जियों की कृषि
(*c*) ओलेरीकल्चर	3. मधुमक्खी पालन
(*d*) एपीकल्चर	4. वृक्षों और झाड़ियों की कृषि
(*e*) आरबरीकल्चर	5. फूलों की कृषि
(*f*) हॉर्टीकल्चर	6. फलों का उत्पादन

कूट :

	(*a*)	(*b*)	(*c*)	(*d*)	(*e*)	(*f*)
A.	5	3	4	6	2	1
B.	3	4	5	1	2	6
C.	5	1	2	3	4	6
D.	2	3	1	4	6	5

265. संसार में सोयाबीन का सर्वाधिक उत्पादन किस देश में किया जाता है?
A. चीन में B. संयुक्त राज्य अमेरिका में
C. भारत में D. ब्राजील में

266. जिस देश में जनसंख्या की अधिकता होती है, वहाँ किन फसलों की कृषि की जाती है?
A. खाद्यान्न B. बागानी फसलों की
C. रेशे वाली फसलों की D. व्यापारिक फसलों की

267. कौन-सा क्षेत्र भूमध्यसागरीय कृषि प्रदेश में शामिल नहीं किया जाता है?
A. फ्रांस B. हंगरी
C. कैलिफोर्निया D. इटली

268. संसार में कौन-सा देश सर्वाधिक प्राकृतिक रबर का उत्पादन करता है?
A. मलेशिया B. थाईलैण्ड
C. भारत D. इण्डोनेशिया

269. संसार का सबसे बड़ा कपास उत्पादक देश कौन-सा है?
A. संयुक्त राज्य अमेरिका B. चीन
C. भारत D. रूस

270. कौन-सा कारक मछलियों के विकास के लिए सर्वाधिक उपयुक्त है?
A. ठण्डी जल धाराओं का प्रवाह
B. जीव प्लावक
C. ठण्डी तथा गर्म जल धाराओं का आपस में मिलना
D. गर्म धाराओं का प्रवाह

271. किस मत्स्य उत्पादक क्षेत्र को उच्च मध्य अक्षांशीय समुद्र में नहीं रखा जाता है?
A. उत्तरी-पश्चिमी अटलांटिक महासागरीय क्षेत्र
B. उत्तरी अटलांटिक महासागरीय क्षेत्र
C. उत्तरी प्रशांत महासागरीय क्षेत्र
D. उत्तरी-पश्चिमी प्रशान्त महासागरीय क्षेत्र

272. किस सागर में मछलियाँ सर्वाधिक मात्रा में मिलती हैं?
A. छिछले सागर में B. खुले सागर में
C. गहरे सागर में D. घिरे सागर में

273. संसार के मछली उत्पादक क्षेत्र तथा उनके खास नामों का जोड़ा दिया गया है। इन जोड़ों में से कौन-सा जोड़ा गलत है?
A. संयुक्त राज्य अमेरिका तथा कनाडा के उत्तरी-पूर्वी तट–ग्राण्ड बैंक
B. प्रिंस एडवर्ड द्वीप का तटीय भाग–जॉर्जेज बैंक
C. उत्तरी सागर–डागर बैंक
D. सैवाल द्वीप तटीय भाग–सैवाल बैंक

274. आयोस्टर पकड़ने के लिए प्रसिद्ध स्थान है–
A. डॉगर बैंक B. चेसापीक खाड़ी
C. जॉर्जेज बैंक D. ग्रांड बैंक

275. प्राकृतिक वनस्पति कौन-सा संसाधन है?
A. जलीय B. जीवीय
C. निर्जीवीय D. प्राकृतिक

276. वनों का सर्वाधिक प्रयोग किस उद्योग में होता है?
A. लाख उद्योग में
B. दियासलाई उद्योग में
C. कागज तथा लुग्दी उद्योग में
D. खेल का सामान बनाने के उद्योग में

277. किस महाद्वीप में टैगा वन सर्वाधिक आच्छादित हैं?
A. अफ्रीका B. उत्तरी अमेरिका
C. दक्षिणी अमेरिका D. यूरोप

278. नीचे घास के मैदान एवं उनके देश/क्षेत्र दिये गये हैं। निम्नलिखित में से कौन-सा सही नहीं है?
A. एशिया – स्टेप्स
B. ब्राजील – कम्पोज
C. वेनेजुएला – प्रेयरी
D. आस्ट्रेलिया – डाऊन्स

279. कम्पोज सवाना घास के मैदान हैं, वह किस देश में पाए जाते हैं?
A. ब्राजील में
B. आस्ट्रेलिया में
C. नाइजीरिया मे
D. वेनेजुएला में

280. विषुवतीय वन के संदर्भ में कौन-सा कथन असत्य है?
A. ये वन शीतोष्ण वन के नाम से भी जाने जाते हैं
B. ये वन अधिकतर अमेजन घाटी, कांगो घाटी तथा विषुवतीय प्रशान्त द्वीपों में पाये जाते हैं
C. ये वन व्यावहारिक रूप से उपयोग में नहीं लाये गये हैं
D. ये वन बहुत अधिक घने हैं

281. अमेजन नदी घाटी में पाये जाने वाले वनों को किस नाम से जाना जाता है?
A. शंकुल वन B. पतझड़ वन
C. सेल्वास वन D. सदाबहार वन

282. अफ्रीका महाद्वीप में विश्व का 90 प्रतिशत हीरा पाया जाता है। यहाँ संसार का कितना प्रतिशत सोना पाया जाता है?
A. 65 प्रतिशत B. 75 प्रतिशत
C. 70 प्रतिशत D. 85 प्रतिशत

283. लौह-अयस्क के उत्पादन में संसार में किसका स्थान प्रथम है?
A. चीन B. भारत का
C. कनाडा D. संयुक्त राज्य अमेरिका का

284. आस्ट्रेलिया का कालगुर्ली किसलिए विख्यात है?
A. सोने की खानों के लिए
B. मूँगे की चट्टानों के लिए
C. डेयरी उद्योग के लिए
D. उपर्युक्त में से किसी के लिए नहीं

285. पूर्व सोवियत रूस में लौह अयस्क की खानें मुख्यत: किस क्षेत्र में पायी जाती हैं?
A. बाल्टिक क्षेत्र में B. साइबेरिया क्षेत्र में
C. यूराल पर्वतीय क्षेत्र में D. यूक्रेन में

286. खनिज निकालने के लिए कम गहराई पर जो खानें खोदी जाती हैं उन्हें क्या कहा जाता है?
A. कूप खदान B. छिछली खदान
C. खुली खदान D. उपर्युक्त में से कोई नहीं

287. निम्नलिखित में से कौन-सा जोड़ा गलत है?
A. मैंगनीज – अलौह धात्विक खनिज
B. हीरा – अधात्विक खनिज
C. कोयला – खनिज ईंधन
D. सोना – धात्विक खनिज

288. लौह मात्रा की उपलब्धता के आधार पर लौह अयस्क चार प्रकार के होते हैं। कौन-सा लौह-अयस्क का प्रकार नहीं है?
A. हेमेटाइट B. लिग्नाइट
C. लिमोनाइट D. मैग्नेटाइट

289. संसार के प्रमुख लौह-अयस्क क्षेत्रों तथा उनके देशों के जोड़ों में से गलत जोड़ा बताइये?
A. कनाडा – मिशिगन
B. संयुक्त राज्य अमेरिका – मेसाबी
C. भारत – छोटा नागपुर पठार
D. किर्वाई रॉग – स्वतंत्र देशों के राष्ट्रकुल

290. विश्व का सबसे बड़ा लौह-अयस्क आयातक देश है–
A. अमेरिका B. चीन
C. जापान D. दक्षिण अफ्रीका

291. निम्नलिखित देशों में यूरेनियम का सर्वाधिक भंडार किस देश में है?
A. भारत B. कनाडा
C. संयुक्त राज्य अमेरिका D. फ्रांस

292. जस्ते का सर्वाधिक उत्पादन करने वाला देश कौन-सा है?
A. कनाडा B. मैक्सिको
C. चीन D. संयुक्त राज्य अमेरिका

293. एशिया का सर्वाधिक लौह-अयस्क उत्पादक देश कौन-सा है?
A. चीन B. ईरान
C. भारत D. जापान

294. एशिया के विभिन्न खनिजों का सर्वाधिक उत्पादन करने वाले देशों सूची-II में तथा खनिजों के नाम सूची-I में दिये गये हैं। इन्हें सुमेलित कीजिए–

सूची-I	सूची-II
(*a*) खनिज तेल	1. जापान
(*b*) चाँदी	2. सऊदी अरब
(*c*) ताँबा	3. फिलीपीन्स
(*d*) बाक्साइट	4. भारत
(*e*) टंग्सटन	5. चीन

कूट :

	(*a*)	(*b*)	(*c*)	(*d*)	(*e*)
A.	2	1	3	4	5
B.	2	3	5	4	1
C.	3	4	2	1	5
D.	4	2	1	3	5

295. दक्षिण अफ्रीका गणराज्य के किस स्थान पर हीरा पाया जाता है?
A. जोहन्सबर्ग B. किम्बरले
C. नटाल क्षेत्र में D. केपटाऊन

296. अभ्रक का सर्वाधिक उत्पादक राष्ट्र है–
A. भारत B. रूस
C. चीन D. नाइजीरिया

297. कौन-सा देश भारत से सर्वाधिक अभ्रक आयात करता है?
A. जापान B. संयुक्त राज्य अमेरिका
C. कनाडा D. जाम्बिया

298. मैंगनीज किस प्रकार का खनिज पदार्थ है?
A. खनिज ईंधन B. अलौह धातु
C. अधातु D. लौह धातु

299. किस उद्योग में मैंगनीज धातु का अत्यधिक उपयोग किया जाता है?
A. कृषि व्यवसाय में B. लौह इस्पात उद्योग में
C. विद्युत उपकरण उद्योग में D. वस्त्र उद्योग में

300. कनाडा का एडमन्टन क्षेत्र किस खनिज के लिए प्रसिद्ध है?
A. लौह अयस्क B. तेल भंडार
C. यूरेनियम D. ताँबा

उत्तरमाला

1	2	3	4	5	6	7	8	9	10
C	A	C	A	C	A	B	B	C	C
11	12	13	14	15	16	17	18	19	20
C	C	C	C	C	C	A	D	D	B
21	22	23	24	25	26	27	28	29	30
B	A	A	B	C	A	A	A	C	A
31	32	33	34	35	36	37	38	39	40
C	C	B	A	B	C	B	C	A	C
41	42	43	44	45	46	47	48	49	50
C	C	A	B	C	D	C	C	A	C
51	52	53	54	55	56	57	58	59	60
D	A	B	A	C	B	A	B	C	D
61	62	63	64	65	66	67	68	69	70
A	B	B	C	C	B	A	B	A	C
71	72	73	74	75	76	77	78	79	80
A	A	C	D	A	C	A	A	C	A
81	82	83	84	85	86	87	88	89	90
A	D	D	A	A	C	B	D	B	D
91	92	93	94	95	96	97	98	99	100
A	A	C	A	D	C	C	A	B	B
101	102	103	104	105	106	107	108	109	110
C	B	A	D	A	D	B	C	A	B
111	112	113	114	115	116	117	118	119	120
C	D	D	C	C	B	C	A	A	C
121	122	123	124	125	126	127	128	129	130
C	A	B	B	C	A	B	B	D	C
131	132	133	134	135	136	137	138	139	140
D	A	B	A	A	A	C	A	A	B
141	142	143	144	145	146	147	148	149	150
A	D	A	D	D	A	A	D	A	A
151	152	153	154	155	156	157	158	159	160
C	A	A	A	A	D	C	B	A	B
161	162	163	164	165	166	167	168	169	170
A	D	D	A	B	D	A	B	B	C
171	172	173	174	175	176	177	178	179	180
B	A	C	A	B	C	A	B	C	D
181	182	183	184	185	186	187	188	189	190
B	C	C	A	B	B	B	A	B	A
191	192	193	194	195	196	197	198	199	200
D	B	C	A	A	A	B	A	A	C
201	202	203	204	205	206	207	208	209	210
B	B	C	C	C	D	C	B	C	D
211	212	213	214	215	216	217	218	219	220
B	C	C	C	A	B	A	B	D	C

221	222	223	224	225	226	227	228	229	230
A	C	C	C	C	B	B	A	A	A
231	**232**	**233**	**234**	**235**	**236**	**237**	**238**	**239**	**240**
C	A	A	B	B	A	D	C	B	B
241	**242**	**243**	**244**	**245**	**246**	**247**	**248**	**249**	**250**
B	B	D	B	C	B	C	A	D	C
251	**252**	**253**	**254**	**255**	**256**	**257**	**258**	**259**	**260**
B	B	D	A	B	B	B	C	A	A
261	**262**	**263**	**264**	**265**	**266**	**267**	**268**	**269**	**270**
D	B	A	C	A	A	B	B	B	C
271	**272**	**273**	**274**	**275**	**276**	**277**	**278**	**279**	**280**
B	A	B	B	B	C	B	C	A	A
281	**282**	**283**	**284**	**285**	**286**	**287**	**288**	**289**	**290**
C	A	A	A	C	C	A	B	A	C
291	**292**	**293**	**294**	**295**	**296**	**297**	**298**	**299**	**300**
B	C	A	A	B	C	A	D	B	B

❑❑❑

इतिहास

अध्याय-1

पुरा ऐतिहासिक संस्कृतियाँ

- इतिहासकारों ने प्राचीन इतिहास को तीन काल खंडों में बाँटा है :
  (*i*) प्रागैतिहासिक काल
  (*ii*) ऐतिहासिक काल
  (*iii*) आद्य इतिहास
- वह काल जिसकी जानकारी के लिए लिखित साधन का अभाव है तथा जिसमें मानव असभ्य जीवन जी रहा था, को 'प्रागैतिहासिक काल' की संज्ञा दी गई। इस काल में लिखित विवरण नहीं है इस काल के विषय की जानकारी, पाषाण के उपकरणों तथा मिट्टी के बर्तनों व खिलौनों से प्राप्त होती है।
- आदि काल अर्थात् प्रागैतिहासिक काल को वैज्ञानिक शब्दावली में 'प्लाइस्टोसीन' (अभिनूतन युग) कहा गया है।
- जिस काल की जानकारी के स्रोत के रूप में लिखित साधन उपलब्ध हैं तथा जिसमें मानव सभ्य हो चुका था, को 'ऐतिहासिक काल' की संज्ञा दी गई।
- जिस काल की जानकारी के स्रोत के रूप में लिखित साक्ष्य उपलब्ध है, परन्तु उसकी गूढ़ लिपि को पढ़ने में अभी तक कोई इतिहासकार सफल नहीं हुआ है, उसे 'आद्य इतिहास' कहा जाता है।
- हड़प्पा संस्कृति तथा वैदिक काल की सभ्यता का अध्ययन 'आद्य इतिहास काल' के अंतर्गत किया जाता है।

प्रस्तर युग

- पृथ्वी की उत्पत्ति लगभग चार अरब वर्ष प्राचीन स्वीकार की जाती है। जीवों की उत्पत्ति बहुत बाद में मानी गई है और मनुष्य की उत्पत्ति इस पृथ्वी पर लगभग 20 लाख वर्ष पूर्व मानी जाती है।
- मानव सभ्यता के विकास में पाषाणों का बहुत महत्व रहा। पाषाण से मनुष्य ने भोजन संग्रहित किया, पाषाण से ही आवास बनाया, पाषाण से ही कला सीखी, पाषाण से ही आविष्कार किए। प्राचीनतम कलाकृतियाँ पाषाणों पर पाषाणों से उत्कीर्ण प्राप्त होती हैं। पाषाण से ही मानव ने आविष्कारों की ऊर्जा 'अग्नि' प्राप्त की। समस्त औजार, हथियार और आश्रय मानव ने पाषाणों से ही प्राप्त किए, इसी से आरंभिक मानव के इतिहास को 'पाषाण युग' के नाम से जाना गया है।
- पाषाण युग में शनैः-शनैः क्रमिक रूप से मानव का जीवन अधिक व्यवस्थित होने लगा। भारत में पुरापाषाणयुगीन सभ्यता का विकास हिमयुग या प्लाइस्टोसीन युग से हुआ। मानव द्वारा प्रयोग में लाये गये पत्थर के उपकरणों की बनावट तथा जलवायु में होने वाले परिवर्तन के आधार पर पाषाण युग को तीन भागों में बाँटा जा सकता है–
  (*i*) पुरापाषाण काल (20 लाख ई॰पू॰-9000 ई॰पू॰)
  (*ii*) मध्य पाषाण काल (9000 ई॰पू॰-4000 ई॰पू॰)
  (*iii*) नवपाषाण काल (6000 ई॰पू॰-2000 ई॰पू॰)

(*i*) पुरापाषाण काल (Paleolithic Age)

- यूनानी भाषा में Palaios प्राचीन एवं Lithes पाषाण के अर्थ में प्रयुक्त होता था। इन्हीं शब्दों के आधार पर 'पाषाण काल' शब्द बना।
- यह काल आखेटक एवं खाद्य-संग्राहक काल के रूप में भी जाना जाता है।
- इस काल में मनुष्य अपना जीवन-यापन मुख्यतया खाद्यान्न संग्रह व पशुओं का शिकार करके करता था।
- इस काल में–'चापर-चापिंग' (पेबुला) परंपरा के अंतर्गत गोल पत्थरों को तोड़कर हथियार बनाये गये, जिसके अवशेष पंजाब की सोहन नदी घाटी से मिलते हैं।
- इस काल का मानव पर्वत की कन्दराओं में रहता था, ऐसे शैलाश्रय प्राप्त हुए हैं।
- इस काल के मानव के औजार और हथियार कुल्हाड़ी, पत्थर, तक्षणी, खुरचनी, छेदनी आदि थे जो परिष्कृत व तीक्ष्ण नहीं थे।
- पुरापाषाण काल में उपलब्ध पशु जिनसे मानव परिचित था–बंदर, हिरण, बकरी, भैंस, गाय-बैल, नील गाय, सूअर, बारहसिंगा, गैंडा, हाथी आदि थे, जिनके अवशेष शैलाश्रय की कलाकृतियों से उपलब्ध होते हैं।
- इस काल का मानव कछुओं एवं मछलियों से भी परिचित था।

- पुरापाषाण काल का मानव विभिन्न प्रकार के फलों, पुष्पों, कन्दमूल से परिचित था।
- पुरापाषाण युग के मानव द्वारा प्रयुक्त होने वाले हथियारों के स्वरूप और जलवायु में होने वाले परिवर्तनों के आधार पर इसे तीन वर्गों में बाँटा जा सकता है–
  (क) निम्न पुरापाषाण काल (25,00,000-1,00,000 ई॰पू॰)
  (ख) मध्य पुरापाषाण काल (1,00,000-40,000 ई॰पू॰)
  (ग) उच्च पुरापाषाण काल (40,000-10,000 ई॰पू॰)

(क) निम्न पुरापाषाण युग

- कुल्हाड़ी या हस्त कुठार (हेंड-एक्स), विदारणी और गंडासा (खंडक) के अवशेष से यह ज्ञात होता है कि अधिकांश हिमयुग आरम्भिक पुरापाषाण युग में ही व्यतीत हुआ।
- निम्न पुरापाषाण युग के अधिसंख्य स्थल सिंधु नदी की सहायक 'सोहन नदी की घाटी' (सम्प्रति पाकिस्तान के पंजाब प्रांत तथा कश्मीर थार के मरुस्थल में मिले हैं। इसके अलावा इस काल का हथियार मिर्जापुर जिले की बेलनघाटी (उ॰प्र॰), भीमबेटका की गुफाओं (भोपाल, म॰प्र॰) में भी मिले हैं।
- इस युग के प्राप्त उपकरण द्वितीय हिमयुग के हैं।

(ख) मध्य-पुरापाषाण काल

- इस काल में मनुष्य ने अपने उपकरणों को ज्यादा सुन्दर एवं उपयोगी बनाया।
- इस काल में क्वार्टजाइट की जगह जैस्पर, चर्ट इत्यादि चमकीले पत्थरों की सहायता से फलक-हथियार ही बनाए गए इसीलिए, प्रसिद्ध भारतीय पुरातत्ववेत्ता डॉ॰ एच॰ डी॰ सांकलिया ने मध्य–पुरापाषाण काल को फलक-संस्कृति का नाम दिया है।
- फलकों की सहायता से मुख्यत: बेधक, खुरचनी, बेधनियाँ इत्यादि बनाए गये थे। कहीं-कहीं हाथ की कुल्हाड़ियाँ भी मिलती हैं।
- इस काल के हथियार पहले की अपेक्षा ज्यादा सुडौल, छोटे, पैने और उपयोगी थे।
- यद्यपि मानव अब भी भोजन-संग्राहक ही था, तथापि अब वह गुफाओं और कंदराओं में वास करने लगा।
- इस समय अग्नि का व्यवहार बड़े पैमाने पर होने लगा एवं मृतक-संस्कार की परिपाटी भी प्रचलित हुई।
- इस संस्कृति के प्रमुख स्थल बेलन घाटी (उत्तर प्रदेश) उड़ीसा, कृष्णा घाटी (कर्नाटक), आंध्रप्रदेश, धसान तथा बेतवा घाटी (मध्य प्रदेश), सोन घाटी (मध्य प्रदेश) नेवासा (महाराष्ट्र) इत्यादि हैं।
- सिंध, राजस्थान, गुजरात, उड़ीसा इत्यादि क्षेत्रों में भी इस संस्कृति के प्रमाण मिलते हैं।
- भारत में इस संस्कृत के अवशेष उत्तर-पश्चिमी क्षेत्र की अपेक्षा प्रायद्वीपीय क्षेत्र से ज्यादा प्राप्त हुए हैं।
- मध्य पाषाणकालीन जीवन भी शिकार पर अधिक निर्भर था।
- मध्य पाषाणकाल के अंतिम चरण में कुछ साक्ष्यों के आधार पर प्रतीत होता है कि लोग कृषि एवं पशुपालन की ओर आकर्षित हो रहे थे।
- इस समय मिली समाधियों से स्पष्ट होता है कि लोग अन्त्येष्टि क्रिया से परिचित थे।
- मानव अस्थिपंजर के साथ कहीं-कहीं पर कुत्ते के अस्थिपंजर भी मिले हैं जिनसे प्रतीत होता है कि ये मनुष्य के प्राचीन सहचर थे।

(ग) उच्च या उत्तर पुरापाषाण काल

- इस अवस्था का विस्तार हिमयुग की उस अंतिम अवस्था के साथ रहा जब जलवायु अपेक्षाकृत गर्म हो गई थी।
- विश्वव्यापी संदर्भ में इसकी दो विलक्षणतायें हैं–नये चकाचक उद्योग की स्थापना और आधुनिक प्रारूप के मानव (होमोसेपिएन्स) का उदय।
- इस युग के प्रस्तर फलक और तक्षणियाँ आंध्रप्रदेश, कर्नाटक, महाराष्ट्र, केन्द्रीय मध्य प्रदेश, दक्षिण उत्तर प्रदेश और बिहार के पठारी भाग में पाये जाते हैं।
- इस काल में मानव विकास की प्रक्रिया और भी अधिक तीव्र हुई।
- इस समय पत्थर के ब्लेडों के उपकरण बनाए जाने लगे, हालाँकि ब्लेडों (पत्थर के पतले फलकों) से हथियार बनाने की कला मध्य पाषाणकाल में प्रचलित थी, किन्तु इस समय इसका प्रयोग बढ़ गया।
- पत्थरों के अतिरिक्त, इस युग में हड्डी एवं हाथी दाँत के उपकरण भी तैयार होने लगे। अस्थि से बने हुए अलंकृत छड़, भाले की नोंक, सुइयाँ इत्यादि अनेक प्राचीन स्थलों से मिले हैं।
- मनुष्य की जीविका का मुख्य साधन शिकार ही था तथापि सामुदायिक जीवन का विकास इस समय ज्यादा सुदृढ़ हुआ। अनेक व्यक्ति झुण्डों या कुलों में रहते थे, जिन्होंने आगे चलकर परिवार को जन्म दिया।
- इस समय हड्डी से बनी हुई सुइयों की सहायता से जानवरों के चमड़े को वस्त्र के रूप में सिलकर पहना जाता था।
- कला एवं धर्म के प्रति भी लोगों की अभिरुचि बढ़ी। नक्काशी एवं चित्रकारी दोनों रूपों में कला व्यापक रूप से देखने को मिलती है। भीमबेटका की गुफाओं से उत्तर पाषाणकालीन गुफा चित्र मिले हैं।
- भारत में इस संस्कृति से संबद्ध अनेक स्थल प्रकाश में आए हैं, जिनमें प्रमुख हैं– बेलन घाटी (उत्तर प्रदेश), रेनीगुटा, येर्रगोंडपलेम, मुच्छलता, चिंतामनुगावी, बेटमचेर्ला (आंध्रप्रदेश), शोरापुर दोआब, बीजापुर (कर्नाटक), पटने, इनामगाँव (महाराष्ट्र), सोनघाटी (मध्य प्रदेश), विसादी (गुजरात), सिंहभूम (झारखंड) इत्यादि।

(*ii*) मध्य पाषाण काल

- मध्य पाषाण-युग संक्रान्ति काल था। 19वीं शताब्दी के उत्तरार्द्ध में फ्रांस के 'मॉस द अनिल' नामक स्थान से कुछ ऐसे उपकरण प्रकाश में आए, जिन्होंने इस धारणा की पुष्टि की कि पुरापाषाण-युग और नवपाषाण-युग के मध्य अंतराल था। वस्तुत: यह काल नव पाषाण-युग का अग्रगामी था।
- भारत में अब से करीब 800 वर्ष पूर्व, हिमयुग के समाप्त होने और नूतन काल के आरंभ होने के साथ ही मध्य पाषाणकालीन संस्कृत का उदय हुआ।
- मध्य पाषाणकालीन भी सर्वाधिक महत्वपूर्ण था, 'मनुष्य को पशुपालक' बनाना।

- मध्य पाषाण काल में आखेट के क्षेत्र में भी परिष्कार हुआ, व तीक्ष्ण व परिष्कृत औजारों का प्रयोग करने लगा था।
- इस काल में तिकोने धार वाले हथियार, नुकीले औजार प्रयोग किए जाने लगे थे।
- भारत में अनेक स्थलों से इस संस्कृति के प्रमाण मिलते हैं। कुछ प्रमुख मध्य पाषाणकालीन स्थल निम्नलिखित हैं–
  वीरभानपुर (पश्चिम बंगाल)
  बलसाना, लंघनाज (गुजरात)
  टेरी समूह (तमिलनाडु)
  आदमगढ़ (मध्य प्रदेश)
  बागोर, तिलवार (राजस्थान)
  मोरहना पहाड़, सराय नाहर राय, महादहा (उत्तर प्रदेश) इत्यादि।
  अर्थात् इस काल का स्थल राजस्थान से मेघालय तक व उत्तर प्रदेश से लेकर सुदूर दक्षिण तक प्राप्त हुए हैं।
- दक्षिण में संगनकल, रेणीगुंटा, तिन्नेवेली से मध्य पाषाण-युगीन अवशेष प्राप्त हुए हैं।
- पूर्वी भारत में मयूरभंज, सुन्दरगढ़, सेबालगिरि से मध्य पाषाणयुगीन पुरातात्विक अवशेष के साक्ष्य मिले हैं।
- विन्ध्य क्षेत्र में भीमबेटका, आदमगढ़, मध्य पाषाणयुगीन बस्तियाँ थीं।
- बागोर में मध्य पाषाण युग में पशुपालन के प्राचीनतम साक्ष्य प्राप्त हुए हैं।
- जलवायवीय परिवर्तनों ने इस संस्कृति के विकास को प्रभावित किया। इस समय बर्फ की जगह घास के भरे मैदान एवं जंगल उगने प्रारम्भ हो गये, पुराने मौसमी जलस्रोत सूख गये, नए प्रकार की वनस्पति एवं जानवरों का प्रादुर्भाव हुआ।
- इस काल में प्रयुक्त होने वाले उपकरण आकार में बहुत छोटे होते थे। इनको 'माइक्रोलिथ' (लघु पाषाण उपकरण) कहते थे।
- पुरापाषाण काल में प्रयुक्त होने वाले कच्चे पदार्थ क्वार्टजाइट के स्थान पर मध्यकाल में जास्पर, एगेट, चर्ट जैसे पदार्थ प्रयुक्त किये गये।
- इस काल में, जनसंख्या में वृद्धि और आखेट की सुगमता से मनुष्य अब छोटी-छोटी टोलियों में रहने लगा।
- स्थायी निवास की परंपरा विकसित हुई, पशुपालन एवं कृषि की शुरुआत हुई एवं मिट्टी के बर्तन भी बनने लगे।
- बागोर से शवों को सुनियोजित ढंग से दफनाने की विधि का पता चलता है।
- सराय नाहर राय और महादाहा से स्थायी झोपड़ियाँ बनाकर रहने का अंदाजा लगा है।
- सराय नाहर राय से मानवीय आक्रमण या युद्ध का भी प्रमाण मिलता है। यह युद्ध संभवत: व्यक्तिगत संपत्ति के कारण हुआ।
- विन्ध्याचल की गुफाओं और शैलाश्रयों से शिकार, युद्ध एवं नृत्य के चित्र मिले हैं।
- लंघनाज से हाथ द्वारा बनाए गये मिट्टी के बर्तन मिले हैं।

(iii) नवपाषाण युग (Neolithic Age)

- यूनानी भाषा में Neo शब्द नवीन के अर्थ में प्रयुक्त होता है, इसीलिए इस काल को 'नव पाषाण काल' भी कहा जाता है।
- प्रागैतिहासिक काल में मानव विकास की सबसे प्रमुख सीढ़ी नवपाषाणकालीन संस्कृति थी। यद्यपि कालक्रम के हिसाब से यह युग काफी छोटा है। तथापि सारे क्रांतिकारी परिवर्तन इसी युग में हुए।
- सर्वप्रथम 1860 ई० में 'ले मेमुरियर' ने इस काल का प्रथम प्रस्तर उपकरण उत्तर प्रदेश की टोंस नदी की घाटी में प्राप्त किया। इसके बाद 1872 में 'निवलियन फ्रेजर' ने कर्नाटक के 'बेलारी' क्षेत्र को दक्षिण भारत के नव पाषाणकालीन सभ्यता का मुख्य स्थल घोषित किया। इसके अलावा इस सभ्यता का मुख्य केन्द्र-बिन्दु है–कश्मीर, सिंधु प्रदेश, बिहार, बंगाल, उत्तर प्रदेश, आंध्रप्रदेश, असम इत्यादि।
- भारत में नवपाषाणयुगीन सभ्यता के तीन प्रमुख क्षेत्र रहे–
  (i) उत्तर-पश्चिम क्षेत्र (लगभग 6000 ई०पू०)
  (ii) उत्तर-पूर्वी क्षेत्र (लगभग 5000 ई०पू०)
  (iii) दक्षिणी क्षेत्र (लगभग 2500 ई०पू०)
- सबसे पहला और स्पष्ट प्रमाण मेहरगढ़ (सिंध और बलूचिस्तान) से मिलता है। संभवत:, इस जगह 7000 वर्ष ई०पू० में ही कृषि उत्पादन आरंभ हो चुका था। यहाँ से 5000 ई०पू० में ही गेहूँ और जौ की विभिन्न प्रजातियों के उगाये जाने का प्रमाण मिलता है।
- इसी प्रकार भारत में निम्नलिखित स्थल से नवपाषाणिक बस्तियों के अवशेष मिले हैं–
  बुर्जहोम (कश्मीर)
  किली गुल मोहम्मद (क्वेटा घाटी, पाकिस्तान)
  रानी घुडई (ब्लूचिस्तान, पाकिस्तान)
  सराय खोला (रावलपिंडी, पाकिस्तान)
  चिराँद (बिहार)
  मास्की, ब्रह्मगिरि, हल्लूर, कोडिकल, संगनकल्लू (कर्नाटक)
  पिक्कीहल, उटनूर (आंध्र प्रदेश)
  पैय्यामपल्ली (तमिलनाडु)
  कोलडीहवा (उत्तर प्रदेश)
  कालीबंगा (राजस्थान)
- उत्तर-पश्चिम क्षेत्र में नवपाषाणयुगीन सभ्यता की प्रमुख विशेषता गेहूँ और जौ का उत्पादन, कच्ची ईंटों के आयताकार मकान, बड़े पैमाने पर पशुपालन आदि हैं।
- उत्तर पश्चिम क्षेत्र में 5000 ई०पू० के बाद से मृद्भाण्डों के अवशेष प्राप्त हुए हैं जो भारत में उपलब्ध प्राचीनतम हैं।
- कश्मीर में बुर्जहोम, गुफकराल नवपाषाण युग के प्रमुख केन्द्र थे।
- बुर्जहोम में गर्त्त आवास, विविध प्रकार के मृद्भाण्ड, पत्थर के साथ-साथ हड्डियों के औजार, गेहूँ और जौ के अतिरिक्त मसूर, अरहर का उत्पादन, औजारों पर पालिश आदि के अवशेष मिले हैं। यहाँ पर मनुष्य की कब्र में कुत्ते को भी साथ दफनाए जाने के साक्ष्य प्राप्त हुए हैं।
- बिहार में सारण जिले के चिराँद नामक स्थान नवपाषाण युग का प्रमुख स्थल था। यहाँ हिरणों के सींगों से बने उपकरण बहुतायत से मिले हैं। यहाँ से टेराकोटा की मानव मूर्तिकाएँ प्राप्त हुई हैं।
- उत्तर प्रदेश के कोल्डीहवा में चावल के प्राचीनतम साक्ष्य मिले हैं।
- दक्कन में चन्दोली, नेवासा, दैमाबाद, ऐरण, जोखे आदि नवपाषाणयुगीन स्थल रहे थे। यद्यपि यहाँ के मानव धातु युग में प्रवेश कर गये थे।

- दक्षिण भारत में नागार्जुनकोण्ड, मस्की, पिक्कीहल, ब्रह्मगिरी, हल्लूर आदि प्रमुख नवपाषाण काल की बस्तियाँ थीं।
- असम व मेघालय में नवपाषाणयुगीन महत्त्वपूर्ण स्थल प्राप्त हुए हैं। इस क्षेत्र से प्राप्त मृद्भांड विशिष्ट हैं जिन पर रस्सी से चिन्हित किया गया है और मोती चिपकाए गए हैं।
- इन सभी स्थलों में विकसित ब्लूचिस्तान और सिंध की नवपाषाणिक संस्कृतियाँ थीं, जिन्होंने ग्रामीण सभ्यता की स्थापना की तथा आगे चलकर हड़प्पा संस्कृति के शहरी स्वरूप को प्रभावित किया।
- नवपाषाण काल में मानव ने सबसे पहली बार कृषि करना सीखा।
- कृषि कर्म ने अनाज के संग्रह, भोजन की पद्धति हेतु मृदभाण्डों का निर्माण प्रारम्भ किया।
- कृषि-कर्म की आवश्यकताओं के अनुरूप प्रस्तर उपकरण अधिक धारधार व सुघड़ बनने लगे। उन पर पालिश भी की जाने लगी।
- अनाज उत्पादन से जीवन में स्थायित्व की प्रवृत्ति उत्पन्न हुई तथा ग्राम संस्कृति की स्थापना हुई।
  जनसंख्या में वृद्धि हुई और बड़ी संख्या में बस्तियाँ बसाई गईं। श्रम विभाजन, पुरुष-स्त्री में विभेद इसी समय से प्रकट होते हैं।
- इसी समय विभिन्न व्यवसायों में दक्षता प्राप्त किए हुए व्यवसायियों का अलग वर्ग तैयार होने लगा, जैसे– कुम्हार, बढ़ई, कृषक इत्यादि।
- उत्पादन के कार्यों में पुरुष वर्ग ही महत्वपूर्ण भूमिका निभाने लगा, फलत: धीरे-धीरे मातृसत्तात्मक समाज का स्वरूप पितृसत्तात्मक बनने लगा।
- दक्षिण भारत के कुछ कब्रगाहों में मृतकों के प्रति सम्मान प्रकट करने के उद्देश्य से बड़े-बड़े पत्थर लगा दिए जाते थे, जो महापाषाण (Megaliths) के नाम से जाने जाते हैं।
- वस्तुत: नवपाषाणिक ग्राम्य संस्कृतियों ने ही कांस्ययुगीन शहरी सभ्याताओं के उदय का मार्ग प्रशस्त कर दिया।

धातुयुग

- नवपाषाण-युग के अंतिम चरण से धातु (ताँबे) का व्यवहार प्रारंभ हुआ। कालांतर में काँसा और लोहे से भी लोग परिचित हुए। अत: पाषाण युग के पश्चात् धातु-युग का प्रारम्भ हुआ। समस्त धातुयुग सुविधानुसार तीन कालों में विभक्त है–
  (i) ताम्र युग
  (ii) कांस्य युग
  (iii) लौह युग
- ताम्र युग में यद्यपि ताँबे के हथियार या उपकरण ही प्रधानत: व्यवहार में लाए गये, तथापि पत्थर के पुराने हथियारों का उपयोग भी होता रहा। अत: ताम्रयुग को ताम्रपाषाणिक काल भी कहा जाता है।

(i) ताम्रपाषाण युग (The Chalcolithic Age)

- सिंधु घाटी की सभ्यता के अपकर्ष काल में भारत के कुछ भागों में ताँबे के सीमित प्रयोग से कुछ कृषक बस्तियाँ विकसित हो रही थीं, यद्यपि इन बस्तियों के लोगों के अधिकांश उपकरण प्रस्तर के ही थे। इन बस्तियों में स्थानीय प्रवृत्तियों का प्राबल्य रहा, इसलिए इन्हें सिंधु सभ्यता नाम न देकर पृथक्-पृथक् क्षेत्रों की संस्कृतियों को उनके स्थल नामों से जाना गया है।
- ताँबे का सर्वप्रथम प्रयोग लगभग 5000 ई॰पू॰ में किया गया था।
- ताम्र पाषाण काल के लोग प्रमुखत: ग्रामीण समुदाय के थे।
- भारत में ताम्र पाषाण काल के मुख्य क्षेत्र दक्षिण-पूर्वी राजस्थान (अहार एवं गिलुंड), पश्चिमी मध्य प्रदेश (मालवा, कयथा एवं एरण)।
- पश्चिमी महाराष्ट्र में अहमदनगर के जौर्वे, नेवासा, दैमाबाद, चन्दौली, सोनगाँव, इनामगाँव, ये सभी स्थल जोर्वे संस्कृति के हैं।
- इस काल में मनुष्य गेहूँ, धान व दाल की कृषि करने में प्रवीण हो गया था।
- अहार के लोग पत्थर निर्मित गृहों में रहते थे।
- दैमाबाद में कांसे की निर्मित वस्तुएँ प्राप्त हुई हैं।
- नवदाटोली के उत्खनन में सभी अनाजों के साक्ष्य मिले हैं।
- इस काल के लोग वस्त्र निर्माण से भिज्ञ थे।
- इस काल के लोग मातृ देवी की पूजा करते थे और वृषभ धार्मिक संप्रदाय का प्रतीक था।
- इनामगाँव में कुम्भकार, धातुकार, हाथी दाँत के शिल्पी चूना बनाने वाले, खिलौने-मिट्टी की मूर्ति (टेराकोटा) बनाने वाले कारीगरों के साक्ष्य भी मिले हैं।
- तिथिक्रम के अनुसार भारत में ताम्र पाषाणिक बस्तियों की अनेक शृंखलाएं प्राप्त हुई हैं। कुछ प्राक्-हड़प्पीय, कुछ हड़प्पा संस्कृति की समकालीन, कुछ हड़प्पोत्तर काल की हैं।
- 1200 ई॰पू॰ के लगभग ताम्र-पाषाणिक संस्कृति विलुप्त हो गई।
- जोर्वे संस्कृति ही 500 ई॰पू॰ तक अस्तित्व में रह थी।
- ताम्र-पाषाणिक बस्तियों के लुप्त होने का प्रमुख कारण अत्यल्प वर्षा माना जाता है।
- ताम्र-पाषाणिक संस्कृतियों में कयथा संस्कृति सबसे पुरानी है। यह चंबल नदी क्षेत्र में थी।
- सभी ताम्र-पाषाण समुदाय चाकों पर बने काले व लाल मृद्भाण्डों का प्रयोग करते थे।
- चित्रित मृद्भाण्डों का प्रयोग सर्वप्रथम ताम्र-पाषाणिक लोगों ने ही किया था।
- सर्वप्रथम इसी काल के लोगों ने ही प्रायद्वीपीय भारत में बड़े-बड़े गाँव बसाए थे।
- ताम्र पाषाण स्थलों से हल, फावड़ा मिला है।
- सबसे बड़ी ताम्र विधि मध्यप्रदेश के गुंगेरिया से प्राप्त हुई है, इसमें 429 ताँबे के उपकरण तथा 102 चाँदी के पत्तर मिले हैं।
- गंगा घाटी ताम्रनिधि संभवत: 2000-1800 ई॰पू॰ के मध्य विकसित हुई। अनुमानत: इनका संबंध हड़प्पा संस्कृति से था। इनसे गंगा-यमुना के दोआब में पहली बार स्थायी जीवन, कृषि और शिल्प का प्रमाण मिलता है।

(ii) कांस्य युग

- विश्व स्तर पर करीब 3000 ई॰पू॰ के आसपास से कांस्य युग का प्रारंभ होता है। इस युग में ताम्र उपकरणों के स्थान पर काँसे का

व्यवहार प्रारंभ हुआ, जो ताँबे की अपेक्षा ज्यादा टिकाऊ और कठोर था।

- आधुनिक उत्खननों से ज्ञात होता है कि करीब 2000-1700 ई॰पू॰ के मध्य सिंधु घाटी और उसके बाहर–राजस्थान, हरियाणा, पंजाब, गुजरात, पश्चिमी उत्तर प्रदेश, एक विकसित शहरी सभ्यता का विकास हुआ।
- इस संस्कृति के दौरान अनेक शहरों का उदय हुआ, जैसे–हड़प्पा, मोहनजोदड़ो, लोथल, कालीबंगा, बनवाली इत्यादि।
- ये शहर शिल्प एवं व्यवसाय तथा व्यापार वाणिज्य के केन्द्र थे। शहरों में पकाई गई ईंटों के भवन एक निश्चित योजना के अनुरूप तैयार किए गये।

(iii) लौह युग

- लगभग 1400 ई॰पू॰ के आसपास एशिया माइनर में लोहे की खोज ने मानव-जीवन में एक क्रांतिकारी परिवर्तन ला दिया।
- उत्तर भारत में ताम्र काल के बाद लौह काल प्रारंभ हुआ तथा मगध का उत्कर्ष इसका प्रमाण है।
- दक्षिण भारत में पाषाण काल के पश्चात् लौह-काल आया। दक्षिण भारत में स्वतंत्र रूप से लोहे को खोजा गया और उसका बहुत बाद में प्रयोग किया गया।
- छठी शताब्दी ई॰पू॰ में पूर्वी उत्तर प्रदेश व पश्चिमी बिहार में लोहे का अधिकाधिक प्रयोग होने लगा, इससे अतिरिक्त उपज व अन्य आर्थिक परिवर्तन हुए, विविध शिल्पों का उदय हुआ, क्षेत्रीय भावना जाग्रत हुई।
- सामान्यतः यह माना जाता है कि भारत में आर्यों के आगमन के साथ ही लोहे का प्रचलन प्रारम्भ हुआ। उत्तर वैदिक (1000-600 ई॰पू॰) काल से लोहे के प्रयोग का प्रमाण साहित्यिक एवं पुरातात्विक साक्ष्यों से मिलता है।
- लगभग 1000 ई॰पू॰ से गांधार, ब्लूचिस्तान, पूर्वी पंजाब, पश्चिमी उत्तर प्रदेश, राजस्थान इत्यादि क्षेत्रों से लोहे के उपयोग के प्रमाण मिलने लगते हैं।

❑❑❑

अध्याय-2

सिंधु घाटी सभ्यता

- हड़प्पा सभ्यता का प्रथम अवशेष 1856 ई. में करांची से लाहौर तक रेलवे लाइन बिछाने के क्रम में खुदाई से प्राप्त हुआ।
- इस अज्ञात सभ्यता की खोज का श्रेय रायबहादुर दयाराम साहनी को दिया जाता है, जिन्होंने तत्कालीन पुरातत्व सर्वेक्षण विभाग के महानिदेशक सर जॉन मार्शल के निर्देशन में 1921 ई. में इस स्थल की खुदाई करवाई।
- 1922 ई. में राखलदास बनर्जी के नेतृत्व में एक अन्य प्रमुख स्थल मोहनजोदड़ो की खोज हुई। इस नवीनतम स्थल के प्रकाश में आने के बाद यह मान लिया गया कि यह सभ्यता संभवतः सिंधु नदी की घाटी तक ही सीमित है, अतः इसका नाम **'सिंधु घाटी की सभ्यता'** रखा गया।
- इस सभ्यता के लिए साधारणतः तीन नामों का प्रयोग होता है–'सिंधु घाटी की सभ्यता', 'सिंधु-सभ्यता' और 'हड़प्पा सभ्यता'। इन तीनों शब्दों का एक ही अर्थ है। इनमें से प्रत्येक शब्द की एक विशिष्ट पृष्ठभूमि है।
- कालांतर में अनुसंधान से जब यह प्रमाणित हो गया कि यह सभ्यता स्वयं सिंधु घाटी की सीमाओं के पार दूर-दूर तक फैली हुई है (यथा–राजस्थान, हरियाणा, पूर्वी पंजाब और गुजरात आदि) तब इस सभ्यता के सही-सही भौगोलिक विस्तार का संकेत देने के लिए 'सिन्धु घाटी की सभ्यता' शब्दावली अपर्याप्त सिद्ध हुई। अतः इसके लिए **'हड़प्पा सभ्यता'** जैसे गैर-भौगोलिक शब्द के प्रयोग का निर्णय किया गया। पुरातात्विक साहित्य में साधारणतः किसी अज्ञात संस्कृति का नामकरण उस स्थल के नाम पर कर दिया जाता है जहां पहले-पहल उसे पहचाना जाता है। इस सभ्यता का नामकरण 'हड़प्पा सभ्यता' इसी प्रचलित प्रथा का अनुसरण है।
- इस सभ्यता का काल 2500-1800 ई.पू. तक माना गया है।
- भारतीय उपमहाद्वीप में इस सभ्यता के लगभग 1000 स्थलों का पता चला है। इनमें से कुछ हड़प्पा संस्कृति की आरंभिक अवस्था के हैं, कुछ परिपक्व अवस्था के और कुछ उत्तर अवस्था के हैं। इन स्थलों में से केवल 6 को ही नगर की संज्ञा दी गई है जहां परिपक्व और उन्नत हड़प्पा संस्कृति के दर्शन होते हैं। ये 6 स्थल हैं– हड़प्पा, मोहनजोदड़ो, चन्हूदड़ों, लोथल, कालीबंगा, एवं बनवाली हिसार।

हड़प्पा सभ्यता के स्थलों से संबद्ध मुख्य तथ्य

क्र.स.	प्रमुख स्थल	खोजकर्ता	वर्ष	नदी/सागर तट
1.	हड़प्पा	माधोस्वरूप वत्स एवं दयाराम साहनी	1921	रावी नदी
2.	मोहनजोदड़ो	राखलदास बनर्जी	1922	सिंधु नदी
3.	रोपड़	यज्ञदत्त शर्मा	1953	सतलज नदी
4.	लोथल	ए. रंगनाथ राव	1954	भोगवा नदी
5.	कालीबंगा	ब्रजवासी लाल एवं अमलानंद घोष	1953	घग्घर नदी
6.	रंगपुर	माधोस्वरूप वत्स एवं रंगनाथ राव	1931-1953	मांदर नदी
7.	चन्हूदड़ों	एन. गोपाल मजूमदार	1931	सिंधु नदी
8.	सुरकोतड़ा	जगपति जोशी	1964	———
9.	बनवाली	रविंद्र सिंह विष्ट	1973	सरस्वती नदी
10.	आलमगीरपुर	यज्ञदत्त शर्मा	1958	हिंडन नदी
11.	कोटदीजी	फजल अहमद	1953	सिंधु नदी
12.	सुतकागेंडोर	ऑरेल स्ट्राइन एवं जॉर्ज एफ. डेल्स	1927	दाश्क नदी

- हड़प्पा सभ्यता के सुतकागेंडोर और सूरकोतड़ा जैसे समुद्रतटीय नगरों में भी इस संस्कृति की परिपक्व अवस्था दिखाई देती हैं। इन दोनों की विशेषता है एक-एक नगर-दुर्ग का होना।
- उत्तर हड़प्पा अवस्था गुजरात के काठियावाड़ प्रायद्वीप में रंगपुर और रोजड़ी स्थलों पर पाई गई है।
- हड़प्पा सभ्यता का समूचा क्षेत्र एक त्रिभुज के आकार का है। इसका पूरा क्षेत्रफल लगभग 1,299,600 वर्ग कि.मी. है।
- अब तक इस सभ्यता के अवशेष पाकिस्तान के पंजाब, सिंध और बलूचिस्तान और भारत के पंजाब, गुजरात, राजस्थान, हरियाणा, पश्चिमी उत्तर प्रदेश, जम्मू-कश्मीर के भागों में पाए जा चुके हैं।
- इस सभ्यता का **सर्वाधिक** पश्चिमी पुरास्थल सुतकागेंडोर (बलूचिस्तान), पूर्वी स्थल आलमगीरपुर (मेरठ-उ.प्र.) उत्तरी पुरास्थल मांडा (जम्मू-कश्मीर) और दक्षिणी पुरास्थल दायमाबाद (महाराष्ट्र) है।

नगर योजना

- हड़प्पा सभ्यता की सर्वाधिक महत्त्वपूर्ण विशेषता थी–इसकी नगर योजना प्रणाली। इस सभ्यता के महत्त्वपूर्ण स्थलों के नगर निर्माण में समरूपता थी। नगरों के भवनों के बारे में विशिष्ट बात यह थी कि ये जाल की तरह विन्यस्त थे।
- यहां के प्राप्त नगरों के अवशेषों से पूर्व और पश्चिम दिशा में दो टीले मिले हैं। पूर्व दिशा में स्थित टीले पर नगर या फिर आवास क्षेत्र के साक्ष्य मिलते हैं जबकि पश्चिम के टीले पर गढ़ी अथवा दुर्ग (Citadel) के साक्ष्य मिले हैं। लोथल एवं सूरकोतड़ा के दुर्ग और नगर क्षेत्र दोनों एक ही रक्षा प्राचीर से घिरे हैं।
- यहां प्राप्त मकानों के अवशेष से स्पष्ट होता है कि प्रत्येक मकान के बीच में एक आंगन होता था। आंगन के चारों ओर चार-पांच कमरे, रसोईघर एवं स्नानागार के साथ बने होते थे। स्नानागार गली की ओर बने होते थे।
- घरों के दरवाजे एवं खिड़कियाँ सड़क की ओर न खुलकर पिछवाड़े की ओर खुलती थीं।
- भवन निर्माण में प्रयुक्त ईंटों का आकार तीन प्रकार का था। ईंटों के निर्माण का निश्चित अनुपात 4 : 2 : 1 था। यहां पर मिले भवन अलंकरण रहित हैं, केवल कालीबंगा में फर्श के निर्माण में अलंकृत ईंट का प्रयोग किया गया है।
- इस सभ्यता में सड़कों का जाल नगर को कई भागों में विभाजित करता था। सड़कें पूर्व से पश्चिम एवं उत्तर से दक्षिण की ओर जाती हुई एक-दूसरे को समकोण पर काटती थीं। सड़कों का निर्माण मिट्टी से किया गया था। सड़कों के दोनों ओर नालियों का निर्माण पक्की ईंटों द्वारा किया गया था और इन नालियों में थोड़ी-थोड़ी दूर पर 'मेन होल' बनाए गए थे।

हड़प्पा सभ्यता का क्षेत्रीय विस्तार

1. **सिंध क्षेत्र**–मोहनजोदड़ो, आमरी, कोटदीजी, रहमान ढ़ेरी, अल्हादीनों, चन्हूदड़ों, अलीमुराद, झूकर , झांगर, गाजीशाह आदि।
2. **बलूचिस्तान**–मेहरगढ़, किली गुल मुहम्मद, राणाघुंडई, डाबरकोट, बालाकोट, अंजीरा आदि।
3. **अफगानिस्तान**–मुंडीगक, सोरतघई/सुर्तघई।
4. **पश्चिम पंजाब**–हड़प्पा, जलीलपुर, संघनवाला, गंवेरीवाला आदि।
5. **गुजरात**–धौलावीरा, लोथल, सूरकोतड़ा, भगवतराव, रंगपुर, रोजड़ी, देसलपुर, प्रभाषपाट्टन/प्रभाषपट्टनम।
6. **राजस्थान**–कालीबंगा, शीशवल, बाड़ा, हनुमानगढ़, मिथल छुपास।
7. **उत्तर प्रदेश**–आलमगीरपुर, मानपुर, बड़गांव, हुलास।
8. **हरियाणा**–बनवाली, राखीगढ़ी, भगवानपुरा।
9. **पंजाब**–रोपड़, सरायखोल, कोटला निहंग खान, बाड़ा, ढ़ेर माजरा आदि।

धार्मिक जीवन

- हड़प्पा सभ्यता के धार्मिक जीवन के बारे में हमें अधिकांश जानकारी पुरातात्विक स्त्रोंतों से मिलती है। इन स्त्रोंतों में मुख्य हैं- मूर्तियां, मुहरें, मृदभांड, पत्थर तथा अन्य पदार्थों से निर्मित लिंग तथा चक्र की आकृति, ताम्र फलक, कब्रिस्तान आदि।
- हड़प्पा संस्कृति में कहीं से किसी भी मंदिर के अवशेष नहीं मिले हैं।
- मोहनजोदड़ो एवं हड़प्पा से भारी मात्रा में प्राप्त मृण्मूर्तियों में से एक स्त्री मृण्मूर्ति के गर्भ में से एक पौधा निकलता हुआ दिखाया गया है। ऐसा प्रतीत होता है कि हड़प्पा सभ्यता के लोग धरती को उर्वरता की देवी मानकर इसकी पूजा करते थे।
- मोहनजोदड़ो से प्राप्त एक सील पर तीन मुख वाला एक पुरुष ध्यान की मुद्रा में बैठा हुआ है। उसके सिर पर तीन सींग हैं, उसके बायीं ओर एक गैंडा और भैंसा है तथा दायीं ओर एक हाथी, एक व्याघ्र एवं हिरण है। इस चित्र से ऐसा प्रतीत होता है कि आज के भगवान शिव की पूजा उस समय **पशुपति** के रूप में होती थी।
- हड़प्पा एवं मोहनजोदड़ो से मिले पत्थर के बने लिंग एवं योनि से उनकी पूजा के प्रचलन में होने का भी प्रमाण मिलता है। लिंग-पूजा हड़प्पा काल में शुरू हुई और आगे चलकर हिन्दू समाज में पूजा की एक विशिष्ट विधि मानी जाने लगी।
- वृक्ष-पूजा के प्रमाण मोहनजोदड़ो से प्राप्त एक सील पर बने पीपल की डालों के मध्य देवता से मिलता है। इस वृक्ष की पूजा आज तक जारी है।
- हड़प्पा सभ्यता में पशु-पूजा का भी प्रचलन था। कई पशु सीलों (मुहरों) पर अंकित हैं। इनमें सबसे महत्त्व का है कूबड़वाला सांड। आज भी जब ऐसा सांड गलियों में चलता है तो धर्मात्मा हिन्दू इसे रास्ता दे देते हैं।
- अधिक मात्रा में प्राप्त ताबीजों से ऐसा लगता है कि इस सभ्यता के लोग भूत-प्रेत एवं तंत्र-मंत्र में विश्वास करते थे।
- अग्नि-पूजा के प्रचलन का भी प्रमाण इस सभ्यता से प्राप्त हुआ है। लोथल एवं कालीबंगा में हवन कुंडों एवं यज्ञ वेदियों के साक्ष्य अग्निपूजा की ओर संकेत करते हैं।
- धार्मिक कृत्यों से स्पष्ट होता है कि इस सभ्यता के निवासी वृक्ष, पशु और मानवस्वरूप में देवताओं की पूजा करते थे, परंतु वे अपने इन देवताओं के लिए मंदिर नहीं बनाते थे।

आर्थिक जीवन

- हड़प्पा सभ्यता के लोगों का आर्थिक जीवन मुख्यतः कृषि, पशुपालन, शिल्प-उद्योग एवं व्यापार-वाणिज्य पर निर्भर था।
- सिंधु तथा उसकी सहायक नदियों द्वारा प्रतिवर्ष लाई गई उपजाऊ जलोढ़ मिट्टी कृषि कार्य हेतु महत्त्वपूर्ण थी। इन उपजाऊ मैदानों में मुख्य रूप से गेहूँ और जौ की खेती की जाती थी। अभी तक नौ फसलें

पहचानी गई हैं–चावल (केवल गुजरात के लोथल से और संभवतः राजस्थान से भी) जौ की दो किस्में, गेहूँ की तीन किस्में, कपास, खजूर, तरबूज, मटर और एक ऐसी किस्म जिसे **'ब्रासिका जुंसी'** की संज्ञा दी गई है। इसके अतिरिक्त मटर, सरसों, तिल एवं कपास की भी खेती होती थी। लोथल में खुदाई से धान एवं बाजरे की खेती के अवशेष मिले हैं।

- इस काल में खेती के कार्यों में प्रस्तर एवं कांस्य धातु के बने औजार प्रयुक्त होते थे। ऐसा प्रतीत होता है कि हड़प्पा के लोग लकड़ी के हल का प्रयोग करते थे। संभवतः इस सभ्यता के लोंगों ने ही सर्वप्रथम कपास उगाना प्रारंभ किया। इसीलिए यूनानी लोगों ने इस प्रदेश को **'सिंडोन'** कहा। लोथल से आटा पीसने की पत्थर की चक्की के दो पाट मिले हैं। पेड़-पौधों में पीपल, खजूर, नीम एवं केला उगाने के साक्ष्य मिले हैं।
- इस सभ्यता में मुख्य पालतू पशुओं में डील और बिना डील वाले बैल, भैंस, गाय, भेड़-बकरी, कुत्ते, गदहे, खच्चर और सुअर, आदि प्रमुख थे। हाथी और घोड़े पालने के साक्ष्य प्रमाणित नहीं हो सके हैं । लोथल एवं रंगपुर से घोड़े की मृण्मूर्तियों के अवशेष मिले हैं। सुरकोतड़ा से सैंधवकालीन घोड़े के अस्थिपंजर के अवशेष मिले हैं। कुछ पशु-पक्षियों जैसे बंदर, खरगोश, हिरण, मुर्गा, मोर, तोता, उल्लू के अवशेष खिलौनों और मूर्तियों के रूप में मिले हैं।
- शिल्प-उद्योग के तहत बड़े पैमाने पर समानांतर फलकों का उत्पादन, मनके बनाने की कला और सेलखड़ी की आयताकार मोहरें बनाने की तकनीक शामिल थी। धातुओं में सोना, चांदी, टिन, सीसा और तांबा ज्ञात थे। इस समय तांबे में टिन मिलाकर कांसा तैयार किया जाता था। संभवतः कास्य शिल्पियों (कसेरों) का समाज में महत्त्वपूर्ण स्थान था। कसेरों के अतिरिक्त राजगीरों एवं आभूषण निर्माताओं का समुदाय भी समाज में सक्रिय था। सैंधव सभ्यता में सूती वस्त्र का भी उल्लेख मिलता है। इस समय कुम्हार के चाक से निर्मित मृदभांड काफी प्रचलित थे, जिन पर गाढ़ी लाल चिकनी मिट्टी पर काले रंग की ज्यामितीय एवं प्रकृति से जुड़े डिजाइन बनाए जाते थे। चन्हूदड़ों तथा लोथल में मनके बनाने का कार्य होता था। चन्हूदड़ों में सेलखड़ी मुहरें तथा चर्ट के बटखरे भी तैयार किए जाते थे। बालाकोट तथा लोथल में सीप उद्योग अपनी विकसित अवस्था में था।
- हड़प्पाई लोग सिंधु सभ्यता क्षेत्र के भीतर पत्थर, धातु शल्क आदि का व्यापार करते थे। लेकिन वे जो वस्तुएं बनाते थे उसके लिए जरूरी कच्चा माल उनके नगरों में उपलब्ध नही था। अतः उन्हें बाह्य देशों से व्यापारिक सम्पर्क भी स्थापित करना पड़ा। तैयार माल की खपत अपने क्षेत्रों में नहीं हो पाती थी। अतः उन वस्तुओं का निर्यात बाह्य देशों को करना पड़ा। इस प्रकार कच्चे माल की आवश्यकता और तैयार माल की खपत की आवश्यकता ने व्यापारिक संबंधों को प्रगाढ़ बनाया।
- इस काल में व्यापार धातु के सिक्कों पर आधारित न होकर वस्तु विनियम प्रणाली पर आधारित था। व्यापारिक वस्तुओं की गांठों पर शिल्पियों एवं व्यापारियों द्वारा अपनी मुहर की छाप होती थी तथा दूसरी ओर भेजे जाने वाले का निशान अंकित होता था। व्यापारिक कार्यों में नाप-तौल एवं वाट-माप का भी प्रयोग होता था। वाट का आकार घनाकार, वर्तुलाकार, बेलनाकार, शंक्वाकार एवं ढोलाकार था। तौल की इकाई संभवतः 16 के अनुपात में थी, जैसे- 16, 64, 160, 320 और 640।
- इस सभ्यता के लोग यातायात के रूप में दो एवं चार पहियों वाली बैलगाड़ी अथवा भैंसागाड़ी का उपयोग करते थे। मोहनजोदड़ो से प्राप्त एक मुहर पर अंकित नाव का चित्र एवं लोथल से मिली मिट्टी की खिलौना नाव से यह अनुमान लगाया जाता है कि इस सभ्यता के लोग आंतरिक एवं बाह्य व्यापार में मस्तूल वाली नावों का प्रयोग करते थे।
- मेसोपोटामिया (इराक) और सिंधु सभ्यता के बीच व्यापारिक संबंधों के विषय में अभिलेखीय साक्ष्य मिलते हैं। मेसोपोटामियाई साहित्य में प्रयुक्त शब्द **'मेलूहा'** सिंधु घाटी क्षेत्र का प्राचीन भाग है।

विभिन्न क्षेत्रों से आयात किया गया कच्चा माल

कच्चा माल	क्षेत्र
टिन	ईरान एवं अफगानिस्तान
तांबा	खेतड़ी (राजस्थान एवं बलूचिस्तान)
चांदी	ईरान एवं अफगानिस्तान
सोना	अफगानिस्तान, फारस एवं दक्षिण भारत
लाजबर्त	मेसोपोटामिया (इराक)
सेलखड़ी	बलूचिस्तान, राजस्थान एवं गुजरात
नीलरत्न	बदख्शां
नीलमणि	महाराष्ट्र
हरितमणि	दक्षिण एशिया
शंख तथा कौड़ियां	सौराष्ट्र एवं दक्षिणी भारत
सीसा	ईरान, अफगानिस्तान एवं राजस्थान
शिलाजीत	हिमालय क्षेत्र

सामाजिक जीवन

- स्त्री मृण्मूर्तियां अधिक मिलने से ऐसा अनुमान लगाया जाता है कि सैंधव समाज मातृसत्तात्मक था। इस सभ्यता के लोग युद्ध प्रिय कम शांतिप्रिय अधिक थे।
- इस सभ्यता के लोग भोजन के रूप में गेहूं, जौ, खजूर एवं भेड़, सुअर एवं मछली के मांस को पसंद करते थे। घर में बर्तनों के रूप में मिट्टी एवं धातु से बने दोनों प्रकार के बर्तनों का प्रयोग होता था। वस्त्र के रूप में सूती एवं ऊनी दोनों प्रकार के वस्त्र प्रयोग होने के साक्ष्य मिले हैं।
- स्त्री और पुरुष दोनों वर्ग आभूषण प्रेमी थे। पुरुष वर्ग दाढ़ी एवं मूँछ का शौकीन था।
- मनोरंजन के साधनों में मछली पकड़ना , शिकार करना, पशु-पक्षियों को आपस में लड़ाना, चौपड़, पासा खेलना आदि शामिल थे।
- शवों की अंत्येष्टि क्रिया तीन प्रकार से की जाती थी-
  1. पूर्ण समाधिकरण, 2. आंशिक समाधिकरण, 3. दाह संस्कार
  हड़प्पाई लिपि का सर्वाधिक पुराना नमूना 1853 ई. में मिला था पर स्पष्टतः यह लिपि 1923 तक प्रकाश में आई।
- इस लिपि में कुल मिलाकर 250 से 400 तक चित्राक्षर (Pictograph) हैं और चित्र के रूप में लिखा हर अक्षर किसी ध्वनि, भाव या वस्तु का सूचक है। यह लिपि वर्णात्मक नहीं बल्कि मुख्यतः चित्र-लेखात्मक है।
- हड़प्पाई लिपि सभी जगह छोटे आकार में है और साधारणतः यह सेलखड़ी की आयताकार मोहरों, तांबे की गुटिकाओं इत्यादि पर देखने को मिलते हैं। लिखावट सामान्यतया बाईं से दाईं ओर है।
- यह लिपि अभी तक पढ़ी नही जा सकी हैं। इसका एक कारण यह है कि कहीं कोई द्विभाषिक शिलालेख नहीं मिला है। इस लिपि में प्राप्त सबसे बड़े लेख में करीब 17 चिन्ह हैं।

❑❑❑

अध्याय-3

वैदिक काल

- सिंधु सभ्यता के पतनोपरांत एक नई सभ्यता प्रकाश में आई जो पूर्णतः एक ग्रामीण सभ्यता थी। इस सभ्यता की जानकारी हमें वैदिक ग्रथों–ऋग्वेद, सामवेद, यजुर्वेद और अथर्ववेद से मिलती है। इसीलिए इस सभ्यता को **'वैदिक युग'** के नाम से जाना जाता है। आर्यों द्वारा प्रवर्तित होने के कारण इसको **'आर्य सभ्यता'** भी कहा जाता है।
- वैदिक युग को दो भागों–1. ऋग्वैदिक काल (1500 ई. पू.-1000 ई. पू.) एवं 2. उत्तर-वैदिक काल (1000 ई. पू.-600 ई. पू.) में विभाजित किया गया है।

ऋग्वैदिक काल

- वैदिक सभ्यता मूलतः ग्रामीण थी। आर्यों का आरंभिक जीवन मुख्यतः पशुचारण का था, कृषि उनका गौण धंधा था।
- आर्य लोग स्थाई या स्थिर निवासी नहीं थे इसलिए अपने पीछे कोई ठोस भौतिक अवशेष नहीं छोड़ गए।
- आर्यों का इतिहास हमें मुख्यतः वेदों से ज्ञात होता है।
- ऋग्वेद भारोपीय (भारत-यूरोपीय) भाषाओं का सबसे प्राचीन निदर्श है इसमें अग्नि, इंद्र, मित्र, वरुण आदि देवताओं की स्तुतियां संग्रहीत हैं।
- ऋग्वेद की अनेक बातें **अवेस्ता** से मिलती हैं। अवेस्ता इरानी भाषा का प्राचीनतम ग्रंथ है।
- आर्यों की आरंभिक इतिहास की जानकारी का मुख्य स्रोत ऋग्वेद है।
- ऋग्वेद में आर्य निवास के लिए सर्वत्र **'सप्त सैन्धव'** शब्द का प्रयोग किया गया है। सप्त सैन्धव का अर्थ सात नदियों के देश से है। ये सात नदियां हैं–सिंधु, सरस्वती, शतुद्रि (सतलज), विपासा (व्यास), परूष्णी (रावी), वितस्ता (झेलम) एवं अस्किनी (चेनाब)।
- सरस्वती और दृशद्वती नदियों के मध्य का प्रदेश अत्यंत पवित्र माना गया है। इस क्षेत्र को **'ब्रह्मवर्त'** कहा गया है।
- ऋग्वेद में हिमालय एवं उसकी चोटी भुजवंत का वर्णन मिलता है।
- ऋग्वेद की सर्वाधिक महत्त्वपूर्ण नदी सिंधु है। इसका वर्णन अनेक बार मिलता है। इस काल की दूसरी सर्वाधिक पवित्र नदी सरस्वती थी।
- सरस्वती को **'नदीतमा'** (नदियों का प्रमुख) कहा गया है।

राजनीतिक जीवन

- पितृसत्तात्मक परिवार आर्यों के कबीलाई समाज की बुनियादी इकाई थी।
- ऋग्वेद में आर्यों के पाँच कबील–अनु, द्रुहय, पुरू, तुर्वस तथा यदु होने के कारण उन्हें **'पंचजन्य'** कहा गया।
- ऋग्वैदिक काल में ग्राम, विश और जन ये उच्चतर इकाई थे। ग्राम संभवतः कई परिवारों के समूह को कहते थे। **'ग्रामणी'** ग्राम का प्रधान होता था।
- विश कई गाँवों का समूह था। इसका प्रधान **विशपति** कहलाता था। अनेक विशों का समूह जन होता था। जन के अधिपति को जनपति या राजा कहा जाता था।
- ऋग्वेद में देश या राज्य के लिए **'राष्ट्र'** शब्द का उल्लेख है किन्तु उस काल में यह प्रकट न हो सका।
- ऋग्वेद में 'जन' शब्द का उल्लेख 275 बार मिलता है जबकि जनपद शब्द का उल्लेख एक बार भी नहीं मिलता।
- ऋग्वैदिक युग में राजा भूमि का स्वामी था। वह प्रधानतः युद्ध का नेता होता था तथा व्यक्ति रूप से युद्धों में भाग लेता था।
- पुरोहित, सेनानी तथा ग्रामीण इन तीनों का उल्लेख ऋग्वेद में मिलता है।
- इस काल में जनतांत्रिक संस्थाओं का विकास हुआ। जिनमें **सभा, समिति तथा विदथ** प्रमुख हैं।
- **सभाः** यह श्रेष्ठ एवं अभिजात लोगों की संस्था थी।
- **समितिः** यह केंद्रीय राजनीतिक संस्था (सामान्य जनता की प्रतिनिधि सभा) थी। समिति राजा की नियुक्ति, पदच्युत करने व उस पर नियंत्रण रखती थी। समिति का सभापति **'ईशान'** कहलाता था।
- **विदथः** यह आर्यों की प्राचीन संस्था थी। इसे जनसभा भी कहा जाता था।

सामाजिक व्यवस्था

- ऋग्वैदिक काल में **सामाजिक संगठन** का आधार गोत्र या जन्ममूलक संबंध था। परिवार समाज की आधारभूत इकाई थी। परिवार का प्रधान **कुलप** या गृहपति कहलाता था।

- पितृसत्तात्मक समाज होते हुए भी नारियों को पर्याप्त सम्मान प्राप्त था।
- ऋग्वैदिक काल में **संयुक्त परिवार** की प्रथा थी। परिवार की सम्पन्नता का मानदंड परिवार की **वृहदता** थी।
- ऋग्वैदिक काल में वर्ण-व्यवस्था के चिन्ह ऋग्वेद के 10वें मंडल के **'पुरुष सूक्त'** में मिलता है।
- ऋग्वेद में **'वर्ण'** शब्द रंग के अर्थ में प्रयुक्त हुआ है।
- प्रारंभ में तीन वर्णो–ब्रहम, क्षत्र तथा विश का उल्लेख पाते हैं। शूद्र शब्द का उल्लेख सर्वप्रथम ऋग्वेद के 10वें मंडल के पुरुष सूक्त में मिलता है।
- ऋग्वैदिक समाज में 'दास' अथवा दस्युओं का भी उल्लेख मिलता है। इन्हें आर्यो का शत्रु बताया गया है। दास अथवा दस्युओं के लिए **'अमानुष'** शब्द का प्रयोग किया गया है।
- ऋग्वैदिक काल में मांसाहार तथा शाकाहार दोनों का प्रचलन था।
- स्त्री-पुरुष दोनों आभूषण के शौकीन थे। वेश-भूषा में सूती, ऊनी व रंगीन कपड़ों का प्रचलन था।
- मनोरंजन के साधनों में संगीत-गायन, संगीत-वादन, नृत्य, चौपड़, शिकार, घुड़दौड़ आदि शामिल थे।
- परिवार में एक पत्नी विवाह ही सामान्यतः प्रचलित था। यद्यपि कुलीन वर्ग के लोग कई-कई पत्नियाँ रखते थे। बाल-विवाह की प्रथा नहीं थी। अंतर्जातीय विवाह होते थे। समाज में **नियोग प्रथा** प्रचलित थी। पर्दा-प्रथा का कहीं भी उल्लेख नही मिलता।
- **पुनर्विवाह** भी होते थे, विधवा स्त्री अपने देवर या अन्य पुरुष से विवाह कर सकती थी।
- समाज में सती-प्रथा के प्रचलित होने का साक्ष्य नहीं मिलता। स्त्रियों को राजनीति में भाग लेने का अधिकार था परंतु संपत्ति संबंधी अधिकार प्राप्त नहीं थे।

आर्थिक जीवन

- ऋग्वैदिक काल में पशुचारण मुख्य वृति थी, कृषि का दूसरा स्थान था। लोग कृषि पर आधारित जीवन व्यतीत न कर कबीलाई जीवन व्यतीत करते थे।
- कृषि योग्य भूमि को **'उर्वरा'** अथवा **'क्षेत्र'** कहा जाता था।
- वास्तव में आर्यों की आर्थिक स्थिति का मूलाधर पशुधन **'गाय'** मुद्रा की भांति समझी जाती थी। अधिकांश लड़ाइयां गायों के लिए लड़ी गई थीं।
- इस काल के शिल्पियों में बढ़ई, रथकार, बुनकर, चर्मकार, कुम्हार उल्लेखनीय हैं।
- तांबे एवं कांसे के अर्थ में **'अयस'** शब्द के प्रयोग से प्रकट होता है कि उन्हें धातुकर्म की जानकारी थी।
- गायों की गवेषणा (गविष्टि) ही युद्ध का पर्याय माना जाता था।
- पशु ही संपति का मुख्य अंग और मूलतः दक्षिणा के वस्तु समझे जाते थे।
- संपत्ति **(रयि)** की गणना मुख्यतः मवेशियों से ही होती थी।
- ऋग्वेद में एक ही अनाज **'यव'** का उल्लेख हुआ है।
- ऋग्वेद संहिता के मूल भाग में कृषि के महत्त्व के लिए केवल तीन ही शब्द–**ऊर्दर, धान्य** एवं **वपन्ति** प्राप्त हैं।
- इस काल में व्यापार वस्तुतः वस्तु विनियम पर आधारित था। विनियम के माध्यम के रूप में **निष्क** का भी उल्लेख हुआ है।

धार्मिक जीवन

- प्रकृति के प्रतिनिधि के रूप में आर्यों के देवताओं की तीन श्रेणियाँ थीं– 1. आकाश के देवता, 2. अंतरिक्ष के देवता, 3. पृथ्वी के देवता।
- ऋग्वेद में सबसे महत्त्वपूर्ण देवता **'इंद्र'** था। इंद्र का **'पुरंदर'** रूप में उल्लेख मिलता है। इंद्र की स्तुति में ऋग्वेद में 250 सूक्त हैं।
- इस काल में दूसरे महत्त्वपूर्ण देवता **अग्नि** थे। अग्नि की स्तुति पर ऋग्वेद में 200 सूक्त मिलते हैं।
- इस काल का तीसरा प्रमुख देवता **'वरुण'** था। यह जलनिधि का प्रतीक था। वरुण को **'प्राकृतिक घटना क्रम का संयोजक'** (ऋतस्य गोपा) कहा गया है। वरुण को असुर भी कहा गया है।
- **मरुत** -आंधी-तूफान का देवता था।
- **पर्जन्य** -वर्षा का देवता था।
- ऋग्वेद में उषा, अदिति, सूर्या आदि **देवियों** का भी उल्लेख है।
- ऋग्वैदिक काल में देवताओं को उपासना की मुख्य रीति स्तुतिपाठ करना व यज्ञ बलि अर्पित करना था। स्तुतिपाठ पर अधिक जोर था।
- ऋग्वैदिक काल के लोग अपने देवताओं की उपासना सन्नति, पशु, अन्न, धान्य, आरोग्य पाने की कामना से करते थे।

उत्तरवैदिक काल

- भारतीय इतिहास में उस काल को जिसमें सामवेद, यजुर्वेद एवं अथर्ववेद तथा ब्राह्मण ग्रंथों, आरण्यकों एवं उपनिषदों की रचना हुई, को उत्तरवैदिक काल कहा जाता है।
- इस युग की सभ्यता का केंद्र पंजाब से बढ़कर कुरुक्षेत्र (दिल्ली और गंगा-यमुना दोआब का उत्तरी भाग) में आ गया था।
- उत्तरवैदिक काल के अंतिम दौर में 600 ई.पू. के आस-पास आर्य लोग **कोशल, विदेह** एवं **अंग** से परिचित थे।
- उत्तरवैदिक संस्कृति का मुख्य केंद्र मध्य देश था।
- पुरू एवं भरत मिलकर कुरू और तुर्वश एवं क्रिवि मिलकर पांचाल कहलाए।
- मगध व अंग आर्य क्षेत्र से बाहर थे।
- शतपथ ब्राह्मण में उत्तरवैदिक कालीन **'रेवा'** और **'सदानीरा'** नदियों का उल्लेख मिलता है।
- अथर्ववेद में मगध के लोगों को **'व्रात्य'** कहा गया है।

राजनीतिक जीवन

- ऋग्वैदिक काल में कबीले पर शासन करने वाला राजा अब उस प्रदेश पर शासन करने लगा।
- **राष्ट्र** शब्द जो प्रदेश का सूचक है पहली बार इस काल में प्रकट हुआ। आरंभ में पांचाल एक कबीले का नाम था परंतु बाद में वह प्रदेश का नाम हो गया।
- उत्तरवैदिक काल में **पांचाल** सर्वाधिक विकसित राज्य था। शतपथ बाह्मण में इन्हें वैदिक सभ्यता का सर्वश्रेष्ठ प्रतिनिधि कहा गया है।

- उत्तरवैदिक काल में राजतन्त्र ही शासन का आधार था पर कहीं-कहीं पर गणराज्यों के भी उदाहरण मिलते हैं।
- सभा एवं समिति इस समय राजा की निरंकुशता पर रोक लगाती थी।
- ऐतरेय ब्राह्मण में ही राज्य की उत्पत्ति या राजा की दैवी उत्पत्ति संबंधी विवरण मिलता है। अब राजा सामान्य उपाधियों के स्थान पर राजाधिराज, सम्राट, एकराट जैसी उपाधियां धारण करता था।
- अथर्ववेद में परीक्षित को **'मृत्युलोक का देवता'** बताया गया है।
- उत्तरवैदिक काल में नियमित करों की प्रतिष्ठा स्थापित हुई।
- यजुर्वेद में राज्य के उच्च पदाधिकारियों को **'रत्नी'** कहा गया है। ये राजपरिषद् के सदस्य थे।
- विभागाध्यक्षों में **सेनानी,** सेनापति, **सूत** (रथ सेना का नायक), **ग्रामणी** (गाँव का मुखीया), **संग्रहीता;** कोषाध्यक्ष तथा **भागदधु** (अर्थमंत्री) अर्थ करों को वसूलने वाला आदि के नाम मिलते हैं।
- **स्थपति** तथा **शतपति** नामक दो प्रांतीय पदाधिकारियों के नाम मिलते हैं। स्थपति **सीमांत प्रदेश** का प्रशासक अथवा न्यायाधिकारी तथा शतपति 100 ग्रामों के समूह का अधिकारी था।
- उत्तरवैदिक काल में जनतांत्रिक संस्थाओं का विकास हुआ। इन संस्थाओं में **सभा तथा समिति** मुख्य थीं।

  –**सभा :** यह **श्रेष्ठ जनों** की संस्था थी। अथर्ववेद में सभा को **नरिष्ठा** कहा गया है।

  –**समिति :** यह राज्य की **केंद्रीय संस्था** थी। जिसे जनसामान्य की संस्था भी कहते थे। समिति की अध्यक्षता राजा स्वयं करता था। समिति की अध्यक्षता करने वाले को **ईशान** कहा जाता था।
- उत्तरवैदिक काल में विदथ का उल्लेख नहीं मिलता।
- इस काल में राजा कोई स्थायी सेना नहीं रखता था।
- उत्तरवैदिक काल में **बलि** एक **नियमित कर** हो गया जबकि इसके पूर्व यह स्वेच्छाचारी कर था।

सामाजिक व्यवस्था

- उत्तरवैदिक समाज चार वर्णों में विभक्त था–ब्राह्मण, राजन्य या क्षत्रिय, वैश्य और शूद्र।
- इस काल में यज्ञ का अनुष्ठान अधिक बढ़ने से ब्राह्मणों की शक्ति में अपार वृद्धि हुई।
- इस काल में वर्ण-व्यवस्था का आधार कर्म पर आधारित न होकर जाति पर आधारित हो गया था तथा वर्णों में कठोरता आने लगीं थी।
- समाज में अनेक **धार्मिक श्रेणियों का उदय** हुआ जो कठोर विभिन्न जातियों में बदलने लगी। व्यवसाय आनुवंशिक होने लगे। इस काल में केवल **वैश्य** ही कर चुकाते थे। **ब्राह्मण एवं क्षत्रिय** दोनों वैश्यों से राजस्व वसूलते थे।
- **ब्राह्मण, क्षत्रिय** एवं **वैश्य** इन तीनों को **द्विज** कहा जाता था। ये उपनयन संस्कार के अधिकारी थे। चौथा वर्ण (शूद्र) उपनयन संस्कार का अधिकारी नहीं था।
- शिल्पियों में रथकार आदि जैसे कुछ वर्णों का स्थान ऊंचा था और उन्हें **यज्ञोपवीत पहनने** का अधिकार प्राप्त था।
- शतपथ ब्राह्मण में एक स्थान पर क्षत्रियों को ब्राह्मणों से श्रेष्ठ बताया गया है।
- उत्तरवैदिक काल में **गोत्रप्रथा** स्थापित हुई। साथ ही **गोत्र वहिर्विवाह** की प्रथा चल पड़ी।
- इस समय तक अस्पृश्यता की भावना का उदय नहीं हुआ था।
- **बृहदारण्यक** एंव **छंदोग्य उपनिषद** में चांडाल को भी यज्ञ का अवशेष पाने का अधिकारी माना गया है।
- उत्तरवैदिक काल में केवल तीन आश्रमों ब्रम्हचर्य, गृहस्थ तथा वानप्रस्थ की जानकारी मिलती है। चौथा आश्रम संन्यास अभी स्पष्ट नहीं हुआ था। सर्वप्रथम **जाबालोपनिषद्** में चारों आश्रमों का उल्लेख मिलता है।
- इस काल में स्त्रियों की स्थिति में गिरावट आई। उनका **सभा** में प्रवेश **वर्जित** था। साथ ही **पैतृक संपति** से अधिकार छिन गया था। स्त्रियों के लिए उपनयन संस्कार भी प्रतिबंधित हो गया था।
- शतपथ ब्राह्मण में अनेक विदुषी कन्याओं का उल्लेख मिलता है, ये हैं– **गार्गी, गंधर्व, गृहीता एवं मैत्रयी** आदि।

आर्थिक जीवन

- उत्तरवैदिक काल में कृषि आर्यों का मुख्य व्यवसाय बन गया। **शतपथ ब्राहमण** में कृषि की चार क्रियाओं–जुताई, बुआई, कटाई तथा मड़ाई का उल्लेख मिलता है।
- अनाज के रूप में– ब्रीहि (धान), यव (जौ), माण (उड़द), मुद्ग (मूंग), गोधूम(गेहूँ), मसूर आदि का उल्लेख मिलता है।
- उत्तरवैदिक काल में चार प्रकार के बर्तनों (मृदभाडों) से लोग अवगत थे – 1. काले व लाल भांड, 2. काले रंग के भांड, 3. चित्रित धूसर मृदभांड, 4. लाल भांड।
- उत्तरवैदिक काल के लोगों में **लाल मृदभांड** सबसे अधिक प्रचलित था जबकि **चित्रित धूसर मृतभांड** इस युग की विशेषता थी।
- कृषि के अतिरिक्त विभिन्न प्रकार के शिल्पों का उदय भी उतरवैदिक कालीन अर्थव्यवस्था की एक अन्य विशेषता थी।
- इन विभिन्न व्यवसायों के अनेक विवरण **पुरुषमेघ सूक्त** में मिलते हैं। इनमें से धातुशोधक, रथकार, बढ़ई, चर्मकार, स्वर्णकार, कुम्हार व्यापारी आदि उल्लेखनीय हैं।
- वाजसनेयी संहिता तथा **तैत्तिरीय ब्राहमण** में भी इस समय के विभिन्न व्यवसायियों की एक लंबी सूची मिलती है।
- स्वर्ण तथा लोहे के अतिरिक्त इस युग में आर्य टिन, तांबा, चांदी, सीसा आदि धातुओं से परिचित हो चुके थे।
- शतपथ ब्राहमण में **महाजनी प्रथा** का पहली बार उल्लेख हुआ है तथा **सूदखोर** को **कुसीदिन** कहा गया है।
- उत्तरवैदिक काल में मुद्रा का प्रचलन हो चुका था परंतु सामान्य लेन-देन में या व्यापार **वस्तु विनिमय** द्वारा होता था।
- **निष्क, शतमान, पाद, कृष्णल** आदि माप की विभिन्न इकाइयां थीं। **निष्क** जो ऋग्वैदिक काल में एक आभूषण था अब एक मुद्रा माने जाने लगा। **शतमान** संभवतः चांदी की मुद्रा थी। शतपथ ब्राहमण में दक्षिणा के रूप में इसका वर्णन मिलता है। अथर्ववेद में चांदी का उल्लेख मिलता है।
- व्यापार **प्रपण** द्वारा संपन्न होता था जिसमें लेन-देन का माध्यम गाय एवं निष्क को बनाया जाता था।

धार्मिक जीवन

- उत्तरवैदिक काल में उत्तरी दोआब ब्राहमणों के प्रभाव में आर्य-संस्कृति का केंद्र स्थल बन गया।
- यज्ञ इस संस्कृति का मूलाधर था। यज्ञ के साथ-साथ अनेकानेक अनुष्ठान और मंत्रविधियां प्रचालित हुईं।

प्रमुख यज्ञ		
राजसूय	–	राजा के राज्याभिषेक हेतु संपादित होता था। ऐसा माना जाता था कि इससे राजा को दिव्य शक्ति प्राप्त होगी।
अश्वमेघ	–	अन्य राज्यों को चुनौती देने के उद्देश्य से एक अभिषिक्त घोड़े को छोड़कर संपादित किया जाता था जो राजा के प्रभुत्व का प्रतीक था।
वाजपेय	–	राजा रथों की दौड़ का आयोजन करता था। इसका उद्देश्य था प्रजा के मनोरंजन के साथ शौर्य प्रदर्शन।
अग्निष्टोम	–	इस यज्ञ में प्रातः, दोपहर तथा शाम को सोम पीसा जाता था तथा अग्नि को पशु बलि दी जाती थी।

- ऋग्वैदिक काल के दो प्रमुख देवता **इंद्र** और **अग्नि** का अब पहले जैसा महत्त्व नहीं रहा। उनके स्थान पर उत्तरवैदिक काल में **प्रजापति** जो देवकुल में **सृष्टि के निर्माता थे** को सर्वोच्च स्थान प्राप्त हो गया।
- पशुओं के देवता **रुद्र** उत्तरवैदिक काल में महत्त्वपूर्ण देवता बन गए और इनकी पूजा **शिव** के रूप में होने लगी।
- विष्णु को **सर्व-संरक्षक** के रूप में पूजा जाता था।
- ऋग्वैदिक कालीन पशुओं के देवता **पूषन** उत्तरवैदिक काल में शूद्रों के देवता के रूप में प्रचलित हुए।
- इस काल में देवताओं के प्रतीक के रूप में कुछ वस्तुओं की भी पूजा प्रचलित हुई अर्थात् कुछ प्रतीक चिन्हों की भी पूजा होने लगी।
- उत्तरवैदिक काल में **मूर्तिपूजा** के आरंभ होने का कुछ आभास मिलने लगता है।
- उत्तरवैदिक काल में ही **बहुदेववाद, वासुदेव संप्रदाय एवं षडदूर्शनों** का बीजारोपण हुआ।
- उपनिषदों में स्पष्टतः यज्ञों तथा कर्मकांडों की निंदा की गई तथा ब्रहम की एकमात्र सत्ता स्वीकार की गई ।

प्रमुख धार्मिक पुरोहित		
होतृ	–	मुख्यतः प्रार्थना करने वाले इन पुरोहितों ने ऋक्संहिता (ऋग्वेद) का पुनर्सृजन किया।
उद्गाता	–	ये सामवेद का गायन करने वाले पुरोहित थे।
अध्वर्यु	–	ये यजुर्वेद का मंत्रोचार करने वाले पुरोहित थे।
ब्रह्मा	–	ये सभी यज्ञों को विधिपूर्व संपन्न कराने वाले पुरोहित थे।

❑ ❑ ❑

अध्याय-4

महाजनपद एवं मगध का उदय

- बुद्ध के समय **16** बड़े राज्यों का उल्लेख मिलता है, जिन्हें महाजनपद कहा जाता है। छठी शताब्दी ई. पू. के बड़े-बड़े ये राज्य अधिकतर विंध्य के उत्तर में थे और पश्चिमोत्तर सीमाप्रांत से बिहार तक फैले हुए थे। **सोलह महाजनपदों में अश्मक ही एक ऐसा जनपद था जो दक्षिण भारत में गोदावरी नदी के किनारे स्थित था।**
- इन महाजनपदों का उल्लेख बौद्ध ग्रंथ **अंगुतर निकाय** में भी मिलता है। जैन ग्रंथ **भगवतीसूत्र** में भी इन महाजनपदों का उल्लेख कुछ नामांतर के साथ मिलता हैं।
- सोलह महाजनपदों में मगध, कोशल, वत्स और अवंति संभवतः अधिक शक्तिशाली थे।

महाजनपद: एक नजर में

	महाजनपद	राजधानी
1.	अंग	चम्पा
2.	मगध	गिरिव्रज (राजगृह)
3.	काशी	वाराणसी
4.	कोशल	श्रावस्ती/अयोध्या
5.	वज्जि	विदेह एवं मिथिला
6.	मल्ल	कुशावती (कुशीनगर)
7.	चेदि	शक्तिमती
8.	वत्स	कौशाम्बी
9.	कुरु	इन्द्रप्रस्थ
10.	पांचाल	उत्तर पंचाल-अहिच्छत्र दक्षिण पांचाल-कांपिल्य
11.	मत्स्य	विराट नगर
12.	शूरसेन	मथुरा
13.	अश्मक	पोतन या पोटली
14.	अवन्ति	उत्तरी अवन्ति-उज्जयिनी दक्षिणी अवन्ति-महिष्मती
15.	गन्धीर	तक्षशिला
16.	कम्बोज	हाटक

- ये महाजनपद दो प्रकार के थे–राजतंत्रात्मक राज्य एवं गणतंत्रात्मक राज्य। अंग, मगध, काशी, कोशल, चेदि, वत्स, कुरु, पांचाल, मत्स्य, शूरसेन, अश्मक, अवंति, गांधार तथा कंबोज राजतंत्रात्मक राज्य थे जबकि वज्जि और मल्ल गणतंत्रात्मक राज्य थे।
- गणतंत्रात्मक राज्यों का शासन राजा द्वारा न होकर गण अथवा संघ द्वारा होता था। आधुनिक युग में गणतंत्र प्रजातंत्र का समानार्थी है किन्तु प्राचीन युग के गणतंत्र को आधुनिक अर्थ में कुलीनतंत्र या निरंकुश तंत्र कह सकते हैं क्योंकि इसमें शासन की शक्ति संपूर्ण जनता के हाथों में न होकर किसी कुल विशेष के प्रमुख व्यक्तियों के हाथों में होती थी। बौद्ध ग्रंथों में गणतंत्रात्मक राज्यों को गणसंघ भी कहा गया है।

बौद्ध ग्रंथों में वर्णित गणराज्य

1. कपिलवस्तु के शाक्य
2. रामग्राम के कोलीय
3. पावा के मल्ल
4. कुशीनारा के मल्ल
5. मिथिला के विदेह
6. पिप्पलीवन के मोरिय
7. सुमसुमारगिरि के भग्ग/मग्ग
8. अलकप्प के बुलि
9. केसपुत्त के कलाम
10. वैशाली के लिच्छवि

मगध का उदय

- छठी शताब्दी ई. पू. में मगध एक छोटा-सा राज्य था लेकिन यहाँ की प्राकृतिक दशा, भौगोलिक कारण तथा यहां के योग्य एवं महत्त्वाकांक्षी राजाओं ने मगध को एक साम्राज्य के रूप में परिवर्तित कर दिया। इस राज्य के उत्थान में अनेक वंश के राजाओं का योगदान था।
- प्राचीन भारत में जिस साम्राज्यवाद का विकास हो रहा था उस ओर मगध ने सबसे पहले कदम बढ़ाया। इस बात की पुष्टि सभी प्राचीन ब्राह्मण तथा जैन स्त्रोतों से भी होती है।

- मगध के चारों ओर प्राकृतिक सुरक्षा के साधन थे और निकटवर्ती जंगलों में पाई जाने वाली गजसेना से उसे पर्याप्त बल मिला। इसके साथ ही मगध के आस-पास पाई गई लोहे की खानों से भांति-भांति के अस्त्र-शस्त्र बनाकर आर्य जातियों को जंगलों को साफ करने में सहायता मिली और नए उद्योग-धंधों को बढ़ावा मिला। गंगा नदी के पास होने के कारण व्यापारिक सुविधाएं बढ़ीं और आर्थिक दृष्टि से मगध का महत्त्व बहुत बढ़ गया।
- **मगध के हिरयण्क वंश (हर्यक वंश)** के शासक बिम्बिसार के शासनकाल में मगध ने खूब उन्नति की। वह बुद्ध का समकालीन था। उसके द्वारा विजय और विस्तार की शुरू की गई नीति अशोक की कलिंग विजय के साथ समाप्त हुई। बिम्बिसार ने वैवाहिक संबंधों से भी अपनी स्थिति को मजबूत किया। उसने तीन विवाह किए। विभिन्न राजकूलों से वैवाहिक संबंधों के कारण बिम्बिसार को बड़ी राजनैतिक प्रतिष्ठा मिली और इस प्रकार मगध राज्य को पश्चिम और उत्तर की ओर फैलाने का मार्ग प्रशस्त हो गया।
- मगध की असली शत्रुता अवंति से थी, जिसकी राजधानी उज्जैन में थी। इसके राजा चंडप्रद्योत महासेन की बिम्बिसार से लड़ाई हुई थी, किन्तु दोनों अंत में दोस्त बन गए। गंधार से भी बिम्बिसार के राजनयिक संबंध थे। इस प्रकार विजय और कूटनीति से बिम्बिसार ने मगध को ई. पू. छठी सदी में सबसे अधिक शक्तिशाली राज्य बना दिया।
- मगध की पहली राजधानी राजगीर में थी, उस समय इसे गिरिव्रज कहते थे। यह स्थल पांच पहाड़ियों से घिरा हुआ था और उनके खुले भागों को पत्थरों की दीवारों से चारों ओर से घेर दिया गया था। इस तरह राजगीर एक अभेध्य दुर्ग हो गया था।
- बिम्बिसार के उत्तराधिकारी **अजातशत्रु (492–460 ई.पू.)** ने अपने समूचे शासनकाल में विस्तार की आक्रामक नीति से काम लिया। उसके शासनकाल में मगध का वैभव अपने चरमोत्कर्ष पर पहुंच गया था। अजातशत्रु ने अनेक समकालीन राज्यों को पराजित किया और उन्हें मगध साम्राज्य में मिला लिया। अजातशत्रु को वैशाली को नष्ट करने में लगभग सोलह वर्ष का लंबा समय लगा। इस प्रकार काशी जिसे वह पहले ही विजित कर चुका था, और अब वैशाली को जीतने के बाद उसका साम्राज्य और विस्तृत हो गया।
- अजातशत्रु की तुलना में अवंति का शासक अधिक शक्तिशाली था। अवंति के राजाओं ने कौशांबी के वत्सों को हराया था और अब वे मगध पर हमला करने की धमकी दे रहे थे। इसी खतरे का सामना करने के लिए अजातशत्रु ने राजगीर की किलेबंदी की। किलेबंदी की दीवारों के अवशेष आज भी देखने को मिलते हैं। परंतु अजातशत्रु के जीवनकाल में अवंति को मगध पर हमला करने का अवसर नहीं मिला।
- अजातशत्रु के बाद **उदयिन् (460 – 440 ई.पू.)** मगध की गद्दी पर बैठा। उसके शासन की महत्त्वपूर्ण घटना यह है कि उसने पटना में गंगा और सोन के संगम पर एक किला बनवाया। इसका मुख्य कारण पटना का मगध साम्राज्य के केंद्र में अवस्थित होना था। एक नए नगर के रूप में पाटलिपुत्र की स्थापना उदयिन् की ही देन है। उदयिन् का उदयभद्र के रूप में भी उल्लेख मिलता है। उदयिन् के बाद यह राजवंश दुर्बल हो गया और सत्ता शिशुनाग वंश के हाथों में चली गई ।
- **शिशुनाग वंश (412 से 365 ई.पू.)** के शासक शिशुनाग की सर्वाधिक महत्त्वपूर्ण सफलता थी अवंति की शक्ति को तोड़ना। शिशुनाग ने अवंति और वत्सराज को जीतकर मगध साम्राज्य का विस्तार उत्तरी भारत में मालवा से बंगाल तक कर दिया। शिशुनाग ने वैशाली को अपनी राजधानी बनाया।
- शिशुनाग के बाद इस वंश का अगला शासक कालाशोक या काकवर्ण हुआ। इसने वैशाली के स्थान पर पुनः पाटलिपुत्र को अपनी राजधानी बनाया। इसके समय में वैशाली में द्वितीय बौद्ध संगीति का आयोजन हुआ। इसकी मृत्यु के उपरांत इसके उत्तराधिकारियों ने लगभग 22 वर्ष तक शासन किया। शिशुनागों के बाद मगध पर नंद वंश का शासन शुरू हुआ।
- **नंद वंशीय शासक** मगध के सबसे शक्तिशाली शासक सिद्ध हुए। इनका शासन इतना शक्तिशाली था कि सिकंदर भी इनके साम्राज्य की ओर बढ़ने की हिम्मत न कर सका।
- **महापद्मनंद** संभवतः शूद्र जाति का था। पुरणों में उसे 'सर्वक्षत्रान्तक (सभी क्षत्रियों का नाश करने वाला)' और 'द्वितीय परशुराम' कहा गया है।
- नंद वंश के सबसे शक्तिशाली शासक महापद्मनंद ने कलिंग को जीत कर मगध की शक्ति को बढ़ाया। विजय स्मारक के रूप मे वह कलिंग से जिन की मूर्ति उठा लाया था।
- इस वंश का अंतिम शासक घनानंद था जिसे चंद्रगुप्त मौर्य ने चाणक्य के सहयोग से अपदस्थ कर मगध पर अपना शासन स्थापित किया।

❑❑❑

अध्याय-5

धार्मिक आंदोलन

- उत्तर भारत की मध्य गंगा घाटी क्षेत्र में ई. पू. छठी शताब्दी में अनेक धार्मिक संप्रदायों का उदय हुआ। अनेक मत तथा दर्शनों के प्रादुर्भाव ने बौद्धिक आंदोलन का रूप ग्रहण कर लिया। विभिन्न मतों के अनुयायी संन्यासी घूम-घूमकर अपने जीवन-दर्शन का सामान्य-जन में प्रचार तथा एक-दूसरे के दर्शन का खंडन भी करते थे। इस बौद्धिक आंदोलन का केंद्र मगध था।
- इस काल में जहां एक ओर इस क्षेत्र में विशाल साम्राज्य की नींव पड़ रही थी वहीं दूसरी ओर इसी क्षेत्र में पुरातन जीवन-दर्शन अर्थात् वैदिक जीवन-दर्शन के विरोध में ये धार्मिक आंदोलन चल रहे थे। यह भी कम महत्त्वपूर्ण बात नहीं है कि इसी तरह के बौद्धिक आंदोलन के प्रमाण अन्य देशों, यथा—चीन, ईरान तथा यूनान में भी मिलते हैं, जो पुरातन मान्यताओं को चुनौती दे रहे थे।
- भारत में इस आंदोलन के प्रत्यक्ष एवं परोक्ष कारण थे, जो तत्कालीन, सामाजिक एवं आर्थिक परिवर्तनों में निहित थे। इन परिवर्तनों से प्राचीन वैदिक परंपरा की धार्मिक तथा सामाजिक मान्यताएं तथा जीवन-प्रणाली के अनेक तत्त्व केवल रूढ़ि बनकर रह गए थे एवं सामाजिक विकास में बाधक सिद्ध होने लगे थे।
- ई. पू. छठी शताब्दी में प्रचलित विभिन्न धार्मिक संप्रदायों, यथा-आजीवक/भाग्यवादी, घोर अक्रियावादी, उच्छेदवादी/भौतिकवादी, नित्यवादी, संदेहवादी, जैन और बौद्ध का उदय हुआ। इन धार्मिक संप्रदायों ने पुरातन वैदिक-ब्राहमण धर्म के अनेक दोषों पर प्रहार किया।

  इसीलिए इन धर्मों को सुधारवादी आंदोलन भी कहा गया है। **इन सुधारवादी धार्मिक आंदोलनों में जैन एवं बौद्ध धर्म अधिक लोकप्रिय एवं चिरस्थायी रहे।**

जैन धर्म

- जैन शब्द 'जिन' से बना है जिसका अर्थ है—विजेता अर्थात् जिसने इंद्रियों को जीत लिया है। भगवतीसूत्र, कल्पसूत्र तथा परशिष्ट पर्वन नामक ग्रंथ में प्रारंभिक जैन धर्म का इतिहास मिलता है।
- जैन धर्म में तीर्थंकर का अर्थ संसार सागर से पार कराने के लिए औरों को मार्ग बताने वाला होता है।
- जैन धर्म में कुल 24 तीर्थंकरों के होने की बात कही गई है। ऋषभदेव को जैन धर्म के संस्थापक, प्रर्वतक एवं पहले तीर्थंकर के रूप में जाना जाता है।
- दो जैन तीर्थंकरों पार्श्वनाथ एवं वर्धमान के अतिरिक्त परंपरा में उल्लिखित शेष सभी तीर्थंकर पौराणिक हैं।
- पार्श्वनाथ जैन धर्म के 23वें एवं प्रथम ऐतिहासिक तीर्थंकर थे। इन्हें जैन धर्म को सुनियोजित और सुव्यवस्थित कर उसके ज्ञान एवं दर्शन के तत्त्व को वास्तविक प्रवर्तन का श्रेय प्राप्त है। इनके अनुयायिओं को निर्ग्रथ कहा गया है।
- पार्श्वनाथ ने 4 महाव्रतों का प्रतिपादन किया था, जो इस प्रकार थे—**अहिंसा, सत्य, अपरिग्रह** एवं **अस्तेय**। इनमें सर्वाधिक महत्त्व इन्होने अहिंसा पर दिया।

  पार्श्वनाथ ने कायाक्लेश एवं तपश्चर्या से ही मोक्ष प्राप्ति की बात कही। इन्होंने भिक्षुओं को सफेद वस्त्र पहनने की सलाह दी। **पार्श्वनाथ** के **समर्थकों में केशि** प्रमुख थे।
- महावीर स्वामी जैन धर्म के वास्तविक संस्थापक एवं 24वें तीर्थंकर थे। इनके बचपन का नाम वर्धमान था। वे वर्ण के क्षत्रिय एवं जाति के ज्ञातृक/शातृक थे। महावीर स्वामी 23वें तीर्थंकर पार्श्वनाथ के शिष्य थे।
- कैवल्य (ज्ञान) प्राप्त हो जाने के बाद महावीर स्वामी को **'केवलिन', 'जिन'** (विजेता), **'अर्हत'** (पूज्य/योग्य) एवं निर्ग्रन्थ (बंधन रहित) जैसी उपाधियां मिलीं।
- **बौद्ध साहित्य में महावीर स्वामी को निगंठनाथ पुत्र कहा गया है।**
- जैन ग्रंथ आचारंग सूत्र में महावीर स्वामी की तपस्या तथा कायाक्लेश का वर्णन मिलता है।
- अपने पूर्वगामी तीर्थंकर पार्श्वनाथ द्वारा दिए गए 4 महाव्रतों में महावीर ने पांचवां व्रत **ब्रह्मचर्य** जोड़ा।

जैन धर्म में विभिन्न प्रकार के व्रत

पंचमहाव्रत

1. **अहिंसाः** सभी प्रकार की मानसिक, वाचिक एवं कायिक हिंसा से बचने की बात कही गई है। यह जैन धर्म का सर्वाधिक महत्त्वपूर्ण व्रत है।
2. **सत्य व अमृषाः** इसमें सदा सत्य एवं मधुर बोलने की बात कही गई है।
3. **अपरिग्रहः** इसमें सब प्रकार के सम्पत्ति अर्जन से भिक्षुओं को बचने की बात कही गई है।
4. **अस्तेयः** इसमें अनुमति के बिना किसी दूसरे की संपत्ति ग्रहण करने से बचने की बात कही गई है।
5. **ब्रह्मचर्यः** इसमें भिक्षुओं को पूर्ण ब्रह्मचर्य व्रत का पालन करने की बात कही गई है। गृहस्थ जीवन व्यतीत करने वाले जैनियों के लिए उपर्युक्त व्रतों की कठोरता में कमी करके उसे **'अणुव्रत'** नाम दिया गया।

तीन गुणव्रत

1. दिग्विरति
2. अनर्थ-दंडविरति
3. उपभोग-परिभोग परिमाणव्रत।

चार शिक्षाव्रत

1. देवविरति,
2. सामायिक व्रत
3. पौपघोपसास व्रत
4. अतिथि संविभाग व्रत।

साधारण श्रावकों या गृहस्थों द्वारा आध्यात्मिक उन्नति लिए चार शिक्षाव्रतों का अनुसरण आवश्यक था।

- जैन धर्म में पूर्व जन्म के कर्मफल को समाप्त करने एवं इस जन्म के कर्मफल से बचने के लिए **त्रिरत्नों** के पालन की बात कही गई है। ये त्रिरत्न हैं-
  1. **सम्यक श्रद्धाः** सत् में विश्वास।
  2. **सम्यक् ज्ञानः** शुद्रूप का शंका विहीन तथा वास्तविक ज्ञान।
  3. **सम्यक् आचरणः** बाह्य जगत के विषयों के प्रति सम दुःख-सुख भाव से उदासीनता ही सम्यक् आचरण हैं।
- उपर्युक्त त्रिरत्नों का पालन करने से कर्मों का जीवों की ओर बहाव रुक जाता है। इसे **संवर** कहते हैं। जब जीव में पहले से किए गए कर्म का प्रभाव समाप्त होने लगता हे तो उसे **निर्झरा** कहते हैं। जब जीव से कर्म की प्राप्ति का अवशेष बिल्कुल समाप्त हो जाता है तब वह मोक्ष की प्राप्ति कर लेता है।
- जैन धर्म में अज्ञानता के कारण जीव का कर्म की ओर आकर्षित होने को **आस्त्रव** कहते हैं।
- जैन धर्म में मोक्ष एवं निर्वाण प्राप्ति के लिए कठिन तपस्या एवं कायाक्लेश की बात की गई है। कायाक्लेश के अंतर्गत् उपवास के द्वारा शरीर को समाप्त करने का विधान **सल्लेखना (आत्महत्या)** कहलाता है। इसी विधान द्वारा चंद्रगुप्त मौर्य ने श्रवणबेलगोला में शरीर का परित्याग किया था।
- जैन धर्म में मोक्ष या निर्वाण के उपरांत जीव के जीवन-मरण के चक्र से मुक्त होने की स्थिति को **अंत चतुष्ट्य** कहा गया है। अंत चतुष्ट्य में शामिल तत्त्व हैं–अनंत ज्ञान, अनंत दर्शन, अनंत वीर्य तथा अनंत सुख।

जैन धर्म में ज्ञान के पाँच स्त्रोत

1. **मतिः** इंद्रियों द्वारा प्राप्त होने वाला ज्ञान।
2. **श्रुतिः** श्रवण द्वारा प्राप्त होने वाला ज्ञान।
3. **अवधिः** दिव्य ज्ञान।
4. **मनः पर्यायः** अन्य व्यक्तियों के मन-मस्तिष्क को जान लेने वाला ज्ञान।
5. **केवल कैवल्यः** निर्ग्रंथों एवं जितेंद्रियों को प्राप्त होने वाला पूर्ण ज्ञान।

- जैन धर्म के अनुसार सृष्टि का निर्माता ईश्वर नहीं है अपितु यह संसार 6 द्रव्यों–जीव, पुद्गल (भौतिक तत्त्व), धर्म, अधर्म, आकाश एवं काल से निर्मित है। ये द्रव्य विनाश की संभावना से परे एवं शाश्वत है।
- जैन दर्शन में ज्ञान के तीन स्त्रोत माने गए हैं–प्रत्यक्ष, अनुमान तथा तीर्थंकरों के वचन।
- ज्ञान संबंधी जैन सिद्धांत की अपनी विशिष्टता है। इसके अनुसार दृष्टिकोण की भिन्नता के कारण हर ज्ञान को सात विभिन्न स्वरूपों में व्यक्त किया जा सकता है–1. है, 2. नहीं है, 3. है और नहीं, 4. कहा नहीं जा सकता, 5. है किन्तु कहा नही जा सकता, 6. नहीं है और कहा नहीं जा सकता, और 7. है, नहीं है और कहा नहीं जा सकता। इस सप्तभंगी ज्ञान को **स्याद्वाद** तथा **अनेकांतवाद** भी कहते हैं। स्याद्वाद, मूलतः ज्ञान की सापेक्षता का सिद्धांत (Relative Theory of Knowledge) है।
- महावीर स्वामी ने पावा में अपने 11 ब्राह्मण अनुयायियों के साथ **जैन संघ** की स्थापना की । उन्होंने प्रत्येक गण (समूह) का गणधर (प्रधान) इन्हीं 11 ब्राह्मणों में से एक-एक को बनाया। सभी गणधर अपने समूह के साथ महावीर स्वामी के नेतृत्व में धर्म प्रचार में संलग्न हुए। **जैन संघ** के सदस्य 4 वर्गों में विभक्त थे–प्रथम भिक्षु, दूसरे भिक्षुणी, तीसरे श्रावक तथा चौथे श्राविका। इनमें भिक्षु तथा भिक्षुणी तो संन्यासी होते थे किन्तु श्रावक तथा श्राविका गृहस्थ-जीवन बिताते थे।

जैन धर्म के श्वेतांबर एवं दिगंबर संप्रदाय में अंतर

1. श्वेतांबर मोक्ष प्राप्त करने के लिए वस्त्र त्याग आवश्यक नहीं मानते थे; जबकि दिगंबर आवश्यक समझते थे।
2. श्वेतांबर इसी जीवन में स्त्रियों को निर्वाण का अधिकारी मानते थे; जबकि दिगंबर इसका निषेध करते थे।
3. श्वेतांबर मत के अनुसार कैवल्य ज्ञान प्राप्ति के बाद भी लोगों को भोजन की आवश्यकता पड़ती है; जबकि दिगंबर के अनुसार कैवल्य प्राप्ति के बाद लोग निराहार रह सकते हैं।
4. श्वेतांबर महावीर स्वामी को विवाहित मानते थे जबकि दिगंबर महावीर को अविवाहित मानते थे।
5. श्वेतांबर 19वें तीर्थंकर को स्त्री मानते हैं; जबकि दिगंबर उसे पुरुष मानते हैं।

बौद्ध धर्म

- बौद्ध धर्म के प्रवर्तक बुद्ध या सिद्धार्थ का जन्म कपिलवस्तु के लुंबनी नामक ग्राम में शाक्य क्षत्रिय कुल में 563 ई. पू. में हुआ था। इनके पिता सुद्धोधन शाक्य गण के मुखिया थे, माता महामाया कोलियवंशीय थीं। बुद्ध के जन्म के कुछ दिन बाद ही इनकी माता महामाया का देहांत हो गया और इनका पालन-पोषण मौसी प्रजापति गौतमी द्वारा किया गया। 16 वर्ष की अवस्था में सिद्धार्थ का विवाह शाक्य कुल की कन्या यशोधरा से हुआ, जिसके अन्य नाम बिम्बा, गोपा तथा भद्रकच्छा/भद्रकच्छना भी हैं। सिद्धार्थ से यशोधरा को एक पुत्र उत्पन्न हुआ जिसका नाम **'राहुल'** था।
- सांसारिक दुःखों से दुखी होकर सिद्धार्थ ने 29 वर्ष की अवस्था में गृह त्याग दिया। सिद्धार्थ के गृह त्याग की घटना को बौद्ध ग्रंथों में **'महाभिनिष्क्रमण'** कहा गया है। गृह त्याग के बाद सिद्धार्थ सर्वप्रथम सांख्य दर्शन के आचार्य अलारकलाम के वैशाली के नजदीक स्थित आश्रम गए। यहां से सिद्धार्थ पुनः **उरुवेला (बोधगया)** चले गए। उरुवेला में सिद्धार्थ ने बिना अन्न-जल ग्रहण किए 6 वर्ष तक कठिन तपस्या की जिसके बाद 35 वर्ष की आयु में वैशाख पूर्णिमा की रात पीपल के वृक्ष के नीचे उन्हें ज्ञान प्राप्त हुआ। ज्ञान प्राप्ति के बाद सिद्धार्थ को **'बुद्ध'** के रूप में जाना जाने लगा। बुद्ध का एक अन्य नाम **'तथागत'** भी मिलता है जिसका अर्थ है– सत्य है ज्ञान जिसका। महात्मा बुद्ध को शाक्य मुनि के रूप में भी वर्णित किया गया है। बुद्ध के प्रथम शिष्य दो बंजारे–तपस्यु और मिल्लक थे।
- उरुवेला से बुद्ध सारनाथ आए एवं यहाँ पर उन्होंने पाँच ब्राहमण संन्यासियों को अपना **प्रथम उपदेश** दिया, जिसे बौद्ध ग्रंथों में **धर्म चक्र प्रवर्तन** के नाम से जाना जाता है। **सारनाथ में बुद्ध ने इन 5 संन्यासियों के साथ बौद्ध संघ की स्थापना की।** प्रथम पांच शिष्यों के अतिरिक्त अनेक वैश्यों के साथ बनारस (वाराणसी) का यश नामक धनी व्यापारी भी बौद्ध होकर संघ का सदस्य बना। बुद्ध ने संघ के सदस्यों को विभिन्न क्षेत्रों में जाकर धर्म प्रचार करने का आदेश दिया। स्वयं बुद्ध ने भी इसके बाद आजीवन धर्म का प्रचार किया।
- बौद्ध ग्रंथों में मगध के शासक बिंबिसार, अजातशत्रु, कोशल नरेश प्रसेनजित् आदि राजाओं को बुद्ध का अनुयायी बताया गया है। राजपरिवारों के अनेक सदस्यों ने भी बौद्ध धर्म स्वीकार किया। पूर्वोत्तर भारत के अनेक क्षत्रिय गणराज्यों ने उनके धर्म को संरक्षण तथा प्रोत्साहन ही नहीं दिया वरन् उसमें दीक्षित भी हुए।
- बुद्ध के पिता, उनकी मौसी महाप्रजापति गौतमी तथा पत्नी और पुत्र ने भी इनके धर्म को स्वीकार किया। बाद में शाक्य गणराज्य के राजा भद्रिक, उसके सहयोगी आनंद, अनुरूद्ध, उपालि तथा देवदत्त ने भी बौद्ध धर्म अपनाया।
- बुद्ध के नजदीकी शिष्यों में आनंद, उपालि, सारिपुत्र, मौद्गल्यायन एवं देवदत्त थे। आनंद के बहुत आग्रह पर ही महात्मा बुद्ध ने बौद्ध संघ में नारियों के प्रवेश की अनुमति दी। **बौद्ध संघ में प्रवेश पाने वाली पहली नारी महात्मा बुद्ध की मौसी प्रजापति गौतमी थी, जिन्हें वैशाली में बौद्ध संघ में प्रवेश दिया गया।**
- महात्मा बुद्ध ने अपने उपदेश मगध, कोशल, वैशाली, कौशांबी एवं अन्य अनेक राज्यों में दिए, बुद्ध ने अपने जीवन के सर्वाधिक उपदेश कोशल देश की राजधानी **'श्रावस्ती'** में दिए।
  महात्मा बुद्ध ने अपने जीवन के अंतिम समय में **'पावा'** में चुंद नामक सुनार के घर भोजन किया। इस कारण वे उदर विकार से पीड़ित हुए। इसी अवस्था में कुशीनगर आए और 483 ई. पू. में 80 वर्ष की अवस्था में इनकी मृत्यु हुई। **उनकी मृत्यु को बौद्ध ग्रंथों में महापरिनिर्वाण की संज्ञा दी गई है।**
- बुद्ध की मुत्यु के बाद इनके शरीर के अवशेषों को आठ भागों में बांटकर उस पर आठ स्तूपों का निर्माण कराया गया।
- बौद्ध धर्म के अंतर्गत् सभी दुःख का कारण मूलरूप से तृष्णा (लालसा या पिपासा) को माना गया है।
- बौद्ध धर्म का मूलाधार **'चार आर्य सत्य'** हैं। इस धर्म के सारे सिद्धांत तथा बाद में विकसित विभिन्न दार्शनिक मतवादों के ये ही आधार हैं। ये चार आर्य सत्य हैं–**दुःख, दुःख समुदाय, दुःख निरोध तथा दुःख निरोध गामिनी-प्रतिपदा (दुःख निवारक मार्ग)**। बुद्ध ने सांसारिक दुःखों से मुक्ति हेतु अष्टांगिक मार्ग की बात कही। ये साधन हैं–1. सम्यक् दृष्टि 2. सम्यक् संकल्प 3. संम्यक् वाणी 4. सम्यक् कर्मांत 5. सम्यक् आजीव 6. सम्यक् व्यायाम 7. सम्यक् स्मृति और 8. सम्यक् समाधि। बुद्ध के अनुसार इन अष्टांगिक मार्गों के पालन करने के उपरांत मनुष्य की भव-तृष्णा नष्ट हो जाती है और उसे निर्वाण प्राप्त हो जाता है। इस तरह अष्टांगिक मार्ग दुःख निवारक मार्ग (दुःख निरोध-गामिनी प्रतिपदा) है।
- बुद्ध ने अष्टांगिक मार्ग के अंतर्गत् अधिक सुखपूर्ण जीवन व्यतीत करना या अधिक काया-क्लेश में संलग्न होना–दोनों को वर्जित किया है। उन्होंने इस संबंध में **मध्यम प्रतिपदा (मार्ग)** का उपदेश दिया है।
- **'प्रतीत्यसमुत्पाद'** महात्मा के उपदेशों का सार एवं उनकी संपूर्ण शिक्षाओं का आधार-स्तंभ हैं । प्रतीत्य-समुत्पाद का अर्थ है कि संसार की सभी वस्तुएँ कार्य और कारण पर निर्भर करती हैं। प्रतीत्य (किसी वस्तु के होने पर) समुत्पाद (किसी अन्य वस्तु की उत्पत्ति), प्रतीत्य समुत्पाद का यही दर्शन है।
- बौद्ध धर्म में संसार में व्याप्त हर तरह के दुःखों का सामूहिक नाम **'जरामरण'** दिया गया है। जरामरण के चक्र के 12 क्रम हैं–1. अविद्या, 2. संस्कार, 3. विज्ञान, 4. नाम-रूप, 5. षडायतन, 6. स्पर्श, 7. वेदना, 8. तृष्णा, 9. उपादान, 10. भव, 11. जाति, और 12. जरामरण। जीवन-चक्र के इन 12. चक्रों में से प्रथम दो पूर्वजन्म से संबंधित हैं तथा अंतिम दो भावी जीवन और शेष वर्तमान जीवन से संबंध रखते हैं।
- बौद्ध धर्म का परम लक्ष्य **'निर्वाण'** है, जिसका अर्थ हैं **'दीपक का बुझ जाना'** अर्थात्-जीवन-मरण के चक्र से मुक्त हो जाना । महात्मा बुद्ध के अनुसार मनुष्य निर्वाण इसी जीवन में प्राप्त करता है जबकि महापरिनिर्वाण मृत्यु के बाद ही संभव है। महात्मा बुद्ध ने निर्वाण प्राप्ति को सरल बनाने के लिए 10 शीलों पर विशेष बल दिया। ये शील हैं– 1. अहिंसा, 2. सत्य, 3. अस्तेय, (चोरी न करना) 4. व्यभिचार से बचना, 5. शराब का सेवन न करना, 6. असमय भोजन न करना, 7. सुखप्रद बिस्तर पर न सोना, 8. धन संचय न करना, तथा 9. स्त्रियों का संसर्ग न करना।

जैन एवं बौद्ध धर्म में अन्तर

समानता

1. दोनों धर्मो में यज्ञीय कर्मकांडों, जाति-पांति एवं छूआछूत का विरोध किया गया है।
2. दोनों ही ईश्वर की सत्ता को स्वीकार नहीं करते।
3. दोनों धर्मों ने उपदेश के लिए जनसाधारण की भाषा प्राकृत एवं पाली का प्रयोग किया है।
4. दोनों धर्मों के प्रवर्तक क्षत्रिय कुल के थे।

असमानता

1. अहिंसा में दोनों धर्म विश्वास करते थे, पर जैन धर्म इस पर अधिक बल देता था।
2. जैन धर्म में मोक्ष या निर्वाण प्राप्त करना शरीर त्यागने के बाद ही संभव था, पर बौद्ध धर्म में निर्वाण प्राप्ति के लिए शरीर त्यागने की आवश्यकता नहीं थी।
3. जैन धर्म के उपासक **'कायाक्लेश'** के मार्ग को अपनाकर कठोर व्रत का पालन करते थे, जबकि बौद्ध धर्म में मध्यम मार्ग को अपनाने की बात कही गई है।
4. जैन धर्म भारत के बाहर नहीं फैल सका, पर बौद्ध धर्म विश्व के कई देशों में प्रसार पा सका।
5. दोनों धर्मों में मूर्तिपूजा का प्रचलन था, पर जैन मतावलंबी महावीर की नग्न मूर्ति की पूजा करते थे।

- सामान्य लोगों के लिए बुद्ध ने जिस धर्म का उपदेश दिया उसे **उपासक धर्म** कहा गया है। वह भिक्षु धर्म से भिन्न था। बौद्ध ग्रंथ **'दीघनिकाय'** के **'सीहनादसुत'** में इस धर्म (उपासक) का विवरण प्राप्त होता है। बुद्धघोष ने इसे **'गेहविजय'** अर्थात् गृहस्थों के लिए आचरण की संज्ञा दी है। उपासक धर्म के प्रमुख लक्षण हैं–अहिंसा, प्राणियों पर दया, सत्यभाषण, माता-पिता की सेवा, गुरूजनों का सम्मान, ब्राहमणों-श्रमणों को दान, मित्रों, परिचितों, संबंधियों आदि के साथ अच्छा बर्ताव इत्यादि। ये सभी बातें सभी धर्मो में समान रूप से श्रद्धेय मानी जाती हैं।
- बौद्ध धर्म में संघ का भी महत्त्वपूर्ण स्थान है। यह **त्रिरत्न–बुद्ध, संघ** और **धम्म** का एक अनिवार्य अंग है। बौद्ध संघ का गठन गणतांत्रिक प्रणाली पर आधारित था। संघ में न तो बड़े-छोटे का कोई भेद था और न ही बुद्ध ने अपना कोई उत्तराधिकारी ही नियुक्त किया, वरनू धर्म तथा विनय को ही शास्ता (शासक) माना।
- संघ के कार्य संपादन के लिए एक निश्चित विधान था, जो गणतांत्रिक आधार पर निर्मित था। संघ की सभा में प्रस्ताव (नत्ति) का पाठ होता था। प्रस्ताव पाठ को **'अनुसावन'** कहते थे। संघ में प्रवेश पाने को **'उपसंपदा'** कहा जाता था। संघ के अधिवेशन के लिए कम-से-कम 20 भिक्षुओं की उपस्थिति आवश्यक थी।
- संघ में प्रवेश के बाद भिक्षु को कुछ समय तक आचार्य के निरीक्षण में रहकर अध्यापन करना पड़ता था। इस काल को **'निस्साय'** कहा जाता था। भिक्षुओं को वस्त्र देने के लिए एक समारोह का आयोजन किया जाता था जिसे **'कंधिन'** कहा जाता था।
- संघ में भिक्षुओं को कठोर नियम के तहत रहना पड़ता है। वे **'कासाय'** (गेरुआ) वस्त्र धारण करते थे। प्रातःकाल में भिक्षाटन तथा दिन में धर्म-प्रचार के बाद वे संघ में लौटते थे। किसी पवित्र अवसर पर भिक्षुओं के एकत्र होकर चर्चा करने को **उपोसथ** कहा जाता था।
- समय-समय पर **पातिमोक्ख** विधि-निषेधों का पाठ भिक्षुओं की सभा में किया जाता था। अपराधी भिक्षुओं को दंड देने का भी विधान था। भिक्षुओं के अपराध के लिए सामाजिक बहिष्कार का दंड–**'ब्रहमदंड'**, सीमित काल तक संघ का बहिष्कार–**'मानन्त'** तथा सदैव के लिए संघ का बहिष्कार **'परिवास'** कहलाता था। अपराधी को अपील करने की सुविधा को **'सन्नि-विनय'** कहा जाता था।
- संघ में अल्पायु, चोर, हत्यारों, ऋणी, व्यक्तियों, राजा के सेवक, दास तथा रोगी व्यक्ति का प्रवेश वर्जित था।
- गृहस्थ जीवन में रहकर बौद्ध धर्म को मानने वाले लोगों को **'उपासक'** कहा जाता था। उपासकों में व्यापारी वर्ग के सदस्य काफी थे।

बुद्ध के जीवन से संबद्ध पाँच प्रतीक

क्र.स.	घटना	प्रतीक/महाचिन्ह
1.	जन्म	कमल व सांढ़
2.	गृहत्याग	घोड़ा
3.	ज्ञान	पीपल (बोधिवृक्ष)
4.	निर्वाण	पद चिन्ह
5.	मृत्यु	स्तूप

- जैन धर्म ने ही सबसे पहले वर्ण-व्यवस्था और वैदिक कर्मकांड की बुराइयों को रोकने के लिए गंभीर प्रयास किया। आरंभ में जैनों ने मुख्यतः ब्राहमणों द्वारा पोषित संस्कृत भाषा का परित्याग किया और अपने धर्मोदेश के लिए आम लोगों की बोलचाल की प्राकृत भाषा को अपनाया।
- बौद्ध धर्म ईश्वर और आत्मा को नहीं मानता है। इस बात को हम भारत के धर्मों के इतिहास में एक क्रांति कह सकते हैं। यह विशेषतः निम्न वर्णों का समर्थन पा सका, क्योंकि इसमें वर्ण-व्यवस्था की निंदा की गई है। ब्राह्मण धर्म की तुलना में अधिक उदार होने के कारण समाज का बड़ा वर्ग इस धर्म की ओर आकर्षित हुआ। आम लोगों की भाषा पालि को अपनाने से भी बौद्ध धर्म को प्रचार को बल मिला। इससे आम जनता में बौद्ध धर्म का प्रचार आसान हुआ।
- ब्राहमण-प्रधान समाज में वैश्यों का स्थान तृतीय कोटि में था, प्रथम और द्वितीय कोटियों में क्रमशः ब्राहमण और क्षत्रिय आते थे। स्वभावतः वे ऐसे किसी धर्म की खोज में थे जहाँ उनकी सामाजिक स्थिति सुधरे। वैश्वों ने महावीर और गौतम बुद्ध दोनों की उदारतापूर्वक सहायता की।
- दोनों धर्मो में अहिंसा पर जोर दिया गया है। फलतः व्यापार-वाणिज्य में उन्नति का मार्ग प्रशस्त हुआ। जैन धर्म में युद्ध और कृषि दोनों वर्जित हैं, क्योंकि दोनों में जीवों की हिंसा होती है। फलतः जैन धर्मावलंबियों ने अपना ध्यान व्यापार-वाणिज्य की ओर केंद्रित किया जिससे इस काल में इसमें उन्नति हुई।
- बौद्ध धर्म के अनुसार दरिद्रता ही घृणा, क्रूरता और हिंसा की जननी

है। इन बुराइयों को दूर करने के लिए बुद्ध ने उपदेश दिया कि किसानों को बीज और अन्य सुविधाएँ मिलनी चाहिए, व्यापारियों को धन मिलना चाहिए और श्रमिकों को मजदूरी मिलनी चाहिए। इन उपायों की अनुशंसा सांसारिक दरिद्रता को दूर करने के लिए की गई। बुद्ध के इन उपदेशों ने एक प्रकार से व्यवसायिक वातावरण को तैयार किया।

शैव धर्म

- शिव भक्ति के विषय में प्रारम्भिक जानकारी सिन्धुघाटी से प्राप्त होती है।
- वस्तुतः शैव धर्म का प्रारंभ शुंग सातवाहन काल से हुआ। जो गुप्त काल में चरम प्रगति पर पहुँच गया।
- अथर्ववेद में शिव को भव, शर्व, पशुपति एवं भूपति कहा गया है।
- वामण पुराण में शैव सम्प्रदाय की संख्या चार बतायी गयी है।
  (1) शैव (2) पाशुपत (3) कापालिक (4) कालामुख
- पाशुपत सम्प्रदाय के आद्य आचार्य लकुलीश थे।
- कापालिक सम्प्रदाय के इष्टदेव भैरव थे।
- कालामुख सम्प्रदाय के अनुयायी कापालिक वर्ग के थे किन्तु वे उनसे भी अतिवादी प्रकृति के थे।
- दक्षिण भारत (कर्नाटक) में भी शैव धर्म का विस्तार हुआ। इस धर्म के उपासक दक्षिण में लिंगायत या जंगम कहे जाते थे।
- कश्मीरी शैव शुद्ध रूप से दार्शनिक तथा ज्ञानमार्गी थे। इसके कापालिकों के घृणित क्रियाकलापों की निन्दा की है। वसुगुप्त इसके संस्थापक थे। शिव को उन्होंने अद्वैत माना है।
- दक्षिण में शैव धर्म का प्रचार नयनार या आडियार संतों के द्वारा किया गया।

भागवत धर्म (वैष्णव धर्म)

- भागवत धर्म (वैष्णव धर्म)का उद्‌भव मौर्योतर काल में हुआ।
- इस धर्म के विषय में प्रारंभिक जानकारी उपनिषदों से मिलती है।
- इस धर्म के संस्थापक श्रीकृष्ण थे।
- कृष्ण का उल्लेख सर्वप्रथम छांदोग्य उपनिषद् में मिलता है।
- इसमें कृष्ण को देवकी पुत्र व ऋषि धोरा अंगिरस का शिष्य बताया गया है।
- दक्षिण भारत में भागवत धर्म के उपासक अलवार कहे जाते थे।
- वैष्णव धर्म का गढ़ दक्षिण में तमिल प्रदेश था।
- केरल का संत राजा कुलशेखर विष्णु का उपासक था।

❑❑❑

अध्याय-6

मौर्य साम्राज्य

- मौर्य वंश की स्थापना, चंद्रगुप्त मौर्य ने चाणक्य की सहायता से अंतिम नंदवंशीय शासक घनानंद को पराजित कर 322 ई.पू. में की।
- मौर्य राजवंश के विषय में जानकारी के प्रमुख स्त्रोत हैं–ब्राहमण साहित्य, बौद्ध साहित्य, जैन साहित्य, विदेशी यात्रियों के विवरण एवं पुरातत्त्वा आदि।
- ब्राहमण साहित्य में पुराण, कौटिल्य का अर्थशास्त्र, विशाखदत्ता कृत नाटक मुद्राराक्षसम्, कथासरित्सागर एवं वृहत्कथामंजरी आदि उल्लेखनीय हैं।
- विशाखदत्त कृत गुप्तकालीन ग्रंथ मुद्राराक्षस में चाणक्य द्वारा नंदों को उखाड़ फेंकने में चंद्रगुप्त मौर्य की सहायता का वर्णन है। इस ग्रंथ से तत्कालीन सामाजिक एवं आर्थिक दशाओं की भी जानकारी मिलती है।
- सोमदेव के कथासरित्सागर और क्षेमेंद्र के वृहत्कथामंजरी से भी मौर्य इतिहास पर प्रकाश पड़ता है।
- चाणक्य के अर्थशास्त्र से भी मौर्यों के इतिहास पर विस्तृत प्रकाश पड़ता है। अर्थशास्त्र में मौर्यकालीन विभिन्न स्थलों से प्राप्त होने वाली विभिन्न वस्तुओं की भी जानकारी मिलती है। जैसे–कलिंग और अंग जनपद हाथी के लिए प्रसिद्ध थे। काशी सूती वस्त्र के लिए प्रसिद्ध था, नेपाल कंबल के लिए, कंबोज घोड़ों के लिए, मगध बाट बनाने वाले पत्थर के लिए प्रसिद्ध था। अर्थशास्त्र प्रशासन (राजनीतिशास्त्र) पर आधारित ग्रंथ है। अर्थशास्त्र के रचयिता चाणक्य के कौटिल्य तथा विष्णुगुप्त नाम भी मिलते हैं।
- बौद्ध साहित्य में दीपवंश, महावंश टीका, महाबोधिवंश एवं दिव्यावदान आदि महत्त्वपूर्ण ग्रंथ हैं जो मौर्य साम्राज्य के संबंध में विस्तृत जानकारी देते हैं। बौद्ध ग्रंथ दीपवंश और महावंश से श्रीलंका में बौद्ध धर्म के प्रसार एवं अशोक की भूमिका पर प्रकाश पड़ता है।
- जैन साहित्य में भद्रबाहु के कल्पसूत्र एवं हेमचंद्र के परिशिष्टपर्वन से चंद्रगुप्त मौर्य के जीवन की कुछ घटनाओं का उल्लेख मिलता है।
- मौर्य साम्राज्य के संदर्भ में जानकारी के अन्य स्त्रोतों में विदेशी यात्रियों के वर्णन भी महत्त्वपूर्ण हैं। इन विदेशी यात्रियों में यूनान और चीन के यात्री महत्त्वपूर्ण हैं।
- यूनानी यात्रियों में स्ट्रैबो, कर्टिअस, डिओडोरस एवं प्लूटार्क, जस्टिन आदि के विवरणों से चंद्रगुप्त के विषय में जानकारी मिलती है। स्ट्रैबो तथा जस्टिन ने चंद्रगुप्त मौर्य को **''सैंड्रोकोट्स''** तथा एरियन एवं प्लूटार्क ने **''एण्ड्रोकोट्स''** कहा है। सर्वप्रथम विलियम जोन्स ने ही सैंड्रोकोट्स की पहचान चंद्रगुप्त मौर्य के रूप में की। चीनी यात्रियों में फाहियान, ह्वेनसांग एवं इत्सिंग के यात्रा विवरण से मौर्ययुगीन सभ्यता एवं संस्कृति की जानकारी मिलती है। चीनी यात्रियों के यात्रा विवरण भी चंद्रगुप्त के विषय में जानकारी देते हैं।
- मौर्यकालीन पुरातात्त्विक साक्ष्यों में अशोक के शिलालेख काफी महत्त्वपूर्ण हैं। अब तक अशोक के लगभग 40 अभिलेख प्राप्त हुए हैं। अशोक के अभिलेखों को तीन वर्गो में बाँटा गया है–(क) शिलालेख (ख) स्तंभलेख (ग) गुहालेख।
- अशोक के शिलालेखों की कुल संख्या 14 है जो विभिन्न स्थानों से प्राप्त हुए हैं। इन्हें वृहद् शिलालेख भी कहा जाता है। सर्वप्रथम 1837 में जेम्स प्रिंसेप ने इन्हें पढ़ने में सफलता प्राप्त की ।

क्र.स.	शिलालेख	खोज का वर्ष	लिपि
1.	शहबाजगढ़ी (पाकिस्तान)	1836	खरोष्ठी
2.	मानसेहरा (पाकिस्तान)	1889	खरोष्ठी
3.	गिरनार (गुजरात)	1822	ब्राह्मी
4.	धौली (उड़ीसा)	1837	ब्राह्मी
5.	कालसी (उत्तराखण्ड)	1837	ब्राह्मी
6.	जौगढ़ (उड़ीसा)	1850	ब्राह्मी
7.	सोपारा (महाराष्ट्र)	1882	ब्राह्मी
8.	एर्रगुडी (आंध्र प्रदेश)	1916	ब्राह्मी

नोटः धौली एवं जौगढ़ के शिलालेखों को **'पृथक् कलिंग प्रज्ञापान** अथवा **'पृथक् कलिंग शिलालेख'** कहा जाता है। इनसे कलिंग राज्य के प्रति अशोक के शासन की नीति की जानकारी मिलती है।

- लघु शिलालेखों के माध्यम से अशोक के व्यक्तिगत जीवन के इतिहास के बारे में जानकारी मिलती है। ये निम्न स्थानों से प्राप्त हुए हैं–

रूपनाथ (जबलपुर-मध्य प्रदेश), गुर्जरा (दतिया-मध्य प्रदेश), अहरौरा (मिर्जापुर-उत्तर प्रदेश), भब्रू/बैराठ (जयपुर-राजस्थान), सासाराम (बिहार), एर्रगुडी (कर्नूल-आंध्र प्रदेश), मास्की (रायचूर-आंध्र प्रदेश), राजुल मंडिगिरि (कर्नूल-आंध्र प्रदेश), ब्रहमगिरि, जटिंग रामेश्वर, गोविमठ, सिद्धपुर और पालकि गुंडु (कर्नाटक)।

- मौर्यकालीन जानकारी के लिए अशोक के स्तंभलेख भी महत्त्वपूर्ण हैं। इन स्तंभ लेखों की कुल संख्या छः है जो अलग-अलग स्थानों से प्राप्त हुए हैं–

1. **प्रयाग स्तंभलेखः** कौशांबी में स्थित इस स्तंभलेख को अकबर ने इलाहाबाद के किले में स्थापित करवाया।
2. **दिल्ली-टोपरा लेखः** यह स्तंभलेख फिरोजशाह तुगलक द्वारा टोपरा (पंजाब) से दिल्ली लाया गया। इस पर अशोक के सातों अभिलेखों का उल्लेख है।
3. **दिल्ली-मेरठ लेखः** मेरठ में स्थित इस स्तंभलेख को फिरोजशाह तुगलक द्वारा दिल्ली लाया गया।
4. **रामपुरवा लेखः** यह स्तंभ लेख चंपारण (बिहार) में स्थापित है।
5. **लौरिया अरेरांजः** यह स्तंभलेख भी चंपारण में स्थापित है।
6. **लौरिया नंदनगढ़**–चंपारण में स्थित स्तंभ का शीर्ष कमलाकार है तथा इसके ऊपर उत्तर की ओर मुँह किए हुए सिंह की मूर्ति उत्कीर्ण है।

- बिहार में जहानाबाद जिला के नजदीक बराबर पहाड़ियों में अशोक के तीन गुहालेख प्राप्त हुए हैं जिनमें गुफाओं को अशोक द्वारा आजीवक सम्प्रदाय के भिक्षुओं को दान में दिए जाने का उल्लेख है। नागार्जुनी गुफा में अशोक के पौत्र दशरथ के तीन गुफा लेख हैं।
- अशोक के अभिलेख खरोष्ठी और ब्राह्मी नामक दो लिपियों में प्राप्त होते हैं।
- खरोष्ठी लिपि उर्दू की भांति दाएं से बाएं लिखी जाती थी ।
- अशोक के अधिकांश अभिलेख ब्राह्मी लिपि में हैं जबकि उसकी भाषा प्राकृत है।
- **ब्राह्मी लिपि** ही भारत की **सबसे प्राचीन लिपि** है। यह बाएं से दाएं लिखी जाती थी।
- मानसेहरा एवं शहबाजगढ़ी (दोनों पाकिस्तान में स्थित हैं) के शिलालेख **खरोष्ठी लिपि** में हैं।
- कंधार एवं तक्षशिला के शिलालेख **द्विभाषी** हैं जो ग्रीक एवं आरमाइक लिपि में हैं।
- कंधार के पास **''शार-ए-कुना''** नामक स्थान से ग्रीक तथा आरमाइक में लिखा गया द्विभाषी अभिलेख मिला है।
- अफगानिस्तान के लमगान से **'पुलेदारूत'** आरमाइक भाषा में लिखा हुआ शिलालेख प्राप्त हुआ है।
- नागार्जुन शिलालेख युवराज दशरथ द्वारा लिखवाया गया।
- पटना के समीप कुम्हरार के उत्खनन से चंद्रगुप्त मौर्य के भव्य राजप्रसाद के अवशेष मिले हैं। यह राजप्रसाद लकड़ी से निर्मित था।
- चीनी यात्री फाहियान ने मौर्य राजप्रसाद को **''देवदूतों द्वारा निर्मित''** बताया है।
- यूनानी लेखकों ने पाटलिपुत्र को पोलिब्रोथा के रूप में वर्णित किया है।
- मौर्यकालीन कला का सर्वोत्कृष्ट निदर्शन एक ही प्रस्तर खंड से निर्मित (एकाश्मक) स्तंभ हैं। इन स्तंभों के शीर्ष के ऊपर निर्मित फलक पर विभिन्न पशुओं, पक्षियों एवं धर्मचक्र को उत्कीर्ण किया गया है।
- मौर्यकालीन स्तंभों में सारनाथ स्तंभ अत्यधिक भव्य है। इस स्तंभ पर चार सिंह पीठ सटाए बैठे हैं। ये चार सिंह एक चक्र धारण किए हुए हैं। यह चक्र बुद्ध द्वारा धर्म-चक्र-प्रवर्तन का प्रतीक है।
  मौर्यकालीन कुछ स्तभों के शीर्ष पर स्थित चौकियों पर चार पशु–सिंह, अश्व, हाथी और बैल (जैसे सारनाथ स्तंभ शीर्ष की चौकी पर) आसीन हैं तथा कुछ पर हंस पंक्तियाँ अंकित हैं।
- पाटलिपुत्र की खुदाई से मौर्यकाल की अनेक मूर्तियाँ पाई गई हैं। इन मूर्तियों में सबसे प्रमुख यक्षी की मूर्ति है जो पटना के दीदारगंज से प्राप्त हुई है।

चंद्रगुप्त मौर्य

- चंद्रगुप्त मौर्य (322-298 ई.पू.) भारतीय इतिहास में पहला महान सम्राट था। ग्रीक साहित्य में उसे **सैंड्रोकोट्स** के नाम से जाना जाता है। सर्वप्रथम विलियम जोन्स ने **सैंड्रोकोट्स** की पहचान चंद्रगुप्त मौर्य के रूप में की।
- चंद्रगुप्त मौर्य ने अपने गुरु विष्णुगुप्त अथवा चाणक्य की सहायता से नंद वंश के अंतिम शासक घनानंद को हराकर मौर्य साम्राज्य की स्थापना की ।
- मगध के राजसिंहासन पर बैठकर चंद्रगुप्त ने एक ऐसे साम्राज्य की नींव डाली जो पूरे भारत में फैला था।
- चंद्रगुप्त मौर्य ने उत्तर-पश्चिमी भारत को सिकंदर के उत्तराधिकारियों से मुक्त कर, नंदों का उन्मूलन कर, सेल्युकस को पराजित कर संधि के लिए बाध्य कर जिस साम्राज्य की स्थापना की उसकी सीमाएं उत्तर-पश्चिम में ईरान सीमा से लेकर दक्षिण में वर्तमान उत्तरी कर्नाटक एवं पूर्व में मगध से लेकर पश्चिम में सोपारा तथा सौराष्ट्र तक विस्तृत थीं।
- बौद्ध ग्रंथ महावंश की टीका में चंद्रगुप्त मौर्य को पूरे जम्बूद्वीप का शासक कहा गया है।
- शक शासक रूद्रदामन के जूनागढ़ अभिलेख से पता चलता है कि चंद्रगुप्त मौर्य के साम्राज्य का विस्तार पश्चिमी भारत में था । इसी अभिलेख में चंद्रगुप्त के गवर्नर पुष्यगुप्त का वर्णन है जिसने सुदर्शन झील का निर्माण कराया था।
- महाराष्ट्र के थाने जिले में सोपारा में स्थित अशोक के शिलालेख से यह पता चलता है कि चंद्रगुप्त मौर्य ने सौराष्ट्र की सीमाओं से परे पश्चिमी भारत की अपनी विजय को कोंकण तक विस्तृत किया था।
- चंद्रगुप्त का साम्राज्य उसके शासन के अंतिम दिनों मे बंगाल से हिन्दुकुश एवं हिमालय से विंध्य तक फैला हुआ था। जिसमें काबुल, हेरात, कंधार, बलूचिस्तान, पंजाब, उत्तर प्रदेश, बिहार, बंगाल, गुजरात, काठियावाड़ तथा विंध्य पार की कुछ सीमाएं शामिल थीं।
- बौद्ध साहित्य के अनुसार चंद्रगुप्त मौर्य ने लगभग 24 वर्ष तक शासन किया।
- जैन साहित्य के अनुसार चंद्रगुप्त मौर्य ने अपने पुत्र बिंदुसार को शासन सौंपकर जैन धर्म स्वीकार कर जैन भिक्षु भद्रबाहु के साथ मैसूर

(कर्नाटक) चला गया। वहीं श्रवणबेलगोला में 298 ई.पू. में धीरे-धीरे अन्न-जल त्याग कर प्राण छोड़ दिया।

- ब्राहमण साहित्य में चंद्रगुप्त मौर्य को 'शुद्र' तथा बौद्ध एवं जैन ग्रंथ में 'क्षत्रिय कुल' से उत्पन्न बताया गया है। विशाखदत्त कृत मुद्राराक्षस नामक नाट्य ग्रंथ में चंद्रगुप्त मौर्य के लिए **'वृषल'** शब्द का प्रयोग किया गया है। 'वृषल' शब्द का तात्पर्य निम्न कुल से है।
- इतिहासकार रोमिला थापर के अनुसार, चंद्रगुप्त मौर्य वैश्य जाति का था।
- चंद्रगुप्त मौर्य की दक्षिण भारत की विजय के विषय में जानकारी तमिल ग्रंथ **'अहनानूर'** और **'मुरनानूर'** से मिलती है।
- प्लूटार्क और जस्टिन का कथन है कि चंद्रगुप्त मौर्य ने छः लाख की सेना लेकर संपूर्ण भारतवर्ष को रौंद डाला तथा उस पर अपना अधिकार कर लिया।
- चंद्रगुप्त एक कुशल योद्धा, सेनानायक तथा विजेता के साथ-साथ एक योग्य शासक भी था।
- चंद्रगुप्त के शासनकाल में भारत ने पहली बार राजनीतिक एकता प्राप्त की तथा चक्रवर्ती सम्राट का आदर्श चरितार्थ हुआ। चंद्रगुप्त के मुख्य सलाहकार और गुरु कौटिल्य ने चक्रवर्ती क्षेत्र को साकार रूप दिया। **कौटिल्य के अनुसार चक्रवर्ती क्षेत्र के अन्तर्गत् हिमालय से हिन्द महासागर तक सारा भारतवर्ष है।**
- इसके काल में राजतंत्र के सिद्धांत की विजय हुई । इस युग में गणराज्यों का ह्रास होने लगा और शासन सत्ता अत्यधिक केंद्रित हो गई।
- चंद्रगुप्त ने अपने मुख्य सलाहकार कौटिल्य की सहायता से ऐसी शासन-व्यवस्था का निर्माण किया जो उस समय के अनुकुल थी। यह शासन-व्यवस्था एक हद तक मगध के पूर्वगामी शासकों द्वारा विकसित शासन तंत्र पर आधारित थी किन्तु इसका श्रेय चंद्रगुप्त और कौटिल्य की सृजनात्मक क्षमता को जाता है।
- चंद्रगुप्त के शासन की मुख्य विशेषताएं थीं–**सत्ता का अति-केंद्रीकरण, विकसित अधिकारी तंत्र, उचित-न्याय-व्यवस्था, नगर-शासन, कृषि, शिल्प उद्योग, संचार, वाणिज्य एवं व्यापार की वृद्धि के लिए राज्य द्वारा किए गए उपाय।**
- चंद्रगुप्त के शासन-प्रबंध का उद्देश्य लोकहित था। अनाथ, दरिद्र, मृत सैनिकों तथा राजकर्मचारियों के परिवारों के भरण-पोषण का भार राज्य के ऊपर था। तत्कालीन मापदंड और परिस्थितियों के अनुसार चंद्रगुप्त का शासन-प्रबंध एक कल्याणकारी राज्य की अवधारणा पर आधारित था।
- चंद्रगुप्त की शासन-व्यवस्था का चरम लक्ष्य कौटिल्य के अर्थशास्त्र में वर्णित राजा के प्रजाहितैषी आदर्श पर आधारित था। **इस प्रजाहितैषी आदर्श के अनुसार–"प्रजा के सुख में ही राजा का सुख है और प्रजा की भलाई में उसकी भलाई। राजा को जो अच्छा लगे वह हितकर नहीं है बल्कि हितकर वह है जो प्रजा को अच्छा लगे।"**
- चंद्रगुप्त मौर्य का शासन धर्म, व्यवहार, राजनीति और चरित्र से ऊपर था। राज्य के सप्तांग (सात अंग) सिद्धांत–राजा, आमात्य, जनपद, दुर्ग, कोष, दंड एवं मित्र की सर्वप्रथम व्याख्या कौटिल्य ने की। अर्थशास्त्र में आठवें अंग के रूप में शत्रु को भी जोड़ा गया है। किसी भी राज्य को चलाने के लिए उपराक्त सभी अंगों का होना आवश्यक है। कौटिल्य के अनुसार इसमें महत्त्वपूर्ण राजा है।
- केंद्रीय शासन प्रणाली राजतंत्रात्मक थी जिसमें राजा समस्त शक्तियों का स्वामी होता था तथा प्रजा को अपने पुत्र के समान समझता था।
- राजा की सहायता के लिए एक मंत्रिपरिषद् की व्यवस्था की गई थी, जिसमें 12, 16 या 20 सदस्य हुआ करते थे। कौटिल्य ने मंत्रिपरिषद् को एक वैधानिक आवश्यकता के रूप में वर्णित किया है। मौर्यकालीन मंत्रिपरिषद् के विषय में डायोडोरस, स्ट्रैबो एवं एरियन जैसे यूनानी लेखकों के विवरणों से भी जानकारी मिलती है।
- मंत्रिपरिषद् चंद्रगुप्त के शासन का मेरुदंड था। कौटिल्य के अनुसार राजा को मंत्रिपरिषद् की सलाह से काम करना चाहिए। मंत्रिपरिषद् के सदस्यों में पुरोहित, महामंत्री, सेनापति आदि सर्वाधिक प्रमुख थे।
- राज्य के सर्वोच्च अधिकारी **'मंत्री'** कहलाते थे। ये उच्च कोटि के मंत्री और सलाहकार थे इनकी संख्या तीन या चार थी। मंत्रियों का वेतन 12,000 पण वार्षिक था।
- कौटिल्य के अर्थशास्त्र में मौर्यकालीन ऊंचे स्तर के अधिकारियों के लिए **'तीर्थ'** और **'महामात्र'** शब्द का प्रयोग हुआ है। ऐसे 18 तीर्थों का उल्लेख अर्थशास्त्र में मिलता है।
- सर्वाधिक महत्त्वपूर्ण तीर्थ मंत्री, पुरोहित एवं सेनापति थे। इनका वेतन लगभग 48,000 पण वार्षिक था।

कुछ प्रमुख अधिकारी : एक नजर में

1. **समाहर्त्ता :** यह राजस्व विभाग का प्रमुख अधिकारी था। इसका मुख्य कार्य राजस्व इकट्ठा करना, आय-व्यय का ब्यौरा रखना एवं वार्षिक बजट तैयार करना था। वेतन के रूप में इसे 24,000 पण वार्षिक मिलता था।
2. **सन्निधाता/कोषाध्यक्षः** यह राजकीय कोष का मुख्य अधिकारी होता था। वेतन के रूप में इसे भी 24,000 पण वार्षिक मिलता था।
3. **प्रदेष्टा :** फौजदारी न्यायालय का न्यायाधीश।
4. **कर्मान्तिक :** साम्राज्य के उद्योग-धंधों का प्रमुख था।
5. **दंडपालः** सेना की सामग्री को एकत्र करने वाला अधिकारी था।
6. **अंतपालः** सीमावर्ती दुर्गों का रक्षक था।
7. **दुर्गपालः** देश के अंदर के दुर्गों का रक्षक था।
8. **आंतर्वेशिकः** राजा की अंगरक्षक सेना का प्रमुख अधिकारी था।
9. **आटविकः** वन विभाग का प्रमुख अधिकारी था।
10. **प्रशास्ताः** राजकीय आदेशों को लिपिबद्ध कराने वाला एवं राजकीय कागजातों को सुरक्षित रखने वाला प्रमुख अधिकारी था।

नोटः उपरोक्त प्रथम दो को छोड़कर शेष अधिकारियों को संभवतः 12,000 पण वार्षिक वेतन मिलता था।

- कौटिल्य के अर्थशास्त्र में 27 अध्यक्षों का विवरण मिलता है। ये अध्यक्ष विभिन्न विभागों में मंत्रियों के नीचे कार्य करते थे। संभवतः यूनानी लेखकों ने इन अध्यक्षों को मजिस्ट्रेट की संज्ञा दी है। इन्हें संभवतः 1000 पण वार्षिक वेतन मिलता था।
- इस काल में सबसे बड़ी प्रशासनिक इकाई प्रांत थी। अशोक के समय में प्रशासन की सुविधा के लिए साम्राज्य को प्रांतों में बांटा गया था। प्रांतों को चक्र भी कहा जाता था।

- प्रांतों का प्रशासन राजपरिवार के ही किसी व्यक्ति द्वारा होता था, जिन्हें अशोक के अभिलेखों में **'कुमार'** या **'आर्यपुत्र'** कहा गया है।

मौर्यकालीन प्रमुख प्रांत : एक नजर में

	प्रांत	राजधानी
1.	उत्तरापथ	तक्षशिला
2.	अवंतिराष्ट्र	उज्जैयिनी
3.	कलिंग	तोसली
4.	दक्षिणापथ	सुवर्णगिरि
5.	प्राची (पूर्वी प्रदेश)	पाटलिपुत्र

- प्रत्येक प्रांत में अनेक मंडल होते थे जिनकी तुलना आधुनिक कमिश्नरियों से की जा सकती है। अर्थशास्त्र में वर्णित **'प्रदेष्टा'** नामक अधिकारी मंडल का प्रधान होता था जिसे अशोक के अभिलेखों में **'प्रादेशिक'** कहा गया है। जिले का प्रशासन **'स्थानिक'** के हाथों में रहता था जो समाहर्त्ता के नीचे काम करता था। स्थानिक के अधीन गोप होते थे जिनके अधिकार क्षेत्र में गाँव होते थे। **प्रदेष्टि का कार्य स्थानिक, गोप एवं ग्राम अधिकारियों के कार्यों की जांच करना था।**
- प्रशासन की सबसे छोटी इकाई **'ग्राम'** थी। गाँव के मुखिया को **'ग्रामिक'** कहा जाता था। मेगस्थनीज के अनुसार, नगर का प्रशासन 30 सदस्यों का एक मंडल करता था। ये मंडल 6 समितियों में बंटे हुए थे। प्रत्येक समिति में 5 सदस्य होते थे।
- चंद्रगुप्त मौर्य की सेना में लगभग 6,00,000 पैदल सैनिक, 50,000 अश्वरोही सैनिक, 9,000 हाथी एवं 8,000 रथ थे। मेगस्थनीज के अनुसार, इस विशाल सेना के रख-रखाव हेतु 6 समितियों का गठन किया गया था, प्रत्येक समिति में 5 सदस्य होते थे।
- प्लूटार्क एवं जस्टिन जैसे यूनानी लेखकों के अनुसार चंद्रगुप्त मौर्य ने नंदों की पैदल सेना से तीन गुनी अधिक संख्या में सेना लेकर संपूर्ण उत्तर भारत को रौंद डाला था।
- सैन्य विभाग का सबसे बड़ा अधिकारी सेनापति होता था, जिसे लगभग 48,000 पण वार्षिक वेतन मिलता था।
- युद्ध क्षेत्र में सेना का नेतृत्व करने वाला अधिकारी **'नायक'** कहलाता था। इसे 12,000 पण वार्षिक वेतन मिलता था।
- कौटिल्य ने **'नवाध्यक्ष'** का उल्लेख किया है। इस तरह यह प्रमाणित होता है कि मौर्यों के पास नौसेना भी थी।
- इस काल में साम्राज्य का सर्वोच्च न्यायाधीश सम्राट होता था। न्यायालय मुख्यतः दो भागों में बंटा था–1. धर्मस्थीय न्यायालय एवं 2. कंटक-शोधन न्यायालय। धर्मस्थीय न्यायालय का स्वरूप एक तरह से दीवानी अदालतों जैसा था। कंटक-शोधन न्यायालय का स्वरूप एक प्रकार से फौजदारी अदालतों जैसा था। इनके न्याय का विषय राज्य एवं व्यक्ति के बीच विवाद होता था।
- सबसे निचले स्तर पर ग्राम न्यायालय था जहां पर ग्रामीणी एवं ग्राम वृद्ध निर्णय करते थे। 'संग्रहण एवं द्रोणमुख' स्थानीय एवं जनपद स्तर के न्यायालय होते थे। द्रोणमुख न्यायालय के अधीन 400 ग्राम होते थे।
- कौटिल्य ने सामान्य अपराधों के लिए **तीन प्रकार के अर्थदंडों** का उल्लेख किया है–
  1. पूर्व साहसदंड - 48 पण से 96 पण तक,
  2. मध्यम साहसदंड - 200 पण से 500 पण तक तथा
  3. उत्तम साहसदंड - 500 पण से 1000 पण तक।
- इस काल में गुप्तचर विभाग के अस्तित्व का भी पता चलता है। कौटिल्य के अर्थशास्त्र में गुप्तचरों को **'गुढ़ पुरुष'** कहा गया है। मौर्यकाल में दो तरह के गुप्तचर कार्य करते थे–1. संस्था एवं 2. संचार। 'संस्था गुप्तचर' एक स्थान पर रुककर कार्य करते थे जबकि 'संचार गुप्तचर' एक स्थान से दूसरे स्थान पर भ्रमण करते हुए कार्य करते थे।
- पुरुष गुप्तचर को संती, तिष्णा एवं सरद तथा **स्त्री** गुप्तचर को वृषली, भिक्षुकी एवं परिव्राजक कहते थे।
- शांति व्यवस्था बनाए रखने के लिए अर्थशास्त्र में **'रक्षिन'** अर्थात् पुलिस का उल्लेख किया गया है।

बिंदुसार

- चंद्रगुप्त के बाद बिंदुसार गद्दी पर बैठा, जिसके शासन की महत्त्वपूर्ण एवं विशेष बात है यूनानी राजाओं के साथ निरंतर संबंध। उसका पुत्र अशोक मौर्य राजाओं में सबसे महान हुआ।

अशोक

- अशोक पहला भारतीय राजा हुआ जिसने अपने अभिलेखों के सहारे सीधे अपनी प्रजा को संबोधित किया। उसके अभिलेख भारत में प्राकृत भाषा के सबसे पुराने निदर्श प्रस्तुत करते हैं। ये अभिलेख शिलाओं पर, पत्थर के पॉलिशदार शीर्षयुक्त स्तंभों पर, गुहाओं में और एक मामले में मिट्टी के कटोरे पर भी खुदे हुए हैं । इन अभिलेखों में राजा के आदेश सूचित किए गए हैं।
- प्राकृत में रचित अशोक के ये अभिलेख साम्राज्य भर के अधिकांश भागों में ब्राह्मी लिपि में लिखित हैं। किन्तु पश्चिमोत्तर भाग में ये खरोष्ठी और आरमाइक लिपियों में हैं और अफगानिस्तान में इनकी भाषा और लिपि आरमाइक और यूनानी दोनों है।
- इन अभिलेखों से अशोक के जीवनवृत, उसकी आंतरिक और परराष्ट्रीय/ अंतर्राष्ट्रीय नीति तथा उसके राज्य के विस्तार की जानकारी मिलती है।
- अशोक की गृह एवं विदेश नीति बौद्ध धर्म के आदर्श से प्रेरित है। गद्दी संभालने के बाद उसने केवल एक युद्ध किया जो कलिंग युद्ध के नाम से प्रसिद्ध है। इस युद्ध में हुए जानमाल की अपार क्षति ने अशोक को द्रवित कर दिया। अतः उसने दूसरे राज्यों पर भौतिक विजय पाने की नीति छोड़कर सांस्कृतिक विजय पाने की नीति अपनाई।
- कलिंग युद्ध के परिणामस्वरूप अशोक बौद्ध हो गया। परंपरा बताती है कि वह बौद्ध भिक्षु हो गया। बौद्धों को अपार दान दिया और बौद्ध धर्म-स्थानों की यात्रा की। उसकी इस यात्रा का संकेत अभिलेखों में आए **धर्मयात्रा** शब्द से भी मिलता है।
- अशोक ने लोगों को **'जियो और जिने दो'** का पाठ पढ़ाया। उसने जीवों के प्रति दया और बांधवों के प्रति सद्व्यवहार की सीख दी। उसके उपदेशों का उद्देश्य सहिष्णुता के आधार पर तत्कालीन समाज-व्यवस्था

को बनाए रखना था। इस तरह वह शांतिवादी नीति की ओर अग्रसर हुआ।

- अशोक प्राचीन विश्व के इतिहास का सबसे महान धर्म प्रचारक शासक था। उसने अपनी आस्था के प्रति बड़े ही उत्साह और निष्ठा से काम किया।
- उसने देश में राजनैतिक एकता स्थापित की और एक धर्म, एक भाषा और प्रायः एक लिपि के सूत्र में सारे देश को बांध दिया। उसके लगभग सभी अभिलेख एक ही लिपि ब्राह्मी में हैं। देश के एकीकरण में उसने ब्राह्मी, खरोष्ठी आरमाइक और यूनानी सभी लिपियों का सम्मान किया। स्पष्टतः उसने यूनानी, प्राकृत और संस्कृत जैसी भाषाओं को और विविध धार्मिक संप्रदायों को समन्वित किया।
- अशोक ने धार्मिक सहनशीलता की नीति अपनाई। उसने प्रजा पर बौद्ध धर्म लादने की चेष्टा नहीं की, प्रत्युत उसने हर संप्रदाय के लिए दान दिए।
- उसने धर्म प्रचार के कार्य में अपार उत्साह दिखाया। साम्राज्य के सुदूरवर्ती भागों में भी उसने अपने अधिकारियों को तैनात किया। इससे प्रशासन-कार्य में लाभ हुआ और साथ ही विकसित गंगा के मैदानी क्षेत्रों और पिछड़े दूरवर्ती प्रदेशों के बीच सांस्कृतिक संपर्क बढ़ा।
- इतिहास में अशोक का नाम सबसे बढ़कर उसकी शांति, अनाक्रमण और सांस्कृतिक विजय के कारण है। प्राचीन भारत के इतिहास में इस तरह की नीति अपनाने का कोई आदर्श अशोक के सामने नहीं था और न इस तरह का कोई उदाहरण किसी देश में मिलता है। केवल मिस्र इसका अपवाद है, जहां अखनातोन ने ई.पू. 14वीं सदी में शांतिवादी नीति को अपनाया था।
- कौटिल्य की वह सलाह जिसमें कहा गया है कि राजा को शक्ति द्वारा विजय पाने की चेष्टा सर्वदा करनी चाहिए, अशोक ने ठीक उसके विपरीत नीति अपनाई।
- अशोक ने अपने उत्तराधिकारियों से भी विजय एवं आक्रमण की उस नीति को त्याग देने को कहा जिसे मगध के राजा कलिंग युद्ध तक अपनाते चल आ रहे थे। उसने उन्हें शांति की नीति अपनाने की सलाह दी, जो दो सदियों से लगातार चले आ रहे आक्रमणात्मक युद्ध के बाद अत्यंत ही आवश्यक हो गई थी । यद्यपि उसके प्रतिनिधियों एवं सामंतों पर उसकी इस नीति का स्थाई असर नहीं पड़ा।

मौर्य साम्राज्य का पतन

- मगध साम्राज्य युद्ध पर युद्ध करके प्रबल होता गया, जिसकी चरण परिणति कलिंग-विजय थी। लेकिन अशोक के 232 ई. पू. में तिरोहित होते ही इसका विघटन शुरू हो गया। मौर्य साम्राज्य के पतन और ह्रास के कई कारण विद्वानों द्वारा गिनाए जाते हैं।
- अशोक की नीतियों के चलते ब्राह्मणों में प्रतिक्रिया हुई। इसमें संदेह नहीं है कि उसकी नीति में सहिष्णुता थी और उसने लोगों से ब्राह्मणों का आदर करने को भी कहा। परंतु उसने पशु-पक्षियों के वध को निषिद्ध कर दिया और महिलाओं में प्रचलित कर्मकांडीय अनुष्ठानों की खिल्ली उड़ाई। स्वभावतः इससे ब्राह्मणों की आय घटी। बौद्ध-धर्म एवं अशोक के यज्ञ-विरोधी रूख से ब्राह्मणों को भारी आर्थिक हानि हुई। अतः अशोक की नीति भले ही सहनशील हो, ब्राह्मणों में उसके प्रति विद्वेष की भावना जगने लगी। मौर्य साम्राज्य के खंडहर पर खड़े हुए कुछ नए राज्यों के शासक ब्राह्मण हुए। इन ब्राह्मण शासकों ने वैदिक यज्ञ किए, जिनकी अशोक ने उपेक्षा की थी।
- सेना और प्रशासनिक अधिकारियों पर होने वाले भारी खर्च के बोझ से मौर्य साम्राज्य के सामने वित्तीय संकट खड़ा हो गया। स्त्रोतों के अनुसार प्राचीनकाल में सबसे विशाल सेना मौर्यों की थी और सबसे बड़ा प्रशासन-तंत्र भी उन्हीं का था। अनेक प्रकार के कर लगाने के बावजूद, इतने बड़े ढाँचे को बनाए रखना कठिन था। कहा जाता है कि अशोक ने बौद्ध भिक्षुओं को काफी दान दिया जिससे राजकोष खाली हो गया। अंतिम अवस्था में खर्च को पूरा करने के लिए मौर्यों को सोने की देवप्रतिमाएं तक गलानी पड़ीं।
- साम्राज्य के टूटने का एक महत्त्वपूर्ण कारण था प्रांतों में दमनकारी शासन। अशोक के शासनकाल में इस दमनकारी शासन में कमी आई और दुष्ट अधिकारियों पर कारवाई की गई। कलिंग के अभिलेख से पता चलता है कि अशोक प्रांतों में हो रहे अत्याचारों से चिंतित था। अतः महामात्रों को उसने आदेश दिया कि बिना समुचित कारण के नागरिकों को न सताएं। उसने धर्मयात्रा के क्रम में भी प्रशासन को संवेदनशील बनाने का प्रयास किया पर इतना सारा होने पर भी दूर के प्रांतों में दमन का अंत न हुआ।
- मगध जिस प्रकार अपनी कुछ मूलभूत भौतिक उत्कृष्टताओं के कारण विकसित हुआ था, जब वही उत्कृष्टता के तत्त्व मगध साम्राज्य के विस्तार के कारण दूरवर्ती क्षेत्र में पहुँचे तो गंगा का मैदान जो साम्राज्य का हृदय-स्थल था, अपनी सारी उत्कृष्टता खो बैठा। मध्य भारत में शुंगों और कण्वों, कलिंग में चेदियों का और दक्कन में सातवाहनों का उदय इसी उत्कृष्टता के तत्त्वों के कारण हुआ।
- अशोक देश और विदेशों में मुख्यतः धर्म-प्रचार के काम में ही व्यस्त रहा, अतः ध्यान नहीं दे सका कि पश्चिमोत्तर सीमावर्ती दर्रे की रक्षा कैसे हो। ई.पू. तीसरी सदी में मध्य एशिया में कबीलों की जो गतिविधि थी उसे देखते हुए, उसे दर्रे की ओर नजर रखना जरूरी हो गया था। सीथियन शक लोग निरंतर जहां-तहां भटक रहे थे और ये चीन एवं भारत के स्थायी साम्राज्यों के लिए गंभीर खतरा बने हुए थे। चीन के शासक शीह हुआंग ती (247-210 ई.पू.) ने शकों के हमलों से अपने साम्राज्य की रक्षा के लिए लगभग 220 ई.पू. में चीनी महादीवार बनवाई। अशोक ने ऐसा कोई उपाय नहीं किया।

शुंग वंश

- मौर्य साम्राज्य को पुष्यमित्र शुंग ने अंतिम रूप से 185 ई.पू. में नष्ट कर दिया। वह अंतिम मौर्य शासक बृहद्रथ का एक सेनापति था। सूत्रों के अनुसार उसने लोगों के सामने बृहद्रथ को मार डाला और बलपूर्वक पाटलिपुत्र का राजसिंहासन हड़प लिया। शुंग वंश द्वारा पाटलिपुत्र और मध्य भारत में शासन किया गया। इन्होंने (शुंग वंश) ब्राह्मणमार्गीय जीवन-पद्धति का पुनरारंभ दिखाने के लिए कई वैदिक यज्ञ किए।

❑❑❑

अध्याय-7

गुप्त राजवंश

- मौर्य साम्राज्य के विघटन के पश्चात् दो बड़ी राजनैतिक शक्तियाँ– सातवाहन और कुषाण उभरीं। सातवाहनों ने दक्कन और दक्षिण में तथा कुषाणों ने उत्तर में स्थायित्व लाने का काम किया। इन दोनों ने रोमन साम्राज्य के साथ चले अपने व्यापार के बल पर राजनैतिक एकता और आर्थिक प्रगति प्राप्त की । इन दोनों साम्राज्यों का ईसा की तीसरी सदी के मध्य में अंत हो गया।
- कुषाण साम्राज्य के अवशेष पर एक नए साम्राज्य का प्रादुर्भाव हुआ, जिसने अपना आधिपत्य कुषाण और सातवाहन दोनों के पिछले राज्य-क्षेत्रों के बहुत बड़े भाग पर स्थापित किया। यह था गुप्त साम्राज्य।
- गुप्त साम्राज्य मौर्य साम्राज्य के जैसा विशाल तो नहीं था, फिर भी इसने सारे उत्तर भारत को लगभग एक सदी से उपर (335 ई. से 455 ई. तक) राजनैतिक एकता के सूत्र में बाँधे रखा।
  संभवतः गुप्त शासकों के लिए बिहार की अपेक्षा उत्तर प्रदेश अधिक महत्त्व वाला प्रांत था, क्योंकि प्रारंभिक गुप्त मुद्राएं और अभिलेख मुख्यतः इसी राज्य में पाए गए हैं। ऐसा अनुमान लगाया जाता है कि गुप्त शासक अपनी सत्ता का केंद्र प्रयाग को बनाकर पड़ोस के इलाके में फैलते गए।
- संभवतः गुप्त लोग कुषाणों के सामंत थे, और ऐसा प्रतीत होता है कि कुछ ही दिनों में वे उनके उत्तराधिकारी बन बैठे। बिहार और उत्तर प्रदेश में अनेक स्थानों पर कुषाण पुरावशेषों के ठीक बाद गुप्त पुरावशेष मिले हैं।
- गुप्तों के कार्यकलाप का मुख्य क्षेत्र मध्य देश की उर्वर भूमि था, जिसमें बिहार और उत्तर प्रदेश आते हैं। उन्होंने मध्य भारत और दक्षिण बिहार (वर्तमान का झारखंड राज्य) के लौह-अयस्क का उपयोग भी किया। इसके अतिरिक्त पूर्वी रोमन साम्राज्य (बिजेंटाइन साम्राज्य) के साथ रेशम का व्यापार करने वाले उत्तर भारत के क्षेत्र इनके पड़ोस में अवस्थित थे, अतः वे इस निकटता का भी लाभ उठा सके। इन अनुकुल स्थितियों के बल पर गुप्त शासकों ने अपना आधिपत्य मध्य गंगा मैदान, प्रयाग, साकेत और मगध पर स्थापित किया। कालक्रमेण यह राज्य एक भारतव्यापी साम्राज्य बन गया।

चंद्रगुप्त प्रथम

- गुप्तवंश का पहला प्रसिद्ध शासक चंद्रगुप्त प्रथम था। चंद्रगुप्त प्रथम एक महान शासक था, क्योंकि उसने 319-20 ई. में अपने राज्यारोहण के स्मारक के रूप में गुप्त संवत् चलाया। बाद के कई अभिलेखों में काल-निर्देश इस संवत् में किया गया।

गुप्त वंश : एक नजर में

प्रमुख शासक	शासनकाल
चंद्रगुप्त प्रथम	319-335 ई.
समुद्रगुप्त	335-375 ई.
रामगुप्त	375-375 ई.
चंद्रगुप्त द्वितीय	375-414 ई.
कुमारगुप्त महेंद्रादित्य	414-455 ई.
स्कंदगुप्त	455-467 ई.
पुरुगुप्त	467-476 ई.

समुद्रगुप्त

- चंद्रगुप्त प्रथम के बाद उसका पुत्र समुद्रगुप्त राजगद्दी पर बैठा। समुद्रगुप्त अशोक की शांति एवं अनाक्रमण की नीति के विपरीत हिंसा एवं आक्रमण में विश्वास करता था। समुद्रगुप्त के दरबार में प्रसिद्ध कवि हरिषेण रहता था, जिसने इलाहाबाद (प्रयाग) के प्रशस्ति लेख में समुद्रगुप्त के विजय अभियानों का उल्लेख किया है। यह अभिलेख उसी स्तंभ पर खुदा है जिस पर अशोक का स्तंभ लेख है।
- समुद्रगुप्त अपनी विजयों की उद्घोषणा हेतु 'अश्वमेघ यज्ञ' सम्पन्न करवाया था। उसके प्राप्त सिक्कों में कुछ पर 'अश्वमेघ पराक्रम' खुदा है एवं उस पर उसे वीणवादन करते हुए दिखाया गया है। समुद्रगुप्त ने 6 प्रकार की स्वर्ण मुद्राएं (गरुड़, धनुर्धर, परशु, अश्वमेघ, व्याघ्रहंता एवं वीणासरण) चलवाया, जिनमें गरुड़ मुद्राएँ सर्वाधिक लोकप्रिय थीं। अपने सिक्कों पर समुद्रगुप्त ने अप्रतिरथ, व्याघ्रपराक्रम, पराक्रमांक जैसे विरूद धारण किए।

- समुद्रगुप्त ने पृथ्वी को बांधना (धरणिबंध) अपना वास्तविक लक्ष्य बनाया। समुद्रगुप्त द्वारा जीते गए क्षेत्रों को पाँच भागों में बांटा जा सकता है–**प्रथम भाग में**–गंगा-यमुना के दोआब क्षेत्रः **द्वितीय भाग में**–हिमालय के पूर्वी भाग जैसे–नेपाल, असम (असोम), बंगाल, **तृतीय भाग में**–विंध्य क्षेत्र में पड़ने वाले आटविक राज्य, **चतुर्थ भाग में**–पूर्वी दक्कन एवं दक्षिण भारत के वे 12 शासक शामिल हैं जिन्हें समुद्रगुप्त ने अपनी अधीनता में लेकर मुक्त कर दिया था। **पंचम भाग में**–इसमें शकों एवं कुषाणों के क्षेत्र शामिल हैं।
- समुद्रगुप्त की प्रतिष्ठा और प्रभाव भारत के बाहर भी फैला। एक चीनी स्त्रोत के अनुसार, श्रीलंका के राजा मेघवर्मन ने गया में बुद्ध का मंदिर बनवाने की अनुमति प्राप्त करने के लिए समुद्रगुप्त के पास एक दूत भेजा था। समुद्रगुप्त द्वारा उसे अनुमति दी गई और मंदिर एक विशाल बौद्ध-विहार के रूप में विकसित हो गया। समद्रगुप्त को भारत का **'नेपोलियन'** भी कहा जाता है।

चंद्रगुप्त-II

- सभी गुप्त शासकों में समुद्रगुप्त का पुत्र चंद्रगुप्त-II (375-414 ई.) सर्वाधिक शौर्य एवं वीरोचित गुणों से संपन्न था। उसने वैवाहिक संबंध और विजय दोनों तरह से साम्राज्य की सीमा बढ़ाई। उसने अपनी पुत्री प्रभावती का विवाह वाकाटक नरेश रूद्रसेन-II से किया, रूद्रसेन की मृत्यु के बाद चंद्रगुप्त-II ने अप्रत्यक्ष रूप से वाकाटक राज्य को अपने राज्य में मिलाकर उज्जैन को अपनी दूसरी राजधानी बनाई।
- चंद्रगुप्त-II के समय में ही चीनी यात्री फाहियान (399-414 ई.) भारत आया था उसने यहाँ के लोगों के जीवन के बारे में विशद विवरण लिखा है।
- चंद्रगुप्त-II ने शकों को पराजित करने की स्मति में चाँदी का विशेष सिक्का जारी किया। उसे देवराज एवं देवगुप्त के नाम से भी जाना जाता था। चंद्रगुप्त-II ने विक्रमादित्य की उपाधि धारण की।
- चंद्रगुप्त-II का उज्जैन स्थित दरबार बड़े-बड़े विद्वानों से सुशोभित था। इन विद्वानों को चंद्रगुप्त के नवरत्न के नाम से जाना जाता है। इन विद्वानों के नाम हैं 1. कालिदास, 2. धन्वंतरि, 3. शंकु 4. बेतालभट्ट, 5. घटकर्पर, 6. क्षपणक, 7. अमरसिंह, 8. वराहमिहिर, 9. वररुचि।
- चंद्रगुप्त-II के बाद उसका पुत्र कुमारगुप्त गद्दी पर बैठा। इसने बड़ी संख्या में मुद्राएं जारी करवायीं। इनमें **'मयूर शैली'** की मुद्राएं विशेष महत्त्वपूर्ण थी। चीनी यात्री ह्वेनसांग ने कुमारगुप्त का नाम शक्रादित्य बताया है। नालंदा विश्वविद्यालय का संस्थापक कुमारगुप्त को माना जाता है। स्कंदगुप्त के भीतरी स्तंभलेख के अनुसार, कुमारगुप्त महेंद्रादित्य को अपने शासन के अंतिम समय में पुष्यमित्र जातियों के विद्रोह का सामना करना पड़ा । यहाँ से गुप्त साम्राज्य विघटन की ओर अग्रसर हुआ।

स्कंदगुप्त

- स्कंदगुप्त (455-467 ई.) को राजसिंहासन पर बैठते ही जूनागढ़ अभिलेख में म्लेच्छ के रूप में वर्णित हुणों के आक्रमण का सामना करना पड़ा। इस कार्य में उसे सफलता मिली। कहौम स्तंभलेख में 'शंक्रोपम' एवं जूनागढ़ अभिलेख में 'परिक्षिप्रवृक्षा के रूप में स्कंदगुप्त का उल्लेख किया गया है। इसकी स्वर्णमुद्राओं पर इसकी उपाधि विक्रमादित्य मिलती है। स्कंदगुप्त ने गिरनार पर्वत पर स्थित सुदर्शन झील का पुनरुद्धार करवाया था।

गुप्तकालीन प्रशासन

- गुप्त सम्राटों के समय में गणतंत्रीय राजव्यवस्था का पतन हुआ। गुप्त प्रशासन राजतंत्रात्मक व्यवस्था पर आधारित था। देवत्व का सिद्धांत गुप्तकालीन शासकों में प्रचलित था। राजपद वंशगत था, परंतु राजसत्ता ज्येष्ठाधिकार की अटल प्रथा के अभाव में सीमित थी। राजगद्दी हमेशा ज्येष्ठ पुत्र को ही नहीं मिलती थी।
- गुप्त सम्राट न्याय, सेना एवं दीवानी विभाग का प्रधान होता था। प्रजा अपने राजा को पृथ्वी पर ईश्वर के प्रतिनिधि के रूप में स्वीकार करती थी। प्रयाग प्रशस्ति में समुद्रगुप्त को पृथ्वी पर शासन करने वाला ईश्वर का प्रतिनिधि कहा गया है। गुप्त सम्राट परमदेवता, परमभट्टारक, महाराजाधिराज, पृथ्वीपाल, परमेश्वर, सम्राट, एकाधिकार एवं चक्रवर्तिन, जैसी उपाधियाँ धारण करते थे। इससे संकेत मिलता है कि गुप्त राजाओं ने अपने साम्राज्य के अंदर छोटे-छोटे राजाओं पर शासन किया। साम्राज्य के अधिकतर भाग सामंतों के अधीन थे। वे सम्राट के दरबार में स्वयं उपस्थित होकर सम्मान निवेदन करते, नजराना चढ़ाते और विवाहार्थ अपनी पुत्री समर्पित करते। इसके बदले उन्हें अपने क्षेत्र पर अधिकार का सनद मिलता था।
- गुप्तकाल में रानियों को परमभट्टारिका, परमभट्टारिकाराज्ञी एवं महादेवी जैसी उपाधियां दी गईं।
- प्रशासन के कुशल संचालन हेतु सम्राट द्वारा एक मंत्रिमंडल गठित किया जाता था।

गुप्तकालीन प्रमुख अधिकारी [illegible]	
1. **सर्वाध्यक्ष**	– राज्य के सभी केंद्रीय विभागों का प्रमुख अधिकारी था।
2. **प्रतिहार**	– सम्राट से मिलने की इच्छा रखने वालों को आज्ञापत्र देता था। यह अंतःपुर के रक्षक के रूप में भी कार्य करता था।
3. **महाप्रतिहार**	– राजमहल के रक्षकों का मुखिया होता था।
4. **कुमारामात्य**	– पदाधिकारियों का सर्वश्रेष्ठ वर्ग था। इन्हें उच्च से उच्च पद पर नियुक्त किया जा सकता था।
5. **महासांधि विग्रहिक**	– युद्ध और शांति का मंत्री था।
6. **महासेनापति**	– सेना का सर्वोच्च अधिकारी था।
7. **महापीलुपति**	– गजसेना का अध्यक्ष था।
8. **महाश्वपति**	– अश्वसेना का अध्यक्ष था।
9. **दंड पाशिक**	– पुलिस विभाग का मुख्य अधिकारी था।
10. **विनय स्थिति स्थापक**	– धार्मिक मामलों का प्रमुख अधिकारी था।

- कुशल प्रशासन के लिए विशाल गुप्त साम्राज्य को कई प्रांतों में बांटा गया था। **प्रांतों को देश, भुक्ति अथवा अवनी कहा जाता था।**
- भुक्ति के प्रशासक को 'उपरिक' व 'उपरिक महाराज' कहा जाता था। सीमा प्रांतों के प्रशासक 'गोप्ता' कहलाते थे। इन पदों पर राजकुमार या राजवंश से संबंधित व्यक्ति को ही नियुक्त किया जाता था। इनकी नियुक्ति प्रांतों में पाँच वर्ष के लिए की जाती थी।
- भुक्ति का विभाजन जनपदों में किया गया था। जनपदों को 'विषय' कहा जाता था, जिसका प्रधान अधिकारी 'विषयपति' होता था। विषयपति के सहयोग हेतु एक समिति होती थी। इनके सदस्यों को 'विषयमहत्तर' कहा जाता था, जिनमें निम्न वर्ग के लोग सदस्य होते थे–1. नगर श्रेष्ठि (पूँजीपति वर्ग का नेता), 2. सार्थवाह (विषय के व्यापारियों का नेता), 3. प्रथम कुलिक (शिल्पियों व व्यवसायियों का मुखिया), 4. प्रथम कायस्थ (मुख्य लेखक)। अभिलेखों को सुरक्षित रखने वाले अधिकारी को 'प्रस्तपाल' कहा जाता था। विषय वीथियों में बंटे थे और वीथियों गाँवों में।
- नगरों का प्रशासन नगर महापालिकाओं द्वारा चलाया जाता था। 'पुरपाल' नगर का मुख्य अधिकारी होता था। नगर के शासन के लिए नियुक्त समिति को संभवतः 'पौर' कहा जाता था।
- प्रशासन की सबसे छोटी इकाई 'ग्राम' होती थी। ग्राम के प्रशासन का संचालन 'ग्राम सभा' द्वारा होता था। ग्राम सभा का मुखिया 'ग्रामिक' कहलाता था एवं सदस्यों को 'महत्तर' कहा जाता था। 'महत्तर' ग्राम के प्रतिष्ठित एवं कुलीन व्यक्तियों का प्रतिनिधित्व करते थे। **कुछ गुप्तकालीन अभिलेखों में ग्राम सभा को 'ग्राम जनपद' एवं 'पंचमंडली' कहा गया है।**
- गुप्तकाल में सम्राट साम्राज्य का सर्वोच्च न्यायाधीश होता था। इसके अतिरिक्त मुख्य न्यायाधीश एवं अनेक न्यायाधीश होते थे । इस काल में अनेक विधि-ग्रंथ संकलित किए गए। पहली बार दीवानी और फौजदारी कानून भली-भाँति परिभाषित और पृथक्कृत हुए।
- व्यापारियों एवं व्यवसायियों की श्रेणी होती थी। ये श्रेणियाँ श्रेणी धर्म के आधार पर अपने विवादों का निपटारा करती थीं।
- **'पूग'** नगर में निवास करने वाली विभिन्न जातियों की समिति होती थी। **'कुल'** समान परिवारों के सदस्यों की समिति होती थी। समितियाँ राज्य द्वारा मान्यता प्राप्त थीं। ये समितियाँ आपसी विवाद में निर्णय देती थीं।
- इस काल के प्रशासन की एक मुख्य विशेषता यह थी कि इस समय वेतनों की अदायगी नकद में न देकर समान्यतः भूमि अनुदान के रूप में की जाती थी। गुप्तकाल में नकद वेतन केवल सैनिक सेवाओं के लिए दिया जाता था।
- इस काल में दो प्रकार का भूमि अनुदान प्रचलन में था। **प्रथम प्रकार का भूमि अनुदान** अग्रहार कहलाता था एवं केवल ब्राह्मणों को दिया जाता था। इसके तहत आनेवाली भूमि कर-मुक्त होती थी। **दूसरे प्रकार का भूमि अनुदान** वह होता था जिसे राजा अपने अधिकारियों को उनकी सेवा के बदले उपहार के रूप में देता था।
- **राजस्व के स्त्रोत**–गुप्तकाल में राजकीय आय के प्रमुख स्त्रोत कर थे, जो निम्नलिखित हैं–

  भागः राजा को भूमि के उत्पादन से प्राप्त होने वाला छठा (1/6) हिस्सा।

  भोगः संभवतः राजा को प्रत्येक दिन फल-फूल एवं सब्जियों के रूप में दिया जाने वाला कर।

  उपरिकर एवं उद्रंगकरः यह एक प्रकार का भूमि कर होता था। भूमि कर की अदायगी 'हिरण्य' (नकद) या 'मेय' (अन्न) दोनों रूपों में की जाती थी।

अर्थव्यवस्था

- अमर सिंह कृत 'अमरकोष' में 12 प्रकार की भूमि का उल्लेख है–
  1. उर्वरा, 2. ऊसर, 3. मरु, 4. अप्रहत, 5. सद्वल,
  6. पंकिल, 7. जल प्रायमनुपम, 8. कच्छ, 9. शर्करा,
  10. शर्कावती, 11. नदीमातृक और 12. देवमातृक।

भूमि के प्रकार : एक नजर में
1. क्षेत्र भूमिः ऐसी भूमि जो खेती के योग्य होती थी।
2. वास्तु भूमिः ऐसी भूमि जो निवास के योग्य होती थी।
3. चारागाह भूमिः पशुओं के चारा के योग्य भूमि।
4. सिलः ऐसी भूमि जो जोतने योग्य नहीं होती थी।
5. अग्रहतः ऐसी भूमि जो जंगली होती थी।

- कृषि से जुड़े कार्यों को महाक्षपटलिक एवं कारणिक देखता था।
- इस काल में सिंचाई के साधनों का अभाव था। अधिकांश कृषि वर्षा पर आधारित थी। स्कंदगुप्त के जूनागढ़ अभिलेख में उसके द्वारा सुदर्शन झील की मरम्मत की चर्चा की गई है। सिंचाई में 'रहट' या घंटीयंत्र का प्रयोग होता था।
- इस काल में व्यापार एवं वाणिज्य अपने उत्कर्ष पर था। उज्जैन, भड़ौच, प्रतिष्ठान, विदिशा, प्रयाग, पाटलिपुत्र, वैशाली ताम्रलिप्ति, मथुरा एवं कौशांबी आदि महत्त्वपूर्ण नगर थे।

  इन सभी में उज्जैन सर्वाधिक महत्त्वपूर्ण व्यापारिक स्थल था, क्योंकि देश के हर कोने से मार्ग उज्जैन की ओर आते थे। स्वर्णमुद्राओं की अधिकता के कारण ही संभवतः गुप्तकालीन व्यापार विकास कर सका।
- गुप्त शासकों ने सर्वाधिक स्वर्ण मुद्राएं जारी कीं, इनकी स्वर्णमुद्राओं को अभिलेखों में दीनार कहा गया है। इनकी स्वर्णमुद्राओं में स्वर्ण की मात्रा कुषाणों की स्वर्ण मुद्राओं की तुलना में कम थी।
- कुषाण काल के विपरीत गुप्तकाल में आंतरिक व्यापार में ह्रास के लक्षण दिखते हैं। ह्रास के कारणों में गुप्तकालीन मौद्रिक नीति की असफलता भी एक महत्त्वपूर्ण कारण थी क्योंकि गुप्तों के पास ऐसी कोई सामान्य मुद्रा नहीं थी जो उनके जीवन का अभिन्न अंग बन सकती थी। चीनी यात्री फाहियान के अनुसार गुप्तकाल में साधारण जनता दैनिक जीवन के (विनिमय (Exchange) में वस्तुओं के आदान-प्रदान या फिर कौड़ियों से काम चलाती थी।
- गुप्तकाल में विदेशी व्यापार भी पतन की ओर बढ़ रहा था क्योंकि तीसरी शताब्दी ई. के बाद रोम साम्राज्य निरंतर हूणों के आक्रमण से कमजोर हो गया था। रोमन जनता ने लगभग छठी शताब्दी के मध्य चीनियों से रेशम उत्पादन की तकनीक सीख ली थी। चूँकि रेशम व्यापार ही भारत और रोम के मध्य व्यापार का मुख्य आधार था। अतः भारत का विदेशी व्यापार और प्रभावित हुआ।

- पूर्व में भारत का व्यापार चीन से हो रहा था। इन दोनों के मध्य मध्यस्थ की भूमिका सिंहलद्वीप (आधुनिक श्रीलंका) निभाता था। भारत व चीन के मध्य होने वाला व्यापार संभवतः वस्तु विनिमय प्रणाली पर आधारित था। भारत चीन को रत्न, केसर, सुगंधित पदार्थ, सिले-सिलाए सुंदर वस्त्र आदि निर्यात करता था।
- भारत के पूर्वी तट पर ताम्रलिप्ति, घंटशाला एवं कदूरा बंदरगाह से गुप्त शासक दक्षिण-पूर्व-एशिया से व्यापार करते थे। पश्चिमी तट पर स्थित भड़ौच (ब्रौच), कैंबे, सोपारा, कल्याण आदि बंदरगाह से भूमध्य सागर एवं पश्चिम एशिया के साथ व्यापार सम्पन्न होता था।
- इस समय भारत में चीन से रेशम (चीनांशुक), इथोपिया से हाथी दांत, अरब, ईरान एवं बैक्ट्रीया से घोड़ों आदि का आयात होता था।
- गुप्तों के समय वस्त्र उद्योग सर्वाधिक महत्त्वपूर्ण उद्योगों में से एक था। रेशमी वस्त्र, मलमल, केलिकों, लिनन, ऊनी एवं सूती वस्त्रों की मांग की अधिकता के कारण इनका बड़े पैमाने पर उत्पादन किया जाता था। इस काल के अंतिम चरण में पाटलिपुत्र, मथुरा, सोनपुर, सोहगौर एवं गंगा-घाटी के कुछ नगरों का पतन हुआ।

कला एवं संस्कृति

- गुप्तकाल को स्वर्ण-युग (Golden Age), क्लासिकल युग (Classical Age) एवं पैरीक्लीन युग (Periclean Age) कहा जाता है। अपनी जिन विशेषताओं के कारण गुप्तकाल को 'स्वर्णकाल' कहा जाता है, वे इस प्रकार हैं–साहित्य, विज्ञान एवं कला के उत्कर्ष का काल, भारतीय संस्कृति के प्रचार-प्रसार का काल, धार्मिक सहिष्णुता एवं आर्थिक समृद्धि का काल, श्रेष्ठ शासन व्यवस्था एवं महान सम्राटों के उदय का काल एवं राजनैतिक एकता का काल।
- गुप्तकाल के स्वर्ण युग संबंधी उपर्युक्त विशेषताओं को कुछ विद्वानों, जैसे आर. एस. शर्मा, डी. डी. कोशांबी एवं डॉ. रोमिला थापर ने निराधार सिद्ध किया है, क्योंकि उनके अनुसार यह काल सामंतवाद की उन्नति, नगरों के पतन, व्यापार एवं वाणिज्य के पतन तथा आर्थिक अवनति का काल था।
- गुप्तकाल को संस्कृत साहित्य का स्वर्ण युग माना जाता है। इस काल को श्रेष्ठ कवियों का काल माना जाता है। गुप्तकाल के कवियों को दो भागों में बांटा गया है, प्रथम भाग में वे कवि आते हैं जिनके विषय में हमें अभिलेखों से जानकारी मिलती है, इनकी किसी भी कृति के विषय में हमें जानकारी नहीं है। इस श्रेणी में हरिषेण, शाव (वीरसेन), वत्सभहि एवं वासुल आते हैं। द्वितीय श्रेणी में वे कवि आते हैं जिनकी रचनाओं के बारे में ज्ञान है, जैसे–कालिदास, भारवि, भट्टि, मातृगुप्त, भतृश्रेष्ठ और विष्णु शर्मा आदि।
- गुप्तकाल लौकिक साहित्य की सर्जना के लिए स्मरणीय है। भास के तेरह नाटक इसी काल के हैं। शूद्रक का लिखा नाटक **मृच्छकटिकम्,** जिसमें एक निर्धन ब्राह्मण के साथ एक वेश्या का प्रेम वर्णित है, प्राचीन नाटकों में उत्कृष्टतम कोटि का माना जाता है। परंतु जिसको लेकर गुप्तकाल का सबसे ऊँचा नाम है वह है कालिदास की कृति **अभिज्ञानशाकुंतलम्**। इसमें राजा दुष्यंत और शकुंतला के प्रेम की कथा चित्रित है, जिनका पुत्र भरत एक नामी राजा हुआ। अभि-शाकुंतलम् प्रथम भारतीय रचना है जिसका अनुवाद यूरोपीय भाषाओं में हुआ। कालिदास की यह कृति विश्व की सौ उत्कृष्टतम साहित्यिक कृतियों में से एक है।
- भारत में गुप्तकाल में लिखे गए नाटकों के बारे में दो बातें उल्लेखनीय हैं। पहली बात यह है कि ये सभी नाटक सुखांत हैं। दुखांत नाटक एक भी नहीं मिलता। दूसरी बात यह है कि उच्च एवं निम्न वर्गों के लोग भिन्न-भिन्न भाषाएं बोलते हैं। इन नाटकों में स्त्री और शूद्र प्राकृत बोलते हैं जबकि भद्रजन संस्कृत।

गुप्तकालीन नाटक एवं नाटककार

नाटक	नाटककार	नाटक का विषय
मालविकाग्निमित्रम्	कालिदास	अग्निमित्र एवं मालविका की प्रणय-कथा पर आधारित।
विक्रमोर्वशीयम्	कालिदास	सम्राट पुरुरवा एवं उर्वशी अप्सरा की प्रणय-कथा पर आधारित।
अभिज्ञानशाकुन्तलम्	कालिदास	दुष्यन्त तथा शकुन्तला की प्रणय-कथा पर आधारित ।
मुद्राराक्षसम्	विशाखदत्त	इस ऐतिहासिक नाटक में चंद्रगुप्त मौर्य के मगध के सिंहासन पर बैठने की कथा का वर्णन है।
देवीचंद्रगुप्तम्	विशाखदत्त	इस ऐतिहासिक नाटक में चन्द्रगुप्त द्वारा शकराज का वध कर ध्रुवस्वामिनी से विवाह का वर्णन है।
मृच्छकटिकम्	शूद्रक	इस नाटक में नायक चारुदत्त, नायिका वसंतसेना के अतिरिक्त राजा, ब्राह्मण, जुआरी, व्यापारी, वेश्या, चोर, धूर्तदास आदि का वर्णन है।
स्वप्नवासवदत्तम्	भास	इसमें महाराज उदयन एवं वासवदत्ता की प्रेमकथा का वर्णन किया गया है।
प्रतिज्ञायौगंधरायणम्	भास	इसमें महाराज उदयन किस तरह यौगंधरायण की सहायता से वासवदत्ता को उज्जैयिनी से लेकर भागता है, का वर्णन है।
चारुदत्तम्	भास	इस नाटक का नायक चारुदत्त मूलतः भास की कल्पना है।

गुप्तकालीन तकनीकी ग्रंथ

रचनाकार	रचना	रचनाकार	रचना
चन्द्रगोमिन	चन्द्र व्याकरण	अमरसिंह	अमरकोष (संस्कृत का प्रामाणिक कोश)
कामन्दक	नीतिसार (कौटिल्य के अर्थशास्त्र से प्रभावित)	वात्स्यायन	कामसूत्र

- गुप्तों का समय ब्राह्मण व हिंदू धर्म के पुनरुत्थान का समय माना जाता है। हिन्दू धर्म विकास यात्रा के इस चरण में कुछ महत्त्वपूर्ण परिवर्तन देखने को मिले, जैसे–मूर्तिपूजा हिन्दू धर्म का सामान्य लक्षण बन गई, यज्ञ का स्थान उपासना ने ले लिया एवं गुप्तकाल में ही वैष्णव एवं शैव धर्म के मध्य समन्वय स्थापित हुआ। ईश्वर की भक्ति को महत्त्व दिया गया। तत्कालीन महत्त्वपूर्ण सम्प्रदाय के रूप में वैष्णव एवं शैव सम्प्रदाय प्रचलन में थे।
- वैष्णव धर्म गुप्त शासकों का व्यक्तिगत धर्म था। अनेक गुप्त राजाओं ने 'परमभागवत्' की उपाधि धारण की । इन राजाओं ने अपनी राजाज्ञाएं, गुरुड़ध्वज से अंकित करवाईं। चंद्रगुप्त द्वितीय एवं समुद्रगुप्त द्वारा जारी किए गए सिक्कों पर विष्णु के वाहन गरुड़ की आकृति खुदी मिली है। शंख, चक्र, गदा, पद्म, लक्ष्मी का अंकन भी गुप्तकालीन सिक्कों पर मिलता है। स्कंदगुप्त का जूनागढ़ एवं बुध गुप्त का एरण अभिलेख विष्णु स्तुति से प्रारंभ हुए हैं। गुप्तकालीन कुछ अभिलेखों में विष्णु को **'मधुसूदन'** कहा गया है।
- गुप्त राजाओं की धार्मिक सहिष्णुता की भावना के कारण शैव धर्म का विकास भी इस काल में हुआ, जबकि गुप्तों का व्यक्तिगत धर्म वैष्णव धर्म था। चंद्रगुप्त विक्रमादित्य का सेनापति वीरसेन प्रकांड शैव विद्वान था। उसने उदयगिरि पहाड़ी के अंदर शैवों के निवास के लिए गुफा का निर्माण करवाया। कालिदास के 'मेघदूत' के वर्णन में उज्जैयिनी में एक महाकाल मंदिर का वर्णन है। 'वामन पुराण' के वर्णन के अनुसार गुप्तकाल में चार शैव संप्रदायों का प्रचलन था–1. शैव, 2. पाशुपत, 3. कपालिक, 4. कालामुख।
- गुप्तकाल में सूर्योपासक लोगों का भी संप्रदाय था। विक्रम संवत् 529 के मंदसौर शिलालेख के प्रारंभिक कुछ श्लोकों में सूर्य भगवान की स्तुति की गई है। उत्तर प्रदेश के बुलंदशहर जिले के **'मांडास्यात'** नामक स्थल पर सूर्य मंदिर होने के साक्ष्य मिले हैं। **इस काल के अभिलेखों में सूर्य के अनेक नामों में से लोकार्क, भास्कर, आदित्य, वरुणास्वामी एवं मार्तण्ड नाम मिलते हैं।**
- गुप्त शासकों ने बौद्ध धर्म को संरक्षण प्रदान नहीं किया, फिर भी यह धर्म विकसित हुआ। इस काल में बौद्ध धर्म के मुख्य केंद्र के रूप में गया, मथुरा, कौशांबी एवं सारनाथ प्रसिद्ध थे। गुप्तों के समय में ही प्रसिद्ध बौद्ध विहार नालंदा की स्थापना की गई। सांची के लेख के अनुसार चंद्रगुप्त द्वितीय ने किसी आम्रकादव नाम के बौद्ध धर्म के अनुयायी को अपने राज्य में ऊंचे पद पर नियुक्त किया था। गुप्तकाल के प्रसिद्ध बौद्ध आचार्य वसुबंधु, असंग एवं दिङ्नाग थे। इन आचार्यों ने अपनी विद्वता के द्वारा भारतीय ज्ञान के विकास में सहयोग किया। चीनी यात्री फाह्यान के अनुसार गुप्तकाल में बौद्ध धर्म अपने स्वाभाविक रूप में विकसित हो रहा था। आर्यदेव का 'चतुश्शतक' एवं असंग का 'महायान संग्रह', 'योगाचार भूमिशास्त्र' तथा 'महायान सूत्रालंकार' जैसे ग्रंथ इस काल में ही रचे गए।
- गुप्तकाल में जैन धर्म का भी विकास हुआ। गुप्तों के समय में ही मथुरा (313 ई.पू.) एवं वल्लभी (453 ई.) में जैन सभाएं आयोजित की गईं। इस समय मूर्तियों के निर्माण के अंतर्गत् महावीर एवं अन्य तीर्थंकरों की सीधी, खड़ी हुई एवं पालथी मारकर बैठी हुई मूर्तियाँ निर्मित की गईं। इस काल में जैन धर्म मध्यमवर्गीय लोगों एवं व्यापारियों में खूब प्रचलित था। 'कहौम लेख' से स्पष्ट होता है कि स्कंदगुप्त के समय मद्र नाम के व्यक्ति ने पाँच जैन तीर्थंकरों–आदिनाथ, शांतिनाथ, नेमिनाथ, पार्श्वनाथ एवं महावीर की मूर्तियों की स्थापना कराई । इस समय जैन धर्म मगध से लेकर कलिंग, मथुरा, उदयगिरि, तमिलनाडु तक फैला था।
- इस काल में ही सांख्य, योग, न्याय, वैशेषिक, पूर्व एवं उत्तर मीमांसा (वेदांत) की महत्त्वपूर्ण कृतियों की रचना हुई।
- गुप्तकाल में कला के विविध विधाओं जैसे वास्तु, स्थापत्य, चित्र-कला, मृदभांड कला आदि में अभूतपूर्व प्रगति देखने को मिलती है। गुप्तकालीन स्थापत्य कला के सर्वोच्च उदाहरण तत्कालीन मंदिर थे। मंदिर निर्माण काल का जन्म यहीं से हुआ। इस समय के मंदिर एक ऊंचे चबूतरे पर निर्मित किए जाते थे, चबूतरे पर चढ़ने के लिए चारों ओर से सीढ़ियाँ बनाई जाती थीं। देवता की मूर्ति को गर्भगृह (Sanctuary) में स्थापित किया जाता था और गर्भगृह के चारों ओर ऊपर से आच्छादित प्रदक्षिणा मार्ग का निर्माण किया जाता था। गुप्तकालीन मंदिरों के पार्श्वों पर गंगा, यमुना, शंख व पद्म् की आकृतियाँ बनी होती थीं। गुप्तकालीन मंदिरों की छतें प्रायः सपाट बनाई जाती थीं पर शिखर युक्त मंदिरों के निर्माण के अवशेष भी पाए गए हैं।
- गुप्तकालीन मंदिर कला का सर्वोत्तम उदाहरण देवगढ़ का दशावतार मंदिर है। इस मंदिर में गुप्त कला अपने पूर्ण विसर्जित रूप में दृष्टिगोचर होती है। संभवतः मंदिर निर्माण के इतिहास में शिखर का पहली बार प्रयोग दशावतार मंदिर में ही किया गया । अन्य मंदिरों के एक मंडप की तुलना में दशावतार के इस मंदिर में चार मंडपों का प्रयोग हुआ है। यह मंदिर सुंदर मूर्तियों से जड़ित है, इनमें झांकती हुई आकृतियाँ, उड़ते हुए पक्षी व हंस, पवित्र वृक्ष, स्वास्तिक, फूल-पत्तियों की आकृतियाँ, प्रेमी युगल एवं बौनों की मूर्तियाँ निःसंदेह मन को लुभाते हैं।

गुप्तकालीन मंदिर : एक नजर में

महत्त्वपूर्ण मंदिर	स्थान
1. विष्णु मंदिर	तिगवां (जबलपुर, म. प्र.)
2. शिव मंदिर	भूमरा (नागौद, म. प्र.)
3. पार्वती मंदिर	नचना-कुठार (म. प्र.)
4. शिव मंदिर	खोह (नागौद, म. प्र.)
5. लक्ष्मण मंदिर (ईंटों से निर्मित)	भीतरगाँव (कानपुर, उ. प्र.)
6. दशावतार मंदिर	देवगढ़ (झांसी, उ. प्र.)

- गुप्तकाल का सर्वोतम पक्ष उसकी मूर्तिकला है। इनकी अधिकांश मूर्तियाँ हिन्दू देवी-देवताओं से संबंधित हैं। इस काल की मूर्तियों में कुषाणकालीन नग्नता एवं कामुकता का पूर्णतः लोप हो गया है। गुप्तकालीन मूर्तिकारों ने शारीरिक आकर्षण को छिपाने के लिए मूर्तियों में वस्त्रों के प्रयोग को प्रारंभ कर दिया था। गुप्तकालीन बुद्ध की मूर्तियों में सारनाथ की बैठे हुए बुद्ध की मूर्ति, मथुरा में खड़े हुए बुद्ध की मूर्ति एवं सुल्तानगंज की कांसे की बुद्ध मूर्ति उल्लेखनीय है।
- सर्वप्रथम गुप्तकाल में ही 'एकमुखी' एवं 'चतुर्मुखी शिवलिंग' का निर्माण हुआ। शिव के 'अर्द्धनारीश्वर' रूप की रचना भी इसी समय की गई। विष्णु की प्रसिद्ध मूर्ति देवगढ़ के दशावतार मंदिर में स्थापित है।
- गुप्तकाल में चित्रकला उच्च शिखर पर पहुँच चुकी थी। गुप्तकालीन चित्रों के उत्तम उदाहरण महाराष्ट्र के औरंगाबाद में स्थित अजंता की गुफाओं तथा ग्वालियर के समीप बाघ पर्वत से प्राप्त होते हैं। ये सभी चित्र समाज में प्रचलित तत्कालीन धार्मिक व्यवस्था से प्रभावित हैं। साथ ही इन चित्रों से उस समय की सामाजिक व्यवस्था को भी समझा जा सकता है।

❑❑❑

अध्याय-8

चोल वंश

- चोलों का प्रारम्भिक इतिहास संगम युग से प्रारंभ होता है।
- संगम युगीन साहित्य से तत्कालीन चोल शासक करिकाल के बारे में व्यापक जानकारी मिलती है। करिकाल ने 'उरैयुर' को अपनी राजधानी बनाया था। करिकाल के बाद लगभग 9वीं शताब्दी तक चोलों का इतिहास अंधकारपूर्ण रहा है।
- पुनः करीब 850 ई॰ में पल्लवों के अवशेषों पर चोल सत्र का पुनरुत्थान हुआ।

विजयालय (850 से 875 ई॰ तक)

- चोल वंश का द्वितीय संस्थापक।
- तंजोर पर अधिकार करके 'नरकेसरी' की उपाधि।
- तंजोर में 'निशुम्भसुदिनी दुर्गा मंदिर' का निर्माण।
- तंजोर को अपनी राजधानी बनाया।

आदित्य प्रथम (875 ई॰ से 907 ई॰ तक)

- विजयालय का पुत्र आदित्य प्रथम पल्लव नरेश अपराजित का सामन्त था।
- इसने अपनी युद्ध कुशलता से पल्लवों, गंगों एवं पाण्ड्यों को पराजित किया।
- पल्लवों को पराजित करने के उपलक्ष्य में इसने 'कोदण्डराम' की उपाधि ग्रहण की।

परान्तक प्रथम (907 ई॰ से 946 ई॰ तक)

- अपने पिता आदित्य प्रथम की साम्राज्यवादी नीति का पालन करते हुए पाण्ड्य नरेश राजसिंह द्वितीय एवं सिंहल के शासक की संयुक्त सेना को बेल्लूर के युद्ध में परास्त कर, पाण्ड्यों की राजधानी मदुरै पर अधिकार कर 'मदुरैकोण्ड' की उपाधि धारण की।
- 949 ई॰ में राष्ट्रकूट नरेश कृष्ण तृतीय ने 'तक्कोलम के युद्ध' में इसे बुरी तरह पराजित किया।

परान्तक द्वितीय (956 ई॰ से 973 ई॰ तक)

- इन्हें सुन्दरचोल के नाम से भी जाना जाता था।
- इसने तत्कालीन पाण्ड्य शासक 'वीर पाण्डय' को चंवर के मैदान में पराजित किया।

राजराज प्रथम (985 ई॰ से 1014 ई॰ तक)

- इनके शासन के तीस वर्ष चोल साम्राज्य के सर्वाधिक गौरवशाली वर्ष थे।
- इसने अपने पितामह परान्तक प्रथम की 'लौह एवं रक्त' की नीति का पालन करते हुए 'राजाराज' की उपाधि ग्रहण की।
- अपने शासन के 9वें वर्ष में सामारिक अभियान प्रारंभ किया।
- पांड्य नरेश अमरभुजंग को परास्त कर मदुरै पर अधिकार किया।
- श्रीलंका के राजा महेन्द्र पंचम को परास्त कर वहाँ एक नया प्रांत 'मुम्डिचोल मंडलम' की स्थापना की। श्रीलंका की राजधानी अनुराधापुर को बर्बाद कर दिया और 'पोलोन्नरवा' को अपनी राजधानी बनाया।
- इन्होंने सर्वप्रथम चोल विरोधी गठबंधन में शामिल पाण्ड्य, चेर एवं श्रीलंका के ऊपर आक्रमण करने के क्रम में चेर नरेश भास्कर वर्मन को पराजित किया।
- श्रीलंका विजय के पश्चात् राजाराज प्रथम ने 'जगन्नाथ' का विरूद धारण कर पोलोन्नरुवा का नया नाम 'जनजाथमंगलम' रखा।
- राजाराज प्रथम शैव मतानुयायी होने के कारण शिवपादशेखर की उपाधि धारण की। इसके अतिरिक्त इसने रविकुल माणिक्य, मुम्मादि चोलदेव, चोल मार्तण्ड, जयनगोण्ड आदि अनेक उपाधियाँ धारण कीं।
- इसने द्रविड़ वास्तुकला शैली के अंतर्गत विश्व-प्रसिद्ध मंदिर राजराजेश्वर या वृहदेश्वर मंदिर का निर्माण तंजोर में करवाया।
- इसने शैलेन्द्र शासक विजयोतुंग वर्मन को नागपट्टम में 'चूड़ामणि' नामक बौद्ध विहार बनाने की अनुमति दी एवं इसके निर्माण में आर्थिक सहायता भी दी।
- राजराज प्रथम ने अपने शासक के दौरान चोल अभिलखों का प्रारंभ 'ऐतिहासिक प्रशस्ति' के साथ करवाने की प्रथा की शुरुआत की।
- इन्होंने अपने धर्मसहिष्णु होने का परिचय राजराजेश्वर मंदिर की दीवारों पर बौद्ध प्रतिमाओं का निर्माण करवा कर दिया।
- इसने भूमि-मापन की पद्धति अपनाई जिसे 'कदम्ब' कहा जाता है।
- राजराज प्रथम के काल में एक दूत मंडल चीन गया था।

राजेन्द्र प्रथम (1012-42 ई०)

- इनकी उपलब्धियों की सही जानकारी तिरुवालंगाडु एवं करंदाई अभिलेखों से मिलती है।
- ये श्रीलंका के शासक महिंद V को पराजित कर सम्पूर्ण श्रीलंका को विजित किया। महिंद V को बंदी बनाकर राजधानी तंजोर में रखा गया, जहाँ 14 वर्ष बाद इनकी मृत्यु हो गयी।
- राजेंद्र प्रथम ने अपने पुत्र विक्रमचोल के नेतृत्व में गंगा घाटी में सैन्य-अभियान भेजा। विक्रमाचोल ने कलिंग के पूर्वी गंग शासक एवं बंगाल के पाल शासक महीपाल को पराजित किया। इस अभियान का उद्देश्य गंगा का पवित्र जल लाना था। गंगाघाटी के अभियान की सफलता पर राजेन्द्र प्रथम ने 'गंगैकोण्डचोल की उपाधि धारण की तथा इस विजय की स्मृति में 'गंगैकोण्डचोलपुरम' नाम की नई राजधानी का निर्माण करवाया।
- सिंचाई के लिए राजेन्द्र प्रथम ने चोलगंगम नाम के बड़े तालाब का निर्माण करवाया।
- राजेन्द्र प्रथम ने अपने अभियान के अंतर्गत दक्षिण-पूर्व एशिया स्थित श्रीविजय राज्य के मलय प्रायद्वीप, जावा, सुमात्रा आदि को विजित किया।
- बंगाल की खाड़ी को इसने 'चोल झील' के रूप में तब्दील किया।
- इन्होंने चीन में अपने दो कूटनीतिक दल भेजे।

राजाधिराज प्रथम (1044-1052 ई०)

- इन्होंने चालुक्य शासक को पराजित करने के पश्चात् 'विजय राजेन्द्र' 'विराभिषेक' उपाधि धारण की। इस विजय के उपलक्ष्य में 'अश्वमेध यज्ञ' का आयोजन किया।
- चालुक्य शासक सोमेश्वर के साथ 'कोप्पम के युद्ध' में, राजाधिराज प्रथम के गंभीर रूप से घायल होने के कारण इनकी मृत्यु हो गयी।

राजेन्द्र द्वितीय (1052-1064 ई०)

- युद्ध के मैदान में इनका राजतिलक हुआ।
- 1052-63 में चालुक्यों को परास्त किया और कोल्हापुर पर धावा बोला।
- कोल्हापुर में एक 'जय स्तंभ' स्थापित किया।

वीर राजेन्द्र (1063-1069 ई०)

- सोमेश्वर III से 'कुदाल संगम' की लड़ाई जीती, और इस विजय के उपलक्ष्य में तुंगभद्रा नदी के तट पर 'विजय स्तंभ' स्थापित किया।
- शैलेन्द्र शासक के विरुद्ध जौसैनिक अभियान चलाया।
- वीर राजेन्द्र ने तुंगभद्रा में डूबकर आत्महत्या कर ली थी।

अधिराजेन्द्र (1069-1070 ई०)

- यह विद्रोह के दौरान मारा गया और इसी के साथ चोलों की मुख्य शाखा समाप्त हो गई।

कुलोतुंग प्रथम (1070-1120 ई०)

- राजेन्द्र चोल की पुत्री एवं पूर्वी चालुक्य नरेश राजराज से उत्पन्न चोल-चालुक्य वंश का पहला शासक राजेन्द्र 'कुलोतुंग प्रथम' के नाम से सिंहासन पर बैठा।
- अत: इन्हीं के समय से चोल इतिहास, चोल-चालुक्य वंशीय इतिहास के नाम से जाना जाता है।
- कुलोतुंग प्रथम के समय में श्रीलंका के राजा विजयबाहू ने अपनी स्वतंत्रता घोषित की थी।
- कुलोतुंग प्रथम ने व्यापार की प्रगति में बाधक करों को समाप्त किया, जिसके कारण उसे 'शुंगम तविर्तचोल' (करों को हटाने वाला) की उपाधि दी गई थी।
- चीनी ऐतिहासिक स्रोतों के अनुसार 1077 ई० में कुलोतुंग प्रथम ने 92 व्यक्तियों का एक दूतमंडल भेजा, यह दूत मंडल एक व्यापारिक शिष्टमंडल था, जिसे तमिल व्यापार के लिए **चीन** से अधिक सुविधाएँ प्राप्त करने के लिए भेजा गया था।

विक्रम चोल (1120-35 ई०)

- इसने 'त्याग समुद्र' की उपाधि धारण की।

कुलोतुंग-II (1135-50 ई०)

- इन्होंने चिदम्बरम के मंदिर के प्रांगण से गोविन्द राज की प्रतिमा को उठवाकर समुद्र में फिकवा दिया।

राजराजा-II (1150-62 ई०)

- इसके समय में होयसलों ने उत्तरी भाग पर कब्जा कर लिया।

राजाधिराज-II

- इसके समय में कल्याण के कलचुरि द्वारा आंध्र क्षेत्र पर कब्जा किया गया।

कुलोतुंग-III (राजराजा-III) :

- इसके समय मारवर्मन और सुंडरपाण्ड्य ने तंजोर को जला दिया।
- कुलोतुंग-III चोल वंश का अंतिम महान् शासक था।

राजेन्द्र चोल-III

- इसी के समय 1279 ई० में मारवर्मन, कुलशेखर ने चोल साम्राज्य को जीत लिया।

चोल (राजत्व का सिद्धान्त)

- भारी-भरकम उपाधि जैसे चक्रवर्तीगल।
- मृत राजाओं की प्रतिमा की पूजा एवं मंदिरों में स्थापना।
- तंजोर, कांचीपुरम, चिदंबरम एवं गंगईकोंड चोलपुरम में राज्याभिषेक।
- चालुक्य शासकों का पट्टादकल में राज्याभिषेक।
- पुरोहितों का महत्त्वपूर्ण स्थान।

चोल प्रशासन

- सरकारी अधिकारियों का पृथक् वर्ग, दो श्रेणियों में विभाजित
  1. पेरून्दनम (उच्च अधिकारी)।
  2. सिरून्दनम (निम्न अधिकारी)।
- अधिकारियों का सम्मानजनक उपाधियाँ एवं भू-राजस्व के रूप में वेतन।

- कुल परंपरागत सरकारी पद, सैनिक-असैनिक सेवाओं में कोई भेद नहीं।
- विशेष अधिकारी 'उड़नकुट्टम' राजा द्वारा जारी आदेशों को कार्यान्वित करता था।
- न्यायालय को 'ओलई' के रूप में संगठित किया।
- चोल राजाओं के राजमहल में सेवक 'वल्लभ' के रूप में संगठित होते थे।
- सरकारी पद वंशानुगत होते थे।
- राजा के व्यक्तिगत अंगरक्षकों को वेडैक्कार कहा जाता था।
- चोल सेना के बड़े अधिकारी नायक, सेनापति तथा महादण्डनायक थे।
- अधिकारियों को उनकी नियुक्ति के स्थान पर वेतन के रूप में जमीन प्राप्त होती थी।
- प्रशासन की दृष्टि से विशाल चोल साम्राज्य छः प्रान्तों में विभाजित था, प्रान्त को मण्डलम कहा जाता है।
- मण्डल जिलों (वलनाडु) में, वलनाडु नाडु में तथा नाडु कुर्रम में विभाजित थे।
- अवरोही क्रम में चोल साम्राज्य की प्रशासनिक इकाइयाँ थीं– राज्य, मण्डल, वलनाडु, नाडु, कुर्रम (कोट्टम)।
- भूमि की माप की इकाई – पैर का माप।
- राजराजा-I एवं कुलोतुंग-I द्वारा भूमि माप करवायी गयी।
- भूराजस्व– कुल उपज का 1/3 भाग।
- चोल अभिलेखों में करों की सूची इस प्रकार है :

आयाम		राजस्व
कडनै	–	सुपारी की बागान पर कर
मनहरै	–	गृहकर
करहरै	–	व्यापारिक प्रतिष्ठान पर कर
पडिकावल	–	गाँव सुरक्षा कर
वारी	–	भू-राजस्व से संबंधित विभाग
मगन्मै	–	व्यवसाय कर
आजीवक्कास	–	आजीविका पर कर
वाशल्विरमय	–	द्वार कर

सैन्य संगठन

- चोल सेना के तीन प्रमुख अंग थे
  (i) पदाति
  (ii) गजारोही
  (iii) अश्वारोही
- सेना की विभिन्न टुकड़ियाँ अलग-अलग छावनियों में (कडमम में) रहती थीं।
- चोल सेना में सभी वर्णों के व्यक्ति रहते थे।
- थल सेना के मुख्य अंग थे– धनुर्धर (विल्लिगल), घुड़सवार (कुडिरैच्चेवगर), गजारोही (कुजिरमल्लत), पैदल सेना (बड़पेई कैक्कोलर)।
- राजा के अतिविश्वसनीय अंगरक्षक को 'वलैक्कार' कहा जाता था।
- सेना की टुकड़ी का नेतृत्व करने वाले को 'नायक' एवं सेनाध्यक्ष को 'महादण्डनायक' कहा जाता था।

दंड व्यवस्था

- दंड व्यवस्था आर्थिक दंड एवं सामाजिक अपमान पर आधारित था।
- चोल काल में 'धर्मासन' सम्राट का न्यायालय था।
- चोल काल में धर्मभट्ट नामक न्याय पंडित का उल्लेख है।

स्थानीय स्वशासन व्यवस्था

- चोलकालीन ग्रामीण प्रशासन की विशेषता– स्थानीय प्रशासन था।
- पांड्य व पल्लव से स्थानीय स्वशासन की परंपरा प्रारम्भ हुई थी।
- हितसमूह और स्थानीय सभाओं का महत्वपूर्ण योगदान था।
- 'मणिग्रामम वलजियार' जैसी संस्था व्यापारिक हितों की देखभाल के लिए थी।
- मंदिरों की व्यवस्था की निगरानी, धार्मिक हितसमूह की देखभाल के लिए 'मूल पेरिढ़ियार' नामक संस्था थी।
- गाँवों की तीन श्रेणियाँ (पट्टे के अनुसार)।
  (क) *देवदान गाँव*–मंदिरों को दान में दिये गये गाँव।
- इसकी भूराजस्व की वसूली सरकारी अधिकारियों के बदले मंदिर के अधिकारी करते थे।
- मंदिरों को प्रदत्त भूमि को अभिलेखों में 'देवदान', 'देवाग्रहार' व 'देवभोग' तथा मठों को दी गई भूमि 'मंडपुर' कही जाती थी।
  (ख) *ब्रह्मदेव ग्राम*–ब्राह्मणों को दान में दी गयी भूमि।
- ब्रह्मदेय से संबंधित ही 'अग्रहार अनुदान' होता था जिसमें सम्पूर्ण गाँव ब्राह्मण बस्ती होता था।
- यह करमुक्त गाँव था।
- इसमें ब्राह्मण अपनी इच्छा से नि:शुल्क शिक्षा की व्यवस्था कर सकते थे।
  (ग) *सर्वाधिक ग्राम*–यह गाँव अंतर्जातीया के वासवाली थी, एवं भूराजस्व देती थी।

ग्राम-स्तर पर तीन प्रकार की संस्थायें

(क) साधारण गाँव में 'उर' नामक संस्था।
(ख) ब्रह्मदेय या अग्रहार ग्राम में 'सभा' नामक संस्था।
(ग) व्यापारी के निवास वाले गाँव में 'नगरम' नामक संस्था।

- ब्राह्मण व गैर-ब्राह्मण दोनों के निवास वाले ग्राम में एक 'सभा' तथा 'उर' दोनों गठित की जा सकती थीं।
- एक गाँव में एक साथ दो 'उर' का भी गठन हो सकता था।

उत्तर मेरूर अभिलेख

- सबसे प्राचीन उत्तर मेरूर अभिलेख– दंतिवर्मन (पल्लव) का।
- 'परान्तक-I' के समय में उत्तर मेरूर अभिलेख से पता चलता है कि सभा एक औपचारिक संस्था थी जो ग्रामीणों की एक गैर-औपचारिक 'उर' के साथ मिल कर काम करती थी।
- सभा अपनी समितियों के साथ मिलकर काम करती थी जो 'वारियम' कहलाती थी।
- बड़े गाँव को पृथक् प्रशासनिक इकाई का दर्जा दिया गया जिसे 'तनियूर' कहते थे।

समिति

- इसके लिए तीस सदस्य चुने जाते थे। इनमें 12 ज्ञानी व्यक्तियों की एक अलग समिति गठित होती थी जो 'समवत्सर वारियम' कहलाती थी।

समिति की सदस्यता हेतु योग्यताएँ

1. उम्र – 25 से 70 वर्ष
2. जमीन – 1.5 एकड़
3. उस भूमि पर अपना मकान
4. वैदिक मंत्रों का ज्ञाता

अयोग्यताएँ

1. तीन वर्ष से अधिक समिति का सदस्य रहना।
2. आय-व्यय का ब्यौरा नहीं देना।
3. चोरी करने का अपराधी।
4. अन्य प्रकार के पाप-कर्म।

- सभा की बैठक मंदिरों के अहाते में।
- सभा में सर्वसम्मति से निर्णय।
- सदस्यता में कर चुकाने वाले एवं कर न चुकाने वाले में स्पष्ट विभेद।
- कर न चुकाने वालों को सभा में सदस्यता नहीं।

समिति/सदस्य	नाम
सिंचाई समिति	ऐनवरियम
स्वर्ण समिति	पोनवारियम
उपवन समिति	तोट्टावरियम
जलाशय के लिए रखी गई पृथक् भूमि	एरिपती
संन्यासी एवं विदेशियों की समिति	उदासीन वरियम
न्यायिक समिति	न्यायाट्टर
सभा के सदस्य	परूमक्कल
समिति के सदस्य	वारिमेरूक्कल

सामाजिक व्यवस्था

- वर्ण-विभाजन में मुख्य जोर ब्राह्मणों एवं गैर-ब्राह्मणों पर था।
- चोलकालीन जाति-व्यवस्था के अंतर्गत ब्राह्मण एवं बल्लालों को सर्वोच्च स्थान।
- ब्राह्मण धार्मिक नेता और आर्थिक सत्ता के प्रधान।
- उत्तर भारतीय ब्राह्मण भूस्वामियों के विपरीत दक्षिण भारतीय ब्राह्मण ज्यादा साहसी होते थे तथा अपनी पूँजी को व्यापार में भी लगाते थे।
- दक्षिण भारतीय ब्राह्मणों में धर्मनिरपेक्षता की भूमिका ज्यादा प्रबल हो गयी थी।
- चोल काल में क्षत्रिय एवं वैश्य वर्ग का न होना एक महत्त्वपूर्ण तथ्य है।
- चोल समाज में कुछ वर्गों को अछूत (परैया) माना जाता था।
- वेल्लाल शूद्र कृषक थे।
- अब्राह्मणों में सबसे महत्त्वपूर्ण शूद्र थे।
- चोल काल में जाति-विभाजन दो वर्ग में था
  वलंगई – दक्षिणवर्गीय
  इडंगई – वामवर्गीय
- दक्षिणवर्गीय जातियाँ मुख्यत: कृषक एवं श्रमिक जातियाँ थीं।
- वामवर्गीय जातियाँ हस्तशिल्पकारों या दस्तकारों की जातियाँ थीं।
- चोल काल में इडुंगई की अपेक्षा वलंगई अधिक अधिकारमुक्त थे। वलंगई का प्रभाव दरबार तथा सेना में कहीं अधिक था।
- वलंगई तथा इडंगई प्रत्येक में 98 जातियाँ थीं। वलंगई जाति विशेषाधिकार प्राप्त वर्ग था तथा इन्हें ब्राह्मण व बल्लालों का समर्थन प्राप्त था।
- इदंगई जातियों में कम्माल जाति के लोग अपनी आर्थिक उपयोगिता के कारण (दस्तकारी) सर्वाधिक महत्त्वपूर्ण थे। इनकी आर्थिक उपयोगिता को मद्देनजर रखते हुए चोल सम्राट ने उन्हें यज्ञोपवीत धारण करने का अधिकार दिया।
- इडंगई वर्ग को अधिक कर देना पड़ता था।
- समकालीन दक्षिण भारत में सामाजिक जीवन का आधार आर्थिक था।
- मध्यवर्ती वर्णों के बीच भेद नहीं। आर्थिक स्थिति में सुधार होने के साथ वर्ण की स्थिति में भी सुधार।
- शूद्रों का विभाजन 'सतशूद्र' व 'असत शूद्र' में।
- दास प्रथा का प्रचलन, लेकिन बड़े पैमाने पर दासों का उपयोग नहीं।
- दरबार में कार्य करने वाले व्यक्तियों को विशेष सुविधायें, जैसे– राजेन्द्र-I के आदेशों को पतर पर अंकित करने वाले या राजपरिवार के साथ कपड़ा बुनने वाले 'कांचीपुरम' के बुनकर करों से मुक्त थे। यद्यपि उनमें कुछ नीची जाति के थे।
- स्त्रियों की स्थिति उत्तर भारत की अपेक्षा अच्छी थी, देवदासी प्रथा प्रचलित थी तथा दास प्रथा के भी प्रमाण हैं।

शिक्षा व्यवस्था

- शिक्षा का माध्यम संस्कृत होने के कारण महाविद्यालय में अध्ययन करने वाले अधिकांश विद्यार्थियों का दैनिक जीवन से संपर्क टूट गया था।
- विख्यात महाविद्यालय– इन्नाइरम, त्रिभुवनी, तिरुवदुतुरई, तिरुवरियुर का महाविद्यालय।

तमिल साहित्य

रचना	लेखक
कलिंगत्तुपर्णि	जयंगोदर (कुलोतुंग प्रथम का राजकवि)
रम्मोवतारन (तमिल रामायण)	कंबन
ऋग्गर्भदीपिका	वेंकटमाधव (परान्तक-I)
नल-वेनवा	पुगालेंदी
पेरियपुराणम (शैव ग्रंथ)	शेक्किलार (कुलोतुंग-II)
जीवक चिंतामणि	तिरुतकदेवर
शूलामणि	तोल्लामोली

अर्थव्यवस्था

- अर्थव्यवस्था का आधार कृषि था तथा भूमिदान व्यवस्था पर आधारित था।
- भूमिदान के कारण कृषि का विस्तार हुआ तथा राज्य की आय बढ़ी।
- एक वर्ष में दो और कभी-कभी तीन फसलें काटी जाती थीं।
- भूमिकर राज्य की आय का सबसे प्रमुख साधन था, जो कि एक-तिहाई होता था।

- भूमि काश्तकारी के आधार पर दो प्रकार की थी:
  1. पंचायती राज्य के अधीन
  2. व्यक्तिगत स्वामित्व
- पशुपालन अब उतना महत्वपूर्ण नहीं रह गया था।

व्यापार

- विदेशी व्यापार चोल व्यापारियों की शक्ति थी।
- पूर्वी तट पर महाबलीपुरम, कावेरीपट्टनम, शालिपुर, कोरकई एवं पश्चिमी तट पर क्विलोन में बड़े-बड़े प्रतिष्ठान थे।
- सिराफ–फारस की खाड़ी में स्थित महत्त्वपूर्ण बंदरगाह था।
- चीन के साथ व्यापार में वृद्धि हुई। चीन में फारमोसा के सामने मुख्य भूमि पर एक भारतीय बस्ती थी।
- दक्षिण भारत कपड़ा, मसाले, औषधि, जवाहरात, सींग, आबूनस की लकड़ी तथा कपूर चीन को निर्यात करता था।
- व्यापार पर नियंत्रण हेतु वणिक श्रेणियाँ– जैसे मणिग्रामम एवं वलजियर थी।
- महत्त्वपूर्ण श्रेणी नानादेशी की व्यापारिक शाखाओं का विस्तार दक्षिण-पूर्व एशिया के सुमात्रा तक हुआ।
- 'मार्कपोलो' अरबों के व्यापारियों के घोड़े की चर्चा करता है। साथ ही वह भारत के उन व्यापारियों का उल्लेख भी करता है जिन्होंने अरबों के साथ मिलकर घोड़ों के व्यापार पर एकाधिकार जमा रखा था।
- चोल देश में 'वीरपट्टन' स्थानीय सत्ता एवं केन्द्रीय सरकार की मंजूरी से व्यापारिक मामले में विशेषाधिकार का उपयोग करते थे

सिक्के

मानक स्वर्ण सिक्के – कलंजू/कल्यांजु।

- कांशू – स्वर्ण सिक्का।
- ग्रामीण क्षेत्रों में सामाजिक और आर्थिक जीवन के केन्द्र मंदिर होते थे। मंदिर के अधिकारियों के लिए नियमित आय का होना आवश्यक था।
- मंदिर विविध व्यापारिक उद्योग में पूँजी निवेश भी करते थे।
- मंदिर सूद पर रुपये देता था।
- सामान्यत: ब्याज की दर 12 प्रतिशत वार्षिक।

कला

- द्रविड़ शैली इस काल की मुख्य कला शैली थी।
- इस कला शैली की मुख्य विशेषता सुंदर मंडप, विमान और अलंकृत गोपुरम।
- चोल काल में पाषाण मूर्तियों की अपेक्षा धातु मूर्तियों (काँस्य मूर्तियों) का निर्माण अधिक हुआ है। सर्वाधिक सुन्दर काँस्य मूर्तियाँ नटराज (शिव) की हैं।
- चोलकालीन मंदिरों के विषय में फर्ग्यूसन ने कहा है कि चोल कलाकारों ने दानवों की भाँति इनका निर्माण किया और रत्नाकारों के रूप में इनका रूप-विन्यास किया था।

मंदिर	निर्माणकर्ता
विजयालय चोलेश्वर मंदिर	विजयालय
तिरुकट्टालाई का सुदेश्वर मंदिर	आदित्य-I
पुदुकोटट्ई का बाल सुब्रह्मण्यम मंदिर	आदित्य-I
त्रिचनापल्ली का कोदंगनाथ मंदिर	परान्तक-I
तंजोर का उत्तर कैलाश देवस्थान	राजराजा-I
विष्णु का जुड़वां मंदिर	राजराजा-I
दादापुरम का शिव मंदिर	राजराजा-I
विरुमलवाड़ि का वैद्यनाथ मंदिर	राजराजा-I
गगैकोण्ड चोलपुरम का वृहदेश्वर मंदिर	राजेन्द्र चोल
दादापुरम का ऐरावतेश्वर मंदिर	राजराजा-II
त्रिभुवन का कम्पहेश्वर मंदिर	कुलोतुग-I

चित्रकला

- भित्तिचित्रकला की विकसित अवस्था।
- अजंता चित्रकला से प्रभावित।
- चोलकालीन वृहदेश्वर मंदिर की दीवारों पर भित्तिचित्रकला का नमूना।
- चित्रकला का विषय धार्मिक।

मूर्तिकला

- तंजोर स्थित चिदम्बरम मंदिर में नाचते हुए शिव की नटराज मूर्ति अद्वितीय मानी जाती है।
- मंदिरों की दीवारों को मूर्तियों तथा चित्रों से सजाया जाता था।
- कुछ चोल मंदिरों में, जैसे तंजोर तथा कालाहस्ती में राजाओं की आकृति बनी होती थी, जैसे– राजराजा प्रथम तथा उनकी रानी लोक महादेवी तथा राजेन्द्र प्रथम तथा उनकी रानी चोल महादेवी।
- चोल कलाकार मूर्तिकला में दक्ष थे।
- इस समय पत्थर तथा धातु दोनों ही में मूर्तियाँ बनायी जाती थीं।
- शिव तथा विष्णु दोनों ही की मूर्तियाँ बनायी जाती थीं, परन्तु शिव, चोल मूर्तिकला के केन्द्र बन गये थे।
- पार्वती, गणेश, कार्तिकेय आदि देवताओं की काँस्य मूर्तियाँ भी बनाई गईं।

धार्मिक स्थिति

- पल्लव काल में आलवार एवं नयनार संतों के नेतृत्व में भक्ति आन्दोलन की शुरुआत हो चुकी थी।
- वैष्णव आलवारों एवं शैव नयनारों ने चोल काल में शैव एवं वैष्णव मत के प्रचार में महत्त्वपूर्ण भूमिका निभाई।
- कुल नयनार संतों की संख्या - 63.

❑❑❑

अध्याय-9

दिल्ली सल्तनत

भारत पर तुर्की आक्रमण

- 'अलप्तगीन' नामक तुर्क सरदार ने गजनी में स्वतंत्र तुर्क राज्य की स्थापना की।
- लगभग 977 में अलप्तगीन के दामाद सुबुक्तगीन ने गजनी पर अधिकार कर लिया।
- 'सुबुक्तगीन' ने हिन्दूशाही राजा जयपाल के खिलाफ एक संघर्ष में भाग लिया जिसमें जयपाल पराजित हुआ।
- सुबुक्तगीन की मृत्यु के बाद 'महमूद गजनवी' गजनी का शासक बना।
- 'तारीख-ए-गुजीदा' के अनुसार महमूद ने सीस्तान के राजा 'खलफ-बिन-अहमद' को पराजित कर 'सुल्तान' की उपाधि धारण की। सुल्तान की उपाधि धारण करने वाला संभवत: वह पहला तुर्क शासक था।
- भारत पर महमूद ने करीब सत्रह बार आक्रमण किया।
- उसने अपना नाम 'बुतशिकन' रखा तथा 'जेहाद' का नारा दिया।

महमूद गजनवी के आक्रमण

1. **पेशावर का युद्ध (1001 ई॰)** : हिन्दूशाही जयपाल पराजित आग में कूदकर जयपाल द्वारा आत्महत्या।
2. **मुल्तान विजय (1008)** : मुल्तान का शासक फतेह दाउद परास्त।
3. **वैहिन्द की लड़ाई (1009 ई॰)** : आनन्दपाल ने हिन्दू-राजाओं से सहायता लेकर एक बड़ी सेना का गठन किया। हाथियों के भड़क जाने से आनन्दपाल जीतते-जीतते हारा।
4. **नागरकोट पर आक्रमण (1009 ई॰)** : बिना लड़े ही शासक द्वारा आत्मसमर्पण, प्रसिद्ध ज्वालामुखी मंदिर को महमूद ने लूटा।
5. **थानेश्वर विजय (1014 ई॰)** : यहां के मंदिरों को लूटा।
6. **मथुरा विजय (1018 ई॰)** : उत्तरी भारत के इस समृद्ध नगर को लूटा, अनेक मंदिर ध्वस्त।
7. **कन्नौज विजय (1018-1019 ई॰)** : प्रतिहार शासक 'राज्यपाल' का बिना युद्ध किए समर्पण।
8. **कालिंजर विजय (1019-1023 ई॰)** : चंदेल राजा 'गण्ड' से महमूद के अधीनस्थ प्रतिहार राजा 'राज्यपाल' की हत्या का बदला लेने के लिए। गण्ड बिना युद्ध किए भाग गया।
9. **सोमनाथ पर आक्रमण (1025-1026 ई॰)** : सोमनाथ मंदिर की सारी सम्पत्ति लूट ली गई।
10. जाटों के विरुद्ध अभियान (1027 ई॰)

- खलीफा कादिर ने महमूद को नियुक्तिपत्र द्वारा राजसत्ता का अधिकारी बनाया और 'यमीनुद्दौला' (साम्राज्य का दाहिना हाथ) की उपाधि दी।
- महमूद ने आदेश दिया कि खलीफा का नाम उसके समस्त राज्य के खुतबा में शामिल किया जाय।
- महमूद के साथ अलबरूनी, उतवी, तारीख-ए- सुबुक्तगीन का लेखक 'वैहाकी', 'शाहनामा' का लेखक 'फिरदौसी' भारत आए।
- अलबरूनी प्रसिद्ध इतिहासविद, गणितज्ञ, भूगोलवेत्ता, खगोल एवं दर्शनशास्त्र का ज्ञाता तथा 'किताब-उल-हिन्द' का लेखक था।
- 'वैहाकी' को इतिहासकार लेनपूल ने 'पूर्वीपेप्स' की उपाधि प्रदान की।

शिहाबुद्दीन गौरी (1173-1206 ई॰)

- प्रथम आक्रमण – 1175 ई॰ में उच्च एवं मुल्तान को जीता।
- 1178 ई॰ में गुजरात पर आक्रमण किया। चालुक्य सोलंकी वंश के शासक भीम-II द्वारा वह पराजित हो गया। संभवत: यह मुहम्मद गोरी की प्रथम भारतीय पराजय थी।
- 1179-86 के बीच उसने पंजाब को विजित किया।
- 1179 ई॰ में पेशावर को विजित किया।
- 1185 ई॰ में गोरी ने स्यालकोट को जीता।
- **तराईन के प्रथम युद्ध** में 1191 ई॰ में पृथ्वीराज चौहान से बुरी तरह पराजित।
- **तराइन का द्वितीय युद्ध (1192 ई॰)** : पृथ्वीराज चौहान गोरी से पराजित हुआ तथा उसकी हत्या कर दी गई। पृथ्वीराज का चाचा और महत्त्वपूर्ण सेनापति स्कन्द अन्यत्र व्यस्त था।

- **चंदावर का युद्ध (1194 ई॰)** : मुहम्मद गोरी ने कन्नौज पर आक्रमण किया। गहड़वाल शासक जयचन्द पराजय के पश्चात मारा गया। गोरी का कन्नौज पर अधिकार हो गया।
- जयचन्द को हराने के बाद वह भारतीय प्रदेशों की जिम्मेदारी कुतुबुद्दीन ऐबक को सौंपकर वापस गजनी चला गया।
- 1205-06 में वह पुन: वापस आया तथा खोखरों को पराजित किया। इस अंतिम अभियान के बाद गोरी वापस जा रहा था तो मार्ग में 13 मार्च, 1206 में उसकी हत्या कर दी गई।
- मुहम्मद गोरी के सिक्कों पर एक तरफ घोड़े के साथ 'मोहम्मद बिन साम' लिखा है तो दूसरी तरफ 'शिव के बैल की आकृति' तथा देवनागरी लिपि में पृथ्वीराज लिखा है। गोरी के कुछ सिक्कों पर लक्ष्मी की आकृति (देहलीवाल) है।

गुलाम वंश

कुतुबुद्दीन ऐबक (1206 से 1210)

- लाहौर में जून 1206 में अपना राज्याभिषेक करवाया।
- सिंहासनारूढ़ होने के बाद उसने अपने को 'मलिक' एवं 'सिपहसालार' की पदवी से संतुष्ट रखा। 'सुल्तान' की उपाधि ग्रहण नहीं की।
- ऐबक ने अपने नाम से न तो कोई सिक्का जारी करवाया और न कभी खुतबे पढ़वाये।
- वह दिल्ली सल्तनत का संस्थापक, भारत का पहला स्वतंत्र मुस्लिम शासक था। राजधानी– लाहौर।
- 'ऐबक' का अर्थ–चंद्रमा का स्वामी।
- अपनी उदारता के कारण 'लाख बख्श' के नाम से जाना जाता है।
- गौरी के भतीजे और उत्तराधिकारी 'गयासुद्दीन महमूद' ने 1208 ई॰ में दासमुक्ति-पत्र, सिंहासन, छत्र, राजकीय पताका एवं नक्कारा भेंट किया।
- सिंहासन पर बैठने के बाद गौरी के अन्य उत्तराधिकारियों गयासुद्दीन मुहम्मद, ताजुद्दीन एल्दौज एवं नासिरुद्दीन कुबाचा के विद्रोह का सामना करना पड़ा। इन विद्रोहियों को शांत करने के लिए वैवाहिक सम्बंधों को ऐबक ने आधार बनाया। ताजुद्दीन एल्दौज की पुत्री से उसने विवाह किया, नासिरुद्दीन कुबाचा से अपनी बहन का तथा इल्तुतमिश से अपनी पुत्री का विवाह किया।
- मिनहाज ने उसकी दानशीलता के कारण उसे 'हातिम द्वितीय' की संज्ञा दी।
- 'ताज-उल-मासिर' का रचनाकार 'हसन निजामी' तथा फख्र -ए-मुदविबर उसके दरबार में रहता था।
- उसने कुव्वत-उल-इस्लाम मस्जिद (दिल्ली), ढाई दिन का झोंपड़ा (अजमेर) एवं कुतुबमीनार (प्रथम मंजिल) का निर्माण कराया। दिल्ली में किला-ए- रायपिथौरा के बगल में एक नये नगर की स्थापना की जो दिल्ली के सात नगरों में प्रथम माना जाता है। कुतुबमीनार का निर्माण 'शेख ख्वाजा कुतुबुद्दीन बख्तियार काकी' की स्मृति में।
- चौगान खेलते समय घोड़े से गिरकर मृत्यु। (1210 ई॰) 19 लाहौर में दफनाया गया।
- 'आरामशाह' नामक अयोग्य एवं अनुभवहीन युवक उसका उत्तराधिकारी बना।

इल्तुतमिश (1210 से 1236)

- दिल्ली के तुर्की सरदारों एवं नागरिकों के आमंत्रण पर इल्तुतमिश, जो उस समय बदायूँ का सूबेदार था, दिल्ली आया तथा आरामशाह को बंदी बनाकर सिंहासन पर बैठा। जुद की लड़ाई में उसने आरामशाह को पराजित किया।
- 1215-16 ई॰ में उसने यल्दौज को 'तराईन के तृतीय युद्ध', में पराजित किया।
- कुबाचा सिंधु में डूब गया (1217 ई॰)
- वह इल्बरी तुर्क था तथा दिल्ली सल्तनत का वास्तविक संस्थापक भी वही था।
- ख्वारिज्म शाह का पुत्र 'जलालुद्दीन मंगबर्नी' चंगेज के भय से पंजाब आ गया। चंगेज खाँ उसका पीछा करते हुए 1220-21 में सिंधु तक आ गया। इल्तुतमिश ने दूरदर्शिता का परिचय देते हुए मंगबर्नी की कोई सहायता नहीं की। मंगोल आक्रमण का भय 1228 ई॰ में मंगबर्नी के वापस जाने से टल गया।
- उसने चालीस गुलामों का एक गुट 'तुर्कान-ए-चिहालगानी' या 'चरगान' का संगठन किया।
- 1225 में इल्तुतमिश ने बंगाल के शासक हिसामुद्दीन इवाज, जिसने अपने को स्वतंत्र घोषित कर दिया था, के विरुद्ध अभियान किया। इवाज ने बिना युद्ध किये ही उसकी अधीनता स्वीकार कर ली परन्तु इल्तुतमिश के लौटते ही पुन: विद्रोह कर मलिक जानी को पराजित कर दिया जिसे बंगाल का मुक्ता नियुक्त किया गया था। इल्तुतमिश के पुत्र नासिरुद्दीन महमूद ने उसे पराजित कर मार डाला।
- 1226 ई॰ में रणथम्भौर तथा 1227 में परमारों की राजधानी मन्दौर पर अधिकार कर लिया।
- 18 फरवरी, 1229 को बगदाद के खलीफा 'अल– मुन्तसिर-विल्लाह' से खिलअत एवं प्रमाण पत्र प्राप्त हुआ। खिलअत मिलने के बाद उसने 'नासिर, अमीर उल मोनिनीन' की उपाधि धारण की।
- इल्तुतमिश पहला तुर्क सुल्तान था जिसने शुद्ध अरबी सिक्के चलवाये। उसने सल्तनत कालीन दो महत्त्वपूर्ण सिक्के चांदी का टंका (175 ग्रेन का) तथा तांबे का जीतल चलवाया।
- इल्तुतमिश ने 'इक्ता व्यवस्था' का प्रचलन किया।
- ग्वालियर पर उसने अधिकार कर लिया। (1230-32 ई॰)
- 1234-35 ई॰ में मालवा पर आक्रमण कर भिलसा पर अधिकार कर लिया।
- 1235 ई॰ में बापियान अभियान उसका अन्तिम अभियान था।
- 1236 ई॰ में उसकी मृत्यु हो गई।
- मिनहाज-उल-सिराज को संरक्षण दिया।
- उज्जैन पर आक्रमण और महाकाल मंदिर का विधवंस किया।
- गहलौत की राजधानी नागदा में आक्रमण किया। लेकिन राणा क्षेत्र सिंह द्वारा हार गया।
- अपने लड़के नासिरूद्दीन महमूद की याद में दिल्ली के नासिरिया महाविद्यालय की स्थापना की और बाद में रजिया ने काजी मिन्हाज को इसका प्रधानाचार्य नियुक्त किया गया।
- भारत में संभवत: पहला मकबरा निर्मित करवाने का श्रेय भी इल्तुतमिश को जाता है।

रुकनुद्दीन (अप्रैल 1236-नवंबर 1236)

इल्तुतमिश ने रजिया को अपना उत्तराधिकारी घोषित किया। परन्तु शासन उसके पुत्र रुकनुद्दीन फिरोज के हाथों चला गया।

- वास्तविक बागडोर रुकनुद्दीन की मां 'शाह तुर्कान' के हाथों में था। फिरोज एवं शाह तुर्कान के षड्यंत्रों से विद्रोह फूट पड़ा।
- जब रुकनुद्दीन विद्रोह दबाने राजधानी से बाहर गया था तो रजिया ने लाल वस्त्र पहनकर जनता से शाह तुर्कान के विरुद्ध सहायता मांगी।
- उन दिनों लाल वस्त्र पहनकर न्याय की मांग की जाती थी।
- दिल्ली की जनता ने रजिया को गद्दी पर बैठा दिया। रुकनुद्दीन को कैद कर बाद में उसकी हत्या कर दी गई।

रजिया सुल्तान (1236 से 1240)

- रजिया का प्रतिरोध प्रमुख तुर्क अमीरों ने किया जिनमें निजामुलमुल्क जुनैदी, मलिक अलाउद्दीन जानी, मलिक सैफुद्दीन कूची, मलिक ईजुद्दीन कबीर खाँ अयाजा एवं मलिक ईजुद्दीन सलारी आदि।
- रजिया ने सलारी और कबीर खाँ को गुप्त रूप से अपनी ओर मिलाकर विद्रोह को कुचल दिया।
- वह पर्दा प्रथा को त्यागकर पुरुषों की तरह कुबा (कोट) एवं कुलाह (टोपी) पहन कर राजदरबार जाने लगी।
- उसने कुछ विश्वासपात्र अमीरों को उच्च पद प्रदान किये। इख्तियारुद्दीन ऐतगीन को 'अमीरे हाजिब' मलिक जमालुद्दीन याकूत (अबीसीनियन) को 'अमीर-ए-आखूर', कबीर खाँ को लाहौर का अक्तादार और इख्तियारुद्दीन अल्तूनिया को तबर हिंद (भटिण्डा) का अक्तादार नियुक्त किया गया।
- लगभग 1240 ई० में तबर हिंद के अक्तादार अल्तूनिया द्वारा विद्रोह। तुर्क अमीरों ने याकूत की हत्या कर रजिया को बंदी बना लिया तथा इल्तुतमिश के तीसरे पुत्र बहरामशाह को सिंहासन पर बैठा दिया।
- रजिया ने अल्तूनिया से विवाह कर पुन: गद्दी प्राप्त करने का प्रयास किया परन्तु बहराम के डाकुओं ने कैथल के समीप दोनों की हत्या कर दी।

बहराम शाह (1240-42 ई०)

- सुल्तान के अधिकार को कम करने के लिए एक नए पद 'नयाब' या 'नायब-ए-मामिलकात' का सृजन तुर्क अमीरों ने किया। सर्वप्रथम इख्तियारुद्दीन एतिगीन को इस पद पर नियुक्त किया गया।
- एतिगीन की शक्ति इतनी बढ़ गई कि सुल्तान की तरह वह नौबत एवं हाथी रखना शुरू कर दिया। सुल्तान ने उसकी हत्या करवा दी।
- सुल्तान की हत्या का षड्यंत्र रचने वाले बदरुद्दीन शंकर रूमी एवं सैय्यद ताजुद्दीन की हत्या करवा दी। अमीरों में भय व असन्तोष व्याप्त हो गया।
- 1241 ई० में 'तैर बहादुर' के नेतृत्व में मंगोल आक्रमण हुआ। वजीर मुजाहबुद्दीन ने इस आक्रमण के विरूद्ध जा रही सेना को भड़का दिया। सेना दिल्ली वापस आ गई। मई 1242 में तुर्क सरदारों ने दिल्ली पर अधिकार कर लिया। बहराम की हत्या कर दी गई।
- अमीरों ने बहराम के पौत्र अलाउद्दीन मसूदशाह को सुल्तान बनाया।

अलाउद्दीन मसूदशाह (1242 ई०-1246 ई०)

- बलवन (अमीरे हाजिब), नासिरुद्दीन एवं उसकी माँ 'मलिक-ए-जहाँ' ने मिलकर षड्यंत्र किया। जून 1246 में उन्हें सफलता मिली। नासिरुद्दीन महमूद को सुल्तान बनाया गया।

नासिरुद्दीन महमूद (1246-1266 ई०)

- वास्तविक सत्ता 'नायब-ए-मामिलकात' बलबन के हाथ में थी।
- 7 अक्टूबर 1249 को नासिरुद्दीन ने बलबन को 'उलगू खाँ' की उपाधि दी।
- अगस्त 1249 में बलबन ने अपनी लड़की का विवाह नासिरुद्दीन से कर दिया।
- 1253 ई० में भारतीय मुसलमानों के दबाव में बलबन को पदच्युत कर हाँसी का गवर्नर बना दिया गया।
- रैहान को 'नायब-ए-मामिलकात' बनाया गया। रैहान हिन्दू से मुसलमान बना था।
- 1254 में पुन: बलबन को अपने पूर्वाधिकार मिल गए।
- इसी समय बलबन ने नासिरुद्दीन से राजसी छत्र प्रयोग करने की अनुमति प्राप्त की।
- 1259 में बलबन ने मंगोल नेता हलाकू से समझौता कर पंजाब में शांति स्थापित की।
- इसामी कृत फूतूह-उल-सलातीन के अनुसार बलबन ने नासिरुद्दीन की जहर देकर हत्या कर दी।

बलबन (1266-1287)

- रजिया के समय 'अमीर-ए-शिकार' बहरामशाह के समय 'अमीर-ए-आखूर', मसूद शाह के समय 'अमीर-ए-हाजिब' एवं नासिरुद्दीन महमूद के समय 'नायब-ए-यामिलकात' पद पर रह चुका था।
- संभवत: इल्बरी जाति का था।
- उसके काल का एकमात्र तुर्क विद्रोह बंगाल के तुगरिल खां का विद्रोह था जिसे मारकर बलबन ने 'तुगरिलकुश' की उपाधि धारण की।
- बलबन का प्रारंभिक नाम 'बहाउद्दीन' था।
- 1246 में मंगोलों का सफलतापूर्वक सामना किया जिससे उसे 'महान खान' की उपाधि मिली।
- वह पहला सुल्तान था जिसने 'राजत्व के सिद्धांत' का प्रतिपादन किया। उसके अनुसार राजा 'जिल्ले- इलाही (भगवान की छाया) है। उसका राजत्व 'नियाबते-खुदाई' (ईश्वर प्रदत्त) है। उसने 'राजत्व के दैवीय सिद्धांत' को स्वीकार किया।
- अपने को आफरासियाब का वंशज घोषित किया।
- मद्यपान का निषेध तथा 'सिजदा-पाबोस' (ईरानी परंपरा) का प्रचलन किया।
- फारसी रीति पर आधारित 'नवरोज उत्सव' को प्रारंभ किया।
- 'लौह एवं रक्त' की नीति अपनाया। इस नीति में विद्रोही की हत्या कर उसकी स्त्री एवं बच्चों को दास बना लिया जाता था।

- सैनिकों को नकद भुगतान, वृद्ध एवं अयोग्य सैनिकों की पदमुक्ति (पेंशन देकर)।
- गुप्तचर विभाग की स्थापना एवं पृथक् सैनिक विभाग 'दीवान-ए-अर्ज' की स्थापना की।
- 'दल-चालीसा' का दमन किया।
- बंगाल अभियान में असफल दो अमीरों-मलिक तरगी तथा अमीर खाँ को मृत्युदंड दिया।
- अपने भतीजे 'शेर खाँ' को विष देकर मार डाला।
- 1285 ई॰ में मंगोल नेता 'तमर' के नेतृत्व में पंजाब पर आक्रमण हुआ। सुल्तान का ज्येष्ठ पुत्र शाहजादा मुहम्मद जो मुल्तान का अधिकारी था, मंगोलों से लड़ता हुआ मारा गया। महमूद को 'शहीद-ए-आजम' की उपाधि मिली।
- बलबन ने दोआब की जागीर छीनने की कोशिश की परन्तु दिल्ली के कोतवाल फखरुद्दीन की सलाह पर निर्णय वापस।
- पुत्र शोक में 1287 ई॰ में मृत्यु। बरनी के अनुसार उसकी मृत्यु से दुखी मलिकों ने अपने वस्त्र फाड़ डाले तथा अपने सिरों पर धूल फेंकी।
- बलबन ने मध्य एशिया के बहुत से निर्वासित राजकुमारों को शरण दी। अमीर खुसरो, अमीर हसन उसके राजाश्रय में रहते थे।

कैकूबाद

- बलबन के पुत्र बुगरा खाँ ने बंगाल पर ही शासन करना उचित समझा अत: बुगरा खाँ के पुत्र कैकूबाद को शासक बनाया गया।
- दिल्ली के वृद्ध कोतवाल 'फखरुद्दीन' के दामाद 'निजामुद्दीन' के हाथों वास्तविक शक्ति केन्द्रित।
- मलिक जलालुद्दीन फिरोज ने लकवाग्रस्त कैकूबाद को मरवा दिया। कैकूबाद का शरीर यमुना में फेंक दिया गया।

कैमर्स

- जलालुद्दीन फिरोज ने कुछ समय के लिए शमशुद्दीन कैमर्स को तख्त पर बैठाकर उसके नाम से शासन किया।
- 1290 ई॰ में कैमर्स को मारकर जलालुद्दीन स्वयं सुल्तान बन गया।
- दास वंश का अंत हो गया। खिलजी वंश की स्थापना हुई।

खिलजी वंश

जलालुद्दीन खिलजी (1290-1296)

- किलोखरी को अपनी राजधानी बनाया।
- सुल्तान बनने के समय उम्र लगभग 70 वर्ष।
- राज्याभिषेक के एक वर्ष बाद दिल्ली में प्रवेश किया।
- उसने बलवन के सिंहासन पर बैठने से इंकार किया।
- कैकूबाद से 'शाइस्ता खाँ' की उपाधि मिली।
- 1290–कड़ा मानिकपुर के सूबेदर मलिक छज्जू का विद्रोह दबाया।
- 1291–रणथम्भौर का असफल अभियान।
- 1292–मन्दौर एवं झाईन के किलों को जीत लिया।
- 1292 में मंगोल 'अब्दुल्ला' को अलाउद्दीन ने पराजित किया। परन्तु चंगेज का नाती उलगू 4000 मंगोल समर्थकों के साथ इस्लाम कबूल कर भारत में ही रह गया। कालांतर में जलालुद्दीन ने उलगू से अपनी पुत्री का विवाह किया तथा उनके रहने के लिए दिल्ली के निकट मुगरलपुर नामक बस्ती बसाई। बाद में इन्हें ही 'नवीन मुसलमान' कहा गया।
- 'अली गुरशप' (जो बाद में अलाउद्दीन खिलजी के नाम से प्रसिद्ध हुआ) को कड़ा की जागीर प्रदान की। 1292 में अलाउद्दीन ने मालवा तथा 1296 में देवगिरि को लूटा। जब लूट का माल लेने जलालुद्दीन कड़ा पहुँचा तो धोखे से अलाउद्दीन ने उसकी हत्या कर दी।

अलाउद्दीन खिलजी (1296-1316)

- बरनी के अनुसार 'शहीद सुल्तान के कटे हुए मस्तक से अभी रक्त टपक रहा था जब शाही चन्दोबा अलाउद्दीन के सिर के ऊपर उठाया गया और वह सुल्तान घोषित किया गया।'
- 1292 ई॰ में मालवा पर सफल आक्रमण तथा भिलसा नगर की विजय से उसे कड़ा के अतिरिक्त अवध की जागीर पुरस्कार स्वरूप मिली।
- 1296 में उसने देवगिरि के यादव रामचन्द्रदेव को हराया तथा लूट का काफी माल लेकर कड़ा लौटा।
- इस धन को लूटाकर उसने जलालुद्दीन की हत्या के बाद अमीरों को अपने पक्ष में कर लिया।
- तब तक जलालुद्दीन की विधवा बेगम मलिकाजहाँ ने अपने छोटे पुत्र रुकनुद्दीन इब्राहीम को सिंहासन पर बैठा दिया था। मलिक अहमद चाप ने इब्राहीम और मलिकाजहाँ को मुल्तान ले जाकर बचाने का प्रयास किया परन्तु सभी कैद कर लिये गए या मारे गए।
- अक्टूबर 1296 ई॰ को बलबन के 'लाल महल' में अलाउद्दीन का राज्याभिषेक हुआ।
- अलाउद्दीन ने सिकन्दर-ए-सानी की उपाधि ग्रहण कर इसका उल्लेख अपने सिक्कों पर करवाया।
- 'विश्वविजय' तथा 'नवीन धर्म के स्थापना' की योजना दिल्ली के कोतवाल अलाउल मुल्क के समझाने पर त्याग दी।
- तुर्क अमीरों के विद्रोह को समाप्त करने के लिए चार अध्यादेश जारी किये :

  1. दान, उपहार, पेंशन के रूप में दी गई भूमि जब्त।
  2. गुप्तचर विभाग का संगठन। 'बरीद' एवं 'मुनहिस' की नियुक्ति।
  3. मद्य, जुआ, भाँग पर प्रतिबंध।
  4. अमीरों के आपसी मेल-जोल, सार्वजनिक समारोहों, वैवाहिक सम्बंधों पर प्रतिबंध।
- खलीफा की सत्ता को मान्यता प्रदान करते हुए 'यामिन-उल-खिलाफत-नासिरी-अमीर-उल-मोमिनीन' की उपाधि ग्रहण की।

अलाउद्दीन के समय विद्रोह

- 1299 में गुजरात अभियान के बाद धन बंटवारे को लेकर नव-मुसलमानों द्वारा। इसका दमन नसरत खाँ ने किया।

- अलाउद्दीन के भतीजे आकत खाँ ने अलाउद्दीन पर प्राणघातक हमला किया। आकत खाँ को पकड़कर मार डाला गया।
- अलाउद्दीन के बहन के लड़के मलिक उमर एवं मंगू खाँ के विद्रोह करने पर दोनों को हराकर मार डाला गया।
- दिल्ली के हाजी मौला के विद्रोह का दमन सरदार हमीदुद्दीन ने किया।

अलाउद्दीन का साम्राज्य विस्तार

1. **गुजरात विजय :** 1298 में उलुगखाँ एवं वजीर नुसरत खाँ के नेतृत्व में विशाल सेना को गुजरात भेजा। गुजरात के शासक रायकर्ण ने पराजित होकर देवगिरि रामचन्द्र देव के यहां शरण ली। रायकर्ण की पत्नी कमलादेवी को पकड़कर दिल्ली लाया गया जहाँ अलाउद्दीन ने उससे शादी कर 'मलिका-ए-जहाँ' बनाया। हिन्दू हिजड़े मलिक काफूर को नुसरत खाँ ने यहीं एक हजार दिनार में खरीदा। इसीलिए काफूर को 'हजार दिनारी' भी कहा जाता है। गुजरात के बन्दरगाहों, शहरों, सोमनाथ के मंदिर को बुरी तरह लूटा गया। देवगिरि के रामचन्द्र देव की सहायता से दक्षिण गुजरात के कुछ भाग पर रायकर्ण अपना अधिकार बनाए रख सका।
2. **रणथंभौर विजय (1301) :** रणथम्भौर उत्तर भारत का सर्वाधिक शक्तिशाली दुर्ग था। इस समय यहाँ का शासक हम्मीर देव था। हम्मीर देव ने 'नव मुसलमानों' के विद्रोही नेता मुहम्मदशाह एवं केहव को अपने यहाँ शरण दी। प्रारंभ में उलूग खाँ एवं नुसरत खाँ को दुर्ग जीतने के लिए भेजा गया। नुसरत खाँ मारा गया। अलाउद्दीन स्वयं रणथम्भौर की ओर बढ़ा। उसके भतीजे आकत खाँ ने नये मुसलमानों के साथ मिलकर अलाउद्दीन पर प्रतिरक्षा रहित अवस्था में शिकार खेलते समय प्राणघातक हमला किया। सभी विश्वासघाती पकड़कर मार डाले गए। हम्मीद देव की रानियों ने 'जौहर व्रत' का पालन किया। तारीख-ए-अलाई एवं 'हम्मीर महाकान्य' में जौहर का उल्लेख है। हम्मीर वीरगति को प्राप्त हुआ। अमीर ख़ुसरो इस अभियान में अलाउद्दीन के साथ था।
3. **चित्तौड़ अभियान (1303) :** साहित्यिक साक्ष्य के अनुसार राणा रत्नसिंह की पत्नी पदमावती को प्राप्त करने के लिए यह अभियान किया गया था। विजयोपरान्त खिज्र खाँ को यहाँ का शासक बनाया गया। चित्तौड़ का नाम बदलकर 'खिज्राबाद' कर दिया गया। जायसी के 'पद्मावत' से इस अभियान की जानकारी मिलती है।
4. **मालवा विजय (1305) :** मालवा का शासक महलव देव एवं उसका सेनापति 'हरनन्द' (कोका प्रधान) बहादुर योद्धा थे परन्तु वे हराकर मार डाले गए। 'ऐनुलमुल्क' मालवा का शासक नियुक्त हुआ।
5. **जालौर विजय (1310) :** यहां का शासक कान्हदेव कमालुद्दीन गुर्ग के नेतृत्व में भेजी गई सेना द्वारा पराजित। 1311 तक उत्तर भारत में नेपाल कश्मीर एवं असम को छोड़कर समस्त उत्तर भारत पर अधिकार कर लिया गया।

दक्षिण विजय

1. **देवगिरि (1307-08 ई॰) :** काफूर के नेतृत्व में सेना भेजी गई क्योंकि रामचन्द्रदेव ने अपने पुत्र शंकर के हस्तक्षेप से वार्षिक कर देना बंद कर दिया था। रास्ते में काफूर ने रायकर्ण को पराजित किया। उसकी पुत्री देवल देवी दिल्ली भेज दी गई जहाँ खिज्र खां से उसका विवाह हुआ। लूटते हुए काफूर देवगिरि पहुँचा। अपार सम्पत्ति, हाथियों एवं राजा रामचन्द्रदेव को दिल्ली लाया गया। सुल्तान ने उदारतापूर्ण व्यवहार करते हुए रामचन्द्रदेव को 'राय रायान' की उपाधि दी तथा एक लाख स्वर्ण टंका एवं गुजरात की नवसारी जागीर प्रदान कर वापस भेज दिया। रामचन्द्र अलाउद्दीन का मित्र बन गया। रामचन्द्रदेव की मृत्यु के बाद शंकर देव ने स्वतंत्र होने का प्रयास किया। 1313 में काफूर ने उसे मार डाला। 1315 में काफूर को वापस दिल्ली बुला लिया गया।
2. **तेलंगाना (1310 ई॰) :** यहाँ का शासक 'प्रताप रुद्रदेव' था जिसकी राजधानी वारंगल थी। रामचन्द्रदेव ने इस अभियान में काफूर की सहायता की। 'प्रताप रुद्रदेव' ने अलाउद्दीन की अधीनता स्वीकार कर ली तथा 'कोहिनूर हीरा' उपहार में दिया।
3. **होयसल (1310-11) :** होयसलों की राजधानी 'द्वार समुद्र' थी तथा वीर बल्लाल तृतीय यहाँ का शासक था। वीर बल्लाल-III पराजित हुआ। माबर अभियान में उसने काफूर की सहायता की। बल्लाल-III ने अलाउद्दीन से 'खिलअत', 'एक मुकुट', 'छत्र' एवं दस लाख टंका प्राप्त किया।
4. **पांड्य (1311) :** मदुरा (मालाबार) के शासक कुलशेखर की मृत्यु के पश्चात् वीर पांड्य एवं सुन्दर पांड्य के बीच उत्तराधिकार युद्ध। सुन्दर पांड्य द्वारा सहायता माँगने पर काफूर ने पांड्यों के महत्वपूर्ण केन्द्र 'वीरधूल' पर आक्रमण कर दिया। परन्तु वीर पांड्य भाग गया। धन के दृष्टिकोण से यह सर्वाधिक सफल अभियान था। इस युद्ध के पश्चात् काफूर को 'मलिक नायब' की उपाधि दी गई। परन्तु वीर पांड्य पकड़ा नहीं जा सका। अमीर खुसरो के अनुसार मलिक रामेश्वरम तक पहुंच गया।

मंगोल आक्रमण

क्र.	वर्ष	मंगोल नेता	विद्रोह का दमन
1.	1297-98	कादर	'जफर खाँ' एवं 'उलुग खाँ' जालन्धर के निकट परास्त किया।
2.	1298	सलदी	सेहबान पर हुए इस आक्रमण को जफर खाँ ने असफल कर दिया।
3.	1299	कुतलुग ख्वाजा	जफर खाँ ने असफल कर दिया।
4.	1303	तार्गी	2 माह तक सीरी के किले को घेरने के बाद दिल्ली के समीपवर्ती क्षेत्रों को लूटकर वापस चला गया।
5.	1305	अलीबेग तातार्क एवं 'तारंगी'	मलिक काफूर एवं गाजी मलिक (गयासुद्दीन तुगलक) ने बुरी तरह पराजित किया।
6.	1306	इकबालमन्द	गाजी मलिक द्वारा रावी तट पर पराजित।

महत्वपूर्ण तथ्य :

- अलाउद्दीन के चार महान सेनापति–उलुग खान, जफर खान, नुसरत खाँ, अल्प खान।
- सैनिकों को नकद वेतन दिया। 'दाग' व 'हुलिया' प्रथा शुरू की। स्थायी सेना का निर्माण।
- भू-अनुदान जैसे इनाम, वक्फ, मिल्क बन्द कर दिए गए।
- सोमनाथ के प्रसिद्ध मंदिर, जिसे मुहम्मद गजनवी ने तोड़ा था एवं चालुक्य कुमारपाल के द्वारा पुन: निर्माण करवाया गया था, अलाउद्दीन ने दोबारा उसका विध्वंश किया।
- बाजार-नियंत्रण व्यवस्था शुरू की एवं सद्र-ए-रियासत (बाजार प्रमुख) तथा शहना-ए-मंडी (बाजार अधीक्षक) की नियुक्ति की।
- 'खुम्स' (लूट का माल) का 4/5 भाग सुल्तान को तथा 1/5 भाग सैनिकों को रखने की आज्ञा दी।
- गृहकर (घरी) एवं चराई कर (चरी) की शुरुआत की।
- नये वस्त्र बाजार 'सराय अदल' की स्थापना की।
- नए विभाग 'दीवान-ए-मुस्तखराज' की स्थापना की।

शिहाबुद्दीन उमर (5 जनवरी 1316-19 अप्रैल 1316)

- 5 जनवरी 1316 को अलाउद्दीन की मृत्यु के बाद काफूर ने अलाउद्दीन के 5-6 वर्षीय पुत्र शिहाबुद्दीन को गद्दी पर बैठाया।
- काफूर ने समस्त अधिकार अपने हाथों में लेकर 35 दिनों तक सत्ता का उपभोग किया।
- 'मुबारक खिलजी' ने काफूर की हत्या करवा दी तथा स्वयं शिहाबुद्दीन का संरक्षक बन गया। कालांतर में शिहाबुद्दीन को अंधा करवाकर मुबारक खिलजी (अलाउद्दीन का पुत्र) सिंहासन पर बैठा।

कुतुबुद्दीन मुबारक खिलजी (1316-20)

- स्वयं को खलीफा घोषित किया।
- 'अल-इमाम', 'उल-इमाम', खिलाफत-उल्लाह', 'अल-वसिक विल्लाह' की उपाधि ली।
- उसे नग्न स्त्री पुरुष की संगत पसंद थी।
- **उसके समय के विद्रोह**
  1. गुजरात विद्रोह- ऐन-उल-मुल्क ने दमन किया।
  2. देवगिरि विद्रोह- देवगिरि का शासक हरपालदेव पराजित, देवगिरि को सल्तनत में मिला लिया गया। देवगिरि का नाम 'कुतुबाबाद' रखा।
- खुसरो (जो कुछ ही समय पहले हिन्दू से मुसलमान बना था) को वजीर नियुक्त किया।
- खुसरो ने 1320 में उसकी हत्या कर दी।

नासिरुद्दीन खुसरवशाह

- इसने अपने नाम के खुतबे पढ़वाये और साथ ही 'पैगम्बर के सेनापति' की उपाधि धारण की।
- गाजी मलिक ने चार माह पश्चात् उसे पराजित कर दिया तथा 8 सितम्बर 1320 को स्वयं सिंहासन पर बैठा।

तुगलक वंश

गयासुद्दीन तुगलक (1320-25)

- तुगलक वंश का संस्थापक।
- भू-राजस्व घटाकर 1/10 से 1/12 कर दिया।
- नहर निर्माण करवाने वाला वह प्रथम सुल्तान था।
- दिल्ली का प्रथम सुल्तान जिसने अपने नाम के आगे 'गाजी' शब्द लगाया।
- नई राजधानी 'तुगलकाबाद' का निर्माण करवाया।
- 1323-24 में वारंगल अभियान कर देवगिरि के गवर्नर तथा उसके पुत्र जौना खाँ को सल्तनत में मिला लिया। वारंगल का नाम *'सुल्तानपुर'* कर दिया गया।
- प्रसिद्ध सूफी संत निजामुद्दीन औलिया से उसके अच्छे संबंध नहीं थे।
- 1325 ई॰ में बंगाल का सफल अभियान कर वह औलिया को दंड देने लौट रहा था तब औलिया ने *हुनूज दिल्ली दूरअस्त* कहा था।
- लौटते वक्त स्वागत समारोह के दौरान लकड़ी का महल गिर जाने से गयासुद्दीन की मृत्यु।
- गयासुद्दीन ने 'एक न्याय विधान' का निर्माण करवाया।

मुहम्मद बिन तुगलक (1325-51)

- प्रारम्भिक नाम–जूना खाँ।
- मध्यकालीन सुल्तानों में सर्वाधिक शिक्षित, विद्वान् व योग्य व्यक्ति।
- 'बरनी' उसे पिता का हत्यारा नहीं मानता।
- उसने कुछ नवीन योजनाएँ बनाकर उसके क्रियान्वयन का प्रयास किया :
  - *(i)* **दोआब क्षेत्र में कर-वृद्धि (1326-27):** दोआब क्षेत्र का कर 50 प्रतिशत कर दिया परन्तु उसी वर्ष अकाल पड़ गया। जबरन कर वसूलने पर क्षेत्र में विद्रोह हो गया जिससे योजना असफल हो गई। कृषि के विकास के लिए 'अमीर-ए-कोही' नाम के नवीन विभाग का गठन किया।
  - *(ii)* **राजधानी परिवर्तन (1326-27) :** यह योजना भी असफल रही। 1335 ई॰ में पुन: देवगिरि या दौलताबाद से राजधानी दिल्ली वापस। यहीं उसने 'जहाँपनाह नगर' की स्थापना की।
  - *(iii)* **सांकेतिक मुद्रा का प्रचलन :** चीन के 'कुबलई खाँ' और ईरान के 'गाई खातू' से प्रेरणा प्राप्त कर उसने काँसे की मुद्रा का प्रचलन किया। परन्तु नकली मुद्रा के चलन के चलते यह योजना भी असफल। वह कांसे की मुद्रा के बदले स्वर्ण मुद्रा देने को बाध्य हुआ। भयानक आर्थिक क्षति हुई।
  - *(iv)* **खुरासान अभियान :** तीन लाख सत्तर हजार की सेना का गठन कर एक वर्ष का अग्रिम वेतन दे दिया। तरमाशरीन और मिश्र के सुल्तान के साथ त्रिमैत्री संगठन बनाया, लेकिन मध्य एशिया में राजनीतिक परिवर्तन के चलते अभियान स्थगित।
  - *(v)* **कराचिल अभियान :** खुसरो मलिक के नेतृत्व में विशाल सेना पहाड़ी राज्यों को जीतने के लिए भेजा गया परन्तु पूरी सेना दुर्गम रास्तों में भटक गई। इब्नबतूता के अनुसार केवल तीन अधिकारी ही बचकर वापस आ सके।

- उसने किसानों के कृषि विकास के लिए *'सोनधर'* नामक कृषि-ऋण देना प्रारंभ किया।
- चीन के शासक 'तोगन तैमूर' ने हिमालय के क्षेत्र में बौद्ध मन्दिर निर्माण की आज्ञा लेने के लिए 1341 ई॰ में अपना दूत दिल्ली भेजा।
- सुल्तान ने *इब्नबतूता* को चीन के मंगोल शासक के दरबार में दूत के रूप में भेजा।
- मिस्र में शरणार्थी खलीफा के वंशज से 1344 में मान्यता-पत्र प्राप्त किया।
- सूफियों एवं जैन संतों के साथ संबंध स्थापित किए। हिन्दुओं के त्यौहारों में भाग लिया।
- उसके शासनकाल में 'विजारत' विभाग अपने चरमोत्कर्ष पर पहुँचा।

मुहम्मद तुगलक के खिलाफ विद्रोह

1. 1326-27 ई॰ में सागर के गवर्नर 'गुशरास्प' ने विद्रोह किया।
2. 1328 ई॰ में लाहौर, मुल्तान और उच्च के गवर्नर किश्लू खाँ द्वारा विद्रोह, इस विद्रोह को दबाने के लिए भेजी गई सेना भी विद्रोहियों से मिल गई।
3. 1335 ई॰ में मदुरा के गवर्नर 'अहसान' के विद्रोह को दबाया नहीं जा सका। मदुरा में स्वतंत्र मुस्लिम राज्य की स्थापना हुई।
4. 1340-41 में शमशुद्दीन के नेतृत्व में बंगाल सल्तनत से अलग हो गया।
5. 1336 ई॰ में संगम वंश की स्थापना।
6. 1347 ई॰ में 'बहमनशाह' के नेतृत्व में विद्रोह और बहमनी राज्य की स्थापना।
7. 1340-41 ई॰ में गुजरात और जाफराबाद के गवर्नर 'सेन-उल-मुल्क' ने विद्रोह किया जिसे कुचल दिया गया।

- गंगा के किनारे कन्नौज के पास 'स्वर्गद्वारी' नामक स्थान पर प्लेग से बचने के लिए शरण ली।
- 1351 ई॰ में सिंध विद्रोह को दबाने के लिए थट्टा के निकट गोंडाल पहुँचकर गंभीर रूप से बीमार हो गया। यहीं 20 मार्च 1351 को उसकी मृत्यु हो गई।
- बदायूंनी-''सुल्तान को उसकी प्रजा से और प्रजा को अपने सुल्तान से मुक्ति मिल गई।''

फिरोजशाह तुगलक (1351-1388)

- फिरोज, मुहम्मद तुगलक का चचेरा भाई था।
- इसकी माँ 'बीबी जैला' राजपूत सरदार रणमल की पुत्री थी।
- खुतबे में कुतुबुद्दीन ऐबक को छोड़कर सभी मुस्लिम शासकों के नाम को जोड़ दिया।
- 20 मार्च 1351 को थट्टा के नजदीक तथा पुनः अगस्त 1351 में दिल्ली में राज्याभिषेक।
- 1353 एवं 1359 में बंगाल अभियान असफल।
- 1360 ई॰ में जाजनगर (उड़ीसा) पर आक्रमण कर वहाँ के शासक भानुदेव तृतीय को परास्त कर पुरी के जगन्नाथ मंदिर को ध्वस्त किया।
- 1361 में नगरकोट पर आक्रमण कर 'ज्वालामुखी मंदिर' को पूर्णतः ध्वस्त कर दिया।
- साम्राज्य विस्तार के लिए कोई अभियान नहीं किया। सभी अभियान विद्रोह के दमन के लिए।
- इक्ता प्रथा को फिरोज ने वंशानुगत बनाया।
- फिरोज द्वारा स्थापित नगर–फिरोजाबाद, फतेहाबाद, हिसार, जौनपुर इत्यादि।
- अपनी आत्मकथा 'फतुहात-ए-फिरोजशाही' लिखी।
- 'दीवान-ए-खैरात' (दान विभाग) विभाग की स्थापित की।
- उसके पास 180,000 दास थे, अतः अलग विभाग 'दीवान-ए-बंदगान' की स्थापना की।
- उसके द्वारा बनवाई गईं प्रमुख नहरें--राजीवाह, उलुगखानी, फिरोजाबाद नहर, घग्घर नहर, बुधी नहर।
- 24 कष्टदायक करों को समाप्त कर केवल 4 कर 'खराज' (लगान), 'खुस्स' (युद्ध में लूट), 'जजिया' एवं 'जकात' वसूल करने का आदेश।
- हक्क-ए-शबे नामक सिंचाई कर (उपज का 1/10 भाग) लगाया।
- दिल्ली के निकट 1200 फलों के बाग लगवाए।
- अधा (1/2 जीतल) एवं बिख (1/4 जीतल) सिक्कों की शुरुआत की।
- फिरोजाबाद किले पर *तस घरियल* (आधुनिक घड़ी मीनार की तरह) स्थापित किया।
- 1388 ई॰ में फिरोज की मृत्यु हो गई।

फिरोज के उत्तराधिकारी

(i) **तुगलकशाह**–सितम्बर, 1388 से 1389 तक।

(ii) **अबूवक्र**–फरवरी 1389 से अगस्त 1390 तक।

(iii) **शाहजादा मुहम्मद**–अप्रैल 1389 में 'समाना' में स्वयं को सुल्तान घोषित कर दिया था। अगस्त 1390 में अबूवक्र को हराकर 'नासिरुद्दीन मुहम्मद शाह' की उपाधि से शासक बना। 1394 में अधिक शराब पीने से मृत्यु।

(iv) **हुमायूँ**–शाहजादा मुहम्मद का पुत्र, 'अलाउद्दीन सिकन्दर शाह' की उपाधि से सिंहासन पर बैठा। परंतु 6 सप्ताह में इसकी भी मृत्यु।

(v) **नासिरुद्दीन महमूद (1394-1412)** : तुगलक वंश का अंतिम सुल्तान, 1398 ई॰ में तैमूर का आक्रमण, 1413 ई॰ में नासिरुद्दीन की मृत्यु के साथ तुगलक वंश का अंत।

- मलिक सरवर ने जौनपुर, जफर खाँ ने गुजरात तथा दिलावर खाँ ने मालवा में स्वतंत्र राज्य की स्थापना की।
- तैमूर के वापस जाने पर नासिरुद्दीन ने पुनः वजीर मल्लू इकबाल की सहायता से दिल्ली का सिंहासन प्राप्त कर लिया।
- मल्लू इकबाल की मृत्यु के बाद सुल्तान ने दौलत खाँ लोदी नामक अफगान को सत्ता सौंपी।
- नासिरुद्दीन की 1412 ई॰ में मृत्यु के फलस्वरूप खिज्र खाँ एवं दौलत खाँ के बीच सिंहासन के लिए संघर्ष हुआ। खिज्र खाँ ने 'सैयद वंश' की स्थापना की।

- नासिरुद्दीन महमूद के संबंध में कहा जाता है कि दिल्ली के सुल्तान की सीमा दिल्ली से पालम तक।
- खिज्र खाँ को तैमूर ने वापस लौटते समय लाहौर, मुल्तान एवं दीपालपुर का गवर्नर नियुक्त किया था।

सैयद वंश

खिज्र खाँ (1414-21 ई॰)

- सुल्तान की उपाधि न धारण कर 'रैयत-ए-आला' की उपाधि से ही खुश रहा।
- तैमूर का पौत्र शाहरुख स्वयं को 'सिपहसालार' मानता था।

मुबारक शाह (1421 से 1434)

- खिज्र खाँ का पुत्र था।
- 'शाह' की उपाधि धारण कर अपने नाम के सिक्के जारी किए।
- वजीर 'सरवर-उल-मुल्क' के षड्यंत्र द्वारा 19 फरवरी 1434 को 'मुबारकाबाद' नगर का निरीक्षण करते समय उसकी हत्या।
- याहिया बिन अहमद सरहिन्दी को राज्याश्रय प्रदान किया। उसके ग्रंथ तारीख-ए-मुबारकशाही में मुबारक शाह की जानकारी मिलती है।

मुहम्मदशाह (1434-1445)

- बहलोल की सहायता से मालवा के शासक महमूद द्वारा दिल्ली आक्रमण को विफल कर दिया। बहलोल को खान-ए-खाना की उपाधि दी।
- 1445 में उसकी मृत्यु।

अलाउद्दीन आलमशाह (1445-50)

- अपने वजीर हमीद खाँ के कारण बदायूँ जाना पड़ा।
- बहलोल लोदी ने हमीद खाँ की हत्या करवा दी।

लोदी वंश

बहलोल लोदी (1451-1489)

- लोदी वंश का संस्थापक जो दिल्ली सल्तनत का प्रथम अफगान वंश था।
- अपने सरदारों को 'मसनद-ए-अली' कहकर पुकारता था।
- बहलोली सिक्के का प्रचलन करवाया।
- हुसैनशाह शर्की को जौनपुर से खदेड़ कर अपने पुत्र बरबकशाह को जौनपुर का शासक बनाया।
- 1489 ई॰ में ग्वालियर अभियान से वापस आते समय मृत्यु।

सिकन्दर लोदी (1489-1517)

- 1505 ई॰ में आगरा नगर की नींव रखी।
- भूमि के लिए 'गजे सिकन्दरी' नामक प्रामाणिक पैमाना का प्रचलन किया।
- ज्वालामुखी मंदिर (नगरकोट) की मूर्तियों को तोड़कर टुकड़ों को मांस तौलने के लिए कसाइयों को दे दिया।
- ताजिया निकालने एवं मुसलमान स्त्रियों को पीरों के मजार पर जाने से प्रतिबंध लगा दिया।
- लोदी वंश का सर्वाधिक सफल शासक।
- जौनपुर को साम्राज्य में मिला लिया।
- एक संस्कृत के आयुर्वेद ग्रंथ का फारसी में 'फरहंगे सिकन्दरी' नाम से अनुवाद करवाया।

इब्राहीम लोदी (1517-1526)

- ग्वालियर के शासक विक्रमाजीत ने अधीनता स्वीकार की।
- राणा सांगा के विरुद्ध असफल रहा।
- उसके भाई 'जलाल खाँ' ने जौनपुर को अपने अधिकार में कर लिया तथा कालपी में जलालुद्दीन की उपाधि के साथ अपना राज्याभिषेक करवाया।
- दौलत खाँ लोदी एवं इब्राहीम के चाचा 'आलम खाँ' ने बाबर को आमंत्रित किया। 21 अप्रैल 1526 को पानीपत के प्रथम युद्ध में बाबर से हार गया तथा उसकी हत्या कर दी गई।

सल्तनतकालीन प्रशासन

- सल्तनत काल में भारत में एक नई प्रशासनिक व्यवस्था की शुरुआत हुई। यह व्यवस्था मुख्य रूप से अरबी-फारसी पद्धति पर आधारित थी। इस काल की प्रशासनिक व्यवस्था पूर्णतः इस्लाम धर्म पर आधारित थी।
- यद्यपि तुर्क सुल्तानों ने स्वयं को बगदाद के अब्बासी खलीफा का स्वामिभक्त उत्तराधिकारी घोषित किया और खुतबे में भी उनके नाम को शामिल किया तथापि खलीफा को वैधानिक शासक नहीं माना जाता था। खलीफा के पद को सर्वोच्च मान्यता प्रदान कर, दिल्ली के सुल्तान केवल यह प्रदर्शित करना चाहते थे कि वे भी इस्लामी दुनिया के अंग हैं।
- दिल्ली सल्तनत में सुल्तान का पद सर्वाधिक महत्त्वपूर्ण था। उसमें राजनैतिक, कानूनी और सैनिक सभी अधिकार निहित थे। उस पर राज्य की सुरक्षा का उत्तरदायित्व था। इस उत्तरदायित्व की पूर्ति के लिए वह न्यायाधीशों की नियुक्ति करता था। सल्तनत के अधिकारियों की मनमानी के विरुद्ध सीधे उससे फरियाद की जा सकती थी। न्याय देना प्रत्येक शासक का अत्यंत महत्त्वपूर्ण कार्य माना जाता था।
- दिल्ली सल्तनत के शासकों में बलबन ने न्याय के लिए अपने संबंधियों को भी नहीं बख्शा था। जबकि मुहम्मद बिन तुगलक ने इस सिद्धांत को धार्मिक वर्गों (उलेमा) पर भी लागू किया। उसके पूर्व उलेमा कठोर दंड से मुक्त थे।
- सल्तनत काल में उत्तराधिकार का कोई निश्चित नियम नहीं था, पर सुल्तान को यह अधिकार होता था कि वह अपने बच्चों में किसी एक को भी अपना उत्तराधिकारी चुन सकता था। सुल्तान द्वारा चुना गया उत्तराधिकारी यदि अयोग्य है तो ऐसी स्थिति में सरदार नए सुल्तान का चुनाव करते थे। कभी-कभी शक्ति के प्रयोग से भी सिंहासन पर अधिकार किया जाता था।
- दिल्ली सल्तनत में सुल्तान पूर्णरूप से निरंकुश होता था। उसकी संपूर्ण शक्ति सैनिक बल पर निर्भर करती थी। सुल्तान सेना का सर्वोच्च

सेनापति एवं न्यायालय का सर्वोच्च न्यायाधीश होता था। सुल्तान **'शरीयत'** के अधीन ही कार्य करता था।

- यद्यपि सत्ता की धुरी सुल्तान होता था फिर भी विभिन्न विभागों के कार्यों के कुशल संचालन हेतु उसे एक मंत्रिपरिषद् की आवश्यकता पड़ती थी, जिसे सल्तनत काल में **'मजलिस-ए-खलवत'** कहा जाता था। मंत्रिपरिषद् की सलाह मानने के लिए सुल्तान बाध्य नहीं था। वह इनकी नियुक्ति एवं पदमुक्ति अपनी इच्छानुसार कर सकता था।
- **सल्तनतकालीन मंत्रिपरिषद् में चार मंत्री महत्त्वपूर्ण थे। वे निम्नलिखित हैं–**

1. **वजीर (प्रधानमंत्री):** मंत्रिपरिषद् में वजीर शायद सर्वाधिक महत्त्वपूर्ण था। उसके पास अन्य मंत्रियों की अपेक्षा अधिक अधिकार होता था और वह अन्य मंत्रियों के कार्यों पर नजर रखता था। मुख्यतः वजीर राजस्व विभाग का प्रमुख होता था, उसे लगान, कर व्यवस्था, दान, सैनिक व्यय आदि की देखभाल करनी पड़ती थी।
2. **दीवान-ए-आरिजः** यह सैन्य विभाग था। इसका मुख्य अधिकारी आरिज-ए-मुमालिक कहलाता था। इसका महत्त्वपूर्ण कार्य सैनिकों की भर्ती करना, सैनिकों एवं घोड़ों का हुलिया रखना, रसद की व्यवस्था करना, सेना का निरीक्षण करना एवं सेना की साज-सज्जा की व्यवस्था करना होता था। इस विभाग की स्थापना बलबन ने की थी।
3. **दीवान-ए-इंशाः** यह विभाग **'दबीरे मुमालिक'** के अंतर्गत् था। शाही पत्र-व्यवहार के कार्य का भार इस विभाग पर था। दबीर अथवा दबीर व लेखक इसके सहयोगी होते थे।
4. **दीवान-ए-रसालतः** इस विभाग के कार्यों के बारे में विवाद है। लेकिन ऐसा माना जाता है कि यह विभाग विदेशों में पत्र-व्यवहार तथा विदेशों को जाने वाले राजदूतों की देखभाल करता था।

सल्तनतकालीन कुछ अन्य मंत्री

नाइब (नाइब-ए-मुमलिकत): इस पद की स्थापना बहरामशाह के समय में उसके सरदारों द्वारा की गई। इस पद का महत्त्व अयोग्य सुल्तानों के समय में अधिक रहा, ऐसी स्थिति में यह पद सुल्तान के बाद माना जाता था। इस पद का अधिक प्रयोग बलबन ने किया।

सद्र-उस-सद्रः यह धर्म एवं दान विभाग का प्रमुख होता था। मुसलमानों से लिए जाने वाले कर 'जकात,' पर इसका अधिकार होता था। यह मस्जिदों, मकतबों एवं मदरसों के निर्माण के लिए धन मुहैया कराता था।

काजी-उल-कुज्जातः यह सुल्तान के बाद न्याय का सर्वोच्च अधिकारी होता था। प्रायः यह पद सद्र-उस सुदूर के पास ही रहता था।

वरीद-ए-मुमालिकः यह गुप्तचर विभाग का प्रधान अधिकारी होता था इसका विभाग दीवान-ए-वरीद कहलाता था।

- दिल्ली सल्तनत अनेक प्रांतों में बंटा था जिसे **'इक्ता'** कहा जाता था। यहां का शासन **'नायब वली'** व **'मुक्ति'** द्वारा संचालित किया जाता था।
- प्रशासनिक सुविधा के लिए इक्ताओं (प्रांतों) को शिकों (जिलों) में बांटा गया था। यहां का शासन अमील या नजीम अपने अन्य सहयोगियों के साथ करता था।
- शासन की सर्वाधिक छोटी इकाई गांव होता था, जहां का शासन पंचायतें करती थीं। गांवों में मुकद्दम (मुखिया), पटवारी व कारकून होते थे।
- तुर्की शासन व्यवस्था मुख्यतः सैन्य शक्ति पर आधारित थी। एक विशाल, संगठित, शक्तिशाली सेना की आवश्यकता सुल्तान को रहती थी। ऐसी सेना की आवश्यकता के कारणों में तुर्की अमीरों, सरदारों द्वारा किए गए विद्रोह को कुचलने, राजपूत राजाओं की विद्रोहात्मक प्रवृति से निपटने, मंगोलों के आक्रमण को रोकने एवं सुल्तानों की साम्राज्य विस्तार की नीति को सफल बनाना आदि शामिल थे।
- सल्तनतकालीन सैन्य व्यवस्था के अंतर्गत् इल्तुतमिश द्वारा स्थापित सेना को हश्म-ए-कल्ब (केंद्रीय सेना) या कल्ब-ए-सुल्तानी कहा जाता था जबकि सामंतों व प्रांतपतियों की सेना को 'हश्म-ए-अतराफ' कहा जाता था। सल्तनतकालीन सेना का ढांचा राष्ट्रीय नहीं था, बल्कि इसमें तुर्क, अमीर, ईरानी, मंगोल, अफगान एवं भारतीय मुसलमान शामिल थे।
- सल्तनतकालीन सेना मुख्यतः तीन भागों में विभक्त थी–1. घुड़सवार सेना, 2. गज सेना और 3. पैदल (पदाति) सेना या 'पायक' सेना । संख्या की दृष्टि से पैदल सेना सबसे बड़ी होती थी परंतु सामरिक दृष्टिकोण से सेना का महत्त्वपूर्ण भाग घुड़सवार सेना होती थी।
- मंगोल सेना के वर्गीकरण की दशमलव प्रणाली को सल्तनतकालीन सैन्य व्यवस्था का आधार बनाया गया। सल्तनत काल में सेना का गठन, पदों का विभाजन आदि दशमलव प्रणाली पर ही आधारित थे।

सेना का दशमलव वर्गीकरण : एक नजर में

10 अश्वारोही	=	1 सर-ए-खेल
10 सर-ए-खेल	=	1 सिपहसालार
10 सिपहसालार	=	1 अमीर
10 अमीर	=	1 मलिक
10 मलिक	=	1 खान

- सल्तनत काल में बारूद की सहायता से गोला फेंकने की मशीन को **'मंगलीक'** और **'अर्रादा'** कहा जाता था। सुल्तान के पास नावों का एक बेड़ा होता था। नावों के बेड़ों का संचालन **'मीर-बहर'** नामक अधिकारी के नेतृत्व में होता था।
- सैन्य सुधार की दृष्टि से अलाउद्दीन खिलजी का काल सर्वाधिक महत्त्वपूर्ण माना जाता है। अलाउद्दीन अपने सैनिकों को नकद वेतन देने के साथ ही 6 महीने का वेतन इनाम के रूप में देता था। अलाउद्दीन ने घोड़ों को दागने की और सैनिकों का हुलिया रखने की प्रथा चलाई। अलाउद्दीन ने इक्ता प्रथा को समाप्त कर दिया था परंतु फिरोजशाह तुगलक के समय में सैनिकों को नकद वेतन के स्थान पर इक्ता देने की प्रथा पुनः प्रांरभ कर दी गई। कालांतर में सैनिकों का पद आनुवंशिक हो गया। इस व्यवस्था का दुष्परिणाम फिरोजशाह तुगलक के शासनकाल में देखने को मिला।
- सल्तनतकाल में सुल्तान सर्वोच्च न्यायाधीश होता था। इस समय न्याय इस्लामी कानून शरीयत, कुरान एवं हदीस पर आधारित था।
- मुस्लिम कानून के चार महत्त्वपूर्ण स्त्रोत थे–कुरान, हदीस, इजमा एवं कयास।

आर्थिक व्यवस्था

- सल्तनतकालीन वित्त व्यवस्था सुन्नी विधिविज्ञों की हनीफी शाखा के वित्त सिद्धांतों पर आधारित थी। इस काल में धार्मिक एवं धर्मनिरपेक्ष दोनों प्रकार के कर लिए जाते थे। इन करों का विवरण निम्न प्रकार है–

  1. जकातः मुसलमानों से लिया जाने वाला यह धार्मिक कर था। यह सम्पन्न वर्ग के मुसलमानों से लिया जाता था। यह कर 2.5% लिया जाता था।

  2. उश्रः यह केवल मुसलमानों से लिया जाने वाला भूमि उपज कर था। यह कर प्राकृतिक साधनों से सिंचित भूमि की उपज का $\frac{1}{10}$ भाग तथा मनुष्यकृत साधनों से सिंचित भूमि की उपज का $\frac{1}{5}$ भाग लिया जाता था।

  3. जजियाः यह गैर मुसलमानों से वसूल किया जाने वाला कर था। यह कर संपन्न वर्ग से 40 टंका, मध्यम वर्ग से 20 टंका एवं सामान्य वर्ग से 10 टंका प्रतिवर्ष लिया जाता था।

  4. खुम्सः यह लूट का धन होता था। इस धन का $\frac{1}{5}$ भाग राजकोष में तथा $\frac{4}{5}$ भाग सैनिकों में बांट दिया जाता था। परंतु अलाउद्दीन खिलजी तथा मुहम्मद तुगलक के समय $\frac{4}{5}$ भाग राजकोष में तथा $\frac{1}{5}$ भाग सैनिकों में वितरित कर दिया जाता था।

- अलाउद्दीन खिलजी ने मकान एवं चारागाह पर तथा फिरोजशाह तुगलक ने सिंचाई के साधनों पर कर लगाया।
- सल्तनत काल में बंटाई लगान निर्धारित करने की एक प्रणाली थी जिसमें राज्य की ओर से प्रत्यक्ष रूप से जमीन की पैदावार से हिस्सा लिया जाता था। इस काल में मुख्यतः तीन प्रकार की बंटाई विधि प्रचलन में थी–

  1. खेत बंटाईः खड़ी फसल या बुवाई के बाद ही खेत बांटकर कर का निर्धारण करना ।

  2. लंक बंटाईः खेत काटने के बाद खलिहान में लाए गए अनाज से भूसा निकाले बिना ही कृषक एवं सरकार के बीच बंटवारा हो जाता था।

  3. रास बंटाईः खलिहान में अनाज से भूसा अलग करने के बाद सरकारी हिस्से को निर्धारित किया जाता था।

- सल्तनत काल में लगान निर्धारण की मिश्रित प्रणाली को **'मुक्ताई'** कहा जाता था। इस काल में भूमि की नाप-जोख करने के उपरांत उसके क्षेत्रफल के आधार पर उपज का लगान निश्चित किया जाता था। नाप-जोख की इस प्रणाली को **'मसाहत'** कहा जाता था। इस प्रणाली की शुरुआत अलाउद्दीन खिलजी ने की थी।
- सल्तनत काल में राज्य की समस्त भूमि चार वर्गों–1. खालसा भूमि, 2. इक्ता की भूमि, 3. सामंतों की भूमि 4. इनाम व वक्फ में विभाजित थी।

❑❑❑

अध्याय-10

बहमनी एवं विजयनगर साम्राज्य

बहमनी साम्राज्य

बहमनी साम्राज्य की स्थापना हसन गंगू अथवा अलाउद्दीन हसन बहमनशाह ने 1347 ई॰ में की थी। 1358 ई॰ तक उसने गुलबर्गा को अपनी राजधानी बनाकर शासन किया था। इसके शासनकाल में बहमनी की सीमा कोटगिरि, कल्याणी और बीदर को पार कर गई थी। तटवर्ती क्षेत्र दाबुल बंदरगाह को उसने जीता। इसने हिंदुओं से जजिया न लेने का आदेश दिया।

मुहम्मद-I (1358-1375 ई॰)

- गोलकुण्डा पर विजय, विजयनगर राज्य के साथ अनिर्णीत युद्ध।
- प्रशासनिक व्यवस्था, प्रांतों/अतरफों का गठन, वहाँ तरफदारों की नियुक्ति।
- इसके बाद अगले 22 वर्षों में पाच सुल्तान हुए :
  1. अलाउद्दीन मुहम्मद, (1375-1378 ई॰)
  2. दाउद (1378-1379 ई॰)
  3. मुहम्मद-II (1379-1397 ई॰)
  4. गयासुद्दीन (1397 ई॰)
  5. शम्सुद्दीन दाउद (1397 ई॰)।

ताजुद्दीन फिरोजशाह (1397-1422 ई॰)

- सर्वाधिक महत्त्वपूर्ण शासक,
- खेरला, बरार व विजयनगर के शासकों को हराया,
- हिंदुओं के प्रति उसकी सहिष्णुतावादी नीति: स्थानीय सामंतों (दक्कनियों) तथा नवागंतुक सामंतों (अफाकियों) के मध्य संघर्ष होने के कारण, उसने प्रशासन में हिन्दुओं की भर्ती की।

सांस्कृतिक उपलब्धियाँ

- इसने गुलबर्गा के स्थान पर *बीदर* को बहमनी साम्राज्य की राजधानी बनाया। इस नवीन राजधानी को 'मुहम्मदाबाद' नाम दिया गया। राजधानी परिवर्तन के पश्चात् बहमनी दरबार में अफाकियों (विदेशी या विदेशी मुसलमान) का प्रभाव बढ़ गया।
- शिहाबुद्दीन अहमद प्रथम ने अपने सिंहासनारोहण में सहायता देने वाले सलाफ हसन को 'वकील-ए-सल्तनत' या प्रधानमंत्री नियुक्त किया और 'मलिक-उत-तुज्जुर' की उपाधि दी।
- इसके शासनकाल में विजयनगर की सेनाओं की मदद से वेलम सरदार ने तेलंगाना में बहमनी की सेनाओं को पराजित किया।
- 1426 में इसने माहूर के राजा का दमन किया तथा 1429 में मालवा की होशंगशाही सेनाओं को परास्त किया।
- इसने गुजराती प्रदेशों को जीतने का प्रयास किया किंतु असफल रहने पर इसे गुजरात के साथ समझौता करना पड़ा।
- इसका सूफी संत हजरत गेसू दराज से घनिष्ठ संबंध था।
- इसका शासनकाल न्याय एवं धर्मनिष्ठता के लिए प्रख्यात था। अत: इसे इतिहास में 'अहमदशाह बली या संत अहमद' के नाम से भी जाना जाता है।

अलाउद्दीन अहमद द्वितीय (1436-1458)

- यह अपने पिता अहमद प्रथम की भाँति योग्य और संकल्पयुक्त शासक नहीं था। इसे शासनकाल में अफाकियों का आगमन पहले से बढ़ गया तथा अपने सम्पूर्ण शासनकाल में यह युद्धों में व्यस्त था।
- इसके काल में उड़ीसा के गजपति नरेशों की सेनाओं एवं बहमनी सेनाओं में कई बार युद्ध हुआ।
- महमूद गावाँ का सर्वप्रथम उल्लेख इसी के काल में मिलता है, जब उसे नलगोंडा के विद्रोह का दमन करने के लिए भेजा गया।
- इसी के काल में महमूद गावाँ का उत्कर्ष प्रारंभ हुआ।

हुमायूँ शाह एवं निजामुद्दीन अहमद (1458-1463)

- अहमद द्वितीय की मृत्यु के बाद उसका पुत्र हुमायूँ गद्दी पर बैठा। यह अत्यंत क्रूर शासक था।
- हुमायूँ ने महमूद गावाँ को प्रधानमंत्री नियुक्त किया।
- हुमायूँ ने अपने तीन वर्ष के संक्षिप्त शासनकाल में तीन विद्रोहों का सामना किया तथा इसके समय दखिनयों एवं अफाकियों के मध्य विद्वेष भी बढ़ा।
- महमूद गावाँ के कारण हुमायूँ ने सभी कठिनाइयाँ में सफलता प्राप्त की।

- हुमायूँ ने चार सदस्यीय 'प्रशासनिक परिषद' की स्थापना की।
- हुमायूँ की मृत्यु के पश्चात् उसका पुत्र 'निजामुद्दीन अहमद' आठ वर्ष की आयु में कुछ समय के लिए सुल्तान बना।

शमसुद्दीन मुहम्मद तृतीय (1463-1482)

- महमूद गावाँ का उत्कर्ष इसके शासनकाल की सबसे महत्वपूर्ण घटना है।
- यह निजामुद्दीन अहमद का छोटा भाई था तथा राज्यारोहण के समय केवल दस वर्ष का था।
- सुल्तान के अवयस्क होने के कारण महमूद गावाँ उसका संरक्षक तथा साम्राज्य का प्रधानमंत्री नियुक्त किया गया। इस अवसर पर महमूद गावाँ ने 'ख्वाजा जहाँ' की उपाधि धारण की।
- महमूद गावाँ ईरानी मूल का था। इसने बहमनी साम्राज्य की समस्त राजनीतिक समस्याओं का निराकरण कर उसे उत्कर्ष की पराकाष्ठा पर पहुँचा दिया।
- महमूद गावाँ ने सर्वप्रथम मालवा के शासक को परास्त कर उसे संधि करने के लिए बाध्य कर दिया।
- 1471 में संगमेश्वर को अधीन बनाया, 1472 में गोवा पर अधिकार।
- गोवा को विजयनगर का संरक्षित राज्य कहा जाता था, यह पश्चिमी समुद्रतट का सबसे प्रसिद्ध बंदरगाह था। गोवा की विजय महमूद गावाँ की सर्वाधिक महत्त्वपूर्ण सैनिक सफलता मानी जाती है।
- 1473 में बेलगाम की विजय : इसके साथ ही पश्चिमी समुद्रतट की विजय पूर्ण। इसके साथ ही बहमनी साम्राज्य अरब महासागर से बंगाल की खाड़ी तक विस्तृत हो गया।
- महमूद गावाँ के काल में ही बहमनी साम्राज्य का सर्वाधिक विस्तार हुआ। इस काल में बहमनी साम्राज्य उत्तर में खानदेश से लेकर दक्षिण में तुंगभद्रा तक और दक्षिण-पश्चिम में गोवा से लेकर-पूर्व में उड़ीसा तक फैल गया था।
- प्रशासनिक सुधार साम्राज्य का 8 प्रांतों में विभाजन जागीरदारी-प्रथा में सुधार, सामंतों के वेतन का निर्धारण।
- सांस्कृतिक एवं अन्य गतिविधियाँ विद्या और कला को प्रोत्साहन, घीदर में एक मदरसे का निर्माण। दलगत राजनीति का महमूद गावाँ शिकार, उसकी हत्या विरोधियों के द्वारा।

शिहाबुद्दीन महमूद (1482-1518 ई॰)

- दकनी-अफाकी-संघर्ष का चरमोत्कर्ष।
- इसकी मृत्यु के बाद बहमनी-साम्राज्य में विभाजन बहमनी साम्राज्य का पाँच राज्यों में क्रमिक विभाजन।

अहमदनगर का निज़ामशाही राज्य (1490-1633 ई॰)

- अहमद बहरी द्वारा स्थापना।
- 1633 ई॰ शाहजहाँ द्वारा मुगल साम्राज्य में विलय।

बीजापुर का आदिलशाही राजवंश (1490-1686 ई॰)

- यूसुफ आदिल शाह द्वारा स्थापना।
- मुहम्मद आदिल शाह द्वारा बीजापुर में गोल गुम्बज का निर्माण।
- 1686 ई॰ में औरंगज़ेब द्वारा मुगल साम्राज्य में विलय।

बरार का इमादशाही राजवंश (1490-1574 ई॰)

- फतुल्लाह खाँ इमादुलमुल्क द्वारा स्थापना।
- अहमदनगर राज्य द्वारा बरार का अधिग्रहण।

गोलकुण्डा का कुतुबशाही राज्य (1518-1687 ई॰)

- कुली कुतुबशाह द्वारा गठन; गोलकुण्डा-दुर्ग का निर्माण।
- मुहम्मद कुली कुतुबशाह द्वारा हैदराबाद नगर (भाग्य नगर) का निर्माण।
- चारमीनार का भी निर्माण।
- 1687 ई॰ में औरंगजेब द्वारा मुगल साम्राज्य में विलयन।

बीदर का बरीदशाही राज्य (1528-1619)

- अली बरीद द्वारा स्थापना।
- बीजापुर में विलय।
- **विशेष :** इन समस्त पाँच राज्यों ने विजयनगर-साम्राज्य को हराने के लिए एक संयुक्त गठबंधन किया था तथा 1565 ई॰ के राक्षसी-तंगड़ी-युद्ध या तालीकोट के युद्ध में सफलता भी प्राप्त की थी।

विजयनगर साम्राज्य

- 1325 ई॰ में मुहम्मद-बिन-तुगलक के चचेरे भाई बहाउद्दीन गुर्शप ने कर्नाटक में सागर नामक स्थान पर विद्रोह कर दिया।
- विद्रोह के दमन के लिए सुल्तान स्वयं दक्षिण आया। बहाउद्दीन ने कंपिली में शरण ली। सुल्तान ने कंपिली को दिल्ली सल्तनत में मिला लिया।
- हरिहर और बुक्का (कंपिली के दो अधिकारी) को बंदी बनाकर दिल्ली ले जाया गया।
- बाद में दोनों भाइयों को मुक्त कर (विद्रोह दबाने के लिए) मुहम्मद-बिन-तुगलक ने तुगलक सेनापति के रूप में दक्षिण भेजा।
- हरिहर तथा बुक्का ने कंपिली के विद्रोह का दमन कर दिया।
- विद्यारण्य नामक संत के प्रभाववश विजयनगर की नींव डाली और अपनी स्वतंत्रता की घोषणा कर दी। उन्हीं के प्रयासों से पुनः हिन्दू बनाए गए।
- हरिहर तथा बुक्का ने अपने पिता के नाम पर 1336 ई॰ में स्थापित अपने वंश का नाम 'संगम' रखा।
- कुछ विद्वानों का कहना है कि पहले वे काकतियों (राजधानी–बारंगल) के सामन्त थे। काकतीय वंश के पतन के बाद उन्होंने कंपिली राज्य की सेवा स्वीकार की। (तत्कालीन राजा – प्रतापरुद्रदेव)।
- कुछ विद्वान उन्हें होयसलों के सामन्त बताते हैं और मूलतः वे कर्नाटक के रहने वाले थे।

संगम राजवंश

हरिहर प्रथम (1336-1356)

- अनगोन्दी के स्थान पर नवीन नगर विजयनगर को राजधानी बनाया।
- 1346 ई॰ में मदुरा के विरुद्ध युद्ध करते हुए अंतिम होयसल सम्राट बल्लाल चतुर्थ मारा गया। होयसल का सारा प्रदेश 1346 तक विजयनगर के अधिकार में आ गया था।

- इस लड़ाई में हरिहर और बुक्का के भाइयों ने उनकी मदद की तथा प्रशासन में सहयोग की। इस प्रकार विजयनगर पर प्रारंभ में सहकारी शासन था।
- परन्तु बहमनी साम्राज्य (स्थापना 1346) उत्तर की ओर विजयनगर के विस्तार को सहन नहीं कर सका और बहमनी वंश के संस्थापक अलाउद्दीन हसन बहमन शाह ने रायचूर के किले पर अधिकार कर लिया। (विजयनगर-बहमनी संघर्ष का प्रारंभ)।
- हरिहर ने मदुरई के सुल्तान पर आक्रमण कर इस क्षति की कुछ हद तक पूर्ति की।
- बादामी, उदयगिरि एवं गूटी में स्थित दुर्गों को शक्तिशाली बनाया।
- राज्य में कृषि विकास के लिए कार्य किया।

बुक्का प्रथम (1356-1377)

- मदुरई को अपने साम्राज्य में मिला लिया।
- 'वेदमार्ग प्रतिष्ठापक' की उपाधि धारण की।
- सर्वप्रथम बुक्का ने ही कृष्णा नदी को विजयनगर-बहमनी सीमा माना।
- हरिहर-I तथा बुक्का-I ने राजा-महाराजा की उपाधि ग्रहण नहीं की।
- 1374 में बुक्का-I ने चीन में एक दूत-मंडल भेजा।
- 1376 में बुक्का प्रथम ने तुंगभद्रा दोआब के मुद्दे को लेकर मुद्कल पर चढ़ाई की तो उसने एक आदमी को छोड़कर सभी का कत्ल करा दिया। बहमनी सुल्तान ने प्रतिज्ञा की कि जब तक 1 लाख हिन्दुओं का खून नहीं कर लूँगा तलवार म्यान में नहीं रखूँगा। सुल्तान ने कृष्णा नदी पार कर मुद्कल जीता प्रथम बार किसी बहमनी सुल्तान ने तुंगभद्रा पार की। बुक्का-I जंगलों में जा छिपा। प्रथम बार उसी लड़ाई में दोनों पक्षों द्वारा तोपखाना प्रयुक्त दोनों पक्ष संधि के लिए मजबूर। दोआब क्षेत्र दोनों के बीच बंटा। युद्ध में असहाय और निहत्थे लोगों की हत्या न करने का फैसला।

हरिहर द्वितीय (1377-1405)

- महाराजाधिराज की उपाधि ग्रहण की।
- सबसे बड़ी सफलता पश्चिम में बहमनी राज्य से बेलगाँव और गोवा जीता।
- उत्तरी श्रीलंका पर भी आक्रमण किया।
- शिव के विरूपाक्ष रूप का उपासक।
- 1398 में उसके पुत्र बुक्का-II ने बहमनी से रायचूर छीनने का प्रयास किया। पराजित हुआ। 1399 में फिरोजशाह ने भारी हर्जाना संधि कर ऐंठा।
- परंतु दक्षिण में हरिहर द्वितीय का अधिकार कनारा, मैसूर, त्रिचनापल्ली, काञ्ची सहित सम्पूर्ण दक्षिण भारत पर हो गया।
- 1404 में मृत्यु। उत्तराधिकार संकट।

देवराय प्रथम (1406-1422)

- फिरोजशाह से हारा। हुनों, मोतियों और हाथियों के रूप में दस लाख का हर्जाना देना पड़ा।
- देवराय प्रथम को अपनी पुत्री की शादी फिरोजशाह बहमनी से करनी पड़ी। दहेज के रूप में दोआब स्थित बाँकापुर भी सुल्तान को देना पड़ा।
- फिरोजशाह बहमनी शादी के लिए विजयनगर पहुँचा। राजा देवराय ने नगर के बाहर आकर बड़ी शान से उसका स्वागत किया।
- इसके पहले खेरला का शासक शांति स्थापित करने के लिए फिरोजशाह के साथ अपनी लड़की की शादी कर चुका था।
- रेडियों के राज्य की अस्तव्यस्तता की स्थिति को देखकर देवराय ने वारंगल के साथ उसे बाँट लेने की संधि कर ली।
- वारंगल के शासन ने दिल्ली सुल्तान के खिलाफ हसनगंगू की मदद की थी लेकिन उसके उत्तराधिकारी ने वारंगल पर आक्रमण करके कौलास तथा गोलकुण्डा के पहाड़ी किले पर अधिकार कर लिया था। बहमनी सुल्तान ने गोलकुण्डा को अपनी सीमा निर्धारित कर यह वचन दिया कि वह और उसके उत्तराधिकारी वारंगल पर कभी आक्रमण नहीं करेंगे। यह संधि 50 वर्षों तक चली। वारंगल ने रत्नजटित सिंहासन भेंट किया (इसका निर्माण मुहम्मद तुगलक के लिए किया गया था)।
- बहमियों से वारंगल के अलग हो जाने पर शक्ति संतुलन बदला। देवराय ने फिरोजशाह को बुरी तरह हराया।
- तुंगभद्रा तथा हरिद्रा नदी पर बाँध निर्माण।
- इटली यात्री निकोली कोण्टी विजयनगर की यात्रा पर आया (1420) (1412-19 ई०)।

देवराय प्रथम के बाद उसका पुत्र रामचंद्र सिंहासन पर बैठा। कुछ महीने बाद ही उसकी मृत्यु हो गई। उसका भाई वीर विजय गद्दी पर बैठा। अगला शासक वीर विजय का पुत्र देवराय द्वितीय हुआ।

देवराय द्वितीय (1422-1446)

- इस वंश का महानतम शासक माना जाता है।
- फरिश्ता के अनुसार, उसने 2000 मुसलमानों (तीरन्दाजों) को सेना में नौकरी और जागीरें दीं। (बहमनियों की बराबरी के लिए)।
- देवराय प्रथम की सेना में भी 10,000 मुसलमान सैनिक थे।
- फारसी यात्री (राजदूत) अब्दुर्रजाक ने देवराय द्वितीय के समय विजयनगर की यात्रा की। (1443 ई०) (1422-44 ई०)।
- उसने आंध्र में कोंडविंदु का दमन करके कृष्णा नदी तक विजयनगर की उत्तरी-पूर्वी सीमा का विस्तार किया और वेलेम के शासक को, (जो पहले बहमनी सुल्तान के साथ जा मिला था) विजयनगर की प्रभुसत्ता को स्वीकार करने को बाध्य किया।
- वह विद्या तथा विद्वानों का पोषक था।
- इसके दरबार में तेलगू कवि श्रीनाथ कुछ समय तक रहा।
- 1443 में तुंगभद्रा पार कर मुद्कल, बाँकापुर को पुनः जीतने की कोशिश की। तीन भीषण लड़ाइयाँ हुईं। पुनः दोनों पक्षों को पुरानी सीमाओं को स्वीकार करना पड़ा।
- सोलहवीं शताब्दी का एक पुर्तगाली लेखक नूनिज कहता है कि क्विलान, श्रीलंका, पुलीकट, पेगू (वर्मा) और तेनसिरिम के राजा देवराय द्वितीय को कर देते थे।
- श्री लंका पर कई बार आक्रमण किये थे।
- उसने लक्कन्ना या लक्ष्मण को जो उसका दाहिना हाथ था ''दक्षिणी समुद्र का स्वामी'' बना दिया अर्थात् विदेश-व्यापार का भार सौंपा। (वाणिज्य को नियंत्रित एवं नियमित करने के लिए)।

- इसे इमाडिदेवराय भी कहा जाता है।
- एक अभिलेख में देवराय-II को गजबेटकर (हाथियों का शिकारी) कहा गया है।
- संस्कृत ग्रंथ 'महानाटक सुधानिधि' तथा ब्रह्मसूत्र पर एक भाष्य लिखा।
- 'मतला-उस सादायन वा मज़मा उल बहरेन'

मल्लिकार्जुन (1446-1465 ई॰)

- इसे 'प्रौढ़ देवराय' भी कहा जाता है।
- संगम वंश का पतन प्रारंभ।
- उत्तरी-पूर्वी ओर से उड़ीसा (कपिलेश्वर गजपति) तथा उत्तर की ओर से बहमनी आक्रमण।
- कपिलेश्वर गजपति ने आंध्र के तटवर्ती कुछ प्रदेशों (कोण्डविंदु तथा उदयगिरि) पर अधिकार कर लिए।
- कुछ समय तक गजपतियों को रोकने में सक्षम रहा परंतु 1454 ई॰ के बाद गजपति दक्षिण की ओर बढ़ते गए और संभवत: रामेश्वर तक पहुँच गए। (असह्य अपमानजनक पराजय से मृत्यु)।
- चंद्रगिरि के सालुव नायक नरसिंह (गवर्नर) को ख्याति मिली। उसने बहमनी और उड़ीसा के आक्रमण का प्रतिरोध किया।

विरूपाक्ष द्वितीय (1465-1485)

- संगम वंश का अन्तिम शासक।
- सालुव नरसिंह उड़ीसा की सेनाओं के साथ 24 युद्ध लड़े।
- कपिलेश्वर ने विजयनगर साम्राज्य के अनेक तटवर्ती नगरों पर अधिकार कर लिया।
- बहमनी सुल्तान मुहम्मद अष्टम ने कांची तथा नेल्लोर तक प्रहार किया।
- पुरुषोत्तम गजपति दक्षिण में तिरुवलमलय तक बढ़ गया।
- उसके पुत्र ने ही विरूपाक्ष की हत्या कर दी। प्रौढ़ देवराय ने विजयनगर की राजगद्दी पर अधिकार कर लिया।
- नूनिज (पुर्तगाली यात्री) ने समकालीन अराजकता का वर्णन किया है।
- सालुव नरसिंह के एक सेनानायक नरसा नायक ने राजप्रासाद पर अधिकार कर लिया तथा सालुव नरसिंह को गद्दी पर बैठने के लिए आमंत्रित किया। इस घटना को विजयनगर साम्राज्य के इतिहास में *'प्रथम बलापहार'* कहा गया।

सालुव वंश

सालुव नरसिंह (1485-1491)

- अपने 6 वर्षीय शासनकाल में सालुव ने राज्य में व्याप्त आंतरिक विद्रोहों को समाप्त करने का प्रयत्न किया।
- पुरुषोत्तम गजपति ने विजयनगर पर अधिकार कर लिया और उदयगिरि पर अधिकार करके सालुव नरसिंह को बंदी बना लिया।
- सालुव नरसिंह द्वारा मुक्ति की याचना करने पर उसे छोड़ दिया गया।
- इस प्रकार उदयगिरि का किला गजपतियों के अधिकार में चला गया।
- कर्नाटक के तुलु प्रदेश को जीता।
- अरब व्यापारियों से अधिक-से-अधिक घोड़े आयात करने के लिए प्रलोभन एवं प्रोत्साहन दिया।

इम्मादि नरसिंह (1491-1506 ई॰)

- वह अल्पायु था। सालुव नरसिंह का सेनानायक *नरसा नायक* उसका संरक्षक था।
- अवसर पाकर नरसा नायक ने सत्ता खुद हथिया ली।
- इम्मादि के बालिग होने पर उसे पेनुकोंडा के किले में नजरबंद कर लिया।
- उसने अगले बारह-तेरह वर्षों में सफलतापूर्वक शासन करके बीजापुर बीदर और मदुरा आदि के विरुद्ध सफलता पाई।
- नरसा नायक की सबसे महत्त्वपूर्ण सफलता रायचूर दोआब में हुई जब बीदर के कासिम बरीद के साथ मिलकर रायचूर-दोआब के अनेक किलों पर अधिकार कर लिया।
- 1479 में बीजापुर के आदिल ख़ाँ को पुन: पराजित किया और कुछ समय तक उसे बंदी रखा।
- चोल, चेर, पांड्य, शासकों को विजयनगर की प्रभुसत्ता स्वीकारने के लिए बाध्य किया।
- प्रताप रुद्रदेव गजपति को भी परास्त किया।
- 1505 में नरसा नायक की मृत्यु हो गई।
- उसके पुत्र वीर नरसिंह ने सालुव शासक इम्मादि नरसिंह की 1505 ई॰ में हत्या कर दी। सालुव वंश का अंत।
- द्वितीय बलोपहार।
- नूनिज नरसा को अपने स्वामी का हत्यारा बताता है लेकिन सच्चाई यह है कि वह वफादार था।

तुलुव वंश

वीर नरसिंह (1505-1509)

- तुलुव वंश का संस्थापक।
- पूरा शासनकाल विद्रोह एवं बाह्य आक्रमण से प्रभावित।
- 1509 ई॰ में उसकी मृत्यु पर उसका छोटा भाई कृष्णदेव रांय शासक बना।

कृष्णदेव राय (1509-1530 ई॰)

- तुलूव वंश का महानतम व्यक्ति।
- कतिपय इतिहासकार उसे विजयनगर साम्राज्य का महानतम शासक मानते हैं।
- इतालवी यात्री पाएस कृष्णदेव के दरबार में अनेक वर्षों तक रहा।
- पाएस कहता है कि "वह महान और न्यायप्रिय शासक पर उसे क्रोध बहुत जल्दी आता है।"
- वह महान भवन निर्माता भी था।
- विजयनगर के पास एक नया शहर बनवाया और बहुत बड़ा तालाब खुदवाया।
- तेलुगु और संस्कृत का अच्छा विद्वान् था।
- तेलुगु में लिखी राजनीति पर एक पुस्तक, और एक संस्कृत नाटक की पाँच, तेलुगु महाकाव्यों में एक (अमुक्त माल्यदा) उपलब्ध है।

- उसके राज्यकाल में तेलुगु साहित्य का नया युग प्रारंभ हुआ जबकि संस्कृत से अनुवाद की अपेक्षा तेलुगु में मौलिक साहित्य लिखा जाने लगा।
- वह तेलुगु के साथ-साथ कन्नड़ और तमिल कवियों को भी प्रोत्साहन देता था।
- उसकी आस्था वैष्णव धर्म में थी। लेकिन वह सभी संप्रदायों का आदर करता था।
- **'आंध्र भोज'** अभिनव भोज, आन्ध्र पितामह आदि उपाधि धारण की।
- कृष्णदेव राय ने 'नागलपुर' नामक नये नगर की स्थापना की।
- *हजारा* [1] एवं *विट्ठलस्वामी* [2] नामक मंदिर का निर्माण करवाया।
- बारबोसा (1508) 1516 में भारत में उपस्थित था।
- कृष्णदेव राय ने प्रसिद्ध तेलुगु ग्रंथ 'अमुक्त माल्यद' की रचना की।
- उसने संस्कृत भाषा में एक नाटक 'जाम्बवती कल्याणम' की रचना की।
- इसके दरबार में तेलुगु साहित्य के 8 कवि रहते थे, जिन्हें अष्टदिग्गज कहा जाता था।

अष्टदिग्गज

1. **अलसीन पेड्डना :** तेलुगु कविता का पितामह। मुख्य कृति–*स्वारोचितसंभव या मनुचरित्र* तथा *हरिकथा सरनसमू।*
2. **नन्दी निम्मन :** 'पारिजात हरण' की रचना की।
3. **भट्टमूर्ति :** 'नरसभूयालियम' (अलंकार शास्त्र से संबंधित पुस्तक)।
4. **धूर्जटि :** 'कलहस्तिमहात्म्य'।
5. **भादय्यगीर मल्लन :** 'राजशेखर चरित्र'।
6. **अच्चुलराजु रामचंद्र :** 'सकलकथा सारसंग्रह' एवं 'रामाभ्युदय'।
7. **जिंगलीसूरत्र :** 'राघव पाण्डवीय'।
8. **तेनालीराम रामकृष्ण :** 'पांडुरंग महात्म्य' (इसकी गणना पाँच महाकाव्यों में की जाती है।)

- 1509-10 में बीदर के सुल्तान महमूदशाह को अदोनी के समीप हराया।
- 1510 में उम्मूतूर के विद्रोही सामन्त (गंगराजा) को हराया तथा क्षीरंगम् और शिवसुदरम् पर अधिकार कर लिया।
- 1512 में बीजापुर के शासक यूसुफ आदिलशाह को परास्त कर रायचूर दोआब पर अधिकार कर लिया। (कोविलकोंडा तक पीछा किया, यूसुफ मारा गया।)
- तत्पश्चात् गुलबर्गा पर अधिकार कर लिया।
- बीदर पर पुन: आक्रमण कर वहाँ के बहमनी सुल्तान महमूद शाह को बरीद के कब्जे से छुड़ाकर पुन: सिंहासन पर बैठाया तथा 'यवनराज स्थापनाचार्य' की उपाधि धारण की।
- 1513-18 ई॰ में उसने उड़ीसा के गजपति प्रतापरुढ़ से 4 बार युद्ध किया।
- इन चारों युद्धों में गजपति सेनायें पराजित हुईं। विजयनगर की सेनायें गजपतियों की राजधानी कटक तक जा पहुँचीं।
- 14 बार की पराजय से निराश प्रतापरुद्रदेव ने कृष्णदेव राय से संधि कर प्रार्थना कर उसके साथ अपनी पुत्री का विवाह कर दिया।
- कृष्णदेव राय ने कृष्णा के उत्तर में उड़ीसा के विजित प्रदेश गजपति नरेश को वापस कर दिए।
- गोलकुंडा के सुल्तान कुली कुतुबशाह ने कोंडविंदु किले पर अधिकार कर लिया था। सालुव तिम्म के द्वारा कृष्णदेव ने उसे परास्त करवाया।
- इसी बीच बीजापुर के सुल्तान इस्माइल आदिलशाह ने रायचूर किले पर अधिकार कर लिया था। 19 मार्च 1520 ई॰ को रायचूर के निकट इस्माइल आदिलशाह पर विजय कृष्णदेव की अन्तिम महान् सैनिक सफलता थी।
- विजयनगर की सेना बीजापुर जा पहुँची। बीजापुर नगर क्षतिग्रस्त किया गया।
- बीजापुर से लौटती सेना ने गुलबर्गा पर आक्रमण कर तीन बहमनी शहजादों को कैद से मुक्त किया।
- कृष्णदेव राय तथा रामराय संगीत में प्रवीण थे।
- कृष्णदेव राय के दरबारी संगीतकार लक्ष्मीनारायण ने 'संगीत सूर्योदय' नाम की पुस्तक लिखी।
- कृष्णदेव के संरक्षण में ईश्वर दीक्षित ने 'हेमकूट' नामक महाकाव्य पर दो टीकाएँ लिखीं।

अच्युतदेव राय (1530-42)

- कृष्णदेव राय ने अपने भाई अच्युतदेव को उत्तराधिकारी बनाया।
- 6 महीने तक वह शासक रहा तत्पश्चात् : सत्ता अच्युत के भतीजे सदाशिव के हाथों चली गई।

सदाशिव (1542-1570 ई॰)

- वास्तविक शक्ति मंत्री रामराय के हाथों में चली गई।
- 1665 में बन्नीहट्टी/राक्षसी तंगडी/तालिकोटा की लड़ाई में विजयनगर सेना पराजित।
- बीजापुर, अहमदनगर, गोलकुण्डा एवं बीदर के संयुक्त मोर्चों का नेतृत्व अली आदिलशाह ने किया।
- तिरुमल के सहयोग से सदाशिव ने पेनकोंडा को युद्ध के बाद राजधानी बनाया।

आरीवीडु वंश (1570-1650)

- तिरुमल ने 1570 में सदाशिव को अपदस्थ कर आरीवीडु वंश की स्थापना की।
- रंग द्वितीय एवं वेंकट द्वितीय शासक बने।
- उसने चंद्रगिरि को मुख्यालय बनाया।
- अंतिम शासक रंग-III के समय मैसूर, वेदनूर, तंजौर आदि स्वतंत्र राज्यों की स्थापना हुई।

❑❑❑

अध्याय-11

भक्ति एवं सूफी आंदोलन

- 1206 से 1526 तक दिल्ली सल्तनत का अस्तित्व बना रहा। इस राज्य पर पहले तुर्क फिर अफगान शासकों की सत्ता रही। इनके नेतृत्व में जहां राजनैतिक व प्रशासनिक क्षेत्र में नई विशेषताओं का विकास हुआ वहीं सांस्कृतिक और सामाजिक जीवन के क्षेत्र में भी उल्लेखनीय परिवर्तन आए।
- इस काल में सभी परिवर्तनों के पीछे एक ही प्रेरक शक्ति थी, इस्लाम और हिन्दू धर्म का पारस्परिक संपर्क और इसके फलस्वरूप प्रभावों का आदान-प्रदान। इस्लाम के प्रभाव से हिन्दू संस्कृति और समाज का रूप बदला तो हिन्दू धर्म के प्रभावाधीन मुसलमानों के सामाजिक संस्कारों एवं सांस्कृतिक संस्थाओं में परिवर्तन आए।
- इस्लाम धर्म और इस्लामी संस्कृति से भारत का संपर्क तीन पृथक् और स्पष्ट चरणों में निर्धारित किया जा सकता है-

  प्रथम चरणः इस चरण में 8वीं शताब्दी के आरंभ में सिंध में अरब शासन की स्थापना के कारण दोनों के बीच एक संपर्क बना जो महत्त्वपूर्ण तो था परंतु चिरस्थायी नहीं।

  द्वितीय चरणः इस चरण में 11वीं शताब्दी के आरंभ में अलबेरूनी और विभिन्न सूफी संतों की गतिविधियों से प्रथम चरण के संपर्क का पुनरोद्धार हुआ और इसे एक स्थायित्व प्राप्त हुआ।

  तृतीय चरणः इस चरण में 13वीं शताब्दी के आरंभ में सल्तनत की स्थापना के पश्चात् इस्लामी एवं भारतीय संस्कृति के समन्वय के परिणाम प्रकट होने लगे।
- मध्यकाल में सर्वप्रथम इस्लाम के प्रभावाधीन हिन्दू धर्म में एकेश्वरवाद की भावना की पुनरावृत्ति हुई। हिन्दू धर्म में एकेश्वरवाद की भावना के बीज तो उपस्थित थे मगर गुप्तकाल से हिन्दू धर्म का जो क्लासिकी रूप विकसित हुआ था उसमें बहुदेववाद, मूर्तिपूजा, कर्मकांडों की प्रधानता आदि जैसी विशेषताएं आ गई थी जो सामंती काल में अपनी पराकाष्ठा तक पहुंच गई थीं।
- हिन्दू समाज में ऊंच-नीच का भेदभाव, ब्राह्मणों का वर्चस्व, अस्पृश्यता के सिद्धांत आदि का प्रभाव पूर्णतः बना हुआ था। इस्लाम का अडिग एकेश्वरवादी सिद्धांत और समानता एवं बंधुत्व का उपदेश तत्कालीन परिस्थितियों में भारतीय समाज में एक नई चेतना देने में सहायक हुआ। इसका स्पष्ट प्रभाव मध्यकालीन भक्ति आंदोलन के विकास में देखा जा सकता है।
- स्थापत्य कला के क्षेत्र में भी इस काल में एक नई मिश्रित शैली का विकास हुआ जिसमें इस्लामी परंपराओं से भारतीय कला प्रभावित हुई।
- इसके अतिरिक्त तुर्क शासकों व सैनिकों एवं सूफी संतों ने फारसी, अरबी और तुर्की शब्दों के प्रयोग से भारत की अनेक क्षेत्रीय बोलियों को समृद्ध बनाया और इस सम्मिश्रण से एक नई भाषा उर्दू की उत्पत्ति भारत में हुई।
- भारतीय परिस्थितियों ने इस्लाम को भी प्रभावित किया। इस्लाम में रूढ़िवादी विचारधारा के विपरीत एक उदार दृष्टिकोण का विकास रहस्यवादी विचारधारा के रूप में 8वीं सदी से ही मध्य एशिया के क्षेत्र में आरंभ हो चुका था। भारत में हिन्दू धर्म और बौद्ध दर्शन के प्रभावाधीन इस रहस्यवादी विचारधारा के स्वरूप में और भी परिवर्तन आए और कुछ ऐसी नई विशेषताएं विकसित हुईं जिन्होंने भारतीय सूफीवाद की विशिष्ट पहचान प्रस्तुत की।

भक्ति आंदोलन

- भक्ति आंदोलन की शुरुआत 12वीं सदी के लगभग दक्षिण भारत में हुई।
- भक्ति आंदोलन के संतों ने जातिवाद की निंदा की, कर्मकांडों तथा यज्ञों का परित्याग करने पर बल दिया। महिलाओं के सशक्तीकरण को बल दिया तथा आम बोलचाल की भाषा में लोगों तक अपने संदेश पहुंचाए।

भक्ति आंदोलन के प्रमुख संत :

1. **आचार्य रामानुजः** इन्हें इस आंदोलन का प्रवर्तक माना जाता है। रामानुज का आविर्भाव 12वीं सदी में तमिलनाडु में हुआ। वे सगुण ईश्वर में विश्वास करते थे।
2. **रामानंदः** इन्हें भक्ति आंदोलन को दक्षिण भारत से उत्तर भारत में लाने का श्रेय है। रामनंद ने सभी जातियों को अपना शिष्य बनाकर जाति-प्रथा पर कड़ा प्रहार किया। उनके शिष्यों में कबीर (जूलाहा), सेना (नाई), रैदास (चमार) आदि थे। उन्होंने एकेश्वरवाद पर बल देते हुए राम की उपासना की बात कही। **संभवतः हिन्दी में उपदेश देने वाले रामानंद प्रथम वैष्णव संत थे।**

3. **कबीरः** काशी के एक जुलाहे परिवार में जन्में कबीर (1440-1518) भक्ति आंदोलन के संचालको में से एक थे। वे रामानंद के शिष्य तथा निर्गुण ब्रह्म के उपासक थे। वे सामाजिक कुरीतियों, अंधविश्वास, साम्प्रदायिकता तथा छूआछूत के घोर विरोधी थे।

भक्ति आंदोलन के प्रमुख संत व उनके सिद्धांत

	संत/प्रवर्तक	सिद्धांत/मत
1.	शंकराचार्य	अद्वैतवाद
2.	रामानुज	विशिष्टाद्वैतवाद
3.	निम्बार्क	द्वैत-अद्वैतवाद
4.	माधवाचार्य	द्वैतवाद
5.	रामानंद	रामभक्ति
6.	तुकाराम	वरकारी पंथ
7.	भास्कराचार्य	भेदाभेदवाद
8.	श्रीकंठ	शैव विशिष्टाद्वैत
9.	बलदेव	अचिंत्य भेदाभेदवाद
10	श्रपति	वीरशैव विशिष्टाद्वैत
11.	विज्ञान भिक्षु	अविभागाद्वैत

4. **मीराबाई :** यह मेड़ता के राठौर रत्नसिंह की पुत्री तथा राणा सांगा के बड़े पुत्र राजकुमार भोजराज की पत्नी थी। वे कृष्ण की उपासिका थीं उन्होंने घूम-घूम कर सर्वत्र कृष्ण भक्ति का प्रचार-प्रसार किया।
5. **चैतन्यः** बंगाल के नदिया में जन्मे चैतन्य (1486-1533) कृष्ण के उपासक थे। उन्होंने कर्मकांड, बाह्य आडंबर का विरोध किया तथा प्रेम एवं भक्ति पर विशेष बल दिया।
   चैतन्य के अनुयायी उन्हें विष्णु का अवतार मानते थे। भक्ति आंदोलन में उन्होंने **'संकीर्तन प्रणाली'** को प्रचलित किया। वे **'गौरांग महाप्रभु'** के नाम से जाने जाते थे और **'अंचित्य भेदाभेदवाद'** के प्रवर्तक थे।
6. **गुरुनानकः** गुरुनानक (1469-1539) का जन्म तलवंडी (आधुनिक ननकाना–पाकिस्तान) में हुआ। उन्होंने जाति-प्रथा, बाह्य आडंबर, ब्राह्मणों-मुल्लाओं की श्रेष्ठता का विरोध किया। उनके गीतों-कविताओं का संकलन आदि-ग्रंथ में हुआ है।
7. **नामदेवः** महाराष्ट्र में धार्मिक आंदोलन के प्रमुख नामदेव जाति-प्रथा, बाह्य आडंबर एवं अंधविश्वास के कट्टर विरोधी थे। उन्होंने महाराष्ट्र भक्ति आंदोलन और उत्तर के एकेश्वरवाद आंदोलन के बीच कड़ी का कार्य किया।
8. **एकनाथः** एकनाथ की गणना महाराष्ट्र के महान विद्वानों एवं समाज सुधारकों के रूप में की जाती है। ये **'बरकारी संप्रदाय'** से संबद्ध थे। उन्होने अनेक गीतात्मक कविताओं (अभंगों) की रचना की।
9. **ज्ञानदेवः** निर्गुण संत ज्ञानदेव महाराष्ट्र में भक्ति आंदोलन के संस्थापक थे जिसे 'महाराष्ट्र धर्म' कहा गया। वे विठोबा के पुजारी थे। भागवत् गीता पर भाष्य **'ज्ञानेश्वरी गीता'** की रचना करने के कारण उन्हें **'ज्ञानदेव'** की उपाधि मिली।

सूफी आंदोलन

- सूफीमत, इस्लाम धर्म में उदार, रहस्यवादी और संश्लेषणात्मक प्रवृत्तियों का प्रतिनिधित्व करनेवाली विचारधारा है।
- भारत मे सूफियों का आगमन महमूद गजनवी के अभियानों के समय से देखा जाता है। आरंभिक महत्त्वपूर्ण संतों में शेख अली बिन उस्मान अल-हुजवीरी का नाम लिया जाता है जो 11वीं सदी के आरंभिक वर्षो में लाहौर में आकर बसे। उन्होंने सूफीमत से संबद्ध पहली प्रसिद्ध रचना भारत में लिखी जो **'कुश्फुल'** महजूब' के नाम से जानी गई। इसी के बाद मुल्तान, सेहवान आदि नगरों में और गुजरात के तटीय क्षेत्र में भी सूफियों का आगमन हुआ। किन्तु इनका प्रभाव सीमित रहा।
- मोहम्मद गौरी के अभियानों (12वीं सदी के अंत में) के काल में सूफियों का भारत में प्रसार हुआ। उनके संगठित समुदाय या सिलसिले भारत में संगठित होने लगे।
- सूफी संप्रदायों का मुख्य विभाजन दो श्रेणियों में किया गया है, **बा-शरा** अर्थात् वह जो शरीयत की प्रधानता को स्वीकार करते थे और उसके आदेशों का उल्लंघन नहीं करते थे, **बे-शरा,** अर्थात् वह जो शरीयत की प्रधानता को नहीं मानते थे और शरीयत के आदेशों की भी अनदेखी करते थे। ऐसे लोग **'मजजूब'** कहलाते थे।
- भारत में अधिक लोकप्रिय संप्रदाय बा-शरा से ही जुड़े थे। बे-शरा में मलंग, कलंदर और सदा सुहागन आदि के नाम आते हैं।

प्रमुख सूफी संप्रदाय एवं उनके संस्थापक

	संप्रदाय/सिलसिला	संस्थापक
1.	चिश्ती संप्रदाय	शेख मोईनुद्दीन चिश्ती
2.	सुहरावर्दी संप्रदाय	बहाउद्दीन जकारिया (भारत में)
3.	फिरदौसी संप्रदाय	शेख बदरूद्दीन
4.	सत्तारी संप्रदाय	शाह अब्दुल्ला सत्तारी
5.	कादिरी संप्रदाय	शेख अब्दुर कादिर जिलानी
6.	नक्शबंदी सिलसिला	ख्वाजा वाकी विल्लाह
7.	महादवी संप्रदाय	सैयद मुहम्मद माधी
8.	रोशनिया संप्रदाय	मियां बयाजिद अंसारी
9.	कलंदरी संप्रदाय	नजीमुद्दीन कलंदर
10.	मलामती संप्रदाय	जून नून
11.	मदारी संप्रदाय	शाह मदार
12.	उबैसी संप्रदाय	अबुसुल करनी

- सूफी संत शांति, अहिंसा, धार्मिक सहिष्णुता एवं मानव के प्रति प्रेम की भावना पर विशेष बल देते थे।
- सूफीमत में धार्मिक गुरु **'पीर'** एवं शिष्य **'मुरीद'** कहलाते थे। प्रत्येक पीर अपना एक अनुचर नामांकित करता था जिसे **'वली'** कहा जाता था।
- सूफीमत 12 सिलसिलों/वर्गों में बंटा था, जिनमें निम्न प्रमुख थे–

1. **चिश्ती सिलसिलाः** इसके संस्थापक ख्वाजा मोईनुद्दीन चिश्ती (अजमेर) थे।
   - अन्य प्रसिद्ध संत निजामुद्दीन औलिया, सलीम चिश्ती आदि थे।

- 'तोता-ए-हिन्द' के नाम से मशहूर अमीर खुसरो एवं प्रसिद्ध इतिहासकार बरनी चिश्ती सिलसिले के अनुयायी थे।
- चिश्ती सिलसिला दिल्ली तथा दोआब क्षेत्र में प्रसिद्ध था।

2. **सुहरावर्दी सिलसिलाः** इसके संस्थापक शिहाबुद्दीन सुहरावर्दी तथा हमीदउद्दीन नागौरी थे।
   - यह सिलसिला पंजाब एवं सिंध में प्रसिद्ध था।
   - इस सिलसिले के संत बड़े जागीरदार थे और उनके राज्य के साथ धनिष्ठ संबंध थे।
3. **फिरदौसी सिलसिलाः** इसके संस्थापक शेख बदरूद्दीन थे।
   - यह सिलसिला सुहरावर्दी सिलसिले की एक शाखा थी।
   - यह मुख्यतः बिहार और बंगाल में फैली हुई थी।
   - सरफुद्दीन याह्या मनेरी इस शाखा के प्रमुख संत थे।
4. **कादिरी सिलसिलाः** इसके संस्थापक शेख अब्दुर कादिर जिलानी थे।
   - यह इस्लाम में प्रथम रहस्यवादी पंथ था।
   - भारत में इसकी स्थापना का श्रेय सैय्यद मोहम्मद जिलानी को जाता है।
5. **नक्शबंदी सिलसिलाः** इसकी स्थापना ख्वाजा वाकी विल्लाह ने की थी।
   - शेख अहमद सरहिंदी इस सिलसिला के महत्त्वपूर्ण संत थे जो अकबर और जहांगीर के समकालीन थे।
   - इस सिलसिला के लोगों को नक्शबंदी इसलिए कहा गया कि ये लोग आध्यात्मिक तत्त्वों से संबंधित तरह-तरह के नक्शे बनाकर उसमें रंग भरते थे।

❑❑❑

अध्याय-12

मुगल साम्राज्य

मुगल शासक

बाबर (1526-1530)

- पिता की ओर से तैमूर का पाँचवाँ तथा माता की ओर से चंगेज का चौदहवाँ वंशज।
- अपने पिता उमर शेख मिर्जा की मृत्यु के बाद 'फरगना' का शासक बना।
- 1501 में समरकन्द पर अधिकार।
- 1507 में अपने पूर्वजों की उपाधि 'मिर्जा' का त्यागकर नई उपाधि 'पादशाह' धारण की।

बाबर का भारतीय अभियान

- 1518-19 में 'बाजौर' और 'भेरा' को अपने अधिकार में कर दिया। यह अभियान यूसुफजाई जाति के विरुद्ध था। बाबर का प्रथम अभियान जिसमें तोप का प्रयोग।
- 1519 में दूसरे अभियान में पेशावर पर अधिकार कर लिया।
- 1520 में पुन: बाजौर एवं भेरा को जीता तथा स्यालकोट एवं सैय्यदपुर को भी अधिकार में कर लिया।
- 1524, चौथा अभियान–लाहौर एवं दीपालपुर पर अधिकार।
- 1525-26, पाँचवा अभियान–पंजाब पर आक्रमण कर दौलत खाँ लोदी को बन्दी बना लिया। पंजाब पर कब्जा।
- 20 अप्रैल 1526–पानीपत की पहली लड़ाई में इब्राहीम लोदी पराजित।
- बाबर ने 'तुलुगमा' एवं 'रूमी' युद्ध प्रणाली का प्रयोग किया।
- 1527 में 'खानवा युद्ध' में राणा सांगा को पराजित किया।
- सांगा के विरुद्ध युद्ध में 'जेहाद' का नारा दिया। 'तमगाकर' न लेने की घोषणा।
- इब्राहीम लोदी के भाई महमूद लोदी तथा मेवात के शासक हसन खाँ मेवाती भी सांगा के साथ थे।
- 1528 में 'चंदेरी' पर आक्रमण कर मेदनी राय को पराजित किया।
- 1529 ई० में 'घाघरा' के युद्ध में महमूद लोदी को हराया। (अंतिम युद्ध)
- खानवा युद्ध जीतकर 'गाजी' की उपाधि धारण की।
- 'मुंबइयान' शैली का जन्मदाता।
- तुर्की में 'तुजुक-ए-बाबरी' लिखी।
- ताशों का खेल 'गंजीफा' संभवत: पहली बार बाबर द्वारा लाया गया।
- अबुल फजल के अनुसार उसने हुमायूँ को अपनी उम्र दे दी।
- 27 दिसम्बर 1530 को आगरे में मृत्यु। प्रारंभ में शव आगरा के आरामबाग में रखा गया। बाद में काबुल में दफनाया गया।

हुमायूँ (1530-1556)

- बाबर के चार पुत्रों हुमायूँ, कामरान, अस्करी एवं हिंदाल में सबसे बड़ा।
- बाबर की मृत्यु के बाद 30 दिसम्बर 1530 को 23 वर्ष की आयु में हुमायूँ का राज्याभिषेक किया गया।
- हुमायूँ ने कामरान को काबुल, कंधार एवं पंजाब की सूबेदारी, अस्करी को सम्भलपुर एवं हिन्दाल को अलवर की सुबेदारी प्रदान की।
- दिल्ली में 'दीनपनाह' नामक किले का निर्माण कर अपनी राजधानी बनाया।

सैन्य अभियान

(i) 1531 में प्रथम अभियान–चुनार अभियान।

(ii) **कालिंजर पर आक्रमण (1532) :** गुजरात के बहादुरशाह के विरुद्ध परन्तु अफगान सरदार महमूद लोदी बिहार से जौनपुर की ओर बढ़ रहा था, अत: कालिंजर के किले का घेरा उठाकर जौनपुर जाना पड़ा।

(iii) **दौहरिया का युद्ध (1532) :** महमूद लोदी को पराजित किया।

(iv) **चुनार का घेरा :** शेर खाँ ने अपने पुत्र 'कुतुब खाँ' को एक अफगान सैनिक टुकड़ी के साथ हुमायूँ की सेवा में भेजा। इस मौके का फायदा उठाकर शेर खाँ ने अपनी शक्ति और संसाधनों को बढ़ाने का कार्य किया क्योंकि समझौते से वह अपराजित रह गया।

(v) 1534 में बिहार में मु॰ जमान मिर्जा एवं मु॰ सुल्तान मिर्जा के विद्रोह को सफलतापूर्वक दबाया।

(vi) **बहादुरशाह से युद्ध (1535-36)** : 'सारंगपुर' के युद्ध में पराजित होकर बहादुरशाह मांडू भाग गया। मांडू एवं चम्पानेर पर विजय के बाद मालवा एवं गुजरात हुमायूँ के अधिकार में आ गया। फरवरी 1537 में बहादुरशाह की मृत्यु।

शेर खाँ से संघर्ष

- 1537 में हुमायूँ ने पुन: चुनार के किले का घेरा डाला। शेर खाँ के पुत्र कुतुब खाँ ने करीब छह महीने तक किले पर अधिकार नहीं करने दिया। इन समयों में शेर खाँ ने बंगाल का सफल अभियान कर गौड़ के अधिकांश खजाने को रोहतास के किले में जमा कर लिया।
- चुनार की सफलता के बाद हुमायूँ ने बंगाल पर विजय प्राप्त की। गौड़ क्षेत्र में उसे उजाड़ एवं लाशों का ढेर दिखाई दिया। इसका पुन: निर्माण कर हुमायूँ ने 'जन्नताबाद' नाम रखा।

चौसा का युद्ध (26 जून 1539)

- गंगा नदी के उत्तरी तट पर स्थित चौसा नामक स्थान पर हुमायूँ अपनी गलतियों के चलते हार गया।
- हुमायूँ ने एक भिश्ती के सहारे गंगा पार कर अपनी जान बचायी।
- शेर खाँ ने 'शेरशाह' की उपाधि धारण की, अपने नाम के खुतबे पढ़वाये तथा सिक्के ढलाने का आदेश दिया।

बिलग्राम का युद्ध (17 मई 1540)

- हिन्दाल और अस्करी की सहायता के बावजूद हुमायूँ पराजित। (बिलग्राम एवं कन्नौज)
- आगरा एवं दिल्ली पर शेरशाह का कब्जा।
- हिन्दुस्तान पर पुन: अफगानों का शासन।
- हुमायूँ ने 15 वर्षो तक निर्वासित जीवन बिताया तथा हिन्दाल के आध्यात्मिक गुरु मीर अली अकबर जामी की पुत्री 'हमीदा बेगम' से विवाह किया। 1542 में अमरकोट में अकबर का जन्म।

हुमायूँ द्वारा पुन: राज्य प्राप्ति

- 1545 में हुमायूँ ने कंधार एवं काबुल पर अधिकार कर लिया।
- शेरशाह के पुत्र 'इस्लामशाह' की मृत्यु के बाद 1555 में लाहौर पर अधिकार।
- लुधियाना के पास हुमायूँ एवं अफगान सरदारों (नसीब खाँ एवं तातार खाँ) के बीच मच्छीवार के युद्ध में अफगान पराजित। सम्पूर्ण पंजाब हुमायूँ के अधिकार में आ गया।
- सरहिन्द के युद्ध में बैरम खाँ के नेतृत्व में मुगलों ने सिकन्दर सूर को पराजित किया। (1555 ई॰)
- 23 जुलाई 1555 को पुन: हुमायूँ दिल्ली के सिंहासन पर बैठा।
- जनवरी 1556 'दीनपनाह' में स्थित पुस्तकालय की सीढ़ियों से गिरकर मृत्यु।
- लेनपुल के अनुसार तमाम जिंदगी वह गिरता-पड़ता रहा।

अकबर (1556-1605)

- जन्म 15 अक्तूबर, 1542 को अमरकोट के राणा 'वीर साल' के महल में।
- 9 वर्ष की अवस्था में गजनी की सूबेदारी मिली।
- सिकन्दर सूर से सरहिन्द छीनने पर 1555 में हुमायूँ ने उसे अपना 'युवराज' घोषित किया।
- बैरम खाँ को उसका संरक्षक नियुक्त किया गया।
- हुमायूँ की मृत्यु का समाचार सुनकर बैरम खाँ ने गुरुदास पुर के निकट 'कलानौर' में 14 फरवरी 1556 को उसका राज्याभिषेक करवा दिया।
- आदिलशाह का प्रधानमंत्री 'हेमू' आगरा और ग्वालियर पर अधिकार करता हुआ अक्तूबर 1556 में दिल्ली पहुँचा। दिल्ली की गद्दी पर बैठकर इस अंतिम हिन्दू शासक ने अपने नाम के सिक्के चलवाये।
- **पानीपत की द्वितीय लड़ाई (5 नवम्बर 1556)**: 'हेमू' को बैरम खाँ ने पराजित किया।
- 1560 में बैरम खाँ के विद्रोह के बाद उसे तीर्थयात्रा पर भेज दिया गया। 'पाटन' नामक स्थान पर बैरम की 'मुबारक खाँ' नामक युवक ने हत्या कर दी।
- बैरम खाँ की पत्नी 'सलीमा बेगम' से अकबर ने निकाह कर बैरम के पुत्र रहीम को पुत्रवत संरक्षण दिया। 1584 में रहीम को 'खान खाना' की उपाधि मिली।

साम्राज्य विस्तार अभियान

(i) **मालवा विजय** : 1561 में आधम खाँ ने बाज बहादुर (मालवा के शासक) को हराकर मालवा की राजधानी सारंगपुर पर अधिकार कर लिया। आधम खाँ मालवा का सूबेदार नियुक्त। 1562 में मीर मुहम्मद मालवा का सूबेदार बना। बाज बहादुर ने पुन: मालवा पर अधिकार कर लिया। अब्लुला खाँ उज्बेक को अकबर ने भेजा। बाजबहादुर ने अकबर की अधीनता स्वीकार ली। उसे 200 का मनसब मिला।

(ii) **गोंडवाना (गढ़कटंगा) विजय 1564** : आसफ खाँ ने महोबा की चंदेल राजकुमारी 'रानी दुर्गावाती' तथा उसके अल्पायु पुत्र 'वीर नारायण' को हराकर मार डाला। गोंडवाना मुगल साम्राज्य के अधीन हो गया।

(iii) **राजस्थान विजय**

(a) **आमेर (जयपुर, *1562*)** : 'भारमल' ने स्वेच्छा से अकबर की अधीनता स्वीकार कर ली जब अकबर चिश्ती की दरगाह (अजमेर) की यात्रा पर था।

- भारमल की पुत्री 'जोधाबाई' से अकबर ने विवाह किया।
- भारमल के पुत्र भगवानदास एवं पौत्र मानसिंह को उच्च मनसब मिला।

(b) **मेड़ता (*1562*)** : सरफुद्दीन के नेतृत्व में मेड़ता का शासक जयमल पराजित।

(c) **मेवाड़ (*1567-68*)** : सिसौदिया वंश का राणा उदयसिंह चित्तौड़ के किले की सुरक्षा का दायित्व 'जयमल' एवं 'पत्ता'

(फतेह सिंह) पर सौंपकर समीप की पहाड़ियों में छुप गया।

- अकबर ने 30,000 राजपूतों का कत्ल करवा दिया।
- आगरे के किले के बाहर अकबर ने 'जयमल' और 'पत्ता' की मूर्तियाँ स्थापित करवायीं।
- 1568 में मेवाड़ एवं चित्तौड़ किले पर अधिकार कर लिया।

*(d) **रणथम्भौर (1569)*** : हाड़ा राजपूत 'सुरजन राय' से अकबर ने दुर्ग को अपने कब्जे में कर लिया।

*(iv) **कालिंजर (1569)*** : मजनू खाँ के नेतृत्व में कालिंजर पर अधिकार। राजा रामचंद्र को इलाहाबाद के समीप जागीर दी गई।

*(v) **गुजरात विजय (1572-73)*** : अकबर ने स्वयं अभियान कर गुजरात के शासक मुजफ्फर खाँ-III के विरुद्ध सूरत, अहमदाबाद एवं कम्बे पर अधिकार कर लिया।

- आगरा लौटने के बाद गुजरात में मुहम्मद हुसैन मिर्जा ने विद्रोह किया। स्मिथ के अनुसार संसार के इतिहास का सर्वाधिक द्रुतगामी आक्रमण कर उसने विद्रोह कुचल दिया।
- गुजरात में ही पहली बार अकबर ने समुद्र के दर्शन किये तथा पुर्तगीज उससे मिलने आए।

*(vi) **बिहार एवं बंगाल विजय (1574-76)*** : मुनीम खाँ ने 'दाउद' को सुवर्ण रेखा के पूर्वी किनारे पर स्थित तुरकोई नामक स्थान पर हराया। बंगाल एवं बिहार पर मुगलों का अधिकार हो गया।

*(vii) **हल्दीघाटी का युद्ध (18 जून, 1576)*** : 'मानसिंह' एवं 'आसफ खाँ' ने राणा प्रताप को अनिर्णायक युद्ध में पहाड़ियों में शरण लेने के लिए बाध्य किया। मेवाड़ पर पूर्ण विजय के बिना ही अभियान समाप्त।

- 1599 में पुन: राणा प्रताप की मृत्यु के बाद अभियान किया। अमरसिंह की पराजय के बावजूद मेवाड़ अभियान अधूरा रहा।

*(viii) **काबुल विजय (1581 ई०)*** : अकबर का सौतेला भाई 'मिर्जा हकीम' काबुल पर स्वतंत्र शासन कर रहा था। सम्राट बनने की महत्त्वाकांक्षा से उसने पंजाब पर आक्रमण किया।

- अकबर के काबुल पहुँचने पर उसने आत्मसमर्पण कर दिया।
- 'बख्तुन्निसा बेगम' (मिर्जा हकीम की बहन) को काबुल की सूबेदारी मिली।
- कालान्तर में काबुल का साम्राज्य में विलय कर मानसिंह को सूबेदार बनाया।

*(ix) **कश्मीर विजय (1586)*** : भगवान दास एवं कासिम खाँ ने यूसुफ खाँ एवं उसके पुत्र याकूब को बन्दी बनाकर कश्मीर का विलय कर लिया।

*(x) **संधि विजय (1591)*** : अब्दुर्रहीम खान-खाना ने यहाँ के शासक जानी बेग को कड़े संघर्ष में हराकर सिंध पर अधिकार कर लिया।

*(xi) **उड़ीसा विजय*** : मानसिंह के नेतृत्व में उड़ीसा के शासन 'निसार खाँ' को हराकर 1592 में अंतिम रूप से उड़ीसा का विलय।

*(xii) **बलूचिस्तान विजय (1595)*** : 'मीर मासूम' के नेतृत्व में मुगलों ने पन्नी अफगानों को हराया।

*(xiii) **कंधार विजय (1595)*** : कंधार का सूबेदार 'मुजफ्फर हुसैन मिर्जा' स्वेच्छा से कंधार को मुगल सरदार 'शाहबेग' को सौंपकर स्वयं अकबर का एक मनसबदार बन गया।

दक्षिण विजय (1593-1601) :

- **खानदेश (1591)** : अकबर ने एक दूतमण्डल दक्षिण भेजा अपनी सम्प्रभुता स्वीकार करवाने की कोशिश की। मात्र खानदेश ने अपनी सीमा सर्वाधिक नजदीक होने के चलते आधिपत्य स्वीकार कर लिया।
- **अहमदनगर (1593-1600)** : यहाँ के शासक बुरहान ने अकबर के दूत को अपमानित किया।
- अब्दुर्रहीम एवं मुराद को 1593 में अभियान के लिए भेजा गया।
- बुरहानुलमुल्क की मृत्यु (1594) के कारण अहमदनगर के किले का दायित्व बीजापुर के शासक आदिलशाह प्रथम की विधवा चाँदबीबी पर आ गया।
- चाँदबीबी इब्राहीम के पुत्र तथा बुरहान के पोते बहादुरशाह को सुल्तान घोषित कर उसकी संरक्षिका बन गई।
- 1596 में दोनों पक्षों में समझौता। 'बरार' मुगलों को सौंप दिया गया तथा बहादुरशाह को अहमदनगर का शासक मान लिया गया।
- 1599 में मुगल सेना ने दौलताबाद एवं 1600 में अहमदनगर किले पर अधिकार कर लिया। चाँदबीबी ने आत्महत्या कर ली।
- असीरगढ़ के किले में मीरन बहादुर को घेर लिया तथा 1601 में असीरगढ़ दुर्ग को अपने कब्जे में कर लिया। यह अकबर का अन्तिम अभियान था।
- बरार, खानदेश एवं अहमदनगर की सूबेदारी 'शाहजादा दानियाल' को सौंपी गई।
- बीजापुर एवं गोलकुण्डा पर अकबर अधिकार नहीं कर सका।

अकबर के समय हुए विद्रोह

*(i) **उज्बेगों का विद्रोह (1564-65 ई०)*** : जौनपुर के सरदार खान जमान उज्बेक एवं मालवा के गवर्नर अबदुल्ला खाँ उज्बेक के विद्रोह को सरलता से दबा दिया गया।

*(ii) **मिर्जा वर्ग का विद्रोह*** : मिर्जा अकबर के रिश्तेदार थे अत: अधिक अधिकार की अपेक्षा रखते थे। 1573 तक इनके विद्रोह का दमन।

*(iii) **बंगाल एवं बिहार में हुए विद्रोह*** : राजा टोडरमल ने 1580 में बिहार में मुहम्मद मासूम काबुली एवं अरब बहादुर के विद्रोह को तथा बंगाल के बाबा खाँ काकशल के विद्रोह को कुचल दिया।

*(iv) **अफगान बलूचियों का विद्रोह*** : 1585 में पश्चिमोत्तर सीमा पर हुए विद्रोह में बीरबल की हत्या हो गई। टोडरमल एवं मानसिंह ने विद्रोह दबाया।

*(v) **शाहजादा सलीम का विद्रोह*** : 1599 में सलीम बिना आज्ञा के अजमेर से इलाहाबाद चला गया तथा स्वतंत्र शासक की तरह आचरण करने लगा।

- 1602 में जहाँगीर के निर्देश पर ओरछा के बुंदेला सरदार 'वीरसिंह देव' ने अबुल फजल की हत्या कर दी।
- 1603 में आगरा लौटकर माफी माँग लेने पर जहाँगीर को माफ कर दिया गया।
- 1604 में पुन: मेवाड़ भेजे जाने पर वहाँ न जाकर इलाहाबाद पहुँच गया। पुन: वह आगरा आ गया तथा उसे माफ कर दिया गया।

21 अक्तूबर 1605 को अतिसार रोग के कारण अकबर गंभीर रूप से बीमार हो गया। 25-26 अक्तूबर की अर्द्धरात्रि में उसकी मृत्यु। सिकन्दरा के मकबरे में उसे दफनाया गया।

- **अकबर के नौ रत्न :** बीरबल, अबुल फजल, टोडरमल, भगवानदास, तानसेन, मानसिंह, अब्दुर्रहीम खानखाना, मुल्ला दो प्याजा, हकीम हुकाम एवं फैजी।
- अपने शिक्षक 'मीर अब्दुल लतीफ' से सुलह-ए-कुल का सिद्धांत सीखा।
- जैन संत हरिविजय सूरि को 'जगतगुरु' की उपाधि प्रदान की तथा जिनचंद्र सूरि को 200 बीघा भूमि जीवन, निर्वाह के लिए दिया।
- 'मजहर' जारी कर 'सुल्ताने आदिल' की उपाधि ग्रहण की। 'मजहर' में उसे यह अधिकार मिला कि जिस विचार को सर्वोत्तम समझे उसे मान्यता प्रदान करे।
- जलाली नामक सिक्के जारी किया।
- मनसबदारी प्रथा शुरू की।

अकबर के कुछ महत्वपूर्ण कार्य

वर्ष	कार्य
1562	दास प्रथा का अंत
1562	'हरमदल' से मुक्ति
1563	तीर्थयात्रा कर समाप्त
1564	जजिया का अंत
1571	फतेहपुर सीकरी का निर्माण एवं राजधानी आगरा से सीकरी स्थानांतरित।
1575	इबादत खाना की स्थापना।
1578	इबादत्त खाने का द्वार सभी धर्मों के लोगों के लिए खुला।
1579	मजहर की घोषणा।
1582	'दीन-ए-इलाही' की घोषणा।
1583	'इलाही संवत्' प्रारंभ।

जहाँगीर (1605-27)

- **जन्म :** शेख सलीम चिश्ती की कुटिया (फतेहपुर सीकरी) में भारमल की बेटी मरियम उज्जयानी के गर्भ से।
- **विवाह :** भगवान दास की पुत्री 'मानबाई' से 1585 में। 'मानबाई' को सलीम ने 'शाह बेगम' की उपाधि प्रदान की। कालान्तर में मोटा राजा उदयसिंह की पुत्री जगत गोसाईं या जोधाबाई से भी विवाह।
- उसने 'न्याय की जंजीर' लगवायी तथा लोक-कल्याण के लिए 12 आदेशों की घोषणा की।
- अबुल फजल के हत्यारे वीरसिंह बुन्देला को तीन हजारी घुड़सवारों का सेनापति, नूरजहाँ के पिता 'गियासवेग' को दीवान बनाकर 'एतमादुदौला' की उपाधि तथा जमानवेग को महावत खाँ की उपाधि प्रदान की।

खुसरो का विद्रोह (1606)

- 'भैरोवाल' (जालंधर के निकट) खुसरो पराजित तथा कैद। बाद में खुर्रम द्वारा हत्या।
- वह जहाँगीर का सबसे बड़ा पुत्र था।
- गुरु अर्जुन को खुसरो की सहायता के जुर्म में फाँसी।

साम्राज्य विस्तार

1. **कन्धार विजय (1606-7)**
2. **मेवाड़ से संधि (1615):**

- खुर्रम के प्रयासों से राणा अमरसिंह संधि के लिए तैयार हो गया।
- राणा के राजदूतों 'शुभकरण' एवं 'हरिदास' का जहाँगीर के दरबार में यथोचित सत्कार हुआ।
- संधि की शर्तों के अनुसार राणा ने मुगलों की अधीनता स्वीकार कर ली। राणा पर वैवाहिक संबंध के लिए दबाव नहीं डाला गया तथा मुगल सेना में अपने स्थान पर अपने पुत्र को भेजने की छूट मिल गई। मेवाड़ और चित्तौड़ के किले वापस राणा को मिल गए परंतु किलों के मरम्मत पर प्रतिबंध।
- राणा के पुत्र युवराज कर्ण को 5,000 जात एवं 5,000 सवार का मनसब प्राप्त किया तथा मुगल दरबार में बादशाह के दाहिने ओर स्थान मिला।
- जहाँगीर के काल की यह सबसे महत्त्वपूर्ण उपलब्धि थी।

दक्षिण विजय

- **अहमदनगर :** मलिक अम्बर ने यहाँ भूमि सुधार, गुरिल्लायुद्ध पद्धति की शुरुआत, और नौसेना का गठन कर लिया था। मलिक अम्बर को कुचलने के लिए रहीम, शहजादा परवेज, खान जहाँलोदी एवं अब्दुल्ला खाँ को भेजा। अंत में खुर्रम को 'शाह सुल्तान' की उपाधि देकर भेजा गया। बिना युद्ध किए 1617 में दोनों के बीच संधि हो गई। 'शाहजहाँ' की उपाधि खुर्रम को मिली।
- **कंधार की हार (1622) :** शाह अब्बास ने कंधार को जीत लिया। शाहजहाँ के विद्रोह के चलते जहाँगीर पुन: कंधार को नहीं जीत सका।

महावत खाँ का विद्रोह (1626)

- महावत खाँ ने विद्रोह कर काबुल जा रहे जहाँगीर को झेलम तट पर कैद कर लिया।
- नूरजहाँ ने सैनिक कार्यवाही कर जहाँगीर को छुड़ाने का प्रयत्न किया। असफल होकर वह भी जहाँगीर की सेवा में कैद में चली गई।
- नूरजहाँ ने कूटनीति से जहाँगीर को मुक्त कर लिया।
- 7 नवम्बर 1627 में 'भीमवार' नामक स्थान पर जहाँगीर की मृत्यु। उसे 'शाहदरा' में दफनाया गया।
- नूरजहाँ की माँ 'अस्मत बेगम' ने गुलाब से इत्र निकालने की विधि खोजी।
- मनसबदारी व्यवस्था में दु-अस्पा और सिंह अस्पा प्रथा शुरू की।
- कश्मीर में 'शालीमार बाग' की नींव रखी।
- जहाँगीर की आत्मकथा–'तुजुक-ए-जहाँगीरी'।

शाहजहाँ (1628-1658)

- जोधपुर की राजकुमारी जगत गोसाईं के गर्भ से 5 जनवरी 1592 को खुर्रम का लाहौर में जन्म हुआ।

- आसफ खाँ की पुत्री 'अरजुमन्द बानो बेगम' से विवाह जिसे शाहजहाँ ने 'मलिका-ए-जमानी' की उपाधि प्रदान की। 1631 में प्रसवपीड़ा में मृत्यु। उसकी याद में ताजमहल का निर्माण करवाया।
- 1623 में नूरजहाँ को अपने प्रतिकूल जानकर विरोध कर दिया।
- 24 फरवरी 1628 को शाहजहाँ सिंहासनारूढ़ हुआ।
- महावत खाँ को 7,000 जात, 7,000 सवार का मनसब मिला।
- नूरजहाँ को दो लाख रूपया प्रति वर्ष पेंशन देकर लाहौर जाने दिया गया।
- खान-जहाँ लोदी जो अहमदनगर के मुर्तजा निजाम शाह से मिलकर विद्रोह कर रहा था पकड़कर मार डाला गया।

जुझार सिंह बुन्देला का विद्रोह

- 1629 में मुगल दरबार में उचित स्थान नहीं मिलने पर विद्रोह कर दिया, किंतु पहली बार उसे माफ कर दिया गया।
- 5 वर्ष बाद चौरागढ़ पर हमलाकर गोंड शासक प्रेम नारायण की हत्या कर दी।
- इस विद्रोह को दबाने के लिए औरंगजेब ने अपना प्रथम राजकीय अभियान किया। 1635 में विद्रोह समाप्त परंतु चम्पतराय एवं छत्रसाल ने बुन्देलों के संघर्ष को जारी रखा।
- पुर्तगालियों के बढ़ते प्रभाव को नियंत्रित करने के उद्देश्य से 1632 में शाहजहाँ के आदेश पर बंगाल के गवर्नर 'कासिम खाँ' ने पुर्तगालों को हुगली से निकाल बाहर कर दंडित किया।

शाहजहाँ का साम्राज्य विस्तार :

(i) **अहमदनगर** : दक्षिण विजय की बागडोर महावत खाँ को सौंपी।
- 1633 ई० में अहमदनगर को मुगल साम्राज्य में मिला लिया।
- 1635 में शाहजी (शिवाजी के पिता) ने निजामशाही वंश को पुनजीर्वित करने का असफल प्रयास किया।

(ii) **गोलकुंडा** : 1636 में अब्दुला शाह ने डरकर अधीनता स्वीकार कर ली।

(iii) **बीजापुर** : आदिलशाह पर तीन ओर से आक्रमण करने पर वह संधि के लिए तैयार हो गया।
- औरंगजेब को दक्षिण के प्रांतों का राजप्रतिनिधि बनाया गया।

(iv) **कन्धार अभियान (1649-53)** : औरंगजेब और दारा शिकोह का अभियान असफल रहा।
- कन्धार ने मुगल आधिपत्य स्वीकार नहीं किया।
- शाहजहाँ ने दारा को अपना उत्तराधिकारी बनाया। उसके जात रैंक को बढ़ाकर 60,000 कर दिया।

उत्तराधिकार-युद्ध

- **बहादुरपुर का युद्ध (24 फरवरी 1658)** : दारा के पुत्र सुलेमान शिकोह ने शाहशुजा को पराजित कर दिया।
- **धरमट का युद्ध (25 अप्रैल, 1658)** : औरंगजेब एवं मुरादबख्श ने दारा की सेना को पराजित किया जिसका नेतृत्व जसवंतसिंह एवं कासिम खाँ कर रहे थे। औरंगजेब ने 'फतेहाबाद' नगर की स्थापना की।
- **सामूगढ़ का युद्ध (8 जून 1658)** : दारा पराजित हुआ।
- **देवराई का युद्ध (12 से 14 अप्रैल, 1959)** : इस अंतिम युद्ध में पराजित होने के उपरान्त इस्लाम की अवहेलना के आरोप में 30 अगस्त 1659 को दारा का कत्ल कर दिया गया।
- सितम्बर 1658 में शाहजहाँ को आगरे के किले में कैद कर लिया।
- 31 जनवरी 1666 में 74 वर्ष की अवस्था में शाहजहाँ की मृत्यु।
- शाहजहाँ ने 'तख्ते ताउस' का निर्माण कराया था।

औरंगजेब (1658-1707)

- जन्म 1618 में मुमताज के गर्भ से। बचपन अधिकांशत: नूरजहाँ के पास बीता।
- 'दिलरास बानो बेगम' से विवाह जो फारस के राज घराने से थी।
- प्रथम युद्ध अनुभव-ओरछा के जूझार सिंह के विरुद्ध।
- आगरा एवं दिल्ली में दो बार राज्याभिषेक। (1658 एवं 1659)।

साम्राज्य विस्तार

बीजापुर (1665-1687)

- आदिलशाह-II के विरुद्ध जयपुर के राजा जयसिंह को 1665 में दक्षिण भेजा।
- रास्ते में उसने शिवाजी के साथ *पुरन्दर की संधि* की।
- जयसिंह असफल होकर 1666 में वापस आ रहा था तब बुरहानपुर के निकट जयसिंह की मृत्यु हो गई।
- औरंगजेब ने स्वयं अभियान कर सिकन्दर आदिलशाह को 1686 में आत्मसमर्पण के लिए मजबूर किया। अंतत: बीजापुर अधिकार में आ गया।

- शासन कार्य की जिम्मेदारी यहाँ मदन्ना एवं अकन्या नामक ब्राह्मणों पर थी।
- बीजापुर के सुल्तान अबुल हसन को स्वयं अभियान कर 1697 में कैद कर लिया। गोलकुण्डा का पूर्ण विलय हो गया।

औरंगजेब के विरुद्ध विद्रोह

1. जाट विद्रोह

- गोकला के नेतृत्व में 1669 में विद्रोह प्रारंभ।
- 1685-86 में जाट नेता राजाराम का विद्रोह। कछवाहा शासक विशनसिंह द्वारा दमन। 1689 में राजाराम मारा गया।
- चूरामन ने जाट विद्रोह का नेतृत्व संभाला।
- चूरामन द्वारा भरतपुर राजवंश की नींव रखी गई।
- चूरामन का औरंगजेब के साथ अंतिम समय तक जाट विद्रोह नेतृत्व करता रहा, बदन सिंह ने उसकी परंपरा को आगे बढ़ाया।

2. सतनामी विद्रोह (1672)

- सतनामी नामक धार्मिक पंथ 'दादू की परंपरा' में जगजीवनदास ने चलाया था।
- 1672 में एक सिपाही एवं सतनामी के बीच झड़प ने विद्रोह का रूप धारण कर लिया।

3. बुन्देला विद्रोह

- शाहजहाँ के समय 'जुझारसिंह' एवं चम्पतराय का विद्रोह।
- औरंगजेब के समय छत्रसाल ने विद्रोह किया।

4. राजपूत विद्रोह (1678)

- दुर्गादास राठौर एवं राणा राजसिंह ने विद्रोह किया।
- राणा राजसिंह के उत्तराधिकारी जगतसिंह ने औरंगजेब से समझौता कर जजिया के बदले कुछ परगना दिया।
- दुर्गादास राठौर ने अकबर से मिलकर अजमेर पर कब्जा करने का प्रयास किया।

5. सिक्ख विद्रोह

- 1701 में औरंगजेब ने गुरु गोविन्द सिंह के आनन्दपुर पर आक्रमण किया।
- गुरु आनन्दपुर से 'चमकौर' पहुँचे।
- खिदराना (फिरोजपुर) के युद्ध में मुगल सेना परास्त।
- नान्देर नामक स्थान पर 1708 में गुरु की हत्या।
- औरंगजेब ने राजपूतों के प्रति कठोर नीति अपनायी।
- 1707 में औरंगजेब की मृत्यु के साथ राज्य छिन्न-भिन्न हो गया।

मुगलकालीन प्रशासन

- मुगलकालीन शासन व्यवस्था अत्यधिक केंद्रीकृत नौकरशाही व्यवस्था थी। इसमें भारतीय व विदेशी (अरबी-फारसी) तत्त्वों का सम्मिश्रण था।
- मुगल साम्राज्य के संस्थापक बाबर ने दिल्ली सल्तनत के सुल्तानों से अलग 'पादशाह' की उपाधि ग्रहण की। पादशाह का शाब्दिक अर्थ है 'ऐसा स्वामी या शक्तिशाली राजा जिसे अपदस्थ ने किया जा सके।'
- मुगलकाल में सम्राट को प्रशासनिक कार्यों में सहायता करने के लिए एक मंत्रिपरिषद् थी। मंत्रिपरिषद् को विजारत कहा जाता था।
- बाबर के शासनकाल में वजीर का पद काफी महत्त्वपूर्ण था। वह राज्य का प्रधानमंत्री होता था। सम्राट के बाद शासन कार्यों को संचालित करने वाला सबसे महत्त्वपूर्ण अधिकारी वकील था। जिसके कर्त्तव्यों को अकबर ने दीवान, मीरबख्शी, सद्र-उस-सद्र एवं मीर समां में विभाजित कर दिया।
- मुगलकालीन प्रमुख प्रशासनिक अधिकारियों के कार्यों का विवरण इस प्रकार है–
  1. **दीवान/वजीरः** यह राजस्व एवं वित्त विभाग का प्रमुख था। दीवान के निरीक्षण के अंतर्गत् अनेक विभाग कार्यरत थे।
  2. **मीरबख्शीः** यह सैन्य विभाग का प्रमुख अधिकारी था। सैन्य विभाग से संबद्ध अनेक कार्य इसके पास होते थे।
  3. **सद्र-उस-सद्र या सुदूरः** यह धार्मिक मामलों, धार्मिक धन-सम्पत्ति एवं दान विभाग का प्रधान होता था। शरीमत की रक्षा करना इसका प्रमुख कर्त्तव्य था। सद्र दान में दी गई लगानहीन भूमि का भी निरीक्षण करता था। इस भूमि को **'सयूरगूल'** या **'मदद-ए-माश'** कहा जाता था।
  4. **मीर समांः** यह सम्राट के घरेलू विभागों का प्रधान होता था। सम्राट के दैनिक व्यय, भोजन एवं भंडार का निरीक्षण भी इसके द्वारा किया जाता था।
- अकबर के शासनकाल में सर्वप्रथम प्रांतीय प्रशासन हेतु नया आधार प्रस्तुत किया गया। अकबर के समय सूबों की संख्या 15 थी। जहांगीर के समय भी सूबों की संख्या 15 थी। शाहजहां और औरंगजेब के समय सूबों की संख्या क्रमशः 18 और 20 हो गई।
- प्रशासन की दृष्टि से मुगल साम्राज्य का विभाजन सूबों में, सूबे सरकार में, सरकार परगना या महल में बंटे थे, परगने से जिले या दस्तूर बने थे जिसके अंतर्गत् ग्राम होते थे जो प्रशासन की सबसे छोटी इकाई होती थी, जिसे मावदा या दीह कहते थे। मावदा के अंतर्गत् छोटी-छोटी बस्तियों को नागला कहा जाता था।
- शाहजहां के शासनकाल में सरकार एवं परगना के मध्य चकला नाम की एक नई इकाई की स्थापना की गई थी।
- मुगल सेना चार भागों में विभक्त थी–1. पैदल सेना, 2. घुड़सवार सेना, 3. तोपखाना और 4. हाथी सेना।
- मुगलकालीन सैन्य व्यवस्था पूर्णतः मनसबदारी प्रथा पर आधारित थे। इसे अकबर ने प्रारंभ किया था। 10 से 500 तक मनसब प्राप्त करनेवाले मनसबदार, 500 से 2500 तक मनसब प्राप्त करनेवाले उमरा तथा 2500 से ऊपर तक मनसब प्राप्त करनेवाले अमीर-ए-आजम कहलाते थे।
- मनसबदारी व्यवस्था में जात से व्यक्ति के वेतन एवं प्रतिष्ठा का तथा सवार पद से घुड़सवार दस्तों की संख्या का ज्ञान होता था।

  जहांगीर ने सवार पद में दुअस्पा एवं सिंह-अस्पा की व्यवस्था की।

सामाजिक व्यवस्था

- मुगलकालीन सामाजिक जीवन के संबंध में अधिक विस्तृत सूचनाएँ उपलब्ध हैं। नगरीय जीवन के संबंध में मुख्यतः यूरोपीय यात्रियों के वृतांत, व्यापारिक कंपनियों के विपत्र तथा ग्रामीण जीवन के संबंध में मुगल प्रशासनिक दस्तावेज इस सूचना की प्राप्ति में सहायक हैं।
- मुगलकालीन समाज की संरचना सल्तनतकाल से बहुत भिन्न नहीं थी, सिवाय इसके कि इस काल में जैनों की स्थिति में कुछ परिवर्तन आए थे, सिक्ख एक नए और महत्त्वपूर्ण सम्प्रदाय के रूप में उभरे एवं ईसाइयों की संख्या भी बढ़ी थी। हिन्दू समाज में पूर्ववत् जाति पर आधारित विभाजन बने रहे।
- भक्ति आंदोलन के प्रभाव में जाति-प्रथा का खंडन करने वाले संतों का पदार्पण भी हुआ। उनके द्वारा नए संप्रदायों की स्थापना भी हुई जिनके सदस्य जाति-प्रथा के सिद्धांतों को नहीं मानते थे परंतु इसका प्रभाव अत्यंत सीमित रहा।
- मुस्लिम समाज का स्वरूप भी पूर्ववत् बना रहा केवल विदेशी मुसलमानों में ईरानियों की संख्या और प्रभाव में उल्लेखनीय वृद्धि हुई।
- मुगलकाल में समाज में महिलाओं की स्थिति पहले की तुलना में सुधरी थी। इस काल में अनेक विदूषी और प्रभावशाली महिलाओं की चर्चा मिलती है, जो हिन्दू और मुस्लिम दोनों वर्गों से संबद्ध थी। यथा-जहांआरा, नूरजहां, गुलबदन बेगम, चाँदबीबी, दुर्गावती और ताराबाई। परंतु सामान्यतः महिलाओं को अनेक असुविधाओं का सामना करना पड़ता था।

- दासों की स्थिति में इस काल में और गिरावट आई। दासों को अब मात्र सेवक के रूप में अथवा घरेलू काम-काज के सहायक के रूप में प्रयोग किया जाने लगा।
- मुगलकाल में शिक्षा के क्षेत्र में विशेष प्रगति हुई। सबसे महत्त्वपूर्ण परिवर्तन यह आया कि मदरसों के पाठ्यक्रम में धर्म के अतिरिक्त गणित, दर्शन एवं साहित्य आदि का महत्त्व बढ़ा।
- हिन्दू और मुस्लिम समाज के बीच संपर्क से एक मिली-जुली परंपरा का प्रारंभ हुआ।

मुगलकालीन अर्थव्यवस्था

- इस काल में भी ग्रामीण अर्थव्यवस्था में कृषि की प्रधानता पूर्ववत बनी रही, जबकि नगरीय जीवन में व्यापार एवं शिल्प-उत्पादन की स्थिति पहले की तुलना में अधिक समुन्नत रही।

मुगलकालीन प्रमुख अधिकारी एवं कार्य

पद	कार्य
सूबेदार	प्रांतों में शांति स्थापित करना
दीवान	प्रांतीय राजस्व का प्रधान
बख्शी	प्रांतीय सैन्य प्रधान
फौजदार	जिले का प्रधान फौज अधिकारी
अमिल या अमलगुजार	जिले का प्रमुख राजस्व अधिकारी
कोतवाल	नगर प्रधान
शिकदार	परगने का प्रमुख अधिकारी
आमिल	ग्राम में कृषकों से प्रत्यक्ष संबंध बनाना एवं लगान निर्धारित करना

- मुगलकाल के राजस्व के स्त्रोत मुख्यतः दो भागों में बंटे थे–केंद्रीय एवं स्थानीय।
- केंद्रीय आय के महत्त्वपूर्ण स्त्रोत थे–भू-राजस्व, चुंगी, टकसाल, उत्तराधिकारी के अभाव में प्राप्त आय, उपहार, नमक पर कर एवं प्रत्येक व्यक्ति पर लगने वाला व्यक्ति कर। इन सब में भू-राजस्व सर्वाधिक महत्त्वपूर्ण स्त्रोत था। वास्तविक कृषि उत्पाद या फसल में राज्य के अंश को माल या खराज के रूप में परिभाषित किया जाता था।
- भूमिकर के विभाजन के आधार पर मुगल साम्राज्य की समस्त भूमि 3 वर्गों में विभाजित थी–
  1. **खालसा भूमिः** प्रत्यक्ष रूप से बादशाह के नियंत्रण में।
  2. **जागीर भूमिः** तनख्वाह के बदले दी जाने वाली भूमि।
  3. **सयूरगल या मदद-ए-माशः** अनुदान में दी गई लगानहीन भूमि। **इसे मिल्क भी कहा जाता था।**
- अकबर ने भी शेरशाह द्वारा भू-राजस्व हेतु अपनाई जाने वाली पद्धति **'राई'** (कर निर्धारण प्रणाली) का उपयोग किया। अकबर ने 1573 में करोड़ी नामक अधिकारी की नियुक्ति की । इसे अपने क्षेत्र से एक करोड़ दाम वसूल करना होता था।
- 1580 में अकबर ने **दहसाला नाम** की नवीन कर प्रणाली प्रारंभ की। इस व्यवस्था को **'टोडरमल बंदोबस्त'** भी कहा जाता है। इस व्यवस्था के अंतर्गत् भूमि को चार भागों में बांटा गया–
  1. **पोलजः** इसमें नियमित रूप से खेती होती थी।
  2. **परतीः** इस भूमि पर एक या दो वर्ष के अंतराल पर खेती की जाती थी।
  3. **चाचरः** इस पर तीन-चार वर्षों के अंतराल पर खेती की जाती थी।
  4. **बंजरः** यह खेती योग्य भूमि नहीं थी, इस पर लगान नहीं वसूला जाता था।
- टोडरमल ने 1570-71 में खालसा भूमि पर भू-राजस्व की नवीन प्रणाली जब्ती प्रारंभ की। इस प्रणाली में भूमि की पैमाइश एवं खेतों की मूल वास्तविक पैदावार को आंकने के आधार पर कर की दरों को निर्धारित किया जाता था।
- लगान निर्धारण की अन्य प्रणाली 'बंटाई' या 'गल्ला बख्शी' मुगलकाल की सर्वाधिक प्राचीन प्रचलित प्रणाली थी।
- औरंगजेब ने अपने शासनकाल में नस्क प्रणाली को अपनाया और भू-राजस्व की राशि को उपज का आधा कर दिया।
- **मुगलकाल में कृषक तीन वर्गों में विभाजित थे–**
  1. **खुदकाश्त :** ये किसान उसी गांव की भूमि पर खेती करते थे जहाँ के वे निवासी थे।
  2. **पादीकाश्त :** ये दूसरे गाँव जाकर कृषि कार्य करते थे।
  3. **मुजारियन :** ये किराये पर भूमि लेकर कृषि करने वाले कृषक थे।
- मुगलकालीन अर्थव्यवस्था का आधार चाँदी का रुपया था। इस काल में मुख्यतः तीन प्रकार के धातु के सिक्के-सोने की मुहर, चाँदी का रुपया एवं तांबे के दाम प्रचलन में थे।
- अकबर ने अपने शासनकाल में 'मुहर' नामक सिक्का चलाया।
- आना सिक्के का प्रचलन शाहजहां ने करवाया।
- औरंगजेब के समय में रुपए की सर्वाधिक ढलाई हुई ।

18वीं शताब्दी के स्वायत्त राज्य

राज्य	संस्थापक
अवध	सआदत खां बुरहानुल मुल्क
हैदराबाद (दक्कन)	चिनकिलिच खां या निजामुल मुल्क
रूहेलखंड	वीर दाउद एवं अली मुहम्मद खां
बंगाल	मुर्शिद कुली खां
कर्नाटक	सादुतुल्ला
भरतपुर (जाट राज्य)	चूरामन एवं बदन सिंह

❑❑❑

अध्याय-13

मराठों का उत्कर्ष

शिवाजी

- मराठा साम्राज्य के संस्थापक शिवाजी थे।
- शिवाजी का जन्म 6 अप्रैल, 1627 ई. में शिवनेर दुर्ग (जुन्नार के समीप) में हुआ था।
- शिवाजी के पिता का नाम शाहजी भोंसले एवं माता का नाम जीजाबाई था।
- शाहजी भोंसले की दूसरी पत्नी का नाम तुकाबाई मोहते था।
- शिवाजी के गुरु कोंडदेव थे।
- आध्यात्मिक क्षेत्र में शिवाजी के आचरण पर गुरु रामदास का काफी प्रभाव था।
- शिवाजी का विवाह साइबाई निम्बालकर से 1640 ई. में हुआ।
- शाहजी ने शिवाजी को पूना की जागीर प्रदान कर स्वयं बीजापुर रियासत में नौकरी कर ली।
- अपने सैन्य अभियान के अन्तर्गत 1644 ई. में शिवाजी ने सर्वप्रथम बीजापुर के तोरण नामक पहाड़ी किले पर अधिकार किया।
- 1656 ई. में शिवाजी ने रायगढ़ को अपनी राजधानी बनाया।
- बीजापुर के सुल्तान ने अपने योग्य सेनापति अफलज खाँ को सितम्बर, 1665 ई. में शिवाजी को पराजित करने के लिए भेजा। शिवाजी ने अफलज खाँ की हत्या कर दी।
- शिवाजी ने सूरत को 1664 ई. एवं 1679 ई. में लूटा।
- पुरन्दर की संधि 1665 ई. में महाराजा जयसिंह एवं शिवाजी के मध्य सम्पन्न हुई।
- 1672 ई. में शिवाजी ने पन्हाला दुर्ग को बीजापुर से छीना।
- 5 जून, 1674 ई. को शिवाजी ने रायगढ़ में वाराणसी (काशी) के प्रसिद्ध विद्वान श्री गंगाभट्ट द्वारा अपना राज्याभिषेक करवाया। मूल रूप से गंगाभट्ट महाराष्ट्र का एक सम्मानित ब्राह्मण था, जो लम्बे समय से वाराणसी में रह रहा था।
- शिवाजी को औरंगजेब ने मई, 1666 ई. में जयपुर भवन में कैद कर लिया, जहाँ से वे 16 अगस्त, 1666 ई. में भाग निकले।
- मात्र 53 वर्ष की आयु में 3 अप्रैल, 1680 ई. को शिवाजी की मृत्यु हो गयी।
- शिवाजी के मंत्रिमंडल को अष्टप्रधान कहा जाता था। अष्टप्रधान में पेशवा का पद सर्वाधिक महत्त्वपूर्ण एवं सम्मान का होता था।
- शिवाजी ने दरबार में मराठी को भाषा के रूप में प्रयोग किया।
- शिवाजी की सेना तीन महत्त्वपूर्ण भागों में विभक्त थी–
  1. पागा सेना : नियमित घुड़सवार सैनिक।
  2. सिलहदार : अस्थायी घुड़सवार सैनिक।
  3. पैदल : पैदल सेना।
- शिवाजी की कर-व्यवस्था मलिक अम्बर की कर-व्यवस्था पर आधारित थी। शिवाजी ने रस्सी द्वारा माप की व्यवस्था के स्थान पर काठी एवं मानक छड़ी के प्रयोग को आरम्भ किया।
- शिवाजी के समय कुल उपज का 33% भाग राजस्व के रूप में वसूला जाता था, जो बढ़ कर 40% हो गया था।
- चौथ एवं सरदेशमुखी नामक कर शिवाजी के द्वारा लगाया गया। **चौथ**–किसी एक क्षेत्र को बरबार न करने के बदले दी जाने वाली रकम को कहा गया है। **सरदेशमुखी**–इसके हक का दावा करके शिवाजी स्वयं को सर्वश्रेष्ठ देशमुख प्रस्तुत करना चाहते थे।

शिवाजी के उत्तराधिकारी

- शिवाजी का उत्तराधिकारी शम्भाजी था। शम्भाजी ने उज्जैन के हिन्दी एवं संस्कृत के प्रकाण्ड विद्वान कवि कलश को अपना सलाहकार नियुक्त किया।
- मार्च, 1689 ई. को मुगल सेनापति मखर्रब खाँ ने संगमेश्वर में छिपे हुए शम्भाजी एवं कवि कलश को गिरफ्तार कर लिया और उसकी हत्या कर दी।
- शम्भाजी के बाद 1689 ई. में राजाराम को नए छत्रपति के रूप में राज्याभिषेक किया गया।
- राजाराम ने अपनी दूसरी राजधानी सतारा को बनाया।
- राजाराम मुगलों से संघर्ष करता हुआ 2 मार्च, 1700 ई. में मारा गया।
- राजाराम की मृत्यु के बाद उसकी विधवा पत्नी ताराबाई अपने 4 वर्षीय पुत्र शिवाजी-II का राज्याभिषेक करवाकर मराठा साम्राज्य की वास्तविक संरक्षिका बन गई।

- 1707 ई. में औरंगजेब की मृत्यु के बाद शम्भाजी के पुत्र साहू (जो औरंगजेब के कब्जे में था) भोपाल के निकट के मुगल शिविर से वापस महाराष्ट्र आया।
- साहू एवं ताराबाई के बीच 1707 ई. में खेड़ा का युद्ध हुआ, जिसमें साहू विजयी हुआ।
- साहू ने 22 जनवरी, 1708 ई. को सतारा में अपना राज्याभिषेक करवाया।
- साहू के नेतृत्व में नवीन मराठा साम्राज्यवाद के प्रवर्त्तक पेशवा लोग थे, जो साहू के पैतृक प्रधानमंत्री थे। पेशवा पद पहले पेशवा के साथ ही वंशानुगत हो गया था।
- 1713 ई. में साहू ने बालाजी विश्वनाथ को पेशवा बनाया। इनकी मृत्यु 1720 ई. में हुई। इसके बाद पेशवा बाजीराव प्रथम हुए।
- पेशवा बाजीराव प्रथम ने मुगल साम्राज्य की कमजोर हो रही स्थिति का फायदा उठाने के लिए साहू को उत्साहित करते हुए कहा कि आओ, हम इस पुराने वृक्ष के खोखले तने पर प्रहार करें, शाखाएँ तो स्वयं गिर जाएगी, हमारे प्रयत्नों से मराठा पताका कृष्णा नदी से अटक तक फहराने लगेगी। उत्तर में साहू ने कहा–निश्चित रूप से ही आप इसे हिमालय के पार गाड़ देंगे, निःसंदेह आप योग्य पिता के योग्य पुत्र हैं।
- पालखेड़ा का युद्ध 7 मार्च, 1728 ई. बाजीराव प्रथम एवं निजामुलमुल्क के बीच हुआ जिसमें निजाम की हार हुई। निजाम के साथ मुंगी शिवागांव की संधि हुई।
- दिल्ली पर आक्रमण करने वाला प्रथम पेशवा बाजीराव प्रथम था, जिसने 29 मार्च, 1737 ई. को दिल्ली पर धावा बोला था। उस समय मुगल बादशाह मुहम्मदशाह दिल्ली छोड़ने के लिए तैयार हो गया था।
- बाजीराव प्रथम मस्तानी नामक महिला से संबंध होने के कारण चर्चित रहा था।
- 1740 ई. में बाजीराव प्रथम की मृत्यु हो गई
- बाजीराव प्रथम की मृत्यु के बाद बालाजी बाजीराव 1740 ई. में पेशवा बना।
- 1750 ई. में संगोला संधि के बाद पेशवा के हाथ में सारे अधिकार सुरक्षित हो गए।
- बालाजी बाजीराव को नाना साहब के नाम से भी जाना जाता था।
- झलकी की संधि हैदराबाद के निजाम एवं बालाजी बाजीराव के मध्य हुई।
- बालाजी बाजीराव के समय में ही पानीपत का तृतीय युद्ध (14 जनवरी, 1761) हुआ, जिसमें मराठों की हार हुई। इस हार को नहीं सह पाने के कारण बालाजी की मृत्यु 1761 में हो गयी।
- माधवराव नारायण प्रथम 1791 ई. में पेशवा बना। इसने मराठों की खोई हुई प्रतिष्ठा को पुनः प्राप्त करने का प्रयास किया।
- माधवराव ने ईस्ट इंडिया कम्पनी की पेंशन पर रह रहे मुगल बादशाह शाह आलम-II को पुनः दिल्ली की गद्दी पर बैठाया। मुगल बादशाह अब मराठों का पेंशनभोगी बन गया।
- पेशवा नारायण राव (1772-73) की हत्या उसके चाचा रघुनाथ राव के द्वारा कर दी गई।
- पेशवा माधवराव नारायण-II की अल्पायु के कारण मराठा राज्य की देख-रेख बारहभाई सभा नाम की 12 सदस्यों की एक परिषद् करती थी। इस परिषद् के दो महत्त्वपूर्ण सदस्य थे–महादजी सिंधिया एवं नाना फड़नबीस। नाना फड़नबीस का मूल नाम बालाजी जनार्दन भानु था। अंग्रेज जेम्स ग्रांट डफ ने इन्हें मराठों का मैकियावेली कहा था।
- अंतिम पेशवा राघोवा का पुत्र बाजीराव-II था, जो अंग्रेजों की सहायता से पेशवा बना था। मराठों के पतन में सर्वाधिक योगदान इसी का था। यह सहायक संधि स्वीकार करने वाला प्रथम मराठा सरदार था।
- **प्रथम आंग्ल-मराठा युद्ध :** 1775-82 ई. तक चला। इसके बाद 1776 ई. में पुरन्दर की संधि हुई इसके तहत कम्पनी ने रघुनाथ राव के समर्थन को वापस लिया।
- **द्वितीय आंग्ल-मराठा युद्ध :** 1803-05 ई. में हुआ। इसमें भौंसले (नागपुर) ने अंग्रेजों को चुनौती दी। इसके फलस्वरूप 7 सितम्बर, 1803 ई. को देवगाँव की संधि हुई।
- **तृतीय आंग्ल-मराठा युद्ध :** 1816-18 ई. में हुआ। इस युद्ध के बाद मराठा शक्ति और पेशवा के वंशानुगत पद को समाप्त कर दिया गया।
- पेशवा बाजीराव-II ने कोरेगाँव एवं अष्टी के युद्ध में हारने के बाद फरवरी 1818 ई. में मेल्कम के सम्मुख आत्मसमर्पण कर दिया। अंग्रेजों ने पेशवा के पद को समाप्त कर बाजीराव-II को कानपुर के निकट बिठूर में पेंशन पर जीने के लिए भेज दिया, जहाँ 1853 ई. में इसकी मृत्यु हो गयी।

❑❑❑

अध्याय-14

यूरोपियों का आगमन एवं देशी राज्य

पुर्तगाली

- भारत में आने वाले यूरोपीय मुख्यतः व्यापारी थे। प्रारंभ में वे व्यापारी के रूप में आए लेकिन यहां की तत्कालीन परिस्थितियों ने उन्हें अपने आर्थिक हितों की पूर्ति के लिए अपना राज्य स्थापित करने के लिए प्रेरित किया।
- भारत में आने वाले यूरोपियों में **पुर्तगाली** प्रथम थे। 1498 में **वास्को-डि-गामा** के भारत आगमन से पुर्तगालियों एवं भारत के मध्य व्यापार के क्षेत्र में एक नए युग का शुभारंभ हुआ। इसके बाद धीरे-धीरे पुर्तगालियों का भारत आने का क्रम जारी हो गया।
- 20 मई, 1498 में वास्को-डि-गामा ने भारत के पश्चिमी तट पर स्थित कालीकट बंदरगाह पहुँचकर भारत एवं यूरोप के मध्य नए समुद्री मार्ग की खोज की।
- **फ्रांसिस्को द अल्मेडा** भारत में प्रथम पुर्तगाली वायसराय बनकर 1505 में आया। इसने सामुद्रिक नीति को अधिक महत्त्व दिया तथा हिन्द महासागर में पुर्तगालियों की स्थिति को मजबूत करने का प्रयत्न किया। वह 1509 तक भारत में रहा।
- अल्मेडा के बाद अल्फांसो द अल्बुकर्क 1509 में पुर्तगालियों का वायसराय बनकर भारत आया। उसने 1510 में बीजापुर के शासक यूसूफ आदिलशाह से गोवा को छीनकर अपने अधिकार में कर लिया। पुर्तगालियों की आबादी को बढ़ाने के उद्देश्य से अल्बुकर्क ने भारतीय स्त्रियों से विवाह को प्रोत्साहन दिया। **भारत में पुर्तगाली साम्राज्य का वास्तविक संस्थापक अल्बुकर्क को माना जाता है।**
- पुर्तगालियों ने गोवा को अपनी सत्ता एवं संस्कृति के महत्त्वपूर्ण केंद्र के रूप में स्थापित किया।
- पुर्तगालियों ने अपनी व्यापारिक कोठी (फैक्ट्री) कोचीन में खोली।
- अपनी शक्ति के विस्तार के साथ ही पुर्तगालियों ने भारतीय राजनीति में भी हस्तक्षेप करना प्रारंभ कर दिया। फलतः कालीकट के राजा से इनकी शत्रुता बढ़ी।
- पुर्तगालियों के भारत आगमन से तंबाकू की खेती, जहाज निर्माण एवं प्रिंटिंग प्रेस का सूत्रपात (1556) हुआ।

डच

- पुर्तगालियों की ही तरह डच भी भारत में व्यापार के लिए आए थे। दक्षिण-पूर्व एशिया के मसाला बाजारों में सीधा प्रवेश प्राप्त करना ही डचों का महत्त्वपूर्ण उद्देश्य था। डच लोग हॉलैंड के निवासी थे। भारत में **'डच ईस्ट इंडिया कंपनी'** की स्थापना 1602 में हुई।
- 1596 में भारत आनेवाला **प्रथम डच नागरिक** कारनेलिस डेहस्तमान था।
- भारत में डचों की महत्त्वपूर्ण व्यापारिक कोठियां थीं–मुसलीपट्टम (1605), पुलीकट (1610), सूरत (1616), विमलीपट्टम, चिनसुरा, कासिम बाजार, कड़ा नगर, पटना, बालासोर, नागपट्टम, कोचीन आदि।
- डच लोग मुख्यतः मसाले, नील, कच्चे रेशम, शीशा, चावल व अफीम का व्यापार भारत से करते थे।
- डचों का भारत में अंतिम रूप से पतन 1759 में अंग्रेजों एवं डचों के मध्य हुए 'वेदरा के युद्ध' से हुआ।

यूरोपीय व्यापारिक कंपनियाँ

कंपनी	स्थापना वर्ष
पुर्तगाली ईस्ट इंडिया कंपनी	1498 ई.
अंग्रेजी ईस्ट इंडिया कंपनी	1600 ई.
डच ईस्ट इंडिया कंपनी	1602 ई.
डैनिश ईस्ट इंडिया कंपनी	1616 ई.
फ्रांसीसी ईस्ट इंडिया कंपनी	1664 ई.
स्वीडिश ईस्ट इंडिया कंपनी	1731 ई.

अंग्रेज

- ईस्ट इंडिया कंपनी की स्थापना (1600 ई.) ब्रिटिश सरकार द्वारा कुछ व्यापारियों को चार्टर प्रदान करने के साथ हुई।
- जेम्स प्रथम के राजदूत टॉमस रो ने जहांगीर से सूरत में व्यापारिक कोठी (फैक्ट्री) खोलने तथा व्यापार करने की आज्ञा प्राप्त कर ली थी।
- अंग्रेजों द्वारा प्रथम व्यापारिक कोठी सूरत में 1608 में खोली गई।

1611 ई. दक्षिण-पश्चिम समुद्रतट पर सर्वप्रथम अंग्रेजों ने मुसलीपट्टम में व्यापारिक कोठी की स्थापना की।

- बम्बई (अब मुम्बई), सूरत, मद्रास तथा हुगली को शामिल करके अंग्रेजों ने इन्हें प्रेसीडेंसी शहर बना दिया।
- 1698 में अंग्रेजी ईस्ट इंडिया कंपनी ने तीन गांव–सुतानाटी, कोलिकत्ता, एवं गोविंदपुर की जमींदारी 1200 रुपए भुगतान कर प्राप्त की और यहां पर फोर्ट विलियम का निर्माण किया। कालांतर में यही कलकत्ता (अब कोलकाता) नगर कहलाया, जिसकी नींव जॉब चॉर्नाक ने रखी।
- 1757 में प्लासी के युद्ध में क्लाइव ने बंगाल के नवाब सिराजुद्दौला को हराकर भारत में अंग्रेजी राज्य की नींव रखी।
- बक्सर के युद्ध (1764) में अंग्रेजों ने शहआलम II (मुगल सम्राट), शुजाउद्दौला (अवध का नवाब) और मीर कासिम (बंगाल का नवाब) की संयुक्त सेनाओं को हराकर अंग्रेजी साम्राज्य को दिल्ली तक विस्तृत कर दिया।
- 1818 में अंग्रेजों ने मराठा शक्ति को पूर्णतया समाप्त कर दिया तथा 1849 के चिलियानवाला के युद्ध में सिख शक्ति का अंत करके पंजाब समेत पूरे भारत को अपने राज्य में मिला लिया।

डेनिस

- डेनमार्क की डैनिश ईस्ट इंडिया कंपनी की स्थापना 1616 में हुई थी। इस कंपनी ने त्रावणकोर (तमिलनाडु) और सेरामपुर (बंगाल) में अपनी व्यापारिक कोठियां स्थापित की थीं।
- 1845 में डेनों ने अपनी भारतीय वाणिज्यिक कंपनी को अंग्रेजों को बेच दिया।

फ्रांसीसी

- भारत में सबसे अंत मे **फ्रांसीसियों** का प्रवेश हुआ। भारत में प्रथम फ्रांसीसी कोठी फ्रेंकों कैरों द्वारा सूरत में 1648 में स्थापित की गई।
- फ्रांसिस मार्टिन ने 1674 में पांडिचेरी (अब पुडुचेरी) की स्थापना की।
- 1742 में डूप्ले नामक फ्रेंच गवर्नर भारत में आया। वह बहुत महत्त्वाकांक्षी था परंतु वांडीवाश के युद्ध (1760) में उसे क्लाइव के कारण अंग्रेजों से पराजय देखनी पड़ी। अंग्रेजी सेना का नेतृत्व सर आयर कूट के हाथ में था।
- प्रथम कर्नाटक युद्ध (1746-48) ऑस्ट्रिया के उत्तराधिकार युद्ध से प्रभावित था। 1748 में हुई एक्स-ला-शापेल की संधि के द्वारा ऑस्ट्रिया का उत्तराधिकार युद्ध समाप्त हो गया और इसी संधि के तहत प्रथम कर्नाटक युद्ध समाप्त हो गया।
- द्वितीय कर्नाटक युद्ध (1749-54) में फ्रांसीसी गवर्नर डूप्ले की हार हुई। उसे वापस बुला लिया गया और उसकी जगह पर **गोडेहू** को भारत में अगला फ्रांसीसी गवर्नर बनाया गया। पांडिचेरी की संधि (जनवरी, 1755) के तहत युद्ध समाप्त हुआ।
- कर्नाटक का तीसरा युद्ध (1756-63) यूरोप में सप्तवर्षीय युद्ध का ही अंश था। पेरिस की संधि होने पर यह युद्ध समाप्त हुआ।
- 1761 में अंग्रेजों ने पांडिचेरी को फ्रांसीसियों से छीन लिया।
- पेरिस संधि (1763) के द्वारा अंग्रेजों ने चंद्रनगर को छोड़कर शेष अन्य प्रदेशों को लौटा दिया, जो 1749 तक फ्रांसीसी कब्जे में थे, ये प्रदेश भारत की आजादी तक फ्रांसीसियों के कब्जे में रहे।

मैसूर

- 1761 में हैदरअली ने मैसूर में हिन्दू शासक के ऊपर नियंत्रण स्थापित कर लिया। वह सैनिक एवं राजनीतिक योग्यता में अद्वितीय था। फ्रांसीसियों के साथ उसके अच्छे संबंध थे। उसकी योग्यता, कूटनीतिक सूझबूझ एवं सैनिक कुशलता से मराठे, निजाम एवं अंग्रेज ईर्ष्या रखते थे। हैदरअली ने अंग्रेजों से भी सहयोग मांगा किन्तु अंग्रेज इसके लिए तैयार नहीं हुए क्योंकि इससे उनकी राजनीतिक महत्त्वाकांक्षा पूरी नहीं होती।
- द्वितीय आंग्ल-मैसूर (1781-84) युद्ध के दौरान 1782 में हैदरअली की मृत्यु हो गई।
- हैदरअली का उत्तराधिकारी उसका पुत्र टीपू सुल्तान था। टीपू ने 1787 में अपनी राजधानी श्रीरंगपट्टनम में 'पादशाह' की उपाधि धारण की।

आंग्ल-मैसूर युद्ध के समय बंगाल के अंग्रेज गवर्नर जनरल

युद्ध	समय	गवर्नर जनरल
प्रथम आंग्ल-मैसूर युद्ध	1767-64	.....
द्वितीय आंग्ल-मैसूर युद्ध	1780-84	लॉर्ड वारेन हेस्टिंग्स
तृतीय आंग्ल-मैसूर युद्ध	1790-92	लॉर्ड कार्नवालिस
चतुर्थ आंग्ल-मैसूर युद्ध	1799	लॉर्ड वेलेजली

- चतुर्थ आंग्ल-मैसूर युद्ध के दौरान 1799 में टीपू की मृत्यु हो गई।

आंग्ल-मैसूर युद्ध से संबद्ध महत्त्वपूर्ण संधियां

युद्ध	संधि	वर्ष	शासक
प्रथम आंग्ल-मैसूर युद्ध	मद्रास की संधि	1769	हैदरअली
द्वितीय आंग्ल-मैसूर युद्ध	मंगलौर की संधि	1784	टीपू सुल्तान
तृतीय आंग्ल-मैसूर युद्ध	श्रीरंगपट्टम की संधि	1792	टीपू सुल्तान

पंजाब

- रणजीत सिंह सिखों के 12 मिसलों में से एक मिसल **'सुकर चकिया'** से संबंधित थे। इन्होंने 1797 में रावी एवं चिनाब के प्रदेशों के प्रशासन का कार्यभार संभाला। अफगानिस्तान के शासक जमानशाह ने 1798-99 में पंजाब पर आक्रमण कर दिया। आक्रमण के बाद वापस जाते हुए जमानशाह की कुछ तोपे चिनाब नदी में गिर गई जिसे रणजीत सिंह ने निकलवाकर उसके पास भिजवा दिया। इस सेवा के बदले जमानशाह ने रणजीत सिंह को लाहौर का शासक नियुक्त किया।
- अपना प्रभाव बढ़ाने के लिए रणजीत सिंह ने कुछ सिख मिसलों से वैवाहिक संबंध स्थापित किए। 1805 में उसने अमृतसर एवं जम्मू पर अधिकार कर लिया। अब पंजाब की राजनैतिक राजधानी (लाहौर) तथा धार्मिक राजधानी (अमृतसर) दोनों ही रणजीत सिंह के अधीन आ गई।

- यूरोप में इस समय फ्रांस का नेपोलियन अपने चरमोत्कर्ष पर था। तत्कालीन राजनैतिक परिस्थितियों में उसका प्रभाव भारत पर न पड़े इसके लिए गर्वनर जनरल मिंटों ने पंजाब, ईरान व अफगानिस्तान में अपने दूत भेजे।
- 25 अप्रैल, 1809 को चार्ल्स मैटकाफ और महाराजा रणजीत सिंह के मध्य 'अमृतसर की संधि' सम्पन्न हुई। संधि की शर्तों के अनुसार, सतलज नदी के पूर्वी तट के क्षेत्र अंग्रेजों के अधिकार में आ गए। चूंकि नेपोलियन की सत्ता कमजोर हो गई थी और ईरान का इंग्लैंड से संबंध सुधर चुका था इसलिए इन स्थितियों में रणजीत सिंह के लिए यह संधि आवश्यक हो गई थी।
- रणजीत सिंह का प्रशासन भी महत्त्वपूर्ण था। उसकी सरकार को 'सरकार खालसा' कहा जाता था।
- उसने गरुनानक और गुरु गोविंदसिंह के नाम के सिक्के चलाए। अपने प्रशासन में बिना भेदभाव के सभी वर्गों को जगह दी।
- रणजीत सिंह के राजस्व का मुख्य स्त्रोत भू-राजस्व था। राज्य की ओर से लगान उपज का $\frac{2}{5}$ से $\frac{1}{3}$ भाग लिया जाता था।
- रणजीत सिंह का राज्य चार सूबों–पेशावर, कश्मीर, मुल्तान और लाहौर में बंटा था। न्याय प्रशासन के क्षेत्र में राजधानी में **'अदालत उल आला'** (आधुनिक उच्च न्यायालय के समान) खोला गया, जिसके निर्णय उच्च अधिकारी किया करते थे।
- रणजीत सिंह ने अपनी सैन्य व्यवस्था पर भी विशेष ध्यान दिया। उसने अपने सैनिकों को फ्रांसीसी सैनिकों से प्रशिक्षित करवाया। सेना में तोपखाने को भी महत्त्व दिया गया। उसकी सेना में दो प्रकार के घुड़सवार थे–1. घुड़चढ़खास और 2. मिसलदार।
- 7 जून, 1839 में रणजीत सिंह की मृत्यु हो गई।
- प्रथम आंग्ल-सिख युद्ध (1845-46) के अंतर्गत् कुल पांच लड़ाइयाँ लड़ी गईं। इन लड़ाइयों में सबसे अंतिम अर्थात् पांचवी सबराओं की लड़ाई (10 फरवरी, 1846) निर्णायक सिद्ध हुई। युद्ध का परिणाम अंग्रेजों के पक्ष में रहा।
- प्रथम आंग्ल-सिख युद्ध के परिणामस्वरूप दो संधियाँ हुईं–लाहौर की संधि (9 मार्च, 1846) और भैरोवाल की संधि (दिसंबर, 1846)।
- द्वितीय आंग्ल-सिख युद्ध (1848-49) मुल्तान विद्रोह का तात्कालिक परिणाम था। इस युद्ध के अंतर्गत दो लड़ाइयाँ–**पहली** चिलियानवाला की लड़ाई सिख नेता शेर सिंह एवं अंग्रेज कमांडर गफ के मध्य तथा **दूसरी** गुजरात के चिनाब नदी के किनारे चार्ल्स नेपियर के नेतृत्व में अंग्रेजों ने 21 फरवरी, 1849 को लड़ी। इसमें सिख बुरी तरह पराजित हुए।
- 29 मार्च, 1849 की डलहौजी की घोषणा द्वारा संपूर्ण पंजाब का विलय अंग्रेजी राज्यों में कर लिया गया। महाराजा दलीप सिंह को 50,000 पौंड की वार्षिक पेंशन दे दी गई और उसे शिक्षा प्राप्त करने के लिए इंग्लैंड भेज दिया गया। सिख राज्य का प्रसिद्ध हीरा कोहिनूर को महारानी विक्टोरिया को भेज दिया गया।

❑❑❑

अध्याय-15

1857 का विद्रोह

- 1857 की महान क्रांति लॉर्ड कैनिंग के गवर्नर-जनरल के रूप में शासन करने के दौरान हुई थी। इस विद्रोह का आरंभ 10 मई, 1857 को मेरठ में हुआ, जो धीरे-धीरे कानपुर, बरेली, झांसी, दिल्ली, अवध आदि स्थानों पर फैल गया।
- इस क्रांति की शुरुआत तो सैन्य विद्रोह के रूप में हुई परंतु कालांतर में उसका स्वरूप बदल कर ब्रिटिश सत्ता के विरुद्ध एक जनव्यापी विद्रोह के रूप में हो गया, जिसे भारत का पहला स्वतंत्रता संग्राम कहा गया।
- 1857 के विद्रोह के प्रकृति के बारे में विद्वानों ने अलग-अलग मत प्रकट किए हैं।

1857 की क्रांति के प्रकृति के संबंध में इतिहासकारों के मत

	मत	इतिहासकार
1.	यह पूर्णतया सिपाही विद्रोह था	सर जॉन लारेंस, सीले
2.	यह स्वतंत्रता संग्राम था	डॉ. ईश्वरी प्रसाद
3.	यह एक सामंतवादी प्रतिक्रिया थी	मिस्टर के.
4.	यह जनक्रांति थी	डॉ. रामविलास शर्मा
5.	यह राष्ट्रीय विद्रोह था	डिजरायली
6.	यह अंग्रेजों के विरुद्ध हिन्दू-मुसलमानों का षडयंत्र था	जेम्स आउट्रम, डब्ल्यू टेलर
7.	यह ईसाई धर्म के विरुद्ध एक धर्म युद्ध था	एल. आर. रीज
8.	यह सभ्यता एवं बर्बरता का संघर्ष था	टी. आर. होम्स
9.	यह विद्रोह राष्ट्रीय स्वतंत्रता के लिए सुनियोजित युद्ध था	वीर सावरकर, अशोक मेहता
10.	1857 का विद्रोह स्वतंत्रता संग्राम नहीं था	आर. सी . मजूमदार
11.	1857 का विद्रोह केवल एक सैनिक विद्रोह था, जिसका तात्कालिक कारण चर्बीयुक्त कारतूस था	पी. राबर्ट्स

विद्रोह के कारण

- 1857 के विद्रोह के राजनैतिक कारणों में सर्वाधिक महत्त्वपूर्ण कारण के रूप में डलहौजी की **'गोद निषेध प्रथा'** या **'हड़प नीति'** को माना जाता है।

  डलहौजी ने अपनी इस नीति के तहत सतारा, नागपुर, संभलपुर, झांसी, बरार आदि राज्यों पर अधिकार कर लिया, जिसके परिणामस्वरूप इन राजवशों में अंग्रेजी हुकूमत के खिलाफ असंतोष व्याप्त हो गया।
- इस क्रांति के लिए जिम्मेदार आर्थिक कारण इस प्रकार हैं—भारतीयों के धन का निष्कासन तीव्र गति से इंग्लैंड की ओर हुआ। मुक्त व्यापार तथा अंग्रेजी वस्त्रों के भारत के बाजारों में अधिक मात्रा में आ जाने के कारण उसका प्रभाव यहां के लघु एवं कुटीर उद्योग पर पड़ा और वे नष्ट हो गए।
- लॉर्ड विलियम बैंटिंक ने अपने शासनकाल में बहुत-सी माफी तथा इनाम की भूमि को छीन लिया, जिसका प्रभाव यह हुआ कि अनेक भारतीय जमींदार दरिद्र एवं कंगाल हो गए और इस तरह इन जमींदारों में अंग्रेजी सत्ता के खिलाफ असंतोष व्याप्त हो गया।
- कृषि के क्षेत्र में अंग्रेजों की गलत नीतियों के कारण भारतीय किसानों की स्थिति अत्यंत दयानीय हो गई।

- धर्म के मामले में ब्रिटिश सत्ता सैद्धांतिक रूप से तटस्थ थी, पर उसने ईसाई धर्म के प्रचार में अपना पूर्ण सहयोग दिया। ईसाई मिशनरियों का दृष्टिकोण भारत के प्रति बड़ा तिरस्कारपूर्ण था, उसका एकमात्र उद्देश्य भारत में अपनी सर्वोच्चता प्रदर्शित करना था।
  1850 में पास किए गए 'धार्मिक निर्योग्यता अधिनियम' (Emancipation Act) द्वारा हिन्दू रीति-रिवाजों में परिवर्तन लाया गया। अंग्रेजों की इस नीति ने हिन्दूओं व मुसलमानों में कंपनी के प्रति शंका भर दी।
- अंग्रेजों की अनेक नीतियां तथा कार्य ऐसे थे जिनसे भारतीयों में असंतोष की भावना पनपी। बैंटिंक ने अपने शासनकाल में सती-प्रथा, बाल हत्या, नर हत्या आदि पर प्रतिबंध लगाकर तथा डलहौजी ने विधवा विवाह को मान्यता देकर रूढ़िवादी भारतीयों के अंदर असंतोष को भर दिया।
- शिक्षा के क्षेत्र में अंग्रेजों ने पाश्चात्य सभ्यता, संस्कृति, भाषा एवं साहित्य के विकास पर अधिक ध्यान दिया। ऐसे समय में भारतीय सभ्यता, संस्कृति, भाषा एवं साहित्य के विकास के क्षेत्र में कंपनी सरकार द्वारा कोई विशेष परिवर्तन न किए जाने के कारण भारतीय बौद्धिक वर्ग अंग्रेजों के विरुद्ध हो गया।
- लगान वसूली एवं विद्रोहों को कुचलने में अपनाई जानेवाली अमानवीय एवं कठोर नीतियों ने भारतीयों के अंदर ब्रिटिश सत्ता के खिलाफ घृणा एवं द्वेष भर दिया।
- 1857 के विद्रोह में सैन्य असंतोष की भूमिका को नकारा नहीं जा सकता। लॉर्ड डलहौजी के समय तीन सैनिक विद्रोह हो चुके थे। 1857 में कैनिंग द्वारा पारित सामान्य सेवा भर्ती अधिनियम सैनिकों में बहुत अप्रिय रहा। इस अधिनियम के अनुसार बंगाल के सभी सैनिकों को सरकार जहां चाहे वहां कार्य करवा सकती थी। 1854 के डाकघर अधिनियम से सैनिकों की निःशुल्क डाक सुविधा समाप्त हो गई।
- 1857 के विद्रोह का तात्कालिक कारण नए एनफील्ड रायफल का प्रयोग जिसमें चर्बीयुक्त कारतूस का प्रयोग किया जाता था । ऐसा कहा जाता है कि एनफील्ड रायफल के कारतूस में गाय और सूअर की चर्बी होती थी जिसे गोली चलाने से पहले दांत से काटना पड़ता था, इससे हिन्दू और मुस्लिम दोनों सम्प्रदायों में रोष व्याप्त हो गया।

1857 के विद्रोह की प्रमुख घटनाएं

विद्रोह के केंद्र	विद्रोह के भारतीय नायक	विद्रोह का समय	विद्रोह दबाने वाले ब्रिटिश नायक	विद्रोह दबाने का समय
1. दिल्ली	बहादुरशाह जफर एवं बख्त खां (सैन्य नेतृत्व)	11,12 मई, 1857	निकलसन, हडसन	21 सितंबर, 1857
2. कानपुर	नाना साहब एवं तात्यां टोपे	5 जून, 1857	कैंपबेल	6 सितंबर, 1857
3. लखनऊ	बेगम हजरत महल	4 जून, 1857	कैंपबेल	मार्च, 1858
4. झांसी, ग्वालियर	रानी लक्ष्मीबाई एवं तात्यां टोपे	जून, 1857	ह्यूरोज	3 अप्रैल, 1858
5. इलाहाबाद, बनारस	लियाकत अली	1857	कर्नल नील	1858
6. जगदीशपुर (बिहार)	कुंअर सिंह	अगस्त, 1857	विलियम टेलर, मेजर विंसेट आयर	1858
7. बरेली	खान बहादुर खां	1857	....	1858
8. फैजाबाद	मौलवी अहमदउल्ला	1857	....	1858
9. फतेहपुर	अजीमुल्ला	1857	जनरल रेनर्ड	1858

विद्रोह का परिणाम

- विद्रोह की समाप्ति के बाद 1858 में ब्रिटिश संसद ने एक कानून पारित कर ईस्ट इंडिया के अस्तित्व को समाप्त कर दिया और अब भारत पर शासन का पूरा अधिकार महारानी के हाथों में आ गया।
- इंग्लैंड में 1858 के अधिनियम के तहत एक 'भारतीय राज्य सचिव', की व्यवस्था की गई, जिसकी सहायता के लिए 15 सदस्यों की एक 'मंत्रणा परिषद्' बनाई गई।
- स्थानीय लोगों को उनके गौरव एवं अधिकारों को पुनः वापस करने की बात कही गई और साथ ही धार्मिक शोषण खत्म करने एवं सेवाओं में बिना भेदभाव के नियुक्ति की बात की गई।
- सेना पुनर्गठन के आधार पर यूरोपीय सैनिकों की संख्या को बढ़ाया गया। अब सेना में भारतीयों एवं अंग्रेजों का अनुपात 2 : 1 का हो गया। उच्च जाति के लोगों में से सैनिकों की भर्ती बंद कर दी गई।
- 1858 के अधिनियम के तहत ही भारत में गवर्नर-जनरल के पद में परिवर्तन कर उसे 'वायसराय' का पद बना दिया गया।
- विद्रोह के परिणामस्वरूप भारतीयों में राष्ट्रीय एकता की भावना का विकास हुआ और हिन्दू-मुस्लिम एकता ने जोर पकड़ना शुरू किया, जिसका कालांतर में राष्ट्रीय आंदोलन में अच्छा योगदान रहा।
- भारतीयों के प्रशासन में प्रतिनिधित्व के क्षेत्र में अल्प प्रयास के तहत 1861 का भारतीय परिषद् अधिनियम को पारित किया गया।
- यह विद्रोह स्थानीय, असंगठित एवं सीमित था। बम्बई (अब मुम्बई) एवं मद्रास (अब चेन्नई) की सेनाएं तथा नर्मदा नदी के दक्षिण राज्यों ने विद्रोह में अंग्रेजों का समर्थन किया।
- अच्छे साधन एवं धनाभाव के कारण भी यह विद्रोह असफल रहा। अंग्रेजी अस्त्र-शस्त्र के समक्ष भारतीय अस्त्र-शस्त्र बौने साबित हुए।
- 1857 के विद्रोह के प्रति 'शिक्षित वर्ग' पूर्ण रूप से उदासीन रहा।
- इस विद्रोह में राष्ट्रीय भावना का सही मायने में अभाव था क्योंकि भारतीय समाज के सभी वर्गों का सहयोग इस विद्रोह को नहीं मिल सका।

ब्रिटिश शासनकाल के प्रमुख विद्रोह : एक नजर में

वर्ष	विद्रोह	प्रमुख क्षेत्र	नेतृत्वकर्त्ता
1760-1800	सन्यासी विद्रोह	बंगाल, बिहार	द्विजनारायण, केना सरकार
1766-1772	चुआर विद्रोह	मिदनापुर, बाकुंडा	दुर्जन सिंह
1772-1790	पालिगार विद्रोह	तमिलनाडु	वी. पी. कट्टालाम्मान
1805	थम्पी विद्रोह	त्रावनकोर	दीवान वेलुथंपी
1817	पाइक विद्रोह	उड़ीसा	बख्सी जगबंध
1818-20	बघेरा विद्रोह	ओखा मंडल	बघेरा सरदार
1819-31	कच्छ विद्रोह	कच्छ	राजा भारमल
1822-29	रमोसी विद्रोह	सतारा	चितर सिंह
1824	रानी चेनम्मा का विद्रोह	कित्तूर	चेनम्मा
1825-27	पागलपंथी विद्रोह	असम	टीपू (गारो)
1825	भील विद्रोह	महाराष्ट्र	सेवरम
1828-30	अहोम विद्रोह	असम	गोमधम कुंवर
1829-48	गडकारी सैनिक विद्रोह	कोल्हापुर	....
1831	बारिसाल विद्रोह	बंगाल	टीटू मीर
1831-32	कोल विद्रोह	छोटानागपुर	विन्दराय मानकी
1832-33	खासी विंद्रोह	जयन्तिया व गारो पहाड़ी	राजा तीरत सिंह
1838-48	फराजी विद्रोह	फरीदपुर (बंगाल)	दादू मियां
1840-45	कूका विद्रोह-1	पंजाब	भगत जवाहरमल
1855-56	संथाल विद्रोह	राजमहल क्षेत्र (झारखंड)	सीद्धो व कान्हू
1859-60	नील विद्रोह	बंगाल	दिगम्बर व विष्णु विश्वास
1872	कूका विद्रोह-2	पंजाब	रामसिंह कूका
1873-76	पावना विद्रोह	पावना	ईशानचंद्र राय
1879	कृषक विद्रोह	पूणे	वासुदेव बलवंत फड़के
1899	मुण्डा विद्रोह	रांची	बिरसा मुण्डा
1917	चंपारन नील आंदोलन	चंपारन	महात्मा गाँधी
1918	खेड़ा थ्कृषक आंदोलन	खेड़ा	महात्मा गाँधी
1919	नाई-धोबी बंद आंदोलन	प्रतापगढ़	बाबा रामचंद्र
1920	अवध किसान आंदोलन	प्रतापगढ़	बाबा रामचंद्र
1921	गोपला कृषक विद्रोह	मालाबार (केरल)	लियाकत अली मुंसी
1921	एका कृषक आंदोलन	पूर्वी उ. प्र.	मदारी पासी
1921	चिराला-पिराला आंदोलन	गन्टूर	दग्गिराजा गोपाल कृष्ण
1924	कोल बारा कोम आंदोलन	केरल	के.पी. के. मेनन
1930	मणिपुर विद्रोह	मणिपुर	रानी गेडिनल्यू
1930	चटगाँव शास्त्रागार आंदोलन	चटगाँव	सुर्यसेन
1931-32	गुरूवायूर आंदोलन	केरल	तिरूंभावु सुब्रह्मण्यम
1941	सतारा नागरिक विद्रोह	सतारा (महाराष्ट्र)	वाई. वी. चव्हाण, एवं अच्युत पटवर्द्धन
1942	बलिया नागरिक विद्रोह	बलिया (उ. प्र.)	चितू पाण्डे
1946	नौसेना विद्रोह	बंबई	–
1946	तेभागा कृषक आंदोलन	(बंगाल)	मुहम्मद दानेश एवं नियाकत अली
1946	बेहरामपुर नागरिक विद्रोह	बेहरामपुर (असम)	भागेश्वरी देवी फुकन

❑ ❑ ❑

अध्याय-16

सामाजिक-धार्मिक आंदोलन

- 19वीं सदी में भारत में सामाजिक एवं सांस्कृतिक जागरण के लिए अनेक कारण उत्तरदायी थे, जिसमें प्रथम कारण भारत में अंग्रेजी शासन की स्थापना थी।
- अंग्रेजी शासन की स्थापना ने भारत के राजनीतिक, आर्थिक, सामाजिक एवं सांस्कृतिक जीवन को गहराई से प्रभावित किया, परिणामस्वरूप बौद्धिक विकास के लिए अनुकूल परिस्थितियां बनीं।
- सामाजिक एवं सांस्कृतिक सुधार हेतु जिम्मेदार अन्य कारणों में प्राच्यवादियों द्वारा भारत के अतीत को वैभवशाली बताना था। प्राच्यवादियों में प्रमुख थे सर विलियम जोंस, जेम्स प्रिंसेप, चार्ल्स विल्किन तथा मैक्समूलर।
- उत्कृष्ट रचनात्मक साहित्य ने भी भारत के सुधार आंदोलनों के प्रसार, में महत्त्वपूर्ण भूमिका निभाई।
- ईसाई धर्म प्रचारकों द्वारा यह दुष्प्रचार करना कि भारत में ईसाई धर्म के प्रचार से ब्रिटिश साम्राज्य के हितों का संवर्द्धन होगा जैसे कारकों से भी सुधार आंदोलन को बल मिला।

ब्रह्म समाज

- राजा राममोहन राय प्रथम भारतीय थे जिन्होंने **सबसे पहले** भारतीय समाज में व्याप्त मध्ययुगीन बुराइयों के विरोध में आंदोलन चलाया।
- हिन्दू धर्म का प्रथम सुधार आंदोलन **ब्रह्म समाज** नामक संस्था द्वारा शुरू किया गया। इस संस्था की स्थापना 20 अगस्त, 1828 में कोलकाता (अब कलकत्ता) में राजा राममोहन राय द्वारा की गई थी।
- ब्रह्मसमाज का उद्देश्य, तत्कालीन हिन्दू समाज में व्याप्त बुराइयों जैसे सती-प्रथा, बहु-विवाह, वेश्यागमन, जातिवाद, अस्पृश्यता आदि को समाप्त करना था।
- कालांतर में देवेन्द्रनाथ टैगोर (1818-1905) ने ब्रह्म समाज को आगे बढ़ाया और उन्होंने तीर्थयात्रा, मूर्तिपूजा, कर्मकांड आदि की आलोचना की।
- राजा राममोहन राय ने अपने समय में भारतीय समाज में व्याप्त तमाम बुराइयों में से सर्वाधिक प्रखर आंदोलन सती प्रथा के विरुद्ध चलाया। उन्हीं के प्रयास से कानून बनाकर 1829 में सती-प्रथा को प्रतिबंधित कर दिया गया।
- आगे चलकर ब्रह्मसमाज दो भागों–आदि ब्रह्म समाज (1866) और साधारण ब्रह्म समाज (1878) में बंट गया।
- राजा राममोहन राय की कुछ महत्त्वपूर्ण कृतियां इस प्रकार हैं– तुहफर्तुल-मुवाहिद्दीन, गिफ्ट टू मोनोथेइस्ट्स और प्रीसेप्ट्स ऑफ जीसस आदि।

सामाजिक सुधार अधिनियम : एक नजर में

	अधिनियम	वर्ष	गवर्नर जनरल	विषय
1.	सती-प्रथा प्रतिबंध	1829	लॉर्ड विलियम बैंटिंक	सती-प्रथा पर पूर्ण प्रतिबंध
2.	शिशुवध प्रतिबंध	1785-1804	वेलेजली	शिशु हत्या पर प्रतिबंध
3.	हिन्दू विधवा पुनर्विवाह	1856	लॉर्ड कैनिंग	विधवा विवाह की अनुमति
4.	नैटिव मैरिज एक्ट	1872	नार्थब्रुक	अंतर्जातीय विवाह
5.	एज ऑफ कंसेंट एक्ट	1891	लैंसडाउन	विवाह की आयु 12 वर्ष लड़की के लिए निर्धारित
6.	शारदा एक्ट	1930	इरविन	विवाह की आयु 18 वर्ष लड़के के लिए निर्धारित
7.	दास-प्रथा पर प्रतिबंध	1843	एलनबरो	1833 के चार्टर अधिनियम द्वारा 1843 में दासता को प्रतिबंधित कर दिया गया।

प्रार्थना समाज

- महादेव गोविंद रानाडे को पश्चिम भारत में सांस्कृतिक पुनर्जागरण का अग्रदूत कहा जाता है।
- आचार्य केशवचंद्र सेन (आदि ब्रह्मसमाज के संस्थापक) की महाराष्ट्र यात्रा से प्रभावित होकर महादेव गोविंद रानाडे और डॉ. आत्माराम पाण्डुरंग 1867 में बम्बई में **'प्रार्थना समाज'** की स्थापना की। जी. आर. भंडारकर भी इस समाज के अग्रणी नेताओं में से थे।
- रानाडे ने 1871 में **'सार्वजनिक समाज'** की स्थापना की। इन्हें अपनी प्रचंड मेघाशक्ति के कारण **'महाराष्ट्र का सुकरात'** भी कहा जाता है।
- भारतीयों में शिक्षा प्रसार के उद्देश्य से रानाडे ने 1884 में **'डक्कन एजूकेशन सोसाइटी'** की स्थापना की। इस सोसाइटी को बाद में **'पूना फर्ग्युसन कॉलेज'** नाम दिया गया।

वेद समाज

- मद्रास (अब चेन्नई) में वेद समाज की स्थापना **के. श्रीधरलू नायडू** द्वारा केशवचंद्र सेन के मद्रास यात्रा के दौरान उनसे प्रभावित होकर की गई थी।
- 1871 में वेद समाज **'दक्षिण के ब्रह्म समाज'** के रूप में अस्तित्व में आया।

आर्य समाज

- **आर्य समाज** की स्थापना स्वामी दयानंद सरस्वती द्वारा 1875 में मुम्बई में की गई। कुछ वर्ष के बाद आर्य समाज का मुख्यालय लाहौर में स्थापित किया गया।
- आर्य समाज की स्थापना का उद्देश्य था–वैदिक धर्म को पुनः शुद्ध रूप में स्थापित करना, भारत को सामाजिक, धार्मिक व राजनीतिक रूप से एक सूत्र में बांधना तथा भारतीय सभ्यता और संस्कृति पर पड़ने वाले पाश्चात्य प्रभाव को रोकना।
- दयानंद सरस्वती ने **'वेदों की ओर लौटो'** का नारा देते हुए वेदों को **'भारत का आधार स्तंभ'** बताया। उनका विश्वास था कि हिन्दू धर्म और वेद जिन पर भारत का पुरातन समाज टिका था, शाश्वत अपरिवर्तनीय, धर्मातीत तथा दैवीय है।
- स्वामी दयानंद ने पुराणों की प्रमाणिकता को अस्वीकार किया तथा कहा कि पुराण ही हिन्दू धर्म में मूर्तिपूजा जैसी कुरीतियों तथा अन्य अंधविश्वासों के लिए उत्तरदायी है।
- स्वामी दयानंद सरस्वती ऐसे पहले सुधारक थे, जिन्होंने बचाव के स्थान पर प्रहार की रणनीति अपनाई।
- स्वामी दयानंद ऐसे पहले सुधारक थे जिन्होंने शूद्र तथा स्त्री को वेद पढ़ने, ऊंची शिक्षा प्राप्त करने तथा यज्ञोपवीत, धारण करने के पक्ष में आंदोलन चलाया।
- आर्य समाज द्वारा चलाया गया **'शुद्धि आंदोलन'** और **'गौ रक्षा आंदोलन'** काफी विवादास्पद रहा। गायों की रक्षा हेतु आर्य समाज ने 1822 में **'गौ रक्षिणी सभा'** की स्थापना की।
- **श्रीमती ऐनी बेसेंट** के अनुसार, स्वामी दयानंद सरस्वती ऐसे पहले व्यक्ति थे जिन्होंने कहा कि **'भारत भारतवासियों के लिए है'।**
- स्वामी दयानंद द्वारा लिखी गई महत्त्वपूर्ण रचनाएं हैं–सत्यार्थ प्रकाश (1874, संस्कृत), पाखंड खंडन (1863), वेदभाष्य भूमिका (1876), ऋग्वेद भाष्य (1877), अद्वैत मत का खंडन (1873), पंच महायज्ञ विधि (1875), बल्लभाचार्य मत खंडन (1875)।
- वेलेंटाइन चिरोल ने अपनी पुस्तक **इंडियन अनरेस्ट** में आर्य समाज को भारतीय अशांति का जन्मदाता कहा है।

यंग बंगाल आंदोलन

- **यंग बंगाल आंदोलन** की 1828 में स्थापना बंगाल में हेनरी विवियन डेरोजियो द्वारा की गई।
- इस आंदोलन का उद्देश्य था–प्रेस की स्वतंत्रता, जमींदारों द्वारा किए जा रहे अत्याचारों से रैय्यत की सुरक्षा, सरकारी नौकरियों में ऊंचे वेतनमान के अंतर्गत भारतीय लोगों को नौकरी दिलवाना आदि।
- इस आंदोलन के समर्थक लोग पाश्चात्य सभ्यता से अधिक प्रभावित थे।
- विवियन डेरोजियो ने अपने शिष्यों एवं अनुयायिओं को स्वतंत्र विवेक से सोचनें, मुक्ति, समानता तथा स्वतंत्रता से प्रेम करने एवं सत्य की पूजा करने का पाठ पढाया। आत्म विस्तार एवं समाज सुधार हेतु डेरोजियो ने Academic Association और Society for the Acquisition of General Knowledge की स्थापना की। उसे आधुनिक भारत का **'प्रथम राष्ट्र कवि'** माना जाता है।

रामकृष्ण मिशन

- **रामकृष्ण मिशन** की स्थापना स्वामी विवेकानंद द्वारा 1896-97 में बेलूर (कोलकात्ता) में की गई। सर्वप्रथम इसकी स्थापना कोलकात्ता के समीप बराह नगर में की गई तत्पश्चात् बेलूर में मिशन की स्थापना की गई।
- इस संस्था का उद्देश्य था मानव समाज के हित के लिए रामकृष्ण देव ने जिन सब तत्त्वों की व्याख्या की है तथा कार्य रूप में उनके जीवन में जो तत्त्व प्रतिपादित, हुए हैं उनका प्रचार तथा मनुष्य की शारीरिक, मानसिक व परमार्थिक उन्नति के लिए जिस प्रकार सब तत्त्वों का प्रयोग हो सके उन विषयों में सहायता करना।

धार्मिक तथा सामाजिक सुधार आंदोलन : एक नजर में

संस्था	स्थान	संस्थापक
आत्मीय सभा	बंगाल	राजा राममोहन राय,
राधास्वामी सत्संग	आगरा	शिव दयाल सिंह
रहनुमाई मजदायसन समाज	मुम्बई	नौरोजी फरदोनजी, दादाभाई नौरोजी, एस.एस. बंगाली
हिन्दू कॉलेज	कलकत्ता (अब कोलकाता)	डेविड हेयर
ब्रह्म समाज	बंगाल	राजा राममोहन राय

संस्था	स्थान	संस्थापक
मुहम्मडन लिटरेरी सोसाइटी	कलकत्ता (अब कोलकाता)	नवाब अब्दुल लतीफ
यंग बंगाल आंदोलन	बंगाल	हेनरी विवियन डिरोजियो
आदि ब्रह्म समाज	कलकत्ता (अब कोलकाता)	केशव चंद्र सेन
साइंटिफिक इंडिया पैट्रियाटिक एसोसिएशन	–	सर सैय्यद अहमद खां
साधारण ब्रह्म समाज	कलकत्ता (अब कोलकाता)	विश्वनाथ शास्त्री
ब्रह्म समाज ऑफ साउथ इंडिया	मद्रास (चेन्नई)	श्री घेरेलू नायडू
राजामुंद्री सामाजिक सुधार आंदोलन	दक्षिण में	बीरेशलिंगम
तत्वबोधिनी सभा	बंगाल	देवेन्द्रनाथ टैगोर
मानव धर्म सभा	पश्चिम भारत में	मंचाराम
प्रार्थना समाज	महाराष्ट्र	महादेव गोविन्द रानाडे
परमहंस मण्डली	19वीं सदी में	गोपाल हरिदेशमुख
आर्य समाज	बम्बई (अब मुम्बई)	स्वामी दयानंद सरस्वती
दीनबंधु सार्वजनिक सभा	–	ज्योतिबा फुले
दयानंद एंग्लो वैदिक कॉलेज	पूरे भारत में	हंसराज और लाला लाजपत राय
विधवा आश्रम	पूना	प्रो. डी. के. कर्वे
गुरुकुल	हरिद्वार	स्वामी श्रद्धानंद, मुंशीराम लेखराम
भारतीय महिला विश्वविद्यालय	बम्बई (अब मुम्बई)	प्रो. डी. के. कर्वे
रामकृष्ण मठ	कलकत्ता (अब कोलकाता)	स्वामी विवेकानंद
वायकोम सत्याग्रह	केरल	नारायण गुरु, एन. कुमारन, टी.के., माधवन, के. पी. मेनन
थियोसोफिकल 'सोसाइटी'	अमेरिका	मैडम ब्लावट्स्की
थियोसोफिकल 'सोसाइटी,	अड्यार (मद्रास)	मैडम ब्लावट्स्की
गुरुवायूर सत्याग्रह	केरल	के. केलप्पण
सेन्ट्रल हिन्दू कॉलेज	बनारस	ऐनी बेसेन्ट
अखिल भारतीय अस्पृश्यता निवारण संघ	1933	महात्मा गांधी
मुस्लिम एंगलो ओरियन्टल स्कूल	अलीगढ़	सर सैय्यद अहमद खां
अखिल भारतीय दलित वर्ग	–	बी.आर. अम्बेडकर
डिप्रेस्ड क्लासेज मिशन सोसाइटी	–	वी.आर. शिन्दे
देवबंद स्कूल	सहारनपुर	मुहम्मद कासिम ननौत्वी, रशीद अहमद गंगोही
आत्मसम्मान आंदोलन	दक्षिण	ई.वी. रामास्वामी नायकर
अहमदिया आंदोलन	कादिया (पंजाब)	गुलाम अहमद
जस्टिस पार्टी	दक्षिण	मुदलियाद, टी.एम., नायकर, पी.टी. चेन्नी
नामधारी अंदोलन	पंजाब	रामसिंह

- रामकृष्ण जी ने भारतीय विचार एवं संस्कृति में अपनी पूर्ण आस्था जताई। वे सभी धर्मों में सत्यता के अंश को मानते थे। उन्होंने मूर्तिपूजा को ईश्वर प्राप्ति का साधन अवश्य माना परंतु चिन्ह एवं कर्मकांड की तुलना में आत्मशुद्धि पर अधिक बल दिया।
- रामकृष्ण की शिक्षाओं के प्रचार-प्रसार का श्रेय उनके योग्य शिष्य विवेकानंद जी को मिला।
- 1893 में स्वामी विवेकानंद ने शिकागो में हुई धर्म संसद में भाग लेकर पाश्चात्य जगत को भारतीय संस्कृति एवं दर्शन से अवगत कराया। धर्म संसद में स्वामीजी ने अपने भाषण में भौतिकवाद एवं अध्यात्मवाद के मध्य संतुलन बनाने की बात कही।
- स्वामी विवेकानंद ने पूरे संसार के लिए एक ऐसी संस्कृति की कल्पना की जो पश्चिमी देशों के भौतिकवाद एवं पूर्वी देशों के अध्यात्मवाद के मध्य संतुलन स्थापित कर संपूर्ण विश्व को खुशियां प्रदान कर सके।
- एक समाज सुधारक के रूप में स्वामी विवेकानंद ने यह माना कि ईश्वर तथा मुक्ति के अनेक रास्ते हैं और मानव की सेवा ईश्वर की सेवा है क्योंकि मानव ईश्वर का ही रूप है।

थियोसोफिकल सोसाइटी

- 1875 में अमेरिका के न्यूयॉर्क में रूसी महिला श्रीमती एच.पी. ब्लावट्स्की और अमेरिकी कर्नल एच. एस. ऑल्काट ने **'थियोसोफिकल सोसाइटी'** की स्थापना की। 1886 में उन्होंने अपनी सोसाइटी का मुख्यालय मद्रास नगर के निकट एक बस्ती **अड्यार** में स्थापित किया।

- इस सोसाइटी की स्थापना सभी प्राच्य धर्मों का तुलनात्मक अध्ययन करने के उद्देश्य से किया गया था। इस सोसाइटी ने हिन्दू धर्म को विश्व का सर्वाधिक गूढ़ एवं अध्यात्मिक धर्म माना।
- इस संस्था के समर्थक लोग ईश्वर के ज्ञान को आत्मिक हर्षोन्माद (Spiritual ecstasy) एवं अंतर्ज्ञान (Intuition) द्वारा प्राप्त करने का प्रयास करते थे।
- थियोसॉफिस्टों ने पुनर्जन्म एवं कर्म में अपनी आस्था जतायी तथा सांख्य एवं उपनिषद् से प्रेरणा ग्रहण की।
- इस संस्था ने हिंदूत्व, जरथ्रुस्ट्र (पारसी मत) तथा बौद्ध मत जैसे प्राचीन धर्मों को पुर्नस्थापित करने का प्रयास किया।
- यह सोसाइटी जाति-पांति, संप्रदाय या लिंग भेद किए बिना मनुष्य के सार्वभौमिक बंधुत्व का प्रचार करती थी। साथ ही भारतीयों में राष्ट्रीय गौरव की भावना विकसित करने में भी इस आंदोलन की महत्त्वपूर्ण भूमिका रही।
- कर्नल अल्काट की मृत्यु के बाद मिसेज ऐनी बेसेंट (1847-1933) इसकी अध्यक्ष बनी और यह आंदोलन काफी लोकप्रिय बना। ऐनी बेसेंट ने 1898 में बनारस में **'सेंट्रल हिंदू कॉलेज'** की नीव डाली। यही आगे चलकर 1916 में **'बनारस हिन्दू विश्वविद्यालय'** बन गया।

अलीगढ़ आंदोलन

- इस्लाम धर्म में विद्यमान कुरीतियों को दूर करने के लिए 19वीं सदी में अनेक सुधारवादी आंदोलन हुए। उनमें **'अलीगढ़ आंदोलन'** सबसे प्रमुख था। इसके संस्थापक कर सैय्यद अहमद खां थे। इनके सहयोगियों में प्रमुख थे–नजीर अहमद, चिराग अली, अल्ताफ हुसैन, मौलाना शिबली नुमानी आदि।
- सर सैय्यद अहमद खां ने मुसलमानों के दृष्टिकोण को आधुनिक बनाने के उद्देश्य से पाश्चात्य शिक्षा की ओर आकर्षित किया, उन्होंने अपने समर्थकों से ब्रिटिश शासन की अधीनता को स्वीकार करने के लिए कहा।
- सर सैयद अहमद खां ने इस्लाम में व्याप्त बुराइयों को दूर करने का भी प्रयास किया। उन्होंने **'पीरी मुरादी'** प्रथा को खत्म करने की वकालत की। अपने विचारों का प्रसार उन्होंने **'तहजीबे-उल-अखलाक'** नामक पत्रिका द्वारा किया।
- सर सैयद अहमद खां प्रारंभ में हिन्दू-मुस्लिम एकता के हिमायती थे, किंतु बाद में हिंदुओं और कांग्रेस के प्रबल शत्रु बन गए।

देवबंद आंदोलन

- **मुहम्मद कासिम ननौत्ती एवं रशीद अहमद गंगोही** ने 1867 में देवबंद (सहारनपुर, उ. प्र.) में इस्लामी मदरसे की स्थापना की। इस मदरसे से कुरान एवं हदीस की शुद्ध शिक्षा का प्रसार करने तथा विदेशी शासकों के खिलाफ 'जिहाद' का नारा देने के उद्देश्य से **'दारूल-उलूम या देवबंद आंदोलन'** की शुरुआत हुई।
- देवबंद आंदोलन का उद्देश्य था–मुस्लिम संप्रदाय के लिए धार्मिक नेता तैयार किए जाएँ, विद्यालय के पाठ्यक्रमों में अंग्रेजी शिक्षा एवं पश्चिमी संस्कृति को प्रतिबंधित किया जाए, मुस्लिम संप्रदाय का नैतिक एवं धार्मिक पुनरुद्धार, अंग्रेजी सरकार के साथ असहयोग।
- अलीगढ़ आंदोलन के संस्थापक सैयद अहमद के प्रति देवबंद आंदोलन में घृणा थी क्योंकि उन्होंने अंग्रेजों के प्रति निष्ठा जताते हुए धर्मशास्त्रों की नई परिभाषा देने का प्रयास किया था।
- देवबंद आंदोलन के समर्थकों में शिवलीनुमानी (1857-1914) फारसी और अरबी के प्रतिष्ठित विद्वान एवं लेखक थे। वे परंपरागत मुस्लिम शिक्षा प्रणाली में सुधार लाने के लिए औपचारिक शिक्षा के स्थान पर अंग्रेजी भाषा तथा यूरोपीय विज्ञान को शामिल करने के समर्थक थे।

अकाली आंदोलन

- सिखों में धार्मिक आंदोलन की शुरुआत 19वीं सदी में अमृतसर में **'खालसा कॉलेज'** की स्थापना से हुई। **'खालसा दीवान'** के नाम से भी प्रसिद्ध इस संस्था ने पंजाब में ढेर सारे गुरुद्वारे एवं स्कूल एवं कॉलेजों की स्थापना की थी।
- अकाली आंदोलन (1920) ने गुरुद्वारों में प्रबंध सुधार के लिए महंतों के खिलाफ अहिंसक, असहयोग सत्याग्रह आंदोलन शुरू किया। 1922 के सिख गुरुद्वारा अधिनियम इस आंदोलन के कारण ही बन सका। 1925 में इस अधिनियम में संशोधन किया गया।

रहनुमाए माजदायासन सभा

- पारसियों की सामजिक एवं धार्मिक अवस्था में पुनरुद्धार करने के लिए 1851 में **'रहनुमाए माजदायासन सभा'** की स्थापना की गई।
- इस संस्था के संस्थापक सदस्य थे–नौरोज फरदोनजी, दादाभाई नौरोजी, आर.के कामा एवं एस.एस. नौरोजी बंगाली।
- इस संस्था ने **'रास्त गोफ्तर'** (सत्यवादी) नामक पत्रिका का प्रकाशन किया। संस्था ने पारसी समुदायों की स्त्रियों के कल्याण के लिए बहुत सारे कार्य किए। कालांतर में भारतीय समाज का पारसी समुदाय पाश्चात्य सभ्यता के सर्वाधिक नजदीक पहुँच गया।

अन्य आंदोलन

- बीसवीं शताब्दी में अखिल भारतीय और प्रांतीय स्तर पर कई सुधार आंदोलनों की शुरुआत हुई। इन आंदोलनों में वायकोम सत्याग्रह, गुरूवायूर सत्याग्रह तथा निम्न जाति आंदोलन मुख्य हैं।
- उन्नसवीं शताब्दी का काल भारत में राष्ट्रीयता के जन्म का काल माना जाता है। सामाजिक-धार्मिक सुधार आंदोलन, आधुनिक पाश्चात्य शिक्षा का प्रसार, प्रेस की भूमिका, मध्यमवर्ग का उदय तथा ब्रिटिश शासन के आर्थिक परिणाम ने भारत में राष्ट्रवादी आकांक्षा को जन्म दिया।
- राष्ट्रवादी चेतना के कारण ही उन्नीसवीं सदी के अंतिम चरण में भारत के महानगरों में अनेक राजनीतिक संगठनों का गठन हुआ। जिसमें पाश्चात्य शिक्षा में शिक्षित लोग संगठित होकर राजनीतिक विकास के समान कार्यक्रमों पर विचार-विमर्श करते थे।
- राष्ट्रवादी चेतना जैसी प्रवृत्ति का चमोत्कर्ष 1885 में **'भारतीय राष्ट्रीय कांग्रेस'** के रूप में सामने आया, जिसने संगठित राष्ट्रवादी आंदोलन के औपचारिक आरंभ का श्रीगणेश किया।

❑❑❑

अध्याय-17

भारतीय राष्ट्रीय आंदोलन

- भारतीय स्वतंत्रता आंदोलन को मुख्यतः तीन चरणों में विभाजित किया जा सकता है–
  1. प्रथम चरण (1885-1905), 2. द्वितीय चरण (1905-1919)
  3. तृतीय चरण (1919-1947)
- भारतीय राष्ट्रीय आंदोलन के **प्रथम चरण** की मुख्य घटना भारतीय राष्ट्रीय कांग्रेस की स्थापना थी। अस्पष्ट लक्ष्यों के साथ स्थापित इस संस्था का प्रतिनिधित्व शिक्षित मध्यमवर्गीय बुद्धिजीवी वर्ग कर रहा था जो पश्चिम की उदारवादी एवं अतिवादी विचारधारा से प्रेरित था।
- भारतीय राष्ट्रीय आंदोलन के **द्वितीय चरण** में कांग्रेस ने परिपक्व होने के साथ अपने उद्देश्यों और सीमाओं का विस्तार कर लिया था। अब यह संस्था सामाजिक, आर्थिक, राजनीतिक तथा सांस्कृतिक विकास के लिए प्रयत्नशील थी, आंदोलन के इस चरण में कांग्रेस में उग्रवादी गुट का सृजन हुआ।

भारतीय राष्ट्रीय कांग्रेस की स्थापना से पूर्व स्थापित प्रमुख राजनीतिक संस्थाएं

संस्था	स्थापना वर्ष	स्थान
1. हिंदू कॉलेज	1817	कलकत्ता
2. साधारण ज्ञान सभा	1838	बंगाल
3. लैंड होल्डर्स सोसाइटी	1838	कलकत्ता
4. ब्रिटिश इंडियन एसोसिएशन	1851	कलकत्ता
5. इंडियन एसोसिएशन	1876	कलकत्ता (इल्बर्ट हॉल)
6. बंबई प्रेसीडेंसी एसोसिएशन	1885	बम्बई
7. पूना सार्वजनिक सभा	1870	पूना
8. इंडिया लीग	1875	बंगाल

नोट : 1. ब्रिटिश इंडियन एसोसिएशन भारत के राजनीतिक अधिकारों की मांग करने वाली प्रथम संस्था थी।
2. कांग्रेस के पूर्ववर्ती संगठनों में इंडियन एसोसिएशन सबसे महत्त्वपूर्ण था।

- राष्ट्रवादी आंदोलन का **तृतीय एवं अंतिम चरण** पूरी तरह गांधीजी के नेतृत्व में रहा। इस चरण में कांग्रेस ने **'पूर्ण स्वराज'** को प्राप्त करने के लक्ष्य पर कार्य किया। राष्ट्रीय आंदोलन के तृतीय चरण को **'गांधीयुग'** के नाम से भी जाना जाता है।
- भारतीय राष्ट्रीय कांग्रेस की स्थापना संभवतः अंग्रेजी सरकार के एक अवकाश प्राप्त अंग्रेज अधिकारी ए.ओ. ह्यूम द्वारा 1885 में की गई।
- ह्यूम ने 1884 में **भारतीय राष्ट्रीय संघ** की स्थापना की थी। जिसका प्रथम अधिवेशन 28 दिसंबर, 1885 को बम्बई स्थित गोकुलदास तेजपाल संस्कृत विद्यालय में आयोजित किया गया था। इसी सम्मेलन में दादाभाई नौरोजी के सुझाव पर भारतीय राष्ट्रीय संघ का नाम बदलकर **'भारतीय राष्ट्रीय कांग्रेस'** रख दिया गया।
- भारतीय राष्ट्रीय कांग्रेस का पहला अध्यक्ष होने का गौरव व्योमेश चंद्र बनर्जी को प्राप्त हुआ।
- 1885 में भारतीय कांग्रेस की स्थापना के साथ ही इस पर उदारवादी राष्ट्रीय नेताओं का वर्चस्व हो गया। तत्कालीन उदारवादी नेताओं में प्रमुख थे–दादाभाई नौरोजी, महादेव गोविंद रानाडे, फिरोजशाह मेहता, सुरेंद्रनाथ बनर्जी, दीनशावाचा, व्योमेश चंद्र बनर्जी, गोपाल कृष्ण गोखले, पं. मदन मोहन मालवीय आदि।
- कांग्रेस की स्थापना के आरंभिक 20 वर्षों (1885-1905) में उसकी नीति अत्यंत उदार थी, इसीलिए इस काल को कांग्रेस के इतिहास में उदारवादी राष्ट्रीयता का काल माना जाता है।
- कांग्रेस के उदारवादी नेताओं का मानना था कि संवैधानिक तरीके से ही देश को स्वतंत्र कराया जा सकता है। ये नेता प्रार्थना-पत्रों, प्रतिवेदनों, स्मरण-पत्रों एवं शिष्टमंडलों के द्वारा सरकार के सामने अपनी मांगों को रखते थे। इस काल में कांग्रेस ने देश की स्वतंत्रता की मांग नहीं की अपितु कुछ रियायतें मांगीं।

राष्ट्रीय आंदोलन के प्रथम चरण में हुए महत्त्वपूर्ण कांग्रेस के अधिवेशन

वर्ष	स्थान	सदस्य	अध्यक्ष
1885	बम्बई	72	व्योमेश चंद्र बनर्जी
1886	कलकत्ता	434	दादाभाई नौरोजी
1887	मद्रास	607	बद्रुद्दीन तैय्यबजी
1888	इलाहाबाद	1,248	जार्ज यूल

नोटः 1. कांग्रेस की अध्यक्षता करनेवाले प्रथम मुस्लिम अध्यक्ष बद्रुद्दीन तैयबजी थे।
2. कांग्रेस की अध्यक्षता करनेवाला प्रथम अंग्रेज जार्ज यूल (1888) था।

- राष्ट्रीय आंदोलन के इस चरण अर्थात् द्वितीय चरण को नव-राष्ट्रवाद या उग्रवाद के उदय का काल माना गया है, इसी समय स्वदेशी आंदोलन तथा क्रांतिकारी आतंकवाद की शुरुआत हुई।
- कांग्रेस के प्रारंभिक उदारवादी नीतियों से उग्रवादी कहे जाने वाले नेताओं का शीघ्र की मोहभंग हो गया और उन्होंने कांग्रेस के उदारवादी नेताओं की अनुनय-विनय की प्रवृत्ति को 'राजनीतिक भिक्षावृत्ति' (Political Mendicancy) की संज्ञा दे डाली।
- कांग्रेस के उग्रवादी तथा अतिवादी कहे जाने वाले नेताओं में प्रमुख थे–बाल गंगाधर तिलक (महाराष्ट्र), अरविंद घोष और विपिन चंद्रपाल (बंगाल), लाला लाजपत राय (पंजाब)।
- भारत में उग्रवाद को जन्म देने वाले कारणों में **प्रमुख कारण** इस प्रकार थे–
  1. सरकार की जनता को भड़काने वाली नीतियां जैसे–व्यवसाय पर से उत्पाद शुल्क की वापसी (1896), विश्वविद्यालय अधिनियम (1904), बंगाल विभाजन (1905) आदि।
  2. अंतर्राष्ट्रीय घटनाएं जैसे–मिस्र, फारस, टर्की की जनता को अपने स्वतंत्रता संघर्ष में मिली सफलताएं।
  3. देशी समाचार-पत्रों ने भी उग्रवाद को पनपने में योगदान दिया, बंगवासी (कलकत्ता), केसरी (पुणे) और काल जैसे समाचार-पत्रों ने कांग्रेस के उदारवादी, राजनीति की कड़ी आलोचना की।
  4. राष्ट्रीय आंदोलन के इस चरण में कुछ सुधारवादी नेता और विचारकों ने भी जैसे–विवेकानंद, तिलक, अरविंद घोष आदि ने भी उग्रवाद के मार्ग को प्रशस्त किया।
  5. भारत में उग्रवाद की मशाल जलाने का श्रेय तिलक को दिया जाता है। इन्होंने राष्ट्रीय चेतना को जगाने के उद्देश्य से धार्मिक रूढ़िवाद का सहारा लिया। तिलक ने 1884 में गणपति महोत्सव, 1886 में शिवाजी महोत्सव की शुरुआत करवाई।
- भारत में उग्रवाद आंदोलन का नेतृत्व करने वाले चार प्रमुख कांग्रेसी नेताओं–बाल गंगाधर तिलक, लाला लाजपत राय, विपिन चंद्रपाल एवं अरविंद घोष ने स्वराज्य प्राप्ति को ही अपना प्रमुख लक्ष्य एवं उद्देश्य बनाया।
- तिलक ने नारा दिया कि 'स्वराज्य मेरा जन्मसिद्ध अधिकार है, मैं इसे लेकर रहूँगा'।
- अरविंद घोष ने कहा कि 'राजनीतिक स्वतंत्रता, एक राष्ट्र का जीवन श्वास हैं। बिना राजनीतिक स्वतंत्रता के सामाजिक तथा शैक्षणिक सुधार, औद्योगिक प्रसार, एक जाति की उन्नति आदि की बातें सोचना मूर्खता की चरम सीमा है।'

प्रमुख क्रांतिकारी संस्थायें : एक नजर में

संस्था	स्थान	संस्थापक
युगांतर (1906)	कलकत्ता	बारीन्द्र कुमार घोष, भूपेन्द्र नाथ दत्त
भारत स्वशासन समिति तथा इंडिया हाऊस (1905)	लंदन	श्याम जी कृष्णवर्मा
अंजुमाने मोहिब्बाने वतन	लाहौर	सरदार अजीत सिंह
इंडियन सोसाइटी	पेरिस	मैडम भीकाजी कामा
हिंदुस्तान ऐसोसिएशन ऑफ दि पेसिफिक कोस्ट	पोर्टलैंड	सोहन सिंह भाकना
'गदर' या 'युगांतर आश्रम'	सैन फ्रांसिस्को	सोहन सिंह भाकना, लाला हरदयाल
हिन्दुस्तान सोशलिस्ट रिपब्लिकन एसोसिएशन (दिसम्बर 1928)	दिल्ली	चंद्रशेखर आजाद
'विद्रोही संगठन'	चटगाँव	सूर्यसेन
भारतीय गणतंत्र सेना	चटगाँव	सूर्यसेन
भारत नौजवान सभा	पंजाब	भगत सिंह, छबीलदास और यशपाल
लाहौर छात्र संघ	पंजाब	सुखदेव तथा भगतसिंह

- उदारवादी दल के नेता जहां ब्रिटिश साम्राज्य के तहत 'औपनिवेशिक स्वशासन' चाहते थे वहीं उग्रवादी नेताओं का मानना था कि ब्रिटिश शासन का अंत कर ही हम स्वराज्य या स्वशासन प्राप्त कर सकते हैं।
- उग्रवादी नेता अहिंसात्मक प्रतिरोध, सामूहिक आंदोलन एवं आत्म बलिदान में विश्वास करते थे।
- उग्रवादी नेताओं ने विदेशी माल का बहिष्कार, स्वदेशी माल को अंगीकार कर राष्ट्रीय शिक्षा तथा सत्याग्रह पर बल दिया। उदारवादी नेता स्वदेशी एवं बहिष्कार आंदोलन को बंगाल तक ही सीमित रखना चाहते थे और बहिष्कार आंदोलन विदेशी माल के बहिष्कार तक ही सीमित रखना चाहते थे किंतु उग्रवादी नेता इन आंदोलनों का प्रसार देश के विस्तृत क्षेत्र में चाहते थे।
- राष्ट्रीय आंदोलन के इस चरण में **'क्रांतिकारी आतंकवाद'** का उदय हुआ। कांग्रेस के उदारवादियों की संवैधानिक कार्य पद्धति से निराश तथा उग्रवादी आदर्शवाद से प्रेरित अनेक भारतीय युवकों ने क्रांति के मार्ग को चुना।
- क्रांतिकारी आतंकवाद के **प्रथम चरण** (1905-15) में क्रांतिकारियों ने ब्रिटिश हुकूमत के दिलों में दहशत फैलाकर उन्हें भारत से भगाने की योजना के तहत आयरिश आतंकवादियों तथा रूसी निहलिस्टों के सिद्धांत पर चलने का निश्चय किया।
- इस समय में क्रांतिकारी आतंकवाद के प्रमुख केंद्र थे बंगाल, पंजाब और महाराष्ट्र।
- क्रांतिकारी आतंकवाद के प्रथम चरण में क्रांतिकारियों में दो भिन्न विचारधारा के लोग सक्रिय थे।

  एक वर्ग का मानना था कि ब्रिटिश सरकार से सशस्त्र संघर्ष करने के लिए भारतीय सेना और यदि संभव हो अंग्रेज विरोधी ताकतों से मदद ली जाए।

दूसरा वर्ग हिंसात्मक गतिविधियों द्वारा क्रांतिकारी नेताओं के विरुद्ध अंग्रेजी अफसरों और पुलिसवालों को सूचना देने वालों की हत्या तक सीमित रहना चाहते थे।

- भारत में क्रांतिकारी गतिविधियों की शुरुआत 1897 में महाराष्ट्र से माना जाता है।
- देश में आतंकवादी गतिविधियों पर सरकार द्वारा प्रतिबंध लगाए जाने के कारण कुछ क्रांतिकारी नेताओं ने विदेशी धरती से आतंकवादी क्रिया-कलापों को जारी रखा।
- क्रांतिकारी आतंकवाद के प्रथम चरण के समय ही काबुल (अफगानिस्तान) में राजा महेंद्र प्रताप ने जर्मनी के सहयोग से दिसंबर 1915 में अंतरिम भारत की स्थापना की।
- क्रांतिकारी आतंकवाद के प्रथम चरण में अनेक भारतीय U.S.A. और कनाडा में बस गए थे। इन लोगों ने वहाँ से समाचार-पत्रों का प्रकाशन किया।
- नवंबर, 1913 में **सोहन सिंह भाकना** ने **'हिन्दुस्तान एसोसिएशन ऑफ अमेरिका'** की स्थापना की, इस संस्था ने कालांतर में अग्रेजी, उर्दू, मराठी और पंजाबी में एक साथ **गदर** या **हिन्दुस्तान गदर** (1857 के विद्रोह की स्मृति में) का प्रकाशन किया।
- लॉर्ड कर्जन का गवर्नर जनरल काल भारत में ब्रिटिश साम्राज्यवाद का उच्चतम बिंदु था। इनके विभिन्न प्रशासकीय कार्यों में जिस कार्य का सर्वाधिक विरोध हुआ और जो सबसे विवादास्पद कार्य था बंगाल का विभाजन (1905)।
- लॉर्ड कर्जन का बंगाल विभाजन का मुख्य उद्देश्य था राष्ट्रीय चेतना के बौद्धिक केंद्र को नष्ट करना।
- राष्ट्रीय कांग्रेस के कलकत्ता अधिवेशन (1906) में ही दादाभाई नौरोजी ने पहली बार **'स्वराज'** शब्द का उल्लेख किया। इस अधिवेशन की अध्यक्षता दादाभाई नौरोजी ने की थी।
- 1907 में सूरत में आयोजित कांग्रेस के वार्षिक अधिवेशन में उदारवादियों और उग्रवादियों में अध्यक्ष पद को लेकर हुए विवाद के कारण कांग्रेस में विभाजन हो गया। यह विवाद 1905 में वाराणसी के कांग्रेस अधिवेशन से ही शुरू हुआ था।
- उग्रवादी/उग्रपंथी जहां लाला लाजपत राय को कांग्रेस के सूरत अधिवेशन का अध्यक्ष बनाना चाहते थे, वहीं उदारवादी रासबिहारी बोस को कांग्रेस का अध्यक्ष बनाना चाहते थे। अंततः रामबिहारी बोस अध्यक्ष बनने में सफल हुए।
- बंगाल विभाजन हिन्दू और मुसलमानों के बीच सांप्रदायिक फूट डालने का सबसे बड़ा कारण बना। बंगाल विभाजन की घोषणा के बाद ही 1 अक्टूबर, 1906 को आगा खां के नेतृत्व में मुसलमानों का एक शिष्टमंडल तत्कालीन वायसराय लॉर्ड मिंटो से शिमला में मिला।
- लॉर्ड कर्जन के बाद लॉर्ड मिंटो भारत के गवर्नर-जनरल बने एवं जॉन मार्ले ने भारत सचिव का पद संभाला। इन्होंने सुधारों का 'भारतीय परिषद् एक्ट' 1909 पारित किया जिसे 'मार्ले-मिंटो' सुधार कहा जाता है।
- 1909 के मार्ले-मिंटो सुधार का उद्देश्य था कांग्रेस के नरम अथवा उदारवादी नेताओं को प्रसन्न करना और सांप्रदायिकता की भावना को दृढ़ करके उग्रवाद तथा क्रांतिकारी राष्ट्रवाद की शक्तियों का दमन करना।
- दिसंबर 1911 में ब्रिटिश सम्राट जार्ज पंचम और महारानी मेरी के भारत आगमन पर उनके स्वागत हेतु दिल्ली में एक दरबार का आयोजन किया गया।
- दिल्ली दरबार में ही 12 दिसंबर, 1911 को सम्राट ने बंगाल विभाजन को रद्द घोषित किया, साथ ही कलकत्ता की जगह दिल्ली को भारत की नई राजधानी बनाया गया।
- 23 दिसंबर, 1912 को वायसराय हार्डिंग पर दिल्ली में आयोजित एक समारोह में बम फेंका गया जिसमें वे घायल हो गए।
- प्रथम विश्व युद्ध के दौरान वायसराय लॉर्ड हार्डिंग की बुद्धिमता एवं सहानुभूतिपूर्ण रवैये के कारण भारत ने ब्रिटेन का पूर्ण समर्थन किया।
- कामागाटामारू प्रकरण (1914) कनाडा में भारतीयों के प्रवेश से संबंधित विवाद था।
- 1916 में लखनऊ में हुआ कांग्रेस का सम्मेलन दो घटनाओं के कारणों से अत्यधिक महत्त्वपूर्ण था–
  1. उग्रवादियों को जिन्हें पिछले नौ वर्ष से कांग्रेस से निष्कासित कर दिया गया था, का एक बार फिर कांग्रेस में पुनर्प्रवेश तथा
  2. मुस्लिम लीग और कांग्रेस के बीच ऐतिहासिक समझौता।
- तिलक और ऐनी बेसेंट द्वारा क्रमशः जून एवं सितंबर, 1916 में होमरूल (स्वशासन) लीग ओंदोलन की शुरुआत की गई।
- प्रथम विश्व युद्ध की समाप्ति के बाद मांटेग्यू घोषणा द्वारा भारत में उत्तरदायी सरकार की स्थापना की बात कही गई।
- राष्ट्रीय आंदोलन का तीसरा चरण (1919-47) गाँधी युग के नाम से जाना जाता है।
- जिस समय गांधीजी भारत आए उस समय प्रथम महायुद्ध का दौर चल रहा था, जिन्होंने सरकार के युद्ध प्रयासों में मदद की, जिसके लिए सरकार ने उन्हें **'कैसरे हिन्द'** सम्मान से सम्मानित किया।
- गांधीजी ने भारत आने पर 1915 में अहमदाबाद के समीप साबरमती नदी के तट पर सत्याग्रह आश्रम की स्थापना की।
- भारत में 1917 से 1918 के बीच गांधीजी ने तीन संघर्ष-चंपारण और खेड़ा का किसान आंदोलन तथा अहमदाबाद के मजदूर आंदोलन का सफल नेतृत्व किया।
- चंपारण सत्याग्रह (1917) के समय ही पहली बार गांधीजी ने भारत में सत्याग्रह करने की धमकी दी थी। चंपारण सत्याग्रह के सफल नेतृत्व के बाद ही रवींद्रनाथ टैगोर ने गांधीजी को पहली बार **'महात्मा'** कहा।
- खेड़ा सत्याग्रह (1918) भारत में गांधीजी द्वारा चलाया गया पहला वास्तविक किसान सत्याग्रह था।
- अहमदाबाद के मिल मजदूरों और मिल मालिकों के बीच फरवरी-मार्च 1918 को प्लेग बोनस को लेकर विवाद आरंभ हो गया। अंततः गांधीजी को हस्तक्षेप करना पड़ा और मिल मालिक मजदूरों की मांगों के अनुसार प्लेग बोनस (35%) देने के लिए राजी हो गए।
- अहमदाबाद मिल मजदूर आंदोलन के दौरान ही सर्वप्रथम गांधीजी ने भूख हड़ताल को हथियार बनाया।
- रौलेट एक्ट (1919) के द्वारा अंग्रेजी सरकार जिसको चाहे जब तक चाहे, बिना मुकदमा चलाए जेल में बंद रख सकती थी। इसीलिए इस कानून को **'बिना वकील, बिना अपील, बिना दलील का कानून'** कहा गया।

- रौलेट एक्ट को भारतीय जनता ने **'काला कानून'** कहकर आलोचना की।
- गांधीजी ने रौलेट एक्ट की आलोचना करते हुए इसके विरुद्ध सत्याग्रह करने के लिए सत्याग्रह सभा की स्थापना की।
- अमृतसर में गांधीजी के सत्याग्रह के समर्थन में सभाएं आयोजित की गईं। इन सभाओं में पंजाब के लोकप्रिय नेता 'सैफुद्दीन किचलू' तथा 'डॉ. सत्यपाल' को भाषण देने से रोका गया तथा 10 अप्रैल, 1919 को गिरफ्तार कर लिया गया। 13 अप्रैल, 1919 को इन दोनों नेताओं की गिरफ्तारी के विरोध में जलियांवाला बाग में एक सभा आयोजित की गई। सभा स्थल पर उपस्थित अंग्रेज जनरल माइकल डायर ने बिना कोई पूर्व सूचना या चेतावनी के भीड़ पर गोली चलवा दी जिसमें लगभग 1000 लोग मारे गए और 1200 से अधिक घायल हुए।
- दीनबधु सी. एफ. एंड्रूज ने इस हत्याकांड को जानबूझ कर की गई क्रूर हत्या की संज्ञा दी।
- जलियांवाला बाग हत्याकांड के विरोध में रवींद्रनाथ टैगोर ने **'नाइट'** की उपाधि लौटा दी । वायसराय की कार्यकारिणी के सदस्य शंकर नायर ने त्यागपत्र दे दिया।
- जलियांवाला बाग हत्याकांड की जांच के लिए सरकार ने हंटर कमीशन की नियुक्ति की।
- हंटर कमीशन की रिपोर्ट को गांधीजी ने **'पन्ने दर पन्ने निर्लज्ज सरकारी लीपापोती'** की संज्ञा दी।
- कांग्रेस ने जलियांवाला बाग हत्याकांड की जांच हेतु मदन मोहन मालवीय की अध्यक्षता में एक समिति की नियुक्ति की। इस समिति के अन्य सदस्य थे–मोतीलाल नेहरू, सी.आर. दास, तैय्यब जी और जयकर आदि।
- प्रथम विश्व युद्ध के बाद ब्रिटेन एवं तुर्की के बीच होने वाली **'सेवर्स की संधि'** से तुर्की के सुल्तान के सभी अधिकार छिन गए और एक प्रकार से तुर्की राज्य छिन्न-भिन्न हो गया। संसार भर के मुसलमान तुर्की के सुल्तान को अपना खलीफा मानते थे। इस प्रकार ब्रिटिश सरकार पर तुर्की के साथ की जाने वाली संधियों में न्यायोचित व्यवहार सुनिश्चित करने के लिए पर्याप्त दबाव डालने के उद्देश्य से भारतीय मुसलमानों के एक बहुसंख्यक वर्ग ने राष्ट्रीय स्तर पर जिस आंदोलन का सूत्रपात किया वह **'खिलाफत आंदोलन' (1919-22)** के नाम से जाना गया।
- गांधीजी ने हिन्दू-मुस्लिम एकता के लिए उपर्युक्त अवसर समझकर खिलाफत आंदोलन का समर्थन किया। 23 नवंबर, 1919 को दिल्ली में आयोजित 'अखिल भारतीय खिलाफत कमेटी' के अधिवेशन की अध्यक्षता गांधीजी ने की।
- कोलकात्ता में कांग्रेस के विशेष अधिवेशन (1920) में पास हुआ असयोग आंदोलन संबंधी प्रस्ताव को दिसंबर 1920 में नागपुर में हुए कांग्रेस के वार्षिक अधिवेशन में पुष्टि कर दी गई।
- कांग्रेस के नागपुर अधिवेशन का विशेष महत्त्व है क्योंकि इस अधिवेशन में असहयोग आंदोलन के प्रस्ताव की पुष्टि के साथ ही दो और महत्त्वपूर्ण निर्णय लिए गए–1. कांग्रेस ने अब ब्रिटिश साम्राज्य के भीतर स्वशासन का अपना लक्ष्य त्यागकर ब्रिटिश साम्राज्य के भीतर और आवश्यक हो तो उसके बाहर स्वराज का लक्ष्य घोषित किया। 2. कांग्रेस द्वारा रचनात्मक कार्यक्रमों की एक सूची तैयार की गई।
- असहयोग आंदोलन (1920-22) संबंधी प्रस्तावों की मुख्य बातें इस प्रकार थीं–

  1. सरकारी उपाधि एवं अवैतनिक सरकारी पदों का परित्याग।
  2. सरकार द्वारा आयोजित कार्यक्रमों एवं उत्सवों का बहिष्कार।
  3. सरकारी स्कूलों एवं कॉलेजों का बहिष्कार।
  4. वकीलों द्वारा न्यायालय का बहिष्कार।
  5. विदेशी वस्तुओं का बहिष्कार।
- 5 फरवरी, 1922 को चौरी-चौरा कांड के कारण गांधीजी ने असहयोग आंदोलन को स्थगित कर दिया। अब गांधीजी रचनात्मक कार्यों पर जोर दे रहे थे।
- गांधीजी द्वारा असहयोग आंदोलन स्थगित करने से नाराज इनके कुछ सहयोगियों ने 'स्वराज दल' नामक संगठन की 1923 में स्थापना की।

विदेशों में भारतीय क्रान्तिकारी संगठन : एक नजर में

स्थापना वर्ष	संगठन	संस्थापक	देश
1904 ई.	इंडिया हाऊस	श्यामजी कृष्ण वर्मा	लंदन (इंग्लैंड)
1906 ई.	अभिनव भारत	वी. डी. सावरकर	लंदन (इंग्लैंड)
1907 इ.	इण्डिया इंडिपेंडेंस लीग	तारकनाथ दास	अमेरिका
1913 ई.	गदर पार्टी	लाला हरदयाल, रामचन्द्र एवं बरकतुल्ला	सेन फ्रांसिस्को (अमेरिका)
1914 ई.	इंडिया इंडिपेंडेंस लीग	लाला हरदयाल एवं वीरेंद्रनाथ चट्टोपाध्याय	बर्लिन (जर्मनी)
1915 ई.	स्वतंत्र भारत की अस्थाई सरकार	राजा महेंद्रप्रताप	काबुल (अफगानिस्तान)
1930 ई.	इण्डिया इंडिपेंडेंस लीग	रासबिहारी बोस	टोकियो (जापान)
1942 ई.	इंडियन नेशनल आर्मी (आजाद हिन्द फौज)	रास बिहारी बोस	टोकियो (जापान)

नोट : 1943 ई. में आजाद हिंद फौज का पुनर्गठन सिंगापुर में नेताजी सुभाषचंद्र बोस ने किया था।

- 1922 में अचानक गांधीजी द्वारा असहयोग आंदोलन समाप्त कर दिए जाने के बाद देश में किसी भी राजनीतिक गतिविधियों के अभाव में उत्साही युवक निराशा में पुनः क्रांतिकारी गतिविधियों की ओर मुड़ गए। यह क्रांतिकारी आतंकवाद का द्वितीय चरण (1924-34) था।
- रूस, चीन आयरलैंड, तुर्की, मिश्र आदि में होने वाले क्रांति आंदोलनों से प्रेरित युवाओं ने हिंसा के द्वारा ब्रिटिश साम्राज्य को उखाड़ फेंकने की अपनी नीति पर पुनः सक्रिय हो गए।

- द्वितीय चरण में क्रांतिकारी आतंकवाद दो धाराओं में विकसित हुआ, एक पंजाब, उत्तर प्रदेश एवं बिहार तथा दूसरा बंगाल में।
- उत्तर भारत के महत्त्वपूर्ण नेताओं में शामिल थे–सचींद्र नाथ सान्याल, राम प्रसाद बिस्मिल तथा चंद्रशेखर आजाद।
- क्रांतिकारी आतंकवाद के द्वितीय चरण में सान्याल की पुस्तक **बंदी जीवन** (हिन्दी एवं गुरुमुखी में) ने अनेक युवाओं को क्रांति के प्रति आकर्षित किया।
- अक्टूबर 1924 में सचीन्द्र नाथ सान्याल, राम प्रसाद बिस्मिल, चंद्रशेखर आजाद ने कानपुर में क्रांतिकारी संस्था **हिन्दुस्तान रिपब्लिकन एसोसिएशन** (H.R.A.) की स्थापना की। **'काकोरी कांड'** H.R.A. द्वारा ही किया गया था।
- चंद्रशेखर आजाद के नेतृत्व में सितंबर 1928 को दिल्ली के फिरोजशाह कोटला मैदान में, **'हिन्दुस्तान सोशलिस्ट रिपब्लिकन एसोसिएशन'** (H.S.R.A.) की स्थापना की गई।
- साइमन कमीशन के विरोध के समय लालाजी पर लाठियों से प्रहार करने वाले सहायक पुलिस अधीक्षक **सैण्डर्स** (लाहौर) की 30 अक्टूबर, 1928 को भगत सिंह, चंद्रशेखर आजाद, राजगुरु द्वारा की गई हत्या पहली H.S.R.A. की क्रांतिकारी गतिविधि थी।
- क्रांतिकारी आतंकवाद के दूसरे चरण में बंगाल में अनुशीलन और युगांतर जैसी क्रांतिकारी संस्थाएं एक बार पुनः सक्रिय हो गईं।
- बंगाल में **सूर्यसेन** जो गांधी जी के असहयोग आंदोलन के प्रमुख नेता थे, ने **'इंडियन रिपब्लिकन आर्मी'** (I.R.A.) की स्थापना की।
- सूर्यसेन द्वारा स्थापित **I.R.A.** के चटगांव शाखा के सदस्यों में अनंत सिंह, अंबिका चक्रवर्ती, लोकीनाथ, गणेश घोष, आनंद गुप्त जैसे नवयुवक और प्रीतिलता वाडेदर तथा कल्पना दत्त जैसी नवयुवतियां थीं।
- सूर्यसेन के नेतृत्व में I.R.A. के सदस्यों ने चटगाँव शस्त्रागार पर आक्रमण कर हथियारों पर कब्जा कर लिया। इसी समय 65 सदस्यीय क्रांतिकारी दल के समक्ष सूर्यसेन ने इन्कलाब जिन्दाबाद के नारों के बीच तिरंगा झंडा फहरा कर **'अस्थायी क्रांतिकारी सरकार'** का गठन किया जिसके राष्ट्रपति सूर्यसेन बने।
- 1919 के भारत शासन अधिनियम में कहा गया था कि इसके पारित होने के दस वर्ष बाद एक संवैधानिक आयोग की नियुक्ति की जाएगी, जो इस बात की जांच करेगा कि अधिनियम व्यवहार में कहां तक सफल रहा है तथा भारत उत्तरदायी शासन की दिशा में कहां तक प्रगति करने की स्थिति में है।
- नियत समय से पहले ही सर जॉन साइमन की अध्यक्षता में गठित सात सदस्यीय इस आयोग में किसी भारतीय को शामिल नहीं किया गया था। अतः कांग्रेस ने इसका विरोध किया। इस कमीशन का पूरे भारत में विरोध किया गया।
- नेहरू रिपोर्ट (1928) भारत सचिव द्वारा कांग्रेसी नेताओं को दी गई चुनौती का परिणाम था। साइमन कमीशन के विरोध एवं बहिष्कार से पूर्व ही 1925 में भारत सचिव ने कांग्रेसी नेताओं के समक्ष चुनौती रखी कि वे एक ऐसा संविधान का मसविदा तैयार करें जो सभी दलों को मान्य हो।
- संविधान का मसविदा तैयार करने हेतु दो सर्वदलीय सम्मेलनों का क्रमशः फरवरी, 1928 (दिल्ली) और मई, 1928 (बम्बई) में आयोजन किया गया। द्वितीय सर्वदलीय सम्मेलन में पं. मोतीलाल नेहरू की अध्यक्षता में एक सात सदस्यीय समिति की स्थापना की गई।
- पं. मोतीलाल नेहरू की अध्यक्षता में जिस समिति ने अपनी रिपोर्ट प्रस्तुत (अगस्त, 1928) की उसे नेहरू रिपोर्ट कहा गया।
- मुस्लिम लीग के नेता मुहम्मद अली जिन्ना ने नेहरू रिपोर्ट में मुसलमानों के लिए पृथक् निर्वाचक मंडल की सुविधा न दिए जाने के कारण मुसलमानों की 14 मांगों की जो सूची जारी की उसे जिन्ना का चौदह सूत्री फार्मूला कहा गया।
- कांग्रेस के ऐतिहासिक लाहौर अधिवेशन (1929) की अध्यक्षता पं. जवाहरलाल नेहरू ने की। इस अधिवेशन में पारित किए गए कुछ ऐतिहासिक प्रस्ताव निम्न प्रकार हैं–
  1. नेहरू रिपोर्ट को निरस्त घोषित कर दिया गया।
  2. पूर्ण स्वराज्य का लक्ष्य निर्धारित किया गया।
  3. कांग्रेस कार्यकारिणी को सविनय अवज्ञा आंदोलन शुरू करने का अधिकार दिया गया।
- सविनय अवज्ञा आंदोलन शुरू करने से पूर्व गांधीजी ने इसे टालने का पूरा प्रयास किया लेकिन तत्कालीन वायसराय से वह अपनी न्यायोचित मांगों (11सूत्री) को भी नहीं मनवा सके।
- तत्कालीन वायसराय के समक्ष गांधीजी द्वारा प्रस्तुत 11सूत्री मांग में प्रमुख मांगें इस प्रकार थीं–
  1. सेना खर्च तथा सिविल सेवा के वेतनों में पचास प्रतिशत कटौती।
  2. पूर्ण शराब बंदी।
  3. राजनैतिक कैदियों की रिहाई।
  4. भारतीयों को आत्मरक्षार्थ हथियार रखने का लाइसेंस।
  5. रुपए का विनियम दर एक सीलिंग चार पेंस के बराबर किया जाए।
  6. लगान में 50% की कटौती।
  7. नमक पर सरकारी इजारेदारी तथा नमक कर को समाप्त करना।
  8. नशीली वस्तुओं के क्रय-विक्रय पर प्रतिबंध।
- गांधीजी ने अपनी 11सूत्री मांगों को न माने जाने पर सविनय अवज्ञा आंदोलन के तहत 12 मार्च, 1930 को ऐतिहासिक नमक सत्याग्रह की शुरुआत की।
- गांधीजी ने साबरमती आश्रम से अपने कुछ चुने हुए अनुयायियों के साथ "डांडी मार्च" किया और 5 अप्रैल, 1930 को डांडी समुद्रतट पर पहुंचकर सांकेतिक रूप से नमक कानून को तोड़ा । यहीं से सविनय अवज्ञा आंदोलन की शुरुआत हुई।
- सविनय अवज्ञा आंदोलन के **मुख्य कार्यक्रम** इस प्रकार थे–
  1. नमक कानून तथा ब्रिटिश कानूनों का उल्लंघन।
  2. कानूनी अदालतों, सरकारी विद्यालयों, कॉलेजों एवं सरकारी समारोहों का बहिष्कार।
  3. भू-राजस्व, लगान तथा अन्य करों की अदायगी पर रोक।
  4. शराब तथा अन्य मादक पदार्थों का विक्रय करने वाली दुकानों पर शांतिपूर्ण धरना।
  5. विदेशी वस्तुओं एवं कपड़ों का बहिष्कार।
  6. सरकारी नौकरियों से त्यागपत्र।
- सविनय अवज्ञा आंदोलन गांधीजी के नेतृत्व में पूरे भारत में फैल गया।

- समुद्रतटीय राज्यों में भी नमक यात्रा का आयोजन किया गया।
- पश्चिमोत्तर प्रांत में मुसलमानों ने **खान अब्दुल गफ्फार खां (सीमांत गांधी)** के नेतृत्व में सविनय अवज्ञा आंदोलन चलाया। यहां के कबायलियों ने गांधीजी को इस आंदोलन के दौरान ही **मलंग बाबा** कहा।
- इस आंदोलन को कुचलने के लिए सरकार ने दमन चक्र का सहारा लिया और अनेक राष्ट्रीय नेताओं को गिरफ्तार कर जेल में बंद कर दिया गया। जून, 1930 को कांग्रेस और उससे संबद्ध संगठनों को गैरकानूनी घोषित कर दिया गया।
- सविनय अवज्ञा आंदोलन के दौरान **बिहार** एवं **गुजरात** के कुछ क्षेत्रों में कर न अदायगी आंदोलन चलाया गया।
- बिहार के कुछ जिलों में **चौकीदारी कर न अदा करने** का आंदोलन चलाया गया।
- इसी समय मध्य प्रांत, महाराष्ट्र, कर्नाटक एवं वर्तमान झारखंड में कड़े वन नियमों के विरुद्ध **'वन सत्याग्रह'** चलाया गया।
- **प्रथम गोलमेज सम्मेलन** 12 नवंबर, 1930 से 13 जनवरी, 1931 तक लंदन में आयोजित किया गया। यह ऐसी पहली वार्ता थी जिसमें ब्रिटिश शासकों द्वारा भारतीयों को बराबर का दर्जा दिया गया। इस सम्मेलन में कांग्रेस ने भाग नहीं लिया।
- सविनय अवज्ञा आंदोलन की समाप्ति के लिए गांधी एवं इरविन के मध्य 5 मार्च, 1931 को एक समझौता हुआ। इस समझौते को गांधी-इरविन समझौते के नाम से जाना जाता है। इस समझौते की मुख्य बातें निम्न थीं–
  1. गांधी के नेतृत्व में कांग्रेस सविनय अवज्ञा आंदोलन समाप्त करने के लिए तैयार हो गई।
  2. कांग्रेस इस आधार पर दूसरे गोलमेज सम्मेलन में हिस्सा लेने के लिए तैयार हो गई कि सम्मेलन पेश किया जाने वाला संवैधानिक सुधार संधीय व्यवस्था, उत्तरदायित्व पूर्ण शासन तथा भारत के हित को देखते हुए प्रतिरक्षा, वैदेशिक मामलों, अल्पसंख्यकों से जुड़े मामलों आदि के बारे में सुरक्षात्मक या आत्मरक्षात्मक व्यवस्था पर आधारित होगा।
  3. राजनैतिक बंदियों की रिहाई जिनका संबंध हिंसा से न हो।
  4. विदेशी कपड़ों और शराब की दुकानों पर शांतिपूर्ण धरना देने का अधिकार।
  5. समुद्रतटीय प्रदेशों में बिना कर दिए नमक बनाने की अनुमति।
- **दूसरा गोलमेज सम्मेलन** लंदन में 7 सितंबर, 1931 से 1 दिसंबर, 1931 तक चला। इसमें गांधीजी कांग्रेस के एकमात्र प्रतिनिधि के रूप में शामिल हुए।
- दूसरा गोलमेज सम्मेलन साम्प्रदायिक समस्या पर विवाद के कारण पूरी तरह असफल रहा। दलित नेता भीमराव अंबेडकर ने दलितों के लिए पृथक् निर्वाचक मंडल की सुविधा की मांग की जिसे गांधीजी ने अस्वीकार कर दिया।
- 1 जनवरी, 1932 को कांग्रेस कार्य समिति ने सविनय अवज्ञा को दुबारा शुरू करने का निर्णय लिया। आंदोलन शुरू होने के ठीक बाद कांग्रेस के चोटी के नेताओं को गिरफ्तार कर लिया गया।
- ब्रिटिश प्रधानमंत्री रैम्जे मैकडोनाल्ड ने 16 अगस्त, 1932 को विभिन्न संप्रदायों के प्रतिनिधित्व के विषय पर एक पंचाट जारी किया जिसे **सांप्रदायिक पंचाट** (कम्युनल एवाडी) कहा गया।
- **सांप्रदायिक पंचाट** में पृथक् निर्वाचक पद्धति को न केवल मुसलमानों के लिए जारी रखा गया बल्कि इसे दलित वर्गों पर भी लागू कर दिया गया।
- गांधीजी ने दलित वर्ग की पृथक् निर्वाचक मंडल की सुविधा दिए जाने का विरोध किया और जेल में 20 सितंबर, 1932 को आमरण अनशन शुरू कर दिया। अंततः **पूना समझौता** (26 सितंबर, 1932) द्वारा दलित वर्गों के लिए पृथक् निर्वाचक मंडल व्यवस्था को समाप्त कर दिया गया। यह समझौता गांधीजी और अंबेडकर के मध्य हुआ।
- सितंबर, 1932 में गांधीजी ने हरिजन कल्याण हेतु **'अखिल भारतीय छूआछूत विरोधी लीग'** की स्थापना की तथा हरिजन नामक साप्ताहिक पत्र का प्रकाशन किया।
- 17 नवंबर, 1932 से 24 दिसंबर, 1932 तक लंदन में **तृतीय गोलमेज सम्मेलन** का आयोजन किया गया। कांग्रेस ने इस सम्मेलन का बहिष्कार किया। इस सम्मेलन का ठोस परिणाम **भारत सरकार अधिनियम, 1935** था।
- भारत सरकार अधिनियम, 1935 की मुख्य बातें इस प्रकार थीं–
  1. भारत के लिए एक संघ स्थापित करने की योजना जिसमें ब्रिटिश भारत के प्रांत और उन देशी रियायतों को शामिल होना था जो इसमें स्वेच्छा से शामिल होना चाहें।
  2. इस अधिनियम द्वारा प्रांतों में लागू द्वैध शासन (1919 के अनुसार) को अब केंद्र में लागू कर दिया गया।
  3. इस अधिनियम में केंद्रीय प्रशासनिक क्षेत्र को आरक्षित और हस्तांरित दो भागों में बांटा गया।
- 1937 के प्रांतीय विधानमंडलों का चुनाव 1935 के अधिनियम के तहत हुआ। इस चुनाव में कुल 6 प्रांतों में कांग्रेसी सरकारें बनी। बंगाल में मुस्लिम लीग एवं पंजाब में मुस्लिम लीग तथा यूनियनिस्ट पार्टी ने संयुक्त सरकार का गठन किया।
- द्वितीय विश्व युद्ध के दौरान कांग्रेस शासित प्रदेश मंत्रिमंडलों ने त्यागपत्र (5 नवंबर, 1939) दे दिया।
- कांग्रेस शासित प्रदेश मंत्रिमंडलों का त्यागपत्र देने का मुख्य कारण यह था कि तत्कालीन वायसराय ने भारतीयों की बिना अनुमति के यह घोषणा कर दी थी कि भारत भी जर्मनी के विरुद्ध ब्रिटेन के साथ युद्ध में शामिल है।
- कांग्रेसी मंत्रियों के त्यागपत्र के बाद मुस्लिम लीग ने दलित नेता भीमराव अंबेडकर के साथ 22 दिसंबर, 1939 को **मुक्ति दिवस** मनाया।
- कांग्रेस ने द्वितीय विश्व युद्ध में समर्थन के बदले 'भारत को स्वतंत्र राष्ट्र' घोषित किए जाने का प्रस्ताव रखा।
- मार्च, 1940 को कांग्रेस ने अपने रामगढ़ (झारखंड) में आयोजित वार्षिक अधिवेशन में एक प्रस्ताव पारित कर सरकार से कहा कि यदि वह केंद्र में एक **'अंतरिम राष्ट्रीय सरकार'** गठित करे तो कांग्रेस द्वितीय विश्वयुद्ध में सरकार का सहयोग कर सकती है।
- कांग्रेस के इस प्रस्ताव के जबाब में तत्कालीन वायसराय लॉर्ड लिनलिथगो ने 8 अगस्त, 1940 को **अगस्त प्रस्ताव** प्रस्तुत किया।

- अगस्त प्रस्ताव में कांग्रेस की अंतरिम सरकार गठित करने की मांग को अस्वीकार करते हुए एक वैकल्पिक प्रस्ताव पेश किया गया जिसकी मुख्य बातें इस प्रकार थीं-
  1. डोमेनियन स्टेट।
  2. युद्ध के बाद एक प्रतिनिधि मूलक संविधान निर्मात्री संस्था का गठन।
  3. एक सलाहकार परिषद् का गठन।
- अगस्त प्रस्ताव को पूरी तरह अस्वीकार करते हुए कांग्रेस ने **व्यक्तिगत सत्याग्रह** गांधीजी के नेतृत्व में शुरू करने का निर्णय लिया। यह सत्याग्रह ब्रिटिश सरकार की भारत नीति के प्रति नैतिक विरोध की प्रतीकात्मक अभिव्यक्ति थी।
- व्यक्तिगत सत्याग्रह की शुरुआत **17 अक्टूबर, 1940** को हुई। प्रथम सत्याग्रह के रूप में महात्मा गांधी ने विनोवा भावे को मनोमति किया। दूसरे सत्याग्रही पं. जवाहरलाल नेहरू थे।
- भारत को तत्काल द्वितीय विश्वयुद्ध में शामिल करने के लिए ब्रिटिश प्रधानमंत्री चर्चिल ने कैबिनेट मंत्री **'स्टैफोर्ड क्रिप्स'** के नेतृत्व में सदभावना मिशन मार्च, 1942 में भारत भेजा। **'क्रिप्स मिशन'** नाम से चर्चित इस मिशन ने निम्न प्रस्ताव पेश किए–
  1. युद्ध के बाद भारत को डोमेनियन स्टेट का दर्जा देना।
  2. युद्ध के बाद एक संविधान निर्मात्री परिषद् बनाने का वादा किया गया जिसके कुछ सदस्य प्रांतीय विधायिकाओं से तथा कुछ शासकों द्वारा नामांकित करने का प्रावधान।
  3. पाकिस्तान की मांग के लिए इस व्यवस्था के तहत गुंजाइश बनाई गई कि यदि किसी प्रांत को नया संविधान स्वीकार्य नहीं होता है तो वह अपने भविष्य के लिए ब्रिटेन से अलग समझौता करेगा।
- कांग्रेस और मुस्लिम लीग दोनों ने क्रिप्स प्रस्तावों को अस्वीकार कर दिया।
- **महात्मा गांधी** ने क्रिप्स प्रस्ताव को **'उत्तर-तिथीय चेक'** (Post-Dated Cheque) तथा किसी और ने (संभवतः जवाहरलाल नेहरू) इसमें **'ऐसे बैंक के नाम जो टूट रहा है'** जोड़ा।
- भारत छोड़ो आंदोलन (1942) को अगस्त क्रांति के नाम से भी जाना जाता है। यह आंदोलन भारतीय स्वतंत्रता की अंतिम लड़ाई थी। इस आंदोलन में गांधीजी ने **'करो या मरो'** का नारा दिया।
- 7 अगस्त, 1942 को बंबई के ऐतिहासिक ग्वालिया टैंक मैदान में अखिल भारतीय कांग्रेस कमेटी की वार्षिक बैठक मौलाना अबुल कलाम आजाद की अध्यक्षता में हुई। इस बैठक में भारत छोड़ो आंदोलन के वर्धा प्रस्ताव (14 जुलाई, 1942) की पुष्टि कर दी गई।
- बंबई कांग्रेस ने भी भारत छोड़ो प्रस्ताव को थोड़े-बहुत संशोधन के बाद 8 अगस्त, 1942 को पास कर दिया।
- भारत छोड़ो आंदोलन राष्ट्रीय स्वतंत्रता संघर्ष का प्रथम आंदोलन था जो नेतृत्वविहीनता की स्थिति में भी अपने उद्देश्य को पूरा कर सका।
- भारत छोड़ो आंदोलन के 9 अगस्त, 1942 को शुरू होते ही गांधीजी तथा अन्य चोटी के कांग्रेस नेताओं को गिरफ्तार कर लिया गया। गांधीजी को गिरफ्तार कर सरोजनी नायडू सहित आगा खां पैलेस में रखा गया।
- सरकार ने कांग्रेस को गैरकानूनी घोषित करते हुए उसकी संपति को जब्त कर लिया।
- 1942 के आंदोलन का सर्वाधिक प्रभाव बंगाल, बिहार, उत्तर-प्रदेश, मद्रास और बंबई में था लेकिन पूरे देश की हिस्सेदारी इसमें अवश्य थी।
- भारत छोड़ो आंदोलन के समय देश के कई इलाकों में ब्रिटिश शासन समाप्त हो गया और **समानांतर सरकारें** स्थापित की गईं।

भारत छोड़ो आंदोलन के दौरान समानांतर सरकारें : एक नजर में

स्थान	राज्य	नेतृत्वकर्त्ता/नेता
बलिया	उ.प्र.	चितू पांडे
तामलुक (मिदनापुर)	बंगाल	....
सतारा	महाराष्ट्र	वाई. पी. चव्हाण, नाना पाटिल

नोट : 1. सर्वप्रथम बलिया में समानांतर सरकार की स्थापना हुई।
2. तामलुक के समानांतर सरकार को जातीय सरकार भी कहा जाता है। यहां की सरकार ने एक सशस्त्र विद्युत वाहिनी का गठन किया। यह सरकार 17 दिसंबर, 1942 से 1 सितंबर, 1944 तक चली।
3. सतारा की समानांतर सरकार सर्वाधिक दीर्घजीवी (1945) थी।

- इस आंदोलन के दौरान जयप्रकाश नारायण, राममनोहर लोहिया, अच्युत पटवर्धन, अरूणा आसफ अली आदि ने भूमिगत रहते हुए आंदोलन को नेतृत्व प्रदान किया।
- गिरफ्तारी से बचे नेता वी. एम. खाकर, राममनोहर लोहिया, उषा मेहता, नादिमान अब्रवाद, प्रिंटर आदि ने आंदोलन के समय भूमिगत कांग्रेस रेडियो का संचालन किया।
- इस आंदोलन के दौरान कांग्रेस की सूचनाओं के प्रसारण के लिए नासिक एवं बंबई में रेडियो स्टेशन स्थापित किए गए थे। 12 नवंबर, 1942 को सरकार द्वारा रेडियो स्टेशन को जब्त कर लिया गया।
- मुस्लिम लीग का जिन्ना गुट इस आंदोलन का विरोधी था क्योंकि इनका विश्वास था कि अंग्रेजों के यहां से जाने के बाद यहां जंगल राज हो जाएगा।
- 23 मार्च, 1943 को मुस्लिम लीग ने 'पाकिस्तान दिवस' मनाने का आह्वान किया।
- मुस्लिम लीग ने दिसंबर, 1943 में कराची में हुए अधिवेशन में **'विभाजन करो और छोड़ो'** (Divide and Quit) का नारा दिया।
- 17 जनवरी, 1941 को सुभाषचंद्र बोस कलकत्ता से अचानक गायब हो गए, वे पेशावर व काबुल होते हुए रूस पहुंचे।
- द्वितीय विश्वयुद्ध में रूस के मित्र राष्ट्रों के गुट में शामिल हो जाने के कारण सुभाषचंद्र बोस को रूस से जर्मनी जाना पड़ा।
- जर्मनी में सुभाषचन्द्र बोस ने हिटलर से मुलाकात कर भारतीय स्वतंत्रता हेतु सहयोग मांगा। जर्मनी में ही भारतीयों द्वारा सुभाषचंद्र बोस को **'नेताजी'** की उपाधि दी गई।
- जर्मनी में सुभाषचंद्र बोस द्वारा **'फ्री इंडिया सेंटर'** की स्थापना की गई। उसी संस्था द्वारा सुभाष चन्द्र ने पहली बार **'जय हिंद'** का नारा दिया।
- मार्च, 1930 में टोकियो में रासबिहारी बोस ने इंडिया इंडिपेंडेंस लीग की स्थापना की।
- ब्रिटिश भारतीय सेना के एक अधिकारी **मोहन सिंह** के दिमाग में सर्वप्रथम **आजाद हिंद फौज**, की स्थापना का विचार आया।

- मोहन सिंह ने जापान के समक्ष आत्मसमर्पण करने वाले ब्रिटिश भारतीय सैनिकों को लेकर मलाया में **आजाद हिंद फौज** का गठन 15 दिसंबर, 1941 को किया था।
- 7 जुलाई, 1943 को रासबिहारी बोस ने आजाद हिंद फौज की कमान सुभाषचंद्र बोस को सौंप दी। सुभाषचन्द्र I.N.A. के सर्वोच्च सेनापति घोषित किए गए।
- 21 अक्टूबर, 1943 को सुभाषचन्द्र ने सिंगापुर में स्वतंत्र भारत की अस्थायी सरकार का गठन किया। इस सरकार का मुख्यालय रंगून में बनाया गया। अस्थायी सरकार को जर्मनी तथा जापान ने अपना समर्थन दिया।
- सुभाषचंद्र बोस ने लक्ष्मीबाई के नाम पर **'रानी झांसी रेजीमेंट'** महिलाओं के लिए स्थापित किया। आजाद हिंद फौज के तीन और ब्रिगेड का नाम क्रमशः सुभाष बिग्रेड, नेहरू ब्रिगेड, गांधी ब्रिगेड रखा गया।
- सैनिकों का आह्वान करते हुए सुभाष ने कहा **'तुम मुझे खून दो मैं तुम्हें आजादी दूंगा।'**
- पहली बार सुभाष द्वारा ही गांधीजी के लिए **राष्ट्रपिता** शब्द का प्रयोग किया गया।
- अक्टूबर, 1943 को लिनलिथगो की जगह वेवेल भारत के वायसराय बन कर आए। इस समय भारत की स्थिति काफी तनावपूर्ण थी। वेवेल ने सामान्य स्थिति बनाने के लिए सर्वप्रथम भारत छोड़ो आंदोलन के नेताओं को रिहा कर दिया। साथ ही कांग्रेस पर लगे प्रतिबंध को समाप्त कर दिया।
- 14 जून, 1945 को लॉर्ड वेवेल ने **वेवेल योजना** प्रस्तुत की जिस पर विचार करने के लिए **शिमला में 25 जून, 1945** को एक सम्मेलन का आयोजन किया गया। यह सम्मेलन जिन्ना के हठधर्मिता के कारण स्थगित कर दिया गया।
- 1945 में आजाद हिंद फौज के सिपाहियों द्वारा आत्मसमर्पण के बाद सरकार ने उन पर निष्ठा की शपथ (सरकार के प्रति) तोड़ने के आरोप में लाल किले में मुकदमा चलाने का निर्णय लिया।
- कांग्रेस ने आजाद हिंद फौज (I.N.A.) के सिपाहियों को बचाने के लिए **'आजाद हिंद बचाव समिति'** की स्थापना की। बचाव पक्ष के वकीलों में भूलाभाई देसाई प्रमुख थे, उनका सहयोग करने के लिए तेजबहादुर सप्रू, काटजू, जवाहरलाल नेहरू ने भी अदालत में बहस की।
- 18 फरवरी, 1946 को रॉयल इंडियन नेवी के 'सिगनल्स प्रशिक्षण संस्थान' एस.एम.आई.एस. 'तलवार' के गैर कमीशंड अधिकारियों एवं सिपाहियों ने खराब भोजन, जातीय भेदभाव, कम वेतन, चरित्र पर टिप्पणी आदि कारणों से विद्रोह कर दिया। **25 फरवरी, 1946** को पटेल के आश्वासन के बाद विद्रोही सैनिकों ने आत्मसमर्पण कर दिया।
- जनवरी, 1946 में ब्रिटेन की लेबर पार्टी के नेता एटली ने भारतीय नेताओं से औपचारिक स्तर पर बातचीत करने के लिए एक संसदीय दल (कैबिनेट मिशन) को भारत भेजने का निर्णय लिया।
- 29 मार्च, 1946 को 'कैबिनेट मिशन' भारत आया। इसके सदस्यों में शामिल थे–सर स्टेफर्ड क्रिप्स, श्री ए.वी. अलेक्जेंडर तथा पैथिक लारेंस।
- भारत में कैबिनेट मिशन की घोषणा करते हुए पैथिक लारेंस ने कहा कि इसका उद्देश्य भारत के लिए संविधान तैयार करने के लिए शीघ्र ही एक कार्यप्रणाली तैयार करना तथा अंतरिम सरकार के लिए एक आवश्यक प्रबंध करना था।
- 16 अगस्त, 1946 को मुस्लिम लीग ने **'सीधी कार्यवाही दिवस' (Direct Action Day)** की शुरूआत कर दी। फलतः भयंकर सांप्रदायिक दंगे हुए।
- ब्रिटेन में श्रमिक दल के प्रधानमंत्री एटली ने हाऊस ऑफ कामन्स में 20 फरवरी, 1947 को ऐतिहासिक घोषणा करते हुए कहा कि 'अंग्रेज जून, 1948 के पहले ही उत्तरदायी लोगों को सत्ता हस्तांतरित करने के उपरांत भारत छोड़ देंगे।
- 22 मार्च, 1947 को भारत के 34वें और अंतिम ब्रिटिश गवर्नर जनरल लॉर्ड माउंटबेटन भारत आए जिनका एकमात्र उद्देश्य था, यथाशीघ्र भारत को पूर्ण स्वतंत्रता देना।
- 3 जून, 1947 को ब्रिटिश प्रधानमंत्री एटली ने हाऊस ऑफ कॉमन्स में विभाजन (3 जून योजना) की घोषणा की । इस योजना को माउंटबेटन योजना भी कहा जाता है। इस योजना के आधार पर ब्रिटिश संसद ने 18 जुलाई, 1947 को भारतीय स्वतंत्रता अधिनियम, 1947 को पास किया। इस उपबंध द्वारा ही 15 अगस्त, 1947 को भारत का विभाजन हुआ।
- भारतीय स्वतंत्रता अधिनियम (1947) की मुख्य बातें निम्न थीं–
  1. 15 अगस्त, 1947 से भारत में भारत और पाकिस्तान नाम से डोमेनियन की स्थापना हो जाएगी।
  2. भारत के राज्य क्षेत्र में उन क्षेत्रों को छोड़कर जो पाकिस्तान में सम्मिलित होंगे, ब्रिटिश भारत के प्रांत सम्मिलित होंगे।
  3. पाकिस्तान के राज्य क्षेत्र में पूर्वी बंगाल, पश्चिमी पंजाब, सिंध और उत्तर-पश्चिम सीमा प्रांत सम्मिलित होंगे। पूर्वी बंगाल प्रांत में असम का सिलहट जिला भी सम्मिलित होगा।
  4. देशी रजवाड़े दोनों में से भारत और पाकिस्तान किसी भी डोमेनियम (अधिराज्य) में सम्मिलित हो सकते हैं।
  5. प्रत्येक डोमेनियन के विधानमंडल को अपने अधिराज्य के लिए कानून बनाने का पूरा अधिकार होगा। 15 अगस्त, 1947 के बाद ब्रिटिश संसद द्वारा पारित कोई भी अधिनियम किसी भी डोमेनियन में वैध नहीं होगा।
  6. दोनों डोमेनियनों तथा प्रांतों का संचालन 1935 के अधिनियम के अनुसार (जहां तक संभव हो सके) उस समय तक चलाया जाएगा जब तक कि संबंधित संविधान सभा इसके लिए कोई सवैधानिक व्यवस्था नहीं कर लेती।
- 15 अगस्त, 1947 को भारतीय इतिहास के एक कालखंड का अंत हुआ दूसरे का आरंभ। 200 वर्षों की ब्रिटिश दासता के बाद भारत ने प्रथम बार मुक्ति का अहसास किया।
- लॉर्ड माउंटबेटन को स्वतंत्र भारत का प्रथम गवर्नर जनरल नियुक्त किया गया तथा जवाहरलाल नेहरू को भारत का प्रथम प्रधानमंत्री बनाया गया।

❑❑❑

अध्याय-18

विभाजन के बाद का भारत

विभाजन के बाद पुनर्वास

भारत का दो राष्ट्रों में विभाजन से अनेक तात्कालिक समस्याएं उत्पन्न हुईं। इन सभी समस्यायों में महत्त्वपूर्ण समस्या थी–विभाजन के साथ भड़कने वाली हिंसा, अपना सब कुछ लुटा कर भारत आए करीब साठ लाख शरणार्थियों की देखभाल और पुनर्वास, सांप्रदायिकता की महामारी का प्रसार और सांप्रदायिक दंगों, शरणार्थियों और कश्मीर को लेकर भारत तथा पाकिस्तान के बीच अमैत्रीपूर्ण संबंध।

विभाजन के दिनों में दोनों देशों के मध्य शरणार्थियों का आवागमन बहुत बड़े पैमाने पर हुआ। पाकिस्तान से भारत में आये 60 लाख शरणार्थियों के पुनर्वास तथा राहत के लिए, जिनका सब कुछ वहीं लुट चुका था, सरकार को अपने ऊपर काफी दबाव का सामना करना पड़ा। पूर्वी बंगाल से आने वाले शरणार्थियों के पुनर्वास की समस्या इसलिए ज्यादा गंभीर थी क्योंकि वहाँ से हिन्दुओं का आना कई वर्षों तक चलता रहा। पश्चिमी पाकिस्तान से आने वाले सभी हिन्दू और सिक्ख एक ही झटके में 1947 में भागकर भारत आ गये। वहीं पूर्वी बंगाल से 1971 तक शरणार्थियों का धीमी रफ्तार से आगमन जारी रहा। इस आवागमन के फलस्वरूप जहाँ भारत आने वाले शरणार्थी 500 करोड़ रुपये की संपत्ति पश्चिमी पाकिस्तान में छोड़ आए थे, वहीं पश्चिमी पाकिस्तान जाने वाले शरणार्थी 100 करोड़ रुपये के लगभग संपत्ति भारत में छोड़ गए थे। भारत आये शरणार्थियों को रहने की जगह की व्यवस्था करना, काम मुहैया कराना और मानसिक सुरक्षा देना एक कठिन एवं दीर्घकालीन काम था।

1950 में लियाकत-नेहरू अनुबन्ध हुआ जिसमें यह बात निहित थी कि पाकिस्तान में रह रहे हिन्दुओं की व भारत में रह रहे मुस्लिमों की अर्थात् अल्पमतों की देखभाल व सुरक्षा दोनों ही देश अपना नैतिक उत्तरदायित्व मानें और दोनों ही देश इन अल्पसंख्यक नागरिकों के साथ समानता का व्यवहार करें एवं उन्हें बहुमत के समान ही मौलिक अधिकार प्रदान करें। परन्तु यह समझौता वास्तविक रूप में लागू न हो सका।

पश्चिमी पंजाब (पाकिस्तान) से आये ढेरों शरणार्थियों को पंजाब, उत्तर प्रदेश, उत्तरांचल, हिमाचल प्रदेश, राजस्थान, दिल्ली, हरियाणा इत्यादि राज्यों में बसाया गया वहीं पूर्वी बंगाल से आये शरणार्थियों को सिर्फ पश्चिमी बंगाल या कुछ हद तक आसाम और त्रिपुरा में बसाया गया।

भारतीय रियासतों का विलय

1940 के दशक में भारतीय स्वतंत्रता संग्राम अपनी चरम सीमा पर था। इस दौर ने तीव्र राजनैतिक गतिविधियाँ देखीं। ब्रिटिश सरकार ने गतिरोध को समाप्त करने के उद्देश्य से क्रिप्स मिशन (1942), वेवल योजना (1945), कैबिनेट मिशन योजना (1946) और माउंटबेटन योजना के अंतर्गत कई प्रस्ताव पेश किए। इन सभी योजनाओं में भारतीय रियासतों के भविष्य पर विचार किया गया। क्रिप्स योजना में रियासतों की सर्वश्रेष्ठता किसी और को देने का कोई विचार नहीं था। रियासतें, देश में एक तीसरी शक्ति के रूप में कार्य कर अपना पृथक् अस्तित्व बनाना चाहती थीं।

कैबिनेट मिशन में यह सिफारिश की गयी कि भारत एक संघ होगा एवं इसमें रियासतें भी शामिल होंगी। संघ को वैदेशिक मामले, प्रतिरक्षा एवं परिवहन तथा बाकी विषयों पर रियासतों को कानून बनाने का अधिकार होगा। रियासत के शासक इस योजना को स्वीकार करने पर राजी हो गये। परंतु भारत के विभाजन संबंधी घोषणा हो जाने के पश्चात् त्रावनकोर एवं हैदराबाद ने इस योजना को अस्वीकार कर, स्वतंत्र अस्तित्व बनाये रखने का प्रस्ताव किया। इधर 20 फरवरी को एटली की घोषणा तथा 3 जून की माउन्टबैटन योजना ने यह स्पष्ट कर दिया कि सर्वश्रेष्ठता समाप्त हो जाएगा और रियासतों को अधिकार होगा कि वे भारत या पाकिस्तान किसी एक में सम्मिलित हो सकते हैं। इस प्रकार माउंटबैटन ने रियासतों को एक तीसरी इकाई के रूप में मान्यता देने से इंकार कर दिया।

सरदार वल्लभभाई पटेल ने 5 जुलाई, 1947 को भारत सरकार द्वारा कायम किये गये भारतीय रियासतों की देशभक्ति को ललकारते हुए उनसे अनुरोध किया कि वे भारतीय संघ में रक्षा, वैदेशिक मामले एवं संचार व्यवस्था को भारत के अधीनस्थ बनाकर, इसमें सम्मिलित हो जायें। 15 अगस्त, 1947 तक 136 रियासतें भारत में सम्मिलित हो गयीं। कश्मीर ने विलय पत्रों पर 26 अक्टूबर, 1947 को जूनागढ़ एवं हैदराबाद ने 1948

में हस्ताक्षर किये। छोटी-छोटी रियासतें केन्द्र से प्रशासित किसी इकाई या पड़ोस के प्रांतीय प्रशासन में मिला दी गयीं। पूर्वी रियासतें उड़ीसा प्रांत और मध्य प्रदेश में मिला दी गयीं तथा दक्कन एवं गुजरात की रियासतें बम्बई प्रशासन में मिला दी गयीं। एक अन्य प्रक्रिया द्वारा कुछ रियासतों को मिला कर बृहत्तर प्रशासनिक संघ बनाया गया। इस प्रकार काठियावाड़ का संयुक्त राज्य, मत्स्य का संयुक्त राज्य, राजस्थान का संयुक्त राज्य, विंध्य प्रदेश का संयुक्त राज्य तथा पटियाला एण्ड ईस्ट पंजाब स्टेट्स यूनियन (पेप्सू) अर्थात् पटियाला एवं पूर्व पंजाब राज्य संघ के प्रशासन के अधीन हिमाचल प्रदेश आदि का निर्माण हुआ।

इस प्रकार अथक प्रयासों के बाद रियासतों का एकीकरण एवं विलय संभव हो सका। कालांतर में राज्य पुनर्गठन अधिनियम (1956) के द्वारा भाषाई आधार पर प्रांतों का पुनर्गठन किया गया। इस अधिनियम के अनुसार 14 राज्य एवं 6 केंद्र शासित प्रदेश बनाए गये। संप्रति भारत में 28 राज्य एवं 7 केन्द्र शासित प्रदेश हैं।

कश्मीर का प्रश्न

स्वतंत्रता एवं भारत विभाजन के पश्चात् कश्मीर राज्य की समस्या भारत की सर्वाधिक जटिल राजनीतिक समस्या बन गई जिसका निराकरण आज तक संभव नहीं हुआ है। यह मात्र राजनीतिक समस्या ही नहीं अपितु भौगोलिक भी है, क्योंकि कश्मीर एक सीमांत प्रदेश के समान है जहाँ अनेक राज्यों अर्थात् भारत, पाकिस्तान, अफगानिस्तान और चीन की सीमायें मिलती हैं। सोवियत संघ की सीमा प्रत्यक्ष रूप से नहीं मिलती किंतु अफगानिस्तान के संकरे स्थलीय भाग से पृथक् है। 1947 के पूर्व जम्मू-कश्मीर भी भारत के अन्य राज्यों के समान एक सामंती राज्य था। यह एक ऐसा राज्य था जहाँ मुस्लिम जनसंख्या की प्रधानता थी, किंतु राजा हिन्दू था। कश्मीर विवाद को समझने से पूर्व इस प्रदेश की भौगोलिक परिस्थितियों का ज्ञान आवश्यक है, जिनके कारण यह विवाद जटिल बना हुआ है।

भौगोलिक पृष्ठभूमि

जम्मू-कश्मीर का अधिकांश धरातल पर्वतीय है। यहाँ चार समानान्तर पर्वत श्रेणियाँ उत्तर-पश्चिमी से दक्षिण-पूर्ण का विस्तृत है। सबसे उत्तर में काराकोरम श्रेणी, इसके पश्चात् दक्षिण में मुख्य हिमालय की श्रेणियाँ स्थित हैं जो जास्कर श्रेणी कहलाती है। इन दोनों के मध्य में सिंधु नदी बहती है। इसके पश्चात् पीरपंजाल श्रेणियाँ हैं, जास्कर तथा पीर पंजाल के मध्य झेलम नदी प्रकाशित है। इसी क्षेत्र में प्रसिद्ध वूलर एवं बारामूला झीलें तथा कश्मीर घाटी और श्रीनगर स्थित है। दक्षिण में शिवालिक श्रेणी का विस्तार है।

पर्वतीय धरातल के अतिरिक्त अनेक नदियाँ हिमालय से निकल कर इस राज्य से प्रकाशित होती हुई पाकिस्तान में प्रवेश करती हैं। सिंध, झेलम, चिनाव यहाँ से प्रवाहित होकर पाकिस्तान में जाती हैं। ये नदियाँ सिंचाई एवं जल विद्युत उत्पादन की दृष्टि से अत्यधिक महत्त्वपूर्ण हैं। यह एक महत्त्वपूर्ण भौगोलिक तथ्य है।

धर्म एवं जातीय दृष्टि से कश्मीर में विविधता है। यहाँ मुख्यतया तीन धर्मावलम्बी निवास करते हैं। राज्य के दक्षिण भाग जम्मू-ऊधमपुर आदि में 60 से 75 प्रतिशत तक हिन्दू जनसंख्या है। यहाँ मुख्यतया 'डोगरा' जाति निवास करती है। यही जाति इस राज्य की शासक रही है। द्वितीय क्षेत्र पूर्वी एवं उत्तरी-पूर्वी लद्दाख का क्षेत्र है, जहाँ बौद्ध लोगों की बहुलता है। तृतीय राज्य का शेष भाग जहाँ 7.5 प्रतिशत जनसंख्या मुस्लिम है। कश्मीर की घाटी भी इसी का एक भाग है। जहाँ 25 प्रतिशत मुस्लिम जनसंख्या का प्रतिशत हो गया है।

जम्मू-कश्मीर राज्य के संसाधनों में विविधता है। यहाँ अनेक प्रकार की इमारती लकड़ी जैसे एश, फर पाइन, स्प्रूस आदि उपलब्ध हैं। बॉक्साइट, कोयला तथा लोहा भी यहाँ सीमित मात्रा में उपलब्ध है। यहाँ के किसान, चावल, मक्का, गेहूँ आदि खाद्यान्नों के अतिरिक्त फल एवं मेवा भी उत्पादित करते हैं। रेशम के कीड़े पालने का उद्यम भी यहाँ प्रचलित है। भेड़ पालने तथा उनसे अनेक प्रकार के कालीन आदि बनाने के लिए यह प्रसिद्ध है।

वर्तमान विवाद की ऐतिहासिक पृष्ठभूमि

कश्मीर विवाद का प्रारंभ अगस्त, 1947 से होता है, जबकि ब्रिटिश सरकार ने स्वतंत्रता के साथ ही यहाँ के स्थानीय राज्यों को यह अधिकार दिया कि वे भारत अथवा पाकिस्तान के साथ रहने का निर्णय स्वयं करेंगे। कश्मीर में यद्यपि मुस्लिम जनसंख्या की अधिकता थी, किन्तु शासक हिन्दू होने के कारण उन्होंने किसी के साथ न मिलकर तत्कालीन स्वरूप को रखना चाहा। जैसे ही विभाजन हुआ मुस्लिम लोगों ने उपद्रव प्रारंभ कर दिया जिसको पाकिस्तानी पठानों ने सशस्त्र सहायता दी। कश्मीर की सरकार ने भारत से सहायता की अपील की तथा कश्मीर विलय भारत में स्वीकार किया। भारतीय सेनाओं ने वहाँ पहुँचकर स्थिति पर नियंत्रण किया। पाकिस्तान ने भी अपनी सेनायें भेज दीं। फलस्वरूप एक वर्ष तक लड़ाई चलती रही। अंत में जनवरी, 1949 में संयुक्त राष्ट्र संघ ने 'युद्ध-विराम रेखा' के माध्यम से युद्ध बंद करवाया। युद्ध विराम रेखा के फलस्वरूप कश्मीर राज्य का दो-तिहाई क्षेत्र जहाँ 4/5 जनसंख्या निवास करती थी, भारत के नियंत्रण में आया तथा युद्ध-विराम रेखा पर संयुक्त राष्ट्र पर्यवेक्षकों की नियुक्ति की गई। इसके पश्चात् पाकिस्तान जातीय, राजनीतिक, आर्थिक आदि तथ्यों के आधार पर अपना अधिकार प्रस्तुत करने लगा। संयुक्त राष्ट्र संघ ने इसके संबंध में अनेक प्रयत्न किये। किंतु अंत में निराशा ही हाथ लगी। जनमत-संग्रह का भी प्रश्न आया, किंतु कार्यान्वित नहीं हुआ। भारत में कश्मीर का कानूनी विलय होने के कारण किसी प्रकार का जनमत-संग्रह युक्तिसंगत नहीं लगता। कश्मीर संबंध बाद की घटनाओं से पूर्व दोनों देशों में इसके संबंध में दिये गये तर्क स्पष्ट करना आवश्यक है।

पाकिस्तान का मत

पाकिस्तान ने कश्मीर के संबंध में अनेक तर्क प्रस्तुत कर यह प्रयत्न किया कि कश्मीर का प्रश्न उसके लिए जीवन एवं मृत्यु का प्रश्न है। 6 मार्च, 1951 को सुरक्षा परिषद में पाकिस्तानी प्रतिनिधि ने वक्तव्य दिया था कि प्रत्येक दृष्टिकोण से अर्थात् जनसंख्या, संस्कृति, धर्म, आर्थिक दशा, भौगोलिक स्थिति, सामरिक महत्त्व आदि के आधार पर कश्मीर का विलय पाकिस्तान में होना चाहिये। पाकिस्तान द्वारा अपने मत के समर्थन में दिये गए तथ्य निम्नांकित हैं–

1. पाकिस्तान की मुख्य नदियाँ इस राज्य से प्रवाहित होकर जाती हैं; अतः नदियों का सिंचाई एवं जल विद्युत हेतु पूर्ण उपयोग उसी समय

संभव है जबकि ऊपरी भाग भी अधिकार में हो। पाक मतानुसार यदि भारत सिंध तथा अन्य नदियों पर बाँध बनाकर अथवा अन्य प्रकार से मार्ग परिवर्तित कर लेता है तो संपूर्ण पाकिस्तान मरुस्थल बन जायेगा। किंतु यह मात्र भ्रामक धारणा है, भारत इतने अधिक जल का उपयोग नहीं कर सकता।

2. जम्मू-कश्मीर राज्य को भारत से संयुक्त करने वाला मार्ग 1947 के पूर्व पाकिस्तानी क्षेत्र से होकर जाता था। उस समय दो प्रमुख मार्ग 'झेलम वेली रोड' श्रीनगर तथा रावलपिंडी को बारामूला होकर तथा 'बनिहाल कोर्ट रोड' श्रीनगर को जम्मू से बनिहाल दर्रे से होकर था।
3. यहाँ की अधिकांश जनसंख्या मुस्लिम है; अतः 'दो राष्ट्रों के सिद्धांत' के आधार पर मुस्लिम बहुमत का हित पाकिस्तान में ही सुरक्षित हो सकता है।
4. पाकिस्तान के लिये कश्मीर का सामरिक महत्त्व है। अतः रक्षात्मक दृष्टिकोण से उनका नियंत्रण होना आवश्यक है।
5. पाकिस्तान को इमारती लकड़ी की पूर्ति यहीं से हो सकती है, क्योंकि अन्य क्षेत्रों में वनों का अभाव है।

भारतीय मत

यद्यपि कश्मीर का कानूनी विलय भारत में हो गया है, किंतु पाकिस्तान एवं विश्व के अनेक देश इसको राजनीतिक कुचक्र में फंसाने का प्रयत्न कर रहे हैं। यही कारण है कि इस समस्या का समाधान नहीं हो रहा है। भारतीय पक्ष द्वारा प्रतिपादित प्रमुख तथ्य निम्नांकित हैं–

1. कश्मीर सरकार ने कानूनी रूप से 1947 में भारत के साथ रहना स्वीकार किया है। अतः कानूनी विलय के पश्चात् अन्य किसी विवाद की संभावना ही नहीं रहती।
2. 1947 के पश्चात् कश्मीर के आर्थिक विकास पर अत्यधिक व्यय किया जा रहा है। परिवहन के साधनों का विकास तथा अन्य आर्थिक विकास यहाँ पर्याप्त किये गये हैं। इस क्षेत्र का भविष्य में और अधिक विकास भारत में रहने पर ही संभव है।
3. सामरिक एवं रक्षा के दृष्टिकोण से कश्मीर भारत के लिये महत्त्वपूर्ण है। यदि यह क्षेत्र पाकिस्तान के हाथ में चला जाता है तो संपूर्ण पंजाब के मैदान के लिए सुरक्षा का खतरा हो सकता है।
4. नदियों के जल उपयोग से संबंधित विवाद अंतर्राष्ट्रीय समझौते द्वारा सुलझाया जा सकता है।
5. कश्मीर में मुस्लिम जनसंख्या के अतिरिक्त 10 लाख हिन्दू भी बसते हैं, अतः उनकी सुरक्षा भी आवश्यक है।

कश्मीर विवाद भारत की राजनीतिक प्रतिष्ठा का प्रश्न है। सिंध के जल उपयोग के संबंध में सितंबर 1960 में समझौता हुआ, जिसके अनुसार सिंधु नदी क्रम के जल का भारत 20 प्रतिशत एवं पाकिस्तान 80 प्रतिशत उपयोग कर सकेगा। झेलम तथा चिनाब नदियाँ तिब्बत क्षेत्र से निकल कर कश्मीर में होकर पाकिस्तान में जाती हैं जबकि रावी तथा व्यास का उद्गम भारतीय क्षेत्र है।

कश्मीर विवाद की जटिलता एवं सुझाव

जम्मू-कश्मीर राज्य का 1947 में भारत के साथ विलय हो जाने के पश्चात् भी यह विवादस्पद बना हुआ है। युद्ध-विराम रेखा की स्थापना हो जाने के पश्चात् जो भाग पाकिस्तान के पास चला गया है उसको वह छोड़ने को तैयार नहीं है। अपितु सदैव अन्य भागों पर अधिकार जमाने की चेष्टा में रहता है। इस विवाद को सुलझाने के लिए संयुक्त राष्ट्र संघ में अनेक बार विचार-विमर्श हुआ, किंतु सफलता नहीं मिली। इस क्षेत्र में गतिरोध का एक प्रमुख कारण विदेशी शक्तियों का एकपक्षीय झुकाव है। पाकिस्तान के समर्थक देश यह नहीं चाहते कि इस समस्या का समाधान हो। अतः उसकी जटिलता में वृद्धि होती रहती है।

युद्ध-विराम रेखा की स्थापना के पश्चात् भी इस क्षेत्र में शांति नहीं रही, अपितु अनेक बार इस रेखा का उल्लंघन किया गया। पाकिस्तान सदैव इस क्षेत्र में अशांति बनाए रखने का प्रयत्न करता रहा है। यही नहीं, अपितु दो बार इस क्षेत्र में युद्ध हो चुका है। प्रथम, 1965 में जबकि पाकिस्तान सेना ने छद्म वेश में प्रवेश कर छम्ब, कारगिल, ऊरी आदि क्षेत्रों पर आक्रमण किया। इसका भारतीय सेना ने पूर्ण प्रतिरोध कर अनेक सामरिक महत्त्व के स्थानों जैसे हाजीपीर दर्रे आदि पर अधिकार कर लिया। 23 सितंबर, 1965 को संयुक्त राष्ट्र संघ द्वारा सुझाये गए युद्ध-विराम को स्वीकार कर लिया गया। यद्ध समाप्त होने के पश्चात् 10 जनवरी, 1966 को 'ताशकंद समझौता' संपन्न हुआ, जिसके द्वारा दोनों देश युद्ध-स्थिति से पूर्व स्थिति में आ गये।

द्वितीय पाकिस्तानी आक्रमण 3 दिसंबर, 1971 को हवाई आक्रमण के रूप में किया गया। यह संपूर्ण पश्चिमी सीमावर्ती क्षेत्रों पर था। कश्मीर के श्रीनगर, जम्मू, अवंतीपुर, पठानकोट आदि स्थानों पर हवाई आक्रमण किया गया। साथ सैनिकों ने छम्ब क्षेत्र पर अत्यधिक शक्तिशाली हमला किया।

भारतीय वायुसेना एवं स्थलीय सेना ने सभी आक्रमणों को विफल कर दिया। 16 दिसंबर, 1971 को युद्ध-विराम के पश्चात् जम्मू कश्मीर क्षेत्र में लगभग 765 वर्ग किमी॰ क्षेत्र में भारत ने तथा लगभग 83 वर्ग किमी क्षेत्र पर पाकिस्तान ने अधिकार कर लिया। 'शिमला समझौता' द्वारा संपूर्ण पश्चिमी सीमा पर सेनाओं को पुनः युद्ध-पूर्व स्थिति में लाने का समझौता हुआ, किंतु जम्मू-कश्मीर में 17 दिसंबर, 1971 की युद्ध-विराम स्थिति को स्वीकार किया गया।

स्पष्ट है, कश्मीर विवाद अत्यधिक जटिल समस्या है जिसका सहज हल संभव नहीं। विवाद के प्रारंभ से अनेक विकल्प प्रस्तुत किये गये, जैसे जनमत-संग्रह, स्वतंत्र कश्मीर, युद्ध-विराम रेखा के सहारे विभाजन या हिन्दू जम्मू तथा बौद्ध लद्दाख भारत को, गिलगित वालटिस्तान पाकिस्तान को तथा पुंछ और कश्मीर घाटी में जनमत संग्रह द्वारा निर्धारण आदि। वास्तव में यह सभी सुझाव एकांगी हैं। कश्मीर की स्वायत्रता से इस क्षेत्र में 'शक्ति शून्यता' आ जायेगा। इसका स्वतंत्र अस्तित्व चीन जैसे विस्तारवादी देश के सम्मुख क्षणिक होगा। वास्तविकता यह है कि कश्मीर भारत का अभिन्न अंग है। केन्द्र सरकार ने जम्मू-कश्मीर को विशेष दर्जा देने वाला अनुच्छेद 37A जिसे आम भाषा में धारा 370 भी कहा जाता है, खत्म कर दिया है। यह अनुच्छेद जम्मू-कश्मीर को एक विशेष दर्जा देता था। इसके साथ ही केन्द्र ने इस राज्य को दो केन्द्रशासित प्रदेशों में बाँट दिया (जम्मू-कश्मीर एवं लद्दाख)। सरकार ने इसे ऐतिहासिक बताया। इसमें कोई दो राय नहीं कि जम्मू-कश्मीर के इतिहास में यह अहम मोड़ है।

भारतीय संविधान का निर्माण

जुलाई 1945 में इंगलैंड में नयी लेबर सरकार सत्ता में आई तथा लार्ड वेवल ने भारत के संबंध में सरकार की नीति की घोषणा की तथा यथाशीघ्र संविधान निर्मातृ-निकाय का गठन करने के लिए सरकार के इरादे की पुष्टि की।

1946 में कैबिनेट मिशन ने संविधान के लिए एक बुनियादी ढाँचे का प्रारूप पेश किया तथा संविधान-निर्माण-निकाय द्वारा अपनाई जाने वाली प्रक्रिया का कुछ विस्तार के साथ निर्धारण किया। ब्रिटिश भारत के प्रांतों को आवंटित 296 स्थानों के लिए चुनाव जुलाई-अगस्त, 1946 तक पूरे कर लिये गये। कांग्रेस को 208 स्थानों पर और मुस्लिम लीग को 73 स्थानों पर विजय प्राप्त हुई। संविधान निर्माण-निकाय की सदस्य संख्या 385 निर्धारित की गई थी। जिनमें से 292 प्रतिनिधि ब्रिटिश भारत के ग्यारह प्रांतों से तथा 93 प्रतिनिधि भारतीय रियासतों के लिए जाने थे।

14-15 अगस्त, 1947 को देश के विभाजन तथा उसकी स्वतंत्रता के साथ ही, भारत की संविधान सभा केबिनेट मिशन योजना के बंधनों से मुक्त हो गई और एक पूर्णतया प्रभुतासंपन्न निकाय देश में ब्रिटिश संसद के पूर्ण प्राधिकार तथा उसकी सत्ता की पूर्ण उत्तराधिकारी बन गई। 15 अगस्त, 1947 तक अधिकांश रियासतों के प्रतिनिधि संविधान सभा में आ गए और शेष रियासतों में भी यथासमय अपने प्रतिनिधि भेज दिए। इस प्रकार संविधान सभा भारत में सभी रियासतों तथा प्रांतों के प्रतिनिधि तथा किसी भी बाहरी शक्ति के आधिपत्य से मुक्त पूर्ण प्रभुत्वसंपन्न निकाय बन गई। संविधान सभा भारत में लागू ब्रिटिश संसद द्वारा बनाए गये किसी भी कानून को, यहाँ तक कि भारतीय स्वतंत्रता ऐक्ट को भी रद्द कर सकती थी या परिवर्तित कर सकती थी।

संविधान सभा का विधिवत् उद्घाटन नियत दिन सोमवार 9 दिसम्बर, 1946 को प्रात: ग्यारह बजे हुआ। नेहरू जी ने 13 दिसम्बर, 1946 को ऐतिहासिक 'उद्देश्य प्रस्ताव' पेश किया। उद्देश्य प्रस्ताव के प्रारूप में भारत के भावी प्रभुत्वसंपन्न लोकतांत्रिक गणराज्य की रूपरेखा दी गई थी। इस प्रस्ताव में संविधान सभा को इसके मार्गदर्शन सिद्धांत तथा दर्शन जिनके आधार पर उसे संविधान का निर्माण करना था। अंतत: 22 फरवरी, 1947 को संविधान सभा ने इस प्रस्ताव को स्वीकार कर लिया।

संविधान की संरचना

संविधान सभा की संरचना में संघीय विधान समिति, संघीय शक्ति समिति, मूल अधिकारों और अल्पसंख्यकों आदि से संबंधित समितियाँ शामिल थीं। संविधान सभा ने संवैधानिक सलाहकार द्वारा तैयार किये गये भारत के संविधान के मूल पाठ के प्रारूप की छानबीन करने के लिए 29 अगस्त, 1947 को डॉ॰ भीमराव अंबेडकर के सभापतित्व में प्रारूप समिति गठित की।

भारत के संविधान का प्रारूप 21 फरवरी, 1948 को संविधान सभा के अध्यक्ष को पेश किया गया। तत्पश्चात् प्रारूप समिति ने उसमें आवश्यक संशोधन कर उसे संविधान सभा के सामने पेश किया। संविधान का दूसरा वाचन 16 नवंबर को पूरा हुआ। 26 नवम्बर, 1949 को स्वीकृत हुआ। संविधान सभा के अध्यक्ष डॉ॰ राजेन्द्र प्रसाद ने अपने समापन भाषण में विचार व्यक्त किया कि संविधान सभा सब मिलाकर एक अच्छा संविधान बनाने में सफल रही है। उन्हें यह विश्वास है कि यह देश की जरूरतों को अच्छी तरह से पूरा करेगा। 24 जनवरी, 1950 को संविधान सभा के अंतिम दिन संविधान सभा के सदस्यों ने हस्ताक्षर कर दिये।

हमारे संविधान निर्माताओं में कुछ जाने-माने विलक्षण बुद्धि वाले व्यक्ति, महान् न्यायविद्, देशभक्त और स्वतंत्रता सेनानी सम्मिलित थे। यदि संविधान सभा का निर्वाचन लोगों द्वारा वयस्क मताधिकार के आधार पर भी किया जाता तो भी उस समय इससे बेहतर या अपेक्षाकृत अधिक प्रतिनिधिक परिणामों की कल्पना करना कठिन है।

हमने स्वतंत्रता प्राप्ति के बाद जिन संस्थानों को जारी रखा तथा संविधान में समाविष्ट किया वे ऐसे संस्थान थे जो भारत की धरती पर ही फले-फूले थे। संविधान निर्माताओं ने पुराने संस्थानों के आधार पर, जो पहले ही विकसित हो चुके थे, जिनसे वे परिचित हो चुके थे, नए संस्थानों का निर्माण करना पसंद किया। संविधान द्वारा ब्रिटिश शासन को ठुकरा दिया गया किंतु उन संस्थानों को नहीं, जो ब्रिटिश शासन काल में विकसित हुए थे। इस प्रकार संविधान औपनिवेशिक अतीत से पूरी तरह अलग नहीं हुआ। क्योंकि संविधान-निर्माण तथा संस्थान निर्माण एक जीवन वर्तमान और सतत प्रक्रिया है। इसलिए इस प्रक्रिया में 26 जनवरी, 1950 को भारत के संविधान के श्रीगणेश के बाद ही इसके वास्तविक अमल, न्यायिक निर्वचन और संवैधानिक संशोधनों के द्वारा इसके निर्माण की प्रक्रिया जारी रही। यही सिलसिला अभी भी जारी है।

स्वतंत्रता के बाद भारत में नौकरशाही तथा पुलिस संगठन

नौकरशाही शब्द अंग्रेजी भाषा के 'ब्यूरोक्रेसी' एवं फ्रांसीसी भाषा के 'ब्यूरो' शब्द से लिया गया है जिसका अर्थ एक विभागीय उप-सम्भाग अथवा विभाग से है। फ्रांस में इस शब्द का प्रयोग 'ड्राअर वाली मेज' अथवा 'लिखने की डेस्क' के लिए हुआ करता था।

भारतीय संदर्भ में नौकरशाही हमें स्वतंत्रता के समय अंग्रेजों द्वारा विरासत में मिली। अंग्रेजी सरकार ने I.C.S. अफसरों की एक संगठित फौज तैयार की, जो प्रशासन के प्रत्येक क्षेत्र में हावी रहे।

भारत में नया संविधान आजादी के बाद लागू होने के बाद, कुछ आवश्यक परिवर्तन के साथ लोक-सेवाओं की उस सामान्य योजना को स्वीकार कर लिया गया जो ब्रिटिश काल में प्रचलित थी। वर्तमान में भारत की सेवाएँ तीन भागों में विभक्त हैं-

(क) अखिल भारतीय सेवाएँ–इसमें भारतीय प्रशासनिक सेवाएँ (IAS), भारतीय विदेश सेवा (IFS) एवं भारतीय पुलिस सेवा (IPS) आती हैं।

(ख) संघीय सेवाएँ या केन्द्रीय सेवाएँ–इसके अन्तर्गत रेलवे, डाकतार, वित्त, आयकर, लेखा परीक्षण, संचार, इत्यादि विभागों की सेवाएँ आती हैं।

(ग) राज्य लोक सेवाएँ–इसके अन्तर्गत राज्यों की प्रान्तीय न्यायिक सेवा, प्रान्तीय स्वास्थ्य सेवा, प्रान्तीय इंजीनियरिंग सेवा एवं अन्य राजकीय सेवाएँ आती हैं।

भारत में पुलिस व्यवस्था

भारतीय राज्य में विद्यमान पुलिस संगठनों का निर्देशन प्राथमिक रूप से 1861 ई० में बनाए गए उस पुलिस एक्ट से होता है। भारत में पुलिस को तीन स्तरों पर कार्य करना पड़ता है।

(क) केन्द्रीय सरकार तथा उसकी इकाइयाँ

(ख) राज्य सरकार का गृह मंत्रालय

(ग) जिला पुलिस अधिकारियों से सम्बद्ध अन्य निम्न स्तरीय इकाइयाँ

भारत में राज्य पुलिस, "पुलिस महानिदेशक (DGP)" के निर्देशन एवं अधीक्षण में कार्य करती है। इनके कार्य में सहायता एवं सलाह देने हेतु अनेक विशेष सहायक तथा अतिरिक्त 'उप-पुलिस महानिदेशक' (IGP) होते हैं जोकि पुलिस मुख्यालय पर स्थित होते हैं। पुलिस महानिदेशक को दो प्रकार के उत्तरदायित्वों का वहन करना होता है–

(क) नीति-निर्माण करना; (ख) नीतियों को क्रियान्वयन करवाना

पुलिस उपमहानिरीक्षक (DIG) 4 से लेकर 7 तक प्रशासनिक जिलों में पुलिस कार्यों का अधीक्षण करता है। इसके अलावा डी०आई०जी० (DIG) अनेक आनुषंगिक कार्यों का संपादन करता है जैसे–सी०आई०डी०, विशिष्ट जानकारी, रेलवे पुलिस, पुलिस प्रशिक्षण संबंधी संस्थाओं का संचालन, पुलिस मुख्यालयों की देखभाल तथा राज्य स्तरीय सैनिक टुकड़ियों का व्यवस्थापन इत्यादि।

पुलिस अधीक्षक (S.P.) जिला स्तर के सभी पुलिस थानों का नियंत्रण एवं नियमन करता है। पुलिस अधीक्षक के माध्यम से ही राज्य सरकार अपनी भूमिका का निर्वहन करती है तथा थाने इससे आदेश प्राप्त करते हैं।

उप-पुलिस अधीक्षक (Dy. S.P.) उपरदण्ड (अनुमंडल) में पुलिस विभाग का सर्वोच्च अधिकारी होता है।

पुलिस थाना या स्टेशन पुलिस संगठन की आधारभूत इकाई है। यह सभी प्रकार के अपराधों की जाँच-पड़ताल एवं प्रारंभिक सूचनाएँ दर्ज करता है। इसके अन्तर्गत पुलिस निरीक्षक (SHO), पुलिस उपनिरीक्षक (S.I.), सहायक पुलिस उपनिरीक्षक (ASI), हेड कांस्टेबल तथा कांस्टेबल पद सोपान होता है।

आर्थिक नीतियाँ एवं योजना प्रक्रिया

भारत की आजादी के समय भारत के सामने गरीबी, बेरोजगारी, अल्प-रोजगार, अशिक्षित और अकुशल श्रम, गतिहीन कृषि, अर्ध सामंती संबंध, उद्योगों का अल्प-विकास और अपर्याप्त आधारभूत संरचना जैसी समस्याएँ थीं। इन समस्याओं के निवारण के लिए संगठित और वृहत प्रयासों की आवश्यकता थी। उस काल के श्रमिक आर्थिक विचारों पर सोवियत संघ की सफलताओं का विशेष प्रभाव था। भारतीय स्वतंत्रता आंदोलन में भी उत्तरोत्तर समाजवादी समाज की स्थापना के उद्देश्य को सामने रखा गया था। भारत के प्रथम प्रधानमंत्री पंडित जवाहरलाल नेहरू सहित देश के प्रथम श्रेणी के सभी नेता 1917 के बाद से सोवियत संघ के संगठित व तीव्र विकास से प्रभावित थे। 1929 की विश्वव्यापी मंदी से सोवियत अर्थव्यवस्था के अप्रभावित रहने से उनकी धारणा और भी पुष्ट हुई। यही कारण था कि स्वतंत्र भारत की अर्थव्यवस्था के विकास के लिए आयोजन को आवश्यक माना गया।

ऐतिहासिक पृष्ठभूमि

भारत में स्वतंत्रता के पूर्व ही नियोजन की दिशा–प्रयास शुरू हो गये थे। सर एन० विश्वेश्वरैया ने 1834 में अपनी पुस्तक 'Planned Economy for India' में भारत में विकास के लिए नियोजन की आवश्यकता पर बल दिया था। वर्ष 1935 में डॉ० बाउले और डॉ० राबर्टसन ने भारत के लिए आर्थिक नियोजन पर बल दिया था। 1937 के चुनावों के माध्यम से विभिन्न राज्यों में गठित कांग्रेसी सरकारों ने इस दिशा में कार्य करते हुए 1938 में 'जवाहर लाल नेहरू' की अध्यक्षता में 'भारतीय आयोजन समिति' का गठन किया। 1944 में ब्रिटिश सरकार ने नियोजन और विकास विभाग की स्थापना की, जिसके अध्यक्ष 'आरदेशिर दलाल' थे। 1994 में बम्बई के आठ उद्योगपतियों ने भारत के विकास के लिए एक 15 वर्षीय योजना बनाई, जिसे बम्बई योजना के नाम से जाना जाता है। 1994 में ही एम०एन० राय 'पीपुल्स प्लान' और एम०एन० अग्रवाल ने 'गांधीवादी योजना' बनायी। अक्टूबर 1946 में अंतरिम सरकार ने 'सलाहकारी योजना परिषद' का गठन किया, जिसमें 'साइमन कुजनेट्स' जैसे अर्थशास्त्री शामिल थे।

योजना आयोग

योजना आयोग का भारतीय संविधान में कोई उल्लेख नहीं है। केन्द्र-राज्य संबंधों को संचालित करने वाली तीसरी अनुसूची (समवर्ती सूची) की प्रवृष्टि 20 में 'आर्थिक और सामाजिक योजना' की एक प्रविष्टि है। इस प्रविष्टि का लाभ उठाकर केन्द्र सरकार ने 1950 में मंत्रिमंडल के एक प्रस्ताव द्वारा एक संविधानेत्तर निकाय के रूप में 'योजना आयोग' की स्थापना की। पंडित जवाहर लाल नेहरू इसके प्रथम अध्यक्ष थे। इसके अलावा आयोग के पूर्णकालिक सदस्य थे वी०टी० कृष्णामाचारी, जी०एल० मेहता, एस०के० पाटिल, गुलजारी लाल नंदा व सी०डी० देशमुख।

नीति आयोग

योजना आयोग के स्थान पर एक नई संस्था 1 जनवरी, 2015 से अस्तित्व में आई है। इस नई संस्था को 'बदलते भारत के लिए राष्ट्रीय संस्थान' (National Institution for Transforming India—NITI) नाम दिया गया है तथा आमतौर पर 'नीति आयोग' के नाम से इसे जाना जा रहा है। प्रधानमंत्री की अध्यक्षता वाला यह आयोग सरकार के थिंक टैंक (बौद्धिक संस्थान) के रूप में कार्य करेगा तथा केन्द्र सरकार के साथ-साथ राज्य सरकारों के लिए भी नीति निर्माण करने वाले संस्थान की भूमिका यह निभाएगा। केन्द्र व राज्य सरकारों को राष्ट्रीय व अन्तर्राष्ट्रीय महत्व के महत्वपूर्ण मुद्दों पर रणनीतिक व तकनीकी सलाह भी यह देगा। पंचवर्षीय योजनाओं के भावी स्वरूप आदि के सम्बन्ध में सरकार को सलाह भी यह आयोग देगा। इस आयोग के प्रथम उपाध्यक्ष अरविंद पनगढ़िया थे।

उद्देश्य

- राज्यों की सक्रिय भागीदारी के साथ राष्ट्रीय विकास प्राथमिकताओं, क्षेत्रों और रणनीतियों का एक साझा दृष्टिकोण विकसित करना।
- ग्राम स्तर पर विश्वसनीय योजनाएं तैयार करने के लिए तंत्र विकसित करना और इन सभी को उत्तरोत्तर रूप से सरकार के उच्चतर स्तर तक पहुंचाना।

- जो क्षेत्र विशेष रूप से आयोग को निर्दिष्ट किए गए हैं उनकी आर्थिक रणनीति और नीति में राष्ट्रीय सुरक्षा के हितों को सम्मिलित करने को सुनिश्चित करना।
- हमारे समाज के उन वर्गों पर विशेष रूप से ध्यान देना जिन तक आर्थिक प्रगति से उचित प्रकार से लाभान्वित ना हो पाने का जोखिम हो।
- रणनीतिक और दीर्घावधि के लिए नीति तथा कार्यक्रम का ढांचा तैयार करना और पहल करना तथा उनकी प्रगति और क्षमता को मॉनीटर करना।
- महत्वपूर्ण पणधारियों तथा समान विचारधारा वाले राष्ट्रीय और अंतर्राष्ट्रीय थिंक टैंक और साथ ही साथ शैक्षिक और नीति अनुसंधान संस्थाओं के बीच परामर्श और भागीदारी को प्रोत्साहन देना।
- राष्ट्रीय और अंतर्राष्ट्रीय विशेषज्ञों, वृतिकों तथा अन्य भागीदारों के सहयोगात्मक समुदाय के माध्यम से ज्ञान, नवाचार, उद्यमशीलता सहायक प्रणाली बनाना।
- विकास के एजेंडे के कार्यान्वयन में तेजी लाने के क्रम में अंतर-क्षेत्रीय और अंतर-विभागीय मुद्दों के समाधान के लिए एक मंच प्रदान करना।
- अत्याधुनिक संसाधन केन्द्र बनाना जो सुशासन तथा सतत् और न्यायसंगत विकास की सर्वश्रेष्ठ कार्यप्रणाली पर अनुसंधान करने के साथ-साथ पणधारियों तक पहुंचाने में भी मदद करे।
- कार्यक्रमों और नीतियों के क्रियान्वयन के लिए प्रौद्योगिकी उन्नयन और क्षमता निर्माण पर जोर।
- राष्ट्रीय विकास के एजेंडा और उपरोक्त उद्देश्यों की पूर्ति के लिए अन्य आवश्यक गतिविधियों का उत्तरदायित्व लेना।

राष्ट्रीय विकास परिषद्

योजनाओं के निर्माण में राज्यों की भागीदारी सुनिश्चित करने के लिए 1952 में 'राष्ट्रीय विकास परिषद' की स्थापना की गयी। परिषद का अध्यक्ष भारत का प्रधानमंत्री होता है और सभी राज्यों के मुख्यमंत्री इसके पदेन सदस्य होते हैं। 1967 में इसका विस्तार करके केन्द्रीय मंत्रिमंडल के सभी सदस्यों और सभी संघीय राज्य क्षेत्रों के प्रशासकों को इसका सदस्य बनाया गया है। ज्ञातव्य है कि राष्ट्रीय विकास परिषद एक संविधानोत्तर निकाय है। राष्ट्रीय विकास परिषद् राष्ट्रीय योजनाओं की प्रगति के संबंध में समय-समय पर विचार करता है। राष्ट्रीय विकास को प्रभावित करने वाली आर्थिक-सामाजिक नीतियों का अवलोकन और राष्ट्र की विकासात्मक योजनाओं के निर्धारण और उनकी सफल प्राप्ति हेतु परामर्श देना।

राज्य पुनर्गठन आयोग

भारत में स्वतंत्रता प्राप्ति से पूर्व भाषा के आधार पर प्रांतों को बनाने की माँग रही थी। सर्वप्रथम 1920 ई॰ में 'नागपुर प्रस्ताव' के आधार पर कांग्रेस ने इसका समर्थन किया था। चूँकि राष्ट्रीय आंदोलन के दिनों में राष्ट्रीय कांग्रेस लोकतंत्र की मजबूती के लिए जनता से सीधे संपर्क बनाये रखना जरूरी समझा एवं इसी कारण भाषा के आधार पर प्रांतों के गठन का विचार रखा। स्वतंत्र भारत के राज्यों को संविधान सभा ने 4 भागों में बाँटा था।

भाग 'क' : इसमें वे राज्य थे जो ब्रिटिश काल में प्रांत कहलाते थे ओर यहाँ प्रमुख गवर्नर कहे जाते थे। जैसे राज्य–पं॰ बंगाल, उड़ीसा, असम, बिहार, पंजाब, उत्तर प्रदेश, बम्बई, मध्य प्रदेश और मद्रास।

भाग ख : राज्य–जम्मू-कश्मीर, मैसूर, हैदराबाद, मध्य भारत, त्रावनकौर, कोचीन, पटियाला तथा पूर्वी पंजाब राज्य संघ (पेप्सू) राजस्थान, सौराष्ट्र।

भाग 'ग' : इसमें वे राज्य थे जो ब्रिटिश राज्य में चीफ कमिश्नर के प्रांत कहलाते थे। इसमें छोटी रियासतें भी थी। इसमें 1. कुर्ग, 2. कच्छ, 3. दिल्ली, 4. अजमेर, 5. हिमाचल प्रदेश, 6. बिलासपुर, 7. भोपाल, 8. त्रिपुरा, 9. मणिपुर, 10. विंध्य प्रदेश थे। संविधान निर्माण के समय विंध्य प्रदेश भाग 'ख' में था जिसे कालांतर में भाग 'ग' में कर दिया गया।

भाग 'छ' के राज्यों में अंडमान निकोबार द्वीप था। स्वतंत्रता प्राप्ति के बाद भाषा के आधार पर राज्यों के गठन के लिए प्रबल माँगें होने लगीं एवं इस मुद्दे को बार-बार संविधान सभा में उठाया गया था। संविधान सभा ने न्यायमूर्ति एस॰ के॰ घर की अध्यक्षता में एक आयोग का गठन किया। इस आयोग ने भाषा के आधार पर राज्यों के गठन की माँग को ठुकरा दिया।

1948 के अंत में कांग्रेस दल द्वारा इस प्रश्न को अनुमानतः विशुद्ध राजनीतिक दृष्किोण से पुनर्वीक्षण करने के लिए जवाहर लाल नेहरू, सरदार वल्लभभाई पटेल और पट्टाभिसीतारमैया सहित एक संयुक्त समिति नियुक्त की। इस संयुक्त समिति की रिपोर्ट में भी कुछ संकोच के साथ-साथ भाषा राज्यों के गठन के विरुद्ध राय व्यक्त की गई।

इन दूरदर्शी राजनीतिज्ञों को इस बात का आभास था कि भाषी राज्यों की माँगों का लगातार विरोध करने से देश की एकता सशक्त नहीं बल्कि आहत होगी। राज्यों में यथास्थिति बनाये रखने की वकालत की और केवलमात्र आंध्र राज्य संबंधी माँग को ही एक ऐसा खास मुद्दा माना, जिसे खुले मन से स्वीकार करना ही श्रेयस्कर समझा गया।

तेलुगु भाषी क्षेत्र के राष्ट्रीय आंदोलन के एक शीर्षस्थ नेता पोहिट्ट श्री रामलू ने भारत सरकार से तत्काल आंध्र प्रदेश राज्य की स्थापना की माँग की लेकिन सरकार द्वारा अपने अनशन के 58वें दिन 15 दिसम्बर, 1952 को उनकी मृत्यु हो गयी।

इनकी मृत्यु से भयभीत होकर प्रधानमंत्री पं॰ जवाहर लाल नेहरू ने तेलगूभाषियों के लिए पृथक् 'आंध्र प्रदेश' के गठन की घोषणा कर दी, इस प्रकार 1 अक्टूबर, 1953 को आंध्र प्रदेश राज्य का गठन हो गया। यह स्वतंत्र भारत में भाषा के आधार पर गठित भारत का पहला राज्य था।

22 दिसम्बर, 1953 ई. में नेहरू ने एक समिति का गठन 'भारतीय संघ के राज्यों' के पुनर्गठन हेतु किया। इस समिति के अध्यक्ष न्यायमूर्ति फजल अली थे। इसमें पं॰ हृदय नाथ कुंजरू और सरदार के॰एम॰ पणिक्कर सदस्य थे।

इस आयोग ने 30 सितम्बर, 1955 ई. को 'ए' 'बी' 'सी' 'डी' राज्यों के वर्गो को समाप्त कर 16 राज्यों तथा 3 संघ राज्य क्षेत्रों की संस्तुति की। आयोग (फजल अली) के अनुसार संस्तुति वाले राज्य थे–आंध्र प्रदेश, असम, बिहार, बम्बई, हैदराबाद, जम्मू-कश्मीर, कर्नाटक, केरल, मध्य प्रदेश, मद्रास, उड़ीसा, पंजाब, राजस्थान, उत्तर प्रदेश, विदर्भ, पश्चिमी बंगाल। संघ राज्यों में तीन केन्द्रीय क्षेत्र थे–दिल्ली, मणिपुर, अंडमान-निकोबार द्वीप।

संसद जुलाई 1956 ई. में राज्य पुनर्गठन अधिनियम पारित कर भारत में 14 राज्य स्थापित किए, साथ ही 6 केन्द्रीय क्षेत्र बनाए गये थे। जम्मू-कश्मीर, पंजाब, उत्तर प्रदेश, बिहार, बंगाल, असम, उड़ीसा, आंध्र प्रदेश, तमिलनाडु, केरल, मैसूर, बम्बई, मध्य प्रदेश, राजस्थान। केन्द्रीय क्षेत्र में हिमाचल प्रदेश, दिल्ली, मणिपुर, त्रिपुरा, अंडमान निकोबार द्वीप, मिनीकोय–लवादिन द्वीप। 1960 के दशक में गोवा को पुर्तगालियों से मुक्त कराकर केन्द्र शासित प्रदेश बनाया गया।

भाषा और क्षेत्र को लेकर हुए भयंकर रक्तपात के पश्चात् तत्कालीन बम्बई राज्य के मुख्यमंत्री मोरारजी देसाई सरकार का 1960 में बम्बई पुनर्गठन अधिनियम के तहत गुजरात और महाराष्ट्र नामक दो राज्यों का गठन हुआ।

इसी तरह भाषा के सवाल पर उठे आंदोलन के कारण 1966 में पंजाब पुनर्गठन अधिनियम के तहत पंजाब के हिन्दी भाषी क्षेत्र को काटकर हरियाणा राज्य का गठन हुआ। पंजाब के पर्वतीय क्षेत्रों को हिमाचल प्रदेश में शामिल कर दिया गया, जिसे 1971 ई० में एक पृथक् राज्य के रूप में गठित किया गया। वर्तमान समय में भारत में 28 राज्य व 8 केन्द्र शासित संघ क्षेत्र हैं।

विदेश नीति संबंधी पहल

द्वितीय विश्वयुद्ध के बाद संसार के राज्यों की अन्योन्याश्रित स्थिति तथा तत्संबंधित व्यवस्था के संदर्भ में भारत की विदेश नीति का एक विशिष्ट स्वरूप उभर कर आया। जिस समय भारत स्वतंत्र हुआ, उस समय "एक विश्व" की भावना साकार रूप ले चुकी थी। नाभिकीय प्रौद्योगिकी, इलेक्ट्रॉनिक व अंतरिक्ष तथा संचार व्यवस्था की नयी प्रगति से क्रांतिकारी परिवर्तन हुए थे। उसी समय 1946 में उपनिवेशीकरण के विघटित होने की प्रक्रिया प्रारंभ हो गई थी। भारत की भाँति सभी नवोदित राष्ट्रों के समक्ष सबसे बड़ी चुनौती यह थी कि वे अपनी सामाजिक-आर्थिक व्यवस्था में व्यापक क्रांतिकारी एवं आमूल परिवर्तन कम-से-कम समय में कर सकें। भारतीय राजनयिकों ने विदेश नीति के तीनों मूलभूत आधार राष्ट्रीय हित, क्षेत्रीय अनिवार्यताएँ एवं विश्व की समस्याएँ, को ध्यान में रखकर विदेश नीति के आधारभूत लक्ष्य निर्धारित किये। ये आधारभूत लक्ष्य निम्न हैं–

1. राष्ट्र का आर्थिक विकास और राजनीतिक स्थिरता, जिससे देश की एकता तथा सामाजिक आर्थिक विकास सुनिश्चित किया जा सके।
2. राष्ट्रीय सुरक्षा, जिससे कि देश की स्वतंत्रता तथा प्रादेशिक अखंडता पर आक्रमण के खतरे को रोका जा सके।
3. आत्मनिर्भरता तथा स्वपोषित औद्योगीकरण जिससे आर्थिक स्वतंत्रता की रक्षा और प्रोत्साहन सुनिश्चित किया जा सके।
4. परस्पर लाभ के लिये दक्षिण एशियाई क्षेत्र में मैत्री, सद्भाव और सहयोग को बढ़ावा दिया जाना।
5. दक्षिण एशियाई क्षेत्रों में आंतरिक मामलों में बड़ी शक्तियों के हस्तक्षेप को रोकना।
6. हिन्द महासागर को शांति क्षेत्र बनाने के प्रयास की संभावना को बढ़ाना और भारत के निकटस्थ समुद्री क्षेत्रों की महाशक्तियों के नौ-सैनिक टकराव की स्थिति से बचाने का प्रयास करना।
7. राष्ट्रीय स्वतंत्रता के लिये मुक्ति आंदोलनों व लोकतांत्रिक संघर्षों तथा आत्म-निर्णय के अधिकारों के लिए संघर्षों का समर्थन करना।
8. साम्राज्यवाद तथा उपनिवेशवाद, नस्लवाद, जातीय पृथकतावाद, निरंकुशतावाद और सैन्यवाद का विरोध करना।
9. शस्त्रों की होड़, विशेष रूप से नाभिकीय शास्त्रों की होड़ का विरोध करना और व्यापक एवं पूर्ण निःशस्त्रीकरण की प्रक्रिया का समर्थन करना।
10. उत्तर-दक्षिण संवाद तथा दक्षिण-पश्चिम सहयोग पर बल देना।
11. विश्व स्तर पर विकास के कार्यों का समर्थन करना और एक ऐसी नयी अंतर्राष्ट्रीय आर्थिक व्यवस्था का निर्माण करना जिससे न्याय, समानता तथा मानवता पर आधारित विश्व का निर्माण हो सके।
12. अंतर्राष्ट्रीय शांति, सुरक्षा एवं आपसी मतभदों के शांतिपूर्ण समाधान का समर्थन करना तथा एक अहिंसक एवं नाभिकीय शस्त्रविहीन विश्व की रचना करना।
13. एक लोकतांत्रिक विश्व के लिये आवश्यक दशा के रूप में मानव अधिकारों के आदर्श एवं उसके क्रियान्वयन का समर्थन करना।
14. शांतिपूर्ण, सह-आस्तित्व तथा पंचशील के आदर्शों को आगे बढ़ाना।
15. विश्वव्यापी तनाव दूर करने, परस्पर सहमति की भावना को बढ़ावा देने, सैन्य गुटबंदी का विरोध करने तथा इन सभी से महत्त्वपूर्ण उद्देश्य भय, घृणा, लालच और असमानता से मुक्त विश्व का निर्माण करने के लिए गुटनिरपेक्ष आंदोलन को मजबूत बनाना तथा संयुक्त राष्ट्र का समर्थन करना।

यद्यपि भारतीय विदेश नीति दूरदर्शिता तथा आदर्शवाद से युक्त है, फिर भी इसे अनेक मामलों पर आघात सहने पड़े। इसका कारण अप्रत्याशित विश्व घटनाओं और विश्व के विभिन्न क्षेत्रों में नयी प्रवृत्तियों के उदय होने में खोजा जा सकता है। कभी कुछ मामलों पर नेतृत्व असफल रहा, तो कभी हमारे सोचने का ढंग गलत रहा। कोई भी विदेश नीति पूर्ण रूप से सफल विदेश नीति नहीं हो सकती। हमारी विदेश नीति भी पूर्ण रूप से सफल नहीं है। हो सकता है कि इसमें हमारी ओर से त्रुटि न रही हो, किंतु फिर भी एक जटिल अन्योन्याश्रित विश्व का अंश होने के कारण नुकसान हमें ही उठाना पड़ा। किंतु अपनी विदेश नीति का लेखा-जोखा करने के पश्चात् हम इसी निष्कर्ष पर पहुँचेंगे कि उसमें सभी दलों और समूहों की आम सहमति रही है। शांति निःशस्त्रीकरण तथा विश्व के संतुलित विकास की दिशा में यह विदेश नीति भारत को क्षेत्रीय तथा विश्व स्तर पर प्रमुख तथा सकारात्मक भूमिका अदा करने में सहायक हुई है। आज भारतीय गणराज्य एक राजनीतिक लोकतंत्र, पंथनिरपेक्ष राज्य व्यवस्था तथा आत्मनिर्भर औद्योगीकरण के लिए व्यापक रूप से प्रतिष्ठित है।

❑❑❑

वस्तुनिष्ठ प्रश्न

1. पुराणों की संख्या कितनी है?
   A. चार B. अठारह
   C. बीस D. एक सौ आठ
2. पूर्व वैदिक काल में विनिमय का मुख्य माध्यम क्या था?
   A. सोना B. चांदी
   C. गाय D. धान
3. जो गैर-मुस्लिम प्रजा सुलतान को जजिया देती थी उसे क्या कहा जाता था?
   A. जमादार B. जिम्मी
   C. वाशिन्दा D. सुल्तानी
4. अकबर काल की भूमि व्यवस्था में सर्वोत्तम कोटि की भूमि क्या कहलाती थी?
   A. पोलज B. पड़ती
   C. चाचर D. बंजर
5. बंगाल विभाजन कब वापस लिया गया?
   A. 1910 ई. में B. 1911 ई. में
   C. 1936 ई. में D. 1932 ई. में
6. कैबिनेट मिशन योजना को मुस्लिम लीग ने क्या किया?
   A. स्वीकार किया था
   B. अस्वीकार किया था
   C. पहले अस्वीकर, बाद में स्वीकार किया था
   D. इनमें से कोई नहीं
7. किसानों के लिए कौन सी राजस्व व्यवस्था लाभदायक थी?
   A. स्थाई बंदोबस्त B. रैयतवाड़ी
   C. महलवाड़ी D. इनमें से कोई नहीं
8. कांग्रेस का उदारवादी काल कब तक है?
   A. 1885 से 1910 तक B. 1890 से 1905 तक
   C. 1855 से 1918 तक D. 1885 से 1905 तक
9. गांधी जी ने किस अवसर पर अंग्रेजों की सहायता की?
   A. प्रथम विश्व युद्ध B. गोलमेज सम्मेलन
   C. द्वितीय विश्वयुद्ध D. तृतीय विश्व युर्द्ध
10. कांग्रेस सोशलिस्ट पार्टी का गठन किस वर्ष हुआ?
    A. 1924 में B. 1925 में
    C. 1934 में D. 1935 में
11. 1857 की क्रांति का सबसे महत्त्वपूर्ण परिणाम क्या रहा?
    A. कांग्रेस का जन्म
    B. देशी नरेशों को सम्मान प्राप्त
    C. सत्ता का हस्तान्तरण कम्पनी से सम्राट को होना
    D. अंग्रेजों के आत्म विश्वास में वृद्धि
12. कांग्रेस की स्थापना करने वालों ने कौन-सा लक्ष्य अपने दिमाग में नहीं रखा था?
    A. प्रतिनिधि सभाओं का विस्तार
    B. राजनीतिक मंच प्रदान करना
    C. अंग्रेजों को भारत से हटाना
    D. सरकारी नौकरी भारतीयों के लिए सुलभ कराना
13. स्वराज पार्टी की स्थापना कब हुई थी?
    A. असहयोग आन्दोलन के बाद
    B. सविनय अवज्ञा आन्दोलन के बाद
    C. भारत छोड़ो आन्दोलन के बाद
    D. स्वतंत्रता प्राप्ति के बाद
14. बंगाल के किस नवाब ने अपनी राजधानी मुंगेर स्थानान्तरित की?
    A. अलीवर्दी खान B. सिराजुद्दौला
    C. मीर कासिम D. मीर जाफर
15. द्वितीय विश्वयुद्ध के समय कांग्रेस की क्या नीति थी?
    A. सहयोग B. असहयोग
    C. सशर्त सहयोग D. कोई नहीं
16. शाहजहां का मयूर सिंहासन ले गया था—
    A. चंगेज खां B. तैमूर
    C. अहमद शाह अब्दाली D. नादिरशाह
17. गुप्तकाल के महान विद्वान आर्यभट्ट का प्रसिद्ध ग्रन्थ 'आर्यभट्टीयम्' किस विषय से सम्बन्धित है?
    A. गणित B. राजनीतिशास्त्र
    C. जीवविज्ञान D. रसायनशास्त्र

18. महात्मा गांधी ने प्रथम किसान आन्दोलन कहां प्रारम्भ किया?
A. साबरमती B. डुमरी
C. डांडी D. चम्पारण

19. हिजरी संवत का प्रारम्भ कब माना जाता है?
A. 570 A.D. B. 622 A.D.
C. 622 B.C. D. इनमें से कोई नहीं

20. सल्तनतकालीन किस शासक को बुद्धिमता एवं पागलपन से ग्रस्त समझा जाता है?
A. मोहम्मद बिन तुगलक B. फिरोज तुगलक
C. अलाउद्दीन खिलज़ी D. इनमें से कोई नहीं

21. हड़प्पा सभ्यता का प्रसिद्ध वृहत् स्नानागार कहां स्थित था?
A. हड़प्पा B. मोहनजोदड़ो
C. रंगपुर D. लोथल

22. हड़प्पाकालीन सभ्यता की दो सबसे महत्त्वपूर्ण फसलें कौन सी थीं?
A. गेहूं और जौ B. तिल और सरसों
C. धान और मटर D. कपास और गन्ना

23. 'ऋग्वेद' का रचनाकाल माना जाता है—
A. 1800–1550 ई.पू. B. 1000–500 ई.पू.
C. 800–500 ई.पू. D. 1500–1000 ई.पू.

24. उपनिषदों में हम पाते हैं—
A. जादू-टोने के मंत्र B. दार्शनिक चिंतन
C. वैदिक कर्मकांड D. यज्ञ विधि

25. निम्नलिखित में से कौन से युद्ध में सिकन्दर ने राजा पुरु को पराजित किया था?
A. दाशराज युद्ध में B. झेलम के युद्ध में
C. सिन्धु युद्ध में D. कालिंजर युद्ध में

26. कैबिनेट मिशन भारत भेजा गया था—
A. राष्ट्रीय सरकार स्थापित करने के लिए
B. सत्ता के हस्तांतरण के लिए संवैधानिक व्यवस्था तैयार करने के लिए
C. जिन्नाह की पाकिस्तान की मांग को स्वीकार करने तथा इसका ब्यौरा तैयार करने के लिए
D. उपर्युक्त में से कोई नहीं

27. स्वतन्त्रता से पूर्व पान्डिचेरी किसके शासन में था?
A. डचों के B. फ्रांसीसियों के
C. अंग्रेजों के D. पुर्तगालियों के

28. खारवेल (Kharavela) कहां के शासक थे?
A. मालवा B. गान्धार
C. मगध D. कलिंग

29. निम्नलिखित घटनाओं का सही क्रम क्या है?
1. कम्यूनल अवार्ड 2. जिन्ना के 14 सूत्र
3. भारत छोड़ो आन्दोलन 4. साइमन कमीशन की रिपोर्ट
निम्नलिखित कूटों में से सही उत्तर चुनिए—
कूट :
A. 2, 4, 1, 3 B. 1, 2, 3, 4
C. 2, 1, 4, 3 D. 2, 1, 3, 4

30. निम्नलिखित में से कौन लॉर्ड लिटन से सम्बद्ध है?
1. रोलेट एक्ट
2. आर्म्स एक्ट
3. वर्नाक्यूलर प्रेस एक्ट
4. मोटे सूती कपड़ों के आयात पर चुंगी की समाप्ति
नीचे दिए हुए कूटों में से सही उत्तर का चयन कीजिए—
कूट :
A. 1, 2 और 3 B. 1, 2 और 4
C. 1, 3 और 4 D. 2, 3 और 4

31. सूची I को सूची II से सुमेलित कीजिए और सूचियों के नीचे दिए गए कूट की सहायता से सही उत्तर चुनिए—

सूची I (नगर)	**सूची II** (नदी)
(*a*) मोहनजोदड़ो	1. रावी
(*b*) रोपड़	2. सतलज
(*c*) हड़प्पा	3. घग्घर
(*d*) कालीबंगा	4. सिंधु

	(*a*)	(*b*)	(*c*)	(*d*)
A.	4	2	1	3
B.	1	2	4	3
C.	4	1	3	2
D.	1	3	4	2

32. किस इतिहासकार ने 'उत्तरी ध्रुव' को आर्यों का मूल निवास स्थान माना है?
A. स्वामी दयानन्द सरस्वती B. मैक्समूलर
C. बाल गंगाधर तिलक D. पेन्का

33. कन्नौज पर आधिपत्य को लेकर तीन महाशक्तियोंके बीच होने वाले 'त्रिपक्षीय संघर्ष' में कौन शामिल नहीं था?
A. गुर्जर-प्रतिहार B. राष्ट्रकूट
C. पाल D. चोल

34. सोमनाथ के मन्दिर पर आक्रमण करने वाला कौन-सा विदेशी आक्रान्ता था?
A. बाबर B. तैमूरलंग
C. महमूद गज़नवी D. मुहम्मद गौरी

35. भारत में इस्लामी राज्य का संस्थापक कौन था?
A. मुहम्मद गौरी B. औरंगजेब
C. बाबर D. अकबर

36. उत्तरवैदिक काल का सबसे महत्त्व-पूर्ण देवता किसे माना जाता है?
A. रुद्र B. इन्द्र
C. पुषन् D. प्रजापति

37. मौर्यवंश का श्रेष्ठतम एवं महानतम् शासक अशोक का राज्याभिषेक कब हुआ था?
A. 272 ई.पू. में B. 270 ई.पू. में
C. 269 ई.पू. में D. 279 ई.पू. में

38. भारत में सबसे पहले किसने सोने के सिक्के जारी किए?
A. बैक्ट्रियाई यवन B. शक
C. कुषाण D. सातवाहन

39. सल्तनतकाल में मंत्रिमण्डल का प्रधान कहलाता था—
A. वजीर-ए-मुमालिक B. वजीर-ए-प्रधान
C. वजीर-ए-मुल्ला D. वजीर-ए-अर्ज

40. सल्तनतकाल में मुस्लिम राजवंशों में उत्तराधिकार का क्या नियम था?
A. सुल्तान का सबसे बड़ा पुत्र गद्दी पर बैठता था
B. सुल्तान की नियुक्ति उलेमा करते थे
C. सुल्तान की नियुक्ति खलीश करते थे
D. सबसे शक्तिशाली उम्मीदवार अमीरों की सहायता से गद्दी पर आसीन होता था

41. निम्नलिखित में से कौन-सा तथ्य शेरशाह की भू-व्यवस्था के सम्बन्ध में गलत है?
A. उपज का 1/2 भाग लगान
B. किसानों के हितों का संरक्षण
C. लगान निर्धारण में उदारता वसूली में कठोरता
D. उत्पादकता के आधार पर जमीन का वर्गीकरण

42. टोडरमल की भूमि-व्यवस्था को 'आइन-ए-दहसाला' कहा जाता है, क्योंकि—
A. यह व्यवस्था पिछले दस वर्ष के आंकड़ों पर निर्धारित थी
B. दस वर्ष के बाद यह व्यवस्था स्वत: समाप्त हो गई
C. यह व्यवस्था सिर्फ दस वर्ष के लिए बनाई गई थी
D. इसको तैयार व लागू करने में दस वर्ष लगे थे

43. 12 अगस्त, 1765 की सन्धि में मुगल सम्राट शाहआलम ने कम्पनी को बंगाल, बिहार तथा उड़ीसा को दीवानी अधिकार प्रदान किया, यह सन्धि कहां हुई थी?
A. मुंगेर में B. लखनऊ में
C. इलाहाबाद में D. कलकत्ता में

44. राष्ट्रीय स्वाधीनता संघर्ष के विरुद्ध जमींदारों व राजा-महाराजों ने जमकर विरोध किया, क्योंकि—
A. व्यवस्था परिवर्तन से उनका अस्तित्व ही संकट में पड़ सकता था
B. प्रशासनिक, सामाजिक, आर्थिक तथा लोकतांत्रिक सुधारों के हिमायती थे
C. राष्ट्रीय आंदोलन में उसे उचित वर्ग प्रतिनिधित्व नहीं मिला था
D. उपर्युक्त सभी

45. भागलपुर से राजमहल के बीच का क्षेत्र 'दामन-ए-कोह' का सम्बन्ध किस विद्रोह से है?
A. कोल एवं संथाल विद्रोह B. मुण्डा विद्रोह
C. हो आदिवासियों के विद्रोह D. संथाल विद्रोह

46. लार्ड कैनिंग ने किनके सम्बन्ध में कहा कि–"इसने तूफान के आगे बांध की तरह काम किया है, वरना यह तूफान एक ही लहर में हमें बहा ले जाता।"
A. भारतीय राजाओं व सरदारों के बारे में
B. आधुनिक शिक्षा प्राप्त भारतीयों के बारे में
C. विस्थापित नवाबों व महाराजों के बारे में
D. भारतीय सैनिकों के बारे में

47. गांधी जी द्वारा आरम्भ 'रचनात्मक कार्य' को सबसे अधिक सफलता किस प्रान्त में मिली?
A. महाराष्ट्र में B. संयुक्त प्रान्त में
C. बिहार और उड़ीसा में D. गुजरात में

48. 1957 के विद्रोह के सन्दर्भ में निम्नलिखित विद्रोहों का सही कालानुक्रम (Chronological order) क्या है?
1. कानपुर पर विप्लवकारियों का अधिकार
2. मेरठ के सैनिकों का विद्रोह
3. लखनऊ में विद्रोह का आरम्भ
4. क्रांतिकारियों द्वारा दिल्ली पर अधिकार

कूट :
A. 2, 4, 3, 1 B. 2, 4, 1, 3
C. 1, 2, 3, 4 D. 4, 3, 2, 1

49. किस गवर्नर जनरल को 'नागरिक सेवा' का जनक कहा जाता है?
A. लार्ड डलहौजी B. लार्ड एलनबरो
C. लार्ड कार्नवालिस D. लार्ड मेयो

50. प्राचीन काल में कलिंग के नाम से कौन-सा प्रदेश जाना जाता था?
A. बिहार B. उड़ीसा
C. बंगाल D. गुजरात

51. निम्नलिखित में से किसका वर्णन अजंता की चित्रकारियों में किया गया है?
A. रामायण B. जातक
C. महाभारत D. पंचतंत्र

52. सिन्धु सभ्यता के लोगों का मुख्य भोजन क्या था?
A. मांस B. चावल
C. मछली D. गेहूं और जौ

53. महाजनपदों के विकास का मुख्य कारण क्या था?
A. लोहे का प्रयोग B. धर्मों का उदय
C. तांबे का बड़ी मात्रा में प्रयोग D. समकालीन समाज

54. मुहम्मद गवाँ कहाँ का वजीर था?
A. बीदर B. बरार
C. अहमदनगर D. बहमनी साम्राज्य

55. बंगाल में पाल वंश के शासन का आरम्भ कब हुआ?
A. 736 ईसवी B. 750 ईसवी
C. 757 ईसवी D. 793 ईसवी

56. अकबर जिसे अपने जीवन काल में पूरा न कर सका, किन्तु उसे जहांगीर ने पूरा किया, वह कौन-सा कार्य था?
A. कंदहार की विजय B. दक्खन का विलय
C. मेवाड़ की अधीनता D. कांगड़ा का अभियान

57. हड़प्पा सभ्यता का प्रसिद्ध वृहत् स्नानागार कहां स्थित था?
A. हड़प्पा B. मोहनजोदड़ो
C. रंगपुर D. लोथल

58. साइमन कमीशन की नियुक्ति निम्नलिखित में से किस वर्ष की गई थी?
A. 1927 B. 1929
C. 1930 D. 1932

59. मुगल साम्राज्य के दौरान कौन-सी भाषा सरकारी काम-काज के उपयोग में लाई जाती थी?
A. परसियन B. हिन्दी
C. उर्दू D. तुर्की

60. भारत में प्रथम आम चुनाव हुआ—
A. 1947 में B. 1950 में
C. 1952 में D. 1957 में

61. इनमें से कौन सी घटना सत्य नहीं है—
A. साइमन कमीशन, 1927
B. नमक सत्याग्रह, 1930
C. भारत छोड़ो आन्दोलन, 1941
D. गांधी इरविन समझौता, 1931

62. गांधी जी द्वारा चलाए गए सफल सत्याग्रह के साथ कौन-सा स्थान जुड़ा हुआ है?
A. पोरबन्दर B. चौरी-चौरा
C. चम्पारन D. नौआखली

63. निम्नलिखित घटनाओं को कालानुक्रम में रखें—
1. साइमन कमीशन (Simon Commission)
2. साम्प्रदायिक एवार्ड (Communal Award)
3. दाण्डी कूच (Dandi March)
4. गांधी-इरविन समझौता (Gandhi-Irwin Pacts)
A. 1, 2, 3, 4 B. 4, 3, 2, 1
C. 1, 3, 4, 2 D. 2, 4, 1, 3

64. भगवत धर्म का सर्वाधिक प्रचलन कब हुआ?
A. मौर्य काल B. गुप्तकाल
C. कुषाणकाल D. सातवाहन काल

65. बौद्ध धर्म के मुख्य पंथ कौन से हैं?
A. श्वेताम्बर एवं दिगम्बर B. महायान एवं हीनयान
C. शिया एवं सुन्नी D. इनमें से कोई नहीं

66. ईसाई धर्म पुराना है—
A. 2000 वर्ष B. 2500 वर्ष
C. 1500 वर्ष से अधिक D. 3000 वर्ष

67. किस वंश के पतन से हूणों का आक्रमण एक प्रमुख कारण रहा?
A. मौर्य वंश B. गुप्तवंश
C. कुषाण वंश D. कलचुरि वंश

68. 1919 के भारत शासन अधिनियम को किस बात के लिए याद किया जाता है?
A. प्रान्तीय स्वशासन B. द्वैध शासन
C. मौलिक अधिकार D. मौलिक कर्त्तव्य

69. मुस्लिम लीग द्वारा की गई सीधी कार्रवाई के बाद महात्मा गांधी कहां गए?
A. बंबई B. लंदन
C. नोआखली D. कलकत्ता

70. असहयोग आंदोलन वापस लिए जाने पर क्या प्रतिक्रिया हुई?
A. अनेक नेताओं ने इसका स्वागत किया
B. अनेक नेताओं ने इसकी आलोचना की
C. ब्रिटिश सरकार निराश हो गई
D. गांधीजी ने राजनीति से संन्यास ले लिया

71. जहांगीर द्वारा सिक्खों के किस गुरु को फांसी दी गई थी?
A. गुरु तेगबहादुर B. गुरु गोविन्दसिंह
C. गुरु अर्जुनदेव D. गुरु रामदास

72. दिल्ली सल्तनत का वह सुल्तान जिसे 'अन्तर्विरोध का विस्मयकारी मिश्रण' की संज्ञा दी गई है, वह है—
A. फिरोज खिलजी B. इब्राहिम लोदी
C. फिरोज तुगलक D. मुहम्मद बिन तुगलक

73. अमृतसर में जलियांवाला बाग हत्याकाण्ड के विरोध में किसने 'नाइटहुड' की उपाधि ब्रिटिश सरकार को वापस लौटा दी?
A. चन्द्रशेखर आजाद B. सुभाष चन्द बोस
C. रवीन्द्रनाथ टैगोर D. इनमें से कोई नहीं

74. मोहनजोदड़ो में अवस्थित सबसे बड़ी इमारत थी—
A. स्नानागार B. सभागृह
C. अन्नागार D. इनमें से कोई नहीं

75. भारत पर प्रथम मुस्लिम आक्रमण-कारी था—
A. मोहम्मद बिन कासिम B. मोहम्मद गौरी
C. चंगेज खां D. महमूद गजनवी

76. निम्नलिखित में से किस मुगल सम्राट के काल में मुगल सेना का तोपखाना सर्वाधिक शक्तिशाली और विशाल था?
A. औरंगजेब B. शाहजहां
C. अकबर D. जहांगीर

77. महात्मा बुद्ध का प्रथम उपदेश कहलाता है—
A. निंरकुश दर्शन B. महाभिनिष्क्रमण
C. धर्मचक्र प्रवर्तन D. सम्बोधि

78. 1947 में भारतीय राष्ट्रीय कांग्रेस देश के विभाजन के लिए मुख्यत: मान गई क्योंकि—
A. वे बड़े पैमाने पर देश में होने वाले जातीय दंगों से बचना चाहते थे
B. दो-राष्ट्रों की नीति का सिद्धांत उन्हें तब मंजूर था
C. यह ब्रिटिश सरकार द्वारा जबरदस्ती थोपा गया था
D. वे भारत को आजादी मिलने का यह अवसर नहीं खोना चाहते थे

79. अशोक विश्व के महान सम्राटों में श्रेष्ठ इसलिए माना जाता है, क्योंकि—
A. उसने नैतिकता के उच्चतम आदर्शों द्वारा शासन किया था
B. वह पूर्णरूप से अहिंसावादी था
C. उसने कलिंग युद्ध के बाद युद्ध करना छोड़ दिया था
D. उसने शक्तिशाली साम्राज्यों में से एक की बागडोर संभाली थी

80. हड़प्पा लिपि की जानकारी का प्रमुख स्रोत क्या है?
A. शिलालेख
B. पकी मिट्टी की मुहरों पर अंकित लेख
C. पुरातात्विक खुदाई
D. उपर्युक्त सभी

81. बौद्ध तथा जैन दोनों ही धर्म विश्वास करते हैं कि—
A. कर्म तथा पुनर्जन्म के सिद्धांत सही हैं
B. मृत्यु के पश्चात ही मोक्ष सम्भव है
C. केवल संन्यासी ही मोक्ष प्राप्त कर सकते हैं
D. जीवन में मध्यम मार्ग ही सर्वश्रेष्ठ है

82. राष्ट्रीय आन्दोलन की निम्नलिखित घटनाओं का कालानुसार क्रम क्या है?

1. चम्पारण सत्याग्रह
2. असहयोग आन्दोलन
3. भारत छोड़ो आन्दोलन
4. डांडी मार्च

निम्नलिखित कूटों में से सही उत्तर चुनिए—

A. 2, 1, 3, 4 B. 1, 2, 4, 3
C. 3, 2, 1, 4 D. 2, 3, 1, 4

83. गांधी-इरविन समझौता किससे सम्बद्ध है?

A. भारत छोड़ो आन्दोलन
B. सविनय अवज्ञा आन्दोलन
C. असहयोग-खिलाफत आंदोलन
D. रोलट आन्दोलन

84. आर्य समाज किसके विरुद्ध है?

A. ईश्वर के अस्तित्व
B. धार्मिक अनुष्ठान और मूर्ति पूजा
C. हिन्दुत्व
D. इस्लाम

85. भारत में ब्रिटिश राजस्व प्रणाली का निम्नलिखित में से किसने अधिक लाभ प्राप्त किया?

A. बटाईदार B. किसान
C. जमींदार D. कृषि के मजदूर

86. लॉर्ड कार्नवालिस ने स्थायी बन्दोबस्त किसके साथ किया था?

A. किसान B. जमींदार
C. सैनिक D. खेतिहर मजदूर

87. सूची I को सूची II में सुमेलित कीजिए और सूचियों के नीचे दिए गए कूटों के सही उत्तर का चयन कीजिए—

सूची I	**सूची II**
(*a*) डच	1. गोआ
(*b*) इंगलिश	2. पुलीकट
(*c*) पुर्तगाल	3. हुगली
(*d*) फ्रेंच	4. चिनसूरा

कूट :

	(*a*)	(*b*)	(*c*)	(*d*)
A.	3	4	1	2
B.	1	3	2	4
C.	2	1	4	3
D.	2	3	1	4

88. 1916 का लखनऊ समझौता किन-किन के बीच हुआ था?

A. अखिल भारतीय कांग्रेस तथा मुस्लिम लीग के बीच
B. गांधी जी तथा अंग्रेजों के बीच
C. अली बन्धुओं और मौलाना आजाद के बीच
D. अंग्रेजों और मुस्लिम लीग के बीच

89. निम्नलिखित को भारत में शासन करने के कालक्रम के अनुसार क्रम-बद्ध कीजिए—

1. वारेन हेस्टिंगज
2. डलहौजी
3. वेलेजली
4. कार्नवालिस

निम्नलिखित कूटों में से सही उत्तर चुनिए—

A. 4, 1, 3, 2 B. 1, 4, 2, 3
C. 1, 4, 3, 2 D. 4, 1, 2, 3

90. कौन सा युग्म सही नहीं है—

A. 1920 — असहयोग आन्दोलन
B. 1923 — स्वराज दल का कौंसिल प्रवेश
C. 1929 — पूर्ण स्वराज्य की मांग
D. 1931 — डाण्डी यात्रा

91. भारतीय राष्ट्रीय कांग्रेस का 1906 में सम्पन्न वह अधिवेशन कहां आयोजित किया गया था, जिसमें स्वराज के लक्ष्य की घोषणा कांग्रेस द्वारा पहली बार की गई थी?

A. कलकत्ता B. बंबई
C. मद्रास D. दिल्ली

92. **कथन** (अ) : अपनी विपत्तियों के लिए हुमायूँ खुद जिम्मेदार था?
कारण (ब) : वह अपने भाइयों से जलता था।

A. अ एवं ब दोनों सही हैं एवं ब, अ की सही व्याख्या है
B. अ एवं ब दोनों सही हैं परन्तु ब, अ की सही व्याख्या नहीं करता
C. अ सही है परन्तु ब गलत है
D. अ एवं ब दोनों गलत हैं

93. भारतीय वेदान्त दर्शन का आधार क्या है?

A. रामचरितमानस B. महाभारत
C. रामायण D. उपनिषद

94. 'गवर्नर-जनरल ऑफ इण्डिया' के पद की स्थापना हुई—

A. 1773 के रेग्यूलेटिंग एक्ट द्वारा
B. 1883 के चार्टर द्वारा
C. 1885 के सुधार कानून द्वारा
D. 1861 के सुधार कानून द्वारा

95. वैदिक काल की शिक्षा के विषय में कौन सा कथन सही है—

A. महाकाव्य शिक्षा के मुख्य विषय थे
B. शिक्षा का शुल्क देना पड़ता था
C. स्त्री शिक्षा पर पूर्ण प्रतिबंध था
D. शिक्षा मौखिक रूप से दी जाती थी

96. गांधी-इरविन समझौता कब सम्पन्न हुआ?

A. 26 जनवरी, 1931 B. 5 फरवरी, 1931
C. 4 मार्च, 1931 D. 15 अगस्त, 1930

97. भारतीय स्वतंत्रता संग्राम में क्रांति-कारी आन्दोलन का प्रमुख केन्द्र कहां था?

A. पंजाब B. महाराष्ट्र
C. बंगाल D. मद्रास

98. दिल्ली सल्तनत का वह सुल्तान कौन सा था जिसने पहली बार स्थायी सेना रखी?

A. बलबन B. अलाउद्दीन खिलजी
C. मोहम्मद तुगलक D. कुतुबुद्दीन ऐबक

99. हर्ष के समय बौद्ध विहार का निर्माण कहां हुआ था?

A. नालन्दा B. तक्षशिला
C. कन्नौज D. प्रयाग

100. पिट्स इण्डिया एक्ट कब पारित किया गया?
A. 1920 में B. 1773 में
C. 1784 में D. 1802 में

101. निम्न में से किस सेनानायक ने 1626 ई. में जहांगीर के विरुद्ध सैनिक विद्रोह कर दिया था?
A. आसफ खान B. मालिक अम्बर
C. महावत खान D. बैरम खान

102. 1911 में कौन सी महत्त्वपूर्ण घटना घटी?
A. कांग्रेस का सूरत अधिवेशन हुआ
B. गदर पार्टी की स्थापना हुई
C. बंगाल विभाजन रद्द हुआ
D. अण्डमान में लार्ड मेयो की हत्या हो गई

103. उपनिषद ग्रंथ निम्न में से किससे सम्बद्ध है?
A. धर्म B. योग
C. दर्शन D. कानून

104. मुहम्मद बिन तुगलक द्वारा राजधानी को दिल्ली से दौलताबाद स्थानांतरित करने के पीछे क्या उद्देश्य था?
A. दिल्ली के लोगों को दण्डित करना
B. मंगोल आक्रमण से बचना
C. दक्कन से बेहतर सांस्कृतिक एवं व्यापारिक संबंध विकसित करना
D. दक्षिण भारत पर बेहतर पकड़ स्थापित करना

105. निम्नलिखित को कालनुक्रमिक रूप से सजायें—
1. मुस्लिम लीग की स्थापना, 1906
2. जलियांवाला बाग कांड, 1919
3. कांग्रेस का सूरत विभाजन, 1907
4. सविनय अवज्ञा आन्दोलन
A. 1, 3, 2, 4 B. 1, 2, 3, 4
C. 1, 2, 4, 3 D. 1, 4, 2, 3

106. सन 1905 को बंगाल का विभाजन किसने किया?
A. लार्ड मिंटो B. लार्ड लिट्टन
C. लार्ड कर्जन D. इनमें से कोई नहीं

107. प्राचीन भारत के निम्नांकित राजवंशों में कौन वंश पुराना से पुराना था?
A. राष्ट्रकूट B. चालुक्य
C. पल्ल्व D. सातवाहन

108. ब्रिटिश ईस्ट इण्डिया कम्पनी ने भारत में अपना पहला कारखाना कहां स्थापित किया?
A. मद्रास B. सूरत
C. कलकत्ता D. बंबई

109. दक्षिण के स्थापत्यकला के उत्कृष्ट उदाहरण के रूप में प्रसिद्ध राज राजेश्वर मंदिर का निर्माण किस राजवंश के शासक द्वारा किया गया था?
A. चोल B. पल्लव
C. पाण्ड्य D. चालुक्य

110. चट्टानों को काटकर महाबलीपुरम का मंदिर किसके द्वारा बनवाया गया था?
A. पल्ल्व B. चोल
C. चालुक्य D. राष्ट्रकूट

111. उपनिषदों का मुख्य विषय क्या है?
A. सामाजिक व्यवस्था B. दर्शन
C. विधि D. राज्य

112. रजिया किसकी उत्तराधिकारिणी थी?
A. महमूद गजनवी B. कुतुबुद्दीन ऐबक
C. इल्तुतमिश D. बलबन

113. बौद्ध धर्म का हीनयान सम्प्रदाय किसमें विश्वास करता है?
A. गौतम बुद्ध एक महामानव हैं, किन्तु अवतार नहीं हैं
B. गौतम बुद्ध अवतार हैं
C. गौतम बुद्ध एक साधारण मानव हैं
D. गौतम बुद्ध एक शासक हैं

114. सरकार द्वारा जलियांवाला बाग हत्याकाण्ड की जांच करने के लिए नियुक्त की गई समिति के अध्यक्ष कौन थे?
A. ओ. डायर B. जॉन साइमन
C. विलियम बैंटिक D. हंटर

115. सिन्धु घाटी की सभ्यता एवं वैदिक सभ्यता में मुख्य अन्तर है—
A. पशुपालन का
B. सूती वस्त्रों के उपयोग का
C. देवी उपासना का
D. नगर सभ्यता और ग्रामीण सभ्यता का

116. मुगल चित्रकला किस शासक के काल में अपनी पराकाष्ठा पर थी?
A. हुमायूं B. अकबर
C. जहांगीर D. शाहजहां

117. 'अजन्ता के चित्र' किस समय के हैं?
A. मौर्य B. कुषाण
C. गुप्त D. हूण

118. लार्ड लिट्टन के समय का प्रमुख कार्य कौन-सा नहीं है?
A. सिविल सेवा परीक्षा की आयु 21 वर्ष से घटाकर 19 वर्ष करना
B. आर्म्स एक्ट रद्द करना
C. वर्नाक्युलर प्रेस एक्ट का पारित होना
D. बंग-भंग होना

119. सल्तनत काल के अधिकांश अमीर एवं सुलतान किस वर्ग के थे?
A. तुर्क B. मंगोल
C. तातार D. अरब

120. निम्नलिखित में कौन सी सिन्धु घाटी सभ्यता का विशिष्ट गुण माना जाता है?
A. अर्थव्यवस्था B. धार्मिक जीवन
C. सामाजिक जीवन D. नगर योजना

121. प्राचीन भारत के निम्नलिखित राजवंशों में से कौन सा सर्वाधिक प्राचीन है?
A. मौर्य B. नंद
C. पल्लव D. गुप्त

122. 'हड़पने की नीति' को प्रसिद्ध करने का श्रेय किसको जाता है?
A. वेलेजली को B. बैंटिंक को
C. डलहौजी को D. रिपन को

123. 'काकोरी षड्यंत्र' कब हुआ था?
A. 1923 में B. 1922 में
C. 1924 में D. 1925 में

124. अकबर द्वारा बनाई गई श्रेष्ठतम इमारतें कहां पायी जाती हैं?
A. आगरा के किले में B. लाहौर के किले में
C. इलाहाबाद के किले में D. फतेहपुर सिकरी में

125. जवाहरलाल नेहरू के नेतृत्व में अन्तरिम सरकार का गठन कब हुआ?
A. जुलाई, 1946 में B. अगस्त, 1946 में
C. सितम्बर, 1946 में D. अक्टूबर, 1946 में

126. जलियांवाला बाग कांड कब हुआ था?
A. 13 अप्रैल, 1919 को B. 16 अगस्त, 1919 को
C. 19 अप्रैल, 1919 को D. 18 अगस्त, 1919 को

127. गौतम बुद्ध द्वारा गृह त्याग को क्या कहा जाता है?
A. सम्बोधि B. धम्मचक्र
C. महापरिनिर्वाण D. महाभिनिष्क्रमण

128. साइमन कमीशन का सम्बन्ध किससे था?
A. उच्च शिक्षा सुधार से
B. देशी रजवाड़ों की समस्याओं से
C. दुर्भिक्ष से
D. संवैधानिक एवं राजनीतिक समस्याओं के विश्लेषण से

129. 'खानवा का युद्ध' किन-किन के बीच लड़ा गया था?
A. बाबर और राणा सांगा B. बाबर और मैदिनी राय
C. शेरशाह सूरी और हुमायूँ D. हेमू और इब्राहिम लोदी

130. कांची में प्रसिद्ध कैलाशनाथ मंदिर का निर्माण किसने किया?
A. महेन्द्रवर्मन् I B. नरसिंहवर्मन् II
C. नन्दिवर्मन् II D. दन्तिवर्मन्

131. कलिबंगन किस प्रदेश में विद्यमान है?
A. उत्तर प्रदेश B. सिन्ध
C. राजस्थान D. गुजरात

132. दिल्ली के प्रथम सुलतान कौन थे, जिन्होंने दक्षिण भारत को पराजित करने का प्रयास किया?
A. कुतुबुद्दीन मुबारक B. नसीरुद्दीन खुसरव शाह
C. अलाउद्दीन खिलजी D. जलालुद्दीन फिरोज

133. महाबलीपुरम जो एक मुख्य नगर है, वह कला की किन व्यक्तियों की रुचि को दर्शाता है?
A. पल्लवों की B. चेरों की
C. पाण्ड्यों की D. चालुक्यों की

134. ब्रिटिश संसद का वह कौन सा पहला अधिनियम था जिसके द्वारा मुसलमानों को अलग प्रतिनिधित्व देकर 'फूट डालो और राज करो' की नीति अपनाई गई?
A. इण्डियन काउंसिल एक्ट, 1891
B. इण्डियन काउंसिल एक्ट, 1909
C. इण्डियन काउंसिल एक्ट, 1919
D. इण्डियन काउंसिल एक्ट, 1935

135. किस एक्ट से कम्पनी के भारतीय व्यापार का एकाधिकार पूर्णत: समाप्त हुआ था?
A. पिट्स इण्डिया एक्ट B. रेग्युलेटिंग एक्ट
C. 1813 का एक्ट D. 1833 का एक्ट

136. मुगल काल में निम्नलिखित में से किस महिला ने ऐतिहासिक विवरण लिखे?
A. गुलबदन बेगम B. नूरजहां बेगम
C. जहांआरा बेगम D. जेबुन्निसा बेगम

137. भारत सरकार अधिनियम, 1935 के अंतर्गत प्रांतों में सरकारें कब बनीं?
A. 1935 B. 1938
C. 1936 D. 1937

138. उपनिषद निम्नलिखित में से किस पर आधारित पुस्तक है?
A. दर्शन B. योग
C. वैदिक धर्म D. हिन्दू महाकाव्य

139. भारत में मूर्तिपूजा निम्नलिखित किस काल में शुरू हुई?
A. पूर्व मौर्यकाल B. उत्तरवैदिक काल
C. मौर्यकाल D. कुषाणकाल

140. खिलाफत आंदोलन के शांत पड़ जाने का कारण क्या था?
A. अंग्रेजों द्वारा मुसलमानों को दी गई रियासत
B. तुर्की की गद्दी पर कमाल पाशा द्वारा कब्जा
C. अंग्रेजों द्वारा तुर्की की गद्दी पुन: खलीफा को वापस किया जाना
D. इनमें से कोई नहीं

141. 'क्रिप्स मिशन' के भारत आगमन का उद्देश्य क्या था?
A. भारतीय जनमत को खुश करना
B. भारत के लिए संवैधानिक सुधारों के बारे में सलाह देना
C. तत्काल भारत के भविष्य का निर्धारण करना
D. विभिन्न चरणों में भारत को स्वतंत्रता प्रदान करना

142. 'करो या मरो' का नारा किसने दिया था?
A. महात्मा गांधी B. जवाहरलाल नेहरु
C. बाल गंगाधर तिलक D. सुभाष चन्द्र बोस

143. सिकन्दर किस दर्रे से होकर भारत आया था?
A. जोजिला दर्रा B. खैबर दर्रा
C. नथुला दर्रा D. इनमें से कोई नहीं

144. विजय नगर साम्राज्य का संस्थापक कौन था?
A. हरिहर एवं बुक्का B. देवराय
C. वीर विजय D. हरिहर द्वितीय

145. इलाहाबाद अभिलेख पर कवि हरिषेण ने निम्नलिखित में से किसकी सैनिक उपलब्धियों का वर्णन किया है?
A. स्कन्दगुप्त B. समुद्रगुप्त
C. चन्द्रगुप्त मौर्य D. कुमार गुप्त

146. सल्तनत काल में चालीस अमीरों के बहुचर्चित एवं अत्यन्त प्रभावशाली समूह 'चालीसा' का अंत करने में किस सुलतान ने सफलता प्राप्त की थी?
A. अलाउद्दीन खिलजी B. कुतुबुद्दीन ऐबक
C. रजिया बेगम D. बलबन

147. तराइन के दूसरे युद्ध के संबंध में निम्नलिखित में से कौन सा कथन सत्य है?

A. यह युद्ध 1191 ई. में पृथ्वीराज चौहान और मोहम्मद गौरी के बीच लड़ा गया था जिसमें पृथ्वीराज चौहान की पराजय हो गई

B. यह युद्ध 1192 ई. में पृथ्वीराज चौहान और मोहम्मद गौरी के बीच हुआ था जिसमें मोहम्मद गोरी विजयी रहा

C. यह युद्ध 1191 ई. में पृथ्वीराज चौहान और जयचन्द के बीच हुआ जिसमें पृथ्वीराज की जीत हुई थी

D. यह युद्ध 1192 ई. में पृथ्वीराज चौहान और मोहम्मद गौरी के बीच हुआ जिसमें पृथ्वीराज की जीत हुई थी

148. मध्ययुगीन भारत का वह शासक कौन था जिसने ग्रैंड-ट्रंक रोड बनवाया था?

A. अलाउद्दीन खिलजी B. शेरशाह

C. अकबर D. जहांगीर

149. समुद्रगुप्त के इलाहाबाद स्तंभ की प्रशस्ति के लेख की विषय-वस्तु किसने लिखी थी?

A. हरिसेन B. वीरसेन

C. कालिदास D. विशाखदत्त

150. बाजार में मूल्य नियंत्रण की नीति किसने शुरु की थी?

A. शेरशाह B. अकबर

C. अलाउद्दीन खिलजी D. अशोक

151. लार्ड कॉर्नवालिस का स्थायी मालगुजारी बन्दोबस्त काश्तकारों के लिए उत्पीड़क सिद्ध हुआ, क्योंकि—

A. उनको अधिक उत्पन्न करने के लिए मजबूर किया जाता था

B. उनका जमींदारों द्वारा शोषण किया जाता था

C. उनसे पेशगी सालाना माल-गुजारी देने के लिए कहा जाता था

D. उनसे सैनिक दबाव में भुगतान करने के लिए कहा जाता था

152. बुलंद दरवाजा किस शैली से प्रभावित है?

A. ग्रीक शैली से B. गांधार शैली से

C. पार्शियन शैली से D. उपर्युक्त में से किसी से नहीं

153. प्लासी के युद्ध में अंग्रेजों ने बंगाल के किस नवाब को पराजित किया था?

A. अलीवर्दी खाँ B. सिराजुद्दौला

C. मीरजाफर D. मीरकासिम

154. सविनय अवज्ञा आन्दोलन का प्रारम्भ महात्मा गांधी ने किस प्रकार किया?

A. हड़ताल करवाकर B. धरना देकर

C. नमक कानून तोड़कर D. भूख हड़ताल पर बैठकर

155. सिन्धु घाटी सभ्यता के निवासी जिस पशु से अपरिचित थे वह पशु था—

A. गाय B. सांड

C. हाथी D. घोड़ा

156. भारत में शकों के प्रभुत्व को नष्ट करने वाला शासक कौन था?

A. समुद्रगुप्त B. पुष्यमित्र शुंग

C. चन्द्रगुप्त मौर्य D. चन्द्रगुप्त द्वितीय

157. ऋग्वेद में कुल कितने मंडल हैं?

A. 8 B. 9

C. 10 D. 11

158. युद्ध, जिससे भारत में मुस्लिम शक्ति की स्थापना हुई—

A. तराइन का प्रथम युद्ध B. तराइन का द्वितीय युद्ध

C. पानीपत का प्रथम युद्ध D. पानीपत का द्वितीय युद्ध

159. अलाउद्दीन खिलजी विश्वास करता था—

A. उदार निरंकुशता में

B. पूर्ण निरंकुशता में

C. सम्मति द्वारा निरंकुशता में

D. उदारता की सहायता से शासन में

160. दिल्ली के लोदी सुल्तान थे—

A. तुर्क B. ईरानी

C. अरबी D. अफगानी

161. बुद्ध ने अपना प्रथम धर्मोपदेश दिया—

A. लुम्बिनी में B. सारनाथ में

C. सांची में D. गया में

162. राजा हर्षवर्धन पराजित हुए—

A. पजाब के राजा द्वारा

B. कामरूप के राजा द्वारा

C. दक्षिण के चालुक्य शासकों द्वारा

D. बंगाल के राजा द्वारा

163. भारत में अंग्रेजी शिक्षा का प्रवर्तन किया गया—

A. कर्जन द्वारा B. नेहरू द्वारा

C. मैकॉले द्वारा D. डलहौजी द्वारा

164. मार्च 5, 1931 भारतीय इतिहास में एक महत्त्वपूर्ण दिन है, क्योंकि इस दिन—

A. महात्मा गांधी द्वारा मशहूर 'डांडी मार्च' का आरम्भ किया गया था

B. लन्दन में प्रथम गोलमेज सम्मेलन आरम्भ हुआ था

C. सविनय अवज्ञा आन्दोलन आरम्भ करने के लिए महात्मा गांधी को गिरफ्तार किया गया था

D. गांधी-इरविन समझौते का निर्णय हुआ था

165. ऋग्वेदकाल में निम्नलिखित में से कौन-सी प्रथा प्रचलित थी?

A. एक विवाह B. बहुपत्नी विवाह

C. द्वि-विवाह D. बहुपति विवाह

166. किस शासक के शासन में चंगेज खां ने भारत पर आक्रमण किया?

A. अलाउद्दीन खिलजी B. कुतुबुद्दीन ऐबक

C. बलबन D. इल्तुतमिश

167. सिन्धु घाटी सभ्यताकाल में निम्न-लिखित में से कौन सी धातु अज्ञात थी?

A. ताम्र B. कांसा

C. स्वर्ण और रजत D. लौह

168. किस अधिनियम के द्वारा प्रांतों में सर्वप्रथम आंशिक उत्तरदायी शासन की स्थापना की गई?

A. भारत सरकार अधिनियम, 1909

B. भारत परिषद् अधिनियम, 1892

C. भारत सरकार अधिनियम, 1919

D. भारत सरकार अधिनियम, 1935

169. 1909 ई. के सुधार अधिनियम द्वारा साम्प्रदायिक प्रतिनिधित्व किसे प्रदान किया गया?
A. सिक्खों को B. मुसलमानों को
C. हरिजनों को D. सभी को

170. महाबलीपुरम के रथ मंदिरों का संबंध निम्नलिखित में से किससे है?
A. चालुक्यों से B. चोलों से
C. राष्ट्रकूटों से D. पल्लवों से

171. 'सती प्रथा' के लिए कानून किसने बनाया था?
A. राजाराम मोहनराय B. ईश्वरचंद विद्यासागर
C. विलियम बैंटिक D. लार्ड डलहौजी

172. बौद्ध संगीतियां किस उद्देश्य से आयोजित की गयी थीं?
A. विभिन्न धर्मों के मतभेदों को सुलझाने के लिए
B. विदेशों में धार्मिक मिशन भेजने के लिए
C. बौद्ध ग्रंथों के संकलन तथा मतभेदों को सुलझाने के लिए
D. सामान्य अनुदेशों को जारी करने के लिए

173. दक्षिण भारत को जीतने के लिए मलिक काफूर को किस सुलतान ने भेजा था?
A. जलालुद्दीन खिलजी B. अलाउद्दीन खिलजी
C. फिरोज तुगलक D. बहलोल लोदी

174. बंगाल में द्वैघ (Dual) शासन का सबसे बुरा प्रभाव क्या था?
A. कानून और व्यवस्था के लिए कोई उत्तरदायी नहीं था
B. अंग्रेज बिना उत्तरदायित्व के अधिकारों का उपभोग करते थे
C. कृषकों पर राजस्व का भार इतना अधिक था कि अनेक किसान भूमि छोड़कर चले गये
D. उपर्युक्त सभी

175. भारत छोड़ो आन्दोलन कब शुरु हुआ था?
A. दिस्म्बर, 1942 B. अगस्त, 1943
C. दिसम्बर, 1943 D. अगस्त, 1942

176. दिल्ली के सिंहासन पर अपने चाचा की हत्या कर बैठने वाला कौन था?
A. मुहम्मद तुगलक B. फिरोजशाह तुगलक
C. अलाउद्दीन खिलजी D. सिकन्दर लोदी

177. हर्षवर्धन के काल में शिक्षा की सर्वश्रेष्ठ व्यवस्था निम्न में से किस स्थान पर थी?
A. उज्जैन B. तक्षशिला
C. नालन्दा D. विक्रमशिला

178. अशोक ने किस बौद्ध संगीति का आयोजन किया?
A. प्रथम B. द्वितीय
C. तृतीय D. चतुर्थ

189. एनी बेसेन्ट द्वारा प्रारम्भ किए गए होमरूल आन्दोलन का उद्देश्य क्या था?
A. विदेशी माल का बहिष्कार
B. भारतीय जनता को शिक्षित करना
C. भारत के लिए गृह शासन (Self Rule) प्राप्त करना
D. प्रशासन में ब्रिटिश एकाधिकार के विरुद्ध संघर्ष

180. बुद्ध अपने उपदेश मुख्यत: किस भाषा में देते थे?
A. पाली B. मगधी
C. प्राकृत D. शौरसेनी

181. सुमेलित कीजिए—

सूची A	सूची B
I. मार्ले मिंटो सुधार	(*a*) देशव्यापी आन्दोलन
II. साइमन कमीशन	(*b*) आन्दोलन का वापस लिया जाना
III. चौरी-चौरा काण्ड	(*c*) साम्प्रदायिक निर्वाचन क्षेत्र
IV. डाण्डी मार्च	(*d*) साम्प्रदायिक उद्देश्य
	(*e*) नमक आन्दोलन

A. I-(*c*), II-(*b*), III-(*a*), IV-(*e*)
B. I-(*c*), II-(*a*), III-(*b*), IV-(*e*)
C. I-(*c*), II-(*a*), III-(*b*), IV-(*d*)
D. I-(*c*), II-(*a*), III-(*d*), IV-(*e*)

182. मुस्लिम लीग द्वारा प्रत्यक्ष कार्यवाही दिवस कब मनाया गया?
A. 15 अगस्त, 1946 B. 16 अगस्त, 1946
C. 17 अगस्त, 1946 D. 18 अगस्त, 1946

183. बौद्ध धर्म विद्रोह था—
A. ब्राह्मणवाद के खिलाफ B. अंधविश्वास के खिलाफ
C. पशुओं की बलि के खिलाफ D. उपर्युक्त सभी

184. तैमूर के आक्रमण के समय दिल्ली पर किस वंश का शासन था?
A. तुगलक वंश B. खिलजी वंश
C. लोदी वंश D. सैयद वंश

185. निम्नलिखित में से कौन सा युद्ध बाबर ने नहीं किया था?
A. खानवा की लड़ाई B. पानीपत की लड़ाई
C. चंदेरी की लड़ाई D. बिलग्राम की लड़ाई

186. किस सुलतान के समय दीवान-ए-खैरात नाम के अधिकारी की नियुक्ति होती थी?
A. बलबन B. अलाउद्दीन खिलजी
C. मुहम्मद बिन तुगलक D. फिरोज तुगलक

187. हड़प्पा काल का नगर 'काली बंगा' अवस्थित है—
A. उत्तर प्रदेश में B. पंजाब में
C. जम्मू एवं कश्मीर में D. राजस्थान में

188. सबसे प्राचीन वेद कौन-सा है?
A. ऋग्वेद B. यजुर्वेद
C. सामवेद D. अथर्ववेद

189. 'स्यादवाद' किसकी दार्शनिक अवधारणा है?
A. बौद्धों की B. जैनों की
C. आजीवकों की D. भौतिकवादियों की

190. स्वराज पार्टी का गठन.............. की असफलता के बाद हुआ—
A. असहयोग आंदोलन B. भारत छोड़ो आंदोलन
C. सिविल नाफर्मानी आंदोलन D. स्वदेशी आंदोलन

191. निम्नलिखित में से कौन सुमेलित नहीं है?
A. अकबर की मृत्यु-1605 ई.
B. विक्रम संवत का आरम्भ-58 ई.पू.
C. प्रथम एशियाई खेल-1950 ई.
D. प्लासी का युद्ध-1757 ई.

192. बौद्ध धर्म में फूट पड़ने लग गई थी और उसमें हीनयान और महायान दो पृथक् सम्प्रदाय बनने लगे थे—
A. गौतम बुद्ध की मृत्यु के एक शताब्दी के बाद ही
B. अशोक के शासन-काल के अन्तिम दिनों में
C. कनिष्क के शासन-काल में
D. आठवीं शताब्दी के दौरान

193. सिक्खों के सम्बन्ध में 'मिस्ल' का क्या आशय है?
A. सैनिक संगठन B. धार्मिक ग्रंथ
C. जातीय संगठन D. धार्मिक संस्था

194. फाहयान किस शासक के समय भारत आया था?
A. चन्द्रगुप्त-I B. उदयिन
C. चन्द्रगुप्त-II D. हर्षवर्धन

195. किस सम्राट के शासन काल को मुगल साम्राज्य का स्वर्ण युग कहा जाता है?
A. जहांगीर B. शाहजहां
C. अकबर D. बहादुरशाह द्वितीय

196. निम्नलिखित में से किसने लखनऊ में सन् 1857 के विद्रोह का नेतृत्व किया?
A. कुंवरसिंह B. तांत्या टोपे
C. रानी लक्ष्मीबाई D. हज़रत महल

197. 'असहयोग आंदोलन' को क्यों निलंबित किया गया था?
A. गांधी जी की अस्वस्था के कारण
B. हिन्दू और मुसलमानों के बीच मतभेदों के कारण
C. नेतागणों के बीच मतभेदों के कारण
D. चौरी-चौरा में हुई हिंसक घटना के कारण

198. भारत में अंग्रेजी सत्ता के पांव .... युद्ध के बाद जमे—
A. बक्सर B. प्लासी
C. तालीकोट D. वाँडीवाश

199. खिलाफत आन्दोलन .... ने चलाया था?
A. जिन्ना B. अली बन्धु
C. ज़ाकिर हुसैन D. अली अहमद

200. पूर्ण स्वराज्य की घोषणा कांग्रेस ने .... अधिवेशन में की?
A. बंबई B. नागपुर
C. लाहौर D. कलकत्ता

201. निम्नलिखित में से कौन बारडोली सत्याग्रह से सम्बन्धित था?
A. मणिबेन पटेल B. सरदार वल्लभ भाई पटेल
C. जी. वी. मावलंकर D. महात्मा गांधी

202. गांधी-इरविन समझौते के परिणाम-स्वरूप .... आन्दोलन वापिस ले लिया गया था।
A. सविनय अवज्ञा B. असहयोग
C. भारत-छोड़ो D. खिलाफत

203. ह्वेनत्सांग किस शासक के समय भारत आया था?
A. चन्द्रगुप्त प्रथम B. विक्रमादित्य
C. हर्षवर्धन D. चन्द्रगुप्त द्वितीय

204. 'अष्टांग मार्ग' का पालन करने की शिक्षा किसने दी थी?
A. गौतम बुद्ध B. महावीर
C. रविदास D. गुरु नानक

205. 'दिल्ली सल्तनत' का प्रथम बादशाह कौन था?
A. अकबर B. बाबर
C. शाहजहां D. कुतुबुद्दीन ऐबक

206. बंगाल में सबसे महत्त्वपूर्ण फ्रांसीसी बस्ती कहां थी?
A. मुर्शिदाबाद B. हुगली
C. चन्द्रनगर D. ढाका

207. इलबर्ट बिल किसके शासनकाल में प्रस्तुत किया गया था?
A. रिपन B. लिटन
C. हार्डिंग D. कैनिंग

208. अलाउद्दीन खिलजी ने भू-राजस्व (land-revenue) की उगाही (levied) की-
A. फसल की बंटाई के आधार पर
B. मनमाने निर्धारण के आधार पर
C. माप के आधार पर
D. खिराज़ की निश्चित रकम के आधार पर (a fixed money tribute)

209. मुगल प्रशासन में बक्शी होता था—
A. टकसाल नियंत्रक (Mint master)
B. वेतन भुगतानकर्ता एवं गुप्तचर विभाग का प्रभारी (Paymaster cum incharge of intelligence services)
C. कोषाध्यक्ष (Treasurer)
D. राजस्व मन्त्रालय का प्रभारी (Incharge of revenue ministry)

210. मुगलों की मनसबदारी व्यवस्था के विषय में निम्नलिखित कथनों पर विचार कीजिए—
1. अकबर ने मनसबदारी प्रथा प्रारम्भ की थी।
2. मनसबदारों का श्रेणीकरण (ranking) उनकी जातों और सवारों के आधार पर होता था।
3. मनसबदार केवल सैन्य अधिकारी (military officers) थे।
उपर्युक्त कथनों में से कौन-कौन से सही हैं?
A. 1, 2 और 3 B. 1 और 2
C. 2 और 3 D. 1 और 3

211. ऐसा कहा जा सकता है कि फिरोज तुगलक दिल्ली सल्तनत के पतन का कारण बना, क्योंकि उसने—
A. बहुत बड़ी संख्या में सैन्य अभियान किए
B. नहरों के ऊपर अत्यधिक धन खर्च किया
C. सामंतों को आनुवंशिक बनने दिया (allowed nobility to become honeditary)
D. अपने दमन के द्वारा किसान विद्रोहों (peasand rebel-lions) को भड़काया

212. निम्नलिखित घटनाओं पर विचार कीजिए—
1. गोल मेज सम्मेलन II (Round Table Conference II)
2. कांग्रेस सोशलिस्ट पार्टी का गठन
3. डाण्डी मार्च (Dandi March)
4. विलिंगडन का अध्यादेश द्वारा शासन (Ordinance Rule of Willingdon)
इन घटनाओं का सही कालानुक्रम है—
A. 1, 3, 2, 4 B. 3, 1, 2, 4
C. 3,1, 4, 2 D. 1, 3, 4,2

213. सूची I में उल्लिखित व्यक्तियों को सूची II में उल्लिखित मुकदमों के साथ सुमेलित कीजिए तथा सूचियों के नीचे दिए कूट का प्रयोग कर सही उत्तर चुनिए—

सूची I	**सूची II**
(*a*) प्रफुल्ल चाकी	1. लाहौर षड्यन्त्र काण्ड
(*b*) सुखदेव	2. काकोरी काण्ड
(*c*) अश्फाकउल्लाह खान	3. चिटगांव आर्मरी रेड काण्ड
(*d*) गणेश घोष	4. मुजफ्फरपुर बम काण्ड, 1908

कूट :

	(*a*)	(*b*)	(*c*)	(*d*)
A.	1	4	3	2
B.	4	1	3	2
C.	4	1	2	3
D.	1	4	2	3

214. सूची I को सूची II से सुमेलित कीजिए तथा सूचियों के नीचे दिए कूट का प्रयोग कर सही उत्तर चुनिए—

सूची I	**सूची II**
(*a*) जेम्स आउट्रम (James Outram)	1. दिल्ली
(*b*) जॉन निकलसन (John Nicholson)	2. लखनऊ
(*c*) कोलिन कैम्पबेल (Colin Campbell)	3. झांसी
(*d*) ह्यू रोज (Hugh Rose)	4. कानपुर

कूट :

	(*a*)	(*b*)	(*c*)	(*d*)
A.	1	2	3	4
B.	2	1	4	3
C.	2	1	3	4
D.	1	2	4	3

215. निम्नलिखित घटनाओं पर विचार कीजिए—

1. कॉर्नवालिस कोड (Cornwallis Code)
2. नार्थ का रेग्यूलेटिंग एक्ट (North's Regulating Act)
3. पिट्स इण्डिया एक्ट (Pitt's India Act)

इन घटनाओं का सही कालानुक्रम है—

A. 3, 2, 1　　B. 2, 3, 1
C. 1, 2, 3　　D. 2, 1, 3

216. 1833 के चार्टर एक्ट में निम्न-लिखित में से किस का उल्लेख नहीं था?

A. ईस्ट इण्डिया कम्पनी ने चीन व्यापार का एकाधिकार (Monopoly) खो दिया
B. कम्पनी के अधिकृत क्षेत्र (Territorial possessions of the company) अगले बीस वर्षों के लिए ब्रिटिश सम्राट के न्यास (Trust) के रूप में कम्पनी के पास रहने दिए गए
C. कम्पनी के निर्देशकों (Directors) की संख्या 24 से घटाकर 18 कर दी गई जिनमें से 6 क्राउन (Crown) द्वारा मनोनीत होते थे।
D. कम्पनी के क्षेत्रों के सम्पूर्ण सिविल तथा सैनिक प्रशासन का अधीक्षण, निर्देशन और नियंत्रण (Superindence, direction and controls) गवर्नर-जनरल ऑफ इण्डिया इन काउंसिल में निहित था जिसके चार सदस्य थे।

217. प्रमुख दर्शन एवं उनके प्रवर्तक के सन्दर्भ में सूची I व सूची II को सुमेलित कीजिए तथा नीचे दिए गए कूटों में से सही उत्तर चुनिए—

***सूची I* (*दर्शन*)**	***सूची II* (*प्रवर्तक*)**
(*a*) सांख्य	1. कपिल
(*b*) योग	2. पतंजलि
(*c*) वैशेषिक	3. कणाद
(*d*) न्याय	4. गौतम

कूट :

	(*a*)	(*b*)	(*c*)	(*d*)
A.	1	2	3	4
B.	4	3	2	1
C.	1	2	4	3
D.	2	1	3	4

218. किस मुगल शासक के बारे में कहा गया है कि "वह जीवन-पर्यन्त लड़खड़ाता रहा तथा लड़खड़ाकर ही उसकी मृत्यु हुई?"

A. बाबर　　B. हुमायूँ
C. अकबर द्वितीय　　D. बहादुर शाह जफर

219. सुमेल कीजिए—

***सूची I* (*वर्ष*)**	***सूची II* (*घटना*)**
(*a*) 78 ई.	1. दिल्ली सल्तनत की स्थापना
(*b*) 1206	2. जहांगीर का सम्राट बनना
(*c*) 1542	3. शक सम्वत् प्रारम्भ
(*d*) 1605	4. अकबर का जन्म

कूट :

	(*a*)	(*b*)	(*c*)	(*d*)
A.	3	1	2	4
B.	3	1	4	2
C.	1	2	3	4
D.	4	3	2	1

220. सुमेल कीजिए—

सूची I	**सूची II**
(*a*) मास्की	1. महावीर जैन ने निर्वाण प्राप्त किया
(*b*) पावापुरी	2. महात्मा बुद्ध ने महापरिनिर्वाण प्राप्त किया
(*c*) थानेश्वर	3. मौर्य सम्राट अशोक का पहला शिलालेख प्राप्त हुआ
(*d*) कुशीनगर	4. हूणों के आक्रमण के कारण नष्ट हो गया

कूट :

	(*a*)	(*b*)	(*c*)	(*d*)
A.	3	1	2	4
B.	1	3	4	2
C.	3	1	4	2
D.	1	3	2	4

221. अंग्रेजों ने भारत में जमे रहने के लिए विभाजन और शासन (Divide and Rule) का सहारा लिया। इसी के दृष्टिगत उन्होंने मुस्लिमों के लिए अलग निर्वाचन क्षेत्र की व्यवस्था की। इसका पहली बार प्रावधान किस एक्ट में किया गया?

A. 1892 एक्ट　　B. 1909 एक्ट
C. 1919 एक्ट　　D. 1935 एक्ट

222. निम्नलिखित में से किस स्थान से आनुष्ठानिक स्नानागारों के निकट निर्मित अग्निवेदियों की कतारें मिली हैं?

A. मोहनजोदड़ो B. हड़प्पा
C. कालीबंगा D. लोथल

223. निम्नलिखित में से कौन बौद्ध धर्म के त्रिरत्न का अंग नहीं है?

A. बुद्ध B. धम्म
C. निर्वाण D. संघ

224. तमिलनाडु में महाबलीपुरम् मन्दिर किस वंश के शासनकाल में बनाया गया?

A. पल्लव B. चोल
C. पांड्य D. चालुक्य

225. अकबर की सुलह कुल की विचारधारा उसके किस आदर्श/किन आदर्शों का प्रतिफल थी?

A. उसकी राजनीतिक उदारता
B. उसकी धार्मिक सहिष्णुता
C. उसके सांस्कृतिक समन्वयवादी दृष्टिकोण
D. उपर्युक्त सभी

226. अलीपुर केस के मुख्य अभियुक्त कौन थे?

A. स्वामी विवेकानन्द B. भाई परमानन्द
C. राजबिहारी घोष D. अरविन्द घोष

227. निम्नलिखित स्थलों पर ध्यान दीजिए—

1. लुम्बिनी 2. बोधगया
3. सारनाथ 4. कुशीनगर

बुद्ध के जीवन के संदर्भ में इन स्थलों का सही कालानुक्रम है—

A. 1, 2, 3, 4 B. 1, 2, 4, 3
C. 2 1, 3, 4 D. 2, 1, 4, 3

228. सूची I को सूची II से सुमेलित कीजिए तथा इन सूचियों के नीचे दिए गए कूटों से सही उत्तर का चयन कीजिए।

सूची I	**सूची II**
(*a*) इल्तुतमिश	1. सासाराम का मकबरा
(*b*) कुली कुतुबशाह	2. आगरा किला
(*c*) शेरशाह	3. चारमीनार
(*d*) अकबर	4. कुतुबमीनार

कूट :

	(*a*)	(*b*)	(*c*)	(*d*)
A.	3	4	2	1
B.	4	3	1	2
C.	4	3	2	1
D.	3	4	1	2

229. निम्नलिखित राष्ट्रवादियों पर ध्यान दीजिए—

1. बालगंगाधर तिलक 2. गोपालकृष्ण गोखले
3. बिपिनचंद पाल 4. लाला लाजपतराय

इनमें से किन्हें स्वतंत्रता आन्दोलन का 'उग्र' राष्ट्रवादी (Militant nationalists) कहा जाता था?

A. 1, 2 और 3 B. 2 और 4
C. 1, 3 और 4 D. 1, 2, 3 और 4

230. निम्नलिखित में से किस मुगल सेनापति ने शिवाजी को पुरन्दर की सन्धि (Treaty of Purandar) (1665) पर हस्ताक्षर करने पर बाध्य किया?

A. शाइस्ता खां B. बहादुर खां
C. मिर्जा राजा जयसिंह D. राजा जसवन्त सिंह

231. शिवाजी अपने समुद्री बेड़े को कहां ठहराते थे?

A. कोलाबा B. कल्याण
C. सालसिट D. बसीन

232. निम्नलिखित में मुगल बादशाहों में किसने ईस्ट इण्डिया कम्पनी को सूरत में फैक्ट्री (कारखाना) स्थापित करने की आज्ञा दी?

A. जहांगीर B. शाहजहां
C. फर्रूखसियर D. बहादुरशाह द्वितीय

233. महारानी विक्टोरिया ने किस सन् में 'भारत की साम्राज्ञी' की उपाधि धारण की थी?

A. 1858 में B. 1877 में
C. 1878 में D. 1880 में

234. निम्नलिखित में से किस पक्ष ने 'इलाहाबाद की संधि' (1765) में भाग लिया?

A. रॉबर्ट क्लाइव, मीरजाफर, बलवंत सिंह
B. रॉबर्ट क्लाइव, नज्मुद्दौला, शुजाउद्दौला
C. मीरकासिम, रॉबर्ट क्लाइव, सिराजुद्दौला
D. शाहआलम, रॉबर्ट क्लाइव, शुजाउद्दौला

235. 1793 की स्थायी भूमि व्यवस्था के द्वारा भूस्वामित्व किसको मिला?

A. व्यक्तिगत रूप से किसानों को
B. जमींदारों को
C. ग्रामसभाओं को
D. राज्यों को

236. निम्नलिखित घटनाओं को नीचे दिये गए कूट के अनुसार कालानुक्रम में व्यवस्थित करें—

1. सूरत कांग्रेस
2. साबरमती आश्रम से डांडी तक की यात्रा
3. रॉलेट एक्ट
4. गांधी-इरविन समझौता

कूट :

A. 3, 2, 1, 4 B. 1, 3, 2, 4
C. 2, 1, 3, 4 D. 1, 2, 4, 3

237. बौद्ध संघों के आचरण के नियमों का संकलन किस निम्नलिखित ग्रंथ में मिलता है?

A. विनय पिटक B. सुत्त पिटक
C. अभिधम्म पिटक D. अंगुत्तर निकाय

238. खिलाफत का प्रश्न इस कारण उठाया गया, क्योंकि भारतीय मुसलमान—

A. अपने लिए अलग गृह भूमि चाहते थे
B. रोलट अधिनियम के आलोचक थे
C. सेवरिस की सन्धि (1920) की शर्तों से रुष्ट थे
D. 1919 के भारत सरकार अधिनियम से असन्तुष्ट थे

239. सूची I (आन्दोलन) को सूची II (वर्ष) के साथ सुमेलित कीजिए और सूचियों के नीचे दिए हुए कूट का प्रयोग कर सही उत्तर चुनिए—

सूची I	**सूची II**
(*a*) बारडोली सत्याग्रह	1. 1946
(*b*) मोपला विद्रोह	2. 1917
(*c*) तेभगा आन्दोलन	3. 1928
(*d*) चम्पारण आन्दोलन	4. 1921

कूट :

	(*a*)	(*b*)	(*c*)	(*d*)
A.	4	3	1	2
B.	3	4	2	1
C.	4	3	2	1
D.	3	4	1	2

240. व्यक्तियों और घटनाओं के निम्नलिखित युग्मों पर विचार कीजिए—

1. लार्ड डलहौजी : राज्य व्यपगमन नीति
2. लॉर्ड कर्जन : बंगाल का विभाजन
3. लॉर्ड वेवल : शिमला सम्मेलन

इनमें से कौन-कौन से युग्म सही सुमेलित हैं?

A. 1 और 3 B. 2 और 3
C. 1, 2 और 3 D. 1 और 2

241. सहायक संधियों की व्यवस्था के अन्तर्गत औपनिवेशिक (Colonial) भारत में एक राजा को—

A. ब्रिटिश सहायक सेनाओं की मदद से अपने पड़ोसियों के साथ विवादों को सुलझाने का अधिकार प्राप्त था
B. अंग्रेजों को छोड़कर अन्य यूरोपीय शक्तियों के साथ व्यापार करने की सुविधा थी
C. अपने यहां एक अंग्रेज रेजीडेन्ट रखना होता था
D. अपनी सुरक्षा के लिए अपनी रियासत की सीमाओं में ब्रिटिश सहायक सेनाओं को रहने की अनुमति देनी होती थी

242. संगम समाज में किस देवता की सर्वाधिक मान्यता थी?

A. इन्द्र B. सूर्य
C. मुरुगन D. चन्द्रमा

243. संगमकाल में भारत से निर्यात होने वाली प्रमुख वस्तुएं थीं—

A. मसाले B. हथियार
C. रूई व रेशम D. हाथी दाँत

244. तृतीय बौद्ध-संगीति किस शासक के समय में हुई थी?

A. अजातशत्रु B. चन्द्रगुप्त मौर्य
C. अशोक D. कनिष्क

245. मुहम्मद गजनवी के साथ कौन-सा विद्वान् भारत आया था?

A. अल्बरूनी B. फिरदौसी
C. सुलेमान D. फरिश्ता

246. लीग ने पाकिस्तान की प्राप्ति के लिए 'सीधी कार्यवाही' (Direct Action) करने का निश्चय कब किया?

A. 15 अगस्त, 1946 को
B. 16 अगस्त, 1946 को
C. 27 अगस्त, 1946 को
D. 26 जनवरी, 1947 को

247. भारतीय स्वतंत्रता प्राप्ति में सहायक तत्त्व था—

A. भारतीय राष्ट्रीय आन्दोलन की शक्ति
B. युद्ध के बाद इंगलैंड की कमजोर स्थिति
C. भारतीय सेना व पुलिस में विद्रोह का स्वर
D. उपर्युक्त सभी तत्व

248. शर्की सुल्तानों के शासनकाल में निम्नलिखित स्थानों में से किसे 'पूर्व का शीराज' कहा जाता था?

A. आगरा B. दिल्ली
C. जौनपुर D. वाराणसी

249. सर टामस मुनरो भू-राजस्व बन्दोबस्त से सम्बद्ध है—

A. स्थायी बन्दोबस्त B. महालवाड़ी बन्दोबस्त
C. रैयतवाड़ी बन्दोबस्त D. उपर्युक्त में से कोई नहीं

250. सर्वप्रथम लोक निर्माण विभाग की स्थापना की थी—

A. इल्तुतमिश ने B. बलबन ने
C. अलाउद्दीन खिलजी ने D. फिरोजशाह तुगलक ने

251. निम्नलिखित में सबसे बाद में क्या हुआ?

A. हड़प नीति B. बंगाल का विभाजन
C. स्थायी बन्दोबस्त D. सहायक सन्धि

252. सूची I को सूची II से सुमेलित कीजिए तथा इन सूचियों के नीचे दिए कूट का प्रयोग कर सही उत्तर चुनिए—

सूची I (राजा)	**सूची II** (राज्य)
(*a*) प्रद्योत	1. मगध
(*b*) उदयन	2. वत्स
(*c*) प्रसेनजित	3. अवन्ति
(*d*) अजातशत्रु	4. कोसल

कूट :

	(*a*)	(*b*)	(*c*)	(*d*)
A.	1	2	3	4
B.	4	3	2	1
C.	3	2	4	1
D.	4	1	3	2

253. ''कांग्रेस अपने पतन की ओर लड़खड़ा रही है और भारत में रहते हुए, मेरी बड़ी महत्त्वाकांक्षाओं में से एक यह है कि मैं उसकी शान्तिपूर्ण मृत्यु में मदद करूँ।''
यह कथन किसका है?

A. क्रिप्स B. कर्जन
C. डफरिन D. इरविन

254. 'अभिनव भारत' नामक अंग्रेज विरोधी संगठन की स्थापना की थी–

A. आर.जी. भण्डारकर ने B. वी.डी. सावरकर ने
C. सी.आर. दास ने D. सरदार भगतसिंह ने

255. निम्नांकित कूट का उपयोग करते हुए निम्नलिखित आन्दोलनों को तिथि क्रमानुसार सही स्थान पर रखिए—

1. सविनय अवज्ञा 2. खिलाफत
3. असहयोग 4. भारत छोड़ो

कूट :

A. 1, 2, 3, 4 B. 2, 3, 4, 1
C. 2, 3, 1, 4 D. 3, 1, 4, 2

256. निम्नलिखित योजनाओं को तिथि क्रमानुसार कीजिए—
1. क्रिप्स योजना 2. कैबिनेट मिशन योजना
3. माउन्टबेटन योजना 4. वेवल योजना
A. 1, 2, 3, 4 B. 2, 3, 1, 4
C. 1, 4, 2, 3 D. 1, 3, 2, 4

257. एक साप्ताहिक के रूप में 'यंग इण्डिया' का आरम्भ किया था—
A. होमरुल पार्टी ने B. उग्रवादी पार्टी ने
C. गदर पार्टी ने D. स्वराज पार्टी ने

258. कांग्रेस ने खिलाफत आन्दोलन का समर्थन किया मुख्यत:
1. खलीफा की पुन: स्थापना के लिए
2. खलीफा को हटाने के लिए
3. मुसलमानों की सहानुभूति प्राप्त करने के लिए
4. कंाग्रेस में जिन्ना को हाशिये पर लाने के लिए
नीचे दिए गए कूट से सही उत्तर चुनिए—
कूट :
A. 1 तथा 3 B. 2 तथा 4
C. 3 तथा 4 D. 1 तथा 4

259. आजादी की पहली लड़ाई 1857 में किसने भाग नहीं लिया?
A. तांत्या टोपे B. रानी लक्ष्मीबाई
C. बहादुर शाह जफर D. भगतसिंह

260. किसने कहा था, "तुम मुझे खून दो, मैं तुम्हें आजादी दूंगा?"
A. महात्मा गांधी B. बाल गंगाधर तिलक
C. सुभाषचन्द बोस D. भगतसिंह

261. भारत का आखिरी मुगल सम्राट कौन था?
A. औरंगजेब B. बहादुरशाह जफर
C. शाह आलम D. शाहजहां

262. भारत में सबसे बड़ा बौद्ध स्तूप कहां स्थित है?
A. सारनाथ B. सांची
C. गया D. अजन्ता

263. निम्नलिखित में से किस द्रव्य का उपयोग हड़प्पा-काल की मुद्राओं के निर्माण में मुख्य रूप से किया गया था?
A. टेराकोटा B. कांसा
C. तांबा D. लोहा

264. निम्नलिखित में से किसने लखनऊ में सन् 1957 के विद्रोह का नेतृत्व किया?
A. कुंवरसिंह B. तांत्या टोपे
C. रानी लक्ष्मीबाई D. हजरत महल

265. 'असहयोग आंदोलन' को क्यों निलम्बित किया गया था?
A. गांधी जी की अस्वस्थता के कारण
B. हिन्दू और मुसलमानों के बीच मतभेदों के कारण
C. नेतागणों के बीच मतभेदों के कारण
D. चौरी-चौरा में हुई हिंसक घटना के कारण

266. 'हुमायूँनामा' किसने लिखा था?
A. गुलबदन बेगम B. मुमताज महल
C. जहांनारा बेगम D. रौशन आरा बेगम

267. दक्षिण भारत में 'डांडी मार्च' का संचालन किसने किया था?
A. के. कामराज B. भक्त वत्सलम्
C. राजाजी D. टी. प्रकाशम

268. इण्डो-इस्लामिक कला का सबसे पहला उदाहरण है—
A. कुतुबमीनार
B. कुव्वत-उल-इस्लाम
C. निजामुद्दीन औलिया की दरगाह
D. फतेहपुर सीकरी का पंचमहल

269. दिल्ली सल्तनत के किस सुलतान को 'लाखबख्श' की उपाधि दी गई?
A. कुतुबद्दीन ऐबक B. इल्तुतमिश
C. ग्यासुद्दीन तुगलक D. फिरोज तुगलक

270. दिल्ली सल्तनत के शासकों में किसका राजत्व (Sovereignty) का सिद्धान्त प्रतिष्ठा, शक्ति और न्याय पर आधारित था?
A. रजिया B. इल्तुतमिश
C. बलबन D. अलाउद्दीन खिलजी

271. सीधे रैयत (किसान) से माल-गुजारी वसूल करने की प्रथा किसने प्रारम्भ की?
A. शेरशाह B. अकबर
C. शिवाजी D. लॉर्ड कार्नवालिस

272. यूरोपीय व्यापारियों में पुर्तगाली भारत में असफल रहे, क्योंकि—
A. उनके पास कोई बन्दरगाह नहीं था
B. उनकी नाविक शक्ति (Naval Power) कमजोर थी
C. कोचीन के शासक ने उनका प्रबल विरोध किया
D. उनकी धार्मिक कट्टरता के कारण भारतीय शासक उनके शत्रु बन गये

273. निम्नलिखित में से किस अधिनियम के द्वारा ईस्ट इण्डिया कम्पनी के शासन में अंग्रेजी-संसद (British Parliament) का नियंत्रण हुआ?
A. रेग्युलेटिंग एक्ट B. पिट्स इण्डिया एक्ट
C. 1853 ई. का आदेश-पत्र D. 1858 ई. का कानून

274. मानव ने सर्वप्रथम किस धातु का प्रयोग किया?
A. लोहा B. सोना
C. तांबा D. चांदी

275. निम्नलिखित में पहले यूरोपीय लोग कौन थे जिन्होंने भारत में व्यापार-केन्द्र स्थापित किए?
A. डच B. अंग्रेज
C. पुर्तगाली D. फ्रांसीसी

276. सातवीं सदी ईस्वी में किसने हर्षवर्धन का जीवन चरित्र लिखा था—
A. सन्ध्याकार B. बाणभट्ट
C. बिल्हण D. कल्हण

277. खजुराहो मन्दिरों का निर्माण निम्न सदी में हुआ था—
A. 10-11वीं सदी B. 15वीं सदी
C. ईसा पूर्व 100 D. पांचवीं सदी ई.

278. निम्नलिखित में से कौन-सा बौद्ध कला का द्योतक नहीं है?
A. स्तूप
B. विहार
C. चैत्य
D. बुद्ध के स्मृति चिन्हों से युक्त स्तम्भ

279. निम्नलिखित में से किस संदर्भ में विभिन्न हड़प्पा युगीन स्थलों में सुस्पष्ट एकरूपता पाई जाती है?

A. कृषि सम्बन्धी व्यवस्था B. शिल्पकला
C. नगर-योजना D. मुहरें

280. निम्नलिखित शासक राजवंशों को उनकी राजधानियों के साथ सुमेलित कीजिए—

(*a*) गुजरात के चालुक्य 1. त्रिपुरी
(*b*) चेदि के कलचुरी 2. अनहिलपाटन
(*c*) मालवा के परमार 3. शाकम्भरी
(*d*) शाकम्भरी के चौहमान 4. धारानगरी

कूट :

	(*a*)	(*b*)	(*c*)	(*d*)
A.	2	1	3	4
B.	2	1	4	3
C.	1	4	3	2
D.	1	2	3	4

उत्तरमाला

1	**2**	**3**	**4**	**5**	**6**	**7**	**8**	**9**	**10**
B	C	B	A	B	C	D	D	A	C
11	**12**	**13**	**14**	**15**	**16**	**17**	**18**	**19**	**20**
C	C	A	C	C	D	A	D	B	A
21	**22**	**23**	**24**	**25**	**26**	**27**	**28**	**29**	**30**
B	A	D	B	B	B	B	D	A	D
31	**32**	**33**	**34**	**35**	**36**	**37**	**38**	**39**	**40**
A	C	D	C	A	D	C	A	A	D
41	**42**	**43**	**44**	**45**	**46**	**47**	**48**	**49**	**50**
A	A	C	A	D	A	D	A	C	B
51	**52**	**53**	**54**	**55**	**56**	**57**	**58**	**59**	**60**
B	D	A	D	B	C	B	A	A	C
61	**62**	**63**	**64**	**65**	**66**	**67**	**68**	**69**	**70**
C	C	C	B	B	A	B	B	C	B
71	**72**	**73**	**74**	**75**	**76**	**77**	**78**	**79**	**80**
C	D	C	B	A	A	C	A	A	B
81	**82**	**83**	**84**	**85**	**86**	**87**	**88**	**89**	**90**
A	B	B	B	C	B	D	A	C	D
91	**92**	**93**	**94**	**95**	**96**	**97**	**98**	**99**	**100**
A	B	D	B	D	C	C	B	A	C
101	**102**	**103**	**104**	**105**	**106**	**107**	**108**	**109**	**110**
C	C	C	D	A	C	D	B	A	A
111	**112**	**113**	**114**	**115**	**116**	**117**	**118**	**119**	**120**
B	C	A	D	D	C	C	C	A	D
121	**122**	**123**	**124**	**125**	**126**	**127**	**128**	**129**	**130**
B	C	D	D	C	A	D	D	A	B
131	**132**	**133**	**134**	**135**	**136**	**137**	**138**	**139**	**140**
C	C	A	B	D	A	C	A	B	B
141	**142**	**143**	**144**	**145**	**146**	**147**	**148**	**149**	**150**
B	A	B	A	B	D	B	B	A	C
151	**152**	**153**	**154**	**155**	**156**	**157**	**158**	**159**	**160**
B	C	B	C	D	D	C	B	B	D
161	**162**	**163**	**164**	**165**	**166**	**167**	**168**	**169**	**170**
B	C	C	D	A	D	D	C	B	D
171	**172**	**173**	**174**	**175**	**176**	**177**	**178**	**179**	**180**
C	C	B	D	D	C	C	C	C	A
181	**182**	**183**	**184**	**185**	**186**	**187**	**188**	**189**	**190**
B	B	D	A	D	D	D	A	B	A
191	**192**	**193**	**194**	**195**	**196**	**197**	**198**	**199**	**200**
C	A	C	C	B	D	D	B	B	C
201	**202**	**203**	**204**	**205**	**206**	**207**	**208**	**209**	**210**
B	A	C	A	D	C	A	C	B	B

211	212	213	214	215	216	217	218	219	220
C	C	C	B	B	C	A	B	B	C
221	**222**	**223**	**224**	**225**	**226**	**227**	**228**	**229**	**230**
B	C	C	A	D	D	A	B	C	C
231	**232**	**233**	**234**	**235**	**236**	**237**	**238**	**239**	**240**
A	A	A	D	B	B	A	C	D	C
241	**242**	**243**	**244**	**245**	**246**	**247**	**248**	**249**	**250**
D	C	C	C	A	B	D	C	C	D
251	**252**	**253**	**254**	**255**	**256**	**257**	**258**	**259**	**260**
B	C	B	B	C	C	C	A	D	C
261	**262**	**263**	**264**	**265**	**266**	**267**	**268**	**269**	**270**
B	B	A	D	D	A	C	B	A	C
271	**272**	**273**	**274**	**275**	**276**	**277**	**278**	**279**	**280**
C	D	A	C	C	B	A	D	C	B

❑❑❑

2504

नागरिक शास्त्र

अध्याय-1

राजनीतिशास्त्र : परिभाषा, प्रकृति, विषय क्षेत्र

राजनीति विज्ञान का अर्थ

राजनीति विज्ञान समाज विज्ञान का वह हिस्सा है जो राज्य की स्थापना तथा सरकार के सिद्धांतों का अध्ययन करता है। **जे. डब्लू गार्नर** के अनुसार, ''राजनीति का प्रारम्भ और अंत राज्य के साथ होता है।'' उसी तरह से **आर. जी. गैटेल** ने कहा है कि राजनीति के अध्ययन का संबंध मनुष्य के जीवन एवं एक संगठित राज्य से संबंधित है। इसलिए, समाज विज्ञान के रूप में, राजनीति विज्ञान, समाज में रहने वाले व्यक्तियों के उस पहलू का वर्णन करता है जो उनके क्रियाकलापों और संगठनों से संबंधित है और जो राज्य द्वारा बनाये गए नियम एवं कानून के अंतर्गत शक्ति प्राप्त करना चाहता है तथा मतभेदों को सुलझाना चाहता है।

राजनीति विज्ञान का बदलता अर्थ एवं क्षेत्र

राजनीति शब्द ग्रीक भाषा के 'पोलिस' शब्द से उत्पन्न हुआ है जिसका अर्थ होता है 'नगर-राज्य'। यही कारण है कि अनेक विशेषज्ञों ने राजनीति विज्ञान को राज्य या सरकार के संदर्भ में परिभाषित किया है। यद्यपि यह परिभाषा राजनीति के लिए पूर्ण नहीं है क्योंकि राजनीति का संबंध शक्ति से भी है। **लासवेल** और **कप्लान** ने राजनीति विज्ञान को परिभाषित करते हुए कहा है, ''यह सत्ता को आकार देने तथा उसमें भागीदारी का अध्ययन है।'' एक शब्द में कहा जा सकता है कि राजनीति राज्य तथा सत्ता दोनों का अध्ययन करता है। राजनीति विज्ञान जिस शक्ति से संबंध रखता है वह प्रायः न्यायसंगत शक्ति है। क्योंकि जिस प्रकार विज्ञान किसी घटना का क्रमबद्ध परीक्षण तथा अवलोकन के द्वारा अध्ययन करता है उसी प्रकार राजनीति विज्ञान राज्य और शक्ति के प्रत्येक पहलुओं का अध्ययन करता है।

राजनीति विज्ञान का संबंध आनुभवित तथ्यों तथा नियामक समस्याओं दोनों से है। वास्तविकता ''क्या है'' के क्षेत्र में आता है तथा मूल्य ''क्या होना चाहिए'' के क्षेत्र में। उदाहरणार्थ अगर कोई कहता है कि भारत एक संसदीय लोकतंत्र है तो वह आनुभाविक तथ्य की बात कर रहा है। परंतु यदि कोई यह कहता है कि भारत को अध्यक्षात्मक लोकतंत्र को अपनाना चाहिए तो यह एक नियामक कथन होगा। राजनीति विज्ञान केवल क्रियाकलापों के वर्णन से संतुष्ट नहीं होता बल्कि यह उसको और अच्छा बनाना या परिवर्तन करना चाहता है। आनुभाविक कथन उसी प्रकार सही या गलत हो सकते हैं जैसा उन्हें अवलोकन कराया जाएगा। मूल्यांकनात्मक कथन वे नैतिक अनुभव हैं जो कभी भी असत्य या गलत नहीं हो सकते हैं। राजनैतिक दर्शनशास्त्र का संबंध औपचारिक कथन से है। राजनीति विज्ञान आनुभाविक कथन से संबंध रखता है और वर्तमान राजनीति संस्थाओं एवं व्यवहारों का मूल्यांकन करता है ताकि उन्हें बेहतर बनाया जा सके।

राजनीति विज्ञान तथा राजनीति में अंतर

राजनीति विज्ञान तथा राजनीति प्रायः एक दूसरे के स्थान पर प्रयोग होते हैं। इन दोनों शब्दों के बीच अंतर समझना जरूरी है। कुछ विद्वानों ने राजनीति को 'विज्ञान तथा सरकार की कला' कहा है जबकि यह राजनीति विज्ञान की व्याख्या का केवल एक हिस्सा है। आजकल 'राजनीति' शब्द का प्रयोग एक अथवा अनेक रूपों में जनता की समस्याओं को हल करने वाले तंत्र के रूप में होने लगा है। किसी भी समय में और आज भी शक्ति पाने तथा उसे बनाए रखने की तकनीक को राजनीति कहा जाता है। अनेक राजनीतिक वैज्ञानिकों के अनुसार राजनीति विज्ञान के अध्ययन के अंतर्गत राज्य के सिद्धांत, संप्रभुता, शक्ति की अवधारणा, सरकारों का स्वरूप तथा कार्यप्रणाली, कानूनों के निर्माण तथा लागू करने की प्रक्रिया, चुनाव, राजनीतिक दल, नागरिकों के अधिकार एवं कर्त्तव्य, पुलिस की कार्यप्रणाली तथा राज्य एवं सरकार की कल्याणकारी गतिविधियाँ भी समाहित होती हैं। राजनीति का एक दूसरा पहलू भी है जिसे समझने की जरूरत है। कई बार राजनीति का अर्थ प्रायोगिक राजनीति से लगाया जाता है। राजनीति का प्रयोग राजनीति के अध्ययन से भिन्न है। व्यावहारिक राजनीति के अंतर्गत सरकार का गठन, सरकार की कार्यप्रणाली, प्रशासन, कानून एवं विधायी कार्य आते हैं। इसके अलावा राजनीति के अंतर्गत अंतर्राष्ट्रीय राजनीति जिसमें युद्ध एवं शांति, अंतर्राष्ट्रीय व्यापार, आर्थिक व्यवस्था तथा मानव अधिकारों की रक्षा आदि आते हैं। जहां राजनीति विज्ञान की एक विषय के रूप में जानकारी अध्ययन से प्राप्त होती है, वहीं व्यवहारवादी राजनीति का कौशल राजनीति करके, चालाकी या धूर्तता से अथवा जातिवाद, धार्मिक निष्ठाओं और धार्मिक भावनाओं के शोषण करने से होता है। उदारवादी राजनीति को प्रायः आम आदमी की सोच में गंदा खेल और भ्रष्ट प्रक्रिया कहा जाता है।

परंतु हम जानते हैं कि शायद ही ऐसे मानव समूह अथवा समाज हों जो राजनीति से बचे हुए हों और शायद ही ऐसे व्यक्ति हों जो राजनीति के खेल की उलझनों या प्रभावों को न जानते हों। व्यवहारवादी राजनीति के कई सकारात्मक पक्ष भी हैं। आज के कल्याणकारी युग में इसके अनेक उदाहरण देखने को मिलते हैं जैसे–अस्पृश्यता-निवारण, भूमि-सुधार, बंधुआ मजदूरों की मुक्ति, मानव-श्रम के विक्रय पर प्रतिबंध, बेगार रोकना, न्यूनतम मजदूरी निर्धारण, रोजगार के अवसर प्रदान करने वाले कार्यक्रम, अन्य पिछड़ी जातियों का सशक्तीकरण, आदि। राजनीति, समाज तथा संस्थाओं में होने वाली वास्तविक घटनाओं की प्रक्रिया से संबंधित है जिसे राजनीति विज्ञान एक क्रमबद्ध तरीके से समझने का प्रयास करता है।

राजनीति विज्ञान का क्षेत्र

यहां हम राज्य की भूमिका, सरकार की कार्यप्रणाली तथा जनता के साथ इसके संबंधों का राजनीति विज्ञान के क्षेत्र के अंतर्गत अध्ययन करेंगे।

राज्य की भूमिका

'राज्य' शब्द का पहली बार आधुनिक संदर्भ में प्रयोग इटली के राजनीतिज्ञ मैकियावली (1469-1527) ने किया था। उस समय से हर राजनीतिज्ञ विज्ञान का अध्ययन करते समय मुख्य रूप से राज्य का ही अध्ययन करता है।

राज्य के चार प्रमुख तत्व होते हैं। वे हैं–(क) जनता (ख) भू-भाग जहां जनता निवास करती है, (ग) सरकार जो जनता के लिए कायदे कानून बनाती है तथा (घ) संप्रभुता जिसके अंतर्गत निर्णय तथा मामलों को व्यवस्थित करने की स्वतंत्रता प्राप्त होती है।

राज्य का आधार तथा भूमिका के बारे में भिन्न-भिन्न धारणाएँ हैं। आधुनिक पश्चिमी उदारवादी विचारधारा ने सोलहवीं शताब्दी में पश्चिमी यूरोप में वाणिज्यिक क्रांति को बढ़ावा दिया तथा अठारहवीं शताब्दी में यह औद्योगिक क्रांति के रूप में प्रसिद्ध हो गई। इन क्रांतियों ने एक नई आर्थिक व्यवस्था को जन्म दिया जिसे पूंजीवाद के नाम से जाना जाता है।

ऐसे सामाजिक समूह के अंतर्गत व्यापारी, व्यवसायी तथा सौदागर आते हैं और फिर उद्योगपति आते हैं (जिन्हें बुर्जूवा वर्ग कहा गया) जो इस व्यवस्था के मुख्य लाभ भोगी हैं। उदारवादियों का मानना है कि जनता की राय लेना राज्य का मुख्य आधार है। प्रारंभिक उदारवादी विचारकों का कहना है कि राज्य एक 'आवश्यक' बुराई है। एक बुराई परंतु जो आवश्यक भी है ताकि व्यक्ति को बाहरी और आंतरिक शत्रुओं से बचाया जा सके। इस मत के अनुसार एक अच्छी सरकार वह है जो कम-से-कम शासन करती है। दूसरे शब्दों में राज्य को एक 'पुलिस राज्य' होना चाहिए परन्तु सीमित होना चाहिए। यह एक दूसरे अर्थ में भी सीमित होना चाहिए जैसा कि सत्रहवीं शताब्दी में मशहूर अंग्रेजी उदारवादी दार्शनिक जॉन लॉक ने कहा कि राज्य को केवल व्यक्ति के प्राकृतिक अधिकार जैसे–जीवन, स्वतंत्रता और संपत्ति की रक्षा करनी चाहिए।

इसके विपरीत मार्क्सवादी दृष्टिकोण का मानना है कि राज्य एक निष्पक्ष संस्था नहीं है। इस दृष्टिकोण वाले लोगों का मानना है कि सदियों से राज्य धनी लोगों के हाथों में एक हथियार है जिससे गरीबों का शोषण किया जाता है। दूसरी ओर गांधीवादी दृष्टिकोण का मानना है कि "ट्रस्टीशिप" की व्यवस्था द्वारा लोगों के अस्तित्व को बचाए रखना है। इसके द्वारा निर्धनतम पुरुष तथा स्त्रियों को सहायता प्राप्त होनी चाहिए। राज्य जनता के 'ट्रस्टी' के रूप में कार्य करता है अर्थात् इसके पास जनता की शक्ति एक 'ट्रस्ट' के रूप में, जनता के कल्याण के लिए होनी चाहिए। इसे जनता को शक्तिहीन विषय नहीं समझना चाहिए बल्कि इन्हें शासन में सह-शासक समझना चाहिए।

शक्ति का तात्पर्य एक व्यक्ति की उस क्षमता से है जो दूसरे व्यक्ति की क्रियाओं एवं आचार-व्यवहार को प्रभावित करता है।

सरकार की शक्तियों के बारे में अध्ययन करते समय हम सरकार के विविध पक्षों पर ध्यान केंद्रित करते हैं। हम मंत्रियों की बात करते हैं जिनके पास अपने क्षेत्र संबंधी विभाग तथा उससे संबंधित शक्तियाँ होती हैं। जनता के ऊपर शासन करने के लिए नौकरशाही तथा विशाल सरकारी प्रशासन की भी व्यवस्था है। सरकार विभिन्न प्रकार के कानूनों का प्रावधान प्रशासन द्वारा उन्हें हमारे जीवन पर नियंत्रण बनाए रखने के लिए करती है।

यहां एक बात ध्यान देने योग्य है कि शक्ति का अस्तित्व केवल उच्चस्तरीय सामाजिक जीवन से संबंधित लोगों, जैसे–सरकार, प्रशासन अथवा चुनावों, आदि में ही नहीं दिखाई देता बल्कि इसे छोटे स्तर पर परिवार जैसी इकाईयों में भी देखा जा सकता है।

एक अन्य विचारणीय बात यह है कि वैध तथा अवैध शक्ति में भी विभिन्नता को देखा गया है। कुछ ऐसी शक्ति होती है जिसे न्यायसंगत तथा उचित कहा जाता है। परंतु कुछ शक्ति ऐसी होती है जिसे न्यायसंगत नहीं कहा जाता। संवैधानिक सत्ताधारियों द्वारा प्रयोग की गई शक्ति को सत्ता कहते हैं। सत्ता में शक्ति तथा वैधता दोनों निहित होती हैं। इसलिए सत्ता शक्ति का वह रूप है जो न्यायसंगत तथा उचित है। यह शक्ति के साथ-साथ वैध भी है।

नागरिक और सरकार

सरकार राज्य का सर्वाधिक महत्त्वपूर्ण तत्व है जिसके द्वारा राज्य अपने उद्देश्यों की पूर्ति करता है। अपने तीनों अंगों अर्थात् व्यवस्थापिका, कार्यपालिका तथा न्यायपालिका के माध्यम से सरकार नियमों एवं कानूनों के निर्माण, विवादों के निपटारे तथा शांति एवं व्यवस्था बनाए रखने का कार्य करती है। यह देश की एकता एवं अखण्डता को भी सुनिश्चित करने का प्रयास करती है।

आधुनिक लोकतांत्रिक सरकारें नागरिकों और समाज के कल्याण एवं विकास के लिए अनेकानेक कार्य करती हैं। ऐसी प्रवृति विकासशील देशों में अधिक पाई जाती है जैसे कि भारत में। नागरिक एवं सरकार के बीच संबंध पारस्परिक हैं। नागरिक राज्य के सदस्य होते हैं। राज्य नागरिकों के अधिकारों को मान्यता देता है और इसके बदले नागरिकों से कुछ कर्त्तव्यों की अपेक्षा करता है। जहां तक नागरिकों के अधिकारों का प्रश्न है, ये तीन भागों में विभाजित किए जा सकते हैं–नागरिक, राजनीतिक एवं सामाजिक। नागरिक अधिकार वे हैं जो व्यक्ति की स्वतंत्रता के लिए आवश्यक होते हैं। इसके अंतर्गत जीवन एवं व्यक्तिगत स्वतंत्रता का अधिकार, भाषण देने की स्वतंत्रता का अधिकार, अपने विचारों को व्यक्त करने का अधिकार, संपत्ति रखने का अधिकार, समझौता करने का अधिकार, कानून के सामने समानता का अधिकार तथा कानून द्वारा समान सुरक्षा, आदि शामिल हैं। कानून के समक्ष समानता का अर्थ है कि सभी को एक समान समझना तथा विशेषाधिकार का नहीं होना। कानून की नजर में सभी व्यक्ति एक समान हैं। राजनीतिक अधिकारों का अभिप्राय, मत देने का अधिकार एवं चुनाव लड़ने का अधिकार से है। सामाजिक अधिकारों के अंतर्गत आर्थिक कल्याण, सुरक्षा तथा समाज में सम्मान की जिंदगी जीना आता है।

❑❑❑

अध्याय-2

राज्य : परिभाषा, निर्माणक तत्व

राजनीति विज्ञान के अध्ययन का केन्द्र बिन्दु राज्य है। परंतु इसे गलत तरीके से राष्ट्र, समाज और सरकार के पर्यायवाची की तरह प्रयोग किया जाता है। 'राज्य' शब्द का प्रयोग राज्य प्रबंधन तथा राजकीय सहायता आदि के लिए भी किया जाता है। जैसे कि भारतीय संघ के राज्य या अमेरिका को बनाने वाले 50 राज्य। परंतु राजनीति विज्ञान में हम इस शब्द का प्रयोग अलग तरह से करते हैं। इसका एक विशेष अर्थ होता है। राज्य की संकल्पना की कुछ परिभाषाएं निम्नलिखित हैं–

''राज्य एक निश्चित भू-भाग में रहने वाले राजनीतिक तौर पर संगठित लोगों का समुदाय है।''

–ब्लंशली

''राज्य एक ऐसे लोगों का समुदाय है, जो साधारणतया बड़ी संख्या में हों, जिनका एक निश्चित भू-भाग पर स्थायी अधिकार हो, जो बाहरी नियंत्रण से स्वतंत्र या लगभग स्वतंत्र हों और जिसकी आज्ञाओं का पालन अधिकांश जनता स्वभाव से करती हो।''

–गार्नर

''राज्य एक ऐसा क्षेत्रीय समाज है जो सरकारों तथा प्रजाओं में विभाजित है, चाहे वे व्यक्तिगत हों या उनके समूह तथा जिनके संबंधों को एक दमनकारी शक्ति के प्रयोग से मजबूत किया जाता है।'' **–लास्की**

''राज्य एक निश्चित भू-भाग में कानून द्वारा संगठित लोगों का समुदाय है।''

–वुड्रो विल्सन

''राज्य राजनीति विज्ञान की एक संकल्पना है, एवम् एक नैतिक वास्तविकता है जो सरकार के अंतर्गत एक निश्चित भू-भाग पर निवास करने वाले चन्द लोगों में निवास करती है। यह आंतरिक मामलों में लोगों की सम्प्रभुता व्यक्त करने वाला अंग है तथा बाह्य मामलों में अन्य सरकारों से स्वतंत्र है।''

–गिलक्रिस्ट

मनुष्य एक सामाजिक प्राणी है और अकेला नहीं रह सकता। जब लोग एक साथ रहते हैं तो अपनी सामाजिक आवश्यकताओं की पूर्ति करते हैं। परंतु प्रत्येक व्यक्ति अच्छा और दयालु नहीं होता। सभी प्रकार के पुरुष और महिलाएं होती हैं जो गर्व, द्वेष, लालच और स्वार्थ की भावनाओं को दर्शाते हैं। **बर्क** के अनुसार, ''कुत्सित समाज में केवल व्यक्ति विशेष के विभिन्न मनोभावों को ही नहीं वरन् सभी के भावों को एक नियंत्रण में रखने का प्रयत्न करना चाहिए। लोगों के विचारों को नियंत्रण में लाने का सबसे अच्छा तरीका राजनीतिक सत्ता है। इस प्रकार लोग एक सामान्य व्यवहार के नियमों में बंध जाते हैं। यदि इन नियमों का उल्लंघन किया गया तो उन्हें सजा मिल सकती है। समाज लोगों के साहचार्य की आवश्यकता को पूरा करता है और राज्य इस आवश्यकता से उत्पन्न समस्याओं को हल करने में।''

राज्य का अस्तित्व अच्छे जीवन के लिए है। यह एक प्राकृतिक और आवश्यक संस्था है जैसा कि **अरस्तू** ने कहा है–''राज्य का उदय जीवन की मूल आवश्यकताओं से होता है तथा यह अच्छे जीवन के लिए निरंतर अस्तित्व में रहता है।''

केवल राज्य के कारण ही कोई व्यक्ति सक्षमता के स्तर तक ऊपर उठ सकता है। यदि कोई सत्ता, संगठन या नियम न हों, तो समाज एक साथ नहीं रह सकता। राज्य भी वहीं अस्तित्व में आता है जहां लोग एक संगठित समाज में रहते हैं। कालान्तर में राज्य ने धीरे-धीरे सरल संस्था से अब एक जटिल संगठन का रूप धारण कर लिया है जैसा कि आज-कल दृष्टिगोचर है।

राज्य का सार उसके दमनकारी शक्ति के एकाधिकार में है। यह लोगों से आज्ञा पालन करने का अधिकार रखता है।

परंतु मार्क्सवादियों के अनुसार राज्य एक वर्ग संगठन है जिसकी रचना संपत्तिशाली वर्ग ने गरीबों को सताने और उनके शोषण के लिए किया है। वे राज्य को एक प्राकृतिक संस्था नहीं मानते। उनके अनुसार, संपत्तिशाली वर्ग ने राज्य की रचना की है और वे ही राज्य के स्वामी हैं। अतः राज्य शोषण का साधन मात्र है। वे एक वर्गविहीन या साम्यवादी समाज की परिकल्पना करते हैं जिसमें राज्य का अस्तित्व समाप्त हो जाएगा।

राज्य के घटक

राज्य के **चार** मूल घटक हैं। ये हैं–

1. जनसंख्या

राज्य एक मानव संस्था है। लोग ही राज्य का निर्माण करते हैं। अंटार्कटिका एक राज्य नहीं है क्योंकि यहां मानव जनसंख्या नहीं हैं। जनसंख्या इस योग्य होनी चाहिए कि राज्य को वह चला सके। परंतु प्रश्न यह है कि जनसंख्या कितनी होनी चाहिए? **प्लेटो** और **अरस्तू** के आदर्श दो यूनानी शहर–एथेंस और स्पार्टा थे। **प्लेटो** ने एक आदर्श राज्य की जनसंख्या 5040 निर्धारित की। **अरस्तु** ने एक सामान्य विचार बताया कि किसी राज्य को न तो अधिक

छोटा होना चाहिए न ही बहुत बड़ा; यह इतना बड़ा हो कि स्वःपोषित हो और इतना छोटा हो कि आसानी से शासित हो सके। **रूसो** ने यह संख्या 10,000 बताई। परंतु किसी राज्य में जनसंख्या का निर्धारण एक कठिन कार्य है। आधुनिक समय में भारत और चीन की जनसंख्याएँ अत्यंत विशाल हैं तथा सैन मरीनो जैसे देशों की बहुत कम। **मुसोलिनी** जैसे तानाशाहों ने बड़ी जनसंख्या वाले राज्य को खुलकर प्रोत्साहन दिया।

अतः जनसंख्या पर कोई भी सैद्धांतिक या व्यावहारिक सीमा नहीं लगाई जा सकती। परंतु यह इतनी अवश्य होनी चाहिए कि इसमें शासक और शासित वर्ग हों, जो कि राजनीतिक संस्था को सहयोग दे सकें। जनसंख्या उपलब्ध भूमि और संसाधनों के समानुपाती होनी चाहिए। यह ध्यान में रहे कि जनसंख्या के अंतरों तथा अन्य साधनों के उतना ही रहने से राज्य के स्वरूप में कोई अंतर नहीं पड़ता।

जनसंख्या की गुणवत्ता भी महत्त्वपूर्ण है। एक अच्छे राज्य के नागरिक स्वस्थ, बुद्धिमान और अनुशासित होने चाहिएं। उनमें तेजस्विता के गुण होने चाहिएं। जनसंख्या की संरचना भी महत्त्वपूर्ण है। एक समान जनसंख्या वाले राज्य आसानी से शासित किये जा सकते हैं।

2. भू-भाग

जैसे प्रत्येक व्यक्ति राज्य से जुड़ा होता है वैसे ही प्रत्येक वर्ग गज जमीन भी। कोई भी राज्य बिना किसी निश्चित भू-भाग के नहीं होता। किसी क्षेत्र में एक साथ मिलकर रहना लोगों को बाँधता है। इस राज्य क्षेत्र के लिए प्रेम की भावना देशभक्ति उत्पन्न करती है। कुछ लोग इसे मातृभूमि और कुछ इसे पितृभूमि कहते हैं। परंतु अपने राज्य-क्षेत्र से सभी का एक निश्चित लगाव होता है।

भू-भाग को निश्चित होना चाहिए जिससे कि राजनीतिक सत्ता को अपना अधिकार क्षेत्र मिलता है। कबीलों में राजनीतिक सत्ता दिखती थी परंतु निश्चित भूमि न होने के कारण वे एक राज्य का निर्माण नहीं कर सके। यहूदी भी विभिन्न देशों में रह रहे थे और इस्राइल के निर्माण के बाद ही वे एक राज्य बने जिसका एक निर्धारित भू-भाग है। निश्चित भू-भाग के बिना बाह्य मामलों का संचालन कठिन हो जाएगा। राज्य क्षेत्र यह पहचान करने के लिए आवश्यक है कि कौन-सा राज्य दूसरी राज्य की सीमा में घुसने का प्रयास कर रहा है।

भू-भाग छोटा भी हो सकता है और बड़ा भी। परंतु इसकी एक निश्चित भूमि होती है। यह 62 वर्ग किमी क्षेत्र वाले देश सैन मरीनों के जितना छोटा भी हो सकता है और भारत, अमेरिका, रूस और चीन के जितना बड़ा भी। राज्य का आकार उसकी सरकार को भी प्रभावित करता है। उदाहरण के लिए, छोटे राज्यों में एकात्मक सरकार होती है और भारत तथा अमेरिका जैसे बड़े देशों में संघीय सरकार होना अधिक उचित है। भूमि की गुणवत्ता भी बहुत महत्त्वपूर्ण है। यदि भूमि खनिजों तथा प्राकृतिक संसाधनों से भरपूर है तो यह राज्य को आर्थिक रूप से शक्तिशाली बनायेगी। यह इस योग्य होनी चाहिए कि लोगों को पर्याप्त भोजन उपलब्ध हो सके। पश्चिमी एशिया के राज्य महत्त्वहीन थे परंतु तेल की खोज के बाद वे प्रसिद्ध हो गए। किसी राज्य का राज्य क्षेत्र बड़ा होने से उसे युद्ध के समय में युद्ध-नीति और सैन्य-संचालन में लाभ मिलता है। बांग्लादेश के निर्माण से पहले पाकिस्तान के दो क्षेत्र बहुत दूर थे। हवाई और अलास्का-अमेरिका के क्षेत्र प्रमुख राज्य क्षेत्र से बहुत दूर हैं।

भूमि, जल और वायु किसी राज्य के राज्य-क्षेत्र का निर्माण करते हैं। राज्य की संप्रभुता, पृथ्वी, नदियों, पहाड़ों और मैदानों तथा वायु क्षेत्र के ऊपर होती है। एक निश्चित सीमा तक समुद्र भी राज्य के राज्य-क्षेत्र का हिस्सा है।

3. सरकार

वह उद्देश्य जिसके लिए लोग एक साथ रहते हैं उसका अनुभव तब तक नहीं किया जा सकता जब तक कि वे ठीक प्रकार से संगठित न हों तथा निश्चित आचार-विचार का पालन न करते हों। वह संस्था जो इन नियमों और आचार-विचारों को लागू करके उनका पालन निश्चित करती है, सरकार कहलाती है। किसी निश्चित राज्य-क्षेत्र में रहने वाले लोगों के सामान्य उद्देश्य का केन्द्र-बिन्दु भी सरकार है। इसी माध्यम के द्वारा सामान्य नीतियों का निर्धारण किया जाता है और सामान्य रुचियों को बढ़ावा दिया जाता है। सरकार के बिना लोगों में संशक्ति और सामूहिक कार्य की भावना नहीं आएगी। सरकार की अनुपस्थिति में गुटों और दलों के बीच युद्ध एवं अराजकता की स्थिति होगी। अतः एक सामान्य सत्ता की आवश्यकता होती है जहां पर लोग व्यवस्थित रह सकें। यह मानव जीवन की पूर्व शर्त है। सरकार के बिना राज्य न तो हो सकता है और न ही होता है। चाहे सरकार किसी भी रूप में हो। सरकार का होना एक नितांत आवश्यकता है। यह एक राजतंत्र भी हो सकता है जैसे कि ब्रिटेन में और एक गणतंत्र भी जैसे कि भारत में। भारत एवं ब्रिटेन की तरह इसकी सरकार का संसदीय रूप भी हो सकता है और अमेरिका की तरह सरकार का एक अध्यक्षीय रूप भी हो सकता है।

4. प्रभुसत्ता

राज्य-क्षेत्र के किसी निश्चित भाग में रहने वाले वे लोग जिनकी अपनी सरकार हो, राज्य नहीं बनाते जब तक कि उनके पास संप्रभुता न हो। 15 अगस्त, 1947 से पहले भारत के पास संप्रभुता के अलावा राज्य के सभी घटक थे, इसलिए यह एक राज्य नहीं था। प्रभुसत्ता वह शक्ति है जिसके द्वारा राज्य उसके अंदर रहने वाले लोगों से राजनीतिक आज्ञा पालन की अपेक्षा करता है। राज्य को आतंरिक रूप से सर्वशक्तिमान या बाह्य नियंत्रण से मुक्त होना चाहिए। अतः प्रभुसत्ता के दो पहलू हैं, आतंरिक और बाह्य। आतंरिक प्रभुसत्ता राज्य की सीमाओं के अंदर राज्य का एकाधिकार है। यह सत्ता किसी अन्य राज्य के साथ बाँटी नहीं जा सकती। राज्य स्वतंत्र होता है और किसी बाहरी सत्ता की इच्छाओं से अप्रभावित रहता है। अतः प्रत्येक राज्य की एक जनसंख्या, भू-भाग, **सुगठित** सरकार और प्रभुसत्ता होती है। इनमें से किसी भी एक घटक की अनुपस्थिति इसे राज्य के दर्जे से वंचित करती है। अतः भारतीय गणतंत्र के 28 राज्यों या अमेरिका के 50 राज्यों के लिए इस शब्द का प्रयोग भ्रामक है। ये प्रशासनिक इकाईयाँ हैं।

राज्य की उत्पत्ति के सिद्धांत

दैवीय उत्पत्ति का सिद्धांत

इस सिद्धान्त के मूल में मानव की वह धार्मिक या रहस्यवादी प्रकृति थी, जिससे उसने संसार की हर घटना में ईश्वर की अभिव्यक्ति तथा राज्य को भी इसी तरह ईश्वर की सृष्टि माना। हर जाति के धार्मिक ग्रन्थों में इस सिद्धान्त का समर्थन किया जाता है।

यहूदी धर्मग्रन्थ 'ओल्ड टेस्टामेन्ट' में राजा को ईश्वर का प्रतिनिधि और ईश्वर के प्रति उत्तरदायी कहा गया है। भारत में भी 'मनुस्मृति' और 'महाभारत' में राजा को देवताओं का अंश माना गया है।

ईसाई सन्तों का दो तलवार का सिद्धान्त–इस सिद्धान्त में चर्च और राजसत्ता समान रूप से ईश्वर की सृष्टि थे और समान थे, इससे कुछ समय तक शान्ति और मैत्री रही, परन्तु कालान्तर में दोनों में तलवारें तन गईं। एक तलवार राजा के हाथों में थी तो दूसरी तलवार पोप के हाथ में। दोनों ने अपनी सर्वोपरिता को सिद्ध करने के लिए इसी सिद्धान्त का सहारा लिया। सोलहवीं सदी में प्रोटेस्टैन्ट सुधारकों ने राजा का पक्ष लिया। लूथर, काल्विन और ज्विंगली ने राजा के आज्ञापालन को धर्म बतलाया। जब राजाओं के नेतृत्व में राष्ट्रीय राज्य स्थापित हो गया, तब राजाओं ने इस सिद्धान्त का प्रयोग मध्यवर्ग की प्रजातान्त्रिक माँगों का निषेध करने के लिए किया।

17वीं सदी में स्टुअर्ट शासक **जेम्स प्रथम** ने अपनी पुस्तक **'लॉ ऑफ फ्री मोनार्कीन'** में इस सिद्धान्त का प्रबल समर्थन किया था।

फिल्मर ने अपनी पुस्तक 'पैट्रिआर्का' में राजा के दैवी अधिकार के समर्थन में लिखा कि राजतन्त्र सर्वोत्तम प्रकार का राजनीतिक संगठन है और राजा का राज्य में वही स्थान है, जो कुटुम्ब में पिता का। राजा ईश्वर का प्रतिबिम्ब है।

शक्ति का सिद्धान्त

राजनीति को शक्ति का अध्ययन कहा जाता है। सुकरात, प्लेटो, अरस्तू, हॉब्स और मैकियावेली आदि विद्वानों ने शक्ति के सिद्धान्त की विवेचना की है।

शक्ति के सिद्धान्त की विशेषताएँ–इस सिद्धान्त के अनुसार राज्य की उत्पत्ति शक्ति से होती है। शक्तिशाली शक्ति से लोगों को शासन के बन्धन में बाँधता है, जो राज्य की उत्पत्ति में सहायक होता है।

शक्ति सिद्धान्त के समर्थक राज्य को शक्तिशाली वर्ग या व्यक्ति के प्रभुत्व के रूप में देखते हैं, जो निर्बल समुदाय पर सबल समुदाय की विजय से स्थापित होता है। इस प्रकार यह सिद्धान्त युद्ध को राज्य स्थापित करने की प्रक्रिया मानता है।

पालीबियस ने शक्ति सिद्धान्त का प्रतिपादन किया है।

प्लेटो के 'रिपब्लिक' का सोफिस्ट पात्र थ्रेसीमेकस कहता है कि ''न्याय शक्तिशाली का हित है।''

ह्यूम ने अपनी पुस्तक 'ऑन द ओरिजिन ऑफ गवर्नमेंट' में शक्ति के सिद्धान्त का समर्थन किया था।

अरस्तू ने 'ओरिजिनल कॉन्ट्रैक्ट' में लिखा है कि ''राज्य की उत्पत्ति उस समय हुई होगी जब किसी मानव दल के नेता ने शक्तिशाली होकर अनुयायियों पर अधिकार जमाकर उन पर अपना शासन लादा होगा।''

विचारवादी या आदर्शवादी सिद्धान्त

इस सिद्धान्त के अनुसार, राज्य मनुष्य के हित और कल्याण का एक साधन मात्र न होकर स्वयं साध्य है।

बोसांके ने इसे 'Philosophical theory' और **हॉबहाउस** ने 'Metaphysical theory' नाम दिया है।

विचारवादी सिद्धान्त के दो रूप हैं–उग्र एवं सम्यक् या मध्यमार्गी।

उग्र आदर्शवादी सिद्धान्त के पिता जर्मन विद्वान **कान्ट** माने जाते हैं तथा **हीगल** ने इसे अत्यन्त उग्र रूप प्रदान किया। अंग्रेज आदर्शवादी **बोसांके** भी **हीगल** के अनुयायी थे।

उग्र आदर्शवादियों की मान्यताएँ थीं–राज्य और व्यक्ति के मध्य सम्बन्ध प्राकृतिक होते हैं, राज्य मानवीय स्वतन्त्रता की प्राप्ति का एकमात्र साधन है, राज्य नैतिकता का स्रोत है, व्यक्ति को शासन के विरुद्ध विद्रोह का अधिकार नहीं है तथा युद्ध वांछनीय है।

आधुनिक आदर्शवादी सिद्धान्त

इस सिद्धान्त के मुख्य प्रतिपादक कान्ट और **टी एच ग्रीन** हैं।

ग्रीन, ब्रिटेन के उदारवाद से प्रभावित था। वह **हीगल** द्वारा प्रतिपादित आदर्शवाद से भी प्रभावित था। इसीलिए **ग्रीन** के उग्र आदर्शवाद और ब्रिटेन के उदारवाद के बीच इसे 'समन्वयक' तथा 'आधुनिक आदर्शवादी' कहा जाता है।

इस सिद्धान्त के अनुसार, ''राज्य एक नैसर्गिक एवं प्राकृतिक संस्था है तथा व्यक्ति के लिए अनिवार्य है। इसकी सत्ता सदाचार की स्थापना के लिए होती है।''

यह राज्य के आदेशों का पालन करना तथा उसके नियन्त्रण में रहना व्यक्ति के लिए श्रेयस्कर मानता है।

इस सिद्धान्त के अनुसार, व्यक्ति को यह अधिकार है कि वह राज्य के विरुद्ध नहीं, वरन् ऐसी सरकार के विरुद्ध विद्रोह कर सके, जो राज्य के आदर्श का निर्वाह अर्थात् सार्वजनिक हित साधन करने में असमर्थ हो।

मार्क्सवादी सिद्धान्त

मार्क्स राज्य को पूँजीवादी हथियार मानता है, जिसका काम पूँजीवादी व्यवस्था को किसी-न-किसी रूप में जिन्दा रखना है, गरीबों की आवाज को दबाना है।

मार्क्स राज्य के गरीब विरोधी, अमानवीय, पक्षपातपूर्ण, अनैतिक, दमनकारी, शोषणकारी स्वरूप के कारण ही उसका विरोध करता है।

समसामयिक मार्क्सवाद (आधुनिक मार्क्सवाद) मार्क्स के राज्य सम्बन्धी सिद्धान्त से अलग धारणा रखता है।

आधुनिक मार्क्सवाद के एक पक्ष 'विकासवादी समाजवादियों' ने **मार्क्स** के विपरीत कहा है कि राज्य का प्रयोग मजदूर वर्ग के लिए कल्याणकारी कानून बनाने और पूँजीवाद को नियन्त्रित कर समाजवाद की स्थापना के लिए किया जा सकता है।

मार्क्सवाद को अमली जामा पहनाने वाले लेनिन हैं, जो राज्यविहीन समाज की धारणा को स्वीकार करते हैं।

आधुनिक मार्क्सवाद राज्य के अस्तित्व में विश्वास करता है और वर्ग-संघर्ष को राज्य की उत्पत्ति का कारण मानने में अविश्वास करता है तथा राज्य को मजदूरों एवं गरीबों के हितों का रक्षक मानता है।

लोक-कल्याणकारी सिद्धान्त

यह सिद्धान्त राज्य को एक कल्याणकारी संस्था मानता है। इस सिद्धान्त के प्रतिपादकों में **ग्रोशियम** और **अल्यूशियम** का नाम विशेष रूप से उल्लेखनीय है। ये राज्य को सार्वजनिक कम्पनी के रूप में मानते हैं, जिसका संगठन सार्वजनिक हित के लिए हुआ है।

❑❑❑

अध्याय-3

राजनीतिक सिद्धांत एवं अवधारणाएँ

व्यक्तिवाद

फ्रेंच भाषा में व्यक्तिवाद सिद्धान्त को 'लेसेस-फेयर' भी कहा जाता है, जिसका अर्थ है व्यक्ति को अकेला छोड़ दिया जाए और सरकार उसके कार्य में कम-से-कम हस्तक्षेप करे। इसके तहत यह व्यक्ति के ऊपर निर्भर करता है कि वह चाहे जो भी करे। राज्य या सरकार को व्यक्ति के कार्य में उसी समय हस्तक्षेप करना चाहिए, जब एक व्यक्ति का कार्य दूसरे व्यक्ति की स्वतन्त्रता में अनुचित तरीके से हस्तक्षेप करे। राज्य वास्तव में आवश्यक बुराई है, जो मनुष्य मात्र के लिए आवश्यक है।

व्यक्तिवाद ऐसा राजनीतिक सिद्धान्त (Politicial Principle) है, जो 'व्यक्ति' को अर्थात् प्रत्येक मनुष्य को विवेकशील प्राणी (Rational Being) मानते हुए यह माँग करता है कि सार्वजनिक नीति और नियमों का निर्माण करते समय व्यक्ति की गरिमा (Dignity), उसके स्वतन्त्र अस्तित्व (Independent Existance) और निर्णय की क्षमता (Judgement) को पूरी मान्यता दी जाए।

केवल व्यक्तियों के ही कोई अधिकार–विशेषतः प्राकृतिक अधिकार (Natural Rights) होते हैं, समाज या अन्य साहचर्यों (Associations)–परिवार, व्यापारिक निगम (Corporation), नागरिक समाज (Civil society) या राज्य (State) के अन्य कोई अधिकार नहीं होते, जो उनके पृथक्-पृथक् सदस्यों के अधिकारों से पृथक् या उनसे बढ़कर हों।

लॉस्की के अनुसार, व्यक्तिवाद का अर्थ होगा, निर्बल स्वास्थ्य, अविकसित बुद्धि, अभागे घर और ऐसे कार्य जिनमें बहुसंख्यक प्राणी मानवीय रुचि का कोई स्रोत नहीं खोज सकते।

व्यक्तिवाद के अनुसार सरकार के कार्य

व्यक्तिवाद के अनुसार सरकार को निम्नलिखित कार्य करने चाहिएं।

1. विदेशी आक्रमणों से राज्य और व्यक्तियों की रक्षा।
2. व्यक्ति की व्यक्ति से रक्षा, जैसे–शारीरिक हानि (चोट, आक्रमण, हत्या) अवमान, व्यक्ति नियन्त्रण में अवरोध इत्यादि।
3. सम्पत्ति की रक्षा (चोरी, डकैती तथा अन्य प्रकार से सम्पत्ति की हानि से रक्षा)।
4. व्यक्तियों की झूठे अनुबन्धों से रक्षा या ठीक अनुबन्धों को तोड़ने वालों से रक्षा।
5. कमजोरों की रक्षा।
6. अवरोधक बुराइयों से व्यक्तियों की रक्षा (जैसे–प्लेग, मलेरिया आदि) बहुत-से व्यक्तिवादी सरकार के अन्तिम दो कार्यों को नहीं मानते हैं।

व्यक्तिवाद की आलोचना

1. राज्य एक आवश्यक बुराई नहीं है।
2. कानून स्वतन्त्रता को कम नहीं करते हैं।
3. मनुष्य सदैव अपने हितों का सर्वोत्तम निर्णायक नहीं है।
4. खुली प्रतियोगिता अवांछनीय है।
5. उपयुक्ततम के अस्तित्व का सिद्धान्त अत्यन्त भयावह है।
6. व्यक्ति की भलाई समाज में निहित है।
7. पिछली गलतियों के आधार पर हम राज्य के कार्य सीमित नहीं कर सकते हैं।
8. मानव कल्याण को ढाने के लिए हमें राज्य की आवश्यकता है।
9. व्यक्ति और समाज के बारे में व्यक्तिवादियों की धारणाएँ गलत हैं।

उदारवाद

उदारवाद राजनीतिक सिद्धांत का वह सिद्धांत है जो सामंतवाद के पतन के बाद राजनीति को बाजार अर्थव्यवस्था (Market Eco.) के अनुरूप मोड़ने के लिए आया। प्रारम्भ में इसमें व्यक्ति को राजनीति का केन्द्रबिन्दु माना गया और व्यक्तिवाद (INDIVIDUALISM) को अपनाया गया। बाद में समूह को आधार मानकर बहुलवाद आया।

International Encyclopeadia of the Social Sciences में इसकी मान्यताएं हैं।

1. व्यक्ति के व्यक्तित्व की स्वतंत्र अभिव्यक्ति का महत्त्व।

2. उन संस्थाओं और नीतियों को कायम रखा जाए जो इस स्वतंत्र अभिव्यक्ति और स्वतंत्रता में विश्वास को बढ़ावा देती हैं।

अर्थात् निरकुंश सत्ता को अस्वीकार कर मनुष्य की स्वतंत्र अभिव्यक्ति।

उत्पत्ति : सत्रहवीं शताब्दी के जान लॉक को उदारवाद का जनक माना

जाता है और वहां की 1688 की गौरवपूर्ण क्रांति (Glorious Revolution) को उदारवाद की विजय के रूप में माना जाता है। लॉक ऐसा पहला विचारक था जिसने **जीवन, स्वतंत्रता और सम्पत्ति** के अधिकारों को प्राकृतिक अधिकार मानते हुए यह तर्क दिया कि सरकार की स्थापना इन्हीं अधिकारों की रक्षा के लिए हुई है जो एक न्यास (Trust) के रूप में है। सरकार अपने दायित्वों से बंधी होती है और इसमें विफल होने पर नागरिकों को अपनी सरकार के विरुद्ध क्रांति का अधिकार है। आगे चलकर इसके विकास में अनेक विचारकों ने योगदान दिया।

परम्परागत उदारवाद

उदारवाद का यह रूप इंग्लैंड में उभर कर सामने आया यह वैयक्तिक अधिकारों की संविधानिक गारंटियों की मांग तक सीमित था।

1689 में जिस उदारवाद को मान्यता दी जाती थी और उचित ठहराया जाता था उसका मूलतः स्वरूप नकारात्मक था जिसका उद्देश्य व्यक्तियों और समूहों को शासन की सत्ता से विशेषतः राजमुकुट के पारमाधिकारों से मुक्ति दिलाना था।

सिद्धांतविरोध का अधिकार, विधि का शासन, शक्तियों का पृथक्करण लॉक की प्रमुख कृतियां Second Treaties of Government and American Declaration of Independence उदारवाद के इस दौर के महान स्मारक हैं। इसमें राज्य की नकारात्मक भूमिका पर बल दिया जाता है। **एडम स्मिथ** ने अपनी पुस्तक 'Wealth of Nations' में अहस्तक्षेप की नीति और व्यक्तिवाद का प्रबल समर्थन किया है। इसकी कुछ मान्यताएं थीं–

आर्थिक मनुष्य की अवधारणा : प्रत्येक व्यक्ति में व्यापार की सहज प्रवृत्ति होती है ताकि वह अधिक-से-अधिक लाभ अर्जित कर सके। इसमें सरकार, व्यापारी और मजदूर तीनों को फायदा होता है।

प्राकृतिक स्वतंत्रता की अवधारणा : स्मिथ उद्योग और व्यापार की स्वतंत्रता को प्राकृतिक स्वतंत्रता मानते हैं तथा सरकार को उद्योग व्यापार के मामले में अहस्तक्षेप (Laisses Faire) का अनुसरण करना चाहिए।

सरकार के तीन कार्य :

1. विदेशी आक्रमण से राष्ट्र की सुरक्षा;
2. न्याय का पर्वतन : प्रत्येक व्यक्ति को दूसरे व्यक्ति के अत्याचार से संरक्षण;
3. सार्वजनिक निर्माण के कार्य वे होंगे जिसमें लाभ के मुकाबले खर्च अधिक होता है।

बेन्थम : इस संबंध में बेंथम के उपयोगितावादी विचार भी काफी महत्त्वपूर्ण हैं जो उनकी किताब Introduction to the Principles of Moral and Legislation, Fragment of Government में मिलते हैं। बेन्थम का तर्क है कि परम अधिकार, परम सम्प्रभुसत्ता और परम न्याय जैसे विचार (Absolute Right, Absolute Sovereignty and Absolute Justice). सामाजिक जीवन के यथार्थ से मेल नहीं खाते। अतः सार्वजनिक नीति को केवल एक ही कसौटी पर कसना चाहिए और वे हैं "अधिकतम लोगों का अधिकतम सुख"। (Greatest Happiness of the Greatest Number)

Hedonism (सुखवाद) प्रकृति ने मनुष्य को दो शक्तिशाली स्वामियों के नियंत्रण में रखा है। सुख और दुख (Pleasure and Pain) मनुष्य सदैव सुख को पाना चाहता है, दुख से बचना चाहता है। जो बात सुख को बढ़ावा देती है और दुख को रोकती है उसे उपयोगिता कहा जाता हैं।

विधायिका का सिद्धांत अधिकतम लोगों के अधिकतम सुख का हिसाब लगाते समय प्रत्येक व्यक्ति को एक ईकाई मानना चाहिए किसी को एक से अधिक नहीं।

सरकार के कार्य लोगों की स्वतंत्र गतिविधियों के मार्ग में आने वाली बाधाओं को दूर करें ऐसे कानून बनाने चाहिएं जिससे अधिकतम लोगों का अधिकतम सुख हो। लोगों पर उचित प्रतिबंध और अपराधियों को दण्ड देना भी सरकार के कार्य हैं। इस तरह अहस्तक्षेप व व्यक्तिवाद का समर्थक हुआ।

हर्बट स्पेन्सर : ने 'न्यूनतम शासन' के सिद्धांत के आधार पर माना है कि राज्य या समाज की ओर से दीन-दुखियों की सहायता के प्रयत्न सामाजिक विकास में बाधक हैं इसीलिए ऐसे प्रयत्न निदंनीय हैं।

स्पेन्सर डार्विन का सिद्धांत Survival of the Fittest के आधार पर कहता है कि प्रगति का अर्थ यह है कि जीवन संघर्ष में जो लोग पिछड़ जाएं उन्हें मर खप जाने दिया जाए। ''समाज रूपी जीवन के जो अंग सुचारू रूप से कार्य न करें, उनके नष्ट हो जाने में ही समाज का कल्याण है।''

आधुनिक उदारवाद

19वीं शताब्दी के आरम्भ में ही उदारवाद की नकारात्मक संकल्पना में परिवर्तन आया जिसमें यह माना गया कि 'प्रतिबन्धों का अभाव' ही स्वतंत्रता नहीं है अतः समाज के चहुमुखी विकास के लिए राज्य को अपनी सकारात्मक भूमिका का निर्वाह करना होगा क्योंकि अब नगरों, उद्योग धन्धों और वाणिज्य व्यापार के राष्ट्रव्यापी और विश्वव्यापी विस्तार के फलस्वरूप भी उदारवाद में परिवर्तन आया।

इसके साथ ही पण्य वस्तुओं के स्वतंत्र व्यापार के भयानक परिणाम भी सामने आये थे। कच्ची उम्र के बच्चों को कारखानों में भयानक परिस्थितियों में काम करना पड़ता था। साथ ही मजदूरों को गंदी बस्तियों में रहना पड़ता था और माँस और गंदी शराब खुले आम बाजारों में बिकती थी।

जे॰ एस॰ मिल : प्रारम्भ में मिल भी अहस्तक्षेप और व्यक्तिवाद का समर्थक था परन्तु बाद में उसने राजनीतिक क्षेत्र में 'Constitutional and Representative Government' का समर्थन किया और आर्थिक क्षेत्र में उसने कल्याणकारी राज्य के विचार को बढ़ावा दिया।

टी॰ एच॰ ग्रीन : ग्रीन, कांण्ट और हीगल के विचारों के आधार पर 'कल्याणकारी राज्य' की दिशा में आगे बढ़ता।

ग्रीन के अनुसार नैतिक स्वतंत्रता मनुष्य का उपयुक्त गुण है और सच्ची स्वतंत्रता नैतिक स्वतंत्रता की अवधारणा अधिकारों की मांग करती है। अधिकार मनुष्यों के नैतिक चरित्र से जन्म लेते हैं। किसी अनुभवातीत कानून से नहीं। चूँकि मनुष्य एक नैतिक प्राणी है। इसलिए सब मनुष्यों के आदर्श उद्देश्य एक जैसे होते हैं। अतः अधिकारों में द्वन्द नहीं होता है।

अधिकारों की प्रकृति : ग्रीन राज्य और समाज में अंतर करता है और कहता है कि अधिकार समाज की मान्यताओं पर आश्रित होते हैं न कि राज्य या कानून की। राज्य अधिकारों को मान्यता देता है उनका सृजन नहीं करता। राज्य का वास्तविक कार्य उन बाधाओं को दूर करना है जो मनुष्य के आदर्श उद्देश्यों के मार्ग में आती हैं।

सम्पति सम्बंधी विचार : सम्पत्ति के अधिकार का भी समर्थन करता हैं क्योंकि सम्पति सामाजिक हित को बढ़ावा देती है। भूमि के स्वामित्व का विरोध करता है।

हॉबहाऊस : इसने उदारवाद व समाजवाद के उस संयोग को बढ़ावा दिया जिसका सूत्रपात मिल के चिंतन से हुआ था। हॉबहॉउस के अनुसार राजनीति का लोकतंत्रीय आधार ही राज्य के कार्य क्षेत्र में विस्तार चाहता है।

हॉबहाऊस ने राज्य के दो कार्य बताए हैं।

1. ऐसी परिस्थितियाँ पैदा करना जिनमें मनुष्य का मन और चरित्र अपना विकास कर सके। इसके लिए सार्वजनिक सेवाओं का विस्तार और शासनतंत्र का उपयोग आवश्यक है।

2. ऐसी परिस्थितियाँ पैदा करना जिनमें राज्य के नागरिक अपने ही प्रयत्न से वह सब कुछ प्राप्त कर सके जो पूरी, नागरिक कार्यकुशलता के लिए आवश्यक हैं। इसके लिए उपयुक्त कानून बनाने होंगे ताकि स्वार्थी तत्व व्यक्ति के अपने प्रयास में बाधा न डाल सकें। दोनों तरह के कार्यों में राज्य के नियंत्रण का ध्येय स्वतंत्रता के क्षेत्र का विस्तार होना चाहिए, उसे संकुचित करना नहीं।

लॉस्की : लॉस्की ने लिखा है कि पूँजीपतियों की शक्ति को समुदाय के हित में संयत करना जरूरी हो गया है। अन्यथा पूंजीवादी व्यवस्था मानवता के लिए विनाशकारी सिद्ध होगी। लॉस्की ने समाजवाद के ध्येय और लोकतंत्र की प्रणाली को एक साथ मिलाने का समर्थन किया और राज्य के कल्याणकारी कार्यों को विशेष महत्त्व दिया।

लोगों द्वारा संपत्ति अर्जित करने पर कोई प्रतिबंध नहीं होना चाहिए, परंतु संपन्न वर्गों पर भारी कर लगाकर आर्थिक विषमताओं (Economic Inequalities) को कम किया जाना चाहिए।

मैकाइवर : मैकाइवर अपनी पुस्तक **The Modern State** के अंतर्गत आधुनिक राज्य की उत्पत्ति और विकास पर विचार करते हुए यह तर्क दिया कि आधुनिक राज्य का कार्य विभिन्न साहचर्यों (Associations) के हितों में सामंजस्य स्थापित करना है। अपनी दूसरी पुस्तक **'The Webs of Government' :** (शासन तंत्र) इसमें कला, साहित्य, धर्म आदि में राज्य को हस्तक्षेप नहीं करना चाहिए तथा आर्थिक संबंधों को अपने आप समायोजित (Adjust) करना चाहिए।

फासीवाद

फासीवाद कोई व्यवस्थित राजनीतिक सिद्धान्त नहीं है, बल्कि यह एक विकृत सिद्धान्त कहा जाता है। यह एकदलीय अधिनायकतन्त्र के अन्तर्गत सरकार और समाज का सर्वाधिकारवादी संगठन है, जो घोर राष्ट्रवाद, प्रजातिवाद, सैन्यवाद और साम्राज्यवाद का नमूना है। 28 अक्टूबर, 1922 को इटली में मुसोलिनी ने 'रोम अभियान' आरम्भ कर फासीवादी शासन की नींव रखी।

दूसरे विश्वयुद्ध से पूर्व की अवधि में, यद्यपि मूल रूप से इटली में **मुसोलिनी** के नेतृत्व में इसका जन्म हुआ, परन्तु इसकी पुनरावृत्ति **हिटलर** के नेतृत्व में जर्मनी तथा **जनरल फ्रांको** के अधीन स्पेन तथा **राजकुमार फूमिनारो कोनो** के अधीन जापान में हुई। यह पुर्तगाल में सालाजारवाद, अर्जेण्टाइना में पैरोंवाद, फ्रांस में गॉलवाद तथा तृतीय विश्व के अनेक देशों में सैन्य शासन के रूप में प्रकट हुआ। हिटलर ने अपने साम्राज्यवादी, प्रजातिवादी और लोकतन्त्र विरोधी कार्यक्रम के पक्ष में जो तर्क प्रस्तुत किए, उसे नाजीवाद (Nazism) की संज्ञा दी जाती है।

Fascism शब्द की उत्पत्ति एक इटैलियन शब्द (Fascio) या 'Fasci' से हुई है, जिसका शाब्दिक अर्थ है–'खूब कसकर बँधा हुआ छड़ों का एक गट्ठर।'

फासीवाद को नाजी पार्टी ने जर्मनी में 1 अप्रैल, 1920 को 25 सूत्रीय कार्यक्रम के आधार पर कायम किया।

जर्मनी के फासीवादियों ने अपने दल का नाम राष्ट्रीय समाजवादी दल रखा और उन्होंने 'स्वास्तिक' चिह्न का प्रयोग किया। फासीवादी नेताओं ने एक विशेष वर्दी (इटली में काली कमीज तथा जर्मनी में भूरी कमीज) निर्धारित की।

डब्ल्यू.एम. मैक्बर्न ने फासीवाद को निम्न मध्य वर्ग का आन्दोलन माना है।

लॉस्की ने फासीवाद के उदय का बहुत सही विश्लेषण किया है। उनके अनुसार फासिज्म के उदय का मुख्य कारण यह था कि पूँजीवाद और लोकतन्त्र का समझौता बहुत दिनों तक नहीं रह सकता।

फासीवाद का उदय पूँजीवाद को द्वन्द से मुक्ति दिलाने के लिए हुआ, क्योंकि किसी-न-किसी बहाने लोकतन्त्र को निलम्बित कर इसने उन लोगों के हाथों में असीम राजनीतिक शक्ति दे दी, जिन्हें उत्पादन के साधनों पर स्वामित्व और नियन्त्रण प्राप्त था।

मार्क्सवाद

"मार्क्स ने समाजवाद को अव्यवस्थित रूप में पाया और इसको एक निश्चित आन्दोलन बना दिया।" **लास्की** मार्क्सवाद का उदय 19वीं शताब्दि के मध्य हुआ जब परम्परागत उदारवाद पूरी तरह चरमोत्कर्ष पर था और पूंजीवाद पूरी तरह स्थापित हो चुका था। अतः ऐसे में मानव कल्याण और मानव स्वतंत्रता की मांग की पूर्ति ना होने के कारण उदारवाद के विरोधस्वरूप मार्क्सवाद आस्तित्व में आया।

इस विचारधारा ने मानव समाज की समस्याओं को इतिहास के माध्यम से जानने का प्रयास किया और बताया कि इतिहास वास्तव में दो वर्गों के बीच संघर्ष की कहानी है। जिसमें एक वर्ग जिसके पास सभी साधन होते हैं शासक तथा (Dominate) दूसरा वर्ग जिसके पास कुछ भी नहीं होता शासित (Dependent) होते हैं। इन दोनों वर्गों में सामंजस्य स्थापित नहीं किया जा सकता यह संघर्ष पूर्ण विकसित उत्पादन प्रणाली की स्थापना तक चलता रहेगा। वर्तमान में पूंजीवाद इसका उदाहरण है और सर्वहारा मजदूर वर्ग इनके खिलाफ सशस्त्र विद्रोह करके इनको समाप्त कर देगा और सच्ची स्वतंत्रता की स्थापना कर देगा।

परम्परागत मार्क्सवाद

मनुष्य की गतिविधियों में उत्पादन सबसे महत्त्वपूर्ण है। अतः समाज मूलतः मनुष्य की भौतिक आवश्यकताओं की पूर्ति के प्रयास का परिणाम है। लेकिन उत्पादन प्रणाली की त्रुटियों के कारण व्यक्ति दुख-दरिद्रता का जीवन बिताता है और इस पीड़ा को मिटाने के लिए वह 'धर्म' का आश्रय लेता है। मार्क्स इस 'धर्म' को जनसाधारण का **'नशा'** कहता है। क्योंकि इसमें कल्पनालोक का आनंद लेते हुए लोग स्वयं को बर्बाद कर लेते हैं।

मार्क्स ने न केवल अपने विचारों को क्रमबद्ध रूप से प्रतिपादित किया है। बल्कि यह भी बताया है कि इनको किस प्रकार लागू किया जा सकता हैं। कैटलिन के शब्दों में, "मार्क्सवादी दर्शन बड़ा विस्तृत तथा सुसम्बद्ध है। यह प्रभावशाली इसलिए है, क्योंकि क्रान्तिकारी क्रम वर्ग संघर्ष के सिद्धांत पर निर्मित है, वर्ग संघर्ष अतिरिक्त मूल्य के आर्थिक सिद्धांत पर, आर्थिक सिद्धांत इतिहास की आर्थिक व्याख्या पर और यह व्याख्या मार्क्स, हीगल, के द्वन्द्ववाद पर और द्वन्द्ववाद भौतिकवादी अध्यात्मिक विद्या पर।" इस

प्रकार मार्क्सवादी विचारधारा एक अविभाज्य इकाई के रूप में है जिसके चार आधार स्तम्भ हैं:

1. द्वन्द्वात्मक भौतिकवाद
2. इतिहास की भौतिकवादी व्याख्या
3. वर्ग संघर्ष का सिद्धांत
4. अतिरिक्त मूल्य का सिद्धांत

लेनिन के विचार : मार्क्स और एंजेल्स ने अपना चितंन 19वीं सदी के उत्तरार्ध में प्रस्तुत किया था। उन्हें आशा थी कि पूंजीवाद अपनी चरम सीमा पर पहुँच कर सर्वहारा वर्ग की शक्ति और संगठन के हाथों परास्त हो जाएगा। लेनिन बीसवीं शताब्दी के आरम्भ में रूस की उत्पीड़नकारी व्यवस्था के विरुद्ध संघर्ष कर रहा था जहाँ पूंजीवाद अपनी चरम सीमा पर नहीं पहुँचा था। परंतु लेनिन को मार्क्स की शिक्षाओं में रूसी बोल्शेविकवाद का आधार मिल गया। लेनिन ने रूस में समाजवादी क्रांति लाने और समाजवादी व्यवस्था स्थापित करने के लिए मार्क्स एवं एजेल्स के विचारों को प्रमाणित मार्गदर्शक के रूप में स्वीकार किया, परन्तु समाजवादी क्रांति के विचार को व्यवहारिक रूप देने के लिए लेनिन ने मार्क्सवादी सिद्धांतों की नई व्याख्या कर उनमें कुछ परिवर्तन अवश्य किये जो निम्न हैं :

1. विचारधारा संबंधी विचारः मार्क्स ने विचारधारा को 'मिथ्या चेतना' की संज्ञा दी है। मार्क्स का मत है कि विचारधारा धनवान वर्ग समाज को वर्गों में विभाजित करके अपनी सत्ता को कायम रखता है तथा सर्वहारा वर्ग को केवल उपयुक्त चेतना की आवश्यकता होती है ना कि, मिथ्या चेतना की। लेकिन, लेनिन ने अपनी प्रसिद्ध कृति 'What is to be done' (1902) में लिखा है कि सर्वहारा वर्ग को भी विचारधारा की आवश्यकता होती है क्योंकि किसी भी वर्ग को अपने लक्ष्य को प्राप्त करने के लिए नीतियों तथा कार्यक्रमों की आवश्यकता होती है जिसकी पूर्ति विचारधारा द्वारा ही की जा सकती है। यदि सर्वहारा वर्ग के पास अपनी सुदृढ़ विचारधारा नहीं होगी तो वह पूंजीवादी विचारधारा से प्रभावित होकर अपना रास्ता भूल सकते हैं।

2. साम्यवादी दल संबंधी विचार : मार्क्स की मान्यता थी कि पूंजीवादी अवस्था में सर्वहारा वर्ग में वर्ग चेतना का आभास होगा और संगठित होकर पूंजीवादी व्यवस्था को स्वयं धाराशायी कर देंगे लेकिन एक व्यवहारिक राजनीतिज्ञ के नाते लेनिन की यह मान्यता थी कि सर्वहारा वर्ग चूँकि बहुत बड़ा है और उसे सचेत होने में काफी समय लग सकता है और संगठित होने में तो उससे भी ज्यादा समय लग सकता है। अतः क्रांति की शक्तियों को सक्रिय बनाने के लिए सर्वहारा वर्ग के अधिक सचेत, अधिक समर्थ और अधिक सूझबूझ वाले सदस्यों को आगे आना चाहिए, और क्रांति की बागडोर संभाल लेनी चाहिए। लेनिन ने स्वयं रूस में एक ऐसे संगठन की नींव रखी जिसे उसने **'साम्यवादी दल'** का नाम दिया। इसका प्रमुख कार्य सर्वहारा वर्ग को नेतृत्व प्रदान करना, क्रांति करना तथा क्रांति के बाद समाजवादी ढंग से शासन चलाना। लेनिन ने साम्यवादी दल के लिए 'क्रांति की अग्रपंक्ति (Vanguard Revolution) की भूमिका निर्धारित की है।'

3. समाजवादी कार्यक्रम संबंधी विचार : लेनिन के मत में साम्यवादी दल जन समुदाय को अपना सदस्य बनाकर और उनमें अपनी विचारधारा का प्रचार करके उन्हें समाजवाद की ओर प्रेरित करेगा ताकि वे पूंजीवादी व्यवस्था को उखाड़ फेंकने में उनका साथ दे। लेनिन की मान्यता थी कि क्रांति के बाद जब साम्यवादी दल सत्ता संभाल लेगा, तब वह सर्वहारा का अधिनायक तंत्र कायम करेगा, उत्पादन के प्रमुख साधनों को सामाजिक स्वामित्व में रखेगा और अपनी सारी शक्ति तथा राज्य के सब संसाधनों का प्रयोग इस तरह से करेगा जिससे पूंजीवाद के अवशेषों को मिटाया जा सके, प्रतिक्रांतिकारी शक्तियों को कुचला जा सके और सभी व्यक्तियों के लिए श्रम को अनिवार्य बनाकर प्रोद्योगिकी को इतना उन्नत किया जा सके कि श्रम की उत्पादन क्षमता को उच्चतम स्तर पर पहुँचाया जा सके।

लेनिन का मत था कि सर्नहारा के अधिनायक तंत्र के अर्न्तगत केवल समाजवाद की स्थापना होगी, परंतु इसका ध्येय साम्यवाद की ओर बढ़ना है जब समाज वर्गहीन हो जाएगा और, स्वयं राज्य भी 'लुप्त' हो जाएगा।

माओत्से तुंग के विचार : माओ ने मार्क्सवादी विचारधारा में चीन की परिस्थितियों के अनुरूप परिवर्तन किए और 1949 में सफल क्रांति करके एक समाजवादी राज्य की स्थापना की। माओ ने भी मार्क्सवादी विचारधारा में काफी परिवर्तन किए जो कुछ इस प्रकार हैं:

निरन्तर क्रांति का सिद्धांत : माओ ने क्रांति के स्वरूप की विस्तृत चर्चा करते हुए मार्क्सवादी विचारधारा को आगे बढ़ाया है। माओ ने बोल्शेविकों के इस मताग्रहपूर्ण (Dogmatic) तर्क का खंड़न किया है कि भूलों से बचा जा सकता है। माओ का कहना है कि यह एक मार्क्सवाद विरोधी दृष्टिकोण हैं, क्योंकि यह 'परस्पर-विरोधी तत्वों की एकता' (Unity of Opposites) के नियम के विरुद्ध है।

माओ ने 'अंतर्विरोध के नियम' के रूप में द्वंद्वात्मक पद्धति की नई व्याख्या देने का प्रयत्न किया है। इसके अनुसार सही नीति (Correct Line) का निर्माण गलत नीति (Incorrect Line) के साथ संघर्ष करके होता है। अतः विरोध और संघर्ष समस्त ऐतिहासिक परिवर्तन के लिए अनिवार्य है। यह नियम सभी सामाजिक विन्यासों, वगो ' और व्यक्तियों पर लागू होता है, यहाँ तक कि यह स्वयं साम्यवादी दल पर भी लागू होता है। माओ ने अपनी प्रसिद्ध कृति 'On Contradictions' (1937) के अंतर्गत यह दर्शाया है कि समाजवाद या साम्यवाद की स्थापना हो जाने के बाद भी यह नियम समाप्त नहीं हो जाता। क्रांति कोई अंतिम समाधान नहीं है, बल्कि वह केवल अभीष्ट दिशा में प्रगति का एक चरण है। अंतर्विरोध निरंतर बने रहते हैं। एक अंतर्विरोध दूसरे को जन्म देता है; जब पुराने अंतर्विरोध सुलझ जाते हैं, तब नए पैदा हो जाते हैं। ऊपर से कोई समाधान आरोपित करके अंतर्विरोध को समाप्त कर देने का प्रयास एक भूल है। फिर भी इन अंतर्विरोधों के प्रतिकार के लिए राज्य को ज्यादा-से-ज्यादा शक्तियाँ अपने हाथ में लेनी होंगी, अतः सर्वहारा की अग्रपंक्ति के रूप में साम्यवादी दल को अनिश्चित काल तक बने रहना होगा।

नवमार्क्सवाद

नवमार्क्सवाद उन विचारों का समूह है जो मार्क्सवाद (Marxism) से जुड़े हुए चिंतन में एक नए मोड़ का संकेत देता है। इस चिंतन-शैली की शुरूआत बीसवीं शताब्दी के पूर्वार्ध में इतावली मार्क्सवादी **एंटोनियो ग्राम्शी** और हंगेरियाई मार्क्सवादी **जार्ज ल्यूकाच** की विश्लेषण-पद्धति से हो गई थी। इसका विस्तृत विवेचन अधिकांशतः **'फ्रेंकफर्ट स्कूल'** की छत्रछाया में प्रस्तुत किया गया। जिसने राजनीति-चिंतन के अंतर्गत **आलोचनात्मक सिद्धांत** को बढ़ावा दिया। संक्षेप में, यह मार्क्सवाद की कुछ पुरानी मान्यताओं से हटकर नई दिशाओं में सोचने का ढंग है हालांकि यह किसी बँधे-बँधाए दृष्टिकोण के साथ नहीं बँधा है। देखा जाए तो मार्क्सवाद अपनी पुरानी मान्यताओं से हटकर जिन नई-नई दिशाओं में विकसित हुआ है, उन्हें सामूहिक रूप से नवमार्क्सवाद की संज्ञा दी जाती है। कुछ भी हो, यह मार्क्सवाद की कुछ बुनियादी मान्यताओं में अपना विश्वास कायम रखता है। उदाहरण के लिए

यह समाज के वर्ग-चरित्र (Class Character) का खंड़न नहीं करता, परंतु वर्ग संघर्ष (Class Conflict) को केवल आर्थिक मुद्दों पर पूंजीपति और कामगार वर्गों का सीधा टकराव नहीं मानता। यह समकालीन समाज में विभिन्न स्तरों पर–जैसे कि आर्थिक, राजनीतिक, सांस्कृतिक और मनोवैज्ञानिक स्तरों पर–प्रभुत्व और पराधीनता के गूढ़ तरीकों का विश्लेषण करता है। यह पूंजीवाद का विरोधी है, और उसके निराकरण के लिए कृतसंकल्प हैं परंतु यह पूंजीवाद को केवल उत्पादन के साधनों के निजी स्वामित्व पर आधारित आर्थिक प्रणाली-के रूप में नहीं देखता, बल्कि एक विस्तृत आर्थिक, राजनीतिक, सांस्कृतिक प्रणाली के रूप में देखता है और इस विश्लेषण के संदर्भ में मनुष्य की स्वतंत्रता (Freedom) की समस्या पर विचार करता है।

पूंजीवादी विचारधारा और संस्कृति के प्रभुत्व को क्षीण करने के लिए नवमार्क्सवाद एक विरोधी संस्कृति या प्रतिसंस्कृति के विकास को बढ़ावा देता है। फिर, इसमें परंगपरागत मार्क्सवाद से जुड़े हुए ऐतिहासिक भौतिकवाद से हटकर चेतना को मार्क्सवादी सामाजिक विश्लेषण के मुख्य घटक के रूप में देखा जाता है। कुछ नवमार्क्सवादी मार्क्स के चिंतन के उन तत्वों से प्रेरणा प्राप्त करते हैं, जो प्रत्यक्षतः **जी॰डब्ल्यू॰एफ॰ हेगेल** (1770-1831) के विचारों पर आधारित हैं, जैसे कि अलगाव का विश्लेषण, द्वंद्वात्मकता की संकल्पना और एक महान् युग की ओर इतिहास की प्रगति-यात्रा। परंतु कुछ नवमार्क्सवादी मार्क्सवाद का हेगेल के विचारों से पृथक् करके अस्तित्ववाद और संरचनावाद की ओर ले जाते हैं, और इन्हीं को मार्क्सवाद की सही व्याख्या मानते हैं।

समकालीन नवमार्क्सवाद के व्याख्याकारों में **थ्योडोर एडोर्नो, मैक्स दूर्खाइमर, लुई आल्थ्यूजर, एरिक फ्रॉम, ज्यां पाल सार्त्र, हर्बट मार्क्यूजे** और **युर्गेन हेबरमास** का योगदान विशेष रूप से उल्लेखनीय है।

सम्प्रभुता की अवधारणा

सम्प्रभुता की धारणा आधुनिक है। इसकी उत्पत्ति आधुनिक राष्ट्र-राज्य के उदय के साथ जुड़ी हुई है।

प्रभुसत्ता का कानूनी दृष्टिकोण सबसे पहले बोदाँ और हॉब्स ने स्पष्ट किया और बाद में बेन्थम और ऑस्टिन ने इसकी व्याख्या की।

बोदाँ का सिद्धान्त

बोदाँ ने 1576 ई. में 'Six Books on the Republic' में सम्प्रभुता को सबसे पहले परिभाषित किया। बोदाँ के सिद्धान्त के दृष्टिकोण से कानून के निर्माता और प्रवर्तक के रूप में राजा सर्वोच्च था। बोदाँ का सम्प्रभुता से अभिप्राय था–"नागरिकों और शासितों पर वह सर्वोच्च सत्ता जो कानून द्वारा प्रतिबन्धित नहीं थी।" यह निरंकुशता का स्रोत था, परन्तु स्वयं इस कानून से बँधा हुआ नहीं था। यह अपने द्वारा बनाए कानून से ऊपर थी।

बोदाँ के अनुसार, प्रभुसत्ताधारी ईश्वरीय कानून; प्राकृतिक कानून तथा राष्ट्रों के कानून के अधीन था। बोदाँ का प्रभुसत्ताधारी, नागरिकों और अन्य राज्यों के साथ की गई सन्धि, समझौता तथा राज्य के मौलिक कानून से बँधा था। वह अपने नागरिकों की सम्पत्ति छीन नहीं सकता था।

बेन्थम का सिद्धान्त

बेन्थम ने प्रभुसत्ता को कानून बनाने की सर्वोच्च शक्ति के रूप में परिभाषित किया है। सम्प्रभुता के दो आयाम हैं–आन्तरिक और बाह्य। आन्तरिक क्षेत्र में प्रभुसत्ता के विचार का अर्थ है–राज्य अपने नियन्त्रण के अधीन क्षेत्र में सर्वोच्च सत्ताधारी है। यह आदेश देने और आज्ञापालन को बाध्यकारी करने की अन्तिम शक्ति है। इसका आशय केवल राज्य के कानून से है। बाह्य क्षेत्र में प्रभुसत्ता के विचार का अर्थ है–राज्य का किसी विदेशी आधिपत्य अथवा नियन्त्रण से मुक्त होना। सम्प्रभुता की निम्न विशेषताएँ हैं–सर्वोच्चता, सार्वजनीनता, स्थायित्व, अदेयता, अविभाज्यता इत्यादि।

जॉन ऑस्टिन का सिद्धान्त

यदि एक निश्चित मानव प्रभु जो अपने सिवा किसी अन्य प्रभु की आज्ञापालन करने का आदी नहीं है, बल्कि जो समाज के अधिकांश समूह से स्वाभाविक रूप से आज्ञापालन प्राप्त करता है, तो वह निश्चित मानव प्रभु उस समाज का प्रभुसत्ताधारी है और वह समाज राजनीतिक व स्वतन्त्र समाज होगा। समाज में प्रभुसत्ता सम्पन्न शासक होता है, वह अपने आप में स्वतन्त्र है। प्रभुसत्ताधारी की शक्ति वैधानिक रूप से सीमित नहीं की जा सकती। प्रभुसत्ता अविभाज्य है। राज्य प्रभु की इच्छा राज्य में रहने वाले सभी व्यक्तियों एवं संघों के ऊपर लागू होती है।

लॉक का सिद्धान्त

लॉक ने अपनी पुस्तक 'Treaties on Government' में सम्प्रभुता से सम्बन्धी तीन सर्वोच्च शक्तियों की व्याख्या की है–

(*i*) नागरिक समाज की सर्वोच्च सत्ता–जो किसी भी सरकार की शक्ति का अन्तिम निर्णायक स्रोत है।

(*ii*) विधानमण्डल की सर्वोच्च सत्ता–नागरिक समाज अच्छे कानून और सुरक्षा के लिए विधायकों की नियुक्ति करते हैं।

(*iii*) विधानमण्डल के साथ जुड़ी हुई कार्यकारिणी की सर्वोच्च सत्ता।

लॉक के अनुसार, सर्वोच्च सत्ता सरकार में निवास करती है, परन्तु सरकार के पीछे और सरकार से उच्च जनसाधारण की सामूहिक सर्वोच्च शक्ति होती है अर्थात् राज्य में सर्वोच्च शक्ति एक नहीं दो प्रकार की होती है–एक सरकार की और दूसरी जनता की। दोनों सर्वोच्च शक्तियाँ एक साथ, एक समय पर तथा साथ-साथ प्रयुक्त नहीं होतीं अर्थात् सामान्य अवस्था में सर्वोच्च सत्ता सरकार द्वारा प्रयुक्त होती है।

सम्प्रभुता की एकलवादी धारणा

एकलवादी धारणा के अनुसार, समाज की समस्त शक्ति एक ही बिन्दु पर केन्द्रित होती है और वह बिन्दु राज्य है। राज्य की श्रेष्ठता की पहचान कानून के निर्माण तथा दण्ड के क्षेत्र में उसकी शक्तियों से की जा सकती है। अतः यह सिद्धान्त निरंकुश सरकार का सिद्धान्त बन जाता है। इस सिद्धान्त में यह ध्वनि निकलती है कि राज्य एक साध्य है और व्यक्ति उसके साधन। इस धारणा का परिणाम अन्तर्राष्ट्रीय राजनीति पर बहुत बुरा पड़ा है और इसने अन्तर्राष्ट्रीय जगत में अराजकता उत्पन्न कर दी है।

सम्प्रभुता की बहुलवादी धारणा

20वीं शताब्दी के आरम्भ के वर्षों में बहुलवाद का उदय एकलवाद के विरुद्ध प्रतिक्रिया के रूप में हुआ। बहुलवाद इस तथ्य में विश्वास करता है कि मनुष्य के सर्वांगीण विकास में सामाजिक स्तर पर विकसित अनेक प्रकार के

सम्बन्धों का अलग-अलग विशेष योगदान है। बहुलवादी, राज्य तथा समाज को भिन्न मानते हुए राज्य को सर्वोच्च स्वामी के स्थान से सेवक के स्थान पर लाने का प्रयास करता है।

सम्प्रभुसत्ता की विशेषताएँ–प्रो. गिलक्राइस्ट तथा प्रो. गार्नर ने प्रभुसत्ता की विशेषताओं को इस प्रकार बताया है–1. मौलिकता, 2. स्थायित्व, 3. निरंकुशता, 4. अपवर्जितता, 5. सर्वव्यापकता, 6. अवधिरहितता, 7. अविच्छेदता, 8. अविभाज्यता।

कानून एवं दण्ड के सिद्धान्त

कानून

आधुनिक युग में राज्य अपने उद्देश्यों की पूर्ति कानून और प्रशासन द्वारा करता है और कानून शान्तिपूर्ण परिवर्तन का एक प्रमुख साधन माना जाता है। साथ ही वह समाज में न्याय की व्याख्या करता है, इसलिए अनेक विद्वान कानून को राज्य का सार मानते हैं।

साधारणतः कानून से हमारा अभिप्राय उन नियमों से होता है, जिनका समाज की सुव्यवस्था के लिए व्यक्ति अपने आचरण में पालन करते हैं।

सामण्ड के अनुसार, "व्यापक अर्थ में कानून के अन्तर्गत सभी कार्य सम्बन्धी नियम आ जाते हैं।

हॉलैण्ड के अनुसार, "कानून मनुष्यों के बाह्य आचरण के वे व्यापक नियम हैं, जिन्हें सम्पूर्ण प्रभुत्वसम्पन्न राजनीतिक सत्ता लागू करती है।"

वुडरो विल्सन के अनुसार, "कानून निश्चित विचार तथा स्वभाव का वह अंश है, जिसे सरकार की शक्ति लागू करती है।"

कानून के प्रकार

संवैधानिक कानून–जिस कानून द्वारा राज्य स्वयं नियन्त्रित होता है और जिस कानून द्वारा राज्य जनता पर शासन करता है–प्रायः दोनों में भेद होता है। प्रथम संवैधानिक कानून, दूसरा साधारण कानून। "संवैधानिक कानून लिखित और अलिखित दोनों होते हैं तथा संवैधानिक कानून सरकार के विभिन्न अंगों के कर्त्तव्यों को निश्चित करता है, साथ ही शासक व शासितों के बीच सम्बन्ध निर्धारित करता है।"

राष्ट्रीय कानून–राष्ट्रीय सीमा के अन्तर्गत सभी व्यक्तियों, समुदायों एवं संस्थाओं के आचरण नियमित करने वाले कानून को राष्ट्रीय कानून कहा जाता है।

अन्तर्राष्ट्रीय कानून–अन्तर्राष्ट्रीय कानून नियमों का वह समूह है, जो विश्व के राज्यों के पारस्परिक सम्बन्धों की व्याख्या तथा उसका नियन्त्रण करता है।

प्रशासकीय कानून–कतिपय देशों में साधारण नागरिकों से पृथक् सरकारी कर्मचारियों के लिए अलग कानून होते हैं। इन कानूनों को प्रशासकीय कानून कहते हैं। फ्रांस में तो प्रशासकीय कानूनों की व्यवस्था विद्यमान है। यह कानून सरकारी कर्मचारियों और साधारण नागरिकों में भेद करता है।

संविधि कानून–यह वह कानून है, जिसे राज्य की व्यवस्थापिका बनाती है। भारत में संसद द्वारा निर्मित कानून को संविधि कानून कहा जाता है।

सार्वजनिक व वैयक्तिक कानून–सार्वजनिक कानून राज्य व व्यक्ति के सम्बन्ध को नियमित करते हैं। व्यक्तिगत कानून वे हैं, जो व्यक्ति के पारस्परिक सम्बन्ध को निर्धारित करते हैं।

कानून के स्रोत–1. रूढ़ि और प्रथा, 2. धर्म, 3. न्यायिक निर्णय, 4. वैज्ञानिक टीकाएँ, 5. औचित्य, 6. विधायन।

दण्ड

कानूनों का उल्लंघन करने पर दण्ड की प्रक्रिया आरम्भ होती है। संविधान में वर्णित विभिन्न नियमों एवं कानून का उल्लंघन करने पर अलग-अलग सजा का प्रावधान है। यह सजा न्यायालय द्वारा तय की जाती है।

कानून का शासन

ब्रिटिश न्यायवेत्ता ए.वी. डायसी ने अपनी कृति 'Introduction to the Study of the Law of the Constitution' में इंग्लैंड के संविधान को विधि के शासन की संज्ञा दी है।

डायसी के अनुसार, विधि के शासन में तीन अर्थ निहित हैं–

1. यहाँ कानून का प्रयोग करते समय निरंकुश शक्ति (arbitrary power) के प्रयोग की कोई गुंजाइश नहीं है। अतः कानून के उल्लंघन पर ही दण्ड दिया जाता है।
2. विधि का शासन सब नागरिकों को कानून के समक्ष समानता प्रदान करता है। सरकारी अधिकारियों या सरकारी कार्यवाही को साधारण कानून और न्याय व्यवस्था से किसी तरह की छूट या विमुक्ति प्राप्त नहीं होती है।
3. इंग्लैंड में विधि का शासन यह संकेत देता है कि यहाँ नागरिकों के अधिकार संविधान द्वारा सुरक्षित नहीं किए गए हैं, बल्कि देश के साधारण कानून में निहित उपचारों (remedies) के द्वारा उन्हें जो हितलाभ और स्वतन्त्रता प्रदान की गई है, वही यहाँ के संविधान का आधार भी है।

डायसी की दृष्टि में कानून के समक्ष समानता ब्रिटिश संविधान का मूल सिद्धान्त है। इसका अर्थ है कि नागरिकों के सभी वर्ग देश के साधारण कानून (ordinary laws of the land) से बँधे हैं और देश के साधारण न्यायालय ही इस कानून का प्रवर्तन करेंगे।

इंग्लैंड में जो विचार विधि के शासन की संकल्पना में निहित है, संयुक्त राज्य अमेरिका में वह समानान्तर कानून की यथोचित प्रक्रिया (due process of law) के रूप में व्यक्त हुआ है।

कानून की यथोचित प्रक्रिया के दो मुख्य पक्ष हैं–

1. **प्रक्रियात्मक क्षेत्र** के अन्तर्गत यह माँग की जाती है कि व्यक्ति के जो अधिकार राज्य की व्यवस्था पर आश्रित हैं, उनके प्रयोग के लिए निश्चित नियमों और कार्य-विधि का अनुसरण किया जाएगा।
2. **तात्त्विक क्षेत्र** के अन्तर्गत व्यक्ति की बुनियादी, वैयक्तिक और नागरिक स्वतन्त्रताओं को मान्यता दी जाती है।

कानून की यथोचित प्रक्रिया का सिद्धान्त दीवानी और फौजदारी दोनों तरह के मामलों पर लागू होता है। यदि कोई कानूनी कार्यवाही प्राकृतिक न्याय की शर्त पूरी नहीं करती, तो उसे कानून की यथोचित प्रक्रिया का उल्लंघन मान लिया जाता है।

न्याय

न्याय की अवधारणा है कि समाज परस्पर जुड़े रहें। सामाजिक व्यवस्था में प्रत्येक व्यक्ति का अपना न्यायोचित स्थान है, उस स्थान को प्राप्त करना ही न्याय है। आधुनिक दृष्टिकोण के अन्तर्गत न्याय का मुख्य सरोकार सामाजिक न्याय (Social Justice) से है।

सामाजिक न्याय मुख्यतः समाज के वंचित वर्गों (deprived sections) की दशा सुधारने की माँग करता है ताकि उन्हें सम्मानपूर्ण जीवन व्यतीत करने का अवसर मिल सके। अतः यह विचार समाज की सब मूल्यवान वस्तुओं की वितरण व्यवस्था पर पुनर्विचार की माँग करता है।

प्लेटो के अनुसार, ''न्याय मानव आत्मा की उचित अवस्था और मानवीय स्वभाव की प्राकृतिक माँग है।''

जे.एस. मिल के अनुसार, ''न्याय उन नैतिक नियमों का नाम है जो मानव जाति की कल्याण अवधारणाओं से सम्बन्धित है और इसलिए जीवन पथ-प्रदर्शन के लिए किसी भी अन्य नियम से अधिक महत्त्वपूर्ण है।''

न्याय के प्रमुख सिद्धान्त

न्याय के विभिन्न सिद्धान्तों में निम्नलिखित हैं–

1. दार्शनिक सिद्धान्त, 2. कानूनी सिद्धान्त, 3. प्राकृतिक सिद्धान्त, 4. मार्क्सवादी सिद्धान्त, 5. समुदायवादी सिद्धान्त।

स्वतन्त्रता

औपचारिक दृष्टि से स्वतन्त्रता की संकल्पना प्रतिबन्ध के अभाव का संकेत देती है। प्राचीन काल में ग्रीक विचारकों ने स्वतन्त्रता को सामाजिक व्यक्ति की गतिविधि माना था। सुकरात कानूनों का पालन करने को ही स्वतन्त्रता मानते थे। पेरीक्लीज ने पूर्ण नागरिक का विकास तथा राजनीतिक गतिविधि में भाग लेने को ही स्वतन्त्रता माना है। नकारात्मक स्वतन्त्रता का अभिप्राय यह है कि कोई व्यक्ति कुछ करना चाहे तो उसे वैसा करने से रोका न जाए। इस तरह की स्वतन्त्रता को औपचारिक स्वतन्त्रता (Formal liberty) भी कहा जाता है। यह केवल अनुमति का सूचक है।

नकारात्मक स्वतन्त्रता के प्रमुख समर्थक हैं–**मिल, बर्लिन, फ्रीडमैन, लॉस्की, डी. टाकविले, स्पेन्सर, केसटब** आदि।

सकारात्मक स्वतन्त्रता या तात्विक स्वतन्त्रता का अर्थ है कि कमजोर वर्गों की सामाजिक और आर्थिक असमर्थताओं को दूर करने हेतु ठोस प्रयास किए जाएँ ताकि, सबको अपने सुख की साधना का उपयुक्त अवसर मिल सके।

सकारात्मक स्वतन्त्रता के प्रमुख समर्थक हैं–**मैकफर्सन, लॉस्की, रूसो, ग्रीन, लियो स्ट्रॉस, हीगल, बोसांके, बार्कर** आदि।

राजनीतिक, नागरिक या कानूनी स्वतन्त्रता नकारात्मक स्वतन्त्रता है।

सामाजिक तथा आर्थिक स्वतन्त्रता सकारात्मक स्वतन्त्रता है। नकारात्मक स्वतन्त्रता के समय राज्य अपने पर केवल संयम रखता है, जबकि सकारात्मक स्वतन्त्रता उन प्रतिबन्धों और विवशताओं को हटाने की माँग करती है, जो सामाजिक व्यवस्था स्थापित कर सकें।

स्वतन्त्रता के विविध रूप–प्राकृतिक स्वतन्त्रता, व्यक्तिगत स्वतन्त्रता, नागरिक स्वतन्त्रता, आर्थिक स्वतन्त्रता, राष्ट्रीय स्वतन्त्रता, नैतिक स्वतन्त्रता, अन्तर्राष्ट्रीय स्वतन्त्रता।

अर्नेस्ट बॉर्कर के अनुसार, नागरिक स्वतन्त्रता में तीन बातें आती हैं–दैहिक स्वतन्त्रता, बौद्धिक स्वतन्त्रता और व्यावहारिक स्वतन्त्रता।

स्वतन्त्रता के संरक्षण के उपाय हैं–विशेषाधिकारों का अन्त, लोकतान्त्रिक शासन, मौलिक अधिकार, स्वतन्त्र न्यायपालिका, शक्ति पृथक्करण, विधि का शासन, स्वतन्त्र एवं निष्पक्ष प्रेस, सतत जागरूकता, आर्थिक समानता, सशक्त प्रतिपक्ष आदि।

स्वतन्त्रता के नकारात्मक एवं सकारात्मक पक्ष

बर्लिन ने यह तर्क दिया है कि राज्य केवल व्यक्ति की नकारात्मक स्वतन्त्रता की रक्षा कर सकता है। सकारात्मक स्वतन्त्रता की रक्षा करना राज्य के कार्यक्षेत्र में नहीं आता।

हेयक के अनुसार, ''मनुष्य को स्वतन्त्रता तब प्राप्त होती है जब वह किसी दूसरे की निरंकुश इच्छा (Arbitrary will) के द्वारा विवश या बाध्य न हो।'' इस स्वतन्त्रता को **हेयक** ने 'वैयक्तिक स्वतन्त्रता' की संज्ञा दी है।

हेयक ने स्वतन्त्रता को तीन अन्य धारणाओं से पृथक् करने का सुझाव दिया है, जो निम्न हैं–

(i) राजनीतिक स्वतन्त्रता, (ii) आन्तरिक स्वतन्त्रता तथा (iii) शक्ति रूपी स्वतन्त्रता।

समानता

समानता की धारणा एक ओर स्वतन्त्रता के सिद्धान्त और दूसरी ओर न्याय के सिद्धान्त के एक समन्वय का निर्माण करती है। इसी कारण समानता के विभिन्न विचारकों तथा क्रान्तिकारियों ने इसे अपनी स्वतन्त्रता तथा सामाजिक परिवर्तन के आन्दोलनों का अभिन्न अंग माना।

सरल अर्थ में, समानता सब व्यक्तियों को समाज में उनके व्यक्तित्व के विकास के लिए समान अवसर प्राप्त होना है।

लॉस्की ने समानता के निम्न अर्थ बताए हैं–

(*i*) समाज में सारी विशेष सुविधाओं का अन्त।

(*ii*) समाज के दरवाजे सभी व्यक्तियों के लिए समान रूप से खुले हों तथा उन पर कोई प्रतिबन्ध न हो।

(*iii*) पैतृक एवं वंशानुगत परिस्थितियों के कारण स्थापित असमानताएँ अनुचित हैं।

(*iv*) सभी नागरिकों को बिना भेदभाव के समान अवसर प्राप्त हों।

(*v*) समाज में आर्थिक एवं सामाजिक शोषण का अन्त हो।

रूसो के अनुसार, मनुष्यों में दो प्रकार की विषमताएँ पाई जाती हैं।

प्राकृतिक विषमता–यह वस्तुस्थिति का विवरण देती है जैसे–मनुष्य की आयु, स्वास्थ्य, सौन्दर्य, बाहुबल, बुद्धि आदि। ये प्रायः अटल हैं।

परम्परागत विषमता–यह धन-सम्पदा, पद-प्रतिष्ठा और शक्ति की भिन्नताओं को सूचित करती है। ये सामाजिक व्यवस्था की देन हैं और ये परिवर्तनीय हैं।

समानता की सकारात्मक संकल्पना भेदभाव अवश्य स्वीकार करती है, शर्त यह है कि यह भेदभाव समानता की पुष्टि करे, उसका हनन न करे। सकारात्मक समानता की सबसे प्रमुख माँग यह है कि एक प्रमुख वर्ग को अपनी सम्पदा के बल पर दूसरों का शोषण करने से रोके

समानता का विकास

आधुनिक युग के आरम्भ में समानता की माँग पहले-पहल कानूनी समानता के रूप में उठी। इस समानता के समर्थक रूसो थे, जिन्होंने समानता के अन्तर्गत समाज के सभी व्यक्तियों को जन्म, दैहिक या मानसिक क्षमताओं तथा अन्य विभिन्नताओं के बावजूद समान कानूनी हैसियत प्रदान करने सम्बन्धी माँग उठाई।

रूसो ने अपने निबन्ध 'Discovers on the Origin of Inequality' में समानता की जोरदार संस्तुति की और उन्होंने असमानता को सम्पत्ति तथा सभ्यता के उदय के साथ जोड़ा।

अमेरिकी तथा फ्रांसीसी क्रान्तियों ने समानता के दर्शन को महत्त्वपूर्ण स्थान दिया।

जैफरसन ने स्वतन्त्रता, समानता और बन्धुत्व का नारा दिया।

बीसवीं शताब्दी में राष्ट्रीय समानता की माँग उठी।

समानता के विभिन्न प्रकार

समानता के निम्नलिखित प्रकार हैं–

- प्राकृतिक समानता
- सामाजिक समानता
- राजनीतिक समानता
- कानूनी समानता
- आर्थिक समानता
- अन्तर्राष्ट्रीय समानता।

समानता का मार्क्सवादी दृष्टिकोण

समानता के मार्क्सवादी दृष्टिकोण में सम्पूर्ण विषय का अध्ययन वर्ग-संघर्ष के सन्दर्भ में किया गया है।

वर्ग-संघर्ष के बोझ से दबे समाज में समानता का अस्तित्व सम्भव नहीं है।

'सम्पन्नों का वर्ग' ही सारी समानता का उपभोग करता है, जो निर्धन, निर्बल एवं पिछड़े वर्गों को उपलब्ध नहीं होती।

सम्पूर्ण मार्क्सवादी दर्शन का एकमात्र उद्देश्य है–असमानता के कारकों, विशेषाधिकारों तथा प्रस्थिति सम्बन्धी अन्तरों को स्पष्ट एवं नष्ट करना।

मार्क्स और एंगेल्स ने समानता पर स्पष्ट विचार व्यक्त नहीं किए हैं।

मार्क्सवादी दर्शन के अनुसार, पूँजीवादी समाज में आर्थिक असमानता का बोलबाला रहता है। मार्क्सवाद इसे समाप्त कर वर्गविहीन एवं राज्यविहीन समाज की स्थापना करना चाहता है।

मार्क्स के वर्गविहीन समाज में सामाजिक-आर्थिक समानता का आधार सुप्रसिद्ध साम्यवादी नारा होगा–'प्रत्येक से उसकी क्षमता के अनुसार, प्रत्येक को उसकी आवश्यकता के अनुसार।'

मार्क्स ने सर्वांगीण अथवा पूर्ण समानता का समर्थन नहीं किया है।

स्वतन्त्रता एवं समानता में सम्बन्ध

अठारहवीं शताब्दी के अन्त में फ्रांसीसी क्रान्ति के समय स्वतन्त्रता एवं समानता को परस्पर सहयोगी व पूरक माना गया।

उन्नीसवीं शताब्दी में स्वतन्त्रता-समानता में अन्तर्विरोध स्पष्ट हो गया और यह धारणा बनी कि लोकतन्त्र का विस्तार समानता को जितना बढ़ावा देता है, स्वतन्त्रता के लिए उतना ही बड़ा खतरा पैदा कर देता है।

टाकविले ने समानता के सिद्धान्त का खण्डन नहीं किया, बल्कि उसने केवल यह चेतावनी दी है कि विचारों की अभिव्यक्ति के क्षेत्र में समानता की माँग को इस हद तक बढ़ावा नहीं देना चाहिए कि वह स्वतन्त्रता के दमन का साधन बन जाए।

बर्लिन ने वर्तमान सामाजिक-आर्थिक विषमताओं के निराकरण को राज्य के कार्य क्षेत्र से बाहर रखते हुए समानता के दावे को अस्वीकार कर दिया।

अधिकार

अधिकार व्यक्तिगत एवं सामाजिक जीवन के विकास की मूलभूत शर्त है। अधिकार, राज्य के अन्तर्गत व्यक्ति को प्राप्त होने वाली ऐसी अनुकूल परिस्थिति और अवसर है, जिससे उसे आत्मविकास में सहायता मिलती है।

वास्तव में अधिकार इस बात का प्रमाण है कि राज्य में व्यक्ति के महत्त्व को स्वीकार किया जाता है। जिस राज्य में व्यक्ति की गरिमा (dignity) को स्वीकार नहीं किया जाता, उसमें व्यक्ति के कोई अधिकार नहीं होते।

लॉस्की के अनुसार, "अधिकार सामाजिक जीवन की वैसी परिस्थितियाँ हैं, जिसके बिना कोई मनुष्य अपना पूर्ण विकास नहीं कर सकता।"

बोसांके के अनुसार, "अधिकार वह माँग है, जिसे समाज स्वीकार करता है और लागू करता है।"

हॉलैण्ड के मतानुसार, "अधिकार एक मनुष्य की दूसरों के कार्यों पर प्रभाव डालने की शक्ति है, जिसका आधार उसकी अपनी नहीं बल्कि समाज की शक्ति है।"

ऑस्टिन के मतानुसार, "अधिकार सामाजिक जीवन की वह शक्ति है, जिसके द्वारा वह दूसरों से काम करा लेता है अथवा दूसरों को काम करने से रोक सकता हैं।"

मेकन के अनुसार, "अधिकार सामाजिक हित की वे लाभप्रद परिस्थितियाँ हैं, जो नागरिक के उचित विकास के लिए अत्यन्त आवश्यक हैं।"

अधिकार दो प्रकार के होते हैं–नकारात्मक और सकारात्मक। राज्य में व्यक्ति की जो गतिविधियाँ राज्य द्वारा प्रतिबन्धित नहीं होतीं, वे नकारात्मक अधिकार हैं; जैसे–विचार एवं अभिव्यक्ति के अधिकार आदि। सकारात्मक अधिकार यह संकेत देते हैं कि व्यक्ति के आत्मविकास में सहायता देने के लिए राज्य की ओर से क्या-क्या व्यवस्था की गई है; जैसे–चिकित्सा का अधिकार, रोजगार का अधिकार, कानूनी सहायता का अधिकार आदि।

अधिकारों की प्रकृति

अधिकारों की प्रकृति को निम्न प्रकार से स्पष्ट किया जा सकता है।

1. अधिकार समाज में ही पाए जाते हैं।
2. अधिकार और नैतिकता में घनिष्ठ सम्बन्ध है।
3. अधिकार सर्वव्यापक होते हैं।
4. अधिकार और कर्त्तव्य साथ-साथ रहते हैं।
5. अधिकार असीमित नहीं होते।
6. अधिकारों को राज्य लागू करता है।
7. अधिकार परिवर्तनशील होते हैं।

अधिकारों का प्राकृतिक सिद्धान्त

यह अधिकारों का सबसे प्राचीन सिद्धान्त है। यह सिद्धान्त प्राचीन रोम के प्राकृतिक कानून की विचारधारा पर आधारित है। इस सिद्धान्त की मान्यताओं के अनुसार, कुछ अधिकार प्रकृति प्रदत्त होते हैं। ये सार्वभौम, विवेकपूर्ण, अदेय तथा मौलिक होते हैं।

इस सिद्धान्त के प्रमुख समर्थक–**हॉब्स, लॉक, रूसो, मिल्टन, वाल्टेयर, टॉमस पेन, स्पेन्सर, एडम स्मिथ, रॉबर्ट नॉजिक, ऑयरैण्ड** आदि हैं।

लॉक ने जीवन, स्वतन्त्रता तथा सम्पत्ति के अधिकार को प्राकृतिक अधिकार माना।

हॉब्स ने जीवन के अधिकार को प्राकृतिक अधिकार माना है।

इस सिद्धान्त के प्रमुख आलोचक हैं–**रिची, गिलक्राइस्ट** तथा **बेन्थम।**

कानूनी अधिकार सिद्धान्त

इस सिद्धान्त के अनुसार अधिकार राज्य की देन तथा कानून की उपज है। यह सिद्धान्त प्राकृतिक सिद्धान्त के विपरीत है।

अधिकार व्यक्ति की माँग है।

कानूनों की मान्यता तथा राज्य के संरक्षण के बिना अधिकार स्थापित नहीं होते।

इस सिद्धान्त के प्रमुख समर्थक हैं–हॉब्स, बेन्थम, ऑस्टिन, सामण्ड और रिची। इस सिद्धान्त का सर्वश्रेष्ठ व्याख्याकार **ऑस्टिन** है। उसके अनुसार, प्रत्येक अधिकार चाहे ईश्वरीय, वैधानिक अथवा नेक हो, एक सापेक्ष कर्तव्य पर निर्भर है।

ऐतिहासिक या रीतिबद्ध सिद्धान्त

इस सिद्धान्त के अनुसार अधिकार इतिहास की देन हैं। जब रीति-रिवाज किसी रूप में स्थिर हो जाते हैं तब, अधिकारों का जन्म होता है।

इस सिद्धान्त के मुख्य प्रवर्तक **एडमण्ड बर्क** हैं। **बर्क** ने प्राकृतिक अधिकारों पर प्रहार किया है तथा यह तर्क दिया है कि सभ्य समाज के आविर्भाव से पहले जिन अधिकारों के अस्तित्व की कल्पना की जाती है, उन्हें सभ्य समाज में लागू करना एक भूल है।

इसके समर्थकों में **रिची** तथा **मैकाइवर** प्रमुख हैं।

नैतिक या आदर्शवादी सिद्धान्त

इस सिद्धान्त के अनुसार अधिकार, मनुष्य के नैतिक व्यक्तित्व का परिणाम हैं। इसी कारणवश इसे अधिकार का व्यक्तित्व सिद्धान्त कहते हैं।

इसकी सर्वोत्तम प्रस्तुति ग्रीन के राजनीतिक दर्शन में मिलती है।

हीगल, कान्ट, बोसांके और रूसो इन सिद्धान्त के प्रमुख प्रवक्ता हैं।

ग्रीन की मान्यताएँ हैं–अधिकार मनुष्य के आन्तरिक विकास की बाह्य अवस्थाएँ हैं। ग्रीन अधिकार की उत्पत्ति के स्थान पर उसके स्वरूप और उद्देश्य की व्याख्या पर अधिक बल देता है।

सामाजिक कल्याण सिद्धान्त

इस सिद्धान्त के समर्थकों के मतानुसार अधिकारों का आधार सामाजिक कल्याण है। व्यक्ति को अधिकार समाज में ही मिलते हैं और उनका प्रयोग सामाजिक कल्याण के लिए ही होना चाहिए।

बेन्थम तथा जे.एस. मिल इसके मुख्य समर्थक थे।

लॉस्की के अधिकार सम्बन्धी विचार

लॉस्की ने तर्क दिया कि अधिकार राज्य की देन नहीं हैं, बल्कि उनका स्थान राज्य की सत्ता से ऊँचा है। लॉस्की का मुख्य सरोकार अधिकारों के नैतिक आधार से है। लॉस्की के अनुसार, न्यायपूर्ण समाज में राजनीतिक, सामाजिक और आर्थिक तीनों तरह के अधिकार प्रदान किए जाते हैं।

व्यक्ति की स्वतन्त्रता को सार्थक बनाने के लिए, रोजगार का अधिकार सर्वथा आवश्यक है। लॉस्की ने समस्त नागरिकों के लिए भाषण और अभिव्यक्ति की स्वतन्त्रता का प्रबल समर्थन किया है। इसमें सरकार की आलोचना की स्वतन्त्रता भी शामिल है, जो लोकतन्त्र की आधारशिला है।

विशेष अधिकारों में लॉस्की आर्थिक अधिकारों; जैसे–काम, पर्याप्त मजदूरी, काम के उचित घंटों के अधिकार आदि पर विशेष बल देते हैं। वे कहते हैं कि राजनीतिक अधिकारों तथा शिक्षा के अधिकार को सीमित किया जाना चाहिए।

अधिनायक तन्त्र

अधिनायक तन्त्र में शासन की बागडोर एक व्यक्ति के हाथ में निहित होती है। वह अपनी शक्तियों का प्रयोग अपनी इच्छानुसार करता है और वह किसी के प्रति उत्तरदायी नहीं होता। जब तक उसके हाथ में शासन-शक्ति रहती है, तब तक वह अपने पद पर बना रहता है।

प्रथम विश्वयुद्ध के बाद यूरोप के अधिकांश देशों में प्रजातन्त्र वहाँ की समस्याओं को हल करने में पूर्णतया असफल रहा, जिसके परिणामस्वरूप अनेक देशों में तानाशाही का प्रादुर्भाव हुआ। जर्मनी और इटली ने तानाशाही का नेतृत्व किया। **फोर्ड** ने अधिनायक तन्त्र की परिभाषा देते हुए कहा है, "अधिनायक तन्त्र राज्य के अध्यक्ष के द्वारा गैर-कानूनी शक्ति प्राप्त करना है।"

अधिनायक तन्त्र के गुण

अधिनायक तन्त्र में निम्नलिखित गुण पाए जाते हैं–

दृढ़ तथा स्थिर सरकार–अधिनायक तन्त्र शासन-व्यवस्था में शासन दृढ़ तथा स्थिर होता है। शासन की सभी शक्तियाँ एक ही व्यक्ति में निहित होती हैं। शक्ति के आधार पर ही तानाशाही सरकार स्थापित की जाती है। तानाशाह अपने पद के लिए किसी पर निर्भर नहीं करता है। उसे न तो चुनाव लड़ने पड़ते हैं और न ही वह किसी के प्रति उत्तरदायी होता है। वह अपने संकल्प पर दृढ़ रहता है। इससे शासन में स्थिरता आती है, जिससे शासन की नीति में निरन्तरता बनी रहती है।

राष्ट्रीय चरित्र का निर्माण–अधिनायक तन्त्र में राज्य के विरुद्ध व्यक्ति के कोई अधिकार नहीं होते। इसमें राज्य को ही सर्वोपरि माना जाता है। अतः इसके अन्तर्गत नवयुवकों में देशभक्ति, आत्म-त्याग तथा बलिदान की भावनाएँ भरी जाती हैं। अधिनायक तन्त्र में राष्ट्रीय चरित्र के निर्माण पर अधिक बल दिया जाता है।

राष्ट्रीय एकता–अधिनायक तन्त्र में शासक का अपनी जनता पर पूर्ण नियन्त्रण होता है। जनता को चुनाव, भाषण, आलोचना आदि के अधिकार नहीं मिलते, जिससे परस्पर संघर्ष या प्रतिस्पर्द्धा की सम्भावना नहीं रहती। तानाशाह हर समय युद्ध का वातावरण बनाए रखते हैं। इन बातों से सब लोगों में एकता और देशभक्ति की भावना तीव्र हो उठती है।

राष्ट्र के सम्मान में वृद्धि–अधिनायक तन्त्र व्यवस्था में शक्तिशाली सरकार की स्थापना की जाती है, जिससे राष्ट्र की शक्ति बढ़ती है, फलस्वरूप राष्ट्र का सम्मान बढ़ता है। हिटलर और मुसोलिनी ने जर्मनी और इटली की बहुमुखी उन्नति करके उसे विश्व में बड़ी शक्ति बना दिया था।

मितव्ययी प्रशासन–प्रजातन्त्र में करोड़ों रुपये खर्च किए जाते हैं और राज्यों में दर्जनों मन्त्री, गवर्नर व सैकड़ों संसद-सदस्य होते हैं, जबकि तानाशाही में एक व्यक्ति का शासन होता है। तानाशाही में चुनाव नहीं होते जिससे करोड़ों रुपयों की बचत होती है।

शासन में कुशलता–अधिनायक उच्च पदों पर योग्य व्यक्तियों को नियुक्त करता है और शासन में घूसखोरी, लाल फीताशाही तथा पक्षपात को समाप्त करता है। वह आवश्यकतानुसार निर्णय लेता है तथा शासन की नीति को शीघ्रता से लागू करता है जिससे शासन में कुशलता आती है।

अधिनायक तन्त्र के दोष

शक्ति और हिंसा पर आधारित–अधिनायक तन्त्र शासन शक्ति पर आधारित होता है। इसमें शक्ति और हिंसात्मक साधनों को अधिक महत्त्व दिया जाता है। यह शक्ति व हिंसा का सिद्धान्त जनहित के विरुद्ध होता है।

अन्तर्राष्ट्रीयता का विरोध–आज का युग अन्तर्राष्ट्रीयता का युग है। एक देश दूसरे देश के सहयोग पर निर्भर रहता है, परन्तु तानाशाही व्यवस्था अन्तर्राष्ट्रीयता में विश्वास नहीं करती। **मुसोलिनी** तथा **हिटलर** ने राष्ट्र संघ (League of Nations) को असफल बनाने के भरसक प्रयत्न किए। अधिनायक तन्त्र अन्तर्राष्ट्रीय शान्ति के लिए खतरा है।

व्यक्ति को महत्त्व नहीं–अधिनायक तन्त्र में व्यक्ति को कोई महत्त्व नहीं दिया जाता है। तानाशाही में राज्य को साध्य तथा व्यक्ति को साधन माना जाता है। शासन का उद्देश्य व्यक्ति का विकास न होकर राज्य का विकास करना होता है।

नागरिकों के अधिकार तथा स्वतन्त्रता का अभाव–अधिनायक तन्त्र में नागरिकों को अधिकार तथा स्वतन्त्रताएँ प्राप्त नहीं होतीं। अधिकारों के बिना व्यक्ति अपने व्यक्तित्व का विकास नहीं कर सकता। इस शासन-प्रणाली में व्यक्तिगत स्वतन्त्रता को समाप्त कर दिया जाता है, फलस्वरूप व्यक्ति का विकास अवरुद्ध हो जाता है।

विस्तारवादी नीति–अधिनायक तन्त्र साम्राज्यवाद में विश्वास करता है। तानाशाह सदैव विस्तारवादी नीति अपनाता है। **मुसोलिनी** कहा करता था, "इटली का विस्तार करो या मिट जाओ।" विस्तार की नीति से युद्धों का उदय होता है। इतिहास इस बात का प्रमाण है कि तानाशाह सदैव युद्ध में लगे रहते हैं।

चरित्र-विकास में बाधक–अधिनायक साधनों के औचित्य-अनौचित्य नहीं देखता। वह तो अपने इच्छित उद्देश्य के लिए किसी भी साधन को ग्रहण नहीं कर सकता है। ऐसा शासन कभी भी अपने नागरिकों के चरित्र-निर्माण में सहायक नहीं हो सकता। इससे तो लोगों के व्यक्तित्व का विकास अवरुद्ध हो जाता है।

प्रजातन्त्र

प्रजातन्त्रीय शासन प्रणाली में शासन या सत्ता का अन्तिम सूत्र जनसाधारण के हाथों में रहता है, जिससे सार्वजनिक नीति जनता की इच्छा के अनुसार और जनता के हित साधन के उद्देश्य से बनाई जाए और क्रियान्वित की जाए।

प्रजातन्त्र का आदर्श समानता का सिद्धान्त है।

ऑस्टिन के अनुसार, "प्रजातन्त्र वह शासन जिसमें जनता का अपेक्षाकृत बड़ा भाग शासन करता है।"

सीले के अनुसार, "प्रजातन्त्र वह शासन है जिसमें प्रत्येक मनुष्य भाग लेता है।"

अब्राहम लिंकन के अनुसार, "प्रजातन्त्र का अर्थ प्रजा का शासन, प्रजा के लिए और प्रजा के द्वारा होता है।"

प्रजातन्त्र की आधुनिक अवधारणा

डायसी ने प्रजातन्त्र को ऐसी शासन प्रणाली माना है, जिसमें विधि निर्माण बहुमत से निर्धारित होता है। चूँकि प्रजातन्त्र एकसार नहीं होता, इसलिए उसमें एकसार कानून भी नहीं बनाए जाते।

ब्राइस ने प्रजातन्त्र को मुख्यतः एक शासन प्रणाली के रूप में प्रस्तुत किया है तथा कहा है कि किसी भी शासन की कसौटी 'जन कल्याण' है।

प्रजातन्त्र के प्रकार

सामान्यतया लोकतन्त्र के निम्न दो प्रकार होते हैं।

प्रत्यक्ष–लोकतन्त्र की प्रत्यक्ष प्रणाली में जनता एवं सरकार एक होती है और इनमें कोई अन्तर नहीं होता, इसमें किसी महत्त्वपूर्ण समस्या पर जनता ही निर्णय करती है। इस प्रणाली में जनता और व्यवस्थापिका का पृथक्करण नहीं होता है, जनता को प्रशासन से प्रत्यक्ष रूप से सम्बद्ध करने हेतु लोक निर्णय, जनमत संग्रह आदि का सहारा लिया जाता है। यह लोकतन्त्र का आदर्श रूप है, छोटे राष्ट्रों में ही इसका अस्तित्व सम्भव है। वर्तमान में स्विट्ज़रलैण्ड में प्रत्यक्ष लोकतन्त्र है।

अप्रत्यक्ष–इसे **प्रतिनिधिमूलक** के नाम से भी जाना जाता है। इसमें मतदाता सरकार पर प्रत्यक्ष रूप से नियन्त्रण रखते हैं। इस व्यवस्था में प्रतिनिधियों का निर्वाचन महत्त्वपूर्ण होता है क्योंकि जनता द्वारा चुने गए ये प्रतिनिधि ही स्वतन्त्र निर्णय द्वारा कानून का निर्माण करते हैं। इसमें जनता की इच्छा तथा अभिव्यक्ति निर्वाचित प्रतिनिधियों के माध्यम से व्यक्त होती है।

प्रजातन्त्र के गुण

सत्ता के दुरुपयोग की रोकथाम–सत्ताधारी के हाथों में निरंकुश सत्ता न दी जाए, उस पर सर्वसाधारण का अंकुश और सार्थक नियन्त्रण रहे। लोकतन्त्र सभी नागरिकों के मत को बराबर अहमियत देता है।

शासन के कार्य में जनसाधारण के सहयोग की आशा।

सार्वजनिक विषयों की स्वतन्त्र चर्चा से जन-शिक्षा को प्रोत्साहन–यह प्रशासनिक प्रश्नों में जनता की रुचि जगाता है, उसे उपयुक्त जानकारी देता है और स्वस्थ राय बनाने में उसकी सहायता करता है।

परस्पर सद्भावना और सम्मान का विस्तार–लोकतन्त्र लोगों को उदार बनाता है, इससे मनुष्य दूसरों के विचार और भावनाओं का सम्मान करना सीखता है जिससे उसका विकास होता है।

देशभक्ति की भावना का संचार–लोकतन्त्र का आदर्श समानता का सिद्धान्त है और सच्चे अर्थों में समानता की स्थापना होने पर विद्रोह का मूल कारण समाप्त हो जाता है।

प्रजातन्त्र के दोष

अयोग्य का शासन–लोकतन्त्र में अनपढ़, गैर-जिम्मेदार व्यक्ति के मत को अहमियत देने से भीड़तन्त्र को बढ़ावा मिलता है। इससे गुणवत्ता की जगह परिमाण को प्रमुखता दी जाती है। इसमें मत गिने जाते हैं, तौले नहीं जाते। इससे विवेक और प्रतिभा की उपेक्षा होती है।

बहुमत आधारित तानाशाही–लोकतन्त्र में भ्रष्ट नेता जनता की भावनाओं से खिलवाड़ कर वोट बटोर लेते हैं और फिर स्वार्थों को बढ़ावा देते हैं।

खर्चीला एवं अकुशल शासन–पेशेवर राजनीतिज्ञों एवं पूँजीपतियों का शासन, उग्र दलबन्दी, संकटकाल के लिए अनुपयोगी।

❑❑❑

अध्याय-4

राजनीतिक दार्शनिक

प्लेटो

1. न्याय का सिद्धांत

ग्रीक राजनीतिक चिंतन के इतिहास में प्लेटो एक उच्चकोटि का आदर्शवादी राजनीतिक विचारक तथा नैतिकता का एक महान पुजारी था। प्लेटो की न्याय धारणा, ऐथन्स की तत्कालीन सामाजिक एवं राजनीतिक बुराइयों, जिनमें लोकतंत्र के नाम पर धनिकतंत्र का प्रभाव एवं शक्ति राजनीति की उथल-पुथल की गम्भीर समस्याओं का आदर्शवादी समाधान है। चूँकि सुकरात की मृत्यु से प्लेटो का ह्रदय लोकतंत्र से भर गया था। अतः अपनी न्याय धारणा के आधार पर प्लेटो एक ऐसे शासनतंत्र की कल्पना करने लगा, जिसका संचालन श्रेष्ठ व्यक्तियों द्वारा होता हो। अतः न्याय क्या है? यह प्लेटो की मुख्य समस्या रही है और इसी समस्या के समाधान के लिए 40 वर्ष की अवस्था में प्लेटो ने 'The Republic' की रचना की, जिसका उप-शीर्षक 'Concerning Justice' या "न्याय के संबंध में।"

प्लेटो ने आदर्श राज्य का निर्माण ही एक निश्चित उद्देश्य से किया, और वह उद्देश्य एक ऐसी राजनीतिक व्यवस्था की स्थापना करना है, जिसमें सभी वैयक्तिक, सामाजिक व राजनीतिक संस्थाएँ न्याय से अनुप्रमाणित हो। **इबन्स्टीन** के अनुसार, "प्लेटो के न्याय संबंधी विवेचन में उनके राजनीतिक दर्शन के सभी तत्व सम्मिलित हैं।"

'रिपब्लिक' में उनकी न्याय की खोज के दो रूप हो जाते हैं। पहला रूप उनका व्यक्तिगत न्याय का है और दूसरा रूप सामाजिक न्याय का है। इस प्रसंग में प्लेटो ने आलोचक व दार्शनिक दोनों के ही रूप में कार्य किया हैं, क्योंकि अपने से पूर्ववर्ती विचारकों के न्याय संबंधी विचारों की आलोचना करते हुए उन्होने न्याय के अपने सिद्धांत का प्रतिपादन किया है।

प्लेटो के अनुसार न्याय सामाजिक एवं व्यक्ति जीवन की केन्द्रीय समस्या है। इसलिए प्लेटो उन झूठे विचारों को जिन्हें सर्वसाधारणा की भूल से सोफिस्टो की शिक्षा ने कपटपूर्वक फैला रखा था, हटाकर सच्ची न्याय प्रतिष्ठा की स्थापना करता है जिसके लिए प्लेटो रिपब्लिक में वार्ता शैली के साथ-साथ Inductive Method और Inductive Method का प्रयोग करके सभी परम्परागत सिद्धांतों की तर्क के आधार पर आलोचना करता है।

प्लेटो का न्याय सिद्धांत : प्लेटो के न्याय सिद्धांत को सैद्धान्तिक और दार्शनिक कल्पना (i) (Theoretical and Philosophical Assumption) तथा (ii) वास्तविक निर्माणकारी न्याय (Actual Construction of Justice) में बांटा जा सकता है क्योंकि प्लेटो पहले इस बात को स्पष्ट करता है कि न्याय क्या है? और फिर उसे आदर्श राज्य में किस प्रकार से प्राप्त किया जा सकता है।

दार्शनिक तथा सैद्धांतिक आधार : रिपब्लिक का मूल विचार यह है कि 'सदगुण ही ज्ञान है' प्लेटो के अनुसार इसका अभिप्राय यह है कि संसार में कुछ वस्तुपूरक सत्य हैं जो सार्वभौमिक, अपरिवर्तनीय एवं भावात्मक हैं।

यह सम्पूर्ण ब्रह्माण्ड को क्रियांवित करने वाली केन्द्रीय बिन्दु हैं जिससे ब्रह्माण्ड में अनुरूपता, सामंजस्यता एवं भव्यता बनी रहती है। प्लेटो का कहना है कि हम सत्य को तभी समझ सकते हैं जबकि हमें सांसारिक वास्तविकता का नहीं, अपितु सामंजस्यता का ज्ञान हो। अतः सच्चा ज्ञान वह जो ब्रह्माण्ड की सामंजस्यता का ज्ञान दे सके और सदगुण वह है जो इस ब्रह्माण्ड की सामंजस्यता के ज्ञान को व्यक्तिगत एवं सामाजिक जीवन में लाकर सम्पूर्ण सामंजस्यता की ओर पहुंचा सके।

इसी आधार पर प्लेटो कहता है कि न्याय मानवीय सद्गुण का अंग है और किसी मनुष्य में सद्गुण की वह विशेषता है जो उसे मानव बनाती है और उसे उत्तमतः प्रदान करती है। प्लेटो सद्गुणों में तीन मुख्य तत्त्वों– 1. बुद्धि 2. साहस, और 3. वासना में बांटता है जिसमें बुद्धि ज्ञान का, साहस भावना का तथा वासना भूख का प्रतीक है। प्लेटो का कहना है कि यदि इन तीनों तत्त्वों का किसी व्यक्ति की आत्मा में समन्वय किया जाए तो वह व्यक्ति न्यायी बन जाएगा। अतः प्लेटो न्याय को बाह्य नहीं वरन् आत्मा की आंतरिक व्याख्या बताता है और कहता है कि न्याय आत्मा से संबंधित है, जो छोटे रूप में व्यक्ति की आत्मा में है और बड़े रूप में राज्य में। व्यक्ति की आत्मा के तीन गुणों–1. बुद्धि, 2. साहस, और 3. वासना के आधारों पर वह राज्य में तीन वर्ग बनाता है।

1. शासक (बुद्धि) 2. सैनिक (साहस) 3. उत्पादक (वासना) और अपने विचारों को विस्तारक रूप देते हुए न्याय के सिद्धांत का प्रतिपादन करता है।

प्लेटो के न्याय सिद्धांत की प्रमुख विशेषताएं- प्लेटो की न्याय संबंधी अवधारणा की प्रमुख विशेषताएं निम्न प्रकार हैं–

1. **आंतरिक न्याय :** प्लेटो का न्याय बाह्य न होकर आंतरिक है। यह किसी बाह्य शक्ति द्वारा किसी पर आरोपित न किया जाकर व्यक्ति की आत्मा की प्रतिध्वनि है।
2. **दूसरे के कार्य में अहस्तक्षेप का सिद्धांत :** प्रत्येक वर्ग के कार्य निर्धारित हैं। प्रत्येक व्यक्ति से न्याय यह अपेक्षा करता है कि वह दूसरे वर्ग के व्यक्तियों के कार्यों में हस्तक्षेप न करे। **गैटल** के अनुसार–"अपना कार्य करना और दूसरों के कार्यों में हस्तक्षेप न करना ही न्याय है।"
3. **कार्य विशिष्टीकरण का सिद्धांत :** समाज में तीन वर्ग हैं। तीनों के विशिष्ट कार्य हैं। प्रत्येक व्यक्ति को अपना ही कार्य करना चाहिए और उसी में दक्षता प्राप्त करनी चाहिए। न्याय किसी का आदेश न होते हुए भी एक आदेश है। समाज में जो तीन वर्गों का वर्गीकरण किया गया है, वह कार्य की विशिष्टता के आधार पर किया गया है। **वेपर** के शब्दों में, "व्यक्ति जिस कार्य को सर्वश्रेष्ठ रूप से कर सके, वही करता रहे–वही न्याय है।"
4. **एकता का सिद्धांत :** यद्यपि कार्यों और गुणों के आधार पर व्यक्ति तीन वर्गों में विभाजित किया गया है, परंतु यह वर्ग विभिन्नता के नहीं, एकता के प्रतीक हैं इन व्यक्तियों में एकता और सामंजस्य स्थापित करना न्याय का कार्य है।
5. **सामाजिक एकता :** प्लेटो का न्याय सामाजिक एकता का सिद्धांत है। कार्यों और गुणों के आधार पर विभाजित समाज के तीनों वर्गों में एकता और सामंजस्य स्थापित करना ही न्याय का कार्य है।
6. **व्यवस्थित शिक्षाक्रम :** प्लेटो के अनुसार न्याय-गुण की सम्प्राप्ति के लिए एक व्यवस्थित शिक्षा क्रम आवश्यक है जिसके अभाव में आदर्श नागरिक एवं आदर्श राज्य की स्थापना सम्भव नहीं होगी।
7. **नैतिक :** प्लेटो का राज्य एक नैतिक इकाई है। अतः उसका न्याय सिद्धांत भी एक नैतिक मान्यता है, यह कानूनी नहीं है।

2. आदर्श राज्य का सिद्धांत

प्लेटो हर एक समस्या का निदान या उपचार दार्शनिक भाषा या दार्शनिक आधार पर ही चाहता था। इसलिए उन्होंने एक आदर्श राज्य और शासक की व्यवस्था की है।

प्लेटो के आदर्श राज्य की विशेषताएँ : प्लेटो के आदर्श राज्य की विशेषताओं को हम निम्न प्रकार रख सकते हैं–

1. **दार्शनिकों का शासन :** प्लेटो का आदर्श राज्य दार्शनिक के द्वारा शासित होने वाला राज्य है। उसके मतानुसार मानव आत्मा के तीन गुणों–विवेक, साहस व वासना के अनुसार मानव जीवन में तीन तत्वों–विवेक, साहस व वासना से युक्त लोग होते हैं। प्लेटो के आदर्श राज्य का शासक विवेक का प्रतिनिधि दार्शनिक है। दार्शनिक शासक विवेक की प्रतिमूर्ति होता है। विवेकशील होने से सांसारिक होने की सिद्धि करना अपना परम कर्त्तव्य समझता है। वह सदा सत्य की खोज में लगा रहता है और उसी के अनुसार राज्य की जनता के जीवन को चलाता है। वही सर्वज्ञाता है।
2. **नागरिकों के तीन वर्ग :** मानव आत्मा के तीन गुणों–विवेक, साहस और वासना के आधार पर प्लेटो के आदर्श राज्य में तीन प्रमुख वर्ग हैं–1. शासक या अभिभावक वर्ग, 2. सैनिक वर्ग व 3. उत्पादक वर्ग होते हैं। इन वर्गों का अपना-अपना विशेष कार्य है। पहला दार्शनिक वर्ग है जिसका कार्य राजनीति है अर्थात् शासन है। सैनिक वर्ग का कार्य रक्षा करना तथा उत्पादक वर्ग का कार्य समाज के लिए उत्पादन करना है।
3. **कार्य संबंधी विशेषीकरण का सिद्धांत :** प्लेटो के आदर्श राज्य में कार्य संबंधी विशेषीकरण का सिद्धांत लागू है जिसके लिए वह उपयुक्त है। दूसरे के कार्यों में हस्तक्षेप नहीं कर सकेगा क्योंकि हस्तक्षेप की स्थिति में अराजकता फैलती है।
4. **आदर्श न्याय की व्यवस्था-**प्लेटो के आदर्श राज्य की न्याय-व्यवस्था भी आदर्श है जिसका रूप सामाजिक सामंजस्य की उस व्यवस्था का है जिसके अनुसार समाज में विविध वर्गों के लोग निर्धारित कार्य करते हैं और इस प्रकार पारस्परिक पर-निर्भरता से उत्पन्न सामाजिक एकता में बंधे रहते हैं।
5. **राज्य द्वारा निर्धारित शिक्षा की व्यवस्था :** प्लेटो के आदर्श राज्य में शिक्षा शासन की नियंत्रण की वस्तु है। क्योंकि प्लेटो के अनुसार शिक्षा को राज्य व उसके नागरिकों की प्रवृत्ति के अनुकूल होने के लिए यह आवश्यक है कि उस पर राज्य का पूर्ण नियंत्रण हो।
6. **कला व साहित्य का नियंत्रण :** नागरिक अनैतिक प्रभाव से बचे रहें, इसके लिए आदर्श राज्य में कुरुचिपूर्ण कला व साहित्य पर नियंत्रण की व्यवस्था है।
7. **सम्पत्ति व परिवार का साम्यवाद अभिभावक वर्ग के लिए :** आदर्श राज्य के अभिभावक (दार्शनिक शासक व सैनिक) वर्ग के लोग सम्पत्ति के कुप्रभाव व परिवार के लगाव से मुक्त होकर अपना-अपना कर्त्तव्य कर सकें, इसके लिए प्लेटो ने उनके लिए सम्पत्ति व परिवार के साम्यवाद का प्रतिपादन किया है।
8. **नर-नारी को समान अधिकार :** प्लेटो के आदर्श राज्य में स्त्रियों को पुरुषों के समान स्थान मिलेगा। पुरुषों को जो प्रशिक्षण दिया जाएगा वही स्त्रियों को भी दिया जाएगा। पुरुषों के ही समान उन्हें सरकारी ओहदे (Post) सम्भालने का अधिकार होगा।
9. **राज्य का सर्वाधिकारवादी रूप :** प्लेटो का आदर्श राज्य एक सर्वाधिकारवादी राज्य है जिसमें व्यक्ति के जीवन के सभी क्षेत्र राज्य के अंतर्गत आते हैं, राज्य से उपर कुछ नहीं है और राज्य से अलग कुछ नहीं है।
10. **राज्य सत्ता निरंकुश, किंतु असीमित नहीं :** प्लेटो के आदर्श राज्य के दार्शनिक शासक पर लिखित विधि, जनमत अथवा अन्य ऐसा ही वैध नियंत्रण नहीं है। इस दृष्टि से उसकी सत्ता निरंकुश है। पर इस कारण उसकी निरंकुशता नहीं है क्योंकि वह मनमानी नहीं करता और वह संविधान की मूल व्यवस्था का पालन करने के लिए बाध्य है।

अरस्तू

ग्रीक यूनानी राजनीतिक विचार में प्लेटो के बाद उनके शिष्य अरस्तू का नाम आता है। अरस्तू सिर्फ 18 वर्ष की आयु में ही ऐथेन्स में आकर प्लेटो की 'अकादमी' में भर्ती हो गया। अरस्तू राजनीति के इतिहास में राजनीतिक विज्ञान के पिता के रूप में जाने जाते हैं, क्योंकि इन्होंने ही सबसे पहले राजनीति का वैज्ञानिक अध्ययन किया था जिसके लिए अरस्तू ने लगभग

158 संविधान का अध्ययन किया था तथा इसी आधार पर उसने संविधानों के वर्गीकरण का सिद्धांत और क्रांति का सिद्धांत प्रतिपादन किया।

1. राज्य का सिद्धांत

राज्य की उत्पत्ति और विकास : अरस्तु के अनुसार व्यक्ति अपनी प्रकृति से ही एक राजनीतिक प्राणी है और राज्य व्यक्ति की इस प्रकृति का ही परिणाम है।

अरस्तू के अनुसार राज्य मनुष्य की सामाजिकता का परिणाम है। सामाजिक प्राणी अन्य जीवधारियों से अलग भी पाया जाता है। व्यक्ति विचारशील और विवेकशील प्राणी है, इसलिए उसकी सामाजिकता अन्य श्रेणी के जीवधारियों से भिन्न है। यह सामाजिकता मनुष्य की मूल प्रवृत्तियों तथा कुछ विशेष उद्देश्यों पर आधारित है और इसने अनेक स्थितियों से गुजरकर अपना पूर्ण विकास प्राप्त किया है। सर्वप्रथम, विवाह पद्धति के आधार पर उसने सबसे पहली सामाजिक संस्था कुटुम्ब की स्थापना की, जिसमें पति-पत्नी, संतान और दास एक साथ रहते हैं। कौटुम्बिक व्यवसाय में हमें राज्य का बीज दिखायी देता है, क्योंकि कुटुम्ब का स्वामी शासक के रूप में कार्य करता है। कुटुम्ब स्वाभाविक समुदाय है, क्योंकि यह संतानोत्पत्ति और सुरक्षा की आवश्यकताओं को पूरा करता है।

विशेषताएं :

राज्य का स्वरूप और उसकी विषेषताओं का अध्ययन निम्नलिखित बिंदुओं के अन्तर्गत सुगमता से किया जा सकता है–

1. राज्य स्वाभाविक समुदाय है : अरस्तु का विश्वास है कि मनुष्य एक राजनीतिक प्राणी है और राज्य एक स्वाभाविक समुदाय है। राज्य मानव के भावानात्मक जीवन की अभिव्यंजना है और इससे अलग रहकर व्यक्ति अपने जीवन के लक्ष्य की प्राप्ति नहीं कर सकता। राज्य परिवार का ही वृहत रूप होने के कारण यह भी वैसे ही स्वाभाविक है जैसे कि परिवार। व्यक्ति के विकास का जो कार्य परिवार में प्रारम्भ होता है, उसकी पूर्ण सिद्धि राज्य में ही की जा सकती है। इस प्रकार राज्य सामाजिक जीवन के विकास की अंतिम अवस्था है। **सेबाइन** के अनुसार, ''जिस प्रकार बंजुफल (Acorn) के लिए बंजू (Cak) वृक्ष में विकसित होना स्वाभाविक है उसी प्रकार मानव प्रकृति की उच्चतम शक्तियों का विकास राज्य में होना स्वाभाविक है।''

व्यक्ति के लिए राज्य का अस्तित्व उतना ही आवश्यक है जितना की परिवार का। परिवार में व्यक्ति की कुछ भावानात्मक और कुछ आर्थिक आवश्यकताएँ पूरी होती हैं, ग्राम इनके अतिरिक्त कुछ और आवश्यकताओं की पूर्ति करता है, परंतु मनुष्य का पूर्ण बौद्धिक और नैतिक विकास राज्य में ही सम्भव है। इस प्रकार अरस्तू अपने इस निष्कर्ष पर पहुचंता है कि ''राज्य का उदय जीवन के लिए हुआ और सद्जीवन के लिए उसका अस्तित्व बना हुआ है।''

2. राज्य व्यक्ति से पूर्व का संगठन है : अरस्तू ने राज्य के प्रश्न पर विचार करते हुए यह भी कहा है कि ''राज्य व्यक्ति से पूर्व संगठन है।'' ऐसा कहने में अरस्तू का तात्पर्य यह नहीं था कि ऐतिहासिक दृष्टि से राज्य का जन्म पहले हुआ, वरन् उसके कहने का अभिप्राय यह था कि मानसिक या मनोवैज्ञानिक दृष्टि से राज्य का जन्म पहले ही हो चुका था। यह कैसे हुआ, इस संबंध में यह कहा जा सकता है कि राज्य एक पूर्ण समुदाय है, व्यक्ति केवल एक तत्व। पूर्णता पहले आती है, उसके बाद में अंग, इसलिए राज्य व्यक्ति से पूर्ववर्ती है। मनुष्य के बौद्धिक विकास की पूर्ण कल्पना के रूप में राज्य का जन्म व्यक्ति, परिवार और ग्राम के अस्तित्व में आने से पूर्व ही हो चुका था। अरस्तू का कथन है कि, ''समय की दृष्टि से परिवार पहले है, परंतु प्रकृति की दृष्टि से राज्य पहले है।''

3. राज्य सर्वोच्च समुदाय है : परिवार, ग्राम और राज्य ये सभी विभिन्न प्रकार के समुदाय हैं। परिवार व ग्राम आदि, प्रत्येक अन्य समुदाय उद्देश्य किसी विशिष्ट तथा हीनतर अच्छाई की प्राप्ति करना है, परंतु राज्य का उद्देश्य 'सर्वोच्च अच्छाई' की प्राप्ति करना है। स्वाभाविक रूप से राज्य समुदाय मात्र ही नहीं है; वरन् वह सर्वोच्च समुदाय है। राज्य मनुष्य की सामाजिक प्रवृत्ति के विकास की चरम सीमा है और व्यक्ति के भौतिक, बौद्धिक एवं नैतिक व्यक्तित्व का पूर्ण विकास राज्य के अंतर्गत ही सम्भव है। इस प्रकार राज्य सर्वोच्च समुदाय है और अन्य सभी समुदाय इसके अंग में लिपटे हुए हैं।

4. राज्य का स्वरूप जैविक है : अरस्तू के अनुसार राज्य विभिन्न प्रकार के अंगों से मिलकर बना हुआ है यह 'सम्पूर्ण चेतन' है, व्यक्ति और समुदाय इसके अंग हैं। जिस प्रकार शरीर के अंगों का समस्त महत्त्व मानव जीवन पर निर्भर करता है, उसी प्रकार व्यक्तियों और समुदायों का जो कुछ भी महत्त्व है, वह सब राज्य की जीवन देने वाली शक्ति के कारण है। राज्य के अभाव में वे सब जड़ हो जायेंगे और इनका विनाश हो जायेगा। व्यक्ति राज्य के सदस्य के रूप में अर्थात् राज्य में रहकर ही अपना विकास कर सकता है।

5. राज्य एक आत्मनिर्भर संगठन है : अरस्तू का विचार है कि राज्य सभी वस्तुओं के विषय में आत्मनिर्भरता की पराकाष्ठा तक पहुँचा हुआ संगठन है। परिवार तथा ग्राम के द्वारा व्यक्ति की भौतिक आवश्यकताओं की पूर्ति आंशिक रूप में ही की जाती है, राज्य ही एकमात्र ऐसा संगठन है, जो इन आवश्यकताओं की पूर्ण रूप से पूर्ति कर सकता है। इसके साथ ही राज्य व्यक्ति की प्रकृति की उच्चतम आवश्यकताएं, उसकी बौद्धिक तथा नैतिक आवश्यकताएं भी पूरी करता है। अतः राज्य में व्यक्ति को किसी प्रकार का अभाव नहीं रहता और इसी कारण इसे एक आत्मनिर्भर संगठन कहा गया है।

6. नगर-राज्य सर्वाधिक श्रेष्ठ राजनीतिक संगठन है : अरस्तू के लिए प्लेटो की ही भाँति नगर-राज्य सर्वाधिक श्रेष्ठ राजनीतिक संगठन था। यद्यपि उसके जीवनकाल में ही फिलिप ने यूनान के नगर-राज्यों का अंत कर अपने साम्राज्य की स्थापना की थी, लेकिन अरस्तू ने इन साम्राज्यों के संबंध में बिलकुल भी विचार नहीं किया है। उसने भविष्य में निर्मित राष्ट्रीय-राज्यों की भी कल्पना नहीं की है।

2. अरस्तु का संविधान का सिद्धांत

अरस्तु के अनुसार नागरिक का अर्थ राजसता में भाग लेना है यह अधिकार किसको मिलना चाहिए इसका उत्तर संविधान में निहित होता है। संविधान में राज्य के विभिन्न पदों का वर्णन होता है। विभिन्न पदों की शक्तियों का संप्रभुत्ता के निवास का तथा राज्य के उद्देश्य का वर्णन होता है। राज्य सत्ता की सामान्य पद्धति जिससे राज्य के समस्त कार्य सम्पादित किये जाते हैं संविधान पर ही आधारित होते हैं। अतः कहा जा सकता है कि राज्य का सार उसका विधान होता है इसका अर्थ यह हुआ कि संविधान के द्वारा राज्य का निर्माण किया जाता है और शासक वर्ग का स्वरूप संविधान के स्वरुप को निर्धारित करता है। इस दृष्टि से राज्य और संविधान एक ही वस्तु हैं

और संविधान में परिवर्तन का तात्पर्य राज्य में परिवर्तन है। यूनानियों के लिए संविधान में परिवर्तन हो जाने का अर्थ केवल पद व्यवस्था में हेर-फेर हो जाना नहीं था बल्कि वह जनता के नैतिक, सामाजिक और आर्थिक मूल्यों का पलट जाना था। वह एक तरह की क्रांति थी।

अरस्तु की संविधान संबंधी उपरोक्त धारणा यूनान के तत्कालीन इतिहास के प्रकाश में बनी थी। उस समय प्रायः प्रत्येक नगर-राज्य में वर्गतंत्रियों तथा जनतंत्रियों में एक कटु संघर्ष रहता था किसी भी एक दल की जीत का अर्थ केवल यही नहीं था कि उसके नेता सरकार बना लें बल्कि उस जीत से यह निर्णय भी होता था कि राज्य की सर्वोच्च शक्ति कुछ थोड़े से व्यक्तियों के हाथों में रहे अथवा शासन की बागडोर सर्वसाधारण के हाथ में चली जाए। जनतंत्रियों की विजय का अर्थ था, अधिक व्यक्तियों के हाथ में सत्ता का होना और वर्गतंत्रियों की विजय का मतलब था कि एक दूसरा वर्ग राज्य में प्रधान होगा। एक आधुनिक राज्य में संविधान दलगत संघर्ष से ऊपर होता है यूनानियों के लिए यह संघर्ष का कारण था।

थॉमस हॉब्स

राज्य की उत्पत्ति से संबंधित समझौतावादियों में हॉब्स का प्रथम स्थान आता है जो एक अंग्रेज राजनीतिक विचारक था। हॉब्स के समय में इंग्लैण्ड संक्रमणकालीन अवस्था से गुजर रहा था, वह गृहयुद्ध की स्थिति में था जिसका काफी प्रभाव उसके राजनीतिक तथा सामाजिक जीवन पर भी पड़ा। अगर ये कहा जाए कि उसके सारे विचार उसी परिस्थिति की देन हैं जिसमें वह पला बड़ा हुआ है तो कोई आश्चर्यजनक बात नहीं है। गृहयुद्ध में जब चार्ल्स प्रथम को फाँसी की सजा दी गई तो इस घटना का बहुत गहरा प्रभाव हॉब्स के जीवन पर पड़ा। इसी आधार पर उसने राज्य के संबंध में अपने विचार दिए तथा उससे पहले कि प्राकृतिक अवस्था का वर्णन किया जिसमें मानव प्रवृत्ति का नकारात्मक वर्णन किया तथा एक ऐसे शासनधारी की स्थापना की जो अपने जीवन की सुरक्षा के साथ-साथ मूर्ख-अज्ञानी तथा स्वार्थी जनता को भी प्रतिबंधित कर सके और शासन को स्थायित्व दे सके।

1. राज्य की उत्पत्ति संबंधी सिद्धांत

हॉब्स अपने राज्य की उत्पत्ति को मानव प्रवृत्ति और उसकी आवश्यकताओं की देन मानता है और कहता है कि यदि मनुष्य स्वभाव से ही शांतिपूर्ण होता और बिना किसी सर्वोच्च शक्ति या संविदा के ही रह लेता तो शासन की आवश्यकता ही नहीं होती। लेकिन मनुष्य ऐसा नहीं है वह अपनी भावनाओं और अपने संवेगों को नियंत्रण में नहीं रख सकता उसकी स्वार्थी वृत्तियाँ संघर्ष के बीज बोती रहती हैं। अतः स्वभावतः एक ऐसे व्यक्ति या व्यक्ति समुदाय की आवश्यकता पड़ती है जो मनुष्यों को नियंत्रण में रखकर उनको अनुशासनबद्ध करे। विवेकी आदेशों का समस्त मनुष्यों से पालन कराने और उनके उल्लघंन का दण्ड देने के लिए किसी सबल शक्ति का होना जरूरी है जिसमें इतनी सामर्थ्य हो कि वह ''मानव भावनाओं से उस भाषा में बात कर सके जिसे वे समझते हैं और वह है, भय तथा स्वहित की भाषा'' ऐसी सामान्य सत्ता की स्थापना के लिए यह आवश्यक है कि अनेक इच्छाओं के स्थान पर एक इच्छा का प्रभाव स्थापित करने के लिए प्राकृतिक नियम के अनुसार सब व्यक्ति अपने अधिकारों और शक्तियों को एक व्यक्ति या व्यक्ति सभा को प्रदान करे, वे अपनी सम्पूर्ण इच्छाएँ एक व्यक्ति की इच्छा को समर्पित कर दे। हॉब्स ऐसी सत्ता अथवा शक्ति सिर्फ राज्य में पाता है जो समस्त व्यक्तियों की इच्छाओं की प्रतिनिधि होती है और जिसमें यह सामर्थ्य होता है कि वह सबसे विवेक के अनुसार आचरण करावे और ऐसा न करने वालो को दण्ड दे। हॉब्स के मतानुसार राज्य एक सामाजिक मतझौते के फलस्वरूप अस्तित्व में आता है। राज्य की स्थापना का वर्णन ''लेवियाथन' के **18**वें अध्याय में इस प्रकार है।

"एक राज्य की स्थापना तब होती है जब अनेक व्यक्ति एक दूसरे से यह समझौता करते हैं कि समस्त व्यक्ति उस व्यक्ति अथवा व्यक्ति समूह के कार्यों को अपना कार्य समझेंगे जिसे उनके अधिकांश भाग ने अपना प्रतिनिधि चुना है।" यह समझौता इस प्रकार हुआ है मानो प्रत्येक व्यक्ति ने प्रत्येक व्यक्ति से यह कहा हो कि **''मैं इस व्यक्ति को या व्यक्तियों के इस समूह को अपना शासन स्वयं कर सकने का अधिकार और शक्ति इस शर्त पर समर्पित करता हूँ कि तुम भी अपने इस अधिकार को इसी तरह समर्पित कर दो।''**

इस तरह सारा जन समुदाय एक व्यक्ति में संयुक्त हो जाता है। इसे **'राज्य'** या **'सिविटस'** कहते हैं। हॉब्स के अनुसार यही उस महान् **'लेवियाथन या देवता'** का जन्म है जिसकी कृपा पर, अविनाशी ईश्वर की छत्रछाया में हमारी शांति तथा सुरक्षा निर्भर है।

2. प्रभुसत्ता का सिद्धान्त

हॉब्स प्रभुसत्ता का प्रबल समर्थक है। उसकी प्रभुसत्ता का आधार है सामाजिक संविदा (समझौता)। स्पष्ट या अस्पष्ट किसी भी रूप में हो, सविंदा या अनुबंध से ही प्रभुसत्ता प्राप्त होती है। हॉब्स के अपने ही शब्दों में प्रभुसत्ता सम्पन्न अधिकारी वह व्यक्ति है ''जिसके कार्यों से जनसाधारण पारस्परिक प्रसविंदा द्वारा अपने आपको बाध्य मानता है। इस उद्देश्य की प्राप्ति के लिए वह उन सबकी शक्ति और साधनों का उस प्रकार प्रयोग करे कि जिस प्रकार वह उनकी शांति तथा सामान्य रक्षा के लिए समयोचित समझता है।'' इससे स्पष्ट हो जाता है कि प्रभुसत्ता ऐसे कानून बनाने की शक्ति में ही निहित है जो सारी प्रजा पर बाध्यकारी है।

हॉब्स के प्रभुसत्ता की विशेषताएँ :

1. संप्रभुसत्ता अप्रतिबंधित तथा सर्वव्यापक है
2. संप्रभुसत्ता निरंकुश होती है
3. सम्प्रभु का कोई कार्य अन्यायपूर्ण नहीं हो सकता
4. संप्रभुसत्ता मतों व नीतियों की निर्णायक एवं नियंत्रक होती है
5. संप्रभुसत्ता मनुष्य के सम्पत्ति संबंधी अधिकारों व कार्यों का नियमन करती है
6. संप्रभुसत्ता को युद्ध व संधि करने का अधिकार प्राप्त होता है
7. संप्रभुसत्ता को राज्य के अधिकारियों के चयन का अधिकार होता है
8. संप्रभुसत्ता अविभाज्य व अपृथक्करणीय होती है

3. व्यक्तिवाद बनाम निरंकुशवाद

हॉब्स के सम्पूर्ण दर्शन (राजनीतिक दर्शन) में व्यक्तिवाद ही झलकता है हॉब्स ही ऐसा पहला दार्शनिक था जिसने व्यक्ति के हित और जीवित रहने के अधिकार को सर्वोपरि माना। हॉब्स ने व्यक्ति को अलग-अलग इकाई के रूप में प्रकट किया है। उसने व्यक्ति के सामूहिक और सामाजिक कल्याण का

विरोध किया है। हॉब्स का मानना है कि राज्य एक ऐसी बाहरी शक्ति है जो व्यक्तियों में सामंजस्य पैदा करती है, एकता को बढ़ावा देती है।

"हॉब्स की विचारधारा में व्यक्ति बिल्कुल अलग-अलग इकाईयां हैं तथा राज्य एकता के सूत्र में बंधते हुए व्यक्तियों के स्वार्थों में सामंजस्य स्थापित करती हैं।"

व्यक्तियों की जीवन रक्षा व सुख शांति का संरक्षक राज्य पारस्परिक समझौते का परिणाम है और तब तक चलता है जब तक वह अपने उद्देश्य की पूर्ति से संलग्न है। जब तक राजा प्रजा की जीवन रक्षा के उद्देश्य को पूरा करता है तब तक प्रजा में राजभक्ति, आदेश पालन, आत्मसमर्पण है नहीं तो विद्रोह के लिए व्यक्ति स्वतंत्र है। हॉब्स द्वारा राज्यादेश की अवहेलना की अनुमति तब दी गई है जब राज्य ऐसा कोई आदेश दे जिससे व्यक्ति का जीवन खतरे में पड़ जाए।

हॉब्स का निरंकुशवाद का सिद्धांत इसके व्यक्तिवाद का ही परिणााम है। हॉब्स का सिद्धांत व्यक्ति से आरंभ होकर व्यक्ति में ही समाप्त होता है। व्यक्ति की सुरक्षा वह धुरी है, जिसके चारों ओर उसके अन्य विचार घूमते रहते हैं। हॉब्स के व्यक्तिवाद का निरंकुशवाद की अपेक्षा राजनीतिक चिंतन पर अधिक प्रभाव पड़ा है। उसके व्यक्तिवाद ने अहस्तक्षेप के सिद्धांत को जन्म दिया जो 19वीं सदी में व्यक्तिवादी सिद्धांतों का विकास करने में बेंथम जैसे उपयोगितावादी विचारकों के हाथों में एक अत्यंत शक्तिशाली उपकरण बन गया। दूसरी ओर निरंकुशतावाद 1688 की शानदार क्रांति के पश्चात् भुला दिया गया इसलिए यह कहना गलत है कि हॉब्स निरंकुशतावादी था।

जान लॉक

रक्तहीन क्रांति का दार्शनिक, उदार और सीमित शासन का पोषक तथा हॉब्स से भिन्न सामाजिक समझौते की परिकल्पना करने वाला आक्सफोर्ड विश्वविधालय का प्राध्यापक जान लॉक सामाजिक समझौते के सिद्धांत का दूसरा महत्त्वपूर्ण स्तंभ माना जाता है।

लॉक का जन्म 1632 ई. में ब्रिटेन के एक मध्यवर्गीय तथा प्यूरिटन संप्रदाय के एक परिवार में हुआ। उसका जन्म एक ऐसे परिवार में हुआ जो पूर्णतः उदारवाद से प्रभावित था। उसकी प्रारंभिक शिक्षा वेस्ट मिनिस्टर स्कूल में हुई। बी.ए. और एम.एम. की उपाधियाँ उसने आक्सफोर्ड विश्वविद्यालय से प्राप्त कीं। तत्पश्चात उसने इसी विद्यालय में अध्यापक का पद ग्रहण किया। परंतु इसमें रुचि न होने के कारण उसने त्याग-पत्र दे दिया। इसके बाद उसने डॉ. डेविड नामक चिकित्सक के निर्देशन में डाक्टरी सीखनी शुरू कर दी तथा शीघ्र ही उसने एक अच्छे डॉक्टर के रूप में ख्याति प्राप्त की।

1. राज्य की उत्पत्ति का सिद्धांत

जान लॉक के राज्य की उत्पत्ति संबंधी विचारों को निम्न बिन्दुओं में समाहित किया जा सकता है।

मानव स्वभाव : लॉक ने हॉब्स के विपरीत मानव स्वभाव का वर्णन किया है। उसकी दृष्टि में मानव मूलतः अच्छा, शांतिपूर्ण और सामाजिक होता है। लॉक में यह विश्वास उत्पन्न होने के अनेक कारण उसमें सहृदयता और सहानुभूति के स्वाभाविक गुण थे। वस्तुतः पिता का स्नेह, मित्रों की सहानुभूति और लार्ड एशले की कृपा प्राप्त करने के कारण उसमें यह विश्वास उत्पन्न होना स्वाभाविक था कि मनुष्यों में दया, प्रेम, सहानुभूति आदि स्वाभाविक गुण होते हैं। राजपदों पर काम करते समय और एशले के पतन के बाद निर्वासित जीवन व्यतीत करते समय उसे मानव स्वभाव की विकृतियों के कटु अनुभव हुए लेकिन उसकी मूल धारणा में कोई परिवर्तन नहीं हुआ कि मनुष्य स्वभाव से अच्छा होता है।

1688 ई. की रक्तहीन क्रांति ने लॉक की मानव स्वभाव संबधी धारणा को बल प्रदान किया। उसने देखा कि ब्रिटेन के निवासियों ने बिना रक्तपात किए एक राजा को उसकी अयोग्यता के कारण राजसिंहासन से हटाकर दूसरे राजा विलियम को उस पर इस आशा से आसीन किया कि वह राज्य के कार्यों को कुशलतापूर्वक करेगा तथा उनकी अधिकार संबंधी मांगों को पूरा करेगा। इस घटना ने लॉक की इस धारणा को सत्य सिद्ध कर दिया कि मानव स्वभाव में अनेक गुण होते हैं। उसे इस बात का पूर्ण विश्वास हो गया कि मनुष्य स्वार्थी और अविवेकी नहीं होता, उसमें सामाजिकता का गुण होता है तथा उसको नियंत्रण में रखने के लिए बल प्रयोग की आवश्यकता नहीं होती।

प्राकृतिक अवस्था का स्वरूप : लॉक की प्राकृतिक अवस्था उसके मानव स्वभाव से संबंधित है उसने हॉब्स की तरह यह माना है कि राज्य की उत्पत्ति के पूर्व मनुष्य प्राकृतिक अवस्था में रहता था जिसमें समाज था लेकिन राज्य नहीं, अर्थात् समाज का स्वरूप था लेकिन राजनीतिक संगठन नहीं। **'डर्निंग'** के शब्दों में, "जिस प्राकृतिक अवस्था की लॉक द्वारा कल्पना की गई है वह प्राकृतिक-सामाजिक के स्थान पर प्राकृतिक-राजनीतिक अवस्था है।"

लॉक का मनुष्य स्वभावतः अच्छा, शांतिप्रिय, परोपकारी, सामाजिक और विवेकी है इसीलिए प्रकृतिक अबस्था में उसका जीवन सुखमय और शांतिमय था। वह आनंद अनुभव करता है। उसका जीवन, उसकी स्वतंत्रता, और सम्पत्ति सुरक्षित थी। प्राकृतिक अवस्था वातावरण समृद्ध सम्पन्न और शांतिपूर्ण थी। स्वयं लॉक–प्राकृतिक अवस्था, शांति सदभावना, पास्परिक सहयोग और आत्मरक्षा की अवस्था है।

प्रमुख लक्षण :

1. **स्वतंत्रता :** प्राकृतिक अवस्था पूर्ण स्वतंत्रता की अवस्था है जिसमें मनुष्य प्राकृतिक नियमों की सीमाओं के अंदर जो कार्य चाहे कर सकता है।
2. **समानता :** प्राकृतिक अवस्था में सब मनुष्यों में समानता है किसी भी मनुष्य को किसी दूसरे मनुष्य की तुलना में न तो अधिक अधिकार प्राप्त हैं और न शक्ति। सभी मनुष्य जन्म से समान होते हैं। वे अपनी सक्षमताओं में समान नहीं है लेकिन अधिकारों का उपयोग करने में समान है।

सामाजिक समझौते द्वारा राज्य का निर्माण : प्राकृतिक अवस्था की असुविधाओं से बचने और अपनी व्यक्तिगत संपत्ति को सुरक्षित करने के लिए सभी मनुष्य सामाजिक समझौते द्वारा राज्य का निर्माण करते हैं। प्राकृतिक अवस्था में सभी व्यक्ति समान और स्वतंत्र हैं। इसीलिए ये समझौता प्रत्येक व्यक्ति का सभी व्यक्तियों के साथ होता है इस विचार से इस समझौते का स्वरूप सामाजिक है।

इस स्पष्ट समझौते के द्वारा प्रत्येक व्यक्ति अपने उन प्राकृतिक अधिकारों का परित्याग करता है जिनके कारण प्राकृतिक अवस्था में अराजकता और अव्यवस्था फैलती है। हॉब्स के सामाजिक समझौते में प्रत्येक

व्यक्ति अपने सभी अधिकारों को एक व्यक्ति या व्यक्ति समूह को समर्पित करता है। दूसरी ओर, लॉक के सामाजिक समझौते में प्रत्येक व्यक्ति अपने कुछ अधिकारों को संपूर्ण समाज को सौंपता है।

लॉक के सामाजिक समझौते का मुख्य उद्देश्य जीवन, स्वतंत्रता और संपत्ति को समाज के आंतरिक और बाह्य खतरों से सुरक्षा प्रदान करता है। इस उद्देश्य की प्राप्ति के हेतु व्यक्ति अपने जिन प्राकृतिक अधिकारों को समाज को समर्पित करते हैं वे हैं अपने-आप प्राकृतिक नियमों की व्याख्या करने का अधिकार, उनको कार्यान्वित करने का अधिकार और उनको भंग करने वालों को दंड देने का अधिकार। इस प्रकार प्राकृतिक नियमों की व्याख्या करना, उनको लागू करना तथा उनके अनुसार दंड देना राज्य का कार्य हो जाता है।

व्यक्ति अपने जिन अधिकारों को राज्य को सौंपता है, उनके बदले उसको समाज से जीवन, स्वतंत्रता और संपत्ति के प्राकृतिक अधिकारों की सुरक्षा की गारंटी मिलती है। व्यक्ति इन अधिकारों को राज्य को हस्तांरित न करके मौलिक अधिकारों के रूप में अपने पास रखता है ताकि वह राजनीतिक शक्ति को मर्यादित कर सके। **गेटेल** का मत है कि लॉक का समझौता विशिष्ट उद्देश्य के लिए और सीमित है, हॉब्स के समझौते के समान सामान्य और व्यापक नहीं है।

2. प्राकृतिक अधिकार का सिद्धांत

लॉक के राजनीतिक विचारों में प्राकृतिक अधिकारों का सिद्धांत महानतम योगदान है। यदि उसके दर्शन से इन अधिकारों को निकाल दिया जाए तो उसका प्रमुख ग्रन्थ 'शासन पर दो निबंध' अर्थहीन और व्यर्थ सिद्ध होगा। लॉक का इंग्लैंड की गौरवपूर्ण क्रांति (1688) का समर्थक होने के कारण जनता के प्राकृतिक अधिकारों का पोषण होना जरूरी था। अतः उसने प्राकृतिक नियमों के अनुसार, समानता को सभी मनुष्यों का जन्मसिद्ध अधिकार घोषित किया। साथ ही, समानता के सिद्धांत के आधार पर प्राकृतिक अधिकारों का सिद्धांत प्रतिपादित किया।

मानव समानता के विषय में लॉक का विचार है कि सब मनुष्यों को एक सर्वशक्तिमान और अनंत बुद्धिमान सृष्टिकर्ता ने बनाया है, और सब एक ही प्रभु स्वामी के सेवक हैं और उन्हें इस संसार में उसी सृष्टि के आदेश से और उसी के कार्य के लिए भेजा जाता है। वे उसी परमात्मा की संपत्ति है जिसकी कृति है और अपने या दूसरे की इच्छानुसार नहीं, बल्कि, उसी की इच्छानुसार प्राणवायु चलती है।

प्राकृतिक अधिकार के प्रकार : लॉक ने मुख्यतः तीन प्राकृतिक अधिकारों का उल्लेख किया है–1. जीवन का अधिकार 2. स्वतंत्रता का अधिकार 3. संपत्ति का अधिकार। लॉक का कहना है कि किसी व्यक्ति को इन अधिकारों से वंचित नहीं रखा जा सकता।

3. लॉक का उदारवाद

आदिकाल से स्वतंत्रता को मानवीय जीवन का महानतम लक्ष्य समझा जाता है। लेकिन, इसे राजनीतिक विचार के केन्द्रबिंदु का स्थान प्रदान करने का श्रेय उदारवादी दर्शन को प्राप्त है। स्वतंत्रता की समस्या और मानवमात्र के लिए इसकी प्राप्ति के उपयोग पर जितना ध्यान उदारवाद ने केन्द्रित किया हैं, संभवतः उतना किसी और दूसरी विचारधारा ने नहीं किया है। उदारवाद के समर्थकों में लॉक का स्थान अग्रण्य है। लॉक को उदारवाद की आत्मा कहा जाता है, क्योंकि उसने स्वंत्रता को अपने दर्शन में सर्वोच्च लक्ष्य का रूप स्थान प्रदान किया है।

उदारवाद के दो रूप प्रचलित हैं।

1. **प्राचीन उदारवाद :** इसके मुख्य प्रतिपादक बेथम, जेम्स मिल, जॉन स्टुअर्ड मिल, जेफरसन और टॉमस पेन हैं, ये राज्य को एक श्रेष्ठतम अवस्था में भी एक बुराई मानते हैं। उनकी दृष्टि में राज्य एक प्रहरी का काम करता है तथा उसकी शक्तियाँ सीमित होती हैं।
2. **नवीन उदारवाद :** लॉक उदारवाद की नवीन विचारधारा का प्रतिनिधित्व करता है तथा शासन को स्वतंत्रता की प्राप्ति का एक अत्यंत महत्त्वपूर्ण और आवश्यक साधन माना जाता है। टी॰एच॰ ग्रीन नवीन उदारवाद का दूसरा विचारक है जिसने जनतंत्रात्मक उदारवाद की व्याख्या की है।

जीन जेक्स रूसो

रूसो का नाम लोकतांत्रिक चिंतन से जुड़ा है। इसके विचार फ्रांस की क्रांति के प्रमुख प्रेरणा स्रोत थे। रूसो के राजनीतिक चिंतन में व्यक्तिवाद, समाजवाद, निरंकुशवाद और लोकतंत्र संबंधी विचारों आदि का सम्मिलित रूप देखने को मिलता है। रूसो की रचनाओं में "सोशल कान्ट्रेक्ट" उल्लेखनीय रचना है इसी ग्रंथ में वह "सामान्य इच्छा" के सिद्धांत का प्रतिपादन करता है। रूसो को प्लेटो के बाद ऐसा महानतम दार्शनिक माना गया जिसने राज्य की प्राकृतिक अवस्था में बड़ी गहराई से झांका।

रूसो के प्रमुख राजनीतिक विचार

रूसो समाज के नैतिक प्रयत्न के प्रति अत्यधिक चिंतित था और चाहता था कि इस अभिशाप से मुक्त होकर मनुष्य का जीवन पुनः नैतिक दृष्टि से उच्च हो जाए। अतः वह समाज व राज्य की आदर्शवादी दृष्टिकोण से व्याख्या करता है। वह मानव स्वभाव व प्रकृति अवस्था का वर्णन करते हुए, सोशल कान्ट्रेक्ट का प्रतिपादन करता है।

1. मानव स्वभाव

रूसो प्राकृतिक अवस्था में मनुष्य को स्वाभाविक रूप से अच्छा, सुखी, सीधा, चिंतारहित, स्वस्थ्य, शांतिप्रेमी और एकांतप्रिय समझता था। वे मनुष्य के चरित्र निर्माण में दो वृतियों को महत्त्वपूर्ण मानते थे- परमार्थ और स्वार्थ। वे आदिम मनुष्य को पशुतुल्य, निष्पाप, निर्दोष तथा स्वाभाविक रूप से अच्छा मानते हैं।

2. प्राकृतिक अवस्था

प्राकृतिक अवस्था एक मुक्त व्यवहारपूर्ण अवस्था थी किसी को भी किसी प्रकार का कोई कार्य करने की पूर्ण स्वतंत्रता थी। इस अवस्था में रूसो व्यक्ति के लिए "आदर्श बर्बर" शब्द का प्रयोग करता है। इस अवस्था में मनुष्य एक भोले और अज्ञानी बालक की भांति सादगी और परम सुख का जीवन व्यतीत करता था। रूसो के अनुसार, प्राकृतिक मनुष्य एकाकी, स्वतंत्र, नैतिक-अनैतिक भावनाओं से मुक्त निस्वार्थ व संपत्ति और परिवार से रहित आदमी स्वर्ण युग की स्वर्गीय दशा में रहता था। बौद्धिकता के अभाव में इस अवस्था को न अनैतिक और न ही सद्गुणी माना जा सकता है।

3. सामाजिक समझौता

रूसो की यह आदर्श व्यवस्था अधिक दिन तक कायम न रह सकी व ज्ञान में निरंतर वृद्धि ने समाज में तेरे-मेरे का भाव उत्पन्न कर दिया। व्यक्तिगत संपत्ति के उदय तथा इसकी मान्यता के कारण समाज में हिंसा, द्वेष व कलह युद्ध आदि का उदय हुआ। **रूसो का कथन** है कि "वह प्रथम पुरुष जिसने पृथ्वी के एक भाग को घेर कर अपने हृदय में कहा कि यह मेरा है और मनुष्यों के सीधेपन के कारण उन्होंने उस पर विश्वास कर लिया, राजकीय समाज का वह वास्तविक संस्थापक था।"

संपत्ति ने व्यक्ति की स्वतंत्रता को परतंत्रता में बदल दिया। जिसको लक्ष्य करके वह कहता है कि "मनुष्य स्वतंत्र उत्पन्न होता है, किंतु वह सर्वत्र बेड़ियों में जकड़ा हुआ है।" क्योंकि वे व्यक्ति की स्वाधीनता का उसके लिए सर्वोतम दशा करार देते हैं। स्वतंत्रता के प्रयोग के लिए इन बंधनों से मुक्ति का उपाय उनके चितंन की मूल समस्या थी। प्रकृति की ओर चलें "Back to the Nature" का हाथ पकड़ते हैं और कहते हैं कि हमें हमारा अज्ञान, भोलापन व हमारी गरीबी लौटा दो हम स्वतंत्र हो जाएंगे।

राज्य : युद्ध और संघर्ष के वातावरण का अंत करने के लिए एक सामाजिक समझौते की कल्पना करता है। सभी व्यक्तियों ने अधिकारों का पूर्ण समर्पण समाज के लिए किया व एक-दूसरे की रक्षा का वादा किया गया। मनुष्यों ने आपस में एक समझौता किया।

समझौता करने वाले प्रत्येक व्यक्ति के व्यक्तिगत व्यक्तित्व के स्थान पर समूह बनाने की इस प्रक्रिया में एकदम एक नैतिक तथा सामूहिक निकाय (Collective Body) का जन्म होता है, जो कि उतने ही सदस्यों से मिलकर बना है जितने कि उसमें मत होते हैं।

सामाजिक समझौते द्वारा निर्मित "राज्य" को 'सामान्य इच्छा' कहा जाता है। संप्रभुता की अभिव्यक्ति सामान्य इच्छा में होती है। सभी व्यक्ति इसके अधीन रहते हुए कार्य करते हैं। प्रत्येक नागरिक का संप्रभुता में एक भाग होता है।

विशेषताएं

1. समान समर्पण पर समानता की माँग करता है।
2. निजी व्यक्तित्व के स्थान पर एक सामूहिक व्यक्तित्व की स्थापना, जिसकी पृथक्, एकता, पहचान, जीवन व इच्छा होती है।
3. वास्तविक रूप से स्वतंत्रता दृष्टिपात होती है।
4. व्यष्टि (व्यक्तिगत इच्छा) का स्थान समष्टि (सामान्य इच्छा) ले लेती है।
5. इस प्रकार किसी सरकार की स्थापना न होकर एक संपूर्ण प्रभुत्व सम्पन्न समाज की स्थापना होती है जिसका आधार सामान्य इच्छा होती है।
6. सामाजिक समझौता एक निरंतर चलने वाला क्रम है।
7. इस प्रकार राज्य का सावयव राज्य के रूप में उदय।

4. रूसो के शासन संबंधी विचार

रूसो के अनुसार सामाजिक समझौते द्वारा निर्मित समाज जिसमें कि सामान्य इच्छा का वास होता है, राज्य है जबकि शासन अथवा सरकार केवल वह व्यक्ति अथवा व्यक्ति समूह है जिसको समाज द्वारा यह अधिकार दिया जाता है कि वह संपुभु की इच्छा पूर्ण करे। शासन व सरकार तो संप्रभु व जनता के मध्य संस्था है।

शासन का वर्गीकरण : रूसो ने चार प्रकार की शासन प्रणालियाँ मानी हैं–राजतंत्र, कुलीनतंत्र, प्रजातंत्र और मिश्रित शासन। वे प्रत्यक्ष लोकतंत्र के समर्थक व अप्रत्यक्ष लोकतंत्र के विरोधी थे। वह कुलीनतंत्र को श्रेष्ठ शासन प्रणाली मानता है। उसने कुलीनतंत्र के तीन प्रकार माने हैं–प्राकृतिक, वंशानुगत तथा निर्वाचनात्मक। **निर्वाचित कुलीनतंत्र** को वह सर्वोतम शासन व्यवस्था मानता है।

5. रूसो के कानून संबंधी विचार

सामान्य इच्छा (संप्रभु) ही कानून का स्रोत है। रूसो सामान्य इच्छा की अभिव्यक्ति को कानून मानता है। प्रथम कानून सर्वमान्य हित (सार्वजनिक) से संबंधित होना चाहिए और द्वितीय उसका स्रोत संपूर्ण जनता होनी चाहिए। रूसो ने कानूनों के चार प्रकार गिनाए हैं :

1. संवैधानिक कानून
2. फौजदारी कानून
3. दीवानी कानून
4. परम्परागत कानून

रूसो ने कानून निर्माण के लिए एक विधि निर्माता की आवश्यकता प्रतिपादित की है। अतः वह स्वतंत्रता और कानून की आज्ञाकारिता में कोई अंतर नहीं मानता। वह स्वयं कहता है कि "सच्ची स्वतंत्रता उन कानूनों का पालन करने में है जिन्हें हम स्वयं अपने लिए निर्धारित करते हैं।"

6. रूसो के स्वतंत्रता संबंधी विचार

रूसो को स्वतंत्रता का मसीहा कहा जाता है। उसके अनुसार स्वतंत्रता का अर्थ मनमाना कार्य करना नहीं है। सामान्य इच्छा द्वारा निर्मित कानूनों का पालन ही स्वतंत्रता है। रूसो ने स्वतंत्रता का सकारात्मक दृष्टिकोण प्रस्तुत किया है। रूसो इस बात में विश्वास करता है कि कानून के अनुसार जीवन व्यतीत करना ही सच्ची स्वतंत्रता है क्योंकि ऐसा करके व्यक्ति अपनी इच्छा का ही पालन करता है। स्वतंत्रता की रक्षा के लिए वह सत्ता पर बल देता है।

जे॰ एस॰ मिल

जॉन स्टुअर्ट मिल, जेम्स मिल का पुत्र था। मिल पर बेन्थम के उपयोगितावादी विचारों का काफी प्रभाव था, लेकिन वह इनमें परिवर्तन करना चाहता था और आगे चलकर उन्होंने बेन्थम के उपयोगितावादी सिद्धांतों में मौलिक परिवर्तन भी किया। मिल 16 वर्ष की अवस्था में 'उपयोगितावादी सोसाइटी' का सदस्य भी बन गया था। मिल ने ना सिर्फ उपयोगितावाद की आलोचना की साथ ही अपने स्वतंत्रता संबंधी विचारों को भी आगे बढ़ाया। उन्होंने खोखली स्वतंत्रता की अवधारणा का प्रतिपादन किया। मिल भूमि सुधार तथा महिला मताधिकार का भी भारी समर्थक माना जाता है।

मिल के उपयोगितावादी विचार

बेन्थम के बाद इग्लैंड की परिस्थितियों में काफी परिवर्तन आया और उन परिस्थितियों में बेन्थम के उपयोगितावादी विचारों को चुनौती दी जाने लगी, इसीलिए मिल ने पहले संस्थापित बेन्थम के उपयोगितावादी विचारों में कुछ

परिवर्तन करने का विचार किया लेकिन धीरे-धीरे मिल ने बेन्थम के विचारों में इतना संशोधन कर दिया कि वे अपना मूल स्वरूप ही खो बैठे। मिल ने इस संबंध में अपने जो भी विचार दिए हैं वे उनके निबंध ''Utilitarian-ism'' में मिलते हैं।

1. उपयोगितावाद की पुनर्समीक्षा

मिल ने बेन्थम के उपयोगितावाद की समीक्षा करते हुए जो विचार दिए वे इस प्रकार हैं–

1. सुखों में मात्रात्मक के साथ गुणात्मक अंतर भी।
2. सुखों की गणना-पद्धति में परिवर्तन।
3. बेन्थम के सिद्धांत का उद्देश्य सुख या आनंद प्राप्ति था और मिल का शालीनता और सम्मान पर बल देना।
4. मिल की नैतिकताएं बैन्थम से अधिक संतोषजनक।
5. स्वतंत्रता, उपयोगिता से अधिक उच्च और मौलिक।
6. सुखों की प्राप्ति का ढंग अप्रत्यक्ष होता है।
7. मिल का सिद्धांत नैतिक, बेन्थम का राजनीतिक।
8. मिल द्वारा अंतःकरण के तत्व पर जोर देना।

2. मिल के स्वंतत्रता संबंधी विचार

उपयोगितावादी चितंन के अंतिम और व्यक्तिवादी दार्शनिकों की शृंखला में मिल एक महत्त्वपूर्ण चिंतक थे। मिल ने जिस स्वतंत्रता का सदा पोषण किया है, वह एक व्यापक स्वतंत्रता है मिल के स्वतंत्रता संबंधी अपने विचारों का समावेश अपनी पुस्तक 'On Liberty' में है।

स्वतंत्रता के सिद्धांत का समर्थन मिल दो प्रकार के दार्शनिक आधारों पर करता है–**प्रथम**, व्यक्ति की दृष्टि से और **द्वितीय** समाज की दृष्टि से। मिल ने यह स्वीकारा है कि मनुष्य का उद्देश्य अपनी शक्ति के पूर्ण तत्वों का विकास करना है, वह इन तत्वों के अधिकतम और सामंजस्यपूर्ण विकास का पक्षपाती है, द्वितीय आधार यह समाज के विकास को समक्ष रख कर बनाता है। मिल व्यक्ति के विकास से समाज के विकास पर आता है। उसकी दृष्टि में समाज का विकास कुछ विशेष प्रकार के व्यक्तियों से होता है ये व्यक्ति कला, विज्ञान, साहित्य और अन्य क्षेत्रों में नवीन परिवर्तन लाने का प्रयास करते हैं। परंतु रूढ़िवादी समाज उनके स्वतंत्र कृत्यों के मार्ग में अवरोधक बन जाता है। अतः समाज अपने विकास में स्वयं रोड़ा बन जाता है। अतः समाज के विकास हेतु आवश्यक है कि उसके समस्त घटकों को पूर्ण स्वतंत्रता दी जाये। मिल यद्यपि उपयुक्त विचारों में व्यक्ति का ही पक्ष लेता है।

स्वतंत्रता का स्वरूप : यद्यपि मिल व्यक्तिगत स्वतंत्रता का कट्टर समर्थक है तथापि वह इसे स्वच्छता के अर्थ में नहीं लेता। समाज की सत्ता तथा व्यक्ति की स्वतंत्रता के मध्य समन्वय बनाये रखना उसका प्रमुख उद्देश्य रहा है। इस दृष्टि से वह व्यक्ति की स्वतंत्रता का उसी सीमा तक समर्थन करता है जहां तक कि वह समाज के अन्य व्यक्तियों तथा समग्र रूप से समाज के अतीत में प्रयुक्त न की जाये। परंतु यदि समाज की सत्ता व्यक्ति की स्वतंत्रताओं का दमन करे तो मिल समाज की ऐसी सत्ता का विरोध करता है, आन लिबर्टी में स्वतंत्रता के स्वरूप को स्पष्ट करते हुए मिल ने लिखा है कि ''मानव जाति किसी भी घटक की स्वतंत्रता में केवल एक आधार पर ही हस्तक्षेप कर सकती है और वह है आत्मरक्षा। सभ्य समाज के किसी भी सदस्य के विरुद्ध शक्ति का प्रयोग केवल इसी उद्देश्य के लिए हो सकता है कि उसे दूसरों को हानि पहुंचाने से रोका जाए। किसी भी व्यक्ति को कोई काम करने या न करने के लिए विवश करना इस आधार पर उचित नहीं माना जा सकता कि ऐसा करना उस व्यक्ति के हित में है या ऐसा करने से उसके हित में वृद्धि होगी या ऐसा करना बुद्धिमतापूर्ण है। समाज मानव आचरण के केवल उसी अंश का नियंत्रण कर सकता है जो दूसरे व्यक्तियों से संबंधित हो। स्वयं अपने कार्यों में उसकी स्वतंत्रता अधिकारतः निरपेक्ष है।''

मिल का मत है कि व्यक्ति पर स्वतंत्र होने के लिए दबाव भी डाला जा सकता है। यहां यद्यपि वह अतिवादी हो जाता है मिल की स्वतंत्रता का स्वरूप तब और भी शक्तिशाली बन पाता है जब हम देखते हैं कि वह अलग-अलग पुरुषों की उन्नति चाहता है। क्योंकि उसका विचार है कि सभी आदर्श और तर्कसंगत वस्तुएं व्यक्तियों से ही आती हैं और व्यक्तियों से ही आनी चाहिएं। मिल स्वतंत्रता का अर्थ प्रतिपादियों का न होना मानता है और इसकी तुलना बहुसुखी और खूब सुखी से करता है।

3. मिल का प्रतिनिधि शासन

मिल के समय में प्रजातंत्र संक्रमणकालीन अवस्था से गुजर रहा था। त्रुटिपूर्ण शासन के साथ संसद का उच्चवर्गीय अधिनायकत्व चिंता का विषय था। अतः इन त्रुटियों को दूर करने के लिए मिल ने अपना ध्यान ऐसे शासन की ओर केंद्रित किया जिसमें व्यक्ति का सच्चा प्रतिनिधित्व सम्भव हो और प्रजातांत्रिक नियमों के अनुसार प्रत्येक योग्यता प्राप्त व्यक्ति अवसर प्राप्त कर सके। मिल का मत था कि सच्चा प्रजातंत्र वहां है जहां पर नागरिक प्रत्यक्ष रूप से शासन कार्य में भाग लें। लेकिन मिल की यह भी मान्यता थी कि आज प्रत्यक्ष लोकतंत्र अधिक जनसंख्या के कारण निभ नहीं सकता अतः मिल की दृष्टि में सर्वोत्तम शासन अप्रत्यक्ष प्रजातंत्र अथवा प्रतिनिधि शासन ही होना चाहिए।

प्रतिनिधि सरकार के प्रमुख तत्व : इनका वर्णन इस प्रकार है–

1. संपूर्ण या उनकी संख्या के बहुत बड़े भाग के लोगों का सरकार के कार्यों में सहयोग।
2. संपूर्ण या उनकी संख्या के बहुत बड़े भाग के लोगों के हाथ में नियंत्रण शक्ति।
3. समय-समय पर चुने गए प्रतिनिधियों द्वारा लोगों का प्रतिनिधित्व।
4. अंतिम नियंत्रण शक्ति का संविधान के स्थान और यदि संविधान लिखित न हो तो व्यवहारिक रूप से जनता द्वारा उसका उपयोग।
5. राज्य की सक्रिय राजनीति में नैतिकता या स्वस्थ परम्पराएं।
6. वे सभी तत्व जो एक अच्छी सरकार के लिए आवश्यक होते हैं जिनका वर्णन ऊपर किया जा चुका है।
7. सरकार के अगों में कार्यों का निश्चित बँटवारा।
8. एक संगठित विरोधी दल।
9. आनुपातिक प्रतिनिधित्व।
10. सार्वजनिक मताधिकार।
11. निष्पक्ष न्यायपालिका।
12. अल्पसंख्यकों की रक्षा।

ये उपरोक्त सभी तत्व करीब-करीब एक उदारवादी सरकार की ओर संकेत करते हैं जिसका मिल समर्थन करता था।

महात्मा गाँधी

भारतीय राष्ट्रीय आंदोलन के अग्रदूत और सत्य, अंहिसा, सत्याग्रह और मानव धर्म के पुजारी महात्मा गाँधी का प्राथमिक नाम मोहन दास कर्मचन्द गाँधी था जो विलायत से वकालत की उपाधि प्राप्त करके भारत में एक सामान्य व्यक्ति की तरह ही आये थे। लेकिन 1893 में जब वे दादा अब्दुला खां एंड कंपनी नामक संस्था का मुकदमा लड़ने के लिए डरबन (दक्षिण अफ्रीका) पहुँचे तो वहीं वे बीस वर्ष तक रहे। यहां उन्होंने देखा कि किस तरह से गोरी सरकार प्रवासी भारतीय पर रंग और जाति के आधार पर अत्याचार कर रही थी। यहीं से गाँधी जी ने अपना अहिंसात्मक युद्ध तथा सत्याग्रह के सटीक हथियार का प्रयोग किया। 1894 में गाँधीजी ने 'नाटाल इंडियन कांगेस' की स्थापना की। इसी क्रम में उन्होंने 1902 में 'ट्रान्सवाल ब्रिटिश इंडियन एसोसिएशन' की स्थापना की। उन्होंने 'इंडियन ओपीनियन' नामक पत्र का प्रकाशन भी प्रारंभ किया। 1906 में गाँधी ने जुलु विद्रोह के समय 'इंडियन स्ट्रेचर-बेअरर कोर' की स्थापना की। 1909 में इंग्लैंड से दक्षिण-अफ्रीका लौटते समय जहाज में उन्होंने 'हिन्द स्वराज' की रचना की, 1914 में गाँधी भारत लौट आये।

सत्य की अवधारणा

महात्मा गाँधी का संपूर्ण जीवन सत्य पर टिका था। सत्य के सामने और किसी बात से वह समझौता नहीं करते थे, सत्य और ईश्वर में वह कोई भेद नहीं मानते थे। गाँधी दर्शन से सत्य को हटाने का प्रयत्न किया जाए तो वह सर्वथा असंभव कार्य होगा।

गाँधी जी का आग्रह था कि हमारा प्रत्येक व्यवहार और कार्य सत्य के लिए होना चाहिए। सत्य के अभाव में हम किसी भी नियम का शुद्ध पालन नहीं कर सकते। जीवन या विश्व में प्रत्येक स्थान पर सत्य की सिद्धि तभी संभव है जब हम अपनी दृष्टि को सदैव निर्दोष और निर्मल रखें।

गाँधी जी सापेक्ष सत्य में अर्थात् साधन स्वरूप में और शुद्ध सत्य में स्पष्ट भेद मानते थे। उनकी मान्यता थी कि सापेक्ष सत्य वह सत्य है जिसे हम किन्हीं विशेष परिस्थिति के संबंध में देखते हैं। वह संपूर्ण सत्य नहीं होता जो एक प्रकार की परिस्थितियों में सत्य हो सकता है, संभव है वह भिन्न प्रकार की परिस्थितियों में सत्य न हो। शुद्ध सत्य अंतिम सत्य है। वहीं है, वहीं था और वहीं रहेगा। सत्य के शुद्ध अर्थ में गाँधी जी सत्य और ईश्वर को एक ही मानते थे। वे ईश्वर की पूजा सत्य के रूप में करते थे। इस अर्थ में सत्य मानव जीवन का लक्ष्य बन जाता है। उनका कहना था कि सत्य द्वारा हमें वह सहिष्णुता प्राप्त होती है जिससे हम खुले दिमाग से दूसरों की बात सुन सकते हैं। सत्य जीवन का साध्य है और साध्य के साथ ही साधन की समस्या भी जुड़ी हुई है। दोनों की शुद्धि आवश्यक है।

गाँधीजी के सत्य के परिवेश में केवल व्यक्ति ही नहीं आते वरन समूह, समाज और संपूर्ण मानव जाति सम्मिलित है। सत्य का पालन धर्म, राजनीति, अर्थनीति, परिवार, नीति सब में होना चाहिए। व्यक्ति और समाज का कोई पक्ष सत्य से विरक्त नहीं होना चाहिए। गाँधी जी की वास्तव में यह सबसे बड़ी देन थी कि उन्होंने व्यक्तित्व आधार पर सत्य की खोज के लिए किए जाने वाले प्रयासों का संबंध सामाजिक हित से जोड़ दिया। आध्यात्मिक पूर्णता इच्छुक लोगों के लिए गाँधीजी ने यह नया मार्ग खोज निकाला।

धर्म संबंधी अवधारणा

सत्य व अंहिसा की मूर्ति गाँधी जी ने धर्म की सृजनात्मक शक्ति को स्वीकार किया। धर्म उनके लिए संसार की नैतिक अनुशासन व्यवस्था थी। गाँधी जी ने धर्म को जीवन व समाज का आधारभूत तत्व स्वीकार किया और कहा कि इसको निकाल देने से व्यक्ति और समाज दोनों निष्प्राण और शून्य हो जाते हैं। गाँधी जी ने धर्म के क्षेत्र में संसार के प्रत्येक कार्य, व्यक्ति के प्रत्येक पक्ष, गैर समाज के प्रत्येक अंग को समेटा।

धर्म से गाँधी का अभिप्राय किसी औपचारिक रूढ़िगत धर्म से नहीं है वरन् विश्व के व्यवस्थित नैतिक अनुशासन से है। गाँधी का धर्म सम्प्रदायवाद को नहीं मानता था, यह तो मानव-समाज का शाश्वत तत्व है। जो हिंदुत्व, इस्लाम और ईसाइयत से परे है। गाँधीजी ने हिंदू धर्म में गहरी आस्था प्रकट की, क्योंकि यह धर्म सब धर्मों के साथ शांतिपूर्ण रहने में विश्वास करता है और इस प्रकार का कोई दावा नहीं करता कि सत्य एकमात्र उसी में है। गाँधी जी ने हिन्दूवाद के आध्यात्मिक नैतिक सार को ग्रहण किया। हिंदू धर्म में आस्था रखते हुए भी उन्होंने इसकी आचरण संबंधी रूढ़ियों, पाखंडों या भ्रांतियों का पक्ष नहीं लिया। गाँधी जी की दृष्टि में कोई धार्मिक क्रिया, आचार संस्कार यदि व्यक्तिगत स्वार्थ-सिद्धि या लोभ से किया जाए तो वह अनुचित है, पर यदि कोई क्रिया निष्काम भाव से की जाए तो वह बुद्धिसंगत न होने पर भी उचित है। गाँधीजी मूर्ति-पूजा, वृक्ष-पूजा आदि के समर्थक भी थे और विरोधी भी। वे मूर्तियों को देवता मानना अनुचित मानते थे, किंतु ईश्वर के प्रतीक या माध्यम के रूप में मूर्ति-पूजा से उनका कोई विरोध नहीं था। गौ-पूजा में उन्हें अहिंसा का भाव निहित प्रतीत होता था।

मानवतावादी धर्म : गाँधी ने मानवतावादी धर्म का पोषण किया जिसका चरम लक्ष्य सेवा है। गाँधी धर्म के प्रमुख तत्व हैं—सत्य, प्रेम और अहिंसा। जो व्यक्ति वस्तुतः मनुष्य कहलाना चाहता है उसके दैहिक, मानसिक और सांस्कृतिक गुणों का विकास इन्हीं तत्वों पर आधारित होना चाहिए। उनके धर्म में ऊँच-नीच, जाति-भेद, रंग-भेद के लिए कोई स्थान न था। उन्होंने ऐसी प्रत्येक बात को ठुकरा दिया था जो विवेक के विरुद्ध और मानवता के विरुद्ध थी। उन्होंने अस्पृश्यता की व्यवस्था का किंचित मात्र भी समर्थन नहीं किया। उन्होंने कहा कि भगवान ने इन्सान को किसी ऊँच-नीच के साथ पैदा नहीं किया है। अस्पृश्यता में विश्वास भगवान का निषेध है।

साध्य और साधन की अवधारणा

महात्मा गाँधी नैतिक पवित्रता पर कितना बल देते थे यह उनके धर्म, ईश्वर और सत्य की अवधारणा से स्पष्ट है। गाँधी जी नैतिक नियमों के आधार पर संपूर्ण समस्याओं का समाधान और संपूर्ण मानव जाति की एकता चाहते थे। नैतिक पवित्रता पर बल देने का यह स्वाभाविक परिणाम था कि गाँधी जी साधन और साध्य दोनों की पवित्रता में विश्वास करते थे। वे कहा करते थे कि साधन और साध्य एक-दूसरे से चोली दामन की तरह संबद्ध हैं। यदि साध्य उत्तम है तो उसे प्राप्त करने के साधन भी उतने ही उत्तम होने चाहिएं। साधनों की पवित्रता के विचार द्वारा गाँधी जी ने राजनीति में एक क्रांतिकारी परिवर्तन कर दिया, गाँधी जी के अनुसार साधन बीज के समान है और साध्य वृक्ष के समान।

गाँधी जी साध्य और साधन दोनों की पवित्रता पर बल देते थे। वे साधन की पवित्रता या अहिंसा के आधार पर सत्य को औचित्य मानते थे।

साध्य की अधिकतम, कुशल, स्थायी और शीघ्र प्राप्ति ही साधन के अच्छे और बुरे होने का निर्णय करती है। यदि केवल सत्य साधन का निर्णायक नहीं हो सकता तो केवल साधन भी साध्य का निर्णायक नहीं हो सकता। सत्याग्रह के माध्यम से हिंसापूर्ण क्रांति के बिना ही राज्यविहीन वर्गविहीन समाज की स्थापना की बात कही जाती है। उसे क्रांति की तुलना में अधिश्रेष्ठ और प्रभावशाली बताया जाता है। भारत के संदर्भ में ही लें, हमारे अधिकांश महापुरुष और देवी-देवता आदि अस्त्र सज्जित ही बताए और चित्रित किए गए हैं। इसका अर्थ यह कदापि नहीं है कि वे क्रूर, पतित या निर्दयी रहे होंगे।

स्वराज की अवधारणा

गाँधी जी के अनुसार 'स्वराज' एक पवित्र शब्द है। यह एक वैदिक शब्द है, जिसका अर्थ है आत्मशासन और आत्मसंयम है। गाँधी ने कहा था, ''स्वराज से मेरा अभिप्राय है लोक सम्मति के अनुसार होने वाला भारत-वर्ष का शासन। लोक सम्मति का निश्चय देश के बालिग लोगों की बड़ी से बड़ी तादाद के मत के जरिए से हो।'' गाँधीजी की स्वराज की अवधारणा को विद्वानों तथा लेखकों ने दो संदर्भों के अंतर्गत रखा है–

1. ज्यादातर लेखकों ने स्वराज को गाँधी जी का लक्ष्य माना है, ब्रिटिश शासन से पूर्ण स्वतंत्रता प्राप्त करना।
2. गाँधी जी के लिए स्वराज का लक्ष्य केवल स्वतंत्रता ही प्राप्त करना नहीं बल्कि यह एक साध्य तथा साधन भी था।

गाँधी जी ने स्वराज के विषय में लिखा है कि ''मेरे ग्रामस्वराज का आदर्श यह है कि प्रत्येक ग्राम एक पूर्ण गणराज्य हो। अपनी आवश्यक वस्तुओं के लिए यह अपने पड़ोसियों पर निर्भर न रहें। इस प्रकार प्रत्येक गाँव का पहला काम होगा खाने के लिए अन्न और कपड़ों के लिए रूई की फसल उत्पन्न करना गाँव की अपनी नाट्यशाला, सार्वजनिक भवन और पाठशाला भी होगी। प्रारंभिक शिक्षा, अंतिम कक्षा तक अनिवार्य होगी। यथासंभव प्रत्येक कार्य सहकारिता के आधार पर किया जाएगा। गाँव का शासन पाँच व्यक्तियों की पंचायत द्वारा संचालित होगा। पंचायत ही गाँव की व्यवस्थापिका सभा, कार्यकारिणी व न्यायपालिका सभी कुछ होगी।''

स्वराज क्यों? : गाँधी जी की मानव प्रवृत्ति की तीन बातें हैं–

***(i)* मनुष्य अन्य प्राणियों से श्रेष्ठ** : सामाजिक रूप में गाँधीजी मनुष्य को अन्य प्राणियों से श्रेष्ठ एवं अलग मानते हैं मनुष्य में परमात्मा का अंश है जिसको समझ कर राष्ट्र का उत्थान कर सकता है।

***(ii)* तर्क और विवेक है** : मनुष्यों में तर्क और विवेक है, तर्क के आधार पर वह न्याय व अन्याय में भेद कर सकता है। उस विकल्प को चुनने की क्षमता रखता है जो श्रेष्ठ है। किस तरह का जनतंत्र चाहिए, कौन से मेरे समाज के लिए उपयुक्त होगा वह क्षमता मनुष्य में है। आत्मा और परमात्मा ये दोनों क्षमताएँ हमें स्वशासन के लिए प्रेरित करती हैं।

केवल मनुष्य में यह क्षमता है कि अपने ऊपर शासन कर सकें। हर राष्ट्र में इस बात का खुला अवसर होना चाहिए कि वह स्वयं राजनीतिक व्यवस्था, शासन व्यवस्था बनाने की क्षमता रखता है। इसलिए स्वराज की स्वतंत्रता सबको मिलनी चाहिए। स्वराज के मार्ग में पड़ने वाली सभी बाधाओं को उखाड़ फेंकना हमारा ही कर्त्तव्य है।

***(iii)* विदेशी शासन अपना नहीं होता** : गाँधी जी ने कहा कि विदेशी शासन कभी भी अपना शासन नहीं हो सकता सदा विदेशी ही रहेगा, विदेशी शासन कभी भी कल्याणकारी नहीं हो सकता है, वह पराया है, क्रूर है, निर्दयी है इसलिए हमें विदेशी शासन से मुक्ति चाहिए। विदेशी शासन प्रकृति के विरुद्ध है, ऐसा नहीं है कि अंग्रेजों में ही शासन करने की क्षमता है। गाँधी जी ने कहा कि प्रत्येक भारतीयों में यह क्षमता है कि शासन चला सकें। केवल दो तरह के लोग ही विदेशी शासन को मान सकते हैं, पहले, वे जो नाबालिग हैं या बच्चे हैं जिनकी सूझबूझ नहीं होती, दूसरे वे लोग जो पागल हैं। गाँधीजी ने कहा कि क्या भारतीय नबालिगों या पागलों का देश है, यदि नहीं तो फिर हमें स्वराज चाहिए।

अहिंसा की अवधारणा

अहिंसा का शाब्दिक अर्थ है–किसी को न मारना, परंतु गाँधी जी के लिए अहिंसा का अर्थ हत्या न करने मात्र से कहीं अधिक व्यापक है। अहिंसा मन, वचन और कर्म से किसी को हानि न पहुँचाना है। स्वार्थ, द्वेष अथवा क्रोधवश किसी को कष्ट पहुँचाना, किसी पर अत्याचार करना, किसी का शोषण या अपमान करना, हिंसा है। इसके विपरीत स्वार्थ और द्वेष को त्यागकर क्रोध पर विजय प्राप्त करना तथा किसी को किसी भी प्रकार का दुख या कष्ट न पहुँचाना, अहिंसा है। गाँधी जी ने लिखा है कि, ''वास्तव में अहिंसा का अर्थ यह है कि आप किसी की भावना को चोट नहीं पहुँचाएँगे। किसी के प्रति यहाँ तक कि उसके प्रति भी जो कि अपने को आपका दुश्मन समझता है, किसी प्रकार का कटु या अनुदार विचार पोषण नहीं करेंगे। जो व्यक्ति इस अहिंसा के सिद्धांत का पालन करता है उसके लिए कोई भी शत्रु नहीं है।'' गाँधी जी के अनुसार अहिंसा का प्रारंभ और अंत आत्मनिरीक्षण में होता है–''जिन खोजा तिन पाइयाँ गहरे पानी पैठ।''

गाँधी जी ने लिखा है कि अहिंसा व्यापक वस्तु है। हम हिंसा की होली के बीच घिरे हुए पामर प्राणी हैं। यह वाक्य गलत नहीं है कि जीव, जीव पर जीता है। मनुष्य एक क्षण के लिए भी बाह्य हिंसा के बिना जी नहीं सकता। खाते-पीते, उठते-बैठते सभी क्रियाओं में इच्छा-अनिच्छा से वह कुछ-न-कुछ हिंसा तो करता ही रहता है। यदि इस सिद्धांत से छूटने के लिए वह महाप्रयत्न करता है, उसकी भावना में अनुकम्पा होती है, वह सूक्ष्म से सूक्ष्म वस्तु का भी नाश नहीं चाहता और यथाशक्ति उसे बचाने का प्रयत्न करता है, तो वह अहिंसा का पुजारी है। उसके कार्यों में निरंतर संयम की वृद्धि होगी, उसमें निरंतर करुणा बढ़ती रहेगी। किंतु कोई देहधारी बाह्य हिंसा से सर्वथा मुक्त नहीं हो सकता।''

सत्याग्रह की अवधारणा

गाँधीजी में सौजन्यता व नम्रता और साथ ही सत्य और अहिंसा के प्रति अटल विश्वास था। इसी आधार पर उन्होंने विश्व को मुक्ति का एक नया मार्ग दिखाया। वह नया मार्ग सत्याग्रह का मार्ग था।

गाँधीजी के संपूर्ण विचार दर्शन का मुख्य लक्ष्य सत्य की खोज करना था। अपने इस लक्ष्य की प्राप्ति के लिए वे अहिंसा को अनिवार्य साधन के रूप में मानते थे। उनकी अहिंसा की धारणा की विशेषता यह थी कि इसे आवश्यकताओं एवं परिस्थितियों के अनुकूल नीति मानकर धर्म मानते हैं। गाँधीजी उन सभी भौतिकवादी विचारकों से भिन्न हैं जो धर्म को राजनीति से पृथक् करने के पक्ष में हैं। इस प्रकार से राजनीति में नैतिक मान्यताओं को स्थान देने के पक्ष में हैं।

गाँधीजी का विचार था कि स्वतंत्रता से पूर्व ही देशवासियों को नैतिक दृष्टि से ऊँचा उठाया जाये तभी वे स्वतंत्र भारत में अपनी सही भूमिका

प्रस्तुत कर पाएंगे। इसलिए उन्होंने 'सत्याग्रह' के अस्त्र का विकास किया। गाँधीजी की सत्याग्रह की धारणा उनके नैतिक व्यक्तित्व की अभिव्यक्ति है।

सर्वोदय

सर्वोदय गाँधी के राज्य के उद्देश्य का सिद्धांत है। यह संस्कृत के दो शब्दों–'सर्व' तथा 'उदय' से मिलकर बना है जिसका अर्थ है "सबका कल्याण।" पाश्चात्य विचारकों में राज्य के उद्देश्य की सबसे अच्छी व्याख्या बैंथम और मिल ने की है। बैंथम के अनुसार, राज्य का उद्देश्य होना चाहिए "अधिकतम लोगों का अधिकतम कल्याण" अर्थात् बहुमत का आर्थिक कल्याण। गाँधी ने बैंथम की व्याख्या को राजनैतिक रूप से विस्तृत तो पाया परंतु नैतिक रूप से गाँधी को यह स्वीकार नहीं था। गाँधी का कहना था कि राज्य बहुमत की भलाई अल्पमत की कीमत पर क्यों करे। नैतिक रूप से यदि किसी एक की भलाई किसी दूसरे की कीमत पर की जाय तो वह भलाई नहीं बल्कि बुराई हो जाता है। इसी प्रकार राज्य लोगों की आर्थिक भलाई के लिए ही काम क्यों करे क्योंकि किसी एक क्षेत्र में भलाई यदि बाकी क्षेत्रों में बुराई की कीमत पर की जाए तो वह भी बुराई हो जाएगी। इस तरह गाँधी बहुमत की आर्थिक क्षेत्र में भलाई अनैतिक मानते थे। इसलिए उन्होंने बैंथम के राज्य के उद्देश्य को अस्वीकार किया।

बैंथम के राज्य के उद्देश्य को व्यापक बनाने का प्रयत्न मिल ने किया। उन्होंने कहा कि राज्य का उद्देश्य होना चाहिए "बहुमत की सभी क्षेत्रों में भलाई।" बैंथम के सिद्धांत से यह बेहतर था क्योंकि इसमें बहुमत के केवल आर्थिक कल्याण की बात नहीं थी, बल्कि सभी क्षेत्रों में भलाई की बात की गई थी। लेकिन मिल ने भी बैंथम की ही बहुमत की बात की थी। बैंथम और मिल भी बहुमतवादी विचारकों के नाम से जाने गए और गाँधी ने उनके राज्य के सिद्धांत को अधूरा पाया और स्वीकार नहीं किया।

गाँधी ने दक्षिण अफ्रीका में जॉन रस्किन (John Ruskin) की पुस्तक, 'Unto this Last' का अध्ययन किया और वे उससे इतने प्रभावित हुए कि उन्होंने उसका गुजराती और हिन्दी में अनुवाद किया तथा इसे **अन्त्योदय** की संज्ञा दी। क्योंकि इसमें रस्किन ने उस अल्पमत के कल्याण की बात की थी जिसकी किसी को न तो सत्ता में आने के लिए आवश्यकता होती है और न सत्ता में बने रहने के लिए होती है। जनतंत्र का आधार ही बहुमत है, अल्पमत की किसी को आवश्यकता नहीं होती उसे हर शासक भुला देता है।

गाँधी का कहना था कि जो सरकार केवल बहुमत की बात करती है वह सरकार स्वार्थी है क्योंकि वह उस बहुमत की बात कर रही है जिसकी सत्ता में आने के लिए तथा अपने आपको सत्ता में बनाये रखने के लिए जरूरत होती है। दूसरी ओर यदि कोई सरकार केवल उस अल्पमत के कल्याण की बात करेगी जिसकी उसे आवश्यकता नहीं है तो वह परमार्थ का कार्य तो होगा लेकिन यह परमार्थ करने वाली सरकार ऐसा करके सत्ता खो बैठेगी। अल्पमत के आधार पर कोई शासन नहीं कर सकता और जब सत्ता ही नहीं रहेगी तो किसी की भलाई व बुराई क्या करेंगे। इसके अलावा जिस प्रकार बहुमत की भलाई अल्पमत की कीमत पर नहीं होनी चाहिए उसी प्रकार अल्पमत की भलाई बहुमत की कीमत पर नहीं होनी चाहिए। सच्चा कल्याण वही होगा जो किसी एक का किसी दूसरे की कीमत पर न हो अर्थात् न बहुमत का अल्पमत की कीमत पर और न ही अल्पमत का बहुमत की कीमत पर।

इस प्रकार गाँधी का राजनीतिक दर्शन में बहुत बड़ा योगदान है कि उन्होंने बैंथम और मिल के बहुमत में रस्किन का अल्पमत जोड़कर उसे सर्वमत बना दिया। यदि राज्य सभी लोगों के सभी क्षेत्रों में विकास और कल्याण के कार्यक्रम को लेकर चलेगा तभी वह सबका सभी क्षेत्रों में कल्याण की सोच सकेगा।

गाँधीजी के सामाजिक-आर्थिक विचार

महात्मा गाँधी के चितंन और व्यवहार का हर पहलू अहिंसा, नैतिकता और सत्य से ओत-प्रोत था। उन्होंने सामाजिक और आर्थिक विचारों की कोई निश्चित योजना प्रस्तुत नहीं की, वरन् समय-समय पर उन्होंने जो भाषण दिए और लेख लिखे, उनसे ही हमें उनके सामाजिक-आर्थिक दर्शन का बोध होता है।

आधुनिक आर्थिक विचारधारा पश्चिम की देन है तथा इसका आधार पूंजीवाद व औद्योगिक क्रांति है। भौतिक उन्नति ही इसका उद्देश्य है तथा इसके अनुसार सुख का आधार आर्थिक उन्नति मात्र है।

गाँधीजी के आर्थिक विचारों को निम्न बिंदुओं के अंर्तगत स्पष्ट कर सकते हैं–

1. विकेन्द्रीकृत अर्थव्यवस्था

ऐसी परिस्थितियों में गाँधीजी या कोई भी अन्य समझदार व्यक्ति जो हर समस्या को मानवीय दृष्टिकोण से देखने वाला हो, जो रास्ता गाँधीजी ने आर्थिक विकास का चुना उसके अतिरिक्त कोई मार्ग चुन भी नहीं सकता था, वह मार्ग था, विकेन्द्रीकृत अर्थव्यवस्था का। पश्चिम की औद्योगिक अर्थव्यवस्था के शोषण, बेकारी, किसानों की दुर्दशा आवश्यक अंग थे जिनसे बचा नहीं जा सकता था। इसी कारण भारत इंग्लैंड पर आधारित रहना नहीं चाहता था। पश्चिमी देशों के प्रचार का औद्योगिकरण गाँधी जी के नैतिक सिद्धांतों के प्रतिकूल पड़ता था। अतः गाँधीजी ने उससे भिन्न आर्थिक विचारधारा प्रस्तुत की। गाँधीजी के आर्थिक विचारों में मुख्य बातें थीं–

***(i)* विकेन्द्रीकरण :** गाँधीजी ने जिस प्रकार राजनीतिक क्षेत्र में सत्ता के विकेन्द्रीकरण का समर्थन किया, उसी प्रकार आर्थिक क्षेत्र में भी विकेन्द्रीकरण की बात कही। गाँधीजी केन्द्रित अर्थव्यवस्था के विरुद्ध थे, क्योंकि उनका विश्वास था कि इसकी नींव हिंसा पर आधारित है, अतः उन्होंने विकेन्द्रित अर्थव्यवस्था का समर्थन किया और कहा कि उत्पादन को अनेक स्थानों पर छोटे पैमान पर चालू किया जाय, घरों में छोटी-छोटी इकाइयाँ स्थापित की जायें। दूसरे शब्दों में, गाँधी जी कुटीर तथा ग्रामीण उद्योगों के विकास के पक्ष में थे, गाँधीजी विकेन्द्रित व्यवस्था को लोकतंत्र का जीवन रक्त, समझते थे। उनका कहना था कि अहिंसात्मक राज्य की स्थापना के लिए कारखाने वाली सभ्यता की कोई आवश्यकता न थी।

गाँधीजी रूस की भांति राज्य द्वारा नियंत्रित अर्थव्यवस्था के समर्थक नहीं थे। क्योंकि उनका विचार था कि इससे लोकतंत्र की समस्याओं का समाधान नहीं हो सकता। इसके अतिरिक्त स्वतंत्रता, स्वशासन और लघु-स्तरीय उद्योगों के लिए भी यह **घातक** सिद्ध होगा।

***(ii)* बड़े और आधारभूत उद्योगों का राष्ट्रीयकरण :** गाँधीजी बड़े और आधारभूत उद्योगों के राष्ट्रीयकरण के पक्ष में थे। क्योंकि बड़े और आधारभूत उद्योगों से संपत्ति केन्द्रीकरण को बढ़ावा मिलता है। गाँधीजी का कहना था कि औद्योगिक क्षेत्र में हमें पश्चिम की नकल करने से लाभ नहीं

होगा। भारत युगों-युगों से अपनी-समृद्धि के लिए प्रसिद्ध रहा है और इस समृद्धि का कारण था लघु, कुटीर उद्योग। अतः बड़े उद्योगों का राष्ट्रीयकरण करके छोटे-छोटे लघु उद्योगों के स्थापित करने पर जोर दिया जाय।

***(iii)* कुटीर उद्योगों का विकास :** गाँधीजी ने आर्थिक उन्नति के लिए कुटीर उद्योग को सबसे बड़ा साधन माना। उनका कहना था कि कुटीर उद्योग के स्थापित करने से ही भारत में लोगों को रोजगार के साधन उपलब्ध हो सकेंगे और भारत आर्थिक क्षेत्र में निर्भर हो सकेगा।

गाँधीजी के कुटीर उद्योग का अभिप्राय था ग्राम उद्योग। उनके मतानुसार दैनिक आवश्यकताओं की वस्तुएँ ही तैयार करनी चाहिएं। जहाँ तक हो सके ग्राम आत्मनिर्भर बने और नगरों पर कम-से-कम आश्रित हो। भारतीय ग्रामों की दरिद्रता का उन्मूलन करने, नगर और ग्राम की आय में विषमता को दूर करने, और स्वदेशी उद्योगों के संरक्षण तथा विकास के लिए उन्होंने ग्रामोद्योगों के पुनरुद्धार का प्रयत्न किया। वर्तमान व्यापारिक और नागरिक सभ्यता के स्थान पर वह एक नवीन विकेन्द्रित ग्रामीण सभ्यता का निर्माण करना चाहते थे, ताकि थोड़े से नगर असंख्य गाँवों का शोषण न कर सकें और प्रत्येक गाँव एक स्वावलंबी इकाई बन जाए।

2. स्वदेशी

स्वदेशी की अवधारणा उदारवादियों, उग्रवादियों तथा गाँधीजी की रही है। गाँधीजी ने स्वदेशी का अर्थ बताया–उन सभी वस्तुओं के प्रति लगाव, मोह जो स्वदेशी अर्थात् भारतीय हो। जैसे भारतीय वस्तुओं, कपड़ा, भारतीय भाषा, समाज, संस्कृति, रीति-रिवाज आदि। गाँधीजी का कहना था कि जब तक स्वदेशी वस्तुओं के प्रति मोह नहीं होगा तब तक देश-प्रेम की भावना नहीं आएगी और इससे आजादी भी नहीं मिलेगी।

स्वदेशी के आधार को विस्तृत करने के लिए गाँधीजी ने कहा कि जिस प्रकार देशी उद्योग विदेशी निर्माताओं की तुलना में तरजीह या संरक्षण पाने के अधिकारी हैं, उसी प्रकार कुटीर और ग्रामीण उद्योग भी तरजीह या संरक्षण पाने के अधिकारी हैं। शहरों द्वारा देहातों का शोषण बंद किया जाना चाहिए, शहरों को केवल गाँव के फालतू माल को ही दुकान में बेचना चाहिए (न कि विलासिता की वस्तु को जोकि विदेशी कंपनियों द्वारा बनाई जाती है) केवल इसी प्रकार आम आदमी के हितों की रक्षा हो सकती है।

3. ट्रस्टीशिप का सिद्धांत

गाँधीजी समाज में व्याप्त आर्थिक विषमता को मिटाना चाहते थे, व्यक्तिगत संपत्ति का अंत चाहते थे, लेकिन व्यक्ति को अपनी संपत्ति से वंचित करने के लिए वे मार्क्सवादी क्रांति के पक्षपाती नहीं थे। सत्य और अहिंसा द्वारा हृदय परिवर्तन करना उनका प्रमुख अस्त्र था। आर्थिक विषमता को दूर करने के लिए गाँधीजी ने 'संरक्षता का सिद्धांत' (Principle of Trusteeship) प्रस्तुत किया। उन्होंने कहा कि यदि किसी व्यक्ति को उत्तराधिकार में भारी संपत्ति मिली है अथवा किसी ने व्यापार-उद्योग के लाभ से भारी मात्रा में धन एकत्र किया है तो यह संपूर्ण संपत्ति वास्तव में व्यक्तिगत न होकर सारे समाज की है। अतः यह उचित होगा कि जिस व्यक्ति ने संपत्ति का संचय किया है, वह स्वयं को संपत्ति का स्वामी न समझकर ट्रस्टी समझे। संपत्ति उनके पास रहे, वह व्यक्तिगत आवश्यकताओं के लिए उसमें से वाजिब खर्च करे और शेष अवशिष्ट सम्पत्ति को समाज की धरोहर समझे जिसका उपयोग समाज के लिए होना है। सम्मानपूर्वक जीवन व्यतीत करने के लिए आवश्यक संपत्ति पर जो व्यक्ति अपना अधिकार समझे और धन का शेषभाग सम्पूर्ण राष्ट्र का मानते हुए सभी के कल्याण पर खर्च करने को हृदय से तत्पर रहे।

गाँधीजी का संरक्षण सिद्धांत (ट्रस्टीशिप) तभी सफलतापूर्वक कार्यान्वित हो सकता है जब व्यक्ति का नैतिक विकास अति उच्चस्तर पर हो। यदि पूंजीपति इस सिद्धांत के अनुसार आचरण करे तो निश्चय ही व्यक्ति का व्यक्ति द्वारा शोषण बंद हो जाएगा। यदि राष्ट्र इस सिद्धांत की भावना को अपनाए तो अंतर्राष्ट्रीय युद्धों के कारण भी कम हो जाएँगे।

संरक्षण का सिद्धांत पूर्णतः अहिंसात्मक है जिसमें अमीरों को यह विश्वास दिलाया जाता है कि जो धन उनके पास है, वह जनता के श्रम का फल है, केवल उन्हीं के प्रयासों का फल नहीं है। यह एक सामाजिक उत्पत्ति है, अतः समाज के लिए इसका उपयोग करना हर दृष्टि से उचित है।

गाँधीजी इस सिद्धांत के माध्यम से पूंजीपतियों को सुधारना चाहते थे। वे चाहते थे कि पूंजीपति धन संचय के दोषों को समझें और स्वयं उतना ही प्राप्त करें जो उनकी सेवाओं के लिए उपयुक्त है और शेष धन समाज को लौटा दें।

संरक्षण से गाँधीजी का आशय यह था कि सभी सामाजिक संपत्ति ट्रस्टीशिप के अंतर्गत रहनी चाहिए। पूंजीपति सामाजिक संपत्ति के संरक्षक (थातेदार) हैं। उनका कर्त्तव्य केवल यही नहीं है कि वे अपनी ही देखभाल करें वरन् उनको दूसरों की भी देखभाल करनी चाहिए। तब श्रमिक पूंजीपतियों को अपना हितैषी समझेंगे और उन पर भरोसा करेंगे। गाँधीजी का विश्वास था कि ऐसी प्रणाली स्थापित होने से पूंजीपतियों और श्रमिकों में कोई भेद नहीं रहेगा।

❑ ❑ ❑

अध्याय-5

संविधानवाद एवं सरकार के प्रकार

संविधानवाद से हमारा अर्थ बोधन होता है सीमित सरकार या सत्ता की सीमितता संविधानवाद में नागरिकों के मौलिक अधिकारों और कर्त्तव्यों के वर्णन के साथ-साथ सरकार शक्तियों के प्रचालन पर भी अंकुश रखा जाता है।

प्रत्येक राज्य में संविधान का होना आवश्यक होता है क्योंकि संविधान के बिना किसी भी राज्य को चलाना संभव नहीं है। राज्य चाहे अधिनायकवादी हो या लोकतांत्रिक कुछ ऐसे नियम सदा ही उनमें विद्यमान रहते हैं जो राज्य की राजनीति संस्थाओं व शासकों की भूमिका का निर्धारण करते हैं। **विलियम जे॰ एंड्रूज** के अनुसार, ''सरकार रूपी यंत्र को मोटर तथा ब्रेक से युक्त बनाना चाहिए।''

संविधानवाद का इतिहास अत्यंत प्राचीन होने के साथ-साथ अत्यंत नवीन भी है। ''यह उतना ही पुरातन है जितना की यूनान और उतनी ही नवीन है जितनी की 21वीं शताब्दी।''

प्राचीन काल से ही नियंत्रणों की ऐसी व्यवस्था विकसित करने के प्रयत्न होते रहे हैं जो सरकार की शक्तियों को व्यवहार में प्रतिबंधित कर सके ताकि शासक सत्ता का दुरुपयोग न कर सके। वर्तमान काल में भी ऐसी संस्थाएँ अनिवार्य हैं जिनके माध्यम से शासकों और शासितों के अधिकार और कर्त्तव्यों को देखा जा सके।

आज एक सर्वमान्य धारणा बन चुकी है कि राजनीतिक तंत्र को एक ऐसे विधिक प्रलेख के अधीन रखा जाता है जिसकी सत्ता उस सरकार की शक्ति व पहुंच से परे और ऊपर हो और इस प्रलेख की इतनी वैध्यता हो कि यह उन सब प्रयत्नों को जो इसके अतिक्रमण के लिए किए जाएं अभिभूत कर सकें।

इस उच्चतर विधि में निहित मान्यताओं, मूल्यों व राजनीतिक आदर्शों की उपलब्धि हेतु शासकों को संविधान के द्वारा नियमित अधिकार क्षेत्र में रहने के लिए बाध्य करने की सवैधानिक नियंत्रण व्यवस्था को ही 'संविधानवाद' कहते हैं।

संविधान की उदारवादी अवधारणाओं में संविधान को विधि का शासन, जनता के मौलिक अधिकार, समानता, न्याय, और स्वतंत्रता देने के साथ-साथ एक साध्य के रूप में देखा जाता है।

मार्क्सवादी अवधारक इसे साधन के रूप में इस्तेमाल करते हैं, संविधान के माध्यम से वह राजनीतिक शक्ति को प्राप्त करते हैं उनके अनुसार संविधान को अपनी सुविधानुसार कभी भी बदला जा सकता है। उनके अनुसार संविधान समाज में आर्थिक शक्ति से सम्पन्न वर्ग का समर्थक है। अतः संविधान एक वर्गविहिन सत्ता को पाने का साधन मात्र है।

एशिया, अफ्रीका, लैटिन अमेरिका के विकासशील देशों में संवैधानिक शासन के प्रयोग आज भी चल रहे हैं। इन देशों में राजनीतिक अखंडता के भीतर और बाहर पैदा होने वाले खतरों, व्यापक गरीबी, बढ़ते हुए विरोध और बड़ी शक्तियों की ओर से बार-बार पड़ने वाले दबाव के कारण वहां संस्था निर्माण और संविधानिक शासन का कार्य कठिन हो गया है यही कारण है कि कभी सेना सत्ता संभाल लेती है जो कभी आपातकाल की घोषणा कर दी जाती है या ऐसी ही अन्य घटनाएँ बहुधा देखने को मिलती रहती हैं।

संविधानवाद को और अधिक स्पष्ट रूप से समझने के लिए संविधान और सवैधानिक सरकार की विवेचना करना आवश्यक है जो इस प्रकार है–

संविधान का अर्थ

प्रत्येक राज्य के लिए संविधान का होना आवश्यक है। संविधान के बिना किसी भी राज्य का शासन चलना अत्यंत कठिन है। प्रत्येक राज्य में, चाहे वह लोकतांत्रिक हो या अधिनायकवादी या फिर राजतंत्र, कुछ ऐसे नियमों को स्वीकार किया जाना आवश्यक है जो राज्य की राजनीतिक संस्थाओं व शासकों की भूमिका को निर्धारित व सुनिश्चित करे, अराजकता से समाज को मुक्त रख सकें। **विलियम जे॰ एंड्रूज** के अनुसार, "सरकार रूपी यंत्र को मोटर तथा ब्रेक से मुक्त बनाना चाहिए।"

चूंकि प्रत्येक संविधान में सरकार के विभिन्न अंगों तथा उनके पारस्परिक संबंधों का वर्णन होता है। अतः इन संबंधों का वर्णन करने वाले नियमों की विद्यमानता से सरकार के विभिन्न अंग एक-दूसरे के सहयोग से कुशलतापूर्वक कार्य कर सकते हैं और उनसे संघर्ष या विरोध की संभावनाएँ भी कम हो जाती हैं। **कार्ल फ्रैडिक,** ''संविधान ऐसी प्रक्रिया का द्योतक है जिसके द्वारा शासन की गतिविधि पर अंकुश रखा जाता है।''

संविधान में नागरिकों के मौलिक अधिकारों का भी वर्णन होता है। यह वर्णन ही इनकी सुरक्षा व्यवस्था है, क्योंकि यह सरकार की पहुंच से इस प्रकार परे बन जाते हैं। अतः संविधान के द्वारा ही किसी भी राज्य का आधारभूत

ढांचा संस्थागत रूप में खड़ा किया जाता है, जिससे हर व्यक्ति व समूह की भूमिका सुनिश्चित हो जाती है।

यह आवश्यक नहीं है कि संविधान पूर्णतः लिखित रूप में ही हो, संविधान तो उन समस्त लिखित और अलिखित (परम्पराएँ) नियमों और कानूनों का समूह है जिनके आधार पर किसी भी देश की शासन व्यवस्था संगठित की जाती है और शासन के विभिन्न अंगों के बीच शक्तियों का विभाजन किया जाता है तथा उन सिद्धांतों का निर्धारण होता है जिनके अनुसार वे शक्तियाँ प्रयोग में लाई जाती हैं।

फाइनर ने संविधान को 'शक्ति संबंधों की आत्मकथा' बतलाया है।

सी॰ एफ॰ स्ट्रांग के अनुसार, "संविधान को उन सिद्धांतों का समुच्चय कहा जा सकता है जिनके अनुसार सरकार की शक्तियों व शासितों के अधिकारों को परिभाषित किया जाता है और इन दोनों के बीच समायोजन किया जाता है।"

लोएन्स्टाइन "संविधान शक्ति प्रक्रिया के नियंत्रण का आधारभूत साधन है।"

संविधान का सही रूप उसी को कहा जाता है जहां सरकार की करनी और कथनी में कोई अन्तर ना हो अगर उसकी करनी कथनी में अन्तर है तो ऐसे संविधानों को औपचारिक संविधान नहीं कहा जाता है।

अतः संविधान राजनीति व्यवहार का आधार भी प्रस्तुत करता है और उनके सामंजस्य की अभिव्यक्ति भी करता है।

संवैधानिक सरकार का अर्थ

अक्सर ऐसा समझा जाता है कि जिस राज्य में संविधान हो वहाँ संवैधानिक सरकार भी होती है परंतु वास्तव में यह सही नहीं है। हर राज्य में किसी-न-किसी प्रकार का संविधान तो अनिवार्यतः होता है, पर हर ऐसे राज्य में संवैधानिक सरकार भी है, यह जरूरी नहीं है। संवैधानिक सरकार से सीमित अर्थ-बोधन होता है, क्योंकि संवैधानिक सरकार वह सरकार ही होती है जो संविधान की व्यवस्थाओं के अनुसार संगठित, सीमित और नियंत्रित है, तथा व्यक्तिविशेष की इच्छाओं के स्थान पर, केवल विधि के अनुरूप ही संचालित होती है। हिटलर तथा स्टालिन के समय जर्मनी व रूस में संविधान तो थे पर संवैधानिक सरकारें भी थीं ऐसा नहीं कहा जा सकता। संक्षेप में, संवैधानिक सरकार विधि द्वारा नियंत्रित प्रतिबंधित सरकार ही होती है।

स्ट्रांग "एक संवैधानिक राज्य वह राज्य है जिसमें सरकार की शक्तियों और शासितों के अधिकारों और दोनों के संबंधों का समायोजन किया जाता है।"

ह्वियर "संवैधानिक सरकार का अभिप्राय संविधान की शर्तों के अनुसार सरकार से कुछ और अधिक है। इसका अभिप्राय मनमानी सरकार के विरुद्ध और नियमानुसार सरकार ही है इसका अभिप्राय संविधान की शर्तों द्वारा सीमित सरकार से है ऐसी सरकार से नहीं है जो सत्ता का उपयोग कर रहे लोगों की इच्छाओं और क्षमताओं द्वारा सीमित हो।"

संविधानवाद की उदारवादी अवधारणा

पिनोक एवं स्मिथ ने उदारवादी अवधारणा को स्पष्ट किया है उनके अनुसार उदार लोकतंत्रों में संविधानवाद का प्रमुख आधार संस्थागत प्रक्रियात्मक प्रतिबंधों से नियन्त्रित सरकार है। पाश्चात्य संविधानवाद से साध्य तत्व व्यक्ति की स्वतंत्रता और साधन तत्व 'सीमित सरकार' है। इनका मानना है कि पाश्चात्य संविधानवाद के अपने कुछ दार्शनिक तथा संस्थागत आधार हैं जिनसे पाश्चात् संविधानवाद को स्पष्ट किया जा सकता है।

उदारवादी संविधानवाद के दार्शनिक आधार

संक्षेप में इनकी व्याख्या निम्न प्रकार से है--

1. **व्यक्ति की स्वतंत्रता :** पाश्चात्य संविधानवाद का आधारस्तंभ साध्य ही व्यक्ति की स्वतंत्रता है। इसलिए यह कहा जाता है कि व्यक्ति की स्वतंत्रता के इर्द-गिर्द उदार लोकतंत्रों की संविधानवादी अवधारणा घूमती है। इस साध्य के पीछे प्रमुख मान्यता यह है कि व्यक्ति के व्यक्तित्व के विकास के लिए स्वतंत्रता आवश्यक है। इसलिए पाश्चात्य संविधानवाद का प्रमुख जोर व्यक्ति की स्वतंत्रता पर ही है।
2. **राजनीतिक समानता :** अगर व्यक्ति की स्वतंत्रता को सार्थक रूप देना है तो उसके लिए राजनीति शक्ति में समानता प्रदान की जानी चाहिए। यह सहभागिता सबको समान रूप से मिलनी चाहिए।
3. **सामाजिक-आर्थिक न्याय :** कोई समाज इन साध्यों के अभाव की अवस्था में एकता के सूत्र में अधिक दिन तक बंधा नहीं रह सकता। अगर राजनीतिक व्यवस्था और समाज में एकता नहीं हो तो, कुछ व्यक्ति या वर्ग ऐसे हों, जिनका अन्यों के द्वारा शोषण होता हो तो यह वर्ग अंततः विरोध और विद्रोह के कगार पर पहुंच जाएगा। यह विद्रोह की अवस्था सामाजिक व आर्थिक न्याय के अभाव में ही आती है और इससे व्यक्ति की स्वतंत्रता का ही अंत होने लगता है।
4. **लोककल्याण की भावना :** लोक कल्याण और लोकतंत्र का विकास एक साथ माना जाता है। प्रत्येक समाज में ऐसे समूह जरूर पाये जाते हैं जो अपने लिए कुछ करने में असहाय होते हैं, अतः इनके लिए राज्य लोक-कल्याणकारी कार्यों को प्राथमिकता देता है। इसमें अधिकतम लोगों के अधिकतम सुख की बात की जाती है।

उदारवादी संविधान का संस्थागत आधार

अपने दार्शनिक आधारों को सही रूप देने के लिए उदारवादी लोकतंत्रों ने एक संस्थागत ढांचा तैयार किया है जो इस प्रकार है–

1. **विधि का शासन :** सरकार की स्वेच्छाचारिता पर नियंत्रण की सबसे महत्त्वपूर्ण व्यवस्था है। विधि के शासन में व्यक्तियों के अधिकारों का निर्धारण या निर्वहन करने के लिए विधि की प्रधानता होती है। इसमें शासन की शक्तियाँ मनमाने ढंग से नहीं, बल्कि कुछ सुनिश्चित और बंधनकारी नियमों के अनुसार प्रयुक्त होती हैं। विधि के शासन वाली राजनीतिक व्यवस्था में, विधि को सर्वोच्च, एकरूप तथा सार्वभौम माना जाता है, तथा विधि के समक्ष सभी नागरिक और प्रशासकीय अधिकारी समान होते हैं। ऐसे राजनीतिक समाज में सभी अधिकारी अपनी सत्ता, विधि के अनुसार ही प्राप्त करते हैं, उसे रखते हैं और उसका प्रयोग करते हैं। ऐसी व्यवस्था में विधि के समान सभी व्यक्ति समान होते हैं कोई भी विधि से ऊपर नहीं होता है और एक से अपराध की सबको एक-सी सजा दी जाती है।
2. **मौलिक अधिकार और स्वतंत्रता :** सभी लोकतांत्रिक सरकारों में अपने नागरिकों को कुछ मूलभूत अधिकार दिए जाते हैं जिससे वो अपना विकास कर सकें लेकिन फिर भी चार स्वतंत्रताएं मूलभूत हैं–1. व्यक्ति की स्वतंत्रता 2. अंतःकरण की स्वतंत्रता 3. समान लाभ तथा अवसरों की उपलब्धि की स्वतंत्रता 4. राजनीतिक गतिविधियों की स्वतंत्रता।
3. **राजनीतिक शक्तियों का विभाजन :** इन देशों में सरकार के तीनों अंगों कार्यपालिका, विधायिका और न्यायपालिका के न केवल अधिकार क्षेत्र

विभाजित होते हैं, उनके कार्याधिकारी अलग-अलग होते हैं। जिससे की शक्तियों के दुरुपयोग की संभावना भी कम हो और साथ ही एक दूसरे पर उनका नियंत्रण भी बना रहे इसी सिद्धांत को शक्ति पृथ्यकरण तथा नियंत्रण एवं संतुलन का सिद्धांत कहते हैं।

4. **स्वतंत्र एवं निष्पक्ष न्यायपालिका :** पाश्चात्य संविधान में यह प्रावधान है कि सरकार की शक्तियों को सीमित रखने के लिए और सवैधानिक प्रतिबंधों को व्यवहारिक करने के लिए स्वतंत्र एवं निष्पक्ष, न्यायपालिका की अति आवश्यकता है। राजनीतिक शक्तियों के प्रयोगकर्ता, न्यायपालिका द्वारा ही अपनी सीमाओं के अतिक्रमण से रोके जाते हैं। विधि का शासन भी न्यायपालिका द्वारा ही स्थापित कराया जाता है।

साम्यवादी लोकतंत्रों की अवधारणा

साम्यवादी संविधानवादी अवधारणा को हम इन बिंदुओं में देख सकते हैं। इसके साथ ही इसके भी अपने दार्शनिक और संस्थागत आधार हैं जिनके आधार पर यह अपनी अवधारणा को सिद्ध करता है।

***(i)* साम्यवादी लोकतंत्र का दार्शनिक आधार**–इसके दार्शनिक आधार को इस प्रकार स्पष्ट कर सकते हैं–

1. **सामाजिक जीवन में शक्ति के आर्थिक पहलु की सर्वोच्चता :** साम्यवादियों की मान्यता है कि सामाजिक जीवन में शक्ति के आर्थिक पहलू की सर्वोपरिता ही महत्त्वपूर्ण होती है। इससे मनुष्य का संपूर्ण सामाजिक जीवन संचालित होता है तथा जिस वर्ग के हाथ में आर्थिक शक्ति होती है, यह अन्य वर्गों पर आधिपत्य जमाकर, उन्हें अपने लिए कार्य करने को बाध्य करता है। यह अवस्था वर्गसंघर्ष व शोषण का आधार बनती है। साम्यवादियों को पाश्चात्य समाज की भांति आर्थिक शक्ति पर कुछ व्यक्तियों का नियंत्रण स्वीकार नहीं है। उनके अनुसार यह शक्ति सब व्यक्तियों के हाथ में रहनी चाहिए जिससे वर्ग संघर्ष, शोषण इत्यादि की परिस्थितियाँ उत्पन्न नहीं हों।
2. **समाज में आर्थिक शक्ति संपन्न वर्ग का प्रभुत्व :** मार्क्सवादियों की मान्यता है किं आर्थिक शक्ति जिसके हाथ में होती है वही सब अवस्थाओं में सर्वोच्च होते हैं। अतः व्यवहार में राजनीतिक शक्ति प्रभुता युक्त नहीं रहती है। व्यवहार में संपूर्ण समाज आर्थिक शक्ति के निर्देशन में चलने के लिए बाध्य हो जाता है और आर्थिक शक्ति संपूर्ण समाज पर छाई रहती है।
3. **राजनीतिक शक्ति का आर्थिक शक्ति के अधीन होना :** आर्थिक शक्ति की सर्वोपरिता समाज में इससे संपन्न वर्ग का प्रभुत्व, राजनीतिक शक्ति को भी इसके अधीन बना देता है। समाज में विद्यमान सभी संस्थाएँ आर्थिक शक्ति के समक्ष नतमस्तक रहती हैं। अतः नियंत्रण राजनीतिक शक्ति पर नहीं, बल्कि आर्थिक शक्ति पर लगाए जाने चाहिएं। यही कारण है कि साम्यवादी सरकार को सामाजिक व्यवस्था में विशेष महत्ता प्रदान नहीं करते और इसे आर्थिक शक्तियुक्त वर्ग के हाथ की कठपुतली मानते हैं।

साम्यवादी लोकतंत्र का संस्थागत आधार

साम्यवादी आर्थिक शक्ति को सार्वजनिक सत्ता के अधीन बनाने के लिए साम्यवादी समाजों में प्रायः इन संस्थागत व्यवस्थाओं को प्रमुखता दी जाती है।

1. उत्पादन तथा वितरण के साधनों पर सार्वजनिक स्वामित्व
2. सम्पति समान वितरण और
3. साम्यवादी दल का एकाधिकार।

साम्यवादियों की मान्यता है कि संविधानवाद को वास्तविकता के पुट से युक्त करने के लिए ऊपर ही ऊपर की गई नियंत्रण व्यवस्थाएँ प्रभावशाली नहीं हो सकतीं। इनके लिए ऊपरी रुकावटों को दूर करने के स्थान पर आधारभूत व्यवस्था में ही परिवर्तन अनिवार्य है। उनके अनुसार उत्पादन व वितरण के साधनों पर सार्वजनिक स्वामित्व व संपत्ति का समान वितरण ऐसी आधारभूत व्यवस्थाएँ हैं जो राजनीतिक शक्ति के दुरुपयोग को प्रभावशाली ढंग से रोकती हैं और संविधानवाद के आदर्शों को व्यवहार में कुछ लोगों की नहीं, सब नागरिकों को उपलब्ध कराती हैं।

परंतु वास्तव में, सोवियत रूस में संविधानवाद का अनुसरण नहीं होता है। रूस में राजनीतिक शक्ति के धारकों पर संवैधानिक नियंत्रणों की सभी संस्थात्मक व्यवस्थाएँ केवल औपचारिकता, मात्र हैं। रूस में नेताओं पर प्रभावशाली नियंत्रण संवैधानिक नहीं है। वहाँ नियंत्रणों की वास्तविक प्रक्रियाएँ संविधान द्वारा स्थापित व्यवस्थाओं से सर्वथा भिन्न हैं। **विलियम जी० एन्ड्रूज** ने ठीक ही लिखा है, "स्वयं संविधान में ही अनेक ऐसी धाराएँ व अनुच्छेद हैं, जिनसे राज्य का औपचारिक शासन तंत्र साम्यवादी दल के अधीन रहता है। दल को, संवैधानिक आधार व संविधान द्वारा एकाधिकार प्राप्त है। इससे शासन नीति का सार्वजनिक नियंत्रण, सवैधानिक प्रकियाओं के माध्यम से भी दल में निहित हो जाता है। साम्यवादी दल ही सामाजिक स्वतंत्रताओं के उद्देश्यों की व्याख्या करता है और उनकी उपलब्धि के साधन जुटाता है।" अतः संविधान सरकार पर प्रभावी नियंत्रणों की स्थापना नहीं करता है। संविधान में उल्लिखित नियंत्रणों की संस्थागत व्यवस्थाएँ साम्यवादी दल की सर्वोपरिता तथा अंकुश के कारण केवल 'औपचारिकता' रह जाती है। यह सब संविधानवाद के विचार से बेमेल पड़ती है। इसलिए **विलियम जी० एंड्रूज** का यह कहना सत्य लगता है कि "रूस का संविधान ही, संविधानवाद की अवधारणा के अनुरूप नहीं है।"

विकासशील देशों में संविधानवाद की अवधारणा

विकासशील देशों की अपनी कुछ विशेष समस्याएँ हैं जिसके कारण संविधानवाद की कोई भी स्थिति स्पष्ट नहीं हो पा रही है। ये समस्याएँ हैं–1. राजनीतिक स्थायित्व की समस्या, 2. आर्थिक विकास की समस्या, 3. सुरक्षा की खोज, 4. राजनैतिक सत्ता की वैधता, 5. आधुनिकीकरण की समस्या, 6. अंतर्राष्ट्रीय स्तर पर प्रतिष्ठता की स्थापना की समस्या। अतः इन समस्याओं के चलते संविधानवाद की अवधारणा को अस्पष्ट व अनिश्चित माना जाता है यह किस अवस्था में है इसका विवेचन इस प्रकार है :

1. **संविधानवाद निर्माण की अवस्था में :** विकासशील राजनीतिक समाजों में विकास की परिस्थितियाँ ही नहीं पाई जाती हैं। समाजों में अनेक बातों पर मतैक्य का अभाव पाया जाता है। यहां तक कि राजनीतिक संस्थाओं की संरचनाओं और प्रक्रियाओं पर भी मतैक्य नहीं हो पाता है। इसलिये अधिकांश विकासशील राज्यों में संविधानवाद निर्माण की अवस्था में कहा जा सकता है।
2. **मिश्रित प्रकार का संविधानवाद :** नवोदित राज्यों में संविधानवाद मिश्रित प्रकृति का है। कुछ देश पाश्चात्य व सोवियत विचारधाराओं को मिलाने का प्रयत्न कर रहे हैं। आंतरिक परिस्थितियाँ व आवश्यकताएँ, संविधानवाद की पाश्चात्य व साम्यवादी अवधारणाओं के मौलिक तत्वों को अनिवार्यतः अपनाने का दबाव डालती हैं। जैसे स्वतंत्रता के साथ

ही आर्थिक समानता लाने के लिए संपत्ति पर अधिकाधिक सार्वजनिक नियंत्रण का प्रयत्न संविधानवाद का मिश्रित रूप प्रदान करता है। संविधान प्रतिबंधक का कार्य भी करता है और नियत्रणों से मुक्ति भी दिलाने के संस्थागत प्रावधानों से भरपूर रहता है। इस दृष्टि से भारत में मौलिक अधिकारों की व्यवस्था तथा उन पर उचित प्रतिबंधों की संविधान में ही व्यवस्था, मिश्रितता की संकेतक है।

3. **संविधानवाद प्रवाह के दौर में :** विकासशील राज्यों में संविधानवाद प्रवाह के दौर में है। यह स्थिरता प्राप्त नहीं कर पाया है। राजनीतिक विकास के मार्ग में जब-तब लंबी अवधि का स्थायित्व यह भ्रम उत्पन्न करता है कि संविधानवादी मूल्य सुनिश्चय की अवस्था में आ गये हैं। परंतु अचानक उत्पन्न स्थितियाँ, समाजों के विकास-पथ में परिवर्तन करके, संविधानवाद को प्रवाह की अवस्था में धकेलती दिखाई देती हैं।

उपरोक्त तीन विशेषताओं के वर्णन से स्पष्ट है कि विकासशील राजनीतिक समाजों में संविधानवाद दिशा रहित चरण में हैं इन समाजों में कभी उदार लोकतंत्रों का आदर्श आकर्षक बन जाता है तो कभी साम्यवादी विचारों में निष्ठा दृढ़ होने लगती है। कुछ राज्य नवीन आदर्श खोजते पाए जाते हैं। राष्ट्रीय और अतंर्राष्ट्रीय परिस्थितियों के कारण, विकासशील राज्यों में संविधानवाद की दिशाओं में जब-तब परिवर्तन, एक तरह से दिशा शून्यता ही लगता है।

निष्कर्ष : उपरोक्त सभी अवधारणाओं के स्पष्टीकरण से देखा जा सकता है कि लोकतंत्रीय संविधानवाद की अवधारणा सभी से सटीक और सार्थक है।

सरकार

हर एक देश को विभिन्न निर्णय लेने एवं काम करने के लिए सरकार की जरूरत होती है। ये निर्णय कई विषयों से संबंधित हो सकते हैं–सड़कें और स्कूल कहां बनाए जाएं, बहुत ज्यादा महँगी हो जाने पर किसी चीज के दाम कैसे घटाए जाएं अथवा बिजली की आपूर्ति को कैसे बढ़ाया जाए। सरकार कई सामाजिक मुद्दों पर भी कार्रवाई करती है। उदाहरण के लिए सरकार गरीबों की मदद करने के लिए कई कार्यक्रम चलाती है। इनके अलावा यह अन्य महत्त्वपूर्ण काम भी करती है, जैसे डाक एवं रेल सेवाएँ चलाना। सरकार का काम देश की सीमाओं की सुरक्षा करना और दूसरे देशों से शांतिपूर्ण संबंध बनाए रखना भी है। उसकी जिम्मेदारी यह सुनिश्चित करना है कि देश के सभी नागरिकों को पर्याप्त भोजन और अच्छी स्वास्थ्य सुविधाएं मिलें। जब प्राकृतिक विपदा घेरती है, जैसे सुनामी या भूकंप, तो मुख्य रूप से सरकार ही पीड़ित लोगों की सहायता करती है। अगर कहीं कोई विवाद होता है या कोई अपराध करता है तो लोग न्यायालय जाते हैं। न्यायालय भी सरकार का ही अंग है।

सरकार के प्रकार

सरकार को निर्णय लेने और कानूनों का पालन करवाने यानी उन्हें बाध्य बनाने की शक्ति कौन देता है? इस प्रश्न का उत्तर इस बात पर निर्भर करता है कि उस देश में कैसी सरकार है। शासन करने के प्रकृति के आधार सरकार के मुख्यतः निम्न प्रकार हैं :

- **लोकतांत्रिक सरकार :** लोकतंत्र में लोग ही सरकार को यह शक्ति देते हैं। लोग ऐसा चुनाव के माध्यम से करते हैं। वे अपनी पसंद के नेता को वोट देकर चुनते हैं। एक बार चुन लिए जाने के बाद यही लोग सरकार बनाते हैं। लोकतंत्र में सरकार को अपने निर्णयों एवं उठाए गए कदमों का आधार बताना होता है और सफाई देनी होती है।
- **राजतंत्रीय सरकार :** इसमें राजा या रानी के पास निर्णय लेने और सरकार चलाने की शक्ति होती है। राजा के पास सलाहकारों का एक छोटा-सा समूह होता है, जिससे वह विभिन्न मुद्दों पर चर्चा कर सकता है। अंतिम निर्णय लेने की शक्ति उसी के पास रहती है। लोकतंत्र के समान राजतंत्र में राजा या रानी को अपने निर्णय के आधार नहीं बताने पड़ते और न ही अपने निर्णयों की सफाई देनी पड़ती है।
- **कुलीनतंत्रीय सरकार :** जब शासन कुछ कुलीन और बुद्धिमानों के हाथों में रहता है तो उसे कुलीनतंत्र कहा जाता है। कुलीनतंत्र का जन्म किसी अत्याचारी शासक से जनता को उबारने के लिए होता है। कुछ कुलीन और बुद्धिमान लोग अत्याचारी शासक को निकाल बाहर कर शासन-सत्ता पर अपना अधिकार जमा लेते हैं। ऐसी सरकार का आधार जनकल्याण होता है। परंतु धीरे-धीरे कुलीनों का काम जनता की भलाई करना नहीं रहकर, अपना घर भरना रह जाता है। आधुनिक युग में इस तरह की सरकारें लुप्तप्राय हो गई हैं।
- **तानाशाही सरकार :** इस प्रकार की सरकार में संपूर्ण शक्ति किसी एक व्यक्ति या दल में निहित होती है और वह राज्य का सर्वेसर्वा होता है। मनुष्य के समस्त जीवन पर राज्य का ही अधिकार होता है। इस प्रकार की सरकार में न तो जनता सरकार के निर्माण में हिस्सा लेती है और न सरकार अपने कार्यों के लिए जनता के प्रति उत्तरदायी होती है।
- **संसदीय सरकार :** इस प्रकार की सरकार में व्यवस्थापिका और कार्यपालिका में अटूट संबंध होता है। राज्य का प्रधान नाममात्र का प्रधान होता है। व्यवस्थापिका में बहुमत दल का नेता ही कार्यपालिका का वास्तविक प्रधान होता है। वह अपने कार्यों के लिए संसद या व्यवस्थापिका के प्रति उत्तरदायी होता है। भारत में राष्ट्रपति कार्यपालिका का औपचारिक रूप से प्रधान है। कार्यपालिका की वास्तविक शक्ति प्रधानमंत्री के हाथों में है। प्रधानमंत्री जो मंत्रीपरिषद् का प्रधान है, अपने कामों के लिए संसद के निम्न सदन (लोकसभा) के प्रति उत्तरदायी होता है। अविश्वास का प्रस्ताव पास कर लोकसभा के सदस्य सरकार को हटा सकते हैं।
- **अध्यक्षात्मक सरकार :** अध्यक्षात्मक सरकार, सरकार का वह रूप है जिसमें कार्यपालिका और व्यवस्थापिका एक-दूसरे से स्वतंत्र होती हैं। इस व्यवस्था में राज्य का प्रधान तो राष्ट्रपति होता ही है, वही कार्यपालिका का वास्तविक प्रधान भी होता है। वह अपने कार्यों के लिए व्यवस्थापिका के प्रति उत्तरदायी नहीं होता है। अमेरिका में अध्यक्षात्मक सरकार है।
- **एकात्मक सरकार :** एकात्मक सरकार, वह सरकार है जिसमें शासन की समस्त शक्तियां एक केंद्रीय सरकार में निहित होती हैं। अन्य शब्दों में एकात्मक सरकार में एक केंद्र से ही समूचे देश की शासन व्यवस्था चलाई जाती है।
- **संघीय सरकार :** संघीय सरकार में दो स्तरों पर सरकार चलाई जाती है–केंद्र और राज्य। दोनों सरकारों के बीच अधिकारों का विभाजन संविधान के द्वारा किया जाता है। इस प्रकार की सरकार में संविधान को ही सर्वोच्च माना जाता है। भारत और अमेरिका में संघीय सरकार है।

❑❑❑

अध्याय-6

चुनाव एवं चुनाव सुधार

भारत विश्व का सबसे बड़ा लोकतांत्रिक देश है जिसके लिए कहा जाता है जनता का शासन, जनता के लिए, जनता द्वारा। इस लोकतांत्रिक व्यवस्था में चुनाव व्यवस्था का अपना विशेष स्थान है, अगर यह कहा जाए की चुनाव व्यवस्था लोकतांत्रिक व्यवस्था का प्राण है तो अतिश्योक्ति नहीं होगी। चुनावों के माध्यम् से ही जनता अपने जन-प्रतिनिधियों का चयन करती है जिनके द्वारा शासन का संचालन किया जाता है। इसलिए यह जरूरी हो जाता है कि चुनाव किस प्रकार से होते हैं। चुनावों का निष्पक्ष किया जाना जरूरी हो जाता है। भारत के संविधान निर्माता इस बात से भलीभांति परिचित थे इसलिए उन्होंने संविधान में इस से संबाधित प्रावधानों का उल्लेख किया।

चुनाव आयोग

भारतीय संविधान के अनुच्छेद 324 में चुनावों का निरीक्षण, निर्देशन और नियंत्रण करने के लिए एक चुनाव आयोग की स्थापना की गई है। निर्वाचन आयोग एक स्वतंत्र निकाय है जो राष्ट्रपति, संसद और राज्य विधान मंडलों के चुनावों की व्यवस्था करता है। इन व्यवस्थाओं को लागू करने के लिए संसद ने जन-प्रतिनिधित्व अधिनियम बनाए हैं।

चुनाव आयोग की रचना

चुनाव आयोग का अध्यक्ष मुख्य चुनाव आयुक्त कहलाता है। इसके अलावा उतने ही अन्य निर्वाचन आयुक्त नियुक्त किए जाते हैं जितने की राष्ट्रपति समय-समय पर मनोनीत करे। अक्टूबर 1993 में केंद्र सरकार ने एक अधिसूचना जारी कर निर्वाचन आयोग को बहुसदस्यीय बना दिया था जिसके तहत एक मुख्य निर्वाचन आयुक्त और दो अन्य निर्वाचन आयुक्त नियुक्त किए गए। ये सभी नियुक्तियां उन कानूनों के तहत की जाती हैं जो कि संसद द्वारा बनाए गए हैं। आम चुनावों से पहले राष्ट्रपति निर्वाचन आयोग की सलाह से विभिन्न प्रदेशों के लिए क्षेत्रीय आयुक्त भी नियुक्त कर सकता है।

चुनाव आयोग के कार्य

चुनाव आयोग को चुनाव से संबंधी प्रायः सभी कार्य संपन्न करने पड़ते हैं, चुनावों की व्यवस्था, उनका संचालन, निरक्षण व नियंत्रण सभी निर्वाचन आयोग के अधिकार क्षेत्र में आते हैं। चुनाव स्वतंत्र व निष्पक्ष हों इस बात का आयोग द्वारा विशेष ध्यान दिया जाता है।

चुनाव आयोग द्वारा किए जाने विभिन्न कार्य का वर्णन निम्नलिखित रूप से किया जा सकता है।

1. **मतदाता सूचियां तैयार करना :** चुनाव आयोग द्वारा लोकसभा अथवा विधानसभा के प्रत्येक चुनाव या किसी भी मध्यावधि चुनाव से पहले मतदाता सूचियां तैयार करवाई जाती हैं। मतदाता यूचियां तैयार होने पर ही चुनाव संभव होते हैं। इन सूचियों को तैयार करने में मुख्य उद्देश्य यह होता है कि कोई भी ऐसा व्यक्ति मताधिकार से वंचित न रह जाये जो मताधिकार की योग्यता रखता है। मतदाता सूचियों के संबंध में आयोग का कार्य इन सूचियों को तैयार करवाना और उन्हें नवीनतम बनाये रखने हेतु निदेशन तथा नियंत्रण करना है।
2. **विभिन्न राजनीतिक दलों को मान्यता प्रदान करनाः** चुनाव आयोग का एक महत्त्वपूर्ण कार्य विभिन्न राजनीतिक दलों को मान्यता प्रदान करना है। प्रथम आम चुनाव के बाद आयोग ने इस कार्य को संपन्न करने के लिए एक कसौटी तैयार की जिसके अनुसार राष्ट्रीय दल के रूप में केवल उसी दल को मान्यता दी जा सकती थी जिसने संसद के चुनाव के कुल डाले गए मतों के कम-से-कम 3 प्रतिशत मत प्राप्त किए हों। इसी प्रकार राज्यीय दल के रूप में मान्यता उसी दल को प्राप्त हो सकती थी जिसे विधानसभा के लिए कुल डाले गए मतों के 3 प्रतिशत मत प्राप्त हों।

   चुनाव आयोग द्वारा मान्यता प्राप्त किये जाने के आधार समय-समय पर परिवर्तित किये जा सकते हैं, और किये जाते रहे हैं। वर्तमान नियम के अनुसार किसी भी राजनीतिक दल को राष्ट्रीय दल के रूप में मान्यता तभी प्राप्त हो सकती है जब कि आम चुनाव में उसे कम-से-कम 4 राज्यों में 6 प्रतिशत मत मिले हों।
3. **राजनीतिक दलों को चुनाव चिन्ह प्रदान करनाः** राजनीतिक दलों को आरक्षित चुनाव-चिन्ह प्रदान करना आयोग का एक बड़ा महत्त्वपूर्ण काम है। यदि चुनाव-चिन्ह के बारे में किन्हीं दो राजनीतिक दलों के बीच विवाद उत्पन्न हो जाए तो आयोग निष्पक्ष ढंग से विवाद का निपटारा करने का प्रयास करता है। 1971 के लोकसभा के मध्यावधि चुनावों

के समय सत्तारूढ़ कांग्रेस के बीच अविभाजित कांग्रेस के चुनाव-चिन्ह पर विवाद उत्पन्न हो गया और निर्वाचन आयोग ने अपना निर्णय सत्तारूढ़ कांग्रेस के पक्ष में दिया। संगठन कांग्रेस ने निर्णय के विरुद्ध सर्वोच्च न्यायालय में अपील की जिसने मुख्य चुनाव आयुक्त के निर्णय को लागू होने से रोक दिया, लेकिन बाद में सर्वोच्च न्यायालय ने अपना जो अंतिम निर्णय दिया उसमें चुनाव आयुक्त के फैसले को दोहराया गया।

4. राजनीतिक दलों को आकाशवाणी पर चुनाव भाषणों के प्रसारण की सुविधाओं की व्यवस्था करने, राजनीतिक दलों के लिए चुनाव आचार संहिता का निर्माण करना, प्रत्याशियों द्वारा चुनाव व्यय की राशि का निर्धारण करना, चुनाव याचिकाओं आदि के बारे में सरकार को आवश्यक परामर्श या सुझाव देना भी मुख्य चुनाव आयुक्त का कार्य है।
5. चुनाव आयोग समय-समय पर चुनाव में सुधार करने के लिए सुझाव देगा। 1998 में चुनाव आयोग ने सरकार से कहा कि वह इलेक्ट्रोनिक मतदान मशीन, मतदाता की आयु 18 वर्ष करने और चुनाव क्षेत्रों के पुर्नगठन करने जैसे चुनाव सुधारों को शीघ्र लागू करे। 2003 में चुनाव आयेाग अपराधिक उम्मीदवारों को राजनीति प्रक्रिया से दूर रखने के लिए ठोस व कठोर नियमों का उल्लेख किया।
6. निर्वाचन आयोग संसद, राज्य विधानमंडलों, राष्ट्रपति और उपराष्ट्रपति के चुनावों की व्यवस्था करता है।
7. चुनाव आयोग स्वतंत्र व निष्पक्ष चुनाव करवाने के लिए चुनाव व्यवहार संहिता निर्धारित करता है। चुनाव व्यवहार संहिता का राजनीतिक दलों, स्वतंत्र उम्मीदवारों और सरकारों द्वारा पालन किए जाने के लिए चुनाव आयोग द्वारा आवश्यक निर्देश जारी किए जाते हैं।

भारतीय चुनाव प्रणाली में व्याप्त दोष

हालांकि चुनावों की देख-रेख व व्यवस्था के लिए भारत में निर्वाचन आयोग की स्थापना की गई है फिर भी भारतीय चुनाव प्रणाली में कुछ दोष उत्पन्न हो गए हैं जिन्होंने भारतीय चुनाव प्रणाली को दूषित किया है। ऐसे ही कुछ दोषों का वर्णन निम्नलिखित रूप से किया जा सकता है–

1. **धन की बढ़ती भूमिका :** भारत में होने वाले चुनाव में धन की भूमिका बढ़ती जा रही है। धन शक्ति का चुनावों में कितना महत्त्व है यह इस बात से स्पष्ट हो जाता है कि राजनीतिक दल वर्ष भर धन इक्ट्ठा करते रहते हैं और चुनावों के दौरान धन पानी की तरह बहाया जाता है यही ही नहीं प्रायः दलों द्वारा धनवान लोगों को प्रत्याशी के रूप में खड़ा किया जाता है हालांकि समय-समय पर विभिन्न कानूनों के निर्माण के द्वारा चुनावों में खर्च की जानी वाली राशि को सीमित किया गया है परंतु फिर व्यवहार में धन के प्रयोग की कोई सीमा नहीं है।

   1997 में एक सूचना के तहत उम्मीदवारों के लिए चुनावों में खर्च होने वाली राशि को निश्चित किया गया। लोकसभा क्षेत्र में उम्मीदवार द्वारा अधिकतम 15 लाख रुपये तक तथा विधानसभा क्षेत्रों में अधिकतम 6 लाख रुपये तक खर्च किये जा सकते हैं। लेकिन व्यवहार में उम्मीदवारों द्वारा इस निश्चित सीमा का उल्लंघन किया जाता रहा है। छोटे-से-छोटे चुनाव में दलों द्वारा अनिश्चित धन का प्रयोग किया जाता है। उनका एक मात्र उद्देश्य होता है सत्ता प्राप्ति और इसके लिए वे अंधाधुंध धन का प्रयोग करते हैं। साधारणतः आज लोकसभा चुनाव में 2 से 10 करोड़ और विधानसभा में एक करोड़ या उससे अधिक धन राशि खर्च की जाती है।

   अतः कहा जा सकता है कि भारतीय चुनाव व्यवस्था में धन की भूमिका बढ़ती जा रही है जिसके कारण शासन व्यवस्था में धनवानों का वर्चस्व स्थापित होने लगा है और गरीब लोगों की शासन में भागीदारी सुनिश्चित नहीं हो पायी है।
2. **चुनावों में बाहुबल व हिंसा का प्रयोग :** यह चुनावों की एक अन्य मुख्य त्रुटि है जिसके कारण चुनावों में बाहुबल और हिंसा का प्रयोग होने लगा है। बिहार, उत्तर-प्रदेश, प. बंगाल आदि अनेक राज्यों में चुनावों के दौरान व्यापक हिंसा होती है जिसके कारण सार्वजनिक संपत्ति के नुकसान के साथ-साथ भारतीय लोकतांत्रिक व्यवस्था को भी गहरा आघात पहुंचता है। मतदान् केंद्रों पर कब्जा करने की घटना भी आम होने लगी हैं। 1969 में बिहार में 80 बूथ लूटे गये जबकि 1990 विधान सभा चुनावों में यह आँकड़ा 1231 पर जा पहुंचा।

   अतः चुनावों में बाहुबल और हिंसा का प्रयोग अब आम हो गया है। बूथों पर कब्जा, हिंसा, आगजनी आदि घटनाओं में बढ़ोतरी हुई है। हालांकि निर्वाचन आयोग द्वारा व्यापक सुरक्षा व्यवस्था का प्रबंध किया जाता है। लेकिन राजनीतिक दलों की क्षुद्र मानसिकता के आगे उनकी एक नहीं चलती।
3. **प्राप्त मतों एवं स्थानों के अनुपात में अंतर :** चुनाव प्रणाली का एक अन्य दोष यह है कि यहां निर्वाचित घोषित किया जाने वाला उम्मीदवार कई बार विरोधी दलों के उम्मीदवारों से भी कम मत पाता है अर्थात् निर्वाचन क्षेत्र से वह उम्मीदवार निर्वाचित घोषित किया जाता है जिसे सबसे अधिक मत मिले हों, चाहे विरोधी उम्मीदवारों को मिले मतों का योग उसे प्राप्त मतों से कितना ही अधिक हो। इस कारण प्रायः उस दल को सरकार बनाने का अवसर मिल जाता है जिसे देश के बहुमत का समर्थन प्राप्त नहीं होता है। पिछले कुछ आम चुनावों में कांग्रेस को संसद में तो अधिक सीटें प्राप्त हुईं पर व्यवहार में उन्हें मतों का बहुमत भी प्राप्त नहीं हुआ। उदाहरणार्थ 1952 में कांग्रेस को लोकसभा के चुनावों में 45 प्रतिशत मत प्राप्त हुए जबकि लोकसभा के कुल सदस्यों के 75 प्रतिशत स्थान मिले इसी प्रकार 1977 में कांग्रेस को लोकसभा के चुनावों में यद्यपि लगभग 39 प्रतिशत मत मिले किंतु स्थान केवल 28 प्रतिशत ही रहे। इसी प्रकार 1984 में कांग्रेस को 401 सीटों पर महान सफलता मिली परंतु इसे कुल मतों का 48.1 प्रतिशत ही प्राप्त हुआ।

   अतः स्पष्ट है कि सत्तारूढ़ दल संसद में तो बहुमत में होते हैं किंतु उसके बाहर अल्पमत में होते हैं जिसके कारण उनके द्वारा चलाए गए कार्यक्रमों को जन समर्थन नहीं मिल पाता इसलिए संसद में भारी बहुमत होने के बावजूद सरकारें प्रायः कमजोर दिखाई पड़ती हैं।
4. **जाति व धर्म के नाम पर समर्थन प्राप्त करनाः** भारतीय राजनीति पर जाति व धर्म का भी प्रभाव देखा जा सकता है। चुनावों के दौरान उम्मीदवारों द्वारा जाति व धर्म के नाम पर लोगों की भावनाओं को भड़काकर समर्थन प्राप्त करने की कोशिश की जाती है। केवल ये ही नहीं दलों द्वारा अपने उम्मीदवारों का चयन भी प्रायः धर्म व जाति के बहुमत के आधार पर किया जाता है।

इस प्रकार राजनीतिक दलों द्वारा जाति व धर्म के नाम पर जनता को भड़काया जाता है जिसके कारण चुनाव प्रक्रिया स्पष्ट व निष्पक्ष नहीं हो पाती। लोगों के विवेक पर जाति व धर्म की परत सी चढ़ जाती है और विवेकहीन होकर अपने मत का प्रयोग करते हैं जिसके कारण योग्य उम्मीदवार का चयन नहीं हो पाता।

5. **अशिक्षित मतदाता :** हालांकि भारत को स्वतंत्र हुए 66 वर्ष हो चुके हैं लेकिन इतने लम्बे समय के पश्चात भी अधिकांश जनता अनपढ़ है। शिक्षा के अभाव के कारण वे अपने मत का महत्त्व नहीं समझ पाते जिसके कारण उन्हें धन व अन्य प्रकार के लालच देकर राजनीतिक दलों द्वारा मतों को प्राप्त करने की हर प्रकार की चेष्टा की जाती है। अतः मतदाताओं का अशिक्षित होना भी चुनाव प्रणाली में व्यवधान उत्पन्न करता है।

चुनाव प्रणाली के दोषों को दूर करने के उपाय

भारतीय चुनाव व्यवस्था में बढ़ते दोषों ने भारतीय जनमानस को इस विषय में सोचने के लिए मजबूर कर दिया है। यही कारण है कि पिछले कुछ वर्षों से राजनीतिज्ञ, विद्वान और कानूनवान चुनाव पद्धति में सुधारों की मांग कर रहे हैं, चुनाव सुधार के लिए समय-समय पर विभिन्न समिति और आयोगों का गठन किया गया है जिसका उद्देश्य चुनाव पद्धति में मौजूद दोषों को दूर करने के लिए सुझाव या उपाय प्रस्तुत करना था। दिनेश गोस्वामी और तारकुंडे समिति आदि समितियों का गठन इसी उद्देश्य की पूर्ति के लिए किया गया। इसके अतिरिक्त 1971 में एक संयुक्त संसदीय समिति की भी नियुक्ति की गई थी ताकि चुनाव संबंधी सुधारों पर विचार किया जा सके।

चुनाव पद्धति में प्रायः निम्नलिखित सुधारों की मांग की जाती है–

1. **चुनाव संबंधी खर्चों को कम करना :** चुनावों में जिस तरह से धन को पानी की तरह बहाया जाता है उस पर अंकुश लगाना अनिवार्य है। यदि आज हमारे चुनावों में भ्रष्टाचार है तो इसका मुख्य कारण चुनावों में अधिकतम धन खर्च करना है। इसलिए आवश्यकता इस बात की है कि कानून द्वारा निर्धारित सीमा पर कठोरता से पालन किया जाए, जो व्यक्ति कानून का उल्लंघन करता है उसे सख्त सजा मिलनी चाहिए। राजनीतिक दलों तथा संस्थाओं द्वारा चुनाव प्रचार पर किए व्यय का हिसाब रखने और पेश करने के लिए भी अवश्य ही व्यवस्था की जानी चाहिए। सरकार को कानून बनाना चाहिए कि राजनीतिक दल लोगों से किस प्रकार धन ले और कोई व्यक्ति दल को अधिक-से-अधिक कितना चन्दा दे सकता है। यह व्यवस्था भी करनी होगी कि राजनीतिक दल जिन सूत्रों से धन प्राप्त करते हैं उनको सार्वजनिक रूप से प्रकाशित करे।
2. **आनुपातिक प्रतिनिधित्व प्रणाली :** श्री जयप्रकाश नारायण द्वारा स्थापित समिति, जनसंघ तथा अन्य विरोधी दलों ने चुनाव पद्धति में प्रथम सुधार की यह मांग की थी कि संसदीय चुनाव क्षेत्र के स्थान पर आनुपातिक प्रतिनिधित्व सूची प्रणाली को अपनाया जाए। एम॰आर॰ मेहर ने भी यह विचार प्रस्तुत किया है। भूतपूर्व मुख्य चुनाव आयुक्त श्यामलाल शकधर ने 26 दिसंबर, 1980 को मतदाता परिषद् और सिटीजन्स फॉर डेमोक्रेसी द्वारा गांधी शांति प्रतिष्ठान में चुनाव सुधार विषय पर आयोजित परिचर्चा में बोलते हुए लोकसभा और राज्यों की विधान सभाओं के चुनावों में राजनीतिक दलों को आनुपातिक आधार पर प्रतिनिधित्व देने का सुझाव दिया था। इस पद्धति के अनुसार क्षेत्र बहुत बड़े होंगे और मतदाता व्यक्तिगत उम्मीदवार को वोट न डालकर सूची को वोट डालेंगे और प्रत्येक पार्टी को उसके द्वारा प्राप्त मतों के अनुपात में सीटें मिल जाएंगी।
3. **धर्म को राजनीति से अलग करना :** चुनाव प्रचार में उम्मीदवारों द्वारा जिस तरह से धर्म के आधार पर वोट मांगे जाते हैं वह चुनाव पद्धति के लिए कहीं अधिक खतरनाक है। उम्मीदवारों द्वारा जाति विशेष या फिर धर्म के नाम पर लोगों को भाषण देकर उनमें जातिगत या धार्मिक उन्माद पैदा किया जाता है जोकि न केवल समाज के लिए बल्कि भारतीय लोकतंत्र के लिए खतरा उत्पन्न कर सकता है। इसलिए जरूरत इस बात की है कि उम्मीदवारों के लिए इस प्रकार के कठोर कानून बनाए जाएं जिसके द्वारा वे चुनाव प्रचार में जाति या धर्म विशेष के बारे में भाषण या बात न कर सकें तथा उनके उल्लंघन होने पर उन पर दंडात्मक कार्यवाही की जा सके।
4. **भ्रष्टाचार पर रोक :** कई आम चुनाव विशेषकर रिश्वतखोरी, गुंडागर्दी, अनुचित प्रभाव के कारण निष्पक्ष नहीं हो सके। निष्पक्ष चुनावों के लिए आवश्यक है कि भ्रष्टाचार को समाप्त किया जाए इसके लिए सरकार और राजनीतिक दलों को पग उठाने चाहिएं। राजनीतिक दलों को फैसला करना चाहिए कि वे चुनाव में मतदाताओं को घरों से लाने के लिए वाहनों का प्रयोग नहीं करेंगे। किसी की वोट नहीं खरीदेंगे, किसी मतदाता पर अनुचित प्रभाव नहीं डालेंगे इत्यादि।
5. **उम्मीदवारों की बढ़ती संख्या पर रोक लगाना :** भारत में उम्मीदवारों की संख्या बहुत अधिक होती जा रही है। अधिकांश उम्मीदवार चुनाव में बहुत कम वोटें प्राप्त कर पाते हैं। निर्दलीय उम्मीदवारों की बढ़ती संख्या से चुनाव पद्धति में अनेक दोष उत्पन्न होते हैं। इसलिए जरूरत इस बात की है कि योग्य और उचित व्यक्ति को ही चुनावों में भाग लेने की अनुमति दी जाए। इसके लिए चुनाव आयोग की सिफारिश पर सरकार ने 31 जुलाई, 1996 को एक अधिनियम पारित करके यह सुनिश्चित किया कि लोकसभा का चुनाव लड़ने वाले निर्दलीय उम्मीदवार का नाम अपने क्षेत्र के दस प्रस्तावकों द्वारा पेश करना अनिवार्य है। जिस संसदीय निर्वाचन क्षेत्र में दस से कम विधानसभा क्षेत्र हों वहां पर हर क्षेत्र का कम-से-कम एक प्रस्तावक होना चाहिए।
6. **अनिवार्य मतदान :** चुनाव की सफलता इस बात पर निर्भर करती है कि सभी मतदाताओं द्वारा अपने मत का प्रयोग किया जाए। जबकि व्यावहारिक तौर पर अधिकांश लोग अपने मत का प्रयोग नहीं करते उनके लिये यह फालतू का कार्य है। वे समझते हैं कि उनके मतदान करने या न करने से कोई फर्क नहीं पड़ता। जबकि वास्तविकता यही है कि लोकतंत्र में प्रत्येक मत का अपना विशेष महत्त्व होता है। इसके लिए जरूरी है कि लोगों में राजनीतिक चेतना का विकास किया जाए और यह कार्य राजनीतिक शिक्षा के द्वारा ही संभव हो सकता है। इसके लिए समय-समय पर नागरिक जागरुकता शिविर एवं समारोहों का आयोजन किया जा सकता है तथा विभिन्न माध्यमों से नागरिक को जागरुक किया जा सकता है। इसके साथ-साथ मतदान न करने वाले

व्यक्ति पर दंडात्मक कार्यवाही भी करनी चाहिए जोकि कर या अन्य रूप में हो सकती है।

7. **निर्वाचन आयोग को अधिक स्वतंत्र बनाना :** निष्पक्ष और स्वतंत्र चुनाव के लिए आवश्यक है कि निर्वाचन आयोग को अधिक स्वतंत्रता प्रदान की जाए। निर्वाचन आयोग के सदस्यों की योग्यताएं निश्चित की जानी चाहिएं और उनकी अवधि उच्चतम न्यायालय के न्यायाधीश की तरह होनी चाहिए। चुनाव आयोग को अपना अलग कर्मचारी वर्ग भी मिलना चाहिए ताकि उसको केंद्रीय और राज्य सरकारों पर निर्भर नहीं रहना पड़े।
8. **प्रतिनिधियों को वापिस बुलाने का अधिकार :** निर्वाचन के पश्चात अधिकतर उम्मीदवार जनता के हितों की अनदेखी करने लगते हैं और जनमत के विरुद्ध कार्य करने लगते हैं। इसलिए यह सुझाव दिया जाता है कि जनता को ऐसे प्रतिनिधियों को वापिस बुलाने का अधिकार होना चाहिए जोकि उनकी दृष्टि में अच्छा काम नहीं कर रहे हैं। जय प्रकाश नारायण द्वारा भी इस बात का समर्थन किया गया था।

चुनाव सुधार के प्रयास

भारत विश्व का सबसे बड़ा लोकतांत्रिक देश है जहां पर नागरिकों को चुनाव के माध्यम से अपने प्रतिनिधि चुनने का अधिकार है। अतः कहा जा सकता है कि लोकतांत्रिक व्यवस्था में चुनाव प्रणाली का अपना विशेष महत्त्व है। यह एक ऐसी प्रक्रिया है जिसके माध्यम से जनता द्वारा शासन संचालन के लिए प्रतिनिधियों का चुनाव किया जाता है। इस दृष्टिकोण से चुनाव प्रणाली या चुनाव व्यवस्था लोकतांत्रिक व्यवस्था में मुख्य आधार के रूप में कार्य करती है।

चुनाव की व्यवस्था करना और उसकी कार्यविधि को सुचारू रूप से संचालित करने के लिए संविधान के अनुसार एक चुनाव आयोग की स्थापना की गई है। चुनाव स्वतंत्र और निष्पक्ष हो इस बात का आयोग द्वारा विशेष ध्यान रखा जाता है। भारत में अब तक 13 आम चुनाव हो चुके हैं जोकि सामान्यतया शांतिपूर्ण संपन्न हुए हैं। लेकिन पिछले वर्षों में चुनाव पद्धति में कुछ ऐसी विसंगतियां उत्पन्न होने लगी हैं जिन्होंने जनता की चुनावों में आस्था को कम किया। हिंसा, जाली मतदान, मतदान केंद्रों पर कब्जा, काले धन का प्रयोग आदि ऐसी ही कुछ विसंगतियां हैं जिनकी प्रवृत्ति निरंतर बढ़ती जा रही है। जिसके कारण आज चुनाव व्यवस्था के महत्त्व में कमी आई है और जनता द्वारा भी उसे शंका की दृष्टि से देखा जाता रहा है इस कारण सरकार को चुनाव प्रणाली में सुधारों के प्रति सचेत होना पड़ा है और समय-समय पर इसके लिए आयोग और समितियों की स्थापना की गई है जिनका मुख्य उद्देश्य चुनाव व्यवस्था में सुधार लाने के लिए विभिन्न सिफारिशें प्रस्तुत करना था।

चुनाव सुधार हेतु गठित समितियाँ

- तारकुंडे समिति (1974)
- जय प्रकाश नारायण समिति (1974)
- गोस्वामी समिति (1990)
- वोहरा समिति रिपोर्ट (1993)
- इंद्रजीत गुप्ता समिति (1998)
- चुनावी कानूनों में सुधार पर विधि आयोग की रिपोर्ट (1999)
- संविधान के कामकाज की समीक्षा के लिए राष्ट्रीय आयोग (2001)
- भारत निर्वाचन आयोग-प्रस्तावित चुनाव आयोग (2004)
- जीवन रेड्डी समिति (2004)
- दूसरा प्रशासनिक सुधार आयोग (2008)

तारकुंडे समिति

चुनाव व्यवस्था में सुधार करने के लिए तारकुंडे समिति भी गठित की गई थी। इस समिति द्वारा जिन सुझावों को प्रस्तुत किया गया था उनमें से प्रमुख इस प्रकार हैं–

1. आय के स्रोतों का उल्लेख तथा आय-व्यय का पूरा हिसाब लिखना समस्त राजनीतिक दलों के लिए अनिवार्य कर दिया जाये और निर्वाचन आयोग इसकी जाँच कराये।
2. प्रत्येक उम्मीदवार को सरकार की ओर से छपे हुए मतदान कार्ड निःशुल्क दिये जायें तथा प्रत्येक मतदाता के नाम का कार्ड बिना टिकट लगाये ड़ाक से भेजने की छूट दी जाये।
3. लोकसभा अथवा विधानसभा के विघटन और नये चुनावों की घोषणा के बाद से सरकार काम चलाऊ सरकार की तरह काम करे। वह न नयी नीतियों की घोषणा करे, न उन्हें लागू करे, न नयी परियोजनाएं चालू करे, न उनका वादा करे, न नये ऋण अथवा भत्ते दे और न वेतन वृद्धि की घोषणा करे तथा ऐसे सरकारी समारोह आयोजित न करे, जिनमें मंत्री, राज्यमंत्री, उपमंत्री अथवा संसदीय सचिव भाग लें।
4. चुनाव के दौरान मंत्रिमंडल के सदस्य सरकारी खर्च पर यात्रा न करें। सरकारी सवारी और विमान प्रयोग में न लायें, उनके दौरों के समय सरकारी कर्मचारी तैनात न किये जायें।
5. मताधिकार की आयु 21 वर्ष के स्थान पर 18 वर्ष कर दी जाए।
6. आकाशवाणी के संबंध में चंदा समिति की रिपोर्ट पर अमल किया जाये तथा आकाशवाणी को निगम का रूप दिया जाये।
7. निर्वाचन आयोग की सहायता के लिए केंद्र और राज्यों में निर्वाचन परिषदें बनायी जायें, जो उसे सलाह दे। इन परिषदों में विभिन्न राजनीतिक दलों के प्रतिनिधि हों। इनके अलावा मतदाता परिषदें भी बनायी जायें, जो निर्वाचन के समय होने वाली बुराइयों पर निगाह रखे तथा निर्वाचकों की निष्पक्षता की रक्षा करे।

जयप्रकाश नारायण समिति

1974 में, जयप्रकाश नारायण ने EPW की एक समिति का नेतृत्व किया। डिकोस्टा, एजी नूरानी, आरडी देसाई, पीएच. मावलंकर, एमआर मसानी और वीएम तारकुंडे को चुनावी प्रक्रिया या चुनाव सुधारों पर सिफारिशें करने के लिए नियुक्त किया गया। समिति ने चुनावी प्रक्रियाओं में कुछ मानदंडों को बदलने का सुझाव दिया है। वे इस प्रकार हैं :

1. मुख्य चुनाव आयुक्त की नियुक्ति की प्रक्रिया में परिवर्तन करना;
2. तीन सदस्यीय चुनाव आयोग का चुनाव करना;
3. मतदान की आयु 21 वर्ष से घटाकर 18 वर्ष करना; तथा
4. टेलीविजन और रेडियो को एक स्वतंत्र निगम के अधीन रखा जाना चाहिए।

दिनेश गोस्वामी समिति

दिनेश गोस्वामी समिति द्वारा जिन सुझावों को प्रस्तुत किया गया उनका वर्णन निम्नलिखित रूप से किया जा सकता है।

1. मुख्य निर्वाचन आयुक्त और अन्य निर्वाचन आयुक्तों को न केवल सरकार के अंतर्गत किसी नियुक्ति बल्कि राज्यपाल के पद सहित किसी अन्य पद के लिए अयोग्य घोषित किया जाना चाहिए।
2. किसी भी व्यक्ति को दो से अधिक निर्वाचन क्षेत्रों पर चुनाव लड़ने की अनुमति न देना।
3. सभी चुनावों में इलेक्ट्रॉनिक मतदान मशीन का प्रयोग करना।
4. मतदान केंद्रों पर कब्जा और मतदाताओं को प्रभावित करने और डराने को समाप्त करने के लिए विधायी उपाय करने चाहिएं।
5. मतदान के दिन मोटर गाड़ियाँ चलाना, आग्नेय शस्त्र लेकर चलना, शराब बिक्री और वितरण चुनावी अपराध नहीं होने चाहिएं।
6. मतदाताओं को बहुउद्देश्यीय पहचानपत्र प्रदान करना ताकि जाली मतदान पर अंकुश लगाया जा सके।
7. चुनाव आयोग में सदस्यों की संख्या बढ़ाई जाए तथा उसे बहुसदस्यीय बनाना।
8. सभी चुनावी मुद्दों की जांच के लिए संसद की एक स्थायी समिति का गठन।
9. मतदाता सूची को तैयार करने, अद्यतन करने आदि संबंधी सरकारी डयूटी का उल्लंघन करने पर दंड की व्यवस्था होनी चाहिए।
10. आयोग के पर्यवेक्षकों को कानूनी हैसियत प्रदान करना और उन्हें कुछ हालातों में मतगणना रोकने का अधिकार दिया जाए।

जीवन रेड्डी समिति

1. आयोग ने लोकसभा या विधान सभा के कार्यकाल के दौरान राजनीतिक दलों के विभाजन और विलय पर पूर्ण प्रतिबंध लगाने की वकालत की।
2. एक बार जब कोई सदस्य किसी विशेष मान्यता प्राप्त पार्टी के टिकट पर निर्वाचित हो जाता है, तो उसे सदन के भंग होने तक या त्यागपत्र या अन्य किसी कारण से अपनी सदस्यता समाप्त होने तक उस पार्टी में बने रहना चाहिए।
3. आयोग ने पर्याप्त प्रतिनिधित्व की सिफारिश की है।
4. गैर-गंभीर व्यक्तियों को चुनाव लड़ने से हतोत्साहित करने के लिए, आयोग ने स्वतंत्र और गैर-मान्यता प्राप्त पार्टी उम्मीदवारों की जमानत राशि में दस गुना वृद्धि की सिफारिश की है।
5. राजनीति के अपराधीकरण पर अंकुश लगाने के लिए आयोग ने सुझाव दिया है कि यदि किसी व्यक्ति के विरुद्ध लोक प्रतिनिधित्व अधिनियम, 1951 में सूचीबद्ध अपराधों के संबंध में आरोप तय करने का आदेश न्यायालय ने दिया है तो उसे लोकसभा या विधानसभा का चुनाव लड़ने से अयोग्य घोषित कर दिया जाना चाहिए।

1996 का जन-प्रतिनिधि (संशोधन) अधिनियम

जन-प्रतिनिधि (संशोधन) अधिनियम, 1996 के चुनाव कानून में पहली अगस्त 1996 से कुछ महत्त्वपूर्ण परिवर्तन लागू हुए हैं जिनमें से प्रमुख परिवर्तन इस प्रकार हैं–

1. **चुनाव प्रचार अभियान के समय में कमी :** इस अधिनियम के तहत चुनाव प्रचार की अवधि 21 दिन से घटाकर 14 दिन कर दी गई।
2. **मतदान केंद्र पर शस्त्र ले जाने पर प्रतिबंध :** इस अधिनियम द्वारा मतदान केंद्रों पर किसी भी प्रकार का हथियार ले जाना प्रतिबंध है। इसका उल्लंघन करने पर दो साल तक की सजा या जुर्माना दोनों ही हो सकते हैं। साथ ही हथियार को जब्त व लाइसेंस को रद्द भी किया जा सकता है।
3. **नाम प्रस्तावित करने वालों की संख्या में वृद्धि :** इस संशोधित कानून के द्वारा यह भी व्यवस्था की गई कि जो उम्मीदवार किसी मान्यता प्राप्त राष्ट्रीय अथवा राज्य स्तर के दल का नहीं होगा वह संसद या विधानसभा में नामजदगी के लिए नामांकन तभी कर सकता है जब उसके नाम का प्रस्ताव उस निर्वाचक क्षेत्र के कम-से-कम 10 मतदाताओं द्वारा किया जाए। जबकि मान्यता प्राप्त दल के उम्मीदवार के लिए ये संख्या मात्र एक है।
4. **राष्ट्रीय सम्मान के अपमान की रोकथाम संबंधी अधिनियम, 1971 :** राष्ट्रीय सम्मान के अपमान की रोकथाम संबंधी अधिनियम, 1971 की धारा 2 या धारा 3 के अंतर्गत अपराधी पाए जाने वाले व्यक्ति को, जिस दिन से वह अपराधी घोषित किया गया है, उस तिथि से छः वर्ष की अवधि के लिए संसद और राज्य विधानसभा का चुनाव लड़ने के अयोग्य समझा जाएगा।
5. **जमानत राशि में वृद्धि :** केंद्रीय सरकार ने 31 जुलाई, 1996 को प्रतिनिधि कानून के द्वारा संसद अथवा राज्य विधानसभा का चुनाव लड़ने के लिए उम्मीदवार को जो जमानत राशि जमा करानी पड़ती है, उसे बढ़ा दिया गया है। संसदीय चुनाव में सामान्य उम्मीदवार के लिए जमानत राशि 5,00 रुपये से बढ़ाकर 10,000 रुपये और अनुसूचित जाति, अनुसूचित जनजाति के उम्मीदवार के लिए 250 रुपये से बढ़ाकर 5,000 रुपये कर दी गई है। राज्य विधानसभा के चुनाव में सामान्य वर्ग के उम्मीदवार को पांच हजार रुपये और अनुसूचित जाति अथवा अनुसूचित जनजाति के उम्मीदवार को 2,500 रुपये की जमानत राशि जमा करानी होगी। पहले यह जमानत राशि क्रमशः 250 रुपये और 125 रुपये जमा करानी होती थी।
6. मतदान के दिन कर्मचारियों को वेतन सहित अवकाश दिया जाएगा। इस कानून का उल्लंघन करने वाले मालिक पर 500 रुपये तक का जुर्माना किया जा सकता है।
7. मतदान के दिन शराब ब्रिकी पर प्रतिबंध होगा। यह प्रतिबंध 48 घंटे के लिए तब तक लागू होगा जब तक मतदान समाप्त नहीं हो जाता है, इसके उल्लंघन पर व्यक्ति को छः महीने की सजा या 2000 रु॰ तक जुर्माना या फिर दोनों हो सकते हैं।

❑❑❑

अध्याय-7

राष्ट्रीय आंदोलन में प्रमुख नेताओं का योगदान

महात्मा गांधी

राष्ट्रपिता मोहनदास करमचंद गांधी का जन्म 2 अक्टूबर, 1869 को कठियावाड़ (गुजरात) के पोरबंदर नामक स्थान पर हुआ था। 79 वर्ष की अवस्था में 30 जनवरी, 1948 को दिल्ली में नाथूराम गोडसे नामक व्यक्ति ने गोली मारकर उनकी हत्या कर दी। वे एक वकील थे। अपने व्यवसाय के सिलसिले में दक्षिण अफ्रीका में अपने प्रवास के दौरान उन्होंने काले लोगों पर अत्याचार होते देखा, जिसने उन्हें आत्मसम्मान की लड़ाई के लिए प्रेरित किया और वे राजनीति में शामिल हो गए। उन्होंने अहिंसा और सत्य का सबक प्राप्त किया और बुराइयों, शोषण और अन्याय के खिलाफ उठ खड़े हुए। 1915 ई. में नाम और महत्ता प्राप्त कर वे भारत लौटे। भारत में अपने आरंभिक राजनीतिक दिनों में उन्हें अंग्रेजों के न्याय के प्रति लगाव था। अत: उन्होंने भारतीयों से कहा कि वे अंग्रेज सरकार के प्रति सहयोग करें। लेकिन उनकी अंग्रेजों के प्रति सहानुभूति तब काफूर हो गई जब उन्होंने देखा कि अंग्रेज काफी कठोर हैं और भारतीयों की दशा सुधारने के प्रति लापरवाह बने हुए हैं। उन्होंने कांग्रेस की कमान संभाली और हिन्दू-मुस्लिम एकता के आदर्शों पर विश्वास करते हुए असहयोग आंदोलन को खिलाफत आंदोलन से संयोजित कर दिया। 1922 ई. में असहयोग आन्दोलन के दौरान हिंसा भड़कते देखते हुए उन्होंने आंदोलन वापस ले लिया। हालांकि अनेकों नेता उनसे अनेकों मुद्दों पर अलगाव रखते थे। फिर भी उनकी सत्यनिष्ठा और उनके आदर्शों और कृतत्व का सम्मान करते थे। विभिन्न कारणों को लेकर वे अनेक बार उपवास पर बैठे। उन्होंने राष्ट्रीय आंदोलन को जनांदोलन बना दिया, जिसमें लोग अपनी धर्म, जाति, आयु, स्थिति और क्षेत्र को भूलकर उनके साथ जुड़ गए। गांधीजी को अपने आदर्शों और विचारों में दृढ़ आस्था थी। उन्होंने ब्रिटिश साम्राज्य की शक्तियों का विरोध किया ताकि देश को स्वतंत्र कराया जा सके और लोगों का आत्मसम्मान लौटाया जा सके। उन्होंने नमक कानून तोड़ने के लिए डांडी की यात्रा की। लोगों में स्वदेश के प्रति चेतना जगाने के लिए उन्होंने स्वदेशी आंदोलन की शुरुआत की। लोगों ने इसमें बढ़-चढ़कर भाग लिया और जगह-जगह विदेशी वस्तुएं जलाई गईं। 1930 ई. में उन्होंने सत्य और अहिंसा पर आलंबित सविनय अवज्ञा आंदोलन की शुरुआत की। 1942 ई. में जब उनके नेतृत्व में भारत छोड़ो आंदोलन की शुरुआत हुई तभी अंग्रेजी हुकूमत यह समझ गई कि अब उनके यहां से जाने के दिन करीब आ गए हैं। आखिरकार 1947 में अंग्रेजों को भारत छोड़ना पड़ा और देश स्वतंत्र हो गया।

गांधीजी एक महान् समाज-सुधारक थे। उन्होंने समाज के वंचित और शोषित तबके तथा निम्न और अछूत समझी जाने वाली जातियों को ऊपर उठाने का बीड़ा उठाया और उच्च वर्गीय हिन्दुओं से कहा कि वे अपने पूर्वाग्रहों से ऊपर उठें। उन्होंने निषेध की नीति की वकालत की और महिलाओं को समाज में पुरुषों के बराबर अधिकार दिलाने का प्रयास किया। गांधीजी ने एक ऐसी शिक्षा व्यवस्था का समर्थन किया जो भारतीय आवश्यकताओं के अधिक नजदीक हो और जिसमें नैतिक मूल्यों का समावेश हो। उन्होंने स्वदेशी की भावना पर बल दिया और खादी अपनाने का आग्रह किया। वे खुद भी खादी की आधी धोती पहनते थे। उन्होंने मद्यनिषेध की वकालत की तथा समाज के उत्थान के लिए अछूतोद्धार का प्रयास किया। उन्होंने कुटीर उद्योगों पर जोर दिया जिसकी सहायता से लाखों लोगों को रोजगार मिल सकता है और गांव आत्मनिर्भर हो सकते हैं।

गांधीजी एक धार्मिक व्यक्ति थे, जो हमेशा गीता का पाठ करते थे और पूजा किया करते थे। लेकिन वे अंधविश्वासी नहीं थे। उन्होंने सांप्रदायिक सौहार्द पर विशेष बल दिया। विभाजन के समय जगह-जगह सांप्रदायिक दंगे भड़क उठे थे; यह गांधी जी का उपवास ही था जिसके कारण 72 घंटों के अंदर कलकत्ता में स्थिति शांत हो गई। देश की शांति, सांप्रदायिक सौहार्द और आत्मनिर्भरता के लिए उन्होंने आजीवन संघर्ष किया।

जवाहरलाल नेहरू

पंडित नेहरू या चाचा नेहरू के रूप में विख्यात जवाहरलाल नेहरू का जन्म 14 नवंबर, 1889 को इलाहाबाद के एक समृद्ध परिवार में हुआ था। उन्होंने इंग्लैंड में वकालत की पढ़ाई की। भारत आने पर वे गांधीजी के संपर्क में आए और उनसे बहुत गहराई से प्रभावित हुए। वे सक्रिय राजनीति में शामिल हो गए जिसके कारण उन्हें अनेक बार जेल जाना पड़ा। पूर्ण स्वराज की मांग करने वाले कांग्रेस के लाहौर प्रस्ताव में उन्होंने प्रमुख भूमिका निभाई। वे गांधीजी के सच्चे अनुयायी थे और उनका भी अहिंसा में अकाट्य विश्वास था। पंडित नेहरू एक मानवतावादी और समाजवादी व्यक्ति थे जिनका नजरिया

वैश्विक था। जब अंग्रेजों ने भारत को स्वतंत्र कर दिया तो वे देश के प्रथम प्रधानमंत्री बने। उन्होंने गुट-निरपेक्षता की नीति का अनुसरण किया जिसे अनेक अन्य राष्ट्रों ने पसंद किया। उन्होंने उपनिवेशवाद और रंगभेद को समाप्त करने और संयुक्त राष्ट्र संघ को शक्तिशाली बनाने का प्रयास किया। प्रधानमंत्री के रूप में उन्होंने भारत को आत्मनिर्भर बनाने के ठोस प्रयास किए। उन्होंने आधुनिक तीर्थों के रूप में बड़े-बड़े कारखानों और जलविद्युत परियोजनाओं का निर्माण किया। योजना आयोग के अध्यक्ष के रूप में उन्होंने तीव्र औद्योगिक विकास के लिए योजनाएं तैयार कीं। उनका विश्वास था कि सुदृढ़ औद्योगिक और आधारभूत ढांचे का निर्माण कर ही भारत स्वावलम्बन प्राप्त कर सकता है। उन्होंने वैज्ञानिक दृष्टिकोण पर बल दिया। उनकी लोकतंत्र और धर्मनिरपेक्षता में गहरी आस्था थी जोकि भारतीय संविधान में भी परिलक्षित हुआ है। वे एक महान् लेखक थे, जिन्होंने जेल में रहते हुए 'द डिस्कवरी ऑफ इंडिया', 'ग्लीम्पसेज ऑफ वर्ल्ड हिस्ट्री' और 'एन आटोबायोग्राफी' नामक तीन प्रसिद्ध पुस्तकों की रचना की। उन्हें बच्चों से और गुलाबों से काफी प्रेम था। उन्हें आधुनिक भारत का निर्माता कहा जाता है।

सुभाष चंद्र बोस

1897 में जन्मे सुभाषचंद्र बोस 'नेताजी' के नाम से जाने जाते हैं। वे एक महान् योद्धा थे और स्वतंत्रता के शूरवीर नायक। चितरंजनदास उनके राजनीतिक गुरु थे। उन्होंने आतंकवादी समझे जाने वाले लोगों के साथ कुछ अर्से तक काम किया, जिसकी वजह से उन्हें 3 वर्षों के लिए जेल भेज दिया गया। बाद में वे कांग्रेस में शामिल हुए और दो बार उसके अध्यक्ष बने। गांधीजी के साथ वैचारिक मतभेद उत्पन्न हो जाने के बाद उन्होंने पद त्याग दिया। इसके बाद उन्होंने फारवर्ड ब्लाक की शुरुआत की। वे विश्वयुद्ध में भारतीयों द्वारा अंग्रेजों का साथ दिए जाने के विचार के सख्त खिलाफ थे। उन्हें नजरबंद कर दिया गया था, पर वे रहस्यपूर्ण तरीके से वहां से भाग निकले। वे जर्मनी गए और वहां हिटलर से मुलाकात की। उसके बाद वे जापान पहुंचे और वहां उन्होंने जापानी सेना की मदद से इंडियन नेशनल आर्मी का पुनर्गठन किया। ब्रिटिश सेना का मुकाबला करने के लिए वे आई.एन.ए. को बर्मा तक ले आए थे। उन्होंने स्वतंत्र भारत के लिए एक वैकल्पिक सरकार का गठन किया और 'दिल्ली चलो' का क्रांतिकारी नारा दिया। लेकिन अपरिचित भू-भाग के कारण और जापान की पराजय के कारण आइएनए आगे नहीं बढ़ सकी। एक अज्ञात स्थल पर जाने के लिए वे रंगून से एक जापानी वायुयान में सवार हुए। ऐसी रिपोर्ट दी गई कि फर्मोसा में यह विमान दुर्घटनाग्रस्त हो गया और इसमें उनकी मृत्यु हो गई। उनका निधन अब भी एक रहस्य है। मृत्योपरांत उन्हें भारतरत्न प्रदान किया गया, परंतु उनके परिजनों ने उसे स्वीकार नहीं किया।

बाल गंगाधर तिलक

बाल गंगाधर तिलक का जन्म 1856 ई. में हुआ था जिन्हें देशवासियों द्वारा 'लोकमान्य' के रूप में भी जाना जाता है। वे भारतीय स्वतंत्रता संग्राम के अग्रणी वास्तुकारों में से एक थे। अपने राष्ट्रवादी चिंतन का प्रसार करने के लिए और ब्रिटिश शासकों के साम्राज्यवाद का विरोध करने के लिए उन्होंने 'केसरी' और 'मराठा' नामक समाचार-पत्रों का प्रकाशन किया। उन्हें अनेक बार गिरफ्तार किया गया। उन्होंने बंगाल विभाजन का जोरदार विरोध किया। ऐनी बेसेंट के साथ मिलकर उन्होंने होमरूल आंदोलन की शुरुआत की। वे उग्र विचारधारा वाले 'लाल-बाल-पाल' नामक त्रिगुट के एक सदस्य थे। वे संप्रदायवादी नहीं थे पर उनका मानना था कि ब्रिटिश शासन के खिलाफ लोगों की धार्मिक भावनाओं को जगाने की दृष्टि से यह अनुचित नहीं है। उन्होंने अपने गृह राज्य महाराष्ट्र में गणेश पूजा को पुनर्जीवित किया और छत्रपति शिवाजी की स्मृतियों को ताजा किया। उनका महात्मा गांधी से वैचारिक मतभेद था जिसके कारण कांग्रेस में विभाजन हुआ। वर्ष 1920 में उनका निधन हो गया।

भीम राव रामजी अम्बेडकर

वर्ष 1891 में एक अनुसूचित जाति परिवार में जन्मे भीमराव अम्बेडकर ने अनुसूचित जातियों-जनजातियों के उत्थान के लिए कठोर संघर्ष किया। यह उनके संघर्ष का ही परिणाम था कि वे प्रसिद्ध न्यायविद्, राजनयिक, समाज सुधारक और वंचित समुदाय के चहेते नेता बन गए। बाल्यकाल में हुए कटु अनुभवों ने उन्हें जाति की बुराइयों के खिलाफ लड़ने के लिए प्रेरित किया। इसके लिए उन्होंने अखिल भारतीय दलित वर्ग परिसंघ की स्थापना की। अछूतों के नागरिक अधिकारों की स्थापना के लिए उन्होंने 1927 में सत्याग्रह आंदोलन चलाया। वे एक प्रबुद्ध लेखक थे जिन्होंने अपने विचारों के प्रसार के लिए मीडिया का उपयोग किया। वे 1926 से लेकर 1934 तक लेजिस्लेटिव एसेम्बली के सदस्य चुने गए। उन्होंने दलितों के लिए एक पृथक् निर्वाचन मंडल की मांग की परन्तु गांधीजी के साथ समझौता हो जाने के बाद उन्होंने इस विचार का परित्याग कर दिया। वर्ष 1942 में वे वायसराय के कार्यकारी परिषद् के सदस्य चुने गए। वे संविधान की प्रारूप समिति के अध्यक्ष थे और संविधान में उनकी दूरदृष्टि की स्पष्ट छाप दिखाई देती है। वे स्वतंत्र भारत के प्रथम कानून मंत्री बने और हिन्दू संहिता अधिनियम का निर्माण किया। 1956 में उनका निधन हो गया।

मोहम्मद अली जिन्ना

1876 में जन्मे मोहम्मद अली जिन्ना को धर्म के आधार पर एक नए राष्ट्र का सृजन करने के लिए पाकिस्तान के लोग 'कायदे आजम' के नाम से पुकारते हैं। अपने बाह्य रूप में वे पश्चिम से आए व्यक्ति लगते थे। 1906 में कांग्रेस के कलकत्ता सत्र के साथ उन्होंने अपने राजनीतिक जीवन की शुरुआत की और बम्बई के मुसलमानों का प्रतिनिधित्व करते हुए वे केन्द्रीय विधानपरिषद् के सदस्य बन गए। रौलेट एक्ट की घोषणा किए जाने के बाद उन्होंने त्यागपत्र दे दिया। वे मुस्लिम धर्म के कट्टर अनुयायी कभी नहीं रहे और एक बार हिन्दू-मुस्लिम एकता के प्रतीक में गोखलेजी ने उनकी सराहना भी की थी। 1920 में कांग्रेस को छोड़कर वे मुस्लिम लीग के सदस्य बन गए जो सिर्फ मुसलमानों के हित की बात करती थी। 1937 के प्रांतीय चुनावों में कांग्रेस ने अधिकांश सीटों पर विजय प्राप्त की। जिन्ना ने अपनी पार्टी का सहयोग देने का प्रस्ताव किया। उनके प्रस्ताव को ठुकरा दिया गया जिसने उन्हें दो राष्ट्रों के सिद्धांत का कट्टर समर्थक बना दिया। जब कांग्रेस ने केन्द्र में अंतरिम सरकार का गटन किया तो मुस्लिम लीग को उससे जानबूझकर अलग रखा गया। उन्होंने प्रत्यक्ष कार्रवाई का आह्वान किया जिससे अनेक जगहों पर हिंसा भड़क गई जिसमें अनेक निर्दोष लोग मारे गए। 14 अगस्त, 1947 को पाकिस्तान एक स्वतंत्र राष्ट्र बना और वे इसके प्रथम गवर्नर जनरल बने। पाकिस्तान के राज्यों में जो कुछ हुआ उससे उनका मोहभंग हो

गया और तब इस अफसोस के साथ 1948 में उनका निधन हो गया कि काश मैंने पाकिस्तान के लिए ये सब न किया होता।

गोपाल कृष्ण गोखले

गोपाल कृष्ण गोखले का जन्म 1866 में हुआ था। वे कांग्रेस के मध्यवर्ती नेता तो थे ही, ब्रिटिश शासकों की भी उन पर कृपा थी। 23 वर्ष की युवावस्था में वे कांग्रेस में शामिल हुए और जल्द ही भारतीय व्यय के बारे में वेलबी आयोग के समक्ष प्रमाण प्रस्तुत करने हेतु उनका चयन किया गया। वे 1901 से 1915 तक इम्पीरियल लेजिस्लेटिव परिषद् के लिए लगातार चुने जाते रहे। उन्होंने 1905 में कांग्रेस के बनारस अधिवेशन की अध्यक्षता की। 1909 के मिंटो-मार्ले सुधारों को लागू करने में मुख्य रूप से भाग लिया। संवैधानिक तरीकों से भारतवासियों की सेवा करने के लिए राष्ट्रीय मिशनरियों को प्रशिक्षित करने के लिए उन्होंने 'सर्वेन्ट्स ऑफ इंडिया सोसायटी' की स्थापना की। उन्होंने जाति और छुआछूत की प्रथाओं का विरोध किया। उन्होंने महिलाओं के उत्थान और उनके बीच शिक्षा का प्रसार करने का प्रयास किया। संसदीय बहसों में अपनी खास पहचान छोड़ने वाले श्री गोखले को भारत का ग्लेडस्टोन कहा जाता है। जब गांधीजी भारत आए तो उन्होंने श्री गोखले को अपना राजनीतिक गुरु माना। गोखलेजी का निधन 1915 में हुआ।

❑ ❑ ❑

अध्याय-8

भारत का संविधान

भारतीय संविधान का निर्माण

संविधान किसी देश द्वारा प्राप्त किए जाने वाले आदर्शों और लक्ष्यों से परिपूर्ण होता है। इसके साथ-साथ उसमें शासन व्यवस्था, सरकार का स्वरूप, शक्तियों का नियंत्रण, अधिकार व मौलिक कर्त्तव्य आदि विषयों का भी विस्तृत वर्णन होता है। वास्तव में किसी भी देश में संविधान एक दर्पण की भांति कार्य करता है। जो उस देश की शासन व्यवस्था एवं राज्य के स्वरूप को परिलक्षित करता है।

संविधान लिखित भी होता है और अलिखित भी। सर्वप्रथम संसार में लिखित संविधान के रूप में अमरीकी संविधान का निर्माण (1789) हुआ। जिसका निर्माण संविधान सभा द्वारा किया गया। जबकि ब्रिटेन का संविधान सबसे प्राचीन अलिखित संविधान है जोकि मुख्यतः प्रथाओं व रीति-रिवाजों से संचालित होता है। लेकिन अलिखित संविधान का तात्पर्य यह नहीं है कि ब्रिटेन का संविधान कमजोर या निष्क्रिय है। सर्वश्रेष्ठ संविधान वही होता है जिसके आदर्शों व लक्ष्यों को जनता हृदयगमन कर, उनकी प्राप्ति के प्रति सतत प्रयत्नशील हो। इस दृष्टि से संविधान का लिखित या अलिखित रूप महत्त्व नहीं रखता बल्कि किसी कानून को लिपिबद्ध करने से अच्छा उनकी छाप लोगों के मन-मस्तिष्क में अंकित हो।

संविधान सभा की रचना और उसका स्वरूप

जुलाई, 1946 में, कैबिनेट मिशन योजना के तहत संविधान सभा का चुनाव हुआ। इस चुनाव में ब्रिटिश भारत के 296 स्थानों में से कांग्रेस ने 208, मुस्लिम लीग ने 73, 7 निर्दलीय सदस्यों तथा 4 स्थान सिखों ने प्राप्त किए। इन चुनावों में कांग्रेस की भारी सफलता को देख मुस्लिम लीग ने संविधान सभा का बहिष्कार कर दिया और पाकिस्तान के लिए एक पृथक् संविधान सभा की मांग प्रारंभ कर दी। मुस्लिम लीग के इस रवैये के कारण स्थिति और अधिक बिगड़ गई हालांकि इस समस्या को दूर करने के लिए ब्रिटिश सरकार ने लंदन में एक सम्मेलन बुलाया। जिसमें पं. नेहरू तथा मि. जिन्ना तथा सिखों की ओर से सरदार बलदेव सिंह सम्मिलित हुए। लेकिन इस सम्मेलन का कोई परिणाम नहीं निकला। इसका परिणाम वही हुआ जो होना था। लीग ने संविधान सभा में संयुक्त होना आवश्यक नहीं समझा और "मुस्लिम भारत" के लिए संविधान सभा की मांग करती रही। दूसरी तरफ ब्रिटिश सरकार ने जून 1948 तक भारत छोड़ने की घोषणा कर दी।

मुस्लिम लीग के बहिष्कार के बावजूद संविधान सभा ने अपना कार्य आरंभ किया जिसमें देश के बड़े-बड़े नेता, वकील व राजनीतिज्ञ शामिल हुए। इसमें भाग लेने वालों में पं. जवाहरलाल नेहरू, सरदार बल्लभ भाई पटेल, डॉ. भीमराव अंबेडकर, के. एम. मुंशी, गोपालास्वामी, आयंगर, अल्लादि कृष्णास्वामी अय्यर, डॉ. राजेन्द्र प्रसाद, अबुल कलाम, आचार्य कृपालानी, डॉ. श्यामा प्रसाद मुखर्जी, प्रो. के.टी. शाह आदि का महत्त्वपूर्ण योगदान रहा। भारतीय स्त्रियों की ओर से श्रीमति सरोजनी नायडू, श्रीमति हंस मेहता, श्रीमति दुर्गाबाई देशमुख आदि संविधान सभा की सदस्या थीं।

संविधान सभा यथाशीघ्र संविधान निर्माण कर सके इसके लिए पं. नेहरू ने एक समिति नियुक्त की जिसके द्वारा संविधान सभा के कार्य संचालन की आवश्यक प्रक्रिया तय की गई।

9 दिसंबर, 1946 को संविधान सभा का प्रथम अधिवेशन शुरू हुआ जिसकी अध्यक्षता श्री सच्चिदानन्द सिन्हा द्वारा की गई जोकि संविधान सभा के अस्थायी अध्यक्ष चुने गये। लेकिन शीघ्र ही डॉ. राजेन्द्र प्रसाद को स्थायी अध्यक्ष के रूप में चुना गया। 13 दिसम्बर, 1946 को पं. नेहरू द्वारा एक प्रस्ताव लाया गया जो संविधान निर्माण की दिशा में प्रथम कदम के रूप में जाना जाता है। इस प्रस्ताव को संविधान सभा में प्रस्तुत करते हुए नेहरू ने कहा, "मैं आपके सामने जो प्रस्ताव प्रस्तुत कर रहा हूँ उसमें हमारे उद्देश्यों की व्याख्या की गई है, योजना की रूपरेखा दी गई है और बताया गया है कि हम किस रास्ते पर चलने वाले हैं।" यह प्रस्ताव बड़ा ही महत्त्वपूर्ण था जिसमें निम्नलिखित बातों का उल्लेख था-

1. भारत में एक स्वतंत्र तथा सार्वभौम गणराज्य स्थापित किया जाए।
2. इस गणराज्य में भारत के समस्त व्यक्तियों को राजनीतिक, आर्थिक तथा सामाजिक समानता प्राप्त होगी।
3. उनको बोलने तथा लिखने, संस्था बनाने, कोई भी व्यवसाय करने, किसी भी धर्म तथा मत को अण्नाने तथा छोड़ने की पूर्ण स्वतंत्रता होगी।
4. अल्पसंख्यकों, अनुसूचित जातियों तथा पिछड़े वर्गों के हितों की आवश्यक सुरक्षा का प्रबंध किया जाएगा।

पं. नेहरू द्वारा प्रस्तुत प्रस्ताव पर गहन विचार-विमर्श के पश्चात संविधान सभा के सदस्यों द्वारा इसे स्वीकार कर लिया गया। श्री. के.एम. मुंशी ने इस प्रस्ताव के बारे में कहा *"यह प्रस्ताव हमारे गणतंत्र की जन्मपत्री थी।"*

प्रस्ताव के समर्थन के पश्चात विभिन्न विषयों पर विचार-विमर्श हेतु विभिन्न समितियों का गठन किया गया। जिनमें प्रमुख समितियाँ थीं–1. संघ संविधान समिति 2. प्रांतीय संविधान समिति 3. संघ शक्ति समिति 4. मूल अधिकारों, व अल्पसंख्यकों से संबंधित परामर्श समिति 5. प्रारूप समिति आदि। देशी रियासतों से बातचीत करने के लिए संविधान सभा ने एक वार्ता समिति पहले ही गठित कर दी थी। इन समितियों ने विचार-विमर्श के पश्चात अपनी रिपोर्ट संविधान सभा के सम्मुख प्रस्तुत की। उन पर वाद-विवाद के पश्चात सदस्यों द्वारा आवश्यक संशोधन रखे गए।

इन समितियों के केंद्र में प्रारूप समिति थी। डॉ. भीम राव अम्बेडकर इस समिति के अध्यक्ष चुने गये जिनमें अन्य सदस्य मोहम्मद सादुल्ला, कन्हैयालाल, माणिक्य लाल, के.एम. मुंशी, बी.एल. मित्तर, एन. गोपालास्वामी आयंगर, अल्लादी कृष्णास्वामी, तथा डी.पी. खेतान थे। बाद में मित्तर और खेतान के स्थानों पर एन. माधवराव तथा टी.टी. कृष्णामाचारी को नियुक्त किया गया। इस प्रारूप समिति का मुख्य कार्य यही था कि वह संविधान सभा की परामर्श शाखा द्वारा तैयार किए गए संविधान का परीक्षण करें और फिर संविधान को विचार के लिए संविधान सभा के सम्मुख प्रस्तुत करे। 21 फरवरी, 1948 को यद्यपि संविधान का प्रारूप तैयार हो चुका था किंतु संविधान सभा ने 4 नवम्बर, 1948 से इस पर विचार करना प्रारंभ किया। इस समय सामान्य जनता, पत्रकारों तथा विधानसभाओं ने प्रारूप पर विभिन्न दृष्टिकोणों से विचार किया और जनमत तैयार किया। संविधान सभा ने इस प्रारूप का तीन बार वाचन किया तथा लगभग एक वर्ष तक गंभीर विचार-विमर्श के पश्चात 26 नवम्बर, 1949 को इस पर संविधान सभा के अध्यक्ष डॉ. राजेन्द्र प्रसाद ने हस्ताक्षर किए इस प्रकार स्वतंत्र भारत का संविधान पूर्णरूप से तैयार हो गया। अपने अंतिम रूप में संविधान में 395 अनुच्छेद और 8 अनुसूचियाँ थीं।

संविधान निर्माण कार्य संविधान सभा ने ग्यारह अधिवेशनों में किया जिनमें कुल 114 दिन सभा की बैठक हुई। संविधान के प्रारूप में हजारों संशोधन प्रस्तावित किए गए जिनमें से केवल 2474 संशोधनों पर विचार किया गया। संपूर्ण संविधान के निर्माण में 2 वर्ष 11 महीने और 18 दिन का समय लगा। इस कार्य पर लगभग 64 लाख रुपये व्यय हुए।

24 जनवरी, 1950 को संविधान सभा का अंतिम अधिवेशन हुआ जिसमें संविधान सभा ने सर्व-सहमति से डॉ. राजेन्द्र प्रसाद को भारत का प्रथम राष्ट्रपति चुना। संविधान सभा के सभी सदस्यों ने संविधान पर हस्ताक्षर किए। पं. जवाहरलाल नेहरू हस्ताक्षर करने वाले प्रथम व्यक्ति थे। हालांकि 26 नवम्बर, 1949 को जब संविधान पूर्ण हुआ तो नागरिकता, निर्वाचन और अंतरिम संसद से संबंधित उपबंधों को तुरंत लागू कर दिया गया। लेकिन संविधान को 26 जनवरी, 1950 को पूर्ण रूप से लागू किया गया। संविधान को लागू करने लिए 26 जनवरी का दिन इसलिए चुना गया। क्योंकि संविधान निर्माता भारत के प्रथम स्वतंत्रता दिवस 26 जनवरी, 1930 की पुण्य स्मृति को सम्मानित करना चाहते थे।

भारतीय संविधान निर्माण के लिए जिन विभिन्न संविधानों का अध्ययन व उनसे जो उपबंध लिये गए उनका संक्षिप्त परिचय इस प्रकार है–

उपबंध	स्रोत
1. संसदीय प्रणाली	यूनाइटेड किंगडम (ब्रिटेन)
2. मौलिक अधिकार	यू.एस.ए. (अमेरिका)
3. सर्वोच्च न्यायालय का संगठन व शक्तियाँ	यू.एस.ए.
4. गणतंत्र	फ्रांस
5. संसद तथा विधानमंडल की प्रक्रिया	यूनाइटेड किंगडम
6. उपराष्ट्रपति का पद	यू.एस.ए.
7. आपातकालीन उपबंध	जर्मनी तथा 1935 का भारत अधिनियम
8. राज्य के नीति निर्देशक तत्व	आयरलैंड
9. मौलिक कर्त्तव्य	पूर्व सोवियत संघ
10. समवर्ती सूची	आस्ट्रेलिया
11. संसदीय विशेषाधिकार	यूनाइटेड किंगडम

मौलिक अधिकार

वर्तमान युग प्रजातंत्र का युग है। संसार के सभी सभ्य और विकासशील देश जनता को अधिकाधिक अधिकार दिए जाने के पक्ष में हैं। इन अधिकारों को प्राप्त करके ही व्यक्ति का संपूर्ण विकास संभव हो पाता है। राज्य की उत्पति जनता की भलाई के लिए हुई है। इसलिए वह अपने नागरिकों को कुछ ऐसे मौलिक अधिकार प्रदान करती है जिनसे उनका सर्वांगीण विकास सम्भव हो सके।

भारतीय संविधान में वर्णित मौलिक अधिकार

भारत में मौलिक अधिकारों की मांग भारतीय स्वतंत्रता आन्दोलन से ही प्रबल हुई। जिसकी मांग तत्कालीन विद्वानों और राष्ट्रीय नेताओं द्वारा समय-समय पर ब्रिटिश सरकार से की गई जहां गाँधी द्वारा स्वराज्य के अधिकार की बात की गई; वहीं बाल गंगाधर तिलक ने भी नारा लगाया कि "स्वराज्य मेरा जन्म सिद्ध अधिकार है और मैं इसे लेकर ही रहूँगा"। 1928 की नेहरू समिति और 1931 के करांची अधिवेशन में अधिकारों की मांग को दोहराया। 1946 में ब्रिटिश केबिनेट मिशन ने भी मौलिक अधिकारों के प्रति अपनी प्रतिबद्धता को दर्शाया।

इसी क्रम को जारी रखते हुए संविधान सभा में भी मौलिक अधिकारों के बारे में खुलकर वाद-विवाद हुआ जिसके फलस्वरूप नागरिकों के लिए भारतीय संविधान के भाग-3 में सात मौलिक अधिकारों को स्थान दिया गया। किंतु संविधान के 44वें संशोधन जोकि 1978 में किया गया के द्वारा संपत्ति के मौलिक अधिकार को मौलिक अधिकारों की श्रेणी से निकालकर अनुच्छेद 300 क में रख दिया गया तथा इसे एक कानूनी अधिकार बना दिया गया। वर्तमान में भारतीय संविधान द्वारा नागरिकों को छः मौलिक अधिकार प्रदान किये गए हैं जो भारतीय संविधान के भाग-3 में धारा 12 से 35 में वर्णित है।

1. समानता का अधिकार

संविधान में प्रदत मौलिक अधिकारों में प्रथम समानता का अधिकार है जिसका दर्णन अनुच्छेद 14 से 18 में किया गया है।

***(i)* कानून के समक्ष समानता (अनुच्छेद 14) :** इस अनुच्छेद में कहा गया है कि भारतीय राज्य क्षेत्र में राज्य किसी व्यक्ति को कानून के सम्मुख समानता अर्थात् कानूनों के समान संरक्षण से वंचित नहीं करेगा। इसका तात्पर्य यह है की कानून की दृष्टि में सभी व्यक्ति समान हैं उनमें जाति, रंगभेद, अमीर-गरीब, लिंग आदि का भेदभाव न कर कानून सब पर एक समान लागू होगा। इस प्रकार इस अधिकार में दो बातें कही गई हैं।

कानून की दृष्टि में सभी व्यक्ति समान हैं तथा दूसरे, सभी को कानून का समान संरक्षण प्राप्त होगा।

परंतु इस अधिकार के कुछ अपवाद भी हैं–

1. अपनी शक्तियों और कर्त्तव्यों के निर्वहन में राष्ट्रपति या किसी राज्य के राज्यपाल द्वारा किए गए किसी कृत्य के लिए उसे किसी न्यायालय में जवाब देह नहीं बनाया जा सकता।
2. विदेशी राज्यों के अध्यक्षों या राजदूतों के विरुद्ध भारतीय विधि के तहत कोई कार्यवाही नहीं की जा सकती।
3. अनुच्छेद 361 राष्ट्रपति या राज्यपाल के कार्यकाल के दौरान उसके विरुद्ध कोई अपराधिक प्रक्रिया शुरू नहीं की जा सकती।

***(ii)* भेदभाव की मनाही (अनुच्छेद 15) :** अनुच्छेद 15 में कहा गया है कि राज्य के द्वारा धर्म, नस्ल, जाति, लिंग या जन्म स्थान के आधार पर किसी भी व्यक्ति के साथ किसी भी प्रकार का भेदभाव निषेध है। इस अनुच्छेद में निम्नलिखित व्यवस्थाएँ हैं–

1. धर्म, मूलवंश, जाति, लिंग, जन्म स्थान के आधार पर भेदभाव निषेध।
2. दुकानों, सार्वजनिक भोजनालयों, होटलों तथा मनोरंजन के सार्वजनिक स्थानों से उपरोक्त आधार पर किसी नागरिक को अयोग्य व प्रतिबंधित नहीं किया जाएगा।
3. उन, कुओं, तालाबों, नहाने के घाटों, सड़कों व सैर के स्थानों, जिनकी राज्य के द्वारा अशंतः या पूर्णतया देखभाल की जाती है, के प्रयोग करने से किसी भी नागरिकों को प्रतिबंधित नहीं किया जाएगा।

अपवाद : अनुच्छेद 15 में दिए गए अधिकारों के दो उपवाद हैं। प्रथम, राज्य को अधिकार है कि वह स्त्रियों व बच्चों के लिए विशेष उपबंधों की व्यवस्था कर सकता है। द्वितीय, राज्य पिछड़ी जातियों, अनुसूचित जातियों तथा अनुसूचित कबीलों के लोगों की भलाई के लिए विशेष व्यवस्थाओं का प्रबंध कर सकता है।

***(iii)* सरकारी नौकरियों के लिए अवसर की समानता (अनुच्छेद 16):** इस अनुच्छेद के खंड (1) में कहा गया है कि राज्य में सरकारी नौकरियों या पदों पर नियुक्ति के संबंध में सब नागरिकों को समान अवसर मिलेंगे। जबकि खंड (2) में निहित है कि सरकारी नौकरियों या पदों पर नियुक्ति के संबंध में धर्म, मूलवंश, जाति, लिंग, उद्‌भव और जन्मस्थान के आधार पर किसी भी नागरिक के साथ भेदभाव नहीं किया जाएगा। सबको सरकारी नौकरी तथा पदों की प्राप्ति के लिए बराबर अवसर दिए जाएंगे।

अपवाद-1. इस अनुच्छेद का किसी ऐसी विधि पर कोई प्रभाव नहीं होगा जो यह व्यवस्था करती हो कि किसी धार्मिक संस्था के कार्य से संबंद्ध कोई पदाधिकारी उसी धर्म या सम्प्रदाय का हो। 2. द्वितीय सरकार पिछड़े हुए नागरिकों के लिए, जिन्हें सरकारी सेवाओं में उचित प्रतिनिधित्व प्राप्त नहीं है, स्थान सुरक्षित कर सकती है। तृतीय, संसद किसी राज्य या संघ राज्य क्षेत्र से संबंधित पद की नियुक्ति के लिए विकास संबंधी योग्यताएँ निर्धारित कर सकती है।

***(iv)* छुआछुत या अस्पृश्यता की समाप्ति (अनुच्छेद 17) :** इस अनुच्छेद के द्वारा छुआछुत का अंत कर दिया गया अर्थात् दूसरे के साथ अछूतों जैसे व्यवहार निषेध हैं। इस अनुच्छेद में कहा है कि अस्पृश्यता से उत्पन्न किसी अयोग्यता का लागू करना एक दंडनीय अपराध होगा। संसद ने 1955 में 'अस्पृश्यता अपराध अधिनियम' के द्वारा इसे एक दंडनीय अपराध घोषित किया गया है। 1976 में सरकार ने एक कानून पास किया जिसे नागरिक अधिकार सुरक्षा अधिनियम कहा जाता है इस कानून के अनुसार छुआछुत मानने वाले और उसका प्रचार करने वाले को 2 वर्ष तक की कैद और एक हजार रुपये तक जुर्माना किया जा सकता है। यही ही नहीं दोषित व्यक्ति को लोकसभा तथा विधानसभाओं के लिए चुनाव के लिए भी अयोग्य घोषित किया जा सकता है।

***(v)* उपाधियों का अंत (अनुच्छेद 18) :** अनुच्छेद 18 में उपाधियों की समाप्ति संबंधी निम्नलिखित बातों का उल्लेख किया गया है–

1. कोई भारतीय नागरिक किसी विदेशी राज्य से उपाधि स्वीकार नहीं करेगा।
2. सेना और शिक्षा संबंधी उपाधि के अतिरिक्त सिवाय राज्य और कोई उपाधि प्रदान नहीं करेगा।
3. कई व्यक्ति जो भारतीय नागरिक नहीं किंतु भारत में किसी लाभप्रद अथवा भरोसे के पद पर नियुक्त हैं, भारतीय राष्ट्रपति की आज्ञा के बिना किसी विदेश राज्य से कोई उपाधि प्राप्त नहीं कर सकता।

2. स्वतंत्रता का अधिकार

भारतीय संविधान के अनुच्छेद 19, 20, 21 और 22 के अनुसार प्रत्येक भारतीय नागरिक को स्वतंत्रता का मौलिक अधिकार प्राप्त है। अनुच्छेद 19 में वर्णित स्वतंत्रताएँ केवल भारतीय नागरिकों को ही प्राप्त हैं जबकि अनुच्छेद 20, 21 व 22 में वर्णित सुरक्षा व्यवस्थाएँ भारतीय नागरिकों और विदेशियों दोनों को समान रूप से प्राप्त हैं।

***(i)* अनुच्छेद 19 :** मूल संविधान के द्वारा भारतीय नागरिकों को सात प्रकार की स्वतंत्रता प्रदान की गई थी लेकिन 44वें संविधान संशोधन द्वारा संपत्ति के मौलिक अधिकार के साथ-साथ संपत्ति की स्वतंत्रता समाप्त कर दी गई। अतः अनुच्छेद 19 भारतीय नागरिकों को छः प्रकार की स्वतंत्रताएँ प्रदान करता है–

(क) भाषण और अभिव्यक्ति की स्वतंत्रता : भारत के प्रत्येक नागरिक को अपने विचार, लेखन, भाषण देने व अपने विचारों को अभिव्यक्त करने का अधिकार है। प्रेस भी विचारों को प्रकट करने का साधन है, इसीलिए अनुच्छेद 19 (क) के अंतर्गत प्रेस की स्वतंत्रता भी निहित है। लेकिन इस स्वतंत्रता पर युक्ति-युक्त प्रतिबंध लगाये जा सकते हैं जैसे 1. भारत की प्रभुता व अखंडता की रक्षा। 2. देश की सुरक्षा। 3. विदेशी राज्यों के साथ मैत्रीपूर्ण संबंधों के हित में। 4. सार्वजनिक हित में। 5. न्यायालय अपमान आदि।

(ख) शांतिपूर्वक बिना हथियार के सम्मेलन करने की स्वतंत्रता : अनुच्छेद 19 (ख) के अनुसार प्रत्येक भारतीय नागरिक को बिना अस्त्र-शस्त्र के शांतिपूर्वक सम्मेलन करने की स्वतंत्रता है। यह सभा करने तथा जुलूस आदि निकालने का शांतिपूर्ण एवं वैधानिक उपाय है। लेकिन सार्वजनिक हित और सुरक्षा के आधार पर इस स्वतंत्रता को सीमित किया जा सकता है।

(ग) संगम और संघ बनाने की स्वतंत्रता (अनुच्छेद 19 (1) (ग)) : इस अनुच्छेद के द्वारा भारतीय नागरिकों को यह स्वतंत्रता प्रदान की गई है कि वे अपनी विभिन्न प्रकार की आवश्यकताओं व प्रवृतियों के आधार पर समुदायों या संघों का निर्माण कर सकते हैं किंतु इन समुदायों का उद्देश्य तथा कार्यक्रम शांतिपूर्ण तथा वैधानिक होना चाहिए। देश की प्रभुत्ता व अखंडता या सार्वजनिक व्यवस्था के हित में इस स्वतंत्रता को सीमित करने का राज्य को अधिकार है।

(घ) भारत के राज्य क्षेत्र में सर्वत्र अबाध संचरण (अनुच्छेद 19 (1) (घ)) : भारतीय संविधान नागरिकों को बिना रोक-टोक के भ्रमण करने की स्वतंत्रता प्रदान करता है। भारतीय नागरिक एक राज्य से दूसरे राज्य में तथा भारत संघ के एक कोने से दूसरे कोने तक भ्रमण कर सकता है। लेकिन सार्वजनिक हितों में या फिर किसी अनुसूचित जाति या जनजाति के हित के संरक्षण के लिए राज्य इस पर युक्ति युक्त प्रतिबंध लगा सकता है।

(ङ) निवास करने या बस जाने की स्वतंत्रता : अनुच्छेद (1) (ङ) भारतीय नागरिकों को देश के किसी भी हिस्से में अस्थायी या स्थायी रूप से बसने की स्वतंत्रता प्रदान करता है। लेकिन इस स्वतंत्रता को भी उपरोक्त आधार पर प्रतिबंधित या सीमित किया जा सकता है।

(च) कोई वृति, उपजीविका, व्यापार या कारोबार करने का अधिकार : अनुच्छेद 19 (1) (छ) में नागरिकों को इच्छानुसार व्यवसाय करने की स्वतंत्रता दी गई है। नागरिक जीवन निर्वाह के लिए किसी भी धंधे या व्यवसाय को अपना सकते हैं। लेकिन सार्वजनिक हित के आधार पर प्रतिबंध किया जा सकता है।

***(ii)* अपराधों के लिए दोष सिद्धि के संबंध में संरक्षण (अनुच्छेद 20) :** इस अनुच्छेद में निम्नलिखित बातों का उल्लेख है–

1. कोई व्यक्ति किसी अपराध के लिए जब तक दोषी नहीं ठहराया जाएगा जब तक कि यह सिद्ध न हो जाए कि उसने उस समय किसी अधिरोपित विधि का उल्लंघन किया है तथा उस विधि के उल्लंघन के लिए निर्धारित दंड से अधिक दंड नहीं दिया जा सकता।
2. किसी भी व्यक्ति को एक ही अपराध के लिए एक बार से अधिक अभियोजित और दंडित नहीं किया जाएगा।
3. किसी भी अपराध के लिए अभियुक्त किसी व्यक्ति को स्वयं अपने विरुद्ध साक्षी होने के लिए बाध्य नहीं किया जाएगा।

***(iii)* प्राण और दैहिक स्वतंत्रता का संरक्षण (अनुच्छेद 21) :** इस अनुच्छेद में जीवन के अधिकार को मान्यता प्रदान की गई है। इसमें कहा है कि किसी भी व्यक्ति को उसके प्राण या दैहिक स्वतंत्रता से विधि द्वारा स्थापित प्रक्रिया के अनुसार ही वंचित किया जाएगा अन्यथा नहीं। 44वें संविधान संशोधन द्वारा यह व्यवस्था की गई कि अनुच्छेद 21 के अधीन प्राप्त जीवन तथा निजी स्वतंत्रता के अधिकार को संकटकाल के समय भी निलंबित नहीं किया जा सकता।

***(iv)* बंदीकरण तथा नजरबंदी से संरक्षण (अनुच्छेद 22) :** अनुच्छेद 22 कुछ दशाओं में गिरफ्तारी और निरोध से संरक्षण प्रदान करता है। जिसमें निम्न प्रावधान हैं–

1. गिरफ्तार किए गए व्यक्ति को गिरफ्तारी के कारण से तुरंत अवगत कराना पड़ेगा तथा उसे अपनी रुचि के विधि व्यवसायी से परामर्श करने एवं अपने बचाव करने का अधिकार दिया जाएगा।
2. गिरफ्तार किये गए व्यक्ति को चौबिस घंटे के अंदर (इसमें यात्रा में लगने वाला समय सम्मिलित नहीं होगा) निकट के मजिस्ट्रेट के सामने उपस्थित करना होगा।
3. लेकिन खंड (1) तथा (2) की कोई बात किसी ऐसे व्यक्ति पर लागू नहीं जो (क) शत्रु देश का नागरिक हो या (ख) निवारक निरोध को उपबंध करने वाली किसी विधि के अंर्तगत गिरफ्तार किया गया है ।

3. शोषण के विरुद्ध अधिकार

संविधान की 23 तथा 24वीं धारा में नागरिकों के शोषण के विरुद्ध अधिकारों का वर्णन किया गया है। इस अधिकार का उद्देश्य है कि समाज का कोई शक्तिशाली वर्ग किसी निर्बल वर्ग पर अन्याय न कर सके।

***(i)* मानव के दुर्व्यापार और बलातश्रम पर रोक (अनुच्छेद 23) :** मानव के दुर्व्यापार पर रोक से तात्पर्य है कि स्त्रियों, बच्चों तथा पुरुषों के क्रय-विक्रय पर प्रतिबंध लगा दिया गया है। जिसका उल्लंघन अपराध होगा जो विधि के अनुसार दंडनीय है। इसी प्रकार किसी व्यक्ति से बिना मजदूरी काम लेने या फिर जबरदस्ती काम नहीं लिया जा सकता। किसी भी व्यक्ति से उसकी इच्छा के विरुद्ध कार्य नहीं कराया जा सकता।

इस संबंध में राज्य कोई भी विधि बना सकेगा तथा राज्य सार्वजनिक प्रयोजनों के लिए कोई भी अनिवार्य सेवा बिना किसी भेदभाव के अधिरोपित कर सकता है।

***(ii)* बाल श्रम का निषेध (अनुच्छेद 24) :** इस अनुच्छेद में यह प्रावधान है कि 14 वर्ष से कम आयु के किसी बालक को किसी कारखाने या खान में काम करने के लिए नहीं लगाया जाएगा जिससे उनके स्वास्थ्य पर विपरीत प्रभाव न पड़े।

4. धर्म की स्वतंत्रता का अधिकार

भारत एक पंथ निरपेक्ष राज्य है। प्रत्येक व्यक्ति को किसी भी धर्म को अपनाने तथा धार्मिक कार्य करने में स्वतंत्रता प्राप्त है। राज्य भी सभी धर्मों को समान दर्जा देता है तथा उन्हें फलने-फूलने के समान अवसर प्रदान करता है। अनुच्छेद 25 से 28 तक निम्नलिखित धार्मिक स्वतंत्रताओं का उल्लेख किया गया है।

***(i)* अंतकरण की और धर्म के अबाध रूप मानने, आचरण और प्रचार करने की स्वतंत्रता (अनुच्छेद 25)**

1. अनुच्छेद 25 (1) में कहा गया है कि सार्वजनिक व्यवस्था, सदाचार तथा स्वास्थ्य के अधीन रहते हुए सभी व्यक्तियों को धर्म को अबाध रूप से मानने एवं प्रचार करने का समान अधिकार होगा।
2. अनुच्छेद 25 (2) राज्य इस संबंध में ऐसी विधि बना सकेगा जो

(क) धार्मिक आचरण से संबंधित किसी राजनीतिक वित्तीय या अन्य लौकिक क्रियाकलाप का विनियमन या निर्वधन करती है।

(ख) सुधार एवं सार्वजनिक कल्याण के लिए सार्वजनिक प्रकार की हिन्दुओं की धार्मिक संस्थाओं को हिन्दुओं के सभी वर्गों के लिए खोलने का उपबंध करती है।

(ग) कृपाण धारण करना और लेकर चलना सिक्ख धर्म के मानने का अंग माना जाएगा।

(घ) हिन्दुओं के प्रति निर्देश का अर्थ सिख, जैन या बौद्ध धर्म के मानने वालों के प्रति भी निर्देश तथा संस्थाओं से तात्पर्य भी इन सभी की संस्थाओं से है।

***(ii)* धार्मिक कार्यों के प्रबंध की स्वतंत्रता (अनुच्छेद 26) :** इस अनुच्छेद में कहा गया है कि सार्वजनिक व्यवस्था, सदाचार और स्वास्थ्य के अधीन रहते हुए प्रत्येक धार्मिक सम्प्रदाय अथवा उसके किसी विभाग को

1. धार्मिक और परोपकार के उद्देश्यों से संस्थाएँ स्थापित करें एवं उन्हें चलाएं
2. धार्मिक मामलों में अपने कार्य स्वयं करने का
3. चल और अचल संपत्ति के अर्जन और स्वामित्व का तथा
4. ऐसी संपत्ति का विधि के अनुसार प्रशासन करने का अधिकार होना।

***(iii)* धर्म की अभिवृद्धि के लिए करों के संदाय के बारे में स्वतंत्रता (अनुच्छेद 27) :** किसी भी व्यक्ति को कोई ऐसा कर अदा करने के लिए विवश नहीं किया जाएगा जिसको इकट्ठा करके किसी धर्म विशेष के विकास एवं संचालन हेतू आने वाले व्यय को अथवा किसी धार्मिक वर्ग के लिए खर्च किए जाना चाहिए।

***(iv)* सरकारी शिक्षण संस्थाओं में धार्मिक शिक्षा पर रोक (अनुच्छेद 28) :** इस अनुच्छेद में कहा गया है कि राज्य के खर्च से चलाई जा रही किसी भी शिक्षण संस्था में धार्मिक शिक्षा की व्यवस्था नहीं की जाएगी।

उपर्युक्त प्रावधान उस शिक्षा संस्था में लागू नहीं होता जिसका प्रशासन राज्य करता है, लेकिन वह किसी ऐसे न्याय के अधीन स्थापित हुई है जिसके अनुसार उस संस्था में धार्मिक शिक्षा देना अनिवार्य है।

इसके अतिरिक्त राज्य से मान्यता प्राप्त या राज्य निधि से सहायता प्राप्त शिक्षा संस्था में होने वाली उपासना में किसी भी व्यक्ति को भाग लेने के लिए बाध्य नहीं किया जा सकता।

5. संस्कृति और शिक्षा संबंधी अधिकार

भारत एक विशाल देश है इसके निवासियों का रहन-सहन, खान-पान, भाषा, रीति-रिवाज, सभ्यता तथा संस्कृति भिन्न-भिन्न प्रकार की है। भारतीय संविधान के अनुच्छेद 29 और 30 के अधीन नागरिकों को विशेषताएँ, अल्पसंख्यकों को कुछ सांस्कृतिक तथा शैक्षिक अधिकार प्रदान किए हैं–

***(i)* अल्पसंख्यकों के हितों का संरक्षण (अनुच्छेद 29)**

(क) भारत के राज्य क्षेत्र के निवासी नागरिकों के किसी अनुभाग को, जिसकी अपनी लिपि, संस्कृति या भाषा है, उसे बनाये रखने का अधिकार है।

(ख) राज्य निधि से सहायता प्राप्त या राज्य द्वारा पोषित किसी शिक्षा संस्था में किसी भी नागरिक को केवल जाति, भाषा मूलवंश या धर्म के आधार पर प्रवेश से वांछित नहीं किया जाएगा।

***(ii)* शिक्षा संस्थाओं की स्थापना और प्रशासन करने का अल्पसंख्यक वर्गों का अधिकार अनुच्छेद 30**

(क) धर्म या भाषा के आधार पर सभी अल्पसंख्यक वर्गों को अपनी रुचि की शिक्षा संस्थाएँ स्थापित करने एवं उनका प्रशासन करने का अधिकार है।

(ख) राज्य ऐसी संस्थाओं की संपत्ति को अनिवार्य रूप से अर्जित करते समय यह ध्यान रखेगा कि संस्था को इतनी रकम मिल जानी चाहिए कि उसके हित बने रहें।

(ग) राज्य शिक्षा संस्थाओं को सरकारी सहायता देने में इस प्रकार की शिक्षा संस्थाओं में तथा अन्य शिक्षा संस्थाओं में कोई भेदभाव नहीं करेगा।

6. संवैधानिक उपचारों का अधिकार

संविधान में वर्णित मूल अधिकारों की घोषणा निरर्थक साबित हो सकती थी यदि संविधान में उनकी रक्षा की व्यवस्था न की जाती। इस व्यवस्था के अभाव में कोई व्यक्ति राज्य या अन्य संस्था इन अधिकारों के उपभोग में बाधा पैदा कर सकता था इसलिए भारतीय संविधान निर्माताओं में इन मूल अधिकारों की रक्षा के लिए संवैधानिक उपचारों के अधिकारों को भी संविधान में स्थान दिया है। जिसका अभिप्राय यह है कि नागरिक इन मूल अधिकारों को लागू करने के लिए उच्चतम न्यायालय और उच्च न्यायालय की शरण ले सकता है। अतः इस अनुच्छेद के माध्यम से संविधान ने मूल अधिकारों की रक्षा का भार उच्चतम न्यायालय और उच्च न्यायालयों को सौंपा है।

संविधान के अनुच्छेद 32 में वर्णित लेख संवैधानिक उपचार कहलाते हैं जो कि निम्नलिखित हैं–

1. **बन्दी प्रत्यक्षीकरण-**बन्दी प्रत्यक्षीकरण की अंग्रेजी अभिव्यक्ति **'हैबियस कार्पस' (Hebeas Corpus)** है जिसका शाब्दिक अर्थ है "शरीर प्राप्त करना।" इसके द्वारा उच्चतम न्यायालय और उच्च न्यायालय को यह अधिकार प्राप्त है कि वह बन्दी बनाए गए किसी व्यक्ति को अपने समक्ष उपस्थित करने के आदेश दे सकता है। यदि बन्दी बनाया गया व्यक्ति यह अनुभव करता है कि उसे गैर-कानूनी तरीकों से बन्दी बनाया गया है तो वह इस संबंध में उच्चतम न्यायालय में आवेदन-पत्र दे सकता है। यदि न्यायालय उचित समझता है तो उस व्यक्ति को सशरीर अपने सामने उपस्थित होने के लिए आदेश जारी कर सकता है। न्यायालय अगर इस बात से संतुष्ट हो जाए कि अमुक व्यक्ति को अवैध रूप से बंदी बनाया गया है तो वह उसकी मुक्ति के आदेश दे सकता है। वास्तव में इस व्यवस्था से कार्यकारिणी निरंकुश नहीं हो पाती।
2. **परमादेश लेख : (Mandamus)** इसका शब्दिक अर्थ है 'आज्ञा'। जब कोई व्यक्ति या संस्था अपने कर्त्तव्य की पूर्ति न करे तो न्यायालय उसे अपने कर्त्तव्य पालन के लिए परमादेश लेख द्वारा आदेश दे सकता है। भारत में परमादेश उन अधिकारियों और अन्य व्यक्तियों के विरुद्ध दिया जा सकता है जो किसी लोक-कर्त्तव्य के लिए उत्तरदायी होते हैं। साथ-ही-साथ यह आदेश या रिट न्यायालयों और न्यायिक निकायों के विरुद्ध भी प्रयोग की जा सकती है।
3. **प्रतिषेध लेख (Prohibition) :** जब कोई अधीनस्थ न्यायालय अपने अधिकार क्षेत्र से बाहर जा रहा हो तो उच्चतम न्यायालय अथवा उच्च न्यायालय प्रतिषेध लेख के माध्यम से उस अधीनस्थ न्यायालय को ऐसे कार्य रोक देने का आदेश दे सकते हैं जोकि उसके अधिकार क्षेत्र से बाहर हों।

4. **उत्प्रेषण लेख (Certiorari)** : उत्प्रेषण का लेख भी उच्चतम या उच्च न्यायालय द्वारा किसी अधीनस्थ न्यायालय के विरुद्ध जारी किया जाता है जो अपने क्षेत्राधिकार का उल्लंघन कर रहा हो। प्रतिषेध एवं उत्प्रेषण के लेख के बीच मुख्य अंतर यह है कि जहां प्रतिषेध का लेख उस समय जारी किया जाता है जब न्यायिक प्रक्रिया चल रही हो जबकि उत्प्रेषण का लेख उस समय जारी किया जाता है जब किसी मामले में निर्णय दिया जा चुका है।
5. **अधिकार पृच्छा लेख** : यह लेख न्यायालय द्वारा उस सार्वजनिक अधिकारी के विरुद्ध जारी किया जाता है जिसके बारे में यह संशय हो कि उसने कोई सार्वजनिक पद असंवैधानिक रूप से ग्रहण कर लिया है। और यदि न्यायालय इस निष्कर्ष पर पहुंचे कि उसका दावा पूर्णतया अवैधानिक है तो उसे अपदस्थ कर देता है। लेकिन संबंधित पद सार्वजनिक होना चाहिए और संविधान या विधि द्वारा सृजित हो।

इस प्रकार अनुच्छेद 32 के अधीन उपुर्यक्त कार्यवाई केवल तभी की जा सकती है जब संविधान के भाग-3 में वर्णित मौलिक अधिकारों का उल्लंघन होता है। संवैधानिक उपचार क्योंकि स्वयं एक मौलिक अधिकार है इसलिए न्यायालय इन अधिकारों के उल्लंघन के विरुद्ध संरक्षण प्राप्त करने के लिए दिए गए आवेदनों को ग्रहण करने से इंकार नहीं कर सकता। वास्तव में संवैधानिक उपचार का विशेष महत्त्व है। इसीलिए डॉ॰ अम्बेडकर ने इसे **संविधान का हृदय और आत्मा** कहा है।

संपत्ति के अधिकार की स्थिति

वर्तमान समय में भारतीय नागरिकों को जो छः मूल अधिकार प्राप्त हैं उसमें संपत्ति का अधिकार शामिल नहीं है। लेकिन 44वें संविधान संशोधन से पूर्व भारतीय नागरिकों को संपत्ति का अधिकार मूल अधिकार के रूप में प्राप्त था। अनुच्छेद 19 (1-F) तथा 31 में इसे स्थान दिया गया था जिसके तहत सभी नागरिकों को संपत्ति अर्जित करने, रखने तथा बेचने का अधिकार था तथा इस संपत्ति को लोकहित में केवल सरकार द्वारा अधिग्रहण किया जा सकता था। लेकिन इसके लिए समुचित मुआवजा देना अनिवार्य था। प्रथम (1951) तथा चतुर्थ (1955) संविधान संशोधन सहित अनुच्छेद 31 के अनुसार मुआवजे की धनराशि केवल व्यवस्थापिका निर्धारित करती थी तथा यह विषय न्यायालय में वाद योग्य नहीं था। लेकिन संविधान के 44वें संशोधन (1978) द्वारा संपत्ति के अधिकार को मौलिक अधिकार के रूप में समाप्त कर दिया गया। संशोधन के फलस्वरूप अनुच्छेद 19 (1) च और अनुच्छेद 31 को अपने सभी उपखंडों सहित रद्द कर दिया गया तथा साथ ही संविधान के भाग 12 में एक नया अध्याय 4 जोड़ा गया। जिसके अनुच्छेद 300 (A) में संपत्ति के अधिकार को रख एक विधिक अधिकार बना दिया गया। जिसके अनुसार किसी व्यक्ति को उसकी संपत्ति से विधि के प्राधिकार से ही वंछित किया जाएगा अन्यथा नहीं।

इस संशोधन का यह प्रभाव हुआ कि अब संपत्ति से संबंधित अधिकार में संशोधन करने के लिए अनुच्छेद 368 में वर्णित संविधान संशोधन की विधि को अपनाने की आवश्यकता नहीं होगी। संसद द्वारा साधारण नियम की तरह संपत्ति के लिए भी साधारण प्रक्रिया से नियम बनाए जा सकते हैं तथा इस अधिकार के संरक्षण के लिए केवल उच्चतम न्यायालय या उच्च न्यायालय में जाने की आवश्यकता नहीं है। क्योंकि संपत्ति का अधिकार अब एक कानूनी अधिकार है, संवैधानिक नहीं।

अतः वर्तमान में संपत्ति के अधिकार को कानूनी दर्जा प्रदान किया गया है। जिसका तात्पर्य यह है कि राज्य को व्यक्ति की संपत्ति लेने का अधिकार है। लेकिन ऐसा करने के लिए उसे किसी विधि का सहारा लेना होगा। कार्यपालिका के आदेश मात्र से किसी को भी उसकी संपत्ति से वंचित नहीं किया जाएगा। अपितु राज्य ऐसा केवल अपनी विधायिनी शक्ति के प्रयोग द्वारा ही कर सकता है।

संपत्ति अधिकार से संबंधित 24वां संविधान संशोधन

गोलकनाथ अभियोग : गोलक नाथ बनाम पंजाब सरकार के 1977 के मुकद्दमें से पूर्व संसद को मौलिक अधिकारों में संशोधन करने की शक्ति प्राप्त थी और न्यायालय किसी संशोधित कानून को अवैध घोषित नहीं कर सकते थे। 1951 के शंकरी प्रसाद बनाम भारत संघ राज्य तथा सज्जन सिंह के अभियोग (1965) में भी सर्वोच्च न्यायालय ने यह निर्णय दिया कि संसद मौलिक अधिकारों में संशोधन कर सकती है। लेकिन 17 फरवरी, 1967 को सर्वोच्च न्यायालय के द्वारा गोलक नाथ विवाद में जो निर्णय दिया गया उससे पूर्ववती स्थिति बदल गई। इस विवाद में न्यायालय ने अपने पुराने निर्णयों को अस्वीकार करते हुए कहा कि संसद मौलिक अधिकारों में कोई परिवर्तन नहीं कर सकती।

यह विवाद मुख्यतः **गोलकनाथ बनाम पंजाब सरकार** के नाम से जाना जाता है। 1966 में हैनरी गोलकनाथ के पुत्र, पुत्री व पोतियों ने उनकी मृत्यु के पश्चात सर्वोच्च न्यायालय में पंजाब सरकार और पंजाब के वित आयुक्त के विरुद्ध प्रार्थना-पत्र दिया क्योंकि पंजाब के वित आयुक्त ने अपने आदेश में यह कहा था कि प्रार्थियों के पास 418 एकड़ व 9-1/4 यूनिट भूमि फालतू है। वित आयुक्त ने यह आदेश Panjab Security of Land Tenure Act of 1953 की धाराओं के अनुसार जारी किया था। जबकि अपील कर्त्ताओं ने अपने प्रार्थना-पत्र में यह कहा कि एक्ट की जिन धाराओं के अंर्तगत उनकी भूमि को फालतू ठहराया गया है वे मौलिक अधिकारों के विरुद्ध है। सर्वोच्च न्यायालय ने 27 फरवरी, 1967 को गोलकनाथ मुकद्दमे में 6-5 के बहुमत से अपने पुराने निर्णयों को अस्वीकार करते हुए यह घोषित किया कि संसद को संविधान के मौलिक अधिकारों को संशोधित करने का अधिकार नहीं है। न्यायाधीशों ने अपने निर्णय में कहा की संविधान सर्वोच्च है और संविधान द्वारा निर्मित अन्य पदाधिकारों को संविधान के अनुसार ही चलना होगा। बहुमत न्यायधीशों द्वारा की गई संविधान की व्याख्या ने मौलिक अधिकारों को संसद की पहुंच से बाहर बना दिया।

गोलकनाथ निर्णय के फलस्वरूप भारतीय संविधान के अंर्तगत संसद की सर्वोच्चता और सर्वोच्च न्यायालय के न्यायिक पुनर्निरीक्षण की शक्ति के बीच गंभीर विवाद उत्पन्न हो गया। यह विवाद और अधिक गंभीर हो गया जब 10 फरवरी, 1970 को सर्वोच्च न्यायालय ने बैंकों के राष्ट्रीयकरण से संबंधित अध्यादेश के विरुद्ध निर्णय देते हुए निर्णय दिया कि संसद ऐसा कोई भी कानून नहीं बना सकती जिसके अनुसार गैर-सरकारी उपक्रमों को बिना मुआवजा दिए प्राप्त किया जा सके।

सर्वोच्च न्यायालय के इस निर्णय से जनता में हलचल हो गई और यह विचार जोर पकड़ने लगा कि सर्वोच्च न्यायालय प्रगतिशील, सामाजिक तथा आर्थिक नीतियों के काम में अवरोधक का काम कर रहा है। साथ ही न्यायपालिका के न्यायिक पुनर्निरक्षण और सक्रियता की भी कटु आलोचना होने लगी।

गोलकनाथ मुकद्दमे से उत्पन्न समस्या के समाधान के लिए संविधान में 24वें संशोधन द्वारा संसद को मौलिक अधिकारों में संशोधन करने का अधिकार दे दिया गया। इसके पश्चात संविधान में 25वां संशोधन द्वारा उन सब कठिनाइयों को दूर करने की कोशिश की गई, जो बैंकों के राष्ट्रीयकरण संबंधी आदेश और कानून को असंवैधानिक घोषित करने से उत्पन्न हो गई थी। सर्वोच्च न्यायालय ने भी 1973 में केशवानंद भारती केस में ऐतिहासिक निर्णय देते हुए, गोलकनाथ मुकद्दमे में दिए गए निर्णय को रद्द कर दिया और संसद के मौलिक अधिकारों में संशोधन करने के अधिकार को स्वीकार कर लिया। परंतु साथ में यह भी कहा गया कि संविधान का अनुच्छेद 368 संसद की संविधान के बुनियादी ढांचे को परिवर्तित करने का अधिकार नहीं देता।

मौलिक कर्त्तव्य

भारत के मूल संविधान में केवल मूल अधिकारों को ही शामिल किया गया था मौलिक कर्त्तव्य प्रारंभ में संविधान में उल्लेखित नहीं थे तथा ऐसी आशा की जाती थी कि भारत के नागरिक स्वतंत्र भारत में अपने कर्त्तव्यों की पूर्ति स्वेच्छा से करेंगे। किंतु 42वें संशोधन अधिनियम, 1976 द्वारा अनुच्छेद 51 (क), भाग चार में भार को मूल संविधान जोकि 26 जनवरी, 1950 को लागू था, जोड़ा गया। जिसमें दस मौलिक कर्त्तव्यों का उल्लेख किया गया।

मौलिक कर्त्तव्यों का संविधान में समावेश करने के लिए फरवरी 1976 को कांग्रेस पार्टी के अध्यक्ष श्री डी॰ के॰ बरुआ ने संविधान में संशोधन के लिए 9 सदस्यों की एक समिति नियुक्त की जिसके अध्यक्ष भूतपूर्व रक्षा मंत्री सरदार स्वर्ण सिंह थे। इस समिति ने संविधान में आठ मूल कर्त्तव्यों को समावेश करने की संस्तुति की जिसके आधार पर 42वें संविधान संशोधन अधिनियम, 1976 द्वारा संविधान में दस मूल कर्त्तव्य जोड़े गए। ये मूल कर्त्तव्य मुख्यतः पूर्व सोवियत संघ के संविधान से प्रेरित थे।

भारतीय संविधान में निहित 11 मौलिक कर्त्तव्यों का उल्लेख निम्नलिखित रूप से किया जा सकता है :

1. संविधान, राष्ट्रीय झंडे तथा राष्ट्रीय गीत का सम्मान
2. राष्ट्रीय स्वतंत्रता आंदोलन के उद्देश्यों को हृदय में संजोए रखना एवं पालन करना
3. भारतीय प्रभुसत्ता, एकता तथा अखंडता का समर्थन और रक्षा करना
4. देश की रक्षा करना
5. वैज्ञानिक दृष्टिकोण और ज्ञानार्जन की भावना का विकास करें
6. भारत के सभी नागरिकों में समरसत्ता और भ्रातृत्व की भावना का निर्माण करना
7. सामाजिक संस्कृति की गौरवशाली परम्परा का महत्त्व समझें और उसका परिरक्षण करें
8. प्राकृतिक पर्यावरण की रक्षा और उसका संवर्धन करें
9. व्यक्तिगत तथा सामूहिक यत्नों के द्वारा उच्च राष्ट्रीय लक्ष्यों की प्राप्ति के लिए सतत प्रयास करना
10. राष्ट्रीय संपत्ति की रक्षा करना
11. माता-पिता या संरक्षक द्वारा 6 से 14 वर्ष के बच्चों हेतु प्राथमिक शिक्षा प्रदान करना (86वाँ संशोधन)

नीति-निदेशक सिद्धांत

भारतीय संविधान की मूल कृति के भाग चार में अनुच्छेद 36 से 51 तक राज्य के नीति-निदेशक तत्वों का उल्लेख किया गया है। राज्य के नीति-निदेशक तत्व वह सिद्धांत हैं जो कार्यपालिका तथा व्यवस्थापिका को ऊँचे आदर्श प्राप्त करने के लिए दिए गए हैं। संविधान में कहा गया है कि ये देश का प्रशासन चलाने के लिए आधार है। वास्तव में संविधान निर्माताओं का यह विश्वास था कि मौलिक अधिकारों के द्वारा राजनीतिक लोकतंत्र की आधारशिला रखना तब ही लाभदायक होगा जब इसके साथ-साथ सामाजिक न्याय तथा आर्थिक लोकतंत्र की स्थापना की जाए। इसीलिए उन्होंने नीति निदेशक सिद्धांतों के रूप में कुछ ऐसे नियमों की रचना की है जिनको क्रियात्मक रूप देने से देश में एक शुद्ध कल्याणकारी राज्य भी स्थापित किया जा सकता है।

अतः कहा जा सकता है कि संविधान की प्रस्तावना में जिन आदर्शों एवं उद्देश्यों को स्थान दिया गया है उन्हें व्यवहारिक रूप प्रदान करने के लिए इन तत्वों का समावेश संविधान में किया है। डॉ॰ **राजेन्द्र प्रसाद** के अनुसार, "राज्य के नीति-निदेशक तत्वों का उद्देश्य जनता के कल्याण को प्रोत्साहित करने वाली सामाजिक व्यवस्था का निर्माण करना है।"

नीति-निदेशक सिद्धांतों का वर्गीकरण

भारतीय संविधान में निहित नीति-निदेशक सिद्धांत मुख्यतः आयरलैंड के संविधान से प्रेरित है। संविधान की धारा 36 से 51 तक की 16 धाराओं में इन सिद्धांतों का वर्णन किया गया है। संविधान में वर्णित इन सिद्धांतों को मुख्यतः चार भागों में विभाजित किया जा सकता है–

1. आर्थिक नीति व सिद्धांत

1. राज्य आय की असमानताओं को कम करने का प्रयास करेगा और न केवल व्यक्तियों के बीच बल्कि विभिन्न क्षेत्रों में रहने वाले और विभिन्न व्यवसायों में लगे हुए लोगों के समूह के बीच भी प्रतिष्ठा, सुविधाओं और अवसरों की असमानता समाप्त करने का प्रयास करेगा।
2. राज्य ऐसी नीति अपनाए, जिसमें प्रत्येक नागरिक को जीविका के साधन प्राप्त हो सकें।
3. राज्य समुदाय के भौतिक साधनों का स्वामित्व तथा नियंत्रण इस प्रकार करेगा जिनसे इसका सर्वसाधारण के लिए अहितकारी संकेंद्रण न हो।
4. समान कार्य के लिए सब स्त्री-पुरुषों को समान पारिश्रमिक मिले इसकी भी व्यवस्था की जाएगी।
5. राज्य को देखना चाहिए कि मजदूर स्त्रियों तथा बालकों की दुर्बल दशा का दुरुपयोग न हो तथा आर्थिक आवश्यकताओं से मजबूर होकर उनको ऐसी वृति न अपनानी पड़े जो उनकी आयु तथा शक्ति के अनुकूल न हो।
6. राज्य यह भी देखेगा कि देश की आर्थिक व्यवस्था इस प्रकार चले जिससे धन व उत्पादन साधनों का सर्वसाधारण के लिए अहितकर सकेंद्रण न हो।
7. राज्य ऐसी सामाजिक व्यवस्था की स्थापना करेगा जिसमें सामाजिक, आर्थिक एवं राजनीतिक न्याय हो।

8. सरकार को देखना चाहिए की समाज का एक वर्ग दूसरे वर्ग की लूट-खसोट न करे।
9. मजदूरों के लिए उचित तथा कार्य की ऐसी हालातों का निर्माण करना चाहिए, जिससे उनको आराम मिल सके तथा वे अपने जीवन को सांस्कृतिक रूप से ऊँचा बना सके।

2. सामाजिक सिद्धांत

1. 14 वर्ष तक की आयु के बालकों के लिए निःशुल्क अनिवार्य शिक्षा का प्रबंध करना।
2. समाज के दुर्बल वर्ग विशेषतया अनुसूचित जाति और जनजाति की शिक्षा व आर्थिक उन्नति का प्रबंध राज्य करेगा। साथ ही साथ यह भी देखना कि इनके साथ सामाजिक अन्याय तो नहीं हो रहा है।
3. राज्य द्वारा निःशुल्क कानूनी सहायता की व्यवस्था की जाएगी तथा अन्य इसी प्रकार की व्यवस्था करेगा जिससे आर्थिक व अन्य किसी आधार पर कोई नागरिक न्याय प्राप्ति से वंचित ना रह जाए।
4. वन्य जीवन और जंगलों की रक्षा का प्रबंध करना।
5. ऐतिहासिक महत्त्व व कलात्मक स्थानों, वस्तुओं तथा स्मारकों को राज्य नष्ट होने, स्थानांतरित किए जाने एवं बाहर भेजने आदि से रक्षा करेगा।
6. राज्य देश के सभी नागरिकों के लिए समान आचार संहिता बनाने का प्रयत्न करेगा (अनुच्छेद 44)

3. गाँधीवादी विचारधारा से संबंधित

शासन में सुधार तथा उसके स्तर को ऊँचा उठाने के लिए गाँधी द्वारा स्वतंत्र भारत के निर्माण के लिए जो विचार रखे थे उनका समावेश इन नीति-निदेशक सिद्धांतों में किया गया है। जो इस प्रकार हैं–

1. राज्य के द्वारा कुटीर उद्योगों का विकास व प्रोत्साहन
2. सरकार ग्राम पंचायतों का संगठन करेगी तथा उनको इतनी शक्तियाँ प्रदान करेगी की वे प्रबंधकीय ईकाईयों के रूप में सफलतापर्वूक कार्य कर सकें।
3. सरकार द्वारा मद्य या अन्य नशीले पदार्थों के दुरुपयोग पर रोक लगाना।
4. सरकार खेती-बाड़ी तथा पशु-पालन का संगठन वैज्ञानिक आधार पर करेगी। दूध वाले पशुओं को मारने पर प्रतिबंध लगाएगी तथा पशुओं की नस्ल को सुधारने का प्रयत्न करेगी।
5. राज्य निर्बल एवं पिछड़ी जातियों की प्रगति के लिए प्रयत्न करेगी।
6. कार्यपालिका का न्यायपालिका से पृथक्करण।
7. उद्योगों के प्रबंध में कर्मचारियों की भागीदारी।

4. अंतर्राष्ट्रीय शांति और सुरक्षा के सबंध में

1. राज्य अंतर्राष्ट्रीय शांति और सुरक्षा को बढ़ावा देगा।
2. विभिन्न राष्ट्रों के बीच न्याय और सम्मान पूर्ण संबंधों की स्थापना हो सके, राज्य इसके लिए प्रयत्नशील रहेगा।
3. राज्य अंतर्राष्ट्रीय संधियों तथा कानूनों का सम्मान करेगा।
4. अंतर्राष्ट्रीय विवादों को राज्य शांतिपूर्ण ढंग से निपटाने की प्रवृति को बढ़ावा देगा।

42वें संविधान संशोधन द्वारा जोड़े गए नीति-निदेशक तत्व

42 वें संविधान संशोधन (1976) द्वारा राज्य के नीति-निदेशक तत्वों में कुछ नये सिद्धांतों को जोड़ा गया है जिनका वर्णन निम्नलिखित रूप में किया जा सकता है–

1. इस संशोधन द्वारा यह व्यवस्था की गई कि राज्य द्वारा विशेष रूप से कुछ ऐसी नीतियों का निर्माण किया जाएगा जिनका उद्देश्य बच्चों तथा नवयुवकों को शोषण से बचाना तथा उनके स्वास्थ्य के लिए अच्छी व्यवस्थाएँ प्रदान करना है।
2. अनुच्छेद 39A के द्वारा यह व्यवस्था की गई कि राज्य द्वारा समान न्याय दिलाने तथा कानूनी सहायता उपलब्ध कराने की व्यवस्था की जाएगी।
3. एक अन्य अनुच्छेद 43-A का समावेश किया गया जिसके द्वारा यह व्यवस्था की गई है कि राज्य उद्योगों के प्रबंध में कर्मचारियों के भाग लेने की व्यवस्था है।
4. 42वें संविधान संशोधन द्वारा एक अन्य नया अनुच्छेद 48-A जोड़ा गया जिसके अनुसार वनों तथा अन्य जीवों की सुरक्षा की व्यवस्था है

नीति-निदेशक सिद्धांतों का महत्त्व

उपरोक्त आधार पर नीति-निदेशक सिद्धांतों की बड़ी तीव्र आलोचना की गई है फिर भी ये देश के शासन में एक आधारभूत महत्त्व रखते हैं कोई भी सरकार इनकी उपेक्षा नहीं कर सकती। न्यायमूर्ति हेगडे के अनुसार यदि हमारे संविधान में कोई भाग ऐसे हैं जिन पर सावधानी और गहराई से विचार करने की आवश्यकता है तो वे हैं भाग तीन और चार। उनमें हमारे संविधान का दर्शन निहित है।

नीति-निदेशक तत्वों के महत्त्व को दर्शाने के लिए निम्नलिखित तर्क दिए जाते हैं–

शासन के मूल्यांकन का आधार : इन सिद्धांतों का एक बहुत बड़ा लाभ यह भी है कि ये भारतीय जनता के पास सरकार की सफलताओं को आंकने की कसौटी है। मतदाता इन आदर्शों को सम्मुख रखकर अनुमान लगाते हैं कि शासन को चलाने वाली पार्टी ने अपनी शासन संबंधी नीति को बनाते समय किस सीमा तक इन सिद्धांतों को सम्मुख रखा है। लोग शासन को चलाने वाली पार्टी को, जो इन नियमों का पालन नहीं करती, वोट नहीं देते। इस प्रकार की शासक पार्टी मतदाताओं को उनसे संबंधित अपनी कार्यवाही से सूचित रखती है ताकि मतदाताओं का उस पर विश्वास बना रहे।

आर्थिक स्वतंत्रता के प्रवर्तक : वास्तव में ये सिद्धांत भारतीय संविधान की प्रस्तावना की व्याख्या करते हैं। जिसके अनुसार देश में सामाजिक, आर्थिक तथा राजनीतिक न्याय स्थापित करने का वचन दिया गया है। इस प्रकार से चाहे इन सिद्धांतों के पीछे कोई कानूनी शक्ति नहीं परंतु फिर भी ये बहुत महत्त्वपूर्ण हैं वर्तमान तथा आगामी कोई भी सरकार इनकी ओर से उदासीन नहीं हो सकती।

राज्य सरकारों के लिए प्रकाश स्तंभ के रूप में : निदेशक सिद्धांत केन्द्रीय तथा राज्य सरकारों का पथ-प्रदर्शन करते हैं। संविधान के अनुच्छेद 37 के अनुसार, "इन सिद्धांतों को शासन के मौलिक आदेश घोषित किया गया है। जिन्हें कानून बनाने तथा लागू करते समय ध्यान में रखना प्रत्येक सरकार का कर्त्तव्य माना गया है। चाहे कोई भी राजनीतिक दल मंत्रिमंडल बनाए, उसे अपनी आंतरिक तथा बाह्य नीति निश्चित करते समय इन

सिद्धांतों को अवश्य ध्यान में रखना पड़ेगा। इस तरह से सिद्धांत मानों सभी राजनीतिक दलों का संयुक्त चुनाव-घोषित पत्र है। अपने कानूनी तथा कार्यकारी कामों में ये सिद्धांत प्रत्येक दल के लिए मार्गदर्शक, दार्शनिक तथा मित्र का रोल निभाते हैं।" यदि सत्तारूढ़ दल निदेशक सिद्धांतों को लागू नहीं करता तो उसे चुनाव में जनता से वोटों की आशा नहीं करनी चाहिए।

नीति-निदेशक सिद्धांतों के पीछे जनमत की शक्ति होती है : राज्य की नीति के निदेशक सिद्धांत चाहे न्यायालयों द्वारा लागू नहीं कराए जा सकते तो भी इनका विशेष महत्त्व है। एक संसदीय प्रकार की सरकार सदा ही लोगों की आलोचना का निशाना बनी रहती है। यदि सरकार जान-बूझकर इनका अतिक्रमण अथवा अवहेलना करने का यत्न करेगी तो लोग आवश्यक रूप में इस बात का बुरा मानेंगे। जनता द्वारा चुने हुए प्रतिनिधि इन निदेशों पर चलने के लिए कोई उत्साह नहीं दिखाएंगे तो वे यह आशा भी नहीं रख सकते कि जनता उनको पुनः अपने प्रतिनिधि चुन ले। प्रत्येक प्रजातंत्रीय सरकार को जनमत के अनुसार चलना पड़ता है। इसलिए कोई भी सरकार आज के युग में जनमत का विरोध नहीं कर सकती। जब कोई शासक पार्टी इन सिद्धांतों से उदासीन होकर जनमत को अपना विरोधी बना लेती है तब वह अपने लिए खतरा मोल लेती है तथा उसके लिए अपना शासन बनाए रखना कठिन हो जाता है।

संविधान की व्याख्या करने में सहायक है : इन सिद्धांतों का महत्त्व इस बात में भी है कि ये भारतीय न्यायालयों के लिए पथ-प्रदर्शक का कार्य करते हैं। न्यायालयों ने बहुत सारे अभियोगों के निर्णय करते हुए इनको उचित महत्त्व दिया है जिससे यह अनुमान लगाया जा सकता है कि वे वास्तव में भारतीय शासन के मूल आधार हैं। उदाहरणस्वरूप, **बंबई सरकार बनाम एफ॰ एम॰ बालासार** के अभियोग में सर्वोच्च न्यायालय ने इन सिद्धांतों की धारा 17 पर विचार किया तथा इसी प्रकार **बिहार सरकार बनाम कामेश्वर सिंह** के अभियोग का निर्णय करते समय उच्चतम न्यायालय ने धारा 39 की व्याख्या की थी। इससे यह स्पष्ट हो जाता है कि निदेशक सिद्धांत बड़े लाभदायक सिद्ध हो जाते हैं।

कल्याणकारी राज्य के आदर्श : नीति-निदेशक सिद्धांतों द्वारा कल्याणकारी राज्य के आदर्श की घोषणा की गई है। कल्याणकारी राज्य की स्थापना के लिए जिन बातों की आवश्यकता होती है उन सभी को निदेशक सिद्धांतों में निहित किया गया है अनुच्छेद 38 में स्पष्ट कहा गया है, "राज्य लोगों के कल्याण के लिए ऐसी सामाजिक व्यवस्था का निर्माण करने और उसे सुरक्षित रखने का प्रयत्न करेगा, जिसके अंतर्गत राष्ट्रीय जीवन की सभी संस्थाओं में लोगों को सामाजिक, आर्थिक और राजनीतिक न्याय प्राप्त हो।"

नीति-निदेशक सिद्धांतों तथा मौलिक अधिकारों में अंतर

भारतीय संविधान के तीसरे भाग के अनुच्छेद 12 से 35 मौलिक अधिकारों की घोषणा की गई है। जिन का प्रयोग कर नागरिक अपने जीवन का विकास कर सकते हैं। संविधान के चौथे भाग के अनुच्छेद 30 से 51 तक में राज्य नीति के निदेशक सिद्धांतों की घोषणा की गई है जिनका उद्देश्य भारतीय लोगों का आर्थिक, सामाजिक, मानसिक तथा नैतिक विकास करना तथा देश में कल्याणकारी राज्य की स्थापना करना है हालांकि ऊपरी तौर पर दोनों के उद्देश्य समान दिखलाई पड़ते हैं जबकि इन दोनों में गहरा अंतर है। इनके बीच पाए जाने वाले अंतर का निम्नलिखित अध्ययन किया जा सकता है–

1. संविधान के तीसरे भाग में जो मौलिक अधिकार दिए गए हैं, उनका उद्देश्य भारत में राजनीतिक लोकतंत्र की स्थापना करना है। इसके विपरीत राज्यनीति के निदेशक सिद्धांतों का लक्ष्य आर्थिक लोकतंत्र की स्थापना करना है ताकि राजनीतिक लोकतंत्र को सफल बनाया जा सके।

2. मौलिक अधिकार निषेधात्मक है जबकि निदेशक सिद्धांत सकारात्मक है।

3. मौलिक अधिकार न्यायालयों द्वारा लागू किए जा सकते हैं, परंतु निदेशक सिद्धांतों के पीछे कोई कानूनी शक्ति नहीं। मौलिक अधिकार का उल्लंघन करने वाले को दंड दिया जाता है। परंतु यदि सरकार निर्देशक सिद्धांतों में दिए गए नियमों पर चलने में असफल रहे उसके विरुद्ध कोई कार्यवाही नहीं की जा सकती। मौलिक अधिकार आदेशात्मक है जबकि निदेशक सिद्धांत घोषणात्मक है।

केन्द्रीय कार्यपालिका

भारत में संसदीय शासन प्रणाली का अनुसरण किया गया है। जिसमें संघ कार्यपालिका के शीर्ष पर भारत का राष्ट्रपति है। संघ की समस्त कार्यपालिका शक्ति राष्ट्रपति में निहित होती है। संविधान की धारा 53 (1) में यह व्यवस्था की गई है कि संघ की कार्यपालिका शक्तियाँ राष्ट्रपति के हाथ में रहेंगी तथा वह इन शक्तियों का प्रयोग संविधान के अनुसार स्वयं अथवा अपने अधीन पदाधिकारियों द्वारा करेगा। इस प्रकार स्पष्ट है कि राष्ट्रपति कार्यपालिका के औपचारिक प्रधान के रूप में है। उनके पद को प्राप्त शक्तियों का प्रयोग मंत्रिपरिषद द्वारा किया जाता है जिसका अध्यक्ष प्रधानमंत्री होता है। संविधान की धारा 74 (A) में कहा गया है कि राष्ट्रपति को परामर्श देने के लिए एक मंत्रिमंडल के बनाए जाने की व्यवस्था की गई है जिसका मुखिया प्रधानमंत्री होगा। इसका कार्य देश का शासन चलाने के लिए राष्ट्रपति की सहायता तथा परामर्श देना होगा।

इस प्रकार संघीय कार्यपालिका की शक्तियाँ राष्ट्रपति पद में निहित होती हैं जिनका प्रयोग मंत्रिमंडल द्वारा किया जाता है। भारत के राष्ट्रपति की स्थिति इंग्लैंड की सम्राज्ञी के समान है जो संघ का मुखिया तो है पर मंत्रिमंडल के परामर्श के बिना कुछ कार्य नहीं कर सकता। फिर भी राष्ट्रपति राष्ट्र का प्रथम व्यक्ति है उनका पद गौरव, गरिमा और प्रतिष्ठा का है। उनका पद शासन की धुरी के रूप में कार्य करता है जो शासन व्यवस्था में संतुलन बनाये रखता है।

भारत का राष्ट्रपति

अनुच्छेद 52 के अनुसार **भारत का एक राष्ट्रपति होगा।** भारत के राष्ट्राध्यक्ष एवं सर्वोच्च पद राष्ट्रपति की नियुक्ति चुनाव के द्वारा होती है। संसद के दोनों सदन और राज्य विधान सभाओं के निर्वाचत सदस्यों द्वारा राष्ट्रपति का चुनाव किया जाता है यह चुनाव अप्रत्यक्ष रूप से आनुपातिक प्रतिनिधि प्रणाली की एकल संक्रमण मत पद्धति द्वारा गुप्त मतदान द्वारा होता है। इसका कार्यकाल पद ग्रहण करने से पांच वर्ष का होता है। प्राय कार्यकाल पूरा हो जाने के पूर्व ही अथवा छः माह के अंदर नए राष्ट्रपति का चुनाव संपन्न होना चाहिए। नए राष्ट्रपति के शपथ ग्रहण करने तक पुराना राष्ट्रपति ही कार्य करता है।

राष्ट्रपति पद की योग्यताएँ

संविधान के अनुच्छेद 58 में राष्ट्रपति पद के लिए निर्वाचित होने वाले

व्यक्ति के लिए निम्नलिखित योग्यताएँ निश्चित की गई हैं–

1. वह भारत का नागरिक होना चाहिए
2. वह 35 वर्ष की आयु पूरी कर चुका हो तथा
3. लोकसभा का सदस्य चुने जाने की योग्यता रखता हो।

इसके अतिरिक्त यदि कोई उम्मीदवार भारत सरकार, राज्य सरकार या किसी स्थानीय सरकार के अंतर्गत पदाधिकारीहो तो वह राष्ट्रपति के पद का उम्मीदवार नहीं हो सकता। लेकिन एम॰एल॰ए॰, एम॰पी॰ और राज्यपाल आदि उम्मीदवार हो सकते हैं। किंतु यदि वह राष्ट्रपति पद के लिए चुना जाता है तो उसे अपने पुराने पदों से त्यागपत्र देना पड़ता है। एक व्यक्ति कितनी बार राष्ट्रपति पद के लिए उम्मीदवार अथवा राष्ट्रपति हो सकता है इस विषय में संविधान मौन है।

निर्वाचन प्रणाली

राष्ट्रपति पद के उम्मीदवार होने के लिए निर्वाचकों में से कम-से-कम 50 उसके नामों का प्रस्ताव रखें तथा कम-से-कम 50 निर्वाचकों को उनके नाम का समर्थन करना आवश्यक है। राष्ट्रपति पद के लिए 15,000 रू जमानत राशि के रूप में निश्चित किये गए हैं। भारत के राष्ट्रपति का निर्वाचन अप्रत्यक्ष रूप से आनुपातिक प्रतिनिधित्व प्रणाली की एकल संक्रमण मत पद्धति द्वारा गुप्त मतदान द्वारा होता है। राष्ट्रपति का चुनाव सीधे जनता द्वारा न होकर एक **निर्वाचक मंडल** द्वारा किया जाता है। इस निर्वाचक मंडल में अनुच्छेद 54 के अनुसार संसद के दोनों सदनों (लोकसभा और राज्य सभा) के निर्वाचित सदस्य तथा राज्यों के विधान सभाओं के निर्वाचित सदस्य सम्मिलित होते हैं। इसमें राज्य की विधान परिषदें और केन्द्रशासित प्रदेशों की विधानसभाएँ शामिल नहीं होतीं। लेकिन 70वें संविधान संशोधन (1992) विधेयक द्वारा पांडिचेरी विधान सभा तथा दिल्ली की विधान सभा के निर्वाचित सदस्यों को आगामी राष्ट्रपति चुनावों में भाग लेने की अनुमति दे दी गई। अतः अब राष्ट्रपति के चुनावों में दिल्ली और पांडिचेरी की विधानसभा के सदस्य भी भाग लेते हैं।

एक अन्य संविधान संशोधन जोकि 1961 में (11वां संविधान संशोधन) स्पष्ट कर दिया गया कि राष्ट्रपति के चुनाव को इस आधार पर चुनौती नहीं दी जा सकती कि निर्वाचक मंडल में कोई स्थान रिक्त था। 1974 के राष्ट्रपति के चुनाव के समय गुजरात में राष्ट्रपति शासन लागू था। इस विषय में उच्चतम न्यायालय ने यह निर्णय दिया कि बिना एक विधानसभा के भी राष्ट्रपति का चुनाव कराया जा सकता है।

राष्ट्रपति का वेतन एवं भत्ता

राष्ट्रपति को अन्य भत्तों एवं सुविधाओं के अतिरिक्त 5,00,000 रुपये मासिक वेतन मिलता है। राष्ट्रपति को रहने के लिए बिना किराए का निवास-स्थान मिलता है। अवकाश ग्रहण के पश्चात पूर्व राष्ट्रपति को तीन लाख रुपये पेंशन दी जाती है तथा उन्हें निःशुल्क चिकित्सा उपलब्ध करायी जातीहै।

इसके साथ राष्ट्रपति को कुछ उन्मुक्तियाँ भी प्राप्त होती हैं। राष्ट्रपति अपने पद के अधिकारों तथा शक्तियों का प्रयोग करते हुए जो कार्य करता है उसके संबंध में उसके विरुद्ध किसी भी न्यायालय में मुकद्दमा नहीं चलाया जा सकता। और न ही उसकी गिरफ्तारी का वारंट जारी किया जा सकता है। यदि किसी व्यक्ति का उस पर कोई दावा हो तो दो महीने का नोटिस देने के बाद ही किसी प्रकार की कार्यवाही की जा सकती है।

राष्ट्रपति पर महाभियोग

राष्ट्रपति की कार्याविधि पांच वर्ष की निश्चित की गई है। लेकिन उसे संसद महाभियोग द्वारा अपदस्थ कर सकती है। संविधान के अनुच्छेद 61 के अनुसार राष्ट्रपति द्वारा संविधान का उल्लंघन किये जाने पर संविधान में दी गयी पद्धति के अनुसार उस पर महाभियोग लगाकर उसे अपदस्थ किया जा सकता है। उस पर अभियोग लगाने का अधिकार भारतीय संसद के प्रत्येक सदन को प्राप्त है। जिस सदन में महाभियोग का प्रस्ताव आना है, उस सदन में कम-से-कम एक-चौथाई (1/4) सदस्यों के उस महाभियोग विधेयक पर हस्ताक्षर होने आवश्यक हैं तथा उस सदन में इस विषय में विचार होने के कम-से-कम 14 दिन पूर्व राष्ट्रपति को इसकी सूचना देनी होगी। राष्ट्रपति को यह अधिकार प्राप्त है कि वह स्वयं या अपने प्रतिनिधि के रूप में किसी को सदन में भेजकर स्वयं को दोषहीन सिद्ध करने का प्रयत्न कर सकता है। यदि यह संकल्प उस सदन की कुल संख्या के कम-से-कम दो-तिहाई (2/3) बहुमत से पारित हो जाता है तो वह प्रस्ताव संसद के दूसरे सदन में भेज दिया जाता है। यदि वहां भी वह प्रस्ताव कुल सदस्य संख्या के दो-तिहाई बहुमत से पारित हो जाता है तो महाभियोग का प्रस्ताव पारित समझा जाता है और राष्ट्रपति को उसी दिन त्याग पत्र देना पड़ता है। महाभियोग के विरुद्ध किसी न्यायालय में अपील नहीं की जा सकती। ऐसी स्थिति में जब राष्ट्रपति पद खाली हो तो उपराष्ट्रपति, राष्ट्रपति का कार्यभार देखता है। लेकिन 6 माह के अंदर-अंदर नए राष्ट्रपति का चुनाव होना भी अनिवार्य है।

राष्ट्रपति की शक्तियाँ

राष्ट्रपति भारतीय संघ की कार्यपालिका का प्रधान होता है। अतः शासन की समस्त शक्तियों का समावेश राष्ट्रपति पद में निहित होता है लेकिन राष्ट्रपति इन शक्तियों और अधिकारों का प्रयोग स्वयं न करके, मंत्रिमंडल द्वारा किया जाता है जिसका नेतृत्व प्रधानमंत्री करता है। संविधान की धारा 74 (1) के द्वारा यह स्पष्ट है कि राष्ट्रपति को परामर्श देने के लिए एक मंत्रिमंडल बनाये जाने की व्यवस्था की गई है। जिसका मुखिया प्रधानमंत्री होगा, इसका कार्य देश का शासन चलाने के लिए राष्ट्रपति को सहायता तथा परामर्श देना होगा। अतः राष्ट्रपति को प्राप्त शासन संचालन की शक्ति व अधिकारों का प्रयोग मंत्रिमंडल द्वारा किया जाता है।

राष्ट्रपति को प्राप्त शक्तियाँ और अधिकारों का अध्ययन निम्नलिखित रूप से किया जा सकता है।

1. कार्यपालिका शक्तियाँ

संविधान की धारा 53 (1) के अनुसार संघीय सरकार की समस्त कार्यपालिका शक्तियाँ राष्ट्रपति को दी गई हैं तथा वह इन शक्तियों का प्रयोग स्वयं अधीनस्थ पदाधिकारियों द्वारा करता है। समस्त देश का शासन उसके नाम पर ही चलाया जाता है तथा सरकार के संपूर्ण महत्त्वपूर्ण निर्णय राष्ट्रपति के निर्णय ही समझे जाते हैं। उसकी कार्यपालिका शक्तियों के अधीन सब विषय आ जाते हैं, जिन पर भारतीय संसद को कानून बनाने का अधिकार प्राप्त है। राष्ट्रपति की कार्यपालिका शक्तियों का विस्तार इस प्रकार है–

(i) शासन का संचालन राष्ट्रपति के नाम पर : राष्ट्रपति भारतीय संघ की कार्यपालिका का मुखिया है तथा राज्य के सभी अधिकार उसके पास हैं। भारत का समस्त शासन उसी के नाम पर चलाया जाता है। देश का सर्वोच्च

शासक होने के नाते वह नियम तथा अधिनियम भी बनाता है। प्रशासन संबंधी कार्यों में सलाह और सहायता देने के लिए एक मंत्रिपरिषद् होती है जिसका नेता प्रधानमंत्री होता है। वह संघ के समस्त शासन के बारे में सूचना प्राप्त करने का अधिकार रखता है और प्रधानमंत्री से प्रशासन के संबंध में कोई भी सूचना मांग सकता है। राष्ट्रपति को देश के प्रशासन के संबंध में सूचना देता है। राष्ट्रपति किसी एक मंत्री द्वारा किये गए निर्णयों पर समूचे मंत्रिमंडल को विचार के लिए कह सकता है।

***(ii)* उच्च अधिकारियों को नियुक्ति करने की शक्ति :** देश की सभी महत्त्वपूर्ण नियुक्तियाँ राष्ट्रपति द्वारा की जाती हैं। महान्यायवादी, नियंत्रक एवं महालेखा परीक्षक, राज्यों के गवर्नर, सर्वोच्च न्यायालय तथा उच्च न्यायालयों के मुख्य न्यायधीश तथा अन्य न्यायाधीश, संघीय लोक सेवा आयोग, चुनाव आयोग, वित्त कमीशन के अध्यक्षों तथा अन्य सदस्यों, केन्द्र शासित प्रदेशों के मुख्य आयुक्त तथा उपराज्यपाल आदि की नियुक्ति राष्ट्रपति द्वारा की जाती है।

***(iii)* सैनिक शक्तियाँ :** राष्ट्रपति देश की जल, स्थल और वायु सेना का प्रधान सेनापति होता है। सेना के उच्च अधिकारियों की नियुक्ति भी राष्ट्रपति द्वारा ही की जाती है। वह राष्ट्रीय रक्षा समिति का अध्यक्ष है, राष्ट्रपति सेनाओं के संगठन और प्रयोग के बारे में आदेश दे सकता है। परंतु ये आदेश सैनिक सेवा के उच्च अधिकारियों की सलाह से ही दिए जाते हैं। युद्ध के समय उसके पास असीमित शक्तियाँ होती हैं वह युद्ध की घोषणा कर सकता है तथा संधि कर सकता है।

अमेरिकी राष्ट्रपति की सैनिक शक्तियाँ भारत के राष्ट्रपति की सैनिक शक्तियों से कहीं अधिक हैं। संविधान के अनुच्छेद 53 (1) के अनुसार भारत का राष्ट्रपति इन शक्तियों का प्रयोग कानून के अनुसार ही कर सकता है। परंतु अमरीकी राष्ट्रपति की सैनिक शक्तियों पर ऐसा प्रतिबंध नहीं है। वह संसद की स्वीकृति द्वारा दूसरे देशों से युद्ध तथा शांति की व्यवस्था की घोषणा करता है।

***(iv)* सूचना प्राप्त करने का अधिकार :** राष्ट्रपति संघ के समस्त विषयों पर सूचना प्राप्त करने का अधिकार रखता है तथा प्रधानमंत्री के प्रशासन के संबंध में कोई भी सूचना मांग सकता है। प्रधानमंत्री राष्ट्रपति को मंत्रिपरिषद तथा संसद के समस्त महत्त्वपूर्ण विषयों के बारे में सूचना देता रहता है। राष्ट्रपति किसी एक मंत्री द्वारा दिए निर्णयों को समूचे मंत्रिमंडल के विचारार्थ भेज सकता है।

***(v)* मंत्रिपरिषद के निर्माण का अधिकार :** राष्ट्रपति प्रधानमंत्री की नियुक्ति करता है तथा उसकी सलाह से अन्य मंत्रियों को नियुक्त करता है। वह मंत्रियों में विभागों का बंटवारा भी करता है। परंतु व्यवहारिक रूप में राष्ट्रपति प्रधानमंत्री को नियुक्त करते समय अपनी इच्छा का प्रयोग नहीं करता है। लोकसभा में जिस दल को बहुमत प्राप्त होता है, उस दल के नेता को राष्ट्रपति प्रधानमंत्री नियुक्त करता है। परंतु यदि किसी दल को लोकसभा में स्पष्ट बहुमत प्राप्त न हो तब राष्ट्रपति को अपनी इच्छा का प्रयोग करने का अवसर मिल जाता है। वह अपने स्वविवेक के द्वारा प्रधानमंत्री को नियुक्त करता है।

***(vi)* विदेशी संबंधों की शक्तियाँ :** विदेशी मामलों के संबंध में राष्ट्रपति को बहुत अधिक एवं महत्त्वपूर्ण अधिकार प्राप्त होते हैं। राष्ट्र का अध्यक्ष होने के नाते राष्ट्रपति अंतर्राष्ट्रीय क्षेत्र में देश का प्रतिनिधित्व करता है। दूसरे देशों में भेजे जाने वाले राजदूतों की नियुक्ति करता है और दूसरे देशों के राजदूतों का देश में स्वागत करता है। वह दूसरे देशों के साथ संधि समझौता करने के लिए पत्र-व्यवहार करता है और संधि समझौते करने में महत्त्वपूर्ण योगदान देता है। युद्ध और शांति की घोषणा भी राष्ट्रपति के द्वारा ही की जाती है।

***(vii)* केन्द्रीय प्रदेशों व राज्य सरकारों से संबंधित शक्तियाँ :** केन्द्र प्रशासित क्षेत्रों के प्रशासन पर राष्ट्रपति का नियंत्रण है। केन्द्रीय प्रदेशों का शासन राष्ट्रपति के नाम पर ही चलाया जाता है। वह केन्द्रीय क्षेत्रों का प्रशासन चलाने के लिए कुछ केन्द्रीय क्षेत्रों में उप-राज्यपालों को नियुक्त करता है और कुछ में मुख्य आयुक्त (Chief Commissioner) नियुक्त करता है। वह किसी पड़ोसी राज्य के राज्यपाल को संघीय क्षेत्र का प्रशासक नियुक्त कर सकता है। राष्ट्रपति अंडमान व निकोबार, लक्षद्वीप, मिनिकाय व अमीन दीव द्वीप समूह, दादरा व नगर हवेली, दमन व दीव के केन्द्रीय क्षेत्रों में शांति और अच्छे शासन के लिए कानून बना सकता है। इसी प्रकार राष्ट्रपति राज्यों में राज्यपालों की नियुक्ति करता है तथा उन्हें निर्देश दे सकता है।

***(viii)* राज्य सरकारों को निर्देश देने की शक्ति :** राष्ट्रपति को राज्यों के आपसी संबंधों के बारे में कुछ निर्देश जारी करने और उन पर नियंत्रण रखने तथा उनमें सहयोग उत्पन्न करने के भी कुछ अधिकार हैं। वह राज्य सरकार को संघीय कानून के उचित पालन के लिए आदेश दे सकता है। विभिन्न राज्यों के आपसी झगड़ों को निपटाने तथा उनकी नीतियों में तालमेल पैदा करने के लिए अंतर्राज्यीय परिषद स्थापित करने का भी अधिकार राष्ट्रपति के पास है। यदि कोई राज्य सरकार राष्ट्रपति द्वारा जारी किए गए आदेशों और निर्देशों का पालन नहीं करती तो वह अनुच्छेद 356 का प्रयोग करके उस राज्य के प्रशासन को अपने हाथ में ले सकता है।

2. विधायी शक्तियाँ

यद्यपि राष्ट्रपति संसद का सदस्य नहीं होता। फिर भी उसे संसद का अधिवेशन बुलाने, संसद को स्थगित करने आदि वैधानिक शक्तियाँ प्राप्त हैं। राष्ट्रपति के बिना संसद किसी भी कानून का निर्माण नहीं कर सकती। **कौल और शकधर** का कहना है, "किसी भी संघ की कार्यकारी शक्तियाँ संसद की विधायिनी शक्तियों के साथ सह विस्तृत है। संसद में राष्ट्रपति और संसद के दोनों सदन शामिल हैं। इस प्रकार एक ओर राष्ट्रपति कार्यपालिका का अध्यक्ष है तो दूसरी ओर वह संसद का संघटक अंग है।"

राष्ट्रपति की विधायी शक्तियों के अंतर्गत विभिन्न प्रकार की शक्तियों का वर्णन किया जा सकता है।

***(i)* संसद का अभिन्न अंग है :** यद्यपि राष्ट्रपति संसद का सदस्य नहीं होता किंतु वह उसका अभिन्न अंग होता है। भारतीय संविधान के अनुच्छेद 79 के अनुसार संसद का निर्माण राष्ट्रपति तथा संसद दोनों सदनों से मिलकर होता है। इस दृष्टि से राष्ट्रपति संसद का एक अनिवार्य अंग के रूप में भी कार्य करता है।

***(ii)* संसद में सदस्यों को मनोनीत करता है :** राष्ट्रपति राज्यसभा में ऐसे 12 व्यक्तियों को मनोनीत करता है। जिन्होंने कला, साहित्य, विज्ञान अथवा सामाजिक सेवा में विशेष प्रतिष्ठा प्राप्त की हो। व्यवहारिक रूप में राष्ट्रपति इन व्यक्तियों की नियुक्ति प्रधानमंत्री की सलाह के अनुसार करता है। इसके साथ-साथ राष्ट्रपति लोकसभा में एंग्लो-इंडियनों समूह के दो प्रतिनिधियों को भी नियुक्त करता है।

***(iii)* संसद के अधिवेशनों का उद्घाटन :** राष्ट्रपति प्रत्येक साधारण निर्वाचन के पश्चात संसद के दोनों सदनों के सम्मिलित अधिवेशन में तथा पुनः प्रत्येक वर्ष के प्रथम अधिवेशन में अपना भाषण देता है जिसमें वह सरकार की नीतियों पर प्रकाश डालता है तथा सरकार के वैधानिक कार्यक्रमों को प्रस्तुत करता है।

***(iv)* संसद का अधिवेशन बुलाना तथा सत्रावसान करना :** राष्ट्रपति संसद के दोनों सदनों के अधिवेशन बुलाने तथा उनको समाप्त करने की शक्ति रखता है। राष्ट्रपति को संसद के कम-से-कम एक वर्ष में दो अधिवेशन बुलाने पड़ते हैं क्योंकि संविधान के अनुसार संसद के प्रथम अधिवेशन की अंतिम तिथि तथा दूसरे अधिवेशन की पहली तिथि में 6 महीने से अधिक का अंतर नहीं होना चाहिए।

***(v)* अध्यादेश जारी करने की शक्ति :** यदि संसद का अधिवेशन न हो रहा हो और कानून बनाना अति आवश्यक हो तो राष्ट्रपति संविधान के अनुच्छेद 123 के अनुसार अध्यादेश जारी कर सकता है। यह अध्यादेश भी कानून के समान लागू होता है। परंतु संसद् का अधिवेशन आरंभ होते ही अध्यादेश को संसद के सम्मुख स्वीकृति के लिए रखना पड़ता है नहीं तो इस अधिवेशन के आरंभ होने से 6 सप्ताह पश्चात् वह अध्यादेश स्वयं ही रद्द हो जाता है। यदि संसद उक्त अध्यादेश को स्वीकार नहीं करती तो वह तुरंत समाप्त हो जाता है। राष्ट्रपति किसी भी अध्यादेश को कभी भी वापस ले सकता है। 38वें संशोधन में स्पष्ट कहा गया है कि अध्यादेश जारी करने संबंधी राष्ट्रपति की संतुष्टता को किसी न्यायालय में चुनौती नहीं दी जा सकती। परंतु 44वें संशोधन के अंर्तगत यह व्यवस्था की गई है कि राष्ट्रपति द्वारा लागू किये गए अध्यादेशों को न्यायालयों में चुनौती दी जा सकती है।

***(vi)* संसद द्वारा पास किये गए बिलों पर राष्ट्रपति की शक्ति :** संसद द्वारा बिलों के पास होने के पश्चात उस पर राष्ट्रपति की स्वीकृति आवश्यक है। संसद से पास होने के पश्चात सब कानून उसकी स्वीकृति के लिए रखे जाते हैं। यदि वह किसी बिल को स्वीकृति न दे, तो उस बिल को संसद के पास पुनः विचार के लिए भेज सकता है। यदि वह विधेयक संसद के दोनों सदनों द्वारा पास होकर पुनः राष्ट्रपति के पास चला जाए तो राष्ट्रपति को स्वीकृति देनी ही पड़ती है। इसी प्रकार कई प्रकार के विधेयक राष्ट्रपति की अनुमति के बिना संसद में पेश नहीं किये जा सकते। प्रान्तों की सीमाओं और क्षेत्रों का नाम बदलने वाले विधेयक और धन विधेयक तथा इसी प्रकार विधानमंडल में पेश होने वाले कई अन्य प्रकार के विधेयकों के लिए उसकी स्वीकृति आवश्यक है। व्यापार पर प्रतिबंध लगाने वाला विधेयक इसी प्रकार का विधेयक है।

***(vii)* लोकसभा को भंग करने की शक्ति :** राष्ट्रपति जब चाहे संसद के निम्न सदन लोकसभा को भंग कर सकता है। परंतु व्यवहारिक रूप में इस शक्ति का प्रयोग राष्ट्रपति प्रधानमंत्री की सलाह पर ही करता है। परंतु यदि राष्ट्रपति को विश्वास हो जाए कि लोकसभा को भंग करना राष्ट्र हित में नहीं हैं और कोई दूसरा नेता सरकार बनाने की स्थिति में हो तो राष्ट्रपति प्रधानमंत्री की सलाह को मानने से इंकार कर सकता है। 6 मार्च, 1991 को प्रधानमंत्री चन्द्रशेखर ने त्याग पत्र दे दिया और राष्ट्रपति को लोकसभा भंग करने का सुझाव दिया। राष्ट्रपति ने लोकसभा को तुरंत भंग न करके यह जानने का प्रयास किया कि कोई दूसरा नेता सरकार बनाने की स्थिति में है या नहीं और अंत में 13 मार्च, 1991 को नौवीं लोकसभा को भंग कर दिया।

3. वित्तीय शक्तियाँ

राष्ट्रपति को यह अधिकार है कि वह वित्तमंत्री द्वारा वार्षिक आय-व्यय का ब्यौरा अथवा बजट संसद के सम्मुख रखवाए। राष्ट्रपति की स्वीकृति के बिना कोई भी धन बिल संसद के समक्ष प्रस्तुत नहीं किया जा सकता तथा न ही कोई कर लगाने वाला बिल उसकी सिफारिश के बिना प्रस्तुत किया जा सकता है। राष्ट्रपति एक वित्त आयोग भी नियुक्त करता है जो आयकर से प्राप्त आय को राज्य सरकारों तथा केन्द्र में विभाजन की सिफारिश करता है। इसके साथ-साथ राष्ट्रपति को भारत की संचित निधि पर पूर्ण अधिकार होता है। उसको इस निधि से अचानक पड़ने वाले व्यय के लिए संसद की स्वीकृति से पहले धन देने का अधिकार है।

4. न्यायिक शक्तियाँ

राष्ट्रपति द्वारा कुछ न्यायिक कार्यों को भी सम्पन्न किया जाता है जिनका वर्णन निम्नलिखित रूप में किया जा सकता है।

***(i)* क्षमा करने की शक्ति :** अनुच्छेद 72 के अनुसार राष्ट्रपति न्यायालयों द्वारा दी गई सजा में तथा जिन व्यक्तियों को मृत्यु दंड दिया गया हो या किसी ऐसे कानून के विरुद्ध अपराध करने के लिए दंड दिया गया हो, जिसका संबंध ऐसे विषयों के साथ हो जोकि संघीय कार्यपालिका के अधिकार क्षेत्र में आता हो, क्षमादान दे सकता है, उसके दंड को स्थगित कर सकता है तथा दंड में कमी कर सकता है।

***(ii)* न्यायधीशों की नियुक्ति :** राष्ट्रपति सर्वोच्च न्यायालय तथा उच्च न्यायालयों के मुख्य न्यायधीशों एवं अन्य न्यायधीशों की नियुक्तियाँ करता है।

***(iii)* सलाह प्राप्त करना :** राष्ट्रपति किसी भी विषय में सर्वोच्च न्यायालय की सलाह ले सकता है। सर्वोच्च न्यायालय को ऐसे विषयों पर सलाह देनी पड़ती है परंतु राष्ट्रपति के लिए परामर्श मानना आवश्यक नहीं है। राष्ट्रपति ने अपनी इस शक्ति का प्रयोग अब तक दस बार किया है। अक्टूबर 2002 में राष्ट्रपति ए. पी. जे. अब्दुल कलाम ने गुजरात के विभिन्न मुद्दों पर सर्वोच्च न्यायालय से सलाह मांगी।

***(iv)* सदस्यों की अयोग्यता संबंधी शक्ति :** 42वें संशोधन द्वारा यह व्यवस्था भी की गई है कि संसद द्वारा बनाए गए किसी कानून के अधीन किसी भी व्यक्ति को चुनावों में भ्रष्टाचारी साधन अपनाने के कारण दोषी पाया गया हो तथा उस व्यक्ति को संसद या राज्य विधानमंडल के किसी सदन का चुनाव लड़ने के लिए अथवा सदस्य रहने के लिए अयोग्य घोषित किये जाने का प्रश्न हो या जितने समय के लिए उसको अयोग्य घोषित किया जाना हो या अयोग्यता के समय को समाप्त करने या कम करने का प्रश्न हो तो ऐसा प्रश्न निर्णय के लिए राष्ट्रपति को सौंपा जाएगा तथा इस संबंध में राष्ट्रपति का निर्णय अंतिम होगा।

5. राष्ट्रपति की संकटकालीन शक्तियाँ

शांतिकालीन शक्तियों के अतिरिक्त राष्ट्रपति को आकस्मिक संकट के लिए कुछ आपातकालीन शक्तियाँ भी प्रदान की गई हैं, ये शक्तियाँ न केवल विस्तृत हैं बल्कि एक लोकतंत्रीय राज्य प्रणाली में बहुत असाधारण भी हैं। राष्ट्रपति को प्राप्त संकटकालीन शक्तियों का वर्णन निम्नलिखित रूप से किया जा सकता है।

1. युद्ध, विदेशी आक्रमण तथा सशस्त्र विद्रोह से उत्पन्न संकट की स्थिति में आपातकाल की घोषणा (अनुच्छेद 352) : संविधान की धारा 352

के अनुसार यदि राष्ट्रपति को विश्वास हो जाए कि युद्ध, बाह्य आक्रमण या शस्त्र विद्रोह के कारण या उनकी संभावना के कारण भारत अथवा उसके राज्य क्षेत्र के किसी भी भाग की सुरक्षा खतरे में है तो वह राष्ट्रीय संकट की घोषणा कर सकता है। 44वें संशोधन अधिनियम द्वारा अनुच्छेद 352 में संशोधन करके आंतरिक अशांति के स्थान पर शस्त्र विद्रोह की अवस्था में आपातकाल की घोषणा की जा सकने की व्यवस्था की गई है। संकट की परिस्थितियाँ हैं या नहीं इसका निर्णय राष्ट्रपति ही करता है।

2. **राज्य में संवैधानिकतंत्र विफल होने से उत्पन्न हुआ संकट (अनुच्छेद 356) :** यदि राष्ट्रपति को गर्वनर की रिपोर्ट पर अथवा अन्य किसी स्रोत के आधार पर विश्वास हो जाए कि राज्य का शासन संविधान की धाराओं के अनुसार नहीं चलाया जा सकता तो वह इस आशय की आपातकालीन घोषणा कर सकता है। संसद की स्वीकृति के बिना यह घोषणा दो महीने तक लागू रह सकती है। संसद की स्वीकृति मिलने पर यह घोषणा 6 महीने तक लागू रह सकती है और इस प्रकार की घोषणा 44वें संशोधन के अनुसार साधारणतया एक वर्ष तक लागू रह सकती है यदि राष्ट्रीय आपातकालीन घोषणा समस्त देश में लागू हो और चुनाव आयोग यह प्रमाण-पत्र दे कि विधानसभा का चुनाव करवाना कठिन है।
3. **वित्तीय संकट (अनुच्छेद 360) :** यदि राष्ट्रपति को विश्वास हो जाए कि भारत या उसके किसी राज्य क्षेत्र के किसी भाग का वित्तीय स्थायित्व संकट में है तो वह वित्तीय आपातकाल की घोषणा कर सकता है। इस प्रकार की घोषणा संसद की स्वीकृति के बिना केवल दो महीने तक लागू रहती है और संसद की स्वीकृति के पश्चात तब तक जारी रहेगी जब तक की राष्ट्रपति दूसरी घोषणा से इसे समाप्त न कर दें।

मंत्रिपरिषद

भारत में संसदीय व्यवस्था को अपनाया गया है जिसमें राष्ट्रपति नाममात्र का कार्यपालिका है तथा प्रधानमंत्री तथा उसकी मंत्रिपरिषद वास्तविक कार्यपालिका हैं। संविधान के अनुसार राष्ट्रपति को सलाह देने के लिए एक मंत्रिपरिषद होनी चाहिए। सवैधानिक रूप से मंत्रिमंडल का कार्य परामर्श देना होता है अपितु वास्तव में शासन की समस्त शक्ति मंत्रियों के हाथों में होती है। राष्ट्रपति की शासन संबंधी सब शक्तियों व अधिकारों का प्रयोग मंत्रिपरिषद द्वारा ही किया जाता है। इस मंत्रिपरिषद का अध्यक्ष प्रधानमंत्री होता है जोकि सरकार का मुखिया होता है जबकि राष्ट्रपति केवल राज्य प्रमुख है।

मंत्रिपरिषद का गठन

संविधान की धारा 75 (1) के अनुसार प्रधानमंत्री की नियुक्ति राष्ट्रपति करेगा और फिर प्रधानमंत्री की सिफारिश पर वह अन्य मंत्रियों को नियुक्त करेगा। राष्ट्रपति लोकसभा में बहुमत प्राप्त दल के नेता को बुलाकर उसे प्रधानमंत्री नियुक्त करता है। इस संबंध में राष्ट्रपति की शक्तियाँ सीमित हैं तथा वह अपनी इच्छा से किसी भी व्यक्ति को प्रधानमंत्री नियुक्त नहीं कर सकता। लेकिने कुछ परिस्थितियों में वह अपने विवेक से कार्य कर सकता है। जैसे कि यदि किसी भी दल को स्पष्ट बहुमत प्राप्त नहीं हो पाता तो राष्ट्रपति अपने विवेक उपयोग कर सकता है। प्रधानमंत्री की नियुक्ति के पश्चात प्रधानमंत्री अपनी मंत्रिपरिषद में नियुक्त किये जाने वाले सदस्यों की सूची राष्ट्रपति को सौंपता है। जिसमें प्रत्येक मंत्री को अपने पद धारण करने से पूर्व राष्ट्रपति के सामने अपने पद और गोपनीयता की शपथ लेनी पड़ती है। प्रधानमंत्री न केवल अपने मंत्रियों की नियुक्ति करता है वरन् उनमें कार्य-विभाजन भी करता है। नियुक्त किए गए मंत्रियों को संसद के किसी सदन का सदस्य होना अनिवार्य है। यदि कोई ऐसा व्यक्ति मंत्री नियुक्त हो गया हो जो सदन का सदस्य नहीं है तो उसे 6 महीने के अंदर-अंदर संसद का सदस्य बनना होगा। अन्यथा वह मंत्री नहीं रहेगा। प्रायः प्रधानमंत्री द्वारा प्रतिभा संपन्न योग्य व्यक्तियों को मंत्री बनाया जाता है तथा उन्हें वो विभाग सौंपे जाते हैं जिसमें उन्हें दक्षता प्राप्त होती है।

91वाँ संविधान संशोधन अधिनियम द्वारा केन्द्र तथा राज्य में मंत्रिपरिषद् के सदस्यों की कुल संख्या क्रमशः लोकसभा तथा विधानसभा की सदस्य संख्या का 15% निर्धारित कर दी गयी है।

प्रधानमंत्री

ब्रिटिश शासन प्रणाली के मॉडल से प्रभावित होकर भारत में भी संसदीय प्रणाली की व्यवस्था की गई है। प्रधानमंत्री और मंत्रिपरिषद को वास्तविक कार्यपालिका बनाया गया है। संविधान की धारा 74 में स्पष्ट किया गया है कि एक मंत्रिपरिषद होगी, जिसका मुखिया प्रधानमंत्री होगा। इसका कार्य राष्ट्रपति को देश का शासन चलाने में सहायता तथा परामर्श देना होगा। मंत्रिपरिषद में शामिल मंत्रियों को चुनने का अधिकार प्रधानमंत्री को ही दिया गया है। उपयुक्त में मंत्रिपरिषद महत्त्वपूर्ण है, लेकिन उनमें भी महत्त्वपूर्ण है प्रधानमंत्री। लार्ड मार्ले ने प्रधानमंत्री को ''समान व्यक्तियों में प्रथम'' कहा है। जबकि लास्की ने अपनी पुस्तक **पार्लियामेंटरी गवर्नमेंट इन इंग्लैंड** में लिखा है कि ''मंत्रिपरिषद के निर्माण का वह केन्द्र बिंदु है मंत्रिपरिषद के जीवन का वह केन्द्र बिंदु है और मंत्रिपरिषद की मृत्यु का केन्द्र बिंदु है''

प्रधानमंत्री की नियुक्ति

भारतीय संविधान के अनुच्छेद 75 में कहा गया है कि प्रधानमंत्री की नियुक्ति राष्ट्रपति द्वारा होगी और वह प्रधानमंत्री की सलाह से अन्य मंत्रियों की नियुक्ति करेगा। परंतु इसका अर्थ यह नहीं है कि राष्ट्रपति अपनी इच्छानुसार किसी भी व्यक्ति को प्रधानमंत्री नियुक्त कर सकता। वह केवल उसी व्यक्ति को प्रधानमंत्री नियुक्त कर सकता है, जो लोकसभा में बहुमत पार्टी का नेता चुना गया हो। लेकिन कुछ परिस्थितियों में राष्ट्रपति अपने विवेक, बुद्धि तथा ऊँची सूझबुझ से काम लेते हुए अपनी इच्छानुसार किसी भी दल के नेता को, जिसे वह स्थायी सरकार बनाने योग्य समझता हो, मंत्रिमंडल बनाने के लिए निमंत्रण दे सकता है। ऐसी ही कुछ स्थितियाँ इस प्रकार हैं–

1. जब लोकसभा में दो दलों को समान प्रतिनिधित्व प्राप्त हो,
2. जब लोकसभा में किसी भी राजनीतिक पार्टी को स्पष्ट बहुमत प्राप्त न हो,
3. कुछ दल मिलकर संयुक्त सरकार का निर्माण कर सकें। आदि

प्रधानमंत्री की शक्तियाँ व अधिकार

भारतीय प्रधानमंत्री को निम्नलिखित शक्तियाँ एवं अधिकार प्राप्त हैं–

1. मंत्रिपरिषद का निर्माण
2. विभागों का वितरण

3. मंत्रियों की पदच्युति
4. मंत्रिमंडल का सभापति
5. संसद का नेता
6. मंत्रिमंडल का नेता
7. लोकसभा को भंग करना
8. दल का अध्यक्ष या नेता

संसद

भारत में संसदीय प्रणाली का अनुसरण किया है जोकि बहुत कुछ ब्रिटेन की शासन प्रणाली के नमूने पर आधारित है। ब्रिटेन की भांति भारत में भी संघीय कार्यपालिका को पार्लियामेंट अथवा संसद के नाम से जाना जाता है जोकि समस्त देश के शासन संचालन हेतु कानूनों का निर्माण करती है। भारतीय संसद का निर्माण मुख्यतः राष्ट्रपति और दो सदनों लोकसभा और राज्यसभा से मिलकर होता है। हालांकि राष्ट्रपति किसी सदन का सदस्य नहीं होता, फिर भी वह भारतीय संसद का एक आवश्यक अंग है। लोकसभा को निम्न सदन भी कहा जाता है जोकि जनता का प्रतिनिधित्व करता है जबकि राज्यसभा उपरी सदन होता है जोकि देश के राज्यों की प्रतिनिधि संस्था है।

यहां पर संसद के दोनों सदनों के गठन, उनके कार्यों व शक्तियों का वर्णन किया जा सकता है। हालांकि राष्ट्रपति भी संसद का एक अनिवार्य अंग है, जिसका विस्तृत वर्णन पूर्व अध्यायों में किया गया है।

लोकसभा

लोकसभा भारतीय संसद का निम्न सदन कहलाता है, जिसमें जनता का प्रतिनिधित्व होता है। इसके सदस्य जनता द्वारा प्रत्यक्ष रूप से गुप्त मतदान द्वारा चुने जाते हैं। ब्रिटेन में इसे लार्डसभा और अमेरिका में सीनेट को निम्न सदन के रूप में जाना जाता है। भारतीय मूल संविधान में इसके सदस्यों की संख्या 500 निश्चित की गई थी लेकिन समय-समय पर संशोधन के द्वारा इसमें संख्या परिवर्तन होता रहा है। हालांकि 31वें संविधान संशोधन के द्वारा लोकसभा के सदस्यों की संख्या 545 की गई, परंतु 1987 के गोवा, दमन और दीव पुनर्गठन अधिनियम द्वारा यह निश्चित किया गया कि लोकसभा की अधिकतम संख्या 552 हो सकती है जिसमें राज्यों के 530 सदस्य तथा संघ राज्य क्षेत्रों से 20 सदस्य तथा दो सदस्य राष्ट्रपति द्वारा एंग्लो-इंडियन समुदाय से मनोनीत किए जा सकते हैं। लेकिन संविधान के 126वाँ संशोधन के अनुसार अब संसद और विधानसभाओं में एंग्लो इंडियन समुदाय के सदस्य नामित नहीं होंगे। इसके साथ-साथ इसमें अनुसूचित जातियों एवं जनजातियों के लिए कुछ सीटों का आरक्षण भी किया गया है।

चुनाव : लोकसभा के सदस्यों का चुनाव जनता द्वारा प्रत्यक्ष तौर पर किया जाता है। भारत का प्रत्येक नागरिक जिसकी आयु 18 वर्ष की है, वोट देने का अधिकारी है। चुनाव के लिए समस्त देश को उतने ही चुनाव क्षेत्रों में बांट दिया जाता है, जितने सदस्य चुनने होते हैं। लोकसभा के स्थान विभिन्न राज्यों में जनसंख्या के आधार पर बांटे जाते हैं फिर भी राज्यों के प्रतिनिधि तथा राज्य की जनसंख्या में एकरूपता के लिए यह व्यवस्था की गई है कि राज्यसभा में प्रतिनिधियों तथा राज्य की जनसंख्या में, जहां तक हो सके, सब राज्यों में एक ही अनुपात रहे।

कार्यकाल : मूल रूप से लोकसभा का कार्यकाल 5 वर्ष था, लेकिन 42वें संविधान संशोधन द्वारा लोकसभा का कार्यकाल 6 वर्ष कर दिया गया था, लेकिन 44वें संशोधन के द्वारा लोकसभा का कार्यकाल पुन पांच वर्ष कर दिया गया, अतः अब लोकसभा का कार्यकाल पांच वर्ष का है। जिसे आपातकाल में संसद स्वयं विधि द्वारा इसके कार्यकाल में एक बार में एक वर्ष तक की वृद्धि कर सकती है। 1976 में लोकसभा का कार्यकाल दो बार एक-एक वर्ष के लिए बढ़ाया गया था। प्रधानमंत्री की सलाह पर राष्ट्रपति लोकसभा को पांच वर्ष से पूर्व भी भंग कर सकता है।

लोकसभा का अधिवेशन राष्ट्रपति द्वारा ही बुलाया तथा स्थगित किया जाता है। इस संबंध में यह नियम है कि लोकसभा की दो बैठकों में 6 माह से अधिक का अंतर नहीं होना चाहिए। इसके अतिरिक्त राष्ट्रपति अनुच्छेद 108 के तहत संयुक्त अधिवेशन भी बुला सकता है। लोकसभा तथा राज्यसभा दोनों की गणपूर्ति कुल संख्या का दसवां भाग है।

सदस्यों की योग्यताएँ : लोकसभा के सदस्य बनने के लिए निम्नलिखित योग्यताएँ होनी जरूरी हैं–

1. वह भारत का नागरिक हो।
2. वह 25 वर्ष की आयु पूरी कर चुका हो।

सदस्यों के लिए अयोग्यताएँ :

1. यदि वह सरकार के अधीन किसी लाभ के पद पर आसीन हो।
2. यदि वह पागल है।
3. यदि वह दिवालिया हो।
4. भारत का नागरिक नहीं हो।
5. संसद की किसी विधि के द्वारा अयोग्य हो।

लोकसभा की शक्तियाँ एवं कार्य

लोकसभा लोकप्रिय सदन है क्योंकि इसके सदस्यों का चुनाव जनता द्वारा प्रत्यक्ष निर्वाचन के आधार पर किया जाता है। लोकसभा के चुनाव में बहुमत प्राप्त दल द्वारा ही सरकार बनाई जाती है, जिसका नेतृत्व प्रधानमंत्री करता है। इस दृष्टि से लोकसभा संसद की सबसे महत्त्वपूर्ण इकाई है। प्रायः लोकसभा द्वारा जिन शक्तियों व कार्यों का प्रयोग किया जाता है, वही संसद की शक्तियाँ एवं कार्यों के रूप में जानी जाती हैं। लोकसभा को प्राप्त शक्तियों और कार्यों का वर्णन निम्न रूपों में किया जाता है–

1. **विधायी शक्तियाँ :** लोकसभा संसद का महत्त्वपूर्ण अंग है। संसद को प्राप्त विधायी शक्तियों का प्रयोग व्यवहार में इसके लोकसभा के द्वारा ही किया जाता है। लोकसभा की इच्छा के विरुद्ध कोई कानून पास नहीं किया जा सकता। लोकसभा संघीय सूची और समवर्ती सूची में दिए गए विषयों पर राज्यसभा के साथ मिलकर कानून बनाती है। यदि किसी राज्य में संवैधानिक व्यवस्था फेल हो जाए तो उस राज्य के लिए कानून लोकसभा में प्रस्तुत किए जा सकते हैं। हालांकि साधारण विधेयक संसद के किसी भी सदन में पेश किया जा सकता है, परंतु महत्त्वपूर्ण विधेयक लोकसभा में ही प्रस्तुत किये जा सकते हैं। लोकसभा की स्वीकृति के पश्चात् विधेयकों को राज्यसभा में भेजा जाता है। राज्यसभा की स्वीकृति के पश्चात् उन्हें राष्ट्रपति की स्वीकृति के लिए भेजा जाता है। यदि राज्यसभा विधेयक को पास न करे या फिर छः मास तक उस पर कोई कार्यवाही न करे तो राष्ट्रपति संसद के दोनों सदनों का सम्मिलित अधिवेशन बुलाता है, जिसमें लोकसभा का अध्यक्ष सभापतित्व करता है। ऐसे अधिवेशन में लोकसभा की ही विजय होती है, क्योंकि उसके सदस्यों की संख्या राज्यसभा के सदस्यों की संख्या से

दुगनी होती है। अतः इस प्रकार की बैठक में विधेयक के भाग्य का निर्णय लोकसभा की इच्छानुसार ही होता है।

2. संविधान संशोधन शक्ति : संविधान के अनुच्छेद 368 के अनुसार लोकसभा संविधान में संशोधन करने के लिए प्रस्ताव पास कर सकती है, लेकिन संविधान में तब तक संशोधन नहीं हो सकता, जब तक राज्यसभा निश्चित बहुमत से उस प्रस्ताव को पास न कर दे। लोकसभा राज्यसभा से मिलकर ही संविधान में संशोधन कर सकती है। संविधान संशोधन के संबंध में लोकसभा और राज्यसभा की शक्तियाँ समान हैं, परंतु संविधान में यह स्पष्ट नहीं है कि यदि दोनों सदनों में किसी विधेयक पर गतिरोध उत्पन्न हो जाए तो उसे कैसे दूर किया जाए। सर्वोच्च न्यायालय ने शंकरी प्रसाद बनाम संघीय सरकार के मुकद्दमे में यह निर्णय दिया कि "सवैधानिक संशोधन विधि" भी एक वैधानिक विधि है। सर्वोच्च न्यायालय के इस निर्णय के अनुसार सवैधानिक संशोधन पर गतिरोध उत्पन्न होने पर दोनों सदनों का संयुक्त अधिवेशन बुलाया जा सकता है।

जहां तक संविधान संशोधनों के विरुद्ध सर्वोच्च न्यायालय में अपील करने का प्रश्न है तो 42वें संशोधन के अनुसार अनुच्छेद 368 के अंतर्गत संविधान के तीसरे भाग सहित संविधान में किए गए किसी संशोधन को न्यायालय में किसी भी आधार पर चुनौती नहीं दी जा सकती थी। परंतु सर्वोच्च न्यायालय ने 9 मई, 1980 को एक महत्त्वपूर्ण निर्णय में 42वें संशोधन की इस धारा को रद्द कर दिया।

3. न्यायिक शक्तियाँ : लोकसभा को कुछ न्यायिक शक्तियाँ भी प्राप्त होती हैं। राष्ट्रपति के विरुद्ध महाभियोग में संसद के दानों सदनों में से एक आरोप लगाता है तथा दूसरा सदन जांच करके दो-तिहाई बहुमत से निर्णय देता है। यदि दोनों सदन महाभियोग का प्रस्ताव पास कर दें तो राष्ट्रपति को त्याग-पत्र देना पड़ता है। उप-राष्ट्रपति के विरुद्ध आरोप लगाने का अधिकार केवल राज्यसभा को है, परंतु उसमें निर्णय देने का अधिकार लोकसभा को है। लोकसभा राज्यसभा के साथ मिलकर सर्वोच्च न्यायालय तथा उच्च न्यायालयों के न्यायाधीशों को महाभियोग द्वारा हटा सकती है। लोकसभा राज्यसभा के साथ मिलकर मुख्य चुनाव आयुक्त, महान्यायवादी तथा नियंत्रक एवं महालेखा परीक्षक के विरुद्ध दोषारोपण के प्रस्ताव पास कर सकती है। ऐसा प्रस्ताव पास होने पर राष्ट्रपति संबंधित अधिकारी को हटा सकता है। इसके साथ-साथ लोकसभा उस व्यक्ति अथवा संस्था को भी दंड दे सकती है जो इसके विशेषाधिकार का उल्लंघन करते हैं।

4. निर्वाचक मंडल के रूप में कार्य : लोकसभा द्वारा निर्वाचक मंडल के रूप में कुछ कार्यों का भी निर्वाह किया जाता है। लोकसभा के अध्यक्ष तथा उपाध्यक्ष का चुनाव लोकसभा के द्वारा किया जाता है। इसके अतिरिक्त संविधान के अनुच्छेद 54 के अनुसार वह राज्यसभा के सदस्यों तथा राज्य विधानसभाओं के सदस्यों के साथ मिलकर राष्ट्रपति का निर्वाचन करते हैं। उपराष्ट्रपति के निर्वाचन में भी लोकसभा की महत्त्वपूर्ण भूमिका होती है।

5. वित्तीय शक्ति : संविधान के अनुसार लोकसभा का वित्त पर पूरा नियंत्रण प्राप्त होता है। अनुच्छेद 109 के अनुसार वित्त विधेयक लोकसभा में ही प्रस्तुत किये जा सकते हैं, वहीं उसी के द्वारा वार्षिक बजट पास किया जाता है तथा सब प्रकार के खर्चों की स्वीकृति भी वही प्रदान करती है। बजट तथा वित्तीय विधेयकों को केवल लोकसभा में ही प्रस्तुत किया जा सकता है। लोकसभा में पास होने के पश्चात् ऐसे विधयेक राज्यसभा में भेजे जाते हैं। इस संबंध में राज्यसभा को बहुत अधिक शक्तियां प्राप्त नहीं हैं। राज्यसभा को 14 दिन के अंदर ऐसे विधेयकों को अपनी सिफारिशों सहित वापस करना पड़ता है। यदि राज्यसभा इनको 14 दिन के अंदर वापस न करे या किन्हीं ऐसी सिफारिशों के साथ वापस करे जो लोकसभा को स्वीकार न हो तो लोकसभा उन विधेयकों को उसी रूप में, जिसमें उसने पहले पास किया था, राष्ट्रपति को स्वीकृति के लिए भेज देती है। राष्ट्रपति की स्वीकृति मिलने पर यह विधेयक दोनों सदनों में पास किया हुआ समझा जाता है।

6. कार्यपालिका पर नियंत्रण की शक्ति : संसदीय शासन प्रणाली के अधीन मंत्रिपरिषद लोकसभा के सामने उत्तरदायी होती है। लोकसभा के सदस्य मंत्रियों तथा उनके कार्यों के संबंध में प्रश्न पूछ सकते हैं तथा संबंधित मंत्री को उनका उत्तर देना पड़ता है। लोकसभा के सदस्य सरकार के किसी भी कार्य की कड़ी आलोचना कर सकते हैं तथा उसके संबंध में प्रस्ताव भी पास कर सकते हैं, लोकसभा मंत्रिपरिषद के विरुद्ध अविश्वास प्रस्ताव भी पास कर सकती है, जिससे मन्त्रिपरिषद को त्याग-पत्र देना पड़ता है। मन्त्रिमंडल में अधिकांश सदस्य लोकसभा से लिए जाते है।

राज्यसभा

यह उच्च अथवा द्वितीय सदन है। इसमें राज्यों का प्रतिनिधित्व होता है। राज्यों का प्रतिनिधित्व समानता के आधार पर नहीं है, अपितु जनसंख्या के आधार पर होता है। बड़े राज्यों के प्रतिनिधि अधिक तथा छोटे राज्यों के कम प्रतिनिधि होते हैं। संविधान के अनुच्छेद 80 के अनुसार राज्य-सभा के सदस्यों की अधिकतम संख्या 250 हो सकती है। इसमें से 12 सदस्य राष्ट्रपति द्वारा ऐसे लोगों में से मनोनीत किए जाते हैं, जिन्हें कला, साहित्य, विज्ञान और सामाजिक सेवा के संबंध में विशेष ज्ञान व अनुभव हो। शेष 238 सदस्य प्रत्येक राज्य की विधानसभा के निर्वाचित सदस्यों द्वारा आनुपातिक प्रतिनिधित्व पद्धति की एकल संक्रमणीय मत प्रणाली द्वारा किया जाता है। संघ राज्य-क्षेत्रों के प्रतिनिधि उस विधि से निर्वाचित होते हैं, जिसे संसद विधि द्वारा निर्धारित करे।

इस प्रकार राज्यसभा में 12 सदस्य राष्ट्रपति द्वारा मनोनीत किए जाते हैं जबकि अन्य 238 सदस्य राज्यों और केन्द्र शासित प्रदेशों का प्रतिनिधित्व करते हैं। राज्यसभा एक स्थायी सदन है, जिसका विघटन नहीं होता बल्कि इसके एक-तिहाई सदस्य प्रत्येक दूसरे वर्ष निवृत्त हो जाते हैं, लेकिन एक सदस्य का कार्यकाल 6 वर्ष है।

राज्यसभा के सदस्यों के लिए योग्यताएँ

1. उसकी आयु 30 से कम न हो।
2. भारत का नागरिक हो।
3. वह पागल या दिवालिया न हो।
4. वह भारत या राज्य सरकार के अधीन लाभदायक पद पर न हो।
5. जिस राज्य से वह चुनाव लड़ रहा हो, उस राज्य की मतदाता सूची में उसका नाम हो।
6. संसद द्वारा निर्धारित योग्यताएँ रखता हो।
7. संसद विधि द्वारा अयोग्य घोषित नहीं किया गया हो।

राज्यसभा की शक्तियाँ

हालांकि भारतीय संविधान के द्वारा लोकसभा को अधिक शक्तिशाली बनाया गया है लेकिन इसका अर्थ यह नहीं है कि राज्यसभा महत्त्वहीन है। राज्यसभा का अपना विशेष महत्त्व है। लोकसभा को प्राप्त अधिकारों के प्रयोग में राज्यसभा की भी महत्त्वपूर्ण भूमिका होती है। लोकसभा अपनी शक्तियों का प्रयोग राज्यसभा के साथ मिलकर ही करती है। भारतीय संविधान के द्वारा राज्यसभा को निम्नलिखित शक्तियाँ प्रदान की गई हैं–

1. विधायी शक्तियाँ : संविधान के अनुसार साधारण कानून बनाने के विषय में राज्यसभा तथा लोकसभा को समान शक्तियाँ प्राप्त हैं। धन संबंधी विधेयकों को छोड़कर कोई भी विधेयक राज्यसभा में प्रस्तुत किया जा सकता है। इस सदन में स्वीकार हो जाने के पश्चात् विधेयक लोकसभा में भेजा जाता है। यदि लोकसभा भी उसको पास कर दे तो फिर विधेयक को राष्ट्रपति के पास उसकी स्वीकृति के लिए भेज दिया जाता है। स्वीकृति के उपरांत विधेयक अधिनियम बन जाता है।

यदि लोकसभा राज्यसभा द्वारा पारित किए गए विधेयकों को स्वीकार न करे या 6 मास तक इन पर विचार न करे तो राष्ट्रपति दोनों सदनों का संयुक्त अधिवशेन बुलाता है। इस संयुक्त अधिवेशन की अध्यक्षता लोकसभा अध्यक्ष करता है। संयुक्त अधिवेशन में विधेयक उपस्थित सदस्यों के बहुमत से पास हो सकता है, क्योंकि लोकसभा के सदस्यों की संख्या राज्यसभा के सदस्यों की अपेक्षा दुगुनी है, इसलिए प्रायः कोई भी विधेयक लोकसभा की इच्छा के विरुद्ध पास नहीं हो सकता।

26 मार्च, 2002 को राष्ट्रपति के॰आर॰ नारायणन ने संसद का संयुक्त अधिवेशन बुलाया, क्योंकि 18 मार्च, 2002 को लोकसभा द्वारा पास किए गए आंतकवाद निवारण विधेयक, 2002 (पोटो) को 21 मार्च को राज्यसभा ने अस्वीकार कर दिया था। संसद के संयुक्त अधिवेशन में विधेयक के समर्थन में 425 जबकि विरोध में 296 मत पड़े। इस प्रकार संयुक्त अधिवेशन में लोकसभा की इच्छानुसार निर्णय हुआ।

2. वित्तीय शक्ति : वित्तीय क्षेत्र में राज्यसभा को लोकसभा की तुलना में बहुत कम शक्तियाँ प्राप्त हैं। वित्तीय विधेयक राज्यसभा में प्रस्तुत नहीं किए जा सकते, ये केवल लोकसभा में ही प्रस्तुत हो सकते हैं। वहां पास होने के उपरांत ये राज्यसभा में भेजे जाते हैं। राज्यसभा वित्तीय विधेयकों को 14 दिन तक रोक सकता है। यदि राज्यसभा वित्तीय विधेयक में किसी परिवर्तन की सिफारिश करे तो वास्तव में लोकसभा को यह पूर्ण अधिकार है कि वह राज्यसभा द्वारा की गई सिफारिशों को स्वीकार करे या न करे। अतः लोकसभा का वित्तीय विधेयकों पर पूरा नियंत्रण होता है, राज्यसभा वित्त विधेयकों के संबंध में केवल अपने सुझाव दे सकती है।

3. राज्य सभा को प्राप्त विशेष अधिकार : राज्यसभा को कुछ विशिष्ट शक्तियाँ भी प्राप्त हैं, जिनका संबंध लोकसभा से नहीं है–

1. 44वें संशोधन द्वारा व्यवस्था की गई है कि राज्य सभा अनुच्छेद 249 के अंतर्गत प्रस्ताव पास करके अखिल भारतीय न्यायिक सेवाएं स्थापित करने के संबंध में संसद को अधिकार दे सकती है।
2. संविधान के अनुच्छेद 249 के अनुसार राज्यसभा में उपस्थित और मतदान करने वाले 2/3 सदस्यों के बहुमत से प्रस्ताव पास करके यदि वह घोषित करे कि राज्य-सूची का विषय राष्ट्रीय महत्त्व का है और उस पर संसद द्वारा कानून बनाना बड़ा आवश्यक तथा राष्ट्र के लिए हितकारी है तो संसद को उस विषय पर कानून बनाने का अधिकार मिल जाता है। ऐसा प्रस्ताव आरंभ में एक वर्ष के लिए लागू होता है और उसे एक समय में एक वर्ष के लिए बढ़ाया जा सकता है। लोकसभा को इस प्रकार की कोई शक्ति प्राप्त नहीं है।
3. संविधान के अनुच्छेद 312 के अनुसार राज्यसभा ही 2/3 बहुमत से प्रस्ताव पास करके नई अखिल भारतीय सेवाओं को स्थापित करने का अधिकार केन्द्र सरकार को दे सकती है। अखिल भारतीय सेवाएं, वे सेवाएं हैं, जिसके सदस्यों की नियुक्ति का आधार केन्द्रीय सरकार के हाथ में ही हो और वे सदस्य वास्तव में राज्य सरकार के अधीन काम करते हैं।

4. संवैधानिक शक्तियाँ : राज्यसभा को लोकसभा के समान ही संविधान संशोधन शक्तियाँ प्राप्त हैं। किसी भी संविधान संशोधन संबंधी विधेयक को दोनों सदनों से पास होना जरूरी है। लेकिन संविधान में यह स्पष्ट नहीं है कि यदि दोनों सदनों में किसी संशोधन प्रस्ताव पर मतभेद उत्पन्न हो जाए तो उसे कैसे सुलझाया जाएगा।

5. न्यायिक शक्तियाँ : राज्यसभा को कुछ न्यायिक शक्तियाँ भी प्राप्त हैं। राज्यसभा को राष्ट्रपति पर आरोप लगाने, उसकी जांच करने पर उसका निर्णय करने का अधिकार उसी प्रकार प्राप्त है, जिस प्रकार लोकसभा को। यदि आरोप राज्यसभा द्वारा लगाया जाए तो निर्णय लोकसभा करती है और यदि आरोप लोकसभा लगाए तो निर्णय राज्यसभा द्वारा किया जाता है। उप-राष्ट्रपति पर महाभियोग चलाने का अधिकार केवल राज्यसभा को है। राज्यसभा सर्वोच्च न्यायालय व उच्च न्यायालयों के न्यायाधीशों को महाभियोग द्वारा हटाने के लिए प्रस्ताव पास कर सकती है। राज्यसभा लोकसभा के साथ मिल कर मुख्य चुनाव-आयुक्त, महान्यायवादी (Attorney General) तथा नियंत्रण एवं महालेखा परीक्षक के विरुद्ध दोषारोपण के प्रस्ताव पास कर सकती है। ऐसा प्रस्ताव पास होने पर राष्ट्रपति संबंधित अधिकारियों को हटा सकता है।

संसदीय समितियाँ

संसद की सामान्य बैठकों के अतिरिक्त संसद का अधिकांश कार्य संसदीय समितियों द्वारा किया जाता है। संसदीय समितियों का गठन सभा का सभापति या अध्यक्ष करता है तथा सदस्यों की नियुक्ति यथास्थिति प्रस्तावित किए जाने पर सभा द्वारा नियुक्त अथवा निर्वाचित अध्यक्ष द्वारा नाम-निर्देशित किए जाते हैं। समिति का कोई भी सदस्य सभा के अध्यक्ष को लिखित में त्याग-पत्र दे सकता है।

1. प्राक्कलन समिति

यह संसद की एक महत्त्वपूर्ण समिति है। इसके अंतर्गत 30 सदस्य होते हैं। यह सभी सदस्य लोकसभा द्वारा प्रतिवर्ष आनुपातिक प्रतिनिधित्व की एकल संक्रमण पद्धति द्वारा इसके सदस्यों में से ही निर्वाचित होते हैं। समिति का अध्यक्ष इन चुने हुए सदस्यों में से लोकसभा अध्यक्ष द्वारा नियुक्त किया जाता है लेकिन यदि लोकसभा का उपाध्यक्ष प्राक्कलन समिति का सदस्य है तो वह स्वतः ही समिति का अध्यक्ष नियुक्त हो जाता है। इस समिति के कार्य निम्नलिखित हैं–

1. यह इस विषय पर अपना प्रतिवेदन प्रस्तुत करती है कि संगठनात्मक सुधारों, प्रशासनिक दक्षता अथवा सुधारों से नीतिगत आकलन पर क्या प्रभाव पड़ सकता है।

2. यह समिति यह परीक्षण भी करती है कि नीतिगत प्राक्कलन की सीमाओं के अंर्तगत ही धन निकाला गया है।
3. यह सुझाव देती है कि संसद में किस रूप में प्राक्कलन प्रस्तुत किए जाएं।
4. प्रशासनिक दक्षता एवं मितव्ययिता बढ़ाने के संबंध में वैकल्पिक नीतियों का सुझाव देती है।

2. लोक-लेखा समिति

यह संसद की महत्त्वपूर्ण समिति है। इस समिति में कुल 22 सदस्य होते हैं जिसमें से 15 सदस्य लोकसभा से तथा 7 सदस्य राज्यसभा से निर्वाचित होते हैं। राज्यसभा से निर्वाचित सदस्य सहसदस्य के रूप में होते हैं तथा इन्हें मताधिकार प्राप्त नहीं होता। कोई भी मंत्री इस समिति की सदस्यता के लिए निर्वाचित नहीं हो सकता। इसका कार्यकाल केवल एक वर्ष होता है। 1967 से चली आ रही परम्परा के अनुसार विपक्ष के किसी सदस्य को इसका सभापति नियुक्त किया जाता है। लोक-लेखा समिति के निम्नलिखित कार्य होते हैं–

1. यह भारत सरकार के लोक-लेखे तथा नियंत्रक एवं महालेखाकार के प्रतिवेदन का निरीक्षण करती है।
2. यह सुनिश्चित करती है कि लोकधन संसद के निर्णयों के अनुसार ही विभिन्न मदों में खर्च किया जाए तथा व्यर्थ अथवा अपव्यय को रोका जाए।
3. समिति का कार्य नीति-निर्धारण नहीं है अपितु संसद द्वारा बनाई गई नीतियों के अनुसार कार्यान्वियन को सुनिश्चित करना है।

3. सरकारी उपक्रम समिति

इस समिति में कुल 15 सदस्य होते हैं जिसमें से 10 सदस्य लोकसभा से तथा 5 सदस्य राज्यसभा से आनुपातिक प्रतिनिधित्व की एकल संक्रमण पद्धति द्वारा निर्वाचित होते हैं। प्रत्येक वर्ष समिति के 1/5 (One-fifth) सदस्य अवकाश ग्रहण कर लेते हैं तथा उनके स्थान पर नए सदस्य निर्वाचित हो जाते हैं। इस समिति का अध्यक्ष लोकसभा द्वारा निर्वाचित सदस्यों में से मनोनित किया जाता है। इसके कार्य निम्नलिखित हैं–

(*i*) यह समिति सरकारी उपक्रमों के लेखों का परीक्षण करती है।
(*ii*) यह समिति सरकारी उपक्रमों की कार्य प्रणाली तथा अन्य वित्तीय मामलों और नियंत्रक तथा महालेखा परीक्षक के प्रतिवेदन का परीक्षण करती है।

4. कार्यमंत्रणा समिति

कार्यमंत्रणा समिति का गठन जन-निर्वाचन के बाद ही लोकसभा के गठन के पश्चात किया जाता है अन्य समितियों की भांति यह समिति उस समय तक कार्य करती है जब तक कि नई समिति नाम निर्विष्ट नहीं की जाती। अध्यक्ष कार्यमंत्रणा समिति का गठन करता है। इसमें अध्यक्ष को मिलाकर जो समिति का सभापति होता है 15 से अधिक सदस्य नहीं हो सकते, इसके सदस्य अध्यक्ष द्वारा नाम निर्देशित होते हैं।

कार्य–

1. समिति ऐसे सरकारी विधेयकों के प्रक्रमों अथवा अन्य कार्यो पर सभा में चर्चा के लिए समय के विभाजन की सिफारिश करती है, जिन्हें सदन के नेता के परामर्श से अध्यक्ष सदन के नेता को सौंपने का निर्देश देता है।
2. समिति को समय-सूची में यह दर्शाने की शक्ति होती है कि विधेयक के विभिन्न प्रक्रम तथा अन्य कार्य किस-किस समय पूरे होंगे।
3. समिति ऐसे अन्य कार्य भी करती है जो समय-समय पर अध्यक्ष द्वारा उसे सौंपे जाते हैं।

समिति की सिफारिशें सभा को प्रतिवेदन के रूप में प्रस्तुत की जाती हैं। सभा प्रतिवेदन को प्रस्तुत द्वारा स्वीकार या संशोधनों सहित स्वीकार अथवा अस्वीकार कर सकती है।

5. विशेषाधिकार समिति

संसद सदस्यों को कुछ विशेषाधिकार तथा उन्मुक्तियाँ प्राप्त होती हैं। इन विशेषाधिकार तथा उन्मुक्तियों से संबंधित सभी मामले विशेषाधिकार समिति को सौंप दिए जाते हैं।

विशेषाधिकार समिति का गठन लोकसभा के प्रारंभ पर अथवा समय-समय पर लोकसभा अध्यक्ष द्वारा किया जाता है जिसमें 15 सदस्य होते हैं।

विशेषाधिकार समिति उसे सौंपे गए प्रत्येक कार्य अथवा प्रश्न की जांच करेगी तथा तथ्यों के आधार पर यह निश्चित करेगी कि किसी विशेषाधिकार का भंग या उल्लंघन हुआ है या नहीं और यदि हुआ है तो उसका स्वरूप क्या है और किन परिस्थितियों में हुआ है।

कानून बनाने की प्रक्रिया

संसद देश की सर्वोच्च व्यवस्थापिका है। इसका प्रमुख कार्य विधि-निर्माण करना है। कानून बनाने के लिए जो प्रारूप संसद में उपस्थित किया जाता है, उसे विधेयक कहा जाता है। संविधान की 107 से 122 धाराएँ संसद में भिन्न-भिन्न प्रकार के विधेयक पास करने से संबंध रखती हैं। संसद के दोनों सदनों में पारित हो जाने व राष्ट्रपति की स्वीकृति के पश्चात यह विधेयक अधिनियम का रूप धारण कर लेता है। यहां पर अवस्थाओं का वर्णन किया जा रहा है, जिनमें से होकर किसी विधेयक को कानून का रूप धारण करने के लिए गुजरना पड़ता है।

विधयेक दो प्रकार के होते हैं–

1. **सरकारी विधेयक :** सरकारी विधेयक जोकि मंत्रियों द्वारा अर्थात् सरकार द्वारा प्रस्तुत किए जाते हैं।

2. **गैर-सरकारी विधेयक :** गैर-सरकारी विधेयक जोकि मंत्रियों के अतिरिक्त अन्य सांसदों में से किसी के द्वारा प्रस्तुत किए जाते हैं।

उपर्युक्त वर्गीकरण के अतिरिक्त विधेयकों को निम्नलिखित रूप से भी वर्गीकृत किया जा सकता है–

1. धन विधेयक 2. साधारण विधेयक।

1. धन विधेयक

धन विधेयक या बिल उन विधेयकों को कहा जाता है जो किसी कर के हटाने, घटाने अथवा बढ़ाने के विषय में हैं। भारत की संचित निधि या आकस्मिक निधि से धन की निकासी, वार्षिक बजट आदि से संबंधित होता है। साधारण विधेयक धन विधेयक नहीं होते। कोई भी विधेयक धन विधेयक है या नहीं, इसका अंतिम निर्णय लोकसभा अध्यक्ष करता है तथा उसका निर्णय चुनौती योग्य नहीं होता। संविधान की धारा 110 में धन विधेयक को परिभाषित किया गया है।

धन विधेयक को पारित करने संबंधी निम्न अवस्थाएँ हैं–

1. धन विधेयक को प्रस्तुत करने से पहले उस विधेयक को प्रस्तुत करने के लिए राष्ट्रपति की अनुमति आवश्यक है।
2. धन विधेयक को केवल लोकसभा में प्रस्तुत किया जाता है, राज्यसभा में नहीं।
3. कोई भी धन विधेयक दोनों सदनों (लोकसभा तथा राज्यसभा) की किसी संयुक्त संसदीय समिति को नहीं सौंपे जाते।
4. लोकसभा के द्वारा पास होने के पश्चात् धन विधेयक को राज्यसभा में भेज़ा जाता है।
5. राज्यसभा का इस विधेयक पर केवल इतना अधिकार है कि वह 14 दिनों के अंदर विधेयक को अपनी सिफारिशों के साथ लोकसभा को वापस भेज दे।
6. यदि राज्यसभा द्वारा निश्चित अवधि के अंदर धन विधेयक को वापस नहीं भेजा जाता तो वह धन विधेयक दोनों सदनों द्वारा पारित समझा जाता है।
7. राज्यसभा धन विधेयक के बारे में सिफारिशें दे सकती है। उसमें किसी भी प्रकार का संशोधन या कटौती नहीं कर सकती।
8. लोकसभा राज्यसभा की सिफारिशें मान भी सकती है और नहीं भी। यदि लोकसभा राज्यसभा की सिफारिशें मान लेती है तो वह धन विधेयक सिफारिशों सहित पारित समझा जाता है।
9. धन विधेयक को राष्ट्रपति सामान्य विधेयक की भांति पुनर्विचार के लिए नहीं भेज सकता। संसद द्वारा पारित होने के पश्चात् राष्ट्रपति उस पर हस्ताक्षर करके उसे प्रमाणित घोषित करता है।

2. साधारण विधेयक

जो विधेयक धन विधेयक नहीं होते, वे प्रायः सभी साधारण विधेयकों की श्रेणी में आते हैं। ये विधेयक किसी भी सदन में प्रस्तुत किए जा सकते हैं। ये विधेयक मंत्रियों द्वारा या किसी भी सांसद द्वारा प्रस्तुत किए जा सकते हैं।

संसद सदस्यों को प्राप्त विशेषाधिकार : संसद सदस्यों को कुछ विशेषाधिकार भी प्राप्त हैं। संविधान के अनुच्छेद 105 में संसद के सदनों तथा उनके सदस्यों के विशेषाधिकारों एवं उन्मुक्तता का उल्लेख किया गया है। इस अनुच्छेद के खंड (3) में उपबंध किया गया है कि "ससंद के प्रत्येक सदन और उन सदस्यों तथा समितियों की शक्तियां, विशेषाधिकार तथा उन्मुक्तियां वही होंगी जोकि संसद समय-समय पर कानून बनाकर परिभाषित करे.....।

संसद सदस्यों को प्राप्त विशेषाधिकारों का वर्णन :

1. प्रत्येक सदस्य सदन के विचार-विमर्श में स्वतंत्रतापूर्वक भाग लेता है। सदन में उसके द्वारा कही गई बात पर उसे न्यायालय में दोषी नहीं ठहराया जा सकता है। (वाक स्वतंत्रता)
2. न्यायालयों को संसद की कार्यवाही की जांच करने का निषेध।
3. जब संसद का सत्र चल रहा हो, तब सदन की अनुमति के बिना सदस्य को साक्ष्य देने के लिए सम्मन नहीं दिया जा सकता।
4. किसी भी सदस्य को संसद में किसी सदन के प्राधिकार द्वारा या उसके अधीन किसी रिपोर्ट, पत्र, मतों या कार्यवाही के प्रकाशन के विषय में किसी न्यायालय की कार्यवाही से उन्मुक्ति।
5. सभा के सत्र के दौरान तथा उसके 40 दिन पहले और 40 दिन बाद तक दिवानी मामलों में सदस्यों की गिरफ्तारी से उन्मुक्ति।
6. संसद सदस्यों को जूरी के सदस्यों के रूप में नियुक्त नहीं किया जा सका है।
7. सदस्यों को और बाहरी व्यक्तियों को सदन के विशेषाधिकारों को भंग करने के लिए दंडित करने का अधिकार।

इस प्रकार संसद विधि के द्वारा संसद सदस्यों के विशेषाधिकारों को निश्चित किया जाता है और आवश्यकता पड़ने पर विधि द्वारा संशोधित भी किया जाता है। सदस्यों को प्राप्त विशेषाधिकारों के हनन पर प्राय दंड का भी प्रावधान किया गया है। यदि कोई व्यक्ति या सदन का सदस्य विशेषाधिकारों का उल्लंघन करता है तो उसे दंडस्वरूप कारावास, चेतावनी या फिर सदन से निष्कासित किया जा सकता है।

भारत में न्यायपालिका

हमारी न्यायपालिका की यह विशिष्टता है कि पूरे देश के लिए एक ही एकीकृत न्याय प्रणाली है। एकल न्यायपालिका श्रेणीबद्ध न्यायालयों का प्रतिनिधित्व करती है। इसमें एकल एकीकृत न्याय प्रणाली के शीर्ष पर सर्वोच्च न्यायालय है तथा राज्यों के स्तर पर उच्च न्यायालय है। उच्च न्यायालयों के नीचे अनेक अधीनस्थ न्यायालय हैं जैसे जिला न्यायालय तथा सेशन जज का न्यायालय जो क्रमशः दीवानी तथा फौजदारी मुकदमें सुनते हैं।

भारतीय न्याय प्रणाली

भारत का सर्वोच्च न्यायालय

↓

उच्च न्यायालय

↓

अधीनस्थ न्यायालय

सर्वोच्च न्यायालय

सर्वोच्च न्यायालय भारत का उच्चतम न्यायिक प्राधिकरण है। इसमें मुख्य न्यायाधीश सहित 33 न्यायाधीश हो सकते हैं। यदि संसद आवश्यक समझे तो न्यायाधीशों की संख्या बढ़ा सकती है। समय-समय पर संसद ने न्यायाधीशों की संख्या बढ़ाई है। प्रारम्भ में उच्चतम न्यायालय में एक मुख्य न्यायाधीश तथा सात अन्य न्यायाधीश थे। मुख्य न्यायाधीश को भारत का मुख्य न्यायाधीश भी कहा जाता है। जब कभी भी सर्वोच्च न्यायालय में कोई स्थान खाली होता है अथवा उसके खाली होने की संभावना होती है तो मुख्य न्यायाधीश सहित चार अन्य वरिष्ठ न्यायाधीश, कई नामों पर चर्चा करने के पश्चात उन नामों की सिफारिश करते हैं जिन्हें सर्वोच्च न्यायालय का न्यायाधीश नियुक्ति किया जा सकता है। यह व्यवस्था सर्वोच्च न्यायालय के संविधान पीठ द्वारा 1993 और फिर 1999 में दिए गए निर्णय पर आधारित है। संविधान के अनुसार सर्वोच्च न्यायालय के न्यायाधीशों की नियुक्ति का अधिकार अभी भी राष्ट्रपति के पास है, परंतु सर्वोच्च न्यायालय के 1999 के निर्णय ने राष्ट्रपति को मुख्य न्यायाधीश की सलाह मानने को बाध्य कर दिया है। अब यह शक्ति न्यायाधीशों के समूह के पास चली गई है जिसे

कालीजियम कहा जाता है। राष्ट्रपति की भूमिका औपचारिक रह गई है कि वह विधि मंत्रालय द्वारा भेजे गए एवं सर्वोच्च न्यायालय द्वारा नामित व्यक्ति की नियुक्ति करे।

योग्यताएं, कार्यकाल तथा पदच्युति

कोई भी व्यक्ति सर्वोच्च न्यायालय का न्यायाधीश बनने के योग्य है यदि वह भारत का नागरिक है तथा निम्नलिखित शर्तों को पूरा करता है:

योग्यताएं : वह कम से कम पांच वर्ष के लिए किसी एक या एक से अधिक उच्च न्यायालयों का न्यायाधीश रह चुका हो।

अथवा

वह कम से कम दस वर्ष तक किसी एक या एक से अधिक उच्च न्यायालय का उच्चतम न्यायालय में वकालत कर चुका हो।

अथवा

राष्ट्रपति की दृष्टि में कोई प्रख्यात न्यायाविद् हो।

कार्यकाल : सर्वोच्च न्यायालय के मुख्य न्यायाधीश तथा अन्य न्यायाधीश 65 वर्ष की आयु तक अपने पद पर बने रहते हैं। कोई न्यायाधीश कार्यकाल पूरा होने से पहले भी त्यागपत्र दे सकता है।

पदच्युति : असाधारण स्थिति में, किसी न्यायाधीश को सेवानिवृति की आयु पूरी होने से पहले भी अपदस्थ किया जा सकता है परन्तु इसके लिए निर्धारित प्रक्रिया को अपनाना होगा। अतः सर्वोच्च न्यायालय के किसी न्यायाधीश को उसकी असक्षमता व कदाचार के आधार पर राष्ट्रपति द्वारा हटाया जा सकता है यदि संसद के दोनों सदन अलग-अलग प्रस्ताव पारित कर दें जिसके लिए एक ही सत्र में उपस्थित तथा मतदान करने वाले सदस्यों की कुल संख्या का 2/3 बहुमत होना आवश्यक है। अभी तक सर्वोच्च न्यायालय के किसी न्यायाधीश को हटाने के लिए ऐसी प्रक्रिया का प्रयोग केवल एक बार किया गया है। परंतु फिर भी उसे हटाया नहीं जा सका क्योंकि संसद उस प्रस्ताव को पारित नहीं कर सकी। इससे यह स्पष्ट हो जाता है कि सर्वोच्च न्यायालय के न्यायाधीशों का कार्यकाल सुरक्षित है और कार्यपालिका उन्हें अपनी इच्छा अनुसार नहीं हटा सकती। कोई व्यक्ति जो सर्वोच्च न्यायालय में न्यायाधीश के रूप में कार्यरत रहा है देश भर में कहीं भी वकालत नहीं कर सकता। सर्वोच्च न्यायालय के न्यायाधीशों को संसद द्वारा समय-समय पर निर्धारित वेतन भत्ते दिए जाते हैं।

सर्वोच्च न्यायालय का अधिकार क्षेत्र

सर्वोच्च न्यायालय द्वारा मुकदमों को सुनने और फैसला करने के अधिकार या शक्ति को न्यायिक अधिकार क्षेत्र कहते हैं। सर्वोच्च न्यायालय के **तीन** प्रकार के अधिकार क्षेत्र हैं, जैसे– प्रारम्भिक अथवा मूल, अपील संबंधी तथा मंत्रणा संबंधी अधिकार क्षेत्र।

प्रारम्भिक अथवा मूल क्षेत्राधिकार

कुछ मुकदमें ऐसे हैं जो केवल सर्वोच्च न्यायालय के न्यायक्षेत्र में ही आते हैं। इससे यह अभिप्राय है कि ऐसे मुकदमें केवल सर्वोच्च न्यायालय में ही प्रारम्भ होते हैं अर्थात् जिन्हें पहली बार केवल सर्वोच्च न्यायालय में ही दायर किया जाता है, तथा वे किसी अन्य न्यायालय में दायर नहीं किए जा सकते। मूल न्यायाधिकार में आने वाले मुदकमें इस प्रकार हैं:

(*i*) (क) ऐसे मुकदमें जिनमें एक ओर केन्द्रीय सरकार तथा दूसरी ओर एक या एक से अधिक राज्य सरकारें हों।

(ख) ऐसे मुकदमें जिनमें एक ओर केन्द्रीय सरकार के अतिरिक्त एक या एक से अधिक राज्य सरकारें हों और दूसरी ओर एक या एक से अधिक राज्य सरकारें हों।

(ग) ऐसे मुकदमें जिनमें दो या दो से अधिक राज्यों के बीच विवाद हो।

(*ii*) मौलिक अधिकारों के संरक्षण तथा लागू करने के लिए सर्वोच्च न्यायालय को विशेष अधिकार दिए गए हैं जिसके लिए उसे निर्देश अथवा आदेश देने का अधिकार है।

(*iii*) जनहित याचिकाएं (PIL) भी सीधे सर्वोच्च न्यायालय में सुनी जा सकती हैं। (यह एक ऐसा अधिकार है जो संविधान में वर्णित नहीं है)।

अपील संबंधी क्षेत्राधिकार

किसी भी निचली अदालत द्वारा दिए गए निर्णय के विरुद्ध की गई अपील को किसी उच्च अदालत द्वारा सुनने की शक्ति को अपील संबंधी न्यायाधिकार कहा जाता है। सर्वोच्च न्यायालय का अपील संबंधी अधिकार क्षेत्र बहुत विशाल है। यह उच्च न्यायालयों के निर्णयों के विरुद्ध अपील सुन सकता है। अतः सर्वोच्च न्यायालय में की गई अपील अंतिम अपील होती है। यदि किसी मुकदमे में उच्च न्यायालय द्वारा दिए गए निर्णय से कोई एक पक्ष संतुष्ट नहीं है, तो वह सर्वोच्च न्यायालय में उस निर्णय के विरुद्ध अपील कर सकता है। यह अपीलें दीवानी, फौजदारी तथा संवैधानिक मामलों से संबंधित हो सकती हैं।

(i) दीवानी मामले : सम्पत्ति, विवाह, धन, समझौते या किसी सेवा संबंधी झगड़ों के मामले दीवानी मुकदमें कहलाते हैं। यदि किसी दीवानी मामलों में लोक महत्त्व का कोई ऐसा प्रमुख कानूनी बिन्दु है जिसकी व्याख्या सर्वोच्च न्यायालय द्वारा वांछित है, तो उच्च न्यायालय के निर्णय के विरुद्ध सर्वोच्च न्यायालय में अपील की जा सकती है। पहले ऐसे दीवानी मामलों की वित्तीय सीमा केवल 200,000 रु. तक थी परंतु 1972 में किए गए संविधान के तीसवें संशोधन के अनुसार अब सर्वोच्च न्यालाय में की जाने वाली दीवानी अपील के लिए कोई निम्नतम राशि निर्धारित नहीं है।

(ii) फौजदारी मामले

- कई परिस्थितियों में फौजदारी मामलों में उच्च न्यायालय के निर्णय के विरुद्ध सर्वोच्च न्यायालय में अपील की जा सकती है।
- यदि कोई उच्च न्यायालय निचली अदालत द्वारा दोषमुक्त घोषित किए गए व्यक्ति को मृत्यु दंड सुना दे, तो ऐसे व्यक्ति को इस निर्णय के विरुद्ध सर्वोच्च न्यायालय में अपील करने का अधिकार है।
- यदि उच्च न्यायालय किसी निचली अदालत से किसी मुकदमे को अपने यहां मंगा ले और उस व्यक्ति को दोषी करार देते हुए मृत्यु दंड सुना दे, तो ऐसे मामले में भी सर्वोच्च न्यायालय में अपील की जा सकती है। ऐसी स्थिति में भी अधिकार स्वरूप और उच्च न्यायालय से बिना किसी प्रमाणपत्र के अपील दायर की जा सकती है।
- उपरोक्त दो स्थितियों के अतिरिक्त भी सर्वोच्च न्यायालय में अपील की जा सकती है यदि कोई उच्च न्यायालय यह प्रमाणपत्र दे कि मुकदमा सर्वोच्च न्यायालय में अपील करने योग्य है।
- यदि कोई उच्च न्यायालय किसी मामले में यह प्रमाणित करने से इंकार कर दे कि मामला सर्वोच्च न्यायालय में अपील के योग्य है, तो संबंधित व्यक्ति सर्वोच्च न्यायालय में अपील दायर करने के लिए सर्वोच्च न्यायालय से ही विशेष अनुमति प्राप्त कर सकता है। परंतु सर्वोच्च

न्यायालय इस प्रकार की विशेष अनुमति बहुत ही कम मामलों में देता है।

(iii) संवैधानिक मामले

- संवैधानिक मामले न तो दीवानी झगड़े होते हैं और न ही फौजदारी अपराध। यह ऐसा मुकदमा है जिसके कारण संविधान की भिन्न-भिन्न प्रकार से व्याख्या करनी होती है, विशेषतौर पर मौलिक अधिकारों से संबंधित व्याख्या अथवा अर्थ निकालना। ऐसे मामलों की सुनवाई सर्वोच्च न्यायलाय में केवल तभी हो सकती है यदि उच्च न्यायालय यह प्रमाणित करे कि मामला संवैधानिक सवालों से संबंधित है।
- यदि उच्च न्यायलय यह प्रमाणित करने से मना कर दे कि मामला सर्वोच्च न्यायालय में जाने योग्य है, तो सर्वोच्च न्यायालय अपनी स्वैच्छिक शक्ति का प्रयोग करते हुए ऐसे किसी मामले में जिसे वह उचित समझता है, अपील के लिए विशेष अनुमति दे सकता है।

मंत्रणा संबंधी न्यायाधिकार

इस अधिकार का अर्थ यह है कि सर्वोच्च न्यायालय को परामर्श देने का अधिकार है, यदि उससे परामर्श मांगा जाए। मंत्रणा संबंधी अधिकार क्षेत्र के अंतर्गत राष्ट्रपति किसी भी कानून संबंधी अथवा लोक महत्त्व के प्रश्न पर सर्वोच्च न्यायालय से परामर्श मांग सकता है। परंतु सर्वोच्च न्यायालय परामर्श देने के लिए बाध्य नहीं है। दूसरी ओर, यदि परामर्श या मत भेज दिया जाए, तो उसे मानना या न मानना राष्ट्रपति के लिए भी बाध्यकारी नहीं है। आज तक जब भी सर्वोच्च न्यायालय ने कोई परामर्श दिया है, राष्ट्रपति ने उसे सदैव स्वीकार किया है। अयोध्या में जिस स्थान पर बाबरी मस्जिद बनाई गई थी, उस स्थान पर पहले मंदिर था या नहीं, जब इस पर सर्वोच्च न्यायालय की राय मांगी गई तो उसने अपनी राय देने से इंकार कर दिया था।

संविधान का संरक्षक

भारत का संविधान देश का सर्वोच्च कानून है और सर्वोच्च न्यायालय इसका व्याख्याता तथा संरक्षक है। यह कार्यपालिका या विधायिका को इसके किसी भी प्रावधान का उल्लंघन नहीं करने देता। यह सरकार के किसी भी कार्य का, जिससे मौलिक अधिकारों का उल्लंघन होता है, न्यायिक पुनरावलोकन कर सकता है। सर्वोच्च न्यायालय की इस शक्ति को न्यायिक पुनरावलोकन कहते हैं। यदि सर्वोच्च न्यायालय को लगे कि संविधान के किसी प्रावधान का उल्लंघन हो रहा है तो वह संबंधित कानून को असंवैधानिक अथवा अवैध घोषित कर सकता है। सर्वोच्च न्यायालय के न्यायिक पुनरावलोकन के इसी अधिकार के आधार पर इसे संविधान का संरक्षक कहा जाता है। इसे स्वतंत्रताओं का समर्थक और लोकतंत्र का रखवाला कहा जाता है। इस संदर्भ में सर्वोच्च न्यायालय की भूमिका तथा कार्य विशाल एवं विस्तृत है।

मौलिक अधिकारों का संरक्षक

सर्वोच्च न्यायालय तथा उच्च न्यायालयों दोनों को निर्देश देने, आदेश देने तथा संवैधानिक उपचारों के अधिकार का प्रयोग करने का अधिकार है। यह बंदी प्रत्यक्षीकरण, परमादेश, प्रतिषेध, अधिकार पृच्छा, उत्प्रेषण लेख के रूप में है। यही आदेश सर्वोच्च न्यायालय को मौलिक अधिकारों का संरक्षक तथा प्रहरी बना देते हैं। यदि किसी कानून का उल्लंघन होता है अथवा अधिकार का हनन होता है, तो न्यायालय संवैधानिक नियमों के पालन का आदेश दे सकता है। इस प्रकार भारत के नागरिकों के मौलिक अधिकार सुरक्षित हैं। यदि विधायिका द्वारा पारित कोई भी कानून मौलिक अधिकारों का हनन करता है, तो सर्वोच्च न्यायालय को यह अधिकार है कि वह इसे अवैध घोषित कर दे। इसने ऐसे कई कानून रद्द किए हैं जिनसे मौलिक अधिकारों का हनन होता था। इससे यह स्पष्ट है कि किस प्रकार सर्वोच्च न्यायालय ने सदैव मौलिक अधिकारों के संरक्षक के रूप में कार्य किया है।

अपने निर्णय पर पुनर्विचार

यदि सर्वोच्च न्यायालय को कुछ नए तथ्य अथवा नए प्रमाण मिलें या यह विश्वास हो जाए कि उसके पूर्व निर्णयों में कोई भूल हुई है तो उसे यह अधिकार प्राप्त है कि वह अपने पूर्व निर्णय पर पुनर्विचार करे और अपने निर्णय को बदल सके। यह प्रायः तब किया जाता है जब कोई पुनर्विचार के लिए याचिका दायर करता है। सामान्यतया पुनर्विचार करने वाली पीठ पूर्व निर्णय देने वाली पीठ से बड़ी होती है।

अभिलेख न्यायालय

सर्वोच्च न्यायालय एक प्रकार का अभिलेख न्यायालय है। यह दो प्रकार से है। इसके सभी निर्णय और फैसले यहां पर संजोकर रखे जाते हैं जिन्हें देश के सभी न्यायालयों द्वारा संदर्भ के रूप में प्रयोग किया जाता है एवं इन्हें कानून के समान मान्यता प्राप्त है। अभिलेख न्यायालय के रूप में इसे किसी भी व्यक्ति को न्यायालय का निरादर या मानहानि करने पर दंड देने का अधिकार है।

न्यायिक पुनरावलोकन

यह एक ऐसी प्रक्रिया है जिसके द्वारा न्यायपालिका यह परखती है कि व्यवस्थापिका द्वारा बनाया गया कोई कानून अथवा कार्यपालिका का कोई कार्य संविधान के अनुसार है या नहीं। न्यायिक पुनरावलोकन की यह शक्ति सबसे पहले संयुक्त राज्य अमरीका के सर्वोच्च न्यायालय को प्राप्त हुई थी। अब इसका प्रयोग खुले तौर पर भारत के सर्वोच्च न्यायालय या कई अन्य देशों में भी होता है। हमारे उच्च न्यायालय भी इसका प्रयोग करते हैं। न्यायिक पुनरावलोकन का यह अर्थ नहीं है कि विधायिका द्वारा बनाया गया प्रत्येक कानून सर्वोच्च न्यायालय द्वारा जांचा और परखा जाता है। इसका अर्थ केवल यह है कि न्यायालय को जब कभी भी अवसर मिलेगा वह कानून का पुनरावलोकन करेगा। यह दो प्रकार से सम्भव है। प्रथम यह कि जब भी किसी कानून की वैधता को चुनौती दी जाएगी, न्यायालय उसका पुनरावलोकन करेगा। एक दूसरी स्थिति, जिसमें सर्वोच्च न्यायालय अथवा उच्च न्यायालय को किसी कानून का पुनरावलोकन करने का अवसर प्राप्त होता है। यदि कोई व्यक्ति अथवा संस्था यह अनुभव करे कि उसके अधिकारों का हनन हो रहा है या किसी कानून के अंतर्गत उसे मिलने वाला लाभ उसे नहीं दिया जा रहा, तो ऐसी याचिका की जांच करते समय न्यायालय इस नतीजे पर पहुंच सकता है कि जिस कानून के अंतर्गत राहत मांगी जा रही है, वह अपने आप में असंवैधानिक है।

भारत जैसे किसी भी लोकतांत्रिक देश में, न्यायिक पुनरावलोकन की शक्ति जनता के अधिकारों को सुरक्षा प्रदान करती है। इसके अतिरिक्त सर्वोच्च न्यायालय संविधान के विभिन्न प्रावधानों की व्याख्या करता है। इसका निर्णय देश का कानून समझा जाता है।

जनहित याचिका (PIL)

प्रारम्भिक दौर में सर्वोच्च न्यायालय सहित न्यायपालिका केवल उन्हीं के मुकदमें सुनने के लिए स्वीकार करती थी जो प्रत्यक्ष या परोक्ष रूप से प्रभावित होते थे। यह केवल मूल तथा अपील संबंधी अधिकार क्षेत्र के ही मुकदमें सुनती थी और उन पर फैसला सुनाती थी। परंतु बाद में न्यायपालिका जनहित याचिकाओं पर आधारित मुकदमें भी सुनने लगी। इसका अभिप्राय यह है कि वे लोग भी जिनका किसी मामले से कोई सीधा संबंध नहीं है, न्यायालय में कोई जनहित का मामला ला सकते हैं। यह न्यायालय का विशेषाधिकार है कि वह उस जनहित याचिका को स्वीकार करे या न करे। जनहित याचिका की अवधारणा को न्यायमूर्ति पी.एन. भगवती ने शुरू किया था। जनहित याचिका अब इसलिए महत्त्वपूर्ण बन गई है क्योंकि इससे समाज के निर्धन तथा कमजोर वर्गों को सुगमता से न्याय मिलने लगा है। पत्रकारों, वकीलों तथा समाज सेवकों, यहां तक की समाचार-पत्रों की रिपोर्टों के आधार पर भी, सर्वोच्च न्यायालय ने अनेक जनहित याचिकाएं स्वीकार की हैं।

उच्च न्यायालय

वर्तमान में 28 राज्यों तथा 8 केन्द्र शासित प्रदेशों के लिए 25 उच्च न्यायालय हैं। उच्च न्यायालय राज्य-स्तर पर सबसे बड़े होते हैं, परन्तु भारतीय न्यायिक प्रणाली का एक अंग होने के कारण ये सर्वोच्च न्यायालय के दिशा-निर्देशों का पालन करते हैं।

संगठन : प्रत्येक राज्य का एक उच्च न्यायालय होता है। दो या दो से अधिक राज्यों के लिए एक संयुक्त उच्च न्यायालय भी हो सकता है। उदाहरणार्थ, पंजाब, हरियाणा और केन्द्र शासित प्रदेश चंडीगढ़ के लिए केवल एक उच्च न्यायालय, चंडीगढ़ में है। यद्यपि दिल्ली एक राज्य नहीं है परन्तु इसका एक अलग उच्च न्यायालय है। प्रत्येक उच्च न्यायालय में एक मुख्य न्यायाधीश और अन्य न्यायाधीश होते हैं। न्यायाधीशों की संख्या अलग-अलग राज्य में भिन्न-भिन्न हो सकती है। उच्च न्यायालय के न्यायाधीश भारत के राष्ट्रपति द्वारा नियुक्त किये जाते हैं तथा न्यायाधीशों की संख्या भी राष्ट्रपति ही निर्धारित करते हैं।

किसी राज्य के उच्च न्यायालय के मुख्य न्यायाधीश की नियुक्ति, राष्ट्रपति सर्वोच्च न्यायालय के मुख्य न्यायाधीश और उस राज्य के राज्यपाल की सलाह से करता है। अन्य न्यायाधीशों की नियुक्ति के लिए राष्ट्रपति सर्वोच्च न्यायालय के मुख्य न्यायाधीश, उस राज्य के उच्च न्यायालय के मुख्य न्यायाधीश तथा उस राज्य के राज्यपाल से सलाह लेता है। न्यायाधीशों को एक उच्च न्यायालय से दूसरे उच्च न्यायालय में भी स्थानांतरित किया जा सकता है। स्थानांतरण में भी राष्ट्रपति को सर्वोच्च न्यायालय के मुख्य न्यायाधीश से सलाह लेनी होती है। संवैधानिक रूप से राष्ट्रपति ही ये नियुक्तियां करता है। परन्तु 1993 में सर्वोच्च न्यायालय द्वारा दिए गए फैसले के अनुसार वास्तविक चयन तो सर्वोच्च न्यायालय के वरिष्ठ न्यायाधीशों द्वारा मुख्य न्यायाधीश की अध्यक्षता में सर्वोच्च न्यायालय ही करता है। इसकी सिफारिशों को राष्ट्रपति नकार नहीं सकता।

योग्यता : उच्च न्यायालय में किसी व्यक्ति को न्यायाधीश होने के लिए उसमें निम्न योग्यताएं होनी चाहिए:

(*i*) वह भारत का नागरिक हो।

(*ii*) जिला या उससे निम्न स्तर के न्यायालय में कम-से-कम दस वर्षों तक वह न्यायाधीश के पद पर रहा हो।

या

किसी एक या अधिक उच्च न्यायालयों या उच्चतम न्यायालय में उसने लगातार दस वर्षों तक वकालत की हो।

कार्यकाल : एक बार उच्च न्यायालय का न्यायाधीश नियुक्त होने के बाद वे 62 वर्ष की आयु तक पद पर बने रहते हैं। सेवानिवृनि के बाद उन्हें या तो सर्वोच्च न्यायालय में न्यायाधीश नियुक्त किया जा सकता है या वे उच्चतम न्यायालय या किसी ऐसे उच्च न्यायालय में वकालत कर सकते हैं जिसमें वे न्यायाधीश न रह चुके हों।

पद से हटाया जाना : किसी भी उच्च न्यायालय के न्यायाधीश को 62 वर्ष की आयु से पहले भी हटाया जा सकता है यदि वह असक्षम है अथवा उसका दुर्व्यवहार सिद्ध हो जाये। यदि संसद के दोनों सदन अलग-अलग एक ही सत्र में कुल सदस्य संख्या के पूर्ण बहुमत तथा उपस्थित सदस्यों के दो-तिहाई बहुमत से प्रस्ताव पारित कर दें तो न्यायाधीश को पद से हटाया जा सकता है। ऐसा प्रस्ताव राष्ट्रपति को पेश किया जाता है और फिर राष्ट्रपति उस न्यायाधीश को हटा देता है। यह प्रक्रिया ठीक वैसी ही है जिसके द्वारा सर्वोच्च न्यायालय के न्यायाधीशों को हटाया जाता है।

उच्च न्यायालय की शक्तियां

उच्च न्यायालय के पास कुछ मामलों में सीधी सुनवाई और फैसले का अधिकार है। इसे प्रारम्भिक क्षेत्राधिकार कहते हैं। जब किसी निचले स्तर के न्यायालय के फैसले के विरुद्ध सुनवाई उच्च न्यायालय में होती है तो इसे अपीलीय क्षेत्राधिकार कहते हैं। उच्च न्यायालय अपील करने का न्यायालय है। निचले स्तर के न्यायालयों के फैसले के विरुद्ध सिविल और फौजदारी मामले उच्च न्यायालय में लाए जा सकते हैं।

प्रारम्भिक क्षेत्राधिकार : उच्च न्यायालय का प्रारम्भिक क्षेत्राधिकार काफी सीमित है। मूल अधिकारों के हनन संबंधी मामले उच्च न्यायालयों या सर्वोच्च न्यायालय में प्रारम्भ किये जा सकते हैं। उच्च न्यायालय इन अधिकारों को पुनः लागू करने का आदेश दे सकता है।

उच्च न्यायालय अपने प्रारम्भिक क्षेत्राधिकार के अंतर्गत किसी भी सांसद या विधायक के चुनाव के विरुद्ध की गई याचिका पर सुनवाई कर सकता है। उच्च न्यायालय यदि पाता है कि उस सांसद या विधायक ने भ्रष्ट प्रकार से चुनाव जीता है तो वह उस चुनाव को रद्द कर सकता है। राज्य के सभी निम्नस्तरीय न्यायालय उस राज्य के उच्च न्यायालय के निर्देशों पर कार्य करते हैं।

निम्नस्तरीय न्यायालयों के फैसलों के विरुद्ध मामलों की सुनवाई उच्च न्यायालय करता है। सिविल मामलों में जिनकी अनुमानित राशि 5 लाख से ऊपर हो उनकी सुनवाई उच्च न्यायालय में होती है। कोई भी पार्टी जो जिला-स्तर न्यायालय के फैसले से असहमत हो, वह उच्च न्यायालय में अपील कर सकता है। पेटेन्ट और डिजाईन, उत्तराधिकार, भूमि-अधिग्रहण तथा अभिभावक बनने संबंधी मामले भी उच्च न्यायालय में सुने जाते हैं।

उच्च न्यायालय सेशन कोर्ट के आपराधिक मामलों की सुनवाई करता है। यदि सेशन कोर्ट में कोई व्यक्ति अपराधी साबित होता है तो वह इसके विरुद्ध अपील कर सकता है। कभी-कभी राज्य भी सजा बढ़ाने के लिए

सेशन कोर्ट से अपील कर सकता है। उच्च न्यायालय सेशन कोर्ट के फैसले स्वीकार भी कर सकता है या सजा के प्रकार को बदल सकता है या दोषी को मुक्त भी कर सकता है। परन्तु यदि सेशन कोर्ट किसी दोषी को सजा-ए-मौत देता है तो अभियुक्त को फांसी देने से पहले उच्च न्यायालय से पुष्टि करायी जाती है। दोषी द्वारा अपील न किये जाने के बाद भी राज्य उस मामले को उच्च न्यायालय में पुष्टि के लिए भेज देता है।

उच्च न्यायालय में मामलों का स्थानांतरण : यदि उच्च न्यायालय को यह संतुष्टि हो जाये कि अधीनस्थ न्यायालय के समक्ष प्रस्तुत मुकदमे में संविधान की व्याख्या की आवश्यकता है तो ऐसे मामलों को उच्च न्यायालय स्वयं ही उस अधीनस्थ न्यायालय से अपने हाथ में ले लेता है। मामले की जांच के बाद या तो उच्च न्यायालय उसका निपटारा स्वयं करता है या निर्देशों के साथ उसी अधीनस्थ न्यायालय को उस मामले को सौंप देता है।

अधीनस्थ न्यायालयों का अधीक्षण : न्यायिक अथवा प्रशासनिक सभी मामलों में उच्च न्यायालय अपने अधीनस्थ सभी न्यायालयों पर निरीक्षण एवं नियंत्रण का अधिकार रखता है। अपनी इन शक्तियों के अन्तर्गत यह अपने अधीनस्थ किसी भी न्यायालय से कुछ भी जानकारी मांग सकता है; अधीनस्थ न्यायालय की कार्य-प्रणाली के लिए सामान्य दिशा-निर्देश जारी कर सकता है। यह सब उच्च न्यायालय समय-समय पर कर सकता है। यदि आवश्यक हो तो यह अधीनस्थ न्यायालय के पदाधिकारियों की नियुक्ति, पदावनति, पदोन्नति एवं अवकाश से संबंधित नियम कानून बनाता है।

अभिलेख न्यायालय : सर्वोच्च न्यायालय की तरह उच्च न्यायालय एक अभिलेख न्यायालय भी है। उच्च न्यायालय के फैसलों को निचले स्तर के न्यायालय मानने के लिए बाध्य हैं। अपनी उपेक्षा और अवमानना के लिए उच्च न्यायालय दंड देने की भी शक्ति रखता है।

अधीनस्थ न्यायालय

भारत के प्रत्येक जिले में विभिन्न प्रकार के अधीनस्थ या निम्नस्तरीय न्यायालय हैं। ये सिविल कोर्ट, फौजदारी कोर्ट्स तथा राजस्व कोर्ट्स हैं। इनमें क्रमशः सिविल, आपराधिक तथा राजस्व संबंधित मामलों की सुनवाई होती है।

सिविल मामले वे मामले हैं जिनमें दो या दो से अधिक व्यक्तियों में जायदाद को लेकर झगड़ा है। किसी समझौते का उल्लंघन, तलाक या मकान मालिक-किरायेदार के झगड़ों का भी सिविल कोर्ट में निपटारा किया जाता है। इनमें किसी प्रकार की सजा नहीं दी जाती क्योंकि कानून का कोई उल्लंघन इन मामलों में नहीं किया जाता।

आपराधिक मामले कानून के उल्लंघन से संबंधित होते हैं। इनमें चोरी, डकैती, बलात्कार, जेबकतरी, शारीरिक आघात तथा हत्या, आदि आते हैं। ये मामले राज्य की तरफ से पुलिस द्वारा अभियुक्त के खिलाफ निचली अदालतों में दायर किये जाते हैं। इस प्रकार के मामलों में यदि अभियुक्त को दोषी पाया जाता है तो उसे दंड के रूप में हर्जाना, जेल या मौत की सजा भी हो सकती है।

राजस्व मामले जिले में कृषि भूमि पर राजस्व से संबंधित मामले हैं।

न्यायाधीशों की नियुक्ति और योग्यता

अधीनस्थ न्यायालयों के न्यायाधीशों की नियुक्ति उस राज्य का राज्यपाल उस राज्य के उच्च न्यायालय के मुख्य न्यायाधीश की सलाह पर करता है। आजकल, अधिकांश राज्यों में न्यायिक अधिकारियों का चयन राज्य लोक सेवा आयोग द्वारा आयोजित प्रतियोगिता परीक्षाओं के माध्यम से होता है। उन्हें राज्यपाल द्वारा अंतिम रूप से नियुक्त किया जाता है।

कोई भी व्यक्ति जो कम-से-कम 7 वर्षों से वकालत कर रहा हो या राज्य अथवा केन्द्रीय सरकार में कार्यरत हो, वह जिला न्यायालय का न्यायाधीश बनने का पात्र है बशर्ते कि वह वांछनीय न्यायिक योग्यता रखता हो।

सिविल कोर्ट्स

दीवानी मामलों की सुनवाई के लिए जिला जज न्यायालय किसी जिले का सर्वोच्च सिविल न्यायालय होता है। इसे हम बहुधा सेशन जज या जिला न्यायालय के नाम से भी जानते हैं, जब यह जिला स्तर पर दीवानी और आपराधिक मामलों की सुनवाई करता है। इस न्यायालय के न्यायाधीश राज्य के राज्यपाल द्वारा नियुक्त किये जाते हैं।

जिला जज न्यायालय के नीचे अन्य उप-न्यायाधीश के एक या अधिक न्यायालय भी हो सकते हैं। पारिवारिक न्यायालय भी स्थापित किए गए हैं जो पारिवारिक मामलों जैसे–तलाक, बच्चों की अभिभावकता, आदि मामलों की सुनवाई करते हैं। उनके नीचे मुंसिफ न्यायालय तथा सूक्ष्म मामले के कोर्ट स्थापित होते हैं जिनमें कम राशि से संबंधित मामलों की सुनवाई होती है। सूक्ष्म मामले न्यायालयों के फैसलों के विरुद्ध और कहीं अपील नहीं की जा सकती। ये सभी न्यायालय दीवानी झगड़ों की सुनवाई करके फैसला सुनाते हैं।

जिला न्यायालय केवल उप-न्यायाधीश के फैसलों के विरुद्ध की गई अपीलें ही नहीं सुनता बल्कि बिल्कुल नये मामले भी सीधे यहाँ प्रारम्भ होते हैं। इस न्यायालय के फैसलों के विरुद्ध राज्य के उच्च न्यायालय में अपील की जा सकती है।

फौजदारी न्यायालय

सेशन जज का न्यायालय (जिसे सेशन कोर्ट भी कहते हैं) जिले में फौजदारी मामलों की सुनवाई का सबसे बड़ा न्यायालय है। इस न्यायालय के नीचे प्रथम, द्वितीय व तृतीय श्रेणी मजिस्ट्रेटों की अदालतें होती हैं। महानगरीय शहरों जैसे–दिल्ली, मुंबई, कोलकाता, चेन्नई, आदि में इन्हें मैट्रोपोलिटन मजिस्ट्रेट कहते हैं। इन सभी फौजदारी न्यायालयों में अभियुक्त पर मुकदमा चलाया जा सकता है और दोषी पाये जाने पर कानून के तहत सजा भी दी जा सकती है।

आपराधिक न्यायालयों में कानून के उल्लंघन से संबंधित मामलों की सुनवाई होती है। इनमें चोरी, डकैती, बलात्कार, जेबकतरी, शारीरिक आघात और हत्या, आदि शामिल हैं। इन मामलों में दोषी को सजा दी जाती है जो कि जुर्माना, जेल या मृत्युदंड हो सकती है।

सामान्यतः प्रत्येक अभियुक्त को पुलिस द्वारा मजिस्ट्रेट के समक्ष पेश किया जाता है। मजिस्ट्रेट छोटे-मोटे मामलों का तुरंत निपटारा कर सकता है। परन्तु यदि मजिस्ट्रेट मामले को गंभीर समझता है तो वह अभियुक्त पर सेशन कोर्ट में मुकदमा चलाता है।

यदि किसी अपराधी को सेशन कोर्ट द्वारा मृत्युदंड दिया गया है तो केवल उच्च न्यायालय द्वारा सजा की पुष्टि के बाद ही उसे मृत्यु दंड दिया जा सकता है।

राजस्व न्यायालय

राजस्व न्यायालय राज्य में भूमि राजस्व से संबंधित मामलों को देखते हैं। राज्य में सबसे ऊँचा राजस्व न्यायालय राजस्व बोर्ड होता है। इसके अन्तर्गत

आयुक्त न्यायालय, कलैक्टर्स, तहसीलदार और सहायक तहसीदलदार होते हैं। राजस्व बोर्ड उन सभी मामलों की सुनवाई करता है जिनमें निचली अदालत के फैसले के विरुद्ध अपील की जाती है।

राज्य कार्यपालिका

भारत 28 राज्यों तथा 8 केंद्र शासित क्षेत्रों का संघ है और भारतीय संविधान के निर्माताओं ने भारत के लिए संघात्मक व्यवस्था को अपनाया था। ऐसी व्यवस्था में कार्यपालिका द्विस्तरीय होती हैः संघ तथा राज्य।

राज्य के स्तर पर सामान्यतः केंद्रीय प्रारुप का अनुसरण करते हुए, राष्ट्रपति के स्थान पर राज्यपाल नाममात्र के अध्यक्ष के रूप में कार्य करता है जबकि वास्तविक शक्तियां मुख्यमंत्री के नेतृत्व में मंत्रिपरिषद के पास होती हैं। राज्य स्तर पर मंत्रिपरिषद के सभी सदस्य अपने कार्यों तथा त्रुटियों के लिए, व्यक्तिगत तथा सामूहिक रूप में राज्य के निचले सदन के प्रति उत्तरदायी होते हैं।

राज्यपाल

भारतीय संविधान के अनुसार प्रत्येक राज्य के लिए एक राज्यपाल होगा। यदि आवश्यकता पड़े तो एक ही व्यक्ति दो या दो से अधिक राज्यों के लिए भी राज्यपाल बनाया जा सकता है। प्रत्येक राज्य की कार्यपालिका संबंधी शक्तियां वहां के राज्यपाल में निहित होती हैं। वह इन शक्तियों का प्रयोग प्रत्यक्ष अथवा अधीनस्थ अधिकारियों के माध्यम से करता है।

नियुक्ति, योग्यताएं तथा कार्यकाल

किसी राज्य के राज्यपाल की नियुक्ति भारत के राष्ट्रपति द्वारा की जाती है। किसी राज्यपाल को उसी राज्य में या किसी दूसरे राज्य में पुनः नियुक्त करने पर कोई पाबंदी नहीं है। इससे यह पता चलता है कि राज्यपाल निर्वाचित नहीं होता परंतु नियुक्त किया जाता है। राज्यपाल बनने के लिए निम्नलिखित योग्यताएं होनी चाहिए :

1. उसे भारत का नागरिक होना चाहिए।
2. उसे कम से कम 35 वर्ष का होना चाहिए, और
3. वह अपने कार्यकाल में किसी अन्य लाभ वाले पद पर नहीं रह सकता।

किंतु यदि कोई व्यक्ति संसद के किसी सदन अथवा राज्य विधायिका का अथवा राष्ट्रीय या राज्य स्तर पर मंत्रिपरिषद का सदस्य है और उसे राज्यपाल नियुक्त कर दिया जाता है तो वह मंत्रीपरिषद का सदस्य नहीं रहता अर्थात् पदमुक्त माना जाता है।

राज्यपाल की नियुक्ति पांच वर्ष के लिए की जाती है परंतु प्रायः राष्ट्रपति की इच्छा तक अपने पद पर बना रहता है। वह अपना कार्यकाल समाप्त होने से पूर्व त्यागपत्र दे सकता है अथवा राष्ट्रपति द्वारा समय से पहले हटाया भी जा सकता है। वास्तव में राज्यपाल की नियुक्ति सरकार की संरचना करते समय या उसे पदच्युत करते समय राष्ट्रपति प्रधानमंत्री के परामर्श को मानता है। उसे निःशुल्क आवास दिया जाता है, जिसे राजभवन कहते हैं। उसके वेतन, भत्ते, तथा अन्य सुविधाओं का निर्धारण समय-समय पर कानून बना कर किया जाता है किंतु उन्हें किसी भी राज्यपाल के कार्यकाल के दौरान कम नहीं किया जा सकता।

शक्तियां

राज्यपाल की शक्तियां एवं कार्य मुख्यतः दो श्रेणियों में बांटे जा सकते हैं–*(i)* राज्य का प्रमुख होने के नाते *(ii)* केन्द्रीय सरकार के प्रतिनिधि के रूप में। राज्य का मुखिया होने के नाते इसकी शक्तियों के अंतर्गत, हम इसकी कार्यपालिका संबंधी, विधायी, वित्तीय तथा क्षमादान करने की शक्तियों के बारे में पढ़ेंगे।

(क) कार्यकारी शक्तियाँ

राज्य में सभी कार्यपालिका संबंधी कार्य राज्यपाल के नाम से ही होते हैं। वह न केवल मुख्यमंत्री की नियुक्ति करता है बल्कि मुख्यमंत्री की सलाह से अन्य मंत्रियों की भी नियुक्ति करता है। स्थापित परम्परा के अनुसार विधान सभा में बहुमत प्राप्त दल के नेता को अथवा किसी भी दल को स्पष्ट बहुमत न मिलने की स्थिति में कुछ दलों के गठबंधन के नेता को वह सरकार बनाने के लिए आमंत्रित करता है। वह मुख्यमंत्री की सलाह से अन्य मंत्रियों में विभागों का विभाजन करता है। राज्यपाल राज्य के महान्यायवादी और राज्य के लोक सेवा आयोग के अध्यक्ष एवं सदस्यों की नियुक्ति भी करता है।

वह उच्च न्यायालय को छोड़कर राज्य के सभी न्यायालयों के न्यायाधीशों की नियुक्ति करता है किन्तु उच्च न्यायालय के न्यायाधीशों की राष्ट्रपति द्वारा नियुक्ति करते समय राज्यपाल से परामर्श लिया जाता है। राज्य की कार्यपालिका का प्रमुख होने के नाते अपने कर्त्तव्यों का निर्वहन करने के लिए राज्यपाल मुख्यमंत्री के नेतृत्व में मंत्रिपरिषद से परामर्श एवं सहायता लेता है।

(ख) विधायी शक्तियाँ

राज्यपाल राज्य विधान सभा का एक अभिन्न अंग है तथा उसकी अनेक विधायी शक्तियां भी हैं। उसे राज्य विधान मंडल की बैठक बुलाने या स्थगित करने का अधिकार है। वह चाहे तो मुख्यमंत्री एवं मंत्रिपरिषद के परामर्श पर विधान सभा को भंग भी कर सकता है।

वह राज्य की विधान सभा को अथवा दोनों सदनों की संयुक्त बैठक को सम्बोधित कर सकता है। वह किसी एक सदन अथवा दोनों सदनों को संदेश भेज सकता है। यदि राज्यपाल के विचार में आंग्ल भारतीय समुदाय को राज्य विधान सभा में उचित प्रतिनिधित्व न मिला हो, तो राज्यपाल इस समुदाय के एक सदस्य को विधान सभा के लिए मनोनीत कर सकता है।

जिन राज्यों में विधान परिषद है, वहां का राज्यपाल विधान परिषद की कुल सदस्य संख्या के 1/6 सदस्यों को मनोनीत करता है। ये मनोनीत सदस्य साहित्य, कला, विज्ञान, सहकारिता अथवा समाज सेवा में ख्याति प्राप्त व्यक्ति होते हैं। किसी भी विधेयक को कानून बनने के लिए राज्यपाल की स्वीकृति आवश्यक है। इस संबंध में राज्यपाल के पास निम्नलिखित विकल्प हैं:

(i) राज्यपाल विधेयक को स्वीकृति प्रदान करे, ऐसा होने पर विधेयक कानून बन जाता है।

(ii) वह विधेयक को स्वीकृति देने की बजाए अपने पास रख ले तो इस स्थिति में विधेयक कानून नहीं बन पाता।

(iii) राज्यपाल कुछ संशोधनों सहित विधेयक को पुनर्विचार के लिए वापस भेज सकता है। यदि सदन इस विधेयक को संशोधित करके या मूल

रूप से पारित कर राज्यपाल के पास भेज दे, तो वह स्वीकृति देने से मना नहीं कर सकता।

(*iv*) वह विधेयक को राष्ट्रपति के विचारार्थ सुरक्षित रख सकता है। यदि राज्य विधायिका का अधिवेशन न चल रहा हो, तो राज्यपाल को अध्यादेश जारी करने का अधिकार है किंतु इस प्रकार के अध्यादेश को विधान मण्डल की अगली सभा प्रारम्भ होने के छह सप्ताह के अंदर स्वीकृति मिलना आवश्यक है, अन्यथा अध्यादेश प्रभावी नहीं रहता। राज्य विधान सभा अध्यादेश के स्थान पर निर्धारित अवधि में एक नया कानून बना सकती है। कार्यपालिका संबंधी शक्तियों की तरह विधायी शक्तियों का प्रयोग भी वास्तव में मुख्यमंत्री के नेतृत्व में मंत्रिपरिषद द्वारा किया जाता है।

(ग) वित्तीय शक्तियां

(*i*) राज्यपाल की पूर्व अनुमति के बिना कोई धन विधेयक राज्य विधान राभा में प्रस्तुत नहीं किया जा सकता।

(*ii*) राज्य का वार्षिक बजट तथा अनुपूरक बजट, राज्यपाल के नाम से ही, विधान सभा में प्रस्तुत किया जाता है।

(*iii*) राज्य की आकस्मिक निधि पर राज्यपाल का नियंत्रण होता है।

(घ) क्षमादान की शक्ति

राज्यपाल के पास न्यायालय द्वारा दण्डित किसी अपराधी को उस राज्य के किसी कानून के विरुद्ध अपराध करने पर मिले दण्ड को माफ, स्थगित अथवा कम करने की शक्ति है।

(ङ) स्वविवेक की शक्तियां

राज्यपाल अपनी कार्यकारी संबंधी, विधायी, वित्तीय तथा न्यायिक शक्तियों का प्रयोग करते समय मुख्यमंत्री के नेतृत्व में मंत्रिपरिषद से परामर्श तथा सहयोग लेता है। उसे यह शक्तियां अपने राज्य के अध्यक्ष के नाते मिली हुई हैं। उसकी कुछ अन्य शक्तियां भी हैं जो उसे केंद्रीय सरकार के प्रतिनिधि के रूप में मिली हुई हैं। इन शक्तियों को स्वविवेक की शक्तियां भी कहते हैं। ऐसा कुछ विशिष्ट परिस्थितियों में होता है जब राज्यपाल मंत्रिपरिषद के परामर्श के बिना कोई कार्य करता है। दूसरे शब्दों में यह कहा जा सकता है कि राज्यपाल की ऐसी शक्तियों का प्रयोग उसकी इच्छा पर निर्भर करता है। ये शक्तियां हैं:

(*i*) यदि राज्यपाल के विचार में राज्य में संवैधानिक तंत्र विफल हो चुका हो तो वह उसकी सूचना तुरंत राष्ट्रपति को देकर, राष्ट्रपति शासन लागू करने की सिफारिश कर सकता है। ऐसी स्थिति में मंत्रिपरिषद की सलाह न लेकर, राज्यपाल स्वयं निर्णय करता है। इसलिए इसे स्वविवेक संबंधी शक्ति कहा जाता है। यदि राज्यपाल की सिफारिश राष्ट्रपति द्वारा स्वीकार कर ली जाती है तो अनुच्छेद 356 के अंतर्गत राष्ट्रपति संकट काल की घोषणा करता है और मंत्रिपरिषद को भंग कर दिया जाता है। विधान सभा भी या तो भंग कर दी जाती है अथवा स्थगित कर दी जाती है। इस काल में राज्यपाल राष्ट्रपति के अभिकर्ता के रूप में शासन करता है।

(*ii*) एक परिस्थिति यह भी हो सकती है कि राज्यपाल किसी विधेयक को राष्ट्रपति के विचारार्थ सुरक्षित सरकार की संरचना रखना चाहे। क्योंकि राज्यपाल यह निर्णय स्वयं अपने आप लेता है, इसलिए यह भी उसकी स्वविवेक की शक्ति है। राज्यपाल की स्वविवेक की शक्तियां असामान्य और संकट काल के लिए रखी गई हैं। किंतु देखा यह गया है कि इन शक्तियों का प्रयोग न केवल ऐसी परिस्थितियों में हुआ है बल्कि सामान्य परिस्थितियों में भी विवादास्पद तरीके से किया गया है, जिससे केंद्र और राज्यों के संबंध में तनाव पैदा हुआ है।

राज्यपाल की भूमिका तथा स्थिति

राज्यपाल की शक्तियों की सूची पर दृष्टि डालने से यह स्पष्ट होता है कि राज्यपाल राज्य में एक शक्तिशाली व्यक्ति है। संसदीय शासन प्रणाली में मंत्रिपरिषद राज्य विधायिका के प्रति उत्तरदायी होती है। इसलिए वास्तविक शक्तियों का प्रयोग मंत्रिपरिषद द्वारा किया जाता है न कि राज्यपाल द्वारा। राष्ट्रपति की तरह वह भी मुख्यमंत्री के नेतृत्व में मंत्रिपरिषद के परामर्श से कार्य करता है इसलिए सामान्यतया राज्यपाल एक संवैधानिक औपचारिक मुखिया के रूप में कार्य करता है। किंतु असाधारण परिस्थितियों में राज्यपाल को अपनी शक्ति का प्रयोग अपने विवेक के आधार पर करने का अवसर मिल जाता है। संविधान विशेषज्ञों के अनुसार तीन क्षेत्रों में राज्यपाल की भूमिका बहुत विवादास्पद हो गई है। वे हैं: राष्ट्रपति को संकटकाल की घोषणा करने के लिए सिफारिश करना, किसी भी राजनीतिक दल को स्पष्ट बहुमत प्राप्त न होने पर मुख्यमंत्री की नियुक्ति और दल बदल की स्थिति में मुख्यमंत्री के भविष्य का फैसला करना। इन विवादों के पीछे कई राज्यों में बहुदलीय मंत्रिपरिषदों का निर्माण, दलगत राजनीति, दल बदल की समस्या तथा दलों का विघटन मुख्य कारण रहे हैं। प्रशासनिक सुधार आयोग तथा सरकारिया आयोग द्वारा भेजी गई सिफारिशें तथा सुझाव कागजों तक सिमट कर रह गए हैं जबकि वास्तविकता यह है कि इन सिफारिशों पर काम करने से राज्यपाल के काम में पक्षपात करने की सम्भावना कम हो सकती थी।

राज्य मंत्रिपरिषद

प्रत्येक राज्य में, राज्यपाल के दायित्व निर्वहन में सहयोग और सहायता के लिए, एक मंत्रिपरिषद होती है। मुख्यमंत्री के नेतृत्व में मंत्रिपरिषद राज्य स्तर पर वास्तविक शक्तियों का प्रयोग करती है। मुख्यमंत्री राज्य में सरकार का मुखिया होता है।

मुख्यमंत्री की नियुक्ति राज्यपाल द्वारा की जाती है। विधान सभा में बहुमत प्राप्त दल के नेता को राज्यपाल द्वारा मुख्यमंत्री नियुक्त किया जाता है। मुख्यमंत्री की सिफारिश पर बाकी मंत्रियों की नियुक्ति की जाती है। मंत्रिपरिषद में शामिल किए जाने वाले मंत्रियों के लिए राज्य विधायिका के किसी एक सदन का सदस्य होना आवश्यक है। कोई व्यक्ति जो राज्य विधायिका का सदस्य नहीं है उसे मंत्री नियुक्त किया जा सकता है परंतु उसे छह महीने के अंदर राज्य विधायिका का सदस्य निर्वाचित होना अनिवार्य है अन्यथा उसका मंत्री पद समाप्त हो जाता है। मंत्रियों में विभागों का विभाजन, मुख्यमंत्री की सलाह से राज्यपाल द्वारा किया जाता है।

मुख्यमंत्री के कार्य

मुख्यमंत्री राज्य की मंत्रिपरिषद का मुखिया होता है। मुख्यमंत्री की संवैधानिक स्थिति लगभग प्रधानमंत्री जैसी होती है। राज्य के प्रशासन में मुख्यमंत्री की भूमिका बड़ी महत्त्वपूर्ण है। उसके कार्यों की चर्चा हम इस प्रकार कर सकते हैं:

1. मुख्यमंत्री राज्य सरकार का वास्तविक मुखिया होता है। उसी की सिफारिश पर मंत्रियों की नियुक्ति राज्यपाल द्वारा की जाती है। राज्यपाल मंत्रियों के विभागों का विभाजन भी मुख्यमंत्री की सलाह पर ही करता है।
2. मुख्यमंत्री मंत्रिमण्डल की बैठकों की अध्यक्षता करता है। वह विभिन्न मंत्रालयों में समन्वय बनाता है तथा मंत्रिपरिषद का मार्ग दर्शन करता है।
3. राज्य सरकार के कानून तथा नीतियां बनाने में मुख्यमंत्री की भूमिका प्रमुख होती है। उसकी स्वीकृति से ही कोई मंत्री सदन में विधेयक प्रस्तावित करता है। वह विधान सभा के अंदर तथा बाहर, दोनों जगह सरकार की नीतियों का मुख्य प्रवक्ता होता है।
4. संविधान के अनुसार प्रशासन, राजकीय मामले तथा प्रस्तावित विधेयकों के बारे में राज्यपाल को जानकारी देने का दायित्व मुख्यमंत्री का है।
5. जब भी राज्यपाल चाहता है, मुख्यमंत्री को उपरोक्त विषयों के बारे में राज्यपाल को जानकारी देनी होती है।
6. ऐसा कोई विषय या मामला जिस पर किसी मंत्री ने निर्णय लिया हो परंतु उस पर मंत्रिपरिषद ने विचार नहीं किया हो, राज्यपाल की इच्छा पर मुख्यमंत्री द्वारा मंत्रिपरिषद में विचारार्थ रखा जाता है।
7. राज्यपाल और मंत्रिमण्डल के बीच संचार का एक मात्र सेतु मुख्यमंत्री होता है। मंत्रिपरिषद द्वारा लिए गए सभी निर्णयों के बारे में जानकारी प्राप्त करने का अधिकार राज्यपाल को है।

उपरोक्त कार्यों से यह पता चलता है कि वास्तविक शक्तियां, मुख्यमंत्री के नेतृत्व में मंत्रिपरिषद के पास होती हैं। मंत्रिपरिषद राज्य की वास्तविक कार्यपालिका है। राज्य मंत्रिपरिषद की स्थिति मुख्यतया इस बात पर निर्भर करती है कि सत्ताधारी दल की विधान सभा में क्या शक्ति है और मुख्यमंत्री का व्यक्तित्व कैसा है। मुख्यमंत्री की स्थिति और भी शक्तिशाली हो जाती है यदि उसी का राजनीतिक दल केन्द्र में भी सत्ता में हो। जब तक मुख्यमंत्री और मंत्रिपरिषद को विधान सभा में बहुमत का विश्वास प्राप्त है, वे राज्य में वास्तविक शक्तियों का प्रयोग करते हैं।

राज्यपाल तथा मुख्यमंत्री के बीच संबंध

राज्यपाल राज्य का संवैधानिक प्रमुख है। राज्य के सभी कार्यपालिका संबंधी कार्य उसी के नाम से होते हैं। राज्यपाल मुख्यमंत्री की नियुक्ति करता है और फिर उसकी सिफारिश पर मंत्रियों की नियुक्ति करता है। राज्य प्रशासन को सुचारु रूप से चलाने की जिम्मेदारी राज्यपाल की है। यह देखना भी उसी का दायित्व है कि राज्य प्रशासन संविधान के अनुसार चल रहा है कि नहीं। यदि वह यह अनुभव करे कि राज्य में संवैधानिक तंत्र असफल हो चुका है अथवा प्रशासन संविधान के अनुसार बनाए नियमों का पालन नहीं कर रहा है तो वह केन्द्र सरकार को राज्य में संकट काल की घोषणा करने की सिफारिश कर सकता है। वह अपनी रिपोर्ट में राष्ट्रपति को राज्य में राष्ट्रपति शासन लागू करने का परामर्श दे सकता है। यदि राष्ट्रपति संतुष्ट हो जाता है तो वह अनुच्छेद 356 के अंतर्गत आपातकाल की घोषणा कर देता है जिसे सामान्यतया राष्ट्रपति शासन कहते हैं। घोषणा के पश्चात, राज्य प्रशासन पर केन्द्र का नियंत्रण हो जाता है और राज्यपाल केन्द्र के प्रतिनिधि के रूप में कार्य करता है। मंत्रिपरिषद को भंग कर दिया जाता है और विधान सभा या तो भंग अथवा स्थगित कर दी जाती है।

संविधान के अनुसार राज्य का प्रशासन सुचारु रूप से चलाने के लिए राज्यपाल के सहयोग तथा सहायता के लिए मुख्यमंत्री के नेतृत्व में एक मंत्रिपरिषद की व्यवस्था होगी ताकि वह अपने दायित्व का वहन कर सके, सिवाय उस स्थिति के जब संविधान के अनुसार उसे स्वविवेक के आधार पर काम करना होता है। जब मुख्यमंत्री विधान सभा में विश्वास मत प्राप्त कर लेता है तब राज्यपाल का विवेकाधिकार कम हो जाता है। ऐसी परिस्थिति में मुख्यमंत्री राज्य का वास्तविक प्रमुख होता है जबकि राज्यपाल केवल संवैधानिक प्रमुख रह जाता है।

इस प्रकार हम देखते हैं कि राज्यपाल की दोहरी भूमिका है। राज्य का संवैधानिक प्रमुख होने के नाते वह मंत्रिपरिषद के परामर्श से कार्य करता है और केन्द्र सरकार के प्रतिनिधि के रूप में भी वह कार्य करता है। राज्यपाल तथा मुख्यमंत्री के आपसी संबंध राज्य के राजनीतिक तथा संवैधानिक वातावरण पर निर्भर करते हैं। सामान्यतया राज्यपाल राज्य का नाममात्र का प्रमुख है परंतु राष्ट्रपति शासन के समय वह केन्द्र सरकार का प्रतिनिधि बन जाता है और राज्य प्रशासन का भार संभाल लेता है। संवैधानिक भावना को ध्यान में रखते हुए राज्यपाल को एक प्रकार से केन्द्रीय सरकार की आंखें तथा कान भी कहा जा सकता है। चूंकि उसकी नियुक्ति, पदच्युति और स्थानांतरण केन्द्र सरकार द्वारा होता है, अतः वह केन्द्र सरकार तथा सत्ताधारी दल का आज्ञाकारी बना रहता है। एक बात तो स्पष्ट है कि राज्यपाल का कार्य केवल एक अम्पायर जैसा ही है, जो केवल यह देखे कि खेल संवैधानिक प्रावधानों तथा उसमें निहित भावनाओं के अनुसार खेला जा रहा है अथवा नहीं।

राज्य विधान मंडल

भारत एक संघ राज्य है। इसका अर्थ यह होता है कि इसमें एक केन्द्रीय सरकार तथा कई राज्य सरकारें हैं। इसका अर्थ यह भी है कि केन्द्रीय सरकार राज्य सरकारों से अधिक शक्तिशाली है। वर्तमान में भारतीय संघ में 28 राज्य हैं और प्रत्येक में एक-एक विधान मण्डल है। राज्य विधान मण्डल राज्य स्तर पर कानून बनाने वाली संस्था है।

राज्य विधान मण्डल की संरचना

अधिकतर राज्यों के विधान मण्डल में राज्यपाल तथा विधान सभा होती है। इसका अर्थ यह है कि इन राज्यों में एकसदनीय विधायिका है। कई राज्यों में विधान मण्डल के दो सदन होते हैं–विधान सभा और विधान परिषद। जहां दो सदन होते हैं उसे द्विसदनीय विधायिका कहते हैं।

छः राज्यों में द्विसदनीय विधानमंडल हैं। ये राज्य हैं–बिहार, उ.प्र., कर्नाटक, महाराष्ट्र, जम्मू-कश्मीर और आन्ध्रप्रदेश। विधान सभा को निचला

सदन या लोकप्रिय सदन कहा जाता है। विधान परिषद को उपरी सदन कहते हैं। जिस प्रकार केन्द्रीय स्तर पर लोकसभा को अत्यंत शक्तिशाली बनाया गया है उसी प्रकार राज्यों में विधान सभा को शक्तिशाली बनाया गया है।

विधान सभा

प्रत्येक राज्य में एक विधान सभा होती है। यह राज्य की जनता का प्रतिनिधित्व करती है। विधान सभा के सदस्य सार्वभौमिक वयस्क मताधिकार के आधार पर प्रत्यक्ष रूप से जनता द्वारा निर्वाचित किए जाते हैं। उनका निर्वाचन राज्य में पंजीकृत सभी वयस्क नागरिक मतदाताओं द्वारा प्रत्यक्ष रूप से होता है। 18 वर्ष या उससे ऊपर की आयु के सभी स्त्री और पुरुष मतदाता सूची में शामिल होने के योग्य होते हैं। वे राज्य विधान सभा के सदस्यों को चुनने के लिए मतदान करते हैं। सदस्य निर्वाचन क्षेत्रों के आधार पर निर्वाचित किए जाते हैं। प्रत्येक राज्य को उतने ही एक सदस्यीय निर्वाचन क्षेत्रों में बांटा जाता है जितने सदस्य चुने जाने हैं। लोकसभा की तरह यहां भी कुछ स्थान अनुसूचित जातियों तथा कुछ स्थान अनुसूचित जनजातियों के लिए आरक्षित किए जाते हैं। यह उस राज्य में इन वर्गों की जनसंख्या पर निर्भर करता है।

राज्य विधान सभा का सदस्य बनने के लिए एक व्यक्ति में निम्नलिखित योग्यताएं होनी चाहिएः

- वह भारत का नागरिक हो;
- वह 25 वर्ष का हो;
- उस का नाम मतदाता सूची में होना चाहिए;
- किसी लाभ के पद पर अथवा सरकारी पद पर कार्यरत न हो।

विधान सभा के सदस्यों की संख्या 500 से अधिक तथा 60 से कम नहीं हो सकती। किंतु बहुत छोटे राज्यों को न्यूनतम संख्या से भी कम सदस्य रखने की स्वीकृति दी गई है। जैसे गोवा की विधानसभा में केवल 40 सदस्य हैं। यदि किसी राज्य की विधान सभा में आंग्ल भारतीय समुदाय का उचित प्रतिनिधित्व न हो, तो राज्यपाल को यह अधिकार प्राप्त है कि वह इस समुदाय का एक सदस्य मनोनीत कर सकते थे। यह प्रावधान 126वाँ संविधान संशोधन के द्वारा निरस्त कर दिया गया। लोकसभा की तरह यहां भी कुछ स्थान अनुसूचित जातियों व जनजातियों के लिए आरक्षित होते हैं। विधान सभा का कार्यकाल पांच वर्ष का होता है। परंतु मुख्यमंत्री की सलाह पर राज्यपाल अवधि पूरा होने से पहले भी इसको भंग कर सकता है। अनुच्छेद 356 के अंतर्गत यदि राष्ट्रपति किसी राज्य में संवैधानिक संकट की स्थिति में आपातकाल की घोषणा करे तो भी राष्ट्रपति विधान सभा को भंग कर सकता है। अनुच्छेद 352 के अंतर्गत राष्ट्रीय आपातकाल की घोषणा होने पर संसद विधान सभा के कार्यकाल को एक बार में एक वर्ष तक बढ़ा सकती है।

अध्यक्ष

विधान सभा के सदस्य अपना सभापति निर्वाचित करते हैं जिसे अध्यक्ष कहा जाता है। अध्यक्ष सदन की बैठकों का सभापतित्व करता है एवं इसकी कार्यवाही को चलाता है। वह सदन में अनुशासन बनाए रखता है तथा सदस्यों को प्रश्न पूछने तथा बोलने की स्वीकृति प्रदान करता है। वह विधेयकों तथा अन्य प्रस्तावों पर मतदान कराता है तथा परिणाम घोषित करता है। किंतु मत समान होने की स्थिति में वह अपना निर्णायक मत दे सकता है। अध्यक्ष की अनुपस्थिति में उपाध्यक्ष बैठकों का सभापतित्व करता है। उपाध्यक्ष भी सदस्यों द्वारा अपने में से ही चुना जाता है।

विधान परिषद

विधान परिषद राज्य विधायिका का उच्च सदन है। अधिकतर राज्यों में विधान परिषद नहीं हैं। बहुत कम राज्यों में द्विसदनीय विधायिका है। वर्तमान में छह राज्यों, जैसे उत्तर प्रदेश, बिहार, कर्नाटक, महाराष्ट्र, आन्ध्र प्रदेश तथा तेलंगाना में विधान परिषद हैं जबकि 22 राज्यों में केवल एक सदन है अर्थात् केवल विधान सभा। विधान परिषद ब्रिटिश काल की विरासत है। यदि किसी राज्य की विधान सभा जहां विधान परिषद नहीं है, अपनी कुल सदस्य संख्या के बहुमत तथा उपस्थित एवं मतदान में भाग लेने वाले सदस्यों के दो-तिहाई बहुमत से पारित करके द्वितीय सदन अर्थात् विधान परिषद बनाने का प्रस्ताव संसद के पास भेजे, तो संसद उस स्थिति में विधान परिषद का निर्माण कर सकती है। इसी प्रकार यदि किसी राज्य में विधान परिषद है परंतु वे चाहते हैं कि इसे समाप्त कर दिया जाए तो संबंधित राज्य को विशेष बहुमत से एक प्रस्ताव पारित कर संसद को भेजना होता है। अब संसद एक प्रस्ताव पारित करेगी कि दूसरा सदन समाप्त कर दिया जाए। इसी तरीके से पंजाब तथा पश्चिम बंगाल से विधान परिषद समाप्त कर दी गई है। संविधान के अनुसार विधान परिषद के सदस्यों की कुल संख्या विधान सभा की कुल सदस्य संख्या के एक- तिहाई से अधिक नहीं होनी चाहिए परंतु यह संख्या कम-से-कम 40 होनी चाहिए।

विधान परिषद का सदस्य बनने के लिए निम्नलिखित योग्यताएं होनी चाहिएः

- वह भारत का नागरिक हो;
- 30 वर्ष की आयु प्राप्त कर चुका हो;
- राज्य का पंजीकृत मतदाता हो;
- उसके पास कोई लाभ का पद न हो।

विधान परिषद आंशिक रूप से निर्वाचित तथा आंशिक रूप से मनोनीत होती है। अधिकतर सदस्य आनुपातिक प्रतिनिधित्व के आधार पर एकल संक्रमणीय मत प्रणाली द्वारा अप्रत्यक्ष रूप से चुने जाते हैं। विधान परिषद की रचना इस प्रकार हैः

- परिषद के एक-तिहाई (1/3) सदस्य विधान सभा के सदस्यों द्वारा चुने जाते हैं।
- इसके एक-तिहाई (1/3) सदस्य एक निर्वाचक मण्डल द्वारा निर्वाचित होते हैं जिसमें नगर निगम, नगर परिषद, जिला बोर्ड तथा राज्य की अन्य स्थानीय शासन की संस्थाओं के प्रतिनिधि होते हैं।
- कुल सदस्यों का 12वां भाग राज्य के स्नातकों द्वारा निर्वाचित होता है जिन को स्नातक बने कम-से-कम तीन वर्ष हो चुके हों।
- कुल सदस्यों का बारहवां भाग राज्य के उन अध्यापकों द्वारा निर्वाचित होता है जिनका अध्यापन का अनुभव कम-से-कम तीन वर्ष का हो तथा वे उच्च माध्यमिक या उससे ऊपर के स्तर के शैक्षणिक संस्थाओं में पढ़ाते हों।

- शेष, लगभग छठा भाग राज्यपाल द्वारा मनोनीत किए जाते हैं। ये वह लोग होते हैं जो साहित्य, विज्ञान, कला, सहकारी तथा सामाजिक क्षेत्र में ख्याति प्राप्त व्यक्ति हों। केन्द्र में राज्यसभा की तरह, विधान परिषद भी एक स्थाई सदन है। यह कभी भंग नहीं होता है। इसके सदस्यों का कार्यकाल 6 वर्ष है। प्रत्येक दो वर्ष के पश्चात इसके एक-तिहाई सदस्य सेवानिवृत हो जाते हैं। सेवानिवृत होने वाले सदस्य पुनः चुनाव लड़ सकते हैं। यदि किसी सदस्य के मरने से अथवा त्याग पत्र देने से कोई स्थान रिक्त होता है तो उसका चुनाव केवल बचे हुए कार्यकाल के लिए होता है।

राज्य विधान मण्डल के कार्य

कानून बनाने संबंधी कार्य

संसद की तरह, राज्य विधान मण्डल का कार्य भी कानून बनाना है। इसको राज्य सूची तथा समवर्ती सूची में वर्णित किसी भी विषय पर कानून बनाने का अधिकार है। संसद तथा राज्य विधायिका दोनों को समवर्ती सूची के किसी भी विषय पर कानून बनाने का अधिकार प्राप्त है। परंतु यदि एक ही विषय पर संसद द्वारा बनाए गए कानून और विधान मण्डल द्वारा बनाए गए कानून में विरोध हो, तो संसद द्वारा बनाया गया कानून प्रभावी माना जाएगा। विधेयक दो प्रकार के होते हैं, साधारण विधेयक तथा धन विधेयक। साधारण विधेयक दोनों में से किसी भी सदन में प्रस्तावित किया जा सकता है। परंतु धन विधेयक पहले विधान सभा में ही प्रस्तावित किया जा सकता है। दोनों सदनों से विधेयक पारित होने के पश्चात राज्यपाल के पास उसे स्वीकृति के लिए भेज दिया जाता है। राज्यपाल चाहे तो विधेयक को पुनर्विचार के लिए वापस भेज सकता है परंतु यदि विधान मण्डल इसे पुनः पारित कर दे तो राज्यपाल को स्वीकृति प्रदान करनी पड़ती है। जैसा कि पहले उल्लेख किया जा चुका है कि यदि संसद का अधिवेशन न चल रहा हो और किसी कानून की नितांत आवश्यकता हो तो राष्ट्रपति अध्यादेश जारी कर सकता है। इसी प्रकार विधान मण्डल के सत्र के न होने की स्थिति में, राज्यपाल भी किसी राज्य विषय के लिए अध्यादेश जारी कर सकता है। अध्यादेश में कानून का बल होता है। जारी किए गए अध्यादेश को विधान मण्डल की बुलाई गयी बैठक में रखा जाता है। यह बैठक बुलाए जाने के छः सप्ताह बाद निष्प्रभावी हो जाती है यदि विधान मण्डल इसको इससे पूर्व अस्वीकार न कर दे।

वित्तीय शक्तियां

विधान मण्डल राज्य के वित्त पर नियंत्रण बनाए रखता है। कोई भी धन विधेयक पहले विधान सभा में प्रस्तावित किया जाता है। धन विधेयकों में सरकार द्वारा व्यय किए जाने वाले धन की स्वीकृति, करों को लगाने अथवा हटाए जाने संबंधी प्रस्ताव, तथा ऋण संबंधी प्रस्ताव आते हैं। ऐसे विधेयक मंत्री द्वारा राज्यपाल की पूर्व अनुमति से प्रस्तावित किए जाते हैं। धन विधेयक किसी सदस्य द्वारा निजी रूप में प्रस्तावित नहीं किया जा सकता है। कोई विधेयक धन विधेयक है अथवा नहीं, यह निर्णय विधान सभा का अध्यक्ष देता है।

विधान सभा द्वारा धन विधेयक पारित होने के पश्चात विधान परिषद में भेज दिया जाता है जिसे 14 दिन के अंदर पारित करके या बिना पारित किए विधेयक वापस भेजना होता है। इस स्थिति में धन विधेयक दोनों सदनों द्वारा पारित माना जाता है। अब विधेयक को राज्यपाल के पास उसकी स्वीकृति के लिए भेज दिया जाता है। राज्यपाल स्वीकृति देने से मना नहीं कर सकता क्योंकि विधेयक प्रस्तावित करने से पूर्व उसकी अनुमति ले ली जाती है।

कार्यपालिका पर नियंत्रण

संघ सरकार की तरह, राज्य विधायिका भी कार्यपालिका पर नियंत्रण रखती है। राज्य की मंत्रिपरिषद सामूहिक रूप से विधान सभा के प्रति उत्तरदायी होती है और जब तक उसे विधान सभा में बहुमत का समर्थन प्राप्त होता है मंत्रिपरिषद अपने पद पर बनी रहती है। इसे केवल तभी अपदस्थ किया जा सकता है जब विधान सभा इसके विरुद्ध अविश्वास का प्रस्ताव पारित करे अथवा किसी सरकारी विधेयक को रद्द करे। अविश्वास प्रस्ताव के अतिरिक्त प्रश्न तथा पूरक प्रश्न पूछकर, काम रोको प्रस्ताव द्वारा अथवा ध्यानाकर्षण प्रस्ताव द्वारा विधायिका कार्यपालिका पर नियंत्रण बनाए रखती है।

चुनाव संबंधी कार्य

विधान सभा के सभी निर्वाचित सदस्य राष्ट्रपति का निर्वाचन करने के लिए निर्वाचक मंडल के सदस्य होते हैं। इस प्रकार वे भारतीय गणतंत्र के राष्ट्रपति के चुनाव में अपनी हिस्सेदारी निभाते हैं। विधान सभा के सदस्य अपने-अपने राज्यों से राज्यसभा के लिए सांसदों का भी निर्वाचन करते हैं। जिन राज्यों में विधान परिषद है, वहां इसके एक-तिहाई सदस्यों का निर्वाचन भी विधान सभा के सदस्य ही करते हैं। इन सभी निर्वाचनों में विधानसभा के सदस्य एकल संक्रमणीय मत प्रणाली के आधार पर मतदान करते हैं।

संवैधानिक कार्य

संघीय विषयों में संशोधन के लिए संसद के दोनों सदनों में विशेष बहुमत तथा आधे से अधिक राज्यों का समर्थन होना चाहिए। समर्थन का प्रस्ताव राज्य विधान मण्डल द्वारा साधारण बहुमत से पारित किया जाता है। विधान मण्डल के समर्थन के बिना संविधान में किसी प्रकार संशोधन संभव नहीं है।

विधान मण्डल के दोनों सदनों की तुलना

लोकसभा की तरह, विधान सभा भी अधिक प्रभावशाली सदन है। विधान सभा की तुलना में विधान परिषद की शक्तियां काफी कम हैं चाहे साधारण विधेयक का ही प्रश्न क्यों न हो। धन विधेयक के अतिरिक्त बाकी सभी विधेयकों के पारित करने में भी विधान परिषद की शक्तियां काफी कम हैं। विधान सभा तथा विधान परिषद की तुलनात्मक स्थिति इस प्रकार है:

साधारण विधेयक के संबंध में

संसद में यदि दोनों सदनों के बीच किसी साधारण विधेयक को लेकर सहमति न हो तो राष्ट्रपति दोनों सदनों की संयुक्त बैठक बुलाता है और यदि वहां बहुमत से विधेयक पारित हो जाए, तो उसे दोनों सदनों से पारित समझा जाता है। परंतु संयुक्त बैठक की यह व्यवस्था राज्यों में नहीं है।

यद्यपि साधारण विधेयक विधान मण्डल के किसी भी सदन में प्रस्तावित किया जा सकता है तथापि दोनों सदनों की शक्तियां समान नहीं हैं। यदि कोई विधेयक विधान सभा से पारित होता है, तो उसे विचारार्थ विधान परिषद में भेज दिया जाता है। जब विधान परिषद बिना किसी संशोधन के इसे पारित कर देती है तो विधेयक राज्यपाल के पास उसकी स्वीकृति के लिए भेज देता है। यदि विधेयक परिषद द्वारा रद्द कर दिया जाता है अथवा विधेयक पर परिषद तीन महीने तक विचार न करे अथवा कुछ संशोधन करके विधेयक पारित कर दे जिससे विधान सभा सहमत न हो, तो विधान सभा उसी सत्र में या अगले सत्र में विधेयक को पुनः पारित कर सकती है। इसके पश्चात विधेयक फिर विधान परिषद को भेज दिया जाता है। यदि विधान परिषद एक महीने के अंदर विधेयक पारित कर के नहीं भेजती तो इसे दोनों सदनों से पारित माना जाता है और राज्यपाल की स्वीकृति के लिए भेज दिया जाता है। इसका अर्थ यह हुआ कि विधान परिषद किसी विधेयक को अधिकतम चार महीने तक रोक सकती है।

वित्त विधेयक के संबंध में

लोकसभा की तरह कोई भी वित्त विधेयक पहले विधान सभा में रखा जाता है। यह विधान परिषद में प्रस्तावित नहीं किया जा सकता। विधान सभा अध्यक्ष यह प्रमाणित करता है कि कोई विधेयक धन विधेयक है अथवा नहीं। विधान सभा से विधेयक पारित होने के पश्चात विधान परिषद को भेज दिया जाता है। विधान परिषद को इस पर चर्चा के लिए 14 दिन मिलते हैं। यदि परिषद विधेयक पारित कर दे तो इसे राज्यपाल के पास स्वीकृति के लिए भेज दिया जाता है। यदि परिषद द्वारा 14 दिन के अंदर विधेयक वापस नहीं भेजा जाता तो इसे परिषद द्वारा भी पारित माना जाता है। यदि परिषद विधेयक में कुछ परिवर्तन/संशोधन सुझाती है और विधान सभा को भेज देती है तो विधान सभा उन सुझावों को स्वीकार कर भी सकती है और नहीं भी। इसके पश्चात विधेयक राज्यपाल को उसकी स्वीकृति के लिए भेज दिया जाता है जिसे मानने के लिए वह बाध्य होता है।

कार्यपालिका पर नियंत्रण के संबंध में

राज्य मंत्रिपरिषद केवल विधान सभा के प्रति उत्तरदायी होती है और तब तक अपने पद पर बनी रहती है जब तक उसे विधान सभा के बहुमत का विश्वास प्राप्त रहता है। यद्यपि विधान परिषद के सदस्य प्रश्न पूछ सकते हैं, काम रोको या स्थगन प्रस्ताव रख सकते हैं अथवा ध्यानाकर्षण प्रस्ताव भी ला सकते हैं तथापि विधान परिषद मंत्रिपरिषद को अपदस्थ नहीं कर सकती।

चुनाव संबंधी कार्य

केवल विधान सभा के निर्वाचित सदस्य ही राष्ट्रपति के निर्वाचन में भाग ले सकते हैं। वे निर्वाचक मण्डल का सदस्य होने के नाते मतदान कर सकते हैं। परंतु विधान परिषद के सदस्य राष्ट्रपति के निर्वाचन में मतदान नहीं कर सकते। सभी राज्यों में राज्य सभा के सदस्यों का निर्वाचन भी विधान सभा के सदस्य ही करते हैं, विधान परिषद के नहीं।

उपरोक्त चर्चा से एक बात तो स्पष्ट हो जाती है कि विधान परिषद शक्तिहीन, प्रभावहीन एवं एक गौण सदन है। इसीलिए अधिकतर राज्य एक सदनीय विधायिका के पक्ष में हैं। परंतु परिषद बिल्कुल दिखावा मात्र भी नहीं है। यह विधान सभा द्वारा जल्दबाजी में लाए गए विधेयकों पर अंकुश का कार्य करती है और विधेयकों की कमियों तथा कमजोरियों को उजागर करती है। यह विधान सभा के बोझ को भी कम करती है क्योंकि कई विधेयक विधान परिषद में प्रस्तावित किए जाते हैं।

भारत का संघीय स्वरूप

भारत का संविधान संघीय शासन व्यवस्था का प्रावधान करता है जो कि लिखित एवं कठोर संविधान, शक्तियों के विभाजन, संविधान की सर्वोच्चता, स्वतंत्र न्यायपालिका की व्यवस्था में परिलक्षित होते हैं, परंतु इनमें एकात्मक तत्व भी बहुतायत में मिलते हैं जिसके कारण यह कहा जाता है कि भारतीय संविधान अपने ढांचे में तो संघीय है किन्तु आत्मिक रूप से एकात्मक है। भारत के संविधान निर्माता राष्ट्र की एकता और अखण्डता बनाए रखने के लिए गहराई से सोचते थे। विभाजन के बाद उत्पन्न हुई परिस्थितियों, रियासतों की समस्याओं और देश के अंदर मौजूद विघटनकारी तथा विध्वंसकारी ताकतों का उन्हें पूरा-पूरा भान था। इसके अलावा समस्त विश्व में केन्द्रीयकरण की प्रक्रिया आरंभ हो गई थी। अत: उपर्युक्त स्थितियों का सामना करने के लिए उन्होंने एक शक्तिशाली केन्द्र की स्थापना का लक्ष्य बनाया। निम्नलिखित प्रावधानों से स्पष्ट होता है कि वास्तव में शक्तियों का विभाजन केन्द्र के पक्ष में है और केन्द्रीय सरकार बहुत ही शक्तिशाली है।

- राष्ट्रपति राज्यों के राज्यपाल की नियुक्ति करता है, जो केन्द्र सरकार के एजेंट के रूप में कार्य करता है। राज्यपाल अनुमोदन हेतु कुछ विधेयकों को राष्ट्रपति के पास भेज सकता है। वह रिपोर्ट भी भेज सकता है तथा राज्य सरकार को बर्खास्त करने की सिफारिश भी कर सकता है। संकट या आपातकाल के समय देश का संघात्मक ढांचा एकात्मक ढांचे में बदला जा सकता है, और इसके लिए संविधान में किसी संशोधन की आवश्यकता नहीं है। इस स्थिति में राष्ट्रपति के प्रतिनिधि के रूप में राज्यपाल सरकार की समस्त शक्तियों का उपयोग करता है।
- केन्द्र सरकार अनेक परिस्थितियों में राज्य सूची के विषयों पर भी कानून बना सकती है। इसके अलावा सभी महत्त्वपूर्ण विषय संघ सूची में रखे गए हैं। यह सूची सभी तीन सूचियों में सबसे बड़ी है। संविधान ने अवशिष्ट शक्तियां भी केन्द्र को प्रदान की हैं।
- संसद को नए राज्य बनाने और मौजूदा राज्यों की सीमाओं में परिवर्तन करने का अधिकार है।
- अनुच्छेद 352, 356 और 360 आपातकालीन प्रावधान हैं जो संघीय ढांचे को एकात्मक ढांचे में परिवर्तित कर देते हैं तथा केन्द्र को अधिक शक्ति प्रदान करते हैं, लेकिन जब परिस्थितियां सामान्य हों तो संघीय लक्षण कहीं अधिक महत्त्वपूर्ण बन जाते हैं।
- देश को राज्यों और केन्द्र शासित प्रदेशों में विभाजित किया गया है।
- केन्द्र और राज्यों के बीच कार्यों का विभाजन किया गया है।
- संविधान लिखित है एवं सर्वोच्च है। इसके प्रावधानों को आसानी से नहीं बदला जा सकता।

- अदालतें संविधान से प्राधिकार प्राप्त करती हैं। उन्हें केन्द्र और राज्यों के बीच विवाद की स्थिति में मध्यस्थता करने का अधिकार है।

केन्द्र-राज्य विधायी संबंध

संविधान के 11वें भाग में शक्तियों के वितरण तथा संघ और राज्यों के बीच संबंधों का विस्तृत विवरण दिया गया है। इस भाग के पहले अध्याय में विधायी, दूसरे में प्रशासनिक और तीसरे में वित्तीय संबंधों का निरूपण किया गया है। भारत के संविधान निर्माताओं ने विधायी शक्तियों को तीन सूचियों में विभाजित किया है : संघ सूची, राज्य सूची और समवर्ती सूची। संघ सूची में 97 विषय शामिल किए गए हैं जिन पर केन्द्र सरकार कानून बनाने का पूर्ण अधिकार रखती है। इनके कुछ महत्त्वपूर्ण विषय हैं : रक्षा, विदेशी मामले, संधि, परमाणु ऊर्जा, रेलवे, एयरलाइन्स, डाक एवं दूरसंचार, प्रसारण, विदेश व्यापार, करेंसी, बीमा, विदेशी ऋण, जनगणना, नागरिकता, पेटेंट, कॉपीराइट, सीमा-शुल्क, उत्पाद शुल्क आदि।

राज्य सूची में 61 विषय शामिल हैं, जिन पर विभिन्न राज्य सरकारें कानून बना सकती हैं। इनके कुछ महत्त्वपूर्ण विषय हैं—कानून एवं व्यवस्था, पुलिस, स्थानीय शासन, स्वास्थ्य, कृषि, सिंचाई, मनोरंजन, औद्योगिक विकास, कारागार और सुधार गृह, शमशान एवं कब्रिस्तान आदि। समवर्ती सूची के अंतर्गत 52 विषय हैं जिन पर केन्द्र तथा राज्य दोनों का ही क्षेत्राधिकार है। इनके कुछ महत्त्वपूर्ण विषय हैं : कारखाने, श्रमिकों का कल्याण, खाद्य पदार्थों में मिलावट, विवाह और तलाक, विद्युत, मूल्य नियंत्रण, समाचार-पत्र, संपत्ति का अंतरण, ट्रेड यूनियन, मुद्रणालय, शिक्षा एवं वन आदि।

यहां यह स्वाभाविक ही है कि विषयों के वितरण में केन्द्र को अधिक शक्तियां प्रदान की गई हैं। विशेष परिस्थितियों में केन्द्र सरकार राज्य सूची के अंतर्गत शामिल विषयों पर भी कानून बना सकती है। ये परिस्थितियां निम्नलिखित में से कोई भी हो सकती हैं :

- यदि राज्यसभा 2/3 बहुमत से यह प्रस्ताव पारित कर दे कि राष्ट्रीय हित के लिए यह आवश्यक है कि संसद राज्य सूची में दिए गए किसी विषय पर कानून बनाए।
- यदि देश में आपात स्थिति लगा दी जाए।
- यदि दो या दो से अधिक राज्यों के विधानमंडल संसद को यह अधिकार दे दें कि वह राज्य सूची के किसी विषय पर कानून बनाए। परंतु यह कानून केवल उन्हीं राज्यों में लागू होगा, अन्य में नहीं।
- संसद को यह अधिकार है कि वह दूसरे देश के साथ की गई संधियों व समझौतों को अमल में लाने के लिए कोई भी कानून बना सकती है चाहे वह विषय राज्य सूची से ही संबद्ध क्यों न हो।
- समवर्ती सूची के विषयों पर केन्द्र और राज्य दोनों कानून बना सकते हैं परंतु केन्द्र इस मामले में कहीं अधिक शक्तियां रखता है।
- यदि किसी विषय पर संसद भी कानून बनाए और राज्य का विधानमण्डल भी और दोनों में कोई गतिरोध हो तो संसद द्वारा निर्मित कानून मान्य होगा।
- राष्ट्रीय आपातकाल में या संवैधानिक संकट की स्थितियों में सारे विषय केन्द्र को अंतरित हो जाते हैं।
- राज्यपाल का यह विवेकाधीन अधिकार होता है कि वह समवर्ती सूची से संबद्ध विधेयक राष्ट्रपति की स्वीकृति के लिए उसके पास भेजे। राष्ट्रपति इस विधेयक को स्वीकार कर सकता है या सुझावों के साथ वापस कर सकता है।

ऐसे विषय जो तीनों सूची में शामिल नहीं हैं या अवशिष्ट विषय हैं, उनके संबंध में कानून बनाने का अधिकार संसद को दिया गया है।

संघ सूची

केन्द्र सरकार संघ-सूची में शामिल सभी विषयों पर कानून बना सकती है। ये विषय हैं : रक्षा, सशस्त्र बल, अस्त्र-शस्त्र तथा गोला बारूद, परमाणु ऊर्जा, विदेश कार्य, राजनयिक और व्यापारिक प्रतिनिधित्व, संयुक्त राष्ट्र संघ, अंतर्राष्ट्रीय संधियां और समझौते, युद्ध और शांति, नागरिकता, प्रत्यर्पण, पासपोर्ट और बीजा, रेलवे, राष्ट्रीय उच्च मार्ग, राष्ट्रीय जलमार्ग, वायु मार्ग और हवाई अड्डा, प्रमुख बंदरगाह, प्रकाशगृह, डाकतार, बेतार व टेलीफोन, प्रसारण व संप्रेषण के अन्य साधन, करेंसी, सिक्का निर्माण और वैध निविदा, विदेश विनिमय, विदेशी ऋण, भारतीय रिजर्व बैंक, डाकघर बचत बैंक, विदेशी व्यापार, अन्तर्राष्ट्रीय व्यापार एवं वाणिज्य, निगमन तथा विनियमन बैंककारी, बीमा और वित्तीय संगठन परंतु इसमें को-आपरेटिव शामिल नहीं, बीमा, स्टॉक एक्सचेंज, पेटेंट, कॉपीराइट, ट्रेडमार्क, व्यापारिक प्रतीक, उद्योग नियंत्रण, बाटों और नापों के मानक नियत करना, खानों, खनिज पदार्थों और तेल संसाधनों का विनिमय तथा राष्ट्रीय संग्रहालयों, पुस्तकालयों आदि का आरक्षण, बाह्य जल क्षेत्र में मछली पकड़ना और मत्स्य पालन, सिनेमेटोग्राफी, राष्ट्रीय विश्वविद्यालय, जनगणना, प्राचीन तथा ऐतिहासिक स्मारक और रिकार्ड, संघीय लोक सेवाएं, संघ लोक सेवा आयोग, संसद का चुनाव, निर्वाचन आयोग, संसदीय विशेषाधिकार, सरकारी खातों की लेखा परीक्षा, उच्चतम न्यायालय का गठन और संगठन, उच्च न्यायालय, आयकर, सीमा शुल्क तथा निर्यात शुल्क, उत्पाद शुल्क, सम्पदा शुल्क, सीमाकर, समाचार-पत्रों का क्रय-विक्रय पर कर इत्यादि। इसके अलावा केन्द्र ऐसे किसी भी विषय पर कानून बना सकता है जो राज्य अथवा समवर्ती सूची में मौजूद न हों।

राज्य सूची

राज्य सूची स्थानीय आवश्यकताओं के मद्देनजर बनायी गई है और देश के राज्य इन विषयों पर कानून बना सकते हैं। ये विषय हैं : लोक व्यवस्था, पुलिस, न्याय प्रशासन, कारागार और सुधार गृह, उच्च न्यायालय के अधिकारी और अधीनस्थ स्थानीय शासन, लोक स्वास्थ्य एवं स्वच्छंदता, मदिरा, अस्पताल और औषधालय, तीर्थयात्रा, श्मशान एवं कब्रिस्तान, राज्य द्वारा नियंत्रित पुस्तकालय और संग्रहणालय, अन्तर्राज्यिक संचार साधन, कृषि एवं पशुपालन, जल प्रदाय तथा सिंचाई, भूमि अधिकार, मीन क्षेत्र, राज्य के अंतर्गत व्यापार एवं वाणिज्य गैस और गैस संकर्म, मण्डियां और मेले, साहूकारी, थियेटर, बाजी और जुआ, स्थानीय निर्वाचन, विधानमण्डलों के विशेषाधिकार, समस्त राज्य के अधिकारियों के वेतन और भत्ते, राज्य की लोक सेवाएं, निरवात निधि, भू-राजस्व, कृषि आय पर कर, विद्युत के उपभोग या विक्रय पर कर, समाचार-पत्रों को छोड़कर अन्य वस्तुओं पर बिक्री कर, सड़कों या

अन्तर्देशीय जलमार्गों द्वारा ले जाए जाने वाले माल और यात्रियों पर कर, भूमि तथा भवनों पर कर, कृषि भूमि के उत्तराधिकार के संबंध में शुल्क, राज्य में विनिर्मित शराब, अफीम आदि पर कर, किसी स्थानीय क्षेत्र में माल के प्रवेश पर कर। सड़कों या अन्तर्देशीय जलमार्गों द्वारा ले जाने वाले माल और यात्रियों पर कर, जीव-जन्तुओं और नौकाओं पर कर, पथकर, वृत्तियों, व्यापारों, आजीविकाओं पर कर, प्रतिव्यक्ति कर, भोग-विलास की वस्तुओं पर कर इत्यादि।

समवर्ती सूची

इन विषयों पर केन्द्र और राज्य सरकार दोनों ही कानून बना सकते हैं। ये विषय हैं—राज्य की सुरक्षा के लिए अवरोध, न्यास और न्यासी, सिविल प्रक्रिया, न्यायालय की अवमानना, आवारागर्दी, खाद्य पदार्थों में मिलावट, औषधियां तथा विष, आर्थिक तथा सामाजिक सुरक्षा, श्रमिकों का कल्याण, विधि वृत्ति, चिकित्सा वृत्ति और अन्य वृत्तियां, जीवन-मरण के आंकड़े, कृषि भूमि के अतिरिक्त संपत्ति का अंतरण, सर्वोच्च न्यायालय और उच्च न्यायालय को छोड़कर न्याय का प्रशासन तथा अदालतों का गठन, जनसंख्या नियंत्रण और परिवार नियोजन, शिक्षा, वन, चैरिटी और चेरिटेबल संस्थाएं, वन्य प्राणियों और पक्षियों का संरक्षण, सांख्यिकी, मूल्य नियंत्रण, माप व नाप के मानक नियत करना, कारखाने, विद्युत, स्टाम्प शुल्क, समाचार-पत्र, पुस्तकें और मुद्रणालय।

संघ तथा राज्यों के प्रशासनिक संबंध

राज्यों को नियंत्रित करने हेतु केन्द्र सरकार को शक्तियां प्रदान की गई हैं :

- राष्ट्रपति राज्यपाल की नियुक्ति करता है जो राज्य सरकार पर नियंत्रण रखता है। कुछ अवसरों पर वह अपनी विवेकाधीन शक्तियों का इस्तेमाल कर सकता है।
- राष्ट्रपति ने राज्य सरकारों और उनके अधिकारियों को संघ सूची में शामिल कुछ विषयों के प्रशासन का अधिकार दिया है।
- केन्द्र और राज्य के बीच प्रशासनिक शक्तियों में टकराव न हो इसके लिए केन्द्र राज्य सरकारों को निर्देश जारी कर सकता है।
- राज्य सरकारें केन्द्र के निर्देशों को मानने के लिए बाध्य हैं। यदि वे ऐसा करने में असफल रहती हैं तो इसे संवैधानिक मशीनरी के फेल हो जाने की स्थिति के रूप में देखा जाएगा।
- केन्द्र सरकार एक से अधिक राज्य से होकर गुजरने वाली नदियों के संबंध में कानून बना सकती है।
- यदि संवैधानिक संकट की स्थिति उत्पन्न हो गई हो तो राज्य का राज्यपाल राष्ट्रपति शासन लागू किए जाने की सिफारिश कर सकता है।
- राष्ट्रीय आपातकाल की स्थिति में राष्ट्रपति राज्य सरकारों को आदेश दे सकता है।
- राष्ट्रपति को अंतर्राष्ट्रीय परिषद् का गठन करने का अधिकार है जो राज्यों के बीच मतभेदों को दूर करेगी तथा सौहार्दपूर्ण संबंधों, सहयोग और सामंजस्य की सिफारिश करेगी।

संघ तथा राज्यों के वित्तीय संबंध

वित्तीय क्षेत्र में संघ तथा राज्यों का संबंध इस प्रकार निर्धारित किया गया है कि दोनों के बीच झगड़ा उत्पन्न होने की संभावना ही नहीं हो सकती। यहां भी केन्द्र को अधिक अधिकार सौंपे गए हैं। जिन संसाधनों से भारी राजस्व की प्राप्ति होती है उन्हें केन्द्र के अधिकार क्षेत्र में रखा गया है जबकि सामाजिक और कल्याण कार्यक्रम जिनके लिए भारी राशि खर्च करनी पड़ती है उनके संचालन का कार्यभार राज्यों को सौंपा गया है। संसाधनों की कमी की वजह से अक्सर राज्यों को वित्तीय सहायता के लिए केन्द्र का मुंह देखना पड़ता है।

संघ के स्रोत : निगम कर, मुद्रा, मुद्रा की ढलाई, खरा सिक्का (वैध मुद्रा), विदेशी विनिमय, सीमा शुल्क और निर्यात शुल्क, तम्बाकू तथा भारत में निर्मित अथवा उत्पादित कुछेक वस्तुओं पर उत्पाद कर, कृषि भूमि को छोड़कर अन्य संपत्ति पर संपदा शुल्क, न्यायालय में लिए जाने वाले शुल्क के अतिरिक्त संघ सूची में दिए कुछ विषयों पर शुल्क, विदेशी ऋण, भारत सरकार अथवा राज्य सरकारों द्वारा संगठित लाटरियां, डाक घर बचत बैंक, डाकतार, टेलीफोन, बेतार प्रसारण और इसी तरह के अन्य संचार साधन, संघ सरकार की संपत्ति, संघ का लोक ऋण, रेलवे, हुण्डियों, चैकों, प्रॉमिसरी नोटों पर मुद्रांक शुल्क, भारत का रिजर्व बैंक, कृषि आय से भिन्न आय पर कर, व्यक्तियों तथा कंपनियों की कृषि भूमि से भिन्न संपदा पर शुल्क, शेयर बाजार तथा सट्टा बाजार के आदान-प्रदान पर मुद्रांक शुल्क से भिन्न कर, समाचार-पत्रों के क्रय-विक्रय तथा उनमें दिए गए विज्ञापनों पर कर, रेल, समुद्र तथा वायुयान द्वारा जाने वाले यात्रियों अथवा माल पर कर।

राज्यों के राजस्व स्रोत : राज्य सरकारों की आमदनी के साधन हैं : प्रति व्यक्ति कर, कृषि भूमि, उत्तराधिकार सम्बन्धी शुल्क, राज्यों में उत्पादित या निर्मित शराब, अफीम आदि मादक द्रव्यों पर उत्पादन कर, कृषि भूमि पर संपदा शुल्क, न्यायालयों द्वारा लिए जाने वाले शुल्क को छोड़कर राज्य सूची में सम्मिलित विषयों पर शुल्क, भू-राजस्व, संघ सूची में वर्णित लेखों को छोड़कर अन्य लेखों पर मुद्रांक शुल्क, कृषि आय पर कर, भूमि और भवनों पर कर, संसद द्वारा खनिज पदार्थों के विकास के लिए निश्चित सीमा के अधीन खनन अधिकारों पर कर, बिजली के उपभोग तथा विक्रय पर कर, स्थानीय क्षेत्र में उपभोग, प्रयोग तथा विक्रय के लिए लायी गई वस्तुओं पर कर, समाचार-पत्रों को छोड़कर अन्य वस्तुओं के क्रय तथा विक्रय पर कर, सड़कों तथा अन्तर्देशीय जलमार्गों पर ले जाने वाले माल यात्रियों पर कर, वाहनों पर कर, पशुओं तथा नौकाओं पर कर, व्यवसाय, आजीविकाओं तथा नौकरियों पर कर, विलासता की वस्तुओं पर कर (इनमें मनोरंजन और जुआ भी शामिल हैं), चुंगी कर आदि।

केन्द्र अपने कुछ राजस्व का बंटवारा राज्यों के साथ करता है। कुछ कर संघ द्वारा लगाए जाते हैं तथा उनकी वसूली राज्यों द्वारा की जाती है। इस श्रेणी में स्टाम्प कर, औषधियों, श्रृंगार प्रसाधनों पर उत्पादन शुल्क आदि को सम्मिलित किया जाता है। केन्द्र शासित क्षेत्रों में इन विषयों पर केन्द्र कर लगाता है तथा उनकी वसूली करता है।

संघ कुछ करों को लगाता है, स्वयं उनकी वसूली करता है तथा उन्हें

राज्यों को सौंप देता है। इस श्रेणी में संपत्ति कर, उत्तराधिकार कर (कृषि भूमि के अतिरिक्त), कृषि भूमि के अतिरिक्त अन्य कर, समुद्र यान या वायुयान द्वारा आने-जाने वाले यात्रियों एवं सामान पर लगाया गया सीमांत कर, रेल के किराये एवं भाड़े पर कर, सट्टा (स्टॉक एक्सचेंज) तथा वायदा बाजार (Future Market) पर कर, समाचार-पत्रों की खरीद तथा उन्हें बेचने और उनमें प्रकाशित विज्ञापनों पर लगने वाले कर आदि सम्मिलित किए जाते हैं। अन्य करों जैसे—आयकर और उत्पाद कर से प्राप्त होने वाले राजस्व का बंटवारा केन्द्र और राज्यों के बीच वित्त आयोग की सिफारिशों के अनुसार किया जाता है। इन सिफारिशों के अनुसार राज्यों का हिस्सा 66 प्रतिशत मान लिया जाता है। राज्य सरकारें अनुच्छेद 293 के अंतर्गत अपनी समेकित निधियों की जमानत पर ऋण ले सकती हैं किंतु ऐसा कानून के जरिए राज्य विधानमंडल द्वारा निर्धारित सीमाओं के अंदर ही हो सकता है। अनुच्छेद 292 के अंतर्गत केन्द्रीय सरकार को भारत की समेकित निधि की जमानत पर संसद द्वारा निर्धारित सीमाओं के अंदर उधार लेने का अधिकार होता है। अनुच्छेद 293(2) केन्द्रीय सरकार को, संसद द्वारा निर्धारित शर्तों के अधीन, राज्यों के ऋण देने और किसी राज्य द्वारा लिए गए ऋण के संबंध में गारंटी देने का अधिकार देता है। राज्यों के संसाधन पर्याप्त नहीं होते हैं, अत: उन्हें अनुदान के लिए केन्द्र पर आश्रित रहना पड़ता है। संघ सरकार प्रतिवर्ष बजट में राज्यों को अनुदान देने की व्यवस्था करती है। उन राज्यों को विशेष सहायता दी जाती है जो अनुसूचित जातियों एवं जनजातियों के कल्याण तथा उनके जीवन-स्तर को ऊपर उठाने के लिए योजनाएं कार्यान्वित करना चाहते हैं।

नवीनतम संविधान संशोधन अधिनियम

- **91वाँ संशोधन अधिनियम 2003**–केंद्रीय मंत्रिपरिषद में प्रधानमंत्री सहित मंत्रियों की कुल संख्या लोकसभा की कुल क्षमता या सदस्य संख्या के 15 प्रतिशत से अधिक नहीं होगी। किसी राज्य में मंत्रियों की कुल संख्या मुख्यमंत्री सहित उस राज्य की विधानसभा की कुल सदस्य संख्या के 15 प्रतिशत से अधिक नहीं होगी। परंतु किसी राज्य के मुख्यमंत्री सहित मंत्रियों की न्यूनतम संख्या 12 से कम नहीं होगी। राज्य विधायिका के किसी भी सदन का सदस्य चाहे वह किसी भी राजनितिक दल से हो यदि दल-बदल के आधार पर अयोग्य ठहराया जाता है तो वह मंत्री बनने के लिये भी अयोग्य होगा।
- **92वाँ संशोधन अधिनियम 2003**–आठवीं अनुसूची में चार नई भाषाएँ जोड़ी गई। वे हैं–बोडो, डोगरी, मैथिली, और संथाली। इनके साथ ही संवैधानिक रूप से मान्यता प्राप्त भाषाओं की कुल संख्या बढ़कर 22 हो गई।
- **93वाँ संशोधन अधिनियम 2005**–राज्य को सामाजिक एवं शैक्षणिक रूप से पिछड़े वर्गो या SCs या STs के लिये सरकारी एवं निजी सभी तरह के शैक्षणिक संस्थानों में (राज्य द्वारा सहायता प्राप्त अथवा गैर सहायता प्राप्त) विशेष प्रावधान करने का अधिकार दिया गया। इनमें अल्पसंख्यकों के शैक्षणिक संस्थान शामिल नहीं है-[अनुच्छेद-15 (5)]।
- **96वाँ संशोधन अधिनियम 2011**–'उरिया' शब्द को 'उड़िया' शब्द से प्रतिस्थापित कर दिया गया। आठवीं अनुसूची में शामिल 'उड़िसा' भाषा को अब 'ओडिया' कहा जाएगा।
- **99वाँ संशोधन अधिनियम 2014**–उच्चतम न्यायालय एवं उच्च न्यायालयों में न्यायधीशों की नियुक्ति के लिये कॉलेजियम प्रणाली के स्थान पर एक नए निकाय 'राष्ट्रीय न्यायिक नियुक्ति आयोग' (National Judicial Appointment Commission–NJAC) की स्थापना की गई। हालाँकि सर्वोच्च न्यायालय ने वर्ष 2015 में इस संशोधन को असवैधानिक एवं शून्य घोषित करते हुए कॉलेजियम प्रणाली को फिर से बहाल कर दिया।
- **100वाँ संशोधन अधिनियम 2014**–भारत और बांग्लादेश के बीच वर्ष 1974 का भूमि सीमा समझौता तथा इसके प्रोटोकॉल वर्ष 2011 के अनुपालन में भारत द्वारा कुछ भू-भागों का अधिग्रहण एवं कुछ अन्य भू-भागों को बांग्लादेश को हस्तांतरण किया गया। इस उद्देश्य के लिये, संविधान की प्रथम अनुसूची में चार राज्यों के क्षेत्रों (असम, पश्चिम बंगाल, मेघालय एवं त्रिपुरा) संबंधित प्रावधानों में संशोधन किया गया।
- **101वाँ संशोधन अधिनियम 2017**–वस्तु एवं सेवा कर (GST) की शुरुआत की गई। यह (GST) एक अप्रत्यक्ष कर है जो भारत में वस्तुओं और सेवाओं की आपूर्ति पर लगता है। यह एक व्यापक बहुचरणीय, गंतव्य आधारित कर है।
- **102वाँ संशोधन अधिनियम 2018**–सामाजिक न्याय और अधिकारिता मंत्रालय के अधीन गठित राष्ट्रीय पिछड़ा वर्ग आयोग को संवैधानिक दर्जा दिया गया। संविधान में अनुच्छेद 338 तथा 338(A) के साथ 338(B) को भी शामिल किया गया जिनका संबंध राष्ट्रीय अनुसूचित जाति आयोग तथा राष्ट्रीय अनुसूचित जनजाति आयोग से है।
- **103वाँ संशोधन अधिनियम 2019**–स्वतंत्र भारत में पहली बार आर्थिक रूप से कमजोर वर्गों (EWS) के लिये आरक्षण की व्यवस्था की गई। अनुच्छेद 16 में संशोधन कर सार्वजनिक रोजगार में आर्थिक रूप से कमजोर वर्गों के लिये 10% आरक्षण की व्यवस्था की गई।
- **104वाँ संशोधन अधिनियम 2020**–लोकसभा और राज्य विधानसभाओं में अनुसूचित जातियों और अनुसूचित जनजातियों के लिए सीटों के आरक्षण को अगले 10 वर्षों यानी 2030 तक बढ़ाना। लोकसभा और राज्य विधानसभाओं में एंग्लो-इंडियन समुदाय के लिए आरक्षित सीटों को आगे न बढ़ाकर हटा दिया गया।
- **105वां संशोधन अधिनियम 2021**–सामाजिक और शैक्षणिक रूप से पिछड़े अन्य पिछड़े वर्गों (ओबीसी) की पहचान करने के लिए राज्य सरकारों की शद्रि को बहाल करना। इस संशोधन ने 11 मई 2021 के सुप्रीम कोर्ट के फैसले को रद्द कर दिया, जिसने इस तरह की पहचान के लिए केवल केंद्र सरकार को अधिकार दिया था।
- **106वां संशोधन अधिनियम 2021**–लोकसभा , राज्य विधानसभाओं और दिल्ली विधानसभा में एक तिहाई सीटें महिलाओं के लिए प्रभावी होने के बाद 15 वर्ष की अवधि के लिए आरक्षित करना।

❑❑❑

अध्याय-9

जिला प्रशासन एवं जिलाधिकारी

लोक प्रशासन की दृष्टि से भारत का जिला प्रशासन एक दोहरी इकाई है। राज्य सरकार की राजधानी से नीचे का क्षेत्रीय प्रशासन होने के नाते जिला प्रशासन सरकार की समग्रता का प्रतिनिधित्व करता है।

दूसरी ओर जिला ही वह छोटी इकाई है, जो युगों से भारत में स्थानीय स्वराज्य का प्रारूप प्रस्तुत करता रहा है। इस प्रकार सामाजिक और राजनीतिक जीवन के दो महत्त्वपूर्ण कार्य, 'सुरक्षा' एवं 'विकास' जिला प्रशासन की परिधि में आ जाते हैं। प्रशासनिक स्वतंत्रता एवं कार्यकुशलता के लिए इसे जनसंख्या एवं भूगोल की दृष्टि से भी उपयुक्त एवं पर्याप्त इकाई माना जाता है।

राज्य एवं केंद्रीय सरकार से मिलने वाले नीति निर्देश को जिला प्रशासन कार्यान्वित करता है। किन्तु दूसरी ओर राज्य स्तरीय नीतियों के निर्माता विधायक और यहां तक कि सांसद भी राजनीतिक दृष्टि से अपना आधार एवं प्रभाव जिला स्तर से ही ग्रहण करते हैं। पंचायती राज के प्रादुर्भाव ने इस स्तर को सशक्त किया है और जन प्रतिनिधियों की राजनीति के कारण जिला प्रशासन की नौकरशाही का लोकतंत्रीकरण हुआ है।

जिला-प्रशासन : ढाँचा

भारत में जिला-प्रशासन का एक सम्पूर्ण ढाँचा एक पदसोपान युक्त व्यवस्था के रूप में देखा जा सकता है। सामान्यतः इसके स्तर तीन तथा कभी-कभी दो या चार भी होते हैं। वैसे अधिकांश राज्यों में जिले के तीन स्तर मिलते हैं। प्रथम, जिला–इसका मुख्यालय जिले के प्रमुख नगर में होता है।

द्वितीय, जिले के किसी अन्य स्थान पर उपखण्ड का मुख्यालय और तृतीय, तहसील कार्यालय है। ये तीनों स्तर जिले में सामान्य प्रशासन की दृष्टि से बनाए जाते हैं किंतु विकास कार्यों के लिए अधिकतर राज्यों में प्रशासन की इकाई 'ब्लॉक' है।

जिला-प्रशासन के तीनों चरण स्तरों पर अधिकारी वर्ग भी कार्यरत् हैं। प्रथम स्तर का क्षेत्राधिकार सम्पूर्ण जिला है तथा इसके अधिकारी हैं जिलाधीश, जिला कृषि अधिकारी, जिला परिषद् के अध्यक्ष, स्वास्थ्य अधिकारी आदि। बड़े जिलों में दो मध्यवर्ती स्तर पाये जाते हैं जबकि छोटे जिलों में यह स्तर एक ही होता है। इस स्तर पर उपखण्ड अधिकारी या उपखण्ड दण्डनायक होता है। उपखण्ड अधिकारी सामान्यतः प्रशासक होता है। वह तहसीलदार और जिलाधीश के मध्य राजस्व मामलों में तथा जिलाधीश और स्थानीय पुलिस अधिकारी के मध्य कानून और शांति के मामलों में एक कड़ी का कार्य करता है। उपखण्ड को तहसीलों में बाँटा जाता है। इस स्तर के प्रमुख अधिकारी तहसीलदार, विकास अधिकारी, प्रधान आदि उल्लेखनीय हैं। तहसील का मुख्य अधिकारी तहसीलदार कहलाता है और वह अधीनस्थ सेवा का सदस्य होता है। तहसीलदार को उसके कार्यों में नायब या उप-तहसीलदार, कानूनगो एवं पटवारी सहायता देते हैं। समस्त राजस्व कार्यों तथा सरकार द्वारा सौंपे गए अन्य संबंधित कार्यों के लिए तहसीलदार कलेक्टर के माध्यम से राज्य सरकार के प्रति उत्तरदायी होता है। निम्न स्तर पर गाँव में ग्राम पंचायतें, मुखिया, पटवारी, ग्राम सहायक आदि आते हैं।

जिलाधीश या कलेक्टर

भारत में जिलाधीश या कलेक्टर पद का विकास एक सतत् प्रक्रिया का परिणाम रहा है। मुगलकाल में जिलाधीश स्तर का अधिकारी प्रशासन का आधार-स्तम्भ था। ब्रिटिश काल में भी इसका अस्तित्व देखा जा सकता है। इस पद की महत्ता को जानते हुए ब्रिटिश प्रशासकों ने समय-समय पर इस पद को शक्तिशाली बनाने का प्रयास किया। सन् 1770 में राबर्ट क्लाइव ने कलेक्टर पद को शक्तिशाली बनाने का प्रयत्न किया, यद्यपि यह केवल प्रयास ही रहा।

सन् 1781 में कंपनी शासन ने फौजदार का पद समाप्त कर उसका कार्यभार कलेक्टर को सौंपकर इस पद को पुनर्गठित किया। सन् 1793 में कार्नवालिस ने इस पद की कुछ शक्तियां छीनकर इसे पहले जितना शक्तिशाली न रहने दिया। बाद में 1812 में होल्ड मैकेन्जी ने तथा 1833 में विलियम बैंटिक ने कलेक्टर के पद को एक समन्वयकारी शक्ति बनाने हेतु इस संस्था को अधिक शक्तिशाली बनाने की सिफारिश की थी। सन् 1919 में स्वतंत्रता संग्राम के दौरान यह पद काफी महत्त्वपूर्ण तथा शक्तिशाली रहा। सन् 1935 के अधिनियम के द्वारा कलेक्टर के पद को शक्तिशाली बनाये जाने की सिफारिश की गई। सन् 1944 में रोलेट्स कमेटी द्वारा इस

पद को प्रतिष्ठावान बनाने की सिफारिश की गई। संपूर्ण अंग्रेजी शासनकाल में जिला स्तर पर कलेक्टर केंद्रीय शक्ति के रूप में कार्यकर्त्ता रहा जो कि जिले की समस्त क्रियाओं को समन्वित करता था। उसकी महत्ता में लाखों शब्द वायसरायों, गवर्नरों तथा शोधकर्त्ताओं द्वारा लिखे गए हैं। ब्रिटिश शासनकाल में कलेक्टर का पद सत्ता, सम्मान, गौरव एवं भय का पद था। इसकी व्यापक शक्तियों के आतंक के कारण यह जिले की जनता के लिए सर्वेसर्वा था। जिला स्तर पर यह सरकार की समस्त शक्तियों का उपयोग किया करता था। साइमन कमीशन की रिपोर्ट में यह कहा गया था कि प्रत्येक जिले के शीर्ष पर एक अधिकारी होता है, जिसे कुछ प्रांतों में कलेक्टर तथा कुछ प्रांतों में डिप्टी कमिश्नर के नाम से जाना जाता है। जिले के अधिकांश निवासियों की नजरों में यह सरकार होती थी।

स्वतंत्रता-प्राप्ति के बाद कलेक्टर के पद के महत्त्व तथा स्थिति में महत्त्वपूर्ण परिवर्तन आया है। लोकतांत्रिक शासन-व्यवस्था में कलेक्टर जनता का सेवक बन गया है। ऐसी स्थिति में कलेक्टर के कार्यों की प्राथमिकताएँ पूर्णरूपेण बदल गई हैं। पहले कानून और व्यवस्था की स्थापना करना उसका प्रमुख कार्य था, किंतु अब उसके लिए विकास तथा जन-कल्याण से संबंधित कार्य महत्त्वपूर्ण बन गए हैं। जिला प्रशासन में कलेक्टर का नियंत्रण, पर्यवेक्षण तथा समन्वयक का पद अधिक महत्त्वपूर्ण बन गया है।

जिलाधिकारी के अधिकार एवं कार्य

जिला प्रशासन में जिलाधीश का स्थान अत्यधिक महत्त्वपूर्ण है। इसका पद ब्रिटिश शासनकाल से ही महत्त्वपूर्ण बना हुआ है। परन्तु जहां ब्रिटिश शासनकाल में जनता के मन में इस पद के प्रति भय और आदर की मिश्रित भावना रहती थी, वहां स्वतंत्र भारत में इसका उद्देश्य जनता की सेवा हो गया है। वह जनता का सेवक और प्रतिनिधि बन गया है। वह जिले का सबसे वरिष्ठ पदाधिकारी है। जिले के प्रशासन का प्रधान वही है और कलेक्टर की हैसियत से वह जिले के राजस्व-प्रशासन का भी प्रधान है। उसका संबंध जिला प्रशासन के सभी विषयों से है। वह जिले के अंतर्गत सभी कार्यों के लिए किसी-न-किसी रूप में उत्तरदायी अवश्य है। इसी कारण उसे जिला प्रशासन का केंद्र-बिंदु माना गया है। उसके अधिकारों और कार्यों का विस्तृत वर्णन निम्नलिखित प्रकार से किया जा सकता है–

(i) **शांति और सुव्यवस्था-संबंधी अधिकार–** जिला-प्रशासन का सबसे बड़ा उद्देश्य जिले के अंतर्गत शांति और सुव्यवस्था कायम करना है, क्योंकि जनता की सबसे बड़ी आवश्यकता यही है। वास्तव में, इसके अभाव में नागरिकों का जीवन सुखमय नहीं हो सकता वे अपना विकास नहीं कर सकते हैं। अराजकता की स्थिति में तो सभी नागरिकों के जीवन के विकास का मार्ग ही अवरुद्ध हो जाएगा। अतः जिलाधीश का सबसे प्रमुख कार्य जिले में शांति और सुव्यवस्था स्थापित करना है। इस कार्य के लिए वह पुलिस की सहायता लेता है। जिले के सारे पुलिस अधिकारी उसके नियंत्रण में काम करते हैं। पुलिस-अधिकारियों को जिलाधीश के आदेश का पालन करना पड़ता है। अशांति की संभावना होने पर भी वह उचित कदम उठा सकता है। इसके लिए वह सभा, जुलूस आदि पर प्रतिबंध लगा सकता है। आवश्यकता पड़ने पर वह कर्फ्यू का आदेश या दफा-144 लागू कर लोगों के घर से निकलने पर नियंत्रण लगा सकता है। वह किसी संदेहास्पद व्यक्ति को गिरफ्तार करने की आज्ञा भी दे सकता है।

इसी तरह संदेहास्पद व्यक्ति को जिले में प्रवेश करने की मनाही कर सकता है। इस तरह जिलाधीश को शांति और सुव्यवस्था कायम रखने के लिए हर तरह का कदम उठाने का अधिकार है। उसे प्रथम श्रेणी के दंडाधिकारी के अधिकार प्राप्त हैं।

(ii) **राजस्व-संबंधी अधिकार**–जिलाधीश का दूसरा प्रमुख कार्य राजस्व-प्रशासन को संचालित करना है। राजस्व-प्रशासक होने के नाते करों की वसूली का उत्तरदायित्व भी उसी के ऊपर है। इसी कारण उसे कलेक्टर के नाम से पुकारा जाता है। इस कार्य के लिए वह डिप्टी-कलेक्टर, तहसीलदार, नायब तहसीलदार, कानूनगो, कर्मचारी इत्यादि से सहायता लेता है। जिलाधीश इन कर्मचारियों के कार्यों का निरीक्षण भी करता है और उन्हें राजस्व-संबंधी मामलों में निदेशन भी देता है। अपने अधीनस्थ पदाधिकारियों के राजस्व-संबंधी निर्णयों के विरुद्ध उसे अपील सुनने का भी अधिकार प्राप्त है। यों तो जिलाधीश को मालगुजारी में छूट देने का अधिकार नहीं है परंतु कुछ परिस्थितियों में वह इसके लिए सरकार से सिफारिश कर सकता है। उदाहरण के लिए, बाढ़, अकाल, आगजनी आदि प्राकृतिक दुर्घटनाओं की स्थिति में वह ऐसा कदम उठा सकता है। वह अन्य करों की भी वसूली करता है। शराब, अफीम तथा अन्य मादक वस्तुओं की बिक्री की अनुमति देने का अधिकार भी जिलाधीश को ही है। वह इनसे संबद्ध कार्यों की भी देखभाल करता है। वह ट्रेजरी का व्यवस्थापक और संरक्षक भी होता है।

(iii) **न्यायिक कार्य**–ब्रिटिश शासनकाल में जिलाधीश के कार्यों में न्यायिक कार्य का महत्त्वपूर्ण स्थान था। परंतु नए संविधान के अंतर्गत कार्यपालिका और न्यायपालिका के कार्यों को अलग करने के सिद्धांत के प्रतिपादन के कारण जिलाधीश के न्यायिक कार्य कम हो गए हैं। वैसे आज भी जिलाधीश को न्यायिक अधिकारी के सम्मान से विभूषित किया गया है। इसे प्रथम श्रेणी के मजिस्ट्रेट का अधिकार प्राप्त है। इसकी अदालत में फौजदारी मुकदमे की सुनवाई भी होती है। मजिस्ट्रेट की हैसियत से इसे अपराधी को दो वर्ष की सजा तथा 1,000 रुपये तक जुर्माना करने का अधिकार प्राप्त है। द्वितीय और तृतीय श्रेणी के मजिस्ट्रेटों की अदालतों के फैसले की अपील सुनने का अधिकार भी इसे प्राप्त है। राजस्व-संबंधी मुकदमों की सुनवाई करने का भी इसे अधिकार प्राप्त है। यह भूमि सुधार-संबंधी मुकदमों की सुनवाई भी करता है।

(iv) **प्रशासन, निरीक्षण और अधीक्षण से संबद्ध अधिकार–** जिलाधीश ही जिले के प्रशासन का सर्वोच्च अधिकारी होता है। जिले भर के सभी अधिकारियों तथा सरकारी कार्यालयों पर वह नियंत्रण रखता है। वह सभी पदाधिकारियों के कार्यों का निरीक्षण करता है। जिले के अंदर के सरकारी शिक्षालयों तथा स्थानीय स्वशासन की संस्थाओं पर भी वह नियंत्रण रखता है। ए.डी.एम, एस.डी.ओ., डिप्टी-कलेक्टर, बी. डी.ओ. आदि बड़े-बड़े पदाधिकारी उसी के अधीन काम करते हैं। पुलिस सुपरिंटेंडेंट, सिविल सर्जन, जिला अभियंता तथा विभिन्न विभागों के जिला-पदाधिकारियों पर देख-रेख रखने का अधिकार उसे

प्राप्त हैं। भ्रष्टाचार के अभियोग में पकड़े गए सरकारी कर्मचारी को भी दंड देने का अधिकार उसे प्राप्त है।

(v) **विकास-संबंधी अधिकार–** सरकार सामुदायिक योजना के अंतर्गत विकास का कार्य चला रही है, जिसकी जिम्मेदारी जिलाधीश को सौंपी गई है। इससे संबद्ध अपने अधीन सभी पदाधिकारियों के कार्यों का निरीक्षण और अधीक्षण करना इसी का कार्य है। यह प्रखंड-विकास पदाधिकारियों की गतिविधियों पर उचित नियंत्रण रखता है। जिले के विकास कार्य में लगे अनेक प्राविधिक और अप्राविधिक पदाधिकारियों के बीच समन्वय स्थापित करना भी इसी का कर्त्तव्य है।

(vi) **अन्यान्य अधिकार–** उपर्युक्त अधिकारों के अतिरिक्त भी जिलाधीश को अन्य अधिकार प्राप्त हैं। जिले के रजिस्ट्रेशन विभाग तथा आबकारी विभाग भी उसी के अधीन हैं। आपूर्ति विभाग पर वह उचित नियंत्रण रखता है। यदि कंट्रोल की वस्तुओं की अनुचित ढंग से बिक्री होती है तो जिम्मेदार व्यक्तियों को वह उचित दंड दे सकता है। खासमहाल और नाबालिगों की संपत्ति की रक्षा का भार भी जिलाधीश के ऊपर ही है। वह किसानों को कर्ज भी देता है। जिले के अंतर्गत घटने वाली घटनाओं की रिपोर्ट वह सरकार को देता है। इस प्रकार, जनता और सरकार के बीच वह कड़ी का काम करता है।

❑ ❑ ❑

अध्याय-10

लोकतांत्रिक विकेंद्रीकरण एवं पंचायती राज

भारत में ग्राम पंचायतों का इतिहास बहुत पुराना है। प्राचीन काल में आपसी झगड़ों का फैसला पंचायतें ही करती थीं परन्तु अंग्रेजी राज के जमाने में पंचायतें धीरे-धीरे समाप्त हो गयीं और सारा काम प्रान्तीय सरकारें करने लगीं। स्वाधीनता प्राप्ति के बाद राज्यों की सरकारों ने पंचायतों की स्थापना की ओर विशेष ध्यान दिया।

बलवंत राय मेहता समिति की सिफरिशों के तहत राजस्थान में नागौर में 2 अक्तूबर, 1959 को जवाहरलाल नेहरू ने पंचायती राज का उद्घाटन किया। उसके बाद देश के अन्य राज्यों में भी पंचायती राज को लागू किया गया। पंचायती राज संस्थाओं के समय से चुनाव न होने, वित्तीय साधनों के अभाव, संसाधनों का अहस्तांतरण, दफ्तरशाही का विरोधात्मक दृष्टिकोण तथा जनसाधारण की निष्क्रियता ने पंचायती राज को असफल बना दिया। पंचायती राज की असफलता के बाद पंचायती राज संस्थाओं पर विचार करने एवं पंचायती राज को और अधिक प्रभावी बनाने के लिए 1977 में अशोक मेहता समिति गठित की गई। इस समिति ने एक वर्ष के भीतर अपनी रिपोर्ट दे दी। अशोक मेहता समिति ने पंचायती राज व्यवस्था का पक्ष लेते हुए जिला एवं निम्न स्तर के निकायों की शक्तियों के विकेंद्रीकरण का सुझाव दिया। इस समिति ने जिला-स्तर पर जिला परिषद् और निम्न स्तर पर मंडल पंचायत को स्थापित करने का सुझाव दिया परन्तु अशोक मेहता समिति की सिफारिशों को देश की अस्थिरता के कारण लागू नहीं किया जा सका। 1986 ई. में ग्रामीण विकास मंत्रालय ने एल.एम. सिंघवी की अध्यक्षता में एक समिति का गठन किया, पंचायती राज की जांच के लिए। इस समिति ने ग्रामसभा को पुनर्जीवित करने तथा पंचायती राज के नियमित चुनाव कराने पर बल दिया। एल.एम. सिंघवी समिति ने पंचायती राज को सांविधानिक दर्जा प्रदान करने की भी सिफारिश की।

संविधान के अनुच्छेद 40 में पंचायत संबंधी निर्देश के होते हुए भी पूरे देश में इस बात पर ध्यान नहीं दिया गया कि प्रतिनिधिक लोकतंत्र की इकाई के रूप में इन स्थानीय इकाइयों के लिए निर्वाचन कराए जाएं। इस दृष्टि से पंचायत को अधिक सुचारु रूप से चलाने के लिए संविधान के 73वें संशोधन द्वारा पंचायती राज संस्थाओं को सांविधानिक मान्यता प्रदान की गई है। संविधान में नया अध्याय 9 जोड़ा गया है। अध्याय 9 द्वारा संविधान में 16 अनुच्छेद और एक अनुसूची–ग्यारहवीं अनुसूची जोड़ी गई है। 25 अप्रैल, 1993 से 73वां संविधान संशोधन अधिनियम लागू किया गया है। इसकी प्रमुख विशेषताएं हैं–

- **ग्राम सभा :** ग्राम सभाएँ लोकतांत्रिक व्यवस्था की बुनियादी इकाइयाँ हैं जिनमें पंचायत क्षेत्र के भीतर गाँव की मतदाता सूची में पंजीकृत लोग शामिल होते हैं।
- **त्रिस्तरीय प्रणाली :** भारतीय संविधान के अनुच्छेद 243(B) के अनुसार, प्रत्येक राज्य में ग्राम, मध्यवर्ती और जिला स्तर पर पंचायतों के गठन का प्रावधान है। हालाँकि, बीस लाख से अधिक आबादी वाले राज्य में मध्यवर्ती स्तर पर पंचायतों का गठन नहीं किया जा सकता है।
- **सदस्यों और अध्यक्षों का चुनाव :** ग्राम, मध्यवर्ती और जिला स्तर पर पंचायतों के सदस्यों को प्रत्यक्ष रूप से लोगों द्वारा चुना जाएगा। मध्यवर्ती और जिला स्तर पर पंचायत अध्यक्ष का चुनाव अप्रत्यक्ष रूप से उसके निर्वाचित सदस्यों में से किया जाएगा। पंचायतों के चुनाव के संचालन का कार्य राज्य निर्वाचन आयोग द्वारा किया जाएगा।
- **चुनावी मामलों में न्यायालयों द्वारा हस्तक्षेप पर रोक :** यह अधिनियम पंचायत चुनावों में न्यायालयों के हस्तक्षेप पर प्रतिबंध लगाता है। इसमें यह भी वर्णित है कि किसी पंचायत के चुनाव को तब तक चुनौती नहीं दी जा सकती जब तक कि चुनाव के लिए याचिका उचित निकाय तथा राज्य विधायिका द्वारा निर्दिष्ट तरीके से दर्ज न की गई हो।

ग्राम पंचायत

राज्य विधानमण्डलों को विधि द्वारा पंचायतों की संरचना के लिए उपबंध करने की शक्ति प्रदान की गई है परन्तु किसी भी स्तर पर पंचायत के प्रादेशिक क्षेत्र की जनसंख्या और ऐसी पंचायत में निर्वाचन द्वारा भरे जाने वाले स्थानों की संख्या के बीच अनुपात समस्त राज्य में यथासंभव एक ही होगा। पंचायतों के सभी स्थान पंचायत क्षेत्र की ऐसी रीति से निर्वाचन क्षेत्रों में विभाजित किया जाएगा कि प्रत्येक निर्वाचन क्षेत्र की जनसंख्या और उसको आवंटित स्थानों की संख्या के बीच अनुपात समस्त पंचायत क्षेत्र में यथासाध्य एक ही हो। प्रत्येक पंचायत का अध्यक्ष राज्य द्वारा पारित विधि के अनुसार निर्वाचित होगा। इस विधि में यह बताया जाएगा कि ग्राम पंचायत और अंतर्वर्ती पंचायत के अध्यक्षों का जिला पंचायत में प्रतिनिधित्व

किस प्रकार होगा। इस विधि में संघ और राज्य के विधानमंडलों के सदस्यों के सम्मिलित होने के बारे में उपबंध होगा किंतु यह ग्राम स्तर से ऊपर के लिए ही होगा।

आरक्षण

अनुच्छेद 243 (घ) में यह उपबंध है कि (क) अनुसूचित जातियों और (ख) अनुसूचित जनजातियों के लिए आरक्षण होगा। आरक्षण उनकी जनसंख्या के अनुपात में होगा। उदाहरण के लिए यदि अनुसूचित जातियों की जनसंख्या 30 प्रतिशत है और अनुसूचित जनजातियों की 21 प्रतिशत है तो उनके लिए क्रमशः 30 प्रतिशत और 21 प्रतिशत स्थान आरक्षित होंगे। इस प्रकार आरक्षित स्थानों में से 1/3 स्थान अनुसूचित जातियों और अनुसूचित जनजातियों की महिलाओं के लिए आरक्षित होंगे। प्रत्येक पंचायत में प्रत्यक्ष निर्वाचन से भरे जाने वाले कुल स्थानों में से 1/3 स्थान महिलाओं के लिए आरक्षित होंगे।

राज्य, विधि द्वारा ग्राम और अन्य स्तरों पर पंचायत के अध्यक्ष के पदों के लिए आरक्षण कर सकेगा। अनुसूचित जातियों और जनजातियों के लिए किए गए आरक्षण तब तक प्रवृत्त बने रहेंगे जब तक अनुच्छेद 334 में विनिर्दिष्ट अवधि समाप्त नहीं हो जाती। राज्य विधि द्वारा, किसी भी स्तर के पंचायत में नागरिकों के पिछड़े वर्गों के पक्ष में स्थानों का आरक्षण कर सकेगा।

अवधि

पंचायती राज संस्थाओं का कार्यकाल 5 वर्ष का होगा। किसी पंचायत के गठन के लिए निर्वाचन 5 वर्ष की अवधि के पूर्व और विघटन की तिथि से 6 माह की अवधि के अवसान से पूर्व करा लिया जायेगा।

सदस्यता के लिए अर्हता

अनुच्छेद 243 (च) में यह उपबंध है कि वे सभी व्यक्ति जो राज्य विधानमंडलों के लिए निर्वाचित होने की अर्हता रखते हैं पंचायत का सदस्य होने के लिए अर्ह (योग्य) होंगे। केवल एक अंतर यह है कि 21 वर्ष की आयु का व्यक्ति भी सदस्य बनने के लिए अर्ह होगा। यदि यह प्रश्न उपस्थित होता है कि कोई सदस्य निरर्हता से ग्रस्त हो गया है या नहीं तो यह प्रश्न ऐसे प्राधिकारी को विनिर्दिष्ट किया जाएगा जो राज्य विधानमण्डल विधि द्वारा उपबंधित करे।

वित्त आयोग

राज्य का राज्यपाल 73वें संविधान संशोधन के प्रारम्भ होने से एक वर्ष के भीतर और उसके बाद प्रत्येक 5 वर्ष के अवसान पर पंचायतों की वित्तीय स्थिति का पुनर्निरीक्षण करने के लिए एक वित्त आयोग का गठन करेगा। वित्त आयोग निम्नलिखित विषय में राज्यपाल को अपनी सिफारिश करेगा–

(क) ऐसे करों, शुल्कों, पथ करों और फीसों को दर्शाना जो पंचायतों को प्रदान की जा सकें,

(ख) राज्य की संचित निधि में पंचायतों के लिए सहायता अनुदान,

(ग) पंचायतों की वित्तीय स्थिति के सुधार के लिए उपाय बताना।

निर्वाचन आयोग

अनुच्छेद 243(ट) में पंचायतों के लिए राज्य निर्वाचन आयोग के गठन का उपबंध है जिसमें एक राज्य निर्वाचन आयुक्त होगा, जिसकी नियुक्ति राज्यपाल करेगा। निर्वाचक नामावली तैयार कराने का और पंचायतों के निर्वाचनों के संचालन का अधीक्षण, निदेशन और नियंत्रण इस राज्य निर्वाचन आयोग में निहित होगा। आयोग स्वतंत्र बना रहे यह सुनिश्चित करने के लिए यह अधिकथित है कि राज्य निर्वाचन आयुक्त को उन्हीं आधारों पर और उसी प्रक्रिया से हटाया जा सकता है जिस प्रकार उच्च न्यायालय के न्यायाधीश को हटाया जा सकता है।

पंचायतों के कार्य

11वीं अनुसूची में 29 विषय हैं जिन पर पंचायतें विधि बनाकर उन कार्यों को कर सकेंगी। ये हैं–कृषि तथा कृषि में विस्तार; भू-सुधार तथा भू-संरक्षण (मृदा-संरक्षण); लघु सिंचाई, जल प्रबंध और जलाच्छान विकास; पशुपालन, कुक्कुटपालन तथा दुग्ध उद्योग; लघु वन उत्पाद; सामाजिक वन उद्योग तथा फार्म वनोद्योग; मत्स्य-पालन उद्योग; खाद्य-प्रसंस्करण उद्योग; लघु-उद्योग; खादी-ग्रामोद्योग; ग्रामीण विकास; ईंधन और पेयजल; ग्रामीण सड़कें, पुल, जलमार्ग तथा यातायात के अन्य साधन; ग्राम-विद्युतीकरण एवं विद्युत-वितरण; गैर-पारंपरिक ऊर्जा-स्त्रोत, गरीबी-उन्मूलन कार्यक्रम; प्राथमिक एवं माध्यमिक शिक्षा; तकनीकी शिक्षा एवं व्यावसायिक शिक्षा; वयस्क-शिक्षा एवं अनौपचारिक शिक्षा; पुस्तकालय; सांस्कृतिक कार्यकलाप; बाजार, हाट एवं मेला; स्वास्थ्य और सफाई; परिवार कल्याण; बाल विकास और महिला विकास; समाज कल्याण, पिछड़े वर्गों–अनुसूचित जाति और अनुसूचित जनजाति सहित अन्य पिछड़ों का संरक्षण; जनवितरण प्रणाली आदि। 11वीं अनुसूची के द्वारा राज्य विधानमंडल और राज्य विधानमंडलों के बीच शक्ति का विभाजन उसी प्रकार किया गया है जैसे अनुसूची 7 में संघ और राज्य विधानमंडलों के बीच।

नगरीय प्रशासन

74वां संविधान संशोधन 1.6.1993 को प्रवृत्त हुआ। इससे नगरीय क्षेत्र में स्थानीय स्वायत्त शासन की इकाइयों को सांविधानिक आधार प्रदान किया गया। ये संस्थाएं संपूर्ण देश में विद्यमान हैं।

स्वायत्त शासन की संस्थाओं को 'नगरपालिका' की संज्ञा दी गई है। जो तीन हैं–(*i*) नगर पंचायत– ऐसे क्षेत्र के लिए जो ग्रामीण क्षेत्र से नगर क्षेत्र में परिवर्तित हो रहा है (*ii*) नगर परिषद्– छोटे नगर क्षेत्र के लिए (*iii*) नगर निगम– बड़े नगर क्षेत्र के लिए। अनुच्छेद 243 (थ) ने प्रत्येक राज्य के लिए ऐसी इकाइयां गठित करना अनिवार्य कर दिया है किंतु यदि कोई ऐसा नगर क्षेत्र है जहां कोई औद्योगिक स्थापन नगरपालिका सेवाएं प्रदान कर रहा है या इस प्रकार प्रदान किए जाने का प्रस्ताव है तो क्षेत्र का विस्तार और अन्य तथ्यों पर विचार करने के पश्चात् राज्यपाल उसे औद्योगिक नगर घोषित कर सकेगा। ऐसे क्षेत्र के लिए नगर पालिका गठित करना आवश्यक नहीं होगा।

गठन

नगरपालिकाओं के सदस्य साधारणतः प्रत्यक्ष निर्वाचन से निर्वाचित होंगे। राज्य का विधानमंडल विधि द्वारा नगरपालिका में निम्नलिखित के प्रतिनिधित्व के लिए उपबंध कर सकेगा; (*i*) नगरपालिका प्रशासन में विशेष ज्ञान या अनुभव रखने वाले व्यक्ति (*ii*) लोकसभा, राज्यों की विधानसभा, राज्यसभा और विधान परिषद् के सदस्य, (*iii*) अनुच्छेद 243 (घ) के अधीन गठित

वार्ड समितियों के अध्यक्ष। अध्यक्षों का निर्वाचन विधानमंडल द्वारा उपबंधित रीति से होगा।

3 लाख या उससे अधिक जनसंख्या वाली नगरपालिका के क्षेत्र में आने वाले दो या अधिक वार्डों के लिए वार्ड समितियां बनाना आवश्यक है। राज्य विधानमंडल उनके गठन क्षेत्र और वार्ड समितियों में स्थानों के भरे जाने के बारे में उपबंध करेगा। राज्य विधानमंडल वार्ड समितियों के अतिरिक्त भी समितियां गठित कर सकेगा।

आरक्षण

जैसा भाग 9 (पंचायत) में विनिर्दिष्ट है उसी प्रकार अनुसूचित जाति और अनुसूचित जनजातियों के लिए प्रत्येक नगरपालिका में आरक्षण किए गए हैं। प्रत्यक्ष निर्वाचन से भरे जाने वाले स्थानों में से कम-से-कम 1/3 महिलाओं के लिए आरक्षित होंगे। इसमें अनुसूचित जाति और जनजाति का कोटा भी सम्मिलित है।

यह राज्यों के विधानमंडलों पर छोड़ दिया गया है कि वे यह निहित करें कि नगरपालिकाओं के अध्यक्ष पद के लिए आरक्षण किस प्रकार होगा। राज्य विधानमंडल चाहे तो पिछड़े वर्गों के लिए स्थानों का या अध्यक्ष के पदों का आरक्षण कर सकता है।

कार्यकाल

प्रत्येक नगरपालिका अपने पहले अधिवेशन की तारीख से 5 वर्ष तक विद्यमान रहेगी किंतु उसका विघटन विधि के अनुसार समाप्ति के पूर्व भी किया जा सकेगा। अनुच्छेद 243 (थ) में यह विदित है कि विघटन के पहले नगरपालिका को सुनवाई का अवसर दिया जाएगा। नगरपालिका के गठन के लिए निर्वाचन 5 वर्ष की अवधि की समाप्ति के पूर्व हो जाने चाहिएं। यदि नगरपालिका को उसकी अवधि के अवसान के पहले ही विघटित कर दिया गया है तो उसका निर्वाचन विघटन की तारीख से 6 मास के भीतर हो जाना चाहिए। विघटन के पश्चात् गठित नगरपालिका अवशिष्ट अवधि के लिए होगी। किंतु, यदि शेष अवधि 6 माह से कम है तो निर्वाचन कराना आवश्यक नहीं होगा।

सदस्यता के लिए अर्हता

अनुच्छेद 243 (फ) में यह अधिकथित है कि जो व्यक्ति राज्य विधानमंडल के लिए चुने जाने के लिए अर्ह हैं वे नगरपालिका के सदस्य होने के लिए भी अर्ह होंगे।

प्राधिकार एवं उत्तरदायित्व

अनुच्छेद 243 (ब) द्वारा राज्य विधानमंडलों को यह शक्ति दी गई है कि वे नगरपालिकाओं को ऐसी सभी शक्तियां और प्राधिकार प्रदान कर सकते हैं जो स्वायत्त शासन की संस्थाओं के रूप में उनके कार्यकरण के लिए आवश्यक हों। नगरपालिका को निम्नलिखित उत्तरदायित्व सौंपे जा सकते हैं–(1) आर्थिक विकास और सामाजिक न्याय की योजनाएं तैयार करना (2) उन्हें सौंपी गई स्कीमों का क्रियान्वयन (3) 12वीं अनुसूची में सूचीबद्ध विषयों के बारे में। 12वीं अनुसूची में 18 मदें हैं। उदाहरणार्थ–नगर योजना, भूमि के उपयोग का विनियमन, मार्ग और पुल, जल प्रदाय, लोक स्वास्थ्य, अग्निशमन सेवाएं, नगर वानिकी, मलिन बस्ती आदि।

राज्य विधानमंडल, विधि द्वारा नगरपालिकाओं को कर, शुल्क, पथकर आदि उद्ग्रहण करने, उनका संग्रह करने और उन्हें विनियोजित करने के लिए प्राधिकृत कर सकता है। इस विधि में अनुसरण की जाने वाली प्रक्रिया और कर आदि की सीमा विहित की जा सकेगी। राज्य सरकार द्वारा संग्रहित कर, शुल्क आदि नगरपालिकाओं को समानुदेशित किए जा सकते हैं।

निर्वाचन

अनुच्छेद 243 (ट) के अधीन नियुक्त राज्य निर्वाचन आयोग को निर्वाचक नामावली तैयार कराने की और नगरपालिकाओं के निर्वाचनों के संचालन का अधीक्षण, निदेशन और नियंत्रण की शक्ति होगी। राज्य विधानमण्डलों को वे सभी शक्तियां प्रदान की गई हैं जो नगरपालिकाओं के निर्वाचन से संबंधित विषयों को विधि द्वारा विनियमित करने के लिए आवश्यक हों।

वित्त आयोग

अनुच्छेद 243 (झ) के अधीन नियुक्त वित्त आयोग नगरपालिकाओं की वित्तीय स्थिति का पुनर्विलोकन करेगा और निम्नलिखित के बारे में सिफारिश करेगा–(1) राज्य और नगरपालिकाओं के बीच राज्य द्वारा उद्ग्रहणीय और उनके बीच विभाज्य कर, शुल्क, पथकर और फीस के शुद्ध आगमों का वितरण और नगरपालिकाओं के विभिन्न स्तरों में उनका आबंटन (2) कौन से कर, शुल्क, पथकर और फीस नगरपालिकाओं को दिए जा सकते हैं (3) नगरपालिकाओं को सहायता अनुदान (4) नगरपालिकाओं की वित्तीय स्थिति में सुधार के लिए आवश्यक अध्युपाय, (5) कोई अन्य विषय जो राज्यपाल निर्दिष्ट करे।

पंचायती राज व्यवस्था को अधिक प्रभावी और व्यावहारिक बनाने के सुझाव

पंचायती राज संस्थाओं को अधिक शक्तिशाली बनाने की दिशा में निम्नलिखित सुझाव कारगर सिद्ध हो सकते हैं–

1. पंचायती राज संस्थाओं को प्राणवान् बनाने और प्रोत्साहित करने के लिए उन्हें अधिक कार्यपालक अधिकार दिए जाने चाहिएं।
2. वे परियोजनाएँ और कार्य जो जिला परिषद् को सौंपे जा सकते हैं, राज्य स्तर से जिला परिषद् को सौंप दिए जाने चाहिएं। पंचायत समितियों से ये परियोजनाएँ वापस ली जानी चाहिए जो जिला परिषद् स्तर पर अधिक कुशलता के साथ कार्यान्वित की जा सकती हैं।
3. जिला परिषद् के मुख्य कार्यपालक अधिकारी को कर्मचारियों में अनुशासन स्थापित करने और उनसे काम लेने के लिए प्रभावपूर्ण शक्तियां दी जानी चाहिएं। कर्मचारियों की वार्षिक गोपनीय रिपोर्ट उसके ठीक ऊपर से उस अधिकारी द्वारा लिखी जानी चाहिए जिसके अधीन वे कर्मचारी कार्य कर रहे हों। इस रिपोर्ट को मुख्य कार्यपालक अधिकारी को प्रस्तुत किया जाना चाहिए।
4. जिला स्तर के अधिकारियों को समूह भाव से काम करना चाहिए। उनका प्रमुख दायित्व जिला परिषद्, पंचायत समितियों, खण्ड विकास अधिकारियों तथा विस्तार अधिकारियों को सरकारी नीतियों और निर्देशों के अनुसार तकनीकी दृष्टि से सुव्यवस्थित योजनाएँ बनाने तथा उन्हें क्रियान्वित करने में सहायता देना है।

5. लोगों की आम समस्याओं को हल करने के लिए पंचायतों को अधिकार और साधन प्रदान किए जाएं। लोगों की अधिक-से-अधिक समस्याएं पंचायत के क्षेत्राधिकार में लाई जाएँ ताकि लोग अपनी कठिनाइयों को दूर करा सकें तथा समस्याओं का समाधान पा सकें।
6. नियम और कार्यवाहियां सुगम बनाई जाएं। नियम ऐसे होने चाहिएं जो आम आदमी भली-भांति समझ सके।
7. राजस्व और पुलिस सेवाओं का सहयोग सुनिश्चित किया जाए।
8. ग्राम सभा को वैधानिक मान्यता प्राप्त होनी चाहिए। ग्राम सभा की कार्यवाही जनता की भावनाओं के अनुसार चलाई जानी चाहिए। ग्राम जीवन को प्रभावित करने वाले सभी महत्त्वपूर्ण मुद्दों पर ग्राम सभा में विचार-विमर्श होने चाहिएं। ग्राम सभा के विचारणीय विषय में पंचायत का बजट, पंचायत के काम का विवरण, योजनाओं की प्रगति, ऋण और अनुदानों का उपयोग, स्कूल और सहकारी समितियों की व्यवस्था, लेखा परीक्षण की रिपोर्ट आदि शामिल की जानी चाहिए।
9. पंचायती राज में संस्थाओं के मार्ग-निर्देशन, देख-रेख और नियंत्रण का सबसे महत्त्वपूर्ण स्थान है। राज्य सरकारों, उनके तकनीकी अभिकरणों और जिला अधिकारियों को पंचायती राज संस्थाओं का समुचित व उदार ढंग से मार्ग-निर्देशन कर उन्हें प्रोत्साहित करना चाहिए। प्रशासनिक अधिकारियों को विकेंद्रीयकृत लोकतंत्रीय संस्थाओं के मित्र, दार्शनिक तथा पथ-प्रदर्शक के रूप में आगे आना चाहिए। उनका कार्य सही ढंग से सकारात्मक प्रवृत्ति का होना चाहिए।
10. राजनीतिक दलों को पंचायती राज के कार्यों में हस्तक्षेप नहीं करना चाहिए तथा इन संस्थाओं में चुनाव सर्वसम्मति के आधार पर होना चाहिए।
11. पंचायती राज संस्थाओं को कर लगाने के कुछ व्यापक अधिकार दिए जाने चाहिएं। पंचायती राज संस्थाओं के पास अपने स्वयं के साधन विकसित किए जाने चाहिएं ताकि वे अपने वित्तीय साधनों में वृद्धि कर अधिक स्वतंत्रतापूर्वक अपने विवेक के अनुसार कर्त्तव्यों का पालन कर सकें। राज्य सरकार द्वारा इन संस्थाओं को दिए जाने वाले अनुदानों में वृद्धि करनी चाहिए। राज्य सरकार को पंचायती राज संस्थाओं को ब्याज रहित भारी ऋण देकर अपने खुद के लाभकारी व्यवसाय चलाने के लिए अनुप्रेरित करना चाहिए। कर वसूल करने वाली मशीनरी को प्रभावशाली बनाया जाना चाहिए।
12. प्रशासनिक व्यय में हर स्तर पर मितव्ययिता बरतनी चाहिए।
13. पंचायती राज संस्थाओं के निर्वाचन नियत समय पर कराये जाने चाहिए।
14. राज्य सरकारों द्वारा अकारण पंचायती राज संस्थाओं को इनकी समयावधि के पूर्व ही भंग करने की प्रवृत्ति से बचना चाहिए।

उपर्युक्त उपायों से पंचायती राज व्यवस्था को अधिक प्रभावशाली बनाकर जनकल्याण का अभिकरण बनाया जा सकता है। जनता पार्टी के शासनकाल में गठित अशोक मेहता समिति ने पंचायती राज कार्य-प्रणाली को सुधारने के लिए जो सुझाव दिए हैं, वे बहुत महत्त्वपूर्ण हैं।

❑ ❑ ❑

अध्याय-11

राजनीतिक दल एवं दबाव समूह

वर्तमान युग लोकतंत्र का युग है। विश्व के अधिकांश देशों में लोकतंत्र का स्वरूप देखने को मिलता है। लोकतंत्र की एक अनिवार्य शर्त राजनीतिक दलों का होना है। राजनीतिक दलों के बिना लोकतांत्रिक सरकार नहीं चल सकती और लोकतंत्र के बिना राजनीतिक दलों का विकास नहीं हो सकता।

प्रो॰ मुनरो का कथन है कि "स्वतंत्र राजनीतिक दल ही लोकतंत्रीय सरकार का दूसरा नाम है।" मैकाइवर के अनुसार, "जिस राज्य में दल प्रणाली नहीं होती उसमें क्रांति ही सरकार को बदलने का एकमात्र तरीका होती है।" अतः लोकतांत्रिक शासन व्यवस्था में राजनीतिक दलों का होना अनिवार्य है क्योंकि राजनीतिक दल ही जनता का मत प्राप्त करके सरकार का निर्माण करते हैं। राजनीतिक दल ऐसे लोगों का संगठन होता है जो सैद्धांतिक रूप से एकमत होते हैं तथा सामूहिक नेतृत्व से चुनावों के माध्यम से सत्ता प्राप्त करने का प्रयास करते हैं।

किसी भी लोकतांत्रिक देश में दल पद्धति का विकास उनके राजनीतिक इतिहास तथा सामाजिक व आर्थिक परिस्थितियों के परिवेश में ही होता है। यही कारण है कि एक जैसी लोकतांत्रिक शासन व्यवस्था होने के बावजूद भी विभिन्न देशों में भिन्न-भिन्न दलों, पद्धतियों का विकास होता है। वस्तुतः प्रत्येक देश में राजनीतिक दलों के निर्माण पर वहां के परिवेश और परिस्थितियों का प्रभाव होता है।

भारत में राजनीतिक दल

भारत में दल पद्धति का शुभारंभ 1885 में कांग्रेस की स्थापना के साथ होता है जिसने भारतीय स्वतंत्रता संघर्ष में महत्त्वपूर्ण भूमिका निभाई। लेकिन कांग्रेस का यह प्रारंभिक स्वरूप राजनीतिक दल का न होकर एक दबाव समूह का ही अधिक था। उसका प्रभाव भारत के जन-जन तक था। इसलिए उसमें सभी धर्मों, जातियों, वर्गों, पक्षों व आदर्शों के लोग सम्मिलित हो गए क्योंकि इन सभी का एक ही सामान्य लक्ष्य व उद्देश्य था **"स्वतंत्रता प्राप्ति"**। स्वतंत्रता के पश्चात भी इस दल का प्रभाव भारत में बना रहा।

कांग्रेस

कांग्रेस की स्थापना 1885 में श्री ए॰ओ॰ ह्यूम के द्वारा की गई थी। वे शिक्षित भारतीय युवकों को देश की आर्थिक व सामाजिक समस्याओं के प्रति जागृत करना चाहते थे। भारतीय स्वतंत्रता आंदोलन में इनके द्वारा महत्त्वपूर्ण भूमिका निभाई गई लेकिन उस समय यह दल न होकर एक दबाव समूह की भांति कार्य कर रहा था और लोगों की भावनाओं की अभिव्यक्ति का माध्यम बना हुआ था। लेकिन 1907 तक आते-आते इसमें नेतृत्व व नीतियों को लेकर मतभेद उत्पन्न होने लगे और 1907 के सूरत अधिवेशन में कांग्रेस मुख्यतः दो घटकों में विभक्त हो गई एक तरफ उदारवादी तो दूसरी तरफ उग्रवादी गुट बन गए। अंग्रेजी शासन ने भी इस स्थिति का लाभ उठाया और उदारवादी नेताओं को संरक्षण देना प्रारंभ कर दिया जबकि उग्रवादियों के प्रति उन्होंने दंडात्मक व दमनात्मक कार्यवाही को अंजाम दिया। 1907 से लेकर 1919 तक कांग्रेस में यही स्थिति बनी रही।

सन् 1920 से लेकर 1947 तक कांग्रेस का नेतृत्व महात्मा गांधी ने किया। उन्होंने देश को सत्य और अंहिसा का पाठ सिखाया। 1920-21 में असहयोग आंदोलन और 1930-31 में सविनय अवज्ञा आंदोलन जैसे अन्य अहिंसक आंदोलनों के द्वारा गांधी जी ने अंग्रेजी शासन को पूरी तरह हिला कर रख दिया। उन्हीं के नेतृत्व में देश को 1947 में स्वाधीनता प्राप्त हुई।

हालांकि गांधी जी चाहते थे कि स्वतंत्रता प्राप्ति के पश्चात कांग्रेस को विघटित कर दिया जाना चाहिए और उसकी भूमिका राजनीतिक की अपेक्षा सामाजिक होनी चाहिए। लेकिन ऐसा संभव न हो सका और स्वतंत्रता प्राप्ति के पश्चात कांग्रेस एक शक्तिशाली राजनीतिक दल के रूप में उभर आया जिसने 1951 से 1967 तक केन्द्र व राज्यों में एकछत्र राज कायम किया। हालाकि 1977 में यह केन्द्र शक्ति से दूर रही लेकिन इसके पश्चात पुनः इंदिरा गाँधी और राजीव गांधी के नेतृत्व में यह केन्द्र में स्थापित हुई। आज भी कांग्रेस की स्थिति यह है कि केन्द्र में सत्ता के साथ-साथ अधिकांश राज्यों में भी उसकी सत्ता कायम है।

कांग्रेस का विघटन

1969 में राष्ट्रपति के चुनाव को लेकर कांग्रेस में विभाजन हो गया। कांग्रेस संसदीय बोर्ड की बैठक में श्रीमती गांधी की इच्छा के विरुद्ध श्री संजीव रेड्डी का नाम स्वीकृत हो गया। अब श्रीमती गांधी ने विस्तृत योजना बनाकर एक के पश्चात दूसरा कदम उठाया। सर्वप्रथम मोराजी देसाई से वित्त

मंत्रालय वापिस ले लिया गया, दो-तीन दिन में 14 बैंकों का राष्ट्रीकरण कर दिया गया। दोनों पक्ष अंतिम शक्ति-परीक्षण की तैयारी करने लगे। श्रीमती गांधी ने कांग्रेसी प्रत्याशी के विरुद्ध तत्कालीन उपराष्ट्रपति श्री वी॰वी॰ गिरि के पक्ष का समर्थन किया जो स्वतंत्र प्रत्याशी के रूप में राष्ट्रपति पद के लिए चुनाव लड़ रहे थे। इस संघर्ष में प्रथम बार कांग्रेस का अधिकृत प्रत्याशी पराजित हुआ और श्री वी॰वी॰ गिरि राष्ट्रपति चुन लिए गए। कांग्रेस का विभाजन अब निकट दिखाई देने लगा, इंदिरा तथा उनके सहयोगियों ने कांग्रेस महासमिति की बैठक बुलाने का आग्रह किया जिसमें कांग्रेसाध्यक्ष के विरुद्ध अविश्वास प्रस्ताव रखे जाने का आग्रह था। संघर्ष हो जाने पर दो समान्तर बैठकें हुई। पहली कांग्रेस महासमिति की बैठक जिसमें प्रधानमंत्री के ऊपर घोर अनुशासनहीनता का आरोप लगाकर 13 नवम्बर को उन्हें कांग्रेस से निष्कासित कर दिया गया। दूसरी ओर प्रधानमंत्री की अध्यक्षता में महासमिति की बैठक हुई जिसमें कांग्रेसाध्यक्ष श्री निजलिंगप्पा को अध्यक्ष पद से हटाकर श्री सुबह्मण्यम को अंतरिम अध्यक्ष बना दिया गया। इस प्रकार कांग्रेस का दो भागों में विभाजन हो गया। एक को नई अथवा सत्ता कांग्रेस पुकारा जाने लगा किंतु बाद में वह कांग्रेस (इंदिरा) के नाम से प्रसिद्ध हुई। दूसरी को पुरानी कांग्रेस के नाम से पुकारा जाने लगा।

श्रीमती इंदिरा गांधी ने लोकसभा को निश्चित समय से लगभग एक वर्ष पूर्व भंग कराकर मध्यावधि चुनाव कराए। 1971 के मध्यावधि चुनावों में श्रीमती गांधी ने संपूर्ण देश की जनता के सम्मुख 'गरीबी हटाओ' का नारा लगाया। संपूर्ण देश में नई कांग्रेस के पक्ष में वातावरण बना और नई कांग्रेस विशाल बहुमत प्राप्त करके लोकसभा में पहुंची। उसे लोकसभा की 518 सीटों में से 351 सीटें मिलीं। शेष सभी विरोधी दलों को घोर आघात पहुंचा। 1972 में राज्यों की विधान सभाओं के निर्वाचन में भी कांग्रेस को विशाल बहुमत प्राप्त हो गया और उसने संपूर्ण देश के शासन पर एकाधिपत्य स्थापित कर लिया। 1974 में श्री जयप्रकाश नारायण के नेतृत्व में भ्रष्टाचार व महंगाई के विरुद्ध जन आंदोलन छिड़ गया। 2 जून, 1975 को इलाहाबाद उच्च न्यायालय ने श्रीमती इंदिरा गांधी के निर्वाचन को अवैध घोषित कर दिया। इससे भारत में काफी उत्तेजना पैदा हो गई। 26 जून, 1975 में श्रीमती गांधी ने आंतरिक आपातकाल की घोषणा कर दी।

1977 में पुनः विभाजन

सत्ता कांग्रेस को छठी लोकसभा के चुनावों में करारी पराजय हाथ लगी। संपूर्ण उत्तर भारत से उसका सफाया हो गया। लोकसभा में वह केवल प्रमुख विरोधी दल बन पाई और तेंतीस वर्ष तक एकछत्र शासन करने के पश्चात् देश का शासन जनता पार्टी के अधिकार में आ गया। सत्ता कांग्रेस में फूट बढ़ गई और श्रीमती इंदिरा गांधी ने कांग्रेस का पुनः विभाजन करके अपने पक्ष वाले कार्यकर्त्ताओं को लेकर अलग कांग्रेस दल का निर्माण कर डाला। इस प्रकार कांग्रेस पुनः **कांग्रेस (आई)** तथा **कांग्रेस (एस)** में विभाजित हो गई।

भारतीय जनता पार्टी

भारतीय जनता पार्टी का जन्म जनसंघ से हुआ जिसकी स्थापना 1951 में डॉ॰ श्यामा प्रसाद मुखर्जी की अध्यक्षता में की गई। इस समय तक जितने भी दलों का निर्माण हुआ था उनका संबंध किसी न किसी रूप से कांग्रेस से रहा था लेकिन जनसंघ पहला ऐसा राजनीतिक दल था जिसके नेताओं और कार्यकर्ताओं का कांग्रेस से कोई भी संबंध नहीं था। इसकी अपनी अलग विचारधारा और कार्यक्रम था लेकिन 1977 में इसने अपने आपको जनता पार्टी में शामिल कर लिया और जनसंघ के स्थान पर उसने अब जनता पार्टी का रूप धारण कर लिया था।

हांलाकि कुछ समय के लिए 1977 में यह पार्टी केन्द्र में आई लेकिन आपसी गुटबाजी व आंतरिक कलह के कारण इसे शीघ्र ही केन्द्र की सत्ता से हाथ धोना पड़ा। इसी समय विभिन्न गुटों द्वारा जनसंघ की शक्ति को कम करने के लिए उसका राष्ट्रीय स्वयंसेवक संघ से संबंध-विच्छेद करने की मांग करने लगे। जिसके परिणामस्वरूप जुलाई 1979 में जनता पार्टी का विभाजन हो गया।

हांलाकि यह विभाजन दोहरी सदस्यता के प्रश्न पर हुआ लेकिन इससे इस समस्या का कोई स्थायी हल नहीं निकला। 19 मार्च, 1980 को जनता पार्टी के केन्द्रीय संसदीय बोर्ड ने बहुमत से यह फैसला किया कि जनता पार्टी का कोई भी अधिकारी, विधायक और संसद सदस्य राष्ट्रीय सेवक संघ की गतिविधियों में भाग नहीं ले सकता। बोर्ड द्वारा लिए गए इस निर्णय का अटल बिहारी वाजपेयी, लाल कृष्ण आडवाणी और नानाजी देशमुख द्वारा विरोध किया गया। 6 अप्रैल, 1980 को लालकृष्ण आडवाणी द्वारा जनता पार्टी के उन असंतुष्ट सदस्यों का दो दिवसीय सम्मेलन बुलाया गया, जो कि दोहरी सदस्यता के प्रश्न को मुद्दा नहीं मानते थे। इस सम्मेलन में एक नई पार्टी बनाने का निर्णय लिया गया और जनसंघ को पुनर्जीवित न करके भूतपूर्व विदेश मंत्री अटल बिहारी वाजपेयी की अध्यक्षता में एक नये दल भारतीय जनता पार्टी की स्थापना की गई।

जनता पार्टी से अलग होकर भाजपा ने शीघ्र ही देशव्यापी समर्थन खड़ा किया। पार्टी का प्रथम राष्ट्रीय अधिवेशन 27 दिसंबर, 1980 को बम्बई में संपन्न हुआ जिसमें लगभग 55 हजार प्रतिनिधियों द्वारा भाग लिया गया। मई 1982 में होने वाले लोकसभा के उप चुनावों में भाजपा ने सात में दो स्थान प्राप्त किए। जनवरी 1983 में होने वाले आन्ध्र प्रदेश व कर्नाटक की विधान सभाओं में उसने अपनी स्थिति सुधारी। कर्नाटक में 18 और आन्ध्र प्रदेश में 3 स्थान प्राप्त किए।

धीरे-धीरे भाजपा अपनी स्थिति में सुधार करती चली गई। 1989 में नौवीं लोकसभा के चुनावों में इसने राष्ट्रीय मोर्चे के साथ तालमेल बिठाकर कांग्रेस के विरुद्ध विरोधी दलों ने केवल एक प्रत्याशी को खड़े करने का प्रयास किया, जिससे विरोधी दलों के मतों का विभाजन न हो। इसके परिणाम उत्साहजनक रहे भारतीय जनता पार्टी मध्यप्रदेश, गुजरात, महाराष्ट्र, राजस्थान, हिमाचल प्रदेश और दिल्ली में एक शक्तिशाली दल के रूप में उभरकर आयी और लोकसभा में इसने 88 सीटें प्राप्त कीं। 1990 में विधान सभा के होने वाले चुनावों में मध्यप्रदेश, हिमाचल प्रदेश तथा राजस्थान में भाजपा की सरकारें बनी जबकि गुजरात और महाराष्ट्र के प्रमुख विरोधी दल बने।

1991 में दसवीं लोकसभा चुनावों में भाजपा ने अपनी सीटों की संख्या को बढ़ाते हुए 122 तक पहुंचा दिया जबकि उत्तरप्रदेश, मध्यप्रदेश, राजस्थान और हिमाचल प्रदेश की विधानसभा सीटों पर जीत हासिल कर, सरकारें गठित की। इस समय वह केन्द्र में विपक्ष की महत्त्वपूर्ण भूमिका का भी निर्वाह कर रहा था। अपनी इसी गति को बढ़ाते हुए भाजपा ने ग्यारहवीं लोकसभा चुनावों (1996) में 161 सीटें प्राप्त कीं और सहयोगी दलों की मदद से केन्द्र में सरकार बनाने में सफल रहे लेकिन निश्चित बहुमत प्राप्त न करने के कारण इस सरकार को शीघ्र ही त्याग पत्र देना पड़ा। 1998 में

होने वाले लोकसभा के मध्यवती चुनावों में यह पार्टी पूर्ण बहुमत प्राप्त करने में असफल रही। यद्यपि भाजपा गठबंधन को अधिक सीटें प्राप्त होने के कारण राष्ट्रपति द्वारा उन्हें सरकार बनाने के लिए आंमत्रित किया गया लेकिन पुनः बहुमत के अभाव में वाजपेयी सरकार को त्याग पत्र देना पड़ा।

1999 में होने वाले लोकसभा चुनावों में भाजपा ने राष्ट्रीय जनतांत्रिक गठबंधन का गठन कर 296 सीटें प्राप्त कर स्पष्ट बहुमत प्राप्त किया। स्वयं भाजपा पार्टी ने भी बड़ी सफलता प्राप्त करते हुए 182 सीटों पर विजय प्राप्त की। राष्ट्रीय जनतांत्रिक गठबंधन द्वारा श्री अटल बिहारी वाजपेयी को एक बार फिर पुनः अपना नेता चुना गया। इस प्रकार श्री वाजपेयी को एक बार फिर देश का प्रधानमंत्री बनाया गया।

2014 के आम चुनावों में भाजपा ने 282 सीटों पर जीत प्राप्त की और इसके नेतृत्व वाले राजग को 543 लोकसभा सीटों में से 336 सीटों पर जीत प्राप्त हुई। यह 1984 के बाद पहली बार था कि भारतीय संसद में किसी एक दल को पूर्ण बहुमत मिला। भाजपा संसदीय दल के नेता नरेन्द्र मोदी को 26 मई, 2014 को भारत के 14वें प्रधानमंत्री के रूप में शपथ दिलाई गई। 2019 के आम चुनावों में भाजपा ने 303 सीटों पर जीत प्राप्त की और इसके नेतृत्व वाले राजग को 543 लोकसभा सीटों में से 352 सीटों पर जीत प्राप्त हुई।

जनता दल

1980 के लोकसभा चुनाव में जनता पार्टी को करारी हार का सामना करना पड़ा। फलस्वरूप यह पार्टी तीन दलों में विभक्त हो गई–जनता पार्टी, लोकदल और भारतीय जनता पार्टी। विपक्ष के कई बड़े नेताओं ने विपक्षी एकता के लिए नये सिरे से प्रयास किये। इन प्रयासों का परिणाम यह निकला कि अक्टूबर 1988 में जनता दल के निर्माण की घोषणा की गई। विश्वनाथ प्रताप सिंह सर्वसम्मति से इस नये दल के अध्यक्ष चुने गए।

1988 में एक 'राष्ट्रीय मोर्चा' बनाया गया, जिसमें जनता दल, तेलगू देशम, असम गण परिषद्, कांग्रेस (एस) और डी.एम.के. समेत और भी कई पार्टियां शामिल थीं। 1989 के आम चुनाव में राष्ट्रीय मोर्चे के प्रमुख घटक 'जनता दल' को उल्लेखनीय सफलता मिली। लोकसभा की 525 सीटों में से 141 सीटें जनता दल ने जीतीं। भारतीय जनता पार्टी और वामपंथी दलों के सहयोग से विश्वनाथ प्रताप सिंह के नेतृत्व में राष्ट्रीय मोर्चे की सरकार बनी। पर नवंबर 1990 में राष्ट्रीय मोर्चे की सरकार का पतन हो गया।

1991 के संसदीय चुनाव में जनता दल तीसरे नंबर की पार्टी रही। लोकसभा की कुल 56 सीटें उसने जीतीं। 1992 में जनता दल दो धड़ों में बंट गया जनता दल (अ) जिसका नेतृत्व अजीत सिंह ने किया और जनता दल (ब) जिसके अध्यक्ष श्री बोम्मई थे। दिसंबर 1993 में अजीत सिंह के नेतृत्व में जनता दल (अ) के अधिकांश सदस्य कांग्रेस में शामिल हो गए। 11 दिसंबर, 1994 को कर्नाटक में देवगौड़ा के नेतृत्व में जनता दल की सरकार बनी। 1996 के लोकसभा चुनावों में जनता दल ने कुल 45 सीटें जीती थीं, पर केंद्र में जब संयुक्त मोर्चे की सरकार बनी तो इसका नेतृत्व श्री देवगौड़ा ने किया। श्री देवगौड़ा के बाद श्री गुजराल ने प्रधानमंत्री पद की शपथ ग्रहण की। 28 नवम्बर, 1997 को गुजराल सरकार ने इस्तीफा दे दिया। 1998 के संसदीय चुनाव में जनता दल सिर्फ 6 स्थानों पर विजयी रहा।

जनता दल एक ऐसा दल है जिसमें सदा विघटन की प्रक्रिया चलती रही है। बिहार, उड़ीसा और कर्नाटक, ये तीन राज्य जनता दल के गढ़ माने जाते थे। बिहार में लालू यादव और कर्नाटक में हेगड़े के पार्टी से अलग हो जाने के बाद जनता दल की हालत बहुत नाजुक हो गई।

भारतीय साम्यवादी दल

साम्यवादी दल भारत का मान्यता प्राप्त अखिल भारतीय राजनीतिक दल है। इसकी स्थापना एम॰एन॰ राय की प्रेरणा से दिसंबर 1924 को हुई। वास्तव में रूस के द्वारा संसार में साम्यवाद के विस्तार की योजना के अंतर्गत भारत में साम्यवादी दल स्थापित हुआ था। भारत की तत्कालीन अंग्रेज सरकार ने इस पर प्रतिबंध 1934 में लगा दिया और इसके नेता कांग्रेस की आड़ में श्रमिकों तथा विद्यार्थियों के क्षेत्र में कार्य करते रहे।

साम्यवादी दल तोड़-फोड़ की नीति में विश्वास रखता है। वह संसार के अन्य साम्यवादी देशों के अनुसार भारत में भी मजदूरों की सरकार स्थापित कराना चाहता है। इसकी वर्ग संघर्ष में आस्था है और यह मजदूरों तथा मिल-मालिकों के अवश्यम्भावी युद्ध में मजदूरों का पक्ष लेने के लिए वचनबद्ध है। 1951 में साम्यवादी पार्टी ने अपनी नीति में परिवर्तन की घोषणा की और यहां शांतिपूर्ण तथा वैधानिक मार्गों से सत्ता हथियाने का कार्यक्रम बनाया।

दल में विभाजन

जब चीन ने भारत पर आक्रमण किया, उस समय भारत के साम्यवादी दल ने चीन का समर्थन किया। ऐसा करने से भारत में चारों ओर साम्यवादी दल पर प्रतिबंध लगवाए जाने की मांग की जाने लगी। स्वयं साम्यवादी दल में भी फूट पड़ गई और वह दो दलों में विभाजित हो गया। चीन का समर्थन करने वाले साम्यवादियों ने अपने को वामपक्षीय या मार्क्सवादी साम्यवादी दल के रूप में संगठित कर लिया। इस प्रकार बने भारतीय साम्यवादी दल ने अपना चुनाव चिन्ह बाल हंसिया रख लिया।

भारतीय-मार्क्सवादी पार्टी

भारतीय साम्यवादी दल में फूट पड़ जाने के कारण 1964 में इसके दो दल बन गए। प्रथम भारतीय साम्यवादी दल और दूसरा भारतीय साम्यवादी दल (मार्क्सवादी) कहलाया। इसके नेता प्रमोद दास गुप्ता, ज्योति बसु, एस॰के॰ गोपालन तथा पी॰ राममूर्ति हैं। 1967 ई॰ के चुनावों में इस दल को भारतीय साम्यवादी दल के मुकाबले में अधिक सफलता मिली। इस दल को लोकसभा में 19 एवं राज्य विधान सभाओं में 128 स्थान प्राप्त हुए केरल में संयुक्त सरकार का निर्माण हुआ। 1971 के चुनावों में इसकी शक्ति में वृद्धि हुई और लोकसभा में इसकी संख्या 25 हो गई।

जहां तक मार्क्सवादी दल की सदस्यता प्राप्त करने का प्रश्न है, यह अन्य दलों की अपेक्षा अति कठिन है। इसकी सदस्यता प्राप्त करने की निम्नलिखित शर्तें हैं–

1. भारत का नागरिक हो
2. वह 18 वर्ष की आयु का या इससे ऊपर का हो
3. पार्टी के कार्यक्रम और संविधान में विश्वास रखता हो।
4. पार्टी के किसी संगठन में कार्य करने के लिए सहमत हो।
5. पार्टी का चन्दा नियमित रूप से देता हो आदि।

इस प्रकार जो व्यक्ति पार्टी की सदस्यता प्राप्त करना चाहता है उसके प्रार्थना-पत्र पर पार्टी के दो सदस्यों की सिफारिशें होनी आवश्यक हैं। यदि व्यक्ति को सदस्य बनने के योग्य समझा जाता है तो उसे एक वर्ष के लिए उम्मीदवार सदस्य बना लिया जाता है। यह एक वर्ष वास्तव में परीक्षण का काल होता है जिसमें पार्टी की शाखा उसे दल के कार्यक्रम और संविधान के संबंध में शिक्षा देती है और उसकी गतिविधियों पर नजर रखी जाती है।

विचारधारा, नीतियां व कार्यक्रम

मार्क्सवादी पार्टी आदर्श के रूप में चीनी साम्यवाद का अनुसरण करती रही है और साम्यवादी दल रूस के आदर्शों में आस्था व्यक्त करते रहे हैं। दोनों दलों में कोई मौलिक अंतर नहीं है। अंतर केवल यह है कि मार्क्सवादी दल मार्क्स व लेनिन के साम्यवाद को लाने के लिए अधिक, क्रांतिकारी उपायों का अवलम्बन करना चाहते हैं। इसी कारण वह अपने को चीन के अधिक निकट पाती है। उसकी दृष्टि में भारत का साम्यवादी दल संशोधनवादी है और उसने मौलिक सिद्धांतों में इतना संशोधन कर दिया है कि मार्क्सवाद का रूप ही बिगड़ गया है। मार्क्सवादी दल रूस का इस कारण भी विरोध करता है कि रूस ने भारत के साम्यवादी पक्ष से कांग्रेस का समर्थन करने का आग्रह किया है और मार्क्सवादी दल कांग्रेस के समर्थन में अपना सर्वनाश मानते हैं।

बहुजन समाज पार्टी

बहुजन समाज पार्टी एक राष्ट्रीय दल है जिसका निर्माण अन्य क्षेत्रीय दलों की भांति जातिगत आधार पर हुआ है। पार्टी का कहना है कि भारत का बहुजन मुसलमानों व दलितों पर आधारित है। देश में कांग्रेस के पचास वर्ष के शासन में इस वर्ग की सर्वाधिक उपेक्षा हुई है। इसके नेता कांशीराम देश के जनमानस को ऐसे ही विचारों से प्रभावित करने में प्रयत्नशील हैं जिससे उनके दल को सत्ता में पहुंचने का अवसर मिल सके। हिंदू समाज में दलितों की उपेक्षा का लाभ उठाकर उन्हें शेष समाज से अलग करने का उन्होंने प्रयास किया है। इसके लिए वे शेष हिंदु समाज को 'ब्राह्मणवाद' के नाम से पुकारकर दलितों में उसके प्रति घृणा के भाव भरते हैं। उन्होंने अनुसूचित जातियों, जनजातियों, हिन्दू समाज के अन्य पिछड़े तथा मुस्लिम समाज को अपने झंडे तले एकत्रित करने का प्रयास किया है।

बहुजन समाज पार्टी का मानना है कि यहां राजनैतिक अस्थिरता का मूल कारण मनुवादी पार्टियों द्वारा बहुजन समाज की उपेक्षा करना और इसके प्रति बहुजन समाज में सामाजिक और राजनैतिक चेतना का पैदा होना है। बसपा द्वारा **''वोट हमारा, राज तुम्हारा–नहीं चलेगा, नहीं चलेगा''** बहुजन समाज को दिये गए इस नारे ने इनमें राजनैतिक चेतना पैदा की और इन्हें यह भी एहसास कराया गया कि वोट तो बहुजन समाज का 100 में से 85 है, लेकिन राज 15 वालों का चल रहा है, जो बहुजन समाज को हर प्रकार से दबाये हुए है। बहुजन समाज के लोगों ने इन सब बातों को गम्भीरता के लिया और फिर धीरे-धीरे कांग्रेस, भाजपा व अन्य मनुवादी पार्टियों को छोड़कर, इन्होंने बहुजन समाज पार्टी से जुड़ना शुरू कर दिया।

नेशनल कांफ्रेंस

उत्तरी दिशा में अंतिम छोर पर स्थित जम्मू-कश्मीर में एक लंबे अर्से से नेशनल कांफ्रेंस की प्रभुता रही है। नेशनल कांफ्रेंस की मूल जड़ 1930 के दशक में वाचनालय दल के रूप में थी। शेख मोहम्मद अब्दुल्ला इस छोटे से दल का राजनीतिक वाद-विवाद का नेतृत्व करते रहे पर उस समय इसका नाम जम्मू-कश्मीर मुस्लिम कांफ्रेंस था। 1938 में जवाहर लाल नेहरू और अबुल कलाम आजाद के कहने पर उसके द्वार सभी मजहबों के लोगों के लिए खोल दिए गए। 1939 में इस पार्टी का नाम 'मुस्लिम कांफ्रेंस' से बदलकर 'नेशनल कांफ्रेंस' कर दिया गया।

शेख अब्दुल्ला शुरू से लेकर अंत तक नेशनल कांफ्रेंस के अप्रतिम नेता बने रहे। 1953 में शेख अब्दुल्ला ने कश्मीर को स्वतंत्र घोषित करने के लिए अमेरिका के साथ मिलकर कोई साजिश की थी तथा केंद्रीय सरकार के साथ कश्मीर के मामलों के एकीकरण की प्रक्रिया का शेख अब्दुल्ला और उनकी नेशनल कांफ्रेंस ने विरोध किया जिसके कारण उन्हें 1953 से 1964 तक का समय कारावास में बिताना पड़ा। 1975 में शेख अब्दुल्ला फिर से जम्मू-कश्मीर के मुख्यमंत्री बन गये। 1981 में उन्होंने अपने ज्येष्ठ पुत्र डॉ॰ फारूक अब्दुल्ला को नेशनल कांफ्रेंस के अध्यक्ष-पद पर बैठा दिया और उसके बाद उन्हें अपने मंत्रिमंडल में शामिल किया। जून, 1983 में डॉ॰ फारूक के नेतृत्व में नेशनल कांफ्रेंस की सरकार बनी। 1987 का विधानसभा चुनाव कांग्रेस (आई) और नेशनल कांफ्रेंस ने मिलकर लड़ा और चुनाव के बाद एक मिली-जुली सरकार का गठन किया। 1989 के संसदीय चुनाव में नेशनल कांफ्रेंस ने जम्मू-कश्मीर की 6 सीटों में से 3 सीटें जीतीं। जनवरी 1990 में श्री जगमोहन को जम्मू-कश्मीर का नया राज्यपाल नियुक्त किया गया। डॉ॰ फारूक अब्दुल्ला ने यह कहकर मुख्यमंत्री पद से अपना त्यागपत्र दे दिया कि केंद्र ने नये राज्यपाल की नियुक्ति के बारे में उनसे परामर्श नहीं किया।

दबाव समूह

वर्तमान राजनीतिक व्यवस्थाओं में दबाव समूहों का अपना ही विशेष स्थान है जिन्हें प्रायः विभिन्न नामों से पुकारा जाता है। जैसे हित समूह, अनौपचारिक संगठन आदि। हालांकि प्रत्येक समाज में अनेक प्रकार के संगठन होते हैं जोकि वर्ग विशेष या पक्ष की आवश्यकताओं की पूर्ति करते हैं लेकिन उन सभी को दबाव समूहों की श्रेणी में नहीं रखा जा सकता। दबाव समूहों के संदर्भ में कहा जा सकता है कि जब कोई संगठन अपने सदस्यों के हितों की पूर्ति के लिए राजनीतिक सत्ता को प्रभावित करता है और उनकी पूर्ति के लिए दबाव डालता है तो हम उस संगठन को दबाव समूह कहते हैं।

इंग्लैड, फ्रांस, अमेरिका आदि देशों में दबाव समूहों का राजनीतिक जीवन में विशेष महत्त्व है। हालांकि भारत में विभिन्न दबाव समूहों का अस्तित्व है परंतु वे सुसंगठित और प्रभावशाली दबाव समूहों को हेय की दृष्टि से देखा जाता था तथा लोकतांत्रिक व्यवस्था के लिए इन्हें खतरा समझा जाता था। लेकिन आज इन दबाव समूहों को लोकतंत्र का पोषक व सहयोगी समझा जाने लगा है। ये आज ने केवल राजनीतिक क्षेत्र बल्कि नीतिनिर्धारण और प्रशासन संचालन में भी महत्त्वपूर्ण भूमिका का निर्वाह कर रहे हैं।

दबाव समूहों की विशेषता

1. चुनावों में अप्रत्यक्ष भागीदारी : चुनावों में मुख्य रूप से राजनीतिक दलों द्वारा ही भाग लिया जाता है। दबाव समूहों की चुनावों में सक्रिय व प्रत्यक्ष भागीदारी न होकर अप्रत्यक्ष होती है। वे इनके द्वारा प्रायः अपने हितों के लिए अपनी विचाराधारा से संबंधित राजनीतिक दलों का समर्थन किया करते हैं तथा उन्हें वितीय सहायता भी प्रदान की जाती है। दबाव समूहों द्वारा राजनीतिक दलों की सहायता इसलिए की जाती है कि सत्ता प्राप्ति के पश्चात राजनीतिक दलों द्वारा उनके हितों का ध्यान रखा जाता है।

2. सरकार को प्रभावित करना : दबाव समूहों द्वारा जिन राजनीतिक दलों का समर्थन व सहायता की जाती है उन्हीं के माध्यम से वे सरकार को

प्रभावित करने की कोशिश करते हैं। राजनीतिक दल, दबाव समूह और सरकार के मध्य एक कड़ी का कार्य करते हैं। दबाव समूह इन राजनीतिक दलों पर दबाव ड़ालकर सरकार को अपनी नीतियों को बदलने के लिए भी प्रभावित करते हैं।

3. **जाति व परिवार के आधार पर गठित दबाव समूह :** भारत में विभिन्न दबाव समूहों का निर्माण वर्ग विशेष, जाति विशेष और परिवार विशेष के आधार पर किया गया है। जोकि अपने-अपने हित विशेष का प्रतिनिधित्व करते हैं, उदाहरण के लिए, अखिल भारतीय राजपूत सभा, बौद्ध एवं जैन धर्म सस्थाएं और अखिल भारतीय जाट सभा, तथा टाटा, बिरला आदि के दबाव समूह ऐसे ही कुछ दबाव समूह हैं जिनका निर्माण आपसी हितों की संरक्षा के कारण किया जाता है।
4. **सरकार की नीतियों को प्रभावित करते हैं :** हालांकि दबाव समूहों द्वारा सरकारी नीतियों का निर्माण नहीं किया जाता लेकिन दबाव समूह द्वारा अपने उद्देश्यों की पूर्ति के लिए सरकार पर प्रभाव डालने की भरसक कोशिश की जाती है ताकि वे अपने उद्देश्यों के अनुकूल नीतियों एवं योजनाओं का निर्माण करवाया जा सके।
5. **राजनीतिक दलों द्वारा निर्मित दबाव समूह :** भारत में विभिन्न दबाव समूहों का निर्माण राजनीतिक दलों द्वारा ही किया गया है जोकि दलों के एक अंग के रूप ही कार्य करते हैं और दलों को वितीय व अन्य सहायता प्रदान करते हैं। राजनीतिक दलों द्वारा की गई हड़तालों और रैलियों में प्रायः इनकी मुख्य भागीदारी होती है। भारत में युवक कांग्रेस जहां कांग्रेस पार्टी से संबंधित हैं, वहीं अखिल विद्यार्थी परिषद भाजपा से तथा विद्यार्थी संघ साम्यवादी दल से संबंधित हैं।
6. **हिंसा व हड़तालों का आयोजन :** भारत में मौजूद दबाव समूहों की एक अन्य विशेषता यह है कि अपने हितों की रक्षा व उसके विरुद्ध सरकारी नीतियों का विरोध करने के लिए प्रायः इनके द्वारा हड़तालों का आयोजन किया जाता है जिसमें कभी-कभी हिंसा का भी प्रयोग दबाव समूहों द्वारा किया जाता है जिसमें जान-माल की व्यापक क्षति होने की आशंका बनी रहती है।

भारत में दबाव समूहों का वर्गीकरण

भारत में पाए जाने वाले दबाव समूहों में से कुछ का वर्णन निम्नलिखित रूप से किया जा सकता है।

1. **विधार्थी संगठन :** भारत में अन्य संगठनों की अपेक्षा विद्यार्थी संगठन अधिक सक्रिय तथा दृढ़ हैं तथा राजनीतिक रूप से भी जागरूक हैं। इसमें अखिल भारतीय छात्र संगठन, युवा कांग्रेस, अखिल भारतीय विद्यार्थी परिषद, नवयुवक समाजवादी लीग, प्रगतिशील विद्यार्थी यूनियन तथा राज्य विशेष या विश्वविद्यालय विशेष के अपने छात्र संगठन आदि सम्मिलित हैं। राज्यों में विश्वविद्यालय स्तरों पर विद्यार्थी समूह उभर आए हैं और स्थानीय स्तरों के विद्यार्थी समूह उच्चतर विद्यार्थी समूहों से संबंद्ध हैं। छात्रों की अलग-अलग यूनियनें भी हैं जो परस्पर सहयोग भी करती हैं और विरोध भी। छात्रों की ये गतिविधियां जो स्कूल, कॉलिज अथवा विश्वविद्यालय के निकटवर्ती क्षेत्रों में राजनीतिक आंदोलनों से जुड़ी हुई हैं। इस प्रकार की गतिविधियों के कुछ उदाहरण हैं–1. बंगाल-बिहार विलय संबंधी संघर्ष में कलकत्ता के छात्रों का भाग लेना, भाषायी आंदोलन में तमिल छात्रों का शामिल होना आदि। भाषा समस्या को लेकर भारत भर में छात्रों ने काफी आंदोलन किये। तमिलनाडु में छात्रों द्वारा हिन्दी को सरकारी भाषा बनाने का जो विरोध किया गया उसे उभारने और संगठित करने में स्टूडेन्ट एक्शन कमेटी का विशेष हाथ रहा था। उसी प्रकार अखिल भारतीय छात्र संगठन के माध्यम से हिन्दी समर्थकों ने अपना आंदोलन चलाया। 2. विश्वविद्यालय अधिकारियों से छात्रों की मांगें। 3. गैर-विश्वविद्यालय अधिकारियों से विशेष हितों के प्रश्नों पर छात्रों की मांगें–उदाहरण ट्राम-भाड़ा विवाद में छात्रों की रुचि, सिनेमा टिकट के मूल्य-वृद्धि में छात्रों का आकर्षण आदि।
2. **ट्रेड यूनियन :** अधिकांश विकासशील देशों की भांति ही भारत में भी श्रमिक संघ बहुत अधिक राजनीतिक रहे हैं। आज की परिस्थितियों में श्रमिक और मैनेजमेंट दोनों ही आपसी विवादों के समाधान के लिए सरकारी हस्तक्षेप के लिए अधिक निर्भर हो गए हैं, सामूहिक सौदेबाजी व्यवहारत अस्तित्व में नहीं है, और सारे असंतोष का भांडा सरकार के माथे ही फूटता है। आज श्रमिकों के चार अखिल भारतीय संगठन क्रियाशील हैं, इण्डियन नेशनल ट्रेड़ यूनियन कांग्रेस, आल इंडिया ट्रेड यूनियन कांग्रेस, हिंद मजदूर सभा तथा यूनाइटेड ट्रेड यूनियन कांग्रेस। ट्रेड यूनियनों का देश की राजनीति पर काफी प्रभाव है विशेषकर उन नगरों और क्षेत्रों में जहां कि संगठित श्रमिकों की संख्या काफी है फिर भी, एकता की कमी, पारस्परिक अविश्वास, प्रतिस्पर्द्धा, आदि के कारण पाश्चात्य देशों की ट्रेड यूनियनें न तो पूरी तरह दबाव समूह की ही भूमिका निभाती हैं और न राजनीतिक दल की भांति ही कार्य करती हैं। यूनियनों के कार्यक्रम रचनात्मक कम हैं, हड़तालों, प्रदर्शनों और निर्वाचन कार्यों में ये अपने को अधिक व्यस्त रखते हैं।
3. **व्यापारिक और व्यावसायिक समूह :** इन दबाव समूहों का उद्देश्य व्यापारिक और औद्योगिक क्षेत्र में लगे हुए लोगों के आर्थिक हितों की रक्षा करना है। प्रायः सभी प्रमुख उद्योगों ने अपने संगठन स्थापित कर लिए हैं। आज अधिकांश आधुनिक व्यापार और उद्योग गुजराती वैश्य, जैन, मारवाड़ी पारसी आदि परंपरागत व्यापारिक समुदायों के परिवारों द्वारा संचालित हैं। टाटा, बिरला, डालमिया, पोद्दार आदि धनाढ्य और औद्योगिक घरानों ने भारत के अधिकांश व्यापार पर एक तरह से आधिपत्य जमा रखा है। ये परिवार सार्वजनिक नीति को प्रभावित करने की क्षमता रखते हैं। ऐसा ये अनेक माध्यमों से करते हैं जैसे चन्दा देकर, राजनीतिक दलों को उपहार देकर, सार्वजनिक कोषों में दान देकर, औद्योगिक व शिक्षण संस्थाओं में ऊँचे वेतन वाले पद देकर आदि। कुछ व्यापारिक जातियां भी हैं जो सार्वजनिक नीति को प्रभावित करती हैं जैसे मारवाड़ी, जैन, पारसी, दक्षिण भारत में चेट्टियार आदि। इनके अतिरिक्त व्यापारिक संगठन भी हैं जिनमें से कुछ तो कार्यो के आधार पर संगठित हैं, जैसे एम्पलायर्स फैडरेशन ऑफ इंडिया, बाम्बे मिल ऑनर्स एसोसिएशन आदि। ये संगठित व्यापारिक दृष्टिकोण में एकरूपता लाने, व्यापार के स्तर में वृद्धि करने में क्रियारत रहते हैं। इन सभी व्यापारिक संगठनों के शीर्ष पर 'फेडरेशन ऑफ इंडियन चैम्बर्स ऑफ कॉमर्स एंड इन्डस्ट्री' हैं। इन व्यापारिक संगठनों का दबाव सार्वजनिक नीति पर अत्याधिक रहता है। सभी भाषाओं में निकलने वाले पत्र और पत्रिकाओं पर इन्हीं का नियंत्रण है, अतएव व्यापारिक दृष्टिकोण के प्रचार और प्रसार में कोई बाधा नहीं आती।

फेडरेशन ऑफ इंडियन चैम्बर्स ऑफ कॉमर्स के मुख्य उद्देश्य हैं आंतरिक और विदेशी व्यापार परिवहन, उद्योग, कारखाने में बनी वस्तुओं, वित्त और अन्य आर्थिक विषयों में भारतीय व्यवसाय को प्रोत्साहन देना। इन सभी विषयों के बारे में संगठित कार्य करना और पूर्वोक्त आर्थिक हितों को प्रभावित करने वाले विद्यमान या अन्य कार्य को प्रोत्साहन देने, उसका समर्थन अथवा विरोध करने के लिए सभी आवश्यक पग उठाना किंतु वैध उपायों द्वारा ही। इंडियन मैण्टस चैम्बर ने अपने लक्ष्यों को और अधिक शब्दों में इस प्रकार रखा है—भारतीय व्यावसयिक समुदाय के हितों से संबंधित सभी विषयों पर संगठित कार्यवाही करना और सरकार या उसके किसी विभाग द्वारा पूर्वोक्त हित को प्रभावित करने वाले प्रत्येक कार्य या विधेयक को प्रोत्साहन देना उसका समर्थन या विरोध करने के लिए प्रत्येक आवश्यक पग उठाना। फेडरेशन के अतिरिक्त देश में दो अन्य महत्त्वपूर्ण व्यापारिक संगठन पाए जाते हैं, जिनके नाम हैं अखिल भारतीय निर्माता संगठन और एसोसिएटिड चैम्बर्स ऑफ कॉमर्स ऑफ इंड़िया हैं। परंतु इन दोनों में से कोई भी फेडरेशन जैसा प्रभावशाली नहीं है।

4. **भारत में शिक्षित वर्ग के प्रमुख व्यवसाय :** अन्य देशों के समान भारत में भी वकालत, सरकारी डॉक्टरी, शिक्षण, इंजीनियरिंग आदि शिक्षित वर्ग के व्यक्तियों ने अपने-अपने संगठनों का निर्माण किया है। इन समूहों में अखिल भारतीय मेडिकल कौंसिल, अखिल भारतीय रेलवे मेन्स एसोसिएशन, अखिल भारतीय बार एसोसिएशन, अखिल भारतीय पोस्टल एंड टेलीग्राफ्स यूनियन आदि विशेष रूप से उल्लेखनीय हैं। भारत में सार्वजनिक कर्मचारियों को यह अधिकार है कि वे अपने संघ अथवा समुदाय का निर्माण कर कठिन राजनीतिक क्रियाकलापों में भाग न लें। फिर भी हम इस बात से इंकार नहीं कर सकते कि सरकारी कर्मचारियों के विभिन्न संगठन देश के चुनावों में प्रारंभ से काफी रुचि लेते रहे हैं और अनेक स्थानों पर उन्होंने निर्वाचनों के परिणाम को बहुत अधिक प्रभावित किया है। बड़े-बड़े नगरों जैसे मुम्बई, दिल्ली, कोलकाता आदि के निर्वाचित क्षेत्रों से लोकसभा के लिए प्रतिनिधियों के चुनावों में सरकारी कर्मचारियों की रुचि ने चुनाव मतदान की विशेष मोड़ दिया है।

   बार एसोसिएशन, शिक्षक संघ तथा मेडिकल कौंसिल के सदस्य विधि निर्माण प्रक्रिया को अपने हितों के अनुकूल प्रभावित करने को सचेत रहे हैं। शिक्षक संघो ने अपने राज्यों की राजनीति में सक्रिय भाग लिया हैं। आज भी वे अपने अधिकारों को मनवाने के लिए सक्रिय विरोध, प्रदर्शन, हड़ताल आदि का खुलकर प्रयोग कर रहे हैं।

5. **सांस्कृतिक हित समूह :** स्वतंत्रता प्राप्ति के बाद से भारत में अनेक सांस्कृतिक समूह अथवा संगठन विकसित हुए हैं। भारत से विदेशों को सांस्कृतिक मंडल जाते रहे हैं और विदेशों से भारत में आते रहते हैं। भारत-चीन मैत्री समाज, भारत-रूस सांस्कृतिक संघ, अखिल भारतीय शांति परिषद आदि सांस्कृतिक संघ, अखिल भारतीय शांति परिषद, आदि सांस्कृतिक संगठन विशेष रूप से सक्रिय रहे हैं। भारत-सोवियत और भारत-चीन मैत्री संगठन प्रायः साम्यवादी नीति के समर्थक रहे हैं तो भारत ब्रिट्रिश व भारत अमेरिका संगठन पाश्चात्य पूंजीवादी देशों की नीतियों का समर्थन करते हैं। इन संगठनों को अप्रत्यक्ष रूप विदेशों से सहायता मिलती रहती है और ये देश की राजनीति पर प्रभाव डालने में प्रत्यनशील हैं।

6. **महिला संगठन :** महिलाओं के दबाव समूह और संगठन भी भारत में काफी समय से सक्रिय रहे हैं। महिला संगठनों में सबसे अधिक महत्त्वपूर्ण अखिल भारतीय महिला सम्मेलन है जिसकी शाखाएं देश में फैली हुई हैं। यह संगठन आरम्भ में साम्यवादियों के प्रभाव में था परंतु बाद में यह कांग्रेस से संबंधित हो गया है। यह एक दबाव समूह के रूप में स्त्री समाज के कल्याण, स्त्रियों की दशा को सुधारने के लिए प्रयत्नशील रहता है। भारत के अधिकांश महिला संगठनों ने अप्रैल-मई 1996 के चुनावों के दौरान महिलाओं के लिए लोकसभा और राज्यविधान सभाओं की सीटों का 33 प्रतिशत भाग आरक्षित रखने की मांग की।

7. **साम्प्रदायिक एवं धार्मिक हित समूह :** इस श्रेणी में ऐसे हित-समूह हैं, जो किसी विशेष साम्प्रदाय धर्म को प्रोत्साहन लेने के लिए बनाए जाते हैं। कुछ ऐसे भी होते हैं जिनका स्वरूप राजनीतिक होता है, परंतु जिनका आधार विशुद्ध धार्मिक अथवा साम्प्रदायिक है, इनमें रिपब्लिकन दल, शिरोमणि अकाली दल और हिंदू महासभा हैं। कुछ ऐसे संगठन भी हैं जो विशेष धार्मिक समूहों के हितों की रक्षा के लिए कार्य करते हैं। इनमें सनातन धर्म सभा, अर्थ प्रतिनिधि सभा, ईसाइयों का अखिल भारतीय सम्मेलन, एंग्लो-इंडियन, एसोसिएशन, पारसियों को एसोसिएशन तथा शिरोमणि गुरूद्वारा प्रबंधक समिति इत्यादि उल्लेखनीय हैं।

8. **कृषि एवं ग्रामीण दबाव समूह :** भारत कृषि प्रधान देश है जहां की 68 प्रतिशत जनता ग्रामों में निवास करती है तथा वहां की 55 प्रतिशत जनता कृषि पर निर्भर करती है। अतः ग्रामीण भारत में दबाव समूह कृषकों से संबंधित है तथा वह भारत का सबसे बड़ा आर्थिक हित समूह है। इसकी समस्याएं भी शेष दबाव समूहों से भिन्न हैं। सबसे बड़ी बात यह है कि भारत का यह विशालतम समूह सर्वाधिक असंगठित है। 1936 में कांग्रेस व साम्यवादी दल के नेताओं ने मिलकर 'ऑल इंडिया किसान कांग्रेस' बनाई किंतु कांग्रेस में इसका विरोध हुआ। अतः अगले वर्ष 1937 में इसके नाम में से कांग्रेस शब्द हटाकर 'सभा' शब्द जोड़ दिया गया। 1939 में 'ऑल इंडिया किसान सभा' के अध्यक्ष नरेन्द्र देव बने, उन्होंने कांग्रेस को बहुवर्गीय संगठन बतलाया जिसमें किसानों के हितों की उपेक्षा हो रही थी। अतः किसानों के अलग संगठन की आवश्यकता की पूर्ति किसान सभा के माध्यम से होगी।

❑❑❑

अध्याय-12

राष्ट्रीय एकीकरण की समस्याएँ

किसी भी देश की शक्ति का मुख्य आधार उसकी राष्ट्रीय एकता और अखंड़ता होती है। वास्तव में राष्ट्रीय एकता पर ही किसी देश का भविष्य निर्भर करता है।

जहां तक भारत में राष्ट्रीय एकीकरण का प्रश्न है भारत में विभिन्न जातियों, धर्मों व लोगों का निवास है, उनका रहन-सहन प्रायः अलग-अलग है यहां तक की भाषाओं में भी अंतर है। इसलिए प्रायः कह दिया जाता है कि भारत में विभिन्नताओं के कारण एकता का संचार नहीं हो पाया है, एकता के स्थान पर यहां पर विभिन्नताएं विद्यमान हैं। यह ठीक है कि स्वतंत्रता प्राप्ति के पश्चात भारत को जितना शक्तिशाली होना चाहिए वह नहीं हो सका लेकिन यह भ्रामक धारणा है कि विविधता के कारण यहां पर एकता नहीं है। वास्तव में भारत में राष्ट्रीय एकता का स्वरूप सांस्कृतिक है जो हमें विभिन्न क्षेत्रों में दिखाई देता है किंतु साधारण दृष्टि से देखा जाए तो उसमें एकता के स्थान पर विविधता ही दिखाई देगी। भारत में अनेकता में एकता है। राष्ट्रीय एकीकरण की भावना द्वारा विभिन्न धर्मों, जातियों व भाषाओं के लोगों में परस्पर मेलजोल को बढ़ावा मिलता है। सन् 1962 में चीनी आक्रमण के समय, 1965 तथा 1971 के पाकिस्तानी आक्रमण के समय और मई-सितंबर 1999 में कारगिल संघर्ष के दौरान देश की विभिन्नताओं में से एकता का उदय हुआ जो दूसरों के लिए ही नहीं, स्वयं हम सब के लिए भी किसी आश्चर्य से कम नहीं था। स्वतंत्रता आंदोलन के समय भी पूरे देश में एकता का जो वातावरण उत्पन्न हुआ, वह इससे पहले कभी देखने में नहीं आया था। एक सामान्य लक्ष्य स्वतंत्रता की प्राप्ति के लिए सभी धर्म, जाति और क्षेत्र के लोग सुसंगठित होकर अपने पारस्परिक मतभेदों तथा विभिन्नताओं को भूलकर बलिदान के लिए तैयार हो गये थे। भारत की विविधता में एकता के बारे में डॉ॰ वासुदेव शरण अग्रवाल ने लिखा है कि यहां कोटि-कोटि जनता के मन में भारत की भौगोलिक एकता का गहरा संस्कार था। हमारी संस्कृति विविधताओं को स्वीकारती है, किंतु एकता की प्राप्ति उसकी निजी विशेषता है।

डॉ॰ राधाकृष्णन का कहना है कि राष्ट्रीय एकीकरण इस तरह का कोई 'भवन' नहीं जो ईंट-गारे से तैयार किया जा सके। न वह कोई औद्योगिक योजना है जिस पर विचार करने और जिसके परिपालन के लिए विशेषज्ञ चाहिएँ। एकीकरण का संबंध मनुष्य की विचार शक्ति से है और इसलिए यह जरूरी है कि लोगों के हृदय तक यह संदेश पहुँचाया जाए।

भारत में राष्ट्रीय एकीकरण के मार्ग में आने वाली प्रमुख बाधाओं का वर्णन निम्नलिखित रूप से किया जा सकता है।

साम्प्रदायिकता की समस्या

भारत में राष्ट्रीय एकीकरण के मार्ग में सबसे बड़ी बाधा साम्प्रदायिकता है। भारत में साम्प्रदायिकता की समस्या का जन्म अंग्रेजों की भारत में फूट डालकर राज्य करने की नीति से हुआ। अंग्रेजों के आगमन से पूर्व मुसलमानों का शासन था। अंग्रेजों ने जब भारत पर अधिकार कर लिया तब यहां के मुसलमानों का अंग्रेजों के प्रति क्रोध बना हुआ था। वे अंग्रेजों को अपना शत्रु समझते थे। अंग्रेजों ने भी मुस्लिम विरोधी नीति अपनाई और इस प्रकार ब्रिट्रिश शासन में धीरे-धीरे मुस्लिम समाज पिछड़ने लगा। हिंदुओं की स्थिति भिन्न थी। यद्यपि देश के विभिन्न भागों में हिंदुओं ने पृथक् रूप में व मुस्लिम शासकों के साथ मिलकर अंग्रेजों का विरोध किया था किंतु उनके लिए भारत में ब्रिट्रिश शासन एक विदेशी शासक के स्थान पर दूसरे विदेशी शासक का शासन था। अंतर इतना था कि मुसलमानों का शासन निरंकुश व अधिनायकवादी था, वे न लोकतंत्र से परिचित थे न उनके रक्त में लोकतंत्रीय प्रवृत्तियां थीं, जबकि अंग्रेज लोकतंत्रीय शासन के लिए प्रसिद्ध थे और भारत में भी वे लोकतंत्रीय संस्थाएं स्थापित करना चाहते थे। अतः भारत के हिंदू अंग्रेजों के प्रति स्वाभाविक रूप में आकर्षित हो गए।

भारत में साम्प्रदायिकता का प्रारंभ **'सर सैयद अहमद खाँ'** से हुआ। उन्होंने 1877 में **'मोहम्मडन एंग्लो ओरियन्टल कॉलेज'** की स्थापना की। इसके माध्यम से उन्होंने दो उद्देश्यों की पूर्ति करनी चाहिए। **प्रथम,** वह मुस्लिम युवकों को पाश्चात्य शिक्षा के प्रति आकर्षित करना चाहते थे **दूसरे,** मुसलमानों में अंग्रेजों के प्रति भक्ति पैदा करना चाहते थे। मुसलमानों के हितों की पूर्ति के लिए अंग्रेजों के हृदय में मुसलमानों के लिए स्थान बन सके। अहमद खां ने प्रारंभ से ही 'द्वि राष्ट्रवाद के सिद्धांत' (Two Nation Theory) का प्रतिपादन किया और कहा कि भारत में हिंदुओं का बहुमत मुसलमानों के हितों पर सदा आघात करेगा। इसी कारण उन्होंने भारत में लोकतंत्र की स्थापना के प्रयासों का विरोध किया था। इस प्रकार अलीगढ़ आंदोलन धीरे-धीरे कांग्रेस विरोधी तथा हिंदू विरोधी बन गया। पर सैयद अहमद खां ने जिस भाषा का इस्तेमाल किया और जिन तर्कों को सामने रखा वास्तव में मि॰ जिन्ना ने बाद में उन्हीं को इस्तेमाल किया।

साम्प्रदायिकता की इस लहर ने देश का बड़ा ही अहित किया। यही साम्प्रदायिकता की लहर धीरे-धीरे इतनी बढ़ी की यह देश के विभाजन का कारण बनी। स्वतंत्रता प्राप्ति के पश्चात भी यह आग ठंडी नहीं हुई और यदा-कदा हिंदू-मुस्लिम दंगे आज तक हो रहे हैं। 1967 में उतर प्रदेश के छोटे-छोटे नगरों में हिंदू मुसलमानों के झगड़े हुए सन् 1979 में अहमदाबाद और गुजरात में दंगे हुए। 1985, 1987 और 1989 में भी देश के विभिन्न भागों में ऐसे ही दंगे देखने को मिले। 2001 में गुजरात में भी हिंदू-मुस्लिम दंगे हुए जिसमें व्यापक जान-माल की हानि हुई।

इन साम्प्रदायिक दंगों से जानमाल की हानि तो होती ही है साथ ही देश की प्रतिष्ठा में भी कमी आती है। भारत विश्व का सबसे बड़ा लोकतांत्रिक देश है जहां पर जनता का शासन है। अतः जब भी देश में कोई दंगे या घटना होती है तो विश्व की आंखें इसकी तरफ आश्चर्य की दृष्टि से देखने लगती हैं कि ये कैसा लोकतंत्र है जहां पर मानवीय नैतिकता इतनी गिर जाती है कि वो अपने ही देश के लोगों को मार-काट करने पर उतारू हो जाते हैं। इसी कमजोरी का फायदा उठाकर आज पाकिस्तान भारत में आतंकवादी गतिविधियों को अंजाम दे रहा है क्योंकि वह जानता है कि जब तक भारत से साम्प्रदायिकता की भावना का विनाश नहीं हो जाता तब तक वह भारत में आंतक की कार्यवाही को अंजाम देता रहेगा।

अतः आज जरूरत इस बात की है कि हमें अपने आपसी झगड़ों को आपसी बातचीत से ही सुलझाना होगा और राष्ट्रीय एकीकरण के मार्ग में बाधक सामुदायिकता की भावना का त्याग करना होगा अन्यथा वह दिन दूर नहीं जब भारत में प्रत्येक धर्म या महजब का व्यक्ति अपने लिए सुरक्षित एवं स्वतंत्र स्थान की मांग करेगा जो देश का विखंडन का भी कारण बन सकती है।

क्षेत्रवाद

क्षेत्रीय मुद्दे

स्वतंत्रता प्राप्ति के पश्चात् भारतीय राजनीति में अनेक गंभीर समस्याएं उत्पन्न हुई जिन्होंने राष्ट्रीय एकीकरण के मार्ग को बाधित किया। ऐसी ही एक समस्या थी क्षेत्रीयवाद जोकि स्वतंत्रता की प्राप्ति के पश्चात से लेकर आज तक भारतीय राजनीति की विशेषता बनी हुई है। हालांकि समय के साथ अनेक समस्याओं का निराकरण किया गया परंतु क्षेत्रीयवाद की भावना समय के साथ-साथ और प्रगाढ़ हो गई। क्षेत्रीयवाद से तात्पर्य है क्षेत्रीय भावना अर्थात् एक देश के उस छोटे से क्षेत्र से है जो आर्थिक, सामाजिक आदि कारणों से अपने पृथक् अस्तित्व के लिए जागृत है, दूसरे शब्दों में कहा जा सकता है कि क्षेत्रीयवाद किसी क्षेत्र के लोगों की उस भावना को कहा जाता है जिसके द्वारा वे राष्ट्रहित की अपेक्षा क्षेत्रीय हित को अधिक महत्व देते हैं।

भारतीय राजनीति में व्याप्त क्षेत्रवाद के विभिन्न रूप

भारतीय राष्ट्रीय एकीकरण के मार्ग में गंभीर बाधा बन चुकी क्षेत्रवाद भावना के विभिन्न प्रकार रहे हैं हालांकि प्रारंभ में यह समस्या क्षेत्रीय असंतुलित विकास के कारण उत्पन्न होती थी लेकिन आज धीरे-धीरे समस्याओं को लेकर राजनेताओं द्वारा क्षेत्रीय भावनाओं को हवा दी जाती है जिसके कारण नये राज्यों का सृजन, स्वायत्तता, या फिर भारतीय संघ से पृथक् होने की मांग या नारे लगाये जाते हैं और फिर हिंसा और अराजकता का माहौल पैदा किया जाता है ताकि सरकार द्वारा उनकी मांगों को स्वीकृत किया जाए। ऐसी ही कुछ मांगें स्वतंत्रता प्राप्ति के पश्चात् से लेकर आज तक उठाई जा रही हैं।

भारतीय राजनीति में व्याप्त क्षेत्रीयवाद का अध्ययन निम्नलिखित शीर्षकों में किया जा सकता है।

भारतीय संघ से पृथक होने की मांग

भारत में क्षेत्रीय भावना सबसे बड़ा विकृत रूप इस मांग में देखने को मिला जिसके अंतर्गत भारतीय संघ से अलग होने की मांग उठाई गई। हालांकि भारतीय संविधान किसी भी राज्य को भारत से अलग होने का अधिकार प्रदान नहीं करता। लेकिन क्षुद्र क्षेत्रीय राजनीति के चलते समय-समय पर विभिन्न राज्यों द्वारा ऐसी मांगों का समर्थन किया गया है ऐसे ही कुछ राज्यों का वर्णन यहां किया जा सकता है जिनके द्वारा इस प्रकार की मांगों का समर्थन किया गया है।

तमिलनाडु में पृथक्करण के लिए आन्दोलन : भारतीय संघ से अलग होने की आवाज सर्वप्रथम तमिलनाडु राज्य में उठाई गई जहां पर क्षेत्रीयवाद के आंदोलन को प्रबल बनाने में तमिलनाडु के द्रविड़ मुनेत्र कड़गम दल की प्रमुख भूमिका रही है। जून, 1950 में द्रमुक ने मद्रास राज्य में पृथकतावादी आंदोलन संगठित किया। द्रमुक ने यहाँ तक कहा कि मद्रास, आंध्रप्रदेश, केरल और मैसूर और मद्रास राज्य को भारतीय संघ से विलग करने की मांग की। राज्यों को भारतीय संघ से अलग करके एक पृथक् सम्प्रभु 'द्रविड़ स्थान' राज्य बनाया जाना चाहिए। 1 मई, 1962 में राज्यसभा में द्रमुक के नेता अन्नादुराई ने कहा कि दक्षिण के लोग उत्तर वालों से कई दृष्टि से भिन्न हैं और दक्षिण वालों की सदैव उपेक्षा की गयी है।

प्रधानमंत्री नेहरू ने भारत के विघटन की इस मांग की तीव्र आलोचना करते हुए कहा कि भारतीय संघ से संबंध विच्छेद की मांग करना स्पष्ट रूप से अन्यायपूर्ण है। अतः इस प्रकार की स्थिति से निपटने के लिए केंद्रीय संसद ने अक्टूबर 1968 में संविधान में 10वां संशोधन अधिनियम पारित किया जिसके अंतर्गत यह व्यवस्था की गई कि संसद को ऐसी विधि निर्मित करने का अधिकार मिल गया जिसके द्वारा भारतीय संघ की प्रभुसत्ता एवं अखंडता को चुनौती देने वाले व्यक्तियों को दंडित किया जा सके तथा यह भी व्यवस्था की गई कि संसद अथवा किसी राज्य विधानमंडल के प्रति निर्वाचन के प्रत्येक प्रत्याशी को शपथ अथवा आत्म निष्ठापूर्वक भारतीय संविधान के प्रति सत्यनिष्ठा एवं विश्वास रखने तथा देश की प्रभुसत्ता व अखंडता की रक्षा करने का दायित्व स्वीकार करना होगा।

इसके फलस्वरूप डी.एम.के. ने भारतीय संघ से अलग होने की मांग को छोड़ दिया लेकिन साथ ही भारतीय संघ में ही 'स्वायत राज्य' की मांग प्रस्तुत की। सन् 1970 में डी.एम.के. तत्त्वावधान में 'राज्य स्वायत्तता सम्मेलन' आयोजित किया गया और राज्य स्वायत्तता की मांग की। राज्य के तत्कालिक मुख्यमंत्री करूणानिधि ने चुनौती दी कि यदि उनकी मांग स्वीकार नहीं की जाती है तो वे जन आंदोलन का भी सहारा लेंगे। एक बार तो उन्होंने पृथक् ध्वज की भी मांग की। इस प्रकार क्षेत्रीय दल होने के कारण डी.एम.के. के द्वारा हमेशा ही क्षेत्रीय भावनाओं को भड़काया जाता रहा है।

पंजाब आंदोलन : भारतीय संघ से अलग होने की मांग उठाने वाला एक अन्य राज्य पंजाब था जहां पर मद्रास राज्य की तरह पंजाब में मास्टर तारा सिंह ने पंजाब को एक अलग सिख राज्य बनाने की मांग रखी। 1950 से लेकर 1969 तक अकाली दल ने पंजाबी सूबा बनाने के लिए कई आंदोलन चलाए। नबम्बर 1966 को पंजाब का पुनर्गठन करके पंजाब और हरियाणा दो राज्यों की स्थापना की गई। लेकिन इससे सिक्ख समुदाय संतुष्ट नहीं हुआ और सिक्खों के लिए सिक्ख राज्य की माँग उठने लगी।

1971 में डॉ॰ जगजीत सिंह ने खालिस्तान की मांग को दोहराया जिसकी पंजाब के नेताओं ने कड़ी आलोचना की। 1973 में पास किए गए आनन्दपुर प्रस्ताव के आधार पर अकाली दल ने भारत के भीतर ऐसे सिख राज्य की स्थापना की मांग की जिसमें चार विषयों–प्रतिरक्षा, विदेशी मामले, मुद्रा और यातायात व संचार साधनों को छोड़कर अन्य सभी विषय राज्य सरकार को सौंप देने चाहिएं। अपनी इस मांग को पूरा करवाने के लिए अकाली दल के एक धड़े ने जत्थेदार जगदेव सिंह के नेतृत्व में आन्दोलन चलाया। इस आन्दोलन के अतिरिक्त 8 अगस्त, 1982 को एक अन्य आन्दोलन अमृतसर से अकाली दल ने आरंभ किया। इस आन्दोलन में दमदमी टकसाल के मुखिया संत जरनैल सिंह भिंडरावाले और उनके समर्थक भी सम्मिलित थे। जून 1984 में सरकार को विवश होकर आतंकवादियों को पकड़ने के लिए स्वर्ण मंदिर परिसर में तथा अन्य स्थानों पर सैनिक कार्यवाही करनी पड़ी। जुलाई, 1985 में शिरोमणि अकाली दल के प्रधान संत हरचंद सिंह लौंगोवाल और प्रधानमंत्री राजीव गांधी में एक समझौता हुआ जिसको पंजाब समझौता कहा जाता है। लेकिन जहां तक खालिस्तान की मांग करने वालों का प्रश्न है विदेशों में यह आंदोलन सक्रिय है और उनका अपना ध्वज है तथा लन्दन में उनका कार्यालय भी स्थापित है जिनके द्वारा समय-समय पर इस मांग को दोहराया जाता रहा है।

नागालैण्ड आंदोलन : असम नागा पहाड़ी क्षेत्रों में रह रही नागा जाति द्वारा भी भारतीय संघ से अलग होने का आन्दोलन चलाया गया। इसके लिए उन्होंने नागा राष्ट्रीय परिषद (Naga National Council) का गठन किया गया जिसका नेतृत्व फीजो ने किया। अपनी इस मांग को लेकर नागा परिषद द्वारा हिंसक तथा अराजकता की कार्यवाही की गई जिसके कारण वहां पर हिंसा का दौर-सा चलने लगा। 1960 में नागाओं और केंद्रीय सरकार के मध्य एक समझौता हुआ तथा 13वें संविधान संशोधन (1962) द्वारा नागालैण्ड को भारतीय संघ का 16वां राज्य बनाया गया। लेकिन फिर भी वहां पर नागा नेता द्वारा आंदोलन जारी है।

मिजो आंदोलन : असम राज्यों के मिजो पहाड़ी जिलों के नेताओं द्वारा भारतीय संघ से अलग होने की मांग बार-बार उठाई जाती रही है। इसके लिए उन्होंने मिजो राष्ट्रीय फ्रंट (Mizo National Front) की स्थापना की गयी तथा साथ ही हिंसक आंदोलन का मार्ग अपनाया। चीनी आक्रमण के समय इस पर प्रतिबंध लगा दिया गया और मिजो हिल को संघीय क्षेत्र बना दिया गया। लेकिन मिजो फ्रंट की हिंसक गतिविधियां जारी रहीं। 1986 में केंद्रीय सरकार ने मिजो फ्रंट से समझौता किया और 1987 में मिजोरम को पूर्ण राज्य का दर्जा प्रदान किया गया।

आजाद कश्मीर की मांग : कश्मीर आजादी के पश्चात से ही आतंकवाद से ग्रसित है जिसके कारण वहां पर आतंकवादियों द्वारा निर्दोष लोगों की निर्मम हत्याएं की जा रही हैं। अलगाववाद की जड़ें वहां पर काफी गहराई तक समा चुकी हैं। अतः इन अलगाववादियों द्वारा समय-समय पर स्वतंत्र कश्मीर का रोना पीटा जाता है जबकि वास्तविकता किसी से नहीं छिपी है। पाकिस्तानी समर्थन के कारण ही यहां पर हिंसा व अराजकता की स्थिति उत्पन्न की जाती रही है ताकि भारतीय सरकार कश्मीर को स्वतंत्र करने के लिए बाध्य हो जाए। यही कारण है कि पाकिस्तान द्वारा सीमा पर से आतंकवाद को पूरी सहायता प्रदान की जा रही है।

जातिवाद

भारत में विद्यमान जातिवाद भी राष्ट्रीय एकता के मार्ग में प्रमुख बाधा के रूप में है। इसके कारण ही आज भारतीय समाज में जातीय विभाजन देखा जा सकता है। बिहार और उत्तर प्रदेश जैसे राज्यों में तो यह व्यवस्था कहीं अधिक खतरनाक रूप धारण कर चुकी है, जिसके कारण वहां पर जातीय दंगे व हिंसा का दौर सा चलता रहता है।

भारत में व्याप्त जाति व्यवस्था के प्रभाव को निम्नलिखित प्रकार से व्यक्त किया जा सकता है–

1. जाति प्रधान राजनीतिक दलों का विकास : भारतीय समाज में जातिवाद की पकड़ इतनी मजबूत है कि राजनीति प्रतियोगिता में सफलता प्राप्त करने के लिए जाति प्रधान राजनीतिक दलों का विकास हो गया है। किसी क्षेत्र की बहुसंख्यक जाति के नेता अपनी जाति की भावनाओं को उभार कर उसका राजनीतिक लाभ उठाने के लिए जाति प्रधान दलों का निर्माण कर लेते हैं। ये दल कुछ अन्य वर्गों का सहयोग प्राप्त करके चुनाव जीतने का प्रयास करते हैं। उत्तर भारत में लोकदल इसका सर्वोत्तम उदाहरण है जो जाटों, गूजरों, अहीरों; व अन्य कृषक जातियों पर आधारित है। तमिलनाडु में डी॰एम॰के॰ ब्राह्मणों के विरुद्ध निम्न जातियों का दल है। जबकि लोकतंत्र की मान्यता है कि दलों का गठन निश्चित राजनीति, आर्थिक व सामाजिक आदर्शों की प्राप्ति के लिए होना चाहिए तथा इन दलों को समाज के सभी वर्गों का समर्थन प्राप्त होना चाहिए। इससे सामाजिक व आर्थिक वैमनस्य कम होता है और वर्ग सहयोग के आधार पर समाज का निर्माण किया जा सकता है। जाति, पंथ व सम्प्रदाय आदि को आधार मानकर गठित होने वाले अनेक राजनीतिक दल आज अस्तित्व में हैं जिनका उद्देश्य सिर्फ सत्ता प्राप्त करना है, उनके इस कार्य से देश की जो हानि होती है उससे उनका सरोकार नहीं होता।

2. राजनीतिक क्षेत्र में पक्षपात : जातिवाद ने भारतीय समाज में भेद-भाव व पक्षपात का वातावरण पैदा किया था किंतु जब जाति व्यवस्था का संबंध नवीन राजनीतिक व्यवस्था से हुआ तो उसके इन दुर्गुणों का राजनीतिक क्षेत्र में भी प्रवेश हो गया। यही कारण है कि राजनीतिक क्षेत्र में जातीय भेदभाव, पक्षपात तथा स्वार्थ का बोलबाला दिखाई देता है। राजनीतिक क्षेत्र में जाति व्यवस्था के दोषों के शीघ्र फैलने का कारण यह है कि राजनेता विभिन्न जातियों को संतुष्ट करके अपना राजनीतिक स्वार्थ पूरा करना चाहते हैं। अतः शासन व्यवस्था के माध्यम से होने वाली एकता की स्थापना के स्थान पर जाति व्यवस्था ने राजनीतिक भेद-भाव को बढ़ाया है।

3. पिछड़ी जातियों में विशिष्ट वर्ग का निर्माण : जाति व्यवस्था ने नवीन राज्यव्यवस्था को एक अन्य प्रकार से भी प्रभावित किया है। नये राजनीतिक ढांचे में प्राप्त विशेष सुविधाओं के माध्यम से यहां की पिछड़ी हुई जातियों में एक विशेष वर्ग का विकास हो गया है। स्वतंत्रता के पश्चात से यह वर्ग सभी सुविधाओं व विशेषाधिकारों का सम्पूर्ण पिछड़ी जाति के नाम पर उपभोग करता आ रहा है। यह वर्ग अपनी विशिष्ट स्थिति को बनाए रखने तथा सुविधाओं को भोगने के लिए राजनीतिक व्यवस्था का इस्तेमाल करता है। यह विशिष्ट सुविधाभोगी वर्ग पिछड़ी जातियों के विकास में रूचि नहीं रखता क्योंकि यदि पिछड़े वर्ग का विकास हो जाता है तो उसकी विशेष स्थिति को खतरा पैदा होता है। इस प्रकार जाति व्यवस्था ने राजनीतिक व्यवस्था के स्वाभाविक रूप में विकास करने के मार्ग को अवरुद्ध किया है।

❑❑❑

अध्याय-13

नौकरशाही, लोकपाल एवं लोकायुक्त

नौकरशाही

नौकरशाही लोकतन्त्र को स्थिरता प्रदान करने में भी महत्त्वपूर्ण भूमिका निभाती है। विकासशील देश सामाजिक-आर्थिक विकास के जो लक्ष्य निर्धारित करते हैं, उन्हें वास्तव में नौकरशाही ही क्रियान्वित करती है। विधायिका द्वारा जो कानून बनाए जाते हैं उन्हें लोक सेवा ही कार्यपालिका के निर्देशन में लागू करती है। देश के चुनाव भी लोक सेवक कराते हैं। नौकरशाही के पर्याप्त सम्बद्ध के बिना राजनीतिक विकास प्राप्त करना सम्भव नहीं है। इसके लिए नौकरशाही को लक्ष्यों को तय करने, लागू करने और महत्त्वपूर्ण नीति-निर्देशन देने में अपनी भूमिका निभानी होगी। इस प्रकार नौकरशाही न केवल राजनीतिक विकास के लिए आवश्यक है अपितु महत्त्वपूर्ण भूमिका निभाती है।

नौकरशाही एवं सामाजिक विकास

वास्तव में समाज के लिए सामाजिक और आर्थिक विकास साथ-साथ होना चाहिए, इसलिए हम विकास में सामाजिक-आर्थिक विकास को सम्मिलित करते हैं। सामाजिक परिवर्तन की प्रक्रिया में नौकरशाही निर्णायक भूमिका निभा सकती है।

नौकरशाही एवं आर्थिक विकास

आर्थिक विकास, विकास का एक महत्त्वपूर्ण अंश है। सामान्य रूप से इसका अर्थ देश की जनसंख्या की प्रति व्यक्ति आय में वृद्धि है। आर्थिक विकास में गरीबी को दूर करना, बेरोजगारी एवं आय की असमानता में कमी लाना और सामान्य जनता के आर्थिक स्तर में सुधार करना है। नौकरशाही ऐसी स्थितियों की स्थापना करने में सहायता प्रदान करती है, जिसमें आर्थिक विकास हो सके। चूँकि नौकरशाही नीति-निर्माण में निर्णायक भूमिका निभाती है। अतः वह आर्थिक नीति को ऐसी दशा प्रदान कर सकती है, जिसमें अधिक आर्थिक विकास सम्भव हो सके।

नौकरशाही एवं नीति-निर्धारण

नीति-निर्धारण की प्रक्रिया शासन की केन्द्रीय प्रक्रियाओं में से एक है। एप्पलबी के अनुसार, नीति-निर्माण ही लोक प्रशासन का सार है। किसी कार्य प्रणाली की योजना के कार्य में नीतियों का प्रयोग महत्त्वपूर्ण होता है।

भारत में नीति-निर्माण के सम्बन्ध में लोक सेवकों की भूमिका महत्त्वपूर्ण है। हमारे संविधान में नीति चयन में सुझाव देने का संवैधानिक उत्तरदायित्व उच्च लोक सेवकों पर होता है। उच्च लोक सेवकों को अपने उस ज्ञान पर लगभग एकाधिकार प्राप्त होता है, जो वे अपनी शैक्षिक योग्यता एवं अनुभव से प्राप्त करते हैं। उनका ये अनुभव विकास नीति पर अच्छा-खासा प्रभाव डालता है।

भारत में नौकरशाही ने यद्यपि विकासात्मक प्रशासन में महत्त्वपूर्ण भूमिका निभाई है तथापि भारतीय नौकरशाही में आलोचकों द्वारा निम्न कमियाँ भी बताई गई हैं :

- पृथक् वर्ग
- अहं भाव
- लालफीताशाही सम्बन्ध
- अन्तर्वैयक्तिक सम्बन्ध
- शक्ति लालसा
- अनुदारवादी प्रवृत्ति
- आकार में वृद्धि और कुशलता में कमी
- कानून के प्रति अत्यधिक कटौती।

लोकपाल

विश्व के विभिन्न देशों में नागरिकों की शिकायतों के निवारणार्थ विभिन्न तरीकों का प्रयोग किया जाता है। इसी परिप्रेक्ष्य में सबसे पहले स्वीडन में 1809 ई. में ओम्बुड्समैन की अवधारणा को अपनाया गया, जिसका अर्थ होता है सार्वजनिक ड्यूटी पर तैनात एक सॉलिसिटर।

बाद में फिनलैण्ड, डेनमार्क तथा नॉर्वे ने इसे अपनाया। अन्य देशों की भाँति भारत में भी लोक प्रशासन पर प्रशासकीय विधायी तथा न्यायिक नियन्त्रण है। हमारे यहाँ नागरिक सेवा में भ्रष्टाचार को समाप्त करने के लिए केन्द्रीय सतर्कता आयोग की स्थापना की गई है साथ ही प्रशासकीय सुधार आयोग द्वारा लोकपाल एवं लोकायुक्त की स्थापना की अनुशंसा को स्वीकार कर लिया गया है।

ओम्बुड्समैन की स्थापना के प्रश्न पर गृह की विशेष सलाहकार समिति ने विचार किया। वर्ष 1966 में भूतपूर्व प्रधानमन्त्री मोरारजी देसाई की अध्यक्षता में गठित प्रशासकीय सुधार आयोग ने वर्ष 1967 में नागरिकों की शिकायतों एवं व्यवस्थाओं के निवारण की समस्याओं पर अपनी अन्तरिम रिपोर्ट में लोकपाल एवं लोकायुक्त की नियुक्ति का सुझाव दिया था जोकि विधायिका, कार्यपालिका तथा न्यायपालिका से पूर्णतः स्वतन्त्र होगी। इसी परिप्रेक्ष्य में सर्वप्रथम वर्ष 1968 में संसद में लोकपाल तथा लोकायुक्त विधेयक वर्ष 1968 के रूप में प्रस्तावित किया गया था।

भारत सरकार ने इस सन्दर्भ में प्रशासनिक सुधार आयोग की सिफारिश को स्वीकार किया। अब तक इस विषय में विधेयक लाने के लिए आठ आधिकारिक प्रयास किए जा चुके हैं।

लोकायुक्त

प्रसासकीय सुधार आयोग के प्रतिवेदन के अनुरूप तथा शासन में भ्रष्टाचार और भाई-भतीजेवाद से निपटने के लिए राज्यों में लोकायुक्त नामक संगठन की स्थापना की गई है। इसी के तत्वावधान में सर्वप्रथम वर्ष 1971 में महाराष्ट्र में इस पद की स्थापना 'महाराष्ट्र लोकायुक्त एवं उप-लोकायुक्त अधिनियम' के तहत इस पद की स्थापना की गई। वर्तमान में कुल 17 राज्यों में इस पद की स्थापना की जा चुकी है तथा अन्य राज्यों की सरकारें भी इस दिशा में प्रयत्नशील हैं। विभिन्न राज्यों में नियुक्त लोकायुक्तों को पदावधि की सुरक्षा, स्वतन्त्र रूप से कर्मचारी प्रदान करने इत्यादि का प्रबन्ध किया गया है, साथ ही इस पद पर केवल उच्चतम न्यायालय तथा न्यायालयों के सेवानिवृत्त न्यायाधीशों को ही नियुक्त किया जाता है।

जिन व्यक्तियों को लोकायुक्त नियुक्त किया जाता है, उन्हें अन्य कोई लाभ का पद धारण करने की अनुमति नहीं है। राज्यों में लोकायुक्तों द्वारा की गई जाँचों को गोपनीय रखा जाता है।

राज्यों में लोकायुक्त समान्यतः व्यक्ति पक्षों की शिकायतों की जाँच करते हैं, जिसके लिए वे राज्य जाँच एजेन्सियों का सहारा लेते हैं। लोकायुक्त की सिफारिशें केवल सलाहकारी होती हैं वे राज्य सरकारों के लिए बाध्यकारी नहीं हैं।

लोकायुक्त तथा उप-लोकायुक्तों की नियुक्ति सम्बन्धित राज्य के राज्यपाल द्वारा की जाती है, इस नियुक्ति के समय राज्यपाल द्वारा राज्य के मुख्य न्यायाधीश तथा विधानसभा में विपक्ष के नेता से परामर्श अनिवार्य है। साथ ही अधिकांश राज्यों में लोकायुक्तों का कार्यकाल 5 वर्ष तथा 65 वर्ष की उम्र तक जो भी पहले हो निर्धारित है तथा वह पुनर्नियुक्ति का पात्र नहीं होता है।

लोकपाल से सम्बन्धित प्रशासनिक सुधार आयोग के सुझाव

लोकपाल एवं लोकायुक्त के सन्दर्भ में प्रशासनिक सुधार आयोग के सुझाव निम्नलिखित हैं

- वे स्वतन्त्र व निष्पक्षता का प्रदर्शन करेंगे।
- उनकी जाँच एवं कार्यवाही गुप्त रूप से होगी और इसका चरित्र अनौपचारिक होगा।
- उनकी नियुक्ति जहां तक सम्भव हो गैर-राजनीतिक हो।
- उनका स्तर देश में उच्च न्यायिक प्राधिकारियों के समान होगा।
- वे अपने विवेकानुसार क्षेत्र में व्याप्त अन्याय, भ्रष्टाचार व पक्षपात से सम्बन्धित मामलों को देखेंगे।
- उनकी कार्यवाही में न्यायिक दखल-अन्दाजी नहीं होगी।
- उन्हें कार्यकारी सरकार से किसी प्रकार का लाभ अथवा आर्थिक लाभ की आशा नहीं करनी चाहिए।
- अपने कर्त्तव्यों की पूर्ति हेतु आवश्यक जानकारी प्राप्त करने के लिए इसमें पूर्ण शक्तियाँ निहित होंगी।

क्र.स.	राज्य का नाम	लोकायुक्त अधिनियम	स्थापना वर्ष
1.	महाराष्ट्र	महाराष्ट्र लोकायुक्त एवं उप-लोकायुक्त अधिनियम	1971
2.	राजस्थान	राजस्थान लोकायुक्त एवं उप-लोकायुक्त अधिनियम	1973
3.	बिहार	बिहार लोकायुक्त अधिनियम	1973
4.	उत्तर प्रदेश	उत्तर प्रदेश लोकायुक्त एवं उप-लोकायुक्त अधिनियम	1975
5.	मध्य प्रदेश	मध्य प्रदेश लोकायुक्त एवं उप-लोकायुक्त अधिनियम	1981
6.	आन्ध्र प्रदेश	आन्ध्र प्रदेश लोकायुक्त एवं उप-लोकायुक्त अधिनियम	1983
7.	हिमाचल प्रदेश	हिमाचल प्रदेश लोकायुक्त अधिनियम	1983
8.	कर्नाटक	कर्नाटक लोकायुक्त अधिनियम	1984
9.	असोम	असोम लोकायुक्त एवं उप-लोकायुक्त अधिनियम	1985
10.	गुजरात	गुजरात लोकायुक्त अधिनियम	1986
11.	दिल्ली	दिल्ली लोकायुक्त एवं उप-लोकायुक्त अधिनियम	1995
12.	ओडिशा	ओडिशा लोकायुक्त एवं उप-लोकायुक्त अधिनियम	1995
13.	पंजाब	पंजाब लोकायुक्त अधिनियम	1996
14.	केरल	केरल लोकायुक्त अधिनियम	1999
15.	छत्तीसगढ़	छत्तीसगढ़ लोकायुक्त अधिनियम	2002
16.	उत्तराखण्ड	उत्तराखण्ड लोकायुक्त एवं उप-लोकायुक्त अधिनियम	2002
17.	हरियाणा	हरियाणा लोकायुक्त अधिनियम	2006

लोकपाल एवं लोकायुक्त अधिनियम, 2013

लोकसभा द्वारा लोकपाल और लोकायुक्त विधेयक, 2011 को 18 दिसम्बर, 2013 को पारित कर दिया गया।

इसके पहले राज्यसभा ने कुछ संसोधनों के साथ लोकपाल और लोकायुक्त विधेयक, 2011 को 17 दिसम्बर, 2013 को ध्वनिमत से पारित किया था। 1 जनवरी, 2014 को राष्ट्रपति की मंजूरी भी इस विधेयक को मिल गई है।

इस विधेयक की विशेषताएँ इस प्रकार हैं :

- केन्द्र में लोकपाल और राज्य स्तर पर लोकायुक्त का प्रावधान।
- लोकपाल में एक अध्यक्ष और अधिकतम आठ सदस्य होंगे, जिसमें से 50% सदस्य अनुसूचित जाति/जनजाति/अन्य पिछड़ा वर्ग, अल्पसंख्यकों और महिलाओं में से होंगे।
- प्रधानमंत्री को लोकपाल के दायरे में लाया गया है।
- सभी श्रेणियों के सरकारी कर्मचारी लोकपाल के अधिकार क्षेत्र में आएँगे।
- विदेशी अनुदान नियमन अधिनियम (एफ सी आर ए) के सन्दर्भ में विदेशी स्रोत से ₹10 लाख वार्षिक से अधिक का अनुदान प्राप्त करने वाले सभी संगठन लोकपाल के अधिकार क्षेत्र में होंगे।

लोकपाल के अधिकार

- ईमानदार और सच्चे सरकारी कर्मचारियों को पर्याप्त सुरक्षा प्रदान की गई है।
- सी बी आई सहित किसी भी जाँच एजेन्सी को लोकपाल द्वारा भेजे गए मामलों की निगरानी करने और निर्देश देने का लोकपाल को अधिकार होगा। प्रधानमंत्री की अध्यक्षता में एक उच्च अधिकार प्राप्त समिति सी बी आई के निदेशक के चयन की सिफारिश करेगी। अभियोजन निदेशक की अध्यक्षता में अभियोजन निदेशालय होगा, जो पूरी तरह से निदेशक के अधीन होगा। सी बी आई के अभियोजन निदेशक की नियुक्ति केन्द्रीय सतर्कता आयोग की सिफारिश पर की जाएगी।
- लोकपाल द्वारा सी बी आई को सौंपे गए मामलों की जाँच कर रहे अधिकारियों का तबादला लोकपाल की मंजूरी से होगा।
- विधेयक में भ्रष्टाचार के जरिए अर्जित सम्पत्ति की कुर्की करने और उसे जब्त करने के प्रावधान शामिल किए गए हैं, चाहे अभियोजन की प्रक्रिया अभी चल रही हो। विधेयक में प्रारम्भिक पूछताछ, जाँच और मुकदमें के लिए स्पष्ट समय-सीमा निर्धारित की गई है और इसके लिए विधेयक में विशेष न्यायालयों के गठन का भी प्रावधान है। अधिनियम के लागू होने के 365 दिनों के अन्दर राज्य विधानसभाओं द्वारा कानून के माध्यम से लोकायुक्तों की नियुक्ति की जानी अनिवार्य होगी।

❑❑❑

अध्याय-14

भारत एवं संयुक्त राष्ट्रसंघ

संयुक्त राष्ट्र में भारत की भूमिका

संयुक्त राष्ट्र संघ की स्थापना 24 अक्टूबर, 1945 को द्वितीय विश्व युद्ध के पश्चात भावी पीढ़ियों को युद्ध की विभिषिका से बचाने हेतु की गई थी, क्योंकि विश्व शांति तथा सुरक्षा बनाए रखना आज की युग के सर्वोपरि आवश्यकता है। संयुक्त राष्ट्र संघ अपनी पाँच दशकीय यात्रा पूरी कर चुका है जिसमें उसके सामने अनेक विवाद एवं समस्याएँ आईं। इन समस्याओं का कुछ तो समाधान करने में वह सफल रहा तो कुछ में असफल रहा। सफलता एवं असफलता को बड़े राष्ट्रों विशेषकर सोवियत संघ एवं अमेरिका ने प्रभावित किया।

भारत संयुक्त राष्ट्र का संस्थापक सदस्य रहा है और उसकी संस्कृति, सभ्यता एवं विदेश नीति भी "वसैधुव कुटुम्बकम" एवं (पंचशील) जैसे सिद्धांतों पर आधारित है। जो संयुक्त राष्ट्र संघ के प्रमुख ध्येय अंतर्राष्ट्रीय शांति एवं सुरक्षा से सर्वथा मेल खाती है। उभरती अर्थव्यवस्था, विशाल जनसंख्या, महत्त्वपूर्ण एवं विशाल भौगोलिक क्षेत्र होने के कारण भारत संयुक्त राष्ट्र का एक महत्त्वपूर्ण सदस्य है। भारत संयुक्त राष्ट्र के कार्यक्रमों एवं नीतियों का समर्थक रहा है, क्योंकि वह अंतर्राष्ट्रीय शांति एवं सुरक्षा में उसकी उपयोगिता को समझता है। संयुक्त राष्ट्र के प्रति समर्थन को व्यक्त करने हुए पूर्व प्रधानमंत्री जवाहरलाल नेहरू ने कहा था कि "संयुक्त राष्ट्र हमारे जीवन में इतना महत्त्वपूर्ण स्थान प्राप्त कर चुका है कि उसके बिना हम विश्व की कल्पना भी नहीं कर सकते।"

भारतीय विदेश नीति का आधारभूत सिद्धांत गुटनिपरेक्षता तथा शांतिपूर्ण सहअस्तित्व रहा है। भारत के द्वारा शांति व व्यवस्था की स्थापना के लिए जातिवाद, नस्लवाद, साम्राज्यवाद, रंगभेद, उपनिवेशवाद, नवउपनिवेशवाद एवं आर्थिक शोषण का डटकर विरोध किया जाता रहा है। भारत द्वारा संयुक्त राष्ट्र संघ के विश्व शांति एवं सुरक्षा लाने के तमाम प्रयत्नों में आगे बढ़कर अपनी भूमिका का निर्वाह किया है। भारत की संयुक्त राष्ट्र संघ में भूमिका को निम्नलिखित बिंदुओं के अंर्तगत वर्णन किया जा सकता है।

1. **उपनिवेशवाद की समाप्ति तथा भारत :** भारत ने शुरू से ही संयुक्त राष्ट्र संघ में अफ्रो-एशियाई तथा लैटिन अमेरिकी महाद्वीप के देशों में विद्यमान उपनिवेशवाद के खिलाफ आवाज उठाई है और उसे मानवीय गरिमा के अपमान की संज्ञा दी है। भारत ने यहाँ तक घोषणा की है कि उपनिवेशवाद न केवल अंतर्राष्ट्रीय शांति व प्रगति में बाधक है बल्कि संयुक्त राष्ट्र संघ के चार्टर की भी अवहेलना है। औपनिवेशिक दासता से आजादी दिलाने के संबंध में भारत ने अन्य राष्ट्रों को साथ लेकर एक प्रस्ताव राष्ट्र की महासभा में रखा। इस प्रस्ताव को स्वीकार करते हुए महासभा ने 1961 में इसको कार्यान्वित करने के लिए एक विशेष, समिति का गठन किया। इस समिति में एक सदस्य होने के नाते भारत ने हमेशा ही सक्रिय भूमिका निभाई। भारत की ही पहल पर 1946 में संयुक्त राष्ट्र ने अपने पहले अधिवेशन में एक प्रस्ताव पारित कर जातिवाद को संयुक्त राष्ट्र संघ के चार्टर के विरुद्ध घोषित किया है।
2. **निशस्त्रीकरण और भारत की भूमिका संयुक्त राष्ट्र के संबंध में :** भारत ने शांति की अपनी नीति पर चलते हुए संयुक्त राष्ट्र के निशस्त्रीकरण कार्यक्रमों को अपना पूरा समर्थन दिया है। संयुक्त राष्ट्र संघ की महासभा के 13वें अधिवेशन 1958 में निशस्त्रीकरण के बारे में भारत ने दो महत्त्वपूर्ण प्रस्ताव पारित किए–प्रथम, निशस्त्रीकरण पर समझौता होने से पूर्व ही आणविक परीक्षण तुरंत रोक दिये जाएं। द्वितीय, आकस्मिक आक्रमण तुरंत बंद करने की संभावना के प्रश्न पर विचार किया जाए तथा निशस्त्रीकरण के नियम तमाम छोटे तथा बड़े देशों पर समान रूप से लागू होने चाहिएं।
3. **अंतर्राष्ट्रीय विरोध समाधान की दिशा में भारत और संयुक्त राष्ट्र संघ :** अंतर्राष्ट्रीय राजनीति में भारत ने दो देशों के बीच उत्पन्न होने वाली समस्याओं के समाधान में भी महत्त्वपूर्ण भूमिका निभाई है। उदाहरण के तौर पर कोरिया, हिंदचीन, वियतनाम, स्वेज, हंगरी, काँगरो, सीरिया-टर्की विवाद, अल्जीरिया आदि संकटों के दौरान युद्ध भड़काने वाली ज्वाला को भारत जैसे शांतिप्रिय राष्ट्र ने संयुक्त राष्ट्र संघ के साथ मिलकर शांत करने में महत्त्वपूर्ण भूमिका निभाई। भारत ने संयुक्त राष्ट्र संघ का इराक मामले पर समर्थन दिया लेकिन साथ ही संयुक्त राष्ट्र पर अमेरिकी प्रभुत्व की आलोचना भी की।
4. **नई अंतर्राष्ट्रीय आर्थिक व्यवस्था और भारत :** भारत ने विकासशील देशों के लिए संयुक्त राष्ट्र संघ के समक्ष नई अंतर्राष्ट्रीय आर्थिक व्यवस्था

का प्रस्ताव पेश किया है ताकि विकासशील देश विश्व के अन्य विकसित देशों के साथ आर्थिक क्षेत्र में संपन्न बन सके। संयुक्त राष्ट्र की महासभा ने मई 1974 में अपने विशेष अधिवेशन में NIEO की स्थापना हेतु पारित घोषणा एवं कार्यक्रम में वर्तमान प्रचलित आर्थिक व्यवस्था का नूतन ढाँचा प्रस्तुत किया। 'नूतन आर्थिक व्यवस्था' की स्थापना की माँग ऐसी माँग है जिससे एशिया, अफ्रीका और लैटिन अमेरिका के अधिकांश राष्ट्र सहमत हैं भारत की पहल पर इस अवधारणा को बल मिला है।

5. **संयुक्त राष्ट्र शांति सेना और भारत :** भारत ने विश्व शांति तथा सुरक्षा के मद्देनजर संयुक्त राष्ट्र संघ की शांति सेवाओं में अपनी सहायता प्रदान की है। भारत ने कोरिया युद्ध के समय लगभग 5,600 शांति सैनिकों को भेजा। इसके अलावा मध्य-पूर्व, लेबनान, कार्गो, साइप्रस, यमन, नामीबिया, इरान/इराक, इराक-कुवैत, अंगोला मध्य अमेरिका, युगोस्लाविया, कम्बोडिया, मोजाम्बिक तथा लाइब्रेरिया में शांति स्थापना के प्रयत्नों के चलते अपने शांति सैनिक भेजे। वियतनाम युद्ध में भारत ने लगभग 7,000 सैनिकों को शांति सेना के रूप में भेजा। इस प्रकार भारत संयुक्त राष्ट्र संघ में अपने शांति सैनिकों के माध्यम से विश्व शांति के लिये अंतर्राष्ट्रीय स्तर पर प्रयास करता रहा है।

विवेचनोपरांत स्पष्ट है कि विश्व शांति एवं सुरक्षा कायम करने के उद्देश्य से स्थापित संयुक्त राष्ट्र संघ का भारत प्रबल समर्थक रहा है। 1945 से लेकर आज तक संयुक्त राष्ट्र संघ की शांति प्रक्रिया में भारत ने उसका साथ दिया है। भारत की कूटनीतिक सूझबूझ एवं रचनात्मक भूमिका ने जहाँ एक ओर विश्व जन मानस को तीसरे महायुद्ध की तबाही से बचाया है। वहीं विश्व के गरीब-देश नई समस्याओं व चुनौतियों का मुकाबला करने में सक्षम हो पाए हैं। भारत ने नवोदित राष्ट्रों की आवाज को अंतर्राष्ट्रीय गुटबंदी से अलग वैदेशिक नीति का विकल्प प्रस्तुत किया है। भारत ने अंतर्राष्ट्रीय क्षेत्र में तनाव कम करने के लिए संयुक्त राष्ट्र संघ को हर संभव सहयोग दिया है। भारत ने महत्त्वपूर्ण विवादों को अंतर्राष्ट्रीय कानून के अनुसार संयुक्त राष्ट्र संघ में भारत की बहुत ही महत्त्वपूर्ण एवं जनहितकारी भूमिका रही है। आने वाले दिनों में भारत की भूमिका और भी सुदृढ़ होगी ऐसी आशा की जाती है। भारत की संयुक्त राष्ट्र संघ में और प्रभावकारी भूमिका निभाने के लिए आवश्यक है कि सुरक्षा परिषद का भारत को स्थायी सदस्य बनाया जाए, जिसकी माँग भारत बर्षों से करता आ रहा है।

संयुक्त राष्ट्र संघ के पुनर्गठन की आवश्यकता

सुरक्षा परिषद के विस्तार की माँग लंबे समय से चलती आ रही है। शीत युद्ध में केवल एक महाशक्ति अब बच गई है जिसका संयुक्त राष्ट्र पर प्रभुत्व स्थापित हो गया है। खाड़ी युद्ध, खाड़ी युद्धोत्तर प्रस्ताव, लीबिया पर प्रतिबंध, NPT, CTBT आतंकवाद का विश्वव्यापी बढ़ता वर्चस्व तथा अन्य कई मुद्दों पर सुरक्षा परिषद की कार्यवाही आदि इस पर अमेरिका के बढ़ते प्रभुत्व को प्रतिबिम्बित करते हैं। इस बदलते समीकरण ने, संयुक्त राष्ट्रसंघ की पुनः संरचना करने, इसका लोकतंत्रीकरण करने तथा इसको सुदृढ़ता प्रदान करने की आवश्यकता को एक महत्त्वपूर्ण ध्यान केंद्र बना दिया है।

इस तेजी से बदलती विश्व व्यवस्था में भारत ने भी संयुक्त राष्ट्र संघ के पुनः निर्माण, लोकतंत्रीकरण तथा सुदृढ़ बनाने की माँग का जोरदार समर्थन किया है। इस तरह के विचार स्वर्गीय राजीव गाँधी ने 1989 महासभा में भाषण के दौरान प्रस्तुत किये थे। 31 जनवरी, 1992 को सुरक्षा परिषद में शिखर सम्मेलन के दौरान प्रधानमंत्री नरसिंह राव ने इस प्रकार के विचार को पुनः बलपूर्वक दोहराया। भारत सुरक्षा परिषद की सदस्य संख्या को बढ़ाने, इसके स्थाई सदस्यों में और राज्यों को शामिल करने तथा इसके निर्णय करने की प्रक्रिया के पुनः निर्माण के पक्ष में है भारत इस संबंध में निम्नलिखित आधार प्रस्तुत करता है–

1. संयुक्त राष्ट्र की सदस्य संख्या 51 से बढ़कर 193 तक जा पहुँची है इस कारण सुरक्षा परिषद् सदस्य संख्या भी बढ़ाई जानी चाहिए भारत चाहता है कि इसकी संख्या 21 या 27 कर दी जानी चाहिए।
2. सुरक्षा परिषद के स्थायी सदस्यों की संख्या में भी बढ़ोत्तरी की जानी चाहिए। स्थाई सदस्यता ऐसे देशों को ही मिलनी चाहिए जिन्होंने अंतर्राष्ट्रीय क्षेत्र में संयुक्त राष्ट्र के उद्देश्यों के अनूरूप विश्व शांति के लिए ठोस प्रयास किये हैं।
3. वर्तमान स्थाई सदस्य विश्व की एकमात्र महाशक्ति अमेरिका के बढ़ते नियंत्रण को न तो अंकुश लगाना चाहते हैं, न ही उनमें ऐसा करने की योग्यता है। अतः सुरक्षा परिषद का विस्तार अमेरिकी दादागिरी को रोकने के लिए आवश्यक है।
4. संयुक्त राष्ट्र सुरक्षा परिषद का विस्तार तथा लोकतंत्रीकरण, विश्व शांति बनाए रखने, अंतर्राष्ट्रीय विरोध समाधान तथा निवारक कूटनीति में इसकी भूमिका को सुदृढ़ बनाने के लिए आवश्यक है।
5. सुरक्षा परिषद में अफ्रीका तथा लैटिन अमेरिका को स्थायी प्रतिनिधित्व देने तथा एशिया की स्थाई सदस्यता में वृद्धि करने की आवश्यकता आज अंतराष्ट्रीय राजनीति की आवश्यकता है।
6. परिवर्तित अंतर्राष्ट्रीय व्यवस्था में सुरक्षा परिषद को पहले से अधिक सक्रिय तथा सशक्त भूमिका निभानी है। संयुक्त राष्ट्र संघ के विभिन्न प्रस्तावों को लागू करने, विश्व संस्था को सुदृढ़ करने के लिए सुरक्षा परिषद को भी सुदृढ़ करना आवश्यक है। अतः इस परिषद के कार्यों में सुस्पष्टता तथा इसका लोकतंत्रीकरण करने की आवश्यकता है। इन तर्कों के आधार पर भारत सुरक्षा परिषद के पुनर्निर्माण का दृढ़ समर्थन करता है।

भारत का दमदार दावा

भारत संयुक्त राष्ट्र संघ का स्थाई संस्थापक राष्ट्र रहा है और शुरू से ही संयुक्त राष्ट्र संघ के विभिन्न अंगों एवं अभिकरणों में यथासंभव अपना सहयोग देता रहा है। भारत ने कई देशों में अपने शांति सैनिकों को संयुक्त राष्ट्र की शांति सेना के साथ भेजा है। अतः संयुक्त राष्ट्र की सुरक्षा परिषद में उसका दावा सर्वथा उचित है। जनवरी 1992 में सुरक्षा परिषद के शिखर सम्मेलन में भारत ने जापान के साथ मिलकर यह माँग रखी कि जापान तथा भारत जनसंख्या के मामले में क्रमशः दूसरा एवं छठा स्थान रखते हैं। यह शक्तिशाली अर्थव्यवस्था वाला देश है तथा वह इस संस्था को वित्तीय योगदान देने में दूसरा स्थान रखता है। भारत औद्योगिक तथा कुल राष्ट्रीय उत्पादन में विश्व के पहले दस देशों में से एक है। इसलिए यह प्राकृतिक ही है कि सुरक्षा परिषद के विस्तार की माँग इन्हीं दो देशों के द्वारा उठाई गई है। सितंबर, 1992 के 'NAM' शिखर सम्मेलन में भारत की इस माँग

का समर्थन किया गया। संयुक्त राष्ट्र की महासभा में दिसंबर, 1991 में भारत, अल्जीरिया, ब्राजील, मिस्र, मैक्सिको तथा वैनेजुएला ने यह माँग रखी। सितंबर, 1992 में भारत ने औपचारिक रूप से अपने स्थाई सदस्य बनाए जाने के दावे को पेश कर दिया कि, ''जब कभी भी सुरक्षा परिषद का विस्तार किया जाए उसे स्थाई सदस्य बना दिया जाए। भारत अपने दावे के प्रति बहुत गंभीर भी है। और इसी के चलते भारत ने विश्व जनमत को अपनी ओर करते हुए तमाम विकासशील राष्ट्रों को इसके लिए अपना समर्थन देने का आहवान किया है। NAM ने भी अपने कोलम्बिया (1995) के सम्मेलन में इस बात के लिए सहमति दी है कि परिषद में गुटनिरपेक्ष देशों की सदस्य संख्या बढ़ाई जानी चाहिए पर जापान तथा कोरिया जैसे देशों को भी अस्थाई सदस्य देशों के रूप में नियुक्त किया गया इन देशों का अस्थाई सदस्य बनाने का प्रस्ताव पश्चिमी देशों ने किया है। कई राष्ट्रों के सुझावों के अनुसार परिषद के सदस्यों के तीन स्तर होने चाहिएं–1. स्थाई सदस्य वीटो पॉवर के समय 2. स्थाई शक्ति जिनके पास साधारण मतदान की शक्ति हो 3. अस्थाई सदस्य जिनके पास साधारण मतदान की शक्ति हो।

इतना सब होते हुए भी सुरक्षा परिषद की स्थाई सदस्यता प्राप्त करना भारत के लिए आसान नहीं है। अक्टूबर, 1996 में जब संयुक्त राष्ट्र के अस्थाई सदस्यों का चुनाव हुआ था तो उसमें एशिया से भारत व जापान उम्मीदवार थे। गुटनिरपेक्ष देशों के बल पर भारत अपनी जीत सुनिश्चित मान रहा था पर परिणाम आने पर जापान 142 मत पाकर निर्वाचित हो गया। इस पराजय से भारत की स्थाई सदस्यता पाने के दावे को गहरा धक्का लगा। भारत ने जापान पर आरोप लगाया कि उसने पैसों के बल पर गुटनिरपेक्ष देशों को खरीद लिया है। अब भारतीय कूटनीति को नए सिरे से प्रयास करना होगा, उसे गुटनिरपेक्ष देशों को यह विश्वास दिलाना होगा कि स्थाई सदस्यता के मसले पर वह जापान की अपेक्षा भारत का समर्थन करें क्योंकि वह भी उनकी तरह एक विकासशील देश है। भारत को इस मुद्दे पर चीन एवं पाकिस्तान से भी सतर्क रहने की आवश्यकता है। चीन यह कभी नहीं चाहेगा कि उसका पड़ौसी सुरक्षा परिषद में उसके समकक्ष बैठे। आपसी विवादों के चलते पाकिस्तान भी भारत की दावेदारी को कमजोर करने की कोशिश करेगा। भारत द्वारा मई, 1998 में किये गए परमाणु परीक्षण की राजनीतिक शक्तियों द्वारा तीव्र निंदा के कारण भी भारत की संयुक्त राष्ट्र परिषद में दावेदारी निर्बल हो गई है। वर्तमान परिप्रेक्ष्य में यह सदस्यता मिलना और भी मुश्किल हो गया है।

अगर सुरक्षा परिषद का विस्तार होता है, तब भारत का दावा मजबूत होता है, पर यह महासभा के सदस्यों के राजनीतिक हितों पर निर्भर करता है। अगर यह माँग स्वीकार कर ली जाए तो संयुक्त राष्ट्र के चार्टर में संशोधन करने पड़ेंगे जो वर्तमान पाँच स्थाई सदस्यों की सहमति के बिना नहीं हो सकता। इसलिए सुरक्षा परिषद के विस्तार तथा स्थाई सदस्य बनने की भारत की माँग की स्वीकृति के अवसर कुछ धूमिल नजर आते हैं। विश्व जनमत को नई विश्व व्यवस्था में संयुक्त राष्ट्र के पुर्नगठन की माँग के पीछे अभी अपना पूरा बल लगाना है। फिर भी जो परिवर्तन हो रहे हैं वे संयुक्त राष्ट्र संघ का पुर्नगठन करा सकेंगे ताकि यह अंतर्राष्ट्रीय व्यवस्था में कम-से-कम 21वीं सदी के पहले दशक में ही और अधिक सशक्त, वस्तुगत तथा प्रभावशाली भूमिका निभा सकें। तब तक भारत, तथा अन्य विकासशील राष्ट्रों को इस माँग के पक्ष में विश्व जनमत तैयार करने में जुटे रहना चाहिए।

निष्कर्ष : अतः कहा जा सकता है कि संयुक्त राष्ट्र संघ के अस्तित्व में आने के समय से लेकर आज तक भारत के योगदान एवं सहयोग को देखते हुए भारत की सुरक्षा परिषद में स्थाई सदस्यता की माँग करना एकदम दुरूस्त है। वर्ष 1998 में भारत द्वारा परमाणु परीक्षण करने से संयुक्त राष्ट्र के कई सदस्य राष्ट्रों ने भारत की आलोचना की। लेकिन यह सत्य है कि भारत द्वारा राष्ट्रीय हित में ही इस प्रकार के परीक्षण किया गए। इसलिए संयुक्त राष्ट्र के ढाँचे एवं चार्टर में आज के परिप्रेक्ष्य में बदलाव आवश्यक है। अगर आने वाले समय में सुरक्षा परिषद में कुछ बदलाव आता है, तो उसमें भारत का दावा सबसे सशक्त बनता है।

❑❑❑

वस्तुनिष्ठ प्रश्न

1. कौटिल्य द्वारा दिया गया सप्तांग सिद्धांत अर्थशास्त्र के किस अधिकरण में दिया गया है?
A. नौवाँ अधिकरण B. ग्यारहवाँ अधिकरण
C. पहला अधिकरण D. छठा अधिकरण

2. यह किसका कथन है कि "राज्य का निर्माण व्यक्तियों द्वारा होता है तथा उनके बिना राज्य एक बाँझ गाय के समान है।"
A. प्लेटो B. अरस्तू
C. मैकियावली D. कौटिल्य

3. कौटिल्य ने एक राज्य के कितने तत्त्वों को आवश्यक माना है?
A. दो B. छः
C. सात D. तीन

4. "मंत्री ही राजा का ऐसा सहायक होता है जो विपत्ति के समय उसकी रक्षा और प्रमाद के समय उसको सावधान करता है।" निम्न में से किसका मत है?
A. रूसो B. कौटिल्य
C. हरिश्चन्द्र D. अरस्तू

5. प्लेटो के लिखे ग्रन्थों में राजनीतिक दृष्टि से सबसे महत्त्वपूर्ण किसको माना जाता है :
A. लॉज B. रिपब्लिक
C. स्टेटमैन D. पोलटिक्स

6. निम्न में से किस आधार पर फासीवाद तथा प्लेटोवाद में अन्तर किया जाता है?
A. साम्राज्य B. राज्य
C. बुद्धिवाद D. उपरोक्त सभी

7. प्लेटो को 'दर्शन का पोप' किसने कहा है?
A. बार्कर B. रूसो
C. एर्मशन D. कैटलिन

8. प्लेटो किस प्रकार की शासन व्यवस्था का समर्थन करता है?
A. लोकतन्त्र B. राजतन्त्र
C. तानाशाही D. अराजकतावादी

9. Republic की केन्द्रीय विषय वस्तु क्या है?
A. न्याय की व्याख्या तथा सम्प्राप्ति।
B. उत्पादक वर्ग का वर्णन।
C. कानून की स्थापना।
D. उपरोक्त सभी।

10. कौन सी पुस्तक अरस्तू द्वारा नहीं लिखी गयी है?
A. Politics B. Ethics
C. History & Animals D. Decive

11. अरस्तू ने राजनीति शास्त्र में किस पद्धति का प्रयोग किया?
A. निगमनात्मक B. आगमनात्मक
C. द्वंद्वात्मक D. उपरोक्त सभी

12. अरस्तू के अनुसार राज्य क्या है?
A. यांत्रिक संस्था B. कृत्रिम संस्था
C. एक स्वभाविक संस्था D. उपरोक्त सभी

13. अरस्तू के अनुसार राज्य की उत्पत्ति किस लिए हुई है?
A. अच्छे जीवन के लिए
B. सम्पत्ति के लिए
C. जीवन रक्षा के लिए
D. आचार विचार के लिए

14. इनमें से किसे अरस्तू नागरिकता प्रदान करता है?
A. स्त्री B. बच्चे
C. दास D. राज्य का सदस्य

15. आधुनिक व्यक्तिवाद का पिता किसे कहा जाता है?
A. हॉब्स B. प्लेटो
C. हीगेल D. अरस्तू

16. राजनीति विज्ञान का जनक कौन है?
A. प्लेटो B. अरस्तू
C. मैक्यिावली D. लॉक

17. किसने अरस्तू को प्रथम राजनीतिक वैज्ञानिक माना है?
A. सेबाइन B. मैक्सी
C. बार्कर D. गैटेल

18. मैक्यिावली ने सिद्धान्त दिया :
A. सार्वभौमिक अहमवाद B. राष्ट्रवाद
C. विश्व सरकार D. उपरोक्त सभी

19. मैक्यिावली के अनुसार राज्य एक......संस्था है।
A. कृत्रिम B. मानवीय
C. विकसित D. उपरोक्त कोई नहीं

20. मैक्यिावली की सम्पूर्ण शक्ति निहित है :
A. मंत्रियों में B. जनता में
C. राजा में D. चर्च में

21. मैक्यिावली के अनुसार विधि का स्रोत है :
A. समाज B. राजा
C. जनता D. चर्च

22. हॉब्स ने वैज्ञानिक भौतिकवाद किससे ग्रहण की?
A. गैलेलिलो B. मैक्यिावली
C. हीगेल D. मार्क्स

23. हॉब्स ने निम्न में से किस सिद्धांत का प्रतिपादन किया?
A. आर्थिक समझौते B. सामाजिक समझौते
C. राजनीतिक समझौते D. उपरोक्त सभी

24. हॉब्स के अनुसार..............राज्य है।
A. शक्तिहिन है B. सर्वशाक्तिमान
C. धार्मिक है D. नैतिक है।

25. लॉक के अनुसार प्राकृतिक अवस्था का नियंत्रण.......द्वारा होता है।
A. कानूनी विधि B. प्राकृतिक विधि
C. नैतिक विधि D. उपरोक्त सभी।

26. लॉक के अनुसार राज्य की स्थापना हुई है–
A. सामाजिक समझौते द्वारा B. बल द्वारा
C. कपट द्वारा D. उपरोक्त कोई नहीं।

27. लॉक का राजनीतिक सिद्धांत निम्न में से क्या है?
A. समाजवादी B. व्यक्तिवादी
C. A और B दोनों D. उपरोक्त कोई नहीं।

28. लॉक के अनुसार सरकार के प्रमुख उद्देश्य हैं–
A. स्वतंत्रता की रक्षा B. जीवन की रक्षा
C. संपत्ति की रक्षा D. उपरोक्त सभी।

29. रूसो ने इतिहास का सहारा लेकर किस पद्धति का अनुगमन किया?
A. अनुभूतिमूलक B. द्वन्द्वात्मक
C. ऐतिहासिक D. दार्शनिक

30. किसने कहा कि,"मनुष्य स्वतंत्र पैदा होता है, पर सर्वत्र जंजीरों में जकड़ा रहता है।"
A. रूसो B. लॉक
C. हॉब्स D. मार्क्स

31. रूसो के अनुसार सामान्य इच्छा की विशेषताएँ हैं–
A. एकता तथा स्थायित्व B. औचित्य तथा संप्रभुताधारी
C. एकता तथा औचित्य D. उपरोक्त सभी।

32. रूसो के अनुसार शासन के कितने प्रकार होते हैं?
A. दो B. तीन
C. चार D. पाँच

33. निरंतर समझौते का सिद्धांत किसने प्रतिपादित किया?
A. लॉक B. रूसो
C. हॉब्स D. राल्स

34. स्वतंत्रता, समानता तथा बंधुत्व के सिद्धांत का प्रतिपादन किसने किया?
A. रूसो B. लॉक
C. हॉब्स D. मार्क्स

35. "छोटी से छोटी सम्पत्ति को बिना मुआवजा दिए नहीं लिया जाना चाहिए" निम्न में से किसका मत है?
A. लॉक B. हॉब्स
C. बेंथम D. मार्क्स

36. "व्यक्ति राज्य व समाज दोनों से पूर्व है" निम्न में किसका कथन है?
A. हॉब्स B. अरस्तु
C. प्लेटो D. बेंथम

37. "प्राकृतिक अधिकारों के सिद्धांत का खण्डन...............करता है।
A. बेंथम B. हाब्स
C. लॉक D. रूसो

38. बैन्थम के मतानुसार राज्य की उत्पत्ति निम्न में किस कारण से होती है?
A. भय के कारण होती है। B. आज्ञा पालन की आदत।
C. धर्म प्रभाव से होती है। D. उपरोक्त कोई नहीं।

39. अंतर्राष्ट्रीय विधि के संहिताकरण (Codification) का समर्थन निम्न में से किसके द्वारा किया गया है?
A. कौटिल्य B. हॉबस
C. वाल्टेयर D. बेन्थम

40. उपयोगितावाद का जनक निम्न में से किसको माना जाता है?
A. बर्क B. सुकरात
C. बेन्थम D. डेविड ह्यूम

41. स्वतंत्रता के विषय में जे.एस. मिल का कहना है कि-
A. राज्य को व्यक्तिगत स्वतंत्रता के हनन का अधिकार नहीं है।
B. अहस्तक्षेप की नीति का पूर्ण सर्मथन
C. राज्य व्यक्तिगत स्वतंत्रता में हस्तक्षेप कर सकता है।
D. उपरोक्त में से कोई नहीं।

42. किसने कहा कि संसद का कार्य है वाद-विवाद एवं विचार-विमर्श द्वारा शासन को जनमत से अवगत कराना है।
A. बेंथम B. लॉक
C. रूसो D. जे॰एस॰ मिल

43. "जो कर नहीं देते उन्हें मतदान का अधिकार नहीं मिलना चाहिए।" किसका कथन है?
A. स्पेंसर B. हेयक
C. लॉक D. जे.एस. मिल

44. विचार तथा अभिव्यक्ति की स्वतंत्रता का सबसे प्रबल सर्मथक माना जाता है।
A. गाँधी B. जे.एम. मिल
C. मार्क्स D. हेयक

45. निम्न में से कौन ''संवैधानिक राजतंत्र का समर्थक है?

A. गाँधी B. हेगेल

C. हॉब्स D. बौंदा

46. मार्क्स के दर्शन का अंतिम उद्देश्य था।

A. वर्गविहीन राज्य विहीन समाज की स्थापना।

B. पूंजीवादी समाज की स्थापना।

C. दासता युग की स्थापना।

D. उपरोक्त कोई नहीं।

47. निरंतर क्रांति का सर्मथक कौन था?

A. स्टालिन B. लेनिन

C. माओ D. ट्राटस्की

48. ''लोकतांत्रिक केन्द्रवाद'' का सिद्धांत किसने किया?

A. माओ B. लेनिन

C. लास्की D. स्टालिन

49. ''सौ फूलों को एक साथ खिलने दो।'' किसका नारा था?

A. लेनिन B. माओ

C. मार्क्स D. उपरोक्त सभी।

50. 'फेवियनवाद' का निर्माता कौन है?

A. हेयक B. सिड़नी वेव

C. ट्रास्टकी D. लेनिन

51. ''श्रमिक संघवाद' विचारधारा का उदय किस देश में हुआ?

A. अमरीका B. जर्मनी

C. ब्रिटेन D. फ्रांस

52. लोकतांत्रिक समाजवाद का समर्थक कौन है?

A. मैकाइवर B. लास्की

C. लॉक D. रूसो

53. 'State And Revolution' किसकी रचना है?

A. लॉस्की B. माओ

C. मार्क्स D. लेनिन

54. ''ब्रिटिश ससंद बांझ और वेश्या है।'' यह किसका कथन है?

A. मार्क्स B. महात्मा गांधी

C. लेनिन D. उपरोक्त सभी

55. मोहनदास करमचन्द गांधी को ''महात्मा'' कहकर किसने संबोधित किया था?

A. कवि रविन्द्रनाथ टैगोर। B. गोखले।

C. तिलक। D. उपरोक्त कोई नहीं।

56. वह कौन सा अमरीकी समाज सुधारक था जिसने अपने आपको गांधी जी का अनुयायी स्वीकार किया?

A. जान रॉल्स B. मार्टिन लूथर किंग

C. कन्फ्यूशिपस D. उपरोक्त सभी

57. निम्न में से कौन-कौन सी गांधी जी के आदर्श समाज की विशेषताएं हैं?

A. स्वावलम्बी

B. स्वशासित

C. सत्याग्राही ग्राम समाजों का संघ

D. उपरोक्त सभी।

58. गाँधी जी ने असहयोग आन्दोलन कब स्थगित किया था?

A. मार्च 1930 B. मार्च 1920

C. जनवरी 1922 D. फरवरी 1922

59. निम्न में से न्यास का सिद्धांत (Trusteeship Theory) किसके द्वारा दिया गया है?

A. विनोबा भावे B. तिलक

C. गोखले D. महात्मा गाँधी

60. समानता की अवधारणा किस सदी की देन है?

A. 19वीं सदी की B. 17वीं सदी की

C. 18वीं सदी की D. 20वीं सदी की

61. समानता की तीव्र इच्छा के कारण स्वतत्रंता की आशा समाप्त हो गई है। निम्न में से यह कथन किसका है?

A. लार्ड एक्टन B. मैकियावली

C. काण्ट D. हाब्स

62. पूर्ण आर्थिक समानता असम्भव है निम्न में से किसका मत है?

A. एडम स्मिथ B. लास्की

C. लार्ड ब्राइस D. बार्कर

63. विधि के सक्षम समानता की धारणा का विकास कहाँ हुआ?

A. अमेरिका B. ब्रिटेन

C. भारत D. कनाडा

64. किसने समानता के आदर्श को मिथ्या माना है?

A. अरस्तु B. प्लेटो

C. उपर्युक्त कोई नहीं D. दोनों A और B

65. समानता के अंतर्गत सबको समान अधिकार ही नहीं वरन् मानवीय क्षमताओं के विकास व उनके प्रयास के अवसर भी सम्मिलित हैं निम्न में से यह कथन किससे संबंधित है?

A. फ्रांसीसी क्रांति की घोषणा

B. अमरीकी स्वतंत्रता की घोषणा

C. संयुक्त राष्ट्र का चार्टर

D. उपर्युक्त सभी।

66. निम्न में से कौन एक व्यक्ति एक वोट का समर्थक है?

A. लॉक B. मिल

C. बैंथम D. उपरोक्त कोई नहीं।

67. निम्न में से किस देश में वर्तमान में भी प्रत्यक्ष-प्रजातंत्र की व्यवस्था है।

A. फ्रांस B. स्विट्जरलैंड

C. जर्मनी D. भारत

68. निम्न में से यह किसका कथन है कि ''प्रजातंत्र एक ऐसी सरकार है जिसमें थोड़े से चतुर व्यक्ति निर्वाचनों के समय समस्त जनसमूहों को अपने पक्ष में ले आते हैं''।

A. बर्क B. बार्कर

C. काण्ट D. हीगेल

69. "अधिकतम लोगों को अधिकतम सुख के आधार पर किसने लोकतंत्र का समर्थन किया है।"

A. बेंथम B. मिल

C. रूसो D. हाब्स

70. निम्न में से कौन बहुलवादी लोकतंत्र का घोर विरोधी है?
A. प्लेटो B. बर्नसन
C. एक्सटीन D. सारटोरी

71. प्रजातंत्र का उदय किसके विरोधस्वरूप हुआ?
A. अभिजन वर्ग के विरोध में।
B. सामंतवादी शासन के विरुद्ध।
C. कुलीनतंत्र के विरुद्ध।
D. स्वेच्छाचारी शासन के विरोध में।

72. संवैधानिक सरकार का अर्थ
A. सीमित सरकार
B. संविधान के अनुसार सरकार
C. प्रतिनिधित्व वाली सरकार
D. उपरोक्त सभी

73. किस देश के संविधान को 'संविधानों की जननी' कहा जाता है?
A. ब्रिटेन B. अमरीका
C. भारत D. आयरलैंड

74. संविधान का उदारवादी मॉडल पूंजीपतियों के स्वार्थ की सिद्धि करता है।
A. माओ B. लेनिन
C. मार्क्स D. गांधी

75. वर्तमान में संवैधानिक राजतंत्र कहाँ स्थित है?
A. नेपाल B. अमेरिका
C. भारत D. ब्रिटेन

76. संविधानों का सर्वप्रथम व्यवस्थित वर्गीकरण किसने किया था?
A. अरस्तु ने B. प्लेटो
C. मैकियावली D. सुकरात

77. गार्नर द्वारा प्रतिपादित संविधान के तत्त्व कौन से हैं?
A. सरकार B. प्रभुसत्ता
C. स्वतंत्रता D. उपरोक्त सभी

78. संविधान एक.....है:
A. प्रशासनिक विधि B. मौलिक विधि
C. राजनीतिक विधि D. नैतिक विधि

79. पाश्चात्य संविधानवाद के संस्थागत आधार हैं–
A. विधि का शासन
B. मौलिक अधिकारों व स्वतंत्रताओं का प्रावधान
C. स्वतंत्र एवं निष्पक्ष न्यायपालिका
D. उपरोक्त सभी

80. संघात्मक शासन व्यवस्था का सबसे अच्छा उदाहरण
A. ब्रिटेन B. अमरीका
C. फ्रांस D. भारत

81. 'एकात्मक' एवं 'संघात्मक' वर्गीकरण निम्न में से किस आधार पर किया जा सकता है।
A. भौगोलिक आधार पर।
B. स्पष्टता के आधार पर।
C. संविधान संशोधन की प्रक्रिया के आधार पर।
D. सरकार के रूप के आधार पर।

82. संघीय शासन के आवश्यक तत्व–
A. संविधान की सर्वोच्चता
B. न्यायपालिका की श्रेष्ठता
C. केन्द्र तथा इकाइयों में शक्तियों का बंटवारा
D. उपरोक्त सभी

83. बहुल कार्यपालिका का उदाहरण
A. अमरीका
B. स्विटज़रलैण्ड
C. जर्मनी
D. दक्षिण अफ्रीका

84. "एकात्मक राज्य में केन्द्रीय सत्ता के हाथ में कानून बनाने की सर्वोच्च सत्ता निवास करती है।" किसका कथन है?
A. विलोबी B. डायसी
C. आमण्ड D. लॉस्की

85. किस शासन व्यवस्था में इकाइयां सरकार की ऐजेण्ट नहीं होतीं?
A. राजतंत्र B. संघात्मक
C. साम्यवाद D. एकात्मक

86. 'मंत्रिमंडल संसद की स्थाई समिति है' किसका मत है?
A. फाइनर B. ब्राइस
C. गार्नर D. लॉस्की

87. अध्यक्षात्मक शासन प्रणालियों के गुण
A. अध्यक्षात्मक शासन स्थायी होता है
B. राष्ट्रीय संकट के समय तुरन्त कार्यवाही
C. अध्यक्षीय कार्यपालिका, संसदीय कार्यपालिका के अधिक कुशल होती है
D. उपरोक्त सभी।

88. किस शासन व्यवस्था में कार्यपालिका सीधे जनता के प्रति उत्तरदायी होती है?
A. संसदात्मक B. अध्यक्षात्मक
C. निरकुंश D. राजतंत्र

89. संसदीय सरकार में राज्याध्यक्ष कौन हो सकता है?
A. मनोनीत व्यक्ति B. निवार्चित व्यक्ति
C. वशांनुगत व्यक्ति D. उपरोक्त सभी

90. संसदों की जननी किस देश की संसद को कहा जाता है?
A. भारत की संसद को
B. ब्रिटेन की संसद को
C. अमरीका की कांग्रेस
D. स्विट्जरलैण्ड की राष्ट्रीय परिषद्

91. स्वतंत्रता प्राप्ति के पश्चात् कांग्रेस का विभाजन कब हुआ?
A. 1977 B. 1989
C. 1969 D. 1970

92. लोकतंत्र का प्राण तत्त्व किसे कहा जाता है?
A. दबाव समूहो
B. श्रमिक संगठनों को
C. राजनीतिक दलों को
D. व्यापारिक संगठनों को।

93. समाजवादी दल
A. उत्पादन और वितरण पर राज्य का नियंत्रण हो, में विश्वास रखते हैं
B. मिश्रित अर्थव्यवस्था में विश्वास करते हैं
C. पूंजीवादी अर्थव्यवस्था में विश्वास करते है
D. उपर्युक्त कोई नहीं।

94. दबाव समूह कहाँ सबसे अधिक क्रियाशील है?
A. भारत B. अमेरिका
C. जापान D. ब्रिटेन

95. दबाव समूहों का मुख्य उद्देश्य क्या होता है?
A. मंत्रियों, शासनाधिकारियों पर विभिन्न तरीकों से दबाव डालने से अपना कार्य निकलवाना।
B. चुनाव जीतकर, अपने उद्देश्यों की पूर्ति करना
C. राजनीतिक दलों की सहायता करना।
D. उपर्युक्त कोई नहीं।

96. दबाव समूह कौन सा तरीका नहीं अपनाते?
A. चुनाव लड़ना B. सामाजिक सेवा
C. आर्थिक कार्यक्रम D. उपरोक्त सभी

97. फारवर्ड ब्लाक क्या है
A. दबाव समूह B. राजनीतिक दल
C. आर्थिक सगठंन D. उपर्युक्त कोई नहीं।

98. ग्रीनपीस क्या है?
A. राजनीतिक दल B. दबाव समूह
C. उपर्युक्त दोनों D. अस्पक

99. संविधान सभा की प्रथम बैठक की अध्यक्षता किसके द्वारा की गई थी ?
A. नेहरू B. सच्चिदानंद सिन्हा
C. एनीबेंसेट D. ए.ओ. ह्यूम

100. भारतीय संविधान सभा के संवैधानिक सलाहकार थे।
A. डी.बी.एन. राव B. एम.एन. राय
C. अम्बेडकर D. नेहरू

101. "स्वाधीनता और सत्ता अपने साथ उत्तरदायित्व लाती हैं। वह उत्तरदायित्व अब इस भारत के लोगों के प्रतिनिधि, प्रभुता सम्पन्न संविधान सभा के कन्धों पर है।" निम्न में से किसका कथन है ?
A. जवाहरलाल नेहरू B. महात्मा गाँधी
C. अम्बेडकर D. सावरकर

102. संविधान सभा का पहला प्रारूप किसके द्वारा तैयार किया गया ?
A. एम.एन. राय B. सच्चिदानन्द
C. उपर्युक्त दोनों D. डॉ. बी. एन. राव

103. भारतीय संविधान सभा के गठन के प्रस्ताव को व्यवहारिक रूप किस योजना के तहत दिया गया था ?
A. वेवेल योजना
B. क्रिप्स योजना
C. कैबिनेट योजना
D. माउण्टबेटन योजना

104. संविधान सभा में 'उद्देश्य प्रस्ताव' निम्न में से किसके द्वारा प्रस्तुत किया गया?
A. अम्बेडकर B. जवाहरलाल नेहरू
C. राजेन्द्र प्रसाद D. एन. गोपाल स्वामी अयगंर

105. संविधान सभा ने कुल कितनी समितियों का गठन किया था ?
A. 15 B. 13
C. 20 D. 19

106. संविधान सभा की प्रारूप समिति के अध्यक्ष कौन थे ?
A. राजेन्द्र प्रसाद B. के.एम. मुंशी
C. डॉ. भीमराव अम्बेडकर D. डॉ. राधाकृष्णन

107. संविधान सभा द्वारा अपनाई आपातकालीन व्यवस्था को निम्न में से किस आधार पर अपनाई गई है ?
A. आयरलैंड
B. ब्रिटेन
C. जर्मनी के संविधान तथा 1935 के अधिनियम के आधार पर
D. कनाडा से

108. नीति निर्देशक तत्वों को.....से लिया गया है ?
A. रूस से B. अमेरिका
C. फ्राँस D. आयरलैंड

109. भारतीय संविधान में मौलिक अधिकारों का वर्णन किस भाग में है ?
A. चार B. प्रथम
C. तीन D. पाँच

110. भारतीय संविधान में भारत को एक.....घोषित किया गया है ?
A. लोकतांत्रिक B. पूर्ण प्रभुत्व समपन्न
C. गणन्त्रातात्मक D. उपरोक्त सभी

111. भारतीय संविधान में 'आत्मा' की संज्ञा निम्न में से किसको कहा जाता है ?
A. प्रस्तावना को B. मौलिक अधिकार
C. अनुच्छेद 32 D. नीति निर्देशक तत्व

112. निम्न में से किस अनुच्छेद के अनुसार न्यायपालिका का कार्यपालिका से पृथक्करण किया जाता है ?
A. अनुच्छेद 45 B. अनुच्छेद 50
C. अनुच्छेद 52 D. अनुच्छेद 48

113. भारतीय संविधान में लिखित नीति-निर्देशक तत्वों को किसने 'संविधान की आत्मा' की संज्ञा दी?
A. ब्राइस B. गार्नर
C. ऑस्टिन D. वी.वी. गिरि

114. 'समाजवादी धर्मनिरपेक्षता और अखण्डता' शब्द भारतीय संविधान की प्रस्तावना में किस संविधान संशोधन द्वारा जोड़े गये?
A. 44वें B. 42वें
C. 41वें D. 46वें

115. 'अस्पृश्ता के अंत' का प्रावधान किस अनुच्छेद में है?
A. 17वें अनुच्छेद में
B. 14वें अनुच्छेद में
C. 23वें अनुच्छेद में
D. 16वें अनुच्छेद में

116. भारतीय संविधान निम्न में से किस अधिनियम पर आधारित है ?
A. 1919 के अधिनियम पर
B. भारत शासन अधिनियम 1935 पर
C. 1858 के अधिनियम पर
D. उपर्युक्त कोई नहीं

117. भारतीय संविधान की प्रस्तावना में भारत के शासन की सर्वोच्च सता निहित है ?
A. संविधान में B. जनता में
C. संसद D. राज्यों में

118. संविधान के किस अनुच्छेद में लोक कल्याणकारी राज्य की अवधारण का प्रतिपादन किया गया है ?
A. अनुच्छेद 38 B. अनुच्छेद 40
C. अनुच्छेद 45 D. अनुच्छेद 30

119. सर्वोच्च न्यायालय ने सबसे पहले यह किस वाद में स्वीकार किया था की प्रस्तावना संविधान का भाग है?
A. केशवानंद केस B. बेरूबारी के वाद में
C. गोलकनाथ केस D. शाहबानो कोस

120. भारत में न्यायपालिका एक इकाई है ?
A. राज्यों के अधीन B. स्वतंत्र
C. संसद के अधीन D. राष्ट्रपति के अधीन

121. निम्न में से किस संस्था को यह अधिकार प्राप्त है कि वह किसी को भी भारतीय नागरिकता से वंचित कर सकता है ?
A. पंचायत के मुखिया B. राज्य सरकार
C. केन्द्र सरकार D. जिलाधीश

122. मूल अधिकारों को प्रवर्तित करने के लिए कौन 'रिट' जारी कर सकता है।
A. उच्चतम और उच्च न्यायालय दोनों
B. केवल उच्चतम न्यायालय
C. केवल उच्च न्यायालय
D. उपरोक्त कोई नहीं

123. बन्दी प्रत्यक्षीकरण किस अनुच्छेद में है?
A. अनुच्छेद 22 B. अनुच्छेद 21
C. अनुच्छेद 19 D. अनुच्छेद 17

124. संविधान के किस अनुच्छेद में यह प्रावधान है कि धर्म या भाषा पर आधारित सभी अल्पसंख्यक वर्गों को अपनी रुचि की शिक्षा की स्थापना और प्रशासन का अधिकार होगा?
A. 30 B. 29
C. 23 D. 25

125. भारत का राष्ट्रपति मौलिक अधिकारों को निलम्बित करने का अधिकार रखता है, इसका उल्लेख संविधान के किस अनुच्छेद में है?
A. अनुच्छेद 359 B. अनुच्छेद 360
C. अनुच्छेद 356 D. उपरोक्त कोई नहीं

126. मौलिक कर्त्तव्यों की सिफारिश किस समिति ने की थी?
A. सरदार स्वर्ण सिहं समिति B. हुकुम सिंह समिति
C. नेहरू समिति D. सरकारिया समिति

127. भारतीय संविधान में मूल कर्त्तव्यों को जोड़ने के पीछे क्या उद्देश्य निहित था?
A. मौलिक अधिकारों का प्रभाव कम करना
B. मौलिक अधिकारों को और प्रभावी बनाना
C. मौलिक अधिकारों और राज्य के नीति-निदेशक तत्वों के मध्य सामंजस्य स्थापित करना।
D. उपरोक्त में से कोई नहीं।

128. पंचायती राज व्यवस्था सम्बधी प्रावधान किस अनुच्छेद में है?
A. 45 B. 50
C. 42 D. 40

129. मौलिक अधिकारों तथा नीति निदेशक तत्वों में अन्तर है?
A. नीति-निदेशक सिद्धान्त न्याय संगत हैं जबकि मौलिक अधिकार नहीं।
B. मौलिक अधिकार न्याय संगत हैं जबकि नीति-निदेशक तत्व नहीं।
C. दोनों न्याय संगत नहीं हैं।
D. उपरोक्त सभी।

130. निम्न में से किस वाद में सर्वोच्च न्यायालय ने राज्य के नीति-निदेशक तत्वों और मौलिक अधिकारों के सबंध को मूल संवैधानिक व्यवस्था के अनुरूप किया?
A. मिनर्वा मिल का वाद B. शाहबानो केस
C. केशवानन्द केस D. उपर्युक्त कोई नहीं

131. 73वाँ संविधान संशोधन सम्बंधी है..............
A. पंचायती राज्य व्यवस्था से
B. नगर पालिका से
C. प्राथमिक शिक्षा से
D. महिला आरक्षण से

132. 93वाँ संविधान संशोधन सम्बंधित है.....
A. प्राथमिक शिक्षा को मौलिक अधिकारों में शामिल किया गया
B. राज्यपाल की नियुक्ति सम्बंधी
C. राष्ट्रपति की शक्तियों से सम्बंधित
D. उपर्युक्त कोई नहीं।

133. किस संविधान संशोधन में दिल्ली का नाम 'राष्ट्रीय राजधानी क्षेत्र' किया गया?
A. 68वें संशोधन B. 69वें संशोधन
C. 42वें संशोधन D. 44वें संशोधन

134. न्यायिक पूनर्विलोकन के सिद्धान्त का उद्भव कहाँ से माना जाता है?
A. ब्रिटेन B. कनाडा
C. अमरीका D. भारत

135. निम्न में किस वाद में सर्वोच्च न्यायालय ने अपने पूर्व-निर्णयों को बदल डाला और मूल अधिकारों को अक्षुण्ण घोषित किया?
A. गोपालनाथ बनाम पंजाब राज्य
B. केशवानंद केस
C. गोपालन केस
D. मिनर्वा मिल्स तथा भारत सरकार

136. भारत के राष्ट्रपति का निर्वाचन.....
A. प्रत्यक्ष मतदान द्वारा।
B. अनुपातिक प्रतिनिधित्व पद्धति के अनुसार एकल संक्रमणीय मत द्वारा होता है।
C. विधानपरिषदों के निर्वाचक मण्ड़ल द्वारा होता है।
D. उपर्युक्त कोई नहीं।

137. राष्ट्रपति के निवार्चन सम्बधी विवाद का निपटारा.....के द्वारा किया।
A. मुख्य निर्वाचन आयुक्त B. उच्चन्यायालय
C. उपराष्ट्रपति D. सर्वोच्च न्यायालय

138. कौन-सा विधेयक राष्ट्रपति की अनुमति बिना लोकसभा में पेश नहीं किया जा सकता?
A. संविधान संशोधन B. साधारण विधेयक
C. वित्त विधेयक D. उपर्युक्त सभी

139. किसी भी साधारण विधेयक को राष्ट्रपति अपने पास कितने समय तक रख सकता है?
A. 14 दिन B. 30 दिन
C. निश्चित नहीं D. उपर्युक्त कोई नहीं

140. राष्ट्रपति पर महाभियोग की प्रक्रिया निम्न में से किसके द्वारा चलाई जाती है?
A. संसद के दोनो सदनों द्वारा
B. लोकसभा द्वारा
C. राज्यसभा द्वारा
D. उपर्युक्त कोई नहीं

141. निम्न में से कौन-सा राष्ट्रपति का वित्तीय अधिकार है?
A. संसद में बजट पारित होने से पहले राष्ट्रपति कारण पूछ सकता है।
B. राष्ट्रपति लोकसभा भंग होने के बाद भी बजट को स्वीकृति दे सकता है।
C. कोई भी धन विधेयक राष्ट्रपति की पूर्व स्वीकृति के बिना पेश नहीं किया जा सकता है।
D. उपरोक्त सभी।

142. किस संघ शासित क्षेत्र में राष्ट्रपति शासन पहली बार लागू किया गया था?
A. गोवा B. दिल्ली
C. चण्ड़ीगढ़ C. उपरोक्त में से कोई नहीं

143. सत्रावसान करना राष्ट्रपति की कौन-सी शक्ति में आता है?
A. कार्यपालिका B. विधायी शक्ति
C. आपातकालीन शक्ति D. उपर्युक्त कोई नहीं

144. राष्ट्रपति वित्त आयोग की नियुक्ति............वर्ष के लिए करता हैं।
A. 6 B. 4
C. 5 D. 1

145. राष्ट्रपति को सरकार से सूचना प्राप्त करने संबंधी अधिकार का प्रावधान संविधान के.....अनुच्छेद में है।
A. 76 (B) B. 78 (B)
C. 72 (B) D. 75 (B)

146. राज्यसभा का पदेन सभापति.....होता है।
A. राष्ट्रपति B. राज्यपाल
C. केवल A D. उपराष्ट्रपति

147. निम्न में से सही की पहचान करें।
A. उपराष्ट्रपति को राज्यसभा में सभापति के रूप में निर्णायक मत देने का अधिकार है।
B. उपराष्ट्रपति राज्यसभा का पदेन सभापति होता है।
C. उपराष्ट्रपति को राज्यसभा में मत देने का अधिकार नहीं है।
D. उपरोक्त सभी सही हैं।

148. केन्द्रीय मंत्रीपरिषद् सामूहिक रूप से किसके प्रति उत्तरदायी होता है?
A. राज्यसभा के B. लोकसभा के प्रति
C. उपर्युक्त दोनों के D. कोई भी नहीं

149. निम्न में से किस प्रधानमंत्री के काल में दल-बदल विरोधी विधेयक पास हुआ था?
A. राजीव गाँधी B. इंदिरा गाँधी
C. आई.के. गुजराल D. देवगोड़ा

150. भारत का प्रधानमंत्री सामान्यत:.....का सदस्य होता है?
A. राज्यसभा B. विधानसभा
C. लोकसभा D. उपर्युक्त कोई नहीं

151. संसद सदस्य की अयोग्यता सम्बंधी प्रश्न का अन्तिम निर्णय.....द्वारा किया जाता है।
A. प्रधानमंत्री B. निर्वाचन, आयुक्त
C. राष्ट्रपति D. अध्यक्ष द्वारा

152. कोई विधेयक धन विधेयक है या नहीं इसका निर्णय कौन करता है?
A. राष्ट्रपति B. उपराष्ट्रपति
C. प्रधानमंत्री D. अध्यक्ष

153. संसद की लोक लेखा समिति कितने सदस्यों से मिलकर बनती है?
A. 22 B. 16
C. 18 D. 20

154. संसद के दोनों सदनों में प्रश्नकाल के ठीक बाद का समय किस नाम से जाना जाता है?
A. भोजनकाल B. बजट सम्बंधी
C. निश्चित नहीं D. शून्यकाल

155. आपातकाल में संसद लोकसभा के कार्य काल को एक बार में कितने समय तक बढ़ा सकती है?
A. 6 महीने B. 1 साल तक
C. 2 वर्ष D. तीन वर्ष तक

156. प्रथम लोकसभा की प्रथम बैठक कब हुई थी?
A. 1 जनवरी, 1952 B. 13 मई, 1952
C. 3 मार्च, 1952 D. 10 मई, 1951

157. राज्यपाल किसके प्रसादपर्यंतपद धारण करता है।
A. उपराष्ट्रपति B. प्रधानमंत्री
C. राष्ट्रपति D. उपर्युक्त कोई नहीं

158. राज्यपाल को किस प्रकार की शक्तियां प्राप्त हैं।
A. विधायी B. कार्यपालिका शक्ति
C. न्यायिक शक्ति D. उपरोक्त सभी

159. किसका कथन है कि, ''राज्यपाल सोने के पिंजरे में निवास करने वाली चिड़िया के समान है।''

A. विजय लक्ष्मी पंडित B. सरोजिनी नायडू
C. इंदिरा गांधी D. उपर्युक्त कोई नहीं

160. राज्यपाल द्वारा मुख्यमंत्री के चुनाव में विवेक का प्रयोग किया जाता है।

A. जब किसी एक दल को विधानसभा में पूर्ण बहुमत प्राप्त नहीं होता।
B. जब बहुमत वाले दलों के नेताओं को मुख्यमंत्री बनाता है
C. स्वयं भी मुख्यमंत्री का चयन कर सकता है
D. उपर्युक्त कोई नहीं

161. संविधान का कौन-सा अनुच्छेद मुख्यमंत्री के कर्त्तव्यों से सम्बंधित है?

A. 160 B. 150
C. 170 D. 166

162. यदि किसी मंत्री के खिलाफ अविश्वास पत्र प्रस्ताव पारित हो जाए तो

A. केवल उसी मंत्री को त्याग-पत्र देना होगा
B. समस्त मंत्रिपरिषद् को त्याग-पत्र देना होगा
C. केवल मुख्यमंत्री को
D. किसी को भी नहीं।

163. राज्य विधानमण्डल का ऊपरी सदन होता है।

A. विधान सभा B. विधानमण्डल
C. राज्य सभा D. विधान परिषद्

164. कितने राज्यों का विधानमण्डल द्विसदनीय है?

A. पांच राज्यों का B. आठ राज्यों का
C. दस राज्यों का D. छः राज्यों का

165. विधान सभा की न्यूनतम संख्या हो सकती है।

A. 100 से कम नहीं हो सकती
B. 60 से कम नहीं हो सकती
C. 50 से कम नहीं हो सकती
D. उपर्युक्त कोई नहीं

166. राज्यपाल द्वारा विधान परिषद् में कितने सदस्य मनोनीत किए जाते हैं?

A. दसवाँ हिस्सा B. पाँचवाँ हिस्सा
C. छठा भाग D. आधे सदस्य

167. किस राज्य के विधानमण्डल का कार्यकाल छः वर्ष का है?

A. उत्तर प्रदेश B. सिक्किम
C. नगालैंड D. उपर्युक्त में से कोई नहीं

168. किस राज्य में विधानसभा के सबसे अधिक सदस्य हैं।

A. गुजरात B. जम्मू कश्मीर
C. मध्य प्रदेश D. उत्तर प्रदेश में

169. राष्ट्रपति के चुनाव में राज्य के किस सदन के सदस्यों की भूमिका होती है।

A. विधान परिषद B. विधान सभा
C. उपर्युक्त दोनों की D. उपर्युक्त कोई नहीं

170. भारत में विधान-परिश्द की संरचना सर्वप्रथम किस अधिनियम के तहत की गई?

A. 1919 के अधिनियम
B. 1853 के अधिनियम
C. 1935 के अधिनियम
D. 1861 के अधिनियम

171. 'बलवन्त राय मेहता समिति' का गठन कब किया गया था?

A. 1960 B. 1952
C. 1980 D. 1957

172. ''यदि गाँव नष्ट होते हैं तो भारत नष्ट हो जाएगा'' किसका कथन है?

A. महात्मा गाँधी B. विवेकानन्द
C. दयानन्द सरस्वती D. उपर्युक्त कोई नहीं

173. अशोक मेहता समिति में पंचायतों के कितने स्तर की बात की गई थी?

A. दो स्तरों की B. तीन स्तरों की
C. 1 स्तर की D. चार स्तरों की

174. ग्राम सभा की कार्यकारी इकाई.....है।

A. खण्ड समिति B. जिला पंचायत
C. उपर्युक्त दोनों D. पंचायत

175. किन राज्यों में पंचायतों की एकस्तरीय व्यवस्था है?

A. उत्तर प्रदेश, हरियाणा
B. दिल्ली, उत्तर प्रदेश, मध्य प्रदेश
C. जम्मू कश्मीर, हरियाणा, गुजरात
D. मेघालय, नागालैण्ड, मिजोरम

176. पंचायती राज्य के लिए वित्तीय आयोग का गठन.....द्वारा किया जाता है।

A. राज्यपाल B. मुख्यमंत्री
C. उपराष्ट्रपति D. निर्वाचन आयुक्त

177. ''नौकरशाही पंचायत स्तर पर अपनी सत्ता के प्रतिनिधियों की भागीदारी नहीं चाहती, वह इसे अपनी प्रतिष्ठा के अनुरूप नहीं पाती।'' निम्न में से किसका कथन है?

A. मैक्स वेबर B. नेहरू
C. आशीर्वादम D. डॉ. बी.एस. भार्गव

178. 73वां संविधान संशोधन राष्ट्रपति द्वारा कब स्वीकार किया गया?

A. 20 अप्रैल, 1993 B. 20 मार्च, 1994
C. 1 अप्रैल, 1993 D. 1 जनवरी, 1992

179. किस राज्य की जिला परिषद् सबसे शक्तिशाली है?

A. महाराष्ट्र B. गुजरात
C. उत्तर प्रदेश D. मध्य प्रदेश

180. निम्न में से किस प्रधानमंत्री ने पंचायती राज के महत्त्व को समझते हुए 'जनता की शक्ति' का नारा दिया था?

A. राजीव गांधी
B. इंदिरा गांधी
C. आई.के. गुजराल
D. अटल बिहारी वाजपेयी

181. 'सादिक अली समिति' का 'ग्राम सभा' के विषयों में क्या सुझाव था?
A. ग्राम सभा को शासन का अभिन्न अंग बनाया जाए
B. इसको वित्तिय व्यवस्था का केन्द्रीकरण किया जाए
C. A और B दोनों
D. ग्रामसभा को कानूनी मान्यता प्रदान करनी चाहिए।

182. लोकतान्त्रिक विकेन्द्रीकरण का सुझाव.....द्वारा दिया गया था?
A. राजमन्नार समिति
B. अशोक मेहता समिति
C. आर॰एल॰ पारीख समिति
D. बलवन्त राय मेहता समिति

183. भारतीय संविधान के किस भाग में ग्राम पंचायतों की स्थापना का वर्णन है?
A. भाग 3 B. भाग 4
C. भाग 10 D. भाग 20

184. किस देश के संविधान द्वारा इकाइयों को केन्द्र की अपेक्षा शक्तिशाली बनाया गया है?
A. भारत B. कनाडा
C. अमेरिका D. बिट्रेन

185. संघीय शासन की विशेषताओं में से कौन-सी भारतीय संघीय व्यवस्था में नहीं पाई जाती है?
A. एकहरी नागरिकता
B. लिखित संविधान
C. दोहरी नागरिकता
D. उपर्युक्त कोई नहीं

186. किसका विचार है कि "भारतीय संविधान न तो पूर्णतः संघात्मक है न एकात्मक, अपितु यह दोनों का सम्मिश्रण है, यह नवीन प्रकार का संघ है।"
A. सुभाष कश्यप
B. के॰ सी॰ व्हीयर
C. डी॰ डी॰ बसु
D. लॉस्की

187. किस देश में दोहरी नागरिकता का प्रावधान है?
A. भारत B. ब्रिटेन
C. अमेरिका D. उपर्युक्त सभी

188. किसका कथन है कि ''भारत में सहकारी संघवाद'' है?
A. लॉस्की B. के॰सी॰ वहीपर
C. ग्रेनविल आस्टिन D. उपर्युक्त कोई नहीं

189. केन्द्र और राज्यों के मध्य सम्बंध होते हैं।
A. विधायी B. वित्तीय
C. प्रशासनिक D. सभी

190. भारतीय संविधान में सम्मिलित सूचियों का आधार है।
A. भारत शासन अधिनियम, 1919
B. अधिनियम, 1861
C. भारत शासन अधिनियम, 1935
D. अधिनियम, 1858

191. वन, शिक्षा, वन्यप्राणियों का संरक्षण और नापतौल को 42वें संविधान संशोधन द्वारा स्थानांतरित किया गया
A. संघसूची से राज्यसूची
B. राज्यसूची से समवर्ती सूची
C. राज्यसूची से संघ सूची
D. संघ सूची से समवर्ती सूची

192. शक्ति पृथक्करण सिद्धांत का अस्तित्व है।
A. भारत में B. अमेरिका में
C. कनाडा में D. ब्रिटेन में

193. संसदीय एवं अध्यक्षीय व्यवस्था का मिश्रित रूप देखने को मिलता है।
A. भारत B. कनाडा
C. ब्रिट्रेन D. फ्रांस में

194. किस देश में सवैधानिक संशोधन हेतु तीन-चौथाई राज्यों का समर्थन आवश्यक है।
A. ब्रिट्रेन B. भारत
C. फ्रांस D. अमेरिका

195. भारत में 'न्यायिक पुनरावलोकन' का स्रोत है।
A. ब्रिट्रिश संविधान
B. कनाडा संविधान
C. अमेरिकी संविधान
D. उपर्युक्त कोई नहीं

196. किस देश में संविधान संशोधन के सम्बंध में जनता की सहमति ली जाती है।
A. भारत B. ब्रिट्रेन
C. कनाड़ा D. आस्ट्रेलिया

197. प्रत्यायोजित विधान क्या है?
A. विधानमण्ड़ल द्वारा प्रत्यायोजित शक्ति के अधीन व्यक्ति का निकायों द्वारा बनाये गये नियम, परिनियम, आदेश व उपलब्धियां।
B. शक्तियों का हस्तांतारण।
C. विधानमण्ड़ल द्वारा पारित आदेश
D. उपर्युक्त सभी

198. संविधान की संरक्षिका के रूप में किसे जाना जाता है?
A. उच्च न्यायालय B. सर्वोच्च न्यायालय
C. संसद D. मंत्रिपरिषद्

199. सर्वोच्च न्यायालय के किसी न्यायधीश के विरुद्ध महाभियोग प्रस्ताव पारित हो जाने पर उसे पदमुक्ति का आदेश कौन देता है?
A. राष्ट्रपति B. प्रधानमंत्री
C. संसद D. उपुर्यक्त कोई नहीं

200. संविधान के किसी अनुच्छेद में उत्पन्न अस्पष्टता की व्याख्या कौन करता है?
A. संसद
B. सर्वोच्च न्यायालय
C. उच्च न्यायालय
D. उपर्युक्त कोई नहीं

104

उत्तरमाला

1	2	3	4	5	6	7	8	9	10
D	D	C	B	B	D	D	B	A	D
11	12	13	14	15	16	17	18	19	20
B	C	A	D	D	B	B	A	A	C
21	22	23	24	25	26	27	28	29	30
B	A	B	B	B	A	B	D	A	A
31	32	33	34	35	36	37	38	39	40
D	C	B	A	C	D	A	B	D	C
41	42	43	44	45	46	47	48	49	50
A	D	D	B	B	A	C	B	B	B
51	52	53	54	55	56	57	58	59	60
D	B	D	B	A	B	D	D	D	C
61	62	63	64	65	66	67	68	69	70
A	C	B	D	A	C	B	B	A	A
71	72	73	74	75	76	77	78	79	80
D	A	A	C	D	A	D	B	D	B
81	82	83	84	85	86	87	88	89	90
D	D	B	B	D	D	D	B	D	B
91	92	93	94	95	96	97	98	99	100
C	C	A	B	A	A	B	B	B	A
101	102	103	104	105	106	107	108	109	110
A	D	C	B	B	C	C	D	C	D
111	112	113	114	115	116	117	118	119	120
A	B	C	B	A	B	B	A	B	B
121	122	123	124	125	126	127	128	129	130
C	A	A	A	A	A	C	D	B	A
131	132	133	134	135	136	137	138	139	140
A	A	B	C	A	B	D	C	C	A
141	142	143	144	145	146	147	148	149	150
D	A	B	C	B	D	D	B	A	C
151	152	153	154	155	156	157	158	159	160
C	D	A	D	B	B	C	D	B	A
161	162	163	164	165	166	167	168	169	170
D	B	D	D	B	C	D	D	B	B
171	172	173	174	175	176	177	178	179	180
D	A	A	D	D	A	D	A	A	A
181	182	183	184	185	186	187	188	189	190
D	D	B	C	C	C	C	C	D	C
191	192	193	194	195	196	197	198	199	200
B	B	D	D	C	D	A	B	A	B

❑❑❑

अर्थशास्त्र

अध्याय-1

आर्थिक सिद्धान्त

अर्थशास्त्र की परिभाषा

सामाजिक विज्ञान के सभी क्षेत्रों में अर्थशास्त्र ही एक ऐसा विज्ञान है, जिसकी गणना सामाजिक कल्याण व मानवीय प्रगति के लिए, प्रथम पंक्ति में की जाती है। अर्थशास्त्र वह विज्ञान है, जोकि लक्ष्यों एवं वैकल्पिक उपयोगों वाले सीमित साधनों के परस्पर सम्बन्धों के रूप में मानव व्यवहार का अध्ययन करता है। आज की दुनिया की सम्पूर्ण आर्थिक संरचना (Economic Structure) केवल आर्थिक-धुरी के ऊपर विद्यमान है।

अर्थशास्त्र की विभिन्न परिभाषाएँ निम्नलिखित हैं:

- **मार्शल** के अनुसार, ''अर्थशास्त्र जीवन के साधारण व्यवसाय के सम्बन्ध में मानव जाति का अध्ययन है। यह व्यक्तिगत तथा सामाजिक कार्यों के उस भाग की जाँच करता है, जो भौतिक सुख-साधनों की प्राप्ति व उपयोग के साथ अति घनिष्ठता के साथ जुड़ा हुआ है।''
- **रॉबिन्स** के अनुसार, ''आवश्यकताएँ अनन्त एवं असीमित होती हैं, जिनकी पूर्ति के लिए सीमित साधन उपलब्ध होते हैं। उपलब्ध साधनों के वैकल्पिक प्रयोग होते हैं।''
- ''अर्थशास्त्र वह विज्ञान है, जोकि लक्ष्यों एवं वैकल्पिक उपयोगों वाले सीमित साधनों के परस्पर सम्बन्धों के रूप में मानव व्यवहार का अध्ययन करता है।''
- **सैम्युलसन** के अनुसार, ''अर्थशास्त्र इस बात का अध्ययन करता है, कि व्यक्ति तथा समाज, मौद्रिक, अर्थव्यवस्था अथवा विनिमय प्रणाली में, विभिन्न वस्तुओं के समयगत उत्पादन के लिए सीमित उत्पादक संसाधनों के उपयोग का किस प्रकार चुनाव करते हैं और समाज के विभिन्न लोगों तथा समूहों के बीच, उनके वर्तमान तथा भविष्य में उपयोग के लिए किस प्रकार वितरण करते हैं।''

माइक्रो आर्थिक विश्लेषण

- सूक्ष्म आर्थिक विश्लेषण के अन्तर्गत अर्थव्यवस्था को छोटी-छोटी इकाइयों जैसे उपभोक्ताओं, फर्मों, उद्योगों व बाजारों का उनके व्यक्तिगत रूप में अध्ययन किया जाता है। सूक्ष्म अर्थशास्त्र में एक वस्तु के लिए एक उपभोक्ता की माँग का पता लगाया जाता है और इसी आधार पर उसी वस्तु की सामूहिक माँग का अध्ययन किया जाता है।
- सूक्ष्म आर्थिक विश्लेषण में एक व्यक्ति विशेष, फर्म, उद्योग, उद्योगों की इकाइयों के सन्तुलन का अध्ययन किया जाता है, अत: इसे **आंशिक साम्य विश्लेषण** (Partial Equillibrium Analysis) कहते हैं।

मैक्रो आर्थिक विश्लेषण

इसके अन्तर्गत कुल खपत, कुल बचत और कुल निवेश के रूप में आर्थिक प्रणाली का अध्ययन किया जाता है। खपत-निवेश के सिद्धान्त, व्यापार चक्र या आर्थिक उतार-चढ़ाव के सिद्धान्त के साथ उत्पादन और रोजगार सम्बन्धित सिद्धान्त का व्यापक अध्ययन इस आर्थिक विश्लेषण के अन्तर्गत किया जाता है।

सरकार की आर्थिक नीतियों का सफल अध्ययन व्यापक आर्थिक विश्लेषण की तरह ही सम्भव हो पाता है। राष्ट्रीय आय, उत्पादन, मुद्रास्फीति, संकुचन, शेयर मार्केट से सम्बन्धित जानकारी का विश्लेषण की पूरी लेखा-जोखा का अध्ययन व्यापक आर्थिक विश्लेषण के अन्तर्गत सम्भव है।

मांग का नियम

मांग का नियम वस्तु की कीमत तथा बाजार में मांग की गई उसकी मात्रा के बीच सम्बन्ध को व्यक्त करता है। इस नियम को इस प्रकार परिभाषित किया जा सकता है :

''यदि मांग को प्रभावित करने वाले अन्य कारक स्थिर रहें तो किसी वस्तु की मांग एवं उसकी कीमत के बीच विपरीत अथवा विलोम सम्बन्ध होता है। ऊंची कीमत पर वस्तु की कम मात्रा खरीदी जाती है और कम कीमत पर वस्तु की अधिक मात्रा को खरीदा जाता है, बशर्ते मांग के अन्य निर्धारक स्थिर रहें।''

मांग के नियम की परिभाषा करते समय हमने **''मांग को प्रभावित करने वाले अन्य कारक स्थिर रहें''** वाक्य का प्रयोग किया है। जिसका अर्थ यह है कि मांग का नियम तभी क्रियाशील होता है जब—

(i) लोगों की आय यथास्थिर रहती है,
(ii) लोगों के स्वाद में कोई परिवर्तन नहीं होता,
(iii) अन्य सम्बन्धित वस्तुओं की कीमतें यथास्थिर रहती हैं,
(iv) विचाराधीन वस्तु का कोई स्थानापन्न (Substitute) उपलब्ध नहीं है,
(v) लोगों को इस बारे में तनिक भी आशंका नहीं है कि आगे चलकर वस्तु की कीमत में कोई परिवर्तन होने वाला है।

यदि उपर्युक्त मान्यताओं में किसी भी प्रकार का परिवर्तन होता है तो इससे मांग के नियम की क्रियाशीलता समाप्त हो जाती है।

मांग के प्रकार

मांग तीन प्रकार की होती है—

(क) कीमत मांग (Price Demand)
(ख) आय मांग (Income Demand)
(ग) प्रत्युत्तर मांग (Cross Demand)

(क) कीमत मांग : कीमत मांग से अभिप्राय वस्तु की उन विभिन्न मात्राओं से है जो उपभोक्ताओं द्वारा विभिन्न कीमतों पर खरीदी जाती हैं, बशर्ते अन्य निर्धारक स्थिर रहते हैं। अन्य निर्धारकों में उपभोक्ता आय, उनके स्वाद तथा फैशन एवं अन्य सम्बन्धित वस्तुओं की कीमतें सम्मिलित हैं। ये सब यथास्थिर (Constant) रहनी चाहिए।

(ख) आय मांग : आय मांग से अभिप्राय वस्तु की उन विभिन्न मात्राओं से है जो आय के विभिन्न स्तरों पर उपभोक्ताओं द्वारा खरीदी जाती हैं, बशर्ते अन्य कारक यथास्थिर (Constant) रहते हों।

(ग) प्रत्युत्तर मांग : प्रत्युत्तर मांग से अभिप्राय किसी वस्तु की उन विभिन्न मात्राओं से होता है जिन्हें उपभोक्ता किसी अन्य सम्बन्धित वस्तु की विभिन्न कीमतों पर खरीदता है, बशर्ते अन्य कारक यथास्थिर रहते हों। **इस प्रकार प्रत्युत्तर मांग किसी वस्तु की मांग तथा दूसरी किसी अन्य सम्बन्धित वस्तु की कीमत के बीच सम्बन्ध स्थापित करता है।**

मांग के नियम के अपवाद

आमतौर पर, ऊंची कीमत पर वस्तु की मांग कम तथा कम कीमत पर वस्तु की मांग अधिक होती है। लेकिन कुछ परिस्थितियों में कीमत और मांग के बीच परस्पर विपरीत सम्बन्ध कायम नहीं रहता। इन अवस्थाओं में कीमत बढ़ने पर मांग बढ़ती है तथा कम कीमत होने पर मांग भी कम हो जाती है। इसको ही मांग के नियम का अपवाद कहा जाता है अर्थात मांग का नियम लागू नहीं होता है। मांग के नियम के प्रमुख अपवाद निम्नलिखित हैं—

1. **गिफिन वस्तुएं (Giffen Goods) :** गिफिन वस्तुएं विशेष प्रकार की निक्रिष्ट वस्तुएं (Inferior Goods) हैं जिनका नामकरण **सर राबर्ट गिफिन** के नाम पर किया गया है। इन वस्तुओं की कीमतों में वृद्धि होने पर इनकी मांग में भी वृद्धि होती है। इसे **गिफिन विरोधाभास** (Giffen Paradox) भी कहा जाता है।
2. **कीमत वृद्धि की आशंका (Fear of rise in Prices):** यदि किसी वस्तु की कीमत बढ़ रही है और भविष्य में इसके और अधिक बढ़ने की संभावना है तो बढ़ी हुई कीमत पर उपभोक्ता वस्तु की मात्रा कम नहीं, बल्कि अधिक मात्रा खरीदेंगे। इस प्रकार ऐसे उदाहरणों में कीमत-वृद्धि के परिणाम स्वरूप मांग में कमी नहीं होती। शेयर बाजार पर मांग का नियम लागू नहीं होता। शेयर बाजार में किसी कम्पनी के शेयरों की कीमतें बढ़ने पर उन शेयरों की मांग बढ़ जाती है क्योंकि सटोरिए इसकी कीमतों में और अधिक वृद्धि की आशा करने लगते हैं।
3. **आपातकालीन स्थिति (Emergency) :** आपातकालीन स्थिति जैसे, युद्ध, अकाल आदि में भी मांग का नियम लागू नहीं होता। ऐसे समय में वस्तुओं का अभाव उत्पन्न होने लगता है। उपभोक्ताओं को यह आशंका होने लगती है कि भविष्य में कहीं वस्तु बिल्कुल ही उपलब्ध न हो। इसलिए ऊंची कीमतों पर भी वे वस्तु की अधिक मात्रा में मांग करते हैं।
4. **फैशन में परिवर्तन (Change in Fashion) :** यह सिद्धान्त उन वस्तुओं पर लागू नहीं होता जो कि फैशन में नहीं रहती है। जिस प्रकार, यदि ऊंची एड़ी के जूते या चौड़ी टाइयों का फैशन नहीं रहता तो उन वस्तुओं की कीमतों में काफी कमी होने के बावजूद भी इनकी मांग में वृद्धि नहीं होगी।
5. **मिथ्या आकर्षण (Conspicuous Consumption) :** समाज में दिखावे के लिए या अधिक प्रतिष्ठा प्राप्त करने के लिए अमीर लोग ऐसी वस्तुओं को खरीदते हैं, जिनकी कीमत काफी अधिक होती है जैसे, बहुमूल्य मूर्तियों, हीरे, जवाहरात आदि की कीमत बढ़ने पर धनी लोग इनकी अधिक मात्रा में मांग करते हैं।

मांग की लोच

आर्थिक सिद्धान्त में लोच की धारणा को सर्वप्रथम **मार्शल** ने प्रस्तुत किया। हम मांग के नियम में यह स्पष्ट कर चुके हैं कि कीमत परिवर्तन का प्रभाव वस्तु की मांग पर पड़ता है। लेकिन कीमत परिवर्तन का प्रभाव सभी वस्तुओं की मांग पर एक समान नहीं पड़ता। कार की कीमत में कमी होने पर इसकी मांग बहुत अधिक मात्रा में बढ़ सकती है, चीनी की कीमत में कमी इसकी मांग में थोड़ी सी वृद्धि ला सकती है, जबकि नमक की कीमत में कमी इसकी मांग में बिल्कुल भी वृद्धि नहीं लाती। कीमत में परिवर्तन होने पर किसी वस्तु की मांग में आनुपातिक परिवर्तन या **प्रतिक्रियात्मक (responsiveness)** को ही मांग की लोच कहते हैं।

मांग की लोच के प्रकार

1. मांग की कीमत लोच (Price elasticity of demand)
2. मांग की आय लोच (Income elasticity of demand)
3. मांग की आड़ी लोच (Cross elasticity of demand)

मांग की कीमत लोच

वस्तु की कीमत में होने वाले प्रतिशत परिवर्तन के कारण उसकी मांगी गई मात्रा में प्रतिशत परिवर्तन के अनुपात को ही मांग की कीमत कहते हैं। अतएव—

$$\text{कीमत लोच} = \frac{\text{मांगी गई मात्रा में प्रतिशत परिवर्तन}}{\text{कीमत में प्रतिशत परिवर्तन}}$$

$$e_P = \frac{\text{मांगी गई मात्रा में परिवर्तन/प्रारम्भिक मांग}}{\text{कीमत में परिवर्तन/प्रारम्भिक कीमत}}$$

$$= \frac{\Delta q/q}{\Delta P/P}$$

$$= \frac{\Delta q}{q} \div \frac{\Delta P}{P}$$

$$= \frac{\Delta q}{q} \times \frac{P}{\Delta P} \qquad = \frac{\Delta q}{\Delta P} \times \frac{P}{q}$$

जहां e_P मांग की कीमत लोच को दर्शाता है।
Δq मांगी गई मात्रा में परिवर्तन को दर्शाता है।
q प्रारम्भिक मांग मात्रा।
ΔP वस्तु की कीमत में परिवर्तन है।
P वस्तु की प्रारम्भिक कीमत है।

गणित की दृष्टि से कीमत लोच **ऋणात्मक** होती है क्योंकि कीमत और मांगी गई मात्रा में परिवर्तन विपरीत दिशा में होता है। किन्तु कीमत में परिवर्तन के फलस्वरूप उसकी मांग-मात्रा में परिवर्तन का परिमाण (magnitude) अथवा सीमा (degree) जानने के लिए हमें कीमत लोच के ऋणात्मक चिन्ह (Sign) को ध्यान में नहीं लेना चाहिए।

मांग की प्रति/आड़ी लोच

विभिन्न वस्तुओं की मांग प्राय: एक-दूसरे से सम्बन्धित होती है जिसके फलस्वरूप जब एक वस्तु की कीमत में परिवर्तन होता है तो अन्य वस्तु की मांग भी बदल जाती है जबकि उसकी अपनी मांग स्थिर रहती है। **एक वस्तु की कीमत परिवर्तन से अन्य वस्तु की मांग मात्रा में परिवर्तन मांग की प्रति-लोच का द्योतक है।**

जब वस्तु Y की कीमत के घटने से वस्तु X की मांग मात्रा बढ़ती है तो मांग की प्रति-लोच के गुणांक (Coefficient) को वस्तु X की मांग मात्रा में आनुपातिक परिवर्तन को वस्तु Y की कीमत में आनुपातिक परिवर्तन से विभाजित करके ज्ञात किया जा सकता है।

वस्तु X की वस्तु Y के लिए प्रति/आड़ी लोच =

$$\frac{\text{वस्तु X की मांग मात्रा में आनुपातिक परिवर्तन}}{\text{वस्तु Y की कीमत में आनुपातिक परिवर्तन}}$$

अथवा,

$$e_c = \frac{\frac{\Delta Q_x}{Q_x}}{\frac{\Delta P_y}{P_y}}$$

$$= \frac{\Delta Q_x}{Q_x} \div \frac{\Delta P_y}{P_y}$$

$$= \frac{\Delta Q_x}{\Delta P_y} \times \frac{P_y}{Q_x}$$

जहां e_c वस्तु X की वस्तु Y के लिए मांग की प्रति-लोच को दर्शाता है।
Q_x वस्तु X की आरम्भिक मांग-मात्रा को दर्शाता है।
ΔQ_x वस्तु X की मांग मात्रा में परिवर्तन को दर्शाता है।
P_x वस्तु Y की आरम्भिक कीमत को दर्शाता है।
ΔP_x वस्तु Y की कीमत में परिवर्तन को दर्शाता है।

मांग की आय-लोच

वस्तु की मांग केवल कीमत पर ही निर्भर नहीं करती, यह आय पर भी निर्भर करती है। **मांग की आय लोच हमें यह बताती है कि किसी की आय में एक निश्चित प्रतिशत परिवर्तन के फलस्वरूप उसकी किसी वस्तु के लिए मांग में कितना प्रतिशत परिवर्तन होता है।** मांग की आय लोच को निम्न प्रकार से व्यक्त किया जा सकता है—

$$\text{आय लोच} = \frac{\text{मांग में प्रतिशत परिवर्तन}}{\text{आय में प्रतिशत परिवर्तन}}$$

$$= \frac{\frac{\text{मांग में परिवर्तन}}{\text{आरम्भिक मांग की मात्रा}} \times 100}{\frac{\text{आय में परिवर्तन}}{\text{आरम्भिक आय}} \times 100}$$

यदि M = आरम्भिक आय
ΔM = आय में परिवर्तन
Q = आरम्भिक मांग की मात्रा
ΔQ = मांग-मात्रा में परिवर्तन
e_i = आय लोच

तो,

$$e_i = \frac{\frac{\Delta Q}{Q} \times 100}{\frac{M}{\Delta M} \times 100} = \frac{\Delta Q}{Q} \times \frac{M}{\Delta M}$$

$$= \frac{\Delta Q}{\Delta M} \times \frac{M}{Q}$$

उपयोगिता विश्लेषण

गणनावाचक उपयोगिता विश्लेषण

गणनावाचक उपयोगिता विश्लेषण मांग का सबसे प्राचीन सिद्धान्त है जिसे **नव-प्रतिष्ठित अर्थशास्त्रियों** (Neo Classical Economists) ने दिया था। चूंकि इस सिद्धान्त का अन्तिम रूप **मार्शल** द्वारा प्रदान किया गया इसलिए इसे **मार्शल का उपयोगिता विश्लेषण** (Marshallian utility analysis) के नाम से भी जाना जाता है।

मार्शल के गणनावाचक विश्लेषण निम्न मान्यताओं पर आधारित हैं—

1. उपभोक्ता तर्कपूर्ण (Rational) ढंग से व्यवहार करता है तथा वह अपनी उपयोगिता को अधिकतम करना चाहता है।

2. वस्तु के उपभोग से प्राप्त उपयोगिता का परिमाणात्मक माप संभव है और इसको गणनावाचक संख्याओं (Cardinal numbers) में व्यक्त किया जा सकता है।

3. मुद्रा की सीमान्त उपयोगिता (Marginal Utility of Money) स्थिर रहती है।

4. उपयोगिताएं स्वतंत्र होती हैं (Utilities are Independent) अर्थात उपभोक्ता को एक वस्तु के उपभोग से जो उपयोगिता प्राप्त होती है वह पूर्णतया उस वस्तु की मात्रा पर निर्भर होती है।

5. गणनावाचक विश्लेषण उपयोगिता को **योगात्मक** मानती है जिसका अर्थ है कि विभिन्न वस्तुओं से प्राप्त उपयोगिता को जोड़कर क्रय की गई समस्त वस्तुओं के उपभोग से प्राप्त कुल उपयोगिता को प्राप्त किया जा सकता है।

कुल उपयोगिता एवं सीमान्त उपयोगिता

वस्तु की सभी इकाइयों के उपभोग से जो उपयोगिता उपभोक्ता को प्राप्त होती है, उसे **कुल उपयोगिता** कहते हैं। उदाहरणार्थ, यदि उपभोक्ता वस्तु की कुल m इकाइयों का उपभोग करता है तब m इकाइयों से प्राप्त कुल उपयोगिता, उपभोक्ता की कुल उपयोगिता कहलाती है।

कुल उपयोगिता सीमान्त उपयोगिता का योग होती है। इस प्रकार :

$$TU_m = MU_1 + MU_2 + MU_3 + ... + MU_m$$

जहां TU_m वस्तु की कुल m इकाइयों से प्राप्त कुल उपयोगिता है तथा $MU_1, MU_2, MU_3...MU_m$ पहली, दूसरी, तीसरी...तथा m वीं इकाई से प्राप्त सीमान्त उपयोगिता है।

वस्तु की एक अतिरिक्त इकाई के उपभोग से कुल उपयोगिता में जो वृद्धि होती है उसे **सीमान्त उपयोगिता** कहते हैं। दूसरे शब्दों में,

सीमान्त उपयोगिता वस्तु की m इकाइयों से प्राप्त कुल उपयोगिता तथा $m - 1$ इकाइयों से प्राप्त कुल उपयोगिता का अन्तर होता है।

$$MU_m = TU_m - TU_{m-1}$$

जहां MU_m, m वीं इकाई की सीमान्त उपयोगिता है; TU_m वस्तु की कुल m इकाइयों से प्राप्त कुल उपयोगिता है तथा TU_{m-1} वस्तु की $m - 1$ इकाइयों से प्राप्त कुल उपयोगिता है।

सीमान्त उपयोगिता को निम्न प्रकार से भी लिखा जा सकता है—

$$MU = \frac{d(TU)}{dQ}$$

अर्थात् सीमान्त उपयोगिता कुल उपयोगिता में हुई परिवर्तन की वह दर है जो किसी वस्तु की मात्रा में एक निश्चित अल्प परिवर्तन के कारण होती है।

कुल उपयोगिता तथा सीमान्त उपयोगिता के बीच सम्बन्ध

1. जब कुल उपयोगिता घटती हुई दर से बढ़ रही होती है तो इसका तात्पर्य होता है कि सीमान्त उपयोगिता घट रही है लेकिन **धनात्मक** है।
2. जब कुल उपयोगिता अधिकतम होती है तब सीमान्त उपयोगता शून्य होती है।
3. जब कुल उपयोगिता घटने लगती है तब सीमान्त उपयोगिता **ऋणात्मक** हो जाती है।

सीमान्त उपयोगिता ह्रास नियम

सीमान्त उपयोगिता ह्रास नियम यह बताता है कि जैसे-जैसे एक वस्तु की अधिकाधिक इकाइयों का उपभोग किया जाता है, उत्तरोत्तर इकाइयों से प्राप्त सीमान्त उपयोगिता घटती है। **अन्य शब्दों में**, जब एक उपभोक्ता एक वस्तु की अधिक इकाइयों को प्राप्त करता है तो वस्तु की अतिरिक्त इकाई से प्राप्त उपयोगिता गिरती जाती है। यहां यह बात विशेष ध्यान देने योग्य है कि एक वस्तु के उपभोग में वृद्धि से उसकी सीमान्त उपयोगिता (marginal utility) में कमी आती है, कुल उपयोगिता (total utility) में नहीं। इस प्रकार सीमान्त उपयोगिता ह्रास नियम का अर्थ यह है कि कुल उपयोगिता में वृद्धि होती है, परन्तु घटती दर से।

मार्शल जो कि सीमान्त उपयोगिता विश्लेषण का सुप्रसिद्ध प्रतिपादक था, ने इस नियम का प्रतिपादन निम्न शब्दों में किया—**''एक वस्तु के स्टॉक में वृद्धि होने से व्यक्ति को जो अतिरिक्त सन्तुष्टि प्राप्त होती है वह भण्डार में हुई प्रत्येक वृद्धि से कम होती जाती है।''** [The additional benefit which a person derives from a given increase of his stock of a thing diminishes with every increase in the stock that he already has.]

सीमान्त उपयोगिता ह्रास नियम निम्न मान्यताओं (assumptions) पर आधारित है—

1. उपभोग-प्रक्रिया के दौरान उपभोक्ता के स्वाद (tastes) अपरिवर्तित रहते हैं;
2. वस्तु की सभी इकाइयां एक समान हैं अर्थात् गुण एवं आकार में सभी इकाइयां एक जैसी हैं;
3. वस्तु की दो इकाइयों के उपभोग में कोई समय-अन्तर (time-gap) नहीं पड़ता। दूसरे शब्दों में, बिना किसी समय अन्तराल के उपभोग प्रक्रिया जारी रहती है।
4. मुद्रा की सीमान्त उपयोगिता स्थिर रहती है।
5. उपयोगिता का गणनात्मक संख्याओं (cardinal numbers) में माप संभव है।

सीमान्त उपयोगिता ह्रास नियम का आर्थिक सिद्धान्त तथा नीतियों में अनेक उपयोग हैं—

1. वस्तुओं के मूल्य निर्धारण में सीमान्त उपयोगिता की धारणा का महत्त्वपूर्ण योगदान है। सीमान्त उपयोगिता की धारणा से **मूल्य विरोधाभास** (Paradox of Value) की व्याख्या करने में बहुत सहायता मिली। प्राचीन अर्थशास्त्री कीमत और उपयोगिता के बीच पाए जाने वाले घनिष्ठ सम्बन्ध से परिचित नहीं थे। बल्कि उनका निश्चयपूर्वक यह कथन था कि कीमत एवं उपयोगिता के बीच कोई सम्बन्ध होता ही नहीं। **ऐडम स्मिथ** (Adam Smith) ने इस सन्दर्भ में प्रसिद्ध **''हीरक-जल विरोधाभास''** (Diamond-water Paradox) का उदाहरण दिया था। उनके अनुसार जल की ऊंची उपयोगिता होती है लेकिन उसकी कीमत शून्य ही होती है। इसके विपरीत, हीरे की उपयोगिता तो कम होती है लेकिन उसकी कीमत बहुत ऊंची होती है। प्राचीन अर्थशास्त्री इस विरोधाभास का स्पष्टीकरण करने में असमर्थ ही रहे।

   लेकिन आधुनिक अर्थशास्त्री **सीमान्त उपयोगिता** की धारणा द्वारा इस विरोधाभास की समुचित व्याख्या कर सकते हैं। आधुनिक अर्थशास्त्रियों के अनुसार किसी पदार्थ की कीमत उससे प्राप्त कुल उपयोगिता द्वारा निर्धारित नहीं होती बल्कि यह सीमान्त उपयोगिता ही है जो किसी पदार्थ की कीमत निश्चित करती है।

   प्रचुर मात्रा में उपलब्ध होने के कारण जल की सीमान्त उपयोगिता बहुत कम अथवा शून्य होती है। अतएव इसकी कीमत भी बहुत कम अथवा शून्य होती है। दूसरी ओर हीरे दुर्लभ (scarce) होते हैं और इसलिए उनका सापेक्ष (relative) सीमान्त उपयोगिता बहुत अधिक होती है और इस कारण उनकी कीमतें भी ऊंची होती हैं। **अतएव वस्तु की कीमत का सम्बन्ध उसकी कुल उपयोगिता से नहीं, बल्कि सीमान्त उपयोगिता से होता है।**

2. सीमान्त उपयोगिता ह्रास नियम का एक अन्य महत्त्व यह है कि इसकी सहायता से हम मांग के नियम की व्युत्पत्ति करने तथा इस तथ्य की व्याख्या करने में कि मांग वक्र नीचे की ओर क्यों गिरता हुआ होता है, समर्थ हैं। इसके अतिरिक्त **मार्शल द्वारा प्रतिपादित** उपभोक्ता की बचत (Consumer surplus) की धारणा भी सीमान्त उपयोगिता ह्रास नियम पर आधारित है।
3. सीमान्त उपयोगिता ह्रास नियम का अन्य महत्त्वपूर्ण उपयोग राजकोषीय नीति (fiscal policy) के क्षेत्र में है। आधुनिक कल्याणकारी राज्य में सरकार जनता के कल्याण में वृद्धि करने के उद्देश्य से आय का पुनर्वितरण करती है। धनी लोगों पर वर्धमान (Progressive) आय कर लगाकर तथा उससे प्राप्त धन को निर्धन लोगों के लिए सामाजिक सेवाओं पर व्यय करना सीमान्त उपयोगिता ह्रास नियम पर ही आधारित है।

सम सीमान्त उपयोगिता नियम

सम सीमान्त उपयोगिता नियम हमें बताता है कि **''यदि किसी व्यक्ति के पास कोई ऐसी वस्तु है जिसके अनेक प्रयोग हैं तो वह उसे उन प्रयोगों में इस तरह बांटता है कि सभी प्रयोगों में उसकी सीमान्त उपयोगिता बराबर हो जाए।''** इस प्रकार किसी वस्तु को उसके विभिन्न उपयोगों में वितरित करते समय उपभोक्ता अधिकतम सन्तुष्टि तभी प्राप्त कर सकता है जब विभिन्न उपयोगों में वस्तु की सीमान्त उपयोगिता समान होती है।

मान लीजिए कि उपभोक्ता अपनी निश्चित आय को जिन वस्तुओं पर व्यय करना चाहता है वे केवल दो हैं, X और Y। उपभोक्ता का व्यवहार दो बातों से प्रभावित होगा, **पहला** तो वस्तुओं से प्राप्त होने वाले सीमान्त उपयोगिता तथा **दूसरा** वस्तुओं की कीमतें। मान लें कि दोनों वस्तुओं की कीमतें उपभोक्ता के लिए निश्चित हैं। इस दशा में सम-सीमान्त उपयोगिता नियम यह बताता है कि उपभोक्ता अपनी मौद्रिक आय को विभिन्न वस्तुओं (X और Y) में इस प्रकार वितरित करेगा कि प्रत्येक वस्तु पर व्यय किए गए अन्तिम रुपए से प्राप्त उपयोगिता समान हो। अन्य शब्दों में, उपभोक्ता उस समय सन्तुलन अर्थात अधिकतम सन्तुष्टि की स्थिति में होता है जब प्रत्येक वस्तु पर व्यय की गई मुद्रा से प्राप्त सीमान्त उपयोगिता समान होती है। एक वस्तु पर किए गए मौद्रिक व्यय से प्राप्त सीमान्त उपयोगिता को उस वस्तु की एक इकाई से प्राप्त उपयोगिता को उसकी कीमत से विभाजित करके ज्ञात किया जा सकता है। अन्य शब्दों में—

$$MU_E = \frac{MU_x}{P_x}$$

जहां MU_E वस्तु X पर मौद्रिक व्यय की सीमान्त उपयोगिता है तथा MU_x वस्तु X से प्राप्त सीमान्त उपयोगिता है तथा P_x वस्तु X की कीमत है। इस प्रकार, सम-सीमान्त उपयोगिता नियम की परिभाषा इस प्रकार से भी की जा सकती है—**उपभोक्ता अपनी मौद्रिक आय को विभिन्न वस्तुओं पर इस प्रकार से व्यय करेगा कि विभिन्न वस्तुओं से प्राप्त सीमान्त उपयोगिता तथा उनकी कीमतों के अनुपात में समानता हो।** अतः उपभोक्ता उस समय सन्तुलन में होता है जबकि—

$$\frac{MU_x}{P_x} = \frac{MU_y}{P_y}$$

अब यदि $\frac{MU_x}{P_x}$ तथा $\frac{MU_y}{P_y}$ समान नहीं हैं तथा $\frac{MU_x}{P_x} > \frac{MU_y}{P_y}$, तो उपभोक्ता Y वस्तु के स्थान पर X वस्तु का अधिक से अधिक उपभोग करेगा फलस्वरूप वस्तु X की सीमान्त उपयोगिता घटेगी तथा वस्तु Y की सीमान्त उपयोगिता बढ़ेगी। उपभोक्ता वस्तु X का प्रतिस्थापन वस्तु Y से तब तक करता रहेगा जब तक कि $\frac{MU_x}{P_x}$ तथा $\frac{MU_y}{P_y}$ बराबर नहीं हो जाते।

परन्तु $\frac{MU_x}{P_x}$ तथा $\frac{MU_y}{P_y}$ की समानता को केवल एक नहीं बल्कि व्यय के विभिन्न स्तरों पर प्राप्त किया जा सकता है। प्रश्न यह उठता है कि उपभोक्ता दोनों वस्तुओं को कितनी मात्राओं में क्रय करेगा। यह उसकी मौद्रिक आय पर निर्भर करता है।

एक निश्चित आय दी हुई होने पर उपभोक्ता तब तक वस्तुओं का क्रय करता रहेगा जब तक प्रत्येक वस्तु पर व्यय की गई मुद्रा से प्राप्त सीमान्त उपयोगिता समान नहीं हो जाती। अतः उपभोक्ता उस स्थिति में सन्तुलन में होगा जबकि निम्न समीकरण की प्राप्ति होती है—

$$\frac{MU_x}{P_x} = \frac{MU_y}{P_y} = MU_m$$

जहां MU_m मुद्रा की सीमान्त उपयोगिता है।

यदि उपभोक्ता दो से अधिक वस्तुओं पर अपनी आय को खर्च कर रहा है तो भी उपर्युक्त समीकरण लागू होगा। इस प्रकार जब उपभोक्ता अनेक वस्तुओं पर अपनी दी हुई आय व्यय करता है तो उसकी सन्तुष्टि तब अधिकतम होगी जब वह अपनी आय को विभिन्न वस्तुओं पर इस प्रकार व्यय करता है जिससे निम्न समीकरण प्राप्त हो रहा हो—

$$\frac{MU_x}{P_x} = \frac{MU_y}{P_y} = \ldots \frac{MU_n}{P_n} = MU_m$$

हम सारणी (Table) की सहायता से भी सम-सीमान्त उपयोगिता नियम की व्याख्या कर सकते हैं। मान लीजिए कि X तथा Y वस्तुओं की कीमतें क्रमशः तीन रुपए तथा चार रुपए हैं। सारणी-I में वस्तुओं की विभिन्न इकाइयों से प्राप्त सीमान्त उपयोगिता को दिखाया गया है तथा सारणी-II को वस्तु X के सीमान्त उपयोगिताओं (MU_x) को तीन से तथा वस्तु Y के सीमान्त उपयोगिताओं (MU_y) को चार से विभाजित करके प्राप्त किया गया है।

सारणी-I

X तथा Y वस्तु से प्राप्त सीमान्त उपयोगिता

इकाइयां	MU_x (यूटिल्स में)	MU_y (यूटिल्स में)
1	33	36
2	30	32
3	27	28
4	24	24
5	21	20
6	18	16

माना कि उपभोक्ता के पास इन दो वस्तुओं पर व्यय करने के लिए 20 रुपए हैं तथा मुद्रा की सीमान्त उपयोगिता (MU_m) 8 यूटिल्स है। सारणी-II से

यह स्पष्ट है कि जब उपभोक्ता X वस्तु की 4 इकाइयां खरीदता है तो $\frac{MU_x}{P_x} = \frac{24}{3} = 8$ यूटिल्स तथा वस्तु Y की दो इकाइयां खरीदने पर $\frac{MU_y}{P_y} = \frac{32}{4} = 8$ यूटिल्स दोनों बराबर हैं। इस प्रकार जब उपभोक्ता वस्तु X की 4 इकाइयों तथा वस्तु Y की 2 इकाइयों का क्रय करता है तो वह संतुलन में होगा और इन पर 20 रु. (4 × 3 रु. + 2 × 4 रु. = 20) व्यय करेगा।

सारणी II

मुद्रा से प्राप्त सीमान्त उपयोगिता

इकाइयां		$\frac{MU_y}{P_y}$
1	11	9
2	10	8
3	9	7
4	8	6
5	7	5
6	6	4

अनधिमान वक्र

एक अनधिमान वक्र दो वस्तुओं के उन विभिन्न संयोगों को व्यक्त करता है जो उपभोक्ता को समान संतुष्टि देते हैं। चूंकि एक अनधिमान वक्र पर स्थित सभी संयोग उपभोक्ता को समान संतुष्टि देते हैं अत: उपभोक्ता उन संयोगों के प्रति उदासीन (indifferent) अथवा तटस्थ होगा अर्थात् उसके लिए यह उदासीनता की बात होगी कि अनधिमान वक्र पर स्थित कोई भी वस्तुओं का संयोग उसे मिल जाए। इसलिए अनधिमान वक्रों को **सम-संतुष्टि वक्र** (Iso-Utility Curves) भी कहा जाता है। यहां पर ध्यान देने योग्य बात यह है कि अनधिमान वक्र पद्धति **क्रम वाचक उपयोगिता** (Ordinal Utility) की धारणा पर आधारित है जिसके अनुसार उपभोक्ता को विभिन्न वस्तुओं या वस्तुओं के विभिन्न संयोगों से जो संतुष्टि प्राप्त हो रही है उनकी केवल तुलना की जा सकती है। उदासीनता वक्र विश्लेषण तो केवल इतना ही बताता है कि वस्तुओं के एक संयोग से प्राप्त उपयोगिता दूसरे संयोग से प्राप्त उपयोगिता के समान है, कम है या अधिक है। किन्तु वह यह नहीं बता सकता कि उपयोगिता का एक स्तर किसी दूसरे स्तर की तुलना में कितना कम या अधिक है।

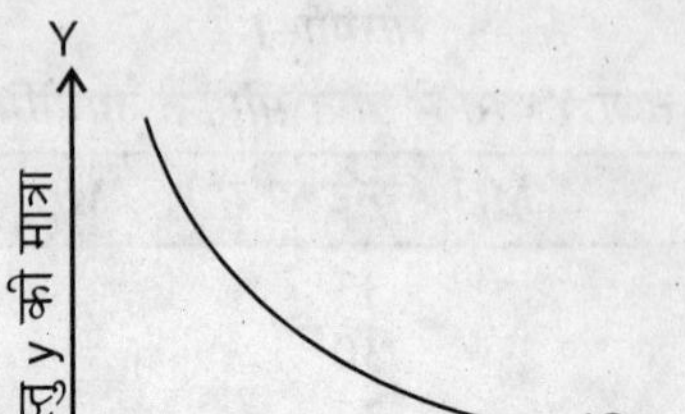

रेखाचित्र : *अनधिमान वक्र*

रेखाचित्र में अनधिमान या उदासीनता वक्र (Indifference curve) IC को दिखाया गया है। इस रेखाचित्र में वस्तु X की मात्रा को X–अक्ष पर मापा गया है और वस्तु Y की मात्रा को Y–अक्ष पर मापा गया है। अनधिमान वक्र IC पर स्थित वस्तुओं के प्रत्येक संयोग से उपभोक्ता को समान संतुष्टि प्राप्त होती है। अनधिमान वक्र के सतत (continuous) होने का अर्थ यह है कि वस्तुओं को पूर्णतया विभाज्य (divisible) माना गया है।

अनधिमान वक्रों की विशेषताएं

अनधिमान वक्र की विशेषताएं निम्नलिखित हैं—

1. अनधिमान वक्रों (Indifference Curves) की ढाल ऋणात्मक होती है अर्थात् वे बायें से दायें नीचे की ओर झुके हुए होते हैं।
2. अनधिमान वक्र मूल बिन्दु की ओर उत्तल (Convex) होते हैं।
3. कोई भी दो अनधिमान वक्र एक-दूसरे को काट नहीं सकते।
4. प्रत्येक दायीं ओर स्थित अनधिमान वक्र अपनी बायीं ओर स्थित अनधिमान वक्र की तुलना में अधिक सन्तुष्टि को व्यक्त करता है।
5. यह आवश्यक नहीं है कि अनधिमान-वक्र एक-दूसरे के समानान्तर हों।

उपभोक्ता का सन्तुलन

एक उपभोक्ता सन्तुलन में तब होता है जब वह वस्तुओं के ऐसे संयोग को क्रय कर रहा होता है जिससे उसमें अपने क्रय में कोई परिवर्तन करने की प्रवृत्ति नहीं होती।

उपभोक्ता के सन्तुलन की व्याख्या करने के लिए सर्वप्रथम निम्नलिखित मान्यताओं को लेते हैं—

1. उपभोक्ता अपनी सन्तुष्टि अधिकतम करने की चेष्टा करता है। दूसरे शब्दों में, उपभोक्ता को **विवेकशील** (rational) मान लिया गया है।
2. उपभोक्ता का एक दिया हुआ **अनधिमान मानचित्र** (indifference map) है जो कि उसकी दो वस्तुओं के विभिन्न संयोगों के बीच **अधिमान क्रम** (scale of preferences) को प्रदर्शित करता है।
3. उपभोक्ता के पास दो वस्तुओं पर व्यय करने के लिए एक निश्चित मात्रा में मौद्रिक आय है तथा उसे अपनी इस समस्त आय को केवल इन्हीं दो वस्तुओं पर व्यय करना है।
4. दोनों वस्तुओं की कीमत दी हुई है।
5. प्रत्येक वस्तु की विभिन्न इकाइयां बिल्कुल एक जैसी हैं तथा प्रत्येक वस्तु **पूर्णत: विभाज्य** (Perfectly divisible) है।

उपभोक्ता के सन्तुलन को समझने के लिए उनके अनधिमान मानचित्र तथा बजट रेखा को एक साथ लाना होता है। आगे दर्शाए गए रेखाचित्र में उपभोक्ता के अनधिमान मानचित्र को बजट रेखा के साथ दिखाया गया है। वस्तु X की मात्रा को अक्ष–X पर लिया गया है और वस्तु Y की मात्रा को अक्ष–Y पर। दी हुई मुद्रा आय से तथा दो वस्तुओं की दी हुई कीमतों पर उपभोक्ता वस्तुओं का कोई भी संयोग जो बजट रेखा BL पर स्थित है क्रय कर सकता है। बजट रेखा BL पर स्थित कोई भी संयोग समान मुद्रा लागत पर प्राप्त किया जा सकता है। दी हुई मुद्रा आय से तथा वस्तुओं की दी हुई कीमतों पर उपभोक्ता अपनी संतुष्टि अधिकतम करने के लिए अधिक ऊंचे अनधिमान वक्र पर पहुंचने की चेष्टा करेगा। लेकिन आय और कीमतों के बंधन उसे बजट रेखा (कीमत रेखा) BL पर वस्तुओं के संयोग के क्रय करने के लिए बाध्य करते हैं। रेखाचित्र से यह स्पष्ट है कि बजट रेखा BL पर वस्तुओं के जो संयोग स्थित हैं और जिन्हें उपभोक्ता अपनी दी हुई आय से खरीद सकता है, वे सभी समान अनधिमान वक्र पर स्थित नहीं हैं बल्कि

विभिन्न अनधिमान वक्र पर स्थित हैं। सबसे ऊंचा अनधिमान जिस पर कि उपभोक्ता पहुंच सकता है वह है जिसको बजट रेखा BL स्पर्श करती है। वस्तुओं का कोई अन्य संयोग जो कि बजट रेखा BL पर स्थित है, नीचे के अनधिमान वक्र पर स्थित होगा और इसलिए वह स्पर्श बिन्दु वाले संयोग की तुलना में कम संतुष्टि देगा। रेखाचित्र में कीमत रेखा BL, अनधिमान वक्र IC_3 के बिन्दु Q पर स्पर्श करती है। IC_3 उच्चतम संभव अनधिमान वक्र है। इसलिए संयोग Q उपभोक्ता को अधिकतम संभव संतुष्टि प्रदान करेगा।

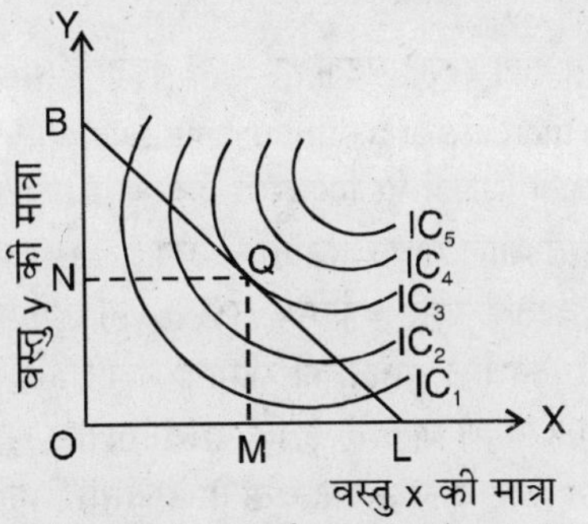

रेखाचित्र : *उपभोक्ता का संतुलन*

निस्संदेह अनधिमान वक्र IC_4 और IC_5 पर स्थित वस्तुओं के संयोग उपभोक्ता को Q की तुलना में अधिक संतुष्टि देंगे परन्तु दी हुई मुद्रा आय से तथा वस्तुओं की दी हुई कीमतों पर वे उपभोक्ता की क्रय शक्ति से बाहर हैं। इसलिए हम इस निष्कर्ष पर पहुंचते हैं कि एक दी हुई मुद्रा से तथा वस्तुओं की दी हुई कीमतों पर जिनको बजट रेखा BL व्यक्त करती है, उपभोक्ता बिन्दु Q जिस पर कि बजट रेखा BL अनधिमान वक्र IC_3 को स्पर्श करती है, संतुलन में होगा और अधिकतम संभव संतुष्टि प्राप्त करेगा। बिन्दु Q की संतुलन की स्थिति में उपभोक्ता वस्तु X की OM मात्रा और वस्तु Y की ON मात्रा क्रय करेगा।

स्पर्श बिन्दु Q पर बजट रेखा BL और अनधिमान वक्र IC_3 की ढालें (slopes) आपस में बराबर हैं। चूंकि अनधिमान वक्र की ढाल वस्तु X और Y के बीच प्रतिस्थापन की सीमान्त दर (Marginal rate fo substitution) को प्रकट करती है जबकि बजट रेखा की ढाल वस्तुओं की कीमतों के अनुपात को व्यक्त करती है। अत: संतुलन बिन्दु Q पर प्रतिस्थापन की सीमान्त दर

$$MRS_{xy} = \frac{\text{वस्तु X की कीमत}}{\text{वस्तु Y की कीमत}}$$

$$= \frac{P_x}{P_y}$$

कीमत प्रभाव

कीमत प्रभाव उपभोक्ता की किसी वस्तु की कीमत में परिवर्तन के फलस्वरूप उस समस्त प्रभाव को मापता है जो कि उस वस्तु की क्रय मात्रा पर पड़ता है। जबकि उपभोक्ता की आय, उसकी रुचियां और अन्य वस्तुओं की कीमतें समान रहती हैं। जब किसी वस्तु की कीमत में कमी या वृद्धि होती है तो उपभोक्ता की सन्तुष्टि में भी परिवर्तन होता है। दूसरे शब्दों में, वस्तु की कीमत के घटने पर उसका संतुलन एक उच्चतर अनधिमान वक्र पर होगा और यदि वस्तु की कीमत बढ़ती है तो वह इसके कारण नीचे के अनधिमान वक्र पर आ जाएगा।

आय प्रभाव

आय प्रभाव उपभोक्ता की आय में परिवर्तन से उसकी मांग पर प्रभाव को व्यक्त करता है।

आय प्रभाव **धनात्मक** (Positive) भी हो सकता है और **ऋणात्मक** (Negative) भी। आय प्रभाव किसी वस्तु के लिए धनात्मक तब होता है जब उपभोक्ता की आय में वृद्धि होने से उसके द्वारा वस्तु का उपभोग अथवा मांग बढ़ जाती है। जब आय प्रभाव धनात्मक होता है तो आय उपभोग वक्र ऊपर को चढ़ेगा। केवल ऊपर को चढ़ता हुआ आय उपभोग वक्र ही दो वस्तुओं की मांग में वृद्धि को प्रकट कर सकता है। किन्तु कुछ वस्तुओं के लिए आय प्रभाव **ऋणात्मक** होता है। किसी वस्तु के लिए आय प्रभाव ऋणात्मक तब होता है जब उसकी आय में वृद्धि होने पर उसके द्वारा वस्तु की मांग अथवा उपभोग घट जाता है। **ऐसी वस्तुएं, जिनके लिए आय प्रभाव ऋणात्मक होता है, निम्न अथवा घटिया वस्तुएं (Inferior goods)** कहलाती हैं।

प्रतिस्थापन प्रभाव

किसी वस्तु के उपभोग में परिवर्तन लाने के लिए एक अन्य महत्त्वपूर्ण कारक प्रतिस्थापन प्रभाव है। आय प्रभाव (Income effect) किसी उपभोक्ता की आय बढ़ने पर उसके द्वारा वस्तु की मांग पर प्रभाव को प्रकट करता है जबकि प्रतिस्थापन प्रभाव वस्तुओं की केवल सापेक्ष कीमतों (Relative Prices) में परिवर्तन के फलस्वरूप वस्तु की मांग अथवा उसकी उपभोग मात्रा पर प्रभाव को प्रकट करता है जब उपभोक्ता की वास्तविक आय (real income) स्थिर रहे।

उपभोक्ता की वास्तविक आय को स्थिर रखने के लिए ताकि केवल सापेक्ष कीमत (relative price) में परिवर्तन का प्रभाव ज्ञात हो सके, हम कीमत में परिवर्तन के साथ आय में भी परिवर्तन करते हैं जिससे उपभोक्ता की वास्तविक आय (real income) समान ही रहे। उदाहरण के लिए, जब वस्तु X की कीमत घटती है तो उपभोक्ता की वास्तविक आय बढ़ जाएगी। प्रतिस्थापन प्रभाव को ज्ञात करने के लिए अर्थात् वस्तु की सापेक्ष कीमत में परिवर्तन के फलस्वरूप वस्तु X की मांग-मात्रा में परिवर्तन को ज्ञात करने के लिए हम उपभोक्ता से इतनी मुद्रा आय ले लेते हैं जितनी कि कीमत के घटने के कारण उसकी वास्तविक आय में वृद्धि होती है।

प्रतिस्थापन प्रभाव के विषय में दो प्रकार की धारणाएं प्रचलित हैं—

1. पहला **जे.आर. हिक्स** (J.R. Hicks) द्वारा प्रतिपादित की गई है और इसे हिक्स के प्रतिस्थापन प्रभाव (Hicksian Substitution Effect) की संज्ञा दी जाती है।
2. दूसरा **ई. स्लट्स्की** (E. Slutsky) द्वारा विकसित की गई है और इसलिए इसे स्लट्स्की का प्रतिस्थापन प्रभाव (Slutsky substitution) कहा जाता है।

प्रतिस्थापन प्रभाव की इन दो धारणाओं में अन्तर इस बात पर निर्भर करता है कि वस्तु की कीमत में परिवर्तन से उत्पन्न उपभोक्ता की वास्तविक आय में परिवर्तन को उसकी मौद्रिक आय (Money Income) में कितनी कमी या वृद्धि करके नष्ट कर दिया जाए जिससे उपभोक्ता (consumer) की वास्तविक आय पूर्ववत बनी रहे और इस प्रकार हम वस्तु की केवल सापेक्ष कीमत (relative price) में परिवर्तन का वस्तु की मांग पर प्रभाव जान सकें। यहां पर महत्त्वपूर्ण बात यह है कि हिक्स की धारणा में वास्तविक आय (real income) से अभिप्राय उपभोक्ता के संतुष्टि स्तर (Lavel of satisfaction) से है जबकि स्लट्स्की की धारणा में वास्तविक आय का अर्थ उपभोक्ता की क्रय-शक्ति (Purchasing Power) है।

परिवर्तनशील अनुपात का नियम

परिवर्तनशील अनुपात के नियम के अनुसार किसी परिवर्तनशील साधन की इकाइयों में वृद्धि करने पर उत्पादन में तीन अवस्थाएं दृष्टिगोचर होती हैं, इन तीन अवस्थाओं को रेखाचित्र से भली प्रकार समझा जा सकता है।

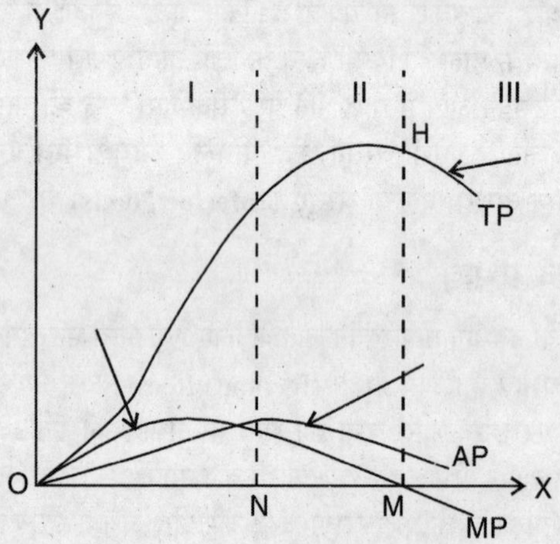

रेखाचित्र : *परिवर्तनशील अनुपात के नियम की तीन अवस्थाएं*

ऊपर के रेखाचित्र के X–अक्ष पर परिवर्तनशील साधन की मात्रा तथा Y–अक्ष पर कुल उत्पादन, औसत उत्पादन तथा सीमान्त उत्पादन को दिखाया गया है। इस रेखाचित्र में खींचे गए वक्रों से इस बात का पता चलता है कि साधनों के अनुपात में परिवर्तन होने पर कुल उत्पादन, औसत उत्पादन तथा सीमान्त उत्पादन किस प्रकार बदलते हैं। कुल उत्पादन वक्र TP बिन्दु H तक बढ़ता है और उसके बाद घटना शुरू कर देता है। औसत तथा सीमान्त उत्पादन वक्र भी पहले बढ़ते हैं और फिर घटना आरम्भ कर देते हैं, परन्तु सीमान्त उत्पादन वक्र (MP) औसत उत्पादन वक्र (AP) की तुलना में पहले घटना आरम्भ कर देता है।

इस कुल, औसत तथा सीमान्त उत्पादनों में परिवर्तन की निम्नलिखित तीन अवस्थाएं (stages) हैं—

प्रथम अवस्था

इस अवस्था में कुल उत्पाद तथा औसत उत्पाद निरन्तर बढ़ता है लेकिन सीमान्त उत्पाद एक बिन्दु पर अधिकतम होकर घटना आरंभ कर देता है। प्रथम अवस्था के दौरान यद्यपि सीमान्त उत्पाद घट रहा होता है लेकिन औसत उत्पाद (average product) से अधिक होता है। यह अवस्था वहां समाप्त होती है जहां औसत उत्पाद वक्र का उच्चतम बिन्दु होता है। प्रथम अवस्था में स्थिर साधनों (fixed factors) की मात्रा परिवर्तनशील साधन की तुलना में अत्यधिक होती है जिससे यदि स्थिर साधन की मात्रा को कुछ घटा दिया जाए तो कुल उत्पादन बढ़ जाएगा। अत: **प्रथम अवस्था में स्थिर साधन की सीमान्त उत्पादकता ऋणात्मक** (negative) होती है। प्रथम अवस्था **बढ़ते प्रतिफल की अवस्था** (Stage of increasing returns) कही जाती है क्योंकि इसमें परिवर्तनशील साधन के औसत उत्पाद (average product of the variable factor) में लगातार वृद्धि होती है। यहां ध्यान देने योग्य बात यह है कि प्रथम अवस्था में परिवर्तनशील साधन की सीमान्त उत्पादकता निरन्तर नहीं बढ़ती बल्कि यह पहले बढ़कर फिर घटना आरंभ कर देती है। परन्तु घटते भाग में भी यह औसत उत्पाद से अधिक होती है जिसके कारण औसत उत्पाद प्रथम अवस्था में निरन्तर बढ़ता रहता है।

दूसरी अवस्था

दूसरी अवस्था में कुल उत्पाद घटती हुई दर से बढ़ती है (the total product continues to increase at a diminishing rate) और अधिकतम बिन्दु H तक पहुंच जाता है जहां पर कि दूसरी अवस्था समाप्त हो जाती है। इस अवस्था में परिवर्तनशील साधन के सीमान्त उत्पाद (MP) तथा औसत उत्पाद (AP) दोनों ही घटते हैं परन्तु धनात्मक (Positive) रहते हैं। दूसरी अवस्था के अन्त में परिवर्तनशील साधन की सीमान्त उत्पादकता शून्य (Zero) हो जाती है। यहां महत्त्वपूर्ण बात यह है कि **परिवर्तनशील साधन के सीमान्त उत्पाद का शून्य बिन्दु कुल उत्पाद वक्र के उच्चतम बिन्दु H के बिल्कुल नीचे स्थित होता है। दूसरी अवस्था बहुत महत्त्व रखती है क्योंकि फर्म अथवा उत्पादक (Producer) इसी अवस्था के भीतर ही वस्तु का उत्पादन करेगा।** दूसरी अवस्था को **घटते प्रतिफल की अवस्था** (Stage of diminishing returns) कहते हैं क्योंकि इसमें सीमान्त उत्पाद तथा औसत उत्पाद दोनों ही निरन्तर घटते हैं।

तीसरी अवस्था

तीसरी अवस्था में कुल उत्पादन घटने लगता है। परिणामस्वरूप परिवर्तनशील साधन की सीमान्त उत्पादकता ऋणात्मक (Negative) हो जाती है और सीमान्त उत्पाद वक्र (MP-Curve) अक्ष–X के नीचे चला जाता है। इस अवस्था में स्थिर साधन (fixed factors) की तुलना में परिवर्तनशील साधन की मात्रा काफी अधिक होता है जिससे यदि परिवर्तनशील साधन की कुछ मात्रा घटा दी जाए तो कुल उत्पाद में वृद्धि होगी। इस अवस्था को **ऋणात्मक प्रतिफल की अवस्था** (stage of negative returns) कहा जाता है क्योंकि इसमें परिवर्तनशील साधन की सीमान्त उत्पादकता ऋणात्मक हो जाती है।

सारणी-III : उत्पादन की तीन अवस्थाएं

अवस्था	*कुल उत्पाद*	*औसत उत्पाद*	*सीमान्त उत्पाद*
पहली अवस्था	बढ़ता है।	बढ़ता है तथा अन्त में अधिकतम हो जाता है।	पहले बढ़ता है फिर गिरना आरम्भ कर देता है।
दूसरी अवस्था	बढ़ता है। अधिकतम हो जाता है।	गिरता है।	गिरता है। शून्य हो जाता है।
तीसरी अवस्था	गिरता है।	गिरता है।	गिरता है तथा ऋणात्मक हो जाता है।

समोत्पाद वक्र

जिस प्रकार अनधिमान वक्र (Indifference Curve) दो वस्तुओं के उन संयोगों को व्यक्त करता है जिनसे उपभोक्ता को समान सन्तुष्टि प्राप्त होती

है, उसी तरह समोत्पाद वक्र (Isoquants) दो साधनों के उन विभिन्न संयोगों (Combinations) को दर्शाता है जिनसे समान मात्रा में उत्पादन होता है। समोत्पाद वक्र (Isoquants) पर प्रदर्शित साधनों के संयोगों से समान मात्रा में उत्पादन सम्भव होने के कारण उत्पादक उनमें उदासीन सा होगा अर्थात् उसका उन संयोगों के मध्य कोई अधिमान नहीं होगा, इसलिए समोत्पाद वक्रों को उत्पादन अनधिमान वक्र (Production Indifference Curve) भी कहते हैं। अंग्रेजी में इनके अन्य नाम **Iso-Product Curves तथा Equal Product Curves भी हैं।**

यद्यपि समोत्पाद वक्र मांग के सिद्धान्त के अनधिमान वक्रों (Indifference Curves) के समान हैं लेकिन इन दोनों में एक महत्त्वपूर्ण अन्तर है। एक अनधिमान वक्र दो वस्तुओं के उन सभी संयोगों को व्यक्त करता है जिनसे उपभोक्ता को समान सन्तुष्टि मिलती है, लेकिन इनसे हमें यह पता नहीं चलता कि उपभोक्ता को उनसे कितनी सन्तुष्टि मिलती है। ऐसा इसलिए है क्योंकि उपयोगिता अथवा सन्तुष्टि (satisfaction) एक मानसिक चीज है जिसको मापा नहीं जा सकता। इसके विपरीत समोत्पाद वक्रों को सरलता से उनके अनुरूप उत्पादन मात्रा द्वारा दिखाया जा सकता है। क्योंकि वस्तु का उत्पादन एक भौतिक चीज है जिसे भौतिक इकाइयों (Physical units) में आसानी से मापा जा सकता है।

समोत्पाद वक्रों की विशेषताएं

समोत्पाद वक्रों की मुख्य विशेषताएं निम्नलिखित हैं—

1. समोत्पाद वक्र दायीं ओर नीचे को झुका होता है (Iso-quants slopes downward to the right)। इसका कारण यह है कि यदि श्रम की मात्रा बढ़ाई जाती है तो उत्पादन मात्रा स्थिर रखने के लिए पूंजी की मात्रा घटानी पड़ती है।
2. समोत्पाद वक्र मूल-बिन्दु की ओर उन्नतोदर होते हैं। (Isoquants are convex to the origin)। इसके पीछे मान्यता यह है कि जैसे-जैसे K (पूंजी) के स्थान पर L (श्रम) का प्रयोग बढ़ाया जाता है तो तकनीकी प्रतिस्थापन की सीमान्त दर ($MRTS_{LK}$) घटती चली जाती है। **समोत्पाद वक्रों की उन्नतोदरता** (Convexity) का तात्पर्य यह है कि परिवर्तनशील साधन के अधिक प्रयोग करने पर ह्रासमान प्रतिफल (diminishing rerurns) प्राप्त होते हैं।
3. कोई दो समोत्पाद वक्र कभी भी एक-दूसरे को नहीं काटते (Two Isoquants cannot cut each other)।
4. दायीं ओर स्थित समोत्पाद वक्र अपनी बायीं ओर स्थित समोत्पाद वक्र की तुलना में अधिक उत्पाद को दर्शाता है (Isoquant lying to the right represents a larger output)।

तकनीकी प्रतिस्थापन की ह्रासमान सीमान्त दर

तकनीकी प्रतिस्थापन की सीमान्त दर के विषय में एक उल्लेखनीय बात यह है कि ज्यों-ज्यों पूंजी के स्थान पर श्रम की मात्रा बढ़ाई जाती है, त्यों-त्यों श्रम द्वारा पूंजी की प्रतिस्थापन की सीमान्त दर घटती चली जाती है। (Marginal rate of technical substitution of labour for capital generally diminishes as the quantity of labour is increased)। अन्य शब्दों में, जैसे-जैसे पूंजी के स्थान पर श्रम का प्रयोग बढ़ाया जाता है तो पूंजी की संख्या, जिनके स्थान पर श्रम की एक इकाई का प्रयोग हो सकता है, घटती जाएगी। इसे ही ह्रासमान तकनीकी प्रतिस्थापन की सीमान्त दर का नियम (law of diminishing marginal rate of technical substitution) कहते हैं। इस नियम का कारण ह्रासमान सीमान्त प्रतिफल (law of diminishing returns) के नियम का लागू होना है। जैसे अगर श्रम की मात्रा बढ़ाई जाती है और पूंजी की मात्रा घटाई जाती है तो ह्रासमान सीमान्त प्रतिफल के नियम के कारण श्रम की सीमान्त उत्पादकता (Marginal Productivity) घटती जाएगी और पूंजी की सीमान्त उत्पादकता बढ़ जाएगी। परिणामस्वरूप अब उत्पादन की मात्रा समान रखने के लिए श्रम की, पूंजी की पहले से कम इकाइयों के स्थान पर प्रयुक्त होगी।

जनसंख्या का सिद्धांत

जनसंख्या की समस्याओं में अर्थशास्त्रियों की अभिरुचि प्राचीन काल से ही चली आ रही है। **टी.आर. माल्थस** प्रथम अर्थशास्त्री थे, जिन्होंने जनसंख्या की समस्याओं का वैज्ञानिक विश्लेषण किया था। बीसवीं शताब्दी के कुछ अर्थशास्त्रियों ने माल्थस के सिद्धांत से असंतुष्ट होकर **जनसंख्या के इष्टतम सिद्धांत** (Optimum Theory of Population) का प्रतिपादन किया है। लेकिन यह सिद्धांत भी जनसंख्या एवं आर्थिक विकास के पारस्परिक संबंध की व्याख्या करने में असफल ही रहता है। इसके अलावा, कई दृष्टिकोणों से यह सिद्धांत अस्पष्ट तथा अनिर्धार्य (indeterminate) भी है। इन्हीं कारणों से कुछ अर्थशास्त्रियों ने एक अन्य सिद्धांत का निर्माण किया है। इसे जनांकिकीय संक्रमण सिद्धांत (Theory of Demographic Transition) कहते हैं। यह सिद्धांत आर्थिक विकास एवं जनसंख्या के बीच संबंध स्थापित करता है। अमेरिकी जीव-विज्ञानी, **प्रो. रेमण्ड पर्ल** (Reymond Pearl) द्वारा प्रतिपादित एक अन्य सिद्धांत भी है जिसे **जनसंख्या का जीव-विज्ञानीय सिद्धांत** (Biological Theory of Population) कहते हैं। यह सिद्धांत जनसंख्या विकास के जीवन संबंधी कारणों (Biological reasons) पर प्रकाश डालता है।

माल्थस का जनसंख्या सिद्धांत

टॉमस रॉबर्ट माल्थस ने अपनी प्रसिद्ध पुस्तक **An Essay on the Principle of Population (1798)** में इस सिद्धांत का प्रतिपादन किया था। व्यवसाय से माल्थस पादरी थे। उन्होंने 18 वीं शताब्दी में यूरोप के विभिन्न देशों के जनसंख्या विकास का गहन अध्ययन किया था। यूरोपीय देशों की आकस्मिक एवं त्वरित जनसंख्या वृद्धि से वह आतंकित हो उठे थे। उन्हें मानव का भविष्य अंधकारमय दिखायी दिया। अत: उन्होंने जनसंख्या वृद्धि को कड़े नियंत्रण मे रखने की वांछनीयता पर बल दिया। अपनी उक्त पुस्तक में उन्होंने जो दृष्टिकोण प्रस्तुत किया था, उसे माल्थस का जनसंख्या सिद्धांत कहा जाता है।

माल्थस के सिद्धांत की महत्त्वपूर्ण बातें निम्नलिखित हैं—

1. खाद्य सामग्री का उत्पादन ह्रासमान प्रतिफल नियम के अंतर्गत होता है। प्रकृति कृपण (miserly) है। यदि मानव अधिक खाद्य सामग्री के उत्पादन का प्रयास करता है तो उसे तुरन्त प्रकृति की संवेदनशीलता एवं उसका सहयोग प्राप्त नहीं होता। जैसे-जैसे भूमि पर पूंजी एवं श्रम की अधिकाधिक मात्राओं का प्रयोग किया जाता है, कुल खाद्य उत्पादन निस्संदेह बढ़ता है लेकिन ह्रासमान प्रतिफल नियम की कार्यशीलता के परिणामस्वरूप खाद्य उत्पादन की यह वृद्धि **घटती दर** पर होती है।

जैसा कि माल्थस ने बताया है खाद्यान्नों की पूर्ति **अंकगणितीय रीति** (Arithmetical progression) में बढ़ती है अर्थात 1, 2, 3, 4, 5, 6 आदि की दर से बढ़ती है।

2. जनसंख्या पर कोई नियंत्रण न लगाया जाए तो खाद्य पूर्ति की तुलना में यह अधिक तेजी से बढ़ती है। माल्थस के अनुसार, जनसंख्या में ज्यामितीय रीति (Geometrical progression) में बढ़ने की सार्वभौमिक प्रवृति पाई जाती है। अन्य शब्दों में, जनसंख्या 1, 2, 4, 8, 16, 32, 64 आदि की दर से बढ़ती है। कहने का तात्पर्य यह है कि खाद्य पूर्ति की तुलना में जनसंख्या अधिक तेजी से बढ़ती है। प्रत्येक 25 वर्ष बाद जनसंख्या में दुगुना होने की प्रवृत्ति पाई जाती है।
3. अत: खाद्य पूर्ति एवं जनसंख्या विकास स्वतंत्र तत्त्वों द्वारा प्रभावित होते हैं। खाद्य पूर्ति पर ह्रासमान प्रतिफल नियम का प्रभाव पड़ता है जबकि जनसंख्या वृद्धि मानवीय बहुप्रजता (Human fecundity) से प्रभावित होती है। इस तरह खाद्यपूर्ति एवं जनसंख्या वृद्धि में एक प्रकार की दौड़ लगती है। लेकिन इस दौड़ में खाद्य पूर्ति पिछड़ जाती है। अत: खाद्यपूर्ति एवं जनसंख्या वृद्धि में असंतुलन उत्पन्न हो जाता है।
4. खाद्य पूर्ति एवं जनसंख्या वृद्धि के बीच उत्पन्न इसी असंतुलन के परिणामस्वरूप बढ़ती हुई जनसंख्या का भरण-पोषण वर्तमान स्तर पर नहीं किया जा सकता। देश में व्यापक पैमाने पर भुखमरी एवं अल्पपोषण की स्थिति उत्पन्न हो जाती है। अकालों, महामारियों, बाढ़ों, भूकम्पों, युद्धों एवं अन्य प्राकृतिक विपत्तियों के फलस्वरूप मानवीय जीवन की महान क्षति होती है। इन विपत्तियों को माल्थस ने **नैसर्गिक प्रतिबंध** (Positive or natural checks) कहकर सम्बोधित किया था। परिणामत: खाद्य पूर्ति एवं जनसंख्या में पुन: संतुलन स्थापित हो जाता है। नैसर्गिक प्रतिबंधों को प्राकृतिक प्रतिबंध (Natural checks) इसलिए कहते हैं क्योंकि इस प्रकार के प्रतिबंध स्वयं प्रकृति द्वारा लगाए जाते हैं। इनका उद्देश्य खाद्यपूर्ति एवं जनसंख्या के बीच पुन: संतुलन स्थापित करना होता है। किन्तु स्मरण रहे कि प्रकृति इन प्रतिबंधों को तब लागू करती है जब मानव स्वयं अपने द्वारा जनसंख्या की अत्यधिक वृद्धि को रोकने में असमर्थ रहता है।
5. माल्थस के अनुसार मानव **निरोधक प्रतिबंधों** (Preventive checks) का आश्रय लेकर नैसर्गिक प्रतिबंधों से अपने आप को बचा सकता है। निरोधक प्रतिबंध वास्तव में **मनुष्य कृत प्रतिबंध** (Man made checks) होते हैं। उदाहरणार्थ, अविवाहित जीवन (celibacy), ब्रह्मचर्य, विलम्बित विवाह (late marriages), संयम, (moral restraint) आदि महत्त्वपूर्ण निरोधक प्रतिबंध हैं। यदि मनुष्य इन निरोधक प्रतिबंधों का प्रयोग करता है तो जनसंख्या एवं खाद्य पूर्ति के बीच संतुलन बना रहेगा और प्रकृति को अपने प्रतिबंध लागू करने की आवश्यकता ही नहीं पड़ेगी।

यहां ध्यान देने योग्य बात यह है कि **माल्थस ने नैसर्गिक प्रतिबंधों की अपेक्षा निरोधक प्रतिबंधों को प्राथमिक दी थी।** स्मरण रहे कि निरोधक प्रतिबंधों में माल्थस ने गर्भ निरोध (contraception) अथवा जन्म नियंत्रण के कृत्रिम उपायों (Artificial methods of birth control) को सम्मिलित नहीं किया था। इसका कारण यह था कि 18 वीं शताब्दी में इस प्रकार के कृत्रिम उपायों का अभी विकास नहीं हो पाया था।

माल्थस के जनसंख्या सिद्धांत की आलोचना

आलोचकों ने माल्थस सिद्धांत में निम्नलिखित त्रुटियां बताई हैं—

1. इस सिद्धांत का गणितीय स्वरूप आपत्तिजनक है।
2. माल्थस ने वैज्ञानिक आविष्कारों की उपेक्षा की थी।
3. माल्थस ने जनसंख्या की तुलना केवल खाद्य उत्पादन से की थी, कुल उत्पादन से नहीं।
4. केवल संयम से ही जनसंख्या वृद्धि को नियंत्रण में नहीं रखा जा सकता।
5. जनसंख्या वृद्धि किसी राष्ट्र के लिए सदैव हानिकारक नहीं होती।
6. अति-जनसंख्या वाले देश में प्राकृतिक विपत्तियां अनिवार्य नहीं हैं।

इष्टतम जनसंख्या सिद्धांत

इष्टतम जनसंख्या सिद्धांत को सर्वोत्तम, आदर्श एवं अनुकूलतम जनसंख्या सिद्धांत भी कहते हैं। यह सिद्धांत माल्थस के जनसंख्या सिद्धांत की प्रतिक्रिया मात्र है। माल्थस ने जनसंख्या में होने वाली प्रत्येक वृद्धि की भर्त्सना की थी और सुझाव दिया था कि बढ़ती हुई जनसंख्या को समुचित स्तर पर सीमित करने हेतु निरोधक प्रतिबंधों का अधिकाधिक प्रयोग किया जाए। लेकिन जल्दी ही कुछ अर्थशास्त्रियों द्वारा यह अनुभव किया गया कि सभी परिस्थितियों में जनसंख्या वृद्धि बुरी नहीं होती। कभी-कभी जनसंख्या वृद्धि स्पष्ट अच्छाई (Positive good) मानी जाती है। यहां तक कि इसे राष्ट्रीय परिसम्पत्ति (national asset) की संज्ञा दी जाती है। उदाहरणार्थ, न्यून-जनसंख्या वाले देश में जनसंख्या वृद्धि अति वांछनीय होती है क्योंकि इससे देश की प्रति व्यक्ति आय बढ़ जाती है अथवा श्रम की औसत उत्पादकता में वृद्धि हो जाती है। इसके विपरीत, अति जनसंख्या वाले देश के लिए जनसंख्या वृद्धि हानिकारक होती है क्योंकि इससे देश की प्रति व्यक्ति आय में कमी हो जाती है अथवा श्रम की औसत उत्पादकता घट जाती है। माल्थस के सिद्धांत की मुख्य त्रुटि यह है कि यह अपनी तर्क प्रक्रिया सभी देशों पर उनकी आर्थिक स्थितियों का ध्यान किए बिना लागू कर देता है। इसके विपरीत, **इष्टतम जनसंख्या सिद्धांत देश में प्रचलित आर्थिक स्थिति को ध्यान में रखकर जनसंख्या की समस्या का अध्ययन करता है।** अत: माल्थस ने जनसंख्या समस्या के प्रति **सामान्य दृष्टिकोण** (general approach) अपनाया था। इसके विपरीत, इष्टतम जनसंख्या सिद्धांत ने इस समस्या के प्रति **विशिष्ट दृष्टिकोण** (Particular approach) अपनाया है।

इष्टतम जनसंख्या सिद्धांत का विकास हाल ही के वर्षों में हुआ है। इस सिद्धांत का मूलभूत विचार, सर्वप्रथम, प्रो. सिजविक (Sidgwick) द्वारा अपनी प्रसिद्ध पुस्तक **'Principles of Political Economy'** में प्रस्तुत किया था। **प्रो. एडविन केनन** (Edwin Cannon) ने इष्टतम जनसंख्या के विचार का आगे चलकर और विकास किया और इसे एक क्रमबद्ध एवं वैज्ञानिक सिद्धांत का रूप प्रदान किया। बाद में रॉबिन्स, डाल्टन एवं कार साण्डर्स जैसे सुविख्यात अर्थशास्त्रियों ने इसे परिष्कृत कर अधिक स्वीकार्य रूप में प्रस्तुत किया है।

इष्टतम जनसंख्या सिद्धांत उस विशेष जनसंख्या की परिभाषा प्रस्तुत करता है जो किसी देश विशेष के लिए आर्थिक दृष्टिकोण से आदर्श जनसंख्या (ideal population) होती है। वास्तव में, **इष्टतम अथवा अनुकूलतम जनसंख्या वह आदर्श जनसंख्या होती है जिसके परिणामस्वरूप देश की**

प्रति व्यक्ति आय अधिकतम आकार की हो जाती है। इष्टतम जनसंख्या सिद्धांत का मुख्य उद्देश्य अधिकतम प्रति व्यक्ति आय प्राप्त करना होता है। अतः यह सिद्धांत जनसंख्या परिवर्तनों एवं उनसे जनित प्रति व्यक्ति आय परिवर्तनों के पारस्परिक संबंधों का अध्ययन करता है। इस सिद्धांत के अनुसार प्रत्येक देश में जनसंख्या का एक विशिष्ट ऐसा आकार होता है जो वर्तमान तकनीकी (technology) एवं वर्तमान प्राकृतिक साधनों की सहायता से उस देश को अधिकतम प्रति व्यक्ति आय प्रदान करता है। जनसंख्या का वही विशेष आकार उस देश की इष्टतम जनसंख्या होती है।

इष्टतम जनसंख्या सिद्धांत दो महत्त्वपूर्ण मान्यताओं पर आधारित है :

1. यह सिद्धांत यह मानकर चलता है कि देश की जनसंख्या वृद्धि के साथ कुल जनसंख्या एवं कार्यकारी जनसंख्या (working population) का पारस्परिक अनुपात अपरिवर्तित अथवा स्थिर रहता है।
2. यह सिद्धांत यह मानकर चलता है कि जब जनसंख्या बढ़ती है तो देश के प्राकृतिक साधन, पूंजी की मात्रा एवं तकनीकी अपरिवर्तित रहते हैं।

इस प्रकार इष्टतम जनसंख्या देश की आदर्श अथवा वांछनीय जनसंख्या होती है। यदि कोई देश अधिकतम प्रति व्यक्ति आय प्राप्त करना चाहता है तो उसकी वास्तविक जनसंख्या इसी आकार की होनी चाहिए। यदि वास्तविक जनसंख्या, इष्टतम जनसंख्या से बढ़ जाती है तो वह देश अति जनसंख्या वाला देश बन जाता है। इसके विपरीत यदि वास्तविक जनसंख्या, इष्टतम जनसंख्या से कम होती है तो वह देश न्यून जनसंख्या वाला देश होता है।

क्या इष्टतम जनसंख्या सिद्धांत माल्थस के सिद्धांत से श्रेष्ठ है?

इसमें संदेह नहीं कि आर्थिक विचारों के इतिहास में इष्टतम जनसंख्या सिद्धांत का महत्त्वपूर्ण स्थान है। निश्चय ही यह सिद्धांत माल्थस के सिद्धांत से श्रेष्ठ है।

प्रथम, माल्थस के सिद्धांत का सीमाक्षेत्र संकुचित (narrow coverage) है क्योंकि यह सिद्धांत जनसंख्या को केवल खाद्यान्नों से ही संबंधित करता है। इसके विपरीत, इष्टतम जनसंख्या सिद्धांत का सीमाक्षेत्र अधिक व्यापक है क्योंकि इसके अंतर्गत इष्टतम जनसंख्या के आकार का निर्धारण करते समय देश के समूचे उत्पादन को ध्यान में रखा जाता है।

दूसरा, माल्थस के अनुसार जनसंख्या की प्रत्येक वृद्धि हानिकारक होती है। लेकिन इष्टतम सिद्धांत के अनुसार जनसंख्या की प्रत्येक वृद्धि हानिकारक नहीं होती। यदि देश में न्यून जनसंख्या की स्थिति है तो जनसंख्या वृद्धि से प्रति व्यक्ति आय बढ़ जाती है। अतः इस स्थिति में जनसंख्या वृद्धि देश के हित में है। इष्टतम सिद्धांत के अनुसार जनसंख्या वृद्धि तभी हानिकारक होती है जब देश की वास्तविक जनसंख्या, इष्टतम जनसंख्या से आगे बढ़ जाती है।

तीसरा, माल्थस कृषि में ह्रासमान प्रतिफल नियम की क्रियाशीलता से अति भयभीत थे। वे सोच भी नहीं सकते थे कि कृषि उत्पादन में कभी भी वर्धमान प्रतिफल नियम क्रियाशील हो सकता है। लेकिन इष्टतम सिद्धांत के अनुसार कृषि में भी एक निश्चित बिन्दु तक वर्धमान प्रतिफल नियम के कार्यशील होने की संभावना रहती है।

चौथा, माल्थस के सिद्धांत को वैज्ञानिक नहीं माना जा सकता क्योंकि यह सिद्धांत इस विषय पर कुछ भी प्रकाश नहीं डालता कि देश की इष्टतम अथवा आदर्श जनसंख्या क्या होनी चाहिए। इसके विपरीत, इष्टतम सिद्धांत हमें यह बताता है कि किसी देश की इष्टतम जनसंख्या क्या होनी चाहिए।

पांचवां, माल्थस का सिद्धांत केवल अति जनसंख्या वाले देश पर ही लागू होता है। लेकिन इष्टतम सिद्धांत न केवल अति जनसंख्या, बल्कि न्यून जनसंख्या वाले देश पर भी क्रियाशील होता है।

इष्टतम सिद्धांत की आलोचनाएं

इसमें संदेह नहीं कि इष्टतम सिद्धांत, माल्थस के सिद्धांत से श्रेष्ठ है। लेकिन यह सिद्धांत भी दोषमुक्त नहीं है। आलोचकों के अनुसार इस सिद्धांत में कई त्रुटियां पाई जाती हैं।

1. यह सिद्धांत जिन दो मूलभूत मान्यताओं पर आधारित है वे यथार्थ से परे हैं।
2. आलोचकों के अनुसार, किसी देश की इष्टतम जनसंख्या का निर्धारण करते समय यह सिद्धांत केवल विशुद्ध आर्थिक तत्त्वों को ही महत्त्व देता है। वास्तव में यह इस सिद्धांत की एक महान त्रुटि है। आलोचकों का कहना है कि किसी देश की इष्टतम जनसंख्या का निर्धारण करते समय हमें केवल आर्थिक ही नहीं, बल्कि सामाजिक, राजनीतिक यहां तक कि सामरिक तत्त्वों को भी ध्यान में रखना चाहिए।
3. यह सिद्धांत समस्या के वितरणात्मक पहलू (distributional aspect) की उपेक्षा करता है। इस सिद्धांत के अनुसार यदि प्रति व्यक्ति वास्तविक आय बढ़ रही है तो जनसंख्या वृद्धि आर्थिक एवं सामाजिक दृष्टिकोण से देश के लिए लाभदायक सिद्ध होती है। लेकिन इस बात की क्या गारंटी है कि देश की बढ़ती हुई वास्तविक आय चंद मुट्ठी भर लोगों के हाथ में केन्द्रित नहीं हो जाएगी। जनसंख्या एवं राष्ट्रीय आय की वृद्धि देश के लिए लाभदायक सिद्ध नहीं हो सकती यदि बढ़ी हुई राष्ट्रीय आय विभिन्न वर्गों में न्यायोचित आधार पर वितरित नहीं की जाती।

❑❑❑

अध्याय-2

कीमत निर्धारण का सिद्धांत

विभिन्न पदार्थों के मूल्य तथा उत्पादन का निर्धारण बाजार-ढांचे के उस रूप पर निर्भर करता है जिसमें वे उत्पादित किए जाते हैं, बेचे जाते हैं तथा खरीदे जाते हैं। इस सम्बन्ध में अर्थशास्त्रियों ने विभिन्न बाजार ढांचों को *(a)* पूर्ण प्रतियोगिता *(b)* एकाधिकारिक प्रतियोगिता *(c)* अल्पाधिकार तथा *(d)* एकाधिकार में वर्गीकृत किया है।

पूर्ण प्रतियोगिता

पूर्ण प्रतियोगिता बाजार में तब विद्यमान रहती है जब निम्नलिखित शर्तें पूरी होती हैं—

1. वस्तुओं को उत्पादित करने तथा बेचने वाली फर्मों अथवा विक्रेताओं की संख्या अधिक हो।
2. सभी फर्मों द्वारा उत्पादित वस्तुएं बिल्कुल समान हों।
3. विक्रेता तथा क्रेता दोनों को बाजार में प्रचलित कीमत के विषय में पूर्ण जानकारी प्राप्त हो।
4. उद्योग में फर्में स्वतन्त्र रूप से प्रवेश कर सकती हों तथा उससे बाहर जा सकती हों।

पूर्ण प्रतियोगिता तथा शुद्ध प्रतियोगिता में अन्तर

अर्थशास्त्रियों द्वारा पूर्ण प्रतियोगिता (Perfect Competition) तथा शुद्ध प्रतियोगिता (Pure Competition) में अन्तर किया जाता है। शुद्ध प्रतियोगिता उस प्रतियोगिता को व्यक्त करती है जिसमें एकाधिकार (Monopoly) का कोई अंश विद्यमान न हो।

दूसरे शब्दों में, शुद्ध प्रतियोगिता तब पाई जाती है जब एकाधिकार मौजूद न हो। इस प्रकार शुद्ध प्रतियोगिता केवल एक प्रकार की शुद्धता अर्थात् एकाधिकारी अंशों (degree of monopoly) की अनुपस्थिति को प्रकट करती है अर्थात् शुद्ध प्रतियोगिता एक संकुचित धारणा है। दूसरी ओर, पूर्ण प्रतियोगिता (Perfect Competition) अधिक व्यापक धारणा है जिसमें केवल एकाधिकार की अनुपस्थिति ही नहीं होती बल्कि कई अन्य प्रकार की शुद्धताएं भी पाई जाती हैं। ये अन्य प्रकार की शुद्धताएं हैं—**साधनों की पूर्ण गतिशीलता** (Perfect mobility of the factors) तथा दूसरा है **भविष्य के बारे में पूर्ण ज्ञान** (Perfect Knowledge about the Future)।

प्रतियोगी फर्म का अल्पकालीन सन्तुलन

पूर्ण प्रतियोगिता में फर्म के सन्तुलन की निम्न दो शर्तें हैं—

1. अनिवार्य शर्त (necessary condition) यह है कि सन्तुलन बिन्दु पर फर्म की सीमान्त लागत (MC) उसकी सीमान्त आय (MR) के बराबर होनी चाहिए अर्थात्

$$MC = MR = \text{कीमत}$$

2. फर्म के सन्तुलन की **द्वितीय शर्त** अथवा पर्याप्त शर्त (sufficient condition) यह है कि सन्तुलन के बिन्दु पर सीमान्त लागत वक्र ऊपर को चढ़ रहा हो अर्थात् सीमान्त आय वक्र (MR) को सीमान्त लागत वक्र (MC) नीचे से ऊपर की ओर काटता हो।

रेखाचित्र में प्रतियोगी फर्म के अल्पकालीन सन्तुलन को दर्शाया गया है। जैसा कि हम जानते हैं कि पूर्ण प्रतियोगिता के अन्तर्गत एक व्यक्तिगत फर्म (individual firm) को बाजार में प्रचलित कीमत को ही मानना पड़ता है। वह अपने व्यक्तिगत उत्पादन को घटा-बढ़ाकर बाजार में प्रचलित वस्तु की कीमत पर कोई प्रभाव नहीं डाल सकती। परिणामस्वरूप पूर्ण प्रतियोगिता में फर्म का मांग वक्र (demand curve) अथवा औसत आय वक्र (average revenue curve) एक समानान्तर सरल रेखा होती है। चूंकि पूर्ण प्रतियोगिता के अन्तर्गत काम कर रही फर्म उत्पादन की अतिरिक्त इकाइयां समान कीमत पर बेचती हैं, इसलिए इसका सीमान्त आय (MR) औसत आय (AR) वक्र के समान ही होती है।

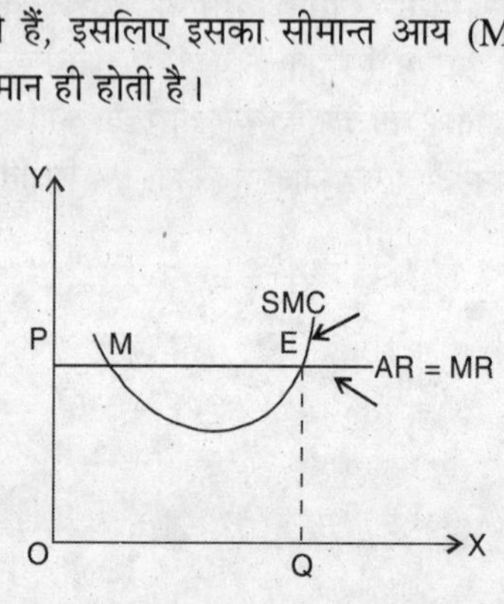

रेखाचित्र : *पूर्ण प्रतियोगिता के अन्तर्गत फर्म का अल्पकालीन सन्तुलन*

उपरोक्त रेखाचित्र से स्पष्ट है कि फर्म के सन्तुलन की अनिवार्य शर्त बिन्दु M तथा E दोनों पर लागू होता है जहां पर सीमान्त लागत (MC) तथा सीमान्त आय (MR) बराबर हैं। लेकिन सन्तुलन की द्वितीय स्तर की शर्त बिन्दु M पर लागू नहीं होती है। अत: फर्म बिन्दु E पर सन्तुलन में होगी तथा OQ उत्पादन करेगी क्योंकि बिन्दु E पर सीमान्त लागत वक्र (SMC), सीमान्त आगम वक्र (MR) को नीचे की ओर से काटता है।

सन्तुलन बिन्दु पर फर्म को अल्पकाल में हानि भी हो सकती है और लाभ भी, यह फर्म के औसत लागत वक्र की स्थिति पर निर्भर करती है। साथ ही साथ बाजार में प्रचलित वस्तु की कीमत पर भी यह निर्भर करता है।

अल्पकाल में हानि की स्थिति में फर्म उत्पादन बन्द अथवा स्थगित क्यों नहीं कर देती?

अब प्रश्न यह है कि फर्में वस्तु का उत्पादन क्यों करती रहती हैं जब उन्हें हानि हो रही होती है। इसका कारण यह है कि फर्में अल्पकाल में पूंजी, उपकरण, संयन्त्र आदि जैसे स्थिर साधनों को बदल नहीं सकती और इसलिए उन्हें स्थिर लागतों के बराबर तो हानि उठानी ही पड़ेगी चाहे वे अल्पकाल में वस्तु का उत्पादन बन्द ही क्यों न कर दें। यदि फर्म अल्पकाल में उत्पादन जारी रखते हुए परिवर्तनशील लागतों को पूरा करने के पश्चात, स्थिर लागतों का भी कुछ भाग अर्जित कर लेती हैं तो उसकी हानि स्थिर लागतों से कम होगी। इसलिए फर्म के लिए यह बड़ी विवेक की बात है कि वह अल्पकाल में अपना उत्पादन तब तक जारी रखे जब तक उसे परिवर्तनशील लागतों से अधिक आय प्राप्त हो रही है चाहे समग्र रूप से उसे हानि ही हो रही है क्योंकि ऐसा करने से ही वह अल्पकाल में अपनी हानि को न्यूनतम कर सकेगी। इसलिए हम इस निष्कर्ष पर पहुंचते हैं कि **जब तक वस्तु की कीमत उसकी औसत परिवर्तनशील लागत (average variable cost) से अधिक है तो फर्म को अल्पकाल में उत्पादन जारी रखना चाहिए।**

परन्तु जब कीमत औसत परिवर्तनशील लागत से भी नीचे गिर जाती है तो फर्म की हानि कुल परिवर्तनशील लागतों से बढ़ जाएगी क्योंकि ऐसी दशा में वह न केवल समस्त स्थिर लागतों को ही पूरा नहीं कर रही होगी बल्कि परिवर्तनशील लागतों के भी कुछ भाग को पूरा नहीं कर रही होगी। ऐसी अवस्था में फर्म के लिए यह उचित होगा कि वह अपना उत्पादन बन्द कर दे क्योंकि ऐसा करने से परिवर्तनशील लागतों पर उठाई गई हानि से अपने को बचा सकेगी। अत: हम इस निष्कर्ष पर पहुंचते हैं कि यदि अल्पकाल में फर्म परिवर्तनशील लागतों को भी पूरा नहीं करती तो वह अनावश्यक हानि से बचने के लिए उत्पादन बन्द कर देगी।

पूर्ण प्रतियोगिता में फर्म का दीर्घकालीन सन्तुलन

जैसा कि हम जानते हैं कि दीर्घकाल में फर्मों की कोई भी लागत स्थिर नहीं होती बल्कि सभी लागतें परिवर्तनशील होती हैं। इसके अतिरिक्त दीर्घकाल में नई फर्में उद्योग में प्रवेश कर सकती हैं अथवा उद्योग को छोड़कर बाहर भी जा सकती हैं। पूर्ण प्रतियोगिता के अन्तर्गत दीर्घकालीन सन्तुलन प्राप्त होने के लिए निम्न दो शर्तें अवश्य पूरी होनी चाहिए—

1. कीमत = दीर्घकालीन सीमान्त लागत [Price = LMC]

2. कीमत = दीर्घकालीन औसत लागत [Price = LAC]

यदि कीमत, सीमान्त लागत और औसत लागत दोनों के बराबर है तो दीर्घकालीन संतुलन की शर्त अन्य रूप में होगी—

कीमत = दीर्घकालीन सीमान्त लागत = दीर्घकालीन औसत लागत

या

Price = LMC = LAC = AR = MR

सीमान्त लागत और औसत लागत के परस्पर सम्बन्ध से हम जानते हैं कि दीर्घकालीन सीमान्त लागत केवल दीर्घकालीन औसत लागत वक्र के निम्नतम बिन्दु पर ही बराबर होती हैं। इसलिए फर्म के दीर्घकालीन सन्तुलन की शर्त को हम निम्न प्रकार भी लिख सकते हैं—

कीमत = दीर्घकालीन सीमान्त लागत = दीर्घकालीन औसत लागत (निम्नतम)

या,

Price = LMC = Minimum LAC = MR = AR

रेखाचित्र में पूर्ण प्रतियोगी फर्म के दीर्घकालीन सन्तुलन को दर्शाया गया है। फर्म बिन्दु E पर सन्तुलन में है क्योंकि इस बिन्दु पर सन्तुलन की शर्त पूरी हो जाती है अर्थात् बिन्दु E पर दीर्घकालीन सीमान्त (LMC) न केवल कीमत के बराबर है बल्कि दीर्घकालीन औसत लागत के भी बराबर है।

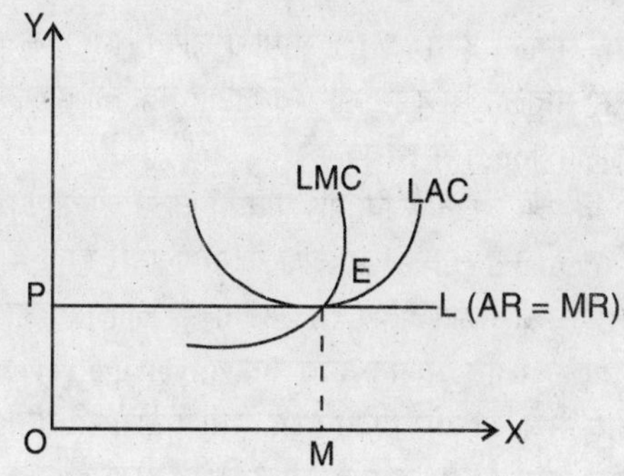

रेखाचित्र : *पूर्ण प्रतियोगी फर्म का दीर्घकालीन सन्तुलन*

यहां ध्यान देने योग्य बात यह है कि पूर्ण प्रतियोगी फर्म दीर्घकालीन सन्तुलन में तब होगी जब कीमत ऐसे स्तर पर हो जिससे समानान्तर औसत एवं सीमान्त आय वक्र, औसत लागत वक्र के निम्नतम बिन्दु पर स्पर्श करता है। जैसा कि हम जानते हैं कि एक समानान्तर औसत एवं सीमान्त आय वक्र अंग्रेजी के अक्षर U की आकृति के औसत लागत वक्र को केवल निम्नतम बिन्दु (minimum point) पर ही स्पर्श कर सकता है तथा औसत लागत वक्र के निम्नतम बिन्दु पर ही सीमान्त लागत और औसत लागत समान होती है, इसलिए दीर्घकालीन सन्तुलन की स्थिति में कीमत, सीमान्त लागत और औसत लागत दोनों के बराबर होगी। अन्य शब्दों में, दीर्घकालीन सन्तुलन की शर्तें औसत लागत वक्र के निम्नतम बिन्दु पर ही पूरी होती है।

उपर्युक्त विश्लेषण से स्पष्ट है कि पूर्ण प्रतियोगी फर्म का दीर्घकालीन सन्तुलन दीर्घकालीन औसत लागत वक्र (LAC) के निम्नतम बिन्दु पर स्थापित होता है। फर्म द्वारा दीर्घकालीन औसत लागत वक्र के निम्नतम बिन्दु पर उत्पादन करना इस बात का द्योतक है कि फर्म **इष्टतम आकार** (optimum size) की है अथवा यह **निम्नतम सम्भव औसत लागत** पर उत्पादन कर रही है। फर्म द्वारा पूर्ण प्रतियोगिता में दीर्घकाल में इष्टतम आकार पर उत्पादन करना सामाजिक दृष्टिकोण से दो प्रकार से लाभदायक है।

प्रथम, इष्टतम आकार पर उत्पादन करने से समाज के संसाधनों का अधिकतम कुशल ढंग से प्रयोग हो रहा होता है। **द्वितीय,** यह इस बात को भी सुनिश्चित करता है कि उपभोक्ता वस्तुओं को निम्नतम सम्भव कीमत पर प्राप्त कर रहे होते हैं।

एकाधिकार

एकाधिकार तब होता है जब किसी वस्तु का, जिसका कोई निकट के स्थानापन्न उपलब्ध न हों, केवल एक ही उत्पादक फर्म अथवा विक्रेता हो। एकाधिकार की इस परिभाषा से स्पष्ट है कि एकाधिकार के होने के लिए तीन शर्तों की पूर्ति होना आवश्यक है—

1. एक वस्तु का एक ही उत्पादक अथवा विक्रेता हो।

2. उस वस्तु के निकट के स्थानापन्न (close substitutes) उपलब्ध न हों।

3. उस उद्योग में प्रवेश के लिए बड़ी रुकावटें हों।

एकाधिकार में कीमत-उत्पादन सन्तुलन

पूर्ण प्रतियोगी फर्म की तरह एकाधिकारी भी अपने लाभ को अधिकतम करने की चेष्टा करता है। एकाधिकारी का लाभ अधिकतम तब होगा जब दो शर्तें पूरी होती हों—

प्रथम, सीमान्त आय (MR), सीमान्त लागत (MC) के बराबर हो,

दूसरा, सन्तुलन बिन्दु पर सीमान्त लागत वक्र का ढाल, सीमान्त आय वक्र की ढाल (slope) से अधिक हो।

जैसा कि हम जानते हैं कि पूर्ण प्रतियोगिता में व्यक्तिगत फर्म के लिए मांग वक्र (demand curve) X–अक्ष के समानान्तर होता है और सीमान्त आय (MR) उसकी औसत आय (AR) के बराबर होता है। लेकिन **एकाधिकारी का मांग वक्र अर्थात् औसत आय वक्र (average revenue curve) बाएं से दाएं नीचे की ओर झुका हुआ होता है तथा सीमान्त आय (MR) वक्र औसत आय (AR) वक्र के नीचे स्थित होता है।** एकाधिकारी तथा पूर्ण प्रतियोगी की फर्म के लिए मांग दशाओं में इस अन्तर के कारण ही इन दोनों में अधिकतम लाभ के उद्देश्य के भिन्न-भिन्न परिणाम निकलते हैं।

एकाधिकार में सन्तुलन को रेखाचित्र में दिखाया गया है।

एकाधिकारी वस्तु की अतिरिक्त इकाइयां उत्पादित करता चला जाएगा जब तक सीमान्त आय (MR), सीमान्त लागत (MC) से अधिक होती है। ऐसा इसलिए है क्योंकि प्रत्येक ऐसी इकाई उत्पादित करना, जिससे लागत की अपेक्षा आय में अधिक वृद्धि होती है, लाभकारी है। एकाधिकारी फर्म के लाभ उस उत्पादन स्तर पर अधिकतम होंगे जिस पर कि सीमान्त आय (MR), सीमान्त लागत (MC) के बराबर है। ऊपर के रेखाचित्र से स्पष्ट है कि उत्पादन स्तर OM पर ही सीमान्त लागत (MC) वक्र और सीमान्त आय (MR) वक्र एक दूसरे को काटते हैं। यदि एकाधिकारी OM मात्रा से कम मात्रा उत्पादित करता है तो उसके लाभ कम होंगे। इसके विरुद्ध, यदि वह OM से अधिक उत्पादन करता है तो सीमान्त लागत, सीमान्त आय से अधिक होगी परिणामस्वरूप वह OM से अतिरिक्त इकाइयों पर हानि उठा रहा होगा। अत: उत्पादन मात्रा OM पर ही उसे अधिकतम लाभ प्राप्त होंगे और इस पर ही उसका सन्तुलन होगा।

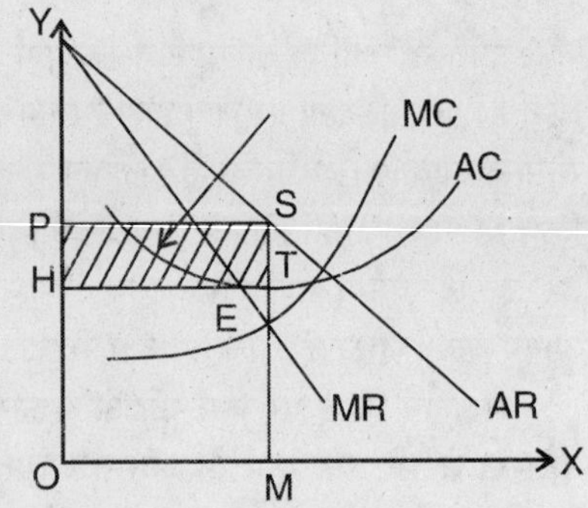

रेखाचित्र : *एकाधिकारी का सन्तुलन*

रेखाचित्र से स्पष्ट है कि वस्तु की OM मात्रा बेचने से एकाधिकारी को MS अथवा OP कीमत प्राप्त होगी। उसके द्वारा अर्जित कुल लाभ HTSP के क्षेत्रफल के बराबर हैं।

एकाधिकार और पूर्ण प्रतियोगिता में एक महत्त्वपूर्ण अन्तर यह है कि पूर्ण प्रतियोगिता में कीमत सीमान्त लागत के बराबर होती है लेकिन एकाधिकार (monopoly) में ऐसा नहीं है। क्योंकि एकाधिकारी का मांग वक्र (demand curve) नीचे की ओर गिर रहा होता है और उसका सीमान्त आय (MR) वक्र औसत आय वक्र के नीचे स्थित होता है। इसलिए एकाधिकारी की दशा में सन्तुलन की स्थिति में जब सीमान्त लागत (MC) सीमान्त आय (MR) के बराबर होती है तो यह कीमत अथवा औसत आय से कम होगी। रेखाचित्र से स्पष्ट है कि सन्तुलन मात्रा OM पर सीमान्त लागत और सीमान्त आय बराबर है और दोनों ही ME के समान हैं परन्तु वे कीमत अथवा औसत आय MS से कम हैं। इससे यह निष्कर्ष निकलता है कि **एकाधिकार में कीमत, सीमान्त लागत से अधिक होती है।**

❑❑❑

अध्याय-3

वितरण का केंद्रीय सिद्धांत

लगान का रिकार्डियन सिद्धान्त

लगान का प्रतिष्ठित सिद्धान्त कृषि के घटते प्रतिफल के नियम के लागू होने पर आधारित है। प्रतिष्ठित लेखक जैसे कि वैस्ट (West), टॉरेन्ट्स (Torrents), माल्थस और रिकार्डो ने स्वतंत्र रूप से **भेदात्मक लगान** (differential rent) का सिद्धान्त विकसित किया। लेकिन डेविड रिकार्डो द्वारा प्रस्तुत लगान का सिद्धान्त अधिक लोकप्रिय बन गया है। रिकार्डो ने लगान के सिद्धान्त को विकसित करने में **वैस्ट और माल्थस** को अपना पूर्वगामी (fore runner) कहा है। रिकार्डो ने लगान की परिभाषा इस प्रकार की : **''लगान भूमि के उत्पादन का वह भाग है जो भूमि के स्वामी को भूमि की मूल तथा अविनाशी शक्तियों के प्रयोग के लिए दिया जाता है''** (Rent is that portion of the produce of earth which is paid to the land lord for the use of the original and indestructible powers of the soil.)

आर्थिक लगान एवं संविदा लगान

आर्थिक लगान केवल भूमि के प्रयोग के लिए भुगतान है जबकि **संविदा लगान** में भूमि के स्वामी द्वारा नालियों, कुओं आदि में किए गए पूंजी-निवेश की कीमत अथवा प्रतिफल भी सम्मिलित होता है। भूमि के स्वामी द्वारा भूमि में किए गए पूंजी-निवेश के प्रतिफल को संविदा लगान से घटा कर जो शेष रहता है, वह शुद्ध आर्थिक लगान है जो कि केवल भूमि के प्रयोग अथवा भूमि की मूल तथा अविनाशी शक्तियों के प्रयोग की कीमत है।

रिकार्डो द्वारा जिस लगान की व्याख्या की गई थी, वह **भेदात्मक लगान** (differential rent) था। उनके अनुसार, लगान वह विभेदक आधिक्य (differential surplus) है जो अधिक उपजाऊ भूमियों को कम उपजाऊ भूमियों की तुलना में प्राप्त होता है। इस प्रकार लगान एक **'भेदात्मक लाभ'** है जो भूमि की 'उर्वरता में अन्तर' अथवा 'स्थिति में अन्तर' अथवा दोनों कारण से उत्पन्न हो सकता है। यदि सभी भूमियां सजातीय होतीं अर्थात् समान रूप में उपजाऊ होतीं तो रिकार्डो के अनुसार लगान का सृजन ही न होता। इस प्रकार भेदात्मक लगान **उत्कृष्ट भूमि** अथवा **अधिसीमान्त भूमि** (intra-marginal land) तथा सीमान्त भूमि (marginal land) के वास्तविक उत्पाद के अन्तर के रूप में मापा जाता है। **सीमान्त भूमि को कोई लगान प्राप्त नहीं होता** जबकि इससे श्रेष्ठ सभी अन्य भूमियों को लगान प्राप्त होता है। अत: आर्थिक लगान को निम्न विधि से ज्ञात किया जा सकता है—

आर्थिक लगान = अधिसीमान्त भूमियों की वास्तविक उपज – सीमान्त भूमि की उपज

यहां ध्यान देने योग्य बात यह है कि रिकार्डो के अनुसार लगान उत्पादन लागत (Production cost) का भाग नहीं होता। चूंकि भूमि का लगान उत्पादन लागत में सम्मिलित नहीं होता, इसलिए यह कीमत को निर्धारित नहीं करता। इस प्रकार रिकार्डो के सिद्धान्त के अनुसार लगान, कीमत का निर्धारक (Price determining) नहीं है। वस्तुत: इस सिद्धान्त में लगान कीमत द्वारा निर्धारित होता है (rent is price determined) अर्थात् यह कीमत ही है जो लगान को निर्धारित करती है। इसलिए रिकार्डो ने कहा कि **अन्न की कीमत इसलिए ऊंची नहीं है कि लगान देना पड़ता है बल्कि लगान इसलिए दिया जाता है क्योंकि अन्न की कीमत ऊंची है** (Corn is not high because rent is paid, but a rent is paid because corn is high)।

लगान का आधुनिक सिद्धान्त

लगान के आधुनिक सिद्धान्त का प्रतिपादन जिन अर्थशास्त्रियों ने किया उनमें श्रीमती जॉन रॉबिन्सन, बेन्हम तथा बोल्डिग का नाम विशेष रूप से उल्लेखनीय है। रिकार्डो की भांति ये अर्थशास्त्री भी लगान को एक अधिशेष (surplus) आय मानते हैं। लेकिन ये अर्थशास्त्री रिकार्डो के इस कथन से सहमत नहीं कि लगान एक भेदात्मक अधिशेष है जो केवल भूमि को ही प्राप्त होता है। आधुनिक अर्थशास्त्रियों ने लगान शब्द का प्रयोग व्यापक अर्थ में किया है। इसमें उन सभी साधनों को प्राप्त होने वाला अधिशेष शामिल है, जिनकी पूर्ति पूर्णतया लोचदार नहीं होती। जिस प्रकार यह अधिशेष भूमि को प्राप्त होता है, इसी प्रकार यह उत्पादन के अन्य साधनों श्रम, पूंजी तथा व्यवस्था को भी प्राप्त हो सकता है।

आधुनिक सिद्धान्त में लगान का प्रयोग किसी साधन की विकल्प आय (transfer earning) से अतिरिक्त आय (surplus) के भाव में किया जाता है।

इस प्रकार आधुनिक सिद्धान्त के अनुसार आर्थिक लगान किसी साधन की विकल्प आय से अतिरिक्त आय है जिसे कोई साधन अपने वर्तमान व्यवसाय (occupation), उद्योग अथवा उपयोग में अर्जित कर रहा होता है।

विकल्प आय से अभिप्राय किसी साधन की वह आय अथवा कीमत है जो उसे किसी अन्य अच्छे-से-अच्छे उपयोग, व्यवसाय अथवा उद्योग से प्राप्त हो सकती है (Transfer earnings are the amount of income which any particular unit of a factor could earn in its next best paid alternative use, occupation or industry)। विकल्प आय को हम इस प्रकार भी परिभाषित कर सकते हैं—**विकल्प आय वह न्यूनतम आय है जो किसी उत्पादन के साधन की इकाई को अवश्य मिलनी चाहिए जिससे वह वर्तमान उपयोग, व्यवसाय अथवा उद्योग में काम करती रहे** (Transfer earnings can also be defined as the minimum earnings which a unit of factor of production must be paid in order to induce it to stay in the present use, industry or occupation)। यदि किसी उत्पादन के साधन की किसी इकाई को इस न्यूनतम आय अर्थात् विकल्प आय से कम आय मिलती है तो वह अपने वर्तमान उपयोग अथवा व्यवसाय को छोड़ देगी और अपने दूसरे अच्छे से अच्छे उपयोग अथवा व्यवसाय में चली जाएगी। किन्तु जब किसी उत्पादन की इकाई को अपने वर्तमान उपयोग अथवा व्यवसाय में अपनी उस न्यूनतम आय से, जो उसे अवश्य मिलनी चाहिए, अधिक आय मिल रही हो तो वह अतिरिक्त आय (surplus earnings) उसका आर्थिक लगान (economic rent) होगा। आर्थिक लगान की यह धारणा सभी उत्पादन के साधनों पर लागू होती है।

अत:

आर्थिक लगान अथवा अधिशेष } = **वास्तविक आय – विकल्प आय**
(Actual earnings) – (Transfer earnings)

अब प्रश्न यह उठता है कि यह अधिशेष (surplus) का प्राप्त होगा। **अधिशेष** (अर्थात् विकल्प आय से अधिक आय) तब किसी साधन की इकाई को प्राप्त होगा जबकि उस साधन की पूर्ति किसी उपयोग, उद्योग अथवा व्यवसाय के लिए पूर्णतया लोचदार से कम होगी (Economic rent arises when any factor of production is less than perfectly elastic)। किसी साधन की पूर्ति किसी उपयोग, उद्योग अथवा व्यवसाय के लिए पूर्णतया लोचदार होगी तो कोई अधिशेष उत्पन्न न होगा।

अब हम साधनों की विभिन्न पूर्ति लोचों की स्थिति में लगान के आधुनिक सिद्धान्त की चर्चा करेंगे।

1. **साधन की पूर्णतया लोचदार पूर्ति तथा लगान**—जब किसी साधन की पूर्ति पूर्णतया लोचदार (perfectly elastic) होती है तो ऐसे साधन को वर्तमान उद्योग अथवा उपयोग में प्राप्त कीमत या आय अर्थात् वास्तविक आय उसकी **विकल्प अथवा हस्तांतरण आय** के बराबर होगी जिससे उसे कोई अधिशेष (economic rent) प्राप्त नहीं होगा।
2. **साधन की पूर्णतया बेलोच पूर्ति तथा लगान**—जब किसी साधन की पूर्ति पूर्णतया बेलोच (Perfectly inelastic) होती है तो ऐसी स्थिति में साधन की वैकल्पिक आय (transfer earning) शून्य होती है। अत: साधन को प्राप्त होने वाली सारी की सारी आय (अर्थात् समस्त वास्तविक आय) लगान होगी।
3. **साधन की लोचदार पूर्ति (Elastic supply) तथा लगान**—यदि उत्पादन के साधन की पूर्ति लोचदार है तो साधन का पुरस्कार बढ़ने पर उसकी पूर्ति बढ़ेगी। ऐसी स्थिति में साधन की वास्तविक आय उसकी हस्तांतरण आय से भिन्न होगी।

ऊपर के रेखाचित्र में SS साधन की पूर्ति वक्र तथा DD साधन की मांग वक्र है। रेखाचित्र से यह स्पष्ट है कि साधन की ON मात्रा को प्राप्त होने वाली **वैकल्पिक आय** (transfer earning) OSPN के बराबर है तथा साधन की इस मात्रा को प्राप्त होने वाली कुल वास्तविक आय OWPN है। अतएव साधन की ON मात्रा को प्राप्त होने वाली **आर्थिक लगान** SWP (OWPN – OSPN) क्षेत्र के बराबर है।

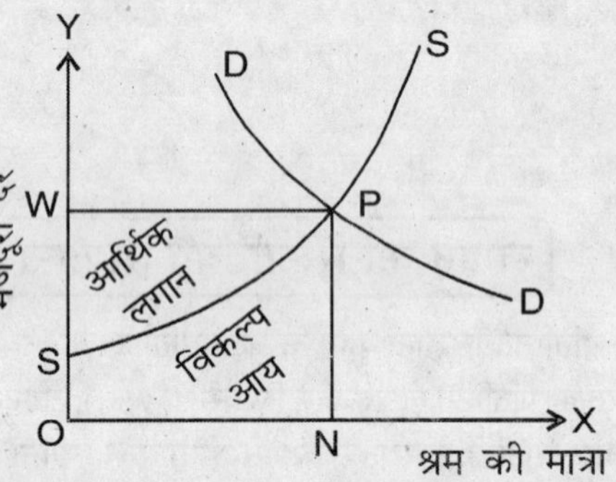

रेखाचित्र : *जब साधन की पूर्ति लोचदार होती है तो साधन की आय का कुछ भाग वैकल्पिक आय तथा कुछ भाग आर्थिक लगान होता है।*

लाभ का सिद्धान्त

विभिन्न अर्थशास्त्रियों ने लाभ को अलग-अलग ढंग से परिभाषित किया है। **शुम्पीटर** (Schumpeter) के अनुसार लाभ उद्यमकर्ता को नवप्रवर्तन (innovations) लाने के एवज में प्राप्त होता है। प्रसिद्ध अर्थशास्त्री **एफ.एच. नाईट** (F.H. Knight) के अनुसार लाभ अर्थव्यवस्था में निहित अनिश्चितता के कारण उत्पन्न होते हैं।

इसके अतिरिक्त, कुछ अर्थशास्त्री लाभ को गैरकार्यात्मक आय (non-functional income) मानते हैं। प्रसिद्ध अर्थशास्त्री **केन्ज** ने यह विचार प्रस्तुत किया कि लाभ सामान्य कीमत-स्तर में अनुकूल परिवर्तन के कारण उत्पन्न होते हैं। श्रीमती जॉन रॉबिन्सन, प्रोफेसर चैम्बरलिन और कलेस्की (Kalecki) लाभ को अपूर्ण प्रतियोगिता तथा एकाधिकार के कारण उत्पन्न होना मानते हैं। उनके अनुसार अपूर्णता की मात्रा (degree of imprefection) जितनी ही अधिक होगी अर्थात् एक उद्यमकर्ता की एकाधिकारी शक्ति (monopoly power) जितनी अधिक होगी उसको उतना ही अधिक लाभ प्राप्त होंगे।

- **जे.बी. क्लार्क (J.B. Clark)** ने सर्वप्रथम यह विचार प्रस्तुत किया कि लाभ एक गत्यात्मक आधिक्य (Dynamic Surplus) है। उनके अनुसार लाभ एक गत्यात्मक अर्थव्यवस्था अर्थात् ऐसी अर्थव्यवस्था जिसमें लगातार परिवर्तन हो रहे हों, उत्पन्न होते हैं।
- **प्रो. नाइट** के अनुसार, लाभ, उद्यमी को जोखिम वहन करने के प्रतिफल के रूप में प्राप्त होता है।
- **मार्क्स** के अनुसार लाभ एक **अतिरेक मूल्य** है। मार्क्स के अनुसार सम्पत्ति के स्वामियों द्वारा, जो कि अनुत्पादक वर्ग है, उत्पादक श्रमिकों के शोषण द्वारा ही लाभ की उत्पत्ति होती है।

ब्याज दर का सिद्धान्त

ब्याज का क्लासीकल सिद्धान्त

ब्याज के बारे में सबसे पहले सिद्धान्त को क्लासीकल अथवा वास्तविक सिद्धान्त कहते हैं। इसे वास्तविक सिद्धान्त इसलिए कहते हैं क्योंकि यह वास्तविक कारकों जैसे कि पूंजी की उत्पादकता (Productivity of capital), बचत की प्रवृत्ति आदि पर आधारित है।

फिशर का समय अधिमान्यता सिद्धान्त (Time Preference Theory of Fisher)—इस सिद्धान्त को **इर्विन फिशर** ने प्रस्तुत किया। ब्याज क्यों दिया जाता है कि व्याख्या फिशर समय अधिमान्यता (time preference) द्वारा करता है।

क्लासीकल सिद्धान्त के अनुसार ब्याज दर निवेश के लिए बचत की मांग तथा बचत की पूर्ति द्वारा निर्धारित होती है। बाजार में ब्याज की वह दर निर्धारित होगी जिस पर कि बचत की मांग (demand for saving) और बचत की पूर्ति (supply of saving) सन्तुलन में है।

आलोचना—क्लासीकल अर्थशास्त्रियों द्वारा प्रस्तुत किए गए ब्याज के **वास्तविक सिद्धान्त** की कड़ी आलोचना की गई है।

1. इस सिद्धान्त का बड़ा दोष यह है कि यह आय के स्तर को दिया (constant) हुआ मान लेता है।
2. इस सिद्धान्त में ब्याज की दर के निर्धारक बचत की मांग और पूर्ति वक्र दोनों एक दूसरे से स्वतंत्र माने गए हैं। लेकिन केन्ज के अनुसार दोनों वक्र एक-दूसरे से स्वतन्त्र नहीं होते।
3. यह अनिश्चित सिद्धान्त (indeterminate theory) है क्योंकि बचतें आय के स्तर पर निर्भर करती हैं। इसलिए ब्याज की दर तब तक ज्ञात नहीं हो सकती जब तक कि आय का स्तर पहले से ज्ञात न हो और ब्याज की दर को पहले से जाने बिना स्वयं आय स्तर का ज्ञान नहीं हो सकता। इसी कारण केन्ज ने ब्याज के क्लासीकल सिद्धान्त को अनिश्चित बताया है।
4. यह सिद्धान्त पूर्ण रोजगार की अवास्तविक मान्यता पर आधारित है।
5. क्लासीकल सिद्धान्त ब्याज दर के निर्धारिण में मौद्रिक तत्त्वों की बिल्कुल उपेक्षा करता है।

नव-क्लासीकल सिद्धान्त

नव-क्लासीकल या ऋण योग्य निधि सिद्धान्त ऋण योग्य निधियों या साख की मांग और पूर्ति के रूप में ब्याज निर्धारण की व्याख्या करता है। इस सिद्धान्त को विकसित करने वाले अर्थशास्त्रियों में प्रमुख अर्थशास्त्री **विकसेल, बर्टिल ओहलिन, राबर्टसन, लिंडहल, वाइनर** आदि हैं। इस सिद्धान्त के अनुसार वास्तविक शक्तियां (real forces) जैसे कि बचत करने की भावना, प्रतीक्षा, समय अधिमान्यता (time preferences) तथा पूंजी की उत्पादकता ही केवल ब्याज दर को निर्धारित नहीं करते बल्कि मुद्रा का संचय तथा असंचय करना (hoarding and dishoarding of money), बैंकों द्वारा मुद्रा का सृजन, उपभोग के लिए मुद्रा-ऋण की मांग भी ब्याज दर के निर्धारण में भाग लेते हैं। इस प्रकार **ऋण-योग्य निधि के सिद्धान्त के समर्थकों ने ब्याज का निर्धारण मौद्रिक (monetary) तथा गैर-मौद्रिक (non-monetary) दोनों प्रकार की शक्तियों द्वारा होना माना है।** अतएव ऋण योग्य राशियों का सिद्धान्त वास्तव में ब्याज का मौद्रिक सिद्धान्त है यद्यपि यह केवल अपूर्ण रूप से ही मौद्रिक है क्योंकि इसमें ब्याज दर के निर्धारण में बचत तथा पूंजी की उत्पादकता जैसी वास्तविक शक्तियों के महत्त्व को भी स्वीकार किया गया है। इस सिद्धान्त के अनुसार ब्याज दर ऋण योग्य राशियों की मांग तथा उनकी पूर्ति द्वारा निर्धारित होती है।

आलोचना

1. ऋण योग्य निधियों के लिए मांग और पूर्ति अनुसूचियां ब्याज की संतुलित दर निर्धारित करती हैं। ब्याज की यह दर पूर्ति पक्ष के सब तत्त्वों को मांग पक्ष के सब अनुरूप तत्त्वों के बराबर नहीं कर पाती। इस प्रकार, ब्याज की O*r* संतुलित दर **अस्थिर संतुलन** को प्रकट करती है। स्थिर संतुलन के लिए आवश्यक है कि संतुलन की O*r* दर पर प्रत्याशित (exante या planned) निवेश प्रत्याशित बचतों के बराबर हो। उपरोक्त रेखाचित्र में निवेश I प्रत्याशित बचत S से AB मात्रा में बढ़ जाता है।
2. इस सिद्धान्त की अन्य आलोचना यह है कि यह सिद्धान्त बतलाता है कि ऋण योग्य निधियों की पूर्ति को बचतों में से नकदी शेषों को निकाल कर बढ़ाया जा सकता है तथा बचतों में नकद शेषों को जमा करके कम किया जा सकता है। इसका अभिप्राय यह है कि नकदी शेष काफी लोचदार हैं। परन्तु यह सही दृष्टिकोण नहीं लगता क्योंकि समाज के पास कुल नकदी शेषों की मात्रा स्थिर होती है और किसी भी समय कुल मुद्रा की पूर्ति के बराबर होती है। जब कभी भी नकदी शेषों में परिवर्तन होते हैं तो वे वास्तव में मुद्रा के संचलन वेग (velocity of circulation) में पाए जाते हैं, न कि समाज के पास नकदी शेषों की मात्रा में।
3. यह सिद्धान्त बचतों पर ब्याज दर के प्रभाव पर अधिक बल देता है। यह बचतों को ब्याज लोच मानता है। सामान्य तौर से, लोग ब्याज अर्जित करने के लिए बचत नहीं करते बल्कि सतर्कता उद्देश्य की पूर्ति के लिए करते हैं। इस प्रकार बचतें **ब्याज बेलोच** होती है।
4. इस सिद्धान्त की आलोचना इस कारण भी की जाती है कि यह मौद्रिक तत्त्वों को वास्तविक तत्त्वों के साथ जोड़ देता है। बचत तथा निवेश जैसे वास्तविक तत्त्वों को बैंक साख तथा विसंग्रह जैसे मौद्रिक तत्त्वों के साथ, बिना आय स्तर में परिवर्तन लाए, जोड़ देना सही नहीं है। इस प्रकार यह सिद्धान्त अवास्तविक बन जाता है।

केन्ज का ब्याज का तरलता अधिमान सिद्धान्त

केन्ज ने ब्याज दर के विषय में क्लासीकल और ऋण-योग्य निधियों वाले ब्याज सिद्धान्तों को गलत सिद्ध किया और इसके स्थान पर एक नवीन सिद्धान्त प्रतिपादित किया, जिसे **ब्याज दर का तरलता अधिमान सिद्धान्त** (Liquidity Preference Theory of the Rate of Interest) कहते हैं। केन्ज के अनुसार ब्याज पूर्णतया एक **मौद्रिक तत्त्व** है और इसलिए यह मुद्रा की मांग (अर्थात तरलता अधिमान) और मुद्रा की पूर्ति द्वारा निर्धारित होता है। केन्ज की परिभाषा के अनुसार ब्याज एक निश्चित अवधि के लिए मुद्रा की तरलता त्यागने का पुरस्कार होती है।

मुद्रा की मांग (Demand for Money)—केन्ज ने मुद्रा के लिए मांग के स्थान पर एक नया शब्द **तरलता अधिमान** दिया। 'तरलता अधिमान' मुद्रा को नकदी के रूप में रखने की इच्छा है। केन्ज के अनुसार नकदी की मांग तीन उद्देश्यों के लिए की जाती है—(1) लेन-देन उद्देश्य, (2) सतर्कता

उद्देश्य, (3) सट्टा उद्देश्य। केन्ज के अनुसार लेन-देन और सतर्कता उद्देश्य के लिए नकदी की मांग सापेक्षतया ब्याज बेलोच होती हैं परन्तु वे बहुत अधिक आय लोच (income elastic) होती है। इसको इस प्रकार व्यक्त किया जाता है—

$$M_1 = L_1 (Y)$$

जहां M_1 लेन-देन तथा सतर्कता उद्देश्यों के लिए मुद्रा की मांग तथा Y आय स्तर को दर्शाता है।

नकदी की मांग का तीसरा उद्देश्य (सट्टा उद्देश्य) केन्ज के मस्तिष्क का आविष्कार है। अपने ब्याज दर निर्धारण के सिद्धान्त में केन्ज ने नकदी की मांग के इसी तीसरे उद्देश्य पर सबसे अधिक बल दिया है। केन्ज के अनुसार मुद्रा की सट्टा मांग ब्याज दर का घटता हुआ फलन है। जितनी अधिक ब्याज दर होगी उतनी ही कम मुद्रा की सट्टा मांग होगी और विलोमश: भी। बीजगणित रूप में, केन्ज ने मुद्रा की सट्टा मांग को इस प्रकार व्यक्त किया—$M_2 = L_2 (r)$, जहां M_2 मुद्रा की सट्टा मांग है और r ब्याज दर। रेखागणितीय रूप में, यह एक समतल वक्र है जो बायीं ओर से दायीं ओर नीचे की ओर ढाल (negative slope) होता है। परन्तु ब्याज की बहुत नीची दर पर पर मुद्रा की सट्टा मांग पूर्णतया लोचदार बन जाती है।

मुद्रा की कुल मांग (Total demand for money)—मुद्रा की कुल मांग ऊपर वर्णित तीन उद्देश्यों से मिलकर बनती है। यदि मुद्रा की कुल मांग को M से प्रकट किया जाए, लेन-देन तथा सतर्कता उद्देश्यों को मिलाकर M_1 से और सट्टा उद्देश्य के लिए रखी गई मुद्रा को M_2 से, तो $M = M_1 + M_2$ चूंकि $M_1 = L_1 (Y)$ और $M_2 = L_2 (r)$, इसलिए मुद्रा की कुल मांग फलन $M = L (Y, r)$ होता है।

मुद्रा की पूर्ति (Demand for Money)—मुद्रा की पूर्ति का सम्बन्ध किसी एक समय में सब उद्देश्यों के लिए देश की मुद्रा की कुल मात्रा से होता है। किसी समय देश में मुद्रा की पूर्ति कितनी होगी इसका निर्णय करना देश के मुद्रा अधिकारी (monetary authorities) के हाथ में होता है और इस पर देश के लोगों तथा व्यवसायों का लगभग कुछ भी प्रभाव नहीं होता। अत: मुद्रा की पूर्ति वक्र को पूर्ण **ब्याज बेलोच** मान लिया जाता है।

ब्याज की दर का निर्धारण (Determination of rate of interest)—केन्ज के अनुसार ब्याज की दर उस स्तर पर निर्धारित होती है जहां पर मुद्रा की मांग मुद्रा की पूर्ति के बराबर होती है। रेखाचित्र में QM रेखा मुद्रा की पूर्ति को व्यक्त करती है और LP मुद्रा की कुल मांग वक्र या तरलता अधिमान वक्र (Liquidity Preference curve) है। दानों E बिन्दु पर एक-दूसरे को काटते हैं। ब्याज की संतुलन दर Or है क्योंकि ब्याज की इस दर पर मुद्रा की मांग और पूर्ति की मात्रा बराबर है।

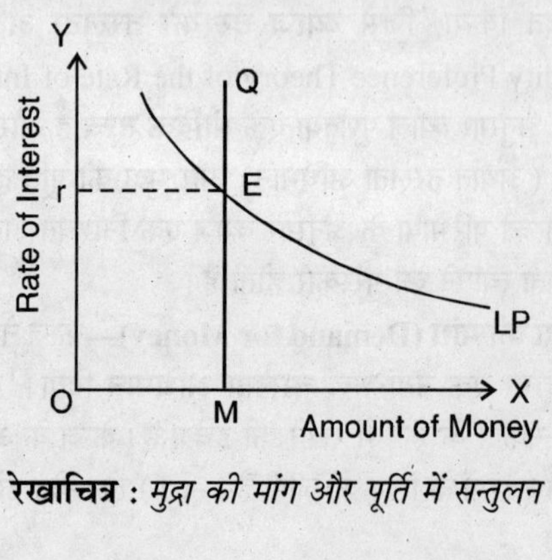

रेखाचित्र : *मुद्रा की मांग और पूर्ति में सन्तुलन*

अब यदि मौद्रिक प्राधिकारी द्वारा मुद्रा की पूर्ति में वृद्धि कर दी जाती है लेकिन तरलता अधिमान वक्र LP वही रहता है तो ब्याज दर कम हो जाएगी। लेकिन यदि मुद्रा की पूर्ति दी हुई होने पर, मुद्रा की मांग बढ़ती है और तरलता अधिमान वक्र ऊपर को सरक जाता है, तो ब्याज दर बढ़ती है। **नकदी अधिमान वक्र को प्रभावित करने वाले तत्त्व हैं—कीमतों का सामान्य स्तर; देश में नकदी मजदूरी का स्तर; केन्द्रीय बैंक की मुद्रा नीति; कराधान की सरकारी नीति; अर्थव्यवस्था के आय स्तर।**

ब्याज का आधुनिक सिद्धान्त

हिक्स एवं हैनसन (Hicks and Hansen) ने ब्याज दर के निर्धारण के क्लासीकल एवं केन्जीयन सिद्धान्तों से कुछ महत्त्वपूर्ण अंशों को निकाल कर उन्हें एक नवीन सिद्धान्त में संयोजित कर दिया है। इसे ही **ब्याज का आधुनिक सिद्धान्त** कहा जाता है। इस सिद्धान्त ने मौद्रिक एवं गैर मौद्रिक (अथवा वास्तविक) तत्त्वों को संयोजित करके ब्याज दर के निर्धारण की व्याख्या प्रस्तुत की है। क्लासीकल सिद्धान्त ने ब्याज दर के निर्धारण की व्याख्या प्रस्तुत करते समय केवल वास्तविक तत्त्वों को ही महत्त्व दिया था। इसके विपरीत, केन्ज के सिद्धान्त ने केवल मौद्रिक तत्त्वों को ही महत्त्व प्रदान किया था। लेकिन **आधुनिक सिद्धान्त** ने मौद्रिक एवं वास्तविक दोनों तत्त्वों को महत्त्व देता है।

आधुनिक सिद्धान्त के अनुसार आय सहित ब्याज दर के चार निर्धारक हैं—(1) बचत, (2) निवेश, (3) तरलता अधिमान, (4) मुद्रा पूर्ति। ब्याज दर के निर्धारण के सन्दर्भ में आधुनिक सिद्धान्त ने दो वक्रों का विकास किया है—IS वक्र तथा LM वक्र। IS वक्र वास्तविक क्षेत्र (real sector) में स्थापित सन्तुलन को व्यक्त करता है जबकि LM वक्र मौद्रिक क्षेत्र (monetary sector) में संतुलन को व्यक्त करता है। **हिक्स एवं हैनसन** इन्हीं दोनों वक्रों LM और IS की परस्पर क्रिया द्वारा ब्याज दर के निर्धारण की व्याख्या करते हैं। हिक्स और हैनसन द्वारा IS और LM वक्र किस प्रकार व्युत्पादित किए जाते हैं, इसका विश्लेषण हम नीचे प्रस्तुत करते हैं।

रेखाचित्र के भाग A और B में यह दर्शाया गया है कि केन्ज के तरलता अधिमान सिद्धान्त से LM वक्र किस प्रकार प्राप्त किया जाता है। LM वक्र हमें बताता है कि मुद्रा की मात्रा तथा विभिन्न आय स्तरों पर विभिन्न नकदी अधिमान वक्र दिए हुए होने पर ब्याज की दर क्या होगी। रेखाचित्र के भाग A से स्पष्ट है कि जैसे-जैसे आय बढ़ती है, तरलता अधिमान वक्र LP ऊपर की ओर सरक जाता है। इस स्थिति में ब्याज दर बढ़ेगी यदि मुद्रा की पूर्ति में कोई परिवर्तन न हो। रेखाचित्र के इस भाग में विभिन्न आय के स्तरों, Y_1, Y_2, Y_3, Y_4 और Y_5 पर नकदी अधिमान वक्र क्रमश: LP_1, LP_2, LP_3, LP_4, और LP_5 हैं और उनके अनुसार ब्याज की दरें क्रमश: r_1, r_2, r_3, r_4, और r_5 हैं। रेखाचित्र के भाग A से प्राप्त जानकारी से रेखाचित्र के भाग B में स्पष्ट एवं प्रत्यक्ष रूप से विभिन्न ब्याज दरों को दिखाया गया है जिससे हमें LM वक्र प्राप्त होता है।

रेखाचित्र के भाग C और D में यह दिखाया गया है कि किस प्रकार हम क्लासीकल सिद्धान्त से IS वक्र प्राप्त करते हैं। रेखाचित्र के भाग C से स्पष्ट है कि विभिन्न आय स्तरों Y_1, Y_2, Y_3, Y_4 तथा Y_5 पर बचत वक्र क्रमश: $S_1 Y_1, S_2 Y_2, S_3 Y_3, S_4 Y_4$ तथा $S_5 Y_5$ हैं जो कि दिए हुए निवेश वक्र से क्रिया कर के ब्याज की दर क्रमश: r_5, r_4, r_3, r_2, तथा r_1 निर्धारित करते हैं। रेखाचित्र के भाग C से यह जानकारी प्राप्त करके कि विभिन्न आय स्तरों पर

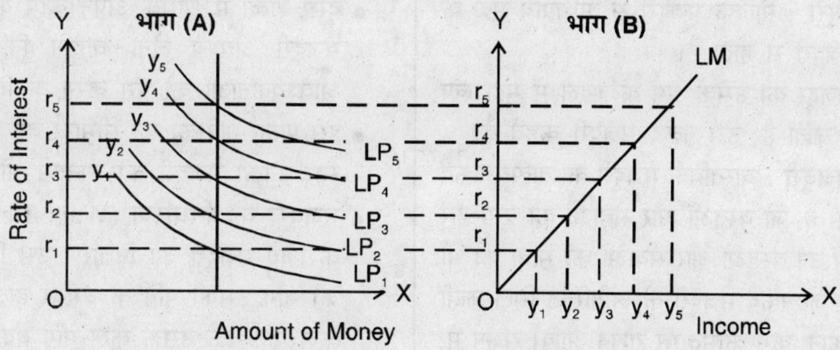

रेखाचित्र : *केन्ज के तरलता अधिमान सिद्धान्त से LM वक्र की व्युत्पत्ति*

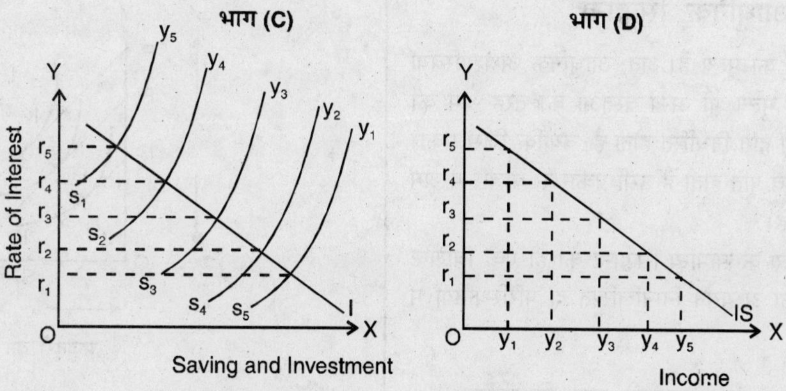

IS वक्र की व्युत्पत्ति

बचत वक्रों तथा निवेश मांग द्वारा निर्धारित विभिन्न आय के स्तरों पर ब्याज की विभिन्न दरें क्या हैं, को हम रेखाचित्र के भाग D मे स्पष्ट रूप से दिखाते हैं जिससे हमें IS वक्र की प्राप्ति होती है।

ब्याज दर का निर्धारण—उपरोक्त विश्लेषण से यह स्पष्ट है कि IS तथा LM वक्र आय स्तरों तथा ब्याज दरों से सम्बद्ध होते हैं। अपने आप में वे न तो आय स्तर और न ही ब्याज दर के बारे में बता सकते हैं। ब्याज दर के आधुनिक सिद्धान्त के अनुसार ब्याज दर उस बिन्दु पर निर्धारित होते हैं जहां पर दोनों वक्र एक दूसरे को काटते हैं।

आगे दिखाए गए रेखाचित्र में LM तथा IS वक्र E बिन्दु पर काटते हैं और OY_3 आय स्तर के अनुरूप Or_3 ब्याज दर निर्धारित होती है। ब्याज दर तथा आय के ये स्तर **वास्तविक** बाजार तथा मुद्रा बाजार में साथ-साथ संतुलन स्थापित करते हैं।

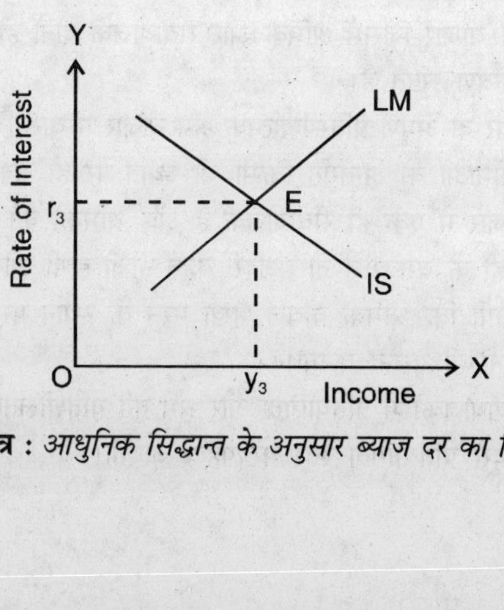

रेखाचित्र : *आधुनिक सिद्धान्त के अनुसार ब्याज दर का निर्धारण*

अत: उक्त विश्लेषण से हमने देखा कि ब्याज दर तथा आय स्तर दोनों ही इन चार तत्त्वों [अर्थात *(i)* निवेश मांग अनुसूची, *(ii)* बचत अनुसूची, *(iii)* नकदी अधिमान अनुसूची, *(iv)* मुद्रा की पूर्ति] द्वारा एक साथ निर्धारित किए जाते हैं। जब तक इन चार निर्धारक तत्त्वों में से कोई भी तत्त्व हमें मालूम न हो, हम सन्तुलित ब्याज दर और सन्तुलित आय स्तर जान नहीं सकते।

मजदूरी

- **प्रो. बेन्हम** और **जीड** ने 'मजदूरी' का प्रयोग संकुचित अर्थ में किया है। प्रो. बेन्हम के शब्दों में, ''मजदूरी मुद्रा के रूप में वह भुगतान है, जो समझौते के अनुसार एक स्वामी अपने सेवक को उसकी सेवाओं के बदले में देमता है।''
- इसी प्रकार प्रो. जीड के शब्दों में, ''मजदूरी शब्द का प्रयोग प्रत्येक प्रकार की श्रम की कीमत के अर्थ में नहीं करना चाहिए वरन् इसका अर्थ साहसी द्वारा भाड़े पर प्राप्त किए गए श्रम की कीमत के लिए करना चाहिए।''
- निष्कर्ष रूप में कहा जा सकता है कि ''मजदूरी एक प्रकार का पुरस्कार है, जो मनुष्य को परिश्रम के बदले में दिया जाता है चाहे वह प्रति घण्टा, प्रतिदिन और समयानुसार दिया जाए और उसका भुगतान मुद्रा या वस्तुएँ या दोनों के रूप में हो।''
- संक्षेप में, ''श्रम के प्रयोग के लिए दी गई कीमत मजदूरी कहलाती है।''

- **मौद्रिक या नकद मजदूरी :** मौद्रिक मजदूरी से अभिप्राय मुद्रा के रूप में मिलने वाली मजदूरी से होता है।
- दूसरे शब्दों में, किसी मजदूर को उसके श्रम के बदले में मुद्रा रूप में जो पारिश्रमिक दिया जाता है, उसे नकद मजदूरी कहते हैं।

वास्तविक या असल मजदूरी : वास्तविक मजदूरी का तात्पर्य नकद मजदूरी की उस क्रय शक्ति से है, जो वस्तुओं और सेवाओं को क्रय कर सकती है और ऐसी मजदूरी में उन वस्तुओं और सेवाओं की मात्रा को भी सम्मिलित कर लिया जाता है, जो नकद मजदूरी के अतिरिक्त मिल जाती है; जैसे–बिना किराए का मकान, कम कीमत पर राशन आदि। संक्षेप में,

वास्तविक मजदूरी = नकद मजदूरी + अन्य सुविधाएँ।

मजदूरी-निर्धारण का आधुनिक सिद्धान्त

- मजदूरी श्रम की सेवाओं का मूल्य है। अत: आधुनिक अर्थशास्त्रियों का मत है कि श्रम का मूल्य भी अन्य वस्तुओं की तरह श्रम की माँग व पूर्ति की शक्तियों द्वारा निर्धारित होता है, क्योंकि जिस प्रकार से किसी वस्तु की माँग व पूर्ति होती है उसी प्रकार से बाजार में श्रम की माँग व पूर्ति होती है।
- मजदूरी का निर्धारण मूल्य के सामान्य सिद्धान्त का ही एक विशिष्ट रूप है। इस सिद्धान्त का अध्ययन निम्नलिखित दो परिस्थितियों में होता है।

पूर्ण प्रतियोगिता के अन्तर्गत मजदूरी का निर्धारण

- इस सिद्धान्त के अनुसार श्रम के मूल्य निर्धारण का पूर्ण ज्ञान प्राप्त करने के लिए यह आवश्यक है कि पहले श्रम की माँग और पूर्ति के निर्धारक तत्वों का विश्लेषण कर लिया जाए।
- **श्रम की माँग :** श्रम की माँग उत्पादक करते हैं। श्रम की माँग इसलिए की जाती है, क्योंकि श्रमिक उत्पादन करते हैं। अत: श्रम की माँग का मूल्य इस बात पर निर्भर करता है कि वह कितना उत्पादन करता है। कोई भी उत्पादक श्रमिकों को उससे अधिक मूल्य नहीं देता जितना कि श्रमिक उत्पाद के लिए पैदा करता है।
- श्रम की माँग मूल्य उत्पादकों द्वारा मजदूरों को दी जाने वाली मजदूरी की वह दर है, जिस पर उत्पादक मजदूरों को उत्पादन कार्य में लगाना चाहते हैं।
- कोई भी उत्पादक श्रम की सीमान्त उत्पादकता से अधिक मूल्य नहीं देना चाहता, क्योंकि ऐसा करना उनके हित में नहीं। इस प्रकार श्रम की सीमान्त उत्पत्ति मजदूरी की अधिकतम सीमा को निश्चित करती है।
- **श्रम की पूर्ति :** श्रम की पूर्ति श्रमिकों द्वारा की जाती है, अर्थात् श्रमिक श्रम विक्रेता है। श्रम की पूर्ति से आशय एक विशेष प्रकार के श्रम के उन घंटों एवं दिनों से है, जिन्हें विभिन्न मजदूरी दरों पर नियोजनार्थ प्रस्तुत किया जाता है।
- सामान्यतया ऊँची मजदूरी पर अधिक श्रमिक तथा कम मजदूरी पर कम श्रमिक कार्य करने को तत्पर होते हैं। जिस प्रकार कोई भी उत्पादक अपनी वस्तुओं के लिए कम-से-कम सीमान्त उत्पादन लागत के बराबर मूल्य लेता है, ठीक उसी प्रकार मजदूर की न्यूनतम मजदूरी भी उसके सीमान्त त्याग अर्थात् जीवन स्तर से तय होती है।
- दूसरे शब्दों में श्रमिक अपने काम के बदले में कम-से-कम इतनी मजदूरी अवश्य लेना चाहेगा कि उसके वर्ग की सामाजिक आवश्यकताओं को पूरा करने के लिए पर्याप्त हो।
- इस प्रकार श्रमिकों का सीमान्त त्याग अथवा उनका रहन-सहन का स्तर उनकी मजदूरी की न्यूनतम सीमा को निश्चित करता है।
- **मजदूरी का निर्धारण (Wage-Determination) :** किसी उद्योग के लिए मजदूरी का निर्धारण उस बिन्दु पर होता है जहाँ पर श्रम की माँग उसकी पूर्ति के बराबर होती है। अर्थात् जहाँ पर श्रम का कुल पूर्ति वक्र उसके कुल माँग वक्र को काटता है। इसे रेखा चित्र में स्पष्ट किया गया है।

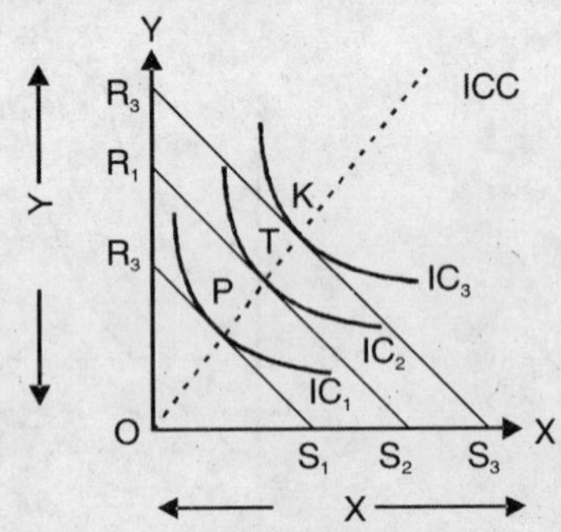

मजदूरी का निर्धारण

- पूर्ण प्रतियोगिता की अवस्था में जब एक बार उद्योग द्वारा मजदूरी की दर निर्धारित हो जाती है तो प्रत्येक फर्म को मजदूरी की इस दर को स्वीकार करना पड़ता है। यही कारण है कि श्रम के लिए मजदूरी की वर्तमान दर मजदूरी की पूर्ति वक्र पूर्णतया लोचदार है।
- अतएव एक फर्म बिना मजदूरी की दर में वृद्धि किए हुए मजदूरी की बाजार में प्रचलित दर पर ही श्रमिकों को रोजगार प्रदान कर सकती है।

अपूर्ण प्रतियोगिता के अन्तर्गत मजदूरी का निर्धारण

- वास्तविक जीवन में पूर्ण प्रतियोगिता की स्थितियाँ प्राप्त नहीं होतीं। आजकल श्रमिक और सेवायोजक दोनों ही संगठित हैं। श्रम बाजार में दो प्रकार की अपूर्ण प्रतिस्पर्द्धात्मक दशाएँ हो सकती हैं।

1. वह श्रम-बाजार जिसमें सेवायोजक मजदूरी निर्धारण करने में अधिक शक्तिशाली है।
2. वह श्रम-बाजार जिसमें श्रमिक और सेवायोजक दोनों ही अपनी दर पर नियन्त्रण रखते हैं।

- इस प्रकार के अपूर्ण प्रतिस्पर्द्धात्मक श्रम बाजार में वास्तविक मजदूरी निम्न सीमाओं के अन्तर्गत किसी भी स्थान पर हो सकती है।

1. यदि बाजार में एक ही सेवायोजक है और श्रमिकों की गतिशीलता प्राय: नहीं के बराबर है तो मजदूरी बहुत नीची होगी और यह इतनी नीची होगी कि श्रमिक केवल भूखा मरने के स्थान पर रोजगार में लगे रहना ही पसन्द करेगा।
2. यदि सेवायोजकों में प्रतियोगिता और श्रम की गतिशीलता अधिक है तो मजदूरी प्रतियोगिता स्तर पर पहुँच जाएगी।

- वास्तविक मजदूरी का निर्धारण इन दो सीमाओं के बीच होगा। इसे निम्न प्रकार रेखाचित्र की सहायता से स्पष्ट किया गया है।

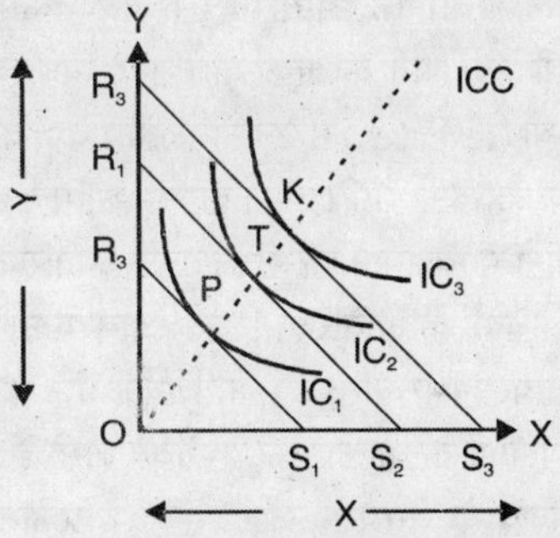

वास्तविक मजदूरी का निर्धारण

- यहाँ उल्लेखनीय बात यह है कि औसत मजदूरी MT या OW सीमान्त उत्पादकता (MRP) से भी कम है, जिसका अर्थ यह है कि श्रमिकों की उत्पादकता तो अधिक है, जबकि उनको मजदूरी कम दी जा रही है।
- इसे श्रीमती रॉबिन्सन ने श्रम का शोषण कहकर पुकारा है। उपरोक्त चित्र में इसे TE (MEMT) भाग के बराबर दिखाया गया है।

मुद्रा की मांग

मुद्रा के दो महत्त्वपूर्ण कार्यों के कारण मुद्रा की मांग उत्पन्न होती है। प्रथम यह है कि मुद्रा विनिमय के माध्यम का कार्य करती है और दूसरा यह है कि मुद्रा मूल्य का संचय (store of value) है। अत: व्यक्ति और व्यापारी मुद्रा को आंशिक रूप से नकदी के रूप में और आंशिक रूप से परिसम्पत्तियों के रूप में रखना चाहते हैं। मुद्रा की मांग के निम्न मत हैं—**क्लासीकल, नव क्लासीकल** (neo classical), केन्जीय तथा केन्जोपरान्त (Post Keynesian)। इन मतों की निम्नलिखित विवेचना की गई है।

क्लासीकल मत

क्लासीकल अर्थशास्त्रियों ने मुद्रा के संचलन वेग (velocity of circulation) के रूप में **मुद्रा की लेन-देन मांग** पर बल दिया। इसका कारण यह है कि क्लासीकल विचार धारा के अनुसार मुद्रा विनिमय के माध्यम का कार्य करती है और वस्तुओं तथा सेवाओं के विनिमय को सुगम बनाती है। फिशर (Fisher) के **'विनिमय के समीकरण'** में MV = PT

जहां M मुद्रा की कुल मात्रा, V मुद्रा का संचलन वेग, P कीमत स्तर तथा T मुद्रा में विनिमय की गयी कुल वस्तुओं और सेवाओं की मात्रा है।

इस समीकरण में PT मुद्रा की मांग को व्यक्त करता है जो अर्थव्यवस्था में किए गए लेन-देनों के मूल्य पर निर्भर करता है। MV मुद्रा की पूर्ति को व्यक्त करता है और संतुलन स्तर पर मुद्रा की मांग के बराबर होती है। इस प्रकार मुद्रा की मांग का समीकरण होगा—

$$M_d = PT$$

जहां M_d मुद्रा की मांग है।

नव-क्लासीकल सिद्धान्त

मुद्रा के मांग के नव-क्लासीकल सिद्धान्त को कैम्ब्रिज अर्थशास्त्री **मार्शल** और **पीगू** ने दिया था। कैम्ब्रिज मत के अनुसार मुद्रा की मांग का समीकरण है—

$$M_d = KPY$$

जहां M_d मुद्रा की मांग, K वास्तविक मौद्रिक आय का भाग है जिसे लोग नकदी के रूप में रखना चाहते हैं, P कीमत स्तर है। **यह समीकरण बताता है कि अन्य बातें समान रहने पर सामान्य रूप में मुद्रा की मांग प्रत्येक व्यक्ति के नकदी आय स्तर के समानुपातिक होगी।** (The Key feature of the cambridge equation is that it makes the demand for money a function of money income and only of it.) मुद्रा की कैम्ब्रिज मांग फलन को निम्न रेखाचित्र की सहायता से दिखाया जा सकता है।

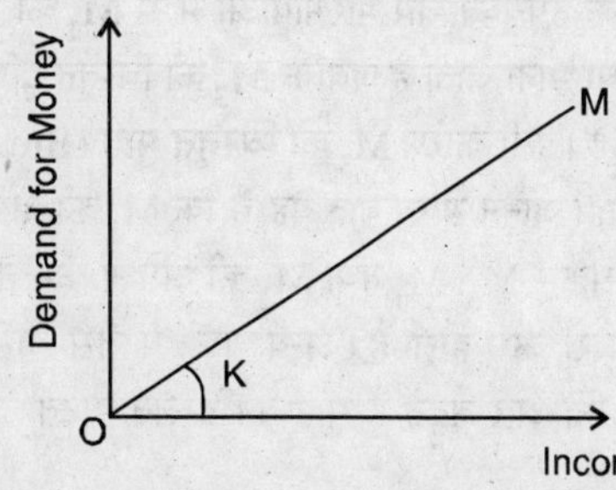

रेखाचित्र : *Cambridge Demand for Money Function*

आलोचना—मुद्रा की मांग के **क्लासीकल मत** की मुख्य आलोचना इस बात से उत्पन्न होती है कि यह **मुद्रा के मूल्य संचय** (store of value) कार्य की उपेक्षा करता है।

क्लासीकल अर्थशास्त्रियों ने केवल **मुद्रा के विनिमय के माध्यम कार्य** के ऊपर ही बल दिया है। उनके अनुसार अर्थव्यवस्था में मुद्रा निष्प्रभावी (neutral) भूमिका निभाती है। यदि मुद्रा को सम्पत्ति के रूप में संचित कर ली जाए तो वह बढ़ती नहीं है और व्यर्थ होती है। यह एक गलत धारणा है क्योंकि मुद्रा परिसम्पत्ति का कार्य भी करती है जब यह बिलों, बांडों, प्रतिभूतियों, ऋणपत्रों, वास्तविक परिसम्पत्तियों जैसे मकान, जमीन आदि अन्य प्रकार की परिसम्पत्तियों में परिवर्तित कर दी जाती है। अत: मुद्रा की मांग के क्लासीकल सिद्धान्त की मुख्य कमी मुद्रा के परिसम्पत्ति कार्य की उपेक्षा थी, जिसे **केन्ज** ने दूर किया।

मुद्रा की मांग का केन्जीय सिद्धान्त

केन्ज ने अपनी पुस्तक General Theory में मुद्रा की मांग के लिए एक नया शब्द **''तरलता अधिमान''** का प्रयोग किया है। केन्ज के अनुसार अर्थव्यवस्था में मुद्रा की मांग तीन उद्देश्यों के कारण होती है—

1. लेन-देन उद्देश्य (Transactions motive)

2. सतर्कता उद्देश्य (Precautionary motive)

3. सट्टा उद्देश्य (Speculative motive)

केन्ज के अनुसार मुद्रा की मांग इन्हीं तीन उद्देश्यों के कारण होती है। इन्हीं तीनों उद्देश्यों के कारण हुई मुद्रा की मांग को **मुद्रा की कुल मांग** (Aggregate demand for money) कहते हैं। स्मरण रहे, केन्ज के **'मुद्रा की मांग'** से अभिप्राय मुद्रा की उस राशि से है जो लोग अपने पास रखते हैं (The demand for money in the Keynesian sense is the demand to hold money)।

मुद्रा की पूर्ति

किसी भी समय पर मुद्रा की पूर्ति का अर्थ है अर्थव्यवस्था में विद्यमान मुद्रा का कुल परिमाण। मुद्रा की पूर्ति से सम्बन्धित चार अलग-अलग अवधारणाएं हैं। जो निम्न हैं—

1. M_1 = जनता के पास करेंसी + बैंकों की मांग जमा (Demand Deposit with Banks)

2. $M_2 = M_1$ + पोस्ट ऑफिस सेविंग बैंक जमाएं

3. $M_3 = M_1$ + बैंकों में सावधि जमाएं (Net time deposits of Banks)

4. $M_4 = M_3$ + पोस्ट आफिस की कुल जमाएं

मुद्रा की पूर्ति के उपर्युक्त चार परिभाषाओं में से $\mathbf{M_1}$ को मुद्रा की पूर्ति का **संकीर्ण परिभाषा** माना जाता है जबकि $\mathbf{M_3}$ को विस्तृत दृष्टिकोण वाली परिभाषा कहा जाता है। इसी कारण M_3 को **विस्तृत मुद्रा** (Broad Money) भी कहा जाता है। यहां जानने योग्य बात यह है कि M_1 की अपेक्षा M_2 कम तरल होता है। इसी प्रकार M_3, M_1 तथा M_2 की अपेक्षा कम तरल होता है। **$\mathbf{M_4}$ की तरलता सबसे कम होती है।** अन्य शब्दों में जैसे-जैसे हम M_1 से M_2, M_3, तथा M_4 की ओर बढ़ते हैं मुद्रा की तरलता घटती जाती है।

मुद्रा की पूर्ति के निर्धारक

मुद्रा की पूर्ति के निर्धारण के सम्बन्ध में दो सिद्धान्त हैं। प्रथम मत के अनुसार, मुद्रा पूर्ति को केन्द्रीय बैंक (Central Bank) बहिर्जात रूप (exogenously) से निर्धारित करता है। दूसरा मत यह है कि आर्थिक क्रिया में होने वाले परिवर्तन अन्तर्जात रूप से मुद्रा पूर्ति को निर्धारित करते हैं जो कि लोगों की जमा की सापेक्षता में करेन्सी धारण करने की इच्छा, ब्याज की दर, इत्यादि को प्रभावित करती है। इस प्रकार मुद्रा पूर्ति के निर्धारक बहिर्जात भी है और अन्तर्जात भी। अत: मुद्रा की पूर्ति के निर्धारक हैं—नकदी रिजर्व अनुपात (C.R.R.), बैंकों के अतिरिक्त रिजर्व और जमाओं की सापेक्षता में करेन्सी धारण की लोगों की इच्छा।

1. आवश्यक रिजर्व अनुपात—आवश्यक रिजर्व अनुपात को नकदी रिजर्व अनुपात (cash reserve ratio–CRR) भी कहा जाता है। यह मुद्रा पूर्ति का एक महत्त्वपूर्ण निर्धारक है। जब आवश्यक रिजर्व अनुपात बढ़ता है तो कमर्शियल बैंकों के पास मुद्रा की पूर्ति घट जाती है और जब आवश्यक रिजर्व अनुपात घट जाता है तो मुद्रा की पूर्ति बढ़ जाती है। चालू तथा सावधि जमा देयताओं (liabilities) से नकदी का अनुपात, आवश्यक रिजर्व अनुपात कहलाता है, जिसे केन्द्रीय बैंक निर्धारित करता है। प्रत्येक कमर्शियल बैंक को इन देयताओं का कुछ प्रतिशत देश के केन्द्रीय बैंक के पास जमा के रूप में रखना पड़ता है। परन्तु जिस करेन्सी नोट अथवा नकदी को कमर्शियल बैंक अपनी तिजोरियों में रखते हैं, उसे नकदी रिजर्व अनुपात में सम्मिलित नहीं किया जाता है।

भारत में मुद्रा पूर्ति निर्धारित करने के लिए कानून द्वारा एक अतिरिक्त कदम के रूप में **कानूनी रिजर्व अनुपात** (statutory liquidity ratio–SLR) निश्चित किया गया है। अन्य देशों में SLR को द्वितीयक (Secondary) रिजर्व अनुपात की संज्ञा दी गई है जबकि आवश्यक रिजर्व अनुपात को प्राथमिक (Primary) अनुपात कहा जाता है। यदि SLR बढ़ा दिया जाए तो इससे कमर्शियल बैंकों की उधार देने के लिए मुद्रा पूर्ति कम हो जाती है और यदि SLR कम कर दिया जाए तो बैंकों की उधार देने के लिए मुद्रा पूर्ति बढ़ जाती है।

2. कमर्शियल बैंकों के अतिरिक्त रिजर्व—कमर्शियल बैंकों के अतिरिक्त रिजर्व भी मुद्रा पूर्ति का एक महत्त्वपूर्ण निर्धारक है। कमर्शियल बैंकों की आरक्षितियों (reserves) में उनकी केन्द्रीय बैंक के पास जमाएं तथा उनकी तिजोरियों या तहखानों में विद्यमान करेन्सी शामिल होती हैं। बैंकों की तिजोरियों या तहखानों में विद्यमान करेंसी ही उनके अतिरिक्त रिजर्व (excess reserves) होते हैं। बैंकों के अतिरिक्त रिजर्व, आबश्यक रिजर्व (required reserve) की मात्रा पर निर्भर करते हैं। कमर्शियल बैंक के अतिरिक्त रिजर्व ही उसकी जमा देयताओं के आकार को प्रभावित करते हैं। कमर्शियल बैंक अपने अतिरिक्त रिजर्व के बराबर कर्ज देते हैं, इस प्रकार अतिरिक्त रिजर्व मुद्रा पूर्ति का आवश्यक अंग है। किसी कमर्शियल बैंक की मुद्रा पूर्ति निर्धारित करने के लिए केन्द्रीय बैंक खुले बाजार परिचालन (open market operations) और कटौती दर नीति (discount rate policy) अपनाकर उसके रिजर्वों को प्रभावित करता है।

खुले बाजार परिचालन का सम्बन्ध सरकारी प्रतिभूतियों तथा अन्य प्रकार की सरकारी तथा निजी परिसम्पत्तियों जैसे हुंडी, प्रतिभूतियों, बांड (Bonds) इत्यादि का खुले बाजार में क्रय विक्रय से सम्बन्ध रखता है। जब केन्द्रीय बैंक खुले बाजार में प्रतिभूतियां बेचता या खरीदता है तो बैंक के अतिरिक्त रिजर्वों का स्तर घट या बढ़ जाता है। केन्द्रीय बैंक द्वारा खरीदी जाने वाली प्रतिभूतियों का भुगतान प्रतिभूतियों के धारकों को चैकों द्वारा किया जाता है। आगे वे उन चैकों को कमर्शियल बैंकों में जमा करा देते हैं जिससे बैंक आरक्षितियों (reserves) का स्तर बढ़ जाता है। इसके विपरीत जब केन्द्रीय बैंक जनता और बैंकों को प्रतिभूतियां बेचता है तो जनता और बैंक नकदी या चैकों के माध्यम से केन्द्रीय बैंक को भुगतान करते हैं और परिणामस्वरूप कमर्शियल बैंक के आरक्षितियों (reserves) का स्तर गिर जाता है।

कटौती दर नीति कमर्शियल बैंकों की बैंक साख की लागत एवं पूर्ति को प्रभावित करके मुद्रा पूर्ति पर असर डालती है। **कटौती दर जिसे भारत में बैंक दर कहा जाता है, वह ब्याज दर है जिस पर केन्द्रीय बैंक से कमर्शियल बैंक उधार लेते हैं।** ऊंची बैंक दर का मतलब है कि यदि कमर्शियल बैंक केन्द्रीय बैंक को प्रतिभूतियां बेचते हैं तो उन्हें कम राशियां प्राप्त होती हैं। कमर्शियल बैंक, आगे जनता को उधार देने की दर बढ़ा देते हैं जिसके परिणामस्वरूप उनके लिए ऋण महंगे हो जाते हैं। इस प्रकार साख (credit) तथा कमर्शियल बैंकों की आरक्षितियां संकुचित हो जाएंगी। यदि बैंक दर घटा दी जाएं तो स्थिति पलट जाएगी। इससे साख और परिणामी बैंक आरक्षितियों का विस्तार होगा।

कमर्शियल बैंकों की रिजर्वों पर महत्त्वपूर्ण प्रभाव केवल तभी पड़ता है जब खुले बाजार परिचालन तथा कटौती दर नीति एक दूसरे की पूरक हों। अन्यथा बैंक रिजर्वों तथा परिणामी मुद्रा पूर्ति को प्रभावित करने की उनकी क्षमता सीमित होती है।

3. जनता की करेन्सी तथा जमाएं रखने की इच्छा —लोगों की करेन्सी (नकदी) रखने की इच्छा भी मुद्रा पूर्ति को निर्धारित करती है। यदि लोगों की यह आदत बनी हुई है कि वे नकदी कम रखते हैं और कमर्शियल बैंकों में अधिक जमा रखते हैं तो मुद्रा पूर्ति अधिक होगी। इसका कारण यह है कि अधिक जमाओं से अधिक मुद्रा का निर्माण (creation of credit) बैंकों द्वारा किया जा सकता है। इसके विपरीत, यदि लोगों में बैंकिंग की

आदत नहीं है और वे अपने मुद्रा धारणों को नकदी के रूप में रखना बेहतर समझते हैं, तो बैंकों द्वारा साख निर्माण अपेक्षाकृत कम होगा और मुद्रा पूर्ति का स्तर नीचा होगा।

मुद्रा का मूल्य

बीसवीं सदी में कुछ अंग्रेज अर्थशास्त्रियों ने, मार्शल के नेतृत्व में परिमाण सिद्धान्त का थोड़ा भिन्न संस्करण लोकप्रिय बनाया। इन अर्थशास्त्रियों में विशेषकर पीगू, रॉबर्टसन और कीन्स, कैम्ब्रिज विश्वविद्यालय से सम्बन्धित थे। अतएव इस सिद्धान्त को कैम्ब्रिज सिद्धान्त या नकदी-शेष (Cash balance) भी कहते हैं।

कैम्ब्रिज सिद्धान्त के अनुसार मुद्रा का मूल्य (या मूल्य स्तर) मुद्रा की मांग पर निर्भर करता है। पर मुद्रा की मांग लेन-देन उद्देश्य के लिए नहीं की जाती बल्कि मूल्य के संचय (Store of value) के उद्देश्य से की जाती है। जब मुद्रा की मांग बढ़ेगी तो लोग वस्तुओं तथा सेवाओं पर अपने खर्च घटा देंगे ताकि उनके पास अधिक मात्रा में नकदी रहे। इससे वस्तुओं तथा सेवाओं की मांग घट जाएगी परिणाम स्वरूप कीमत स्तर गिर जाएगा जिससे मुद्रा का मूल्य बढ़ जाएगा। दूसरी ओर, मुद्रा की मांग गिरने से कीमत स्तर बढ़ेगा और मुद्रा का मूल्य कम हो जाएगा।

मार्शल का समीकरण

मार्शल का समीकरण है—

$$M = PKY$$

जहां M लोगों के पास मुद्रा के परिमाण को, P कीमत स्तर को, Y वास्तविक आय (real income) तथा K वास्तविक आय का वह अंश जिसे लोग नकदी के रूप में रखना चाहते हैं को व्यक्त करता है।

इस समीकरण से स्पष्ट है कि मुद्रा का मूल्य (अर्थात कीमत) नकदी के रूप में रखे जाने वाले द्रव्य की मांग पर निर्भर होता है।

पीगू का समीकरण

पीगू ने नकदी शेष सिद्धान्त को समीकरण के रूप में निम्न प्रकार से व्यक्त किया है—

$$P = \frac{KR}{M}$$

जहां P = मुद्रा की क्रय शक्ति अथवा मुद्रा का मूल्य

K = राष्ट्रीय आय का अंश, जिसे जनता नकदी के रूप में रखना चाहती है।

R = राष्ट्रीय आय या समाज के समस्त साधन (resources)

M = वैध मुद्रा की वास्तविक मात्रा।

पीगू के अनुसार मुद्रा की मांग के अन्तर्गत केवल वैध मुद्रा अथवा नकदी ही नहीं आती बल्कि बैंक नोट तथा बैंक शेष भी आते हैं। बैंक नोटों तथा बैंक शेषों को मुद्रा की मांग में सम्मिलित करने के लिए पीगू ने अपने समीकरण का संशोधित रूप इस प्रकार प्रस्तुत किया—

$$P = \frac{KR}{M}\{c + h\,(1 - c)\}$$

जहां c लोगों द्वारा वैध मुद्रा एवं प्रतीक सिक्कों के रूप में वास्तव में रखी गई कुल वास्तविक आय का अनुपात है, $(1 - c)$, बैंक नोटों तथा बैंक शेषों का अनुपात है, और h वास्तविक वैध मुद्रा का वह अनुपात है जिसे बैंकर अपने ग्राहकों द्वारा धारित नोटों तथा शेषों के मुकाबले रखते हैं।

पीगू के अनुसार जब समीकरण P = KR/M में K तथा R को स्थिर मान लिया जाता है तो यह समीकरण **आयताकार अधीन्द्र** (rectangular hyperbola) के रूप में वैध मुद्रा का मांग वक्र प्रदान करता है। इसका मतलब है कि मुद्रा की मांग वक्र का लोच एक के बराबर होता है।

राबर्टसन का समीकरण

राबर्टसन का समीकरण पीगू के समीकरण से मिलता-जुलता है। दोनों के समीकरणों में केवल इतना अन्तर है कि पीगू के कुल वास्तविक संसाधन R के स्थान पर राबर्टसन ने वस्तुओं तथा सेवाओं के कुल सौदों का परिमाण T लिया। राबर्टसन का समीकरण है—

$$M = PKT \quad \text{या} \quad P = \frac{M}{KT}$$

जहां P = कीमत स्तर।

M = मुद्रा की कुल मात्रा।

T = वस्तुओं तथा सेवाओं की कुल राशि

K = (T) का अंश जिसे लोग नकदी शेष के रूप में अपने पास रखना चाहते हैं।

कीन्स का समीकरण

दूसरी ओर कीन्स ने **वास्तविक शेष मात्रा समीकरण** (Real Balances Quantity Equation) का प्रतिपादन किया, जो केवल उपभोक्ता वस्तुओं के सन्दर्भ में है। कीन्स के अनुसार व्यक्ति अपने पास नकदी केवल उपभोक्ता वस्तुओं या सेवाओं को खरीदने के लिए रखते हैं। कीन्स का समीकरण है—

$$n = PK$$

जहां n आम जनता के पास नकदी को, P = उपभोक्ता वस्तु की कीमत तथा K उपभोक्ता वस्तु का वह अनुपात है जिसके लिए जनता नकदी n रखती है।

यदि K स्थिरांक हो तो n में अनुपाती वृद्धि होने से P (कीमत स्तर) में अनुपाती वृद्धि होगी।

स्फीति का सिद्धांत

स्फीति को सबसे पहले **नव-क्लासीकल** अर्थशास्त्रियों ने परिभाषित किया था। स्फीति से उनका तात्पर्य था, मुद्रा के परिमाण में अत्यधिक वृद्धि के परिणामस्वरूप कीमतों में द्रुत (galloping) वृद्धि। जबकि **केन्ज़** के अनुसार, जब मुद्रा की पूर्ति पूर्ण रोजगार स्तर से आगे बढ़ जाती है तो उत्पादन बढ़ना बन्द हो जाता है और मुद्रा पूर्ति के साथ कीमतें समानुपात में बढ़ती हैं। केन्ज़ के अनुसार यही असली स्फीति है। **यहां ध्यान देने योग्य बात यह है कि केन्ज अपने विश्लेषण में इस बात पर बल देता है कि स्फीति का कारण मांग है और वह स्फीति के लागत पक्ष की उपेक्षा करता है।**

स्फीति अन्तराल

स्फीति अन्तराल की अवधारणा का प्रतिपादन **केन्ज** ने किया था। केन्ज के अनुसार पूर्ण रोजगार के स्तर पर समस्त मांग में समस्त पूर्ति की अपेक्षा तीव्र

वृद्धि से इन दोनों में जो अन्तराल उत्पन्न हो जाता है उसे ही **स्फीति अन्तराल** कहा जाता है। समस्त मांग का स्तर जितना ही अधिक होगा अन्तराल (gap) भी उतना ही अधिक होता है। स्थिर औसत-बचत प्रवृत्ति दी हुई होने पर, पूर्ण रोजगार स्तर पर मुद्रा-आय में वृद्धि से जब पूर्ति से मांग बढ़ जाएगी तो परिणामस्वरूप स्फीति अन्तराल उत्पन्न हो जाएगा।

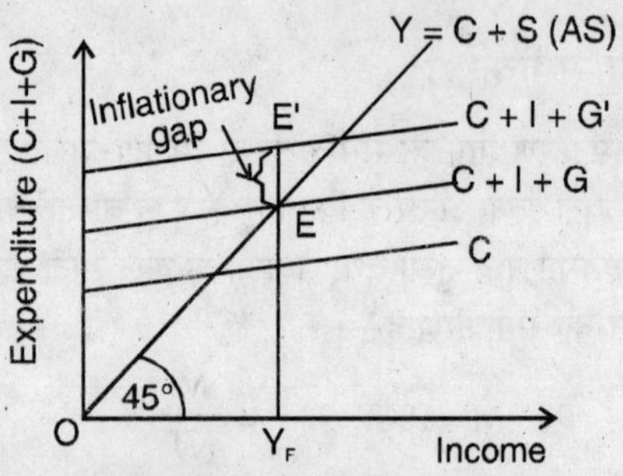

रेखाचित्र : *स्फीति अन्तराल*

स्फीति अन्तराल को रेखाचित्र की सहायता से भी दिखाया जा सकता है। रेखाचित्र में Y_F आय का पूर्ण रोजगार स्तर है जो कुल मांग रेखा C+I+G और कुल पूर्ति को व्यक्त करने वाली रेखा 45° की E बिन्दु पर समानता से उपलब्ध हुआ है। सरकारी व्यय में वृद्धि के फलस्वरूप समस्त मांग फलन (C+I+G') ऊपर की ओर विवर्तित (Shift) हो जाता है। परिणामस्वरूप पूर्ण रोजगार के स्तर पर समस्त मांग एवं समस्त पूर्ति के बीच एक अन्तराल उत्पन्न हो जाता है जोकि EE' के बराबर है। इसे ही स्फीति अन्तराल कहा जाता है।

स्फीति अन्तराल कैसे समाप्त किया जा सकता है? इसके लिए बचतों में वृद्धि की जानी चाहिए ताकि समस्त मांग घट जाए। दूसरा हल यह है कि उपलब्ध उत्पादन का मूल्य बढ़ाकर प्रयोज्य आय (disposable income) के बराबर कर दिया जाए। परन्तु अल्पकाल में उत्पादन तो बढ़ाया नहीं जा सकता।

निजी निवेश भी घटाया नहीं जा सकता जबकि सरकारी व्यय स्वायत्त होता है। इसलिए अल्पकाल में दोनों ही घटाए नहीं जा सकते। इसलिए सरकार के पास एक ही विकल्प रह जाता है कि कराधान बढ़ाए और बचतों को प्रोत्साहन दें।

मांगाधिक्य अथवा स्फीति का मौद्रिक सिद्धांत

इस सिद्धांत के अनुसार, जब अर्थव्यवस्था में समस्त पूर्ति से समस्त मांग अधिक हो जाती है तो कीमतों में स्फीतिकारी वृद्धि होने लगेगी। इसकी प्राचीनतम व्याख्या मुद्रा के परम्परागत (classical theory) परिमाण सिद्धांत में मिलती है। यह सिद्धांत बताता है कि मुद्रा पूर्ति की वृद्धि के अनुपात में कीमतें बढ़ती हैं। पूर्ण रोजगार का स्तर दिया हुआ होने पर, यदि मुद्रा की पूर्ति दो गुणा कर दी जाए तो कीमतें भी दो गुणा हो जाएंगी। इस प्रकार, स्फीति उसी रफ्तार से चलती है जिस रफ्तार से मुद्रा पूर्ति का विस्तार होता है। इस विश्लेषण में समस्त पूर्ति स्थिर मान ली गई है और अर्थव्यवस्था में हमेशा पूर्ण रोजगार रहता है। स्वाभाविक है कि जब मुद्रा की पूर्ति बढ़ती है तो वह वस्तुओं की मांग बढ़ाती है, लेकिन संसाधन पूर्ण रूप से रोजगारयुक्त हैं, इसलिए वस्तुओं की पूर्ति नहीं बढ़ सकती। इससे कीमतें बढ़ जाती है।

आधुनिक मौद्रिक सिद्धांतवादियों जिनके नेता **फ्रीडमैन** है, का मत है कि "स्फीति सदैव तथा सर्वत्र एक मौद्रिक घटना होती है।" आधुनिक परिमाण सिद्धांतवादी न तो यह मान्यता रखते हैं कि पूर्ण रोजगार सामान्य स्थिति है और न ही यह कि मुद्रा के वेग (Velocity of Money) स्थिर होता है। फिर भी वे स्फीति को मुद्रा पूर्ति की अतिवृद्धि का परिणाम मानते हैं।

लागताधिक्य स्फीति

मजदूरी आधिक्य (Wage-Push) और लाभाधिक्य (Profit Push) के कारण जो कीमतों में वृद्धि होती है उससे लागताधिक्य (Cost-Push) स्फीति आती है।

लागताधिक्य स्फीति का मूल कारण यह है कि श्रम की उत्पादकता की अपेक्षा मुद्रा मजदूरी अधिक तेजी से बढ़ने लगती है। विकसित देशों में ट्रेड-यूनियनें अधिक शक्तिशाली होती हैं। वे मालिकों पर दबाव डालती हैं कि श्रम की उत्पादकता (productivity of labour) में वृद्धि की अपेक्षा मजदूरी में कहीं अधिक वृद्धि करें, जिसके परिणामस्वरूप वस्तुओं के उत्पादन लागत बढ़ जाती है। जिसका परिणाम यह होता है कि कीमतें बढ़ने लगती हैं। कीमतें बढ़ने से यूनियनों को और अधिक मजदूरी मांगने की प्रेरणा मिलती है। इससे मजदूरी-लागत उत्चक्र (Spiral) चलता रहता है। जिसके परिणामस्वरूप लागताधिक्य अथवा मजदूरी जन्य स्फीति आती है।

फिर जब मुद्रा मजदूरी बढ़ती है तो अर्थव्यवस्था के कुछ क्षेत्रों पर प्रभाव पड़ता है और उन क्षेत्रों के उत्पादों की कीमतें बढ़ जाती है। बहुत बार ऐसा होता है कि एक क्षेत्र के उत्पाद दूसरे क्षेत्रों में वस्तुओं के उत्पादन की आगतों (Inputs) के रूप में प्रयोग होते हैं। परिणामत: अन्य क्षेत्रों की उत्पादन लागत बढ़ जाएगी और इस प्रकार उनकी वस्तुओं की कीमतें बढ़ेगी। इस प्रकार हो सकता है कि अर्थव्यवस्था के कुछ क्षेत्रों में मजदूरी-जन्य स्फीति समस्त अर्थव्यवस्था में कीमतों में स्फीतिकारी वृद्धि कर दे।

लागताधिक्य स्फीति का एक और कारण लाभाधिक्य स्फीति है। अल्पाधिकारी तथा एकाधिकारी फर्में, अधिक लाभ कमाने के उद्देश्य से श्रम तथा उत्पादन लागतों में हुई वृद्धि को समाप्त करने के लिए अपनी वस्तुओं की कीमते बढ़ा देती हैं। क्योंकि इस तरह की फर्मों के लिए अपूर्ण प्रतियोगिता होती है इसलिए ये फर्में स्वयं अपनी वस्तुओं की कीमतें निर्देशित (administer) कर सकती हैं। लाभ-जन्य स्फीति को स्फीति कीमत का सिद्धान्त अथवा कीमत-जन्य स्फीति अथवा विक्रेताओं की स्फीति अथवा बाजार-शक्ति स्फीति भी कहते हैं।

लागताधिक्य सिद्धांत की तीन आधारों पर आलोचना की गयी है। **प्रथम,** लागताधिक्य सिद्धांत बेरोजगारी से सम्बद्ध है। इसलिए मौद्रिक प्राधिकारी दुविधा में होता है। क्योंकि स्फीति रोकने के लिए उसे बेरोजगारी सहन करनी पड़ेगी। **दूसरा,** यदि सरकार पूर्ण रोजगार की नीति के प्रति वचनबद्ध है, तो यूनियनों द्वारा बढ़वायी जाने वाली मजदूरी सहन करनी होगी और इसलिए स्फीति भी सहन करनी होगी। **तीसरा,** यदि बेरोजगारी की अवधियों में सरकार समस्त मांग को बढ़ाने का प्रयत्न करती है तो हो सकता है कि इससे उत्पादन और रोजगार बढ़ने के बजाय ट्रेड-यूनियनों के कार्य से मजदूरी में वृद्धि हो जाए।

क्षेत्रीय अथवा मांग स्थानान्तरण स्फीति

क्षेत्रीय स्फीति **चार्ल्स शुल्ज** (Charles Shultz) के नाम से सम्बद्ध है। उसने "Recent inflation in the United States" शीर्षक शोध-पत्र में लक्ष्य किया था कि 1955-57 तक कीमतों में जो वृद्धियां हुई थीं, उनका कारण न तो मांगाधिक्य था और न ही लागताधिक्य, बल्कि मांग में क्षेत्रीय स्थानान्तरणों के कारण वे वृद्धियां हुई थीं। शुल्ज ने अमेरिकी अर्थव्यवस्था के सन्दर्भ में अपनी थीसीस प्रस्तुत की थी परन्तु अब उसे आधुनिक औद्योगिक अर्थव्यवस्थाओं के लिए सामान्य सिद्धांत बना दिया गया है।

शुल्ज के अनुसार कीमतें तथा मजदूरी अति मांग के प्रत्युत्तर में ऊपर की ओर लोचदार होती हैं। परन्तु नीचे की ओर अनम्य होती है। जब मांग बढ़ती है तो मजदूरी तथा कीमतें भी बढ़ती हैं परन्तु मांग गिरने पर वे गिरती नहीं। यदि अर्थव्यवस्था के कुछ क्षेत्रों में अति मांग हो और अन्य क्षेत्रों में न्यून मांग हो, तो इससे भी सामान्य कीमत स्तर बढ़ेगा। इसका कारण यह है कि न्यून मांग क्षेत्रों में भी कीमतें नहीं गिरतीं क्योंकि कीमतें नीचे की ओर अनम्य होती हैं। परन्तु अति मांग क्षेत्रों में कीमतें बढ़ती हैं जबकि अन्य क्षेत्रों में स्थिर रहती है। निवल प्रभाव यह होता है कि कीमतों का कुल स्तर बढ़ जाता है।

फिर, यह भी हो सकता है कि अति मांग उद्योगों (अथवा क्षेत्रों) में होने वाली कीमत वृद्धि फैलकर वस्तु की कीमतों और श्रम की मजदूरी के माध्यम से न्यून-मांग उद्योगों में भी पहुंच जाए। विशिष्ट उद्योगों में मांग बढ़ने से मध्यवर्ती सामग्री और पुर्जों की कीमत में सामान्य वृद्धि हो जाएगी। सामग्री की ये बढ़ती कीमतें फैलकर उन न्यून मांग उद्योग तक पहुंच जाएंगी जो उसे आगतों के रूप में प्रयोग करते हैं।

इस प्रकार मांग-स्थानान्तरण स्फीतिकारी प्रक्रिया (Demand Shift Inflationary Process) शुरू तो तब होती है जब विशिष्ट उद्योगों में मांग बहुत बढ़ जाती है परन्तु इसका अन्तिम परिणाम यह होता है कि सामान्य कीमत-स्तर बढ़ जाता है। क्योंकि कीमतें तथा मजदूरी घटती नहीं और उनकी प्रकृति-लागत अनुस्थापित (oriented) होती है। इसमें न तो लागत में स्वायत्त वृद्धि पायी जाती है और न ही समस्त अति मांग में। इस प्रकार अर्थव्यवस्था में कीमतों तथा मजदूरी का ढांचा दिया हुआ होने पर, इस तरह की स्फीति मांग की संरचना में होने वाले तीव्र परिवर्तनों का आवश्यक परिणाम होती है।

संरचनात्मक स्फीति

स्फीति का संरचनावादी सिद्धांत दक्षिण अमेरिका में विकसित हुआ था। यह सिद्धांत इस बात पर बल देता है कि विकासशील देशों में स्फीति का प्रमुख कारण संरचनात्मक कठोरताएं होती हैं। इस सिद्धांत के अनुसार विकास के साथ स्फीति का आना भी आवश्यक है। क्योंकि ज्यों-ज्यों अर्थव्यवस्था का विकास होता है त्यों-त्यों कठोरताएं उत्पन्न हो जाती हैं जिनसे संरचनात्मक स्फीति आती है। आर्थिक विकास की प्रारंभिक अवस्था में गैर-कृषि आय बढ़ती है और उनके साथ-साथ जनसंख्या की वृद्धि दर भी अधिक होती है जो वस्तुओं की मांग को बढ़ाती है। परन्तु इनकी घरेलू पूर्ति बेलोच होती है इसलिए खाद्य पदार्थों की कीमतें बढ़ जाती हैं।

जब कीमतें बढ़ती हैं तो खाद्य पदार्थों का उत्पादन नहीं बढ़ता क्योंकि उनका उत्पादन बेलोच होता है। इसका कारण एक तो यह है कि भूमि संबंध दोषपूर्ण होती है और दूसरा कारण यह है कि अनेक अन्य कठोरताएं विद्यमान रहती हैं, जैसे, सिंचाई, वित्त, विपणन (marketing) आदि का अभाव और खराब फसलें। इसके अतिरिक्त विदेशी विनिमय प्रतिबंधों के कारण खाद्य पदार्थ भारी मात्रा में आयात भी नहीं किये जा सकते।

इस प्रकार विकासशील देशों में पूर्ति की लोचहीनता, कीमतों के न घटने की प्रवृत्ति और आय की वृद्धियों के परिणामस्वरूप संरचनात्मक स्फीति आती है।

स्टैगफ्लेशन

अंग्रेजी का Stagflation शब्द Stag और flation के योग से बना है। Stag पदांश Stagnation से और flation पदांश inflation से लिया गया है। **स्टैगफ्लेशन ऐसी विरोधाभास स्थिति है जिसमें अर्थव्यवस्था में बेरोजगारी के साथ-साथ मुद्रा-स्फीति की दर भी ऊंची होती है।** इसे स्फीतिकारी सुस्ती (Inflationary recession) भी कहते हैं। संयुक्त राज्य अमेरिका में गतिहीन-स्फीति का स्तर **'असुविधा सूचकांक'** (dicomfort index) द्वारा मापा जाता है।

स्टैगफ्लेशन के प्रमुख कारणों में से एक कारण समस्त पूर्ति (Aggregate Supply) में कमी का होना है। जब समस्त पूर्ति घटती है तो उत्पादन और रोजगार गिर जाते हैं और कीमत स्तर बढ़ता है। समस्त पूर्ति में कमी का कारण श्रमपूर्ति में बाधा हो सकता है।

समस्त पूर्ति में कमी का एक और कारण केन्द्रीय, राज्य तथा स्थानीय सरकारों द्वारा अप्रत्यक्ष करों का बढ़ाया जाना है। जब अप्रत्यक्ष कर बढ़ते हैं तो वे लागतों तथा कीमतों को बढ़ा देते हैं और उत्पादन तथा रोजगार को कम कर देते हैं। फिर जब सरकार कर की दर बढ़ाती है तो वास्तविक क्रय शक्ति लोगों से हस्तांतरित होकर सरकार के हाथों में चली जाती है। परिणामस्वरूप समस्त मांग गिर जाती है और उत्पादन एवं रोजगार पर प्रतिकूल प्रभाव पड़ता है। पर, यदि सरकार अपने व्यय को उतना ही बढ़ा दे जितना कि कर राजस्व बढ़ा है तो इससे अतिरिक्त मांग बढ़ेगी और कीमत स्तर और बढ़ जाएगा।

स्फीति के कारण

अर्थव्यवस्था में स्फीति तब आती है जब वस्तुओं तथा सेवाओं की समस्त पूर्ति से उनकी समस्त मांग बढ़ जाती है। अब हम उन कारणों का विश्लेषण करेंगे जिनसे **मांग** बढ़ती है और **पूर्ति** कम रह जाती है।

मांग को प्रभावित करने वाले कारक

समस्त मांग को प्रभावित करने वाले निम्न कारक हैं—

1. **मुद्रा पूर्ति में वृद्धि**—समस्त मांग में वृद्धि का पहला कारण मुद्रा की पूर्ति में वृद्धि होना है।
2. **सार्वजनिक व्यय में वृद्धि**—दूसरा कारण है सार्वजनिक व्यय का बढ़ जाना। सार्वजनिक व्ययों में वृद्धि के फलस्वरूप भी वस्तुओं तथा सेवाओं की समस्त मांग बढ़ जाती है।
3. **घाटे की वित्त व्यवस्था**—अपने बढ़ते खर्च को पूरा करने के लिए सरकार जनता से उधार लेकर तथा अधिक करेन्सी नोट छापकर घाटे की वित्त व्यवस्था का तरीका अपनाती है। इससे भी समस्त मांग बढ़ जाती है।

4. **कालाधन**—कर चोरी, भ्रष्टाचार इत्यादि के कारण विद्यमान कालाधन भी समस्त मांग को बढ़ाता है।
5. **ऋण का भुगतान**—जब कभी सरकार जनता को अपने पिछले आन्तरिक ऋण का पुनर्भुगतान करती है तो जनता के पास मुद्रा पूर्ति बढ़ जाती है। इससे वस्तुओं तथा सेवाओं की मांग बढ़ने लगती है।

पूर्ति को प्रभावित करने वाले कारक

समस्त पूर्ति में कमी लाने वाले प्रमुख कारक निम्नलिखित हैं—

1. **उत्पादन के साधनों की कमी**—वस्तुओं की पूर्तियों को प्रभावित करने वाला एक प्रमुख कारण श्रम, कच्चे माल, पूंजी इत्यादि साधनों की कमी होना है।
2. **प्राकृतिक संकट**—सूखा या बाढ़ भी एक कारण है जो कृषि उत्पादनों की पूर्तियों पर प्रतिकूल प्रभाव डालता है। कृषि उत्पादों की पूर्तियां घटने से, आगे, खाद्य पदार्थों तथा कच्चे माल की कमियां हो जाती है और स्फीतिकारी दबाव बढ़ जाते हैं।
3. **कृत्रिम दुर्लभताएं**—जमाखोर तथा सट्टोरिये कृत्रिम दुर्लभताएं पैदाकर देते हैं और चोर बाजारी करते हैं। इस प्रकार वे वस्तुओं की पूर्ति घटाने और उनकी कीमतें बढ़ाने के लिए उत्तरदायी बनते हैं।

विकासशील देशों में स्फीति रोकने के उपाय

स्फीति को नियंत्रित करने के लिए ऐसे देशों में सरकारें अनेक मौद्रिक, राजकोषीय तथा भौतिक उपाय अपनाती हैं ताकि वस्तुओं की मांग को रोका जा सके और उनकी पूर्ति बढ़ायी जा सके।

1. **मौद्रिक उपाय (Monetary measures)**—स्फीतिकारी दबावों को रोकने के लिए केन्द्रीय बैंक अनेक चरणों में नकदी रिजर्व अनुपात (CRR) बढ़ाता है। साथ ही इस बात का भी ध्यान रखता है कि उत्पादक क्रिया का विस्तार करने में साख की पूर्ति बाधा न बने और चुने हुए क्षेत्रों को अधिक साख उपलब्ध कराकर प्रेरित किया जा सके। इसके अतिरिक्त बैंक दर को समुचित बढ़ाकर तथा खुले बाजार प्रचालनों के द्वारा प्रतिभूतियों की बिक्री को भी केन्द्रीय बैंक स्फीति को रोकने के लिए अपनाता है। लेकिन एक विकासशील देश में ये दोनों उपाय स्फीति को रोकने में विशेष सफल नहीं होते हैं। इसलिए ऐसे देश में **चयनात्मक साख नियंत्रण नीति** ही स्फीति रोकने में अधिक सफल होती है।
2. **राजकोषीय उपाय (Fiscal measures)**—विकासशील देश में स्फीति रोकने के लिए सरकार अनेक राजकोषीय उपाय अपनाती है। उपभोक्ता वस्तुओं के उत्पादन को बढ़ाने के लिए अनेक प्रकार के कर रियायत सरकार द्वारा प्रदान किए जाते हैं। बचत को बढ़ावा देने के लिए भी उपाय किए जाते हैं।

   स्फीति को रोकने के लिए अन्य राजकोषीय उपाय **ऋण प्रबन्धन** है। जिन लोगों के पास अधिक धन है, उसका व्यर्थ व्यय रोकने के लिए सरकार और सरकारी उपक्रम एवं उद्योग दीर्घकालीन ऋण या ऋण पत्र जारी करते हैं जिन पर ब्याज या तो कर मुक्त होता है या कुछ सीमा तक कर छूट युक्त।
3. **भौतिक उपाय (Physical measures)**—भौतिक उपायों का उद्देश्य यह सुनिश्चित करना है कि कीमतों के नियंत्रण के लिए दुर्लभ साधनों की उचित व्यवस्था की जाए। विकासशील देश में भौतिक उपायों के अन्तर्गत कुछ आवश्यक वस्तुओं की कीमतें नियंत्रित करना, कृषि उत्पादों की कीमतें निश्चित करना और सार्वजनिक वितरण प्रणाली के माध्यम से आवश्यक वस्तुओं का वितरण शामिल होते हैं।
4. **पूर्ति में वृद्धि (Increase in supply)**—विकासशील देशों की सरकारें आवश्यक वस्तुओं की उपलब्धता को सुनिश्चित करने के लिए भी अनेक कदम उठाती हैं।

स्फीति का परिणाम

स्फीति का अलग-अलग लोगों पर अलग-अलग प्रभाव पड़ता है।

1. स्फीति के कारण कर्जदारों (creditors) को लाभ होता है और ऋणदाताओं को हानि होती है।
2. जब स्फीति आती है, तो वेतन लेने वाले वर्करों को जैसे क्लर्कों, अध्यापकों तथा अन्य सफेश पोशों को हानि होती है।
3. पेन्शन भोगी, ब्याज तथा किराया पाने वाले लोगों को स्फीति के कारण हानि होती है।
4. शेयर तथा इक्विटी धारकों को स्फीति के दौरान लाभ होता है।
5. जब स्फीति आती है तो व्यापारी तथा उत्पादकों को लाभ होती है।
6. स्फीति से आय तथा धन के वितरण में असमानताएं बढ़ती है।
7. स्फीति देश के भुगतान-शेषों पर प्रतिकूल प्रभाव डालती है।

भारतीय मौद्रिक व्यवस्था

मौद्रिक नीति से तात्पर्य, उस नियंत्रण नीति से है जिसके द्वारा केन्द्रीय बैंक सामान्य आर्थिक नीति के लक्ष्यों को प्राप्त करने के उद्देश्य से मुद्रा की पूर्ति पर नियंत्रण रखता है। लेकिन भारत जैसे विकासशील देश में मौद्रिक नीति का उद्देश्य केवल मुद्रा की मात्रा को नियंत्रण में रखना नहीं है। बल्कि भारत जैसे देश में जहां केन्द्रीय बैंक (R.B.I.) को एक ओर तो साख की मात्रा का नियमन करना होता है, वहीं दूसरी ओर विकास कार्यक्रमों द्वारा उत्पन्न मुद्रा एवं साख की आवश्यकताओं को पूरा करना पड़ता है। यही कारण है कि रिजर्व बैंक अपनी मौद्रिक नीति को **नियंत्रित विस्तार** (Controlled Expansion) की नीति कहता है।

रिजर्व बैंक को मुद्रा तथा साख की मात्रा को नियंत्रित कर सकने के लिए विस्तृत अधिकार मिले हुए हैं। यह बैंक दर नीति, खुले बाजार की क्रिया तथा न्यूनतम नकद कोषों में परिवर्तन के द्वारा साख की मात्रा का परिमाणात्मक नियंत्रण (Quantitative Control) कर सकता है। बैंकिंग नियमन अधिनियम के अंतर्गत रिजर्व बैंक को चयनात्मक साख नियंत्रण (Selective Credit Control) के संबंध में बहुत सारे अधिकार प्राप्त हैं।

मौद्रिक नीति के संचालन में एक सबसे बड़ी चुनौती ऋण में वृद्धि को सुसाध्य बनाने के लिए मुद्रा की सुलभता और वास्तविक क्षेत्र में वृद्धि द्वारा असंतुलित मौद्रिक प्रेरकों से उत्पन्न होने वाले स्फीतिकारी दबावों से बचाव करने की जरूरत के बीच संतुलन बनाए रखने की जरूरत रही है।

हाल के वर्षों में रिजर्व बैंक द्वारा अपनाई जाने वाली मौद्रिक नीतियों का उद्देश्य अवस्थिति निवेश की मांग को फिर से बढ़ाने के जरिए उच्चतर वास्तविक सकल घरेलू उत्पाद वृद्धि में सहायता देने के लिए ऋण के उपयुक्त प्रवाह को सुसाध्य बनाने और उभरती हुई आर्थिक एवं वित्तीय स्थितियों द्वारा यथा समर्थित अपेक्षाकृत कम ब्याज दर को अधिमान्यता प्रदान करते हुए ब्याज दर का एक स्थिर वातावरण बनाए रखने की रही है।

भारतीय रिजर्व बैंक

यह भारत का **केन्द्रीय बैंक** है। भारतीय रिजर्व बैंक की स्थापना 1935 ई. में हुई थी। स्वतंत्रता के पश्चात **1 जनवरी, 1949** को Reserve Bank Transfer to Public Ownership Act-1948 के द्वारा इसका राष्ट्रीयकरण कर दिया गया। रिजर्व बैंक का मुख्यालय **मुम्बई** में है। जहां पर RBI की अपनी शाखाएं नहीं हैं वहां भारतीय स्टेट बैंक उसके एक मात्र एजेन्ट के रूप में कार्य करता है।

रिजर्व बैंक का कार्य

1. **नोटों का निर्गमन :** रिजर्व बैंक को एक रुपए के सिक्के/नोटों तथा छोटे सिक्कों को छोड़कर भारत में विभिन्न मूल्य वर्ग के नोट जारी करने का एकाधिकार प्रांप्त है। करेन्सी नोट जारी करने के लिए वर्तमान में रिजर्व बैंक **न्यूनतम आरक्षण पद्धति** (Minimum Reserve System) को अपनाता है। इस पद्धति के अन्तर्गत रिजर्व बैंक के पास स्वर्ण एवं विदेशी मुद्रा आरक्षणों का कुल योग किसी भी समय 200 करोड़ रुपए के मूल्य से कम नहीं होने चाहिए। इनमें से 115 करोड़ रुपए का सोना होना चाहिए एवं शेष विदेशी मुद्रा आरक्षणों (Foreign Exchange reserves) में होनी चाहिए।
2. **सरकार के बैंकर के रूप में कार्य :** रिजर्व बैंक सरकार के बैंक, एजेन्ट व परामर्शदाता के रूप में कार्य करता है। यह सरकार के लिए ऋण की भी व्यवस्था करता है।
3. **बैंकों का बैंकर व अन्तिम ऋणदाता :** रिजर्व बैंक बैंकों के बैंकर के रूप में कार्य करता है। नियम के अनुसार देश के प्रत्येक अनुसूचित बैंक (Scheduled Bank) को अपनी कुल जमाओं (Total Deposits) का कुछ प्रतिशत नकद रूप में रखना पड़ता है। इसके अतिरिक्त RBI बैंकों का अन्तिम ऋणदाता भी है।
4. **साख नियंत्रण :** रिजर्व बैंक वाणिज्यिक बैंकों द्वारा उत्पन्न साख की मात्रा एवं दिशा पर नियंत्रण रखने का कार्य भी करता है। इस उद्देश्य की प्राप्ति के लिए वह परिमाणात्मक एवं गुणात्मक उपायों का उपयोग करता है अर्थात रिजर्व बैंक, बैंक दर नीति, खुले बाजार की क्रियाओं, वाणिज्यिक बैंकों के नकद कोषों के प्रतिशत में परिवर्तन, प्रत्यक्ष कार्यवाही, साख की राशनिंग, नैतिक प्रोत्साहन आदि का सहारा लेता है।
5. **आंकड़ों का संकलन और प्रकाशन :** रिजर्व बैंक मुद्रा, साख, बैंकिंग, विदेशी विनिमय, उत्पादन, मूल्य, विदेशी व्यापार, भुगतान शेष आदि विषयों से संबंधित आंकड़े संकलित कर प्रकाशित करता है।
6. **विदेशी विनिमय आरक्षणों का संरक्षण :** रिजर्व बैंक देश के विदेशी विनिमय भंडार के परिरक्षक (Custodian) के रूप में कार्य करता है तथा अंतर्राष्ट्रीय मुद्रा कोष के सभी सदस्य देशों की मुद्राओं का क्रय-विक्रय करता है। इसके अतिरिक्त रुपए की विनिमय दर को स्थिर बनाए रखने का कार्य भी रिजर्व बैंक करता है।

भारत में वाणिज्यिक बैंक

भारत में आधुनिक बैंकिंग प्रणाली की नींव ईस्ट इंडिया कम्पनी ने डाली। यूरोपीय बैंकिंग पद्धति पर आधारित भारत का **प्रथम मिश्रित पूंजी बैंक** विदेशी पूंजी के सहयोग से एलेक्जेंडर एंड कम्पनी द्वारा '**बैंक ऑफ हिन्दुस्तान**' के नाम से 1770 में कोलकाता में स्थापित किया गया था। निजी अंशधारियों द्वारा तीन प्रेसीडेंसी बैंकों की स्थापना क्रमशः 1806 में बैंक ऑफ बंगाल, 1840 में बैंक ऑफ बाम्बे तथा 1843 में बैंक ऑफ मद्रास के नाम से की गई। बाद में इन तीनों बैंकों को संयुक्त करके 1921 में '**इम्पीरियल बैंक ऑफ इंडिया**' की स्थापना की गई। बाद में **अखिल भारतीय ग्रामीण साख सर्वेक्षण समिति** की सिफारिशों के आधार पर 1 जुलाई, 1955 को इम्पीरियल बैंक ऑफ इंडिया का राष्ट्रीयकरण कर इसका नाम बदलकर **स्टेट बैंक ऑफ इंडिया** रख दिया गया।

सीमित देयता के आधार पर 1881 में स्थापित '**अवध कॉमर्शियल बैंक**' भारतीयों द्वारा संचालित पहला बैंक था जबकि 1894 में स्थापित '**पंजाब नेशनल बैंक**' देश का पूर्ण रूप से पहला भारतीय बैंक था। भारतीय रिजर्व बैंक की **1935** में स्थापना से देश में वाणिज्यिक बैंकिंग को प्रोत्साहन मिला।

स्वतंत्रता के पश्चात् भारत सरकार ने भारतीय रिजर्व बैंक को अधिक शक्तिशाली बनाने के लिए **1 जनवरी, 1949** को राष्ट्रीयकरण कर दिया। इसके तुरन्त बाद मार्च, 1949 में भारतीय बैंकिंग नियमन अधिनियम पारित किया गया, जिसके द्वारा भारतीय रिजर्व बैंक को वाणिज्यिक बैंकों पर नियंत्रण रखने का विस्तृत अधिकार प्राप्त हो गया। देश के ग्रामीण क्षेत्र में बैंकिंग सुविधाओं का विकास करने के लिए **1955** में भारतीय स्टेट बैंक की स्थापना की गई। 1960 में 8 क्षेत्रीय बैंकों को भारतीय स्टेट बैंक के सहायक का दर्जा दे दिया गया। स्टेट बैंक ऑफ जयपुर और स्टेट बैंक ऑफ बीकानेर के कार्य क्षेत्रों में एकरूपता होने के कारण उन्हें स्टेट बैंक ऑफ बीकानेर एंड जयपुर में बदल दिया गया।

सरकार ने वर्ष 2017 में भारतीय स्टेट बैंक के सहयोगी बैंकों–स्टेट बैंक ऑफ पटियाला, स्टेट बैंक ऑफ त्रावणकोर, स्टेट बैंक ऑफ बीकानेर एंड जयपुर, स्टेट बैंक ऑफ हैदराबाद, स्टेट बैंक ऑफ मैसूर, और भारतीय महिला बैंक का स्टेट बैंक ऑफ इंडिया के साथ एकीकरण कर दिया। एकीकरण के बाद एसबीआई की शाखाओं की संख्या 22,500 और देशभर में इसके 58,000 एटीएम हो गए।

बैंकों का राष्ट्रीयकरण

व्यापारिक बैंकों के राष्ट्रीयकरण के पक्ष में निम्नलिखित तर्क दिए गए हैं—

1. बैंकों पर थोड़े से लोगों का नियंत्रण समाप्त करना;
2. कृषि कार्य, लघु उद्योग और निर्यात व्यापार के लिए पर्याप्त मात्रा में साख की व्यवस्था करना;
3. बैंकों के प्रबंध में कुशलता का स्तर ऊंचा करने के लिए बैंकरों और अर्थशास्त्रियों के अलावा कृषि और लघु उद्योगों का प्रतिनिधित्व करने वाले लोगों को इनके प्रबंध से जोड़ना;
4. नए उद्यमकर्ताओं को जिनके पास पूंजी का अभाव है प्रोत्साहन देना;
5. बैंकों के कर्मचारियों के प्रशिक्षण के लिए पर्याप्त व्यवस्था करना और उनकी सेवा शर्तों में सुधार करना।

लगभग एक दशक पश्चात् भारत सरकार ने **15 अप्रैल, 1980** को उन **6 व्यापारिक बैंकों** का राष्ट्रीयकरण कर दिया, जिनके पास 200 करोड़ रुपए या उससे अधिक की जमा राशि थी।

19 जुलाई, 1969 को राष्ट्रीयकृत किए गए बैंक

जुलाई, 1969 को राष्ट्रीयकृत किए गए बैंकों के नाम इस प्रकार हैं—

1. सेन्ट्रल बैंक ऑफ इण्डिया
2. पंजाब नेशनल बैंक
3. बैंक ऑफ इण्डिया
4. केनरा बैंक
5. इलाहाबाद बैंक
6. बैंक ऑफ बड़ौदा
7. सिंडीकेट बैंक
8. यूनाइटेड बैंक ऑफ इण्डिया
9. यूनाइटेड कमर्शियल बैंक
10. यूनियन बैंक ऑफ इण्डिया
11. इंडियन बैंक
12. बैंक ऑफ महाराष्ट्र
13. देना बैंक
14. इंडियन ओवरसीज बैंक

15 अप्रैल, 1980 को राष्ट्रीयकृत बैंक

अप्रैल, 1980 को राष्ट्रीयकृत किए गए 6 बैंकों के नाम इस प्रकार हैं—

1. आन्ध्रा बैंक
2. कॉरपोरेशन बैंक
3. पंजाब एण्ड सिंध बैंक
4. ओरियंटल बैंक ऑफ कामर्स
5. विजया बैंक
6. न्यू बैंक ऑफ इंडिया

अनुसूचित एवं गैर-अनुसूचित बैंक

देश के वाणिज्यिक बैंकिंग संस्थानों को निम्नलिखित दो वर्गों में विभाजित किया जा सकता है–

(अ) अनुसूचित बैंक (Scheduled Banks)–अनुसूचित बैंक वह बैंक है, जिसका नाम रिजर्व बैंक अधिनियम 1934 की अनुसूची द्वितीय में सम्मिलित किया गया है। इस अनुसूची में उन्हीं बैंकों को सम्मिलित किया जाता है, जोकि निम्नलिखित शर्तों की पूर्ति करते हैं–

1. बैंक की प्रदत्त पूँजी और संचित कोष 5 लाख रुपए से कम न हो।
2. भारतीय रिजर्व बैंक को इस बात की संतुष्टि हो कि बैंक का कोई भी कार्यकलाप जमाकर्ताओं के हित में हानिकारक नहीं होगा।

अनुसूचित बैंक को निम्नलिखित सुविधाएं प्राप्त हो जाती हैं–

(*i*) वह बैंक रिजर्व बैंक से बैंक दर पर ऋण प्राप्त करने के लिए अधिकृत हो जाता है।

(*ii*) प्रत्येक अनुसूचित बैंक स्वतः ही समाशोधन गृह की सदस्यता प्राप्त कर लेता है।

(*iii*) ऐसे बैंकों को रिजर्व बैंक प्रथम श्रेणी के विनिमय पत्रों की पुनर्कटौती की सुविधा भी प्रदान करता है, किन्तु इन सुविधाओं के बदले अनुसूचित बैंकों को भारतीय रिजर्व बैंक के पास उसके (RBI) द्वारा निर्धारित औसत दैनिक नकद कोष रखना पड़ता है तथा भारतीय रिजर्व बैंक अधिनियम, 1934 एवं बैंकिंग नियमन अधिनियम, 1949 के विभिन्न प्रावधानों के अन्तर्गत आवर्ती विवरण प्रस्तुत करना पड़ता है।

(ब) गैर-अनुसूचित बैंक (Non-scheduled Banks)– जो बैंक अनुसूचित नहीं होते हैं, वे गैर-अनुसूचित बैंक कहलाते हैं। इस प्रकार के बैंकों की संख्या में अब निरन्तर कमी हो रही है। इन बैंकों को भी सांविधिक नकद कोष शर्तों को मानना पड़ता है, लेकिन इस कोष को ये बैंक रिजर्व बैंक के पास रखने को बाध्य नहीं हैं। ये बैंक इस राशि को अपने पास रख सकते हैं। ये बैंक सामान्य कार्य उद्देश्यों हेतु रिजर्व बैंक से उधार लेने के अधिकारी नहीं होते, किन्तु असामान्य परिस्थितियों में ये रिजर्व बैंक से सम्पर्क करके उधार प्राप्त कर सकते हैं।

साख का निर्माण

बैंक साख (credit) से तात्पर्य बैंक के ऋणों व अग्रिमों से होता है एवं साख निर्माण का अर्थ इन ऋणों एवं अग्रिमों को गुणित करना है। चूंकि हर बैंक का ऋण अपनी राशि के बराबर जमाएं उत्पन्न कर देता है। अतः बैंक का साख निर्माण का अर्थ जमाओं का गुणित होना है।

साख निर्माण का सूत्र

कमर्शियल बैंकों की साख निर्माण की शक्ति **नकदी जमा अनुपात** (Cash deposit ratio) पर निर्भर करती है।

नकदी जमा अनुपात जितना ही अधिक होगा बैंकों की साख निर्माण की शक्ति उतनी ही कम होगी। यदि बैंक नकदी जमा अनुपात शत प्रतिशत रखते हैं तो कोई साख का निर्माण नहीं होगा। आधुनिक बैंक शत-प्रतिशत नकदी रिजर्व नहीं रखते। उन्हें कानूनी तौर से अपनी जमाओं की एक स्थिर प्रतिशतता नकदी के रूप में रखनी पड़ती है। बाकी की राशि वे उधार देते हैं। अतः साख निर्माण का आधार **आवश्यक रिजर्व अनुपात** (required reserve ratio) है। अतः बैंक द्वारा कुल साख निर्माण का सूत्र होगा—

बैंक का कुल साख निर्माण = बैंक की कुल जमा × $\frac{1}{r}$

जहां r आवश्यक रिजर्व अनुपात है।

यदि एक बैंक के पास 1000 रु. जमाओं (deposits) में है और इसका आवश्यक रिजर्व अनुपात 20 प्रतिशत है तो

बैंक द्वारा कुल साख का निर्माण = 1000 × = 5000 रु.

इस प्रकार यह बैंक 5000 रु. तक कुल साख का निर्माण कर सकता है।

साख निर्माण की सीमाएं

कमर्शियल बैंकों की साख निर्माण की शक्ति पर निम्नलिखित सीमाएं हैं—

1. बैंकों की साख निर्माण की शक्ति उस नकद राशि पर निर्भर करती है जो बैंक के पास विद्यमान होती है। बैंकों के पास जितनी अधिक नकदी होगी वे उतनी ही अधिक मात्रा में साख का निर्माण कर सकेंगे।
2. बैंक की साख निर्माण की शक्ति पर्याप्त जमानतों की उपलब्धता पर निर्भर करती है। यदि जनता के पास पर्याप्त जमानतें न हों तो बैंक साख का निर्माण नहीं कर सकता।

3. लोगों में बैंकिंग की आदतों पर भी बैंकों की साख निर्माण की शक्ति निर्भर करती है। यदि लोगों में चैकों का प्रयोग करने की आदत नहीं हो तो कर्जे देने का परिणाम यह होगा कि बैंकिंग प्रणाली की साख निर्माण प्रक्रिया से नकदी का निकास हो जाएगा। इससे बैंकों की अपेक्षित स्तर तक साख निर्माण करने की शक्ति क्षीण पड़ जाएगी।

4. केन्द्रीय बैंक द्वारा नियत किया गया जमा से नकदी का न्यूनतम कानूनी रिजर्व अनुपात भी एक महत्त्वपूर्ण कारक है जो बैंकों की साख निर्माण की शक्ति को निर्धारित करता है। यह अनुपात जितना अधिक होगा; बैंकों की साख निर्माण करने की शक्ति उतनी ही कम होगी।

5. साख निर्माण करने की शक्ति देश के आर्थिक वातावरण पर भी निर्भर करती है। अर्थव्यवस्था में तेजी के समय व्यापारियों द्वारा बैंकों से अधिक कर्ज लिया जाता है लेकिन मंदी के दिनों में बैंक व्यापारियों को कर्जे लेने पर मजबूर नहीं कर सकता।

6. केन्द्रीय बैंकों की साख नियंत्रण नीति भी कमर्शियल बैंकों की साख निर्माण की शक्ति को सीमित करती है। केन्द्रीय बैंक खुले बाजार प्रचालनों, बैंक दर नीति तथा परिवर्तनशील सीमा आवश्यकताओं के द्वारा बैंकों की नगदी रिजर्व राशि को प्रभावित करता है। तदनुसार, वह कमर्शियल बैंकों के साख विस्तार या संकुचन को प्रभावित करता है।

निष्कर्ष रूप में कहा जा सकता है कि कमर्शियल बैंकों की साख निर्माण की शक्तियां असीमित नहीं होती हैं।

साख नियंत्रण

साख नियंत्रण (Credit Control) के परिमाणात्मक उपाय (Quantitative Control) के अन्तर्गत आते हैं–

1. बैंक दर (Bank Rate)
2. खुले बाजार की क्रियाएं (Open Market Operations)
3. सांविधिक तरलता अनुपात (Statutory Liquidity Ratio)
4. नकद आरक्षण अनुपात (Cash Reserve Ratio)

साख नियंत्रण के गुणात्मक उपाय (Quantitative Control) के अन्तर्गत आते हैं–

1. साख की राशनिंग
2. उपभोक्ता साख का नियमन
3. नैतिक दबाव
4. मार्जिन आवश्यकताओं में परिवर्तन
5. प्रत्यक्ष कार्यवाही

रेपो दर (Repo Rate)—अल्पकालिक आवश्यकताओं की पूर्ति हेतु जिस ब्याज दर पर वाणिज्यिक बैंक रिजर्व बैंक से नकदी ऋण प्राप्त करते हैं। रेपो दर कहलाती है।

रिवर्स रेपो दर (Reverse Repo Rate)—अल्पकालिक अवधि के लिए रिजर्व बैंक द्वारा वाणिज्यक बैंकों से जिस ब्याज दर पर नकदी प्राप्त की जाती है 'रिवर्स रेपो दर' कहलाती है।

नकद आरक्षित अनुपात (Cash Reserve Ratio–CRR)—वाणिज्यिक बैंकों को अपनी कुल जमा राशि का एक निश्चित प्रतिशत अनिवार्य रूप से रिजर्व बैंक के पास जमा कराना पड़ता है। इसे ही नकद आरक्षित अनुपात कहते हैं। CRR की उच्चतम और न्यूनतम सीमा क्रमश: 15 प्रतिशत तथा 3 प्रतिशत है। CRR की दर जितनी ऊंची होती है, बैंकों की साख सृजन क्षमता उतनी ही कम होती है।

सांविधिक तरलता अनुपात (Statutory Liquidity Ratio–SLR)—वाणिज्यिक बैंकों को अपनी कुल जमा राशि का कुछ प्रतिशत अपने पास अनिवार्य रूप से नकदी, स्वर्ण तथा विदेशी मुद्रा के रूप में अपने पास रखना पड़ता है। इसकी उच्चतम सीमा 40 प्रतिशत है।

बैंक दर (Bank Rate)—बैंक दर से अभिप्राय उस दर से है, जिस पर केन्द्रीय बैंक (RBI) वाणिज्यिक बैंकों के प्रथम श्रेणी के बिलों की पुनर्कटौती करता है अथवा स्वीकार्य प्रतिभूतियों पर ऋण देता है। बैंक दर में परिवर्तन कर RBI देश में साख की मात्रा को प्रभावित कर सकता है।

❑❑❑

अध्याय-4

अंतर्राष्ट्रीय व्यापार

स्मिथ का लागतों में निरपेक्ष अन्तर का सिद्धांत

स्मिथ के अनुसार अंतर्राष्ट्रीय व्यापार का एक मात्र कारण लागतों में **निरपेक्ष अंतरों** का होना है। इस सिद्धांत के अनुसार प्रत्येक देश को उस वस्तु के उत्पादन में विशिष्टीकरण करना चाहिए जिसे वह दूसरे देशों की अपेक्षा अधिक सस्ती दर पर उत्पादित कर सकता है और उसे उन वस्तुओं के साथ विनिमय कर सकता है जिनकी दूसरे देशों में कम लागत आती है।

रिकार्डो का लागतों में तुलनात्मक अंतर का सिद्धांत

रिकार्डो के अनुसार, लागतों में निरपेक्ष अंतर नहीं बल्कि **तुलनात्मक अंतर** दो देशों के बीच व्यापार संबंध को निर्धारित करता है। जब कोई देश किसी अन्य देश के साथ व्यापार करता है तो वह उन वस्तुओं का निर्यात करेगा जिनमें उसकी **तुलनात्मक उत्पादन लागतें** कम हैं और उन वस्तुओं का आयात करेगा जिनमें उसकी तुलनात्मक उत्पादन लागतें अधिक हैं। रिकार्डो के अनुसार, अंतर्राष्ट्रीय व्यापार का आधार यही है।

सिद्धांत की मान्यताएं

रिकार्डो का तुलनात्मक लागतों का सिद्धांत निम्नलिखित मान्यताओं पर आधारित है—

1. केवल दो ही देश मान लीजिए इंग्लैंड और पुर्तगाल हैं।
2. वे समरूप दो वस्तुओं शराब और कपड़े का उत्पादन करते हैं।
3. दोनों देशों में रुचियां समान हैं।
4. **श्रम ही उत्पादन का एकमात्र साधन है।**
5. श्रम की सभी इकाइयां समरूप हैं।
6. **वस्तुओं की कीमतों को श्रम लागत (labour cost) अर्थात प्रत्येक के उत्पादन में लगी श्रम इकाइयों की संख्या निर्धारित करती है।**
7. स्थिर लागतों या प्रतिफलों के नियम के अधीन वस्तुओं का उत्पादन होता है।
8. दोनों देशों के बीच वस्तु विनिमय प्रणाली के आधार पर व्यापार होता है।
9. प्रौद्योगिक ज्ञान अपरिवर्तित है।
10. उत्पादन के साधन प्रत्येक देश के भीतर तो पूर्णतया गतिशील है परंतु दोनों देशों के बीच पूर्णतया गतिहीन है।
11. दोनों देशों के बीच स्वतंत्र रूप से व्यापार होता है।
12. दोनों देशों के बीच व्यापार करने में कोई परिवहन लागतें नहीं हैं।
13. दोनों देशों में उत्पादन के सभी साधन पूर्णतया रोजगार में लगे हैं।

उपरोक्त मान्यताएं दी होने पर, रिकार्डो यह दर्शाता है कि दोनों देशों के बीच व्यापार संभव है जब एक देश को दोनों वस्तुओं के उत्पादन में निरपेक्ष लाभ हो, परंतु एक की अपेक्षा दूसरी वस्तु के उत्पादन में तुलनात्मक लाभ हो। इसे रिकार्डो के इंगलैंड और पुर्तगाल के बीच व्यापार के प्रसिद्ध उदाहरण द्वारा निम्न सारणी में दर्शाया गया है।

सारणी-IV : वस्तु की एक इकाई उत्पादित करने के लिए श्रम के अपेक्षित श्रम-घंटे

देश	*शराब*	*कपड़ा*
इंग्लैंड	120	100
पुर्तगाल	80	90

उपरोक्त सारणी यह दर्शाती है कि इंग्लैंड में शराब की एक इकाई उत्पादित करने के लिए 120 श्रम घंटे चाहिए, जबकि कपड़े की एक इकाई के लिए 100 श्रम घंटे चाहिए। दूसरी ओर पुर्तगाल में शराब और कपड़े की एक-एक इकाई उत्पादित करने के लिए क्रमश: 80 तक 90 श्रम घंटे चाहिए। इस प्रकार, इंग्लैंड पुर्तगाल की अपेक्षा शराब और कपड़ा दोनों का ही उत्पादन करने के लिए अधिक श्रम का उपयोग करता है। अन्य शब्दों में, दोनों वस्तुएं उत्पादित करने में पुर्तगाली श्रम, इंगलिश श्रम की अपेक्षा अधिक कुशल है। इसलिए, शराब और कपड़ा दोनों के उत्पादन में पुर्तगाल निरपेक्ष लाभ रखता है। लेकिन पुर्तगाल को अधिक लाभ शराब का उत्पादन करके तथा उसे इंग्लैंड को निर्यात करके प्राप्त होगा। क्योंकि इसमें वह अधिक तुलनात्मक लाभ रखता है। ऐसा इस कारण कि पुर्तगाल में शराब की उत्पादन लागत (80/120 घंटे) कपड़े की उत्पादन लागत (90/100 श्रम घंटे) से कम है। दूसरी ओर, यह इंग्लैंड के पक्ष में है कि वह कपड़े के उत्पादन में विशिष्टीकरण करे, जिसमें उसकी **न्यूनतम तुलनात्मक हानि** होती है। ऐसा इस कारण कि इंग्लैंड में कपड़े की उत्पादन लागत (100/90 श्रम घंटे)

शराब की उत्पादन लागत (120/80 श्रम घंटे) की तुलना में कम है। अत: दोनों देशों के लिए व्यापार लाभदायक है। दोनों देशों की तुलनात्मक लाभ स्थिति को रेखाचित्र में उत्पादन संभावना वक्रों द्वारा दर्शाया गया है।

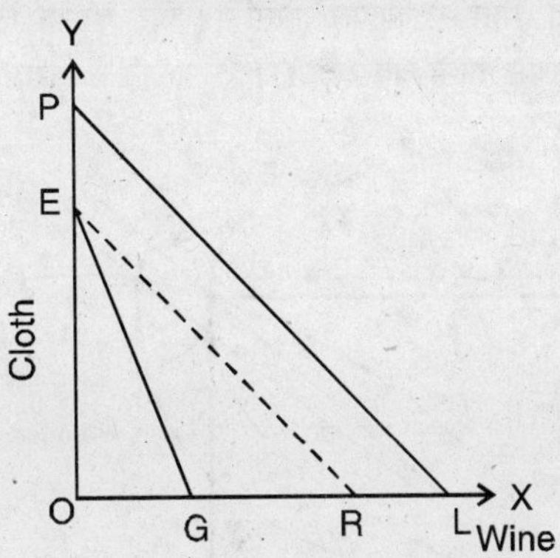

रेखाचित्र : *तुलनात्मक लागत का सिद्धांत*

उपरोक्त रेखाचित्र में PL पुर्तगाल का उत्पादन संभावना वक्र है तथा EG इंग्लैंड का उत्पादन संभावना वक्र (Production Possibility curve) है।

पुर्तगाल को इंग्लैंड की तुलना में शराब और कपड़ा दोनों वस्तुओं के उत्पादन में निरपेक्ष लाभ प्राप्त है। यह शराब की OL इकाइयां तथा कपड़े की OP इकाइयां उत्पादित करता है। जबकि इंग्लैंड शराब की OG इकाइयां तथा कपड़े की OE इकाइयां उत्पादित करता है। परंतु ER रेखा की ढाल (Slope) जो कि PL के समानान्तर है, दर्शाती है कि पुर्तगाल को शराब के उत्पादन में तुलनात्मक लाभ होता है। दूसरी ओर, इंग्लैंड को कपड़े की OE इकाइयों के उत्पादन में न्यूनतम तुलनात्मक हानि होती है। इस प्रकार, पुर्तगाल शराब की OR इकाइयों का निर्यात इंग्लैंड को करेगा और बदले में इंग्लैंड से कपड़े की OE इकाइयां विनिमय करेगा।

सिद्धांत की आलोचनाएं

1. तुलनात्मक लागत सिद्धांत की इस आधार पर आलोचना की जाती है कि यह **मूल्य के श्रम सिद्धांत** (labour theory of value) पर आधारित है।
2. समान रुचियों की मान्यता अवास्तविक है क्योंकि एक देश में विभिन्न आय श्रेणियों के लोगों की रुचियों (tastes) में अन्तर होते हैं।
3. तुलनात्मक लागतों का सिद्धांत इस मान्यता पर आधारित है कि श्रम का सभी वस्तुओं के उत्पादन में समान रूप से स्थिर अनुपातों में प्रयोग होता है। यह मूलत: **स्थैतिक** विश्लेषण है और इसलिए अयथार्थिक (Unrealistic) है।
4. यह सिद्धांत एक और कमजोर मान्यता पर आधारित है कि अंतर्राष्ट्रीय विशिष्टीकरण के कारण उत्पादन में वृद्धि के बाद लागतें स्थिर हो जाती हैं। परंतु तथ्य यह है कि लागतें या तो बढ़ती हैं या कम होती हैं।
5. रिकार्डो व्यापार में तुलनात्मक लाभ निर्धारित करने में परिवहन लागतें छोड़ देता है। यह बहुत ही अयथार्थिक है क्योंकि विश्व व्यापार का ढांचा निर्धारित करने में परिवहन लागतें बहुत महत्त्वपूर्ण कार्य करती हैं।
6. रिकार्डो का मॉडल दो वस्तुओं के आधार पर दो देशों के बीच व्यापार से संबंध रखता है। जो कि गलत है। क्योंकि वास्तव में अंतराष्ट्रीय व्यापार कई देशों के बीच तथा कई वस्तुओं के लिए होता है।
7. इस सिद्धांत की एक अन्य दुर्बलता यह है कि यह मुक्त व्यापार की मान्यता लेकर चलता है।
8. रिकार्डो का सिद्धांत एक पक्षीय है क्योंकि यह अंतर्राष्ट्रीय व्यापार के केवल पूर्ति पक्ष (supply side) पर विचार करता है और मांग पक्ष को छोड़ देता है।
9. यह सिद्धांत मान लेता है कि उत्पादन के साधन देश के भीतर पूर्णतया गतिशील है और अंतर्राष्ट्रीय रूप से पूर्णतया गतिहीन। यह बात सही नहीं है क्योंकि देश के भीतर भी साधन एक उद्योग से दूसरे उद्योग में अथवा एक राज्य से दूसरे राज्य में स्वतंत्र रूप से गतिशील नहीं होते।
10. सभी क्लासिकी सिद्धांतों की भांति, तुलनात्मक लागतों का सिद्धान्त भी पूर्ण रोजगार की अवास्तविक मान्यता पर आधारित है। यह मान्यता भी सिद्धांत को स्थैतिक (Static) बना देती है।
11. यह सिद्धांत अंतर्राष्ट्रीय व्यापार में तकनीकी नवप्रवर्तनों की उपेक्षा करता है। यह अवास्तविक है क्योंकि तकनीकी परिवर्तन केवल घरेलू मार्किट के लिए ही नहीं बल्कि अंतर्राष्ट्रीय मार्किट के लिए भी वस्तुओं की पूर्ति बढ़ाने में सहायक होते हैं।
12. रिकार्डो का सिद्धांत केवल यह वर्णन करता है कि दो देश किस प्रकार अंतर्राष्ट्रीय व्यापार से लाभ प्राप्त करते हैं परंतु यह दर्शाने में विफल है कि व्यापार से लाभ का वितरण दोनों देशों के बीच कैसे होता है। इसलिए यह **अपूर्ण** (Incomplete) सिद्धांत है।

इन दुर्बलताओं के बावजूद, यह सिद्धांत समय की कसौटी पर खरा उतरा है। यद्यपि इसमें बहुत सारे सुधार किए गए हैं पर इसका मूल ढांचा ज्यों का त्यों रहा है।

हैबरलर का अवसर लागत सिद्धांत

रिकार्डो के तुलनात्मक लागत सिद्धांत की इस बात के लिए बहुत कटु आलोचना की गई है कि यह श्रम के मूल्य सिद्धांत पर आधारित है। श्रम का मूल्य सिद्धांत कहता है कि किसी वस्तु के उत्पादन में जितना श्रम समय लगता है कि उसके बराबर उस वस्तु का मूल्य होता है। इसका मतलब यह है कि श्रम ही उत्पादन का एक मात्र साधन है, श्रम समरूप होता है और सब वस्तुओं के उत्पादन में श्रम का उपयोग एक से स्थिर अनुपातों में किया जाता है। परंतु ये सब मान्यताएं अवास्तविक है क्योंकि—

1. श्रम ही उत्पादन का एकमात्र साधन नहीं है क्योंकि वस्तुओं का उत्पादन अन्य साधनों जैसे भूमि, पूंजी एवं अन्य संसाधनों के संयोग से होता है।
2. श्रम समरूप नहीं बल्कि विभिन्न रूपीय होता है।
3. विभिन्न वस्तुओं के उत्पादन में श्रम अलग-अलग अनुपातों में काम में लाया जाता है और श्रम को पूंजी के बदले और पूंजी को श्रम के बदले स्थानापन्न किया जा सकता है।

हैबरलर का अवसर लागत सिद्धांत इन कमियों को पूरा करता है और जिस रूप में यह तुलनात्मक लागतों के सिद्धांत की व्याख्या करता है उसे उसने **'स्थानापन्नता वक्र'** कहा है। इस स्थानापन्नता वक्र को सैम्यूलसन ने **'उत्पादन संभावना वक्र'** अथवा **'रूपान्तरण वक्र'** और लर्नर (Lerner) ने इसे **'उत्पादन उदासीनता वक्र'** अथवा उत्पादन सीमा नाम दिया है।

अवसर लागत सिद्धांत कहता है कि यदि कोई देश वस्तु X अथवा वस्तु Y का उत्पादन कर सकता है तो X वस्तु की अवसर लागत दूसरी वस्तु Y की उस मात्रा के बराबर होगी जो उसे उस वस्तु X की एक अतिरिक्त इकाई प्राप्त करने के लिए छोड़नी पड़ेगी। इस प्रकार, दोनों वस्तुओं की परस्पर विनिमय दर उनकी अवसर लागतों के रूप में व्यक्त की जाती है।

मान्यताएं

हैबरलर का सिद्धांत निम्नलिखित मान्यताओं पर आधारित है।

1. केवल दो देश हैं।
2. प्रत्येक देश के पास उत्पादन के दो साधन हैं–श्रम तथा पूंजी।
3. प्रत्येक देश दो वस्तुओं X तथा Y का उत्पादन कर सकता है।
4. साधन तथा वस्तु बाजार दोनों में ही पूर्ण प्रतियोगिता है।
5. प्रत्येक वस्तु की कीमत उसकी सीमान्त मुद्रा लागतों के बराबर है।
6. प्रत्येक साधन की पूर्ति स्थिर है।
7. प्रत्येक देश में पूर्ण रोजगार है।
8. प्रौद्योगिकी में कोई परिवर्तन नहीं होता है।
9. दोनों देशों के बीच उत्पादन के साधन अगतिशील हैं।
10. देशों के भीतर साधन पूर्णरूप से गतिशील हैं।
11. दोनों देशों के बीच व्यापार पूर्णरूप से स्वतंत्र और अबाधित है।

मिल के पारस्परिक मांग का सिद्धांत

मिल ने व्यापार की संतुलन शर्तों के निर्धारण की व्याख्या करने के लिए **'पारस्परिक मांग'** (reciprocal demand) शब्द का प्रयोग किया है। यह शब्द किसी देश की एक वस्तु की मांग को अन्य वस्तु की उन मात्राओं के रूप में निर्दिष्ट करने के लिए प्रयोग किया जाता है जो वह बदले में छोड़ने को तैयार है। पारस्परिक मांग ही व्यापार की शर्तों को निर्धारित करती है।

मान्यताएं

मिल के पारस्परिक मांग का सिद्धांत निम्नलिखित मान्यताओं पर आधारित है—

1. दो देश हैं, मान लीजिए, इंग्लैंड और जर्मनी।
2. दो वस्तुएं हैं—लिनन (linen) और कपड़ा।
3. दोनों ही वस्तुओं का उत्पादन स्थिर प्रतिफलों के नियम के अंतर्गत होता है।
4. परिवहन लागतें बिल्कुल नहीं हैं।
5. साधन एवं वस्तु बाजारों में पूर्ण प्रतियोगिता पाई जाती है।
6. पूर्ण रोजगार (Full employment) की स्थिति है।
7. दोनों देशों के बीच स्वतंत्र व्यापार होता है।
8. दोनों देशों के बीच व्यापार संबंधों में तुलनात्मक लागतों का नियम लागू होता है।

मिल के पारस्परिक मांग के सिद्धांत की आरेखीय व्याख्या **मार्शल के प्रस्ताव वक्रों** के रूप में की जा सकती है। रेखाचित्र में इंग्लैंड जो केवल कपड़े का उत्पादन करता है जिसे क्षैतिज अक्ष–X पर लिया गया है और जर्मनी केवल लिनन का उत्पादन करता है जिसे अनुलंब अक्ष–Y पर लिया गया है। OE वक्र इंग्लैंड का प्रस्ताव वक्र है जो बताता है कि लिनन की दी हुई मात्रा के बदले इंग्लैंड कपड़े की कितनी इकाइयां छोड़ने को तैयार है। इसी प्रकार OG वक्र जर्मनी का प्रस्ताव वक्र है जो बताता है कि कपड़े की दी हुई मात्रा के बदले जर्मनी **लिनन** की कितनी इकाइयां छोड़ने को तैयार है। बिन्दु T जहां दोनों प्रस्ताव वक्र OE तथा OG एक-दूसरे को काटते हैं, संतुलन बिन्दु है। इस बिन्दु पर इंग्लैंड कपड़े की OC मात्रा के बदले जर्मनी के लिनन की OL मात्रा से व्यापार करता है। जिस दर पर लिनन के बदले कपड़े का विनिमय होता है वह रेखा OT के ढलान के बराबर है।

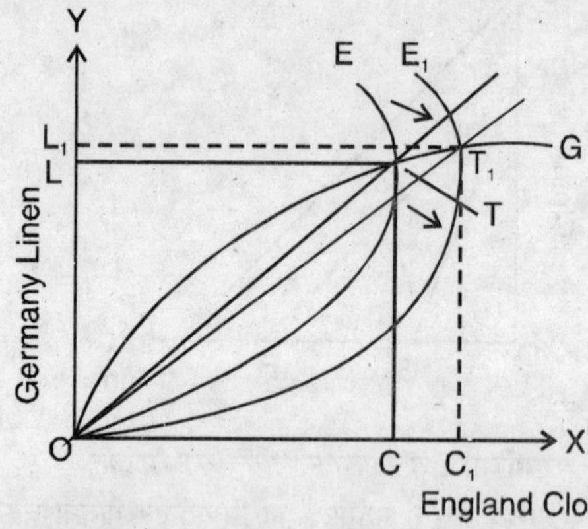

रेखाचित्र : *मिल का पारस्परिक मांग सिद्धांत*

जब एक देश की ओर से दूसरे देश की वस्तु के लिए मांग में परिवर्तन होता है तो इससे उस देश के प्रस्ताव वक्र का रूप बदल जाता है। मान लीजिए कि जर्मनी की लिनन के लिए इंग्लैंड की मांग बढ़ जाती है। इसके परिणामस्वरूप इंग्लैंड का प्रस्ताव वक्र दाएं को सरककर OE_1 पर चला जाता है जो जर्मनी के प्रस्ताव वक्र OG को T_1 पर काटता है। अब इंग्लैंड लिनन की OL_1 इकाइयों के बदले कपड़े की OC_1 इकाइयों का व्यापार करता है। OT_1 रेखा के ढाल से स्पष्ट है कि व्यापार की शर्तें इंग्लैंड के लिए खराब हो गई हैं तथा जर्मन के लिए बेहतर हो गई हैं। यह इस तथ्य से स्पष्ट है कि इंग्लैंड लिनन की LL_1 इकाइयों के बदले कपड़े की CC_1 इकाइयां जर्मनी को देता है। LL_1 से CC_1 भाग अधिक बड़ा है।

यहां ध्यान देने योग्य बात यह है कि व्यापार की वास्तविक शर्तें प्रत्येक देश के प्रस्ताव वक्र की मांग की लोच पर निर्भर करती हैं। किसी देश का प्रस्ताव वक्र जितना अधिक लोचदार होगा, दूसरे देश की तुलना में व्यापार की शर्तें उसके लिए उतना ही अधिक प्रतिकूल होंगी। इसके विपरीत, उसका प्रस्ताव वक्र जितना अधिक बेलोच होगा, दूसरे देश की अपेक्षा व्यापार की शर्तें उसके लिए उतना ही अधिक अनुकूल होंगी।

हैक्शर-ओलिन का अंतर्राष्ट्रीय व्यापार का सिद्धांत

इस सिद्धांत को अंतर्राष्ट्रीय व्यापार का **सामान्य संतुलन सिद्धांत (General Equilibrium Theory)** अथवा **साधन संपन्नता** (Factor Endowment) अथवा **साधन अनुपातों** (Factor Proportions) अथवा **अंतर्राष्ट्रीय व्यापार का आधुनिक सिद्धांत** (Modern Theory of International Trade) भी कहते हैं।

हैक्शर ओलिन सिद्धांत यह बताता है कि व्यापार के ढांचे का प्रमुख निर्धारक तत्त्व है साधन पूर्तियों की सापेक्ष प्राप्यता (relative availability)। विभिन्न देशों की साधन संपन्नताएं तथा साधन पूर्तियां भिन्न-भिन्न होती हैं। कुछ देशों में पूंजी अधिक होती है तो कुछ देशों में श्रम अधिक होता है। यह सिद्धांत कहता है कि जिन देशों में पूंजी अधिक होगी, वे पूंजी गहन (Capital intensive) वस्तुओं को निर्यात करेंगे और जिन देशों में श्रम अधिक होगा वे श्रम गहन (labour intensive) वस्तुओं को निर्यात करेंगे।

सिद्धांत की मान्यताएं

हैक्शर ओलिन सिद्धांत निम्नलिखित मान्यताओं पर आधारित है—

1. यह दो-एवं-दो-एवं-दो मॉडल पर आधारित है अर्थात दो देश हैं, दो वस्तुएं हैं तथा उत्पादन के दो साधन हैं।
2. वस्तुओं तथा साधन बाजारों में पूर्ण प्रतियोगिता है।
3. उत्पादन के संसाधन पूर्ण नियोजित (fully employed) है।
4. विभिन्न देशों की साधन संपन्नताओं में मात्रात्मक अंतर है। परंतु गुणात्मक रूप से वे समरूप हैं।
5. दोनों वस्तुओं के उत्पादन फलनों की साधन गहनताएं विभिन्न हैं अर्थात वे श्रम गहन तथ पूंजी गहन हैं।
6. विभिन्न वस्तुओं के उत्पादन फलन भिन्न-भिन्न हैं, परंतु दोनों देशों में प्रत्येक वस्तु के उत्पादन फलन समान हैं।
   इसका मतलब है कि वस्तु X का उत्पादन फलन वस्तु Y के उत्पादन फलन से भिन्न है। परंतु दोनों देशों में वस्तु Y के उत्पादन के लिए प्रयुक्त तकनीक समान है।
7. प्रत्येक देश के भीतर साधन पूर्णतया गतिशील है परन्तु अंतर्राष्ट्रीय रूप से वे गतिहीन हैं।
8. कोई परिवहन लागतें नहीं हैं।
9. दोनों देशों के बीच मुक्त तथा बिना किसी प्रतिबंध के व्यापार होता है।
10. प्रत्येक देश में प्रत्येक वस्तु का उत्पादन पैमाने के स्थिर प्रतिफल के अंतर्गत होता है।
11. दोनों देशों में उपभोक्ताओं के अधिमान (Preference) तथा उनकी मांग के ढांचे समरूप हैं।
12. प्रौद्योगिकी ज्ञान में कोई परिवर्तन नहीं होता है।

साधन कीमत समानीकरण प्रमेय

सैम्यूलसन (Samuelson) ने यह स्पष्ट किया है कि कुछ विशिष्ट परिस्थितियों के अंतर्गत वस्तुओं के स्वतंत्र व्यापार से अनिवार्य रूप से पूर्ण साधन कीमत समानीकरण हो जाएगा।

इसकी मान्यताएं

सैम्यूलसन सिद्धांत निम्नलिखित मान्यताओं पर आधारित है—

1. केवल दो देश हैं तथा वे दो वस्तुओं का उत्पादन तथा व्यापार करते हैं।
2. उत्पादन के दो साधन हैं—भूमि तथा श्रम।
3. प्रत्येक वस्तु का उत्पादन फलन कोटि एक का समरूप (linear homogenious production function) है और इसलिए उस पर यूलर (Euler's) का सिद्धांत लागू होता है। अन्य शब्दों में, वे पैमाने के स्थिर प्रतिफल दर्शाते हैं।
4. उत्पादन के साधन घटती हुई सीमान्त उत्पादकता के नियम के अधीन कार्य करते हैं।
5. प्रत्येक वस्तु के लिए साधन गहनताएं भिन्न-भिन्न हैं। अन्य शब्दों में, उत्पादन फलन **स्थानापन्नता की स्थिर लोचें** (constant elasticity of substitution) रखते हैं।
6. पूर्ण प्रतियोगिता है और प्रशुल्क तथा परिवहन लागतें नहीं हैं।
7. उत्पादन के साधन दोनों देशों के बीच गतिशील नहीं है।
8. उत्पादन में प्रयोग किए जाने वाले उत्पादन के साधनों की मात्राएं स्थिर मान ली गई हैं।
9. दोनों देश उत्पादन के दोनों साधनों का प्रयोग करते हुए दोनों वस्तुओं का उत्पादन करते हैं।

इन मान्यताओं के दिए हुए होने पर, दोनों देशों में वास्तविक साधन कीमतें अवश्य ठीक एक जैसी होंगी। चूंकि पूर्ण प्रतियोगिता की स्थिति है इसलिए प्रत्येक देश में दोनों वस्तुओं की कीमतों का अनुपात दोनों वस्तुओं के उत्पादन की सीमान्त लागतों के अनुपात के बराबर होगा। फिर, दोनों देशों में प्रत्येक वस्तु की कीमत समान होगी, क्योंकि यह मान लिया गया है कि व्यापार स्वतंत्र रूप से होता है तथा परिवहन लागतें नहीं हैं।

चूंकि कीमतें सीमान्त लागतों को व्यक्त करती हैं, इसलिए यदि दोनों देशों में कीमतें समान हैं तो सीमान्त लागतें (marginal costs) भी अवश्य समान होंगी। फिर, यह मान लेने पर कि दोनों देशों में श्रम की सीमान्त उत्पादकता एक समान है और चूंकि उत्पादन के साधनों को किए गए भुगतान सीमान्त उत्पादकताओं (marginal productivity) को व्यक्त करते हैं, इसलिए दोनों देशों में मजदूरी अवश्य समान होगी। दूसरे साधन अर्थात भूमि पर भी यही तर्क लागू होता है।

मीड, एल्जवर्थ तथा अन्य अर्थशास्त्रियों ने सैम्यूलसन के साधन कीमत समानीकरण सिद्धांत की इस आधार पर बहुत कटु आलोचना की है कि इसकी मान्यताएं बहुत ही अवरोधक हैं। उनका मत है कि साधन कीमत समानीकरण **आंशिक** ही हो सकता है, पूर्ण नहीं। उन्होंने अपने मत के समर्थन में निम्नलिखित कारण प्रस्तुत किए हैं—

1. उत्पादन फलन (Production Function) समरूप नहीं होते हैं।
2. परिवहन लागतें व्यापार में सदैव शामिल होती हैं।
3. पैमाने के स्थिर प्रतिफलों (constant returns to scale) में साधन कीमत समानीकरण संभव नहीं है।
4. एक वस्तु में विशिष्टीकरण (Specialisation) संभव है।
5. दो से अधिक वस्तुओं और साधनों पर लागू नहीं होता है।

व्यापार की शर्तें

व्यापार की शर्तें उस दर को बताती हैं जिस दर पर एक देश की वस्तुओं का दूसरे देश की वस्तुओं से विनिमय होता है। यह दर किसी देश के आयातों के रूप में उस देश के निर्यातों की क्रय शक्ति का माप है और उस देश की निर्यात कीमतों तथा आयात कीमतों के बीच संबंध के रूप में व्यक्त की जाती है। जब किसी देश की आयात कीमतों की सापेक्षता में उस देश की निर्यात कीमतें बढ़ती हैं तो कहा जाता है कि उसकी व्यापार शर्तें बेहतर हो गई हैं। परिणामस्वरूप देश को व्यापार से लाभ होता है क्योंकि यह निर्यात की दी हुई मात्रा के बदले आयातों की अधिक मात्रा प्राप्त कर सकता है। दूसरी ओर, यदि उस देश की निर्यात कीमतों की सापेक्षता में आयात कीमतें बढ़ती हैं तो कहा जाता है कि उसकी व्यापार शर्तें प्रतिकूल हो गई हैं। परिणामस्वरूप उस देश का व्यापार से होने वाला लाभ कम हो जाएगा क्योंकि अब यह निर्यातों की दी हुई मात्रा के बदले आयातों की पहले से कम मात्रा प्राप्त कर सकेगा।

अर्थशास्त्रियों ने अनेक प्रकार के व्यापार शर्तों की चर्चा की है। आगे हम उनमें से प्रत्येक पर क्रमश: विचार करेंगे।

1. वस्तु व्यापार की शर्तें (Commodity terms of trade): इसको **निवल वस्तु विनिमय शर्तें** (net barter terms of trade) भी कहा जाता है। यह देश की निर्यात वस्तुओं तथा आयात वस्तुओं की कीमतों का अनुपात होता है।

किसी अवधि विशेष में व्यापार की वस्तु विनिमय शर्तों में हुए परिवर्तनों को मापने के लिए आयात कीमतों में परिवर्तन से निर्यात कीमतों में परिवर्तन का अनुपात लिया जाता है। अत: निवल वस्तु विनिमय व्यापार शर्तों का सूत्र होगा—

$$T_c = \frac{Px_1 / Px_0}{Pm_1 / Pm_0} \times 100$$

जहां T_c व्यापार की वस्तु विनिमय शर्त है, Px_0 तथा Px_1 क्रमश: आधार एवं चालू वर्ष की निर्यात कीमत है एवं Pm_0 तथा Pm_1 क्रमश: आधार तथा चालू वर्ष की आयात कीमत को व्यक्त करता है।

व्यापार की वस्तु अथवा निवल वस्तु विनिमय शर्तों की संधारणा को अर्थशास्त्रियों ने अंतर्राष्ट्रीय व्यापार से होने वाले लाभ को मापने के लिए प्रयोग किया है। **मिल-मार्शल** विश्लेषण में प्रस्ताव वक्रों द्वारा निर्धारित व्यापार की शर्तें वस्तुत: व्यापार की वस्तु-विनिमय शर्तों से संबद्ध है।

2. सकल वस्तु विनिमय व्यापार की शर्तें (Gross barter terms of trade) : टॉसिंग (Taussing) ने सकल वस्तु विनिमय व्यापार की शर्तों का सिद्धांत प्रस्तुत किया है। यह किसी देश के आयातों तथा निर्यातों की कुल मात्राओं के बीच के अनुपात को दर्शाता है। यह अनुपात जितना अधिक होगा, सकल व्यापार की शर्तें उतनी ही बेहतर होंगी। किसी अवधि विशेष में सकल वस्तु विनिमय व्यापार की शर्तों में परिवर्तनों को मापने के लिए, आधार वर्ष तथा चालू वर्ष के अंत में आयातों तथा निर्यातों की मात्राओं के सूचकांकों को एक-दूसरे से संबद्ध किया जाता है। इसके लिए सूत्र है—

$$Tg = \frac{Qm_1 / Qm_0}{Qx_1 / Qx_0} \times 100$$

जहां Tg = सकल वस्तु विनिमय व्यापार की शर्तें
Qm_1 = चालू वर्ष की आयातों की मात्रा
Qm_0 = आधार वर्ष की आयातों की मात्रा
Qx_1 = चालू वर्ष की निर्यातों की मात्रा
Qx_0 = आधार वर्ष की निर्यातों की मात्रा है।

3. व्यापार की आय शर्तें (Income terms of trade) : व्यापार की आय शर्तों को **डोरेन्स** (Dorrance) ने प्रस्तुत किया है। यह सिद्धांत किसी देश के निर्यातों की मात्रा और उसकी निर्यात एवं आयात कीमतों (निवल वस्तु विनिमय व्यापार शर्तों) पर ध्यान देता है। अन्य शब्दों में, व्यापार की आय शर्तें किसी देश की निवल वस्तु विनिमय व्यापार शर्तों तथा उसके निर्यात मात्रा का गुणनफल होती है। इसे यों व्यक्त किया जा सकता है—

$$Ty = Tc \cdot Qx$$
$$= \frac{\text{निर्यात कीमतों का सूचकांक}}{\text{आयात कीमतों का सूचकांक}} \times \text{निर्यात की मात्रा}$$

जहां Ty = व्यापार की आय शर्तें
Tc = निवल वस्तु विनिमय व्यापार शर्तें
Qx = निर्यात मात्रा

व्यापार की आय शर्तों का सूचक बढ़ने का मतलब है कि देश अपने निर्यातों के बदले अधिक वस्तुएं आयात कर सकता है। किसी देश के लिए व्यापार की आय शर्तें बेहतर हो सकती हैं परंतु हो सकता है कि उसकी निवल वस्तु विनिमय व्यापार शर्तें प्रतिकूल हो जाएं। यह मान लेने पर कि आयात कीमतें स्थिर रहती हैं, यदि निर्यात कीमतें गिर जाएं तो निर्यात बढ़ेंगे। इस प्रकार हो सकता है कि जहां व्यापार की आय शर्तें बेहतर हो गई हों, वहीं निवल वस्तु विनिमय व्यापार शर्तें प्रतिकूल हो गई हों।

4. व्यापार की एकल घटकीय शर्तें (Single factoral terms of trade) : प्रोफेसर वाइनर (Viner) ने व्यापार की एकल घटकीय शर्तों की अभिधारणा प्रस्तुत की है। यह सिद्धांत घरेलू निर्यात क्षेत्र में होने वाले उत्पादकता परिवर्तनों पर विचार करता है। इसकी गणना करने के लिए व्यापार की निवल वस्तु विनिमय शर्तों के सूचक को घरेलू निर्यात उद्योगों में उत्पादकता परिवर्तनों के सूचक से गुणा किया जाता है। इसे इस प्रकार व्यक्त किया जा सकता है—

$$Ts = Tc \cdot Fx$$
$$= \frac{Px}{Pm} \times Fx \quad \left(\because Tc = \frac{Px}{Pm}\right)$$

जहां Ts व्यापार की एकल घटकीय शर्तें हैं, Tc व्यापार की वस्तु विनिमय शर्तें और Fc निर्यात उद्योगों का उत्पादकता सूचक है।

5. व्यापार की द्वि-घटकीय शर्तें (Double Factoral terms of trade) : इस सिद्धांत का प्रतिपादन भी **वाइनर** ने किया था। व्यापार की द्वि-घटकीय शर्तें उन उत्पादकता परिवर्तनों पर ध्यान देती हैं जो घरेलू निर्यात क्षेत्र में और देश के आयातों का उत्पादन करने वाले विदेशी निर्यात क्षेत्र में होते हैं। व्यापार की द्वि-घटकीय शर्तों को मापने का सूत्र है—

$$Td = Tc \cdot \frac{Fx}{Fm}$$
$$= \frac{Px}{Pm} \cdot \frac{Fx}{Fm} \quad \left[\because Tc = \frac{Px}{Pm}\right]$$

जहां Td व्यापार की द्वि-घटकीय शर्तें, Tc वस्तु विनिमय व्यापार की शर्तें, Fx निर्यात उत्पादकता सूचक और Fm आयात उत्पादकता सूचक है।

व्यापार की शर्तों को प्रभावित करने वाले कारक

किसी देश की व्यापार की शर्तों पर निम्नलिखित कारकों का प्रभाव पड़ता है—

1. प्रस्ताव वक्र (Offer curve) की लोच
2. साधन संपन्नताओं (Factor endowments) में परिवर्तन
3. प्रौद्योगिकीय परिवर्तन (Change in technology)
4. लोगों की रुचियों में परिवर्तन (Changes in tastes of people)
5. आर्थिक वृद्धि (Economic Growth)
6. प्रशुल्क (Tariff)
7. अवमूल्यन (Devaluation)

राशि पातन

राशि पातन अंतर्राष्ट्रीय कीमत विभेदीकरण है (Dumping is international price discrimination)। राशि पातन उस स्थिति में होता है जब कोई

उत्पादक अपने उत्पाद को किसी विदेशी मार्केट में स्वदेशी मार्केट की तुलना में कम कीमत पर बेचता है। राशिपातन का उद्देश्य प्रतिद्वंद्वियों को मार्केट से खदेड़ कर कम समय में विदेशी मार्केट पर नियंत्रण प्राप्त करना होता है। एक बार जब उत्पादक किसी विदेशी मार्केट में एकाधिकार स्थापित करने में सफल हो जाता है तो फिर वहां वह बहुत ऊंची कीमत निश्चित करता है और इस प्रकार विदेशी उपभोक्ताओं का शोषण करना आरंभ कर देता है।

संरक्षण

'संरक्षण' शब्द उस नीति की ओर संकेत करता है जिसके द्वारा घरेलू उद्योगों को विदेशों की प्रतियोगिता से बचाया जाता है। इसका उद्देश्य यह है कि कम कीमत की वस्तुओं के आयातों पर प्रतिबंध लगाए जाएं ताकि ऊंची कीमत की वस्तुओं का उत्पादन करने वाले घरेलू उद्योगों को बचाया जा सके। घरेलू उद्योगों को संरक्षण प्रदान करने का एक तरीका तो यह है कि आयातों पर इतने शुल्क लगा दिए जाएं जिनसे वस्तुओं की कीमत घरेलू वस्तुओं की कीमत से बढ़ जाए, या दूसरा तरीका यह है कि कोटा द्वारा उन्हें संरक्षण दिया जाए या अन्य गैर प्रशुल्क प्रतिबंध लगाया जाए ताकि सस्ती विदेशी वस्तुओं के आयात कठिन अथवा असंभव हो जाएं। इसके अतिरिक्त घरेलू उद्योगों को सहायिकी (subsidy) अथवा अधिदान (Bounties) दिया जा सकता है ताकि वे सस्ती विदेशी वस्तुओं से प्रतियोगिता कर सकें।

शिशु उद्योग तर्क

संरक्षण के पक्ष में सबसे पुराना और सर्वाधिक स्वीकृत तर्क शिशु उद्योग विषयक तर्क है। जिसे **अलैक्जैण्डर हैमिल्टन** (Alexander Hamilton) ने 1790 में व्यवस्थित रूप से प्रस्तुत किया और **फ्रैडरिक लिस्ट** (Friedrich List) ने 1885 में इसे लोकप्रिय बनाया। यह तर्क इस धारणा पर आधारित है कि जिस उद्योग अथवा उद्योगों के ग्रुप को संरक्षण प्रदान करना है उसमें देश को अदृश्य तुलनात्मक लाभ (comparative advantage) होता है। इसलिए तर्क यह दिया जाता है कि यदि उद्योगों को उनकी प्रारंभिक (शिशुत्व की) अवस्था में विदेशी उत्पादकों से नहीं बचाया जाता है तो वे तुलनात्मक लाभ उठाने के लिए विकास नहीं कर सकेंगे। इसके लिए आवश्यक है कि वे इष्टतम आकार (optimum size) तक विकसित हों ताकि वे अत्यधिक दक्षता तथा प्रतियोगिता पूर्वक कार्य करें और अपेक्षाकृत कम लागतों पर उत्पादन करें।

शिशु उद्योग संरक्षण के पक्ष में तर्क यह है कि जब कोई नया उद्योग शुरू होता है तो वह पैमाने की आन्तरिक मितव्ययिताओं का लाभ नहीं उठा सकता और अपने विदेशी प्रतियोगियों के मुकाबले उसकी उत्पादन लागत अधिक होती है। परंतु यदि सभी प्रकार की सुविधाएं, जैसे सहायिकियां, विदेशी वस्तुओं पर भारी आयात शुल्क आदि प्रदान करके उसे संरक्षण दिया जाए तो उसका विस्तार होगा और उसे पैमाने की आंतरिक बचतें प्राप्त होंगी। आगे, इसके परिणामस्वरूप उस उद्योग में सभी फर्मों को पैमाने की बाह्य मितव्ययिताएं प्राप्त हो सकती हैं।

प्रशुल्क

प्रशुल्क वह कर है जो आयातों पर लगाया जाता है। प्रशुल्क दो विभिन्न उद्देश्यों के लिए लगाए जाते हैं। पहला, राजस्व के लिए और दूसरा, संरक्षण प्रदान करने के लिए। आयात शुल्कों की दर जितनी कम होगी, उनसे राजस्व की प्राप्ति उतनी ही अधिक होगी। इसका कारण यह है कि जब थोड़ा आयात शुल्क लगाया जाता है तो आयातित वस्तुओं की कीमत बहुत नहीं बढ़ती। इसलिए उपभोक्ता सामान्य रूप से अपनी मांग में परिवर्तन करने के लिए प्रेरित नहीं होता।

प्रशुल्कों के प्रभाव

प्रशुल्कों के अनेक प्रभाव हैं—

1. **कीमत प्रभाव (Price Effect) :** प्रशुल्क लगाने से आयातित वस्तुओं की कीमतों में वृद्धि होती है।
2. **उपभोग प्रभाव (Consumption Effect) :** प्रशुल्क उस वस्तु का उपभोग घटाता है जिस पर प्रशुल्क लगाया जाता है और उपभोक्ता बचत में भी कमी आती है।
3. **पुनर्वितरण प्रभाव (Redistribution Effect) :** प्रशुल्क लगने के बाद घरेलू उत्पादकों को अपनी वस्तु की अधिक कीमत प्राप्त होती है। यह प्रशुल्क का पुनर्वितरण प्रभाव है।
4. **व्यापार शर्तों पर प्रभाव (Terms of Trade Effect) :** प्रशुल्क का व्यापार शर्त प्रभाव यह है कि जो देश प्रशुल्क लगाता है उसकी व्यापार शर्तें बेहतर हो जाती हैं। वह अपने आयात अपेक्षाकृत कम दामों पर प्राप्त कर सकता है क्योंकि विदेशी निर्यातकर्ता को शुल्क के कुछ भाग अथवा सम्पूर्ण शुल्क का भुगतान करना पड़ता है। परंतु प्रशुल्क लगाने वाले देश की व्यापार शर्तों में कितना सुधार होगा यह दूसरे देश के प्रस्ताव वक्र (offer curve) की लोच पर निर्भर करता है।
5. **भुगतान संतुलन प्रभाव (Balance of Payments Effect) :** प्रशुल्क से भुगतान संतुलन पर अनुकूल प्रभाव पड़ता है क्योंकि प्रशुल्क से प्रशुल्क लगाने वाले देश के आयात घटते हैं।

विदेशी विनिमय दर

विदेशी विनिमय दर अथवा विनिमय दर वह दर होती है जिस पर एक करेंसी को दूसरी करेंसी से विनिमय किया जाता है। यह दर एक करेंसी में दूसरी करेंसी की कीमत होती है। इसे व्यक्त करने का प्रचलित तरीका यह है कि घरेलू करेंसी के रूप में विदेशी करेंसी की एक इकाई की कीमत।

विश्व विदेशी विनिमय बाजार में **हुंडी-व्यवहार (arbitrage)** का मतलब है कि जिस बाजार में विदेशी करेंसी की कीमत कम हो वहां से विदेशी करेंसी खरीदी जाए और जहां उसकी कीमत अधिक है वहां उसे बेच दिया जाए। Arbitrage का परिणाम यह होता है कि करेंसियों की विदेशी विनिमय दर के अंतर समाप्त हो जाते हैं और विश्व विदेशी विनिमय बाजार में एक ही विनिमय दर विद्यमान हो जाती है।

तत्काल और अग्रिम विनिमय दर

विदेशी विनिमय बाजार में दो प्रकार की विनिमय दरें होती हैं–

1. तत्काल विनिमय दर
2. अग्रिम विनिमय दर

तत्काल विनिमय दर

तत्काल विनिमय दर वह दर है जिस पर एक देश की करेंसी का दूसरे देश की करेंसी से वर्तमान अवधि में विनिमय किया जाता है। तत्काल लेन-देनों के

लिए प्रभावी विनिमय दर को **तत्काल दर** और ऐसे सौदों के लिए मार्केट को **तत्काल मार्केट** कहते हैं।

अग्रिम विनिमय दर

अग्रिम विनिमय दर वह दर है जिस पर भविष्य में विदेशी करेंसी उपलब्ध की जाती हैं। अग्रिम सौदा दो ग्रुपों के बीच होता है, जिसके अनुसार भविष्य में एक निश्चित तिथि तक विदेशी करेंसी की एक निश्चित राशि को एक पार्टी दूसरी पार्टी को सुपुर्द करती है।

अग्रिम विनिमय दर के कार्यकरण को समझने के लिए उसका तत्काल विनिमय दर के साथ संबंध जानना आवश्यक है। अनुबंध करते समय यदि अग्रिम विनिमय दर तत्काल विनिमय दर के बिल्कुल बराबर है तो अग्रिम विनिमय दर को **सममूल्य पर** (at par) कहते हैं। जब अग्रिम मार्केट में एक करेंसी तत्काल मार्केट के मुकाबले में दूसरी करेंसी की अधिक इकाइयां खरीदती हैं तो अग्रिम विनिमय दर को **अधिमूल्य पर** (at a premium) कहते हैं।

इसके विपरीत, यदि अग्रिम मार्केट में एक करेंसी तत्काल मार्केट के मुकाबले में दूसरी करेंसी की कम इकाइयां खरीदती हैं तो अग्रिम दर को **बट्टे पर** (at a discount) कहते हैं।

अग्रिम विनिमय में व्यापारिक बैंक लेन-देन करते हैं। वे विदेशी विनिमय में अपने कोषों का समायोजन करने के लिए **विनिमय परिचालन** (Swap Operations) करते हैं। Swap शब्द का अर्थ है तत्काल करेंसी के साथ अग्रिम करेंसी की एक ही समय में अदला-बदली करना। अग्रिम विनिमय मार्केट के परिचालन निर्यातकों और आयातकर्ताओं को विदेशी विनिमय दरों में होने वाले उतार-चढ़ावों से उत्पन्न जोखिमों को कम करने में सहायक होते हैं।

विदेशी विनिमय दर के सिद्धांत

विदेशी विनिमय दर निर्धारित करने के तीन सिद्धांत हैं—

1. टकसाल दर समता सिद्धांत
2. क्रय शक्ति समता सिद्धांत
3. भुगतान शेष सिद्धांत

टकसाल दर समता सिद्धांत

यह सिद्धांत अंतर्राष्ट्रीय स्वर्णमानक के कार्यकरण से संबंध रखता है। इस प्रणाली के अंतर्गत जो करेंसी चलती थी उसे एक निश्चित दर पर सोने में बदला जा सकता था। करेंसी की एक इकाई का मूल्य सोने के निश्चित भार में होता था। देश का केन्द्रीय बैंक हमेशा निर्धारित कीमत पर सोना खरीदने और बेचने को तैयार रहता था। **जिस दर पर देश की मानक मुद्रा सोने में बदली जा सकती थी वह दर स्वर्ण की टकसाल दर कहलाती थी।** यदि सोने की ब्रिटेन में सरकारी कीमत 6 पाउण्ड प्रति आउंस है तो यह इंग्लैंड में सोने की टकसाल दर कीमत और यदि अमेरिका में सोने की सरकारी कीमत 36 डॉलर प्रति आउंस है तो यह अमेरिका में सोने की टकसाल दर कीमत है। डॉलर तथा पाउण्ड के बीच विनिमय दर

$$\frac{36}{6} = 6 \text{ डॉलर} = 1 \text{ पाउंड}$$

पर निश्चित होगी। इस दर को टकसाल दर समता अथवा विनिमय की टकसाल दर समता कहा जाता था क्योंकि यह सोने की टकसाल कीमत पर आधारित थी।

परंतु विनिमय की वास्तविक दर टकसाल दर समता से उतनी अधिक या कम हो सकती है जितनी दोनों देशों के बीच जहाज में सोना लाने और ले जाने की लागत पड़ती थी।

चूंकि स्वर्ण मानक समाप्त हो गया है, इसलिए टकसाल दर समता सिद्धांत बहुत पहले रद्द कर दिया गया था। आज किसी भी देश में स्वर्ण मानक नहीं है। अब न तो बेरोक-टोक सोना लाया तथा ले जाया जा सकता है और न ही स्वर्ण समता विद्यमान है। इसलिए अब यह सिद्धांत केवल शैक्षिक महत्त्व रखता है।

क्रय शक्ति समता सिद्धांत

अपरिवर्ती कागज करेंसी वाले देशों के बीच विनिमय दर निर्धारित करने के लिए **जी. कैसल** ने 1920 में क्रय शक्ति समता सिद्धांत विकसित किया था। इस सिद्धांत के अनुसार दो अपरिवर्ती कागज करेंसियों के बीच विनिमय दर को उनकी क्रय शक्तियों की समता निर्धारित करती है। अन्य शब्दों में, दो देशों के बीच विनिमय दर को उनके सापेक्ष कीमत स्तर निर्धारित करते हैं।

इस सिद्धांत के अनुसार, दो देशों के बीच विनिमय दर उस बिन्दु पर निर्धारित होती है जहां दोनों देशों की अपनी-अपनी क्रय शक्तियां समान होती हैं। यह क्रय शक्ति समता है जो परिवर्तनशील समता है और वैसी निश्चित समता नहीं है जैसी स्वर्ण मानक (gold standard) के अंतर्गत होती है। इसलिए जब भी कीमत स्तर में परिवर्तन होता है, तो हर परिवर्तन के साथ विनिमय दर भी बदल जाती है।

भुगतान शेष सिद्धांत

इस सिद्धांत के अनुसार, मुक्त विनिमय दरों के अंतर्गत किसी देश की करेंसी की विनिमय दर उसके भुगतान शेष पर निर्भर करती है। अनुकूल भुगतान शेष विनिमय दर को बढ़ाता है जबकि प्रतिकूल भुगतान शेष विनिमय दर को घटाता है। इस प्रकार, इस सिद्धांत का मतलब है कि विदेशी विनिमय की मांग तथा पूर्ति विनिमय दर को निर्धारित करती है।

जब भुगतान शेष प्रतिकूल होता है तो इसका मतलब है कि विदेशी करेंसी की पूर्ति से उसकी मांग अधिक है। इसके परिणामस्वरूप विदेशी करेंसी की तुलना में घरेलू करेंसी का मूल्य गिर जाता है और परिणामस्वरूप विनिमय दर गिर जाती है। इसके विपरीत, यदि भुगतान शेष अनुकूल है तो इसका मतलब होता है कि दी हुई विनिमय दर पर विदेशी करेंसी की मांग से विदेशी करेंसी की पूर्ति अधिक है। इसके परिणाम स्वरूप विदेशी करेंसी की तुलना में घरेलू करेंसी का मूल्य बढ़ जाता है और इसलिए विनिमय दर बढ़ जाती है।

जब प्रतिकूल भुगतान-शेष की स्थिति में वास्तविक विनिमय दर संतुलित विनिमय दर से नीचे चली जाती है तो निर्यात बढ़ते हैं परिणामस्वरूप प्रतिकूल भुगतान शेष समाप्त हो जाता है तथा संतुलित विनिमय दर पुन: स्थापित हो जाती है। दूसरी ओर जब अनुकूल भुगतान-शेष स्थिति के अंतर्गत विनिमय दर बढ़ कर संतुलित विनिमय दर से ऊपर चली जाती है तो निर्यात घट जाते हैं। परिणामस्वरूप अनुकूल भुगतान-शेष समाप्त हो जाता है और संतुलित विनिमय दर पुन: स्थापित हो जाती है। इस प्रकार किसी भी समय विनिमय दर को विदेशी विनिमय की मांग तथा पूर्ति निर्धारित करती है। यहां ध्यान देने

योग्य बात यह है कि इस संदर्भ में **चार लोचें** (elasticity) प्रासंगिक है—

1. निर्यातों की मांग की विदेशी लोच

2. निर्यातों की पूर्ति की घरेलू लोच

3. आयातों की मांग की घरेलू लोच

4. आयातों की पूर्ति की विदेशी लोच।

यदि मांग लोचें ऊंची हों और पूर्ति लोचें नीची, तो विनिमय की संतुलित दर स्थिर रहती है।

भुगतान शेष

किसी देश का भुगतान शेष उसके किसी दिए हुए वर्ष में बाहर के सभी देशों से किए गए समस्त आर्थिक लेने-देनों का व्यवस्थित रिकार्ड है। किसी देश का भुगतान शेष लेखा दोहरी प्रविष्टि (entry) बहीखाता के सिद्धांत पर बनाया जाता है। प्रत्येक लेन-देन बैलेन्स शीट के क्रेडिट और डेबिट पक्ष में दर्ज किया जाता है। जब किसी बाहर के देश से भुगतान प्राप्त होता है तो यह क्रेडिट सौदा है और जब किसी बाहर के देश को भुगतान किया जाता है तो वह डेबिट सौदा होता है।

भुगतान शेष लेखे को तीन श्रेणियों में विभाजित किया जाता है—**चालू लेखा, पूंजी लेखा** तथा **सरकारी भुगतान लेखा** अथवा **सरकारी रिजर्व परिसम्पत्ति लेखा**।

1. चालू लेखा (The Current Account) : देश के चालू लेखों में वे सब लेन-देन आते हैं जो वस्तुओं तथा सेवाओं के व्यापार तथा एकपक्षीय (या न लौटाये जाने वाले) हस्तांतरणों से संबंध रखते हैं। सेवाओं के लेन-देनों में यात्रा तथा परिवहन, विदेशी निवेशों पर आय तथा भुगतान इत्यादि शामिल रहते हैं। हस्तांतरण भुगतानों का संबंध उपहारों, विदेशी सहायता, पैंशनों, निजी प्रेषणों (remitances), से है।

2. पूंजी लेखा (Capital Account) : पूंजी लेखे के अंतर्गत देश के वित्तीय परिसम्पत्तियों के लेन-देन आते हैं जो अल्पावधि एवं दीर्घावधि ऋण, और निजी तथा सरकारी निवेशों के रूप में पाए जाते हैं। अन्य शब्दों में, पूंजी लेखा ऋणों और निवेशों के अंतर्राष्ट्रीय प्रवाह को दर्शाता है और देश की परिसम्पत्तियों और देयताओं में हुए परिवर्तनों को व्यक्त करता है। दीर्घावधि लेन-देन उन अंतर्राष्ट्रीय पूंजी गतियों से संबंध रखते हैं जिनकी परिपक्वता की अवधि एक वर्ष या एक वर्ष से अधिक होती है और उनमें प्रत्यक्ष निवेश जैसे विदेशी प्लांट लगाना, निवेश सूची (Port folio) निवेश जैसे विदेशी बांडों और स्टॉकों का क्रय और अंतर्राष्ट्रीय ऋण शामिल रहते हैं।

3. सरकारी भुगतान लेखा (Official Settlements Accounts) : सरकारी भुगतान लेखा अथवा सरकारी रिजर्व परिसम्पत्ति लेखा वास्तव में पूंजी लेखा का ही भाग है। लेकिन इंग्लैंड तथा संयुक्त राज्य अमेरिका के भुगतान शेष लेखे इसे अलग लेखे के रूप में दिखाते हैं। यह लेखा देश की एक वर्ष के दौरान विदेशी सरकारी धारकों के पास तरल तथा अतरल देयताओं में परिवर्तन को और राष्ट्र की सरकारी रिजर्व परिसम्पत्तियों में परिवर्तन को मापता है। किसी देश की सरकारी रिजर्व परिसम्पत्तियों में उसका स्वर्ण का स्टॉक, उसकी परिवर्तनीय विदेशी करेंसियां तथा SDR के धारण और IMF में उसकी निवल स्थिति शामिल हैं।

चालू लेखे में सबसे अधिक महत्त्वपूर्ण मद वस्तुओं के आयात और निर्यात हैं। किसी देश के निर्यातों और आयातों का अंतर उसका **व्यापार शेष** (balance of trade) कहलाता है। यदि प्रत्यक्ष (visible) आयातों से प्रत्यक्ष निर्यात बढ़ जाए तो व्यापार शेष अनुकूल होता है। यदि स्थिति इसके विपरीत हो तो व्यापार शेष प्रतिकूल होता है।

लेकिन वास्तविकता यह है कि सेवाएं तथा हस्तांतरण भुगतान अथवा चालू लेखे की अप्रत्यक्ष मदें (invisible items) ही भुगतान शेष लेखे का सही रूप प्रस्तुत करती है। चालू खाते में, वस्तुओं तथा सेवाओं के निर्यात और हस्तांतरण भुगतानों की प्राप्तियां क्रेडिट के रूप में दर्ज की जाती हैं क्योंकि वे विदेशियों से प्राप्त होती हैं। दूसरी ओर वस्तुओं तथा सेवाओं के आयात और विदेशियों को किए गए हस्तांतरण भुगतान डेबिट के रूप में दर्ज किए जाते हैं क्योंकि विदेशियों को उनका भुगतान किया जाता है। **चालू लेखे और पूंजी लेखे का जोड़ बुनियादी (basic) शेष** कहलाता है।

भुगतान शेष लेखा

क्रेडिट (+) *(प्राप्तियां)*	*डेबिट (–)* *(भुगतान)*
1. चालू लेखा	
• वस्तुओं तथा सेवाओं का निर्यात	• वस्तुओं तथा सेवाओं का आयात
• हस्तांतरण भुगतान	• हस्तांतरण भुगतान
2. पूंजी लेखा	
• विदेशियों से उधार लेना	• विदेशियों को उधार देना
• विदेशियों द्वारा किए गए प्रत्यक्ष निवेश	• विदेशों में किए गए प्रत्यक्ष निवेश
3. सरकारी लेखा	
• स्वर्ण तथा विदेशी करेंसियों के सरकारी धारणों में वृद्धि	• स्वर्ण तथा विदेशी करेंसियों के सरकारी धारणों में कमी

लेखांकन की दृष्टि से किसी देश के भुगतान शेष हमेशा संतुलन में होते हैं। तीनों लेखें के निवल (Net) क्रेडिट और डेबिट शेषों का बीजगणितीय जोड़ हर हालत में **शून्य** होगा।

व्यापार शेष और भुगतान शेष

किसी देश के भुगतान शेष उसके किसी एक वर्ष में किए गए अंतर्राष्ट्रीय लेन-देनों की प्राप्तियों और भुगतानों का व्यवस्थित रिकार्ड होता है। प्रत्येक लेन-देन को बैलेंस शीट के क्रेडिट पक्ष और डेबिट पक्ष में दर्ज किया जाता है। **क्रेडिट पक्ष** में दर्ज की जाने वाली प्रमुख मदें हैं—

1. **प्रत्यक्ष निर्यात** (Visible exports) जो निर्यातित वस्तुओं से संबंध रखते हैं।
2. अप्रत्यक्ष निर्यात (Invisible exports) जो उन सेवाओं को व्यक्त करते हैं जो एक देश अन्य देशों को प्रदान करता है। इस तरह की सेवाओं के अंतर्गत बैंकिंग, बीमा, जहाजरानी तथा तकनीकी ज्ञान इत्यादि के रूप में प्रदान की गई सेवाएं, देश में आने वाले पर्यटकों तथा विद्यार्थियों द्वारा यात्रा और शिक्षा पर खर्च की गई मुद्रा आती है।
3. विदेशियों से उपहारों के रूप में प्राप्त हस्तांतरण प्राप्तियां।
4. विदेशों से लिए गए उधार और विदेशियों द्वारा देश में किए गए निवेश
5. विदेशों तथा अंतर्राष्ट्रीय संस्थाओं को किया गया रिजर्व परिसम्पत्तियों का सरकारी विक्रय।

डेबिट पक्ष में प्रमुख मदें निम्नलिखित होती हैं—

1. प्रत्यक्ष आयात जो आयातित वस्तुओं से संबंध रखते हैं।
2. विदेशियों द्वारा प्रदान की गई सेवाओं के बदले घरेलू देश द्वारा किए गए भुगतानों के रूप में अप्रत्यक्ष आयात।
3. उपहारों इत्यादि के रूप में विदेशियों को किए गए हस्तांतरण भुगतान।
4. विदेशों को दिए गए ऋण, विदेशों में किए गए निवेश और ऋणों का पुनर्भुगतान।
5. विदेशों तथा अंतर्राष्ट्रीय संस्थाओं से रिजर्व परिसम्पत्तियों अथवा स्वर्ण का सरकारी क्रय।

जबकि व्यापार शेष केवल निर्यातित और आयातित वस्तुओं के मूल्य का अंतर होता है। समीकरण के रूप में—

$$Y = C + I + G + (X - M)$$

जहां Y राष्ट्रीय आय को, C उपभोग व्यय को, I निवेश व्यय को, G सरकारी व्यय को, X वस्तुओं तथा सेवाओं के निर्यातों को और M वस्तुओं तथा सेवाओं के आयातों को व्यक्त करते हैं। (X – M) व्यापार शेष को व्यक्त करता है। यदि X और M का अन्तर शून्य है तो व्यापार शेष संतुलित हो जाता है। यदि M की अपेक्षा X बड़ा है तो व्यापार शेष अनुकूल है। दूसरी ओर, यदि M से X कम है तो व्यापार शेष में घाटा है।

असंतुलन के कारण

भुगतान शेष में असंतुलन के कई कारण हैं—

1. मौसमी उतार-चढ़ाव, कृषि उत्पादनों पर मौसम के प्रभाव इत्यादि कुछ ऐसे कारण हैं जो अस्थायी रूप से भुगतान शेष में असंतुलन उत्पन्न कर देते हैं।
2. देश की राष्ट्रीय आय में परिवर्तन भी असंतुलन का एक कारण है। यदि देश की राष्ट्रीय आय बढ़ेगी तो आयात बढ़ जाएंगे और परिणाम यह होगा कि यदि अन्य बातें समान रहें तो भुगतान शेष में घाटा उत्पन्न हो जाएगा। यदि देश पहले ही पूर्ण रोजगार के स्तर पर है तो आय बढ़ने से कीमतों में स्फीतिकारी वृद्धि होगी और देश के आयात बढ़ जाएंगे जो भुगतान शेष में असंतुलन उत्पन्न कर देंगे।
3. भुगतान शेष में असंतुलन उत्पन्न होने का एक कारण स्फीति है। जब देश में स्फीति (inflation) आती है तो निर्यातों की कीमतें बढ़ जाती हैं। परिणामस्वरूप, निर्यात कम हो जाते हैं। पर साथ ही आयातों की मांग भी बढ़ जाती है। जिससे भुगतान शेष प्रतिकूल हो जाता है।
4. किसी देश के भुगतान शेष उसके आर्थिक विकास की अवस्था पर भी निर्भर करता है। यदि देश विकास की प्रक्रिया से गुजर रहा है तो उसके भुगतान शेष में घाटा होगा।

भुगतान शेष का समायोजन

जब किसी देश के भुगतान शेष में घाटा या अतिरेक होता है तो उसका समायोजन या तो कीमत तथा आय परिवर्तनों के माध्यम से किया जाता है या फिर अवमूल्यन तथा प्रत्यक्ष नियंत्रण जैसे कुछ नीति उपाय अपनाकर किया जाता है।

1. **मूल्यह्रास के माध्यम से समायोजन (कीमत प्रभाव) :** लचीली विनिमय दरों के अंतर्गत, विदेशी विनिमय की मांग और पूर्ति की शक्तियां अपने आप भुगतान शेष के असंतुलन को ठीक कर देती हैं। यदि देश के भुगतान शेष में घाटा हो तो देश की करेंसी का मूल्य ह्रास और यदि देश के भुगतान शेष में अतिरेक हो तो देश की करेंसी की मूल्य वृद्धि करने पर अपने आप संतुलन स्थापित हो जाता है। **करेंसी के मूल्यह्रास का मतलब है कि उसका सापेक्ष मूल्य घट जाता है और मूल्य वृद्धि का अर्थ है कि उसका सापेक्ष मूल्य बढ़ जाता है।** मूल्य ह्रास से निर्यातों को प्रोत्साहन मिलता है और आयात हतोत्साहित होते हैं जबकि मूल्य वृद्धि की स्थिति इसके उलट होती है।
2. **अवमूल्यन :** जो देश किसी अन्य देश की करेंसी की तुलना में अपनी करेंसी का अवमूल्यन करता है तो अवमूल्यन से उस देश के आयतों की घरेलू कीमत बढ़ जाती है और निर्यातों की विदेशी कीमत गिर जाती है। **मूल्यह्रास** और अवमूल्यन में अंतर है। मूल्यह्रास का निर्णय बाजार शक्तियां करती हैं जबकि **अवमूल्यन** का निर्णय मौद्रिक प्राधिकारी करता है। जब अवमूल्यन करके करेंसी का विदेशी मूल्य घटाया जाता है तो निर्यात सस्ते हो जाते हैं और आयात महंगे हो जाते हैं। परिणामस्वरूप, निर्यात बढ़ते हैं और आयात घट जाते हैं और इस प्रकार भुगतान शेष का घाटा समाप्त हो जाता है।
3. **प्रशुल्क :** सरकार संरक्षणात्मक प्रशुल्क लगाकर आयातित वस्तुओं की मात्रा कम करके घरेलू उद्योगों को प्रोत्साहित करती हैं जिससे भुगतान शेष के संतुलन को ठीक करने में सहायता मिलती है।
4. **पूंजी गतियों के माध्यम से समायोजन :** पूंजीगतियों के माध्यम से भी भुगतान शेष में संतुलन लाया जाता है। पूंजी अंतर्प्रवाहों (inflows) से घाटे और पूंजी वहिर्प्रवाहों (outflows) से अतिरेक की वित्त व्यवस्था की जा सकती है।

   जब पूंजी पूर्ण रूप से गतिशील होती है तो घरेलू ब्याज दर में होने वाले थोड़े परिवर्तन ही पूंजी के बड़े प्रवाह ले आते हैं। जब घरेलू ब्याज दर विश्व ब्याज दर के बराबर हो तो यह कहा जाता है कि भुगतान शेष संतुलन में है। यदि घरेलू ब्याज दर विश्व दर से कम होगी तो पूंजी के बहिर्प्रवाह अधिक होंगे जो करेंसी का मूल्य घटा देंगे। इसके विपरीत यदि, घरेलू ब्याज दर विश्व दर से ऊंची होगी तो पूंजी के बड़े अंतर्प्रवाह होंगे जो करेंसी के मूल्य बहुत बढ़ा देंगे।
5. **निर्यातों को प्रोत्साहन :** निर्यातों को प्रोत्साहन देकर भी भुगतान शेष के घाटे को दूर किया जा सकता है।
6. **विनिमय नियंत्रण :** विनिमय नियंत्रण द्वारा भी सरकार प्रतिकूल भुगतान शेष को ठीक करती है। इसके अंतर्गत सरकार विदेशी विनिमय बाजार को नियंत्रित करती है।
7. **आयात नियंत्रण :** भुगतान शेष असंतुलन को दूर करने का एक अन्य उपाय आयातों का नियंत्रण करना है। इसके अंतर्गत अनावश्यक और विलासिता की वस्तुओं के आयात पर रोक लगा दी जाती है अथवा उन पर भारी आयात कर लगाए जाते हैं। इसके अतिरिक्त विभिन्न प्रकार के आयात कोटा लगाकर आयातों पर रोक लगाकर उनका नियमन किया जाता है।

विश्व बैंक

अंतर्राष्ट्रीय पुनर्निर्माण तथा विकास बैंक (International Bank for Reconstruction and Development, IBRD), जिसे विश्व बैंक भी

कहा जाता है, की स्थापना 1944 के ब्रेटन बुड्ज समझौते के अंतर्गत 1945 में हुई थी।

कार्य

विश्व बैंक के निम्नलिखित कार्य हैं—

1. उत्पादक उद्देश्य के लिए पूंजी निवेश की सुविधा प्रदान करके अपने सदस्य देशों के पुनर्निर्माण तथा विकास में सहायता देना और अपेक्षाकृत कम विकसित देशों में उत्पादक सुविधाओं और संसाधनों के विकास को प्रोत्साहन देना।
2. प्रतिभूतियां देकर निजी विदेशी निवेश को बढ़ावा देना अथवा निजी निवेशकों द्वारा ऋणों तथा अन्य निवेश में भागीदारी को बढ़ावा देना और जब उचित शर्तों पर पूंजी उपलब्ध न हो तो अपने संसाधनों से या उधार लिए गए संसाधनों से उत्पादक उद्देश्य के लिए वित्त की व्यवस्था करके निजी निवेश को सम्पूर्ण करना।
3. अंतर्राष्ट्रीय व्यापार के दीर्घकालीक स्थायी संतुलित वृद्धि को बढ़ावा देना और सदस्य देशों के उत्पादक संसाधनों के विकास के लिए अंतर्राष्ट्रीय निवेश को प्रोत्साहन देकर, सदस्य देशों के भुगतान शेष में संतुलन बनाए रखना और परिणामस्वरूप उनके क्षेत्रों में उत्पादकता और उनका जीवन-स्तर और परिस्थितियों को बढ़ाने में सहायता देना।

विश्व बैंक मध्यावधि तथा दीर्घावधि ऋण देता है जो प्राय: परियोजना के पूर्ण होने तक चलते हैं। जब बैंक शुरू हुआ तब से दो दशक तक बैंक के उधारदान प्रचालन भारी रूप से पूंजी आधारित परियोजनाओं पर केन्द्रित थे जैसे विद्युत उत्पादन एवं वितरण, सिंचाई परियोजनाएं, रेल और सड़क मार्ग आदि। 1970 के दशक के बाद से आधारिक निवेश के लिए कर्जों में कमी हुई है। इसके बजाय इसने विकासशील देशों में शिक्षा प्रणाली में परिवर्तन करने के लिए, औद्योगिक निवेशों की वित्त व्यवस्था करने वाली संस्थाओं की स्थापना के लिए और कृषि परियोजनाएं तैयार करने में सहायता देने के लिए वित्त प्रदान करना है। इसकी वर्तमान विकास कूटनीति उन निवेशों पर अधिक बदल देती है जो विकासशील देशों के गरीब लोगों की उत्पादकता और जीवन-स्तर बढ़ाकर उनके कल्याण को प्रभावित करते हैं। इस उद्देश्य को पूरा करने के लिए बैंक, कृषि एवं ग्रामीण विकास, शिक्षा, परिवार कल्याण, पौष्टिक आहार, कम लागत के आवास गृह, पेय जल और सीवर संबंधी परियोजनाओं के लिए वित्त की व्यवस्था करता है।

अंतर्राष्ट्रीय मुद्रा कोष

अंतर्राष्ट्रीय मुद्रा कोष की स्थापना ब्रेटन वुड्ज समझौते के तहत 1945 में की गई थी। इसकी स्थापना सदस्य देशों में आर्थिक तथा वित्तीय सहयोग को बढ़ावा देने के लिए हुई थी ताकि विश्व व्यापार का विस्तार और आर्थिक वृद्धि आसानी से हो सके।

IMF के उद्देश्य

IMF के उद्देश्य निम्नलिखित हैं—

1. ऐसी स्थायी संस्था के माध्यम से अंतर्राष्ट्रीय मौद्रिक सहयोग को बढ़ावा देना जो अंतर्राष्ट्रीय मौद्रिक समस्याओं के संबंध में विचार-विमर्श और सहयोग की मशीनरी प्रदान करे।
2. अंतर्राष्ट्रीय व्यापार के विस्तार एवं संतुलित वृद्धि को सुगम बनाना और परिणामस्वरूप आर्थिक नीति के प्राथमिक उद्देश्यों के रूप में सभी सदस्य देशों में रोजगार एवं वास्तविक आय के ऊंचे स्तरों के बढ़ावा देने और बनाए रखने में तथा सदस्यों के उत्पादक संसाधनों के विकास में योगदान देना।
3. विनिमय स्थिरता को बढ़ावा देना, सदस्यों में सुव्यवस्थित विनिमय प्रबंध बनाए रखना और प्रतियोगी विनिमय मूल्य ह्रास से बचना।
4. सदस्य देशों के चालू लेन-देन के संबध में भुगतान की बहुउद्देशीय प्रणाली की स्थापना करने में और उन विदेशी विनिमय प्रतिबंधों को समाप्त करने में सहायता देना जो विश्व व्यापार की वृद्धि में बाधा पहुंचाते हैं।
5. सदस्य देशों को उचित संरक्षणों के अंतर्गत कोष के संसाधन उपलब्ध कराकर उनमें विश्वास जगाना और इस प्रकार उन्हें यह अवसर प्रदान करना कि वे राष्ट्रीय अथवा अंतर्राष्ट्रीय समृद्धि को तबाह करने वाले उपायों का आश्रय लिए बिना ही अपने भुगतान शेष कुसमायोजनों को ठीक कर सकें।

विशेष आहरण अधिकार

1970 के आरम्भ में, IMF ने विशेष आहरण अधिकार (SDRs) के निर्माण और जारी करने की एक स्कीम चलाई। SDRs को **कागजी सोना** भी कहते हैं। SDRs विश्व रिजर्वों के स्तर को प्रभावित करने के लिए शर्तरहित रिजर्व परिसम्पत्तियों के रूप मे निर्मित किए गए थे ताकि अंतर्राष्ट्रीय तरलता की समस्या हल की जा सके। यह भाग लेने वाले सदस्यों को उनके कोष कोटों के अनुपात में आवंटित किए जाते हैं। आरम्भ में SDR का मूल्य 16 करेंसियों के समूह के आधार पर आकलित किया जाता था। लेकिन 1981 से SDR का मूल्य **पांच करेंसियों** के समूह के आधार पर आकलित किया जाता है। इन करेंसियों में अमेरिकी डालर, जर्मन मार्क, अंग्रेजी पाउण्ड, फ्रांसीसी फ्रैंक और जापानी येन आते हैं।

SDR लेखा की अंतर्राष्ट्रीय इकाई है जो ''कोष विशेष लेखा'' में रखी जाती है। ''कोष सामान्य लेखा'' में सभी करेंसियों के कोटों का मूल्य निर्धारण SDR में किया जाता है। अंतर्राष्ट्रीय मौद्रिक परिसम्पत्ति के रूप में, SDR केन्द्रीय बैंकों और सरकारों के अंतर्राष्ट्रीय रिजर्वों में रखे जाते हैं ताकि वे अपने भुगतान शेषों की कमियों या अतिरेकों के लिए वित्त की व्यवस्था कर सकें। IMF द्वारा कर्जों और पुनर्भुगतान के रूप में किए गए सभी लेन-देनों को SDR के रूप में व्यक्त किया जाता है।

IMF विशेष आहरण लेखा में रखे गए SDRs के समस्त धारणों पर ब्याज देता है और भागीदारों को किए गए सब आवंटनों पर उसी दर से ब्याज वसूल करता है। इस प्रकार जिन भागीदारों के धारण उनके आवंटनों से बढ़ जाते हैं वे चालू ब्याज दर पर निवल (net) ब्याज कमाते हैं और जिनके धारण आवंटनों से कम होते हैं वे चालू ब्याज दर पर निवल भुगतान करते हैं।

एशियाई विकास बैंक

इसकी स्थापना एशियाई देशों की आवश्यकता को पूरा करने के लिए 1966 में की गई थी। इसका मुख्यालय **मनीला में है।**

इसके कार्य : एशियाई विकास बैंक निम्नलिखित कार्य करता है—

1. **वित्त सहायता :** यह अनुदानों और कर्जों के रूप में वित्तीय सहायता

प्रदान करता है। यह तीन प्रकार के कर्जे देता है —परियोजना उधार दान, क्षेत्र उधार दान तथा प्रोग्राम उधार दान।

2. **तकनीकी सहायता (Technical Assistance) :** तकनीकी सहायता प्रदान करने के लिए ADB ने एक **तकनीकी सहायता विशेष कोष** स्थापित किया है। यह सदस्य देशों की सरकारों, उनकी एजेंसियों, क्षेत्रीय संस्थाओं तथा निजी फर्मों को तकनीकी सहायता प्रदान करता है। ADB की तकनीकी सहायता दो उद्देश्यों के लिए होती है—**प्रथम,** विशिष्ट राष्ट्रीय अथवा क्षेत्रीय विकास परियोजनाओं एवं योजनाओं को तैयार, वित्त प्रबंधन और कार्यान्वित करने के लिए। **दूसरा,** कृषि, उद्योग तथा लोक प्रशासन जैसे क्षेत्रों में राष्ट्रीय अथवा क्षेत्रीय स्तर पर नई संस्थाएं स्थापित करने अथवा वर्तमान संस्थाओं के कार्यकरण के लिए।
3. **अन्य कार्य :** ADB के अन्य कार्य क्षेत्रीय आर्थिक एकीकरण को प्रोत्साहित करना तथा इससे संबंधित सर्वेक्षण और शोध करना ताकि भविष्य के लिए नीति निर्धारण किया जा सके।

विश्व व्यापार संगठन

विश्व व्यापार संगठन की स्थापना इसके पूर्ववर्ती 'गैट' (GATT) की उरुग्वे चक्र की लम्बी वार्ता के परिणामस्वरूप हुई थी। इसकी स्थापना के लिए उरुग्वे चक्र के समझौते पर मोरक्को के मराकश नगर में अप्रैल, 1994 में गैट के सदस्य राष्ट्रों ने हस्ताक्षर किए थे। 1 जनवरी, 1995 से इसकी विधिवत रूप से स्थापना हो गई तथा इसने विश्व व्यापार के नियमन के लिए एक औपचारिक संगठन के रूप में गैट का स्थान ले लिया। गैट एक अनौपचारिक संगठन के रूप में ही 1948 से विश्व व्यापार का नियमन करता चला आ रहा था।

गैट की अस्थायी प्रकृति के विपरीत विश्व व्यापार संगठन एक स्थायी संगठन है तथा इसकी स्थापना सदस्य राष्ट्रों की संसदों द्वारा अनुमोदित एक अंतर्राष्ट्रीय संधि के आधार पर हुई है। आर्थिक जगत में इसकी स्थिति अब IMF तथा विश्व बैंक के तुल्य ही है। लेकिन विश्व बैंक एवं IMF की भांति यह संयुक्त राष्ट्र संघ का एक एजेंसी नहीं है।

WTO का मुख्य कार्य यह निश्चित करना है कि वस्तुओं का अंतर्राष्ट्रीय व्यापार, विदेशी निवेश, बौद्धिक संपदा अधिकार इत्यादि निश्चित नियमों के आधार पर निर्धारित हों। WTO समझौतों के पालन को सुनिश्चित करेगा तथा सदस्यों के बीच उठने वाले विवादों के लिए एक स्थायी मध्यस्थ की भूमिका अदा करेगा। इस उद्देश्य के लिए एक विवाद निपटान संस्था (Dispute Settlement Body) का गठन किया गया है। WTO सदस्य देशों की व्यापार नीतियों की भी समय-समय पर समीक्षा करता है तथा बौद्धिक संपदा अधिकारों की सुरक्षा के लिए भी कदम उठाता है।

WTO की सर्वोच्च संस्था **मंत्रीस्तरीय सम्मेलन** (Ministerial Conference) है। मंत्रीस्तरीय सम्मेलन का आयोजन प्रत्येक दो वर्ष पर होता है। दिन-प्रतिदिन के प्रशासकीय कार्यों को सम्पन्न करने के लिए संगठन का सर्वोच्च पदाधिकारी **महानिदेशक** (Director General) होता है। जनरल कौंसिल (General Council) द्वारा महानिदेशक का चुनाव 4 वर्ष के लिए किया जाता है। WTO का मुख्यालय **जेनेवा** में है।

विश्व व्यापार संगठन के कार्य संचालन हेतु अनेक महत्त्वपूर्ण समितियां हैं। सर्वाधिक महत्त्वपूर्ण दो समितियां हैं—

1. विवाद निवारण समिति (Dispute Settlement Body–DSB)

2. व्यापार नीति समीक्षा समिति (Trade Policy Review Body–TPRB)

DSB का कार्य विभिन्न राष्ट्रों के विरुद्ध विश्व व्यापार संगठन के व्यापार नियमों के उल्लंघन की शिकायतों पर विचार करना है। सभी सदस्य देश इस समिति के सदस्य होते हैं। इस समिति की बैठक माह में दो बार होती है।

TPRB का कार्य सदस्य देशों की व्यापार नीति की समीक्षा करना है। WTO के सभी सदस्य राष्ट्र इस समिति के सदस्य होते हैं।

उपर्युक्त के अतिरिक्त विश्व व्यापार संगठन की अन्य महत्त्पूर्ण समितियां हैं—

1. विश्व व्यापार परिषद् (Council for Trade in Goods)

2. सेवा व्यापार परिषद् (Council for Trade in Services)

3. व्यापार सम्बद्ध बौद्धिक संपदा अधिकारों की कौंसिल (Council for Trade Related Aspects of Intellectual Property Rights)

विश्व व्यापार संगठन के कार्य

WTO के कुछ महत्त्वपूर्ण कार्यों का उल्लेख निम्नलिखित प्रकार से किया जा सकता है—

1. विश्व व्यापार समझौता एवं बहुपक्षीय समझौतों के कार्यान्वयन, प्रकाशन एवं परिचालन हेतु सुविधाएं प्रदान करना।
2. व्यापार एवं प्रशुल्क से संबंधित किसी भी भावी मसले पर सदस्यों के बीच विचार विमर्श हेतु एक मंच के रूप में कार्य करना।
3. विवादों के निपटारे (Settlement of Disputes) से संबंधित नियमों एवं प्रक्रियाओं को प्रशासित करना।
4. व्यापार नीति समीक्षा प्रक्रिया (Trade Policy Review Mechanism) से संबंधित नियमों एवं प्रावधानों को लागू करना।
5. वैश्विक आर्थिक नीति निर्माण में अधिक सामंजस्य भाव (Coherence) लाने के लिए अंतर्राष्ट्रीय मुद्रा कोष एवं विश्व बैंक से सहयोग करना।
6. विश्व में उपलब्ध संसाधनों का अनुकूलतम प्रयोग करना।

रोजगार का सिद्धांत

रोजगार के क्लासिकी सिद्धान्त के अनुसार पूंजीवादी अर्थव्यवस्था में बिना स्फीति का (inflation) का पूर्ण रोजगार (Full employment) पाया जाता है। **मजदूरी-कीमत नम्यता** (wage price flexibility) के दिए होने पर अर्थव्यवस्था में स्वत:कारी (automatic) शक्तियां पाई जाती हैं जो अर्थव्यवस्था को पूर्ण रोजगार के स्तर पर कायम रखती हैं और उसी स्तर पर उत्पादन करने को प्रेरित करती हैं। अत: रोजगार के क्लासिकी सिद्धान्त में पूर्ण रोजगार एक सामान्य स्थिति मानी जाती है और इस स्तर से विचलन कुछ असामान्य स्थिति होती है।

मान्यताएं—रोजगार का क्लासिकी सिद्धान्त निम्नलिखित मान्यताओं पर आधारित है—

1. बिना विदेशी व्यापार (closed economy) के तथा बिना सरकारी हस्तक्षेप (laissez faire) के पूंजीवादी अर्थव्यवस्था पाई जाती है।
2. श्रम और वस्तु बाजारों में पूर्ण प्रतियोगिता (Perfect Competition) पाई जाती है।
3. श्रम समरूप होती है।

4. अर्थव्यवस्था का कुल उत्पादन उपभोग तथा निवेश पर व्यय हो जाता है।
5. मुद्रा की मात्रा दी हुई है।
6. मुद्रा मजदूरी और वास्तविक मजदूरी (real wage) में सीधा तथा समानुपातिक (Proportional) सम्बन्ध होता है।
7. मजदूरी और कीमतें नम्य (flexible) है।
8. ब्याज की दर पूर्णत: लोचदार होती है।

क्लासिकी सिद्धान्त की आलोचना

रोजगार के क्लासिकी सिद्धान्त की अवास्तविक मान्यताओं के कारण केन्ज ने इस सिद्धान्त की कड़ी आलोचना की है। केन्ज ने निम्नलिखित कारणों से क्लासिकी सिद्धान्त पर प्रहार किया है—

1. **अल्परोजगार सन्तुलन Underemployment equilibrium)—** केन्ज ने पूंजीवादी अर्थव्यवस्था में पूर्ण रोजगार सन्तुलन की क्लासिकी सिद्धान्त की मान्यता को अवास्तविक बताया। केन्ज के अनुसार पूंजीवादी अर्थव्यवस्थाओं में **अनैच्छिक बेरोजगारी** (involuntary unemployment) का अस्तित्व यह सिद्ध करता है कि अल्परोजगार सन्तुलन एक **सामान्य** स्थिति है और पूर्ण रोजगार सन्तुलन की स्थिति असाधारण तथा आकस्मिक है।
2. **सामान्य से अधिक उत्पादन सम्भव (Over production possible)—**केन्ज ने क्लासीकल अर्थशास्त्री **'से'** द्वारा प्रतिपादित **बाजार नियम** (Say's Law of Markets) की धारणा को गलत बताया। उसके अनुसार उत्पादन के साधनों के स्वामियों द्वारा अर्जित समस्त आय उन वस्तुओं के क्रय में खर्च नहीं होती जिनके उत्पादन में वे सहायक होते हैं। अर्जित आय का कुछ भाग बचा लिया जाता है जो अपने आप ही निवेश नहीं हो जाता क्योंकि बचत तथा निवेश पृथक-पृथक कार्य हैं। इसलिए जब समस्त अर्जित आय (Aggregate income) उपभोग वस्तुओं पर खर्च नहीं होती और उसका कुछ अंश बचा लिया जाता है तो कुल मांग (Aggregate demand) में कमी आ जाती है। जिसके परिणामस्वरूप अति उत्पादन (over production) होता है क्योंकि कुल पूर्ति, कुल मांग से अधिक हो जाती है। इससे, आगे चलकर, सामान्य बेरोजगारी आती है।
3. **अर्थव्यवस्था में स्वत: समायोजन असम्भव (Self adjustment impossible in the economy)—**केन्ज, क्लासीकल सिद्धान्त के इस विचार से सहमत नहीं है कि आर्थिक प्रणाली स्वयं समायोजित (self adjusting) होती है। केन्ज का मानना है कि समाज में असमान ढांचे के कारण पूंजीवादी प्रणाली कभी भी स्वयं समायोजित नहीं हो पाती। पूंजीवादी समाज में दो वर्ग होते हैं—अमीर और गरीब। अमीरों के पास बहुत धन होता है परन्तु वे सारे धन को उपभोग पर व्यय नहीं करते। जबकि गरीबों के पास उपभोक्ता वस्तुएं खरीदने के लिए धन का अभाव होता है। इस प्रकार कुल पूर्ति, कुल मांग की तुलना में अधिक हो जाती है परिणामस्वरूप अर्थव्यवस्था में अति उत्पादन और बेरोजगारी की दशा उत्पन्न हो जाती है। अत: केन्ज के विचारानुसार, पूर्ति एवं मांग में सन्तुलन बनाए रखने के लिए राज्य हस्तक्षेप आवश्यक है।
4. **मजदूरी कटौती का खण्डन (Refutation of wage cut)—**केन्ज ने क्लासीकल सिद्धान्त की इस धारणा का खंडन किया कि मुद्रा मजदूरी में कटौती करके अर्थव्यवस्था में पूर्ण रोजगार लाया जा सकता है। मुद्रा-मजदूरी में कमी लागतों तथा मांग को घटाकर एक उद्योग में तो रोजगार बढ़ा सकती है परन्तु समस्त अर्थव्यवस्था के लिए इस प्रकार की नीति से रोजगार घट जाता है। जब मजदूरी में सामान्य कटौती होती है, तो श्रमिकों की आय घट जाती है। परिणामत: कुल मांग गिर जाती है जिससे रोजगार में कमी आती है।
5. **वास्तविक मजदूरी तथा मुद्रा मजदूरी में प्रत्यक्ष सम्बन्ध नहीं—** केन्ज ने क्लासीकल सिद्धान्त के इस मत को कभी स्वीकार नहीं किया कि मुद्रा मजदूरी तथा वास्तविक मजदूरी के बीच प्रत्यक्ष समानुपातिक सम्बन्ध (direct proportionate relationship) होता है। उसके अनुसार इन दोनों में उल्टा (inverse) सम्बन्ध होता है। जब मुद्रा मजदूरी गिरती है तो वास्तविक मजदूरी बढ़ती है और विलोमत: भी।
6. **अल्पकालीन विश्लेषण (Short run analysis)—**क्लासीकल अर्थशास्त्री, **दीर्घकालीन सन्तुलन** (long term equilibrium) पर बल देते थे किन्तु केन्ज ने इसका विरोध किया। इसलिए वह मांग पर दीर्घकालीन प्रभाव को छोड़ देता है।
7. **मुद्रा निष्प्रभावी नहीं (Money not neutral)—**क्लासीकल अर्थशास्त्री मुद्रा को निष्प्रभावी मानते थे। इसलिए उन्होंने मौद्रिक सिद्धान्त में उत्पादन, रोजगार एवं ब्याज दर के सिद्धान्त को शामिल नहीं किया था। उनके अनुसार, उत्पादन और रोजगार का स्तर तथा ब्याज की सन्तुलन दर वास्तविक शक्तियों (real forces) द्वारा निर्धारित होते हैं। केन्ज ने क्लासीकल सिद्धान्त की इस धारणा की आलोचना की कि मौद्रिक सिद्धान्त, मूल्य सिद्धान्त से भिन्न है। उसने मौद्रिक सिद्धान्त को मूल्य सिद्धान्त के साथ जोड़ दिया और ब्याज सिद्धान्त को मौद्रिक सिद्धान्त के क्षेत्र में ला दिया।

'से' का बाजार नियम

'से' का बाजार नियम क्लासीकल रोजगार सिद्धान्त का आधार है। 19वीं शताब्दी के प्रारम्भ में फ्रांसीसी अर्थशास्त्री **जे.बी. से** ने यह धारणा व्यक्त की **''पूर्ति स्वयं अपनी मांग पैदा करती है''** (Supply creates its own demand)। उनके अनुसार, मांग का मुख्य स्रोत उत्पादन के विभिन्न साधनों को प्राप्त होने वाली आय होती है और यह आय उत्पादन प्रक्रिया से स्वत: की उत्पन्न होती है। उत्पादन के साथ ही साथ मांग इसलिए बढ़ती है क्योंकि उत्पादन में लगे हुए साधनों को पारिश्रमिक मिलता है। अन्य शब्दों में, प्रत्येक उत्पादन की मात्रा के परिणामस्वरूप देश के परिचलन (circulation) में उतनी ही मात्रा की क्रय-शक्ति प्रविष्ट हो जाती है। फलत: जितना माल तैयार होता है, वह सारा का सारा स्वत: ही बिक जाता है। इस प्रकार अतिरिक्त अथवा **अति उत्पादन** (over production) का प्रश्न ही उत्पन्न नहीं होता है। इस प्रकार सामान्य अति उत्पादन के अभाव में सामान्य बेरोजगारी भी सम्भव नहीं है। यदि किसी कारण अत्यधिक उत्पादन के कारण अर्थव्यवस्था में बेरोजगारी की स्थिति उत्पन्न हो जाती है तो यह अल्पकालीन स्थिति है। दीर्घकाल में वस्तुओं की मांग और पूर्ति एक दूसरे के समान हो जाते हैं।

केन्ज का रोजगार सिद्धांत

प्रभावी मांग का नियम केन्ज के रोजगार सिद्धान्त का आधार है। केन्ज के रोजगार सिद्धान्त के अनुसार पूंजीवादी अर्थव्यवस्था में रोजगार का स्तर प्रभावी मांग पर निर्भर करता है। इस प्रभावी मांग में कमी आने से बेरोजगारी

आती है और रोजगार के स्तर को प्रभावी मांग (effective demand) के स्तर को बढ़ाकर बढ़ाया जा सकता है।

केन्ज के अनुसार, **''समस्त मांग फलन (Aggregate demand function) के जिस बिन्दु पर समस्त पूर्ति फलन (Aggregate supply function) काटता है उस बिन्दु पर समस्त मांग का मूल्य प्रभावी मांग कहलाएगा।''** इस प्रकार प्रभावी मांग समस्त मांग फलन (अथवा प्राप्तियां-Receipts), एवं कुल पूर्ति फलन (अथवा लागतों—costs) से निर्धारित होती है। **कुल मांग फलन मुद्रा की उन भिन्न-भिन्न राशियों (amounts) की अनुसूची (schedule) होती है जिनकी (रोजगार के भिन्न-भिन्न स्तरों पर) उद्यमियों को अपने उत्पादन की बिक्री से प्राप्त होने की आशा (expectation) रहती है।** [Aggregate demand function is a schedule of the various amounts of money which the entrepreneurs in an economy expect from the sale of their output at varying levels of employment] । यह वह कुल प्राप्तियां (Aggregate receipts) होती हैं जिसे सभी उद्यमी मिलकर अपने उत्पादन की बिक्री से प्राप्त होने की आशा करते हैं। इसके विपरीत, **कुल पूर्ति फलन मुद्रा की उन भिन्न-भिन्न राशियों की वह अनुसूची होती हैं जो (रोजगार के भिन्न-भिन्न स्तरों पर) उत्पादन की बिक्री से उद्यमियों को मिलनी ही चाहिए।** [Aggregate supply function, on the other hand, is a schedule of the various amounts of money which the entrepreneurs in an economy must receive from the sale of output at varying levels of output.] इस प्रकार कुल पूर्ति फलन किसी अर्थव्यवस्था में उद्यमियों की कुल लागतों (costs) का और कुल मांग फलन उनकी कुल प्राप्तियों (receipts) का प्रतिनिधित्व करती है।

केन्ज के अनुसार, कुल मांग फलन उपभोग फलन तथा निवेश फलन पर निर्भर करता है। हो सकता है कि या तो उपभोग व्यय या निवेश व्यय या फिर दोनों में कमी होना बेरोजगारी का कारण हो। इस प्रकार, प्रभावी मांग के नियम में कुल मांग फलन ही **'प्रभावी'** तत्त्व ठहरता है।

केन्ज के रोजगार सिद्धान्त की आलोचना

केन्ज के सिद्धान्त की आलोचना निम्न आधार पर की गई है—

1. केन्ज ने रोजगार के स्तर के निर्धारण में एक मात्र निवेश फलन पर निर्भर रहकर और उपभोग फलन को अल्पकाल में स्थिर मानकर गलती की है। क्योंकि यह अच्छी तरह सिद्ध हो चुका है कि अल्पकाल के दौरान भी उपभोग प्रवृत्ति में वृद्धि का रोजगार की मात्रा पर अच्छा प्रभाव पड़ता है।
2. केन्ज का सिद्धान्त बन्द अर्थव्यवस्था की धारणा पर आधारित है जो आय तथा रोजगार के स्तर पर पड़ने वाले विदेशी व्यापार के प्रभाव को छोड़ देती है। इससे केन्ज का सिद्धान्त काल्पनिक बन जाता है क्योंकि सभी अर्थव्यवस्थाएं खुली अर्थव्यवस्थाएं होती हैं और उनके रोजगार स्तर पर विदेशी व्यापार गहरा प्रभाव डालता है।
3. केन्ज के सिद्धान्त की एक अन्य आलोचना यह है कि यह अल्पकाल (short-run) से सम्बन्धित है। इसलिए उसने अपने सिद्धान्त में पूंजी का स्टॉक, वर्तमान तकनीक, लोगों की रुचियां तथा स्वभाव, जनसंख्या का आकार इत्यादि को स्थिर मान लिया है। लेकिन आलोचकों का कहना है कि अल्पकाल के दौरान भी इनमें परिवर्तन होता है।
4. केन्ज के सिद्धान्त की एक और कमजोरी यह है कि यह सिद्धान्त पूर्ण प्रतियोगिता की अवास्तविक मान्यता पर आधारित है। इससे यह सिद्धान्त समाजवादी देशों पर लागू नहीं होता है क्योंकि वहां समस्त अर्थव्यवस्था को राज्य चलाता है। केन्ज का सिद्धान्त तो आधुनिक पूंजीवादी अर्थव्यवस्थाओं पर भी लागू नहीं होता क्योंकि वहां पूर्ण प्रतियोगिता की बजाय एकाधिकारात्मक प्रतियोगिता पाई जाती है।

केन्ज की आलोचना इसलिए भी की गई है कि उसने केवल चक्रीय बेरोजगारी को ही उठाया है और पूंजीवादी अर्थव्यवस्थाओं में पाई जाने वाली अन्य प्रकार की बेरोजगारी अस्थायी बेरोजगारी (Frictional unemployment) और प्रौद्योगिकीय (Technological) बेरोजगारी को छोड़ दिया है।

सामाजिक कल्याण फलन

बर्गसन एवं सैमुएलसन (Bergson and Samuelson) ने सामाजिक कल्याण फलन का प्रतिपादन किया। इस प्रतिपादन के आधार पर उत्पादन तथा विनिमय की **'अनुकूलतम शर्तें'** अधिकतम कल्याण के लिए आवश्यक शर्तें स्वीकार की जाती हैं। बर्गसन तथा सैमुएलसन के अनुसार यदि कल्याणकारी अर्थशास्त्र **मूल्यगत निर्णयों** (value judgements) का समावेश नहीं करता तो वह व्यर्थ है तथा उसका कोई व्यावहारिक महत्त्व नहीं रह जाता है। इसलिए **बर्गसन-सैमुएलसन का सामाजिक कल्याण फलन स्पष्ट मूल्यगत निर्णयों पर आधारित है** (Bergson-Samuelson social welfare function is based on explicit value judgements)। ये मूल्यगत निर्णय किसी स्थिति का मूल्यांकन करने में किसी नीति निर्माता की सहायता करते हैं। सामाजिक कल्याण फलन समाज के कल्याण का क्रमवाचक सूचकांक (ordinal index) होता है जो विभिन्न व्यक्तियों की क्रमवाचक उपयोगिताओं पर निर्भर करता है।

क्रमवाचक उपयोगिताओं का मूल्य उन सभी चरों (variables) पर निर्भर करता है जो व्यक्तिगत उपयोगिताओं को प्रभावित करते हैं। सामाजिक कल्याण फलन को निम्न प्रकार से व्यक्त किया जा सकता है—

$$W = w(u_1, u_2, u_3, \ldots u_n)$$

जहां W सामाजिक कल्याण को, u_1, u_2, u_3 तथा u_n विभिन्न व्यक्तियों की क्रमवाचक उपयोगिताओं को तथा w उपयोगिता तथा सामाजिक कल्याण के मध्य कार्यात्मक सम्बन्ध (functional relationship) को व्यक्त करते हैं। इस प्रकार उपर्युक्त फलन यह स्पष्ट करता है कि समाज का कल्याण विभिन्न व्यक्तियों के उपयोगिता सूचकांक u_1, u_2, u_3 तथा u_n पर निर्भर करता है। u_1, u_2, u_3 तथा u_n का मूल्य उन अनेक चरों पर निर्भर करता है जिन पर विभिन्न व्यक्तियों के क्रमवाचक उपयोगिता सूचकांक निर्भर करते हैं।

सामाजिक कल्याण फलन के प्रमुख लक्षण

बर्गसन-सैमुएलसन द्वारा प्रतिपादित सामाजिक कल्याण फलन के निम्न प्रमुख लक्षण होते हैं–

1. सामाजिक कल्याण फलन अन्तर्वैयक्तिक तुलना पर आधारित है। मूल्यगत निर्णय इसी का परिणाम हैं। यह अन्तर्वैयक्तिक तुलना उपयोगिता के गणनावाचक विचार पर आधारित न होकर क्रमवाचक विचार (ordinal concept) पर आधारित है।
2. यह कल्याण फलन किसी एकमात्र मूल्यगत निर्णय का ही समावेश न करके किसी भी प्रकार के मूल्यगत निर्णय को समाविष्ट करता है।

3. इस फलन में सम्मिलित नैतिक विचार पूर्णतया क्रमवाचक (ordinal) हैं।

4. मूल्यगत निर्णयों के आधार पर एक बार सामाजिक कल्याण फलन के निर्धारित हो जाने के पश्चात अनुकूलतम सामाजिक कल्याण के स्तर को प्राप्त करने के लिए कीमत सिद्धान्त द्वारा साधनों का आवंटन विभिन्न क्षेत्रों में किया जा सकता है तथा वस्तुओं के उत्पादन को उपभोक्ताओं में न्यायपूर्ण ढंग से वितरित किया जा सकता है ताकि सामाजिक कल्याण अधिकतम हो सके।

यहां ध्यान देने योग्य बात यह है कि परेटो के अनुकूलतम सिद्धान्त में वस्तुओं के उत्पादन, व्यक्तियों में वितरण तथा वस्तु उत्पादन की संरचना (composition) के विषय में कोई (unique optimum solution) प्राप्त नहीं होता जो कि अधिकतम सामाजिक कल्याण को व्यक्त करता हो। अनेक ऐसे हल होते हैं जो परेटो के मानदण्ड की दृष्टि से अनुकूलतम होते हैं। इस प्रकार परेटो अनुकूलतम विश्लेषण हमें अधिकतम सामाजिक कल्याण का कोई निश्चित हल प्रदान नहीं करता है। किन्तु की सहायता से हम अधिकतम सामाजिक कल्याण (Maximum Social Welfare) का हल प्राप्त कर सकते हैं अर्थात् सामाजिक कल्याण फलन को परेटो अनुकूलतम विश्लेषण से जोड़कर हम साधनों के संयोग (input combination), उत्पादन के वितरण तथा कुल उत्पादन में विभिन्न वस्तुओं की मात्रा (Composition of output) के सम्बंध में **एक विशेष हल** (unique solution) प्राप्त कर सकते हैं जो अधिकतम सामाजिक कल्याण की प्राप्ति को सुनिश्चित करता हो।

करारोपण का सिद्धांत

एडम स्मिथ (Adam Smith) पहले अर्थशास्त्री थे जिन्होंने कराधान के सिद्धांतों का अथवा कराधान के नियमों का प्रतिपादन किया। तत्पश्चात अन्य अर्थशास्त्रियों जिनमें **फिण्डले शिराज, बेस्टेबिल** (Bastable) प्रमुख हैं, ने करारोपण के अन्य सिद्धांतों का प्रतिपादन किया।

एडम स्मिथ द्वारा प्रस्तुत कराधान के सिद्धांत निम्नलिखित हैं—

1. **समानता का सिद्धांत (The Canon of Equality) :** यह स्मिथ द्वारा प्रतिपादित सबसे पहला सिद्धांत है। इस सिद्धांत के अनुसार सरकार को अपने व्यय की पूर्ति के लिए प्रत्येक नागरिक से उसकी योग्यतानुसार कर वसूल करना चाहिए।
2. **निश्चितता का सिद्धांत (Canon of Certainty) :** इसके अनुसार प्रत्येक व्यक्ति जो कर देता है वह निश्चित होना चाहिए, मनमाना नहीं। कर के भुगतान का समय, भुगतान की विधि तथा भुगतान की राशि आदि करदाता तथा प्रत्येक अन्य व्यक्ति को स्पष्ट होनी चाहिए।
3. **सुविधा का सिद्धांत (Canon of Convenience) :** इस सिद्धांत के अनुसार प्रत्येक कर ऐसे समय तथा ऐसी रीति से वसूल किया जाना चाहिए कि उसको अदा करना करदाता के लिए सबसे अधिक सुविधाजनक हो। अन्य शब्दों में, कर ऐसे तरीके से लगाया जाना चाहिए और ऐसे समय लगाया जाना चाहिए जबकि करदाता उसका अत्यन्त सुविधा के साथ भुगतान कर सके।
4. **मितव्ययिता का सिद्धान्त (Canon of Economy) :** स्मिथ का चौथा और अन्तिम सिद्धांत है मितव्ययिता या किफायत का सिद्धांत। इस सिद्धांत का उद्देश्य है कि कर-वसूली की **प्रशासनिक लागत** कम से कम रखी जाए अर्थात लोगों की जेब से बाहर आने वाला धन तथा राजकोष में जमा किया जाने वाला धन में कम से कम अन्तर हो।

कराधान के अन्य सिद्धांत : बेस्टेबिल ने एडम स्मिथ के सिद्धांतों के अलावा कुछ अन्य सिद्धांतों का भी प्रतिपादन किया है। ये सिद्धांत निम्नलिखित हैं–

1. उत्पादकता का सिद्धांत (Canon of Productivity)
2. लोच का सिद्धांत (Canon of Elasticity)
3. विविधता का सिद्धांत (Canon of Diversity)
4. सरलता का सिद्धांत (Canon of Simplicity)
5. वांछनीयता का सिद्धांत (Canon of Expediency)

कर भार विभाजन के विभिन्न उपागम

प्रत्येक कर व्यक्तियों पर एक भार होता है क्योंकि करों से व्यक्तियों की आय कम हो जाती है तथा उपभोग घट जाता है। अत: यह आवश्यक है कि सामाजिक, आर्थिक तथा राजनीतिक दृष्टिकोणों से कर भार का न्यायपूर्ण वितरण हो।

कर भार के वितरण में न्याय के आदर्श को प्राप्त करने के लिए समय-समय पर अर्थशास्त्रियों ने अनेक सिद्धांतों का प्रतिपादन किया है जिनमें निम्न सिद्धांत प्रमुख हैं—

1. वित्तीय सिद्धांत (Financial Theory) : यह सिद्धांत **कॉलबर्ट** (colbert) के इस कथन से संबंधित है कि ''बत्तख के 'पर' इस प्रकार निकाले जाएं कि वह कम से कम शोर मचाए'' अर्थात् इस सिद्धांत का उद्देश्य अधिकाधिक आय प्राप्त करना है तथा कर इस प्रकार से लगाए जाएं कि जनता उनका कम से कम विरोध करे। यह सिद्धांत अव्यवहारिक तथा अनुचित है। क्योंकि इस सिद्धांत के अनुसार कर भार उन व्यक्तियों को वहन करना पड़ेगा जिनमें विरोध करने एवं चिल्लाने की शक्ति नहीं है।

2. समता का सिद्धांत (Principle of Equity) : आधुनिक अर्थशास्त्रियों ने कराधान भार के वितरण के मामले में न्याय (Justice) पर भारी जोर दिया है और समता एवं न्याय के सिद्धांत को अपनाने की वकालत की है। समता में दो पहलू अंतर्निहित हैं—समान तथा असमान परिस्थितियों में लोगों से पृथक्-पृथक् व्यवहार किया जाए। **समान परिस्थितियों** (like circumstances) का अभिप्राय यह है कि जो लोग आर्थिक दृष्टिकोण से समान रूप से समृद्ध हैं तथा समान परिस्थितियों में जीवन व्यतीत कर रहे हैं उन्हें समान मात्रा में ही कर अदा करना चाहिए। इसे **समतल न्याय** (horizontal equity) भी कहा जाता है। असमान परिस्थितियों (unlike circumstances) से आशय है कि असमान परिस्थितियों में रहने वाले लोगों से असमान अथवा तद्नुसार ही व्यवहार किया जाए अर्थात समृद्ध अथवा अच्छी हालत वाले व्यक्ति अन्य लोगों के मुकाबले अधिक कर अदा करें। इसे **असमतल न्याय** (Vertical equity) कहा जाता है।

3. सेवा की लागत का सिद्धांत (Cost of Service Theory) : यह कर भार के वितरण से संबंधित प्राचीन सिद्धांतों में से एक है। इस सिद्धांत के अनुसार, सरकार व्यक्तिगत करदाताओं के लाभ के लिए जो विभिन्न सेवाएं संपन्न करती है उनकी लागत को ही कराधान का आधार बनाया जाना चाहिए। प्रत्येक करदाता से उस लागत (cost) के बराबर कर लिया जाना चाहिए जो कि उसको प्रदान की जाने वाली सेवा पर लगी हो। इसका अर्थ

यह है कि जितनी अधिक लागत होगी, कर की दर भी उतनी ही अधिक ऊंची होगी और इसके विपरीत लागत यदि कम होगी तो कर की दर भी कम होगी।

लेकिन इस सिद्धांत को निम्न आधार पर स्वीकार नहीं किया जाता है—

(a) सेवा की लागत का अनुमान लगाना कठिन

(b) कल्याणकारी राज्य की अवधारणा के अनुपयुक्त

(c) कर के मूल लक्षण के विपरीत

4. लाभ सिद्धांत (Benefit Theory) : इस सिद्धांत के अनुसार लोगों में कराधान के भार को उन लाभों के अनुपात में बांटा जाना चाहिए जो कि वे राज्य से प्राप्त करते हैं। इसके अनुसार जो लोग राज्य से समान लाभ प्राप्त करते हैं उन्हें कर भी एक समान ही अदा करना चाहिए और जो लोग अधिक लाभ प्राप्त करते हैं उन्हें कम लाभ प्राप्त करने वाले लोगों के मुकाबले अधिक कर अदा करना चाहिए।

लाभ का सिद्धांत सेवा की लागत के सिद्धांत से बहुत कुछ मिलता-जुलता है। लाभ सिद्धांत **मांग** (demand) के दृष्टिकोण से समस्या पर विचार करता है और लागत सिद्धांत **पूर्ति** के दृष्टिकोण से। इस सिद्धांत की निम्नलिखित आधार पर आलोचना की गई है—

(a) प्रति व्यक्ति लाभ का अनुमान लगाना कठिन

(b) निर्धनों पर अधिक कर भार

(c) सामाजिक कल्याण असंभव

(d) असमानता दूर करना कठिन

5. भुगतान सामर्थ्य का सिद्धांत (Ability to Pay Theory) : यह एक **सर्वस्वीकृति** सिद्धांत है। इस सिद्धांत के अनुसार प्रत्येक व्यक्ति को अपनी भुगतान करने की सामर्थ्य के अनुपात में राज्य को अपना अंशदान देना चाहिए। इस प्रकार धनी व्यक्ति की करदान योग्यता अधिक होने से उसे अधिक मात्रा में तथा निर्धन की करदान योग्यता कम होने से कम मात्रा में अंश दान देना चाहिए। भुगतान सामर्थ्य का सिद्धांत इस उक्ति के आधार पर बनाया गया है कि कानून के अंतर्गत सभी के साथ समान व्यवहार किया जाना चाहिए।

भुगतान सामर्थ्य के सिद्धांत के अंतर्गत एक मौलिक समस्या यह उत्पन्न होती है कि व्यक्ति की कर अदा करने की सामर्थ्य को मापा कैसे जाए? इस उद्देश्य की पूर्ति के लिए दो दृष्टिकोणों का सहारा लिया जाता है—

(a) व्यक्तिपरक दृष्टिकोण (Subjective approach)

(b) वस्तुपरक दृष्टिकोण (Objective approach)

व्यक्तिपरक दृष्टिकोण के अंतर्गत, करदान सामर्थ्य को मापने के लिए त्याग सिद्धांत (sacrifice theory) का उपयोग किया जाता है और वस्तुपरक दृष्टिकोण में, इस कार्य के लिए उत्पादक शक्ति सिद्धांत (faculty theory)—आय, संपत्ति का उपयोग किया जाता है।

करों के प्रकार

करों को उनके स्वरूप, प्रकृति तथा उनको लगाने की विधि के आधार पर कई वर्गों में बांटा जा सकता है। आधुनिक कर व्यवस्था में करों के आमतौर पर निम्नलिखित वर्गीकरण पाए जाते हैं—

1. प्रत्यक्ष एवं परोक्ष कर (Direct and Indirect Taxes)

2. विशिष्ट तथा मूल्यनुसार कर (Specific and Ad-valorem Duties)

3. आरोही (Progressive), अनुपाती (Proportional), अवरोही (Regressive) कर।

प्रत्यक्ष तथा परोक्ष कर (Direct and Indirect Taxes): प्रत्यक्ष कर वह भुगतान है जिसमें कराधान एवं करभार एक ही व्यक्ति पर पड़ता है। इसके विपरीत यदि कराधान (Impact) और करभार (Incidence) अलग-अलग व्यक्तियों पर पड़ता है तो वह परोक्ष कर (indirect taxes) कहलाता है। इस प्रकार परोक्ष कर तो वह होता है जिसका अन्तरण (shifting) किया जा सकता है अथवा जिसे किसी अन्य व्यक्ति पर टाला जा सकता है, और प्रत्यक्ष कर वह होता है जिसका अन्तरण नहीं किया जा सकता अथवा जिसकी अदायगी को अन्य किसी व्यक्ति पर टाला नहीं जा सकता। इसका अर्थ यह है कि प्रत्यक्ष करों की स्थिति में तो कराधान (Impact) अथवा **तात्कालिक द्रव्य भार** (immediate money burden) और कर भार अथवा करापात (incidence) अथवा **अन्तिम द्रव्य भार** (ultimate money burden) दोनों एक ही व्यक्ति पर पड़ते हैं किन्तु परोक्ष करों की स्थिति में यह भिन्न-भिन्न व्यक्तियों पर पड़ता है। आय कर, सम्पत्ति कर, निगम कर आदि **प्रत्यक्ष कर** की श्रेणी में आते हैं जबकि सीमा शुल्क, उत्पाद शुल्क, बिक्री कर आदि **अप्रत्यक्ष कर** की श्रेणी में आते हैं।

मूल्यानुसार कर तथा विशिष्ट कर (Ad-valorem and specific Duties): मूल्यानुसार कर वह कर है जो कि वस्तु के मूल्य के रूप में व्यक्त किया जाता है जबकि विशिष्ट कर उन करों को कहते हैं जो कि वस्तु की इकाई एवं मात्रा के आधार पर अदा की गई एक निश्चित रकम के रूप में व्यक्त किए जाते हैं। **उदाहरणार्थ** आयात या निर्यात कर वस्तु के मूल्य पर 2 प्रतिशत की दर से लगाए जा सकते हैं। जो कि मूल्यानुसार कर है। इसी प्रकार कपड़े पर प्रति मीटर कुछ पैसे की दर से अथवा चीनी पर प्रति क्विंटल कुछ रुपए की दर से उत्पाद शुल्क (excise duty) लगाया जा सकता है जो कि विशिष्ट कर है।

आरोही (प्रगतिशील), अनुपाती तथा अवरोही कर (Progressive Proportional and Regressive Taxes): कर पद्धति की रचना विभिन्न प्रकार के करों को मिलाकर की जाती है जिनमें से कुछ कर आरोही हो सकते हैं तथा कुछ अनुपाती जबकि कुछ अवरोही। लेकिन कर पद्धति में अवरोही करों की विद्यमानता को अधिक वांछनीय नहीं माना जाता। वस्तुतः सम्पूर्ण रूप में किसी भी कर पद्धति की प्रकृति आरोही (Progressive) होनी चाहिए। भारतीय कर-पद्धति का निर्माण यद्यपि आरोही तथा अनुपाती दोनों ही प्रकारों को मिलाकर किया गया है तथापि उसकी प्रकृति, सम्पूर्ण रूप में, आरोही ही कही जा सकती है।

टेलर ने अनुपाती, आरोही तथा अवरोही करों की व्याख्या की है। उसके अनुसार, **आरोही करों की दर** (Progressive tax rate) की अनुसूची वह होती है जिसमें कर आधार अर्थात् आय बढ़ने के साथ-साथ करों की दरों में वृद्धि हो जाती है और अवरोही करों की दर अनुसूची वह है जिसमें कि जैसे-जैसे कर आधार अर्थात आय बढ़ती है वैसे-वैसे ही करों की दरें भी घटती हैं। अनुपाती कर की स्थिति में, आय में परिवर्तन होने के बाद भी कर की दर स्थिर रहती है। अनुपाती, अरोही तथा अवरोही करों की दरें आगे दिए गए अनुसूचियों की सहायता से समझाई गई है।

अनुपाती कर की दरें

आय स्तर	कर की दर	कर की राशि
10,000 रु.	10 प्रतिशत	1,000 रु.
20,000 रु.	10 प्रतिशत	2,000 रु.
30,000 रु.	10 प्रतिशत	3,000 रु.
40,000 रु.	10 प्रतिशत	4,000 रु.

इस प्रकार स्पष्ट है कि अनुपाती करों के अंतर्गत आय के बढ़ने पर कर की दर में कोई परिवर्तन नहीं होता लेकिन आय बढ़ने के साथ-साथ करदाता द्वारा अदा किए जाने वाली कर की कुल राशि बढ़ती है।

प्रगतिशील कर की दरें

आय स्तर	कर की दर	कर की राशि
10,000 रु.	10 प्रतिशत	1,000 रु.
20,000 रु.	15 प्रतिशत	3,000 रु.
30,000 रु.	25 प्रतिशत	7,500 रु.
40,000 रु.	40 प्रतिशत	16,000 रु.

स्पष्ट है कि आरोही करों के अंतर्गत आय में वृद्धि होने पर करों की दरों में भी तेजी से वृद्धि होती है। साथ ही, करों के रूप में अदा की जाने वाली कुल धनराशि भी तेजी से बढ़ती है।

अवरोही कर की दरें

आय स्तर	कर की दर	कर की राशि
10,000 रु.	10 प्रतिशत	1,000 रु.
20,000 रु.	7 प्रतिशत	1,400 रु.
30,000 रु.	5 प्रतिशत	1,500 रु.
40,000 रु.	4 प्रतिशत	1,600 रु.

स्पष्ट है कि अवरोही करों के अंतर्गत, आय बढ़ने पर कर की दर घटती जाती है जबकि आय के बढ़ने पर करों के रूप में अदा की जाने वाली कुल धनराशि में अवश्य वृद्धि होती है।

कराधान के प्रभाव

आजकल कराधान का उपयोग केवल राजस्व प्राप्ति के स्रोत के रूप में ही नहीं किया जाता बल्कि कुछ ऐसे सामाजिक एवं आर्थिक लक्ष्यों की प्राप्ति के एक महत्त्वपूर्ण साधन के रूप में भी किया जाता है जैसे कि उपभोग एवं उत्पादन का नियमन, तेजी एवं मंदी की स्थितियों पर नियंत्रण, आर्थिक प्रगति को प्रोत्साहन तथा आय की असमानताओं की समाप्ति आदि। इन क्रियाओं पर कराधान के प्रभाव अच्छे भी हो सकते हैं और बुरे भी। अत: सरकार को केवल राजस्व प्राप्ति की ही बात को ध्यान में नहीं रखना पड़ता बल्कि कराधान के आर्थिक प्रभाव को भी दृष्टिगत रखना पड़ता है।

अब हम कराधान के प्रभावों का निम्न शीर्षकों के अंतर्गत विवेचन करेंगे—

1. **बचत तथा निवेश पर प्रभाव (Effects on Saving and Investment) :** करों की अत्यधिक ऊंची दरें बचतों पर प्रतिकूल प्रभाव डालती हैं क्योंकि बचत आय पर निर्भर करती है और जब कराधान द्वारा आय कम हो जाती है तो बचत अपने आप ही कम होने लगती है। चूंकि निवेश बचत पर निर्भर करता है इसलिए जब कराधान से बचतें कम हो जाती हैं तो इसका प्रतिकूल प्रभाव निवेश पर भी पड़ता है।
2. **उत्पादन के गठन तथा स्वरूप पर कराधान के प्रभाव (Effects of Taxation on Composition and Production) :** उत्पादन का गठन तथा प्रतिरूप इस बात पर निर्भर होता है कि विभिन्न उद्योगों के बीच तथा विभिन्न क्षेत्रों के बीच साधनों का बंटवारा किस प्रकार का होता है। विभिन्न उद्योगों तथा क्षेत्रों के बीच साधनों का अंतरण या दिशा परिवर्तन (diversion) करने के लिए करााधान को राजकोषीय नीति (fiscal policy) के एक अस्त्र के रूप में प्रयुक्त किया जा सकता है। जब कुछ उद्योगों की उत्पादित वस्तुओं पर कर लगाया जाता है तो उससे उनकी कीमतें बढ़ जाती हैं। कीमतें बढ़ने से उन वस्तुओं की मांग कम हो जाती है तथा इसके फलस्वरूप लाभ भी घट जाते हैं। इसका परिणामस्वरूप यह होता है कि इन उद्योगों के साधन अन्य उद्योगों की ओर हस्तांतरित होने लगते हैं जिनकी उत्पादित वस्तुओं पर या तो कर बिल्कुल नहीं लगता अथवा बहुत हल्की दरों से कर लगता है।
3. **वितरण पर करााधान के प्रभाव (Effects of Taxation on Distribution) :** जर्मन अर्थशास्त्री **वैगनर** (Wagner) को ऐसे सर्वप्रथम अर्थशास्त्रियों में गिना जाता है जिन्होंने इस बात पर जोर दिया कि करााधान का उपयोग आय की असमानताओं को कम करने के एक अस्त्र के रूप में किया जाना चाहिए। अत्यधिक आरोही कर प्रणाली आय तथा धन के वितरण में पाई जाने वाली असमानताओं को काफी कम करती है। वे सभी प्रत्यक्ष कर जो कि अदा करने की सामर्थ्य तथा आरोहण के सिद्धांत पर आधारित होते हैं वितरण पर वांछनीय प्रभाव डाल सकते हैं।
4. **करााधान तथा मुद्रा स्फीति (Taxation and Inflation) :** मुद्रा स्फीति के दिनों में करााधान का उद्देश्य लोगों की क्रय शक्ति (Purchasing Power) को कम करना होता है। नए कर लगाने तथा प्रचलित करों की दरों में वृद्धि करने से उपभोग पर अंकुश लगती हैं, जिससे प्रभावी मांग (effective demand) का स्तर गिरता है और इससे कीमतों में स्थिरता लाने में मदद मिलती है। यही नहीं मुद्रास्फीति के दिनों में भारी कर लगाने से तथा प्रचलित करों की दरों में वृद्धि करने से क्रय शक्ति लोगों के हाथों में से सरकार की ओर स्थानान्तरित हो जाती है जिसका यदि समुचित रूप से उत्पादन कार्यों के लिए उपयोग किया जाए तो इससे आर्थिक क्रियाओं व रोजगार का स्तर ऊंचा उठता है और वस्तुओं तथा सेवाओं की पूर्ति में वांछित वृद्धि होने से बढ़ती हुई कीमतें रुकने लगती हैं। मुद्रास्फीति के दिनों में कुछ कर संबंधी छूटें तथा कर रियायतें देना भी इसलिए जरूरी हो जाता है ताकि बचतों तथा निवेशों की दर में वृद्धि करके उत्पादन को बढ़ाया जा सके।

कर देय क्षमता

कर देय क्षमता का अर्थ साधारणतया समाज की कर देने की अधिकतम क्षमता से लगाया जाता है। यह करारोपण की वह अधिकतम सीमा है जिसे एक देश के निवासी दे सकते हैं। उस सीमा से आगे कर लगाने से उत्पादन तथा कार्यक्षमता पर बुरा प्रभाव पड़ने लगता है। वास्तव में कर देय क्षमता समाज की कुल मिलाकर कर अदा करने की योग्यता को मापता है।

किसी देश की कर देय क्षमता को किसी एक पूर्ण धनराशि या मात्रा के रूप में व्यक्त नहीं किया जा सकता, बल्कि इसके कुछ चिन्ह या लक्षण निश्चित किए जा सकते हैं जिनसे प्रकट हो जाता है कि कर देय सीमा तक पहुंचा जा चुका है अथवा नहीं। कर देय क्षमता की स्पष्ट सीमाओं का सही-सही निर्धारण कर सकना भी संभव नहीं है। इसं प्रकार कहा जा सकता है कि कर देय क्षमता धनराशि की वह अधिकतम मात्रा है जिसे किसी देश के नागरिक, बिना असहनीय भार का अनुभव किए ही, सरकार के खर्चों के लिए अपने अंशदान के रूप में दे सकते हैं।

निरपेक्ष तथा सापेक्ष कर देय क्षमता

कर देय क्षमता का उल्लेख निम्नलिखित दो रूपों में किया जा सकता है—

1. निरपेक्ष कर देय क्षमता (Absolute Taxable Capacity)

2. सापेक्ष कर देय क्षमता (Relative Taxable Capacity)

निरपेक्ष कर देय क्षमता : निरपेक्ष कर देय क्षमता से आशय उस अधिकतम धनराशि से है जो कि किसी भी प्रकार के असुखद प्रभाव डाले बिना ही समुदाय से प्राप्त की जा सकती है। **प्रो. शिराज** के मतानुसार, जब किसी देश की आर्थिक संरचना की इस दृष्टिकोण से जांच की जाती है कि हम यह जान सकें कि वह देश कितना कर भार वहन कर सकता है तो ऐसी स्थिति में निरपेक्ष करदेय क्षमता के मापने का प्रयास किया जाता है।

सापेक्ष कर देय क्षमता : इसका अर्थ है—एक समुदाय की तुलना में दूसरे समुदाय की कर देय क्षमता। इसका संबंध उस अनुपात से भी है जिसके अनुसार किसी संघ के दो या दो से अधिक राज्य कराधान के रूप में सामूहिक व्यय में अपना अंशदान देते हैं। यदि कोई समुदाय अपने निर्धारित भाग से अधिक अंशदान देता है तो कहा जाएगा कि उसकी सापेक्षिक कर देय क्षमता अन्य समुदाय से अधिक है।

निरपेक्ष एवं सापेक्ष कर देय क्षमता की धारणाओं को सैद्धांतिक रूप से देखा जाए तो निरपेक्ष कर देय क्षमता सिद्धांत अधिक स्पष्ट नजर आता है। किन्तु व्यावहारिक दृष्टिकोण से यह सिद्धांत अधिक व्यावहारिक नहीं है। क्योंकि इसका माप संभव नहीं । इसके विपरीत सापेक्ष कर देय क्षमता बहुत सरल एवं स्पष्ट है क्योंकि इसके अंतर्गत विभिन्न समुदायों के मध्य कर देय क्षमता का सापेक्षिक माप किया जा सकता है। **डॉ. डाल्टन** ने निरपेक्ष करदेय क्षमता की अपेक्षा सापेक्ष कर देय क्षमता को अधिक व्यावहारिक बताया था। सापेक्ष कर देय क्षमता का महत्त्व इस बात से लगाया जा सकता है कि यदि निरपेक्ष कर देय क्षमता भारत में लागू करें तो लोगों की कम आय होने से जनसंख्या का बहुत बड़ा भाग कर से मुक्त हो जाएगा। इसके विपरीत सापेक्ष कर देय क्षमता में भारत की अधिकांश जनसंख्या को कर का भार वहन करना पड़ेगा। इससे पूंजी निर्माण में गतिशीलता आ सकेगी जो देश के आर्थिक विकास में सहायक होगी। इससे स्पष्ट है कि सापेक्ष कर देय क्षमता निरपेक्ष कर देय क्षमता से अधिक व्यावहारिक है।

करदेय क्षमता का निर्धारण करने वाले तत्त्व

करदेय क्षमता अनेक तत्त्वों पर निर्भर करती है जिसमें से कुछ प्रमुख निम्नलिखित हैं—

1. राष्ट्रीय आय की मात्रा

2. जनसंख्या का आकार तथा उनकी वृद्धि की दर

3. आय और धन का वितरण

4. कराधान का स्वरूप

5. आय की स्थिरता

6. सरकारी व्यय की प्रकृति

7. लोगों का जीवन-स्तर

8. प्रशासनिक कार्य कुशलता

9. आर्थिक स्थिति

10. राजनीतिक दशाएं

सार्वजनिक व्यय

सार्वजनिक व्यय उस व्यय को कहते हैं जो लोक सत्ताओं अर्थात केन्द्र, राज्य तथा स्थानीय सरकारों के द्वारा या तो नागरिकों की सामूहिक आवश्यकताओं की संतुष्टि के लिए किया जाता है अथवा उनके आर्थिक एवं सामाजिक कल्याण में वृद्धि करने के लिए। आजकल सरकारी व्यय की मात्रा, संसार के प्राय: सभी देशों में निरन्तर बढ़ रही है। इसका कारण यही है कि विभिन्न क्षेत्रों तथा मोर्चों पर सरकार तथा अन्य लोक निकायों के कार्यों में निरन्तर विस्तार हो रहा है।

आधुनिक समय में राज्य प्राचीन युग के राज्यों की भांति पुलिस राज्य न होकर कल्याणकारी राज्य हैं। कल्याणकारी राज्य को जनता का अधिक कल्याण कार्य करना पड़ता है, जिसमें सरकार को सामाजिक कल्याण और आर्थिक विकास के लिए अनेक उद्देश्यों को पूरा करने हेतु भारी मात्रा में व्यय करना पड़ता है। इस प्रकार कल्याणकारी राज्य की अवधारणा के कारण वर्तमान राज्यों के कार्यों में पर्याप्त वृद्धि हो गई है। सार्वजनिक व्यय प्राय: निम्नलिखित कार्यों के लिए किया जाता है—

1. सुरक्षा के लिए

2. सामाजिक कल्याण के लिए

3. सार्वजनिक उद्योगों की स्थापना के लिए

4. प्राकृतिक प्रकोपों को दूर करने के लिए

5. जनोपयोगी सेवाओं के लिए

6. प्रशासनिक सेवाओं के लिए

सार्वजनिक व्यय का सिद्धांत

सार्वजनिक व्यय का सिद्धांत अधिकतम सामाजिक लाभ (maximum social advantage) के सिद्धांत पर आधारित है। **पहला,** यह सिद्धांत सरकारी खर्च को ऐसे बिन्दु तक जारी रखने की अनुमति देता है जहां कि सरकार द्वारा खर्च किए गए अन्तिम रुपए से प्राप्त होने वाला **सीमान्त सामाजिक लाभ** उस सीमान्त त्याग (marginal sacrifice) के बराबर हो जो कराधान द्वारा वसूल किए जाने वाले अन्तिम रुपए के कारण करदाता को करना पड़ता है। **दूसरा,** इस सिद्धांत के अनुसार सरकार को विभिन्न मदों के बीच अपने साधनों का वितरण इस प्रकार करना चाहिए जिससे कि प्रत्येक मद से प्राप्त होने वाला सीमान्त उपयोगिता बराबर हो। इस प्रकार स्पष्ट है कि अपने साधनों का विभिन्न मदों के बीच बंटवारा करते समय यदि सरकार द्वारा इस सिद्धांत को ध्यान में रखा जाए तो अधिकतम सामाजिक कल्याण की प्राप्ति की जा सकती है।

ऊपर सार्वजनिक व्यय के जिस सिद्धांत की चर्चा की गई है वे केवल आदर्श (Ideals) हैं और सैद्धांतिक रूप से ही सत्य हैं। व्यावहारिक रूप से उन्हें लागू करना बड़ा कठिन है।

सार्वजनिक व्यय के सिद्धांत का नियम

प्रो. शिराज (Shirras) ने सार्वजनिक व्यय के चार सिद्धांतों का उल्लेख किया है जो निम्नलिखित हैं—

1. **लाभ का सिद्धांत (Canon of Benefit) :** इस सिद्धांत के अनुसार सरकारी खर्च की योजना इस प्रकार बनाई जानी चाहिए कि उससे समाज के किसी विशेष वर्ग के लिए नहीं बल्कि सम्पूर्ण रूप से समस्त समाज के लिए अधिकतम सामाजिक लाभ तथा सामाजिक कल्याण प्राप्त किया जा सके। इस प्रकार इसका तात्पर्य है कि राज्य द्वारा अपने साधनों का बंटवारा इस प्रकार करना चाहिए कि—
   (*a*) देश के कुल उत्पादन में वृद्धि हो;
   (*b*) बाह्य आक्रमण तथा आन्तरिक अशांति से संपूर्ण समाज की सुरक्षा हो सके;
   (*c*) आय वितरण में असमानताओं को कम किया जा सके।
2. **मितव्ययिता का सिद्धांत (Canon of Economy) :** मितव्ययिता के सिद्धांत से आशय है कि राज्य खर्च करने के मामले में किफायती दृष्टिकोण सामने रखे। इस संबंध में दो विचारणीय बातें उल्लेखनीय हैं। **पहली,** सरकार को किसी भी मद पर न्यूनतम आवश्यक धनराशि ही व्यय करनी चाहिए। **दूसरी,** उसे यथासंभव समाज की उत्पादन शक्ति में वृद्धि भी करनी चाहिए।
3. **स्वीकृति का सिद्धांत (Canon of Sanction) :** इस सिद्धांत का अर्थ यह है कि बिना उपयुक्त अधिकारों या सत्ता की स्वीकृति के कोई भी सरकारी खर्च नहीं किया जाना चाहिए।
4. **बचत का सिद्धांत (Canon of Surplus) :** इस सिद्धांत के अनुसार सरकारी खर्च में घाटे की स्थिति से बचा जाना चाहिए। यह सिद्धांत बतलाता है कि आम आदमी के समान सरकार को भी अपने साधनों की परिधि में रहकर ही खर्च करना चाहिए। लेकिन इस सिद्धांत को आधुनिक अर्थशास्त्री महत्त्व नहीं देते हैं।

लोक व्यय के अन्य सिद्धांत

सार्वजनिक व्यय के उपर्युक्त सिद्धांतों के अलावा, कुछ अर्थशास्त्रियों ने कुछ अन्य सिद्धांतों का भी उल्लेख किया है। ये सिद्धांत हैं—

1. **लोच का सिद्धांत (Canon of Elasticity) :** इस सिद्धांत का मानना है कि राज्य की व्यय नीति ऐसी होनी चाहिए कि जो देश की बदलती हुई परिस्थितियों के साथ स्वयं को परिवर्तित कर सके, अर्थात, देश की आवश्यकताओं और परिस्थितियों के अनुसार सार्वजनिक व्यय में परिवर्तन करना संभव हो सके।
2. **न्यायपूर्ण वितरण का सिद्धांत (Canon of Equitable Distribution) :** इस सिद्धांत के अनुसार सरकारी व्यय इस प्रकार किया जाना चाहिए कि उससे आय के वितरण की असमानताएं कम हों।

सार्वजनिक व्यय के प्रभाव

सार्वजनिक व्यय बचत, निवेश, मुद्रास्फीति, वितरण, बेरोजगारी आदि पर महत्त्वपूर्ण प्रभाव डालता है।

1. **बचत पर प्रभाव :** सरकारी व्यय लोगों में बचत करने की योग्यता में कई प्रकार से वृद्धि करता है। नि:शुल्क शिक्षा, नि:शुल्क चिकित्सा सुविधाओं आदि पर किया गया खर्च लोगों की विशेष रूप से निम्न आय वर्ग के लोगों की क्रय शक्ति में वृद्धि कर देते हैं जिससे उनकी बचत करने की क्षमता में वृद्धि होती है। इसके अतिरिक्त वेतनों एवं मजदूरियों की वृद्धि पर किया जाने वाला और उन्हें सस्ती दरों पर खाद्य एवं अन्य आवश्यक पदार्थ प्रदान करने वाला सरकारी व्यय लोगों की क्रय-शक्ति बढ़ाकर उनकी बचत करने की क्षमता में वृद्धि करता है।
2. **निवेश पर प्रभाव :** कानून एवं व्यवस्था की स्थापना पर किया जाने वाला सरकारी व्यय लोगों के मन में आत्म विश्वास पैदा करता है। जो उन्हें उत्पादकीय क्रियाओं में निवेश करने के लिए प्रोत्साहित करता है। आर्थिक एवं सामाजिक आधारभूत सेवाओं को संपन्न करने के लिए किया गया सार्वजनिक खर्च विभिन्न उपभेक्ता वस्तुओं तथा सेवाओं के बाजारों के आकार में वृद्धि करके निजी उद्यमियों को निवेश के लिए प्रेरित करता है।
3. **वितरण पर प्रभाव :** सार्वजनिक व्यय धन का समान एवं न्यायपूर्ण वितरण करने में भी महत्त्वपूर्ण भूमिका निभाता है। यदि अधिकांश सार्वजनिक व्यय निर्धन लोगों के कल्याण पर खर्च किया जाता है तो इससे समाज में आय तथा धन का अधिक समान एवं न्यायपूर्ण वितरण करना संभव होता है।
4. **मुद्रास्फीति में सार्वजनिक व्यय :** सरकारी व्यय मुद्रास्फीति को नियंत्रित करने में भी सहायक हो सकता है। इस स्थिति में सरकार को चाहिए कि वह बेशी का बजट (surplus budget) बनाए। इस प्रकार बेशी के बजट से जो अतिरिक्त धन की प्राप्ति होगी उसका उपयोग सरकार द्वारा अर्थव्यवस्था की कुल उत्पादन क्षमता को बढ़ाने में किया जा सकता है। लेकिन समस्या के समाधान का यह पहलू केवल अल्पविकसित अथवा विकासशील देशों के लिए ही सही सिद्ध हो सकता है जहां रोजगार का स्तर पूर्ण रोजगार से कम होता है।
5. **आर्थिक विकास तथा वृद्धि में सार्वजनिक व्यय का योगदान :** विकसित तथा अल्पविकसित देशों को जिस सबसे बड़ी समस्या का सामना करना होता है वह है, रोजगार तथा आय में वृद्धि करने की समस्या। सरकारी व्यय का कार्यक्रम अनेक लोगों को रोजगार प्रदान करने में प्रत्यक्ष रूप से सहायक होता है। परिणामस्वरूप वस्तुओं तथा सेवाओं के लिए इन लोगों की मांग में वृद्धि होती है जिससे रोजगार के अवसर और भी बढ़ते हैं। यहां महत्त्वपूर्ण बात यह है कि सार्वजनिक खर्च के कार्यक्रम इस प्रकार बनाए जाने चाहिए कि उत्पादन में वृद्धि के साथ-साथ उत्पादित वस्तुओं की मांग भी बढ़े। **अन्य शब्दों में** 'आर्थिक स्थिरता के साथ आर्थिक प्रगति' के सिद्धांत को अपनाया जाना चाहिए।

यदि सरकारी खर्च शिक्षा तथा जन स्वास्थ्य, परिवहन, संचार तथा बिजली आदि साधनों की व्यवस्था पर किया जाए तो गैर सरकारी क्षेत्र को तीव्रगति से निवेश करने तथा उत्पादन में वृद्धि करने के लिए प्रोत्साहित किया जा सकता है। सरकार को चाहिए कि वह ऐसे उद्यमों को अपने हाथ में लेने

के लिए भी सरकारी खर्च करने को तैयार रहे जो गैर सरकारी क्षेत्र को आकर्षित नहीं करते क्योंकि उनमें लाभ की संभावनाएं बहुत कम होती हैं अथवा जिनमें भारी मात्रा में पूंजी निवेश की आवश्यकता होती है और प्रतिफल लम्बे समय के बाद प्राप्त होता है। ऐसे उद्योगों के अंतर्गत लोहा एवं इस्पात, अणुशक्ति, बहुउद्देशीय जलविद्युत परियोजनाएं, भारी विद्युत तथा इंजीनियरिंग आदि आते हैं।

सार्वजनिक ऋण

सार्वजनिक ऋण सरकार द्वारा आय प्राप्त करने का साधन है। सार्वजनिक ऋण उस ऋण को कहते हैं जिसे राज्य अपनी प्रजा से अथवा अन्य देशों की सरकारों से लेता है। सरकार बैंकों, व्यवसायिक संगठनों, व्यवसाय गृहों तथा व्यक्तियों से उधार ले सकती है। सरकार देश के अंदर से उधार ले सकती है और देश के बाहर से भी अथवा दोनों जगहों से भी।

सार्वजनिक ऋण आमतौर पर बॉण्डों के रूप में (अथवा यदि ऋण थोड़े समय के लिए चाहिए तो राजकोषीय पत्र के रूप में) होता है। इन बॉण्डों में सरकार यह वायदा करती है कि वह निर्धारित समय में मूलधन की वापसी के साथ ही बॉण्ड धारकों को पूर्ण निर्धारित दर से नियमित समयान्तरों पर अथवा अन्त में एकमुश्त धन राशि के रूप में ब्याज की भी अदायगी करेगी। ऋण सरकार की आय का अंतिम स्रोत होता है।

सार्वजनिक ऋण का भार

सार्वजनिक ऋण के भार से आशय उस त्याग (Sacrifice) से होता है जो कि कराधान में वृद्धि के प्रभावों के कारण लोगों को करना होता है। कराधान में वृद्धि उस समय करनी होती है जबकि सार्वजनिक ऋणों की वापसी की जाती है तथा वार्षिक ब्याज की अदायगियां की जाती हैं। सार्वजनिक ऋण का भार प्रत्यक्ष भी हो सकता है और परोक्ष (indirect) भी। सार्वजनिक ऋण के भार का अनुमान लगाते समय इस बात का भी ध्यान रखा जाना चाहिए कि ऋण उत्पादक है या अनुत्पादक, वह आन्तरिक (internal) है या विदेशी (external) और यह कि अर्थव्यवस्था में कीमत स्तर की स्थिति क्या है। यदि कीमतों का स्तर गिरता है तो मुद्रा का मूल्य (Value of money) बढ़ता है और विपरीत स्थिति में इससे उल्टा होता है। यदि कीमतों का स्तर गिरता है तो ब्याज का वास्तविक भार (real burden) बढ़ता है और विपरीत स्थिति में इससे उल्टा है।

सार्वजनिक ऋण का प्रबंध

लोक ऋण की व्यवस्था के लक्ष्य से आशय है कि सरकार द्वारा कर्ज लेने तथा उनकी वापसी की रीतियों का देश की आर्थिक स्थिति पर प्रतिकूल प्रभाव नहीं पड़ना चाहिए। इसके विपरीत इन रीतियों (Methods) से आर्थिक स्थिरता को बनाये रखने में मदद मिलनी चाहिए। अन्य शब्दों में, सरकार द्वारा कर्ज लेना तथा उसे वापिस करने का ढंग ऐसा होना चाहिए कि उससे अर्थव्यवस्था पर मुद्रास्फीति अथवा मुद्राअवस्फीति संबंधी प्रभाव कम पड़े और सरकार को उसकी आवश्यकता हेतु धन प्राप्त हो जाए। अत: उन सभी तरीकों को लोक ऋण प्रबन्ध में सम्मिलित किया जाता है जो कि उधार लेने तथा उसको वापसी करने की प्रक्रिया के द्वारा इन लक्ष्यों की प्राप्ति के लिए सरकार द्वारा अपनाए जाते हैं।

इस प्रकार जारी किए जाने वाले सार्वजनिक ऋण का स्वरूप क्या हो, नए बॉण्ड किन शर्तों पर बेचे जाएं, परिपक्व ऋणों (maturing debts) का शोधन या वापसी किस प्रकार हो, विभिन्न प्रकार के लोक ऋण किस अनुपात में जारी किए जाएं आदि का संबंध सार्वजनिक ऋण के प्रबंध व्यवस्था से होता है।

सार्वजनिक ऋण के प्रबंध का सिद्धांत

सार्वजनिक ऋण के प्रबंध के अनेक सिद्धांत प्रचलित हैं जिनमें से प्रमुख निम्नलिखित हैं—

1. सार्वजनिक ऋण की **ब्याज लागत** न्यूनतम होनी चाहिए।
2. सार्वजनिक ऋणों का प्रबंध ऐसे ढंग से किया जाना चाहिए कि लोक ऋण पत्रों की किस्म तथा उनको जारी करने की शर्तों आदि के संबंध में निवेशकर्ताओं (investors) की इच्छाओं व आवश्यकताओं को संतुष्ट किया जा सके।
3. सार्वजनिक ऋणों का प्रबंध इस प्रकार किया जाना चाहिए कि वह अल्पकालीन ऋणों का दीर्घकालीन ऋणों के रूप में निधिकरण (funding) करने में अधिकाधिक सहायक हों।
4. सार्वजनिक ऋण नीति का राजकोषीय व मौद्रिक नीति के साथ तालमेल बना रहना चाहिए।

उपरोक्त सिद्धांतों के अध्ययन से स्पष्ट है कि सार्वजनिक ऋण के प्रबंध के सभी लक्ष्यों को प्राप्त करना, हो सकता है कि संभव न हो। उदाहरण के लिए, ब्याज की दरों को नीची रखने की नीति से मुद्रा स्फीति संबंधी दशाएं उत्पन्न हो सकती हैं जबकि अल्पकालीन ऋण का दीर्घकालीन ऋण में निधिकरण करने की नीति सुस्ती और बेरोजगारी उत्पन्न कर सकती है। अत: सार्वजनिक ऋण का प्रबंध ऐसे तरीके से किया जाना चाहिए कि उससे आर्थिक लाभ तो अधिक से अधिक प्राप्त हो और आर्थिक हानि कम से कम हो।

राजकीय आय-व्यय

राजस्व प्राप्तियाँ

इसके अन्तर्गत उस आय को रखा जाता है जिसका सम्बन्ध उसी वित्तीय वर्ष से होता है इसे चालू खाता नाम से भी जाना जाता है। इस खाते में आय के उन स्रोतों को शामिल किया जाता है जिनके बदले में कोई भुगतान नहीं करना होता है, जैसे–करों द्वारा पाप्त आय, सार्वजनिक उपक्रमों के द्वारा अर्जित लाभ, सरकारी उधारों पर प्राप्त ब्याज तथा गैर-कर आय। राजस्व प्राप्तियों से सरकार की देयताओं में किसी भी प्रकार से वृद्धि नहीं होती।

(i) कर आय–करों द्वारा प्राप्त होने वाली आय दो प्रकार के स्रोतों से प्राप्त होती है–प्रत्यक्ष करों से प्राप्त आय तथा अप्रत्यक्ष करों से प्राप्त आय।

प्रत्यक्ष कर

केन्द्र सरकार–1. आय-कर (व्यक्तियों, अविभाजित हिन्दू परिवारों तथा संस्थाओं की आय पर), 2. निगम-कर (कम्पनियों की आय पर कर), 3. धन-कर, 4. एस्टेट-ड्यूटी, 5. उपहार-कर, 6. व्यय-कर, 7. ब्याज-कर।

राज्य सरकारें–1. होटल प्राप्तियों पर कर, 2. भू-राजस्व, 3. कृषि आय

पर कर, 4. व्यवसाय-कर, 5. गैर-शहरी अचल सम्पत्तियों पर कर, 6. रोजगारों पर कर।

परोक्ष कर

केन्द्र सरकार–1. सीमा शुल्क, 2. केन्द्रीय उत्पाद शुल्क, 3. केन्द्रीय बिक्री-कर, 4. सेवा-कर।

राज्य सरकारें–1. बिक्री-कर/व्यापार कर, 2. डीजल/पेट्रोल पर बिक्री-कर, 3. स्टाम्प एवं पंजीयन शुल्क, 4. राज्य उत्पाद शुल्क, 5. वाहनों पर कर, 6. वस्तुओं एवं यात्रियों पर परिवहन कर, 7. विद्युत् पर कर एवं शुल्क, 8. गन्ने की खरीद पर शुल्क तथा उपकर, 9. प्रवेश कर, 10. विज्ञापन कर, 11. शिक्षा उपकर, 12. कच्चे जूट पर कर, 13. सट्टेबाजी पर कर।

***(ii)* लाभ एवं लाभांश**–भारत सरकार स्वयं कई प्रकार की औद्योगिक तथा वित्तीय संस्थाओं और सेवाओं का संचालन करती है, यथा–तेल तथा प्राकृतिक गैस निगम (ONGC), स्टील ऑर्थोरिटी ऑफ इण्डिया लिमिटेड (SAIL), राज्य व्यापार निगम (STC), खनिज तथा धातु व्यापार निगम (MMTC), राष्ट्रीयकृत बैंक, जीवन बीमा निगम आदि। सरकार को इनसे प्रतिवर्ष लाभ तथा लाभांश प्राप्त होता है।

***(iii)* ब्याज आय**–कई बार केन्द्र भारत सरकार के द्वारा राज्य सरकारों, अन्य संस्थाओं विदेशी सरकारों को उधार दिया जाता है जिस पर केन्द्र सरकार को वार्षिक ब्याज के रूप में आय मिलती है।

***(iv)* करेत्तर या गैर-कर-आय**–सरकार द्वारा प्रदत्त सेवाओं, यथा–डाकतार सेवाएं, रेडियो तथा TV के विज्ञापन आदि पर शुल्क प्राप्त होता है जिसे हम करेत्तर आय कहते हैं।

करेत्तर प्राप्तियाँ

केन्द्र सरकार

1. **सार्वजनिक प्रतिष्ठानों से प्राप्त निवल अंशदान :** रेलवे, डाक, भारतीय रिजर्व बैंक का लाभ, वन, समुद्रपारीय संचार सेवाएं, अफीम एवं एल्कलॉयड कारखाने, विद्युत परियोजनाएं, सड़क एवं जल परिवहन योजनाएं, दिल्ली दुग्ध योजना, रक्षा सेवाएं, केन्टीन स्टोर विभाग, परमाणु ऊर्जा उद्योग परियोजनाएं, कच्चे तेल पर रॉयल्टी, खाद्य तेलों के आयात पर लाभ, गैर-विभागीय उपक्रमों से प्राप्त लाभ तथा लाभांश रेडियो एवं दूरदर्शन वाणिज्यिक सेवाएं, लाइटहाउस तथा लाइटशिप।
2. **ब्याज प्राप्तियाँ :** राज्यों एवं केन्द्रशासित क्षेत्रों से, रेलवे से, दूरसंचार से, अन्यों से।
3. **राजकोषीय सेवाएँ :** करेंसी, सिक्के एवं ढलाई, अन्य राजकोषीय सेवाएं।
4. **सामान्य सेवाएँ**
5. **सामाजिक एवं सामुदायिक सेवाएँ**
6. **आर्थिक सेवाएँ :** विभागीय वाणिज्यिक उपक्रमों की प्राप्तियाँ, चीनी-कैस्टर ऑयल, शीरा के निर्यात से लाभ, कच्चे तेल पर प्राप्त रॉयल्टी।
7. **बाह्य सहायताएँ :** (i) सामान एवं उपकरणों के रूप में सहायता। (ii) बाह्य नकदी अनुदान सहायता।

राज्य सरकार

1. **विभागीय वाणिज्यिक उपक्रमों से प्राप्त निवल अंशदान :** वन, विद्युत परियोजनाएँ, सड़क एवं जल परिवहन सेवाएँ, दुग्ध विकास, उद्योग खनन एवं खनिज, सिंचाई परियोजनाएँ बहुउद्देशीय नदी घाटी परियोजनाएँ।
2. **सार्वजनिक उपक्रमों से प्राप्त लाभांश तथा आय**
3. **दिए गए उधारों से प्राप्त ब्याज**
4. **सामाजिक एवं सामुदायिक सेवाओं से प्राप्त आय।**
5. **आर्थिक सेवाओं से प्राप्त आय।**

पूँजीगत प्राप्तियाँ–इनके अन्तर्गत आय के उन समस्त स्रोतों को रखा जाता है, जिनका हमें बदले में भुगतान करना आवश्यक होता है, लेकिन महत्वपूर्ण यह है कि यह भुगतान उसी वित्तीय वर्ष में न होकर आगामी किसी वित्तीय वर्ष में किए जाते हैं। इसे पूँजी खाता नाम से जानते हैं। इस प्रकार राजस्व प्राप्तियों की प्रकृति जहाँ अल्पकालिक किस्म की होती है, वहीं पूँजीगत प्राप्तियों की प्रकृति दीर्घकालिक होती है। पूँजी खाते का प्रमुख स्रोत है–निवल घरेलू ऋण, निवल विदेशी ऋण, ऋण वापसी तथा लोक लेखा प्राप्तियाँ।

***(i)* निवल घरेलू ऋण**–इससे आशय उन सरकारी उधारों (बॉण्ड एवं प्रतिभूतियों) से है जिनका प्रयोग भारत सरकार धन उगाहने के लिए करती हैं। प्राय: ये प्रतिभूतियाँ बैंक तथा ट्रस्टों द्वारा क्रय की जाती हैं। इनकी भिन्न-भिन्न परिपक्वता अवधियों पर भिन्न-भिन्न ब्याज दरें देय होती हैं। जिनके भुगतान हेतु भारत सरकार वचनबद्ध होती है। अत: सरकार को विगत वर्षों में प्राप्त नए ऋणों में से इस वर्ष चुकाए जाने वाले ब्याज को घटाने पर निवल घरेलू ऋण की मात्रा ज्ञात हो जाती है।

केन्द्र सरकार की पूँजीगत प्राप्तियों में मुख्य रूप से बाजारी ऋण (निवल प्राप्तियाँ), अल्प बचतों (निवल), राज्य लोक भविष्य निधियाँ (निवल), लोक भविष्य निधियों (निवल), गैर-सरकारी भविष्य निधियों के विशेष निक्षेप, विशेष प्रतिभूतियाँ तथा विविध पूँजीगत प्राप्तियों (निक्षेपों एवं अग्रिमों की प्राप्तियाँ, अन्तरण प्रारक्षित कोष, नकदी अधिशेष खाते प्रतिभूतियों की बिक्री, आकस्मिकता निधि से प्राप्तियाँ) आदि को शामिल किया जाता है।

जहाँ तक राज्य सरकारों की पूँजीगत प्राप्तियों का सम्बन्ध है, तो इसमें निम्नलिखित प्राप्तियों को शामिल करते हैं–

1. बाजारी ऋण (निवल)
2. केन्द्र से प्राप्त ऋण
3. अन्य ऋण (निवल) *(i)* राष्ट्रीय कृषि साख निधि (भारतीय रिजर्व बैंक), *(ii)* राष्ट्रीय सहकारी विकास निगम, *(iii)* केन्द्रीय भण्डारागार निगम, *(iv)* जीवन बीमा निगम, *(v)* अन्य ऋण।
4. राज्य भविष्य निधियाँ (निवल)
5. विविध पूँजीगत प्राप्तियाँ *(i)* अन्तर्राज्यीय निपटान प्राप्तियाँ, *(ii)* आरक्षित निधियाँ, *(iii)* निक्षेप एवं अग्रिम, *(iv)* अन्तरण, *(v)* सस्पेंस एवं विविध खाते।

***(ii)* निवल विदेशी ऋण**–सरकार को विदेशी सरकारों, विदेशी वाणिज्यिक बैंकों तथा अन्तर्राष्ट्रीय मौद्रिक संस्थाओं से ऋण प्राप्त होता है। साथ ही सरकार को विगत वर्षों में प्राप्त हुए ऋणों पर ब्याज भी देना होता है।

अत: समग्र नए ऋणों में से विगत वर्षों के ऋणों पर इस वर्ष चुकाए जाने वाले ब्याज की मात्रा घटाने पर निवल विदेशी ऋण की मात्रा ज्ञात होती है।

(iii) **ऋण वापसी**–सरकार ने पिछले वित्तीय वर्षों में राज्य सरकारों, सार्वजनिक निगमों, अन्य संस्थाओं, विदेशी सरकारों को यदि कोई ऋण दिया जाता है, तो उसके जिस भाग की वापसी चालू वित्तीय वर्ष में होती है, उस धनागम को ऋण वापसी के तहत् रखा जाता है।

(iv) **लोक लेखा प्राप्तियाँ**–सरकार बैंकिंग संस्थाओं का नियंत्रक होने के साथ-साथ बैंकर के रूप में भी कार्य करती है। पोस्ट ऑफिसों में समय जमाएं, लघु बचतें तथा भिन्न प्रकार के बचत-पत्र, किसान विकास-पत्र आदि समय-समय पर जारी होते रहते हैं। इन सबसे जो निवल आय प्राप्त होती है उसे लोक लेखा प्राप्तियों के तहत् रखते हैं। इन स्रोतों से प्राप्त समग्र आय से इसी वित्तीय वर्ष में किए जाने वाले ब्याज भुगतान को घटाकर जो आय प्राप्त होती है उसे निवल लोक लेखा प्राप्तियाँ कहते हैं।

सार्वजनिक व्यय

सरकार के बजट में सर्वप्रथम चालू वित्तीय वर्ष में होने वाले व्यय के अनुमान लगाए जाते हैं। सरकार द्वारा किए जाने वाले सम्पूर्ण सार्वजनिक व्यय को दो भागों में बाँटा जा सकता है–*(i)* राजस्व व्यय, *(ii)* पूँजीगत व्यय।

राजस्व व्यय की निम्नलिखित प्रमुख मदें हैं। राजस्व व्यय को बजट में गैर-विकासात्मक व्यय तथा विकास व्यय के रूप में विभाजित किया जाता है। गैर-विकासात्मक व्यय की प्रमुख मदें निम्नलिखित हैं–

(i) सरकारी सेवाओं पर होने वाला व्यय
(ii) ब्याज अदायगी
(iii) सरकारी अनुदान
(iv) सरकारी सब्सिडी

(i) **सरकारी सेवाओं पर होने वाला व्यय**–सरकार के व्यय का मुख्य कारण समाज कल्याण में वृद्धि लाना है। समाज कल्याण हेतु सरकार कई प्रकार की सेवाएँ उपलब्ध कराती है, जैसे–प्रतिरक्षा सेवाएँ, प्रशासकीय सेवाएँ, आर्थिक सेवाएँ तथा सामाजिक व सामुदायिक सेवाएँ।

प्रतिरक्षा व्यय के तहत जो व्यय सेना के तीनों अंगों के कर्मचारियों तथा उनकी जरूरतों पर होता है उसे प्रतिरक्षा सेवाओं पर होने वाले व्यय में शामिल कर लिया जाता है।

प्रशासनिक सेवाओं में राष्ट्र के सम्पूर्ण आन्तरिक प्रशासन में होने वाला व्यय शामिल है। इन सेवाओं में न्यायालय पुलिस, सार्वजनिक व्यवस्थाओं, विदेशी राजनयिक मसलों (राजदूतों) आदि सेवाओं पर होने वाला व्यय शामिल है।

आर्थिक सेवाओं में होने वाले व्यय में उन सेवाओं पर होने वाले व्यय को शामिल किया जाता है, जो किसी भी प्रकार की प्रत्यक्ष या अप्रत्यक्ष आर्थिक सुविधा उपलब्ध कराए, यथा-सिंचाई सुविधाएँ, विदेश व्यापार प्रोत्साहन सेवाएँ, परिवहन तथा संचार सेवाएँ, खाद्यान्न उपलब्ध कराने की योजनाएँ आदि।

सामाजिक तथा सामुदायिक सेवाओं से आशय उन सेवाओं से है, जो किसी भी प्रकार से सामाजिक उत्थान में सहायक सिद्ध हो जो जीवन स्तर में सुधार करती हो, यथा–स्वास्थ्य परिवार कल्याण, खेलकूद, युवा तथा महिला विकास, सूचना तथा प्रसारण, सांस्कृतिक विकास कार्यक्रम पर होने वाला व्यय।

(ii) **ब्याज अदायगी**–चालू खाते में दूसरा महत्वपूर्ण मद ब्याज अदायगियों का है। उन ब्याज अदायगियों में सभी प्रकार के ऋणों के फलस्वरूप उत्पन्न होने वाले ब्याज की अदायगियों को शामिल किया जाता है चाहे वह घरेलू हो या विदेशी, निजी या संस्थागत। उल्लेखनीय है कि वर्तमान में राजस्व व्यय खाते में ब्याज अदायगी ही सबसे बड़ा व्यय का मद है।

(iii) **अनुदान**–केन्द्र सरकार राज्य सरकारों, सार्वजनिक उद्यम की इकाइयों तथा अन्य संस्थाओं को विभिन्न कारणों से समय-समय पर अनुदान देती है। अकाल, सूखाराहत, भूकम्प, बाढ़ तथा अन्य असामान्य परिस्थितियों में भी अनुदान दिए जाते हैं। कभी-कभी सरकार विदेशों को भी अनुदान देती है।

(iv) **सब्सिडी**–केन्द्र सरकार निर्यात प्रोत्साहन, उत्पादन प्रोत्साहन तथा निम्न आय वर्ग के लोगों के लिए खाद्यान्न की उचित मात्रा, उचित मूल्य पर या नि:शुल्क उपलब्ध कराने के लिए विभिन्न मात्रा से सब्सिडी प्रदान करती है।

जहाँ तक राजस्व व्यय में विकासात्मक व्यय का प्रश्न है, तो इसमें निम्नलिखित मदों पर किए जाने वाले व्यय को शामिल करते हैं–

1. **सामाजिक एवं सामुदायिक सेवाएँ**–शिक्षा, कला एवं संस्कृति, वैज्ञानिक सेवाएँ एवं अनुसंधान, चिकित्सा-सार्वजनिक स्वास्थ्य-स्वच्छता, जल सम्पूर्ति, परिवार कल्याण, आवास, नगर विकास, प्रसारण, श्रम एवं रोजगार, सूचना एवं प्रचार।
2. **सामान्य आर्थिक सेवाएँ**–विदेश व्यापार एवं निर्यात संवर्धन, सहकारिता, अन्य।
3. **कृषि एवं सहायक सेवाएँ**–फसल उत्पादन, पशुपालन, खाद्य भण्डारण एवं भण्डारागार, ग्रामीण विकास, अन्य।
4. **उद्योग एवं खनिज**
5. **रासायनिक उर्वरक सब्सिडी**
6. **विद्युत्, सिंचाई एवं बाढ़ नियन्त्रण**–विद्युत परियोजनाएँ, मध्यम एवं अल्प सिंचाई, वृहत् सिंचाई परियोजनाएँ।
7. **परिवहन एवं संचार**–सड़कें एवं पुल, नागरिक उड्डयन, बन्दरगाह, लाइट-हाउस एवं जहाजरानी अन्य।
8. **लोक निर्माण**
9. **राज्यों एवं केन्द्रशासित क्षेत्रों को अनुदान**–ग्रामीण जलापूर्ति योजनाएँ, ग्रामीण सड़कें, ग्रामीण रोजगार आयोजनगत अनुदान, पिछड़े वर्गों का कल्याण, अनुसूचित जनजातियों को विशेष केन्द्रीय सहायता विविध अनुदान।
10. **राज्यों का सांविधिक अनुदान**–संविधान के अनुच्छेद 275 (i) के तहत् तथा रेलयात्री भाड़े पर कर के बदले।

भारत में न्यून-वित्त-प्रबंधन

न्यून वित्त-प्रबंधन का प्रयोग भारत सरकार द्वारा आर्थिक विकास के लिए संसाधन जुटाने के लिए किया गया। जब सरकार कराधान से पर्याप्त मात्रा में वित्तीय संसाधन नहीं जुटा पाती, तो वह अपने विकास व्यय के वित्त

प्रबन्ध के लिए (क) बाजार से उधार, (ख) भारतीय रिजर्व बैंक के साथ अपने नकद-अधिशेष (Cash balances) को कम करके और/या (ग) भारतीय रिजर्व बैंक से उधार का प्रयोग करती है इस प्रकार, सरकार आर्थिक विकास के लिए वास्तविक संसाधन प्राप्त करने के लिए आवश्यक वित्त जुटाती है। बुनियादी गलती जो वित्त मंत्रालय ने की यह थी कि इसने बाजार से उधार और छोटी बचतों के संग्रहण आदि को पूँजी-प्राप्तियों (Capital receipts) का अंग मान लिया। इसने केवल भारतीय रिजर्व बैंक से उधार को न्यून-वित्त माना। यह गलती 1950-51 से की गई, परन्तु इसे हाल ही के वर्षों में सुधारा गया।

1970-80 के दशक के मध्य तक, केन्द्र सरकार की राजस्व प्राप्तियां इसके राजस्व व्यय से अधिक थीं। अत: केन्द्र सरकार को राजस्व अतिरेक (Revenue Surplus) प्राप्त था।

1950-51 के पश्चात् केन्द्र सरकार का कुल व्यय हमेशा कुल राजस्व से अधिक होने को बजट-घाटा (Budget deficit) या समग्र बजट-घाटा कहा गया। भारत सरकार के वित्त मंत्रालय ने इसमें सभी व्यय (राजस्व-व्यय एवं पूँजी व्यय) और सभी राजस्व में (राजस्व-व्यय एवं पूँजी व्यय) जिसमें बाजार-उधार और अन्य देयताएँ भी थीं, शामिल किए। इस बजट घाटे को भारत सरकार ने न्यून-वित्त-प्रबन्धन (Deficit Financing) कहा। केन्द्र सरकार अपने समग्र बजट-घाटे को पूरा करने के लिए भारतीय रिजर्व बैंक को राजकोषीय पत्रों का शुद्ध विक्रय (Net Sale of Treasury Bills) करती थी। इसके लिए भारतीय रिजर्व बैंक को अतिरिक्त करेन्सी छापनी पड़ती थी।

न्यून-वित्त प्रबन्ध का उद्देश्य

भारत में न्यून-वित्त-प्रबन्धन इसलिए अपनाया गया कि सरकार पंचवर्षीय योजनाओं के लिए आवश्यक वित्तीय साधन जुटा सके। योजना-परिव्यय का स्तर ऐसा था कि इसे केवल कराधान या राजस्व अतिरेक (Revenue Surplus) द्वारा पूरा नहीं किया जा सकता था।

संसाधनों में कमी को कुछ हद तक विदेशी सहायता से पूरा किया जाता है परन्तु जब वह भी इस कमी को पूरा नहीं कर पाती, तब अधिकाधिक उधार का सहारा लिया जाता है। योजनाओं में उत्पादन और रोजगार के लक्ष्य अर्थव्यवस्था के लिए वांछनीय वृद्धिदर को दृष्टि में रखकर तय किए जाते हैं। जब ये लक्ष्य कराधान एवं विदेशी सहायता द्वारा प्राप्त साधनों से पूरे नहीं किए जा सकते, तब अतिरिक्त साधनों के लिए बाजार का सहारा लिया जाता है और इसके लिए भारतीय रिजर्व बैंक का प्रयोग आसान रास्ता है।

यह स्थिति भारत में 1970-80 के दशक के मध्य तक रही। तत्पश्चात् केन्द्र सरकार का राजकोषीय घाटा धीरे-धीरे बढ़ने लगा अर्थात् बाजार उधार (Market borrowing) और भारतीय रिजर्व बैंक से उधार का प्रयोग चालू राजस्व घाटे की पूर्ति के लिए किया गया। यह परिस्थिति का खतरनाक पहलू है क्योंकि यह सरकार को ऋण-जाल (Debt trap) में धकेल सकता है।

कीमतों में स्फीतिकारी वृद्धि–न्यून-वित्त-प्रबन्धन का सबसे गंभीर दुष्प्रभाव कीमतों की स्फीतिकारी वृद्धि है। न्यून-वित्त-प्रबन्ध से देश में मुद्रा-संभरण (Money supply) बढ़ जाता है जिसके परिणामस्वरूप वस्तुओं तथा सेवाओं की यौगिक माँग (Aggregate demand) बढ़ जाती है। इसके नतीजे के तौर पर कीमत-स्तर में वृद्धि हो जाती है।

विनियोग के ढाँचे में परिवर्तन–स्फीति के कारण होने वाला विनियोग योजना के आधीन इच्छित ढाँचे के अनुकूल नहीं होता। विनियोग के कुछ ऐसे क्षेत्र हैं जिन्हें स्फीति से प्रबल प्रोत्साहन प्राप्त होता है। ऐसे तीन क्षेत्र हैं : माल संग्रहण (Inventory holding), विलास वस्तुएँ, शहरी निर्माण और विदेशी परिसम्पत्तियाँ (Foreign assets)। ये अनिवार्यत: आयोजित विनियोग (Planned Investment) के सर्वोत्तम क्षेत्र नहीं हैं। इसके अतिरिक्त, सट्टेबाजी (Speculation) की प्रवृत्ति को बढ़ावा मिलता है।

बैंकों द्वारा साख निर्माण (Credit Creation)–न्यून-वित्त-प्रबन्ध द्वारा कायम की गई स्फीतिकारी शक्तियाँ बैंकों द्वारा अधिक साख निर्माण को पुष्ट करती हैं। वे सरकारी व्यय को बढ़ाती हैं परन्तु इसके अनुरूप गैर-सरकारी व्यय में कमी नहीं होती। परिणामत: केन्द्रीय बैंक के पास बैंक-जमा (Bank deposits) में वृद्धि हो जाती है। अत: वाणिज्य बैंक अपनी तरलता में वृद्धि अनुभव करते हैं और इस स्थिति में वे और अग्रिम दे सकते हैं। अर्थव्यवस्था में तेजी की परिस्थितियों और सट्टेबाजी के लाभों का क्षेत्र बढ़ जाने से बैंक-उधार की माँग बढ़ जाती है और बढ़े हुए बैंक-उधार से न्यून-वित्त-प्रबन्ध द्वारा आरम्भ किए गए स्फीतिकारी दबावों को और बढ़ावा मिलता है।

बाध्य बचत (Forced Savings)–जब स्फीति न्यून-व्यय (Deficit Spending) के कारण व्यक्त होती है, तब बढ़ती हुई कीमतों के परिणामस्वरूप उपभोग में कमी होनी अनिवार्य है और इस प्रकार बाध्य बचत होने लगती है। परन्तु यह याद रखना जरूरी है कि स्फीति केवल निश्चित आय कमाने वाले लोगों के उपभोग को कम करती है, उच्च आय वर्गों का उपभोग सामान्यतया स्फीति के काल के दौरान बढ़ जाता है।

न्यून-वित्त प्रबंध एक उपयोगी एवं मूल्यवान उपकरण है जिसके द्वारा एक अल्पविकसित अर्थव्यवस्था आरम्भिक अवस्था में आर्थिक विकास को प्रोन्नत कर सकती है। मुद्रा की मात्रा में वृद्धि (जो कि न्यून वित्त प्रबन्ध के कारण होती है) से श्रम एवं अन्य संसाधनों की माँग बढ़ जाती है। इस प्रकार, न्यून वित्त प्रबन्ध को एक अच्छा हथियार माना जाता है जिसके द्वारा एक पिछड़ी एवं विकासमान अर्थव्यवस्था को सक्रिय बनाया जा सकता है। परन्तु आर्थिक विकास के लिए न्यून-वित्त-प्रबन्ध का प्रयोग करते समय अत्यन्त सावधानी बरतनी होगी। कारण यह है कि यह स्वभाव से स्फीतिकारी (Inflationary) है और इस कारण इस पर उचित नियंत्रण आवश्यक है।

आर्थिक प्रणालियाँ

पूँजीवाद

सामान्य रूप से पूँजीवाद उस अर्थव्यवस्था को कहते हैं जिसमें वैयक्तिक सम्पत्ति पाई जाती है और जिसका मनुष्यकृत पूँजी एवं प्राकृतिक साधनों का उपयोग भी व्यक्ति के निजी लाभ में किया जाता है।

संक्षेप में कहा जा सकता है कि ऐसी व्यवस्था जिसमें पूँजी स्वच्छन्द विचरण करे और श्रमिकों के श्रम पर अपना आधिपत्य जमाए उसी व्यवस्था का नाम पूँजीवाद है।

''पूँजीवाद का विकास चार सोपानों में हुआ। अपनी शैशवावस्था में पूँजीवाद का स्वरूप व्यावसायिक होता है, युवावस्था में पूँजीवाद का स्वरूप औद्योगिक होता है। वानप्रस्थी अवस्था में पूँजीवाद एकाधिपत्य का स्वरूप ग्रहण करता है और अन्त में वित्तीय स्वरूप ग्रहण कर अपने नाश का कारण बनता है।'' इस विकास क्रम में यह भी जानना जरूरी है कि इंग्लैंड 'औद्योगिक देशों का अगुआ' बना और पूँजीवाद के जन्मदाता के रूप में विश्व में जाना गया।

पूँजीवाद की विशेषताएँ

- निजी सम्पत्ति का अधिकार।
- आर्थिक स्वतन्त्रता।
- वर्ग-संघर्ष।
- उद्योग, साहसी तथा नियन्त्रण।
- प्रतिस्पर्धा या प्रतियोगिता।
- पूँजीवाद की प्रेरणाएँ।
- उत्तराधिकार।
- निजी लाभ का प्रयोजन।
- असमन्वित प्रकृति।
- सम्मिलित एवं एकीकरण।
- आर्थिक समस्याएँ।
- मूल्य संयन्त्र।
- उपभोक्ता की सार्वभौमिकता।

समाजवाद

समाजवाद का अपने आप में कोई स्वरूप नहीं है और न ही यह एक प्रणाली के रूप में विकसित ही की गई है। मानव इतिहास की प्रक्रिया में उत्तम-से-उत्तम व्यवस्था के अन्वेषण के दौरान कुछ आदर्श अपनाने का आग्रह रखा गया है जिसके फलस्वरूप विचारकों ने इसे 'समाजवाद' कहकर सम्बोधित किया।

समाजवादी व्यवस्था में पाँच आधारभूत सिद्धान्त होते हैं–(*i*) विशुद्ध प्रजातन्त्र, (*ii*) पूर्ण एकाधिकार, (*iii*) सम्पूर्ण केन्द्रीयकरण, (*iv*) ऊपर स्थित सत्ता तथा (*v*) कार्य अनुसार संगठन।

समाजवादी तीन मौलिक अधिकारों को सर्वाधिक मान्यता प्रदान करता है–(*i*) श्रम का सम्पूर्ण उत्पादन पर अधिकार, (*ii*) जीवित रहने अर्थात् अस्तित्व का अधिकार, तथा (*iii*) काम करने का अधिकार।

समाजवाद की विशेषताएँ

- समाजवाद में उत्पत्ति के साधनों पर सामूहिक अथवा सामाजिक अधिकार होता है।
- राष्ट्र के उत्पादित धन की समानता के आधार पर विस्तृत करने का प्रयत्न किया जाता है।
- एक व्यक्ति द्वारा दूसरे व्यक्ति का शोषण नहीं किया जाता है।
- यह प्रणाली लाभ की प्रेरणा पर आधारित नहीं होता है।
- आर्थिक संगठन का संचालन सर्वाधिक कल्याण की वृद्धि के लिए किया जाता है।
- साधारणतया जनसाधारण के प्रतिनिधि के रूप में आर्थिक जीवन का संचालन राज्य द्वारा किया जाता है।

मिश्रित अर्थव्यवस्था

मिश्रित अर्थव्यवस्था की अवधारणा में निजी क्षेत्र एवं सार्वजनिक क्षेत्र के सह-अस्तित्व को स्वीकार किया जाता है। परन्तु इसके लिए जरूरी है कि निजी हित की प्रेरणा को सामाजिक हित की प्रेरणा के साथ जोड़ लिया जाए। कुछ परिस्थितियों में तो निजी उद्यम के कार्य-संचालन की इजाजत इसी शर्त पर दी जा सकती है कि यह समग्र समाज की सेवा करे। इसके अतिरिक्त, जिन उद्यमों को अर्थव्यवस्था के प्रत्येक क्षेत्र में प्रधान स्थान नहीं दिया जा सकता। जबकि कुछ क्षेत्रों–कृषि एवं लघु उद्यमों में इसे पूर्ण स्वतंत्रता और पूर्ण विकास की इजाजत दी जा सकती है, दूसरे क्षेत्रों में इसे सीमित रूप में ही सहभागिता करने की अनुमति दी जा सकी है। कुछ ऐसे क्षेत्र भी हैं जो सामरिक (Strategic) एवं राष्ट्रीय महत्व रखते हैं, इनमें हो सकता है निजी उद्यम को प्रवेश की इजाजत ही न दी जाए।

मिश्रित अर्थव्यवस्था में सरकार को आर्थिक क्रिया के क्षेत्र में सकारात्मक भाग अदा करना पड़ता है। कुछ उद्योग तो ऐसे हो सकते हैं जिनमें पूर्णतया सरकारी स्वामित्व हो, और कुछ ऐसे उद्योग हो सकते हैं जिनमें राज्य और निजी उद्यम का साझा स्वामित्व एवं प्रबन्ध हो। इस प्रकार मिश्रित अर्थव्यवस्था में, देश की समग्र आर्थिक प्रणाली तीन भागों में बँट जाती है:

(क) ऐसे क्षेत्र जिनमें उत्पादन एवं वितरण का पूर्ण स्वामित्व एवं नियंत्रण राज्य के हाथ में होता है और निजी क्षेत्र को पूर्णतया निःसारित कर दिया जाता है;

(ख) ऐसे क्षेत्र जिनमें निजी उद्यम उत्पादन एवं वितरण में साझे रूप में सहयोग करते हैं; और

(ग) ऐसे क्षेत्र जिनमें निजी उद्यम पूर्णतया क्रियाशील होता है और इस पर राज्य का सामान्य नियन्त्रण एवं विनियमन होता है।

ऐसी अर्थव्यवस्था जिसमें निजी एवं सार्वजनिक उद्यमों का सह-अस्तित्व होता है, के लिए हैन्सन के शब्दों ''द्वैध अर्थव्यवस्था'' (Dual economy) का प्रयोग किया और लर्नर (Lerner) ने नियंत्रित अर्थव्यवस्था (Controlled economy) का, किन्तु शब्द मिश्रित अर्थव्यवस्था का प्रयोग लेखकों ने अपनी कृतियों में प्रारम्भ कर दिया और अब यह एक स्वीकृत शब्द बन गया है।

भारत में मिश्रित अर्थव्यवस्था का ढाँचा

मिश्रित अर्थव्यवस्था का सबसे पहला महत्वपूर्ण लक्षण निजी एवं सार्वजनिक क्षेत्र का सह-अस्तित्व है। संकुचित रूप में, पूँजीवादी एवं समाजवादी अर्थव्यवस्थाएँ दोनों ही मिश्रित अर्थव्यवस्थाएँ समझी जा सकती हैं क्योंकि प्रत्येक पूँजीवादी अर्थव्यवस्था में सार्वजनिक क्षेत्र तो होगा ही और इसी प्रकार की समाजवादी अर्थव्यवस्था में छोटा-सा निजी क्षेत्र भी होगा। परन्तु पूँजीवादी या समाजवादी अर्थव्यवस्था में एक छोटे-से सार्वजनिक या निजी क्षेत्र के अस्तित्व-मात्र से ही, ये अर्थव्यवस्थाएँ मिश्रित अर्थव्यवस्थाएँ नहीं बन जातीं। महत्वपूर्ण बात यह है कि सरकार विधान सभा के माध्यम से यह घोषणा करे कि यह इन दोनों क्षेत्रों-निजी एवं सार्वजनिक क्षेत्र के सह-अस्तित्व के लिए वचनबद्ध है। सरकार को इन दोनों क्षेत्रों के कार्यक्षेत्र का भी निर्धारण करना होगा।

भारत, मिश्रित अर्थव्यवस्था का सर्वोत्तम उदाहरण समझा जाता है। भारतीय संविधान के निदेशक सिद्धान्तों के आधीन आर्थिक क्षेत्र में, राज्य को अपनी नीति का इस प्रकार निर्देशन करना होगा कि इससे समाज के भौतिक साधनों के स्वामित्व का बेहतर वितरण एवं नियंत्रण प्राप्त हो सके और इससे कुछ व्यक्तियों के हाथों में सम्पत्ति का संकेन्द्रण और श्रम का शोषण रोका जा सके। निदेशक सिद्धान्तों (Directive Principles) में अन्तर्निहित ये उद्देश्य तब तक प्राप्त करने सम्भव नहीं जब तक कि राज्य स्वयं उत्पादन और वितरण के क्षेत्रों में प्रवेश न करे। अत: तीव्र औद्योगीकरण और आत्मनिर्भरता को प्रोन्नत करने के लिए जानबूझ कर सार्वजनिक क्षेत्र के विस्तार के औचित्य की इससे व्याख्या होती है। कमजोर वर्गों की सुरक्षा के लिए सरकार को अनिवार्य वस्तुओं के वितरण पर नियंत्रण करना होगा। इसी प्रकार अर्थव्यवस्था की बागडोर अर्थात् बीमा एवं बैंकिंग अपने हाथों में लेकर सरकार सामाजिक दृष्टि से वांछनीय क्षेत्रों में विनियोग के निर्देशन का प्रयास कर सकती है। इसके अतिरिक्त आधारसंरचना सुविधाओं (Infrastructural facilities) अर्थात् जल-विद्युत परियोजनाओं, सिंचाई, सड़क तथा रेल-परिवहन को प्रोन्नत करके सरकार ऐसी परिस्थितियाँ कायम कर सकती है जिनसे विनियोग का ऊँचा स्तर प्राप्त हो सके ताकि देश के लोगों की राष्ट्रीय एवं प्रति व्यक्ति आय उन्नत हो सके।

भारत में, सरकार ने निजी तथा सार्वजनिक क्षेत्र में उद्योगों की प्रोन्नति के लिए क्षेत्र-निर्धारण कर दिया है। यह वर्गीकरण 1956 की औद्योगिक नीति में स्पष्ट किया गया। प्रथम वर्ग में ऐसे उद्योग शामिल किए गए जिनके विकास की पूर्ण जिम्मेदारी राज्य सरकार पर डाली गई। दूसरे वर्ग में वे उद्योग शामिल किए गए जिनमें राज्य का स्वामित्व-अधिकार बढ़ता जाएगा परन्तु निजी क्षेत्र को सरकार के प्रयास में सहयोग देने की इजाजत होगी। इन दोनों क्षेत्रों में राज्य अर्थव्यवस्था के मूल महत्व के उद्योगों का विकास करने के लिए जानबूझ कर सार्वजनिक क्षेत्र (Public Sector) का विस्तार करना चाहता है। इस प्रकार प्रतिरक्षा और भारी उद्योगों का विकास करके देश को विदेशी निर्भरता से मुक्त करना होगा और अध:संरचना सुविधाओं अर्थात् पानी, ऊर्जा और परिवहन का विस्तार करके कृषि तथा उद्योग में विनियोग के लिए अनुकूल परिस्थितियाँ कायम करनी होंगी। 1969 में मुख्य वाणिज्य बैंकों के राष्ट्रीयकरण द्वारा एक और बड़ा कदम उठाया गया ताकि उत्पादन के सामाजिक दृष्टि से वांछनीय क्षेत्रों में विनियोग निर्देशित हो सके।

चाहे सार्वजनिक क्षेत्र को विकास प्रक्रिया में श्रेष्ठ साझीदार माना गया किन्तु निजी क्षेत्र (Private sector) को भी कार्य करने की इजाजत दी गई और यह आशा की गई कि इस अर्थव्यवस्था के समग्र ढाँचे के अन्तर्गत सरकारी क्षेत्र के प्रयासों में सहायता करनी होगी। योजना आयोग ने साफ शब्दों में कहा, ''आयोजित अर्थव्यवस्था में, सार्वजनिक और निजी क्षेत्र में भेद सापेक्ष महत्व का है। दोनों क्षेत्र एक ही व्यवस्था के अनिवार्य अंग हैं और उन्हें ऐसे ही कार्य करना होगा।''

दूसरे, एक मिश्रित अर्थव्यवस्था अनिवार्यत: आयोजित अर्थव्यवस्था (Planned economy) है। मिश्रित अर्थव्यवस्था का अर्थ केवल एक नियंत्रित अर्थव्यवस्था से नहीं जिसमें सरकार आर्थिक मामलों में राजकोषीय एवं मौद्रिक नीति द्वारा हस्तक्षेप करती है बल्कि यह एक ऐसी अर्थव्यवस्था है जिसमें सरकार की एक स्पष्ट एवं निश्चित योजना होती है। सरकार के लिए योजना बनानी आवश्यक है क्योंकि सार्वजनिक क्षेत्र का कार्य-संचालन निश्चित प्राथमिकताओं के आधार पर करना होगा ताकि निश्चित सामाजिक एवं आर्थिक उद्देश्य प्राप्त किए जा सकें। परन्तु सरकार निजी क्षेत्र को अपने आप अव्यवस्थित ढंग से विकसित होने के लिए छोड़ नहीं सकती और इसलिए इसे एक समन्वित योजना तैयार करनी होगी जिसमें निजी क्षेत्र का एक सुनिश्चित स्थान हो।

तीसरे, मिश्रित अर्थव्यवस्था में पूँजीवाद और समाजवाद के मुख्य लक्षणों का बहुत स्पष्ट एवं चतुर रूप में समायोजन किया जाता है। उदाहरणार्थ, निजी क्षेत्र के उद्योग निजी हित एवं लाभ-प्रेरणा (Profit motive) पर आधारित होते हैं। वैयक्तिक पहल (Individual initiative) की पूर्ण गुंजाइश रखी जाती है और निजी सम्पत्ति का आदर किया जाता है। परन्तु यह ठीक है कि यह मुक्त या निर्बाध पूँजीवाद (Laissez fair capitalism) नहीं परन्तु नियंत्रित पूँजीवाद है क्योंकि स्वतंत्र उद्यम और पहल, निजी हित एवं लाभ-प्रेरणा की संचालन शक्तियों, और निजी सम्पत्ति की प्रणाली सभी को सामाजिक हित में सीमित रखा जाता है। या तो इन्हें कुछ उद्योगों तक सीमित रखा जाता है या इन्हें वैधानिक एवं अन्य उपायों द्वारा नियंत्रित किया जाता है। इसके विरुद्ध सार्वजनिक क्षेत्र के उद्योगों का प्रबन्ध एवं कार्य-संचालन समाज के कल्याण के आधार पर किया जाता है। इनमें निजी सम्पत्ति और लाभ-प्रेरणा के लिए कोई स्थान नहीं। प्रतियोगिता के संभव व्यर्थ-व्यय को भी कम किया जाता है। आयोजन के लाभों एवं आय की सापेक्ष समानता का तालमेल निजी पहल और लाभ-प्रेरणा के लाभों से बैठाया जाता है।

इस प्रकार भारत में सरकार समाजवादी अर्थव्यवस्था की स्थापना के लिए वचनबद्ध है जिसमें सम्पत्ति की सुव्यक्त असमानताएँ न्यूनतम कर दी जाएंगी। परन्तु राज्य यह नहीं चाहेगा कि वह निजी उद्यम प्रणाली को पूर्णतया समाप्त कर दे जो बहुत से दोषों एवं कठिनाइयों के बावजूद, उत्पादन एवं वितरण के क्षेत्र में अच्छा कार्य करती चली आई है। अत: हमारी मिश्रित अर्थव्यवस्था लोकतंत्र और समाजवाद में हमारे विश्वास का परिणाम हैं इसके फलस्वरूप इसमें राजकीय क्षेत्र का विस्तार हुआ।

मिश्रित अर्थव्यवस्था में आयोजन प्रक्रिया

चूँकि मिश्रित अर्थव्यवस्था दो अलग-अलग और कई परिस्थितियों में अन्तर्विरोधी प्रेरणाओं के अधीन कार्य करती हैं, मिश्रित अर्थव्यवस्था में आयोजन-प्रक्रिया समाजवादी अर्थव्यवस्था की तुलना में कहीं अधिक जटिल है। अन्तर्विरोधी प्रेरणाओं में एक ओर तो है निजी हित और दूसरी ओर है सामाजिक लाभ। मिश्रित अर्थव्यवस्था में आर्थिक आयोजन का उद्देश्य इन प्रतिद्वन्द्वी हितों में तालमेल बिठाना है ताकि राष्ट्रीय हित प्रोन्नत हो सके। मिश्रित अर्थव्यवस्था में आयोजन की सफलता निम्नलिखित कारण तत्वों पर निर्भर करती है:

(*i*) सार्वजनिक क्षेत्र किस सीमा तक सामाजिक दृष्टि से निर्धारित उद्देश्य को पूरा कर सकता है?

(*ii*) सरकार किस हद तक निजी क्षेत्र को समाज द्वारा निर्धारित उद्देश्यों को पूरा करने के लिए मजबूर कर सकती है?

(*iii*) सरकार किस हद तक विनियोग सम्बन्धी निर्णयों में उत्पन्न होने वाली

विकृतियों को रोक सकती है जो कि निजी क्षेत्र और सार्वजनिक क्षेत्र के हितों की आपसी टक्कर से उत्पन्न होती है?

सरकार बहुत से सामाजिक उपकरणों एवं उपायों द्वारा इस सम्बन्ध में प्रयास करती रही है ताकि भारत में आर्थिक क्रिया का निर्देशन आयोजन के दीर्घकालीन उद्देश्यों की प्राप्ति की ओर किया जा सके। इस सम्बन्ध से निम्नलिखित मुख्य उपाय किए गए हैं:

1. सरकार ने योजना-परिव्यय का बहुत महत्वपूर्ण अनुपात प्रतिरक्षा, भारी तथा मूल उद्योगों को बढ़ावा देने के लिए खर्च किया। इस परिव्यय का मुख्य उद्देश्य देश में औद्योगिक आधार की स्थापना था। इनमें से अधिकतर उद्योगों का विकास ब्रिटिश-काल में नहीं किया गया। इन उद्योगों का चेतन रूप में विकास करके भारतीय अर्थव्यवस्था का औद्योगिक आधार स्थापित किया गया।
2. विनियोग का काफी बड़ा अनुपात राज्य द्वारा आर्थिक आधारसंरचना (Economic Infrastructure) अर्थात् सिंचाई योजनाओं, जल-विद्युत परियोजनाओं, सड़कों, रेलवे, डाक और तार, जहाजरानी और वायु परिवहन के निर्माण पर व्यय किया गया। इसमें सन्देह नहीं कि आर्थिक आधारसंरचना में काफी विस्तार हो गया है और इससे बाजार का आकार बड़ा हो गया है, कृषि एवं उद्योग से अधिक उत्पादिता प्राप्त करने की सम्भावना बढ़ी है और प्रत्यक्ष उत्पादक विनियोग (Directly productive investment) के क्षेत्र का विकास हुआ है।
3. राज्य ने वित्तीय संस्थानों (Financial institutions) पर प्रभावी नियंत्रण प्राप्त कर लिया है। जीवन-बीमा निगम का राष्ट्रीयकरण कर दिया गया। 1969 में वाणिज्य बैंकों का राष्ट्रीयकरण किया गया। इस प्रकार बैंक-प्रणाली को अधिकाधिक राजकीय स्वामित्व एवं नियंत्रण के आधीन लाया गया है।
4. राज्य ने एकाधिकार के विकास को रोकने के लिए एकाधिकार एवं प्रतिबन्धात्मक व्यापार व्यवहार आयोग (Monopolies and Restrictive Trade Practices Commission) की स्थापना की और इस बात के लिए प्रयास किया कि व्यापारिक घरानें (Business Houses) या अन्य पूँजीपति प्रतिबन्धात्मक व्यापार व्यवहार द्वारा उपभोक्ताओं का शोषण न करें।
5. राज्य कीमतों की वृद्धि को रोकने में विफल हुआ है। यह सत्य है कि कीमतों में कुछ वृद्धि अन्तर्राष्ट्रीय कारणतत्वों अर्थात् तेल की कीमतों में वृद्धि का परिणाम है परन्तु कीमत-वृद्धि का अधिकतर भाग देशी कारणतत्वों का परिणाम है। इसके अतिरिक्त, चाहे थोक कीमत सूचकांक में कुछ सुधार हुआ है परन्तु यह अभी परचून कीमतों में व्यक्त नहीं हुआ। जाहिर है कि व्यापारी दुर्लभता की कृत्रिम परिस्थितियाँ कायम कर सकता है। इस अन्तर्विरोध का मिश्रित अर्थव्यवस्था में समाधान करना आवश्यक है।
6. राज्य सरकार राशन-व्यवस्था और नियंत्रण के प्रयोग द्वारा अनिवार्य उपभोग वस्तुओं की कीमतों में वृद्धि को रोकती रही है ताकि कमजोर वर्गों को ये वस्तुएँ उचित कीमत पर उपलब्ध करायी जा सकें। इन उपकरणों का मुख्य उद्देश्य निर्बल वर्गों को व्यापारियों के ग्रसनशील शोषण से सुरक्षित करना है।
7. राज्य द्वारा कमजोर वर्गों की शिक्षा एवं प्रशिक्षण में सहायता करने के लिए विशेष प्रोग्राम चलाने होंगे ताकि (i) वे जीवन में बेहतर रोजगार प्राप्त कर सकें और (ii) उन्हें विकास के लिए समान अवसर उपलब्ध कराए जा सकें। यह स्वीकार करना होगा कि इन उपायों द्वारा गरीब परिवारों में पैदा हुए बहुत से बच्चों को जीवन में ऊंचा उठने में सहायता मिलेगी।
8. सरकार कराधान एवं सार्वजनिक व्यय के उपकरणों का प्रयोग इस प्रकार करती रही है कि साधन, समृद्ध वर्गों से राज्य को हस्तांतरित हो जाएं और राज्य इनको इस ढंग से खर्च करे कि इनका प्रयोग गरीबों के कल्याण के लिए हो।

❑ ❑ ❑

अध्याय-5

भारतीय अर्थव्यवस्था एवं आर्थिक विकास

भारतीय अर्थव्यवस्था की विशेषताएं

भारतीय अर्थव्यवस्था परिवर्तन के दौर से गुजर रही है अर्थात् अल्पविकसित अवस्था से विकसित अवस्था में रूपांतरित हो रही है। वर्ष 2022-23 में प्रति व्यक्ति आय प्रचलित मूल्यों के आधार पर 1,70,620 रुपए हो गई है। केन्द्रीय सांख्यिकी संगठन (सीएसओ) के आंकड़ों के मुताबिक 2011-2012 के स्थिर मूल्यों के अनुसार 2022-23 के दौरान प्रति व्यक्ति सालाना आय 96,522 रुपए रही थी। भारतीय अर्थव्यवस्था की प्रमुख विशेषताएं निम्नवत् हैं :

1. **प्रति व्यक्ति निम्न आय स्तर :** वर्ष 2023-24 में भारत की प्रति व्यक्ति आय केवल 1,84,205 रुपए प्रतिवर्ष है जबकि भारत की तुलना में प्रति व्यक्ति आय का स्तर विश्व के अन्य विकसित एवं विकासशील देशों में बहुत अधिक है।
2. **जनसंख्या की उच्च वृद्धि :** 2011 की जनगणना के अनुसार 1 मार्च, 2011 को सूर्योदय के समय भारत की कुल जनसंख्या 121.0 करोड़ थी। पिछले 10 वर्षों में जनसंख्या में 17.7 प्रतिशत की वृद्धि रही है अर्थात् सालाना 1.64 प्रतिशत, जबकि जापान में वृद्धि दर 0.4 प्रतिशत, डेनमार्क में 0.8 प्रतिशत, तथा स्विट्जरलैंड, जर्मनी और दक्षिण कोरिया में यह 0 प्रतिशत रही है। भारत में जन्मदर लगभग 22 प्रतिशत प्रति हजार है जबकि विकसित देशों में यह 15 से 20 प्रति हजार है। 2015-20 के मध्य भारत की औसत जीवन प्रत्याशा 68.9 वर्ष है जबकि यह स्विट्ज़रलैंड में 83.6 वर्ष, स्वीडन में 82.7 वर्ष तथा ब्रिटेन में 81.8 वर्ष थी।
3. **व्यापक बेरोजगारी :** भारत में संरचनात्मक बेरोजगारी, अल्प बेरोजगारी, खुली बेरोजगारी, अदृश्य बेरोजगारी, मौसमी बेरोजगारी व्यापक रूप से फैली हुई है।
4. **कृषि की प्रधानता :** भारत के सकल घरेलू उत्पाद में कृषि और उससे संबंधित क्षेत्रों का योगदान लगभग 16 प्रतिशत है जबकि भारत की कुल श्रम शक्ति का लगभग 42 प्रतिशत भाग इस क्षेत्र से संबद्ध है। उद्योग धन्धों में केवल 16 प्रतिशत लोग तथा व्यापार, यातायात एवं अन्य क्षेत्रों में 20 प्रतिशत लोग संलग्न है। कहने का तात्पर्य है कि कृषि क्षेत्र पर आश्रितों की संख्या सर्वाधिक है जबकि इससे केवल GVA के 19.4% आय की प्राप्ति होती है। इसकी तुलना में फ्रांस में 3.4 प्रतिशत, कनाडा में 4 प्रतिशत, अमेरिका में 1.4 प्रतिशत एवं ब्रिटेन में 1.4 प्रतिशत जनसंख्या ही कृषि क्षेत्र पर आश्रित है।
5. **आय के वितरण में असमानता :** राष्ट्रीय न्यायदर्श सर्वेक्षण के आंकड़ों के अनुसार ग्रामीण जनसंख्या के 40 प्रतिशत के पास ग्रामीण परिसंपत्ति का केवल 5 प्रतिशत अंश पाया जाता है जबकि दूसरी ओर चोटी के 8 प्रतिशत परिवारों के पास कुल ग्रामीण परिसंपत्ति का 46 प्रतिशत भाग विद्यमान है। भारत के 20 प्रतिशत समृद्ध लोग कुल आय का 41.4 प्रतिशत भाग हड़प जाते हैं जबकि निर्धनतम माने जाने वाले 40 प्रतिशत लोगों के हिस्से में केवल 20.4 प्रतिशत आय ही हाथ आती है।
6. **घोर गरीबी :** भारत में अभी भी गांवों व शहरों में करोड़ों व्यक्ति निर्धनता की रेखा से नीचे जीवनयापन करते हैं। भारत में लगभग 27 प्रतिशत लोग गरीबी रेखा के नीचे रह रहे हैं। विश्व बैंक की 'विकास परिषद् सूचक' शीर्षक से प्रकाशित रिपोर्ट के अनुसार विश्व में निर्धन लोगों की सर्वाधिक संख्या भारत में है।
7. **पूंजी निर्माण की निम्नदर :** राष्ट्रीय आय कम होने तथा इसका बड़ा भाग उपभोग में व्यय हो जाने से बचत कम हो जाती है। राष्ट्रीय आय सामान्य रूप से देश में रहने वाले नागरिकों द्वारा उत्पादन के साधनों से अर्जित वह आय है जिसमें से प्रत्यक्ष कर नहीं घटाए गए हैं।
8. **औद्योगिक पिछड़ापन :** भारत में उत्पादन तकनीक का स्तर पिछड़ा हुआ है, इस कारण भारत औद्योगिक विकास की दृष्टि से भी पिछड़ा है। भारत में निम्न उत्पादकता औद्योगिक पिछड़ेपन का ही परिणाम है।
9. **अवसंरचना का अपर्याप्त विकास :** भारत में यातायात, ऊर्जा, संचार नेटवर्क, वित्त व्यवस्था का पर्याप्त विकास नहीं हो पाया है। इसके अलावा विकसित देशों की तुलना में शिक्षा, तकनीकी शिक्षा, प्रशिक्षण, अनुसंधान आदि की दिशा में भारत पीछे है। इस कारणवश भारत में मानवीय पूंजी निर्माण की दर बहुत नीची है।

10. **दोहरी अर्थव्यवस्था :** भारत में पारंपरिक रूप से निम्न उत्पादकता वाला क्षेत्र आधुनिक उच्च उत्पादकता वाले क्षेत्र के साथ सह-अस्तित्व बनाए हुए है।
11. **विदेश व्यापार उन्मूलन की कमी :** चूंकि भारत की जनसंख्या अति विशाल है अत: उत्पादन के एक बड़े भाग की खपत घरेलू बाजारों में हो जाती है। इसके अलावा गुणवत्ता के संबंध में जागरूकता के अभाव में हमारा विदेश व्यापार पर्याप्त रूप से विकसित नहीं हो पाया है। रही सही कसर विकसित देशों की एकतरफा संरक्षणवादी नीति और सस्ते उत्पादों को यहां के बाजारों में भेज देने से पूरी हो जाती है।
12. **बाजार की अपूर्णताएं :** भारतीय बाजार अनेक तरह की कमियों और विरोधाभासों से ग्रसित है जिसका झुकाव अमीरों और समृद्धों की ओर है, जिसमें श्रमिकों का शोषण आम बात है। आर्थिक क्रियाओं में विशिष्टिकरण का भी अभाव है जिसके कारण संसाधनों का सर्वोत्तम उपयोग नहीं हो पाता।
13. **सामाजिक संरचना का विरोधाभास :** भारतीय भाषा, जाति, धर्म और क्षेत्र के आधार पर विभाजित हैं जो देश की सामाजिक और आर्थिक संरचना को विखंडित करते हैं। भाग्यवादिता, अंधविश्वास में जकड़ा भारत का परम्परावादी समाज अपने धन के बड़े भाग का अपव्यय कर देता है जिससे बचत का आकार घट जाता है।
14. **आर्थिक कुचक्रों का जोर :** भारत में लोग गरीब हैं क्योंकि वे बेरोजगार हैं, बेरोजगार इसलिए हैं क्योंकि अशिक्षित हैं, अप्रशिक्षित हैं और अल्प संसाधन वाले हैं। इस तरह एक दुष्चक्र है जिसका अंत नजर नहीं आता।
15. **राजकोष पर अनुदानों का बोझ :** खाद्यान्नों, उर्वरकों, मिट्टी के तेल, पेट्रोलियम पदार्थों, रसोई गैस, बिजली, पानी आदि के मदों में सरकार भारी अनुदान देती आई है जिसका असर आर्थिक विकास पर साफ दिखाई देता है। कारगिल युद्ध के बाद अर्थव्यवस्था पर और दबाव बढ़ा है।
16. **ऋणग्रस्तता :** भारत स्वतंत्रता प्राप्ति के बाद से ही ऋणों पर आवश्यकता से अधिक आश्रित रहा है। सकल राष्ट्रीय उत्पाद (GNP) की तुलना में भारत के ऋण का अनुपात चीन के बाद दूसरा सबसे निम्न है।

अल्प विकास के कारण

राजनीतिक कारण : अंग्रेजों की औपनिवेशिक नीतियों ने भारत के आर्थिक विकास की उपेक्षा की। स्वतंत्रता प्राप्ति के बाद भी परिवर्तनवादी नीतियों की आवश्यकताओं को अनदेखा किया गया। आज भी महत्त्वपूर्ण निर्णय वोट बैंक और दबाव समूहों के हितों को देखते हुए लिए जाते हैं।

आर्थिक कारक : पूंजी का अभाव, तकनीकी पिछड़ापन, जोखिम लेने और नए उपक्रमों में पूंजी निवेश करने वाले उद्यमी वर्ग का अभाव, अल्प विकसित वित्तीय पद्धति तथा अपर्याप्त अवसंरचना सुविधाएं और आर्थिक कारक देश की अर्थव्यवस्था के पिछड़ेपन का मुख्य कारण हैं।

सामाजिक कारक : संयुक्त परिवार पद्धति, जाति व्यवस्था, भूमि से संबद्धता के कारण भौगोलिक गतिहीनता, हाथ से किए जाने वाले कार्यों से विमुखता तथा परिवार नियोजन कार्यक्रम की धीमी गति अर्थव्यवस्था की वर्तमान अवस्था के लिए जिम्मेदार सामाजिक कारक हैं।

गरीबी

अक्सर यह माना जाता है कि वे लोग गरीब हैं जो एक निश्चित न्यूनतम उपभोग का स्तर प्राप्त करने में असफल रहते हैं परन्तु जिन विशेषज्ञों ने गरीबी की समस्या का अध्ययन किया है वे इस बात पर एकमत नहीं हैं कि कितनी आय न्यूनतम उपभोग स्तर प्रदान करने के लिए काफी है।

योजना आयोग ने इस समय गरीबी की रेखा की ऐसी परिभाषा अपनाई है जिसमें आहार संबंधी जरूरतों को ध्यान में रखा गया है। इस परिभाषा के अनुसार **ग्रामीण क्षेत्र में एक व्यक्ति के प्रतिदिन के भोजन में 2400 कैलोरी तथा शहरी क्षेत्र में एक व्यक्ति के प्रतिदिन के भोजन में 2100 कैलोरी होनी चाहिए। रंगराजन समिति के अनुसार, 2011-12 में ग्रामीण क्षेत्रों में गरीबी रेखा 972 रुपये तथा शहरी क्षेत्रों में 1407 रुपये प्रति माह होती है।** गरीबी की इन रेखाओं के आधार पर ओजलर, दत्त और रैवैलियन (B. Ozler, G. Datt and M. Ravallion) तथा तेन्दुलकर व जैन (S.D. Tendulkar and L.R. Jain) ने गरीबी की व्यापकता सम्बन्धी अपने अनुमान दिए हैं।

भारत में गरीबी के अनुमान लगाने के लिए कोई सीधे व उपयुक्त आँकड़े उपलब्ध नहीं हैं क्योंकि अभी तक आय के वितरण से सम्बन्धित जानकारी इकट्ठा करने की कोशिश नहीं की गई है। हाँ, इतना अवश्य है कि राष्ट्रीय सेंपिल सर्वेक्षण में उपभोग व्यय से सम्बन्धित जो जानकारी उपलब्ध है उसके आधार पर शहरी व ग्रामीण क्षेत्रों में गरीबी का अनुमान लगाने का प्रयास किया जा सकता है। अर्थशास्त्रियों ने इसी स्रोत का अधिकतर प्रयोग किया है। हालांकि, दांडेकर व रथ, मिन्हास, बर्धन और आहलूवालिया ने आँकड़ों के एक ही स्रोत का अधिकतर प्रयोग किया है परन्तु गरीबी की अलग-अलग संकल्पना लेने के कारण गरीबी सम्बन्धी उनके अनुमान अलग-अलग हैं।

गरीबी अंतराल सूचकांक

गरीबी अंतराल सूचकांक को गरीबी की रेखा के नीचे और दूसरी के रूप में परिभाषित किया जाता है। औसत संपूर्ण जनसंख्या के लिए लिया जाता है। इस कार्य के लिए जो लोग गरीब नहीं हैं उनका गरीबी अंतराल शून्य माना जाता है। अत: गरीबी अंतराल उस अंतर की माप करता है जो प्रत्येक गरीब व्यक्ति को गरीबी की रेखा पर पहुंचा कर गरीबी का समापन कर देगा। तथापि गरीबी अंतराल सूचकांक गरीबों के बीच असमानता के प्रति संवेदनशील नहीं है। तात्पर्य यह है कि यदि किसी गरीब से और अधिक गरीब व्यक्ति को आय अंतरित कर दी जाती है तो गरीबी अंतराल सूचकांक नहीं बदलेगा। इस कमी के बावजूद गरीबी अंतराल माप सरल व्यक्ति गणना आधारित सूचकांक से श्रेष्ठ है और यही कारण है कि कुछ समय से इसका प्रचलन बढ़ा है।

गरीबी निवारण के कार्यक्रम

ग्रामीण विकास व ग्रामीण रोजगार कार्यक्रमों के माध्यम से गरीबी पर सीधा प्रहार करने की नीति हाल के वर्षों में ही अपनाई गई है। वास्तव में गरीबी निवारण को आर्थिक आयोजन का एक मुख्य लक्ष्य पांचवीं योजना से ही माना जाने लगा। 1970 के दशक के दौरान ग्रामीण गरीब जनता के लिए बहुत-से विशेष कार्यक्रम तैयार किए गए जिनमें से प्रमुख थे : लघु किसान

विकास एजेंसी, सीमांत किसान व खेतिहर मजदूर विकास एजेंसी, सूखा संभाव्यता क्षेत्र कार्यक्रम, ग्रामीण रोजगार का पुरजोर कार्यक्रम, आरम्भिक गहन ग्रामीण रोजगार कार्यक्रम तथा काम के बदले अनाज कार्यक्रम। इनमें से कोई भी कार्यक्रम ऐसा नहीं था जो व्यापक हो और पूरे देश में चल रहा हो। हां, कुछ क्षेत्रों में एक ही वर्ग के लोगों के लिए इनमें से एक से अधिक कार्यक्रम काम कर रहे थे। इसके अतिरिक्त इन कार्यक्रमों की लम्बे काल तक रोजगार प्रदान करने की सामर्थ्य नहीं थी क्योंकि ये किसी दीर्घकालीन नीति का हिस्सा नहीं थे। वास्तव में ये कार्यक्रम केवल आर्थिक सहायता बांटने का माध्यम बनकर रह गए। इसलिए ऐसे कार्यक्रम की आवश्यकता महसूस की गई जो न केवल देशव्यापी हों बल्कि ग्रामीण गरीबी पर सीधा प्रहार भी कर सकें। इस उद्देश्य को ध्यान में रखकर **समन्वित ग्रामीण विकास कार्यक्रम (Integrated Rural Development Programme), राष्ट्रीय ग्रामीण रोजगार कार्यक्रम (National Rural Employment Programme) तथा ग्रामीण खेतिहर मजदूर रोजगार गारंटी कार्यक्रम (Rural Landless Employment Guarantee Programme)** चालू किए गए। 1989 में सरकार ने एक और बृहद रोजगार योजना **जवाहर रोजगार योजना** के नाम से शुरू की। समन्वित ग्रामीण विकास कार्यक्रम को पहली बार 1978-79 में देश के 2,300 विकास खण्डों में लागू किया गया। छठी योजना में इसका पूरे देश में प्रसार किया गया। राष्ट्रीय ग्रामीण रोजगार कार्यक्रम भी इसी समय आरम्भ किया गया और इसका उद्देश्य उन लोगों को रोजगार प्रदान करना था जो अपने निर्वाह के लिए केवल मजदूरी पर निर्भर करते हैं और जिनके पास क्षीण (समंद) कृषि काल में आय का कोई जरिया नहीं होता। ग्रामीण खेतिहर मजदूर रोजगार गारंटी कार्यक्रम 15 अगस्त, 1983 को शुरू किया गया और इसका उद्देश्य भूमिहीन श्रमिकों या खेतिहर मजदूरों को रोजगार प्रदान करना था। हालांकि, इन कार्यक्रमों के अधीन लाभ प्राप्त करने वालों की संख्या के बारे में जानकारी उपलब्ध है फिर भी यह बता पाना कठिन है कि गरीबी निवारण के क्षेत्र में इन कार्यक्रमों ने क्या सफलता प्राप्त की है।

समन्वित ग्रामीण विकास कार्यक्रम का उद्देश्य छोटे व सीमान्त किसानों, खेतिहर मजदूरों तथा ग्रामीण दस्तकारों की सहायता करना था। आयोजकों के अनुसार समाज के ये लोग गरीब थे क्योंकि इनके पास न तो कोई उत्पादक परिसम्पत्तियां (productive assets) थीं और न ही कोई विशेष कौशल। इस प्रकार समन्वित ग्रामीण विकास कार्यक्रम के अन्तर्गत इन लोगों को नई परिसम्पत्तियां प्रदान करने की व्यवस्था थी ताकि वे इन परिसम्पत्तियों के माध्यम से जीविका-उपार्जन के लिए आय जुटा सकें। इन परिसम्पत्तियों में सिंचाई के साधन, बैल तथा उपकरण, खेती के लिए बीज उर्वरक, डेरी व पशुपालन के लिए पशु तथा कुटीर उद्योगों में हस्तशिल्प के लिए औजार व प्रशिक्षण शामिल थे। इस प्रकार समन्वित ग्रामीण विकास कार्यक्रम एक स्व-रोजगार कार्यक्रम था जिसमें गरीब लोगों को उत्पादक परिसम्पत्तियां उपलब्ध कराने की व्यवस्था थी ताकि वे स्वयं इनसे आय पैदा करके गरीबी की रेखा को पार कर सकें। योजना आयोग के कार्यक्रम मूल्यांकन संगठन (Programme Evaluation Organisation), रिजर्व बैंक, कृषि व ग्रामीण विकास का राष्ट्रीय बैंक (NABARD) तथा इन्स्टीट्यूट ऑफ फाइनैंशियल मैनेजमेंट ने समन्वित ग्रामीण विकास कार्यक्रम की निष्पत्ति का मूल्यांकन किया है। इन अध्ययनों से यह पता लगता है कि यद्यपि समन्वित ग्रामीण विकास कार्यक्रम में शामिल 55 से 90 प्रतिशत लोगों को अतिरिक्त आय प्राप्त हुई थी तथापि 40 प्रतिशत से ज्यादा लोग गरीबी की रेखा को पार नहीं कर पाए (अलग-अलग अध्ययनों में यह संख्या 18 प्रतिशत से लेकर 49.4 प्रतिशत तक है)। इन अध्ययनों से सामान्य निष्कर्ष यह निकलता है कि समन्वित ग्रामीण विकास कार्यक्रम गरीबी निवारण के दृष्टिकोण से कोई खास कामयाब नहीं रहा और उसमें सुधार लाने की आवश्यकता थी।

इन अध्ययनों ने समन्वित ग्रामीण विकास कार्यक्रम की निम्नलिखित कमियों की ओर भी संकेत किया है:

1. इस कार्यक्रम में वित्तीय साधनों के आबंटन को और भौतिक लक्ष्यों को प्रत्येक विकास खंड के लिए एक समान ही रखा गया था और जनसंख्या के आकार व गरीबी की मात्रा पर ध्यान नहीं दिया गया। इससे कई बार ऐसे लोगों को सहायता मिली है जो सहायता के पात्र नहीं थे। इस प्रकार का गलत चुनाव लगभग 15-20 प्रतिशत तक था।
2. योजनाओं का चुनाव अक्सर कार्यक्रम में शामिल लोगों की योग्यता, आधारभूत (infrastuctural) सुविधाओं की प्राप्ति अन्य क्षेत्रों पर सम्भावित प्रभावों इत्यादि को अनदेखा करके किया जाता रहा है। वास्तव में योजनाओं में पशुपालन गतिविधियों की ओर स्पष्ट झुकाव दिखाई देता है।

इसके अतिरिक्त, इन अध्ययनों में कार्यक्रमों के आयोजन में तथा उसके क्रियान्वयन में कमियों की ओर संकेत किया गया है। जहाँ तक कार्यक्रम के आयोजन का सम्बन्ध है, इन अध्ययनों में इस बात की आलोचना की गई है कि सभी विकास खण्डों के लिए एक-सी योजना बनाई गई और स्थानीय परिस्थितियों को अनदेखा कर दिया गया। हालांकि, आवश्यकता इस बात की थी कि स्थानीय परिस्थितियों के अनुरूप योजना बनाई जाए। जहां तक कार्यान्वयन का सम्बन्ध है, इन अध्ययनों में यह कहा गया है कि योजनाएं लागू करने के लिए उपयुक्त मात्रा में प्रशिक्षित लोगों की कमी थी तथा भ्रष्टाचार व बेईमानी का बोलबाला था।

अप्रैल 1999 में समन्वित ग्रामीण विकास कार्यक्रम और इसी तरह के कुछ अन्य कार्यक्रमों को मिलाकर **स्वर्णजयंती ग्राम स्वरोजगार योजना** आरंभ की गई जिसका उद्देश्य ग्रामीण गरीबों की सहायता करना था।

जवाहर रोजगार योजना 1989-90 में शुरू की गई थी और इसमें राष्ट्रीय ग्रामीण रोजगार कार्यक्रम और खेतिहर मजदूर रोजगार गारण्टी कार्यक्रम का विलय कर दिया गया था। जवाहर रोजगार योजना इस तरह तैयार की गई थी जिससे ग्रामीण बेरोजगारों और अल्प रोजगार प्राप्त व्यक्तियों को ऐसे निर्माण कार्यों पर जिनसे ग्रामीण क्षेत्रों में उत्पादनकारी परिसंपत्तियों का सृजन हो सके, अतिरिक्त अल्पावधि रोजगार देना संभव हो। जवाहर रोजगार योजना की भी गरीबी निवारण की दृष्टि से वही कमजोरियां थी जो राष्ट्रीय ग्रामीण रोजगार कार्यक्रम और खेतिहर मजदूर रोजगार गारण्टी कार्यक्रम में थीं। अप्रैल 1999 में जवाहर रोजगार योजना को पुनर्गठित कर **जवाहर ग्राम समृद्धि योजना** नाम दिया गया। ग्रामीण निर्धन वर्ग को रोजगार प्रदान करने के लिए फरवरी 2006 में सबसे व्यापक व महत्त्वाकांक्षी कार्यक्रम शुरू किया गया जिसे **राष्ट्रीय रोजगार गारंटी योजना (National Rural employment Guarantee Scheme)** का नाम दिया गया है। इस योजना के तहत ग्रामीण क्षेत्रों में इस योजना के अधीन शामिल परिवारों में से प्रत्येक परिवार के एक सदस्य को एक वित्तीय वर्ष में कम-से-कम 100 दिन रोजगार गारंटी देने का प्रावधान है।

जनसंख्या तथा आर्थिक विकास

जनसंख्या वृद्धि का विकसित एवं अल्पविकसित देशों की अर्थव्यवस्था पर अलग-अलग प्रभाव पड़ता है। विकसित देशों में चूंकि पूंजी प्रचुर मात्रा में उपलब्ध होती है तथा श्रम की दुर्लभता होती है। इसलिए जनसंख्या वृद्धि ऐसे देशों की अर्थव्यवस्थाओं के विकास में सहायक हुई है। लेकिन अल्पविकसित देश गरीब, पूंजी दुर्लभ तथा श्रम प्रचुर होते हैं। जनसंख्या में वृद्धि इनके आर्थिक विकास पर निम्न तरीकों से कुप्रभाव डालती है।

1. **जनसंख्या तथा प्रति व्यक्ति आय :** जनसंख्या वृद्धि का प्रति व्यक्ति आय पर प्रतिकूल प्रभाव पड़ता है। जनसंख्या में तीव्र वृद्धि के कारण राष्ट्रीय उत्पादन में होने वाली प्रत्येक वृद्धि के साथ-साथ उपभोक्ताओं की संख्या भी बढ़ती जाती है। जनसंख्या में बच्चों की बड़ी संख्या से अर्थव्यवस्था पर भी भारी बोझ पड़ता है क्योंकि ये बच्चे केवल उपभोग करते हैं और राष्ट्रीय उत्पादन में कुछ भी योगदान नहीं करते। इस प्रकार राष्ट्रीय आय में जो भी वृद्धि होती है उसे जनसंख्या में हुई तीव्र वृद्धि शून्य कर देती है। परिणामस्वरूप जनसंख्या वृद्धि के प्रभाव से प्रति व्यक्ति आय घट जाती है।
2. **जनसंख्या तथा कृषि विकास :** जनसंख्या में वृद्धि के फलस्वरूप भूमि पर जनसंख्या का दबाव बढ़ जाता है जिससे छिपी हुई बेरोजगारी में वृद्धि हो जाती है। परिणामस्वरूप प्रतिव्यक्ति आय और भी घट जाती है। प्रति व्यक्ति आय का निम्न स्तर बचत तथा निवेश की प्रवृत्ति को घटा देती है। परिणामस्वरूप भूमि पर उन्नत तकनीकों तथा अन्य सुधारों का प्रयोग नहीं हो पाता। कृषि में पूंजी निर्माण की प्रक्रिया को धक्का पहुंचता है और अर्थव्यवस्था निर्वाह स्तरीय दलदल में फंस जाती है। बढ़ी हुई जनसंख्या के लिए खाद्यान्न जरूरतों को पूरा करने के लिए विदेशों से खाद्यान्नों का आयात करना पड़ता है जिससे भुगतान शेषों की कठिनाइयां बढ़ जाती हैं। इस प्रकार स्पष्ट है कि जनसंख्या की वृद्धि अल्प-विकसित देशों में कृषि विकास की गति को धीमा कर देती है।
3. **जनसंख्या तथा पूंजी निर्माण :** जनसंख्या वृद्धि से पूंजी-निर्माण की गति धीमी पड़ जाती है। जैसे-जैसे जनसंख्या बढ़ती है खाद्य पदार्थों, आवास, वस्त्रों आदि की मांग भी बढ़ती चली जाती है जिसे पूरा करने के लिए इनके उत्पादन को बढ़ाना पड़ता है। इस प्रकार जब लोगों की अनिवार्य आवश्यकताओं को पूरा करने के लिए सरकारी साधनों को उनके उत्पादक प्रयोगों से हटाकर चालू प्रयोगों में लगाया जाता है तो पूंजी निर्माण पर प्रतिकूल प्रभाव पड़ता है।
4. **जनसंख्या तथा रोजगार :** तीव्र गति से बढ़ती हुई जनसंख्या अर्थव्यवस्था को सामूहिक बेरोजगारी तथा अल्प बेरोजगारी में धकेल देती है। जब जनसंख्या में बढ़ोतरी होती है तो कुल जनसंख्या में श्रमिकों का अनुपात बढ़ता है। लेकिन पूरक साधनों के अभाव में रोजगार के अवसर को बढ़ाना संभव नहीं होता। परिणाम यह होता है कि निरपेक्ष तथा सापेक्ष दोनों रूप से बेरोजगारी बढ़ जाती है।

जनसंख्या प्रवृत्ति

- 11 जुलाई को प्रतिवर्ष विश्व जनसंख्या दिवस के रूप में मनाया जाता है।
- भारत में अंग्रेजों के शासनकाल में आधुनिक प्रणाली की सर्वप्रथम जनगणना लॉर्ड मेयो के शासन काल में 1872 में करायी गयी थी। लेकिन जनगणना का क्रमवार आकलन अर्थात् प्रथम नियमित जनगणना 1881 में लॉर्ड रिपन के शासनकाल से मानी जाती है। इसके बाद आजतक नियमित रूप से प्रत्येक 10 वर्ष बाद इसे सम्पन्न कराया जा रहा है।
- वर्ष 2011 की जनगणना भारत की 15वीं तथा स्वतंत्र भारत की 7वीं अखिल भारतीय जनगणना है।
- जनगणना सम्बंधी दायित्व पूर्णतया केन्द्र के पास है अर्थात् केवल केन्द्र सरकार ही जनगणना कराने का कार्य कर सकती है। राज्य सरकारों को जनगणना कराने का अधिकार प्राप्त नहीं है।
- जनगणना की कार्य प्रणाली निर्धारित करने और इसको समुचित प्रकार से सम्पादित कराने हेतु 'जनगणना अधिनियम, 1948' बनाया गया है। इसी अधिनियम के अन्तर्गत केन्द्र सरकार द्वारा 'भारत के महारजिस्ट्रार तथा जनगणना आयुक्त' (Registrar General & Census Commissioner of India) की नियुक्ति की जाती है।
- जनसंख्या घनत्व से अभिप्राय किसी देश या क्षेत्र विशेष में प्रति वर्ग किमी. (per sq. km) में निवास करने वाले व्यक्तियों की संख्या से है। इसे 'व्यक्ति-भूमि अनुपात' (Man-Land Ratio) के नाम से भी जाना जाता है।

$$\text{जनसंख्या घनत्व} = \frac{\text{देश या स्थान विशेष की कुल जनसंख्या}}{\text{देश या स्थान विशेष का कुल क्षेत्रफल}}$$

- प्रति 1000 पुरुषों की तुलना में स्त्रियों की संख्या को लिंगानुपात के रूप में व्यक्त किया जाता है।

$$\text{लिंगानुपात} = \frac{\text{स्त्रियों की संख्या}}{\text{पुरुषों की संख्या}} \times 1000$$

- जनसंख्या में 0-6 आयु समूह में प्रति 1000 पुरुषों की तुलना में उसी आयु समूह में स्त्रियों की संख्या को 'शिशु लिंग अनुपात' (Child Sex Ratio, CSR) कहा जाता है।

शिशु लिंग अनुपात (0-6 वर्ष) =

$$\frac{\text{बालिकाओं की सख्या (0-6)}}{\text{बालकों की संख्या (0-6)}} \times 1000$$

- 7 वर्ष और उससे अधिक आयु वाली कुल जनसंख्या में साक्षरों के प्रतिशत को साक्षरता दर कहते हैं।
- सात वर्ष और उससे अधिक आयु का जो व्यक्ति किसी भाषा को समझ सकता हो और उसे लिख तथा पढ़ सकता हो, 'साक्षर' (Literate) कहा जाता है।
- कोई व्यक्ति जो न तो पढ़ सकता है और न ही लिख सकता है अथवा किसी भाषा को पढ़ सकता है अथवा किसी भाषा को पढ़ सकता है किन्तु लिख नहीं सकता, 'निरक्षर' (Illiterate) कहा जाता है। छः वर्ष अथवा उससे कम आयु के सभी बच्चों को चाहे वे स्कूल भी जाते हों और कुछ लिखना-पढ़ना भी सीख गये हों, निरक्षर कहा जाता है।
- 1,00,000 और उससे अधिक जनसंख्या वाले नगरों को 'शहर' (City) कहा जाता है।
- जनगणना, 2001 के अनुसार ऐसे सभी स्थान जहाँ नगरपालिका (Municipality), नगर निगम (Corporation), छावनी बोर्ड

(Cantonment Board) या अधिसूचित नगर क्षेत्र समिति (Notified Town Area Committee) आदि शामिल हों, नगरीय क्षेत्र (Urban Area) के अन्तर्गत आते हैं, जो निम्नलिखित सभी तीन शर्तें एक साथ पूरी करते हों–

1. न्यूनतम जनसंख्या 5000 हो।
2. कार्यशील पुरुषों का न्यूनतम 75% गैर कृषि (Non-Agricultural) कार्यों में संलग्न हो।
3. 'जनसंख्या घनत्व' (Density of Population) कम-से-कम 400 व्यक्ति प्रति वर्ग किमी. हो।

- कुल जनसंख्या की तुलना में कुल कर्मी (दीर्घकालिक कर्मी + अल्पकालिक कर्मी) के प्रतिशत को 'कार्य सहभागिता दर' (Work Participation Rate, WPR) कहा जाता है।

  कार्य सहभागिता दर (WPR) =

$$\frac{\text{कुल कर्मी (दीर्घकालिक + अल्पकालिक)}}{\text{कुल जनसंख्या}} \times 100$$

- वर्ष 1921 को 'महान विभाजक वर्ष' (Great Divide Year) के नाम से जाना जाता है।
- जनगणना, 2011 के अंतिम आँकड़ों के अनुसार भारत की कुल जनसंख्या 1,21,08,54,977 है जिनमें से पुरुष जनसंख्या 62,32,70,258 तथा महिला जनसंख्या 58,75,84,719 है।
- जनगणना, 2011 के अनुसार भारत के सर्वाधिक जनसंख्या वाले पांच राज्य (घटते क्रम में) हैं– उत्तर प्रदेश, महाराष्ट्र, बिहार; प. बंगाल एवं आंध्र प्रदेश।
- जनगणना, 2011 के अनुसार भारत के न्यूनतम जनसंख्या वाले तीन राज्य (बढ़ते हुए क्रम में) हैं– सिक्किम, मिजोरम, अरुणाचल प्रदेश।
- जनगणना, 2011 के अनुसार सर्वाधिक जनसंख्या वाले तीन केन्द्रशासित प्रदेश (घटते हुए क्रम में) हैं– दिल्ली, पुडुचेरी, चंडीगढ़।
- जनगणना, 2011 के अनुसार न्यूनतम जनसंख्या वाले तीन केन्द्र शासित प्रदेश (बढ़ते हुए क्रम में) हैं– लक्षद्वीप, दमन एवं दीव, दादरा और नगर हवेली।
- जनगणना, 2011 के अनुसार भारत में 2001-2011 में दशकीय वृद्धि 17.7 रही है।
- जनगणना, 2011 के अनुसार भारत में जनघनत्व 382 व्यक्ति प्रति वर्ग किमी. है।
- जनगणना, 2011 के अनुसार न्यूनतम लिंगानुपात वाले पाँच राज्य (बढ़ते हुए क्रम में) हैं–हरियाणा (879), जम्मू-कश्मीर (889), सिक्किम (890), पंजाब (895), उत्तर प्रदेश (912)।
- जनगणना, 2011 के अनुसार सर्वाधिक दशकीय वृद्धि दर वाले पाँच राज्य (घटते हुए क्रम में) हैं–मेघालय (27.9%), अरुणाचल प्रदेश (26%), बिहार (25.4%), मणिपुर (24.5%), जम्मू-कश्मीर (23.6%)।
- जनगणना, 2011 के अनुसार सर्वाधिक साक्षरता वाला राज्य केरल (94%) है।
- जनगणना, 2011 के अनुसार न्यूनतम साक्षरता वाला राज्य बिहार (61.8%) है।

जनसंख्या नीति

जनसंख्या वृद्धि की चिन्तनीय दर को देखते हुए यह आवश्यक है कि जनसंख्या वृद्धि की दर को कम करने के लिए ठोस जनसंख्या-नीति अपनाई जाए।

भारत पहला देश था जिसने 1952 में परिवार नियोजन कार्यक्रम को औपचारिक रूप में स्वीकार किया, परन्तु जनसंख्या-वृद्धि पर गंभीर चिन्तन तीसरी योजना में आरंभ हुआ और जनसंख्या वृद्धि की दर को उचित समय-अवधि के अन्दर सीमित करने का निर्णय किया गया।

1983 में राष्ट्रीय स्वास्थ्य नीति की घोषणा में सन् 2000 तक रूक्ष जन्मदर को 21, मृत्यु दर को 9 और शुद्ध प्रजनन दर (Net Reproduction Rate) को 1 तक लाने का लक्ष्य निर्धारित किया गया। इसके साथ-साथ शिशु मृत्यु दर को 60 प्रति हजार से कम करने और परिवार नियोजन उपायों का प्रयोग करने वाली दम्पत्तियों का अनुपात 60 प्रतिशत तक बढ़ाने का लक्ष्य तय किया गया।

16 अप्रैल, 1976 को सरकार ने राष्ट्रीय जनसंख्या नीति की घोषणा की। इस नीति का आधार यह था कि जनसंख्या विस्फोट (Population explosion) एक गम्भीर संकट का रूप धारण कर गया है और जनसंख्या को सीमित करना हमारी सबसे महत्वपूर्ण राष्ट्रीय समस्या है। इस समस्या के समाधान के लिए सीधा प्रहार करना होगा। इस जनसंख्या नीति के मुख्य लक्षण थे।

(*i*) सरकार ने विवाह की न्यूनतम आयु लड़कियों के लिए 18 वर्ष और लड़कों के लिए 21 वर्ष करने का विधान बनाया।

(*ii*) चूंकि गरीब वर्गों द्वारा परिवार नियोजन की स्वीकार्यता का मौद्रिक क्षतिपूर्ति (Monetary Compensation) से महत्वपूर्ण सम्बन्ध है, इस जनसंख्या नीति में मई, 1976 से मौद्रिक क्षतिपूर्ति बढ़ा दी गई।

(*iii*) जबरन नसबन्दी (Compulsory sterilisation) के प्रश्न पर सरकार का मत था कि वह देशभर के लिए केन्द्रीय अधिनियम द्वारा जबरन नसबन्दी लागू करने का इरादा नहीं रखती किन्तु यदि कोई राज्य सरकार (State Government) यह निर्णय करे कि इसके लिए उपयुक्त समय आ गया है तो वह ऐसा कर सकती है।

राष्ट्रीय जनसंख्या नीति की घोषणा के फौरन बाद, सरकार ने देश में आपातकालीन परिस्थितियों का लाभ उठाते हुए जबरन नसबन्दी का महाभियान चलाया। 1976-77 के दौरान, 43 लाख नसबन्दियों के लक्ष्य के विरुद्ध 82 लाख नसबन्दियां की गईं। जबरन नसबन्दी के प्रोग्राम में यह तेजी एक ओर तो जबरी उपायों और दूसरी ओर प्रोत्साहन की सहायता से लाई गई। आम जनता ने यह महसूस किया कि प्रशासन का बल जबरन नसबन्दी लागू करने के लिए इस्तेमाल किया गया। चूंकि प्रशासन को लक्ष्य-प्रेरित पद्धति पर कार्य करना पड़ता था, इस कारण प्रशासन द्वारा अपनी शक्ति का बड़े पैमाने पर दुरुपयोग किया गया और बड़े पैमाने पर ''नसबन्दी शिविरों'' (Vasectomy camps) पर लोगों को जबरदस्ती घेर कर लाया गया।

राष्ट्रीय जनसंख्या नीति (2000)

राष्ट्रीय जनतांत्रिक गठबंधन सरकार ने 15 फरवरी, 2000 को राष्ट्रीय जनसंख्या नीति (2000) की घोषणा की जिसका उद्देश्य दो बच्चों के

मानक (Norm) को प्रोत्साहित करना था ताकि सन् 2046 तक जनसंख्या को स्थिर किया जा सके। राष्ट्रीय जनसंख्या नीति के मुख्य लक्षण निम्नलिखित हैं–

प्रथम, सरकार ने यह निर्णय किया है कि संविधान के 42वें संशोधन के अनुसार 1971 की जनगणना के आधार पर लोकसभा की सीटों पर लगाए गए प्रतिबन्ध को जो सन् 2001 तक मान्य था, सन् 2026 तक बढ़ा दिया जाए। यह इसलिए किया गया कि तमिलनाडु और केरल जैसे राज्यों जिन्होंने छोटे परिवार के मानक का प्रभावी रूप में अनुसरण किया है, को दण्डित न किया जाए और उत्तर प्रदेश, बिहार, मध्य प्रदेश और राजस्थान जैसे राज्यों को लोकसभा में अधिक सीटें देकर पुरस्कृत न किया जाए। अत: लोकसभा की सीटों को सन् 2026 तक जड़ीकृत करने का उद्देश्य जनसंख्या नीति की उपेक्षा करने वाले राज्यों को पुरस्कार न देना है और जो राज्य छोटे परिवार के मानक (Small family norm) का सफलतापूर्वक पालन करते रहे हैं, उन्हें दण्ड न देना था।

राष्ट्रीय जनसंख्या नीति में वर्ष 2046 तक जनसंख्या स्थिर करने का लक्ष्य रखा गया था लेकिन वर्तमान में इसे बढ़ाकर वर्ष 2070 कर दिया गया। लक्ष्य प्राप्त करने के लिए निम्नलिखित उपायों का उल्लेख किया गया है:

1. प्रति 1000 जीवित जन्मे बच्चों के लिए शिशु मृत्युदर को 30 से कम करना।
2. मातृ मृत्युदर (Maternal Mortality Rate) को 1,00,000 जीवित जन्मों के लिए 100 से भी कम करना।
3. सर्वव्यापक प्रतिरक्षण (Universal Immunization)।
4. 80 प्रतिशत प्रसवों (Deliveries) के लिए प्रशिक्षित स्टॉफ के साथ नियमित डिस्पेन्सरियों, अस्पतालों और चिकित्सा संस्थानों का प्रयोग करना।
5. एड्स (AIDS) के बारे में सूचना उपलब्ध कराना, संक्रामिक रोगों का प्रतिबंधन और नियंत्रण करना।
6. दो बच्चों के छोटे परिवार के मानक को अपनाने के लिए प्रोत्साहन देना।
7. सुरक्षित गर्भपात की सुविधाओं को बढ़ाना।
8. शिशु विवाह प्रतिबन्ध कानून और जन्म-पूर्व लिंग-निर्धारण तकनीक कानून (Pre-Natal Diagnostic Techniques Act) का कड़ाई से पालन करना।
9. लड़कियों की विवाह आयु को 18 वर्ष के ऊपर उठाना और बेहतर तो यह है कि इसे 20 वर्ष से भी अधिक करना।
10. ऐसी स्त्रियों को जो 21 वर्ष की आयु के पश्चात् विवाह करें और दूसरे बच्चे के जन्म के पश्चात् गर्भधारण समाप्ति करने के उपाय को स्वीकार कर लें, विशेष पुरस्कार देना।
11. चिकित्सा की भारतीय पद्धति का प्रजनन (Reproduction) और बाल स्वास्थ्य सेवाओं की व्यवस्था के लिए समन्वय करना।
12. गरीबी रेखा के नीचे रहने वाले ऐसे व्यक्तियों को जो दो बच्चों के पश्चात् बन्ध्यकरण या नसबन्दी (Sterilization) करवा लेते हैं, स्वास्थ्य बीमा उपलब्ध कराना।
13. जनसंख्या नीति के कार्यान्वयन पर निगरानी रखने के लिए प्रधानमंत्री की अध्यक्षता में जनसंख्या पर एक राष्ट्रीय आयोग (National Commission on Population) नियुक्त करना। इसका उद्देश्य जनसंख्या-नियंत्रण की समस्याओं के बारे में अधिक ध्यान केन्द्रित करना है। चूंकि भारत 100 करोड़ जनसंख्या के निशाने को पहले ही पार कर चुका है, इसलिए राष्ट्रीय जनसंख्या नीति सन् 2010 तक परिवार नियोजन उपायों को तेज कर इसे 110 करोड़ तक सीमित करना चाहती है।

अगले 10 वर्षों के लिए इसके लिए जो कार्य-योजना तैयार की गई है, उसमें निम्नलिखित बातें शामिल की गई हैं–

(क) ग्राम-पंचायत स्तर पर स्वयं-सहायता समूहों (Sub-help groups) जिनमें अधिकतर गृहणियां शामिल हैं, स्वास्थ्य देखभाल करने वाले कामगारों और ग्राम-पंचायतों के साथ विचार-विमर्श करना।

(ख) प्राथमिक शिक्षा को नि:शुल्क और अनिवार्य बनाना होगा।

(ग) जन्म और मृत्यु के साथ विवाहों और गर्भ के पंजीकरण (Registration) को अनिवार्य बनाना होगा।

सरकार यह आशा करती है कि सन् 2070 तक जनसंख्या स्थिरीकरण (Population stabilisation) के उद्देश्य को प्राप्त कर सकेगी। अभी फौरी रूप में आधार संरचना (Infrastructure) को उन्नत करने के लिए 3,000 करोड़ रुपये का अतिरिक्त प्रावधान किया गया है, ताकि गर्भ-निरोध की अभी तक न पूरी की गई जरूरतों की ओर ध्यान दिया जा सके।

राष्ट्रीय आय

किसी भी अर्थव्यवस्था के आर्थिक निष्पादन को संभालने के लिए हमें उसकी राष्ट्रीय आय अथवा राष्ट्रीय उत्पादन की प्रवृतियों पर विचार करना होता है। आमतौर पर राष्ट्रीय आय के अन्तर्गत एक निर्धारित अवधि (जो एक वर्ष की है) में उत्पादित समस्त वस्तुओं और सेवाओं को सम्मिलित किया जाता है। साथ ही इस बात का ध्यान रखा जाता है कि राष्ट्रीय आय की गणना में किसी भी वस्तु अथवा सेवा के मूल्य की गणना दो या अधिक बार न हो।

भारत में राष्ट्रीय आय के अनुमान

स्वतन्त्रता से पहले भारत की राष्ट्रीय आय का अनुमान लगाने के लिए सरकार ने कोई खास प्रयास नहीं किया परन्तु कुछ व्यक्तियों ने सीमित तथ्यों के आधार पर इसकी जानकारी के प्रयास किए। अपर्याप्त आंकड़ों के आधार पर इनके द्वारा तैयार किए गए परिणामों को अधिक विश्वसनीयता प्राप्त नहीं है। स्वतन्त्रता के पश्चात् भारत सरकार ने आर्थिक आयोजन के लिए राष्ट्रीय आय से सम्बन्धित आंकड़ों का महत्त्व समझते हुए इसका अनुमान लगाने के लिए राष्ट्रीय आय समिति नियुक्त की थी। इस समिति ने 1948-49, 1949-50 और 1950-51 की चालू वर्ष की कीमतों के आधार पर राष्ट्रीय आय का अनुमान लगाया था।

राष्ट्रीय आय समिति द्वारा प्रकाशित रिपोर्टों के बाद से राष्ट्रीय आय के आकलन का कार्य केन्द्रीय सांख्यिकीय कार्यालय (Central Statistical Office) को सौंप दिया गया है।

केन्द्रीय सांख्यिकीय संगठन अब प्रत्येक वर्ष राष्ट्रीय लेखा सांख्यिकी (National Accounts Statistics), जिसे White Paper भी कहा जाता है, प्रकाशित करता है जिसमें देश की राष्ट्रीय आय के विभिन्न पहलुओं के बारे में महत्त्वपूर्ण जानकारी प्रस्तुत की जाती है। इसमें अर्थव्यवस्था को निम्नलिखित क्षेत्रों में विभाजित किया गया है–

- **प्राथमिक क्षेत्र (Primary sector) –** (1) कृषि, (2) वानिकी, (3) मछली पालन, (4) खनन।
- **द्वितीयक क्षेत्र (Secondary sector) –** (1) विनिर्माण, (2) निर्माण, (3) बिजली, गैस और जल आपूर्ति।
- **परिवहन, संचार और व्यापार (Transport, communications and trade) –** (1) परिवहन, भण्डारण और संचार, (2) व्यापार, होटल और रेस्टोरेंट।
- **वित्त और वास्तविक सम्पदा (Finance and real estate) –** (1) बैंकिंग तथा बीमा, (2) वास्तविक सम्पदा, भवनों का स्वामित्व तथा व्यावसायिक सेवाएं।
- **सामुदायिक व निजी सेवाएं (Community and personal services) –** (1) सार्वजनिक प्रशासन और सुरक्षा (2) अन्य सेवाएं।
- **विदेशी संघ (Foreign sector) –** विदेशी क्षेत्र।

निवल राष्ट्रीय उत्पादन में वृद्धि की प्रवृत्तियाँ

संपूर्ण योजना काल में राष्ट्रीय आय में वृद्धि की प्रवृत्तियों की मुख्य बातें इस प्रकार हैं:

1. **अनियमित संवृद्धि–** पहली बात यह है कि 1950-51 से 2008-09 तक राष्ट्रीय आय में कोई सतत् व स्थाई वृद्धि नहीं हुई। उतार-चढ़ाव आते रहे। उदाहरण के लिए, इन 58 वर्षों में से 12 वर्ष ऐसे थे जिनमें या तो राष्ट्रीय आय में गिरावट आई अथवा जिनमें राष्ट्रीय आय में वृद्धि की दर जनसंख्या वृद्धि की दर से कम थी। इसलिए इन वर्षों में प्रति व्यक्ति आय में गिरावट आई। इसके अलावा 16 वर्ष ऐसे थे जिनमें प्रति व्यक्ति आय का स्तर पिछले किसी वर्ष में प्रति व्यक्ति आय के स्तर की तुलना में कम था। यह एक अत्यन्त गम्भीर बात है कि 5 वर्ष ऐसे थे जिनमें राष्ट्रीय आय के स्तर में भी गिरावट हुई। **राष्ट्रीय आय के आंकड़ों के अध्ययन से यह बात स्पष्ट हो जाती है कि संवृद्धि लगभग आधे वर्षों में ही हुई है।** शेष वर्षों में या तो कोई संवृद्धि नहीं हुई अथवा गिरावट हुई है। इससे यह सिद्ध हो जाता है कि राष्ट्रीय आय की प्रवृत्तियां कोई सतत् वृद्धि नहीं दिखाती। **तमाम आयोजन के बाद भी अभी तक उन कारकों पर काबू नहीं पाया जा सका है जो संवृद्धि को अनियमित बनाते हैं।**
2. **कृषि में उतार-चढ़ाव के साथ संवृद्धि दर घटना-बढ़ना–** दूसरी बात यह है कि राष्ट्रीय आय स्तर और उसमें वृद्धि की दर दोनों ही फसलों के उतार-चढ़ाव से प्रभावित होते हैं। यह तर्क दिया जा सकता है कि सभी कृषि पर आधारित देशों में यह स्वाभाविक है। जहाँ भारत में 1970-71 में लगभग 50 प्रतिशत राष्ट्रीय आय कृषि क्षेत्र में उत्पन्न हुई वहाँ आज भी राष्ट्रीय आय का लगभग 14 प्रतिशत कृषि क्षेत्र में उत्पन्न होता है परन्तु यह बात अवश्य ही चिन्ताजनक है कि योजनाओं में तमाम निवेश के बावजूद, कृषि क्षेत्र में व्याप्त अनिश्चितताओं को कम नहीं किया जा सका है। यदि मानसून अनुकूल न हो तो आज भी कृषि क्षेत्र अव्यवस्थित हो जाता है और अन्य क्षेत्रों के विकास पर भी बुरा प्रभाव पड़ता है।
3. **आर्थिक संवृद्धि दर में तेजी आना–** तीसरी महत्त्वपूर्ण बात यह है कि समय के साथ-साथ भारत संवृद्धि की गति को तेज करने में कामयाब हुआ है। आयोजन के पहले 30 वर्षों में राष्ट्रीय आय में वृद्धि की चक्रवृद्धि दर 3.5 प्रतिशत प्रति वर्ष थी। 1980-81 के बाद से राष्ट्रीय आय में प्रति वर्ष 5.7 प्रतिशत की वृद्धि हुई। सरकार ने इस निष्पादन का बहुत प्रचार किया है परन्तु संवृद्धि दर बढ़ने का कारण सेवा क्षेत्र (मुख्य रूप से सुरक्षा व सार्वजनिक प्रशासन) का तेजी से प्रसार है। इसके अतिरिक्त, तेज आर्थिक संवृद्धि का लाभ देश के केवल कुछ एक राज्यों को ही हुआ है और बाकी के राज्य काफी पिछड़े रह गये हैं। इतना ही नहीं, 1980 और 1990 के दशकों में राष्ट्रीय आय के वितरण में असमानताएं बढ़ी हैं जिसका अर्थ है कि बढ़ी हुई आय संपन्न वर्गों के लोगों ने ही हथिया ली है और कमजोर वर्ग के लोगों को संवृद्धि दर में आने वाली तेजी का कोई लाभ नहीं हुआ है।

राष्ट्रीय आय से संबंधित अवधारणाएँ

राष्ट्रीय आय की माप के लिए प्रायः अनेक धारणाओं का प्रयोग किया जाता है। यह बहुत कुछ उस उद्देश्य पर निर्भर करता है, जिसके लिए राष्ट्रीय आय का प्रयोग किया जाता है। सामान्यतया राष्ट्रीय आय की कुछ महत्वपूर्ण अग्रलिखित अवधारणाएँ बताई जा सकती हैं–

1. **सकल राष्ट्रीय उत्पाद (GNP):** सकल राष्ट्रीय उत्पाद (GNP) किसी देश के नागरिकों द्वारा किसी दी हुई समयावधि में (सामान्यतया एक वर्ष की अवधि में) उत्पादित कुल अन्तिम वस्तुओं तथा सेवाओं का मौद्रिक मूल्य होती है।
   चूँकि किसी देश की सकल राष्ट्रीय उत्पत्ति (GNP) उस देश के नागरिकों द्वारा किसी दी हुई समयावधि में उत्पादित 'अन्तिम' वस्तुओं तथा सेवाओं का मौद्रिक मूल्य होता है। अतः GNP में देशवासियों द्वारा देश के बाहर उत्पादित वस्तुओं के मूल्य को भी सम्मिलित किया जाता है। GNP को ज्ञात करने के लिए विदेशों में निवेशों तथा विदेशों में प्रदान की गई अन्य साधन सेवाओं के लिए देश के नागरिकों को विदेशों में प्राप्त हुई आय को सकल घरेलू उत्पाद (Gross Domestic Product–GDP) में जोड़ देना चाहिए। इसी प्रकार देश के अन्दर विदेशियों द्वारा उत्पादित आय को सकल घरेलू उत्पाद (GDP) में से घटा दिया जाना चाहिए। इसे निम्नलिखित समीकरण द्वारा दर्शाया जा सकता है–
   $GNP = GDP + (X - M)$
   जिसमें, X = देशवासियों द्वारा विदेशों से अर्जित आय
   M = विदेशियों द्वारा देश से अर्जित आय।
   उपर्युक्त समीकरण से स्पष्ट है कि यदि $X = M$ है, तो $GNP = GDP$ के होगा। इसी प्रकार जब बन्द अर्थव्यवस्था (Closed economy) के अन्तर्गत $X - M = 0$ (शून्य) है, तो वहाँ $GNP = GDP$ होगा।
2. **शुद्ध राष्ट्रीय उत्पाद (Net National Product–NNP):** शुद्ध राष्ट्रीय उत्पाद ज्ञात करने के लिए GNP में से पूँजी स्टॉक की खपत (मूल्य ह्रास) को घटाना होता है। गणितीय समीकरण के रूप में,
   $NNP = GNP - \text{Depreciation}$
3. **राष्ट्रीय आय (National Income):** उपर्युक्त वर्णित शुद्ध राष्ट्रीय उत्पाद में उत्पादित वस्तुओं के बाजार मूल्य लिए गए हैं जिनमें अप्रत्यक्ष कर व सब्सिडी के प्रभाव सम्मिलित होते हैं। वास्तव में NNP की गणना दो प्रकार से की जा सकती है। प्रथम, वस्तुओं तथा सेवाओं की बाजार कीमतों पर तथा द्वितीय, कुल उत्पत्ति की उत्पादन साधन लागत के रूप में। जब NNP का मूल्यांकन अथवा माप साधन लागत पर किया जाता है, तो उसे ही राष्ट्रीय आय के नाम से जाना जाता है।

इसे ज्ञात करने के लिए बाजार मूल्य पर आकलित शुद्ध राष्ट्रीय उत्पाद (NNP) में से शुद्ध अप्रत्यक्ष करों (कुल अप्रत्यक्ष कर–सब्सिडी) को घटाना होता है। इस प्रकार से ज्ञात मूल्य ही साधन लागत पर शुद्ध राष्ट्रीय उत्पाद (Net National Product at Factor Cost) अथवा राष्ट्रीय आय कहलाता है।

गणितीय समीकरण के रूप में–

साधन लागत पर शुद्ध राष्ट्रीय उत्पाद अथवा राष्ट्रीय आय (NI) = बाजार कीमत पर NNP – अप्रत्यक्ष कर + सब्सिडी (Subsidy)

4. **वैयक्तिक आय (Personal Income):** वैयक्तिक आय वह आय है, जो देशवासियों को ज्ञात करने के लिए राष्ट्रीय (साधन लागत पर शुद्ध राष्ट्रीय उत्पाद) में से निगम करों (Corporate Taxes) तथा सामाजिक सुरक्षा प्रावधानों के लिए किए गए भुगतानों को घटाते हैं तथा सरकारी हस्तान्तरण भुगतानों (Government Transfer Payments), व्यापारिक हस्तान्तरण भुगतानों (Business Transfer Payments) तथा सरकार से प्राप्त शुद्ध ब्याज (Net Interest paid by the Government) को जोड़ देते हैं। अतः गणितीय समीकरण के रूप में,

   वैयक्तिक आय = राष्ट्रीय आय – निगमों का अवितरित लाभांश – निगम कर – सामाजिक सुरक्षा योजना के लिए किए गए भुगतान + सरकारी हस्तान्तरण भुगतान + व्यापारिक हस्तान्तरण भुगतान
5. **व्यय योग्य वैयक्तिक आय (Disposable Personal Income):** व्यय योग्य वैयक्तिक आय ज्ञात करने के लिए वैयक्तिक आय में से वैयक्तिक प्रत्यक्ष करों को घटाया जाता है, अर्थात्

   व्यय योग्य वैयक्तिक आय = वैयक्तिक आय – वैयक्तिक प्रत्यक्ष कर

कृषि

भारत आज के विकसित देशों से पुराना देश है। इसकी कृषि कई शताब्दी पहले ही सापेक्षिक दृष्टि से परिपक्वता की स्थिति में पहुंच चुकी थी और उस समय देश में कृषि तथा उद्योग में सन्तुलन था जिससे कृषक वर्ग की दशा उतनी खराब नहीं थी जितनी आज है। यह स्थिति अठारहवीं शताब्दी के मध्य तक बनी रही। भारत में अंगेजों की घुसपैठ और उनकी मिलों में बने माल की बिक्री से भारतीय अर्थव्यवस्था छिन्न-भिन्न हो गई। हथकरघा और चर्खा नष्ट हो गया। सत्य तो यह है कि समस्त भारत में जो कृषि और निर्माण उद्योगों में सहयोग था, वह भी समाप्त हो गया।

ब्रिटिश शासकों की औपनिवेशिक नीति के फलस्वरूप इस देश में कृषि का कोई विकास नहीं हुआ। इन शासकों ने जमींदारों का एक नया वर्ग खड़ा कर दिया जिसका मुख्य काम ही किसानों का शोषण करना था। यह वर्ग मध्यस्थों व परजीवियों का वर्ग था। जमींदार कुल कृषि उत्पादन का एक बहुत बड़ा हिस्सा लगान के रूप में काश्तकारों व किसानों से छीन लेते थे जिससे वास्तविक काश्तकार के पास केवल जीवन-निर्वाह योग्य साधन ही बच पाते थे। इसलिए जहां एक ओर उनकी स्थिति बदतर होती चली गई वहीं, साधनों के अभाव में, कृषि में निवेश भी बढ़ नहीं पाया (जमींदार चाहते तो कृषि में निवेश कर सकते थे परन्तु वे अधिकतर साधनों का अपव्यय विलासिता की उपभोग वस्तुओं पर कर देते थे)। इस प्रकार, स्वतन्त्रता से पूर्व कृषि व्यवसाय 'जीवन-निर्वाह' का साधन मात्र बनकर रह गया। जमींदार और महाजन ऋणों के भुगतान की आड़ में किसानों की जमीन हड़प जाते थे। इससे खेतिहर मजदूरों का एक नया वर्ग पैदा हो गया। ये लोग अन्य किसानों की भूमि पर मजदूरी करने लगे। मजदूरी का स्तर बहुत ही कम होता था। किसानों का एक बहुत बड़ा वर्ग कृषि से केवल जीवन-निर्वाह योग्य आय ही अर्जित कर पाता था। यह स्थिति काफी समय तक बनी रही। वस्तुतः 1966 के बाद हरित क्रान्ति के आगमन से स्थिति में कुछ बदलाव आया और कुछ किसानों ने कृषि को व्यावसायिक आधार पर अपनाया। भारत की अर्थव्यवस्था में कृषि का स्थान अत्यंत महत्त्वपूर्ण रहा है। जिसकी चर्चा अधोलिखित हैः

1. **राष्ट्रीय आय में कृषि का भाग** – प्रथम विश्वयुद्ध के समय भारत की राष्ट्रीय आय का लगभग दो-तिहाई कृषि से प्राप्त होता था। इसका प्रमुख कारण औद्योगिक विकास का न होना था। स्वतन्त्रता के बाद, विशेष तौर पर योजनाओं को लागू करने के बाद से, द्वितीयक व तृतीयक क्षेत्रों के विकास के कारण कृषि का हिस्सा लगातार कम होता गया है। 1950-51 में यह 55.40% जो 2013-14 में औसत आधार पर घटकर 13.9% रह गया। भारत में कृषि क्षेत्र के GDP का 0.3% भाग कृषि शोध पर व्यय किया जाता है, जबकि अमरीका में यह 4% है। केन्द्रीय सांख्यिकी कार्यालय द्वारा राष्ट्रीय आय लेखांकन की संशोधित विधि तथा आधार वर्ष 2004-05 के स्थान पर 2011-12 कर दिए जाने से स्थिर कीमतों (2011-12) पर सकल मूल्यवर्द्धन में वर्ष 2015-16 कृषि एवं सहायक क्रियाएं क्षेत्रक का हिस्सा 17.7% प्रतिशत है। 2022-23 के लिए यह घटकर 15% रह गया है।
2. **रोजगार की दृष्टि से कृषि का महत्व – 1951 में कार्यकारी जनसंख्या का 69.5 प्रतिशत कृषि में लगा हुआ था। यह प्रतिशत संख्या 1991 में गिरकर 66.9 तथा 2001 में 56.7 हो गई।** 2011 जनगणना के अनुसार देश की कुल श्रमशक्ति का लगभग 48.9%भाग कृषि एवं इससे संबंधित धंधों से आजीविका कमाता है। अर्थव्यवस्था के अन्य क्षेत्रों का उपयुक्त विकास न होने के कारण उनमें रोज़गार अवसरों में वृद्धि बहुत कम हो पाई है जिससे मजबूरन बहुत से लोगों को कृषि पर काम करना पड़ा है। हालांकि, भूमि पर उनकी सीमांत उत्पादकता बहुत कम है। इससे अल्परोजगार तथा छिपी हुई बेरोजगारी जैसी समस्याएं पैदा होती हैं। देश का लगभग 55% कृषि क्षेत्र वर्षा पर निर्भर है।
3. **बढ़ती हुई जनसंख्या के लिए खाद्यान्नों की आपूर्ति** – भारत जैसे श्रम-आधिक्य वाले देशों में जनसंख्या के भारी दबाव के कारण, खाद्यान्नों की मांग में तेज वृद्धि होती है। इसके अलावा, गरीबी के कारण खाद्य-उपभोग का वर्तमान स्तर बहुत कम है। इसलिए प्रति व्यक्ति आय बढ़ने पर सबसे पहले खाद्यान्नों की मांग बढ़ती है (दूसरे शब्दों में, विकासशील देशों में खाद्यान्न की मांग की आय-लोच बहुत ज्यादा है)। इसलिए यह आवश्यक है कि कृषि क्षेत्र में उत्पादन लगातार बढ़ता रहे वर्ना खाद्य-संकट पैदा हो सकता है। बहुत से विकासशील देश इस चरण से गुजर रहे हैं तथा उन्हें खाद्यान्नों की मांग को पूरा करने के लिए भारी मात्रा में आयात करने पड़ रहे हैं।

   फसल वर्ष 2022-23 के दौरान देश में प्रमुख कृषिगत उपजों के फाइनल अनुमान (Final Estimates) कृषि एवं किसान कल्याण मंत्रालय द्वारा 18 अक्टूबर, 2023 को जारी किए गए जिनके अनुसार संदर्भित वर्ष में देश में खाद्यान्नों का उत्पादन 329.69 मिलियन टन के रिकॉर्ड स्तर पर रहा है।
4. **पूंजी निर्माण में सहयोग** – सभी अर्थशास्त्री इस बात को स्वीकार करते हैं कि आर्थिक विकास के लिए पूंजी निर्माण आवश्यक है। जब तक पूंजी निर्माण की दर काफी अधिक नहीं हो जाती तब तक आर्थिक विकास नहीं हो सकता क्योंकि भारत जैसे विकासशील देशों में कृषि

सबसे बड़ा सेक्टर है। इसलिए पूंजी निर्माण में उसका अधिक सहयोग अनिवार्य है। यदि यह सेक्टर ऐसा कर पाने में असफल हो गया तो आर्थिक विकास की प्रक्रिया अवरुद्ध हो जाएगी।

5. **औद्योगिक विकास के लिए कृषि का महत्त्व** – भारत में औद्योगिक विकास की दृष्टि से कृषि का बहुत महत्व है। भारत में महत्त्वपूर्ण उद्योगों को जिनमें सूती वस्त्र, जूट, चीनी तथा वनस्पति उद्योग उल्लेखनीय हैं, कृषि से ही कच्चे पदार्थों की प्राप्ति होती है। औद्योगिक क्षेत्र में लगे हुए लोगों के लिए खाद्यान्नों के उत्पादन की जिम्मेवारी कृषि क्षेत्र पर ही है। इसके अतिरिक्त ग्रामीण क्षेत्र में विनिर्माण उद्योगों द्वारा उत्पादित वस्तुओं का बाजार भी होता है। अभी भारतीय किसानों और खेतिहर मजदूरों की आय का स्तर काफी नीचा है इसलिए इस क्षेत्र में तैयार वस्तुओं के लिए बाजार सीमित है। कृषि विकास से भारतीय उद्योगों के लिए ग्रामीण क्षेत्र में बाजार विस्तृत होना स्वाभाविक है।
6. **अन्तर्राष्ट्रीय व्यापार और कृषि** –31 मार्च, 2024 को समाप्त वित्त वर्ष में भारत के कृषि निर्यात में 8.2% की गिरावट आई है। इसका कारण अनाज और चीनी से लेकर प्याज तक कई वस्तुओं पर निर्यात प्रतिबंध है। वाणिज्य विभाग के आँकड़ों के अनुसार 2023-24 में कृषि निर्यात का कुल मूल्य 48.82 बिलियन डॉलर था, जो 2022-23 के रिकॉर्ड 53.15 बिलियन डॉलर और उससे पिछले वित्त वर्ष के 50.24 बिलियन डॉलर से कम है। अपितु वित्त वर्ष 2013-14 में 43.25 बिलियन डॉलर से वित्त वर्ष 2019-20 में 35.60 बिलियन डॉलर तक कृषि निर्यात में गिरावट आई जबकि आयात में वृद्धि हुई (15.53 बिलियन डॉलर से 21.86 बिलियन डॉलर तक) यह काफी हद तक वैश्विक कृषि-वस्तु कीमतों में गिरावट के कारण था, संयुक्त राष्ट्र खाद्य और कृषि संगठन (FAO) के खाद्य मूल्य सूचकांक में 2013-14 और 2019-20 के बीच औसतन 119.1 से 96.5 अंक की गिरावट आई। कम अन्तर्राष्ट्रीय कीमतों ने देश के निर्यात की लागत प्रतिस्पर्धात्मक को कम कर दिया, साथ ही आयात के लिए अधिक असुरक्षित बना दिया।

निम्न उत्पादिता के कारण

हम यह विवेचन कर चुके हैं कि भारत में विश्व के अन्य देशों के मुकाबले प्रति हैक्टर तथा प्रति श्रमिक कृषि उत्पादिता अभी भी कम है। यद्यपि पिछले कुछ वर्षों में, विशेषतया योजनाओं के दौरान, स्थिति में काफी उन्नति हुई है फिर भी अभी काफी प्रगति करने की जरूरत है। कृषि के पिछड़ेपन के कारणों का विश्लेषण उपयोगी होगा क्योंकि इससे सरकार द्वारा कृषि के सुधार के लिए अपनाए गए उपायों और नीतियों को समझने में सहायता मिलेगी। ये कारण तीन वर्गों में बांटे जा सकते हैं–(क) सामान्य कारण, (ख) संस्थानात्मक कारण, और (ग) तकनीकी कारण।

(क) सामान्य कारण

1. **कृषि में लोगों की बहुत बड़ी संख्या का कार्यरत होना**–भारतीय कृषि की असली समस्या इस पर बहुत अधिक लोगों का निर्भर होना है। 1901 से कृषि पर निर्भर रहने वालों का अनुपात ज्यों का त्यों है अर्थात् लगभग 70 प्रतिशत है। यद्यपि कृषि में लगी आबादी की प्रतिशत संख्या में कोई परिवर्तन नहीं हुआ है किन्तु कुल संख्या की दृष्टि से इस शताब्दी के आरम्भ में 1,630 लाख के मुकाबले 1991 में यह 5,900 लाख हो गई। जनसंख्या में हुई स्वाभाविक वृद्धि को उद्योगों में खपाया नहीं जा सका। यही नहीं, पारम्परिक दस्तकारियों (Traditional handicrafts) में लगे हुए व्यक्तियों ने भी उन्हें छोड़कर कृषि को ही अपनी आजीविका का साधन बना लिया। इस प्रकार कृषि पर निर्भर अत्यधिक जनसंख्या के परिणामस्वरूप खेत विकसित होकर छोटे-छोटे टुकड़ों में बंट गए, प्रति व्यक्ति भूमि की मात्रा कम हो गई और कृषि में अदृश्य बेरोजगारी प्रकट हुई। भूमि पर जनसंख्या के निरन्तर दबाव के कारण प्रति किसान कृषि भूमि की मात्रा (Cultivated area per cultivator) 1901 से 2001 तक कुल क्षेत्रफल में वृद्धि के बावजूद 0.43 हेक्टेयर से कम होकर 0.20 हेक्टेयर हो गई। स्पष्ट है कि जब तक भूमि पर जनसंख्या का यह दबाव कायम रहेगा, कृषि के विकास में अधिकतर सफलता प्राप्त होने की संभावना कम ही रहेगी।
2. **अपर्याप्त फार्म-भिन्न सेवाएँ**–भारतीय कृषि को फार्म-भिन्न सेवाओं अर्थात् वित्त और विपणन (Finance and marketing) की व्यवस्था आदि की अपर्याप्तता के कारण परेशानी उठानी पड़ी है। या तो ये सुविधाएँ सर्वथा विद्यमान ही नहीं या बहुत महंगी हैं। उदाहरणतया, कुछ समय पहले तक कृषकों को रुपया उधार लेने के लिए गांव के साहूकारों पर निर्भर रहना पड़ता था जो अत्यधिक ब्याज पर उधार देते थे। एक बार रुपया उधार लेने पर किसान को अपनी जमीन तक बेचनी पड़ जाती थी और वह भूमिहीन मजदूर (Landless labourer) बनकर रह जाता था। वित्त के अन्य साधन अर्थात् सरकारी समितियाँ और सरकार भी वित्त उपलब्ध कराते थे परन्तु वे महत्वहीन थे। इसी प्रकार कुछ समय पहले तक कृषकों को माल-संग्रह करने और विपणन की सुविधाएँ प्राप्त नहीं थीं। बेचने के लिए माल मण्डी में लाए जाने पर थोक व्यापारियों और दलालों द्वारा ठगा जाना निश्चित था। इस प्रकार भारत में कृषि के पिछड़ेपन का महत्वपूर्ण कारण फार्म-भिन्न सेवाओं की अपर्याप्तता है।

(ख) संस्थात्मक कारण

1. **जोत का आकार**–भारत में जोत का औसत आकार बहुत छोटा है, अर्थात् पांच एकड़ से भी कम। ये जोतें न केवल छोटी हैं, बल्कि छोटे-छोटे टुकड़ों में बंटी हुई हैं। देश के कुछ भागों में खेत इतने छोटे होते हैं कि उनमें साधारण हल भी नहीं चलाया जा सकता। खेतों के छोटा होने के कारण वैज्ञानिक विधि से खेतीबाड़ी संभव नहीं है। परिणामत: समय, श्रम और पशुशक्ति का भारी अपव्यय होता है, सिंचाई सुविधाओं के उचित उपयोग में कठिनाई होती है। किसानों में झगड़े और मुकद्दमेबाजी की दुष्प्रवृत्तियाँ पैदा होती हैं तथा बाड़ लगाने की कठिनाई के कारण फसल को क्षति पहुँचती है। खेतों के छोटे-छोटे तथा खण्ड-खण्ड होने के कारण जनसंख्या का दबाव और उत्तराधिकार की वर्तमान प्रणाली है जिसके अन्तर्गत पूर्वजों की सम्पत्ति में सभी बेटों का (अब बेटियों का भी) बराबर हिस्सा रहता है। खेतों का छोटा आकार भारतीय कृषि की निम्न उत्पादिता का एक कारण है।
2. **भू-पट्टेदारी का ढाँचा**–कृषि की कम उत्पादिता का एक अत्यन्त महत्वपूर्ण कारण उचित प्रोत्साहन का अभाव रहा है। जमींदारी तथा भू-स्वामित्व की प्रणालियों के अन्तर्गत कृषक उस जमीन का स्वामी नहीं होता था जिसे वह जोतता था। जमीन का स्वामी उसे जमीन से निकाल सकता था। यद्यपि अब जमींदारी प्रथा का अन्त किया जा

चुका है और विभिन्न राज्यों में काश्तकारी-विधान (Tenancy legislation) लागू हो चुका है, फिर भी काश्तकारों की स्थिति संतोषजनक नहीं है। काश्तकार भूमि का स्वामी नहीं है, उसे जमीन पर खेती करने के बदले भारी लगान देना पड़ता है और उसकी स्थिति सुरक्षित नहीं है क्योंकि जमींदार जब चाहे उसे हटा सकता है। ऐसी कठिन परिस्थितियों में किसान से कृषि उत्पादिता बढ़ाने की आशा नहीं की जा सकती।

देश में कुछ छोटे कृषक भू-स्वामी (Peasant proprietors) हैं जो कि कृषि उत्पादन का कुशलतापूर्वक संगठन कर सकते हैं, किन्तु खेतों के छोटे आकार और फार्म-भिन्न सेवाओं की अपर्याप्तता जैसी बाधाओं के कारण, वे अपने उद्देश्य में सफल नहीं हो पा रहे हैं।

(ग) तकनालाजीय कारण

1. **उत्पादन की पिछड़ी तकनीक**–भारतीय कृषक उत्पादन की पुरानी और अक्षम विधियों तथा तकनीकों (Techniques) का प्रयोग करता चला आ रहा है। निर्धन एवं परम्परावादी होने के कारण, वह पश्चिमी देशों में और जापान में बड़े पैमाने पर अपनाई गई आधुनिक तकनीकों (Modern techniques) को नहीं अपना सका है। कुछ समय से केवल सीमित रूप में ही वह इस्पात का हल, गन्ना पीड़ने का कोल्हू, छोटे पम्पिंग सेट, हथगाड़ी, कुदाल, बीज-वपित्र (Seed-drill) और चारा काटने के यन्त्र आदि उन्नत उपकरणों का प्रयोग करने लगा है। किन्तु भारत में खेती के काम में आने वाले उपकरणों में इन उन्नत उपकरणों (Improved implements) की मात्रा अभी बहुत कम है।

   उत्पादन में वृद्धि केवल तभी हो सकती है जब उपर्युक्त और पर्याप्त खाद प्रयोग में लाई जाए। भारत में खाद के प्रयोग की आवश्यकता और भी अधिक है क्योंकि लगातार खेतीबाड़ी किए जाने के कारण भूमि पूर्णत: नि:सत्व (Exhaust) हो चुकी हैं। उर्वरता को पुन: उन्नत करने और परती भूमि (Fallow land) को उपयोग में लाने के लिए सभी प्रकार की खादों के प्रयोग की तुरन्त आवश्यकता है। किन्तु भारत में गोबर की खाद और रासायनिक उर्वरक (Chemical fertilizers) दोनों की ही बहुत कमी है।

   तात्पर्य यह है कि भारत में कृषि की निम्न उत्पादिता का एक महत्वपूर्ण कारण उत्पादन की घटिया तकनीक का प्रयोग करना है। जब तक किसानों को सुधरे उपकरणों के उपयोग की, सुधरे बीज बोने की, उपयुक्त और पर्याप्त खाद तथा उर्वरक के प्रयोग की ओर विनाशकारी कीड़ों तथा रोगों को प्रभावशाली ढंग से मिटाने की प्रेरणा नहीं दी जाती तब तक उत्पादिता बढ़ाने की आशा नहीं की जा सकती।

2. **अपर्याप्त सिंचाई सुविधाएँ**–भूमि, बीज, खाद और कृषि उत्पादन आदि में सुधार का तब तक कोई लाभ नहीं जब तक इनके साथ-साथ सिंचाई की उचित और नियमित व्यवस्था न हो जाए। भारतीय कृषि के पिछड़ेपन का एक मूल कारण यह है कि हमारे देश के अधिकांश किसानों को वर्षा पर निर्भर रहना पड़ता था और कृत्रिम सिंचाई सुविधाएँ बहुत कम को उपलब्ध थीं। उदाहरणतया, देश-विभाजन से पूर्व केवल 19 प्रतिशत भूमि में सिंचाई होती थी। योजनाकाल में बड़ी और छोटी सिंचाई योजनाओं के प्रबल विकास के बावजूद कुल खेती योग्य भूमि के केवल 45 प्रतिशत में ही सिंचाई होती है। इससे स्पष्ट है कि देश में कृत्रिम सिंचाई के लिए व्यापक क्षेत्र विद्यमान है।

योजना के दौरान भारतीय कृषि नीति

पहली और दूसरी योजना में बड़ी और मध्यम सिंचाई योजनाओं के माध्यम से सिंचाई सुविधाओं के प्रसार पर काफी जोर दिया गया। कृषि संबंधों के पुनर्गठन के लिए तथा ग्रामीण विकास के लिए राष्ट्रीय स्तर पर भूमि सुधार कार्यक्रम और सामुदायिक विकास कार्यक्रम को शुरू किया गया। सामुदायिक विकास कार्यक्रम ग्रामीण विकास का एक अत्यन्त व्यापक कार्यक्रम था जो ग्रामीण जीवन के सभी पहलुओं से जुड़ा था। कृषि संवृद्धि इस कार्यक्रम का मात्र एक हिस्सा था। कार्यक्रम के अन्य पहलू थे – ग्रामीण साक्षरता, स्वास्थ्य व चिकित्सा, ग्रामीण परिवहन व संचार सुविधाओं का विकास, ग्रामीण आवास, ग्रामीण उद्योग, पशुपालन इत्यादि। सहकारी खेती पर भी काफी जोर दिया गया। बड़ी व मध्यम सिंचाई परियोजनाओं, सामुदायिक विकास तथा सहकारी खेती पर जोर लगभग तीसरी योजना के अन्त तक जारी रहा। 1965-66 तथा 1966-67 में देश में भयंकर सूखा पड़ा और भुखमरी से बचने के लिए 1 करोड़ 90 लाख टन खाद्यान्नों का आयात करना पड़ा। इस प्रकार की परिस्थितियों के कारण कृषि विकास युक्ति पर पुनर्विचार करने की जरूरत महसूस की गई तथा कृषि उत्पादन व उत्पादकता को बढ़ाने के महत्त्व को स्वीकार किया जाने लगा। इस प्रकार, **कृषि नीति का रुख संस्थागत सुधारों (institutional reforms) से हट कर प्रौद्योगिकी व तकनीकों (technology) की तरफ हो गया।** कृषि उत्पादन को बढ़ाने के दृष्टिकोण से देश के चुनिंदा क्षेत्रों में नई कृषि युक्ति (New Agricultural Strategy) को अपनाया गया। जब कृषि नीति का ध्यान बड़ी और मध्यम सिंचाई परियोजनाओं से हटकर लघु सिंचाई योजनाओं की तरफ हो गया। इसके अलावा, कृषकों को सस्ती कीमतों पर साख व अन्य कृषि आगत उपलब्ध कराना; फसलों के लिए लाभकारी कीमतें उपलब्ध कराना; कृषि विपणन सुविधाओं का विकास करना; जैसे मुद्दों पर भी जोर दिया जाने लगा। अब कृषि नीति का पूरा ध्यान खाद्यान्नों के विपण्य अतिरेक (marketed surplus) को बढ़ाने पर केन्द्रित हो गया। साथ ही साथ, एक व्यापक आधार पर सार्वजनिक वितरण प्रणाली की व्यवस्था की गई ताकि उपभोक्ताओं को सस्ती कीमतों पर खाद्यान्न उपलब्ध कराए जा सकें। गरीबी निवारण के लिए ग्रामीण रोजगार कार्यक्रम भी शुरू किए गए।

योजनाओं के दौरान अपनाई गई भारतीय कृषि नीति के मुख्य तत्व निम्नलिखित हैं:

1. **तकनीकी कदम**–बढ़ती जनसंख्या की खाद्यान्नों के लिए बढ़ती हुई मांग को पूरा करने हेतु तथा औद्योगिक विकास का आधार तैयार करने के लिए, कृषि अधीन क्षेत्र को बढ़ाने के लिए, तथा गहन खेती करने के लिए कई कदम उठाए गए। कृषि अधीन क्षेत्र को बढ़ाने के लिए सिंचाई सुविधाओं के विकास के कार्यक्रम बनाए गए। जहां तक गहन खेती का संबंध है, **एक पैकेज कार्यक्रम के रूप में 1966 में देश के चुने हुए क्षेत्रों में नई कृषि युक्ति लागू की गई।** देश के अन्य क्षेत्रों में इस कार्यक्रम के प्रसार हेतु उच्च उत्पादकता वाले बीजों के उत्पादन कार्यक्रमों पर तथा उर्वरकों व कीटनाशक दवाइयों की आपूर्ति पर

विशेष ध्यान दिया गया। इन प्रयासों के परिणामस्वरूप, कृषि उत्पादन एवं उत्पादकता में काफी वृद्धि हुई। खाद्यान्नों का उत्पादन जो 1950-51 में 5 करोड़ 8 लाख टन था, 2011-12 में बढ़कर 25 करोड़ 92 लाख टन तक पहुंच गया।

2. **भूमि सुधार**–भूमि सुधार कार्यक्रमों का उद्देश्य मध्यस्थों (यथा जमींदारों, जागीरदारों इत्यादि) का उन्मूलन तथा काश्तकारों को भूमि का अन्तरण था। इन उद्देश्यों की प्राप्ति के लिए निम्नलिखित कार्यक्रम अपनाए गए: (i) मध्यस्थों का उन्मूलन; (ii) काश्तकारी सुधार (जिसमें लगान नियमन, काश्त अधिकार की सुरक्षा तथा काश्तकारों को मालिकाना अधिकार देने के लिए कदम उठाने की व्यवस्था थी) तथा (iii) जोतों पर सीमाबन्दी (ताकि बड़े किसानों व जमींदारों से अतिरिक्त जमीन लेकर उसका वितरण भूमिहीन श्रमिकों तथा सीमान्त किसानों के बीच किया जा सके)। वस्तुतः भूमि सुधारों का मूल उद्देश्य ग्रामीण क्षेत्रों की कृषि व्यवस्था में क्रांतिकारी परिवर्तन करना था।
3. **सहकारिता तथा चकबंदी**–कृषि के पुनर्गठन के लिए तथा जोतों के उपविभाजन एवं विखंडन को रोकने के दृष्टिकोण से भारतीय कृषि नीति में सहकारिता तथा चकबंदी के कार्यक्रम अपनाए गए। चकबंदी का उद्देश्य यह था कि किसान को गांव मे मौजूद उसके अलग-अलग छोटे-छोटे भूखंडों के स्थान पर एक ही जगह पर भूमि दे दी जाए ताकि समय, धन व भूमि का अपव्यय रोका जा सके और किसान नई तकनीकों का सही प्रयोग कर सकें। सहकारिता का उद्देश्य यह था कि छोटे एवं सीमांत किसान अपनी भूमि व अन्य साधनों का मिलजुल कर इस्तेमाल करें ताकि सब संसाधनों का सर्वोत्तम उपयोग किया जा सके।
4. **योजनाओं में जनता की भागीदारी के लिए संस्थाएं**–आयोजकों ने महसूस किया कि आर्थिक विकास व प्रगति का कोई भी कार्यक्रम तब तक सफल नहीं हो सकता जब तक कि लोग स्वयं उस कार्यक्रम को अपना समझ कर उसमें बढ़ चढ़कर हिस्सा न लें। इसी उद्देश्य को ध्यान में रखकर 1952 में देश में **सामुदायिक विकास कार्यक्रम** आरंभ किया गया। यह कार्यक्रम लोगों का अपना कार्यक्रम था जिसका उद्देश्य उनका अपना उत्थान करना था और सरकार एवं प्रशासनिक अधिकारियों की भूमिका केवल इतनी थी कि वे लोगों की मदद करें ताकि वे अपनी मदद खुद कर सकें (helping the people to help themselves)। परन्तु सामुदायिक विकास कार्यक्रम का अनुभव अच्छा नहीं रहा। यह कभी भी जनता का अपना कार्यक्रम नहीं बन पाया और सरकारी सहायता पर निर्भर बना रहा। योजना प्रक्रिया में लोगों की हिस्सेदारी को प्रोत्साहित करने के लिए विकेन्द्रीकरण का एक और कार्यक्रम अपनाया गया जिसे **'पंचायती राज'** कहा गया। यह कार्यक्रम भी सामुदायिक विकास कार्यक्रम की तरह असफल रहा।
5. **संस्थात्मक साख व्यवस्था**–किसानों को ऋण उपलब्ध कराने के दृष्टिकोण से योजनाओं में संस्थात्मक साख व्यवस्था का विस्तार किया गया। इस उद्देश्य के लिए सरकार ने सहकारी ऋण संस्थाओं को वित्तीय सहायता उपलब्ध कराई। सबसे महत्त्वपूर्ण कदम था 1969 में 14 प्रमुख बैंको का राष्ट्रीयकरण। राष्ट्रीयकरण के बाद बैंकों ने बड़े पैमाने पर किसानों को आसान शर्तों पर ऋण प्रदान किए। कृषि साख के विस्तार के दृष्टिकोण से क्षेत्रीय ग्रामीण बैंकों की भी स्थापना की गई। 1982 में कृषि एवं ग्रामीण विकास के राष्ट्रीय बैंक (National Bank for Agriculture and Rural Development) की स्थापना की गई। संस्थात्मक ऋण व्यवस्था के व्यापक विस्तार से ग्रामीण क्षेत्रों में महाजनों की भूमिका में तेजी से कमी आई है तथा किसानों का शोषण कम हुआ है।
6. **वसूली व समर्थन कीमतें**–सरकार विभिन्न फसलों के लिए वसूली व समर्थन कीमतों की प्रति वर्ष घोषणा करती है। इस नीति के अंतर्गत सरकार निश्चित कीमतों पर किसानों से उत्पादन खरीदती है। इस नीति का उद्देश्य यह है कि अधिक उत्पादन की दशा में कीमतों में गिरावट न होने पाए ताकि किसानों को संभावित हानि से बचाया जा सके। पिछले कुछ वर्षों से सरकार काफी ऊंची वसूली कीमतों की घोषणा कर रही है ताकि किसानों को उत्पादन बढ़ाने के लिए प्रोत्साहित किया जा सके।
7. **कृषि आगतों पर आर्थिक सहायता**–सरकार ने सिचांई, बिजली तथा उर्वरक इत्यादि पर काफी आर्थिक सहायता प्रदान की है। इस सहायता का उद्देश्य यह है कि किसानों को सस्ती कीमतों पर कृषि आगत उपलब्ध कराए जा सकें ताकि कृषि में इनका उपयोग बढ़े जिससे कृषि उत्पादन एवं उत्पादकता को बढ़ाया जा सके। समय के साथ आर्थिक सहायता का भार अब बहुत बढ़ चुका है परन्तु इन्हें हटाने या कम करने में सरकार को बहुत कठिनाई आ रही है।
8. **खाद्य सुरक्षा व्यवस्था**–उपभोक्ताओं को सस्ती कीमतों पर खाद्यान्न व अन्य अनिवार्य उपभोग वस्तुएं उपलब्ध कराने के दृष्टिकोण से सरकार ने योजनाओं के दौरान व्यापक वितरण प्रणाली (public distribution system) का पूरे देशभर में जाल बिछाया है। सार्वजनिक वितरण प्रणाली न केवल उपभोक्ताओं को सस्ती कीमतों पर खाद्यान्न उपलब्ध कराती है बल्कि खाद्यान्नों का बड़ी मात्रा में भंडारण के जरिए एक 'सुरक्षा व्यवस्था' (safety net) का भी काम करती है ताकि विभिन्न वर्षों में (या देश के विभिन्न क्षेत्रों में) होने वाली खाद्यान्न उत्पादन में कमी की समस्या का समाधान किया जा सके।

कृषि पदार्थों का विपणन

कृषि विपणन की भारत में वर्तमान व्यवस्था निम्न है–

1. **गांव के महाजन तथा व्यापारी को फसल की बिक्री**–भारतीय किसान अपने उत्पादन का बड़ा भाग गांवों में ही महाजन व्यापारी के हाथ बेच देता है। गांव का महाजन व्यापारी किसान की ऋणग्रस्तता का पूरा लाभ उठाता है और उसे सस्ती कीमत पर ही उपज बेचने के लिए बाध्य करता है। प्रायः वह थोक व्यापारी के एजेण्ट के रूप में भी किसानों से कृषि वस्तुओं को खरीदता है।
2. **गांव के हाट में बिक्री**–गांव में अब भी सप्ताह में एक अथवा दो बार बाजार लगता है। इसे हाट कहते हैं। इन बाजारों में खेतिहर मजदूर तथा कृषि के अतिरिक्त अन्य व्यवसाय करने वाले व्यक्ति अपनी आवश्यकता की वस्तुएं खरीदते हैं। किसान अपने उत्पादन का छोटा-सा भाग इस प्रकार के बाजारों में भी बेच लेते हैं। इसके अलावा इन बाजारों में शहर के थोक व्यापारियों के एजेण्ट पंहुचकर कृषि वस्तुओं की खरीद करते हैं। यह उल्लेखनीय है कि गांव के बाजार में बड़े किसान, जिनके पास काफी विपण्य आधिक्य होता है, अपना माल नहीं बेचते।

3. **मण्डियों में बिक्री**–अनेक गांवों के बीच किसी कस्बे अथवा शहर में एक मंडी होती है। इन मंडियों में थोक व्यापारी होते हैं जिन्हें आढ़तिया कहते हैं। किसान दलालों की सहायता से अपना माल आढ़तियों को बेचते हैं। प्रायः दलाल आढ़तियों से मिले रहते हैं और किसान को उपज का ठीक मूल्य नहीं मिलता। यातायात सम्बन्धी कठिनाइयों, मंडियों के दलालों और आढ़तियों के कपटपूर्ण व्यवहार आदि से आशंकित होकर छोटे किसान मंडी से अपना माल लाने में संकोच करते हैं। बड़े किसान मंडियों में आढ़तियों के कपटपूर्ण व्यवहार के प्रति सतर्क हैं। आढ़तिए सामान्यतः कृषि उपज को फुटकर व्यापारियों को बेच देते हैं परन्तु धान, कपास तथा तिलहन विधायन क्रिया के लिए मिलों को बेच दिए जाते हैं। गन्ने की विपणन व्यवस्था अन्य वस्तुओं की विपणन व्यवस्था से भिन्न है। किसान को उपज का अच्छा मूल्य मिल जाता है। अब राज्य द्वारा प्रति वर्ष गन्ने का मूल्य निर्धारित कर दिया जाता है और मिलों को इसी निर्धारित मूल्य पर गन्ना मिलता है।
4. **सहकारी विपणन**–कृषि उत्पादों की विपणन प्रणाली की कार्यकुशलता का स्तर ऊंचा करने और किसानों को मध्यस्थों के कपटपूर्ण व्यवहार से बचाकर उन्हें अपनी फसल का उचित मूल्य दिलाने के लिए सहकारी विपणन पर जोर दिया गया है। सहकारी विपणन समितियां और बहुउद्देश्यों समितियां सदस्यों के थोड़े-थोड़े विपणन आधिक्य को एकत्रित कर मंडियों में थोक व्यापारियों के साथ प्रतियोगिता करते हुए बेच सकती हैं। इस प्रकार किसानों को अपनी उपज का उचित मूल्य मिल सकता है। सहकारी विपणन समिति अपने सदस्यों से उत्पादन इकट्ठा करके उसे सामूहिक रूप से मण्डी में बेच देती है। इससे सदस्यों की सौदा-शक्ति बढ़ती है और वे अपने उत्पादन की बेहतर कीमत प्राप्त करने में सफल होते हैं। उत्पादन की बिक्री के अलावा, ये समितियां कई अन्य तरीकों से भी अपने सदस्यों की सेवा करती हैं।

कृषि विपणन व्यवस्था के दोष

भारत में कृषि विपणन की व्यवस्था कई दशकों तक असंतोषजनक रही है जिसके परिणामस्वरूप किसानों को उनकी फसल का सही मूल्य नहीं मिल पाया। इस विपणन के मुख्य दोष निम्नलिखित थे :

1. **दोषपूर्ण संग्रहण व्यवस्था**–गांवों में कृषि उपज खत्तियों, मिट्टी के बर्तनों तथा कच्चे कोठों में जमा की जाती थी। इस प्रकार संग्रहण से प्रायः 1.5 प्रतिशत उपज सड़-गलकर नष्ट हो जाती थी अथवा चूहे तथा कीटाणुओं द्वारा खा ली जाती थी। कभी-कभी तो इस प्रकार किसान की एक तिहाई उपज नष्ट हो जाती थी। मंडियों में भी कृषि वस्तुओं के वैज्ञानिक ढंग से संग्रह करने की कोई व्यवस्था नहीं होती थी। केन्द्रीय गोदाम निगम तथा राज्य गोदाम निगमों की स्थापना से इस स्थिति में कुछ सुधार हुआ है।
2. **श्रेणी विभाजन का अभाव एवं दड़ा प्रणाली**–भारत में कृषि उपज की श्रेणी अनेक कारणों से नीचे रही है। इसके अतिरिक्त किसान अज्ञानता और उपज थोड़ी होने के कारण श्रेणी विभाजन की ओर ध्यान नहीं देते। अक्सर समस्त उपज एक ही ढेरी के रूप में, जिसे दड़ा प्रणाली कहते हैं, बेच दी जाती थी। इस प्रकार किसान को उत्तम श्रेणी की उपज के लिए भी कम मूल्य मिलता था।
3. **अल्प विकसित परिवहन व्यवस्था**–ग्रामीण कृषि में परिवहन व्यवस्था असंतोषजनक रही है। बहुत से गांव रेल और पक्की सड़कों द्वारा मंडियों से जुड़े हुए नहीं हैं। कच्ची सड़कों पर मोटर परिवहन प्रायः सम्भव नहीं होता। वर्षा ऋतु में कच्ची सड़कों पर सभी प्रकार का यातायात बन्द हो जाता है। इस प्रकार की स्थिति में किसान मंडी तक उपज लाने में बहुत कठिनाई अनुभव करते हैं और गांव में ही फसल बेचने के लिए बाध्य होते हैं।
4. **मध्यस्थों की बड़ी संख्या**–भारत में कृषि उपज की विपणन व्यवस्था में मध्यस्थों की संख्या इतनी अधिक रही है कि कई बार किसान को उपभोक्ताओं द्वारा दिए जाने वाले मूल्य का लगभग 50 प्रतिशत भाग ही मिल पाता था।
5. **अनियमित मण्डियों में कपटपूर्ण रीतियां**–देश में अब भी अनियन्त्रित मंडियों की संख्या बहुत अधिक है। इन मंडियों में आढ़तिए और दलाल किसान की अज्ञानता का लाभ उठाकर उसके साथ विविध प्रकार से कपट करते हैं। तराजू और बाटों की गड़बड़ी, प्रामाणिक वजनों का प्रयोग न करना, उपज का एक अंश नमूने के रूप में लेकर वापस न करना, कपड़े के नीचे हाथ के इशारों से मूल्य निर्धारित करना, रामलीला, पाठशाला, गौशाला, प्याऊ, तुलाई, आढ़त, बोराबन्दी आदि के लिए अनुचित कटौती काटना, मंडियों की कुछ प्रचलित कपटपूर्ण रीतियां हैं। नियंत्रित मंडियों में इन कपटपूर्ण रीतियों पर प्रतिबन्ध लगा पाना सम्भव हो सका है।
6. **मूल्य सम्बन्धी सूचना का अभाव**–स्वतंत्रता के बाद भी कई वर्षों तक बहुत से किसानों को विभिन्न मण्डियों में प्रचलित कीमतों की सही सूचना नहीं मिल पाती थी। अनेक किसान तो मंडी के साथ कोई भी सम्पर्क नहीं रख पाते थे। इसलिए उन्हें व्यापारी जो भी मूल्य देता था, उसे वे स्वीकार कर लेते थे परंतु अब हालात काफी बदल गए हैं। समाचार-पत्रों, रेडियो व टेलिविजन के माध्यम से किसानों को बाजार भावों की सूचना मिलती रहती है।
7. **विपणन हेतु वित्त का अभाव**–विपणन क्रिया के लिए वित्त की आवश्यकता होती है। सहकारी समितियों से उपलब्ध वित्त का लाभ बड़े किसानों को ही हो सका है। छोटा किसान अब भी वित्त के लिए व्यापारी-महाजन के पास जब पहुंचता है तो वह किसान को मंडी में अपना माल बेचने के लिए हतोत्साहित करता है और स्वयं ही उसे खरीद लेता है।
8. **प्रतिकूल परिस्थितियों में विपणन**–बहुत समय तक भारतीय कृषि व्यवस्था ऐसी रही है कि अधिकतर किसानों को लगान का भुगतान करने के लिए उपज का एक बड़ा भाग फसल कटने के बाद तुरन्त ही बेचना होता था। पिछले कुछ दशकों में देश में एक सम्पन्न किसान वर्ग पैदा हो गया है। यह वर्ग भूमि का स्वामी है और इसकी किसी प्रकार की विवशता नहीं है कि यह प्रतिकूल परिस्थितियों में अपनी उपज को बेचे। नई संग्रहण सुविधाओं का लाभ उठाकर यह वर्ग अपना माल तभी बेचता है जब मूल्य अनुकूल होते हैं। दूसरी ओर छोटा किसान है जिसके पास सामान्यतः पांच एकड़ से कम भूमि है। इस वर्ग के किसान के पास उत्पादन बेचने के लिए प्रतीक्षा करने की सामर्थ्य नहीं होती। कभी-कभी तो छोटे किसानों को 'विपण्य आधिक्य' न होते हुए भी उपज बेचनी होती है क्योंकि उन्हें ऋण वापस करना होता है अथवा लगान चुकाना होता है।

कृषि विपणन व्यवस्था में सुधार की दृष्टि से सरकार द्वारा उपाय

कृषि विपणन में सुधार की दृष्टि से सरकार द्वारा जो भी उपाय किए गए हैं, उनमें नियन्त्रित मंडियों की स्थापना, संग्रहण के लिए गोदामों का निर्माण, श्रेणी विभाजन की व्यवस्था, प्रामाणिक बाटों का प्रचलन, कृषि उपज के मूल्यों का आकाशवाणी से प्रतिदिन प्रसारण, यातायात सुविधाओं का विस्तार तथा कृषि उपज के मूल्यों में स्थिरता के प्रयास उल्लेखनीय हैं।

1. **नियन्त्रित मंडियों की स्थापना**–मण्डियों में दलालों तथा आढ़तियों के कपटपूर्ण व्यवहार से किसानों को बचाने के उद्देश्य से नियन्त्रित मण्डियों की स्थापना की गई है। नियन्त्रित मण्डी का संगठन सम्बन्धित विधान के अनुसार होता है। इस प्रकार की मण्डियों में व्यवस्था के लिए एक समिति का गठन होता है जिसके सदस्यों में राज्य सरकार के प्रतिनिधि, स्थानीय संस्थाओं के प्रतिनिधि, आढ़तिए, दलाल और किसान होते हैं। इस प्रकार समिति में सभी हितों का प्रतिनिधित्व होता है। ये समितियाँ विपणन व्यवस्था सुधारने की दृष्टि से श्रेणी विभाजन को प्रोत्साहन देती हैं, खुली नीलामी पद्धति को लागू करती हैं, कपड़े के नीचे गुप्त भाव निर्धारण पर रोक लगाती हैं, अनुचित कटौतियों पर प्रतिबन्ध लगाती हैं, प्रामाणिक बाटों के प्रयोग को अनिवार्य करती हैं, किसानों और व्यापारियों के बीच मतभेदों को दूर करने के लिए मध्यस्थता करती हैं, इत्यादि।

   इस प्रकार नियन्त्रित मंडियों में अनियन्त्रित मंडियों के अनेक दोष दूर हो जाते हैं। नियन्त्रित मंडियों में दलालों और तौलने वालों को लाइसेंस लेना होता है। इनके द्वारा कपट करने पर इनका लाइसेंस रद्द किया जा सकता है। आढ़तियों के लिए नाप-तौल की गड़बड़ी करना और अनुचित कटौतियां काटना संभव नहीं रहता।

   नियन्त्रित मण्डियों की स्थापना की दिशा में पहला प्रयास 1897 में बरार में किया गया था। इस प्रयोग की सफलता के बावजूद भी मंडियों के नियन्त्रण में सरकार ने विशेष दिलचस्पी नहीं दिखाई। इसलिए देश में नियन्त्रित मंडियों की स्थापना की गति धीमी रही। केरल, मिजोरम, सिक्किम, अण्डमान व निकोबार द्वीप, दादरा व नगर हवेली तथा लक्षद्वीप ने मण्डियों के नियंत्रण के लिए आवश्यक अधिनियम अभी तक नहीं बनाए हैं।

   नियन्त्रित मंडियों की बढ़ती हुई संख्या के बावजूद छोटे और सीमांत किसानों को इनसे कोई खास लाभ नहीं हुआ है। इसका कारण यह है कि बाजार में बेचने लायक अतिरिक्त उत्पादन बड़े किसानों के ही पास होता है। इसलिए नियंत्रित मंडियों से अधिकतर लाभ इन किसानों को ही हुए हैं। इसके अलावा, अधिनियमों को कड़ाई से लागू नहीं किया गया है जिसके परिणामस्वरूप अनुचित कार्यवाहियों पर रोक नहीं लग पाई है।

2. **श्रेणी विभाजन एवं मानकीकरण**–कृषि विपणन व्यवस्था में सुधार की दृष्टि से श्रेणी विभाजन तथा मानकीकरण का विशेष महत्व है। ऐसा होने पर नमूना दिखाकर माल की ब्रिक्री की आवश्यकता नहीं रह जाती। श्रेणी विभाजन के महत्व को स्वीकार करते हुए सरकार ने 1937 में कृषि उत्पादन (श्रेणी विभाजन एवं अंकन) कानून पास किया जिसके द्वारा विपणन तथा निरीक्षण निदेशालय (Directorate of Marketing and Inspection) को अधिकार दिया गया कि वह स्वीकृत मानकों के अनुसार श्रेणी विभाजन तथा अंकन करने की अनुमति किसी भी संस्था को दे सकता है। **निदेशालय ने अब तक 182 कृषि वस्तुओं (व कृषि से संबद्ध वस्तुओं) के लिए मानक निर्धारित किए हैं।**

   निर्यात के लिए कृषि वस्तुओं का श्रेणी विभाजन अनिवार्य है। इन वस्तुओं के जहाज पर लादे जाने से पहले इनका निरीक्षण किया जाता है और इन पर 'एगमार्क' (AGMARK) होना चाहिए। इस प्रकार की व्यवस्था से कृषि उपज की श्रेणी को ऊँचा उठा सकना सम्भव है। इस समय केन्द्रीय श्रेणी नियंत्रण प्रयोगशाला (Central Quality Control Laboratory) नागपुर में है। इसके अतिरिक्त 26 क्षेत्रीय श्रेणी नियन्त्रण प्रयोगशालाएं (regional quality control laboratories) हैं। महत्त्वपूर्ण उत्पादों के सैंपिल बाजारों से लिए जाते हैं और फिर उनके भौतिक व रासायनिक गुणों का परीक्षण किया जाता है। इस परीक्षण के बाद विभिन्न श्रेणियों में उनका वर्गीकरण करके 'एगमार्क' की मुहर लगाई जाती है। घरेलू उपभोग की बहुत सारी वस्तुओं जैसे–रुई, वनस्पति तेल, घी, क्रीम, मक्खन, अण्डे, गेहूँ, आटा, दालें, शहद, मसालों आदि का श्रेणीकरण किया जा रहा है।

3. **मानक बाट और नाप-तौल की अनिवार्यता**–अनियन्त्रित मण्डियों में किसानों के साथ कपट करने के उद्देश्य से मानक बाटों और नाप-तौल का प्रयोग नहीं किया जाता था। गांव के हाटों में भी यही स्थिति थी। सरकार ने 1939 में मानक बाट तथा नाप-तौल अधिनियम पास कर उनका प्रचार किया है। नियन्त्रित मण्डियों में इन्हीं बाटों का प्रचलन है। 1958 में नाप-तौल की मीट्रिक प्रणाली को अपनाया गया और 1 अप्रैल, 1962 से मीट्रिक बाटों का प्रयोग भी अनिवार्य कर दिया गया है। किसान भी अब इन बाटों को समझने लगा है और उसके साथ इस प्रकार का कपट सम्भव नहीं है।

4. **कृषि उपज के मूल्यों के विषय में किसानों को सूचना देने की व्यवस्था**–कृषि वस्तुओं के बाजारों में प्रतियोगिता का अभाव है। इसके अनेक कारणों में एक महत्त्वपूर्ण कारण यह है कि किसानों को विभिन्न बाजारों में प्रचलित मूल्यों तथा मांग एवं पूर्ति की दशाओं के विषय में प्रायः सूचना नहीं होती। ऐसी स्थिति में आढ़तिए उन्हें जो भी मूल्य देते हैं उसे वे स्वीकार कर लेते हैं। कृषि उपज की विपणन व्यवस्था में सुधार के लिए आवश्यक है कि मंडियों में प्रचलित मूल्यों के अलावा उपज की मात्रा जो दिन विशेष को बिकने के लिए मंडी में आती है, से सम्बद्ध सूचना आकाशवाणी और समाचार-पत्रों द्वारा नियमित रूप में किसानों को मिलनी चाहिए। इस दिशा में व्यवस्था की गई है तथा रेडियो और टेलिविजन के माध्यम से नियमित रूप से मंडियों के भावों की जानकारी किसानों को दी जा रही है।

5. **संग्रह के लिए गोदामों का निर्माण**–विपणन व्यवस्था में सुधार की दृष्टि से गोदामों के निर्माण का बहुत महत्त्व है। गोदाम के निर्माण से संग्रहण में तो सुधार होता ही है जिससे संग्रहण काल में पदार्थ की हानि नहीं होती है, साथ ही इससे किसानों की कृषि उपज को कुछ समय रोक कर बेचने की सामर्थ्यता बढ़ जाती है। किसान नकदी की आवश्यकता होने पर भी उपज बेचने के लिए विवश नहीं होते क्योंकि उन्हें प्रमाणित गोदामों से प्राप्त रसीदों की प्रतिभूति पर सहकारी समितियों और व्यापारिक बैंकों से ऋण प्राप्त हो सकते हैं। इन बातों को ध्यान में रखते हुए अखिल भारतीय साख सर्वेक्षण समिति (1954) ने तीन स्तरों

(*i*) राष्ट्रीय स्तर, (*ii*) राज्य स्तर, तथा (*iii*) ग्रामीण स्तर पर गोदामों के निर्माण की सिफारिश की। इन सुझावों के आधार पर सरकार ने 1957 में केन्द्रीय गोदाम निगम (Central Warehousing Corporation) की स्थापना की और फिर कई राज्यों में राज्य गोदाम निगमों (State Warehousing Corporations) की भी स्थापना की गई। इसके अलावा, भारतीय खाद्य निगम (Food Corporation of India) की स्थापना हुई। इस प्रकार सार्वजनिक क्षेत्र में इस समय तीन प्रमुख एजेंसियां हैं जो भंडारण क्षमता को बढ़ाने में प्रयत्नशील हैं– भारतीय खाद्य निगम, केन्द्रीय गोदाम निगम तथा राज्य गोदाम निगम। मार्च 2001 से सरकार ग्रामीण गोदामों के निर्माण की एक केन्द्रीय क्षेत्र योजना को कार्यान्वित कर रही है।

6. **सरकारी खरीद तथा समर्थन कीमतों का निर्धारण**–यह सुनिश्चित करने के लिए कि किसानों को अपने उत्पादन की सही कीमत मिले, सरकार समय-समय पर विभिन्न कृषि वस्तुओं के लिए न्यूनतम समर्थन कीमतों और वसूली कीमतों की घोषणा करती रहती है। इन कीमतों का निर्धारण 'कृषि लागत और कीमत कमीशन' की सिफारिशों के आधार पर किया जाता है। भारतीय खाद्य निगम सरकार द्वारा घोषित कीमतों पर किसानों से फसल उत्पादन खरीदता है और फिर इन्हें सार्वजनिक वितरण प्रणाली के माध्यम से उपभोक्ताओं को बेचा जाता है। इस प्रकार सार्वजनिक वितरण प्रणाली के दो उद्देश्य हैं: (i) किसानों को उनके द्वारा उत्पादित फसलों की उचित कीमत उपलब्ध कराना ताकि उन्हें घाटा न उठाना पड़े; तथा (ii) सस्ती कीमतों पर उपभोक्ताओं को खाद्यान्न उपलब्ध कराना।
7. **कृषि विपणन का राष्ट्रीय संस्थान**–कृषि विपणन के राष्ट्रीय संस्थान (जिसका नाम पहले कृषि विपणन केन्द्र, Centre for Agricultural Marketing था) की स्थापना 1988 में की गई। इस संस्थान के मुख्य उद्देश्य व लक्ष्य निम्नलिखित हैं: (*i*) शिक्षण, अनुसंधान व परामर्श के कार्यक्रमों द्वारा देश में कृषि विपणन ढांचे का विकास करना; (*ii*) विभिन्न उद्यमों व संस्थाओं में कार्यरत् कर्मचारियों के लिए प्रशिक्षण कार्यक्रम तैयार करना व उन्हें इन कार्यक्रमों के अनुसार प्रशिक्षित करना; (*iii*) कृषि विपणन क्षेत्र में बेहतर प्रबंधन तकनीकों का पता लगाने के लिए अनुसंधान करना; (*iv*) निवेश परियोजनाओं को तैयार करने के लिए तथा समस्याओं का निदान करने के लिए परामर्श सेवाएं उपलब्ध कराना; तथा (*v*) विद्यमान सुविधाओं के संपूरक के रूप में कृषि विपणन के लिए शैक्षिक कार्यक्रमों की व्यवस्था करना।

भूमि सुधार

स्वतंत्रता प्राप्ति के समय भारत में भूमि पर काश्तकारी या पट्टे की तीन प्रकार की पद्धतियां मौजूद थीं। जमींदारी, रैयतवारी और महलवारी पद्धतियां भूमि पर स्वामित्व और भूमिधारकों और किसानों के बीच संबंधों का नियंत्रण और संचालन करती थीं।

भूमि के पट्टे की जमींदारी पद्धति के अंतर्गत भूस्वामी या जमींदार कहे जाने वाला व्यक्ति राज्य और किसानों के बीच बिचौलिया होता था। उसे भूमि का मालिक माना जाता था तथा वह राज्य सरकार को भूमि कर की अदायगी के लिए जिम्मेदार था। वास्तविक उत्पादक पट्टेदार थे और वे भू स्वामी को किराया चुकाते थे।

भूमि के पट्टे की महलवारी पद्धति के अंतर्गत संबद्ध गांव आधारभूत इकाइयां थे और संपत्ति पर सामूहिक स्वामित्व था। गांवों या महलों के राजस्व समन्वित आधार पर तय कर दिए जाते थे तथा एक व्यक्ति का चुनाव कर उस पर भू-राजस्व चुकाने की जिम्मेदारी डाल दी जाती थी।

रैयतवारी प्रणाली में भूस्वामी सीधे सरकार से भूमि स्वामित्व प्राप्त करता था। यह भूमि वंशागतिशील थी, स्थानांतरित की जा सकती थी या किसी बाहरी व्यक्ति को सौंपी जा सकती थी। शर्त यह थी कि सरकार को भू-राजस्व प्राप्त होता रहे।

हालांकि ये सभी पद्धतियां उत्पादकता की वृद्धि में कोई योगदान न दे सकीं क्योंकि इसके कारण खेत टुकड़ों में बंट गए और भूमि स्वामित्व में अत्यधिक असमानता आ गई। बिचौलियों और खेतों से दूर बैठे भू-स्वामियों द्वारा काश्तकारों का शोषण किया जाता था। पट्टे की सुरक्षा में संदेह, अत्यधिक मध्यवर्ती ब्याजों की मौजूदगी, किराये की ऊंची दर और ऋण जाल में किसानों के फंसे पड़े होने की वजह से उत्पादन में भारी गिरावट आई।

स्वतंत्रता प्राप्ति के बाद आरंभ किए गए भूमि सुधार कार्यक्रमों का मुख्य उद्देश्य भूमि का पुनर्वितरण करना, भूमि की अधिकतम सीमा का निर्धारण करना और भू-राजस्व व्यवस्था को तर्कसंगत बनाना था। इसके लिए निम्न कदम उठाए गए :

1. बिचौलियों एवं जमींदारी प्रथा का उन्मूलन कर, कृषकों का सरकार के साथ प्रत्यक्ष संपर्क स्थापित किया गया।
2. पट्टेदारी में सुधार जैसे कि किराए का विनियमन, पट्टेदारों के लिए पट्टे की सुरक्षा और उन्हें भूमि पर स्वामित्व दिलाने जैसे कदम उठाए गए। भूस्वामियों को पट्टेदारों द्वारा चुकाए जाने वाले किराए का विनियमन। व्यापक तौर पर पट्टों को बेदखल किए जाने से पट्टेदारों को बचाया गया। पट्टेदारों को भूमि का अधिकार दिए जाने के संदर्भ में पट्टेदारी कानून में प्रावधान किए गए। इसके अंतर्गत पट्टेदार निर्धारित क्षतिपूर्ति के बाद भूमि पर निर्धारित स्वामित्व प्राप्त कर सकता है।
3. लगभग सभी राज्यों में जोतों की अधिकतम सीमा का निर्धारण किया जा चुका है। इसके पीछे चार उद्देश्य हैं : (*i*) बड़े भूखंडों को उचित प्रबंध योग्य भूखंडों में बदलना (*ii*) अतिरिक्त भूमि को भूमिहीनों में बांटकर सामाजिक न्याय देना (*iii*) अधिक व्यक्तियों को रोजगार सुविधाएं उपलब्ध कराना और (*iv*) अधिग्रहित अतिरिक्त बंजर भूमि पर कमजोर वर्गों को घर बनाने की सुविधा देना।
4. **चकबंदी :** इसका उद्देश्य इधर-उधर बिखरे खेतों को मालिकयत के आधार पर एक खेत के रूप में परिवर्तित करना था। ऐसा इस वजह से कि किसान अपने अनार्थिक जोतों को आर्थिक जोतों में परिवर्तित कर उत्पादकता में वृद्धि कर सके। भूमि का एकीकरण न केवल समय और संसाधनों को बचाता है बल्कि उत्पादकता में भी वृद्धि करता है। अब तक देश में लगभग 1875.37 लाख एकड़ भूमि की चकबन्दी की जा चुकी है।
5. **सहकारी खेती :** भूमि सुधारों के अंतर्गत ग्रामीण अर्थव्यवस्था को प्रोत्साहित करने के लिए सहकारी खेती की व्यवस्था की गई है। इस पद्धति के अंतर्गत प्रत्येक कृषक का अपनी भूमि पर अधिकार बना रहता है परंतु खेती सामूहिक स्तर पर की जाती है। सदस्यों को उनके

कार्यों के लिए सहकारी संगठनों द्वारा भुगतान किया जाता है तथा लाभों का परस्पर बंटवारा किया जाता है। सहकारी संगठनों को बीज खरीदने, खाद और अन्य उपकरणों को सस्ते दर पर खरीदने के लिए ऋण सुविधाएं उपलब्ध करायी जाती हैं। इसके अलावा राज्य इन्हें अन्य प्रोत्साहन व सुविधाएं (जैसे-विपणन) भी प्रदान करता है। हालांकि भारत में सहकारी आंदोलन को पर्याप्त सफलता नहीं मिल पाई है क्योंकि वे व्यावसायिक आधार पर कार्य नहीं करते और इनके कामकाज में राजनीतिक दखलअंदाजी कुछ ज्यादा ही होती है।

6. **भूदान आंदोलन** : देश की गरीब जनता के उत्थान के लिए आचार्य विनोवा भावे ने भूदान आंदोलन का शुभारंभ किया। भूमिपतियों से आग्रह कर दानस्वरूप भूमि प्राप्त कर उन्होंने भूमिहीन किसानों के बीच इसका वितरण किया था। इस कार्यक्रम के अंतर्गत लगभग 45 लाख हेक्टेयर भूमि प्राप्त की जा सकी है जिसमें से आधे हिस्से का भूमिहीन किसानों में वितरण किया जा चुका है। आचार्य विनोबा भावे की मृत्यु के बाद यह कार्यक्रम लगभग स्थगित हो चुका है।
7. भूमि सुधारों के अंतर्गत रिकार्ड रखना एक अन्य महत्त्वपूर्ण कार्य है। वर्ष 1998-99 में भू-अभिलेखों के कम्प्यूटरीकरण के लिए एक केन्द्र प्रायोजित योजना शुरू की गई थी। वर्तमान में यह योजना देश के 582 जिलों में लागू की गई है। अनेक राज्यों में उपयोगकर्ताओं तथा आम जनता के लिए अधिकारों के अभिलेखों की कम्प्यूटरीकृत प्रतियां उपलब्ध करायी गई हैं।

ग्रामीण क्षेत्रों में बेरोजगारी

मोटे तौर पर ग्रामीण क्षेत्र में बेरोजगारी को तीन भागों में बांटा जा सकता है–(i) मौसमी बेरोजगारी, (ii) प्रच्छन्न बेरोजगारी, तथा (iii) सामान्य स्थिति बेरोजगारी।

मौसमी बेरोजगारी

ग्रामीण क्षेत्रों में मौसमी बेरोजगारी एक सामान्य दशा है। वर्तमान समय में देश की केवल 45 प्रतिशत कृषि भूमि पर सिंचाई सुविधाएँ उपलब्ध हैं। परन्तु लगभग केवल 25 प्रतिशत भूमि पर ही दो या दो से अधिक फसलें उगाई जाती हैं। इसका अर्थ यह हुआ कि देश की कृषि भूमि के 75 प्रतिशत पर खेती करने वाले एक वर्ष में 4 से 6 महीने तक बेरोजगार रहते हैं। यदि वे इस दौरान कोई अन्य अस्थाई रोजगार प्राप्त करने में सफल नहीं होते। क्योंकि इस प्रकार के भाग्यशाली लोग कम ही हैं इसलिए ग्रामीण क्षेत्र में मौसमी बेरोजगारी की समस्या अत्यन्त गम्भीर है। खेतिहर मजदूरों के पास भी अक्सर वर्ष भर रोजगार नहीं होता। दूसरी कृषि श्रम जांच समिति के अनुसार इनके पास 1956-57 में 237 दिन काम था। दूसरे शब्दों में 1956-57 में औसतन कृषि मजदूर की बेरोजगारी की अवधि 128 दिन थी। इसके बाद के वर्षों में शायद मौसमी बेरोजगारी बढ़ी है। योजना आयोग ने चौथी पंचवर्षीय योजना की मध्यावधि मूल्यांकन करते हुए लिखा था कि केवल हरित क्रान्ति के क्षेत्र को छोड़कर अन्य सभी प्रदेशों में मौसमी बेरोजगारी पहले जितनी अथवा उससे अधिक थी। अब इस बात के प्रमाण हैं कि कृषि में राष्ट्रीय आय के प्रति रोजगार लोच में भारी कमी हुई है। 1983 से 1987-88 में जहाँ कृषि में रोजगार लोच 0.87 थी वहाँ 1993-94 से 1999-2000 के बीच यह केवल 0.01 थी। इसका अर्थ यह है कि पिछली शताब्दी में अस्सी और नब्बे के दशकों में कृषि क्षेत्र में मौसमी बेरोजगारी बढ़ी होगी।

प्रच्छन्न बेरोजगारी

रेग्नर नर्क्स और आर्थर ल्युइस ने प्रच्छन्न बेरोजगारी की अवधारणा का विकास के संदर्भ में प्रयोग किया है। वे घने बसे हुए कृषि प्रधान देशों में इस तथ्य को महत्वपूर्ण मानते हैं कि वहाँ पर कृषि में जितने लोग लगे हैं उन सभी का उत्पादन का स्तर बनाए रखने के लिए इस व्यवसाय में लगा रहना आवश्यक नहीं है। वैसे तो यूरोप और अमेरिका में भी खेती के ढंग सुधार कर श्रम-शक्ति को कम करके कृषि उत्पादन को स्थिर रखा जा सकता है। लेकिन अल्प-विकसित देशों में स्थिति ऐसी है कि यदि उत्पादन तकनीक में कोई सुधार नहीं भी किया जाए तो भी कुछ लोगों को खेती से हटा लेने पर उत्पादन में कोई कमी नहीं होगी। चूँकि इस प्रकार के लोगों की खेती में उपस्थिति अथवा अनुपस्थिति का उत्पादन पर कोई प्रभाव नहीं पड़ता इसलिए उनके श्रम को फालतू श्रम (Surplus labour) कहा जाता है। फालतू श्रम की खेती में उपस्थिति साधनों की बर्बादी है। यही श्रम, जिसकी कृषि क्षेत्र में सीमांत उत्पादकता शून्य होती है, प्रच्छन्न बेरोजगार माना जाता है।

बेरोजगारी के कारण

भारत में बेरोजगारी मुख्य रूप से ढांचागत है। इसके मुख्य कारण निम्नलिखित हैं-

1. **रोजगार विहीन संवृद्धि (Jobless growth)**–आर्थिक आयोजन के पहले तीन दशकों के दौरान, सकल घरेलू उत्पाद की संवृद्धि दर मात्र 3.5 प्रतिशत प्रति वर्ष थी। इस दौरान रोजगार में 2 प्रतिशत प्रति वर्ष की वृद्धि दर्ज की गई जिसे संतोषजनक माना जा सकता है। तत्पश्चात् सकल घरेलू उत्पाद की संवृद्धि दर तो काफी बढ़ गई परन्तु रोजगार वृद्धि दर में तेज कमी हुई। उदाहरण के लिए जहाँ 1972-73 से 1977-78 के बीच पांच वर्ष की अवधि में रोजगार वृद्धि की दर 2.82 प्रतिशत प्रति वर्ष थीं वहाँ 1993-94 से 1999-2000 के बीच पाँच वर्ष की अवधि में यह वृद्धि दर मात्र 1.02 प्रतिशत प्रति वर्ष रही।
2. **जनसंख्या विस्फोट और श्रम की पूर्ति में वृद्धि**–स्वतंत्रता के बाद जैसे ही भारत में तेजी के साथ मृत्यु दर नीचे आई, इस देश में जनसंख्या विस्फोट का दौर शुरू हुआ। 1970 के दशक में तो जनसंख्या वृद्धि की वार्षिक दर 2.25 प्रतिशत हो गई। इस अवधि में श्रम की पूर्ति में प्रति वर्ष 1.9 प्रतिशत वृद्धि हुई। इसके बाद श्रम की पूर्ति में लगातार बढ़ती दर पर वृद्धि हो रही है। श्रम की पूर्ति में बढ़ती हुई दर पर वृद्धि के मुख्य रूप से दो तरह के कारण हैं : प्रथम, जनांकिकीय, और द्वितीय सामाजिक। जाहिर है कि जब भी जनसंख्या तेजी के साथ बढ़ेगी तो श्रम की पूर्ति भी तेजी के साथ बढ़ेगी। भारत में शिक्षा के प्रसार और स्त्रियों में रोजगार पाने की बढ़ती हुई इच्छा से श्रम की पूर्ति तेजी से बढ़ना स्वाभाविक है। लेकिन भारत में अर्थव्यवस्था का विकास जिस तरह हुआ है उससे रोजगार की बढ़ती हुई मांग को पूरा कर पाना सम्भव नहीं हो सका है।

3. **अनुपयुक्त शिक्षा प्रणाली**–भारत में शिक्षा प्रणाली दोषपूर्ण है। दरअसल, यह शिक्षा प्रणाली वही है जिसकी औपनिवेशिक काल में मैकाले ने शुरूआत की थी। गुन्नार मिर्डल (Gunnar Myrdal) के अनुसार, भारतीय शिक्षा प्रणाली का उद्देश्य मानव स्रोतों को विकसित करना नहीं रहा है। यहाँ की शिक्षा प्रणाली सरकार और व्यावसायिक प्रतिष्ठानों के लिए क्लर्क और नीचे दर्जे के प्रशासनिक अफसर पैदा कर सकती है। इस प्रकार की शिक्षा देने वाली संस्थाओं के विस्तार से बेरोजगारी बढ़ना जरूरी था; कला, कॉमर्स या विज्ञान की ऐसी शिक्षा लेकर जिसका व्यावहारिक जीवन में अधिक उपयोग नहीं है सभी लोग रोजगार नहीं पा सकते।

मुख्य रोजगार कार्यक्रम

राष्ट्रीय ग्रामीण रोजगार कार्यक्रम

इस कार्यक्रम को छठी योजना के एक हिस्से के रूप में शुरू किया गया और इसे सातवीं योजना में भी लागू रखा गया। यह कार्यक्रम ग्रामीण जनसंख्या के उस हिस्से के लिए बनाया गया था जिनके पास साल के कुछ महीनों में कोई काम नहीं होता और जो अधिकतर मजदूरी रोजगार (wage employment) पर निर्भर करते हैं। इस कार्यक्रम में विकास परियोजनाओं और विभिन्न विशिष्ट वर्गों की रोजगार सृजन योजनाओं में उपयुक्त तालमेल बिठाया गया ताकि रोजगार के साथ-साथ ग्रामीण क्षेत्रों का विकास भी हो सके। इस कार्यक्रम को केन्द्रीय सरकार के तत्त्वावधान में लागू किया गया और इसके लिए केन्द्र सरकार व राज्य सरकार आधे-आधे साधन जुटाती रहीं। केन्द्र अपने हिस्से की कुछ अदायगी नकदी में करता था। इस कार्यक्रम के अन्तर्गत मजदूरी उतनी ही रखी जाती थी जितनी कि इन क्षेत्रों में कृषि में न्यूनतम मजदूरी हो। इस कार्यक्रम को 1989-90 में जवाहर रोजगार योजना का अंश बना दिया गया।

ग्रामीण युवकों को स्वरोजगार के लिए प्रशिक्षण योजना

ग्रामीण युवकों में बेरोजगारी की समस्या हल करने के उद्देश्य से यह योजना 1979 में शुरू की गई थी। इसका उद्देश्य प्रति वर्ष 2 लाख ग्रामीण युवकों को स्वरोजगार के लिए प्रशिक्षण देना था। इस योजना के अन्तर्गत प्रत्येक खण्ड (block) से 40 युवकों को प्रशिक्षण के लिए चुना जाना था। लेकिन इस योजना के अन्तर्गत केवल वही युवक चुने जा सकते थे जो 3,500 रुपये वार्षिक आय से कम आय वाले ग्रामीण परिवारों से थे। प्रशिक्षण के लिए चुने जाने वाले व्यक्तियों में कम से कम एक तिहाई ग्रामीण युवतियां होनी जरूरी थीं।

जवाहर रोजगार योजना

ग्रामीण रोजगार कार्यक्रमों की श्रृंखला में यह एक एक महत्वपूर्ण योजना रही है। इसकी शुरूआत 1989-90 के बजट में की गई थी। इसमें राष्ट्रीय ग्रामीण रोजगार कार्यक्रम (NREP) और खेतिहर मजदूर रोजगार गारंटी कार्यक्रम (RLEGP) का विलय कर दिया गया था। इस योजना की मुख्य बातें थीं : (*i*) इस योजना में उन ग्रामीण परिवारों को सहायता पहुँचाने का लक्ष्य था जिन्हें वर्ष में 6 महीने तक काम उपलब्ध हो पाता है। ऐसे परिवारों के एक सदस्य को वर्ष में 50 से 100 दिन तक रोजगार उपलब्ध कराने का प्रावधान था; (*ii*) जो रोजगार अवसर पैदा किए गए उनमें से 30 प्रतिशत स्त्रियों के लिए आरक्षित थे; (*iii*) योजना के अन्तर्गत ग्रामीण पंचायतों के हाथों में इतने साधन पहुँचा देने की व्यवस्था थी कि वे अपनी रोजगार योजनाओं को स्वत: चला सकें।

जवाहर रोजगार योजना की प्रमुख बात इसका विकेन्द्रीकृत (decentralised) रूप था। इसमें रोजगार कार्यक्रमों को बनाने व चलाने का दायित्व पंचायतों को सौंपा गया था। देश में पंचायती राज संस्थाओं के मजबूत होने से तथा उनके लिए प्रत्यक्ष चुनाव होने से, समाज के गरीब वर्गों को लाभ मिलने की संभावना रहती थी क्योंकि चुनाव द्वारा बनी हुई पंचायतों को ही योजना लागू करने के लिए साधन दिए जाते थे। अप्रैल 1999 में जवाहर रोजगार योजना को पुनर्गठित किया गया और इसे जवाहर ग्राम समृद्धि योजना का नाम दिया गया।

समन्वित ग्रामीण विकास कार्यक्रम

समन्वित ग्रामीण विकास कार्यक्रम 1978-79 में शुरू किया गया था और इसे छठी योजना में राष्ट्रीय स्तर पर मूल रूप से गरीबी उन्मूलन के उद्देश्य से अपनाया गया था। परन्तु विभिन्न परिसंपत्तियों के निर्माण के माध्यम से यह कार्यक्रम एक व्यापक स्वरोजगार (self employment) कार्यक्रम भी था। उदाहरण के लिए, इसके जरिए प्राथमिक क्षेत्र में पशुपालन, रेशम कीटपालन तथा भूमि-आधारित गतिविधियों, द्वितीयक क्षेत्र में बुनाई, हथकरघे इत्यादि के काम तथा तृतीयक क्षेत्र में सेवा व व्यावसायिक गतिविधियों को प्रोत्साहन दिया गया।

स्वर्णजयंती ग्राम स्वरोजगार योजना

अप्रैल 1999 में समन्वित ग्रामीण विकास कार्यक्रम को कुछ अन्य सम्बन्धित कार्यक्रमों के साथ मिलाकर एक नए स्वरोजगार कार्यक्रम के रूप में पुनर्गठित किया गया। इस नए कार्यक्रम का नाम है स्वर्णजयंती ग्राम स्वरोजगार योजना। ग्रामीण निर्धनों के लिए स्वरोजगार का अब यह एकमात्र कार्यक्रम है। इसका उद्देश्य स्वरोजगार में लगे लोगों को बैंकों से ऋण व सरकारी अर्थ-सहायता की मदद से आय-सृजन की परिसंपत्तियां उपलब्ध कराना है ताकि वे गरीबी की रेखा पार कर सकें।

स्वर्णजयंती शहरी रोजगार योजना

दिसम्बर, 1997 में शहरी रोजगार और गरीबी निवारण की विभिन्न योजनाओं के स्थान पर स्वर्ण जयन्ती शहरी रोजगार योजना आरंभ की गई। 1 अप्रैल 2009 को इस योजना का पुनर्गठन किया गया। इस योजना में शहरी क्षेत्रों के बेरोजगार व अल्परोजगार लोगों को लाभकारी रोजगार प्रदान करने की व्यवस्था है। इस उद्देश्य के लिए उन्हें अपना कामधंधा शुरू करने हेतु वित्तीय सहायता देने की व्यवस्था है।

महात्मा गांधी राष्ट्रीय ग्रामीण रोजगार गारण्टी अधिनियम (Mahatma Gandhi National Rural Employment Guarantee Act—MNREGA)

ग्रामीण बेरोजगारी, भूख और गरीबी से निजात पाने के लिए केन्द्र सरकार की महत्वाकांक्षी राष्ट्रीय रोजगार गारंटी योजना का शुभारम्भ प्रधानमंत्री डॉ. मनमोहन सिंह ने 2 फरवरी, 2006 को आन्ध्र प्रदेश के अनन्तपुर जिले से किया। पहले चरण में वर्ष 2006-07 के दौरान देश के 27 राज्यों के 200 चुनिंदा जिलों में इस योजना का कार्यान्वयन किया गया था। इसमें सर्वाधिक 23 जिले बिहार के सम्मिलित थे, जबकि गोआ के 2 जिलों में

से कोई भी जिला इसमें शामिल नहीं था। पहले चरण के कार्यान्वयन के लिए चयनित 200 जिलों में वह 150 जिले शामिल थे, जहाँ काम के बदले अनाज (Food for Work) कार्यक्रम पहले से चल रहा था। **'काम के बदले अनाज'** योजना व **'सम्पूर्ण ग्रामीण रोजगार योजना'** का विलय अब इस नई योजना में कर दिया गया है। 1 अप्रैल, 2008 से इस योजना को सम्पूर्ण देश में लागू कर दिया गया है।

इस योजना के तहत् चयनित जिलों में ग्रामीण क्षेत्रों में प्रत्येक परिवार के एक सदस्य को वर्ष में कम-से-कम 100 दिन अकुशल श्रम वाले रोजगार की गारंटी दी गई है। (प्रत्येक परिवार एक वित्तीय वर्ष में 100 दिनों का रोजगार प्राप्त कर सकता है तथा इसका विभाजन परिवार के वयस्क सदस्यों के बीच किया जा सकता है।) राज्यों में कृषि श्रमिकों के लिए लागू वैधानिक न्यूनतम मजदूरी का भुगतान इसके लिए किया जाता है जो ₹ 60 से कम नहीं होगी। वर्ष 2020-21 में वास्तविक मजदूरी दर को बढ़ाकर ₹ 202 प्रतिदिन कर दिया गया है। केन्द्र सरकार के महत्वाकांक्षी राष्ट्रीय ग्रामीण रोजगार गारण्टी अधिनियम (NREGA) का नाम बदलकर अब औपचारिक रूप से महात्मा गांधी राष्ट्रीय ग्रामीण रोजगार गारण्टी अधिनियम (MNREGA) कर दिया गया है।

दीनदयाल अन्त्योदय योजना राष्ट्रीय ग्रामीण रोजगार मिशन (DDUNRLM)

स्वर्ण जयन्ती ग्राम स्वरोजगार योजना (जिसे अब एक सर्वव्यापक कार्यक्रम के रूप में राष्ट्रीय ग्रामीण जीविका मिशन नाम से पुनर्गठित किया जा रहा है) गाँवों में रहने वाले गरीबों के लिए स्वरोजगार की एक अकेली योजना 1 अप्रैल, 1999 को प्रारम्भ में की गई। इस योजना में पूर्व से चल रही निम्नलिखित 6 योजनाओं का विलय किया गया है–

1. समन्वित ग्राम विकास कार्यक्रम (IRDP),
2. स्वरोजगार के लिए ग्रामीण युवाओं का प्रशिक्षण कार्यक्रम (TRYSEM),
3. ग्रामीण क्षेत्र में महिला एवं बाल विकास कार्यक्रम (DWCRA),
4. ग्रामीण दस्तकारों को उन्नत औजारों की किट की आपूर्ति का कार्यक्रम (SITRA),
5. गंगा कल्याण योजना (GKY) तथा
6. दस लाख कुआँ योजना (MWS)।

1 अप्रैल, 2012 से स्वर्ण जयन्ती ग्राम स्वरोजगार योजना को "राष्ट्रीय ग्रामीण आजीविका मिशन" के रूप में चलाया जा रहा है। स्वर्ण जयन्ती ग्राम स्व-रोजगार योजना के तहत् शुरुआत के बाद से 42.69 लाख स्व-सहायता समूह बनाए गए। 2010-11 में 21.09 लाख स्वरोजगारियों को सहायता प्रदान की गई। विविधीकृत एवं लाभकारी स्वरोजगार तथा मजदूरी रोजगार अवसरों के प्रोन्नयन द्वारा ग्रामीण क्षेत्रों के निर्धनता रेखा से नीचे के परिवारों की निर्धनता में कमी लाना इस मिशन का उद्देश्य है। इससे सम्पोषणीय आधार पर निर्धनों की आय में वृद्धि होगी जो दीर्घकाल बृहत आधारित समावेशी विकास सुनिश्चित करते हुए आय एवं धन के वितरण की असमानताएं कम करेगी। सरकार द्वारा वर्ष 2024-25 के अनुमानित बजट में दीनदयाल अंत्योदय योजना, राष्ट्रीय ग्रामीण आजीविका मिशन (डीएवाई-एनआरएलएम) पर ₹ 15,047 करोड़ खर्च करने की उम्मीद है, जो वित्त वर्ष 2024-25 (संशोधित अनुमान) की तुलना में ₹ 918 करोड़ की वृद्धि है। इस योजना का उद्देश्य ग्रामीण गरीब महिलाओं को स्वयं सहायता समूहों में संगठित करना और उन्हें तब तक समर्थन देना है, जब तक कि वे समय के साथ आय में उल्लेखनीय वृद्धि प्राप्त न कर लें।

राष्ट्रीय शहरी आजीविका मिशन का नाम अब दीनदयाल अन्त्योदय योजना–राष्ट्रीय शहरी आजीविका मिशन

भारत सरकार ने राष्ट्रीय शहरी आजीविका मिशन का नाम बदलकर 'दीनदयाल अन्त्योदय योजना–राष्ट्रीय शहरी आजीविका मिशन' (DDAY–NULM) कर दिया गया है–

- यह कार्यक्रम अब देश के सभी 4041 सांविधिक शहरी निकायों में लागू है।
- यह कार्यक्रम कौशल विकास एवं प्रशिक्षण, व्यक्तिगत एवं समूह, सूक्ष्म उद्यमों की स्थापना, स्वयं सहायता समूहों का गठन, बेघर लोगों के लिए शरणस्थलों के निर्माण, अधोरचना सृजन द्वारा फेरी-वालों की सहायता, कचरा बीनने वालों के लिए नवोन्मेष सहायता, अपंगों के लिए अभिनव सहायता द्वारा शहरी निर्धनों के लिए रोजगार अवसरों के सृजन और आय में वृद्धि के लिए प्रयास करता है।
- यह कार्यक्रम मूलत: 2013 में प्रारम्भ किया गया था तथा मुख्य रूप से जिला मुख्यालयों तथा एक लाख से अधिक जनसंख्या वाले कुल 791 शहरों में ही लागू था।
- शहरी निर्धनों के कौशल प्रशिक्षण एवं पदस्थापना हेतु प्रति व्यक्ति ₹ 15,000 खर्च किया जाएगा। (पूर्वोत्तर में ₹ 18,000 प्रति व्यक्ति)।
- प्रत्येक स्वयं सहायता समूह को ₹ 10,000 तथा पंजीकृत क्षेत्रीय परिसंघ को ₹ 50,000 की आर्थिक सहायता।
- व्यक्तिगत उद्यम स्थापना हेतु ₹ 2 लाख तथा समूह उद्यम स्थापना हेतु ₹ 10 लाख का ऋण एवं 5-7% की ब्याज सब्सिडी।
- शहरी बेघर लोगों के लिए शरण-स्थलियों के निर्माण हेतु शत-प्रतिशत वित्त पोषण।

प्रधानमंत्री रोजगार सृजन कार्यक्रम (Prime Minister Employment Generation Programme—PMEGP)

स्वरोजगार के अधिकाधिक अवसर सृजित करने के लिए एक नया प्रधानमंत्री रोजगार सृजन कार्यक्रम (Prime Minister Employment Generation Programme—PMEGP) केन्द्र सरकार ने 15 अगस्त, 2008 से शुरू किया है। पूर्व में संचलित दो रोजगार कार्यक्रमों–प्रधानमंत्री की रोजगार योजना (Prime Minister's Rojgar Yojana—PMRY) व ग्रामीण रोजगार सृजन कार्यक्रम (Rural Employment Generation Programme–REGP) का विलय इस नए कार्यक्रम में कर दिया गया है। इस योजना का कार्यान्वयन केवीआईसी एक्ट के अनुसार ग्रामीण क्षेत्रों में खादी एवं ग्रामोद्योग आयोग (Khadi and Village Industries Commission–KVIC) द्वारा तथा शहरी क्षेत्रों में डिस्ट्रिक्ट इण्डस्ट्रीज सेंटर (DIC) द्वारा किया जा रहा है। राष्ट्रीय स्तर पर योजना के कार्यान्वयन हेतु सूक्ष्म, लघु और मध्यम मंत्रालय के अधीन वैधानिक निकाय–खादी एवं ग्रामोद्योग आयोग एकमात्र नोडल एजेंसी निर्धारित की गई है।

❑❑❑

अध्याय-6

औद्योगीकरण की समस्याएँ

नई औद्योगिक नीति–1991

24 जुलाई, 1991 को घोषित नई औद्योगिक नीति में बहुत से उदारवादी कदम उठाए गए हैं– लाइसेंसिंग व्यवस्था को लगभग समाप्त कर दिया गया है, बहुत से आरक्षित उद्योगों के द्वार निजी क्षेत्र के लिए खोल दिए गए हैं, एकाधिकार और प्रतिबन्धक व्यापार व्यवहार अधिनियम के अधीन उद्योगों की परिसम्पत्ति सीमा समाप्त कर दी गई है तथा विदेशी फर्मो को और रियायतें दी गई हैं। इस नीति की मुख्य बातें निम्नलिखित हैं :

1. **औद्योगिक लाइसेंसिंग से मुक्ति (Abolition of industrial licensing)**– 1991 की नई औद्योगिक नीति में 18 उद्योगों को छोड़ कर अन्य सभी उद्योगों को लाइसेंसिंग से मुक्त कर दिया गया। समय के साथ इनमें से भी बहुत से उद्योगों को अलग अलग समय पर लाइसेंसिंग से मुक्त कर दिया गया है। **अब केवल 5 उद्योगों के लिए लाइसेंसिंग अनिवार्य है। ये उद्योग हैं: शराब, सिगरेट, खतरनाक रसायन, सुरक्षा का सामान तथा औद्योगिक विस्फोट।** इन उद्योगों को परिशिष्ट II में रखा गया है।
2. **सार्वजनिक क्षेत्र के महत्त्व में कमी (Public sector's role diluted)**– 1956 की औद्योगिक नीति में 17 उद्योग सार्वजनिक क्षेत्र के लिए आरक्षित रखे गए थे। नई नीति में इनकी संख्या घटाकर 8 कर दी गई। बाद में 5 और उद्योगों को आरक्षण से मुक्त कर दिया गया। इस प्रकार **अब केवल 3 उद्योग सार्वजनिक क्षेत्र के लिए आरक्षित रह गए हैं। ये उद्योग हैं: (i) परमाणु ऊर्जा, (ii) परमाणु ऊर्जा (उत्पादन व उपयोग नियन्त्रण) आदेश, 1995 की सूची में दर्ज खनिज तथा (iii) रेल परिवहन।**

   नई औद्योगिक नीति में यह भी कहा गया है कि सार्वजनिक उद्यमों में सरकारी अंश के एक हिस्से को म्युच्वल फंडो (mutual funds), वित्तीय संस्थाओं, आम जनता तथा उद्योग में कार्यरत् श्रमिकों को बेच दिया जाएगा ताकि ये उद्योग साधन जुटा सकें तथा इनकी गतिविधियों में और लोग भी भाग ले सकें। यह भी कहा गया कि जो सार्वजनिक उद्यम गंभीर रूप से बीमार हैं उनके लिए औद्योगिक व वित्तीय पुनर्निर्माण बोर्ड (Board for Industrial and Financial Reconstruction) से राय ली जाएगी (अभी तक यह बोर्ड केवल निजी क्षेत्र की इकाइयों पर ही विचार करता था) ताकि पुनर्निर्माण की योजनाएं तैयार की जा सकें। जो इकाइयाँ दोबारा स्वस्थ होने की स्थिति में नहीं हैं उन्हें बन्द भी किया जा सकता है।
3. **MRTP परिसम्पत्ति सीमा समाप्त (MRTP assets limit goes)**– नई औद्योगिक नीति में एकाधिकार एवं प्रतिबन्धक व्यापार व्यवहार अधिनियम के अंतर्गत आने वाली कम्पनियों की परिसम्पत्ति सीमा को समाप्त कर दिया गया है। इसलिए अब नई इकाइयों की स्थापना, विस्तार, विलयन, समामेलन (amalgamation) तथा अधीनीकरण (take over) के लिए तथा निदेशकों की नियुक्ति के लिए केन्द्र सरकार से पूर्व-अनुमति लेना आवश्यक नहीं रह गया है।
4. **उद्योग स्थान-निर्धारण नीति का उदारीकरण (Industrial location policy liberalised)**– उद्योगों की स्थान-निर्धारण नीति में भी परिवर्तन किया गया। नई नीति में यह व्यवस्था की गई कि उन उद्योगों के अलावा जिनमें अनिवार्य रूप से लाइसेंस लेने की आवश्यकता है, अन्य उद्योगों की स्थापना के लिए केन्द्र सरकार से अनुमति लेने की आवश्यकता नहीं है यदि ये उद्योग 10 लाख से कम जनसंख्या वाले शहरों में स्थापित किए जा रहे हों। यदि उद्योग 10 लाख से अधिक जनसंख्या वाले शहरों में लगाने हों और ये प्रदूषण फैलाने वाले हों तो इन्हें शहरी सीमा से 25 किलोमीटर बाहर स्थापित करना होगा। ग्रामीण और पिछड़े हुए क्षेत्रों में औद्योगिक विकास को प्रोत्साहित करने के दृष्टिकोण से विभिन्न प्रकार की रियायतें व सुविधाएं दी जाती रहेंगी।
5. **विदेशी निवेश एवं विदेशी प्रौद्योगिकी को प्रोत्साहन (Incentives to foreign investment and foreign technology)**– घरेलू औद्योगिक निवेश की तरह ही भारत में विदेशी निवेश पर भी नियंत्रण लगाए जाते रहे हैं। भारतीय फर्मों द्वारा विदेशी प्रौद्योगिकी की खरीद का प्रश्न हो अथवा विदेशी निवेश का प्रश्न हो, हर परियोजना के लिए सरकारी अनुमति लेना अनिवार्य शर्त रही है। इस नीति के विरोध में यह कहा जाता रहा है कि इसके परिणामस्वरूप परियोजनाओं को लागू करने में बेवजह देर होती थी और व्यावसायिक निर्णय समय पर लेने में कठिनाई होती थी। इसलिए नई औद्योगिक नीति में उच्च-प्रौद्योगिकी

व उच्च-निवेश के आधार पर कुछ प्राथमिक उद्योगों की सूची बनाई गई (इन्हें परिशिष्ट III में रखा गया)। इन उद्योगों में बिना सरकार से अनुमति लिए 51 प्रतिशत तक विदेशी ईक्विटी की इजाजत दी गई। जिन उद्योगों में यह स्वतः अनुमोदन (automatic permission) की सुविधा दी गई उनमें बहुत से पूंजीगत वस्तु उद्योग, धातुकर्म (metallurgy) उद्योग, उपभोक्ता मनोरंजन उद्योग, खाद्य संसाधन (food processing) उद्योग इत्यादि शामिल हैं। इनमें वे उद्योग भी शामिल किए गए हैं जिनमें काफी निर्यात संभावनाएं हैं। बाद में इनमें से अधिकतर उद्योगों के लिए विदेशी ईक्विटी की सीमा को 51 प्रतिशत से बढ़ाकर 74 प्रतिशत और फिर 100 प्रतिशत कर दिया गया। वर्तमान में अधिकतर सेक्टरों में स्वतः अनुमोदन आधार पर 100 प्रतिशत तक विदेशी प्रत्यक्ष निवेश करने का अधिकार है। केवल निम्नलिखित सेक्टरों में विदेशी प्रत्यक्ष निवेश पर प्रतिबन्ध हैः (1) खुदरा व्यापार या फुटकर व्यापार (एकल ब्रांड उत्पादन खुदरा व्यापार के अलावा), (2) परमाणु ऊर्जा, (3) लाटरी का धंधा, तथा (4) जुआ एवं सट्टा। 1991 के बाद की अवधि में विदेशी और विदेशी प्रौद्योगिकी को प्रोत्साहित करने के लिए भी सरकार ने कदम उठाए हैं।

योजनाकाल में औद्योगिक ढाँचे में परिवर्तन

आयोजन काल में औद्योगिक विकास की विवेचना के बाद आइए अब योजनाकाल में औद्योगिक ढांचे में परिवर्तनों पर विचार करें।

1. **आधारिक संरचना का निर्माण**–आधुनिक औद्योगिक विकास अर्थव्यवस्था की आधारिक संरचना में व्यापक विस्तार के बिना सम्भव नहीं है। इसलिए योजनाकाल में बिजली, परिवहन व संचार जैसी बुनियादी सुविधाओं के विकास के लिए बहुत प्रयास किए गए हैं। यही कारण है कि इन सुविधाओं को उपलब्ध कराने वाले तथा इनसे जुड़े उद्योगों के विकास को उच्च प्राथमिकता दी गई है। इसमें भारी बिजली उपकरण जैसे–ट्रांसफार्मर, स्विच गियर, सर्किट ब्रेकर, बॉयलर इत्यादि शामिल हैं।
2. **सकल घरेलू उत्पाद में औद्योगिक क्षेत्र के हिस्से में वृद्धि**–योजनाकाल में सकल घरेलू उत्पाद में औद्योगिक क्षेत्र का हिस्सा धीरे-धीरे बढ़ा है। उदाहरण के लिए GDP में उद्योग का हिस्सा (इसमें विनिर्माण, निर्माण, बिजली, गैस तथा जलापूर्ति शामिल है) 1950-51 में 13.6 प्रतिशत था जो 1981-82 में 22.3 प्रतिशत तथा 2018-19 में 31.48 प्रतिशत हो गया।
3. **भारी तथा पूँजीगत वस्तु उद्योगों का निर्माण**–क्योंकि आयोजन के आरम्भ से ही पूरा जोर अर्थव्यवस्था की उत्पादक शक्ति को बढ़ाने पर था इसलिए औद्योगिक क्षेत्र में निवेश का एक बड़ा हिस्सा उन उद्योगों में लगाया गया जो भविष्य में और उत्पादन को प्रोत्साहित कर सकने के लिए आवश्यक थे। जैसे–'मशीनों का उत्पादन करने वाली मशीनों का उत्पादन'। यही कारण है कि आयोजकों ने भारी व पूंजीगत वस्तु उद्योगों में निवेश पर बहुत ध्यान दिया। इसका परिणाम यह हुआ है कि देश का औद्योगिक आधार 1950-51 की तुलना में कहीं ज्यादा मजबूत हो चुका है। कई प्रकार की इंजीनियरिंग वस्तुओं, लोहा व इस्पात, धातु व धातु आधारित वस्तुओं इत्यादि का अब देश में ही उत्पादन होता है तथा अन्य देशों पर निर्भरता में काफी कमी हुई है।
4. **विविधीकृत औद्योगिक ढांचे का निर्माण**–प्रथम योजना के आरंभ में कुल औद्योगिक उत्पादन में केवल चार उद्योगों (खाद्य पदार्थों, कपड़ा उद्योग, लकड़ी व फर्नीचर, तथा मूल धातु) का हिस्सा दो-तिहाई था परन्तु अब उनका हिस्सा काफी कम रह गया है तथा मशीनरी उद्योग (जिसमें विद्युत एवं गैर-विद्युत मशीनरी दोनों शामिल हैं), रसायन उद्योग, परिवहन उपकरण उद्योग आदि का हिस्सा काफी तेज़ी के साथ बढ़ा है। इस प्रकार अब देश का औद्योगिक ढांचा काफी विविधीकृत हो चुका है।
5. **हाल की अवधि में उपभोक्ता टिकाऊ वस्तुओं का तेज विकास**–जैसाकि उपरोक्त वर्णित है, हाल के वर्षों में औद्योगिक नीति व आयात नीति को बहुत उदार बनाया गया है जिसके परिणामस्वरूप उपभोक्ता टिकाऊ वस्तुओं के उत्पादन में तेज़ वृद्धि हुई है। 1981-85 के दौरान इन उद्योगों के उत्पादन में 14.4 प्रतिशत प्रति वर्ष तथा 1985-90 में 16.9 प्रतिशत प्रति वर्ष की वृद्धि हुई। 1991-92 और 1992-93 में इन उद्योगों की संवृद्धि दर को झटका लगा परन्तु उसके बाद इनमें फिर तेज वृद्धि हुई। सभी उद्योग समूहों में से इस उद्योग समूह की प्रगति आठवीं एवं नौवीं योजना में सर्वाधिक रही है (आठवीं योजना में 13.4 प्रतिशत प्रति वर्ष तथा नौवीं योजना में 10.7 प्रतिशत प्रति वर्ष)।
6. **1980 के दशक में रसायन, पैट्रो-रसायन तथा संबद्ध उद्योगों का अधिक महत्त्व**–जैसाकि ऊपर कहा जा चुका है, 1980 के दशक में औद्योगिक पैटर्न में एक अत्यन्त महत्त्वपूर्ण परिवर्तन यह हुआ कि जहां पहले मूलभूत धातुओं, धातु-उत्पादों तथा मशीनरी का क्षेत्र सबसे अधिक तेजी से विकसित होने वाला क्षेत्र था, वहां अब रसायन, पैट्रो-रसायन तथा संबद्ध उद्योगों का क्षेत्र सबसे अधिक तेजी से विकसित होने वाला क्षेत्र बन गया। इस प्रकार, 1980 के दशक में धातु आधारित उद्योगों के महत्त्व में गिरावट आई।
7. **सार्वजनिक क्षेत्र का विकास**–स्वतन्त्रता से पूर्व सार्वजनिक क्षेत्र का अस्तित्व न के बराबर था। सभी औद्योगिक गतिविधियों पर नियन्त्रण निजी क्षेत्र का था। योजनाकाल में सार्वजनिक क्षेत्र का बहुत विस्तार व विकास हुआ है। उदाहरण के लिए पहली योजना के शुरू होने के समय सार्वजनिक क्षेत्र में केवल 5 इकाइयां थीं और इनमें 29 करोड़ रुपये का निवेश था। सार्वजनिक क्षेत्र ईंधन, आधारभूत उद्योगों, उर्वरकों, संचार उपकरणों इत्यादि के क्षेत्र में महत्त्वपूर्ण भूमिका निभा रहा है।

सार्वजनिक क्षेत्र की भूमिका

भारतीय अर्थव्यवस्था में सार्वजनिक क्षेत्र का महत्त्व समझने के लिए यह आवश्यक है कि हम विचार करें कि इसका पूंजी के निर्माण में क्या योगदान है, इसने बुनियादी ढांचे के विकास के बारे में क्या किया है, औद्योगिक ढांचे का आधार मजबूत बनाने में इसकी क्या भूमिका रही है और विदेशी विनिमय संकट का सामना करने में इससे कहां तक सहायता मिली है।

1. **सार्वजनिक क्षेत्र और पूंजी निर्माण (Public sector and capital formation)**– आयोजन काल में निवेश और वित्तीय साधनों के एकत्रण की दृष्टि से सार्वजनिक क्षेत्र का कार्य महत्त्वपूर्ण रहा है। पहली और दूसरी पंचवर्षीय योजनावधि में कुल निवेश के 54 प्रतिशत

औद्योगिक नीति

आजादी के बाद से, औद्योगिक नीतियों ने भारत के औद्योगिक परिदृश्य और प्रतिस्पर्धात्मकता को आकार देने में मदद की है। दो वॉटरशेड औद्योगिक नीतियाँ थी, 1956 की औद्योगिक नीति संकल्प जिसका उद्देश्य समाज को समाजवादी स्वरूप देना था और 1991 की औद्योगिक नीति जिसका उद्देश्य आर्थिक और औद्योगिक उदारीकरण था। औद्योगिक नीति, 2023 पर वक्तव्य 'मेक इन इंडिया फॉर द वर्ल्ड' के व्यापक विषय के साथ तैयार किया जा रहा है। इसे विजन इंडिया@2047 के अनुरूप निरूपित किया जा रहा है और एक 'प्रगतिशील, नवीन और स्पर्धी औद्योगिक पारिस्थितिकी-तंत्र' को बढ़ावा देने और बनाने के लिए एक कार्य-उन्मुख दृष्टिकोण को एकीकृत किया गया है। मसौदा नीति पूरे औद्योगिक पारिस्थितिकी-तंत्र में प्रयासों को मजबूत करने और समन्वित करने का सुझाव देती है। छह मुख्य उद्देश्य, जो मुख्य रूप से औद्योगिक क्षेत्र के कई क्षैतिज समर्थकों को कवर करते हैं, उनमें शामिल हैं : प्रतिस्पर्धा और क्षमता पर ध्यान, आर्थिक एकीकरण और वैश्विक मूल्य शृंखला को आगे बढ़ाना, भारत को दुनिया में एक आकर्षक निवेश गंतव्य के रूप में बढ़ावा देना, नवाचार और उद्यमिता को बढ़ावा देना—ज्ञान-आधारित उद्योग; चक्रीय और टिकाऊ पारिस्थितिकी-तंत्र आदि। मसौदा वक्तव्य एक सेक्टर एग्नॉस्टिक नीति प्रदान करता है और मौजूदा चुनौतियों और भविष्य की गतिशीलता दोनों पर ध्यान देने के साथ, व्यावसायिक उद्यमों का दीर्घकालिक दृष्टिकोण लेता है।

सार्वजनिक क्षेत्र में और शेष निजी क्षेत्र में थे। तीसरी योजनावधि में सार्वजनिक क्षेत्र का कुल निवेश में भाग 60 प्रतिशत था। बाद की योजनाओं में इसमें गिरावट आई फिर भी सातवीं पंचवर्षीय योजना में सार्वजनिक क्षेत्र का कुल निवेश में हिस्सा 45.7 प्रतिशत था। 1990 के दशक में उदारीकरण की प्रवृत्तियों के कारण, सार्वजनिक क्षेत्र के कुल निवेश में तेज़ गिरावट हुई। आठवीं योजना में यह 34.3 प्रतिशत (अर्थात एक-तिहाई) तथा नौवीं योजना में मात्र 29.5 प्रतिशत रह गया। यह इस बात का द्योतक है कि अब सरकार निजी क्षेत्र को अधिक महत्त्व देने लगी है। वित्तीय साधनों के अथवा बचतों के एकत्रण की दृष्टि से भी जीवन बीमा निगम, भारतीय औद्योगिक विकास बैंक, औद्योगिक वित्त निगम, राज्य वित्त निगम, यूनिट ट्रस्ट, बैंक तथा अन्य राष्ट्रीयकृत बैंकों ने महत्त्वपूर्ण कार्य किया है।

जहां तक स्वयं सार्वजनिक क्षेत्र में बचत का प्रश्न है, वह अधिक नहीं है। वास्तव में कुल घरेलू बचत में सार्वजनिक क्षेत्र के हिस्से में लगातार कमी आई है।

2. **बुनियादी आर्थिक संरचना का विकास**—किसी भी अल्पविकसित देश के विकास की एक महत्त्वपूर्ण शर्त यह है कि उस देश में बुनियादी आर्थिक संरचना का विकास तेजी के साथ होना चाहिए। सिंचाई के साधनों और बिजली की उपलब्धि के बिना कृषि विकास की कल्पना भी नहीं की जा सकती। इस प्रकार यातायात एवं संचार के साधनों, शक्ति के स्रोतों तथा बुनियादी उद्योगों के विकास के बिना तेजी के साथ औद्योगीकरण सम्भव नहीं है। औपनिवेशिक काल से स्वतन्त्र भारत को अल्पविकसित बुनियादी संरचना विरासत में मिली थी। आजादी के बाद इसके विकास में न तो निजी क्षेत्र ने रुचि दिखाई और न ही इस कार्य को कर सकने के लिए उसके पास काफी साधन थे। अतः सरकार पर इस अभाव की पूर्ति करने की जिम्मेदारी आ पड़ी। सरकार ने सड़क, रेल, वायु तथा जल परिवहन की व्यवस्था में न केवल सुधार किए हैं बल्कि इनका विकास भी किया है। इस प्रकार सार्वजनिक क्षेत्र में किए गए प्रयत्नों से औद्योगिक विकास के लिए मजबूत आधार तैयार हुआ है जिसका बहुत कुछ लाभ निजी क्षेत्र को मिला है।

3. **मजबूत औद्योगिक आधार**—योजनावधि में राष्ट्रीय आय में औद्योगिक क्षेत्र (जिसमें विनिर्माण, निर्माण, बिजली, गैस तथा जल आपूर्ति शामिल हैं) का हिस्सा धीरे-धीरे बढ़ता रहा है। यह इस बात से सिद्ध होता है कि साधन लागत पर सकल घरेलू उत्पाद में औद्योगिक क्षेत्र का हिस्सा जो 1950-51 में 13.6 प्रतिशत था वह 1999-2000 में बढ़कर 23.2 प्रतिशत तथा 2024-25 में 27.6 प्रतिशत हो गया। ये आंकड़े भारतीय अर्थव्यवस्था में औद्योगिक क्षेत्र के बढ़ते हुए महत्त्व को उजागर करते हैं। आज देश का औद्योगिक आधार 1950-51 की तुलना में अधिक मजबूत है। पिछले साढ़े पाँच दशकों में प्रतिरक्षा और सामरिक महत्त्व के विविध उद्योगों का भारी विकास हुआ है। **सरकार ने लोहा, भारी इंजीनियरिंग, कोयला, बिजली के भारी उपकरण, तेल एवं प्राकृतिक गैस, रसायन एवं औषधि, उर्वरक आदि उद्योगों की स्थापना कर औद्योगिक आधार को मजबूत बनाया है। ये उद्योग अल्पकाल में लाभ की सम्भावनाएं कम होने के कारण निजी क्षेत्र में स्थापित नहीं होते लेकिन इनकी स्थापना के बिना निजी क्षेत्र में उपभोग पदार्थों का उत्पादन करने वाले उद्योग भी तेजी के साथ विकसित नहीं होते।** जैसाकि ए. एच. हैन्सन ने कहा है, 'यदि यह मान भी लिया जाए कि राज्य का काम केवल मूलभूत 'सेवाओं' को प्रदान करना है तो भी विनिर्माण क्षेत्र, बिजली, परिवहन, संचार, इत्यादि क्षेत्रों में सार्वजनिक क्षेत्र की भूमिका से इन्कार नहीं किया जा सकता। उपभोग पदार्थों का उत्पादन करने वाले उद्योगों में निजी क्षेत्र अक्सर अधिक दिलचस्पी रखता है परन्तु इन उद्योगों का विकास भी उत्पाद-वस्तु उद्योगों (producer-goods industries) द्वारा प्रदान की गई 'सेवाओं' पर निर्भर करता है। इस प्रकार यह कहा जा सकता है कि उपभोग वस्तु उद्योगों का विकास काफी हद तक इन्जीनियरिंग वस्तु व अन्य उत्पाद-वस्तु उद्योगों पर निर्भर करता है क्योंकि उत्पाद-वस्तु उद्योगों का विकास करने में निजी क्षेत्र की कोई रुचि नहीं होती इसलिए राज्य को हस्तक्षेप करना पड़ता है और स्वयं इन उद्योगों का विकास करना पड़ता है।''

4. **पैमाने की किफायतें**—आज इस बात पर विवाद नहीं है कि जिन उद्योगों में पैमाने की किफायतें उपलब्ध होती हैं, उनमें यदि बाजार की शक्तियों के बेरोकटोक कार्य करने से औद्योगिक इकाइयां स्थापित होंगी तो वे प्रायः आर्थिक कार्यकुशलता की शर्तों को पूरा नहीं करेंगी। इस दृष्टि से सार्वजनिक क्षेत्र में स्थापित इकाइयां महत्त्वपूर्ण हैं। सार्वजनिक क्षेत्र में अक्सर औद्योगिक इकाइयों का आधार आर्थिक कार्यकुशलता को ध्यान में रखकर ही निर्धारित किया जाता है। इंग्लैड, फ्रांस तथा कुछ

अन्य पश्चिमी यूरोप के देशों में बिजली, प्राकृतिक गैस, टेलीफोन तथा कुछ दूसरे लोकोपयोगी उद्योगों को पैमाने की किफायतों की दृष्टि से ही सार्वजनिक क्षेत्र में रखा गया है। भारत में विभिन्न बुनियादी उद्योगों की सार्वजनिक क्षेत्र में स्थापना से प्राप्त होने वाली पैमाने की किफायतों से इन उद्योगों के सामाजिक लाभ में भी वृद्धि हुई है।

5. **आयात प्रतिस्थापन तथा निर्यात प्रोत्साहन**–प्रायः विदेशी विनिमय की समस्या आर्थिक विकास में भारी बाधा बन जाती है। भारत की स्थिति भी कुछ इसी प्रकार की है। ऐसी स्थिति में उन सभी उद्योगों का देश के आर्थिक विकास की दृष्टि से विशेष महत्त्व है जिनके द्वारा आयात प्रतिस्थापन सम्भव हुआ है। सार्वजनिक क्षेत्र में स्थापित भारत इलैक्ट्रोनिक्स लि., हिन्दुस्तान ऐंटीबायोटिक्स लि., इण्डियन ऑयल कॉर्पोरेशन लि. तथा ऑयल एण्ड नेचुरल गैस कॉर्पोरेशन इसी श्रेणी में आने वाली औद्योगिक इकाइयां हैं। सार्वजनिक क्षेत्र के अनेक प्रतिष्ठानों ने निर्यातों को बढ़ाने का भी कार्य किया है। निर्यात बढ़ाने की दृष्टि से सार्वजनिक क्षेत्र में जिन प्रतिष्ठानों की भूमिका सराहनीय है, वे हैं: हिन्दुस्तान स्टील लि., हिन्दुस्तान मशीन टूल्स लि. भारत इलैक्ट्रॉनिक्स, स्टेट ट्रेडिंग कॉर्पोरेशन तथा मिनरल एण्ड मैटल ट्रेडिंग कॉर्पोरेशन।
6. **क्षेत्रीय असमानताओं में कमी**–सरकार ने क्षेत्रीय असमानताओं में कमी लाने के उद्देश्य से पिछड़े क्षेत्रों में बहुत से सार्वजनिक उद्यमों की स्थापना की है। उदाहरण के लिए, चारों प्रमुख स्टील प्लांटों (भिलाई स्टील प्लांट, राउरकेला स्टील प्लांट, दुर्गापुर स्टील प्लांट तथा बोकारो स्टील प्लांट) की स्थापना पिछड़े हुए राज्यों में की गई है। इसी प्रकार बहुत से मशीनरी उद्योग, मशीन टूल्स उद्योग, उर्वरक उद्योग, परिवहन उपकरण उद्योग इत्यादि भी पिछड़े क्षेत्रों में स्थापित किए गए हैं। पिछड़े हुए राज्यों तथा क्षेत्रों में भारी निवेश के पीछे सरकार का यह विश्वास था कि बड़े सार्वजनिक उद्यमों की स्थापना से इन क्षेत्रों में औद्योगिक विकास होगा जिससे आर्थिक विकास की प्रक्रिया तेज हो सकेगी।
7. **आर्थिक शक्ति के संकेन्द्रण पर नियन्त्रण**–पूंजीवादी अर्थव्यवस्था में जब सार्वजनिक क्षेत्र नहीं के बराबर होता है तो विकास की प्रक्रिया में आर्थिक शक्ति का संकेन्द्रण होता है और आय के वितरण में असमानताएं बढ़ती हैं। योजनावधि के दौरान भारत में सार्वजनिक क्षेत्र के विस्तार के समर्थन में प्रायः यह दावा किया गया कि इससे निजी क्षेत्र में आर्थिक शक्ति के केन्द्रीकरण को रोक सकना सम्भव होगा।

सार्वजनिक क्षेत्र अर्थव्यवस्था में व्याप्त आर्थिक असमानताओं को कम करने में निम्नलिखित तरीकों से सहयोग प्रदान कर सकता है: (i) सार्वजनिक क्षेत्र के लाभों का प्रयोग सरकार सीधे रूप से निर्धन वर्गों के कल्याण कार्यक्रमों पर कर सकती है; (ii) सार्वजनिक क्षेत्र एक विभेदात्मक नीति (discriminatory policy) अपना सकता है जिसके तहत छोटे उद्योगपतियों को माल कम कीमतों पर तथा बड़े उद्योगपतियों को माल ज्यादा कीमतों पर दिया जा सकता है; (iii) सार्वजनिक क्षेत्र निजी क्षेत्र की तुलना में निचले स्टाफ को ज्यादा वेतनमान दे सकता है और श्रमिक कल्याण के कार्यक्रमों को अधिक कारगर ढंग से लागू कर सकता है; तथा (iv) सार्वजनिक क्षेत्र उत्पादन-मशीनरी में परिवर्तन द्वारा उपभोक्ताओं की आवश्यकताओं की वस्तुओं का ज्यादा उत्पादन कर सकता है।

लघु और कुटीर उद्योगों की समस्याएं

लघु व कुटीर उद्योगों को कई प्रकार की समस्याओं का सामना करना पड़ता है जिनके परिणामस्वरूप कई इकाइयां बीमार हो जाती हैं तथा कई इकाइयां बन्द हो जाती हैं। लघु इकाइयों में अस्वस्थता कितनी व्यापक है इसका अंदाज इस बात से हो सकता है कि मार्च 2008 के अंत तक 85,187 लघु इकाइयां अस्वस्थ थीं और इनमें बैंकों का 3,083 करोड़ रुपया फंसा हुआ था। बहुत-सी अस्वस्थ लघु इकाइयों को देर-सबेर बन्द ही करना पड़ता है। आइए अब लघु इकाइयों की मुख्य समस्याओं की विवेचना करें।

1. **वित्त तथा साख**–पूंजी तथा साख का अभाव लघु उद्योगों की प्रधान समस्या है। कुटीर और ग्राम उद्योगों की स्थिति और भी अधिक खराब है। लघु औद्योगिक इकाइयों का पूंजीगत आधार प्राय: काफी कमजोर होता है क्योंकि इनका संगठन साझेदारी अथवा अकेले स्वामित्व के आधार पर किया जाता है। घरेलू उद्योग को चलाने वाले कारीगर या तो अपनी थोड़ी-सी पूंजी से काम चलाते हैं या फिर महाजन अथवा व्यापारी से (जो कच्चा माल देता है) ऋण लेते हैं। लघु उद्योगों की स्थिति थोड़ी अच्छी होती है। परन्तु इन उद्योगों के लिए भी लाभ के फिर से निवेश द्वारा पूंजी को बढ़ा पाना सम्भव नहीं होता।

   भारत सरकार ने लघु उद्योग क्षेत्र के विकास के लिए ऋण सुविधाओं के प्रसार की आवश्यकता को स्वीकार किया है तथा बैंकों के राष्ट्रीयकरण, राज्य वित्त निगमों, भारतीय लघु विकास बैंक, इत्यादि की स्थापना के पीछे यह एक मुख्य प्रेरणा रही है। बैंकों को यह निर्देश दिए गए हैं कि वे कुल ऋणों का 40 प्रतिशत प्राथमिकता वाले क्षेत्रों को उपलब्ध कराएंगे (प्राथमिकता वाले क्षेत्रों में कृषि, लघु व कुटीर उद्योग, लघु सड़क व जल परिवहन चालक, लघु व्यवसाय इत्यादि शामिल हैं)। हालांकि बैंकों ने कागजों पर प्राथमिकता वाले क्षेत्रों के लक्ष्यों को प्राप्त कर लिया है तथापि लघु उद्योग इकाइयों को ऋण देने की उनकी अनिच्छा बनी हुई है। इस संदर्भ में उनका तर्क है कि लघु उद्यमों से ऋण वसूली में कठिनाई होती है तथा बहुत छोटी-छोटी उत्पादन इकाइयों को ऋण देने की लागत बहुत ज्यादा बैठती है। इसके अलावा, जैसा कि सेबेसटीन मौरिस का कहना है, रिजर्व बैंक के स्पष्ट दिशा निर्देशों के बावजूद, बैंक जमानत (collateral) की मांग करते हैं। जमानत का बाजार मूल्य, कुल उपलब्ध कराए जाने वाली ऋण की मात्रा का पांच गुणा तक हो सकता है।
2. **कच्चे माल की उपलब्धि**–अधिकांश कुटीर उद्योग कच्चे माल के लिए स्थानीय स्रोतों पर निर्भर हैं। हथकरघा उद्योग सूत की पूर्ति के लिए स्थानीय व्यापारियों पर निर्भर रहता है। ये व्यापारी बुनकरों को प्राय: इस शर्त पर कच्चा माल बेचते हैं कि बुनकर कपड़ा उन्हीं को बेचेंगे। प्राय: ये व्यापारी बुनकरों का दोहरा शोषण करते हैं। एक ओर तो ये बुनकरों से कच्चे माल की अधिक कीमत लेते हैं तथा दूसरी ओर उन्हें तैयार माल की कम कीमत देते हैं।

   लघु उद्योगों में पहले छोटी-मोटी वस्तुओं का ही उत्पादन होता था जिनके लिए कच्चा माल प्राप्त कर पाना कोई समस्या नहीं थी।

परन्तु जब से आधुनिक लघु उद्योगों का पर्याप्त विकास हुआ है और ये उद्योग नई वस्तुओं का उत्पादन करने लगे हैं, तब से इनके लिए कच्चे माल की व्यवस्था कर पाना कठिन हो गया है। अनेक लघु उद्योग आयात किए जाने वाले कच्चे पदार्थों का प्रयोग करते हैं। देश के सामने विदेशी विनिमय के संकट की स्थिति में इस प्रकार के कच्चे माल का आयात न हो पाने पर समय-समय पर लघु उद्योगों को भारी नुकसान हुआ है।

3. **मशीनें तथा दूसरे उपकरण**–अधिकांश लघु औद्योगिक इकाइयों में यन्त्र तथा दूसरे उपकरण पुराने हो चुके हैं। इस कारण से इन उद्योगों द्वारा उत्पादित माल की क्वालिटी जहां घटिया होती है वहां लागत अधिक रहती है। इसके अतिरिक्त लघु इकाइयां लोगों की बदलती हुई रुचियों, फैशनों इत्यादि की ओर भी विशेष ध्यान नहीं देतीं। अत: लघु औद्योगिक इकाइयों में जितनी जल्दी हो सके, आधुनिकीकरण किया जाना चाहिए। यह काम तभी हो सकता है जब तकनीकी सहायता का जाल बिछा दिया जाए। बेहतर तकनीकों के प्रयोग द्वारा न केवल लघु इकाइयों की उत्पादक कार्यकुशलता में सुधार होगा अपितु लोगों की बदलती हुई रुचियों व फैशनों के अनुसार उत्पादन में परिवर्तन किए जा सकेंगे।

4. **विपणन की समस्याएं**–भारतीय लघु उद्योगों की एक बहुत बड़ी कमजोरी यह है कि उनके पास बिक्री के लिए संगठन नहीं है। प्राय: लघु इकाइयों द्वारा मानक वस्तुओं का भी उत्पादन नहीं किया जाता। इसलिए उनका माल बड़ी इकाइयों की तुलना में सहज ही बिक नहीं पाता।

   बड़े उद्योगों की प्रतियोगिता से लघु उद्योगों को बचाने के लिए सरकार ने अनेक वस्तुओं का उत्पादन लघु क्षेत्र के लिए आरक्षित कर दिया है। आरक्षित मदों की संख्या 77 से बढ़ते-बढ़ते 836 तक पहुँचा दी गई (अब इनकी संख्या मात्र 35 है)। व्यापार विकास प्राधिकरण तथा राज्य व्यापार निगम लघु उद्योगों को विपणन कार्य में सहायता प्रदान कर रहे हैं। 1955 में स्थापित राष्ट्रीय लघु उद्योग निगम भी सरकारी ऑर्डर प्राप्त करने में तथा निर्यात बाजार ढूँढ़ने में लघु इकाइयों की सहायता कर रहा है।

5. **अस्वस्थता की समस्या**–अस्वस्थ लघु इकाइयों के संदर्भ में दो मुख्य मुद्दे हैं–(i) बहुत-सी अस्वस्थ इकाइयां ऐसी हैं जिन्हें चला पाना व्यवहार्य नहीं रह गया है; (ii) ऐसी अस्वस्थ लघु इकाइयों का पुनर्वास (rehabilitation) जिन्हें दोबारा चला सकने की संभावना है। अस्वस्थ इकाइयों का पुनर्वास एक महंगा विकल्प है। इसमें बकाया राशि का पुनर्सूचीकरण (re-scheduling), देय ब्याज पर रियायतें, आधुनिकीकरण तथा प्रौद्योगीकरण उन्नयन के लिए अतिरिक्त ऋण प्रदान करना, नए सिरे से कार्यशील पूंजी इत्यादि उपलब्ध कराना शामिल है।

6. **उपयुक्त आंकड़ों की अनुपलब्धि**–एक और समस्या यह है कि लघु व अति लघु क्षेत्र के लिए उपयुक्त आंकड़े उपलब्ध नहीं हैं। लघु उद्योग के लिए जानकारी के दो स्रोत हैं : लघु उद्योग विकास संगठन (Small Industries Development Organisation) तथा केन्द्रीय सांख्यिकीय संगठन (Central Statistical Organisation)। लघु उद्योगों के लिए संपूर्ण जानकारी इनमें से किसी स्रोत के पास नहीं है। जैसा कि लघु उद्योग विकास बैंक की रिपोर्ट में कहा गया है, "लघु उद्योगों की तेज प्रगति और अर्थव्यवस्था में उनके योगदान को देखते हुए यह आवश्यक हो गया है कि इन उत्पादन इकाइयों के लिए नियमित रूप से आंकड़े एकत्रित करने व उनका संशोधन करने की स्थायी व्यवस्था की जाए। प्रति वर्ष उत्पादन की विभिन्न दिशाओं में कई लघु उद्यम स्थापित होते हैं और प्रति वर्ष कई मौजूद उद्योग या तो अपना विस्तार करते हैं या फिर विविधीकरण करते हैं। उचित नीति-निर्धारण तभी संभव है जब इनके लिए नवीनतम जानकारी प्राप्त हो सके।"

7. **अन्य समस्याएँ**–लघु व कुटीर उद्योगों के विकास में कई कारण बाधक रहे हैं जैसे पुरानी टेक्नोलोजी, कच्चे माल की अपर्याप्त व अनियमित पूर्ति, संगठित बाजार प्रणाली का अभाव, बाजार स्थिति के बारे में अपूर्ण जानकारी, कामकाज का असंगठित व अव्यवस्थित स्वरूप, साख की अपर्याप्त उपलब्धि, बिजली व अन्य आधारिक सुविधाओं की कमी, प्रबन्धकीय व तकनीकी कौशल की कमी, इत्यादि। इन उद्योगों के विकास को प्रोत्साहित करने के लिए जो विभिन्न एजेंसियां बनाई गई हैं उनमें परस्पर सहयोग व तालमेल का अभाव है। सतत् प्रयासों के बावजूद गुण तथा श्रेणी में सुधार लाने व एकरूपता बनाए रखने के बारे में जागृति नहीं लाई जा सकी है। कुछ राजकोषीय नीतियों के परिणामस्वरूप इन उद्योगों की क्षमता का विखंडन होकर अनार्थिक रूप से उत्पादन होने लगा है। इन सब कारकों की वजह से लागतें बढ़ी हैं जिससे घरेलू बाजार और निर्यात बाजारों में इन उद्योगों को बड़े उद्योगों के साथ प्रतिस्पर्धा करने में कठिनाई हो रही है।

8. **आर्थिक सुधारों तथा भूमंडलीकरण के बुरे प्रभाव**–1990 के दशक में औद्योगिक अर्थव्यवस्था को खोलने की दिशा में कई प्रयास किए गए, जैसे–औद्योगिक लाइसेंसिंग की समाप्ति, आरक्षण में कमी, देशीय व विदेशी उद्योगों के साथ प्रतिस्पर्धा को प्रोत्साहन, प्रशुल्कों में कमी, मात्रात्मक प्रतिबंधों को समाप्त करना, इत्यादि। इन सुधारों का लघु उद्योग क्षेत्र पर प्रतिकूल प्रभाव पड़ा है। कई औद्योगिक क्षेत्रों (जैसे रसायन, रेशम, वाहनों के पुर्जे, खिलौने, खेल का सामान, जूता उद्योग इत्यादि) में काम कर रही लघु इकाइयों को सस्ती व बेहतर आयातित वस्तुओं से गंभीर खतरा पैदा हो गया है। सबसे गंभीर खतरा चीन से आ रहे सस्ते आयातों से है जिनकी कीमत इतनी कम है कि लघु उद्योगों के लिए अपना अस्तित्व बचाना मुश्किल हो रहा है। उदाहरण के लिए 1999-2000 से जब से खिलौनों के आयात की अनुमति दी गई है तब से भारतीय खिलौना उद्योग बहुत कठिन दौर से गुजर रहा है। आधे से अधिक खिलौना उत्पादक अपना काम बन्द कर चुके हैं। वस्तुत: भारतीय खिलौना उद्योग में (जिसका आकार लगभग 6,000 करोड़ रुपए है) चीनी उत्पादकों का हिस्सा 3,500 करोड़ रुपए तक पहुँच गया है। जहाँ तक सीरेमिक उद्योग में 'उपहार खण्ड' (gift segment) का प्रश्न है, चीनी आयातों ने भारतीय घरेलू उपहार सीरेमिक उद्योग के लगभग 80 प्रतिशत का सफाया कर दिया है। इस तरह के और बहुत से उदाहरण दिए जा सकते हैं। हालांकि इस बारे में कोई सन्देह नहीं है कि बहुत बड़े पैमाने पर उत्पादन करने

के कारण चीन में उत्पादन लागतें बहुत कम हैं तथापि इस बात से इनकार नहीं किया जा सकता कि चीन अन्य देशों के बाजारों में प्रतिस्पर्धी उत्पादकों का सफाया करने के लिए उत्पादन लागतों से कम कीमतों पर अपना माल बेच रहा है (इसे अर्थशास्त्र में dumping कहते हैं)।

श्रमिकों के रोजगार और कार्य की दशाएं

भारत में सभी पूंजीवादी देशों की भांति कारखानों के मालिक मजदूरी के बदले में श्रम शक्ति को खरीदते हैं। श्रमिकों को शोषण से बचाने के उद्देश्य से 1948 में न्यूनतम मजदूरी अधिनियम पास किया गया था। इस नियम के अन्तर्गत केन्द्रीय अथवा राज्य सरकारें न्यूनतम मजदूरी की दरें, अतिरिक्त कार्य के लिए मजदूरी, काम के घंटे, अवकाश की अवधि इत्यादि निर्धारित करती हैं। फैक्ट्री में कार्य की दशाओं का नियमन 1948 के फैक्ट्री अधिनियम के द्वारा होता है। इस अधिनियम के अनुसार फैक्ट्री में सप्ताह में काम के घंटे 48 होने चाहिए। 14 वर्ष से कम आयु के बच्चों को फैक्ट्री में काम पर रखना गैर-कानूनी है। फैक्ट्री अधिनियम श्रमिकों के कल्याण तथा उनकी सुरक्षा के अतिरिक्त फैक्ट्री की इमारत में प्रकाश, हवा, स्वच्छता इत्यादि की व्यवस्थाओं को अनिवार्य ठहराता है। इसी अधिनियम के अनुसार जिन कारखानों में 250 से अधिक श्रमिक कार्य करते हैं, वहाँ पर श्रमिकों के लिए कैंटीन की व्यवस्था आवश्यक है। अधिनियमों की इन व्यवस्थाओं से लगता है कि भारत में मालिकों के शोषण से श्रमिकों को बचाने के लिए पर्याप्त व्यवस्था की गई है। परन्तु वास्तविकता यह है कि प्राय: न्यूनतम मजदूरी इतनी कम रहती है कि श्रमिक जीवन निर्वाह के स्तर के ऊपर नहीं उठ पाते। इसके अतिरिक्त भ्रष्ट प्रशासन के कारण मिल मालिक फैक्ट्री अधिनियम की अधिकांश व्यवस्थाओं का उल्लंघन करते हैं।

मिल मालिकों के लिए श्रमिकों की मजदूरी रोकना अवैध है परन्तु जो मिल मालिक ऐसा करते हैं उनके विरुद्ध सरकार द्वारा कोई कार्यवाही नहीं की जाती। 1936 के मजदूरी भुगतान अधिनियम के अनुसार श्रमिकों द्वारा अर्जित मजदूरी उन्हें एक सप्ताह के भीतर मिल जानी चाहिए। 1965 के बोनस भुगतान अधिनियम के अनुसार श्रमिकों को बोनस मिलता है। 26 सितम्बर, 1975 के अध्यादेश द्वारा इस देश में समान काम के लिए स्त्री-पुरुषों को मजदूरी समान कर दी गई। 1976 में अध्यादेश का स्थान समान प्रतिफल अधिनियम (Equal Remuneration Act) ने ले लिया।

श्रम-संघ

पूँजीवादी अर्थव्यवस्था में श्रमिक वर्ग अपने हितों की रक्षा के लिए संगठन बनाता है। ये संगठन नियोजकों पर विभिन्न प्रकार के दबाव डालकर मजदूरी में वृद्धि करवाते हैं। इनके प्रयास से ही प्राय: काम की दशाओं में सुधार होता है। श्रमिक और नियोजकों के बीच संघर्ष सदैव रहा है, परन्तु श्रमिक श्रम-संघों के रूप में अपने को संगठित करना तभी सीखे हैं जब से कारखानों की स्थापना बड़े पैमाने पर हुई है।

भारत में इस समय दस केन्द्रीय श्रम-संगठन हैं जो इस बात को स्पष्ट करते हैं कि श्रम-आंदोलन में एकता का अभाव है। सदस्य संख्या के आधार पर कांग्रेस नियंत्रित इण्डियन नेशनल ट्रेड यूनियन कांग्रेस सबसे बड़ा केन्द्रीय श्रम-संगठन है। इससे संबंधित श्रम-संघों की संख्या भी सबसे ज्यादा है। भारतीय मजदूर संघ सदस्य संख्या के आधार पर दूसरे नम्बर का केन्द्रीय संगठन है। इस पर भारतीय जनता पार्टी का नियंत्रण है। सेन्टर ऑफ इण्डियन ट्रेड यूनियन, ऑल इण्डिया ट्रेड यूनियन कांग्रेस, युनाइटेड ट्रेड यूनियन कांग्रेस तथा यूनाइटेड ट्रेड यूनियन कांग्रेस (लेनिन सरणी) वामपंथी दलों के प्रभाव वाले केन्द्रीय श्रम-संगठन हैं। ये संगठन श्रमिकों की मांगों के लेकर प्राय: संघर्ष का रास्ता अपनाते हैं। हिन्द मजदूर सभा पर पुराने समाजवादियों का नियंत्रण है।

भारत में श्रम-संघ आंदोलन के सामने बाधाएं

भारत में पहला श्रम संघ 1918 में बनाया गया था। इस प्रकार, भारत में श्रम-संघ आंदोलन अब लगभग 100 वर्ष पुराना हो चुका है। परन्तु इसमें पश्चिमी देशों वाली परिपक्वता नहीं है। इसके निम्नलिखित कारण हैं :

1. **श्रमिकों का प्रवासी चरित्र**–भारत में औद्योगिक नगरों में काम करने वाले अधिकांश श्रमिक वहाँ के स्थायी निवासी नहीं हैं। वे गाँव से आकर नगरों में अस्थायी रूप से काम करते हैं। प्राय: उनके परिवार गाँवों में ही रहते हैं। ये श्रमिक गाँवों से अपना सम्बन्ध पूरी तरह से नहीं तोड़ते इसलिए इनकी दिलचस्पी श्रम-आंदोलन में ज्यादा नहीं होती। अपनी इसी प्रवासी प्रवृत्ति के कारण भारी संख्या में श्रमिक किसी भी श्रम-संघ के सदस्य नहीं बनते। प्राय: श्रमिक श्रम-संघ द्वारा मजदूरी में वृद्धि के लिए संघर्ष में आरम्भ में उत्साह दिखलाते हैं परंतु हड़ताल लम्बी चलने पर वे गाँव चले जाते हैं और फिर एक ओर तो उनका उत्साह ठंडा हो जाता है और दूसरी ओर हड़ताल का समर्थन कम हो जाता है।
2. **श्रमिक वर्ग की गरीबी**–भारत में मजदूरी का स्तर नीचा है और पश्चिमी देशों की तुलना में यहाँ का सामान्य श्रमिक गरीब है; अत: भारी संख्या में श्रमिक श्रम-संघों के सदस्य इसलिए नहीं बनते, क्योंकि वे अपने आपको श्रम-संघों को चन्दा देने में असमर्थ समझते हैं। इसका परिणाम यह हुआ है कि भारतीय श्रम-संघों की सदस्यता कम है और उनकी आर्थिक स्थिति अच्छी नहीं है। अनेक श्रम संघों के कोई भी आर्थिक साधन नहीं हैं। ऐसे श्रम-संघों पर पेशेवर राजनैतिक नेताओं का नियन्त्रण होता है जो अपने स्वार्थ के लिए इनका प्रयोग करते हैं। गरीबी के कारण श्रमिक जो किसी-न-किसी श्रम-संघ के सदस्य हैं, वे भी श्रम आन्दोलन में सक्रिय भाग लेने में असमर्थ हैं।
3. **शिक्षा का अभाव**–भारत में सामान्यत: श्रमिक अशिक्षित हैं। वे सामूहिक सौदेबाजी और संघ का महत्व समझ पाने में असमर्थ हैं। धार्मिक अन्धविश्वास, रूढ़िवादिता और शोषण का शिकार सामान्य भारतीय श्रमिक सहज ही श्रम-संघ का सदस्य बनने के लिए तत्पर नहीं होता। शिक्षा के अभाव के कारण वह प्राय: श्रम-संघों को हड़ताल कराकर मजदूरी बढ़वाने वाली संस्था समझता है। ऐसा करने में असफल होने पर इन श्रमिकों की श्रम-संघों में आस्था कम होने लगती है और वे अपने संगठनों से विरक्त होने लगते हैं।
4. **श्रमिकों के बीच विभिन्नताएँ**–भारत में धर्म, भाषा, जाति एवं क्षेत्र से सम्बन्धित विभिन्नताओं के कारण भावात्मक एकता का अभाव

है और भारतीय श्रमिक वर्ग इसका अपवाद नहीं है। इस देश में औद्योगिक नगरों में देश के विभिन्न भागों से आकर काम करने वाले श्रमिक जो भिन्न भाषाएँ बोलते हैं, जिनके धर्म, रीति-रिवाज और परम्पराएँ भी भिन्न-भिन्न होती हैं, कभी अपने को एक धर्म को मानने के लिए आसानी से तैयार नहीं होते। श्रमिकों की इस विभिन्नता का पूंजीपतियों द्वारा पूरा फायदा उठाया जाता है और वे श्रमिक वर्ग में फूट डालकर प्रभावशाली श्रम-संघ की स्थापना नहीं होने देते।

5. **राजनैतिक दलों का प्रभाव**–भारत में अधिकांश श्रम-संघों का नेतृत्व ऐसे व्यक्तियों के हाथ में है जो स्वयं श्रमिक नहीं हैं और जिनका सम्बन्ध किसी न किसी राजनैतिक दल से है। इंग्लैंड में भी श्रम-संघों का सम्बन्ध वहां की लेबर पार्टी से है और अधिकांश श्रम-संघों को इसी दल के व्यक्तियों का नेतृत्व प्राप्त है। परन्तु इस सम्बन्ध में यह उल्लेखनीय है कि वहां श्रम-संघों की नीति लेबर पार्टी की नीति से स्वतन्त्र होती है। भारत में राष्ट्रीय स्तर के सभी श्रम-संगठनों पर सम्बन्धित राजनैतिक दलों की नीति की छाप है। फलस्वरूप श्रमिकों के हितों की तुलना में राजनैतिक दलों के उद्देश्य की प्राप्ति भारतीय श्रम-संगठनों के लिए अधिक महत्वपूर्ण प्रतीत होती है। इसके अतिरिक्त कुछ श्रम-संघों के नेता स्वार्थी मनोवृत्ति के हैं जो अपने व्यक्तिगत हितों के लिए श्रम-संघों का प्रयोग करते हैं।
6. **श्रम-संघ प्रतियोगिता**–भारतीय श्रम-संघ आन्दोलन का एक महत्वपूर्ण दोष यह है कि प्रत्येक उद्योग में श्रमिकों के प्रतियोगी संगठन बन गए हैं। इसका प्रधान कारण देश के विभिन्न राजनैतिक दलों की आपसी प्रतियोगिता है। प्राय: ये श्रम-संघ सामूहिक रूप से श्रमिकों के हित में कार्य नहीं करते। ऐसा अक्सर देखा गया है कि जब किसी उद्योग का एक श्रम-संघ हड़ताल की घोषणा करता है तो दूसरे श्रम-संघ उसका विरोध करते हैं। इससे श्रमिक भ्रम में पड़ जाते हैं और नियोजकों को लाभ होता है।
7. **कल्याणकारी कार्यों को महत्व न देना**–पश्चिमी देशों में श्रम-संघ काम की दशाओं और मजदूरी में सुधार के लिए नियोजकों से संघर्ष के अतिरिक्त अपने सदस्यों के हित में अनेक कल्याणकारी कार्य सम्पन्न करते हैं। भारत में श्रम-संघों ने अभी इस दिशा में कोई काम नहीं किया है। इसके मुख्यत: दो कारण हैं। प्रथम, श्रम-संघों के पास आर्थिक साधनों का अभाव है और द्वितीय, श्रमिक नेता कल्याणकारी कार्यों को आवश्यक महत्व नहीं देते।
8. **काम की असंतोषजनक दशाएं**–भारतीय उद्योग में काम करने की दशाएं सन्तोषजनक नहीं हैं। काम के घंटे अधिक और अवकाश कम है। इसके अतिरिक्त मिल तथा कारखानों का वातावरण कोलाहलपूर्ण और थका देने वाला होता है। अत: भारतीय श्रमिक काम से वापस आकर किसी अन्य कार्य में दिलचस्पी लेने के लिए तैयार नहीं होता है।
9. **नियोजकों द्वारा विरोध**–नियोजकों की सफलता श्रमिकों के शोषण द्वारा ही सम्भव है और श्रमिकों का अधिकतम शोषण उस समय होता है जब वे असंगठित होते हैं। इसलिए पूँजीपतियों द्वारा हमेशा ही श्रम-संघों के स्वस्थ विकास में बाधाएँ डाली गई हैं। प्राय: मिल मालिक और अन्य नियोजक श्रमिकों को डरा-धमकाकर श्रम-संघों का सदस्य बनने से रोकते हैं। श्रमिक नेताओं को तंग किया जाता है, श्रम-संघों के सक्रिय सदस्यों की छंटनी का प्रयास किया जाता है, आदि। इसके अलावा, पूँजीपति श्रमिक वर्ग में फूट डालने का भी प्रयास करते हैं।
10. **ठेकेदारों द्वारा विरोध**–भारत में कारखानों, खदानों और बागानों आदि में श्रमिकों को रोजगार दिलाने का काम ठेकेदारों द्वारा किया जाता है। ये ठेकेदार श्रमिकों की अज्ञानता और लाचारी का फायदा उठाकर उनका शोषण करते हैं। श्रम-संघों के बन जाने से ठेकेदारों का प्रभाव कम हो जाता है। अत: अपने अस्तित्व एवं प्रभाव को स्थायी रखने के लिए ठेकेदार भी श्रम-संघों का विरोध करते हैं।

भारतीय श्रम-संघों को सशक्त बनाने के लिए सुझाव

भारत में श्रम-संघों की स्थिति में सुधार लाने के लिए सामान्यतया निम्नलिखित सुझाव दिए जाते हैं:

1. **एकता की आवश्यकता**–भारत में श्रम-आन्दोलन को सशक्त बनाने के लिए सबसे अधिक आवश्यकता श्रम-संघों में एकता की है। इस समय राष्ट्रीय स्तर के अनेक श्रम-संगठन हैं। वस्तुत: यह श्रम-संघ आन्दोलन की कमजोरी का परिचायक है। इस समय यदि श्रम-संघों को सशक्त बनाना है तो राष्ट्रीय स्तर का केवल एक श्रम-संगठन होना चाहिए और उद्योग स्तर पर वी.वी. गिरि के सुझाव 'एक उद्योग एक श्रम-संघ' को स्वीकार करना चाहिए।
2. **राष्ट्रीय एकता की आवश्यकता**–सशक्त श्रम-आन्दोलन के लिए श्रमिक जाति, धर्म, भाषा, प्रान्तीयता आदि के आधार पर विभाजित नहीं होने चाहिए। श्रमिकों को शिक्षा देनी चाहिए कि अनेक विभिन्नता के बावजूद भी उनका एक वर्ग है और उसमें एकता नहीं टूटनी चाहिए।
3. **सदस्यता का विस्तार**–श्रम-संघों की शक्ति उनकी सदस्यता पर निर्भर होती है। इसलिए श्रमिक नेताओं का प्रयास होना चाहिए कि प्रत्येक श्रमिक श्रम-संघ का सदस्य बने। प्राय: जिस श्रमिक की स्थिति अच्छी होती है और जिसे अपने मालिक से सामान्य रूप से कोई शिकायत नहीं होती, वह अपने वर्ग हित को न समझकर श्रम-संघ का सदस्य बनने के लिए तैयार नहीं होता। इसी प्रकार काफी संख्या में श्रमिक केवल उदासीनता के कारण श्रम-संघों के सदस्य नहीं बनते। इसलिए श्रमिकों में वर्ग चेतना पैदा की जानी चाहिए। इस प्रकार श्रम-संघों की सदस्यता बढ़ा सकना सम्भव होगा।
4. **आर्थिक स्थिति में सुधार**–अधिकांश भारतीय श्रम-संघों की आर्थिक स्थिति अच्छी नहीं है। सदस्यता कम होने के कारण आर्थिक साधन भी थोड़े होना स्वाभाविक है। इसके अतिरिक्त श्रम-संघों के सदस्य भी नियमित रूप से चन्दा नहीं देते। इस स्थिति में सुधार आवश्यक है। जिन श्रमिकों की आर्थिक स्थिति अच्छी नहीं है, उनमें वर्ग चेतना जागृत कर उन्हें यह समझाया जाना चाहिए कि श्रम-संघ को दिया जाने वाला चन्दा किसी भी अन्य व्यय से कम आवश्यक नहीं है।
5. **वैतनिक कर्मचारी**–श्रम-संघ के दफ्तरों में नियमित रूप से काम हो सके इसके लिए वैतनिक कर्मचारियों की नियुक्ति आवश्यक है।

जो लोग बिना किसी वेतन के श्रम-संघ के कार्यों को करने के लिए तत्पर होते हैं, उनका उत्साह कुछ ही समय में ठण्डा पड़ जाता है और फिर वे जिम्मेदारी के साथ काम नहीं करते। अत: श्रम संघों को आवश्यकतानुसार वैतनिक कर्मचारी नियुक्त करने चाहिए।

6. **हड़ताल कोष**–श्रमिकों का संभवत: सबसे प्रभावशाली अस्त्र हड़ताल है जिसके द्वारा वे अपने नियोजकों को दबाकर अपनी मांगें पूरी करवा सकते हैं। परन्तु हड़ताल में जहाँ पूँजीपतियों को हानि होती है, वहाँ श्रमिकों को भी बहुत कष्ट उठाना होता है। सामान्य भारतीय श्रमिक के पास बचत कर सकने की क्षमता नहीं है और इसलिए लम्बी हड़ताल के समय श्रमिकों को भुखमरी का सामना करना पड़ता है। ऐसी स्थिति में उनका मनोबल सहज ही टूट जाता है और हड़ताल असफल हो जाती है। अत: श्रम-संघों को हड़ताल कोष का निर्माण करना चाहिए। उन्हें श्रमिकों से थोड़ा-थोड़ा चन्दा निरन्तर लेते रहना चाहिए और लम्बी हड़ताल के समय उससे सदस्यों की सहायता करनी चाहिए।
7. **कल्याण कोषों की स्थापना**–अब तक भारत में श्रम-संघों ने कल्याण कार्यों की उपेक्षा की है। इसलिए श्रमिकों के साथ उनका सम्बन्ध स्थायी नहीं रह पाता। अनेक श्रमिकों को तो श्रम-संघ के अस्तित्व का ज्ञान ही उस समय होता है जब मालिक के विरुद्ध कोई संघर्ष प्रारम्भ होता है। यह स्थिति ठीक नहीं है। श्रम-संघों को सदस्यों के परिवारों की चिकित्सा, रात्रि शिक्षा, मनोरंजन तथा अन्य कल्याण कार्यों में दिलचस्पी लेनी चाहिए और इसके लिए कल्याण कोषों का निर्माण किया जाना चाहिए।
8. **जनमत तैयार करना**–लोकतन्त्रीय प्रणाली में किसी भी वर्ग की सफलता उस समय तक संदेहजनक होती है जब तक कि जनमत उसके समर्थन में न हो। इसलिए श्रम संघों को चाहिए कि वे अपने प्रचार कार्य के द्वारा समाज के अन्य वर्गों को भी अपनी नीतियों और मांगों के औचित्य से अवगत कराएं। इससे पूँजीपतियों के साथ संघर्ष के समय उन्हें जनसाधारण का समर्थन मिल सकता है और सरकार भी हस्तक्षेप कर उनकी मांगों को पूरा करने के लिए नियोजकों पर दबाव डाल सकती है।

औद्योगिक संबंध

- औद्योगिक विवाद अधिनियम, 1947 में विवादों की जाँच और निपटारे की व्यवस्था और प्रक्रिया उपलब्ध है। इस अधिनियम में 2010 में औद्योगिक विवाद (संशोधन) अधिनियम 2010 के जरिए संशोधन किया गया है।
- ट्रेड यूनियन अधिनियम, 1926 में कर्मचारियों और नियोक्ताओं के संघों (यूनियनों) के पंजीकरण का प्रावधान है।
- बागान श्रमिकों के कार्यस्थलों को नियमित करना तथा कल्याण के लिए बागान श्रमिक अधिनियम, 1951 लागू किया गया है। इस अधिनियम में 2010 में संशोधन किया गया है।
- सरकार ने असंगठित क्षेत्र के मजदूरों के लिए 1 अक्टूबर, 2007 से राष्ट्रीय स्वास्थ्य बीमा योजना आरंभ की है। इस योजना के तहत् लाभार्थी परिवार को नकदी भुगतान के बिना स्मार्टकार्ड के आधार पर प्रतिवर्ष 30,000 रुपये का बीमा उपलब्ध कराने का प्रावधान है जिसमें केन्द्र तथा राज्य की भागीदारी 75:25 है। पूर्वोत्तर राज्यों और जम्मू-कश्मीर में यह अनुपात 90:10 है।
- **अटल पेंशन योजना :** भारत सरकार ने गरीबों और वंचितों के लिए पारिभाषित पेंशन प्रणाली से संबंधित बजट घोषणा 2015-16 को लागू करने के लिए अटल पेंशन योजना (एपीवाई) की शुरुआत की है जोकि योगदान और उसकी अवधि पर निर्भर करती है। एपीवाई मुख्य रूप से असंगठित क्षेत्र के सभी नागरिकों, जो पेंशन निधि विनियामक एवं विकास प्राधिकरण (पीएफआरडीए) द्वारा संचालित राष्ट्रीय पेंशन योजना (एनपीएस) में शामिल होते हैं, पर केंद्रित है, हालांकि इस श्रेणी की पात्रता वाले देश के सभी नागरिक इस योजना का हिस्सा बन सकते हैं। एपीवाई में शामिल होने की न्यूनतम आयु 18 वर्ष और अधिकतम आयु 40 वर्ष है। इसलिए, एपीवाई के तहत किसी भी ग्राहक द्वारा योगदान की न्यूनतम अवधि 20 वर्ष या उससे अधिक होगी। एपीवाई 1 जून, 2015 से लागू की गई है।

  किसी व्यक्ति के लिए गारंटीशुदा न्यूनतम पेंशन 1,000 रुपये से 5,000 रुपये तक उपलब्ध है, अगर वह 18 वर्ष और 40 वर्ष की उम्र के बीच उसका भागीदार बनता है और योगदान देता है।
- **प्रधानमंत्री जीवन ज्योति बीमा योजना :** प्रधानमंत्री जीवन ज्योति बीमा योजना (पीएमजेजेबीवाई) एक वर्ष की जीवन बीमा योजना है, जोकि हर वर्ष रीन्यू की जाएगी। इसमें किसी भी कारण से हुई मौत के लिए कवरेज उपलब्ध है और यह 18-50 वर्ष के आयु वर्ग (55 वर्ष तक लाइफ कवर) के लोगों के लिए उपलब्ध है, जिनका बैंक में बचत खाता है और जोकि उसमें शामिल होने और ऑटो डेबिट लेने की सहमति देते हैं। नामंकित व्यक्तियों पर जोखिम कवर 1 जून, 2015 से शुरू किया गया है।

  पीएमजेजेबीवाई योजना के तहत, 1 जून से 31 मई (जोकि 31 अगस्त, 2015 तक बढ़ाया गया है) तक की एक वर्ष की अवधि के लिए 330 रुपये प्रतिवर्ष के प्रीमियम पर दो लाख रुपये का जीवन बीमा कवर उपलब्ध है जिसे हर वर्ष रीन्यू करना होता है।
- **प्रधानमंत्री सुरक्षा बीमा योजना :** प्रधानमंत्री सुरक्षा बीमा योजना (पीएमएसबीवाई) का उद्देश्य प्रतिवर्ष 12 रुपये के अत्यधिक सस्ते प्रीमियम पर जन साधारण को कवर करना है। यह योजना 18-70 वर्ष के आयु वर्ग के लोगों के लिए उपलब्ध है जिनका बैंक में बचत खाता है और जोकि उसमें शामिल होने और 31 मई से पहले या बाद में ऑटो डेबिट लेने की सहमति देते हैं। वार्षिक नवीकरण के साथ इसकी कवरेज अवधि 1 जून से 31 मई के बीच है। इस योजना के तहत 1 जून से 31 मई की एक वर्ष की अवधि में दुर्घटना में मृत्यु होने पर या स्थायी पूर्ण विकलांगता होने पर दो लाख रुपये और स्थायी आंशिक विकलांगता होने पर 1 लाख रुपये का जोखिम कवर उपलब्ध है।

❑❑❑

अध्याय-7

आर्थिक विकास, सिद्धांत और आयोजन

आर्थिक विकास

आर्थिक विकास को चार प्रकार से मापा जा सकता है :

1. **सकल राष्ट्रीय उत्पाद :** कुछ अर्थशास्त्री सकल राष्ट्रीय उत्पाद (G.N.P.) में वृद्धि को ही आर्थिक विकास का सूचक मानते हैं। उनके अनुसार, 'आर्थिक विकास को समय की किसी दीर्घावधि में एक अर्थव्यवस्था की वास्तविक राष्ट्रीय आय में वृद्धि के रूप में मापा जाए।' इस संदर्भ में प्रोफेसर **मॉयर एवं बाल्डविन** ने ठीक ही कहा है कि ''आर्थिक विकास एक प्रक्रिया है जिसके द्वारा एक अर्थव्यवस्था की वास्तविक राष्ट्रीय आय में दीर्घकाल में वृद्धि होती है।''
2. **प्रति व्यक्ति आय :** आर्थिक विकास मापने की दूसरी परिभाषा का संबंध लम्बी अवधि में **प्रति व्यक्ति वास्तविक आय** में वृद्धि से है। प्रति व्यक्ति वास्तविक आय या उत्पादन में वृद्धि के रूप में आर्थिक विकास की परिभाषा देने में अर्थशास्त्री एकमत हैं। **बुकैनन तथा एलिस** (Buchanan and Ellis) के अनुसार, ''विकास का अर्थ पूंजी निवेश के उपयोग द्वारा अल्पविकसित क्षेत्रों की वास्तविक आय सम्भाव्यताओं का विकास करने के लिए ऐसे परिवर्तन लाना और ऐसे उत्पादक स्रोतों को बढ़ाना है, जो प्रति व्यक्ति वास्तविक आय बढ़ाने की संभावना प्रकट करते हैं।'' इन परिभाषाओं का उद्देश्य इस बात पर बल देना है कि आर्थिक विकास के लिए वास्तविक आय में वृद्धि की दर जनसंख्या में वृद्धि की दर से अधिक होनी चाहिए। लेकिन फिर भी कठिनाइयां रह जाती हैं।

   यह संभव है कि प्रति व्यक्ति आय में वृद्धि के परिणामस्वरूप जनसाधारण के वास्तविक जीवन स्तर में सुधार न हो। यह भी सम्भव है कि जब प्रतिव्यक्ति वास्तविक आय बढ़ रही हो तो प्रति व्यक्ति उपभोग की मात्रा कम होती जा रही हो। हो सकता है कि लोग बचत की दर बढ़ा रहे हों या फिर सरकार स्वयं इस बढ़ी हुई आय को सैनिक अथवा अन्य उद्देश्यों के लिए इस्तेमाल कर रही हो। वास्तविक राष्ट्रीय आय में वृद्धि के बावजूद जनसाधारण की गरीबी का दूसरा कारण यह भी हो सकता है कि बढ़ी हुई आय बहुसंख्यक गरीबों के पास जाने की बजाय मुट्ठी भर अमीरों के हाथ में जा रही हो।

   इन सबके बावजूद विभिन्न देशों की आर्थिक प्रगति के स्तर के लिए सबसे अधिक व्यापक रूप से किया जाने वाला माप प्रति व्यक्ति आय ही है।
3. **आर्थिक कल्याण :** आर्थिक विकास को आर्थिक कल्याण के दृष्टिकोण से भी मापा जा सकता है। आर्थिक कल्याण की दृष्टि से ऐसी प्रक्रिया को आर्थिक विकास माना जाता है जिससे प्रति व्यक्ति वास्तविक आय में वृद्धि होती है और उसके साथ-साथ आय की असमानताओं का अन्तर कम होता है तथा समस्त जनसाधारण के अधिमान सन्तुष्ट होते हैं। इसके अनुसार आर्थिक विकास एक ऐसी प्रक्रिया है जिसके द्वारा व्यक्तियों को वस्तुओं और सेवाओं के उपभोग में वृद्धि होती है। **ओकन और रिचर्ड्सन** (Okun and Richardson) के शब्दों में आर्थिक विकास ''भौतिक समृद्धि में ऐसा अनवरत दीर्घकालीन सुधार है, जो कि वस्तुओं और सेवाओं के बढ़ते हुए प्रवाह में प्रतिबिम्बित समझा जा सकता है।
4. **सामाजिक अथवा मूलभूत आवश्यकता सूचक :** आर्थिक विकास के माप के रूप में GNP अथवा GNP प्रति व्यक्ति से असंतुष्ट होकर कुछ अर्थशास्त्रियों ने आर्थिक विकास को सामाजिक अथवा मूलभूत आवश्यकता सूचक के रूप में मापना प्रारंभ किया है। जिसके अनुसार वे तीन विभिन्न, परंतु पूरक, रोजगार को बढ़ाने, गरीबी को दूर करने तथा आय और धन की असमानताओं को कम करने के लिए मूलभूत मानवीय आवश्यकताओं (basic human needs) की कूटनीति पर बल देते हैं। इसके अनुसार, जनसाधारण को स्वास्थ्य, शिक्षा, जल, खुराक, कपड़े, आवास, काम आदि के रूप में मूलभूत भौतिक आवश्यकताएं और साथ ही सांस्कृतिक पहचान तथा जीवन और कार्य में उद्देश्य एवं सक्रिय भाग की भावना जैसी अभौतिक आवश्यकताएं प्रदान करना है।

आर्थिक विकास के कारक

आर्थिक विकास एक जटिल प्रक्रिया है। आर्थिक विकास के निर्धारक तत्व आर्थिक और अनार्थिक दोनों ही हैं। जहाँ तक आर्थिक तत्वों का संबंध

है इनमें सबसे अधिक महत्वपूर्ण हैं–पूंजी स्टॉक (capital stock) तथा संचयन (accumulation) की दर, विभिन्न क्षेत्रों में पूंजी-उत्पाद अनुपात, जनसंख्या का आकार एवं वृद्धि दर, कृषि क्षेत्र में आधिक्य (surplus) तथा भुगतान शेष की स्थिति। अनार्थिक कारकों में महत्वपूर्ण हैं–राजनीतिक स्वतंत्रता (या, दूसरे शब्दों में, औपनिवेशिक शोषण से मुक्ति), न्यायपूर्ण सामाजिक संगठन, तकनीकी ज्ञान की उपलब्धि, भ्रष्टाचार से मुक्ति, सामाजिक व्यवस्था और विकास के प्रति लोगों की 'तीव्र इच्छा' एवं दृढ़ संकल्प। इन सबके अतिरिक्त प्राकृतिक साधनों की उपलब्धि भी महत्वपूर्ण भूमिका अदा करती है और प्राय: विकास की सीमाएं निर्धारित करती हैं।

प्राकृतिक संसाधन

बीसवीं शताब्दी के चौथे दशक तक बहुत से अर्थशास्त्री विभिन्न देशों के विकास अथवा अल्पविकास का विवेचन उनमें प्राकृतिक संसाधनों की सापेक्षिक (relative) उपलब्धि के द्वारा करते थे। जेकब वाइनर (Jacob Viner), विलियम जे. बॉमाल (William J. Baumol) तथा ऑर्थर ल्यूइस (Arthur Lewis) ने आर्थिक विकास के निर्धारकों में प्राकृतिक संसाधनों को बहुत महत्वपूर्ण माना है। जेकब वाइनर के शब्दों में, "आर्थिक विकास बहुत कुछ इसी बात पर निर्भर करता है कि भौतिक पर्यावरण अथवा मेरी शब्दावली में प्राकृतिक संसाधनों की श्रेणी या गुणवत्ता उत्पादन की दृष्टि से क्या है। प्रतिकूल भौतिक पर्यावरण विकास में एक प्रमुख बाधा बन सकता है।" इसमें सन्देह नहीं है कि कई देशों के विकास और समृद्धि में उनके प्राकृतिक संसाधनों के भण्डार ने अत्यधिक योगदान दिया है। उपजाऊ भूमि और सिंचाई के लिए उचित व्यवस्था कृषि विकास के लिए अनुकूल वातावरण पैदा करते हैं। अल्पविकसित देशों के कायाकल्प (transformation) में कोयले और पेट्रोलियम के भण्डार, जल-विद्युत निर्माण करने की सुविधाएँ, लोहा, टिन, तांबा, बॉक्साइट आदि विविध खनिज पदार्थों की उपलब्धि, वन तथा पशु सम्पत्ति, इत्यादि अत्यन्त महत्वपूर्ण भूमिका अदा कर सकते हैं। आर्थर लुइस का मत ठीक ही है कि किसी भी देश के विकास का स्तर तथा स्वरूप उस देश के संसाधनों द्वारा सीमित होता है। परन्तु यहाँ इस बात पर जोर देना आवश्यक है कि मात्र प्राकृतिक संसाधनों की उपलब्धि विकास के लिए काफी नहीं है। लैटिन अमेरिका, अफ्रीका और एशिया के बहुत से देश ऐसे हैं जिनमें पर्याप्त प्राकृतिक संसाधन तो हैं परन्तु जिनका विकास का स्तर अत्यन्त निराशाजनक है। अक्सर यह कहा जाता है कि अफगानिस्तान और तिब्बत के अल्पविकास का कारण वहाँ प्राकृतिक संसाधनों का न होना है परन्तु इस बात पर ज्यादा जोर इसलिए नहीं दिया जा सकता क्योंकि बहुत से देश ऐसे भी हैं जहाँ प्राकृतिक संसाधनों का अभाव है परन्तु जिन्होंने उत्साहवर्द्धक आर्थिक विकास प्राप्त किया है। उदाहरण के लिए, स्विटजरलैंड के पास कोई प्राकृतिक संसाधन नहीं है और न ही भौतिक पर्यावरण अनुकूल है फिर भी उस राष्ट्र ने काफी उन्नति की है और वहाँ की प्रति व्यक्ति आय तथा सम्पत्ति अमेरिका, ब्रिटेन तथा जर्मनी जैसे देशों की तुलना में कम नहीं है।

इसके अलावा, यह भी देखा गया है कि विकास की प्रक्रिया के दौरान प्राकृतिक संसाधनों का महत्व कम होता जाता है। थियोडोर शुल्ज (Theodore W. Schultz) ने अनुमान लगाया है कि अल्पविकसित देशों में प्राकृतिक संसाधनों का अन्य सब साधनों से अनुपात 20 से 25 प्रतिशत के बीच है जबकि विकसित देशों में यह अनुपात मात्र 5 प्रतिशत या उससे भी कम है।

आर्थिक कारक

किसी भी देश के आर्थिक विकास में आर्थिक कारकों की अत्यन्त महत्वपूर्ण भूमिका होती है। पूंजी स्टॉक और पूंजी संचयन की दर अक्सर इस बात का निर्धारण करते हैं कि किसी समय-विशेष पर उस देश की संवृद्धि हो पाएगी अथवा नहीं (या फिर संवृद्धि की दर क्या होगी)। अन्य कारकों में जनसंख्या का आकार तथा उसमें वृद्धि, शहरी जनसंख्या की आवश्यकता को पूरा करने के लिए खाद्यान्नों का आधिक्य, भुगतान शेष की स्थिति, आर्थिक प्रणाली का स्वरूप इत्यादि महत्वपूर्ण हैं परन्तु इन सब कारकों का महत्व उतना अधिक नहीं है जितना कि पूंजी निर्माण का।

1. **पूंजी निर्माण–**उत्पादन के स्तर को बढ़ाने के दृष्टिकोण से पूंजी निर्माण के महत्व को अर्थशास्त्री हमेशा से स्वीकार करते रहे हैं। दूसरे विश्वयुद्ध के बाद विकास अर्थशास्त्र के प्रसार के साथ ही, पूंजी निर्माण पर और ज्यादा जोर दिया जाने लगा। वस्तुत: हैरड-डोमर मॉडल में पूंजी को आर्थिक संवृद्धि में निर्णायक भूमिका दी गई है। प्राय: जब राष्ट्रीय आय का एक बड़ा अंश बचाकर पुन: निवेश किया जाता है तो आर्थिक विकास की गति तेज होती है। अर्थव्यवस्था समाजवादी हो अथवा पूंजीवादी, आर्थिक विकास की गति तेज रखने के लिए पूंजी निर्माण की दर ऊंची रखी जानी चाहिए। जापान के तेज आर्थिक विकास का एक मुख्य कारण यह था कि उसमें पूंजी निर्माण की दर बहुत अधिक रखी गई। 1970 के दशक के अन्तिम वर्षों में जापान में बचत का स्तर सकल राष्ट्रीय उत्पाद के 37 प्रतिशत तक पहुँचा दिया गया। कुछ समय पहले तक कुछ देशों जैसे दक्षिणी कोरिया, थाईलैंड, मलेशिया हांग-कांग तथा सिंगापुर में बचत दर 33 प्रतिशत या उससे भी ऊँचे स्तर पर थी। इसके परिणामस्वरूप इनमें पूँजी निर्माण की दर भी काफी ज्यादा थी जिसके कारण इन देशों ने तीव्र आर्थिक संवृद्धि प्राप्त करने में सफलता पाई। इसके विपरीत, भारत में 1970 के दशक में पूंजी निर्माण की दर सकल घरेलू उत्पाद का मात्र 15 प्रतिशत थी और अभी हाल ही में 35 प्रतिशत तक पहुँच पाई है।

   रेग्नर नर्क्स ने अल्पविकसित देशों में पूंजी निर्माण की समस्या पर विस्तारपूर्वक विचार किया है। उनके अनुसार मांग पक्ष की ओर से समस्या यह है कि अल्पविकसित देशों में बाजार का आकार छोटा होता है जो निवेश क्रिया को हतोत्साहित करता है और इस प्रकार पूँजी निर्माण में बाधक है। पूर्ति पक्ष की ओर से समस्या यह है कि प्रति व्यक्ति आय का स्तर नीचा होने से और उपभोग में प्रदर्शन प्रभाव (demonstration effect) के होने से बचत का स्तर भी नीचा है। इसलिए अल्पविकसित देशों में पूंजी निर्माण की दर को बढ़ाना एक काफी गम्भीर समस्या है।

2. **कृषि का विक्रेय अधिशेष–**देश के आर्थिक विकास के लिए निस्सन्देह कृषि उत्पादन तथा उत्पादकता में वृद्धि महत्वपूर्ण हैं परन्तु इससे भी अधिक महत्वपूर्ण है कृषि के विक्रेय अधिशेष में वृद्धि।

विक्रेय अधिशेष (या बिक्री योग्य अधिशेष) कृषि उत्पादन का वह हिस्सा है जो ग्रामीण जनसंख्या की निर्वाह की आवश्यकताओं को पूरा करने के बाद बच जाता है। इस विक्रेय अधिशेष पर ही शहरी क्षेत्रों के लोगों का गुजर बसर होता है। जैसे-जैसे कोई अर्थव्यवस्था विकास पथ पर आगे बढ़ती है, शहरी जनसंख्या का अनुपात बढ़ता जाता है जिससे खाद्यान्नों की मांग बढ़ती जाती है। इस मांग को पूरा करना आवश्यक है, अन्यथा शहरी क्षेत्रों में खाद्यान्नों की कमी होने से विकास की प्रक्रिया में बाधा आ जाएगी जिससे भुगतान शेष की स्थिति पर प्रतिकूल प्रभाव पड़ेगा। 1966-77 तक भारत भी इसी दौर से गुजर रहा था। शहरी जनसंख्या की आवश्यकताओं की तुलना में खाद्यान्नों का बिक्री योग्य अधिशेष कम था इसलिए सरकार को इनका भारी मात्रा में आयात करना पड़ा। इससे खाद्यान्नों की समस्या का तो समाधान हो गया परन्तु विदेशी मुद्रा के रूप में बहुत अधिक खर्च करना पड़ा। इस मुद्रा का प्रयोग ऐसे अन्य उद्देश्यों के लिए किया जा सकता था जिनसे आर्थिक विकास की दर को और ज्यादा बढ़ाना सम्भव हो सकता। इससे यह सिद्ध होता है कि यदि कोई देश औद्योगीकरण की गति को तेज करना चाहता है तो उसे इस बात का भी ध्यान रखना पड़ेगा कि कृषि क्षेत्र पिछड़ न जाए। खाद्य पदार्थों की आपूर्ति को लगातार बढ़ाना आवश्यक है क्योंकि औद्योगीकरण की प्रक्रिया के दौरान ग्रामीण लोगों की एक बहुत बड़ी संख्या शहरी क्षेत्रों में जाकर बसने लगती है (क्योंकि इन शहरी क्षेत्रों में रोजगार के अवसरों में औद्योगीकरण के कारण वृद्धि होती है)।

3. **विदेशी व्यापार की शर्तें**—बहुत लम्बे समय तक कई अर्थशास्त्रियों ने व्यापार के क्लासिकल सिद्धांत का सहारा लेकर यह तर्क दिया है कि अन्तर्राष्ट्रीय व्यापार उन सब देशों के लिए लाभदायक है जो व्यापार में हिस्सा लेते हैं। इस संदर्भ में यह कहा जाता रहा है कि अल्पविकसित देशों को कृषि पदार्थों तथा कच्चे माल का उत्पादन व निर्यात करना चाहिए क्योंकि इसी में उनका तुलनात्मक लागत लाभ (comparative cost advantage) है। इसके विपरीत विकसित देशों को निर्मित वस्तुओं का उत्पादन व निर्यात करना चाहिए क्योंकि इनका तुलनात्मक लागत लाभ इसी में है। परन्तु, जैसाकि लिस्ट (List) और कुछ अन्य अर्थशास्त्रियों ने तर्क दिया है, विशिष्टीकरण का यह स्वरूप अल्पविकसित देशों के लिए हानिप्रद सिद्ध हुआ है। इसका कारण यह है कि अंतर्राष्ट्रीय व्यापार में व्यापारिक शर्तें निर्मित माल का निर्यात करने वाले देशों के अनुकूल और कृषि पदार्थों और कच्चे माल का निर्यात करने वाले देशों के प्रतिकूल रही हैं। इस प्रकार विदेशी व्यापार के इस ढांचे से विकसित देशों को तो लाभ हुआ है जबकि अल्पविकसित देशों को हानि हुई है। इसी आधार पर राउल प्रैबिश (Raul Prebisch) तथा कुछ अन्य अर्थशास्त्रियों ने पिछले कुछ दशकों में इस बात पर जोर दिया है कि मुक्त व्यापार (free trade) विकसित व अल्पविकसित देशों के लिए समान रूप में लाभदायक नहीं है। विदेशी व्यापार से उन देशों को ही अधिक लाभ हुआ है जिन्होंने तेजी के साथ औद्योगीकरण कर निर्मित माल को ही विदेशी बाजारों में बेचा है। इसलिए अल्पविकसित देशों के सामने भी यह लक्ष्य होना चाहिए कि तेजी से औद्योगीकरण करें, औद्योगिक वस्तुओं और पूँजीगत वस्तुओं के क्षेत्र में आत्मनिर्भर बनें तथा अपने निर्यातों में कृषि पदार्थों और कच्चे माल का हिस्सा घटाकर औद्योगिक वस्तुओं का निर्यात बढ़ाएँ।

4. **आर्थिक प्रणाली**—आर्थिक विकास की दृष्टि से अर्थप्रणाली बहुत महत्वपूर्ण है। एक समय ऐसा था जब सरकारी हस्तक्षेप रहित पूँजीवादी अर्थप्रणाली को अपनाकर तेजी से आर्थिक विकास करना सम्भव था जैसाकि इंग्लैंड ने किया परन्तु आज की बदली हुई परिस्थितियों में इंग्लैंड की भांति विकास कर पाना असम्भव है क्योंकि अल्पविकसित देशों के पास औपनिवेशिक शोषण की वैसी संभावनाएँ नहीं हैं जैसी कि इंग्लैंड के पास थीं। जापान और जर्मनी ने भी पूँजीवादी आर्थिक प्रणाली को अपनाया परन्तु वहाँ विकास-पथ इंग्लैंड से नितान्त भिन्न था। आज के अल्पविकसित देशों को अपना विकास-पथ स्वयं चुनना होगा। इन देशों के सामने अब दो रास्ते हैं। प्रथम पूँजीवादी प्रणाली में आर्थिक आयोजन जैसा कि भारत में किया गया है। इसमें विकास की दर धीमी रहती है। लेकिन दक्षिण कोरिया तथा कुछ दूसरे देशों ने पूँजीवादी ढांचे में ही सरकारी सहयोग से तेजी के साथ विकास किया है। दूसरा रास्ता समाजवादी आर्थिक आयोजन का है। चीन ने इस रास्ते को अपनाया है और इसके द्वारा तेज आर्थिक विकास प्राप्त करने में सफलता पाई है।

आर्थिक विकास का सिद्धांत

क्लासिकल सिद्धांत

आर्थिक विकास के क्लासिकल मॉडल के अनुसार लाभों में प्रत्याशित वृद्धि से निवेश में वृद्धि होती है, जो पूंजी के वर्तमान स्टॉक तथा सुधरी हुई तकनीकों के अविचल प्रवाह में वृद्धि करती है। पूंजी संचय में वृद्धि के परिणामस्वरूप मजदूरी कोष (wage fund) बढ़ता है। जिससे मजदूरी बढ़ती है। मजदूरी दर में वृद्धि जनसंख्या में तीव्र वृद्धि को प्रेरित करती है जिससे अन्न की मांग बढ़ जाती है। अतिरिक्त श्रम तथा पूंजी लगाकर खाद्य पदार्थों के उत्पादन को बढ़ाया जाता है। लेकिन भूमि पर घटते प्रतिफल के नियम के लागू होने से श्रम लागत बढ़ जाती है। परिणाम यह होता है कि अन्न की कीमत बढ़ जाती है जिससे लगान (Rent) बढ़ जाता है, मजदूरी बढ़ती है तथा इस प्रकार लाभ कम हो जाते हैं। लाभों में कमी होने का मतलब है कि निवेश घट जाता है, प्रौद्योगिकी प्रगति रुक जाती है, मजदूरी कोष घट जाता है और जनसंख्या में वृद्धि तथा पूंजी संचय धीमे पड़ जाते हैं जनसंख्या स्थिर हो जाती है और स्थिर अवस्था शुरू हो जाती है।

मार्क्स का सिद्धांत

कार्ल मार्क्स ने आर्थिक विकास के सिद्धांत में तीन प्रसंगों में योगदान दिया है, अर्थात इतिहास की आर्थिक व्याख्या प्रदान करने के विस्तृत प्रसंग में; पूंजीवादी विकास की प्रेरक शक्तियों को विशिष्टता प्रदान करने के संकुचित प्रसंग में; तथा योजनाबद्ध आर्थिक विकास का वैकल्पिक मार्ग सुझाने के अन्तिम प्रसंग में।

इतिहास की भौतिकवादी व्याख्या—इतिहास की भौतिकवादी व्याख्या यह स्पष्ट करने का प्रयत्न करती है कि समस्त ऐतिहासिक घटनाएं समाज के भिन्न-भिन्न वर्गों के बीच लगातार आर्थिक संघर्ष का परिणाम है। इस संघर्ष

का प्रमुख कारण है 'उत्पादन की विधि' (mode of production) तथा 'उत्पादन के संबंधों' (relations of production) के बीच विरोध। मार्क्स के अनुसार, प्रत्येक समाज का वर्ग-ढांचे सम्पत्तिवान तथा सम्पत्तिहीन वर्गों से बना होता है। चूंकि उत्पादन की विधि में परिवर्तन हो सकता है, इसलिए समाज के विकास में एक ऐसी अवस्था आती है, जब उत्पादन की शक्तियां समाज के वर्ग-ढांचे से टकराती हैं। परिणामस्वरूप वर्ग संघर्ष (Class Struggle) होता है।

अतिरेक मूल्य–मार्क्स अपने अतिरेक मूल्य के सिद्धांत का प्रयोग पूंजीवाद के अन्तर्गत 'वर्ग संघर्ष' के आर्थिक आधार के रूप में करता है और इससे वह अपने आर्थिक विकास के विश्लेषण के ऊपरी ढांचे का निर्माण करता है। कुछ पूंजीपतियों के हाथों में अतिरेक मूल्य के संचय के परिणामस्वरूप वर्ग संघर्ष होता है।

पूंजी संचय–मार्क्स के अनुसार **अतिरेक श्रम** द्वारा ही पूंजी संचय होता है। यह अतिरेक श्रम केवल पूंजीपति के लाभों को बढ़ाता है। पूंजीपति का प्रमुख उद्देश्य अतिरेक मूल्य को बढ़ाना होता है जिससे उसके लाभ बढ़ें। वह तीन प्रकार से अपने लाभों को अधिकतम करने का प्रयत्न करता है :

1. काम के घंटे बढ़ाने के लिए कार्यकारी दिन को लम्बा करके। यदि काम के घंटे दस से बढ़ाकर बारह कर दिए जाएं, तो अतिरेक श्रम अपने आप चार से बढ़कर छ: हो जाएगा।
2. मजदूरों के निर्वाह उत्पादन के लिए अपेक्षित घंटों की संख्या घटाकर। यदि उन्हें छ: से घटाकर चार कर दिया जाए तो अतिरेक श्रम फिर चार से बढ़कर छ: हो जाएगा।
3. श्रम की उत्पादकता बढ़ाकर। इसके लिए प्रौद्योगिकीय परिवर्तन या मशीनरी के अधिक प्रयोग की आवश्यकता होती है जो कुल उत्पादन को बढ़ाने और उत्पादन की लागत घटाने में सहायता देता हे। मार्क्स के अनुसार, मशीनरी के प्रयोग से औरतें और बच्चे भी काम पर लगाए जाते हैं जिससे पूंजीपति के लिए अतिरेक मूल्य बढ़ता है।

मार्क्स के अनुसार, पूंजीपति इन तीनों तरीकों में से श्रम की उत्पादकता बढ़ाने का तरीका चुनता है क्योंकि अन्य दोनों तरीकों की अपनी सीमाएं हैं। इसलिए श्रम की उत्पादकता में सुधार लाने के लिए पूंजीपति अतिरेक मूल्य की बचत करते हैं और पूंजी का बड़ा स्टॉक प्राप्त करने के लिए उसे पुनः निवेश करते हैं और इस प्रकार पूंजी संचय करते हैं।

शुम्पीटर का सिद्धांत

जोसेफ एलोइ शूम्पीटर ने पहली बार 1911 में जर्मन भाषा में प्रकाशित The Theory of Economic Development में अपना सिद्धांत प्रस्तुत किया।

शूम्पीटर एक ऐसी अर्थव्यवस्था की कल्पना करता है जो स्थिर संतुलन में होता है। ऐसी स्थिर अवस्था में न तो कोई लाभ, न ही कोई बचतें, न कोई ब्याज दरें और न ही कोई निवेश होते हैं और न ही किसी प्रकार की अनैच्छिक बेरोजगारी होती है। ऐसी संतुलन को शूम्पीटर **वृत्तीय प्रवाह** (Circular flow) के रूप में परिभाषित करता है, जो प्रतिवर्ष एक ही तरह से उसी प्रकार अपनी पुनरावृत्ति करता रहता है जिस प्रकार जीवों में रक्त का संचलन होता है। शूम्पीटर के अनुसार, विकास वृत्तीय प्रवाह की दिशाओं में आकस्मिक तथा अनिरंतर परिवर्तन है जो पहले की विद्यमान संतुलन की स्थिति को सदा के लिए परिवर्तित तथा विस्थापित कर देती है। आर्थिक जीवन में '**आकस्मिक तथा अनिरंतर**' परिवर्तन अर्थव्यवस्था पर बाहर से नहीं थोपे जाते बल्कि वे अर्थव्यवस्था के भीतर ही उत्पन्न होते हैं। विकास उन नए संयोगों को कार्यान्वित करने से होता है जिनकी सम्भावनाएं स्थिर अवस्था में मौजूद रहती है। शूम्पीटर के अनुसार नए संयोग नवप्रवर्तनों के रूप में प्रकट होते हैं। शूम्पीटर के अनुसार, एक नई वस्तु का प्रचलन करने तथा वर्तमान वस्तुओं में निरंतर सुधार करने से आर्थिक विकास होता है।

लीबन्स्टीन का क्रांतिक न्यूनतम प्रयत्न सिद्धांत

प्रो. लीबन्स्टीन ने यह सिद्धांत प्रस्तुत किया है कि अल्पविकसित देशों में गरीबी का दुश्चक्र पाया जाता है, जो उन्हें प्रति व्यक्ति निम्न आय संतुलन स्थिति के इर्द-गिर्द रखता है। इस दुश्चक्र से निकलने का मार्ग है एक निश्चित "**क्रांतिक न्यूनतम प्रयत्न**" (critical minimum effort), जो प्रति व्यक्ति आय को उस स्तर तक बढ़ा दे जिस पर सतत विकास कायम रह सके। अल्पविकसित अर्थव्यवस्थाओं में कुछ कारक ऐसे होते हैं जो प्रति व्यक्ति आय को निम्न स्तर पर रखते हैं। लीबन्स्टीन के अनुसार अर्थव्यवस्था को पिछड़ेपन की स्थिति में रखने वाले इन कारकों पर काबू पाने के लिए काफी बड़े क्रांतिक न्यूनतम प्रयत्न (CME) की आवश्यकता होती है ताकि आर्थिक वृद्धि की तीव्र दर को बनाई रखी जा सके। क्रांतिक न्यूनतम प्रयत्न के परिणाम स्वरूप व्यक्तिगत आय बढ़ेगी और बचत तथा निवेश के स्तर को बढ़ाएगी, जिसके आगे ये परिणाम होंगे :

I. वृद्धि कारकों का विस्तार
II. वृद्धि को कम करने वाले कारकों की प्रभावशीलता में कमी
III. सामाजिक तथा आर्थिक गतिशीलता को बढ़ावा देने वाली सामाजिक तथा आर्थिक वातावरण संबंधी स्थितियों का निर्माण।
IV. अधिक विशेषीकरण तथा द्वितीयक एवं तृतीयक क्षेत्रों का विस्तार।

नैल्शन का निम्न संतुलन पाश सिद्धांत

आर.आर. नैल्शन ने अल्पविकसित देशों के लिए **निम्न संतुलन पाश का सिद्धांत** विकसित किया। नैल्शन का सिद्धांत माल्थस की इस मान्यता पर आधारित है कि किसी देश की प्रति व्यक्ति आय के 'न्यूनतम जीवन निर्वाह स्तर' से बढ़ जाने पर जनसंख्या बढ़ने लगती है। परंतु जब जनसंख्या की वृद्धि दर "एक उच्च भौतिक सीमा" पर पहुंच जाती है तो प्रति व्यक्ति आय में और वृद्धि होने पर यह (जनसंख्या वृद्धि दर) गिरने लगती है।

नैल्शन के अनुसार, "अल्पविकसित देशों के रोग की पहचान यह है कि वह प्रति व्यक्ति आय का ऐसा स्तर है जो निर्वाह आवश्यकताओं पर या उनके निकट पहुंच कर स्थिर हो जाता है।" प्रति व्यक्ति आय के स्थिर संतुलन स्तर पर, बचत की दर और परिणामतः शुद्ध निवेश की दर एक नीचे स्तर पर रहती है। जब कुल राष्ट्रीय आय की वृद्धि दर को बढ़ाकर बचत एवं निवेश की दर बढ़ाने के प्रयत्न किए जाते हैं तो उनके साथ जनसंख्या वृद्धि की दर भी ऊंची हो जाती है जो प्रति व्यक्ति आय को पीछे धकेल कर उसको स्थिर संतुलन स्तर पर पहुंचा देती है। इस प्रकार अल्पविकसित अर्थव्यवस्थाएं निम्न संतुलन पाश की जकड़ में फंस जाती हैं।

'प्रबल प्रयास' सिद्धांत (The 'Big Push' Theory)

'प्रबल प्रयास' सिद्धांत का प्रतिपादन **प्रो. पाल एन. रोजेस्टीन–रोदान** (Prof. Paul N. Rosenstein–Rodan) ने किया था। इस सिद्धांत के अनुसार

अल्पविकसित अर्थव्यवस्था में विकास की बाधाओं को पार करने और उसे प्रगति पथ पर चलाने के लिए प्रबल प्रयास की आवश्यकता होती है जो न्यूनतम किन्तु उच्च मात्रा के निवेश के रूप में होना चाहिए। इस सिद्धांत का मानना है कि धीमी गति के विकास के द्वारा अर्थव्यवस्था को सफलतापूर्वक विकास पथ पर नहीं लाया जा सकता बल्कि इसके लिए आवश्यक स्थिति यह है कि एक न्यूनतम मात्रा में निवेश किया जाए।

इसके लिए उन **बाह्य मितव्ययिताओं** (external economies) को प्राप्त करना आवश्यक हो जाता है जो तकनीकी रूप में स्वतंत्र उद्योगों की एक साथ स्थापना से उत्पन्न होती है। इस प्रकार निवेश की एक न्यूनतम मात्रा से उत्पन्न होने वाली **अविभाज्यताएं** (indivisibilities) तथा बाह्य मितव्ययिताएं आर्थिक विकास का सफलतापूर्वक सूत्रपात करने के लिए आवश्यक है।

रोजेस्टीन-रोदन ने अपने प्रबल प्रयास सिद्धांत में तीन विभिन्न प्रकार की अविभाज्यताओं तथा बाह्य मितव्ययिताओं की चर्चा की है—

1. उत्पादन फलन में अविभाज्यता
2. मांग की अविभाज्यता
3. बचतों की पूर्ति में अविभाज्यता

रोस्टोव की आर्थिक वृद्धि की अवस्थाएं

प्रो. रोस्टोव आर्थिक वृद्धि की प्रक्रिया को पांच अवस्थाओं में विभक्त करता है:

1. परम्परागत समाज
2. उत्कृष की पूर्व-स्थितियों की अवस्था
3. उत्कृष की अवस्था
4. परिपक्वता की ओर अग्रसर अवस्था
5. अत्यधिक उपभोग की अवस्था

भारत में आधारभूत ढाँचे के महत्वपूर्ण घटक

ऊर्जा के स्रोतों के अन्तर्गत प्रमुख रूप से कोयला, बिजली तथा पेट्रोलियम आते हैं।

I. ऊर्जा

- **कोयला**–ऊर्जा की खपत में कोयले की भागीदारी 67% है। वर्ष 2023-24 की अवधि के दौरान कोयला उत्पादन 997.76 मिलियन टन दर्ज किया गया। जबकि वर्ष 2022-23 के दौरान कोयला उत्पादन 893 मिलियन टन था। इसका तात्पर्य है कि पिछले वर्ष की इसी अवधि की तुलना में 11.65% की वृद्धि दर्ज की गई।
- **बिजली**–दिसम्बर 2024 के अन्त में भारत में विद्युत उत्पादन की स्थापित क्षमता 462 GW थी जिसमें से 244.4 GW तापीय विद्युत, 8.18 GW परमाणु ऊर्जा, 46.9 GW जल विद्युत, 209.44 GW नवीकरणीय ऊर्जा स्रोतों से थी।

  नवीकरणीय ऊर्जा स्रोतों में से 97.86 GW सौर ऊर्जा 48.16 GW पवन ऊर्जा तथा 18.7 GW बायोमास ऊर्जा स्रोतों से थी। वर्ष 2023-24 में कुल विद्युत उत्पादन 1507.78 बिलियन यूनिट था, जिसमें से 1326 बिलियन यूनिट तापीय ऊर्जा से, 47.43 बिलियन यूनिट नाभिकीय ऊर्जा से, 13405 बिलियन यूनिट जल विद्युत ऊर्जा से हुआ। अक्षय ऊर्जा स्रोतों से वर्ष 2023-24 में 225834.83 मिलियन यूनिट विद्युत उत्पादित हुई। जनवरी-नवम्बर 2024 तक 53346.43 मिलियन टन विद्युत नवीकरणीय ऊर्जा स्रोतों से हुई।
- **पेट्रोलियम एवं प्राकृतिक गैस**–वर्ष 2023-24 में कच्चे तेल का कुल उत्पादन 29.39 मिलियन टन हुआ जो वर्ष 2022-23 में हुए 29.18 मिलियन टन से 0.61% अधिक था। वर्ष 2023-24 में प्राकृतिक गैस का उत्पादन 36438 MMSCM था जो वर्ष 2022-23 के उत्पादन 34450 MMSCM से 5.77% अधिक था।

  वर्ष 2024-25 (अप्रैल-नवम्बर) में कच्चे तेल का उत्पादन 19.01 मिलियन टन, प्राकृतिक गैस का उत्पादन 24237 MMSCM एवं कुल तेल परिशोधन 175.17 मिलियन टन था।

II. सीमेन्ट

वित्त वर्ष 2023-24 में भारत का सीमेंट उत्पादन 427 मिलियन टन तक पहुँच गया, जो साल-दर-साल 6.83% की वृद्धि दर है। वित्त वर्ष 2025 में भारतीय सीमेंट की मांग में 6-7% की वृद्धि होने का अनुमान है, जबकि वित्त वर्ष 2023-24 की अंतिम तिमाही में वार्षिक आधार पर 7-8% की मजबूत वृद्धि हुई थी। वर्तमान में भारत में सीमेंट की स्थापित क्षमता 639 मिलियन टन प्रतिवर्ष है प्रति व्यक्ति खपत 290 किग्रा है जो वैश्विक औसत 540 किग्रा. से लगभग आधी है।

III. परिवहन

भारत में सड़कों की कुल लम्बाई 63.4 लाख किमी. है, जिसमें से राष्ट्रीय राजमार्गों की लम्बाई 146195 किमी. है, जो कुल सड़क लम्बाई का मात्र 2 प्रतिशत है तथा यह सड़क यातायात का 40% यातायात संभालता है। राजमार्गों के निर्माण हेतु भारतमाला परियोजना चार धाम महामार्ग परियोजना, राष्ट्रीय उच्च गति गलियारे तथा चार लेन और उससे अधिक के राष्ट्रीय राजमार्गों का निर्माण किया जा रहा है।

नागरिक उड्डयन क्षेत्र में उड़ान (उड़े देश का आम नागरिक) के अन्तर्गत 619 वायुमार्गों से 88 हवाई अड्डे जुड़े हैं। एयरपोर्ट कार्गो हैण्डलिंग क्षमता मार्च 2004 के अन्त में 8.0 मिलियन टन हो गई है।

31 मार्च, 2023 को भारत में रेलमार्ग की कुल लम्बाई 68584 किमी. थी, जिसमें से 58074 किमी. रेलमार्ग विद्युतीकृत था।

IV. दूरसंचार

नई दूरसंचार नीति 1999 की घोषणा के बाद भारत में दूरसंचार में तेजी से प्रगति हुई है। भारत दुनिया का दूसरा सबसे बड़ा दूरसंचार बाजार है। 30 नवम्बर, 2024 को भारत में टेलीफोन ग्राहकों की संख्या 1187 मिलियन थी। टेली घनत्व 84.32% था। शहरी क्षेत्रों में टेलीफोन घनत्व 134 तथा ग्रामीण क्षेत्रों में 58.31% थी। ब्रॉडबैण्ड कनेक्शनों की संख्या 944.76 मिलियन थी।

वर्ष 2025 तक भारत को 5G-केन्द्रित प्रौद्योगिकियों, जैसे–इंटरनेट ऑफ थिंग्स (IoT), ऑर्टिफिशियल इंटेलिजेंस (AI), रोबोटिक्स और क्लाउड कम्प्यूटिंग में लगभग 22 मिलियन कुशल श्रमिकों की आवश्यकता होगी।

विकसित भारत @ 2047

विकसित भारत 2047, स्वतंत्रता के 100वें वर्ष यानी 2047 तक भारत को एक विकसित राष्ट्र में बदलने का विजन है। इस विजन में विकास के विभिन्न पहलुओं को शामिल किया गया है, जैसे कि आर्थिक विकास, पर्यावरणीय स्थिरता, सामाजिक प्रगति और सुशासन, ताकि 2047 तक भारत को एक विकसित राष्ट्र बनाया जा सके।

आर्थिक आयोजन

- आर्थिक आयोजन से अभिप्राय है "राज्य के अभिकरणों द्वारा देश की आर्थिक सम्पदा और सेवाओं की एक निश्चित अवधि हेतु आवश्यकताओं का पूर्वानुमान लगाना।"
- वर्ष 1934 ई. में सर एम. विश्वेश्वरैया ने 'भारत के लिए नियोजित अर्थव्यवस्था' (Planned Economy for India) नामक पुस्तक लिखी।
- 1938 ई. में इंडियन नेशनल कांग्रेस ने पं. जवाहरलाल नेहरू की अध्यक्षता में एक राष्ट्रीय नियोजन समिति का गठन किया था।
- 1944 ई. में मुम्बई के प्रमुख 8 उद्योगपतियों ने एक 15 वर्षीय सूत्रबद्ध योजना 'बॉम्बे प्लान' प्रस्तुत की थी।
- महात्मा गांधी की आर्थिक विचारधारा से प्रेरणा पाकर श्रीमन्नारायण ने 1944 ई. में एक योजना निर्मित की जिसे 'गांधीवादी योजना' के नाम से जाना जाता है।
- श्री एम.एन. राय द्वारा अप्रैल 1945 ई. में जनयोजना (People's Plan) निर्मित की गयी थी।
- जनवरी 1950 में जयप्रकाश नारायण ने एक योजना 'सर्वोदय योजना' के नाम से प्रकाशित की थी।
- 15 मार्च, 1950 को भारत सरकार के एक प्रस्ताव द्वारा योजना आयोग (Planning Commission) का गठन किया गया।
- योजना आयोग का भारतीय संविधान में कोई उल्लेख नहीं है। अतः इसका गठन परामर्शदात्री व विशेषज्ञ संस्था के रूप में सरकार के एक प्रलेख द्वारा हुआ। फलस्वरूप इसके स्वरूप एवं संगठन में सरकार द्वारा समय-समय पर परिवर्तन किया जाता है।
- योजना आयोग के प्रथम अध्यक्ष तत्कालीन प्रधानमंत्री जवाहरलाल नेहरू थे।
- प्रधानमंत्री योजना आयोग का पदेन अध्यक्ष होता था।
- योजना आयोग के सदस्यों एवं उपाध्यक्ष का कोई निश्चित कार्यकाल नहीं होता तथा इसके सदस्यों के लिए कोई निश्चित योग्यता निर्धारित नहीं थी।
- जनवरी 2015 में योजना आयोग को समाप्त कर एक नई संस्था नीति आयोग का गठन किया गया।
- योजना निर्माण का कार्य अब नीति आयोग द्वारा किया जाता है।
- राष्ट्रीय विकास परिषद् (NDC) एक गैर-सांविधिक निकाय है, जिसका गठन आर्थिक नियोजन हेतु राज्यों एवं योजना आयोग के बीच सहयोग का वातावरण बनाने के लिए किया गया है।
- सरकार ने एक प्रस्ताव द्वारा 6 अगस्त, 1952 को राष्ट्रीय विकास परिषद् (NDC) का गठन किया था। प्रधानमंत्री इसका अध्यक्ष तथा नीति आयोग का सचिव ही इसका भी सचिव होता है।
- राज्यों के मुख्यमंत्री, केन्द्रीय मंत्रिपरिषद् के सभी सदस्य, केन्द्रशासित प्रदेशों के प्रशासक तथा योजना आयोग के सभी सदस्य राष्ट्रीय विकास परिषद् के सदस्य होते हैं।
- राष्ट्रीय विकास परिषद् योजना का अध्ययन करता है तथा विचार-विमर्श के पश्चात् उसे अन्तिम रूप प्रदान करता है। राष्ट्रीय विकास परिषद् की स्वीकृति के बाद ही योजना का प्रारूप प्रकाशित होता है।
- योजना आयोग द्वारा अब तक बारह पंचवर्षीय योजनाएं तथा सात वार्षिक योजनाएं बनाई जा चुकी हैं।
- केन्द्र तथा राज्यों के मध्य समन्वय स्थापित करने के लिए राष्ट्रपति अन्तर्राज्यीय परिषद् (Interstate Council) का गठन कर सकता है। संविधान के अनुच्छेद 263. में ऐसी परिषद् की स्थापना तथा कार्यों का वर्णन किया गया है।

प्रथम पंचवर्षीय योजना

- भारत की प्रथम पंचवर्षीय योजना 1 अप्रैल, 1951 से प्रारंभ हुई थी।
- प्रथम पंचवर्षीय योजना हैरोड-डोमर मॉडल (Harrod-Domer Model) पर आधारित थी।
- इस योजना में कृषि को उच्चतम प्राथमिकता प्रदान की गयी थी।
- प्रथम योजना काल में देश में मूल्य स्तर पर 13 प्रतिशत की कमी आयी थी।

द्वितीय पंचवर्षीय योजना

- प्रो. पी.सी. महालनोबिस (P.C. Mahalnobis) मॉडल पर आधारित द्वितीय पंचवर्षीय योजना 1 अप्रैल, 1956 से लागू की गयी थी।
- इस योजना का मूलभूत उद्देश्य देश में औद्योगीकरण की प्रक्रिया प्रारंभ करना था, जिससे भारतीय अर्थव्यवस्था का सुदृढ़ आधार पर सर्वांगीण विकास किया जा सके।
- इस योजना में 1956 में घोषित की गयी औद्योगिक नीति में समाजवादी ढंग के समाज (Socialistic Pattern of Society) की स्थापना को स्वीकार किया गया।
- द्वितीय पंचवर्षीय योजना में भिलाई, राऊरकेला तथा दुर्गापुर में लोहा एवं इस्पात उद्योग की स्थापना का निर्णय लिया गया।

तृतीय पंचवर्षीय योजना

- यह योजना 1 अप्रैल, 1961 को प्रारम्भ होकर 31 मार्च, 1966 को समाप्त हुई।
- आत्मनिर्भरता प्राप्त करने पर स्पष्ट रूप से जोर सर्वप्रथम तृतीय पंचवर्षीय योजना में किया गया था।
- इस योजना में बोकारो में लोहा एवं इस्पात उद्योग की स्थापना करने का निर्णय लिया गया।
- इस योजना में अर्थव्यवस्था को आर्थिक गतिशीलता की अवस्था (Take-off stage) तक पहुँचाने का लक्ष्य रखा गया था।
- तीसरी योजना में कृषि और औद्योगिक विकास के बीच सन्तुलन पर अधिक जोर दिया गया था।

चौथी पंचवर्षीय योजना

- चौथी योजना का प्रारंभ 1 अप्रैल, 1969 को हुआ तथा 31 मार्च, 1974 को यह योजना समाप्त हो गयी थी।

- चौथी योजना के मूल उद्देश्य थेः स्थिरता के साथ आर्थिक विकास (Growth with Stability) तथा आत्मनिर्भरता की अधिकाधिक प्राप्ति।
- तीसरी पंचवर्षीय योजना (1961-66) तथा चौथी पंचवर्षीय योजना (1969-74) के बीच तीन वर्ष की अवधि को योजना अवकाश (Plan Holiday) की अवधि (1966-69) कहा जाता है। इस अवधि में तीन एकवर्षीय योजनाएं क्रियान्वित की गयीं।

पाँचवीं पंचवर्षीय योजना

- पाँचवीं योजना 1 अप्रैल, 1974 को प्रारंभ हुई तथा 31 मार्च, 1979 को समाप्त होनी थी।
- इस योजना को जनता सरकार द्वारा समय से एक वर्ष पूर्व ही समाप्त कर दिया गया था।
- इस योजना का मुख्य उद्देश्य 'गरीबी का उन्मूलन और आत्मनिर्भरता' था।
- 'गरीबी हटाओ' का नारा इस योजना में ही दिया गया था।

छठी पंचवर्षीय योजना

- जनता सरकार ने पांचवीं पंचवर्षीय योजना को उसकी अवधि के एक वर्ष पूर्व ही अर्थात् चार वर्षों (1974-78) में ही समाप्त करके 1 अप्रैल, 1978 से एक नई योजना प्रारंभ कर दी थी। इस योजना को अनवरत योजना (Rolling Plan) का नाम दिया गया।
- लेकिन 1980 में जनता सरकार द्वारा तैयार की गयी छठी योजना (अनवरत योजना) को इन्दिरा गांधी के नेतृत्व वाली कांग्रेस सरकार ने समाप्त कर दिया तथा एक नयी छठी योजना प्रारंभ की, जिसकी अवधि 1980-85 रखी गयी।
- जनता सरकार द्वारा तैयार की गयी पंचवर्षीय योजना 1978-83 में पहली बार रोजगार और आर्थिक संवृद्धि के बीच विरोध की सम्भावना को स्वीकार कर रोजगार को आर्थिक आयोजन का मुख्य उद्देश्य माना गया, लेकिन कांग्रेस के हाथ में सत्ता आने पर छठी पंचवर्षीय योजना (1980-85) में आर्थिक संवृद्धि को फिर मुख्य उद्देश्य मानकर रोजगार की चर्चा एक गौण उद्देश्य के रूप में की गयी।

सातवीं पंचवर्षीय योजना

- यह योजना 1 अप्रैल, 1985 से प्रारंभ हो गयी थी। इस योजना की अवधि 1 अप्रैल, 1985 से 31 मार्च, 1990 तक रही।
- इस योजना में योजना परिव्यय की दृष्टि से पहली बार निजी क्षेत्र को सार्वजनिक क्षेत्र की तुलना में वरीयता दी गयी।

आठवीं पंचवर्षीय योजना

- इस योजना में सर्वोच्च प्राथमिकता 'मानव संसाधन का विकास' अर्थात् रोजगार, शिक्षा व जनस्वास्थ्य को दिया गया।
- इस काल में प्रधानमंत्री रोजगार योजना (1993) की शुरुआत हुई।

नौवीं पंचवर्षीय योजना (1997-2002)

- न्यायपूर्ण वितरण एवं समानता के साथ विकास (Growth with Equity and Distributive Justice) को नौवीं पंचवर्षीय योजना का मुख्य लक्ष्य निर्धारित किया गया था। इस लक्ष्य को प्राप्त करने के लिए नौवीं पंचवर्षीय योजना में राज्य नीति के चार महत्वपूर्ण आयाम चिन्हित किए गये थे–1. जीवन की गुणवत्ता, 2. रोजगार संवर्द्धन, 3. क्षेत्रीय सन्तुलन, 4. आत्मनिर्भरता।

दसवीं पंचवर्षीय योजना

- दसवीं पंचवर्षीय योजना में विकास दर का लक्ष्य 8.0 प्रतिशत प्रतिवर्ष रखा गया जबकि उपलब्धि 7.8 प्रतिशत प्रतिवर्ष रही।
- इस योजना में मानव विकास को प्राथमिकता दी गयी।

ग्यारहवीं पंचवर्षीय योजना

- ग्यारहवीं पंचवर्षीय योजना में 9 प्रतिशत की वार्षिक विकास दर का लक्ष्य रखा गया था। जिसे घटाकर 8 प्रतिशत कर दिया गया।
- इस योजना में तीव्रतर विकास के साथ अधिक समावेशी संवृद्धि (Inclusive Growth) पर जोर दिया गया।

बारहवीं पंचवर्षीय योजना

- 12वीं पंचवर्षीय योजना के मसौदे का केंद्रीय मंत्रिमण्डल की 4 अक्टूबर, 2012 की बैठक में मंजूरी प्रदान की गई। योजना आयोग की पूर्ण बैठक में इसे 14 सितम्बर, 2012 को स्वीकार किया गया था। राष्ट्रीय विकास परिषद् के अनुमोदन के पश्चात यह 12वीं योजना का फाइनल दस्तावेज बन गया है। इस योजना अवधि में देश में जीडीपी में 8 प्रतिशत वार्षिक वृद्धि का लक्ष्य निर्धारित किया गया है, जो शुरू में योजना के एप्रोच पेपर में 9.0 प्रतिशत प्रस्तावित था। कृषि क्षेत्र में औसतन 4 प्रतिशत व विनिर्माणी क्षेत्र में 7.1 प्रतिशत प्रतिवर्ष वृद्धि का लक्ष्य इस योजना में निर्धारित किया गया है।

पंचवर्षीय योजना : एक दृष्टि में

योजना	*योजना अवधि*	*प्राथमिकता/अन्य विवरण*
पहली	1951-56	हैरॉड-डोमर मॉडल पर आधारित, कृषि को सर्वोच्च प्राथमिकता।
दूसरी	1956-61	महालनोबिस के चार क्षेत्रीय मॉडल पर आधारित, आधारभूत एवं भारी उद्योगों के विकास पर बल।
तीसरी	1961-66	पहली बार **आत्मनिर्भरता** पर जोर।
चौथी	1969-74	स्थिरता के साथ विकास एवं आत्मनिर्भरता की प्राप्ति।
पांचवीं	1974-78	**पहली बार गरीबी उन्मूलन पर जोर,** समय से एक वर्ष पूर्व खत्म कर दी गयी।
छठी	1980-85	—
सातवीं	1985-90	सामाजिक न्याय एवं ऊर्जा का विकास।
आठवीं	1992-97	मानव संसाधन के विकास पर बल।
नौवीं	1997-2002	न्यायपूर्ण वितरण एवं समानता के साथ विकास।
दसवीं	2002-2007	मानव विकास एवं कल्याण में वृद्धि।
ग्यारहवीं	2007-2012	अधिक तीव्र और ज्यादा समावेशी संवृद्धि।
बारहवीं	2012-2017	त्वरित, सतत और समावेशी विकास।

योजना आयोग

स्वतंत्रता के पश्चात् तीव्र आर्थिक विकास हेतु उपलब्ध संसाधनों का समुचित, नियोजित एवं योजनाबद्ध तरीके से विकास हेतु योजनाओं के निर्माण के लिए योजना आयोग का गठन 15 मार्च, 1950 को किया गया था। भारत में योजना आयोग के संबंध में कोई संवैधानिक प्रावधान नहीं था। 15 मार्च, 1950 को केन्द्रीय मंत्रिमंडल द्वारा पारित प्रस्ताव के द्वारा योजना आयोग की स्थापना की गई थी। प्रधानमंत्री ही योजना आयोग का पदेन अध्यक्ष होता है। 2014 में केन्द्र में एनडीए सरकार के गठन के पश्चात् 13 अगस्त, 2014 को योजना आयोग खत्म कर दिया गया और इसके स्थान पर नीति आयोग का गठन हुआ। योजना आयोग के निम्नलिखित प्रमुख कार्य थे–

- देश के संसाधनों का आकलन करना।
- इन संसाधनों के प्रभावी उपयोग के लिए पंचवर्षीय योजनाओं का निर्माण करना।
- प्राथमिकताओं का निर्धारण और योजनाओं के लिए संसाधनों का आवंटन करना।
- योजनाओं के सफल कार्यान्वयन के लिए आवश्यक मशीनरी का निर्धारण करना।
- योजनाओं की प्रगति का आवधिक मूल्यांकन करना।
- देश के संसाधनों का सबसे प्रभावी और संतुलित ढंग से उपयोग करने के लिए योजनाओं का निर्माण करना।
- आर्थिक विकास को बाधित करने वाले कारकों की पहचान करना।
- योजना के प्रत्येक चरण के सफल क्रियान्वयन के लिए आवश्यक मशीनरी का निर्धारण करना।

गठन के पश्चात् 12 पंचवर्षीय योजनाएँ देश में लागू की गईं। 12वीं योजना के दौरान ही योजना आयोग भंग कर दिया गया था।

नीति आयोग

स्वाधीनता के बाद हमारे देश ने तत्कालीन सोवियत संघ के समाजवादी शासन की संरचना को अपनाया, जिसमें योजनाएँ बनाकर काम किया जाता था। पंचवर्षीय तथा एकवर्षीय योजनाएँ काफी लंबे समय तक देश में चलती रहीं। योजना आयोग ने नियोजन इकाई के रूप में दशकों तक योजनाएँ बनाने के काम को अंजाम दिया। लेकिन केंद्र में सत्ता परिवर्तन होने के बाद 1 जनवरी, 2015 को योजना आयोग के स्थान पर केंद्रीय मंत्रिमंडल के एक संकल्प पर नीति आयोग का गठन किया गया। इसमें सहकारी संघवाद की भावना को केंद्र में रखते हुए अधिकतम शासन, न्यूनतम सरकार के दृष्टिकोण की परिकल्पना को स्थान दिया गया।

नीति आयोग की प्रशासनिक संरचना

- **अध्यक्ष :** प्रधानमंत्री
- **उपाध्यक्ष :** प्रधानमंत्री द्वारा नियुक्त
- **संचालन परिषद :** सभी राज्यों के मुख्यमंत्री और केंद्रशासित प्रदेशों के उपराज्यपाल
- **क्षेत्रीय परिषद :** विशिष्ट क्षेत्रीय मुद्दों को संबोधित करने के लिए प्रधानमंत्री या उसके द्वारा नामित व्यक्ति मुख्यमंत्रियों और उपराज्यपालों की बैठक की अध्यक्षता करता है।
- **तदर्थ सदस्यता :** अग्रणी अनुसंधान संस्थानों से बारी-बारी से 2 पदेन सदस्य।
- **पदेन सदस्यता :** प्रधानमंत्री द्वारा नामित केंद्रीय मंत्रिपरिषद के अधिकतम चार सदस्य।
- **मुख्य कार्यकारी अधिकारी (CEO) :** भारत सरकार का सचिव जिसे प्रधानमंत्री द्वारा एक निश्चित कार्यकाल के लिए नियुक्त किया जाता है।
- **विशेष आमंत्रित :** प्रधानमंत्री द्वारा नामित विभिन्न क्षेत्रों के विशेषज्ञ।

नीति आयोग के उद्देश्य

- यह मानते हुए कि मजबूत राज्य ही एक मजबूत राष्ट्र बनाते हैं, संघीय सहभागिता की भावना को बढ़ाने के लिए राज्यों को निरंतर समर्थन तंत्र के माध्यम से सहयोग प्रदान करना।
- ग्रामीण स्तर पर विश्वसनीय योजनाएँ बनाने के लिए तंत्र विकसित करना और सरकार के उच्च स्तरों तक इसे उत्तरोत्तर विकसित करना।
- राष्ट्रीय सुरक्षा के हितों में आर्थिक रणनीति और नीतियाँ शामिल की गई हैं।
- समाज के उन वर्गों पर विशेष ध्यान देना जो आर्थिक प्रगति से पर्याप्त रूप से लाभान्वित नहीं हैं।
- प्रमुख हितधारकों, राष्ट्रीय और अंतर्राष्ट्रीय थिंक टैंक जैसे शैक्षिक और नीति अनुसंधान संस्थानों के बीच भागीदारी को प्रोत्साहित करना।
- राष्ट्रीय और अंतर्राष्ट्रीय विशेषज्ञों, चिकित्सकों तथा अन्य भागीदारों के सहयोग से ज्ञान, नवाचार और उद्यमशीलता की सहायता प्रणाली बनाना।
- विकास एजेंडा के कार्यान्वयन में तेजी लाने के लिए अंतर-क्षेत्रीय और अंतर-विभागीय मुद्दों के समाधान हेतु एक मंच प्रदान करना।
- राज्यों को कला संसाधन केन्द्र के रूप में स्थापित करने, सतत और न्यायसंगत विकास में सर्वोत्तम तरीके अपनाने तथा विभिन्न हित धारकों तक उनको पहुँचाना।

❑❑❑

वस्तुनिष्ठ प्रश्न

1. उपभोक्ता को एक निश्चित आय के खर्च से अधिकतम कुल उपयोगिता तब प्राप्त होगी जब—
   A. खरीदी गई प्रत्येक वस्तु की सीमान्त उपयोगिता इकाई के बराबर हो।
   B. खरीदी गई प्रत्येक वस्तु की सीमान्त उपयोगिता का अपनी कीमत के साथ समान अनुपात हो।
   C. खरीदी गई प्रत्येक वस्तु की सीमान्त उपयोगिता का अपनी उत्पादन लागत के साथ समान अनुपात हो।
   D. खरीदी गई वस्तुओं की कीमतें समान हों।

2. यदि कीमत उपभोग वक्र ऋणात्मक है तो वह निम्नलिखित कारण अथवा कारणों से है—
   1. प्रतिस्थापन प्रभाव की तुलना में ऋणात्मक आय प्रभाव अधिक प्रबल है।
   2. प्रतिस्थापन प्रभाव ऋणात्मक है।
   3. सम्बन्धित वस्तु गिफिन वस्तु है।

   उपर्युक्त कारणों में से—
   A. केवल 1 सही है। B. 1 और 2 सही हैं।
   C. 2 और 3 सही हैं। D. 1 और 3 सही हैं।

3. कार्डिनल उपयोगिता सिद्धान्त के लिए निम्नलिखित में से कौन-सी पूर्णधारणा आवश्यक नहीं है?
   A. उपभोक्ता की विवेकशीलता
   B. मुद्रा की स्थिर सीमान्त उपयोगिता
   C. पूर्णत: प्रतियोगी बाजार
   D. उपयोगिता की योगात्मकता

4. यदि दो वस्तुएं एक-दूसरे की पूरक हैं तो एक वस्तु की कीमत में वृद्धि होने के फलस्वरूप—
   A. दूसरी वस्तु की मांग में ऊर्ध्वमुखी खिसकाव परिलक्षित होगा।
   B. दूसरी वस्तु की कीमत में वृद्धि की प्रवृत्ति उत्पन्न होगी।
   C. दूसरी वस्तु की मांग में अधोमुखी खिसकाव परिलक्षित होगा।
   D. दूसरी वस्तु की मांग में कोई खिसकाव परिलक्षित नहीं होगा।

5. यदि किसी वस्तु की मांग की कीमत लोच इकाई से कम है तो उसकी कीमत घटने का परिणाम होगा कि—
   A. उसकी खरीदी जाने वाली मात्रा में अनुपात से कम परिवर्तन होगा।
   B. उसकी खरीदी जाने वाली मात्रा में अनुपात से अधिक परिवर्तन होगा।
   C. उस पर किए जाने वाले कुल व्यय में वृद्धि हो जाएगी।
   D. मांग वक्र खिसक जाएगा।

6. मांग की आय लोच बराबर है—
   A. $\frac{\text{उपभोक्ता की आय में परिवर्तन}}{\text{वस्तु की कीमत में आनुपातिक परिवर्तन}}$
   B. $\frac{\text{वस्तु की मांगी गई मात्रा में आनुपातिक परिवर्तन}}{\text{उपभोक्ता की आय में आनुपातिक परिवर्तन}}$
   C. $\frac{\text{वस्तु की कीमत में आनुपातिक परिवर्तन}}{\text{उपभोक्ता की आय में आनुपातिक परिवर्तन}}$
   D. $\frac{\text{उपभोक्ता की आय में आनुपातिक परिवर्तन}}{\text{वस्तु की मांगी गई मात्रा में आनुपातिक परिवर्तन}}$

7. गिफन विरोधाभास तब उत्पन्न होता है जब आय प्रभाव—
   A. प्रतिस्थापन प्रभाव से अधिक होता है।
   B. प्रतिस्थापन प्रभाव के बराबर होता है।
   C. प्रतिस्थापन प्रभाव से कम होता है।
   D. ऋणात्मक होता है तथा प्रतिस्थापन प्रभाव से अधिक होता है।

8. यदि दो वस्तुओं में से एक वस्तु की कीमत में परिवर्तन होने से उनकी खरीदी जाने वाली मात्राओं में परिवर्तन होता है तो उनके बीच मांग की प्रति लोच—
   A. ऋणात्मक होगी B. धनात्मक होगी
   C. शून्य होगी D. एक होगी

9. इनमें से किस अर्थशास्त्री ने उदासीनता वक्रों का सर्वप्रथम प्रयोग किया—
   A. मार्शल B. पाल एल. सैम्युल्सन
   C. हिक्स D. कुजनेट्स

10. कीमत रेखा पर सभी बिन्दु दर्शाते हैं—

A. बढ़ता हुआ कुल व्यय B. घटता हुआ कुल व्यय
C. समान कुल व्यय D. उपर्युक्त में से कोई नहीं

11. सामान्य वस्तु के मामले में प्रतिस्थापन प्रभाव—

A. धनात्मक होता है। B. ऋणात्मक होता है।
C. शून्य होता है। D. उपरोक्त में से कोई नहीं।

12. किस वक्र की सहायता से उपभोक्ता की मांग वक्र को प्राप्त किया जा सकता है—

A. आय-उपभोग वक्र B. कीमत उपभोग वक्र
C. एंजिल वक्र D. उपरोक्त में से कोई नहीं

13. प्रकट अधिमान उपागम की मान्यता है—

A. मजबूत क्रम B. कमजोर क्रम
C. असामंजस्य D. उपरोक्त में से कोई नहीं

14. सम-सीमान्त उपयोगिता नियम का प्रतिपादन किसने किया—

A. गोसेन B. जे.बी. से
C. रिकार्डो D. मार्शल

15. यदि दो वस्तुएं पूर्ण स्थानापन्न हों, तो उनके लिए खींचे गए अनधिमान वक्र की आकृति होगी—

A. L — आकार की
B. U — आकार की
C. $\cap$ — आकार की
D. ऋणात्मक ढाल वाली सरल रेखा की तरह

16. आय प्रभाव का अध्ययन करते समय स्थिर माना जाता है—

A. उपभोक्ता की मौद्रिक आय को
B. उपभोक्ता की वास्तविक आय को
C. वस्तुओं की कीमत को
D. इन सभी को

17. उपभोक्ता की बचत का विचार सर्वप्रथम किसने दिया—

A. टॉसिंग B. ड्यूपिट
C. मार्शल D. कीन्स

18. सीमान्त उपयोगिता (MU) जब शून्य होती है तो कुल उपयोगिता—

A. अधिकतम होगी B. घटती हुई दर से बढ़ेगी
C. घटती है D. स्थिर रहती है

19. एंजिल वक्र एक वस्तु की उन मात्राओं को बताता है जिसे उपभोक्ता खरीदना चाहता है, विभिन्न—

A. कीमतों पर B. आय स्तरों पर
C. आवश्यकताओं पर D. मांग पर

20. कीमत प्रभाव बराबर होता है—

A. प्रतिस्थापन प्रभाव + आय प्रभाव
B. प्रतिस्थापन प्रभाव – आय प्रभाव
C. आय प्रभाव – प्रतिस्थापन प्रभाव
D. उपर्युक्त में से कोई नहीं

21. उपभोक्ता उस बिन्दु पर संतुलन में होता है जहां बजट रेखा उदासीनता वक्र को—

A. स्पर्श करती है। B. काटती है।
C. दोनों समानान्तर होती हैं। D. उक्त में कोई नहीं।

22. निम्नलिखित में से कौन-सी संयुक्त मांग है?

A. कॉफी और चाय B. घी और तेल
C. टूथपेस्ट और ब्रुश D. पेन तथा पेंसिल

23. गोसन का प्रथम नियम है—

A. ह्रासमान सीमान्त उपयोगिता नियम
B. वृद्धिमान सीमान्त उपयोगिता नियम
C. सम-सीमान्त उपयोगिता नियम
D. कुल उपयोगिता नियम

24. उपभोक्ता संतुलन में होता है जब—

A. दी हुई आय पर उसका लाभ अधिकतम होता है।
B. दी हुई आय पर उसका लाभ न्यूनतम होता है।
C. दी हुई आय पर उसको अधिकतम उपयोगिता प्राप्त होती है।
D. दी हुई आय और कीमत पर उसको अधिकतम उपयोगिता प्राप्त होती है।

25. एंजिल के नियम के अनुसार खाद्य पदार्थों की मांग की लोच—

A. इकाई से कम होती है। B. इकाई के बराबर होती है।
C. इकाई से अधिक होती है। D. अनन्त होती है।

26. अगर मांग वक्र दायीं ओर खिसकता है तो इसका अर्थ है—

A. वस्तु की कीमत गिरी है।
B. मांग फलन उन्नत हुआ है।
C. पूर्ति फलन उन्नत हुआ है।
D. उपभोक्ता की वास्तविक आय घटी है।

27. अगर उपभोक्ताओं की आय बढ़ती है तो—

A. मांग वक्र स्थिर रहता है।
B. मांग वक्र बाएं खिसक जाता है।
C. मांग वक्र दाएं खिसक जाता है।
D. मांग की कीमत लोच बढ़ जाती है।

28. कुल उपयोगिता वक्र—

A. हमेशा ऊपर उठता है।
B. हमेशा नीचे गिरता है।
C. पहले गिरता है और तब उठता है।
D. पहले उठता है तब गिरता है।

29. अर्थशास्त्र में उत्पादन हैं—

A. वस्तु का निर्माण B. वस्तु में उपयोगिता का सृजन
C. उद्योगों की स्थापना D. उपर्युक्त सभी

30. रिज रेखाओं पर श्रम व पूंजी की सीमान्त उत्पादकता होती है—

A. धनात्मक B. ऋणात्मक
C. शून्य D. उपरोक्त में कोई नहीं

31. केवल एक विशिष्ट उपयोग में आने वाले उत्पादन के साधन की अवसर लागत—

A. अनन्त होती है। B. बहुत अधिक होती है।
C. बहुत कम होती है। D. शून्य होती है।

32. यदि उत्पादन के दो साधन पूर्ण प्रतिस्थापनीय हो तो प्रतिस्थापन लोच होगी—

A. अनन्त B. अधिक
C. एक D. शून्य

33. कॉब डगलस के उत्पादन फलन के अनुसार तकनीकी प्रगति—

A. तटस्थ नहीं होती।

B. हिक्स और हैरॉड दोनों ही अर्थों में तटस्थ होती है।

C. हिक्स के अर्थ में तो तटस्थ होती है पर हैरॉड के अर्थ में नहीं होती।

D. हैरॉड के अर्थ में तो तटस्थ होती है पर हिक्स के अर्थ में नहीं होती।

34. दो वस्तुओं के मध्य ह्रासमान सीमान्त प्रतिस्थापन की दर अनधिमान वक्र को बनाती है—

A. X–अक्ष के समानान्तर B. Y–अक्ष के समानान्तर

C. मूल बिन्दु के प्रति उत्तल D. मूल बिन्दु के प्रति अवतल

35. उत्पादन की आरम्भिक अवस्था में वृद्धिमान प्रतिफल नियम क्यों कार्यशील होता है?

A. स्थिर साधन की अविभाज्यता

B. श्रम का बढ़ता हुआ विशिष्टीकरण

C. तकनीकी परिवर्तन

D. उपरोक्त A और B दोनों

36. समोत्पाद (Isoquant) वक्र का ढाल मापता है—

A. आगत कीमतों का अनुपात B. पैमाने के प्रतिफल

C. घटते हुए सीमान्त प्रतिफल D. सीमान्त उत्पादों का अनुपात

37. प्रतिस्थापन लोच (elasticity of substitution) की अवधारणा प्रस्तुत की थी—

A. मार्शल ने B. कीन्स ने

C. शुल्ज ने D. हिक्स ने

38. अर्थशास्त्र के अध्ययन का प्रारम्भिक बिन्दु है—

A. उत्पादन B. उपभोग

C. सीमितता D. वितरण

39. पैमाने का उत्पाद वृद्धि नियम (Law of Increasing Returns to scale) लागू होने से उत्पादन के समस्त साधनों को दोगुना करने पर कुल उत्पादन—

A. दो गुने से अधिक हो जाता है। B. दो गुना हो जाता है।

C. 50 प्रतिशत बढ़ जाता है। D. प्रभावित नहीं होता है।

40. मुक्त अर्थव्यवस्था में उत्पादन सम्बन्धी निर्णय लिए जाते हैं—

A. सरकार द्वारा B. बाजार द्वारा

C. जनता द्वारा D. योजना आयोग द्वारा

41. लाभ के विषय में निम्नलिखित में से कौन-सा दृष्टिकोण फ्रैंक नाइट के नाम से जोड़ा जा सकता है?

A. लाभ अपने स्वामित्व वाले पूंजी का अंतर्निहित प्रतिफल है।

B. लाभ नव प्रवर्तन का पुरस्कार है।

C. लाभ जोखिम तथा अनिश्चितता के साथ घनिष्ठ रूप से सम्बद्ध है।

D. लाभ केवल एकाधिकार की कमाई है।

42. आभासी लगान होता है—

A. फर्म के कुल लाभों के बराबर

B. फर्म के कुल लाभों से अधिक

C. फर्म के कुल लाभों से कम

D. फर्म के लाभों से सम्बन्धित नहीं

43. रिकार्डो के लगान सिद्धान्त के अनुसार लगान की उत्पत्ति का कारण है—

A. भूमि की उर्वरता

B. भूमि की कमी

C. भूमि की उर्वरता के बीच अन्तर

D. भूमि की आपूर्ति की स्थिरता अन्तर

44. पीगू के अनुसार राष्ट्रीय लाभांश तब अधिकतम होता है जब—

A. सीमान्त लागत न्यूनतम कर दी जाए।

B. निवल (net) सामाजिक सीमान्त उत्पादकता अधिकतम हो।

C. निवल निजी सीमान्त उत्पादकता अधिकतम हो।

D. निवल सामाजिक सीमान्त उत्पादकता निवल निजी सीमान्त उत्पादकता के बराबर हो जाए।

45. जब किसी फर्म का उत्पादन बढ़ता है तब उसकी औसत स्थिर लागत—

A. लगातार गिरती जाती है।

B. स्थिर रहती है।

C. लगातार बढ़ती जाती है।

D. पहले गिरती है फिर बढ़ती जाती है।

46. अल्पकालीन लागत वक्र प्रभावित होता है—

A. पैमाने के प्रतिफल के नियम से।

B. परिवर्तनशील अनुपातों के नियम से।

C. बाह्य और आन्तरिक बचतों से।

D. उपर्युक्त किसी से नहीं

47. मूल्य विभेद संभव है—

A. केवल एकाधिकारी की स्थिति में

B. केवल एकाधिकारी प्रतिस्पर्धा में

C. केवल पूर्ण स्पर्धा में

D. बाजार के किसी भी रूप में

48. पूर्ण प्रतियोगिता में दीर्घकाल में कीमत बराबर होगी—

A. न्यूनतम सीमान्त लागत के

B. न्यूनतम औसत लागत के

C. न्यूनतम औसत स्थिर लागत के

D. न्यूनतम औसत परिवर्तनीय लागत के

49. 'प्रतिनिधि फर्म' का विचार किसने दिया?

A. कीन्स ने B. पीगू ने

C. रॉबिन्स ने D. मार्शल ने

50. अवसर लागत को हस्तांतरण आय कहा जाता है क्योंकि—

A. इससे कम आय मिलने पर उत्पादन का साधन दूसरे श्रेष्ठ विकल्प में हस्तांतरित हो जाता है।

B. अवसर लागत को हस्तांतरित किया जा सकता है।

C. यह अन्य विकल्पों से मिलने वाली आय से कम होती है।

D. उपर्युक्त में से कोई नहीं।

51. दीर्घकाल में हमेशा एकाधिकारात्मक फर्म कमाती है—

A. सामान्य लाभ B. अधिक लाभ

C. हानि D. कोई नहीं

52. आर्थिक लगान है—
A. वर्तमान आय – हस्तांतरण आय
B. वर्तमान आय + हस्तांतरण आय
C. वर्तमान आय + पहले की आय
D. केवल हस्तांतरण आय

53. लाभ के लगान सिद्धान्त का प्रतिपादक है—
A. मार्शल B. रिकार्डो
C. मिल D. वाकर

54. **ब्रेक-इवेन बिन्दु** (Break even point) क्या है?
A. वह स्थिति जब फर्म लाभ कमा रही हो।
B. वह स्थिति जब फर्म को हानि हो रही हो।
C. वह स्थिति जब फर्म को न लाभ हो और न हानि।
D. इसका लाभ-हानि से कोई सम्बन्ध नहीं है।

55. किसी फर्म को अधिकतम लाभ तब प्राप्त होगा जब उसकी सीमान्त आय (MR)—
A. सीमान्त लागत (MC) के बराबर हो।
B. औसत लागत के बराबर हो।
C. औसत परिवर्तनशील लागत के बराबर हो।
D. कुल लागत के बराबर हो।

56. अल्पकाल में एक फर्म उत्पादन तब बन्द कर देगी जबकि—
A. कीमत, औसत परिवर्तनशील लागत (AVC) से कम हो।
B. कीमत, AVC से अधिक हो।
C. कीमत, AVC के बराबर हो।
D. कीमत, औसत लागत के बराबर हो।

57. सीमान्त लागत औसत लागत के तब बराबर होती है जब औसत लागत—
A. न्यूनतम होती है। B. अधिकतम होती है।
C. बढ़ती हुई होती है। D. गिरती हुई होती है।

58. अनुकूलतम फर्म वह है जिसकी—
A. औसत लागत न्यूनतम है।
B. सीमान्त लागत न्यूनतम है।
C. उक्त दोनों लागतें न्यूनतम हैं।
D. जहां अधिकतम लाभ मिलता है।

59. क्रेताधिकारी एक ऐसी बाजार स्थिति है जिसमें—
A. केवल एक ही विक्रेता होता है।
B. कुछ क्रेता तथा कुछ विक्रेता होते हैं।
C. केवल एक ही क्रेता होता है।
D. अनेक क्रेता और अनेक विक्रेता होते हैं।

60. रिकार्डो के लगान सिद्धान्त के अनुसार लगान—
A. कीमत का निर्धारण करता है।
B. उत्पादन लागत का एक अंश होता है।
C. कीमत द्वारा निर्धारित होता है।
D. उत्पत्ति के सभी साधनों को प्राप्त होता है।

61. जिस वस्तु बाजार में केवल एक क्रेता तथा एक विक्रेता है। कहा जाता है—
A. द्विपक्षीय एकाधिकार B. द्वयाधिकार
C. क्रेताधिकार D. विक्रेताधिकार

62. विभेदकारी मूल्य तब लाभदायक होता है, जब—
A. मांग की लोच अनन्त हो।
B. विभिन्न बाजारों में मांग की लोच अलग-अलग होती है।
C. मांग की लोच इकाई हो।
D. विभिन्न बाजारों में मांग की लोच समान हो।

63. पूर्ण प्रतियोगिता के अन्तर्गत बाजार कीमत को प्रभावित कर सकता है—
A. कोई एक क्रेता B. कोई एक विक्रेता
C. दोनों क्रेता और विक्रेता D. न क्रेता और न विक्रेता

64. सीमान्त फर्म वह है जो—
A. मूल्य के गिरने पर सबसे पहले उद्योग छोड़ेगा।
B. मूल्य के गिरने पर सबसे अन्त में उद्योग छोड़ेगा।
C. अपना धंधा जारी रखने हेतु सबसे पहले मूल्य कम कर देगा।
D. उपर्युक्त में से कोई नहीं।

65. एकाधिकारी अपने उत्पादन को उस कीमत पर बेचना चाहेगा, जहां मांग की लोच—
A. शून्य हो। B. इकाई से कम हो।
C. इकाई से अधिक हो। D. अनंत हो।

66. विक्रेता बाजार वह स्थिति है जिसमें विक्रेता—
A. संख्या में अधिक होते हैं।
B. व्यापारिक छूट देने को बाध्य होते हैं।
C. बाजार में वर्चस्व स्थापित करने में सफल होते हैं।
D. कीमत पर प्रभाव डालने में सफल नहीं हो पाते हैं।

67. अपूर्ण प्रतियोगिता को 'दुधारी तलवार' किसने कहा है–
A. चेम्बरलिन B. स्टिगलर
C. सेम्युल्सन D. रॉबिन्सन

68. पूर्ण प्रतियोगिता में अल्पकाल में एक फर्म परिवर्तित कर सकती है–
A. उत्पादन का पैमाना
B. उत्पादन का क्षेत्र
C. तकनीकी-सम्मिश्रण की
D. परिवर्तनशील आदान संरचना

69. केन्ज के तरलता जाल की स्थितियों में, द्रव्य की पूर्ति में वृद्धि होने से—
A. ब्याज दर कम हो जाएगी
B. निवेश व्यय बढ़ जाएगा
C. रोजगार स्तर बढ़ जाएगा
D. ब्याज दर, रोजगार तथा निवेश पर कोई प्रभाव नहीं पड़ेगा

70. MV = PT में 'V' तथा M = KPT में 'K'—
A. एक ही हैं B. परस्पर संबंध नहीं है।
C. एक दूसरे पर निर्भर हैं D. एक दूसरे के व्युत्क्रम हैं

71. केन्जीय प्रणाली में मुद्रा मजदूरी दर में गिरावट के परिणामस्वरूप—
A. रोजगार में वृद्धि होगी B. कीमत स्तर गिरेगा
C. ब्याज दर में वृद्धि होगी D. मुद्रा के परिणाम में ह्रास होगा

72. फिलिप्स वक्र निम्नलिखित के बीच संबंध दर्शाता है—
A. मजदूरी वृद्धि का प्रतिशत तथा अर्थव्यवस्था के श्रम-बल की बेरोजगारी का प्रतिशत
B. मजदूरी वृद्धि का प्रतिशत तथा अर्थव्यवस्था के श्रम-बल की रोजगार वृद्धि का प्रतिशत

C. कीमत-परिवर्तन का प्रतिशत तथा आय में परिवर्तन का प्रतिशत
D. कीमत-परिवर्तन का प्रतिशत तथा मांग में परिवर्तन का प्रतिशत

73. तरलता जाल से अभिप्राय है--
A. पूर्णत: लोचहीन तरलता अधिमान वक्र
B. पूर्णत: लोचदार तरलता अधिमान वक्र
C. इकाई लोचयुक्त तरलता अधिमान वक्र
D. इकाई से कम लोचयुक्त तरलता अधिमान वक्र

74. निम्नलिखित में से कौन-सा साधन न्यूनतम तरलता प्रदान करता है ?
A. ट्रेजरी बिल B. अचल सम्पत्ति
C. विनिमय पत्र D. वाहक चैक

75. एकल बैंकिंग प्रणाली बड़ी लोकप्रिय है—
A. इग्लैण्ड में B. जापान में
C. भारत में D. सं. रा. अमेरिका में

76. खुले बाजार की कार्यवाहियों का सिद्धांत यह मानकर चलता है कि—
A. बैंक जमा तथा वैध मुद्रा, दोनों के संचलन वेगों के बीच कोई संबंध नहीं है।
B. वैध मुद्रा का संचलन—वेग, बैंक जमा के संचलन-वेग से अधिक है।
C. बैंक जमा का संचलन वेग, वैध मुद्रा के संचलन-वेग से अधिक है।
D. बैंक जमा तथा वैध मुद्रा का संचलन वेग स्थिर होता है।

77. कीन्स का तरलता अधिमान सिद्धांत समाधान प्रस्तुत करता है—
A. अर्थव्यवस्था में मुद्रा बाजार की संक्रिया का
B. वास्तविक तथा मौद्रिक क्षेत्रों की अन्योन्य क्रिया का
C. सट्टेबाज के अभिप्रेरण का
D. ब्याज दर में परिवर्तन लाने के लिए मुद्रा तथा पूंजी बाजारों में होनेवाले समायोजन की प्रक्रिया का।

78. कीन्स के अनुसार सीमान्त उपभोग प्रवृत्ति—
A. कभी भी इकाई से अधिक नहीं होगी
B. इकाई से अधिक हो सकती है
C. कभी भी औसत उपभोग प्रवृत्ति से अधिक नहीं हो सकती
D. सीमान्त उपभोग प्रवृत्ति ऋणात्मक होगी

79. सट्टेबाजी के लिए मुद्रा मांग होती है—
A. ब्याज निर्धारक B. ब्याज निर्धारित
C. आय निर्धारक D. आय निर्धारित

80. मुद्रा का कार्य है—
A. मूल्य का संचय B. विनिमय का माध्यम
C. मूल्य मापन D. उपर्युक्त सभी

81. वास्तविक संतुलन प्रभाव सिद्धांत का प्रतिपादन किया—
A. पीगू B. मार्शल
C. फिशर D. कीन्स

82. गर्म मुद्रा (Hot currency) है—
A. जिसका बाह्य मूल्य तेजी से बढ़ रहा हो
B. जिसका बाह्य मूल्य तेजी से गिर रहा हो
C. जो कीमती धातुओं की बनी हो
D. उपर्युक्त में से कोई नहीं

83. 'ब्याज तरलता के परित्याग का पुरस्कार है' यह किसका कथन है—
A. विक्सेल B. मार्शल
C. हिक्स D. कीन्स

84. तरलता जाल की स्थिति में ब्याज दर होती है—
A. शून्य B. न्यूनतम
C. अधिकतम D. सभी

85. मुद्रा पूर्ति M_2 क्या है—
A. नोट एवं सिक्के तथा मांग जमा
B. नोट, सिक्के, मांग जमा तथा डाकघर की बचत राशियां
C. बैंकों के पास सावधि जमा
D. कोई नहीं

86. मुद्रा का आकस्मिक कार्य है—
A. मूल्य संचय B. मूल्य मापन
C. मूल्य का हस्तांतरण D. साख का आधार

87. मुद्रा स्फीति नियंत्रण में कौन-सा उपाय सहायक होता है—
A. बैंक दर में कमी
B. बैंक दर में वृद्धि
C. CRR में कमी
D. खुले बाजार में प्रतिभूतियों का क्रय

88. मुद्रा स्फीति से सर्वाधिक हानि होती है—
A. ऋणदाता B. ऋणी
C. किसान D. उद्यमी

89. 'पूर्ति अपनी मांग स्वयं पैदा करती है' यह कथन है—
A. पीगू B. मार्शल
C. से D. फिशर

90. फिशर का मुद्रा मूल्य सिद्धांत किस पर आधारित है—
A. मुद्रा के चलन पर B. मुद्रा की मात्रा पर
C. कीमत स्तर पर D. व्यापार की मात्रा पर

91. Soft currency से तात्पर्य है—
A. अपरिवर्तनीय कागज मुद्रा B. जिसे प्राप्त करना आसान हो
C. जिसका मूल्य गिर रहा हो D. उपर्युक्त में से कोई नहीं

92. सर्वाधिक तरल मुद्रा है—
A. M_1 B. M_2
C. M_3 D. M_4

93. साख नियंत्रण की मात्रात्मक विधि नहीं है—
A. बैंक दर में परिवर्तन B. खुले बाजार की क्रियाएं
C. आरक्षित अनुपातों में परिवर्तन D. नैतिक दबाव

94. मांग प्रेरित स्फीति हो सकती है—
A. कच्चे माल के मूल्य में वृद्धि के कारण
B. बेरोजगारी में तीव्र वृद्धि के कारण
C. उपभोग व्यय में वृद्धि के कारण
D. करारोपण में गिरावट के कारण

95. 'बुरी मुद्रा अच्छी मुद्रा को चलन से बाहर कर देती है', यह कथन किसका है—
A. मार्शल B. क्राउथर
C. ऐली D. ग्रेशम

96. निम्न में से कौन एक पूर्ण रोजगार की प्राप्ति में बाधक है–
A. गैर लोचशील ब्याज दर
B. लोचशील कीमतें
C. लोचशील मजदूरी दर
D. ऐच्छिक बेरोजगारी

97. आय स्फीति (Income inflation) से अभिप्राय है—
A. समग्र मांग कम है समग्र पूर्ति से
B. अर्थव्यवस्था के कुछ क्षेत्रों में कीमत वृद्धि से
C. अर्थव्यवस्था में मौद्रिक आय में वृद्धि से
D. अर्थव्यवस्था में पूर्ण रोजगार के बाद कीमत वृद्धि से

98. गाडगिल फार्मूले का इस्तेमाल किया जाता है—
A. राज्यों के बीच कर और करेतर राजस्व की व्यवस्था में
B. राज्यों की योजनाओं के लिए केन्द्रीय सहायता के नियमन में
C. राज्यों के लिए सहायता अनुदान का निर्णय करने में
D. केन्द्र प्रायोजित योजनाओं के लिए राज्यों के बीच सहायता बंटवारे का निर्णय करते समय

99. **कथन (A) :** बिक्री कर लगा देने से एकाधिकारी के लाभ पर प्रभाव नहीं पड़ता।
कारण (R) : एकाधिकारी बिक्री कर के भार को उपभोक्ता के ऊपर डाल देता है।
A. A और R दोनों सही हैं, और R, A का सही स्पष्टीकरण है।
B. A और R दोनों सही हैं, परंतु R, A का सही स्पष्टीकरण नहीं है।
C. A सही है, परंतु R गलत है।
D. A गलत है परंतु R सही है।

100. कराधान में राज्यों के भाग को निकालने के बाद निम्नलिखित कर राजस्वों में से कौन-सी मद केन्द्र सरकार को राजस्व की अधिकतम राशि उपलब्ध कराती है—
A. निगम कर
B. आयकर
C. सीमा शुल्क
D. संघीय उत्पाद शुल्क

101. कर का समस्त भार विक्रेता वहन करेगा, यदि—
A. वस्तु की मांग बेलोच है और पूर्ति पूर्णत: लोचदार है।
B. वस्तु की मांग की लोच वही है जो वस्तु की पूर्ति की लोच है।
C. वस्तु की मांग पूर्णत: लोचदार है और वस्तु की पूर्ति बेलोचदार है।
D. वस्तु की मांग लोच वस्तु की पूर्ति लोच से कम है।

102. निम्नलिखित में से किस कर के राजस्व का बंटवारा केन्द्र सरकार राज्य सरकारों के साथ नहीं करती—
A. केन्द्रीय बिक्री कर
B. आय कर
C. उत्पादन शुल्क
D. सीमा शुल्क

103. निम्नलिखित करों में से कौन-सा एक कर अनन्य रूप से भारत की राज्य सरकारों के लिए ही है—
A. आय कर
B. कृषि आय कर
C. एक्साइज ड्यूटी
D. सम्पत्ति कर

104. निम्नलिखित कर राजस्व के साधनों में से कौन-सा एक साधन अप्रत्यक्ष कर की श्रेणी में आता है—
A. निगम कर
B. सीमा शुल्क
C. सम्पति कर
D. आय कर

105. 1950-51 से केन्द्रीय सरकार के सार्वजनिक ऋण में तीव्र वृद्धि हुई है—
A. अनियंत्रित मुद्रा स्फीति के कारण
B. केन्द्रीय सरकार द्वारा उगाहे गए राजस्व में राज्य सरकारों की बढ़ती हुई हिस्सेदारी के कारण
C. सार्वजनिक व्यय के वित्तीयन के बढ़ते हुए भार के कारण
D. निरन्तर बढ़ती जनसंख्या के कारण

106. अधिकतम सामाजिक लाभ का सिद्धांत संबंधित है—
A. केवल करारोपण से
B. केवल व्यय से
C. केवल सार्वजनिक ऋण से
D. करारोपण एवं सार्वजनिक व्यय दोनों से

107. करारोपण में न्याय को सर्वाधिक सुनिश्चित किया जाता है–
A. समान निरपेक्ष त्याग के सिद्धांत का अनुप्रयोग कर
B. समान आनुपातिक त्याग के सिद्धांत का अनुप्रयोग कर
C. समान सीमान्त त्याग के सिद्धांत का अनुप्रयोग कर
D. प्रतिदान के सिद्धांत का अनुप्रयोग कर

108. टोबिन कर—
A. निर्यातों पर कर है।
B. आयातों पर कर है।
C. विदेशी विनिमय के लेन-देन पर कर है।
D. विक्रय पर कर है।

109. अब तक कुल कितने वित्त आयोग गठित किए जा चुके हैं?
A. 12
B. 11
C. 14
D. इनमें से कोई नहीं

110. **कथन (A) :** विकासशील देशों में सार्वजनिक व्यय की वित्त व्यवस्था हेतु करारोपण की अपेक्षा सरकारी ऋण ग्रहण को अधिक अधिमान दिया जाता है।
कारण (R) : करारोपण के लिए वर्तमान उपभोग में कटौती आवश्यक होगी।
A. A और R दोनों सही हैं, और R, A का सही स्पष्टीकरण है।
B. A और R दोनों सही हैं, परंतु R, A का सही स्पष्टीकरण नहीं है।
C. A सही है, परंतु R गलत है।
D. A गलत है परंतु R सही है।

111. वांचू समिति का संबंध था—
A. कर सुधार
B. काला धन
C. वित्त सुधार
D. कोई नहीं

112. जिस आय कर में आय वृद्धि के साथ-साथ कर की दर घटती है, उसे कहा जाता है—
A. प्रतिगामी कर प्रणाली
B. अद्योगामी कर प्रणाली
C. प्रगतिशील कर प्रणाली
D. कोई नहीं

113. यदि वस्तु की पूर्ति पूर्णतया लोचदार है तो करारोपण का भार किस पर पड़ेगा—
A. पूर्णतया क्रेता पर
B. पूर्णतया विक्रेता पर
C. दोनों पर आंशिक रूप से
D. कोई नहीं

114. गैर योजनागत व्यय है—
A. ब्याज भुगतान
B. सुरक्षा व्यय
C. अनुदान
D. उपर्युक्त सभी

115. राज्यों के कर में अधिक लोच किसमें है—

A. बिक्री कर B. भूमि कर
C. मनोरंजन कर D. उत्पाद शुल्क

116. करापात किसी ऐसे व्यक्ति पर होता है जो उसको—

A. दूसरों पर नहीं टाल सकता है। B. दूसरों पर टाल सकता है।
C. वंचन कर सकता है। D. स्थगित कर सकता है।

117. भारत में काला धन—

A. केवल मूल्यों को बढ़ाता है।
B. तीव्रता से केवल विलासिता उपभोग बढ़ाता है।
C. केवल सरकार की आय की हानि करता है।
D. उपर्युक्त तीनों को प्रभावित करता है।

118. वित्त आयोग का कार्य यह संस्तुति करना है कि—

A. केन्द्र तथा राज्यों के मध्य बांटे जाने वाली करों की शुद्ध राशि को वितरित करने के विषय में।
B. राज्यों के बीच इस राशि के अंशों का आवंटन करने के विषय में।
C. राज्यों को केन्द्र द्वारा दिए जाने वाले अनुदानों के सिद्धांत के विषय में।
D. उपर्युक्त सभी

119. निम्नलिखित में से कौन राजकोषीय नीति का उपकरण नहीं है—

A. ब्याज दर B. करारोपण
C. सार्वजनिक व्यय D. सार्वजनिक ऋण

120. निम्नलिखित अर्थशास्त्रियों में से किसने व्यय पर कर लगाने का सुझाव दिया—

A. डाल्टन B. मस्ग्रेव
C. काल्डर D. फिलिप्स

121. हीनार्थ-प्रबंधन की नीति की इसलिए आलोचना की जाती है क्योंकि इसमें—

A. सरकार धीरे-धीरे दीवालिया हो जाती है।
B. पश्चिमी उच्च उपभोग स्तरीय जीवन-शैली को बल मिलता है।
C. ऊंची समग्र मांग प्राप्त होती है।
D. मुद्रास्फीति को बढ़ावा देती है।

122. बजट घाटे की तुलना में राजकोषीय घाटे का आकार सदा ही होगा—

A. अधिक B. कम
C. बराबर D. उपरोक्त में कोई नहीं

123. लाफर वक्र (Laffer Curve) संबंध दर्शाता है—

A. कर आय तथा कर की दर के मध्य
B. प्रति व्यक्ति आय तथा कर की दर के मध्य
C. कर आय तथा राष्ट्रीय आय के मध्य
D. बचत तथा कर की दर के मध्य

124. शून्य आधारित बजट की अवधारणा दी—

A. आर.ए. मसग्रेव ने B. जे.एम. कीन्स ने
C. पीटर ए. पायर ने D. ए.एच. हैन्सन ने

125. निम्न में से कौन वित्तीय नीति का उद्देश्य नहीं है—

A. आर्थिक विकास
B. आर्थिक स्थिरता
C. रोजगार स्तर को अधिकतम करना
D. वित्तीय संस्थाओं का नियमन

126. अदृश्य मदों के व्यापार से अभिप्राय है—

A. वह व्यापार जो अभिलिखित नहीं है।
B. तस्करी
C. सैनिक वस्तुओं का व्यापार
D. सेवाओं का व्यापार

127. निम्नलिखित में से कौन-सी संस्था "सुलभ कर्ज पटल" (Soft loan window) से कर्जे प्रदान करती है—

A. अंतर्राष्ट्रीय वित्त निगम
B. अंतर्राष्ट्रीय मुद्रा कोष
C. अंतर्राष्ट्रीय पुनर्निर्माण तथा विकास बैंक
D. अंतर्राष्ट्रीय विकास अभिकरण

128. वर्तमान में SDR का मूल्य निम्नलिखित में नियत किया जाता है।

A. स्वर्ण में
B. डॉलर में
C. 16 देशों की मुद्राओं के समुच्च्य के आधार पर
D. 5 देशों की मुद्राओं के समुच्चय के आधार पर

129. अवमूल्यन तब अधिक कारगर होता है जब—

A. इसके साथ-साथ अल्पावधि की ब्याज दरें भी गिर जाती हैं।
B. अवमूल्यन करने वाले देश के निर्यातों की मांग लोचदार होती है।
C. अवमूल्यन करने वाले देश के आयातों की मांग लोचहीन होती है।
D. अवमूल्यन के फलस्वरूप निर्यातों की कीमतें बढ़ जाती हैं।

130. अंतर्राष्ट्रीय व्यापार तथा श्रम के विभाजन की गुंजाइश मर्यादित है—

A. प्रौद्योगिकी की उपलब्धता से
B. अंतर्राष्ट्रीय बाजार के आकार से
C. पूंजी की उपलब्धता से
D. निर्यातों के लिए बेशी उत्पादन से

131. जो टैरिफ देश के आर्थिक कल्याण को अधिकतमीकरण करता है, उसे कहते हैं—

A. संरक्षणात्मक टैरिफ B. भेदमूलक टैरिफ
C. अभेदमूलक टैरिफ D. इष्टतम टैरिफ

132. किसी देश की भुगतान शेष के चालू लेखे में निम्नलिखित में से कौन-सा व्यवहार जमा की प्रविष्टि का बोधक है—

A. तिजारती माल के आयात
B. विदेशी कम्पनियों द्वारा प्रदत्त परिवहन सेवाएं
C. देश के अंदर विदेशी पर्यटकों द्वारा खर्च की गई राशियां
D. विदेशी ठेकेदारों तथा इंजीनियरों को दी गई फीसें

133. व्यापार शर्तों में अनुकूल विकास तब होता है जब किसी देश को—

A. आयातों के लिए वही कीमत तथा निर्यातों के लिए निम्नतर कीमत प्राप्त होती है।
B. निर्यातों के लिए वही कीमत तथा आयातों के लिए उच्चतर कीमत प्राप्त होती है।
C. संतुलित व्यापार के साथ निर्यातों के उसी परिमाण के बदले आयातों का अपेक्षाकृत अधिक परिमाण प्राप्त होता है।
D. संतुलित व्यापार के साथ आयातों के उसी परिमाण के बदले निर्यातों का अपेक्षाकृत अधिक परिमाण प्राप्त होता है।

134. तुलनात्मक लाभ के रिकार्डों के सिद्धांत का ताल्लुक है—
A. अल्पावधि परिणाम से B. दीर्घावधि परिणाम से
C. मध्यावधि परिणाम से D. उपर्युक्त सभी से

135. देश के भुगतान शेष संतुलन की अवस्था में होता है जब—
A. घरेलू मुद्रा की मांग उसकी पूर्ति के बराबर होती है।
B. घरेलू मुद्रा की मांग अधिकतम होती है।
C. घरेलू मुद्रा की मांग न्यूनतम होती है।
D. घरेलू मुद्रा की मांग और साथ ही उसकी आपूर्ति अधिकतम होती है।

136. पाटने (dumping) का लक्ष्य होता है कि किसी बाहरी देश में—
A. उच्च कीमत वाली वस्तुओं की बाढ़ ला दें।
B. निम्न कीमत वाली वस्तुओं की बाढ़ ला दें।
C. समान कीमत वाली वस्तुओं की बाढ़ ला दें।
D. घटती-बढ़ती कीमतों वाली वस्तुओं की बाढ़ ला दें।

137. मुद्रा का अधिमूल्यन तब वांछनीय नहीं होता, जब—
A. किसी देश को विदेश से बड़ी खरीदारियां करने की एकाएक जरूरत पड़ जाती है।
B. किसी देश को अपने ऋणों के भुगतान के लिए विदेशी मुद्रा की बड़ी राशियां प्राप्त करने के लिए एकाएक जरूरत पड़ती है।
C. देश में कीमतें अन्य देशों की संगत कीमतों से ऊंची होती हैं।
D. कोई देश अपने निर्यात को बढ़ाना और आयात को घटाना चाहता है।

138. एक अनुकूलतम प्रशुल्क (Optimum Tariff)—
A. व्यापार की शर्तों में सुधार करता है।
B. व्यापार की शर्तों को स्थिर रखता है।
C. व्यापार की शर्तों को न्यून करता है।
D. देश के कल्याण स्तर को घटाता है।

139. किस परिस्थिति में अंतर्राष्ट्रीय व्यापार संभव और लाभप्रद है—
A. लागतों में पूर्ण अंतर B. लागतों में तुलनात्मक अंतर
C. इन दोनों D. लागतों में समान अंतर

140. वस्तु के आयात तथा निर्यात पर लगाया गया मात्रात्मक नियंत्रण कहलाता है—
A. कोटा B. तटकर
C. अनुदान D. प्रशुल्क

141. अंतर्राष्ट्रीय मुद्रा कोष अपने सदस्य देशों को निम्न उद्देश्य के लिए ऋण सहायता देता है—
A. दीर्घकालीन आर्थिक विकास
B. भारी उद्योगों की स्थापना के लिए
C. अल्पकालीन भुगतान असंतुलन असाम्य को ठीक करने के लिए।
D. देश में आधारभूत सुविधाओं के लिए

142. निम्न में से कौन-सा विदेशी विनिमय बाजार का सबसे महत्त्वपूर्ण कार्य है—
A. क्रयशक्ति के हस्तांतरण के कार्य को प्रभावित करना।
B. विदेशी व्यापार को साख प्रदान करना।
C. विदेशी विनिमय की जोखिम को उठाने का कार्य करना।
D. आपसी समझौते का कार्य करना।

143. कागजी स्वर्ण है—
A. एस.डी.आर.
B. कागजी रुपया जिसे सोने का पूर्ण समर्थन प्राप्त हो।
C. यूरोपीय बाजार की मुद्रा है।
D. अरब देशों की विशेष मुद्रा।

144. तुलनात्मक लागत का सिद्धांत किस पर आधारित है—
A. मूल्य का श्रम सिद्धांत B. वास्तविक लागत
C. मौद्रिक लागत D. उपरोक्त में से कोई नहीं

145. यदि आयातों की मांग लोचदार है तो आयात मूल्य में वृद्धि होने से आयात में—
A. कमी होगी B. अधिक होगी
C. स्थिरता होगी D. उपरोक्त में से कोई नहीं

146. मूल्य ह्रास से आयात होते हैं—
A. प्रतियोगी वस्तुएं B. अधिक महंगे
C. गैर लोचदार वस्तुएं D. अधिक सस्ते

147. भारत में जनसंख्या की संवृद्धि दर निम्नलिखित अवधि के दौरान ऋणात्मक थी—
A. 1901-11 B. 1911-21
C. 1921-31 D. 1931-41

148. छठी योजना के दौरान निम्नलिखित में से किस अतिरिक्त ग्रामीण कार्यक्रम पर बल दिया गया था—
A. समन्वित ग्रामीण विकास B. ग्रामीण साक्षरता विकास
C. ग्रामीण रेलें D. उन्नत संचार साधन

149. भारत की नई कृषि प्रौद्योगिकी में हरित क्रान्ति लाने का सबसे महत्त्वपूर्ण संसाधन निम्नलिखित में से कौन-सा है—
A. उर्वरक B. HYV बीज
C. कृषि यंत्र D. सिंचाई

150. निम्नलिखित में से किस राज्य ने चकबन्दी के मामले में सबसे कम प्रगति की है—
A. बिहार B. उत्तर प्रदेश
C. पश्चिम बंगाल D. उड़ीसा

151. वर्ष 1982 से निम्नलिखित में से कौन-सी वित्तीय संस्था भारत में ग्रामीण उधार की पूर्ति एवं उसकी समग्र देखभाल में सबसे बड़ी भूमिका निभा रही है—
A. सहकारी उधार समितियां B. क्षेत्रीय ग्रामीण बैंक
C. नाबार्ड D. सार्वजनिक क्षेत्र के बैंक

152. निम्नलिखित में से किस बैंक का विलय भारतीय स्टेट बैंक में कर दिया गया है?
A. स्टेट बैंक ऑफ मैसूर B. स्टेट बैंक ऑफ बीकानेर
C. स्टेट बैंक ऑफ सौराष्ट्र D. स्टेट बैंक ऑफ पटियाला

153. भारत के भुगतान संतुलन में निरन्तर घाटा निम्न कारण से है:
A. आयातों में निरन्तर वृद्धि
B. निर्यात में धीमी वृद्धि
C. विनिमय दर की अस्थिरता (चंचलता)
D. उपर्युक्त सभी

154. निम्नलिखित में से कौन-सा भूमि सुधार उपाय भारत में पूरी तरह लागू किया जा चुका है—
A. काश्तकारी सुधार B. बिचौलियों की समाप्ति
C. भूमि-सीमा D. चकबंदी

155. महात्मा गांधी रोजगार गारंटी अधिनियम सबसे पहले लागू की गई थी—
A. ओडिशा में B. आंध्र प्रदेश में
C. उत्तर प्रदेश में D. पंजाब में

156. जहां तक भारत का संबंध है, चालू खाते की परिवर्तनीयता के निम्नलिखित में से कौन-से प्रभाव होंगे—
1. सभी चालू व्यावसायिक व्यावहारों के लिए विदेशी मुद्रा की उपलब्धियों का पर्याप्त उदारीकरण
2. यात्रा के लिए विदेशी मुद्रा का उदारीकरण
3. पूंजीगत वस्तुओं के आयात उदारीकरण
4. विदेशी मुद्रा के हवाला लेन-देनों की समाप्ति में सहायता
नीचे दिए गए कूट का प्रयोग करते हुए सही उत्तर का चयन कीजिए—
A. 1, 2 और 4 B. 1, 2, 3 और 4
B. 3 और 4 D. 1 और 2

157. क्षेत्रीय ग्रामीण बैंक का प्रमुख उद्देश्य है—
A. ग्रामीण क्षेत्र के छोटे और सीमान्त किसानों, खेतिहर मजदूरों और शिल्पियों को उधार एवं अन्य सुविधाएं प्रदान करना।
B. ग्रामीण क्षेत्रों के आम आदमियों को उधार प्रदान करना।
C. भारतीय कृषि पुनर्वित्त निगम के कामों को अपने हाथ में ले लेना।
D. अनुसूचित वाणिज्यिक बैंकों के पूरक की भूमिका अदा करना

158. निम्नलिखित में से कौन-सा वर्ष भारत की किसी पंचवर्षीय योजना में शामिल नहीं था?
A. 1968-69 B. 1971-72
C. 1965-66 D. 1981-82

159. निम्नलिखित कानूनों पर विचार कीजिए—
1. भारतीय श्रमिक संघ अधिनियम
2. मजदूरी अदायगी अधिनियम
3. न्यूनतम मजदूरी अधिनियम
भारत में इन अधिनियमों का सही कालानुक्रम है—
A. 1, 3, 2 B. 1, 2, 3
C. 2, 1, 3 D. 2, 3, 1

160. सर्वप्रथम क्षेत्रीय ग्रामीण बैंक की शुरुआत कब हुई—
A. 1955 B. 1965
C. 1975 D. 1980

161. भारत में कागजी मुद्रा जारी करने का एकाधिकार किसे होता है—
A. व्यापारिक बैंक B. केन्द्रीय बैंक
C. वित्त मंत्रालय D. उपर्युक्त सभी

162. भारत की पहली औद्योगिक नीति की घोषणा हुई—
A. अप्रैल, 1948 B. मई, 1948
C. जून, 1948 D. मार्च, 1948

163. लीड बैंक योजना का मुख्य उद्देश्य है—
A. बड़े उद्योग को ऋण देना
B. कृषि क्षेत्र को ऋण देना
C. कुटीर उद्योगों को ऋण प्रदान करना
D. जिले में अग्रणी बैंक द्वारा साख नीतियों का नियोजन और नियमन करना

164. दूसरी योजना का मुख्य उद्देश्य था—
A. कृषि विकास
B. गरीबी उन्मूलन
C. आधुनिकीकरण
D. भारी और बुनियादी उद्योगों की स्थापना

165. राष्ट्रीय आयोजन समिति 1938 के अध्यक्ष थे—
A. दादाभाई नौरोजी B. वी.के.आर.वी. राव
C. पी.सी. महालनोविस D. जवाहरलाल नेहरू

166. भारत के सन्दर्भ में विकास की हिन्दू दर का विचार किसने दिया—
A. रामकृष्ण B. विश्वैसरैया
C. पी.आर. ब्रह्मानन्द D. इन्द्राणी रहमाण

167. भारत में सहकारी संस्थाओं का योगदान रहा है—
A. ग्रामीण विकास B. कृषि यंत्रीकरण
C. कृषि विपणन D. संस्थागत साख विस्तार

168. कृषि क्षेत्र में दीर्घकालीन साख (ऋण) देने वाली संस्था है—
A. प्राथमिक कृषि साख समितियां B. भूमि विकास बैंक
C. वाणिज्यिक बैंक D. क्षेत्रीय ग्रामीण बैंक

169. भारत में MODVAT कब से लागू किया गया—
A. 1985-86 B. 1984-85
C. 1986-87 D. 1987-88

170. भारत में सार्वजनिक क्षेत्र में घाटे का प्रमुख कारण माना जाता है—
A. अनुपयुक्त मूल्य नीति
B. प्रबंध-श्रम संबंध अच्छे न होना
C. प्रोत्साहन का अभाव
D. प्रोजेक्ट के क्रियान्वयन में विलम्ब तथा लागत में वृद्धि

171. सातवीं योजना में किन दो रोजगार योजना को मिलाकर जवाहर रोजगार योजना निर्मित की गई—
A. TRYSEM और SCP B. IRDP और NREP
C. IRDP और RLEGP D. NREP और RLEGP

172. RBI किस नोट को जारी नहीं करता—
A. एक रुपया B. दो रुपया
C. दस रुपया D. पांच रुपया

173. योजना आयोग एक संस्था है—
A. संवैधानिक B. परामर्शवादी
C. कानूनी D. वाणिज्यिक

174. हरित क्रांति की शुरुआत हुई—
A. 1970-71 B. 1966-67
C. 1965-66 D. 1966-69

175. भारत में सामुदायिक विकास कार्यक्रम की शुरुआत कब हुई—
A. 1955 B. 1962
C. 1950 D. 1952

176. भारत में बचत का मुख्य स्रोत है—

A. सार्वजनिक क्षेत्र
B. निगमित क्षेत्र
C. विदेशी क्षेत्र
D. घरेलू क्षेत्र

177. भारत में अधिकांश अदृश्य बेरोजगारी पाई जाती है—

A. कृषि में
B. व्यापार में
C. उद्योग में
D. यातायात में

178. भारतीय अर्थव्यवस्था है—

A. मिश्रित
B. पूंजीवादी
C. समाजवादी
D. साम्यवादी

179. बजट एक यंत्र है—

A. राजकोषीय नीति का
B. मौद्रिक नीति का
C. आर्थिक नीति का
D. निर्यात नीति का

180. ''कार्य के बदले अनाज'' कार्यक्रम—

A. एक ऐसा कार्यक्रम है जिसमें श्रमिक से बिना कार्य लिए उसको अनाज खैरात में दे दिया जाता है।
B. एक ऐसा कार्यक्रम है जिसमें मजदूरी नकद रूप में नहीं दी जाती है बल्कि अनाज के रूप में दी जाती है।
C. एक ऐसा कार्यक्रम है जिसमें श्रमिकों को अनाज प्रदान करने पर बल दिया जाता है।
D. एक ऐसा कार्यक्रम है जिसमें अनाज कार्य की मात्रा को निर्धारित करता है।

181. RBI किस विधि द्वारा साख सृजन को संकुचित कर सकता है?

A. बैंक दर बढ़ा कर
B. नकद आरक्षण अनुपात कम करके
C. सरकारी प्रतिभूतियां बैंकों से खरीद कर
D. बैंक दर घटा कर

182. विशेष आहरण अधिकार (SDR) मूलत: सम्बंधित है–

A. भारतीय स्टेट बैंक से
B. भारतीय रिजर्व बैंक से
C. विश्व बैंक से
D. अन्तर्राष्ट्रीय मुद्राकोष से

183. भारतीय संविधान के किस अनुच्छेद के अंतर्गत केन्द्रीय बजट पेश किया जाता है?

A. 110
B. 111
C. 112
D. 122

184. विश्व व्यापार संगठन की स्थापना हुई—

A. 1995 में
B. 1994 में
C. 1993 में
D. 1996 में

185. भारत में पहली बार 'शून्य-आधार' बजट किस वित्त मंत्री के कार्यकाल में पारित हुआ?

A. पी. चिदम्बरम्
B. डॉ. मनमोहन सिंह
C. वी.पी. सिंह
D. जसवन्त सिंह

186. राष्ट्रीय ग्रामीण रोजगार गारण्टी अधिनियम (NREGA) कब प्रारंभ की गयी थी?

A. 2 फरवरी, 2006
B. 2 फरवरी, 2005
C. 2 फरवरी, 2004
D. 2 फरवरी, 2003

187. GNP और GDP में अन्तर है–

A. सकल विदेशी विनियोग का
B. शुद्ध विदेशी विनियोग का
C. शुद्ध निर्यात का
D. विदेशों से शुद्ध साधन आय का

188. गंगा कल्याण योजना का उद्देश्य है—

A. जल प्रदूषण को रोकना।
B. गरीबी रेखा के नीचे की महिलाओं की सहायता करना।
C. गरीब किसानों को सिंचाई की सुविधा उपलब्ध कराना।
D. उत्तर प्रदेश में शिशु मृत्यु-दर को कम करना।

189. भारत में चालू खाते में रुपए को पूर्ण परिवर्तनीय बना दिया गया—

A. 1993 में
B. 1994 में
C. 1995 में
D. 1996 में

190. भारत में वर्तमान विदेशी विनिमय दर प्रणाली को कहा जाता है—

A. स्थिर विनिमय दर प्रणाली
B. तैरती विनिमय दर प्रणाली
C. अग्रिम विनिमय दर प्रणाली
D. प्रबंधित तैरती विनिमय दर प्रणाली

191. भारत सरकार द्वारा राष्ट्रीय कृषि बीमा योजना कार्यान्वित की गई—

A. 1990 में
B. 1995 में
C. 1997 में
D. 1999 में

192. अंतर्राष्ट्रीय मुद्रा कोष की स्थापना परिणाम था—

A. प्रशुल्क तथा व्यापार सम्बद्ध समझौते से
B. स्मिथ सोनियम समझौते से
C. यूरोपीय समझौते से
D. ब्रिटेन वुड्स समझौते से

193. निम्नलिखित में से कौन-सा कार्यक्रम ग्रामीण युवकों को रोजगार के लिए तकनीकी कौशल में प्रशिक्षण देने से संबंधित है?

A. TRYSEM
B. IRDP
C. NREP
D. MNP

194. औद्योगिक वित्त व्यवस्था हेतु कौन संस्था पहले स्थापित हुई?

A. भारतीय औद्योगिक वित्त निगम
B. राज्य वित्त निगम
C. राज्य औद्योगिक विकास निगम
D. IDBI

195. कृषि क्षेत्र की दीर्घकालीन साख आवश्यकताओं के लिए विशिष्ट संस्था कौन-सी है?

A. राज्य सहकारी बैंक
B. क्षेत्रीय ग्रामीण बैंक
C. केन्द्रीय सहकारी बैंक
D. भूमि विकास बैंक

196. योजना आयोग का पदेन अध्यक्ष है—

A. योजना मंत्री
B. वित्त मंत्री
C. राज्यपाल
D. प्रधानमंत्री

197. इम्पीरियल बैंक ऑफ इंडिया का नाम स्टेट बैंक ऑफ इंडिया में कब परिवर्तित हुआ—

A. 1952
B. 1962
C. 1955
D. 1959

198. भारत में जनसंख्या वृद्धि का कारण है—

A. नीची मृत्यु दर
B. ऊंची जन्म दर
C. आर्थिक कारण
D. इनमें से सभी

199. सर्वप्रथम मानव विकास सूचकांक भारत में किस राज्य ने तैयार किया ?

A. उत्तर प्रदेश

B. महाराष्ट्र

C. गुजरात

D. मध्य प्रदेश

200. भारत की नई जनसंख्या नीति का दूरगामी उद्देश्य क्या है?

A. 2045 तक स्थिर जनसंख्या के लक्ष्य को प्राप्त करना

B. लिंग परीक्षण पर रोक लगाना

C. जनसंख्या के लिए सामाजिक कोष स्थापित करना

D. शिशु मृत्यु-दर घटाना

उत्तरमाला

1	**2**	**3**	**4**	**5**	**6**	**7**	**8**	**9**	**10**
B	D	C	C	A	B	A	B	C	C
11	**12**	**13**	**14**	**15**	**16**	**17**	**18**	**19**	**20**
A	B	A	D	D	C	B	A	B	A
21	**22**	**23**	**24**	**25**	**26**	**27**	**28**	**29**	**30**
A	C	A	C	A	B	C	D	B	C
31	**32**	**33**	**34**	**35**	**36**	**37**	**38**	**39**	**40**
D	A	A	C	A	D	D	A	A	B
41	**42**	**43**	**44**	**45**	**46**	**47**	**48**	**49**	**50**
C	B	C	B	A	B	A	B	D	A
51	**52**	**53**	**54**	**55**	**56**	**57**	**58**	**59**	**60**
B	A	D	C	A	A	A	A	C	C
61	**62**	**63**	**64**	**65**	**66**	**67**	**68**	**69**	**70**
A	B	D	A	C	C	D	D	D	D
71	**72**	**73**	**74**	**75**	**76**	**77**	**78**	**79**	**80**
A	A	B	B	D	D	A	A	B	D
81	**82**	**83**	**84**	**85**	**86**	**87**	**88**	**89**	**90**
A	A	D	B	B	D	B	A	C	A
91	**92**	**93**	**94**	**95**	**96**	**97**	**98**	**99**	**100**
D	A	D	C	D	A	C	D	A	C
101	**102**	**103**	**104**	**105**	**106**	**107**	**108**	**109**	**110**
C	D	B	B	C	D	C	C	C	A
111	**112**	**113**	**114**	**115**	**116**	**117**	**118**	**119**	**120**
A	A	A	D	A	A	D	D	A	C
121	**122**	**123**	**124**	**125**	**126**	**127**	**128**	**129**	**130**
D	A	A	C	D	D	D	D	B	D
131	**132**	**133**	**134**	**135**	**136**	**137**	**138**	**139**	**140**
D	C	C	D	A	B	D	A	C	A
141	**142**	**143**	**144**	**145**	**146**	**147**	**148**	**149**	**150**
C	B	A	A	A	B	B	A	B	A
151	**152**	**153**	**154**	**155**	**156**	**157**	**158**	**159**	**160**
C	C	D	B	B	A	A	A	B	C
161	**162**	**163**	**164**	**165**	**166**	**167**	**168**	**169**	**170**
B	A	D	D	D	A	D	B	C	A
171	**172**	**173**	**174**	**175**	**176**	**177**	**178**	**179**	**180**
D	A	B	B	D	D	A	A	A	B
181	**182**	**183**	**184**	**185**	**186**	**187**	**188**	**189**	**190**
A	D	C	A	C	A	D	C	B	D
191	**192**	**193**	**194**	**195**	**196**	**197**	**198**	**199**	**200**
D	D	A	A	D	D	A	D	D	A

❑❑❑